Beck'sches
Rechtsanwalts-Handbuch
1993/94

Beck'sches Rechtsanwalts-Handbuch 1993/94

Herausgegeben von

Hans-Ulrich Büchting **Dr. Benno Heussen**
Rechtsanwalt in München Rechtsanwalt in Berlin

C.H. BECK'SCHE VERLAGSBUCHHANDLUNG
MÜNCHEN 1993

CIP-Titelaufnahme der Deutschen Bibliothek

Beck'sches Rechtsanwalts-Handbuch ... – München : Beck
Früher begrenztes Werk in verschiedenen Ausg.
1993/94 (1993)
    ISBN 3 406 37082 9

ISBN 3 406 37082 9

Satz und Druck der C. H. Beck'schen Buchdruckerei, Nördlingen
Gedruckt auf säurefreiem, aus chlorfrei gebleichtem Zellstoff hergestelltem Papier.

Autorenverzeichnis

Dr. Ralf B. Abel
Rechtsanwalt und Notar, Schleswig:
Aktenführung und Korrespondenz (K I)

Helmward Alheit
Direktor des Amtsgerichts, Altötting:
Der Nachbarrechtsfall (B III)
Betreuungsrecht (B XI)

Dr. Jobst-Hubertus Bauer
Rechtsanwalt und Fachanwalt für
Arbeitsrecht, Stuttgart:
Der Arbeitsgerichtsprozeß (C I)

Dr. Brigitte Borgmann
Rechtsanwältin, München:
Haftung gegenüber dem Mandanten (E II)
Organisation von Fristen und Terminen
(K II)

Dr. Gunther Braun
Rechtsanwalt, München:
Der Maklerprozeß (B VI)
Bürogemeinschaften (H III)

Rembert Brieske
Rechtsanwalt und Notar, Bremen:
Prozeßkostenhilfe und Beratungshilfe (F)
Gebühren, Honorare, Erstattungsansprüche (G)

Dr. Manfred Brüning
Rechtsanwalt, Köln:
Rechtsmittel im Zivilprozeß (A II)

Hans Buschbell
Rechtsanwalt, Düren:
Der Straßenverkehrsfall (B IX)
Text- und Datenverarbeitung (K III)
Zeit- und Selbstmanagement für
Rechtsanwälte (K VI)

Dr. Reinhard Dallmayr
Rechtsanwalt, München:
Der Versicherungsvertragsfall (B XV)
Risikovorsorge und Versicherungen (J)

Peter David
Richter am Oberlandesgericht, München:
Vollstreckungsmaßnahmen einschließlich
Zwangsversteigerung und Zwangsvollstreckung (A V)

Dr. Wolf-Dietrich Deckert
Rechtsanwalt, München:
Das Wohnungseigentums-Verfahren (B V)

Thomas Estel
Richter am Landgericht, Karlsruhe:
Der Reiseprozeß (B VII)

Dr. Joseph Füchsl
Rechtsanwalt, München:
Insolvenzberatung (D IV)

Beate Heiß
Rechtsanwältin, Traunreut:
Die familienrechtlichen Verfahren (B X)

Dr. Hans Heiß
Richter am Amtsgericht, Altötting:
Die familienrechtlichen Verfahren (B X)

Dr. Benno Heussen
Rechtsanwalt, Berlin:
Sozietäten (H II)

Thomas von Keller
Rechtsanwalt, München:
Der Mietrechtsfall (B IV)

Dr. Justin von Kessel
Rechtsanwalt, München:
Der Auskunfts- und Rechenschaftslegungsprozeß (A III)

Dr. Michael Kleine-Cosack
Rechtsanwalt, Freiburg im Breisgau:
Zulassungs- und Berufsordnungsrecht,
Europäisches Anwaltsrecht (H I)

Dr. Winfried Klöpper
Rechtsanwalt und Wirtschaftsprüfer,
München:
Beratung des Unternehmens (D I)
Sonstige vereinbare Tätigkeiten (D VIII)

Dr. Ulrich Koch
Rechtsanwalt, Frankfurt am Main:
Gesellschaftsrechtliche Beratung (D II)

Dr. Wolfgang Koeble
Rechtsanwalt, Reutlingen:
Zivilprozeß erster Instanz (A I)
Der Bauprozeß (II)

Autorenverzeichnis

Klaus Korn
Steuerberater, Köln:
Steuern und Buchhaltung (I)

Justizrat Dipl.-Kfm. Dr. Adalbert Kunschert
Rechtsanwalt, Saarbrücken:
Der Haftpflichtfall (B VII)

Anna-Maria von Lösch
Wissenschaftliche Assistentin an der
Humboldt-Universität zu Berlin:
Vermögensrückgabe und Vorrang für
Investitionen in den neuen Bundesländern
(D VII)

Alexandra Mack
Rechtsanwältin und Fachanwältin für
Steuerrecht, Köln:
Der Finanzgerichtsprozeß (C V)

Sieghart Ott
Rechtsanwalt, München:
Der Äußerungsrechts- und Medienprozeß
(B XIV)
Der Verbraucherkreditfall (B XVII)
Haustür- und ähnliche Geschäfte (B XVIII)
Der Leasingfall (B XIX)

Dr. Burghard Piltz
Rechtsanwalt und Notar, Gütersloh:
Der Kaufrechtsfall (B XVI)

Dr. Hermann Plagemann
Rechtsanwalt und Fachanwalt für
Sozialrecht, Frankfurt am Main:
Das sozialrechtliche Mandat (C II)

Dr. Reiner Ponschab
Rechtsanwalt und Fachanwalt für
Steuerrecht, München:
Der Anwaltsvertrag (E I)

Dr. Imme Roxin
Rechtsanwältin, München:
Strafrechtliche Risiken des Anwaltsberufes
(E III)

Dr. Christoph Rückel
Rechtsanwalt, München:
Der Strafprozeß (C IV)

Ulrike Sachenbacher
Staatsanwältin, München:
Der Auskunfts- und Rechenschafts-
legungsprozeß

Dr. Wolfgang Schiefer
Rechtsanwalt, Stuttgart:
Anwaltliches Marketing (K V)

Dr. Bertold Schlünder
Rechtsanwalt am OLG und Notar, Hamm:
Allgemeine Geschäftsbedingungen (B I)

Reiner Schmidt
Rechtsanwalt und Notar, Hamburg:
Der Wettbewerbsprozeß (B XII)

Prof. Dr. Rolf A. Schütze
Rechtsanwalt, Stuttgart:
Schiedsrichterliche Tätigkeit (D V)

Jochim Sedemund
Rechtsanwalt, Köln:
Rechtsschutz im Europarecht (C VII)

Dr. Franz-Jörg Semler
Rechtsanwalt, Stuttgart:
Der Handelsvertreter- und Vertrags-
händlerprozeß (B XIII)

Dr. Herbert Sernetz
Rechtsanwalt, München:
Einstweiliger Rechtsschutz (A IV)
Erbrechtliche Beratung und Testaments-
vollstreckung (D III)

Dr. Michael Streck
Rechtsanwalt und Fachanwalt für
Steuerrecht, Köln:
Der Finanzgerichtsprozeß (C V)
Steuerberatung (D VI)

Dr. Peter Waltl
Rechtsanwalt, München:
Bibliothek und Know-how-Sammlung
(K IV)

Siegfried de Witt
Rechtsanwalt und Fachanwalt für Verwal-
tungsrecht, Freiburg im Breisgau:
Das verwaltungsrechtliche Mandat (C III)

Matthias Wohlfahrt
Rechtsanwalt, München:
Vermögensrückgabe und Vorrang für
Investitionen in den neuen Bundesländern
(D VII)

Dr. Christian Wolf MBA
Rechtsanwalt, München:
Text- und Datenverarbeitung (K III)

Professor Dr. Rüdiger Zuck
Rechtsanwalt, Stuttgart:
Verfassungsbeschwerde und Menschen-
rechtsbeschwerde (C VI)

Vorwort

Das Handbuch, dessen erste und zweite Auflage in der Praxis überaus positiv aufgenommen wurden, erscheint nunmehr zum dritten Mal in überarbeiteter und aktualisierter Form. Daß es bei diesem zweijährigen Erscheinungsrhythmus bleiben und das Werk so zu einer festen Größe werden soll, auf deren Regelmäßigkeit und Zuverlässigkeit man zählen kann, kommt auch in der leicht veränderten Form des Titels zum Ausdruck: Beck'sches Rechtsanwaltshandbuch 1993/94.

Alle Beiträge des Handbuchs wurden auf den neuesten Stand von Literatur und Rechtsprechung gebracht; die Bearbeitung wurde im Februar 1993 abgeschlossen. Natürlich sind alle Gesetzesänderungen berücksichtigt, die seit dem Erscheinen der 2. Auflage eintraten, bis hin zu dem am 1. März 1993 in Kraft tretenden Rechtspflege-Entlastungsgesetz vom 11. 1. 1993.

Der **Abschnitt A** erhielt die neue Überschrift „Zivilprozeß". Vor allem in den beiden Kapiteln A I und A II waren dabei Änderungen durch das Rechtspflege-Entlastungsgesetz einzuarbeiten; das Kapitel „Rechtsmittel im Zivilprozeß" (*Brüning*) wurde völlig neu geschrieben. Dem Abschnitt A wurde nun auch das Kapitel über die Zwangsvollstreckung zugeordnet (A V, *David*); hier ist erstmals auch die (neue) Lohnpfändungstabelle abgedruckt.

Im **Abschnitt B** findet sich nunmehr das Kapitel über die Allgemeinen Geschäftsbedingungen (B I, *Schlünder*); unter „neuer Hausnummer" erscheint auch der Kaufrechtsfall (B XVI, *Piltz*), der insbesondere das in der Praxis immer wichtiger werdende internationale Kaufrecht behandelt. Hinzuweisen ist ferner auf die Darstellung des neuen Betreuungsrechts (B XI, *Alheit*).

Bei den „Sonstigen Verfahrensarten" des **Abschnitts C** waren vor allem gesetzgeberische Aktivitäten einzuarbeiten, etwa im Bereich des Sozialrechts (C II, *Plagemann*) oder auch im Finanzgerichtsprozeß durch das FGO-Änderungsgesetz vom 21. 12. 1992 (C V, *Streck/Mack*).

Die Rechtsfragen und Besonderheiten, die sich aus dem Beitritt der neuen Bundesländer ergeben haben, sind selbstverständlich auch in dieser Ausgabe durchgehend berücksichtigt. Mit den zentralen Problemen befaßt sich im **Abschnitt D** das neue Kapitel „Vermögensrückgabe und Vorrang für Investitionen in den neuen Bundesländern" (D VII, *Wohlfahrt/von Lösch*).

Aufgrund der intensiven Rechtsentwicklung wesentlich überarbeitet wurde auch das Kapitel zum anwaltlichen Berufsrecht (H I, *Kleine-Cosack*). Neu geschrieben wurde schließlich auch der Beitrag über Text- und Datenverarbeitung (K III, *Buschbell/Wolf*).

Herausgeber und Verlag hoffen, mit dem Rechtsanwalts-Handbuch eine wertvolle Hilfe für die tägliche Praxis anbieten zu können. Für Kritik, Anregungen und Verbesserungsvorschläge sind wir stets dankbar.

München/Berlin, im März 1993

Hans-Ulrich Büchting *Dr. Benno Heussen*
Rechtsanwalt Rechtsanwalt

Geleitwort zur ersten Auflage (1989)

Die bewegte – und in ihren Ergebnissen noch weitgehend offene – Diskussion über das künftige Berufsbild der Rechtsanwälte hat auch deutlich gemacht:
– Zu den Existenzfragen der Anwaltschaft gehört die Erweiterung ihrer Tätigkeitsbereiche.
– Besondere Bedeutung kommt der außergerichtlichen, beratenden, gestaltenden und prozeßverhütenden Tätigkeit zu.
– Nur die Qualität anwaltlicher Leistung kann – auch und gerade im Zeichen wachsender Konkurrenz durch andere Berufsgruppen, durch Verbände oder auch durch ausländische Berufskollegen – Grundlage des Erfolgs für jeden einzelnen Anwalt und die Anwaltschaft insgesamt sein.

Die aus der Praxis entwickelte Themenauswahl des Anwaltshandbuchs belegt die Vielfalt der Aufgaben, die von Anwälten täglich zu bewältigen sind. Auch zu Rechtsgebieten, mit denen sich der einzelne nicht so häufig beschäftigt, wird – in knapper Aufbereitung, aber unter vollständiger Darstellung aller wichtigen Probleme – ein rascher Zugang eröffnet. An vielen Stellen sind kommentierte Check-Listen eingearbeitet, die sowohl der Arbeitserleichterung wie der eigenen Kontrolle dienen. Umfassend behandelt sind sowohl die verschiedensten Beratungsgebiete, wie auch alle prozessualen Fallgruppen und Verfahrensarten. Dabei wird auch deutlich, welche Bedeutung das EG-Recht schon heute für die tägliche Praxis hat.

Der Anwalt ist auch Unternehmer. Ich begrüße es deshalb besonders, daß das Anwaltshandbuch auch Beiträge zur Büroorganisation, zur Personalwirtschaft, zu Steuern und Buchhaltung, zur Risikovorsorge, zu den Mandantenbeziehungen und zum anwaltlichen Berufsrecht enthält.

Erweiterung der anwaltlichen Tätigkeitsgebiete und Qualitätssteigerung und -kontrolle: Dazu leistet das Anwaltshandbuch einen hocherwünschten Beitrag. Den Verfassern – erfahrenen Anwältinnen und Anwälten mit einem Tätigkeitsschwerpunkt auf den von ihnen behandelten Gebieten – ist dafür zu danken, daß sie ihr „Know-how" mit dem Anwaltshandbuch der gesamten Anwaltschaft zur Verfügung stellen.

Erhard Senninger
Rechtsanwalt
Präsident des Deutschen Anwaltvereins

Einführung

Das vorliegende Handbuch behandelt die wichtigsten Themenkreise anwaltlicher Arbeit, nämlich
- materiell-rechtliche und prozessuale Probleme, wie sie in typischen Fallgestaltungen und Verfahrensarten vorkommen;
- den Bereich der anwaltlichen Beratungstätigkeit, deren Bedeutung immer mehr zunimmt;
- Rechtsprobleme, die im Verhältnis zwischen Anwalt und Mandant auftauchen können, einschließlich der Honorarfragen;
- den berufsrechtlichen Hintergrund unter Einschluß des internationalen Berufsrechts;
- die Organisation der anwaltlichen Tätigkeit.

Die Darstellung ist an einem neuen Konzept orientiert, das es ermöglicht, ein Problem möglichst schnell zu analysieren und zu lösen. Dazu dienen in erster Linie kommentierte Checklisten oder – soweit ein Thema sich für diese Art der Darstellung nicht eignet – konzentrierte Zusammenfassungen der wesentlichen Fragen, die innerhalb eines jeden Teilgebiets auftauchen. Die einzelnen Rechtsgebiete werden nicht lehrbuchartig abgehandelt, sondern in einzelne typische Fallgestaltungen aufgegliedert. Die Darstellung verknüpft das materielle Recht mit seiner verfahrensrechtlichen Durchsetzung. Die vorangestellten Literaturübersichten sind so konzipiert, daß weiterführende Fragen und Probleme über sie leicht erschlossen werden können. Bei der Auswahl der Rechtsprechung ist besonders auf Aktualität geachtet worden.

Die immer bedeutender werdende anwaltliche Beratungstätigkeit wird in ihren wichtigsten Bereichen von der Firmen- bis zur Steuerberatung dargestellt. Hier unterstützt das Handbuch die anwaltliche Arbeit durch Hinweise auf die Vor- und Nachteile des Vorgehens und enthält taktische Empfehlungen, die in Lehrbüchern und Kommentaren nicht enthalten sein können.

Sodann werden die Fragen behandelt, die die Beziehung zwischen Anwalt und Mandant charakterisieren. Dazu gehört eine komprimierte Darstellung des anwaltlichen Haftungsrechts ebenso wie Hinweise auf strafrechtliche Risiken, denen der Anwalt weder in der Beratung noch bei der Prozeßführung ausweichen kann. Bei der Darstellung der anwaltlichen Gebühren bewährt sich das Konzept der Checklisten in besonderer Weise.

Anwälte üben einen standesrechtlich gebundenen Beruf aus. Wie weit diese Bindung geht und wie weit man sie lockern kann, wird auch von verfassungsrechtlichen Grundsätzen bestimmt. Da die bisherigen Standesrichtlinien derzeit jedenfalls nicht unmittelbar angewendet werden können, stellt das Handbuch im einzelnen übersichtlich dar, welche Regeln noch gelten und in welchen Bereichen das anwaltliche Standesrecht sich verändert hat. Dabei wird deutlich, wie tief schon heute das EG-Recht in diesen Bereich ausstrahlt. Zum Kreis des anwaltlichen Berufsrechts gehört auch die Art und Weise, wie Anwälte zusammenarbeiten. Das Handbuch enthält dazu Vorschläge, wie Bürogemeinschaften von Sozietäten unterschieden werden können und schlägt Vertragsmuster vor, die sonst nur schwer zugänglich sind.

Einführung

Den Schlußstein des Konzepts bildet die Darstellung von Einzelfragen, die den Anwalt als Unternehmer bewegen. Er kann nur dann unabhängig beraten, wenn er auch wirtschaftlich weder von seinen Mandanten noch von Dritten abhängig ist. Dazu müssen Ertrag und Kosten klar analysiert und das anwaltliche Know-how in geeigneter Weise fortgeschrieben werden. Zu diesen und einer Reihe anderer Fragen enthält das Handbuch eine Vielzahl praxisnaher Ratschläge.

Innerhalb der von der Konzeption des Handbuchs vorgegebenen Leitlinien sind die einzelnen Themen von Spezialisten des jeweiligen Sachgebiets in eigener Verantwortung bearbeitet worden.

Das Rechtsanwalts-Handbuch soll dem jüngeren Anwalt helfen, Problemzonen zu entdecken, die er beachten muß; der erfahrene Anwalt hingegen soll schon erarbeitete Ergebnisse auf einfache und übersichtliche Weise nochmals überprüfen können. Sowohl die Themenauswahl wie die Art der Darstellung sind dabei stets von der anwaltlichen Perspektive geprägt, um so eine Konzentration auf das Wesentliche zu ermöglichen.

Inhaltsübersicht

A. Zivilprozeß
- I. Zivilprozeß erster Instanz *(Koeble)* 1
- II. Rechtsmittel im Zivilprozeß *(Brüning)* 24
- III. Der Auskunfts- und Rechenschaftslegungsprozeß *(v. Kessel/Sachenbacher)* .. 42
- IV. Einstweiliger Rechtsschutz *(Sernetz)* 63
- V. Vollstreckungsmaßnahmen einschließlich Zwangsversteigerung und Zwangsverwaltung *(David)* 76

B. Zivilrechtliche Fallgestaltungen und Verfahrensarten
- I. Allgemeine Geschäftsbedingungen *(Schlünder)* 119
- II. Der Bauprozeß *(Koeble)* 136
- III. Der Nachbarrechtsfall *(Alheit)* 169
- IV. Der Mietrechtsfall *(v. Keller)* 192
- V. Das Wohnungseigentums-Verfahren *(Deckert)* 228
- VI. Der Maklerprozeß *(Braun)* 256
- VII. Der Haftpflichtfall *(Kunschert)* 270
- VIII. Der Reiseprozeß *(Estel)* 307
- IX. Der Straßenverkehrsfall *(Buschbell)* 324
- X. Die familienrechtlichen Verfahren *(B. Heiß/H. Heiß)* 392
- XI. Betreuungsrecht *(Alheit)* 500
- XII. Der Wettbewerbsprozeß *(R. Schmidt)* 518
- XIII. Der Handelsvertreter- und Vertragshändlerprozeß *(Semler)* 543
- XIV. Der Äußerungsrechts- und Medienprozeß *(Ott)* 562
- XV. Der Versicherungsvertragsfall *(Dallmayr)* 578
- XVI. Der Kaufrechtsfall *(Piltz)* 602
- XVII. Der Leasingfall *(Ott)* 621
- XVIII. Der Verbraucherkreditfall *(Ott)* 640
- XIX. Haustür- und ähnliche Geschäfte *(Ott)* 646

C. Sonstige Verfahren
- I. Der Arbeitsgerichtsprozeß *(J.-H. Bauer)* 655
- II. Das sozialrechtliche Mandat *(Plagemann)* 719
- III. Das verwaltungsrechtliche Mandat *(de Witt)* 766
- IV. Der Strafprozeß *(Rückel)* 809
- V. Der Finanzgerichtsprozeß *(Streck/Mack)* 856
- VI. Verfassungsbeschwerde und Menschenrechtsbeschwerde *(Zuck)* 867
- VII. Rechtsschutz im Europarecht *(Sedemund)* 877

D. Außergerichtliche Beratung und Vertretung
- I. Beratung des Unternehmens *(Klöpper)* 887
- II. Gesellschaftsrechtliche Beratung *(Koch)* 917
- III. Erbrechtliche Beratung und Testamentsvollstreckung *(Sernetz)* 955
- IV. Insolvenzberatung *(Füchsl)* 1022
- V. Schiedsrichterliche Tätigkeit *(Schütze)* 1043
- VI. Steuerberatung *(Streck)* 1052
- VII. Vermögensrückgabe und Vorrang für Investitionen in den neuen Bundesländern *(Wohlfahrt/von Lösch)* 1061
- VIII. Sonstige vereinbare Tätigkeiten *(Klöpper)* 1088

Inhaltsübersicht

E. Beziehung zum Mandanten
  I. Der Anwaltsvertrag *(Ponschab)* 1095
  II. Haftung gegenüber dem Mandanten *(Borgmann)* 1102
  III. Strafrechtliche Risiken des Anwaltsberufes *(I. Roxin)* 1116

F. Prozeßkostenhilfe und Beratungshilfe *(Brieske)* 1129

G. Gebühren, Honorare, Erstattungsansprüche *(Brieske)* 1147

H. Anwaltliches Berufsrecht
  I. Zulassungs- und Berufsordnungsrecht,
    Europäisches Anwaltsrecht *(Kleine-Cosack)* 1203
  II. Sozietäten *(Heussen)* 1268
  III. Bürogemeinschaften *(Braun)* 1288

I. Steuern und Buchhaltung *(Korn)* 1295

J. Risikovorsorge und Versicherungen *(Dallmayr)* 1327

K. Büroorganisation
  I. Aktenführung und Korrespondenz *(Abel)* 1337
  II. Organisation von Fristen und Terminen *(Borgmann)* 1347
  III. Text- und Datenvearbeitung *(Buschbell/Wolf)* 1359
  IV. Bibliothek und Know-how-Sammlung *(Waltl)* 1383
  V. Anwaltliches Marketing *(Schiefer)* 1392
  VI. Zeit- und Selbstmanagement für Rechtsanwälte *(Buschbell)* 1400

Sachverzeichnis 1419

Abkürzungsverzeichnis

a. A.	anderer Ansicht
a. a. O.	am angegebenen Ort
AbfG	Abfallgesetz
abgedr.	abgedruckt
AbgeordG	Abgeordnetengesetz
abl.	ablehnend
ABl.	Amtsblatt
Abs.	Absatz
Abschn.	Abschnitt
Abt.	Abteilung
AbzG	Gesetz betreffend die Abzahlungsgeschäfte
ADAC	Allgemeiner Deutscher Automobil-Club
AdoptG	Adoptionsgesetz
ADSp	Allgemeine Deutsche Spediteurbedingungen
a. E.	am Ende
AEB	Allgemeine Einbruchdiebstahlversicherungs-Bedingungen
AERB	Allgemeine Bedingungen für die Versicherung gegen Schäden durch Einbruchdiebstahl und Raub
a. F.	alte Fassung
AfA	Absetzung für Abnutzung
AFB	Allgemeine Feuerversicherungs-Bedingungen
AFG	Arbeitsförderungsgesetz
a. G.	außergewöhnliche Gehbehinderung
Ag.	Antragsgegner
AG	Amtsgericht
AG	Aktiengesellschaft
AG	Auftraggeber
AG	Ausführungsgesetz
AGB	Allgemeine Geschäftsbedingungen
AGB-DDR	Arbeitsgesetzbuch der DDR
AGBG	Gesetz zur Regelung des Rechts der Allgemeinen Geschäftsbedingungen (AGB-Gesetz)
AHB	Allgemeine Versicherungsbedingungen für die Haftpflichtversicherung
AIDS	Aquired Immune Deficiency Syndrome
AIZ	Allgemeine Immobilienzeitung
AKB	Allgemeine Bedingungen für die Kraftfahrtversicherung
AKR	Alliierter Kontrollrat
AktG	Aktiengesetz
ALB	Allgemeine Lebensversicherungs-Bedingungen
Alt.	Alternative
a. M.	anderer Meinung
AN	Auftragnehmer
AnfG	Gesetz betreffend die Anfechtung von Rechtshandlungen außerhalb des Konkursverfahrens
Anh.	Anhang
Anl.	Anlage
Anm.	Anmerkung
AnmeldeVO	Verordnung über die Anmeldung vermögensrechtlicher Ansprüche
AnVNG	Gesetz zur Neuregelung des Rechtes der Rentenversicherung der Angestellten (Angestelltenversicherungs-Neuregelungsgesetz)

Abkürzungsverzeichnis

AnwBl	Anwaltsblatt
AO	Abgabenordnung
AöR	Archiv des öffentlichen Rechts
AP	Nachschlagewerk des Bundesarbeitsgerichts (seit 1954, vorher: Arbeitsrechtliche Praxis)
ARB	Allgemeine Rechtsschutzbedingungen
ArbG	Arbeitsgericht
ArbGG	Arbeitsgerichtsgesetz
Art.	Artikel
ArVNG	Gesetz zur Neuregelung des Rechts der Rentenversicherung der Arbeiter (Arbeiterrentenversicherungs-Neuregelungsgesetz)
Ast.	Antragsteller
AStB	Allgemeine Bedingungen für die Versicherung gegen Sturmschäden
AtomG	Gesetz über die friedliche Verwendung der Kernenergie und den Schutz gegen ihre Gefahren (Atomgesetz)
AUB	Allgemeine Unfallversicherungsbedingungen
AÜG	Gesetz zur Regelung der gewerbsmäßigen Arbeitnehmerüberlassung (Arbeitnehmerüberlassungsgesetz)
Aufl.	Auflage
AuR	Arbeit und Recht
AVB	Allgemeine Versicherungsbedingungen
AVFE	Allg. Versicherungsbedingungen für Fernmelde- und sonstige elektrotechnische Anlagen
AVG	Angestelltenversicherungsgesetz
AVO	Ausführungsverordnung
AVSB	Allgemeine Bedingungen für die Verkehrs-Service-Versicherung
AWB	Allgemeine Bedingungen für die Versicherung gegen Leitungswasserschäden
AWD	Außenwirtschaftsdienst
Az.	Aktenzeichen
BAföG	Bundesgesetz über individuelle Förderung der Ausbildung (Bundesausbildungsförderungsgesetz)
BAGE	Amtl. Sammlung der Entscheidungen des Bundesarbeitsgerichts
BAG	Bundesarbeitsgericht
BAK	Blutalkoholkonzentration
BAT	Bundesangestellten-Tarif
BauGB	Baugesetzbuch idF v. 8. 12. 1986
BauR	Baurecht
BAV	Bundesaufsichtsamt über das Versicherungswesen
BaWü	Baden-Württemberg(isch)
BayObLG	Bayerisches Oberstes Landesgericht
BayObLGZ	Entscheidungen des Bayer. Obersten Landesgerichts in Zivilsachen
BayVBl	Bayerische Verwaltungsblätter
BB	Der Betriebs-Berater
BBergG	Bundesberggesetz
BBG	Bundesbeamtengesetz
BBR	Bes. Bedingungen u. Risikobeschreibungen z. Haftpflichtvers. f. Industrie, Handel und Gewerbe
Bd.	Band
BeamtVG	Gesetz über die Versorgung der Beamten und Richter in Bund und Ländern (Beamtenversorgungsgesetz)
BefBMö	Beförderungsbedingungen für den Möbelverkehr

Abkürzungsverzeichnis

begl.	beglaubigt
Beil.	Beilage
Bekl.	Beklagter
BerHG	Gesetz über Rechtsberatung und Vertretung für Bürger mit geringem Einkommen (Beratungshilfegesetz)
BErzGG	Bundeserziehungsgeldgesetz
betr.	betreffend
BetrAVG	Gesetz zur Verbesserung der betrieblichen Altersversorgung
BetrVG	Betriebsverfassungsgesetz
BeurkG	Beurkundungsgesetz
BewG	Bewertungsgesetz
Bf.	Beschwerdeführer
BfA	Bundesversicherungsanstalt für Angestellte
BFH	Bundesfinanzhof
BFHE	Amtliche Sammlung der Entscheidungen des Bundesfinanzhofes
BFHEntlG	Gesetz zur Entlastung des Bundesfinanzhofes
BFH/NV	Sammlung amtlich nicht veröffentlichter Entscheidungen des Bundesfinanzhofes
BGB	Bürgerliches Gesetzbuch
BGBl.	Bundesgesetzblatt
BGH	Bundesgerichtshof
BGHR	BGH-Rechtsprechung
BGHSt	Amtliche Sammlung der Entscheidungen des Bundesgerichtshofs in Strafsachen
BGHZ	Amtl. Sammlung der Entscheidungen des Bundesgerichtshofs in Zivilsachen
BGSG	Gesetz über den Bundesgrenzschutz (Bundesgrenzschutzgesetz)
BImSchG	Gesetz zum Schutz vor schädlichen Umwelteinwirkungen durch Luftverunreinigungen, Geräusche, Erschütterungen und ähnliche Vorgänge (Bundes-Immissionsschutzgesetz)
BImSchV	Bundesimmissionsschutzverordnung
BinnSchG	Gesetz betreffend die privatrechtlichen Verhältnisse der Binnenschiffahrt
BJagdG	Bundesjagdgesetz
BK	Bonner Kommentar
BKatV	Bußgeldkatalogverordnung
BKGG	Bundeskindergeldgesetz
BKK	Die Betriebskrankenkasse
BKVO	Berufskrankheiten-Verordnung
Bl.	Blatt
BMJ	Bundesminister der Justiz
BMF	Bundesminister der Finanzen
BNotO	Bundesnotarordnung
BO	Bauordnung
BPatG	Bundespatentgericht
BR	Bundesrat
BRAGO	Bundesgebührenordnung für Rechtsanwälte
BRAO	Bundesrechtsanwaltsordnung
BRAK	Bundesrechtsanwaltskammer
BRAK-Mitt.	Bundesrechtsanwaltskammer-Mitteilungen
BR-Drucks.	Bundesrats-Drucksache
BRRG	Beamtenrechtsrahmengesetz
BSeuchG	Gesetz zur Verhütung und Bekämpfung übertragbarer Krankheiten beim Menschen (Bundesseuchengesetz)
BSHG	Bundessozialhilfegesetz
BSG	Bundessozialgericht

Abkürzungsverzeichnis

BSGE	Amtl. Sammlung der Entscheidungen des Bundessozialgerichts
BStBl	Bundessteuerblatt
BT	Bundestag
BtBG	Betreuungsbehördengesetz
BT-Drucks.	Bundestags-Drucksache
BtG	Betreuungsgesetz
BtMG	Gesetz über den Verkehr mit Betäubungsmitteln (Betäubungsmittelgesetz)
Btx	Bildschirmtext
Btx-StV	Staatsvertrag über Bildschirmtext vom 18. 3. 1983
BUrlG	Mindesturlaubsgesetz für Arbeitnehmer (Bundesurlaubsgesetz)
BVerfG	Bundesverfassungsgericht
BVerfGE	Amtl. Sammlung der Entscheidungen des Bundesverfassungsgerichts
BVerfGG	Gesetz über das BVerfG (Bundesverfassungsgerichtsgesetz)
BVerwG	Bundesverwaltungsgericht
BVerwGE	Amtl. Sammlung der Entscheidungen des Bundesverwaltungsgerichts
BVG	Gesetz über die Versorgung der Opfer des Krieges (Bundesversorgungsgesetz)
BWahlG	Bundeswahlgesetz
bzw.	beziehungsweise
BZRG	Bundeszentralregistergesetz
ca.	circa
CH	Confoederatio Helvetica (Schweiz)
c.i.c.	culpa in contrahendo
CMR	Beförderungsvertrag im internationalen Straßenverkehr
CT	Computertomographie
DAR	Deutsches Autorecht
dass.	dasselbe
DATEV	Datenverarbeitungsorganisation für die Angehörigen der steuerberatenden Berufe
DAV	Deutscher Anwaltsverein
DAVorm	Der Amtsvormund
DB	Der Betrieb
DBA	Doppelbesteuerungsabkommen
DDR	Deutsche Demokratische Republik
DDR-RAG	Rechtsanwendungsgesetz der DDR
DDR-ZGB	Zivilgesetzbuch der DDR
ders.	derselbe
DEVO	Verordnung über die Erfassung von Daten für die Träger der Sozialversicherung und für die Bundesanstalt für Arbeit
DGVZ	Deutsche Gerichtsvollzieherzeitschrift
d. h.	das heißt
DIN	Deutsche Industrie-Norm
DNotZ	Deutsche Notar-Zeitschrift
DÖV	Die öffentliche Verwaltung
DR	Deutsches Recht
DRiG	Deutsches Richtergesetz
DRV	Deutsche Rentenversicherung
DRiZ	Deutsche Richterzeitung
DStB	Der Steuerberater
DStZ	Deutsche Steuer-Zeitung
DT	Düsseldorfer Tabelle
Dt. VGT	Deutscher Verkehrsgerichtstag

Abkürzungsverzeichnis

DtZ	Deutsch-Deutsche Rechtszeitschrift
DVBl	Deutsches Verwaltungsblatt
DVO	Durchführungsverordnung
DWiR	Deutsche Zeitschrift für Wirtschaftsrecht
e. A.	einstweilige Anordnung
EAG	Europäische Atomgemeinschaft
EAGV	Vertrag über die Gründung der Europäischen Atomgemeinschaft
ebda.	ebenda
Ecu	European Currency Unit (Europäische Währungseinheit)
ED–Versicherung	Einbruchs/Diebstahls-Versicherung
EDV	Elektronische Datenverarbeitung
EEG	Elektroenzephalogramm
EStG	Einkommensteuergesetz
EFG	Entscheidungen der Finanzgerichte
EG	Europäische Gemeinschaft
EG	Ehrengericht
EGBGB	Einführungsgesetz zum Bürgerlichen Gesetzbuch
EGGVG	Einführungsgesetz zum Gerichtsverfassungsgesetz
EGH	Ehrengerichtshof
EGKS	Europäische Gemeinschaft für Kohle und Stahl
EGKSV	Vertrag zur Gründung einer Europäischen Gemeinschaft für Kohle und Stahl
EGMR	Europäischer Gerichtshof für Menschenrechte
EheG	Ehegesetz
Einf.	Einführung
einschl.	einschließlich
EKG	Einheitliches Gesetz über den Abschluß von internationalen Kaufverträgen über bewegliche Sachen
EMRK	Europäische Menschenrechts-Konvention
entspr.	entsprechend(e)
EntlG	Entlastungsgesetz (Gesetz zur Entlastung der Gerichte in der Verwaltungs- und Finanzgerichtsbarkeit)
ErbaurechtsVO	Verordnung über das Erbbaurecht
ErbStG	Erbschaftsteuer- und Schenkungsteuergesetz
ERP	European Recovery Programe (Europäisches Wiederaufbauprogramm)
EStDV	Einkommensteuerdurchführungsverordnung
EStG	Einkommensteuergesetz
EStR	Einkommensteuerrichtlinien
etc.	et cetera
ETW	Eigentumswohnung
EuGH	Gerichtshof der Europäischen Gemeinschaften
e. V.	eingetragener Verein
EVertr	Einigungsvertrag
EVO	Eisenbahnverkehrsordnung
evtl.	eventuell
EVÜ	Übereinkommen über das auf vertragliche Schuldverhältnisse anzuwendende Recht
EWG	Europäische Wirtschaftsgemeinschaft
EWGV	Vertrag zur Gründung der Europäischen Wirtschaftsgemeinschaft
EWiR	Entscheidungen zum Wirtschaftsrecht
EWR	Europäischer Wirtschaftsraum
EzA	Entscheidungssammlung zum Arbeitsrecht
f.	folgende
Fa.	Firma

Abkürzungsverzeichnis

FamR	Familienrecht
FamRZ	Zeitschrift für das gesamte Familienrecht
FDGB	Freier Deutscher Gewerkschaftsbund
ff.	fortfolgende
fG	freiwillige Gerichtsbarkeit
FG	Finanzgericht
FGG	Gesetz über die Freiwillige Gerichtsbarkeit
FGO	Finanzgerichtsordnung
FinA	Finanzamt
Fin.Verw.	Finanzverwaltung
FLF	Finanzierung, Leasing, Factoring (Zeitschrift)
FlurbG	Flurbereinigungsgesetz
FStrG	Bundes-Fernstraßengesetz
FRG	Fremdrentengesetz
Fußn.	Fußnote
G	Gesetz
GA	Goltdammers Archiv für Strafrecht
GAL	Gesetz über eine Altershilfe für Landwirte
GBl	Gesetzblatt der DDR
GBO	Grundbuchordnung
GbR	Gesellschaft bürgerlichem Rechts
GdB	Grad der Behinderung
GebrMG	Gebrauchsmustergesetz
gem.	gemäß
GemS	Gemeinsamer Senat der obersten Gerichtshöfe des Bundes
Gen.	Genossenschaft
GenG	Gesetz betreffend die Erwerbs- und Wirtschaftsgenossenschaften
GerätesicherheitsG	Gesetz über technische Arbeitsmittel
GeschmMG	Geschmacksmustergesetz
GewO	Gewerbeordnung
GewStG	Gewerbesteuergesetz
GG	Grundgesetz für die Bundesrepublik Deutschland
ggf.	gegebenenfalls
GK	Gerichtskosten
GKG	Gerichtskostengesetz
GKV	Gesetzl. Krankenversicherung
GmbH	Gesellschaft mit beschränkter Haftung
GmbHG	Gesetz betreffend die Gesellschaften mit beschränkter Haftung
GmbH i.L.	GmbH in Liquidation
GO	Gemeindeordnung
grds.	grundsätzlich
GrEStG	Grunderwerbsteuergesetz
GrundE	Das Grundeigentum
GRUR	Gewerblicher Rechtsschutz und Urheberrecht
GRUR Int.	Gewerblicher Rechtsschutz und Urheberrecht, Internationaler Teil
GS	Großer Senat
GüKG	Güterkraftverkehrsgesetz
GVG	Gerichtsverfassungsgesetz
GVGA	Geschäftsanweisung für Gerichtsvollzieher
GVKostG	Gerichtsvollzieher-Kostengesetz
GVO	Gerichtsvollzieherordnung
GVVO	Grundstücksverkehrsverordnung der DDR
GWB	Gesetz gegen Wettbewerbsbeschränkungen
GWW	Gemeinnütziges Wohnungswesen

Abkürzungsverzeichnis

h. A.	herrschende Ansicht
HaftpflG	Haftpflichtgesetz
Halbb.	Halbband
Halbs. (Hs)	Halbsatz
Handb.	Handbuch
HandwerkerversG	Handwerkerversicherungsgesetz
HansOLG	Hanseatisches Oberlandesgericht
HausratsVO	Hausratsverordnung
HGB	Handelsgesetzbuch
h. L.	herrschende Lehre
h. M.	herrschende Meinung
HOAI	Honorarordnung für Architekten und Ingenieure
Hrsg.	Herausgeber
hrsg.	herausgegeben
HUK	Haftpflicht-Unterstützungs-Kasse
HV	Hauptverhandlung
HV + HM	Der Handelsvertreter und Handelsmakler (Zeitschrift)
HWiG (HausTWG)	Gesetz über den Widerruf von Haustürgeschäften und ähnlichen Geschäften
HzA	Handbuch zum Arbeitsrecht
IBA	International Bar Association
i. d. F.	in der Fassung
i. d. R.	in der Regel
i. e.	im einzelnen
i. e. S.	im engeren Sinn
IG	Industriegewerkschaft
i. G.	im Gegensatz
IHK	Industrie- und Handelskammer
ImpfschädenG	Impfschädengesetz(e)
INF	Information über Steuer und Wirtschaft
info also	Informationen zum Arbeitslosenrecht und Sozialrecht
inkl.	inklusive
insbes.	insbesondere
IPR	Internationales Privatrecht
IPRax	Praxis des Internationalen Privat- und Verfahrensrechts
i. S. (d.)	im Sinne (des)
i. S. v.	im Sinne von
i. ü.	im übrigen
IuR	Informatik und Recht
i. V. m.	in Verbindung mit
IWB	Internationale Wirtschaftsbriefe
i. w. S.	im weiteren Sinn
JFG	Jahrbuch für Entscheidungen in Angelegenheiten der Freiwilligen Gerichtsbarkeit und des Grundbuchrechts
JGG	Jugendgerichtsgesetz
JMBl NRW	Justizministerialblatt für Nordrhein-Westfalen
JPS	Jahrbuch für die Praxis der Schiedsgerichtsbarkeit
JR	Juristische Rundschau
Jura	Juristische Ausbildung
JurBüro	Das juristische Büro
Juris	Juristisches Informationssystem
JuS	Juristische Schulung
JVA	Justizvollzugsanstalt
JW	Juristische Wochenschrift
JWG	Gesetz für Jugendwohlfahrt (Jugendwohlfahrtsgesetz)
JZ	Juristenzeitung

Abkürzungsverzeichnis

Kap.	Kapitel
KapErhG	Kapitalerhöhungsgesetz
Kaug	Konkursausfallgeld
KB	Kilo Byte
KfH	Kammer für Handelssachen
Kfz	Kraftfahrzeug
KG	Kammergericht
KG	Kommanditgesellschaft
KGaA	Kommanditgesellschaft auf Aktien
KK	Karlsruher Kommentar zur StPO
Kl.	Kläger
km	Kilometer
KO	Konkursordnung
KonsularG	Gesetz über die Konsularbeamten, ihre Aufgaben und Befugnisse (Konsulargesetz)
KostO	Gesetz über die Kosten in Angelegenheiten der freiwilligen Gerichtsbarkeit (Kostenordnung)
KostRspr.	Kostenrechtsprechung (Nachschlagewerk)
KR	Gemeinschaftskommentar zum Kündigungsschutzgesetz und sonstigen kündigungsschutzrechtlichen Verordnungen
krit.	kritisch
KSchG	Kündigungsschutzgesetz
KTS	Konkurs-, Treuhand- und Schiedsgerichtswesen
KUG	Gesetz betreffend das Urheberrecht an Werken der bildenden Künste und der Photographie (Kunsturhebergesetz)
KultStiftG	Gesetz zur steuerlichen Förderung von Kunst, Kultur und Stiftungen sowie zur Änderung steuerrechtlicher Vorschriften
KV	Kostenverzeichnis
KVStG	Kapitalverkehrsteuergesetz
KVO	Kraftverkehrsordnung für den Güterfernverkehr mit Kraftfahrzeugen (Beförderungsbedingungen)
LAG	Landesarbeitsgericht
LAGE	Landesarbeitsgericht Entscheidungen
LandwVerfG	Gesetz über das gerichtliche Verfahren in Landwirtschaftssachen
LFGG	Landesgesetz über die freiwillige Gerichtsbarkeit (Baden-Württemberg)
LFZG	Gesetz über die Fortzahlung des Arbeitsentgelts im Krankheitsfalle (Lohnfortzahlungsgesetz)
LG	Landgericht
LG	Leasinggeber
lit.	littera
LJV	Landesjustizverwaltung
LK	Leipziger Kommentar
Lkw	Lastkraftwagen
LM	Das Nachschlagewerk des Bundesgerichtshofs in Zivilsachen, herausgegeb. von Lindenmaier und Möhring
LMedG	Landesmediengesetz
LN	Leasingnehmer
LPG	Landespressegesetz
LPG	Landwirtschaftliche Produktionsgenossenschaft
LRG	Landesrundfunkgesetz
LS	Leitsatz
LSG	Landessozialgericht
LStDV	Lohnsteuer-Durchführungsverordnung
LStJA	Lohnsteuerjahresausgleich
LStR	Lohnsteuerrichtlinien

Abkürzungsverzeichnis

lt.	laut
LuftVG	Luftverkehrsgesetz
LWVG	Gesetz über das gerichtl. Verfahren in Landwirtschaftssachen
max.	maximal
MaBV	Makler- und Bauträgerverordnung
MB	Mega Byte
MB/KK	Allgemeine Versicherungsbedingungen für die Krankheitskosten- und Krankenhaustagegeldversicherungen
MB/KT	Allgemeine Versicherungsbedingungen für die Krankenhaustagegeldversicherung
MdE	Minderung der Erwerbsfähigkeit
MDR	Monatsschrift für Deutsches Recht
m. E.	meines Erachtens
MedR	Medizinrecht
MHRG (MHG)	Gesetz zur Regelung der Miethöhe
MietRÄndG	Gesetz zur Änderung mietrechtlicher Vorschriften
MitbestG	Gesetz über die Mitbestimmung der Arbeitnehmer (Mitbestimmungsgesetz)
ML	Münchener Leitlinen
MPU	Medizinisch-Psychologische Untersuchungsstelle
MRB	Menschenrechtsbeschwerde
mtl.	monatlich
MuSchG	Gesetz zum Schutz der erwerbstätigen Mutter (Mutterschutzgesetz)
MünchKomm/MüKo	Münchener Kommentar zum BGB
m.(w.) Hinw./Nachw.	mit (weiteren) Hinweisen/Nachweisen
MwSt	Mehrwertsteuer
NATO	North Atlantic Treaty Organisation
NdsRpfl	Niedersächsische Rechtspflege
NJ	Neue Justiz
NJW	Neue Juristische Wochenschrift
NJW-RR	NJW-Rechtsprechungsreport
NPD	Nationaldemokratische Partei Deutschland
Nr.(n)	Nummer(n)
NStE	Neue Entscheidungssammlung für Strafrecht
NStZ	Neue Zeitschrift für Strafrecht
NTS-AG	Gesetz zum Nato-Truppenstatut und zu den Zusatzvereinbarungen
nvW	nachvertragliches Wettbewerbsverbot
NVwZ	Neue Zeitschrift für Verwaltungsrecht
NWB	Neue Wirtschaftsbriefe für Steuer- und Wirtschaftsrecht (Loseblattsammlung)
NZA	Neue Zeitschrift für Arbeits- (*bis 1992: und Sozial-*)recht
NZB	Nichtzulassungsbeschwerde
NZS	Neue Zeitschrift für Sozialrecht
NZV	Neue Zeitschrift für Verkehrsrecht
o.	oben
o. ä.	oder ähnliches
OEG	Gesetz über die Entschädigung für Opfer von Gewalttaten (Opferentschädigungsgesetz)
OFD	Oberfinanzdirektion
öff.	öffentliche
o. g.	oben genannt(en)
OHG	Offene Handelsgesellschaft
OLG(e)	Oberlandesgericht(e)

Abkürzungsverzeichnis

OLGZ	Entscheidungen der Oberlandesgerichte in Zivilsachen
OmPi	Organisation Mondiale de la Propiété Intellectuelle
OV	Offenbarungsversicherung
OVG	Oberverwaltungsgericht
OWi	Ordnungswidrigkeit
OWiG	Gesetz über Ordnungswidrigkeiten
PAngV	Verordnung über Preisangaben
PatAnwO	Patentanwaltsordnung
PatG	Patentgesetz
PC	Personal Computer
PflVG	Gesetz über die Pflichtversicherung für Kraftfahrzeughalter (Pflichtversicherungsgesetz)
PKH	Prozeßkostenhilfe
PKV	Prozeßkostenvorschuß
PKV	Private Krankenversicherung
Pkw	Personenkraftwagen
PostG	Gesetz über das Postwesen (Postgesetz)
PsychKG	Gesetz für psychisch Kranke (Schleswig-Holstein)
PTV	Programmierte Textverarbeitung
p. V. V.	positive Vertragsverletzung
RA	Rechtsanwalt
RabattG	Gesetz über Preisnachlässe (Rabattgesetz)
RADG	Gesetz zur Durchführung der Richtlinien (77/249) des Rates der Europäischen Gemeinschaft vom 22. 3. 1977 zur Erleichterung der tatsächlichen Ausübung des freien Dienstleistungsverkehrs der Rechtsanwälte (RADG) vom 16. 8. 1980
RAK	Rechtsanwaltskammer
RAM	Random Access Memory
RBerG	Rechtsberatungsgesetz
RdA	Recht der Arbeit
RdL	Recht der Landwirtschaft
Rdnr.(n.)	Randnummer(n)
RegE	Regierungsentwurf
RES	Sammlung der Rechtsentscheide in Wohnraummietsachen
RHeimstG	Reichsheimstättengesetz
RG	Reichsgericht
RGZ	Amtl. Sammlung der Reichsgerichtsrechtsprechung in Zivilsachen
RGRK	Das Bürgerliche Gesetzbuch mit besonderer Berücksichtigung der Rechtsprechung des Reichsgerichts und des Bundesgerichtshofes (Kommentar)
RGSt	Amtliche Sammlung der Entscheidungen des Reichsgerichts in Strafsachen
Rili	Grundsätze des anwaltlichen Standesrechts
RiStBV	Richtlinien für das Straf- und Bußgeldverfahren
RIW/AWD	Recht der internationalen Wirtschaft/Außenwirtschaftsdienst
RKnG	Reichsknappschaftsgesetz
rkr.	rechtskräftig
ROM	Read Only Memory
ROW	Recht in Ost und West
RPfleger	Der Deutsche Rechtspfleger
RPflG	Rechtspflegergesetz
RRG 92	Rentenreformgesetz 1992
R + S	Recht und Schaden
RS	Rechtschutz
Rspr.	Rechtsprechung

Abkürzungsverzeichnis

RSV	Restschuldversicherung
RÜG	Rentenüberleitungsgesetz
RVO	Reichsversicherungsordnung
RVS	Rollfuhrversicherungsschein
RWS	Recht und Wirtschaft der Schule
s.	siehe
S.	Satz
S.	Seite
saarl.	saarländisch
Sachgeb.	Sachgebiet
SAE	Sammlung arbeitsrechtlicher Entscheidungen
SchiffsregG	Schiffsregistergesetz
SchiffsRegO	Schiffsregisterordnung
SchlHA	Schleswig-Holsteinische Anzeigen
SchO	Schiedsordnung
SchwbG	Schwerbehindertengesetz
SG	Sozialgericht
SGB	Sozialgesetzbuch
SGG	Sozialgerichtsgesetz
SK	Systematischer Kommentar
SMAD	Sowjetische Militäradministration
s. o.	siehe oben
sof.	sofortig
sog.	sogenannte(r)
SozR	Sozialrecht, Rspr. und Schrifttum, bearb. von den Richtern des BSG
spez.	speziell
StA	Staatsanwaltschaft
Statist. Jahrb.	Satistisches Jahrbuch
StEK	Steuererlasse in Karteiform
StBerG	Gesetz über die Rechtsverhältnisse der Steuerberater und Steuerbevollmächtigten (Steuerberatungsgesetz)
StB	Steuerberater
Stbg.	Die Steuerberatung
StBGebV	Steuerberatergebührenverordnung
StGB	Strafgesetzbuch
Stichw.	Stichwort
StPO	Strafprozeßordnung
str.	streitig
StrEG	Gesetz über die Entschädigung für Strafverfolgungsmaßnahmen
StRK	Steuerrechtsprechung in Karteiform (Mrozek-Kartei)
st. Rspr.	ständige Rechtsprechung
StV	Der Strafverteidiger
StVÄG	Strafverfahrensänderungsgesetz
StVG	Straßenverkehrsgesetz
StVO	Straßenverkehrs-Ordnung
StVollzG	Strafvollzugsgesetz
StVZO	Straßenverkehrs-Zulassungs-Ordnung
s. u.	siehe unten
SV	Die Sozialversicherung
SVG	Soldatenversorgungsgesetz
SVT	Sozialversicherungsträger
TA-Lärm	Technische Anleitung zum Schutz gegen Lärm
TA-Luft	Technische Anleitung zur Reinhaltung der Luft
TBC	Tuberkulose
TÜV	Technischer Überwachungsverein

Abkürzungsverzeichnis

TVG	Tarifvertragsgesetz
TWG	Telegraphenweggesetz
u.	und
U.	Urteil
u. a.	unter anderem
u. ä.	und ähnliches
u. a. m.	und anderes mehr
UdSSR	Union der Sozialistischen Sowjet-Republiken
U-Haft	Untersuchungshaft
umstr.	umstritten
UmwStG	Umwandlungssteuergesetz
UN	United Nations
unstr.	unstreitig
UNÜ	UN-Übereinkommen
UrhG	Gesetz über Urheberrecht und verwandte Schutzrechte (Urheberrechtsgesetz)
US	United States
USA	United States of America
UStDV	Umsatzsteuerdurchführungsverordnung
UStG	Umsatzsteuergesetz
usw.	und so weiter
u. U.	unter Umständen
UWG	Gesetz gegen den unlauteren Wettbewerb
UVollzO	Untersuchungshaftvollzugsordnung
VA	Verwaltungsakt
VAHRG	Gesetz zur Regelung von Härten im Versorgungsausgleich
VBL	Versorgungsanstalt des Bundes und der Länder
VBlBW	Verwaltungsblätter für Baden-Württemberg
VEB	Volkseigener Betrieb
VEG	Volkseigenes Gut
VerbrKrG	Verbraucherkreditgesetz
Verf.	Verfahren
VerglO	Vergleichsordnung
VersR	Versicherungsrecht
Vfg	Verfügung
VGB	Allgemeine Bedingungen für die Neuwertversicherung von Wohngebäuden gegen Feuer-, Leitungswasser- und Sturmschäden
VGH	Verwaltungsgerichtshof
vgl.	vergleiche
VGT	Verkehrsgerichtstag
VHB	Allgemeine Bedingungen für die Neuwertversicherung des Hausrats gegen Feuer-, Einbruchdiebstahl-, Beraubungs-, Leitungswasser-, Sturm- und Glasbruchschäden
VN	Versicherungsnehmer
VO	Verordnung
VOB (B)	Verdingungsordnung für Bauleistungen (Teil B)
Vorbem.	Vorbemerkung
VormG	Vormundschaftsgericht
VR	Versicherer
VRS	Verkehrsrechts-Sammlung
VStG	Vermögensteuergesetz
VermStRiLi	Vermögensteuerrichtlinien
v. u. g.	vorgelesen und genehmigt
VU	Versäumnisurteil
VuVO	Versicherungsunterlagen-Verordnung
VVG	Gesetz über den Versicherungsvertrag

Abkürzungsverzeichnis

VwGO	Verwaltungsgerichtsordnung
VwVfG	Verwaltungsverfahrensgesetz
VwZG	Verwaltungszustellungsgesetz
WA	Warschauer Abkommen (z. Internationalen Luftverkehr)
WährungsG	Währungsgesetz
WE	Wohnungseigentum/-eigentümer
WE	Wohnungseigentum (Zeitschrift)
WEG	Gesetz über das Wohnungseigentum und das Dauerwohnrecht (Wohnungseigentumsgesetz)
WEZ	Zeitschrift für Wohnungseigentum
wg.	wegen
WG	Wechselgesetz
WHG	Gesetz zur Ordnung des Wasserhaushalts (Wasserhaushaltsgesetz)
wistra	Zeitschrift für Wirtschaft, Steuer, Strafrecht
WM	Wertpapiermitteilungen
WoBindG	Wohnungsbindungsgesetz
WPflG	Wehrpflichtgesetz
Wp	Wirtschaftsprüfer
WPO	Wirtschaftsprüferordnung
WuB	Entscheidungssammlung zum Wirtschafts- und Bankrecht
WuM	Wohnungswirtschaft und Mietrecht
WRP	Wettbewerb in Recht und Praxis
WRV	Verfassung des Deutschen Reiches
WuW	Wirtschaft und Wettbewerb
WZG	Warenzeichengesetz
z. B.	zum Beispiel
ZfA	Zeitschrift für Arbeitsrecht
ZfBR	Zeitschrift für deutsch-internationales Baurecht
ZfS	Zeitschrift für Schadensrecht
ZfSH/SGB	Zeitschrift für Sozialhilfe und Sozialgesetzbuch
ZGB	Zivilgesetzbuch der DDR
ZIP	Zeitschrift für Wirtschaftsrecht und Insolvenzpraxis
zit.	zitiert
ZMR	Zeitschrift für Miet- und Raumrecht
ZPO	Zivilprozeßordnung
ZRP	Zeitschrift für Rechtspolitik
ZSEG	Gesetz über die Entschädigung von Zeugen und Sachverständigen
ZStW	Zeitschrift für die gesamte Strafrechtswissenschaft
z. T.	zum Teil
ZugabeVO	Zugabeverordnung
ZV	Zwangsvollstreckung
ZVG	Gesetz über die Zwangsversteigerung und Zwangsverwaltung (Zwangsversteigerungsgesetz)
ZVOBl.	Zentralverordnungsblatt der Sowjetischen Besatzungszone
z. Z.	zur Zeit
zzgl.	zuzüglich

A. Zivilprozeß

A I. Zivilprozeß erster Instanz

Dr. Wolfgang Koeble

Übersicht

	Rdnr.
I. Allgemeine Verfahrensfragen	1
1. Rechtswegzuständigkeit	1
2. Örtliche Zuständigkeit	2
3. Sachliche und funktionelle Zuständigkeit	14
4. Die Partei des Klägers	21
5. Die Partei des Beklagten	29
6. Prozeßfähigkeit	33
7. Streitverkündung	36
8. Nebenintervention	41
9. Streitwert	45
10. Kläganträge, Klagarten, Rechtsschutzinteresse	46
11. Anträge des Beklagten	53
12. Vorbringen und Einwendungen des Beklagten	58
13. Fristen und Verspätungsrügen	66
14. Versäumnisverfahren	80
15. Berichtigung und Ergänzung des Urteils	85
II. Besondere Verfahren	86
1. Urkundenprozeß	86
2. Selbständiges Beweisverfahren	92
3. Mahnverfahren	108
4. Anwaltsvergleich	114
III. Zivilprozesse in den neuen Bundesländern seit 3. 10. 1990	115
1. Geltung von ZPO und GVG	115
2. Gerichtsverfassung	116
3. Zivilprozeß	119

Literatur: *Baumbach/Lauterbach/Albers/Hartmann,* ZPO, 51. Aufl. 1993; Beck'sches Prozeßformularbuch, 6. Aufl. 1992; *Furtner,* Das Urteil im Zivilprozeß, 5. Aufl. 1985; *Sattelmacher/Sirp,* Bericht, Gutachten und Urteil, 30. Aufl. 1985; *Schellhammer,* Zivilprozeß, 5. Aufl. 1991; *Schrader/Steinert,* Zivilprozeß, 7. Aufl. 1990; *Thomas/Putzo,* ZPO, 17. Aufl. 1991; *Zöller,* ZPO, 17. Aufl. 1992.

I. Allgemeine Verfahrensfragen

1. Rechtswegzuständigkeit

Über die Zulässigkeit des ordentlichen Rechtswegs entscheiden die Gerichte **1** von Amts wegen. Das Verfahren ist seit 1. 4. 1991 für alle Rechtswege gleich in §§ 17–17b GVG neu geregelt (vgl. i. e. *Mayerhofer,* NJW 1992, 1602). Die **Verweisung** in einen anderen Rechtsweg (z. B. ArbG, VG, SozG) kann nur **vorab** durch bindenden **Beschluß** erfolgen und nicht in einem späteren Verfahrensstadium. Gegen den Beschluß ist die sofortige Beschwerde nach der jeweils anzuwendenden Verfahrensordnung gegeben (§ 17a IV GVG). Darüber, daß der beschrittene Rechtsweg **zulässig** ist, kann das Gericht vorab entscheiden und muß es, wenn eine der Parteien die Zulässigkeit des Rechtswegs rügt (§ 17a III GVG). Rechtsmittel: Sofortige Beschwerde (§ 17a IV)

2. Örtliche Zuständigkeit

Zuständigkeitsrügen muß der RA des Bekl. vor der Verhandlung zur Sache **2** vorbringen, da sonst das angerufene Gericht zuständig wird (§ 39 S. 1 ZPO). Es genügt, daß die Zuständigkeit hilfsweise gerügt wird. Die Rüge ist aber möglichst – falls nicht ausdrücklich Klagabweisung als unzulässig beantragt wird – vor Antragstellung vorzubringen, weil damit die Sacherörterung beginnt. Im schriftlichen Verfahren muß die Rüge innerhalb der Einlassungsfrist vorgebracht werden. Entsprechendes wie für die örtliche Zuständigkeit gilt auch für die internationale Zuständigkeit (*BGH* NJW 1979, 1104), nicht aber im Verfahren bei den Amtsgerichten, wenn die Belehrung nach § 504 ZPO unterblieben ist, für ausschließliche Gerichtsstände und für nichtvermögensrechtliche Ansprüche (§ 40 II ZPO). Im Rahmen der örtlichen Zuständigkeit wird zweckmäßigerweise folgendes geprüft:

3   a) **Ausschließliche Gerichtsstände.** Ein ausschließlicher Gerichtsstand liegt nur in den vom Gesetz genannten Fällen vor. Hier hat der Kläger kein Wahlrecht. Zu nennen sind insbesondere folgende:

4   – Der **dingliche** Gerichtsstand gilt nur für unbewegliche Sachen (§ 24 ZPO). Die wichtigsten Fälle sind die Klage auf Feststellung des Eigentums und auf Grundbuchberichtigung seitens des wahren Eigentümers (§ 894 BGB), die Herausgabeklage gegen den Besitzer, die Klage auf Beseitigung von Beeinträchtigungen nach § 1004 BGB (*OLG Celle* VersR 1978, 570) und aus Nachbarrecht (§§ 905, 906 ff. BGB), die Hypothekenklage und die Klage des Eigentümers auf Löschung einer Vormerkung. Nicht hierher gehören die **Auflassungsklage** und die Schuldklage aus Darlehen, auch nicht bei Absicherung durch Hypothek oder Grundschuld. Wichtig ist die ausschließliche Zuständigkeit des Amtsgerichts, in dessen Bezirk das Grundstück liegt, bei **Wohnungseigentumssachen** (§ 43 WEG). Diese gilt auch für **Mahnbescheide** wegen Zahlungsansprüchen im Zusammenhang mit dem Wohnungseigentum (vgl. Rdnr. 120).

5   – Für Klagen aus **Haustürgeschäften** ist dasjenige Gericht ausschließlich zuständig, in dessen Bezirk der Kunde zur Zeit der Klageerhebung seinen Wohnsitz hat (§ 7 HWiG). – Für **Abzahlungsgeschäfte** ist seit dem 1. 1. 1991 kein ausschließlicher Gerichtsstand mehr gegeben (vgl. *Bülow*, NJW 1991, 129/134). Das VerbrkrG kennt keinen ausschließlichen Gerichtsstand.

6   – Ausschließliche Gerichtsstände sind auch die beiden Gerichtsstände des **§ 24 UWG** (*Baumbach/Hefermehl*, 15. Aufl. § 24 Rdnr. 7) und die Zuständigkeitsvorschriften für **Urheberrechtsstreitigkeiten** (§ 105 UrhG i. V. m. landesgesetzlichen Regelungen) sowie für Patentstreitigkeiten (§ 143 PatG i. V. m. landesgesetzlichen Regelungen). **Ferner:** der Gerichtsstand für die Konkursfeststellungsklage (§ 146 II KO), der Gerichtsstand in Miet- oder Pachtsachen über **Räume** (§ 29 a ZPO, der seit 1. 3. 1993 weiter gefaßt ist und alle Ansprüche aus Miet- oder Pachtverhältnissen über Räume oder Streitigkeiten über das Bestehen solcher Verhältnisse betrifft) und der Gerichtsstand für Ehesachen (§ 606 ZPO). Neu hinzugekommen ist seit 1. 1. 1991 der ausschließliche Gerichtsstand für **Klagen** gegen eine **Anlage mit Umwelteinwirkungen** (§ 32 a ZPO n. F.). Zuständig für Ansprüche nach dem UmwelthaftungsG ist das Gericht, in dessen Bezirk die Umwelteinwirkung von einer Anlage ausgegangen ist.

7   b) **Wahlmöglichkeiten.** Liegt keine wirksame Gerichtsstandsvereinbarung (§ 38 ZPO) vor, so hat der Kläger ggf. ein **Wahlrecht** unter mehreren Gerichtsständen. Dieses erlischt durch Klageerhebung bei einem zuständigen Gericht (zur Bezeichnung des Gerichts für das Streitverfahren in einem Mahnbescheid-

santrag vgl. Rdnr. 112). Sind bei mehreren Beklagten verschiedene Gerichte örtlich zuständig, so ist die **Bestimmung** des zuständigen Gerichts herbeizuführen (§ 36 ZPO; vgl. *Bornkamm* NJW 1989, 2713). Die für die Praxis wichtigsten Wahlgerichtsstände sind folgende:
- Der Gerichtsstand des **Wohnsitzes** einer Person (§§ 13, 16 ZPO), der Gerichtsstand des Sitzes einer juristischen Person (§ 17 ZPO) und der gewerblichen Niederlassung (§ 21 ZPO) sowie des Behördensitzes (§§ 18f. ZPO). Von größerer Bedeutung ist auch der besondere Gerichtsstand der Erbschaft für Klagen auf Feststellung des Erbrechts, aus einem Vermächtnis, aus einem Testament, auf Teilung der Erbschaft oder wegen Pflichtteilsansprüchen (§ 27 ZPO). 8
- Wichtig ist der Gerichtsstand des **Erfüllungsorts** für Streitigkeiten aus Vertragsverhältnissen (§ 29 ZPO). Häufige Fälle: Gebührenklage des Rechtsanwalts am Ort seiner Kanzlei (*BGH* NJW 1986, 1178); Vergütungs- und Mängelklage bei Bauvertrag am **Ort des Bauvorhabens** (*BGH* NJW 1986, 935; vgl. auch Rdnr. 13); entsprechendes dürfte auch für den Architektenvertrag gelten, wenn nach den Plänen gebaut wird (*Locher/Koeble/Frik*, HOAI, § 1 Rdnr. 16); Klage gegen den Bürgen oder Darlehensschuldner an ihrem Wohnsitz; ebenso Klage gegen den Käufer auf Kaufpreiszahlung; bei Anwendbarkeit des **EKG** ist der Sitz des Verkäufers sowohl für die Kaufpreisklage als auch für die Lieferklage Erfüllungsort (Art. 19 II, 59 I EKG). Die Wandelungsklage des Käufers kann an seinem Wohnsitz erhoben werden, wenn sich bei ihm die Sache befindet (vgl. *Zöller/Vollkommer*, § 29 Rdnr. 25); für Klagen aus Reiseverträgen kann der Kunde neben dem Zielort auch den Ort der Niederlassung des Reiseveranstalters (§ 21 ZPO) zur Verfügung haben. 9
- Am Gerichtsstand der **unerlaubten Handlung** (§ 32 ZPO) muß sich das Gericht nicht mit anderen Anspruchsgrundlagen befassen (*BGH* NJW 1974, 411; *BGH* NJW 1986, 2437), dagegen können vertragliche Vorfragen hier zu klären sein (*BGH* v. 11. 2. 1988 – I ZR 201/86 für die Frage, ob eine Verletzungshandlung aufgrund vertraglicher Vereinbarungen rechtmäßig ist). 10
- Auch der Gerichtsstand der **Widerklage** ist ein besonderer Gerichtsstand (§ 33 ZPO). In Ausnahmefällen ist auch die Drittwiderklage zulässig, so bei Kfz-Unfällen hinsichtlich eines bisher nicht beteiligten Fahrers bzw. der Haftpflichtversicherung (zur örtlichen Zuständigkeit für die Drittwiderklage vgl. *BGH* NJW 1991, 2838). 11
- Für Klagen aus dem **Versicherungsverhältnis** gegen den Versicherer (z. B. Deckungsklage) ist das Gericht des Ortes zuständig, wo der Agent zur Zeit der Vermittlung oder Schließung des Vertrags seine gewerbliche Niederlassung bzw. seinen Wohnsitz hatte (§ 48 I VVG). 12
- Einen besonderen Fall der Gerichtsstandvereinbarung durch **Zugrundelegung der VOB (B)** enthält § 18 Nr. 1 VOB (B). Soweit die Vertragspartner Vollkaufleute sind oder der Auftraggeber eine Körperschaft oder Anstalt öffentlichen Rechts, ist sein Sitz als Gerichtsstand vereinbart (*Ingenstau/Korbion*, B § 18 Rdnr. 8). Einen neuen Besonderen Gerichtsstand für **Klagen Dritter gegen Wohnungseigentümer** in Angelegenheiten, die das Wohnungseigentum (Sonder- und Gemeinschaftseigentum) betreffen, enthält § 29b ZPO. Dabei ist unerheblich, mit welchem Baumodell das Wohnungseigentum geschaffen wurde. Die Vorschrift gilt für Ansprüche von Bauhandwerkern, Architekten, Ingenieuren und Lieferanten aus der Bau- und Nutzungsphase. 13

3. Sachliche und funktionelle Zuständigkeit

14 a) **Ausschließliche Gerichtsstände**. Auch hinsichtlich der sachlichen Zuständigkeit gibt es ausschließliche Gerichtsstände (zur örtlichen Zuständigkeit vgl. Rdnr. 2). Beim AG sind zu erheben Klagen betreffend „Ansprüche aus einem Mietverhältnis über **Wohnraum** oder über den Bestand eines solchen Mietverhältnisses" (§ 23 Nr. 2a GVG seit 1. 3. 1993), in Kindschaftssachen (§§ 651a ZPO, 23a GVG) in Wohnungseigentumssachen (§ 43 WEG) und in Ehesachen sowie anderen Familiensachen beim Familiengericht des AG (§§ 606, 621 ZPO, 23b GVG). Beim LG sind Klagen wegen Urheberrechtssachen zu erheben (§ 105 UrhRG i. V. m. Landesgesetzen).

15 b) **Zuständigkeit des AG**. Während das AG früher sachlich ausschließlich auch für Räumungsklagen bei **gewerblichen Mietverhältnissen** zuständig war, ist dies seit der Neufassung der §§ 29a ZPO, 23 Nr. 2a GVG (1. 3. 1993) anders: Die Zuständigkeit bemißt sich nach dem Streitwert, was bis 1. 3. 1993 schon für die Zahlungsklage galt. Das AG ist zuständig für gesetzliche Unterhaltsansprüche infolge Ehe oder Verwandtschaft (§ 23a Nr. 2 GVG), für Ansprüche der nichtehelichen Mutter gegen den Kindsvater (§ 23a Nr. 3 GVG), für Ansprüche aus dem ehelichen Güterrecht (§ 23a Nr. 5 GVG).

16 Für vermögensrechtliche und nichtvermögensrechtliche Streitigkeiten ist das AG seit 1. 3. 1993 bis einschließlich 10000 DM zuständig (§ 23 Nr. 1 GVG; vgl. aber § 71 II GVG). Für die Berechnung ist der **Zuständigkeitsstreitwert** maßgebend. **Prüfungsreihenfolge:** Zunächst §§ 4–9 ZPO, dann § 3 ZPO. Maßgebend ist nur die Hauptforderung. Bei Haupt- und Hilfsantrag ist der höhere Antrag maßgebend (*KG OLGZ* 79, 348). Bei Klage und Widerklage wird nur für den Kostenstreitwert (§ 19 I GKG) addiert, während für den Zuständigkeitsstreitwert der höhere Antrag maßgebend ist (§ 5 ZPO; zur Beschwer für die Berufung vgl. *Schneider*, NJW 1992, 2680). Der etwa höhere Streitwert einer Hilfswiderklage ist nur maßgebend, wenn über diese entschieden wird (*BGH* NJW 1973, 98). In den letzten beiden Fällen wird das Amtsgericht unzuständig (§ 506 ZPO).

17 c) **Zuständigkeit des LG**. Das LG ist zuständig für alle nichtvermögensrechtlichen und vermögensrechtlichen Streitigkeiten mit Streitwerten über 10000 DM (§§ 71 I, 23 Nr. 1 GVG seit 1. 3. 1993).

18 d) **Funktionelle Zuständigkeit.** Unter diesem Stichwort ist hier nur die **Zuständigkeit der KfH** von Bedeutung: für Handelssachen (§ 95 GVG), wobei neben den Handelsgeschäften für beide Parteien Ansprüche aus Wechseln und Schecks hervorzuheben sind, da in beiden Fällen Kaufmannseigenschaft nicht erforderlich ist! Zuständig ist die KfH auch für Berufungen bei Handelssachen, die in erster Instanz beim AG anhängig waren (Angabe in der Berufungsschrift).

19 Wird eine Handelssache bei der Zivilkammer eingeklagt, so kann der Beklagte vor der Verhandlung zur Sache Verweisung an die KfH beantragen (§§ 98 I, 101 I GVG). Für die Klageerwiderung gesetzten Fristen werden allerdings durch die Verweisung nicht berührt, so daß es auf die Frage der Verzögerung ankommt (vgl. Rdnr. 70). Rügt der Beklagte die Zuständigkeit der Zivilkammer nicht, so wird sie zuständig.

20 Soll bei der KfH geklagt werden, so muß dies in der Klagschrift („An das LG, KfH, ...") angegeben sein. War zunächst sein Mahnbescheid beantragt, so kann der Antrag noch in der Anspruchsbegründung gestellt werden (*OLG Frankfurt*

NJW 1980, 2202). Liegt keine Handelssache vor, so ist auf Antrag des Beklagten bzw. von Amts wegen (§ 97 I, II GVG) an die Zivilkammer zu verweisen.

4. Die Partei des Klägers

a) Parteibezeichnung und Parteiänderung. Parteibezeichnung und Partei 21
müssen sich decken. Ausnahme: Vollkaufleute, OHG und KG können „unter ihrer Fa." klagen und verklagt werden (§ 17 II HGB). Anzugeben sind die gesetzlichen Vertreter; § 130 ZPO ist zwar nur eine Sollvorschrift, die Angabe ist aber wegen Zustellung, vgl. § 171 ZPO, und wegen Zwangsvollstreckung erforderlich. Die Anschrift (nicht Postfach!) ist ebenfalls wegen der Zustellung und Zwangsvollstreckung nötig (Ermittlung: Auskünfte aus Handelsregister, Gewerberegister oder vom Einwohnermeldeamt). Zur ordnungsgemäßen Klagerhebung (hinsichtlich der Berufung vgl. A II Rdnr. 9) gehört grundsätzlich auch die Angabe der ladungsfähigen Anschrift des Kl. (*BGH NJW* 1988, 2114). Die Parteibezeichnung muß eindeutig sein. Zwar sind unklare und mißverständliche Angaben auszulegen und offensichtlich falsche auch ohne Antrag zu berichtigen (Beispiele: statt GmbH: GmbH i. L.; statt Kl.: Kl. als Konkursverwalter über das Vermögen der ...), sogar noch in der Berufungsinstanz (*BGH NJW* 1981, 1454). Kann jedoch nicht geklärt werden, wer Partei ist, ist die Klage unzulässig. Grenze für die Berichtigung ist die Identität der Partei, da sonst Parteiwechsel vorliegt (vgl. *BGH NJW* 1987, 1946).

Der **Parteiwechsel** auf Klägerseite wird für die 1. und 2. Instanz von der 22
Rechtsprechung als Klagänderung behandelt (*BGH NJW* 1978, 1529). Der alte und der neue Kl. müssen zustimmen. Die Zustimmung des Bekl. ist dagegen bei Sachdienlichkeit auch „nach Beginn der mündlichen Verhandlung des Bekl." nicht erforderlich (vgl. *BGHZ* 16, 317; *BGH LM* Nr. 8 zu § 264 ZPO; str., vgl. i. e. *Roth NJW* 1988, 2977). In Analogie zu § 269 III ZPO hat der ausscheidende Kl. die bis dahin dem Bekl. entstandenen Kosten auch dann zu tragen, wenn dieser dem Parteiwechsel nicht zugestimmt hat (str.; so *OLG Stuttgart NJW* 1973, 1756; *Baumbach/Lauterbach/Albers/Hartmann*, § 263 Anm. 2 C a, bb; *Thomas/Putzo*, Vorbem. IV 3a, aa vor § 50). Tritt während des Berufungsverfahrens nach § 265 ZPO Rechtsnachfolge ein, kann der übernahmebereite Rechtsnachfolger, den das Berufungsgericht aus dem Prozeß weist, weil die Zustimmung des Gegners fehle, gegen diese Entscheidung Rechtsmittel einlegen. Das Rechtsmittel ist jedoch unzulässig, wenn mit ihm nicht weiterhin die Befugnis durchgesetzt werden soll, den Prozeß an Stelle des Rechtsvorgängers zu übernehmen (*BGH NJW* 1988, 3209). Eine **Parteierweiterung** ist in 1. Instanz zulässig, in 2. Instanz nach h. M. ebenfalls (*BGH NJW* 1976, 239; *BGH NJW* 1985, 1241; a. A. *Thomas/Putzo*, Vorbem. IV 5 b vor § 50).

b) Parteifähigkeit. Durch den **Tod** einer Partei tritt eine **Unterbrechung** des 23
Verfahrens ein, die von Amts wegen zu berücksichtigen ist (§ 239 I ZPO). Dies gilt allerdings nicht, wenn die Partei durch einen Prozeßbevollmächtigten vertreten ist; dieser kann aber einen **Antrag auf Aussetzung** stellen (§ 246 I ZPO). Klägervertreter und Beklagtenvertreter können für bzw. gegen den Erben wiederaufnehmen.

Juristische Personen sowie die OHG und die KG sind parteifähig, die Woh- 24
nungseigentümergemeinschaft dagegen nicht (*BGH NJW* 1977, 1686; zu weiteren Problemen bei WEG vgl. B II Rdnrn. 79 ff. sowie B V). Die Rechtsprechung läßt hier bei der Parteibezeichnung Erleichterungen zu: Es genügt in der Klage

die Pauschalbezeichnung „WEG X.", wenn eine Eigentümerliste beigefügt ist (*BGH* NJW 1981, 283). Bei **Liquidation** verliert die Kl. nicht schon mit Auflösung, auch nicht mit Löschung im Handelsregister, die Parteifähigkeit, sondern erst mit „Vollbeendigung". Diese liegt erst bei Vermögenslosigkeit vor (*BGH* NJW 1979, 1592 für einen Verein; *BGH* NJW 1982, 238 für eine GmbH & Co. KG; *BGH* NJW-RR 1986, 394 für eine Genossenschaft). Die Löschung begründet zwar eine Vermutung für die Vermögenslosigkeit. Es genügt aber, wenn eine Partei behauptet, die Gesellschaft habe noch Vermögen. Diese Behauptung ergibt sich z. B. aus einer Zahlungsklage selbst. Der Prozeßgegner muß dann beantragen, daß ein neuer Liquidator bestellt wird. Ist die juristische Person Bekl., dann genügt die Möglichkeit der Kostenerstattung, wenn Berufung eingelegt wird (*BGH* VersR 1991, 562).

25   Bei **Konkurs** des Kl. ist folgendes zu unterscheiden: Durch den Antrag selbst tritt noch keine Unterbrechung ein, ebensowenig bei Ablehnung mangels Masse, da hier liquidiert wird. Nur die Eröffnung des Verfahrens unterbricht (§ 240 ZPO) anders als beim Vergleich (§ 20 VerglO). Bei Konkurs des Kl. kann nur der Konkursverwalter wiederaufnehmen (§ 10 KO; bei Verzögerung gilt § 239 II ZPO). Lehnt der Konkursverwalter die Aufnahme ab, kann der Gemeinschuldner oder der Gegner aufnehmen (Form: § 250 ZPO).

26   c) **Aktivlegitimation.** Die Aktivlegitimation betrifft ausschließlich die Berechtigung nach **materiellem Recht.** Sie ist in der Klagebegründung substantiiert darzulegen und unter Beweis zu stellen. Sie kann sich aus allen Anspruchsgrundlagen ergeben. Fehlt sie, so ist die Klage als unbegründet, nicht als unzulässig abzuweisen. Bei mehreren Kl. ist darzulegen bzw. im Klagantrag zu spezifizieren, was für jeden verlangt wird: Bei Teilgläubigerschaft (§ 420 BGB) sind die einzelnen Teile für jeden Kl. geltend zu machen; bei Gesamtgläubigerschaft (§ 428 BGB) kann jeder auf Leistung an sich klagen, während bei Mitgläubigerschaft (§ 432 BGB) auf Leistung an alle geklagt werden muß.

27   d) **Prozeßführungsbefugnis.** Fallen Parteistellung und Aktivlegitimation auseinander, so stellt sich die Frage der Prozeßführungsbefugnis, wenn der Kläger nicht in fremdem Namen als Bevollmächtigter klagt. **Kraft Gesetzes** sind der Konkursverwalter, Zwangsverwalter, Nachlaßverwalter und Testamentsvollstrecker zur Prozeßführung befugt, nicht dagegen der WE-Verwalter zur Führung eines Rechtsstreits im eigenen Namen (vgl. B II Rdnrn. 79 ff.). Dieser kann als Vertreter (§ 27 WEG) und nur kraft ausdrücklichen WE-Beschlusses als Prozeßstandschafter klagen. Einen Fall der gesetzlichen Prozeßstandschaft regelt § 267 ZPO: Bei Übertragung bzw. Abtretung nach Rechtshängigkeit bleibt der Kl. prozeßführungsbefugt, er muß aber seinen Antrag auf Leistung an den Erwerber umstellen, da sonst seine Klage als unbegründet abgewiesen wird (*BGH* NJW 1972, 1580). Die Klagberechtigung kann sich auch aus anderen Vorschriften ergeben, z. B. für Verbände aus § 13 II Nr. 2 UWG oder aus § 13 II AGBG (zur Darlegungslast in diesen Fällen vgl. *BGH* NJW-RR 1991, 1138 und *Balzer,* NJW 1992, 2721).

28   Für die **gewillkürte Prozeßstandschaft** müssen zwei Voraussetzungen gegeben sein: (1) die ausdrückliche oder stillschweigende (vgl. *BGH* NJW 1979, 924/ 925) **Ermächtigung** durch den Rechtsinhaber zur Geltendmachung im eigenen Namen, was substantiiert dargetan sein muß (i. e. *Balzer* a. a. O.) und (2) das schutzwürdige Eigeninteresse des Kl. Beispiele für Eigeninteresse: Verwalter bei WE (*BGH* NJW 1981, 1841); Klage des Verwalters wegen Mängeln (z. B.

Schallmängel), durch die auch das Sondereigentum betroffen ist (*BGH* BauR 1986, 447 m. Anm. *Schilling* = NJW-RR 1986, 755); Pächter klagt mit Zustimmung des Eigentümers gemäß § 985 BGB gegen den nicht berechtigten Besitzer (*BGH* NJW-RR 1986, 158); Miteigentümer eines Grundstücks klagt mit Zustimmung des anderen nach § 1011 BGB (*BGH* NJW 1985, 2825); Ehegatte klagt mit Zustimmung des anderen wegen Mängeln (*BGH* NJW 1985, 1826). Ein schutzwürdiges Eigeninteresse wird dagegen zu verneinen sein, wenn eine klagende GmbH vor Rechtshängigkeit ihre Forderung abgetreten hat und wegen Konkurses (vor oder während des Prozesses) liquidiert wird (so *OLG Hamm* BauR 1989, 369; zur Fortdauer der Prozeßführungsbefugnis eines während des Prozesses zahlungsunfähig gewordenen Prozeßstandschafters vgl. *BGH* BauR 1989, 359). Die Klage auf **Leistung an den Rechtsinhaber** ist sicherlich möglich, aber nicht erforderlich (so für die Klage des Verwalters auf Leistung an sich: *BGH* BauR 1986, 447 m. Anm. *Schilling* = NJW-RR 1986, 755).

5. Die Partei des Beklagten

a) **Parteiänderung.** Hinsichtlich Partei und Parteibezeichnung gilt Entsprechendes wie beim Kl. (vgl. Rdnrn. 21 ff.). Auch den **Parteiwechsel** auf Beklagtenseite behandelt die Rechtsprechung als Klagänderung (vgl. Rdnr. 22; str., vgl. i. e. *Roth* NJW 1988, 2977). Ein **neuer Bekl.** kann deshalb in den Prozeß gezogen werden, wenn er zustimmt oder wenn Sachdienlichkeit gegeben ist. Letzteres wird in 1. Instanz regelmäßig bejaht, nicht aber beim Beklagtenwechsel in 2. Instanz, da dem neuen Bekl. sonst eine Instanz verlorenginge (*BGH* NJW 1987, 1946 m. Nachw.). Die Verweigerung der Zustimmung des neuen Bekl. kann aber auch in 2. Instanz rechtsmißbräuchlich sein, wenn er kein schutzwürdiges Interesse daran hat; sie ist dann entbehrlich (*BGH* aaO m. Nachw.). Das Ausscheiden des **alten Bekl.** bedarf dessen Zustimmung nach § 269 I ZPO (*BGH* NJW 1981, 989). Wird sie erteilt, so sind hinsichtlich des alten Bekl. die Kosten dem Kl. aufzuerlegen (entspr. § 269 III ZPO). Verweigert der alte Bekl. die Zustimmung, so muß gegen ihn streitig entschieden werden, wenn nicht der Kl. Verzicht erklärt und ein Verzichtsurteil ergehen kann. Die **Parteierweiterung** auf Beklagtenseite ist in 1. Instanz zulässig, in 2. Instanz ohne Zustimmung des neuen Bekl. unzulässig. 29

b) **Parteifähigkeit.** Beim Tod des Bekl. tritt keine Unterbrechung von Amts wegen ein, wenn dieser durch einen Prozeßbevollmächtigten vertreten war (§§ 239 I, 246 I ZPO; vgl. zum Kl. Rdnr. 23 ff.). Der Beklagtenvertreter kann aber **Antrag auf Aussetzung** stellen. Der Klägervertreter kann dann gegen die Erben den Rechtsstreit **aufnehmen:** Dafür ist die substantiierte Darlegung der Rechtsnachfolge nötig, ferner muß der Schriftsatz volles Rubrum haben und den Nachfolger genau bezeichnen (ein Rügeverzicht ist allerdings möglich, § 295 ZPO). Die WE-Gemeinschaft ist nicht passiv parteifähig. Hier genügt auch eine pauschale Parteibezeichnung nicht (vgl. Rdnrn. 24, 27). 30

Wird die Bekl. **liquidiert,** so wird sie ebenfalls erst mit Vollbeendigung parteiunfähig (vgl. Rdnrn. 23 ff.). Der Kl. muß hier zweierlei tun: Er muß substantiiert vortragen, daß die Bekl. noch Vermögen hat und er muß einen Antrag auf Bestellung eines neuen Liquidators stellen (vgl. *BGH* NJW 1968, 297; *Bokelmann* NJW 1977, 1130). Bei OHG und KG kann er im Wege des Parteiwechsels gegen die Gesellschafter vorgehen, wofür ein Schriftsatz mit vollem Rubrum 31

A I
Zivilprozeß erster Instanz

erforderlich ist. Bei **Konkurs** des Bekl. (vgl. zunächst Rdnrn. 23ff.) muß bei Eröffnung des Verfahrens die Forderung des Kl. angemeldet werden (§§ 12, 139 KO). Bestreitet der Konkursverwalter die Forderung, kann der Kl. den Rechtsstreit aufnehmen (§ 144 II KO; Form: § 250 ZPO). Die Parteifähigkeit ist **von Amts wegen** zu prüfen. Die Darlegungs- und Beweislast hat auch hinsichtlich des Bekl. der Kl. (vgl. zur Prozeßfähigkeit Rdnrn. 33 ff.).

32 c) **Passivlegitimation.** Passivlegitimiert ist, wer nach materiellem Recht den geltend gemachten Anspruch befriedigen muß. Bei mehreren Bekl. ist darzulegen, ob und woraus sie gesamtschuldnerisch haften sollen oder woraus der auf sie entfallende Anteil sich ergibt. Einzelne Bauherren haften z. B. nur mit ihrem Anteil (trotz § 427 BGB) und zwar sowohl bei Bauherrenmodellen (*BGH* NJW 1977, 294; *BGH* NJW 1979, 2101; *BGH* NJW 1980, 992) als auch bei gemeinsamer Vergabe im Rahmen von Einzelbauvorhaben (*OLG Stuttgart* v. 10. 9. 1985 – 10 U 274/84). Gesamtschuldnerische Haftung wurde jedoch bei geschlossenen Immobilienfonds bejaht (*BGH* BauR 1989, 213 = NJW-RR 1989, 465).

6. Prozeßfähigkeit

33 Den Mangel der Prozeßfähigkeit von Kl. oder Bekl. hat das Gericht von Amts wegen zu berücksichtigen (§ 56 I ZPO). Die Darlegungs- und Beweislast trifft auch hinsichtlich des Bekl. den Kl., so daß dieser Sachverständigen-Beweis antreten und den eventuellen Kostenvorschuß bezahlen muß (anders ist die Situation dann, wenn der Bekl. seine eigene Prozeßunfähigkeit behauptet). Verweigert der Bekl. die Untersuchung, so kann er dazu nicht gezwungen werden und der Kl. muß – damit seine Klage nicht als unzulässig abgewiesen wird – beantragen, daß dem Bekl. ein **Prozeßpfleger** bestellt wird (§ 57 ZPO; *BGH* NJW 1962, 1510). Die Weigerung gilt hier nicht als Beweisvereitelung.

34 Hat der Prozeßunfähige einen **Prozeßbevollmächtigten** beauftragt, als er noch nicht prozeßunfähig war, so ist die Prozeßunfähigkeit ohne Einfluß auf den Rechtsstreit (§§ 86, 246 ZPO). In den anderen Fällen ist das Verfahren unterschiedlich, je nachdem, wann die Prozeßunfähigkeit eintritt. Bei Auftreten **während des Rechtsstreits** tritt eine Unterbrechung ein. Bei **Vorliegen von Anfang an** ist den Parteien Gelegenheit – ggf. durch Vertagung – zur Einstellung auf die prozessuale Situation zu geben (*BGH* NJW-RR 1986, 1119). Stellt der Kl. dann keinen Antrag auf Prozeßpfleger, so ist die Klage als unzulässig abzuweisen.

35 Zweifel über die Prozeßfähigkeit gehen zu Lasten des Kl. (*BGH* NJW-RR 1986, 157/158). Der Kl. muß deshalb stets – mindestens hilfsweise – bei begründeten Anhaltspunkten für Prozeßunfähigkeit die **Bestellung eines Prozeßpflegers** beantragen, da die Voraussetzungen für eine Entmündigung und Bestellung eines Pflegers allgemein erheblich schwieriger sind und das Verfahren lange dauert. Die Bestellung des Prozeßpflegers setzt zwar „Gefahr im Verzug" voraus. Diese ist aber zu bejahen, wenn sich die Bestellung des gesetzlichen Vertreters verzögern würde und dem Kl. dadurch unverhältnismäßig hoher Schaden entstünde (*Zöller/Vollkommer*, § 57 Rdnr. 1): Ausreichend ist z. B. drohender Verjährungseintritt. **Zustellungen** haben zwar an den gesetzlichen Vertreter zu erfolgen. Sie setzen aber auch dann Fristen in Lauf, wenn sie unter Verstoß gegen § 171 I ZPO an den Prozeßunfähigen vorgenommen werden (vgl. für die Einspruchsfrist gegen einen Vollstreckungsbescheid oder ein Versäumnisurteil und wohl auch für Rechtsmittel gegen streitige Urteile *BGH* NJW

1988, 2049, sogar für den Fall, daß der Gläubiger die Prozeßunfähigkeit und die Anordnung vorläufiger Vormundschaft kannte).

7. Streitverkündung

Streitverkündung hat **Nebeninterventionswirkung** (§§ 74, 68 ZPO) unabhängig davon, ob der Dritte beitritt oder nicht. Da über die Zulässigkeit und damit über die Folgen (z. B. auch Unterbrechung der Verjährung, wenn binnen sechs Monaten gegen den Dritten geklagt wird, § 212 II BGB) erst im nachfolgenden Prozeß entschieden wird, sind die **Voraussetzungen** sehr wichtig: 36

– Zulässig ist die Streitverkündung bei Ansprüchen gegen Dritte auf **Gewährleistung** oder **Schadloshaltung**. Dies ist substantiiert darzulegen. Die Rechtsprechung stellt an den Vortrag zum Streitverkündungsgrund aber keine übertriebenen Anforderungen; es empfiehlt sich allerdings, den Regreßanspruch genau zu bezeichnen, weil hiervon die Unterbrechung der Verjährung abhängig ist. Praktische Bedeutung hat die Streitverkündung für Kl. und Bekl. in folgenden Fällen: Der wegen Mängeln in Anspruch genommene Handwerker will die etwaigen Folgen seinem Subunternehmer weitergeben; der Architekt will im Wege des Gesamtschuldsausgleichs gegen einen Handwerker vorgehen; der Bauherr will bei Abweisung seiner Klage gegen den Heizungsbauer Schadensersatzansprüche gegen den Estrichleger geltend machen; der verklagte Bürge will den Hauptschuldner in Anspruch nehmen. **Nicht** zulässig, wenn die Partei und der Dritte von vornherein als Gesamtschuldner in voller Höhe und in gleichem Umfang haften (vgl. *BGH* NJW 1978, 643). Da die Zulässigkeit der Streitverkündung im Beweissicherungsverfahren umstritten ist (hierzu *Koeble*, Gewährleistung und Beweissicherung bei Bausachen, S. 121), sollte sich der RA darauf nicht verlassen (Interventionswirkung; Unterbrechung der Verjährung!), sondern die anderen Möglichkeiten im Beweissicherungsverfahren ergreifen (vgl. Rdnrn. 109 ff.). 37

– Die Streitverkündung ist von der Anhängigkeit **bis zur Rechtskraft**, also z. B. gleichzeitig mit der Klage und noch in 2. Instanz, zulässig. Der Dritte muß allerdings noch die Möglichkeit haben, auf den Rechtsstreit Einfluß zu nehmen (*BGH* NJW 1982, 281/282); *Zöller/Vollkommer*, § 68 Rdnrn. 11 f.). 38

– Die Streitverkündung geschieht durch bestimmenden Schriftsatz (*BGHZ* 92, 253), der im Anwaltsprozeß den dafür geltenden **Formerfordernissen** genügen muß, auf die der Dritte im Regreßprozeß allerdings verzichten kann (§ 295 ZPO). Ebenso wie bei der Klagschrift wird man deshalb volles Rubrum verlangen müssen (vgl. die Bem. bei *Zöller/Stephan*, § 130 Rdnr. 1 und § 253 Rdnr. 8 hinsichtlich der zwingenden Formerfordernisse für bestimmende Schriftsätze). 39

– Dem Dritten muß die **Lage des Rechtsstreits** mitgeteilt werden (ergangene Entscheidungen, anstehende Termine, etwaige Beweisergebnisse). 40

8. Nebenintervention

Die Nebenintervention ist zulässig bei **rechtlichem Interesse** (§ 66 ZPO). Dies ist zu bejahen, wenn die Streitverkündung (Rdnrn. 36 ff.) erfolgt ist oder ihre Voraussetzungen vorliegen (Anspruch auf Schadloshaltung oder Gewährleistung). Das Interesse muß substantiiert dargelegt werden. 41

Der Beitritt ist auch auf der **anderen Seite** möglich, wenn ein rechtliches Interesse zum Beitritt hier besteht, was bei Widerspruch des Verkünders sub- 42 stantiiert dargetan werden muß (*Zöller/Vollkommer,* § 74 Rdnr. 1). Im Verhältnis zum Verkünder liegt dann ein Nichtbeitritt vor (*BGH* NJW 1983, 820).

43 Der Beitritt muß folgenden **Inhalt** haben (§ 70 ZPO): Volles Rubrum, Angabe des Interesses und die Erklärung des Beitritts; die Mängel sind jedoch verzichtbar (§ 295 ZPO).

44 Die Parteien können auf den Beitritt **reagieren,** indem sie einen Antrag auf Zurückweisung der Nebenintervention stellen (§ 71 I ZPO). Der Verkünder kann diesen Antrag nur dann stellen, wenn der Beitritt auf seiten des Gegners erfolgt. Über einen Antrag auf Zurückweisung wird nach mündlicher Verhandlung unter den Parteien und dem Beitretenden entschieden. Der Nebenintervenient muß sein Interesse substantiiert darlegen und glaubhaft machen (§ 71 I ZPO).

9. Streitwert

45 Auseinanderzuhalten sind der **Zuständigkeitsstreitwert** (§§ 2–9 ZPO; vgl. hierzu Rdnrn. 2ff.), der Wert der Beschwer (Berufung-, Revisions- und Beschwerdesumme), die beide in gleicher Weise ermittelt werden und der **Gebührenstreitwert** (Kostenstreitwert). Letzterer ist maßgebend für die Höhe der Gerichts- und Rechtsanwaltsgebühren (§§ 12–25 GKG, 8 I 1 BRAGO). Soweit im GKG keine Regelung enthalten ist, gelten §§ 3–9 ZPO subsidiär (§ 12 I GKG).

10. Klaganträge, Klagarten, Rechtsschutzinteresse, Klagbegründung

46 Voraussetzung für die Zulässigkeit jeder Klage ist das **Rechtsschutzinteresse,** das aber nur ausnahmsweise fehlt. Für die **Leistungsklage** ist im Unterschied zur Feststellungsklage kein „besonderes" Rechtsschutzinteresse nötig. Das allgemeine Rechtsschutzinteresse für die Leistungsklage muß nicht einmal dann ausgeschlossen sein, wenn ein Vollstreckungstitel vorliegt (vgl. *OLG Koblenz* AnwBl. 1990, 40). Die Leistungsklage kann u. a. als Zahlungsklage, Räumungsklage, Herausgabeklage, Klage auf Duldung der Zwangsvollstreckung aber auch als Klage auf Abgabe einer Willenserklärung vorkommen (zu den Anträgen und zum Inhalt vgl. i. e. *Büchel* in Beck'sches Prozeßformularbuch, Kap. I D; *Schellhammer,* Zivilprozeß, Rdnrn. 216ff.). Das besondere Rechtsschutzinteresse für die **Feststellungsklage** ist nur gegeben, wenn nicht auf Leistung geklagt werden kann (z. B. *Thomas/Putzo,* § 256 Anm. 5d). Darüber hinaus muß es um die Feststellung des Bestehens oder Nichtbestehens eines Rechtsverhältnisses gehen. Die **Gestaltungsklage** kommt in Ehesachen, vor allem der Ehescheidungsantrag, insbesondere aber in Handels- und Gesellschaftssachen vor (vgl. hierzu unten B X und *Strohm* in Beck'sches Prozeßformularbuch, Kap. II H und *Anschütz* ebda. II J). Zu erwähnen sind auch die Abänderungs-, Vollstreckungsabwehr- und Drittwiderspruchsklage (*Goll* und *Mewing,* Beck'sches Prozeßformularbuch Kap. I P bzw. III A). Die Klage kann auch auf Freistellung, auf Vorschuß, auf künftige Leistung, auf Geldrente, auf unbeziffertes Schmerzensgeld sowie auf sontige, unbezifferte Leistungen (vgl. hierzu *Gerstenberg* NJW 1988, 1352; *Husmann,* NJW 1989, 3126) gerichtet sein. Hinsichtlich der **Klagbegründung** ist das Erfordernis der **Schlüssigkeit** zu betonen. Der Kläger hat nicht nur Rechtsbehauptungen aufzustellen, sondern dafür Tatsachen vorzutragen. Die Schlüssigkeit ist vom Gericht von Amts wegen zu prüfen (vgl. auch unten Rdnr. 62). Häufig ist problematisch, ob für schriftsätzlichen Vortrag eine

Allgemeine Verfahrensfragen   A I

Bezugnahme auf andere Schriftstücke ausreichend ist (vgl. hierzu *Lange* NJW 1989, 438).
Neben den eigentlichen Klaganträgen können für den Kl. folgende **zusätzliche Anträge** von Bedeutung sein:
- Der **Kostenantrag** ist meist entbehrlich, da über die Kosten von Amts wegen zu entscheiden ist (Ausnahme: Antrag auf Beschluß nach § 269 III ZPO als Grundlage für die Kostenfestsetzung bei (teilweiser) Klagrücknahme und bei Rücknahme des Rechtsmittels, z. B. § 515 III ZPO). 47
- Auch Anträge hinsichtlich der **vorläufigen Vollstreckbarkeit** sind in der Regel nicht erforderlich, es sei denn, der Kl. will ohne Sicherheit vollstrecken (§§ 710, 711 S. 2 ZPO) oder die Zwangsvollstreckung bei Klagabweisung aus dem Kostentitel abwenden (§ 712 ZPO). Diese Anträge sind bis zum Schluß der mündlichen Verhandlung möglich (§ 714 ZPO). Die Voraussetzungen sind glaubhaft zu machen. Empfehlenswert ist allerdings ein Antrag des Kl. bei Obsiegen, die Sicherheitsleistung statt durch Hinterlegung durch Bankbürgschaft erbringen zu dürfen (§§ 709, 108 ZPO). 48
- Sinnvoll sind Anregungen zur Wahl des Verfahrens (früher erster Termin oder schriftliches Vorverfahren) und Anträge auf **Versäumnis-** oder **Anerkenntnisurteil**, falls der Bekl. der Klage nicht rechtzeitig entgegentritt oder anerkennt. Die Erklärung, ob der Übertragung des Rechtsstreits auf den **Einzelrichter** Gründe entgegenstehen, kann Zeit ersparen. 49
- Anträge betreffend die **Zustellung** bei öffentlicher Zustellung (§§ 203 ff. ZPO) oder bei Auslandszustellung (§§ 199 ff. ZPO) sind mit der Klage einzureichen. 50
- Wird die Klage in zeitlichem Zusammenhang mit den Gerichtsferien eingereicht, sollte vorsorglich beantragt werden, den Rechtsstreit zur **Feriensache** zu erklären und gleichzeitig begründet werden, weshalb die Sache besonderer Beschleunigung bedarf (§ 200 IV GVG). 51
- Die **Streitverkündung** kann bereits mit der Klage verbunden werden (Rdnrn. 36 ff.) und das Prozeßkostenhilfe-Gesuch muß ebenfalls mit der Klage eingereicht werden (vgl. Kap. F). 52

11. Anträge des Beklagten

Der **Hauptantrag** des Bekl. ist meist Klagabweisung. Soweit er ein (teilweises) Anerkenntnis abgibt, muß er die Voraussetzungen für die Kostentragungspflicht des Kl. darlegen (§ 93 ZPO). Dafür genügt nicht, daß „unter Verwahrung gegen die Kostenlast" anerkannt wird. Zwar muß das Gericht von Amts wegen die Voraussetzungen des § 93 ZPO prüfen. Der Bekl. muß aber folgendes vortragen (die Kostenentscheidung des Anerkenntnisurteils ist mit sofortiger Beschwerde anfechtbar; § 99 II ZPO): daß er keine „Veranlassung zur Klagerhebung" gegeben hat und daß er „sofort anerkannt" hat (vgl. i. e. *Baumbach/Lauterbach/Albers/Hartmann,* § 93 Anm. 2, 3). Wichtigster Fall: Bei fälligen Geldschulden genügt das Anerkenntnis alleine nicht, um dem Kl. die Kostenlast aufzuerlegen. Der nichtzahlende Schuldner gibt Veranlassung zur Klage (*Thomas/Putzo,* § 93 Anm. 3a; *Zöller/Schneider,* § 93 Rdnr. 6). Erklärt der Kl. den Rechtsstreit in der Hauptsache für erledigt, so kann der Bekl. entweder weiterhin (bei ursprünglich unbegründeter Klage bzw., wenn nicht erledigt sein soll) Klagabweisung oder ebenfalls Erledigung beantragen (vgl. i. e. Kommentare zu § 91a ZPO). 53

A I   Zivilprozeß erster Instanz

54   Anträge hinsichtlich der **Kosten** sind meist überflüssig (vgl. Rdnrn. 46 ff.). Anträge betreffend Feriensache und Streitverkündung können nötig sein (Rdnrn. 51, 44). Gleiches gilt im Hinblick auf die Zuständigkeit oder im Hinblick auf die Aussetzung bzw. Unterbrechung des Verfahrens (vgl. Rdnrn. 23 ff.; 30 ff.). Bei geringem Streitwert können **Anträge zum Verfahren** nötig werden: Will der Kläger bei Streitwerten bis DM 1200 verhindern, daß im **schriftlichen Verfahren** ohne mündliche Verhandlung entschieden wird (§ 128 III ZPO), so muß er dies beantragen bzw. den anderslautenden Beschluß aufheben lassen. Entsprechendes gilt für **Bagatellsachen** (Streitwerte bis DM 1000), bei denen das Gericht sein Verfahren „nach billigem Ermessen" bestimmen kann (§ 495 a I ZPO).

55   Aus der Sicht des Bekl. sind Anträge zur **vorläufigen Vollstreckung** zwar nicht erforderlich, in manchen Fällen aber sinnvoll: Will der Bekl. den **Ausschluß** der vorläufigen Vollstreckbarkeit erreichen, so muß er vortragen und glaubhaft machen, daß die Vollstreckung ihm einen nicht zu ersetzenden Nachteil zufügen würde, daß er nicht imstande ist, die Vollstreckung nach § 712 I 1 ZPO abzuwenden. Der Antrag muß vor Schluß der mündlichen Verhandlung gestellt sein (§ 714 I ZPO). Es darf auch kein überwiegendes Interesse des Gläubigers an der Vollstreckung entgegenstehen (§ 712 II ZPO). Hat der Kl. die **Vollstreckbarkeit ohne Sicherheitsleistung** erlangt, so kann der Bekl. einen Antrag auf Abwendung der Zwangsvollstreckung gegen Sicherheitsleistung stellen (§ 711 ZPO). Dagegen kann der Kl. wiederum seinerseits vor der Vollstreckung Sicherheit leisten. Gegen Urteile, die **gegen Sicherheitsleistung vollstreckbar** sind, kann der Bekl. einen Schutzantrag stellen (§ 712 ZPO). Dafür muß er allerdings behaupten und glaubhaft machen, daß die Vollstreckung ihm einen nicht zu ersetzenden Nachteil bringen würde und überwiegende Interessen des Gläubigers nicht entgegenstehen.

56   Der Bekl. kann **Widerklage** erheben (zum Gerichtsstand vgl. Rdnrn. 2 ff.; zum Streitwert vgl. Rdnrn. 14 ff.). Der Widerkl. muß keinen Gerichtskostenvorschuß bezahlen. Die Widerklage ist zulässig, solange die Klage rechtshängig ist. In Ausnahmefällen ist auch die Drittwiderklage möglich (vgl. *Baumbach/Lauterbach/Albers/Hartmann*, § 253 Anh. 1 A zu § 253; *Thomas/Putzo*, § 33 Anm. 3 c; *Zöller/Vollkommer*, § 33 Rdnrn. 18 ff.). Der Bekl. kann auch Hilfswiderklage erheben, wenn sein Hauptantrag auf Abweisung der Klage und sein Hilfsantrag auf Verurteilung des Kl. in einem wirklichen „Eventualverhältnis" stehen (wichtigstes Beispiel: Hilfswiderklage für den Fall, daß die Aufrechnung mit einer Gegenforderung unzulässig ist; vgl. BGH NJW 1961, 1862).

57   Möglich sind auch Anträge auf Fristverlängerung bzw. Terminsverlegung (vgl. Rdnrn. 66 ff.).

12. Vorbringen und Einwendungen des Beklagten

58   Die Rüge der örtlichen oder sachlichen **Unzuständigkeit** des Gerichts ist vor der Verhandlung zur Sache im Termin zu erheben, da sonst Rügeverzicht eintritt (§ 39 ZPO; vgl. Rdnrn. 2 ff., 14 ff.). Entsprechendes gilt für die Rüge der funktionellen und internationalen (*BGH* NJW 1979, 1104) Zuständigkeit und für die Zuständigkeit des Arbeitsgerichts (wichtig: das ArbG ist auch bei Darlehen, unerlaubten Handlungen und Wettbewerbsverstößen nach Beendigung des Arbeitsverhältnisses zuständig, soweit Zusammenhang mit dem Arbeitsverhältnis besteht; § 2 ArbGG).

Allgemeine Verfahrensfragen **A I**

Ebenfalls um **Zulässigkeitsrügen** handelt es sich bei der Schiedsgerichtseinrede (§ 1027a ZPO), bei der Rüge der fehlenden Ausländersicherheit (§ 110 ZPO) und bei der Rüge fehlender Vollmacht (§ 88 ZPO). Es handelt sich hier um verzichtbare Rügen, so daß sie nicht mehr geltend gemacht werden können, wenn die Verspätung nicht genügend entschuldigt ist (§§ 296 III, 282 III ZPO). 59

Dagegen sind Rügen betreffend die **Partei** und deren Partei- bzw. Prozeßfähigkeit von Amts wegen zu berücksichtigen. Die Tatsachen sind jedoch auch hier vorzutragen; Entsprechendes gilt für die Prozeßführungsbefugnis (vgl. Rdnrn. 21 ff., 29 ff.). 60

Das Bestreiten der **Aktiv- bzw. Passivlegitimation** erfolgt meist aus materiell-rechtlichen Gründen, aber auch aus prozessualen Gesichtspunkten (Veräußerung, Abtretung, Pfändung; vgl. Rdnrn. 21 ff., 29 ff.). Seltener sind die Einreden der **Rechtshängigkeit** und **Rechtskraft**. 61

Die **Schlüssigkeit** der Klage prüft das Gericht von Amts wegen. Ein Hinweis des Bekl., daß anspruchsbegründende Tatsachen nicht oder nicht vollständig vorgetragen seien, ist aber zweckmäßig. Im Rahmen der Schlüssigkeitsprüfung untersucht das Gericht auch, ob die Klage nach dem abweichenden Vorbringen des Bekl. nicht ebenfalls begründet ist. 62

Hinsichtlich der **Tatsachenbehauptungen** des Kl. kann sich der Bekl. unterschiedlich verhalten: er kann ein (bindendes) Geständnis abgeben oder nicht bestreiten (§§ 288, 290; 138 III ZPO). Er kann die Tatsachen auch bestreiten. Dabei genügt das schlichte Bestreiten oder das Bestreiten mit Nichtwissen dann nicht, wenn der Kl. eine detaillierte Sachverhaltsschilderung abgegeben hat und auch der Bekl. die Verhältnisse genau kennt (*Zöller/Stephan*, § 138 Rdnr. 10; vgl. i. e. *Lange*, NJW 1990, 3233). Hier ist „**substantiiertes Bestreiten**" nötig. 63

Der Bekl. kann materiell-rechtliche **Einwendungen** vorbringen. Hierher gehören z. B. Einwendungen und Einreden betreffend Erfüllung, Stundung, des nichterfüllten Vertrags, des Zurückbehaltungsrechts oder der beschränkten Erbenhaftung. 64

Der Bekl. kann die **Aufrechnung** gegenüber der Klagforderung erklären (zur Widerklage vgl. Rdnrn. 11, 56). Sie ist auch mit verjährten Gegenforderungen möglich, soweit sich die Forderungen in nicht verjährter Zeit aufrechenbar gegenüberstanden (§ 390 S. 2 BGB; Besonderheiten gelten für Kauf und Werkvertrag, vgl. §§ 479, 639 I BGB). Mit rechtswegfremden Forderungen kann nach h. M. wegen § 322 II ZPO nicht aufgerechnet werden (vgl. *Schenke/Ruthig* NJW 1992, 2505; *Rupp* NJW 1992, 3274). Die Aufrechnung verändert den Zuständigkeitsstreitwert (vgl. Rdnrn. 14 ff.) nicht. Der Gebührenstreitwert (vgl. Rdnrn. 45 ff.) erhöht sich bei der Primäraufrechnung dagegen. Die **Hilfsaufrechnung** kommt nur zum Zug, wenn der Kl. mit seiner Klage durchdringen würde. Soweit dann über eine bestrittene Gegenforderung mit Rechtskraftwirkung des § 322 Abs. 2 ZPO entschieden wird, wird der Gebührenstreitwert durch Addition ermittelt (§ 19 III GKG). 65

13. Fristen und Verspätungsrügen

a) Fristen und Fristverlängerung. Das Gericht hat die Möglichkeit zur Wahl zwischen dem schriftlichen Vorverfahren und dem frühen ersten Termin (§ 272 II ZPO). Nach dieser Wahl richten sich die Maßnahmen und zu setzenden Fristen. Neben den speziellen Regeln für diese Verfahren können sich allgemeine Pflichten zu rechtzeitigem Vorbringen ergeben (zur Berufungsinstanz vgl. A II Rdnrn. 27 ff.). 66

Koeble

67 Anträge auf **Fristverlängerung** müssen vor Ablauf der Frist beim Gericht eingegangen sein. Dann kann die Frist auch nach ihrem Ablauf verlängert werden (*BGH* NJW 1982, 1651). Voraussetzung ist, daß „erhebliche Gründe" vorliegen, die auf Verlangen des Gerichts glaubhaft gemacht werden müssen (§§ 224f. ZPO). Eine wiederholte Verlängerung darf nur nach Anhörung des Gegners bewilligt werden (§ 225 II ZPO).

68 **b) Fristversäumnis im schriftlichen Vorverfahren.** Versäumt der Bekl. die **Notfrist zur Verteidigungsanzeige** (§ 276 I ZPO), so hat dies zur Folge, daß bei Zulässigkeit und Schlüssigkeit der Klage auf Antrag des Kl. das Versäumnisurteil im schriftlichen Verfahren ergeht (§ 331 III ZPO; zum Antrag vgl. Rdnrn. 49ff.). Diese Möglichkeit besteht seit 1. 4. 1991 auch bei vorausgegangenem Mahnverfahren.

69 Versäumt der Bekl. die **Klagerwiderungsfrist,** so bestimmt das Gericht Haupttermin. Verspätetes Vorbringen (Bestreiten, Beweisanträge, Verteidigungsmittel wie Einwendungen und Einreden) wird im Urteil zurückgewiesen (§§ 296 I, 276 I 2 ZPO) unter folgenden Voraussetzungen:

70 – **Wenn der Rechtsstreit verzögert würde ...**
Die Versäumung der Frist muß allerdings ursächlich sein. Keine Verzögerung liegt vor, wenn über verspätetes Vorbringen sofort abschließend verhandelt werden kann (z. B.: verspäteter Sachvortrag ist unstreitig und Gegner gibt keine weiteren Erklärungen dazu ab; oder: auf das verspätete Vorbringen kann das Gericht zeitlich noch Maßnahmen nach § 273 II ZPO treffen, was aber nicht möglich ist, wenn der Gegner noch Stellung nehmen muß, vgl. *BGH* NJW 1980, 945/946; oder: präsenter Beweis kann im Termin erhoben werden, ohne daß dem Gegner der Gegenbeweis abgeschnitten ist). Keine Verzögerung liegt auch dann vor, wenn das Verfahren aus anderen Gründen noch nicht zum Abschluß gebracht werden kann (z. B.: geladener Zeuge erscheint nicht und Vertagung wird nötig). Keine Verzögerung liegt auch dann vor, wenn Abhilfe nach § 283 ZPO möglich ist.

71 – **... und der Bekl. die Verzögerung nicht genügend entschuldigt.**
Hier ist kein grobes Verschulden der Partei bzw. ihres Vertreters nötig. Informationsschwierigkeiten schließen Verschulden nur aus, wenn keine vorsorgliche Information über den betreffenden Sachverhalt möglich war.

72 Die **Möglichkeiten** des RA des Bekl. **bei Verspätung** sind folgende: Er kann eine Entschuldigung für den verspäteten Vortrag vorbringen oder hoffen, daß der Rechtsstreit nicht verzögert würde. Es bleibt ihm darüber hinaus aber auch die „Flucht in das Versäumnisurteil": er kann ein Versäumnisurteil ergehen lassen und Einspruch einlegen. Das Vorbringen muß dann später berücksichtigt werden, wenn es so rechtzeitig vor dem Einspruchstermin vorgebracht wurde, daß es hier noch berücksichtigt werden kann (*BGH* NJW 1980, 1105).

73 Versäumung einer **Frist zur Replik** durch den Kl. tritt dann ein, wenn eine solche Frist überhaupt gesetzt wurde (§ 276 III ZPO) und der Rechtsstreit verzögert würde sowie eine genügende Entschuldigung fehlt (vgl. oben Rdnrn. 70f.).

74 **c) Fristversäumnis im Verfahren mit frühem erstem Termin.** Versäumt der Bekl. hier die **Frist zur Klagerwiderung,** so wird das Vorbringen zurückgewiesen, wenn der Rechtsstreit verzögert würde und eine genügende Entschuldigung fehlt (§§ 275 I, 277 III, 296 I ZPO, vgl. oben Rdnrn. 70f.). Neben dem Vortrag einer genügenden Entschuldigung bleibt dem Bekl. auch hier die „Flucht in das Versäumnisurteil" (vgl. oben Rdnr. 72). Nicht abschließend ge-

klärt ist, ob Parteivorbringen auch in einem sog. **Durchlauftermin** als verspätet zurückgewiesen werden kann (verneinend *OLG Frankfurt* NJW 1989, 722; vgl. zum Ganzen *H. D. Lange* NJW 1988, 1644).

Soweit **im frühen ersten Termin Fristen** zur Einreichung von Schriftsätzen 75 gesetzt werden, kann Zurückweisung unter den gleichen Voraussetzungen erfolgen, wenn diese nicht eingehalten werden (§§ 275 III, 277 III, 296 I ZPO). Entsprechendes gilt für das Versäumen von **Fristen zur Replik** (§§ 275 IV, 277 IV ZPO).

d) Sonstige Verspätung. Vorbringen kann auch dann noch als verspätet zu- 76 rückgewiesen werden, wenn i. ü. die Fristen eingehalten waren: Wenn es in der mündlichen Verhandlung nicht zeitig vorgebracht wird (§§ 282 I, 296 II ZPO) oder wenn es sich um Vorbringen handelt, auf das der Gegner voraussichtlich ohne vorherige Erkundigung keine Erklärung abgeben kann (§§ 282 II, 296 II ZPO); dabei kommt es allerdings nicht darauf an, ob der Richter frühzeitig von dem Vortrag Kenntnis erlangt, um noch die Möglichkeit zu prozeßvorbereitenden Maßnahmen zu haben (*BGH* NJW 1989, 716/717). In diesen beiden Fällen erfolgt Zurückweisung unter folgenden Voraussetzungen:
– Wenn der Rechtsstreit verzögert würde (vgl. oben Rdnr. 70),
– und wenn grobe Nachlässigkeit vorliegt: bei Verletzung der im Prozeß erforderlichen Sorgfalt in ungewöhnlich großem Maße.

Bei Versäumung einer Frist zur Ergänzung oder Erläuterung von Schriftsät- 77 zen, Vorlegung von Urkunden, Niederlegung von Gegenständen oder Aufklärung von Lücken erfolgt Zurückweisung, wenn der Rechtsstreit verzögert würde und eine genügende Entschuldigung fehlt (§§ 273 II Nr. 1, 296 I ZPO; vgl. oben Rdnrn. 70 f.).

Bei Sachvortrag nach **Schluß** der **mündlichen Verhandlung** erfolgt Zurück- 78 weisung, wenn die Verhandlung nicht wieder eröffnet wird (§ 156 ZPO) und der Vortrag nicht im Rahmen eines nachgelassenen Schriftsatzes erfolgt (§§ 283, 296 a ZPO).

Die verspätete **Zahlung** eines **Vorschusses** für Zeugen oder Sachverständige 79 führt zum Verlust des Beweismittels, wenn das Verfahren verzögert wird (§ 379 ZPO).

14. Versäumnisverfahren

Praktische Bedeutung hat nur das Versäumnisurteil gegen den Bekl. Dieses 80 kann im schriftlichen Verfahren ergehen, wenn der Bekl. die Notfrist zur Verteidigungsanzeige (vgl. Rdnrn. 68 ff.) versäumt oder wenn er trotz ordnungsgemäßer Ladung zum Termin nicht erscheint (früher erster Termin oder Haupttermin, § 331 ZPO). Bei Säumnis des Bekl. **kann** der **Kl.** folgendes **beantragen:**
– **Versäumnisurteil** (§§ 330, 331, 542 ZPO), das ein Sachurteil und ohne Sicherheitsleistung vorläufig vollstreckbar ist.
– Bei Fehlen einer Sachurteilsvoraussetzung oder bei Unschlüssigkeit der Klage, um eine Klagabweisung durch Prozeß- oder Sachurteil zu vermeiden: **Vertagung,** um die Klage zulässig oder schlüssig zu machen (§ 227 ZPO).
– **Entscheidung nach Lage der Akten,** aber nur dann, wenn bereits ein Verhandlungstermin stattgefunden hat; nicht also im ersten Verhandlungstermin (§§ 331 a S. 2, 251 a II 1 ZPO).
– **Verweisung** an das örtlich oder sachlich zuständige Gericht (§§ 281, 506 ZPO).

A I   Zivilprozeß erster Instanz

81   Gegen das Versäumnisurteil ist der Rechtsbehelf **Einspruch** gegeben. Er versetzt den Prozeß in die Prozeßlage vor der Säumnis zurück. Dies gilt auch bei „Flucht in das Versäumnisurteil" zur Vermeidung von Verspätungsrügen und Zurückweisung von Vortrag (vgl. Rdnrn. 68 ff.). Die **Voraussetzungen** für den Einspruch sind folgende:

82   – Die ab der Zustellung des Versäumnisurteils laufende **Frist** von 2 Wochen (§ 339 I ZPO) muß eingehalten sein. Nach h. M. darf der Einspruch bei einem Versäumnisurteil aufgrund Säumnis im Termin (§ 310 I ZPO) nicht vor der Verkündung und bei einem Versäumnisurteil, ohne mündliche Verhandlung (§§ 310 III, 331 III ZPO) nicht vor Zustellung eingelegt werden (vgl. *Baumbach/Lauterbach/Albers/Hartmann* § 339 Anm. 1; Zugehör NJW 1992, 2261).

83   – Die Einspruchsschrift bedarf der **Form:** Das Versäumnisurteil mit Datum, Gericht und Aktenzeichen müssen angegeben sein und es muß deutlich werden, daß der Sache nach Einspruch eingelegt wird.

84   – Die **Einspruchsbegründung** ist zwar keine Zulässigkeitsvoraussetzung, so daß bei Fehlen der Einspruch nicht zurückgewiesen wird. Dagegen kann der Vortrag zurückgewiesen werden, wenn er so spät erfolgt, daß der Rechtsstreit verzögert wird und eine genügende Entschuldigung fehlt (§§ 340 III, 296 I ZPO; zur Frage, ob es sich hier um eine Notfrist handelt, was wegen der Gerichtsferien und im Hinblick auf die Wiedereinsetzung in den vorigen Stand von Bedeutung ist, vgl. *Hartmann,* NJW 1988, 2659). Probleme ergeben sich hier meist dann, wenn das Gericht sofort terminiert; es ist deshalb zu empfehlen, den Einspruch sofort zu begründen. Dabei genügt die Bezugnahme auf eine früher eingereichte Einspruchsbegründung (*BGH* NJW 1989, 530). Die gleichen Grundsätze hinsichtlich der Zurückweisung verspäteten Vortrags gelten auch bei einer vom Gericht verlängerten Frist zur Begründung des Einspruchs.

15. Berichtigung und Ergänzung des Urteils

85   Die Berichtigung eines Urteils – Tenor, Tatbestand und Entscheidungsgründe – wegen **offenbarer Unrichtigkeiten** (§ 319 ZPO) ist jederzeit von Amts wegen oder auf Antrag möglich (vgl. die Formulare bei *Büchel,* Beck'sches Prozeßformularbuch, I N 1–5) im Hinblick auf Schreib- und Rechenfehler sowie Erklärungsirrtümer. Bei anderen Unrichtigkeiten kann Berichtigung des Tatbestands (§ 320 ZPO) nur innerhalb von 2 Wochen ab Zustellung des vollständigen Urteils verlangt werden. Entsprechendes gilt für Ergänzungen des Urteils (§ 321 ZPO).

II. Besondere Verfahren

1. Urkundenprozeß

86   Außer bei Wechseln und Schecks wird die Möglichkeit des Urkundenprozesses (z. B. bei Darlehen, Mietzinsforderungen) nur selten genutzt. Für den Urkundenprozeß gelten allgemeine Bestimmungen (§§ 592 ff. ZPO) und für den Wechselprozeß zusätzlich besondere Bestimmungen (§§ 602 ff. ZPO). Hier ist auch eine spezielle Gerichtsstandregelung vorgesehen (§ 603 ZPO). Zu unterscheiden sind das Vorverfahren und das Nachverfahren. Im **Vorverfahren** stehen dem Bekl. neben den allgemeinen Einwendungen (zur örtlichen, sachlichen

und funktionalen Zuständigkeit vgl. Rdnrn. 1 ff., 14 ff.) folgende Einwendungen und Rechte zur Verfügung:
- Fehlt in der **Klage** die Erklärung, daß sie **im Urkundenprozeß** (§ 593 I ZPO) **87** erhoben werde bzw. wird dies verspätet in anderen Schriftsätzen erklärt, so handelt es sich um einen Normalprozeß (Ausnahme: Sachdienlichkeit i. S. § 263 ZPO, die aber selten vorliegt; vgl. *Thomas/Putzo*, § 593 Anm. 1). Beim Mahnbescheid muß die Erklärung ebenfalls bereits im Antrag enthalten sein (§ 703 a ZPO); kommt dann ein Widerspruch ohne die Beschränkung des § 703 a II Nr. 4 ZPO, so wird automatisch ein Urkundenprozeß anhängig.
- Der Bekl. kann ferner vorbringen, der Kl. habe nicht alle anspruchsbegründenden Tatsachen **mit Urkunden** oder Parteivernehmung **bewiesen** (§ 597 II ZPO). Urkunden können im Original auch noch in der mündlichen Verhandlung vorgelegt werden. Nach der Rechtsprechung muß der Kl. mit Urkunden nur die bestrittenen Tatsachen beweisen (*BGH NJW* 1974, 1199; str.). Der Beklagte kann auch die **Echtheit der Urkunde** bestreiten (zu Beweisfragen bei Streit über die Echtheit des Urkundentextes vgl. *BGH NJW* 1988, 2741 und *Becht, NJW* 1991, 1993). **88**
- Der Bekl. kann **sämtliche Einwendungen** wie im Normalprozeß erheben. **89** Sie werden aber nur berücksichtigt, wenn sie unstreitig sind oder durch Urkunden bewiesen werden.
- Kann der Bekl. keine der vorstehenden Einwendungen im Urkundenprozeß **90** erheben, so hat er zwei Möglichkeiten: er kann den **Vorbehalt der Rechte** im Nachverfahren beantragen oder ein eingeschränktes Anerkenntnis verbunden mit dem Vorbehalt abgeben (str., ob letzteres zulässig ist; vgl. *Thomas/Putzo*, § 599 Anm. 3). Die Ausführung der Rechte wird ihm dann in beiden Fällen vorbehalten (§ 599 I ZPO).

Die **Reaktion des Kl.**, wenn eine der obengenannten Voraussetzungen fehlt, **91** ist folgende: Er erklärt die **Abstandnahme vom Urkundenprozeß**, die bis zum Schluß der mündlichen Verhandlung (§ 596 ZPO) möglich ist. Den Normalprozeß muß der Bekl. dann aber nur annehmen, wenn ihm die Abstandnahme rechtzeitig mitgeteilt war und die Möglichkeit zur Einlassung bestand (*OLG Hamm* NJW 1974, 1515). Erscheint der Bekl. bei verspäteter Abstandnahme im Termin nicht, darf kein Versäumnisurteil ergehen (§ 335 I Nr. 3 ZPO). Der Kl. muß hier Vertagung beantragen.

2. Selbständiges Beweisverfahren

Literatur zum früheren Beweissicherungsverfahren: *Koeble*, Gewährleistung und Beweissicherung bei Bausachen, 1988; *Kroppen/Heyers/Schmitz*, Beweissicherung im Bauwesen, 1982; *Motzke*, Die Vorteile des Beweissicherungsverfahrens in Baustreitigkeiten, 1981; *Locher*, Das Private Baurecht, 4. Aufl. 1988, Rdnrn. 506 ff.; *Werner/Pastor*, Der Bauprozeß, 6. Aufl. 1990, Rdnrn. 1 ff.

Literatur zum selbständigen Beweisverfahren: *Booz*, BauR 1989, 30; *Koeble*, Gewährleistung und selbständiges Beweisverfahren bei Bausachen, 2. Aufl., 1993; *Hansens*, NJW 1991, 953; *Koeble*, BauR 1988, 302; *Lindemann*, ZRP 1988, 248; *Schreiber*, NJW 1991, 2600; *Quack*, BauR 1991, 278.

Durch das am 1. 4. 1991 in Kraft getretene Rechtspflegevereinfachungsgesetz wurde das **bisherige Beweissicherungsverfahren** grundlegend umgestaltet und auch umbenannt in selbständiges Beweisverfahren (zum bisherigen Beweissicherungsverfahren vgl. die 1. Aufl. A Rdnrn. 103 ff.). Das Gesetz kennt zwar nach wie vor die bisherigen **drei Verfahren**: Das Verfahren mit Zustim- **92** mung des Ag. (§ 485 I ZPO), das Verfahren bei Besorgnis, daß das Beweismittel verlorengeht oder eine Benutzung erschwert wird (§ 485 I ZPO) und das Verfahren zur Feststellung (§ 485 II ZPO). Die Voraussetzungen und vor allem der Gegenstand für das zuletzt genannte Verfahren sind aber erheblich verändert worden. Dieses letztere Verfahren beherrscht inzwischen die Praxis.

93 **a) Feststellungsverfahren.** Das Verfahren zur Feststellung ist zulässig (§ 485 II ZPO), wenn
- ein Rechtsstreit noch nicht anhängig ist und
- eine Partei ein rechtliches Interesse an der Feststellung hat, wobei dieses anzunehmen ist, wenn die Feststellung der Vermeidung eines Rechtsstreites dienen kann.

94 Da kein Rechtsstreit anhängig sein darf, ist das **Gericht zuständig,** welches nach dem Vortrag das Ast. zur **Entscheidung** in der Hauptsache berufen wäre (§ 486 II ZPO). Die örtliche Zuständigkeit bemißt sich damit nach §§ 13 ff. ZPO (vgl. Rdnrn. 2 ff.). Für die sachliche Zuständigkeit entscheidet der Streitwert, so daß ab 6000 DM das LG angerufen werden muß. Hinsichtlich der Zuständigkeit ist die Richtigkeit der Behauptungen des Ast. zu unterstellen. Auch beim LG besteht jedoch kein Anwaltszwang, da der Antrag „vor der Geschäftsstelle zu Protokoll erklärt" werden kann (§§ 486 IV, 78 III ZPO). Für das spätere Hauptsacheverfahren ist der Ast. – nicht der Ag. – an seine Entscheidung gebunden (§ 486 II 2 ZPO).

95 Neben der fehlenden Anhängigkeit ist **Zulässigkeitsvoraussetzung** ein rechtliches Interesse des Ast. Dieses **rechtliche Interesse** ist zu unterstellen, wenn die Feststellung der Vermeidung eines Rechtsstreites dienen kann (§ 485 II 2 ZPO). Weitere Fälle des rechtlichen Interesses sind möglich: Drohender Verjährungseintritt (bisher str.); allgemeines rechtliches „Betroffensein" (bisher ausreichend); Bedeutung der Begutachtung für die Entscheidungsbildung, ob und gegen wen Ansprüche geltend gemacht werden sollen (m. E. ausreichend).

96 **Gegenstand der Beweisaufnahme** und damit **des Antrages** kann folgendes sein (§ 485 II ZPO):
- Der Zustand einer Person oder der Zustand oder Wert einer Sache; zum **Zustand einer Sache** gehören: Feststellung von Mängeln; ausgeführte Arbeiten bzw. Restarbeiten bei Kündigung, Konkurs oder Beendigung der Arbeiten; entstandene Schäden und Mangelfolgeschäden; das Aufmaß z. B. einer Baugrube.
- Die **Ursache** eines Personenschadens, Sachschadens oder Sachmangels; dabei muß weder im Antrag noch in der Begründung eine konkrete Mängelursache angegeben sein; es genügt, wenn „die Mängelursache in allgemeiner Form" benannt wird (z. B. nicht ausreichende Wärmedämmung).
- Der Aufwand für die Beseitigung eines Personenschadens, Sachschadens oder Sachmangels; als **Aufwand** für die **Beseitigung eines Sachmangels** werden sowohl die **Mängelbeseitigungsmaßnahmen** (schon bisher h. M.) als auch der Aufwand an **Kosten** anzusehen sein (ebenso: Sowieso-Kosten und Vorteile).

97 **Nicht zulässig** ist die Frage nach dem Verschulden. Die Frage der (technischen) **Verantwortlichkeit** für einen Mangel i. S. der Verursachung durch einen der Beteiligten dürfte dagegen zulässig sein (schon bisher h. M.).

98 Das Gesuch muß entweder die zu vernehmenden Zeugen benennen oder die sonstigen nach § 485 ZPO zulässigen Beweismittel. Der Ast. hat dagegen **kein Benennungsrecht** hinsichtlich des Sachverständigen mehr (so h. M.; z. B. Zöl-

Besondere Verfahren   A I

ler/*Stephan* § 485 Rdnr. 5; *Schreiber*, NJW 1991, 2600 (2602); *Koeble*, Gewährleistung, S. 122; a. A. ohne Begründung *Baumbach/Lauterbach/Albers/Hartmann*, § 487 Anm. 2c). Die Auswahl ist vielmehr dem Gericht überlassen. Anregungen hinsichtlich des Fachbereiches und die Angabe einzelner, qualifizierter Personen sind dennoch sinnvoll.

Der Antrag muß die **Glaubhaftmachung** der Tatsachen, die die Zulässigkeit   99
des selbständigen Beweisverfahrens und die Zuständigkeit des Gerichtes begründen sollen, enthalten (§ 487 Nr. 4 ZPO). Der Beweis durch Urkunden ist möglich, im übrigen die eidesstattliche Versicherung.

Nach Vorliegen des Gutachtens besteht die Möglichkeit, den Sachverständi-   100
gen zur **mündlichen Erläuterung seines Gutachtens** laden zu lassen. Das Gericht kann für Einwendungen gegen die Begutachtung, für Anträge, Ergänzungsfragen und sonstiges Vorbringen eine **Ausschlußfrist** setzen (§§ 492 I, 411 IV ZPO). Neu eingeführt wurde eine Art **Gütetermin** (§ 492 III ZPO). Das Gericht kann die Parteien zur mündlichen Erörterung laden, wenn eine Einigung zu erwarten ist. Dieser Termin ist zwar kein Verhandlungstermin. Dennoch kann nach der Neuregelung ein **Vergleich** zu Protokoll genommen werden (§ 492 III 2. Halbs. ZPO). Die Vollstreckung aus einem solchen Vergleich ist nun möglich (§ 794 I Nr. 1 ZPO). Die Möglichkeit zur **Verwertung des Gutachtens** wurde verbessert: Eine Neubegutachtung ist nur noch unter den Voraussetzungen des § 412 ZPO möglich (§ 493 I ZPO).

Die Möglichkeit zur **Ablehnung des Sachverständigen** wegen Befangenheit   101
war stark umstritten. Während die h. M. den Antrag für unzulässig hielt, hatten in den letzten Jahren einzelne OLG im späteren Hauptsacheprozeß gegenteilig entschieden (*KG* BauR 1985, 722; *OLG München* BauR 1985, 241; *OLG Düsseldorf* BauR 1985, 725; *OLG Frankfurt* VersR 1987, 418; *OLG Bamberg* BauR 1991, 656). Der RA wird deshalb auf jeden Fall einen Ablehnungsantrag stellen müssen, wenn entsprechende Umstände bekannt werden!

Die **Beteiligung Dritter** durch den Ast. ist jederzeit, auch später, möglich. Die   102
Streitverkündung durch den Ag. ist nach h. M. unzulässig (*LG Köln* BauR 1980, 97; *LG Kaiserslautern*, *Schäfer/Finnern/Hochstein*, Nr. 1 zu § 411 ZPO; *LG Stuttgart* BauR 1991, 512; *LG Stuttgart* BauR 1992, 267; a. A. *KG* BauR 1989, 241; *Wirth*, BauR 1992, 300; *Koeble*, Gewährleistung, S. 121; *Thomas*, BauR 1992, 299). Der RA des Ag. muß deshalb ein **eigenes Beweissicherungsverfahren** gegen den Dritten einleiten und Verbindung der beiden Verfahren beantragen sowie anregen, daß der gleiche Sachverständige vom Gericht beauftragt wird.

Der Ag. hat folgende **Gegenrechte**:   103
– Einwendungen gegen die Zulässigkeit; z. B. fehlende Glaubhaftmachung von Zulässigkeitsvoraussetzungen;
– Einwand der Ausforschung bzw. unzureichender Substantiierung
– Vortrag von Tatsachen zur Information des Sachverständigen; dies ist auch erforderlich, weil sonst die Gefahr der Beweislastumkehr im Hauptprozeß besteht (*OLG Düsseldorf* BB 1988, 721).

Dagegen hat der Ag. **kein Beschwerderecht** gegen den Beschluß, er kann   104
aber Änderungen bzw. Ergänzungen anregen. Nach der Neufassung besteht **keine Möglichkeit**, einen **Gegenantrag** einzureichen. Auch ein selbständiges Beweissicherungsverfahren mit umgekehrtem Rubrum ist ausgeschlossen (§ 485 II 2 ZPO).

Im selbständigen Beweisverfahren erhält der **RA** jetzt die **vollen Gebühren**   105
(§ 48 BRAGO). Allerdings werden die Gebühren im anschließenden Streitver-

fahren angerechnet (§ 37 Nr. 3 BRAGO). Die Möglichkeit zur **Kostenerstattung** soll der neue § 494a ZPO schaffen. Auf Antrag kann das Gericht ohne mündliche Verhandlung anordnen, daß der Ast. binnen einer zu bestimmenden Frist Klage zu erheben hat. Kommt er dieser Aufforderung nicht nach, hat das Gericht auf Antrag durch Beschluß auszusprechen, daß er die dem Ag. entstandenen Kosten zu tragen hat.

106   b) **Verfahren bei Zustimmung und drohendem Beweismittelverlust.** Während oder außerhalb eines Rechtsstreites sind die beiden weiteren Beweisverfahren möglich. Ist ein Rechtsstreit anhängig, so ist dieses Gericht zuständig, sonst das gleiche wie beim Feststellungsverfahren (vgl. o. Rdnr. 99). Die Zustimmung des Ag. muß glaubhaft gemacht werden. Gegenstand des Verfahrens kann alles sein, worauf sich die Zustimmung erstreckt.

107   Beim Verfahren wegen drohenden Beweismittelverlustes muß dieser drohende Beweismittelverlust glaubhaft gemacht werden. Der Gegenstand des Verfahrens wird hier genauso umstritten sein, wie bisher (vgl. 1. Aufl., A Rdnr. 106). Im übrigen gelten für beide Verfahren die Grundsätze für das Feststellungsverfahren.

3. Mahnverfahren

108   Das Mahnverfahren führt zur Verzögerung, wenn Widerspruch eingelegt wird, so daß das Klageverfahren beschritten werden sollte, wenn dieser zu erwarten ist. Zuständig ist ausschließlich das AG, bei dem der Gläubiger seinen allgemeinen Gerichtsstand hat (zur Zuständigkeit und zum gesamten Inhalt vgl. *Büchel* in Beck'sches Prozeßformularbuch, Kap. I A 1 ff.). Einzelne Länder haben zur Bearbeitung durch EDV-Anlagen zentrale Zuständigkeiten eingerichtet (vgl. § 689 III ZPO).

Das **Mahnverfahren** ist **ausgeschlossen**
- bei **FG-Sachen** wegen des Amtsermittlungsgrundsatzes (h. M.)
- wenn der Anspruch von einer noch nicht erbrachten **Gegenleistung** abhängig ist oder die **Zustellung durch öffentliche Bekanntmachung** erfolgen müßte (§ 688 II 3 ZPO)
- für Ansprüche in **fremder Währung**, wobei allerdings Umrechnung und Angabe in DM möglich ist
- bei notwendiger **Zustellung im Ausland,** wenn keine zwischenstaatlichen Übereinkünfte bestehen (§ 688 III ZPO)
- für Ansprüche eines Kreditgebers bei einem **Verbraucherkredit** (str., ob der Rechtspfleger das Vorliegen eines Verbraucherkredits prüfen darf, so *Bülow* NJW 1991, 129; a. A. *Markwardt*, NJW 1991, 1220), wenn der effektive oder der anfängliche effektive Jahreszins den bei Vertragsabschluß geltenden Diskontsatz um mehr als 12% übersteigt (§ 688 II 1 ZPO n. F.).

109   Das Mahnverfahren ist seit 1. 4. 1991 eröffnet für **Zahlungsansprüche** in Zusammenhang mit dem **Wohnungseigentum,** über die nach § 43 WEG zu entscheiden ist (§ 46a WEG): Beiträge zu den Lasten des Gemeinschaftseigentums; Kosten der Verwaltung (§ 16 II WEG); Instandhaltungsrücklagen (§ 28 I Nr. 3 WEG); Vorschüsse nach dem Wirtschaftsplan (§ 28 II WEG); Ansprüche des Verwalters gegen Wohnungseigentümer und umgekehrt. **Wichtig: Ausschließlich zuständiges Mahngericht** ist das AG, in dessen Bezirk das Wohnungseigentum belegen ist.

110   a) **Rechte des Antragsgegners.** Binnen 14 Tagen nach Zustellung kann der Ag. **Widerspruch** gegen den Mahnbescheid einlegen. Die **Versäumung der**

Frist ist ohne Folgen, solange noch kein Vollstreckungsbescheid „verfügt" ist (§ 694 I ZPO), andernfalls ergeht auf Antrag Vollstreckungsbescheid; der Widerspruch gilt dann als Einspruch. Der Widerspruch kann sich auf **Teile** des Mahnbescheids beziehen und er kann bei Urkunden-Mahnbescheid beschränkt sein auf das Nachverfahren (§ 703a ZPO). Auf Antrag des Gläubigers ergeht dann Vollstreckungsbescheid und das Nachverfahren wird in Gang gesetzt.

Gegen den Vollstreckungsbescheid ist **Einspruch** binnen 14 Tagen nach Zustellung möglich. Bei Versäumung dieser Frist tritt Rechtskraft des Vollstreckungsbescheids ein. Möglich ist aber ein Antrag auf Wiedereinsetzung in den vorigen Stand bei unverschuldeter Säumnis binnen 2 Wochen, nachdem das Hindernis behoben ist (§ 234 ZPO), d.h. nicht immer Kenntnis, sondern die Frist beginnt, wenn die Unkenntnis nicht mehr unverschuldet ist. Gleichzeitig mit dem Einspruch ist ein Antrag auf **einstweilige Einstellung der Zwangsvollstreckung** zu empfehlen, wobei eine Einstellung ohne Sicherheitsleistung nur ausnahmsweise in Frage kommt (§§ 707 I 2 ZPO, 719 I 2 ZPO; Glaubhaftmachung erforderlich). 111

b) Verfahren bei Widerspruch und Einspruch. Nach Widerspruch und Einspruch wird der Rechtsstreit an das im Antrag bezeichnete Gericht abgegeben (bei Widerspruch nur, wenn der Abgabeantrag gestellt ist und die zweite Hälfte des Gerichtskostenvorschusses bezahlt ist). Die **Abgabe** erfolgt immer an dieses Gericht; ein abweichender Antrag des Gläubigers ist unbeachtlich, wird aber als Antrag auf **Weiterverweisung** an ein Gericht eines besonderen Gerichtsstandes anzusehen sein. Solche Anträge waren bis 31.3.1991 möglich, da mit der Angabe des Gerichts im Mahnbescheid das **Wahlrecht** des § 39 ZPO **nicht verbraucht** war. Anders ist dies aber wohl nach der seit 1.4.1991 geltenden Neuregelung des § 690 I Nr. 5 ZPO, da hiernach im Mahnbescheidsantrag „die Bezeichnung des Gerichts" erfolgen muß „das für ein streitiges Verfahren zuständig ist" (so *LG Wiesbaden* NJW 1992, 1634 m. Nachw.). Die Weiterverweisung ist ebenfalls seit 1.4.1991 erleichtert. Anders als bisher erfolgt sie nicht auf mündliche Verhandlung. Vielmehr können Anträge und Erklärungen zur Zuständigkeit „vor dem Urkundsbeamten der Geschäftsstelle abgegeben" werden (§ 281 II ZPO n.F.), so daß kein Anwaltszwang besteht. Das Mahngericht bleibt für den Erlaß des Vollstreckungsbescheids zuständig, wenn es das Verfahren an das Streitgericht angegeben hat, obwohl kein Widerspruch eingelegt ist (*OLG München* NJW 1989, 723). 112

Das Streitgericht setzt dem Ast. eine Frist, seine Klage binnen 2 Wochen zu begründen (§ 697 I ZPO). Bei **Versäumung der Frist zur Klagbegründung** bestimmt das Gericht Termin. Verspäteten Vortrag kann es dann nicht unter den Voraussetzungen des § 296 I ZPO, sondern nur dann zurückweisen, wenn die Erledigung des Rechtsstreits verzögert würde und die Verspätung auf grober Nachlässigkeit beruht (§ 296 II ZPO; *BGH* NJW 1982, 1533). Beantragt der Kl. Verweisung des Rechtsstreits an ein Gericht eines besonderen Gerichtsstands, so gilt die vom Gericht gesetzte Frist nur im Hinblick auf die Voraussetzungen für die Zuständigkeit, nicht für den sonstigen Sachvortrag. 113

4. Anwaltsvergleich

Durch das Rechtspflegevereinfachungsgesetz wurde die Möglichkeit eines **vollstreckbaren Anwaltsvergleiches** seit 1.4.1991 geschaffen (§ 1044b ZPO; vgl. i.e. *Greimer*, DNotZ 1991, 266; *Hansens*, AnwBl. 1991, 113; *Ziege*, NJW 1991, 1580, beide auch zu den Gebühren). Voraussetzungen sind, 114

- daß der Vergleich von den Parteien **und** ihren Anwälten **unterschrieben** ist und
- daß sich der Schuldner im Vergleich der sofortigen Zwangsvollstreckung **unterworfen** hat (§ 1044b I ZPO) und
- daß der Vergleich beim zuständigen Gericht (Geschäftsstelle) **niedergelegt** wurde und von diesem auf Antrag des Gläubigers für **vollstreckbar erklärt** wurde (§§ 1044b I 2, 1044a I 2 ZPO); mit Zustimmung der Parteien kann der Vergleich statt beim Gericht auch von einem Notar mit Amtssitz im Bezirk des zuständigen Gerichtes in Verwahrung genommen und für vollstreckbar erklärt werden (§ 1044b II ZPO).

III. Zivilprozesse in den neuen Bundesländern seit 3. 10. 1990

1. Geltung von ZPO und GVG

115 Am 3. 10. 1990 traten nach Anlage I zum Staatsvertrag zwischen der Bundesrepublik Deutschland und der DDR (Einigungsvertrag – BGBl. II S. 889) das GVG und die ZPO mit bestimmten Maßgaben in Kraft (vgl. Anl. I Kap. III Abschn. III Nr. 1 und 5 EVertr.). Dadurch wurden bestimmte Übergangsregelungen im Bereich der Gerichtsverfassung und des Zivilprozesses nötig (vgl. zum Ganzen: *Thomas/Putzo,* Nachtrag zur 16. Aufl.; *Zöller/Vollkommer,* Beiheft zu *Zöller* ZPO, 16. Aufl. 1990 (Einigungsvertrag)).

2. Gerichtsverfassung

116 Bis zur Bildung von Amtsgerichten, Landgerichten und Oberlandesgerichten durch die neuen Länder („sobald hierfür unter Berücksichtigung der Bedürfnisse einer geordneten Rechtspflege jeweils die personellen und sachlichen Voraussetzungen gegeben sind") wird die ordentliche Gerichtsbarkeit durch die Kreisgerichte und durch die Bezirksgerichte ausgeübt. Dritte Instanz ist der BGH.

117 Die **Kreisgerichte** sind in bürgerlichen Rechtsstreitigkeiten einschließlich von Ehe- und Familiensachen und in Angelegenheiten der Freiwilligen Gerichtsbarkeit zuständig, soweit die Zuständigkeit der Amtsgerichte oder der Landgerichte im ersten Rechtszug besteht. Das Kreisgericht ist also **umfassend erstinstanzlich zuständig.** Bei denjenigen Kreisgerichten, in deren Bezirk das Bezirksgericht seinen Sitz hat, werden auch Kammern für Handelssachen gebildet. Diese sind Kollegialgerichte, während das Kreisgericht sonst durch Einzelrichter entscheidet.

118 Die **Bezirksgerichte** sind in bürgerlichen Rechtsstreitigkeiten einschließlich von Ehe- und Familiensachen und in Angelegenheiten der Freiwilligen Gerichtsbarkeit für **Berufungen** und **Beschwerden** gegen die Entscheidungen des Kreisgerichtes zuständig. Sie entscheiden über Berufungen und Beschwerden in den Fällen abschließend, in denen nach den Vorschriften des GVG und der ZPO im ersten Rechtszug das AG zuständig wäre. Die Revision zum BGH ist gegeben, wenn das Bezirksgericht anstelle des OLG entschieden hat.

3. Zivilprozeß

119 Die **Übergangsregelungen** betreffend die ZPO sind nicht sehr umfangreich. Sie betreffen die Ablehnung von Richtern wegen Befangenheit, die Anwendbarkeit der Vorschriften der §§ 495 ff. ZPO auf das Verfahren vor den Kreisgerich-

ten, die Zulässigkeit der Beschwerde gegen Entscheidungen des Bezirksgerichtes, das vereinfachte Verfahren zur Abänderung von Unterhaltstiteln nach §§ 641 ff. ZPO, die Überleitung der gerichtlichen Zahlungsaufforderungen in das Mahnbescheidsverfahren, die Übergangsprobleme von Entscheidungen, in deren Wirksamkeit der Beitritt fällt u. a. (vgl. i. e. *Thomas/Putzo,* Nachtrag zur 16. Aufl.; *Zöller/Vollkommer,* Beiheft zu *Zöller* ZPO, 16. Aufl. 1990 (Einigungsvertrag)).

Das **Verfahren** vor dem Kreisgericht unterliegt nicht dem Anwaltszwang – 120 auch dann nicht, wenn das LG als erste Instanz zuständig wäre! Im übrigen gelten die Vorschriften für das Verfahren vor den Amtsgerichten. Für das Verfahren vor dem Bezirksgericht gilt dagegen Vertretungszwang durch einen Rechtsanwalt, der im Beitrittsgebiet seine Kanzlei unterhält; nicht erforderlich ist also, daß der RA seinen Kanzleisitz im Gebiet des speziellen Bezirksgerichtes hat (*Zöller/Vollkommer* a. a. O., Einl. 7).

Die noch **anhängigen Verfahren** werden nach neuem Recht fortgesetzt. Be- 121 sonderheiten gibt es hier hinsichtlich der Rechtsmittelfristen, falls eine Entscheidung vor dem 3. 10. 1990 ergangen, aber noch nicht rechtskräftig war (vgl. Anl. I Kap. III Abschn. III Nr. 28 EVertr.). Nach altem Recht eingelegte Rechtsmittel können nach neuem Recht unzulässig geworden sein (*Zöller/Vollkommer* a. a. O., Einl. 10 und Anl. I Rdn. 42). Besondere Überleitungsvorschriften bestehen für Ehesachen und für vor dem 1. 7. 1990 zugestellten gerichtlichen Zahlungsaufforderungen in das Mahnverfahren.

Die **Vollstreckung** von vor dem 3. 10. 1990 rechtskräftig gewordenen Ent- 122 scheidungen richtet sich nach der ZPO. Die Rechtskraft dieser Entscheidungen bleibt bestehen, allerdings gibt es – neben den in der ZPO vorgesehenen Rechtsbehelfen gegen rechtskräftige Entscheidungen (Anl. I Kap. III Abschn. III Nr. 5i EVertr.) – auch die Möglichkeit der Urteilsmißbrauchsklage gemäß § 826 BGB. Diese ist zwar in der Anlage I nicht ausdrücklich erwähnt, gilt aber kraft richterlicher Rechtsfortbildung (*Zöller/Vollkommer* a. a. O., Einl. 9; Anlage I Rdn. 30).

A II. Rechtsmittel im Zivilprozeß

Dr. Manfred Brüning

Übersicht

	Rdnr.
I. Berufung	1
1. Zuständigkeit in bürgerlichen Streitigkeiten	2
2. Endurteil	3
3. Berufungssumme	4
4. Form der Berufung	7
5. Frist der Berufung	9
6. Berufungsbegründungsfrist	14
7. Inhalt der Berufung	19
8. Verspätetes Vorbringen	24
9. Anschlußberufung	30
II. Beschwerde	34
1. Fälle der Beschwerde	35
2. Beschwerde nicht zulässig	37
3. Beschwerdegericht	39
4. Beschwerdeschrift	40
5. Anwaltszwang	41
6. Aufschiebende Wirkung	43
7. Neue Tatsachen und Beweise	44
III. Sofortige Beschwerde	45
1. Fälle der sofortigen Beschwerde	46
2. Frist	47
3. Beschwerdegericht	49
4. Beschwerdeschrift	50
5. Anschlußbeschwerde	51
IV. Weitere Beschwerde	52
1. Fälle der weiteren Beschwerde	53
2. Familiensachen	54
V. Revision	55
1. Zulassungsfreie Revision	57
2. Zulassungsgebundene Revision	58
3. Familiensachen	59
4. Frist	61

Literatur: *Baumbach/Lauterbach/Albers/Hartmann,* ZPO 51. Aufl. 1993; *Thomas/Putzo,* ZPO, 18. Aufl. 1993; *Zöller,* ZPO, 17. Aufl. 1991

I. Berufung

1 Wenn das erstinstanzliche Urteil den Mandanten nicht befriedigt, verlangt er von „seinem" Anwalt häufig, Berufung einzulegen oder dafür zu sorgen, daß Berufung eingelegt wird, zumal wenn er rechtsschutzversichert ist und davon ausgeht, daß ihn die II. Instanz ohnehin nichts kostet. Auch wenn der Anwalt die Interessen seines Mandanten zu vertreten hat, so enthebt ihn das nicht von der Verpflichtung, in eigener Verantwortung zu prüfen, ob eine Berufung hinreichende Aussicht auf Erfolg bietet, bevor er sie einlegt oder durchführt. Ziel einer Berufung muß es nämlich sein, das **Urteil I. Instanz materiell zu ändern.** Ist der Mandant nicht beschwert und gefällt ihm nur die Begründung nicht, so ist das Urteil materiell nicht zu ändern, also eine Berufung ohne Aussicht auf Erfolg. Ist der Mandant beschwert, weil die Klage ganz oder teilweise abgewiesen oder weil er ganz oder teilweise verurteilt worden ist, so ist das Urteil gleichwohl nicht zu ändern, wenn es offenkundig materiell richtig ist, so daß eine Berufung ebenfalls nicht gerechtfertigt ist. In beiden Fällen schuldet der Anwalt aus dem Anwaltsvertrag die Beratung des Mandanten dahingehend, keine Berufung einzulegen, um den Mandanten vor vermeidbaren Kosten zu bewahren. Das gilt auch für den Fall, daß der Mandant rechtsschutzversichert ist, denn § I 2 ARB gewährt Versicherungsschutz nur, wenn die Wahrnehmung der rechtlichen Interessen hinreichende Aussicht auf Erfolg bietet (vgl. *Harbauer,* Rechtsschutzversicherung, 4. Aufl. § 1 Rdnr. 32 ff.). Sind die Erfolgsaussichten

Berufung A II

der Berufung nicht eindeutig zu verneinen, sondern gibt es in tatsächlicher und/
oder rechtlicher Hinsicht vertretbare Angriffsmöglichkeiten gegen das Urteil
I. Instanz, so muß der Anwalt dem Verlangen seines Mandanten, „in die Berufung zu gehen," entsprechen. Für das Berufungsverfahren gelten dann die nachfolgenden Besonderheiten.

1. Zuständigkeit in bürgerlichen Streitigkeiten

Das **Oberlandesgericht** ist gem. § 119 GVG in Zivilsachen zuständig für Berufungen 2
– gegen Endurteile des Landgerichts
– gegen Endurteile des Amtsgerichts in Kindschaftssachen und in den von den Familiengerichten entschiedenen Sachen.
Achtung: Das Rechtsmittelverfahren in Familiensachen ist kompliziert und das zulässige Rechtsmittel (Berufung, Revision, befristete Beschwerde, sofortige Beschwerde) jeweils davon abhängig, ob die erstinstanzliche Entscheidung als Folgesache im Verbund (§ 623 ZPO) oder für sich entweder auf der Grundlage der ZPO oder auf der Grundlage des FGG ergangen ist. Die Einzelheiten ergeben sich aus B X Rdnr. 337 ff.
Das **Landgericht** ist gem. § 72 GVG in Zivilsachen zuständig für Berufungen
– gegen Endurteile des Amtsgerichts.

2. Endurteil

Endurteil ist ein Urteil, das den Prozeß insgesamt für die Instanz endgültig 3
abschließt, also ein
– Schlußurteil (§ 300 ZPO).
Einem Endurteil gleichbehandelt wird, obgleich es den Prozeß nicht notwendig für die Instanz endgültig abschließt, das
– Teilurteil (§ 301 ZPO)
– Zwischenurteil (§§ 303, 280 II ZPO)
– Zwischenurteil über den Grund (§ 304 ZPO)
– Vorbehaltsurteil (§§ 302 III, 599 III ZPO).
In all diesen Fällen ist die Berufung das statthafte Rechtsmittel.

3. Berufungssumme

Gem. § 511a I 1 ZPO ist seit dem 1. 3. 1993 die Berufung nur zulässig, wenn 4
der **Wert des Beschwerdegegenstandes 1500,– DM** übersteigt. Die Beschwer ergibt sich aus dem Vergleich der in der letzten mündlichen Verhandlung I. Instanz gestellten Anträge mit dem Urteil. Beschwerdegegenstand ist der Betrag, um den der Berufungskläger das Urteil zu seinen Gunsten abgeändert wissen will. Der Betrag muß 1500,– DM übersteigen. War der Beschwerdegegenstand ursprünglich höher als 1500,– DM und beschränkt der Berufungskläger die Berufung willkürlich auf eine Summe unter 1500,– DM, so wird die Berufung unzulässig; sinkt der Beschwerdegegenstand dagegen unter 1500,– DM, weil der Berufungsbeklagte z. B. alles bis auf weniger als 1500,– DM anerkannt oder bezahlt hat, dann bleibt die Berufung gleichwohl zulässig.
Eine Besonderheit gilt in **Unterhaltssachen:** Der für die Berufung maßgebliche Beschwerdewert ergibt sich nicht aus § 17 GKG, der nur für die Berechnung 5
der Gebühren gilt, sondern aus **§ 9 ZPO**. Danach ist der **einjährige Bezug**

A II

Rechtsmittel im Zivilprozeß

3½fach zu nehmen, und wenn die Unterhaltspflicht von bestimmter Dauer ist, der Gesamtbetrag der künftigen Unterhaltsbezüge, wenn er geringer als 3½fache ist. Das heißt konkret, daß selbst bei einer Differenz zwischen Antrag und Urteil von 36,00 DM die Berufungssumme von mehr als 1500,- DM erreicht ist.

6 In wenigen, gesetzlich bestimmten Fällen ist eine Berufung auch **ohne Berufungssumme** zulässig, und zwar
- wenn in Streitigkeiten über Ansprüche aus einem Mietverhältnis über Wohnraum oder das Bestehen eines solchen Mietverhältnisses das Amtsgericht in einer Rechtsfrage von der Entscheidung eines OLG oder des BGH abgewichen ist und die Entscheidung auf der Abweichung beruht (§ 511a II ZPO);
- wenn es sich um eine Berufung gegen ein zweites Versäumnisurteil handelt (§ 513 II 2 ZPO);
- wenn es sich um eine Anschlußberufung handelt (vgl. *Baumbach/Albers,* § 521 Anm. 1 B b aa).

4. Form der Berufung

7 Die Berufung wird durch Einreichung einer Berufungsschrift bei dem jeweils zuständigen Berufungsgericht eingelegt, § 518 ZPO.

Berufungsschrift ist
- der in herkömmlicher Weise gefertigte und von einem beim Berufungsgericht zugelassenen Rechtsanwalt **eigenhändig unterschriebene Schriftsatz**
- die per **Telegramm** eingelegte Berufung (vgl. *Zöller,* 15. Aufl. § 518 Rdnr. 17).
- die per **Telex** eingelegte Berufung (*BGHZ* 97, 283)
- die per **Telefax** eingelegte Berufung, wenn sie ohne privaten Zwischenempfänger direkt dem zuständigen Gericht zugeht (*BGH NJW* 1989, 589), und das gesendete „Original" die Unterschrift eines beim Berufungsgericht zugelassenen Anwalts trägt.

Berufungsschrift ist nicht
- die per **Telefon** übermittelte Berufung
- die per **Telefax** eingelegte Berufung, wenn die Telefaxnummer für zwei Gerichte gilt und das zuständige Gericht in der Berufungsschritt falsch bezeichnet ist, etwa LG statt OLG bei einheitlicher Telefaxnummer (*BGH NJW* 1990, 990).

8 **Weitere formale Mängel** der Berufungsschrift
- falsche oder fehlende Bezeichnung der Partei, für die Berufung eingelegt werden soll. Zwar ist die Auslegung der Berufungsschrift möglich, aber nur anhand der dem Berufungsgericht innerhalb der Berufungsfrist zugegangenen Unterlagen (*BGH VersR* 82, 769)
- falsche Bezeichnung des Berufungsbeklagten, etwa GmbH statt natürliche Person (*BGH NJW* 1985, 2651)
- falsche Bezeichnung des Gerichts, gegen dessen Endurteil Berufung eingelegt werden soll (*BGH NJW* 1989, 2396), jedoch ausnahmsweise unschädlich, wenn sich alle Umstände für eine falsche Bezeichnung des Gerichts aus den vorliegenden Unterlagen ergeben (*BGH NJW* 1989, 2395).

Gegen die Gefahr, daß die Berufungsschrift formale Mängel aufweist, schützt sich der Anwalt des Berufungsklägers zuverlässig, indem er die Kann-Vorschrift des § 518 III ZPO beachtet und der Berufungsschrift eine beglaubigte Kopie des angefochtenen Urteils beifügt.

5. Frist der Berufung

Die Berufungsfrist beträgt gem. § 516 ZPO **einen Monat.** Sie ist eine Notfrist, die mit der Zustellung des Urteils zu laufen beginnt; ohne Zutellung beträgt die Frist fünf Monate seit Verkündigung. Maßgebend ist die **Amtszustellung des Urteils an die Partei,** die Berufung einlegen möchte. Das gilt auch für den Streitgenossen (§ 61 ZPO) und den notwendigen Streitgenossen (§ 62 ZPO), für die, je nach dem Datum der Amtszustellung, gesonderte Fristen beginnen und enden (vgl. *Thomas/Putzo,* § 61 u. 62 jeweils Anm. 11). 9

Besonderheiten gelten jedoch für den **Streithelfer** (Nebenintervenienten): Für ihn gilt die Berufungsfrist ab Zustellung an die Hauptpartei, und zwar auch dann, wenn dem Streithelfer das Urteil I. Instanz selbst zugestellt worden ist. Es gibt keine gesonderte Rechtsmittelfrist für den Streithelfer. Das Urteil muß ihm nicht von Amts wegen zugestellt werden (vgl. *BGH NJW* 1986, 257). 10

Vorsicht ist auch im Falle einer **Urteilsberichtigung** des erstinstanzlichen Urteils geboten. Die berichtigte Fassung ist nämlich rückwirkend auf die Verkündung des ursprünglichen Urteils die allein maßgebende, d. h. daß der Berichtigungsbeschluß keine neue Rechtsmittelfrist eröffnet (vgl. *BGHZ* 67, 284/286). 11

Für die **Berechnung** der Monatsfrist gelten die §§ 222 ZPO und 187–189 BGB. Da die Berufungsfrist eine **Notfrist** ist, wird ihr Lauf durch die Gerichtsferien nicht gehemmt (§ 223 II ZPO), so daß Berufung in allen Fällen während der Gerichtsferien eingelegt werden muß. Für die danach zu berechnende Berufungsbegründungsfrist s. Rdnr. 15. 12

Der Lauf der Berufungsfrist wird auch nicht dadurch gehemmt, daß die Partei nicht in der Lage ist, die Kosten des Berufungsverfahrens zu tragen und deshalb auf **Prozeßkostenhilfe** angewiesen ist. Gleichwohl braucht nicht Berufung in Erwartung der späteren Bewilligung der PKH (und damit eventuell mit dem Gebührenrisiko für den Anwalt) eingelegt zu werden. Vielmehr genügt es, 13
– daß der PKH-Antrag innerhalb der Berufungsfrist beim Berufungsgericht gestellt wird;
– daß das durch die Partei selbst geschieht, denn der PKH-Antrag kann immer, also auch in der II. Instanz, vor der Geschäftsstelle zu Protokoll erklärt werden (§ 117 I ZPO), so daß weder der Berufungsanwalt noch der Anwalt I. Instanz mitzuwirken brauchen;
– daß dem Antrag alle Unterlagen beigefügt werden, auf die § 117 II ZPO abstellt.

Nicht notwendig ist die Begründung, daß die beabsichtigte Berufung Aussicht auf Erfolg bietet, denn die Prüfung der Berufungsaussichten obliegt dem Gericht von Amts wegen; gleichwohl sollte der Antwalt, wenn er einen PKH-Antrag gestellt hat, eine Begründung mit den wesentlichen Rügen des anzufechtenden Urteils beifügen.

Nach der PKH-Bewilligung (oder -Versagung) muß innerhalb der zweiwöchigen Frist des § 234 ZPO der **Wiedereinsetzungsantrag** gestellt werden und mit diesem Antrag die versäumte Prozeßhandlung nachgeholt, d. h. **Berufung eingelegt** werden (§ 236 I ZPO). Zur Begründung des Wiedereinsetzungsantrags genügt der Hinweis auf das vorangegangene PKH-Verfahren. **Achtung:** Mit der Nachholung der versäumten Prozeßhandlung, also der Einlegung der Berufung, beginnt die Berufungsbegründungsfrist zu laufen.

6. Berufungsbegründungsfrist

14 Die Frist für die Berufungsbegründung beträgt **einen Monat**. Diese Frist kann gem. § 519 I ZPO auf Antrag vom Gericht **verlängert** werden. Die Begründung für den Antrag ergibt sich aus den Anforderungen des Gesetzes und den Gepflogenheiten des Berufungsgerichts. Die Dauer der Verlängerung ist von Gericht zu Gericht verschieden. Der Antrag muß die Unterschrift eines beim Berufungsgericht zugelassenen Anwalts tragen und vor 24.00 Uhr des letzten Fristtages bei Gericht eingegangen sein. Es ist unschädlich, wenn über den Verlängerungsantrag erst nach Ablauf der Berufungsbegründungsfrist entschieden wird. Die verlängerte Frist endet mit Ablauf des vom Gericht verfügten Datums, oder falls nur ein Zeitraum genannt ist, beispielsweise ein Monat, mit Ablauf dieses Zeitraums gerechnet vom Datum der Verfügung. Es kommt nicht auf das Zustellungsdatum der Verlängerungsverfügung an, da die Fristverlängerung „keine Frist in Lauf setzt" (Beschluß des *BGH* vom 14. 2. 1990 – AZ XII 2 B 126/89, der die gegenteilige Entscheidung des IV. Senats VersR 1989, 1063 mit dessen Zustimmung aufhebt). Die häufige Praxis, einen Verlängerungsantrag erst in letzter Minute zu stellen, birgt das Risiko, daß dem Antrag nicht stattgegeben wird und die Berufung dann nicht mehr – und sei es notdürftig – innerhalb einer verbleibenden Zeit begründet werden kann; sie ist dann wegen Fristversäumung unzulässig mit allen haftungsrechtlichen Konsequenzen für den Berufungsanwalt.

15 Die Berufungsbegründungsfrist wird durch den Lauf der **Gerichtsferien** gehemmt, es sei denn, es handelt sich um eine Feriensache gem. § 200 II GVG. Die Berechnung der Berufungsbegründungsfrist bereitet erfahrungsgemäß Schwierigkeiten, wenn die Gerichtsferien mit hineinspielen. Die Beachtung der nachfolgenden Tabelle schließt das Risiko, die Berufungsbegründungsfrist falsch zu berechnen, aus.

Eingang	Ende	Eingang	Ende	Eingang	Ende
15. 6.	16. 9.	25. 6.	26. 9.	5. 7.	7. 10.
16. 6.	17. 9.	26. 6.	27. 9.	6. 7.	8. 10.
17. 6.	18. 9.	27. 6.	28. 9.	7. 7.	9. 10.
18. 6.	19. 9.	28. 6.	29. 9.	8. 7.	10. 10.
19. 6.	20. 9.	29. 6.	30. 9.	9. 7.	11. 10.
20. 6.	21. 9.	30. 6.	1. 10.	10. 7.	12. 10.
21. 6.	22. 9.	1. 7.	3. 10.	11. 7.	13. 10.
22. 6.	23. 9.	2. 7.	4. 10.	12. 7.	14. 10.
23. 6.	24. 9.	3. 7.	5. 10.	13. 7. – 15. 9.	15. 10.
24. 6.	25. 9.	4. 7.	6. 10.		

Der 15. 10. ist für alle zwischen dem 13. 7. und 15. 9. eingelegten Berufungen der letzte Tag zur Einreichung der Begründung (es sei denn, der 15. 10. ist ein Samstag, Sonntag oder Feiertag, § 222 II ZPO). Die am 15. 10. endende Frist, wie auch alle Berufungsbegründungsfristen, die zwischen dem 16. 9. und 15. 10. enden, können gem. § 519 I ZPO auf Antrag vom Gericht verlängert werden.

16 Von den Gerichtsferien nicht gehemmt werden die **Feriensachen** gem. § 200 II Nr. 2–8 GVG. Wenn ein Auftrag zur Berufungseinlegung nach dem 15. Juni eines Jahres und natürlich während der Gerichtsferien eingeht, emp-

fiehlt es sich dringend, den Katalog des § 200 II Nr. 2–8 GVG zu Rate zu ziehen und anhand von Tatbestand und Gründen des anzufechtenden Urteils zu prüfen, ob eine Feriensache vorliegt. Dabei verdienen die Ziffern 5a und 5b besondere Aufmerksamkeit.

Bei **familienrechtlichen Streitigkeiten** haben wir es mit Feriensachen nur zu 17 tun, wenn Streitgegenstand ist
- Unterhalt nach Scheidung (§§ 1569 BGB);
- Unterhalt zwischen Verwandten gerader ab- und aufsteigender Linie, vornehmlich Kindesunterhalt (§§ 1601 ff. BGB);
- das elterliche Sorgerecht (§§ 23 b I Nr. 2 GVG, 1626 ff. BGB);
- das Umgangsrecht des nichtsorgeberechtigten Elternteils (§§ 23 b I Nr. 3 GVG, 1634 BGB);
- der Anspruch auf Herausgabe des Kindes (§§ 23 b I Nr. 4 GVG, 1632 BGB);
- die Aufteilung der Ehewohnung und des Hausrats nach der HausratsVO (§ 23 b I Nr. 8 GVG);

vorausgesetzt, daß der einzelne Anspruch (oder auch mehrere der vorstehenden Ansprüche) nicht als Folgesache im Scheidungsverbund (§ 623 ZPO), sondern für sich geltend gemacht wird. Merke: Das **Scheidungsverfahren** und alle damit im **Verbund** entschiedenen Folgesachen sind **keine Feriensache**.

Feriensachen bei **familienrechtlichen Streitigkeiten** sind ferner, und zwar 18 ausnahmslos:
- Unterhalt bei Getrenntleben (§ 1361 BGB);
- der Anspruch auf Erstattung von Entbindungskosten, die der Mutter des nichtehelich geborenen Kindes entstanden sind (§ 1615k BGB);
- der Anspruch der Mutter des nichtehelich geborenen Kindes auf Unterhalt für 6 bzw. 8 Wochen vor und nach der Geburt (§ 1615 I BGB).

7. Inhalt der Berufung

Was die Berufungsbegründung auf jeden Fall enthalten muß, ergibt sich aus 19 § 519 III Nr. 1 u. 2 ZPO. Der Berufungsantrag ist mit besonderer Sorgfalt zu formulieren. Das gilt insbesondere, wenn nicht das gesamte (Klage-)Begehren I. Instanz in der Berufungsinstanz weiter verfolgt werden, sondern die Berufung beschränkt oder erweitert werden soll. Der Berufungsantrag ist auslegungsfähig, und zwar durch den gesamten Inhalt der Berufungsbegründung. In diesem Punkt sind die Gerichte erfreulich „weitherzig". Gleichwohl sollte der Berufungsantrag nicht nur inhaltlich das Gewollte richtig zum Ausdruck bringen, sondern auch optisch deutlich abgesetzt vom laufenden Text der Berufungsbegründung hervorgehoben sein.

Der zunächst in der Berufungsbegründung angekündigte Antrag kann im 20 Rahmen der Berufungsgründe bis zum Schluß der mündlichen Verhandlung **erweitert** (oder beschränkt) werden. Das ist herrschende Meinung (vgl. u. a. *Baumbach/Albers*, § 519 Anm. 3 B). Dieses Recht eröffnet dem Berufungskläger die Möglichkeit zum taktischen Vorgehen: er kann es, wenn er die Berufungsaussichten nicht so günstig einschätzt, vom Verlauf der mündlichen Verhandlung abhängig machen, welchen Antrag er abschließend verlesen will.

Die Berufungsbegründung muß die einzeln anzuführenden **Anfechtungs-** 21 **gründe** sowie **neue Tatsachen, Beweismittel** und **Beweiseinreden** enthalten. Soweit der Berufungsführer sich auf Urkunden oder z. B. auf die Berufungsbegründung in einem parallel laufenden Verfahren beziehen will, reicht die Bezugnahme nicht aus. Vielmehr muß der Berufungsanwalt beglaubigte Abschriften als Anlage zur Berufungsbegründung mit überreichen. Ungenügend ist auch die allgemeine Bezugnahme auf das Vorbringen I. Instanz, da das Berufungsgericht nicht gezwungen ist, die Akten daraufhin durchzuforschen, ob sich darin für den Erfolg der Berufung erhebliches Vorbringen findet. Unzulässig ist der allgemeine Bezug auf die übergangenen Beweisangebote in I. Instanz. Vielmehr müssen die angeblich fehlerhaft übergangenen Beweisanträge einzeln und ausdrücklich wiederholt werden (vgl. *BGHZ* 35, 106/107).

22 Besondere Beachtung muß der in einer Berufungssache vor dem Oberlandesgericht tätige Anwalt von Anfang an der Möglichkeit oder Notwendigkeit einer späteren **Revision** schenken. Sofern die Revision nicht von der Zulassung, sondern von einer Beschwer von mehr als 60 000,- DM abhängt, sollte der Berufungsanwalt erwägen, einen 60 000,- DM übersteigenden Antrag auch dann zu verfolgen, wenn er Teilen davon keine hinreichende Erfolgsaussicht einräumt (Voraussetzung ist die Aufklärung des Mandanten und dessen ausdrücklicher Auftrag, in diesem Sinne zu verfahren).

23 Die Revisionsinstanz ist keine Tatsachen-, sondern eine reine Rechtsinstanz. Der BGH geht nur von dem Sachverhalt aus, der dem Oberlandesgericht unterbreitet war. Infolgedessen sind der **Sachverhalt** und die **Beweisangebote** im Blick auf eine spätere Revision so **vollständig** wie möglich vorzutragen. Wenn das Berufungsgericht einen bestimmten Tatsachenvortrag mit Beweisangebot fehlerhaft übergangen hat, besteht die Möglichkeit, daß der BGH auf die Rüge der Revision das Urteil aufhebt und das Berufungsgericht anweist, den unterlassenen Beweis zu erheben. Das heißt aber nicht, daß die Berufungsbegründung vorsorglich mit jedem nur entfernt denkbaren Sachvortrag und Beweisangebot befrachtet werden sollte – das schadet ihrer Übersichtlichkeit –, sondern heißt nur, daß kein erheblicher Sachvortrag mit Beweisangebot zurückgehalten werden darf, weil das nicht nachgeholt werden kann.

Der Vorteil einer revisiblen Berufungssache liegt nach Einschätzung von Berufungsanwälten häufig darin, daß das Gericht den Prozeß sorgfältiger bearbeitet und angebotene Beweise erhebt.

8. Verspätetes Vorbringen

24 Ein schwieriges Thema auch in der Berufungsinstanz ist die Zurückweisung von Angriffs- und Verteidigungsmitteln als verspätet. Die Berufungsinstanz ist eine Tatsacheninstanz. Der Rechtsstreit wird auf der Grundlage des angefochtenen Urteils und der mündlichen Verhandlung(en) in I. Instanz neu verhandelt und gewürdigt (§ 525 ZPO). Dabei ist neues Vorbringen bis zum Schluß der mündlichen Verhandlung statthaft, soweit nicht die §§ 527 ff. ZPO entgegenstehen.

Man muß für das Berufungsverfahren drei Komplexe unterscheiden, nämlich
– neues Vorbringen, das nicht verspätet, aber entgegen den Fristen in §§ 519 und 520 Abs. 2 ZPO nicht rechtzeitig vorgebracht worden ist (§ 527 ZPO);
– neues Vorbringen, das bereits in I. Instanz hätte vorgebracht werden müssen oder können (§ 528 ZPO);
– neues Vorbringen, das bereits in I. Instanz zurückgewiesen worden ist (§ 528 III ZPO).

25 (1) Der Berufungskläger muß **alle** neuen Tatsachen, Beweismittel und Beweiseinreden, mit denen er die Berufung rechtfertigen will, in der Berufungsbe-

gründung bringen (§ 519 III ZPO). Trägt er sie in einem späteren Schriftsatz vor, muß er das Gericht davon überzeugen, daß sich der Rechtsstreit gleichwohl nicht verzögert, oder er muß die Verspätung entschuldigen (§ 296 I ZPO). Das gleiche gilt für den Berufungsbeklagten, wenn das Gericht eine Berufungserwiderungsfrist, sowie erneut für den Berufungskläger, wenn das Gericht eine Frist zur schriftlichen Stellungnahme zur Berufungserwiderung gesetzt hat (§ 520 II ZPO).

(2) Sollen in der Berufungsinstanz Angriffs- und Verteidigungsmittel vorgetragen werden, die bereits in I. Instanz hätten vorgebracht werden müssen oder können, so hängen die Möglichkeiten in der Berufungsinstanz davon ab, welcher Art die Versäumnisse in I. Instanz waren: **26**
– Hatte das Gericht I. Instanz eine Frist gesetzt für
  – ergänzende oder erläuternde Ausführungen zum bisherigen Sachvortrag und zur Vorlage von Urkunden (§ 273 II Nr. 1 ZPO);
  – die Klageerwiderung zur Vorbereitung des frühen ersten Termins (§ 275 I Satz 1 ZPO),
  – die Klageerwiderung zur Vorbereitung des Haupttermins (§ 275 III ZPO),
  – die Replik des Klägers zur Klageerwiderung des Beklagten (§ 275 IV ZPO);
  – die Klageerwiderung nach der Mitteilung der Verteidigunsbereitschaft des Beklagten (276 I 2 = insgesamt 4 Wochen);
  – die Replik des Klägers zur Klageerwiderung des Beklagten (§ 276 II ZPO);
  – die Klageerwiderung und die Replik des Beklagten verbunden mit der Verpflichtung der Partei zur Prozeßförderung (§ 277 ZPO),
und ist eine (oder mehrere) dieser Fristen unbeachtet geblieben, so ist das neue Vorbringen in der Berufungsinstanz dann nicht verspätet, wenn dessen Berücksichtigung den Berufungsrechtszug **nicht verzögern** würde. Das ist dann nicht der Fall, wenn die Verzögerung durch vorbereitende Maßnahmen des Gerichts im Rahmen des normalen Geschäftsganges aufgefangen werden kann, z. B., in dem der erstmalig in der Berufungsinstanz benannte Zeuge zur ersten mündlichen Verhandlung geladen wird. Es empfiehlt sich für den Berufungskläger, bereits in der Berufungsbegründung anzukündigen, daß der Zeuge zum Termin **gestellt** wird, weil dessen Vernehmung dann bei der Terminierung berücksichtigt werden kann.
– Würde der Berufungsrechtszug durch die Berücksichtigung des erstmalig in der Berufungsinstanz gebrachten Vorbringens gleichwohl verzögert, dann wäre das (nur) dann unschädlich, wenn die Versäumung der in I. Instanz gesetzten Frist genügend entschuldigt wird. Zu den Entschuldigungsgründen siehe die Kommmentierungen zu § 296 ZPO.
– Hatte das Gericht I. Instanz zwar keine Frist gesetzt, sind jedoch Angriffs- und Verteidigungsmittel unter **Verletzung der allgemeinen Prozeßförderungspflicht,** also nicht in vorbereitenden Schriftsätzen oder spätestens in der letzten mündlichen Verhandlung vorgebracht oder mitgeteilt worden, so darf dieses Vorbringen in der Berufungsinstanz nur als verspätet zurückgewiesen werden, wenn seine Berücksichtigung zu einer Verzögerung des Berufungsrechtszuges führte, was durch vorbereitende Maßnahmen des Gerichts verhindert werden kann. Wenn jedoch eine Verzögerung des Rechtsstreits im Berufungsrechtszug einträte, kann der Verspätungseinwand nur mit dem Nachweis bekämpft werden, daß das Unterlassen des Vorbringens in I. Instanz nicht auf grober Nachlässigkeit beruhte, vorausgesetzt, daß das Urteil der ersten Instanz die Tatsachen, aus denen sich die grobe Nachlässigkeit

A II Rechtsmittel im Zivilprozeß

ergeben soll, enthält. Ist das nicht der Fall, ist das Vorbringen in der Berufungsinstanz zuzulassen (vgl. *Thomas/Putzo,* § 528 Anm. 5c). Was grobe Nachlässigkeit ist, ergibt sich aus § 296 II ZPO.

27 (3) Angriffs- und Verteidigungsmittel, die das erstinstanzliche Gericht bereits zu Recht zurückgewiesen hat, bleiben ausgeschlossen (§ 528 III ZPO). Im Gegensatz zu den Regelungen in § 528 I u. II kommt es nicht darauf an, ob die Berücksichtigung des bereits zu Recht zurückgewiesenen Vorbringens den Berufungsrechtszug verzögern würde.

28 § 528 ZPO gilt nicht für das Verfahren in **Familiensachen** (§ 615 II ZPO) und nicht in **Kindschaftssachen** (§§ 640, 615 ZPO). § 615 I ZPO enthält lediglich eine Kannvorschrift zur Zurückweisung verspäteten Vorbringens in der Berufungsinstanz.

29 Keine Angriffs- und Verteidigungsmittel sind der **Angriff selbst**, also die Klageänderung und die Widerklage (*Baumbach/Hartmann,* § 296 Anm. 9). Infolgedessen kann das sich darauf beziehende Vorbringen nicht als verspätet zurückgewiesen werden, und zwar auch dann nicht ganz oder teilweise, soweit es sich auf den ursprünglich verfolgten Antrag bezieht (BGH NJW 1986, 2257, 2258). Diese Rechtsprechung des BGH sollte bedacht werden, wenn neues Vorbringen in der Berufungsinstanz an der Verspätung zu scheitern droht. Etwas anderes könnte nur gelten, wenn das Angriffsmittel nur den Sinn hätte, den Verspätungsfolgen zu entgehen, wie der BGH in der Entscheidung anmerkt.

9. Anschlußberufung

30 Die **Voraussetzungen** der Anschlußberufung ergeben sich aus den §§ 521, 522 ZPO. Danach
- muß die Hauptberufung (noch) zulässig und nicht zurückgenommen sein (§ 522 I ZPO).;
- kann Anschlußberufungskläger nur der Berufungsbeklagte oder sein Streithelfer sein;
- bestehen weitere Voraussetzungen für die Anschlußberufung nicht, insbesondere ist eine Beschwer des Berufungsbeklagten durch das Urteil I. Instanz und eine Beschwerdesumme nicht erforderlich.

31 Die Frist, innerhalb derer der Berufungsbeklagte und/oder sein Streithelfer die Anschlußberufung einlegen, entscheidet über ihr weiteres rechtliches Schicksal:
- Wird die Anschlußberufung innerhalb der Berufungsfrist für die Hauptberufung eingelegt (maßgebend ist das Datum der Zustellung des erstinstanzlichen Urteils an den Berufungskläger), handelt es sich um eine **selbständige Anschlußberufung,** die innerhalb der Berufungsbegründungsfrist für die Hauptberufung begründet werden muß (§§ 522 a II, 519 II 2 ZPO). Diese Frist kann durch die Gerichtsferien gestreckt und auf Antrag des Hauptberufungsklägers verlängert werden. Eine eigenständige Verlängerung der Berufungsbegründungsfrist für die Anschlußberufung gibt es nicht, weil § 522a III ZPO den § 519 II ZPO nicht einbezieht.
- Wird die Anschlußberufung nach Ablauf der Frist für die Hauptberufung und spätestens bis zum Schluß der letzten mündlichen Verhandlung eingelegt, dann handelt es sich um eine **unselbständige Anschlußberufung,** die vom Schicksal der Hauptberufung abhängt. Wird diese zurückgenommen oder ist sie unzulässig, dann verliert die Anschließung ihre Wirkung (§ 522 I ZPO).

Die unselbständige Anschlußberufung unterliegt nur in beschränktem Umfang dem Verspätungseinwand. Da sie bis zum Schluß der letzten mündlichen Verhandlung zulässigerweise eingelegt werden kann (vgl. *BGHZ* 83, 371/376), können die zu ihrer Begründung erforderlichen Tatsachen, selbst wenn sie neu sind, grundsätzlich vorgebracht werden. Gleichwohl schränkt der BGH in der Entscheidung *BGHZ* 83, 371 diesen Grundsatz wie folgt ein: 32
– Erstrebt der Berufungsbeklagte und Anschlußberufungskläger mit der Anschlußberufung ein in I. Instanz nicht verfolgtes Prozeßziel, etwa durch Klageänderung, Widerklage oder Aufrechnung, so handelt es sich um einen selbständigen Angriff (vgl. *BGHZ* 83, 388). Die zur Begründung dieses Angriffs vorgebrachten neuen Tatsachen sind zuzulassen, jedoch sind Widerklage und Aufrechnung gem. § 530 ZPO davon abhängig, daß der Gegner einwilligt, oder das Gericht Angriffsmittel für sachdienlich hält (vgl. *BGHZ* 83, 377).
– Erstrebt der Berufungsbeklagte und Anschlußberufungskläger mit der Anschlußberufung lediglich eine Verstärkung seiner Rechtsverteidigung in I. Instanz, etwa durch neue Behauptungen, durch Bestreiten, Einreden und Beweismittel, so handelt es sich um unselbständige Angriffs- und Verteidigungsmittel. Die dazu neu vorgetragenen Tatsachen können in vollem Umfang als verspätet zurückgewiesen werden, wenn die Voraussetzungen (vgl. oben Rdnr. 24 bis 29) erfüllt sind (vgl. *BGHZ* 83, 378/379).

Gleichwohl ist die Anschlußberufung ein hervorragendes taktisches Instrument, weil sie geeignet ist, den Berufungskläger aus Furcht vor deren Erfolg zu veranlassen, die eigene Berufung zurückzunehmen, um das mit der unselbständigen Anschlußberufung verfolgte weitergehende Prozeßziel des Berufungsbeklagten zu vereiteln. 33

II. Beschwerde

Die Beschwerde ist ein Rechtsmittel zur selbständigen Anfechtung weniger wichtiger Entscheidungen (*Baumbach/Albers*, Übersicht vor § 567 Anm. 1). Gleichwohl ist die Beschwerde ein wichtiges Steuerelement, zumal es Rechtsgebiete gibt, in denen nur der Beschwerderechtszug zur Verfügung steht. 34

1. Fälle der Beschwerde

Das Rechtsmittel der Beschwerde findet in den in der ZPO besonders hervorgehobenen Fällen statt (§ 567 I ZPO). Das sind in alphabetischer Reihenfolge: 35

– **Familiensachen, § 621e ZPO** – Beschwerde gegen Entscheidungen in FGG-Sachen gem. § 621 I ZPO, nämlich betreffend
 – die elterliche Sorge für ein eheliches Kind (§ 621 I Nr. 1);
 – das Umgangsrecht eines Elternteils mit dem ehelichen Kind (§ 621 I Nr. 2);
 – die Herausgabe des Kindes an einen Elternteil (§ 621 I Nr. 3);
 – den Versorgungsausgleich (§ 621 I Nr. 6);
 – die Rechtsverhältnisse an der Ehewohnung und am Hausrat (§ 621 I Nr. 7);
 – die Stundung der Zugewinnausgleichsforderung (§ 621 I Nr. 9 ZPO in Verbindung mit § 1382 BGB);
 – die Übertragung von Gegenständen unter Anrechnung auf die Ausgleichsforderung (§ 621 I Nr. 9 ZPO in Verbindung mit § 1383 BGB);
– **Kindschaftssachen, § 641d ZPO** – Beschwerde gegen die einstweilige Anordnung zur Zahlung von Unterhalt für das Kind im Rahmen eines Vaterschaftsprozesses;

A II
Rechtsmittel im Zivilprozeß

- **Notanwalt,** § 78b ZPO – Beschwerde gegen die Ablehnung des Antrags auf Beiordnung eines Notanwalts;
- **Notanwalt,** § 78c ZPO – Beschwerde gegen die Beiordnung eines Rechtsanwalts und dagegen Beschwerde der antragstellenden Partei sowie des Rechtsanwalts,
- **Persönliches Erscheinen der Partei,** §§ 141 Abs. 3, 3180 Abs. 3 ZPO – Beschwerde gegen die Verhängung eines Ordnungsgeldes wegen Ausbleibens im Termin;
- **Sachverständiger,** § 409 ZPO – Beschwerde gegen die Verhängung eines Ordnungsgeldes wegen Ausbleibens im Termin, wegen Weigerung der Abgabe des Gutachtens oder wegen unterbliebener Rückgabe der Akten;
- **Zeuge,** § 380 ZPO – Beschwerde gegen die Verhängung eines Ordnungsgeldes wegen Ausbleibens des ordnungsgemäß geladenen Zeugen;
- **Zeuge,** § 390 ZPO – Beschwerde gegen Verhängung eines Ordnungsgeldes und Auferlegung der Kosten wegen der Zeugnisverweigerung ohne Grund.

36   Darüber hinaus ist die Beschwerde in allen Fällen zulässig, in denen das Gericht, z. B. auch das Registergericht, ein das **Verfahren betreffendes Gesuch** zurückgewiesen hat, und eine **mündliche Verhandlung** für diese Entscheidung **nicht erforderlich** war (§ 567 I 2. Alternative ZPO). Das heißt, daß diese allgemeine Bestimmung eine sehr weitgehende Beschwerdemöglichkeit und damit eine wirksame Kontrolle des richterlichen Handelns ermöglicht. Noch weitergehender sind §§ **19 und 20 FGG,** die jedem, dessen Recht durch eine Verfügung des Gerichts I. Instanz beeinträchtigt ist, die Beschwerdemöglichkeit einräumen.

In den durch das **Betreuungsgesetz** neu geregelten Betreuungssachen haben ebenfalls alle durch das Verfahren Betroffenen gem. § **69g FGG** das Beschwerderecht. In gleicher Weise können sich in **Unterbringungssachen** alle Verfahrensbeteiligten gem. § **70m FGG** beschweren.

2. Beschwerde nicht zulässig

37   Es gilt der Grundsatz, daß eine Beschwerde gegen Entscheidungen der **Oberlandesgerichte nicht zulässig** ist (§ 567 IV ZPO). Die dort aufgeführten **Ausnahmen** betreffen
- die Verwerfung der Berufung als unzulässig (§ 519b ZPO);
- die Zurückweisung der Berufung durch Versäumnisurteil (§ 542 ZPO);
- die Zurückweisung der sofortigen Beschwerde gegen eine Entscheidung des Landgerichts, durch die ein Einspruch gegen ein Versäumnisurteil als unzulässig verworfen worden ist (§§ 568a, 341 II ZPO);
- die Entscheidung über den Rechtsweg (§ 17a IV GVG).

38   Auch gegen Entscheidungen **der Landgerichte im Berufungsverfahren und im Beschwerdeverfahren** ist eine Beschwerde grundsätzlich **nicht zulässig** (§ 567 III ZPO). Das gilt gleichermaßen für Entscheidungen der **Bezirksgerichte** (Einigungsvertrag Anl. I Kap. III Sachgeb. A Abschn. III Nr. 5d). Auch hier gibt es eine Reihe von Ausnahmen, die sich aus dem Gesetz ergeben und im Zusammenhang mit der sofortigen Beschwerde alphabetisch dargestellt werden.

3. Beschwerdegericht

39   Die Beschwerde ist bei dem **Gericht einzulegen,** das oder dessen Vorsitzender die angefochtene Entscheidung erlassen hat (§ 569 I ZPO), damit Gelegenheit besteht, die angefochtene Entscheidung abzuändern (§ 571 ZPO). In drin-

genden Fällen kann die Beschwerde auch beim nächsthöheren Gericht (**Beschwerdegericht, § 567 ZPO**) eingelegt werden. Ob die Beschwerde dringend ist, entscheidet das Beschwerdegericht. Bejaht es die Dringlichkeit, entscheidet es sofort, andernfalls muß es dem unteren Gericht Gelegenheit geben, die angefochtene Entscheidung zu überprüfen.

4. Beschwerdeschrift

Die **Beschwerdeschrift** muß den inhaltlichen Anforderungen des § 518 II ZPO entsprechen, also 40
- die Entscheidung bezeichnen, gegen die sich die Beschwerde richtet
- die Erklärung enthalten, daß gegen diese Entscheidung Beschwerde eingelegt werde.

Dagegen muß die Beschwerde **nicht notwendig begründet** werden. Auch ein förmlicher Antrag ist nicht erforderlich, aber empfehlenswert.

5. Anwaltszwang

Nicht jede Beschwerde muß von einem Anwalt eingelegt werden. Es hängt 41
von der anzufechtenden Entscheidung ab, ob **Anwaltszwang** besteht.

Kein Anwaltszwang
- wenn für den Prozeß im ersten Rechtszug kein Anwaltszwang besteht;
- wenn die Beschwerde die Prozeßkostenhilfe betrifft;
- wenn Beschwerdeführer ein Zeuge oder ein Sachverständiger sind.

Eine Besonderheit gilt für die **neuen Bundesländer**. Da das **Kreisgericht** Eingangsgericht für alle Prozesse I. Instanz unabhängig vom Streitwert ist und vor dem Kreisgericht kein Anwaltszwang besteht (*Baumbach/Hartmann*, Vorbemerkung § 78 unter Hinweis auf Einigungsvertrag/Anl. I Kap. III Sachgeb. A Abschn. III Nr. 5b), besteht für Beschwerden gegen sämtliche Entscheidungen des Kreisgerichts kein Anwaltszwang.

Anwaltszwang 42
- wenn für den Prozeß in I. Instanz Anwaltszwang besteht;
- wenn das **Beschwerdegericht eine schriftliche Erklärung** angeordnet hat auch in den Fällen, in denen die Einlegung der Beschwerde ohne Anwalt statthaft ist.

In den **alten Bundesländern** muß das ein beim Oberlandesgericht oder dem Landgericht als Berufungsgericht zugelassener Anwalt sein, in den **neuen Bundesländern** kann jeder Anwalt die schriftliche Erklärung abgeben, der in den neuen Bundesländern seine Kanzlei unterhält (vgl. *Baumbach/Hartmann*, Vorbemerkung § 78).

6. Aufschiebende Wirkung

Die Beschwerde hat **keine aufschiebende Wirkung** mit Ausnahme der in 43
§ 572 ZPO genannten Fälle (ohne die dort erwähnten §§ 656 u. 678 ZPO, die durch das Betreuungsgesetz vom 12. 9. 1990 ersetzt wurde.)

7. Neue Tatsachen und Beweise

Die Beschwerde kann auf neue Tatsachen und Beweise gestützt werden, ohne 44
daß die allgemeinen Verspätungsregeln gelten, jedoch mit Ausnahme des

A II   Rechtsmittel im Zivilprozeß

§ 282 ZPO (rechtzeitiges Vorbringen), da das Beschwerdegericht Fristen setzen und im Falle der Versäumung gem. § 283 Satz 2 ZPO verfahren kann.

III. Sofortige Beschwerde

45   Die sofortige Beschwerde ist eine Unterart der einfachen Beschwerde (*Baumbach/Albers*, § 577 Anm. 1), die nur in den vom Gesetz besonders bezeichneten Fällen stattfindet und niemals wahlweise neben der Beschwerde zulässig ist.

1. Fälle der sofortigen Beschwerde

46   Das Rechtsmittel der sofortigen Beschwerde findet in den in der ZPO besonders hervorgehobenen Fällen statt. Das sind in alphabetischer Reihenfolge:

– **Ablehnungsgesuch gegen Richter**, § 46 ZPO – sofortige Beschwerde gegen den Beschluß, durch den das Ablehnungsgesuch für unbegründet erklärt wird;
– **Ablehnungsgesuch gegen Urkundsbeamten**, § 49 ZPO – sofortige Beschwerde gegen die Entscheidung des Gerichts, durch die das Ablehnungsgesuch für unbegründet erklärt wird;
– **Ablehnungsgesuch gegen Sachverständigen**, § 406 ZPO – sofortige Beschwerde gegen den Beschluß, durch den das Ablehnungsgesuch gegen den Sachverständigen für unbegründet erklärt wird;
– **Arrestvollziehung**, § 934 ZPO – sofortige Beschwerde gegen den Beschluß, durch den der Arrest aufgehoben wird;
– **Aufgebotsverfahren**, § 952 ZPO – sofortige Beschwerde gegen den Beschluß, durch den der Antrag auf Erlaß des Ausschlußurteils zurückgewiesen wird;
– **Aufgebotsverfahren**, § 1022 ZPO – sofortige Beschwerde gegen den Beschluß, durch den die Zahlungssperre aufgehoben wird;
– **Aufgebotsverfahren**, § 1023 ZPO – sofortige Beschwerde gegen den Beschluß, durch den das Verfahren auf Kraftloserklärung einer Urkunde aufgehoben wird;
– **Aussetzung des Verfahrens**, § 252 ZPO – sofortige Beschwerde gegen den Beschluß, durch den der Antrag auf Aussetzung des Verfahrens abgelehnt wird;
– **Berichtigung des Urteils**, § 319 ZPO – sofortige Beschwerde gegen den Beschluß, durch den das Urteil berichtigt wird;
– **Duldung der Blutentnahme**, §§ 372a II, 387 ZPO – sofortige Beschwerde gegen das **Zwischenurteil**, durch das eine Person zur Duldung der Entnahme von Blutproben zum Zwecke der Blutgruppenuntersuchung verurteilt worden ist;
– **Erledigung der Hauptsache**, § 91a ZPO – sofortige Beschwerde gegen den Kostenbeschluß nach der Erledigung der Hauptsache;
– **Familiensachen – einstweilige Anordnung**, § 620c ZPO – sofortige Beschwerde gegen Entscheidungen des Familiengericht nach mündlicher Verhandlung über
 – die elterliche Sorge für ein gemeinschaftliches Kind
 – die Herausgabe des Kindes an einen Elternteil
 – die Zuweisung der ganzen Ehewohnung an einen Ehegatten;
– **Klagerücknahme**, § 269 ZPO – sofortige Beschwerde gegen den Beschluß, durch den infolge der Klagerücknahme die Klage als nicht anhändig bzw. ein nicht rechtskräftiges Urteil als wirkungslos bezeichnet und der Kläger mit den Kosten des Rechtsstreits belastet wird;
– **Kostenentscheidung bei Anerkenntnis**, § 99 ZPO – sofortige Beschwerde gegen die Kostenentscheidung des **Anerkenntnisurteils**;
– **Kostenfestsetzung**, § 104 ZPO – sofortige Beschwerde gegen den Kostenfestsetzungsbeschluß durch den Gegner des Antragstellers bzw. durch diesen, soweit seinem Antrag nicht stattgegeben worden ist. Sofortige Beschwerde auch, wenn ein neuer Kostenfestsetzungsbeschluß nach **Streitwertänderung** § 107 ZPO ergeht;

Sofortige Beschwerde   A II

- **Räumungsfrist-Wohnraum, § 721 VI ZPO** – sofortige Beschwerde
  - gegen ein auf ein Rechtsmittel ergangenes Urteil über die Versagung, Gewährung oder Bemessung einer Räumungsfrist
  - gegen einen Beschluß über eine angemessene Räumungsfrist bei künftiger Räumung oder Verkürzung der Räumungsfrist;
- **Räumungsfrist im Vergleich, § 794a ZPO** – sofortige Beschwerde gegen die Entscheidung des Amtsgerichts über die Bewilligung, Verlängerung oder Verkürzung einer Räumungsfrist, wenn die Räumung in einem vollstreckbaren Vergleich vereinbart ist;
- **Regelunterhalt für nichteheliche Kinder, § 642–643 ZPO** – sofortige Beschwerde
  - gegen den Beschluß über den durch Urteil (§ 642 ZPO) oder Vergleich (§ 642c ZPO) festgesetzten Unterhalt (§ 642a ZPO) oder gegen die Abänderung des Beschlusses (§ 642b ZPO)
  - gegen die Aufhebung des Beschlusses über die Stundung des rückständigen Unterhalts (§ 642f ZPO)
  - gegen das **Urteil** gegen den nichtehelichen Vater zur Zahlung des Regelunterhalts (§ 643 ZPO)
  - gegen das **Abänderungsurteil** über die Erhöhung oder die Ermäßigung des Regelunterhalts (§ 643a ZPO);
- **Rückgabe der Sicherheit, § 109 ZPO** – sofortige Beschwerde gegen den Beschluß über die Bewilligung oder Versagung einer Frist zur Erklärung der Einwilligung in die Rückgabe der Sicherheit;
- **Schiedsrichterliches Verfahren – Schiedsvergleich** – sofortige Beschwerde
  - gegen den Beschluß, durch den der Antrag auf Vollstreckbarkeitserklärung des Schiedsspruchs abgelehnt wird (1042c ZPO)
  - gegen den Beschluß, durch den der Antrag auf Vollstreckbarkeitserklärung des Schiedsvergleichs abgelehnt wird (§ 1044a ZPO)
  - gegen die Entscheidung über die Ernennung oder Ablehnung eines Schiedsrichters oder das Erlöschen eines Schiedsvertrages (§ 1045 ZPO)
- **Streithelfer (Nebenintervenient), § 71 ZPO** – sofortige Beschwerde gegen das **Zwischenurteil** über den Antrag auf Zurückweisung einer Nebenintervention;
- **Unterhaltsabänderung, § 641p ZPO** – sofortige Beschwerde gegen den Beschluß, durch den der Antrag auf Abänderung des Unterhalts im vereinfachten Verfahren zurückgewiesen wird;
- **Urkunde – Rückgabe durch Rechtsanwalt, § 135 ZPO** – sofortige Beschwerde gegen das **Zwischenurteil**, durch das ein Rechtsanwalt zur Rückgabe einer ihm ausgehändigten Urkunde verurteilt ist;
- **Einstweilige Verfügung, § 936 ZPO** – sofortige Beschwerde gegen den Beschluß, durch den die einstweilige Verfügung aufgehoben wird, § 934 IV ZPO;
- **Versäumnisurteil, § 336 ZPO** – sofortige Beschwerde gegen den Beschluß, durch den der Antrag auf Erlaß des Versäumnisurteils zurückgewiesen wird;
- **Zeugnisverweigerungsrecht, § 387 ZPO** – sofortige Beschwerde gegen das **Zwischenurteil** über die Rechtmäßigkeit der Zeugnisverweigerung;
- **Zulässigkeit der Berufung, § 519b ZPO** – sofortige Beschwerde gegen den Beschluß des Oberlandesgerichts, durch den die Berufung als unzulässig verworfen wird, falls gegen das Urteil gleichen Inhalts die Revision zulässig wäre;
- **Zwangsvollstreckungsverfahren, § 793 ZPO** – sofortige Beschwerde gegen sämtliche Entscheidungen im Zwangsvollstreckungsverfahren, die ohne mündliche Verhandlung ergehen können.

2. Frist

Die sofortige Beschwerde muß binnen einer **Notfrist von 2 Wochen** eingelegt werden. Die Notfrist beginnt mit der **Zustellung des mit Gründen versehenen Beschlusses** zu laufen; ohne Zustellung beträgt die Frist 5 Monate seit Verkündung. Maßgebend ist die **Amtszustellung des Beschlusses**, §§ 270 I, 329 III ZPO.

47

A II Rechtsmittel im Zivilprozeß

Nicht mit der Zustellung des Beschlusses, sondern mit seiner **Verkündung** beginnt die Beschwerdefrist zu laufen
- gegen den Beschluß, durch den der Antrag auf Erlaß des Versäumnisurteils zurückgewiesen wird, §§ 336, 577 II Satz 1 ZPO;
- gegen den Beschluß, durch den der Antrag auf Erlaß eines Ausschlußurteils zurückgewiesen wird, §§ 952 IV, 577 II Satz 1 ZPO.

48 Für die **Berechnung der 2-Wochen-Frist** gelten die §§ 222 ZPO und 187–189 BGB. Da die Beschwerdefrist eine Notfrist ist, wird ihr Lauf durch die **Gerichtsferien nicht gehemmt** (§ 223 II ZPO), so daß die sofortige Beschwerde stets während der Gerichtsferien gelegt werden muß. Im Falle der Versäumung der Beschwerdefrist ist die **Wiedereinsetzung in den vorigen Stand** möglich.

3. Beschwerdegericht

49 Die sofortige Beschwerde darf beim Beschwerdegericht oder bei dem Gericht eingelegt werden, dessen Entscheidung angefochten wird. Dieses ist jedoch nicht befugt, seine Entscheidung abzuändern (§ 571 III ZPO). Bezüglich des **Anwaltszwangs** gilt das zur Beschwerde Gesagte (vorstehend Rdnr. 41 f.). Besteht Anwaltszwang und ist der Anwalt nur beim unteren Gericht zugelassen, so endet dessen Vertretungsmöglichkeit mit der Einlegung der Beschwerde bei diesem Gericht. Ist das **Oberlandesgericht** das Beschwerdegericht, so muß, falls die sofortige Beschwerde beim Oberlandesgericht eingelegt werden soll, das durch einen dort zugelassenen Anwalt geschehen. In den neuen Bundesländern gilt diese Abstufung nicht, weil jeder dort zugelassene Anwalt zugleich auch vor den Bezirksgerichten postulationsfähig ist.

4. Beschwerdeschrift

50 Die Beschwerdeschrift muß den Anforderungen des § 518 II ZPO entsprechen, also
- die Entscheidung bezeichnen, gegen die sich die sofortige Beschwerde richtet
- die Erklärung enthalten, daß gegen diese Entscheidung sofortige Beschwerde eingelegt werde.

Eine Begründung für die sofortige Beschwerde ist nicht erforderlich, aber empfehlenswert.

5. Anschlußbeschwerde

51 Wie bei der Berufung gibt es auch bei der sofortigen Beschwerde die selbständige oder unselbständige **Anschlußbeschwerde, § 577a ZPO.**

IV. Weitere Beschwerde

52 Die weitere Beschwerde ist ein begrenztes Rechtsmittel gegen **Beschwerdeentscheidungen.**

1. Fälle der weiteren Beschwerde

53 Durch das seit dem 1. 4. 1991 in Kraft befindliche Rechtspflege-VereinfachungsG findet die weitere Beschwerde nur noch in den durch die ZPO be-

stimmten Fällen statt. Dabei gilt zunächst folgendes: Eine weitere Beschwerde ist dann nicht möglich, wenn der mit der Erstbeschwerde angefochtene Beschluß vom **Landgericht** erlassen war, weil die Entscheidungen des Oberlandesgerichts als Beschwerdegericht unanfechtbar sind (§ 567 IV ZPO). Eine **Ausnahme** bildet **§ 568a ZPO**. Er läßt die **sofortige weitere Beschwerde** gegen einen Beschluß des **Oberlandesgerichts** zu, durch den die sofortige Beschwerde gegen den Beschluß des Landgerichts, einen Einspruch gegen ein Versäumnisurteil als unzulässig zu verwerfen (§ 341 ZPO) zurückgewiesen worden ist, jedoch nur, wenn gegen ein Urteil die Revision stattfinden würde. Die sofortige Beschwerde ist binnen einer **Notfrist von 2 Wochen** durch einen beim **BGH zugelassenen Anwalt** beim BGH einzulegen. Die angefochtene Entscheidung des Oberlandesgerichts muß einen neuen selbständigen Beschwerdegrund enthalten (§ 568 II ZPO).

Eine ebenfalls **befristete sofortige weitere Beschwerde** findet gegen Beschwerdeentscheidungen des Landgerichts statt, die Entscheidungen in Zwangsvollstreckungsverfahren ohne mündliche Verhandlung betreffen, **§ 793 Abs. 2 ZPO**.

2. Familiensachen

In **Familiensachen** gem. § 621e II ZPO findet die **weitere Beschwerde** in den dort genannten Fällen gegen Entscheidungen des **Oberlandesgerichts** statt. Diese weitere Beschwerde ist eine **Rechtsbeschwerde** und kann nur darauf gestützt werden, daß die angefochtene Entscheidung des Oberlandesgerichts auf einer Verletzung des Gesetzes beruht. Hat das Oberlandesgericht die Beschwerde als unzulässig verworfen, kann die weitere Beschwerde auch auf **neue Tatsachen** gestützt werden. Zum **Anwaltszwang** vgl. § 78 II Nr. 3 ZPO. Die Frist für die weitere Beschwerde beträgt **1 Monat**; sie ist eine Notfrist und beginnt mit der Zustellung des vollständigen Beschlusses des Oberlandesgerichts (§§ 621e, 552 ZPO). Die weitere Beschwerde muß binnen eines weiteren Monats begründet werden (§§ 621e III, 554 ZPO).

V. Revision

Das Revisionsverfahren ist für den in den unteren Instanzen tätigen Rechtsanwalt nur insoweit von Interesse, als er wissen muß, gegen welche Urteile die Revision innerhalb welcher Frist möglich ist. Alles andere besorgt der mit der Interessenwahrnehmung beauftragte BGH-Anwalt.

Die Revision zum Bundesgerichtshof findet nur statt gegen Endurteile des **Oberlandesgerichts** und in den neuen Bundesländern gegen Endurteile des **Bezirksgerichts** (§ 545 I ZPO). Ausnahme: Gegen Urteile des OLG bzw. des Bezirksgerichts, die **Arrestsachen** und **Verfügungssachen** betreffen, ist die Revision **nicht zulässig** (§ 545 II ZPO).

Man muß zwischen Revisionen, die ohne Zulassung stattfinden und solchen, die das Oberlandesgericht bzw. Bezirksgericht im Endurteil zulassen muß, unterscheiden.

A II — Rechtsmittel im Zivilprozeß

1. Zulassungsfreie Revision

57 Revision **ohne Zulassung** ist möglich
- gegen Berufungsurteile, durch die eine **Berufung als unzulässig verworfen** worden ist, § 547 ZPO (falls das Oberlandesgericht bzw. Bezirksgericht eine Berufung ohne mündliche Verhandlung durch Beschluß als unzulässig verworfen hat, gibt es dagegen gem. § 519b II ZPO die sofortige Beschwerde zum BGH);
- gegen die im ersten Rechtszug erlassenen Endurteile des Landgerichts in Form der **Sprungrevision**, § 566a ZPO, wenn der Gegner einwilligt. Die Sprungrevision ist auch dann statthaft, wenn gegen das im Rechtszug ergangene OLG-Urteil die Revision nur durch Zulassung möglich wäre. In den neuen Bundesländern ist die Sprungrevision möglich gegen die im ersten Rechtszug erlassenen Endurteile des Kreisgerichts, soweit es innerhalb der Zuständigkeit des Landgerichts entschieden hat (Anl. I Kap. III Sachgeb. A Abschn. III Nr. 21b u. 1e des Einigungsvertrages);
- gegen Berufungsurteile bei vermögensrechtlichen Ansprüchen mit einer **Beschwer von mehr als 60 000,– DM**. Als vermögensrechtlich ist jeder Anspruch anzusehen, der entweder auf einer vermögensrechtlichen Beziehung beruht oder auf Geld oder Geldeswert geht (*Baumbach/Hartmann*, Übersicht vor § 1 Anm. 3). Der BGH kann die Annahme der Revision ablehnen, wenn die Rechtssache keine grundsätzliche Bedeutung hat (§ 554b ZPO).

2. Zulassungsgebundene Revision

58 Die **Zulassung** der Revision ist nötig bei Berufungsurteilen
- über vermögensrechtliche Ansprüche mit einer Beschwer von unter 60 000,– DM;
- über nichtvermögensrechtliche Ansprüche.

3. Familiensachen

59 Für selbständige **Familiensachen** gelten besondere Regeln. Obwohl Unterhaltsansprüche und Ansprüche aus dem ehelichen Güterrecht ihrer Natur nach vermögensrechtliche Ansprüche sind, findet unabhängig von der Höhe der Beschwer die Revision gem. § 621d ZPO nur statt, wenn das Oberlandesgericht bzw. das Bezirksgericht sie zugelassen hat. Das gilt für
- die gesetzliche Unterhaltspflicht gegenüber einem ehelichen Kind (§ 621 4);
- die durch Ehe begründete gesetzliche Unterhaltspflicht (§ 621 I 5);
- Ansprüche aus dem ehelichen Güterrecht (§ 621 I 8).

Gegen selbständige Entscheidungen der Familiensenate in FGG-Sachen gibt es **keine Revision,** sondern nur in den Fällen des § 621 I 1–3 u. 6:
- elterliche Sorge für ein eheliches Kind;
- Regelung des Umgangs eines Elternteils mit dem ehelichen Kind;
- Herausgabe an den anderen Elternteil;
- Versorgungsausgleich

die weitere Beschwerde an den BGH unter den in § 621e II ZPO genannten Voraussetzungen.

60 Auch gegen Berufungsurteile in Scheidungs- und Folgesachen (Verbundurteile) gibt es nur die zulassungsgebundene Revision (§§ 546 I, 621d I ZPO). Soweit im Verbundurteil auch über

- die Rechtverhältnisse an der Ehewohnung und am Hausrat (§ 621 7);
- die Stundung der Zugewinnausgleichsschuld oder die Übertragung von Vermögensgegenständen unter Anrechnung auf diese Schuld (§ 621 I 9)

entschieden ist, ist eine Revision unzulässig (§ 629a I ZPO). Soweit das Berufungsgericht im Verbundurteil über FGG-Sachen entschieden hat, gibt es nur die weitere Beschwerde, wie der Verweis des § 629a II auf 621e II ZPO zeigt.

4. Frist

Die Revisionsfrist beträgt gem. § 552 ZPO **einen Monat.** Sie ist eine Notfrist, 61 die mit der Zustellung des Urteils zu laufen beginnt; ohne Zustellung beträgt die Frist 5 Monate seit der Verkündung. Maßgebend ist die **Amtszustellung des Urteils an die Partei,** die Revision einlegen möchte.

Die Revision kann nur durch einen beim BGH zugelassenen Anwalt eingelegt werden. Hat der Berufungsanwalt ihm das Mandat vor Ablauf der Revisionsfrist übertragen, obliegt die weitere Verantwortung dem beim BGH zugelassenen Anwalt.

A III. Der Auskunfts- und Rechenschaftslegungsprozeß

Dr. Justin von Kessel / Ulrike Sachenbacher

Übersicht

	Rdnr.
I. Vorbemerkung	1
1. Zweck der Ansprüche	1
2. Prüfungsreihenfolge	2
II. Der Auskunftsanspruch	3
1. Grundlagen	3
2. Auskunft durch Bestandsverzeichnis (§ 260 BGB)	8
3. Generalklausel des § 242 BGB	9
III. Der Rechenschaftslegungsanspruch	14
1. Grundlagen	14
2. Generalklausel des § 242 BGB	17
IV. Erfüllung des Auskunfts- und Rechenschaftslegungsanspruchs	18
1. Voraussetzungen	18
2. Prüfschema zur Erfüllung	20
V. Einwendungen	21
1. Zurückbehaltungsrecht	21
2. Verjährung	22
3. Verwirkung gem. § 242 BGB	23
4. Einwendungen gegen die Hauptsacheforderung selbst	24
VI. Prozeßrecht	25
1. Klageart	25
2. Antragstellung	26
3. Sachliche Entscheidung über den Hauptantrag	29
4. Fälle ohne Klagemöglichkeit	30
5. Besonderheiten im WEG-Verfahren	31

	Rdnr.
6. Besonderheiten im Aktienrecht	32
7. Besonderheiten im GmbH-Recht	33
8. Antragsmuster/Bestimmtheit des Antrags	34
9. Besonderheiten bei den Prozeßvoraussetzungen	37
10. Besonderheiten in der I. Instanz	43
11. Prozessuale Einzelfragen in der II. Instanz	48
12. Rechtskraftwirkung	53
13. Antrag auf Auskunftsergänzung	54
VII. Abgabe der Eidesstattlichen Versicherung	56
1. Voraussetzungen	56
2. Analoge Anwendung der Vorschriften über Eidesstattliche Versicherung?	61
3. Haftung bei Verweigerung im Erbrecht	62
4. Zuständigkeit	63
5. Kosten	64
6. Anspruchsgegner	65
7. Einzelne Verfahrensfragen	66
VIII. Zwangsvollstreckung	68
1. Vollstreckungsfähigkeit des Titels	68
2. Anzuwendende Vorschriften	69
3. Sonderfälle	70
IX. Einzelprobleme	72
1. Abtretbarkeit	72
2. Vererbbarkeit	73
3. Pfändbarkeit und Verpfändbarkeit	75

Literatur: *Brändel,* Die Problematik eines Anspruchs auf ergänzende Rechnungslegung bei Schutzrechtsverletzungen, GRUR 1985, 616; *Harder,* Der Auskunftsanspruch gegen den Treuhänder einer Bauherrengemeinschaft, GRUR 1985, 50; *Kort,* Das Informationsrecht des Gesellschafters der Konzernobergesellschaft, ZGR 1987, 46; *Lüke,* Der Informationsanspruch im Zivilrecht, JuS 1986, 2; *Reuter,* Das Auskunftsrecht des Aktionärs – neuere Rechtsprechung zu § 131 AktG, DB 1988, 2615; *Schmidt, Karsten,* Schiedsklausel und Informationsrecht des GmbH-Gesellschafters, ZIP 1987, 218; *Seetzen,* Die Kontrollrechte des Handelsvertreters nach § 87c HGB und ihre Durchsetzung, WM 1985, 213; *Tilmann,* Der Auskunftsanspruch, GRUR 1987, 251.

I. Vorbemerkung

1. Zweck der Ansprüche

1   Bei Herausgabe-, Zahlungs- und Schadensersatzansprüchen verlangt § 253 II Nr. 2 ZPO einen **bestimmten** Klageantrag bezüglich Bezifferung, Beschaffen-

heit von Klagegegenstand, Klagegrund und Benennung des Anspruchsgegners, um die Vollstreckungsfähigkeit des zukünftigen Titels zu sichern.

In Fällen, in denen es dem Gläubiger wegen Überschreitens der eigenen Erkenntnissphäre unmöglich ist, die Herausgabegegenstände exakt zu benennen oder die Forderung genau zu beziffern, bedarf es zur Geltendmachung des Hauptanspruchs eines Auskunfts- und Rechenschaftslegungsanspruchs, um die Abweisung der Hauptsacheklage als unzulässig zu vermeiden. Gleiches gilt, wenn der Anspruchsteller den Passivlegitimierten des Hauptleistungsanspruchs ohne Auskunft seitens eines Dritten nicht bestimmen kann.

Allerdings kann die Darlegungslast nicht über ein Auskunftsverlangen umgangen werden. Es gibt keinen allgemeinen Auskunftsanspruch des Klägers zur Gewinnung von Beweismitteln (*BGH NJW 1983, 687*). Es bedarf einer strikten Unterscheidung der prozessualen Substantiierungspflicht von der materiellen Abrechnungsverpflichtung (*BGH NJW 1985, 2699*).

2. Prüfungsreihenfolge

– Ist die Auskunft/Rechenschaftsablegung (Information) durch den Gläubiger 2 selbst unter zumutbaren Bedingungen zu erlangen durch Information aus dem ihm zugänglichen Informationsmaterial, Urkunden etc. (*BGH WM 1971, 1196*)?
– Wenn nein: In welchem Rechtsgebiet liegt der Hauptleistungs- bzw. Betragsanspruch selbst?
– Gibt es in diesem Rechtsgebiet einen speziell gesetzlich geregelten Informationsanspruch?
  Wenn ja:
– Ist dieser Anspruch klagbar oder gibt es ein anderes Verfahren?
– Liegen die Voraussetzungen vor?
– Führt der Auskunftsanspruch in der Rechtsfolge zu der begehrten Auskunft?
  Wenn nein: Ist zusätzlich noch Rückgriff auf die allgemeine Anspruchsgrundlage des § 242 BGB nötig und möglich?

II. Der Auskunftsanspruch

1. Grundlagen

In der Regel gibt es keine allgemeine, auf § 242 BGB gestützte Auskunfts- 3 pflicht, es bedarf einer rechtlichen Sonderverbindung zwischen Schuldner und Gläubiger (*BGHZ 74, 379ff./380*). Diese erfordert einen **dem Grunde nach** bereits bestehenden Leistungsanspruch (*BGH NJW 1978, 1002; FamRZ 1989, 377*), der nur bezüglich Inhalt und/oder Höhe noch nicht feststeht (*BGHZ 1974, 379/380*). – Nur ausnahmsweise dient § 242 BGB als Auffangtatbestand.

  a) Grundlage für den **besonderen Rechtsgrund** können sein: 4
– spezieller Auskunftsvertrag, dessen Abschluß auch konkludent möglich ist (*Palandt/Thomas* § 676 BGB Anm. 3b; zur Voraussetzung und Annahme eines Auskunftsvertrags siehe auch *BGH WM 1989, 1836; NJW 1987, 1615; NJW 1989, 1029*);
– Vereinbarung der Auskunftspflicht als vertragliche Nebenpflicht im Rahmen eines anderen Vertrags (*BGH NJW 1957, 669*);

A III Der Auskunfts- und Rechenschaftslegungsprozeß

- besondere gesetzliche Normierung der Auskunftspflicht als Nebenpflicht im Rahmen einer vertraglichen oder gesetzlichen Rechtsbeziehung;
- § 260 I BGB bei normierter Herausgabe- oder Auskunftspflicht bezüglich eines Inbegriffs von Gegenständen;
- § 242 BGB als gewohnheitsrechtlicher Auffangtatbestand, insbesondere beim Schadensersatzanspruch (z. B. im UWG: *BGH* GRUR 1965, 317 – Umsatzauskunft).

5   b) Der Auskunftsanspruch kann verschiedene **Zielrichtungen** haben, z. B. Bestimmung des Schuldners des Hauptanspruchs, Bezifferung der Zahlungsforderung oder der Schadensersatzforderung, Einblick in die Angelegenheit der Gesellschaft, Ermöglichung der Beschreibung des Klagegrundes etc.

Davon abhängig ist die **Reichweite** des Auskunftsinhalts, also die Auskunfts- bzw. Rechnungslegungstiefe. Diese ist im Rahmen der einzelnen Rechtsgrundlagen gesondert zu betrachten und ist nach den Grundsätzen der Zumutbarkeit (§ 242 BGB) zu bestimmen.

6   c) Unterschiedlich nach dem Inhalt und Umfang des Auskunftsanspruchs bestimmen sich verschiedene **Rechtsfolgen:**
- Erteilung einer Auskunft (Wissenserklärung) nach vorangegangener Anfrage (Regelfall);
- Recht auf Einsicht in Bücher und Papiere, u. a. §§ 118 Abs. I, 166 Abs. I, 233 Abs. I HGB, 51a Abs. 1 Alt. 2 GmbHG; evtl. auch in Krankenunterlagen (*BGHZ* 85, 327);
- Mitteilung über rechtsgeschäftlichen Vorgang (§ 510 Abs. I BGB);
- Gestattung der Besichtigung (§ 810 BGB);
- Vorlage von Sachen und Urkunden (§§ 809, 810 BGB, 101 HGB, wobei auch Prüfungsberichte des Wirtschaftsprüfers unter § 810 BGB fallen, *BGH* NJW 1989, 225 ff.).

7   d) Es besteht grundsätzlich kein Recht, die Vorlage von Belegen oder sonstigen Unterlagen zu verlangen (*Palandt/Heinrichs* §§ 259–261 BGB Anm. 2d dd) und in der Regel besteht auch kein Anspruch auf Wertermittlung, es sei denn, dieser Anspruch ist normiert oder es geht der pflichtteilsberechtigte Erbe gegen den vom Erblasser Beschenkten (*Staudinger/Selb* § 259 BGB Rdnr. 12) vor.

2. Auskunft durch Bestandsverzeichnis (§ 260 BGB)

8   § 260 BGB stellt eine **selbständige Anspruchsgrundlage** auf Vorlegung eines Bestandsverzeichnisses dar, wenn die Verpflichtung zur Herausgabe eines Inbegriffs von Gegenständen feststeht.

Besteht eine Verpflichtung, über den Bestand eines Inbegriffs von Gegenständen Auskunft zu erteilen, so regelt § 260 BGB die **Art und Weise**, wie diese Pflicht zu erfüllen ist.

3. Generalklausel des § 242 BGB

9   Bei Prüfung der Frage, unter welchen Voraussetzungen über die gesetzlichen Anspruchsgrundlagen hinaus überhaupt noch eine Auskunftspflicht anzuerkennen ist, ist ein äußerst strenger Maßstab anzulegen. Der BGH konkretisiert den Anspruch aus § 242 BGB mit einer erweiternden Auslegung der §§ 259, 260 BGB (st. Rspr.; siehe z. B. *BGH* GRUR 1980, 227/232; *BGHZ* 95, 279/288). Folgende **Voraussetzungen** müssen vorliegen:

a) Es besteht **dem Grunde nach** (*BGH* NJW 1978, 1002; *BGH* NJW-RR 10 1987, 1296: Abtretungsempfänger gegen Grundschuldgläubiger) eine **Sonderverbindung** aus
- vorvertraglichem Verhältnis (*BGH* LM § 242 (Be) Nr. 5/Nr. 23);
- abgeschlossenem Vertrag;
- gesetzlichem Schuldverhältnis;
- Arbeitsrecht (*BAG* NJW 1974, 1378);
- Sachenrecht (Eigentümer gegen den Besitzer wegen der vom Besitzer gezogenen Nutzungen, *BGH* JR 1954, 460; Anspruch des Sicherungsgebers wegen des Verbleibs des Sicherungsguts, *OLG Braunschweig* BB 1956, 903; gleicher Anspruch für den Vorbehaltseigentümer, *OLG Köln* NJW 1957, 1032);
- Familienrecht (*BGHZ* 82, 132/137);
- Erbrecht (*BGH* NJW 1971, 842 m. w. Nachw.);
- Konkursrecht (*BGH* NJW 1968, 300/NJW 1979, 1832);
- gewerblicher Rechtsschutz (*BGH* GRUR 1982, 723 – Dampf-Frisierstab I; *BGH* GRUR 1984, 728 – Dampf-Frisierstab II; *OLG München* GRUR 1985, 548 – 4-Streifen-Schuh);
- unlauterem Wettbewerb: sofern die Auskunft zur Begründung von Schadensersatzansprüchen notwendig ist (*BGHZ* 10, 385; *BGH* GRUR 1965, 313 – Umsatzauskunft).

b) Der **Gläubiger** ist ohne Mitwirkung des anderen Teils nicht in der Lage, 11 sich ausreichend und zumutbar zu informieren (*Palandt/Heinrichs* §§ 259–261 Anm. 2d bb) und der Gläubiger ist in entschuldbarer Weise über Bestand und Umfang seiner Forderungen im Ungewissen (*BGH* NJW 1980, 2463/2464; diese Voraussetzung ist zu verneinen bei schuldhafter Versäumung eigener Informationsmöglichkeiten).

c) Der **Schuldner** ist unschwer in der Lage, Auskunft zu erteilen (*Münch-* 12 *Komm/Keller* § 260 BGB Rdnr. 13a; Frage der Zumutbarkeit).

d) Der in Anspruch Genommene ist **passivlegitimiert;** das ist i. d. R. der 13 Schuldner des Hauptanspruchs (*BGHZ* 56, 262), es sei denn, dieser war nur auf dem Weg über einen Dritten zu ermitteln.

III. Der Rechenschaftslegungsanspruch

1. Grundlagen

a) § 259 BGB ist **keine Anspruchsgrundlage,** sondern regelt nur Art und 14 Weise der Rechenschaftsablegung (*Palandt/Heinrichs* §§ 259–261 BGB Anm. 1b).

b) Voraussetzung ist ein **besonderer Rechtsgrund** (*BGH* NJW 1957, 669), 15 der dem Grunde nach zu bestehen hat und der sich ergeben kann aus
- Rechenschaftsablegungsvertrag gemäß §§ 305, 241 BGB bzw. Verwaltungs- oder Treuhandvertrag;
- Nebenpflicht eines Vertrags;
- ausdrücklicher gesetzlicher Anordnung;
- der Besorgung fremder Angelegenheiten. Jedermann ist zur Rechenschaftsablegung verpflichtet, der fremde oder zumindest auch fremde Angelegenheiten besorgt (*Staudinger/Selb* § 259 BGB Rdnr. 5 m. w. Nachw. aus der Rspr.);

– rechtswidrigem Verhalten (Arg. § 687 Abs. 2 BGB), wenn durch die schädigende Handlung objektiv ein Geschäft des Geschädigten besorgt worden ist und dieser ein schutzwürdiges Interesse an der Rechenschaftsablegung hat.

16 c) Den **Inhalt der Rechenschaftslegungspflicht** bestimmt § 259 BGB, wobei die Rechenschaftslegungstiefe sich letztlich aus dem einzelnen Rechtsgrund ergibt, begrenzt durch die Zumutbarkeit und durch Treu und Glauben (*Staudinger/Selb* § 259 BGB Rdnr. 13; *MünchKomm/Keller* § 259 BGB Rdnr. 31; *BGH NJW* 1982, 573/574), so daß in Einzelfällen aufgrund des bestehenden Rechtsverhältnisses der Umfang gelegentlich über § 259 BGB hinausgeht (*Staudinger/Selb* a. a. O. Rdnr. 11).

Wesentlicher Pflichtinhalt ist die Vorlage einer verständlichen Zusammenstellung der Einnahmen und Ausgaben, d. h. einer Rechnungslegung im engeren Sinn (*BGH* a. a. O.; *BGH* DB 1989, 773; *OLG Köln* NJW-RR 1989, 528); soweit dies geschäftsüblich ist, sind Belege mit vorzulegen, wobei aber keine Pflicht zur Überlassung dieser Belege besteht (*Staudinger/Selb* a. a. O. Rdnr. 14), es sei denn, es besteht ein gesonderter Anspruch auf Herausgabe dieser Belege. Nicht erforderlich ist auf jeden Fall die Vorlage einer Bilanz oder Gewinn- und Verlustrechnung.

§ 259 BGB erstreckt sich dabei nur auf „Verwaltungen" im weiteren Sinn, nicht auf einzelne Geschäfte (*Staudinger/Selb* a. a. O. Rdnr. 11), d. h. auf die Führung einer erheblichen Anzahl aufgrund gesonderter Aufträge durchgeführter Geschäfte, die mit Einnahmen (nicht unbedingt Geld) und Auslagen (nicht zwingend aus eigenen Mitteln) verbunden sind (*Staudinger/Selb* a. a. O.).

2. Generalklausel des § 242 BGB

17 Die Pflicht zur Rechenschaftsablegung besteht bei jedem Rechtsverhältnis **zur Besorgung fremder oder zumindest auch fremder** Angelegenheiten (insbesondere bei Bestehen dauernder Interessengemeinschaft, *MünchKomm/Keller* § 259 BGB Rdnr. 5), vorausgesetzt:
– der Berechtigte ist in **entschuldbarer** Weise über Bestehen und Umfang seines Rechts im Ungewissen;
– der Berechtigte kann sich nicht leicht aus eigenen Unterlagen informieren (*BGH* WM 1971, 1196);
– der Verpflichtete besitzt die Kenntnis von Tatsachen, die für den Berechtigten erforderlich wären (BGHZ 10, 385/387);
– dem Verpflichteten ist die Rechenschaftsablegung in dem gewünschten Umfang gem. § 242 BGB zumutbar.

IV. Erfüllung des Auskunfts- und Rechenschaftslegungsanspruchs

1. Voraussetzungen

18 Sie bedarf im Rahmen der §§ 259–261 BGB grundsätzlich der **Schriftform** (*Palandt/Heinrichs* §§ 259–261 BGB Anm. 4a; *Staudinger/Selb* § 259 BGB Rdnr. 12: insbesondere bei mit Einnahmen und Ausgaben verbundener Verwaltung), um Nachprüfung ohne Beiziehung eines Sachverständigen zu ermöglichen (*BayObLGZ* 1975, 369 ff.). Das Anerbieten der mündlichen Erörterung der vorgelegten Belege genügt nicht, da Nachprüfung möglich sein muß (*OLG*

Köln NJW-RR 1989, 568/569). Aber Einzelfallprüfung erforderlich, da teilweise auch mündliche Auskunft ausreicht (z. B. *Baumbach/Hueck* § 51 a GmbHG Rdnr. 13).
Leistungsort ist grundsätzlich der Ort des Hauptanspruchs. **Erfüllungsort** ist der Wohnsitz des Schuldners gem. § 269 I BGB (*LG Köln* NJW-RR 1988, 1200/1201).

Die Auskunft ist – abhängig vom Umfang und Schwierigkeitsgrad der Auskunftserlangung – **unverzüglich** im Sinne von § 121 I 1 BGB zu erteilen. Wenn die Erteilung der Auskunft innerhalb angemessener Frist unmöglich ist, so ist vorläufige Auskunft (*LG Stuttgart* NJW 1968, 2337) oder Teilauskunft (*BGH* NJW 1962, 245) denkbar.

Durch die Erfüllung verursachte **Kosten** entstehen in der Regel zu Lasten des Schuldners (*Palandt/Heinrichs* §§ 259–261 BGB Anm. 4a), im Erbrecht ausnahmsweise auf Kosten des Nachlasses im Falle der §§ 2314 II, 2121 IV BGB.

Grundsätzlich richten sich **Inhalt, Art und Umfang des Anspruchs**, wenn besondere Vereinbarungen fehlen, nach folgenden Kriterien, die zur Begrenzung oder Erweiterung des Anspruchsinhalts führen und die letztlich auf Treu und Glauben zurückzuführen sind (*BGH* LM § 242 BGB (Be) Nr. 25): 19
- Verbot der unzulässigen Rechtsausübung (§ 242 BGB, *BGH* MDR 1985, 31)
- Verkehrssitte und Zumutbarkeit (s. *BGH* NJW 1982, 574; *BGHZ* 10, 385/387)
- Umstände des Einzelfalls (so *BGH* NJW 1985, 2699 zur Auskunftspflicht einer Bank)
- Abwägung der Interessen beider Seiten, wobei bei dieser Abwägung im Rahmen der Vorbereitung eines Schadensersatzes Art und Schwere der Rechtsverletzung mit einzustellen sind (*Lüke* JuS 1986, 2 ff./6).
- Schikaneverbot des § 226 BGB, wenn kein vernünftiges Interesse an der Auskunfts-/Rechenschaftserteilung vorliegt (*BGH* MDR 1985, 31).

2. Prüfschema zur Erfüllung

- Ist Auskunft überhaupt geeignet zur Erfüllung des Anspruchs? 20
- Ermöglicht Auskunft oder Rechenschaftsablegung die Nachprüfung ihrer Richtigkeit und Vollständigkeit? (Grenze: Unerlaubte Ausforschung, BGHZ 10, 385/388) Umfaßt Auskunfts- und Rechenschaftslegung alle Informationen, die zur Durchsetzung des Gläubigeranspruchs erforderlich sind (*BGH* NJW-RR 1987, 876)?
- Hat Schuldner alle ihm zur Verfügung stehenden Informationsquellen ausgeschöpft (*Palandt/Heinrichs* §§ 259–261 BGB Rdnr. 4a)?
- Liegt Informationsbedürfnis auf Seiten des Gläubigers noch vor (s. § 226 BGB)?
- Ist der Auskunftsumfang begrenzt durch private oder geschäftliche Geheimsphäre des Auskunftsverpflichteten (*Lüke* JuS 1986, 2 ff.)?
- Ist der Schulder zur Auskunft befugt (*BGH* NJW 1979, 2351/2353)?
- Muß Auskunfts- und Rechenschaftslegung auf Verlangen des Schuldners nur an zur Verschwiegenheit verpflichtete Person erteilt werden? (Wirtschaftsprüfervorbehalt, der von Amts wegen zuerkannt ist bei bestehender Wettbewerbslage BGH GRUR 1981, 535); im Rahmen von gesellschaftsrechtlichen Auskunftspflichten, insbesondere wenn die Gesellschafter selbst Wettbewerber sind (s. *Baumbach/Duden/Hopt* § 166 HGB, Anm. 2 B b; *BayObLG* NJW-RR 1989, 932/933 m. w. Nachw.) und im Rahmen des Arbeitsrechts: Arbeitgeber ist zur Vorlage einer Bilanz unter Umständen nur gegenüber dem Wirtschaftsprüfer verpflichtet analog § 87 c IV HGB, s. HzA Einzelarbeitsvertragsrecht Gruppe 1 V. 4.)

A III Der Auskunfts- und Rechenschaftslegungsprozeß

– Ist zusätzlich Wertermittlung geschuldet (*BGH* NJW 1985, 384/385)? (Der Wertermittlungsanspruch ist durch die Auskunftserteilung nicht erfüllt, *OLG München* NJW-RR 1988, 390; er kann nie auf Kosten des Beklagten geltend gemacht werden, BGH NJW 1990, 180, ein Duldungsurteil auf Wertermittlung allein ist nicht ausreichend, *BGH* NJW 1975, 258)
– Die Auskunftspflicht wird auch erfüllt, wenn der Gegenstand der Auskunftspflicht, z. B. der Besitz eines herauszugebenden Inbegriffs verneint wird, wobei eine entsprechende mündliche Erklärung genügt (*Palandt/Heinrichs* §§ 259–261 BGB Anm. 4a bb).

V. Einwendungen

1. Zurückbehaltungsrecht

21 Die Einrede des nicht erfüllten Vertrags und das Zurückbehaltungsrecht nach § 273 BGB sind ausgeschlossen (*Palandt/Heinrichs* §§ 259–261 BGB Anm. 4c a. E.) aufgrund der Natur des Gläubigeranspruchs auf Auskunft und Rechenschaftsablegung (*BGH* NJW 1978, 1157), auch wenn der Gegenanspruch selbst ein Auskunfts-/Rechenschaftsablegungsanspruch sein sollte (so für das familienrechtliche Auskunftsverfahren *OLG Frankfurt* NJW 1985, 3083; *OLG Köln* FamRZ 1987, 714).

Ausnahme: Bei Auskunftsverweigerung durch den Arbeitnehmer, der gem. § 74c II oder analog § 74c II HGB auskunftspflichtig ist, wird dem Arbeitgeber ein Leistungsverweigerungsrecht nach § 320 I 2 BGB zuerkannt (HzA Einzelarbeitsvertragsrecht Gruppe 12 VII. 3. unter Verweis auf BAG). Gleiches gilt für auf den Entgeltfortzahlungsanspruch anrechnungsfähigen anderweitigen Verdienst (*BAG* NJW 1979, 285).

Die Durchsetzung des **titulierten Anspruchs** selbst kann aber durch ein Zurückbehaltungsrecht gehindert sein (*BGH* NJW 1972, 251 = BGHZ 57, 292/299).

2. Verjährung

22 Die Frist beträgt 30 Jahre gem. § 195 BGB. Ist der Hauptanspruch selbst verjährt, fehlt es an der Durchsetzbarkeit des Auskunftsbegehrens mangels Informationsinteresses (*BGHZ* 33, 373/379; *BGH* NJW 1985, 384).

Die Stufenklage unterbricht (§ 209 I BGB) die Verjährung des Auskunftsbegehrens und die Verjährung des Hauptanspruchs selbst. Für die Unterbrechung der Verjährung des letzteren reicht aber die Erhebung der Auskunftsklage allein nicht (*Stein/Jonas* § 254 ZPO Rdnr. 18).

In der Auskunftserteilung nach § 2314 BGB ist grundsätzlich auch das Anerkenntnis des Pflichtteilsanspruchs selbst i. S. d. § 208 BGB enthalten (*BGH* NJW-RR 1987, 1411).

Zur Verjährung eines im Rahmen einer Stufenklage wegen Irrtums nicht einbezogenen Zeitraums vgl. *BGH* NJW 1978, 1157, LS 1.

Die Verjährungsunterbrechung endet bei Erteilung der erforderlichen Auskunft und dementsprechender einstweiliger Versicherung gemäß § 211 II 1 BGB, da es Sache allein des Klägers ist, die Betragsstufe selbst zu beziffern; Mängel der Auskunft sind insoweit irrelevant (*BAG* NJW 1986, 2527 LS).

3. Verwirkung gem. § 242 BGB

Jahrelanges Zuwarten mit der Erhebung des Informationsanspruchs kann die 23 Verwirkung wegen Verstoßes gegen § 242 BGB begründen (*BGHZ* 39, 7/92), wobei aber Nachholung der Auskunfts- und Rechenschaftsablegung verlangt werden kann, falls später Bedenken gegen die Zuverlässigkeit des Auskunftspflichtigen auftreten und nur wegen rückhaltlosen Vertrauens seitens des Berechtigten kein Wert auf Auskunfts- und Rechenschaftsablegung gelegt worden war (*BGHZ* a. a. O.).

Dem Auskunftsanspruch steht der Einwand der Verwirkung des Hauptanspruchs selbst (hier: Unterhaltsanspruch) regelmäßig nicht entgegen, da die Verwirkung wegen der Möglichkeit der Teilverwirkung nur nach Kenntnis der maßgeblichen Einkünfte beurteilt werden kann (*OLG München* NJW-RR 1988, 1285/1287).

4. Einwendungen gegen die Hauptsacheforderung selbst

Der Anspruch auf Auskunft ist ein selbständiger Hilfsanspruch, der seine 24 Berechtigung verliert, wenn dem Hautpanspruch selbst nicht mehr stattgegeben werden kann. Die Auskunfts- und Rechenschaftslegungspflicht besteht deshalb regelmäßig nicht, wenn feststeht, daß
- die begehrte Auskunft die Hauptsacheforderung unter keinen Umständen beeinflussen kann (*BGH* FamRZ 1983, 473 = NJW 1983, 1429; *BGH* FamRZ 1985, 791: Es steht fest oder ist von vorneherein anzunehmen, daß der Gläubiger aufgrund der Auskunfts- und Rechenschaftslegung vom Schuldner auf keinen Fall etwas fordern kann, z. B. bei Nichtigkeit des Vertrags; *BGHZ* 77, 208/213; MünchKomm/*Keller* § 259 BGB, Rdnr. 26).
- rechtsvernichtende Einwendungen oder peremptorische Einreden dem Leistungsanspruch entgegenstehen.

VI. Prozeßrecht

1. Klageart

Die **Prozessuale Geltendmachung** der Auskunfts- und Rechenschaftsle- 25 gungsansprüche erfolgt durch selbständige Leistungsklage. Der zu bevorzugende **Regelfall** ist aber die **Stufenklage** gem. § 254 ZPO. Empfehlenswert ist es, einen Mindestbetrag zu nennen, den der Beklagte sicher schuldet, und nur bzgl. des übersteigenden Betrags eine Stufenklage zu erheben. – PKH ist auf alle Ansprüche einschließlich des noch nicht bezifferten Zahlungsbegehrens zu erstrecken (*OLG Köln* Anwaltsblatt 1986, 456).

Von der Stufenklage ist als unzulässig abzusehen, wenn der Auskunfts- und Rechenschaftsablegungsanspruch sich nicht gegen den Passivlegitimierten des Hauptanspruchs richtet, sondern gegen einen Dritten (z. B. Fall des § 26 Abs. 4 UrhG, § 2028 BGB), sowie bei bloßer Unklarheit, ob der Beklagte Unterlagen/Gegenstände noch besitzt: Herausgabeklage und evtl. § 838 II ZPO (*BGH* LM § 254 ZPO Nr. 7).

Stufenklage ist denkbar als Stufenleistungsklage (Regelfall) und analog § 254 ZPO als Stufenfeststellungsklage (z. B. wenn künftiger Schaden noch zu erwarten ist) und als Stufengestaltungsklage (hier regelmäßig in der Sonderform der Stufenabänderungsklage nach § 323 ZPO).

Neben einer Stufenklage kann Feststellung des durch die Auskunft vorzubereitenden Schadensersatzanspruches mangels Feststellungsinteresse gem. § 256 ZPO nicht erhoben werden (*OLG Hamm* OLGZ 1988, 468 LS 1), aber auch nicht nach § 280 ZPO (MünchKomm/*Keller* § 260 BGB, Rdnr. 32).

2. Antragstellung

26   Aus prozeßökonomischen Gründen können bereits in der Klageschrift selbst alle Anträge gleichzeitig angekündigt werden (*BGHZ* 10, 385). Wird der Anspruch allerdings schon in erster Stufe abgewiesen, so steigt das Kostenrisiko des Klägers erheblich, da der Streitwert sich nach allen drei Stufen zusammen bemißt (näher *E. Schneider*, Streitwertkommentar, 8. Aufl. 1988, Rdnr. 4277). Der sichere Weg besteht darin, nur die erste Stufe rechtshängig zu machen. – Wichtig: **Verjährung des Leistungsanspruchs** prüfen und vorsorglich Zwischenfeststellungsklage zum Grund beantragen!

27   **1. Stufe:** Antrag auf Rechnungslegung, auf Vorlage eines Verzeichnisses sowie über den in § 254 ZPO zu eng gefaßten Wortlaut hinaus (*RGZ* 53, 252/254) Antrag auf Auskunft, auf Rechenschaftsablegung, auf Einsicht in die Bücher, auf Buchauszug etc. (genaue Angabe des Auskunftsgegenstands und Auskunftszeitraums).

2. Stufe: Antrag auf Abgabe einer eidesstattlichen Versicherung (§§ 259 II, 260 II, 2006 BGB), soweit Anspruch auf Abgabe einer eidesstattlichen Versicherung besteht. (Dieser Antrag kann bereits mit der 1. Stufe zusammen gestellt werden, wird aber immer erst entschieden, wenn der Verdacht besteht, daß der Titel der 1. Stufe nicht ordnungsgemäß erfüllt worden ist.)

3. Stufe: Antrag auf Zahlung (noch unbeziffert) oder auf Herausgabe (noch unspezifiziert) gem. der Auskunft nach Stufe 1 bzw. Antrag auf Feststellung, daß bzgl. eines sich erst künftig ergebenden Schadens Zahlungspflicht besteht.

28   Gesonderte Verhandlung und Entscheidung über die Auskunfts- und Rechenschaftslegung und auch über die eidesstattliche Versicherung in Form des Teilurteils gem. § 301 ZPO.

Im Rahmen des Verbundes (§ 623 ZPO) kann über das Auskunfts- und Rechenschaftsablegungsbegehren schon **vor** Entscheidung über den Scheidungsantrag entschieden werden (*BGH* NJW 1979, 1603; *OLG München* FamRZ 1981, 482).

3. Sachliche Entscheidung über den Hauptantrag

29   Sie erfolgt, wenn
– der Kläger in den beiden ersten Stufen **obsiegt** hat,
– er **Befriedigung** des Hilfsanspruchs einschließlich der Abgabe e. V., falls erforderlich, freiwillig oder durch Zwangsvollstreckung erreicht hat,
– er **Antrag auf Terminsanberaumung** gestellt hat (*BGH* NJW 1985, 1350; für jede der 3 Stufen bedarf es eines gesonderten Fortsetzungsantrags) und er seinen Hauptanspruch nunmehr **bestimmt/beziffert** hat (dieser Sachantrag unterliegt den Bestimmungen der §§ 297, 335 I Nr. 3 ZPO).

Nach rechtskräftiger Verurteilung zur Auskunfts- und Rechenschaftslegungserteilung kann der Kläger, wenn die **Vollstreckung fruchtlos** war oder die Erfüllung des Hilfsanspruchs **tatsächlich unmöglich** geworden ist, nach §§ 264

Nr. 3, 893 ZPO anstelle der den Gegenstand seines Hauptanspruchs bildenden Leistung das Interesse fordern (*Stein/Jonas* § 254 ZPO Rdnr. 36).

Nach rechtskräftiger Verurteilung und nach Fristsetzung zur Auskunftserteilung oder Rechenschaftsablegung unter Ablehnungsandrohung kann der Kläger Schadensersatz wegen Nichterfüllung nach § 283 BGB anstelle des noch unbezifferten Hauptanspruchs verlangen (§ 264 Nr. 3 ZPO). In diesem Fall wird die **Unmöglichkeit der Erfüllung** der Auskunfts- und Rechenschaftslegung **fingiert** (*Palandt/Heinrichs* § 283 BGB Anm. 1 b).

Bei Klage vor dem **Amtsgericht** ist auch Verurteilung zum Schadensersatz nach § 519b ZPO denkbar, da die Auskunftserteilung und Rechenschaftsablegung die Vornahme einer unvertretbaren Handlung nach § 888 ZPO darstellen. Bei Erhebung des Anspruchs nach § 519b ZPO ist allerdings dann die Vollstreckung gem. § 888a ZPO verboten (*Palandt/Heinrichs* a. a. O., Anm. 3 d).

4. Fälle ohne Klagemöglichkeit

Nicht einklagbar ist der Anspruch gem. § 154 ZVG (Erinnerung gem. § 766 ZPO oder gem. § 11 RPflG zum Vollstreckungsgericht, *OLG Hamburg*, NJW-RR 1986, 1186/1187) sowie der Anspruch auf Erlangung einer Drittschuldnererklärung nach § 840 ZPO. Die konkursrechtlichen Auskunfts- und Rechenschaftslegungspflichten der §§ 86, 132 II, 100 KO sind mit den dem Konkursverfahren eigenen Mitteln, s. §§ 84, 101 II KO, zu erzwingen.

30

5. Besonderheiten im WEG-Verfahren

In einem WEG-Verfahren kann der Verwalter nur dann nicht Zustellungsvertreter der übrigen Wohnungseigentümer sein, wenn entweder ein dem § 185 ZPO vergleichbarer Fall oder sonst ein in der Sache begründeter Interessenkonflikt vorliegt, der befürchten läßt, der Verwalter werde die übrigen Wohnungseigentümer nicht sachgerecht informieren (*BayObLGZ* 1989, 3429). Von einem derartigen Interessenkonflikt ist im Verfahren nach §§ 28 III, IV WEG auszugehen.

31

Die Pflichten des Verwalters nach §§ 28 III, IV WEG werden durch Beschluß (§ 28 V WEG) der Eigentümerversammlung festgestellt. Gegen diesen Beschluß kann auch der Verwalter im Wege der Beschlußanfechtung im FGG-Verfahren nach § 23 IV in Verbindung mit § 43 Abs. 1 Nr. 4 WEG vorgehen.

6. Besonderheiten im Aktienrecht

Im Aktienrecht stehen dem Aktionär zwei prozessuale Möglichkeiten zur Verfügung: Zum einen kann der Aktionär, wenn ihm das Auskunftsrecht des § 131 AktG per Hauptversammlungsbeschluß verweigert worden ist, den Beschluß wegen Gesetzesverletzung anfechten, § 243 AktG. Zum anderen kann der Aktionär die gerichtliche Entscheidung des ausschließlich zuständigen Landgerichts (Kammer für Handelssachen gemäß § 132 I 2 AktG) herbeiführen, wobei für dieses Verfahren das FGG und damit auch dessen Rechtszug (sofortige Beschwerde, falls zugelassen gemäß § 132 III 1 i. V. m. § 99 I AktG) anzuwenden ist mit den im AktG geregelten weiteren Spezifikationen. Bei gleichzeitiger Verfolgung beider Möglichkeiten ist der Anfechtungsprozeß nach § 148 ZPO auszusetzen (*Lüke* JuS 1986, 2 ff., Fußn. 89).

32

7. Besonderheiten im GmbH-Recht

33 Im GmbH-Recht gilt für das Auskunftsrecht des § 51 a I GmbHG das Verfahren nach §§ 132 I, III, V AktG, auf die § 51 b GmbHG verweist. Über die sofortige Beschwerde des § 51 b S. 2 GmbHG i. V. m. § 132 III 1 AktG gegen die Entscheidung des Landgerichts entscheidet dabei in Bayern das OLG; nicht das Bayerische Oberste Landesgericht, da § 3 der Bayerischen Zuständigkeitsverordnung (GVBl S. 118) keine Anwendung findet (*BGH NJW-RR* 1987, 1058).
Die Schiedsfähigkeit des Informationserzwingungsverfahrens nach §§ 51 a, b GmbHG verneint das *LG Mönchengladbach* (JZ 1987, 99). Mit beachtlichen Argumenten für Schiedsfähigkeit *Bock* JZ 89, 100 und *Schmidt* in ZIP 1987, 218.

34 Hat das Landgericht im Informationserzwingungsverfahren isoliert über die Kosten entschieden (§ 20 a II FGG), so ist hiergegen – ebenso wie gegen eine Hauptsacheentscheidung – die sofortige Beschwerde nur statthaft, wenn sie das Landgericht in seiner Entscheidung zugelassen hat (*BayObLGZ* 1989, 340). Es gibt keinen umfassenderen Rechtszug als denjenigen, der gegen die Hauptsacheentscheidung eröffnet ist. Diese Zulassungsentscheidung unterliegt nicht der Nachprüfung durch das übergeordnete Gericht (*BayObLGZ* 1988, 119/121), es sei denn, sie ist greifbar gesetzeswidrig (*BayObLGZ* 1988, 119/122).

8. Antragsmuster/Bestimmtheit des Antrags

35 a) **Einschlägige Antragsmuster.** (In Klammern wird jeweils die Fundstelle der kommentierten Formulare im Beck'schen Prozeßformularbuch, 6. Aufl. 1992, angegeben.)

Zur Auskunftserteilung:
– Muster einer Stufenklage (I D 10)
– Auskunft und Rechenschaft bei Auftrag und Geschäftsbesorgung (II E 1)
– Unterhaltsklage (II H 12)
– Klage des Pflichtteilsberechtigten auf Auskunft gemäß § 2314 I 1 BGB (II I 5)
– Stufenklage im Rahmen des § 2314 I 1 BGB (II I 6)
– Antrag auf Feststellung nach § 51 a GmbHG – wobei hier noch der Wirtschaftsprüfervorbehalt zugefügt werden kann – (II J 18)
– Aussonderungsklage nach § 43 KO gegen den Konkursverwalter (III F 26)
– Stufenklage wegen Abrechnung und Auszahlung Provision (IV A 6)
– Klage auf Auskunft bezüglich Dokumentation der Ruhegeldanwartschaft (IV A 12)

Zur Rechnungslegung (in der Regel mit vorausgehender Abmahnung):
– Patentverletzungsklage (II M 3)
– Gebrauchsmusterverletzungsklage (II M 9)
– Geschmacksmusterverletzungsabmahnung (II M 13)
– Warenzeichenverletzung (II M 18)
– Urheberrechtsverletzung (II M 21)
– Namens- und Firmenrechtsverletzung (II L 11)
– Rechnungslegung des WEG-Verwalters (II G 5)

36 b) **Bestimmtheit des Antrags. Der Auskunfts- und Rechenschaftsablegungsantrag selbst muß dem Bestimmtheitsfordernis des § 253 II Nr. 2 ZPO genügen,** so daß so genau wie irgend möglich der Auskunftsgegenstand einzugrenzen ist; insbesondere bei der Auskunftspflicht im Unterhaltsrecht ist detaillierte Umschreibung der Auskunftspflicht erforderlich und der begehrte **Auskunftszeitraum** exakt zu benennen (*Baumbach/Lauterbach/Albers/Hartmann* § 254 ZPO Anm. 2a). Je präziser und detaillierter die Auskunftsverpflichtung

im Titel beschrieben ist, desto genauer und ins einzelne gehender muß die Auskunft ausfallen; je allgemeiner die Auskunftsverpflichtung ist, desto kursorischer kann die Auskunft sein, die dem Titel noch gerecht wird (*BayObLG* NJW-RR 1989, 932/934 m. w. Nachw.).
Bei unbestimmtem Antrag fehlt es an der Vollstreckungsfähigkeit des Urteils. Dies ist besonders wichtig auch bei Aufnahme des Wirtschaftsprüfervorbehalts in den Antrag, da genau bezeichnet werden muß, welche Unterlagen etc. der Sachverständige weitergeben darf, weil sonst die Vollstreckungsfähigkeit verneint wird (*BayObLG* NJW – RR 1989, 932). Nur im Rahmen des § 2314 I 1 BGB bedarf es der allgemein gefaßten Antragstellung zur Auskunft über den Bestand des Nachlasses zum Zeitpunkt des Erbfalls (eine detaillierte Umschreibung ist hier nicht zwingend, aber ratsam). – Wird **zusätzlich** (*OLG Köln* NJW-RR 1989, 567) die Vorlage von Urkunden und Belegen begehrt, müssen diese wegen der Vollstreckbarkeit im Klageantrag genau bezeichnet sein (*BGH* NJW 1983, 1056, a. A. für das Erbrecht *OLG Hamm* FamRZ 1988, 1213).

9. Besonderheiten bei den Prozeßvoraussetzungen

a) Ordentlicher Rechtsweg. Die ausdrückliche Bestimmung des Rechtswegs ist angeordnet in § 104 UrhG.

b) Zuständigkeit. In vielen Fällen gibt es ausschließliche Zuständigkeiten, unabhängig vom Streitwert, insbesondere im gewerblichen Rechtsschutz (u. a. § 27 I GebrMG, § 142 I PatG, § 87 I GWB) und im Aktien- und Gesellschaftsrecht (§ 132 I AktG, § 51 b GmbHG). Vielfach wird sogar die Zuständigkeit der Kammer für Handelssachen festgelegt (z. B. § 132 I 2 AktG).

c) Streitwert
Grundsätzlich ist wegen der verschiedenen Streitgegenstände nach § 5 ZPO der Wert aller Stufen **zusammenzurechnen**.
– Der **Auskunftsanspruch** beträgt dabei nach Schätzung gemäß § 3 ZPO ¹⁄₁₀ bis ¼ des Hauptanspruchs. Bei Schätzung nach § 3 ZPO ist in erster Linie darauf abzustellen, welche Aufwendungen, Arbeitszeit und allgemeine Kosten die Auskunftserteilung für den Beklagten bringen wird (*BGH* NJW 1986, 1493).
– Der Wert der **Rechnungslegung** beläuft sich auf den Wert der voraussichtlichen Arbeit für die Unterlagenbeschaffung. Wenn der Hauptantrag ohne Rechnungslegung nicht verfolgt werden kann, erreicht der Streitwert den Wert des Hauptantrags selbst (*BGH* MDR 1962, 564).
– Für den **Antrag auf eidesstattliche Versicherung** ist maßgeblich, welche zusätzliche Auskunft sich der Kläger daraus erwartet (*Zöller/Mühlbauer* § 3 ZPO Rdnr. 5 „Offenbarungsversicherung"; *BGH* FamRZ 1987, 39).
– Der **Hauptleistungsanspruch** wird festgesetzt nach der Erwartung des Klägers und seinen im Rahmen des § 3 ZPO zu würdigenden Angaben (*OLG Bamberg* JurBüro 1979, 251).
Keine Zusammenrechnung bei wirtschaftlicher Identität (bei Stufenklage wohl der Regelfall), so daß der höchste Wert der erhobenen Ansprüche maßgebend ist; i. d. R. ist dieser der Leistungsklage zu entnehmen; ein gesonderter Wert für die zunächst erhobene Auskunfts- und Rechenschaftslegungsklage ist dann nicht hinzuzurechnen (*OLG Hamm* JurBüro 1986, 745). Dies gilt auch, wenn über den Hauptleistungsanspruch nicht verhandelt wurde (*OLG Celle* AnwBl 1987, 286).
Sonderfall: Streitwert gemäß § 132 V 5, 6 AktG, § 51b S. 1 GmbHG

40 **d) Parteifähigkeit.** Der Konkursverwalter ist als Partei kraft Amtes auch für die Klage auf Auskunfts- und Rechenschaftslegung gemäß §§ 6, 23 II KO Partei (*Staudinger/Selb* § 259 ZPO Rdnr. 25).

41 **e) Einwand der entgegenstehenden Rechtskraft gemäß § 322 ZPO.** Nach Entscheidung über das umfassendere Rechnungslegungsbegehren ist für das darin vollständig enthaltene Auskunftsverlangen kein Raum mehr (*BGH NJW* 1985, 1693/1694), es sei denn, es handelt sich um **unterschiedliche Informationsgegenstände** (*BGH NJW* 1973, 1837/1838).

Die Rechtskraft der Verurteilung zur Rechnungslegung steht der Zulässigkeit einer weiteren Klage gegen den Rechenschaftspflichtigen auf Vorlage von Belegen nicht entgegen (*OLG Köln* NJW-RR 1989, 567 LS 2), da dieser zusätzliche Anspruch von der weiteren materiell-rechtlichen Voraussetzung abhängig ist, ob Belege tatsächlich erteilt werden (Geschäftsüblichkeit).

Ein Auskunftsanspruch kann nicht geltend gemacht werden, wenn die Rechtskraft der Feststellung (auch im Falle eines Anerkenntnisses), daß ein Unterhaltsanspruch nicht bestehe, nicht in prozessual zulässiger Weise (z. B. über § 323 ZPO) beseitigt worden ist (*OLG Köln* NJW-RR 1987, 834).

Wird eine auf Rechnungslegung und auf Zahlung des sich daraus ergebenden Betrags gerichtete Stufenklage insgesamt mit der Begründung abgewiesen, es bestehe kein Anspruch auf Rechnungslegung, so stehen weder die Rechtskraft dieses Urteils noch die Rechtshängigkeit des Zahlungsanspruchs einer erneuten Zahlungsklage entgegen (*OLG Oldenburg* MDR 1986, 62), es sei denn, es wurde in den Gründen ausdrücklich über die zweite Stufe mitentschieden oder das Urteil wurde auf Antrag des Klägers gemäß §§ 321 I, II ZPO diesbezüglich ergänzt.

42 **f) Rechtsschutzbedürfnis.**
- Das Rechtsschutzbedürfnis fehlt beim nicht vorliegenden Informationsbedürfnis seitens des Klägers z. B. wegen Verjährung des Hauptanspruchs (*OLG Düsseldorf* NJW 1988, 2389).
- Das Rechtsschutzbedürfnis fehlt, wenn ein einfacherer Weg anstelle einer Klageerhebung zur Verfügung steht, z. B. wenn die Ergänzung bzw. Berichtigung der Offenbarungsversicherung des Schuldners gemäß § 807 ZPO die erforderliche Kenntnis ermöglicht (*OLG Düsseldorf* KTS 1985, 724).
- Das Rechtsschutzbedürfnis bei einer Klage nach § 131 I 1 AktG entfällt nicht, wenn in der Hauptverhandlung zwar nicht der nach § 131 I AktG zuständige Vorstand, sondern der Vorsitzende des Aufsichtsrats die Auskunft verweigert hat, der Vorstand sich diese Entscheidung des Aufsichtsratsvorsitzenden aber zu eigen gemacht hat (*OLG Düsseldorf* NJW 1988, 1033).
- Bei der Klage eines Volljährigen auf Unterhalt fehlt der Widerklage auf Auskunftserteilung über die Einkommensverhältnisse des anderen Elternteils das Rechtsschutzbedürfnis (*OLG Frankfurt* FamRZ 1987, 839 = NJW-RR 1987, 903).

10. Besonderheiten in der I. Instanz

43 Die Geltendmachung von Auskunftsansprüchen ist **im Unterhaltsrecht keine Feriensache** gemäß § 200 II Nr. 5 a GVG (*BGH NJW* 1987, 2237; wichtig für die Hemmung von Fristen gemäß § 223 I ZPO).

Prozeßrecht   **A III**

Im Rahmen der Stufenklage kann der Kläger nur dann gemäß § 264 Nr. 2 44
ZPO vom Auskunfts- und Rechenschaftsablegungsanspruch zum bezifferten
Leistungs- oder Feststellungsantrag übergehen, wenn **beide Ansprüche in derselben Instanz anhängig** sind (*BGH* NJW 1979, 925/926). So kann der Unterhaltsgläubiger im Laufe eines Auskunftsprozesses (egal ob isoliert oder im Rahmen einer Stufenklage) sein Auskunftsbegehren zeitlich erweitern, solange es noch nicht prozessual erledigt ist, ohne daß – sogar bei Erfüllung des zeitlich beschränkten Begehrens – die Sperrfrist des § 1605 II BGB entgegensteht (*OLG Karlsruhe* FamRZ 1987, 297).

Zurückweisung verspäteten Vorbringens: Nachgeschobenes Vorbringen im 45
Betragsverfahren, welches im Verfahren über einen im Wege der Stufenklage
geltend gemachten Auskunftsanspruch ausgeschlossen worden ist (§ 296 ZPO),
kann im Betragsverfahren erneuert werden und kann dann nicht deshalb als
verspätet zurückgewiesen werden, weil es nicht schon im Verfahren der ersten
Stufe rechtzeitig und substantiiert vorgebracht worden ist (*OLG Karlsruhe* NJW
1985, 1349 LS).

Erledigung: Wenn die Auskunft oder Rechenschaftsablegung ergibt, daß **von** 46
Anfang an kein Leistungsanspruch bestand, ist streitig, wer die Kosten zu
tragen hat (zu Gunsten des Beklagten *OLG Zweibrücken* NJW 1986, 939; zu
Gunsten des Klägers *KG* NJW 1970, 903). Stimmt in diesem Fall der Beklagtenvertreter einer Erledigterklärung des Klägers zu, besteht die Gefahr, daß die
Kostenentscheidung nach § 91 a ZPO aufgrund der Ermessensentscheidung des
Gerichts zu Lasten des Beklagten ausgeht. Es ist daher anzuraten, sich der Erledigterklärung zu widersetzen; dann wird nämlich der Hauptleistungsantrag wegen des fehlenden Leistungsanspruchs als unbegründet abgewiesen (*Thomas/
Putzo* § 254 ZPO Anm. 2b; *OLG Düsseldorf* NJW-RR 1989, 446; a. A. *OLG
Frankfurt* FamRZ 1987, 293: einseitige Erledigungserklärung möglich). Da es an
der Berechtigung des Klägers zur Abgabe einer einseitigen Erledigungserklärung fehlt, kommt für ihn als prozessuale Reaktionsmöglichkeit insoweit die
Klagerücknahme in Betracht.

Kommt der Beklagte **nach Rechtshängigkeit** dem Auskunfts- und Rechenschaftsablegungsbegehren nach oder gibt er freiwillig die eidesstattliche Versicherung ab, so kann nach allgemeinen Grundsätzen übereinstimmend oder einseitig (mit der Folge eines Feststellungsurteils) für erledigt erklärt werden, weil
der Hilfsanspruch prozessual ein **eigener Streitgegenstand** ist (*Stein/Jonas* § 254
ZPO Rdnr. 31; a. A.: *OLG München* FamRZ 1983, 629; *Baumbach/Lauterbach/
Albers/Hartmann* § 254 ZPO Anm. 2 A: Ankündigung der nächsten Stufe erforderlich).

Säumnis: Bleibt der **Beklagte** aus, so hat eine Entscheidung in Form eines 47
Teilversäumnisurteils bezüglich des Auskunfts- und Rechenschaftsablegungsbegehrens zu erfolgen (*Stein/Jonas* § 254 ZPO Rdnr. 34). Ist – obwohl die Betragsstufe noch gar nicht verhandelt wurde – trotzdem ein Versäumnisurteil auch
darüber ergangen, so steht es in seinen Wirkungen einem Feststellungsurteil
gleich (*RGZ* 84, 370). Bei Säumnis des **Klägers** kann ein klageabweisendes
Versäumnisurteil bezüglich aller Stufen ergehen (*Stein/Jonas* a. a. O.).

11. Prozessuale Einzelfragen in der II. Instanz

48 **a) Rechtsmittel.** In der Regel ist Berufung einzulegen, es sei denn, es liegt ein Sonderverfahren vor, z. B. ein FGG-Verfahren (wie etwa in WEG-Sachen), ein besonderer Rechtszug in FGG-Familiensachen (siehe insoweit § 621e ZPO) oder im Aktien- und GmbH-Recht (sofortige Beschwerde gemäß §§ 132 III 1, 2 AktG, 51b S. 1 GmbHG).

49 **b) Beschwerdewert des § 511a I ZPO.** Für den Wert der Beschwerde ist nicht das Interesse der Klagepartei oder sonst eine Bewertung nach Prozentsätzen des Zahlungsanspruchs maßgeblich, sondern es kommt allein auf das Interesse des Rechtsmittelführers/des Beklagten an, die Auskunft nicht erteilen zu müssen (**Abwehrinteresse**), das vor allem nach dem Aufwand an Zeit, Arbeit und Kosten für die sorgfältige Erteilung der geschuldeten Auskunfts- und Rechenschaftslegung zu bewerten ist (*BGH* FamRZ 1988, 156; *BGH* FamRZ 1989, 731); es kann dabei auch zu berücksichtigen sein, ob die Partei ein besonderes gerechtfertigtes Geheimhaltungsinteresse hat (*BGH* FamRZ 1987, 468; *BGH* NJW-RR 1989, 580).

Dabei ist die Festsetzung des Wertes des Beschwerdegegenstandes für die Klage auf Auskunfts- und Rechenschaftslegung durch die Vorlage von Einkommensteuerbescheiden allein an der Beschaffung der Auskunfts- und Rechenschaftslegung anzuknüpfen, nicht an die Höhe des Unterhalts (*BGH* NJW-RR 1987, 198).

Diese Rechtsmittelstreitwertfestsetzung ist nach §§ 2, 3 ZPO (Wert des Beschwerdegegenstandes) eine reine Ermessensentscheidung (*BGH* NJW-RR 1988, 836) und unterliegt nur in begrenztem Rahmen der Überprüfung durch das Gericht der sofortigen Beschwerde (*BGH* a. a. O., 837).

Zur Festlegung des Beschwerdewerts im Rahmen eines Dauerschuldverhältnisses am Beispiel von § 87c HGB bei Verurteilung zur Vorlage einer Provisionsabrechnung vgl. *BGH* NJW-RR 1989, 738.

50 **c) Einzelheiten des Prüfungsverfahrens. aa)** Die Abhängigkeit des Leistungsantrags von dem Auskunfts- und Rechenschaftslegungsanspruch führt bei einer Stufenklage dazu, daß im Falle der Klageabweisung der **gesamten** Klage in I. Instanz das Stufenverhältnis in II. Instanz fortwirkt und hier zunächst nur über den Auskunfts- und Rechenschaftslegungsanspruch zu erkennen ist (*BGH* NJW-RR 1987, 1029). Das Berufungsgericht darf über den noch nicht entschiedenen Teil nicht von sich aus entscheiden, analog § 538 I Nr. 3 ZPO (*BGH* NJW 1982, 335).

51 **bb) Ausnahmsweise** ist eine Mitentscheidung über die Betragsstufe möglich, wenn
  – für die Bejahung des in I. Instanz verbliebenen Restanspruches kein Platz mehr ist (*BGH* VersR 1977, 430),
  – das Einverständnis der Parteien zur Entscheidung vorliegt (*BGHZ* 97, 280),
  – Der Kläger in II. Instanz Antrag auf Verhandlung über den Zahlungsantrag stellt oder erst in II. Instanz Stufenklage erhebt (*Thomas/Putzo* § 537 ZPO Anm. 1a).

Ist etwa der Kläger im zweiten Rechtszug im Wege der Klageerweiterung von dem in I. Instanz ausschließlich geltend gemachten Auskunftsbegehren zur Leistungsklage übergegangen, darf der Rechtsstreit nicht ohne Entscheidung über den Grund des Anspruchs an das Landgericht zurückgewiesen werden (*BGH* NJW 1979, 925; a. A.: *OLG Hamm* OLGZ 1988, 468).

Andererseits kann der Kläger dem Rechtsmittelgericht die Befugnis zur Abweisung der gesamten Klage nicht dadurch entziehen, daß er bei dem Gericht der I. Instanz die Verhandlung über den Hauptanspruch beantragt (*BGH* NJW 1985, 2405).

Hat das Landgericht die Stufenklage mangels Bestehens des Zahlungsanspruchs insgesamt abgewiesen, so kann das Berufungsgericht, das den Auskunftsanspruch zuerkennt, zugleich die Klageabweisung im übrigen aufheben und die Sache zurückverweisen, auch wenn der Kläger – trotz uneingeschränkt eingelegter Berufung – nur beschränkt den Antrag zur Auskunftserteilung gestellt hat (*BGH* NJW 1985, 862). § 308 ZPO steht insoweit nicht entgegen, da es bei der Stufenklage dem Verfahren entspricht, die Ansprüche getrennt und nacheinander zu verhandeln (*BGH* a. a. O.).

cc) Hat das Gericht des ersten Rechtszugs **nur den Auskunfts- und Rechen-** 52 **schaftsablegungsanspruch** abgewiesen, so bleibt dieses Gericht trotz Rechtsmitteleinlegung gegen das Teilurteil weiterhin für die zweite Stufe zuständig, ohne daß es einer Zurückverweisung bedarf (*OLG Celle* NJW 1961, 786), es sei denn, das Rechtsmittelgericht kommt zur Abweisung der Auskunfts- und Rechenschaftsablegungsklage mit der Begründung, daß das Bestehen eines Hauptanspruches abzulehnen sei (*BGH* NJW 1985, 2405; a. A. *Stein/Jonas* § 254 ZPO Rdnr. 41).

12. Rechtskraftwirkung

Die in der ersten Stufe ergehende, zur Auskunft oder Rechenschaftsablegung 53 verurteilende Entscheidung schafft keine Rechtskraft oder Bindungswirkung nach § 318 ZPO bezüglich des Klagegrundes. Dies gilt sowohl für die I. als auch für die II. Instanz (*BGH* NJW 1969, 880).

Der Rechtsfolgenausspruch „Anspruch auf Auskunft oder Rechenschaftsablegung" erwächst aber in materieller Rechtskraft und ist z. B. in dem Verfahren auf Abgabe der eidesstattlichen Versicherung zugrundezulegen (*BGH* WM 1975, 1086).

13. Antrag auf Auskunftsergänzung

Bei Bedenken gegen die **Vollständigkeit** oder **Richtigkeit** der Auskunft oder 54 Rechenschaftsablegung besteht i. d. R. **kein Anspruch auf Ergänzung,** sondern nur die Möglichkeit der Antragstellung auf Abgabe einer eidesstattlichen Versicherung nach § 259 II BGB i. V. m. § 889 I ZPO an das Vollstreckungsgericht (*BGH* NJW 1988, 2729/2730).

Von Vorteil ist es, den Zwangsvollstreckungsschuldner vorab zur Ergänzung aufzufordern, um ihm die Möglichkeit zur Ergänzung zu geben, und dann erst die Zwangsvollstreckung gegen ihn zu betreiben. Räumt ein Verpflichteter (auch Erbe des Beauftragten) nämlich durch eigene Ergänzungen und Berichtigungen alle Mängel der Abrechnung (auch der des Erblassers) von sich aus vor der Verurteilung zur Abgabe der eidesstattlichen Versicherung aus, dann kann dadurch entsprechend dem Rechtsgedanken des § 259 III BGB der Anspruch auf eidesstattliche Versicherung nachträglich wieder entfallen mangels Informationsbedürfnisses (*BGH* NJW 1988, 2729 LS 2).

Ausnahmsweise besteht ein **Ergänzungsanspruch** in folgenden Fällen:
55 – Die mitgeteilte Rechnung genügt den **formellen** Anforderungen einer Rechnung **nicht** (*Staudinger/Selb* § 259 BGB Rdnr. 16). Darauf ist insbesondere zu achten, wenn Rechnungslegungen auf Schätzungen beruhen (im Rahmen der Rechnungslegung bezüglich Verletzergewinn Schätzung der Unkosten des Verletzers, *BGH* NJW 1984, 2822-Dampf-Frisierstab II).
– Es fehlt in der Rechnung die Angabe eines ganzen Vermögensteils oder einer Mehrheit von Gegenständen, weil der Verpflichtete aufgrund Irrtums den Umfang seiner Verpflichtung falsch angenommen hatte (z. B.: der Beklagte dachte, der Hausrat gehöre nicht zum Zugewinn, *BGH* NJW 1984, 484/487).
– Die Rechnungslegung erfolgte komplett auf der Grundlage gefälschter Bücher (*Staudinger/Selb* a. a. O.).
– Der Pflichtige gibt Teilauskunft/Teilrechenschaftslegung in Teilakten für abgrenzbare Gegenstände (*BGH* NJW 1962, 245).

VII. Abgabe der eidesstattlichen Versicherung

1. Voraussetzungen

Gesetzliche Anordnung oder Verweis auf §§ 259, 260 BGB
56 – Rechnungslegung gemäß § 259 II BGB, wobei ein Fall der Rechnungslegung nur unter den Voraussetzungen des § 259 I BGB anzunehmen ist, wenn eine Rechenschaftspflicht über „Verwaltung" besteht (dies ist zu verneinen im Rahmen von § 74c II HGB, HzA Gruppe 1 VII 3; zu bejahen im Rahmen des gewerblichen Rechtsschutzes, *BGH* NJW 1984, 2822/2824).
– Errichtung eines Bestandsverzeichnisses gemäß § 260 II BGB
– § 2028 II BGB
– § 2057 S. 2 BGB i. V. m. § 260 BGB
Beispiele außerhalb von BGB und ZPO siehe *Habscheid* NJW 1970, 1669 ff.

57 **Begründeter Verdacht** aus dem Gesamtverhalten des Schuldners (*Palandt/Heinrichs* §§ 259–261 BGB Anm. 6a), daß **Verletzung der Sorgfaltspflicht** vorliegt bei
– Angaben über die Einnahmen gemäß § 259 II BGB (nicht über die Ausgaben, es sei denn bei Auskunftspflicht des Testamentsvollstreckers, *MünchKomm/Keller* § 259 BGB Rdnr. 29);
– Erstellen des Verzeichnisses gemäß § 260 II BGB;
– Angaben gemäß §§ 2028 II, 2057 S. 2 BGB.
Inhaltliche Mängel reichen für diesen begründeten Verdacht nicht, der im Wege einer Wahrscheinlichkeitsprognose festzustellen und vom Berechtigten zu beweisen ist (*Staudinger/Selb* § 259 BGB Rdnr. 19). Er ist zu bejahen im Falle unvollständiger, mehrfach berichtigter Angaben (*BGH* LM § 258 BGB Nr. 8; *BGH* DB 1960, 85).

58 Es liegt **kein Fall** der §§ **259 III, 260 III, 2028 III, 2057 S. 2** BGB vor (der gesamte Gegenstand der Rechenschaftsablegung ist geringfügig oder bei Gegenstand von erheblichem Umfang Verdacht auf nur geringfügige Unvollständigkeit, *Staudinger/Selb* § 259 BGB Rdnr. 23) oder in Analogie zu §§ 259 III, 260 III, 2028 III, 2057 S. 2 BGB fehlt es an einem Informationsbedürfnis wegen freiwilliger Ergänzung (*BGH* NJW 1988, 2729).

59 **Rechtsschutzinteresse:** Der Gläubiger kann nicht auf einfachere Weise eine umfassende Klarstellung erreichen (*BGHZ* 55, 206). Dieser einfachere Weg wird z. B. bei Bucheinsicht gemäß § 87c IV HGB angenommen, der der eidesstattlichen Versicherung gegenüber vorrangig ist (*Palandt/Heinrichs* §§ 259 bis 261 Anm. 6b). Die Verurteilung zur eidesstattlichen Versicherung ist dort nur möglich, wenn Grund zur Annahme besteht, daß der Buchauszug nicht vollständig ist (*BGHZ* 32, 302/305) oder der Buchauszug keine Klarheit brachte (*OLG Saarbrücken* OLGZ 1988, 233), somit erst nach Erschöpfung **aller** Hilfsan-

sprüche, auch § 87c III HGB (*Seetzen* WM 1985, 220). Hingegen ist der Anspruch auf Einsicht gemäß § 810 BGB der eidesstattlichen Versicherung gegenüber gleichrangig.

Vorliegen einer aus sich heraus verständlichen Auskunft, denn nur diese bildet auch eine hinreichende Grundlage für eine gegebenenfalls abzugebende eidesstattliche Versicherung des Schuldners über ihre inhaltliche Richtigkeit (*OLG Köln* NJW-RR 1989, 568/569). 60

2. Analoge Anwendung der Vorschriften über Eidesstattliche Versicherung?

Die **analoge** Anwendung der Vorschriften für die eidesstattliche Versicherung (§§ 899 ff. ZPO) wurde von der höchstrichterlichen Rechtsprechung noch nicht entschieden. *Lüke* (JuS 1986, 2/7) bejaht dies für Fälle, in denen die Geltendmachung des Informationsanspruchs der Prozeßvorbereitung dient. 61

3. Haftung bei Verweigerung im Erbrecht

Ein **Sonderfall** ist die eidesstattliche Versicherung der Erben nach § 2006 BGB, bei deren Verweigerung es zur unbeschränkten Haftung kommt. 62

4. Zuständigkeit

Die freiwillige Abgabe der eidesstattlichen Versicherung ist möglich vor dem Amtsgericht, FGG-Abteilung, im Falle der §§ 163, 79 FGG, 261 BGB ansonsten nur nach Titulierung vor dem Vollstreckungsgericht im Rahmen der Zwangsvollstreckung gemäß § 889 ZPO. 63

5. Kosten

Die **Kosten** hat nach § 261 Abs. 3 BGB derjenige zu tragen, der die Abgabe der eidesstattlichen Versicherung verlangt. 64

6. Anspruchsgegner

Die eidesstattliche Versicherung ist eine persönliche Verpflichtung des Schuldners (*Staudinger/Selb* § 259 BGB Rdnr. 21). Sie geht im Rahmen eines Auftragsverhältnisses auf den Erben des Beauftragten über als Nachlaßschuld im Sinne des § 1967 BGB (*BGH* NJW 1988, 2729; *OLG München* NJW-RR 1987, 619). Hat der gesetzliche Vertreter des minderjährigen Auskunftspflichtigen das Bestandsverzeichnis aufgestellt und wird vom mittlerweile volljährigen Auskunftspflichtigen die eidesstattliche Versicherung verlangt, so muß ausnahmsweise eine vorherige ergänzende Erklärung des Auskunftspflichtigen zum Bestandsverzeichnis eingeholt werden (MünchKomm/*Keller* § 261 BGB Rdnr. 339). 65

7. Einzelne Verfahrensfragen

Der Anspruch auf Abgabe der eidesstattlichen Versicherung kann erst dann erfolgreich (d. h. mit Möglichkeit der Verurteilung) gestellt werden, wenn das Verzeichnis/die Rechenschaftsablegung/die Auskunft nach Obsiegen in der ersten Stufe vorliegt und Grund zur Beanstandung gibt (*Staudinger/Selb* § 260 BGB Rdnr. 19). Dies hindert aber nicht die Geltendmachung in Form der Stufenklage (*BGHZ* 10, 385 LS 2; *Stein/Jonas* § 254 ZPO Rdnr. 2). Die Antragstel- 66

A III Der Auskunfts- und Rechenschaftslegungsprozeß

lung ist nicht möglich, wenn der Hilfsanspruch als unbegründet mangels bestehenden materiellrechtlichen Hauptanspruches zurückgewiesen wurde (*Stein/Jonas* a. a. O. Rdnr. 27).

67 Auch in folgenden Prozeßsituationen ist Antragstellung auf eidesstattliche Versicherung möglich:
– Der Beklagte hat schon **vor** Klageerhebung Auskunft erteilt/Rechnung gelegt.
– Der Beklagte hat schon vor Rechtshängigkeit Auskunft erteilt/Rechnung gelegt und der geltend gemachte Hilfsanspruch auf Auskunft und Rechenschaftslegung wurde durch Teilurteil als unbegründet abgewiesen (*BGH* LM Nr. 3 zu § 254 ZPO)
– Beklagter hat **nach** Rechtshängigkeit, aber **vor** Verurteilung Rechnung gelegt und die Hauptsache wurde übereinstimmend für erledigt erklärt.

VIII. Zwangsvollstreckung

1. Vollstreckungsfähigkeit des Titels

68 Die Zwangsvollstreckung vollzieht sich nach den Vorschriften der ZPO, auch im Rahmen des Aktienrechts und des GmbH-Rechts wegen ausdrücklichen Verweises in §§ 132 IV AktG, 51 b GmbHG.

Es müssen die allgemeinen Vollstreckungsvoraussetzungen vorliegen, wobei auf die Vollstreckungsfähigkeit des Titels, also auf seine Bestimmtheit, besonders zu achten ist. Der Umfang der Verpflichtung wird allein durch den im Erkenntnisverfahren geschaffenen Titel umrissen. Eine Erweiterung oder Änderung des Titels im Vollstreckungsverfahren durch deren Organe ist insoweit nicht möglich (bezüglich eines ungenauen Wirtschaftsprüfer-Vorbehaltes entschieden vom *BayObLG* NJW-RR 1989, 932 m. w. Nachw.).

2. Anzuwendende Vorschriften

69 a) Die Vollstreckung des Auskunftstitels vollzieht sich als unvertretbare Handlung nach § 888 ZPO, die Vollstreckung der eidesstattlichen Versicherung nach § 889 ZPO.

Erfolgt die Zwangsvollstreckung auf Erteilung einer Auskunft durch Vorlage einer Urkunde und durch Vorlage von Belegen, so ist sie wie die Vollstreckung der Herausgabe bestimmter beweglicher Sachen zu betreiben (§ 883 ZPO), da dann keine unvertretbare Handlung vollstreckt wird (*OLG Köln* NJW-RR 1988, 1210; *OLG Köln* NJW-RR 1989, 568/569 m. w. Nachw.).

Wird Abrechnung nach § 87 c I HGB verlangt, so handelt es sich – wie § 87 c IV HGB zeigt – um eine vertretbare Handlung, vollstreckbar nach § 887 ZPO durch Ermächtigung des Handelsvertreters, die Abrechnung auf Kosten des Unternehmers vornehmen zu lassen und zwar in Anlehnung an § 87 c IV HGB durch den Wirtschaftsprüfer oder einen sonstigen Buchsachverständigen anhand der Bücher und Unterlagen des Unternehmers (*Seetzen* WM 1985, 213/214 m. w. Nachw.). Bei Unmöglichkeit der Abrechnung ist auch eine Vollstreckung nach § 888 ZPO denkbar.

Die Zwangsvollstreckung im Wege der Ersatzvornahme nach § 887 ZPO erfolgt auch bei Verurteilung zur Erteilung von Buchauszügen (*OLG Hamm* NJW 1965, 1387).

3. Sonderfälle

Wird die **Erteilung einer Auskunft nach § 888 ZPO** geschuldet, so kann der 70
Vollstreckungsgläubiger den Schuldner zur Vornahme der Handlung in der
Weise anhalten, daß er durch Beschluß des Vollstreckungsgerichts dem Schuldner das Zwangsmittel des § 888 ZPO zunächst nur androhen läßt. Eine solche –
nach dem Gesetz nicht notwendige – vorherige Androhung ist zwar noch keine
Vollziehung des Titels, wohl aber Einleitung der Zwangsvollstreckung, so daß
die allgemeinen Vollstreckungsvoraussetzungen vorliegen müssen. Der Androhungsbeschluß unterliegt deshalb der sofortigen Beschwerde nach § 793 ZPO
(*OLG Hamm* NJW-RR 1987, 765).

Umstritten ist, ob der **Erfüllungseinwand** im Verfahren nach § 888 II ZPO 71
zu beachten ist oder nur im Wege der Vollstreckungsgegenklage (§ 767 I ZPO)
geltend zu machen ist (zum Diskussionsstand in Rechtsprechung und Literatur
siehe Übersicht *OLG Köln* NJW-RR 1989, 568). Nach Ansicht des Bayerischen
Obersten Landesgerichts ist zwar grundsätzlich der Erfüllungseinwand im Rahmen des § 767 ZPO geltend zu machen, dieser muß aber auch im Verfahren
nach § 888 ZPO Beachtung finden, denn Voraussetzung für einen Zwangsmittelbeschluß ist stets, daß der Schuldner die unvertretbare Handlung bislang nicht
vorgenommen hat, diese also noch notwendig ist (*BayObLG* NJW-RR 1989,
932/934). Dabei ist weiterhin offen, ob der Erfüllungseinwand nur zuzulassen
ist, wenn die Erfüllungshandlung unstreitig oder präsent beweisbar ist (so *OLG
Düsseldorf* NJW-RR 1988, 63) oder ob dieser Einwand stets zu prüfen ist.

IX. Einzelprobleme

1. Abtretbarkeit

Der Auskunftsanspruch ist in der Regel nicht isoliert ohne den Hauptan- 72
spruch abtretbar, da er als Neben- bzw. Hilfsrecht zu qualifizieren ist (*Palandt/
Heinrichs* § 399 BGB Anm. 2b; *RGZ* 90, 19/20). So erstreckt sich die Abtretung
des Hauptanspruches **im Zweifel** auch auf den Auskunfts- und Rechenschaftslegungsanspruch (*Palandt/Heinrichs* §§ 259 bis 261 BGB Anm. 4c).

Die Abtretbarkeit des Nebenrechts allein an bestimmte Personen kann allerdings im Einzelfall zulässig sein (instruktive Beispiele in *BGH* NJW 1989, 1601/
1602). Unter anderem kann der Auskunftsanspruch des Erben gegen das Kreditinstitut an den Pflichtteilsberechtigten, dem er selbst Auskunft über § 2314 I 1
BGB schuldet, abgetreten werden (*BGH* a.a.O. LS 3). Im Interesse der Vereinfachung der Rechtsverfolgung wird hier lediglich der Umweg über den vermittelnden Dritten als Inhaber des Anspruchs vermieden und demjenigen, dem im
Ergebnis die Auskunft zu leisten ist, von vornherein die Gläubigerstellung verschafft.

2. Vererbbarkeit

a) Auf der **Passivseite:** Trotz seines Charakters als Hilfsanspruch vererbt sich 73
auf der **Schuldnerseite** grundsätzlich die Verpflichtung zur Auskunft und Rechenschaftsablegung im Rahmen der §§ 1922, 1967 BGB zusammen mit der
zugehörigen Hauptverbindlichkeit (*OLG München* NJW-RR 1987, 649). Gleiches gilt für die Verpflichtung zur Abgabe der eidesstattlichen Versicherung,

wobei nach Vererbung eine Veränderung der Eidesformel zu bedenken ist (*BGH NJW* 1988, 2729). Notfalls muß der Erbe dabei auch von einem **eigenen** Auskunftsrecht gegenüber dem Kreditinstitut des Erblassers Gebrauch machen (*BGH NJW* 1989, 1601).

Anderes gilt im Versorgungsausgleichsverfahren: Das Auskunftsbegehren nach § 1587e BGB gegen den ausgleichsverpflichteten Ehegatten betrifft einen anderen Verfahrensgegenstand als gegen dessen Erben. Verstirbt der zur Auskunft verpflichtete Ehegatte während der Anhängigkeit des Verfahrens der weiteren Beschwerde, ist daher die Hauptsache erledigt (*BGH NJW-RR* 1986, 369).

74   b) Auf der **Aktivseite:** Auch die Gläubigerstellung im Rahmen eines Auskunfts- und Rechenschaftslegungsanspruchs ist vererblich (*Palandt/Heinrichs* §§ 259–261 BGB Anm. 4c), es sei denn, die Gläubigerstellung erlischt mit dem Tod, weil der Erblasser in einer Generalvollmacht bestimmt hatte, daß der von ihm Beauftragte nur ihm **höchstpersönlich** Rechenschaft schulde (*BGH NJW-RR* 1990, 131).

3. Pfändbarkeit und Verpfändbarkeit:

75   Der Auskunfts- und Rechenschaftslegungsanspruch wird gepfändet und verpfändet nur mit dem Hauptanspruch selbst. Mit Pfändung und Überweisung der Hauptforderung nach § 829 ZPO, z. B. gegen die Bank als Drittschuldner, wird auch der Anspruch auf Auskunft und Rechnungslegung gepfändet, jedoch kann Erteilung von Kontoauszügen nicht angefordert werden (*LG Frankfurt RPfleger* 1986, 186 m. w. Nachw.; *AG Rendsburg NJW-RR* 1987, 819; *Sühr WM* 1985, 741).

Der Gläubiger eines Gesellschafters, der dessen Anteil gepfändet hat, hat damit auch den Anspruch auf Rechnungslegung erworben (*Staudinger/Selb* § 259 BGB Rdnr. 10; a. A.: *RGZ* 95, 231).

A IV. Einstweiliger Rechtsschutz

Dr. Herbert Sernetz

Übersicht

	Rdnr.		Rdnr.
I. Allgemeines	1	6. Rechtsschutzbedürfnis/Sicherungsbedürfnis/Dringlichkeit	26
1. Zweck, Wesen und Geltungsbereich des einstweiligen Rechtsschutzes	1	**III. Das Verfahren**	29
2. Gegenstand der Darstellung und Prüfschema	2	1. Einreichung des Antrags	29
3. Abgrenzung und Wahl des Verfahrens	7	2. Beschluß ohne mündliche Verhandlung/Rechtsbehelf	31
II. Arrestgesuch/Verfügungsantrag	10	3. Mündliche Verhandlung/Urteil/Rechtsmittel	36
1. Form und Zuständigkeit	10	4. Zustellung/Vollziehung	39
2. Arrest- und Verfügungsanspruch	12	5. Aufhebung/Schadensersatz	47
3. Arrest- und Verfügungsgrund	13	**IV. Einstweiliger Rechtsschutz auf speziellen Rechtsgebieten**	51
4. Die Anträge	18		
5. Die Glaubhaftmachung	22		

Literatur: *Baur,* Studien zum einstweiligen Rechtsschutz, 1967; *Dunkl/Moeller/Baur/Feldmeier/Wetekamp,* Handbuch des vorläufigen Rechtsschutzes, 2. Aufl. 1991; *Eilers,* Maßnahmen des einstweiligen Rechtsschutzes im Europäischen Zivilrechtsverkehr, 1991; *Finkelnburg/Jank,* Vorläufiger Rechtsschutz im Verwaltungsstreitverfahren, 3. Aufl. 1986; *Gießler,* Vorläufiger Rechtsschutz in Ehe-, Familien- und Kindschaftssachen, 1987; *Leipold,* Grundlagen des einstweiligen Rechtsschutzes im zivil-, verfassungs- und verwaltungsgerichtlichen Verfahren, 1971.

I. Allgemeines

1. Zweck, Wesen und Geltungsbereich des einstweiligen Rechtsschutzes

Allen geltenden Verfahrensordnungen ist – ob geschrieben oder ungeschrieben – das Institut eines einstweiligen oder vorläufigen Rechtsschutzes immanent. Das Bundesverfassungsgericht hat mehrfach betont, daß Art. 19 IV GG nicht nur das formelle Recht und die theoretische Möglichkeit beinhalte, die Gerichte anzurufen, sondern auch die **Effektivität des Rechtsschutzes** garantiere (*BVerfGE* 35, 263, 274 = NJW 1973, 1491; *BVerfGE* 35, 382, 401 = NJW 1974, 227 m. w. Nachw.). Diese ist nur gewährleistet, wenn auch während der Dauer eines Hauptsacheprozesses, also vor einer endgültigen Entscheidung, vorläufige gerichtliche Maßnahmen erwirkt werden können, durch die unabänderliche tatsächliche Entwicklungen zeitweise unterbunden oder eingeschränkt werden, welche das Prozeßergebnis wertlos machen würden. Diese Grundgesetzgarantie ist allumfassend, so daß dort, wo die Verfahrensordnung unvollkommen oder unvollständig ist, im Wege der **Gesetzesanalogie** (evtl. unter Heranziehung anderer Prozeßordnungen) ein umfassender Schutz herzustellen ist (*BVerfGE* 46, 166 = NJW 1978, 693f.).

Durch den Einigungsvertrag zwischen der Bundesrepublik Deutschland und der **DDR** vom 31. 8. 1990 (EinigungsvertragsG vom 23. 9. 1990, BGBl II

S. 885) sind mit Wirkung ab 3. 10. 1990 das GG, die ZPO, das FGG, die VwGO, die FGO, das ArbGG, das SozGG und das GVG mit gewissen Überleitungsregeln auch auf dem Gebiet der ehemaligen DDR in Kraft getreten. Die bisherige **Gerichtsorganisation der DDR** wurde teilweise bis auf weiteres übernommen (Kreisgericht als AG; Bezirksgericht als LG). Die Aufgaben des Oberlandesgerichts wurden besonderen Senaten der Bezirksgerichte übertragen. Die Kreisgerichte fungieren darüberhinaus bis zur Errichtung entsprechender Spezialgerichte als Verwaltungs-, Arbeits- und Sozialgerichte, die Bezirksgerichte als Oberverwaltungs-, Landesarbeits- und Landessozialgerichte sowie als Finanzgerichte. Die neuen Bundesländer sind dabei, den Gerichtsaufbau organisatorisch demjenigen der alten Bundesländer anzupassen (*Rieß* DtZ 1992, 226 Fn. 20). Einstweiliger Rechtsschutz ist damit auf dem Gebiet der neuen Bundesländer im gleichen Umfang garantiert wie in der alten Bundesrepublik.

2. Gegenstand der Darstellung und Prüfschema

2   Im Bereich des Erkenntnisverfahrens der ordentlichen Gerichtsbarkeit, also mit Auswirkung für alle materiellen Rechtsgebiete, die der ordentlichen Gerichtsbarkeit unterworfen sind (Bürgerliches Recht, Handelsrecht, Gesellschaftsrecht, Wettbewerbsrecht), stellt die ZPO den Arrest und die einstweilige Verfügung als umfassenden vorläufigen Rechtsschutz und als ein **Grundmuster für andere Verfahrensordnungen** zur Verfügung (z. B. § 62 II ArbGG, § 123 III u. IV VwGO). Auf die Besonderheiten des einstweiligen Rechtsschutzes in den einzelnen Prozeßarten wird in diesem Handbuch bei deren spezieller Erörterung eingegangen. Die folgenden Ausführungen beschränken sich darum auf den Arrest und die einstweilige Verfügung nach den §§ 916 ff. ZPO. Am Ende der Darstellung werden ergänzend kurze Hinweise auf den einstweiligen Rechtsschutz auf anderen Rechtsgebieten gegeben.

Prüfschema

3   1. **Allgemeine Fragen**
   – Wegen welcher Ansprüche, bestehender oder drohender Rechtsverletzungen soll einstweiliger Rechtsschutz begehrt werden? (Rdnrn. 7 f.)
   – Ist eine einstweilige Regelung dringlich? Kann nicht die Entscheidung im Hauptsacheverfahren abgewartet werden? Bestehen nicht ausreichende andere Sicherheiten? (Rdnrn. 26 f.)
   – Würde ein Erfolg des Antrags auf einstweiligen Rechtsschutz nicht bereits die Erfüllung des Anspruchs darstellen? (unschädlich bei Leistungsverfügung: z. B. bei Unterhaltsanspruch, Verletzung absolut geschützter Rechtsgüter). (Rdnr. 21)
   – Welches Verfahren kommt in Betracht (Arrest – einstweilige Verfügung)? (Rdnr. 9.)

4   2. **Fragen zum Arrestantrag**
   – Ist die Vollstreckung wegen einer Geldforderung, auch einer zukünftigen oder bedingten Geldforderung (z. B. bei Gewährleistung) gefährdet? S. Rdnr. 7.
   – Hat der Schuldner überhaupt Vermögen? Liegt es im Inland oder Ausland? S. Rdnr. 14.
   – Sind bestimmte Vermögensgegenstände des Schuldners bekannt? Ggf. kann mit dem Arrestantrag auch ein Pfändungsbeschluß beantragt werden. S. Rdnr. 18.
   – Müßte eine Vollstreckung im Ausland erfolgen? (Rdnr. 13).
   – Besteht die Gefahr, daß der Schuldner Vermögensgegenstände ins Ausland schafft? In diesem Fall kommt der persönliche Arrest in Betracht, wenn nicht der dingliche Arrest genügt. (Rdnrn. 13 f.)

Allgemeines A IV

3. Fragen zum Antrag auf einstweilige Verfügung
- Besteht die begründete Gefahr, daß durch bevorstehende tatsächliche oder rechtliche Veränderungen die Verwirklichung eines Rechts (Anspruchs, nicht Geldanspruchs) eines Gläubigers vereitelt oder erschwert wird? Muß mit dem Eingriff in ein Recht des Gläubigers gerechnet werden? (Sicherungsverfügung). (Rdnr. 15)
- Droht bei einem Dauerrechtsverhältnis (z. B. Gesellschaftsverhältnis) die Gefahr einer Veränderung durch den Partner (i. S. d. Schaffens vollendeter Tatsachen)? (Regelungsverfügung). (Rdnr. 16)
- Besteht eine existenzielle Gefährdung bei Nichterfüllung von Ansprüchen (Unterhaltsansprüchen, Ausschluß aus der Wohnung u. ä.)? Besteht die unmittelbare Gefahr von Rechtsverletzungen (Besitzentzug, Verletzung der Ehre u. ä.)? (Leistungsverfügung; Rdnr. 17)

4. Fragen zum Verfahren
- Wurde der Schuldner abgemahnt? Andernfalls kann ein Kostenrisiko entstehen. (Rdnr. 49)
- Welche Beweismittel zur Glaubhaftmachung sind gegeben? (Urkunden, eidesstattliche Versicherungen, auch des Gläubigers selbst, kein Zeugenbeweis). (Rdnrn. 22ff)
- Welche Gerichte können angegangen werden? Z. B. das Amtsgericht der belegenen Sache, das Gericht des Hauptsacheverfahrens, die besonderen Wahlgerichtsstände (§ 35 ZPO; insbesondere das Gericht der unerlaubten Handlung, das Gericht an jedem Erscheinungsort eines Presseorgans, das Gericht am Sitz des Unternehmens bei Eingriff in den eingeleiteten und ausgeübten Gewerbebetrieb; Rdnrn. 11, 29)
- Ist die Zustellung der Entscheidung innerhalb einer Woche nach Vollziehung und spätestens einen Monat ab Verkündung oder ab Zustellung möglich? Aufenthalts-/Zustelladresse des Schuldners sind ausfindig zu machen; der Eilgerichtsvollzieher ist zu ermitteln (Rdnrn. 39ff., 46)
- Ist der Antragsteller darüber belehrt, daß die Aufhebung von Arrest und einstweiliger Verfügung eine Schadenersatzpflicht des Gläubigers ohne Verschulden auslösen kann? (Rdnr. 50)

3. Abgrenzung und Wahl des Verfahrens

Arrest und einstweilige Verfügung schließen einander grundsätzlich aus (*Thomas/Putzo* Vorbem. § 916 Anm. 3c). Es ist darum von vornherein sorgfältig das richtige Verfahren zu wählen.

a) Der Arrest sichert die **Zwangsvollstreckung** (§ 916 I ZPO)
- wegen einer Geldforderung oder
- wegen eines Anspruchs, der in eine Geldforderung übergehen kann (z. B. in Gewährleistungsfällen), auch soweit die Ansprüche betagt oder bedingt sind (§ 916 II ZPO).

Die einstweilige Verfügung
- sichert einen **Individualanspruch** (§ 935 ZPO, Sicherungsverfügung), der nicht auf eine Geldzahlung gerichtet ist (z. B. Anspruch auf Herausgabe, Leistung, Bearbeitung von Sachen, auf Abgabe von Willenserklärungen, auf Unterlassung etc.; *Thomas/Putzo* § 935 Anm. 2);
- regelt einstweilen ein **streitiges Rechtsverhältnis** (§ 940 ZPO, Regelungsverfügung); z. B. bei Streit über eine gesellschaftsrechtliche Geschäftsführungsbefugnis, über Nutzungsrechte u. ä. (*Thomas/Putzo* § 940 Anm. 2);
- regelt die **vorläufige Befriedigung** eines Anspruchs (§ 940 ZPO analog, Leistungsverfügung; von der Rechtsprechung in Anlehnung an die §§ 1615o BGB, 620 ZPO, 25 UWG entwickelt, sozusagen zur Sicherung der tatsächli-

Sernetz

chen Existenz), insbesondere bei Unterhaltsansprüchen, Verletzung absolut geschützter Rechtsgüter, verbotener Eigenmacht und in Wettbewerbssachen.

9   b) Der **Antrag im falschen Verfahren** ist als unzulässig zurückzuweisen (*OLG Düsseldorf* NJW 1977, 1828). Nur unter ganz besonderen Umständen kann ein Antrag umgedeutet werden (*OLG Köln* NJW 1970, 1883). Zum Teil wird in Anlehnung an *KG* NJW 1961, 1978 die Auffassung vertreten, es sei ohne Klageänderung zulässig von einem Verfahren in das andere überzugehen (*Zöller/Vollkommer* Rdnr. 3 vor § 916). Man kann sich jedoch nicht darauf verlassen, daß die Gerichte dieser Auffassung folgen (das *OLG Düsseldorf* hat den Übergang von einem Arrestantrag, der einen Zugewinnausgleichsanspruch sichern sollte, zu einem Antrag auf Erlaß einer einstweiligen Verfügung noch in der Berufungsinstanz als sachdienliche Klageänderung zugelassen, NJW 1991, 2028). Die Kosten des Antrags im falschen Verfahren treffen den Antragsteller auch bei Rücknahme vor Zustellung an den Gegner (§ 269 III 2 ZPO; *OLG Hamburg* NJW 1977, 813).

II. Arrestgesuch/Verfügungsantrag

1. Form und Zuständigkeit

10   Das Arrestgesuch und der Verfügungsantrag können **schriftlich** eingereicht oder zu Protokoll der Geschäftsstelle erklärt werden (§§ 920 III, 936 ZPO). Das bedeutet zugleich, daß für das Gesuch bzw. den Antrag **kein Anwaltszwang** besteht (§ 78 II ZPO). Der Anwalt kann Gesuch und Antrag bei Gerichten einreichen, bei denen er nicht zugelassen ist. Dennoch muß vor diesem Vorgehen gewarnt werden. Angesichts der besonderen Dringlichkeit der Eilverfahren kommt es regelmäßig auf die Kenntnis der Richter und des usus bei dem angegangenen Gericht an. Darum ist es immer empfehlenswert, Anwaltskollegen am Gerichtsort einzuschalten.

11   Zuständig in beiden Verfahren ist das **Gericht der Hauptsache** (§§ 919, 937 I ZPO). Gericht der Hauptsache ist auch das unzuständig angegangene Gericht, solange die Sache dort noch anhängig ist. Wahlweise ist daneben im Arrestverfahren das **Amtsgericht der belegenen Sache** bzw. am Aufenthalt der in ihrer Freiheit zu beschränkenden Person zuständig (§ 919 ZPO). Die einstweilige Verfügung kann dagegen vor dem Gericht der belegenen Sache nur in dringenden Fällen anhängig gemacht werden (§ 942 I ZPO). Diese Zuständigkeit ist im übrigen nur vorläufig. Das Widerspruchsverfahren ist dem Gericht der Hauptsache vorbehalten (§ 942 I ZPO).

2. Arrest- und Verfügungsanspruch

12   Von den allgemeinen Prozeßvoraussetzungen abgesehen müssen im Arrestverfahren ein Arrestanspruch (§ 916 ZPO) und im einstweiligen Verfügungsverfahren ein Verfügungsanspruch (§§ 935, 940 ZPO) schlüssig dargetan und glaubhaft gemacht werden. Bezüglich Arrestanspruch s. oben Rdnr. 7. Bezüglich Verfügungsanspruch s. oben Rdnr. 8.

3. Arrest- und Verfügungsgrund

13   Hinzukommen muß beim Arrestverfahren der Arrestgrund (§§ 917, 918 ZPO), bei der einstweiligen Verfügung der Verfügungsgrund (§§ 935, 940 ZPO).

a) Arrestgrund. aa) Der Arrestgrund als besondere Prozeßvoraussetzung ist gem. § 917 ZPO gegeben, wenn zu besorgen ist, daß ohne Verhängung des Arrests die **Vollstreckung** eines Urteils vereitelt oder wesentlich erschwert werden könnte. Nach § 917 II ZPO wird es als zureichender Arrestgrund angesehen, wenn das Urteil im **Ausland** vollstreckt werden müßte. Die Besorgnis der Vollstreckungserschwerung wird angenommen, wenn sich die Vermögenslage des Schuldners zu verschlechtern droht etwa durch auffällige Vermögensveräußerungen (*Thomas/Putzo* § 917 Anm. 1 a), insbesondere aber auch bei Betrugsversuchen des Schuldners gegenüber dem Gläubiger (*BGH* WM 1983, 614; *OLG München* MDR 1970, 934). **Kein Arrestgrund** sind die schlechte Vermögenslage des Schuldners allein oder die Konkurrenz anderer Gläubiger (*RGZ* 67, 26; *LG Augsburg* NJW 1975, 2350). Die Notwendigkeit der Auslandsvollstreckung wird angenommen, wenn der Schuldner nur Auslandsvermögen hat oder wenn die Gefahr besteht, daß er die Vollstreckung ins Inlandsvermögen vereitelt (*OLG Düsseldorf* NJW 1977, 2034). Die Ausländereigenschaft des Schuldners allein ist kein Arrestgrund.

bb) Bei einem **persönlichen Arrest** liegt der Arrestgrund in der Notwendigkeit, die gefährdete Zwangsvollstreckung in das Vermögen des Schuldners durch seine **Haft** oder die sonstigen Maßnahmen nach § 933 ZPO zu sichern (§ 918 ZPO). Dieser Arrestgrund ist nur gegeben, wenn ein anderes Sicherungsmittel nicht zur Verfügung steht, insbesondere auch nicht der dingliche Arrest (*Thomas/Putzo* § 918). Er liegt nicht vor, wenn der Schuldner überhaupt kein Vermögen hat (*Zöller/Vollkommer* § 918 Rdnr. 1). 14

b) Verfügungsgrund. aa) Bei der **Sicherungsverfügung** liegt ein Verfügungsgrund vor, wenn die objektive Gefahr besteht, daß die Verwirklichung des Individualanspruchs (Rechts) durch bevorstehende Veränderungen des status quo bedroht ist (*Thomas/Putzo* § 935 Anm. 3). Dies ist etwa der Fall bei Gefahr der Veräußerung, Wegschaffung, Veränderung (z. B. Baumaßnahmen auf beanspruchtem Grundstück in der ehemaligen DDR; *KG* DtZ 1991, 191), Beschädigung und Zerstörung von Sachen bzw. bei bevorstehenden Eingriffen in Rechte. 15

bb) Bei der **Regelungsverfügung** liegt der Verfügungsgrund vor, wenn insbesondere bei dauernden Rechtsverhältnissen (z. B. Gesellschaftsverhältnissen) eine Regelung zur Abwendung wesentlicher Nachteile, zur Verhinderung drohender Gewalt oder aus anderen Gründen nötig erscheint. Das kann etwa der Fall sein, wenn die Gefahr der Veruntreuung von Gesellschaftsvermögen durch den Geschäftsführer droht oder wenn ein Vermieter den Zugang zu einer Wohnung blockiert, sie nicht mehr beheizt u. ä. 16

cc) Bei der **Leistungsverfügung** liegt der Verfügungsgrund beispielsweise in der Existenzgefährdung durch Einstellung der Unterhaltszahlung, in der bereits erfolgten Verletzung absolut geschützter Rechtsgüter wie etwa bei Ehrverletzungen und in dem Besitzentzug durch verbotene Eigenmacht. In solchen Fällen ist der Gläubiger auf die sofortige Erfüllung so dringend angewiesen, daß ihm das Zuwarten auf einen Titel im ordentlichen Verfahren nicht zugemutet werden kann (*OLG Düsseldorf* FamRZ 1979, 75; *OLG Frankfurt* NJW 1975, 393). 17

4. Die Anträge

18 **a) Arrestantrag.** Das Arrestgesuch muß **bestimmt** angeben, was der Antragsteller begehrt. In der Regel wird dies die Anordnung des **dinglichen Arrests** in das gesamte Vermögen des Antragsgegners sein. Der Antrag muß daneben genau bezeichnen, wegen welcher Forderung des Antragstellers, in welcher Höhe und mit welchen Zinsen der Arrestbefehl ergehen soll. Zugleich kann der Arrest wegen der noch unbekannten Kosten des Verfahrens in Höhe eines geschätzten Pauschalbetrages beantragt werden. Das Gericht hat von Amts wegen eine sog. **Lösungssumme** in den Arrestbefehl aufzunehmen, durch deren Hinterlegung der Schuldner die Vollziehung des Arrests hemmen bzw. aufheben lassen kann (§ 923 ZPO). Sind dem Antragsteller Vermögensgegenstände des Antragsgegners bekannt, kann auch ein **Pfändungsbeschluß** im Wege der Arrestvollziehung gem. §§ 928, 930 f. ZPO zusammen mit dem Arrestbefehl beantragt werden.

19 Im Falle des § 918 ZPO richtet sich der Antrag auf Anordnung des **persönlichen Sicherheitsarrests** gegen den Antragsgegner. Der Antrag unterliegt den gleichen Bestimmtheitsvoraussetzungen. Auch in diesem Fall kann im Rahmen der Vollziehung des Arrestbefehls Haft oder eine weniger einschneidende Maßnahme nach dem Ermessen des Gerichts angeordnet werden (§ 933 ZPO).

20 **b) Antrag auf Erlaß einer einstweiligen Verfügung.** Angesichts des weiten Rahmens, innerhalb dessen Sicherungs-, Regelungs- und Leistungsverfügungen möglich sind, und angesichts der sehr differierenden Zielsetzungen, die damit verbunden sein können, lassen sich die möglichen Anträge hier nicht darstellen. Beispiele dessen, was **Gegenstand eines Antrags** auf Erlaß einer einstweiligen Verfügung sein kann, enthält § 938 II ZPO, nämlich die Anordnung der Sequestration, der Erlaß von Geboten und Verboten, die Untersagung der Veräußerung, Belastung oder Verpfändung von Grundstücken und Schiffen. Wegen der Antragsinhalte auf den einzelnen Rechtsgebieten muß auf die umfassende Darstellung bei *Zöller/Vollkommer* § 940 Rdnr. 8 verwiesen werden. Im übrigen ist das Gericht nicht streng an die formulierten Anträge gebunden, sondern kann nach **freiem Ermessen** bestimmen, welche Anordnungen zur Erreichung des Zwecks erforderlich sind (§ 938 I ZPO).

21 Dem Ermessen des Gerichts sind allerdings folgende **Grenzen** gesetzt:
– die Maßnahme muß sich im Rahmen des gestellten Antrags halten in dem Sinne, daß nicht ein anderer Anspruch gesichert und nicht mehr zugesprochen werden darf, als beantragt war,
– die Maßnahme darf nicht zur Befriedigung des Gläubigers führen und keine endgültige Vollziehung enthalten (deswegen Antrag auf Auskunft und Herausgabe von Akten unzulässig, *OLG Hamm* NJW-RR 1992, 640),
– die Maßnahme darf nicht über den Hauptanspruch hinausgehen,
– sie darf nicht etwas anordnen, was nicht vollzogen werden kann (*Thomas/Putzo* § 938 Anm. 1 a–d).

5. Die Glaubhaftmachung

22 **a)** Sowohl im Arrest- wie auch im einstweiligen Verfügungsverfahren sind Anspruch und Arrestgrund bzw. Verfügungsgrund, soweit das Gesetz nicht Ausnahmen enthält (z. B. § 921 II ZPO) glaubhaft zu machen (§§ 920 II, 936 ZPO). Das bedeutet, daß außer allen anderen Beweismitteln **die eidesstattliche**

Versicherung zur Beweisführung zugelassen ist (§ 294 I ZPO). Diese Art der Beweisführung genügt auch für den Nachweis der Prozeßvoraussetzungen in der mündlichen Verhandlung und für den Gegner zum Beweis seiner Darstellung (*Thomas/Putzo* § 920 Anm. 2).

b) Der Anwalt ist bei der **Ermittlung des relevanten Sachverhalts** (Anspruch und Arrest- bzw. Verfügungsgrund) sowie seiner Glaubhaftmachung besonders gefordert. Einerseits muß er den Mandanten veranlassen, alle auch nur irgendwie einschlägigen Schriftstücke beizubringen. Der Richter wird hier in die auch für ihn nicht alltägliche Situation gebracht, aufgrund einseitigen Parteivortrags entscheiden zu müssen; er fühlt sich darum sicherer, je mehr Fakten dokumentiert sind. Zum anderen muß der Anwalt Beweislücken durch eidesstattliche Versicherungen zu schließen versuchen. Er wird deswegen durch persönliche Gespräche mit dem Mandanten, seinen Angehörigen, seinen Sachbearbeitern und sonst in Betracht kommenden Zeugen zu klären versuchen müssen, wer für eine Aussage und ihre eidesstattliche Versicherung in Betracht kommt. Bei alledem ist höchste Eile geboten (Eilverfahren). 23

Anwaltspflicht ist es, bei der **Aufnahme eidesstattlicher Versicherungen** besonders sorgfältig vorzugehen. Der Mandant oder Zeuge ist über die Strafbarkeit der Abgabe einer eidesstattlichen Versicherung zu belehren. Wird die eidesstattliche Versicherung in der Kanzlei des Anwalts aufgenommen, empfiehlt es sich, die **Belehrung** in den Text mit aufzunehmen. Diktiert der Anwalt die eidesstattliche Versicherung nach der Aussage der Partei oder des Zeugen, muß er ganz besonders darauf achten, daß seine Formulierung mit den Bekundungen übereinstimmt, sonst kann es nicht nur Probleme im Verfahren, sondern unter Umständen auch nachträgliche Vorwürfe gegen den Anwalt geben. Problematisch ist die Übersendung eines **schriftlichen Entwurfs** der eidesstattlichen Versicherung an den Aussagenden. Dies ist nur dann tragbar, wenn zuvor der Sachverhalt in einem persönlichen Gespräch ermittelt worden ist und der Aussagende bei Übersendung an seine Wahrheitspflicht erinnert und aufgefordert wird, notwendige Änderungen vorzunehmen oder sie vom Anwalt zu verlangen. Im Rahmen dieser Grundsätze ist es zulässig, eine eidesstattliche Versicherung so abzufassen, daß sie den im Antrag des Anwalts festgehaltenen Sachverhalt als richtig bestätigt. 24

Bleiben am Ende Lücken der Glaubhaftmachung von Anspruch und/oder Grund, dann ist zu prüfen, ob das Gericht nicht durch das Angebot einer **Sicherheitsleistung** zum Erlaß der gewünschten Entscheidung bewegt werden kann (§ 921 II 1 ZPO). 25

6. Rechtsschutzbedürfnis/Sicherungsbedürfnis/Dringlichkeit

a) Bei einem Arrestantrag muß, wenn man nicht riskieren will, daß ein Widerspruch Erfolg hat, von vornherein geklärt werden, ob der Antragsteller nicht **anderweitig** hinreichend **gesichert** ist. Das ist etwa dann der Fall, wenn er bereits im Besitz eines rechtskräftigen oder ohne Sicherheitsleistung vorläufig vollstreckbaren Titels ist oder wenn der Gläubiger über hinreichende dingliche Sicherungen verfügt (Eigentumsvorbehalt, Sicherungsübereignung, Pfandrecht; *Zöller/Vollkommer* § 917 Rdnrn. 10 f.; *Baumbach/Lauterbach/Hartmann* § 917 Anm. 1 D). Ein lediglich dogmatischer Streit ist es, ob man das Sicherungsbedürfnis als Teil des **Rechtsschutzbedürfnisses** oder als Faktor des Arrestgrunds ansieht (*Zöller/Vollkommer* aaO; *Stein/Jonas/Grunsky* § 917 Rdnr. 20). 26

A IV Einstweiliger Rechtsschutz

27 **b)** Für die Sicherungsverfügung wegen eines Individualanspruchs nach § 935 BGB gilt hinsichtlich des Sicherungsbedürfnisses das gleiche wie beim Arrest (s. oben Rdnr. 26). Bei der Regelungsverfügung nach § 940 ZPO kann ein langes **Zuwarten nach Kenntnis** der für einen Antrag maßgeblichen Umstände die **Dringlichkeit** des Antrags entfallen lassen (*OLG München* WRP 1980, 715 f.; *OLG Frankfurt* NJW 1985, 1295; *Thomas/Putzo* § 940 Anm. 3). Vergleichsverhandlungen auch von 5 Monaten Dauer schaden nicht (*OLG Bremen* NJW-RR 1991, 44), ebensowenig die volle Ausschöpfung der Berufungs- und der Berufungsbegründungsfrist (*OLG München* NJW-RR 1991, 624), dagegen aber die mehrfache Verlängerung der Berufungsbegründungsfrist wegen Vergleichsverhandlungen (*OLG Frankfurt/M* NJW 1991, 49). Auch hier kann dahingestellt bleiben, ob die Dringlichkeit Teil des Verfügungsgrundes oder des Rechtsschutzbedürfnisses ist. Bei der Leistungsverfügung kann das **Unterlassen einer Hauptsacheklage** innerhalb der gesetzten zeitlichen Grenzen das Rechtsschutzbedürfnis für eine erneute Verfügung entfallen lassen (*AG Groß-Gerau* MDR 1985, 593).

28 **c)** Für die Erfolgsaussichten eines Eilverfahrens ist es von erheblicher Bedeutung, ob das Gericht durch Beschluß ohne mündliche Verhandlung entscheidet oder ob es Termin zur mündlichen Verhandlung anordnet. Die letztgenannte Alternative ist bereits ein Zeichen, daß das Gericht Bedenken hat. Diese werden im allgemeinen in der mündlichen Verhandlung, wenn der Gegner auftritt, nicht geringer werden. Der Antragsteller sollte daher ausdrücklich den Erlaß der **Entscheidung ohne mündliche Verhandlung** (beim Landgericht durch den Vorsitzenden allein) wegen besonderer Dringlichkeit beantragen (§§ 921 I, 937 II, 944 ZPO).

III. Das Verfahren

1. Einreichung des Antrags

29 Der Antragsteller hat bei Arrest und einstweiliger Verfügung regelmäßig die **Wahl unter mehreren Gerichten** und damit auch Richtern. So können etwa das Amtsgericht der belegenen Sache, das Landgericht als Hauptsachegericht, die Zivilkammer oder die Kammer für Handelssachen in Betracht kommen. Bei der Bestimmung des Hauptsachegerichts sind die **Wahlgerichtsstände** (§ 35 ZPO) zu beachten. In Pressesachen kann jedes Gericht im Verbreitungsgebiet des Presseorgans angegangen werden. Schließlich kann der Antrag auch bei dem Gericht eingereicht werden, bei dem die Hauptsache anhängig ist, auch wenn es dafür unzuständig ist. Der Anwalt kann demnach aufgrund seines besonderen know how der Richterpersönlichkeiten dasjenige Gericht aussuchen, welches am ehesten Erfolg verspricht.

30 Das ins Auge gefaßte Gericht bzw. die Kammer sollten wegen der besonderen Eile schon während der Arbeit am Antrag ermittelt werden. Nach Einreichung des Antrags ist es empfehlenswert, **Kontakt mit dem Richter,** soweit dieser dazu bereit ist, zu halten. Das kann schon dadurch geschehen, daß man ihn im Antrag, sofern er Bedenken haben sollte, um Rückruf bittet. Der Antragsteller hat dadurch die Möglichkeit, evtl. Beweismittel nachzuliefern oder den Antrag umzustellen oder zu präzisieren. Nachdem die Anordnung der mündlichen Verhandlung meist eine Vorentscheidung über die Aussichten des Antrags darstellt,

Das Verfahren   A IV

kann der Antragsteller, wenn er auf die Absichten des Richters hingewiesen wird, überlegen, ob er den Antrag nicht zurücknimmt. Der Gegner erfährt dann von der Antragstellung nichts.

2. Beschluß ohne mündliche Verhandlung/Rechtsbehelf

a) Kommt das angegangene Gericht zu dem Ergebnis, daß die Voraussetzun- 31
gen für den Erlaß des Arrests oder der einstweiligen Verfügung nicht vorliegen und nimmt der Antragsteller seinen Antrag nicht zurück, so **weist** es den Antrag **durch Beschluß zurück** (§§ 922 III, 936 ZPO). Der Beschluß wird dem Gegner nicht mitgeteilt. Der Antragsteller kann (einfache) **Beschwerde** gem. § 567 I ZPO einlegen (kein Anwaltszwang, KG NJW-RR 1992, 576).

b) Kommt das Gericht zu dem Ergebnis, daß der Antrag begründet ist, **erläßt** 32
es den Arrest bzw. die einstweilige Verfügung durch Beschluß. Dieser wird nicht von Amts wegen zugestellt (§§ 922 II, 936 ZPO). Bezüglich Parteizustellung und Vollziehung s. Rdnr. 39.

c) Der Antragsgegner kann gegen den erlassenen Beschluß unbefristet **Wi-** 33
derspruch einlegen (§§ 924 I, 936 ZPO; Ausnahme § 942 ZPO). Mit dem Widerspruch ist der Antrag verbunden, den Arrest oder die einstweilige Verfügung aufzuheben und den diesbezüglichen Antrag zurückzuweisen. Der Widerspruchsschriftsatz ist das Gegenstück zur Antragsschrift; er entspricht im Prinzip der Klageerwiderung mit der besonderen Beweismöglichkeit der Glaubhaftmachung nach § 920 II ZPO.

Die Frage, ob ein Widerspruch eingelegt werden soll oder nicht, ist sorgfältig 34
zu prüfen. Wenn die Beweismittel nicht reichen, stellt sich die Frage, ob nicht besser Antrag auf **Fristsetzung zur Erhebung der Hauptsacheklage** gestellt wird (§ 926 I ZPO). Schließlich ist auch zu überlegen, ob man nicht mit einer einstweiligen Verfügung, weil ihre Antragsvoraussetzungen nicht widerlegt werden können, leben kann. Sie muß von der Kostentragung abgesehen (z. B. bei einer Unterlassungsverfügung) nicht unbedingt weitere Folgen haben (ein Schaden kann z. B. nicht nachgewiesen werden).

Die Anwaltschaft hat eine Art vorsorglichen und vorweggenommenen Wi- 35
derspruch in Form der sog. **Schutzschrift** entwickelt. Diese wird bei den in Betracht kommenden Gerichten eingereicht, wenn ein Antrag auf Arrest oder einstweilige Verfügung droht. Mit ihr ist der Antrag verbunden, einen etwa begehrten Arrest oder eine einstweilige Verfügung nicht oder nicht ohne mündliche Verhandlung zu erlassen. Ihr besonderes Problem liegt darin, das richtige Gericht zu finden, bei welchem der erwartete Antrag eingereicht werden könnte. Unter Umständen muß die Schutzschrift bei mehreren Kammern und mehreren Gerichten eingelegt werden. Die Schutzschrift löst keine Gerichtskosten aus. Wegen der Kostenerstattung vgl. *Zöller/Vollkommer* § 937 Rdnr. 4.

3. Mündliche Verhandlung/Urteil/Rechtsmittel

a) Zu einer mündlichen Verhandlung kommt es, wenn über den eingereich- 36
ten Antrag nicht durch Beschluß entschieden wird oder wenn der Antragsgegner Widerspruch einlegt (§§ 921 I, 937 II, 924 II 2 ZPO). Sie wird regelmäßig sehr **kurzfristig** anberaumt, da eine Einlassungsfrist (§ 274 III ZPO) nicht gewahrt werden muß (*Zöller/Stephan* § 274 Rdnr. 5) und die Ladungsfrist auf Antrag abgekürzt werden kann (§§ 217, 226 I ZPO).

A IV Einstweiliger Rechtsschutz

37   Der Anwalt muß demnach damit rechnen, daß er in der mündlichen Verhandlung mit **neuem gegnerischen Vortrag** und der Präsentation **unerwarteter Beweismittel** konfrontiert wird. Die Anwälte beider Seiten müssen sich darauf vorbereiten. Es müssen demnach möglichst sämtliche denkbaren Argumente der Gegenseite vorab erwogen und die Partei, soweit sie etwas zur Sache sagen kann, sowie alle in Betracht kommenden Zeugen und ggf. Sachverständigen mitgebracht werden. Ein Anspruch auf **Vertagung** besteht für den Gegner nicht (§ 294 II ZPO). Die mündliche Verhandlung ist schließlich die letzte Gelegenheit für den Anwalt Rechtsausführungen zu machen. Er sollte sich darum auch entsprechend sorgfältig auf ein etwa notwendig werdendes Plädoyer vorbereiten.

38   b) Die Entscheidung nach mündlicher Verhandlung ergeht durch **Urteil**. Es **ordnet** entweder, sofern noch nicht durch Beschluß geschehen, den Arrest oder die einstweilige Verfügung **an** (§§ 922 I, 936 ZPO) oder es **bestätigt** den Arrest oder die einstweilige Verfügung ganz oder teilweise (§§ 925 II, 936 ZPO) oder es hebt den bereits erlassenen Arrest bzw. die einstweilige Verfügung auf und weist den entsprechenden Antrag zurück (§§ 925 II, 936 ZPO). Gegen das Urteil kann **Berufung** gem. § 511 ZPO eingelegt werden; die Revision ist ausgeschlossen (§ 545 II ZPO). Daneben kommt ein Antrag gem. § 926 ZPO auf Fristsetzung zur Erhebung der Hauptsacheklage in Betracht (s. unten Rdnr. 45). Trotz Amtszustellung der Urteile (§ 317 I ZPO) spielt die **Parteizustellung** wegen § 929 III ZPO eine Rolle, dazu s. unten Rdnr. 39.

4. Zustellung/Vollziehung

39   a) Im Grundsatz entspricht das, was in den Eilverfahren Vollziehung genannt wird, der normalen Vollstreckung (§§ 928, 936 ZPO). Den **Titel** bildet dabei der Arrestbefehl bzw. die einstweilige Verfügung. Die **Vollstreckungsklausel** ist grundsätzlich entbehrlich (§ 929 I ZPO). Im Gegensatz zu den normalen Vollstreckungsvoraussetzungen kann die **Zustellung** nachträglich erfolgen (§ 929 III 1 ZPO). Die Zustellung ist aber wegen des Eilcharakters des Verfahrens befristet. Sie muß spätestens innerhalb einer Woche nach der Vollziehung und nicht später als einen Monat ab Verkündung bzw. ab Amtszustellung der Entscheidung (Arrestbefehl, einstweilige Verfügung) an den Antragsteller erfolgt sein (§§ 929 III 2 u. II, 936 ZPO). Nach h. M. sind sowohl Beschlüsse, die dem Gegner nicht von Amts wegen zugestellt werden (§ 922 II ZPO), als auch Urteile, die von Amts wegen zugestellt werden (§ 317 I ZPO), zur Wahrung der Fristen des § 929 II u. III ZPO **im Parteibetrieb zuzustellen** (§§ 166 f. ZPO; *Zöller/Vollkommer* § 929 Rdnr. 12 m. w. Nachw.; a. A. *OLG Celle* NJW-RR 1990, 1088).

40   b) Auch die **Vollziehung** (= Vollstreckung) ist auf einen Monat ab Verkündung der Entscheidung bzw. ab Zustellung an den Antragsteller befristet (§ 929 II ZPO). Die Frist wird nach h. M. gewahrt, wenn mit den Vollstreckungsakten vor Fristablauf begonnen wurde (*Zöller/Vollkommer* § 929 Rdnr. 11 m. w. Nachw.; Vollstreckungsantrag nach Fristablauf ist unwirksam, *BGH* NJW 1991, 496).

41   c) Der Sache nach besteht die Vollziehung: **aa) beim Arrest** in der Pfändung gem. §§ 930 ff. ZPO mit §§ 808 ff., 829 ff., 846, 857 ff. ZPO, in der Eintragung einer Arresthypothek/Sicherungshypothek nach § 932 ZPO bzw. in der Durch-

führung der Haft gem. §§ 933, 904–913 ZPO; dies alles aber ohne Verwertung, d. h. ohne Versteigerung (Ausnahme § 930 III ZPO), Überweisung und Befriedigung des Gläubigers;

- bb) **bei der einstweiligen Verfügung** 42
– mit **Unterlassungsanordnung, Gebot** oder **Verbot** allein in der **Parteizustellung**. Dies liegt daran, daß eine reguläre Zwangsvollstreckung in solchen Fällen gem. § 890 ZPO erst bei einem Verstoß gegen die Anordnung begonnen werden könnte. Die Amtszustellung reicht nach h. M. nicht aus (wegen der Begründung, der Gegenansichten und der Ausnahmen vgl. *Zöller/Vollkommer* § 929 Rdnr. 12);
– mit **Anordnung realer Handlungen** in der Wegnahme durch den Gerichts- 43 vollzieher oder Übergabe an den Sequester (§§ 892, 887 I ZPO) oder in der Eintragung in das Register bzw. das Grundbuch durch Antrag entsprechend § 932 III ZPO;
– mit **Anordnung einer Geldzahlung** (Leistungsverfügung) in der **Zwangs-** 44 **vollstreckung** wie bei Leistungsurteilen. Die Fristen nach § 929 I, III ZPO sollen nach h. M. jedoch unberührt bleiben. Dies ist bei einer einmaligen Zahlung relativ leicht zu verstehen; bei wiederholten Zahlungsfälligkeiten werden sehr verschiedene Ansichten vertreten. So soll hier die Zustellung im Parteibetrieb genügen (*OLG Hamm* FamRZ 1981, 583), es soll der Beginn der Vollstreckung bezüglich einer Teilforderung ausreichen (*OLG Hamm* FamRZ 1981, 1145; FamRZ 1983, 1256; *OLG Bamberg* FamRZ 1985, 510), es soll schließlich die Vollziehungsfrist mit der Fälligkeit jeder Teilleistung neu beginnen (*OLG Celle* FamRZ 1984, 1248; *OLG Köln* FamRZ 1985, 508 und 1063; zur Diskussion vgl. *Zöller/Vollkommer* § 929 Rdnr. 19).

d) Gegen die **Versäumung der Vollziehungsfrist** gibt es keine Wiedereinset- 45 zung in den vorigen Stand. Sie ist von Amts wegen zu beachten (*OLG Frankfurt* OLGZ 82, 103; *Thomas/Putzo* § 929 Anm. 2a). Danach ist eine Vollziehung der Rechtsschutzentscheidung unzulässig (§ 929 II ZPO). Der Antragsgegner kann deren Aufhebung durch Widerspruch bzw. Berufung bzw. gemäß § 927 ZPO bewirken. Vollstreckungsakte sind gemäß § 766 ZPO auf Erinnerung des Schuldners aufzuheben. Dem Gläubiger bleibt nur die Beantragung eines neuen Arrestes bzw. einer einstweiligen Verfügung auch mit der alten Begründung. Die Frage der **Heilung von Zustellungsmängeln** (§ 187 ZPO) ist sehr umstritten (vgl. *Zöller/Vollkommer* § 929 Rdnr. 14).

Vollziehung und Zustellung sind aus den vorgenannten Gründen für den 46 Anwalt eine **organisatorische Aufgabe**. Er sollte, sobald er weiß, daß seinen Anträgen stattgegeben wird, den zuständigen Gerichtsvollzieher (Eilgerichtsvollzieher) ermitteln, mit ihm Kontakt aufnehmen, für Kostenvorschüsse sorgen, aber auch Verbindung zu anderen Vollziehungsorganen (Grundbuchamt, Handelsregister) herstellen, um zu erreichen, daß die gesetzlichen Fristen in jedem Fall eingehalten werden.

5. Aufhebung/Schadensersatz

a) Durch § 926 I ZPO wird dem Antragsgegner die Möglichkeit gegeben, 47 insbesondere wenn er aus Beweisnot im Eilverfahren selbst keine Erfolgsaussichten hat, den Fortbestand der ergangenen Entscheidung von der Durchführung des Hauptsacheverfahrens abhängig zu machen. Vor allem die lediglich sichernden Maßnahmen im einstweiligen Rechtsschutz sind nicht auf Dauer angelegt. Der Antragsgegner kann daher bei dem Arrestgericht beantragen, daß dem Antragsteller eine **Frist zur Klageerhebung** gesetzt wird. Kommt dieser der Anordnung nicht rechtzeitig nach, sind Arrest und einstweilige Verfügung durch Endurteil aufzuheben (§ 926 II ZPO; Ausnahmen zum Teil in den Pressegesetzen).

48 b) Wegen des vorläufigen Charakters des einstweiligen Rechtsschutzes kann die Aufhebung von Arrest und einstweiliger Verfügung auch wegen **veränderter Umstände** beantragt werden (§ 927 I ZPO). Als solche Umstände sind anzusehen der Wegfall des Arrestanspruchs, die Erledigung des Arrestgrunds, das Erbieten zur Sicherheitsleistung.

49 c) Im Wettbewerbsrecht wurde wegen der dort dominierenden Unterlassungsansprüche insbesondere zur Vermeidung des Kostenrisikos aus § 93 ZPO das Institut der **Abmahnung** entwickelt (s. B XII Rdnr. 13 ff.). Nach Erlaß einer einstweiligen Verfügung erfüllt den Zweck der Abmahnung für die Hauptsacheklage das sogenannte **Abschlußschreiben**. Durch dieses soll der Antragsgegner zu einem Verzicht auf jeden Rechtsbehelf bewegt werden, um den Rechtsstreit endgültig zu beenden (*Baumbach/Hefermehl* § 25 UWG Rdnr. 102; s. B XII Rdnrn. 107 ff.).

50 d) Die im Einzelfall möglicherweise unkomplizierte Art, eine Rechtsschutzentscheidung zu erlangen, darf nicht übersehen lassen, daß mit ihr ein großes **Risiko** für den Antragsteller verbunden ist. Für den Fall, daß sich Arrest oder einstweilige Verfügung als von Anfang an unbegründet erweisen oder sie aufgrund von § 926 II ZPO oder § 942 III ZPO aufgehoben werden, hat der Antragsteller seinem Gegner auch ohne Verschulden den **Schaden** zu ersetzen, der ihm aus der Anordnung, ihrer Vollziehung oder zur Abwendung bzw. Aufhebung der Maßregel entstanden ist.

IV. Einstweiliger Rechtsschutz auf speziellen Rechtsgebieten

51 Es können hier nur Hinweise auf Schwerpunkte, ihre Behandlung in diesem Handbuch und auf Spezialliteratur gegeben werden. Zusammenstellungen finden sich in: *Dunkl* u. a., Handbuch des vorläufigen Rechtsschutzes Teil A Rdnrn. 621 ff. und bei *Zöller/Vollkommer* § 940 Rdnr. 8.

52 **Bürgerliches Recht:**
– **Familienrecht:** Anträge nach §§ 620 ff. ZPO, vorläufige Regelung der rechtlichen Beziehungen zwischen Ehegatten während des Eheprozesses; Antrag nach § 1615 o BGB gegen den unehelichen Vater auf Zahlung von Entbindungskosten und befristeten Unterhalt an Mutter und Kind, s. B X Rdnrn. 66, 101, 111, 130, 161, 194, 274, 296, 322; vgl. *Gießler,* Vorläufiger Rechtsschutz in Ehe-, Familien- und Kindschaftssachen, 1987.
– **Mietrecht:** s. *Dunkl* in: Handbuch des vorläufigen Rechtsschutzes Teil A Rdnr. 636.
– **Bürgschafts-/Bankgarantierecht:** Eine einstweilige Verfügung ist nach h. M. sowohl gegen den Begünstigten einer Bankgarantie mit dem Inhalt, diese nicht in Anspruch zu nehmen, wie auch gegen die Garantiebank, nicht zu zahlen, zulässig (*Zöller/Vollkommer* § 940 Rdnr. 8 „Bankgarantie").

Einstweiliger Rechtsschutz auf speziellen Rechtsgebieten A IV

– **Baurecht/Bauhandwerkersicherungshypothek:** Der Anspruch gem. § 648 I 1 BGB kann gem. §§ 883 I, 885 I BGB, 935 ZPO durch einstweilige Verfügung gesichert werden (*Zöller/Vollkommer* § 940 Rdnr. 8 „Bauhandwerkersicherunghypothek"; *Dunkl* in: Handbuch des vorläufigen Rechtsschutzes Teil A Rdnr. 625).

– **Grundbuch:** Die Eintragung eines Verfügungsverbots bezüglich einer Grundschuld sowie eines Rechtshängigkeitsvermerks kann durch einstweilige Verfügung erfolgen (*Zöller/Vollkommer* § 940 Rdnr. 8 „Grundbuch"; *Dunkl* in: Handbuch des vorläufigen Rechtsschutzes Teil A Rdnr. 631).

Gesellschaftsrecht: Die Geschäftsführungs- und Vertretungsbefugnis eines Geschäftsführers kann durch einstweilige Verfügung entzogen (*BGHZ* 33, 104; *OLG Frankfurt* BB 1979, 1630), die Abhaltung einer Gesellschafterversammlung und die Vollziehung eines gefaßten Beschlusses können untersagt werden (*OLG Koblenz* NJW-RR 1986, 1039 m. w. N.), ein Gesellschafter kann bei einer Stimmbindung oder bei entsprechender Verpflichtung durch den Gesellschaftsvertrag oder aus dem Treueverhältnis angehalten werden, sein Stimmrecht in bestimmter Weise auszuüben (*OLG Hamburg* NJW 1992, 186 gegen *OLG Koblenz* NJW 1991, 1119; vgl. im übrigen *Zöller/Vollkommer* § 940 Rdnr. 8 „Gesellschaftsrecht"; *Baur* in: Handbuch des vorläufigen Rechtsschutzes Teil F). 53

GWB-Recht, gewerblicher Rechtsschutz u. Urheberrecht: s. B XII Rdnrn. 41–105; *Baur* in: Handbuch des vorläufigen Rechtsschutzes Teil H.

Presserecht: s. B XIV Rdnrn. 21, 41 ff., 45.

Recht der AGB: vgl. *Zöller/Vollkommer* § 940 Rdnr. 8 „Allgemeine Geschäftsbedingungen" und *Baur* in: Handbuch des vorläufigen Rechtsschutzes Teil G.

WEG-Recht: s. B V Rdnrn. 69 f.

Arbeitsrecht: vgl. *Zöller/Vollkommer* § 940 Rdnr. 8 „Arbeitsrecht"; *Baur* in: Handbuch des vorläufigen Rechtsschutzes Teil B.

Zwangsvollstreckung und Konkurs: Einstweilige Einstellung/einstweilige Anordnung gem. §§ 707, 719, 769 ZPO, 106 KO (vgl. die einschlägige Kommentarliteratur und *Dunkl, Moeller* in: Handbuch des vorläufigen Rechtsschutzes Teile I u. J).

Verwaltungsgerichtsverfahren: §§ 80 V, 123 VwGO (vgl. *Feldmeier* in: Handbuch des vorläufigen Rechtsschutzes Teil K; *Finkelnburg/Jank*, Vorläufiger Rechtsschutz im Verwaltungsstreitverfahren, 1986; u. unten C III Rdnrn. 138–159).

Finanzgerichtsverfahren: §§ 361 AO, 69, 114 FGO (vgl. *Moeller* in: Handbuch des vorläufigen Rechtsschutzes Teil M).

Sozialgerichtsverfahren: vgl. *Moeller* in: Handbuch des vorläufigen Rechtsschutzes Teil L u. oben Kap. C II Rdnrn. 43 f.).

Bundesverfassungsgericht: § 32 BVerfGG (dazu vgl. *Zuck,* Das Recht der Verfassungsbeschwerde, 2. Aufl. 1988, Rdnrn. 872 ff.; *Feldmeier* in: Handbuch des vorläufigen Rechtsschutzes Teil O). Eine Verfassungsbeschwerde gegen eine Gesetzesnorm kann voraussetzen, daß der Beschwerdeführer vor der Anrufung des *BVerfG* den Rechtsweg im Verfahren des vorläufigen Rechtsschutzes vor dem an sich – für die Feststellung der Verfassungswidrigkeit – unzuständigen Fachgericht erschöpft (*BVerfG* NJW 1992, 2749).

A V. Vollstreckungsmaßnahmen einschließlich Zwangsversteigerung und Zwangsverwaltung

Peter David

Übersicht

	Rdnr.		Rdnr.
I. Die Zwangsvollstreckung wegen Geldforderungen	1	3. Bei Gewahrsam eines Dritten	181
1. Die Vorbereitung der Zwangsvollstreckung	1	4. Rechtsbehelfe	182
2. Die Wahl der Vollstreckungsart	8	**III. Die Vollstreckung zur Erwirkung von Handlungen, Duldungen und Unterlassungen sowie zur Abgabe von Willenserklärungen**	183
3. Die Prüfung der allgemeinen und besonderen Vollstreckungsvoraussetzungen	12	1. Bei vertretbaren Handlungen	183
4. Die Sicherungsvollstreckung	35	2. Bei unvertretbaren Handlungen	188
5. Die Mobiliarzwangsvollstreckung	40	3. Die Erzwingung von Duldungen und Unterlassungen	193
6. Die Immobiliarzwangsvollstreckung	138	4. Bei Verurteilung zur Abgabe einer Willenserklärung	195
II. Die Herausgabevollstreckung	171	**IV. Besonderheiten in den neuen Bundesländern**	198
1. Bei beweglichen Sachen	171		
2. Bei Grundstücken und Schiffen	177		

Literatur: *Baumbach/Lauterbach/Albers/Hartmann*, ZPO, 51. Aufl. 1993; *Boewer/Bommermann*, Lohnpfändung und Lohnabtretung, 1987; *Brox/Walker*, Zwangsvollstreckungsrecht, 3. Aufl. 1990; *David*, Ratgeber Lohnpfändung, 2. Aufl. 1992 (zit. *David*, Lohnpfändung); *David*, Über den Umgang mit Schuldnern, 13. Aufl. 1992; *Heussen*, Zwangsvollstreckung für Anfänger, 4. Aufl. 1992; *Stöber*, Forderungspfändung, 9. Aufl. 1990; *ders.*, Zwangsvollstreckung in das unbewegliche Vermögen (zit. *Stöber*, ZVG – Handbuch); *Storz*, Praxis des Zwangsversteigerungsverfahrens, 6. Aufl. 1990; *Thomas/Putzo*, ZPO, 18. Aufl. 1993; *Zöller*, ZPO, 17. Aufl. 1991 (zit. *Zöller/Stöber*).

I. Die Zwangsvollstreckung wegen Geldforderungen

1. Die Vorbereitung der Zwangsvollstreckung

1 Bevor Vollstreckungsmaßnahmen eingeleitet werden, empfiehlt es sich, mit dem Gläubiger ein Gespräch darüber zu führen, ob er Informationen über die **Einkommens- und Vermögensverhältnisse des Schuldners** besitzt.
– Wovon lebt der Schuldner? Wo arbeitet er? Bezieht er Renten?
– Sind Kapitaleinkünfte bekannt? Hat er Wertpapierdepots?
– Welche Banken oder Sparkassen sucht er auf? Sind Konten bekannt?
– Hat er Wohn- oder Hauseigentum? Sonstiger Grundbesitz?
– Zieht er Miet- oder Pachteinkünfte?
– Ergeben sich aus der Korrespondenz zwischen Gläubiger und Schuldner Anhaltspunkte für die finanziellen Verhältnisse? (Bankverbindungen)
– Besitzt der Schuldner Sammlungen? (Münz-, Uhren-, Briefmarkensammlung)
– Gehört ihm ein Rassetier? (Hund, Katze, Pferd, Zuchtvieh). Seit 1. 9. 1990

allerdings erhebliche Einschränkung der Pfändbarkeit, vgl. § 811c ZPO (BGBl. 1990 I S. 1762).
- Gehört ihm ein Boot, Flugzeug, Hängegleiter, Auto, Motorrad, Wohnmobil, Wohnwagen, Fallschirm, Wochenendhaus, Ferienwohnung?
- Hat er einen Tresor, ein Bankstahlfach, Kunstgegenstände, Teppiche?
- Ist der Schuldner an einer GmbH, KG oder OHG beteiligt?

Guten Einblick in die wirtschaftlichen Verhältnisse haben in der Regel **Ehegatten und Lebensgefährten.** Sind diese Gläubiger, kann die Entscheidung über ein wirksames Vorgehen bei der Vollstreckung meist rasch getroffen werden. 2

Einiges kann der **Anwalt** auch selbst feststellen: Aus der Korrespondenz können nen Bankverbindungen des Schuldners ersichtlich sein (Kontenpfändung s. Rdnr. 115), es können Auskünfte aus dem Schuldnerverzeichnis (s. Rdnr. 91) erholt und Ermittlungsakten der Staatsanwaltschaft – bei kriminellen Schuldverhalten (s. dazu *David* Rdnr. 30) – eingesehen werden, ebenso das Grundbuch (§ 12 GBO). 3

Beteiligungen an GmbH, OHG und KG können durch Auskunft aus dem Handelsregister A und B in Erfahrung gebracht werden (§ 9 HGB). Hierbei empfiehlt sich bei der GmbH die Anforderung sämtlicher Anmeldeunterlagen in unbeglaubigter Ablichtung (§§ 8, 40 GmbHG, § 9 II 1, 3 HGB). Seit Oktober 1988 kann auch die **Bilanz der GmbH** beim Handelsregister B angefordert werden, da durch das BilanzrichtlinienG erstmals für 1987 die Pflicht zur Erstellung und Einreichung der Bilanz festgelegt wurde (§§ 264, 325 HGB). Zwangsmaßnahmen – auch auf Antrag des Gläubigers – sind nach § 335 HGB möglich (s. *OLG Köln* NJW-RR 1992, 486). 4

Im Hinblick auf § 13 II GmbHG und die selten mögliche Durchgriffshaftung (vgl. *BGH* NJW 1986, 188) sollte bei der GmbH als Schuldnerin in zweifelhaften Fällen nach Möglichkeiten zur **Erweiterung der Haftungsgrundlage** gesucht werden (vgl. dazu *David,* Rdnr. 11), denn 68% aller Pleiten werden von GmbHs verursacht. 5

Durch Anfrage beim Amtsgericht – Vollstreckungsgericht – **Schuldnerverzeichnis,** in dessen Bezirk der Schuldner wohnt, kann man erfahren, ob er in den letzten drei Jahren die eidesstattliche Offenbarungsversicherung (s. Rdnr. 86) geleistet hat oder gegen ihn Haft nach § 901 ZPO angeordnet wurde. Ist er eingetragen, kann man vor Einleitung von Vollstreckungsmaßnahmen eine Abschrift des Vermögensverzeichnisses anfordern (Kosten: 25 DM, Nr. 1153 KV). 6

Bei den Industrie- und Handelskammern kann man „**Vertrauliche Mitteilungen über Schuldnerverzeichnisse der Amtsgerichte",** die zweimal monatlich erscheinen, abonnieren (z. B. Halbjahresabonnement Gesamtausgabe Bayern für 170 DM, für Oberbayern 70 DM etc. bei der IHK für München und Oberbayern). Diese Schuldnerlisten enthalten nicht nur alle Schuldner, die die eidesstattliche Offenbarungsversicherung abgegeben haben, sondern auch diejenigen Fälle, in denen der Antrag auf Konkurseröffnung mangels Masse vom Gericht abgewiesen wurde sowie alle beantragten und eröffneten Konkurs- und Vergleichsverfahren. 7

I. ü. s. *David,* Rdnr. 33 „Informationen über Schuldner".

2. Die Wahl der Vollstreckungsart

Hat der Schuldner Grundvermögen, so wird der Gläubiger als erstes unabhängig von anderen Zwangsvollstreckungsmaßnahmen den **Antrag auf** Eintra- 8 gung einer **Zwangssicherungshypothek** stellen (näher Rdnr. 144). Dies läßt sich bei guten Kontakten mit dem Schuldner dadurch vermeiden, daß dieser sein Grundstück freiwillig zugunsten des Gläubigers belastet (kosten- und bonitätsgünstiger).

9 Vor der Entscheidung für eine Vollstreckungsart sollte man sich die **Vor- und Nachteile der Sach- und Forderungspfändung** vor Augen führen: Die Sachpfändung wird durch drei Faktoren erschwert,
- der **Geschäftsgang beim Gerichtsvollzieher** ist grundsätzlich durch den Gläubiger nicht beeinflußbar. Die Zeit vom Auftrag bis zur Pfändung kann (entgegen § 64 GVGA = erste Vollstreckungshandlung innerhalb eines Monats; *David*, Anh. S. 433) bis zu einem Vierteljahr dauern, da die Gerichtsvollzieher überlastet sind;
- zunehmend wird die **Durchsuchung** von Wohn- und Geschäftsräumen durch Schuldner verweigert (näher dazu Rdnr. 65) und in der Folge pfändbare Habe verlagert;
- viele Gegenstände, die üblicherweise beim Schuldner aufzufinden sind, unterliegen wegen des weitreichenden **Pfändungsschutzes** des § 811 ZPO nicht der Pfändung. Hierunter fallen insbesondere Gegenstände, die zu einer bescheidenen Lebens- und Haushaltsführung (§ 811 Nr. 1 ZPO) oder zur Fortsetzung der Erwerbstätigkeit (§ 811 Nr. 5 ZPO) erforderlich sind. So wird ein Farbfernsehgerät infolge seiner informellen Überlegenheit und wegen seines hohen Verbreitungsgrades allgemein als nicht pfändbar angesehen (*BFH* JurBüro 1990, 1358; *LG Detmold* DGVZ 1990, 26; a. A. *LG Wiesbaden* JurBüro 1992, 59).

Andererseits setzt der Antrag auf Abgabe der **eidesstattlichen Vermögensoffenbarung** in der Regel (s. aber *OLG Köln* DGVZ 1990, 22) einen ganz oder teilweise erfolglos gebliebenen Pfändungsversuch in körperliche Sachen voraus (§ 807 ZPO; Vorlage einer **Unpfändbarkeitsbescheinigung** nach § 63 Nr. 1 GVGA). Ein Teil der Rspr. läßt es genügen, wenn der Schuldner dem Gerichtsvollzieher den Eintritt in die Wohn- oder Geschäftsräume versagt (*LG Traunstein* RPfleger 1989, 115; *LG Paderborn* JurBüro 1989, 273; *LG Hannover* JurBüro 1990, 536; *LG Ansbach* Rpfleger 1992, 119). Die im Vordringen begriffene Gegenmeinung dürfte richtig sein (*LG München I* DGVZ 1985, 77; *LG Düsseldorf* DGVZ 1990, 26; *LG Frankfurt* DGVZ 1990, 27; *LG Köln* DGVZ 1990, 82; *LG Oldenburg* JurBüro 1992, 266; *Zöller/Stöber* Rdnr. 14 zu § 807). Kennt der Gläubiger die Einkommens- und Vermögensverhältnisse des Schuldners nicht, so ist aber die eidesstattliche Vermögensoffenbarung für ihn die einzige Quelle, sich über Zugriffsmöglichkeiten zu orientieren.

Die **Forderungspfändung,** unterstützt durch eine Vorpfändung (Rdnr. 98), ist dagegen ein rascher und schwerwiegender Eingriff, gegen den sich der Schuldner weniger schützen kann. Handelt es sich um Pfändung von Arbeitseinkommen (was für die Lohnabteilung des Arbeitgebers erhebliche Mehrarbeit bedeutet), so führt dies zu einem Ansehensverlust, in extremen Fällen sogar zum Verlust des Arbeitsplatzes (*BAG* NJW 1982, 1062; *Stöber*, Forderungspfändung, Rdnr. 934).

10 Der Gläubiger kann auch zwei- und dreispurig vorgehen: So kann er unter Vorlage des Vollstreckungstitels beim Vollstreckungsgericht die Forderungspfändung betreiben und gleichzeitig Sachpfändungsantrag beim zuständigen Gerichtsvollzieher stellen und ihm ankündigen, daß eine Übersendung des Titels durch das Vollstreckungsgericht nach Erlaß des Pfändungs- und Überwei-

sungsbeschlusses erfolgen wird. Der Gerichtsvollzieher kann die Sache dann schon in seinen Terminplan aufnehmen.
Daneben kann der Gläubiger (evtl. mit einer weiteren vollstreckbaren Ausfertigung des Titels nach § 733 ZPO, vgl. *KG* FamRZ 1985, 628; *OLG Düsseldorf* DNotZ 1977, 571) die **Simultanvollstreckung** in die Immobilien des Schuldners betreiben (Wohnsitz des Schuldners in Köln, Grundbesitz in München).
Wird dem Schuldner vom Gläubiger Kredit in Form eines Zahlungsaufschubs unter Zahlung von Verzugszinsen gewährt, sind Form und erforderliche Angaben des Kreditvertrages nach dem Verbraucher-Kreditgesetz (§ 4 VerbrKrG) zu berücksichtigen.   11

3. Die Prüfung der allgemeinen und besonderen Vollstreckungsvoraussetzungen

a) Die allgemeinen Zwangsvollstreckungsvoraussetzungen. Jede Zwangsvollstreckung setzt zunächst einen **Vollstreckungstitel** voraus. Die Rechtmäßigkeit einer Forderung wird durch ihre Titulierung in einer öffentlichen Urkunde bescheinigt.   12

Die Titulierung bewirkt:
- das Entstehen eines Vollstreckungstitels, der die zwangsweise Durchsetzung der Forderung ermöglicht,
- die **Verjährung der Forderung** wird auf 30 Jahre ausgedehnt (§ 218 I BGB). Sie kann nach § 209 II Nr. 5 BGB unterbrochen werden (*AG Münster* DGVZ 1992, 44; *AG Viersen* und *AG Itzehoe* DGVZ 1992, 78; *Christmann* DGVZ 1992, 81). Anders für **Zinsen:** Sie verjähren bereits in 4 Jahren (§ 218 II i. V. m. § 197 BGB), wobei für den Verjährungsbeginn § 201 BGB gilt; daher Verjährung rechtzeitig unterbrechen! Vollstreckungsauftrag genügt (*BGH* KTS 1985, 586; vgl. auch Rdnr. 55).

Die **Verjährung titulierter Zinsansprüche** hat der Gerichtsvollzieher nicht von Amts wegen zu beachten (*LG Koblenz* DGVZ 1985, 62 unter Hinweis auf § 222 I BGB).

Die Vollstreckung aus dem Titel (er muß **vollstreckungsfähig** sein, d. h. der Inhalt der Leistung muß sich aus ihm ergeben – anderenfalls Feststellung erstreiten, die Inhalt des Titels feststellt, *BGH* NJW 1972, 2268) findet nur für und gegen die **Parteien** statt, die im Titel genau bezeichnet sind. Bei Vollstreckung von Rechtsnachfolgern und gegen solche ist Umschreibung des Titels erforderlich (s. Rdnr. 19); so muß der Titel gegen den Erblasser zur Zwangsvollstreckung in den Nachlaß auf alle Miterben umgeschrieben werden (§ 727 ZPO).   13

Auch Titel über **Minimalforderungen** können ohne Begrenzung nach unten vollstreckt werden. Hier hat es auch ein in bedrängten Verhältnissen befindlicher Schuldner in der Hand, durch Zahlung des Bagatellbetrages die mit der Vollstreckung verbundenen Härten abzuwenden (grundlegend *OLG Düsseldorf* NJW 1980, 1171; und zur Vollstreckung von 0,11 DM *LG Aachen* DGVZ 1987, 139; zusammenfassend *Sibben* in DGVZ 1988, 180).

Die **wichtigsten Vollstreckungstitel** sind: 14
- das Endurteil eines Zivilgerichts (§§ 704, 300 ZPO; ist es noch nicht rechtskräftig, § 717 II ZPO beachten!),
- der Vollstreckungsbescheid (§§ 699, 794 I Nr. 1 ZPO),
- der Prozeßvergleich (§ 794 I Nr. 1 ZPO; der außergerichtliche Vergleich gibt nur ein Klagerecht auf Erfüllung),

A V   Vollstreckungsmaßnahmen

- die vollstreckbare Urkunde (§ 794 I Nr. 5 ZPO),
- der Kostenfestsetzungsbeschluß (§§ 103, 794 I Nr. 2 ZPO),
- die einstweilige Anordnung (§§ 620, 794 I Nr. 3a ZPO)
- der Anwaltsvergleich (§§ 1044b, 794 I Nr. 4a ZPO).

Weitere Vollstreckungstitel s. die Zusammenstellung bei *Zöller/Stöber* § 794 Rdnr. 35.

15   Außer dem Vollstreckungstitel setzt die Zwangsvollstreckung grundsätzlich eine **Vollstreckungsklausel** (§§ 724 ff., 795 ZPO) voraus. Sie stellt eine amtliche Bescheinigung der Vollstreckbarkeit von Vollstreckungstiteln dar und wird als Vermerk (Wortlaut: § 725 ZPO) auf die Ausfertigung des Titels gesetzt.

16   Ausnahmsweise bedarf **keiner** (einfachen) Vollstreckungsklausel:
- der Vollstreckungsbescheid (§ 796 I ZPO),
- der Kostenfestsetzungsbeschluß, der nach § 105 ZPO auf die Ausfertigung des Titels gesetzt wird (§ 795a ZPO),
- der Arrestbefehl (§ 929 I ZPO),
- die einstweilige Verfügung (§§ 936, 929 I ZPO),
- der Haftbefehl bei der eidesstattlichen Offenbarungsversicherung (§ 908 ZPO),
- der Pfändungsbeschluß als Titel für die Wegnahme des Hypothekenbriefs (§ 830 I 2 ZPO),
- der Überweisungsbeschluß als Titel für die Wegnahme einer Urkunde über die gepfändete Forderung (§ 836 III 2 ZPO).

Aber: Bei **Rechtsnachfolge** auf Gläubiger- oder Schuldnerseite sieht § 727 I ZPO auch in diesen Fällen eine **titelübertragende Klausel** vor.

17   Die sog. **einfache Vollstreckungsklausel** wird vom Urkundsbeamten der Geschäftsstelle des erstinstanzlichen Gerichts erteilt (§ 724 II, § 795 ZPO).

18   **Sofortige Vollstreckungsklausel:** Bei Verkündung eines Urteils kann bereits vor oder unmittelbar nach dem Verkündungstermin die sofortige Erteilung einer vollstreckbaren abgekürzten Ausfertigung (§ 317 II 2 ZPO) beantragt werden. Ein erheblicher Zeitgewinn wird weiter dadurch erzielt, daß gleichzeitiger Zustellungs- und Vollstreckungsauftrag an den Gerichtsvollzieher erteilt wird.

19   Für die Erteilung der sog. **qualifizierten Vollstreckungsklausel,** – das ist die titelergänzende Klausel des § 726 ZPO (z. B. bei vormundschaftsgerichtlicher Genehmigung, die für die Wirksamkeit eines Prozeßvergleichs erforderlich ist. Im übrigen ist diese Klausel wegen der vielen Ausnahmen – s. dazu *Zöller/Stöber* § 726 Rdnrn. 9–17 – selten. Kein Fall des § 726 I ZPO z. B. bei Verfallklausel eines Prozeßvergleichs) und die titelübertragende der §§ 727–729 ZPO (z. B. Umschreibung des Titels gegen die Erben des Schuldners – sie erfordert Vorlage eines **Erbscheins,** den sich der Gläubiger nach § 792 ZPO, § 85 FGG beschaffen kann –), ist der Rechtspfleger des erstinstanzlichen Gerichts zuständig (§ 20 Nr. 12 RPflegerG).

20   Zum Schutz des Schuldners wird grds. nur eine vollstreckbare Ausfertigung des Titels erteilt. Eine **weitere vollstreckbare Ausfertigung** (§ 733 ZPO; zuständig Rechtspfleger gem. § 20 Nr. 12 RPflegerG; bei notariellen Urkunden muß RPfleger zustimmen, § 20 Nr. 13 RPflegerG) nur, wenn dafür ein Rechtsschutzbedürfnis vom Gläubiger nachgewiesen oder zumindest glaubhaft gemacht wird. Es ist in folgenden Fällen zu bejahen:
- bei Verlust der ersten Ausfertigung,
- bei Rückgabe der beschädigten Ausfertigung,
- bei Notwendigkeit der **Simultanvollstreckung** (Doppelvollstreckung an verschiedenen Orten oder durch verschiedene Vollstreckungsorgane – s. Rdnrn.

Die Zwangsvollstreckung wegen Geldforderungen   A V

10, 11 – oder gegen Gesamtschuldner oder bei notwendiger Sach- und Rechtspfändung in Fällen von **Eigentumsvorbehalt** – s. dazu *David,* Rdnrn. 269–279),
– bei unrechtmäßiger oder versehentlicher Aushändigung der Erstausfertigung an den Schuldner,
nicht aber, wenn der Gläubiger die Erstausfertigung im Offenbarungsverfahren eingereicht hat (*OLG Karlsruhe* RPfleger 1977, 453; str.).

Rechtsbehelfe im Klauselverfahren sind:
für Gläubiger: Bei Versagung durch Urkundsbeamten die Erinnerung nach 21 § 576 I ZPO (gegen die negative Entscheidung des Richters gibt es die **einfache Beschwerde** nach § 576 II, § 567 ff. ZPO), durch Rechtspfleger sog. Rechtspflegererinnerung nach § 11 RpflegerG (sie wird bei Nichtabhilfe durch den Richter zur sog. Durchgriffserinnerung nach § 11 II 5 RpflegerG und geht an die Beschwerdekammer des Landgerichts), durch Notar Beschwerde zur Zivilkammer des Landgerichts, in dessen Bezirk der Notar seinen Sitz hat (§ 54 BeurkG, §§ 19 ff. FGG).

Klage auf **Erteilung der Vollstreckungsklausel** (§ 731 ZPO) kann der Gläu- 22 biger ausschließlich (§ 802 ZPO) bei Prozeßgericht des ersten Rechtszugs erheben, wenn er im Fall der titelergänzenden oder titelübertragenden Klausel den erforderlichen Nachweis durch öffentliche oder öffentlich beglaubigte Urkunden (s. § 727 ZPO) nicht führen kann.

für Schuldner: Gegen die **Erteilung der Vollstreckungsklausel** ist **Erinne-** 23 **rung** nach § 732 I ZPO (Spezialregelung, die Rpfleger- und Durchgriffserinnerung ausschließt!) beim Gericht, dessen Urkundsbeamter oder Rechtspfleger die Klausel erteilt hat, statthaft. Gegen den zurückweisenden Beschluß kann einfache Beschwerde (§ 567 ZPO) zum Landgericht eingelegt werden (gegen stattgebenden einfache Beschwerde durch Gläubiger). Das Gericht hat die Möglichkeit, **einstweilige Anordnungen** (§ 732 II ZPO) zu erlassen, da die Erinnerung keine aufschiebende Wirkung hat.

Gegen die Erteilung der **qualifizierten Vollstreckungsklausel** steht dem 24 Schuldner zur Wahl neben der obengenannten Klauselerinnerung noch die **Klage nach § 768 ZPO** bei Bestreiten der sachlichen Voraussetzungen (z. B. Nichtigkeit der Abtretung, die der Erteilung der titelübertragenden Klausel zugrunde lag) zur Verfügung. Sie ist beim Prozeßgericht erster Instanz (§ 767 I ZPO) zu erheben. Auch hier besteht die Möglichkeit, einstweilige Anordnungen zu erlassen (§ 769 ZPO).

Weitere Voraussetzung für den Beginn jeder Zwangsvollstreckung ist grund- 25 sätzlich, daß der Vollstreckungstitel zugestellt ist oder gleichzeitig mit der Vollstreckung zugestellt wird (§ 750 I ZPO). Ausgenommen hiervon sind lediglich der **Arrestbefehl** (§ 929 ZPO; aber Vollziehungsfrist des Abs. 2 beachten!) und die **einstweilige Unterhaltsverfügung** (§§ 936, 929 ZPO). Auch die **Vorpfändung** bedarf keiner Titelzustellung (s. Rdnr. 100). Dabei genügt die für gerichtliche Entscheidungen, insbesondere Urteile und Vollstreckungsbescheide vorgeschriebene **Amtszustellung** (§§ 317 I, 270 I, 699 IV 1 ZPO). Zustellungsbescheinigung auf Antrag durch die Geschäftsstelle (§ 213a ZPO).

Zügiger geht es über die **Parteizustellung** (s. Rdnr. 18). Sie ist ohnehin 26 erforderlich bei Prozeßvergleichen, notariellen Urkunden, Pfändungs- und Überweisungsbeschlüssen (§ 829 II ZPO), Vorpfändungsbenachrichtigungen (§ 845 I 1 ZPO), qualifizierten Klauseln (§§ 726, 727, 750 II ZPO), Gläubigernachweisen über erbrachte Sicherheitsleistung (§ 751 II ZPO), Arrestbeschlüssen (Vollzugszustellung nach § 929 II ZPO), einstweiligen Verfügungen in Beschlußform (§ 936 ZPO wie bei Arresten). Die Parteizustellung erfolgt über den Gerichtsvollzieher und von Anwalt zu Anwalt (§ 176 ZPO), wenn beide Parteien durch Anwälte vertreten sind (§ 198 ZPO).

27 Ausnahmsweise ist eine **fristgebundene vorherige Zustellung** erforderlich:
– mindestens eine Woche vor Beginn der Zwangsvollstreckung in den Fällen des § 798 ZPO (z. B. bei notariellen Urkunden),
– mindestens zwei Wochen vor Beginn der Sicherungsvollstreckung (s. Rdnr. 36; hierbei zusammen mit Vollstreckungsklausel!),
– mindestens ein Monat vor Beginn bei Änderungsbeschlüssen zu Unterhaltstiteln (§ 798a ZPO).

28 In den Fällen des § 750 II und III ZPO muß neben dem Vollstreckungstitel auch die Vollstreckungsklausel zugestellt werden (häufigstes Beispiel: titelübertragende Klausel, Rdnr. 19).

29 **b) Die besonderen Zwangsvollstreckungsvoraussetzungen. aa) Der Eintritt eines Kalendertages** (§ 751 I ZPO). Diese Voraussetzung ist praktisch wichtig insbesondere bei Renten- und Unterhaltsansprüchen sowie bei vollstreckbaren Urkunden und Prozeßvergleichen, in denen die Fälligkeit an bestimmten Kalendertagen vereinbart ist und bei gerichtlichen Entscheidungen mit Räumungsfrist bei Wohnraum (§ 721 ZPO).

30 **Ausnahmeregelung:** Die rangwahrende **Vorratspfändung** in das Arbeitseinkommen des Schuldners (§ 850d III ZPO) wegen künftig fällig werdender gesetzlicher **Unterhaltsansprüche** oder **Rentenansprüche** aus Anlaß der Verletzung des Körpers bzw. der Gesundheit (§ 850b Nr. 1 ZPO), wenn wenigstens wegen einer fälligen Rate vollstreckt wird (gilt nicht bei Mietzins- und Leibrentenansprüchen) fällt nicht unter § 751 I ZPO.

31 **bb) Nachweis der Sicherheitsleistung durch den Gläubiger (§ 751 II ZPO)** Fälle: Gegen Sicherheitsleistung vorläufig vollstreckbare Urteile nach §§ 709, 711, 712 II ZPO. Die Sicherheit durch Hinterlegung von Geld, geeigneten Wertpapieren (§ 234 BGB) oder Erbringung einer selbstschuldnerischen Bürgschaft – letztere nur nach Zulassung durch das Gericht, § 108 I 2 ZPO – muß vom Gläubiger erbracht und durch öffentliche oder öffentlich beglaubigte Urkunden nachgewiesen sein. Die **Nachweisurkunde** (Hinterlegungsschein, Bürgschaftserklärung) ist dem Schuldner spätestens bei Beginn der Zwangsvollstreckung zuzustellen.

32 **cc) Nachweis des Gläubigers bei Zug-um-Zug-Leistung (§ 726 II ZPO).** Hängt die Zwangsvollstreckung von einer Zug-um-Zug zu bewirkenden Leistung des Gläubigers ab, wird die Vollstreckungsklausel ohne Nachweis, daß die Leistung erbracht ist, erteilt (§ 726 II ZPO). **Ausnahme:** wenn der Schuldner zur Abgabe einer Willenserklärung Zug um Zug gegen eine Leistung des Gläubigers verurteilt wurde (§§ 726 II, 894 I 2 ZPO).

Das Vollstreckungsorgan prüft stets, ob der Gläubiger die Gegenleistung erbracht hat. So darf der Gerichtsvollzieher mit der Zwangsvollstreckung erst beginnen, wenn er dem Schuldner die ihm gebührende Leistung in einer den Annahmeverzug begründenden Weise angeboten hat (§ 756 ZPO, §§ 294, 295 BGB). Er muß hierzu ggf. unter Zuziehung eines Sachverständigen (*LG Heidelberg* DGVZ 1977, 91) prüfen, ob die angebotene Gegenleistung richtig und vollständig ist (§ 84 GVGA).

Ohne Angebot der Gegenleistung vollstreckt der Gerichtsvollzieher, wenn 33
ihm vom Gläubiger die Befriedigung oder der Annahmeverzug durch öffentliche oder öffentlich beglaubigte Urkunden, die in Abschrift dem Schuldner bereits zugestellt sein müssen, nachgewiesen wird (§ 756 a. E. ZPO).

Anderen Vollstreckungsorganen ist die Befriedigung oder der Annahmeverzug des Schuldners ebenso nachzuweisen. Als Beweis können eine notariell 34
beglaubigte Quittung und ein schriftliches Empfangsbekenntnis bei Zustellung von Anwalt zu Anwalt dienen.

4. Die Sicherungsvollstreckung

Die arrestähnlich (vgl. § 930 ZPO) ausgestaltete Sicherungsvollstreckung 35
(§ 720a ZPO) wirkt **rangwahrend** und ermöglicht eine rasche **Beschlagnahme** verwertbarer Vermögensbestandteile des Schuldners.

Sie hilft dem Gläubiger vor allem gegen solche Berufungen, die der Schuldner einlegt, um Zeit zu gewinnen. Sie erlaubt dem Gläubiger, der ein nur gegen Sicherheitsleistung für vorläufig erklärtes Urteil in Händen hat, **ohne Sicherheitsleistung eine Zwangsvollstreckung** einzuleiten, die allerdings nur zur **Sicherung** (nicht auch zur Befriedigung) seines Anspruchs führt: Bei den Zwangsvollstreckungsmaßnahmen fehlt jeweils der Verwertungsakt (ausführlicher *David*, Rdnrn. 168, 168a).

Die **Voraussetzungen:** 36
– Zahlungsurteil, das nur gegen Sicherheitsleistung vorläufig vollstreckbar ist,
– Urteil und Vollstreckungsklausel (auch einfache! *KG* JurBüro 1988, 790; *OLG Schleswig* RR 1988, 700; str.) müssen mindestens zwei Wochen vorher zugestellt sein (§ 750 III ZPO) = eine nach § 170 II ZPO begl. Abschrift der vollstreckbaren Ausfertigung (§ 725 ZPO) muß zwei Wochen vor Beginn der Sicherungsvollstreckung übergeben worden sein (§ 170 I ZPO).
Grund: Schuldnerschutz. Gelegenheit zur Abwendung des Sicherungszugriffs nach § 720a III ZPO.
– der Schuldner hat nicht wirksam von der Abwendungsbefugnis nach § 720a III ZPO Gebrauch gemacht.

Die zu beantragenden **Maßnahmen:** 37
– Pfändungsauftrag an Gerichtsvollzieher unter Hinweis darauf, daß nur eine Sicherungsvollstreckung (§§ 83, 78 Nr. 3 GVGA) erfolgen soll,
– Antrag auf (isolierten) Pfändungsbeschluß hinsichtlich von Forderungen und anderen Vermögensrechten (§§ 829ff., 857 ZPO) des Schuldners (Wort „Überweisung" im Formular streichen!),
– Antrag auf Eintragung einer Sicherungshypothek (§§ 866, 867 ZPO) oder Schiffshypothek (§ 870a I ZPO),
– Antrag auf eidesstattliche Offenbarungsversicherung nach fruchtloser Pfändung (§ 807 ZPO; str., wie hier *OLG Hamm* MDR 1982, 416; *OLG Düsseldorf* NJW 1980, 2717; *OLG Stuttgart* NJW 1980, 1698).

Die **Vorpfändung** (Rdnr. 98) ist auch im Rahmen der Sicherungsvollstreckung 38
zulässig. Die zweiwöchige Wartefrist des § 750 III ZPO braucht nicht eingehalten zu werden (*BGHZ* 93, 74; *KG* MDR 1981, 412). Ebenfalls zulässig bei aussichtsloser oder fruchtloser Pfändung ist ein Antrag auf **eidesstattliche Offenbarungsversicherung** (*Zöller/Stöber* Rdnr. 7 zu § 720a).

Befriedigung aus den **gepfändeten Gegenständen** ist dem Gläubiger erst mög- 39
lich, wenn er entweder

- die ihm laut Vollstreckungstitel obliegende Sicherheit (§ 720a I 2 ZPO) geleistet und nach § 751 ZPO nachgewiesen hat oder
- wenn das Urteil, aus dem vollstreckt wird, rechtskräftig oder sonst vorläufig ohne Sicherheitsleistung vollstreckbar geworden ist.

5. Die Mobiliarzwangsvollstreckung

40 Sie ist die am häufigsten vorkommende Art der Zwangsvollstreckung wegen Geldforderungen und betrifft das bewegliche Vermögen des Schuldners. Zu ihm gehören körperliche Sachen (Sachpfändung), Forderungen und andere Vermögensrechte (Forderungspfändung).

41 Zur Erhaltung des wirtschaftlichen Zusammenhangs zwischen einem Grundstück, **mithaftenden Gegenständen** – also solchen, auf die sich eine Hypothek erstreckt – (s. dazu Rdnr. 142) und dem **Zubehör** unterliegen letztere nicht der Mobiliarzwangsvollstreckung, und zwar Zubehör in keinem Fall (§ 865 II 1 ZPO), die anderen Gegenstände ab Beschlagnahme des Grundstücks im Wege der Immobiliarvollstreckung (§ 765 II 2 ZPO).

a) Die Sachpfändung und ihre Gegenstände

42 Die Sachpfändung erfolgt durch den örtlich zuständigen (keine freie Wahl!) Gerichtsvollzieher (§ 753 ZPO, § 20 I GVO). Anknüpfungspunkt für die Pfändung ist der **Gewahrsam des Schuldners** an der zu pfändenden Sache (§ 808 I ZPO). Auch Sachen des Schuldners, die der Vollstreckungsgläubiger oder **herausgabebereite Dritte** in (Mit-) Gewahrsam haben (§ 809 ZPO) können vom Gerichtsvollzieher gepfändet werden.

43 Ist der Dritte zur Herausgabe nicht bereit, kann der Gläubiger grundsätzlich nicht pfänden lassen. Handelt es sich um den einzigen verwertbaren Vermögensgegenstand des Schuldners, muß der Gläubiger zunächst den **Herausgabeanspruch des Schuldners gegen den Dritten pfänden** lassen (§ 846 ZPO) und bei neuerlicher Verweigerung der Herausgabe durch den Dritten, gegen diesen **auf Herausgabe klagen** (Vollstreckung nach Rdnrn. 171 ff.). Ausnahmsweise kann jedoch beim Dritten gepfändet werden, wenn er im Einvernehmen mit dem Schuldner die Sache in Gewahrsam genommen hat, um sie der Vollstreckung zu entziehen (*Zöller/Stöber* Rdnr. 5 zu § 809).

44 Die **Zwangsvollstreckung gegen verheiratete Schuldner,** die im gesetzlichen Güterstand der Zugewinngemeinschaft oder in Gütertrennung leben, ist in doppelter Hinsicht erleichtert: Es wird grundsätzlich (widerlegbar) vermutet, daß der schuldnerische Ehegatte Eigentümer der zu pfändenden Sache ist (§ 1362 BGB) und grundsätzlich (unwiderlegbar) fingiert, daß er den alleinigen Gewahrsam an der Sache hat (§ 739 ZPO). Ausnahmen gelten für den Fall, daß die Eheleute getrennt leben oder wenn es sich um zum persönlichen Gebrauch des anderen Ehegatten dienende Gegenstände (Kleider, Schmuck, persönliches Arbeitsgerät) handelt.

45 Nach seinem klaren Wortlaut ist § 739 ZPO unanwendbar auf **nichteheliche Lebensgemeinschaften.**
Zur Rechtslage bei der selten vorkommenden Gütergemeinschaft s. §§ 740–745 ZPO und § 1416 BGB, ferner ausführlich bei *David* Rdnrn. 480, 525, 530. Zum gesetzlichen Güterstand der ehem. DDR, der Eigentums- und Vermögensgemeinschaft s. *Zöller/Stöber* Rdnrn. 9 u. 10 zu § 744a.

46 **Materiellrechtliche Einwände des Schuldners** hat der Gerichtsvollzieher grds. nicht zu beachten. Richten sie sich gegen den Titel (z. B. Verjährung), so muß der Schuldner sie über die Vollstreckungsabwehrklage (§ 767 ZPO) geltend machen. Behauptet der Schuldner, die Sache stehe nicht in seinem Eigentum, so muß sich der Eigentümer der (Dritt-)Widerspruchsklage (§ 771 ZPO) bedienen. Nur wenn Gegenstände offensichtlich **zum Vermögen eines Dritten** gehören (Pelzmantel in Reinigung des Schuldners), pfändet der Gerichtsvollzieher sie nicht oder nur auf ausdrückliches Verlangen des Gläubigers (§ 119 Nr. 2 GVGA; *David,* Anh. S. 437).

Gegenstand der Pfändung sind **bewegliche Sachen** (auch Schiffe und Luftfahrzeuge, §§ 870a, 931 ZPO; §§ 134, 134a GVGA), **Wertpapiere** i. e. S. („Recht aus dem Papier folgt Recht am Papier"; §§ 821, 831 ZPO) und periodisch geerntete **Früchte, die vom Boden noch nicht getrennt sind** (§ 810 ZPO, §§ 151–153 GVGA). Darunter fallen Getreide, Kartoffeln, Obst, Gemüse und Weintrauben, nicht aber Holz. **Aber:** Pfändung ausgeschlossen bei bereits **erfolgter Beschlagnahme** zur Zwangsversteigerung oder Zwangsverwaltung (§§ 20, 21, 148 ZVG). Ausnahme: beim **Pächter,** dessen Recht auf Fruchtgenuß von der Beschlagnahme nicht berührt wird (§ 21 III ZVG, § 956 ZPO). **Pfändungsverbote** nach § 811 Nr. 2–4 ZPO beachten! 47

Erfolgt die **Beschlagnahme** erst nach der Pfändung, bleibt das Pfandrecht unberührt (jedoch Anmeldepflicht der Pfändungsgläubiger nach § 37 Nr. 4 ZVG). 48

Zu beachten ist jedoch stets die **Widerspruchsklagemöglichkeit** (§ 771 ZPO) rangbesserer **Realgläubiger** (§§ 10–12 ZVG) nach § 810 II ZPO, die auch nach Ernte der gepfändeten Früchte und auch dann noch gegeben ist, wenn die Beschlagnahme (§§ 20, 21, 148 ZVG) der Pfändung nachfolgt.

Zubehör (§§ 97, 98, 1120 BGB; z. B. Maschinen in Fabrik, Hotelinventar) kann nicht im Wege der Sachpfändung gepfändet werden, sondern unterliegt der Immobiliarvollstreckung (§ 865 II ZPO). 49

Bei **Legitimationspapieren,** die für den Bestand des Rechts selbst von Bedeutung sind (z. B. Sparbuch), erfolgt eine sog. **Hilfspfändung** (§ 156 GVGA; *David,* Anh. S. 444). Sie wahrt keinen Pfändungsrang und ist zeitlich eingeschränkt: Der Gerichtsvollzieher gibt die Papiere an den Schuldner zurück, wenn nicht innerhalb zweier Wochen ein Pfändungsbeschluß über die Forderung vorgelegt wird, die dem Papier zugrunde liegt (= unterstützender Charakter der Hilfspfändung). 50

Geld, Kostbarkeiten (z. B. Schmuck, wertvolle Sammlungen) und **Wertpapiere** nimmt der Gerichtsvollzieher sogleich an sich. Andere Sachen beläßt er – in der Regel unter Pfandsiegelanbringung (§ 808 II 2 ZPO) im Gewahrsam des Schuldners, sofern nicht hierdurch die Befriedigung des Gläubigers gefährdet wird (§ 808 II 1 ZPO; §§ 131 ff. GVGA; *David,* Anh. S. 440).

Bei Pfändung von **Kraftfahrzeugen** ist eine solche Gefährdung regelmäßig anzunehmen (§ 157 GVGA; Unfallgefahr!).

Erhält der Gerichtsvollzieher anläßlich der Zwangsvollstreckung durch Befragung des Schuldners oder durch Einsicht in Schriftstücke Kenntnis von Geldforderungen des Schuldners gegen Dritte und konnte eine Pfändung nicht bewirkt werden oder wird eine bewirkte Pfändung voraussichtlich nicht zur vollständigen Befriedigung des Gläubigers führen, so teilt er Namen und Anschriften der Drittschuldner sowie den Grund der Forderungen und für diese bestehende Sicherheiten dem Gläubiger mit (§ 806a I ZPO). Nach § 806a II darf der Gerichtsvollzieher erwachsene Mitglieder des Hausstands des Schuldners nach dessen Arbeitgeber befragen, muß sie aber auf der Freiwilligkeit ihrer Angaben 51 hinweisen. Auch hierbei gewonnene Erkenntnisse sind dem Gläubiger mitzuteilen.

52   aa) **Der Vollstreckungsauftrag an den Gerichtsvollzieher.** Eine **direkte Beauftragung des** zuständigen Gerichtsvollziehers – das ist derjenige, in dessen Bezirk der Schuldner wohnt oder Geschäftsräume unterhält (§ 753 I, § 764 II ZPO) – bringt Zeitgewinn (Ablichtung des Verteilungsplans von der Gerichtsvollzieherverteilungsstelle anfordern! Rechtsgrundlage: § 33 Nr. 3 GVO).

53   Der Sachpfändungsauftrag, dem stets eine vollstreckbare Ausfertigung des Titels beizufügen ist (§ 754 ZPO), muß eine **detaillierte Forderungsaufstellung** enthalten. Wird der Auftrag nur auf einen **Teilbetrag** der titulierten Forderung beschränkt – wegen der oft geringen Aussichten der Sachpfändung empfiehlt sich dies aus Kostengründen – (nur halbe Gerichtsvollziehergebühr bei erfolglosem Vollstreckungsversuch, § 17 IV GVKostG) – braucht keine vollständige Forderungsaufstellung vorgelegt werden, es sei denn, es bestünden Anhaltspunkte dafür, daß wegen geleisteter Zahlungen eine Forderung in Höhe des verlangten Teilbetrags nicht mehr besteht (*LG Frankfurt* DGVZ 1988, 95).

54   Die Vorlage einer Berechnung der Gesamtforderung ist jedoch dann erforderlich, wenn der Gläubiger dem Pfändungsauftrag den in diesem Fall zweckmäßigen Zusatz anfügt: „Zahlt der Schuldner die Gesamtforderung einschließlich der aufgelaufenen Zinsen, kann ihm der Vollstreckungstitel ausgehändigt werden."

55   Dem Pfändungsauftrag an den Gerichtsvollzieher, der zweckmäßigerweise unter Benutzung eines der üblichen Formblätter erteilt wird, können folgende **Zusätze**, die die Effektivität steigern und von Kenntnis der GVGA zeugen, angefügt werden:

– Bitte um **Ermittlung des Arbeitgebers** bei (teilweise) fruchtlosem Pfändungsversuch. Sodann sofortiger Anruf beim angegebenen Arbeitgeber, ob der Schuldner dort noch tätig ist (manche Schuldner geben den früheren Arbeitgeber an!); das Nachforschungs- und Fragerecht des Gerichtsvollziehers anläßlich der Zwangsvollstreckung ist nun in § 806a ZPO geregelt; bei bestehender **Arbeitslosigkeit** soll der Schuldner nach seiner Stammnummer und dem zuständigen Arbeitsamt gefragt werden,

– Erteilung selbständiger **Vorpfändungsermächtigung** an den Gerichtsvollzieher durch ausdrücklichen Auftrag (s. Rdnr. 101). Sie erlaubt ihm Ermittlungen zum Aufspüren pfändbarer Forderungen (z. B. Durchsuchung einer Dokumentenmappe, Suchen nach Bankbelegen oder Unterlagen über Arbeitsverhältnis),

– Anweisung an den Gerichtsvollzieher, keine Pfändung von Gegenständen durchzuführen, an denen der Gläubiger **Sicherungseigentum** besitzt (§ 111 Nr. 1 GVGA; *David,* Anhang S. 436),

– Erklärung der Bereitschaft zur **Einräumung von Ratenzahlungen** mit Verfallklausel verteilt auf ein Jahr, wenn möglich mit gleich zu zahlendem Abschlag (s. § 141 Nr. 2 III u. IV GVGA, § 813a IV ZPO),

– Bitte um vorläufige **Wegnahme von Papieren** i. S. des § 836 III ZPO (Sparbücher, Schuldscheine, Pfandscheine, Depotscheine etc.) im Wege der **Hilfspfändung** (§ 156 GVGA; *David,* Anh. S. 444 s. dazu *LG Memmingen* JurBüro 1990, 532,

– Auftrag zur **Pfändung** auch **angeblich sicherungsübereigneter** (näher dazu: *David,* Rdnrn. 280–283) oder nach Angaben des Schuldners sonst Dritten gehörender oder unter **Eigentumsvorbehalt** (zu deren Pfändung s. *David,*

Rdnrn. 269–279) gelieferter **Gegenstände** (§ 119 Nr. 2 GVGA; *David*, Anh. S. 437). Anderenfalls fragt der Gerichtsvollzieher beim Gläubiger an, ob er solche Gegenstände pfänden soll (bei Pfändung doppelte Gebühr, § 17 I GVKostG),
- Bitte, für den Fall, daß der Gerichtsvollzieher vom Schuldner nicht eingelassen wird, daß er den beiliegenden Antrag auf **Durchsuchungsanordnung** (Muster dafür s. *David*, Rdnr. 240) bei zuständigen Vollstreckungsgericht einreicht und nach Erlaß der Durchsuchungsanordnung erneut die Sachpfändung versucht (s. Rdnr. 70),
- Bitte, die **nichtgepfändeten Gegenstände** so genau zu bezeichnen, daß überprüft werden kann, ob die Pfändung zu Recht unterblieben ist (§ 135 Nr. 6 GVGA; *David*, Anh. S. 444; *OLG Bremen* JurBüro 1989, 263; *OLG Oldenburg* JurBüro 1989, 263; *LG Hannover* u. *LG Hamburg* JurBüro 1989, 703),
- Verlangen, daß **Anschlußprüfung** auch für von anderen Gläubigern bereits **vorgepfändete Gegenstände,** wenn der Wert der Gegenstände für die Befriedigung beider Forderungen nicht auszureichen scheint, durchgeführt wird (§ 167 Nr. 5 Satz 2 GVGA). Bei Befriedigung des erstpfändenden Gläubigers durch Zahlung Möglichkeit des Aufrückens!
- Erklärung, daß einer **Einstellung der Vollstreckung** nach § 63 GVGA (Rücksendung des Vollstreckungstitels ohne Vollstreckungsversuch wegen begründeter Anhaltspunkte für Fruchtlosigkeit und Betrachtung des Vollstreckungsauftrags als zurückgenommen) widersprochen und auf der Ausführung des Auftrags (z. B. zur Verjährungsunterbrechung insbes. bei rückständigen Zinsen, §§ 197, 218 II BGB) bestanden werde,
- Hinweis darauf, daß besonders **§ 107 Nr. 2 GVGA** (vgl. dazu Rdnr. 69) **bei Nichtgestattung der Durchsuchung** beachtet werden solle.

Es können ferner Hinweise auf das Vorhandensein bestimmter Wertgegenstände (Sammlungen, Weinkeller, Videorecorder, Computer etc) und auf eine günstige Vollstreckungszeit (z. B. bei Geschäftsschluß um 18.30 Uhr) angefügt werden. Auch ein Hinweis auf Austausch- und Taschenpfändung (s. Rdnrn. 61, 78) ist angebracht.

Umstritten ist das **Anwesenheitsrecht des Gläubigers** bei der Zwangsvollstreckung (s. dazu *LG Hof* und *LG Münster* DGVZ 1991, 13 sowie *LG Bochum* JurBüro 1992, 57 u. § 62 Nr. 5 GVGA, *David* Rdnr. 240 und Anh. S. 432). **56**

bb) Anschlußpfändung/Unpfändbarkeit/Austauschpfändung/Vorwegpfändung. Eine bereits beim Schuldner gepfändete bewegliche Sache kann durch Anschlußpfändung für einen anderen Gläubiger oder auch für denselben Gläubiger wegen einer anderen vollstreckbaren Forderung nochmals gepfändet werden. Wurde die Sache gegen den Ehemann gepfändet und richtet sich die neue Pfändung der Sache gegen die Ehefrau, so kann die Pfändung nur in Form der Erstpfändung, nicht aber der Anschlußpfändung erfolgen (sog. Doppelpfändung, vgl. § 167 Nr. 1 GVGA). **57**

Die Anschlußpfändung kann sowohl in Form einer Erstpfändung als auch in der vereinfachten Form des § 826 ZPO erfolgen. Sie ist von der **gleichzeitigen Pfändung für mehrere Gläubiger** zu unterscheiden, bei der der Versteigerungserlös nach dem Verhältnis der beizutreibenden Forderungen verteilt wird, wenn er zur Deckung der Forderungen aller Gläubiger nicht ausreicht (§ 168 Nr. 5 GVGA, *David,* Anh. S. 446). Bei der Anschlußpfändung richtet sich hingegen der **Rang** nach § 804 III ZPO, d. h. der Abschlußpfändungsgläubiger geht **58** leer aus, wenn der erstpfändende Gläubiger den vollen Erlös erhält. Wird aber die vorgehende Pfändung aufgehoben, rückt die Anschlußpfändung an ihre Stelle (s. Rdnr. 55).

59 Zur Anschlußpfändung beim Zusammentreffen mit Durchsuchungsanordnung versehener Gläubiger mit solchen ohne Durchsuchungsanordnung vgl. Rdnr. 71. Eine Anschlußpfändung nach § 826 ZPO ist auch nach einer **Verwaltungsvollstreckung** und letztere als Anschlußpfändung nach einer Gerichtsvollziehervollstreckung möglich (vgl. § 307 II AO).

60 Von den zum Schutz des Schuldners aus sozialen Gründen im öffentlichen Interesse in § 811 ZPO – der nur für die Geldvollstreckung, nicht aber bei der Herausgabevollstreckung Schutz gewährt – für **unpfändbar erklärten Sachen** sind in der Praxis die in den Nr. 1, 5 und 6 (persönliche Sachen, Haushaltsgegenstände, insbesondere Kleider, Wäsche, die einer bescheidenen Lebensführung dienen, sowie Gartenhäuser und Gegenstände zur Fortsetzung geistiger oder körperlicher Arbeit des Schuldners, seiner Witwe oder seiner Erben) genannten am wichtigsten (zur nahezu unüberschaubaren Rspr. s. *Zöller/Stöber* Rdnrn. 11–38). Zu weiteren **Sachpfändungsverboten in anderen Gesetzen** vgl. *Zöller/Stöber* Rdnr. 45 zu § 811.

61 Da bei den unpfändbaren Sachgruppen des § 811 Nr. 1, 5 und 6 ZPO der Schutzzweck auch durch Bereitstellen geringwertiger Ersatzsachen erfüllt werden kann, kann dem Gläubiger in diesen Fällen – eine analoge Anwendung auf die anderen Fälle des § 811 ZPO ist ausgeschlossen – auf Antrag eine **Austauschpfändung** durch Beschluß des Vollstreckungsgerichts gestattet werden (§ 811a ZPO). Von dieser Möglichkeit wird aber in der Praxis viel zu wenig Gebrauch gemacht (vgl. zur Austauschpfändung bei Hausrat *Pardey* DGVZ 1989, 54).

62 **Voraussetzungen** für die Austauschpfändung:
– der Gläubiger muß dem Schuldner für den unpfändbaren Gegenstand entweder ein **brauchbares Ersatzstück** (z. B. alter funktionstüchtiger Farbfernseher gegen neues Modell, einfache Einbauküche gegen wertvolle, schlichtes Bett gegen Messing- oder Wasserbett) übereignen oder den zur Beschaffung eines Ersatzstücks erforderlichen Geldbetrag zur Verfügung stellen (unter bestimmten Voraussetzungen, s. § 811a I 2. Halbsatz ZPO, ist es zulässig, daß der zur Ersatzbeschaffung erforderliche Geldbetrag dem Schuldner erst aus dem Versteigerungserlös überlassen wird),
– die Austauschpfändung muß **angemessen** sein; insbesondere muß zu erwarten sein, daß der voraussichtliche Versteigerungserlös den Wert des Ersatzstücks wesentlich übersteigt (§ 811a II 2 ZPO).

Zum Vorgehen des Gerichtsvollziehers nach Zulassung der Austauschpfändung vgl. § 123 GVGA (*David*, Anh. S. 437).

63 Eine **vorläufige Austauschpfändung** (§ 811b ZPO) ohne vorherige Entscheidung des Vollstreckungsgerichts ist zulässig, wenn eine Zulassung durch das Gericht zu erwarten ist (s. dazu *LG Berlin* DGVZ 1991, 91 betr. ein Fernsehgerät). Diese Möglichkeit wird vom Gerichtsvollzieher selbständig geprüft und wahrgenommen (§ 124 GVGA; *David*, Anh. S. 438). Auf die Nachricht des Gerichtsvollziehers über die vorläufige Austauschpfändung muß der Gläubiger binnen 2 Wochen nach Eingang der Nachricht die Zulassung der Austauschpfändung beim Vollstreckungsgericht beantragen, da der Gerichtsvollzieher die Pfändung sonst aufheben muß (§ 811b II ZPO). Zum weiteren Vorgehen des Gerichtsvollziehers vgl. § 124 Nr. 3 GVGA; *David* Anh. S. 439.

Ist zu erwarten, daß eine unpfändbare Sache demnächst pfändbar wird (z. B. 64
infolge Berufswechsels des Schuldners), so kann der Gerichtsvollzieher sie pfänden (**Vorwegpfändung,** § 811d ZPO), er muß sie aber im Gewahrsam des
Schuldners belassen. Eine Fortsetzung der Vollstreckung darf erfolgen, wenn
die Sache (innerhalb eines Jahres) pfändbar geworden ist (§ 811d I 2 und II
ZPO).

cc) **Schuldner erlaubt Wohnungsdurchsuchung nicht.** Wird dem Gerichts- 65
vollzieher vom Schuldner nicht gestattet, die Wohnung nach pfändbaren Gegenständen zu durchsuchen – inzwischen verweigert in Großstädten jeder dritte
Schuldner den Einlaß – so ist für die Durchsuchung der Wohnung grds. eine
Anordnung des Vollstreckungsgerichts (Richter) erforderlich (Art. 13 II GG;
BVerfG NJW 1979, 1540; *Behr* NJW 1992, 2125). Der Nichtgestattung steht es
gleich, wenn der Gerichtsvollzieher mindestens zweimal, davon einmal zu einer
Zeit, in der sich auch Berufstätige zu Hause aufhalten können, erfolglos versucht hat, Zutritt zur Wohnung des Schuldners zu erlangen (*LG Berlin* DGVZ
1988, 74).

Den **Antrag auf Durchsuchungsanordnung** kann nur der Gläubiger stellen. 66
Zuständig zur Entscheidung ist der Richter am Amtsgericht – Vollstreckungsgericht –, in dessen Bezirk die Durchsuchung erfolgen soll (§ 761 ZPO analog).
Er ist auch bei Vollstreckung einer Bagatellforderung zulässig (siehe Rdnr. 13).

Als Wohnung i. S. des Art. 13 GG gelten auch **Geschäfts-, Arbeits- und Be-** 67
triebsräume (*BVerfGE* 44, 353, 371).

Bei **Gefahr im Verzug** darf der Gerichtsvollzieher die Durchsuchung auch 68
ohne richterliche Anordnung durchführen. Sie ist anzunehmen bei der Vollstreckung von einstweiligen Verfügungen und Arresten oder bei konkreten
Anhaltspunkten für eine Vollstreckungsvereitelung (sie sind im Protokoll des
Gerichtsvollziehers zu bezeichnen).

Vor Erlaß der Durchsuchungsanordnung hat entgegen der Ansicht einiger 69
Gerichte zur Sicherung gefährdeter Gläubigerinteressen eine **Anhörung des**
Schuldners zu unterbleiben. Die Ansicht, es sei grundsätzlich dem Schuldner
gesondert rechtliches Gehör vor Erlaß der Durchsuchungsanordnung zu gewähren (*LG Darmstadt* DGVZ 1987, 86) und der Antrag des Gläubigers dem Schuldner förmlich zuzustellen (*LG Hannover* JurBüro 1987, 1568) ist als die Zwangsvollstreckung unangemessen verzögernd und erschwerend abzulehnen. Sie stellt
eine indirekte Aufforderung an den Schuldner, pfändbare Habe zu verstecken
und verlagern, dar. Entscheidungsgrundlage für den Vollstreckungsrichter ist
vor allem das **Protokoll des Gerichtsvollziehers** (näher dazu *Mager* DGVZ
1989, 182), aus dem hervorgeht, daß dieser nicht eingelassen wurde. Der Gläubiger sollte besonders auf Beachtung des § 107 Nr. 2 GVGA (*David,* Anh.
S. 435) dringen, wonach der die Durchsuchung nicht gestattende Schuldner
nach den Gründen zu befragen ist, die er gegen die Durchsuchung geltend
machen will. Seine Erklärungen sind im Protokoll festzuhalten. Damit ist ihm
rechtliches Gehör gewährt.

Ein **vorsorglicher Durchsuchungsbeschluß** vor Vollstreckungsbeginn ist un- 70
zulässig, da dem Schuldner zunächst Gelegenheit gegeben werden muß, die
Durchsuchung seiner Wohnung zu gestatten. Zulässig ist dagegen ein vom
Gläubiger hergestellter **Durchsuchungsantrag für den Fall,** daß der Gerichtsvollzieher nicht eingelassen wird. Ihn kann er dem Gerichtsvollzieher mit der
Bitte um Vorlage beim Vollstreckungsgericht zusammen mit dem Vollstrek-

kungsauftrag übergeben (näher *David*, Rdnr. 240). Verpflichtet hierzu ist er nach der GVGA allerdings nicht.

71 Lange Zeit wurde angenommen, es genüge zur **Mitvollstreckung** aller weiteren Aufträge, wenn nur eine Durchsuchungsanordnung gegen den Schuldner vorliegt (vgl. § 107 Nr. 8 II GVGA; *David*, Anh. S. 436). Dem steht nunmehr die Entscheidung des *BVerfG* DGVZ 1987, 155 entgegen, in der ausgeführt wird, daß eine längere Verweildauer infolge Durchsuchung und Pfändung für andere, nicht mit einer Durchsuchungsanordnung versehene Gläubiger gegen Art. 13 II GG verstößt. Gleichzeitige Mitvollstreckung ist daher nur noch erlaubt, wenn
- die Vollstreckung insgesamt erfolglos bleibt oder
- nur ein einziger wertvoller Pfandgegenstand vorhanden ist, oder
- wenn der pfändbare Gegenstand erst am Ende der Durchsuchung vorgefunden wird, also keine längere Verweildauer notwendig wird.

In allen anderen Fällen, insbesondere wenn der Schuldner die Forderung des mit Durchsuchungsanordnung ausgestatteten Gläubigers erfüllt, muß der Gerichtsvollzieher die Räume des Schuldners verlassen (*BVerfG* oben). Das bedeutet, daß der nicht mit einer Durchsuchungsanordnung ausgestattete Gläubiger auf die unvorteilhaftere **Anschlußpfändung** (s. Rdnr. 58) verwiesen wird.

72 Gegen die Versagung bzw. Erteilung der Durchsuchungserlaubnis steht dem Gläubiger bzw. dem Schuldner die **sofortige Beschwerde** (§ 793 ZPO) zu (*OLG Hamm* NJW 1984, 1792; *OLG Koblenz* MDR 1986, 64; str. s. *Zöller/Stöber* Rdnr. 25 zu § 758 ZPO). Gegen die richterliche Durchsuchungsanordnung ist nach erfolgter Durchsuchung kein Rechtsmittel gegeben, da eine nochmalige Durchsuchung auf Grund derselben Anordnung nicht zulässig ist (*LG Baden-Baden* DGVZ 1988, 42).

73 **Lebensgefährten und Mitbewohner** haben gegenüber der Durchsuchungsanordnung kein Abwehrrecht, da sich die Durchsuchung nicht gegen sie richtet (*LG München I* DGVZ 1984, 117; *LG Koblenz* DGVZ 1982, 40).

74 **dd) Nachtbeschluß.** In manchen Fällen ist es dem Gerichtsvollzieher zur normalen Vollstreckungszeit nicht möglich oder es erscheint nicht zweckmäßig (leere Kasse) Zwangsvollstreckungshandlungen (Sachpfändung, Herausgabevollstreckung, Verhaftung) vorzunehmen. Es empfiehlt sich dann, einen sog. Nachtbeschluß herbeizuführen, der Vollstreckungshandlungen zur Nachtzeit (§ 188 I ZPO), sowie an Sonn- und allgemeinen Feiertagen (maßgeblich Landesrecht) erlaubt (§ 761 ZPO).

75 Der Nachtbeschluß ist auch erforderlich, wenn die Zwangsvollstreckungshandlung in der geschützten Zeit fortgesetzt werden soll (§ 65 Nr. 6 GVGA; *David*, Anh. S. 434). In Betracht kommen vor allem Pfändungsversuche in Gaststätten, Restaurants, Discos und Nachtbars am Ende der Öffnungszeit, ferner bei (Wochenend-)Veranstaltungen und bei Schuldnern, die keiner geregelten Arbeit nachgehen, z. B. aber abends in einer bestimmten Gaststätte anzutreffen sind (s. Taschenpfändung Rdnr. 78).

76 Der **Antrag** des Gläubigers lautet auf Ermächtigung des Gerichtsvollziehers bestimmte Vollstreckungshandlungen in einem bestimmten Zeitraum (z. B. 6 Monate) ab Erlaß des Beschlusses zur Nachtzeit und an Sonn- und Feiertagen vorzunehmen. Ein Vollstreckungsversuch verbraucht die Erlaubnis nicht. Anders als bei der Durchsuchungsanordnung kann der Gerichtsvollzieher die Erlaubnis selbst einholen (§ 65 Nr. 3 GVGA; *David*, Anh. S. 433). **Antragsvoraussetzung**

Die Zwangsvollstreckung wegen Geldforderungen   A V

ist nicht das Vorliegen der allgemeinen Vollstreckungsvoraussetzungen – mit Ausnahme des Vollstreckungstitels, der vorliegen muß. Voraussetzung ist aber, daß die Vollstreckung zur ungewöhnlichen Zeit erforderlich ist, weil der Schuldner innerhalb und außerhalb der normalen Arbeitszeit nicht angetroffen wurde oder die Zwangsvollstreckung in der geschützten Zeit größere Erfolgsaussicht bietet (Darlegen! Muster *David*, Rdnrn. 243, 244).

Ausschließlich **zuständig** (§ 802 ZPO) zum Erlaß des Beschlusses ist der **77 Richter am Amtsgericht** (anders bei Zustellungen zur Nachtzeit: § 188 ZPO i. V. m. § 20 Nr. 9 RpflegerG = Rechtspfleger; s. aber § 8 Abs. 1 RPflegerG), in dessen Bezirk die Vollstreckungshandlung vorgenommen werden soll.

Rechtsbehelfe: Gegen Versagung und Erteilung ist die sofortige Beschwerde (§ 793 ZPO) statthaft (Grund: Baldige Schaffung klarer Verhältnisse. Str. Zum Streitstand *Wieser* DGVZ 1988, 293, 296). Der Nachtbeschluß enthält ohne besonderen Ausspruch nicht zugleich eine Wohnungsdurchsuchungsanordnung (s. Rdnr. 65) und umgekehrt.

ee) Taschenpfändung. Eine Taschenpfändung, d. h. eine Pfändung von Sa- **78** chen, die der Schuldner mit sich führt, ist **außerhalb seiner Wohn- und Geschäftsräume** (z. B. auf der Straße, im Gasthaus oder Hotel) ohne richterliche Durchsuchungsanordnung zulässig (str., wenn sie in Räumen Dritter stattfinden soll, *Zöller/Stöber* Rdnr. 6 zu § 758). Muß dagegen der Gerichtsvollzieher auf der Suche nach dem Schuldner gewaltsam in dessen Wohnung eindringen oder soll die Durchsuchung der Kleider und Taschen des Schuldners gegen dessen Willen in seiner Wohnung erfolgen, so braucht er eine **Durchsuchungsanordnung** (§ 107 Nr. 9 GVGA, *David*, Anhang S. 436; s. auch *OLG Köln* NJW 1980, 1531).

Gezielte Hinweise des Gläubigers auf mitgeführte Wertsachen (Schmuck, Ge- **79** brauchsgegenstände wie Uhren, Bargeld) und Orte, an denen der Schuldner anzutreffen ist (Stammlokal), sind für den Gerichtsvollzieher nützlich. Bei der Taschenpfändung fordert der Gerichtsvollzieher den Schuldner auf, seine Taschen zu leeren und nimmt z. B. gefundenes Geld an sich (§ 808 II ZPO) und liefert es dem Gläubiger ab (§ 815 I ZPO).

ff) Die Verwertung der gepfändeten Gegenstände. Sie erfolgt nach §§ 813a **80** bis 825, 827 ZPO. Keine Verwertung bei bloßer Sicherungsvollstreckung (Rdnr. 35) und bei Vollziehung eines Arrests in bewegliches Vermögen (§ 930 ZPO; vgl. A IV Rdnr. 41).

Gestaltungsmöglichkeiten:
– Antrag des Gläubigers an den Gerichtsvollzieher auf **Aussetzung der Verwertung** (vgl. § 141 Nr. 2 GVGA), wenn Schuldner Ratenzahlung anbietet oder Zahlung zu bestimmtem Termin zusagt,
– Antrag des Schuldners an das Vollstreckungsgericht (Rechtspfleger, § 20 Nr. 17 RPflegerG) auf **Verwertungsaufschub** (§ 813a ZPO), wenn Aussetzung nach der Person und den wirtschaftlichen Verhältnissen des Schuldners sowie nach der Schuld angemessen erscheint und nicht überwiegende Belange des Gläubigers entgegenstehen (Ausnahme gem. § 813a VI ZPO für Wechselsachen). Aussetzung mehrmals möglich, allerdings nicht länger als für insgesamt ein Jahr nach Pfändung,
– gegen Entscheidung des Rechtspflegers **befristete Erinnerung** nach § 11 I 2 RPflegerG, über die Richter unanfechtbar entscheidet (§ 813a V 4 ZPO), aber

David 91

nur soweit die Ermessensentscheidung gerügt wird; bei anderen Beanstandungen (z. B. Unzuständigkeit) ist **sofortige Beschwerde** gegeben,
- wenn keine Aussetzung der Verwertung erfolgt, dann öff. Versteigerung nicht vor Ablauf einer Woche (§ 816 I ZPO), aber auch – zur Vermeidung der Wertminderung der gepfändeten Sache – nicht später als ein Monat (§ 142 III GVGA). Zur Versteigerung s. §§ 817ff. ZPO u. §§ 141ff. GVGA,
- auf Antrag des Gläubigers oder Schuldners kann das Vollstreckungsgericht eine **anderweitige Verwertung** anordnen als in den §§ 814–824 ZPO bestimmt ist (§ 825 ZPO). Dabei kann zur Erzielung eines höheren Erlöses an einem anderen Ort und durch eine andere Person als den Gerichtsvollzieher (z. B. einen Kunsthändler oder anerkannten Auktionator) versteigert werden. Auch freihändiger Verkauf kann angeordnet werden. Stets ist das Mindestgebot (mindestens die Hälfte des gewöhnlichen Verkaufswertes, § 817a ZPO) zu beachten.

81   gg) **Rechtsbehelfe bei der Sachpfändung.** Gläubiger und Schuldner sowie Dritte, die durch die Zwangsvollstreckungsmaßnahme in ihren Rechten beeinträchtigt sind (z. B. Gewahrsamsinhaber, die der Pfändung widersprachen, § 809 ZPO oder Ehegatten, wenn die Voraussetzungen des § 739 ZPO fehlen), können **Erinnerung nach § 766 ZPO** einlegen. In den Fällen des § 766 II Abs. 2 ZPO kann der Gerichtsvollzieher abhelfen. Über die Erinnerung entscheidet der Richter des Vollstreckungsgerichts, in dessen Bezirk das Zwangsvollstreckungsverfahren stattfindet. Gegen die Entscheidung des Vollstreckungsgerichts, die von diesem nicht mehr geändert werden kann (§ 577 III ZPO) ist innerhalb von 2 Wochen sofortige Beschwerde (§ 793 ZPO) statthaft. Bei Kosten ist § 567 II ZPO zu beachten.

82   **Verstöße des Gerichtsvollziehers** gegen die GVGA können für sich nicht mit Erinnerung beanstandet werden, es sei denn sie stellten zugleich einen Verstoß gegen ZPO-Vorschriften dar. Da die Beachtung der GVGA aber zu den Amtspflichten des Gerichtsvollziehers gehört (§ 1 III GVGA; *David,* Anhang S. 429) kann **Amtspflichtverletzung** (vgl. B VII Rdnrn. 48 u. 50) in Betracht kommen.

83   **Materiell-rechtliche Einwendungen** des Schuldners oder Dritter können mit den Rechtsbehelfen des Zwangsvollstreckungsverfahrens nicht geltend gemacht werden.

84   Der Dritte (z. B. der Ehegatte), der nicht Schuldner ist, kann **Drittwiderspruchsklage** (§ 771 ZPO) gegen die Zwangsvollstreckung – auch neben der Erinnerung nach § 766 ZPO – beim Streitgericht, in dessen Bezirk die Zwangsvollstreckung erfolgt, erheben.

85   **Dienstaufsichtsbeschwerde** gegen den Gerichtsvollzieher kann nicht wegen seiner Tätigkeit bei der Zwangsvollstreckung eingelegt werden, sondern nur seine Geschäftsführung betreffend, etwa weil er einen Auftrag ungebührlich verzögert (vgl. § 64 GVGA; *David,* Anh. S. 433) – wobei die Monatsfrist für die Bearbeitung im Großstadtbereich nicht eingehalten werden kann – oder gar nicht bearbeitet.

86   b) **Die eidesstattliche Offenbarungsversicherung.** Durch sie bekommt der Gläubiger Einblick in die **Vermögens- und Einkommensverhältnisse** des Schuldners, der ein Vermögensverzeichnis zu erstellen hat, und kann damit klären, welche Vollstreckungsmöglichkeiten bestehen.
Voraussetzungen für die Abgabe der Offenbarungsversicherung:
- Vorliegen eines bereits zugestellten vollstreckbaren Titels,

– erfolgloser Sachpfändungsversuch (Nachweis durch begl. Abschrift des Gerichtsvollzieherprotokolls) oder Glaubhaftmachung, daß die Sachpfändung voraussichtlich ohne Erfolg sein werde (§ 807 I ZPO; dazu *David*, Rdnr. 704). Niederschrift über Weigerung des Schuldners, seine Wohnung durchsuchen zu lassen, ersetzt nicht den Nachweis über die Erfolglosigkeit (Rechtsprechung dazu s. Rdnr. 9).

Das Verfahren wird auf Antrag des Gläubigers eingeleitet. Beizufügen sind die Nachweise über die obigen Voraussetzungen und ggf. Nachweis der Sicherheit (§ 751 II ZPO; Rdnr. 31) und der Zug-um-Zug-Leistung (§ 765 ZPO; Rdnr. 32). Zum Verfahren s. § 900 ZPO u. näher *David*, Rdnr. 705 ff. 87

Wendet der Schuldner **Krankheit** ein, kann Gläubiger Abnahme der e. V. in der Wohnung des Schuldners oder im Krankenhaus beantragen. Gesundheitsgefährdung schließt Pflicht zur Abgabe der e. V. nicht aus (*KG* MDR 1965, 53). Anwesenheit des Gläubigers im (nicht öffentlichen) OV-Termin möglich und vielfach zweckmäßig. Zusatzfragen zum unzureichenden amtlichen Vermögensverzeichnis können gestellt werden, z. B. zur Aufdeckung von **Tarnkonten** (vgl. den Katalog zulässiger Zusatzfragen bei *David* Rdnr. 713). 88

Vertagung des OV-Termins auf Antrag des Schuldners (Schutzwürdigkeit streng prüfen!), wenn er glaubhaft macht (§ 294 ZPO), daß er die Forderung des Gläubigers binnen 3 Monaten tilgen werde. Vertagung hat auf konkreten Termin zu erfolgen. Bei Nachweis der ⅔-Tilgung durch den Schuldner im neuen Termin kann das Gericht nochmals bis zu 6 Wochen vertagen (§ 900 IV 2 ZPO). Gegen Vertagungsbeschluß hat Gläubiger die sof. Beschwerde (§ 900 IV 3 ZPO). 89

Erscheint der Schuldner im Termin nicht oder verweigert er grundlos die eidesstattliche Versicherung, ordnet das Gericht (Richter, § 4 III RPflegerG) auf Antrag des Gläubigers **Haft** zur Erzwingung der eidesstattliche Versicherung an (§ 901 ZPO). 90

Schuldner, die die OV abgegeben haben oder gegen die Haft angeordnet wurde, werden von Amts wegen ins **Schuldnerverzeichnis** eingetragen (§ 915 I ZPO) und auf ihren Antrag nach 3 Jahren, im Falle der Haft nach 5 Jahren oder bei Nachweis der vollständigen Befriedigung des Gläubigers gelöscht (§§ 914 II, 915 II ZPO). Gegen die Zurückweisung eines Löschungs- oder Auskunftsantrags durch den Rechtspfleger kann unbefristete Erinnerung eingelegt werden (*Wieser* RPfleger 1990, 97). 91

Eine weitere Versicherungsabgabepflicht besteht grundsätzlich erst nach 3 Jahren (§ 903 ZPO). **Ausnahmen** (die vom Gläubiger glaubhaft zu machen sind, s. *David*, Rdnr. 727): 92
– entweder der Schuldner hat später pfändbares Vermögen erworben
– oder ein bisheriges Arbeitsverhältnis mit dem Schuldner ist aufgelöst.
In der Rspr. wird letzterem Fall gleichgestellt der Wegfall von Arbeitslosengeld bzw. -hilfe, s. *LG Paderborn* JurBüro 1991, 1707; *LG Hechingen* Rpfleger 1992, 208, insbesondere wenn nach Alter und Beruf des Schuldners unter Berücksichtigung der Verhältnisse am Arbeitsmarkt die Erlangung einer neuen Erwerbsquelle anzunehmen ist, s. *OLG Karlsruhe* Rpfleger 1992, 208 (48-jähriger gelernter Koch) u. *Behr* JurBüro 1992, 215; a. A. *LG Berlin* Rpfleger 1991, 118.

Eine **Vermögensverzeichnisergänzung** kann beim Amtsgericht, in dessen Bezirk der Schuldner im Zeitpunkt des Ergänzungsantrags seinen Wohnsitz hat, vom Gläubiger verlangt werden, wenn begründete Anhaltspunkte dafür vorlie- 93 gen, daß der Schuldner im Vermögensverzeichnis unvollständige, ungenaue oder widersprüchliche Angaben gemacht hat (s. *David*, Rdnr. 729–732). Auch ein neuer Gläubiger kann das (kostenfreie) Ergänzungsverfahren beantragen (hM; zuletzt *LG Hildesheim* JurBüro 1991, 729; a. A. *LG Berlin* Rpfleger 1990, 431).

94 **c) Die Forderungspfändung und ihre Gegenstände.** Die Forderungspfändung – sie erfaßt Geldforderungen und Herausgabe- und Leistungsansprüche des Schuldners gegen Dritte (Drittschuldner) sowie andere Vermögensrechte (§§ 828–863 ZPO) – ist weitaus wirksamer als die Sachpfändung, da hier die Möglichkeiten des Schuldners, die Vollstreckung zu vereiteln, deutlich geringer sind. § 834 ZPO verbietet – zur Sicherung des Vollstreckungserfolgs – die Anhörung des Schuldners zum Pfändungsgesuch. Ausnahme: Seit 1. 1. 1989 ist der Schuldner zum Pfändungsantrag, der die Billigkeitspfändung einer Sozialgeldleistung betrifft (dazu Rdnrn. 109 ff.) zu hören (§ 54 V SGB I).

95 Beim Pfändungsantrag ist besonders auf die **genaue Bezeichnung der zu pfändenden Forderung** zu achten. Es wird nur dasjenige Recht gepfändet, dessen Pfändung beantragt wird. Soll sich die Pfändung z. B. auf zukünftige Forderungen erstrecken, muß dies ausdrücklich beantragt werden, ansonsten erstreckt sich die Pfändung nur auf die im Zeitpunkt ihres Wirksamwerdens dem Schuldner zustehenden Ansprüche. Bei der Pfändung von Lebensversicherungen kann die Pfändung auf den Anspruch des Schuldners auf Auszahlung der Versicherungssumme beschränkt werden oder es können alle Forderungen und Rechte aus dem Versicherungsverhältnis, u. a. das Recht auf Widerruf der Bezugsberechtigung (§ 166 VVG), gepfändet werden (s. Pfändungsmuster bei *David*, Rdnr. 426).

96 Stets ist darauf zu achten, daß eine sog. **Vollpfändung** durchgeführt wird, d. h. daß die zu pfändende Forderung voll, und zwar auch soweit ihr Nennbetrag den der zu vollstreckenden Forderung übersteigt, gepfändet wird (Pfändung einer 5000 DM-Forderung des Schuldners gegen den Drittschuldner für eine titulierte Forderung des Gläubigers über nur 1000 DM). Eine Beschränkung der Pfändung „auf die Höhe der zu vollstreckenden Forderung", wie man sie in bestimmten Formblättern vorfindet, kann für den Gläubiger unvorteilhaft sein (näher *David*, Rdnr. 288).

97 Da die Forderungspfändung erst mit der Zustellung an den Drittschuldner wirksam wird (§ 829 III ZPO) ist insbesondere im Hinblick auf die Rangwahrung (§ 804 III ZPO) stets darauf zu achten, daß der **richtige Drittschuldner** bezeichnet wird. Wichtig ist dies z. B. bei der Pfändung von Sozialgeldleistungen wegen der Vielfalt der Leistungsträger (vgl. § 148 AFG).

98 **aa) Die Vorpfändung, ein wirksames Vollstreckungsinstrument.** Die Vorpfändung (§ 845 ZPO) ist eine privatschriftliche Mitteilung des Gläubigers an Drittschuldner und Schuldner, daß die Pfändung einer bestimmten Forderung (z. B. Lohnanspruch) bevorsteht. Sie wird durch den Gerichtsvollzieher als Eilsache zugestellt (Muster bei *David*, Anlage 5).

99 Vorteile:
– sie erfolgt ohne Einschaltung eines Gerichts, d. h. es gibt keine Abhängigkeit von etwaigen Verzögerungen im Geschäftsgang des Vollstreckungsgerichts,
– ab Zugang der Vorpfändung darf der Drittschuldner **für die Dauer von einem Monat** (daher sog. vorläufiges Zahlungsverbot) nicht mehr an den

Schuldner leisten, der Schuldner darf nicht mehr über die Forderung verfügen, sie insbesondere nicht einziehen,
- der Gläubiger wahrt durch die Zustellung seinen **Vollstreckungsrang**, d. h. später pfändende Gläubiger gehen im Rang nach (§ 804 III ZPO),
- sie kann zur **Rangwahrung** und um Manipulationen des Schuldners mit der Forderung vorzubeugen, unmittelbar nach Urteilsverkündung vorgenommen werden.

Voraussetzungen: 100
- Vorliegen eines **Vollstreckungstitels** (Vollstreckungsklausel und Zustellung sowie Sicherheitsleistung können fehlen),
- **Zustellung der Vorpfändung** durch den Gerichtsvollzieher (private „Zustellung" ist unwirksam und auch nicht heilbar, *OLG Koblenz* DGVZ 1984, 58) vorrangig als sog. eilbedürftige Sache (§ 6 GVGA, *David* Anh. S. 429), wobei die Zustellung wegen der Rangwirkung nach Tag, Stunde und Minute durch den Gerichtsvollzieher oder Postbediensteten (§ 38 Nr. 2, § 178 Nr. 2 GVGA, *David* Anh. S. 431) festgestellt wird.

Zu beachten: 101
- innerhalb von einem Monat muß ein **Pfändungs- und Überweisungsbeschluß** bezüglich der zu pfändenden Forderung nachgebracht werden (auf Antrag vermerken: Eilt! Vorpfändung läuft seit . . .; Fristberechnung nach § 222, 187 BGB),
- eine **Wiederholung der Vorpfändung** ist (auch mehrmals) möglich und empfehlenswert, wenn abzusehen ist, daß die Monatsfrist nicht eingehalten werden kann. **Aber:** Die Wirkung der Vorpfändung wird jedesmal neu ausgelöst (keine Rückwirkung!). Daher haben dazwischenpfändende und vorpfändende andere Gläubiger Vorrang,
- bei der **Lohnpfändung** erfaßt die wiederholte Vorpfändung auch Beträge, die vom Arbeitgeber aufgrund der ersten Vorpfändung einbehalten wurden (*Stöber*, Forderungspfändung; Rdnr. 808 Fußn. 52),
- bei **Vorpfändung in Konten** ist zu beachten, daß das wirksam vereinbarte Pfandrecht der Bank (s. Nr. 19 II AGB der Banken) dem Pfandrecht des Gläubigers vorgeht (*BGHZ* 86, 71 ff.),
- eine Vorpfändung gibt es auch bei der **Sicherungsvollstreckung** (Rdnr. 38). Die 2-Wochenfrist des § 750 III ZPO braucht dabei nicht eingehalten zu werden,
- bereits beim **Vollstreckungsauftrag** an den Gerichtsvollzieher (s. Rdnr. 55) kann dieser beauftragt werden, bei verwertbaren Forderungen des Schuldners die Vorpfändung selbständig (§ 845 I 2 ZPO, § 178 Nr. 3 GVGA) vorzunehmen (gilt nicht bei Vermögensrechten i. S. von § 857 ZPO; vgl. § 857 VII ZPO).

Rechtsbehelfe: Gegen Vorpfändung als Zwangsvollstreckungsmaßnahme 102 (bis zum Ablauf der Monatsfrist, danach nur bei Darlegung bes. Interesses, z. B. Beseitigung der Rangsicherung der Vorpfändung) **Erinnerung** (§ 766 durch Schuldner und Drittschuldner beim Vollstreckungsgericht des Schuldnerwohnsitzes (§ 828 II ZPO). **Gegen Weigerung des Gerichtsvollziehers,** Vorpfändung auf Antrag anzufertigen (§ 845 I 2 ZPO) oder zuzustellen ebenfalls Erinnerung nach § 766 ZPO.
Gegen den Aufhebungsbeschluß steht dem Gläubiger, gegen den Ablehnungsbeschluß dem Erinnerungsführer **sofortige Beschwerde** (§ 793 ZPO) zu.

103 **bb) Die Lohnpfändung.** Sie ist die wichtigste und erfolgversprechendste Forderungspfändung, da die meisten Schuldner Arbeitseinkommen beziehen, auch wenn sie keine sonstigen pfändbaren Vermögenswerte haben. Zu beachten sind die **Pfändungsgrenzen** des § 850c, da das **Arbeitseinkommen** (zum Begriff s. § 850 II ZPO u. *David*, Lohnpfändung, S. 12) im Regelfall dem Unterhalt des Schuldners und seiner Familie dient.

104 Weiterer **Pfändungsschutz** besteht für bestimmte Nebenbezüge wie Mehrarbeitsvergütungen, Urlaubs- und Weihnachtsgelder etc. (§ 850a ZPO und dazu *David*, Lohnpfändung, S. 13), die ganz oder teilweise unpfändbar sind. Bedingt pfändbar sind die in § 850b I ZPO genannten Bezüge, vor allem Unterhaltsrenten, die wie Arbeitseinkommen – also unter Beachtung des § 850c ZPO – unter zwei Voraussetzungen gepfändet werden können:
- die Vollstreckung in das sonstige bewegliche Vermögen (Sach-, Forderungs- und Rechtspfändung) hat nicht zur vollständigen Befriedigung des Gläubigers geführt oder wird voraussichtlich nicht dazu führen **und**
- die Pfändung entspricht nach den Umständen des Falles, insbesondere nach der Art des beizutreibenden Anspruchs und der Höhe der Bezüge der Billigkeit.

Das Vorliegen dieser Voraussetzungen hat der Gläubiger glaubhaft zu machen (§ 294 ZPO).

105 Der **Umfang der Pfändung** und der **Pfändungsschutz** nach § 850c ZPO (s. dazu die Lohnpfändungstabelle für monatliche Lohnzahlung Rdnr. 108a) kann durch Anträge an das Vollstreckungsgericht wesentlich beeinflußt werden:
- **Antrag des Gläubigers nach § 850c IV ZPO** anzuordnen, daß z. B. die Ehefrau des Schuldners bei der Berechnung des unpfändbaren Betrags nicht (oder nur zu einem Bruchteil) als unterhaltsberechtigte Person berücksichtigt wird, da sie über eigenes Einkommen verfügt. Angesichts der vielen mitarbeitenden Ehefrauen ergibt sich dadurch eine Möglichkeit auch für den **nachrangigen Gläubiger** zu seinem Geld zu kommen, denn der Beschluß des Gerichts wirkt nach dem Grundsatz der Einzelvollstreckung nur zugunsten des Gläubigers, der ihn beantragt hat (*BAG* Betrieb 1984, 2466; *David*, Lohnpfändung, S. 40f.).
Der Beschluß führt allerdings zu keiner Änderung des Pfändungsranges, so daß der zusätzlich pfändbar werdende Lohnteil an den bestrangigen Gläubiger abzuführen ist, wenn dieser ebenfalls einen Antrag nach § 850c IV ZPO stellt. Ähnlich kann bezüglich der Kinder als Unterhaltsberechtigter des Schuldners verfahren werden, wenn sie eigenes Einkommen haben oder wenn Barunterhaltspflicht des Ehegatten des Schuldners ihnen gegenüber besteht (instruktiv *LG Paderborn* JurBüro 1984, 787). Vom Gläubiger darzulegen sind das Verwandschaftsverhältnis zum Schuldner und die Eigeneinkünfte des Unterhaltsberechtigten. Verdient die Ehefrau mehr als den unpfändbaren Grundbetrag von 1209,– DM (§ 850c I ZPO), so wird die als unterhaltsberechtigte Person nicht mehr berücksichtigt.
Manche Gerichte orientieren sich bei der Bedarfsermittlung für den Unterhaltsberechtigten an den Sozialhilfesätzen, vgl. *LG Frankfurt* Rpfleger 1988, 73 u. *LG Münster* JurBüro 1990, 1363,
- der **Antrag des Gläubigers nach § 850f III ZPO** (erweiterter Pfändungszugriff), die Pfändung der 3744,– DM übersteigenden Beträge des Monatseinkommens des Schuldners ohne die Beschränkung des § 850c ZPO zuzulassen (s. Muster, Darlegung und Berechnungsbeispiel bei *David*, Lohnpfändung, S. 31).

Für die **Ermessensentscheidung** des Vollstreckungsgerichts muß der Gläubiger Tatsachen vortragen, aufgrund deren die Belange des Gläubigers und des Schuldners abzuwägen sind, z. B. daß sich der Schuldner seit langem dem Pfändungszugriff entzieht und daß der Gläubiger das Geld dringend benötigt. Die Vorteile der erweiterten Lohnpfändung sind seit der Anhebung des Schwellenbetrags zum 1. 7. 1992 von 2340,– auf 3744,– DM nur noch minimal, da die volle Pfändbarkeit bei 3796,– DM beginnt,
- der **Antrag des Gläubigers nach § 850e Nr. 4 ZPO** anzuordnen, daß die an die Unterhaltsgläubiger abzuführenden laufenden Unterhaltsleistungen von monatlich ... DM in erster Linie aus dem gemäß § 850d I ZPO in erweitertem Umfang der Pfändung unterliegenden Teil des Arbeitseinkommens zu entnehmen sind. Dieser Antrag empfiehlt sich, wenn bevorrechtigte Gläubiger vor dem normalen Gläubiger gepfändet haben (näher dazu *David*, Lohnpfändung, S. 38),
- der **Antrag des Schuldners nach § 850f I ZPO** (s. dazu OLG Köln JurBüro 1992, 270) auf Erhöhung des nach den §§ 850c, d und i ZPO unpfändbaren Betrags wegen besonderer Bedürfnisse aus persönlichen (erhebliche Mehraufwendungen für Krankendiät oder Ausbildung) oder beruflichen (besonders weite Anfahrt zur Arbeitsstelle) Gründen oder wegen besonderen Umfangs der gesetzlichen Unterhaltspflichten des Schuldners, insbesondere die Zahl der Unterhaltsberechtigten (dazu zählt mangels gesetzlicher Verpflichtung nicht die Lebensgefährtin, *LG Schweinfurt* NJW 1984, 374). Ein individueller Pfändungsschutz kann dem Schuldner ferner bewilligt werden, wenn er – anhand des in seinem Gebiet geltenden Sozialhilfesatzes und der Zusatzleistungen nach dem BSHG – nachweist, daß bei Anwendung der Lohnpfändungstabelle der notwendige Lebensunterhalt für sich und seine Unterhaltsberechtigten nicht mehr gedeckt ist (§ 850f I Nr. 1 ZPO).
Dies dürfte angesichts der 60%igen Anhebung der Pfändungsgrenzen zum 1. 7. 1992 in nächster Zeit wohl kaum vorkommen (s. *David* Rdnr. 649 mit Sozialhilfesätzen aller Bundesländer).

Zur Pfändung von Arbeitseinkommen bei **Vorschuß-, Abschlags- und Nachzahlungen,** Darlehensgewährung durch den Arbeitgeber und bei Lohnrückständen siehe *David*, Lohnpfändung, S. 86 f. 106

Zur Pfändung bei Lohnverschleierung s. § 850h II ZPO und dazu *Heussen* Rdnr. 183.

Sog. **bevorrechtigte Gläubiger,** das sind Gläubiger, die wegen eines gesetzlichen Unterhaltsanspruchs pfänden (§ 850d ZPO), können das Arbeitseinkommen des Schuldners grundsätzlich in wesentlich höherem Maße in Anspruch nehmen als ein normaler Gläubiger. Sie sind durch die Pfändungsgrenzen des § 850c ZPO nicht beschränkt. Dem Schuldner wird, wenn sie pfänden, nur der **notwendige Unterhalt** (§ 850d I 2, II ZPO) belassen. Dieser wird vom Vollstreckungsgericht im Pfändungsbeschluß festgesetzt (s. *David*, Lohnpfändung, S. 28). Wegen der Ansprüche bevorrechtigter Gläubiger ist die sog. **Vorratspfändung** nach § 850d III ZPO zulässig: auch künftig erst fällig werdendes Arbeitseinkommen kann wegen künftig fällig werdender Ansprüche gleich mitgepfändet und überwiesen werden. Ansonsten ist Vorratspfändung für die Zukunft im Hinblick auf § 751 I ZPO ausgeschlossen. 107

Der Drittschuldner wird in der Regel im Pfändungs- und Überweisungsbeschluß auf Antrag des Gläubigers zur Abgabe der sog. **Drittschuldnererklärung** gem. § 840 I ZPO binnen 2 Wochen aufgefordert. Der Gläubiger hat zwar 108

A V   Vollstreckungsmaßnahmen

keinen einklagbaren Anspruch auf Abgabe der für das weitere Vorgehen zur Durchsetzung seiner Forderung wichtigen Drittschuldnererklärung. Er kann jedoch ohne Kostenrisiko gegen den Drittschuldner auf Zahlung klagen, falls dieser die in § 840 I ZPO geforderten Angaben unterläßt (*BGH* NJW 1984, 1901) und im Rechtsstreit von seiner (erfolglosen) Zahlungsklage auf die Schadensersatzklage gegen den Drittschuldner übergehen und nunmehr seine Prozeßkosten erstattet verlangen. Bei Nichterfüllung der Auskunftspflicht haftet nämlich der Drittschuldner dem Gläubiger für den entstehenden Schaden (§ 840 II 2 ZPO). Die Haftung setzt Verschulden voraus (*BGH* NJW 1981, 990). **Schadensersatz** kann auch bei unvollständiger oder verspäteter Auskunft (*OLG Stuttgart* u. LG Stuttgart RPfleger 1990, 265) und vom schweigenden Arbeitgeber als Drittschuldner sogar trotz § 12a ArbGG verlangt werden (*LG Rottweil* RPfleger 1990, 265).

108a   **Lohnpfändungstabelle für monatliche Lohnzahlungen**
(Anlage 2 zu § 850c ZPO)

Nettolohn monatlich	Pfändbarer Betrag bei Unterhaltspflicht*) für					
	0	1	2	3	4	5 und mehr Personen
	in DM					
bis 1 219,99	–	–	–	–	–	–
1 220,00 bis 1 239,99	7,70	–	–	–	–	–
1 240,00 bis 1 259,99	21,70	–	–	–	–	–
1 260,00 bis 1 279,99	35,70	–	–	–	–	–
1 280,00 bis 1 299,99	49,70	–	–	–	–	–
1 300,00 bis 1 319,99	63,70	–	–	–	–	–
1 320,00 bis 1 339,99	77,70	–	–	–	–	–
1 340,00 bis 1 359,99	91,70	–	–	–	–	–
1 360,00 bis 1 379,99	105,70	–	–	–	–	–
1 380,00 bis 1 399,99	119,70	–	–	–	–	–
1 400,00 bis 1 419,99	133,70	–	–	–	–	–
1 420,00 bis 1 439,99	147,70	–	–	–	–	–
1 440,00 bis 1 459,99	161,70	–	–	–	–	–
1 460,00 bis 1 479,99	175,70	–	–	–	–	–
1 480,00 bis 1 499,99	189,70	–	–	–	–	–
1 500,00 bis 1 519,99	203,70	–	–	–	–	–
1 520,00 bis 1 539,99	217,70	–	–	–	–	–
1 540,00 bis 1 559,99	231,70	–	–	–	–	–
1 560,00 bis 1 579,99	245,70	–	–	–	–	–
1 580,00 bis 1 599,99	259,70	–	–	–	–	–
1 600,00 bis 1 619,99	273,70	–	–	–	–	–
1 620,00 bis 1 639,99	287,70	–	–	–	–	–
1 640,00 bis 1 659,99	301,70	–	–	–	–	–

*) Zu berücksichtigen sind Unterhaltsleistungen des Schuldners gegenüber seinem Ehegatten, einem früheren Ehegatten, einem Verwandten oder der Mutter eines nichtehelichen Kindes nach §§ 1615l, 1615n des Bürgerlichen Gesetzbuchs.

Die Zwangsvollstreckung wegen Geldforderungen   **A V**

Nettolohn monatlich	Pfändbarer Betrag bei Unterhaltspflicht für					
	0	1	2	3	4	5 und mehr Personen
	in DM					
1 660,00 bis 1 679,99	315,70	–	–	–	–	–
1 680,00 bis 1 699,99	329,70	1,50	–	–	–	–
1 700,00 bis 1 719,99	343,70	11,50	–	–	–	–
1 720,00 bis 1 739,99	357,70	21,50	–	–	–	–
1 740,00 bis 1 759,99	371,70	31,50	–	–	–	–
1 760,00 bis 1 779,99	385,70	41,50	–	–	–	–
1 780,00 bis 1 799,99	399,70	51,50	–	–	–	–
1 800,00 bis 1 819,99	413,70	61,50	–	–	–	–
1 820,00 bis 1 839,99	427,70	71,50	–	–	–	–
1 840,00 bis 1 859,99	441,70	81,50	–	–	–	–
1 860,00 bis 1 879,99	455,70	91,50	–	–	–	–
1 880,00 bis 1 899,99	469,70	101,50	–	–	–	–
1 900,00 bis 1 919,99	483,70	111,50	–	–	–	–
1 920,00 bis 1 939,99	497,70	121,50	–	–	–	–
1 940,00 bis 1 959,99	511,70	131,50	–	–	–	–
1 960,00 bis 1 979,99	525,70	141,50	–	–	–	–
1 980,00 bis 1 999,99	539,70	151,50	–	–	–	–
2 000,00 bis 2 019,99	553,70	161,50	–	–	–	–
2 020,00 bis 2 039,99	567,70	171,50	–	–	–	–
2 040,00 bis 2 059,99	581,70	181,50	4,80	–	–	–
2 060,00 bis 2 079,99	595,70	191,50	12,80	–	–	–
2 080,00 bis 2 099,99	609,70	201,50	20,80	–	–	–
2 100,00 bis 2 119,99	623,70	211,50	28,80	–	–	–
2 120,00 bis 2 139,99	637,70	221,50	36,80	–	–	–
2 140,00 bis 2 159,99	651,70	231,50	44,80	–	–	–
2 160,00 bis 2 179,99	665,70	241,50	52,80	–	–	–
2 180,00 bis 2 199,99	679,70	251,50	60,80	–	–	–
2 200,00 bis 2 219,99	693,70	261,50	68,80	–	–	–
2 220,00 bis 2 239,99	707,70	271,50	76,80	–	–	–
2 240,00 bis 2 259,99	721,70	281,50	84,80	–	–	–
2 260,00 bis 2 279,99	735,70	291,50	92,80	–	–	–
2 280,00 bis 2 299,99	749,70	301,50	100,80	–	–	–
2 300,00 bis 2 319,99	763,70	311,50	108,80	–	–	–
2 320,00 bis 2 339,99	777,70	321,50	116,80	–	–	–
2 340,00 bis 2 359,99	791,70	331,50	124,80	–	–	–
2 360,00 bis 2 379,99	805,70	341,50	132,80	–	–	–
2 380,00 bis 2 399,99	819,70	351,50	140,80	0,30	–	–
2 400,00 bis 2 419,99	833,70	361,50	148,80	6,30	–	–
2 420,00 bis 2 439,99	847,70	371,50	156,80	12,30	–	–
2 440,00 bis 2 459,99	861,70	381,50	164,80	18,30	–	–
2 460,00 bis 2 479,99	875,70	391,50	172,80	24,30	–	–
2 480,00 bis 2 499,99	889,70	401,50	180,80	30,30	–	–
2 500,00 bis 2 519,99	903,70	411,50	188,80	36,30	–	–
2 520,00 bis 2 539,99	917,70	421,50	196,80	42,30	–	–
2 540,00 bis 2 559,99	931,70	431,50	204,80	48,30	–	–

A V

Nettolohn monatlich	Pfändbarer Betrag bei Unterhaltspflicht für					
	0	1	2	3	4	5 und mehr Personen
	in DM					
2560,00 bis 2579,99	945,70	441,50	212,80	54,30	–	–
2580,00 bis 2599,99	959,70	451,50	220,80	60,30	–	–
2600,00 bis 2619,99	973,70	461,50	228,80	66,30	–	–
2620,00 bis 2639,99	987,70	471,50	236,80	72,30	–	–
2640,00 bis 2659,99	1001,70	481,50	244,80	78,30	–	–
2660,00 bis 2679,99	1015,70	491,50	252,80	84,30	–	–
2680,00 bis 2699,99	1029,70	501,50	260,80	90,30	–	–
2700,00 bis 2719,99	1043,70	511,50	268,80	96,30	–	–
2720,00 bis 2739,99	1057,70	521,50	276,80	102,30	–	–
2740,00 bis 2759,99	1071,70	531,50	284,80	108,30	2,00	–
2760,00 bis 2779,99	1085,70	541,50	292,80	114,30	6,00	–
2780,00 bis 2799,99	1099,70	551,50	300,80	120,30	10,00	–
2800,00 bis 2819,99	1113,70	561,50	308,80	126,30	14,00	–
2820,00 bis 2839,99	1127,70	571,50	316,80	132,30	18,00	–
2840,00 bis 2859,99	1141,70	581,50	324,80	138,30	22,00	–
2860,00 bis 2879,99	1155,70	591,50	332,80	144,30	26,00	–
2880,00 bis 2899,99	1169,70	601,50	340,80	150,30	30,00	–
2900,00 bis 2919,99	1183,70	611,50	348,80	156,30	34,00	–
2920,00 bis 2939,99	1197,70	621,50	356,80	162,30	38,00	–
2940,00 bis 2959,99	1211,70	631,50	364,80	168,30	42,00	–
2960,00 bis 2979,99	1225,70	641,50	372,80	174,30	46,00	–
2980,00 bis 2999,99	1239,70	651,50	380,80	180,30	50,00	–
3000,00 bis 3019,99	1253,70	661,50	388,80	186,30	54,00	–
3020,00 bis 3039,99	1267,70	671,50	396,80	192,30	58,00	–
3040,00 bis 3059,99	1281,70	681,50	404,80	198,30	62,00	–
3060,00 bis 3079,99	1295,70	691,50	412,80	204,30	66,00	–
3080,00 bis 3099,99	1309,70	701,50	420,80	210,30	70,00	–
3100,00 bis 3119,99	1323,70	711,50	428,80	216,30	74,00	1,90
3120,00 bis 3139,99	1337,70	721,50	436,80	222,30	78,00	3,90
3140,00 bis 3159,99	1351,70	731,50	448,80	228,30	82,00	5,90
3160,00 bis 3179,99	1365,70	741,50	452,80	234,30	86,00	7,90
3180,00 bis 3199,99	1379,70	751,50	460,80	240,30	90,00	9,90
3200,00 bis 3219,99	1393,70	761,50	468,80	246,30	94,00	11,90
3220,00 bis 3239,99	1407,70	771,50	476,80	252,30	98,00	13,90
3240,00 bis 3259,99	1421,70	781,50	484,80	258,30	102,00	15,90
3260,00 bis 3279,99	1435,70	791,50	492,80	264,30	106,00	17,90
3280,00 bis 3299,99	1449,70	801,50	500,80	270,30	110,00	19,90
3300,00 bis 3319,99	1463,70	811,50	508,80	276,30	114,00	21,90
3320,00 bis 3339,99	1477,70	821,50	516,80	282,30	118,00	23,90
3340,00 bis 3359,99	1491,70	831,50	524,80	288,30	122,00	25,90
3360,00 bis 3379,99	1505,70	841,50	532,80	294,30	126,00	27,90
3380,00 bis 3399,99	1519,70	851,50	540,80	300,30	130,00	29,90
3400,00 bis 3419,99	1533,70	861,50	584,80	306,30	134,00	31,90
3420,00 bis 3439,99	1547,70	871,50	556,80	312,30	138,00	33,90
3440,00 bis 3459,99	1561,70	881,50	564,80	318,30	142,00	35,90

Die Zwangsvollstreckung wegen Geldforderungen **A V**

Nettolohn monatlich	Pfändbarer Betrag bei Unterhaltspflicht für					
	0	1	2	3	4	5 und mehr Personen
	in DM					
3 460,00 bis 3 479,99	1 575,70	891,50	572,80	324,30	146,00	37,90
3 480,00 bis 3 499,99	1 589,70	901,50	580,80	330,30	150,00	39,90
3 500,00 bis 3 519,99	1 603,70	911,50	588,80	336,30	154,00	41,90
3 520,00 bis 3 539,99	1 617,70	921,50	596,80	342,30	158,00	43,90
3 540,00 bis 3 559,99	1 631,70	931,50	604,80	348,30	162,00	45,90
3 560,00 bis 3 579,99	1 645,70	941,50	612,80	354,30	166,00	47,90
3 580,00 bis 3 599,99	1 659,70	951,50	620,80	360,30	170,00	49,90
3 600,00 bis 3 619,99	1 673,70	961,50	628,80	366,30	174,00	51,90
3 620,00 bis 3 639,99	1 687,70	971,50	636,80	372,30	178,00	53,90
3 640,00 bis 3 659,99	1 701,70	981,50	644,80	378,30	182,00	55,90
3 660,00 bis 3 679,99	1 715,70	991,50	652,80	384,30	186,00	57,90
3 680,00 bis 3 699,99	1 729,70	1 001,50	660,80	390,30	190,00	59,90
3 700,00 bis 3 719,99	1 743,70	1 011,50	668,80	396,30	194,00	61,90
3 720,00 bis 3 739,99	1 757,70	1 021,50	676,80	402,30	198,00	63,90
3 740,00 bis 3 759,99	1 771,70	1 031,50	684,80	408,30	202,00	65,90
3 760,00 bis 3 779,99	1 785,70	1 041,50	692,80	414,30	206,00	67,90
3 780,00 bis 3 796,99	1 799,70	1 051,50	700,80	420,30	210,00	69,90
Der Mehrbetrag über 3 796,00 DM ist voll pfändbar						

cc) **Pfändung in Sozialgeldleistungen. Rechtsgrundlagen:** §§ 54, 55 SGB I 109
und § 850e Nr. 2a ZPO in der ab 27. 7. 1988, bzw. 1. 1. 1989 geltenden Fassung
(BGBl. 1988 I 1046–1048). Zu unterscheiden ist zwischen **einmaligen Sozialgeldleistungen** (z. B. Sterbegeld) und **laufenden Sozialgeldleistungen** mit
Lohnersatzfunktion (z. B. Rente, Arbeitslosengeld) und ohne solche (z. B.
Wohngeld). Zu praktischen Fragen s. *Kohte* NJW 1992, 393 ff.

Ausführliche Darlegungen zur **Billigkeit der Pfändung** sind bei einmaligen 110
Sozialgeldleistungen und laufenden ohne Lohnersatzfunktion erforderlich. Hierbei sind vom Gläubiger – soweit möglich – darzulegen:
- die Einkommens- und Vermögensverhältnisse des Leistungsberechtigten,
- die Art des beizutreibenden Anspruchs (ergibt sich aus Titel),
- und vor allem die Zweckbestimmung der Geldleistung (Wird die Sozialgeldleistung durch die Pfändung ihrer Zweckbestimmung zugeführt? Bei Wohngeld ist z. B. die Pfändung i. d. R. nur für Renovierungskosten und Mietzins pfändbar).

Bei **Sozialgeldleistungen mit Lohnersatzfunktion** ist nach h. M. davon aus- 111
zugehen, daß die Pfändung der Billigkeit entspricht, denn hier bietet § 850c
ZPO (§ 54 III SGB I: „wie Arbeitseinkommen pfändbar"!) ausreichenden Pfändungsschutz, zumal der Sozialgeldempfänger keine berufsbedingten Aufwendungen mehr hat. Daher ist kein besonderer Billigkeitsvortrag des Gläubigers
erforderlich (*BGH* NJW 1985, 976).

Ab 1. 1. 1989 besteht gem. § 54 V SGB I die Pflicht, bei Pfändung von Sozial- 112
geldleistungen durch normale Gläubiger den Schuldner anzuhören (keine Anhö-

David 101

rung bei Pfändung wegen Unterhaltsansprüchen!). Trägt der leistungsberechtigte Schuldner innerhalb bestimmter Frist keine Tatsachen vor, so kann davon ausgegangen werden, daß die Pfändung der Billigkeit entspricht (*LG Köln* JurBüro 1989, 1609; *LG Bielefeld* JurBüro 1990, 120). Verfügungen des Schuldners über den Anspruch sind von seiner Benachrichtigung über den Pfändungsantrag bis zur Unanfechtbarkeit der Pfändung dem Gläubiger gegenüber unwirksam (§ 54 V 3 SGB I).

113 Nicht mehr pfändbar für normale Gläubiger ist seit 27. 7. 1988 das **Kindergeld** (§ 54 IV SGB I) und absolut unpfändbar das **Erziehungsgeld** (§ 54 IV a SGB I).

114 Wird eine Sozialgeldleistung auf das Konto des Schuldners überwiesen, so ist der Pfändungsschutz nach § 55 SGB I (7-tägige Unpfändbarkeit) zu beachten (näher dazu *David*, Rdnr. 540).

114a **dd) Die Pfändung künftiger Rentenansprüche.** Eine umstrittene, aber zulässige Forderungspfändung, bei der der Schuldner nicht manipulieren kann, weil Rentenanwartschaften nicht abgetreten werden können (ausführlich zur Problematik *David* NJW 1991, 2615, ferner *Danzer* NJW 1992, 1026 und *Nieuwenhuis* NJW 1992, 2001). Die Pfändung führt zwar nicht unmittelbar zur Befriedigung der titulierten Forderung, weil der Rentenfall erst in der Zukunft eintritt. Aber der Schuldner wird sich aus Sorge um seine Altersversorgung um vorzeitige Tilgung bemühen; auch besteht bei Eintritt des Rentenfalles Vorrang (§ 804 III ZPO).

114b Im Hinblick auf § 568 II ZPO gibt es erhebliche regionale Unterschiede in der Rspr. (Übersicht und Antragsmuster bei *David* Rdnrn. 738ff). Der wohl überwiegende Teil der Rspr. hält die Pfändung, z. T. mit Einschränkungen – Schuldner darf nicht Jahrzehnte vom Rentenalter entfernt sein, die titulierte Forderung darf nicht zu niedrig (*OLG Hamm* DGVZ 1992, 89) und nicht zu hoch (*OLG München* sein – für pfändbar (vgl. Stöber Rdnr. 1359b). Die *OLG Schleswig* JurBüro 1988, 540 und Rpfleger 1992, 250, *Frankfurt* Rpfleger 1989, 115, 116, *Oldenburg* NJW-RR 1992, 512 sowie der *BFH* JurBüro 1992, 51 bejahen grundsätzlich die Pfändbarkeit. Das *OLG Hamm* DGVZ 1992, 89 hält dagegen die Pfändung mit einer Begründung für unzulässig, die nach Inkrafttreten des 6. Gesetzes zur Änderung der Pfändungsfreigrenzen zum 1. 7. 1992 wohl nicht mehr haltbar ist.

114c Die die Pfändung ablehnenden Gerichte halten eine Prüfung, ob der Schuldner durch die Pfändung nicht sozialhilfebedürftig wird, Jahre vor dem Rentenfall für nicht durchführbar (vgl. § 54 III Nr. 2 SGB I). Dabei wird übersehen, daß der Schuldner seit 1. 7. 1992 die Möglichkeit eines Schutzantrags nach § 850 I a ZPO hat, dessen Stellung ihm jederzeit zuzumuten ist. Im übrigen wird der Schuldner, dessen Sozialgeldleistung „Wie Arbeitseinkommen" zu pfänden ist (§ 54 III SGB I) durch die Pfändungsgrenzen des § 850c ZPO, die zum 1. 7. 1992 um 60% angehoben wurden, hinreichend geschützt.

115 **ee) Die Kontenpfändung. Girokontenpfändung.** Sie ist die dritthäufigste Art der Forderungspfändung. Zu beachten:
– wegen des Bestimmtheitsgrundsatzes ist hier vor allem auf eine sorgfältige Formulierung des **Pfändungsantrags** zu achten (vgl. *David*, Muster 55 Rdnr. 343), insbesondere müssen für die **Globalpfändung** (*BGHZ* 84, 326 u. *BGH* NJW 1982, 2193) auch alle Ansprüche aus dem Girovertrag gepfändet werden;

- nicht nötig ist die Angabe der **Kontonummer** im Pfändungsantrag (*BGH NJW* 1982, 2193, 2195 re. Spalte, *NJW* 1988, 2543);
- trotz wirksamer Vorpfändung (s. Rdnr. 98) geht meist das zwischen Kontoinhaber (Schuldner) und Bank vereinbarte Pfandrecht im **Range** vor (s. Nr. 19 II AGB der Banken = Nr. 21 AGB der Sparkassen u. *BGHZ* 86, 71 ff.);
- kein für den Gläubiger pfändbarer Kreditanspruch des Schuldners bei bloßer **Duldung der Kontoüberziehung** seitens der Bank (*BGH* RPfleger 1985, 201);
- Anspruch aus **Kreditzusage an Schuldner** (bei zweckgebundenem Kredit nur für Forderungen, die der Zweckbestimmung dienen) ist pfändbar (*OLG Köln* WM 1983, 1049 und zuletzt *LG Itzehoe* NJW-RR 1987, 819, str., s. zuletzt *OLG Schleswig* NJW 1992, 579). Wegen Widerrufsrecht der Bank gem. Nr. 17 AGB der Banken – basierend auf § 610 BGB – jedoch meist wirkungslos. Trotzdem ist Pfändung (Rechtsprechungsübersicht und Muster Nr. 55d bei *David*, Rdnr. 342–343) zu empfehlen (kostet nicht mehr);
- keine rechtsmißbräuchliche **Ausforschungspfändung** bei Formularpfändung angeblicher Konten bei allen ortsansässigen Kreditinstituten (entgegen *LG Hannover* DGVZ 1985, 43 vgl. zutreffend *Schulz* DGVZ 1985, 105). Zweckmäßig aber statt eines Formulars für alle Pfändungen mehrere Formulare zu benutzen; s. aber *OLG München* ZIP 1990, 1128;
- Bank oder Sparkasse hat bei Schuldnern, die natürliche Personen sind, **befristete Leistungssperre** (2 Wochen) gem. § 835 III 2 ZPO zu beachten (Antrag des Schuldners auf Vollstreckungsschutz nach § 850k ZPO möglich! Siehe unten);
- Besonderheit bei **Postgirokonten:** Leichter aufzufinden über Kontenauskunft gem. § 4 III PostgiroO; seit 1. 8. 1990 aber weitgehende Auskunftssperre;
- bei auf das Konto überwiesenem **Arbeitseinkommen** des Schuldners eigenständiger **Pfändungsschutz** nach § 850k ZPO (Berechnungsbeispiele s. *LG Bielefeld* JurBüro 1990, 1365 und bei *David*, Rdnr. 652). § 850k ZPO gilt auch für **debitorisch geführte Konten** (s. *Stöber*, Forderungspfändung, Rdnr. 1284a).

Sparkontenpfändung. Zwei Wege: 116
- Pfändender **Gerichtsvollzieher** findet Sparbuch beim Schuldner, nimmt es im Wege der sog. Hilfspfändung (s. Rdnr. 55) an sich und verständigt den Gläubiger hiervon. Der Gerichtsvollzieher hat das Sparbuch an den Schuldner zurückzugeben, wenn der Gläubiger nicht innerhalb eines Monats einen Pfändungsbeschluß über das Sparguthaben vorlegt (§ 156 GVGA),
- **Gläubiger läßt Sparguthaben pfänden** und sich zur Einziehung überweisen. Damit erlangt er einen Herausgabeanspruch nach § 836 III ZPO gegen den Schuldner. Bei nicht freiwilliger Herausgabe durch den Schuldner kann er den Gerichtsvollzieher mit der Herausgabevollstreckung (Titel ist der Pfändungs- und Überweisungsbeschluß) beauftragen.
- Rasche Beschaffung des Sparbuchs wegen der **Gefahren des freizügigen** 117 **Sparverkehrs** notwendig!
Findet der Gerichtsvollzieher das Sparbuch beim Schuldner nicht, Antrag des Gläubigers nach § 883 II ZPO auf eidesstattliche Versicherung.
- Grundsätzlich benötigt der Gläubiger das Sparbuch (Legitimationspapier, § 802 II BGB), wenn er das Guthaben ausgezahlt haben möchte. Ausnahme: Ungültigerklärung durch Sparkasse oder Bank (näher dazu *David*, Rdnr. 296).

118 – **Pfändung eines sog. Oder-Kontos:** Ist für Ehegatten oder Lebensgefährten ein gemeinsames Sparkonto mit beiderseitiger Verfügungsmacht errichtet, so sind die Inhaber Gesamtgläubiger i. S. von § 428 BGB. Da jeder von ihnen das Guthaben in voller Höhe abheben kann, können auch ihre Gläubiger voll in das Guthaben vollstrecken (*BGH* NJW 1985, 1218). Aber Gläubiger muß auf Verlangen des nichtschuldnerischen Kontoinhabers die Hälfte herausgeben (§ 430 BGB s. aber *OLG Koblenz* NJW-RR 1990, 1385 und *Wagner* WM 1991, 1145). Hat der andere Gesamtgläubiger die volle Einlage abgehoben, hat gegen ihn der Schuldner als anderer Gesamtgläubiger einen pfändbaren Anspruch auf Erstattung seines Anteils (vgl. *Stöber,* Forderungspfändung, Rdnr. 341).

119 – Besonderheit bei **Postsparguthaben:** Die Pfändung erfolgt nach § 831 ZPO durch den Gerichtsvollzieher, indem er das Postsparbuch in Besitz nimmt (§ 23 IV PostG). Zur Verwertung erläßt das Vollstreckungsgericht auf Antrag des Gläubigers, dem dieser das Pfändungsprotokoll des Gerichtsvollziehers beigefügt hat, einen isolierten Überweisungsbeschluß (§ 835 ZPO). Nach Zustellung des Beschlusses an das kontoführende Postsparkassenamt übersendet der Gerichtsvollzieher das Sparbuch an dieses, das dann den gepfändeten Betrag dem Gläubiger auszahlt (näher *David,* Rdnr. 426–432),

120 – auch bei Sparguthaben aller Art gilt die befristete Leistungssperre des § 835 II 2 ZPO (vgl. Rdnr. 115).

121 – Bei **Sparkonten über vermögenswirksame Leistungen** kann der Gläubiger nach Pfändung ohne Einhaltung der gesetzlich vorgeschriebenen Sperrfrist (prämienschädlich = Prämie wird nicht ausbezahlt oder Gutschrift rückgängig gemacht) über die Spareinlage verfügen (näher *David,* Rdnrn. 335 ff.). Der Anspruch auf vermögenswirksame Leistung selbst kann vom Schuldner nicht übertragen werden; er ist damit auch nicht pfändbar (*David,* Rdnr. 620).

122 – Die **Arbeitnehmersparzulage,** die nicht zum Arbeitseinkommen des Schuldners zählt, kann gesondert uneingeschränkt gepfändet werden. Drittschuldner war bis 31. 12. 1989 der Arbeitgeber des Schuldners (*David,* Rdnr. 337; *Stöber,* Forderungspfändung, Rdnrn. 919 ff.). Ab 1. 1. 1990 ist Drittschuldner das zuständige Finanzamt. Die Pfändung darf jetzt erst nach Ablauf des Kalenderjahres erfolgen, in dem die vermögenswirksame Leistung angelegt wurde (§ 13 II 1 des 5. Vermögensbildungsgesetzes i. V. m. § 46 VI 1 AO; näher dazu *Ottersbach* RPfleger 1990, 57).

123 – Beim **Bausparkonto** ist der Anspruch auf Auszahlung der Bausparsumme nach Zuteilung des Bausparvertrags, der Auszahlung der Sparbeiträge einschließlich Zinsen eines nicht zugeteilten Vertrags, sobald die volle Bausparsumme erreicht ist und der Rückzahlung des Sparguthabens für den Fall der Kündigung pfändbar (*Stöber,* Forderungspfändung, Rdnrn. 86 ff.).

124 **ff) Die Pfändung von Steuererstattungsansprüchen** insbes. bzgl. Lohn-, Einkommens- u. Umsatzsteuer. Pfändungsmöglichkeit nach § 46 I AO ohne Begrenzung durch Pfändungsschutz nach § 850c ZPO mit steuerrechtlichen Besonderheiten. Drittschuldner ist in der Regel das Finanzamt (§ 46 VII AO), das mit anderweitigen Steuerschulden gegen den Erstattungsanspruch wirksam aufrechnen kann (§ 47 AO, § 392 BGB).

125 Bezüglich der Lohnsteuerertattung ist zu unterscheiden:
– Führt der **Arbeitgeber** des Schuldners den LStJA durch (vgl. dazu *David,* Lohnpfändung, S. 59), so kann der Erstattungsanspruch bereits vor seiner

Entstehung und als künftiger Anspruch auch für kommende Jahre gepfändet werden (h. M., a. A. *LG Aachen* RPfleger 1988, 418).
- Führt das **Finanzamt** die seit dem Kalenderjahr 1991 geltende **Antragsveranlagung** (§§ 19, 38–42 f EStG 1990 idF des Steueränderungsgesetzes 1992 v. 25. 2. 1992 – BGBl. I 792) durch (dazu *David*, Lohnpfändung, S. 57), so ist eine Pfändung des Erstattungsanspruchs erst nach Ablauf des Kalenderjahres, für das eine Erstattung erfolgen soll, möglich (Anspruch entsteht für Kalenderjahr 1989 erst am 1. 1. 1990 um 0.00 Uhr, § 46 VI 1 AO, §§ 36 I, 38 EStG). Daher **frühestmöglicher Zeitpunkt für Zustellung** an Drittschuldner 2. Januar um 6.00 Uhr (§ 188 I ZPO). Im Hinblick auf Rangvorteil (§ 804 III ZPO) empfiehlt sich **Vorpfändung** (s. Rdnr. 98) am 2. Januar oder noch besser **Übergabe einer Abtretungsanzeige** (persönlich oder durch Boten) auf amtlich vorgeschriebenem Formblatt (bei Lohnsteuerstelle des Finanzamtes erhältlich, ausgefülltes Muster bei *David*, Lohnpfändung S. 54/55) in der Lohnsteuerstelle des zuständigen Finanzamts am Morgen des 2. Januar.

Die Pfändung des **Einkommensteuer- und Umsatzsteuererstattungsanspruchs** hat entsprechend zu erfolgen (s. *David*, Lohnpfändung, S. 60, Muster Pfändungsantrag *David*, Rdnr. 441). 126

Eine **Zusammenveranlagung** (§§ 26, 26b EStG) des Schuldners und seines 127
Ehegatten hindert die Pfändung nicht; in diesem Fall ist das Finanzamt verpflichtet, den zu erstattenden Gesamtbetrag auf die Ehegatten aufzuteilen und den für den Schuldner errechneten Betrag an den Gläubiger abzuführen.

Hat der Schuldner selbst noch keinen Erstattungsantrag beim Finanzamt gestellt, so ist nach Inkrafttreten des SteuerÄndG 1992 noch nicht geklärt, ob der Gläubiger auch das Recht auf Durchführung der Antragsveranlagung wirksam pfänden und den Antrag an Stelle des Schuldners stellen kann. Letzteres erscheint zweifelhaft, da dies auch zu einer Steuernachzahlung bei Schuldner führen kann. 128

gg) Pfändung des Taschengeldanspruchs der Ehefrau und des sog. Hausmannes. Der Taschengeldanspruch – er beträgt 5–7% des Nettoeinkommens des alleinverdienenden Ehepartners – ist nach h. M. als **Teil des Unterhaltsanspruchs** eingeschränkt nach § 850b II ZPO pfändbar (s. *BVerfG* FamRZ 1986, 733; instruktiv *OLG Hamm* FamRZ 1985, 407 und zuletzt *OLG München* FamRZ 1988, 1161; a. A. *Smid* JurBüro 1988, 1105). 129

Die **Voraussetzungen:** 130
- die Sachpfändung und sonstige Forderungspfändung muß gegen den Schuldner (teilweise) erfolglos versucht worden sein oder voraussichtlich keinen Erfolg haben,
- die Pfändung muß der Billigkeit entsprechen (unbillig bei geringem Familieneinkommen; im übrigen Art der beizutreibenden Forderung beachten),
- das Einkommen des Drittschuldners (Ehegatte) – man erfährt es letztlich bei der eidesstattlichen Offenbarungsversicherung oder bei ihrer Ergänzung (*LG Oldenburg* JurBüro 1989, 1611; *LG Osnabrück* Rpfleger 1992, 259; *LG Heilbronn* MDR 1992, 808; str oder über den Auskunftsanspruch des § 836 III 1 ZPO) – muß so hoch sein, daß der Gesamtunterhaltsanspruch der Ehefrau (Naturalunterhalt + Taschengeld, zusammenzurechnen nach § 850e Nr. 3 ZPO) einen Umfang erreicht, der die Freigrenzen der §§ 850c und d ZPO überschreitet,
- die Ehefrau darf nicht selbst Geld verdienen.

Alle Voraussetzungen gelten sinngemäß für den sog. Hausmann.

Nach neuerer Auffassung (*Stöber* Rdnr. 1031 h; *OLG Celle* FamRZ 1991, 726; *OLG Frankfurt* FamRZ 1991, 727) ist die Pfändung auf 7/10 des Taschengeldanspruchs zu beschränken (s. § 850c II ZPO). S. Muster und Berechnungsbeispiel bei *David* Rdnr. 752.

131 Hat das Vollstreckungsgericht die Pfändung des Taschengeldanspruchs ausgesprochen, so ist dies für das Prozeßgericht in einem etwaigen Einziehungsprozeß gegen den Drittschuldner (**Familiengericht,** da Familiensache gem. § 23 b I 2 Nr. 6 GVG) bindend (*OLG Hamm* a. a. O gegen *OLG Stuttgart* RPfleger 1987, 466). Es entscheidet dann – erforderlichenfalls – nur noch über die Höhe des Taschengeldanspruchs.

132 Es gibt **keine Vorpfändung,** da die Pfändbarkeit konstitutiv erst durch den Pfändungs- und Überweisungsbeschluß nach § 850b II ZPO begründet wird.

133 **hh) Auswahl sonstiger Forderungspfändungsmöglichkeiten. Aktiendepot** s. *Stöber,* Forderungspfändung, Rdnr. 1787; **Anwartschaftsrecht** bei Eigentumsvorbehalt s. *David,* Rdnrn. 269 ff., des Nacherben s. *David,* Rdnrn. 355 ff.; **Erbansprüche** s. *David,* Rdnrn. 345 ff.; **Gesellschaftsrechtliche Ansprüche** s. *David,* Rdnrn. 367 ff.; **Grundpfandrechte** u. a. grundbuchliche Rechte s. *David,* Rdnrn. 383 ff.; **Kfz-Haftpflichtversicherung** s. *AG Sinzig* NJW-RR 1986, 967 (dort aber verfehlte Annahme der Pfändung des Kündigungsrechts); **Leasing** s. *OLG Düsseldorf* Betrieb 1988, 955; *LG Dortmund* BB 1986, 1538; *Stöber,* Forderungspfändung, Rdnr. 292a; *David,* Rdnr. 761 **Lebensversicherungen** s. *David,* Rdnrn. 417 ff.; **Miet- und Pachtzinsansprüche** s. Rdnr. 142 und *David,* Rdnrn. 442 ff.; **Pflichtteilsansprüche** s. *David,* Rdnrn. 361 ff.; **Schmerzensgeldanspruch** s. *David,* Rdnr. 488; *LG Kassel* RPfleger 1990, 83; **Treuhänderische Ansprüche** s. *Stöber* Rdnr. 400 ff.; **Urlaubsentschädigungsansprüche** s. *Stöber,* Forderungspfändung, Rdnr. 292a und *Müller* JurBüro 1986, 1459; **Vermögensrechte i. S. von** § 857 ZPO s. *Stöber,* Forderungspfändung, Rdnrn. 1461 f.; **Wertpapierdepot** s. *David* Rdnr. 756; **Zugewinnausgleichsanspruch** s. *Stöber,* Forderungspfändung, Rdnrn. 430 ff.; Sonstige Forderungen s. Pfändungs-Abc bei *Stöber,* Forderungspfändung, Rdnrn. 65 ff. und *David,* Rdnrn. 468 ff. I. ü. s. *David,* Rdnrn. 738 ff. „Exquisite Vollstreckungen".

134 **ii) Rechtsbehelfe bei der Forderungspfändung.** Zu den Rechtsbehelfen bei der Vorpfändung s. Rdnr. 102.

135 Wird ein **Antrag des Gläubigers** auf Erlaß eines Pfändungsbeschlusses (teilweise) abgelehnt oder der Pfändungsbeschluß (z. B. nach Erinnerung durch den Schuldner) wieder aufgehoben, steht dem Gläubiger die befristete (sofortige) Rechtspflegererinnerung (§ 11 I 2 RPflG) zu, über die der Richter des Vollstreckungsgerichts entscheidet (vgl. *OLG Koblenz* JurBüro 1989, 1179). Gegen dessen Entscheidung findet **sofortige Beschwerde** (Notfrist: 2 Wochen) zum Landgericht statt (§ 793 ZPO). Entscheidet der Richter des Vollstreckungsgerichts nicht – er hält z. B. die Erinnerung für unzulässig oder unbegründet – so legt er die befristete Erinnerung vor Ablauf einer Woche dem Landgericht vor (§ 571 ZPO, § 11 IV RPflegerG). Der Beschluß des Beschwerdegerichts ist – wenn er einen neuen selbständigen Beschwerdegrund enthält – mit **weiterer Beschwerde** zum Oberlandesgericht anfechtbar (§ 568 II ZPO). Dies führt zu erheblichen regionalen Unterschieden in der vollstreckungsrechtlichen Rspr. Gegen die Entscheidung des Oberlandesgerichts ist eine weitere Beschwerde nicht zulässig (§ 567 III ZPO).

Wird ein **Pfändungsbeschluß** erlassen, steht dem Schuldner, dem Drittschuldner oder den nachpfändenden Gläubiger die **Erinnerung nach § 766 I ZPO** zu. Über sie entscheidet der Richter des Vollstreckungsgerichts (§ 20 Nr. 17a RPflegerG). Daneben kann das Gericht auf Antrag oder von Amts wegen die **einstweilige Einstellung der Zwangsvollstreckung** gegen oder ohne Sicherheitsleistung anordnen (§§ 766 I 2, 732 II ZPO) oder verfügen, daß die Zwangsvollstreckung nur gegen Sicherheitsleistung fortzusetzen sei. Gegen die Entscheidung des Richters findet **sofortige Beschwerde** (§ 793 ZPO) statt. Über sie entscheidet das Landgericht, gegen dessen Entscheidung gibt es unter den oben Rdnr. 135 geschilderten Voraussetzungen **weitere sofortige Beschwerde**. 136

Lehnt der **Gerichtsvollzieher** es **ab,** den Pfändungsbeschluß zuzustellen, kann der Gläubiger dagegen **Erinnerung nach § 766 II ZPO** einlegen. Über sie entscheidet der Richter des Vollstreckungsgerichts. Gegen seine Entscheidung gibt es wieder die sofortige Beschwerde (§ 793 ZPO). 137

6. Die Immobiliarzwangsvollstreckung

a) **Arten, Gegenstände und Umfang.** Hat der Schuldner Grundbesitz, so bietet das Vollstreckungsrecht (§ 866 ZPO) dem Gläubiger **eine Sicherungsmöglichkeit,** nämlich die Zwangssicherungshypothek und **zwei Befriedigungsmöglichkeiten,** nämlich die Zwangsversteigerung (Substanz) und die Zwangsverwaltung (Erträge). Der Gläubiger kann wählen, ob er eine der drei Maßregeln allein oder zusammen mit den übrigen ausführen läßt (§ 866 II ZPO). 138

Will der Gläubiger auf den Erlös des Grundstücks zurückgreifen, aber auch auf die bis zur Versteigerung zu zahlenden Mieten nicht verzichten und außerdem bei der Zwangsversteigerung einen besseren Rang haben, so wird er alle drei Maßregeln ergreifen. Die **Eintragung einer Zwangssicherungshypothek** empfiehlt sich aber in jedem Falle, da sie den gesetzlichen Löschungsanspruch mit Vormerkungswirkungen (§ 1179a BGB) gegenüber vorrangigen Eigentümergrundpfandrechten begründet und zudem dem Gläubiger bei Verhandlungen mit dem Schuldner über die Bezahlung seiner Schulden eine günstigere Verhandlungsposition verschafft. 139

Gegenstände der Immobiliarzwangsvollstreckung sind neben Grundstücken auch **Wohnungseigentumsrechte** (§§ 1, 2 WEG), ferner grundstücksgleiche Rechte (§ 864 I 1. Alt. ZPO) wie Erbbaurechte (§ 11 ErbbaurechtsVO), Wohnungserbbau- und Teilerbbaurechte (§ 30 WEG), Bergwerkseigentum (§ 9 BundesbergG), Jagd- und Fischereirechte (Art. 69 EGBGB), sowie **Schiffe** und Schiffsbauwerke, die im Schiffs-, bzw. Schiffsbauregister eingetragen sind und ferner **Luftfahrzeuge,** die in der Luftfahrzeugrolle eingetragen sind. 140

Bruchteilsberechtigungen an den genannten Gegenständen unterliegen ebenfalls der Immobiliarzwangsvollstreckung, wenn sie in dem **Anteil eines Miteigentümers** bestehen (§ 864 II ZPO; § 1008 BGB) oder sich der Anspruch des Gläubigers auf ein Recht richtet, mit dem der Bruchteil noch belastet ist (vgl. dazu *Stöber,* ZVG-Handbuch, Rdnr. 6). 141

Ferner unterliegen der Immobiliarzwangsvollstreckung aber auch **Bestandteile des Grundstücks** und mithaftende **Gegenstände, auf die sich** bei Grundstücken und Berechtigungen die **Hypothek** (§§ 1120 ff. BGB) und bei Schiffen und Schiffsbauwerken die **Schiffshypothek** (§§ 31 f. SchiffsrechtsG) erstreckt, 142 also auf **Erzeugnisse** (§§ 1120–1122 BGB), **Zubehör** (§§ 97, 98 BGB), **Miet- und Pachtzinsforderungen** (§§ 1123–1125 BGB) und **Versicherungsforderungen** (§§ 1127–1130 BGB). **Aber:** Mit Ausnahme des Zubehörs unterliegen die bei einer Hypothek mithaftenden Gegenstände, solange nicht ihre Beschlagnahme im Wege der Immobiliarvollstreckung erfolgt ist, der **Mobiliarvollstreckung** (§ 865 II ZPO und Rdnr. 415).

143   **Dauerwohn- und Dauernutzungsrechte** (§§ 31–42 WEG) unterliegen als veräußerliche Vermögensrechte der Rechtspfändung nach § 857 ZPO (s. *David*, Rdnr. 415).

144   **b) Die Zwangssicherungshypothek.** Sie sollte eine der ersten Zwangsmaßnahmen des Gläubigers gegen den Schuldner, der Grundbesitz hat, sein. Sobald sie im Grundbuch steht, kann der Gläubiger in Ruhe bessere Zeiten beim Schuldner abwarten. Jedenfalls beeinträchtigen ihn später eingetragene und damit nachrangige Rechte nicht (§ 879 BGB).

145   Grundbuchrechtliche und vollstreckungsrechtliche **Voraussetzungen** für die Eintragung:
- nach § 867 I 1 ZPO **Antrag** des Gläubigers beim Grundbuchamt, in dessen Bezirk das oder die zu belastenden Grundstücke liegen. Gehören dem Schuldner mehrere Grundstücke, in die vollstreckt werden soll, so ist der Forderungsbetrag auf die einzelnen Grundstücke zu verteilen, § 867 II ZPO (vgl. *David*, Muster 83 Rdnr. 517). Besonderer Kostenantrag nicht erforderlich, da gesetzlich Haftung des Grundstücks für Eintragungskosten (§ 867 I 3 ZPO). Zu Antragsproblemen s. *Hintzen* Rpfleger 1991, 286.
- **Vollstreckungstitel** muß auf Geldzahlung, die 500 DM (ohne Zinsen als Nebenforderung) übersteigt, lauten (§ 866 III 1 ZPO). Aufgrund **mehrerer Schuldtitel** eines Gläubigers kann eine **einheitliche Sicherungshypothek** eingetragen werden (§ 866 III 2 ZPO),
- **Voreintragung** des Schuldners (§ 39 GBO). Nicht erforderlich, wenn Gläubiger mit Hilfe von § 792 ZPO nachweist, daß der Schuldner Erbe des im Grundbuch eingetragenen Eigentümers ist (§ 40 GBO); richtet sich der Titel gegen den Erben als Schuldner, so gilt wiederum der Grundsatz der Voreintragung;
- die **allgemeinen Vollstreckungsvoraussetzungen** müssen gegeben sein (s. dazu Rdnr. 12).
- **Rechtsschutzbedürfnis** für Eintragung zu verneinen, wenn Zwangshypothek an Grundstück begehrt wird, an dem für dieselbe Forderung bereits ein rechtsgeschäftlich bestelltes Grundpfandrecht besteht.

146   **Vorteile für den Gläubiger:**
- raschere Entscheidung und Eintragung als bei anderen Vollstreckungsmaßnahmen in das unbewegliche Vermögen,
- **Rangsicherung** gegenüber Zugriffen anderer Gläubiger,
- bei künftiger Zwangsversteigerung und -verwaltung genießt er den **Vorrang des Realgläubigers** nach § 10 I Nr. 4 ZVG,
- als Hypothekengläubiger ist er befugt, vom Grundstückseigentümer die **Aufhebung eines** gleich- und vorrangigen **Grundpfandrechts** zu verlangen, wenn dessen Vereinigung mit dem Eigentum eingetreten ist (§ 1179a BGB),
- die Zwangshypothek dient als **Druckmittel** zur Zahlung bei Verhandlungen mit dem Schuldner.

Die Zwangsvollstreckung wegen Geldforderungen A V

– **Sicherungsvollstreckung** ermöglicht die Eintragung aus einem nur gegen Sicherheitsleistung vorläufig vollstreckbaren Urteil ohne Sicherheitsleistung erbringen zu müssen (§ 720a ZPO; Rdnrn. 35–37).

Bleibt die Zahlung aus, kann der Gläubiger seinen Anspruch aus der Hypothek (§ 1147 BGB) verfolgen. Dazu genügen allerdings der Zahlungstitel und die eingetragene Hypothek nach h. M. nicht; der Gläubiger muß vielmehr – wie bei jeder normalen Hypothek – auf **Duldung der Zwangsvollstreckung** klagen (*BGH NJW* 1966, 2009; *Zöller/Stöber* Rdnr. 6 zu § 866 ZPO). 147

Vor Erhebung der Duldungsklage muß der Gläubiger den Schuldner (erfolglos) zur Errichtung einer **vollstreckbaren Urkunde** nach § 794 I Nr. 5 ZPO auffordern, denn sonst hat der Schuldner keine Veranlassung zur Klageerhebung gegeben (*OLG München* RPfleger 1984, 325). 148

Wenn der Gläubiger einer Zwangssicherungshypothek den Antrag auf Zwangsversteigerung **ohne Duldungstitel** stellt, kann er in diesem Verfahren nicht den Rang der Zwangshypothek beanspruchen. 149

Die **Zwangsversteigerung** wird der Gläubiger nur dann betreiben, wenn er hoffen kann, aufgrund des Ranges seiner Zwangshypothek durch das Meistgebot noch gedeckt zu werden. 150

Bei der **Arrest-Zwangssicherungshypothek** muß der Gläubiger darauf achten, daß er innerhalb eines Monats nach Verkündung oder Zustellung des Arrestbefehls die Eintragung der Arresthypothek beim zuständigen Grundbuchamt beantragt haben muß (§§ 929 II, 932 III ZPO; § 13 GBO). 151

Rechtsbehelfe bei Eintragung oder Ablehnung der Zwangssicherungshypothek Rechtspflegererinnerung (§ 11 I 1 RPflegerG) und gegen die Entscheidung des Richters Beschwerde (§ 71 GBO, § 76 Schiffsregisterordnung), gegen die Eintragung auch Widerspruch und Löschungsbegehren (§ 71 II GBO). 152

c) Die Zwangsversteigerung. Die Voraussetzungen: 153

– Antrag des Gläubigers an das Amtsgericht – Vollstreckungsgericht –, in dessen Bezirk das Grundstück des Schuldners liegt (§ 1 I ZVG) unter genauer Bezeichnung des Grundstücks, des Eigentümers und des vollstreckbaren Titels (§ 16 I ZVG),
– Beifügung des Vollstreckungstitels und des Zustellungsnachweises (§ 16 II ZVG), sowie etwaiger Belege zur Glaubhaftmachung bisheriger Zwangsvollstreckungskosten,
– das **Rechtsschutzbedürfnis**, das fehlen kann, wenn der Gläubiger kein schutzwürdiges Interesse an der Zwangsversteigerung hat (s. dazu *Stöber*, ZVG-Handbuch, Rdnr. 111). Es liegt aber grundsätzlich bei **Bagatellforderungen** vor, da auch ein Schuldner in bedrängten Verhältnissen eine Bagatellforderung begleichen kann und er es daher in der Hand hat, die mit einer Zwangsversteigerung verbundenen Härten und Kosten abzuwenden (vgl. *OLG Düsseldorf* NJW 1980, 1171),
  bei geringen Forderungen hat das Vollstreckungsgericht allerdings gem. § 139 ZPO darauf hinzuweisen, daß er einen Vollstreckungsschutzantrag nach § 765a ZPO stellen kann,
– der **Schuldner** muß als **Eigentümer des Grundstücks** eingetragen oder Erbe des eingetragenen Eigentümers sein (§ 17 I ZVG). Wenn das Vollstreckungsgericht und das Grundbuchamt demselben Amtsgericht angehören, ist die Voreintragung des Schuldners durch Bezugnahme auf das Grundbuch nachzuweisen (§ 17 II ZVG).

David 109

154 Ordnet das Vollstreckungsgericht die Zwangsversteigerung des Grundstücks an – darin liegt die **Beschlagnahme** (§ 20 I ZVG), die das Grundstück und die Gegenstände, auf die sich bei einem Grundstück die Hypothek erstreckt (§ 20 II ZVG), nicht aber die Erträge des Grundstücks erfaßt – so wird der Beschluß von Amts wegen dem Schuldner zugleich mit dem Hinweis auf sein **Recht zur Stellung eines Einstellungsantrags** (§ 30 b I 3 ZVG) zugestellt (§§ 3, 8, 22 I 1 ZVG). Dem Gläubiger wird der Beschluß formlos mitgeteilt, es sei denn, seinem Antrag sei nicht (voll) entsprochen worden. Die Beschlagnahme hat die Wirkung eines zugunsten des Gläubigers ergangenen Veräußerungsverbots und verschafft ihm ein **Recht auf Befriedigung** aus dem Versteigerungserlös nach Maßgabe des § 10 Nr. 5 ZVG.

155 Nach § 19 ZVG erfolgt die **Eintragung eines Zwangsversteigerungsvermerks** im Grundbuch.

156 Zur **Aufhebung** der Versteigerung und zur **einstweiligen Einstellung** des Verfahrens s. *Brox/Walker,* Rdnrn. 870–883.

157 In dem von Amts wegen zu bestimmenden **Versteigerungstermin** wird nur ein solches Gebot zugelassen, durch das die Verfahrenskosten und die dem Anspruch des betreibenden Gläubigers oder eines besser berechtigten beitretenden Gläubigers vorgehenden Rechte gemäß der Rangordnung in § 10 ZVG gedeckt werden (sog. geringstes Gebot). Beachte: Nicht grundbuchersichtliche Rechtsverfolgungskosten rechtzeitig zum Termin anmelden (§ 37 Nr. 4, §§ 110, 10 II ZVG).

158 Der RA, der einen Dritten als **Zubehöreigentümer** vertritt, muß darauf achten, daß das Dritteigentum rechtzeitig, d. h. vor Erteilung des Zuschlags, geltend gemacht wird (§ 37 Nr. 5, § 55 II ZVG; näher dazu *Stöber* ZVG-Handbuch Rdnr. 284; *Storz* B 252).

159 Die Entscheidung über den Zuschlag – er ist dem Meistbietenden zu erteilen, sofern das geringste Gebot erreicht ist – ergeht nach Anhörung der Beteiligten durch Beschluß. Er darf nur in bestimmten Fällen versagt werden (s. §§ 83, 85a ZVG). Zum sog. Mindestgebot (7/10 bzw. ½ des Grundstückswerts) vgl. §§ 74a, b, 85a ZVG (näher dazu *David,* Rdnrn. 561–564). Der Wert des mitversteigerten Zubehörs ist in die Berechnung der 7/10-Grenze nach § 114a ZVG einzubeziehen (*BGH* Rpfleger 1992, 264).

Eine Verschleuderung des versteigerten Grundbesitzes liegt regelmäßig nicht vor, wenn das Meistgebot oberhalb der 5/10-Grenze des § 85a ZVG (hier: bei 56% des Verkehrswerts) liegt, *OLG Hamm* Rpfleger 1992, 211.

160 Die **Entscheidung über** den **Zuschlag** unterliegt der **sofortigen Beschwerde** (§§ 96 ff. ZVG, § 577 ZPO). Wenn er rechtskräftig geworden ist, kommt es nicht mehr darauf an, ob die Voraussetzungen für seine Erteilung vorgelegen haben oder nicht.

161 Die **Erlösverteilung** erfolgt in einem besonderen Verteilungstermin aufgrund eines vom Gericht unter Berücksichtigung der gesetzlichen Rangordnung des § 10 ZVG aufgestellten Teilungsplans (§§ 105 ff. ZVG). Im Termin muß der Ersteher das Bargebot nebst 4% Zinsen vom Zuschlag an bezahlen.

162 **Nach Rechtskraft** des Zuschlags und Ausführung des Teilungsplans ersucht das Vollstreckungsgericht von Amts wegen das Grundbuchamt um Eintragung des Erstehers als Eigentümer und um Löschung der erloschenen Rechte im Grundbuch (§ 130 ZVG).

Zu Problemen beim Zusammentreffen von Teilungs- und Vollstreckungsversteigerung s. *Ebeling* Rpfleger 1991, 349 ff.

Die Zwangsvollstreckung wegen Geldforderungen A V

Die **Rechtsbehelfe**: 163
– gegen die **Versteigerungsanordnung ohne Schuldneranhörung** Erinnerung nach § 766 ZPO und gegen die Entscheidung des Richters sofortige Beschwerde nach § 793 ZPO sowie evtl. weitere sofortige Beschwerde (§ 568 II ZPO); nach Schuldneranhörung sofortige Rechtspflegererinnerung (§ 11 I 2 RPflG) bzw. sofortige Beschwerde nach § 793 ZPO,
– gegen den die **Versteigerung aufhebenden Beschluß** sofortige Rechtspflegererinnerung (§ 95 ZVG, § 11 I 2 RPflG), sofern eine Anhörung erfolgte oder die Aufhebung abgelehnt wurde, ansonsten Vollstreckungserinnerung nach § 766 ZPO,
– gegen den **den Versteigerungsantrag zurückweisenden** Beschluß sofortige Rechtspflegererinnerung (§ 11 I 2 RPflG) bzw. sofortige Beschwerde nach § 793 ZPO,
– gegen den **Beschluß über den Zuschlag** oder die Versagung des Zuschlags sofortige Rechtspflegererinnerung (§ 11 I 2 RPflG) bzw. sofortige Beschwerde (§ 96 ZVG, § 793 ZPO). Weitere sofortige Beschwerde möglich (§ 568 II ZPO) mit erweitertem Kreis der Beschwerdeberechtigten (§ 102 ZVG),
– gegen **Teilungsplan** verfahrensrechtliche Rüge mit sofortiger Rechtspflegererinnerung (§ 11 I 2 RPflG) bzw. sofortiger Beschwerde (§ 793 ZPO); bei materiell-rechtlichen Fehlern Widerspruch und Widerspruchsklage. Die §§ 876–882 ZPO gelten entsprechend (§ 115 I 2 ZVG),
– gegen die **Feststellung des geringsten Gebots** gibt es keine Rechtsbehelfe (§ 95 ZVG). Möglich ist aber die Anfechtung des Zuschlags wegen unrichtiger Feststellung des geringsten Gebots (§ 83 Nr. 1 ZVG).

d) Die Zwangsverwaltung. Für die Zwangsverwaltung (Antragmuster bei 164 *David,* Muster 82, Rdnr. 476), bei der der Gläubiger aus den laufenden Erträgnissen des Grundstücks befriedigt wird, gelten im wesentlichen die gleichen **Voraussetzungen wie bei der Zwangsversteigerung** (s. Rdnr. 153).

Der Gläubiger eines eingetragenen Rechts kann die Zwangsverwaltung auch 165 dann beantragen, wenn sich das Grundstück im **Eigenbesitz des Vollstreckungsschuldners** befindet, ohne daß dieser als Eigentümer im Grundbuch eingetragen ist (§ 147 I ZVG). Der Eigenbesitz (§ 872 BGB) ist durch Urkunden glaubhaft zu machen, sofern er nicht bei Gericht offenkundig ist (§ 147 II ZVG), wobei Glaubhaftmachung durch eidesstattliche Versicherung nicht ausreicht.

Die Zwangsverwaltung wird durch Beschluß des Vollstreckungsgerichts an- 166 geordnet (= **Beschlagnahme**). Das Grundbuchamt ist zu ersuchen, die Anordnung der Zwangsverwaltung im Grundbuch einzutragen (§ 19 I i. V. m. § 146 I ZVG). Der **Umfang der Beschlagnahme** geht weiter als bei der Zwangsversteigerung, denn zusätzlich werden erfaßt:
– Miet- und Pachtzinsforderungen sowie
– land- und forstwirtschaftliche Erzeugnisse des Grundstücks, auch wenn sie nicht mit dem Boden verbunden und nicht Zubehör sind,
– die Forderung aus einer Versicherung solcher Erzeugnisse (§ 148 I 1, § 21 I ZVG).

Die **Beschlagnahme wird wirksam**: 167
– durch Zustellung des Anordnungsbeschlusses,
– durch Eingang des Eintragungsersuchens beim Grundbuchamt,
– dadurch, daß der Zwangsverwalter auf dem dafür bestimmten Weg (§ 150 ZVG), den Besitz des Grundstücks erlangt (§ 151 ZVG).

David

Die Wirkung der Beschlagnahme besteht darin, daß dem Schuldner die Verwaltung und Benutzung des Grundstücks entzogen wird (§ 148 II ZVG).

168 Zur Durchführung der Zwangsverwaltung bestellt das Vollstreckungsgericht einen **Zwangsverwalter** (§ 150 ZVG), der die Befugnis erhält, anstelle des Schuldners das Grundstück zu verwalten und zu nutzen. Er muß alle zur Bestanderhaltung und ordnungsgemäßen Nutzung erforderlichen Handlungen vornehmen (§ 152 I 1. Halbsatz ZVG). Er ist berechtigt, gesetzliche Ansprüche wegen Nutzungsentschädigung bzw. Schadensersatzes gegen den Schuldner gerichtlich geltend zu machen, *OLG Stuttgart* Rpfleger 1992, 124. Er ist zur jährlichen Rechnungslegung verpflichtet. Zur Verteilung der Einnahmen wird vom Vollstreckungsgericht ein **Teilungsplan** aufgestellt. Nach diesem Plan zahlt der Verwalter aus.

169 Die zu berücksichtigenden Ansprüche werden in **Rangklassen** eingeteilt (zu diesen näher *Stöber,* ZVG-Handbuch, Rdnrn. 631–635). In die letzte Rangklasse kommt der vollstreckende Gläubiger mit seinem Anspruch, soweit er nicht – z. B. wegen laufender wiederkehrender Leistungsansprüche – in eine bessere Rangklasse fällt. Ansprüche der Rangklassen 6–8 des § 10 I ZVG bleiben völlig außer Betracht, weil **nach Gläubigerbefriedigung** das **Verfahren aufzuheben** ist (§ 161 II ZVG).

Eine Verfahrensaufhebung kommt ferner in Betracht, wenn seine Fortsetzung besondere Aufwendungen erfordert und der Gläubiger den nötigen Geldbetrag nicht vorschießt (§ 161 ZVG).

170 Die **Rechtsbehelfe:**
– gegen Maßnahme des Zwangsverwalters Erinnerung nach § 766 ZPO; außerdem Möglichkeit der Anregung von Weisungen an den Zwangsverwalter über das Vollstreckungsgericht (§ 153 I 1. Halbsatz ZVG),
– gegen den Teilungsplan **sofortige Rechtspflegererinnerung** (§ 11 I 2 RPflG) bzw. **sofortige Beschwerde** (§ 793 ZPO) bei Verfahrensmängeln; bei materiell-rechtlichen Fehlern **Widerspruch** und **Widerspruchsklage** (§§ 156 II 4, 115 ZVG), wobei die §§ 876–882 ZPO entsprechend anzuwenden sind (§ 115 I 2 ZVG),
– **Klage auf Abänderung des Teilungsplans** (wegen der Zukunftswirkung des Plans!) nach § 159 I ZVG. Hier keine Anwendung der §§ 878 ff. ZPO,
– einstweilige Einstellung des Verfahrens nach §§ 765a, 769, 771, 775, 776 ZPO zulässig.

II. Die Herausgabevollstreckung

1. Bei beweglichen Sachen

171 Der Titel muß auf die **Herausgabe einer Sache** (Stück-, Vorrats- oder Gattungsschuld) oder die **Übereignung einer Sache** lauten. In allen Fällen besteht die Vollstreckung, für die der Gerichtsvollzieher, in dessen Bezirk die Herausgabevollstreckung betrieben werden soll, zuständig ist (§§ 883 I, 885 I ZPO), darin, daß der Gerichtsvollzieher die Sache wegnimmt und sie dem Gläubiger übergibt.

172 Ist der Schuldner zur **Herausgabe einer bestimmten Urkunde** gemäß § 836 III ZPO (z. B. Sparbuch) verpflichtet, so ist **Herausgabetitel** der **Pfändungs- und Überweisungsbeschluß** bezüglich der Forderung, deren Bestehen durch die Urkunde dokumentiert wird (s. Rdnr. 50). Die Urkunde muß im Überweisungsbeschluß genau bezeichnet sein (vgl. *Zöller/Stöber* Rdnr. 9 zu § 836), ggf. hat dies in einem Ergänzungsbeschluß des Vollstreckungsgerichts zu erfolgen. Der Gerichtsvollzieher nimmt sie dem Schuldner im Wege der sog. Hilfspfändung (s. Rdnrn. 50, 55) weg.

Nicht nach § 883 ZPO wird der **Anspruch auf Herausgabe eines Kindes** 173 vollstreckt, sondern vielmehr nach § 33 FGG (*BGH* FamRZ 1983, 1008, 1010; *OLG Bremen* FamRZ 1982, 92).

Die **Unpfändbarkeitsbestimmungen des** § 811 ZPO gelten nur bei der Voll- 174 streckung wegen Geldforderungen, nicht bei der Herausgabevollstreckung.

Teilnahme des Gläubigers an der Vollstreckung durch den Gerichtsvollzie- 175 her ist möglich (§ 62 Nr. 5 GVGA) und empfiehlt sich unter Umständen zur Identifizierung des herauszugebenden Gegenstands. Ein selbständiges Eingreifen des Gläubigers in den Gang der Vollstreckung darf der Gerichtsvollzieher nicht dulden. Gestattet der Schuldner dem Gerichtsvollzieher das **Betreten der Wohnung** nicht, so ist nach h. M. eine richterliche Durchsuchungsanordnung erforderlich (Rdnr. 65; a. M. *Thomas/Putzo* Anm. 2d zu § 758).

Wird die **Sache** vom Gerichtsvollzieher **nicht vorgefunden**, so ist der Schuld- 176 ner verpflichtet, auf Antrag des Gläubigers zu Protokoll an Eides Statt zu versichern:
– daß er die Sache nicht besitze und
– daß er auch nicht wisse, wo die Sache sich befinde (Verfahren vor dem Rechtspfleger, § 883 I i. V. m. §§ 478–480, 483 ZPO).

2. Bei Grundstücken und Schiffen

Hier kann der Titel auf **Herausgabe, Überlassung, Räumung oder Übereig-** 177 **nung** lauten. In allen Fällen wird in der Weise vollstreckt, daß der Gerichtsvollzieher den Schuldner aus dem Besitz setzt und den Gläubiger in den Besitz einweist (§ 885 I ZPO).

Lautet der Titel auf **Grundstücksübereignung,** muß das Grundstück aufge- 178 lassen und der Gläubiger als Eigentümer im Grundbuch eingetragen werden (§§ 925, 873 BGB). Die Auflassung durch den Schuldner gilt mit der Rechtskraft des Urteils als erklärt (§ 894 BGB).

Bei der **Räumungsvollstreckung** ist der besondere Vollstreckungsschutz für 179 Wohnräume (§§ 721, 794a ZPO) zu beachten, wonach dem Schuldner eine Räumungsfrist bewilligt oder auch verlängert werden kann.

Der Gläubiger kann – wenn die Herausgabe nicht zu verwirklichen ist – auch 180 **Schadensersatz** vom Schuldner verlangen, statt seinen titulierten Herausgabeanspruch durchzusetzen (§ 893 ZPO). Die materiell-rechtlichen Voraussetzungen sind in §§ 280, 283, 325, 326 BGB geregelt.

3. Bei Gewahrsam eines Dritten

Befindet sich die herauszugebende (bewegliche oder unbewegliche) Sache im 181 Gewahrsam eines Dritten, so vollstreckt der Gerichtsvollzieher gem. § 883 ZPO, wenn der Dritte zur Herausgabe bereit ist (§ 809 ZPO analog). Anderenfalls kann der Gläubiger den Herausgabeanspruch, den der Schuldner gegen den Dritten hat, pfänden und sich zur Einziehung überweisen lassen (§ 886 ZPO). Die Sache ist dann **an den Gläubiger direkt** herauszugeben. Wird die Herausgabe weiterhin verweigert, kann der Gläubiger den gepfändeten und ihm überwiesenen Anspruch gegen den Dritten einklagen (§ 836 ZPO) und aus dem dann erlangten Herausgabetitel gem. § 883 ZPO vollstrecken.

4. Rechtsbehelfe

182 **Erinnerung** (§ 766 I ZPO) gegen das Verfahren des Gerichtsvollziehers, wenn er z. B. vollstreckt, obwohl der Dritte nicht herausgabebereit ist und auch kein vollstreckbarer Herausgabetitel gegen ihn vorliegt. Der Dritte kann auch **Drittwiderspruchsklage** nach § 771 ZPO erheben. Zur Möglichkeit des Gläubigers, Schadensersatz zu verlangen s. oben Rdnr. 180.

III. Die Vollstreckung zur Erwirkung von Handlungen, Duldungen und Unterlassungen sowie zur Abgabe von Willenserklärungen

1. Bei vertretbaren Handlungen

183 Eine vertretbare Handlung, d. h. eine Handlung, die auch ein Dritter mit dem gleichen wirtschaftlichen Erfolg vornehmen, bei der er also den Schuldner „vertreten" könnte, wird dadurch erzwungen, daß das Gericht den Gläubiger ermächtigt, die Handlung auf Kosten des Schuldners durch einen Dritten vornehmen zu lassen oder selbst vorzunehmen (**Ersatzvornahme,** § 887 ZPO).

184 Die **Voraussetzungen:**
- **Titel,** der auf Vornahme einer vertretbaren Handlung, die weder in einer Geldzahlung noch in der Herausgabe von Sachen (§ 887 III) oder in der Abgabe einer Willenserklärung (§ 894 ZPO) besteht, also z. B. auf Beseitigung von Baumängeln, aber auch auf Befreiung von Geldschulden (s. *BGHZ* 25, 1, 7) gerichtet ist,
- **Antrag** des Gläubigers unter genauer Bezeichnung der zur Herbeiführung der geschuldeten Handlung verlangten Maßnahmen („Beseitigung folgender Baumängel..."),
- **Vorliegen** der allgemeinen Zwangsvollstreckungsvoraussetzungen (s. Rdnr. 12. ff.).

185 Zu beachten: Es entscheidet das **Prozeßgericht 1. Instanz** (§ 887 I ZPO) durch Beschluß (Titel nach § 794 I Nr. 3 ZPO), auch wenn der Rechtsstreit noch in höherer Instanz anhängig ist, wobei nicht anzugeben ist, wer mit der Ersatzvornahme beauftragt werden kann. Der Schuldner hat die Vornahme der Handlung zu dulden. Zur Beseitigung etwaigen **Widerstands des Schuldners** kann sich der Gläubiger der Hilfe des Gerichtsvollziehers bedienen (§ 892 ZPO).

186 Zur **Vorauszahlung von Kosten** (die Höhe bestimmt das Gericht nach billigem Ermessen), die voraussichtlich durch die Ersatzvornahme entstehen werden, kann der Schuldner auf Antrag des Gläubigers mit dem Ermächtigungsbeschluß (§ 887 II ZPO), aber auch noch nach dessen Erlaß gesondert verurteilt werden.

187 **Rechtsbehelfe:** Ermächtigungsbeschluß nach § 887 ZPO und Kostenvorschußbeschluß nach § 887 II ZPO (letzterer nur bei Beschwerdewert über 100 DM, § 567 II ZPO) sind mit sofortiger Beschwerde (§ 793 ZPO) anfechtbar. Der **Erfüllungseinwand** ist vom Schuldner mit Vollstreckungsabwehrklage (§ 767 ZPO) geltend zu machen (str. s. *Thomas/Putzo* 4c zu § 887).

2. Bei unvertretbaren Handlungen

Zur Vornahme einer unvertretbaren Handlung, d. h. einer Handlung, die nur vom Schuldner, nicht aber von einem Dritten anstelle des Schuldners, vorgenommen werden kann, wird der Schuldner durch Zwangsgeld (5–50000 DM) ersatzweise Zwangshaft oder durch Zwangshaft (1 Tag – 6 Monate) angehalten (Beugezwang, § 888 I 1 ZPO).

Die **Voraussetzungen:**
- **Titel**, der den Schuldner zu einer unvertretbaren Handlung (z. B. Auskunftserteilung, Rechnungslegung) verpflichtet,
- **ausschließliche Abhängigkeit** der Handlung vom Willen des Schuldners (Einzelfälle und Abgrenzung zur vertretbaren Handlung alphabetisch bei *Zöller/Stöber* Rdnr. 3 zu § 888). Nicht gegeben, wenn Schuldner die Handlung dauernd – subjektiv oder objektiv, z. B. bei Krankheit – unmöglich ist oder wenn die Handlung besondere wissenschaftliche oder künstlerische Fähigkeiten voraussetzt,
- **Gläubigerantrag**, der allerdings weder das Zwangsmittel, noch seine Höhe bezeichnen muß (*OLG Köln* MDR 1982, 580),
- Vorliegen der allgemeinen Zwangsvollstreckungsvoraussetzungen (Rdnrn. 12ff.).

Zu beachten: Das **Zwangsmittel**, das vom Prozeßgericht 1. Instanz zu verhängen ist (§ 888 I 1 ZPO), **kann** (muß aber nicht) zuerst unter Fristsetzung für den Fall fruchtlosen Fristablaufs **angedroht** werden. Der Zwangsgeldbeschluß ist Vollstreckungstitel nach § 794 I Nr. 3 ZPO, dessen Vollstreckung auf Antrag des Gläubigers zugunsten der Staatskasse erfolgt.

§ 888 ZPO ist nicht anwendbar bei
- Verurteilung zur Eingehung einer Ehe (§ 888 II),
- Verurteilung zur **Herstellung des ehel. Lebens** (Ausnahme: soweit in den räumlich-gegenständlichen Bereich der Ehe durch Ehegatten oder Dritte eingegriffen wird, *BGH* NJW 1952, 975; *OLG Karlsruhe* FamRZ 1980, 139),
- bei Verurteilung zu einer Leistung **unvertretbarer** Dienste aus einem Dienstvertrag (§ 888 II ZPO),
- wenn zwangsweise Durchsetzung des Anspruchs den Schuldner in seinen **Grundrechten verletzen** würde (*OLG Köln* MDR 1973, 768; *OLG Frankfurt* RPfleger 1980, 117).

Rechtsbehelfe: Gegen Beschluß der Antrag zurückweist oder Zwangsgeld verhängt (nicht nur androht; dagegen kein Rechtsmittel s. *OLG Hamm* FamRZ 1986, 828) sofortige Beschwerde (§ 793 ZPO) und evtl. weitere Beschwerde nach § 568 II ZPO. Bei Einwand rechtzeitiger **Erfüllung** durch den Schuldner Vollstreckungsabwehrklage nach § 767 ZPO.

3. Die Erzwingung von Duldungen und Unterlassungen

Die **Voraussetzungen:**
- **Titel**, der nach seinem Wortlaut auf eine Duldung oder Unterlassung gerichtet ist (Hauptgebiete: Nachbarschaftsrecht, §§ 906, 912 BGB; Schutz absoluter Rechte wie z. B. der Ehre, §§ 823, 1004 BGB; Urheber- und Wettbewerbsrecht, § 97 UrhG, §§ 1ff. UWG; Namens- und Firmenrecht, § 12 BGB, § 37 II HGB),
- Vorliegen der allgemeinen Vollstreckungsvoraussetzungen (s. Rdnr. 12ff.).

A V   Vollstreckungsmaßnahmen

- **Vorausgehende Androhung** von Ordnungsgeld (5–500 000 DM), ersatzweise Ordnungshaft oder Ordnungshaft (1 Tag – 6 Monate) nach § 890 II ZPO,
- **schuldhafte** (vorsätzliche oder fahrlässige) **Zuwiderhandlung** des Schuldners gegen das im Titel ausgesprochene Verbot (darunter fallen alle Handlungen, die im Kern mit der Verletzungshandlung übereinstimmen, s. BGHZ 5, 189, 193).

194   Die Rechtsbehelfe: Gegen den selbständigen Androhungs-, Verhängungs- oder Kautionsbeschluß (§ 890 III ZPO) oder die Zurückweisung des vom Gläubiger gestellten Antrag sofortige Beschwerde nach § 793 ZPO. Erinnerung nach § 766 ZPO gegen Art und Weise der Durchführung. Wegen der Möglichkeit für den Gläubiger Schadensersatz zu verlangen s. § 893 I ZPO und Rdnr. 180. Werden die Ordnungsmittel im Urteil oder einer einstweiligen Verfügung angedroht oder ausgesprochen, dann können sie nur zusammen mit dem Urteil oder der einstweiligen Verfügung angefochten werden.

4. Bei Verurteilung zur Abgabe einer Willenserklärung

195   Bei der Verurteilung zur Abgabe einer Willenserklärung erfolgt die **Befriedigung des Gläubigers durch Fiktion:** Die Willenserklärung gilt mit der Rechtskraft des Urteils als abgegeben (§ 894 I ZPO).

Die **Voraussetzungen:**
- **Rechtskräftiger Titel,** der Verurteilung zur Abgabe einer Willenserklärung enthält;
- ist die Willenserklärung **von einer Gegenleistung abhängig** gemacht worden, tritt die Fiktionswirkung erst ein, wenn eine vollstreckbare Ausfertigung erteilt worden ist (§ 894 I 2, §§ 726, 730 ZPO; s. Rdnr. 32).

196   Zu beachten: Lautet das Urteil auf Abgabe einer Willenserklärung, aufgrund deren die **Eintragung im Grundbuch,** Schiffs- oder Schiffsbauregister erfolgen soll, so kann sich der Gläubiger durch Eintragung einer **Vormerkung** (§ 883 BGB) bzw. eines **Widerspruchs** (§ 892 BGB) in der Zeit ab Erlaß des Urteils – vor Eintritt der Rechtskraft – gegen Verfügungen des Schuldners schützen. Die nach § 19 GBO erforderliche **Eintragungsbewilligung** des Schuldners wird durch § 895 ZPO fingiert. Zur Eintragung der genannten Sicherungsmittel hat der Gläubiger eine – nicht notwendigerweise vollstreckbare, *BGH* RPfleger 1969, 425 – Ausfertigung des Urteils dem Grundbuchamt vorzulegen.

197   Bei Verurteilung zur **Übereignung einer Sache** ist außer der Rechtskraft des Urteils die Eintragung im Grundbuch oder die Übergabe an den Gläubiger notwendig. Bis diese erfolgt ist, ist die Zwangsvollstreckung noch nicht beendet, so daß auch nach Rechtskraft des Urteils **in diesen Fällen** noch Vollstreckungsabwehrklage (§ 787 ZPO) und Drittwiderspruchsklage (§ 771 ZPO) zulässig sind.

IV. Besonderheiten in den neuen Bundesländern

198   In den Ländern der ehemaligen DDR können seit 3. 10. 1990 alle Vollstreckungstitel nach der ZPO vollstreckt werden (Art. 8 Einigungsvertrag i. V. m. Anl. I Kap. III Nr. 5k). Eine vor dem Wirksamwerden des Beitritts – also vor dem 30. 10. 1990 begonnene Maßnahme der Zwangsvollstreckung ist nach dem bis dahin geltenden Recht der DDR zu erledigen (s. dazu *Vultejus,* DGVZ 90, 102). Werden weitere selbständige Maßnahmen zur Fortsetzung der bereits be-

gonnenen Zwangsvollstreckung nach dem Beitritt des ehemaligen DDR-Gebiets eingeleitet, gelten die Vorschriften der ZPO, wobei die Verwertung des gepfändeten Gegenstands als selbständige Maßnahme gilt.

Bei der Mobiliarvollstreckung können noch Schwierigkeiten insbesondere bei der Sachpfändung auftreten, solange die Gerichtsvollzieherorganisation noch nicht voll aufgebaut ist.

Die Aufgaben der **Vollstreckungsgerichte** und **Grundbuchämter** bei der Vollstreckung haben die **Kreisgerichte** übernommen (Anl. I Kap. III Nr. 1e EVertr.). Ab 1. 1. 1993 werden im Bereich der ordentlichen Gerichtsbarkeit die nach dem GVG vorgesehenen Instanzgerichte in den neuen Bundesländern eingeführt. Vollstreckungsgericht ist dann das Amtsgericht, Beschwerdegericht das Landgericht. Zuständig zur Entscheidung über die sofortigen weiteren Beschwerden in Zwangsvollstreckungsverfahren (§ 793 II ZPO) sind dann die Oberlandesgerichte.

Die Gerichtsgebühren und die Anwaltsgebühren bei Tätigkeit von Anwälten, die ihre Kanzleien in den neuen Bundesländern errichtet haben, sind um 20% ermäßigt.

B. Zivilrechtliche Fallgestaltungen und Verfahrensarten

B I. Allgemeine Geschäftsbedingungen

Dr. Bertold Schlünder

Übersicht

	Rdnr.		Rdnr.
I. Einleitung	1	III. Die Gestaltung von AGB	61
II. Überprüfung der Wirksamkeit von AGB	3	1. Notwendige Vorüberlegungen	61
Prüfschema	3	2. Anforderungen an die drucktechnische Gestaltung	62
1. Anwendbarkeit des AGB-Gesetzes	4	3. Allgemeine Hinweise zur inhaltlichen Gestaltung	64
2. Einbeziehung in den Vertrag	13	4. Klauselbeispiele	65
3. Inhaltskontrolle	26		
4. Rechtsfolgen der Unwirksamkeit einzelner Klauseln	59		

Literatur: *Rieger/Friedrich,* Die Aufstellung von Allgemeinen Geschäftsbedingungen in der wirtschaftsrechtlichen Praxis, JuS 1986, 787, 976 u. 1987, 118; *Schlünder,* AGB-Gesetz in Leitsätzen, 2. Aufl., 1992; *ders.* Handbuch zur Neugestaltung von AGB (in Vorbereitung); *Ulmer/Brandner/Hensen,* AGB-Gesetz, 6. Aufl., 1990; *Wolf/Horn/Lindacher,* AGB-Gesetz, 2. Aufl., 1989.

I. Einleitung

Die Geschäfte des Massenverkehrs sind ohne AGB undenkbar. Ein Aushandeln sämtlicher Vertragseinzelheiten ließe sich mit den heutigen Bedürfnissen nach schneller Vertragsabwicklung nicht vereinbaren. AGB bewirken die gebotene Rationalisierung und Klärung solcher Zweifelsfragen, deren Regelung die Vertragsparteien beim Vertragsschluß möglicherweise übersehen hätten. Da das im Jahre 1900 in Kraft getretene BGB nicht mehr für alle Anforderungen des modernen Wirtschaftslebens befriedigende Lösungen bereithält, wurden durch AGB zugleich Lücken dispositiven Rechts bei der Anwendung neuer Vertragstypen (Leasing-, Bank-, Factoringverträge usw.) geschlossen. Das AGB-Gesetz wirkt dabei dem Mißbrauch der Vertragsgestaltungsfreiheit und der in vielen Fällen vorhandenen wirtschaftlichen Überlegenheit des AGB-Verwenders entgegen. Insbesondere soll eine unangemessene Risikoabwälzung zu Lasten des Vertragspartners verhindert werden. 1

Im folgenden werden die für den Rechtsanwalt wichtigsten Anwendungsfelder Allgemeiner Geschäftsbedingungen erörtert: Zunächst werden anhand eines kommentierten Prüfschemas die einzelnen Schritte zur **Wirksamkeitsüberprüfung** von AGB erläutert (Rdnr. 3 ff.). Abschließend wird ein kurzer **Leitfaden für das Entwerfen** von AGB gegeben (Rdnr. 61 ff.). 2

II. Überprüfung der Wirksamkeit von AGB

3   Die Überprüfung der Wirksamkeit von AGB erfolgt systematisch nach folgendem Prüfschema, das seinerseits bei jedem Prüfschritt auf die entsprechenden Randnummern des nachfolgenden Textes verweist, so daß sich evtl. ergebende Fragen sofort klären lassen:

Prüfschema

1. **Anwendbarkeit des AGBG**
   (a) Unanwendbarkeit des AGBG nach § 23 Abs. 1, also **nicht** im Arbeits-, Erb-, Familien- und Gesellschaftsrecht (Rdnr. 4)
   (b) Anwendbarkeit des AGBG nach § 1:
   – Vertragsbedingung (Rdnr. 5)
   – Vorformulierung (Rdnr. 6)
   – für eine Vielzahl von Fällen (mind. drei) (Rdnr. 7)
   – vom Verwender „gestellt" (Rdnr. 8)
   – nicht ausgehandelt (Rdnr. 9)
   (c) ausnahmsweise auch bei Umgehung, § 7 (Rdnr. 10)
2. **Einbeziehung in den Vertrag**
   (a) gegenüber Nichtkaufleuten nach § 2
   – Hinweis des Verwenders (Rdnr. 14f.)
   – Möglichkeit der Kenntnisnahme (Rdnr. 16)
   – Einverständnis des Kunden (Rdnr. 17)
   (b) gegenüber Kaufleuten (u. jur. Pers. d. öffentl. Rechts od. öffentl. rechtl. Sondervermögen) nach § 24 (Rdnr. 18)
   (c) Einbeziehungserleichterung nach § 23 Abs. 2 Nr. 1 und 1a (insbes. Bahn, Post)
   (d) Einbeziehungserleichterung nach § 23 Abs. 3 (Bausparen, Versicherung u. Kapitalbeteiligung)
   (e) dennoch keine Geltung
   – bei überraschender Klausel, § 3 (Rdnr. 19–21)
   – bei Vorliegen von Unklarheiten, § 5 (Rdnr. 22f.)
   – durch Vorrang der Individualabrede, § 4 (Rdnr. 24f.)
3. **Inhaltskontrolle**
   (a) ausnahmsweise **keine** Inhaltskontrolle, wenn keine von Rechtsvorschriften abweichende oder diese ergänzende Regelungen vereinbart sind, § 8 (Rdnr. 28f.)
   (b) **eingeschränkte** Inhaltskontrolle nach § 23 Abs. 2 Nr. 2–6 (insbes. Energie, Personenbeförderung, Lotterie, VOB/B, Versicherung, Urheberrecht) (Rdnr. 30)
   (c) gegenüber Kaufleuten nur nach § 9 (§ 24; Rdnr. 27)
   (d) Klauselverbote ohne Wertungsmöglichkeit nach § 11 (Rdnr. 31–39)
   (e) Klauselverbote mit Wertungsmöglichkeit nach § 10 (Rdnr. 40–43)
   (f) Unwirksamkeit nach der Generalklausel § 9 (Rdnr. 44–58)
4. **Rechtsfolgen der Unwirksamkeit, § 6**
   – hinsichtlich des übrigen Vertrages (Rdnr. 59)
   – hinsichtlich der unwirksamen Klausel(n) (Rdnr. 60)

1. Anwendbarkeit des AGB-Gesetzes

4   Die Anwendbarkeit des AGB-Gesetzes setzt voraus, daß die zu überprüfenden Klauseln **nicht** einem Vertrag auf dem Gebiet des **Arbeits-, Erb-, Familien-** oder **Gesellschaftsrechts** entstammen (§ 23 I AGBG). Greift dieser Ausschlußtatbestand nicht ein, ist nach § 1 AGBG die Eigenschaft der Klausel(n) als AGB zu prüfen.

Überprüfung der Wirksamkeit von AGB **B I**

Die AGB muß **Vertragsbedingung** sein, d. h. eine Regelung, die den Inhalt 5
eines Rechtsgeschäfts zwischen dem Verwender und dem anderen Teil gestalten
soll. Nicht dazu gehören Regelungen mit Rechtsnormcharakter wie z. B. Satzungen öffentlicher Einrichtungen und sonstige Bestimmungen und Verträge
des öffentlichen Rechts (z. B. Krankenhauspflegesätze; zur analogen Anwendung des AGBG vgl. *Ulmer/Brandner/Hensen* § 1 AGBG Rdnr. 14). Einseitige
Rechtsgeschäfte und Erklärungen des Kunden gelten als Vertragsbedingungen,
wenn sie auf einem vorformulierten Text des Verwenders beruhen. Bestellformulare, Bewerbungsbedingungen für Bauaufträge, Vollmachtserteilungen,
Einziehungsermächtigungen fallen deshalb auch dann unter das AGB-Gesetz,
wenn sie nicht Bestandteil eines zweiseitigen Vertrages werden.

Vorformuliert sind solche Klauseln, die nicht allein für den konkreten Ver- 6
trag, sondern für mehrere Rechtsgeschäfte bestimmt sind. Schriftliche Fixierung
ist nicht erforderlich. Es genügt die Speicherung von Textbausteinen im Gedächtnis oder mittels eines Computers (*Schlünder* § 1 AGBG Rdnr. 31 ff.
m. w. Nachw.).

Für eine **Vielzahl** von Anwendungsfällen sind AGB vorformuliert, wenn sie 7
inhaltlich gleichartig mindestens in drei Fällen verwendet werden sollen (BGH
WM 1984, 1610/1612). Die erstmalige Verwendung der Klausel reicht aus,
wenn deren mehrfache Verwendung beabsichtigt ist. Die einmalige Verwendung genügt, wenn der Verwender auf ein von Dritten empfohlenes Vertragsmuster (Mustermietverträge, ADAC-Gebrauchtwagenkaufvertrag) zurückgreift (*Ulmer/Brandner/Hensen* § 1 AGBG Rdnr. 24).

Vom Verwender **gestellt** sind solche Klauseln, die einseitig von diesem in den 8
Vertrag eingeführt werden. Dazu ist nicht erforderlich, daß der Verwender die
AGB ohne jegliche Verhandlungsbereitschaft oder gar zwangsweise durchsetzt
(*Ulmer/Brandner/Hensen* § 1 AGBG Rdnr. 26).

Ein wirkliches **individuelles Aushandeln** läßt nach § 1 II AGBG den AGB- 9
Charakter der betreffenden Klausel entfallen. Dazu ist i. d. R. eine Änderung des
vorformulierten Textes notwendig. Eine unveränderte Übernahme der Klausel
reicht aus, wenn beide Vertragsparteien zuvor mehrere Textfassungen der Klausel erörtert und sich dann auf die ursprüngliche Fassung geeinigt haben (*BGH
WM* 1992, 1160). Im kaufmännischen Verkehr kann ein Aushandeln auch vorliegen, wenn der Verwender eine Klausel als unabdingbar erklärt (*BGH* WM
1992, 1160). Nicht ausreichend ist die bloße Belehrung des Notars, die Erläuterung der Klausel oder die bloße theoretische Abänderungsbereitschaft des Verwenders, ohne daß es zu konkreten Verhandlungen kommt (*Wolf/Horn/Lindacher* § 1 AGBG Rdnr. 36). Ebensowenig genügt es, den Verwendungsgegner
zwischen zwei verschiedenen Formen der Auftragsdurchführung wählen zu lassen (*BGH* NJW 1992, 1107) oder eine Aushandelnsbestätigungsklausel aufzunehmen.

Ein **Umgehungsgeschäft** eröffnet nach § 7 AGBG ebenfalls die Anwendbar- 10
keit des AGB-Gesetzes. Praktische Anwendungsfälle sind durch die Einkleidung von Bezugsverpflichtungen oder Dienstleistungen in gesellschaftsrechtliche Gestaltungsformen denkbar (Buchclubs, Partnerschaftsvermittlungsverein).

In den neuen Bundesländern ist das AGBG auf alle dort nach dem 30. 6. 1990 11
abgeschlossenen Verträge anwendbar. Für vorher abgeschlossene und noch
nicht abgewickelte Dauerschuldverhältnisse gilt eine § 28 AGBG entsprechende
Regelung. Seit dem 3. 10. 1990 erstrecken sich rechtskräftige AGB-Verwen-

dungsverbote auf das Gebiet der gesamten Bundesrepublik (*Palandt-Heinrichs* vor § 13 AGBG Rdnr. 4)

12 Die **Beweislast** für die AGB-Eigenschaft gemäß § 1 I AGBG trägt derjenige, der sich auf den Schutz des AGBG beruft, also i. d. R. der Verwendungsgegner (*BGH* NJW 1992, 2160). Der Anscheinsbeweis kann bereits durch Hinweis auf die **äußere Form** der Vertragsbedingungen geführt werden (kleingedruckte, hektografierte oder sonst vervielfältigte Fassung) (*OLG Stuttgart,* NJW 1979, 222, 223); das gleiche gilt, wenn der Vertrag nach seiner **inhaltlichen Gestaltung** aller Lebenserfahrung nach für eine mehrfache Verwendung entworfern wurde (z. B. Bauträgervertrag, *BGH* NJW 1992, 2160). Beruft sich der Verwender auf das individuelle Aushandeln gemäß § 1 II AGBG, so ist er dafür darlegungs- und beweispflichtig (a. A. noch Vorauflage; so wie hier *BGH* NJW 1988, 410; *Palandt-Heinrichs* § 1 AGBG Rdnr. 20); an diese Darlegungs- und Beweislast sind strenge Anforderungen zu stellen (*BGH* NJW 1979, 367). – Beruft sich der Verwendungsgegner auf eine vom Formulartext abweichende Individualvereinbarung gemäß § 4 AGBG, trifft den Verwendungsgegner die Beweislast (*BGH* WM 1987, 646); demgegenüber trägt nach allgemeinen Beweislastregeln der Verwender die Beweislast, wenn sich der Verwender auf eine von den AGB abweichende Individualvereinbarung gemäß § 4 AGBG beruft.

2. Einbeziehung in den Vertrag

13 a) **Einhaltung der Einbeziehungsformalien, § 2 AGBG.** Nur die wirksame Einbeziehung in den Vertrag verschafft den AGB Geltung. Dazu ist nach § 2 AGBG gegenüber **Nichtkaufleuten** erforderlich, daß der Vertragspartner bei Vertragsschluß auf die Geltung der AGB hingewiesen wird, die Möglichkeit zumutbarer Kenntnisnahme hat und mit der Geltung der AGB einverstanden ist.

14 Ein **ausdrücklicher Hinweis** auf die Geltung der AGB ist dazu notwendig. Der Einbeziehungswille des Verwenders muß zweifelsfrei und deutlich erkennbar sein. Deshalb muß ein schriftlicher Hinweis so gestaltet sein, daß der Durchschnittskunde auch bei flüchtiger Betrachtung und durchschnittlicher Aufmerksamkeit den Hinweis nicht übersehen kann (*BGH* NJW-RR 1987, 112/114). Kleingedruckte oder senkrecht zur Leserichtung angebrachte Hinweise reichen ebensowenig aus wie der bloße Abdruck auf der Formularrückseite, in Katalogen, Preislisten oder als Beilage. Regelmäßig ist ein **fettgedruckter Hinweis** auf dem Vertragstext notwendig (*Wolf/Horn/Lindacher* § 2 AGBG Rdnr. 12).

15 **Ausnahmsweise** genügt ein **deutlich sichtbarer Aushang** am Ort des Vertragsschlusses, wenn ein ausdrücklicher Hinweis nur unter unverhältnismäßigen Schwierigkeiten möglich ist. Dieses gilt, wenn der Vertragsschluß automatisiert ist oder wegen der Massenhaftigkeit der Vertragsschlüsse das Personal überfordert wird. Beispiele sind: Beförderungsverträge, Parkhausbenutzung, Autowaschanlage, Eintritt im Theater, Museen, Sportveranstaltung usw. In Kaufhäusern kann dem Personal i. d. R. ein ausdrücklicher Hinweis zugemutet werden (str.).

16 Dem Verwendungsgegner muß nach § 2 I Nr. 2 AGBG die **Möglichkeit zumutbarer Kenntnisnahme** eingeräumt werden. Der Verwender genügt dieser Obliegenheit, wenn der vollständige AGB-Text am Ort des Vertragsschlusses ausgehängt ist, ein Abdruck der AGB ausgehändigt oder zur Einsichtnahme bereitgehalten wird. Der bloße Hinweis auf die Geltung der AGB genügt ebensowenig (*BGH* NJW 1990, 715) wie die Bereitschaft, diese bei Unkenntnis zuzusenden (*OLG München* NJW-RR 1992, 349). Bei fernmündlichen Vertragsschlüssen wird man die Abrufbarkeit des Textes im Interesse einer schnellen Vertragsabwicklung genügen lassen müssen; anders i. d. R. bei Vertragsabschlüssen per Bildschirmtext (*Ulmer/Brandner/Hensen* § 2 Rdnr. 49 f.). An einer zumutbaren Möglichkeit der Kenntnisnahme fehlt es, wenn die AGB nur mit Mühe lesbar, unübersichtlich gestaltet oder für die angesprochenen Kundenkreise schwer verständlich sind. Das gleiche gilt, wenn das Klauselwerk einen Umfang hat, der der Bedeutung des Rechtsgeschäfts nicht gerecht wird (vgl. Rdnr. 63).

Der Kunde muß zur Geltung der AGB sein **Einverständnis** erklärt haben. Es 17 gelten die allgemeinen Regeln über die Annahmeerklärung nach den §§ 145 ff. BGB. Es genügt deshalb auch eine konkludente Erklärung. Klauseln in AGB, die das Schweigen des Kunden als Einverständnis fingieren, sind schon deshalb unbeachtlich, weil die AGB erst nach wirksamer Einbeziehung gelten.

Gegenüber Kaufleuten gilt § 2 AGBG nicht. Auch hier ist jedoch eine rechts- 18 geschäftliche Einbeziehungsvereinbarung notwendig (*BGH* NJW 1988, 1210/1212). Dafür reicht ein konkludenter Hinweis wie etwa ein unübersehbares Beifügen der AGB zum Vertragstext aus. Ebenso genügt die Branchenüblichkeit der Verwendung von AGB oder eine laufende Geschäftsverbindung, in der der Verwender in der Vergangenheit unmißverständlich zu erkennen gegeben hat, regelmäßig nur zu seinen AGB Geschäfte abschließen zu wollen (*BGH* NJW 1992, 1232). Verwenden beide Vertragspartner AGB, in denen der Geltung anderer AGB widersprochen wird **(Abwehrklausel)**, gelten nur die inhaltlich übereinstimmenden Klauseln (*Schlünder* § 2 AGBG Rdnr. 60 ff. m. w. Nachw.). Die **Beweislast** für die wirksame Einbeziehung (oder eine Einbeziehungsvereinbarung) trägt derjenige, der sich darauf beruft (i. d. R. Verwender).

b) Keine Einbeziehung überraschender Klauseln. Nach § 3 AGBG werden 19 solche Klauseln nicht Vertragsbestandteil, die nach den Umständen so ungewöhnlich sind, daß ihnen ein **Überraschungs- oder Übertölpelungseffekt** innewohnt. Überraschend sind deshalb solche Klauseln, mit denen der typischerweise angesprochene Personenkreis vernünftigerweise nicht zu rechnen braucht (*BGH* NJW 1992, 1234). Unter Kaufleuten ist an den Überraschungseffekt ein strengerer Maßstab anzulegen. Individuelle Begleitumstände, die besondere Erwartungen beim Verendungsgegner geweckt haben, können im Einzelfall den Überraschungseffekt ausgelöst haben.

Überraschend sind insbesondere **atypische Erweiterungen der Vertrags-** 20 **pflichten** wie die Verpflichtung zum Kauf zusätzlicher Ware, Ankaufsverpflichtung in Mietverträgen oder die Zahlung einer Bearbeitungsgebühr beim Scheitern des Vertragsschlusses, wenn die bei der Vertragsanbahnung anfallenden Kosten üblicherweise unentgeltlich sind. Das gleiche gilt für die **atypische Erweiterung vereinbarter Sicherheiten** wie z. B. die Grundschuldbestellung für „alle gegenwärtigen und künftigen Ansprüche", wenn Kreditnehmer und Sicherungsgeber nicht identisch sind (anders bei Bürgschaft!). In einem solchen Fall ist auch die zusätzliche Übernahme der persönlichen Haftung unwirksam. Gleiches gilt für die im Rahmen einer Eigentumsvorbehaltsvereinbarung aufgenommenen Konzernvorbehalts- oder Konzernverrechnungsklauseln. **Sonstige atypische Vertragsgestaltungen** wie Lohnabtretungsklauseln beim Kreditkauf,

B I
Allgemeine Geschäftsbedingungen

Abfindungserklärung einer Versicherung, in der der Geschädigte auch auf Ansprüche gegen Dritte verzichtet, sind ebenso überraschend wie die Verzinsungspflicht in einem Grundstückskaufvertrag vor Fälligkeit des Erwerbspreises (weitere Einzelfälle bei *Schlünder* § 3 AGBG Rdnr. 20 bis 151).

21 Der Klauselverwender kann den Überraschungseffekt beseitigen, indem er die Klausel dem Verwendungsgegner gesondert erläutert, durch **besondere drucktechnische Gestaltung** hervorhebt oder in sonstiger Weise eindeutig auf sie hinweist (*OLG Nürnberg* NJW 1991, 232). Die Verlesung und Belehrung im Rahmen einer notariellen Beurkundung nimmt i. d. R. den Überraschungseffekt. Die **Beweislast** für das Bestehen eines Überraschungseffektes trägt der Verwendungsgegner; der Verwender muß ggf. beweisen, daß er besondere Maßnahmen zur Beseitigung dieses Effektes ergriffen hat.

22 **c) eine Einbeziehung unklarer Klauselinhalte, Unklarheitenregel § 5 AGBG.** Die Unklarheitenregel besagt nichts über die Wirksamkeit einer Klausel, sondern gibt nur eine **Auslegungshilfe.** Sie greift erst ein, wenn sich nach Ausschöpfung aller Auslegungsmethoden die Mehrdeutigkeit der Klausel herausstellt (*BGH* NJW 1990, 3016). Dann kann sich der Verwendungsgegner auf die günstigere Auslegung berufen. Im Einzelfall kann bei einem unauflösbaren Widerspruch allein die gesetzliche Regelung übrig bleiben.

23 **Beispiele:** Bei der Verknüpfung von Garantiebedingungen des Händlers mit davon abweichenden des Herstellers gelten die für den Käufer günstigeren. Steht in einem vom Bauherrn verwendeten Bauvertrag „Garantiehaftung entsprechend VOB bzw. BGB", gilt zugunsten des Bauunternehmers die kürzere Verjährungsfrist der VOB/B (*OLG Hamm* NJW-RR 1988, 467). Die Vereinbarung einer Nichtabnahmeentschädigung in einem Kreditvertrag erfaßt im Zweifel nur die vom Kreditnehmer veranlaßte Nichtabnahme und nicht die berechtigte Nichtgewährung des Darlehens durch den Kreditgeber (weitere Einzelfälle bei *Schlünder* § 5 AGBG Rdnr. 49–104).

24 **d) Vorrang der Individualabrede, § 4 AGB-Gesetz.** Jede – auch konkludente – Individualabrede verdrängt abweichende AGB-Klauseln. Bei jedem auch indirekten Widerspruch mit einer Formularklausel geht die Individualabrede vor. Zur Feststellung des Widerspruchs bedarf es deshalb zunächst der Auslegung nach § 5 AGBG.

25 Der Vorrang der Individualabrede kann auch nicht mit der beliebten Klausel „Abweichungen von diesen Vertragsbedingungen bedürfen der Schriftform" ausgeschaltet werden. Zumindest in nachträglich getroffenen mündlichen Abreden ist zugleich die konkludente Abbedingung der Schriftformklausel zu sehen; in der Regel verstößt eine solche Klausel auch gegen § 9 AGBG (*BGH* NJW 1986, 1809/1810). Die **Beweislast** für eine abweichende Individualvereinbarung obliegt dem Kunden (*BGH* WM 1987, 646).

3. Inhaltskontrolle

26 **a) Allgemeines.** Erst nach Feststellung der wirksamen Einbeziehung sind die einzelnen Klauseln der Inhaltskontrolle zu unterziehen. Ggf. kann eine Überprüfung nach § 3 AGBG zunächst unterbleiben, wenn sich die Unwirksamkeit der Klausel sicherer innerhalb der Inhaltskontrolle feststellen läßt. Zunächst ist kurz zu prüfen, ob die betreffenden Klauseln überhaupt kontrollfähig sind (§ 8 AGBG). Danach ist anhand der Klauselkataloge in den §§ 11 und 10 AGBG (in

dieser Reihenfolge!) die Wirksamkeit zu prüfen. Greift § 11 AGBG ein, ist die Klausel stets unwirksam, während bei § 10 AGBG die Feststellung der Unwirksamkeit aufgrund der dort enthaltenen unbestimmten Rechtsbegriffe („unangemessen lange", „nicht hinreichend bestimmt") mit einer zusätzlichen Wertung verbunden ist. In einem letzten Schritt ist dann die Klausel anhand der Generalklausel (§ 9 AGBG) zu überprüfen. Wegen der großen Zahl der von der Rechtsprechung entschiedenen Einzelfälle wird auf die systematische Zusammenstellung bei *Schlünder,* §§ 9, 10 und 11 verwiesen.

Für Kaufleute gelten die §§ 10 und 11 AGBG nicht (§ 24 AGBG). AGB sind **27** deshalb im kaufmännischen Verkehr nur nach § 9 AGBG zu überprüfen. Ein Verstoß gegen die §§ 10 und 11 AGBG hat jedoch i. d. R. Indizwirkung (*BGHZ* 103, 316/328). Umgekehrt kann eine Klausel, die im nichtkaufmännischen Verkehr gegen § 9 AGBG verstößt, unter Kaufleuten wirksam sein. Die besonderen Bedürfnisse des kaufmännischen Verkehrs sind zu beachten.

b) Ausschluß der Inhaltskontrolle, § 8 AGBG. Der Inhaltskontrolle unterlie- **28** gen solche Klauseln nicht, die unmittelbar die **Hauptleistungen** wie Preise, Waren und sonstige Leistungen beschreiben **(Leistungsbeschreibung).** Dazu gehören die eigentlichen Preisabreden wie Tarife, Gebührenordnungen, Rabatt- und Skontovereinbarungen und die betragsmäßige Aufschlüsselung der einzelnen Kostenanteile (Transport-, Verpackungskosten usw.). Kontrollfähig sind aber solche Klauseln, die Entstehungsregeln gegenüber dem Vertragspartner für eine Preiserhöhung oder -verbilligung festsetzen. Dazu gehören Regeln über vorzeitige Fälligkeit, Verzugszinsen, die Auferlegung von Bearbeitungs-, Transport- oder Verpackungskosten und die Vereinbarung bestimmter Preiszuschläge oder -nachlässe zu Lasten des Vertragspartners (*Ulmer/Brandner/Hensen* § 8 AGBG Rdnr. 15f.).

Deklaratorische Klauseln sind ebenfalls von einer Inhaltskontrolle ausge- **29** nommen. Dazu gehören solche, die mit dem dispositiven Gesetzesrecht oder internationalen Abkommen (EKG, EAG) übereinstimmen. Prüffähig sind jedoch Klauseln, die gesetzliche Regeln für anwendbar erklären, die für den beabsichtigten Vertrag nicht ohne weiteres gelten würden (z. B. Kaufrecht beim Werkvertrag, Dienstvertragsrecht beim Maklervertrag usw.; *BGH* NJW 1984, 2161; vgl. *Wolf/Horn/Lindacher* § 8 AGBG Rdnr. 23).

c) Inhaltskontrolle bei Vereinbarung der VOB/B. Beim Abschluß von Bau- **30** verträgen wird oft die VOB/B vereinbart. Auch hierbei handelt es sich um AGB. Wird dabei die VOB/B **als Ganzes** vereinbart, scheidet eine Inhaltskontrolle nicht nur nach den §§ 10 Nr. 5, 11 Nr. 10f. AGBG (vgl. § 23 II Nr. 5 AGBG), sondern **insgesamt** aus, da die VOB/B eine ausgewogene Regelung darstellt, die nicht die Interessen des Verwenders einseitig begünstigt (*BGH* NJW 1990, 1785). Werden jedoch einzelne Klauseln vom Verwender herausgenommen oder abgeändert, unterliegt jede einzelne Klausel der Inhaltskontrolle, wenn die VOB/B in ihrem Kernbereich abgeändert ist. Das ist stets der Fall, wenn nur einzelne Klauseln der VOB/B isoliert vereinbart werden (vgl. zur isolierten Vereinbarung der verkürzten VOB/B-Gewährleistungsfristen Rdnr. 34; *Schlünder* § 9 AGBG Rdnr. 213 ff.).

d) Klauselverbote ohne Wertungsmöglichkeiten, § 11 AGBG. aa) Gewähr- 31 leistungsbeschränkung, § 11 Nr. 10, 11 AGBG. Die Verbotsregelung betrifft nur **neu hergestellte Sachen.** Für gebrauchte Sachen ist ein Gewährleistungs-

B I Allgemeine Geschäftsbedingungen

ausschluß regelmäßig zulässig (Gebrauchtwagenhandel, Auktion). Neue Sachen sind nur solche, die noch nicht – auch nicht kurzfristig – ihrem bestimmungsgemäßen Gebrauch zugeführt worden sind. § 11 Nr. 10 AGBG gilt für sämtliche Lieferungsverträge (insbesondere Kauf-, Werk-, Werklieferungsverträge).

32   Der generelle **Gewährleistungsausschluß** (Nr. 10a) ist unzulässig. Darunter fällt auch der Ausschluß für verdeckte oder unverschuldete oder nicht bei Übergabe festgestellter Mängel. Ebenso darf die Gewährleistung nicht auf die Geltendmachung gegenüber Dritten beschränkt oder von einer vorherigen gerichtlichen Inanspruchnahme abhängig gemacht werden (Nr. 10a). Zulässig ist es, im Rahmen eines Bauvertrages den Bauherrn zunächst auf die ausführenden Handwerker zu verweisen, wenn der Hauptunternehmer sämtliche Vertragsdaten mitteilt. Ist diese Nebenpflicht nicht erfüllt oder lehnt der ausführende Handwerker die mit Nachdruck vorgetragenen Gewährleistungsansprüche ab, lebt die direkte Haftung des Klauselverwenders wieder auf (*Ulmer/Brandner/ Hensen* § 11 Nr. 10 AGBG Rdnr. 19).

33   Die **Beschränkung auf Nachbesserung** (Nr. 10b) ist nur dann wirksam, wenn nach Fehlschlagen derselben die anderen Gewährleistungsansprüche (Wandlung und Minderung) dem Kunden ausdrücklich vorbehalten werden. Der ausdrückliche Vorbehalt ist i. d. R. nur ordnungsgemäß, wenn die Textfassung des § 11 Nr. 10b AGBG wortgetreu übernommen wird (vgl. *OLG Düsseldorf* NJW-RR 1992, 824). Die Nachbesserung ist i. d. R. bereits nach zweimaligem erfolglosen Nachbesserungsversuch (*OLG Köln* NJW 1987, 2520) oder bei unzumutbarer Verzögerung der Nachbesserung fehlgeschlagen.

34   Unwirksam ist weiter jede **Verkürzung der gesetzlichen Gewährleistungsfristen** (Nr. 10f.). Im Rahmen eines VOB-Bauvertrages gelten die kürzeren Fristen der VOB/B, wenn diese als Ganzes vereinbart und nicht in wesentlichen Teilen zugunsten des Verwenders verändert wird (*BGHZ* 86, 135). Schließlich dürfen Gewährleistungsklauseln nicht (auch nicht teilweise) Nachbesserungskosten auf den Kunden abwälzen (Nr. 10c), die Mängelbeseitigung von der vorherigen vollständigen Zahlung des Kaufpreises oder eines unverhältnismäßig hohen Teilbetrages abhängig machen (Nr. 10d) oder die Gewährleistung bei nicht offensichtlichen Mängeln von einer Anzeige abhängig machen, die innerhalb einer kürzeren als der gesetzlichen Gewährleistungsfrist abgesendet werden muß (Nr. 10e).

35   Die Haftung für **zugesicherte Eigenschaften** kann weder ausgeschlossen noch eingeschränkt werden (Nr. 11). Das gilt für die volle Reichweite der abgegebenen Zusicherung (u. U. auch für Mangelfolgeschäden). Auch ein mittelbarer Haftungsausschluß durch Anknüpfung an bestimmte Formerfordernisse der Zusicherung ist unwirksam (*Ulmer/Brandner/Hensen* § 11 Nr. 11 AGBG Rdnr. 14).

36   bb) **Schadenspauschalen und Haftungserweiterungen zu Lasten des Verwendungsgegners (§ 11 Nr. 5, 6, 14 AGBG). Vertragsstrafen** für den Fall der verspäteten Abnahme der Leistung, des Zahlungsverzuges oder der Lösung vom Vertrag sind unwirksam (Nr. 6). Nicht darunter fallen Vorfälligkeitsklauseln in Kredit- oder Leasingverträgen, da damit nur die Vertragsbeendigung geregelt wird. Die Vereinbarung einer Nichtabnahmeentschädigung stellt eine Abgeltung des entgangenen Gewinns und deshalb keine Vertragsstrafenregelung dar (*Schlünder* § 11 Nr. 6 AGBG Rdnr. 1ff. m. w. Nachw.). **Schadenspauschalen** sind nur dann wirksam, wenn sie den üblicherweise zu erwartenden

Schaden nicht übersteigen und dem Kunden der Nachweis eines geringeren Schadens eröffnet bleibt (Nr. 5). Im Gegensatz zur Vertragsstrafe wird mit einer Schadenspauschale nur die Anspruchshöhe geregelt. Die Klausel ist unwirksam, wenn durch die Klauselformulierung (z. B. „unwiderlegbar", „mindestens", „auf jeden Fall") der Verwendungsgegner vom Gegenbeweis abgehalten wird. Die Auferlegung einer **zusätzlichen Haftung des für den Verwendungsgegner handelnden Vertreters** ist ausgeschlossen, wenn sie über die gesetzlich geregelte Vertreterhaftung (§§ 174, 179 BGB) hinausgeht und der Vertreter nicht in einer gesonderten Erklärung darauf hingewiesen worden ist (Nr. 14).

cc) **Ausschluß oder Beschränkung der vertraglichen Haftung des Verwenders (§ 11 Nr. 7, Nr. 8, Nr. 9 AGBG).** Einen Ausschluß oder eine Begrenzung der vertraglichen Haftung darf der Klauselverwender **nur für leichte Fahrlässigkeit**, nicht aber für Vorsatz oder grobe Fahrlässigkeit vornehmen (Nr. 7). Das gilt für jede Art der vertraglichen Haftung (auch c. i. c. und p. V. V.) und analog auch für die Haftung aus unerlaubter Handlung (*BGHZ* 100, 158/184). § 11 Nr. 7 AGBG greift auch dann ein, wenn die Haftung betragsmäßig begrenzt oder für bestimmte Schäden ausgeschlossen wird. Bei **Verzug oder Unmöglichkeit** darf das Recht des Vertragspartners, sich vom Vertrag zu lösen (Rücktritt, Kündigung, Widerruf), nicht eingeschränkt und das Recht, Schadensersatz zu verlangen, nicht ausgeschlossen werden (Nr. 8). Im Bereich leichter Fahrlässigkeit kann die Haftung betragsmäßig begrenzt oder für entferntere Schäden ausgeschlossen werden, ein genereller Haftungsausschluß ist aber auch hier unzulässig (*BGH* NJW-RR 1989, 625/626). Bei **teilweisem Verzug oder Teilunmöglichkeit** müssen Schadensersatzansprüche und das Rücktrittsrecht für den gesamten Vertrag erhalten bleiben, wenn eine Teilerfüllung für den Gläubiger ohne Interesse ist. 37

dd) **Einschränkungen in der Geltendmachung von Gegenrechten und Abgabe von Willenserklärungen (§ 11 Nr. 2, 3, 16 AGBG).** Die **Einrede des nicht erfüllten Vertrages** (§ 320 BGB) und das auf demselben Vertragsverhältnis beruhende Zurückbehaltungsrecht dürfen nicht eingeschränkt werden (Nr. 2). Deshalb sind solche Klauseln unwirksam, die eine Zurückhaltung des Kaufpreises auf einen bestimmten Prozentsatz beschränken oder bestimmen, daß der Preis stets „sofort ohne Abzug" zahlbar ist. Vorleistungsklauseln können vereinbart werden, sind dann aber an § 9 AGBG zu messen (*Wolf/Horn/Lindacher* § 11 Nr. 2 AGBG Rdnr. 7). Die **Aufrechnung** mit rechtskräftigen oder unbestrittenen Forderungen kann ebenfalls nicht eingeschränkt werden. Die Klausel muß dabei ausdrücklich zumindest die Aufrechnung mit unbestrittenen Forderungen zulassen (*BGH* NJW 1989, 3215), sonst ist sie insgesamt unwirksam. Die **Abgabe von Anzeigen und Erklärungen** darf für den Kunden nicht unnötig erschwert werden (Nr. 16). Deshalb darf keine strengere Form als die Schriftform und kein besonderes – über die gesetzliche Regelung hinausgehendes – Zugangserfordernis vereinbart werden. 38

ee) **Sonstige Klauselverbote (§ 11 Nr. 1, 4, 12, 13 und 15 AGBG). Preisanpassungsklauseln** sind generell unwirksam, wenn die Lieferung vertraglich binnen vier Monaten nach Vertragsschluß vorgesehen ist (Nr. 1). Sieht das Gesetz die Mahnung oder Nachfristsetzung für Ansprüche des Verwenders vor, darf dieser sich nicht davon freistellen (Nr. 4). Bei **Dauerschuldverhältnissen** (Nr. 12) über die Lieferung von Waren oder die Erbringung von Dienst- oder 39

Werkleistungen darf der Kunde nicht länger als zwei Jahre an den Vertrag gebunden werden. Ebenso darf sich der Vertrag mangels einer Kündigungserklärung stillschweigend nicht länger als ein Jahr automatisch verlängern. Die Kündigungsfrist darf nicht über drei Monate hinausgehen. Dieses Klauselverbot betrifft insbesondere die regelmäßige Lieferung von Zeitungen und Energie, Buchclubmitgliedschaften, Unterrichts- und Wartungsverträge. Ein **Wechsel des Vertragspartners** auf seiten des Klauselverwenders ist stets nur zulässig, wenn der neue Vertragspartner namentlich bezeichnet oder für den Kunden in diesem Fall ein Lösungsrecht vom Vertrag vorgesehen ist (Nr. 13). Schließlich darf der Klauselverwender nicht die Beweislast zum Nachteil des Kunden ändern (Nr. 15). Das betrifft insbesondere solche Klauseln, in denen die Bestätigung des Kunden über rechtlich relevante Umstände („alle Klauseln sind ausgehandelt") oder schlicht tatsächliche Vorgänge („mündliche Nebenabreden sind nicht getroffen") fingiert wird.

40   e) **Klauselverbote mit Wertungsmöglichkeit, § 10 AGBG. aa) Fristregelungen (§ 10 Nr. 1 und 2 AGBG).** Für die **Annahme oder Ablehnung von Angeboten** des Kunden sowie für die Erbringung der Leistung selbst darf sich der Verwender keine unangemessen lange Fristen vorbehalten (Nr. 1). Die Bindungsdauer des Kunden an sein Angebot richtet sich nach § 147 II BGB. Eine **Lieferfrist** ist i. d. R. unangemessen lang, wenn nach dem vorgesehenen Liefertermin noch Nachfristen von drei Monaten (Möbelhandel) oder von sechs Wochen (Fertighausvertrag) eingeräumt werden. Im Kfz-Handel ist eine Nachfrist von 6 Wochen für Neuwagen ebenso noch angemessen wie eine vierwöchige Bindungsfrist des Bestellers (*Schlünder* § 10 Nr. 1 AGBG Rdnr. 23, 24, 29, 31). Der **Vorbehalt** einer unangemessen langen **Nachfrist** i. S. v. § 326 BGB ist ebenfalls unwirksam (Nr. 2). I. d. R. hat die Nachfrist erheblich kürzer als die vereinbarte Lieferfrist zu sein. Bei üblichen Gebrauchsgütern darf die Nachfrist höchstens 14 Tage betragen (*Wolf/Horn/Lindacher* § 10 Nr. 2 Rdnr. 10). In allen vorgenannten Fällen sind nicht hinreichend bestimmte Fristen stets unwirksam.

41   bb) **Rücktritts- und Änderungsvorbehalt des Verwenders (§ 10 Nr. 3 und Nr. 4 AGBG).** Vertragslösungsrechte des Verwenders ohne sachlich gerechtfertigten Grund sind unwirksam (Nr. 3). Stets unwirksam sind solche Klauseln, bei denen ein Rücktrittsgrund nicht angegeben ist. Zulässige Rücktrittsgründe sind solche, die eher in der Sphäre des Kunden liegen (*BGH* NJW 1992, 1628), während Leistungshindernisse auf seiten des Schuldners auf jeden Fall dann keinen gerechtfertigten Grund darstellen, wenn sie von diesem zu vertreten oder nur vorübergehend sind. **Änderungsvorbehalte** hinsichtlich der Leistung (Nr. 4) sind grundsätzlich unwirksam. Etwas anderes gilt, wenn der Verwender die Zumutbarkeit der Änderung für den Kunden beweist. Zumutbar sind z. B. handelsübliche materialbedingte Struktur- und Farbänderungen im Möbelhandel, nicht aber jede (auch kleinere) Farb- oder Materialabweichung (*Schlünder* § 10 Nr. 4 AGBG Rdnr. 15f.).

42   cc) **Erklärungs- und Zugangsfiktionen (§ 10 Nr. 5 und 6 AGBG).** Die **Fiktion der Abgabe einer Willenserklärung** bei einer bestimmten Handlung des Verwendungsgegners ist unwirksam, wenn diesem nicht zuvor eine angemessene Erklärungsfrist (zur Zerstörung der Fiktion) eingeräumt und er nicht bei Fristbeginn auf die Bedeutung seines Verhaltens besonders hingewiesen wurde. Einräumung der Frist und Belehrung müssen **kumulativ** erfolgt sein. Die Frist

und die Verpflichtung zur Belehrung muß in den AGB enthalten sein, während die Belehrung selbst gesondert erfolgen muß (*Wolf/Horn/Lindacher* § 10 Nr. 5 AGBG Rdnr. 24 ff.). Hauptbeispiel für eine wirksame Klausel ist die Genehmigung von Kontoauszügen bei nicht rechtzeitigem Widerruf nach Nr. 15 AGB-Banken. Die **Fiktion des Zugangs von Willenserklärungen** ist unwirksam, wenn es sich um **Erklärungen von besonderer Bedeutung** handelt (Nr. 6). Von besonderer Bedeutung ist jede Erklärung, die nachteilige Rechtsfolgen auslösen kann. Der Zugang von Kündigungen, Mahnungen, Fristsetzungen kann deshalb nicht durch den Nachweis der Absendung oder dergleichen fingiert werden.

dd) Nutzungs- oder Aufwandspauschale bei der Vertragsabwicklung (§ 10 Nr. 7 AGBG). Im Falle des Rücktritts oder der Kündigung einer Vertragspartei darf der Verwendungsgegner nicht mit einem unangemessen hohen Entgelt für bereits erhaltene Nutzungen oder Leistungen oder für vom Verwender geleisteten Aufwand belegt werden. Bei Nutzungen oder erbrachten Leistungen darf die Vergütung das übliche Entgelt (z. B. Mietzins, Wertminderung) nicht übersteigen. Aufwendungsersatzansprüche sind ebenfalls nur wirksam, wenn sie den typischerweise erforderlichen Aufwand nicht übersteigen. Bei pauschalen Nutzungs- oder Aufwandsentschädigungen muß dem Vertragspartner zugleich auch der Nachweis eingeräumt werden, daß im konkreten Fall geringere Kosten angefallen sind (*BGH* NJW 1985, 632 und 633). 43

f) Inhaltskontrolle nach der Generalklausel (§ 9 AGBG). aa) Allgemeine Grundsätze. Die in den §§ 10 und 11 AGBG geregelten Fallgruppen können nicht in jedem Fall eine unangemessene Benachteiligung erfassen. Mit der Generalklausel hat der Gesetzgeber deshalb einen **Auffangtatbestand** geschaffen. Für Kaufleute ist § 9 AGBG ohnehin alleiniger Prüfungsmaßstab. 44

Nach § 9 I AGBG ist generell jede entgegen Treu und Glauben **unangemessene Benachteiligung** unwirksam. Das sind Fälle, in denen der Klauselverwender durch die Klauselgestaltung allein seine Interessen durchsetzen will, ohne diejenigen des Vertragspartners angemessen zu berücksichtigen (*BGH* WM 1991, 1384). Nur Nachteile von einigem Gewicht können die Unwirksamkeitsfolge auslösen. Werden den Nachteilen durch vorteilhafte andere Bestimmungen Kompensationen entgegengestellt, können diese die Ausgewogenheit der Regelung insgesamt wieder herstellen (*BGH* NJW 1982, 644). 45

§ 9 II AGBG bietet eine nähere Konkretisierung. Damit sind insbesondere solche Klauseln unwirksam, die mit **wesentlichen Grundgedanken des** abbedungenen **dispositiven Rechts** nicht vereinbar sind (Nr. 1) oder die die **vertragswesentlichen Pflichten** (des Verwenders) so einschränken, daß die Erreichung des Vertragszwecks gefährdet ist (Nr. 2). Letztlich ist bei jeder Prüfung eine Interessenabwägung vorzunehmen, bei der anhand einer generalisierenden Betrachtung auf die typische Interessenlage der beteiligten Verkehrskreise (nicht auf den Einzelfall) abzustellen ist (*Ulmer/Brandner/Hensen* § 9 AGBG Rdnr. 72 ff.). Anerkennenswerte Interessen sind u. a. auf Seiten des Verwenders die Vereinfachung der Vertragsabwicklung, der Schutz vor Manipulationen, die Sicherung gegebener Darlehen und auf Seiten des Vertragspartners die Erhaltung der wirtschaftlichen Bewegungsfreiheit, ein angemessener Schutz vor Schäden aus der Vertragsdurchführung und die Erkennbarkeit des Umfangs der übernommenen vertraglichen Pflichten (Transparenzgebot). 46

B I   Allgemeine Geschäftsbedingungen

47   **bb) Beispielsfälle:** Die folgenden Beispielsfälle sind nur eine grobe Auswahl aus der Fülle der Einzelfälle, die systematisch zusammengestellt sind bei *Schlünder,* § 9 AGBG Rdnr. 45–827.

48   **Autowaschanlage:** Der Betreiber darf seine Haftung für Lackschäden nur bei leichter Fahrlässigkeit ausschließen (str.). Ein genereller Haftungsausschluß ist unwirksam, auch wenn er nur auf Folgeschäden begrenzt ist (*Ulmer/Brandner/ Hensen* Anh. §§ 9–11 AGBG Rdnr. 149).

49   **Bank-AGB:** Das Aufrechnungsverbot (Nr. 2 I Bank-AGB), die Bestimmung einer Überziehungsprovision (Nr. 14) gemäß § 315 BGB, die Pfandklausel für alle im Rahmen der bankmäßigen Geschäftsverbindung in die Verfügungsgewalt der Bank gelangten Sachen und Rechte (Nr. 19 II) und das auch bei inkonnexen Gegenansprüchen bestehende Zurückbehaltungsrecht (Nr. 19 IV) sind wirksam. Unwirksam sind dagegen Klauseln, die die Wertstellung von Bareinzahlungen erst an dem nach der Einzahlung folgenden Werktag vorsehen (BGHZ 106, 259, 264ff.) oder die im beleggebundenen Überweisungsverkehr bei Divergenzen zwischen Empfängerbezeichnung und Inhaber des nummernmäßig angegebenen Kontos die Kontonummer allein für maßgeblich erklären (Nr. 4 III; BGHZ 108, 386).

50   **Bauverträge:** Wirksam sind die Vereinbarungen von Abschlagszahlungen nach Baufortschritt, Vertragsstrafeklauseln, die in einem angemessenen Verhältnis zu dem zu erwartenden Schaden stehen und die Verknüpfung der Verjährungsregeln der VOB/B mit der fünfjährigen BGB-Gewährleistungsfrist. Unwirksam sind dagegen Änderungsvorbehalte in Subunternehmerverträgen, die zu kostenlosen Mehrleistungen führen können, die Vereinbarung einer Vergütung für Kostenvoranschläge, die Bestätigung, daß der Bauunternehmer alle Unterlagen geprüft und anerkannt hat, der Ausschluß der Bauhandwerkersicherungshypothek, die Vorverlegung des Abnahmezeitpunktes sowie die isolierte Vereinbarung der VOB/B-Gewährleistungsfristen und der vorbehaltlosen Annahme der Schlußzahlung (vgl. *Erman-Hefermehl*, § 9 AGBG Rdnr. 145–147).

51   **Darlehensverträge:** Die Vereinbarung von Bereitstellungszinsen in Höhe von 0,25% p. M. und einer Nichtabnahmeentschädigung sind ebenso wirksam wie Zinsanpassungsklauseln, die auf § 315 BGB abstellen. Eine unangemessene Benachteiligung stellen aber solche Klauseln dar, die der Bank auch ein Kündigungsrecht einräumen, wenn der Kunde nicht mit mindestens zwei vollen aufeinanderfolgenden Raten in Verzug ist (*BGH* WM 1985, 1305). Ebenso dürfen auf den Kunden keine Mahn- oder Rechtsverfolgungskosten formularmäßig abgewälzt werden. Bei Zinsberechnungs- und Tilgungsverrechnungsklauseln sind strenge Anforderungen an die Durchschaubarkeit der Regelung für den Durchschnittskreditnehmer zu stellen, insbes. wenn mehrere Tilgungsraten jährlich zu erbringen sind, die Zinsen aber nach dem Vorjahresschlußsaldo berechnet werden (*Schlünder* § 9 AGBG Rdnr. 281–306d, m. w. Nachw.).

52   **Eigentumsvorbehalt:** Die Vereinbarung eines Eigentumsvorbehaltes ist aufgrund des berechtigten Sicherungsinteresses des Warenlieferanten gerechtfertigt. Deshalb sind im kaufmännischen Verkehr auch der erweiterte und der verlängerte Eigentumsvorbehalt nicht zu beanstanden. Im letzteren Fall muß aber eine angemessene Übersicherung durch eine Freigabeklausel (dazu Rdnr. 69) vereinbart werden (*BGHZ* 98, 303). Der Ausschluß des Eigentumsvorbehalts durch den Bezieher der Waren sollte aufgrund des berechtigten Sicherungsinteresses stets als unangemessen angesehen werden. Der BGH hält

einen solchen jedoch bei auf schnellen Warenumschlag ausgerichteten Betrieben (Supermärkten u. ä.) für wirksam (*BGH* NJW 1981, 280).

Kaufvertrag: Die Klausel „Lieferung freibleibend" ist für Vertragserklärungen nur im kaufmännischen Verkehr wirksam. Die Klausel „Bestellungen sind unwiderruflich" weicht von § 130 BGB in unzulässiger Weise ab. Die formularmäßige Bestätigung der Lieferung in ordnungsgemäßem und einwandfreiem Zustand ist im nichtkaufmännischen Verkehr unwirksam. Auch im kaufmännischen Verkehr ist eine wesentliche Beschränkung der Gewährleistungsrechte unzulässig. Das Recht des Kaufmanns auf Wandlung oder Minderung muß bei erfolgloser Nachbesserung erhalten bleiben. 53

Maklerverträge: Die Vereinbarung einer erfolgsunabhängigen Provision ist stets, die einer erfolgsunabhängigen Aufwandsentschädigung in aller Regel unwirksam. Ausnahmen können allenfalls für Aufwandsentschädigungen gelten, die betragsmäßig begrenzt sind und 50,– DM bis 100,– DM nicht übersteigen. Die formularmäßige Verpflichtung, den Vertrag nur unter Zuziehung des Maklers zu schließen oder jeden Interessenten an diesen zu verweisen, ist ebenfalls unwirksam (*Wolf/Horn/Lindacher* § 9 AGBG Rdnr. M 5). 54

Mietverträge (Wohnraum): Die formularmäßige Abwälzung der sogenannten „Schönheitsreparaturen" auf den Mieter verstößt nicht gegen § 9 AGBG. Die Überbürdung kleinerer Reparaturen bis 100,– DM ist jedenfalls dann unwirksam, wenn keine betragsmäßige oder zahlenmäßige Obergrenze bei Anfall mehrerer Reparaturen bestimmt ist (BGHZ 108,1). Eine Obergrenze von jährlich 600 DM, höchstens 10% der Jahresnettokaltmiete ist unwirksam (*OLG Hamburg* NJW-RR 1991, 1167). Die Freizeichnung für Schäden an eingebrachten Sachen des Mieters bei Feuchtigkeitseinwirkung infolge leichter Fahrlässigkeit des Vermieters ist zulässig. 55

Reisevertrag: Bietet der Veranstalter die Leistungen als eigene an, darf er sich nicht auf eine Klausel berufen, nach der er lediglich die Leistung vermittelt haben will. Die Verpflichtung, bereits bei Anmeldung eine Anzahlung zu leisten, ist ebenfalls unwirksam. Der Kunde darf auch nicht zur Zahlung des Restpreises verpflichtet werden, wenn sämtliche Reiseunterlagen noch nicht ausgehändigt worden sind, die den Kunden in die Lage versetzen, die gebuchten Leistungen in Anspruch zu nehmen. Ist dies nicht möglich, darf der Restpreis allenfalls kurz vor Reiseantritt verlangt werden. Der Reiseveranstalter darf seine Haftung für leichte Fahrlässigkeit oder Verschulden der Leistungsträger nur für vertragliche Ansprüche auf den Reisepreis (oder ein Vielfaches davon) beschränken. Pauschalierte Rücktrittsgebühren, die allein auf den Zeitraum zwischen Rücktritt und Reiseantritt abstellen, sind ebenfalls unzulässig (*Schlünder* § 9 Rdnr. 638 ff. m. w. Nachw.). 56

Reparaturen: Die Verpflichtung zur Leistung von Voraus- oder Abschlagszahlungen ist unzulässig. Ebensowenig kann eine Zahlungsverpflichtung für erfolglose Fehlersuche begründet werden. Nicht zu beanstanden ist bei Kfz-Reparaturen die Haftungsbegrenzung auf den Wiederbeschaffungswert des reparierten Fahrzeuges bei nur leichter Fahrlässigkeit (*OLG Köln* NJW-RR 1987, 53). 57

Vertragsstrafen: Die Vereinbarung von Vertragsstrafen ist im kaufmännischen Verkehr üblich. Verschuldensunabhängige Vertragsstrafen sind nur in besonderen Ausnahmefällen wirksam. Der Verwirkungsgrund (Verzug, Schlechtleistung etc.) muß genau bezeichnet sein. Im Verzugsfall darf eine Fristsetzung pro Tag allenfalls mit 0,2% bis 0,3% der Auftragssumme sanktioniert 58 werden. Zusätzlich muß in jedem Fall eine Höchstgrenze genau festgelegt werden. Sonst ist die gesamte Klausel unwirksam. Die wirksame Obergrenze ist i. d. R. bei 5% der Auftragssumme anzusetzen. Die Anrechnung der Vertragsstrafe auf einen aus demselben Grund bestehenden Schadensersatzanspruch kann nicht abbedungen werden (*BGH* WM 1992, 829).

4. Rechtsfolgen der Unwirksamkeit einzelner Klauseln, § 6 AGBG

59 Die Unwirksamkeit einzelner Klauseln läßt regelmäßig die **Wirksamkeit des restlichen Vertrages** unberührt (§ 6 I AGBG). Der Klauselverwender bleibt an den Vertrag gebunden. Nur bei einer unzumutbaren Härte für eine der Parteien wird der gesamte Vertrag unwirksam (§ 6 III AGBG). Auch hier ist eine Interessenabwägung aufgrund einer objektivierten Prüfung vorzunehmen (*Ulmer/Brandner/Hensen* § 6 AGBG Rdnr. 59). Die unzumutbare Härte kann allenfalls bei der Begründung unzumutbarer Einstandspflichten oder einer ansonsten einschneidenden Äquivalenzstörung der gegenseitigen Vertragspflichten gegeben sein.

60 Die **unwirksame Klausel** selbst entfällt ersatzlos, sofern nach Streichung des unwirksamen Klauselteils kein selbständiger Teil mit eigenem Regelungsgehalt mehr übrigbleibt (*BGH* NJW 1990, 576). Insbesondere wird die Klausel nicht auf ihren noch zulässigen Inhalt (z. B. Haftungsfreizeichnung nur für leichte Fahrlässigkeit statt der vorgesehenen generellen Haftungsfreizeichnung) zurückgeführt = **Verbot der geltungserhaltenden Reduktion**. Entsteht durch den Wegfall der Klausel eine Vertragslücke, tritt an die Stelle dieser Klausel das abbedungene dispositive Recht (§ 6 II AGBG). Steht aufgrund der Besonderheiten des Vertrages eine gesetzliche Regelung nicht zur Verfügung, soll zum Ausgleich der Parteiinteressen im Einzelfall auch eine ergänzende Vertragsauslegung möglich sein (*BGH* NJW 1990, 115). In Wirklichkeit ist damit jedoch die Grenze zur geltungserhaltenden Reduktion überschritten.

III. Die Gestaltung von AGB

1. Notwendige Vorüberlegungen

61 Der Verfasser muß sich zunächst darüber im klaren sein, welche Informationen der Mandant beibringen muß. Dazu gehören unbedingt Angaben über den Kundenkreis (Kaufleute oder Nichtkaufleute!), die typischerweise abgeschlossenen Verträge und die branchentypischen Besonderheiten. Es ist in aller Regel geboten, getrennte Geschäftsbedingungen zu erarbeiten, wenn üblicherweise unterschiedliche Verträge geschlossen werden, da die AGB unverständlich sind und nicht Vertragsinhalt werden, wenn sie für den konkreten Vertrag nicht passen (*Ulmer/Brandner/Hensen* § 2 AGBG Rdnr. 52). Die branchentypischen Gewährleistungs-, sonstigen Haftungs- und Zahlungsrisiken des Verwenders sind zu erkennen und so weit wie möglich durch AGB auszuschalten.

2. Anforderungen an die drucktechnische Gestaltung

62 Nichtkaufleute müssen auf die Geltung der AGB deutlich hingewiesen werden (vgl. Rdnr. 13 f.). Dazu ist ein ausdrücklicher Hinweis auf dem Vertragsformular direkt oberhalb der Unterschriftszeile notwendig. Dieser **Hinweis** sollte

in **Fettdruck** gehalten sein und sich deutlich vom Vertragstext abheben (*BGH NJW* 1986, 1608).
Auch die drucktechnische Gestaltung der AGB selbst ist von entscheidender 63 Bedeutung für deren Einbeziehung (Rdnr. 16). Die AGB müssen **deutlich lesbar** sein. Auch Kaufleute (für die § 2 AGBG nicht gilt) sind nicht verpflichtet, AGB mit der Lupe zu entziffern. Die AGB müssen deshalb deutlich gegliedert und die Buchstaben größer als 1 mm sein. Der Umfang des gesamten Klauselwerks muß zu den beabsichtigten Verträgen in einem angemessenen Verhältnis stehen. Bei einem Auftragswert von 10000,- DM sind mehr als 2 Seiten AGB i. d. R. für den Kunden nicht zumutbar (*Thamm/Detzer* BB 1989, 1133 ff.).

3. Allgemeine Hinweise zur inhaltlichen Gestaltung

Die AGB müssen auch **inhaltlich systematisch gegliedert** sein. Ein unlogi- 64 scher Aufbau kann dazu führen, daß einzelne, nicht zur Überschrift passende Klauseln irreführend sind (*Ulmer/Brandner/Hensen* § 3 AGBG Rdnr. 17). Bei der Formulierung ist darauf zu achten, daß die Regelungen inhaltlich voneinander scharf getrennt werden und klar aus sich heraus verständlich sind. Kurze Sätze fördern i. d. R. nicht nur die Verständlichkeit, sondern können bei Unwirksamkeit einer Regelung die Fortgeltung der übrigen Teile leichter sicherstellen. Denn bei Unwirksamkeit einer Regelung bleibt dann der davon abtrennbare Regelungsfall der Klausel wirksam (*BGH NJW* 1989, 3215; 1990, 576). Die ausformulierten Klauseln sind schließlich in einer „Endkontrolle" anhand des Prüfschemas (Rdnr. 3) auf ihre Wirksamkeit hin zu überprüfen.

4. Klauselbeispiele

Nachfolgend werden einige Klauseln erörtert, die üblicherweise in AGB ver- 65 wendet werden. Branchentypische Besonderheiten sind dabei bewußt außer Acht gelassen. Neben Gewährleistungsregelungen (Rdnr. 31 ff.), Schriftformklauseln (Rdnr. 25), Lieferfristklauseln (Rdnr. 40) und Vertragsstraferegelungen (Rdnr. 58) werden folgende Klauseln üblicherweise verwendet:
Abtretungsverbot: In Einkaufsbedingungen finden sich oft Klauseln, in de- 66 nen dem Gläubiger die Abtretung untersagt oder von der Zustimmung des AGB-Verwenders abhängig gemacht wird. Da dem Gläubiger durch ein solches Verbot die Möglichkeit der Kreditbeschaffung genommen wird, ist ein formularmäßiges Abgretungsverbot bei Geldforderungen nur wirksam, wenn dem Verwender ein besonderes berechtigtes Interesse zur Seite steht (*BGHZ* 77, 274/275). Bei Kaufhäusern mit vielfachen Geschäftsbeziehungen und zahlreichen Filialen ist dieses Interesse regelmäßig gegeben. Das gleiche gilt für das im Automobilhandel vereinbarte Verbot gegenüber dem Käufer, den Lieferanspruch an Dritte abzutreten (*BGH NJW* 1981, 117; weitere Nachweise bei *Schlünder* § 9 AGBG Rdnr. 50 ff.).
Abwehrklausel: Eine solche Klausel ist im kaufmännischen Verkehr unver- 67 zichtbar. Zwar kann der Kaufmann im Kollisionsfall nicht seine eigenen AGB durchsetzen, er verhindert aber, daß eine wirksame Einbeziehungsvereinbarung zustandekommt und damit die AGB des Vertragspartners gelten (vgl. Rdnr. 18).
Aufrechnungsverbot: Durch ein Aufrechnungsverbot kann der AGB-Ver- 68 wender seine eigene Forderung zügig durchsetzen und muß sich nicht auf eine rechtliche Auseinandersetzung über das Bestehen etwaiger Gegenforderungen

einlassen. Die Aufrechnung mit unbestrittenen oder rechtskräftigen Forderungen darf aber auch unter Kaufleuten durch AGB nicht ausgeschlossen werden (*BGHZ* 92, 312/316).

69 **Eigentumsvorbehalt:** Die Vereinbarung eines Eigentumsvorbehaltes ist für den vorleistungspflichtigen Warenlieferanten notwendig (zur Zulässigkeit Rdnr. 52). Beim verlängerten Eigntumsvorbehalt bleibt dem Lieferanten auch dann die abgretretene Forderung aus dem Weiterverkauf seines Kunden erhalten, wenn dieser zeitlich vorher zur Kreditbeschaffung eine Globalzession vereinbart hat (*BGH WM* 87, 775f.; Ausnahme: „echtes" Factoring). Zur Wirksamkeit und zur Vermeidung einer Übersicherung muß der verlängerte Eigentumsvorbehalt eine **schuldrechtliche Freigabeklausel** enthalten, in der sich der Verwender verpflichtet, den Teil der abgetretenen Forderung freizugeben, der seine Forderung nachhaltig übersteigt. Dabei ist eine Sicherheitsmarge bis zu 20% zulässig (*BGHZ* 94, 105/113ff.). Eine Abwehrklausel des Vertragspartners läßt den einfachen Eigentumsvorbehalt bestehen, der erweiterte oder verlängerte Eigentumsvorbehalt wird jedoch nicht Vertragsbestandteil (*BGH NJW-RR* 1986, 984).

70 **Freizeichnungsklauseln:** Es ist zu unterscheiden zwischen Haftungsausschluß und Haftungsbegrenzung. Ein Ausschluß der **Haftung für grobe Fahrlässigkeit** und Vorsatz, für das Vorliegen zugesicherter Eigenschaften oder bei Verzug und Unmöglichkeit ist generell – auch gegenüber Kaufleuten – unwirksam. Die **Haftung für leichte Fahrlässigkeit** kann bei wesentlichen Vertragspflichten (Kardinalpflichten) oder bei der Inanspruchnahme besonderen Vertrauens (Rechtsanwälte!) ebenfalls nicht ausgeschlossen werden. Die Haftung für entferntere oder nicht vorhersehbare Schäden kann bei leichter Fahrlässigkeit ausgeschlossen oder summenmäßig begrenzt werden. Darüber hinaus ist eine Haftungsbegrenzung i. d. R. unzulässig (*BGHZ* 89, 363). Bei der Formulierung ist äußerste Vorsicht geboten, da bei zu weitgehender Freizeichnung die gesamte Klausel unwirksam ist (*BGHZ* 86, 284/297).

71 **Gerichtsstandsklauseln:** Solche Klauseln sind im nichtkaufmännischen Verkehr unwirksam, dagegen unter Kaufleuten unbedenklich. Die Vereinbarung eines ausländischen Gerichtsstandes ist jedenfalls dann unzulässig, wenn keine der Parteien ihren Sitz in dem benannten Land hat (*OLG Karlsruhe NJW* 1982, 1950). Zweckmäßigerweise sollte die Formulierung aus § 38 I, 2. Halbs. ZPO in die Klausel übernommen werden.

72 **Preisanpassungsklauseln:** Der Vorbehalt einseitiger Preiserhöhung ist nicht generell unzulässig (§ 11 Nr. 1 AGBG). Allgemein gilt, daß nur solche Gründe eine Preiserhöhung rechtfertigen, die auf Preis- und Kostensteigerungen beruhen und vom Verwender nicht verschuldet (rechtzeitige Deckungskäufe!) sind. Die Gründe für eine nachträgliche Preiserhöhung müssen in der Klausel konkret bezeichnet sein. Eine „Änderung der Marktverhältnisse" stellt keinen Rechtfertigungsgrund dar. Die Einräumung eines Rücktrittsrechtes rettet die Wirksamkeit einer zu weitgehenden Klausel nicht (*Schlünder* § 9 AGBG Rdnr. 612–634).

73 **Salvatorische Klauseln:** Klauseln wie „soweit gesetzlich zulässig" oder „die Parteien sind verpflichtet, bei Unwirksamkeit einer Klausel eine dem wirtschaftlichen Erfolg der unwirksamen Klausel möglichst entsprechende Vereinbarung zu treffen" sind nur ein Placebo. Wegen des Verbotes der geltungserhaltenden Reduktion und Verstoßes gegen § 6 II AGBG sind solche Klauseln unwirksam. Insbesondere der Zusatz „soweit gesetzlich zulässig" führt wegen der für den Vertragspartner unklaren Rechtsklage zur Unwirksamkeit der gesamten

Klausel (*BGH* NJW 1987, 1815/1818). Eine Ausnahme kann allenfalls gelten, wenn der Anwendungsbereich des AGB-Gesetzes rechtlich zweifelhaft ist. Der Anschein einer unbeschränkt gültigen Regelung führt aber auch hier i. d. R. zur Unwirksamkeit (*OLG Hamm* BB 1983, 1304/1307).

Schiedsgutachtenklauseln: In Architekten- oder Bauverträgen wird zur Feststellung einzelner Tatsachen (Vorliegen von Mängeln, Wert einer Sache) oft eine Schiedsgutachtenvereinbarung getroffen. Das Schiedsgutachten ist dann für beide Teile verbindlich. Eine nachfolgende gerichtliche Überprüfung der gutachterlichen Feststellung ist nur bei offenbarer Unbilligkeit (§ 319 BGB) möglich. Eine Schiedsgutachtenklausel in AGB beschleunigt die oft langwierige gerichtliche Tatsachenfeststellung und ist nicht zu beanstanden, wenn in den AGB eine neutrale Person als Schiedsgutachter (z. B. Benennung durch die IHK) vorgesehen ist und in der Klausel der Rechtsweg ausdrücklich vorbehalten bleibt (*Ulmer/Brandner/Hensen* Anh. §§ 9–11 AGBG Rdnr. 620). Unwirksam ist die Klausel, wenn in den AGB ein Gutachter benannt ist, der dem Verwender interessenmäßig nahesteht (*BGH* NJW 1983, 1854). Obligatorische Schiedsgutachtenklauseln in Fertighauslieferungsverträgen sind unwirksam, da sie wegen der mit ihnen für den Kunden verbundenen Risiken diesen unangemessen benachteiligen (*BGH* NJW 1992, 433).

B II. Der Bauprozeß

Dr. Wolfgang Koeble

Übersicht

	Rdnr.		Rdnr.
I. Mängelrechte	1	15. Verjährung der Mängelansprüche nach VOB (B)	91
1. Unterschiede zwischen BGB und VOB (B)	1	16. Verjährung der Ansprüche gegen den Architekten	94
2. VOB (B) im Bauvertrag und Bauträgervertrag	9		
3. Erfüllungsanspruch	16	**II. Abnahme**	111
4. Nachbesserung	17	1. Abnahme nach BGB	112
5. Aufwendungsersatz und Vorschuß	22	2. Abnahme nach VOB (B)	113
		3. Prozessuales	114
6. Allgemeine Voraussetzungen der Gewährleistungsansprüche	26	4. Vertragliche Regelungen	115
7. Wandelung und Minderung	31	**III. Vergütung und Sonstiges**	117
8. Schadensersatz	34	1. Vergütung bei BGB-Bauvertrag	117
9. Ansprüche bei Bausummenüberschreitung des Architekten	39	2. Vergütung bei VOB-Bauvertrag	127
10. Haftung des Bauunternehmers bei Hinweispflichtverletzung	49	3. Honorare der Architekten und Ingenieure	132
11. Mängelrechte beim Bauträgervertrag und bei Altbausanierung	65	4. Fälligkeit und Verjährung bei BGB-Bauvertrag	141
12. Mängelrechte bei Wohnungseigentum	69	5. Fälligkeit und Verjährung bei VOB-Bauvertrag	144
13. Die Symptom-Rechtsprechung bei Mängelansprüchen	83	6. Fälligkeit und Verjährung des Honoraranspruches von Architekten und Ingenieuren; Bindung an die Honorarschlußrechnung	150
14. Verjährung der Mängelansprüche nach BGB	86	7. Vertragsstrafe	165

Literatur: Allgemeines: *Kleine-Möller/Merl/Oelmaier,* Handbuch des privaten Baurechts, 1992; *Korbion/Locher,* AGBG und Bauerrichtungsverträge 1987; *Locher,* Das Private Baurecht, 4. Aufl. 1988; *Werner/Pastor,* Der Bauprozeß, 6. Aufl. 1990; *Koeble,* u. a., Rechtshandbuch Immobilien (Loseblattsammlung), Stand 1992; – **Architektenrecht:** *Bindhardt/Jagenburg,* Die Haftung des Architekten, 8. Aufl. 1981; *Hartmann,* Die neue Honorarordnung für Architekten und Ingenieure (Loseblattausgabe), Stand 1992; *Hesse/Korbion/Mantscheff, Vygen,* HOAI, 3. Aufl. 1990; *Jochem,* HOAI-Kommentar, 3. Aufl. 1991; *Locher/Koeble/Frik,* HOAI, 6. Aufl. 1991; *Morlock,* Die HOAI in der Praxis, 1985; *Neuenfeld,* Handbuch des Architektenrechtes mit Honorarordnung (Loseblattausgabe), Stand 1992; *Pott/Dahlhoff,* HOAI, 5. Aufl. 1989; *Schmalzl,* Die Haftung des Architekten und des Bauunternehmers, 4. Aufl. 1980; – **Bauvertragsrecht:** *Heiermann/Riedl/Rusam,* VOB, 6. Aufl. 1992; *Ingenstau/Korbion,* Komm. zur VOB, 11. Aufl. 1988; *Koeble,* Gewährleistung und Beweissicherung bei Bausachen, 2. Aufl. 1993; *Korbion/Hochstein,* Der VOB-Vertrag, 5. Aufl. 1991; *Kiesel,* VOB-Kommentar, 1984; *Nicklisch/Weick,* VOB, 2. Aufl. 1991; *Siegburg,* Gewährleistung beim Bauvertrag, 2. Aufl. 1989; *Vygen,* Bauvertragsrecht nach VOB und BGB, 2. Aufl. 1992. – **Bauträgerrecht und Baumodelle:** *Koeble u. a.,* Rechtshandbuch Immobilien (Loseblattsammlung), Stand 1992; *Locher/Koeble,* Baubetreuungs- und Bauträgerrecht, 4. Aufl. 1985; *Reithmann/Meichssner/v. Heymann,* Kauf vom Bauträger, 6. Aufl. 1992; *Brych/Pause,* Bauträgerkauf und Baumodelle, 1990.

Mängelrechte **B II**

I. Mängelrechte

1. Unterschiede zwischen BGB und VOB (B)

Die Gewährleistungsregelung von BGB und VOB (B) ist in vieler Hinsicht 1
gleich. Es gibt jedoch folgende **wesentliche Unterschiede:**
- Die VOB (B) unterscheidet in Rechte **vor** und **nach der Abnahme.** Vor der 2
Abnahme kennt die VOB nur den Erfüllungsanspruch nach § 4 Nr. 6, 7 VOB
(B), neben dem ein Schadensersatzanspruch nach § 4 Nr. 7 S. 2 VOB (B)
besteht, der nicht auf die Kosten der Mängelbeseitigung sondern auf weitergehende Schäden gerichtet ist. Nach der Abnahme bestehen die Mängelrechte
des § 13 VOB (B), also auch das Minderungsrecht, das Recht zur Selbstbeseitigung mit Aufwendungsersatz- und Vorschußanspruch sowie der Anspruch
auf Schadensersatz. Vor der Abnahme kann der AG zur Eigenbeseitigung nur
kommen, wenn er eine angemessene Frist zur Beseitigung des Mangels gesetzt und gleichzeitig angekündigt hat, daß er nach Fristablauf den Auftrag
entziehe (§§ 4 Nr. 7 S. 3; 8 Nr. 3 VOB (B)). Ein Anspruch auf vollen Schadensersatz einschließlich Mängelbeseitigungskosten besteht dann erst nach
Entziehung des Auftrages gem. § 8 Nr. 3 VOB (B).
- Für das sowohl bei BGB als auch VOB (B) bestehende **Recht zur Selbstbe-** 3
seitigung mit Aufwendungsersatz- und Vorschußanspruch gibt es unterschiedliche Voraussetzungen. Während nach § 13 Nr. 5 II VOB (B) nur die
Setzung einer angemessenen Frist zur Mängelbeseitigung erforderlich ist, bedarf es bei Zugrundeliegen des BGB des Verzuges (§ 633 III BGB); also:
Aufforderung, Mahnung, Verschulden.
- Nach VOB (B) besteht ein **Minderungsanspruch** nur in 3 Fällen und er tritt 4
nicht anstelle des Mängelbeseitigungsanspruches! Er ist gegeben, wenn die
Mängelbeseitigung unmöglich ist, wenn die Mängelbeseitigung mit einem
unverhältnismäßig hohen Aufwand verknüpft ist und der AN sie aus diesem
Grund verweigert sowie dann, wenn die Mängelbeseitigung für den AG
unzumutbar ist (§ 13 Nr. 6 VOB (B)). Auch nach BGB kann der AG unter
diesen Voraussetzungen Minderung geltend machen, darüber hinaus steht
ihm aber nach Fristsetzung mit Ablehnungsandrohung ein Minderungsrecht
zu, was bei VOB (B) nicht so ist.
- Im Unterschied zum BGB kennt die VOB (B) die **Fristsetzung mit Ableh-** 5
nungsandrohung nicht. Der AG kann also durch sie nicht auf Gewährleistungsrechte (im wesentlichen Minderung oder Schadensersatz) übergehen.
Vielmehr bleibt es dabei, daß der AG beim VOB-Bauvertrag Mängelbeseitigung nach § 13 Nr. 5 VOB (B) verlangen kann und daneben die Rechte aus
§ 13 Nr. 6, 7 VOB (B) geltend machen kann.
- Hinsichtlich des **Schadensersatzanspruches** gibt es nach der VOB-Regelung 6
zwei Unterschiede vom BGB. Der Schadensersatzanspruch nach § 635 BGB
tritt anstelle der Ansprüche auf Nachbesserung, Minderung bzw. Wandelung. Dagegen bestehen die Ansprüche auf Schadensersatz nach § 13 Nr. 7
VOB (B) neben den Rechten auf Nachbesserung, Selbstbeseitigung und Minderung aus § 13 Nr. 5, 6 VOB (B). Die VOB (B) kennt darüber hinaus zwei
verschiedene Schadensersatzansprüche, den sog. kleinen Schadensersatzanspruch (§ 13 Nr. 7 I) und den sog. großen Schadensersatzanspruch (§ 13
Nr. 7 II). Deren zusätzliche Voraussetzungen unterscheiden sich erheblich
von denen des BGB.

Koeble 137

7 – Die **Gewährleistungsfrist** nach § 638 BGB beträgt 5 Jahre bei Arbeiten für Bauwerke. Nach § 13 Nr. 4 VOB (B) beträgt sie für Bauwerke und Holzerkrankungen 2 Jahre und für die vom Feuer berührten Teile von Feuerungsanlagen 1 Jahr. Die Ansprüche wegen Arbeiten an einem Grundstück verjähren sowohl nach VOB (B) als auch nach BGB in 1 Jahr.
8 – Eine Besonderheit der VOB (B) ist die Unterbrechung der Verjährung durch die **erste schriftliche Mängelanzeige** (vgl. hierzu Rdnr. 92 f.).

2. VOB (B) im Bauvertrag und Bauträgervertrag

9   Als Vertreter des Bauherrn bei Bauverträgen und auch bei Bauträgerverträgen kann es für den RA günstig sein, wenn die im Vertrag aufgeführte VOB (B) nicht zur Geltung kommt. Dies gilt z. B. im Hinblick auf die kurze Verjährungsfrist von 2 Jahren für Gewährleistungsansprüche (§ 13 Nr. 4 VOB (B)) oder im Hinblick auf die Abnahmefiktionen (§ 12 Nr. 5 VOB (B)). Auch für den Handwerker bzw. Unternehmer kann die VOB (B) Nachteile mit sich bringen, so z. B., wenn er auf eine Schlußzahlung nicht innerhalb der Frist des § 16 Nr. 3 II VOB (B) reagiert hat. Der RA muß dann folgendes prüfen:
10 – Wer ist **Verwender** des Vertrages bzw. der einbezogenen VOB (B)? Die Bestimmungen der VOB (B) enthalten Allgemeine Geschäftsbedingungen (unstr.; z. B. *BGH* NJW 1986, 816). Das AGBG greift aber nur **zu Gunsten des Vertragspartners des Verwenders** ein. Die Schutzrichtung des AGBG ist zweifelhaft, wenn **beide Parteien** die VOB (B) vorschlagen. Zum Teil wird hier angenommen, daß Verwender derjenige sei, der die VOB (B) zuerst vorgeschlagen hat (*OLG Stuttgart* BauR 1989, 751 f.). Nach a. A. (Münch-Komm-*Kötz* § 1 AGBG Rdnr. 9) ist der von einer Klausel jeweils Begünstigte der Verwender. Eine dritte Meinung (*Ulmer/Brandner/Hensen* § 1 Rdnr. 29 f.) will hier das AGBG überhaupt nicht anwenden.
11 – Sodann ist zu prüfen, ob die **VOB (B)** nach den **Vertragsgrundlagen** überhaupt **wirksam vereinbart** ist. Enthält der Vertrag eine Regelung, wonach als Grundlagen in dieser Reihenfolge das BGB und erst danach die VOB (B) gelten sollen, so ist die VOB (B) nur nachrangig vereinbart, weshalb die Abnahme- und Gewährleistungsregelungen des BGB vorgehen (vgl. *BGH* BauR 1978, 139 (141); *BGH Schäfer/Finnern/Hochstein* Nr. 1 zu § 384 BGB; *Koeble*, Gewährleistung und selbständiges Beweisverfahren bei Bausachen, S. 1 ff.).
12 – Untersucht werden muß weiter, ob die **VOB (B)** in den Vertrag **wirksam einbezogen** ist (§ 2 AGBG, der aber für Kaufleute nicht gilt: § 24 AGBG). In diesem Zusammenhang kann zunächst eingewandt werden, daß die VOB (B) lediglich mit dieser Abkürzung angegeben ist und nicht der **volle Name** des Klauselwerkes genannt wird, also „Verdingungsordnung für Bauleistungen" (so die allerdings vereinzelt gebliebene Auffassung von *Ulmer/Brandner/Hensen*, AGBG, Anh. §§ 9–11 Rdnr. 903). Während es gegenüber Vertragspartnern, die im Baugewerbe tätig sind, ausreicht, wenn die VOB (B) im Vertrag aufgeführt ist (*BGH* NJW 1983, 816), genügt dies bei Privatleuten als Vertragspartner nicht (vgl. *BGH* BauR 1990 205 = NJW 1990 715; *Merz* BauR 1985, 47; *v. Westphalen* ZfBR 1985, 252), wohl aber dann, wenn diese durch einen Architekten oder Ingenieur vertreten sind (*OLG Hamm* NJW-RR 1991, 277). Ausreichend ist sicher, wenn ein VOB-Exemplar übergeben wird oder übersandt wird. Nicht ausreichend ist der bloße Hinweis, daß ein Text im

Buchhandel besorgt werden könne (sog. **Buchhandelshinweis**). Hinzu kommen muß zum Buchhandelshinweis entweder das Angebot der Einsichtnahme (so *Merz* aaO) oder aber richtigerweise das kostenlose **Angebot zur Übergabe** eines VOB-Textes (so *LG Köln* als Vorinstanz zu *OLG Köln* BauR 1986, 245; *Vygen* BauR 1986, 245). Eine Klausel, wonach bei Unkenntnis der VOB (B) ein Exemplar kostenlos übersandt werde, reicht für die wirksame Einbeziehung auf keinen Fall aus (*OLG München* BauR 1992, 69 = NJW-RR 1992, 342).

- Festgestellt werden muß ferner, ob in den **sonstigen vertraglichen Regelungen** oder AGB **Widersprüche** zu den Bestimmungen der VOB enthalten sind. Das kann – zu Gunsten des AN – der Fall sein, wenn in einem vom AG vorgelegten Bauvertrag eine „Garantie nach § 638 BGB" enthalten ist, während das Leistungsverzeichnis die Regelung „Gewährleistung nach § 13 VOB (B)" enthält und keine Regelung über die Reihenfolge der Geltung der Vertragsgrundlagen aufgenommen ist (vgl. zu ähnlichen Problemen: *OLG Hamm* NJW-RR 1988, 467). Unklar sind AGB auch, wenn die VOB (B) nur „bruchstückhaft" einbezogen wird. Hier liegt ein Verstoß gegen das Verständlichkeitsgebot (§ 2 I Nr. 2 AGBG) vor (*OLG Stuttgart* NJW-RR 1988, 786). Die gestaffelte Verweisung auf einzelne Klauselwerke ist aber nicht per se unwirksam; jedoch kann eine **Staffelverweisung** dann ungültig sein, wenn die Verwendung mehrerer Klauselwerke wegen des unklaren Verhältnisses konkurrierender Regelungen unverständlich wird (*BGH* BauR 1990, 718 = BB 1990, 1932). 13

- Der RA kann schließlich für den im konkreten Fall von der VOB (B) Benachteiligten **einwenden,** daß die **VOB nicht Vertragsgrundlage** i. S. § 23 II Nr. 5 AGBG geworden sei. Dieses Argument kann nur der Vertragspartner des Verwenders vorbringen. Die einzelnen Bestimmungen der VOB (B) unterliegen nur dann nicht der Inhaltskontrolle nach dem AGB, wenn sie **„als Ganzes"** dem Vertrag zu Grunde liegt. Nach der Rechtsprechung des *BGH* (NJW 1983, 816; NJW 1986, 315; NJW 1988, 55; NJW 1990, 1365) dürfen keine ins Gewicht fallenden Einschränkungen gegenüber den Vorschriften der VOB (B) in dem Vertrag enthalten sein. Der RA muß hier also prüfen, ob die VOB (B) hinsichtlich Vergütung, Fälligkeit, Abnahme, Gewährleistung, Verzug, Kündigung, Schlußrechnung und Gefahrtragung im Vertrag abgeändert ist. Nach einer weiteren Entscheidung des *BGH* (NJW 1990, 1365) kann die VOB (B) sogar dann nicht mehr wirksam Vertragsgrundlage sein, wenn der Entschädigungsanspruch nach § 642 BGB bei Kündigung vertraglich ausgeschlossen ist! Die neuere Rechtsprechung ist sogar noch weiter gegangen (vgl. *OLG Stuttgart* BauR 1989, 756 für den Ausschluß der fiktiven Abnahme und die Verlängerung der Gewährleistung auf 5 Jahre; *BGH* BauR 1991, 210 = ZfBR 1991, 101, wenn § 2 Nr. 3 VOB (B) auf 100%ige Abweichung geändert ist; *BGH* BauR 1991, 740 = NJW-RR 1991, 1238 bei Vereinbarung der förmlichen Abnahme als einziger nach Durchführung aller Arbeiten). 14

Für den **Bauträgervertrag** ist umstritten, ob die VOB (B) überhaupt „Vertragsgrundlage" i. S. § 23 Abs. 2 Nr. 5 AGBG sein kann. Fest steht, daß sie jedenfalls auf die in einem Bauträger- oder Totalunternehmervertrag mit enthaltenen Planungsleistungen nicht anwendbar ist (*BGH* BauR 1987, 702 für einen Totalunternehmervertrag; a. A. *OLG Hamm* NJW 1987, 2069). Die VOB (B) kann hier also wirksam ohnehin nur dann zugrunde gelegt sein, wenn sie auf 15 reine Bauleistungen (§ 1 VOB [A]) beschränkt ist. Auch insoweit dürfte die VOB nicht wirksam unterlegt werden können, weil eine Aufspaltung des Bauträgervertrages in Einzelbestandteile dem Charakter dieses Vertrages widersprechen würde (so für das Kündigungsrecht nach §§ 649 S. 1, 8 Nr. 1 VOB [B]: *BGH* NJW 1986, 925). Darüber hinaus wäre mit der Unterlegung der VOB das Recht auf Wandelung ausgeschlossen. Dieses Recht hat für den Bauträgervertrag jedoch zentrale Bedeutung, so daß ein derartiger Ausschluß unzulässig ist (*OLG Köln* NJW 1986, 330 = BauR 1986, 219).

3. Erfüllungsanspruch

16 Vor der Abnahme steht dem Besteller (Auftraggeber) beim BGB- und VOB (B)-Bauvertrag vom Grundsatz her ein Erfüllungsanspruch zu, der auf **Neuherstellung** gerichtet ist. Hat der Besteller bereits Nachbesserung verlangt, so ist der Erfüllungsanspruch erloschen. Gegen den Erfüllungsanspruch, gerichtet auf Neuherstellung, kann der Unternehmer (Auftragnehmer) außerdem drei **Einwendungen** erheben:
- Bestreiten, daß ein Mangel vorliegt bzw. eine zugesicherte Eigenschaft nicht eingehalten sei oder ein Verstoß gegen die Regeln der Technik vorliege.
- Neuherstellung kann nach der Rechtsprechung nur dann verlangt werden, wenn der Mangel erheblich ist und auch eine fachgerechte Nachbesserung keinen hinreichend sicheren Erfolg verspricht (MünchKomm-*Soergel*, § 633 Rdnr. 106; *Ingenstau/Korbion*, B § 4 Rdnr. 150).
- Neuherstellung, kann nicht verlangt werden, wenn der „Aufwand im Verhältnis zum Ergebnis unverhältnismäßig" wäre (entspr. Anwendung von § 633 II 2 BGB).

4. Nachbesserung

17 Der Nachbesserungsanspruch ist zwar ebenfalls Erfüllungsanspruch. Er ist jedoch nicht von vornherein auf Neuherstellung, sondern auf Ausbesserung bzw. Beseitigung vorhandener Mängel gerichtet. Nur im **Ausnahmefall**, wenn nämlich nur auf diese Weise Mängel nachhaltig zu beseitigen sind, kann **Neuherstellung** verlangt werden (*BGH* NJW 1986, 711).

18 a) **Klage auf Nachbesserung.** Die Klage auf Nachbesserung ist Verpflichtungsklage. Für eine Feststellungsklage fehlt das Rechtsschutzbedürfnis. Im Klagantrag ist das **äußere Erscheinungsbild des Mangels** zu beschreiben, die Angabe von Mängelursachen ist nicht erforderlich (zur Symptom-Rechtsprechung vgl. unten Rdnr. 83 ff.). Eine bestimmte **Form der Nachbesserung** kann der AG vom Grundsatz her nicht verlangen. Vielmehr steht es dem AN frei, die Art und Weise der Nachbesserung zu wählen (*BGH* BauR 1973, 317). Eine konkrete Form der Nachbesserung kann ausnahmsweise verlangt werden, wenn nur so der Mangel „nachhaltig beseitigt" werden kann (vgl. *LG Aachen* NJW-RR 1988, 1176 hinsichtlich einer verlangten Außen- statt der angebotenen Innenisolierung gegen Feuchtigkeit). Fordert der AG eine Art der Mängelbeseitigung, die nicht geboten ist und nimmt er das Angobt einer anderen Art der Mängelbeseitigung nicht an, dann hat er kein Recht auf Eigennachbesserung. Zeigt er aber dann dennoch Bereitschaft zur anderen Mangelbeseitigungsmaßnahme und verweigert nun der AN diese, so verliert der AN sein Nachbesserungsrecht und der AG hat einen Vorschußanspruch (*OLG Frankfurt* NJW-RR 1989, 409). Im **Klagantrag** sollte der AG aus den genannten Gründen keine bestimmte Form der Nachbesserung verlangen, da sonst eine teilweise Klagabweisung droht (a. A. *Werner/Pastor*, Rdnr. 1362). Der AG kann die vom AN beabsichtigte Nachbesserung ablehnen, wenn sie von vornherein als ungenügend erkennbar ist (*OLG Köln* BauR 1977, 275).

b) **Zurückbehaltungsrecht.** Vor der Abnahme ist die Vergütungsforderung 19 nicht fällig. Nach der Abnahme kann der Auftraggeber bei Mängeln wegen Nachbesserungsansprüchen ein Zurückbehaltungsrecht geltend machen. Es erfolgt dann bei der Vergütungsklage des Auftragnehmers keine Klagabweisung, sondern eine **Verurteilung** zur Zahlung **Zug um Zug** gegen Mängelbeseitigung und zwar auch dann, wenn der Kläger keinen Hilfsantrag auf Verurteilung Zug um Zug stellt (vgl. *BGH* BauR 1979, 159). Der Zug-um-Zug-Antrag ist aber zu empfehlen, weil sonst die Kostenfolge einer teilweisen Klagabweisung gegeben ist (§ 92 ZPO). Das gilt sogar dann, wenn sich der AG hinsichtlich der Nachbesserung in Annahmeverzug befindet (*OLG Düsseldorf* BauR 1992, 97). Das Zurückbehaltungsrecht erstreckt sich auf ein **Mehrfaches** der Mängelbeseitigungskosten, je nach den Umständen kann das Zweifache bis Fünffache angemessen sein (*Palandt/Heinrichs*, § 320 Anm. 2e). Beispiele aus der Rechtsprechung: Das Fünffache (*OLG Frankfurt* BauR 1982, 377); das Doppelte bei Vorliegen einer zusätzlichen Sicherheitsleistung (*OLG Düsseldorf* BauR 1975, 348); etwas mehr als das Dreifache (*BGH* NJW 1982, 2494 m. w. Nachw.). Der AG kann wegen konkreter Mängel nicht auf den Sicherheitseinbehalt verwiesen werden (*BGH* NJW 1982, 2494).

c) **Nachbesserung und Schadensersatz.** Auch ohne Fristsetzung mit Ableh- 20 nungsandrohung können direkte Schadensersatzansprüche gegeben sein: Bei Schäden, die durch Nachbesserung nicht verhindert werden und die der Nachbesserung nicht zugänglich sind, wie Verdienstausfall (*BGH* NJW 1985, 381), Gutachterkosten (*BGH* NJW 1971, 99; a. A. *OLG Koblenz* NJW-RR 1990, 30), Rechtsanwaltskosten, Hotelkosten und sonstigen Mangelschäden (*BGH* aaO). Erstattungsfähig ist auch der entgangene Gewinn, der neben dem schadensstiftenden Ereignis entsteht (*BGH* BauR 1991, 212). Schadensersatzansprüche bestehen auch von vornherein hinsichtlich solcher Mängel, die an anderen Gewerken eintreten (*BGH* NJW 1986, 923). Entsprechendes gilt für Entschädigungsleistungen, die der AG einem Anlieger bezahlen mußte (*BGH* BauR 1989, 469).

d) **Einwendungen gegen den Nachbesserungsanspruch.** Gegen den An- 21 spruch des Bestellers (Auftraggebers) auf Nachbesserung kann der Unternehmer (Auftragnehmer) folgendes einwenden:
– Behaupten, es liege kein **Mangel** vor, es fehle an einer **zugesicherten Eigenschaft** und es liege auch kein **Verstoß gegen die Regeln der Technik** vor.
– Die Einrede **des nichterfüllten Vertrags** erheben, wenn nämlich fällige Abschlagszahlungen oder die Schlußzahlung noch nicht geleistet sind, es sei denn, daß sein Vergütungsanspruch „verhältnismäßig geringfügig" ist (§ 320 II BGB).
– Vortragen, daß der Besteller hinsichtlich der Mängelbeseitigung bereits eine **Frist mit Ablehnungsandrohung** gesetzt hat, da dann nach Fristablauf nur noch die Gewährleistungsrechte (§§ 634f. BGB) geltend gemacht werden können.

Koeble 141

- Der Unternehmer kann die Nachbesserung verweigern, wenn sie **unmöglich** oder mit **unverhältnismäßigem Aufwand** verknüpft ist.
- Die Nachbesserung ist ausgeschlossen, wenn der Besteller in **Kenntnis eines Mangels abgenommen** hat und diesen nicht gerügt hat (§ 640 II BGB). Schadensersatzansprüche bleiben hier allerdings möglich und zwar auch dann, wenn eine Fristsetzung mit Ablehnungsandrohung zuvor nicht erfolgt war (*BGH* NJW 1974, 143; *BGH* NJW 1980, 1952).
- Der Unternehmer kann ferner vorbringen, ihm stehe ein sog. Zuschußanspruch wegen **Sowieso-Kosten** zu. Insoweit kann der Unternehmer zwar nicht einen Vorschuß aber Sicherheitsleistung in angemessener Höhe verlangen (*BGH* NJW 1984, 1676). Im Vergütungsprozeß des Unternehmens führen die Einrede des Zurückbehaltungsrechts und die Einrede der Sicherheitsleistung zu einer doppelten Zug-um-Zug-Verurteilung (*BGH* NJW 1984, 1679).
- Weitere Einwendungen kommen bei **Mitverschulden** des Auftraggebers bzw. seines Architekten und in seltenen Fällen wegen Vorteilsausgleichung in Frage.

5. Aufwendungsersatz und Vorschuß

22 Das Selbstbeseitigungsrecht des Bestellers besteht bei Zugrundeliegen des BGB, wenn der Unternehmer mit der Mängelbeseitigung in Verzug ist (§ 633 III BGB). Dafür ist zunächst eine Aufforderung zur Mängelbeseitigung, sodann eine Mahnung und ferner Verschulden erforderlich. Auch zum Verschulden ist substantiiert vorzutragen. Liegt die VOB (B) zugrunde, so kann der Auftraggeber nach Ablauf einer von ihm gesetzten angemessenen Frist die Mängel auf Kosten des Auftragnehmers beseitigen lassen; Verzug ist also nicht erforderlich (§ 13 Nr. 5 II VOB (B)).

23 a) **Vorschußanspruch.** Auf den Aufwendungsersatzanspruch gewährt die Rechtsprechung sowohl nach BGB als auch nach VOB (B) einen Vorschußanspruch (vgl. *BGHZ* 47, 272 = NJW 1967, 1366; *BGH* NJW 1977, 1136; *BGH* BauR 1980, 69). Nach einer neuen Entscheidung des *BGH* (LM Nr. 84 zu § 633 BGB m. Anm. *Koeble*) besteht ein Vorschußanspruch auch dann, wenn bei einem Kauf statt Wandelung und Minderung ein Nachbesserungsrecht vereinbart ist. Ebenso wie der Aufwendungsersatzanspruch ist der Vorschußanspruch auf Erstattung sämtlicher Aufwendungen für die Mängelbeseitigung gerichtet, auch auf die Kosten für die Beseitigung von Schäden an sonstigem Eigentum und auch auf die Kosten der Eigennachbesserung (*BGHZ* 59, 328 = NJW 1973, 46). Der AN hat ggf. auch die Kosten für eine wegen anderer Materialwahl teurere Nachbesserung zu tragen (*OLG Frankfurt* NJW-RR 1988, 918).

24 Bei der Vorschußklage sollte der Besteller entweder ein Angebot (Kostenvoranschlag) eines Handwerkers bzw. Unternehmers oder ein privates Sachverständigengutachten hinsichtlich des Mängelbeseitigungsaufwandes vorlegen. Das Gericht kann dann die **Höhe des Anspruchs kursorisch** nachprüfen. Die Vorschußklage unterbricht die **Verjährung** auch hinsichtlich weitergehender, nicht bezifferter Aufwendungen und Folgeschäden. Dennoch ist ein Feststellungsantrag hinsichtlich dieser weitergehenden Ansprüche zulässig (*BGH* NJW 1976, 956; *BGH* BauR 1986, 345; *OLG Celle* NJW-RR 1986, 99). Im Klagantrag muß nicht aufgenommen werden „als Vorschuß". Es genügt, wenn der Vorschußanspruch in der Klagbegründung substantiiert dargelegt wird. Die Unterbrechungswirkung erstreckt sich auf den Mangel in seiner gesamten Tragweite und nicht nur auf die geltend gemachten Mangelerscheinungen (*BGH* BauR 1989, 81 = NJW-RR 1989, 208; zur Symptom-Rechtsprechung vgl. ferner unten Rdnr. 83 ff.).

b) Einwendungen gegen Vorschußanspruch. Gegen den Vorschußanspruch 25 und auch gegen den Aufwendungsersatzanspruch bestehen zunächst die gleichen Einwendungen wie bei Nachbesserung (vgl. oben Rdnr. 21). Darüber hinaus kann folgendes eingewandt werden:
– Der Unternehmer kann vortragen, daß der Besteller die Mängel gar **nicht beseitigen wolle** (*BGH* BauR 1984, 406/408) oder daß er ausreichende Sicherheit bzw. einen **ausreichenden Einbehalt** zur Verfügung hat (vgl. *Werner/Pastor*, Rdnr. 1103). Eine Sicherheitsleistung muß der Besteller allerdings nicht in Anspruch nehmen (*BGH* NJW 1982, 2294).
– Im Vorschußprozeß kann ferner behauptet werden, daß die **falsche Mangelbeseitigungsmaßnahme** gewählt worden ist oder daß eine **billigere** Mängelbeseitigungsmaßnahme zum gleichen Ergebnis führe. Diesen Behauptungen muß das Gericht nachgehen.
– Der Vorschuß muß in jedem Fall abgerechnet werden, so daß der Besteller die Mängelbeseitigungsarbeiten in jedem Fall durchführen muß. Hierauf muß der RA seinen Mandanten hinweisen. Unklar ist lediglich, ab **wann eine Abrechnung des Vorschusses** verlangt werden kann. Der *BGH* (BauR 1984, 406 (408)) hat es nicht ausreichen lassen, wenn zwar vier Jahre vergangen waren, zwischenzeitlich aber im Prozeß die Frage der Mängelbeseitigungsmaßnahmen streitig geworden war. In der Literatur wird eine Zeitspanne von einem Jahr noch als angemessen bezeichnet (vgl. *Erhardt-Renken*, Kostenvorschuß zur Mängelbeseitigung, Baurechtliche Schriften, Band 6, 1986; *Renkl* BauR 1984, 472; *H. Mantscheff* BauR 1985, 389; *Koeble*, Gewährleistung und Beweissicherung bei Bausachen, S. 57). Gegen Rückforderungsansprüche kann mit Schadensersatzansprüchen aufgerechnet werden, wenn deren Voraussetzungen (z. B. wegen endgültiger Erfüllungsverweigerung) vorliegen (*BGH* BB 1988, 1694 = BauR 1988, 592). Nach einer neueren Entscheidung des *BGH* ist noch nicht einmal die Aufrechnung mit Schadensersatzansprüchen nötig, wenn die Voraussetzungen dafür gegeben sind (*BGH* BauR 1989, 201 = NJW-RR 1989, 405; vgl. auch *BGH* BauR 1989, 199 = NJW-RR 1989, 406).

6. Allgemeine Voraussetzungen der Gewährleistungsansprüche bei Werkvertrag

Die Gewährleistungsrechte (Minderung, Wandelung und Schadensersatz) 26 sind nach BGB in vier Fällen gegeben. Die VOB (B) hat eine andere Systematik der Gewährleistungsrechte. Bei BGB sind folgende Möglichkeiten gegeben:

a) Fristsetzung mit Ablehnungsandrohung. Bei Fristsetzung mit Ableh- 27 nungsandrohung geht nach Ablauf der Frist der Erfüllungs- bzw. Nachbesserungsanspruch unter und es können die Gewährleistungsrechte (§§ 634 f. BGB) geltend gemacht werden. Ausgeschlossen ist auch der Aufwendungsersatz- bzw. Vorschußanspruch. Die Fristsetzung mit Ablehnungsandrohung muß bestimmt sein, es muß unzweideutig zum Ausdruck kommen, daß nach Fristablauf die Nachbesserung abgelehnt werde (vgl. *BGH* BauR 1987, 209). Im Einzelfall kann auch eine Frist zum Beginn mit den Nachbesserungsarbeiten ausreichen (vgl. *BGH* ZfBR 1982, 211/212). Für Schadensersatzansprüche neben anderen Rechten ist die Fristsetzung mit Ablehnungsandrohung im Einzelfall entbehrlich (vgl. oben Rdnr. 20 und *OLG Bremen* NJW-RR 1990, 218 bei Zwangsversteigerung).

28 **b) Endgültige Erfüllungsverweigerung.** Bei endgültiger Erfüllungsverweigerung des Unternehmers erlischt das Nachbesserungsrecht des Bestellers nicht, er hat jedoch die **Möglichkeit,** schon jetzt die Gewährleistungsrechte geltend zu machen. Eine endgültige Erfüllungsverweigerung liegt vor, wenn die Verpflichtung zur Mangelbeseitigung ernsthaft und unzweideutig bestritten wird und erkennbar wird, daß der Mangel nicht beseitigt werden wird (*BGH* BauR 1976, 285; *BGH* NJW-RR 1990, 786). Dies ist zu bejahen bei Bestreiten der Verantwortlichkeit für einen Mangel (*BGH* BauR 1985, 198; *BGH* NJW-RR 1990, 786) und bei Klagabweisungsantrag, wenn sich aus der Begründung ein Bestreiten des Mangels oder der Nachbesserungspflicht ergibt (*BGH* NJW 1984, 1460). Im Ausnahmefall kann jedoch trotz anfänglicher Weigerung des AN später die Fristsetzung mit Ablehnungsandrohung noch nötig werden (vgl. *BGH* BauR 1990, 725).

29 **c) Unmöglichkeit der Mängelbeseitigung.** Die Nachbesserung muß zwar objektiv unmöglich sein; nach der Rechtsprechung genügt es aber, wenn die Mängelbeseitigung mit außergewöhnlichen Kosten verknüpft wäre (*OLG Düsseldorf* BauR 1984, 294 für eine zu niedere Wohnung).

30 **d) Unverhältnismäßiger Aufwand der Nachbesserung.** Hier handelt es sich um absolute Ausnahmefälle. Der Unternehmer kann sich auf unverhältnismäßigen Aufwand auch dann nicht berufen, wenn er grob fahrlässig den Mangel verursacht hat (*OLG Düsseldorf* BauR 1987, 572 = NJW-RR 1987, 1167, für die Verlegung von PVC-Bodenbelag direkt auf dem Estrich ohne Spachtelung).

7. Wandelung und Minderung

31 Beim BGB-Werkvertrag sind Wandelung und Minderung nur unter bestimmten Voraussetzungen möglich (vgl. Rdnrn. 26 ff.). Bei Fehlen dieser Voraussetzungen bestehen die Ansprüche nicht. Beim VOB-Bauvertrag ist die Wandelung nach absolut h. M. ausgeschlossen und die Minderung nicht von einer Fristsetzung mit Ablehnungsandrohung abhängig bzw. nur unter den drei Voraussetzungen des § 13 Nr. 6 VOB (B) möglich.

32 Die Wandelung kommt beim BGB-Bauvertrag vor allem in den Bauträgerfällen vor und zwar wegen bauphysikalischer Mängel (Wärme-, Schall- und Feuchtigkeitsisolierung; vgl. *LG Tübingen Schäfer/Finnern/Hochstein* Nr. 6 zu § 634 BGB bei mangelhaftem Schallschutz einer Wohnung). Ausgeschlossen ist die Wandelung, wenn der Mangel den Wert oder die Tauglichkeit des Werkes nur „unerheblich mindert".

33 Der Hauptanwendungsfall der Minderung sind sog. Schönheitsmängel. Hier sind die Mängelbeseitigungskosten zwar ein erster Anhaltspunkt für die Ermittlung der Minderung, in der Praxis haben die Sachverständigen aber andere Formeln für die Bemessung der Minderung entwickelt. Bei Grundstücken und Gebäuden (vor allem beim Bauträgervertrag) erfolgt die Geltendmachung der Minderung nicht nach der sog. relativen Methode (Wert des mangelfreien Ge-

Mängelrechte **B II**

genstandes im Verhältnis zum Wert des mangelbehafteten Gegenstandes), sondern nach der **Äquivalenzmethode** (vgl. MünchKomm-*Westermann*, § 472 Rdnr. 5; *Palandt/Putzo*, § 472 Anm. 3a).

Beispiel:

Wert eines mangelfreien Grundstückes	DM 100 000,-
Kaufpreis (Werklohn beim Bauträgervertrag)	DM 85 000,-
also 85%	
Wert des mangelhaften Grundstückes	DM 40 000,-
Äquivalenzwert (85%)	DM 34 000,-
Die Minderung besteht in der Differenz zwischen	
– Kaufpreis	DM 85 000,-
– Äquivalenzwert	DM 34 000,-
Minderung	DM 51 000,-

8. Schadensersatz bei Werkvertrag

a) **Arten von Schäden.** Die Rechtsprechung unterscheidet drei Schadensar- 34 ten; die Mangelschäden die Mangelfolgeschäden und sog. entferntere Mangelfolgeschäden. Wichtig ist nur die **Abgrenzung der entfernteren Mangelfolgeschäden,** da diese nicht nach § 635 BGB bzw. § 13 Nr. 7 VOB (B) zu erstatten sind. Rechtsgrundlage für die Geltendmachung solcher Schäden kann die positive Vertragsverletzung sein, deren Ansprüche in 30 Jahren verjähren, aber auch § 823 I BGB, dessen Ansprüche nach 3 Jahren verjähren. Zu den entferneren Mangelfolgeschäden gehören vor allem diejenigen, die an anderen Rechtsgütern, nämlich fremdem Eigentum, Leib und Leben von Personen, o. a. eintreten.

Dagegen gehören zu den Mangel- und Mangelfolgeschäden alle eng und un- 35 mittelbar mit dem Werk zusammenhängenden Schäden, wie z. B. folgendes: solche, die im Zuge der Nachbesserung an sonstigem Eigentum zwangsläufig eintreten (*BGH* BauR 1975, 130 (133)); entgangener Gewinn während der Nachbesserungszeit und auch sonst (*BGH* BauR 1976, 354); Verdienstausfall während der Nachbesserungszeit (*BGH* BauR 1978, 402); Mietausfälle während der Nachbesserungsarbeiten; Kosten für die Anmietung einer Ersatzwohnung (*BGHZ* 46, 238 (239)); Kosten für die Einholung von Privatgutachten über Mängel (*BGH* BauR 1971, 51); Schäden aus einem Einbruch sollen bei Planung eines einbruchsicheren Geschäfts ebenfalls noch nächste Mangelfolgeschäden sein (*OLG München* NJW-RR 1988, 85).

b) **Schadensberechnung und -umfang.** Regelmäßig scheidet Schadensersatz 36 in Form der Naturalrestitution (Neuherstellung) aus. Dem Besteller stehen zwei Möglichkeiten zur Schadensberechnung zur Verfügung: Im Regelfall muß er das Werk behalten und kann nach der **Differenzmethode** abrechnen, wobei neben den Aufwendungen für die Mängelbeseitigung alle Schäden erstattungsfähig sind (vgl. oben 1). Diese Form des Schadensersatzes ist auch dann möglich, wenn der Besteller die Mängel nicht beseitigt und etwa das Grundstück mit Gebäude veräußert (*BGH* NJW 1987, 645, *VII. Zivilsenat* gegen *BGH* NJW 1982, 98, *V. Zivilsenat*). Der Besteller kann das **Werk auch zurückweisen,** wenn dies praktisch durchführbar ist und wenn wesentliche Mängel vorliegen (*BGH* NJW 1972, 526). Praktische Bedeutung hat dies vor allem beim Bauträgervertrag. Schadensersatz für einen **verbleibenden Minderwert** kommt auch dann in Frage, wenn die Nachbesserung (zum Teil erfolglos) durchgeführt wurde (vgl. z. B. *BGH* BauR 1991, 744 = NJW-RR 1991, 1429).

B II   Der Bauprozeß

37 Erstattungsfähig sind auch **entgangene Gebrauchsvorteile** (abstrakte Nutzungsentschädigung). Der *BGH* (NJW 1980, 1386) hatte dies zwar zunächst im Hinblick auf ein privates Schwimmbad abgelehnt. Bejaht hatte jedoch ein anderer Senat des *BGH* (NJW 1986, 427) einen Anspruch auf Nutzungsausfallentschädigung hinsichtlich eines wegen Mängeln unbenutzbaren Kfz-Abstellplatzes in einer Tiefgarage. Auf einen Vorlagebeschluß des V. Zivilsenats (BauR 1986, 244) hat der *Große Senat* des *BGH* dann bei einem deliktischen Eingriff vom Nachbargrundstück aus auf das Gebäude bzw. die Wohnung die Erstattungsfähigkeit bejaht (*BGH* NJW 1987, 50). Diese Rechtsprechung wurde dann in zwei Fällen konkretisiert: Bei Verzug mit der Herausgabe einer Wohnung, wenn diese für die Lebenshaltung des Geschädigten von zentraler Bedeutung ist und von ihm selbst bewohnt werden soll (*BGH* BauR 1987, 318; *BGH* NJW 1992, 1500) und bei Vorenthaltung einer Ferienwohnung durch eine Ehefrau trotz einer Scheidungsvereinbarung (*BGH* NJW 1988, 251). Die Voraussetzungen für den Anspruch des Geschädigten sind, daß „der Wohnraum für seine Lebensführung von zentraler Bedeutung war und er ihn auch tatsächlich nutzen wollte" (*BGH* NJW 1992, 1500).

38 **c) Einwendungen.** Dem Unternehmer stehen zunächst die gleichen Einwendungen wie bei Nachbesserung zu (vgl. Rdnr. 21). Darüber hinaus kann er einwenden, daß die Voraussetzungen für Gewährleistungsansprüche nicht gegeben sind (vgl. Rdnrn. 26 ff.). Ferner kann er folgendes geltend machen:
– Soweit der Besteller einen Vorschußanspruch geltend macht, kann er einwenden, daß dies beim Schadensersatz im Unterschied zum Aufwendungsersatz nicht möglich ist (*BGH* NJW 1973, 1457).
– Des weiteren kann er vortragen, daß Sowieso-Kosten angefallen wären. Mit diesem Einwand wird der Unternehmer sogar dann nicht ausgeschlossen, wenn ein rechtskräftiges Feststellungsurteil vorliegt und hier eine Einschränkung hinsichtlich der Sowieso-Kosten nicht enthalten war (*BGH* BB 1988, 1560).
– Darüber hinaus kann er fehlende Ursächlichkeit, fehlendes Verschulden (Entlastung, vgl. § 282 BGB) und etwaiges Mitverschulden einwenden.
– Schließlich kann der AN in manchen Fällen Vorteilsausgleichung geltend machen, so z. B. wenn der AG ein Dach erhält, welches 17 Jahre hält und nach Leistungsverzeichnis eine Lebensdauer von nur 10 Jahren vorausgesetzt wäre (*OLG Frankfurt Schäfer/Finnern/Hochstein* Nr. 65 zu § 635 BGB; vgl. auch *BGH* BauR 1984, 510).

9. Haftung des Architekten wegen Bausummenüberschreitung

39 Der Architekt kann zunächst haften, wenn er eine Bausummengarantie abgegeben hat (vgl. hierzu *Locher*, Das private Baurecht, Rdnr. 274). Die Überschreitung eines Kostenlimits oder -rahmens kann ebenfalls zur Haftung führen (vgl. *BGH* BauR 1991, 366 = NJW-RR 1991, 661; *Koeble*, Rechtshandbuch Immobilien, Kap. 62 Rdnr. 58 ff.). Im übrigen kommt eine Haftung wegen Bausummenüberschreitung nur beim Vorliegen der folgenden Voraussetzungen in Frage:

40 **a) Fehler des Architekten.** Wichtigster Ansatzpunkt sind die **Kostenermittlungen nach DIN 276.** Sind hier bei der Kostenschätzung, der Kostenberechnung oder dem Kostenanschlag falsche Mengen angesetzt, ganze Kostengruppen nach DIN 276 oder ganze Gewerke bzw. Teilleistungen vergessen worden, so liegt ein Fehler vor. Sonderwünsche und Zusatzleistungen des Bauherren, die nach Aufstellung der Kostenermittlung verlangt wurden, müssen ebenso abgezogen werden wie nicht vorhersehbare Lohn- und Materialpreiserhöhungen. Das gleiche gilt für höhere Kosten durch einen späteren Baubeginn wegen Finanzierungsschwierigkeiten des AG (*OLG Hamm* BauR 1991, 246). Weitere, selbständige Ansatzpunkte für die Haftung sind die Pflichten zur **Kostenkontrolle** und zur **Kostenfortschreibung**. Die Darlegungs- und Beweislast hinsichtlich des Fehlers trifft den AG (*BGH* BauR 1988, 734 = NJW-RR 1988, 1361).

b) **Toleranzrahmen.** Nicht jede Überschreitung der Kostenermittlungen löst 41
Schadensersatzansprüche oder ein Kündigungsrecht aus. Im Rahmen der Kostenschätzung wird dem Architekten eine Toleranz von 30–40% einzuräumen sein, im Rahmen der Kostenberechnung von 20–25% und im Rahmen des Kostenanschlags von 10–15% (ebenso für 14,86% beim Kostenanschlag *OLG Hamm* BauR 1991, 246). Die Darlegungs- und Beweislast hinsichtlich der Überschreitung des Toleranzrahmens trifft den AG (*BGH* BauR 1988, 734 = NJW-RR 1988, 1361).

c) **Schaden.** Für die Schadensberechnung stehen dem Bauherren drei Mög- 42
lichkeiten zur Verfügung:

Kann er das Objekt nicht halten und muß es freihändig oder im Wege der 43
Zwangsversteigerung veräußern, so kann der Schaden in der **Differenz** zwischen dem **Verkehrswert** und dem erzielten **Erlös** liegen.

Die wichtigste Form der Schadensberechnung ist die Ermittlung der Diffe- 44
renz zwischen dem **Verkehrswert** des Objekts und den **Baukosten**. Der Verkehrswert bei eigengenutzten Gebäuden ist in der Regel nach dem Sachwert anzunehmen (*BGH* NJW 1970, 2018 für ein überwiegend eigengenutztes Einfamilienhaus; *BGH* BauR 1979, 74 für ein eigengenutztes Betriebsgebäude). Für ein gewerblich genutztes oder vermietetes Objekt wird dagegen auf den Ertragswert abzustellen sein (*OLG Düsseldorf* BauR 1974, 354 (356); *KG Schäfer/Finnern/Hochstein* Nr. 20 zu § 635 BGB). Bei gemischt genutzten Objekten ist eine Mischung aus Sach- und Ertragswert maßgebend. Der Verkehrswert kann zu erhöhen sein, wenn der Bauherr ein wertvolles Gebäude in eine unerschlossene Gegend gebaut hat oder einen Gewerbebetrieb in einer abgelegenen Gegend errichtet hat.

Die dritte Möglichkeit der Schadensberechnung besteht darin, daß der erhöh- 45
te Zinsdienst für die **Mehrfinanzierung** geltend gemacht wird.

d) **Verschulden.** Hinsichtlich des Verschuldens muß sich der Architekt entla- 46
sten (Umkehr der Beweislast). Er kann ein Mitverschulden des Bauherrn einwenden, wenn dieser keine Einschränkungen vornimmt oder zusätzliche Leistungen aufwendigerer Art in Auftrag gibt, obwohl er die Bausummenüberschreitung erkennt.

e) **Sanktionen.** Neben dem **Schadensersatzanspruch** steht dem Bauherren 47
bei Bausummenüberschreitung auch ein wichtiger Grund zur **Kündigung** zu (*OLG Hamm* BauR 1987, 464; *OLG Düsseldorf* BauR 1988, 237). Ein Honoraranspruch besteht für den Architekten in diesem Fall nur hinsichtlich der vertragsgerecht erbrachten Leistungen.

48 f) **Verjährung.** Während früher überwiegend die Auffassung vertreten wurde, daß Anspruchsgrundlage die positive Vertragsverletzung ist und Ansprüche damit in 30 Jahren verjähren, geht die Tendenz in Rechtsprechung und Literatur heute dahin, daß auch hier die 5jährige Verjährungsfrist nach § 638 BGB gilt (vgl. *OLG Stuttgart* BauR 1987, 462 = NJW-RR 1987, 913).

10. Haftung des Bauunternehmers bei Hinweispflichtverletzung

49 Die Prüfungs- und Hinweispflicht des AN besteht bei drei Sachverhalten:
– Bedenken gegen die vorgesehene **Art der Ausführung** (auch wegen der Sicherung gegen Unfallgefahren)
– Bedenken gegen die **Güte der** vom AG gelieferten **Baustoffe** oder Bauteile
– Bedenken gegen die **Leistungen anderer Unternehmer.**

50 Die Prüfungs- und Hinweispflicht ist zwar in der VOB (B) geregelt. Sie gilt jedoch **auch** beim **BGB-Bauvertrag** (*BGH* NJW 1987, 643 = BauR 1987, 79). Nach h. M. (vgl. *Ingenstau/Korbion* B § 4 Rdn. 188) handelt es sich um vertragliche Hauptpflichten und keine Nebenpflichten. Der AG muß deshalb bei Zugrundeliegen des BGB die Mängelansprüche nach §§ 633 ff. BGB und bei Zugrundeliegen der VOB (B) vor der Abnahme die Rechte nach § 4 Nr. 7 VOB (B) bzw. nach der Abnahme die Rechte des § 13 Nr. 5–7 VOB (B) geltend machen. Die Verjährungsfrist beträgt damit nicht 30 Jahre (*BGH* aaO).

51 a) **Bedenken gegen die vorgesehene Art der Ausführung.** Diese Prüfungspflicht betrifft die Planung und Ausschreibung (Leistungsverzeichnisse) des AG bzw. der von ihm hinzugezogenen Architekten und Sonderfachleute. Der Einsatz dieser Personen entlastet den AN nicht. Der AG hat sich jedoch ein **Mitverschulden** (§§ 254, 278 BGB) anrechnen zu lassen (z. B. *BGH* BauR 1978, 222; *BGH* BauR 1988, 338 = NJW-RR 1988, 785). Der AN haftet auch dann, wenn der Architekt des AG eine fehlerhafte Planung z. B. mit statischen Notwendigkeiten begründet (*BGH* BauR 1989, 467). Das Mitverschulden führt zu einer **Quote** und wenn der AG Mängelbeseitigung geltend macht zu einem **Zuschußanspruch** (vgl. unten Rdnr. 62).

52 In Ausnahmefällen kann die **Prüfungs- und Hinweispflicht entfallen,** z. B. wenn Spezialarbeiten auszuführen sind und der AG oder sein Architekt bzw. Sonderfachmann dafür Spezialkenntnisse hat oder wenn der AG oder seine Erfüllungsgehilfen selbst Prüfungen oder Untersuchungen durchgeführt haben (vgl. *Ingenstau/Korbion* B § 4 Rdn. 214, 189 ff.).

53 b) **Bedenken gegen die Güte der vom AG gelieferten Baustoffe oder Bauteile.** Die Prüfungspflicht geht nicht so weit, daß „besondere Prüfmaßnahmen" z. B. mit Prüfgeräten durchgeführt werden müssen. Es genügt eine äußere Prüfung durch Augenschein auf Mängel und Größe, durch Abmessen und auch durch Abklopfen. Bei Gütesiegeln oder Prüfzeichen ist die Prüfungspflicht eingeschränkt, jedoch nicht vollständig beseitigt (*Ingenstau/Korbion* B § 4 Rdn. 231).

54 c) **Bedenken gegen die Leistungen anderer Unternehmer.** Insoweit besteht die Prüfungspflicht nicht, wenn die andere Leistung die von dem AN geschuldete Leistung überhaupt nicht berührt und mit ihr nicht in Zusammenhang steht; eine Prüfungspflicht kommt hier nur in Frage, wenn die Vorleistung die **eigene Leistung des AN „nachteilig beeinflussen kann"** bzw. den Erfolg seiner Arbeiten in Frage stellen kann (z. B. *BGH* NJW 1974, 747; *BGH* NJW 1983,

875; *BGH* NJW 1987, 643). Sie gilt nicht für nachträglich ausgeführte Arbeiten anderer Unternehmer, jedoch für vorangegangene Eigenleistungen des AG (*OLG München* NJW-RR 1987, 854; *OLG Köln* BauR 1990, 729).

d) Die Mitteilungspflicht. Die VOB (B) verlangt **Schriftform.** Auch eine 55 beweisbare mündliche Mitteilung ist jedoch von Bedeutung: Der AG muß sich hier ein Mitverschulden zurechnen lassen (*BGH* BauR 1973, 313 = NJW 1973, 1792).

Richtiger **Adressat der Mitteilung** ist in jedem Fall der AG, auf gar keinen 56 Fall der Bauleiter des Architekten des AG. Bei Planungs- und Vergabefehlern ist auch der Architekt nicht der richtige Adressat (*Ingenstau/Korbion* B § 4 Rdn. 259). Auch sonst ist der Architekt nur der richtige Adressat, wenn er sich den Bedenken des AG nicht verschließt.

e) Einwendungen des AN gegen Ansprüche wegen Hinweispflichtverlet- 57 **zung.** Die Ansprüche des AG sind normale Gewährleistungsansprüche und nicht von vornherein Schadensersatzansprüche. Verlangt der AG sofort Schadensersatz, so kann sich der AN sowohl bei Zugrundeliegen des BGB als auch bei Zugrundeliegen der VOB (B) auf sein Nachbesserungsrecht berufen. Im übrigen hat er folgende Einwendungen:

– Nichtvorliegen eines Mangels wie bei allen Gewährleistungsansprüchen (Be- 58 weislast vor der Abnahme: AN)
– Fehlende Ursächlichkeit der eigenen Leistung für den Mangel
– Nichterkennbarkeit der Fehler des Architekten, des Vorunternehmers oder 59 der Baustoffe trotz Prüfung, wobei eine **besondere Prüfung** durch Hilfsmittel **nicht verlangt** werden könne.
– Durchführung einer ordnungsgemäßen **Prüfung** und **schriftliche Mitteilung** 60 hierüber.
– Entfallen einer Prüfungspflicht (Ausnahme; vgl. oben Rdnr. 52). 61
– **Mitverschulden** des AG wegen bewiesener mündlicher Mitteilung; hier steht 62 nicht nur bei Minderung und Schadensersatz ein **Zuschußanspruch** zur Verfügung. Auch gegenüber einem Nachbesserungsverlangen des AG besteht ein Zurückbehaltungsrecht wegen dieses Zuschußanspruches. Der AN kann hier Sicherheitsleistung durch Bürgschaft oder Hinterlegung verlangen (*BGH* BauR 1984, 395 = NJW 1984, 1676). Im Prozeß führt dieses Zurückbehaltungsrecht zur Zug-um-Zug-Verurteilung. Im Werklohnprozeß des AN kommt es dann zur doppelten Zug-um-Zug-Verurteilung (*BGH* BauR 1984, 401 = NJW 1984, 1679).
– **Mitverschulden** des AG wegen Planungs- oder Vergabefehlers eines Archi- 63 tekten oder Sonderfachmannes; auch darauf kann der AN ein Zurückbehaltungsrecht wegen eines Zuschußanspruches stützen (vgl. Rdnr. 62). Hinsichtlich der Abwägung der Haftungsanteile hat die Rechtsprechung Grundsätze entwickelt (vgl. *BGH* BauR 1991, 79 = NJW-RR 1991, 276). Der Anteil des AN liegt oft unter 50% (z. B. *OLG Hamm* BauR 1990, 731).
– Anfall von **Sowieso-Kosten** bei der Mängelbeseitigung; auch darauf kann ein 64 Zurückbehaltungsrecht bzw. ein Zuschußanspruch gestützt werden (vgl. oben Rdnr. 62).

11. Mängelrechte beim Bauträgervertrag und bei Altbausanierung

Der Bauträgervertrag ist in den seltensten Fällen Kaufvertrag, obwohl er in 65 notariellen Verträgen fast immer so bezeichnet wird. Die Gewährleistung richtet sich bei „**neuerrichteten Objekten**" nach **Werkvertragsrecht** (ständige Rspr. des *BGH*): Wenn zum Zeitpunkt des Abschlusses des Vertrages die Wohnanlage großenteils bezogen ist, aber noch kleine Restarbeiten auszuführen sind (*BGH* NJW 1976, 515); wenn im Vertrag eine Errichtungsverpflichtung enthalten ist (*BGH* NJW 1977, 1336); wenn das Objekt zwar vollständig fertiggestellt ist, aber im notariellen Vertrag eine gemeinsame Begehung und die Erstellung eines Protokolles über Mängel sowie die Verpflichtung zur Beseitigung dieser Mängel vorgesehen ist (*BGH* NJW 1981, 2344); wenn eine Eigentumswohnung vom Veräußerer selbst 5 Monate bereits bewohnt war und mit dem Erwerber verschiedene Änderungen vereinbart wurden (*BGH* BauR 1982, 58); auch bei Verwendung des Objektes ein halbes Jahr lang als Musterhaus (*BGH* NJW 1982, 2243); ebenso bei einem 2 Jahre lang leerstehenden Objekt (*BGH* NJW 1985, 1551); sogar dann, wenn der Erwerber selbst die Wohnung 8 Monate lang bewohnt und gemietet hatte (*BGH* BauR 1986, 345 = NJW-RR 1986, 1026). Die Rechtsprechung wurde durch weitere Entscheidungen bestätigt (u. a. *BGHZ* 101, 350 (352) = BauR 1987, 686; *BGH* BauR 1988, 461 für Häuser im Gartenhofstil; *KG* BauR 1988, 724). Sie ist verschiedentlich auf Widerspruch in der Literatur gestoßen (zuletzt *Sturmberg* NJW 1989, 1832 m. w. Nachw.).

66 Auch bei **Umwandlung von Altbauten in Eigentumswohnungen** hat die Rechtsprechung angenommen, daß es sich um „Erwerb neuerrichteter Objekte" handelt. Damit gilt auch hier Werkvertragsrecht (zum Ganzen *Koeble*, BauR 1992, 569). Entschieden wurde dies für die Umwandlung von Garagen- und Werkstatträumen in Wohn- und Geschäftsräume (*BGH* BauR 1988, 464 = NJW 1988, 1972) und für die Umwandlung eines Bungalows in 2 Eigentumswohnungen bei umfangreichen Umbauarbeiten (*BGH* BauR 1989, 597 = NJW 1989, 2748). Entscheidendes Kriterium, ob es sich um ein neuerrichtetes Objekt handelt, ist nach Auffassung des BGH, daß „**Arbeiten bei Bauwerken**" i. S. § 638 BGB ausgeführt werden. Die bloße Umwandlung eines Altbaues in Eigentumswohnungen genügt nicht (*BGH* NJW 1989, 2534/2535).

67 Bei **Altbausanierung** ist meist problematisch, **wie weit Werkvertragsrecht** anzuwenden ist (vgl. i. e. *Koeble*, aaO.). Werden Zusicherungen in einem Exposé gegeben, wonach es sich um einen „Neubau hinter historischer Fassade" handeln soll, so müssen auch die alten Teile des Gebäudes hinsichtlich der Regeln der Technik (Schallschutz, Wärmedämmung, Feuchtigkeitsisolierung) auf dem neuesten Stand sein (*BGHZ* 100, 391, 396 f. = BauR 1987, 439/442 f. = NJW 1988, 490). Soweit der Vertrag als einheitlicher Vertrag ausgestaltet ist, besteht in der Rechtsprechung des BGH wohl die Tendenz, auch die nicht veränderten Teile nach Werksvertragsrecht zu beurteilen (*BGH* BauR 1988, 464 = NJW 1988, 1972). Richtig dürfte die Auffassung des *OLG Frankfurt* (NJW 1984, 2586) sein, wonach zu differenzieren ist. Dagegen sprechen aber wieder Ausführungen in einer Entscheidung des VII. Zivilsenates des *BGH* (NJW 1989, 2748).

68 Der Bauträgervertrag über neu errichtete oder noch zu errichtende Eigentumswohnungen und Häuser unterliegt nach der Rechtsprechung des BGH auch dann der **Inhaltskontrolle**, wenn es sich um einen **Individualvertrag** handelt. Nach Auffassung des BGH können „formelhafte Klauseln" (vgl. *BGH* BauR 1987, 686 = NJW 1988, 135) nur dann wirksam werden, wenn sie mit dem Erwerber eingehend erörtert wurden (*BGH* aaO m. w. Nachw.; vgl. zum Ganzen: *Koeble*, Rechtshandbuch Immobilien, Kap. 15 Rdnr. 53 ff., Kap. 16 Rdnr. 63 ff., Kap. 26 Rdnr. 40 ff.).

Mängelrechte   B II

12. Mängelansprüche bei Wohnungseigentum

Für den Prozeßbevollmächtigten einer Wohnungseigentümergemeinschaft, 69
der Mängelansprüche gegenüber dem Bauträger oder dem Generalunternehmer
geltend machen soll, sind erhebliche Hürden zu überspringen (zum WE-Verfahren vgl. Kap. B V). Er kann sich folgenden Einwendungen der Gegenseite
ausgesetzt sehen:

a) **Einwendungen bei Klage eines einzelnen Wohnungseigentümers.** Hier 70
kann zunächst geltend gemacht werden, daß der klagende Eigentümer nicht
gleichzeitig auch Vertragspartner des Bauträgers war bzw. daß er sich als Erwerber von einem früheren Eigentümer dessen Ansprüche gegen den Bauträger
nicht hat abtreten lassen. Die **Aktivlegitimation** hinsichtlich der Mängelansprüche kann sich nämlich ausschließlich aus dem Vertrag mit dem Bauträger
ergeben (vgl. *OLG München* BauR 1979, 431; *BGH* NJW 1985, 1551).

Macht der Wohnungseigentümer Ansprüche auf **Minderung oder Schadens-** 71
ersatz geltend, so kann ihm entgegengehalten werden, daß beide Rechte „gemeinschaftsbezogen" sind und damit die Wohnungseigentümer über die Geltendmachung dieser Ansprüche überhaupt einen **Beschluß** gefaßt haben müssen
(*BGH* NJW 1979, 2207; *BGH* NJW 1981, 1841). Dagegen ist jeder einzelne
aktivlegitimiert hinsichtlich der Nachbesserung und im Hinblick auf die Einleitung eines Beweissicherungsverfahrens (*BGH* NJW 1977, 1336; *BGH* BauR
1980, 69). Die allgemeine Frage, ob die WE Gesamtgläubiger (§ 428 BGB) oder
Mitgläubiger (§ 432 BGB) sind, ist noch nicht entschieden (vgl. *BGH* BauR
1992, 373 = NJW 1992, 435). Auch die an sich gemeinschaftsbezogenen Ansprüche Minderung oder Schadensersatz kann ein einzelner Wohnungseigentümer im Ausnahmefall geltend machen. So sind nach *BGH* BauR 1990, 221 =
NJW 1989, 2534) Schadensersatzansprüche wegen arglistigen Verschweigens
eines Mangels des Gemeinschaftseigentumes nicht gemeinschaftsbezogen; hier
kann der einzelne WE aber Schadensersatzansprüche nur anteilig nach seiner
Miteigentums-Quote geltend machen. Eine weitere Ausnahme von der Gemeinschaftsbezogenheit gilt dann, wenn ein Mangel des Gemeinschaftseigentumes sich beim Sondereigentum eines WE auswirkt und Nachbesserung unmöglich ist (*BGH* BauR 1990, 353 = NJW 1990, 1663 für Geruchsbelästigungen
eines WE durch einen gemeinschaftlichen Kamin; ferner *BGH* BauR 1991, 606
= NJW 1991, 2420 und *OLG Frankfurt* NJW-RR 1991, 665 für Schallmängel des
Gemeinschaftseigentums, die sich beim Sondereigentum auswirken).

Notwendig ist ferner ein Beschluß der Gemeinschaft, **welches der beiden** 72
Rechte geltend gemacht werden soll oder aber ein Beschluß, daß der einzelne
Wohnungseigentümer berechtigt sein soll, zwischen Minderung und Schadensersatz zu wählen (*BGH* NJW 1983, 453).

Wichtig ist, daß die gesamten **Beschlüsse keine rückwirkende Kraft** haben. 73
Werden Beschlüsse während eines Rechtsstreites nachgeholt, so tritt die Unterbrechung der Verjährung erst ein, wenn der Beschluß formgültig gefaßt wurde
(*BGH* NJW 1983, 453). Soweit die Versammlung beschlußfähig ist, genügt die
einfache Mehrheit der anwesenden WE für die Beschlußfassung.

Für die **Fristsetzung mit Ablehnungsandrohung** bedarf es ebenfalls eines 74
Beschlusses der Wohnungseigentümergemeinschaft.

b) **Klage der „Wohnungseigentümergemeinschaft".** Die „WEG" ist nicht 75
parteifähig, so daß die einzelnen Wohnungseigentümer klagen müssen. Dies

Koeble   151

gilt auch dann, wenn der Verwalter in Vollmacht handelt (zu Erleichterungen bei der Parteibezeichnung vgl. A Rdnrn. 21 ff.).

76 Die notwendige Aktivlegitimation haben nur die **Vertragspartner** des Bauträgers, nicht dagegen später eingetretene Eigentümer, es sei denn, die Vertragspartner des Bauträgers hätten ihre Ansprüche an sie abgetreten (*BGH* NJW 1985, 1551; *OLG München* BauR 1979, 431).

77 Vorliegen müssen verschiedene **Beschlüsse der „WEG"** über den Übergang zu den Gewährleistungsansprüchen (Fristsetzung mit Ablehnungsandrohung) und die Entscheidung zwischen Minderung oder Schadensersatz. Die Beschlüsse haben keine rückwirkende Kraft, so daß Klagen erst ab Wirksamkeit der Beschlüsse die Verjährung unterbrechen (*BGH* NJW 1983, 453).

78 Zuständig für die Beschlußfassung ist die „WEG" (*BGH* NJW 1979, 2207), obwohl es eigentlich auf die Vertragspartnerschaft ankommt (vgl. *BGH* NJW 1985, 1551). Die „WEG" ist zur Beschlußfassung auch insoweit zuständig, als es sich um Bauteile handelt, die gar nicht im Miteigentum aller WE stehen (vgl. *BGH* NJW 1979, 2207 im Hinblick auf ein Schwimmbad). Für die Beschlußfassung genügt einfache Mehrheit der anwesenden WE.

79 **c) Klage des Verwalters.** Hier bestehen die gleichen Möglichkeiten zu Einwendungen wie bei a) und b) Darüber hinaus kann geltend gemacht werden, daß ein **Beschluß** fehlt, wonach der **Verwalter** die Ansprüche geltend machen soll (zum Bestreiten der Prozeßvollmacht vgl. *OLG Düsseldorf* BauR 1991, 362).

80 Macht der **Verwalter** die Ansprüche **in eigenem Namen** geltend, so kann eingewandt werden, daß auch hierfür ein gesonderter Beschluß notwendig ist (vgl. *BGH* NJW 1981, 1841).

81 Aufgrund einer speziellen Ermächtigung durch Beschluß der „WEG" kann der Verwalter auch Ansprüche geltend machen, bei denen das **Sondereigentum betroffen** ist (*BGH* BauR 1986, 447 = NJW-RR 1986, 755). Auch einzelne Wohnungseigentümer können dies, aber ebenfalls nur nach vorgängigem Beschluß der „WEG" (*BGH* BauR 1987, 439/440).

82 Sämtliche Beschlüsse der „WEG" haben keine rückwirkende Kraft, was im Hinblick auf die Verjährung sehr wichtig ist (vgl. oben Rdnrn. 73, 77 auch zu den Stimmenverhältnissen).

13. Die Symptomrechtsprechung bei Mängelansprüchen

83 **a) Substantiierung der Mängel bei der Mängelanzeige.** Jede Mängelanzeige, auch die schriftliche Mängelanzeige nach § 13 Nr. 4 VOB (B) muß bestimmt sein. Ungenügend ist z. B.: „Die Fliesenarbeiten sind mangelhaft ausgeführt" oder „An einigen Fensterrahmen blättert die Farbe ab" (*KG* BauR 1974, 345); bei einem umfangreichen Bauvorhaben mit etwa 200 Mängeln hat es der BGH aber ausreichen lassen, wenn die Mängel allgemein bezeichnet werden und an Ort und Stelle mit Hilfe von Zeugen und Sachverständigen konkrete Feststellungen möglich sind (*BGH* BauR 1980, 574).

84 Der AG muß **nicht** die **Mängelursachen** kennen oder bezeichnen. Es genügt vielmehr, daß ein Mangel „in seinem äußeren Erscheinungsbild" beschrieben wird (zum Ganzen *Weise*, BauR 1991, 19). So hat der *BGH* (NJW 1987, 381) eine Mängelrüge, wonach ein Dach an zwei Stellen undicht sei, für das gesamte Dach ausreichen lassen. Entsprechendes entschied er in einem ähnlich gelagerten Fall eines über mehrere selbständige Gebäude gehenden Daches (*BGH* BauR 1987, 443). Es genügt auch eine Behauptung, Wärmemengenzähler seien defekt

oder „die Heizleistung der aufgestellten Heizkessel ist nicht ausreichend" (*BGH BauR* 1988, 474 = *NJW-RR* 1988, 1047). Eine Rüge von Rissen im Außenputz erstreckt sich auch auf später auftretende Risse, wenn die gleiche Mangelursache zugrundeliegt (*BGH NJW* 1987, 376; *BGH BauR* 1989, 603 = *NJW-RR* 1989, 79). Eine Mängelrüge für bestimmte Balkone kann auch Mängel erfassen, die an anderen Balkonen infolge der gleichen Ursachen auftreten (*BGH BauR* 1989, 79 = *NJW-RR* 1989, 148). Entsprechendes gilt für die Rüge, einzelne Firstpfetten seien fehlerhaft verankert (*BGH BauR* 1989, 606).

b) Anwendungsbereich der Symptom-Rechtsprechung. Außer für das 85 schriftliche Mängelbeseitigungsverlangen nach VOB (B) gilt diese Rechtsprechung auch für das Nachbesserungsverlangen nach BGB, für den Klagantrag auf Nachbesserung, für die Klage auf Vorschuß (*BGH BauR* 1989, 81 usw.), für die Hemmung der Verjährung bei Prüfung eines Mangels durch den AN nach § 639 II BGB durch Nachbesserungsversuch (*BGH BauR* 1989, 606 usw.; *BGH BauR* 1990, 356 = *NJW* 1990, 1472), für das Anerkenntnis des AN bzw. die Hemmung der Verjährung nach § 639 II durch Nachbesserungsversuch (*BGH aaO*), für die Verjährungsunterbrechung durch Beweissicherungsverfahren (*BGH BauR* 1989, 79 = *NJW-RR* 1989, 148) und für den Beginn der neuen Gewährleistungsfrist nach Abnahme der Mängelbeseitigungsleistung gem. § 13 Nr. 5 I S. 3 VOB (B) (*BGH BauR* 1989, 606 usw.). Dagegen soll es bei der Kenntnis nach § 640 II nicht auf das äußere Erscheinungsbild ankommen.

14. Verjährung der Mängelansprüche bei BGB-Werkvertrag

Zwar beträgt die regelmäßige **Verjährungsfrist** 6 Monate (§ 638 I BGB). Für 86 „Arbeiten bei Bauwerken" wird jedoch 5 Jahre gehaftet. Das betrifft alle Bauleistungen die im Zuge der Errichtung eines Bauwerks erbracht werden und zum Teil auch Einzelbauleistungen bei bestehenden Gebäuden. Beispiele: Einbau einer Zentralheizung, nicht aber Einbau eines Heizöltanks, der lediglich ins Erdreich eingebettet wird und an die Ölzufuhr des Gebäudes angeschlossen wird (*BGH NJW* 1986, 1927 m. abl. Anm. *Motzke NJW* 1987, 363); Einbau einer Ballenpresse in einem Verwaltungsgebäude mit Papierentsorgungsanlage (*BGH NJW* 1987, 837); ein in die Erde eingelassenes Schwimmbecken aus Fertigteilen (*BGH NJW* 1983, 567); Verlegen eines Teppichbodens in einem bestehenden Gebäude (*BGH BauR* 1991, 603 = *LM* Nr. 72 zu § 638 BGB m. Anm. *Koeble*); dagegen wird die Ausführung eines Hofbelags oder einer Zufahrt zum Teil als Arbeit an einem Grundstück angesehen (so *OLG Stuttgart BauR* 1991, 462; *OLG Köln NJW-RR* 1992, 408; a. A. *OLG Schleswig BauR* 1991, 463). Für „Arbeiten an einem Grundstück" wird 1 Jahr gehaftet. Beispiele: Tiefbauarbeiten, Ausschachtung, Aufschüttung aber auch Umbau- und Modernisierungsarbeiten an bestehenden Gebäuden (*Palandt/Thomas*, § 638 Anm. 2b).

Die 30jährige Gewährleistungsfrist gilt bei **arglistigem Verschweigen** von 87 Mängeln (vgl. allgemein *BGH BauR* 1970, 244). Wichtige Beispiele: unrichtige Angaben über die Mangelfreiheit „ins Blaue hinein" (*BGH NJW* 1981, 864/965); Bauunternehmer baut abweichend vom Vermerk oder der Auflage eines Bauamts (*BGH NJW* 1986, 980); unterlassener Hinweis auf Wassereinbrüche während der Bauzeit (*OLG Celle MDR* 1987, 407); der Nachweis der Arglist ist durch Sachverständigengutachten möglich, wenn ein „Kaschieren" von Mängeln vorliegt (*BGH NJW-RR* 1988, 524). Probleme ergeben sich bei der Zurechnung der Kenntnis von Mitarbeitern des AN (hierzu grundlegend *BGH NJW* 1974, 553; *BGH NJW* 1992, 1754 = LM Nr. 77 zu § 638 BGB m. Anm. *Koeble*). Die Verjährungsfrist beginnt mit der Abnahme zu laufen (vgl. Rdnrn. 111 ff.).

88 Hinsichtlich der **Unterbrechung** der Verjährung (vgl. auch Rdnr. 104) gibt es folgende Besonderheiten: als **Anerkenntnis** gilt jedes tatsächliche Verhalten, wobei die Durchführung von Mängelbeseitigungsarbeiten der häufigste Fall sind. Die neue Verjährungsfrist beginnt hier erst mit Beendigung der Nachbesserung und der Abnahme dieser Leistungen zu laufen (*BGH* NJW-RR 1986, 98). Nicht jede Mängelbeseitigung ist aber Anerkenntnis (Einzelfälle: *BGH* WM 1987, 1200/1202; *BGH* BauR 1988, 465). Auch hier gilt jedoch die Symptom-Rechtsprechung des *BGH* (vgl. oben Rdnr. 83 ff.).

89 Eine Besonderheit besteht bei der **Hemmung der Verjährung** (§ 639 II BGB). Unterzieht sich der Unternehmer im Einverständnis mit dem Besteller der Prüfung des Vorhandenseins eines Mangels oder der Beseitigung des Mangels, so ist die Verjährung solange gehemmt, bis eine Reaktion des Unternehmers erfolgt. Die Hemmung erstreckt sich nach der Rechtsprechung des *BGH* auf sämtliche Mängelerscheinungen, die mit der gleichen Ursache verknüpft sind (zur Symptom-Rechtsprechung vgl. oben Rdnr. 83 ff.). Für die Hemmung genügt es auch dann, wenn der Unternehmer die Prüfung ohne Anerkennung einer Rechtspflicht vornimmt (*BGH NJW* 1976, 1447). Entsprechendes gilt, wenn er eine Mängelrüge an seine Versicherungsgesellschaft weiterleitet und dem Besteller davon Mitteilung macht, während die bloße Weiterleitung ohne Benachrichtigung nicht genügt (*BGH NJW* 1983, 162). Ausreichend ist auch eine im Einverständnis mit dem Besteller erfolgte Prüfung und Begutachtung durch einen Sachverständigen der Haftpflichtversicherung des Unternehmers (*BGH* BauR 1985, 202). Der Besteller hat auch noch Rechte nach Eintritt der Verjährung (hierzu Rdnr. 108).

90 Ein **Verzicht auf die Einrede der Verjährung** ist nach § 225 S. 1 BGB unwirksam. Die Rechtsprechung läßt jedoch den Arglisteinwand gegen die dennoch erhobene Einrede zu. Bei unbefristetem Verzicht ist allerdings für den RA des Gegners Vorsicht geboten: Scheitern Verhandlungen, so steht dem Kläger nur noch eine kurze Überlegungsfrist zu, sonst kann die Einrede der Verjährung wirksam erhoben werden (*BGH NJW* 1974, 1285; *BGH NJW* 1979, 876). Entsprechendes gilt bei befristetem Verzicht, wenn vor Ablauf der Frist Mahnbescheid beantragt wird und dagegen Widerspruch eingelegt wird: Hier muß das Verfahren innerhalb einer kurzen Überlegungsfrist weiterbetrieben werden, da sonst berechtigtermaßen wieder die Einrede der Verjährung erhoben werden kann (*BGH* BauR 1986, 351). Nach Auffassung des *BGH* (BauR 1991, 215) wird die kurze Überlegungsfrist in der Mehrzahl der Fälle mit einem Monat anzusetzen sein.

15. Verjährung der Mängelansprüche nach VOB (B)

91 Im Unterschied zum BGB (vgl. Rdnrn. 86 ff.) beträgt die Gewährleistungsfrist für Bauwerke und Holzerkrankungen zwei Jahre, für Arbeiten an einem Grundstück und für die vom Feuer berührten Teile von Feuerungsanlagen ein Jahr (§ 13 Nr. 4 VOB (B)). Voraussetzung ist, daß die VOB (B) wirksam **Vertragsgrundlage** geworden ist (vgl. Rdnrn. 9 ff.). Die Verjährung beginnt mit der Abnahme zu laufen (vgl. B II Rdnrn. 111 ff.).

Gegenüber dem BGB besteht eine wichtige Besonderheit: Ein **schriftliches** 92
Mängelbeseitigungsverlangen führt zur Unterbrechung der Verjährung (§ 13
Nr. 5 I S. 2 VOB (B)). Maßgebend ist der **Zugang** des Verlangens. Wichtig ist
auch, daß nur das **erste** Mängelbeseitigungsverlangen Unterbrechungswirkung hat (vgl. *BGH* BauR 1990, 723 = NJW-RR 1990, 1240). Notwendig ist
ferner **Bestimmtheit** der Mängelanzeige. Es genügt, wenn der Mangel „in seinem äußeren Erscheinungsbild" beschrieben wird; die Angabe von Mängelursachen ist nicht erforderlich (zur Symptom-Rechtsprechung vgl. außer den nachstehenden Beispielen auch oben Rdnr. 83 ff.).

Beispiele: Nicht ausreichend ist die Feststellung „an einigen Fensterrahmen 93
blättert die Farbe ab" (*KG* BauR 1974, 345); bei einem umfangreichen Bauvorhaben mit etwa 200 Baumängeln genügt es, wenn der Bauherr Listen vorlegt, in
denen zwar Umfang und Art des jeweiligen Mangels nicht sehr ausführlich,
jedoch so ausreichend bezeichnet sind, daß an Ort und Stelle mit Hilfe von
Zeugen und Sachverständigen entsprechende Feststellungen möglich sind (*BGH*
BauR 1989, 574); ausreichend ist auch der Hinweis auf einzelne Rißstellen im
Außenputz, wenn später wieder Risse auftreten, die auf die gleiche Mängelursache zurückzuführen sind (*BGH* BauR 1987, 207 = NJW-RR 1987, 336); hinsichtlich der Undichtigkeit eines ganzen Daches genügt es, wenn angegeben
wird, daß und wo das Dach undicht ist und an welchen Stellen Wasser in eine
Wohnung bzw. in das Gebäude eindringt (*BGH* BB 1986, 2291); bei einem über
mehrere Gebäude verlaufenden Dach genügt die Rüge der Undichtigkeit eines
Daches, wenn die anderen Dächer aufgrund einheitlichen Vertrages errichtet
wurden (*BGH* BauR 1987, 443).

16. Verjährung der Ansprüche gegen den Architekten

Sowohl der Rechtsanwalt des Bauherrn als auch der des Architekten haben 94
bei Fragen im Zusammenhang mit der Verjährung von Gewährleistungsansprüchen gegen den Architekten folgendes zu überlegen:

a) **Frist.** Die Gewährleistungsfrist beträgt regelmäßig fünf Jahre, da die Ar- 95
chitektenleistungen Arbeiten bei Bauwerken sind (§ 638 I BGB). Die 30jährige
Verjährungsfrist kommt nach der heutigen Literatur und zunehmend auch nach
der Rechtsprechung nicht mehr in Betracht, da auch die früher als Nebenpflichten betrachteten Leistungspflichten in „das Werk" des Architekten mit einbezogen werden und als Hauptleistungspflichten angesehen werden (vgl. z. B. *Bindhardt/Jagenburg*, Die Haftung des Architekten, § 1 Rdnrn. 30 ff.; *Locher/Koeble/
Frik*, HOAI, § 15 Rdnr. 10 m. w. Nachw.). Nach einer wichtigen Entscheidung
des *OLG Stuttgart* (BauR 1987, 462 = NJW-RR 1987, 913) gilt dies zu Recht
auch für den Anspruch des Bauherrn wegen Bausummenüberschreitung, so
daß auch hier die Frist 5 Jahre beträgt.

Eine **Verkürzung der Gewährleistungsfrist** ist in AGB- oder Formularver- 96
trägen unwirksam (§ 11 Nr. 10 f AGBG). Auch die Unterlegung der VOB (B)
unter den Architektenvertrag scheidet aus, da der Architekt keine Bauleistungen
i. S. § 1 VOB (A) erbringt. Verkürzt werden kann die Frist nur im Individualvertrag oder durch Aushandeln (§ 1 II AGBG).

Eintragen einer Ziff. 2 in § 12 des Einheitsarchitektenvertrages ist noch kein
Aushandeln (*BGH* BauR 1987, 113 = BB 1987, 784; ebenso *OLG München*
NJW-RR 1988, 86; *OLG Düsseldorf* BauR 1985, 341).

97 **b) Beginn der Frist. aa) Abnahme und § 15 HOAI.** Regelmäßig beginnt die Frist mit der **Abnahme**. Hier ist zu unterscheiden, ob der Architekt mit der Leistungsphase 9 des § 15 HOAI beauftragt ist oder nicht. Hat er nur die Leistungen bis zur Leistungsphase 8 zu erbringen, so kann die „Billigung" des Auftraggebers frühestens nach der letzten Handlung des Architekten geschehen, z. B. nach der Prüfung der letzten Rechnung oder nach dem Überwachen der Mängelbeseitigungsarbeiten durch am Bau Beteiligte und der Zahlung des Architektenhonorars.

98 Hat der Architekt dagegen die Leistungsphase 9 in Auftrag, so hat er eine „Objektbegehung zur Mängelfeststellung vor Ablauf der Verjährungsfristen der Gewährleistungsansprüche gegenüber den bauausführenden Unternehmen" durchzuführen. Erst danach kommt eine „Billigung" der Leistungen in Frage, so daß erst dann die 5jährige Gewährleistungsfrist anfangen kann (h. M.).

99 **bb) Kündigung des Architektenvertrages.** Bei Kündigung des Architektenvertrages beginnt die Frist mit der **Kündigung** zu laufen. Dies gilt auch dann, wenn die Kündigung unberechtigt ist: Hier kommt es auf den Zeitpunkt an, in dem der Architekt auf die Kündigung hin seine Leistungen einstellt (*BGH* NJW 1971, 1840 = BauR 1971, 270; *OLG Stuttgart* BauR 1987, 462 = NJW-RR 1987, 913).

100 **cc) Fiktionen des Fristbeginns.** Das **Vorschieben des Beginns** der Gewährleistungsfrist verstößt in AGB- oder Formularverträgen gegen §§ 11 Nr. 10f.; 9 II Nr. 1 AGBG und ist damit auch gegenüber Kaufleuten unwirksam (*BGH* BauR 1987, 113 = BB 1987, 784). Darüber hinaus handelt es sich bei Regelungen, wonach mit Bezug oder Inbenutzungnahme des Gebäudes die Abnahme als erfolgt anzusehen sein soll, um Fiktionen, so daß die Voraussetzungen des § 10 Nr. 5 AGBG einzuhalten wären. Der regelmäßige Beginn der Frist ist also auf den Zeitpunkt der Abnahme oder Kündigung festzulegen (vgl. oben Rdnrn. 97ff.).

101 **dd) Fristbeginn bei Subsidiaritätsklausel.** Enthält der Architektenvertrag eine **Subsidiaritätsklausel** – die ohnehin nur in Grenzen des § 11 Nr. 10a AGBG wirksam wäre – so beginnt die Gewährleistungsfrist zu laufen, wenn feststeht, daß Ansprüche gegen am Bau Beteiligte nicht realisiert werden können, also das Unvermögen der am Bau Beteiligten feststeht (*BGH* NJW 1987, 2743 = BauR 1987, 343).

102 **c) Nichtablauf der Frist.** Verlangt der Bauherr vom Architekten eine Stellungnahme, wer aufgetretene Mängel zu vertreten hat, so ist der Architekt verpflichtet, auch **über eigene Fehler aufzuklären.** Unterläßt er dies, so steht dem Bauherren ein Schadensersatzanspruch wegen Verletzung dieser Aufklärungspflicht zu. Dieser führt dazu, daß die „Verjährungsfrist als nicht abgelaufen gilt und sich der Architekt nicht auf den Eintritt der Verjährung berufen kann" (*BGH* BauR 1986, 112 = NJW-RR 1986, 182; anders jetzt für den Steuerberater *BGH* VersR 1991, 783).

103 Der Architekt kann hier allerdings einwenden, daß eine Aufklärungspflicht nicht besteht, wenn entweder der Bauherr selbst sachkundig ist, oder wenn er erklärt, er werde einen sachkundigen Dritten hinzuziehen und mit der Wahrnehmung seiner Interessen wegen der Nachbesserung betrauen, oder wenn er einen Sachverständigen beauftragt oder wenn die Wohnungseigentümer z. B. einen sachkundigen Verwalter haben (*BGH* BauR 1987, 343 (344) = NJW 1987, 2743).

d) Unterbrechung der Verjährung. Eine Unterbrechung der Verjährung 104
tritt ein durch Einreichung einer Klage oder eines Mahnbescheids – sofern die
Zustellung „demnächst" erfolgt (§§ 270 III, 693 II ZPO) – und die Beantragung
eines Beweissicherungsverfahrens. Im Hinblick auf das Beweissicherungsverfahren ist zu erwähnen, daß das zunächst unzulässige Beweissicherungsverfahren unterbricht, wenn innerhalb einer Frist von sechs Monaten ein zulässiger
Antrag eingereicht wird (analoge Anwendung der § 212 II BGB). Eine Unterbrechung tritt auch durch ein Anerkenntnis ein. Für die Unterbrechung durch
Streitverkündung ist wichtig, daß die Formalien der Streitverkündung eingehalten sind (vgl. hierzu A Rdnrn. 36 ff.). Auch die Aufrechnung mit Gewährleistungsansprüchen im Prozeß unterbricht die Verjährung. Soweit der Bauherr
mit einem Vorschußanspruch aufrechnet, gilt dies – im Unterschied zur Vorschußklage selbst (vgl. hierzu Rdnr. 24) – nur in Höhe des aufgerechneten
Betrages (*BGH* BauR 1986, 576).

e) Hemmung der Verjährung. Ein praktisch sehr wichtiger Fall der Hem- 105
mung ist eine häufig auch zwischen den Parteien selbst getroffene **Schiedsgutachtensabrede** zur Feststellung, ob die behaupteten Mängel vorliegen und vom
Architekten zu vertreten sind (*OLG Hamm* BauR 1983, 374).

Ein für jeden Bauprozeß wichtiger Fall der Hemmung ist in § 639 II BGB 106
geregelt. Voraussetzung ist, daß sich der Architekt „der **Prüfung des Vorhandenseins eines Mangels** unterzieht". Dafür genügt die Besichtigung des Mangels, auch wenn eine Beseitigung unmöglich ist; die Hemmung tritt auch dann
ein, wenn der Architekt erklärt, er besichtige ohne Anerkennung einer Rechtspflicht und nur aus Gefälligkeit (*BGH* NJW 1976, 1447). Gleiches gilt auch
dann, wenn der Architekt die Mängelrüge des Bauherren an seine Haftpflichtversicherung weiterleitet und dies dem Auftraggeber mitteilt; nicht ausreichend
ist allerdings die bloße Weiterleitung der Mängelrüge ohne Benachrichtigung
des Bauherren (*BGH* NJW 1983, 162). Dagegen tritt eine Hemmung ein, wenn
der Architekt die Mängelrüge an die Versicherung zwar ohne Benachrichtigung
des Bauherren weiterleitet, dann jedoch ein von der Versicherung beauftragter
Sachverständiger zur Prüfung und Begutachtung der Mängel beim Bauherren
erscheint (*BGH* BauR 1985, 202). Leitet der Architekt die Mängelrüge weiter
und schreibt dann die Versicherung an den Bauherren, so dürfte dies nicht ausreichen, weil es sich dabei um keine tatsächliche Prüfung des Mangels handelt.

Im Fall des § 639 II BGB dauert die Hemmungswirkung an bis zu einer Reak- 107
tion des Architekten, in der Regel bis zur Mitteilung des Ergebnisses der Prüfung. Dafür dürfte wohl ausreichen, daß der Architekt ein Mängelbeseitigungsschreiben an den zuständigen Handwerker abschickt und dabei zum Ausdruck
bringt, daß er nicht einzustehen habe. Die Hemmungswirkung endet ferner,
wenn der Architekt erklärt, daß der Mangel beseitigt sei.

f) Rechte nach Ablauf der Gewährleistungsfrist. aa) Aufrechnung. Nach 108
Ablauf der Verjährungsfrist bleibt dem Bauherren die **Aufrechnungsmöglichkeit** erhalten, wenn sich die Forderungen in nicht verjährter Zeit aufrechenbar
gegenüberstanden. Das gilt jedoch anders als bei § 390 S. 2 BGB nur bei vorheriger Anzeige des Mangels und nur für Ansprüche aus dem gleichen Vertrag
(§§ 639 I, 479 BGB).

bb) Verzicht auf Verjährungseinrede. Auf die Verjährung kann sich nicht 109
berufen, wer auf die Einrede der Verjährung verzichtet hat. Ein derartiger Ver-

zicht kann auch wirksam durch die Haftpflichtversicherung geleistet werden, da diese in Vollmacht des Architekten handelt. Wird ein unbefristeter **Verzicht auf die Einrede der Verjährung** geleistet, so muß der Rechtsanwalt des Auftraggebers aufpassen, wenn die Verhandlungen beendet sind, da ihm hier nur eine kurze Überlegungsfrist zur Klage eingeräumt wird (vgl. hierzu oben Rdnr. 90).

110 cc) Anerkenntnis. Nach Ablauf der Frist unterbricht ein tatsächliches Anerkenntnis die Verjährung natürlich nicht mehr. Hier kommt als Grundlage nur noch ein schriftliches Anerkenntnis in Frage (§ 781 BGB).

II. Abnahme

111 Die Abnahme ist für den Unternehmer im Ablauf des Bauvorhabens eine wichtige Schaltstelle: Zu den **Folgen** der Abnahme gehört u. a. der Beginn der Gewährleistungsfrist (§§ 638 BGB, 13 Nr. 4 VOB (B), der Übergang vom Erfüllungsanspruch (Neuherstellung) in die Gewährleistungs- und Nachbesserungsebene, das Entfallen der Vorleistungspflicht des Unternehmers (§§ 641 I 1 BGB, 16 Nr. 1 VOB (B)), der Verlust von Mängelrechten hinsichtlich bekannter Mängel, die nicht gerügt werden (mit Ausnahme des Schadensersatzanspruchs; vgl. BGHZ 77, 134), die Umkehr der Beweislast für Mängel, der Übergang der Leistungs- und Vergütungsgefahr sowie vor allem die Fälligkeit der Vergütung. Letzteres gilt nur für den BGB- und VOB-Bauvertrag (*BGH NJW* 1981, 822), nicht dagegen für die HOAI (vgl. Rdnrn. 151ff.).

1. Abnahme nach BGB

112 Hier ist maßgebend die **Billigung** der Leistung als der Hauptsache nach vertragsgemäße Erfüllung (§ 640 I BGB; *BGH NJW* 1970, 421; *BGH NJW* 1974, 95); bekannte Mängel und Vertragsstrafenansprüche müssen bei der Abnahme vorbehalten werden (§§ 640 II, 341 III BGB). Dies gilt vor allem für die Architekten- und Ingenieurverträge sowie für den Bauträgervertrag. Die Abnahme erfolgt meist **stillschweigend** z. B. nach Beendigung der Leistungen durch vorbehaltslose Zahlung (*BGH NJW* 1970, 421), u. U. auch durch Inbenutzungnahme (*BGH BauR* 1971, 128; *Werner/Pastor* Rdnrn. 1173). Für die Abnahme durch bloße Inbenutzungnahme ist jedoch erforderlich, daß eine gewisse Nutzungsdauer verstrichen ist, wofür einzelne Tage oder Wochen nicht genügen dürften, sondern mehrere Wochen oder Monate erforderlich sind (vgl. *OLG Köln Schäfer/Finnern/Hochstein* Nr. 13 zu § 640 BGB bei 2 Monaten; vgl. auch *BGH BauR* 1977, 344 bei vereinbarter, aber vergessener förmlicher Abnahme, wenn ein längerer Zeitraum als 3 Monate verstrichen ist). Beim Wohnungseigentum findet auch hinsichtlich des Gemeinschaftseigentums eine Abnahme durch jeden einzelnen Vertragspartner des Bauträgers statt und zwar auch bei späterem Erwerb (*BGH NJW* 1985, 1551; *Koeble,* Rechtshandbuch Immobilien, **18** 17ff.).

2. Abnahme nach VOB (B)

113 Ist die VOB (B) wirksam Vertragsgegenstand geworden (vgl. oben Rdnrn. 9f.), so kommen neben der Abnahme nach BGB als weitere Abnahmeformen die förmliche Abnahme und die fiktive Abnahme in Frage. Bei der **förmlichen Abnahme** müssen anläßlich der Begehung Vorbehalte wegen bekannter Mängel

und wegen Vertragsstrafenansprüchen geltend gemacht werden und in die Abnahmeniederschrift (Protokoll) aufgenommen werden, da sonst Rechtsverluste eintreten. Die Unterschrift des AN unter ein Abnahmeprotokoll stellt hinsichtlich etwa vom AG vorbehaltener Mängel oder Vertragsstrafenansprüche noch kein Anerkenntnis dar (*BGH* NJW 1987, 380). Die **fiktive Abnahme** (§ 12 Nr. 5 VOB (B) kommt in zwei Formen vor: 12 Werktage nach Fertigstellungsmitteilung, wozu auch die Schlußrechnung gehört (*BGH* NJW 1977, 897) und 6 Werktage nach Inbenutzungnahme vor allem durch Bezug (*BGH* NJW 1975, 1701). Während dieser Fristen müssen die Vorbehalte geleistet werden (zur vereinbarten, aber vergessenen förmlichen Abnahme vgl. unten Rdnr. 115).

3. Prozessuales

Klagt der Unternehmer auf die Vergütung, so muß er zur **Abnahme substantiiert vortragen,** da diese Fälligkeitsvoraussetzung ist. Der Abnahme gleichzusetzen ist die unberechtigte **Verweigerung** der Abnahme, durch die die gleichen Wirkungen eintreten (vgl. *BGH* NJW 1970, 421 (422); *BGH* BauR 1974, 205). Nach § 12 Nr. 3 VOB (B) kann der AG die Abnahme wegen „wesentlicher Mängel" bis zu deren Beseitigung verweigern. Dagegen ist beim BGB-Bauvertrag die Abnahmeverweigerung auch bei nicht wesentlichen Mängeln möglich, soweit der AN diese zu vertreten hat und ihm die Beseitigung zugemutet werden kann (*OLG Hamm* NJW-RR 1988, 147). Mit der Vergütungsklage ist gleichzeitig das Abnahmeverlangen verbunden, so daß ein gesonderter Abnahmeantrag nicht erforderlich ist (h. M.; z. B. *Weidemann* BauR 1980, 124 m. Nachw.). Eine selbständige **Abnahmeklage** kann aber sinnvoll sein, um die Wirkungen der Abnahme zeitlich anzubinden. Der Klagantrag sollte nicht lauten: „... abzunehmen", sondern: „Es wird festgestellt, daß die Fliesenarbeiten im Gebäude ... am ... durch Bezug abgenommen wurden". Sonst tritt die Abnahmewirkung nämlich erst mit Rechtskraft (§ 894 I 2 ZPO) ein. 114

4. Vertragliche Regelungen

Die Vorschriften der VOB (B) über die Abnahme gelten, soweit die VOB wirksam Vertragsgrundlage geworden ist (vgl. oben Rdnrn. 9 ff.). Haben die Parteien ausschließlich die förmliche Abnahme vereinbart, aber sie vergessen, so kann nach Ablauf einer Frist ab dem Bezug dennoch von einer stillschweigenden Abnahme ausgegangen werden (*BGH* BauR 1977, 344 für den Fall des Schweigens während dreier Monate ab Bezug; vgl. auch *BGH* NJW 1979, 212). 115

Abnahmeregelungen finden sich vielfach in Verträgen mit Subunternehmern. Die Rechtsprechung hält das Hinausschieben der Abnahme auf die Gesamtabnahme der Leistung durch den Auftraggeber in Formularverträgen und AGB für unwirksam, wenn der Zeitpunkt der Abnahme für die SU nicht eindeutig erkennbar ist oder wenn die Abnahme auf einen nicht mehr angemessenen Zeitpunkt nach Fertigstellung der Leistung des SU hinausgeschoben wird (vgl. i. e. *BGH* BauR 1989, 322 = NJW 1989, 602). In AGB bzw. Formularverträgen des AG kann die fiktive Abnahme nach § 12 Nr. 5 VOB (B) nur wirksam werden, wenn die VOB (B) insgesamt „Vertragsgrundlage" geworden ist (vgl. hierzu Rdnr. 9 ff.). 116

III. Vergütung und Sonstiges

1. Vergütung bei BGB-Bauvertrag

117 Der BGB-Bauvertrag kann Pauschal-, Einheitspreis- oder auch Stundenlohnvertrag sein (vgl. Rdnrn. 127 ff.). Ist keine Preisvereinbarung getroffen, dann gilt die übliche Vergütung und die übliche Berechnungsart (§ 632 II BGB). Behauptet der Auftraggeber Mängel, sollte der Auftragnehmer im Vergütungsprozeß hilfsweise Zahlung Zug um Zug gegen Mängelbeseitigung beantragen, da sonst Kostennachteile (§ 92 ZPO) drohen. Wird dieser Antrag allerdings nicht gestellt, so wird die Vergütungsklage dennoch nicht abgewiesen, sondern es erfolgt eine Zug-um-Zug-Verurteilung (vgl. *BGH* BauR 1979, 159 für eine Abschlagszahlung).

118 Gegen den Vergütungsanspruch kann der Auftraggeber verschiedene **Einwendungen** geltend machen. Er kann:

119 – die **Fälligkeit** bestreiten mit folgenden Argumenten: Fehlende Prüfbarkeit der Rechnung (vgl. Rdnrn. 141 ff., 144 ff.); fehlende Abnahme (vgl. Rdnrn. 111 ff.); Nichtvorliegen der vertraglich vereinbarten Voraussetzungen (Bautenstand).

120 – die **Richtigkeit der Abrechnungsform** bestreiten: Rechnet der Auftragnehmer nach Einheitspreisen ab, so kann eingewandt werden, daß ein Pauschalpreis vereinbart sei. Geschieht dies in substantiierter Form (wann, in wessen Beisein, wo und unter welchen Umständen die Vereinbarung getroffen wurde), so trifft den Auftragnehmer die Beweislast dafür, daß kein Pauschalpreis vereinbart wurde (*BGH* NJW 1980, 122; *BGH* NJW 1983, 1782). Dies gilt auch dann, wenn die VOB (B) zugrunde liegt (*BGH* NJW 1981, 1442).

121 – die **Richtigkeit der Rechnung** selbst bestreiten: Das Aufmaß des Auftragnehmers, nicht aber bei gemeinsamem Aufmaß, da dieses bindend ist (*BGH* NJW 1974, 646); die Berechtigung zum Ansatz einzelner Positionen; die Richtigkeit der eingesetzten Einzelpreise oder Summen.

122 – geltend machen, daß **vertraglich vereinbarte Abzüge** nicht berücksichtigt seien: Abgebote oder Nachlässe bzw. sonstige Vergünstigungen; Bauwesenversicherung, Bauherrenhaftpflichtversicherung, Baustrom, Bauwasser, Container-Kosten, Kosten für die Schuttbeseitigung usw.; hinsichtlich eines Skonto ist zu prüfen, ob dieser vertraglich wirksam vereinbart ist (Bestimmtheit und Vereinbarung einer Skontofrist; vgl. *LG Aachen* BB 1986, 223 m. Anm. *Kornenbitter* = NJW-RR 1986, 645; *LG Berlin* BauR 1986, 700; *OLG Düsseldorf* BauR 1985, 333) und ob die Skontofrist eingehalten ist, was der Auftraggeber im Prozeß substantiiert darlegen muß.

123 – die Einrede der **Verjährung** erheben (vgl. Rdnrn. 143, 149).

124 – Im Hinblick auf **Nachforderungen** gegenüber der Schlußrechnung: die Bindung an die Schlußrechnung einwenden (für den VOB-Bauvertrag allerdings abgelehnt: *BGH* NJW 1988, 910).

125 – aufrechnen mit **Vertragsstrafenansprüchen** (vgl. Rdnr. 165) oder mit Ansprüchen wegen **Verzugsschaden** (vgl. Rdnr. 180), wobei der Verzögerungsschaden auch ohne Fristsetzung mit Ablehnungsandrohung geltend gemacht werden kann.

126 – **Mängelrechte** geltend machen und zwar die Einrede des nicht erfüllten Vertrags bzw. ein Zurückbehaltungsrecht hinsichtlich Erfüllung und Nachbesse-

rung (vgl. Rdnrn. 16 ff.), Minderung oder die Aufrechnung mit Schadensersatzansprüchen (vgl. Rdnrn. 31, 34 ff.).

2. Vergütung bei VOB-Bauvertrag

Hier muß der Auftraggeber zunächst substantiiert vortragen, welche Vergütungsart vereinbart ist, ob Einheitspreis-, Pauschal- oder Stundenlohnvertrag. Darüber hinaus muß er substantiiert dartun, daß die VOB(B) wirksam Vertragsgrundlage geworden ist (vgl. B I Rdnrn. 41 ff.). Für die drei Vertragsarten enthält die VOB (B) einige besondere Regelungen: 127

Beim **Einheitspreisvertrag** können Auftraggeber und Auftragnehmer bei Mengenänderungen von mehr als 10% gegenüber dem Leistungsverzeichnis eine Anpassung des Einzelpreises verlangen (§ 2 Nr. 3 VOB (B)). Hinsichtlich der Änderungen ist auf die einzelne Position und nicht auf die Gesamtmengen abzustellen. Bei Überschreitung um mehr als 10% kann der Auftraggeber eine Anpassung nach unten und bei Unterschreitung um mehr als 10% der Auftragnehmer eine Anpassung nach oben verlangen (vgl. die Einschränkung von *BGH* BauR 1987, 217). Ein Anspruch auf Vergütung für vertraglich nicht vorgesehene Leistungen, sog. **Mehrvergütungsanspruch,** steht dem Auftragnehmer nur zu, wenn sie im Leistungsumfang nicht enthalten waren, der Auftraggeber sie aber verlangt und sie zur Ausführung erforderlich sind. Eine Vergütung kann nur beansprucht werden, wenn der Anspruch vor der Ausführung der Leistung angekündigt war (Anspruchsvoraussetzung; vgl. *Ingenstau/Korbion* B § 2 Rdnr. 83). 128

Beim **Pauschalvertrag** ist eine Anpassung nur im Ausnahmefall möglich (§ 2 Nr. 7 VOB (B)). Für zusätzliche, nicht im Leistungsumfang enthaltene Leistungen bedarf es auch hier der Ankündigung eines Mehrvergütungsanspruchs (§ 2 Nr. 7 I 3 VOB (B)). 129

Ein Anspruch auf Vergütung von **Stundenlohnarbeiten** besteht nur, wenn sie als solche vor ihrem Beginn ausdrücklich vereinbart sind (§ 2 Nr. 10 VOB (B)). Gegen die Abrechnung kann der Auftraggeber ferner folgendes einwenden: Wenn ein Stundensatz nicht vereinbart ist, kann er bestreiten, daß die ortsübliche Vergütung angesetzt sei (§ 15 Nr. 1 II 1 VOB (B)). Er kann ferner geltend machen, daß der Auftragnehmer vor Beginn der Ausführung nicht angezeigt hat, daß Stundenlohnarbeiten ausgeführt werden. Ob diese Anzeigepflicht Anspruchsvoraussetzung ist, ist nicht abschließend geklärt (bejahend: *Heiermann/ Riedl/Rusam/Schwaab* B § 15 Rdnrn. 29 f.; a. A. *Werner/Pastor* Rdnr. 1052; *Ingenstau/Korbion* B § 15 Rdnr. 19; *Locher,* Das private Baurecht, Rdnr. 199). Er kann ferner einwenden, daß die Stundenlohnzettel nicht werktäglich oder spätestens wöchentlich vorgelegt wurden. Bei Verletzung dieser Pflicht erlischt zwar nicht der Vergütungsanspruch, aber die Berechnung bereitet erhebliche Schwierigkeiten (§ 15 Nr. 5 VOB (B)). Gibt der Auftraggeber die Stundenlohnzettel nicht unverzüglich, spätestens innerhalb von 6 Werktagen nach Zugang zurück und erhebt dabei Einwendungen, so gelten die Stundenlohnzettel als anerkannt (§ 15 Nr. 3, S. 3, 5 VOB (B)). Es tritt dann eine Beweislastumkehr ein (*BGH* NJW 1970, 2295). 130

Dem Auftraggeber stehen die gleichen **Einwendungen** wie beim BGB-Bauvertrag zu (vgl. Rdnrn. 118 ff.). Darüber hinaus kann er folgendes geltend machen: 131
– Auch bei Zugrundeliegen der VOB kann eingewandt werden, es sei nicht nach Einheitspreisen abzurechnen, weil ein Pauschalvertrag abgeschlossen sei.

– Ihm steht ferner der **Einwand der Schlußzahlung** (§ 16 Nr. 3 VOB (B)) zur Verfügung. In einem vom Auftraggeber vorgelegten Formular bzw. in seinen AGB gilt diese Vorschrift allerdings nur, wenn die VOB (B) „ohne ins Gewicht fallende Einschränkung Vertragsgrundlage" geworden ist (*BGH* BauR 1987, 694 = NJW 1988, 55; vgl. zur VOB (B) als Vertragsgrundlage Rdnrn. 9 ff.).

3. Honorare der Architekten und Ingenieure

132 Für die Honorare aller mit Bauvorhaben jeder Art befaßten Architekten und Ingenieure gilt die HOAI. Sie ist nach h. M. auch auf Nichtarchitekten und Nichtingenieure anwendbar, soweit diese in der HOAI aufgeführte Leistungen erbringen (*OLG Düsseldorf* NJW 1982, 541; *OLG Stuttgart* BauR 1981, 404; a. A. *Locher/Koeble/Frik*, HOAI, § 1 Rdnrn. 4 ff.; *OLG Oldenburg* BauR 1984, 541; vgl. auch *Werner/Pastor*, Rdnrn. 542).

133 Die Bedeutung der HOAI als Preisrecht liegt darin, daß sie einen Mindest- und Höchstsatz für das Honorar festlegt und die Voraussetzungen für die Berechnung des Honorars regelt (zum Abrechnungsschema, zur Fälligkeit und zur Bindung an die Honorarschlußrechnung vgl. Rdnrn. 150 ff.). Von der HOAI abweichende **Honorarvereinbarungen** sind zulässig, auch z. B. die Vereinbarung eines Pauschalhonorars (hierzu *OLG Frankfurt* BauR 1985, 585; *OLG Düsseldorf* BauR 1986, 719; *BGH* BauR 1990, 379 = NJW-RR 1990, 601). Sie unterliegen jedoch folgenden **Voraussetzungen:**

134 – Mündliche Honorvereinbarungen sind unwirksam. Jede Honorarvereinbarung bedarf der **Schriftform.** Fehlt es daran, so gilt der Mindestsatz (§ 4 IV HOAI).

135 – Sicher ist, daß die Vereinbarung eines Honorars zwischen Mindest- und Höchstsatz unwirksam ist, wenn sie nicht bereits „**bei Auftragserteilung**" getroffen wurde. Zum Teil wird die Auffassung vertreten, daß jede Honorarvereinbarung bereits in diesem Zeitpunkt getroffen sein muß (vgl. *BGH* BauR 1985, 582 = NJW-RR 1986, 18; *BGH* BauR 1987, 112 = NJW-RR 1987, 13; *Werner/Pastor* Rdnr. 669 ff.). Nach *BGH* sollen sogar spätere Änderungen von Honorarvereinbarungen „bei unverändertem Leistungsziel" unwirksam und erst nach „Beendigung der Tätigkeit" möglich sein (*BGH* BauR 1988, 364; a. A. *Locher/Koeble/Frik*, HOAI, § 4 Rdnr. 10).

136 – In manchen Fällen sind zusätzliche Wirksamkeitsvoraussetzungen gegeben, z. B. nach den Gemeindeordnungen (hierzu *OLG Frankfurt* NJW-RR 1989, 1425 und NJW-RR 1989, 1505), die Schriftform des **Vertrages** selbst oder die **Genehmigung** der Bischöflichen Behörde der Katholischen Kirche nach dem Vermögensverwaltungsgesetz vom 24. 7. 1924 (*OLG Hamm* BauR 1988, 381 = NJW-RR 1988, 467).

137 – Grenze jeder Honorarvereinbarung ist der **Höchstsatz** der HOAI. Dieser Höchstsatz ist nach der richtigen Berechnung gemäß HOAI zu ermitteln. Das Gericht hat die Frage aber nicht von Amts wegen zu untersuchen, sondern nur auf substantiierte Einwendungen (Vortrag der anrechenbaren Kosten, der Honorarzone usw.) des Auftraggebers im Prozeß (*OLG Köln* Schäfer/Finnern/Hochstein Nr. 2 zu § 1 HOAI). Ausnahmen vom Höchstpreischarakter sind in der HOAI selbst geregelt (z. B. § 4 III HOAI, Honorar für Besondere Leistungen).

138 – Honorarvereinbarungen sind auch unwirksam, wenn sie den **Mindestsatz** unzulässig unterschreiten. Nur „in Ausnahmefällen" kann ein niedrigeres

Honorar vereinbart werden (§ 4 II HOAI; zum Begriff Ausnahmefall vgl. *OLG Hamm* BauR 1988, 366 = NJW-RR 1988, 466; *Lehmann* BauR 1986, 512; *Meyke* BauR 1987, 513; *Schelle* BauR 1986, 144; *Moser* BauR 1986, 521; *Osenbrück* BauR 1987, 144). Bei unzulässiger Unterschreitung gilt der Mindestsatz (*OLG Stuttgart* ZfBR 1982, 172; *OLG Düsseldorf* BauR 1980, 488; *OLG Düsseldorf* NJW 1982, 1541).
- Wirksamkeitsvoraussetzung jeder Honorarvereinbarung ist ihre **Bestimmtheit** (vgl. *OLG Düsseldorf* BauR 1985, 234; *Locher/Koeble/Frik*, HOAI, § 4 Rdnr. 2). Das Honorar muß sich auf der Grundlage der Vereinbarung und eventuell der ergänzend heranzuziehenden HOAI zuverlässig ergeben. 139
- Honorarvereinbarungen in **AGB** oder **Formularverträgen** unterliegen der Inhaltskontrolle nach §§ 9–11 AGBG. Die HOAI hat insbesondere hinsichtlich der anrechenbaren Kosten Leitbildfunktion (*BGH* NJW 1981, 2351 = BauR 1981, 582 m. Anm. *Locher*). 140

4. Fälligkeit und Verjährung bei BGB-Bauvertrag

Für die Fälligkeit der Schlußzahlung ist zunächst eine **prüfbare Rechnung** erforderlich. Die Rechnung muß übersichtlich aufgestellt sein und aus ihr müssen sich die Leistungen sowie die hierfür angesetzte Vergütung zweifelsfrei ergeben. 141

Weitere Voraussetzung ist, daß die **Abnahme** erfolgt ist (§ 641 I BGB). Der Auftragnehmer muß also substantiiert zur Abnahme vortragen, da sonst seine Klage abgewiesen wird (zur Abnahme vgl. Rdnrn. 111 ff.). Weitere Fälligkeitsvoraussetzungen können vertraglich vereinbart sein, so z. B. die als einzige vereinbarte förmliche Abnahme oder das zwingend vereinbarte gemeinsame Aufmaß (vgl. hierzu Rdnr. 115). 142

Die **Verjährung** beginnt am Ende des Jahres zu laufen, in dem die Abnahme stattgefunden hat. Auf die Erteilung einer Schlußrechnung kommt es nach BGB nicht an (anders bei VOB (B), vgl. Rdnr. 149). Hat der Unternehmer Leistungen für den Gewerbebetrieb seines Auftraggebers erbracht, so verjährt die Forderung in vier Jahren, sonst in zwei Jahren (§ 196 I Nr. 1, II BGB). Eine **Unterbrechung der Verjährung** kommt praktisch nur bei Klage, Mahnbescheid, Anerkenntnis des Auftraggebers und bei Aufrechnung im Prozeß in Frage. Als Anerkenntnis sind Abschlagszahlungen anzusehen, wenn die Umstände nicht dagegen sprechen (Zahlung eines „Rests" oder „ohne Anerkennung einer Rechtspflicht"). Ebenso kommt ein Gesuch um Ratenzahlung oder Stundung in Frage. Die **Hemmung der Verjährung** tritt ein bei einer Stundungsvereinbarung, Ratenzahlungsvereinbarung oder einem Stillhalteabkommen sowie bei Abschluß einer Schiedsgutachtervereinbarung (vgl. *OLG Hamm* BauR 1983, 374), nicht dagegen dann, wenn der Auftraggeber Mängel im Wege des Zurückbehaltungsrechts geltend macht (vgl. § 202 II BGB). In manchen Fällen kann nach Ablauf der Verjährungsfrist dem Auftragnehmer ein Verzicht auf die Einrede der Verjährung helfen (vgl. Rdnr. 90) oder das Aufrechnungsrecht §§ 639 I, 479 BGB). 143

5. Fälligkeit und Verjährung bei VOB-Bauvertrag

Auch bei Vorliegen eines VOB-Bauvertrages ist die **Abnahme** Fälligkeitsvoraussetzung (*BGH* NJW 1981, 822; vgl. zur Abnahme Rdnrn. 111 ff.). Darüber hinaus muß eine **prüfbare Rechnung** vorliegen (§ 14 Nr. 1 S. 2–4 VOB (B)): 144

B II   Der Bauprozeß

145 – Die Reihenfolge der Positionen in der Rechnung muß derjenigen im Angebot bzw. Leistungsverzeichnis entsprechen, und es müssen auch die gleichen Bezeichnungen verwendet werden wie in diesen Vertragsgrundlagen.

146 – Der Rechnung müssen die zum Nachweis von Art und Umfang der Leistung erforderlichen Mengenberechnungen, Zeichnungen und andere Belege beigefügt werden. Es kann sich hier z. B. um Geländeschnitte für die Abrechnung von Aushubarbeiten, um Revisionspläne und Bestandszeichnungen, falls dies zur Prüfung notwendig ist oder nach DIN-Normen zum Leistungsumfang gehört, oder um Aufmaßblätter handeln.

147 – Änderungen und Ergänzungen, für die eine zusätzliche Vergütung beansprucht wird, müssen in der Rechnung besonders kenntlich gemacht sein (vgl. i. ü. § 14 Nr. 1 VOB (B)).

148   Fällig wird die Schlußzahlung nach Ablauf einer **Prüfungsfrist,** spätestens innerhalb von zwei Monaten nach Zugang (§ 16 Nr. 3 I 1 VOB (B)) und nur in Ausnahmefällen später (vgl. *BGH NJW* 1969, 428).

149   Im Unterschied zum BGB beginnt die **Verjährung** bei Zugrundeliegen der VOB (B) erst dann zu laufen, wenn die Schlußrechnung vorliegt (*BGH BauR* 1977, 354; *BGH NJW* 1982, 1815; *BGH NJW* 1984, 1757). Der Auftraggeber hat die Möglichkeit, diesen Zeitpunkt herbeizuführen, indem er dem Auftragnehmer eine angemessene Frist zur Erstellung der Rechnung setzt. Nach Fristablauf kann er selbst auf Kosten des Auftragnehmers eine Rechnung aufstellen (§ 14 Nr. 4 VOB (B)).

6. Fälligkeit und Verjährung des Architekten- und Ingenieurhonorars; Bindung an die Honorarschlußrechnung

150   Grundlage für die Fälligkeit der Schlußzahlung und für Abschlagszahlungen ist nach der Rechtsprechung des *BGH* § 8 HOAI (*BGH NJW* 1981, 2351 (2354) = BauR 1981, 582 (588) m. Anm. *Locher*). Dies gilt sowohl für den Honoraranspruch des Architekten als auch für sämtliche mit Bauvorhaben befaßten Ingenieure.

151   **a) Fälligkeit.** Im Hinblick auf die Fälligkeit der Rechnungen haben die Prozeßbevollmächtigten folgendes zu berücksichtigen bzw. folgende Einwendungsmöglichkeiten (zur Honorarvereinbarung vgl. Rdnrn. 132ff.):

152 – Architekten und Ingenieure müssen ihre Rechnung im System der HOAI nach anrechenbaren Kosten, Honorarzone, Honorartafel und erbrachten Leistungen aufstellen. Nur **ausnahmsweise** kann **Zeithonorar** abgerechnet werden, wenn die HOAI das vorschreibt oder zuläßt (*BGH BauR* 1990, 236 = NJW-RR 1990, 277). Die wichtigsten Fälle des Zeithonorars sind anrechenbare Kosten unter 50000 DM beim Architekten (§ 16 II HOAI) und Honorare für Besondere Leistungen (§ 5 IV HOAI). Erbringt der Auftragnehmer nur Teilleistungen (z. B. Objektüberwachung), so hat er ebenfalls nach dem **Schema der HOAI** abzurechnen.

153 – Der Auftragnehmer muß zwei **Rechnungen** erstellen, **getrennt** in Leistungsphasen 1–4 einerseits und 5–9 andererseits (§ 10 II HOAI).

154 – Für diese zwei Rechnungen muß die **richtige Kostenermittlung** zugrunde gelegt sein und zwar für Leistungsphasen 1–4 die Kostenberechnung nach DIN 276 und für Leistungsphasen 5–9 die Kostenfeststellung (§ 10 II HOAI). Nur im Ausnahmefall kann eine andere Kostenermittlung zugrunde gelegt

werden (vgl. *BGH* BauR 1990, 97 = NJW-RR 1990, 90 und *BGH* BauR 1990, 382 sowie *OLG Köln* NJW-RR 1992, 667).

- Die Kostenermittlungen müssen nach **Formular DIN 276** die **7 Kostengrup-** 155 **pen** enthalten. Hierzu müssen auch dann Angaben gemacht werden, wenn der Architekt mit einzelnen davon (z. B. beim Grundstück) nichts zu tun hat (unstr.; vgl. z. B. *Locher/Koeble/Frik,* HOAI, § 10 Rdnr. 3). Zum Teil wird sogar verlangt, daß für bis zum 1. 4. 1988 abgeschlossene Verträge trotz Geltung einer neuen DIN vom April 1981 die im HOAI-Text aufgeführte DIN 276 i. d. F. vom September 1971 zugrunde gelegt wird (so *OLG Celle* BauR 1985, 591; a. A. *Locher/Koeble/Frik* aaO).

- Die Anforderungen an die **Kostenberechnung** können bis zur dritten Spalte 156 der DIN 276 gehen. Zum Teil wird sogar verlangt, daß die Gewerke noch weiter aufgegliedert werden (so *OLG Stuttgart* BauR 1985, 587 m. abl. Anm. *Beigel;* a. A. h. M.). Auch im Prozeß kann die Aufgliederung im Detail nötig werden (*BGH* BauR 1992, 265 = NJW-RR 1992, 278).

- Die Rechnung muß **prüfbar** sein, d. h. eine übersichtliche Aufstellung enthal- 157 ten und die Honorarbemessungsgrundlagen insgesamt aufführen. Dazu gehören die anrechenbaren Kosten, die Honorarzone und vor allem die erbrachten Leistungen. In diesem Zusammenhang genügt die Angabe der erbrachten Leistungsphasen mit genauer Benennung (z. B. Leistungsphase 3 Entwurfsplanung); die Angabe der erbrachten Teilleistungen ist nicht erforderlich (*OLG Frankfurt* BauR 1982, 600 (601)). Werden die Grundleistungen aber nur zum Teil erbracht, so ist der teilweise Ansatz zu begründen und es sind die einzelnen Teilleistungen zu bezeichnen (*OLG Stuttgart* BauR 1985, 587). Angegeben werden müssen ferner Zuschläge (z. B. Umbauzuschlag nach § 24 HOAI; *OLG Stuttgart* aaO), die Bewertungsmerkmale für die Einordnung in Honorarzonen, falls hier Probleme bestanden und sonstige zusätzliche Leistungen (z. B. Besondere Leistungen).

- Zum Teil wird verlangt, daß die **Paragraphen der HOAI** angegeben werden 158 (so *OLG Düsseldorf* BauR 1982, 294; *OLG Hamm* NJW-RR 1991, 1430; a. A. *KG* NJW-RR 1988, 21; differenzierend *Locher/Koeble/Frik,* HOAI, § 8 Rdnr. 7).

- Fälligkeitsvoraussetzung ist schließlich die „**vertragsgemäße Erbringung der** 159 **Leistung**". Hat der Auftragnehmer Leistungsphase 9 in Auftrag, so ist die Fälligkeit weit hinausgeschoben (*OLG Frankfurt* BauR 1985, 469; *Werner/ xPastor* Rdnr. 692). Bestehen Mängel, so treffen den Architekten noch Tätigkeitspflichten (vgl. *Locher/Koeble/Frik* aaO).

Fehlt eine dieser **Fälligkeitsvoraussetzungen,** so ist die Klage abzuweisen. Es 160 ist lediglich str., ob die Klage als derzeit unbegründet mangels Fälligkeit oder als endgültig unbegründet mangels Schlüssigkeit abgewiesen werden muß (vgl. i. e. *Locher/Koeble/Frik* § 10 Rdnr. 5).

b) Verjährung. Die Ansprüche der Architekten und Ingenieure verjähren in 161 jedem Fall in **zwei Jahren** ab Ende des Jahres, in dem die Fälligkeit eintritt. Die vierjährige Verjährung (§ 196 II BGB) kommt nicht in Frage, da die Ansprüche unter § 196 I Nr. 7 BGB fallen.

Nach der Rechtsprechung des BGH **beginnt** die Verjährung erst am Ende des 162 Jahres zu laufen, in dem die **Schlußrechnung** erteilt wird. Dies gilt sowohl bei ordnungsgemäßer Durchführung des Vertragsverhältnisses (*BGH* NJW 1981, 2351 = BauR 1981, 582 m. Anm. *Locher,* wonach § 8 HOAI automatisch gilt) als auch bei vorzeitiger Beendigung des Vertrags etwa durch Kündigung oder einvernehmliche Aufhebung (*BGH* BauR 1986, 596 = NJW-RR 1986, 1279). Erstellt der Auftragnehmer seine Rechnung nicht, so kann der Auftragnehmer Frist hierzu setzen. Der Auftragnehmer muß sich dann so behandeln lassen, als hätte er die Rechnung innerhalb einer angemessenen Frist erstellt (*BGH* aaO). Nach Auffassung des *BGH* (BauR 1991, 489) beginnt die Verjährung erst am Ende des Jahres zu laufen, in dem eine **prüfbare** Rechnung vorgelegt wurde, wozu auch die Kostenermittlungen nach DIN 276 gehören (a. A. *Locher/Koeble/ Frik*, HOAI, § 8 Rdnr. 8).

163 c) **Bindung an die Honorarschlußrechnung.** Auch nach HOAI sind Architekten und Ingenieure an ihre Schlußrechnungen gebunden (*BGH* BauR 1985, 582 = NJW-RR 1986, 18 und für den Tragwerksplaner *OLG Düsseldorf* BauR 1983, 283 (284)). Voraussetzung ist, daß es sich um eine Schlußrechnung handelt (vgl. *Locher/Koeble/Frik*, HOAI, § 8 Rdnr. 9). Bindungswirkung tritt auch bei einer nicht prüfbaren Rechnung ein (*OLG Hamm* NJW-RR 1988, 727; *Locher/Koeble/Frik* aaO).

164 Die Bindungswirkung erstreckt sich z. B. auf die anrechenbaren Kosten und auf vergessene Positionen. Bindungswirkung kann sogar dann bestehen, wenn der AN einen ausdrücklichen Vorbehalt leistet (*BGH* BauR 1990, 382 = NJW-RR 1990, 725). Bei offensichtlichen Fehlern, die aus der Rechnung hervorgehen, besteht jedoch kein Vertrauensschutz (vgl. *BGH* BauR 1986, 593 = NJW-RR 1986, 1214 hinsichtlich der Berechnung von Mehrwertsteuer aus dem offenstehenden Restbetrag). Die Aufrechnung mit einer wegen Bindungswirkung ausgeschlossenen Forderung dürfte möglich sein (*Locher/Koeble/Frik* aaO).

7. Vertragsstrafe

165 Werden gegen einen Bauunternehmer bzw. Handwerker Vertragsstrafenansprüche geltend gemacht, so hat er nach der derzeitigen rechtlichen Situation umfangreiche Möglichkeiten für Einwendungen:

166 a) **Einwendungen gegen die Wirksamkeit der Vereinbarung.** Vertragsstrafenregelungen sind in aller Regel in AGB oder in Formularverträgen enthalten. Sie sind in den seltensten Fällen ausgehandelt. Fest steht allerdings, daß **Vertragsstrafen** wegen Verzögerungen auch **in AGB wirksam vereinbart** werden können (*BGHZ* 85, 305 = NJW 1983, 385). § 11 Nr. 6 AGBG betrifft nur Vertragsstrafen wegen verspäteter Abnahme, Nicht-Abnahme der Leistung und verspäteter Zahlungen. Fest steht auch, daß Vertragsstrafenregelungen in AGB keine überraschenden Klauseln (§ 3 AGBG) sind, da sie üblich sind (vgl. zur Vertragsstrafe allgemein: *Knacke*, Die Vertragsstrafe im Baurecht, 1988). An die **Vereinbarung in AGB** werden jedoch strenge **Anforderungen** gestellt:

167 – Unwirksam sind Vertragsstrafenregelungen, die **verschuldensunabhängig** ausgestaltet sind (bei „bloßer Verspätung" oder „Überschreitung der Ausführungsfrist"). Sowohl nach § 339 BGB als auch nach § 11 VOB (B) ist Verzug Voraussetzung und damit Verschulden; abweichende AGB sind unangemessen (§ 9 II Nr. 1 AGBG; so *OLG Bamberg* BauR 1990, 475; *OLG Düsseldorf* BauR 1985, 327; *AG Bremerhaven* NJW-RR 1986, 276; vgl. auch *OLG Celle* NJW-RR 1988, 654; zu einem Seehandelsfall *BGH* NJW 1979, 105 (106)).

168 – Eine unangemessene Benachteiligung des Vertragspartners (§ 9 II Nr. 2 AGBG) kann auch in der **Höhe der Vertragsstrafe** liegen: 1,5% der Vertrags-

summe pro Tag (*BGH* NJW 1981, 1509); 1,0% der Bausumme pro Kalendertag (*OLG Nürnberg* BB 1983, 1307); 0,5% der Auftragssumme, wenn keine **zeitliche Begrenzung** bzw. Begrenzung **nach oben vorliegt** (*BGHZ* 85, 305 = NJW 1983, 385). Zweifelhaft war, ob immer eine Begrenzung nach oben erforderlich ist, zumal der *BGH* vor dem AGBG 0,2% pro Arbeitstag (*BGHZ* 76, 222) und 0,3% pro Arbeitstag (*BGH* BauR 1976, 279) für wirksam angesehen hatte. Die neue Rechtsprechung verlangt **generell** eine **Begrenzung nach oben** (*BGH* BauR 1988, 86 für 0,15% pro Werktag „bei einem größeren Bauvorhaben"; *OLG Köln* NJW-RR 1988, 654; *OLG Düsseldorf* BauR 1985, 327 für 200 DM pro Arbeitstag ohne Obergrenze). Das hat der *BGH* (BauR 1989, 327) für jede Art von Bauvorhaben klargestellt. Dies gilt auch für Verträge vor Beginn der BGH-Rechtsprechung (*BGH* BauR 1989, 459). Hinsichtlich der Obergrenze der Vertragsstrafe und der Höhe des Tagessatzes herrscht Unklarheit (evtl. bis 0,5% und höchstens 15 bis 20% der Bausumme: vgl. *Kapellmann/Langen*, BB 1987, 560; *Weyer*, BauR 1988, 28; *Korbion/Locher*, AGBG, Rdnr. 95).

– Vertragsstrafenregelungen können unwirksam sein, wenn dem Auftragnehmer das **Schlechtwetterrisiko** zugewiesen ist oder bei nachträglichen Sonderwünschen keine Bauzeitverlängerung vorgesehen ist (*OLG Köln* NJW-RR 1988, 654). **169**

– Vertragsstrafenregelungen, die **nach Ablauf der Frist** getroffen werden, können ebenfalls unwirksam sein (*OLG Düsseldorf* BauR 1979, 153). **170**

– Unwirksam sind auch Vereinbarungen, die eine **bestimmte Frist** nicht enthalten (*OLG Düsseldorf* BauR 1986, 457); ausreichend ist z. B. die Vereinbarung eines Kalendertags für den Beginn und eine Ausführungsfrist von einer bestimmten Anzahl von Werktagen. **171**

b) Einwendungen betreffend den Verzug. Neben den Einwendungen zur Wirksamkeit der Vertragsstrafenvereinbarung kann der RA des Unternehmers bzw. Handwerkers gegen die sachliche Berechnung der Vertragsstrafe folgendes einwenden: **172**

– Die **Verzugsvoraussetzungen** können bestritten werden. Verzug tritt nur ein, wenn eine bestimmte Ausführungsfrist vereinbart ist, deren Beginn bzw. Ablauf sich von vornherein feststellen läßt (§ 284 II BGB) oder wenn zwar keine feste Frist vereinbart ist aber der Auftragnehmer zum Beginn mit den Arbeiten aufgefordert wurde (vgl. § 5 Nr. 2 VOB (B)) und bei Nichtbeginn innerhalb von 12 Werktagen ab der Aufforderung nochmals gemahnt wurde. **173**

– Vorgetragen werden kann ferner, daß Umstände vorliegen, die eine **Fristverlängerung** mit sich bringen (vgl. § 6 Nr. 2 VOB (B) und § 285 BGB). Soweit es hier um Verschulden geht, muß sich allerdings der Auftragnehmer entlasten. **174**

– Der Auftragnehmer kann behaupten, er sei in der Ausführung behindert gewesen (§ 6 Nr. 1 VOB (B)). Die Behinderung wird auf Gegeneinwendung des Auftraggebers aber nur berücksichtigt, wenn eine **schriftliche Behinderungsanzeige** erfolgt ist oder der Behinderungsumstand offensichtlich war (§ 6 Nr. 1 VOB (B)). **175**

c) Einwendungen hinsichtlich des Vorbehalts. Sowohl nach § 11 VOB (B) als auch nach § 341 Abs. 3 BGB muß der Auftraggeber **bei der Abnahme** die Vertragsstrafe vorbehalten. Dieser **Vorbehalt der Vertragsstrafe** kann in AGB nicht vollständig abbedungen werden (z. B. *BGHZ* 85, 305 = NJW 1983, 385; **176**

B II   Der Bauprozeß

BGH BauR 1984, 643). Er kann aber hinausgeschoben werden bis zur Schlußzahlung (*BGH* aaO).

177   Wird der Vorbehalt bei der fiktiven Abnahme nicht innerhalb der Frist (§ 12 Nr. 5 VOB (B) oder bei der förmlichen Abnahme nicht in der Niederschrift (*BGH* BauR 1973, 192; *LG Mannheim* BauR 1992, 233) erklärt, so ist der Vertragsstrafenanspruch ausgeschlossen. Ein Vorbehalt in einer formularmäßigen Abnahmeniederschrift ist möglich und wirksam (*BGH* NJW 1987, 380). Ein Vorbehalt kann nach Treu und Glauben sogar dann notwendig werden, wenn noch gar keine rechtsgeschäftliche Abnahme erfolgt ist, aber z. B. ein von den Parteien beauftragter Sachverständiger „zwecks Abnahme" tätig geworden ist (*BGH* BauR 1992, 232).

178   **d) Weitere Einwendungen.** Eingewandt werden kann, daß die Vertragsstrafe herabzusetzen sei (§ 343 I BGB). Diese Regelung ist zwingendes Recht und kann durch Parteivereinbarung nicht abbedungen werden (*BGH* NJW 1968, 1625). Sie gilt aber nur, soweit der Auftragnehmer nicht Vollkaufmann ist. Bauunternehmer sind aber keine Vollkaufleute i. S. § 1 HGB, sondern nur dann, wenn sie im Handelsregister (§ 2 HGB) eingetragen sind oder Rechtsscheinvorschriften anwendbar sind (§§ 5, 6 HGB).

179   Der AN kann vortragen, daß die Vertragsstrafe auf einen vom Auftraggeber geltend gemachten Verzugsschadensersatz anzurechnen sei (§ 340 II BGB). Diese Anrechnung kann in AGB m. E. nicht wirksam ausgeschlossen werden, da die Regelung Leitbildfunktion hat (§ 9 II Nr. 1 ABGB).

180   **e) Hinweise für den RA des Auftraggebers.** Der RA des Auftraggebers hat sich auf die gesamten Einwendungen und Möglichkeiten des Auftragnehmers einzustellen. Dies sollte schon im Zeitpunkt der Vertragsgestaltung geschehen. Ist die Vertragsstrafenvereinbarung unwirksam, so müssen hilfsweise Schadensersatzansprüche wegen Verzugs substantiiert dargetan werden. Dies ist hinsichtlich der Verzugsvoraussetzungen kein Problem, weil auch für die Vertragsstrafe die Verzugsvoraussetzungen vorliegen müssen (vgl. oben b). Damit sind die Voraussetzungen zumindest für § 6 Nr. 6 VOB (B) mit eingeschränktem Schadensersatz gegeben. Dargelegt und unter Beweis gestellt werden müssen zusätzlich die Verzugsschäden.

B III. Der Nachbarrechtsfall

Helmward Alheit

Übersicht

	Rdnr.		Rdnr.
I. Vorbemerkung	1	11. Verjährung	14
II. Der Abwehranspruch nach § 1004 BGB	2	12. Rechtsweg	15
		13. Klageantrag und Urteilstenor	16
1. Die Beeinträchtigung i. S. des § 1004 BGB	2	14. Sachliche Zuständigkeit	24
		15. Streitwert	25
2. Die Wesentlichkeit der Beeinträchtigung	3	16. Streitgenossenschaft	26
		17. Beweislast	27
3. Ortsüblichkeit	4	18. Zwangsvollstreckung	28
4. Die Vermeidbarkeit der Beeinträchtigung	5	19. Vorläufiger Rechtsschutz	29
5. Sonstige Duldungspflichten	6	III. Ansprüche des Besitzers	31
6. Beeinträchtigungen in Ausübung hoheitlicher Gewalt oder in Erfüllung lebenswichtiger Aufgaben	7	IV. Ansprüche des Wohnungseigentümers	32
		V. Nachbarrecht der Länder	37
7. Ausgleichsansprüche nach § 906 II 2 BGB	8	VI. Öffentlich-rechtliche Fragen des Nachbarrechts	39
8. Inhalt und Grenzen der Ansprüche	9	1. Das Bundesimmissionsschutzgesetz	39
9. Klagebefugnis	12	2. Die Landesimmissionsschutzgesetze	44
10. Passivlegitimation	13	3. Nachbar und Baurecht	45

Literatur: *Alheit/Heiß*, Nachbarrecht von A–Z, 3. Aufl.; *Birkl*, Das Nachbarrecht des Bundes; *Jarass*, Bundes-Immissionsschutzgesetz; *Meisner*, Das Nachbarrecht des Bundes ohne Bayern, 6. Aufl.; Münchner Kommentar zum BGB, 2. Aufl.; *Sprau*, Justizgesetze in Bayern.

I. Vorbemerkung

Nachbarrechtliche Streitigkeiten beschäftigen die Gerichte in zunehmender 1 Zahl und finden in der Presse großen Anklang. Aufgabe des Anwalts muß es zunächst sein, die meist emotional aufgeladene Atmosphäre zu entspannen, damit auf vernünftiger Basis verhandelt werden kann. Hinter dem aktuellen Streitfall verstecken sich oft frühere „unerledigte" Streitpunkte, auf die der Anwalt zum besseren Verständnis der Gesamtsituation eingehen sollte. In vielen Fällen wird eine vergleichsweise Lösung anzustreben sein, auch der Rat zur Inanspruchnahme außergerichtlicher Schlichtungsstellen der Justizverwaltung dürfte in einigen Fällen angebracht sein. Das klassische zivilrechtliche Nachbarrecht hat allerdings zugunsten des öffentlichen Nachbarrechts in seiner Bedeutung verloren. Nachbarliche Belange werden heute bereits im Vorfeld der Genehmigungs- und Planfeststellungsverfahren geltend gemacht, wenn Bauten oder Anlagen mit Belastungen für die Umgebung geplant werden. Fragen dieser Art sind – da etwaige Einwirkungen u. U. auf Dauer zu dulden sind – für die Lebensqualität der Anwohner und den Wert des betroffenen Eigentums von großer Bedeutung.

B III Der Nachbarrechtsfall

II. Der Abwehranspruch nach § 1004 BGB

1. Die Beeinträchtigung i. S. des § 1004 BGB

2 Das private Nachbarrecht stellt vorrangig auf die Beeinträchtigung des **Eigentums** und den Eigentümer eines **Grundstücks** ab (§§ 1004, 906 BGB). Bei der Prüfung der Frage, ob eine **Beeinträchtigung** i. S. des § 1004 BGB vorliegt, sind vorab auszuscheiden:
- Fälle der Entziehung oder Vorenthaltung des Besitzes (hier nur § 985 BGB).
- **Ästhetische Immissionen.** Die Rechtsprechung (*RGZ* 76, 130f., *BGH* NJW 1985, 2823) hat dies bislang verneint, weil sich die Einwirkungen nicht auf das **Eigentum** des Nachbarn auswirken, vielmehr auf dessen moralisch-ästhetisches Empfinden. Daß **mittelbar** der Wert des Nachbargrundstücks leidet (z. B. neben einem unaufgeräumten Lager- und Schrottplatz oder z. B. Bordell) genügt nicht. Wird ein häßlicher Anblick offenbar bewußt zur Störung des Nachbarn geschaffen, so können sich Ansprüche aus §§ 823 II i. V. mit 226, 826 BGB ergeben. So hat das *AG Münster* (NJW 1983, 2886, allerdings unter Heranziehung des § 1004 BGB) einen Anspruch für den Fall bejaht, daß ein Nachbar zerbrochene Steine, eine Tonne und Eimer an der Grenze ablagerte und sich selbst vor dem Anblick durch einen davor errichteten Zaun schützte.
- **Negative** Immissionen. Durch solche werden dem beeinträchtigten Grundstück Vorteile wie Licht, Luft, Aussicht, Fernsehempfang entzogen, sie sind aber mit dem Anspruch aus § 1004 BGB nicht abwehrbar (*BGH* NJW 1977, 1770; NJW 1984, 729). Weitergehende Ansprüche können sich aus dem landesrechtlichen Nachbarrecht und aus dem Gesichtspunkt des Schikaneverbotes (§ 226 BGB) ergeben. In den Abwehrbereich des § 1004 BGB fallen somit im wesentlichen:
- Die in § 906 BGB aufgeführten Einwirkungen.
- Die **ähnlichen** Einwirkungen i. S. von § 906 BGB. Hierunter fallen **Kleintiere** (Fliegen, Mäuse, Ratten, Tauben), nicht aber z. B. Hunde, Katzen und Hühner. Auch **herüberfliegende Bälle** von Spiel- und Sportplätzen sind keine ähnlichen Einwirkungen, so daß es auf die **Wesentlichkeit** der Beeinträchtigung nach § 906 BGB nicht ankommt. Dem Abwehrspruch aus § 1004 BGB kann hier nur der Gesichtspunkt des **nachbarlichen Gemeinschaftsverhältnisses** entgegengesetzt werden (vgl. zum Problemkreis *OLG Stuttgart* NVwZ 1985, 784). Dies gilt auch für sonstige **feste Körper** wie Steine und Wasser (*BGHZ* 28, 225f.). Häufiger Streitpunkt bei Grundstücken ist das **Betretungsrecht** durch Dritte.

2. Die Wesentlichkeit der Beeinträchtigung

3 Liegt eine im Rahmen des § 1004 BGB abwehrbare Beeinträchtigung vor, so muß festgestellt werden, ob sie das Grundstück mehr als unwesentlich beeinträchtigt. Die Entscheidung dieser Frage wird zum einen objektiv durch Feststellung des Ausmaßes (Sachverständigengutachten, Meßverfahren) ermittelt, maßgeblich ist aber wie die Immission von einem **Durchschnittsmenschen** empfunden wird (*BGH* NJW 1982, 440). Im wesentlichen ist die Beurteilung der Frage tatrichterlicher Natur. Vor allem bei der Beurteilung von **Lärm** kann allein ein Gutachten nicht weiterhelfen. Entscheidend ist der persönliche Ein-

druck des Gerichts. Fehlt dieser, so kann es zur Aufhebung und Zurückverweisung des Verfahrens an die Vorinstanz kommen (*BGH* MDR 1992, 876). Oft fehlt es an einem sog. Dauerschallpegel, entscheidend ist nicht allein die Lautstärke, vielmehr auch die **Lästigkeit** des Lärms. So beim Tennisspielen der erzeugte Impulscharakter des Ballauftreffens (vgl. *VGH München* BauR 1982, 141 f., *BGH* NJW 1983, 751) und bei Tierlärm die sog. Geräuscherwartung z. B. auf das nächste Bellen oder Schreien. Zum häufigen Streitpunkt „Hundegebell" hat das *OLG Hamm* (MDR 1990, 442) entschieden, daß eine wesentliche Beeinträchtigung vorliegt, wenn das Bellen länger als 30 Minuten täglich, 10 Minuten ununterbrochen und außerhalb der Zeit von 8–13 und 15–19 Uhr hörbar ist. Auch die **Häufigkeit** der Lärmbelastung ist entscheidend. Kommt es nur selten (Volksfeste) zu Lärmbelastungen, so müssen die Anwohner deutlich höhere Belastungen als die Grenzwerte der TA-Lärm hinnehmen (*BGH* Urteil vom 23. 3. 1990 – V ZR 58/89).

Neuer Maßstab für die Beurteilung der von **Sportanlagen** ausgehenden Beeinträchtigungen ist die 18. VO zur Durchführung des BImSchG (Sportanlagenlärmschutzverordnung). Die VO (BGBl. I 1588) ist in Kraft seit 27. 10. 1991 und ist anwendbar auf Sportanlagen, die keiner Genehmigung nach dem BImSchG bedürfen. Die in der VO festgesetzten Immissionsrichtwerte dürfen nur kurzzeitig überschritten werden, ihre Ermittlung und Beurteilung ergibt sich aus dem Anhang zur VO. Werden die Richtwerte überschritten, so ist von einer wesentlichen Beeinträchtigung auszugehen, auch wenn die VO in 1. Linie im **öffentlichen** Recht maßgebend ist (*BGH* NJW 1983, 751; 1990, 2465; *Schmitz*, NVwZ 1991, 1125 ff.). Die Richtwerte müssen sich an den Festsetzungen im **Bebauungsplan** im Einwirkungsbereich der Anlage orientieren (*OLG Zweibrücken*, NJW 1992, 1242 ff.). Weicht die tatsächliche Nutzung vom Bebauungsplan erheblich ab, so ist erstere maßgebend (§ 2 VI 1 SportanlagenlärmschutzVO).

3. Ortsüblichkeit

Der Eigentümer eines Grundstücks muß auch mehr als unwesentliche Beeinträchtigungen dulden, wenn sie durch eine **ortsübliche** Benutzung des **anderen** Grundstücks entstehen und nicht durch wirtschaftlich zumutbare Maßnahmen verhindert werden können. Bei der Frage der **Ortsüblichkeit** ist das **störende** Grundstück mit den anderen Grundstücken des Bezirks zu vergleichen (Geprägetheorie, vgl. *BGH* NJW 1976, 1205). Das Gepräge einer betroffenen Gegend ist nach der Art ihrer baulichen Nutzung auf Grund der Einteilung nach der BauNutzVO und anhand der Raumordnungs- und Bauleitpläne zu ermitteln. Wird die Mehrheit der Grundstücke so genutzt, daß sie in gleicher Weise wie das störende Grundstück ähnliche Immissionen hervorrufen, so ist die Ortsüblichkeit zu bejahen. Es genügt aber auch der auf das Gebiet dominierende Einfluß durch die Benutzung nur **eines** Grundstücks (*BGHZ* 69, 105 = Flugplatz).

4. Die Vermeidbarkeit der Beeinträchtigung

Auch **ortsübliche** Einwirkungen müssen dann nicht hingenommen werden, wenn sie durch **zumutbare** Maßnahmen verhindert werden können (§ 906 II 1 BGB). Bei der Frage der Zumutbarkeit ist der in den §§ 251 II, 633 II 2 BGB enthaltene Gedanke heranzuziehen (*BGHZ* 62, 388/391; NJW 1977, 908). Hierbei ist auch auf den Grad des Verschuldens des Störers abzustellen. Ob die

B III   Der Nachbarrechtsfall

Vergünstigung der Zumutbarkeit auch einem **vorsätzlichen** Störer zugute kommt, ist nicht abschließend entschieden (vgl. *BGH* NJW 1970, 1180f. und NJW 1974, 1552f.). Auf jeden Fall hat der Störer seinen Betrieb dem neuesten Stand der Technik anzupassen, wenn dadurch nicht die Rentabilität des Betriebes gefährdet wird (*BGH* NJW 1977, 146).

5. Sonstige Duldungspflichten

6   Ansprüche aus § 1004 BGB entfallen bei Vorliegen einer **Duldungspflicht** (§ 1004 II BGB). Diese beseitigt die **Rechtswidrigkeit** der Einwirkung auf das Eigentum und ist gegeben bei:
– Vorliegen der allgemeinen Rechtfertigungsgründe und Angriffsnotstand (§ 904 BGB). Das *OLG Karlsruhe* (MDR 1992, 483) hat es am 24. 1. 1992 offengelassen, ob der lärmgeplagte Nachbar auch das Kabel einer Verstärkeranlage durchtrennen darf, wenn zuvor vergeblich Abhilfe beim Störer und ein Einschreiten der Polizei verlangt worden war.
– Ausschluß des Verbietungsinteresses nach § 905 S. 2 BGB. Einwirkungen in großer Höhe oder Tiefe können dann nicht abgewehrt werden, wenn ein schutzwürdiges (auch **ästhetisches**) Interesse geltend gemacht werden kann oder wenn die Einwirkung auch nur einer **künftigen** Nutzung des Grundstücks entgegensteht (*RGZ* 59, 116f., *BGH* NJW 1981, 573f.). Das Ausschwenken des Auslegers eines Krans in 4,95 m über dem Grundstück muß dessen Eigentümer nicht dulden (*OLG Düsseldorf* MDR 1989, 993f.). Die Rohrverlegung in einer Tiefe von 1,79 m – allerdings unter dem Bahnkörper einer Straßenbahn – muß hingenommen werden (*OLG Bremen* OLGZ 1971, 147f.). Zu beachten sind in diesem Zusammenhang auch die Sonderrechte nach § 1 Luftverkehrsgesetz, § 12 TWG (Leitungsnotweg für die Post) und die Pflicht des Gas- und Stromkunden zur Duldung von Rohrverlegungen gemäß § 8 der AVGBGas-AVBEltV (vgl. NJW 1983, 2785).
– Unwesentlichen oder ortsüblichen Immissionen (§ 906 BGB).
– Entschuldigtem Überbau (§ 912 I BGB). Hierbei muß es sich um ein errichtetes **Gebäude** handeln, andere Bauwerke sind uneingeschränkt beseitigungspflichtig. Das Gebäude darf nicht völlig auf fremden Grund stehen und muß vom **Eigentümer** errichtet oder nachträglich genehmigt worden sein (*BGHZ* 15, 215). § 912 BGB findet bei Vorsatz oder grober Fahrlässigkeit des Bauherrn (oder Architekten) keine Anwendung (*BGH* NJW 1977, 375). Schließlich muß der Nachbar (Eigentümer, Erbbau- oder Dienstbarkeitsberechtigte, **nicht** ausreichende Besitzer) keinen sofortigen Widerspruch gegen den Überbau erhoben haben.
– Notwegberechtigung nach § 917 I BGB. Die Notwegvorschriften sind bei Fehlen einer Verbindung zu einer öffentlichen Kanal- oder Versorgungsnetzleitung entsprechend anzuwenden (**Leitungsnotweg**, vgl. *BGH* NJW 1981, 1036). Umstritten ist meist die Berechtigung, ob ein Befahren mit Pkw geduldet werden muß. Hier ist zwischen gewerblicher und privater Nutzung zu differenzieren, im übrigen kommt es auf den Einzelfall an, so auf Alter und Gesundheit der Anspruchberechtigten und auf die Frage, in welcher Entfernung sonst eine Abstellmöglichkeit gegeben wäre (*OLG München* OLGZ 1966, 284; vgl. auch *OLG Hamm* NJW 1959, 2310). Über den Zeitpunkt der Zahlung der Notwegrente besteht Streit (Zeitpunkt der Rechtskraft des Urteils über die Notwegberechtigung nach *RGZ* 87, 425; Zeitpunkt der Inan-

172   *Alheit*

spruchnahme des Grundstücks nach *Staudinger-Beutler* § 917 BGB Rdnr. 44).
Bei fehlender Zahlung kann der Nachbar die Inanspruchnahme seines Grundstücks verweigern (*BGH* MDR 1976, 917).
– Eine Duldungspflicht kann sich weiter aus dem Gedanken des **nachbarschaftlichen Gemeinschaftsverhältnisses** (§ 242 BGB) ergeben. Hierdurch wird das **Eigentumsherrschaftsrecht** (§ 903 BGB) in Ausnahmefällen eingeschränkt (*BGH* NJW 1958, 1580). Die Rechtsprechung hat hierauf vor allem zurückgegriffen, wenn es um das zeitweilige Betreten von Nachbargrund geht und landesrechtliche Berechtigungen (Hammerschlags- und Leiterrecht) fehlen. Auch die Duldung fremder **Katzen** wurde hiermit begründet (*OLG Köln* NJW 1985, 2338, str.). Danach darf der Nachbar in seinem Haus zwar beliebig viele Katzen halten, aber nur **eine** frei herumlaufen lassen. Deren Eindringen auf Nachbargrund muß geduldet werden, wonach es sich immer um ein und dieselbe Katze handeln muß (*OLG Celle* NJW-RR 1986, 821). **Keine** Anwendung findet der Gedanke des nachbarschaftlichen Gemeinschaftsverhältnisses bei Zuführung unwägbarer Stoffe (*BGHZ* 38, 61). Das Rechtsinstitut des nachbarlichen Gemeinschaftsverhältnisses begründet aber nicht nur (in zwingenden Fällen – *BGH* NJW 1984, 729) gewisse Duldungspflichten, es kann auch Rechte ausschließen und dafür Ausgleichsansprüche geben sowie Ansprüche auf Handlungen oder Unterlassungen geben (*Palandt-Bassenge* § 903 BGB Anm. 3 a bb).
– Eine Fülle von Duldungspflichten ergibt sich durch die **Genehmigung von Anlagen** nach den §§ 14 BImSchG, 7 AtomG, 11 LuftVG, 11 WHG (siehe Rdnr. 39 ff.). Auch soweit früher die Genehmigung nach § 26 GewO erteilt wurde, gilt, daß eine **Einstellung** des Betriebs nicht mehr verlangt werden kann. Der Antragsteller wird auf Schutzvorkehrungen oder Schadenersatz im Zivilrechtsweg verwiesen. Dies gilt auch nach durchgeführten **Planfeststellungsverfahren** (§ 75 II VwVfG). Besonderheiten für die neuen Bundesländer und das Land Berlin ergeben sich hier durch das Gesetz zur Beschleunigung der Planungen für Verkehrswege vom 16. 12. 1991 (BGBl. I Nr. 65 Seite 2174 ff.; vgl. *Reinhardt* in DtZ 1992, 258 f.) Alle sonst erteilten **behördlichen Genehmigungen** – auch die Baugenehmigung – haben keine Duldungspflicht zur Folge (*BGH* DVBl 1971, 744). Hier tritt durch die (auch materiell-rechtswidrige) Genehmigung nur die sog. **Tatbestandswirkung** ein, wenn die öffentlich-rechtliche Zulässigkeit des Vorhabens als **Vorfrage** im Zivilprozeß erheblich ist. Eine Duldungspflicht wird jedoch nicht begründet (*Breuer* DVBl 1983, 431 f.).
– Über das Bundes- und Landesrecht hinaus können auch **gemeindliche Satzungen** eine Duldungspflicht begründen, so z. B. wenn der Baumeigentümer herüberhängende Zweige wegen einer Satzung nicht beseitigen darf (*OLG Düsseldorf* NVwZ 1989, 1807).
– Schließlich kann die Berufung auf dingliche und obligatorische Rechte – aber auch auf bloße Gestattung – den Anspruch aus § 1004 BGB ausschließen.

6. Beeinträchtigungen in Ausübung hoheitlicher Gewalt oder in Erfüllung lebenswichtiger Aufgaben

Ist der Störer die Öffentliche Hand in Ausübung **hoheitlicher Tätigkeit**, so müssen auch wesentliche Beeinträchtigungen hingenommen werden. Der an sich gegebene Abwehranspruch ist darauf beschränkt, daß **Schutzvorkehrun-**

gen verlangt werden können, die im **Verwaltungsrechtsweg** geltend zu machen sind. Allerdings müssen sich deren Kosten im zumutbaren Rahmen halten und es darf durch die Schutzvorkehrungen keine wesentliche Änderung der Tätigkeit eintreten (*OVG Koblenz* NJW 1986, 953). Sind diese Voraussetzungen nicht erfüllbar, so müssen die Einwirkungen hingenommen werden, anstelle des eingeschränkten Abwehranspruchs tritt ein solcher auf **Entschädigung** in Geld wegen enteignenden Eingriffs (*BGH* NJW 1986, 1980; 1986, 2421). Dasselbe gilt für nichthoheitliche Betriebe, die im öffentlichen Interesse eine lebens- oder gemeinwichtige Aufgabe (Energieversorgung, Straßenbahn- oder Busunternehmen von Gemeinden als Aktiengesellschaften) erfüllen mit der Ausnahme, daß hier der **Zivilrechtsweg** gegeben ist (*BGH* NJW 1984, 1242). So hat der BGH im zitierten Fall die Beklagte zur Verlegung einer den Anlieger störenden Bushaltestelle verurteilt, weil diese Maßnahme sich im Rahmen des eingeschränkten Anspruchs (es kann weder Stillegung des Betriebes noch eine erhebliche Änderung verlangt werden – *BGH* NJW 1960, 2335) hält.

7. Ausgleichsansprüche nach § 906 II 2 BGB

8   Ist der Eigentümer zur Duldung verpflichtet, so hat er Anspruch auf Ausgleichsansprüche, die vom Verschulden unabhängig sind (§ 906 II 2 BGB). Anspruchsgegner ist der **wirtschaftlich** Verantwortliche des störenden Grundstücks, in der Regel (aber nicht notwendig) dessen Eigentümer (*BGH* NJW 1966, 42). Der Ausgleich erfolgt der Höhe nach in Anlehnung an die Grundsätze der **Enteignungsentschädigung** (*BGH* NJW 1968, 549). Daß der Anspruchsteller sein Grundstück in Kenntnis der vorhandenen Immissionen erworben hat, kann ihm anders als sonst entgegengehalten werden (*BGH* NJW 1977, 894 f.). Dies gilt auch für bauliche Maßnahmen des Anspruchstellers, welche die zu duldenden Immissionen begünstigen (*BGH* NJW 1973, 326 f.). Erfolgt die Störung durch **hoheitliche Gewalt,** so kann der Anspruchsteller Ersatz wegen Enteignung bzw. enteignungsgleichen Eingriffs geltend machen.

8. Inhalt und Grenzen der Ansprüche

9   Das Fehlen einer Duldungspflicht führt zur **Rechtswidrigkeit** der Einwirkung auf das Eigentum und gewährt die vom Verschulden nicht abhängigen Ansprüche aus § 1004 BGB auf Beseitigung und Unterlassen. Im Rahmen des Anspruchs kann Beseitigung analog den §§ 251 II, 633 II 2 BGB nicht verlangt werden, wenn die Kosten hierfür unverhältnismäßig hoch sind (*BGH* NJW 1974, 1552 f.). Auch die Anwendung des **§ 254 BGB** wird bejaht (*BGH* WM 1964, 1102). Die **Selbstbeseitigung** durch den Gläubiger ist zulässig und führt zu Ersatzansprüchen aus Geschäftsführung ohne Auftrag und nach § 812 BGB (*BGH* NJW 1966, 1360; *BGH* NJW 1964, 1365). Inhalt des Beseitigungsanspruchs ist **nicht** die Beseitigung der durch die Störung hervorgerufenen **Folgen,** vielmehr ist nur die Einwirkung einzustellen oder z. B. die emittierende Anlage technisch so umzugestalten, daß es nicht zu weiteren Störungen kommt.

10   Über § 1004 BGB hinaus kann Beseitigung der störenden **Anlage** selbst nur verlangt werden, wenn es sich um eine sog. **gefahrdrohende Anlage** i. S. des § 907 BGB handelt. Dabei kann Beseitigung schon **vor** Eintritt evtl. Störungen verlangt werden, wenn nur die Benutzung solche Einwirkungen untrennbar hervorruft. So kann z. B. über § 907 BGB die Entfernung eines **Bienenhauses** verlangt werden. Bienenhaltung in reinen Wohngebieten ist unzulässig (*OLG*

Der Abwehranspruch nach § 1004 BGB **B III**

Hamm MDR 1989, 993), ebenso wenn der Nachbar an einer Bienengiftallergie leidet (*LG Ellwangen,* NJW 1985, 2339). Steht eine Störung hinreichend sicher bevor, so kann auf **Unterlassung** geklagt werden. Hat bereits eine Beeinträchtigung stattgefunden, so wird die Gefahr weiterer Störungen vermutet (**Wiederholungsgefahr**). Hierbei handelt es sich um eine Anspruchs- und nicht Zulässigkeitsvoraussetzung.

Nicht entscheidend kommt es entgegen häufiger Ansicht darauf an, daß z. B. 11 der störende Betrieb bereits zeitlich früher als der Beeinträchtigte sein Grundstück genutzt hat (**Priorität**). Diese Tatsache kann dem Anspruchsteller nicht in der Form entgegengehalten werden, er habe mit den nun bekämpften Immissionen rechnen müssen und diese stillschweigend akzeptiert. Die Rechtsprechung hat aus dem zeitlichen Vorrang des Störers keine für diesen vorteilhaften Schlüsse gezogen (*BGH* NJW 1976, 1204). Dies jedenfalls für den Anspruch aus § 1004 BGB. Etwas anderes gilt für den Ausgleichsanspruch nach § 906 II 2 BGB. Hat hier der Nachbar die Nutzung seines Grundstücks bereits in Kenntnis der Immissionen aufgenommen, so steigt dadurch die Zumutbarkeitsgrenze (*BGH* NJW 1977, 894).

9. Klagebefugnis

Ansprüche aus § 1004 BGB können nicht nur vom Eigentümer, vielmehr 12 auch vom Erbbauberechtigten (§ 1017 II BGB), Grunddienstbarkeitsberechtigten (§ 1027 BGB), Nießbraucher (§ 1065 BGB), Dienstbarkeitsberechtigten (§ 1090 Abs. 2 BGB), Pfandgläubiger (§ 1227 BGB) und Dauerwohnberechtigten (§ 34 II WEG) geltend gemacht werden. Bei Ansprüchen von Besitzern ist zu beachten, worauf sich die abzuwehrende Beeinträchtigung bezieht, so daß außer § 862 BGB auch für den Besitzer § 1004 BGB zur Anwendung kommt, soweit z. B. der Mieter sich gegen Einwirkungen auf sein Eigentum (Tiere, Pflanzen) wendet (*RGZ* 105, 213/215). Im übrigen treffen den Besitzer dieselben Duldungspflichten aus § 906 BGB wie den Eigentümer und die sonst zur Klage aus § 1004 BGB befugten Personen (*BGH* NJW 1955, 19).

10. Passivlegitimation

Ansprüche nach § 1004 BGB (und § 862 BGB für den Besitzer) sind gegen 13 den **Störer** zu richten. Da es sich bei den unmittelbaren Störern oft um wechselnde und namentlich nicht bekannte Personen handelt, ist für den Kläger der im Hintergrund stehende Veranlasser der Störungen (mittelbarer Störer) von besonderem Interesse. So haftet der Betriebsinhaber für **Kunden- und Lieferantenlärm** (*BGH* NJW 1982, 440f.), wenn er zur Verhinderung der Störungen in der Lage ist. Bloße Abmahnschreiben an Lieferanten genügen hier nicht zur Entlastung. Für Sportlärm haftet der die Anlage betreibende **Verein** (*BGH* NJW 1983, 751), für Baulärm auch der **Bauherr** (*BGH* NJW 1962, 1342). Störer ist neben dem Mieter/Pächter auch der Vermieter/Verpächter (*OLG Oldenburg* MDR 1990, 352). Wer **Tauben** durch ständiges Füttern heranzieht und seßhaft macht, ist Störer (*LG Berlin* MDR 1966, 144), ebenso derjenige, der fremde **Katzen** füttert, die anschließend ein Nachbargrundstück betreten. Als Störer kann ihm das **Füttern** dieser Katzen verboten werden (*OLG Köln* MDR 1989, 355). Das **Eigentum** allein reicht zur Bejahung der Störereigenschaft **nicht** aus. Passiv legitimiert ist somit jeder, der den störenden Zustand beseitigen oder das störende Verhalten unterbinden kann. Zu Schwierigkeiten kann es dabei dann kommen, wenn sich der unmittelbare Störer auf Gestattungen des mittelbaren Störers beruft. Hier muß der mittelbare Störer **beweisen**, daß eine Abhilfemöglichkeit für ihn nicht gegeben ist (*BGH* JZ 1968, 384).

11. Verjährung

14 Ansprüche aus **eingetragenen** Rechten verjähren mit Ausnahme von Rückständen wiederkehrender Leistungen **nicht** (§ 902 Abs. 1 BGB). Der Beseitigungsanspruch aus § 1004 BGB ist **kein** Anspruch aus einem eingetragenen Recht, so daß er in 30 Jahren ab der letzten Einwirkung und fortlaufend ohne Rücksicht auf Eigentümerwechsel verjährt (*BGH* NJW 1973, 703 f.). **Nicht** der Verjährung unterliegen die in § 924 BGB einzeln aufgeführten nachbarrechtlichen Ansprüche. Bei Beeinträchtigung einer **Grunddienstbarkeit** durch eine **Anlage** kommt es gem. § 1028 I 2 BGB zum **Erlöschen** der Grunddienstbarkeit, wenn Ansprüche aus § 1004 BGB nicht geltend gemacht werden und es sich immer um dieselbe Anlage gehandelt hat (*BGH* NJW 1967, 1609). Keine Verjährung gibt es beim Selbsthilferecht nach § 910 BGB (Wurzeln, Zweige).

12. Rechtsweg

15 Bei Beeinträchtigungen des Eigentums durch einen **privaten** Störer – auch soweit sich dieser auf eine behördliche Betriebsgenehmigung stützt – ist der **Zivilrechtsweg** gegeben. Dies gilt auch für Störungen durch die Öffentliche Hand im Rahmen erwerbswirtschaftlicher oder fiskalischer Betätigung (*BGHZ* 34, 99). Soweit der Störung ein **Verwaltungsakt** zu Grunde liegt, verbleibt dem Zivilgericht die Prüfungskompetenz nur für dessen **Nichtigkeit** (*BGHZ* 5, 70; 18, 253), im übrigen ist der Verwaltungsrechtsweg zu beschreiten. Der nachbarrechtliche Abwehranspruch gegen die Öffentliche Hand teilt die Rechtsnatur des „Eingriffs" (*BVerwG* NJW 1974, 817). Bei Störungen in Ausübung **hoheitlicher Gewalt** ist der analog § 1004 BGB gegebene Abwehranspruch (*BVerwG* NJW 1981, 239 f.) im Verwaltungsrechtsweg geltend zu machen. Die sich aus § 906 BGB ergebenden Duldungspflichten bestehen auch in diesem Falle (*OVG Münster* NJW 1984, 1984). Wird weder Abwehr der Beeinträchtigung noch Schadenersatz verlangt, will vielmehr der Kläger die Quelle der Störungen beseitigen, so ist der **Folgenbeseitigungsanspruch** im Verwaltungsrechtsweg geltend zu machen (*OVG Münster* a. a. O.). Überläßt die Öffentliche Hand ihr Eigentum (Sportplätze, Hallen etc.) an Dritte – z. B. Vereine – so ist bei dadurch bedingten Beeinträchtigungen der Zivilrechtsweg eröffnet, denn für die Überlassung des Eigentums fehlt eine **öffentlich**-rechtliche Grundlage (*LG Aachen* NJW 1988, 1098).

13. Klageantrag

16 a) Im Rahmen der Klage auf Beseitigung oder Unterlassung nach § 1004 BGB genügt es nach wie vor dem **Bestimmtheitserfordernis** des § 253 II Nr. 2 ZPO, wenn der Klageantrag wie folgt formuliert wird: Der Beklagte wird verurteilt, durch geeignete Maßnahmen zu verhindern, daß das Grundstück des Klägers durch (es folgt die Bezeichnung der konkreten Beeinträchtigung) mehr als unwesentlich beeinträchtigt wird (*BGH* NJW 1958, 1776; *BGH* WM 1964, 1102).

17 b) Bestehen für Beeinträchtigungen bestimmte technische Richtwerte – so bei Lärmbelästigungen die Geräuschentwicklung in der Maßeinheit Dezibel (A) – ,

so ist strittig, ob die höchstzulässige Lärmbeeinträchtigung bereits in den **Klageantrag** aufzunehmen ist (verneinend: *MünchKomm-Medicus* § 1004 BGB Rdnr. 87). In Fällen dieser Art sollte in der Klage vorsorglich ein Hinweis des Gerichts nach § 139 ZPO erbeten werden. Sind die Immissionen meßbar – so bei Lärm- und Staubentwicklung – wird im **Urteil** zur näheren Bestimmung des Unterlassungsgebots die Einwirkung näher bestimmt (*BGH NJW* 1966, 1858).

c) Durch den allgemein gehaltenen Klageantrag (a) kann der Beklagte eigenverantwortlich entscheiden, **wie** er das vom Kläger verfolgte Begehren erreichen will. Der Beklagte hat unter mehreren technischen Möglichkeiten ein Wahlrecht, er kann aber auch – wenn ihm die erforderlichen Maßnahmen zu teuer sind – etwa seinen störenden Betrieb ganz aufgeben oder verlegen. Es sind jedoch auch Fälle denkbar, bei denen der Kläger im Klageantrag eine **bestimmte** Abhilfemaßnahme fordern kann. Dies ist der Fall, wenn nur noch **eine** Möglichkeit zur Abwehr der Beeinträchtigung besteht (*BGHZ* 29, 314f., *BGHZ* 67, 253f. = NJW 1977, 146). So hat der *BGH* (*NJW* 1983, 751) den Beklagten bei einer Lärmbelästigung durch Tennisspielen zur **völligen Unterlassung des gesamten Spielbetriebs** verurteilt. Auch der Betrieb einer Schweinemästerei ist so durch Urteil **eingestellt** worden (*BGH NJW* 1977, 146). 18

d) Besondere Anforderungen stellt die Rechtsprechung bei Abgrabungen/Vertiefungen des Nachbargrundstücks (§§ 1004, 909 BGB). In Fällen dieser Art ist der vom Kläger angestrebte Erfolg – nämlich die zu erhaltende Festigkeit des Bodens – im Klageantrag aufzuführen (*BGH NJW* 1978, 1584). 19

e) Aus der Sicht des **Beklagten** ist im Rahmen der Anträge darauf zu achten, daß der Urteilstenor nicht über den Antrag i. S. des § 308 ZPO hinausgeht. Wird z. B. von einem Nachbar (Flugsportgemeinschaft) begehrt, Geräuschimmissionen über einen bestimmten Schallpegel hinaus zu unterlassen, so darf der Urteilstenor nicht dahin gehen, daß der Flugbetrieb zeitlich eingeschränkt oder die Flugdichte verringert wird (*BGH NJW* 1977, 1920). Hierdurch wird zwar auch inhaltlich dem Begehren des Klägers Rechnung getragen, dennoch liegt von der Art her ein unzulässiges Abweichen vom Antrag i. S. des § 308 ZPO vor. 20

f) Ist eine wesentliche Beeinträchtigung festgestellt und ist sie ortsüblich (siehe Rdnr. 4), so muß der Störer beweisen, daß er alle zumutbaren Schutzvorkehrungen zur Verhinderung von Einwirkungen getroffen hat (*BGH NJW* 1978, 280). Kann er diesen Beweis führen, so muß der ursprüngliche Klageantrag im Hinblick auf § 906 Abs. 2 S. 1 BGB darauf umgestellt werden, daß nunmehr **Ausgleichsansprüche** in Geld verlangt werden (§ 906 II 2 BGB). 21

g) Wird mit dem Klageantrag aus § 1004 BGB Beseitigung eines **Bauwerks** verlangt und ist die Beseitigung von einer **behördlichen Genehmigung** abhängig, so ist diese Frage im Erkenntnisverfahren ohne Einfluß auf den Urteilsausspruch und wird erst im Rahmen der Zwangsvollstreckung geprüft (*BGHZ* 28, 159). 22

h) Kann der Kläger im Einzelfall Beseitigung/Unterlassung nicht verlangen und ist sein Anspruch auf **Schutzvorkehrungen** zur Verhinderung der Beeinträchtigungen beschränkt (so nach §§ 14 BImSchG, 7 AtomG, 11 LuftVG, 11 WHG und gemäß § 75 II VwVfG nach Planfeststellungsverfahren), so sind Schutzvorkehrungen im **Zivilrechtsweg** (mit Ausnahme von Beeinträchtigungen durch hoheitliche Gewalt) geltend zu machen. Mit Antragstellung nach 23

B III

Der Nachbarrechtsfall

§ 1004 BGB ist sinnvollerweise die Androhung für den Fall der Zuwiderhandlung (§ 890 II ZPO) zu verbinden. Eventuelle Verzichtserklärungen der Parteien auf eine vorherige **Androhung** sind unwirksam, da sie nicht den Dispositionen der Parteien unterliegen. Dagegen kann der Gläubiger insgesamt auf die Möglichkeiten des § 890 ZPO verzichten, wenn er dies ausdrücklich erklärt, wobei sich dies noch nicht allein aus der Vereinbarung einer **Vertragsstrafe** ergibt (str., vgl. *OLG Köln* OLGZ 69, 58; *OLG Hamm* OLGZ 67, 189).

14. Sachliche Zuständigkeit

24   Bei den nachbarrechtlichen Ansprüchen im engeren Sinne handelt es sich um **vermögensrechtliche** Ansprüche i. S. von § 23 GVG, so daß die Zuständigkeit zwischen Amts- und Landgericht sich nach dem **Streitwert** bestimmt. Zu den vermögensrechtlichen Ansprüchen gehören auch Unterlassungsansprüche, die sich auf die ungestörte Nutzung eines Wirtschaftsguts beziehen wie z. B. Lärmbelästigung einer Wohnung durch Tierhaltung. Eine nicht vermögensrechtliche Streitigkeit ist gegeben, wenn der störende Nachbar in die **Intimsphäre** (Persönlichkeitsrecht) des anderen eindringt, wie z. B. die ständige Beobachtung des Nachbarn mittels einer Videokamera (*OLG Köln* NJW 1989, 720 f.). Auch insoweit kommt es ab 1. 3. 1993 nur noch auf den **Streitwert** für die Bestimmung der Zuständigkeit an (Art. 3 Nr. 2 Buchst. a Rechtspflege-EntlastungsG).

15. Streitwert

25   Die Wertfestsetzung einer Klage wegen Eigentumsstörung nach § 1004 BGB erfolgt nach freiem Ermessen des Gerichts (§ 3 ZPO). Dies gilt auch für Abwehrklagen des **Besitzers,** für die nicht etwa § 6 ZPO maßgeblich ist. Wertangaben des Klägers wird das Gericht, ohne daran gebunden zu sein, in der Regel folgen, wenn sie noch einigermaßen im Rahmen bleiben. Bei Immissionen auf ein **Grundstück** ist entscheidend, welche Wertminderung sich bei deren Zulassung auf unbestimmte Zeit ergeben würde (*OLG Frankfurt* RPfleger 1955, 210). Wird der Kläger im **Besitz** einer Wohnung gestört, so darf der Streitwert einer Klage über das Bestehen oder über die Dauer des Mietverhältnisses (§ 16 I GKG) nicht überschritten werden (*OLG Neustadt* RPfleger 1967, 2). Vor allem beim häufigen Fall der Lärmstörungen dürfte auch im Hinblick auf das gestiegene Umweltbewußtsein ein Streitwert von 6000,-- bis 10000,-- DM immer vertretbar sein.

16. Streitgenossenschaft

26   Der Kläger kann bei einer Mehrheit von Störern isoliert gegen jeden der Störer vorgehen. Eine **notwendige** Streitgenossenschaft bei nachbarrechtlichen Ansprüchen liegt aber vor, wenn der Kläger einen Anspruch auf einen **Notweg** geltend macht oder die Feststellung des Bestehens einer Grunddienstbarkeit begehrt und sich hierbei auf der Beklagtenseite mehrere Miteigentümer befinden (*BGH* NJW 1984, 2210; NJW 1962, 633). Wird die Ausübung einer Grunddienstbarkeit durch den Zustand wesentlicher Bestandteile des dienenden Grundstücks beeinträchtigt, müssen **alle** Miteigentümer auf Beseitigung der Störung verklagt werden und zwar ohne Rücksicht darauf, wer die Störung herbeigeführt hat (*BGH* MDR 1992, 582). Auf **einzelne** Miteigentümer kann die Klage nur beschränkt werden, wenn sich die übrigen zuvor zur Erbringung

der verlangten Leistung bekannt haben (*BGH* NJW 1962, 1722 ff.; *BGH* WM 1991, 239 ff. = MDR 1991, 421).

17. Beweislast

Im Rahmen des § 1004 BGB muß der Kläger sein Eigentum und dessen erfolgte bzw. bevorstehende Beeinträchtigung beweisen. Dagegen hat der Beklagte die Voraussetzung für eine Duldungspflicht (§ 1004 II BGB) zu beweisen. Kommt es zu Einwirkungen i. S. des § 906 BGB, so hat der **Störer** deren Unwesentlichkeit, Ortsüblichkeit und Unvermeidbarkeit i. S. des § 906 Abs. 2 S. 1 BGB zu beweisen (*BGH* MDR 1971, 119; *BGH* WM 1971, 134/138; *BGHZ* 72, 289/296). Bestehen für die Einwirkungen immissionsschutzrechtliche Richtwerte (TA-Lärm, TA-Luft, VDI 2058), so hat deren Überschreitung nur **indizielle** Bedeutung und entbindet das Gericht nicht von einer Feststellung im Einzelfall (*BGHZ* 69, 105/117). Dabei ist entscheidend der **persönliche Eindruck** des Gerichts, das sich nicht allein auf ein Gutachten stützen darf (*BGH* MDR 1992, 876). Nach anderer Meinung soll beim Überschreiten der Richtwerte der **Anscheinsbeweis** für eine Unzulässigkeit der Immission, bei Unterschreiten für deren Unwesentlichkeit sprechen. Kommt es nur **selten** zu Lärmbelästigungen (so z. B. bei Volksfesten), so wird den Anwohnern eine deutlich höhere Belastung als die Grenzwerte der TA-Lärm zugemutet (*BGH* MDR 1990, 706 f.). Bei Ortstermin des Gutachters ist darauf zu achten, daß den Parteien und ihren Bevollmächtigten der Termin mitgeteilt und ihnen die Anwesenheit gestattet wird. Eine „verdeckte" Messung ist unzulässig und führt auf Antrag zur Wiederholung der Beweisaufnahme (*Baumbach-Lauterbach-Albers-Hartmann*, Übersicht 4 vor 402 ZPO).

27

18. Zwangsvollstreckung

Dem obsiegenden Urteil folgt oft bei Unterlassungsurteilen mit dem Vollstreckungsverfahren nach § 890 f. ZPO ein weiteres aufwendiges Verfahren vor dem **Prozeßgericht**, in welchem die Zuwiderhandlung gegen das **Unterlassungsgebot** geprüft wird. Da die Urteilsformel meist nur generell den Beklagten dazu verpflichtet, **geeignete Maßnahmen** gegen bestimmte Störungen zu treffen (vgl. *OLG München* MDR 1990, 442 f.), wird über den Umfang des Urteilsspruchs erst im Vollstreckungsverfahren entschieden. Im übrigen können sich in Nachbarrechtsfällen Abgrenzungsschwierigkeiten zwischen Vollstreckung nach § 887 ZPO (vertretbare Handlung), § 888 ZPO (unvertretbare Handlung) und § 890 ZPO ergeben, wobei das Gericht bei Zweifeln hinweispflichtig nach § 139 ZPO ist. Die Verurteilung zur **Beseitigung eines Haustiers** ist nach § 887 ZPO zu vollstrecken (*OLG Hamm* NJW 1966, 2415). Hat der Schuldner eine Geruchsbelästigung zu verhindern, kann Vollstreckung nach § 888 ZPO (und nicht 890 ZPO) in Frage kommen, wenn die **Beseitigung** der Störung im Vordergrund steht (*OLG München* OLGZ 82, 101) und sich dies aus den Urteilsgründen ergibt. Im übrigen ist die Rechtsprechung uneinheitlich und bejaht teilweise das Vorliegen einer vertretbaren Handlung (*OLG Hamm* MDR 1983, 850), aber auch das einer unvertretbaren Handlung (*OLG Düsseldorf* MDR 1977, 931). Letzteres wird insbesondere dann gelten, wenn zur Herbeiführung des Urteilserfolges der Schuldner konzeptionelle Änderungen seines Betriebes durchführen muß.

28

19. Vorläufiger Rechtsschutz

29   a) Nachbarrechtliche Ansprüche rechtfertigen oft zur Abwehr störender Immissionen eine Regelung durch **einstweilige Verfügung** (§§ 935, 940 ZPO). Dabei darf das Ergebnis des späteren Hauptsacheprozesses nicht vorweggenommen werden. Zulässig ist z. B. der Antrag auf Einstellung störender Bauarbeiten, nicht aber auf Beseitigung des teilweise errichteten Bauwerks. Schwierigkeiten ergeben sich daraus, daß vom Störer konkrete Maßnahmen nicht verlangt werden dürfen, diesem vielmehr selbst die Wahl bleibt, wie er die störenden Beeinträchtigungen verhindern kann. Dagegen soll das Gericht nach § 938 I ZPO die Anordnungen treffen, die zur Erreichung des Zwecks erforderlich sind. Der nur allgemein auf Unterlassung gerichtete Antrag führt dazu, daß die eigentliche Verwirklichung der Rechte in das Vollstreckungsverfahren nach §§ 887, 888 ZPO verlagert wird und der Antragsteller damit nicht schnell zu seinem Recht kommt. Daher hat das *OLG Köln* (NJW 1953, 1592) ein Verbot der Nachtarbeit ausgesprochen und die Zulässigkeit des Verlangens **konkreter** Maßnahmen für den Fall bejaht, daß der Störer hiermit für den Fall des Unterliegens im Hauptsacheprozeß einverstanden ist oder ein Wahlrecht des Störers ernsthaft nicht bestehe oder es um nicht wiedergutzumachende Schäden gehe.

Ein an sich gegebener Anspruch kann im Verfahren der einstweiligen Verfügung auch am Grundsatz der **Verhältnismäßigkeit** scheitern. So versagte das *OLG Köln* (MDR 1991, 1065) einen Abwehranspruch gegen einen Sportverein wegen herüberfliegender Bälle, weil es ansonsten zu einer Einstellung des Spiel- und Trainingsbetriebs kommen würde.

30   b) Liegt eine einstweilige Verfügung vor, so kann der Antragsgegner/Verfügungsbeklagte über § 926 ZPO den **Gläubiger** zur Erhebung der Hauptsacheklage zwingen. Der Schuldner kann aber auch selbst durch negative Feststellungsklage ein Hauptsacheverfahren einleiten und so über § 927 ZPO den Wegfall der einstweiligen Verfügung erreichen (*BGH* NJW 1986, 1815).

III. Ansprüche des Besitzers

31   Das „klassische" Nachbarrecht geht von Ansprüchen des **Eigentümers** und von Duldungspflichten des Eigentümers eines **Grundstücks** aus (§§ 1004, 906 BGB). Diesen Ansprüchen entspricht für den Besitzer der Anspruch auf Beseitigung/Unterlassung bei **Besitzstörungen** (§ 862 BGB). Dabei ist der Mieter/Pächter als Besitzer denselben Duldungspflichten nach § 906 BGB unterworfen wie der Eigentümer eines Grundstücks (*BGH* NJW 1955, 19f.). Dem Besitzer stehen andererseits aber auch die sich aus § 906 II 2 BGB ergebenden verschuldensunabhängigen **Ausgleichsansprüche** zu. Im Rahmen der Besitzstörungsklage hat daher der Kläger seinen Besitz und dessen Beeinträchtigung, der Beklagte als Störer eine etwaige Duldungspflicht des Besitzers zu beweisen, wobei insgesamt auf die unter Ziffer II 1 abgehandelten Ansprüche des Eigentümers verwiesen werden kann. Auch soweit es um Besitzstörungsansprüche von Mietern/Pächtern **untereinander** im selben Haus geht, ist § 906 BGB anwendbar (*BGH* LM § 906 Nr. 1).

31a   Für das Verhältnis Vermieter-Mieter, aber auch für das Verhältnis der Mieter untereinander ist die **Hausordnung** maßgeblich. Hält sich z. B. der Mieter beim Ausüben von Musik an die in der Hausordnung festgesetzten Zeiten, so müssen dies die anderen Mieter dulden (*OLG München*, MDR 1992, 670). Dies gilt auch für das Musizieren an Sonntagen. Zunächst scheitern dann Ansprüche auch an der **Ortsüblichkeit** des Musizierens (*Palandt-Bassenge*, § 906 BGB RdNr. 24, 30). Zur Störung durch nächtliches **Baden und Duschen** (22–6 Uhr) siehe *OLG Düsseldorf* in NJW 1991, 1625 ff. Danach darf zwar nachts gebadet/geduscht werden, es darf aber ein Zeitraum von 30 Minuten nicht überschritten werden. Die Entscheidung erging wegen eines Verstoßes gegen das Landesimmissionsschutzgesetz. Innerhalb der **Wohnungseigentümergemeinschaft** kann durch Beschluß der Eigentümer ein Bade- und Duschverbot von 23–5 Uhr festgelegt werden (*BayObLG* NJW 1991, 1620 ff.). Auch das nächtliche Betätigen des **Garagentors** kann in der Zeit von 22–6 Uhr als Verstoß gegen das Landesimmissionsschutzgesetz verfolgt werden, auch wenn die Geräusche herstellungsbedingt auftreten (*OLG Düsseldorf* NJW 1991, 2433). Auch verbale Auseinandersetzungen in einem Mietshaus (**Ehekrach**) können – sofern sich die Auseinandersetzung über 30 Minuten hinzieht – über das Maß gehen, was üblicherweise noch als „Wohngeräusch" zu dulden ist (*AG Düsseldorf* NJW 1992, 384). Schwierige Rechtsfragen können im Dreiecksverhältnis Mieter-Vermieter-Störer auftreten. Wird der Mieter durch Baulärm von einem Nachbargrundstück gestört, so ergibt sich ein Anspruch auf Minderung des Mietzinses auch dann, wenn der Vermieter den Baulärm ohne Ausgleich dulden muß, weil er das zumutbare Maß i. S. des § 906 Abs. 2 S. 2 BGB nicht übersteigt (*BayObLG* NJW 1987, 1950 ff.).

IV. Ansprüche des Wohnungseigentümers

Eine nicht unerhebliche Anzahl von Streitigkeiten ergibt sich bei Beeinträchtigungen des **Wohnungseigentums**. Hier sind die verschiedenen Fallgestaltungen zu trennen:

a) Hinsichtlich des **Sondereigentums** genießt der Wohnungseigentümer den vollen Eigentumsschutz aus § 1004 BGB. Er kann auch gegen Beeinträchtigungen, die von einem **Nachbargrundstück** zu erwarten sind, mit der **öffentlich-rechtlichen** Nachbarklage vorgehen (*OVG Berlin* BRS 29 Nr. 143). Dies gilt auch bei Beeinträchtigungen durch das **Sondereigentum** eines anderen Eigentümers **derselben** Wohnanlage, nicht jedoch bei Einwirkungen durch Gebäudeteile, die im **Gemeinschaftseigentum** stehen. In letzterem Falle ist der Sondereigentümer gleichzeitig als Miteigentümer des Gemeinschaftseigentums Störer und damit nicht „Nachbar" (*VGH Mannheim* NJW 1985, 990). 32

b) Auch hinsichtlich des **Gemeinschaftseigentums** kann jeder Wohnungseigentümer nach § 1011 BGB mit Ansprüchen aus § 1004 BGB gegen den Störer vorgehen (*BayObLGZ* 1977, 177 f.) und ist – im Gegensatz zur Geltendmachung von Forderungen – allein aktivlegitimiert. 33

c) Der Wohnungseigentümer ist **Alleinbesitzer** seines **Sondereigentums** (Teilbesitzer nach § 865 BGB) und kann die Rechte aus den §§ 859 f. BGB geltend machen. Im übrigen ist der einzelne Eigentümer Mitbesitzer des Gemeinschaftseigentums, so daß insoweit gem. § 866 BGB ein Besitzschutz **nicht** stattfindet. Bei Besitzstörungen durch andere Wohnungseigentümer muß der Wohnungseigentümer seine Rechte im WEG-Verfahren aus den §§ 13 bis 15 WEG geltend machen, soweit es um die **Grenzen** des dem einzelnen zustehen- 34 den Gebrauchs geht. Bei **völliger Vorenthaltung** findet dagegen ein Besitzschutz statt. Gegen außerhalb der Gemeinschaft stehende Störer gilt immer der Besitzschutz nach den §§ 859f. BGB.

35 d) Ansprüche bei Störung des Sondereigentums durch andere Wohnungseigentümer oder die Gemeinschaft oder Störungen des Miteigentums durch andere Wohnungseigentümer sind gem. § 43 WEG im Verfahren der **freiwilligen Gerichtsbarkeit** geltend zu machen. Das gilt auch für Streitigkeiten um **Sondernutzungsrechte** am Gemeinschaftseigentum (*BGH* MDR 1990, 529). Bei den Pflichten des Wohnungseigentümers nach § 14 Nr. 1 WEG ist zu beachten, daß **Nachteil** i. S. der Vorschrift **nicht** nur eine **erhebliche** Beeinträchtigung oder Gefährdung umfaßt (*BayObLGZ* 1979, 267). Nachteil kann im Gegensatz zum Anwendungsbereich des § 1004 BGB auch eine **ästhetische** Beeinträchtigung sein, so das Aufstellen von Gartenzwergen im gemeinschaftlichen Gartenbereich (*OLG Hamburg* NJW 1988, 2052).

36 Den Streitfällen liegen regelmäßig folgende Themenkreise zugrunde:
- **Tierhaltung.** Ein völliger **Ausschluß** ist nur durch eine im Grundbuch eingetragene Vereinbarung (§ 10 II WEG) möglich, nicht durch Mehrheitsbeschluß oder Hausordnung. Zulässig sind **Beschränkungen** über die Anzahl gehaltener Tiere (*BayObLGZ* 1972, 90; *KG* NJW 1956, 1679).
- **Hausmusik.** Ein **völliger** Ausschluß ist unzulässig (*OLG Hamm* MDR 1981, 320). Zeitliche Beschränkungen auf 2–3 Stunden sind zulässig (*OLG Frankfurt* DWE 1985, 30), jedoch muß auch Berufstätigen nach dem Arbeitsende noch eine Spielmöglichkeit verbleiben (*BayObLG* WM 1986, 148).
- **Nutzung der Wohnungen für gewerbliche oder freiberufliche Zwecke.** Soweit den anderen Eigentümern ein Nachteil i. S. des § 14 WEG nicht entsteht, wird die Zulässigkeit (so z. B. die Arztpraxis im **Erdgeschoß**, vgl. *OLG Hamburg* MDR 1974, 123) bejaht.
Ein weiterer Problemkreis beschäftigt sich mit der Frage, ob eine **Nutzungsänderung** vorliegt, wenn die gewerbliche Nutzung zwar schon vorgesehen war (Teilungserklärung), aber sich der Charakter des Geschäfts/Ladens ändert. So darf ein vorgesehener „Laden" nicht in eine Gaststätte umfunktioniert werden (*BayObLG* RPfleger 1980, 349).

V. Nachbarrecht der Länder

37 Das private Nachbarrecht ist in den §§ 903 bis 924 BGB nicht abschließend geregelt, vielmehr können sich weitere **Beschränkungen** des Eigentums (Miteigentums) aus den landesgesetzlichen Vorschriften ergeben (Art. 124 EGBGB). Landesrechtliche Vorschriften finden sich in den Nachbarrechtsgesetzen und den jeweiligen Ausführungsgesetzen zum BGB. Von der Regelungsmöglichkeit haben alle Länder mit Ausnahme von Hamburg – hier finden sich Regelungsstatbestände in der Bauordnung vom 10. 12. 1969 – Gebrauch gemacht.

Derzeit besteht folgende Gesetzeslage:
- **Baden-Württemberg** (BWürtt.): Gesetz vom 14. 12. 1959 i. d. F. vom 6. 4. 1964 (GBl. S. 151) und AGBGB vom 16. 11. 1974 i. d. F. vom 30. 11. 1987 (GBl. S. 534)
- **Bayern** (Bay.): AGBGB vom 20. 9. 1982 (GVBl. S. 803)
- **Berlin** (Berl.): Gesetz vom 28. 9. 1973 (GVBl. S. 1654)
- **Bremen** (Bre.): AGBGB vom 18. 7. 1899 i. d. F. vom 16. 8. 1988 (GBl. S. 223)

Nachbarrecht der Länder **B III**

- **Hessen** (Hes.): Gesetz vom 24. 9. 1962 (GVBl. I S. 417)
- **Niedersachsen** (Nds.): Gesetz vom 31. 3. 1967 (GVBl. S. 91)
- **Nordrhein-Westfalen** (NRW.): Gesetz vom 15. 4. 1969 (GVBl. S. 190)
- **Rheinland-Pfalz** (RPfalz.): Gesetz vom 15. 6. 1970 (GVBl. S. 198)
- **Saarland** (Saarl.): Gesetz vom 20. 2. 1973 (ABl. S. 210)
- **Schleswig-Holstein** (SchH).: Gesetz vom 24. 3. 1971 i. d. F. vom 19. 11. 1982 (GVBl. S. 256)

Solange Nachbarrechtsgesetze der **neuen** Bundesländer nicht erlassen sind, ist die Rechtslage nicht eindeutig. In der früheren DDR gab es kein Landesrecht auf dem Gebiet des Nachbarrechts, vielmehr waren Fragen dieser Art teilweise im DDR-ZGB geregelt. Mit *Dehner* (Nachbarrecht in den neuen Bundesländern – DtZ 1991, 108 ff.) ist davon auszugehen, daß über Art. 124 EGBGB das vor Erlaß des DDR-ZGB am 19. 6. 1975 bestehende alte Landesrecht wieder Geltung erlangt hat (auf die rechtshistorische interessante Zusammenstellung bei *Dehner* wird verwiesen).

Bei der Frage der **Notwegeberechtigung** sind zusätzlich die Landeswald- und Forstgesetze zu beachten.

In den landesrechtlichen Vorschriften finden sich Regelungen zu folgenden **38** Punkten:

Anwenderecht („Trepp-Schwengelrecht"): Dieses Recht (Nds. § 31, NRW. § 36, BWürtt. Art. 234f. AGBGB, Bay. Art. 53 AGBGB) umfaßt die Berechtigung zum Betreten des Nachbargrunds zum Zwecke der Bewirtschaftung des eigenen Grundstücks.

Antennenanlage (Befestigung, Benutzung, Unterhaltung): Berl. § 19, Hes. § 16, NRW. § 26, RPfalz. § 17, Saarl. § 21, SchH. § 20. Zum grundsätzlichen Problem der Störung von **Rundfunk- und Fernsehempfang** vergleiche in diesem Zusammenhang die Entscheidung des *BGH* in NJW 1984, 729f. Soweit ein Recht auf Anschluß an die Antenne des beeinträchtigenden Grundstücks besteht, hat der Beeinträchtigte diese auf **eigene Kosten** herzustellen (*BGH* aaO.).

Bodenerhöhungen: BWürtt. §§ 9, 10, Berl. § 20, Nds. § 26, NRW. § 30, RPfalz. § 40, Saarl. § 47, SchH. § 25. Die Vorschriften über Bodenerhöhungen sind **Schutzgesetze** i. S. des § 823 II BGB, weil der Nachbar gegen das Abstürzen oder Abschwemmen der Erhöhung geschützt werden soll (*BGH* NJW 1980, 2580). Im übrigen ist die Frage der **analogen** Anwendung der Vorschrift über die Vertiefung (§ 909 BGB) auf die Bodenerhöhung umstritten (bejahend: *BGH* NJW 1971, 935; verneinend: *BGH* NJW 1974, 53f., 1976, 1840f.).

Einfriedungen: BWürtt. §§ 11f., Berl. §§ 21f., Hes. §§ 14f., Nds. §§ 27f., NRW. §§ 32f., RPfalz. §§ 39f., Saarl. §§ 43f., SchH § 25. Ist bereits eine ortsübliche Einfriedung auf der Grenze vorhanden, so darf der Nachbar auf seinem Grund keine **zusätzliche** Einfriedung mehr errichten. Im Rahmen dieser Frage sind anders als sonst **optisch-ästhetische** Gesichtspunkte beachtlich (*BGH* NJW 1979, 1408, 1409).

Fensterrecht: BWürtt. §§ 3f., Hes. §§ 11f., Nds. §§ 23f., NRW. §§ 4f., RPfalz. §§ 34f., Saarl. §§ 35f., SchH §§ 22f., Bay. Art. 43, 45 AGBGB. Das Recht umfaßt die Berechtigung der Eigentümer zur Errichtung von Fenstern bzw. das Recht des Nachbarn auf besondere Ausgestaltung von Fenstern und Balkonen zum Schutze vor allem vor **Einsicht** in das Grundstück.

Grenzabstand von Gebäuden: BWürtt. §§ 7, 22, Nds. § 61, NRW. §§ 1f., SchH. §§ 42f.

Grenzabstand von Pflanzen: BWürtt. §§ 12f., Bay. Art. 43f. AGBGB, Berl. §§ 27f., Hes. §§ 38f., Nds. §§ 50f., NRW. §§ 40f., RPfalz. §§ 44f., Saarl. §§ 48f., SchH. §§ 37f. Streitigkeiten über den Grenzabstand von Bäumen und

Alheit

Sträuchern sind relativ häufig. Der Landesgesetzgeber (mit Ausnahme von Bremen und Hamburg) hat hierzu teilweise recht unübersichtliche Regelungen getroffen. Die Arbeit am Einzelfall erfordert oft botanische Vorkenntnisse. **Sträucher** sind Holzgewächse, deren Stamm sich schon von der Wurzel an in mehrere über der Erde als Einzelsträucher erscheinende Äste teilt (z. B. Flieder, Forsythie). Bei **Stauden** besteht das Besondere daran, daß alle über dem Boden befindlichen Teile im Herbst absterben. **Hecken** sind Reihenanpflanzungen von kleinen Bäumen oder Sträuchern, die als Einheit eine Höhen- und Seitenbegrenzung bilden (vgl. *LG Limburg* NJW 1986, 585). Die landesrechtlichen Vorschriften über den Grenzabstand ergänzen den ansonsten gegebenen Nachbarschutz aus § 910 BGB (Herüberhängen von Zweigen, Eindringen von Wurzeln) und aus § 906 BGB gegen Laub und Nadelfall. Letzterer wird nur selten als **wesentliche** Beeinträchtigung des Grundstücks anzusehen sein (vgl. *OLG Karlsruhe* NJW 1983, 2886, wonach bei wesentlicher aber ortsüblicher Beeinträchtigung Geldausgleich nach § 906 II BGB geschuldet wird; hierzu auch: *BGHZ* 85, 375). Der Nachbarschutz der Abstandsvorschriften geht auch insoweit über den Schutz der §§ 1004, 906 BGB hinaus, als er einen sonst nicht gegebenen Schutz gegen **negative Einwirkungen** (Entzug von Licht, Luft, Wasser) bietet.

Bei Fragen des Grenzabstandes von Pflanzen bietet sich regelmäßig die Prüfung folgender Fragen an:
(1) Um welche **Art** von Pflanzen geht es konkret?
(2) Sieht das Gesetz für die konkrete Pflanze einen **Grenzabstand** vor? (Nur die einzeln aufgeführten Pflanzen bedürfen eines Grenzabstands, nicht z. B. Blumen oder Stauden, die von Sträuchern abzugrenzen sind. Es ist auch nicht Buche gleich Buche, siehe hierzu § 13 Nr. 5, 6 der Regelung für BWürtt.)
(3) **Wie** wird der Abstand nach dem Gesetz ermittelt und welche **Abstände** sind einzuhalten? Zunächst sind die **Meßpunkte** für den Abstand zu beachten. Im einzelnen sind folgende Vorschriften maßgeblich:
BWürtt.§§ 13 bis 22, 26 bis 29 des Gesetzes über das Nachbarrecht
Bayern: Artikel 47–52 AGBGB
Berlin: §§ 27 bis 35 des Nachbarrechtsgesetzes
Hessen: §§ 38 bis 45 des Nachbarrechtsgesetzes
Nds.: §§ 50 bis 60 des Nachbarrechtsgesetzes
NRW.: §§ 40 bis 48 des Nachbarrechtsgesetzes
RPfalz.: §§ 44 bis 52 des Nachbarrechtsgesetzes
Saarl.: §§ 48 bis 56 des Nachbarrechtsgesetzes
SchH.: §§ 37 bis 41 des Nachbarrechtsgesetzes
Zu berücksichtigen ist, daß bestimmte Grundstücke durch Vergrößerung des Abstands besonders geschützt sind, so bei ihrer Nutzung für den Garten- und Weinbau. Auch Pflanzungen hinter **Einfriedungen** dürfen höher als sonst sein, wenn sie die Einfriedung nicht überragen.
(4) Geht der Anspruch **inhaltlich** auf Beseitigung der Pflanze oder Zurückschneiden auf die zulässige Höhe?
(5) Unterliegt der Anspruch der **Verjährung?** (Z. B. **keine** Verjährung beim Anspruch auf Zurückschneiden einer **Hecke** in BWürtt. – vgl. § 26 Abs. 3 des Gesetzes über Nachbarrecht.)
(6) Wie ist der **Beginn** der Verjährung und die Verjährungsfrist geregelt? (Beginnt die Frist mit dem **Anpflanzen,** einem Stichtag nach dem Anpflanzen (BWürtt.) oder dem Überschreiten der zulässigen Höhe, so nach h. M. in Bayern.)
(7) Beachte: Nicht alle Verjährungsfragen sind in den Landesgesetzen geregelt, für die Fragen der Hemmung und Unterbrechung gilt das BGB!
(8) Handelt es sich nach dem Gesetz um eine (echte) **Einrede** oder ist ein etwaiger Anspruch untergegangen und muß von Amts wegen beachtet werden?

(9) Kann ein gegebener Anspruch **jederzeit** durchgesetzt werden? (Z. B. kein Anspruch bei **Hecken** während der Wachstumsperiode in BWürtt., vgl. § 13 Abs. 3 des Gesetzes über das Nachbarrecht). Fehlt eine gesetzliche Regelung, so muß beim Verlangen auf Rückschnitt auf die aus gärtnerischer Sicht üblichen Zeiten abgestellt werden. Ein Rückschnitt von Hecken und Zweigen kann somit nur in der Zeit vom 1. 10. bis 15. 3. eines Jahres verlangt werden.

(10) Steht dem Verlangen auf Beseitigung oder Rückschnitt eine **Baumschutzsatzung** entgegen? (Zu prüfen ist, ob die Satzung den gesamten Ort oder nur Teile des Ortes betrifft und ob der Baum nach Höhe und Umfang von der Satzung erfaßt wird und dadurch eine Duldungspflicht i. S. des § 1004 Abs. 2 BGB entstanden ist, vgl. *OLG Düsseldorf* NVwZ 1989, 1807).

(11) Steht dem Verlangen des Klägers der Grundsatz von **Treu und Glauben** entgegen? (Dies kann bejaht werden, wenn das vom zu geringen Abstand betroffene Grundstück völlig brach liegt und sich keinerlei Nutzung anbietet, so bei Ödland.)

(12) Können abweichende **Vereinbarungen** über den Grenzabstand getroffen werden? (Dies ist zu bejahen, jedoch reicht hierfür nicht das bloße **Schweigen** des Nachbars aus, selbst wenn er längere Zeit den Zustand hingenommen hat vgl. *BayObLGZ* 1982, 69/77; im übrigen hindert eine etwaige Zustimmung des Rechtsvorgängers den Rechtsnachfolger nicht.)

(13) Wie ist beim Fehlen einer gesetzlichen Regelung über den Grenzabstand (so in Bremen und Hamburg, die nur Regelungen über die Hecken getroffen haben) zu unterscheiden? Hier wird wohl eine Lösung nur über das **nachbarschaftliche Gemeinschaftsverhältnis** zu finden sein.

Grenzwand: BWürtt. § 7d, Bay. Art. 46 AGBGB, Berl. §§ 14f., Hes. §§ 8, Nds. §§ 16f., NRW. §§ 19f., RPfalz. §§ 13f., Saarl. §§ 15f., SchH §§ 11f. Die vorstehenden Vorschriften befassen sich mit der Frage der sog. **Kommunmauer**, die bei Doppel- und Reihenhäusern und bei **geschlossener** Bauweise (§ 9 I Nr. 2 BauGB, § 22 BauNVO) auftritt. Während die Frage des Eigentums, der Nutzung und des Unterhalts bundesrechtlich (§§ 93, 94, 946, 921, 922 BGB) geregelt ist, sind die weiteren Fragen landesrechtlich geregelt, so z. B. das Problem der **Erhöhung** der Mauer.

Grundwasser: Hes. § 20, Nds. § 38, SchH. § 27.

Hammerschlags- und Leiterrecht: BWürtt. § 7c, Berl. §§ 17f., Hes. §§ 28f., Nds. §§ 47f., NRW. §§ 24f., RPfalz. §§ 21f., Saarl. §§ 24f., SchH. §§ 17f. Das Hammerschlags- und Leiterrecht gewährt in den Bundesländern mit Ausnahme von Bayern und Bremen das Recht, das Nachbargrundstück zum Zwecke der Ausführung von Arbeiten am eigenen Grundstück zu betreten. Auf dem Nachbargrundstück können Geräte und Materialien gelagert und Leitern und Gerüste aufgestellt werden. Soweit ein Notfall (§ 904 BGB) nicht vorliegt, geben die vorgenannten Rechte keinen Anspruch auf **Selbsthilfe** auf Betreten des Nachbargrunds, vielmehr ist bei fehlender Gestattung des Betretens zunächst ein **Duldungstitel** zu erwirken. Soweit landesrechtliche Regelungen fehlen, können Ansprüche in Ausnahmefällen auf das **nachbarschaftliche Gemeinschaftsverhältnis** (§ 242 BGB) gestützt werden. Hierauf kann sich derjenige nicht berufen, der sich selbst nachbarunfreundlich verhält (*OLG Hamm* NJW 1966, 599).

Lichtrecht: BWürtt. §§ 3f., Hes. §§ 11f., Nds. §§ 23f., NRW. §§ 4f., RPfalz. §§ 34f., Saarl. §§ 35f., SchH. §§ 32f. Diese Rechte umfassen die sonst gem. § 1004 BGB nicht abwehrbaren **negativen Einwirkungen** wie der Entzug von Licht und Aussicht (vgl. *Hagen* WM 1984, 677 m. w. N.).

Lüftungsleitungen: Berl. § 19, Hes. § 36, Nds. § 49, NRW. § 26, RPfalz. § 17, Saarl. § 21, SchH §§ 20f.

Alheit

B III Der Nachbarrechtsfall

Nachbarwand: BWürtt. § 7 d, Berl. §§ 4 f., Hes. §§ 1 f., Nds. §§ 3 f., NRW. §§ 7 f., RPfalz. §§ 3 f., Saarl. §§ 3 f., SchH §§ 4 f.
Traufrecht: BWürtt. § 2, Nds. §§ 45 f., RPfalz. §§ 37 f., Saarl. §§ 41 f., SchH § 26. Das Traufrecht gewährt das Recht vom Dach Wasser über den Nachbargrund ablaufen zu lassen.
Schornsteinhöherführung: Berl. § 19, Hess. § 36, Nds. § 49, NRW. § 26, RPfalz. § 17, Saarl. § 21, SchH §§ 20 f.
Wasserabfluß (ungeregelter): Hes. §§ 21 f., Nds. §§ 39 f., Saarl. § 38; weiterhin vgl. die Landeswassergesetze (BWürtt. § 81, Bay. Art. 63, NRW. § 115, SchH § 67). Zum Abfluß von Wasser über Nachbargrund siehe auch *BGH* NJW 1980, 2580.
Versorgungsleitungen: BWürtt. § 7 e, Hes. §§ 30 f., RPfalz. §§ 26 f., Saarl. §§ 27 f. Soweit Regelungen fehlen, können sich weitergehende Ansprüche aus einer analogen Anwendung der Notwegevorschriften der §§ 917, 918 BGB ergeben. Fehlt einem Grundstück die Verbindung zu einem **öffentlichen** Kanal- oder Versorgungsleitungsnetz, wird die analoge Anwendung überwiegend bejaht (vgl. *BGH* NJW 1981, 1036).

VI. Öffentlich-rechtliche Fragen des Nachbarrechts

1. Das Bundesimmissionsschutzgesetz

39   Das Bundesimmissionsschutzgesetz vom 15. 3. 1974 (BGBl. I S. 721, 1193) in der Neufassung vom 14. 5. 1990 (BGBl. I S. 881) regelt den **anlagenbezogenen** Immissionsschutz soweit es sich um den **bestimmungsgemäßen** Betrieb handelt. Gemäß Art. 8 des Einigungsvertrags tritt Bundesrecht in den neuen Ländern in Kraft, soweit nicht Sondervorschriften erlassen werden. Die Anlage I Kapitel XII Sachgebiet A des Einigungsvertrags sieht besondere Überleitungsbestimmungen und Abweichungen für das Beitrittsgebiet bezüglich des BImSchG, der Klein- und GroßfeuerungsVO und der StörfallVO vor. **Anlagen** nach dem BImSchG sind Gegenstände, die als technische Einrichtungen im technischen Sinne betrieben werden können (*Kutscheidt* NVwZ 1983, 65 f.). Hierzu zählen auch **Sportanlagen** und Spielplätze. Für die Beurteilung der von Sportanlagen ausgehenden Beeinträchtigungen ist seit 27. 10. 1991 die **SportanlagenlärmschutzVO** maßgebend (siehe hierzu II 2. des· Kapitels B III). Die gewerbliche Nutzung ist nicht Voraussetzung zur Erfüllung des in § 3 V Nr. 3 BImSchG definierten Anlagenbegriffs. Die Anlage kann privatrechtlich oder hoheitlich betrieben werden. Das Gesetz unterscheidet genehmigungsbedürftige und nicht genehmigungsbedürftige Anlagen und regelt in den §§ 5, 22 BImSchG die entsprechenden Pflichten des Betreibers. Danach sind genehmigungsbedürftige Anlagen so zu errichten und zu betreiben, daß schädliche Umwelteinwirkungen und sonstige Gefahren, erhebliche Nachteile und erhebliche Belästigungen für die Allgemeinheit und die Nachbarschaft nicht hervorgerufen werden können. Bei **nicht** genehmigungsbedürftigen Anlagen müssen schädliche Umwelteinwirkungen verhindert werden, die nach dem Stand der Technik vermeidbar sind. Bei dem Begriff schädliche Umwelteinwirkungen handelt es sich um einen **unbestimmten Rechtsbegriff,** ein Beurteilungsspielraum der Behörde besteht nicht (*BVerwG* NJW 1978, 1450). § 3 I BImSchG enthält die gesetzliche Definition des Begriffs der schädlichen Umwelteinwirkungen. Zu

den Immissionen zählen nicht die sog. ästhetischen und negativen Immissionen (siehe Rdnr. 2) und die wägbaren Stoffe. Ob eine **schädliche Umwelteinwirkung** vorliegt, ist nach den gleichen Maßstäben wie bei der Frage der **Wesentlichkeit** einer Beeinträchtigung i. S. des § 906 BGB (siehe Rdnr. 3) zu prüfen, denn beide Begriffe sind identisch (*BVerwG* NJW 1988, 2396/2397; NJW 1989, 1291; *BGH* MDR 1990, 706 f.).

Wer sich im räumlichen Einwirkungsbereich einer Anlage befindet ist **Nach-** 40 **bar** und muß im Genehmigungsverfahren seine Einwendungen innerhalb von 2 Monaten ab Bekanntmachung vorbringen, ansonsten tritt die **Verwirkungspräklusion** des § 10 III 3 BImSchG ein. Dieser Ausschluß betrifft das Verwaltungs- und das gerichtliche Verfahren (*BVerwG* DVBl. 1980, 1001). Trotz der Verwirkungspräklusion kann der Nachbar aber die **Nichtigkeit** der erteilten Genehmigung wegen schwerer und offensichtlicher Fehler noch geltend machen (*BVerwG* a. a. O.). Die erteilte immissionsschutzrechtliche Genehmigung entfaltet nach § 13 BImSchG **Konzentrationswirkung** und schließt alle anderen öffentlich-rechtlichen Genehmigungen – vor allem die Baugenehmigung – ein. Gegen den immissionsschutzrechtlichen Bescheid kann der Nachbar mit Widerspruch und Anfechtungsklage auf dem Verwaltungsrechtsweg vorgehen. Dabei kann er nachbarschützende Vorschriften des öffentlichen und privaten Rechts vorbringen (*Jarass*, Der Rechtsschutz Dritter bei der Genehmigung von Anlagen, NJW 1983, 2844 f.). Der öffentlich-rechtliche Nachbarschutz ergibt sich insbesondere aus den §§ 5 I 1, 20 II 2, 24 (str.) und 25 BImSchG.

Nachbar ist nur derjenige, der **im Zeitpunkt der Verwaltungsentscheidung** 41 von dieser betroffen ist. Wer erst danach seinen Wohnsitz in den Einwirkungsbereich einer Anlage verlegt, kann Widerspruch und Nachbarklage nicht mehr erheben. Hier verbleibt es bei der Möglichkeit von **nachträglichen Anordnungen** und des **Widerrufs** nach den §§ 17, 21 BImSchG (*BVerwG* NVwZ 1987, 131 f.). Der zulässige Widerspruch führt zur Überprüfung darauf, ob nachbarschützende Vorschriften verletzt wurden, wobei allein abgestellt wird auf die Verhältnisse beim **Widerspruchsführer**. Eine allgemeine Überprüfung der Immissionen auf das gesamte durch die Anlage betroffene Gebiet findet **nicht** statt (*BVerwG* DVBl. 1986, 190/196). Eine zusammenfassende Darstellung des Nachbarschutzes im anlagenbezogenen Immissionsschutzrecht bringt *Schlotterbeck* in NJW 1991, S. 2669 ff. Ist die Genehmigung nach dem BImSchG **bestandskräftig,** so treten die Wirkungen des § 14 BImSchG ein, d. h. der Nachbar kann **Einstellung** des Betriebes der Anlage nicht mehr verlangen und wird auf **Schutzvorkehrungen** verwiesen. Durch diesen Anspruch wird der sonst gegebene Rechtsweg nicht verändert. Voraussetzung dieses weitreichenden Ausschlusses ist, daß die Anlage innerhalb des Rahmens der Genehmigung betrieben wird und daß die Verwirkungspräklusion des § 10 III 3 BImSchG nicht eingetreten ist. Sind Schutzvorkehrungen technisch nicht durchführbar oder sind sie wirtschaftlich unzumutbar, so verbleibt es bei Ansprüchen auf **Schadensersatz** (§ 14 S. 2 BImSchG). Diese sind verschuldensunabhängig. Auch bei der **nicht** genehmigungsbedürftigen Anlage kann der Nachbar seine behaupteten Rechte auf Grund der sich aus den §§ 17 I, 20 II, 24 und 25 II BImSchG ergebenden subjektiv-öffentlichen Rechte verfolgen. Nicht genehmigungsbedürftig sind alle Anlagen, die nicht im Katalog der **4. BImSchV** vom 14. 2. 1975 (BGBl. I 499, 727) i. d. F. vom 24. 7. 1985 (BGBl. I 1596) aufgeführt sind. Bei der Genehmigung von Anlagen ist von den Behörden die Technische Anleitung zum Schutz gegen Lärm (TA-Lärm) als allgemeine Verwaltungsvorschrift des Bundes zu beachten. Diese gibt auch dem **Zivilrichter** in Lärmprozessen wichtige Anhaltspunkte für die Beurteilung der **Wesentlichkeit** einer Beeinträchtigung (*BGH* NJW 1966, 1858; *BGH* NJW 1983, 751).

42 Die TA-Lärm setzt die Immissionsrichtwerte wie folgt fest:

a) für Gebiete, in denen nur gewerbliche oder industrielle Anlagen und Wohnungen für Inhaber und Leiter der Betriebe sowie für Aufsichts- und Bereitschaftspersonal untergebracht sind, auf			70 dB (A)
b) für Gebiete, in denen vorwiegend gewerbliche Anlagen untergebracht sind, auf		tagsüber	65 dB (A)
		nachts	50 dB (A)
c) für Gebiete mit gewerblichen Anlagen und Wohnungen, in denen weder vorwiegend gewerbliche Anlagen noch vorwiegend Wohnungen untergebracht sind, auf		tagsüber	60 dB (A)
		nachts	45 dB (A)
d) Gebiete, in denen **vorwiegend** Wohnungen untergebracht sind, auf		tagsüber	55 dB (A)
		nachts	40 dB (A)
e) Gebiete, in denen **ausschließlich** Wohnungen untergebracht sind, auf		tagsüber	50 dB (A)
		nachts	35 dB (A)
f) Kurgebiete, Krankenhäuser und Pflegeanstalten auf		tagsüber	45 dB (A)
		nachts	35 dB (A)
g) Wohnungen, die mit der Anlage baulich verbunden sind, auf		tagsüber	40 dB (A)
		nachts	30 dB (A)

Die Nachtzeit dauert von 22 Uhr bis 6 Uhr, sie kann 1 Stunde hinausgeschoben oder vorverlegt werden, wenn dies wegen der besonderen örtlichen oder wegen zwingender betrieblicher Verhältnisse erforderlich und eine achtstündige Nachtruhe des Nachbarn sichergestellt ist.

43 Weiter ist auf die Neufassung der 8. VO zur Durchführung des BImSchG vom 13. 7. 1992 (BGBl. I 1992 S. 1248ff., sog. **RasenmäherlärmVO**) zu verweisen. Danach dürfen Rasenmäher (außer im land- oder forstwirtschaftlichen Betrieb) von 19 Uhr bis 7 Uhr und an Sonn- und Feiertagen nicht betrieben werden. Abweichungen für die Werktage von 19 bis 22 Uhr sind zulässig, wenn die Rasenmäher mit einem Schalleistungspegel von weniger als 88 Dezibel arbeiten, die vom Hersteller sichtbar und dauerhaft auf dem Gerät gekennzeichnet wurden oder wenn sie vor dem 1. 8. 1987 erstmals in den Verkehr gebracht wurden und mit einem Emissionswert von weniger als 60 Dezibel gekennzeichnet sind.

2. Die Landesimmissionsschutzgesetze

44 Während das BImSchG den **anlagenbezogenen** Immissionsschutz regelt, befassen sich die Immissionsschutzgesetze der **Länder** mit Immissionen, die auf **menschliches** oder **tierisches Fehlverhalten** zurückzuführen sind. Regelungsgegenstand sind u. a.: Das Laufenlassen von Motoren, das Abspielen von Tonwiedergabegeräten in der Öffentlichkeit, das Halten von Tieren, das Verbrennen von Gartenabfällen und das Durchführen von evtl. störenden Arbeiten auf einem Grundstück. Die Landesimmissionsschutzgesetze enthalten weiterhin

auch Ermächtigungen für die Gemeinden, selbst **Verordnungen** zur Abwehr störender Tätigkeiten der vorbeschriebenen Art zu erlassen.

3. Nachbar und Baurecht

Während sich das Private Nachbarrecht meist mit der Frage der Abwehr bereits eingetretener Beeinträchtigungen befaßt, kann der Nachbar seine Rechte auf dem Gebiet des Baurechts schon im Vorfeld der Genehmigungsverfahren geltend machen. Dabei können sich Ansprüche auch in der Form ergeben, daß der Nachbar gegen die Behörde den **Anspruch auf baupolizeiliches Einschreiten** erhebt (*BVerwG* NVwZ 1992, 165 ff.). 45

a) **Nachbar** ist zunächst jeder, dessen Grundstück an das vom Genehmigungsverfahren betroffene andere Grundstück **angrenzt**. Darüberhinaus aber auch jeder, der durch das **Bauvorhaben** oder die vorgesehene **Nutzung** in seinen öffentlich-rechtlichen Belangen betroffen ist. Eine allgemein verbindliche räumliche Abgrenzung auf einen bestimmten Abstandsradius ist nicht möglich, vielmehr hängt dies von der Größe und den Auswirkungen der Nutzung des Vorhabens auf die Umgebung ab (*OVG Münster* NJW 1965, 170 f.). Nachbarrechte können auch Miteigentümer, Gesamthandseigentümer, Wohnungseigentümer, Erbbauberechtigte und dinglich Wohnberechtigte (§ 1093 BGB) geltend machen, also alle, die eine dem **Eigentum** angenäherte Rechtsposition innehaben. Nachbarrechte können somit von Mietern/Pächtern **nicht** geltend gemacht werden (*OVG Berlin* NVwZ 1986, 848). Den beteiligten Nachbarn legt die Verwaltungsbehörde die Lagepläne und Bauzeichnungen zur **Nachbarunterschrift** vor. Mit der erteilten Unterschrift verzichtet der Nachbar für sich und seine Rechtsnachfolger auf **öffentlich**-rechtliche Abwehransprüche (*OVG Münster* NJW 1985, 644). Einem danach eingelegten Widerspruch oder einer späteren Klage fehlt das **Rechtsschutzinteresse,** sie ist unzulässig (*Eyermann-Fröhler,* VwGO, § 42 Rdnr. 104). Dagegen wirkt sich die Nachbarunterschrift auf zivilrechtliche Abwehransprüche nicht aus, denn die Baugenehmigung stellt nur fest, daß das Vorhaben mit den **öffentlich**-rechtlichen Vorschriften übereinstimmt (*BVerwGE* 50, 282 f.). Grundsätzlich kann somit der Nachbar seine Rechte durch Widerspruch und Anfechtungsklage gegen die Behörde vor dem Verwaltungsgericht, aber auch durch Klage gegen den **Bauherrn** vor dem Zivilgericht geltend machen (*BGH* DVBl. 1971, 744). Anders als im Falle der Anlagengenehmigung nach dem BImSchG kommt der Baugenehmigung eine dem § 14 BImSchG ähnliche Ausschlußwirkung nicht bei. Die bestandskräftige Baugenehmigung entfaltet jedoch sog. **Tatbestandswirkung.** Dies bedeutet, daß die (auch materiell rechtswidrige) Genehmigung den Zivilrichter bindet, wenn die öffentlich-rechtliche Zulässigkeit eines Vorhabens von ihm als **Vorfrage** zu behandeln ist. Prüft daher der Zivilrichter, ob eine **nachbarschützende Vorschrift** verletzt ist und damit als Anspruchsgrundlage § 823 II BGB (Schutzgesetz) in Frage kommt, so liegt auch bei materiell-rechtswidriger Baugenehmigung ein Verstoß gegen ein Schutzgesetz nicht vor (*Breuer,* Baurechtlicher Nachbarschutz, DVBl. 1983, 431 f.). Eine etwa weiterreichende **Duldungspflicht** wird durch die Baugenehmigung nicht begründet. Wird die Nachbarunterschrift nicht erteilt, so wird die Baugenehmigung dem Nachbarn zugestellt, der seine Rechte durch Widerspruch und Anfechtungsklage gegen die **Behörde** geltend machen kann. Der bauwillige Nachbar hat lediglich die Stellung eines 46

Beigeladenen (§ 65 VwGO; *BVerwG* NJW 1975, 70). Der Nachbar hat grundsätzlich nur dann Erfolg, wenn er die Verletzung einer **nachbarschützenden Vorschrift** dartun kann, weil er nur dann in seinen Rechten i. S. des § 113 I VwGO verletzt ist. Die verletzte Norm ist darauf zu überprüfen, ob sie lediglich dem **öffentlichen** Interesse dient oder zumindest **auch** den Schutz des Nachbarn bezweckt (**Schutznormtheorie**, *BVerwG* NJW 1984, 2174). Nur wenn sich im Wege der **Auslegung** eine nachbarschützende Wirkung ergibt, kann der Nachbar wahlweise erfolgreich Schadenersatz (§ 823 II BGB), Beseitigung und Unterlassung (§ 1004 BGB) oder die Aufhebung der Baugenehmigung erreichen (*BGH* NJW 1964, 396). Wendet sich z. B. der Nachbar gegen die äußere Gestaltung eines Bauvorhabens, so werden seine Interessen als Nachbar im weiteren Sinne zwar dadurch berührt (Rechtsreflexe), die Verletzung einer nachbarschützenden Vorschrift liegt jedoch – anders als etwa bei Verletzung von Abstandsvorschriften für Gebäude – nicht vor.

47   b) Auch wenn eine Verletzung **nachbarschützender** Vorschriften nicht vorliegt, kommt ein Nachbarschutz wegen Verletzung des **Eigentumsgrundrechts** (Art. 14 I 1 GG) in Betracht. Voraussetzung ist, daß die erteilte Baugenehmigung objektiv **rechtswidrig** ist und ihre Ausnutzung die vorhandene Grundstückssituation nachhaltig verändert und daß dadurch der Nachbar schwer und unerträglich betroffen wird (*BVerwG* NJW 1969, 1787; 1974, 1811; 1976, 1987). Wird somit z. B. eine Baugenehmigung für ein Vorhaben erteilt, bei dem die Erschließung nicht gesichert wird, so wird bei deren Unanfechtbarkeit dem Nachbarn ein ansonsten nicht zulässiger **Notweg** nach § 917 BGB aufgezwungen (*BVerwG* NJW 1976, 1787). Der Einwand, die Grundstücksnutzung widerspreche dem öffentlichen Recht, wird ihm dabei durch die **Tatbestandswirkung** der Baugenehmigung im Zivilprozeß abgeschnitten. In diesem Falle kann sich der Nachbar gegen die Baugenehmigung wenden, auch wenn die Frage der gesicherten Erschließung keine nachbarschützende Funktion hat.

48   c) Die Nachbarklage kann auch dann erfolgreich sein, wenn die erteilte Baugenehmigung gegen das **Rücksichtnahmegebot** (vgl. *BVerwG* NJW 1984, 138) verstößt. Hierbei handelt es sich grundsätzlich um ein **objektiv**-rechtliches Gebot, ohne daß es nachbarschützend auf alle Einzelfälle ausstrahlen würde. Bereits bestehende und detailliert geregelte Schutzvorschriften (z. B. Abstandsregelungen) werden dadurch nicht etwa erweitert (*BVerwG* NJW 1984, 250). Das Rücksichtnahmegebot wird dem § 15 Abs. 1 BauNVO entnommen, welcher dem Schutz der Nachbarschaft vor grundsätzlich **zulässigen** Vorhaben (§§ 2–14 BauNVO) dient, die aber wegen der besonderen Verhältnisse der Eigenart des Baugebiets widersprechen oder die Umgebung unzumutbar stören. Drittschützende Wirkung kommt dem Rücksichtnahmegebot dann zu, wenn auf Interesse Dritter in qualifizierter und individualisierter Weise (handgreiflich) Rücksicht zu nehmen ist und eine Abwägung der Interessen des Bauherrn mit denen der Nachbarn zu Gunsten der letzteren ausfällt (*BVerwG* NJW 1984, 138). Eine drittschützende Wirkung ergibt sich ferner aus den §§ 31 II, 34 I und 35 II, III BBauG bzw. dem BauGB infolge der **Überleitungsvorschrift** des § 236 BauGB. Steht ein Vorhaben in Übereinstimmung mit dem Bebauungsplan, so ist § 15 BauNVO unmittelbar anwendbar, weicht es davon ab, so ist es – falls eine **Befreiung** nicht erteilt wurde – nach § 30 BauGB unzulässig. Wird bei Abweichen vom Bebauungsplan **ohne** Befreiung ein Vorhaben genehmigt, so ist § 15 I BauNVO **analog** anwendbar (*BVerwG* NJW 1990, 1192f. m. w. N.).

d) Wegen des **vorläufigen Rechtsschutzes** im Baurecht wird auf das Kapitel 49
C III (Rdnr. 138 ff.) verwiesen.

e) Ansprüche des Nachbarn gegen ein Bauvorhaben können unter Umstän- 50
den auch **verwirkt** sein. Der für die Verwirkung des materiellen Rechts maßgebliche Zeitraum ist dabei wesentlich länger zu bemessen als die Zeit, welche verfahrensrechtlich für Rechtsbehelfe eingeräumt ist (*BVerwG* NVwZ 1991, 1182 ff.).

B IV. Der Mietrechtsfall

Thomas von Keller

Übersicht

	Rdnr.
I. Vorbemerkung und Prüfschema	1
II. Räumungs- und Feststellungsklagen nach Kündigung	
1. Räumungsklagen nach ordentlicher Kündigung	20
2. Räumungsklagen nach Beendigung durch Zeitablauf	47
3. Räumungsklagen nach fristloser Kündigung	56
4. Vollstreckung von Räumungstiteln	65
5. Leistungs- und Feststellungsklagen auf Fortbestand des Mietverhältnisses	70
6. Feststellungsklagen auf Beendigung des Mietverhältnisses	72
7. Räumungsvergleiche	74
III. Weitere Leistungsklagen des Vermieters	
1. Zahlungsklagen	75
2. Klagen auf Zustimmung zur Mieterhöhung	86
3. Sonstige Leistungsklagen	92
IV. Weitere Leistungsklagen des Mieters	
1. Klagen auf vertragsgemäße Überlassung der Mietsache	96
2. Klagen auf vertragsgemäße Erhaltung der Mietsache	99
3. Sonstige Leistungsklagen	100
V. Besonderheiten in den neuen Bundesländern	
1. Wohnraummietrecht	105
2. Geschäftsraummietrecht	111

Literatur: *Bub/Treier*, Handbuch der Geschäfts- und Wohnraummiete, 1989 mit 1. Nachtrag Dez. 1990; *Emmerich/Sonnenschein*, Miete, 6. Auflage 1991; *Fischer-Dieskau/Pergande/Schwender*, Wohnungsbaurecht, (Loseblattausgabe) Stand Mai 1992; *Junker/v. Rechenberg/Sternel*, Text- und Diktathandbuch Mietrecht, 1. Aufl. 1991; *Köhler*, Handbuch der Wohnraummiete, 3. Auflage 1988; *Schmidt-Futterer/Blank*, Mietrecht von A–Z, 13. Aufl. 1991; *dies.*, Wohnraumschutzgesetze, 6. Aufl. 1988; *Sternel*, Mietrecht, 3. Aufl. 1988; *ders.*, Mietrecht aktuell, 2. Aufl., 1992; *Müller/Oske/Becker*, RiM – Rechtsentscheide im Mietrecht, (Loseblattausgabe) Stand 30. Juni 1991; – **Fachzeitschriften:** Wohnungswirtschaft und Mietrecht (WuM); Zeitschrift für Miet- und Raumrecht (ZMR).

I. Vorbemerkung und Prüfschema

1   Mietrecht aus der Sicht des Rechtssuchenden ist überwiegend das Recht der **Wohnraummiete**. Ausgangspunkt im folgenden sollen daher Mietverhältnisse über Wohnraum sein. Der Gesetzgeber des Bürgerlichen Gesetzbuches hat allerdings unter Miete nicht nur die Wohnraummiete verstanden. Gegenstand eines Mietverhältnisses können alle Sachen im Sinn des § 90 BGB sein, also sämtliche beweglichen oder unbeweglichen Sachen. Rechte können nicht Gegenstand eines Mietvertrages sein (vgl. *Palandt/Putzo*, BGB, 51. Aufl., Einf. vor § 535 Rdnr. 1, § 535 Rdnr. 2). Von Bedeutung im Rechtsleben und vor allem im Anwaltsleben ist neben der Wohnraummiete vor allem die Geschäftsraummiete. Abweichungen zum Wohnraummietrecht werden im folgenden an den entsprechenden Stellen erläutert.

2   Bei den meisten Streitigkeiten im Rahmen von Mietverhältnissen spielt der Inhalt des im Einzelfall abgeschlossenen Mietvertrages eine große Rolle. Da es sich hierbei meist um Formularverträge handelt, ist die Wirksamkeit der einzel-

Vorbemerkung/Prüfschema   B IV

nen Klauseln am Gesetz zur Regelung der Allgemeinen Geschäftsbedingungen (AGBG) zu messen. In letzter Zeit haben Verbandsklagen (§ 13 AGBG) von Mietervereinen gegen Haus- und Grundbesitzervereine wegen der von Letzteren herausgegebenen Mietvertragsmuster zugenommen (vgl. insbesondere *OLG Celle* WuM 1990, 103; *OLG München* WuM 1989, 128; *BGH* ZMR 1991, 290; OLG Frankfurt WuM 1992, 56). Der Behandlung der hauptsächlichen Klagearten beim Mietprozeß sei daher ein Prüfschema für die gebräuchlichsten Klauseln in Mietverträgen vorangestellt (Aufbau anhand des Mustermietvertrages des Bundesjustizministeriums, vgl. Beck'sches Formularbuch zum Bürgerlichen, Handels- und Wirtschaftsrecht, Kap. III.D.4).

Prüfschema

1. Anwendungsbereich des AGBG

– Dem AGBG unterliegt jede einzelne Vertragsbedingung, die für eine Vielzahl von 3 Verträgen vorformuliert ist und die eine Vertragspartei der anderen Vertragspartei nach dem 1. 4. 77 stellt oder gestellt hat (§§ 1 I 1, 28 I, 30 AGBG; vgl. oben B.I Rdnrn. 1 ff.).
– Bei sog. **Altmietverträgen** (vor dem 1. 4. 77 abgeschlossen) ist nur zu prüfen, ob eine Klausel eine Partei unangemessen benachteiligt. Zusätzlich ist die bis zum Inkrafttreten des AGBG entwickelte Rechtsprechung zur Inhaltskontrolle Allgemeiner Geschäftsbedingungen zu berücksichtigen (§§ 28 II, 9 AGBG; str., *Bub/Treier* Kap. II Rdnr. 388).
– **Vorformuliert für eine Vielzahl von Verträgen** sind Klauseln auch bei Kauf eines Formularvertrages im Schreibwarenhandel und Verwendung nur in einem einzigen Fall, ferner dann, wenn der Vermieter einen selbst ausgearbeiteten Formularvertrag erstmalig verwendet, falls der Vertrag für wenigstens drei Fälle vorgesehen ist (*Bub/Treier* Kap. II Rdnr. 368).
– Im einzelnen zwischen den Vertragsparteien ausgehandelte Vertragsbedingungen, sog. **Individualvereinbarungen,** unterliegen nicht der Kontrolle des AGBG (zu den Voraussetzungen des Aushandelns: *Bub/Treier* Kap. II Rdnrn. 373ff.).

2. Zu den einzelnen Klauseln des Formularmietvertrages

Zum Vorspann: Parteien des Mietvertrages

Bestimmung, daß der Mieter schon vorweg unwiderruflich dem **Eintritt eines Drit-** 4 **ten in den Mietvertrag** zustimmt: zulässig (§ 11 Nr. 13 AGBG ist nicht auf Mietverträge anzuwenden). Empfehlenswert ist insbes. bei sog. gewerblichen Zwischenmietverhältnissen die Klausel, daß der Eigentümer bei Beendigung des Hauptmietverhältnisses als Vermieter in das Untermietverhältnis anstelle des **gewerblichen Zwischenvermieters** eintritt oder durch einseitige Erklärung eintreten kann (*Bub/Treier* Kap. II Rdnr. 417; vgl. unten Rdnrn. 22, 31).

Zu § 1 Mietsache

– Formularmäßige **Bestätigung** des Mieters **über den ordnungsgemäßen Zustand** 5 **der Mietsache** (teilweise in Zusammenhang mit beigefügter Wohnungsbeschreibung und Übergabeverhandlung): unwirksam gem. § 11 Nr. 15b AGBG, da dadurch die Beweislast zu Lasten des Mieters verschoben wird (str., *Bub/Treier* Kap. II Rdnr. 450 m. w. Nachw.; *LG Mannheim* ZMR 1989, 338; a. A. *Wolf/Horn/Lindacher* AGBG, 2. Aufl. 1989, § 9 Rdnr. M 39 m. w. Nachw.).
– **Beschränkung der Haftung** des Vermieters **auf gerügte oder nicht erkennbare Mängel:** verstößt beim Wohnraummietvertrag gegen die Unabdingbarkeit des Minderungsrechtes gem. §§ 537 III, 539 BGB; anders Haftungsausschluß für sog. Allmählichkeitsschäden, es sei denn, daß sie durch Vernachlässigung des Grundstücks entstanden sind und der Vermieter trotz rechtzeitiger Anzeige und Aufforderung durch den Mieter es unterlassen hat, Mängel zu beseitigen (*OLG Hamburg* RE ZMR 1991, 262).

B IV Der Mietrechtsfall

Zu § 2 Mietzins

6 – **Wertsicherungsklausel:** bei Wohnraummietverträgen unzulässig (§ 10 I MHRG), bei Mietverträgen über Geschäftsraum zulässig (§ 11 Nr. 1 AGBG gilt nicht für Mietverträge).
– Pauschale **Überwälzung der Nebenkosten** („Mieter trägt die Nebenkosten"): gem. § 5 AGBG zugunsten des Mieters dahin auszulegen, daß er nur die auf die Wohnung entfallenden Nebenkosten, nicht aber die anteiligen Betriebskosten für das ganze Anwesen zu tragen hat (str., *Bub/Treier* Kap. II Rdnr. 407 m. w. Nachw.).
– Umlegung der Betriebskosten gem. **Anl. 3 zu § 27 der II. BerechnungsVO** zulässig und ausreichend (§ 4 MHRG; *BayObLG* WuM 1984, 105).
– Bei **Betriebskostenmehrbelastungsklausel** in Wohnraummietverträgen sind die Grenzen der §§ 4 II und III, 10 I MHRG zu beachten (*OLG Celle* WuM 1990, 103); insbesondere ist es unzulässig, Mehrbeträge bei Erhöhung oder Neueinführung von Betriebskosten vom Zeitpunkt der Entstehung und ohne Erhöhungsverlangen gemäß § 4 II MHRG umzulegen (*OLG Frankfurt* WuM 1992, 56).
– Bei der **Verteilung von Heizkosten** geht die nicht abdingbare HeizkostenVO anderen, selbst individuellen Abreden im Mietvertrag vor (§ 2 HeizkVO; *OLG Hamm* WuM 1986, 267).
– **Leerstandsklausel,** daß Mieter eines Gebäudes die auf unvermietete Räume entfallenden Betriebskosten zu tragen haben: unwirksam nach § 9 II 1 AGBG wegen teilweiser Überbürdung des Vermietungsrisikos auf Mieter (*Sternel,* Mietrecht, Kap. III Rdnr. 360).
– **Abrechnungsgenehmigungsfiktion** für den Fall, daß Mieter einer zugesandten Betriebskostenabrechnung innerhalb gewisser Zeit nicht widerspricht: nach § 10 Nr. 5 AGBG nur wirksam bei angemessener Prüfungszeit (3 bis 4 Wochen) und nochmaligem Hinweis auf Bedeutung des Schweigens mit Zusendung der Abrechnung (vgl. oben A V. Rdnr. 41; *Bub/Treier* Kap. II Rdnr. 440).
– **Abrechnung der Betriebskosten nach Wirtschaftseinheiten** im Sinne von § 2 II der II. BerechnungsVO statt nach Einzelgebäuden kann formularvertraglich vereinbart werden (vgl. *Bub/Treier* Kap. II Rdnr. 437; a. A. *LG Mainz* DWW 1987, 16). Empfiehlt sich besonders für den vermietenden Wohnungseigentümer einer aus mehreren Häusern bestehenden Wohnungseigentumsanlage.
– **Abrechnung der Betriebskosten nach tatsächlich geleisteten Zahlungen im Abrechnungszeitraum** statt nach tatsächlichem Verbrauch, abgegrenzt auf den jeweiligen Abrechnungszeitraum: formularvertraglich zulässig (vgl. *Schulz* ZfgWBay 1989, 174 ff. m. w. Nachw.; a. A. *Sternel,* Mietrecht, Kap. III Rdnr. 365). Auch dies besonders wichtig für vermietende Wohnungseigentümer, falls – wie häufig – Wohnungseigentumsverwalter „Ist-Abrechnung" über tatsächlich vereinnahmte und bezahlte Beträge erstellt.

Zu § 3 Mietzahlungen

7 – Ist Zahlung einer Kaution vorgesehen, so ist der formularvertragliche Ausschluß der **Kautionsverzinsung** jedenfalls in Mietverträgen ab 1970 gem. § 9 AGBG unwirksam (*LG München I* WuM 1989, 236; *LG München I* v. 27. 11. 1991 – 31 S 730/91 – Mitteilungen Anwaltverein München Mai 1992).
– Erteilung einer **Einzugsermächtigung** für Mietzins und Nebenentgelte: zulässig; nicht jedoch Verpflichtung zur Erteilung eines Abbuchungsauftrages ohne Rückrufmöglichkeit oder Verzicht auf Rückrufmöglichkeit bei Einzugsermächtigung (§ 9 AGBG; *BGH* NJW 1984, 2816; *LG Köln* WuM 1990, 380).
– Vereinbarung der **Vorleistungspflicht des Mieters** abweichend von § 551 BGB: zulässig (*Palandt/Putzo* § 551 BGB Rdnr. 1); aber unwirksam, wenn gleichzeitig formularvertraglich eine Einschränkung des Zurückbehaltungs- bzw. des Aufrechnungsrechts vereinbart ist (*OLG München* ZMR 1992, 297).
– **Rechtzeitigkeitsklausel** – für Rechtzeitigkeit der Mietzahlung kommt es nicht auf Absendung, sondern Ankunft des Geldes an: zulässig (*Bub/Treier* Kap. II Rdnr. 425).

- **Pauschalierte Mahnkosten** (maximal 3 Mahnungen zu je DM 5,– nach *AG München* vom 19. 4. 90; Az. 309 B 1405/90) und
- **pauschalierte Verzugszinsen** in einer dem tatsächlichen Aufwand entsprechenden Höhe: zulässig, soweit Gegenbeweis eines niedrigeren Schadens nicht abgeschnitten wird (*Bub/Treier* Kap. II Rdnrn. 426 f.; *OLG Celle* WuM 1990, 103).
- Klausel über die **Anrechnung von Zahlungen** (auf Kosten, Zinsen usw.): gem. § 9 AGBG schon deswegen unwirksam, weil Mieter sein Recht zur Bestimmung der Verrechnung (§ 366 I BGB) abgeschnitten wird (*OLG Celle* WuM 1990, 103).

Zu § 4 Mietdauer

- Ist als **Mietbeginn** ein bestimmtes Datum eingesetzt und gleichzeitig formularmäßig 8 vereinbart, daß Mietverhältnis erst mit dem auf die Fertigstellung bzw. Räumung durch den Vormieter folgenden Monatsersten beginnt, so gilt gem. § 4 AGBG das individuell vereinbarte Datum.
- Fehlt dagegen Datumsangabe, so ist Klausel nach § 10 I AGBG unwirksam; im Rahmen von § 10 I AGBG kann bei Wohnraum allenfalls Frist von 4 Wochen (Geschäftsraum 6 Wochen) vereinbart werden (*Bub/Treier* Kap. II Rdnr. 420 m. w. Nachw.).
- Klausel, nach der **Vermieter** außer bei vorsätzlicher oder grob fahrlässiger Vertragsverletzung **nicht für rechtzeitige Freistellung der Miеträume** durch Vormieter **haftet**: unwirksam gem. § 11 Nr. 8 a AGBG (vgl. oben A V Rdnr. 36; *OLG München* WuM 1989, 128).

Zu § 5 Kündigung

- Strengere **Form** als gesetzlich festgelegte Schriftform bei Wohnraum (§ 564 a I BGB), 9 z. B. Einschreiben: unwirksam gem. § 11 Nr. 16 AGBG, aber nur für Vertragspartner des Verwenders; Verwender selbst ist daran gebunden (*Palandt/Heinrichs* § 11 AGBG Rdnr. 94).
- **Belehrung über Widerspruchsrecht** nach § 556 a BGB bei evtl. späterer Kündigung bereits im Mietvertrag: nicht wirksam (*Emmerich/Sonnenschein*, Miete, § 564 a Rdnr. 15).
- Formularvertragliche **Verlängerung der gesetzlichen Kündigungsfristen** nach § 565 BGB: auf 6 Monate jedenfalls zulässig (*OLG Zweibrücken* ZMR 1990, 106), darüber hinaus str. (vgl. *Bub/Treier* Kap. II Rdnr. 536).
- **Vereinbarung weiterer Kündigungsgründe im Mietvertrag:** bei Wohnraum zum Nachteil des Mieters unwirksam gem. §§ 554 b, 554 II 3 BGB; bei Geschäftsraum zulässig, soweit dadurch die Kündigungsgründe der §§ 553 bis 554 a BGB lediglich konkretisiert werden, bei Abweichungen von den wesentlichen Grundgedanken der §§ 553 bis 554 a BGB aber Unwirksamkeit nach § 9 AGBG (Beispiele s. *Bub/Treier* Kap. II Rdnrn. 540 f.; ders., 1. Nachtrag Dez. 1991, zu Rdnr. 541).
- **Pauschalabgeltung erhöhten Verwaltungs- und Vermietungsaufwandes** bei mieterseits veranlaßter vorzeitiger Vertragsbeendigung zulässig (*OLG Hamburg* RE ZMR 1990, 270).
- **Ausschluß der stillschweigenden Verlängerung** des beendeten Mietvertrages gem. § 568 BGB: zulässig (*OLG Celle* WuM 1990, 103; *BGH* ZMR 1991, 290).

Zu § 7 Schönheitsreparaturen

- **Formularmäßige Abwälzung** der Schönheitsreparaturen auf Mieter verstößt für sich 10 allein nicht gegen § 9 AGBG, auch nicht bei Übergabe unrenovierter Wohnung bei Mietbeginn, vorausgesetzt, die mietvertraglich vereinbarten **Fristen** beginnen erst mit Mietbeginn zu laufen (*BGH* WuM 1987, 306); auch Klausel „Schönheitsreparaturen werden vom Mieter getragen" reicht zur Abwälzung aus (*OLG Karlsruhe* RE ZMR 1992, 336).
- Bei Fälligkeit der Schönheitsreparaturen **„bei Bedarf"**, mindestens aber nach Fristenplan: wirksam, wenn feststeht, daß Vermieter keine Ansprüche auf Anfangsrenovierung und auf Berücksichtigung des vom Vormieter verursachten Renovierungsbedarfs zustehen (*BGH* ZMR 1990, 449; *OLG Frankfurt* ZMR 1990, 177); andernfalls unwirk-

B IV
Der Mietrechtsfall

sam (*OLG Stuttgart* WuM 1986, 210; 1989, 121, insoweit aber Vorlagebeschluß *OLG Frankfurt* ZMR 1992, 390).
- **Formularvertragliche Verpflichtung** des Mieters, **bei Beendigung des Mietverhältnisses** Schönheitsreparaturen auszuführen, ohne daß sie nach Renovierungsturnus fällig sind: unwirksam bei Wohnraummietvertrag, i. d. R. wirksam bei Geschäftsraummiete (*Bub/Treier* Kap. II Rdnrn. 482 f. m. w. Nachw.).
- Vereinbarung einer **Abgeltungsklausel** = quotenmäßigen Beteiligung des Mieters an bei Mietende noch nicht fälligen Schönheitsreparaturen: zulässig auch bei Übergabe unrenovierter Wohnung, wenn Quote nach Maßgabe der Abnutzung seit Mietbeginn oder seit den letzten Schönheitsreparaturen während der Mietzeit berechnet wird und Mieter nicht untersagt ist, seiner anteiligen Zahlungsverpflichtung dadurch zuvorzukommen, daß er vor Mietende Schönheitsreparaturen ausführt (*BGH* NJW 1988, 2790).
- Formularvertragliche Vereinbarung über **Art und Weise der Durchführung**: „fachmännisch" oder „fachgerecht": zulässig, da dies Eigenleistungen des Mieters nicht ausschließt (*BGH* NJW 1988, 2790); durch „Fachbetrieb" oder „Fachhandwerker": nach § 9 AGBG unwirksam (*Bub/Treier* Kap. II Rdnr. 480).
- **Klausel**, die zur Zahlung von Schadensersatz wegen Nichterfüllung **ohne Nachfristsetzung** verpflichtet: unwirksam gem. §§ 9, 11 Nr. 4 AGBG (*BGH* NJW 1986, 242).
- Formularmäßige **Vereinbarung eines Aufwendungsersatzanspruches** für vom Vermieter nach erfolgloser Mahnung selbst vorgenommene Schönheitsreparaturen: wirksam (str.; zum Meinungsstand vgl. *Bub/Treier* Kap. II Rdnrn. 488 f.).
- **Pauschalierung des Schadensersatzanspruches**: gem. § 11 Nr. 5 AGBG zulässig, wenn Pauschale den nach gewöhnlichem Verlauf entstehenden Schaden nicht übersteigt und Mieter evtl. niedrigeren Schaden nachweisen darf (vgl. oben B.I Rdnr. 35; *Bub/Treier* Kap. II Rdnr. 490).

Zu § 8 Bagatellschäden

11 Überbürdung der Kosten von **Kleinreparaturen** bis zu DM 100,– im Einzelfall sowie bis zu maximal insgesamt 8% der Jahresmiete pro Jahr, beschränkt auf solche Teile der Mietsache, die dem häufigen Zugriff des Mieters unterliegen: zulässig (*BGH* WuM 1989, 324; *BGH* ZMR 1991, 290), darüber hinausgehend oder ohne diese Begrenzungen: unwirksam gem. § 9 AGBG (vgl. auch *OLG Celle* WuM 1990, 103); unwirksam ist auch eine Klausel, die den Mieter verpflichtet, die Kleinreparaturen selbst vorzunehmen (*BGH* ZMR 1991, 290; *BGH* DB 1992, 1408).

Zu § 9 Aufrechnung und Zurückbehaltung

12 Recht des Mieters zur **Aufrechnung** mit Gegenansprüchen sowie Geltendmachung eines **Zurückbehaltungsrechtes** kann formularmäßig wie individuell nur in engen Grenzen eingeschränkt werden (§ 11 Nr. 2 und 3 AGBG, bei Wohnraummietverträgen zusätzlich § 552a BGB; vgl. oben A V Rdnr. 37; *OLG Celle* WuM 1990, 103; *Wolf/Horn/Lindacher*, oben Rdnr. 5, § 9 AGBG Rdnr. M 62; *Bub/Treier* Kap. II Rdnrn. 429 ff.).

Zu § 10 Benutzung der Mietsache

13 - Formularmäßige **Beschränkung des Gebrauchsrechtes auf Vertragszweck** (Wohnzweck oder Zweck eines bestimmten Geschäftsbetriebes): zulässig (*Sternel*, Mietrecht, Kap. II Rdnr. 142).
- **Erfordernis schriftlicher Zustimmung zu Veränderungen an und in der Mietsache** (Um- und Einbauten, Installationen und dergl.): Schriftformerfordernis unzulässig (*OLG Frankfurt* WuM 1992, 56); Ermessen des Vermieters ist darüberhinaus gemäß § 242 BGB gebunden, da dem Mieter nicht ohne triftigen sachbezogenen Grund Einrichtungen versagt werden dürfen, die ihm das Leben in der Mietwohnung angenehmer gestalten können, durch die der Vermieter nur unerheblich beeinträchtigt und durch die die Mietsache nicht verschlechtert wird (*BVerfG* WuM 1991, 573 m. w. Hinw.).
- Generelles **Tierhaltungsverbot** soll nach *OLG Frankfurt* WuM 1992, 56 (nicht rechtskräftig) unzulässig sein, weil es z. B. auch Kleintierhaltung und Tierhaltung aus gesundheitlichen Gründen (Blindenhund) umfaßt; zulässig soll lediglich Erlaubnisvorbehalt

mit gebundenem Ermessen sein (vgl. auch *Bub/Treier* Kap. II Rdnr. 500; *Sternel*, Mietrecht, Teil II Rdnr. 168).
- Verbot der **Kleintierhaltung** (Zierfische, Vögel): unzulässig nach § 9 AGBG (*LG Frankfurt* WuM 1990, 271; *OLG Frankfurt* WuM 1992, 56).

Zu § 11 Überlassung der Mietsache an Dritte – Untervermietung
- Formularvertragliche Beschränkung, aber nur im Rahmen von § 549 I 1, II BGB: zulässig (z. B. Erfordernis der Schriftlichkeit für die Erlaubnis zur Gebrauchsüberlassung an Dritte verstößt gegen § 9 AGBG; *BGH* ZMR 1991, 290; *OLG Frankfurt* WuM 1992, 56). **14**
- Den **Widerruf** einer einmal erteilten Erlaubnis kann sich Vermieter nicht uneingeschränkt, sondern nur aus wichtigem Grund vorbehalten (Einzelheiten s. *Bub/Treier* Kap. II Rdnrn. 503ff.).

Zu § 13 Instandhaltung der Mietsache
- **Abwälzung** von Instandhaltung und Instandsetzung generell auf Mieter: bei Wohnraum unwirksam nach § 9 AGBG; bei Geschäftsraum insoweit zulässig, als durch Mietgebrauch verursacht (*BGH* WuM 1987, 154). **15**
- Formularvertragliche Erweiterung der Haftung des Mieters auf **verschuldensunabhängige Zufallshaftung:** unzulässig gem. § 9 AGBG (*LG Saarbrücken* NJW-RR 1987, 1496), auch bei Anlagen (z. B. Schildern, Blumenkästen), deren Anbringung gestattungspflichtig ist (*OLG Celle* WuM 1990, 103).
- **Kanalverstopfungsklausel** = anteilige Haftung aller Mieter in einem Gebäude, wenn Verursacher einer Kanal- oder Leitungsverstopfung nicht ermittelt werden kann: unwirksam gem. § 9 AGBG (*OLG Hamm* WuM 1982, 201).
- Formularklausel, die **Haftung des Mieters für** solche **Dritte** begründen kann, die weder auf Veranlassung, noch mit Willen des Mieters mit der Mietsache in Berührung kommen: unwirksam (*OLG München* WuM 1989, 128; *OLG Celle* WuM 1990, 103; u. U. ist eine derartige Klausel nur teilweise unwirksam – vgl. insoweit *BGH* ZMR 1991, 290).
- Vereinbarung gesamtschuldnerischer Haftung von mehreren Mietern für Schadensersatzansprüche: formularmäßig zulässig (*BGHZ* 65, 226; a. A. *Wolf/Horn/Lindacher*, oben Rdnr. 5, § 9 AGBG Rdnr. M 42).
- Klausel, nach der dem **Mieter** der **Beweis dafür obliegt**, daß schuldhaftes Verhalten nicht vorgelegen hat: gem. § 11 Nr. 15 AGBG unwirksam (*OLG München* WuM 1989, 1928).

Zu § 14 Betreten der Mietsache durch den Vermieter
- Formularmäßiges **Zutritts- und Besichtigungsrecht** zu zumutbaren Zeiten nach Voranmeldung innerhalb angemessener Frist zur Erfüllung der Vermieterpflichten oder Ausübung der Vermieterrechte zulässig, aber nicht ohne Mitwirkung des Mieters, ausgenommen dringende Fälle während längerer Abwesenheit des Mieters (*OLG Köln* WuM 1977, 173). **16**
- **Vorbehalt** des Vermieters, Mieträume **jederzeit betreten** zu dürfen, etwa zur Ausübung des Vermieterpfandrechts: unzulässig (*OLG München* WuM 1989, 128).

Zu § 15 Rückgabe der Mietsache
- Klausel, nach der die Mietsache „**in vertragsgemäßem Zustand**" zurückzugeben ist: nach § 5 AGBG eng auszulegen; Mietsache ist in einem der vertragsmäßigen Abnutzung entsprechenden Zustand zurückgeben (*Palandt/Putzo*, § 548 BGB Rdnr. 2). **17**
- Klausel, nach der die Mieträume „**bezugsfertig**" zurückgegeben werden: nach § 5 AGBG eng auszulegen, z. B. sind Dübellöcher zu verschließen, Staubränder zu entfernen und Schönheitsreparaturen durchzuführen, soweit turnusmäßig fällig (str.; *Bub/Treiber* Kap. II Rdnr. 551).
- Formularmäßige Verpflichtung, bei Mietende die Mietsache, insbesondere **Teppichböden zu reinigen:** zulässig, da Nachwirkung der Obhutspflicht des Mieters (*Bub/Treier* a. a. O).

B IV   Der Mietrechtsfall

- Formularmäßiger Ausschluß des Anspruchs des Mieters auf **Ersatz notwendiger Verwendungen** gem. § 547 I BGB: unwirksam gem. § 9 AGBG (str.; *Bub/Treier* Kap. II Rdnr. 553).
- Anspruch des Mieters auf **Ersatz nicht notwendiger Verwendungen** gem. § 547 II BGB: unbeschränkt abdingbar (*Bub/Treier* a. a. O.).
- Formularvertragliche Verpflichtung des Mieters, von ihm vorgenommene **bauliche Veränderungen** rückgängig zu machen und **eingebrachte Einrichtungen** wegzunehmen: wirksam und zulässig (*Sternel*, Mietrecht, Kap. IV Rdnr. 600).
- **Ausschluß des Wegnahmerechts** ohne oder gegen unangemessen niedrige Entschädigung: unwirksam bei Wohnraum nach § 547a III BGB, bei Geschäftsraum nach §§ 10 Nr. 7a, 11 Nr. 6 AGBG (*Sternel*, Mietrecht, Kap. IV Rdnr. 625).
- Zur Durchführung von **Schönheitsreparaturen bei Mietende** vgl. oben Rdnr. 10.

Zu § 16 Personenmehrheit als Mieter

18
- **Vollmachtsklausel**, in der sich mehrere Mieter gegenseitig **zum Empfang von Willenserklärungen** ermächtigen: grundsätzlich wirksam; dies gilt – mit unterschiedlichen Begründungen – nach h. M. jedoch nicht für den Empfang von Kündigungen (*Bub/Treier* Kap. II Rdnrn. 561 f.; *Schmidt-Futterer/Blank*, Wohnraumschutzgesetze, Rdnrn. B 44 ff.; *Sternel*, Mietrecht, Kap. I Rdnr. 103, je m. w. Nachw.; *ders*., Mietrecht aktuell, Rdnr. 258).
- **Vollmachtsklausel**, in der sich mehrere Mieter gegenseitig **zur Abgabe von Willenserklärungen** ermächtigen: einschränkend dahin auszulegen, daß sie nicht Erklärungen deckt, die den Bestand des Mietverhältnisses betreffen oder die Hauptleistungspflichten der Vertragspartner ändern (str.; *Bub/Treier* Kap. II Rdnr. 563; nach *OLG Celle* WuM 1990, 193 unwirksam).
- Vollmachtsklausel ohne ausdrückliche Widerrufsmöglichkeit: unwirksam nach § 9 AGBG (*OLG Celle* WuM 1990, 103).
- Zur **Vereinbarung gesamtschuldnerischer Haftung** von mehreren Mietern vgl. oben Rdnr. 15.

Zu § 18 Zusätzliche Vereinbarungen

19
- Klausel, wonach „die **anliegende Hausordnung** Bestandteil dieses Vertrages" ist oder „die beigefügte Hausordnung nach genauer Durchsicht vorbehaltlos anerkannt wird": unzulässig gem. § 11 Nr. 15 b AGBG, weil ohne die sog. Wissenserklärung bzw. Tatsachenbestätigung i. S. v. § 2 I AGBG (Mieter erhält Kenntnis von der „anliegenden" Hausordnung) der Vermieter beweisen müßte, daß Mieter vor oder bei Vertragsschluß Kenntnis von der Hausordnung erhalten hat (vgl. oben B.I Rdnrn. 12ff.; *OLG Celle* WuM 1990, 103; *BGH* ZMR 1991, 290).
- Klausel, wonach **bisherige schriftliche oder mündliche Mietvereinbarungen** mit dem Wirksamwerden des vorliegenden Vertrages **außer Kraft treten**: unwirksam nach § 9 AGBG, weil es dem Grundsatz des Vorrangs der Individualabrede gem. § 4 AGBG widerspricht (*OLG Celle* WuM 1990, 103).
- Sog. **Schriftformklausel**, die sich auf Nebenabreden, Ergänzungen und Änderungen **vor, bei oder nach Vertragsabschluß** bezieht: unwirksam, wenn sie eine totale Aufhebung des Vorrangs der Individualabrede nach § 4 AGBG bezweckt (*OLG Frankfurt* WuM 1992, 56 m. w. Hinw.).
- **Vollständigkeitsklausel** – Vertragsurkunde gibt die Vereinbarung vollständig wieder, darüber hinaus bestehen keine weiteren Abreden und Zusagen: dahingehend auszulegen, daß dem Vertragspartner der Beweis weiterer, auch mündlicher Abreden und Zusagen offenbleibt, welche dann als Individualabreden gem. § 4 AGBG den Vorrang haben (*Bub/Treier* Kap. II Rdnrn. 564 f., 403).
- **Salvatorische Klausel**: nach § 6 I, II AGBG wirksam, soweit nach ihr nur Wirksamkeit des Vertrages im übrigen statuiert wird sowie, daß anstelle unwirksamer Bestimmungen die gesetzliche Regelung tritt;
- unwirksam wegen Verstoßes gegen § 6 II AGBG, wenn mit salvatorischer Klausel bezweckt wird, daß unwirksame Klausel durch eine ersetzt werden soll, deren wirt-

schaftlicher Erfolg dem der unwirksamen so weit wie möglich entspricht (wegen des **Verbots der geltungserhaltenden Reduktion;** vgl. oben B.I Rdnrn. 59, 72; *Palandt/ Heinrichs* Vorbem v § 8 AGBG Rdnr. 9). Ein solches Ziel kann nur durch Individualvereinbarung, nicht aber durch formularmäßige Klausel erreicht werden.

– **Schiedsgerichtsklausel:** unwirksam gem. § 1025a ZPO bei Wohnraum, soweit Streit Bestand des Mietverhältnisses betrifft (vgl. im einzelnen *Thomas/Putzo,* ZPO, 17. Aufl., 1991 § 1025a Anm. 2b); im übrigen wirksam, falls Vertragspartner nicht unangemessen benachteiligt wird (*Bub/Treier* Kap. II Rdnr. 567).

II. Räumungs- und Feststellungsklagen nach Kündigung

1. Räumungsklagen nach ordentlicher Kündigung

Meldet sich ein Vermieter mit der Bitte, für ihn eine Räumungsklage nach 20 ordentlicher Kündigung gegen seinen Mieter durchzuführen, so sollte er zur Erstberatung den Mietvertrag, das Kündigungsschreiben und etwa damit zusammenhängenden Schriftverkehr oder andere Unterlagen mitbringen. Als Allererstes sollte geprüft werden, welches Gericht zuständig ist. Ist nämlich nicht das Gericht am Sitz des Anwalts zuständig, so ist dies in der Regel mit erheblichen Kostennachteilen für den klagenden Vermieter verbunden. Die meisten Gerichte neigen dazu, nur die **Kosten** eines Anwalts als erstattungsfähig anzusehen (*Thomas/Putzo,* § 91 ZPO Rdnr. 3c aa). Allenfalls werden noch die Kosten einer Informationsreise anerkannt, wenn es sich um einen schwierig zu führenden Prozeß handelt (*Gerold/Schmidt,* BRAGO, 11. Aufl., § 52 Rdnr. 45). Muß daher der Prozeß an einem anderen Ort als dem Sitz des Rechtsanwalts geführt werden, muß der Anwalt den Vermieter darauf aufmerksam machen, daß er die Kosten eines Korrespondenzanwalts, eines Unterbevollmächtigten oder Reisekosten des angesprochenen Anwalts nach § 28 BRAGO auch im Fall des Obsiegens evtl. nicht ersetzt erhält.

a) **Zuständiges Gericht.** Bei Wohnräumen oder anderen Räumen ist ab 1. 3. 21 1993 u. a. für Räumungsprozesse durch den neu gefaßten § 29a I ZPO **die ausschließliche örtliche Zuständigkeit** des Gerichts begründet, in dessen Bezirk sich die Räume befinden. Daß es sich hierbei um eine ausschließliche örtliche Zuständigkeit handelt, wird in der Praxis öfter übersehen und führt dann wegen notwendiger Verweisung an das nach § 29a ZPO zuständige Gericht zu erhöhtem Zeitverlust und erhöhten Kosten für den klagenden Vermieter (vgl. § 281 III 2 ZPO). Nach dem neu gefaßten § 23 Ziff. 2a GVG ist für Räumungsprozesse über Wohnraum das Amtsgericht **ausschließlich sachlich zuständig.** § 23 Ziff. 2a GVG gilt jedoch nur für Wohnraummietverträge, also auch für Werkmietwohnungen, welche mit Rücksicht auf das Bestehen eines Dienstverhältnisses vermietet werden, § 565b BGB; anders bei Werkdienstwohnungen, wo die Überlassung von Wohnraum unmittelbar Bestandteil des Arbeitsverhältnisses ist und kein selbständiger Mietvertrag vorliegt (vgl. *BAG* WuM 1990, 391; *OLG Hamburg* ZMR 1990, 377). Für Räumungsprozesse über andere Räume als Wohnräume (insbes. Geschäftsräume) richtet sich ab 1. 3. 1993 die sachliche Zuständigkeit nach dem Streitwert. Zur sachl. und örtl. Zuständigkeit für vor dem 1. 3. 1993 eingeleitete Verfahren vgl. Vorauflage B IV, Rdnrn. 21 f.).

Unter den Begriff **Wohnraum** fallen Räume, die zum Wohnen, also insbes. 22 Schlafen, Essen, dauernder privater Nutzung bestimmt und Innenteil eines Gebäudes sind (*Palandt/Thomas,* Einf. vor § 535 BGB Rdnr. 70). Auch für Garagen können die Vorschriften über Wohnraummietverträge anwendbar sein, selbst dann, wenn ein eigener Garagenmietvertrag – u. U. auch erst nach einigen Jahren – abgeschlossen wird (vgl. *OLG Karlsruhe* RE WuM 1983, 166; *LG München II* WuM 1990, 514); anders dann, wenn besondere Umstände darauf schließen lassen, daß die Parteien 2 getrennte Rechtsverhältnisse begründen wollten (Einzelheiten vgl. *LG München I* WuM 1992, 15). Nicht unter den ausschließlichen sachl. Gerichtsstand des § 23 Ziff. 2a GVG fallen **Mietverhältnisse über Geschäftsräume** sowie sog. **Mischmietverhältnisse,** bei denen der Geschäftsraumanteil überwiegt, sowie Mietverhältnisse über Grundstücke und bewegliche Sachen. Geschäftsräume sind alle Räume, die zu anderen als Wohnzwecken bestimmt sind, wobei es auf die tatsächliche Nutzungsart dieser Räume durch den Mieter nicht ankommt. Oft ergibt sich die Zweckbestimmung aus der Beschaffenheit der vermieteten Räume ohne weiteres, so z. B. Läden, Büros, Lagerhallen usw. Sind die Räume verschieden nutzbar, kommt es auf die Zweckbestimmung der Mietvertragsparteien an (*Schmidt-Futterer/Blank,* Wohnraumschutzgesetze, Rdnr. B 17). So hat der *BGH* für Werkförderungsverträge, für Mietverträge zwischen Eigentümer und gewerblichem Zwischenmieter, für Mietverträge über Räume zum Betrieb eines Studentenheims und Mietverträge zwischen Eigentümer und Bundesrepublik Deutschland zur Deckung des Wohnraumbedarfs der US-Streitkräfte (Verpflichtung der Bundesrepublik Deutschland nach NATO-Truppenstatut) Geschäftsraummiete angenommen und somit die Vorschriften über Wohnraummietverhältnisse für nicht anwendbar erklärt (*BGH* NJW 1981, 1377; *BGH* NJW 1985, 1772). Bei Zwischenschaltung eines gewerblichen Zwischenmieters zwischen Eigentümer und Untermieter genießt zwar der gewerbliche Zwischenmieter keinen Kündigungsschutz gegenüber dem Eigentümer (*LG Berlin* GrundE 1992, 203), wohl aber der Untermieter (*BVerfG* ZMR 1991, 368), es sei denn, die Zwischenvermietung lag nicht im Interesse des Eigentümers/Vermieters, sondern im Interesse des Hauptmieters (*LG Hamburg* NJW-RR 1992, 271). Schwierigkeiten wegen der Einordnung ergeben sich oft bei sog. Mischmietverhältnissen (z. B. Gastwirtschaft mit Wirtewohnung, Anwaltskanzlei mit Wohnung). Auch hier ist der erklärte Parteiwille grundsätzlich ausschlaggebend. Im übrigen kommt es darauf an, ob das Übergewicht im gewerblichen Bereich liegt. Ist dies der Fall (so *BGH* NJW-RR 1986, 877, bei den genannten Beispielen), finden die Vorschriften über Wohnraummiete keine Anwendung.

23 **b) Formelle Voraussetzungen der Kündigung. aa) Schriftform.** Bei Mietverhältnissen über Wohnraum muß die Kündigung schriftlich erfolgen (§ 564a I 1 BGB). Falls strengere Form, z. B. Einschreiben, in Formularmietvertrag vereinbart: vgl. oben Rdnr. 9.

24 **bb) Kündigender.** Bei Personenmehrheiten auf der Vermieterseite (Erbengemeinschaften, Grundstücksgemeinschaften) müssen alle Vermieter kündigen. Kündigt nur ein Vermieter zugleich in Vertretung der anderen, so benötigt er eine Originalvollmacht. Hat er diese nicht beigefügt, so kann der Mieter die Kündigung mangels Vorlage der Vollmachtsurkunde unverzüglich zurückweisen. Die Kündigung ist in diesem Fall gemäß § 174 S. 1 BGB unwirksam.

25 **cc) Kündigungsadressat.** Mieter sind grundsätzlich alle diejenigen, die den Mietvertrag unterschrieben haben (vgl. *Bub/Treier* Kap. II Rdnr. 265). Bei mehreren Mietern ist jedem Einzelnen gegenüber das Kündigungsschreiben zuzustellen, was in der Praxis, insbesondere bei Eheleuten als Mieter, oft übersehen wird. Im Mietvertrag enthaltene Formularklauseln, wonach ein Mieter zur Entgegennahme von Willenserklärungen mit Wirkung auch für die anderen Mieter berechtigt ist, gelten nicht für Kündigungen (vgl. oben Rdnr. 18). Sicherheitshalber ist – auch aus Gründen des Beweises des Zugangs der Kündigung – zu empfehlen, die Kündigungsschreiben getrennt jedem Mieter einzeln per Einschreiben/Rückschein zuzustellen.

dd) Begründungserfordernis. Bei Wohnraummietverhältnissen werden im späteren Räumungsprozeß nur die Gründe berücksichtigt, die im Kündigungsschreiben angegeben sind (§ 564b III BGB). Eine Ausnahme gilt nur für nachträglich entstandene weitere Kündigungsgründe. Nach den neueren Entscheidungen (insbesondere seit *BVerfG* NJW 1988, 2725; vgl. auch *BVerfG* NJW 1992, 2411) sind zwar die Anforderungen an den Begründungszwang nicht zu überspannen. Im Hinblick auf § 556 I 3 BGB sollten aber im Kündigungsschreiben alle Gründe angegeben werden, welche das Interesse des Vermieters an der Beendigung des Mietverhältnisses dokumentieren (*Palandt/Putzo*, § 564a BGB Rdnr. 10). Ein Sachvortrag, der erst im Klageverfahren vorgebracht wird und sich lediglich als Ergänzung und Untermauerung des gesetzlichen Tatbestandes darstellt, ist jedoch von den Gerichten zu berücksichtigen (*BVerfG* GWW 1989, 564). Das Begründungserfordernis gilt nicht bei der Geschäftsraummiete oder anderen Mietverhältnissen (§ 564a I 2 BGB). 26

ee) Kündigungstermin. Das Fehlen oder die Angabe eines falschen Kündigungstermins schadet nicht. Die Kündigung ist dann gem. § 140 BGB in eine Kündigung für den nächstzulässigen Termin umzudeuten (str., ob dies ohne zusätzliche Anhaltspunkte zulässig ist; vgl. *LG Osnabrück* WuM 1990, 81; *LG Köln* ZMR 1992, 343). Dies gilt auch bei verspätetem Zugang (*MünchKomm-Voelskow*, 2. Aufl., § 564 BGB Rdnr. 16). 27

c) Materielle Voraussetzungen der Kündigung. aa) Verletzung vertraglicher Verpflichtungen, § 564b II Nr. 1 BGB. Diese kann z. B. vorliegen bei schuldhaftem Zahlungsverzug, ständig unpünktlicher Zahlungsweise, wobei nicht stets eine Abmahnung vorausgehen muß (*Palandt/Putzo*, § 564b BGB Rdnr. 35; *OLG Oldenburg* RE ZMR 1991, 427), vertragswidrigem Gebrauch der Mietsache durch den Mieter (von einigem Gewicht, sonst nur Unterlassungsklage nach § 550 BGB). Die Vertragsverletzungen müssen schuldhaft, aber nicht so erheblich sein, wie dies für die fristlose Kündigung gemäß § 553 BGB erforderlich ist. § 554 II 2 BGB ist nicht analog anwendbar (*OLG Stuttgart* RE ZMR 1991, 429). Einzelbeispiele siehe bei *Palandt/Putzo*, § 564b BGB Rdnrn. 35 ff. 28

bb) Eigenbedarf, § 564b II Nr. 2 BGB. Der sog. Eigenbedarf ist dann gegeben, wenn der Vermieter die Räume als Wohnung für sich, zu seinem Hausstand gehörende Personen oder seine Familienangehörigen benötigt. Nach der neuesten Rechtsprechung des *BVerfG* und des *BGH* ist dabei ausreichend, wenn der Vermieter **„vernünftige und nachvollziehbare Gründe"** für die Absicht anführen kann, die Räume selbst zu bewohnen oder durch den privilegierten Personenkreis bewohnen zu lassen. Vermieter muß wegen § 564b III BGB u. a. darlegen, in welcher Weise er bei Ausspruch der Kündigung seinen Wohnbedarf deckt (vgl. im Einzelnen *BVerfG* WuM 1992, 178). Erforderlich ist ferner, daß der Eigennutzungswunsch (noch) ernsthaft verfolgt wird (sog. subj. Einzugsab- 29 sicht; *BVerfG* ZMR 1991, 18). Dabei ist die Entscheidung des Eigentümers über seinen Wohnbedarf grundsätzlich zu achten. Unter Mißbrauchsgesichtspunkten kann das Gericht allerdings prüfen, ob der Vermieter einen weit überhöhten Wohnbedarf geltend macht (*BVerfG* NJW 1989, 971) oder auf Vorrat kündigt (*BVerfG* ZMR 1990, 448). Diese Prüfung unterliegt aber Grenzen (*BVerfG* NJW 1988, 1075). Die Gerichte überschreiten diese Grenzen z. B., wenn sie den Eigentümer auf ein gewerblich genutztes Alternativobjekt verweisen, da die Gerichte grundsätzlich die Entscheidung des Eigentümers hinzunehmen haben, wie er über die Nutzung seiner sonstigen Eigentumsgegenstände disponiert hat (*BVerfG* NJW 1990, 309). Andererseits reicht der bloße Wunsch zur Eigennutzung nicht aus (*BVerfG* ZMR 1989, 408). Der Eigennutzungswunsch muß von einem schützenswerten Interesse getragen sein; dies gilt insbes. beim Vorhandensein einer geeigneten Alternativwohnung (vgl. *BVerfG* ZMR 1991, 54; ZMR 1991, 56; ZMR 1991, 212; WuM 1991, 662). Zum Teil wird von den Gerichten auch eine Anbietpflicht des Vermieters angenommen, wenn eine vergleichbare Wohnung für den Mieter zur Verfügung steht, selbst wenn diese für den objektiven Wohnbedarf des Mieters zu klein ist (*BVerfG* WuM 1992, 180). Auch willkürliche oder vorgeschobene Kündigungen verdienen keinen Schutz (*BVerfG* NJW 1988, 2233; *BGH* NJW 1988, 904). Im einzelnen haben die Instanzgerichte diese Grundsätze höchst unterschiedlich ausgelegt (vgl. *Harke* ZMR 1991, 81 mit vielen Beispielen).

Zu beachten ist beim Eigenbedarf, daß eine 3-jährige, gebietsweise jetzt 5-jährige Wartefrist einzuhalten ist, wenn an den vermieteten Wohnräumen nach der Überlassung an den Mieter Wohnungseigentum begründet und dann veräußert worden ist (§ 564b II Nr. 2 BGB). Diese beginnt mit der ersten Veräußerung des Wohnungseigentums (*BayObLG* NJW 1982, 451), auch durch Zuschlag in der Zwangsversteigerung (*BayObLG* RE WuM 1992, 424). Die Schutzfrist gilt nicht bei Umwandlung in Bruchteilseigentum (KG ZMR 1987, 216; einschränkend *OLG Karlsruhe* WuM 1992, 519) und nicht bei Erwerb eines Hauses durch eine GbR mit anschließender Zuweisung von ausschließlichen Nutzungsrechten an je einer Wohneinheit für jeden Gesellschafter (*OLG Karlsruhe* RE ZMR 1990, 338).

30 **cc) Verhinderung angemessener wirtschaftlicher Verwertung, § 564b II Nr. 3 BGB.** Erforderlich ist, daß der Vermieter bei Fortsetzung des Mietverhältnisses erhebliche Nachteile erleiden würde (*Sternel*, Mietrecht, Teil IV Rdnr. 148; *ders.*, Mietrecht aktuell, Rdnrn. 474 ff. m. w. Hinw.). Die Verwertung kann z. B. in einem Verkauf, einer Nutzungsänderung (falls kein Zweckentfremdungsverbot besteht), einer umfassenden Sanierung oder einem Abbruch mit Wiederaufbau bestehen. Sie muß angemessen, d. h. wirtschaftlich geboten und sinnvoll sein (*Schmidt-Futterer/Blank*, Wohnraumschutzgesetze, Rdnrn. B 652, 654). Besonders häufig ist der Fall, daß der Vermieter der Ansicht ist, beim Verkauf eines geräumten Hauses oder einer geräumten Eigentumswohnung einen höheren Kaufpreis erzielen zu können. Diese Möglichkeit allein reicht nicht aus (*Schmidt-Futterer/Blank,* Wohnraumschutzgesetze, Rdnr. B 654). Erforderlich ist, daß der Vermieter verkaufen muß, jedoch durch den Fortbestand des Mietverhältnisses daran entweder gehindert wird oder nur einen unzumutbar niedrigeren Erlös erzielen könnte (dann nicht unzumutbar, wenn Mehrerlös gegenüber Wert zur Zeit des Erwerbs erzielt wird, der die durch niedrigen Mietzins entstandenen Verluste ausgleicht und evtl. noch einen kleinen Gewinn

ermöglicht, *BVerfG* WuM 1991, 663; vgl. auch *BVerfG* NJW 1989, 972). Im Streitfall muß der Vermieter darlegen und beweisen, daß und welche Verkaufsbemühungen er mit welchem Ergebnis unternommen hat (*Palandt/Putzo*, § 564b BGB Rdnrn. 52f). Bei Umwandlung von Eigentumswohnungen gilt u. U. auch hier eine 5-jährige Sperrfrist ab Erwerb (§ 564b II Nr. 3 S. 4 BGB). Bei Umbau oder Modernisierung ist erforderlich, daß die streitgegenständliche Wohnung durch die geplanten Maßnahmen in ihrem Bestand betroffen wird (z. B. Aufteilung in kleinere Wohnungen oder Zusammenfassung mit anderen Wohnungen zu einer größeren Wohnung; vgl. *BayObLG* NJW 1984, 372).

dd) Sonstige Gründe, § 564b II BGB. Aus der Formulierung dieser Vorschrift („insbesondere") folgt, daß es auch noch andere Gründe geben kann. Hierzu zählen insbesondere folgende Fälle: **Öffentliches Interesse**, z. B. Fehlbelegung von Sozialwohnungen, Benutzung einer Wohnung einer gemeinnützigen Wohnungsbaugesellschaft als Zweitwohnung (*LG München I* WuM 1992, 16), Ausscheiden aus dem Staatsdienst bei Staatsbedienstetenwohnungen oder Ausscheiden aus der Genossenschaft oder krasse Unterbelegung bei Genossenschaftswohnungen (*Schmidt-Futterer/Blank*, Wohnraumschutzgesetze, Rdnr. B 680; *OLG Stuttgart* RE ZMR 1991, 297). **Betriebsbedarf**, insbesondere die Verwendung der Wohnung als Werkmietwohnung für einen anderen Arbeitnehmer anstelle eines Arbeitnehmers, dessen Arbeitsverhältnis beendet ist (*Sternel*, Mietrecht, Teil IV Rdnrn. 164, 166); dies gilt aber nur mit Einschränkungen, wenn die Wohnung an einen Betriebsfremden vermietet ist (Einzelheiten vgl. *OLG Stuttgart* RE ZMR 1991, 260); wird vom Arbeitgeber eine Bewerberliste der Wohnungssuchenden geführt, so reicht grundsätzlich der Hinweis auf diese Liste aus, namentliche Nennung des Bewerbers in der Kündigung ist nicht erforderlich (vgl. *LG München I* WuM 1990, 153). Die **Beendigung des Hauptmietvertrages** allein begründet für den gewerblichen Zwischenvermieter noch kein berechtigtes Interesse an der Beendigung des Untermietvertrages; vielmehr soll danach das Rechtsverhältnis zwischen Vermieter und Endmieter/Untermieter so zu behandeln sein, als bestünde zwischen ihnen ein Wohnraummietverhältnis seit Überlassung der Wohnung an den Endmieter (*BVerfG* ZMR 1991, 368; *LG München I* WuM 1992, 246); diese Grundsätze sollen dann nicht gelten, wenn die Untervermietung nicht im Interesse des Vermieters liegt (*LG Hamburg* NJW-RR 1992, 271 und ZMR 1992, 343 für den Fall der Untervermietung an Firmenangehörige des Zwischenvermieters. Zur Zuständigkeit des Gerichts vgl. oben Rdnr. 21; zur Einführung weiterer Kündigungsgründe durch Formularmietvertrag vgl. oben Rdnr. 5.

ee) Sonderfälle. In einer ganzen Anzahl von Sonderfällen ist es nicht erforderlich, daß ein berechtigtes Interesse des Vermieters im Sinn des § 564b II BGB vorliegt. In diesen Fällen ist meist auch die Kündigungsfrist anders geregelt als durch § 565 BGB. Hierzu einige Beispiele:
– Wohnung in einem vom **Vermieter selbst bewohnten Wohngebäude** mit nicht mehr als zwei bzw. unter gewissen Voraussetzungen drei Wohnungen sowie Wohnraum innerhalb der vom Vermieter selbst bewohnten Wohnung: Kündigungsgrund sollte im Hinblick auf § 556 I 3 BGB angegeben werden (*OLG Hamm* RE ZMR 1992, 243); erforderlich ferner Angabe im Kündigungsschreiben, daß nicht nach § 564b I BGB gekündigt wird; Vermieter muß nicht schon bei Abschluß des Mietvertrages im Haus gewohnt haben, Bewohnen zum Zeitpunkt der Erklärung der Kündigung reicht aus

(*BayObLG* RE ZMR 1991, 249); auch eine gewerbliche Teilnutzung schadet nicht, wenn der Wohncharakter eindeutig überwiegt (*OLG Karlsruhe* RE ZMR 1992, 105); Kündigungsfrist verlängert sich um 3 Monate (§ 564b IV BGB).
- Wohnraum innerhalb der vom Vermieter selbst bewohnten Wohnung, ganz oder überwiegend möbliert und nicht zum dauernden Gebrauch für eine Familie überlassen sowie **nur zu vorübergehendem Gebrauch** vermieteter Wohnraum (hier ist entscheidend, ob das Anmieten – mangels anderweitiger Bleibe – einen allgemeinen Wohnbedarf decken soll, *OLG Frankfurt* RE ZMR 1991, 63). Fällt nicht unter Schutzbereich des § 564b BGB (§ 564b VII BGB; *Palandt/Putzo* § 564b BGB Rdnr. 17).
- Sog. **funktionsgebundene Werkmietwohnungen** (z. B. für Hausmeister, Bereitschaftsdienst, Wachpersonen), können nach Beendigung des Dienstverhältnisses gemäß § 565c S. 1 Nr. 2 BGB spätestens am 3. Werktag eines Kalendermonats für den Ablauf dieses Monats gekündigt werden, wenn sie gerade wegen der gleichen Funktion für einen anderen Arbeitnehmer benötigt werden (*Palandt-Putzo* § 565c BGB Rdnr. 7).
- **Gewöhnliche Werkmietwohnungen** können nach Beendigung des Dienstverhältnisses mit der verkürzten Kündigungsfrist des § 565c S. 1 Nr. 1 BGB (am 3. Werktag für den Ablauf des nächsten Monats) gekündigt werden, wenn die Wohnung für einen anderen Arbeitnehmer dringend benötigt wird, falls der Wohnraum im Zeitpunkt des Zugangs der Kündigung noch nicht 10 Jahre lang überlassen war (*Palandt/Putzo* § 565c BGB Rdnr. 4); dies gilt u. U. auch, wenn sich der dringende Bedarf erst einige Zeit nach Beendigung des Dienstverhältnisses ergibt (*LG Stuttgart* DWW 1991, 112).
- Bei **Tod des Mieters** ist sowohl der Erbe als auch der Vermieter berechtigt, das Mietverhältnis unter Einhaltung der gesetzlichen Frist zu kündigen (§ 569 I 1 BGB). Die Kündigung kann jedoch nur für den ersten Termin nach Kenntnis vom Tod und der Erbfolge erfolgen. Dieses „Sonderkündigungsrecht" hat also Bedeutung nur bei Mietverträgen mit längerer Laufzeit oder verlängerter Kündigungsfrist (gemäß § 565 V BGB gilt hier immer die 3-Monatsfrist des § 565 II 1 BGB), setzt jedoch immer ein berechtigtes Interesse an der Beendigung des Mietverhältnisses gem. § 564b BGB voraus (*OLG Karlsruhe* WuM 1990, 60). Häufig wird allerdings eine **Eintrittsmöglichkeit nach § 569a BGB** gegeben sein, dies auch schon beim Tod nur eines von mehreren Mietern (vgl. *OLG Karlsruhe* ZMR 1990, 6); § 569a BGB gilt auch für Lebensgefährten, falls es sich um eine auf Dauer angelegte Beziehung von unverheirateten Personen handelt (*OLG Saarbrücken* RE ZMR 1991, 336), insoweit aber Vorlagebeschluß *BayObLG* WuM 1992, 528). Dann ist eine Kündigung nur bei wichtigem Grund in der Person des Eintretenden zulässig (*Palandt/Putzo* § 569a BGB Rdnr. 8).
- Weiter bringt noch das am 1. 6. 90 in Kraft getretene **Wohnungsbau-ErleichterungsG** (BGBl. I S. 926) zunächst auf 5 Jahre befristet unter gewissen Voraussetzungen folgende Ausnahmen vom strengen Kündigungsschutz: Einliegerwohnungen in **3-Familienhäusern,** § 564b IV 1 Nr. 2 BGB; von **Gemeinden** zur **Untervermietung** z. B. **an Aussiedler** angemieteten Wohnraum, § 564b VII Nr. 5 BGB; Teilkündigung von **Keller- und Dachgeschoßräumen,** wenn Ausbau zwecks eigenständiger Vermietung geplant ist, § 564b II Nr. 4 BGB; u.a. (Näheres vgl. *Otto,* ZfgWBay 1990, 350; *Gramlich,* NJW 1990, 2611).

d) Widerspruch des Mieters gegen die Kündigung, § 556a BGB. aa) Formelle Voraussetzungen. Die Sozialklausel gilt nur bei Wohnraummietverhältnissen, jedoch nicht bei nur zu vorübergehendem Gebrauch vermietetem Wohnraum, Ferienhäusern und -wohnungen (§ 564b VII Nr. 4 BGB), möbliertem Wohnraum in der vom Vermieter selbst bewohnten Wohnung (§§ 556a VIII, 565 III BGB) und nicht bei funktionsgebundenen Werkmietwohnungen (§ 565 d III Nr. 1 BGB). Bei anderen Werkmietwohnungen ist dagegen eine Widerspruchsmöglichkeit gegeben (§ 565d III Nr. 2 BGB, vgl. im einzelnen *Palandt/Putzo* § 565d BGB Rdnrn. 3ff.). Der Widerspruch muß **schriftlich** (§ 556a V BGB) spätestens 2 Monate vor Beendigung des Mietverhältnisses dem Vermieter gegenüber erklärt werden (§ 556a VI 1 BGB). Hat allerdings der Vermieter den Mieter nicht rechtzeitig vor Ablauf der **Widerspruchsfrist** auf die Widerspruchsmöglichkeit aufmerksam gemacht (zum Hinweis auf die Widerspruchsmöglichkeit im Formularmietvertrag vgl. oben Rdnr. 9), so kann der Widerspruch noch im ersten Termin des Räumungsrechtsstreits erklärt werden (§§ 556a VI 2, 564a II BGB).

33

Auf Verlangen des Vermieters „soll" ferner der Mieter über die **Gründe des Widerspruchs** unverzüglich Auskunft erteilen (§ 556a V 2 BGB). Ein Verstoß hiergegen hat jedoch für den Mieter allenfalls negative Kostenfolgen im Räumungsprozeß (§ 93b II ZPO). Der Mieter kann aber alle für ihn günstigen Umstände im Prozeß bis zum Schluß der mündlichen Verhandlung vorbringen (MünchKomm-*Voelskow* § 556a BGB Rdnr. 9).

bb) Materielle Erfordernisse. Die Härtegründe des Mieters müssen schwerwiegender sein als das **Freimachungsinteresse des Vermieters.** Häufigster Fall in der Praxis ist wohl die Schwierigkeit für den Mieter, angemessenen Wohnraum zu wirtschaftlich und persönlich zumutbaren Bedingungen zu beschaffen. Der Mieter muß aber nachweisen, daß er sich ab der Kündigung um derartigen Ersatzwohnraum bemüht hat. Weitere Einzelheiten zur Interessenabwägung vgl. MünchKomm-*Voelskow* § 556a BGB Rdnr. 15.

34

e) Zeitpunkt der Klageerhebung. aa) Klage auf künftige Räumung. Bei Mietverhältnissen, die **nicht Wohnraummietverhältnisse** sind, ist die Klage auf künftige Räumung gemäß § 257 ZPO zulässig. Eine Klage auf künftige Räumung bei **Wohnraum-** oder **Mischmietverhältnissen** ist nur zulässig, wenn den Umständen nach die Besorgnis gerechtfertigt ist, daß der Schuldner sich der rechtzeitigen Räumung entziehen werde (§ 259 ZPO). Als Nachweis hierfür genügt es, wenn der Mieter das Vorliegen eines Kündigungsgrundes bestreitet und dabei zum Ausdruck bringt, daß er nicht ausziehen werde (*Schmidt-Futterer/Blank*, Wohnraumschutzgesetze, Rdnr. B 751).

35

bb) Stillschweigende Verlängerung, § 568 BGB. Diese Vorschrift wird in der Praxis oft übersehen, ist allerdings in Formularmietverträgen häufig abbedungen (vgl. oben Rdnr. 9). Falls nicht, gilt folgendes: Räumt der Mieter nicht zum gekündigten Zeitpunkt und setzt er den Gebrauch der Sache fort, gilt nach dieser Vorschrift das Mietverhältnis als auf unbestimmte Zeit verlängert, sofern nicht der Vermieter oder der Mieter seinen entgegenstehenden Willen binnen einer Frist von 2 Wochen dem anderen Teil gegenüber erklärt. Fehlt es an einer solchen Erklärung, so müßte zur Vermeidung der Rechtsfolge des § 568 BGB die Klage dem Mieter vor Ablauf dieser 14-Tage-Frist zugegangen sein (*Palandt/Putzo*, § 568 BGB Rdnr. 9). Die nach § 568 BGB erforderliche Erklärung des

36

Vermieters soll deshalb – wichtig für den beratenden Anwalt – sicherheitshalber kurz vor Ende des Mietverhältnisses erklärt werden. Dies etwa mit den Worten: „Einer Verlängerung des Mietverhältnisses gemäß § 568 BGB widersprechen wir schon heute" oder „Sollten Sie nicht zum gekündigten Zeitpunkt räumen, werden wir unseren Anwalt beauftragen, Räumungsklage gegen Sie zu erheben". Eine solche vorweggenommene Erklärung des Vermieters ist nach herrschender Ansicht möglich, wenn ein nicht nur loser zeitlicher Zusammenhang zwischen der Erklärung und dem Ende der Kündigungsfrist besteht (*BayObLG NJW* 1981, 2759). Aus diesem Grund ist der bereits mit Ausspruch der Kündigung erklärte Widerspruch gemäß § 568 BGB in der Rechtsprechung zum Teil bereits bei nur 3monatiger Kündigungsfrist für wirkungslos gehalten worden (vgl. *LG Kassel* WuM 1989, 518).

37 **f) Mögliche Verfahrensarten. aa) Räumung durch einstweilige Verfügung.** Gemäß § 940a ZPO kann der Anspruch auf Räumung einer Wohnung – außer im Fall der verbotenen Eigenmacht – nicht im Wege der einstweiligen Verfügung durchgesetzt werden. Somit ist bei Hausbesetzungen zwar eine einstweilige Verfügung möglich. In der Praxis scheitert dies aber in der Regel daran, daß die Antragsgegner nicht namentlich benannt werden können (*OLG Köln* NJW 1982, 1888).

38 **bb) Verbindung der Räumungsklage mit einer Zahlungsklage.** Bestehen außer dem Räumungsanspruch auch noch Zahlungsansprüche, so können diese Ansprüche grundsätzlich in einer Klage geltendgemacht werden; der Streitwert beider Ansprüche wird dann zusammengerechnet (*Hartmann*, Kostengesetze, 24. Aufl., § 16 GKG Anm. 3c; zum Streitwert der Räumungsklage vgl. Rdnr. 45). Zur Zuständigkeit vgl. oben Rdnr. 21g.

39 **g) Parteien des Räumungsprozesses. aa) Auf Vermieterseite.** Bei mehreren Vermietern muß die Klage im Namen aller Vermieter erhoben werden (vgl. oben Rdnr. 24). Dabei ist insbesondere auf die richtige Bezeichnung zu achten: Immer wieder werden nicht parteifähige Vereinigungen oder Vermögensmassen als Partei aufgeführt („Bauherrengemeinschaft XY", „Gesellschaft des bürgerlichen Rechts Z"). Besteht eine Partei aus einer Personenmehrheit, so sind alle Personen nach Namen und Anschrift aufzuführen (*Sternel*, Mietrecht, Teil V Rdnr. 13). Zur Problematik beim Verkauf der Wohnung nach Ausspruch der Kündigung vgl. *Sternel*, Mietrecht, Teil V Rdnr. 19, wenn der Erwerber bei Klageerhebung noch nicht ins Grundbuch eingetragen ist, bzw. *Schmidt-Futterer/Blank*, Wohnraumschutzgesetze, Rdnr. B 53, bei Eintragung des Erwerbers vor Klageerhebung.

40 **bb) Auf Mieterseite.** Die Räumungsklage ist hier gegen alle Personen zu richten, die ein selbständiges Besitzrecht an der Wohnung haben. Das sind zunächst **alle Mieter.** War die Wohnung oder ein Teil davon untervermietet, so können auch die **Untermieter** mitverklagt werden (§ 556 III BGB; bei gewerblichen Zwischenmietern vgl. aber oben Rdnr. 22, 31). Dies empfiehlt sich im Falle der Untervermietung auch, denn der Gerichtsvollzieher kann aufgrund eines Titels lediglich gegen den Hauptmieter die Untermieter nicht räumen, wenn diese die Räume nicht freiwillig herausgeben. Eine Schwierigkeit ergibt sich häufig, wenn Mieter-Ehegatten sich getrennt haben und einer aus der Wohnung ausgezogen ist. Nach hM hat der **ausziehende Mitmieter** damit den Anspruch des Vermieters aus § 556 I BGB noch nicht erfüllt, da er die Mietsache

nicht zurückgegeben hat (*Palandt/Putzo* § 556 BGB Rdnr. 11), anders aber wenn er den Besitz endgültig aufgegeben und den Vermieter davon in Kenntnis gesetzt hat (*OLG Schleswig* NJW 1982, 2672; str., vgl. *Schopp* ZMR 1986, 172, Vorlagebeschluß *LG Kiel* WuM 1992, 58).

h) Prozessuale Besonderheiten. aa) Bezeichnung des Streitgegenstandes. 41
In der Räumungsklage müssen die herausverlangten Räume und Flächen so genau bezeichnet sein, daß der Gerichtsvollzieher anhand des Titels in der Lage ist, sie zu identifizieren (*Sternel*, Mietrecht, Teil V Rdnr. 30), z B.: „Der Beklagte wird verurteilt, die Wohnung in der Milchstraße 8, Milchstadt, IV. Stock rechts, bestehend aus 1 Wohnzimmer, 1 Schlafzimmer, Flur, 1 Küche, 1 Bad, 1 WC, 1 Balkon, nebst dazugehörigem Kellerraum Nr. 15 zu räumen und an den Kläger herauszugeben."

bb) Fortsetzungsverlangen des Mieters nach der Sozialklausel im Prozeß. 42
Zu den Voraussetzungen im einzelnen vgl. oben Rdnrn. 33 f. **Die Versäumung der Widerspruchsfrist** (§ 556a VI BGB, vgl. oben Rdnr. 33) muß der Vermieter im Prozeß ausdrücklich einredeweise gegenüber dem Fortsetzungsanspruch geltendmachen. Dagegen genügt beim Mieter gemäß § 308a ZPO auch ohne ausdrückliches Fortsetzungsverlangen allein der Vortrag von Tatsachen, aus denen sich ergibt, daß er die Fortsetzung des Mietverhältnisses verlangen kann (nicht gegeben z. B. bei fehlender Schriftform, Verspätungsrüge des Vermieters; *Schmidt-Futterer/Blank*, Wohnraumschutzgesetze, Rdnr. B 389).

Erweist sich das **Fortsetzungsverlangen** des Mieters nach der Sozialklausel als **gerechtfertigt**, so wird die Räumungsklage des Vermieters abgewiesen (*Schmidt-Futterer/Blank*, Wohnraumschutzgesetze, Rdnr. B 394). Gleichzeitig muß das Gericht gemäß § 308a ZPO (auch ohne Antrag) aussprechen, für welche Dauer und ggf. unter welchen Änderungen der Vertragsbedingungen das Mietverhältnis fortgesetzt wird.

i) Präklusion von Kündigungsgründen bei rechtskräftigem klagabweisen- 43
dem Urteil. Wird die Klage wegen Unwirksamkeit der Kündigung abgewiesen, so kann der Vermieter eine erneute Kündigung nur dann auf dieselben Kündigungsgründe stützen, wenn die frühere Kündigung aus **formellen Gründen** für unwirksam erklärt wurde. Hat das Gericht die Kündigung rechtskräftig für **materiell** nicht gerechtfertigt erklärt, so können die gleichen Kündigungsgründe nicht dem nächsten Räumungsrechtsstreit zugrundegelegt werden (*Sternel*, Mietrecht, Teil V Rdnr. 30 m. w. Nachw.); ein Sachvertrag, über den im Vorprozeß sachlich noch nicht entschieden worden ist, wird jedoch durch die frühere Entscheidung nicht präkludiert (*BVerwG* WuM 1991, 662).

j) Kosten und Streitwert. aa) Ausnahmen vom Grundsatz, daß die unterle- 44
gene Partei die Kosten des Rechtsstreits tragen muß. Entgegen § 91 ZPO legt § 93b ZPO mehrere Fälle fest, bei denen die jeweils obsiegende Partei die Kosten zu tragen hat. Wegen der Einzelheiten vgl. die Kommentierung bei *Thomas/Putzo* § 93b ZPO.

bb) Streitwert. Gemäß § 16 GKG ist der Streitwert bei Räumungsklagen auf 45
die Jahresmiete begrenzt. Diese Bestimmung gilt für sämtliche Mietverhältnisse. Umstritten ist, ob zu dem Mietzins die Nebenkosten hinzugerechnet werden dürfen. Die h. M. rechnet nur das Entgelt für Heizung und Warmwasser nicht zum Mietzins (*Hartmann* § 16 GKG Anm. 2 B); zum Teil wird aber ausschließ-

lich die Grund- oder Kaltmiete zugrundegelegt, falls die Nebenkosten getrennt ausgewiesen sind (vgl. *LG Mönchengladbach* ZMR 1990, 147). Bei Verbindung mit Zahlungsklage vgl. oben Rdnr. 38.

46 **k) Rechtsmittel.** Die **Berufung**ssumme (§ 511a ZPO) wird bei Räumungsprozessen in aller Regel erreicht; darüberhinaus findet bei Wohnraummietsachen die Berufung ohne Rücksicht auf die Berufungssumme statt, wenn das AG in einer Rechtsfrage von einer Entscheidung (nicht nur Rechtsentscheid) eines OLG oder des BGH abgewichen ist und seine Entscheidung auf dieser Abweichung beruht (§ 511a II ZPO). Bei Mietverhältnissen über Wohnraum ist eine **Revision** wegen der immer gegebenen erstinstantiellen Zuständigkeit des AG (§ 23 Ziff. 2a GVG n. F.) gemäß § 545 ZPO nicht zulässig. Statt dessen hat der Gesetzgeber bei Wohnraummietverhältnissen das **Rechtsentscheidverfahren** eingeführt. Nach § 541 ZPO kommt ein Rechtsentscheid nur bei Mietstreitigkeiten über Wohnraum in Frage, die in letzter Instanz vor dem LG als Berufungsgericht anhängig sind. Entscheidungserheblich muß entweder eine Rechtsfrage von grundsätzlicher Bedeutung sein oder das LG will die Rechtsfrage abweichend von einer Entscheidung des *BGH* oder eines OLG lösen (nicht unbedingt Rechtsentscheid, kann auch in anderer Form oder Verfahrensart ergangen sein). Die Parteien können die Vorlage nur anregen und ggf. die Verletzung von Art. 101 I 2 GG im Rahmen einer Verfassungsbeschwerde rügen, falls das LG das Rechtsentscheidsverfahren ausspart und mietrechtliche Fragen von grundsätzlicher Bedeutung selbst entscheidet (vgl. *BVerfG* NJW 1990, 1593; 1988, 1015). Die Parteien sind auch vor Erlaß des Vorlagebeschlusses zu hören. Ferner ist ihre Stellungnahme dem Vorlageschluß beizufügen. Zum Verfahren im übrigen vgl. *Thomas/Putzo* Anm. zu § 541 ZPO. An die Rechtsentscheide sind zwar die Landgerichte, nicht aber die Amtsgerichte gebunden (vgl. *BVerfG* WuM 1989, 63); bei abweichenden Entscheidungen ergibt sich allerdings aus dem neu eingeführten § 511a II ZPO doch eine gewisse Bindung (vgl. oben). Bei Räumungsverfahren über andere Räume als Wohnräume, welche nach dem 1. 3. 1993 anhängig werden, ist wegen den nach § 23 Ziff. 2a GVG neu geregelten sachlichen Zuständigkeit (vgl. oben Rdnr. 21) eine Revision u. U. zulässig, falls Ausgangsgericht das Landgericht ist.

2. Räumungsklagen nach Beendigung durch Zeitablauf

47 Das Mietverhältnis endigt mit dem Ablauf der Zeit, für die es eingegangen ist. So bestimmt es schlicht zunächst § 564 I BGB. Eine Räumungsklage mit Ablauf des Zeitmietvertrages wäre damit für den Anwalt auch unproblematisch, wenn es nicht wieder komplizierte **Ausnahmevorschriften für Wohnraummietverhältnisse** gäbe:

48 **a) Zeitmietvertrag mit der Möglichkeit des Fortsetzungsverlangens, § 564c I BGB: aa) Fortsetzungserklärung des Mieters.** Der Mieter muß spätestens 2 Monate vor Mietende dem Vermieter gegenüber schriftlich erklärt haben, daß er die Fortsetzung des Mietverhältnisses auf unbestimmte Zeit verlangt. Bei diesen 2 Monaten handelt es sich um eine Ausschlußfrist (*Palandt/Putzo* § 564c BGB Rdnr. 6). Eine Aufklärungspflicht des Vermieters über den Fortsetzungsanspruch besteht nicht (*OLG Frankfurt* RE ZMR 1991, 63); der Mieter kann aber bei Nichtbelehrung ein Fortsetzungsverlangen aus § 556a BGB noch im ersten Räumungstermin stellen (*OLG Hamm* RE ZMR 1991,

375). Unterbleibt eine form- und fristgerechte Fortsetzungserklärung, so endet das Mietverhältnis zum vertraglich vereinbarten Zeitpunkt (*Schmidt-Futterer/ Blank*, Mietrecht von A–Z, „Zeitmietvertrag" III 2). Andernfalls ist zur Beendigung die

bb) Ablehnung der Fortsetzung durch den Vermieter erforderlich, wenn er 49 ein berechtigtes Interesse zur Beendigung des Mietverhältnisses in entspr. Anwendung des § 564b BGB hat. Diese Ablehnungserklärung ist das Äquivalent zur ordentlichen Kündigung bei unbefristeten Mietverhältnissen. Sie muß deshalb schriftlich und begründet sein (§ 564c I 2 BGB i. V. m. § 564b III BGB; MünchKomm-*Voelskow* § 564c BGB Rdnr. 14). Wegen der Einzelheiten hierzu vgl. oben Rdnrn. 23–32, wie bei der ordentlichen Kündigung behandelt. Fristgerecht dagegen ist die Erklärung des Vermieters noch, wenn sie dem Mieter spätestens am letzten Tag des Mietverhältnisses zugeht. Auch dann verbleibt dem Mieter ein

cc) Widerspruchsrecht nach §§ 556b, 556a BGB (vgl. hierzu Rdnrn. 33ff. 50 und Rdnr. 48). Hat der Mieter die Umstände, welche das Interesse des Vermieters an der fristgemäßen Rückgabe des Wohnraums begründen, bei Abschluß des Mietvertrages gekannt, so sind zugunsten des Mieters nur Umstände zu berücksichtigen, die nachträglich eingetreten sind (§ 556b II BGB). Für den Vermieter empfiehlt es sich deshalb, sein Beendigungsinteresse aus Nachweisgründen mit in den Mietvertrag aufzunehmen.

dd) Widerklage auf Fortsetzung. Diese ist vom Mieter gegen den Vermieter 51 zu erheben, will der Mieter seinen Anspruch auf Fortsetzung des Mietverhältnisses auf unbestimmte Zeit, wie es § 564c I BGB vorsieht, in der Räumungsklage des Vermieters durchsetzen (MünchKomm-*Voelskow* § 564c BGB Rdnr. 22). Wegen der Prozeßführung im übrigen vgl. die Ausführungen bei dem Kapitel Räumungsklagen nach ordentlicher Kündigung (oben Rdnrn. 35–46).

b) Zeitmietvertrag ohne Möglichkeit des Fortsetzungsverlangens, § 564c 52 **II BGB.** Diese Vorschrift wurde mit dem Gesetz zur Erhöhung des Angebotes an Mietwohnungen mit Wirkung zum 1. 1. 1983 ins BGB eingefügt, um auch einen Zeitmietvertrag ohne Fortsetzungsverlangen des Mieters zu ermöglichen. **Voraussetzungen** sind hierfür ausweislich des Gesetzestextes: Mietvertrag nicht länger als 5 Jahre (auch wenn vorher ein Mietvertrag auf unbestimmte Zeit bestand, kommt es nur auf die Dauer des Zeitmietvertrages an; vgl. BayObLG ZMR 1990, 179) – anschließender Wille zur Eigennutzung selbst, durch Familienangehörige oder Hausstandspersonen oder alternativ Abbruch-, Veränderungs- oder Instandsetzungswille des Vermieters, dessen Durchführung durch einen Verbleib des Mieters in den Räumen erheblich erschwert würde – schriftliche Mitteilung dieses Nutzungswillens bei Abschluß des Mietvertrages und schließlich schriftliche Mitteilung 3 Monate vor Ablauf des Mietvertrages, daß diese Absicht noch besteht. Die Klippen für den beratenden Anwalt liegen damit schon in der Abfassung des Mietvertrages, aber auch in der rechtzeitigen Zusendung der sog. Schlußmitteilung des Vermieters spätestens 3 Monate vor Mietende! Fehlt es nur an einer der in § 564c II BGB genannten Voraussetzungen, kann der Mieter sein Fortsetzungsverlangen stellen und es gilt die Systematik wie oben zu § 564c I BGB (Rdnrn. 48–51) dargestellt.

c) Nicht zu den sog. Zeitmietverträgen gehören. aa) Mietverträge mit 53 **Verlängerungsklausel.** Ist ein Mietverhältnis auf bestimmte Zeit eingegangen und ist vereinbart, daß es sich mangels Kündigung verlängert, so gilt nicht § 564c BGB, sondern § 565a I BGB (MünchKomm-*Voelskow* § 564c BGB Rdnr. 7; a. A. LG *Köln* NJW-RR 1990, 220). Folge: Die Kündigung wird wie eine ordentliche bei unbefristetem Mietverhältnis behandelt (§§ 565a I, 565 BGB), vgl. im übrigen oben Rdnrn. 20ff.

54 bb) **Mietverträge mit auflösender Bedingung.** Hier gilt nicht § 564c BGB, sondern § 565a II BGB (*Palandt/Putzo* § 564c BGB Rdnr. 2). Mit Eintritt der Bedingung wandelt sich das Mietverhältnis in ein solches auf unbestimmte Zeit um. Folge wie oben Rdnrn. 20ff. Abweichung lediglich bei Sozialklausel nach § 556a BGB (vgl. im einzelnen § 565a II 2 BGB).

55 cc) **Mietverträge mit Verlängerungsoption.** Auch hier ist, allerdings umstritten, nicht § 564c BGB anwendbar, sondern Kündigungsrecht wie bei unbefristeten Mietverträgen (*Palandt/Putzo* § 564c BGB Rdnr. 2; umstr., a. A. *Emmerich/Sonnenschein*, § 564c Rdnr. 2).

3. Räumungsklagen nach fristloser Kündigung

Hier gelten zu den Ausführungen zu der Räumungsklage bei ordentlicher Kündigung (Rdnrn. 20ff.) folgende Besonderheiten:

56 a) **Formelle Voraussetzungen der Kündigung.** Nach allerdings bestrittener Ansicht ist die Angabe der **Kündigungsgründe** nicht Wirksamkeitsvoraussetzung für die fristlose Kündigung (*OLG Karlsruhe* NJW 1982, 2004). Der vorsichtige Anwalt wird jedoch seinem Vermietermandanten zur Angabe der Kündigungsgründe raten bzw. die Kündigung vorsorglich mit Kündigungsgründen wiederholen. Ist es zweifelhaft, ob die Gründe für eine fristlose Kündigung ausreichen, so sollte zusätzlich hilfsweise eine ordentliche Kündigung ausgesprochen werden. Die Umdeutung einer fristlosen in eine ordentliche Kündigung (§ 140 BGB) wird nur ausnahmsweise dann für zulässig gehalten, wenn sich aus Umständen außerhalb der Kündigungserklärung eindeutig ergibt, daß der Kündigende das Vertragsverhältnis auf alle Fälle zur Beendigung bringen will (*BGH* NJW 1981, 977). Bei Wiederholung der Kündigung in der Klage muß allerdings die für den Mieter bestimmte Abschrift vom Kläger bzw. dessen Prozeßbevollmächtigten unterzeichnet sein (*BayObLG* NJW 1981, 2197).

57 b) **Materielle Voraussetzungen der Kündigung. aa) Fortsetzung des vertragswidrigen Gebrauchs, § 553 BGB.** Nach § 553 BGB kann der Vermieter fristlos kündigen, wenn der Mieter ungeachtet einer **Abmahnung** einen vertragswidrigen Gebrauch der Sache fortsetzt, der die Rechte des Vermieters in erheblichem Maße verletzt. Hierzu folgende Beispiele:
– **unerlaubte Gebrauchsüberlassung** an Dritte (*BGH* NJW 1985, 2527); Kündigung kann aber unwirksam sein, wenn Mieter im Zeitpunkt der Kündigung gem. § 549 II BGB Anspruch auf Erlaubnis des Vermieters hat (*BayObLG* RE ZMR 1991, 64);
– **erhebliche Gefährdung der Mietsache** durch Vernachlässigung der Sorgfaltspflicht des Mieters. So muß der Mieter z.B. Vorsichtsmaßregeln gegen Schäden durch Unwetter und Frost treffen und bei längeren Reisen einen Schlüssel so hinterlassen, daß im Falle eines Wasserrohrbruchs der Vermieter Zugang zur Wohnung erhalten kann (*Palandt/Putzo* § 545 BGB Rdnr. 4);

langjährige (auch 30 Jahre) Unterlassung von Schönheitsreparaturen allein ohne konkrete Umstände für Schadenseintritt am Mietobjekt reicht nicht aus (so *LG Itzehoe* WuM 1989, 76);
– **Überbelegung** der Mietwohnung. Bei erheblicher Überbelegung sogar gegeben bei Aufnahme des Ehegatten und der Kinder in eine zu kleine Wohnung (*OLG Karlsruhe* NJW 1987, 1957: 54 qm große Wohnung war an Ehepaar mit einem Kind vermietet; Familie war schließlich auf insgesamt acht Personen angewachsen).

Daß vor Kündigung eine **Abmahnung** des Vermieters erforderlich ist, wird in der Praxis oft übersehen. Anders als im Arbeitsrecht müssen aber die Folgen bei Nichtbeachtung der Abmahnung, z. B. fristlose Kündigung, nicht in der Abmahnung genannt sein (*Palandt/Putzo* § 550 BGB Rdnr. 8). Erforderlich ist ferner, daß die Kündigung alsbald ausgesprochen wird, nachdem der Vermieter von den wiederholten Vertragsverletzungen Kenntnis erhalten hat (*OLG Frankfurt* WuM 1991, 475 m. w. Hinw.).

Das auch für § 553 BGB erforderliche Verschulden des Mieters liegt in der Fortsetzung des vertragswidrigen Gebrauchs trotz erfolgter Abmahnung (*OLG Karlsruhe* NJW 1987, 1952).

bb) Zahlungsverzug, § 554 BGB. Der Vermieter kann nach § 554 BGB fristlos kündigen, wenn der Mieter mit der Entrichtung des Mietzinses nach näherer Maßgabe dieser Vorschrift in Verzug ist. Ist der Mieter mit 2 vollen Monatsmieten in Verzug, so liegen die Kündigungsvoraussetzungen unzweifelhaft vor (*Schmidt-Futterer/Blank*, Wohnraumschutzgesetze, Rdnr. B 165). Zum Mietzins in diesem Sinn zählen neben der Grundmiete die laufend zu zahlenden Pauschalen, Nebenkosten und Vorauszahlungen, nicht aber die aus der jährlichen Nebenkostenabrechnung resultierende Nachzahlung (*OLG Koblenz* NJW 1984, 2369). 58

Bei Wohnraummietverhältnissen kann der Mieter ferner nach § 554 II Nr. 2 BGB die fristlose Kündigung dadurch unwirksam machen, daß er den Vermieter hinsichtlich sämtlicher Rückstände spätestens bis zum Ablauf eines Monats nach Eintritt der Rechtshängigkeit des Räumungsanspruchs befriedigt oder eine öffentliche Stelle sich zur Befriedigung verpflichtet. In diesem Fall ist die Hauptsache für erledigt zu erklären; der Mieter trägt aufgrund seines vorangegangenen Verzugs die Kosten des Rechtsstreits. Diese Möglichkeit besteht allerdings innerhalb eines Zweijahreszeitraumes nur einmal (§ 554 II Nr. 2 Satz 2 BGB). 59

cc) Unzumutbares Mietverhältnis, § 554a BGB. Diese Kündigungsmöglichkeit ist gegeben, wenn der Mieter schuldhaft in solchem Maße seine Verpflichtungen verletzt, daß dem Vermieter die Fortsetzung des Mietverhältnisses nicht zuzumuten ist. Es kann sich um die Verletzung vertraglicher Haupt- oder Nebenpflichten handeln. 60

Auch die ständig unpünktliche Zahlung des Mietzinses oder der Nebenkostennachforderungen kann einen Kündigungsgrund nach § 554a BGB abgeben (*OLG Koblenz* NJW 1984, 2369); bei widerspruchsloser Hinnahme verspäteter Mietzahlungen ist allerdings eine Abmahnung und erneuter Zahlungsverzug erforderlich, bevor gekündigt werden kann (*LG Bochum* WuM 1989, 179).

In § 554a BGB ist ferner als Beispiel die nachhaltige Störung des Hausfriedens genannt. Diese kann in der Beeinträchtigung des Vermieters oder der Mitbewohner in Form von Beleidigungen, Tätlichkeiten und Lärmverursachung bestehen (*Palandt/Putzo* § 554a BGB Rdnr. 6).

61 **dd) Allgemeines Kündigungsrecht aus wichtigem Grund.** Zusätzlich greift die Rechtsprechung immer wieder auf ein allgemeines Kündigungsrecht aus wichtigem Grund zurück, das für alle Dauerschuldverhältnisse anerkannt ist (*BayObLG* WuM 1985, 140). Voraussetzung für ein solches Kündigungsrecht ist, daß dem Vermieter die Fortsetzung des Mietverhältnisses aus Gründen unzumutbar ist, die in der Person des Mieters liegen oder in dessen Risikobereich fallen (*Emmerich/Sonnenschein*, § 553 Rdnr. 9). Im Gegensatz zu den gesetzlich ausdrücklich geregelten Tatbeständen ist hier ein Verschulden nicht erforderlich (*Palandt/Putzo* § 554a BGB Rdnr. 5). Die Möglichkeit, weitere Kündigungsgründe mit Formularmietvertrag festzulegen, ist weitgehend ausgeschlossen (vgl. oben Rdnr. 9).

62 **ee) Kein Widerspruch des Mieters gegen die Kündigung (§ 556a IV Nr. 2 BGB).** Bei den außerordentlichen Kündigungen nach §§ 553, 554, 554a BGB ist, auch wenn ausnahmsweise nicht fristlos gekündigt wird, § 556a BGB nicht anwendbar (*Palandt/Putzo* § 556a BGB Rdnr. 6).

63 **ff) Erklärung des Vermieters nach § 568 BGB.** Zu Zeitpunkt und Inhalt dieser Erklärung vgl. oben Rdnr. 36.

gg) Eine Ziehfrist von 1–2 Wochen sollte dem Mieter bei fristloser Kündigung eingeräumt werden, bevor Räumungsklage erhoben wird, um die Kostennachteile des § 93 ZPO zu vermeiden (*Sternel*, Mietrecht aktuell, Rdnr. 653).

64 **c) Prozessuale Besonderheiten.** Ist zweifelhaft, ob die Kündigung den gesetzlichen Erfordernissen genügt, empfiehlt es sich, mit der Klageerhebung vorsorglich die Kündigung zu wiederholen. Dies insbesondere bei gleichzeitiger Versendung von Kündigung und Klageschrift, weil dann noch nicht feststeht, ob der Zugang der Kündigung nachweisbar sein wird (häufig nehmen Mieter, die eine Kündigung erwarten, ankommende Einschreiben nicht an und holen sie auch nicht ab). Wird die Kündigung mit der Klage wiederholt, ist darauf zu achten, daß die für den Beklagten bestimmte beglaubigte Abschrift eigenhändig durch den zur Kündigung bevollmächtigten Anwalt unterzeichnet ist (§ 170 II ZPO).

4. Vollstreckung von Räumungstiteln

65 Die Zwangsvollstreckung von Räumungstiteln erfolgt durch den Gerichtsvollzieher nach entspr. Auftrag durch den Vermieter bzw. Räumungsgläubiger, § 753 ZPO. Dagegen hat der Mieter bzw. Räumungsschuldner folgende, in der Regel lediglich aufschiebende Abwehrmöglichkeiten:

66 **a) Räumungsschutzverfahren nach §§ 721, 794a ZPO.** Nach § 721 ZPO kann das Gericht des Erkenntnisverfahrens, nach § 794a ZPO bei Räumungsvergleichen das Gericht, in dessen Bezirk die Räume gelegen sind, Räumungsaufschub einmal oder mehrmals bis zu insgesamt 1 Jahr, gerechnet ab dem 1. Tag der im Titel festgehaltenen Räumungsverpflichtung, gewähren, §§ 721 V, 794a III ZPO. Geltung haben diese Vorschriften für Wohnraum; für Mischmietverhältnisse nur insoweit, als entweder der Wohnteil zumindest dem gewerblich genutzten Teil gleichwertig ist (vgl. oben Rdnr. 22) oder gewerblicher und Wohnteil wegen funktionaler Teilung getrennt herausgegeben werden können. In letzterem Fall kann für den Wohnteil Räumungsschutz gewährt werden (*Schmidt-Futterer/Blank*, Wohnraumschutzgesetze, Rdnr. B 420).

Voraussetzung für die Gewährung ist Zugang des Antrags des Räumungs- 67
schuldners beim zuständigen Amtsgericht (Landgericht, falls Räumungsprozeß
in der Berufungsinstanz anhängig) vor dem Schluß der mündlichen Verhandlung, auf die das Urteil ergeht (§ 721 I ZPO); andernfalls 2 Wochen vor Ablauf
der vom Gericht (einmal oder wiederholt) gewährten Räumungsfrist (§ 721 III
ZPO) oder 2 Wochen vor dem im Räumungsvergleich festgehaltenen Termin
zur Räumung (§ 794a I ZPO) oder nach dieser Vorschrift bereits gewährten
Verlängerungstermin (§ 794a II ZPO). Ferner ist Voraussetzung, daß der Mieter darlegen und bei Bestreiten beweisen kann, daß er trotz ausreichender Bemühungen noch keinen Ersatzraum beschaffen konnte. Ob und wie lange Räumungsfrist gewährt wird, steht im Ermessen des Gerichts („kann") und erfolgt
in Abwägung mit den Interessen des Räumungsgläubigers (Näheres *Schmidt-Futterer/Blank,* Wohnraumschutzgesetze, Rdnrn. B 427ff.). Kostenentscheidung: § 93b I, III ZPO; bei gesondertem Räumungsschutzverfahren (§ 721 II,
III ZPO): Es wird nach den Grundsätzen der §§ 91–100 ZPO selbständig entschieden (vgl. *Thomas/Putzo,* § 721, Anm. 6); Streitwert: § 16 GKG. Gegen den
Beschluß findet sofortige Beschwerde statt (§§ 721 VI, 794a IV ZPO).

b) Vollstreckungschutzverfahren nach § 765a ZPO. Auch nach dieser Vor- 68
schrift, die ganz allgemein für das Vollstreckungsverfahren, also nicht nur für
Räumungsurteile gilt, kann das Gericht die Vollstreckung einstweilen einstellen,
wenn die Maßnahme „unter voller Würdigung der Schutzbedürfnisse des Gläubigers wegen ganz besonderer Umstände eine Härte bedeutet, die mit den guten
Sitten nicht vereinbar ist" (§ 765a I ZPO). Trotz des Ausnahmecharakters dieser
Vorschrift wird in der Praxis oft von ihr Gebrauch gemacht. Der hier zuständige
Rechtspfleger des Vollstreckungsgerichts (§§ 802, 764 ZPO, § 20 Nr. 17 RPflG)
wird oft am letzten Tag, manchmal wenige Stunden vor dem vom Gerichtsvollzieher angesetzten Räumungstermin über nicht befristete Antragstellung des
Mieters mit einem Sachverhalt konfrontiert, den sofort zu entscheiden er sich in
einer Vielzahl von Fällen außer Stande sieht. Der Rechtspfleger kann dann zunächst in analoger Anwendung der §§ 766 I 2, 732 II ZPO per einstweiliger
Anordnung die Zwangsvollstreckung einstweilen einstellen, was zulässig ist
(*Thomas/Putzo* § 765a ZPO Anm. 4d). Erst danach wird er nach Anhörung des
Vollstreckungsgläubigers eine Entscheidung nach § 765a ZPO per Beschluß
erlassen.

Zusprechend kann dieser nur sein, wenn eine sittenwidrige Härte vorliegt, 69
z. B. wenn innerhalb kurzer Zeit ein passender Ersatzwohnraum bezogen und so
Obdachlosigkeit vermieden werden kann, schwerwiegende Erkrankung. Diese
darf aber dem Schutzbedürfnis des Gläubigers nicht entgegenstehen, so wenn
dieser die Mietsache selbst dringend benötigt oder der Räumungsschuldner sein
Nutzungsentgelt (§ 557 BGB) wohl zahlen könnte, aber schlichtweg nicht will
(vgl. auch *Schmidt-Futterer/Blank,* Wohnraumschutzgesetze, Rdnrn. B 473f).
Die Kosten dieses Verfahrens trägt grundsätzlich der Schuldner (§ 788 I ZPO),
ausnahmsweise der Gläubiger (§ 788 III ZPO). Rechtsbehelf gegen den Beschluß nach § 765a ZPO ist die auf 2 Wochen befristete Erinnerung (§ 11 I
RPflG, §§ 793, 577 ZPO), gegen einen evtl. Beschluß nach § 732 ZPO die
unbefristete Erinnerung (vgl. *Thomas/Putzo* § 765a ZPO Anm. 7). Sofortige
weitere Beschwerde ist nach § 568 II ZPO nur möglich, soweit in der Beschwerdeentscheidung auf die Erinnerung ein neuer selbstständiger Beschwerdegrund enthalten ist. Ansonsten Aufhebung der einstweiligen Einstellung

grundsätzlich nur bei Änderung der Sachlage (vgl. § 765a III ZPO; *Thomas/ Putzo* § 765a ZPO Anm. 5b). Eine Höchstdauer gibt es bei der einstweiligen Einstellung nach § 765a ZPO im Gegensatz zu § 721 ZPO nicht.

5. Leistungs- und Feststellungsklagen auf Fortbestand des Mietverhältnisses

70 **a) Leistungsklagen auf Fortbestand des Mietverhältnisses.** Diese Klage kommt dann in Betracht, wenn der Mieter bei einem Mietverhältnis auf bestimmte Zeit berechtigterweise seinen Fortsetzungsanspruch nach § 564c I BGB geltend gemacht hat (vgl. oben Rdnr. 48). Stimmt der Vermieter der Fortsetzung des Mietverhältnisses trotzdem nicht zu, weil er z. B. annimmt, ein berechtigtes Interesse an der Beendigung zu haben, so bleibt dem Mieter nichts anderes übrig, als seinen Anspruch auf Fortsetzung durch Leistungsklage auf Abgabe der Willenserklärung zur Fortsetzung des Mietverhältnisses geltend zu machen (*Palandt/Putzo* § 564c BGB Rdnr. 11), ggf. auch als Widerklage gegenüber der Räumungsklage des Vermieters (vgl. oben Rdnr. 51). Die Erklärung gilt als abgegeben, sobald das Urteil rechtskräftig ist (§ 894 ZPO).

71 **b) Feststellungsklagen auf Fortbestand des Mietverhältnisses.** Diese Klage des Mieters kommt dann in Betracht, wenn der Vermieter ihm ordentlich oder außerordentlich gekündigt, aber noch keine Räumungsklage erhoben hat. Um die Unsicherheit – insbesondere bei längeren Kündigungsfristen – zu beenden, bleibt dem Mieter nichts anderes übrig, als Feststellungsklage gegen den Vermieter zu erheben mit dem Ziel der gerichtlichen Feststellung, daß das Mietverhältnis noch fortbesteht (positive Feststellungsklage) oder daß die Vermieterkündigung unwirksam ist (negative Feststellungsklage). Zur Vermeidung etwaiger Kostennachteile bei sofortigem Anerkenntnis des Vermieters empfiehlt sich in beiden Fällen eine vorherige Abmahnung durch den Mieter (vgl. *LG München I* WuM 1989, 258). Das erforderliche **Rechtsschutzinteresse** für die Feststellungsklage ist mit Ausspruch der Kündigung seitens des Vermieters gegeben, falls nicht der Vermieter bereits Räumungsklage erhoben hat (*Thomas/ Putzo* § 256 ZPO Anm. 5). Für den Erfolg der Klage des Mieters ist entscheidend, daß der Vermieter die Kündigung aus formellen oder materiellen Gründen nicht wirksam ausgesprochen hat (vgl. oben Rdnr. 23ff. für die ordentliche Kündigung bzw. Rdnrn. 56ff. für die außerordentliche Kündigung).

6. Feststellungsklagen auf Beendigung des Mietverhältnisses

72 Bei Mietverträgen mit längerer Laufzeit oder mit längerer Kündigungsfrist (§ 565 II 2 BGB) kann eine solche Feststellungsklage dann in Betracht kommen, wenn der Mieter das Mietverhältnis, sei es fristlos, sei es ordentlich befristet, gekündigt hat und befürchtet, daß der Vermieter später unter Berufung auf die Unwirksamkeit dieser Kündigung Weiterzahlung des Mietzinses verlangen wird. Da derartige Verfahren in der Praxis selten vorkommen, seien hier nur Anhaltspunkte gegeben, welche Gründe den Mieter zu einer vorzeitigen Kündigung berechtigen können:

73 – **Fristlose Kündigung wegen Nichtgewährung des Gebrauchs, § 542 BGB.** Zu den Voraussetzungen vgl. *Palandt/Putzo* § 542 BGB Rdnrn. 5f. Der Mieter kann nicht kündigen, wenn er den Mangel bei Vertragsabschluß gekannt

hat (§§ 543, 539 BGB) oder ihn (mit-) verschuldet hat (*Palandt/Putzo* § 542 BGB Rdnr. 12).
- **Fristlose Kündigung wegen Gesundheitsgefährdung, § 544 BGB.** Maßstab ist die objektive allgemeine Wohnungshygiene (vgl. *Palandt/Putzo* § 544 BGB Rdnr. 3 mit Beispielen aus der Rechtsprechung). Kenntnis des Mieters schadet nicht. Das Kündigungsrecht entfällt lediglich, wenn der Mieter den gesundheitsgefährdenden Zustand selbst herbeigeführt hat (MünchKomm-*Voelskow* § 544 BGB Rdnrn. 2f.).
- **Fristlose Kündigung bei unzumutbarem Mietverhältnis, § 554a BGB, und allgemeines Kündigungsrecht aus wichtigem Grund.** Diese Kündigungsrechte stehen auch dem Mieter zu. Denkbar z. B. endgültige Zerstörung des Vertrauensverhältnisses durch erhebliche Beleidigungen seitens des Vermieters.
- **Außerordentliche befristete Kündigung wegen Modernisierungsmaßnahmen, § 541b II BGB.** Zu den Voraussetzungen vgl. *Palandt/Putzo* § 541b BGB Rdnr. 23. Die Kündigung ist nicht zulässig bei nur unerheblicher Erhöhung des Mietzinses (höchstens 5 %; vgl. *Palandt/Putzo* § 541b BGB Rdnr. 18).
- **Außerordentliche Kündigung wegen Verweigerung der Erlaubnis zur Gebrauchsüberlassung an Dritte, § 549 I 2 BGB.** Dieses Kündigungsrecht ist nicht gegeben, wenn in der Person des Dritten ein wichtiger Grund vorliegt, der den Vermieter zur Verweigerung der Erlaubnis berechtigt (§ 549 II BGB; MünchKomm-*Voelskow* § 549 BGB Rdnr. 21).
- **Außerordentliche Kündigung aus Anlaß des Todes eines Mieters.** Dem Erben steht gem. § 569 I BGB, dem überlebenden mitmietenden Ehegatten gem. § 569b S. 3 BGB ein außerordentliches Kündigungsrecht für den ersten zulässigen Termin zu.
- **Außerordentliche Kündigung bei Versetzung des Mieters, § 570 BGB.** Gilt nur für den dort genannten Personenkreis (Beamte, Geistliche, Lehrer) und nur für den ersten zulässigen Termin.
- **Außerordentliche Kündigung wegen Mieterhöhung, § 9 I MHRG.** Zu den Voraussetzungen vgl., *Palandt/Putzo* § 9 MHRG Rdnrn. 1ff.

7. Räumungsvergleiche

Bei allen vorerörterten Räumungs-, Leistungs- und Feststellungsklagen kann und wird es in der Praxis häufig vorkommen, daß das Gericht den Abschluß eines Räumungsvergleichs empfiehlt. Hier muß der Anwalt – gleich ob Vermieter- oder Mieterseite – sorgfältig abwägen, ob er darauf eingehen und die meist mit vorgeschlagene Räumungsfrist und Kostenaufhebung akzeptieren soll oder nicht. Tut er es, so erhält der Vermieter mit Sicherheit einen Räumungstitel und kann seinen Mieter – ggf. nach Gewährung einer weiteren Räumungsfrist von maximal einem Jahr (§ 794a ZPO) – zu einem jedenfalls absehbaren Zeitpunkt räumen. In der Regel wird der Anwalt des Vermieters dann nicht auf den Vergleichsvorschlag des Gerichts eingehen, wenn er hofft, über ein Urteil zu einem früheren Zeitpunkt einen Räumungstitel zu erhalten. Je nach Fallgestaltung kann diese Rechnung aber auch nicht aufgehen, dann nämlich, wenn der Mieter gegen das vom Vermieteranwalt erhoffte Räumungsurteil Berufung einlegt. Auf der anderen Seite wird der Anwalt des Mieters dann nicht auf den Vergleichsvorschlag des Gerichts eingehen, wenn er hofft, mit einem klagabweisenden Urteil die Räumung vermeiden und ggf. die Fortsetzung des Mietverhältnisses nach §§ 556a, 556b BGB erreichen zu können. Die Möglichkeit, daß der Anwalt des Vermieters in die Berufung geht, wird den Anwalt des Mieters weniger berühren, da er durch eine weitere Instanz für seinen Mandanten jedenfalls Zeit gewinnt.

III. Weitere Leistungsklagen des Vermieters

1. Zahlungsklagen

75 **a) Zuständiges Gericht.** Bei Wohnraummietverträgen gilt auch hier ab 1. 3. 1993 die ausschließliche sachliche Zuständigkeit des Amtsgerichts nach § 23 Ziff. 2a GVG n. F. Bei anderen Mietverhältnissen richtet sich die sachliche Zuständigkeit nach dem Streitwert (§ 23 Z. 1 GVG, vgl. auch A I Rdnr. 15). Die örtliche Zuständigkeit richtet sich bei allen Mietverhältnissen über Räume ab dem 1. 3. 1993 nach § 29a I ZPO n. F. (für vor diesem Zeitpunkt anhängige Verfahren vgl. Vorauflage B IV Rdnr. 75).

76 **b) Prozessuale Besonderheiten. aa) Bezeichnung des Streitgegenstandes.** Falls es nicht nur um einen einzelnen Betrag geht, ist die Spezifizierung des Klaganspruchs besonders wichtig. Die Geltendmachung eines Saldos oder der „bis zum ... aufgelaufenen Rückstände" ist nicht ausreichend (*Sternel*, Mietrecht, Teil V Rdnr. 21; *LG Mannheim* WuM 1991, 687). Um den Umfang der Rechtshängigkeit und späteren Rechtskraft genau bestimmen zu können, ist die exakte Aufschlüsselung der Rückstände erforderlich (*Thomas/Putzo* § 253 ZPO Anm. 2c), z. B.: „Rückständig sind die Restmiete Januar 1992 in Höhe von 100 DM, die Miete Februar 1992 mit 500 DM und die Restmiete April 1992 in Höhe von 50 DM = insgesamt 650 DM". Hat der Mieter einzelne Zahlungen auf die Rückstände geleistet, so müssen diese verrechnet werden (§ 366 BGB; *Sternel*, Mietrecht, Teil III Rdnr. 117ff.).

77 **bb) Wiederholung materiellrechlicher Erklärungen im Prozeß.** Ist zweifelhaft, ob z. B. die vom Vermieter erklärte Erhöhung der Betriebskosten (§ 4 II MHRG) oder die Abrechnung der Nebenkosten den gesetzlichen Erfordernissen genügt, empfiehlt es sich, die Erklärung im Prozeß zu wiederholen bzw. die Abrechnung neu zu erteilen (mit eigenhändiger Unterzeichnung der für den Beklagten bestimmten beglaubigten Abschrift durch den bevollmächtigten Rechtsanwalt; § 170 II ZPO).

c) Einwendungen des Beklagten. Die Einwendungen des beklagten Mieters richten sich nach dem geltend gemachten Anspruch. Im Nachfolgenden sollen die am häufigsten vorkommenden Einwendungen und die Möglichkeit, hierauf zu erwidern, kurz skizziert werden:

78 **aa) Zahlung der laufenden Miete, § 551 BGB.** Häufigster Einwand: Mietminderung wegen Mängeln (§ 537 I 1 BGB). Diese ist dann nicht zulässig, wenn der Mieter
– den Mangel bei Vertragsabschluß kannte oder in Folge grober Fahrlässigkeit nicht kannte (§ 539 BGB),
– in Kenntnis eines später entstandenen Mangels vorbehaltlos den Mietzins zahlt (*Palandt/Putzo* § 539 BGB Rdnr. 5),

- den Mangel verschuldet hat (z. B. durch falsches Heizungs- und Lüftungsverhalten; vgl. *LG Nürnberg-Fürth* ZMR 1989, 23), oder wenn
- die Tauglichkeit der Mietsache durch den Mangel nur unerheblich gemindert ist (§ 537 I 2 BGB; *Palandt/Putzo* § 537 BGB Rdnr. 13).

bb) Nebenkostenvorauszahlungen und -erhöhungen, § 4 MHRG. Mögliche 79
Einwände des Mieters hiergegen sind:
- Vorauszahlungen verlangt für Kosten, die nicht mietvertraglich vereinbart sind (vgl. oben Rdnr. 6) oder nicht unter § 4 MHRG fallen: Vorauszahlungen dürfen nur für Betriebskosten i. S. d. § 27 der **II. BerechnungsVO** vereinbart werden (§§ 4 I, 10 I MHRG). Insbesondere der Vermieter einer Eigentumswohnung kann Erhöhungen des Wohngeldes nicht pauschal an den Mieter weitergeben (*OLG Koblenz* NJW 1986, 995).
- Hat der Vermieter trotz Fälligkeit über die Kosten der vorausgegangenen Abrechnungsperiode noch nicht abgerechnet, kann der Mieter ein **Zurückbehaltungsrecht** an den laufenden Vorauszahlungen geltend machen (*BGH* NJW 1984, 2466); bei Wechsel des Grundstückseigentümers = Vermieters gilt dies jedoch nicht für die Abrechnung von Vorauszahlungen, die der Mieter an den Voreigentümer geleistet hat (vgl. *LG Osnabrück* WuM 1990, 357).
- Erhöhung nicht möglich, weil keine Vorauszahlungen, sondern **Nebenkostenpauschale** ohne entspr. Erhöhungsvorbehalt vereinbart (vgl. *Bub/Treier* Kap. III A Rdnr. 42).
- **Erhöhung** der Vorauszahlungen **nicht angemessen:** Vorauszahlungen müssen nach den Kosten der vergangenen Abrechnungsperiode kalkuliert sein und den Preisanstieg sowie den voraussichtlichen Verbrauch für die künftige Periode berücksichtigen (*Sternel*, Mietrecht, Teil III Rdnrn. 323 f.). Ggf. hat der Mieter nach § 242 BGB Auskunftsanspruch über Ermittlung und Zusammensetzung der Vorauszahlungen und ein Zurückbehaltungsrecht bis zur Erteilung der Auskunft (*Sternel*, Mietrecht, Teil III Rdnr. 325).
- **Erhöhung** nach § 4 II MHRG **nicht formgerecht** erfolgt: Bei Personenmehrheiten muß Anforderung von allen gegenüber allen erklärt werden. Zugang nur bei einem der Mieter ausreichend, wenn Vollmachtsklausel im Mietvertrag vereinbart (vgl. oben Rdnr. 18). Wirksamkeitserfordernis ist ferner, daß die Erhöhungserklärung schriftlich erfolgt (§ 8 MHRG) und daß der Grund der Umlage bezeichnet und erläutert wird (vgl. hierzu *Schmidt-Futterer/Blank*, Wohnraumschutzgesetze, Rdnrn. C 256 ff.).

cc) Nachzahlungen von Betriebskosten. Hier kann der Mieter einwenden, 80
der Vermieter habe die Betriebskosten nicht ordnungsgemäß abgerechnet, womit ein weites Feld mit vielen Nebenkriegsschauplätzen eröffnet ist. Zu den verschiedenen Regelungen für Nebenkostenabrechnungen in Mietverträgen vgl. oben Rdnr. 6. Zu den Anforderungen an die Nebenkostenabrechnung – auch im Hinblick auf die HeizkostenVO – vgl. *Bub/Treier* Kap. III A Rdnr. 47 ff. Eine nicht ordnungsgemäße Abrechnung kann aber im Prozeß nachgeholt werden (vgl. oben Rdnr. 77).

Der Mieter kann weiter **einzelne Posten** der Abrechnung substantiiert **bestreiten** (§ 138 II ZPO), soweit er dazu durch die vorherige Einsichtnahme in Belege in der Lage ist. Einfaches Bestreiten genügt nur dann, wenn der Mieter keine Einsicht nehmen konnte (*LG Berlin* ZMR 1987, 380). Bei zulässigem Bestreiten trifft den Vermieter für die Richtigkeit der Abrechnung im Prozeß die Darlegungs- und Beweislast (*Schmidt-Futterer/Blank*, Wohnraumschutzgesetze Rdnr. C 276 a. E.).

Für den Einwand der Verwirkung reicht es nicht aus, daß längere Zeit nicht abgerechnet wurde (*KG* ZMR 1982, 187); ausreichend aber 3-jähriges Schweigen nach Beendigung des Mietverhältnisses (vgl. *LG Mannheim* ZMR 1990, 378).

81 **dd) Mieterhöhung bei Verbesserungen, § 3 MHRG.** Häufige Einwände:
- Durchgeführte bauliche Änderungen fallen nicht unter § 3 I 1 MHRG (vgl. *Schmidt-Futterer/Blank*, Wohnraumschutzgesetze, Rdnr. C 168 ff.),
- Kosten nicht korrekt ermittelt, insbesondere öffentliche Darlehen, Mieterdarlehen und dergl. nicht abgezogen (§§ 3 I 3 bis 7 MHRG),
- Höhe der Umlage nicht richtig berechnet (*Schmidt-Futterer/Blank*, Wohnraumschutzgesetze, Rdnrn. C 202 ff.),
- Mieterhöhung nicht formgerecht (§ 3 III MHRG; vgl. *Schmidt-Futterer/Blank*, Wohnraumschutzgesetze, Rdnrn. C 216 ff.),
- Mieter war nicht zur Duldung der Maßnahme verpflichtet (*KG* RE ZMR 1988, 422; zur Duldungspflicht vgl. auch *BGH* RE NJW 1992, 1386; *OLG München* WuM 1991, 481); dies hilft aber nichts, wenn der Mieter die Maßnahme tatsächlich geduldet hat (*OLG Stuttgart* RE ZMR 1991, 259; *OLG Frankfurt* RE ZMR 1991, 452).

ee) Mieterhöhung bei Staffelmietvertrag, § 10 II MHRG. Sind nur Anfangsmietzins und jeweilige Erhöhungsbeträge angegeben, so kann der Mieter einwenden, daß der Mietzins nicht i. S. v. § 10 II 4 MHRG jeweils betragsmäßig ausgewiesen, der erhöhte Mietzins damit also nicht geschuldet ist (vgl. *OLG Karlsruhe* DB 1990, 108).

82 **ff) Nutzungsentschädigung bei Weitergebrauch nach Beendigung des Mietverhältnisses, § 557 I 1 BGB.** Streitpunkt ist hier häufig die Frage der Erfüllung der Rückgabepflicht (§ 556 I BGB): Nicht erfüllt z. B. bei Räumung ohne Rückgabe der Schlüssel, bei Zurücklassen von Möbeln oder wenn der Untermieter die Herausgabe verweigert. Hierzu und zu dem Fall, daß der Mieter von ihm zu beseitigende Einrichtungen in den Mieträumen zurückläßt, vgl. *BGH* NJW 1988, 2665 m. w. Nachw. Führt der Mieter nach Beendigung des Mietverhältnisses auf Aufforderung des Vermieters Schönheitsreparaturen durch, ist damit eine Vorenthaltung der Mietsache nicht verbunden (vgl. *OLG Hamburg* WuM 1990, 75); dasselbe gilt, wenn der Vermieter sein Vermieterpfandrecht ausübt und der Mieter die Mietsache deswegen nicht räumen kann (vgl. *OLG Hamburg* ZMR 1990, 8). Bei Rückgabe ohne Durchführung von Schönheitsreparaturen kommt allenfalls Schadensersatzanspruch nach § 557 I 2 BGB in Frage (*OLG Hamburg* ZMR 1977, 302).

Ist der Anspruch nach § 557 I 1 BGB gegeben, so kann bei Raummiete statt des vereinbarten auch der ortsübliche Mietzins verlangt werden (vgl. *Schmidt-Futterer/Blank*, Wohnraumschutzgesetze, Rdnrn. B 509 f.); vereinbarter Mietzins ist allerdings bei Vorliegen von Mängeln lediglich der geminderte Mietzins (vgl. *BGH* WuM 1990, 246).

83 **gg) Schadensersatz bei verspäteter Rückgabe, § 557 I 2 BGB.** Kein Anspruch gegeben bei Gewährung einer Räumungsfrist nach §§ 721, 794a ZPO (§ 557 III BGB). Bei Wohnraum ferner dann nicht, wenn verspätete Rückgabe nicht verschuldet (z. B. schwere Erkrankung, Ersatzwohnung nicht rechtzeitig

fertiggestellt) und/oder Schadloshaltung des Vermieters in diesem Umfang nach Billigkeit nicht erforderlich (§ 557 II BGB; vgl. *Schmidt-Futterer/Blank,* Wohnraumschutzgesetze, Rdnrn. B 552 ff.). Vermieter muß nachweisen, daß er sich nach Rückerlangung im Rahmen des Zumutbaren um schnellstmögliche anderweitige Vermietung bemüht hat (vgl. *Schmidt-Futterer/Blank,* Wohnraumschutzgesetze, Rdnr. B 550). Andererseits kein Schadensersatzanspruch, wenn Vermieter weiß, daß Mieter nicht rechtzeitig räumen kann und trotzdem nahtlos auf den Zeitpunkt der Beendigung des Mietvertrages neu vermietet (*OLG München* ZMR 1989, 224).

hh) Schadensersatz wegen bei Mietende nicht durchgeführter Schönheits- 84
reparaturen. Häufige Einwände des Mieters:
– Übergabe unrenovierter Wohnung bei Mietbeginn: Bei formularvertraglich vereinbarten Schöheitsreparaturen: vgl. oben Rdnr. 10.
– Fehlende Nachfristsetzung mit Ablehnungsandrohung: Diese ist formularvertraglich nicht abdingbar (§ 11 Nr. 4 AGBG; *BGH* NJW 1986, 242) und nur ausnahmsweise entbehrlich (*Schmidt-Futterer/Blank,* Wohnraumschutzgesetze, Rdnr. B 256), z. B. wenn Mieter sich nach verbindlich unterschriebenem Abnahmeprotokoll weigert, die darin von ihm anerkannten Schönheitsreparaturen auszuführen (*LG Berlin* ZMR 1992, 25); nach *LG Köln* WuM 1989, 71, kann in einem einzigen Schreiben durch Mahnung der Verzug begründet und gleichzeitig die Frist nach § 326 BGB gesetzt werden.
– Ersatzvornahme des Vermieters geht weiter als die mieterseitige Schönheitsreparaturenpflicht: Erneuerung eines Teppichbodens, der durch vertragsgemäßen Gebrauch verschlissen ist, gehört nicht zu den vom Mieter geschuldeten Schönheitsreparaturen (*OLG Hamm* RE ZMR 1991, 219).
– Schönheitsreparaturen würden durch vermieterseits geplante Modernisierung und Umbau zunichte gemacht: trotzdem Ausgleichsanspruch in Geld gegeben (*OLG Oldenburg* RE WuM 1992, 229).
– Überhöhte Kosten: ggf. Nachweis der Angemessenheit durch Sachverständigengutachten (*Sternel,* Mietrecht, Teil II Rdnr. 450).
– Verjährung: Ersatzansprüche wegen Veränderungen oder Verschlechterungen der vermieteten Sache verjähren in 6 Monaten ab dem Zeitpunkt, in dem der Vermieter die Sache zurückerhält (§ 558 BGB; vgl. *Palandt/Putzo* § 558 BGB Rdnrn. 10ff.). Zu beachten ist, daß die Verjährung im Rahmen eines Mietrechtsverhältnisses durch das selbständige Beweisverfahren nach der ZPO nicht unterbrochen wird (vgl. *OLG Düsseldorf* ZMR 1990, 340).

ii) Quotenmäßige Beteiligung an Renovierungskosten bei Mietende. Häu- 85
fige Einwände des Mieters:
– Übergabe unrenovierter Wohnung oder freiwillige Renovierung durch Mieter bei Mietbeginn: Einwand auch bei Formularvertrag ausgeschlossen (Einzelheiten vgl. oben Rdnr. 10).
– Überhöhte Kosten (vgl. oben Rdnr. 84).

2. Klagen auf Zustimmung zur Mieterhöhung nach § 2 MHRG

Im Gegensatz zur Mieterhöhung nach den §§ 3 – 5 MHRG hat der Vermieter 86
hier lediglich einen Anspruch gegen den Mieter auf Zustimmung zur Mieterhöhung (§ 894 ZPO, *Schmidt-Futterer/Blank,* Wohnraumschutzgesetze, Rdnr. C 128; vgl. C VI. Rdnr. 195). Es gelten folgende Besonderheiten:

87   **a) Fristen. Die Überlegungsfrist des Mieters** zwischen Zugang des Erhöhungsverlangens und Ablauf des 2. Kalendermonats nach Zugang muß grundsätzlich vor Klageerhebung gewahrt sein (*KG* WuM 1981, 54). Der Ablauf der Überlegungsfrist ist jedoch eine im Prozeß nachholbare Sachurteilsvoraussetzung (§ 2 III 2 MHRG); bei Nachholung der Erhöhungserklärung im Prozeß ist aber Unterzeichnung der beglaubigten Abschrift für den beklagten erforderlich (§ 170 II ZPO; *Schmidt-Futterer/Blank,* Wohnraumschutzgesetze, Rdnr. C 139 d). Bis zur letzten mündlichen Verhandlung wird die Frist bei Einholung eines Sachverständigengutachtens zum Nachweis der Ortsüblichkeit der verlangten Mieterhöhung regelmäßig abgelaufen sein und die Klage damit zulässig werden; es besteht allerdings die Gefahr, daß die Klage ohne Beweiserhebung im ersten Termin als unzulässig abgewiesen wird.

88   **Die Klagefrist** des § 2 III 1 MHRG (2 Monate nach Ablauf der Überlegungsfrist des Mieters) darf bei Klageerhebung noch nicht abgelaufen sein. Sie ist eine Ausschlußfrist. Bei Versäumung keine Wiedereinsetzung in den vorigen Stand (*LG Lübeck* WuM 1985, 319), sondern Klageabweisung durch Prozeßurteil (*Sternel,* Mietrecht, Teil III Rdnr. 730).

89   **b) Schlüssigkeit.** Zur Schlüssigkeit muß dargelegt werden:
– Zulässigkeit einer Mieterhöhung überhaupt (§ 1 S. 3 MHRG); im befristeten Mietverhältnis nur bei entsprechender zweifelsfreier Vereinbarung (vgl. *LG Bonn* WuM 1992, 254).
– Zugang einer wirksamen Erhöhungserklärung (schriftlich und entsprechend den Erfordernissen des § 2 II MHRG; vgl. *BVerfG* NJW 1989, 969; *Bub/Treier* Kap. III A Rdnrn. 386 ff.). Gegenseitige Bevollmächtigung der Mieter für den Zugang zulässig (vgl. oben Rdnr. 18). Nachholung im Prozeß möglich (§ 2 III 2 MHRG), aber nur in Form eines neuen selbständigen Mieterhöhungsverlangens, nicht durch Nachschieben einer Begründung (*LG Düsseldorf* WuM 1992, 255); gilt auch bei teilweise unwirksamem Mieterhöhungsverlangen und Nachholung im Berufungsverfahren: die einjährige Wartefrist wird hier erst durch das rechtskräftige Urteil über den zunächst abgewiesenen Teil des Mieterhöhungsverlangens ausgelöst (*BayObLG* ZMR 1989, 412).
– Ablauf der einjährigen Sperrfrist (§ 2 I Nr. 1 MHRG; zur Berechnung vgl. *Bub/Treier* Kap. III A Rdnrn. 335 ff.). Erhöhungsverlangen kann schon vorher gestellt werden; die Fristen nach § 2 III u. IV MHRG werden jedoch nicht früher in Lauf gesetzt, als bei einer unmittelbar nach Ablauf der Jahresfrist abgegebenen Erklärung (vgl. *Bub/Treier* Kap. III A Rdnr. 340; *OLG Frankfurt* ZMR 1988, 230).
– Ablauf der Überlegungsfrist für den Mieter (§ 2 III MHRG); im Prozeß nachholbar (vgl. oben Rdnr. 87).
– Fehlende Zustimmung zur Mieterhöhung (§ 2 III MHRG).
– Verlangte Mieterhöhung übersteigt ortsübliche Miete nicht (§ 2 I Nr. 2 MHRG; vgl. *Sternel,* Mietrecht, Teil III Rdnrn. 617 ff.), bei Verwendung gleicher Mietbegriffe bei Bezugswohnung und Vergleichswohnungen, z. B. Netto-Kaltmiete; sind die Mietbegriffe verschieden (z. B. Netto-Kaltmiete zu Brutto-Kaltmiete, so sind zusätzliche Angaben erforderlich (vgl. *Bub/Treier* Kap. III A Rdnr. 435); immer häufiger wird von der Rspr. ein aufgestellter Mietspiegel als ausreichende Erkenntnisquelle angesehen (*Sternel,* Mietrecht aktuell, Rdnrn. 287 ff. m. w. Hinw.; *BVerfG* WuM 1991, 523; *LG München I* WuM 1992, 25; in diesem Zusammenhang ist von Bedeutung, ob maßgebli-

cher Zeitpunkt der Zugang oder das Wirksamwerden des Erhöhungsverlangens ist (Vorlagebeschluß *LG München I* WuM 1992, 184; vgl. auch *BVerfG* NJW 1992, 1377).
- Kappungsgrenze des § 2 I Nr. 3 MHRG ist eingehalten (zur Berechnung vgl. *Schmidt-Futterer/Blank,* Wohnraumschutzgesetze, Rdnrn. C 80a ff.; *Sternel,* Mietrecht, Teil III Rdnrn. 625 ff.; *BayObLG* ZMR 1988, 228).

c) Kosten und Streitwert. Bei der Kostenfestsetzung ist zu beachten, daß 90 Kosten, die vom Vermieter aufgewendet wurden, um den Anspruch erst wirksam zur Entstehung zu bringen (insbesondere Kosten eines vorprozessualen Sachverständigengutachtens), nicht angesetzt werden dürfen (*LG München I* MDR 1984, 57; *LG Bonn* WuM 1985, 331). Der Streitwert berechnet sich nach § 16 V GKG aus dem Jahresdifferenzbetrag zwischen begehrter Miethöhe und zuletzt geltendem Mietzins.

d) Rechtsmittel. Hier ist umstritten, ob der für die Gebühren nach § 16 V 91 GKG geltende Wert auch für die Berufung gilt, oder ob die Beschwer nach § 3 ZPO auf den 3-fachen Jahreszins des Erhöhungsbetrages zu schätzen ist. Im Einzelfall empfiehlt es sich, vor Berufungseinlegung im Kommentar nachzulesen, welche Meinung das zuständige LG vertritt (vgl. *Schmidt-Futterer/Blank,* Wohnraumschutzgesetze, Rdnr. C 134; *Sternel,* Mietrecht, Teil III Rdnr. 729; *ders.,* Mietrecht aktuell, Rdnrn. 666); in manchen Fällen hilft auch § 511a II ZPO (vgl. Rdnr. 46).

3. Sonstige Leistungsklagen

Hierunter fallen Unterlassungsklagen, Klagen auf Vornahme einer Handlung 92 und Klagen auf Duldung. Diese sollen im folgenden kurz erörtert werden, wobei prozeßrechtlich von den unter Rdnrn. 20ff. erörterten Räumungsklagen des Vermieters ausgegangen wird und wieder nur Besonderheiten dargestellt werden.

a) Unterlassungsklagen bei vertragswidrigem Gebrauch § 550 BGB. Will 93 der Vermieter bei vertragswidrigem Gebrauch nicht fristlos kündigen (§ 553 BGB, vgl. oben Rdnr. 57) oder ist dieser für eine fristlose Kündigung nicht erheblich genug, so kann der Vermieter nach fruchtloser Abmahnung auf Unterlassung klagen. Beispiele hierfür: Unerlaubte Haustierhaltung, ruhestörender Lärm, erhebl. Geruchsbelästigung (*Palandt/Thomas* § 550 BGB Rdnr. 6f.). Der Streitwert richtet sich nach § 3 ZPO. Bei dringender Gefahr für die Mietsache kann sogar ein Antrag auf einstweilige Verfügung angebracht sein (§ 935 ZPO). Beim Klagantrag empfiehlt es sich, zugleich Antrag auf Festsetzung eines Ordnungsgeldes für den Fall (weiterer) Zuwiderhandlung zu stellen (§ 890 I ZPO; vgl. A. V Rdnrn. 193f.).

b) Klagen auf Vornahme einer Handlung. Eine solche Klage kann gerichtet 94 sein z. B.:
- auf **Entfernung eines Tieres,** das entgegen einem Tierhaltungsverbot gehalten wird. Hier kommt es entscheidend auf die Formulierung der Tierhaltungsklausel im Mietvertrag an (vgl. oben Rdnr. 13). Die Zwangsvollstreckung richtet sich nach § 887 ZPO (*LG Hamburg* NJW-RR 1986, 158; vgl. A. V Rdnrn. 183f.).

- auf **Erteilung einer Einzugsermächtigung,** falls mietvertraglich in zulässiger Weise (vgl. oben Rdnr. 7) vereinbart.
- auf **ordnungsgemäße Beheizung der Wohnung.** Zur Vermeidung von Frostschäden kann hier je nach Dringlichkeit auch ein Antrag auf Erlaß einer einstweiligen Verfügung (§§ 935, 938 II ZPO) zulässig sein (*AG Köln* WuM 1986, 159). Daneben bestehen ggf. auch Schadensersatzansprüche aus positiver Vertragsverletzung.
- auf **Durchführung von Schönheitsreparaturen** während der Mietzeit, falls diese mietvertraglich dem Mieter auferlegt sind. Das Rechtsschutzinteresse für eine derartige Klage ist begründet wegen des Interesses des Vermieters an der Substanzerhaltung und an der Erhaltung des Verkehrswertes. Die Vollstreckung erfolgt hier nach § 887 ZPO (vgl. A. V Rdnrn. 183f.).

95 c) **Klagen auf Duldung.** Hierunter fällt z. B. die Klage auf Duldung von Instandhaltungsmaßnahmen (§ 541a BGB) oder von Modernisierungsmaßnahmen (§ 541b BGB). Verlangt der Mieter gegenüber der Duldungsklage Vorschuß für Aufwendungsersatz nach § 541b III BGB, so kommt nur eine Verurteilung Zug um Zug in Betracht (*Sternel,* Mietrecht, Teil V Rdnr. 28). Bei unaufschiebbaren, insbesondere sich plötzlich ergebenden Reparaturen oder bei akuter Gefährdung der Mietsache ist eine einstweilige Verfügung möglich, bei Modernisierungsmaßnahmen mangels Eilbedürftigkeit in der Regel nicht (*Sternel,* Mietrecht, Teil V Rdnr. 57). Verlangt der Vermieter, daß der Mieter Maßnahmen nach §§ 541a, b BGB duldet, so muß er die Maßnahmen genau bezeichnen. Der Antrag, den Einbau eines Badezimmers oder die Installation einer Zentralheizung zu dulden, wäre zu unbestimmt. Soll z. B. eine Sammelheizung eingebaut werden, so muß angegeben werden, in welchen Räumen und in welchen Bereichen der Mieter Bohrungen für die Steigleitungen hinnehmen muß und an welchen Stellen die Heizkörper angebracht werden. Zulässig ist es aber, im Antrag auf eine beigefügte Bauzeichnung Bezug zu nehmen, die dann auch Teil eines der Klage stattgebenden Urteils wird (*Sternel,* Mietrecht, Teil V Rdnr. 28). Der Streitwert ist nach § 3 ZPO zu schätzen (Näheres vgl. *Schneider,* Streitwert, 9. Aufl. 1991, Mietstreitigkeiten/Duldung; bei Modernisierungen in der Regel der Jahreswert der Mieterhöhung nach § 3 MHRG). Die Vollstreckung richtet sich wiederum nach § 890 ZPO (vgl. oben Rdnr. 93, A. V Rdnrn. 193f.).

IV. Weitere Leistungsklagen des Mieters

1. Klagen auf vertragsgemäße Überlassung der Mietsache

96 Die entsprechende Leistungsklage des Mieters kann gerichtet sein auf Besitzverschaffung schlechthin oder auf Herstellung des vertragsgemäßen Zustandes der Mietsache. Im letzteren Fall ist besonders auf die Formulierung des Klagantrags zu achten: Verfolgt der Mieter das Ziel, daß der Vermieter zur Reparatur oder Wiederherstellung einer Anlage verurteilt wird, so braucht er nur den erstrebten Erfolg anzugeben (z. B. das Gebäude mit einem funktionsfähigen Fahrstuhl zu versehen, die Dachrinne abzudichten; *LG Hamburg* MDR 1976, 847). Anders wenn nicht bloß die Herbeiführung eines bestimmten Erfolges, sondern eine Summe von Teilergebnissen verlangt wird, um den vertragsmäßigen Zustand herzustellen. Zu unbestimmt wäre der Antrag, den Vermieter zu verurteilen, die Schäden in den Mieträumen auszubessern oder die Risse in der Wohnung zu beseitigen. Vielmehr muß der Mieter im Antrag angeben, welche Schäden im einzelnen er beseitigt wissen will (*Sternel*, Mietrecht, Teil V Rdnr. 27), z. B. Beseitigung der Feuchtigkeitsschäden an bestimmten Wänden der Mietwohnung (vgl. *OLG Frankfurt* WuM 1989, 284). **Einwände des Vermieters:** formularvertraglicher Haftungsausschluß (vgl. oben Rdnrn. 5, 8), ferner Kenntnis des Mieters bei Vertragsabschluß (§ 539 BGB). Dagegen kann der Vermieter nicht einwenden, zur Mängelbeseitigung seien Eingriffe in das gemeinschaftliche Eigentum der Wohnungseigentümergemeinschaft notwendig und ein entspr. zustimmender Beschluß der Wohnungseigentümerversammlung liege noch nicht vor (*KG* WuM 1990, 376).

Je nach Dringlichkeit der vom Vermieter begehrten Maßnahmen (z. B. Einbau eines neuen Heizkessels, weil die Heizung ausgefallen ist, oder Behebung schwerer gesundheitsgefährdender Mängel oder von Besitzstörungen) kann auch ein Antrag auf **einstweilige Verfügung** zulässig sein (vgl. *Sternel*, Mietrecht, Teil V Rdnr. 56 m. w. Nachw.). 97

Die **Zwangsvollstreckung** erfolgt nach § 887 ZPO mit der Möglichkeit der Ersatzvornahme und Kostenvorschußpflicht (vgl. A. V Rdnrn. 183 ff.), dies auch für den Fall, daß der Vermieter die Mängel nicht dauerhaft abstellt (vgl. *OLG Frankfurt* WuM 1989, 284). Neben diesem Erfüllungsanspruch hat der Mieter unter Umständen das Recht auf fristlose Kündigung gemäß § 542 BGB (vgl. oben Rdnr. 73), ferner ggf. Schadensersatzansprüche nach § 538 I BGB, einen Anspruch auf Ersatzvornahme und Kostenerstattung nach § 538 II BGB und/oder auf Mietminderung (§ 537 I 1 BGB). 98

2. Klagen auf vertragsgemäße Erhaltung der Mietsache

Soweit nicht in zulässiger Weise auf den Mieter abgewälzt (vgl. oben Rdnrn. 11, 15), obliegt dem Vermieter die Verpflichtung, die Mietsache während der Dauer des Mietverhältnisses in einem vertragsgemäßen Zustand zu erhalten. Verstößt er hiergegen, so hat der Mieter dieselben Rechte wie oben unter Rdnrn. 96 f. im einzelnen erörtert. 99

3. Sonstige Leistungsklagen

a) Klagen auf Unterlassung. Der Mieter hat gegen den Vermieter einen vertraglichen Anspruch darauf, daß er im Besitz und vereinbarten Gebrauch der Sache nicht gestört wird, es sei denn, daß er die betreffende Störung nach dem Gesetz oder nach Mietvertrag hinnehmen muß. Dies kann zu Unterlassungsklagen des Mieters führen (Beispiele s. *Bub/Treier* Kap. III B Rdnrn. 1234 ff.), je nach Art der Störung u. U. auch zu Klagen auf Vornahme einer Handlung (vgl. Rdnr. 101). 100

Der Geschäftsraummieter hat ferner die Möglichkeit, seinen Vermieter auf Unterlassung eines Vertragsabschlusses mit einem Konkurrenzbetrieb zu verklagen. Dies aus dem Gesichtspunkt der **Konkurrenzschutzpflicht** (*Palandt/Putzo* § 535 BGB Rdnr. 18).

Die **Vollstreckung** der Unterlassungsklage erfolgt wie beim Vermieter nach § 890 ZPO (vgl. oben Rdnr. 93, A. V Rdnrn. 193 f.).

b) Klagen auf Vornahme einer Handlung. Hierunter fällt z. B. die Klage auf Genehmigung einer Tierhaltung oder einer Untervermietung, in gewissen 101

Grenzen auch die Klage auf Abhilfe bei Störungen des Mietgebrauchs durch Dritte, (z. B. Mitmieter, Nachbarn; Beispiele s. *Bub/Treier* Kap. III B. Rdnr. 1238). Ob der Mieter gegen den Vermieter einen Anspruch auf Herstellung eines Hausanschlusses hat, damit der Mieter sich dann auf eigene Kosten an das **Breitbandkabelnetz** anschließen lassen kann, wird derzeit noch verneint (*Sternel,* Mietrecht, Teil II Rdnr. 209). Hat jedoch der Vermieter bereits einen Hausanschluß, dann hat der Mieter auch einen Anspruch darauf, sich auf eigene Kosten an das Breitbandkabelnetz anzuschließen (*LG Heidelberg* WuM 1987, 17).

Bei Beendigung des Mietverhältnisses hat der Mieter ferner einen **Anspruch auf Abrechnung** der Kaution, noch nicht abgerechneter Heiz-, Betriebs- und sonstiger Nebenkosten sowie sonstiger Mieterleistungen (vgl. hierzu *Sternel,* Mietrecht, Teil III Rdnrn. 368 ff.). Die Vollstreckung erfolgt nach § 887 ZPO (*Thomas/Putzo* § 887 ZPO Anm. 1; str., nach anderer Ansicht wird die Erstellung der Nebenkostenabrechnung als unvertretbare Handlung angesehen.

Bei Geschäftsraummiete fällt hierunter auch die Klage auf Unterbindung von Störungen durch Mitbewerber unter Kündigungsandrohung aus dem Gesichtspunkt der **Konkurrenzschutzpflicht** (*LG Mannheim* BB 1972, 730).

102 c) **Klagen auf Duldung.** Hiermit kann der Mieter z. B. fogende Ansprüche durchsetzen:
- auf **Anbringung von Schildern,** bei Geschäftsräumen auch auf Anbringung von Reklametafeln, Automaten oder Schaukästen (MünchKomm-*Voelskow* §§ 535, 536 BGB Rdnr. 44; *LG Hamburg* WuM 1974, 145),
- auf **Installation von Anlagen** und Geräten, die zur Lebensführung und insbesondere Haushaltsführung erforderlich sind (*LG Saarbrücken* NJW-RR 1987, 1496; *LG Berlin* ZMR 1975, 271). Dasselbe gilt für die Herstellung eines Telefonanschlusses und die Anbringung einer **Dachantenne** zum Zweck des Fernsehempfangs (*BayObLG* NJW 1981, 1274). Der Vermieter kann dem Anspruch des Mieters, eine Einzelantenne zu installieren, nur begegnen, indem er eine Gemeinschaftsantenne errichtet (*LG Hamburg* ZMR 1978, 140). Das Anbringen einer Parabol- oder sonstigen Zusatzantenne zum Empfang weiterer Programme darf der Vermieter nicht ohne triftigen sachbezogenen Grund verweigern (*BVerfG* NJW 1992, 493; vgl. auch *OLG Frankfurt* RE NJW 1992, 2490). Dagegen hat der Mieter einer Wohnung keinen Anspruch darauf, eine **Funkantenne** zu setzen (*BayObLG* NJW 1981, 1274).
- auf **Durchführung** gewisser **baulicher Veränderungen,** z. B. Hilfsmaßnahmen bei der Einrichtung und Ausstattung der Räume (Bildernägel, Dübel), Einrichtungsmaßnahmen (Raumteiler, Einbauküche) und notwendige Verwendungen nach § 547 BGB (Einzelheiten vgl. *Sternel,* Mietrecht, Teil II Rdnrn. 211 ff.),
- auf **Daueraufnahme von Personen,** mit denen er sein Leben teilen will (*BayObLG* WuM 1984, 13; auch bei einer von der Kirche gemieteten Wohnung, wenn es sich um einen unauffälligen Durchschnittsfall handelt – *OLG Hamm* RE ZMR 1992, 20), von Hausangestellten und Pflegepersonen (*OLG Hamm* NJW 1982, 2876). Dies findet seine Grenze allerdings in einer Überlegung der Wohnung und ggf. auch bei Störungen des Hausfriedens (*Schmidt-Futterer/Blank,* Wohnraumschutzgesetze Rdnr. B 139). Zum Anspruch des Mieters auf Gebrauchsüberlassung an sonstige Dritte, insbesondere Untervermietung, vgl. oben Rdnr. 14

d) Zahlungsklagen. Hierunter fallen z. B. folgende Klagen: **103**
- auf **Rückzahlung der Kaution** samt Zinsen (auch bei Mietverträgen vor dem 1. 1. 1983; vgl. *LG München I* v. 27. 11. 1991 – 31 S 730/91 – Mitteilungen Anwaltverein München Mai 1992), eines etwaigen Heiz-, Betriebs- oder sonstigen **Nebenkostenguthabens** sowie von restlichen Mieterleistungen bei Beendigung des Mietverhältnisses. Falls der Vermieter hier nicht abrechnet, muß der Zahlungsklage in aller Regel die Klage auf Vornahme der Abrechnung vorgeschaltet werden (vgl. oben Rdnr. 101);
- auf **Entschädigung nach § 547a II BGB** (zum formularvertraglichen Ausschluß des Wegnahmerechts vgl. oben Rdnr. 17). Zugrunde zu legen ist der Zeitwert der Einrichtung abzüglich Wertverlust durch Ausbau und Kosten der Wiederherstellung (MünchKomm-*Voelskow* § 547a BGB Rdnr. 16);
- auf **Schadensersatz wegen Nichterfüllung** bei Mängeln zu Beginn oder während eines Mietverhältnisses (§ 538 I BGB; vgl. oben Rdnrn. 96ff.);
- auf **Schadensersatz bei unberechtigter Kündigung** durch den Vermieter (Kosten für Wohnungssuche und Umzug; *BayObLG* NJW 1982, 2004);
- auf **Aufwendungsersatz** bei Modernisierung der Wohnung durch den Vermieter (§ 541b III BGB) oder bei Ersatzvornahme zur Beseitigung von Mängeln (§ 538 II BGB);
- auf **Ersatz von Verwendungen nach § 547 BGB** (zur Abdingbarkeit vgl. oben Rdnr. 17). Ansprüche des Mieters auf Ersatz von Verwendungen nach §§ 538 II, 547, 547a BGB verjähren bereits in 6 Monaten ab Beendigung des Mietverhältnisses (§ 558 BGB; vgl. *Palandt/Putzo* § 558 BGB Rdnrn. 5ff., 12).

V. Besonderheiten in den neuen Bundesländern

Nach dem Einigungsvertrag vom 31. 8. 1990 (BGBl. II S. 889ff.) richten sich **104** Mietverhältnisse ab dem Beitritt nach den Vorschriften des BGB. Dies gilt auch für Verträge, die vor dem Wirksamwerden des Beitritts abgeschlossen wurden (Art. 232 § 2 EGBGB, Anl. I Kap. III Sachgeb. B Abschn. II Ziff. 1 des Einigungsvertrages, BGBl. II, S. 943). Dabei gibt es jedoch mit Rücksicht auf die Verhältnisse in den Ländern der ehemaligen DDR einige Ausnahmen:

1. Wohnraummietrecht

a) Erweiterter Kündigungsschutz. Für Mietverhältnisse, die **vor** dem Bei- **105** tritt abgeschlossen wurden, gelten folgende zusätzliche Einschränkungen der nach dem BGB vorgesehenen Kündigungsmöglichkeiten (für Mietverhältnisse, die nach dem Beitritt abgeschlossen wurden bzw. werden, gelten diese Einschränkungen nicht):

aa) Eigenbedarf, § 564b II 2 BGB. Grundsätzlich kann sich der Vermieter auf **106** Eigenbedarf erst nach dem 31. 12. 1992 berufen (Verlängerung bis Ende 1995 von der Bundesregierung als Gesetzentwurf eingebracht, vgl. DWW 1992, 371). Dies gilt nicht, wenn der Ausschluß des Kündigungsrechts für den Vermieter angesichts seines eigenen Wohnbedarfs und seiner sonstigen berechtigten Interessen eine Härte bedeuten würde, die auch unter Würdigung der Interessen des Mieters nicht zu rechtfertigen wäre (Art. 232 § 2 III EGBGB). Damit sollen überwiegend die Fälle abgedeckt sein, in denen der Vermieter schon nach bisherigem Recht des beigetretenen Teils aus Eigenbedarf eine Auflösung des Mietverhältnisses hätte verlangen können (§ 122 Zivilgesetzbuch der ehemaligen DDR – ZGB; *Sternel,* Mietrecht aktuell, Rdnrn. 90 ff.; *Hartmann,* ZMR 1992, 279 u. 318). Diese Kündigungsmöglichkeit war allerdings in der Vergangenheit nur bei besonderen Ausnahmesituationen gegeben, so z. B. in einem Fall, bei dem der Vermieter nach der Eheschließung nur 2 Räume von 8 bzw. 6 m^2 ohne Küche und ohne Sanitärbereich zur Verfügung hatte, wobei aber auch in diesem Fall noch eine alle Umstände und Tatsachen umfassende Interessenabwägung vorzunehmen war (vgl. *Oberstes Gericht der DDR,* Neue Justiz 1990, 315).

107 **bb) Verhinderung angemessener wirtschaftlicher Verwertung, § 564b II 3 BGB.** Auf diesen Kündigungsgrund kann sich der Vermieter bei vor dem Beitritt abgeschlossenen Mietverhältnissen überhaupt nicht berufen (Art. 232 § 2 II EGBGB).

108 **cc) Wohnung in einem vom Vermieter selbst bewohnten Wohngebäude mit nicht mehr als 2 Wohnungen, § 564b IV 1 BGB.** Bei vor dem Beitritt abgeschlossenen Mietverträgen kann der Vermieter vor dem 1. 1. 1993 eine solche Wohnung unter den erleichterten Voraussetzungen des § 564b IV 1 BGB nur kündigen, wenn ihm die Fortsetzung des Mietverhältnisses wegen seines Wohn- oder Instandsetzungsbedarfs oder sonstiger Interessen nicht zugemutet werden kann (Art. 232 § 2 IV EGBGB).

109 **b) Miethöhe. aa) Nach dem Beitritt ohne Mittel aus öffentlichen Haushalten neu geschaffener Wohnraum** (sei es, daß das Gebäude erst nach dem Beitritt fertig gestellt wurde, sei es, daß der neu geschaffene Wohnraum vorher auf Dauer zu Wohnzwecken nicht mehr benutzbar war oder nach seiner baulichen Anlage und Ausstattung anderen als Wohnzwecken diente; vgl. § 11 I MHRG, Anl. I Kap. XIV Abschn. II Ziff. 7 des Einigungsvertrages, BGBl. II, S. 1126). Bei Vermietung dieses Wohnraums sind die Preisvorschriften der ehemaligen DDR nicht anzuwenden. Er unterliegt der Vertragsfreiheit hinsichtlich der Miethöhe, soweit nach dem Miethöhegesetz und insbesondere nach § 5 Wirtschaftsstrafgesetz (= nicht mehr als 20% über der ortsüblichen Vergleichsmiete) zulässig.

110 **bb) Jeglicher sonstiger Wohnraum,** gleichgültig, wann der Mietvertrag abgeschlossen wurde. Hierfür gelten die bisherigen Preisvorschriften der ehemaligen DDR weiter (Anl. II Kap. V Abschn. III Ziff. 1a) dd) des Einigungsvertrages, BGBl. II S. 1201) mit der Maßgabe, daß die Grundmieten ab 1. 10. 1991 in gewissem Umfang erhöht (1. GrundmietenVO v. 17. 6. 1991, BGBl. I, 1269) und einige Betriebskosten umgelegt werden können (Betriebskosten-Umlage-VO v. 17. 6. 1991, BGBl. I, 1270; Herabsetzung ab 1. 1. 1994 durch Betriebskostenumlage-Änderungsverordnung vom 27. 7. 1992, BGBl. I, 1415); ab 1. 1. 1993 und 1. 1. 1994 sind weitere Erhöhungen möglich (2. GrundmietenVO v. 27. 7. 1992 BGBl. I, 1416; *Pfeifer,* DtZ 1992, 338; *Sternel,* Mietrecht aktuell, Rdnrn. 167 ff.; *Seitz,* DWW 1992, 172). Etwas anderes gilt lediglich für Mieterhöhungen wegen Modernisierung gem. § 3 MHRG (zur besonderen Problematik insoweit vgl. *Sternel,* Mietrecht aktuell, Rdnrn. 119 ff.) und bis zum 1. 1. 1996 sogar über § 3 MHRG hinaus (vgl. § 11 II und VII MHRG).

2. Geschäftsraummietrecht

a) Kündigungsschutz. aa) Bis zum 31. 12. 1992. Ist der Mietvertrag vor dem Beitritt abgeschlossen worden, so kann der Mieter einer bis zum 31. 12. 1992 erklärten Kündigung eines Mietverhältnisses über Geschäftsräume oder gewerblich genutzte unbebaute Grundstücke entsprechend der Sozialklausel des § 556a BGB widersprechen und vom Vermieter die Fortsetzung des Mietverhältnisses verlangen, wenn die Kündigung für ihn eine erhebliche Gefährdung seiner wirtschaftlichen Lebensgrundlage mit sich bringt. Auf Vermieterseite werden nur die im Kündigungsschreiben angegebenen Gründe berücksichtigt, soweit nicht die Gründe nachträglich entstanden sind (Art. 232 § 2 V und VI EGBGB). Hiervon gibt es jedoch gewisse Ausnahmen (vgl. § 2 V Ziff. 1 bis 4 EGBGB), insbesondere, daß der Mieter sich weigert, in eine Umlegung der Betriebskosten einzuwilligen oder daß er sich weigert, in eine angemessene Mieterhöhung einzuwilligen, wenn der Vermieter bei anderweitiger Vermietung eine höhere Miete erzielen könnte. Hierdurch wird quasi bis zum 31. 12. 1992 eine Art ortsübliche Geschäftsraummiete eingeführt (Einzelheiten vgl. *Schultz*, ZMR 1992, 442; *Sternel*, Mietrecht aktuell, Rdnrn. 99, 105; *Seitz* DtZ 1992, 72). 111

bb) Bis zum 1. 1. 1995. Für Kündigungen von Mietverhältnissen über Geschäftsraum, welche vor dem Beitritt abgeschlossen wurden, verlängert sich die Kündigungsfrist nach § 565 I 3 BGB für vor dem 1. 1. 1995 erklärte Kündigungen um 3 Monate, also praktisch um ein Quartal (Art. 232 § 2 VII EGBGB). 112

b) Miethöhe. Hier galten für Geschäftsräume bis zum 31. 12. 1990 die beim Beitritt bestehenden Preisvorschriften der ehemaligen DDR weiter (Anl. II Kap. V Abschn. III Ziff. 1a dd des Einigungsvertrages; Einzelheiten vgl. *Sternel*, Mietrecht aktuell, Rdnrn. 194ff.; *Seitz* DtZ 1992, 72). Ab dem 1. 1. 1991 können Miethöhe ebenso wie Staffelmieten und Mietanpassungsklauseln frei vereinbart werden. Einer Änderungskündigung sind allerdings bis zum 31. 12. 1992 Grenzen gesetzt (vgl. oben Rdnr. 111). 113

B V. Das Wohnungseigentums-Verfahren

Dr. Wolf-Dietrich Deckert

Übersicht

	Rdnr.
I. **Einführung**	1
1. Regelungsbild des WEG	1
2. Zwingende und dispositive Normen als WEG	4
3. Die Teilungserklärung mit Gemeinschaftsordnung als Vereinbarung und „lex specialis" einer Gemeinschaft...	6
4. Die Bindungswirkung von Eigentümerbeschlüssen	8
5. Das WE-Verfahren als echtes privatrechtliches Streitverfahren in Angelegenheiten der freiwilligen Gerichtsbarkeit	10
II. **Verfahrensgang in WE-Sachen**	14
1. Zulässigkeit, Zuständigkeit und sachlicher Umfang des Verfahrens nach § 43 WEG	14
2. Wechselseitige gerichtliche Abgaben	27
3. Das Antragsverfahren in WE-Sachen	31
4. Der Nachweis des Rechtsschutzinteresses	38
5. Die Beteiligten des WE-Verfahrens	42
6. Handeln in Prozeßstandschaft	49
7. Grundsatz der mündlichen Verhandlung (Sühneverhandlung) vor Gericht	54
8. Der Amtsermittlungsgrundsatz und die Mitwirkungspflicht der Streitbeteiligten	59
9. Die Beschlußentscheidung des WE-Gerichts	64
10. Einstweilige Anordnung nach § 44 III WEG	69
11. Anwaltliche Vertretung in WE-Sachen	71
12. Die Zustellung der gerichtlichen Entscheidung	74
III. **Das Beschlußanfechtungsverfahren**	78
1. Die einmonatige Ausschlußfrist	78
2. Kein Suspensiveffekt der Anfechtung	82

	Rdnr.
3. Das schriftliche Beschlußverfahren	83
4. Anfechtungsgründe	84
5. Rechtskraft der gerichtlichen Entscheidung	86
6. Der Verwalter als Zustellungsvertreter und seine Informationspflicht	87
IV. **Das Beschlußnichtigkeits-Feststellungsverfahren**	88
V. **Weitere Verfahrensanträge**	90
VI. **Das Hausgeld-(Wohngeld-)Inkassoverfahren**	93
VII. **Das Eigentums-Entziehungsverfahren**	104
VIII. **Das Beschwerdeverfahren (Rechtsmittel)**	106
1. Die sofortige Beschwerde (Erstbeschwerde)	106
2. Die sofortige weitere Beschwerde (Rechtsbeschwerde)	113
IX. **Die Vollstreckung wohnungseigentumsgerichtlicher Beschlußentscheidungen**	124
X. **Die Kostenentscheidung des Gerichts nach billigem Ermessen**	127
1. Gerichtskosten	127
2. Außergerichtliche Kosten (insbesondere Rechtsanwaltshonorare)	128
XI. **Der Geschäftswert des WE-Verfahrens**	137
XII. **Besonderheiten in den neuen Bundesländern**	140
XIII. **Anhang: Antragsmuster**	145
1. Beschlußanfechtungsantrag nach § 43 I Nr. 4 WEG	141
2. Zahlungsantrag gegen wohngeldsäumigen Miteigentümer	142
3. Antrag auf Veräußerungszustimmung nach § 12 WEG	143
4. Antrag auf Unterlagenherausgabe	144

Literatur: *Augustin,* Sonderausgabe zu BGB-RGRK, 12. Aufl. 1983; *Bärmann/Pick/ Merle,* WEG 6. Aufl. 1987; *Bärmann/Seuß,* Praxis des Wohnungseigentums, 3. Aufl. 1980; *Belz,* Das Wohnungseigentum, 1980; *Bielefeld,* Der Wohnungseigentümer, 4. Aufl. 1990; *ders.,* WEG-Recht, Rechtsprechung in Leitsätzen 1984–1986, 1987, Bd. 2, 1986–1988, 1990; *Bub,* Wohnungseigentum von A–Z, 6. Aufl. 1991; *Deckert,* Mein Wohnungseigentum, 4. Aufl. 1992; *ders.,* Die Eigentumswohnung vorteilhaft erwerben, nutzen und verwalten, 1982 ff. (Loseblattausgabe) (zit.: ETW mit G. für Gruppe und A. für Abschnitt);

Einführung B V

Ganten, in: *Erman*, Komm. zum BGB, 8. Aufl. 1989; *Henkes/Niedenführ/Schulze*, 1991; *Jennißen*, Die Verwalterabrechnung nach dem WEG, 2. Aufl. 1992; *Koeble*, Rechtshandbuch Immobilien, 1987 ff. (Loseblattausgabe); *Merle*, Bestellung und Abberufung des Verwalters nach § 26 WEG, 1977; *Müller*, Praktische Fragen des Wohnungseigentums, 1986; *Bassenge*, in: *Palandt*, BGB, 51. Aufl. 1992; Partner im Gespräch (PiG), Schriftenreihe der ESW Deutschland e. V. derzeit Hefte 1, 1976 bis 32, 1991; *Peters*, Verwaltungsbeiräte im Wohnungseigentum, 3. Aufl. 1985; *ders.*, Instandhaltung und Instandsetzung von WE, 1984; *ders.*, Der Fachverwalter von Wohnungseigentum, 1989; *Röll*, Teilungserklärung und Entstehung des Wohnungseigentums, 1975; *ders.*, Handbuch für Wohnungseigentümer und Verwalter, 5. Aufl. 1991; *ders.*, in: MünchKomm zum BGB, Bd. 4, 2. Aufl. 1986; *Sauren*, Problematik der variablen Eigentumswohnungen, 1984; *ders.*, WEG, 1989; *ders.*, Verwaltervertrag und Verwaltervollmacht im Wohnungseigentum, Beck'sche Musterverträge Bd. 3, 1990; *Schmid*, Die Vermietung von Eigentumswohnungen, 1984; *Schmidt*, in: Münchener Vertragshandbuch, Bd. 3 Wirtschaftsrecht, 2. Aufl. 1987; *Schönhofer/Reinisch*, Haus- und Grundbesitz in Recht und Praxis, 1978 ff. (Loseblattausgabe) (zit.: H u G); *Seuß*, Die Eigentumswohnung, 9. Aufl. 1988; *Stein/Peters/Drasdo/Münstermann-Schlichtmann*, WE Organisations- u. Musterhandbuch, 1991; *Stürner*, in: Soergel/Siebert, Komm. zum BGB, 12. Aufl. 1990; *Tresper*, Wohnungseigentum in der Praxis, 5. Aufl. 1983; *Weitnauer*, WEG 7. Aufl. 1988). – **Fachzeitschriften:** Wohnungseigentum (WE), Der Wohnungseigentümer (DWE) u. a.

I. Einführung

1. Regelungsbild des WEG

Das **WEG von 1951** mit einigen Änderungen – insbesondere 1973 – (beachte 1 hierzu auch die seit 1. 4. 1991 geltenden Änderungen – §§ 45 I, 46 a (neu), § 48 I 4 WEG, § 29 b ZPO (neu) – durch das Rechtspflege-Vereinfachungs G vom 17. 12. 1990, BGBl. I S. 2847 ff., den mit Wirkung ab 29. 3. 1991 neu eingefügten § 3 III WEG und die neuerliche Änderung des § 45 I durch das Rechtspflege-Entlastungsgesetz v. 11. 1. 1993, in Kraft ab 1. 3. 1993) ist wie folgt gegliedert: **I. Teil** (Wohnungseigentum) mit Begriffsbestimmungen (§ 1) sowie den Abschnitten Begründung des Wohnungseigentums (§§ 2–9), Gemeinschaft der Wohnungseigentümer (§§ 10–19), Verwaltung (§§ 20–29), Wohnungserbbaurecht (§ 30); **II. Teil** Dauerwohnrecht (§§ 31–42); **III. Teil** Verfahrensvorschriften, unterteilt in die Abschnitte **Verfahren der freiwilligen Gerichtsbarkeit in Wohnungseigentumssachen** (§§ 43–50), Zuständigkeit für Rechtsstreitigkeiten (§§ 51–52) und Verfahren bei Versteigerung des Wohnungseigentums (§§ 53–58); **IV. Teil** Ergänzende Bestimmungen (§§ 59–64).

Hinsichtlich Wohnungs- bzw. Teil**erbbau**rechten gelten die Vorschriften 2 über das Wohnungseigentum bzw. Teileigentum analog (**§ 30 III 2**).

In seiner **Dogmatik** ist das Institut des Wohnungseigentums der Bruchteilsge- 3 meinschaft des BGB (§§ 741 ff. BGB) angenähert, nach *Bärmann* als 3-gliedrige Einheit (Trinität) eine Rechtsform sui generis (untrennbare Verbindung der beiden sachenrechtlichen Elemente, nämlich des Miteigentums/Miteigentumsanteils am Gemeinschaftseigentum und des Sondereigentums in wechselseitiger Akzessorietät auch zum personenrechtlichen Element, dem kollektiven Gemeinschaftsverhältnis). *Weitnauer* hingegen betrachtet dieses Institut allein als besonders ausgestaltetes Miteigentum nach BGB (vgl. beide Standardkommentierungen, jeweils in den Einleitungen). M. E. ist neben den sachen- und personenrechtlichen Komponenten auch das gemeinschaftliche Verwaltungsvermögen als ein gemeinschaftgebundenes Sondervermögen anzuerkennen, auf das die gesetzlichen Regelungen der §§ 1 V und 5 II WEG über das sachenrechtlich

Deckert 229

umschriebene Gemeinschaftseigentum analog anzuwenden sind (Vermögen dieser Zweckgemeinschaft eigener Art; vgl. ETW, G. 3, A. 2.2.5).

2. Zwingende und dispositive Normen des WEG

4 Aus der gesetzlichen Diktion allein ist oftmals nicht zu erkennen, welche Bestimmungen des WEG zwingender und welche dispositiver (abdingbarer) Natur sind. Hier ist häufig allein auf die h. M. abzustellen; als **zwingend** anzusehen sind die §§ 1–4 sowie 8, § 5 (insbesondere § 5 II), § 6, § 10, § 11, § 12 (insbesondere II 1), § 13, § 18 I und IV (III strittig), § 19 (strittig), § 20 II, § 21 IV, V Nr. 4, § 23 III, IV, § 24 II, § 24 III (strittig), § 26, § 27 I und II (vgl. III), § 27 IV 1, § 28 (strittig), §§ 43 ff., §§ 53 ff. (vgl. auch ETW, G. 3, A. 1.2).

5 Die Klärung dieser Vorfragen ist oftmals deshalb wichtig, da zwingende Bestimmungen des WEG nicht durch Vereinbarung (d. h. also in erster Linie durch Teilungserklärung mit Gemeinschaftsordnung) und erst recht nicht durch einfachen Mehrheitsbeschluß abweichend geregelt werden können (Nichtigkeitsfolge!). Abdingbare gesetzliche Regelungen können hingegen mangels Vereinbarung auch Mehrheitsbeschlußfassungen zugeführt werden, so daß solche Beschlüsse nach Ablauf der 1-monatigen Beschlußanfechtungsfrist verbindlich und bestandskräftig werden (bis zu etwaiger neuer, aufhebender oder ändernder Beschlußfassung). Eine fristgemäße Anfechtung solcher Beschlüsse hätte allerdings rechtlich Erfolg und würde ebenfalls zur Ungültigkeit eines Beschlusses führen, da nach § 10 I 2 WEG grundsätzlich von Vorschriften des Gesetzes (also auch abdingbaren) nur über „**Vereinbarungen**" (d. h. Zustimmung aller Eigentümer) abgewichen werden kann. Die Rechtslage ist hier ähnlich wie bei Mehrheitsbeschlüssen, die ändernd in eine Teilungserklärungsvereinbarung eingreifen (ebenfalls grds. nur mit allstimmiger Zustimmung).

3. Die Teilungserklärung mit Gemeinschaftsordnung als Vereinbarung und „lex specialis" einer Gemeinschaft

6 Die beglaubigte oder beurkundete Teilungserklärung mit Gemeinschaftsordnung ist Bestandteil eines jeden Wohnungs- oder Teileigentums und besitzt kraft Grundbucheintrag sog. **dingliche Wirkung**, d. h. Wirkung gegenüber Sonderrechtsnachfolgern im Eigentum (§ 10 II WEG) (ebenso wie der Aufteilungsplan mit Abgeschlossenheitsbescheinigung als Bezugsunterlage der Eintragungsbewilligungen; öffentlicher Glaube des Grundbuchs). Aufteilungsplan und formeller Teil der Teilungserklärung identifizieren das jeweilige Sondereigentum und grenzen es vom Gemeinschaftseigentum ab.

7 Der zweite Teil der Teilungserklärung (die Gemeinschaftsordnung) regelt die Rechte und Pflichten unter den Eigentümern und die Verwaltung des Gemeinschaftseigentums, ggf. auch in Abweichung von abdingbaren Bestimmungen des WEG. Manche Vereinbarungen in der Gemeinschaftsordnung besitzen allerdings nicht (grds. nur allstimmig abänderbare) Vereinbarungs-, sondern allein Beschlußwirkung (so z. B. m. E. eine mitvereinbarte Hausordnung als „Scheinvereinbarung", die auch über einf. Mehrheitsbeschluß abgeändert werden kann). Diese Gesamtvereinbarung ist eine Art **Satzung der Gemeinschaft** und in allen anstehenden Streitfragen primär zu prüfen und zu beachten.

Nichtige Vereinbarungen entfalten keinerlei Rechtswirkungen; auf die Nichtigkeit kann sich jeder Beteiligte berufen; eines eigenen gerichtlichen Feststellungsantrags bedarf es nicht. Im Rahmen gerichtlicher **Inhaltskontrolle** nach

§ 242 BGB kann im Einzelfall auch gestalterisch durch den Richter in Teilungserklärungs-Vereinbarungen eingegriffen, d. h. eine grob unbillige Regelung für ungültig erklärt werden (nach h. M. allerdings keine Kontrolle nach AGB-Gesetz; die Gemeinschaftsordnung regelt kein synallagmatisches Austauschverhältnis).

4. Die Bindungswirkung von Eigentümerbeschlüssen

Sind Beschlüsse nicht nichtig (Nichtigkeit ex tunc: Verstoß gegen zwingendes Gesetz oder gegen Anstand und gute Sitten, absolute Unzuständigkeit der Gemeinschaft zur Beschlußfassung), erlangen jegliche Beschlüsse nach Ablauf der 1-monatigen Beschlußanfechtungsfrist seit Beschlußfassung (also ohne erfolgte, fristgemäße Beschlußanfechtung bei Gericht, vgl. § 23 IV WEG) Bestandskraft und verbindliche **Wirkung gegenüber Sonderrechtsnachfolgern,** ohne daß Beschlüsse in das Grundbuch eingetragen werden (§ 10 III WEG, ebenso wie wohnungseigentumsgerichtliche Entscheidungen nach § 43 WEG, wohl nicht gerichtliche Vergleiche); somit haben Beschlüsse (und auch Gerichtsentscheidungen) grds. verbindliche Wirkung auch gegenüber Wohnungskäufern, Erben, Beschenkten und Erstehern in der Zwangsversteigerung (Sondernachfolgen). 8

Des weiteren wirken Mehrheitsbeschlüsse auch für und gegen Wohnungseigentümer, die gegen einen Beschluß (besser Antrag) gestimmt oder an der Beschlußfassung (mangels persönlicher Teilnahme oder wirksamer Vertretung) nicht mitgewirkt haben (§ 10 IV WEG). 9

5. Das WE-Verfahren als echtes privatrechtliches Streitverfahren in Angelegenheiten der freiwilligen Gerichtsbarkeit

Im Gegensatz zum allgemeinen Zivilprozeß handelt es sich in Wohnungseigentumsstreitsachen um ein Verfahren der freiwilligen Gerichtsbarkeit (im folgenden: fG-Verfahren). Da sich aber auch hier i. d. R. Beteiligte als Streitparteien gegenüberstehen, spricht man auch von einem „**echten privatrechtlichen Streitverfahren in Angelegenheiten der freiwilligen Gerichtsbarkeit.**" 10

Neben den Spezialvorschriften im WEG (§§ 43–52) gilt ergänzend das **FGG** (insbesondere die allgemeinen Vorschriften nach den §§ 1–34 FGG). 11

Die freiwillige Versteigerung von Wohnungseigentum ist den Notaren übertragen (§§ 53 ff. WEG). 12

Aufgrund des Charakters eines echten privatrechtlichen Streitverfahrens werden im WEG-Verfahren häufig auch **Analogien zur ZPO** gezogen (z. B. zur Streitverkündung, zur Klageänderung, zur Rechtshängigkeit, zur Rechtskraft, zur Veräußerung der Streitsache usw.). 13

II. Verfahrensgang in WE-Sachen

§ 43 WEG regelt die Zulässigkeit sowie die sachliche, örtliche und funktionelle Zuständigkeit der Verfahrensart in Wohnungseigentumssachen. Allgemeine Verfahrensgrundsätze finden sich dann in den §§ 44–50 WEG. 14

1. Zuständigkeit, Zulässigkeit und sachlicher Umfang des Verfahrens nach § 43 WEG

a) Die **sachliche** und funktionelle **Zuständigkeit** ist bei Streitigkeiten zwischen Eigentümern untereinander und zwischen Eigentümern und Verwalter im 15

Zweifel nach h. M. weit auszulegen, da das fG-Verfahren flexibler und in diesen Streitfällen besser geeignet ist als der sehr speziell in der ZPO geregelte und insbesondere einem strengen Form- und Fristzwang unterliegende Zivilprozeß; das WEG-Verfahren ist auch einfach und elastisch gestaltet und damit für eine meist große Anzahl von Beteiligten besonders prädestiniert (so *BGH* NJW 1972, 1318). Zum Amtsermittlungsgrundsatz des WE-Gerichts und zur Stoffbeibringungs- und Mitwirkungspflicht der Beteiligten vgl. unten Rdnr. 61 ff.

16 **Örtlich** ist in I. Instanz das Amtsgericht zuständig, in dessen Bezirk sich das Wohnungseigentumsgrundstück befindet **(Belegenheitsgericht).**

17 b) § 43 I WEG steckt in etwa den Rahmen dessen ab, was im Streitfall vor dem Amtsgericht – Abt. Wohnungseigentum – (nachfolgend mitunter auch Wohnungseigentumsgericht genannt) zu behandeln ist. Im Einzelfall kann jedoch die Zulässigkeit **dieses besonderen Rechtsweges in Frage stehen.**

18 **Nicht unter diese fG-Verfahrensart** fallen z. B. Herausgabeklagen von Wohnungen gegen unrechtmäßige Besitzer, Klagen aus allgemeinem Nachbarrecht, Klagen der Eigentümer gegen gemeinschaftsfremde Dritte, Streitigkeiten zur reinen Abgrenzung der sachenrechtlichen Bestandteile des Wohnungseigentums (einschließlich der dinglichen Sondernutzungsrechte, nicht jedoch, wenn es um den Umfang und Geltungsbereich eines solchen Rechts geht), soweit nur eine entsprechende abstrakte Feststellung eines Rechtsverhältnisses beantragt ist, Streitigkeiten über Konkurrenzverbote zwischen Teileigentümern, baumängel- und mietrechtliche Streitigkeiten (vgl. B II bzw. B IV), Schadenersatzklagen gegen die Haftpflichtversicherung eines Verwalters, i. d. R. auch Ehrverletzungs-Abwehrklagen usw. (vgl. Beispielsfälle aus der obergerichtlichen Rechtsprechung in ETW, G. 7, A. 2.1). – Beachte auch den neuen **§ 29b ZPO,** der die Belegenheitsgerichtszuständigkeit für **Klagen Dritter** gegen Eigentümer festschreibt, wenn der Streitgegenstand Gemeinschaftseigentum, Sondereigentum oder WE-Verwaltung betrifft.

19 c) Umstritten war in den letzten Jahren die **Anwendbarkeit** der §§ 43 ff. WEG auf sog. **werdende (faktische) Eigentümer.** Das Rechtsinstitut dieses sog. werdenden Eigentümers war früher (bis zur BGH-Entscheidung von 1988, vgl. unten Rdnr. 22) nach h. M. anerkannt, d. h. ein Wohnungserwerber wurde bereits dann wie ein Volleigentümer behandelt, wenn eine Teilungserklärung im Grundbuch mit Anlegung der Grundbuchblätter vollzogen, ein bindender, rechtswirksamer notarieller Erwerbsvertrag abgeschlossen, eine Auflassungsvormerkung zu Gunsten des Erwerbers im Grundbuch eingetragen war und wenn sich der Erwerber bereits faktisch in die Gemeinschaft integriert, i. d. R. also eine Wohnung rechtlich oder tatsächlich in Besitz genommen hatte (Besitz-, Lasten-, Nutzungs- und Gefahrübergang). Dies galt dann gleichermaßen für Aktiv-, wie Passivprozesse.

20 Die gleiche Problematik stellte sich schon beim Stimmrecht, bei der richtigen Adressierung in Ladungen zu Eigentümerversammlungen und auch bei Wohngeld-(Hausgeld-) Zahlungsverpflichtungen (Passivlegitimation).

21 Das *KG* hat in Vorlagen zum *BGH* dieses Institut in Frage gestellt mit der Begründung fehlender Notwendigkeit und unter Hinweis auf das WEG, das stets nur vom „Wohnungseigentümer" spricht und damit in formalistischer Betrachtungsweise allein den im Grundbuch schon oder noch eingetragenen Wohnungseigentümer als Beteiligten der Gemeinschaft ansieht (letzte Entscheidung zum verneinten Stimmrecht des werdenden Eigentümers *KG* WE 1988,

91 und zur verneinten Antragsberechtigung und Verfahrensführung nach § 43 WEG vom 1. 4. 1987 – 20 W 5239/84; zur Gesamtproblematik vgl. u. a. ETW, G. 4, A. 2.1 m. w. Nachweisen).

Der **BGH** hat zwischenzeitlich i. S. des vorlegenden *KG* die Rechtsfigur des **22** werdenden Eigentümers in der **Einzelrechtsnachfolge** (dort zum Stimmrecht) **geleugnet** (vom 1. 12. 1988, NJW 1989, 1087) und konsequenterweise nachfolgend auch zur Passivlegitimation und Wohngeldschuldnerschaft auf den Eigentümereintrag im Grundbuch zum Zeitpunkt der Forderungsfälligkeit abgestellt (vgl. v. 18. 5. 1989, NJW 89, 2697).

Die werdende/**faktische** Gemeinschaft **vor** rechtlicher Entstehung der WE- **23** Gemeinschaft (Eintrag von mindestens 2 Eigentümern im Grundbuch) wurde allerdings nachfolgend vom *BayObLG* in einer Grundsatzentsch. vom 11. 4. 1990 – BReg. 2 Z 7/90, *BayObLGZ* 1990 Nr. 24 nach wie vor anerkannt bzw. bestätigt (bezogen auf eine Teilung und WE-Begründung nach § 8 WEG) und in neuen Entscheidungen zu **Bauträger-Teilungen** nach § 8 WEG fortgeschrieben. Auch nach Invollzugsetzung (Entstehung) der WE-Gemeinschaft bleiben die bisherigen werdenden/faktischen Eigentümer (Ersterwerber vom Bauträger-Verkäufer) solchermaßen faktische Eigentümer mit allen Rechten und Pflichten wie Volleigentümer (soweit zu ihren Gunsten nach verbindlichem Kauf eine Auflassungsvormerkung im Grundbuch eingetragen ist und soweit auf sie Besitz, Lasten, Nutzungen und Gefahr des neu erstellten Sondereigentums übergegangen sind). Erstkäufer vom Bauträger **nach** Entstehung der Eigentümer-Gemeinschaft (Eintragung mindestens eines weiteren Miteigentümer im Grundbuch) erhalten als „Sondernachfolger" gemäß vorgen. BGH-Rspr. Rechte und Pflichten allerdings erst mit Eigentumsumschreibung im Grundbuch (gelten also bereits als Sondernachfolger).

d) Nach h. M. sind die §§ 43 ff. WEG auch anwendbar bei Anspruchslagen **24** gegen einen aus der Gemeinschaft **ausgeschiedenen Verwalter** (gleichermaßen für Aktivverfahren des Ex-Verwalters gegen Eigentümer), soweit der geltend gemachte Anspruchsgrund mit der früheren Amtstätigkeit des Verwalters zu tun hatte; abgestellt wurde hier auf den **inneren Zusammenhang** mit der früheren Verwaltungstätigkeit (vgl. *BGH* NJW 1972, 1320; *BGH* NJW 1980, 2466; *BayObLG* vom 13. 2. 1981 – BReg. 2 Z 17/80; *KG* vom 14. 4. 1988 – 25 W 1174/88 und vom 15. 6. 1988 – 24 W 473 und 474/88; zur – die Klagebefugnis verneinenden – Schadenersatzklage eines einzelnen Eigentümers im Falle gemeinschaftsbezogener Ansprüche gegen einen Verwalter ohne Beschluß vgl. BGH NJW 89, 1091; ebenso *BayObLG* vom 3. 7. 1989, ETW, G. 2, 1010; insoweit verneinte actio pro socio).

Diese Rechtsprechung wurde nach bisher h. M. – m. E. nicht konsequent – **25** nicht auch auf **ausgeschiedene Eigentümer** ausgedehnt; hier wurde der Rechtsweg nach § 43 WEG verneint (*BGHZ* 44, 43 (45); *BayObLG* RPfl. 1975, 245 und 1979, 318; *BayObLGZ* 1986, 348 (350)). Insoweit gab es auch zwei weitere Vorlagen des *KG* an den *BGH* mit der Begründung, auch gegen ausgeschiedene Miteigentümer den Rechtsweg nach § 43 WEG zu eröffnen (*KG* vom 15. 2. 1988, DWE 1988, 74 und *KG* vom 20. 4. 1988 – 24 W 4878/87). Der *BGH* (NJW 1989, 714 = ETW, G. 2, S. 852) hat allerdings seine bisherige Meinung neuerlich bestätigt.

Zuständig ist jedoch auf jeden Fall das WE-Gericht für den Feststellungsan- **26** trag der Nichtigkeit bzw. Ungültigkeit eines Beschlusses, wenn der Antragsteller **vor** Antragseinreichung aus der Gemeinschaft ausgeschieden ist; ein Rechtsschutzbedürfnis ist hier zu bejahen, wenn seine Rechtstellung betroffen ist (*BayObLG* WE 1987, 55).

2. Wechselseitige gerichtliche Abgaben

27   Nach § 46 I WEG hat das angegangene **Prozeßgericht** eine Streitsache an das WE-Gericht abzugeben, wenn die Angelegenheit unter § 43 WEG fällt. Dieser Abgabebeschluß ist für das Wohnungseigentumsgericht grds. bindend, selbst wenn das Prozeßgericht rechtsirrig seine Zuständigkeit verneint hat (anders bei offensichtlich unrichtigen Abgabebeschluß, vgl. *BayObLGZ* 1991 Nr. 25).

28   Auf das Verhältnis Prozeßgericht/WEG-Gericht ist nunmehr § 17a GVG analog anwendbar (vgl. *BayObLGZ* 1991, 186 und *BGH* NJW 1991, 1686); damit ist nach § 17a IV 3 GVG gegen den Abgabebeschluß des Prozeßgerichts die sofortige Beschwerde nach § 577 ZPO gegeben; der Abgabebeschluß muß den Parteien auch förmlich zugestellt werden (§ 329 III ZPO); vgl. *KG* v. 18. 10. 1991 und *BayObLG* v. 23. 1. 1992, ETW G. 2, S. 1622 und 1658. Das Rechtsbeschwerdegericht ist i. ü. an eine von den Vorinstanzen bejahte WE-Zuständigkeit analog § 17a GVG gebunden (vgl. *BayObLG* v. 22. 10. 1992, 2 Z BR 80/92 und v. 23. 10. 1992, 2 Z BR 78/92).

29   Der umgekehrte Fall, also eine Abgabe des **Wohnungseigentumsgerichts** an ein Prozeßgericht (das Zivilgericht) ist wie eine Endentscheidung nach h. M. rechtsmittelfähig (§ 45 I WEG), d. h. sofortige Beschwerde statthaft.

30   Halten sich sowohl Prozeß- als auch Wohnungseigentumsgericht für unzuständig (sog. **negativer Kompetenzkonflikt**), wird das zuständige Gericht analog § 36 Nr. 6 ZPO durch das im Rechtszug zunächst höhere Gericht bestimmt (vgl. m. w. N. ETW G. 7, A. 2.4 d).

3. Das Antragsverfahren in WE-Sachen

31   Auch die Einleitung des WE-Verfahrens setzt **Anträge** voraus, aus denen das Begehren eines Antragstellers für Gericht und Gegner allgemein erkennbar wird. Aus einem solchen Antrag soll sich insbesondere ergeben, wer Verfahrensbeteiligter ist und welches Rechtschutzziel erstrebt wird (z. B. eindeutige Klarstellung, welche Beschlüsse angefochten sein sollen, *OLG Celle* vom 19. 1. 1989, ETW G. 2, S. 1044).

32   Im Gegensatz zur zivilprozessualen Partei- und Antragsmaxime (§ 308 ZPO) ist jedoch der Wohnungseigentumsrichter nicht in gleich strenger Weise an Parteianträge gebunden, die nur **Anregungen** an das WE-Gericht sind. Auch Anträge und Hilfsanträge können in WE-Sachen vom Richter **ausgelegt** werden (Amtsermittlung). Allerdings ist auch das WE-Gericht an den erklärten Inhalt eines Sachantrages gebunden, kann also nicht mehr oder etwas anderes entscheiden (vgl. *BayObLG* v. 30. 8. 1989, 2 Z 40/89, und v. 15. 12. 1989, 2 Z 128/89).

33   Mit Einreichung einer Antragsschrift beim AG wird eine WE-Rechtssache anhängig, nach Zustellung an die Gegenseite **rechtshängig**; Voraussetzung für diese Zustellung durch Vermittlung der Geschäftsstelle ist grundsätzlich die Einbezahlung eines Gerichtskostenvorschusses (nach der Kostenordnung – **KostO** –, nicht nach dem Gerichtskostengesetz – GKG – und damit mit erheblich niedrigeren Kostensätzen als im ZPO-Verfahren); die Höhe des Gerichtsko-

stenvorschusses gibt i. d. R. das Gericht dem Antragsteller auf der Basis eines vorläufig bestimmten (u. U. auch antragstellerseits vorgeschlagenen) Geschäftswertes bekannt.

Im WE-Verfahren gibt es **keine Versäumnisentscheidung** ähnlich dem Versäumnisurteil nach ZPO und auch **keine vorläufige Vollstreckbarkeit;** möglich sind allein sofort vollstreckbare einstweilige Anordnungsentscheidungen nach § 44 III WEG im Rahmen eines rechtshängigen Hauptsacheverfahrens, die im Regelfall nicht selbständig angefochten werden können (vgl. auch unten Rdnr. 69). 34

Die Wirksamkeit der Zustellung eines Antrages wird nicht dadurch berührt, daß in ihm die übrigen Wohnungseigentümer nicht (alle) namentlich, sondern nur in Kurzbezeichnung als „die Wohnungseigentümergemeinschaft ... x-Str." bezeichnet sind (*BGH* NJW 1977, 1686 und *BayObLG* vom 8. 7. 1981 – BReg. 2 Z 14/81). Allerdings kann Übersendung einer vollständigen, aktuellen Namens- und Anschriftenliste aller **Beteiligten** gefordert werden. 35

In WE-Sachen sind aus verfahrensökonomischen Gründen grundsätzlich auch **Gegenanträge** – analog den für die Widerklage der ZPO geltenden Grundsätzen – zulässig; in der Beschwerdeinstanz sind solche erstmals gestellten Gegenanträge analog § 530 I ZPO allerdings nur zuzulassen, wenn der Gegner einwilligt oder das Gericht die Geltendmachung der Ansprüche in dem rechtshängigen Verfahren für sachdienlich hält (*BayObLG* vom 30. 10. 1979 – BReg. 2 Z 28/78, ebenso *KG* vom 7. 6. 1989 – 24 W 95/89 und *OLG Frankfurt* vom 9. 9. 1982 – 20 W 423/83, insoweit allerdings mit der Einschränkung, daß die Verfahrensbeteiligten identisch sein müßten und zwischen Antrag und Gegenantrag ein rechtlicher Zusammenhang bestehen müsse; eine solche Beteiligten- und Parteiidentität sei nicht gegeben, wenn Prozeßführungsbefugnis und Sachlegitimation auseinanderfallen würden). 36

Keine Antragsbefugnis der **einzelnen** Eigentümer ohne Beschlußermächtigung besteht bei gemeinschaftlichen (gemeinschaftsgebundenen) Ansprüchen (vgl. *BayObLG* vom 3. 7. 1989, ETW G. 2, S. 1010; *BGH* NJW 1989, 1091; *OLG Düsseldorf* NJW-RR 89, 978; *KG* v. 20. 12. 89, MDR 90, 553). Fehlende Aktivlegitimation führt zur Antrags-Unzulässigkeit. Als Einzelgläubiger kann ein Eigentümer allerdings allein Schadensersatzansprüche gegen den Verwalter durchsetzen (vgl. *BGH* v. 2. 10. 91, NJW 1992, 182). 37

4. Der Nachweis des Rechtsschutzinteresses

Auch in WE-Verfahren hat der Antragsteller sein Rechtsschutzbedürfnis nachzuweisen. Fehlt dieses z. B. bei Feststellungsanträgen, wenn Leistungsanträge gestellt werden könnten, kann dies analog ZPO zur Antragszurückweisung führen. Bei gewollter Klärung allein abstrakter Rechtsfragen fehlt ebenfalls i. d. R. das **Feststellungsinteresse** (vgl. *BayObLG* v. 18. 11. 91, ETW G. 2, S. 1625). Hinsichtlich weiterer Beispiele zu umstrittenen Fragen eines Rechtsschutzbedürfnisses darf auf ETW, G. 7, A. 2.6 verwiesen werden. 38

Grundsätzlich kann z. B. auch ein Miteigentümer einen Beschluß anfechten, wenn er in der Versammlung **für** den Beschlußantrag gestimmt hat und seine Anfechtung nicht als rechtsmißbräuchlich anzusehen ist (umstritten, so zuletzt *BayObLG* vom 7. 4. 1988 – BReg. 2 Z 156/87; *OLG Celle* MDR 1985, 145; *OLG Düsseldorf* DWE 1988, 74; *OLG Oldenburg* v. 18. 1. 1989, ETW G. 2, S. 1083 und *OLG Frankfurt* v. 26. 3. 90, NJW-RR 1990, 1238 = ETW G. 2, S. 1358). 39

40 Werden Verwaltungsmaßnahmen gerichtlich angegriffen, verlangt die Rechtsprechung mitunter auch zur Bejahung eines prozessualen Rechtsschutzinteresses den Nachweis eines außergerichtlichen Abhilfeverlangens des Antragstellers.

41 Mehrheitlich abgelehnte Beschlußanträge (oftmals als „Negativbeschlüsse" bezeichnet) können und müssen nicht angefochten werden (fehlendes Rechtschutzinteresse mangels Vorliegen eines Mehrheitsbeschlusses); solche Anträge können allenfalls in entsprechende Verpflichtungsanträge durch das Gericht **umgedeutet** werden.

5. Die Beteiligten des WE-Verfahrens

42 Die (formelle) Beteiligtenstellung in dieser Verfahrensart richtet sich nach § 43 IV WEG (wegen § 45 II 2 WEG). Diese **formelle Beteiligung** dient auch der Gewährung des rechtlichen Gehörs und der Sachaufklärung. In Ausnahmefällen können auch neben Wohnungseigentümern und Verwaltern **Dritte** Beteiligtenstellung erlangen (u. U. auch über zulässige Streitverkündung, soweit sie vom Verfahren rechtlich betroffen sind).

43 Die Beteiligten sind **von Amts wegen** festzustellen und können auch im Rahmen richterlicher Aufklärungspflicht als „Zeugen" einvernommen werden. Materiell Beteiligte sind grds. von Amts wegen auch formell an Verfahren zu beteiligen (vgl. *BayObLG* vom 13. 10. 1988, ZMR 89, 103; v. 10. 5. 1989, ZMR 89, 347 und vom 11. 10. 1989 – BReg. 1b Z 26/89). Im Verfahren der Herausgabe eines Kellers gegen einen Miteigentümer sind z. B. grds. alle anderen Eigentümer zu beteiligen (*BayObLG* vom 6. 2. 1990, ETW G. 2, S. 1124).

44 Die WE-Gemeinschaft als solche ist **nicht parteifähig** und kann daher auch keine eigenständige Beteiligtenstellung inne haben; eine analoge Anwendung des § 50 II ZPO wird abgelehnt (mit Ausnahme von Rubrumsbezeichnungen gemäß *BGH* NJW 1977, 1686; vgl. oben Rdnr. 36).

45 In sog. **Mehrhausanlagen** kann ein Gericht allerdings auch nur unmittelbar streitbetroffene Eigentümer eines Hauses am Verfahren beteiligen, wenn die restlichen Eigentümer in ihren Interessen durch das Verfahren nicht berührt werden (h. M.).

46 Zur Frage der Beteiligtenstellung eines **ausgeschiedenen Wohnungseigentümers** (vom *BGH* verneint) siehe oben Rdnr. 25.

47 Bei **Eigentumswechsel** nach Rechtshängigkeit sind auch in WE-Sachen die §§ 261 III Nr. 2, 265, 325 und 727 ZPO analog anzuwenden (vgl. auch *KG* v. 17. 5. 89, – 24 W 5147/88 und *OLG Hamm* v. 8. 2. 90, WE 90, 104); ein Verfahren wird also von den bisherigen Verfahrensbeteiligten fortgesetzt; gerichtliche Entscheidungen wirken auch für und gegen Rechtsnachfolger. Antragsänderung und gewillkürte Parteierweiterung ist auch in WE-Verfahren zulässig (*BayObLG* vom 17. 11. 1989, ETW, G. 2, S. 1086). Zum Verwalterwechsel während eines Wohngeldinkasso-Verfahrens vgl. *KG* v. 6. 2. 89, NJW-RR 89, 657 (ohne Einfluß auf das Verfahren) und *BayObLGZ* 1989 Nr. 43.

48 Im WE-Verfahren gibt es nicht Kläger und Beklagte, sondern nur **Antragsteller, Antragsgegner** und ggf. **weitere Verfahrensbeteiligte**. In Beschlußanfechtungsverfahren ist der anfechtende Eigentümer Antragsteller, die restlichen Eigentümer sind Antragsgegner; der Verwalter als weiterer Beteiligter ist im Regelfall Zustellungsvertreter für die in Antragsgegnerschaft stehenden Eigentümer (vgl. § 27 II Nr. 3 WEG und Rdnr. 76 unten), auch wenn dieser h. M. insoweit der derzeitige Wortlaut des Gesetzes entgegensteht (§ 27 II und II Nr. 3

WEG spricht von „allen" Wohnungseigentümern; vgl. ETW, G. 7, Abschn. 2.7c)). Der Verwalter besitzt als wirksamer Zustellungsvertreter Informations-Nebenpflichten gegenüber den restlichen Eigentümern. Eine Zustellungsvertretung des Verwalters entfällt bei in der Sache begründeter Interessenkonflikt-Situation oder solcher aus – § 185 ZPO vergleichbaren – Fällen (BayObLG v. 9. 8. 89, 2 Z 60/89).

6. Handeln in Prozeßstandschaft

Auch das WE-Verfahren kennt das zivilprozessuale Institut der Verfahrens- oder Prozeßstandschaft, wonach ein Dritter ein **fremdes Recht** in eigenem Namen geltend machen kann, sofern er hierzu vom Rechtsträger ermächtigt ist und ein eigenes schutzwürdiges rechtliches Interesse an der Geltendmachung des fremden Rechtes besteht. Durch einfachen Mehrheitsbeschluß (vgl. § 27 II Nr. 5 WEG) können – wie häufig – auch einzelne Eigentümer, ein Verwaltungsbeirat oder auch ein Verwalter in Prozeßstandschaft zur **Verfahrensführung ermächtigt** werden (der Verwalter allerdings nach h. M. nur auf der Antragstellerseite). Solche Ermächtigungen an Verwalter finden sich auch häufig in Verwalterverträgen, insbesondere für Wohngeldinkassoverfahren gegen zahlungssäumige Miteigentümer (vgl. unten Rdnrn. 94 ff.). Zur Prozeßstandschaft bei Verwalterwechsel vgl. *KG* v. 15. 5. 91, ETW, G. 2, S. 1535. 49

Der Prozeßstandschafter wird i. d. R. auch als ermächtigt angesehen, einen 50 **RA** zu bestellen, insbesondere dann, wenn auch die Gegenseite durch einen RA vertreten ist (vgl. z. B. *BayObLGZ* 1988, 287).

Ohne eigene beschlußweise oder vereinbarte Prozeßstandschaft handelt ein 51 **Verwalter** stets **in fremdem Namen** als Vertreter (auf der Aktiv-, wie auf der Passivseite).

Nach der Entscheidung des *BayObLG* vom 16. 6. 1988 – BReg. 2 Z 46/88 ist 52 ein vertraglich ermächtigter Verwalter allerdings nicht verpflichtet, Ansprüche der Wohnungseigentümer als gewillkürter Prozeßstandschafter in eigenem Namen geltend zu machen; eine solche Vertragsbestimmung kann auch dahin ausgelegt werden, daß sie als „ein weniger" auch die Ermächtigung einschließt, Ansprüche der Eigentümer in deren Namen (also als Vertreter) gerichtlich geltend zu machen.

Grundsätzlich kann auch ein **Bruchteilsmiteigentümer** eines Sondereigen- 53 tums selbständig einen Beschluß anfechten; ist dieses Recht durch Vereinbarung (Gemeinschaftsordnung) rechtswirksam eingeschränkt, ist die Beschlußanfechtungsfrist allerdings nur dann gewahrt, wenn sich der antragstellende Bruchteilseigentümer innerhalb der Frist auf seine Rechtsstellung als Verfahrensstandschafter beruft, diese also offenlegt (andernfalls Antragszurückweisung als unzulässig; vgl. *BayObLG* vom 12. 7. 1982 – BReg. 2 Z 55/81).

7. Grundsatz der mündlichen Verhandlung (Sühneverhandlung) vor Gericht

Das Gericht 1. und 2. Instanz soll mit den Verfahrensbeteiligten grundsätzlich 54 **mündlich verhandeln** und hierbei auf eine gütliche Einigung hinwirken (§ 44 I WEG). Auch in der Erstbeschwerdeinstanz soll von diesem Grundsatz nur in Ausnahmefällen Abstand genommen werden, die eigener Begründung in der Entscheidung bedürfen. Die mündliche Verhandlung in 2. Instanz hat grundsätzlich vor **vollbesetzter Kammer** zu erfolgen (so die jetzt absolut h. M.; weitere Nachweise in ETW, G 7, A. 2.9).

55   Der Grundsatz des rechtlichen Gehörs veranlaßt Gerichte im Regelfall, den Verfahrensbeteiligten angemessene **Äußerungsfristen** zu setzen, wenn auch solche Fristsetzungen weder nach verfassungs- noch gewöhnlichem Verfahrensrecht zwingend geboten sind.

56   Vom WE-Gericht kann auch das **persönliche Erscheinen** Beteiligter nach pflichtgemäßem Ermessen angeordnet werden.

57   **Richterablehnungen** wegen Besorgnis der Befangenheit sind gem. § 42 II ZPO möglich, aber nur dann statthaft, wenn ein Grund vorliegt, der geeignet ist, Mißtrauen gegen die Unparteilichkeit des Richters aus objektiver Sicht zu rechtfertigen.

58   Gerichtsverhandlungen sind auch in dieser Verfahrensart nach nunmehr h. M. grundsätzlich **öffentlich** (vgl. *BayObLGZ* 1988, Nr. 81 und *BayObLG* vom 27. 7. 89, NJW-RR 89, 1293).

8. Der Amtsermittlungsgrundsatz und die Mitwirkungspflicht der Streitbeteiligten

59   In 1. und 2. Instanz (vor AG und LG) besteht der richterliche **Amtsermittlungsgrundsatz** (§ 12 FGG). Das Gericht hat nach pflichtgemäßem Ermessen sämtliche für eine Entscheidung notwendigen prozessualen und materiellen Tatsachen zu ermitteln und festzustellen – anhand des begehrten Rechtsschutzzieles –. Der Streitgegenstand i. S. d. ZPO wird allerdings primär vom Antragsteller bestimmt (nach der wirklichen Natur des behaupteten Anspruchs).

60   Dieser Grundsatz bedeutet auch, daß das Gericht alle geeignet erscheinenden **Beweiserhebungen** eigenständig und spontan vornehmen kann. Das subjektive Recht auf Gehör der Beteiligten darf hierbei allerdings nicht verletzt werden. Eine Pflicht zur förmlichen Beweisaufnahme besteht grundsätzlich nur, wenn durch sonstige Ermittlungen eine genügend sichere Aufklärung nicht zu erreichen ist. Zu beachten ist auch hier der Unmittelbarkeitsgrundsatz einer Beweisaufnahme beim sog. Strengbeweis. Beweiswürdigung ist auch allein Sache des Tat(sachen)richters 1. und 2. Instanz und kann vom Rechtsprechungsgericht (3. Instanz) nur auf Rechts(Ermessens)fehler überprüft werden (vgl. z. B. *BayObLG* v. 10. 10. 1991, – 2 Z 98/91).

61   Neben dieser Amtsermittlungspflicht besteht jedoch auch eine sehr weitgehende **Stoffbeibringungs-** bzw. **Mitwirkungspflicht** der Streitbeteiligten (prozessuale Förderungspflicht). Beteiligte müssen zwar nicht alle erheblichen Tatsachen vortragen, aber doch gemeinsam an der Sachaufklärung mitwirken. So müssen die Beteiligten auch Beweismittel angeben (*BayObLG* vom 28. 12. 1989 – BReg. 2 Z 120/89 und v. 11. 5. 90, WE 91, 256).

62   In WE-Verfahren besteht zwar **keine** (subjektive) **Beweislast,** jedoch eine (objektive) Feststellungslast insoweit, als sich die Richtigkeit der Darstellung des Antragstellers nicht zur Überzeugung des Gerichts feststellen läßt. Hinsichtlich der Substantiierung eines Antrages besteht Annäherung an die Schlüssigkeitsforderung einer ZPO-Klage.

63   Umstritten ist derzeit, ob der richterliche Amtsermittlungsgrundsatz sogar soweit geht, z. B. Beschlußungültigkeiten aufgrund formeller oder inhaltlicher Fehler auszusprechen, die von keiner der beiden Streitbeteiligten gesehen oder vorgetragen wurden. Wenn man z. B. auf eine Beschlußanfechtung gänzlich

verzichten kann, muß man m. E. auch den Streitstoff gerade in solchen Verfahren begrenzen können. Die neue obergerichtliche Rechtsprechung (hier des *BayObLG;* vgl. ETW, G. 7, A. 2.10 d) und v. 21. 9. 1989, ETW G. 2, S. 1044) scheint insoweit den Amtsermittlungsgrundsatz einzuschränken.

9. Die Beschlußentscheidung des WE-Gerichtes

Die Entscheidungen ergehen hier nicht als Urteile, sondern als „**Beschlüsse**". 64 Gegen die Endentscheidung des AG gibt es das Rechtsmittel der **sofortigen Beschwerde** (Erstbeschwerde) innerhalb der **2-wöchigen** Beschwerdefrist, grundsätzlich ab Zustellung der Erstentscheidung (vgl. unten Rdnrn. 106ff.). Nach Ablauf der Beschwerdefrist wird die Entscheidung des AG formell und materiell rechtskräftig und bindet alle Beteiligten (§ 45 II WEG). Die gerichtliche Entscheidung ist zu begründen.

Beschwerdefähig sind auch Verfügungen des Erstgerichts, wenn es sich um 65 sachliche Entschließungen handelt (§ 19 I FGG). Darunter fallen auch Zwischenentscheidungen des Gerichtes, also **Zwischenverfügungen,** soweit Rechte der Beteiligten beeinträchtigt sind, so z. B. wenn von Beteiligten ein bestimmtes Verhalten verlangt wird (vgl. *BayObLG* vom 23. 9. 1988 – BReg. 2 Z 95/87 und vom 20. 4. 1989 – BReg. 3 Z 16/89). Nicht-Verfügungen allein für den **innergerichtlichen Dienstbetrieb** sind allerdings nicht rechtsmittelfähig (weitere Nachweise in ETW, G. 7, A. 2.11). Die Ablehnung der Anberaumung eines gerichtl. Verhandlungstermins ist z. B. keine beschwerdefähige Zwischenentscheidung (vgl. *BayObLG* vom 8. 3. 1990, ETW, G. 2, S. 1170).

Möglich sind auch Entscheidungen als **Zwischenbeschluß** oder **Teilbeschluß** 66 analog ZPO.

Zur **Aussetzung** und zum **Ruhen** des Verfahrens vgl. ETW, G. 7, A. 2.11e) 67 und *KG* vom 20. 11. 1989 – 24 W 6700/89 sowie *BayObLG* vom 30. 11. 1989 – BReg. 2 Z 105/89.

Unter den Voraussetzungen des § 45 IV WEG ist auf Antrag die **Änderung** 68 einer Gerichtsentscheidung möglich. Zur **Wiederaufnahme** analog §§ 578 ff. ZPO vgl. *BayObLG* v. 29. 11. 90, ETW G. 2, S. 1404. Hiervon zu unterscheiden sind mögliche **Berichtigungen** einer Gerichtsentscheidung (analog der §§ 319, 320, 321 ZPO; vgl. z. B. BGH vom 9. 2. 1989 – V ZB 25/88 oder *BayObLG* NJW-RR 1989, 720) oder eines Gerichtsprotokolls (vgl. z. B. *KG* vom 6. 2. 1989 – 24 W 5451/88 analog § 164 ZPO).

Ein gerichtlicher **Vergleich** bindet grds. nur die an seinem Abschluß Beteiligten (*BayObLG* vom 29. 1. 1990, ETW G. 2, S. 1125).

10. Einstweilige Anordnungen nach § 44 III WEG

Das Gericht kann gemäß § 44 III WEG nach freiem Ermessen für die Dauer 69 des Verfahrens von Amts wegen (also auch ohne Antrag bzw. Anregung) einstweilige Anordnungsentscheidungen treffen, welche grundsätzlich nicht isoliert rechtsmittelfähig sind; sie werden also sofort rechtskräftig und damit i. d. R. **sofort vollstreckbar** (vollziehbar). Diese Anordnung ist der einstweiligen Verfügung nach ZPO ähnlich. Beteiligtenseits empfehlen sich häufig auch Hilfsanträge (Anregungen) auf Erlaß solcher einstweiligen Anordnungen im Falle dringlich erachteter Schnellentscheidungen. Auch hier darf allerdings eine Hauptsachenentscheidung nicht vorweg genommen werden; ein Streitfall kann insoweit nur vorläufig und befristet geregelt werden, soweit ein dringendes

Deckert 239

Bedürfnis für ein sofortiges richterliches Einschreiten besteht. Keinesfalls dürfen Anordnungsentscheidungen über den Rahmen eines Hauptsachebegehrens hinausgehen. Zu beachten ist, daß eine Anordnungsentscheidung nach § 44 III WEG nur dann ergehen kann, wenn auch ein **Hauptsacheverfahren anhängig** ist (vgl. z. B. *BayObLG* vom 15. 6. 1990 – 2 Z 60/90); Glaubhaftmachung der Dringlichkeit ist empfehlenswert.

70 Eine Anfechtbarkeit einer einstweiligen Anordnung durch Rechtsmittel besteht grundsätzlich nur im seltenen Fall offensichtlicher Gesetzwidrigkeit, oder im Falle des isolierten Erlasses, d. h. wenn sie nicht im Zusammenhang mit einem Hauptsacheverfahren ergangen ist.

11. Anwaltliche Vertretung in WE-Sachen

71 In 1. und 2. Instanz besteht für keine der beteiligten Seiten Rechtsanwaltszwang. Wird ein Anwalt beauftragt, muß er nicht bei dem entsprechend zuständigen Gericht zugelassen sein. In 3. Instanz (Rechtsbeschwerdeinstanz) muß allerdings die sofortige weitere Beschwerde (Rechtsbeschwerde) von einem Rechtsanwalt eigenhändig unterzeichnet sein (§ 29 I FGG analog; vgl. auch unten Rdnrn. 113 ff.). Auch diese Unterschrift kann ein jeder, bei einem deutschen Gericht zugelassener Rechtsanwalt leisten.

72 Die Rechtsbeschwerde kann allerdings auch durch den Rechtsmittelführer persönlich zu Protokoll der Geschäftsstelle des Gerichts einer der drei Instanzen eingelegt werden (§ 29 FGG).

73 Beteiligte können sich auch, soweit nicht das persönliche Erscheinen durch das Gericht angeordnet wurde, durch andere Bevollmächtigte/Beistände in Verfahren vertreten lassen; Vorlage einer entsprechenden Legitimation kann gefordert werden. Eine Vollmacht kann vom Vollmachtgeber auch noch in der Sühneverhandlung zu Gerichtsprotokoll erklärt werden. Zu beachten ist allerdings das RBerG!

12. Die Zustellung der gerichtlichen Entscheidung

74 Gerichtsentscheidungen sind grds. allen beschwerdeberechtigten Verfahrensbeteiligten durch förmliche Zustellung **bekannt zu machen** (§ 16 II 1, § 22 I FGG). Die förmliche Zustellung erfolgt von Amts wegen nach den analog anwendbaren Vorschriften der ZPO oder (selten) – gegenüber allen Beteiligten bei Anwesenheit – durch Eröffnung und Verkündung der vollständigen Entscheidung zu Protokoll (vgl. hierzu *BayObLG* vom 28. 6. 1990 – 2 Z 67/90).

75 Mit Zustellung einer Entscheidung an betroffene Beteiligte ist sie diesen gegenüber wirksam (existent), formell rechtskräftig jedoch erst nach Ablauf der Rechtsmittelfrist (vgl. Rdnr. 106 ff.). An die Stelle der Verkündung tritt also im WE-Verfahren die Bekanntmachung (i. d. R. durch förmliche Zustellung).

76 An Verwalter kann eine Zustellung gemäß § 27 II Nr. 3 WEG erfolgen, soweit eine Zustellung an alle vom Verwalter insoweit wirksam vertretenen Eigentümer in dieser Eigenschaft gerichtet ist, nicht jedoch, wenn eine Zustellungsbevollmächtigung des Verwalters aus „echten" Interessenkollisionsgründen entfällt (vgl. *KG* vom 20. 11. 1989, ETW G. 2, S. 1123). Ist die Zustellung eines Gerichtsbeschlusses an den Verwalter „für die Wohnungseigentümer" gerichtet, muß dies vom Gericht zum Ausdruck gebracht werden.

77 Ist ein Beteiligter anwaltlich vertreten, so ist die Zustellung zwingend an den RA vorzunehmen (§ 16 II 1 FGG i. V. mit § 176 ZPO).

III. Das Beschlußanfechtungsverfahren

1. Die einmonatige Ausschlußfrist

Ein Wohnungseigentümerbeschluß ist nach § 23 IV 1 WEG nur unwirksam, 78
wenn er vom Gericht gemäß § 43 I Nr. 4 WEG (rechtskräftig) für ungültig
erklärt ist. In Beschlußanfechtungsverfahren ist der Antrag des Antragstellers
gegen alle restlichen Eigentümer als Antragsgegner gerichtet, diese nach h. M.
vertreten (in der Zustellung) durch den Verwalter als weiteren Beteiligten. Die
richterliche Entscheidung erwächst auch in Rechtskraft gegenüber allen Wohnungseigentümern (vgl. das Antragsmuster unten im Anhang, Rdnr. 145).

Eine Beschlußanfechtung kann nur innerhalb der materiell-rechtlichen Ausschlußfrist **eines Monats** seit der **Beschlußfassung** erfolgen (vgl. *BayObLG* 79
NJW-RR 1990, 210). In dieser Frist hat der Antrag beim zuständigen **Amtsgericht** einzugehen (§ 23 IV WEG). Der Antrag lautet auf Ungültigkeit eines gefaßten Beschlusses und ist – ggf. in einem kurzfristigen (innerhalb 2 bis 3 Wochen) Folgeschriftsatz – zu begründen. Von Anfechtenden wird erwartet, daß
sie sich dem Gericht gegenüber äußern, warum sie einen Beschluß für ungültig
erachten (formelle und/oder inhaltliche Mängel). In der Frist ist auch klarzustellen, welche Beschlüsse angefochten werden (*OLG Celle* WE 1989, 139). Zu
Einzelheiten hinsichtl. Form, Inhalt und Frist vgl. ETW, G. 7, A 3.1. Nach
Ablauf der Anfechtungsfrist kann kein weiterer Eigentümer in ein rechtshängiges Verfahren eintreten (*OLG Frankfurt* ETW G. 2, S. 923; vgl. auch *BayObLG*
v. 31. 1. 92, – 2 Z 119/91). Nur der Eigentümer, der selbst fristgerechten Antrag
gestellt hat, kann das Beschlußanfechtungsverfahren fortführen (*OLG Zweibrücken* vom 8. 2. 1989, ETW G. 2, S. 917). Der *BGH* (v. 10. 12. 92, V ZB 3/92)
hat zwischenzeitlich auch entschieden, daß im Beschlußanfechtungsverfahren
ein Beschwerdeführer, der den Anfechtungsantrag nicht gestellt hat, nur dann
beschwerdeberechtigt ist, wenn er den Antrag im Zeitpunkt der Rechtsmitteleinlegung noch wirksam stellen könnte.

Auf den Zeitpunkt des etwaigen Zugangs eines Versammlungsprotokolls kommt es für 80
den Beginn der 1-monatigen Anfechtungsfrist nicht an. Entscheidend für die Fristberechnung (für den Beginn der 1-monatigen Ausschlußfrist) ist das Datum der Beschlußfassung
(also z. B. Beschlußfassung 4. 4. 19. ./22 Uhr → Fristende 4. 5. 19. ./24 Uhr – ggf. Nachtbriefkasten –, soweit der 4. 5. nicht auf einen Sa, So oder gesetzl. Feiertag fällt; oder z. B.
Beschlußfassung 25. 11. 19. ./23 Uhr 50 → Fristende 27. 12. 19. ./24 Uhr, sofern der
27. 12. kein Sa oder So ist, dann Fristende mit Ablauf des nächsten Werktages); zur
korrekten Fristberechnung vgl. §§ 187 I, 188 II 1. Altern., III und ggf. § 193 BGB (zu
weiteren Fristberechnungsbeispielen vgl. ETW, G. 7, A. 3.1).

Bei **unverschuldet** versäumter Frist kann ggf. auf entsprechenden Antrag hin 81
Wiedereinsetzung in den vorigen Stand gewährt werden (§ 22 II FGG analog;
§ 234 ZPO: 2-Wochenfrist und 1-Jahresfrist beachten!). Vgl. *BayObLGZ* 1989,
Nr. 4 (vom 27. 1. 1989) sowie *OLG Oldenburg* DWE 1989, 182 und *OLG Braunschweig* WE 1989, 100 unter Hinweis auf *BGH* NJW 1970, 1316.

2. Kein Suspensiveffekt durch Anfechtung

Jeder gefaßte Eigentümerbeschluß ist – trotz Anfechtung – vorerst einmal 82
schwebend gültig, muß oder kann (je nach Einzelfall) also auch trotz bekannter
Anfechtung zur Ausführung gelangen (u. U. Rückabwicklungsprobleme im

Falle späterer gerichtlicher Ungültigkeitsfeststellung). Ein Anfechtungsantrag hat also **keine aufschiebende Wirkung;** ein Gericht kann jedoch durch einstweilige Anordnung einen Vollzug eines angefochtenen Beschlusses aussetzen. Ist ein Antrag auf Ungültigkeiterklärung eines Beschlusses durch das Wohnungseigentumsgericht als unbegründet abgewiesen worden, so ist dieser – sowohl in Bezug auf Anfechtungs-, als auch auf Nichtigkeitsgründe – als rechtswirksam zu erachten (*BayObLG* DNotZ 1980, 751). Im Anfechtungserfolgsfalle ist der Beschluß **ex tunc ungültig.**

3. Das schriftliche Beschlußverfahren

83 Auch auf **schriftlichem** Wege (Umlaufverfahren) können Beschlüsse gefaßt werden; allerdings kommt hier ein Beschluß überhaupt nur zustande, wenn **alle** Wohnungseigentümer ihre Zustimmung zu diesem Beschluß (besser: Antrag) schriftlich erklären (§ 23 III WEG ist nach h. M. zwingender Natur). Erst mit dem Zugang der letzten positiven Einverständniserklärung zum Inhalt eines vorgeschlagenen Beschlußantrages ist ein solcher Beschluß wirksam. Eine hier (seltene) Anfechtungsfrist dürfte mit Bekanntgabe des Beschlußergebnisses an die Eigentümer beginnen (str.).

4. Anfechtungsgründe

84 Erfolgreich anfechtbar sind Beschlüsse zum einen aufgrund zu Recht behaupteter **formeller** Mängel (Formverstöße im Zuge der Einberufung und Versammlungs- bzw. Abstimmungsdurchführung in Mißachtung abdingbaren Gesetzes, der Vereinbarungen in einer Teilungserklärung mit Gemeinschaftsordnung usw.; **Kausalitätprüfung!**), zum anderen bei behaupteten und gerichtlich bestätigten **inhaltlichen** Fehlern (insbesondere Verstößen gegen abdingbares Gesetz, gegen Vereinbarungen in der Teilungserklärung, gegen Grundsätze ordnungsgemäßer Verwaltung und ordnungsgemäßen Gebrauchs – insbesondere im Falle zu unbestimmten Inhalts –, bei Widersprüchen gegen den Grundsatz von Treu und Glauben usw.).

85 Zu schwierigen Rechtsfragen bei etwaigen Formverstößen (Kausalität; Heilung von Formmängeln durch Folgebeschlüsse) vgl. ETW G. 4, A. 6.7.3.1.7 und G. 7, A. 3.2. Zur Bestätigung eines angefochtenen Beschlusses durch neuerlichen Beschluß vgl. *BGH* NJW 1989, 1087; vgl. auch *BayObLG* vom 28. 6. 1990 – 4 Z 59/90. Wurde ein angefochtener Beschluß im Laufe des Verfahrens ausgeführt (vgl. § 27 I Nr. 1 WEG), sollte dies nach früherer Rspr. das *BayObLG* (WE 1990, 142) zur Hauptsacheerledigung führen, wenn insoweit ein beschlossener Auftrag ausgeführt ist, Kosten geregelt sind und kein Verwaltertätigwerden mehr erforderlich ist; diese Rspr. hat das *BayObLG* (ETW G. 2, S. 1823) nunmehr revidiert: Hauptsacheerledigung während des Erstbeschwerdeverfahrens hat auf die Zulässigkeit der Rechtsbeschwerde keinen Einfluß. Grds. kann auch der Eigentümer einen Beschluß anfechten, der in der Versammlung über diesen Beschlußantrag positiv abgestimmt hat (aber: hier besondere Prüfung des Rechtsschutzbedürfnisses; Rechtsmißbrauch? Verstoß gegen § 242 BGB? so die h. M., vgl. z. B. *OLG Frankfurt,* NJW-RR 1990, 1238 = ETW G. 2, S. 1358).

5. Rechtskraft der gerichtlichen Entscheidung

86 Zum Umfang der Rechtskraft einer gerichtlichen Ungültigkeitserklärung eines Beschlusses ist zu sagen, daß das Gericht grundsätzlich an die Anträge gebunden ist und in Rechtskraft nur der **Ausspruch über die Ungültigkeit** des angefochtenen Beschlusses erwächst, nicht dagegen die Begründung.

6. Der Verwalter als Zustellungsvertreter und seine Informationspflicht

In Beschlußanfechtungsantragsverfahren eines Eigentümers sind Antragsgegner die restlichen (nicht anfechtenden) Miteigentümer; diese werden bei bestehender Verwaltung nach h. M. grds. (soweit kein „echter" Interessenkonflikt vorliegt) vom Verwalter als weiterem Beteiligten und **Zustellungsvertreter** vertreten (§ 27 II Nr. 3 WEG). Dieser hat die restlichen Eigentümer von einem rechtshängigen Beschlußanfechtungsverfahren unverzüglich entsprechend zu informieren. 87

IV. Das Beschlußnichtigkeits-Feststellungsverfahren

Es **kann** auch über gerichtlichen Feststellungsantrag die Ungültigkeit eines Beschlusses erstrebt werden unter Hinweis auf Beschluß**nichtigkeits**gründe; liegt eine Beschlußnichtigkeit vor, besteht auch nicht die 1-monatige Ausschlußfrist wie im Anfechtungsverfahren. Nichtig ist ein Beschluß, wenn er gegen **zwingende Rechtsvorschriften** verstößt, auf deren Einhaltung rechtswirksam nicht verzichtet werden kann, wenn ein Beschluß **Anstand** und **guter Sitte widerspricht** oder wenn eine **Gemeinschaft** für eine Beschlußfassung absolut **inkompetent** ist. In diesen Fällen kommt es ebenfalls zum gerichtlichen Ausspruch der Ungültigkeit eines Beschlusses mit einer **ex tunc**-Nichtigkeitsfolge (ähnlich der Beschlußungültigkeit im Anfechtungsfalle). 88

Nichtige und anfechtbare Beschlüsse sind zu unterscheiden von sog. „Negativ-Beschlüssen" (mehrheitlich **abgelehnten Anträgen**) und sog. Nicht- bzw. Scheinbeschlüssen (rechtliches Nullum/Nihil); insoweit darf auf ETW G. 5, A. 3.2.8 verwiesen werden. 89

V. Weitere Verfahrensanträge

Neben vorgenannten häufigen Beschlußanfechtungs- und – seltener – Nichtigkeitsfeststellungsanträgen sind im WE-Verfahren denkbar auch Feststellungsanträge über ein streitiges Rechtsverhältnis (bei entsprechendem Rechtsschutzbedürfnis analog § 256 ZPO), Anträge auf Herausgabe (aus Eigentum, §§ 985 ff. BGB), auf Beseitigung/Entfernung (z. B. widerrechtlich vorgenommener baulicher Veränderungen im Sinne des § 22 I WEG), auf Tun, Dulden und Unterlassen (z. B. bei Hausordnungsverstößen gemäß § 1004 BGB) und Ansprüche auf Wiederherstellung des ursprünglichen Zustandes (Naturalrestitution bzw. hilfsweise Schadenersatz nach §§ 249 ff. BGB). 90

Möglich sind auch Schadenersatzansprüche der Eigentümer untereinander, seitens einzelner oder aller Eigentümer (gemeinschaftsgebundene Ansprüche, *BGH* ETW, G. 2, S. 920 = NJW 1989, 1091 und *BayObLG* vom 3. 7. 1989, ETW, G. 2, S. 1010 und *OLG Düsseldorf* vom 28. 4. 1989, NJW-RR 1989, 978 sowie *KG* vom 20. 12. 1989, ETW G. 2, S. 1111) gegen einen Verwalter (z. B. aus Verzug, Unmöglichkeit, Nichterfüllung, unerlaubter Handlung, Nutzungsausfall usw.); ferner Aufwendungsersatzansprüche aus Auftragsrecht bzw. Geschäftsführung ohne Auftrag. Ansprüche aller Eigentümer sind grds. auch von **allen** Eigentümern geltend zu machen; das Institut der actio pro socio soll hier im WE-Recht nach derzeit h. M. bei „gemeinschaftlichen" Ansprüchen keine Anwendung finden; Ermächtigungsbeschlußfassung ist jedoch möglich. 91

B V Das Wohnungseigentums-Verfahren

92 Denkbar sind auch Anträge auf Abgabe einer Willenserklärung/Zustimmungsverpflichtung (z. B. Verpflichtung zur Veräußerungszustimmung nach § 12 WEG, vgl. hierzu *BGH* v. 21. 2. 91, WE 91, 190 = ETW G. 2, S. 1415 zur Erstveräußerung oder auf Zustimmung zur Änderung einer grob unbillig vereinbarten Kostenverteilung, vgl. z. B. *KG* v. 1. 10. 90, ETW G. 2, S. 1513 und *BayObLG* v. 18. 11. 91, ETW G. 2, S. 1598) und Anträge auf Protokollberichtigung – bei Rechtsschutzbedürfnis – (zu Einzelheiten vgl. ETW, G. 7, A. 3.4).

VI. Das Hausgeld-(Wohngeld-)Inkassoverfahren

93 Gemäß § 27 II Nr. 1, 2, 4 und 5 WEG ist grundsätzlich der Verwalter zwingend verpflichtet (vgl. § 27 III WEG), die notwendigen Wohngeldbeiträge (Vorschüsse, Nachzahlungen, Sonderumlagebeiträge als Kosten und Lasten i. S. des § 16 II WEG) bei den Eigentümern gemäß Vereinbarung oder wirksam beschlossener Wirtschaftspläne und Abrechnungen einzufordern, ggf. auch kraft vertraglicher Vereinbarung bzw. entsprechender Beschlüsse ermächtigt auf gerichtlichem Wege, grundsätzlich **in fremdem Namen,** im Falle entsprechender Ermächtigung auch **in eigenem Namen.** Insoweit wird der Verwalter dann auch von der h. M. als ermächtigt angesehen, einen RA mit der Verfahrensführung zu beauftragen (insbes. bei rechtl. etwas schwieriger gelagerten Fällen). Damit ist der Verwalter auch befugt, die Vollstreckung aus rechtskräftigen Zahlungstiteln zu erwirken (Pfändung, Pfändungs- und Überweisungsbeschluß, Zwangssicherungshypothek usw.). Eigenes Auftreten des Verwalters vor Gericht ist derzeit umstritten im Hinblick auf das **RBerG** (verneint vom *KG,* nach wie vor bejaht vom *BayObLG,* Vorlage zum *BGH* durch das *KG*). Zum möglichen „Ausfrieren" eines Wohngeldschuldners nach entsprechender Eigentümer-Mehrheitsbeschlußfassung (§ 273 BGB) vgl. *OLG Celle* v. 9. 11. 90 (ETW, G. 2, S. 1418) und – bestätigend *BayObLG* v. 16. 1. 92 (ETW, G. 2, S. 1646 sowie *Deckert,* WE 8/1991 206; vgl. auch unten Rdnr. 105).

94 Nach *BGH* (NJW 1990, 2386) besitzt ein **einzelner** Miteigentümer nicht das Recht, Zahlungsantrag – ohne Ermächtigungsbeschluß – zu stellen (**Unzulässigkeit** des Antrags), auch nicht bei Antragstellung „mit Leistung an die Gemeinschaft bzw. zu Händen der Verwalter" (gemäß § 432 bzw. § 428 BGB).

95 Gegen Eigentümer sind Wohngeldrückstände i. ü. vor dem WE-Gericht einzuklagen, gegen ausgeschiedene Eigentümer „Altrückstände" jedoch vor dem Prozeßgericht (vgl. oben Rdnr. 24 ff.).

96 Ein einzelner Eigentümer hat auch das Recht, vom Verwalter **Einsicht** und (eingeschränkt) Auskünfte darüber zu erhalten, welcher Miteigentümer sich in welcher Höhe in Zahlungsrückstand befindet.

97 Das **Mahn-** und **Vollstreckungsbescheidsverfahren** insbes. für Wohngeldansprüche ist durch das Rechtspflege-VereinfachungsG nunmehr ausdrücklich in das WEG aufgenommen worden (**§ 46a**).

98 Antragsteller sollten Forderungen auch im WE-Verfahren schlüssig und substantiiert begründen. Werden Wohngeldvorauszahlungen geltend gemacht, ist die **Anspruchsgrundlage** darzustellen und zu belegen (durch Vorlage der entsprechenden Vereinbarung bzw. des Wirtschaftsplans mit beschlußgenehmigendem Protokoll und unter Dokumentation der zum Fälligkeitszeitpunkt nicht geleisteten Raten).

99 Handelt es sich um eine Einzelabrechnungs-Restschuld, ist als Anspruchs-

244 *Deckert*

grundlage die Jahresabrechnung mit entsprechender Einzelabrechnung (Protokollvorlage zum entsprechend genehmigenden Beschluß) zu belegen.

Entfällt eine Anspruchsgrundlage Wirtschaftsplan für Vorauszahlungsschulden durch „überholende" Abrechnungsgenehmigung, sind gerichtliche Zahlungsanträge im rechtshängigen Vorauszahlungsforderungsstreit auch ohne etwaigen Hinweis des Gerichts rechtzeitig auf die abgerechnete Restschuld **umzustellen** (nur in den Tatsacheninstanzen möglich)! 100

Bei Geltendmachung eines gesetzlichen oder höher vereinbarten **Verzugszinses** kann im Rahmen kontinuierlicher Monatsfälligkeiten von Wohngeldvorauszahlungen ein mittlerer Verzugszins (kalendermäßiges Mittel) geltend gemacht werden (vgl. *BayObLG* vom 30. 4. 1986 – BReg. 2 Z 72/85). 101

Um Wohngeldforderungen handelt es sich auch bei anteiligen Beitragsschulden kraft einer beschlossenen **Sonderumlage** (u. U. mit beschlossenen Ratenfälligkeiten; richtige Passivlegitimation beachten!). 102

Ein mit dem Inkasso beauftragter **Verwalter** hat einen ggf. eingeschalteten **Rechtsanwalt** entsprechend zu **informieren** (Übergabe der zur schlüssigen Forderungsbegründung notwendigen Vertrags-, Protokoll- und Abrechnungsunterlagen). Muster eines gerichtlichen Inkassoantrages: Rdnr. 146. 103

VII. Das Eigentums-Entziehungsverfahren

Dieses besondere, allerdings auch sehr seltene Verfahren regelt sich nach §§ 18, 19, 43 I Nr. 1 und den §§ 53 bis 58 WEG, hilfsweise nach rechtswirksam in einer Teilungserklärung mit Gemeinschaftsordnung getroffenen Vereinbarungen. Die Entziehung ist jedoch als **ultima ratio** anzusehen unter Berücksichtigung der Grundsätze der Verhältnismäßigkeit. 104

In Betracht zu ziehen ist dieses Verfahren allein bei schwersten Verstößen gegen Verhaltens- und Rücksichtnahmepflichten, d. h. insbesondere sehr schweren Hausordnungsverstößen, ggf. auch bei beharrlicher Weigerung der Zahlung fälliger Wohngeldbeiträge; im letztgenannten Fall wird allerdings i. d. R. an andere Vollstreckungsmöglichkeiten zu denken sein (ggf. auch an eine Abtrennung von der Heizversorgung unter Hinweis auf § 273 BGB – Beschlußvoraussetzung, Verhältnismäßigkeitsgrundsatz beachten! Vgl. *OLG Celle*, NJW-RR 1991, 1118 und *BayObLG* v. 16. 1. 92, ETW G. 2 S. 1646, vgl. auch oben Rdnr. 93), da das umständliche und zeitaufwendige Entziehungsverfahren kaum zu Vollstreckungserfolgen führen dürfte. Zu Einzelheiten dieses Verfahrens und Beispielfällen aus der Rspr. darf auf ETW, G. 7. A. 9. verwiesen werden. 105

VIII. Das Beschwerdeverfahren (Rechtsmittel)

1. Die sofortige Beschwerde (Erstbeschwerde)

Gegen die erstinstanzliche Beschlußentscheidung des Wohnungseigentumsgerichts ist die sofortige Beschwerde zulässig, wenn der Wert des Beschwerdegegenstandes **1500 DM** übersteigt (§ 45 I WEG in der seit 1. 3. 1993 geltenden Fassung gem. Art. 10 Rechtspflege-EntlastungsG); unterscheide zwischen **Beschwer** und Geschäftswert (vgl. auch Rdnr. 113; zum Geschäftswert allgemein 106 vgl. unten Rdnrn. 137 ff.). Beschwerdeberechtigt sind alle Verfahrensbeteiligten, die durch die Gerichtsentscheidung beeinträchtigt/betroffen sind.

107 Die **Beschwerdeschrift** muß vor Ablauf von **2 Wochen** ab Bekanntmachung, d. h. Zustellung der Vorentscheidung entweder beim Erstgericht oder beim Beschwerdegericht (dem übergeordneten Landgericht) eingegangen sein (vgl. § 16 II, 22 I FGG). Eine Rechtsmittelbelehrung des Erstgerichts ist gesetzlich nicht vorgeschrieben und auch unüblich. Zur Sicherstellung fristwahrender Maßnahmen bei längerer Urlaubsreise vgl. BayObLG ETW G. 2, S. 1168.

108 Eine Beschwerde kann auch vorsorglich zur Wahrung der Frist eingelegt und in späterem gesonderten Schriftsatz zurückgenommen bzw. begründet werden. Gerichte erkennen hier im Regelfall stillschweigende Begründungsfristen von 3–4 Wochen an; auf längere Fristen sollte ein Beschwerdeführer nicht vertrauen.

109 In der Beschwerdebegründung können auch neue Tatsachen und Beweisangebote vorgetragen werden, denen auch das Gericht der 2. Instanz im Rahmen der Amtsermittlung nachzugehen hat. Anwaltliche Vertretung ist auch in 2. Instanz nicht vorgeschrieben, jedoch empfehlenswert.

110 Auch hinsichtlich der zwei-wöchigen Beschwerdefrist ist **Wiedereinsetzung** in den vorigen Stand im Falle unverschuldeter Fristsäumnis möglich. Rechtsirrtum und Rechtsunkenntnis bilden allerdings einen Wiedereinsetzungsgrund nur bei Unverschulden, wenn also ein Beschwerdeführer oder dessen Vertreter nicht die den Umständen nach gebotene und nach seinen persönlichen Verhältnissen zumutbare Sorgfalt außer acht gelassen hat (zum Anwaltskanzleiverschulden vgl. *BayObLG* vom 13. 12. 1983, 2 Z 62/83 und vom 12. 1. 1984, 2 Z 116/83 und zum Anwaltsverschulden bei fehlerhafter Beschwerde-Adressierung streng *BayObLG* ETW G. 2, S. 1126: verneinte Wiedereinsetzung, und vom 2. 6. 1982, 2 Z 62/81: bejahte Wiedereinsetzung; verneint auch vom *BayObLG* ETW G. 2, S. 1405).

111 Eine **mündliche Verhandlung** hat grundsätzlich vor **vollbesetzter Kammer** des LG stattzufinden (vgl. u. a. *BayObLG* vom 4. 12. 1987, 2 Z 35/87 sowie vom 10. 12. 1987, 2 Z 140/87).

112 Das Beschwerdegericht kann bei lückenhafter Sachverhaltsfeststellung durch das Erstgericht eine Sache auch an das AG zurückverweisen, und zwar zum Zwecke weiterer Sachaufklärung (zur Bindungswirkung des Erstgerichts vgl. *BayObLG* vom 7. 5. 1987, 2 Z 45/87).

2. Die sofortige weitere Beschwerde (Rechtsbeschwerde)

113 Die **sofortige weitere Beschwerde** (Rechtsbeschwerde) ergibt sich aus den §§ 27 ff. FGG analog und neuerdings unmittelbar aus § 45 I WEG. Hinsichtlich der Abhängigkeit von einem Beschwerdewert gilt seit 1. 4. 1991 der neue § 45 I WEG: Eine sofortige weitere Beschwerde ist nur zulässig, wenn der Wert des Gegenstandes dieser Rechtsbeschwerde **1500 DM** übersteigt (ab 1. 3. 1993). Geschäftswert und **Beschwerdewert** sind jedoch zu unterscheiden. Für die Rechtsmittel-Zulässigkeit ist die individuelle Beschwer des Beschwerdeführers maßgebend; eine Rechtsbeschwerde ist jedoch generell zulässig, sofern sie sich dagegen richtet, daß die sofortige Beschwerde (Erstbeschwerde) durch das LG als unzulässig verworfen wurde (so jetzt *BGH* ETW G. 2 S. 1818).

114 Die Rechtsbeschwerde kann wahlweise beim Gericht der 1., der 2. oder auch der 3. Instanz (OLG bzw. BayObLG und KG) eingelegt werden. Die Rechtsbeschwerde ist entweder zwingend von einem Rechtsanwalt eigenhändig zu unter-

zeichnen (muß jedoch nicht von ihm abgefaßt worden sein) oder kann von einem Beschwerdeführer zu Protokoll der Geschäftsstelle eines der Instanzgerichte erklärt werden (zu Formerfordernissen vgl. *BayObLG ETW* G. 2, S. 1537). Formelle Anträge und Begründungen sind an sich nicht gesetzlich vorgeschrieben, jedoch empfehlenswert. Die Beschwerdefrist der Rechtsbeschwerde beträgt ebenfalls **2 Wochen** ab Bekanntmachung der landgerichtlichen Entscheidung (§ 22 I WEG und § 16 II 1 FGG; zur Frist § 29 i. V. m. § 22 I FGG).

Die Oberlandesgerichte (bzw. das BayObLG und das KG) sind in ihrer Entscheidung grundsätzlich an die Tatsachen- und Beweisfeststellungen der Vorgerichte gebunden. Begründet ist eine weitere Beschwerde nur dann, wenn eine Vorentscheidung auf einer Gesetzesverletzung **beruht** (§ 27 I FGG). Dies ist der Fall, wenn eine Rechtsnorm nicht oder nicht richtig angewendet wurde (z. B. auch schwerwiegender Verstoß gegen Verfahrensregeln und/oder allgemeine Denk- und Erfahrungssätze). Die Gesetzesverletzung muß für die „Falschentscheidung" des Vorgerichts **kausal** sein. Ermessensentscheidungen der Tatsacheninstanzen sind allein auf Ermessensfehler (Ermessensfehlgebrauch und Ermessensüberschreitung) zu überprüfen. Allerdings ist das Rechtsbeschwerdegericht u. U. zur eigenen Sachentscheidung mit selbständigen Tatsachenfeststellungen (auch neuer, ohne weitere Ermittlungen feststehender Tatsachen) nach erfolgtem Rechtsfehler der Vorinstanz befugt (h. M.). Beweiswürdigungen der Tatsachengerichte (1. und 2. Instanz) sind vom Rechtsbeschwerdegericht nur auf Rechtsfehler hin zu überprüfen (vgl. z. B. *BayObLG* v. 10. 10. 91, – 2 Z 98/91); auch die Auslegung von Eigentümerbeschlüssen durch die Tatsacheninstanzen ist durch Rechtsbeschwerdegericht nur beschränkt nachprüfbar (so st. Rspr. des *BayObLG,* z. B. v. 9. 10. 91, ETW G. 2 S. 1605; a. A. *OLG Stuttgart*, WuM 1991, 414: eigene Auslegung). 115

Neues Tatsachenvorbringen seitens der Beteiligten erstmals vor dem Rechtsbeschwerdegericht wird allerdings in dieser 3. und i. d. R. letzten Instanz grundsätzlich **nicht** mehr berücksichtigt. 116

Die 3. Instanz kann auch eine angefochtene Entscheidung aufheben und die Streitsache unter Bekanntgabe eigener Rechtsmeinung zur anderweitigen Behandlung und Entscheidung entweder an das LG oder das AG **zurückverweisen.** Gelangt eine Sache dann wieder in die 3. Instanz, ist das Rechtsbeschwerdegericht an die frühere Rechtsansicht gebunden (vgl. *BGH* NJW 1973, 1273; *OLG Karlsruhe* MDR 85, 143; *BayObLG* v. 23. 5. 91, ETW G. 2, S. 1482). Ansonsten lautet die Entscheidung der 3. Instanz auf Verwerfung der weiteren Beschwerde (bei Unzulässigkeit), auf Zurückverweisung (bei Unbegründetheit), auf sachliche Änderung (z. B. Aufhebung des landgerichtlichen Beschlusses und Wiederherstellung der Entscheidung des AG) oder im Erfolgsfall allein auf Aufhebung der anderslautenden Vorentscheidungen. Vor dem Rechtsbeschwerdegericht findet in WE-Sachen im Regelfall keine mündliche Verhandlung mehr statt. 117

Will ein OLG (bzw. das BayObLG, das KG) bei der Auslegung einer für die Entscheidung einschlägigen Rechtsfrage oder bei der Auslegung einer bundesgesetzlichen Vorschrift von der Meinung/Entscheidung eines anderen OLG oder einer bereits vom BGH ergangenen Entscheidung abweichen, so hat es – bei Kausalitätsbejahung – unter Begründung seiner Rechtsauffassung den Streit dem **BGH** zur Grundsatzentscheidung **vorzulegen** (§ 28 II und III FGG); gerade 118 in jüngster Zeit häufen sich hier die Vorlagen zum *BGH* (zuständig ist derzeit der V. Zivilsenat des BGH in Karlsruhe).

119 Ergänzend darf auch auf § 45 IV WEG verwiesen werden, d. h. auf die Möglichkeit eines Antrags auf **Entscheidungsänderung** unter bestimmten rechtlichen Voraussetzungen (wesentliche Änderung der tatsächlichen Verhältnisse, bei Notwendigkeit zur Vermeidung einer unbilligen Härte).

120 Sog. unselbständige **Anschlußbeschwerden** werden von der h. M. sowohl in 2. als auch in 3. Instanz anerkannt (vgl. *BGH* NJW 1978, 1977 und *BGH* vom 27. 6. 85 – VII ZB 16/84).

121 **Gegenanträge** (analog der Widerklage nach ZPO) sind grundsätzlich auch im WE-Verfahren zulässig, in den Beschwerdeinstanzen jedoch nicht uneingeschränkt (§ 530 I ZPO!).

122 Die **Hauptsache-Erledigung** während des Erstbeschwerdeverfahrens hat nach neuer, geänderter Rspr. des *BayObLG* auf die Zulässigkeit der Rechtsbeschwerde keinen Einfluß (vgl. *BayObLG* v. 30. 9. 92, ETW, G. 2, S. 1823).

123 In diesem Zusammenhang ist zu beachten, daß eine wohnungseigentumsgerichtliche Hauptsacheentscheidung mit Kostenentscheidung nur insgesamt im Rechtsmittelverfahren angegriffen werden, eine Beschwerde also **nicht isoliert** allein auf die Kostenformel gestützt werden kann. Ist allerdings nach Zurücknahme eines Antrages, Hauptsachevergleich oder auch übereinstimmender Erledigterklärung **allein** eine richterliche Kostenentscheidung ergangen, kann diese mit Erstbeschwerde und auch Rechtsbeschwerde angegriffen werden, im Falle der Erstbeschwerde bei Erreichung eines Beschwerdewerts von über **DM 200** (§ 20a II FGG in der seit 1. 4. 1991 geltenden Fassung), vorausgesetzt, daß auch gegen die Entscheidung in der Hauptsache ein Rechtsmittel zuständig wäre, insb. die Beschwerdesumme für die **Hauptsache** DM 1200 (ab 1. 3. 93 **DM 1500**) übersteigen würde (*BayObLG* v. 6. 6. 91, ETW G 2, S. 1537); vgl. auch unten Rdnr. 131.

IX. Die Vollstreckung wohnungseigentumsgerichtlicher Beschlußentscheidungen

124 Rechtskräftige wohnungseigentumsgerichtliche Entscheidungen, Vergleiche und einstweilige Anordnungen werden nach den Vorschriften der **ZPO** vollstreckt (vgl. § 45 III WEG). Der Amtsermittlungsgrundsatz des § 12 FGG gilt hier nicht; ebenso ist § 33 FGG unanwendbar. Bei geforderten vertretbaren und unvertretbaren Handlungen gelten also auch hier die §§ 887 und 888 ff. ZPO (z. B. zur Vollstreckung einer untersagten Hobbyraumnutzung *BayObLG* vom 15. 2. 1989, ETW G. 2, S. 976 oder zur Vollstreckung der Verpflichtung zur Erstellung einer Jahresabrechnung als vertretbare Handlung *BayObLG* vom 15. 11. 1988, ETW G. 2, S. 889 oder zur Verpflichtung, einen Mauerdurchbruch wieder zu verschließen *BayObLG* NJW-RR 1989, 462).

125 Zu Grundsätzen der Vollstreckung, der Zuständigkeit des WE-Gerichts in Vollstreckungsverfahren, zur hier nicht bestehenden Amtsermittlungspflicht und zum Beschwerdeweg wohnungseigentumsgerichtlicher Vollstreckungsentscheidungen darf auf ETW, G. 7, A. 6 verwiesen werden. Auch im WE-Verfahren sind Voraussetzung einer wirksamen Vollstreckung ein Vollstreckungs**titel** in Ausfertigung mit Vollstreckungs**klausel** und **Zustellnachweis** an den Vollstreckungsschuldner. Ebenfalls ist die Vollstreckungsgegenklage (§ 767 ZPO) hinsichtlich „nachgeborener" Einwendungen möglich (vgl. zum Vollstreckungsabwehrantrag gegen einen Kostenfestsetzungsbeschluß *BayObLG* v. 8. 3.

1990, ETW G. 2, S. 1171); über Erinnerungen gegen die Art und Weise der Zwangsvollstreckung nach § 766 ZPO entscheidet i. G. zu § 767 ZPO das Vollstreckungsgericht (nicht das WE-Gericht).

Die Vollstreckung wohnungseigentumsgerichtlicher Zahlungsverpflichtungstitel richtet sich nach den Grundsätzen der ZPO. Vollstreckte Geldbeträge aus Wohngeldrückständen sind m. E. im Jahr des Eingangs zugunsten der WE-Gemeinschaft als außerordentliche Einnahmen zu buchen, d. h. denjenigen Eigentümern „gutzuschreiben" und abzurechnen, die im Zeitpunkt des Geldeingangs Eigentümerstellung besitzen und der Gemeinschaft angehören (Einnahmen-/Ausgaben-Überschuß-Abrechnung nach § 28 III WEG i. S. derzeit h. M.; vgl. ETW G. 4. A. 6.7.1). **126**

X. Die Kostenentscheidung des Gerichts nach billigem Ermessen

1. Gerichtskosten

Nach § 47 S. 1 WEG bestimmt das Gericht nach billigem Ermessen, welche **127** Beteiligtenseite die Gerichtskosten nach Kostenordnung zu tragen hat. Grundsätzlich hat der im Verfahren „Unterlegene" die Gerichtskosten zu tragen. Für die interne Aufteilung der Kosten z. B. im erfolgreichen Beschlußanfechtungsfall auf Seiten der Antragsgegner ist § 16 V WEG zu beachten; auf Antragsgegnerseite sind diese Gerichtskosten nicht Kosten der Verwaltung im Sinne des § 16 II WEG, sondern nach kopfgleichen Quoten (so wohl die derzeit h. M.) auf die unterlegenen Antragsgegner aufzuteilen; der obsiegende Antragsteller darf hier nicht ebenfalls mit anteiligen Gerichtskosten „seines" geführten Verfahrens belastet werden, da dies in Widerspruch zur vorrangigen gerichtlichen Kostenentscheidung stehen würde. Zu den Gerichtskosten nach KostO vgl. § 48 I WEG (unter Einbeziehung des neuen § 46 a WEG zum Mahnverfahren).

2. Außergerichtliche Kosten (insbesondere Rechtsanwalts-Honorare)

Nach § 47 S. 2 WEG kann das Gericht auch eine Bestimmung darüber treffen, **128** daß außergerichtliche Kosten ganz und teilweise zu erstatten sind. Auch hier handelt es sich um eine Ermessens- und Billigkeitsentscheidung des Gerichts, die üblicherweise vom Ausgang des Verfahrens, den wirtschaftlichen Verhältnissen der Beteiligten, der Art der Verfahrensführung und von sonstigen Umständen des Einzelfalls abhängt. Gerade bei mutwilliger oder offensichtlich erfolgloser Streitführung ergeht im Regelfall auch eine richterliche Ermessensentscheidung über die Erstattung außergerichtlicher Kosten zu Lasten des Unterlegenen (insbesondere bei Wohngeld- und Schadenersatzzahlungsschulden, analog der Grundsätze nach den §§ 91 ff. ZPO).

Im Regelfall (z. B. bei den häufigen Beschlußanfechtungsverfahren – soweit **129** nicht Anträge offenkundig schikanös gestellt sind –) verbleibt es jedoch in Wohnungseigentumssachen beim **Grundsatz, daß jeder Beteiligte seine eigenen außergerichtlichen Kosten selbst zu tragen** hat (also auch Anwaltshonorare). Auch hier ist – spätestens in Einzelabrechnungen – § 16 V WEG zu beachten!

Das Gericht kann auch einem nicht direkt streitbetroffenen, jedoch am Verfahren beteiligten Verwalter Kosten und Kostenerstattungen auferlegen, ja sogar einem rechtsfehlerhaft agierenden Rechtsanwalt, nicht zuletzt auch ausspre-

B V   Das Wohnungseigentums-Verfahren

chen, daß Kosten aus einem gemeinschaftlichen Verwaltungsvermögen zu tragen sind. Einzelfallentscheidungen hierzu finden sich in ETW, G. 7, A. 7.

130 Nach Erledigung einer Hauptsache, vergleichsweiser Beendigung eines Streits oder Zurücknahme eines Antrages, hat das Gericht im Einzelfall allein noch über streitig gebliebene Kosten zu entscheiden; gegen diese **alleinige** Kostenentscheidung sind dann Rechtsmittel möglich (Erstbeschwerde bei Übersteigen des Beschwerdewertes von **200 DM**, vgl. § 20a FGG in der seit 1. 4. 1991 geltenden Fassung, allerdings nur dann, wenn auch nur gegen eine Entscheidung in der Hauptsache ein Rechtsmittel zulässig wäre, insbesondere die Beschwerdesumme für die Hauptsache DM 1200 (ab 1. 3. 93 **DM 1500**) übersteigen würde (§ 45 I WEG, so jedenfalls *BayObLG* v. 6. 6. 91, ETW, G. 2, S. 1537; vgl. auch Rdnr. 123). Umstritten ist derzeit, ob im Falle einer Antrags- bzw. Beschwerderücknahme stets eine Kostenerstattung außergerichtlicher Kosten zu Lasten der zurücknehmenden auszusprechen ist (grds. – Ausnahmen möglich – bejahend *BayObLG;* nicht generell *KG,* vgl. ETW, G. 7. A 7.4).

131 Ist eine (obsiegende) Sachentscheidung zusammen mit einer („negativen") Kostenentscheidung ergangen, kann allein (isoliert) gegen die Kostenformel (mag sie auch noch so ermessensfehlerhaft erscheinen) **nicht** Rechtsmittel eingelegt werden, was oft verkannt wird.

132 Das **Kostenfestsetzungsverfahren** hinsichtlich außergerichtlicher Kosten richtet sich nach den §§ 103 bis 107 ZPO und § 13a II FGG; wird einer Erinnerung nicht abgeholfen, gilt die Erinnerung als sofortige Beschwerde, die vom LG zu entscheiden ist; gegen die Entscheidung des LG gibt es keine weitere Beschwerde (§ 568 III ZPO analog; vgl. *BayObLG* vom 11. 6. 1987 – BReg. 3 Z 87/87 und v. 10. 9. 92, 3 Z 113/92).

133 Was die Rechtsanwaltsgebühren betrifft, sind der gerichtlich festgestellte Geschäftswert (vgl. unten Rdnrn. 137 ff.) und die Grundsätze der BRAGO maßgeblich. Werden – wie in WE-Sachen häufig – **mehrere Eigentümer** als Auftraggeber anwaltlich vertreten, kann die Gebühr nach § 6 BRAGO geltend gemacht werden (vgl. *BGH* NJW 1984, 2296); diese Mehrauftragsgebühr bei mehreren vertretenen Eigentümern hängt weder vom tatsächlichen Eintritt einer Mehrbelastung eines Anwalts durch mehrere Auftraggeber ab noch von einer dann jedenfalls im Regelfall eintretenden tatsächlichen Mehrbelastung. Die Gebühr des § 6 BRAGO entsteht auch dann, wenn dem Anwalt durch einen Verwalter ein Auftrag erteilt wurde, der in Vertretung der Auftraggeber (wie üblich) handelte (*BGH* WEZ 1987, 252).

134 Erteilt jedoch ein Verwalter als gewillkürter Prozeßstandschafter ein Anwaltsmandat, dürfte es sich im Regelfall um *einen* Mandanten handeln, so daß dann die Gebühr des § 6 BRAGO nicht gefordert werden kann.

135 Kann ein Verwalter sowohl in fremdem als auch eigenem Namen handeln, wird in Fällen einer Kostenerstattung der Gebühr des § 6 BRAGO im Falle einer Verfahrensführung in fremdem Namen auf Grundsätze der Notwendigkeit abgestellt; eine Erstattung der erhöhten Prozeßgebühr wird dann im gerichtlichen Kostenfestsetzungsverfahren im Regelfall nicht zugesprochen.

136 Ergänzend sei noch erwähnt, daß sich die Gebühren des Anwalts in den **Beschwerdeinstanzen** des WE-Verfahrens **nicht erhöhen** (§ 63 II BRAGO, also im Gegensatz zum zivilgerichtlichem Berufungs- und Revisionsverfahren). Die volle $^{10}/_{10}$ Verhandlungsgebühr nach § 31 BRAGO erhält der Anwalt allerdings in dieser Verfahrensart auch ohne Sachantragsstellung allein schon durch sein Erscheinen im gerichtlichen Sühneverhandlungstermin.

XI. Der Geschäftswert des WE-Verfahrens

Der Geschäftswert des Verfahrens wird gemäß § 48 II WEG vom Gericht nach dem **Interesse der Beteiligten** an der Entscheidung von Amts wegen festgesetzt. Es besteht hier ein sehr weiter richterlicher **Ermessensspielraum** und eine umfangreiche Rechtsprechungs-Kasuistik. Das *LG Köln* (vom 4. 1. 1989, NJW-RR 1989, 202 und vom 13. 3. 1989, NJW-RR 1989, 778) hielt sogar § 48 II für grundgesetzwidrig (Verstoß gegen Art. 19 Abs. 4 GG), setzte ein WE-Anf.Verf. nach Art. 100 I 1 GG aus und rief das BVerfG an. In seiner Entscheidung v. 12. 2. 1992 (ETW G. 2, S. 1698 = DWE 92, 69 = NJW 92, 1673) hat jedoch das **BVerfG** bestätigt, daß die Geschäftswert-Regelung (§ 48 II WEG) bei verfassungskonformer Auslegung mit dem Grundgesetz in Einklang steht (vgl. auch *BayObLG* v. 22. 10. 92, 2 Z BR 92/92). 137

Einzelfallentscheidungen zum Geschäftswert sind in ETW G. 7, A. 8 nachzulesen. Nur beispielhaft sei erwähnt (alles Entscheidungen vor Verkündung der Meinung des *BVerfG*), daß im Falle einer Anfechtung einer Kostenposition aus einer Gesamt- oder Einzelabrechnung im Regelfall nach bisheriger Rechtsprechung, ausgehend vom *BayObLG,* der Wert der angegriffenen Position und etwa 25% des gesamten Jahresausgabenvolumens angesetzt werden, was in großen Gemeinschaften hier zu sehr hohen Geschäftswertansätzen führen kann. Bei angefochtenen Sanierungsbeschlüssen bezüglich des Gemeinschaftseigentums ist auf eine Entscheidung des *KG* WE 1987, 198 hinzuweisen, in der der Wert – überraschend – auf das 5-fache des wirtschaftlichen Eigeninteresses des Anfechtenden begrenzt wurde (aus verfassungsrechtlichen Erwägungen heraus); diese Entscheidung entspricht auch nicht früher h. M., die grds. vom Wert der beschlossenen Sanierung ausging, bzw. in nachfolgender Rspr. des *BayObLG* in Entgegnung zu *KG* von einem Differenzwertinteresse (vgl. *BayObLG* v. 20. 10. 1988 – 3 Z 74/88 = NJW-RR 1989, 79). Die Wertansätze der Gerichte sind zur Zeit (unter Hinweis auf o. g. Entsch. des *BVerfG*) eher nach unten ausgerichtet, um die Justizgewährungspflicht nicht in Frage zu stellen bzw. Verfahrensführungen nicht an zu hohen Kostenrisiken gänzlich scheitern zu lassen; für den beratenden RA sind deshalb **Prozeßkostenrisiko-Prognosen** im Augenblick nur sehr schwer/bedingt möglich.

Geschäftswertentscheidungen des Gerichtes sind durch unbefristete **Beschwerde** rechtsmittelfähig, sofern der Mehr- oder Minderbetrag der Kosten, gemessen am Geschäftswert, **200 DM** übersteigt (§ 567 ZPO). Die Geschäftswertbeschwerde ist gebührenfrei. Setzt das LG als Beschwerdegericht den Geschäftswert für das Beschwerdeverfahren fest, ist hiergegen die unbefristete Erstbeschwerde statthaft, über die das Rechtsbeschwerdegericht endgültig zu entscheiden hat (h. M.). Der Geschäftswert unterliegt nicht dem Verschlechterungsverbot (reformatio in peius); er kann also auch zum Nachteil der Beteiligten verändert werden. Umstritten ist die Zulässigkeit einer isolierten Geschäftswertbeschwerde, ebenso eine Geschäftswertbeschwerde mit dem Ziel einer Erhöhung des Geschäftswerts (mangelnde Beschwer). Ein **Rechtsanwalt** hat jedoch aus **eigenem Recht** (§ 9 II 1 BRAGO) das Recht zur Geschäftswertbeschwerde. 138

Setzt das LG erstmals den Geschäftswert für die 1. Instanz fest (also nicht bei Abänderung des Geschäftswerts 1. Instanz), dann ist die Beschwerde hiergegen zugleich eine weitere Beschwerde; sie ist jedoch unzulässig, wenn sie nicht vom LG ausdrücklich zugelassen wurde. – **Unterscheide** Geschäftswert (§ 48 II WEG) und Beschwerdegegenstands-Wert (§ 45 I WEG); vgl. *BGH* v. 17. 9. 92 (ETW, G. 2, S. 1818)! 139

XII. Besonderheiten in den neuen Bundesländern

140 Seit 4. 10. 1990 gilt das WEG auch in den neuen Bundesländern. Hinsichtlich der in den westlichen Bundesländern die letzten Jahre heftig umstrittenen Frage der **Umwandlung** von Mietwohnungs-Altbauten in Wohnungseigentum (Abgeschlossenheit, Mieterschutz!) entschied bekanntlich zwischenzeitlich der Gemeinsame Senat der Obersten Bundesgerichte (v. 30. 6. 92, – *GmS-OBG* 1/91, ETW G. 2, S. 1713; zur Begründung vgl. ETW G. 2, S. 1797). Bezogen auf die neuen Bundesländer wurde allerdings schon vorher § 3 III WEG neu in das WEG aufgenommen und § 32 I entsprechend redaktionell ergänzt (Art. 11 G v. 22. 3. 91, ab 29. 3. 91 in Kraft).

141 XII. Anhang: Antragsmuster

1. Beschlußanfechtungsantrag nach § 43 I Nr. 4 WEG

An das Amtsgericht   München, den ...
(Abt. f. WE-Sachen)
Anschrift

Beschlußanfechtung nach § 43 I Nr. 4 WEG

1. Wolf Becker
2. Claudia Becker

beide wohnhaft: ...   – Antragsteller –

./.

WEG Bahnhofstr. ... in München ..., bestehend aus den Eigentümern Anton Adam und 48 anderen (mit Ausnahme der Antragsteller) gemäß der in Anlage 1 beigefügten Namens- und Anschriftenliste   – Antragsgegner –

Weiterer Beteiligter und Zustellungsvertreter der Antragsgegner:
Verwaltung Fa. H. Immobilien GmbH, vertr. d. d. Geschäftsführer Herrn Max Huber, Hochstr. ... in ...

Vorläufiger Geschäftswertvorschlag: DM ...

In der, wenn möglich, bald anzuberaumenden Sühneverhandlung beantragen wir:
1. Folgende, in der Eigentümerversammlung v. ... gefaßten Mehrheitsbeschlüsse für ungültig zu erklären:

    a) zu TOP 1 „die Jahresabrechnung 19.. wird genehmigt" insoweit, als dort die Ausgabenposition zu Ziff. ... nach Quadratmeterwohnfläche aufgeteilt wurde.

    b) Zu TOP 8 „Genehmigung der Pergola-Überdachung auf der Terrasse der Dachterrassenwohnung Nr. 18 lt. Aufteilungsplan"

Anhang: Antragsmuster **B V**

d) Zu TOP 10 den „unter Sonstiges" gefaßten Beschluß: „..."; insoweit wird auch der Erlaß einer *einstweiligen Anordnung* angeregt, dem Verwalter aufzugeben, die Durchführung des Beschlusses einstweilen zurückzustellen.

2. Die Antragsgegner haben die Kosten des Verfahrens zu tragen und den Antragstellern ihre außergerichtlichen Kosten zu erstatten.

Gründe:
1. Bezeichnung der Beteiligten, der Wohnanlage mit Besonderheiten, der derzeitigen Verwaltung usw.
2. Hinweise zur behaupteten Beschlußungültigkeit bezüglich der einzelnen angefochtenen Beschlüsse unter Darstellung der formellen und/oder inhaltlichen Beanstandungen mit entsprechenden Beweisangeboten – trotz bestehender Amtsermittlungspflicht – (Vorlage von Beweisunterlagen, Zeugeneinvernahmen, Beiziehung der Grundakten, gerichtlicher Augenschein, gerichtlicher Sachverständigenbeweis, Fotos, Pläne usw).
3. Ausführungen zur beantragten Kostenentscheidung, um das Gericht zu einer erwünschten Ermessensentscheidung nach § 47 WEG zu bewegen.
4. Ausführungen zu dem antragstellerseits für sachgemäß erachteten Geschäftswert.
5. Bitte um Mitteilung des einzubezahlenden Gerichtskosten-Vorschusses nach Kostenordnung, sofortige Zahlungszusicherung, Bitte um Zustellung der Anfechtungsschrift an den Verwalter als Zustellungsvertreter der Antragsgegner mit Hinweis auf dessen Informationspflicht der restlichen Eigentümer und Bitte um baldige Sühneverhandlungsterminierung.

Unterschrift der Antragsteller

Anlagen: lt. Text (A 1–A ...)

2. Zahlungsantrag gegen wohngeldsäumigen Miteigentümer 142

[Der *BGH* muß allerdings derzeit auf Vorlage des *KG* klären, ob überhaupt Verwalter – ohne RA – zur alleinigen Verfahrensführung berechtigt sind – Verstoß gegen RBerG? –]

Hausverwaltung ... München, den ....

An das AG München
Abt. 12
Postfach
8000 München 35

Antrag nach § 43 Abs. 1 Nr. 1 WEG wegen Zahlung rückständigen Wohngeldes (Hausgeldes)

WEG ..., bestehend aus den Eigentümern ... gemäß anliegender Eigentümerliste (mit Ausnahme des Antragsgegners) – Antragsteller –

diese vertreten durch HV ...

./.

B V   Das Wohnungseigentums-Verfahren

Hans Müller (Anschrift)   – Antragsgegner –

wegen: Zahlung (1100 DM)

Namens und im Auftrag der Antragsteller werden folgende Anträge gestellt:
1. Der Antragsgegner ist verpflichtet, 200 DM aus Einzelabrechnungsrestschuld 1985 und 900 DM als Wohngeldvorauszahlung für die Monate Januar bis einschl. März 1986, somit gesamt 1100 DM mit Leistung an die Antragsteller WE ... zu Händen der Verwaltung ... (auf Konto WEG ... Nr. ... bei der ....-Bank, BLZ ...) nebst 8% Zinsen aus 200 DM ab ... (Fälligkeits- bzw. Rechtshängigkeits-Datum) und aus 900 DM seit 14. 2. 86 (Mittelzins für Vorauszahlungsschuld) zu bezahlen.
2. Der Antragsgegner hat die Kosten des Verfahrens einschl. der außergerichtlichen Kosten der Antragsteller zu tragen.

Gründe:

1. Bezeichnung bzw. Beschrieb der Anlage, der an diesem Verfahren Beteiligten, der Verwaltung usw.
2. Hinweis auf die Verfahrensführung/Vollmacht der Verwaltung unter Vorlage entsprechender Beweisunterlagen.
3. Begründung der Jahresabrechnungsrestschuld unter Hinweis auf die entsprechende Jahresgesamtabrechnung und die Einzelabrechnung sowie das genehmigende Beschlußprotokoll.
4. Begründung der Vorauszahlungsschuld unter Hinweis auf Wirtschaftsplan, Genehmigungsbeschluß und Protokoll und ggf. das Kontenblatt des Schuldners (Vorlage der entsprechenden Beweisunterlagen).
5. Hinweise zum vereinbarten Verzugszins und zur Berechnung der Verzugszinsen (Mittelzinsberechnung bei laufenden Vorauszahlungsschulden möglich).
Entsprechende Beweisführung.
Vorlage etwaiger Abmahnungen.
6. Vorsorglicher Hinweis an das Gericht, daß der Vorauszahlungsantrag dann in einen endgültigen Zahlungsantrag geändert wird, falls der Wirtschaftsplan als Grundlage der Vorauszahlungen noch während des Verfahrens durch einen Abrechnungsgenehmigungsbeschluß „überholt" wird, der dann die endgültige Schuldsumme in saldierter Form belegt, was zu einer Antragsänderung (nach oben oder unten) hinsichtlich der Forderungshöhe unter neuem Anspruchsgrund führt.
7. Angaben zum Gerichtskostenvorschuß, zum Geschäftswert und zur beantragten Kostenentscheidung.

Unterschrift (Verwaltung)

Anlagen: lt. Text (A 1–A ...)

143 3. Antrag auf Veräußerungszustimmung nach § 12 WEG (i. V. mit entsprechender Vereinbarung in der Gemeinschaftsordnung)

1. Die Verwaltung (Antragsgegnerin) ... wird verpflichtet, dem Antragsteller (Wohnungsveräußerer) die vereinbarte Zustimmung nach § 12 WEG (Ziff. ... der Gemeinschaftsordnung) zur Veräußerung der Eigentumswohnung Nr. ... lt. Aufteilungsplan in der Wohnanlage .... in München an den Erwerber, Herrn ... (gemäß Kaufvertrag

vom ..., Urkunden-Nr. ..., Notar ...) zu erteilen, und zwar bei Meidung einer in richterlichem Ermessen zu bestimmenden Beugestrafe.

2. Weiterhin wird festgestellt, daß die Verwaltung (Antragsgegnerin) ... dem Antragsteller jeglichen nachweisbaren Schaden zu ersetzen hat, der diesem aus bisher zu Unrecht verweigerter Zustimmung und damit nicht möglichem Vollzug des Veräußerungsgeschäftes bereits dem Grunde nach entstanden ist oder in Zukunft noch entsteht.
Hilfsweise: ggf. bereits Schadenersatzleistungs-Antrag

3. Die Verwaltung (Antragsgegnerin) trägt die Gerichtskosten des Verfahrens und hat auch dem Antragsteller dessen außergerichtliche Kosten zu erstatten.

4. Der Geschäftswert des Verfahrens wird auf DM ... (1. 20% des Verkaufswerts der Wohnung; 2. Schadenfeststellungsantrag) festgesetzt.

4. Antrag auf Unterlagenherausgabe

1. Der Antragsgegner (bisherige Verwaltung Fa. ...) hat sämtliche in seinem Besitz befindlichen, für eine ordnungsgemäße Weiterführung einer Verwaltung notwendigen Unterlagen an den Antragsteller (neu bestellte Verwaltung Fa. ...) herauszugeben bzw. zur Abholung nach vorheriger Terminankündigung in geordneter Form bereitzuhalten; diese Verpflichtung ist unter Beugestrafe nach richterlichem Ermessen zu stellen.
Es handelt sich insbesondere um folgende Unterlagen:
– Versicherungspolicen der Gemeinschaft
– Wartungsverträge
– Kontenjournale
– (möglichst detaillierte Bezeichnung der (noch) geforderten Unterlagen)

2. Der Antragsgegner hat das Guthaben der WEG ... auf bisherigem Gemeinschaftskonto bei der ... Bank auf das neue Gemeinschafts-Girokonto der WEG mit der Nr. ... bei der ...-Bank unverzüglich zu überweisen, ebenso alle noch auf das bisherige Konto eingehenden Zahlungen. Das Sparbuch „Instandhaltungsrückstellung" ist der neu bestellten Verwaltung zu übertragen; auch diese Verpflichtungen sind unter Beugestrafe zu stellen.

3. Kosten

4. Anregung auf Erlaß einstweiliger Anordnungen wegen Eilbedürftigkeit.

B VI. Der Maklerprozeß

Dr. Gunther Braun

Übersicht

	Rdnr.
I. Rechtliche Grundlagen	1
1. Privates Maklerrecht	1
2. Abgrenzung zwischen Zivil- und Handelsmakler	4
II. Bestehen des Maklervertrages	
1. Form	5
2. Vertragsabschluß	7
3. Beendigung des Maklervertrages	16
III. Anspruchsbegründende Tätigkeit des Maklers	23
1. Nachweistätigkeit	24
2. Vermittlungstätigkeit	28
IV. Zustandekommen des Hauptvertrages	29
1. Wirksamkeit des Hauptvertrages	30
2. Identität des Hauptvertrages mit dem beabsichtigten Vertrag	37
V. Kausalität der Maklertätigkeit	46
1. Grundsatz: Kausalitätsvermutung	46
2. Vorkenntnis	48
3. Mitursächlichkeit	51
4. Unterbrechung der Kausalität	54
VI. Ausschluß des Provisionsanspruches	57
1. Verbotene Doppeltätigkeit, Interessenkollision	58
2. Selbsteintritt des Maklers	60
3. Wirtschaftliche Verflechtung zwischen Makler und Vertragsgegner	61
VII. Höhe des Provisionsanspruches	64
VIII. Fälligkeit und Verjährung des Provisionsanspruches	66
IX. Hilfsansprüche des Maklers	69
1. Schadensersatzanspruch	69
2. Aufwendungsersatzanspruch	73

Literatur: *Dyckerhoff,* Das Recht des Immobilienmaklers, 9. Aufl. 1986; *Fuchs,* Das Recht des Zivilmaklers und seine Fortbildung in der höchst richterlichen Rechtsprechung (Dissertation), München 1975; *Glaser/Warncke,* Das Maklerrecht in der Praxis, 7. Aufl. 1982; *Schwerdtner,* Maklerrecht, 3. Aufl. 1987; *Wegener/Sailer,* Der Makler und sein Auftraggeber, 3. Aufl. 1981.

I. Rechtliche Grundlagen

1. Privates Maklerrecht

1   Der Maklerprozeß, bei dem im wesentlichen die Frage im Mittelpunkt steht, ob der Provisionsanspruch des Maklers entstanden ist, gründet sich auf die Vorschriften des privaten Maklerrechts. In diesem Bereich spielen die Vorschriften des **öffentlichen Maklerrechts,** also insbesondere die gewerberechtlichen Vorschriften, die die Rechtsbeziehungen des Maklers zum Staat betreffen, keine unmittelbare Rolle. Hingewiesen sei jedoch auf die Zulassungsregelung des § 34c GewO sowie auf die Berufsausübungsregelungen der Makler- und Bauträgerverordnung (MaBV). Das Fehlen einer Erlaubnis nach § 34c GewO läßt die zivilrechtliche Wirksamkeit des Maklervertrages unberührt (*BGHZ* 78, 269). Gleiches gilt bei einem Verstoß gegen die Ordnungsvorschriften MaBV.

2   **a) §§ 652ff. BGB.** Die Rechtsbeziehungen zwischen dem Makler und dem Auftraggeber – also insbesondere die Frage, wann ein Provisions- oder Aufwendungsersatzanspruch des Maklers entsteht – haben im Bürgerlichen Gesetzbuch lediglich ihren Niederschlag in den §§ 652–656 gefunden. Diese Vorschriften gelten nicht nur für den Immobilien- und Wohnungsmakler, sondern grund-

sätzlich auch für alle sonstigen Maklergeschäfte wie z. B. die Darlehensvermittlung.

b) Richterrecht. Nachdem sich der Gesetzgeber bei der Normierung des 3
Maklerrechts weitgehende Zurückhaltung auferlegt hatte, blieb es Aufgabe von
Rechtsprechung und Lehre, die maßgeblichen Kriterien des Maklervertragsrechts herauszubilden. So können die nachstehend behandelten Fragen der
Nachweis/Vermittlungstätigkeit des Maklers, der Kausalität der Maklertätigkeit, des Ausschlusses des Provisionsanspruches usw. als mehr oder minder aus
dem **Richterrecht** entstanden, angesehen werden.

Daran dürfte auch die bevorstehende Neuregelung des Maklervertragsrechts
(Entwurf eines Gesetzes für Makleverträge der Bundesregierung, BT-Drucksache 10/1014) nichts wesentliches ändern.

2. Abgrenzung zwischen Zivil- und Handelsmakler

Im Mittelpunkt des Maklerprozesses im Sinne dieser Abhandlung steht nur 4
der Zivilmakler iSd §§ 652 ff. BGB, nicht der Handelsmakler iSd §§ 93 ff. HGB.
Handelsmakler ist nach der Definition des § 93 I HGB derjenige, der es gewerbsmäßig übernimmt, für andere Personen Verträge über Anschaffung oder
Veräußerung von Waren oder Wertpapieren, über Versicherungen, Güterbeförderungen, Schiffsmiete oder sonstige Gegenstände des Handelsverkehrs zu vermitteln. Für sie gelten die Bestimmungen der §§ 652 ff. BGB subsidiär, soweit
nicht in den §§ 93 ff. HGB ein anderes geregelt ist. Demgegenüber gelten die
§§ 93 ff. HGB für den Zivilmakler – insbesondere den **Immobilienmakler** –
nicht. Durch die Eintragung ins Handelsregister (§ 2 HGB) wird der Zivilmakler zwar Kaufmann, nicht jedoch Handelsmakler.

Für Kursmakler gelten die §§ 30 ff. BörsenG.

II. Bestehen des Maklervertrages

1. Form

a) Grundsatz der Formfreiheit. Der Maklervertrag kann grundsätzlich ohne 5
Einhaltung einer Form wirksam abgeschlossen werden. Zu beachten ist aber,
daß der Makler gemäß § 11 MaBV verpflichtet ist, seinen Auftraggeber nach
Abschluß des Maklervertrages über dessen Inhalt zu unterrichten. Ein Verstoß
gegen § 11 MaBV führt aber nicht zur Nichtigkeit des Maklervertrages (*OLG
Frankfurt* NJW 1979, 878).

b) Formgebundenheit bei Grundstücksgeschäften. Ausnahmsweise ist nach 6
der Rechtsprechung die Form des § 313 BGB zu wahren, wenn sich der Makler
für den Fall des Nichtzustandekommens eines Grundstückskaufvertrages eine
Vergütung für seine erfolglosen Bemühungen versprechen läßt (*BGH* **WM
1990, 77**).

2. Vertragsabschluß

a) Normfall des schriftlichen Auftrages. aa) Allgemeiner Maklerauftrag. 7
Beim allgemeinen oder gewöhnlichen Maklerauftrag schuldet der Makler regelmäßig nur **allgemeine Nachweis- oder Vermittlungsbemühungen**. Im Gegensatz zum Dienstvertrag wird eine Pflicht zum Tätigwerden nicht begründet.

Streng erfolgskausal verdient er den Maklerlohn nur dann, wenn aufgrund seiner Tätigkeiten der angestrebte Vertrag zustandekommt. Im Gegensatz zum Alleinauftrag ist es dem Makler-Auftraggeber aber unbenommen, während der Vertragslaufzeit weitere Makler einzuschalten oder den Vertragserfolg selbst herbeizuführen.

8   bb) **Alleinauftrag.** Insbesondere bei **Immobilienvermittlungen** hat der Typus des Alleinauftrages große Bedeutung gewonnen. Er hat deshalb auch im Regierungsentwurf zur Reform des Maklerrechts (§§ 653, 653a BGB neu) eine entsprechende Normierung gefunden.

9   Beim Alleinauftrag verspricht der Makler im allgemeinen intensivere und nachhaltigere Nachweis- oder Vermittlungstätigkeiten; als Gegenleistung verzichtet der Auftraggeber, für eine bestimmte Zeit einen Dritten (insbesondere einen Makler) einzuschalten oder den Vertragsabschluß selbst herbeizuführen (letzteres ist strittig, falls nicht individualvertraglich vereinbart: *BGH* NJW 1984, 360; MünchKomm-*Schwerdtner*, § 652 Rdnr. 289 ff.). Der Makler kann sich der Tätigkeitspflicht, die er durch die Entgegennahme eines Alleinauftrages übernommen hat, nicht dadurch entledigen, daß er es dem Kunden freistellt, sich selbst um den Verkauf des Objekts zu bemühen oder einen anderen Vermittler einzuschalten. (*BGH* WM 1987, 1044).

10 Führt ein schuldhaft vertragswidriger Abschluß des Auftraggebers zur Nichtrealisierung des Courtageanspruchs des Maklers, so hat dieser Anspruch auf Erstattung des entgangenen Gewinns, u. U. in Höhe der Summe aus Verkäufer- und Käufercourtage, falls zulässige Doppelmaklertätigkeit vorliegt. Im übrigen sind häufig zu findende **Klauseln** in Maklerverträgen, wonach bei Verletzungshandlungen ohne Nachweis des Schadens die volle Provision geschuldet werde, wegen Verstoßes gegen § 11 Nr. 5, 6 AGBG in der Regel unwirksam.

11 **b) Formloser/stillschweigender Maklerauftrag. aa) Aufgrund schlüssigen Verhaltens.** Während die frühere Rechtsprechung es hat ausreichen lassen, wenn sich ein Interessent an einen Makler wendet und dessen Dienste faktisch in Anspruch nimmt, stellt die **neuere Rechtsprechung** höhere Anforderungen. Als Grundsatz gilt: Es ist Sache des Maklers, klare Verhältnisse zu schaffen; jede Unklarheit geht zu seinen Lasten. Der Makler muß also dem Interessenten klar und unmißverständlich zu verstehen geben, daß er von ihm im Erfolgsfall eine Courtage beansprucht (*BGH* NJW-RR 1987, 173). Ein Maklervertrag kommt daher erst dann zustande, wenn der Interessent nach Zugang des Provisionsverlangens weitere Maklerdienste in Anspruch nimmt (*BGH* WM 1991, 644) z. B. durch eine Besichtigung. Nicht ausreichend ist allerdings, wenn der Makler einem Interessenten während der Besichtigung ein Exposé mit Provisionsklausel aushändigt und der Interessent die Besichtigung fortsetzt (*BGH* WM 1991, 643).

12 **bb) Aufgrund Sich-Gefallen-Lassens von Maklerdiensten.** Gleiches gilt für den Fall, daß der Makler von sich aus an einen potentiellen Interessenten herantritt und ihm verschiedene Leistungen andient. Dieses Sich-Gefallen-Lassen von Maklerdiensten führt nur dann zum Abschluß eines Maklervertrages, wenn der Vertragsgegner weiß oder wissen mußte, daß der Makler im Erfolgsfalle eine Vergütung verlangt. Von einem konkludenten Vertragsabschluß kann ausgegangen werden, wenn sich ein Interessent mit der Bitte um Nachweise an einen Makler wendet, dessen Beruf ihm bekannt ist und dessen Nachweise er im folgenden entgegennimmt (*OLG Köln* NJW-RR 1987, 1529).

Wenn jemand sich hingegen lediglich eine Nachweistätigkeit gefallen läßt, 13
gleichwohl jedoch die Unterzeichnung eines Alleinauftrages ausdrücklich ablehnt, so kann auch kein stillschweigender Vertragsabschluß zustandekommen (vgl. *BGH* WM 1985, 1344f.).

Problem insbesondere bei **Doppelmakelei:** Ein Maklervertrag kommt regel- 14
mäßig auch dann nicht zustande, wenn der Interessent die Maklertätigkeit bloß ausnützt, jedoch annehmen darf, der Makler erbringe sie für die andere Seite (*BGH* NJW-RR 1987, 173).

cc) **Aufgrund aufgedrängter Maklerleistung.** Es kommt vor, daß der Mak- 15
ler, ohne beauftragt zu sein, einem potentiellen Kunden den Vertragsnachweis übersendet und ihn gleichzeitig auf die Provisionspflichtigkeit hinweist. Kommt aufgrund dieses Nachweises ein Erfolg zustande, so kann sich der Makler in aller Regel nicht darauf berufen, daß mit dem bloßen Ausnützen des Nachweises ein Maklervertrag stillschweigend zustandegekommen ist. Ein Provisionsanspruch wird nur dann begründet sein, wenn der Interessent nach Zugang des Nachweises weitere Maklerleistungen in Anspruch genommen hat (MünchKomm-*Schwerdtner*, § 652 Rdnrn. 35ff.), oder sich mit der geforderten Provision einverstanden erklärt (*BGH,* NJW-RR 1989, 1071).

3. Beendigung des Maklervertrages

a) **Kündigung.** Ist der Maklervertrag auf unbestimmte Zeit abgeschlossen 16
(dies ist häufig beim allgemeinen Maklervertrag der Fall, weniger beim Alleinauftrag) so ist er jederzeit von beiden Seiten ohne Einhaltung einer Frist kündbar. Dieser aus dem allgemeinen Auftragsrecht entnommene Grundsatz soll nach dem Entwurf eines Gesetzes über Maklerverträge nunmehr auch kodifiziert werden (§ 653a I E-BGB). Die **jederzeitige Kündigungsmöglichkeit** ist auch sachgerecht, da der allgemeine Maklervertrag regelmäßig zu keinen engen Vertragsbeziehungen führt. So ist der Auftraggeber ungehindert, andere Makler einzuschalten oder den Vertragsabschluß selbst herbeizuführen.

b) **Fristablauf.** Ist der Maklervertrag – so im Falle des Alleinauftrages nahezu 17
immer – auf bestimmte Zeit abgeschlossen, wird er mit dem Fristablauf, ggfs. durch Aufhebungsvereinbarung oder aufgrund Kündigung aus wichtigem Grund beendet.

Der Auftraggeber kann sich nicht durch vorherige Kündigung seiner Provi- 18
sionspflicht entledigen, wenn der Makler während der Vertragslaufzeit die konkrete Abschlußmöglichkeit nachgewiesen hat und das Geschäft nach der Vertragsbeendigung zustandekommt.

c) **Anfechtung des Maklervertrages.** Hierfür gelten die allgemeinen Vor- 19
schriften der §§ 119ff. BGB. Rechtsfolge ist die rückwirkende Vernichtung des Provisionsanspruchs auch dann, wenn der beabsichtigte Geschäftserfolg eingetreten ist. Ob daneben ein Anspruch aus ungerechtfertigter Bereicherung besteht, ist strittig. (*OLG Köln* NJW 1971, 1943f.).

d) **Tod und Konkurs.** Nach herrschender Auffassung stellt die Maklertätig- 20
keit eine höchstpersönliche Leistung dar, so daß beim Tod des Maklers das Vertragsverhältnis endet. (§ 673 BGB).

Der Tod des Auftraggebers hingegen berührt die Wirksamkeit des Vertrages 21
nicht.

Der Konkurs des Auftraggebers beendet den Maklervertrag (§ 23 II KO), 22
nicht jedoch der Konkurs des Maklers.

III. Anspruchsbegründende Tätigkeit des Maklers

23 Die vom Makler geschuldete Leistung besteht entweder im Nachweis der Gelegenheit zum Abschluß eines Vertrages oder in der Vermittlung eines Vertrages. Ausreichend ist jedoch auch die Vermittlung eines Vorvertrages durch den Makler, wenn der Auftrag an den Makler auf die Herbeiführung dieses Vorvertrages ging (*BGH* NJW-RR 1991, 1073). Beide Tätigkeiten werden vom Gesetz gleich behandelt, die Rechtsprechung hat indes eine Reihe von Unterscheidungskriterien entwickelt. Praktische Bedeutung hat die Unterscheidung im wesentlichen bei den Fragen der Vorkenntnis (vgl. unten Rdnrn. 48 ff.) sowie der Interessenkollision (vgl. unten Rdnrn. 58 f.).

1. Nachweistätigkeit

24 An den Inhalt der Nachweismaklertätigkeit stellt die Rechtsprechung keine übertriebenen Anforderungen. Für den Nachweis der Gelegenheit zum Abschluß eines Vertrages genügt nach der Rechtsprechung des BGH „... eine Mitteilung des Maklers an seinen Kunden..., durch die dieser in die Lage versetzt wird, in konkrete Verhandlungen über den von ihm angestrebten Vertrag einzutreten...." (*BGH* WM 1990, 1677; *BGH* NJW 1987, 1628 ff.).

25 Der Nachweis muß allerdings auf eine **konkrete und substantiierte Vertragsmöglichkeit** gerichtet sein. Eine ausreichende Wissensgrundlage wird also nicht verschafft, wenn sich der Auftraggeber noch selbst darum kümmern muß, ob ein möglicher Vertragspartner abschlußbereit ist (MünchKomm-*Schwerdtner,* § 652 Rdnr. 63).

26 Das bloße Verschaffen einer **Ermittlungsmöglichkeit** stellt noch keinen Nachweis dar. **Nicht ausreichend** daher:
- Übersendung einer Interessentenliste (*OLG München* BB 1973, 1551);
- indirekter Nachweis, falls der Makler seinen Auftraggeber lediglich an einen anderen Makler verweist;
- bloße Hinweise des Maklers, der Auftraggeber möge sich an Dritte wenden, um konkreteres selbst zu erfragen.

Ausreichend jedoch:

27
- Dem Auftraggeber ist es in zumutbarer Weise möglich, den Verkäufer selbst festzustellen (*BGH* WM 1984, 560);
- der vom Makler benannte Eigentümer ist nur Mitglied einer Erbengemeinschaft (vgl. *OLG Hamm* BB 1974, 202).

2. Vermittlungstätigkeit

28 Gegenstand der Vermittlungstätigkeit des Maklers ist das Herstellen der Abschlußbereitschaft beim Vertragsgegner des Makler-Auftraggebers. Nach h. M. setzt dies ein Verhandeln des Maklers mit beiden Seiten voraus. Die Beratung allein des eigenen Auftraggebers reicht nicht aus. In der Regel wird der Makler versuchen, die Vertragsvorstellungen seines Auftraggebers (z. B. eine Reduzierung des Kaufpreises) durchzusetzen. Vermittlungsfälle werden bejaht:
- wenn der Vertragsgegner von vornherein zu den Konditionen des Auftraggebers abzuschließen bereit ist, obwohl hier eigentlich nur eine **Zusammenführung der Parteien** stattfindet (vgl. MünchKomm-*Schwerdtner,* § 652 Rdnr. 58 m. w. N.);

– wenn dem Auftraggeber die Abschlußmöglichkeit bereits bekannt war, sofern das nachfolgende Einwirken des Maklers auf den Vertragsgegner erst zum Vertragsabschluß führt (dies auch dann, wenn vom Auftraggeber bereits vorher Makler eingeschaltet waren);
– wenn der Makler seinem Auftraggeber den Erwerb eines Objekts im Wege der **Zwangsversteigerung** nachweist und im Maklervertrag die sogenannte Gleichstellung in Form einer Individualvereinbarung vereinbart wurde (vgl. MünchKomm-*Schwerdtner*, § 652 Rdnr. 60); jetzt grundlegend entschieden durch Urteil des *BGH* vom 4. 7. 1990, IV ZR 174/89. Der Makler kann in Allgemeinen Geschäftsbedingungen den Erwerb in der Zwangsversteigerung nicht wirksam einem Kauf gleichstellen (*BGH* NJW 1992, 2568).

IV. Zustandekommen des Hauptvertrages

Der Maklerlohn ist erst mit dem wirksamen Zustandekommen des beabsichtigten Hauptvertrages verdient. Er kommt in Wegfall, wenn die Wirksamkeit des Vertrages zu einem späteren Zeitpunkt aus Gründen beseitigt wird, die im Vertragsschluß selbst liegen (vgl. *Palandt/Thomas*, § 652 Anm. 4 C). 29

1. Wirksamkeit des Hauptvertrages

a) Formnichtigkeit des Hauptvertrages. Nach Verletzung einer gesetzlichen Formvorschrift (§ 313 BGB, Fälle der Unterverbriefung etc.) ist der Hauptvertrag von vornherein nichtig und läßt den Provisionsanspruch nicht entstehen. Nach h. M. steht dem Makler auch kein Schadensersatzanspruch gegen den Auftraggeber zu, obwohl er den rechtlichen Mangel nicht zu vertreten hat (vgl. *BGH* WM 1977, 1051). Bei nachträglicher Heilung des Formmangels (§ 313 S. 2 BGB) lebt jedoch auch der Provisionsanspruch wieder auf. Bei genehmigungsbedürftigen Verpflichtungsverträgen setzt der Provisionsanspruch die Erteilung der Genehmigung voraus. Abweichende Vereinbarungen sind wegen § 9 II Nr. 1 AGB nur durch Individualabreden möglich. 30

b) Vorvertrag, Vorkaufsrecht. Der Vorvertrag enthält zwar regelmäßig alle Vertragsessentialia des beabsichtigten Hauptvertrages, stellt aber noch nicht die Herbeiführung des **Vertragserfolges** im Sinne des Maklerrechts dar. Zu überprüfen ist allerdings, ob im Einzelfall nicht bereits mehr als ein bloßer Vorvertrag vorliegt. So wird der Courtageanspruch des **Kreditmaklers** in der Regel schon dann begründet sein, wenn der nachgewiesene Kreditgeber das Darlehen bereits verbindlich zugesagt hat. 31

Ähnliches gilt für das **Vorkaufsrecht**. Wird dem Auftraggeber lediglich ein Vorkaufsrecht eingeräumt, entsteht für den Makler noch kein Provisionsanspruch. Erwirbt der Käufer-Auftraggeber das nachgewiesene Objekt und wird sodann ein Vorkaufsrecht rechtswirksam ausgeübt, so entfällt nachträglich die Provisionspflicht des Erstkäufers. 32

c) Anfechtung des Hauptvertrages. In allen Fällen wirksamer Anfechtung des Hauptvertrages – sei es aufgrund Irrtums oder arglistiger Täuschung – entfällt der Provisionsanspruch des Maklers. Hierbei kommt es nicht darauf an, ob der Makler-Auftraggeber durch sein eigenes Verhalten die Rechtsbeständigkeit des Vertrages gefährdet. Auch Schadensersatzansprüche des Maklers scheiden in einem solchen Falle aus. 33

34 d) Ausübung von Rücktrittsrechten, Aufhebungsvereinbarungen. Die Ausübung von **gesetzlichen Rücktrittsrechten** sowie die vertraglich vereinbarte Wiederaufhebung des wirksam zustandegekommenen Hauptvertrages berühren den einmal entstandenen Provisionsanspruch nicht.

Ob dies auch bei der Ausübung eines **vertraglichen Rücktrittsrechts** gilt, ist strittig. Nach der Rechtsprechung wird der Lohnanspruch des Maklers jedenfalls dann nicht berührt, wenn das vertraglich ausbedungene Rücktrittsrecht dem gesetzlichen Rücktrittsrecht nachgebildet ist oder diesem gleichzustellen ist (*BGH* DB 1973, 226; MünchKomm-*Schwerdtner*, § 652 Anm. 125; *Palandt/Thomas*, § 652 Anm. 4 C b).

35 e) Ausübung von Gewährleistungsrechten, Wegfall der Geschäftsgrundlage. Kommt der Hauptvertrag rechtswirksam zustande und macht der Käufer oder Mieter als Makler-Auftraggeber nachträglich Gewährleistungsrechte geltend, hat dies regelmäßig keine Auswirkung auf Grund und Höhe des Provisionsanspruches.

Gleiches gilt für den Fall, daß die Vertragspartner aufgrund Wegfalls der Geschäftsgrundlage die entsprechende Anpassung oder Aufhebung des Vertrages verlangen. Auch in diesem Fall bleibt der Provisionsanspruch des Maklers unberührt.

36 f) Bedingte Hauptverträge. Im Falle der **aufschiebenden Bedingung** entsteht der Provisionsanspruch erst mit Bedingungseintritt (§§ 158 I, 652 I 2 BGB), z. B. bei Erteilung der Teilungsgenehmigung (*BGH* NJW 1992, 558).

Umgekehrt entsteht bei einem **auflösend bedingten** Hauptvertrag der Provisionsanspruch sofort. Fällt die Wirksamkeit des Hauptvertrages nachträglich weg (§ 158 II BGB: ex nunc) so beseitigt dies grundsätzlich nicht den Courtageanspruch des Maklers.

2. Identität des Hauptvertrages mit dem beabsichtigten Vertrag

37 a) Persönliche Identität. Der nach dem Maklerauftrag **beabsichtigte Erfolg** ist in der Regel nur dann eingetreten, wenn es zu einem Vertragsschluß zwischen den **Parteien** kommt, die im Maklervertrag aufgeführt sind. Der Courtageanspruch entfällt also, wenn der Vertragserfolg mit einer anderen Person zustandekommt, als der vom Makler nachgewiesenen. Gibt der Auftraggeber also den Nachweis an einen Bekannten weiter, so entsteht kein Provisionsanspruch (dann aber eventuell Schadensersatzpflicht wegen treuwidriger Weitergabe des Nachweises, vgl. unten Rdnrn. 69 ff.). Der Makler erhält sich jedoch seinen Provisionsanspruch, wenn der Geschäftserfolg nicht mit seinem Auftraggeber sondern letztlich mit einer Person zustandekommt, die bereits zum Zeitpunkt seiner Nachweis- und/oder Vermittlungstätigkeiten mit ihm eine feste, auf Dauer angelegte Bindung, in der Regel familien- oder gesellschaftsrechtlicher Art, unterhielt (*BGH* NJW 1984, 385).

38 Dies trifft nach der Rechtsprechung jedenfalls auf **Ehepartner, Lebensgefährten und minderjährige Abkömmlinge** des Auftraggebers zu. Wie weit dieser Kreis der Angehörigen und Verwandten zu ziehen ist, ist strittig und beurteilt sich nach der Rechts- und Interessensphäre des Auftraggebers (vgl. Rdnr. 41 f.). Persönliche Identität ist jedenfalls immer dann zu bejahen, wenn in dem vom Maklerkunden unterzeichneten Maklervertrag sowohl der Kunde als auch sein Lebensgefährte aufgeführt sind. Wenn der Lebensgefährte dann das nachgewiesene Objekt erwirbt, ist der Kunde in jedem Fall provisionspflichtig (*BGH* WM 1991, 78).

b) Gesellschaftsrechtliche Bindung. Ein im Sinne des Maklerrechts gleich- 39 wertiges Geschäft kann auch dann vorliegen, wenn die gesellschaftsrechtliche Beziehung zwischen Auftraggeber und Vertragsschließenden besonders eng ist. So z. B., wenn der Makler den Nachweis gegenüber der Muttergesellschaft erbringt, letztlich aber die 100%ige Tochtergesellschaft den Vertrag abschließt. Das gleiche muß dann gelten, wenn nach vorgenommener Betriebsaufspaltung die Betriebsgesellschaft den Makler beauftragt und letztlich die Besitzgesellschaft das Objekt erwirbt (*BGH* WM 1984, 1191 ff., für den Fall, daß die beherrschenden Gesellschafter in beiden Gesellschaften die gleichen sind; vgl. auch *Glaser/Warncke*, Das Maklerrecht in der Praxis, S. 120).

Nicht ausreichend:
- Der Maklernachweis wird einer GmbH gegenüber abgegeben, letztlich er- 40 wirbt jedoch deren Geschäftsführer (*OLG München* AIZ 6/84);
- das Objekt wird einer Aktiengesellschaft angeboten, es erwirbt aber deren Aufsichtsratsvorsitzender zusammen mit anderen Personen (kritisch hierzu: MünchKomm-*Schwerdtner*, § 652 Rdnr. 110a).

c) Im übrigen wirtschaftlich oder sozial nahestehende Personen. Hinsicht- 41 lich der oben behandelten engen familien- oder gesellschaftsrechtlichen Beziehungen vermutet die Rechtsprechung, daß der Auftraggeber an dem mit dem Dritten zustandegekommenen Geschäft ein **persönliches oder wirtschaftliches Interesse** hat (*BGH* NJW 1984, 358).

Fehlt dieses enge familien- oder gesellschaftsrechtliche Band, muß der Makler 42 beweisen, daß das zustandegekommene Geschäft gleichwohl im Interesse des Auftraggebers lag. Dies bereitet der Praxis große Abgrenzungsschwierigkeiten.
- Bei nicht zusammenlebenden **Geschwistern** wird keine enge familienrechtliche Bindung vorliegen; anders dürfte es hingegen zu beurteilen sein, wenn die Geschwister gleichzeitig Mitglieder einer ungeteilten Erbengemeinschaft sind.
- Erwirbt der **Sohn des Auftraggebers** das nachgewiesene Objekt und ist dieser mit seinem Vater zerstritten, wird mangels Interesses des Auftraggebers kein Courtageanspruch entstehen.

d) Inhaltliche (wirtschaftliche) Identität. Im Maklerauftrag ist in der Regel 43 der gewünschte Vertragserfolg näher definiert. Das letztlich zustandegekommene Geschäft darf in seinem wirtschaftlichen Gehalt nicht wesentlich vom beabsichtigten Vertrag abweichen. Bei der Beurteilung der Frage, ob der tatsächlich zustandegekommene Vertrag dem beabsichtigten Geschäft wirtschaftlich gleichwertig ist, soll nach der Rechtsprechung kein zu enger Maßstab angelegt werden.

Wirtschaftliche Identität ist vorhanden:
- Statt der im Maklervertrag definierten Wohnung in einer Eigentumsanlage 44 wird letztlich eine andere gleichartige Eigentumswohnung in der selben Anlage erworben.
- Die letztlich vermittelte Darlehenssumme unterschreitet um 4% das beabsichtigte Darlehen.
- Im Falle der Nachweismakelei: Erwerb im Zuge der Zwangsversteigerung anstelle des Kaufes bei ausdrücklicher Vereinbarung der Gleichstellung (vgl. oben Rdnr. 28).

Wirtschaftliche Identität fehlt:
45 – Erwerb lediglich eines Miteigentumsanteils statt des Alleineigentums;
– Verpachtung statt Verkauf;
– Tausch statt Kauf.
– Anmietung nur des hälftigen anstatt des ganzen Ladenlokals (*BGH* NJW-RR 1991, 1206).

V. Kausalität der Maklertätigkeit

1. Grundsatz: Kausalitätsvermutung

46 Der letztlich zustandegekommene Hauptvertrag muß **infolge** (= Kausalitätserfordernis gemäß § 652 I 1 BGB) der Nachweis- oder Vermittlungstätigkeit des Maklers zustandegekommen sein.

47 Die Ursächlichkeit der Maklerleistungen wird vermutet, wenn der Makler
– die Vertragsgelegenheit nachgewiesen oder vermittelt hat **und**
– der Vertragsschluß in angemessener Zeit nachfolgt.
Dies führt im praktischen Ergebnis zur **Beweislastumkehr** zu Lasten des Auftraggebers, wenn der Abschluß des Hauptvertrages alsbald nach der Maklerleistung erfolgt.

2. Vorkenntnis

48 Die **Nachweistätigkeit** des Maklers ist dann nicht ursächlich, wenn dem Auftraggeber die Abschlußmöglichkeit bereits bekannt war. Allgemeine Kenntnisse des Auftraggebers über das nachgewiesene Objekt schaden hierbei nicht. Unschädlich ist auch, wenn der Auftraggeber den vom Makler nachgewiesenen Interessenten schon vorher kannte. Ein provisionspflichtiger Maklernachweis setzt in solchen Fällen lediglich voraus, daß der Auftraggeber aufgrund des Nachweises des Maklers den Anstoß bekommen hat, sich konkret um das in Frage stehende Objekt zu bemühen (*BGH* NJW 1983, 1849; Begriff der „wesentlichen Maklerleistung").

49 **Unterschied bei Vermittlungsmaklertätigkeit:** Bei der Vermittlungsmaklertätigkeit schadet der Einwand der Vorkenntnis regelmäßig nicht, da die über den bloßen Nachweis hinausgehenden Vermittlungsleistungen in der Regel für sich selbst ursächlich sind.

50 Nach der Rechtsprechung des BGH ist der Auftraggeber nicht verpflichtet, den Makler über seine etwaige Vorkenntnis zu unterrichten (*BGH* WM 1964, 62). Unterläßt allerdings der Auftraggeber den Vorkenntniseinwand bei Unterzeichnung des Maklervertrages und läßt er sich sodann die üblichen Maklerleistungen gefallen, so ist damit keine Verwirkung des Vorkenntniseinwandes verbunden (*BGH* NJW 1984, 358; *OLG Koblenz* NJW-RR 1991, 248).

3. Mitursächlichkeit

51 Nach der h. M. müssen die Nachweis- oder Vermittlungsleistungen des Maklers nicht die alleinige oder hauptsächliche Ursache des nachfolgenden Vertragsabschlusses sein (*BGH* WM 1974, 257). Gleichwohl betont die neuere Rechtsprechung, daß der Provisionsanspruch eine für den Abschluß des Hauptvertrages **wesentliche** Maklerleistung voraussetzt. Der *BGH* scheint in seiner neueren

Rechtsprechung insoweit auf den maklerischen **Arbeits**erfolg abzustellen, wonach der Makler nicht für den Erfolg schlechthin entlohnt werden soll (*BGH* NJW-RR 1988, 942 u. 1397; kritisch hierzu: *Schwerdtner* NJW 1989, 2987 ff.).

a) Einschaltung mehrerer Makler. Schaltet der Auftraggeber hintereinander 52 mehrere Makler ein, können beide Maklerleistungen ursächlich (zumindest mitursächlich) zum Vertragserfolg beitragen. So kann es durchaus sein, daß der erste Makler eine Nachweistätigkeit entfaltet und der zweite Makler den Vertrag vermittelt hat. Wie der *BGH* (NJW 1977, 41 f.) festgestellt hat, beseitigt die Vermittlungstätigkeit des zweiten Maklers nicht unbedingt den Kausalbeitrag des ersten Maklers. Umgekehrt entfällt die Mitursächlichkeit der Vermittlungstätigkeit des ersten Maklers nur dann, wenn seine Bemühungen endgültig gescheitert sind und der Vertragserfolg später ohne seine Mitwirkung durch neue Verhandlungen auf völlig anderer Grundlage zustandekommt (*BGH* WM 1974, 257; NJW-RR 1991, 950).

b) Eigene Tätigkeiten des Auftraggebers. Es kann vorkommen, daß der 53 Auftraggeber die Verhandlungen mit dem Vertragsgegner abbricht oder parallel sowohl über den Makler wie auch direkt mit Dritten verhandelt. Werden die Verhandlungen wieder aufgenommen, oder führen diese selbst geführten Gespräche zum Erfolg, wird hierdurch die Mitursächlichkeit des früheren Maklernachweises grundsätzlich nicht beseitigt. Hat der Makler insoweit in seinen **AGB** sowohl eine Verweisungs- als auch eine Zuziehungsklausel aufgenommen, so sind beide Bestimmungen gem. § 9 II Nr. 1 AGBG unwirksam. Schaltet der Auftraggeber den Makler in Annahme der Wirksamkeit solcher Klauseln ein, schuldet er gleichwohl keine Provision, weil die Verwendung unwirksamer AGB-Klauseln eine vorvertragliche Pflichtverletzung darstellt, die in der Regel zur Freistellung von der Zahlungspflicht führt (*BGH* NJW-RR 1989, 761).

4. Unterbrechung der Kausalität

Eine den Maklerlohn zu Fall bringende Unterbrechung der Kausalität kann 54 nach der h. M. allenfalls dann angenommen werden, wenn der Vertragserfolg auf **völlig neuen Verhandlungen** beruht, die unabhängig von der Tätigkeit des Maklers aufgenommen wurden (vgl. *Palandt/Thomas*, § 652 Anm. 5; Münch-Komm-*Schwerdtner*, § 652 Rdnr. 158).

Erfährt z. B. der Auftraggeber anläßlich der Besichtigung des nachgewiesenen 55 Objekts von einem ganz anderen, dem Makler unbekannten Objekt, so ist insoweit die Ursächlichkeit ausgeschlossen (*LG Heidelberg* MDR 1965, 132). Das gleiche gilt, wenn der Hauptvertrag nicht mit dem vom Makler benannten Verkäufer, sondern mit einem Zwischenerwerber zustandekommt (*BGH* WM 1988, 725).

Auch ein allzu **großer zeitlicher Abstand** zwischen Maklernachweis und Eintritt des Vertragserfolges kann die Kausalität beseitigen (Ursächlichkeit aber im Einzelfall bejaht bei einem Abstand von acht Monaten, *OLG München* AIZ-Rechtsprechung. A 110, Blatt 23; sogar bei zwei Jahren, *OLG Koblenz* WM 1984, 1191 f.).

VI. Ausschluß des Provisionsanspruches

57 Der Makler verwirkt seinen Lohnanspruch (§ 654 BGB) wenn ihm eine schwerwiegende Vertragsverletzung anzulasten ist.

1. Verbotene Doppeltätigkeit, Interessenkollision

58 Die Doppeltätigkeit ist dem Makler grundsätzlich gestattet, in Grundstücksgeschäften darüberhinaus geradezu üblich. Erlaubt ist insbesondere:
- Nachweismaklertätigkeit für beide Vertragsteile,
- Vermittlungstätigkeit für einen Vertragsteil und Nachweismaklertätigkeit für den anderen.

59 Will der Makler für beide Vertragsteile **vermittelnd** tätig werden, so kann dies zum Interessenkonflikt führen. Ein vertragswidriges Verhalten wird aber regelmäßig ausgeschlossen, wenn sich der Makler die Doppeltätigkeit vertraglich gestatten läßt (*Palandt/Thomas*, § 654 Anm. 4).

2. Selbsteintritt des Maklers

60 Führt der Makler seinem Auftraggeber sich selbst als Vertragspartner zu, so erbringt er keine dem § 652 BGB entsprechende Maklerleistung und erhält hierfür keinen Maklerlohn. Es fehlt in diesem Falle an dem Nachweis eines Dritten.

Eine Verwirkung des Maklerlohnes tritt auch dann ein, wenn der Makler ein Eigeninteresse an dem nachgewiesenen Geschäft entwickelt und sich offen oder heimlich in Konkurrenz zu seinem Auftraggeber stellt (*BGH* WM 1978, 245; BB 183, 926 f.).

3. Wirtschaftliche Verflechtung zwischen Makler und Vertragsgegner

61 Da der Hauptvertrag **mit einem Dritten** zustandekommen muß, ist ein Provisionsanspruch auch dann ausgeschlossen, wenn Makler und Vertragsgegner dem Auftraggeber als wirtschaftliche Einheit gegenüberstehen. Dabei ist nicht auf die formelle, gesellschaftsrechtliche Stellung abzustellen, entscheidend ist vielmehr, ob der Makler und der Vertragsgegner die Fähigkeit zur selbständigen, unabhängigen Willensbildung haben (*BGH* NJW 1985, 2473).

Kennt der Auftraggeber die bestehende wirtschaftliche Verflechtung zwischen Makler und Vertragsgegner, kann die Vereinbarung einer von den Voraussetzungen der §§ 652 ff. BGB unabhängige Vergütung wirksam sein (*BGH* NJW-RR 1987, 1075). Soweit provisionsschädliche Verpflichtungen erst nach Bezahlung der Courtage offensichtlich werden, stehen dem Auftraggeber bereicherungsrechtliche Ansprüche zu.

62 **a) Gesellschaftsrechtliche Verflechtungen.** Entscheidend für den von der Rechtsprechung inkriminierten Einfluß einerseits des Maklers auf den Vertragsdritten und andererseits des Vertragsdritten auf den Makler sind die gegenseitigen Beteiligungsverhältnisse und/oder die Frage der Geschäftsführung. Einzelfälle aus der Rechtsprechung:
- Identität der Geschäftsführung von Wohnungsbau- und Maklergesellschaft;
- Identität von Verkäufer und Geschäftsführer der Maklerfirma;
- Identität des persönlich haftenden Gesellschafters der Maklergesellschaft mit dem Gesellschafter der verkaufenden Firma; Maklerfirma ist maßgeblich am

Vertragspartner und umgekehrt der Vertragspartner maßgeblich an der Maklergesellschaft beteiligt;
- Maklerfirma und Vertragsgegner besitzen einen gemeinsamen Hauptgesellschafter; eine Dachgesellschaft hat beherrschenden Einfluß sowohl auf die Maklerfirma wie auch auf die verkaufende Gesellschaft.
- Identität des Maklers mit dem Verwalter einer Wohnungseigentümergemeinschaft, wenn dieser in seiner Funktion als Verwalter der Veräußerung zustimmen muß; (gilt nicht bei Veräußerung im Wege der Zwangsvollstreckung, *OLG Köln* WM 1989, 694).
- Makler als Mitgesellschafter ist Eigentümer des zu veräußernden (in die Gesellschaft einzubringenden) Grundstücks (*OLG Koblenz* NJW-RR 1992, 614).

b) Verflechtung aus persönlichen Gründen. Nach der Rechtsprechung des 63 *BGH* schließen freundschaftliche Verhältnisse zwischen Makler und Vertragsgegner den Provisionsanspruch grundsätzlich nicht aus (*BGH* NJW 1981, 2293).

Der Provisionsanspruch sollte nach Auffassung des *BGH* jedoch dann entfallen, wenn das beabsichtigte Geschäft mit dem **Ehegatten des Maklers** als Vertragspartner des Auftraggebers zustandekommt (*BGH* NJW 1987, 1008). Diese Entscheidung hat das Bundesverfassungsgericht als Verstoß gegen Artikel 3, 6 GG jedenfalls für den Fall verworfen, daß der Auftraggeber das Bestehen der Ehe kannte (*BVerfG* NJW 1988, 2693).

VII. Höhe des Provisionsanspruches

Ist der „tax-mäßige Lohn" im Sinne des § 653 II BGB nicht bestimmt, gilt 64 mangels individual vereinbarter Vergütung der „übliche Lohn".

In aller Regel wird im Maklervertrag ein bestimmter Prozentsatz des Werts des abzuschließenden Hauptvertrages, bei Immobiliargeschäften in der Regel des beurkundeten Preises, vereinbart. Entscheidend ist stets der Objektwert, den die Vertragsparteien bei Vertragsabschluß bestimmen. Eine Kaufpreisminderung infolge späterer Mängel- oder Gewährleistungsansprüche berührt die Courtagehöhe nicht.

Die Höhe der Provision ist frei vereinbart und findet ihre Schranke lediglich im Wucherverbot des § 138 BGB. Eine gemäß § 138 BGB sittenwidrige Provisionsvereinbarung führt zur Nichtigkeit des gesamten Maklervertrages. Der Makler kann in diesem Fall auch nicht eine aufgrund entsprechender Herabsetzung als üblich angesehene Provision verlangen, sondern geht leer aus (*Palandt/Thomas*, § 652 Anm. 7a, b). Sieht ein Maklervertrag über die Miete von Geschäftsräumen eine Provision von mehreren Monatsmieten vor, so bildet im Fall einer Staffelmiete der anfängliche Mietzins die Berechnungsgrundlage für die Provision (*OLG München* NJW-RR 1991, 1019).

Erwerben **Eheleute** das nachgewiesene Objekt oder veräußern sie an den 65 nachgewiesenen Interessenten, so schulden sie nicht schon deshalb gemeinsam den Maklerlohn, weil ihnen die Maklertätigkeiten im gleichen Maße zugutekommen. Die Eheleute haften vielmehr nur dann **gesamtschuldnerisch,** wenn sie beide Vertragspartner des Maklervertrages geworden sind oder der eine Ehepartner den anderen bei Abschluß des Maklervertrages vertreten hat.

Das Gesetz zur Regelung der **Wohnungsvermittlung** enthält Sondervorschriften sowohl für den Provisionsanspruch und die Provisionshöhe als auch für Nebenvergütungen.

VIII. Fälligkeit und Verjährung des Provisionsanspruches

66 Wie oben bereits unter Rdnr. 29 ff. dargestellt, entsteht der Provisionsanspruch erst mit dem wirksamen Abschluß des nachgewiesenen Vertrages. Mangels anderslautender Vereinbarung wird die Maklervergütung auch in diesem Falle sofort fällig, ohne daß es einer Rechnungsstellung bedarf.

67 Legen die Parteien des Maklervertrages im Maklerauftrag fest, daß die Fälligkeit der Provision von zukünftigen Ereignissen abhängt (z. B. der Zahlung des Kaufpreises) so liegt in der Regel eine Vereinbarung lediglich über die **Fälligkeit** vor, nicht aber über das **Entstehen** des Anspruchs selbst. Der Provisionsanspruch ist dann zu einem Zeitpunkt als fällig anzusehen, in dem der Eintritt des Ereignisses üblicherweise erwartet werden durfte (*BGH* NJW 1966, 1404).

68 Bezüglich der **Verjährungsfristen** ist wie folgt zu unterscheiden:
- gemäß § 196 I Nr. 1 BGB in zwei Jahren, wenn der Makler Kaufmann ist;
- gemäß § 196 I Nr. 1, II BGB in vier Jahren, wenn die Maklerleistungen für den Gewerbebetrieb des Auftraggebers erbracht wurden;
- gemäß § 196 I Nr. 7 BGB in zwei Jahren, falls der Makler nicht im Handelsregister eingetragen ist.

IX. Hilfsansprüche des Maklers

1. Schadensersatzanspruch

69 Auch dem Auftraggeber obliegt eine Treuepflicht gegenüber dem Makler. So ist der Auftraggeber insbesondere verpflichtet, die vom Makler erhaltenen Informationen vertraulich zu behandeln. Verstößt er gegen diese vertragliche Nebenpflicht dadurch, daß er den erhaltenen Nachweis an einen Dritten weitergibt und dieser den Hauptvertrag abschließt, so macht er sich aus dem Gesichtspunkt der **positiven Forderungsverletzung** schadensersatzpflichtig.

70 Nach der Rechtsprechung des BGH ist es auch durchaus möglich, in einer AGB-Klausel die Verpflichtung des Maklerkunden zu regeln, auch in einem solchen Fall zur Zahlung der Provision verpflichtet zu sein (*BGH* WM 1987, 632 ff.). Fehlt eine entsprechende Individualabsprache oder gemäß § 2 AGBG in zulässiger Weise zum Vertragsbestandteil gewordene Klausel, so gilt für die Berechnung des Schadens, der dem Makler durch die unbefugte Weitergabe des von ihm erbrachten Nachweises entstanden ist, folgendes:

71 Will er **Schadensersatz** in Höhe der vollen Provision verlangen, ist er darlegungs- und beweispflichtig dafür, daß es ohne der pflichtwidrigen Weitergabe des Nachweises gelungen wäre, aufgrund seiner eigenen Tätigkeit zu einem Vertragsabschluß über das nachgewiesene Objekt zu kommen.

72 Seiner Darlegungspflicht genügt der Makler nicht, wenn er vorträgt, sein Auftraggeber wäre verpflichtet gewesen, den Dritten an ihn zu verweisen, wäre dies geschehen, wäre ein die Provisionspflicht begründender Maklervertrag mit diesem zustandegekommen (*BGH* WM 1987, 634). Im übrigen ist ein derartiger Schadensersatzanspruch regelmäßig auf das negative Interesse beschränkt.

2. Aufwendungsersatzanspruch

73 Nach der gesetzlichen Regelung des § 652 II BGB sind dem Makler Aufwendungen nur zu ersetzen, wenn dies **vereinbart** ist.

Die Vereinbarung von Aufwendungsersatzansprüchen in AGB's und Formularverträgen ist nach der Rechtsprechung grundsätzlich zulässig. In diesem Sinne hat der BGH die lang umstrittene Frage, ob es das „gesetzliche Leitbild des Maklers" verbiete, Aufwendungsersatzansprüche in AGB zu vereinbaren, beantwortet (*BGH* NJW 1987, 1634 ff.).
Allerdings führt eine derartige Vereinbarung nur zum Ersatz des **konkreten Aufwandes**. Dessen Höhe darf der Makler als einen „mäßigen Höchstbetrag", nicht jedoch als erfolgsunabhängige Provision mit einem Prozentanteil des Preises oder Gegenstandswerts pauschalieren.

B VII. Der Haftpflichtfall

Justizrat Dr. Adalbert Kunschert

Übersicht

	Rdnr.
I. Grundsätzliches	1
1. Haftungsgrundlagen, Beweislast, Prüfschema	1
2. Bedeutung der Haftpflichtversicherung	8
3. Schadensersatz und Schmerzensgeld	11
4. Verschuldens- und Gefährdungshaftung	17
5. Kausalität und Zurechenbarkeit	20
6. Haftung für Dritte	25
7. Zurechnungsfähigkeit und Haftung des Aufsichtspflichtigen	29
8. Mitverschulden und Ausgleich unter mehreren Haftpflichtigen	31
9. Gesetzliche und vertragliche Haftungsbeschränkungen und -ausschlüsse	34
10. Verjährung	38
11. Gesetzlicher Rechtsübergang	41
12. Gerichtsstand	42

	Rdnr.
II. Einzelne Haftpflichtfälle	43
1. § 823 I BGB	43
2. Verstoß gegen Schutzgesetze	44
3. Verkehrspflichten	47
4. Staatshaftung	54
5. Stationierungsschäden	62
6. Arzthaftung	63
7. Produkthaftung	68
8. Haftung des Frachtführers und Spediteurs	75
9. Halterhaftung	78
10. Anlagenhaftung gemäß dem Haftpflichtgesetz	82
11. Umwelthaftung	86
12. Haftung für Gentechnik	92
13. Weitere Haftpflichtfälle	95
III. Besonderheiten in den neuen Bundesländern	97

Literatur: *Baumgärtel,* Handbuch der Beweislast im Privatrecht, Bd. 1, 2. Aufl. 1991; *Becker/Böhme/Dittrich,* Kraftverkehrs-Haftpflichtschäden, 18. Aufl. 1992; *Deutsch,* Haftungsrecht 1976; *ders.,* Unerlaubte Handlungen und Schadensersatz, 1987; *ders.,* Das neue System der Gefährdungshaftungen, NJW 1992, 73; *Eckelmann/Nehls,* Schadensersatz bei Verletzung und Tötung (ADAC) 1987; *Geigel/Schlegelmilch,* Der Haftpflichtprozeß, 20. Aufl. 1990; *Hofmann,* Der Schadenersatzprozeß, 1992; *ders.,* Haftpflichtrecht für die Praxis, 1989; *Kötz,* Deliktsrecht, 1991; *Lange,* Schadensersatz, 2. Aufl. 1990; *ders.,* Neuere Rechtsprechung zum Schadensersatzrecht, WM Sonderbeilage Nr. 7/1990; *Lepa,* Der Schaden im Haftpflichtprozeß, 1993; *ders.,* Beweislast und Beweiswürdigung im Haftpflichtprozeß, 1988; *ders.,* Beweiserleichterungen im Haftpflichtrecht, NZV 1992, 129; *Sanden/Völtz,* Sachschadenrecht des Kraftverkehrs, 5. Aufl. 1986; *Wussow,* Unfallhaftpflichtrecht, 13. Aufl. 1985; *Wussow/Küppersbusch,* Ersatzansprüche bei Personenschaden, 5. Aufl. 1990.

I. Grundsätzliches

1. Haftungsgrundlagen, Beweislast, Prüfschema

1 **Haftpflicht** nennt man die Pflicht, den Schaden zu ersetzen, der einem anderen entstanden ist. Sie setzt voraus, daß der Anspruchsteller einen Schaden erlitten hat und daß dieser Schaden durch einen Sachverhalt verursacht wurde, für den der Haftpflichtige einzustehen hat. Die Haftung kann beruhen auf Gesetz, auf Vertrag oder auf Verschulden bei Vertragsanbahnung (culpa in contrahendo). Ein Sachverhalt kann gleichzeitig die Voraussetzungen für mehrere **Haftungsgrundlagen** erfüllen, **Beispiel:** Der Halter eines Taxis fährt sein Taxi persönlich und verursacht schuldhaft einen Verkehrsunfall, durch den sein Fahrgast

Grundsätzliches **B VII**

verletzt wird. Dem Fahrgast stehen dann gegen den Taxihalter und -fahrer Schadensersatzansprüche zu, einmal aufgrund des zustande gekommenen Beförderungsvertrages und zum anderen aufgrund Gesetzes und zwar aufgrund der § 823 I BGB, § 823 II BGB i. V. mit § 230 StGB, §§ 7, 8a StVG und § 18 StVG. Wird der Anwalt mit einem Haftpflichtfall konfrontiert, so tut er gut daran, sich als erstes darüber klar zu werden, welche Haftungsgrundlagen in Betracht kommen, in welchen Tatbestandsmerkmalen sie sich unterscheiden und ob und inwieweit die Rechtsfolgen bei ihnen differieren.

Bleiben wir bei unserem Beispiel: Die Haftung des Taxihalters aus dem zustandegekommenen Beförderungs**vertrag** setzt voraus, daß der Taxihalter den Schaden zu vertreten hat, also er oder sein Erfüllungsgehilfe den Schaden schuldhaft herbeigeführt hat (§§ 276, 278 BGB). Die Vertragshaftung ist, sofern keine Garantie übernommen wird, eine **Verschuldenshaftung**. Bei ihr obliegt jedoch dem Schuldner die **Beweislast** dafür, daß ihn keine Schuld trifft, wenn die Schadensursache aus seinem Gefahrenbereich hervorgegangen ist (Umkehr der Beweislast). Die §§ 282, 285 BGB sind dann auf den Fall der positiven Vertragsverletzung entsprechend anzuwenden (*Palandt/Heinrichs* § 282 BGB Rdnr. 8). Da das Unfallgeschehen dem Gefahrenkreis des Taxis und damit des Taxiunternehmers zuzurechnen ist, hat dieser im Rahmen der vertraglichen Haftung zu beweisen, daß ihn oder seinen Fahrer an dem Verkehrsunfall keine Schuld trifft. Auch **§ 823 BGB** setzt voraus, daß der Schädiger schuldhaft gehandelt hat. Hier bleibt es jedoch bei der grundsätzlichen Beweisregel, daß der geschädigte Anspruchsteller den Beweis zu führen hat, daß der Tatbestand, aus dem er seine Ansprüche herleitet, auch gegeben ist. Der geschädigte Taxifahrgast muß also im Rahmen des § 823 BGB beweisen, daß der Taxifahrer den Verkehrsunfall schuldhaft verursacht hat. **§ 18 StVG** enthält wieder eine Umkehr der Beweislast: Der als Schädiger in Anspruch genommene Kraftfahrer muß den Negativbeweis erbringen, daß der Schaden nicht durch sein Verschulden verursacht ist. 2

§ 7 I StVG stellt dagegen nicht auf das Verschulden des Fahrzeughalters oder -fahrers ab. § 7 begründet eine Haftung ohne Schuld und damit die **Gefährdungshaftung** des Kraftfahrzeughalters für Schäden, die bei dem Betrieb seines Kraftfahrzeugs entstehen. Die Ersatzpflicht des Halters wird nur im Falle eines unabwendbaren Ereignisses gemäß § 7 II StVG ausgeschlossen. Dem Halter obliegt es, gegebenenfalls zu beweisen, daß der Unfall durch ein unabwendbares Ereignis verursacht worden ist und deshalb seine Haftung ausgeschlossen ist. 3

Die **Voraussetzungen für die Haftung** unterscheiden sich also bei den verschiedenen Haftungsgrundlagen. In unserem Beispiel wird der Anwalt bei der ersten Überprüfung zum Ergebnis kommen, daß § 7 StVG für die Schadensersatzansprüche des Fahrgastes die geringsten Anforderungen stellt (kein Verschulden), während alle übrigen Anspruchsgrundlagen Verschulden voraussetzen, jedoch in der Beweislastverteilung differieren. Die Beweislast, daß den Taxifahrer kein Verschulden trifft, obliegt im Falle des § 18 StVG dem Fahrer und im Falle der Vertragshaftung dem Taxiunternehmer. Nur im Falle des § 823 BGB hat der Geschädigte auch den vollen Beweis zu erbringen, daß der Schädiger schuldhaft gehandelt hat. Die Beweislast hat oft prozeßentscheidende Bedeutung. Es genügt nicht, daß der Mandant Recht hat. Das Recht muß auch durchgesetzt werden, d. h. der Mandant muß den Sachverhalt, aus dem er seine Ansprüche herleitet, beweisen, falls der Gegner bestreitet. Zulässige **Beweismittel** sind: Augenschein (Ortsbesichtigung, Unfallspuren), Zeugen, Sachver- 4

Kunschert

B VII
Der Haftpflichtfall

ständige, Urkunden und Parteivernehmung. Auf die Kommentare zur ZPO sowie auf *Geigel/Rixecker,* Der Haftpflichtprozeß, 37. Kap. und *Geigel/Kunschert* 25. Kap. Rdnrn. 128–132 wird verwiesen. **Beweiserleichterungen** können in Betracht kommen z. B. im Rahmen des Anscheinsbeweises, als Folge einer Beweisvereitelung oder gemäß § 287 ZPO für den Schadensumfang, hierzu: *Lepa* NZV 1992, 129.

5   Nicht nur in ihren Voraussetzungen, sondern auch in ihren **Auswirkungen** unterscheiden sich die verschiedenen Haftungsgrundlagen. Bleiben wir in unserem Beispiel: Schmerzensgeld gewährt nur § 847 BGB. Der Geschädigte, der **Schmerzensgeld** begehrt, muß deshalb den Beweis führen, daß eine unerlaubte Handlung i. S. der §§ 823 ff. BGB, im allgemeinen also der Tatbestand des § 823 I BGB oder der Tatbestand des § 823 II BGB (Verstoß gegen ein Schutzgesetz) vorliegt. Er muß beweisen, daß der in Anspruch genommene Schädiger schuldhaft den Verkehrsunfall herbeigeführt hat. Für den Anspruch auf Schmerzensgeld interessiert es nicht, ob aufgrund des StVG oder aufgrund des Beförderungsvertrages gehaftet wird. Auch insoweit nützt dem Geschädigten die Haftung aus dem StVG wenig, als sein Schaden die **Höchstbeträge** des § 12 StVG übersteigt. Will der Geschädigte über die Höchstbeträge des § 12 StVG hinaus Ansprüche geltend machen, so kommen als Anspruchsgrundlage nur § 823 BGB oder ein etwaiger Vertrag in Betracht.

6   Zu berücksichtigen ist schließlich, daß sowohl das StVG als auch § 823 I BGB nur die dort im einzelnen angeführten Lebensgüter, insbesondere Gesundheit und Eigentum, nicht jedoch das Vermögen schlechthin schützen. Wird in unserem Beispiel der Fahrgast durch den Unfall nicht verletzt und werden auch seine Sachen nicht beschädigt, so stehen dem Fahrgast mangels eines **Personenschadens** und mangels eines **Sachschadens** gegen den Taxiunternehmer keine Ansprüche aus dem StVG oder aus § 823 BGB zu. Will er den Taxiunternehmer mit der Begründung auf Schadensersatz in Anspruch nehmen, daß er durch den Verkehrsunfall sein Fahrtziel zu spät erreicht habe, er deshalb seinen Geschäftspartner nicht mehr angetroffen habe und ihm deswegen ein Geschäft entgangen sei mit der Folge, daß ihm ein Geschäftsverlust entstanden oder ein Geschäftsgewinn entgangen sei, dann bleibt als Anspruchsgrundlage nur der Beförderungsvertrag übrig. **Reiner Vermögensschaden,** der nicht durch eine Körperverletzung oder eine Sachbeschädigung bedingt ist, wird im Rahmen des StVG und im Rahmen des § 823 I BGB nicht erstattet. Im Rahmen des § 823 II BGB kommt es darauf an, ob das Vermögen durch das Schutzgesetz, das übertreten wurde, besonders geschützt ist. Erhält der Anwalt in einem Haftpflichtfall Mandat, so wird er **Art und Umfang des Schadens** klären, für den Ersatz begehrt wird. Von Art und Umfang des Schadens hängt es letztlich ab, welche Voraussetzungen konkret erfüllt sein müssen, damit im Falle eines Rechtsstreits der Anspruchsgegner verurteilt wird, den Schaden zu ersetzen.

7   Folgendes **Prüfschema** soll eine kleine Hilfe sein, wenn der Anwalt mit einem Haftpflichtfall konfrontiert wird:
1. Welcher **Sachverhalt** hat einen Schaden verursacht (d. h. welche Ursachen haben zu einem Schaden geführt)? (Rdnr. 20)
2. Welche **Anspruchsgrundlagen** kommen in Betracht (summarische Prüfung)? (Rdnr. 1)
   2.1 Unerlaubte Handlung i. S. § 823 ff BGB (Rdnrn. 43–53)
   2.2 Spezialgesetz (Gefährdungshaftung) (Rdnr. 19)
   2.3 Vertrag (Rdnrn. 2, 6, 27)

Grundsätzliches **B VII**

3. Für welchen **Schaden** wird Ersatz begehrt? (Rdnr. 6)
   3.1 Art des Schadens
   (1) Materieller Vermögensschaden (Substanzverlust – Nutzungsausfall – entgangener Gewinn)
   – Personenschaden (Rdnr. 13)
   – Sachschaden (Rdnr. 12)
   – Reiner, nicht durch die Verletzung einer Person oder durch die Beschädigung einer Sache bedingter Vermögensschaden (Rdnr. 11)
   (2) Immaterieller Schaden (Schmerzensgeld) (Rdnrn. 15, 16)
   3.2 Art des Ersatzes: Naturalrestitution oder Geldersatz (Rdnr. 12)
   3.3 Begrenzung der Ersatzleistung oder Beschränkung der Haftung (Rdnrn. 34–37)
4. **Aktivlegitimation**
   4.1 Wem steht originär der Anspruch zu? (Rdnr. 41)
   4.2 Ist der Anspruch kraft Gesetzes, kraft Verwaltungsakt (Überleitungsanzeige) oder aufgrund einer Abtretung auf einen Dritten übergegangen, evtl. auf einen Sozialversicherungsträger oder auf einen privaten Versicherer? (Rdnr. 41)
   4.3 Kommt eine Drittschadensliquidation in Betracht? (Rdnr. 14)
5. **Passivlegitimation**
   5.1 Welche Bedeutung hat die Haftpflichtversicherung? (Rdnrn. 8–10)
   5.2 Kommt die Haftung von mehreren Personen als Gesamtschuldnern in Betracht? Ist es sinnvoll, durch Klage alle Gesamtschuldner in Anspruch zu nehmen, um evtl. unangenehme Zeugen auszuschalten? (Rdnrn. 25–28)
6. **Subsumtion** (Feinarbeit)
   6.1 Erfüllt der Sachverhalt, aus dem der Ersatzanspruch hergeleitet wird, die Tatbestandsmerkmale der Norm, die als Anspruchsgrundlage in Betracht kommt? Zu prüfen sind auch:
   (1) Rechtswidrigkeit und Verschulden (Rdnrn. 17, 18)
   (2) Die Voraussetzungen einer etwaigen Gefährdungshaftung (Rdnrn. 17, 19)
   (3) Die Voraussetzungen einer etwaigen Haftung bei rechtmäßigem Handeln oder bei rechtswidrigem aber schuldlosen Handeln (enteignender Eingriff, enteignungsgleicher Eingriff, §§ 228, 231, 904 BGB) (Rdnrn. 29, 58–61)
   6.2 Die Zurechenbarkeit: Fällt der Schaden, für den Ersatz begehrt wird, in den Schutzbereich der Norm, aus der der Anspruch hergeleitet wird? (Rdnrn. 21–24)
7. **Mithaftung** (Rdnr. 31)
   7.1 wegen Mitverschuldens?
   7.2 aus Betriebsgefahr?
8. **Beweis**
   8.1 Wen trifft für welche Tatsachen bei der in Betracht gezogenen Anspruchsgrundlage die Beweislast? (Rdnrn. 2–4, 17, 18, 46)
   8.2 Welche Beweismittel stehen zur Verfügung? (Rdnr. 4)
   8.3 Ist ein selbständiges Beweisverfahren geboten? (A I Rdnrn. 97ff., B IX Rdnrn. 84–89)
9. **Verjährung?** (Rdnrn. 38–40)
10. **Gerichtsstand?** (Rdnr. 42)

2. Bedeutung der Haftpflichtversicherung

Ist der Sachverhalt bekannt und ist geklärt, aufgrund welcher Bestimmungen 8
Ansprüche in Betracht kommen, dann ist zu prüfen, ob der Schädiger für den
Sachverhalt, aus dem er auf Schadensersatz in Anspruch genommen wird, gegen Haftpflicht versichert ist (vgl. B IX Rdnrn. 192–198 u. XV Rdnrn. 87f.).
Grundsätzlich wirkt sich zwar der **Haftpflichtversicherungsschutz** nicht auf die
Haftung aus, denn die Versicherung richtet sich nach der Haftung und nicht
umgekehrt die Haftung nach der Versicherung (*BGH NJW* 1968, 649; 1992,

B VII   Der Haftpflichtfall

900). Nur in Ausnahmefällen – z. B. §§ 636, 637 RVO – wird die Haftung durch Versicherungsschutz ersetzt oder ausgeschlossen, hierzu: *Fuchs,* gewillkürte Haftungsersetzung durch Versicherungsschutz BB 92, 1217. Dennoch ist es für beide Parteien, Schädiger und Geschädigten, wichtig, ob der Schädiger im konkreten Fall gegen Haftpflicht versichert ist.

9   **Für den Geschädigten** ist dies von Bedeutung, weil er dann sicher sein kann, daß sein Schuldner im Rahmen der Deckungssumme der Haftpflichtversicherung solvent ist. Im Hinblick auf die Bestimmungen der §§ 156, 157 VVG und die Regelungen in den allgemeinen Versicherungsbedingungen, deren Verletzung zur Leistungsfreiheit des Versicherers führen kann (§ 6 VVG), empfiehlt es sich, möglichst frühzeitig den Haftpflichtfall der **Versicherung des Schädigers anzuzeigen** und der Versicherung Gelegenheit zu geben, außergerichtlich zu regulieren, selbst wenn unmittelbar keine Ansprüche des Geschädigten gegen den Haftpflichtversicherer in Betracht kommen. Bei einem obsiegenden Urteil kann der Geschädigte den Anspruch des Schädigers gegen dessen **Haftpflichtversicherung pfänden** und sich zur Einziehung überweisen lassen. Darüberhinaus gewährt § 3 Nr. 1 Pflichtversicherungsgesetz für den Fall der Kraftfahrzeugpflichtversicherung dem Geschädigten einen unmittelbaren Anspruch – den **„Direktanspruch"** – gegen den Kfz-Haftpflichtversicherer, so daß in diesem Sonderfall der Geschädigte sogar den Haftpflichtversicherer unmittelbar auf Schadensersatz in Anspruch nehmen kann.

10   Für den in Anspruch genommenen **Schädiger** und dessen Anwalt ist die Frage, ob für den Schadensfall Haftpflichtversicherungsschutz besteht, von noch größerer Bedeutung. Soweit Versicherungsschutz besteht, ist der Schädiger in der Regel (Ausnahme: Verlust eines etwaigen Schadensfreiheitsrabattes) wirtschaftlich nicht daran interessiert, ob und gegebenenfalls mit welchem Aufwand der Schadensfall reguliert wird. Der Schädiger ist allein daran interessiert, daß sein **Haftpflichtversicherer** eintritt. Erhält ein Rechtsanwalt in einer Haftpflichtsache von dem in Anspruch genommenen Schädiger Mandat, so muß er klären, ob Haftpflichtversicherungsschutz besteht. Der versicherte Schädiger muß seine im VVG und in den allgemeinen Versicherungsbedingungen geregelten Obliegenheiten erfüllen (vgl. B IX Rdnrn. 194–198 u. XV Rdnrn. 57–60), andernfalls die Gefahr besteht, daß er den Versicherungsschutz ganz oder teilweise verliert (§ 6 VVG, § 6 AHB u. § 7 AKB). Er muß den Schadensfall unverzüglich seiner Haftpflichtversicherung anzeigen und die Behandlung der Sache dem Versicherer überlassen, der allein darüber befindet, ob für ihn ein Rechtsanwalt, gegebenenfalls welcher, beauftragt wird. § 5 Nr. 4 AHB verpflichtet den Versicherungsnehmer dem vom Haftpflichtversicherer bestellten Anwalt Prozeßvollmacht zu erteilen, wobei offen ist, ob § 5 Nr. 7 AHB den Haftpflichtversicherer sogar ermächtigt, selbst die Prozeßvollmacht im Namen seines Versicherungsnehmers zu erteilen, hierzu: *OLG Bremen* VersR 91, 1281; *Geigel/Schlegelmilch,* Der Haftpflichtprozeß, 13. Kap. Rdn. 6; bejahend zu der entsprechenden Regelung in § 10 Nr. 5 AKB: *BGH* NJW 91, 1176. Der Haftpflichtversicherer muß allein die Interessen des Versicherten wahren. Er entscheidet, ob und in welchem Umfang er die geltend gemachten Ansprüche reguliert oder abwehrt (vgl. hierzu B IX Rdnr. 216). Er ist „dominus litis" des Haftpflichtprozesses und trägt das Kostenrisiko (§ 150 VVG). Die im Haftpflichtprozeß getroffenen Feststellungen können im Verhältnis zum Versicherer nicht mehr angezweifelt werden und sind für einen späteren Deckungsprozeß bindend (BGH NJW 1993, 68).

3. Schadensersatz und Schmerzensgeld

Wer zum Schadensersatz verpflichtet ist, hat gemäß § 249 BGB den Zustand 11
herzustellen, der ohne das die Haftung begründende Ereignis bestehen würde.
Ob ein **Vermögensschaden** vorliegt, ist grundsätzlich aufgrund eines Vergleichs der Vermögenslage zu beurteilen, die infolge des die Haftung begründenden Ereignisses entstanden ist, mit derjenigen, die sich ohne jenes Ereignis
ergeben hätte (*BGHZ* 75, 366 (371)). Die Vermögenseinbuße ist auszugleichen,
hierzu: *Stüdemann,* Der bürgerlich-rechtliche Vermögensschaden in wirtschaftswissenschaftlicher Sicht, VersR 1990, 1048. Etwaige durch den Schadensfall
bedingte Vorteile sind grundsätzlich anzurechnen. Zur Vorteilsausgleichung vgl.
B IX Rdnr. 151. Der Geschädigte ist finanziell so zu stellen, als ob das Ereignis,
das den Schaden herbeigeführt hat, nicht eingetreten wäre. Zu unterscheiden ist
zwischen dem durch die Beschädigung einer Sache (Sachschaden) und dem
durch die Verletzung einer Person (Personenschaden) entstandenen Vermögensschaden einerseits und dem sog. **„reinen" Vermögensschaden** andererseits. Das
ist der Schaden, der nicht als Folge einer Sachbeschädigung oder Körperverletzung sondern auf andere Weise entstanden ist, z. B. durch Betrug, Verleumdung, Verzug oder dadurch, daß Straßenbahnschienen oder Ein- und Ausfahrten von liegengebliebenen oder parkenden Fahrzeugen blockiert werden (vgl.
Schirmer, Der sonstige oder reine Vermögensschaden in der Kraftfahrzeughaftpflichtversicherung, DAR 1992, 11).

Ist eine Sache beschädigt, so ist der entstandene **Sachschaden** zu ersetzen. 12
Hierzu: *Sanden/Völtz,* Sachschadenrecht des Kraftverkehrs, oder *Geigel/Rixekker,* Der Haftpflichtprozeß, 4. Kap. Rdnrn. 1 ff. Ist die Sache völlig zerstört oder
abhanden gekommen und eine Naturalrestitution unmöglich, also ein **Totalschaden** eingetreten, so ist der Wiederbeschaffungswert, d. h. im allgemeinen
der Verkehrswert, den die zerstörte Sache vor dem Schadensereignis hatte, zu
ersetzen. Das gilt grundsätzlich auch, wenn die Wiederherstellung nur mit unverhältnismäßig hohen Aufwendungen möglich ist (§ 251 II BGB, wegen der
Ausnahmen: *BGH* NJW 1972, 1800). Das ist bei Kraftfahrzeugen der Fall, wenn
die für die Wiederherstellung (Naturalrestitution) erforderlichen Reparaturkosten 130% der Kosten überschreiten, die bei Wiederbeschaffung einer entsprechenden Sache entstehen. Der Geschädigte hat die Wahl, ob er sich auf die
Differenz zwischen Wiederbeschaffungswert und Rest- oder Schrottwert – das
ist der Wert, den die Sache nach dem Schadensereignis hatte – beschränkt oder
ob er die beschädigte, nicht mehr reparaturwürdige aber dennoch nicht wertlose
Sache dem Haftpflichtigen zur Verfügung stellt (*BGH* NJW 1983, 2694). Ist die
Reparatur möglich und zumutbar, so sind die **Reparaturkosten** zu ersetzen.
Hierzu *BGH* NJW 1992, 302, 305, 903 u. 1618. Verbleibt nach erfolgter Reparatur noch ein Minderwert, so ist auch der **Minderwert** der Sache zu ersetzen.
Außer dem Schaden an der Sachsubstanz kann weiterer Vermögensschaden in
Form von unfallbedingten Aufwendungen oder in Form von **Nutzungsausfall**
entstanden sein. Der Nutzungsausfall für die erforderliche Dauer der Reparatur
oder für die erforderliche Zeit, bis ein Ersatzobjekt beschafft werden kann, ist
ebenfalls im Rahmen des Sachschadens zu ersetzen. Hierbei kann zweifelhaft
sein, ob eine Vermögenseinbuße und damit ein Vermögensschaden auch zu
bejahen ist, wenn dem Geschädigten nur vorübergehend die Möglichkeit genommen wird, seine Sache zu nutzen oder zu gebrauchen, ohne daß dadurch ein
Geldverlust eintritt. Entstehen dem Geschädigten zusätzliche Aufwendungen,

B VII
Der Haftpflichtfall

z. B. Mietkosten für die Anmietung eines Ersatzobjektes, oder entgehen dem Geschädigten Einnahmen, z. B. Mieteinnahmen, weil der beschädigte Gegenstand während der Reparatur nicht vermietet werden kann, so ist das Vermögen des Geschädigten gemindert, ein ersatzfähiger Vermögensschaden ist dargetan. Durch *BGHZ* 98, 212 wurde klargestellt, daß auch dann ein ersatzfähiger Vermögensschaden vorliegen kann, wenn der Eigentümer die von ihm selbst genutzte Sache, z. B. ein von ihm bewohntes Haus, infolge eines deliktischen Eingriffs vorübergehend nicht benutzen kann, ohne daß ihm hierdurch zusätzliche Kosten entstehen oder Einnahmen entgehen. Zum Kraftfahrzeugschaden siehe B IX Rdnr. 118–122.

13 Als **Personenschaden** wird der durch eine Körperverletzung entstandene Vermögensschaden bezeichnet. Er umfaßt die Kosten für Heilung und Pflege, die Kosten, die durch Vermehrung der Bedürfnisse des Verletzten entstehen, und schließlich den entgangenen Gewinn und die Minderung des Erwerbseinkommens (vgl. B IX Rdnrn. 123–127, 131). Im Todesfall kommen Ansprüche auf Ersatz der Beerdigungskosten und auf Ersatz des Unterhaltsschadens der Hinterbliebenen in Betracht (vgl. B IX Rdnrn. 128–130). Hinsichtlich der Einzelheiten wird auf das einschlägige Schrifttum verwiesen, z. B. auf *Wussow/Küppersbusch*, Ersatzansprüche bei Personenschaden, oder auf *Geigel/Rixecker*, Der Haftpflichtprozeß, 4. Kap. Rdnrn. 105 ff.

14 Da ein Vertrag – vom Vertrag zu Gunsten Dritter (§§ 328 ff. BGB) einmal abgesehen – nur zwischen den Vertragsparteien Wirkungen entfaltet und Deliktsschutz grundsätzlich nur für bestimmte Rechte und Rechtsgüter besteht, kann der Verletzte in der Regel nicht Ersatz eines Schadens verlangen, der nicht ihm sondern einem Dritten entstanden ist. Wegen der Ausnahmefälle, in denen eine **Drittschadensliquidation** möglich ist, wird verwiesen auf *Staudinger/Medicus*, 12. Aufl. § 249 BGB Rdnr. 191 und auf *Geigel/Rixecker*, Der Haftpflichtprozeß, 35. Kap. Rdnrn. 18 ff. Von dem Grundsatz, daß ein Drittschaden nicht geltend gemacht werden kann, gibt es auch gesetzliche Ausnahmen, so insbesondere §§ 844, 845 BGB und § 10 StVG.

15 Wegen eines Schadens, der nicht Vermögensschaden ist, kann Entschädigung in Geld nur in den durch das Gesetz bestimmten Fällen – z. B. §§ 651 f II, 847, 1300 BGB, § 53 LuftVG, § 34 BGSG, § 7 BDSG – gefordert werden, so § 253 BGB. Schmerz, Unlustgefühle oder ein Affektionsinteresse begründen grundsätzlich keinen Ersatzanspruch. Die wichtigste Ausnahme ist § 847 BGB: Hat der Schädiger den Tatbestand einer unerlaubten Handlung im Sinne der §§ 823 ff. BGB erfüllt, dann besteht im Falle einer Körperverletzung oder einer Freiheitsberaubung Anspruch auf Ersatz des dadurch bedingten immateriellen Schadens, d. h. auf Zahlung von **Schmerzensgeld**. Auch bei einer schwerwiegenden Verletzung des allgemeinen Persönlichkeitsrechts, so bei einer unbegründeten oder gar böswilligen Bloßstellung oder Herabsetzung der Person in der Öffentlichkeit, wird Schmerzensgeld gewährt. Eines der schwierigsten Probleme ist die richtige Bemessung des vom Schädiger zu zahlenden Schmerzensgeldes (vgl. B IX Rdnr. 125). Das Schmerzensgeld soll dem Verletzten einmal Ausgleich für die entstandenen immateriellen Beeinträchtigungen und zum anderen Genugtuung verschaffen. Seine Höhe ist von vielen Komponenten abhängig, so von Ausmaß, Schwere und Dauer der physischen und psychischen Leiden, von Grad und Schwere des Verschuldens des Schädigers und eines etwaigen Mitverschuldens des Verletzten, von dem Verhalten der Parteien und ihrer Versicherungen nach dem Schadensfall im Rahmen der Schadensregulierung

Grundsätzliches **B VII**

und schließlich von deren Einkommens- und Vermögensverhältnissen. Bei geringfügigen gesundheitlichen Verletzungen ohne wesentliche Beeinträchtigungen (Bagatellschäden) kann ein Schmerzensgeldanspruch entfallen, wenn ein Ausgleich in Geld unbillig erscheint (*BGH* VersR 1992, 504). Dagegen können besonders schwere Gesundheitsschäden mit Dauerfolgen eine **Schmerzensgeldrente** rechtfertigen, zu deren Bemessung: *OLG Hamm* VersR 1990, 909; *OLG Frankfurt* DAR 1992, 62; *OLG Oldenburg* DAR 1992, 63. Ein Schmerzensgeld von 300000,– DM und eine monatliche Schmerzensgeldrente von 600,– DM erhielt ein 21-jähriger Mann bei Querschnittslähmung und schweren Hirnschäden (*OLG Köln* VersR 1992, 606). Ein Schmerzensgeld von 500000,– DM wurde einem im Unfallzeitpunkt (1988) 4-jährigen Mädchen zugesprochen, das unter anderem eine Querschnittslähmung erlitten hatte (*LG Oldenburg* DAR 1990, 146); 350000,– DM Schmerzensgeld kommen bei Querschnittslähmung und Verlust der Zeugungsfähigkeit eines 33-jährigen Mannes in Betracht (*OLG Frankfurt* DAR 1990, 181); eine 66 Jahre alte Patientin, bei der ein ärztlicher Kunstfehler zu einer Lähmung der Becken- und Beinmuskulatur geführt hat, erhielt ein Schmerzensgeld von 200000,– DM (*LG Bayreuth,* VersR 1990, 391). Insoweit erscheint es unerläßlich, Rechtsprechungssammlungen einzusehen, z. B. *Hacks/Ring/Böhm,* Schmerzensgeldbeträge, 15. Aufl. 1991; *Slizyk,* Beck'sche Schmerzensgeld-Tabelle, 1993; *Hempfing,* Ärztliche Fehler-Schmerzensgeldtabellen, 1989; *Schulze/Stippler-Birk,* Schmerzensgeldhöhe in Presse- und Medienprozessen, 1992; *Geigel/Kolb,* Der Haftpflichtprozeß, 7. Kap. Rdnr. 47.

Zur Einschränkung des Kostenrisikos ist im Falle eines Rechtsstreits dem Kläger zu empfehlen, für das Schmerzensgeld einen **unbezifferten Leistungsantrag** zu stellen, jedoch in der Klagebegründung die Bemessungsfaktoren im einzelnen darzulegen und seine Vorstellungen zur angemessenen Höhe des Schmerzensgeldes zu substantiieren (*BGH* DAR 1992, 56). Bis 30. 6. 1990 bestimmte § 847 I S. 2 BGB, daß der Anspruch auf Schmerzensgeld nicht **übertragbar** ist und nicht auf die Erben übergeht, es sei denn, daß er durch Vertrag anerkannt oder daß er rechtshängig geworden ist. Diese Bestimmung wurde durch G vom 14. 3. 1990 (BGBl. I 478) ersatzlos gestrichen. Zur bis 30. 6. 1990 geltenden Rechtslage wird auf die 1. Aufl. verwiesen sowie auf AnwBl 1988, 282; *BGH* NJW 1990, 441 und *Hammen* VersR 1989, 1121. 16

4. Verschuldens- und Gefährdungshaftung

Eine Haftung auf Schadensersatz setzt voraus, daß rechtswidrig durch Handeln oder, falls eine Rechtspflicht zum Handeln besteht, durch Unterlassen des gebotenen Handelns in ein geschütztes Rechtsgut eingegriffen wird. Ein rechtmäßiger, d. h. befugter Eingriff kann grundsätzlich – Ausnahmen: §§ 228, 904 BGB, Staatshaftung bei enteignenden Eingriffen – keine Haftung auslösen, sofern der erfolgsbezogene und nicht der verhaltensbezogene Unrechtsbegriff zu Grunde gelegt wird. Danach ist jede durch menschliches Verhalten verursachte Rechtsgutverletzung rechtswidrig, wenn sie nicht ausnahmsweise durch einen Rechtfertigungsgrund gestattet ist, unabhängig davon, ob gegen Verhaltensnormen der Rechtsordnung verstoßen wurde (a. A. *BGHZ* 24, 21/26; ebenso im Ergebnis *BGHZ* 79, 259; vgl. *Olivet* NJW 89, 3187). In diesem Sinn setzt jede Haftung objektive **Rechtswidrigkeit** voraus. Andererseits indiziert bereits der Eingriff in das geschützte Rechtsgut eines anderen die Rechtswidrigkeit. Wer sich darauf beruft, daß er rechtmäßig in das Rechtsgut eines anderen eingegrif- 17 fen habe, muß darlegen und gegebenenfalls beweisen, daß ausnahmsweise eine Befugnis für den Eingriff in das Rechtsgut in Form eines Rechtfertigungsgrundes bestand.

18 Eine allgemeine Bestimmung des Inhalts, daß generell derjenige haftet, der rechtswidrig in das Rechtsgut eines anderen eingreift, gibt es nicht. Grundsätzlich gilt § 276 BGB: Der Schuldner hat, sofern nicht ein anderes bestimmt ist, Vorsatz und Fahrlässigkeit zu vertreten. Die Haftung setzt grundsätzlich voraus, daß den Schädiger ein **Verschulden** trifft, sei es in Form des Vorsatzes oder in Form der Fahrlässigkeit, Beispiel § 823 BGB. Gemäß § 276 I 2 BGB handelt **fahrlässig,** wer die im Verkehr erforderliche Sorgfalt außer acht läßt. Das Gesetz verlangt, daß die „erforderliche" Sorgfalt eingehalten wird. Es stellt also auf einen objektiven Sorgfalts- oder Verhaltensmaßstab und damit auf Verhaltens- oder Verkehrspflichten ab, die nicht mißachtet werden dürfen (hierzu Rdnrn. 47 u. 51). Diese Verhaltens- oder Verkehrspflichten bilden den Maßstab, nach dem im konkreten Fall beurteilt wird, ob ein Schuldvorwurf begründet ist. Der Vorwurf der Fahrlässigkeit ist begründet, wenn objektiv gegen Pflichten verstoßen wird und subjektiv dieser Verstoß für den Schädiger voraussehbar und vermeidbar war. Da das Verschulden zum Tatbestand der anspruchsbegründenden Norm gehört, obliegt hierfür dem Anspruchsteller die **Beweislast.** Es gibt aber auch Ausnahmen, z. B. bei der Vertragshaftung (Rdnr. 2), im Rahmen des § 823 II BGB (Verstoß gegen ein Schutzgesetz, Rdn. 46) oder im Fall des § 831 I 1 BGB: Wer einen anderen zu einer Verrichtung bestellt, ist zum Ersatz des Schadens verpflichtet, den der andere in Ausführung der Verrichtung einem Dritten widerrechtlich zufügt. Es handelt sich hierbei um eine Haftung für **vermutetes Verschulden,** ebenso bei § 832 I, bei § 834 oder bei § 836 BGB. In diesen Fällen ist den in Anspruch genommenen gestattet, den **„Entlastungsbeweis"** zu führen, daß sie keine Schuld trifft oder der Schaden auch bei Anwendung der im Verkehr erforderlichen Sorgfalt eingetreten wäre.

19 Eine Haftung ohne Schuld begründen Bestimmungen wie z. B. § 7 StVG, §§ 1, 2 HaftpflG, § 1 ProdHaftG, § 32 GentechnikG, § 1 UmweltHG, § 22 WasserhaushaltsG oder § 25 I AtomG in Verbindung mit dem Pariser Übereinkommen. Gesetze, die Spezialmaterien regeln, bestimmen oft, daß die Inhaber oder Betreiber von bestimmten Anlagen oder Unternehmen ohne Rücksicht auf ein Verschulden haften, wenn jemand durch die Anlage oder das Unternehmen geschädigt wird. Die Haftung wird nicht an ein Verschulden geknüpft, sondern an die Gefährdung, die von der Anlage, der Bahn, dem Produkt, dem Kraftfahrzeug, dem Flugzeug oder dem Unternehmen ausgeht. Die **Gefährdungshaftung** ist das Entgelt oder der Preis dafür, daß die Allgemeinheit ein Risiko duldet oder in Kauf nimmt. Sie findet ihre innere Rechtfertigung in der erhöhten Gefahr, die der Betrieb der Anlage oder des Unternehmens für andere mit sich bringt. Sie verbindet mit dem Betrieb oder auch nur mit dem Vorhandensein eines gefährlichen Unternehmens oder einer gefährlichen Anlage bereits die Haftung. Der Betreiber oder Inhaber soll die Verantwortung und damit die Haftung als Ausgleich dafür übernehmen, daß die Rechtsordnung ihm erlaubt, das gefährliche Unternehmen zu betreiben oder die gefährliche Anlage zu gebrauchen (vgl. *Deutsch* NJW 1992, 73; *Cosack* VersR 1992, 1439).

5. Kausalität und Zurechenbarkeit

Aus § 249 S. 1 BGB folgt, daß zwischen dem die Haftung begründenden Geschehen einerseits und dem eingetretenen Schaden andererseits ein **ursächlicher Zusammenhang** bestehen muß. Eine Haftung kommt nicht in Betracht, wenn sich das Ereignis, das die Haftung begründen soll, nicht auf Gesundheit oder Vermögen des Anspruchstellers ausgewirkt hat. Es wird vorausgesetzt einmal ein Sachverhalt, der die Haftung begründet, zum anderen ein Schaden und schließlich die Ursächlichkeit des die Haftung begründenden Tatbestandes für den Schadenseintritt. Aber nicht jede Ursache im streng logischen, naturwissenschaftlichen Sinn (**conditio sine qua non**) ist als Ursache im Rechtssinn zu qualifizieren. Das würde zu einer unangemessenen Ausweitung der Schadensersatzpflicht führen, weshalb an die haftungsbegründende und die haftungsausfüllende Kausalität zusätzliche Anforderungen gestellt werden.

Im Rahmen der Verschuldenshaftung war die **Adäquanztheorie** maßgebend (*Palandt/Heinrichs*, 51. Aufl., Rdnrn. 58–61, vor § 249 BGB; *Sieg*, Neuere Entwicklung der Kausalitätsproblematik im Recht der unerlaubten Handlungen, BB 1988, 1609): Danach ist als Ursache im Rechtssinn nur ein Ereignis anzusehen, das nach dem gewöhnlichen Lauf der Dinge geeignet ist, einen Erfolg der Art herbeizuführen, wie er tatsächlich eingetreten ist. Die Kausalität im Rechtssinne ist zu verneinen, wenn nach dem gewöhnlichen Lauf der Dinge der eingetretene schädliche Erfolg nicht voraussehbar oder völlig unwahrscheinlich war. Die herkömmliche Adäquanztheorie hat ihre Bedeutung eingebüßt. Sie wird durch die Lehre vom **Schutzbereich der verletzten Norm** ersetzt und zwar sowohl für die Gefährdungshaftung als auch für die gesetzliche und vertragliche Verschuldenshaftung (*BGH NJW* 1990, 2057). Danach ist nicht auf die Voraussehbarkeit oder Wahrscheinlichkeit abzustellen, sondern auf den Schutzzweck der Norm und zwar auf die **Zurechenbarkeit** zu dem Gefahrenkreis, von dem der Verkehr schadlos gehalten werden soll. Ein Schaden ist zu ersetzen, wenn der Schadensfall diesem Gefahrenbereich zuzurechnen ist, selbst wenn sich im konkreten Fall eine allgemein zu vermeidende Gefahr auf ungewöhnliche Weise verwirklicht, die nicht vorausgesehen werden konnte (*BGHZ* 79, 259 (261–263)). Zu prüfen bleibt, ob der Schaden zurechenbar kausal auf den Tatbestand der haftungsbegründenden Norm zurückzuführen ist und damit in den Schutzbereich der verletzten Vorschrift fällt (*BGH NJW* 1990, 2057; 1992, 555). Die Pflicht, Oberlichter abzusichern, dient dem Schutz der Bewohner des Hauses und der Straßenpassanten, aber nicht dem Schutz eines Einbrechers, der sich beim Einsteigen durch das schadhafte Oberlicht verletzt. Es kommt darauf an, ob der Schutzzweck der verletzten Norm bei wertender Beurteilung das Schadensereignis und die konkrete Schadensfolge umfaßt oder ob – mit anderen Worten – die verletzte Norm den Schaden seiner Entstehung und Art nach verhindern sollte. Zwischen der vom Schädiger geschaffenen Gefahrenlage und dem Eintritt des Schadens muß ein innerer Zusammenhang bestehen, nicht nur eine bloße zufällige äußere Verbindung, hierzu: *Medicus*, Zum Schutzzweck schadensabwehrender Pflichten und Obliegenheiten, Festschrift für Niederländer, 1991.

Die **haftungsbegründende Kausalität** ist zu bejahen, wenn zwischen dem Geschehen, das die Haftung auslöst, z. B. dem Gefährdungstatbestand oder dem vorwerfbaren Verhalten, und der Rechsgutverletzung, z. B. dem Beinbruch, ein unmittelbarer örtlicher und zeitlicher Zusammenhang bestand oder wenn sich

B VII   Der Haftpflichtfall

eine derjenigen Gefahren verwirklicht hat, die dem haftungsbegründenden Geschehen eigentümlich sind (*BGH* NJW 1987, 2445). Entsprechendes gilt für die **haftungsausfüllende Kausalität,** also für den Kausalzusammenhang zwischen dem Haftungsgrund, d. h. dem ersten unmittelbaren Eingriff in das Rechtsgut, und dem geltend gemachten Schaden, z. B. zwischen dem erlittenen Beinbruch und dem geltend gemachten Verdienstausfall. Der Nachweis des Haftungsgrundes und damit der haftungsbegründenden Kausalität unterliegt den Anforderungen des § 286 ZPO, für die haftungsausfüllende Kausalität gilt dagegen § 287 ZPO (*BGH* NJW 1992, 3298). Ist die Abgrenzung zwischen haftungsbegründender und haftungsausfüllender Kausalität problematisch, so kann folgende Regel hilfreich sein: Für den „ersten" Verletzungserfolg ist der Strengbeweis nach § 286 ZPO zu führen, für die Weiterentwicklung des Schadens gilt die Beweiserleichterung in § 287 ZPO (*Lepa* NZV 1992, 129/133).

23   Der Zurechnungszusammenhang wird nicht dadurch unterbrochen, daß andere Gefahrenkreise weitere Ursachen setzen, deren Zusammenwirken erst den Schaden herbeiführt (*BGH* VersR 1988, 640). Läßt sich nicht ermitteln, wer von mehreren Beteiligten den Schaden durch seine Handlung verursacht hat, so haften die Beteiligten gemäß § 830 I 2 BGB, 840 I BGB dem Verletzten als Gesamtschuldner. Vorausgesetzt wird, daß derjenige, der in Anspruch genommen wird, an der Tat „beteiligt" war, sich also deliktisch verhalten hat. Sämtliche haftungsbegründende Tatbestandsmerkmale – mit Ausnahme der Ursächlichkeit – müssen nachgewiesen sein (*BGH* NJW 1989, 2943). Das gilt auch bei **alternativer und kumulativer Kausalität.** Bei alternativer Kausalität steht fest, wenn ein Fußgänger nacheinander von zwei Kraftfahrzeugen angefahren wird, daß nur eins der beiden Kraftfahrzeuge die Verletzung herbeigeführt hat. Es kann jedoch nicht festgestellt werden, welches von beiden die Verletzung herbeigeführt hat. Bei kumulativer Kausalität steht fest, daß beide Fahrzeuge zusammen die Verletzung verursacht haben, aber jedes dazu auch allein in der Lage war oder daß die Verletzungsfolge, z. B. der Tod, nur auf das Zusammenwirken beider Kraftfahrzeuge zurückzuführen ist.

24   Der **Zurechnungszusammenhang** wird **unterbrochen** oder **endet,** wenn bei wertender Betrachtung die weiteren Schadensfolgen nicht mehr dem ersten Schadensereignis sondern einem anderen Geschehen zuzurechnen sind (*BGH* NJW 1990, 2885; 1991, 2568); Beispiel: Dem Betrieb des verunglückten Kraftfahrzeugs oder der Unachtsamkeit seines Fahrers ist es nicht zuzurechnen, daß durch Landen des zum Unfallort herbeigerufenen Rettungshubschraubers weidende Kühe scheu werden und aus der nahegelegenen Wiese ausbrechen. Das ist einem anderen Gefahrenkreis zuzurechnen und zwar der von dem Hubschrauber ausgehenden Betriebsgefahr und der von den Kühen ausgehenden Tiergefahr (*LG Hannover* VersR 1986, 48). Ist jedoch bei wertender Betrachtung das weitere Geschehen dem ersten Schadensereignis zuzurechnen, dann wird der Zusammenhang nicht unterbrochen und der Erstschädiger haftet auch für die weiteren Schadensfolgen, Beispiel: Ein Kraftfahrzeug fährt einen Fußgänger an, der verletzt auf der Fahrbahn liegen bleibt, deshalb später von einem anderen Fahrzeug überfahren wird und an den Folgen des zweiten Unfalls stirbt. Der Tod des Fußgängers ist in diesem Fall auch dem ersten Unfall zuzurechnen (*BGHZ* 72, 355). Nach diesen Grundsätzen ist der Zurechnungszusammenhang zwischen dem Unfall und einem leichten Behandlungsfehler des Arztes, der den Verletzten versorgt, zu bejahen, so daß auch die durch den Behandlungsfehler bewirkten Folgen dem Unfallgeschehen zuzurechnen sind. Ein völlig unverständlicher,

Grundsätzliches **B VII**

grob fehlerhafter, schwerwiegender Verstoß gegen die Regeln der ärztlichen Kunst unterbricht dagegen den Zurechnungszusammenhang mit dem Unfall (*OLG Köln* VersR 1990, 389).

6. Haftung für Dritte

Für Dritte kann gemäß §§ **31, 278, 831 BGB** gehaftet werden. § 31 BGB ist 25 auf alle juristischen Personen des Privatrechts und des öffentlichen Rechts (§ 89 I BGB) anzuwenden. Letzteres gilt freilich nur, wenn der Staat oder die öffentlich-rechtliche Körperschaft auf privatrechtlicher Grundlage tätig ist. Wird ein Bediensteter des Staates oder einer Körperschaft des öffentlichen Rechts in Ausübung eines ihm anvertrauten öffentlichen Amtes hoheitlich tätig, so leitet die befreiende Schuldübernahme in **Art. 34 GG** die durch § 839 BGB begründete Haftung des Beamten grundsätzlich auf den öffentlichen Dienstherrn über (wegen der Ausnahmen: *Geigel/Kunschert,* Der Haftpflichtprozeß, 20. Kap. Rdnr. 9). § 839 BGB ist die haftungsbegründende und Art. 34 GG die haftungsverlagernde Norm (*BGHZ* 96, 50 (57)).

Im Rahmen des § 31 BGB haften **juristische Personen** im bürgerlich-rechtli- 26 chen Bereich für das Handeln oder Unterlassen ihres Vorstandes und ihrer anderen **verfassungsmäßig berufenen Vertreter,** sofern diese in Ausführung der ihnen zustehenden Verrichtungen eine zum Schadensersatz verpflichtende Handlung begehen. Vertreter im Sinne des § 31 BGB ist jeder, dem durch die allgemeine Betriebsregelung und Handhabung bedeutsame, wesensmäßige Funktionen der juristischen Person zur selbständigen, eigenverantwortlichen Erfüllung zugewiesen sind, so daß der Betreffende die juristische Person repräsentiert. Für die Haftung reicht es aus, daß die haftungsbegründende Handlung in innerem Zusammenhang mit dem Geschäftsbereich des „Vertreters" stand, selbst wenn dieser seine Befugnisse überschritten hat. Ist das der Fall und hat der Vertreter den Tatbestand einer haftungsbegründenden Norm erfüllt, so haftet die juristische Person ohne Entlastungsmöglichkeit. Zur Haftung im einzelnen: *Geigel/Haag,* Der Haftpflichtprozeß, 33. Kap. Ohne Entlastungsmöglichkeit haftet gemäß § 3 HaftpflG auch der Inhaber eines Bergwerks oder eines Industriebetriebes für Personenschäden, die angestellte Aufsichtspersonen im Rahmen ihrer dienstlichen Tätigkeit schuldhaft herbeiführen.

Auch gemäß § 278 BGB haftet der „Geschäftsherr" ohne Entlastungsmög- 27 lichkeit für ein Verschulden seines gesetzlichen Vertreters und der Personen, deren er sich zur Erfüllung seiner Verbindlichkeiten bedient, also seiner **Erfüllungsgehilfen.** § 278 BGB setzt voraus, daß im Zeitpunkt des haftungsbegründenden Geschehens bereits ein Schuldverhältnis bestand, aus dem der eine Teil berechtigt und der andere Teil verpflichtet wurde. Es ist unerheblich, ob es sich hierbei um ein vertragliches, ein vertragsähnliches (culpa in contrahendo) oder um ein gesetzliches Schuldverhältnis handelt. Im Rahmen eines Schuldverhältnisses haftet der Schuldner ohne Entlastungsmöglichkeit für ein etwaiges Verschulden seines gesetzlichen Vertreters und seines Erfüllungsgehilfen. Als Erfüllungsgehilfe ist anzusehen, wer nach den tatsächlichen Gegebenheiten mit dem Willen des Schuldners bei der Erfüllung einer diesem obliegenden Verpflichtung als dessen Hilfsperson tätig wird.

Während gemäß § 31 BGB und § 278 BGB für fremdes Verschulden gehaftet 28 wird, handelt es sich bei der Haftung des Geschäftsherrn für den **Verrichtungsgehilfen** gemäß § 831 BGB nicht um eine Haftung für fremdes Verschulden, sondern um eine Haftung für eigenes Verschulden, das vom Gesetz bis zum Nachweis des Gegenteils vermutet wird. § 831 BGB setzt voraus, daß der „Geschäftsherr" einem anderen, dem „Verrichtungsgehilfen", eine Tätigkeit überträgt und der Gehilfe bei Ausführung dieser Tätigkeit von den Weisungen des Geschäftsherrn abhängig ist. Der Geschäftsherr muß in der Lage sein, die Tätigkeit des Handelnden nach Zeit und Umfang zu bestimmen, jederzeit zu beschränken oder zu untersagen. Ist das der Fall und wird ein Dritter „in Ausführung der Verrichtung" widerrechtlich geschädigt, so ist der Geschäftsherr zum Schadensersatz verpflichtet, wobei es unerheblich ist, ob den Gehilfen eine Schuld trifft. Der Geschäftsherr hat jedoch die Möglichkeit, sich zu entlasten, indem er den Beweis führt, daß er sowohl bei der Auswahl des Verrichtungsgehilfen als auch bei dessen Beaufsichtigung die im Verkehr erforderliche Sorgfalt beobachtet hat oder daß der Schaden auch bei Anwendung dieser Sorgfalt entstanden wäre. Auch mit größter Sorgfalt bei Auswahl und Überwachung seines Gehilfen kann der Geschäftsherr nur erreichen, daß seinem Gehilfen kein Schuldvorwurf gemacht werden kann. Steht das fest, dann hat der Geschäftsherr damit zugleich den ihm obliegenden **Entlastungsbeweis** geführt.

7. Zurechnungsfähigkeit und Haftung des Aufsichtspflichtigen

29   Wer bewußtlos ist oder sich in einem die freie Willensbestimmung ausschließenden Zustand krankhafter Störung der Geistestätigkeit befindet, haftet gemäß § 827 BGB nicht, sofern er sich nicht schuldhaft in diesen Zustand versetzt hat. Auch wer das 7. Lebensjahr noch nicht vollendet hat, haftet nicht. Diese Personen sind **unzurechnungsfähig** und damit schuldunfähig. Vom 7. bis zum 18. Lebensjahr ist der Mensch **bedingt verantwortlich** (§ 828 BGB). Das bedeutet, daß eine Verschuldenshaftung, insbesondere gemäß den §§ 823 ff. BGB nicht oder nur unter den Voraussetzungen des § 828 II BGB in Betracht kommt. Der Schuldunfähige haftet aber aufgrund einer etwaigen ihn treffenden Gefährdungshaftung, z. B. gemäß § 7 StVG als Halter eines Kraftfahrzeugs. Zu prüfen bleibt auch, ob der Schuldunfähige evtl. im Rahmen der **Billigkeitshaftung** des § 829 BGB in Anspruch genommen werden kann.

30   In den Fällen der §§ 827, 828 BGB stellt sich die weitere Frage, ob der Schuldunfähige, der widerrechtlich einen Schaden verursacht hat, nicht hätte beaufsichtigt werden müssen. Besteht eine Aufsichtspflicht, sei es aufgrund Gesetzes oder sei es aufgrund Vertrages, dann kommt bei deren Verletzung die **Haftung des Aufsichtspflichtigen** gemäß § 832 BGB in Betracht. § 832 BGB stellt nicht darauf ab, ob die aufsichtsbedürftige Person gemäß §§ 827, 828 BGB verantwortlich ist. Entscheidend ist allein, ob eine Aufsichtspflicht bestand, z. B. im Rahmen der §§ 1626, 1631 BGB oder im Rahmen eines Krankenhausaufnahmevertrages. Wird das bejaht und fügt die aufsichtsbedürftige Person einem Dritten widerrechtlich einen Schaden zu, so wird vermutet, daß die Aufsichtspflicht verletzt worden ist und daß die Pflichtverletzung den entstandenen Schaden verursacht hat. Der Aufsichtspflichtige haftet, sofern es ihm nicht gelingt, den Entlastungsbeweis zu führen (Rdnr. 18). Zu den Anforderungen an die Aufsichtspflicht von Eltern über ihre Kinder: *BGH* NJW 1990, 2553.

8. Mitverschulden und Ausgleich unter mehreren Haftpflichtigen

§ 254 BGB schränkt die Ersatzpflicht in 2 Fällen ein: Hat bei der Entstehung des Schadens ein Verschulden des Geschädigten mitgewirkt, so kann die Haftung gemindert werden oder ganz entfallen. Gleiches gilt, wenn das Verschulden des Geschädigten sich darauf beschränkt, daß er es unterlassen hat, den Schaden abzuwenden oder dessen Umfang zu mindern (B IX Rdnr. 150). Beide Fälle des **Mitverschuldens** des Geschädigten oder Verletzten führen dazu, daß die Haftung als solche und deren Umfang von den „Umständen", insbesondere davon abhängt, inwieweit der Schaden vorwiegend von dem einen oder anderen verursacht und verschuldet wurde. Ist nur einem von mehreren Miteigentümern einer Sache ein Mitverschulden vorzuwerfen, so ist dennoch der Ersatzanspruch aller Miteigentümer gemäß § 254 BGB gemindert (*BGH NJW* 1992, 1095). Über den Wortlaut des § 254 I BGB hinaus muß sich der Geschädigte nicht nur eigenes bewiesenes Verschulden entgegenhalten lassen, sondern auch eine etwaige mitursächliche Gefährdungshaftung, sofern er für diese einzustehen hat. Das ist der Fall, wenn der Geschädigte selbst dem Schädiger haften würde, wäre diesem ein Schaden entstanden. § 254 BGB gilt daher auch, wenn der Geschädigte nur aufgrund einer von ihm zu vertretenden, unfallsursächlichen **Sach- oder Betriebsgefahr** für den entstandenen Schaden miteinzustehen hat, ihn also keine Schuld trifft (*Palandt/Heinrichs* § 254 BGB Rdnr. 3). Entsprechende Bestimmungen oder Verweisungen auf § 254 BGB findet man auch in Sondergesetzen, die eine Gefährdungshaftung statuieren, z. B. § 9 StVG, § 34 LuftVG, § 4 HaftpflG, § 6 ProdHaftG.

Haften verschiedene Personen für denselben Schaden, so stellt sich die Frage nach dem **Ausgleich unter den Haftpflichtigen.** Regeln für einen solchen Ausgleich enthalten z. B. die §§ 840, 426 BGB, § 17 StVG, § 41 LuftVG, § 13 HaftpflG, § 5 ProdHaftG. Aus diesen Normen kann man vereinfachend und zusammenfassend den Grundsatz ableiten: Sind für einen Schaden mehrere Personen haftbar oder würde dem Schädiger auch der Geschädigte haften, wäre dem Schädiger ein Schaden entstanden, gleich ob es sich um Verschuldens- oder um Gefährdungshaftung handelt, so ist im Rahmen einer Abwägung der verschiedenen Verursachungs- und Verschuldensanteile darüber zu befinden, ob, in welchem Umfang (Haftungsquote) und gegebenenfalls von wem der entstandene Schaden zu ersetzen ist. Auf die Kommentare zu den zitierten Gesetzesbestimmungen, auf *Steffen,* Haftungsprobleme bei einer Mehrheit von Schädigern, Schriftenreihe des Deutschen Anwaltsvereins 1990, und auf *Geigel/Schlegelmilch,* Der Haftpflichtprozeß, 10. Kap. wird verwiesen.

Wirken sich die Ursachenbeiträge verschiedener Schädiger nur in ein und demselben unfallbedingenden Umstand aus, so bilden diese Schädiger eine **Haftungs- oder Zurechnungseinheit,** z. B. Kraftfahrzeughalter und -fahrer, Schuldner und Erfüllungsgehilfe, Geschäftsherr und Verrichtungsgehilfe (*BGHZ* 54, 283). Die Haftungseinheit wird als „eine" Person angesehen. Auf sie entfällt daher im Rahmen der Verschuldens- und Verursachungsabwägung nur eine einheitliche gemeinsame Haftungsquote.

9. Gesetzliche und vertragliche Haftungsbeschränkungen und -ausschlüsse

34 **Gesetzliche Haftungsbeschränkungen** findet man insbesondere in Gesetzen, die eine Gefährdungshaftung begründen. Häufig wird die **Gefährdungshaftung der Höhe nach durch Höchstbeträge begrenzt,** z. B. § 12 StVG, § 37 LuftVG oder § 9 HaftpflG. Generelle **Haftungsausschlüsse** enthalten die §§ 636, 637 RVO. Bei einem **Arbeitsunfall** ist die **Haftung des Unternehmers** und der **Betriebsangehörigen** für Personenschäden gegenüber dem Arbeitskollegen ausgeschlossen (B IX Rdnr. 132). Dieser Haftungsausschluß gilt für alle Haftungsgründe des bürgerlichen und öffentlichen Rechts. Auch ein außerhalb des Betriebes stehender weiterer Zweitschädiger kann wegen des Arbeitsunfalls nicht auf Schadensersatz in Anspruch genommen werden, soweit ihm ohne die Sonderregelung der §§ 636, 637 RVO gegenüber dem mitverantwortlichen Arbeitskollegen oder Unternehmer ein Ausgleichsanspruch nach § 426 BGB zustände (*BGH* NJW 1987, 2445; 1990, 1361). Der Unternehmer und der Betriebsangehörige können aus einem Arbeitsunfall auf Ersatz des Personenschadens nur in Anspruch genommen werden, wenn sie den Arbeitsunfall vorsätzlich herbeigeführt haben oder wenn der Unfall bei der Teilnahme am allgemeinen Straßenverkehr eingetreten ist. Ähnliche Regelungen findet man in § 91a I SVG für Soldaten und in § 46 II BeamtVG für Beamte. Wegen der Einzelheiten: *Geigel/Kolb,* Der Haftpflichtprozeß, 31. Kap.

35 Haftungsbeschränkungen enthalten ferner das **Gesellschafterprivileg** gemäß § 708 BGB, das **Elternprivileg** gemäß § 1664 BGB und das **Ehegattenprivileg** gemäß § 1359 BGB. Auch das **Arbeitsrecht** beschränkt die Haftung des Arbeitnehmers gegenüber dem Arbeitgeber für Schäden bei gefahrgeneigter Arbeit und teils darüberhinaus sogar bei normaler – nicht gefahrgeneigter – Arbeit: *BAG* BB 1990, 64; 1992, 1284. Auf diese Haftungsausschlüsse kann man sich jedoch im allgemeinen nicht bei Unfällen berufen, die durch Teilnahme am allgemeinen Straßenverkehr entstehen. Da der Straßenverkehr keinen Spielraum für individuelle Sorglosigkeit gestattet, ist es grundsätzlich nicht gerechtfertigt, die Haftung von besonderen persönlichen Eigenschaften des Kraftfahrzeughalters oder Kraftfahrers abhängig zu machen. Entsprechendes gilt für den Flugzeugverkehr. Aber auch von dieser Ausnahme gibt es Ausnahmen: Im Arbeitsrecht gilt das Führen eines Kraftfahrzeugs als gefahrgeneigte Arbeit mit den sich daraus ergebenden Haftungsmilderungen (*BAG* NJW 1988, 2816 u. 2820; 1990, 468). Bei intakter Ehe ist es dem geschädigten Ehegatten versagt, gegen den anderen Gatten Schadensersatzansprüche geltend zu machen, da dies der Verpflichtung zur ehelichen Lebensgemeinschaft gemäß § 1353 BGB widerspräche. Anders ist die Rechtslage, soweit Haftpflichtversicherungsschutz besteht (*BGH* NJW 1983, 624; 1988, 1208).

36 Auch durch **Vertrag** kann die Haftung gemildert oder sogar völlig ausgeschlossen werden. Ausnahme § 276 II BGB: Die Haftung wegen Vorsatzes kann dem Schuldner nicht im voraus erlassen werden, sofern es sich nicht um Vorsatz des Erfüllungsgehilfen handelt (§ 278 S. 2 BGB). § 8a II StVG bestimmt, daß die Gefährdungshaftung des Halters gemäß § 7 StVG gegenüber entgeltlich und geschäftsmäßig beförderten Personen nicht im voraus ausgeschlossen werden kann. Auch andere Gesetze, z. B. § 7 HaftpflG, § 14 ProdHaftG oder das AGB-Gesetz, enthalten Regelungen, wonach die Haftung nicht oder nur unter bestimmten Voraussetzungen ausgeschlossen oder beschränkt werden darf. Ar-

beitsrechtliche Grundsätze führen nicht nur dazu, daß die Haftung des Arbeitnehmers gegenüber seinem Arbeitgeber oft gemildert ist (Rdn. 35). Aus ihnen kann sich umgekehrt ebenfalls ergeben, daß der Arbeitgeber seine Haftung gegenüber seinen Mitarbeitern nicht ausschließen darf: *BAG* VersR 1990, 545. Soweit dem jedoch keine besonderen Bestimmungen entgegenstehen, kann sowohl für die Verschuldenshaftung als auch für die Gefährdungshaftung **vertraglich** ein **Haftungsausschluß** vereinbart werden.

Problematisch ist, ob und gegebenenfalls unter welchen Voraussetzungen 37 auch stillschweigend die Haftung ausgeschlossen oder wenigstens gemildert werden kann. Die neue Judikatur bejaht nur in Ausnahmefällen bei Gefälligkeiten einen **stillschweigenden Haftungsausschluß** oder einen Haftungsausschluß aufgrund **Handelns auf eigene Gefahr**. Die Gefälligkeit unterscheidet sich vom rechtsgeschäftlichen Handeln dadurch, daß die Beteiligten keinen rechtlichen Verpflichtungs- oder Bindungswillen haben (*BGH* NJW 1992, 498). Daher darf man bei einem Gefälligkeitsverhältnis außerhalb des rechtsgeschäftlichen Bereichs nicht ohne weiteres annehmen, daß die Beteiligten zur Frage der Haftung eine rechtsgeschäftliche Vereinbarung treffen wollten. Soweit das Schadensrisiko versichert ist, sprechen die Interessen der unmittelbar Beteiligten gegen einen Haftungsverzicht, der sich allein zu Gunsten des Haftpflichtversicherers auswirkt. Näher liegt es, bei Gefälligkeiten einen teilweisen Haftungsverzicht für leichte Fahrlässigkeit und Gefährdungshaftung insoweit zu bejahen, als der Schaden nicht durch einen Haftpflichtversicherer gedeckt ist. Beispiel: Der Kraftfahrzeughalter läßt sich in seinem PKW von einem Freund aus Gefälligkeit fahren, wobei der PKW beschädigt wird (*OLG Frankfurt* VersR 1987, 912). Grundsätzlich gilt jedoch: Eine analoge Anwendung der §§ 521, 599, 690 BGB ist unzulässig (*BGH* NJW 1992, 2474). „In der Regel ist nach § 254 BGB darüber zu entscheiden, welchen Einfluß es auf die Schadenshaftung hat, daß sich der Geschädigte ohne triftigen Grund einer erkannten Gefahrenlage aussetzte. Das widersprüchliche Verhalten des Geschädigten (venire contra factum proprium) kann dazu führen, ihm einen Schadensersatz zu versagen. Nach den Umständen des Einzelfalles kann aber auch eine Minderung des Ersatzanspruchs in Betracht kommen" (*BGHZ* 34, 355). Hierzu: *Geigel/Schlegelmilch,* Der Haftpflichtprozeß, 12. Kap.

10. Verjährung

Der Anspruch auf Ersatz des aus einer unerlaubten Handlung entstandenen 38 Schadens verjährt in 3 Jahren von dem Zeitpunkt an, in welchem der Verletzte von dem Schaden und der Person des Ersatzpflichtigen Kenntnis erlangt, ohne Rücksicht auf diese Kenntnis in 30 Jahren von der Begehung der Handlung an, so § 852 I BGB. Diese Bestimmung ist auch in vielen Sondergesetzen, die eine Gefährdungshaftung begründen, für anwendbar erklärt (z. B. § 14 StVG, § 39 LuftVG oder § 11 HaftpflG), vgl. B IX Rdnrn. 158–160. Dennoch muß sich der Anwalt in jedem einzelnen Fall vergewissern, ob nicht für den Anspruch, den er geltend macht, Sonderregelungen bestehen (z. B. §§ 12, 13 ProdHaftG), evtl. eine gesonderte kürzere **Verjährungsfrist** läuft oder ob die Pflicht besteht, den Schaden innerhalb einer bestimmten Frist anzuzeigen, andernfalls der Ersatzberechtigte seine Rechte verliert, so z. B. § 15 StVG und § 40 LuftVG oder § 651g BGB. Kürzere Verjährungsfristen finden sich versteckt in den verschiedensten Gesetzen, z. B. in §§ 477, 558, 638, 651g BGB oder § 12 VVG.

39 Die Verjährung ist für jeden einzelnen Anspruch gesondert zu überprüfen. Es ist möglich, daß der Schadensersatzanspruch als vertraglicher Anspruch verjährt ist, während der Anspruch aus unerlaubter Handlung noch nicht verjährt ist oder umgekehrt. Die 30-jährige Verjährungsfrist gemäß § 195 BGB kommt für Ansprüche aus positiver Vertragsverletzung und für Ansprüche aus culpa in contrahendo in Betracht. Da **vertragliche** und **gesetzliche Ansprüche** nebeneinander bestehen und miteinander **konkurrieren**, kann grundsätzlich bei **Verjährung** des vertraglichen Anspruchs, z. B. aus Kauf- oder Werkvertrag, aus dem gleichen Sachverhalt ein nicht verjährter Anspruch aus unerlaubter Handlung hergeleitet werden (*BGHZ* 55, 392; *BGH NJW* 1992, 1679). Etwas anders gilt für die kurze Verjährungsfrist des § 558 BGB: Diese Verjährungsbestimmung aus dem Mietrecht ist auch auf Ansprüche anzuwenden, die nicht aus Vertrag sondern aus dem Gesetz, z. B. aus unerlaubter Handlung, hergeleitet werden. § 558 BGB geht als Sonderregelung dem § 852 BGB vor (*BGHZ* 71, 175).

40 Die Verjährung wird unterbrochen einmal durch Anerkenntnis (§ 208 BGB) und zum anderen, wenn der Berechtigte auf Befriedigung oder auf Feststellung des Anspruchs Klage erhebt (§ 209 I BGB). Eine **Klage unterbricht die Verjährung** nur für die Ansprüche in der Gestalt und in dem Umfang, wie sie mit der Klage geltend gemacht wurden. Die Unterbrechung wirkt nur für den streitgegenständlichen prozessualen Anspruch (*BGH NJW* 1988, 1778). Trotz Klageerhebung droht Verjährung für diejenigen Ansprüche, die nicht Gegenstand der Klage sind. Vor einer Teilklage ist daher zu warnen. Kann der Gesamtschaden nicht durch Leistungsklage gerichtlich geltend gemacht werden, weil der Schadensumfang bei Klageerhebung noch nicht feststeht, so ist, falls Verjährung droht, **Klage auf Feststellung** zu erheben, daß der Beklagte dem Kläger den aus dem Schadensereignis entstandenen Schaden in vollem Umfang zu ersetzen hat, also auch insoweit, als der Schadensumfang zur Zeit der Klageerhebung noch nicht abschließend beziffert werden kann (vgl. B IX Rdnr. 211). Wegen der Einzelheiten, insbesondere hinsichtlich Hemmung und Unterbrechung der Verjährung wird auf die Kommentare zum BGB, sowie auf *Geigel/Schlegelmilch,* Der Haftpflichtprozeß, 11. Kap. verwiesen.

11. Gesetzlicher Rechtsübergang

41 Vor Klageerhebung wird sich der Anwalt vergewissern, ob sein Mandant auch **aktiv legitimiert** ist. Gerade weil oft öffentlich rechtliche Krankenkassen, Rentenversicherungsträger, Berufsgenossenschaften oder Träger der Sozialhilfe Leistungen erbringen, ist zu überprüfen, ob und gegebenenfalls in welchem Umfang (siehe B IX Rdnr. 157) Ansprüche des Verletzten gemäß **SGB X § 116** auf den öffentlich-rechtlichen Versicherungs- oder Sozialhilfeträger übergegangen sind. Hierzu: *Geigel/Plagemann,* Der Haftpflichtprozeß, 30. Kap. Auf die öffentlichen Versicherungsträger geht der Ersatzanspruch im Zeitpunkt des Schadensereignisses über, unabhängig davon, ob bereits Leistungen erbracht worden sind. Entscheidend ist allein, daß ein Sozialversicherungsverhältnis besteht, aufgrund dessen der Träger der Sozialversicherung verpflichtet ist, Leistungen zu erbringen. Anders ist die Rechtslage beim **Rechtsübergang** an den Arbeitgeber gemäß § 4 **Lohn-Fortzahlungsgesetz** und im Privatversicherungsrecht. Besteht privater Versicherungsschutz, so gehen die Ansprüche erst mit der Leistung der privaten Versicherung auf diese über: § 67 **VVG**. Im Falle des

privaten Versicherungsschutzes hat der Verletzte die Wahl, ob er den Schädiger als Haftpflichtigen oder seine private Versicherung aufgrund des Versicherungsvertrages in Anspruch nimmt. Wegen der **Aktiv- und Passivlegitimation** vgl. im übrigen B IX Rdnrn. 204–207.

12. Gerichtsstand

Für Haftpflichtansprüche ist grundsätzlich der **Gerichtsstand der unerlaubten Handlung** begründet, vgl. A Rdnr. 10. Der Begriff der unerlaubten Handlung im Sinne des § 32 ZPO umfaßt jeden rechtswidrigen Eingriff in eine fremde Rechtssphäre. Dazu zählen auch Ansprüche aus Gefährdungshaftung. Für Haftpflichtansprüche kommt daher als Gerichtsstand in der Regel der Ort des die Haftung begründenden Ereignisses in Betracht. Der Gerichtsstand des § 32 ZPO gilt aber nicht für Klagen auf Schadensersatz wegen Verletzung vertraglicher Pflichten. Für Ansprüche aus positiver Vertragsverletzung ist der besondere Gerichtsstand des Erfüllungsortes (§ 29 ZPO) begründet. Werden die Haftpflichtansprüche sowohl aus unerlaubter Handlung als auch aus Vertrag hergeleitet und sind für die unerlaubte Handlung (§ 32 ZPO) und für die Vertragserfüllung (§ 29 ZPO) verschiedene Gerichte zuständig, so muß die Klage im allgemeinen Gerichtsstand des Beklagten (§§ 12–19 ZPO) erhoben werden. Wegen der Einzelheiten und der **internationalen Zuständigkeit** wird auf *Geigel/Haag*, Der Haftpflichtprozeß, 36. Kap. verwiesen. 42

II. Einzelne Haftpflichtfälle

1. § 823 I BGB

§ 823 BGB enthält die **Grundregel des Haftpflichtrechts:** Abs. 1 nennt **bestimmte Rechtsgüter** und zwar das Leben, den Körper, die Gesundheit, die Freiheit und das Eigentum. Wer diese Rechtsgüter widerrechtlich und schuldhaft verletzt, wird verpflichtet, den dadurch ursächlich bedingten Schaden zu ersetzen. Als weiteres Rechtsgut wird „ein **sonstiges Recht**" angeführt. Unter sonstigen Rechten, in die ein Dritter mit Schadensfolge eingreifen kann, sind zu verstehen dingliche Rechte, der Besitz, gewerbliche Schutzrechte, Aneignungsrechte, der eingerichtete und ausgeübte Gewerbebetrieb und schließlich Persönlichkeitsrechte (vgl. *Neumann-Duesberg,* Zum allgemeinen Persönlichkeitsrecht und zu den besonderen Persönlichkeitsrechten im Privatrecht, VersR 1991, 957), insbesondere das Namensrecht und die Ehre (hierzu: B XIV). Zu den sonstigen Rechten gehört jedoch nicht das Vermögen. Das Vermögen als solches wird nicht durch § 823 I BGB sondern durch Spezialregelungen wie § 824 u. § 826 BGB oder §§ 1, 13 VI, 19 UWG geschützt. Derjenige, der Ansprüche aus § 823 I BGB geltend macht, ist im Streitfall verpflichtet, den **Beweis** zu führen, daß der Tatbestand, aus dem er seine Ansprüche herleitet, auch tatsächlich gegeben ist. Oft wird es schwer sein, den Beweis zu führen, daß der Gegner die Verletzung schuldhaft verursacht hat. Zu prüfen ist dann, ob nicht andere zusätzliche Anspruchsgrundlagen aus gesetzlicher Gefährdungshaftung oder aus Vertrag mit der Möglichkeit der Beweislastumkehr gemäß § 282 BGB in Betracht kommen. 43

2. Verstoß gegen Schutzgesetze

44 Zu einer Haftungsausdehnung und damit auch zu einem weitergehenden **Schutz des Vermögens**, als er durch §§ 824, 826 BGB oder durch Sonderregelungen geboten wird, führt § 823 II BGB. Gemäß dieser Bestimmung ist jeglicher Schaden zu ersetzen, der durch eine schuldhafte Gesetzesverletzung entstanden ist, sofern und soweit das Gesetz den Schutz des Geschädigten bezweckt. § 823 II BGB knüpft die Schadensersatzpflicht an den schuldhaften Verstoß gegen ein **Schutzgesetz**. Das braucht kein Gesetz in formellem Sinn zu sein. Alle materiellen Rechtsnormen können ein Schutzgesetz darstellen, gleich, ob sie dem öffentlichen oder dem privaten Recht angehören. Vorausgesetzt wird nur, daß die Norm ein Gebot oder ein Verbot enthält und nach ihrem Inhalt und dem Willen des Normgebers – evtl. neben anderen Zwecken – auch bezweckt, denjenigen Individualinteressen zu dienen, die tatsächlich beeinträchtigt worden sind. Der Gesetzgeber muß erkennbar die Schaffung eines individuellen Schadensersatzanspruchs erstrebt haben (*BGH NJW* 1976, 2129).

45 Über § 823 II BGB führen schuldhafte Übertretungen der verschiedensten Normen zu Schadenersatzansprüchen. Wird gegen eine Rechtsnorm verstoßen und dadurch jemand geschädigt, dann ist jeweils zu prüfen, ob durch diese Norm auch die im konkreten Fall beeinträchtigten **Individualinteressen des Geschädigten geschützt** werden sollten. Wird das bejaht und hat der Schädiger schuldhaft das Gebot oder Verbot verletzt, dann ist er gemäß § 823 II BGB zum Schadensersatz verpflichtet. Schutzgesetze sind z. B. die meisten Verhaltensnormen der StVO und zwar soweit sie die übrigen Verkehrsteilnehmer schützen sollen. § 618 BGB dient dem Schutz der Arbeitnehmer und das Arzneimittelgesetz dient dem Schutz derjenigen, die die Arzneimittel anwenden. Die Bestimmungen der RVO über die Abführung der Sozialversicherungsbeiträge sind Schutzgesetz zu Gunsten des Versicherungsträgers, soweit es um die Arbeitnehmerbeiträge geht, sie sind jedoch kein Schutzgesetz zu Gunsten des Versicherungsträgers, soweit es um die Abführung der Arbeitgeberbeiträge geht.

46 Beschränkt sich der Tatbestand eines Schutzgesetzes nicht darauf, einen bestimmten Verletzungserfolg zu verbieten, sondern fordert er darüber hinaus ein konkret beschriebenes Verhalten, dann kann die Verletzung der Verhaltenspflichten, also die Erfüllung des objektiven Tatbestandes bereits den Schluß auf einen subjektiven Schuldvorwurf begründen: Der objektive Verstoß gegen eine Verhaltenspflicht indiziert die Schuld und führt hinsichtlich des Verschuldens zu einer **Umkehr der Beweislast**. Der Schädiger muß dann einen Sachverhalt darlegen und beweisen, der seinem Verschulden entgegensteht (*BGH NJW* 1992, 1039/1042).

3. Verkehrspflichten

47 Neben den durch Vertrag übernommenen Haftpflichten und den Haftpflichten, die aus dem öffentlichen Straßen- und Kraftfahrzeugverkehr resultieren, haben die Verhaltens- oder Verkehrspflichten große praktische Bedeutung. Aus dem Grundsatz, daß keiner einen anderen mehr als unvermeidbar gefährden darf, hat die Rechtsprechung **Warn-, Verbots-, Instruktions-, Überwachungs- und Fürsorgepflichten** abgeleitet. Wird hiergegen verstoßen, so begründet der Verstoß, falls er subjektiv voraussehbar und vermeidbar war, den Vorwurf der Fahrlässigkeit (Rdn. 18). Hat die schuldhafte Verletzung der Verkehrspflicht zur Folge, daß dadurch eines der in § 823 I. BGB genannten Rechtsgüter verletzt

wird, so haftet der Verletzer auf Ersatz des Schadens, der durch seine Pflichtverletzung an dem geschützten Rechtsgut entstanden ist.

Als **Verkehrssicherungspflicht** bezeichnet man die allgemeine Rechtspflicht, 48 im Verkehr auf die Gefährdung anderer Rücksicht zu nehmen. Sie beruht auf dem Grundsatz, daß jeder, der Gefahrenquellen schafft, alle Maßnahmen zu treffen hat, die zum Schutze Dritter notwendig sind (*Geigel/Schlegelmilch*, Der Haftpflichtprozeß, 14. Kap. Rdnr. 28 ff). Verkehrssicherungspflichten obliegen allen, die am menschlichen Verkehr teilnehmen oder einen Verkehr eröffnen. Wer eine eigene oder fremde, eine bewegliche oder unbewegliche Sache benutzt oder anderen zur Benutzung zur Verfügung stellt, den trifft die Rechtspflicht, dafür zu sorgen, daß von dieser Sache keine vermeidbaren Gefahren ausgehen. Diejenigen Vorkehrungen sind zu treffen, die nach den Sicherheitserwartungen des jeweiligen Verkehrs im Rahmen des wirtschaftlich Zumutbaren geeignet sind, Gefahren von Dritten abzuwenden, die bei bestimmungsgemäßer oder bei nicht ganz fernliegender bestimmungswidriger Benutzung der Sache drohen (*BGH* NJW 1978, 1629; 1985, 1076). Derjenige, dem eine Verkehrssicherungspflicht obliegt und der dagegen schuldhaft verstößt, haftet gem. § 823 I BGB, falls der Verstoß gegen die Verkehrssicherungspflicht zur Folge hat, daß eines der in § 823 I BGB geschützten Rechtsgüter eines anderen verletzt wird.

Die Verkehrssicherungspflicht knüpft an die Eröffnung des Verkehrs an. Sie 49 trifft bei Gebäuden den **Eigentümer, Mieter** oder **Pächter;** bei öffentlichen Verkehrsflächen, haftet die verkehrssicherungspflichtige Körperschaft, das ist der **Träger der Straßenbaulast,** im allgemeinen also die Länder und die Gemeinden. Wird die Verkehrssicherungspflicht auf Bundesstraßen verletzt, so haftet jedoch nicht der Bund, sondern das Land (*BGH* VersR 1983, 639). Soweit dem die Eigenart der öffentlichen Aufgaben nicht entgegensteht, hat die öffentliche Hand die Wahl, ob sie ihre Verkehrssicherungspflicht mit Mitteln des Privatrechts oder hoheitsrechtlich erfüllt. Im ersteren Fall haftet die öffentliche Hand gemäß § 823 BGB i. V. m. §§ 89, 31 BGB, im zweiten Fall gemäß § 839 BGB i. V. m. Art. 34 GG. Die Verkehrssicherungspflicht der öffentlichen Hand ist in Baden-Württemberg, Bayern, Hamburg, Niedersachsen, Nordrhein-Westfalen, Rheinland-Pfalz und Schleswig-Holstein hoheitlich geregelt. Wegen der neuen Bundesländer vgl. *Uecker* NZV 1992, 300. Große praktische Bedeutung hat die Frage nicht, ob es sich bei der **Verkehrssicherungspflicht der Länder und Gemeinden** um eine Amtspflicht i. S. des § 839 BGB oder um eine privatrechtliche Pflicht handelt. Ein Anspruch auf Ersatz des reinen Vermögensschadens besteht bei Verletzung der Verkehrssicherungspflicht auch dann nicht, wenn die Verantwortlichkeit nach § 839 BGB, Art. 34 GG zu beurteilen ist (*BGH* VersR 1973, 275). Auch bei der Haftung nach § 839 BGB ist die Subsidiaritätsklausel des § 839 I 2 BGB nicht anwendbar, wenn Verkehrssicherungspflichten verletzt werden, so der *BGH* bei Straßenunebenheiten (VersR 1980, 282), bei Verstoß gegen die Streupflicht (NJW 1983, 2021) und bei mangelhafter Gehwegsicherung (NJW 1981, 1038). Zur Verkehrssicherungspflicht auf öffentlichen Wegen: *BGH* VersR 1983, 639; *Berr* DAR 1987, 256; zur Streupflicht: *Schlund,* DAR 1988, 6 und *Schmid* NJW 1988, 3177; zur Straßenbeleuchtung: *Berz* DAR 1988, 2.

Die §§ 836–838 BGB regeln einen speziellen Fall der Verkehrssicherungs- 50 pflicht (*BGH* NJW 1985, 1076; VersR 1991, 72). Sie enthalten eine Sonderregelung für die Gebäudehaftpflicht, sofern jemand durch **Einstürzen eines Gebäudes** oder durch das Ablösen von Teilen des Gebäudes zu Schaden kommt. In

B VII Der Haftpflichtfall

diesen Fällen trifft die Haftung den Besitzer des Gebäudes und den für das Gebäude Unterhaltspflichtigen. Die Beweislage wird für den Geschädigten verbessert: Das Verschulden des Besitzers oder des Unterhaltspflichtigen und die Ursächlichkeit des Verschuldens für den Einsturz oder für das Ablösen der Teile wird vermutet. Der Besitzer (Unterhaltspflichtige) muß den Entlastungsbeweis führen, daß der Einsturz oder das Ablösen der Teile nicht die Folge fehlerhafter Errichtung oder mangelhafter Unterhaltung ist oder daß er zum Zwecke der Abwendung der Gefahr die im Verkehr erforderliche Sorgfalt beobachtet hat.

51 Aus dem Grundsatz, daß jeder, der Gefahrenquellen schafft, alle Maßnahmen zu treffen hat, die zum Schutz Dritter erforderlich sind, ergeben sich jedoch über die bisher erörterten Verkehrssicherungspflichten hinaus **weitere Verkehrs- oder Verhaltenspflichten**, die im Verkehr mit den Mitmenschen zu beachten sind. Niemand darf einen anderen mehr als unvermeidbar gefährden. Ein objektiver Standard oder Sorgfaltsmaßstab muß eingehalten werden. Jeder Teilnehmer am Rechtsverkehr darf grundsätzlich darauf vertrauen, daß die anderen Teilnehmer die „Spielregeln" einhalten und damit ihre allgemeinen Verkehrspflichten beachten. Auch ohne gesetzliche Detailregelung hat die Rechtsprechung auf der Grundlage der Verkehrssitte einen Verhaltenskodex entwickelt. Aus diesem Verhaltenskodex ergeben sich für das menschliche Verhalten bestimmte Handlungsgebote und Unterlassungspflichten, die einzuhalten sind, z. B. bei der Arbeit, beim Sport, beim Spiel, bei geselligen Veranstaltungen, bei der Produktion oder beim Vertrieb von Waren etc. Diese Regeln sind mit gesetzlichen Regelungen, wie z. B. beim Straßenverkehr, vergleichbar.

52 Zu nennen sind die DIN-Normen, die VDE-Vorschriften, sonstige technische Standards wie allgemein anerkannte Regeln der Technik oder des Berufs (lege artis), die Bestimmungen der Berufsgenossenschaft zur Unfallverhütung, die Sportregeln und andere. Auf diese Weise entstehen außerhalb des in der Verfassung vorgesehenen Gesetzgebungsverfahrens spezielle Rechtsnormen mit der dazugehörigen Judikatur und Literatur. Vgl. z. B.: *BGH* BB 1991, 1817 – **DIN-Norm** als anerkannte Regel der Technik; *OLG Koblenz* VersR 1991, 1067 – Haftung beim Sport und *Scheffen,* Zivilrechtliche Haftung im **Sport,** NJW 1990, 2658; *Scheuer,* Haftung bei **Skiunfällen,** DAR 1990, 121; *Hübner,* Haftungsprobleme der **technischen Kontrolle,** NJW 1988, 442. Steht fest, daß bei Bauarbeiten anerkannte Regeln der Technik, z. B. die DIN-Normen des Deutschen Instituts für Normung e. V., verletzt worden sind, so wird wegen der damit verbundenen Gefahrerhöhung bis zum Beweis des Gegenteils vermutet, daß dies auch für einen Schaden ursächlich war, der in örtlichem und zeitlichem Zusammenhang mit den Bauarbeiten entstanden ist (*BGH* NJW 1991, 2021).

53 Wer eine Tätigkeit übernimmt oder ausübt, kann sich grundsätzlich nicht darauf berufen, daß er die hierfür erforderlichen Kenntnisse oder Fähigkeiten nicht besitzt. Fehlende Fachkenntnisse oder mangelnde Geschicklichkeit können einen Verstoß gegen Verkehrspflichten grundsätzlich nicht entschuldigen. Der Schuldvorwurf ist begründet, falls objektiv gegen Verkehrspflichten verstoßen wird und subjektiv der Verstoß voraussehbar und vermeidbar war (Rdn. 18). Beispiel: Ein Bauunternehmer errichtet vorwerfbar mangelhaft ein Haus. Dadurch kommt es zu Wassereinbrüchen in das fertiggestellte Gebäude und zu Wasserschäden an den Möbeln eines Mieters. Dem Mieter stehen gemäß § 823 I BGB gegen den Bauunternehmer Ansprüche auf Ersatz des an den Möbeln entstandenen Schadens zu (*BGH* VersR 1990, 540).

4. Staatshaftung

Die Haftung des Beamten für **Amtspflichtverletzungen** ist in **§ 839 BGB** geregelt. Soweit ein Amtsträger seine Amtspflichten verletzt, haftet er nicht nach §§ 823, 826 ff. BGB, sondern ausschließlich nach § 839 BGB. Die Anforderungen, die § 839 an die Haftung stellt, sind insofern geringer als die der §§ 823 ff. BGB, als ein Beamter für jede schuldhafte Verletzung einer ihm einem Dritten gegenüber obliegenden Amtspflicht haftet, unabhängig davon, ob einer der in den §§ 823 ff. BGB geregelten Tatbestände erfüllt ist. Andererseits wird die Haftung des Beamten durch das Verweisungsprivileg in § 839 I 2 BGB und durch die Regelung in § 839 III BGB (unterlassene Einlegung eines Rechtsmittels) eingeschränkt. 54

Ein **Beamter im staatsrechtlichen Sinn** haftet immer und ausschließlich nach § 839 BGB, wenn er die ihm übertragenen Dienstpflichten verletzt, auch dann, wenn er nicht hoheitlich, sondern im privatrechtlichen Bereich seines Dienstherrn tätig geworden ist, wie z. B. der Direktor einer Universitätsklinik (*BGHZ* 85, 393) oder der beamtete Fahrer eines Bundesbahnbusses. § 839 BGB gilt aber auch für Bedienstete eines öffentlichen Dienstherrn, die nicht Beamte im staatsrechtlichen Sinn sind, die jedoch durch die dazu befugte öffentliche Körperschaft mit öffentlicher Gewalt ausgestattet wurden. Wird ein solcher **Beamter im haftungsrechtlichen Sinn** mit hoheitlichen Aufgaben betraut und hoheitlich tätig, so richtet sich seine Haftung ebenfalls nach § 839 BGB. **Anstelle eines hoheitlich tätigen Beamten haftet** grundsätzlich gemäß Art. 34 GG ausschließlich dessen **öffentlicher Dienstherr** (vgl. Rdnr. 25). 55

Die Haftung aus § 839 BGB und damit auch die Haftung des Staates gemäß Art. 34 GG setzt voraus, daß der Beamte eine **Amtspflicht** verletzt hat, die ihm **gegenüber dem Geschädigten** oblag. Das ist zu bejahen, wenn sich die Amtshandlung gegen den Geschädigten richtet oder wenn sich die Fürsorge, bei welcher der Beamte seine Amtspflicht verletzt hat, auf den Geschädigten erstrecken sollte. Geschützt, d. h. **Dritte im Sinne des § 839 BGB** sind all diejenigen Personen, deren Belange nach dem Zweck und der rechtlichen Bestimmung des Amtsgeschäftes geschützt und gefördert werden sollen. Das ist der Fall, wenn eine besondere Beziehung zwischen dem Schutzzweck der verletzten Amtspflicht und dem im Einzelfall berührten Interesse des Geschädigten besteht. Zu prüfen ist, ob die Amtspflicht, wenn nicht notwendig allein, so doch auch den Zweck hat, das im Einzelfall berührte Individualinteresse des Geschädigten wahrzunehmen. 56

Die **Staatshaftung des Art. 34 GG** erfordert, daß der Beamte in Ausübung seines ihm anvertrauten öffentlichen Amtes, d. h. in **Ausübung der ihm anvertrauten öffentlichen Gewalt**, seine Amtspflicht verletzt hat und nicht nur gelegentlich seines Dienstes eine Pflichtwidrigkeit begangen hat. Entscheidend ist, ob die eigentliche Zielsetzung, in deren Sinn der Beamte tätig geworden ist, dem Bereich hoheitlicher Tätigkeit zuzuordnen ist und ob zwischen dieser Zielsetzung und der schädigenden Handlung ein solcher Zusammenhang besteht, daß letztere ebenfalls dem Bereich hoheitlicher Tätigkeit angehört. Innerer Zusammenhang mit dem Dienst wird bejaht, wenn ein Soldat nach Dienstschluß seine Schußwaffe entlädt und dabei versehentlich jemanden verletzt, verneint, wenn er mit der Dienstpistole aus persönlicher Rache auf einen Menschen schießt (*Geigel/Kunschert*, aaO 20. Kap. Rdnr. 82). Die Haftung gemäß § 839 BGB, Art. 34 GG setzt schließlich voraus, daß der Beamte schuldhaft seine 57

Amtspflicht verletzt hat, den Beamten also ein **Verschulden** trifft. Eine allgemeine Gefährdungshaftung des Staates für rechtswidrige schuldlose Eingriffe in die durch § 823 I BGB geschützten Rechtsgüter kennt unser Recht in den alten Bundesländern nicht (anders in den neuen Ländern: Rdn. 60). Dennoch gibt es eine Reihe von Sonderregelungen, bei deren Voraussetzungen auch bei schuldlosen rechtswidrigen Eingriffen in Rechtsgüter oder vermögenswerte Rechtspositionen Ansprüche gewährt werden.

58   Gemäß Art. 14 GG ist eine **Enteignung** nur aufgrund eines Gesetzes zulässig, das zugleich Art und Ausmaß der Entschädigung regelt. Jeder nachteilige hoheitliche Eingriff auf eine als Eigentum geschützte Rechtsposition ist als Enteignung anzusehen, sofern er nicht als Ausprägung der Inhalts- und Schrankenbestimmung (Art. 14 I 2 GG) oder als sonstige Konkretisierung der Sozialpflichtigkeit (Art. 14 II GG) des Eigentums gerechtfertigt ist (*BGHZ* 80, 111/114). Zwar kennt unsere Rechtsordnung **keine** allgemeine zivilrechtliche **Haftung für legislatives Unrecht,** also für rechtswidrige Parlamentsgesetze (*BGHZ* 100, 136; *BGH NJW* 1989, 101); Einwirkungen auf das Eigentum als Folge von Realakten – nicht als Folge von verfassungswidrigen formellen Gesetzen – sind dagegen grundsätzlich als **enteignungsgleicher Eingriff** entschädigungspflichtig. Von Enteignung wird gesprochen, wenn der hoheitliche Eingriff rechtmäßig ist, während unter enteignungsgleichem Eingriff eine rechtswidrige hoheitliche Maßnahme zu verstehen ist, für die keine formell gesetzliche Grundlage besteht, gleich ob die Behörde dabei schuldlos oder schuldhaft rechtswidrig gehandelt hat. Wird durch einen enteignungsgleichen Eingriff in eine vermögenswerte Rechtsposition unmittelbar eingegriffen und dadurch dem Betroffenen ein Sonderopfer gegenüber der Allgemeinheit auferlegt, dann billigt die Rechtsprechung dem Geschädigten einen Anspruch auf Entschädigung gegen denjenigen Hoheitsträger zu, der durch den Eingriff begünstigt ist. Entsprechendes gilt bei hoheitlichen Eingriffen in persönliche Rechtsgüter wie Leben, Gesundheit oder Freiheit. Wird dadurch den Betroffenen ein Sonderopfer auferlegt und ein Vermögensschaden zugefügt, so gewährt die Rechtsprechung den Betroffenen einen **Aufopferungsanspruch** auf angemessene Entschädigung.

59   Für Ansprüche aus enteignungsgleichem Eingriff und für Aufopferungsansprüche sind die Zivilgerichte zuständig. Ansprüche kommen aber grundsätzlich nur in Betracht, wenn der Verwaltungsrechtsweg erschöpft ist. Bei Zweifeln an der Rechtmäßigkeit eines hoheitlichen Eingriffs ist der Geschädigte gehalten, zunächst die zulässigen Rechtsmittel einzulegen, um den drohenden Schaden abzuwenden. Unterläßt er dies schuldhaft, so steht ihm für solche Nachteile keine Entschädigung zu, die er durch Gebrauch des Rechtsmittels vermieden hätte (*BGH NJW* 1990, 898). Weiter wird vorausgesetzt, daß die Rechtsmaterie nicht durch **Sondergesetz** geregelt ist. Die in Spezialgesetzen geregelten Ausgleichs-, Ersatz- oder Beseitigungsansprüche wegen rechtswidrigen Verhaltens von Behörden gehen als Konkretisierung den allgemeinen Grundsätzen über den enteignungsgleichen Eingriff oder über die Aufopferung vor, so z. B. die Entschädigungsregelungen in §§ 39 ff. OrdnungsbehördenG NRW, in § 11 WasserhaushaltsG, § 14 Bundes-ImmissionsschutzG oder in §§ 34–41 BundesgrenzschutzG. Auch der verschuldensunabhängige, aus Art. 20 III GG hergeleitete öffentlich-rechtliche Anspruch auf Folgenbeseitigung hat Vorrang (*BVerwG NJW* 1989, 118 u. 2484). In diesem Zusammenhang ist weiter auf die gesetzliche Regelung über **Impfschäden** in § 51 ff. BundesseuchenG und in den ImpfschädenG der Länder hinzuweisen. Bei rechtswidrigen Frei-

heitsbeschränkungen durch die öffentliche Hand gewährt Art. 5 V der **Menschenrechtskonvention** vom 4. 11. 1950 dem Betroffenen einen unmittelbaren Schadensersatzanspruch, der an rechtswidriges Verhalten anknüpft und von Verschulden unabhängig ist (*BGH* NJW 1966, 726).

60 Der am 3. 10. 1990 in Kraft getretene Einigungsvertrag v. 31. 8. 1990 (BGBl II, S. 885, 1168) hat das **Gesetz zur Regelung der Staatshaftung in der Deutschen Demokratischen Republik** (Staatshaftungsgesetz der ehemaligen DDR) v. 12. 5. 1969 i. d. F. des DDR-Gesetzes v. 14. 12. 1988 (GBl. DDR I, 329) nach Maßgabe der Anlage II zum Einigungsvertrag, Kap. III Sachgeb. B Abschn. III geändert und das auf diese Weise geänderte Gesetz in dem beigetretenen Gebiet als Landesrecht übernommen. Das als Landesrecht **in den neuen Bundesländern fortgeltende StaatshaftungsG** begründet eine verschuldensunabhängige Haftung der staatlichen „Organe" der Länder (nicht des Bundes) oder der kommunalen „Organe" für Schäden, die in Ausübung staatlicher Tätigkeit rechtswidrig zugefügt werden. Es handelt sich nicht um eine Haftung des Beamten, für den und an dessen Stelle der Staat eintritt, sondern um eine originäre Staatshaftung, die unabhängig davon besteht, ob Amtspflichten verletzt wurden und einem staatlichen Organ oder einem Beamten ein Schuldvorwurf gemacht werden kann, um eine Gefährdungshaftung der Länder und Kommunen. Die Haftung setzt nur voraus, daß „einer natürlichen oder einer juristischen Person hinsichtlich ihres Vermögens oder ihrer Rechte durch Mitarbeiter oder Beauftragte staatlicher oder kommunaler Organe in Ausübung staatlicher Tätigkeit rechtswidrig" ein Schaden zugefügt wird. Es haftet dann „das jeweilige staatliche oder kommunale Organ" (§ 1 StaatshaftungsG). Als Sondergesetz verdrängt das StaatshaftungsG in den neuen Bundesländern die Haftung der Länder oder Kommunen aus (rechtswidrigem) enteignungsgleichen Eingriff, nicht jedoch die Haftung aus (rechtmäßiger) Aufopferung oder die Haftung aus § 839 BGB i. V. m. Art. 34 GG. Gemäß dem Staatshaftungsgesetz wird zwar nur subsidiär gehaftet, soweit keine andere Ersatzmöglichkeit besteht, die Ansprüche verjähren auch bereits in einem Jahr. Dennoch handelt es sich nach der Neugestaltung des Gesetzes durch den Einigungsvertrag im Rahmen der rechtsstaatlichen Ordnung des GG um die strengste Haftung des Staates für Unrecht, die wir bisher in Deutschland kennen. Den wirtschaftlich schwächsten Ländern und Kommunen wurde damit die schärfste Haftung beschert. Für den Anwalt sind die Verfahrensbestimmungen in den §§ 5ff StaatshaftungsG wichtig. Die Klage vor den ordentlichen Gerichten ist nur zulässig, soweit das vorgeschaltete Verwaltungsverfahren – Antrag und Beschwerde, über die die zuständigen Behörden entscheiden – keinen Erfolg hat. Zu den Einzelheiten:

Büchner-Uhder, Staatshaftungsgesetz als Landesrecht der neuen Bundesländer, NJ 1991, 153; *Boujong*, Staatshaftung in der früheren DDR, Festschrift für Gelzer, 1991; *Christoph*, Die Staatshaftung im beigetretenen Gebiet, NVwZ 1991, 536; *Krohn*, Zum Stand des Rechts der staatlichen Ersatzleistungen nach dem Scheitern des Staatshaftungsgesetzes, VersR 1991, 1085; *Lörler*, Anwendungsprobleme des Staatshaftungsrechts in den neuen Ländern, DtZ 1992, 135; *Ossenbühl*, Staatshaftungsrecht, 4. Aufl. 1991, 13. Teil; *ders.*, Das Staatshaftungsrecht in den neuen Bundesländern, NJW 1991, 1201; *Sträßer*, Noch einmal: Das Staatshaftungsrecht in den neuen Bundesländern, NJW 1991, 2467; *Uecker*, Staatshaftung bei Verletzung von Verkehrssicherungspflichten in den neuen Bundesländern, NZV 1992, 300.

61 In Ausnahmefällen haftet der Staat aufgrund von Sondergesetzen sogar, wenn ihm oder seinen Organen nicht einmal ein rechtswidriger Eingriff zur Last gelegt werden kann: Zu denken ist an die **Tumultschädenregelung** im Gesetz über die durch innere Unruhen verursachten Schäden vom 12. 5. 1920, das als Landesrecht fortgilt oder durch entsprechende neue Regelungen der einzelnen Länder ersetzt worden ist. Zu denken ist weiter an das Gesetz über die Entschädigung für **Opfer von Gewalttaten** vom 11. 5. 1976 i. d. F. v. 7. 1. 1985. Zur Staatshaftung im einzelnen:

> Die Kommentare zu § 839 BGB und zu Art. 14, 34 GG; *Engelhardt,* Neue Rechtsprechung des BGH zum Staatshaftungsrecht, NVwZ 1989, 927; 1992, 1052; *ders.*, Neue Rechtsprechung des BGH zur öffentlich-rechtlichen Entschädigung, NVwZ 1989, 1026; *Geigel/Kunschert,* Der Haftpflichtprozeß, 20. u. 21. Kap.; *Krohn,* Zum Stand des Rechts der staatlichen Ersatzleistungen nach dem Scheitern des Staatshaftungsgesetzes, VersR 1991, 1085; *Krohn/Löwisch,* Eigentumsgarantie, Enteignung, Entschädigung 1984; *Krohn/ Papier,* Aktuelle Fragen der Staatshaftung und der öffentlich-rechtlichen Entschädigung, RWS-Skript. 158; *Krohn/Schwager,* Die neuere Rechtsprechung des BGH zum Amtshaftungsrecht, DVBl 1990, 1077; 1992, 321; *Nüßgens/Boujong,* Eigentum, Sozialbindung, Enteignung; *Ossenbühl,* Staatshaftungsrecht, 4. Aufl. 1991.

5. Stationierungsschäden

62 **Stationierungsschäden** sind Schäden, die durch die Truppen oder das zivile Gefolge der Nato-Streitkräfte in der Bundesrepublik entstehen. Maßgebend ist das Nato-Truppenstatut vom 19. 6. 1951 mit den späteren Zusatzabkommen und dem Gesetz zum Nato-Truppenstatut vom 18. 8. 1961. Danach sind Schäden zu ersetzen, die einem Dritten, d. h. nicht der Bundesrepublik und nicht den Entsendestaaten, durch Handlungen oder Unterlassungen von Mitgliedern der Truppe oder des zivilen Gefolges in Ausübung des Dienstes entstehen. Hierzu: *Geigel/Kolb,* Der Haftpflichtprozeß, 34. Kap. Zur Rechtslage bei Schäden, die von russischen Streitkräften in Deutschland verursacht werden, siehe: *Heitmann,* Abgeltung von Schäden, verursacht durch ausländische Truppen, VersR 1992, 160; *Gruber,* Unfälle mit Angehörigen der (ehemals) sowjetischen Streitkräfte, DAR 1992, 353.

6. Arzthaftung

63 Fälle, in denen Patienten Haftpflichtansprüche gegen Ärzte oder Krankenhäuser mit der Begründung geltend machen, sie seien fehlerhaft behandelt worden oder über die Behandlungsrisiken nicht ordnungsgemäß aufgeklärt worden, gewinnen an Bedeutung. Das Haftpflichtrecht der Ärzte und Krankenhäuser, die **Arzthaftung,** ist eine Berufshaftung und im wesentlichen den Regeln über die positive Vertragsverletzung und dem allgemeinen Deliktsrecht des BGB zu entnehmen. Zu den Einzelheiten:

> *Franzki/Hansen,* Der Belegarzt, Stellung und Haftung im Verhältnis zum Krankenhausträger, NJW 1990, 737; *Geigel/Schlegelmilch,* Der Haftpflichtprozeß, 14. Kap. Rdnrn. 211–269, 28. Kap. Rdnrn. 12–40 u. Geigel-Rixecker 37. Kap. Rdnrn. 68–81; *Geiß,* Arzthaftpflichtrecht, 1989; *Giesen,* Arzthaftungsrecht, 1990; *Hempfing,* Ärztliche Fehler-Schmerzensgeldtabellen, 1989; *Heilmann,* Der Stand der deliktischen Arzthaftung, NJW 1990, 1513; *Kleinewefers,* Zur zivilrechtlichen Haftung des Arztes, VersR 1992, 1425; *Kuntz,* Arzthaftungsrecht, Entscheidungssammlung (Loseblattwerk); *Laufs,* Arztrecht, 4. Aufl. 1988; *ders.,* Die Entwicklung des Arztrechts NJW 1991, 1516; 1992, 1529; *Ratajczak/ Stegers,* Medizin-Haftpflichtschäden, 1989; *Saenger,* Die Arzthaftpflicht im Prozeß, VersR

1991, 743; *Seehafer*, Der Arzthaftungsprozeß in der Praxis, 1991; *Steffen*, Neue Entwicklungslinien der BGH-Rechtsprechung zum Arzthaftungsrecht, RWS-Skript 137; *Stegers*, Das arzthaftungsrechtliche Mandat in der anwaltlichen Praxis, RWS-Skript 193; *Weber/ Steinhaus*, Ärztliche Berufshaftung als Sonderdeliktsrecht, 1990. Zur Haftung eines Heilpraktikers: *BGH* NJW 1991, 1535 und *Taupitz*, Der Heilpraktiker aus der Sicht des Haftungsrechts, NJW 1991, 1505.

Grundsätzlich schuldet der Arzt keinen bestimmten Erfolg. Der Vertrag zwischen Arzt und Patient ist als **Dienstvertrag** zu qualifizieren. Der Arzt haftet für Schäden, die sein Patient erleidet **64**
(1) aufgrund von Fehlern bei Diagnose, Beratung und Therapie sowie bei diagnostischen oder therapeutischen Eingriffen und
(2) aufgrund eigenmächtiger Behandlung,
sofern der Verstoß gegen die ärztlichen Pflichten für ihn voraussehbar und vermeidbar war. Vertragspartner des Patienten ist bei einer ambulanten Behandlung in der Regel der Arzt. Schwieriger gestaltet sich die Frage nach dem Vertragspartner und damit Anspruchsgegner bei einer stationären Krankenhausbehandlung. Zu unterscheiden ist zwischen dem totalen **Krankenhausvertrag**, bei dem vertragliche Beziehungen ausschließlich zum Krankenhaus bestehen, und dem gespaltenen Arzt-Krankenhausvertrag, bei dem vertragliche Beziehungen sowohl zum Krankenhaus als auch zum Chefarzt bestehen. Darüberhinaus existiert noch der totale Krankenhausvertrag mit ärztlichem Zusatzvertrag, bei dem ebenfalls Vertragsbeziehungen sowohl zum Arzt als auch zum Krankenhaus begründet werden (vgl. *Geigel/Schlegelmilch*, Der Haftpflichtprozeß, 28. Kap. Rdnr. 34–40). Bei **deliktischen Ansprüchen** kann jeder mit der Behandlung befaßte Arzt Anspruchsgegner sein. Ihn trifft auch gemäß § 831 BGB die deliktische Verantwortung für seine Hilfspersonen. Ebenso kommt § 831 BGB als Grundlage für eine deliktische Haftung des Krankenhauses sowohl für fehlerhaftes Handeln der Krankenhausärzte als auch des sonstigen Krankenhauspersonals in Betracht. Für leitende Ärzte greift die Organhaftung des § 31 BGB ein. Letztlich kommen Amtshaftungsansprüche gemäß § 839 BGB in Betracht, wenn ein beamteter Klinikarzt die ärztliche Behandlung ausgeführt hat. Der beamtete Arzt kann sich auf das Verweisungsprivileg des § 839 I 2 BGB berufen (*BGHZ* 85, 393 u. 89, 263). Er haftet also nicht, wenn der Träger der Klinik gemäß §§ 31, 89 BGB oder gemäß § 831 BGB haftet.

Ein Anspruch wegen eines **medizinischen Behandlungsfehlers** setzt – sowohl auf vertraglicher als auch auf deliktischer Grundlage – voraus, daß der Arzt **65**
(1) objektiv fehlerhaft gehandelt hat,
(2) dieser Behandlungsfehler adäquat kausal oder ihm zurechenbar Schäden verursacht hat (vgl. Rdnr. 21) und
(3) der ärztliche Fehler bei höchstmöglicher und zumutbarer Sorgfalt hätte vermieden werden können.
Behandlungsfehlern gleichgestellt sind **Diagnosefehler**. Eine schuldhafte Fehldiagnose liegt insbesondere vor, wenn Krankheitserscheinungen in unvertretbarer Weise gedeutet werden, elementare Kontrollbefunde nicht erhoben werden oder eine Überprüfung der ersten Diagnose im weiteren Behandlungsverlauf unterbleibt, obwohl dieser keine Wirkung zeigt (*OLG Köln* VersR 1989, 631).

Die **Beweislast** für die Haftungsvoraussetzungen liegt grundsätzlich beim **66**
Patienten (*BGH* NJW 1988, 2949). Eine Unaufklärbarkeit des Ursachenverlaufs geht zu seinen Lasten. Bei vertraglichen Arzthaftungsansprüchen findet § 282

BGB keine Anwendung (*BGH* NJW 1978, 584, 1681). Wegen der schwierigen Beweissituation ist es wichtig zu wissen, daß dem Patienten Beweiserleichterungen, die bis zu einer Beweislastumkehr gehen können, zugute kommen. Für die Kausalität kann Beweislastumkehr eintreten, wenn der Arzt einen **groben Behandlungsfehler,** das ist ein Verstoß gegen gesicherte und bewährte medizinische Erkenntnisse und Erfahrungen, begangen hat, der generell geeignet ist, einen Schaden von der Art herbeizuführen, wie er tatsächlich eingetreten ist (*BGH* NJW 1988, 2303; 1992, 754). Gleiches gilt, wenn sich **Risiken** verwirklichen, die nicht vorrangig aus den Eigenheiten des menschlichen Organismus, sondern aus dem technisch-apparativen Bereich oder **aus dem Krankenhausbetrieb** erwachsen (*BGH* VersR 1991, 467 mit Anm. *Jaeger*). So haben Krankenhausträger oder Arzt zu beweisen, daß der Patient während der Operation ordnungsgemäß gelagert wurde (*OLG Köln* VersR 1991, 695). Beweiserleichterungen für den Nachweis eines Behandlungsfehlers – nicht jedoch für den Kausalzusammenhang zwischen Fehler und Schaden – kommen ferner in Betracht, wenn der Arzt seine **Dokumentationspflicht** verletzt hat und dadurch die Aufklärung des Behandlungs- und Schadensverlaufs erschwert wird (*BGH* NJW 1987, 1482; 1988, 2949). Auch der Anscheinsbeweis kann eingreifen. Da der Patient als Laie die schwierigen medizinischen Sachverhalte meist nicht detailliert darstellen kann, werden an die Substantiierung einer Arzthaftungsklage keine hohen Anforderungen gestellt (*OLG Stuttgart* VersR 1991, 229). Gleichwohl ist zu erwägen, ob es sinnvoll ist, statt des Gerichts eine der in allen Bundesländern eingerichteten Gutachter- und Schlichtungsstellen anzurufen.

67 Neben dem Schadensersatzanspruch wegen eines Behandlungsfehlers kommen auch Ansprüche wegen **mangelnder Aufklärung** über die Notwendigkeit einer Therapie (*BGH* NJW 1989, 2318), über die Dringlichkeit einer Operation (*BGH* VersR 1990, 1238) oder über die mit der Behandlung verbundenen Risiken (*BGH* NJW 1992, 743; VersR 1992, 237) in Betracht. Dieser Haftungstatbestand ist in vielen Fällen der „Rettungsanker", wenn der Nachweis eines Behandlungsfehlers nicht möglich ist. Der Arzt ist verpflichtet, den Patienten über Eigenart und Risiken einer geplanten Therapie „im großen und ganzen" (*BGH* NJW 1984, 1397; 1988, 1515) aufzuklären. Über die Einzelheiten der Aufklärungspflicht ist vieles strittig. Je weniger dringlich ein ärztlicher Eingriff ist, desto größer sind die Anforderungen an die Aufklärung. Je weniger der Eingriff medizinisch geboten ist, desto ausführlicher und eindrücklicher muß der Patient informiert werden. Vor kosmetischen Operationen ist daher besonders umfassend aufzuklären (*BGH* NJW 1991, 2349). Unterläßt der Arzt ganz oder teilweise die gebotene Aufklärung, so fehlt die für den ärztlichen Eingriff erforderliche **Einwilligung des Patienten.** Der Eingriff ist dann mangels ausreichender Einwilligung rechtswidrig. Zu den Anforderungen an die Einwilligung des Patienten: *BGH* NJW 1991, 2342 u. 2343. Trifft den Arzt an der mangelnden Aufklärung ein Verschulden – was in der Regel der Fall ist –, so ist der Tatbestand der Körperverletzung i. S. des § 823 BGB erfüllt. Der Arzt haftet für den Schaden, der dadurch eintritt, daß sich eins der Risiken verwirklicht, über die er hätte aufklären müssen, es sei denn, der Patient hätte auch bei ordnungsgemäßer Aufklärung dem Eingriff zugestimmt, hypothetische Einwilligung: *OLG Saarbrücken* VersR 1992, 756. Verwirklicht sich ein Risiko, für das keine Pflicht zur Aufklärung bestand, so haftet der Arzt dann, wenn er eine etwa erforderliche Grundaufklärung über Art und Schwere des Eingriffs unterlassen hat (*BGH* NJW 1991, 2346).

7. Produkthaftung

Seit dem 1. 1. 1990 ist das Gesetz über die Haftung für fehlerhafte Produkte (**Produkthaftungsgesetz** – ProdHaftG) in Kraft. Das Gesetz hat die Richtlinie des Rates der EG v. 25. 7. 1985 zur Angleichung der Rechts- und Verwaltungsvorschriften der Mitgliedsstaaten der EG über die Haftung für fehlerhafte Produkte (85/374/EG) in nationales Recht umgesetzt. § 1 ProdHaftG begründet eine verschuldensunabhängige Haftung des Herstellers für fehlerhafte Produkte: Wird durch den Fehler eines Produkts jemand getötet, sein Körper oder seine Gesundheit verletzt oder eine Sache beschädigt, so ist der Hersteller des Produkts verpflichtet, dem Geschädigten den daraus entstehenden Schaden zu ersetzen. Im Falle der Sachbeschädigung gilt dies nur, wenn eine andere Sache als das fehlerhafte Produkt beschädigt wird und diese andere Sache ihrer Art nach gewöhnlich für den privaten Ge- oder Verbrauch bestimmt und hierzu von dem Geschädigten hauptsächlich verwendet worden ist. Es handelt sich um eine Haftung ohne Schuld und damit um eine **Gefährdungshaftung,** die freilich durch eine Verhaltenskomponente in § 1 II ProdHaftG eingeschränkt wird. **68**

Gemäß § 1 II u. III ProdHaftG wird in bestimmten Fällen die Ersatzpflicht des Herstellers ausgeschlossen. Der Hersteller kann sich insbesondere **entlasten** und damit von seiner Haftung gemäß § 1 I ProdHaftG befreien, wenn er das Produkt nicht in Verkehr gebracht hat oder das Produkt den Fehler noch nicht hatte oder zumindest der Fehler nicht erkannt werden konnte, als der Hersteller das Produkt in Verkehr brachte. Für den Ausschluß der Haftung trägt der Hersteller die Beweislast. Der Geschädigte muß beweisen, daß der in Anspruch Genommene das Produkt i. S. des § 4 „hergestellt" hat, das Produkt mit einem Produktfehler behaftet war und dieser Fehler seinen Schaden verursacht hat. Die §§ 2–4 ProdHaftG enthalten genaue Begriffsbestimmungen für Produkt, **Fehler** und Hersteller. Ein Produkt ist fehlerhaft, wenn es nicht die Sicherheit bietet, die berechtigterweise erwartet werden kann. **Hersteller** im Sinne des Gesetzes ist nicht nur derjenige, der das Endprodukt, einen Grundstoff oder ein Teilprodukt hergestellt hat sondern auch der Importeur. Kann der Hersteller nicht ermittelt werden, so gilt der Lieferant als Hersteller, wenn er nicht innerhalb eines Monats den Hersteller oder wenigstens seinen eigenen Lieferanten benennt. **69**

§§ 10 u. 11 ProdHaftG **beschränken** die Haftung des Herstellers: Sind Personenschäden durch ein Produkt oder gleiche Produkte mit demselben Fehler verursacht worden, so haftet der Ersatzpflichtige nur bis zu einem Höchstbetrag von 160 Mio. DM, im Fall der Sachbeschädigung hat der Geschädigte einen Schaden bis zu einer Höhe von 1125,– DM selbst zu tragen. Ein Anspruch auf Schmerzensgeld besteht nach dem ProdHaftG nicht. Wegen dieser Haftungseinschränkungen ist es bedeutsam, daß gemäß § 15 II die Haftung aufgrund anderer Vorschriften unberührt bleibt. **70**

Eine Sonderregelung enthalten § 15 I ProdHaftG und **§ 84 ArzneimittelG,** das die Gefährdungshaftung des Arzneimittelherstellers begründet. Wird infolge der Anwendung eines zum Gebrauch bei Menschen bestimmten Arzneimittels jemand getötet, sein Körper oder seine Gesundheit verletzt, so ist das ProdHaftG nicht anzuwenden. Maßgebend ist die Gefährdungshaftung des pharmazeutischen Unternehmers, der das Arzneimittel in Verkehr gebracht hat, gemäß § 84 ff ArzneimittelG. Hierzu: *Kloesel/Cyran,* Arzneimittelrecht, Kommentar 3. Aufl. 1990; *Reinelt* VersR 1990, 565; zur Substantiierung einer Schadensersatzklage: BGH VersR 1991, 780. **71**

72 Bei **Verschulden** haftet der Hersteller nicht nur gemäß dem ProdHaftG und gemäß seiner vertraglichen Gewährleistung sondern auch gemäß § 823 BGB für Folgeschäden aus der Benutzung seiner Produkte. Er ist verpflichtet, seine Erzeugnisse so zu konzipieren, zu konstruieren, zu produzieren und erforderlichenfalls zu beschreiben (Gebrauchsanweisung), daß Käufer und Dritte keinen Schaden erleiden. Anspruchsgrundlage sind **§ 823 I und II BGB,** wobei als Schutzgesetze vor allem das Gesetz über technische Arbeitsmittel (GerätesicherheitsG), das Arzneimittelgesetz, das Lebensmittel- und Bedarfsgegenständegesetz und die StVZO in Betracht kommen. Die Haftung trifft auch den Produzenten von Zulieferteilen und kann unter bestimmten Voraussetzungen sogar den Vertragshändler treffen (*BGH* VersR 1988, 635). Zu den Anforderungen, die an den Abschluß eines Auskunfts- oder Beratungsvertrages zwischen Hersteller und Endabnehmer gestellt werden: *BGH* VersR 1992, 966.

73 Der Hersteller haftet für eine Verletzung seiner **Organisations- und Verkehrspflichten,** zu denen die Beachtung des aktuellen Standes von Wissenschaft und Technik ebenso gehören, wie Kontrollpflichten auf allen Konstruktions- und Produktionsebenen und die Verpflichtung, erforderlichenfalls klare Gebrauchs- und Bedienungsanweisungen, Belehrungen und Warnungen über Produktgefahren mitzuliefern: *BGH* NJW 1992, 560 u. 2016 (Etiketten-Rechtssprechung, Instruktionshaftung). Der Hersteller ist weiter verpflichtet, seine auf dem Markt befindlichen Produkte auf die Verursachung schädlicher Folgen hin zu beobachten und gegebenenfalls zur Einziehung oder Reparatur zurückzurufen (Produktbeobachtungspflicht bei Kraftfahrzeugen: *Birkmann* DAR 1990, 124 und *Wegener* DAR 1990, 130; Erstattung von Rückrufkosten: *Herrmann/Fingerhut* BB 1990, 725). Für bei aller Sorgfalt nicht zu vermeidende „Ausreißer" trifft den Produzenten mangels Schuld keine Haftung gemäß § 823 BGB. Hervorzuheben ist die **Umkehr der Beweislast** hinsichtlich des Verschuldens. Der Geschädigte hat nur zu beweisen, daß ihm durch einen Fehler des Produkts bei dessen bestimmungsgemäßer Verwendung ein Schaden entstanden ist, während der Hersteller beweisen muß, daß ihn an dem Fehler kein Verschulden trifft: *BGH* NJW 1992, 1039. Im materiellen Gehalt brachte daher das ProdHaftG keine wesentliche Verschärfung der Produzentenhaftung gegenüber der bereits vor dem 1. 1. 1990 bestehenden und nach wie vor fortgeltenden Verschuldenshaftung des Produzenten gemäß § 823 BGB.

74 Wegen der Einzelheiten wird verwiesen auf:

Anderle, Der Haftungsumfang des harmonisierten Produkthaftungsrechts, 1990; *Büsken/Kampmann,* Der Produktbegriff nach der deliktischen Produzentenhaftung und dem Produkthaftungsgesetz, r + s 1991, 73; *Bruzuska,* Das neue Produkthaftungsrecht und Leasing, BB 1990 Beilage 19; *Deutsch,* Fallgruppen der Produkthaftung, VersR 1992, 521; *Eberstein/Braunewell,* Einführung in die Grundlagen der Produkthaftung, 1991; *Foerste,* Die Produkthaftung für Druckwerke, NJW 1991, 1433; *Frietsch,* Das Gesetz über die Haftung für fehlerhafte Produkte und seine Konsequenzen für den Hersteller, DB 1990, 29; *Geigel/Schlegelmilch,* Der Haftpflichtprozeß, 14. Kap. Rdnr. 270 ff; *Häsemeyer,* Das Produkthaftungsgesetz im System des Haftungsrechts, Festschrift für Niederländer, 1991; *Hettich,* Produkthaftung, 1990; *Hommelhoff,* Teilkodifikation im Privatrecht – Bemerkungen zum Produkthaftungsgesetz, Festschrift für Rittner, 1991; *Klein,* Die Haftung von Versorgungsunternehmen nach dem Produkthaftungsgesetz, BB 1991, 917; *Kullmann,* Produkthaftungsgesetz, 1990; *ders.,* Aktuelle Rechtsfragen der Produkthaftpflicht, RWS-Skript 3. Aufl. 1992; *ders.,* Die Rechtsprechung des *BGH* zum Produkthaftpflichtrecht NJW 1991, 675 u. 1992, 2669; *Kullmann/Pfister,* Produzentenhaftung, Loseblattwerk 1992; *Landscheidt,* das neue Produkthaftungsrecht, 2. Aufl. 1992; *Lehmann,* Produkt- und Produzentenhaftung für Software, NJW 1992, 1721; *Mayer,* Das neue Produkthaftungsrecht VersR 1990, 691; *Meyer,* Instruktionshaftung, 1992; *Pieper,* Verbraucherschutz durch Pflicht zum „Rückruf" fehlerhafter Produkte? BB 1991, 985; *Pott/Frieling,* Produkthaftungsgesetz Kommentar, 1992; ; *Rolland,* Produkthaftungsrecht, 1990; *Schlechtriem,* Dogma und Sachfrage – Überlegungen zum Fehlerbegriff des Produkthaftungsgesetzes, Festschrift für Rittner, 1991; *Schmidt-Salzer,* Personeller Anwendungsbereich der Beweislastumkehr nach Gefahrenbereichen in der deliktsrechtlichen Produkthaftung, NJW 92, 2871; *Schmidt-Salzer/Hollmann,* Kommentar EG-Produkthaftung, 1990; *Spickhoff,* Die Auskunftspflicht des Lieferanten, NJW 1992, 2055; *Taschner/Frietsch,* Produkthaftungsgesetz, 2. Aufl. 1990; *Graf von Westphalen,* Produkthaftungshandbuch, Bd. I 1989, Bd. 2 1991; *ders.,* Das neue Produkthaftungsgesetz, NJW 1990, 83.; *ders.,* Leasing und Produkthaftung, BB 1991, Beilage 11, 6.

8. Haftung des Frachtführers und Spediteurs

Schadensersatzansprüche im Zusammenhang mit der Güterbeförderung, 75 meist wegen Verlust, Beschädigung oder Verspätung, stellen erhebliche Probleme, weil eine einheitliche Regelung fehlt. Dies gilt bereits für die **Aktiv- und Passivlegitimation** angesichts des Kreises der möglicherweise Beteiligten: Eigentümer, Versender, Spediteur, Zwischenspediteur, Hauptfrachtführer, weiterer Frachtführer, Unterfrachtführer, Lagerhalter, deren Hilfspersonen, der jeweilige Versicherer u. a. m. Die **Haftung des Spediteurs** – anders beim Frachtführer – ist in der Regel durch den Speditions-Rollfuhrversicherungsschein (SVS/RVS), die Speditionspolice (Sp-Police) oder eine gleichwertige Versicherung gedeckt. Der Versicherer ist dann allein passiv legitimiert: Versicherung statt Haftung. Gleich, ob der Schaden durch eine Versicherung gedeckt ist und der Versicherer haftet oder ob ausnahmsweise der Spediteur selbst haftet, die allgemeinen Spediteurbedingungen (ADSp) sind immer zu beachten; auf die Kommentierungen zu den §§ 407 ff. HGB und die im Zusammenhang damit meist behandelten ADSp, SVS/RVS und Sp-Police wird hingewiesen.

Die vertragliche **Haftung des Frachtführers** ist unterschiedlich geregelt. Sie 76 hängt im wesentlichen von dem verwendeten Beförderungsmittel und der Beförderungsstrecke ab. Für die innerdeutsche Landfracht wird auf die §§ 425 ff. HGB i. V. m. dem Güterkraftverkehrsgesetz (GüKG) und der Kraftverkehrsordnung (KVO) verwiesen. Für grenzüberschreitende Kraftfahrzeug-Transporte ist das Übereinkommen über den Beförderungsvertrag im internationalen Straßengüterverkehr für Kraftfahrzeuge (CMR) maßgebend. Zu beachten ist auch das BinnenschiffahrtsG für die Binnenschiffahrt. Für den Güterverkehr auf der Bahn sind anzuwenden die §§ 453 ff. HGB und die Eisenbahnverkehrsordnung (EVO) für den inländischen und das internationale Abkommen über den Eisenbahnfrachtverkehr (CIM) für den grenzüberschreitenden Eisenbahnverkehr. Für Lufttransporte gelten das Luftverkehrsgesetz (LuftVG) und das Warschauer Abkommen zum internationalen Luftverkehr (WA) mit Zusatzabkommen (Guadalajara-Abkommen). Zu beachten sind weiter zusätzliche Bedingungen wie die Allgemeinen Beförderungsbedingungen für den gewerblichen Güternahverkehr mit Kraftfahrzeugen (AGNB), die Beförderungsbedingungen für den Möbelverkehr (BefBMö) oder die Allgemeinen Beförderungsbedingungen für Fracht der Deutschen Lufthansa AG.

Größte Aufmerksamkeit gilt den unterschiedlichen **Verjährungsfristen** zu 77 widmen: nach § 64 ADSp beispielsweise 8 Monate, nach Art. 32 CMR und §§ 439, 414 HGB 1 Jahr. Daneben können auch Ansprüche aus § 823 BGB in

Betracht kommen, die erst in 3 Jahren verjähren, soweit die Verjährung nicht vertraglich abgekürzt ist (*BGH* NJW 92, 1679), was bei Geltung allgemeiner Geschäftsbedingungen meistens der Fall sein wird. Weiter ist zu beachten, daß die Haftung des Spediteurs und Frachtführers in der Regel der **Höhe nach begrenzt** ist. Bei zweifelhafter Rechtslage ist zu empfehlen, die Aktivlegitimation durch Abtretungen von allen anderen möglichen Forderungsprätendenten dem Streit zu entziehen, alle als Schuldner in Betracht kommende Beteiligte in Anspruch zu nehmen und die gesondert laufenden Verjährungsfristen durch Klageerhebung bzw. Streitverkündung zu unterbrechen.

Literatur: *Ebenroth, Fischer, Sorek,* Die Haftung im multimodalen Gütertransport bei unbekanntem Schadensort, DB 1990, 1073; *Koller,* Transportrecht, 2. Aufl. 1993; *ders.,* Zur Aufklärung über die Schadensentstehung im Straßentransportrecht, VersR 1990, 553; *Vortisch/Bemm,* Binnenschiffahrtsrecht, 4. Aufl. 1991.

9. Halterhaftung

78 Wird durch ein Tier (§ 833 BGB), wird bei dem Betrieb eines Kraftfahrzeugs (§ 7 StVG) oder wird beim Betrieb eines Luftfahrzeugs durch Unfall (§ 33 LuftVG) ein Mensch getötet oder verletzt oder eine Sache beschädigt, so ist jeweils der **Halter** zum Schadensersatz verpflichtet. Den Halter eines Tieres, sofern es sich nicht um ein Haustier handelt, das dem Erwerb oder dem Unterhalt des Tierhalters zu dienen bestimmt ist, den Halter eines Kraftfahrzeugs und den Halter eines Flugzeugs treffen jeweils eine vom Verschulden unabhängige **Gefährdungshaftung.** Die Ausgestaltung der Halterhaftung differiert jedoch.

79 Die Gefährdungshaftung des Luxus-**Tierhalters** gemäß § 833 BGB ist unbegrenzt. Sogar § 847 BGB ist anwendbar. Vorausgesetzt wird nur, daß ein ursächlicher Zusammenhang zwischen dem Verhalten des Tieres und dem eingetretenen Schaden besteht. Die Unwägbarkeit, Unberechenbarkeit und Willkür des tierischen Verhaltens, die Tiergefahr, wird dem Tierhalter zugerechnet. Die Gefährdungshaftung des Tierhalters wird dann durch eine Haftung für vermutetes Verschulden mit der Entlastungsmöglichkeit des Halters ersetzt, wenn der Schaden durch ein **Haustier** verursacht wurde, das dem Beruf, der Erwerbstätigkeit oder dem **Unterhalt des Tierhalters** dienen sollte. Mit der Möglichkeit des Entlastungsbeweises haftet auch der Tierhüter, der vertraglich die Aufsicht über das Tier übernommen hat (§ 834 BGB).

80 Bei der Haftung des **Kraftfahrzeughalters** gemäß § 7 StVG (hierzu B IX Rdnrn. 94–95) handelt es sich ebenfalls um eine Gefährdungshaftung. Diese ist jedoch der Höhe nach begrenzt (§ 12 StVG) und gewährt kein Schmerzensgeld. Die Ersatzpflicht ist ausgeschlossen, wenn der Halter den Beweis führt, daß der Unfall unabwendbar war. Die Gefährdungshaftung des Kraftfahrzeughalters erscheint daher weniger streng. Dennoch handelt es sich um eine Gefährdungshaftung, da der Haftung keine Verhaltenspflichten zugrunde liegen und der Entlastungsbeweis des § 7 II StVG mehr erfordert als den Beweis, daß den Halter oder seine Hilfspersonen keine Schuld trifft. Ein Kraftfahrzeugunfall ist nur dann ein unabwendbares Ereignis, wenn ein idealer Fahrer bei idealer Fahrweise mit einem idealen Kraftfahrzeug den Unfall nicht hätte vermeiden und dessen Schadensfolgen auch nicht hätte verringern können. Der Fahrzeugführer muß sich wie ein besonders sorgfältiger, praktisch erfahrener, umsichtiger, reaktionsschnellerer und geistesgegenwärtiger Fahrer, wie ein „Idealfahrer" (*BGH* NJW 1992, 1684), verhalten haben. Der **Kraftfahrer** haftet gemäß § 18 StVG, ihn trifft also eine Verschuldenshaftung mit umgekehrter Beweislast (B IX Rdnr. 96).

Auch der **Halter eines Luftfahrzeugs,** das kann ein Flugzeug, Hubschrauber, 81
Ballon oder auch nur ein Fallschirm sein (§ 1 II LuftVG), unterliegt einer Gefährdungshaftung. Er haftet gemäß § 33 LuftVG für Schäden, die durch einen Betriebsunfall seines Luftfahrzeugs entstehen, ohne die Möglichkeit eines Entlastungsbeweises. Der Luftfahrzeughalter haftet also auch bei Betriebsunfällen, die im Sinne des § 7 II StVG unabwendbar anzusehen sind, er haftet sogar im Falle höherer Gewalt. Seine Haftung ist jedoch der Höhe nach begrenzt (§ 37 LuftVG). Sie erstreckt sich nicht auf Personen und Sachen, die im Luftfahrzeug befördert werden. Für die aufgrund eines Luftbeförderungsvertrages mit dem Luftfahrzeug beförderten Personen sehen die §§ 44 ff. LuftVG **eine Haftung des Luftfrachtführers** mit Exkulpationsmöglichkeit vor.

Wegen der Einzelheiten vgl. *Geigel/Schönwerth,* Der Haftpflichtprozeß, 29. Kap.; *Giemulla/Schmid,* Frankfurter Kommentar zum Luftverkehrsrecht; *dieselben,* Der Luftfahrzeugführer, Neuwied 1990; *Hofmann/Grabherr,* Luftverkehrsgesetz Loseblatt-Kommentar, 2. Aufl. 1992; zu den Sorgfaltspflichten des Ballonführers und zu seiner Haftung gegenüber seinem Fahrgast: *OLG Karlsruhe* NZV 1990, 270; *OLG Hamm* NZV 1990, 272.

10. Anlagenhaftung gemäß dem Haftpflichtgesetz

Das **Haftpflichtgesetz** (HaftpflG) begründet eine Gefährdungshaftung des 82
Betriebsunternehmers einer Schienen- oder Schwebebahn (§ 1 HaftpflG) und des Inhabers einer Anlage zur Fortleitung oder Abgabe von Elektrizität, Gasen, Dämpfen oder Flüssigkeiten (§ 2 HaftpflG) für Personen- und Sachschäden. Es handelt sich um verschiedene Tatbestände, die gesetzestechnisch in einem einheitlichen Gesetz zusammengefaßt sind.

Betriebsunternehmer einer Bahn ist, wer die Bahn für eigene Rechnung 83
betreibt oder nutzt und über den Bahnbetrieb verfügen kann. Das braucht nicht der Eigentümer zu sein. Der Betriebsunternehmer haftet für einen Betriebsunfall, sofern er nicht beweist, daß der Unfall durch **höhere Gewalt** verursacht ist. Höhere Gewalt ist ein schädigendes Ereignis, das von außen her auf den Bahnbetrieb eingewirkt hat, außergewöhnlich ist und auch durch größte Sorgfalt mit wirtschaftlich erträglichen Mitteln nicht abwendbar ist. Der Unternehmer muß nicht für Risiken einstehen, die mit dem Bahnbetrieb nichts zu tun haben und allein einem von ihm nicht beherrschbaren Drittereignis zuzurechnen sind. Wird die Bahn als Straßenbahn innerhalb des Verkehrsraums einer öffentlichen Straße betrieben, so ist die Haftung bereits ausgeschlossen, wenn der Unfall durch ein unabwendbares Ereignis verursacht ist. Dann stimmt die Rechtslage gemäß dem HaftpflG mit der Regelung in § 7 II StVG überein.

§ 2 HaftpflG statuiert die Gefährdungshaftung des **Inhabers einer Anlage** zur 84
Fortleitung oder Abgabe von Elektrizität, Gasen, Dämpfen oder Flüssigkeiten. § 2 I HaftpflG unterscheidet zwei Tatbestände: Die **Wirkungshaftung** setzt voraus, daß die Auswirkungen der im Gesetz genannten Energien oder Stoffe den Schaden verursacht haben, wobei die Auswirkungen von einer Anlage ausgehen müssen, die der Leitung oder Abgabe der Energien oder Stoffe dient. Die **Zustandshaftung** greift demgegenüber ein, wenn der Schaden nicht auf die Auswirkungen der transportierten Stoffe oder Energien sondern auf das Vorhandensein der Anlage selbst, also auf deren mechanische Einwirkungen zurückzuführen ist. Im Gegensatz zur Wirkungshaftung entfällt die Zustandshaftung, wenn feststeht, daß sich die Anlage zur Zeit der Schadensverursachung in einem technisch einwandfreien Zustand befunden hat. In beiden Fällen ist die Ersatz-

pflicht ausgeschlossen, wenn der Schaden durch höhere Gewalt verursacht worden ist. Nur dann, wenn der Schaden auf das Herabfallen von Leitungsdrähten zurückzuführen ist, haftet der Inhaber der Anlage auch bei höherer Gewalt.

85 Gemäß § 1 HaftpflG haftet beispielsweise die Deutsche Bundesbahn. Gemäß § 2 HaftpflG haften alle Inhaber von elektrischen Leitungen, Wasserleitungen, Gasleitungen und Leitungen, die sonstige Energien oder Stoffe, z. B. Öl, transportieren. Die **praktische Bedeutung des HaftpflG** ist daher groß. Die Bundesbahn haftet, vorbehaltlich eines etwaigen Mitverschuldens, wenn ein Fahrgast beim Aussteigen in den Raum zwischen Gleis und Bahnsteigkante fällt und dort von dem anfahrenden Zug verletzt wird (*OLG Karlsruhe* VersR 1988, 583). Wird nach einem starken Regen ein in der Straße verlegter Kanaldeckel durch den Druck des Wassers abgehoben und verschoben und fährt ein Kraftfahrzeug auf den außerhalb des Schachts liegenden Deckel auf, dann sind die Voraussetzungen für eine Haftung der Gemeinde als Inhaber der Kanalisation gemäß § 2 I HaftpflG erfüllt (*OLG Celle* VersR 1992, 189). Wegen der Einzelheiten wird auf die Kommentare zum HaftpflG verwiesen, insbesondere auf *Filthaut*, Haftpflichtgesetz, 3. Aufl. 1993; *Greger*, Zivilrechtliche Haftung im Straßenverkehr, Großkommentar 2. Aufl. 1990, sowie auf *Geigel/Kunschert*, Der Haftpflichtprozeß, 22. Kap.

11. Umwelthaftung

86 Für Umweltschäden wird gemäß dem Gesetz über die Umwelthaftung vom 11. 12. 1990, auf Grund von Sondergesetzen und nach § 823 BGB gehaftet. Die meisten Bestimmungen des öffentlichen Umweltrechts sind Schutzgesetze im Sinn des § 823 II BGB. Wer schuldhaft öffentlich-rechtliche Bestimmungen des Umweltrechts verletzt und dadurch einen anderen schädigt, haftet daher in der Regel gemäß § 823 II BGB wegen Verstoßes gegen ein Schutzgesetz. Darüberhinaus kommen im Umweltrecht Verkehrspflichten in Betracht (Rdnrn. 47, 51). Wer sich schuldhaft über eine solche Verkehrspflicht hinwegsetzt und dadurch einen anderen schädigt, haftet nach § 823 I BGB. Im Rahmen der **Verschuldenshaftung** obliegt dem Geschädigten die Beweislast für das Verschulden desjenigen, den er in Anspruch nimmt. Anscheinsbeweis und Indizienbeweis sind zwar zulässig. Dennoch wird es häufig schwer sein, dem Betreiber einer umweltgefährdenden Anlage ein Verschulden nachzuweisen. Es ist daher bedeutsam, daß für bestimmte Sachverhalte der Umweltgefährdung auch eine verschuldensunabhängige Haftung in Betracht kommen kann.

87 Zu denken ist an den Entschädigungsanspruch gemäß § 906 II 2 BGB: Wird ein Grundstück durch **Emissionen** eines anderen Grundstücks, die nicht untersagt werden können, über das zumutbare Maß hinaus beeinträchtigt, so steht dem betroffenen Grundstückseigentümer ein Entschädigungsanspruch zu. § 14 S. 2 **Bundes-ImmissionsschutzG** (BImSchG) gewährt einen Schadensersatzanspruch gegen den Betreiber einer genehmigten Anlage, wenn nachteilige Einwirkungen auf ein benachbartes Grundstück ausgehen, die durch zumutbare Schutzvorkehrungen nicht vermieden werden können. Analog § 906 II 2 BGB, § 14 BImSchG steht dem an seinem Eigentum Geschädigten der sogenannte allgemeine oder bürgerlich-rechtliche **Aufopferungsanspruch** (nachbarrechtlicher Ausgleichsanspruch) auf Zahlung einer angemessenen Entschädigung zu, wenn gegen rechtswidrige störende Eingriffe in das Eigentum eine sonst nach § 1004 BGB mögliche Abwehrklage ausnahmsweise versagt ist, weil es sich bei dem Störer um einen lebenswichtigen, privatrechtlich organisierten und unmit-

telbar öffentlichen Interessen dienenden Betrieb handelt. Der Entschädigungsanspruch wird verschuldensunabhängig analog § 906 II BGB für Einwirkungen gewährt, die das zumutbare Maß einer entschädigungslos hinzunehmenden Beeinträchtigung übersteigen (*BGHZ* 85, 375). Gleiches gilt, wenn der Geschädigte von den Beeinträchtigungen keine Kenntnis hatte, sich mangels Kenntnis nicht zur Wehr setzen konnte und deshalb die Einwirkungen nicht abgewehrt hat (*BGH NJW* 1990, 1910). In diesen Fällen wird freilich nur das Eigentum, nicht die körperliche Unversehrtheit des Menschen geschützt.

Ein weitergehender Schutz wird durch die **Gefährdungshaftung** in § 22 **Wasserhaushaltsg** (WHG) für Gewässerverunreinigungen erreicht. Gemäß § 22 I WHG ist zum Ersatz des daraus entstehenden Schadens verpflichtet, wer in Gewässer Stoffe einbringt oder einleitet oder auf Gewässer derart einwirkt, daß die physikalische, chemische oder biologische Beschaffenheit des Wassers verändert wird. § 22 II WHG begründet die Haftung des Inhabers einer Anlage, aus der Stoffe in Gewässer gelangen. § 25 **AtomG** i. V. mit dem Pariser Übereinkommen begründet die Gefährdungshaftung des Inhabers einer Kernanlage. § 26 AtomG begründet eine Gefährdungshaftung mit der Möglichkeit des Entlastungsbeweises für den Besitzer eines radioaktiven Stoffes, wenn durch einen Kernspaltungsvorgang oder durch Strahlung ein Schaden entsteht. Zu nennen sind auch die verschuldensunabhängigen Schadensersatzansprüche gemäß §§ 114 ff. **BundesbergG** gegen den Bergbauunternehmer und den Bergbauberechtigten sowie gem. § 29 **BundesjagdG** auf Ersatz des Wildschadens. 88

Am 1. 1. 1991 trat das **Umwelthaftungsgesetz – UmweltHG** vom 10. 12. 1990 (BGB. I S. 2634) in Kraft. Das UmweltHG dehnt die Gefährdungshaftung für Gewässerschäden auf durch sonstige Umwelteinwirkungen entstehende Personen- oder Sachschäden aus, indem Betriebe mit den im Anhang 1 des UmweltHG im einzelnen genannten **umweltgefährdenden Anlagen** einer Gefährdungshaftung unterworfen werden (§ 1 UmweltHG). Ähnlich wie beim HaftpflG (Rdn. 82ff.) handelt es sich um einen anlagenbezogenen Haftpflichttatbestand. Der Katalog der umweltgefährlichen Anlagen in Anhang 1 UmweltHG ist umfangreich. Dazu gehören z. B. Anlagen für die Wärme- und Energieerzeugung, Bergwerke, Stahlwerke, chemische Fabriken, Mühlen, Abfallbeseitigungsanlagen etc. Das UmweltHG wird daher große praktische Bedeutung erhalten. 89

Der Inhaber der Anlage haftet für Personen- und Sachschäden, jedoch nicht für immaterielle Schäden (Schmerzensgeld). Die Gefährdungshaftung ist durch **Höchstgrenzen** auf 160 Millionen DM für Personenschäden und weitere 160 Millionen DM für Sachschäden beschränkt (§ 15 UmweltHG). Sie setzt voraus, daß eine Umwelteinwirkung i. S. d. § 3 II UmweltHG, die von einer der im Anhang 1 des UmweltHG genannten umweltgefährlichen Anlage ausgeht, den Schaden verursacht. Zwei Merkmale müssen erfüllt sein: Einmal muß die Anlage auf die Umwelt einwirken, also die Umwelt verändern oder beeinträchtigen. Zum anderen muß die auf diese Weise bewirkte Umweltbeeinträchtigung in das geschützte Rechtsgut eingreifen, also zu einem Personen- oder Sachschaden führen. Der Inhaber der Anlage haftet also auch, wenn der Normalbetrieb auf die Umwelt einwirkt und dadurch ein Mensch verletzt oder eine Sache beschädigt wird. Unter den Voraussetzungen des § 2 UmweltHG wird sogar für **Umwelteinwirkungen** gehaftet, die von einer noch nicht oder nicht mehr betriebenen Anlage ausgehen. Die Haftung ist nur bei höherer Gewalt ausgeschlossen (§ 4 UmweltHG). Ist die Anlage geeignet, den entstandenen Schaden 90 zu verursachen und wurden die besonderen Betriebspflichten nicht eingehalten oder war es zu einem Störfall gekommen, dann wird vermutet, daß die Anlage für den Schaden ursächlich war. Der Betreiber der Anlage kann die Vermutung entkräften, indem er beweist, daß eine andere Ursache als der Betrieb der Anlage geeignet war, den Schaden zu bewirken (§§ 6, 7 UmweltHG). Die Durchsetzung der Schadensersatzansprüche wird dadurch erleichtert, daß dem Geschädigten gegen potentielle Schädiger und gegen die zuständigen Behörden Auskunftsansprüche zustehen (§§ 8, 9 UmweltHG).

91 Zu verweisen ist auf die **Literatur** zur Umwelthaftung, insbesondere auf die von *Burhenne* herausgegebene Gesetzessammlung Umweltrecht der Europäischen Gemeinschaft, die von *Kloepfer* herausgegebene Textsammlung Umweltrecht, ferner die Textausgabe *Storm*, Umweltrecht, 6. Aufl. 1990, sowie auf die von *Kuntz* besorgte Umweltrecht-Entscheidungssammlung,; desweiteren auf: Bitburger Gespräche Jahrbuch 1989, Umwelthaftung, 1989; *Boeken*, Umwelthaftungsgesetz: zeitlicher Anwendungsbereich und Beweislast für Altlast (§ 23), VersR 1991, 926; *Breining*, Umwelthaftung und Umwelthaftpflichtversicherung in der Bundesrepublik Deutschland, VersRdsch 1991, 29; *Deutsch*, Umwelthaftung: Theorie und Grundsätze, JZ 1991, 1097; *Dietrichsen*, Umwelthaftung zwischen gestern und morgen, FS für R. Lukes 1989; *Endres/Reiter*, Die Umwelthaftung im System des Umweltgesetzbuches, VersR 1991, 1329; *Feess-Dörr/Prätorius/Steger*, Umwelthaftungsrecht, 1990; *Feldhaus/Vallendar*, Bundesimmissionsschutzrecht, Kommentar, 2. Aufl., 1989; *Gmehling*, Die Beweislast bei Schäden aus Industrieimmissionen, 1989; *Hager*, Das neue Umwelthaftungsgesetz, NJW 1991, 134; *ders.*, Umwelthaftung und Produkthaftung, JZ 1990, 379; *Ihrig/Rühling*, Umwelthaftungsgesetz mit Erläuterungen, Losenblattsammlung; *Ketteler*, Grundzüge des neuen Umwelthaftungsgesetzes, AnwBl 1992, 3; *Landesberg/Lülling*, Umwelthaftungsrecht, Erläuterungen und Materialien, 1991; dies., Die Ursachenvermutung und die Auskunftsansprüche nach dem neuen Umwelthaftungsgesetz, DB 1991, 479; *Leinemann*, Altlastenhaftung und Regreß beim Verursacher, VersR 1992, 25; *Mayer*, Das neue Umwelthaftungsrecht, MDR 1991, 813; *Merkisch*, Haftung für Umweltschäden, BB 1990, 223; *Nicklisch*, Umweltschutz und Haftungsrisiken, VersR 1991, 1093; *ders.*, Zur Grundkonzeption der Technik- und Umweltgefährdungshaftung, FS für Serick 1992; *Prümm*, Umweltschutzrecht 1989; *Raeschke-Kessler/Hamm/Grüter*, Aktuelle Rechtsfragen und Rechtsprechung zum Umwelthaftungsrecht der Unternehmen; *Reuter*, Das neue Gesetz über die Umwelthaftung, BB 1991, 145; *Salje*, Deutsche Umwelthaftung versus europäische Abfallhaftung, DB 1990, 2053; *Schimikowski*, Haftung für Umweltrisiken, 1991; *ders.*,Haftung und Versicherungsschutz für Umweltschäden durch landwirtschaftliche Produktion, VersR 1992, 923; *Schmidt-Salzer*, Kommentar zum Umwelthaftungsrecht, 1992; *ders.*, Umwelthaftpflicht und Umwelthaftpflichtversicherung, VersR 1990, 12, 124; 1991, 9; 1992, 389, 793; *Schmitt*, Haftungs- und Versicherungsfragen bei Umweltrisiken, 1990; *Steffen*, Verschuldenshaftung und Gefährdungshaftung für Umweltschäden, NJW 1990, 1817; *Stürner*, Umwelthaftung und Insolvenz, FS für Merz 1992; *Ule/Laubinger*, Bundesimmissionsschutzgesetz Kommentar, Rechtsvorschriften, Rechtsprechung; *Weber*, der Gesetzentwurf der Bundesregierung zum Umwelthaftungsgesetz, VersR 1990, 688; *Wiebecke*, Umwelthaftung und Umwelthaftungsrecht, 1990.

12. Haftung für Gentechnik

92 Am 1. 7. 1990 ist das Gesetz zur Regelung von Fragen der Gentechnik – **Gentechnikgesetz** (GenTG) – in Kraft getreten. Das Gentechnikgesetz wird, zusammen mit der Produkthaftung, der Arzneimittelhaftung und der Umwelthaftung zum Zentrum des Haftungsrechts der Risikogesellschaft zusammenwachsen (*Damm*, ZRP 1989, 463). Gemäß § 32 GenTG ist der „Betreiber" von gentechnischen Arbeiten verschuldensunabhängig zum Schadensersatz ver-

pflichtet, wenn infolge von Eigenschaften eines Organismus, die auf seinen gentechnischen Arbeiten beruhen, jemand getötet, an Körper oder Gesundheit verletzt wird oder eine Sache beschädigt wird. Unter einem „Organismus" ist jede biologische Einheit zu verstehen, die fähig ist, sich zu vermehren oder genetisches Material zu übertragen (§ 3 GenTG). Das sind Viren, Viroide, Einzeller, Zellkulturen, Pflanzen oder Tiere.

Die Gefährdungshaftung ist nur in den Fällen des § 37 I GenTG (Gebrauch eines zugelassenen Arzneimittels) nicht jedoch bei höherer Gewalt ausgeschlossen. Der Geschädigte hat den Beweis zu führen, daß der **Schaden durch einen gentechnisch veränderten Organismus entstanden** ist. Steht das fest, so gilt zu seinen Gunsten die Ursachenvermutung in § 34 GenTG: Ist der Schaden durch gentechnisch veränderte Organismen verursacht worden, so wird vermutet, daß er durch Eigenschaften dieser Organismen verursacht wurde, die auf gentechnischen Arbeiten beruhen. Die Vermutung ist aber entkräftet, wenn es „wahrscheinlich" ist, daß der Schaden auf anderen Eigenschaften dieser Organismen beruht. Die dem Geschädigten durch § 35 GenTG gewährten Auskunftsansprüche erleichtern die Durchsetzung der Ansprüche. Die Haftung ist auf 160 Millionen DM beschränkt (§ 33 GenTG). **93**

Literatur: *Brocks/Pohlmann/Senft,* Das neue Gentechnikgesetz, 1991; *Deutsch,* Haftung und Rechtsschutz im Gentechnikrecht, VersR 1990, 1041; *Fritsch/Haverkamp,* Das neue Gentechnikrecht, BB Beilage zu Heft 25/1990; *Hasskarl,* Gentechnikrecht, 1990; *Hirsch/ Schmidt-Didezuhn,* Gentechnikgesetz, Kommentar 1991; *dies.,* Die Haftung für das gentechnische Restrisiko, VersR 1990, 1193; *Koch,* Aspekte der Haftung für gentechnische Verfahren und Produkte, DB 1991, 1815; *Koch/Ibelgaufts,* Gentechnikgesetz, Loseblattkommentar; *Witte,* Staatshaftung bei gentechnisch veränderten Mikroorganismen, 1989. **94**

13. Weitere Haftpflichtfälle

Gesondert wird erörtert in B IX die Haftung im **Straßenverkehr,** in B XII die Haftung wegen **unlauteren Wettbewerbs,** in B XIV die Haftung wegen Verletzung des Persönlichkeitsrechts und der **Ehre,** in C VI die Verfassungsbeschwerde und die **Menschenrechts**beschwerde, in C VII die Schadensersatzklage gegen die **Europäische Gemeinschaft** und in E II die **Haftung des Anwalts** gegenüber seinem Mandanten. **95**

Ein Rechtsanwalts-Handbuch kann allenfalls knapp in einzelne ausgewählte „Haftpflichtfälle" einführen und nur teilweise die Problematik andeuten. In ihm kann nicht das gesamte Haftpflichtrecht erörtert werden. Das bleibt der einschlägigen Fachliteratur vorbehalten. Haftpflichtfällen begegnen wir in allen Lebensbereichen, ob es sich um den Einsturz eines Gebäudes infolge fehlerhafter Statik oder mangelhafter Baustoffe handelt, ob es um einen Verstoß gegen das Datenschutzgesetz oder um die Haftung des Kraftfahrzeughalters, des Maschinenproduzenten, des Notars, des Steuerberaters oder des achtlos die Straße überquerenden Fußgängers geht. Das **Haftpflichtrecht** ist dementsprechend **differenziert** und sprengt den Rahmen des Rechts der unerlaubten Handlung i. S. der §§ 823 ff. BGB. Es ist mit dem vertraglichen Schadensersatzrecht eng verknüpft. Das zeigt sich besonders bei der **Berufshaftung,** wie *Odersky* und *Hübner* NJW 1989, 1 und 5 darlegen. Dem Bearbeiter eines Haftpflichtfalles ist zu empfehlen, jeweils die **Spezialliteratur** für das betreffende Fachgebiet einzusehen. Es gibt nicht **den** Haftpflichtfall. In folgende Bereiche, die nicht scharf abzugrenzen sind, sondern ineinander übergehen, kann man die verschiedenen Haftpflichten aufteilen: **96**

B VII Der Haftpflichtfall

(1) Einmal in die Verschuldenshaftung, das ist die Haftpflicht für den verschuldeten Verstoß gegen Pflichten,
   (a) die allgemein jedermann treffen, so gemäß § 823 I BGB, 823 II BGB oder §§ 1 StVO etc., oder
   (b) die sich aus der Berufsausübung ergeben, so die Produkthaftung, die Arzthaftung, die Haftung des Frachtführers oder des Architekten, aber auch die Staatshaftung,
(2) zum anderen in die Risiko – oder Gefährdungshaftung, das ist die Haftpflicht für das Verwirklichen von Gefahren, die
   (a) von bestimmten Anlagen oder Gegenständen ausgehen oder
   (b) von bestimmten Handlungen oder Unternehmungen drohen, z. B. § 833 BGB, § 7 StVG, § 33 LuftVG, §§ 1, 2 HaftpfG, § 1 UmwelthG, § 32 GenTG.

III. Besonderheiten in den neuen Bundesländern

97   Für Haftpflichtfälle, die sich seit dem 3. 10. 1990 in den neuen Bundesländern einschließlich Berlin Ost ereignen, gilt gemäß Art. 8 des Einigungsvertrages vom 31. 8. 1990 (BGBl. II, S. 885) grundsätzlich das Bundesrecht der alten Bundesrepublik, soweit es nicht in seinem Geltungsbereich auf bestimmte Länder beschränkt ist und soweit der Einigungsvertrag nichts anderes bestimmt. Der Einigungsvertrag enthält erhebliche Ausnahmeregelungen, so daß in den neuen Bundesländern teilweise das frühere Recht fortgilt. Gemäß Art. 232, § 10 EGBGB sind die §§ 823–853 BGB auf Handlungen anzuwenden, die seit dem 3. 10. 1990 in den neuen Bundesländern begangen werden. Der Einigungsvertrag hat aber das Staatshaftungsrecht der ehemaligen DDR geändert und in den neuen Bundesländern als Landesrecht in Kraft gelassen (hierzu Rdnr. 60). Soweit sich das Haftpflichtrecht in den neuen Bundesländern von dem in den alten Ländern unterscheidet, ist grundsätzlich das Recht des Tatorts maßgebend. Das entspricht dem deutschen IPR (*Palandt/Heldrich* § 38 EGBGB Rdnr. 2) und entsprach auch § 17 des Rechtsanwendungsgesetzes der DDR vom 5. 12. 1975 (GBl. DDR I Nr. 46 S. 748) i. d. F. vom 11. 1. 1990 (GBl. DDR I S. 10).

Hierzu: *Mansel*, Innerdeutsche Rechtsanwendung, 1990, 225; *Ann*, Produkthaftung in der DDR, DtZ 1990, 232; *Schaub*, Die Haftung des Arbeitnehmers in den beigetretenen Ländern, BB Beilage 38 zu Heft 32/1990 S. 21; *Wasmuth*, Zur vertraglichen und deliktischen Haftung von Wirtschaftsunternehmen in den neuen Bundesländern, DtZ 1991, 46.

B VIII. Der Reiseprozeß

Thomas Estel

Übersicht

	Rdnr.
I. Rechtsgrundlagen	1
1. Gesetzliche Grundlage des Reisevertragsrechts	1
2. Anwendungsbereich des Reisevertragsrechts	3
II. Ansprüche/Rechte des Reisenden vor Reiseantritt	7
1. Reiseunterlagen und Reisepreis	7
2. Ersetzungsbefugnis nach § 651 b I BGB	8
3. Rücktritt nach § 651 i BGB	9
4. Schadensersatz bei Rücktritt aus § 651 f BGB	10
5. Reiserücktrittskosten-Versicherung	11
III. Ansprüche/Rechte des Reisenden bei vorzeitigem Reiseende	12
1. Kündigung nach § 651 e BGB	12
2. Kündigung nach § 651 j BGB	17
3. Kündigung nach § 242 BGB	19
IV. Ansprüche des Reisenden nach vertraglichem Reiseende	20
1. Minderung nach § 651 d I BGB	20
2. Aufwendungsersatz nach § 651 c III 1 BGB	29
3. Schadensersatz nach § 651 f BGB	30

	Rdnr.
4. Schadensersatz wegen positiver Forderungsverletzung/c.i.c.	34
5. Schadensersatz aus unerlaubter Handlung/Schmerzensgeld	35
6. Abfindungs-/Verzichtserklärungen	36
V. Maßnahmen zur Anspruchssicherung	37
1. Anspruchsanmeldung nach § 651 g I BGB	37
2. Unterbrechung der Verjährung nach § 651 g II BGB	43
VI. Prozessuale Hinweise	47
1. Verhalten vor dem Prozeß	47
2. Zuständigkeit des Gerichts	49
3. Person des Klägers	50
4. Person des Beklagten	51
5. Antragstellung	52
6. Aufbau der Klagebegründung	53
7. Inhaltliche Darstellung	54
8. Anlagen und Beweismittel	55
9. Beweisverfahren	56
10. Rechtsmittelverfahren	57
11. Kosten der Rechtsverfolgung	58
VII. Anhang: Frankfurter Tabelle zur Reisepreisminderung	59

Literatur: *Eckert*, Verbraucherschutz im Reiserecht – Auswirkungen der EG-Richtlinie über Pauschalreisen auf das deutsche Recht, ZRP 1991, 454; *Führich*, Reiserecht, 1990; *Isermann*, Reisevertragsrecht, 2. Aufl. 1991; *Schmidt/Sonnen*, Rechtsprobleme bei der Luftbeförderung im Rahmen von Flugpauschalreisen, NJW 1992, 464; *Tempel*, Voraussetzungen für die Ansprüche aus dem Reisevertrag, NJW 1986, 547; *ders.*, Die Bemessung der Minderung der Vergütung in Reisevertragssachen, NJW 1985, 97; *Tonner*, Reiserecht in Europa, 1992.

I. Rechtsgrundlagen

1. Gesetzliche Grundlage des Reisevertragsrechts

a) Die §§ 651 a–k BGB beruhen auf dem **Reisevertragsgesetz** vom 4. 5. 1979 (BGBl. I S. 509) und gelten nach § 230 II EGBGB seit dem 3. 10. 1990 auch im Gebiet der ehemaligen **DDR**. Sie werden künftig überlagert durch die Vorschriften der **Richtlinie des Rates** vom 13. 6. 1990 über Pauschalreisen (90/314/ EWG), ABlEG vom 23. 6. 1990, Nr. L 158/59. Die Richtlinie wird voraussichtlich 1993 in das deutsche Recht umgesetzt werden.

1

2 b) **Pauschalreisen** bestehen **mindestens** aus **zwei** von einem Reiseveranstalter geschuldeten **(Haupt-)Reiseleistungen,** im allgemeinen aus Unterkunft, Verpflegung, Transport und evtl. Sonderleistungen (*AG Dortmund* NJW-RR 1991, 247: Einstellplatz im Parkhaus). Wer **Reiseveranstalter** ist, richtet sich nach allgemeinen Auslegungsgrundsätzen. Maßgeblich ist die Sicht des Reisenden (*BGH* NJW-RR 1990, 445).

2. Anwendungsbereich des Reisevertragsrechts

3 a) Nicht nur auf Pauschalreisen, die der Erholung dienen, sondern auch auf Leistungskombinationen bei einem **Aktiv-Urlaub** wird Reisevertragsrecht angewandt (z. B. Sprachreise *LG Frankfurt* NJW-RR 1990, 1210).

4 b) Auf **Ferienhausverträge** mit einem Reiseveranstalter ist das Reisevertragsrecht insgesamt entsprechend anwendbar (*BGH* NJW 1992, 3158). Es handelt sich nicht um Mietverträge im Sinne von Art. 16 Nr. 1 EuGVÜ (*EuGH* NJW 1992, 1029). Zur Zuständigkeit – auch für Klagen aus Mietverträgen mit dem Eigentümer des Auslandsobjekts – s. Rdnr. 49). Für bewegliche Unterkünfte werden die §§ 651 d, 651 f BGB ebenfalls für anwendbar angesehen (*OLG Karlsruhe* NJW-RR 1988, 954: Wohnmobil; *OLG München* NJW-RR 1987, 366: Kabinenkreuzer).

5 c) Das Reisevertragsrecht ist **nicht anwendbar** auf den:
– Beförderungsvertrag. Die Risiken der Beförderung sind für die einzelnen Verkehrsbereiche speziell geregelt (Luft – §§ 44 ff. LuftVG/Art. 17 ff. WA; See – § 664 HGB; Schiene – HaftpflG/§§ 453 ff. HGB/EVO/COTIF mit Anhang A). Daneben kann das Reisevertragsrecht jedoch eingreifen, wenn das Fehlverhalten des Reiseveranstalters nicht in seiner Eigenschaft als Beförderer liegt oder wenn es um Ansprüche geht, die nicht in den Bestimmungen des Beförderungsrechts vorgesehen sind (*LG Frankfurt* NJW-RR 1986, 216: Minderung). Zur Luftbeförderung bei Pauschalreisen s. *Schmid/Sonnen* NJW 1992, 464. Bei Buspauschalreisen wird das Reisevertragsrecht nicht verdrängt; s. insgesamt *Heinz* TranspR 1991, 45;
– Beherbergungsvertrag (§§ 701 ff. BGB). Zur entsprechenden Anwendung der §§ 651 c ff. BGB *LG Frankfurt* NJW-RR 1987, 565;
– Reisevermittlungsvertrag (§§ 675, 631 BGB). *LG Frankfurt* NJW-RR 1990, 957: Abgrenzung Reiseveranstaltung – Reisevermittlung; *OLG Celle* NJW-RR 1990, 445: Unklarheit der bloßen Vermittlung durch Kreditkartenunternehmen; *OLG Frankfurt* NJW-RR 1988, 1328 und *OLG Düsseldorf* NJW-RR 1990, 186: Unwirksamkeit von Vermittler-Klauseln; *OLG Frankfurt* NJW-RR 1991, 1018: Zusammenstellung von Einzelleistungen; *KG* NJW-RR 1991, 1017: Vermittlung von zeitlich nicht aufeinander folgenden Teilleistungen; *LG Konstanz* NJW-RR 1992, 691: Haftung des vermittelnden Reisebüros für Falschbuchung.

6 d) Die §§ 651 d–f BGB verdrängen als **Spezialnormen** das allgemeine Leistungsstörungsrecht (*BGHZ* 97, 255 = NJW 1986, 1748). Ihr Schutz darf dem Reisenden nach Art. 29 I und IV 2 EGBGB, § 651 k BGB auch nicht durch AGB entzogen werden, die ausländisches Recht vorsehen (*AG Waldshut-Tiengen* VersR 1989, 920).

II. Ansprüche/Rechte des Reisenden vor Reiseantritt

1. Reiseunterlagen und Reisepreis

Der Reisende kann Zug um Zug gegen Zahlung des Reisepreises die Aushändigung derjenigen Reiseunterlagen verlangen, die ihm Leistungsansprüche gegen die Leistungsträger verbriefen (*BGHZ* 100, 157 = NJW 1987, 1931). Bei Preiserhöhungen nach Vertragsschluß empfiehlt sich die Zahlung nur unter Vorbehalt der Rückforderung. Zu nachträglichen Preiserhöhungen unter Berufung auf einen Kalkulationsirrtum ist der Reiseveranstalter nämlich nicht befugt, wenn dem Reisenden die Berechnungsgrundlage bei der Buchung nicht bekannt war (*LG Frankfurt* NJW-RR 1988, 1331). Stimmen die Preise in der Reisebestätigung und im Katalog überein, so liegt in der computerisierten Verwendung fehlerhaften Datenmaterials auf Seiten des Reiseveranstalters ein unbeachtlicher Motivirrtum (*AG Frankfurt* NJW-RR 1990, 116). Preisangleichungsklauseln in AGB sollten auf ihre Wirksamkeit geprüft werden (*OLG München* NJW-RR 1989, 46: 10% Preiserhöhung bei 4 Monaten vor Reisebeginn sind unwirksam). 7

2. Ersetzungsbefugnis nach § 651 b I BGB

Die Möglichkeit, daß statt des Reisenden ein Dritter an der Reise teilnimmt, ist im allgemeinen kostengünstiger als der Rücktritt. Der Reisende bleibt Vertragspartner und damit Anspruchsinhaber von Minderungsansprüchen, während der Dritte auf Grund eines Vertrages zu seinen Gunsten (§ 328 BGB) anspruchsberechtigt insbesondere für Schadensersatzansprüche ist. 8

3. Rücktritt nach § 651 i BGB

Vor Reisebeginn kann der Reisende jederzeit vom Vertrag zurücktreten und die Rückzahlung des Reisepreises verlangen. Der Beginn einer Flugreise liegt im Einchecken (*LG Stuttgart* TranspR 1991, 349). Der Rücktritt darf nicht durch unangemessene Erfordernisse in AGB erschwert werden (*OLG München* NJW-RR 1987, 493). Bei Rücktritt schuldet der Reisende je nach Rücktrittszeitpunkt gestaffelt Stornokosten. Die üblichen **Stornopauschalen** stellen eine angemessene Entschädigung dar (*LG Frankfurt* NJW-RR 1988, 638; zum Teil abweichend *LG Darmstadt* VuR 1990, 82; *LG Hannover* NJW-RR 1987, 1079; a. A. *LG Braunschweig* NJW-RR 1986, 144). Der Nachweis eines geringeren Schadens darf nicht ausgeschlossen sein (*BGH* NJW 1992, 3162). Keine Stornopauschale ist zu entrichten bei Irrtumsanfechtung; der Reiseveranstalter kann dann nur die mit dem nutzlosen Buchungsvorgang verbundenen Kosten als negatives Interesse ersetzt verlangen (*LG Frankfurt* NJW-RR 1989, 308). 9

4. Schadensersatz bei Rücktritt aus § 651 f BGB

Der Reiseveranstalter hat bei Verschulden die **Mehrkosten einer Ersatzreise** zu zahlen; bei der Auswahl trifft den Reisenden die Pflicht zur Geringhaltung des Schadens (*BGHZ* 82, 219 = NJW 1982, 377). Ist eine Ersatzreise nicht möglich, besteht ein Anspruch auf angemessene **Entschädigung wegen nutzlos aufgewendeter Urlaubszeit;** es sei denn, der Reisende hat ein taugliches Ersatzangebot grundlos ausgeschlagen (*LG Frankfurt* NJW-RR 1987, 178). Für Män- 10 gel der Ersatzreise ist der Veranstalter der ursprünglich gebuchten Reise nicht haftbar (*LG Frankfurt* NJW-RR 1992, 187).

5. Reiserücktrittskosten-Versicherung

11 Vor der Erklärung des Rücktritts ist zu prüfen, ob ein Versicherungsfall vorliegt und welche Leistungen der Versicherer zu erbringen hat; bei einer Mehrheit von Reisenden ist festzustellen, ob jeder einzelne Versicherungsschutz genießt. Ist das nicht der Fall, sollte dieser Reisende entweder die Reise antreten oder statt seiner einen Dritten reisen lassen (§ 651 b BGB).

III. Ansprüche/Rechte des Reisenden bei vorzeitigem Reiseende

1. Kündigung nach § 651 e BGB

12 Voraussetzung ist das **Vorliegen erheblicher Mängel.** Streitig ist, wo die Grenze der Erheblichkeit liegt (*LG Frankfurt* 24. Kammer als Berufungsinstanz NJW-RR 1992, 1083: Minderung von 20% des Reisepreises; *LG Frankfurt* 21. Kammer als erste Instanz VuR 1992, 235 m. Anm. von *Tonner* und *LG Hannover* NJW-RR 1992, 50 gehen von 50% aus). Die Kündigung ist ferner möglich, wenn zugesicherte Eigenschaften von erheblichem Gewicht fehlen (*LG Frankfurt* NJW-RR 1990, 761). Kündigungsfolgen:

13 a) Von dem Anspruch auf **Rückzahlung des Reisepreises** ist für bereits erbrachte Leistungen des Reiseveranstalters eine Entschädigung abzuziehen. Diese verringert sich wiederum durch Minderung, wenn die erbrachten Leistungen mangelhaft waren. Die Entschädigung entfällt, soweit die Leistungen infolge der Aufhebung des Vertrags für den Reisenden kein Interesse haben (s. insgesamt *LG Frankfurt* NJW-RR 1986, 55).

14 b) Die Folgen der Kündigung sind durch **Schadensersatz** nach § 651 f BGB auszugleichen, z. B. Impf-/Visakosten oder vertane Urlaubszeit während der nutzlosen Hin- und Rückreise als auch zu Hause (*LG Frankfurt* NJW-RR 1991, 1203).

15 c) Verzögert sich die **unentgeltliche Rückbeförderung** durch Verschulden des Reiseveranstalters, so hat er den Verzugsschaden nach § 286 BGB zu ersetzen (*LG Frankfurt* NJW-RR 1991, 1205: Taxikosten). Wenn keine Rückflugmöglichkeit besteht, greifen auch für das zwangsweise Verweilen am Urlaubsort die §§ 651 d, 651 f BGB ein (*LG Frankfurt* NJW-RR 1991, 630).

16 d) Bei unwirksamer Kündigung und vorzeitiger Abreise hat der Reisende für die Restzeit einen Anspruch auf **hypothetische Minderung,** wenn er den Mangel gerügt hatte (*LG Frankfurt* NJW-RR 1991, 880).

2. Kündigung nach § 651 j BGB

17 a) **Höhere Gewalt** ist ein von außen kommendes, keinen betrieblichen Zusammenhang aufweisendes, auch durch äußerste Sorgfalt nicht abwendbares Ereignis (*BGHZ* 100, 185 = NJW 1987, 1938). Das ist z. B. bejaht worden bei einem Wirbelsturm (*BGHZ* 85, 50 = NJW 1983, 33), Reaktorunfall (*BGHZ* 109, 224 = NJW 1990, 572), Blitzschlag in ein Ferienhaus (*LG Frankfurt*

NJW-RR 1991, 1272), u. U. bei den politischen Unruhen in China 1989 (*LG Frankfurt* NJW-RR 1991, 1205; anders aber aaO 314) und für die „Golf-Krise" (*OLG Köln* NJW-RR 1992, 1014; *AG Stuttgart-Bad Cannstatt* NJW-RR 1992, 312). Die Beweislast hat derjenige, der sich auf höhere Gewalt beruft (*LG Frankfurt* NJW-RR 1991, 314).

b) Kündigungsfolgen: Führt höhere Gewalt zu einem Mangel, hat § 651e 18 BGB Vorrang; erst wenn die Geschäftsgrundlage berührt ist, kommt § 651j BGB zum Zuge (*BGH* NJW-RR 1990, 1334; a. A. *LG Frankfurt* NJW-RR 1991, 691 und *Teichmann* JZ 1990, 1117); im einzelnen s. *BGHZ* 109, 224 = NJW 1990, 572: Teilung der Stornokosten – a. A. *Tempel* NJW 1990, 821; *LG Frankfurt*, NJW-RR 1990, 1017: Gewährleistungsansprüche bei Teilausfall einer Besichtigungsreise; *LG Frankfurt* NJW-RR 1991, 691: Entschädigung des Reiseveranstalters für Flug in Höhe von 20% des Gesamtreisepreises.

3. Kündigung nach § 242 BGB

Der Reisevertrag kann auch aus wichtigem Grund aufgelöst werden, etwa 19 wenn ein Familienmitglied am Urlaubsort stirbt. Dann darf der Reiseveranstalter nach § 649 S. 2 BGB analog den vollen Reisepreis abzüglich der ersparten Aufwendungen behalten (*LG Frankfurt* NJW 1991, 498; a. A. *Claussen* NJW 1991, 2813).

IV. Ansprüche des Reisenden nach vertraglichem Reiseende

1. Minderung nach § 651d I BGB

a) Ein **Mangel** ist jede über eine bloße Unannehmlichkeit hinausgehende ne- 20 gative Abweichung der tatsächlich vorgefundenen Verhältnisse vom Vertrag (s. *Tempel* NJW 1986, 547). Dessen Inhalt ergibt sich aus folgenden Unterlagen:
– Die bei Buchung gültige **Prospektbeschreibung** (*LG Frankfurt* NJW-RR 1988, 635; NJW-RR 1987, 747: Vorausbuchung) gibt – u. U. erst durch Auslegung – Aufschluß über die Einzelheiten der Leistungsteile, z. B. über die Beförderung (*LG Frankfurt* NJW-RR 1991, 316: Flugklasse), die Unterkunft (*LG Frankfurt* NJW-RR 1991, 1341: Nebenhaus; Ausnahme *LG Frankfurt* NJW-RR 1992, 380: Luxushotel) und das Umfeld (*LG Frankfurt* 1992, 890: Windverhältnisse). Unklarheiten gehen zu Lasten des Reiseveranstalters (*LG Frankfurt* NJW-RR 1986, 1173).
– Die **Reiseanmeldung** enthält möglicherweise Zusicherungen durch das Reisebüro. Fehlen entsprechende Vermerke, bleibt der Zeugenbeweis (*LG Frankfurt* NJW-RR 1991, 877: Zusicherung über den Luftfrachtführer).
– Aus der **Reisebestätigung** können sich evtl. Sonderwünsche ergeben. Ist dort zu einem in der Reiseanmeldung vermerkten Sonderwunsch nichts enthalten, so ist er dennoch Vertragsbestandteil (*LG Frankfurt* NJW-RR 1991, 878).
– Im übrigen sind die **AGB** heranzuziehen, deren maßgeblicher Text im Prospekt abgedruckt sein muß (*LG Frankfurt* NJW-RR 1986, 1173).

b) **Verschulden** auf Seiten des Reiseveranstalters ist nicht erforderlich. Mit- 21 wirkendes Verschulden i. S. v. § 254 I BGB kommt hier nicht in Betracht (s. aber *LG Hannover* NJW-RR 1986, 1055). Der Reisende muß jedoch vor der

Buchung eines Aktiv-Urlaubs prüfen, ob er den damit verbundenen Anforderungen gewachsen ist (*LG Frankfurt* NJW-RR 1991, 1076: Bergwanderung); auf besondere Schwierigkeiten ist jedoch im Prospekt hinzuweisen (*LG Frankfurt* NJW-RR 1992, 823: Kanufahrt). Mitverschulden wird im allgemeinen ausschließlich bei der Pflicht zur Schadensgeringhaltung nach § 254 II BGB berücksichtigt.

22 c) **Erklärungen des Reisebüros**, das Erfüllungsgehilfe des Reiseveranstalters ist, werden diesem grundsätzlich zugerechnet (*BGHZ* 82, 219 = NJW 1982, 377); Kompetenzbeschränkungen in AGB sind u. U. unwirksam. **Zusicherungen** sind bindend, wenn sie an die Prospektbeschreibung anknüpfen oder wenn sie auf besondere Anfrage gemacht werden (*LG Frankfurt* NJW-RR 1990, 761: Algenpest). Die Aushändigung eines Privatprospekts des gebuchten Hotels bindet aber nicht (*LG Frankfurt* NJW 1985, 1166); gleiches gilt für Zusicherungen, die in offenem Widerspruch zum Prospekt stehen (*LG Frankfurt* NJW-RR 1987, 495), und für Erklärungen, die erkennbar nicht auf der Sachkenntnis des Erklärenden beruhen.

23 d) Nur eine inhaltlich eindeutige **Freizeichnung** für bestimmte Beeinträchtigungen ist wirksam (*LG Hannover* NJW-RR 1987, 496); vorausgesetzt, sie ist im Prospekt dort abgedruckt, wo der Reisende sie nach Treu und Glauben erwarten darf (*LG Frankfurt* NJW-RR 1988, 248). Ein aussagekräftiger Hinweis auf die Landesüblichkeit kann zur Leistungsfreiheit führen (*LG Stuttgart* NJW-RR 1989, 1400), jedoch konkrete Prospektangaben nicht außer Kraft setzen (*OLG Frankfurt* NJW 1986, 1618).

24 e) Die **Beweislast** für die Mangelhaftigkeit trägt der Reisende. Legt er die Mängel substantiiert dar, ist ein Bestreiten mit Nichtwissen unzulässig (*LG Frankfurt* NJW-RR 1991, 378). Eine von der Reiseleitung vorbehaltlos unterzeichnete Mängelliste wirkt wie ein Anerkenntnis, wenn die Mängel konkret bezeichnet und der Reiseleitung nachprüfbar waren (*LG Frankfurt* NJW 1989, 309; a. A. *LG Hannover* NJW-RR 1988, 1454; *LG Berlin* NJW-RR 1989, 1213).

25 f) Nach § 651d II BGB tritt die Minderung bei schuldhaftem Unterlassen der **Mängelanzeige** nicht ein.
– Die Anzeige ist ordnungsgemäß erhoben, wenn die Mängel gegenüber dem Reiseveranstalter oder gegenüber der Reiseleitung gerügt wurden. AGB, die dem Reisenden die Anzeige gegenüber der Zentrale in Deutschland auferlegen, sind unwirksam (*BGHZ* 108, 52 = NJW 1989, 2750). Die Reiseleitung muß deutschsprachig und erreichbar sein (*LG Frankfurt* NJW-RR 1991, 378 und 1076); sie ist zur sofortigen Entgegennahme der Anzeige verpflichtet (*LG Frankfurt* NJW-RR 1991, 631). Zur Darlegungs- und Beweislast bei unterbliebener Mängelanzeige s. *BGHZ* 92, 117 = NJW 1985, 132; *LG Hannover* NJW-RR 1990, 1018; abweichend *LG Frankfurt* NJW-RR 1986, 540.
– Die Anzeige ist entbehrlich, wenn der Mangel offenkundig ist (*LG Frankfurt* NJW 1983, 233) oder wenn ihn der Reiseveranstalter kennt (*LG Frankfurt* NJW-RR 1986, 145).
– Eine Verspätung der Anzeige ist unschädlich, wenn auch der rechtzeitigen Rüge nicht abgeholfen worden wäre (*OLG Frankfurt* NJW 1983, 235).
– Die Anzeige ist schuldlos unterblieben, wenn z. B. keine Reiseleitung zur Entgegennahme vorhanden war (*LG Frankfurt* NJW-RR 1988, 634).

g) Der Reisende braucht das Angebot eines **Ersatzquartiers** nicht anzunehmen, 26
- wenn ihm kein konkretes Umzugsangebot gemacht wird;
- wenn das Ersatzquartier dem gebuchten Objekt nicht vergleichbar ist (*LG Frankfurt* NJW 1983, 233: abweichende Lage);
- wenn er das Umzugsangebot unzumutbar spät erhält (*OLG Frankfurt* NJW-RR 1988, 632) oder wenn es sich nur um ein vorläufiges Umzugsangebot handelt (*LG Frankfurt* NJW-RR 1992, 1083).

Hat der Reisende jedoch ein taugliches Umzugsangebot grundlos ausgeschlagen, kommt § 254 II BGB in Betracht.

h) Der **Fristsetzung** nach § 651c II BGB bedarf es nicht, 27
- wenn Abhilfe ohnehin nicht möglich ist;
- wenn die Reiseleitung die Abhilfe verweigert;
- wenn der Reisende besonderes Interesse an sofortiger Abhilfe hat.

i) Zur **Bewertung der Minderung** kann als Anhaltspunkt die Frankfurter 28 Tabelle zur Reisepreisminderung dienen (NJW 1985, 113 – wiedergegeben im Anhang Rdnr. 59). Auch andere Gerichte verwenden sie als Orientierungshilfe; Bezug darauf nehmen *OLG Düsseldorf* NJW-RR 1986, 280; *LG Berlin* NJW-RR 1990, 1018; *AG Aschaffenburg-Alzenau* NJW-RR 1989, 1343; *AG Frankfurt* NJW-RR 1991, 954. Der Gebrauch der Tabelle macht die Tatsachenfeststellung im konkreten Fall nicht entbehrlich. Bei richtiger Anwendung darf die Minderung nicht höher als der Reisepreis sein.

2. Aufwendungsersatz nach § 651c III 1 BGB

Bei ergebnislosem Fristablauf oder bei Entbehrlichkeit der Fristsetzung steht 29 dem Reisenden das **Recht zur Selbstabhilfe** und für die daraus entstandenen Kosten (z. B. Eigenreinigung, Ersatzbeschaffung von Küchenutensilien) ein Aufwendungsersatzanspruch zu. Dessen Höhe wird meist wegen Fehlens von Belegen zu schätzen sein (§ 287 ZPO); Ausländische Währung ist nach § 244 BGB umzurechnen. Der Anspruch aus § 651c III 1 BGB geht dem aus § 651d I BGB vor, schließt zusätzliche Minderung aber nicht aus (*LG Frankfurt* NJW-RR 1991, 879). Selbsthilfe durch Umzug in eine andere Unterkunft ist nur bei erheblichen Mängeln zulässig (*LG Frankfurt* NJW-RR 1992, 310). Streitig ist, ob die Kosten eines Ersatzquartiers Selbstabhilfekosten sind (*LG Mönchengladbach* NJW-RR 1986, 1175: ja; *LG Frankfurt* NJW 1983, 2884: Folgekosten der Kündigung).

3. Schadensersatz nach § 651f BGB

a) Der Reiseveranstalter hat auch einzustehen für die Verletzung von: 30
- Informationspflichten (*BGH* NJW 1985, 1165: Einreisebestimmungen; *LG Frankfurt* NJW-RR 1991, 313: Wirbelsturm);
- Organisationspflichten (*LG Hannover* NJW-RR 1989, 820: streikbedingte Flugverspätung; *LG Berlin* NJW-RR 1989, 1020: zeitliche Sicherheitszuschläge im Flugverkehr);
- Schutzpflichten (*BGHZ* 103, 298 = NJW 1988, 1380: Sicherheit eines Balkongeländers; *OLG Köln* NJW-RR 1992, 1185: Sicherheit für den Fall eines Brandes.

Anders als bei der Minderung ist hier **Verschulden** erforderlich. Dabei hat der Reiseveranstalter auch für das Verhalten seiner Erfüllungsgehilfen (Buchungsstelle, Leistungsträger, Reiseleitung) nach § 278 BGB einzustehen und sich zu entlasten (*BGHZ* 100, 185 = NJW 1987, 1938). Mitverschulden des Reisenden ist nach § 254 II BGB zu berücksichtigen (*OLG Düsseldorf* NJW-RR 1990, 38: Verwahrung von Wertsachen; *LG Frankfurt* NJW-RR 1989, 312: Information über Einreisebestimmungen).

Die **Haftungsbeschränkung** für sämtliche vertragliche Schadensersatzansprüche auf den dreifachen Reisepreis nach § 651h I BGB ist auch in AGB zulässig (*BGHZ* 100, 157 = NJW 1987, 1931); das gilt jedoch nicht für deliktische Ansprüche.

31   b) Nach § 651f I BGB sind ersatzfähig die adäquat kausal verursachten **Folgeschäden** (*LG Frankfurt* NJW-RR 1991, 1271: Kosten für die nutzlose Fahrt zum Flughafen bei Verschiebung der Reise; *OLG Düsseldorf* NJW-RR 1989, 1078: Telefonkosten für die Organisation der Rückreise nach Kündigung). Sind keine Belege vorhanden, ist der Schaden nach § 287 ZPO zu schätzen.

32   c) Nach § 651f II BGB ist die **nutzlos aufgewendete Urlaubszeit** zu ersetzen. Die Reise ist vereitelt oder erheblich beeinträchtigt, wenn Mängel vorliegen, die eine Minderung von mindestens 50% des anteiligen Reisepreises rechtfertigen (*OLG Düsseldorf* NJW-RR 1986, 280; *OLG Frankfurt* NJW-RR 1988, 632; *LG Frankfurt* NJW 1985, 143; *LG Hannover* NJW-RR 1986, 213). Bei Reisen, die aus verschiedenen Teilen zusammengesetzt sind (Rundreise und Badeurlaub), kommt § 651f II BGB für den jeweils beeinträchtigten Teil zum Zuge (*LG Hannover* NJW-RR 1990, 1019; *LG Frankfurt* NJW-RR 1992, 115). Wird die Reise durch Überbuchung der Unterkunft vereitelt, hängt der Schadensersatzanspruch nicht davon ab, daß die Unterbringung in dem angebotenen Ersatzquartier eine Minderung von mehr als 50% hätte auslösen müssen (*OLG Düsseldorf* NJW-RR 1989, 1078). Der Anspruch kann auch für die zu Hause verbrachte Zeit bestehen, z. B. bei Kündigung vor Reisebeginn oder bei Abbruch der Reise; der Wert eines „Balkonurlaubs" wird mit 50% veranschlagt (*LG Frankfurt* NJW 1980, 1286). Ob der Anspruch durch vorzeitige Wiederaufnahme der beruflichen Tätigkeit entfällt, ist streitig (*OLG Düsseldorf* NJW-RR 1990, 573: ja; *LG Frankfurt* NJW-RR 1991, 315: nein; kein Anspruch besteht jedenfalls im Falle einer Ersatzreise. Die nutzlose Hin- und Rückreise hat keinen Wert; deshalb ist die Entschädigung nicht zu kürzen (*LG Frankfurt* NJW-RR 1991, 1203). Eine Verschiebung der Reise um zwei Tage bleibt mangels Beeinträchtigung der Reise ersatzlos (*LG Frankfurt* NJW-RR 1991, 1271). Bei verspäteter Rückkehr wird § 651f II BGB entsprechend angewendet (*LG Berlin* NJW-RR 1990, 1018); jedoch gibt es im allgemeinen keinen weitergehenden materiellen Ersatz, wenn der Arbeitgeber die Verspätung auf den Pflichturlaub anrechnet (*LG Frankfurt* NJW-RR 1991, 630 und 1271).

33   Bei der rechtlichen Einordnung des Anspruchs dürfte sich nunmehr die **immaterielle Betrachtung** durchgesetzt haben (*BGH* NJW 1983, 35 und *BGHZ* 85, 168 = NJW 1983, 218; *LG Hannover* NJW-RR 1989, 633). Danach ist auf die Umstände des Einzelfalles abzustellen. Kalkulierbar und praktikabel ist die Anwendung eines für alle Reisenden gleich geltenden Regelsatzes von 100 DM pro Tag wegen Nichteintritts der erwarteten Erholung (*LG Frankfurt* NJW-RR 1988, 1451). So kann der Klageantrag ohne weiteres beziffert werden (s. Rdnr. 52).

4. Schadensersatz wegen positiver Forderungsverletzung/culpa in contrahendo

Ansprüche aus p. V. V. scheiden wegen der Spezialität des Reisevertragsrechts praktisch aus. Ein auf das negative Interesse gerichteter Schadensersatzanspruch wegen Verletzung einer vertraglichen Nebenpflicht kann aber dann gegeben sein, wenn sich vor Reisebeginn am Zielort politische Unruhen abzeichnen und der Reiseveranstalter den Reisenden nicht vor der Abreise auf die Risiken hinweist (*OLG Köln* NJW-RR 1992, 1014: „Golf-Krise"). 34

5. Schadensersatz aus unerlaubter Handlung/Schmerzensgeld

Ansprüche auf Grund der §§ 823, 831 i. V. m. 847 BGB kommen nur bei Verletzung eigener **Verkehrspflichten des Reiseveranstalters** in Betracht (*LG Frankfurt* NJW 1985, 2424; *LG Hannover* NJW-RR 1986, 1055), denn der Leistungsträger ist nicht Verrichtungsgehilfe (*BGHZ* 103, 298 = NJW 1988, 1380). Der Anspruch auf Schmerzensgeld (*BGH* aaO) ist neben § 651f II BGB möglich (*LG Frankfurt* NJW-RR 1989, 310) und kann sogar noch auf der Rückreise entstehen (*OLG Frankfurt* NJW-RR 1988, 153). Haftungsbeschränkungen nach § 651h I BGB sind, insbesondere in bezug auf Personenschäden unwirksam (*BGHZ* 100, 157 = NJW 1987, 1931). Streitig ist, ob auch für Deliktsansprüche die **Ausschlußfrist** des § 651g I BGB gilt (s. Rdnr. 37). Die **Verjährung** richtet sich nicht nach § 651g II BGB, sondern nach § 852 BGB (*BGHZ* 103, 298 = NJW 1988, 1380). 35

6. Abfindungs-/Verzichtserklärungen

Derartige vom Reisenden am Urlaubsort abgegebene Erklärungen sind im Hinblick auf § 651k BGB unbeachtlich (*OLG Düsseldorf* NJW-RR 1992, 245). 36

V. Maßnahmen zur Anspruchssicherung

1. Anspruchsanmeldung nach § 651g I BGB

Als unaufschiebbare Sofortmaßnahme ist die **einmonatige Frist zur Anspruchsanmeldung** zu wahren; das gilt auch, wenn der Reiseveranstalter den Mangel arglistig verschwiegen hat (*LG Frankfurt* NJW 1987, 132). Streitig ist, ob im Hinblick auf § 174 BGB eine Vollmacht beizufügen ist (*OLG Karlsruhe* NJW-RR 1991, 54: nein; *LG Düsseldorf* NJW-RR 1992, 443: ja) und ob die Ausschlußfrist auch für Ansprüche aus unerlaubter Handlung gilt (*OLG Celle* VersR 1992, 892: nein; *LG Frankfurt* NJW 1990, 520: ja). Die Anmeldung muß folgenden Anforderungen genügen, die auch an ein vom Reisenden zur Fristwahrung evtl. schon selbst abgesandtes Anmeldeschreiben zu richten sind: 37

a) Zum **notwendigen Inhalt** des Anmeldeschreibens gehören neben den Reisedaten, insbesondere bei Gruppenreisen die Bezeichnung der Person des Anspruchstellers (s. Rdnr. 50), eine detaillierte Aufstellung der Beanstandungen und – zur Klarstellung – die Geltendmachung der einzelnen Ansprüche. Eine Bezifferung ist nicht erforderlich; eine Mängelliste mit konkreten Beanstandungen genügt (*LG Frankfurt* NJW-RR 1992, 504; *LG Hannover* MDR 1987, 671; a. A. *OLG Düsseldorf* VuR 1991, 287). Fotografien sollten beigefügt werden. Bei nur allgemein gehaltenen Beanstandungen, die dem Reiseveranstalter keine ord- 38 nungsgemäße Prüfung ermöglichen, droht der Verlust der Ansprüche wegen unzulänglicher Anmeldung.

39 **b) Richtiger Empfänger** des Anmeldeschreibens ist neben dem Reiseveranstalter und dessen Buchungsstelle auch das selbständige Reisebüro, bei dem die Reise gebucht wurde (*BGHZ* 102, 80 = NJW 1988, 488). Entgegenstehende AGB sind unwirksam (*LG Frankfurt* NJW-RR 1987, 745). Beanstandungen gegenüber der Reiseleitung dienen der Abhilfe und genügen nur in Ausnahmefällen zur Anmeldung (*BGHZ* 90, 363 = NJW 1984, 1752; *LG Frankfurt* MDR 1984, 757). Im einzelnen s. *Tempel* NJW 1987, 1532 und 2841.

40 c) Für den **Fristbeginn** ist – auch bei Abbruch der Reise (z. B. bei Kündigung) – das vertragliche Reiseende maßgeblich. Der Tag des Reiseendes zählt nach den §§ 187 I, 188 II BGB nicht mit (*OLG Karlsruhe* NJW-RR 1991, 54; a. A. *AG Düsseldorf* MDR 1991, 1036).

41 d) Für die **Rechtzeitigkeit der Anmeldung** ist der Eingang beim richtigen Empfänger – im Hinblick auf § 130 I BGB zur üblichen Geschäftszeit – entscheidend (*LG Frankfurt* MDR 1985, 233). Die Frist kann durch Klageeinreichung mit Rückwirkung nach § 270 III ZPO nicht gewahrt werden (*AG Düsseldorf* NJW 1986, 593). Eine ordnungsgemäße Anmeldung während der Reise braucht nach Reiseende nicht wiederholt zu werden (*BGHZ* 102, 80 = NJW 1988, 488); dabei dürfen Mängelanzeige und Anspruchsanmeldung nicht verwechselt werden.

Im Prozeß braucht der Reisende die Rechtzeitigkeit der Anmeldung erst dann darzulegen und unter Beweis zu stellen, wenn der Reiseveranstalter einwendet, es liege keine oder nur eine verspätete Anmeldung vor (*LG Frankfurt* NJW-RR 1989, 1212). Für die Entschuldigung gemäß § 651g I 2 BGB genügt u. U. Glaubhaftmachung (*LG Frankfurt* NJW 1987, 132).

42 e) Ist die Frist bei Mandatserteilung bereits verstrichen, ohne daß der Reisende nach Reiseende Ansprüche angemeldet hat, kann eine am Urlaubsort gefertigte formularmäßige **Niederschrift** der Reiseleitung über konkrete Beanstandungen oder ein vom Urlaubsort an den Reiseveranstalter gesandtes **Beschwerdeschreiben** fristwahrend wirken (*BGHZ* 102, 80 = NJW 1988, 488). Das ist jedoch nicht der Fall, wenn der Reisende die Reiseleitung nur eine Mängelliste hat unterschreiben lassen (*LG Hannover* NJW-RR 1987, 749).

2. Unterbrechung der Verjährung nach § 651g II BGB

43 a) Die Ansprüche nach den §§ 651c–651f BGB verjähren in sechs Monaten nach dem vertraglichen Reiseende; ausnahmsweise gilt die dreißigjährige Verjährung wegen Arglist, wenn der Reiseveranstalter ihm bekannte erhebliche Mängel dem Reisenden vor Reisebeginn nicht offenbart hat (*LG Frankfurt* NJW-RR 1991, 317). Bei der **Berechnung der Frist** nach den §§ 187 I, 188 II BGB zählt der Tag des Reiseendes nicht mit (*LG Frankfurt* NJW 1986, 594). Soweit nicht schon die Unterbrechung der Frist durch Anerkenntnis in Betracht kommt (§ 208 BGB), wird die Verjährung durch Klageerhebung (§ 209 II Nr. 1 BGB) im Zeitpunkt der Einreichung der Klage unterbrochen (§ 270 III ZPO). Die Vorschaltung eines Mahnverfahrens ist in Reisesachen unpraktikabel.

44 b) Nach § 651g II 3 BGB ist die Verjährung bis zur schriftlichen Zurückweisung der Ansprüche durch den Reiseveranstalter **gehemmt**. Ist ein bereits vor-

liegendes Schreiben evtl. durch Auslegung nur als Zwischenbescheid zu werten, so bewirkt dessen Erhalt die Hemmung; stellt das Schreiben eine Leistungsablehnung dar, ist damit das Ende der Hemmung verbunden. Die Beweislast für die Beendigung der Hemmung trägt der Reiseveranstalter (*LG Frankfurt* NJW-RR 1987, 568). Läßt sich der Reiseveranstalter auf ein folgendes anwaltliches Anspruchsschreiben erneut zur Sache ein, ist die Verjährung bis zur endgültigen Leistungsablehnung gehemmt (*OLG Düsseldorf* NJW-RR 1990, 825); hier ist Vorsicht geboten, denn die Auslegung, wann eine endgültige Zurückweisung vorliegt, kann – insbesondere im Zusammenhang mit Kulanzzahlungen – zur Streitfrage werden (*LG Frankfurt* NJW 1985, 147). Die Zurückweisung liegt z. B. in dem Widerspruch gegen einen vom Reisenden erwirkten Mahnbescheid (*BGHZ* 88, 174 = NJW 1983, 2699). Keine Zurückweisung ist es, wenn der Reiseveranstalter mitteilt, er habe die Sache zur Weiterbearbeitung an seinen Versicherer übergeben. Wird die Verjährung nach Eintritt der Hemmung zugleich unterbrochen, beginnt eine neue Verjährung bei Fortdauer der Hemmung nicht nach dem Ende der Unterbrechung, sondern erst nach Wegfall des Hemmungsgrundes (*BGHZ* 109, 220 = NJW 1990, 826).

c) Nach Klageerhebung gilt es, auf die **Beendigung der Unterbrechung,** die 45 durch Stillstand des Prozesses eintritt (§ 211 II BGB), zu achten und nötigenfalls erneute Unterbrechungshandlungen vorzunehmen. Das erfordert ein „aktives" Betreiben des Verfahrens (z. B. rechtzeitige Zahlung des Gerichtskostenvorschusses).

d) Die **personelle und inhaltliche Wirkung der Unterbrechung** erstreckt 46 sich nur auf diejenige Person, welche die Klage erhoben hat, und nur auf diejenigen Beanstandungen, die in der Klagebegründung genannt sind. Im Zusammenhang mit der erst im Prozeß streitigen Aktivlegitimation kann die Erhebung der Verjährungseinrede gegen Treu und Glauben verstoßen (*LG Frankfurt* NJW-RR 1987, 567).

VI. Prozessuale Hinweise

1. Verhalten vor dem Prozeß

a) Ein **Reisegutschein** sollte vor Klageerhebung zurückgegeben werden; an- 47 dernfalls könnte der Reiseveranstalter die Verurteilung Zug um Zug gegen Herausgabe des Gutscheins beantragen oder Widerklage auf Herausgabe erheben. Damit verbundene Mehrkosten können vermieden werden.

b) Hat der Mandant überzogene Ansprüche geltend gemacht und soll die 48 Forderung nunmehr in realistischer Höhe verfolgt werden, kann sich eine entsprechende Klarstellung empfehlen, damit keine Veranlassung zu einer **negativen Feststellungswiderklage** besteht (*LG Frankfurt* NJW-RR 1991, 379).

2. Zuständigkeit des Gerichts

Klagen gegen den inländischen Reiseveranstalter sind am Sitz der Zentrale zu 49 erheben (§§ 269, 270 BGB; § 17 ZPO). Bei Klagen gegen ausländische Reiseveranstalter dürfte die Zuständigkeit der deutschen Gerichte auf Grund der §§ 21, 23 ZPO, und zwar der Gerichtsstand der Buchungsstelle gegeben sein. Betrifft die Klage ein **im Ausland gelegenes Ferienhaus,** sind die deutschen Gerichte zuständig, wenn der Vertrag mit einem Reiseveranstalter geschlossen wurde; dann handelt es sich nicht um einen Mietvertrag im Sinne von Art. 16 Nr. 1 EuGVÜ (*EuGH* NJW 1992, 1029; *BGH* NJW 1992, 3158: für Verbandsklagen). Für eine Klage aus dem Mietvertrag mit dem Eigentümer des Auslandsobjekts ist jedoch die Gerichtsbarkeit des Belegenheitsstaates ausschließlich zuständig (*EuGH* NJW 1985, 905).

3. Person des Klägers

50   Bei einer Mehrheit von Reisenden ist festzustellen, wer Vertragspartner ist (*OLG Düsseldorf* NJW 1985, 146: Vereinsreise; *LG Frankfurt* NJW-RR 1991, 691: mehrere Familien; *LG Frankfurt* NJW-RR 1987, 1078, *OLG Düsseldorf* NJW-RR 1990, 186: Ehegatten; *LG Frankfurt* NJW-RR 1988, 247, *AG Meldorf* NJW-RR 1988, 249: Sammelbesteller). Die Buchung einer Pauschalreise ist nicht ohne weiteres ein Geschäft zur Deckung des Lebensbedarfs von Ehegatten i. S. v. § 1357 BGB (*OLG Düsseldorf* NJW-RR 1990, 186; *OLG Frankfurt* FamRZ 1983, 913; *OLG Köln* NJW-RR 1991, 1092). Statt subjektiver Klagehäufung (§ 6 BRAGO) sind unter Berücksichtigung der Beweissituation Mitreisende als Zeugen zu benennen. Ist ein Schaden auch in der Person von Mitreisenden entstanden, ist rechtzeitig eine Abtretung herbeizuführen oder auf Leistung an die Berechtigten zu klagen (*OLG Düsseldorf* NJW-RR 1988, 636). Ein Abtretungsausschluß in AGB ist unwirksam, wenn damit die Anspruchsbefugnis des Anmelders beschränkt wird (*BGHZ* 108, 52 = NJW 1989, 2750).

4. Person des Beklagten

51   Richtiger Beklagter ist der vertragliche Reiseveranstalter. Das muß nicht unbedingt dasjenige Touristikunternehmen sein, daß die Reiseleistungen erbringt. Passivlegitimiert ist, wer aus der Sicht des Reisenden bei Vertragsschluß als Reiseveranstalter aufgetreten ist. Darüber geben vor allem die Reisebestätigung und die Prospektbeschreibung Aufschluß. Im Zweifel ist die Streitverkündung gegenüber einem anderen potentiellen Reiseveranstalter angebracht. Eigenständige Ansprüche gegen einen Leistungsträger oder gegen das Reisebüro, die beide grundsätzlich nicht als Reiseveranstalter in Betracht kommen (s. Rdnr. 5), bleiben unberührt.

5. Antragstellung

52   Sowohl bei § 651 d BGB, bei § 651 c III BGB als auch bei § 651 f I BGB ist der Antrag zu beziffern. Bei § 651 f II BGB wird in unbezifferter Antrag zugelassen (*LG Hannover* NJW 1989, 1936). Die Höhe der Minderung ist schon wegen des Kostenrisikos (Rechtsschutzversicherung?) realistisch zu bewerten (s. Rdnr. 28). Gleiches gilt für die Entschädigung nach § 651 f II BGB, wobei die Klage mit unbeziffertem Antrag nur bei Angabe einer Größenordnung zulässig ist.

6. Aufbau der Klagebegründung

53   Zumeist wird sich eine chronologische Aufzählung der Ereignisse empfehlen; insbesondere bei Studien-/Rundreisen erscheint es zur Übersichtlichkeit angebracht, die Zahl des Reisetages, das Datum und den Wochentag zu nennen. Als inhaltliche Untergliederung kommt die Zusammenfassung der Beanstandungen nach einzelnen Leistungsgruppen in Betracht.

Anhang: Frankfurter Tabelle zur Reisepreisminderung   **B VIII**

7. Inhaltliche Darstellung

Die einzelnen Beanstandungen sind so genau wie möglich zu beschreiben: 54
Art, Häufigkeit, Dauer und Intensität der Störung; Zeitpunkt, Inhalt und Erklärungsempfänger der Mangelanzeige/Fristsetzung/Kündigungserklärung.

8. Anlagen und Beweismittel

Zur Verfahrensbeschleunigung ist es ratsam, die gesamte vorprozessuale Korrespondenz (Reisebestätigung, Prospektbeschreibung, Anspruchsschreiben 55
usw.) zeitlich geordnet bereits der Klageschrift beizufügen sowie die vollständigen Namen und Anschriften von Zeugen anzugeben. Fotografien von den beanstandeten Gegebenheiten sind auf ihre Beweiskraft hin auszuwerten. Im Falle des Bestreitens, daß die Aufnahmen das fragliche Objekt wiedergeben, ist die Person, welche die Fotografien gefertigt hat, als Zeuge zu benennen.

9. Beweisverfahren

Hat der Rechtsschutzversicherer Deckungszusage erteilt, ist ein Verzicht auf 56
Auslagenersatz des als Zeuge benannten Ehegatten untunlich, wenn das persönliche Erscheinen des Reisenden nach § 141 ZPO angeordnet ist. Bei Vernehmung im Ausland befindlicher Zeugen ist im allgemeinen an Stelle der Durchführung eines förmlichen Rechtshilfeverfahrens die Einholung einer schriftlichen Auskunft (§ 377 III ZPO) effektiver; bei Bedarf kann das Verfahren nach § 364 II ZPO in Betracht kommen. Auf die Möglichkeiten des Haager Übereinkommens über die Beweisaufnahme im Ausland in Zivilsachen (BGBl. 1977 II 1472 – hier: Antrag auf richterliche Vernehmung) ist zu achten.

10. Rechtsmittelverfahren

Bei teilweiser Klagestattgabe ist der Berufungsantrag der geänderten Pro- 57
zeßlage anzupassen. Außerdem sollte die Möglichkeit einer Anschlußberufung nicht außer Betracht gelassen werden. Bei drohender Aufhebung und Zurückverweisung muß der nicht rechtsschutzversicherte Mandant auf die mögliche Belastung mit außergerichtlichen Kosten der Berufung hingewiesen werden, und in Anbetracht der weiteren Verfahrenskosten sollte ein Vergleichsschluß geprüft werden.

11. Kosten der Rechtsverfolgung

Kosten für Fotografien zur Beweissicherung, für Telefonate/Fernschreiben 58
zur Mängelanzeige/Kündigung/Rechtsberatung und für außergerichtlichen (Teil-)Vergleich werden als erstattungsfähige Folgekosten i. S. v. § 651 f I BGB angesehen.

VII. Anhang: Frankfurter Tabelle zur Reisepreisminderung

Die vom Landgericht Frankfurt entwickelte Tabelle (Nachdruck aus NJW 59
1985, 113) dient der Einheitlichkeit und Transparenz der Berechnung von Minderungsansprüchen. Bei der Anwendung sind folgende Änderungen in der Rechtsprechung des *LG Frankfurt* zu beachten: Auszugehen ist vom Gesamtrei-

B VIII
Der Reiseprozeß

sepreis (NJW-RR 1992, 115: auch bei zusammengesetzten Reisen – Erl. 3c), und zwar ohne Einbeziehung von Sonderleistungen (NJW-RR 1992, 51: Versicherungsprämien; NJW-RR 1992, 310: Mietwagenkosten; NJW-RR 1992, 890: Zuschlag für First-class-Flug – Erl. 3). Zur Erläuterung s. *Tempel* NJW 1985, 97.

Art der Leistung/Mängelposition	Prozentsatz	Bemerkungen
I. Unterkunft		
1. Abweichung von dem gebuchten Objekt	10–25	je nach Entfernung
2. Abweichende örtliche Lage (Strandentfernung)	5–15	
3. Abweichende Art der Unterbringung im gebuchten Hotel (Hotel statt Bungalow, abweichendes Stockwerk)	5–10	
4. Abweichende Art der Zimmer		
a) DZ statt EZ	20	
b) DreibettZ statt EZ	25	
c) DreibettZ statt DZ	20–25	Entscheidend, ob Personen der gleichen Buchung oder unbekannte Reisende zusammengelegt werden
d) VierbettZ statt DZ	20–30	
5. Mängel in der Ausstattung des Zimmers		
a) zu kleine Fläche	5–10	
b) fehlender Balkon	5–10	bei Zusage/je nach Jahreszeit
c) fehlender Meerblick	5–10	bei Zusage
d) fehlendes (eigenes) Bad/WC	15–25	bei Buchung
e) fehlendes (eigenes) WC	15	
f) fehlende (eigene) Dusche	10	bei Buchung
g) fehlende Klimaanlage	10–20	bei Zusage/je nach Jahreszeit
h) fehlendes Radio/TV	5	bei Zusage
i) zu geringes Mobiliar	5–15	
k) Schäden (Risse, Feuchtigkeit etc.)	10–50	
l) Ungeziefer	10–50	
6. Ausfall von Versorgungseinrichtungen		
a) Toilette	15	
b) Bad/Warmwasserboiler	15	
c) Stromausfall/Gasausfall	10–20	
d) Wasser	10	
e) Klimaanlage	10–20	je nach Jahreszeit
f) Fahrstuhl	5–10	je nach Stockwerk
7. Service		
a) vollkommener Ausfall	25	
b) schlechte Reinigung	10–20	
c) ungenügender Wäschewechsel (Bettwäsche, Handtücher)	5–10	
8. Beeinträchtigungen		
a) Lärm am Tage	5–25	
b) Lärm in der Nacht	10–40	
c) Gerüche	5–15	
9. Fehlen der (zugesagten) Kureinrichtungen (Thermalbad, Massagen)	20–40	je nach Art der Projektzusage (z. B. „Kururlaub")

Anhang: Frankfurter Tabelle zur Reisepreisminderung   B VIII

Art der Leistung/Mängelposition	Prozentsatz	Bemerkungen
II. Verpflegung		
1. Vollkommener Ausfall	50	
2. Inhaltliche Mängel		
a) Eintöniger Speisenzettel	5	
b) Nicht genügend warme Speisen	10	
c) Verdorbene (ungenießbare) Speisen	20–30	
3. Service		
a) Selbstbedienung (statt Kellner)	10–15	
b) lange Wartezeiten	5–15	
c) Essen in Schichten	10	
d) Verschmutzte Tische	5–10	
e) Verschmutztes Geschirr, Besteck	10–15	
4. Fehlende Klimaanlage im Speisesaal	5–10	bei Zusage
III. Sonstiges		
1. Fehlender oder verschmutzter Swimmingpool	10–20	bei Zusage
2. Fehlendes Hallenbad		bei Zusage
a) bei vorhandenem Swimmingpool	10	soweit nach Jahreszeit benutzbar
b) bei nicht vorhandenem Swimmingpool	20	
3. Fehlende Sauna	5	bei Zusage
4. Fehlender Tennisplatz	5–10	bei Zusage
5. Fehlendes Mini-Golf	3–5	bei Zusage
6. Fehlende Segelschule, Surfschule, Tauchschule	5–10	bei Zusage
7. Fehlende Möglichkeit zum Reiten	5–10	bei Zusage
8. Fehlende Kinderbetreuung	5–10	bei Zusage
9. Unmöglichkeit des Badens im Meer	10–20	je nach Prospektbeschreibung und zumutbarer Ausweichmöglichkeit
10. Verschmutzter Strand	10–20	
11. Fehlende Strandliegen, Sonnenschirme	5–10	bei Zusage
12. Fehlende Snack- oder Strandbar	0–5	je nach Ersatzmöglichkeit
13. Fehlender FKK-Strand	10–20	bei Zusage
14. Fehlendes Restaurant oder Supermarkt		bei Zusage/je nach Ausweichmöglichkeit
a) bei Hotelverpflegung	0–5	
b) bei Selbstverpflegung	10–20	
15. Fehlende Vergnügungseinrichtungen (Disco, Nightclub, Kino, Animateure)	5–15	bei Zusage
16. Fehlende Boutique oder Ladenstraße	0–5	je nach Ausweichmöglichkeit
17. Ausfall von Landausflügen bei Kreuzfahrten	20–30	des anteiligen Reisepreises je Tag des Landausfluges
18. Fehlende Reiseleitung		
a) bloße Organisation	0–5	
b) bei Besichtigungsreisen	10–20	

B VIII
Der Reiseprozeß

Art der Leistung/Mängelposition	Prozentsatz	Bemerkungen
c) bei Studienreisen mit wissenschaftlicher Führung	20–30	bei Zusage
19. Zeitverlust durch notwendigen Umzug		anteiliger Reisepreis für
a) im gleichen Hotel		½ Tag
b) in anderes Hotel		1 Tag
IV. Transport		
1. Zeitlich verschobener Abflug über 4 Stunden hinaus	5	des anteiligen Reisepreises für einen Tag für jede weitere Stunde
2. Ausstattungsmängel		
a) Niedrigere Klasse	10–15	
b) Erhebliche Abweichung vom normalen Standard	5–10	
3. Service		
a) Verpflegung	5	
b) Fehlen der in der Flugklasse üblichen Unterhaltung (Radio, Film, etc.)	5	
4. Auswechslung des Transportmittels		der auf die Transportverzögerung entfallende anteilige Reisepreis
5. Fehlender Transfer vom Flugplatz (Bahnhof) zum Hotel		Kosten des Ersatztransportmittels

Erläuterungen zur Tabelle

1. Geringfügige Beeinträchtigungen bleiben außer Betracht.

2. Die Höhe des Prozentsatzes richtet sich bei Rahmensätzen nach der Intensität der Beeinträchtigung. Diese ist in der Regel unabhängig von den Eigenschaften des einzelnen Reisenden (Alter, Geschlecht, besondere Empfindlichkeit, besondere Unempfindlichkeit). Ausnahmen:
a) Bei besonderen Eigenschaften oder Gebrechen eines Reisenden, die dem Reiseveranstalter bei Buchung bekannt waren, kann bei besonders erheblicher Beeinträchtigung der einzelne Tabellensatz und der Höchstprozentsatz um 50% erhöht werden.
b) Bei Mängeln der Gruppe III unterbleibt eine Minderung, wenn eine Beeinträchtigung für den Reisenden offenkundig oder nachweisbar nicht gegeben war.

3. Der Prozentsatz wird grundsätzlich vom Gesamtreisepreis (also einschließlich Transpostkosten) erhoben.
a) Soweit Beeinträchtigungen während der Reisedauer nur zeitweilig auftreten, wird für die Minderung der auf die entsprechende Zeit umgelegte Gesamtreisepreis der Minderung zugrundegelegt. Gleiches gilt, wenn die Gewährleistung des Reiseveranstalters wegen schuldhaft unterlassener Anzeige des Mangels (§ 651 d II BGB) oder wegen Nichtannahme eines zumutbaren Ersatzangebots entfällt.
b) In Ausnahmefällen (kleinere Mängel bis höchstens 10%) kann der Prozentsatz dem (anteiligen) Aufenthaltspreis entnommen werden, wenn durch die Mängel der Gesamtzuschnitt der Reise nicht wesentlich verändert worden ist.
c) Bei zusammengesetzten Reisen (z. B. Rundreise mit anschließendem Erholungsaufenthalt), von denen mindestens ein Reiseteil getrennt gebucht werden kann, ist die Minderung in der Regel aus dem Preis für den Reiseteil zu berechnen, auf den die Mängel entfallen. Ziff. 3, b und Ziff. 5 bleiben unberührt.

4. Bei Vorliegen mehrerer Mängelpositionen werden die Prozentsätze addiert.
a) Ist Gegenstand des Vertrages die Leistung von Unterkunft und Vollpension, so dürfen folgende Gesamtprozentsätze innerhalb einer Leistungsgruppe nicht überschritten werden:
Gruppe I (Unterkunft) 50%
Gruppe II (Verpflegung) 50%
Gruppe III (Sonstiges) 30%
Gruppe IV (Transport) 20%
b) Ist Gegenstand des Vertrages die Leistung von Unterkunft und Halbpension, so erhöhen sich die Tabellensätze der Gruppe I (mit Ausnahme von Position I/1) um ¼ = 25% und vermindern sich die Tabellensätze der Gruppe II um ¼ = 25%. Dabei dürfen folgende Gesamtprozentsätze innerhalb einer Leistungsgruppe nicht überschritten werden:
Gruppe I (Unterkunft) 62,5%
Gruppe II (Verpflegung) 37,5%
Gruppe III (Sonstiges) 30%
Gruppe IV (Transport) 20%
c) Ist Gegenstand des Vertrages die Leistung von Unterkunft mit Frühstück, so erhöhen sich die Tabellensätze der Gruppe I (mit Ausnahme der Position I/1) um ⅔ = 66,6% und vermindern sich die Tabellensätze der Gruppe II um ⅔ = 66,6%. Dabei dürfen folgende Gesamtprozentsätze innerhalb einer Leistungsgruppe nicht überschritten werden:
Gruppe I (Unterkunft) 83,3%
Gruppe II (Verpflegung) 16,7%
Gruppe III (Sonstiges) 30%
Gruppe IV (Transport) 20%
d) Ist Gegenstand des Vertrages nur die Leistung von Unterkunft (ohne Verpflegung) so erhöhen sich die Tabellensätze der Gruppe I (mit Ausnahme von Position I/1) um 100%; im Einzelfall kann der Gesamtprozentsatz der Gruppe I bis 100% gehen. Für die Gruppe III verbleibt es beim Gesamtprozentsatz von 30%, für die Gruppe IV beim Gesamtprozentsatz von 20%.
5. Ist die Reise in ihrer Gesamtheit durch Mängel einzelner Reiseleistungen oder durch Pflichtverletzungen des Reiseveranstalters schuldhaft erheblich beeinträchtigt worden, so kann dem Reisenden über die Minderungssätze der Tabelle nach Ziff. 2 und über die in Ziff. 3, a vorgesehene Begrenzung auf den betroffenen Zeitraum hinaus der Reisepreis ganz oder teilweise als nutzlose Aufwendung gemäß § 651 f II BGB erstattet werden.
6. a) Eine Kündigung nach § 651 e I BGB kommt in der Regel nur in Betracht, wenn Mängel mit einem Gesamtgewicht von mindestens 20% vorliegen. Hierbei ist bei einer Kündigung nach Fristsetzung (§ 651 e II S. 1 BGB) auf die nicht fristgerecht behobenen Mängel, bei einer sofortigen Kündigung (§ 651 e II S. 2 BGB) auf die bei Abgabe der Kündigungserklärung vorliegenden Mängel abzustellen.
b) Ein Schadensersatzanspruch nach § 651 f II BGB in Form der Kosten für einen Ersatzurlaub kommt in der Regel nur in Betracht, wenn – nicht fristgerecht behobene – Mängel mit einem Gesamtgewicht von mindestens 50% vorliegen.
c) Eine Reiseleistung ist ohne Interesse für den Reisenden i. S. des § 651 e III S. 3 BGB, wenn – nicht fristgerecht behobene – Mängel im Gesamtgewicht von mindestens 50% vorgelegen haben.
d) Im Rahmen dieser Ziff. 6 a–c bleiben die in Ziff. 4 b–d vorgesehene Erhöhung und Verminderung der Prozentsätze außer Betracht.

B IX. Der Straßenverkehrsfall

Hans Buschbell

Übersicht

	Rdnr.
1. Teil. Straf- und Ordnungswidrigkeitenverfahren in Verkehrssachen	1
I. Tätigkeit im außergerichtlichen und gerichtlichen Vorverfahren	1
1. Bestellung und Einlassung sowie Verteidigungsstrategie	1
2. Überlegungen im Ermittlungsverfahren	2
3. Besondere im OWi-Verfahren zu beachtende Aspekte	10
II. Ausgewählte Aspekte der Verteidigertätigkeit in der Hauptverhandlung	12
1. Der Beweisantrag	12
2. Gefahr der Freiheitsstrafe	15
3. Besonderheiten der Hauptverhandlung	16
III. Rechtsmittelverfahren	21
1. Die in Betracht kommenden Rechtsmittel	21
2. Fristen und Wiedereinsetzung	28
IV. Anwaltliche Tätigkeit nach rechtskräftiger Entscheidung	29
1. Ratenzahlungsgesuch	29
2. Gnadengesuch	30
V. Vertretung bei – drohender – Führerscheinmaßnahme	31
1. Verteidigungsstrategie	31
2. Aspekte der Verteidigung bei Fahrverbot	38
3. Möglichkeiten des Absehens von der Entziehung der Fahrerlaubnis und vom Fahrverbot und die Möglichkeit der Ausnahme von der Sperre und vom Fahrverbot	41
4. Vorzeitige Aufhebung der Sperre gem. § 69a VII StGB	42
5. Entschädigung für vorläufige Führerscheinmaßnahme	43
6. Führerschein auf Probe	44
7. Die Möglichkeit der Nachschulung	45
8. Das verwaltungsrechtliche Verfahren bei Führerscheinmaßnahmen sowie speziell MPU-Begutachtung	46
VI. Besondere Aspekte der anwaltlichen Tätigkeit in Verkehrsstraf- und OWi-Verfahren	47
1. Gefahren der Interessenkollision	47
2. Nebenklage, Adhäsionsverfahren und Vertretung nach Opferschutzgesetz	48

	Rdnr.
3. Überprüfungen der Eintragungen und Tilgung	51
VII. Beteiligung Rechtsschutz in Verkehrsstraf- und OWi-Sachen	54
1. Die Leistungsansprüche des Mandanten (VN) im Verkehrsstraf- und OWi-Recht	54
2. Zu beachtende Ausschlußklausel	58
3. Beteiligung von Rechtsschutz bei Vertretung des Verletzten	61
VIII. Besondere gebührenrechtliche Aspekte in Verkehrsstraf- und OWi-Verfahren	65
1. Allgemeine Grundsätze	65
2. Die gesetzlichen Gebührentatbestände in Verkehrsstraf- und OWi-Sachen im Verhältnis zueinander	66
3. Besondere Tatbestände	69
4. Die Gebühren-Höhe	76
IX. Beratungs- und Prozeßkostenhilfe im Verkehrsstraf- und OWi-Recht	80
2. Teil: Straßenverkehrszivilrecht	81
I. Außergerichtliche Geltendmachung und Durchsetzung von Haftpflichtansprüchen	81
1. Feststellung des Schädigers, seiner Versicherung und sonstiger Beteiligter	82
2. Möglichkeiten der vorprozessualen Beweissicherung	84
3. Materiellrechtliche Haftungsgrundlagen	90
4. Anspruchsschreiben	104
5. Bestimmung der Haftungsquote	110
6. Die in Betracht kommenden Ansprüche	115
7. Haftpflichtansprüche bei Unfall mit Leasingfahrzeugen	137
8. Sicherung des Schmerzensgeldanspruches	147
9. Zu beachtende mögliche Einwendungen	149
10. Besondere Fallgestaltungen	153
11. Besonders zu beachtende Punkte	155
12. Verjährungsfragen	158
13. Steuerliche Aspekte der Unfallregulierung	161
14. Durchsetzung von Ansprüchen im Verhandlungswege	165

Der Straßenverkehrsfall **B IX**

Rdnr.

II. Geltendmachung von Ansprüchen gegen eigene Versicherung und sonstige Leistungsträger ... 172
1. Ansprüche aus Fahrzeugversicherung 173
2. Ansprüche aus sonstigen Versicherungen. 182
3. Ansprüche auf Unfallrente gem. RVO. 189

III. Die Beteiligung der eigenen Versicherung. 192
1. Verhältnis der einzelnen bei der Abwicklung eines Straßenverkehrsunfalles beteiligten Versicherungsarten. .. 192
2. Die Rechtsbeziehungen zur eigenen Versicherung 194
3. Verjährung und Klagefrist nach § 12 VVG. 203

IV. Der Kraftschadenprozeß. 204
1. Der richtige Kläger und Beklagte ... 204
2. Besonderheiten des Feststellungsantrages 210
3. Besondere Beweisfragen und Anscheinsbeweis 212
4. Widerklage. 215
5. Das Prozeßführungsrecht der Versicherung bei Passivprozeß 216

V. Gebührenrechtliche Fragen bei der Unfallschadenregulierung .. 217
1. Außergerichtliche Regulierung 217
2. Die Gebühren bei gerichtlicher Unfallschadenregulierung......... 225
3. Bei Regulierung von Kaskoansprüchen 226
4. Gebühren für Einholung der Deckungszusage bei Rechtsschutz 226a

Rdnr.

VI. Die Beteiligung von Rechtsschutz 227
1. Kosten und Gebühren der Beweissicherung 228
2. Kosten und Gebühren für Betreuung. 229
3. Gutachten über die Erfolgsaussicht .. 230
4. Gebühren bei nur teilweiser Regulierung 231
5. Abrategebühr 232
6. Interessenwahrnehmung aus Versicherungsverträgen 233

VII. Rechte des Anwalts nach dem Rechtsberatungsgesetz (RBerG) bei Unfallschadenregulierung durch Nichtanwälte 236
1. Die Rechtslage. 236
2. Praktische Gegenmaßnahmen .. 238

VIII. Das Bundesaufsichtsamt und sonstige Beschwerdemöglichkeiten 239

3. Teil: Nutzung moderner Techniken bei der Bearbeitung von Straßenverkehrsfällen 240

I. Nutzung und Möglichkeiten der Stammdatenverwaltung 240

II. Telex, Teletex und Telefax 241

III. Programmierte Textverarbeitung 242
1. Im Bereich der Verkehrsstraf- und OWi-Sachen. 243
2. Bei der Abwicklung zivilrechtlicher Schadenangelegenheiten......... 244

Literatur: *Bauer,* Die Kraftfahrtversicherung, 2. Aufl. 1983; *Beck,* OWi-Sachen im Straßenverkehrsrecht, 1987; *Becker/Böhme,* Kraftverkehrs-Haftpflicht-Schäden, 16. Aufl. 1986; *Brieske,* Erstattung von Anwaltsgebühren durch Gegner und Dritte, 3. Aufl. 1987; *Brussow/Gebhardt/Greißinger/Haag,* Reform des Bußgeldverfahrens, 1987; *Buschbell,* Der Straßenverkehrsfall in der praktischen Abwicklung, 1991; *ders.,* Datenverarbeitung in Verkehrssachen, Veröffentlichung 30. VGT, 1992; *Dahs/Dahs,* Die Revision im Strafprozeß, 4. Aufl. 1987; *Dornwald,* Schadensersatz bei Beteiligung von Kindern und Jugendlichen an Verkehrsunfällen, 1986; *Dreher/Tröndle,* StGB, 44. Aufl. 1988; *Fleischmann/Schulze,* Verkehrshaftpflicht- und Verkehrsversicherungsrecht, 1982; *Geigel,* Der Haftpflichtprozeß, 19. Aufl. 1986; *Göhler,* OWiG, 8. Aufl. 1987; *Gerold/Schmidt/v. Eicken/ Madert,* BRAGO, 10. Aufl. 1989; *Göttlich/Mümmler,* BRAGO, 16. Aufl. 1987; *Graf v. Westphalen,* Gewährleistungshaftung und ordentliche Vertragsbeendigung beim Pkw-Leasing, 1987; *ders.,* Der Leasingvertrag, 3. Aufl.; *Grimm,* Allgemeine Unfallversicherung, 1987; *Grüneberg,* Haftungsquoten bei Verkehrsunfällen, 1991; *Hacks,* Schmerzensgeldansprüche, 13. Aufl. 1987; *Harbauer,* Rechtsschutzversicherung, 4. Aufl. 1987; *Hellwig,* Der Schaden (Stand 1. 8. 1988); *Himmelreich/Bücken/Abel/Rasch,* Text- und Diktathandbuch Verkehrsrecht, 1985; *Himmelreich/Hentschel,* Fahrverbot, Führerscheinentzug, Band 2, 7. Aufl. 1992; *Himmelreich/Janker,* MPU-Begutachtung, 1992; *Himmelreich/Klimke,* Kfz-Schadenregulierung, 1980; *Jagusch/Hentschel,* Straßenverkehrsrecht, 29. Aufl. 1988; *Kahlert,* Verteidigung in Jugendstrafsachen, 2. Aufl. 1986; *Kleinknecht/Meyer,* StPO, 38. Aufl. 1987; *Kramer,* Unfall Ratgeber, ADAC-Handbuch, 1987; *Krasney,* Der Verkehrsunfall als

B IX Der Straßenverkehrsfall

Arbeitsunfall, 1984; *Lepa,* Beweislast und Beweiswürdigung im Haftpflichtprozeß, 1988; *Madert,* Anwaltsgebühren in Zivilsachen, 2. Aufl. 1992; *Madert,* Gebühren des Strafverteidigers, 1987; *Müller,* Verteidigung in Straßenverkehrssachen, 3. Aufl. 1986; *Peter,* Verkehrsunfallrecht, Diktat- und Arbeitsbuch für Rechtsanwälte (Stand 1987); *Plambeck,* Möglichkeiten und Risiken einer effizienten Strafverteidigung, 1984; *Prölss/Martin,* VVG, 24. Aufl. 1988; *Rebmann/Uhlig,* Bundeszentralregistergesetz, 1985; *Reinking,* Auto Leasing, 1988; *Rückel,* Strafverteidigung und Zeugenbeweis, 1988; *Sanden/Völtz,* Sachschadenrecht des Kraftverkehrs, 5. Aufl. 1986; *Sarstett/Hamm,* Die Revision in Strafsachen, 1988; *Scheffen/Pardey,* Die Rechtsprechung des BGH zum Schadensersatz beim Tod einer Hausfrau und Mutter, 2. Aufl. 1986; *Schlothauer,* Vorbereitung der Hauptverhandlung durch den Verteidiger, 1988; *Stegmann,* Formularbuch Verkehrsunfall, 1988; *Stiefel/Hofmann,* Kraftfahrtversicherung, 13. Aufl. 1986; *Wussow/Küppersbusch,* Ersatzansprüche bei Personenschaden, 4. Aufl. 1986; *Zipf,* Die Strafmaßrevision, 1969. – **Fachzeitschriften:** Deutsches Autorecht (DAR); Neue Zeitschrift für Verkehrsrecht (NZV); Versicherungsrecht (VersR); Zeitschrift für Schadensrecht (ZfS); Neue Juristische Wochenschrift (NJW).

1. Teil. Straf- und Ordnungswidrigkeitenverfahren in Verkehrssachen

I. Tätigkeit im außergerichtlichen und gerichtlichen Vorverfahren

Auch bei einer Verteidigung im Straf- und OWi-Verfahren sind die **Grundsätze über** die **Stellung** des **Verteidigers** im Strafverfahren zu beachten (vgl. hierzu im einzelnen C IV Rdnrn. 1 ff. und E III Rdnrn. 2 ff.).

1. Bestellung und Einlassung sowie Verteidigungsstrategie

1 Beim Straßenverkehrsfall kommt die anwaltliche Vertretung in Betracht als **Verteidiger** des Beschuldigten bzw. Betroffenen im Straf- und OWi-Verfahren sowie als **Vertreter des Geschädigten** (vgl. Rdnrn. 47 ff.), im Nebenklageverfahren gem. §§ 385 ff., im Adhäsionsverfahren gem. §§ 403 ff. sowie als Vertreter des Verletzten nach dem Opferschutzgesetz gem. §§ 406 d ff. StPO (vgl. Rdnrn. 48 ff.).

Für die Verteidigertätigkeit im Ermittlungsverfahren ist es stets ratsam, sich für den Beschuldigten oder Betroffenen so früh wie möglich zu bestellen. Erst nach der Bestellung als Verteidiger ist es möglich, auf den Gang des Ermittlungsverfahrens Einfluß zu nehmen.

Neben oder nach der Verteidigerbestellung ist zu entscheiden, ob und ggf. zu welchem Zeitpunkt es nützlich oder notwendig ist, eine **Einlassung** vorzulegen. Es ist dies die Frage der richtigen Verteidigungsstrategie (vgl. *Plambeck,* Möglichkeiten und Risiken einer effizienten Strafverteidigung, in: Schriftenreihe der Arbeitsgemeinschaften des DAV, Mainzer Tagung 1984, S. 33 ff.). Regelmäßig dürfte die Vorlage einer Einlassung oder das Formulieren von Beweisanträgen erst in Betracht kommen nach Einsicht in die Ermittlungsakte. Etwas anderes gilt, wenn ein schnelles Reagieren oder die Vorlage von Erklärungen notwendig ist. Dies gilt speziell bei – drohenden – Führerscheinmaßnahmen (vgl. Rdnrn. 31 ff.).

2. Überlegungen im Ermittlungsverfahren

Die Tätigkeit des Verteidigers muß stets, also auch schon im Ermittlungsverfahren, bestimmt sein durch die Überlegung, für den Mandanten auf kürzestem und sicherstem Weg die Erledigung des Verfahrens zu erreichen. Eine wichtige Möglichkeit hierzu ist es, schon im Ermittlungsverfahren Beweisanregungen gegenüber den Ermittlungsbehörden zu formulieren. **2**

a) Möglichkeiten der eigenen Ermittlungen des Verteidigers. Eine häufig nicht bekannte und nicht beachtete Möglichkeit für den Verteidiger ist es, eigene Ermittlungen anzustellen oder Beweise zu sichern. Ein eigenes Ermittlungsrecht des Verteidigers ist gesetzlich zwar nicht ausdrücklich normiert, es ist aber rechtlich zulässig. Die Vorschrift des § 6 I der Richtlinien bestätigt die grundsätzliche Zulässigkeit: „Der Rechtsanwalt darf Personen, die als Zeugen in Betracht kommen, außergerichtlich über ihr Wissen befragen ..." (*Weihrauch,* Verteidigung im Ermittlungsverfahren, 2. Aufl., Rdnr. 103; vgl. auch C IV Rdnrn. 4f.). **3**

Es ist allgemein anerkannt, daß der Verteidiger berechtigt ist, **eigene Ermittlungen** zu führen (*Weihrauch* aaO, Anm. 93 mit weiteren Nachweisen; *Rückel,* Strafverteidigung und Zeugenbeweis, Rdnr. 8; vgl. auch ausführlich C IV Rdnrn. 5 ff.). Möglichkeiten der eigenen Ermittlungen des Verteidigers sind:
- Einholung von Auskünften,
- Befragung von Zeugen,
- sowie die Einholung von Sachverständigengutachten, speziell zur Beweissicherung.

Die Einholung von Sachverständigengutachten ist gerade in Verkehrsunfallsachen häufig nützlich und notwendig, um auf schnellstem Weg Spuren zu sichern. Für den Mandanten, zu dessen Gunsten eine Rechtsschutzversicherung besteht, hat diese gem. § 2e ARB im Straf- und OWi-Verfahren die Kosten eines Privatgutachters, auch wenn er nicht vom Gericht herangezogen wird, zu erstatten (vgl. Rdnr. 238).

b) Meßverfahren zur Feststellung von Verkehrsverstößen. Meßverfahren zur Feststellung von Verkehrsverstößen werden durch die Polizeimeßverfahren angewandt, und zwar zur Feststellung der Geschwindigkeit, zur Rotlichtüberwachung, für Abstandsmessungen, Feststellung der Reifenprofiltiefe sowie Wägung zur Gewichtsfeststellung. **4**

Für den Verteidiger in Verkehrssachen ist es wichtig, mit den Funktionsweisen und möglichen Fehlerquellen der Meßverfahren vertraut zu sein (vgl. hierzu ausführlich *Buschbell* aaO, S. 72–97 mit ausführlicher Darstellung der einzelnen Meßverfahren, ihrer Funktionsweisen sowie der in Betracht kommenden Fehlerquellen; vgl. auch *Eberhardt,* Neueste Erkenntnisse über polizeiliche Geschwindigkeitsmeß- und Überwachungsverfahren, DAR 1992, S. 362 ff.).

Der Tatrichter muß bei Verurteilung wegen Geschwindigkeitsüberschreitung in den Urteilsgründen die zur Feststellung der eingehaltenen Geschwindigkeit angewendete Methode mitteilen und darlegen, ob mögliche Fehlerquellen ausreichend berücksichtigt worden sind (*OLG Düsseldorf* NZV 1990, S. 122), und es müssen nähere Feststellungen zur Durchführung der Messung im konkreten Fall getroffen werden (*OLG Köln* NZV 1991, S. 280).

c) Beweisanregungen im Ermittlungsverfahren. Für die Verteidigung kommt insbesondere in Betracht, gegenüber den Ermittlungsbehörden Ermitt- **5**

lungen zu beantragen bzw. anzuregen. Beantragte Ermittlungen sind durch die Behörden zu erheben. Hierauf hat der Beschuldigte bzw. Betroffene einen Rechtsanspruch, der sich aus § 163a II StPO ergibt. Beweisanregungen im Ermittlungsverfahren dürften regelmäßig bei dieser Verteidigung erst in Betracht kommen nach Akteneinsicht, weil zuvor Beweisanregungen verständlicherweise „in der Luft" hängen und ein konkreter Bezug des Beweisthemas zum Tatgeschehen nicht sicher zu bezeichnen ist. Zum anderen ist zu bedenken, daß bei Beweiserhebungen durch die Polizei oder Staatsanwaltschaft ein Anwesenheitsrecht des Verteidigers noch nicht gegeben ist (*Weihrauch* aaO, Rdnr. 172; vgl. C IV Rdnrn. 35f.). Letztlich muß der Verteidiger aber darauf bedacht sein, daß Zeugen, die zu einer ggf. durchzuführenden Hauptverhandlung geladen werden sollen, benannt werden.

6   Die Vorschrift des § 202 StPO gibt die Möglichkeit, noch einzelne Beweiserhebungen von Amts wegen oder auf Antrag der Verteidigung vor oder nach Mitteilung der Anklageschrift, jedenfalls vor Eröffnung des Hauptverfahrens, durchzuführen (*Kleinknecht/Meyer*, StPO, § 202 Rdnr. 1; vgl. auch C IV Rdnrn. 86ff.).

7   Ein förmlicher Beweisantrag muß jedoch in der Hauptverhandlung gestellt werden (*Alsberg/Nüse*, Der Beweisantrag im Strafprozeß, 4. Aufl., S. 179). Im OWi-Verfahren ist die Vorschrift des § 109a II OWiG zu beachten. Nach dieser Vorschrift kann davon abgesehen werden, dem Betroffenen die Auslagen zu erstatten, die er durch ein rechtzeitiges Vorbringen entlastender Umstände hätte vermeiden können (*Brüssow/Gebhardt/Greißinger/Haag*, Reform des Bußgeldverfahrens, S. 124ff.).

8   Bei der Verteidigung in Straßenverkehrsachen muß der Verteidiger, um sachgerechte Beweisanträge formulieren zu können, mit den **wichtigsten Tatbeständen des Straf- und OWi-Rechtes** vertraut sein (*Müller*, Die Verteidigung in Straßenverkehrssachen, S. 18ff.; *Beck*, OWi-Sachen im Straßenverkehrsrecht, S. 109ff.; zu möglichen Einlassungen und speziell Problemschriftsätzen im Straf- und OWi-Recht vgl. *Himmelreich/Bücken/Abel/Rasch*, Rdnr. 160000 bzw. Rdnr. 170000).

9   d) **Verteidigungsziel.** Die **Einstellung des Verfahrens** ist Ziel der Verteidigung im Ermittlungsverfahren. Bei der in Betracht kommenden Einstellung des Verfahrens ist seitens der Verteidigung jedoch zu beachten, daß die verschiedenen Arten der Einstellung **unterschiedliche Konsequenzen** haben können für die Rechtsposition des Mandanten, nicht zuletzt auch wegen der evtl. notwendigen Verfolgung von zivilrechtlichen Ansprüchen.

Wenn nicht eine bestimmte Art der Einstellung des Verfahrens beantragt oder angeregt worden ist, wird der Beschuldigte bzw. der Betroffene und sein Verteidiger regelmäßig zu der beabsichtigten Art der Einstellung zu hören sein. In Betracht kommt die Einstellung des Verfahrens gem. § 170 II, § 153, § 153a, § 153b, § 154 **StPO** sowie im **OWi-Verfahren** gem. § 47 OWiG. Der in der Bearbeitung von Verkehrsunfallsachen erfahrene Anwalt wird stets bemüht sein und darauf achten, eine Einstellung des Verfahrens, soweit irgendwie möglich, zu erreichen, die am wenigsten ein negatives Präjudiz ist für die Rechtsposition des Mandanten, nicht zuletzt im Hinblick auf die evtl. notwendige Verfolgung von Schadensersatzansprüchen aus Anlaß des Unfalls (wegen der Einzelheiten der Einstellung vgl. *Müller* aaO, Rdnrn. 49ff.; vgl. auch C IV Rdnrn. 72ff., 132).

3. Besondere im OWi-Verfahren zu beachtende Aspekte

a) Zwischenverfahren gem. § 69 OWiG. In § 69 OWiG ist das **Zwischenverfahren** und die Abgabe an die Staatsanwaltschaft besonders geregelt. Hiernach entscheidet die Verwaltungsbehörde über die Zulässigkeit des Einspruchs bzw. seiner Verwerfung, über ein evtl. Wiedereinsetzungsgesuch sowie über die Stichhaltigkeit der Beschuldigung und die Frage, ob nach dem Opportunitätsprinzip die Verfolgung geboten erscheint (vgl. im einzelnen *Brüssow/Gebhardt/Greißinger/Haag* aaO, S. 40 f.).

b) Entscheidung ohne Hauptverhandlung gem. § 72 OWiG. Das Gericht kann gem. § 72 OWiG durch Beschluß, also außerhalb der Hauptverhandlung **im schriftlichen Verfahren,** entscheiden. Widerspruch hiergegen ist innerhalb von 2 Wochen zu erheben. Der Betroffene und sein Verteidiger können, brauchen aber nicht auf die Widerspruchsmöglichkeit hingewiesen zu werden. Ein verspäteter Widerspruch ist in jedem Fall unbeachtlich (*Beck* aaO, Rdnr. 46).

II. Ausgewählte Aspekte der Verteidigertätigkeit in der Hauptverhandlung

1. Der Beweisantrag

Die Befugnis der Verteidigung, in der Hauptverhandlung **Beweisanträge** zu stellen, ist die wirksamste Möglichkeit, die den Mandanten entlastenden Umstände – auch gegen den Willen des Gerichtes – in die Hauptverhandlung einzuführen und so den Gang des Verfahrens im Sinne des Mandanten zu bestimmen (wegen der Vorbereitung der Hauptverhandlung vgl. C IV Rdnrn. 108 ff.).

a) Die richtige Handhabung des Beweisantrages. Wichtig ist die richtige Handhabung des Beweisantrages. Dieser ist in der **Hauptverhandlung** anzubringen, kann auch zu Protokoll erklärt werden, sollte jedoch regelmäßig **schriftlich** formuliert dem Gericht übergeben werden (*Müller,* Verteidigung in Straßenverkehrssachen, Rdnr. 84). Hilfsbeweisanträge sind im Plädoyer zu stellen (*Alsberg/Nüse* aaO, S. 39; vgl. C IV Rdnrn. 37 f.).

Lehnt das Gericht einen Antrag auf **Ladung von Zeugen,** Sachverständigen oder die Herbeischaffung anderer Beweismittel ab, so kann gem. § 220 StPO der Angeklagte bzw. sein Verteidiger die als Zeuge genannte Person oder auch den Sachverständigen **unmittelbar** laden lassen, z. B. den Obergutachter in einer Trunkenheitssache (wegen der Einzelheiten der Form und Rechtsfolgen der unmittelbaren Ladung von Zeugen und Sachverständigen vgl. *Kleinknecht/Meyer,* StPO, § 220 Rdnr. 1 ff.).

Ein wichtiges Mittel effektiver Verteidigung ist die richtige Handhabung des Zeugenbeweises, speziell der Zeugenbefragung. Wichtig ist hierbei zunächst die Kenntnis der maßgebenden Rechtsvorschriften und „die Kunst der Zeugenbefragung". Es ist wichtig, Klarheit darüber zu haben, welche Fragen an den Zeugen zu richten sind, in welcher Reihenfolge, die Fragetaktik und schließlich die Möglichkeit der Vorhalte. Nützlich ist es, mit der Vernehmungstechnik und den Erfahrungen zur Glaubwürdigkeit vertraut zu sein (vgl. hierzu ausführlich *Buschbell* aaO, S. 107; *Schlothauer* aaO, Rdnr. 85; *Rückel* aaO, Rdnr. 156; vgl. auch C IV Rdnrn. 107 ff.).

14 b) Möglichkeiten der Beiziehung der Unfallschadenakte. Eine zu beachtende Besonderheit in Straßenverkehrssachen ist die Möglichkeit oder auch die Gefahr, daß **Unfallschadenakten** der beteiligten Versicherungen beigezogen werden. Die Herausgabe von Schadenakten vom Haftpflichtversicherer oder auch von der Rechtsschutzversicherung kann durch die Strafverfolgungsbehörde – auch ohne einen förmlichen Beschlagnahmebeschluß gem. §§ 94 ff. StPO – verlangt werden, da die Versicherung nicht zu dem Personenkreis gehört, dem ein Zeugnisverweigerungsrecht zusteht (*Becker/Böhme*, Kraftverkehrs-Haftpflicht-Schäden, Rdnr. 992).

14 a c) Möglichkeit der Verwarnung mit Strafvorbehalt gem. § 59 StGB. Das – in der Praxis bisher wenig beachtete und angewandte – Institut der **Verwarnung mit Strafvorbehalt gem. §§ 59 ff. StGB** ist auch im Verkehrsstrafrecht anwendbar (*OLG Düsseldorf* ZfS 1991, S. 284 m. w. N. d. Rspr.). Es kann gerade im Bereich des Verkehrsstrafrechtes eine Möglichkeit bieten, ein Verfahren ohne Verurteilung des Mandanten zu beenden. Voraussetzung der Verwarnung mit Strafvorbehalt ist, daß der Täter eine Geldstrafe bis zu 180 Tagessätzen verwirkt hat, daß die Täterprognose günstig zu beurteilen ist und besondere Umstände aus der Gesamtwürdigung der Tat und der Persönlichkeit des Täters es angezeigt erscheinen lassen, den Täter von der Verurteilung zur Strafe zu verschonen (vgl. im einzelnen *Schönke/Schröder/Streb*, § 59 Rdnrn. 5 ff.; *Buschbell* DAR 1991, S. 168 ff.; *Legat* DAR 1985, S. 105 ff.; *Horn* NJW 1980, S. 106 ff.). Die Verwarnung mit Strafvorbehalt kann gem. § 407 II StPO auch durch Strafbefehl erfolgen.

Der **Schuldspruch** und die **verwirkte Geldstrafe** werden in das Urteil aufgenommen. Daneben wird der Täter **verwarnt**. Wird der Täter innerhalb der Bewährungszeit nicht erneut straffällig, entfällt – die ansonsten gegebene – Verurteilung. Hier liegt der Vorteil für den Mandanten in dieser Art der Verfahrenserledigung, wenn eine Einstellung gem. § 153 StPO nicht zu erreichen ist.

Zunächst wird die Verwarnung mit Strafvorbehalt gem. § 4 Nr. 3, § 5 I Nr. 6 BZRG in das Zentralregister eingetragen. Sie wird gelöscht, wenn nach Ablauf der **Bewährungszeit** die Verurteilung mit Strafvorbehalt in **Fortfall** kommt.

Im Verfahren gegen Jugendliche gilt die Verwarnung mit Strafvorbehalt gem. § 45 JGG.

2. Gefahr der Freiheitsstrafe

15 Zu beachten ist auch in Verkehrsstrafsachen die Gefahr einer Verurteilung des Mandanten zu einer **Freiheitsstrafe** mit oder ohne Bewährung. Dies gilt insbesondere bei fahrlässiger Tötung oder bei Trunkenheitsdelikten sowie bei Vorwurf des Fahrens ohne Fahrerlaubnis, insbesondere im Wiederholungsfall. Die für ein Absehen von Freiheitsstrafe oder für die Bewilligung von Bewährung maßgebenden Umstände sind bei der Aufklärung des Sachverhaltes zugunsten des Mandanten von Anfang an herauszuarbeiten und deutlich zu machen. Wichtige Aspekte sind hier besondere Umstände des Falles, eine Ausnahmesituation, der Zeitablauf, die Schadenhöhe oder das Verhalten des Täters nach der Tat. **Kurze Freiheitsstrafen** – unter 6 Monaten – sollen gem. § 47 StGB nur im Ausnahmefall verhängt werden. Auch sind die **Besonderheiten des Jugendstrafrechtes** zu beachten (wegen der Einzelheiten vgl. *Kahlert*, Verteidigung in Jugendstrafsachen, S. 27 ff.).

3. Besonderheiten der Hauptverhandlung

Im **OWi-Verfahren** sind prozessuale **Besonderheiten** nach dem Ordnungswidrigkeitengesetz zu beachten:

a) **Verfahren bei Abwesenheit des Betroffenen § 74 OWiG.** Nach § 74 OWiG braucht der Betroffene grundsätzlich nicht zur Hauptverhandlung zu erscheinen. Dies ist nur erforderlich bei Anordnung des persönlichen Erscheinens durch das Gericht.

Die **Anordnung des persönlichen Erscheinens,** zu denen Gerichte häufig neigen, liegt im pflichtgemäßen Ermessen des Gerichtes (*BGHSt* 30, 172 ff.). Der für den Betroffenen weniger belastende Weg, z. B. die kommissarische Vernehmung, ist zu wählen, wenn das persönliche Erscheinen des Betroffenen zur Sachaufklärung nicht erforderlich ist. Bei Abgabe einer Einlassung für den Betroffenen erübrigt sich im allgemeinen die Anordnung des persönlichen Erscheinens (*Göhler* OWiG, § 73 Rdnr. 18). Ist für den Betroffenen ein Verteidiger tätig, so ist davon auszugehen, daß der Verteidiger in der Regel genügend informiert ist. In diesem Fall sollte das persönliche Erscheinen nicht angeordnet werden (*Beck,* OWi-Sachen im Straßenverkehrsrecht, Rdnr. 19). Im übrigen ist zu prüfen, ob nach dem Grundsatz der Verhältnismäßigkeit das Erscheinen zumutbar ist. Maßgebend hierfür ist die Bedeutung der Sache und die Entfernung zwischen Wohnort und Gerichtsort (vgl. *Göhler* aaO, § 73 Rdnr. 21; *OLG Hamm,* DAR 1988, 245; *OLG Celle* DAR 1987, 1687). Die Anordnung des persönlichen Erscheinens ist eine prozeßleitende Verfügung und kann nicht isoliert angefochten werden.

Hebt das Gericht die Anordnung auf Antrag hin nicht auf und erscheint der Betroffene tatsächlich in der Hauptverhandlung nicht, so kann gegen das Verwerfungsurteil gem. § 74 II OWiG die Rechtsbeschwerde bzw. Antrag auf Zulassung der Rechtsbeschwerde erhoben werden. In diesem Verfahren ist dann zu klären, ob das persönliche Erscheinen rechtsfehlerfrei angeordnet war oder nicht.

b) **Einschränkung der Beweisaufnahme.** Nach der Regelung des § 77 OWiG bestimmt das Gericht den **Umfang der Beweisaufnahme,** unbeschadet der Geltung der Vorschrift des § 244 II StVO. Grundsätzlich sind vom Gericht die Beweise zu erheben, deren Einholung sich aufdrängt (vgl. *Göhler,* OWiG § 77 m. w. Nachw.). Die Ablehnung eines Beweisantrages ohne jegliche Begründung ist ein Verfahrensfehler. Ein bloßes Paragraphenzitat ist nicht ausreichend. Es muß erkennbar sein, worauf der Tatrichter die Ablehnung abstellt. Geringfügige Ordnungswidrigkeiten im Sinne von § 77 II 2 OWiG sind nur solche im Bereich von 5 DM bis 75 DM Geldbuße (*OLG Köln* ZfS 1988, 332).

Die Einschränkung der Amtsaufklärung etwa wegen „Bedeutungslosigkeit" der Sache darf nicht dazu führen, daß von der Durchführung der Beweisaufnahme wegen des geringfügigen Vorwurfes abgesehen wird. Wenn das Gericht wegen Geringfügigkeit eine Beweisaufnahme wegen des Grundsatzes des beschleunigten Verfahrens nicht für erforderlich hält, ist der Betroffene freizusprechen oder die Sache einzustellen (*Brüssow/Gebhardt/Greißinger/Haag,* S. 17).

Nach § 77 II 1 OWiG, der die antizipierte Beweiswürdigung regelt, kann das Gericht einen **Beweisantrag** nach pflichtgemäßem Ermessen **ablehnen,** wenn es den Sachverhalt nach dem bisherigen Ergebnis der Beweisaufnahme für geklärt hält. Voraussetzung ist für die Ablehnung eines Beweisantrages zunächst, daß über die erhebliche Tatsache eine Beweisaufnahme bereits stattgefunden hat.

Ferner muß das Gericht aufgrund dieser Beweisaufnahme bereits zu einer Überzeugungsbildung gekommen sein. Jedenfalls aber ist die Möglichkeit, einen Beweisantrag unter Vorwegnahme der Beweiswürdigung abzulehnen, zu messen an der Rechtsweggarantie des Art. 19 IV GG (*Bender* DAR 1986, 367, 373).

19 c) **Verwerfung von Beweisanträgen wegen Verspätung.** Die Möglichkeit gem. § 77 II 2 OWiG, einen **Beweisantrag** wegen verspäteten Vorbringens zurückzuweisen, erfordert für die Verteidigung die Notwendigkeit, gewollte Beweiserhebungen rechtzeitig anzuregen, um die Gefahr der Zurückweisung wegen **verspäteten Vorbringens** auszuschließen.

20 d) **Gefahr des Übergangs in das Strafverfahren.** Die Möglichkeit und Gefahr des **Übergangs in das Strafverfahren** gem. § 81 OWiG ist ein von der Verteidigung stets zu beachtender Aspekt. Andererseits ist jedoch der Betroffene auf die Veränderung des rechtlichen Gesichtspunktes hinzuweisen, und ihm ist Gelegenheit zur Verteidigung zu geben (*Beck* aaO, S. 38).

III. Rechtsmittelverfahren

1. Die in Betracht kommenden Rechtsmittel

21 a) **Im Ermittlungsverfahren.** Im Ermittlungsverfahren kommen Rechtsbehelfe **nicht** in Betracht. Hier gilt nur der zugunsten des Beschuldigten bzw. des Betroffenen sprechende Grundsatz der Unschuldsvermutung (*Hamm*, Rechtsbehelfe im Ermittlungsverfahren, AnwBl 1986, S. 66ff.). Allenfalls ist zu denken an die jedoch nur selten Abhilfe bringende Dienstaufsichtsbeschwerde.

b) **Im Strafverfahren.** Im Strafverfahren (vgl. auch C IV Rdnrn. 126ff.) sind folgende Rechtsmittel gegeben:

22 aa) Gegen einen **Strafbefehl** ist innerhalb von 2 Wochen **Einspruch** einzulegen, der nicht begründet werden muß. Der Angeklagte kann sich im Strafbefehlsverfahren durch einen mit Vollmacht versehenen Verteidiger vertreten lassen. Es ist darauf zu achten, daß die erteilte Vertretungsvollmacht ausdrücklich die Vertretung im Strafbefehlsverfahren beinhalten muß. Der Einspruch kann bis zum Beginn der Hauptverhandlung zurückgenommen werden ohne Zustimmung der Staatsanwaltschaft und gem. § 411 III StPO längstens bis zur Verkündung des Urteils. Die Einschränkung der Möglichkeit der Rücknahme des Einspruchs ist von der Verteidigung stets zu beachten, weil im Strafbefehlsverfahren das Verbot der reformatio in peius nicht gilt (vgl. C IV Rdnr. 131).

23 bb) Gegen ein im **Strafverfahren** ergehendes Urteil ist es möglich, ein eingelegtes **Rechtsmittel** nur als solches zu bezeichnen mit der Möglichkeit, innerhalb der Revisionsbegründungsfrist zu erklären, ob das „Rechtsmittel" als Revision angesehen werden soll (§ 335 StPO; vgl. C IV Rdnrn. 127ff.).

24 cc) Gegen Urteile des Amtsgerichts als Einzelrichter oder des Schöffengerichtes ist die **Berufung** statthaft (§ 312 StPO). Diese ist innerhalb einer Woche nach Verkündung des Urteils beim erstinstanzlichen Gericht einzulegen. Ist bei einer Verurteilung auf Verwarnung mit Strafvorbehalt oder Geldbuße von nicht mehr als 15 Tagessätzen erkannt, so ist Berufung nur zulässig, wenn sie angenommen wird. Dies gilt auch bei Freispruch und Einstellung des Verfahrens und die Staatsanwaltschaft eine Geldbuße von nicht mehr als 30 Tagessätzen

beantragt hat. Die Berufung wird angenommen, wenn sie nicht offensichtlich unbegründet ist (§ 313 StPO). Sie ist stets anzunehmen, wenn die Rechtsbeschwerde nach § 79 I oder § 80 I und II OWiG zuzulassen wäre. (Nach der ab 1. 3. 1993 geltenden Fassung der StPO) Eine **Beschränkung** des Rechtsmittels auf Teile des Urteils, speziell auf den Straf- und Maßregelausspruch ist **möglich** (§ 318 StPO). Es empfiehlt sich jedoch, die Berufungsbeschränkung erst zu erklären, wenn die schriftlichen Urteilsgründe vorliegen, da erst hieraus Erkenntnisse gewonnen werden können über die Erfolgsaussicht des verfolgten Rechtsmittels. Bei Erklärung über die Beschränkung der Berufung ist jedoch darauf zu achten, daß es nicht zu ungewollter **Teilrechtskraft** des angefochtenen Urteils kommt (*Müller*, Rdnr. 99). Die für den Angeklagten eingelegte Berufung bedarf keiner Begründung. Es ist jedoch empfehlenswert, gegenüber dem Berufungsgericht das Ziel der Berufung darzulegen. Zu beachten ist, daß gem. § 55 JGG in **Jugendstrafsachen** die Möglichkeit der Berufung **eingeschränkt** ist. Wenn nur auf Erziehungsmaßregeln oder Zuchtmittel erkannt ist, kann das Urteil nur mit der Behauptung angefochten werden, daß der Angeklagte unschuldig ist. Jedoch ist bei einer Maßregel der Sicherung und Besserung, d. h. also auch bei Entzug der Fahrerlaubnis, das Rechtsmittel der Berufung zulässig. Besonderheiten sind zu beachten, wenn in erster Instanz die **Fahrerlaubnis entzogen** ist. Wenn der Termin zur Hauptverhandlung in der Rechtsmittelinstanz später liegt als der Ablauf der in in erster Instanz verhängten Sperrfrist, so ist unbedingt zu beachten, rechtzeitig vor Ablauf der Sperrfrist beim Berufungsgericht den Antrag zu stellen, den Beschluß über die vorläufige Entziehung der Fahrerlaubnis aufzuheben und den Führerschein zurückzugeben (vgl. Rdnr. 37).

dd) Urteile des Landgerichts, die in erster Instanz oder in der Berufungsinstanz ergangen sind, können mit dem Rechtsmittel der **Revision** angefochten werden. Die Revision ist innerhalb einer Frist von einer Woche nach Verkündung des Urteils einzulegen und innerhalb eines Monats ab Zustellung zu begründen. Wegen der Besonderheiten der **Revisionsbegründung** wird verwiesen auf die hierzu ergangene umfangreiche Spezialliteratur (vgl. *Sarstett/Hamm*, Die Revision in Strafsachen; *Dahs*, Die Revision im Strafprozeß; und speziell: *Zipf*, Die Strafmaßrevision; vgl. auch im übrigen speziell für den Bereich der Straßenverkehrssachen *Müller* aaO, Rdnrn. 105 ff.). 25

c) Im OWi-Verfahren. aa) Das zulässige Rechtsmittel im OWi-Verfahren ist die **Rechtsbeschwerde**. Diese ist gegeben gegen das Urteil und gegen einen Beschluß nach § 72 OWiG, und zwar ohne weitere Zulassung nur, wenn gegen den Betroffenen auf eine Geldbuße von mehr als 200 DM erkannt worden ist, wenn eine Nebenfolge (z. B. Fahrverbot) angeordnet worden ist, wenn der Betroffene wegen einer Ordnungswidrigkeit freigesprochen oder das Verfahren eingestellt worden ist und wegen der Tat im Bußgeldbescheid oder Strafbefehl eine Geldbuße von mehr als 500 DM festgesetzt oder eine solche von der Staatsanwaltschaft beantragt worden war sowie wenn der Einspruch durch Urteil als unzulässig verworfen worden ist und wenn der Beschluß nach § 72 OWiG trotz rechtzeitigen Widerspruches des Betroffenen ergangen ist. 26

Die Rechtsbeschwerde ist binnen einer Woche bei dem Gericht, dessen Entscheidung angefochten wird, und zwar schriftlich oder zu Protokoll der Geschäftsstelle einzulegen. Für die Anbringung der **Beschwerdeanträge** sowie für deren **Begründung** gilt eine Frist von einem Monat. Die Rechtsbeschwerde ist in jedem Fall zu begründen, und zwar mit der Verfahrens- oder Sachrüge.

27 **bb) Eine** gem. § 79 OWiG nicht ohne weiteres zulässige Rechtsbeschwerde ist nur zulässig, wenn sie ausdrücklich auf entsprechenden Antrag gem. § 80 OWiG hin **zugelassen** wird (wegen der Einzelheiten, speziell nach neuem OWi-Recht vgl. *Beck,* Rdnrn. 30ff.).

2. Fristen und Wiedereinsetzung

28 Die **Wiedereinsetzung** kommt in Betracht gegen die Versäumung aller gesetzlichen und richterlich gesetzten **Fristen,** einschließlich der Versäumung der Frist für den Wiedereinsetzungsantrag (*OLG Düsseldorf* NJW 1982, 60). Der Antrag auf Wiedereinsetzung ist innerhalb einer Woche nach Wegfall des Hindernisses bei dem Gericht zu stellen, bei dem die Frist wahrzunehmen gewesen wäre. Auch ist das versäumte Rechtsmittel innerhalb einer Wochenfrist für den Antrag auf Wiedereinsetzung nachzuholen (§ 45 II StPO). Der Antrag muß die Angaben über die versäumte Frist sowie die Hinderungsgründe enthalten.

Bei Verwerfung des Einspruches im **Strafbefehlsverfahren,** weil der Angeklagte trotz ordnungsgemäßer Ladung nicht erschienen war, ist grundsätzlich **zweispurig** zu verfahren, nämlich Wiedereinsetzung in den vorherigen Stand zu beantragen und Berufung einzulegen.

Im OWi-Verfahren entscheidet über den Antrag auf Wiedereinsetzung die Verwaltungsbehörde (§ 52 II OWiG).

IV. Anwaltliche Tätigkeit nach rechtskräftiger Entscheidung

1. Ratenzahlungsgesuch

29 Neben der von Amts wegen durch den Richter im Strafzumessungsakt zu prüfenden Notwendigkeit und Möglichkeit von **Zahlungserleichterungen** (*Dreher/Tröndle,* StGB, § 42 Rdnr. 2) ist der Mandant, der mit einer Geldstrafe oder Verfahrenskosten belastet ist, darüber zu belehren, daß unter Umständen auch die Zahlung der Geldstrafe und Kosten in Raten auf Antrag in Betracht kommt. Das Ratenzahlungsgesuch ist ggf. durch den Anwalt an das Gericht bzw. die Vollstreckungsbehörde zu richten unter Darlegung der wirtschaftlichen Verhältnisse des Mandanten (unter Nutzung von hierzu ausgegebenen behördlichen Vordrucken). Die Möglichkeiten der Ratenzahlung im Strafverfahren richtet sich nach § 42 StGB, im OWi-Verfahren nach § 18 OWiG.

2. Gnadengesuch

30 Bei Verurteilung zu einer **Freiheitsstrafe** – insbesondere ohne Bewährung – ist der Mandant darüber zu belehren, daß ein **Gnadengesuch** in Betracht kommt, mit dem Ziel, die erkannte Freiheitsstrafe zur Bewährung auszusetzen oder dem Verurteilten Vollstreckungsaufschub zu gewähren. Das Verfahren der Strafvollstreckung bzw. das Gnadenverfahren richten sich nach den Bestimmungen der §§ 449ff. StPO sowie der Strafvollstreckungsordnung (wegen der Einzelheiten vgl. *Kleinknecht/Meyer,* StPO, § 449 Vorbemerkungen Rdnrn. 1ff.; wegen der in Betracht kommenden Anträge bei Entziehung der Fahrerlaubnis vgl. Rdnrn. 31ff.) Die Gebühren des Anwaltes für Anträge auf Zahlungserleichterung bzw. das Gnadengesuch richten sich nach § 91 bzw. § 93 BRAGO (vgl. Rdnr. 67; zur möglichen Kostentragungspflicht der Rechtsschutzversicherung vgl. Rdnr. 57).

V. Vertretung bei – drohender – Führerscheinmaßnahme

1. Verteidigungsstrategie

Die Verteidigungsstrategie bei – drohender – vorläufiger Entziehung der Fahrerlaubnis ist es, so schnell wie möglich den Sachverhalt im Sinne des Beschuldigten zwecks Abwendung einer Führerscheinmaßnahme darzulegen und hierzu Beweisanregungen beizubringen und notfalls für den Mandanten wichtige Ausnahmen von der Führerscheinsperre zu erreichen. 31

a) Die – vorläufige – Entziehung der Fahrerlaubnis gem. § 111a StPO und Entzug nach § 69 StGB. Bei Vorliegen eines **Antrages** seitens der Staatsanwaltschaft **auf vorläufige Entziehung der Fahrerlaubnis** und damit bei drohender Führerscheinmaßnahme muß die Verteidigungsstrategie darauf gerichtet sein, möglichst bald alle entlastenden Umstände und Beweisanregungen vorzutragen oder beizubringen, welche die Voraussetzung für die vorläufige Entziehung der Fahrerlaubnis ausräumen (vgl. C IV Rdnrn. 70ff.). 32

Der Beschuldigte hat gem. § 33 III StPO Anspruch auf **rechtliches Gehör** (*Himmelreich/Hentschel*, Fahrverbot, Führerscheinentzug, Rdnr. 225).

Im übrigen sind bei der Verteidigungsstrategie die **Voraussetzungen** der vorläufigen Entziehung der Fahrerlaubnis stets zu beachten und deutlich zu machen. Hiernach kommt eine vorläufige Entziehung der Fahrerlaubnis nur in Betracht, wenn „**dringende Gründe**" für die endgültige Entziehung der Fahrerlaubnis vorhanden sind und der „Grundsatz der **Verhältnismäßigkeit**" gewahrt ist (*Himmelreich/Hentschel*, aaO, Rdnr. 223). 33

Bei Vorliegen eines **Beschlusses gem. § 111a StPO** muß der Verteidiger sorgfältig prüfen, ob es für den Mandanten günstiger ist, ein Rechtsmittel einzulegen oder die alsbaldige Durchführung der Hauptverhandlung anzustreben. Bei Beschwerde gegen den Beschluß besteht die Gefahr, daß das Verfahren sich zum einen verzögert oder zum anderen durch die Beschwerdekammer beim Landgericht die Entscheidungsgründe gegen den Beschuldigten sich verfestigen und das später mit der Sache zu befassende erstinstanzliche Gericht sich hieran orientiert. Regelmäßig wird es sich also nur empfehlen, ein Rechtsmittel gegen einen Beschluß gem. § 111a StPO einzulegen, wenn eine berechtigte Erwartung auf eine abändernde Entscheidung gegeben ist.

Nach **§ 69 StGB** kann die Fahrerlaubnis durch Strafbefehl (§ 407 II 2 StPO) im beschleunigten Verfahren (§ 212 StPO), im Abwesenheitsverfahren (§ 232 StPO) und auch bei Entbindung von der Pflicht zum Erscheinen (§ 233 StPO) sowie in Sicherungsverfahren (§ 413 StPO, § 71 StGB) und schließlich auch im Jugendverfahren nach § 7 JGG entzogen werden (vgl. im einzelnen *Himmelreich/Hentschel* aaO, Rdnr. 4). Die Fahrerlaubnisentziehung nach § 69 StGB ist eine Maßregel der Besserung und Sicherung. 34

Voraussetzung für die Entziehung der Fahrerlaubnis nach § 69 StGB ist das Vorliegen einer Tat bei oder im Zusammenhang mit dem Führen eines Kraftfahrzeuges. Weiter ist die Fahrerlaubnis zu entziehen, wenn sich aus der Tat ergibt, daß Ungeeignetheit zum Führen von Kraftfahrzeugen gegeben ist, wobei Eignungsmängel auf körperlichen, geistigen oder charakterlichen Mängeln beruhen können (vgl. im einzelnen *Himmelreich/Hentschel* aaO, Rdnrn. 35ff.).

Nach § 69 II StGB ist bei den in dieser Vorschrift genannten Taten die Ungeeignetheit indiziert, also bei Gefährdung des Straßenverkehrs (§ 315c I, 1a

B IX
Der Straßenverkehrsfall

StGB, § 316 StGB). Neben der absoluten Fahruntüchtigkeit bei 1,1‰ kann die relative Fahruntüchtigkeit (vgl. hierzu im einzelnen *Dreher/Tröndle,* Anm. 3 zu § 315 StGB bzw. 7 zu § 316 StGB) gegeben sein.

Bei Entziehung der Fahrerlaubnis wird durch das Gericht nach § 69a StGB die Sperrfrist für die Neuerteilung der Fahrerlaubnis bestimmt. Das Mindestmaß gemäß § 69a I, a beträgt 6 Monate, und gemäß Abs. 3 der vorgenannten Vorschriften erhöht sich das Mindestmaß auf 1 Jahr, wenn in den letzten 3 Monaten vor der Tat eine strafgerichtliche Führerscheinsperre angeordnet worden ist (vgl. hierzu im einzelnen *Himmelreich/Hentschel* aaO, Rdnrn. 100ff.). Bei der Bestimmung der Dauer der Sperrfrist findet eine Anrechnung der vorläufigen Maßnahmen nicht statt, vielmehr ist nur eine Berücksichtigung ihrer bisherigen Dauer geboten (vgl. hierzu und zu den Bemessungsgrundsätzen *Himmelreich/Hentschel* aaO, Rdnrn. 111ff.).

Gemäß § 69b StGB gelten Sonderregelungen für die Täter, die nach den für internationalen Kraftfahrzeugverkehr geltenden Vorschriften im Inland Kraftfahrzeuge führen dürfen (*Himmelreich/Hentschel* aaO, Rdnrn. 196ff.). Bei Maßnahmen nach § 69 StGB gegenüber außerdeutschen Kraftfahrzeugführern erfolgt die Vollstreckung durch Eintragung eines Vermerks im ausländischen Fahrausweis (§ 69 II StGB).

35 **b) Ausnahmen von der vorläufigen Entziehung der Fahrerlaubnis.** Gem. § 111a I 2 StPO können **bestimmte Fahrzeugarten** von der vorläufigen Entziehung **ausgenommen** werden. Dies ist ggf. von vornherein oder auch nachträglich bei Vorliegen eines Beschlusses zu beantragen (vgl. im einzelnen Rdnr. 42). Eine Aufhebung der vorläufigen Entziehung der Fahrerlaubnis gem. § 111a II StPO kommt in Betracht, wenn der Grund weggefallen ist, also z. B. nach weiterer Aufklärung des Sachverhaltes im Sinne des Beschuldigten, oder wenn die Entziehung der Fahrerlaubnis unverhältnismäßig und ungewöhnlich lange dauert oder auch nach inzwischen erfolgter Teilnahme an einem Kursus zur Behandlung alkoholauffälliger Kraftfahrer, also nach sogenannter Nachschulung sowie auch bei langer Dauer des Berufungsverfahrens (vgl. im einzelnen *Himmelreich/Hentschel,* aaO, Rdnrn. 233ff.).

36 **c) Fahrerlaubnisentziehung und Rechtsmittelinstanz.** Ein Rechtsmittel kann auf die Entscheidung nach § 69 StGB **beschränkt** werden (*Himmelreich/Hentschel,* aaO, Rdnrn. 77ff.). Die Entscheidung über die Entziehung der Fahrerlaubnis ist in erster Linie Sache der Tatsacheninstanz. Das **Revisionsgericht** kann nur dann über die Verhängung der Maßregel selbst entscheiden, wenn erkennbar ist, wie der Tatrichter bei gerechter Abwägung erkannt haben würde (*Himmelreich/Hentschel,* aaO, Rdnr. 87).

Nachteile für den Mandanten können sich ergeben bei zulässiger Beschränkung der Revision auf die Dauer der Sperrfrist. Die Vorschrift des § 69a IV StGB ist nicht anwendbar, weil diese Vorschrift sich lediglich bezieht auf die vorläufige Entziehung der Fahrerlaubnis und nicht auf die endgültige (vgl. im einzelnen *Himmelreich/Hentschel,* aaO, Rdnr. 194). Im übrigen ist von der Verteidigung stets zu beachten, daß aus dem Wesen der Einziehung des Führerscheins als bloßer Vollzugsmaßnahme folgt, daß das Verschlechterungsverbot der §§ 331, 358 II StPO für die Einziehung nicht gilt (*Himmelreich/Hentschel,* aaO, Rdnr. 93). Etwas anderes gilt lediglich für die Verhängung der isolierten Sperrfrist. Dies unterliegt dem Verschlechterungsverbot (*Himmelreich/Hentschel,* aaO, Rdnr. 193).

d) Beginn und Berechnung der Sperrfrist. Die **Sperre beginnt,** worüber der 37
Mandant zu beraten und zu belehren ist, **mit der Rechtskraft** des Urteils (§ 69a
V 1 StGB). Nach dieser Vorschrift wird in die Sperrfrist die Zeit der **vorläufigen Führerscheinmaßnahme** eingerechnet und ebenso die Zeit einer Beschlagnahme des Führerscheins, soweit sie nach Verkündung desjenigen Urteils verstrichen ist, in dem die der Maßregel zugrunde liegenden **tatsächlichen Feststellungen** letztmals geprüft werden konnten. Die Vorschrift ist von besonderer Bedeutung bei Eintritt der Rechtskraft des Ausspruches über die Entziehung der Fahrerlaubnis aufgrund einer revisionsgerichtlichen Entscheidung. Dies gilt auch bei Rücknahme eines Rechtsmittels oder bei Rücknahme des Einspruchs gegen einen Strafbefehl. Im letzteren Fall beginnt, wenn die Fahrerlaubnis durch Strafbefehl entzogen worden ist, die gem. § 69a V 2 StGB einzurechnende Zeit am Tag des Erlasses des Strafbefehls, jedenfalls nach herrschender Rechtsprechung und Meinung (*Himmelreich/Hentschel*, aaO, Rdnrn. 134, 135; Hinweise auf gegenteilige Rechtsprechung und Literatur, Fußn. 160).

2. Aspekte der Verteidigung bei Fahrverbot

a) Verhältnis von Entziehung der Fahrerlaubnis und Fahrverbot. Bei der 38
Verteidigung gegenüber Führerscheinmaßnahmen müssen stets die **Rechtsnatur** der jeweiligen Maßnahmen und ihre Voraussetzungen bedacht werden. Die
– auch vorläufige – **Entziehung der Fahrerlaubnis** ist eine **Maßregel** im Sinne von § 111a StGB bzw. § 69 StGB.

b) Das Fahrverbot nach § 44 StGB. Das **Fahrverbot gem. § 44 StGB ist eine** 39
Nebenstrafe. Die **Entziehung** der Fahrerlaubnis dient ausschließlich dem **Schutz der Allgemeinheit** (*Himmelreich/Hentschel*, aaO, Rdnr. 3 m. w. Nachw.). Das Fahrverbot hat **Strafcharakter.** Bei seiner Verhängung sind stets zuvor die Voraussetzungen für die Anwendbarkeit des § 69 StGB zu prüfen und müssen zuvor verneint worden sein (*Himmelreich/Hentschel* aaO, Rdnrn. 317, 318). Häufig ergibt sich die Frage der **Austauschbarkeit** von Führerscheinentzug und Fahrerlaubnis in der Rechtsmittelinstanz. Während bei einem zugunsten des Angeklagten eingelegten Rechtsmittel nicht anstelle eines Fahrverbotes eine Maßregel nach § 69 StGB treten darf, ist umgekehrt der Übergang von einer Maßregel nach § 69 StGB zum Fahrverbot grundsätzlich möglich und fällt nicht unter das Verschlechterungsverbot der §§ 331, 358 II StPO. Dies gilt auch nicht, wenn gleichzeitig die Geldstrafe angemessen erhöht wird.

Voraussetzung für die Anordnung eines **Fahrverbotes** gem. § 44 StGB ist die Verurteilung zu Freiheits- oder Geldstrafe im Zusammenhang mit dem Führen eines Kraftfahrzeuges und die Verletzung der Pflichten als Kraftfahrzeugführer. Die Verhängung des Fahrverbotes muß neben der Strafe erforderlich sein, um den Strafzweck zu erreichen. Vorrangig hat das Fahrverbot spezialpräventive Zwecke. Weitere Voraussetzungen für die Verhängung eines Fahrverbotes sind Verurteilung zu Freiheits- oder Geldstrafe im Zusammenhang mit dem Führen eines Kraftfahrzeuges, die Verletzung der Pflichten als Kraftfahrzeugführer sowie die Notwendigkeit der Anordnung zur Erreichung des Strafzweckes (vgl. im einzelnen *Himmelreich/Hentschel* aaO, Rdnrn. 270, 281). Es ist Aufgabe der Verteidigung, einzelne Umstände darzulegen, die diese Voraussetzungen ausräumen oder zweifelhaft erscheinen lassen. Ausdrücklich im Gesetz sind geregelt die **Regelfälle** für die Anwendung des § 44 I 2 StGB. Hiernach ist ein

Fahrverbot in der Regel anzuordnen, wenn in den Fällen einer Verurteilung nach § 315 I 1 a, III oder § 316 StGB die Entziehung der Fahrerlaubnis nach § 69 StGB unterbleibt.

40   **c) Fahrverbot nach § 25 StVG.** Die Verhängung eines Fahrverbotes nach § 25 StVG als Nebenfolge ist, wenn nicht bereits im Bußgeldbescheid verhängt, nur nach Hinweis gem. § 265 II StPO möglich. Voraussetzung für die Anordnung eines Fahrverbotes ist die Verurteilung zu einer Geldbuße wegen Ordnungswidrigkeit nach § 24 StVG. Weitere Voraussetzungen sind grobe oder beharrliche Pflichtverletzungen. Hierbei sind die in der Praxis häufigen Fälle erhebliche Überschreitungen der zugelassenen Höchstgeschwindigkeit (wegen der Rechtsprechung hierzu im einzelnen vgl. *Himmelreich/Hentschel*, aaO, Rdnrn. 334, 334a und 335). Weiter ist zu prüfen, ob die Verhängung der Geldbuße allein nicht ausreicht (vgl. hierzu auch *BVerfG* NJW 1969, 1623).

Aufgabe und Ziel der Verteidigung ist es, im Einzelfall Umstände darzulegen, aus denen sich Zweifel gegen die Notwendigkeit und die Voraussetzungen für die Anordnungen des Fahrverbotes ergeben. Nach § 25 I 2 StVG ist bei einer Ordnungswidrigkeit nach § 24a StVG das **Regelfahrverbot** zu verhängen.

In der Praxis spielt eine große Rolle die Möglichkeit der Erhöhung der Geldbuße unter gleichzeitigem Wegfall des Fahrverbotes. Dies verstößt nicht gegen das Verschlechterungsverbot des § 72 II 2 OWiG (*Himmelreich/Hentschel*, aaO, Rdnr. 328).

40a   **d) Fahrverbot und BKatV.** Nach dem Inkrafttreten der Bußgeldkatalogverordnung (BKatV) am 1. Januar 1990 war umstritten, ob diese Verordnung ein Regelfahrverbot normiert, oder ob es neben der groben Pflichtverletzung des Kraftfahrers in jedem Einzelfall einer besonderen Feststellung bedürfte, daß der durch das Fahrverbot erstrebte erzieherische Erfolg- und Warneffekt auch mit einer erhöhten Geldbuße nicht erreicht werden kann (*BGH* Beschluß vom 5. 11. 1991 IV StR 350/91 = *BGHSt* 38, 106 = DAR 1992, 73 = NJW 1992, 449). Für die Verhängung des Fahrverbotes kann die Feststellung genügen, daß die bloße Erhöhung der Geldbuße als Einwirkung auf den Betroffenen nicht ausreichend ist. Darüber hinaus hat der *BGH* (Beschluß vom 28. 11. 1991 – IV StR 366/91 = *BGHSt* 38, 125 = DAR 1992, 69 = NJW 1992, 446) aufgrund der Bezüge zwischen Vorschriften der §§ 24a, 25, 26a StVG sowie § 2 BKatV entschieden, daß in den Fällen des § 2 S. 1 BKatV Anordnung eines Fahrverbotes zulässig ist, ohne daß es näherer Feststellungen bedarf, wonach der durch das Fahrverbot angestrebte Erfolg auch mit einer erhöhten Geldbuße erreicht werden könne (vgl. hierzu im einzelnen die Rspr. des *BGH* in Verkehrssachen und Bußgeldverfahren, DAR 1992, S. 241 ff.).

3. Möglichkeiten des Absehens von der Entziehung der Fahrerlaubnis und vom Fahrverbot und die Möglichkeit der Ausnahme von der Sperre und vom Fahrverbot

41   Für die Verteidigung ist es im Interesse des von einer Führerscheinmaßnahme betroffenen Mandanten wichtig, an alle Aspekte der Verteidigungsmöglichkeiten zu denken, um eine vorläufige oder endgültige Entziehung der Fahrerlaubnis oder ein Fahrverbot zu vermeiden oder für den Mandanten wichtige **Einschränkungen der Führerscheinmaßnahme** bezüglich bestimmter Kraftfahrzeuge zu erreichen.

a) Bei der **vorläufigen Entziehung der Fahrerlaubnis** nach § 111a I 2 StPO können von der vorläufigen Entziehung der Fahrerlaubnis bestimmte Arten von Kraftfahrzeugen ausgenommen werden. Bei einer **Ausnahme** gem. § 111a I 2 StPO ist jedoch (im Gegensatz zu § 69a II StGB) zu bedenken, daß die Fahrerlaubnis in dem Umfang bestehen bleibt, in dem bestimmte Arten von Kraftfahrzeugen von der vorläufigen Entziehung ausgenommen werden (*Kleinknecht/Meyer* § 111a Rdnr. 4). Hinsichtlich der Arten von Kraftfahrzeugen, die von der vorläufigen Entziehung der Fahrerlaubnis ausgenommen werden können, ist auf die Regelung des § 69a II StGB und auf die nachstehenden Ausführungen zu verweisen.

b) Nach § 69a II StGB können alle Fahrzeuge einer Führerscheinklasse **von der Sperre ausgenommen werden**. Bei der Frage, welche Fahrzeuge einer Kraftfahrzeugart im Sinne des § 69a II StGB eine Ausnahme bilden, ist allein der Verwendungszweck maßgebend (*Himmelreich/Hentschel* aaO, Rdnrn. 169–161 m. w. Nachw.). Demgegenüber ist eine **Ausnahme** von der Sperre **nicht möglich** für Fahrzeuge, differenziert nach Fabrikat, konstruktiven Besonderheiten und auch nicht für bestimmt genutzte Fahrzeuge (z. B. nicht für Taxi, *OLG Stuttgart* DAR 1975, 305). Ebensowenig können von der Sperre Fahrzeuge eines bestimmten Halters oder Eigentümers ausgenommen werden. Weiter ist auch eine Ausnahme von der Sperre nicht möglich nach Benutzungszeit, Benutzungsort oder differenziert nach Berufs- und Privatsphäre und auch nicht nach bestimmten, besonders gekennzeichneten Fahrzeugen (*Himmelreich/Hentschel* aaO, Rdnrn. 162ff.). Bei einer Trunkenheitsfahrt im privaten Bereich ist die Ausnahme von Lkw von der Fahrerlaubnissperre verantwortbar für Fahrten mit dem Lkw des Arbeitgebers des Beschuldigten, wenn die Entziehung diesen wirtschaftlich außergewöhnlich schwer trifft und weitere Umstände hinzutreten (*LG Bielefeld* DAR 1990, S. 274).

c) Bei einem **Fahrverbot gem. § 44 I 1 StGB** können in gleicher Weise entsprechend § 69a II StGB bestimmte Arten von Fahrzeugen vom Fahrverbot ausgenommen werden (*Himmelreich/Hentschel* aaO, Rdnr. 287). Gleiches gilt bei einem Fahrverbot nach § 25 II 1 StVG.

4. Vorzeitige Aufhebung der Sperre gem. § 69a VII StGB

Die Vorschrift des § 69a VII StGB eröffnet die Möglichkeit, eine vorzeitige Aufhebung der Sperre zu beantragen. Formelle Voraussetzung für die vorzeitige Aufhebung der Sperre ist der Ablauf einer Mindestsperre von 6 Monaten. Sachlich ist geltend zu machen, daß der Verurteilte nicht mehr ungeeignet ist zum Führen von Fahrzeugen (*Dreher/Tröndle* aaO, § 69a Rdnr. 15a). Die Teilnahme an einer Nachschulung ist bei der Entscheidung zu berücksichtigen (*Dreher/Tröndle* aaO, § 69a Rdnr. 15b m. w. Nachw.).

42

5. Entschädigung für vorläufige Führerscheinmaßnahme

Nach dem Gesetz über die Entschädigung für Strafverfolgungsmaßnahmen (StrEG) ist auch eine zu Unrecht erlittene Maßnahme der vorläufigen Entziehung der Fahrerlaubnis oder einer Sicherstellung des Führerscheins eine entschädigungspflichtige Maßnahme nach § 2 StrEG (vgl. im einzelnen *Himmelreich/Hentschel* aaO, Rdnrn. 365ff.).

43

B IX   Der Straßenverkehrsfall

6. Führerschein auf Probe

44   Derjenige, der erstmals ab 1. 11. 1986 eine Fahrerlaubnis der Klassen 1, 1 a, 1 b, 2 und 3 erhält, unterliegt gem. § 2a StVG einer Probezeit von zwei Jahren. Die **Probezeit** beträgt zwei Jahre und wird im Führerschein eingetragen. Der Vermerk über die Probezeit braucht nicht im Führerschein **gelöscht** zu werden, da er **nach Ablauf** der eingetragenen Probezeit entfällt. Zu beachten sind gem. § 15 StVZO Besonderheiten bei ausländischen Führerscheinen.

Der Inhaber einer Fahrerlaubnis auf Probe unterliegt einer **Bewährungskontrolle** und bestimmten Sanktionen. Die Sanktionen bestimmen sich nach der Art des Verkehrsverstoßes. Die möglichen **Verkehrsverstöße** sind in **zwei Abschnitten** aufgeführt, und zwar die schweren Verkehrsverstöße in Abschnitt **A** und die leichteren Verkehrsverstöße in Abschnitt **B** (vgl. im einzelnen Beck, OWi-Sachen im Straßenverkehrsrecht, Rdnrn. 64 ff.).

Der Inhaber einer Fahrerlaubnis, der innerhalb der Probezeit eine oder mehrere der in den Abschnitten A und B aufgeführten Straftaten und Ordnungswidrigkeiten begangen hat und deswegen **rechtskräftig verurteilt** worden ist und wenn die Verurteilung im Verkehrszentralregister eingetragen ist, hat nach entsprechender Anordnung an einer **Nachschulung teilzunehmen;** in Betracht kommen auch erneute Fahrerlaubnisprüfung sowie Führerscheinentzug (vgl. im einzelnen Beck aaO, Rdnr. 66 insbesondere mit ausführlicher Darstellung der in Betracht kommenden Maßnahmen innerhalb der zweijährigen Probezeit).

Gegen die **Anordnung der Nachschulung** und der erneuten Befähigungsprüfung sind **Widerspruch** und **Anfechtungsklage** zulässig. Die Rechtsmittel haben jedoch gem. § 2a VI StVG keine aufschiebende Wirkung (vgl. im einzelnen Beck aaO, Rdnr. 67). In Betracht kommt auch der Sofortvollzug der Nachschulungsverfügung bei Fahrerlaubnis auf Probe (*VG Darmstadt,* NZV 1990, 327 f.).

7. Die Möglichkeit der Nachschulung

45   Zum Begriff der Nachschulung müssen verschiedene **Bereiche** oder **Arten** der **Nachschulung** unterschieden werden, nämlich Nachschulung beim Führerschein auf Probe (vgl. vorstehend Rdnr. 46a), Nachschulung aufgrund von Eintragungen beim Kraftfahrtbundesamt sowie Nachschulung bei alkoholauffälligen Kraftfahrern (vgl. *Buschbell,* Der Straßenverkehrsfall in der praktischen Abwicklung, S. 138 ff.).

Zum **Abbau des „Punktekontos"** beim Kraftfahrtbundesamt werden Kraftfahrerseminare zur freiwilligen Fortbildung angeboten. Zu beachten ist, daß der so erreichte „Rabatt" nur intern bei der zuständigen Straßenverkehrsbehörde und nicht beim Kraftfahrtbundesamt vermerkt wird (vgl. hierzu im einzelnen und ausführlich *Himmelreich/Hentschel,* Rdnrn. 483, 483a ff.).

Wenn zu Lasten des Betroffenen beim Kraftfahrtbundesamt eine bestimmte Anzahl von Punkten eingetragen ist, verwarnt zunächst bei **9 Punkten** das Straßenverkehrsamt den Führerscheininhaber, und ab **14 Punkte** wird als weitere Maßnahme eine neue – theoretische – Befähigungsprüfung verlangt (vgl. im einzelnen *Himmelreich/Hentschel,* Rdnrn. 486/491). Wenn **18 Punkte** in mehr als zwei Jahren erreicht wurden, kann die Verwaltungsbehörde die Beibringung eines Gutachtens einer medizinisch-psychologischen Untersuchungsstelle **(MPU)** gem. § 3 Nr. 4 Satz 1 der AV zu § 15b StVZO anordnen.

Zu beachten ist, daß **nach** schon erfolgter **Fahrerlaubnisentziehung,** und zwar wenn die Fahrerlaubnis bereits einmal entzogen worden ist, die **Punktebe-**

wertung für die vor der Entziehung begangenen Zuwiderhandlungen innerhalb des Punktesystems gem. § 2 II 1 der AV zu § 15b StVZO **unberücksichtigt** bleibt. Sie sinkt jedoch durch die Entziehung der Fahrerlaubnis im übrigen auf null (vgl. im einzelnen *Himmelreich/Hentschel* aaO, Rdnr. 505). Dies ist im übrigen ein für die Verteidigung und die Verteidigungsstrategie bei einer in Rede stehenden Führerscheinmaßnahme wichtiger zu beachtender Aspekt.

8. Das verwaltungsrechtliche Verfahren bei Führerscheinmaßnahmen sowie speziell die MPU-Begutachtung

a) Das verwaltungsrechtliche Führerscheinverfahren. Sachlich zuständig 46 für Führerscheinmaßnahmen sind die **Verwaltungsbehörde** im Sinne von § 4 StVG und die nach § 68 I StVZO durch die Landesregierung ausdrücklich für die Entziehung der Fahrerlaubnis bestimmten Behörden (*Himmelreich/Hentschel* aaO, Rdnrn. 412/413). Nach **§ 4 StVG, der Rechtsgrundlage** für die Entziehung der Fahrerlaubnis ist, muß die Verwaltungsbehörde die Fahrerlaubnis entziehen, wenn sich jemand als ungeeignet zum Führen von Kraftfahrzeugen erweist. Die Fahrerlaubnis erlischt mit der Entziehung. **Schutzzweck** dieser Vorschrift ist, die Allgemeinheit vor Gefährdungen im Straßenverkehr durch ungeeignete Kraftfahrzeugführer zu schützen. Der Begriff der „Ungeeignetheit" in § 4 I StVG ist nicht definiert. Als ungeeignet ist derjenige anzusehen, bei dem wegen körperlicher, geistiger oder charakterlich/sittlicher Mängel oder wegen Nichtvorhandenseins der in einer Befähigungsprüfung nachzuweisenden „Kenntnis von Fähigkeiten" befürchtet werden muß, daß er ungeeignet zum Führen von Kraftfahrzeugen ist (vgl. im einzelnen *Himmelreich/Hentschel* aaO, Rdnr. 419 und zu den Mängeln im einzelnen *Himmelreich/Hentschel* aaO, Rdnrn. 426/463). Die Beweislast für das Vorliegen eines Eignungsmangels trifft die Verwaltungsbehörde (*Himmelreich/Hentschel* aaO, Rdnr. 415).

Gem. § 4 III und II StVG ist zur Vermeidung von widersprüchlichen Entscheidungen zwischen Gericht und Verwaltungsbehörde der **Vorrang des strafrechtlichen Verfahrens** (*BVG* NZV 88, 37) gegeben.

b) Die MPU-Begutachtung. Bei der Erteilung, Entziehung oder Wiedererteilung der Fahrerlaubnis nach vorangegangener gerichtlicher Entziehung prüft die Verwaltungsbehörde, ob der Bewerber zum Führen von Kraftfahrzeugen geeignet ist. Sie kann bei Bedenken gegen die Eignung des Bewerbers die Beibringung eines medizinisch-psychologischen Gutachtens verlangen. Gesetzliche Grundlage für die Anordnung der Beibringung eines Gutachtens ist § 15b StVZO. Die Anordnung der MPU kommt in Betracht beim Ersterwerb der Fahrerlaubnis, beim Führerschein auf Probe, bei Eintragung von 18 Punkten in das Verkehrszentralregister sowie zur Vorbereitung der Entziehung, Einschränkung der Fahrerlaubnis oder Erteilung von Auflagen und schließlich nach gerichtlicher Entziehung der Fahrerlaubnis (vgl. im einzelnen *Buschbell* aaO, S. 117f.). 46a

Bei der Neuerteilung der Fahrerlaubnis nach vorangegangener Entziehung sind für die Verwaltungsbehörde die „Richtlinien für die Prüfung der körperlichen und geistigen Eignung von Fahrerlaubnisbewerbern und -inhabern (Eignungsrichtlinien)" maßgebend (abgedruckt bei *Himmelreich/Hentschel*, Fahrverbot – Führerscheinentzug, Band 2, S. 151 ff. sowie *Himmelreich/Janker*, MPU-Begutachtung, S. 112 ff.).

B IX

Die Verwaltungsbehörde ordnet die Beibringung eines MPU-Gutachtens an und legt den Umfang der Begutachtung fest (*Himmelreich/Hentschel* aaO, Rdnr. 533). Es gilt der Grundsatz der Beibringung. Der Betroffene ist alleiniger Auftraggeber und Empfänger des von ihm zu erbringenden Gutachtens. Zwischen Betroffenem und Gutachter der MPU (z. B. TÜV) besteht ein Werkvertrag im Sinne des BGB (*Menken*, Die Rechte der Verwaltungsbehörden bei der medizinisch-psychologischen Eignungsbegutachtung, DÖV 1980, 752). Hieraus folgt, daß der Betroffene bei Mangelhaftigkeit eines solchen MPU-Gutachtens, also bei nicht vertragsgemäßer Herstellung, die Abnahme des Gutachtens mit der Wirkung verweigern kann, daß die Vergütung nicht einmal teilweise fällig wird. Sogar bereits gezahlte Gutachterkosten können zurückgefordert werden (*Himmelreich/Janker* aaO, Rdnrn. 35 u. 145 ff.; *AG Köln* DAR 1989, 72; *Himmelreich* ZfS 1989, 181 (184). Nach § 12 I StVZO kann die Behörde die Beibringung eines amts- oder fachärztlichen Gutachtens, des Gutachtens eines amtlich anerkannten Sachverständigen oder Prüfers für den Kraftfahrzeugverkehr oder des Gutachtens einer amtlich anerkannten medizinisch-psychologischen Untersuchungsstelle verlangen. Diese Stellen beruhen auf Zusammenarbeit zwischen Verkehrsmedizinern und Verkehrspsychologen und arbeiten mit für den Zweck der Untersuchung auf Verkehrstüchtigkeit ausgearbeiteten Methoden und Geräten (vgl. hierzu *Jagusch/Hentschel*, § 12 StVZO, Rdnr. 7). Diese Definition und Praxis erscheint rechtlich problematisch. Zu fordern ist eine rechtlich unangreifbare Regelung der zuständigen Behörden (vgl. z. B. Regelung des § 9b StVZO für Sehteststelle).

Bei einem MPU-Gutachten ist es Aufgabe des Sachverständigen, dem Juristen verständlich darzustellen, welche Feststellungen er aufgrund welcher wissenschaftlich gesicherten Erkenntnisse über einzelne erhebliche Charakteranlagen über den zu untersuchenden Betroffenen festgestellt hat (*Himmelreich/Hentschel* aaO, Rdnr. 545). Die Exploration ist unabhängig von der hiermit verbundenen Mehrarbeit im Wortlaut ausführlich wiederzugeben (vgl. auch *Janker*, 30. VGT, Arbeitskreis IV Veröffentlichung VGT 1992, S. 145 u. 146). Eine Bindungswirkung der Verwaltungsbehörde des Gerichtes an die Feststellung des Sachverständigen besteht nicht (*Himmelreich/Hentschel* aaO, Rdnr. 544).

Mit der **Unanfechtbarkeit** der ggf. erlassenen **Entziehungsverfügung** erlischt die Fahrerlaubnis gem. § 4 I Hs 2 StVG. Hiernach kommt nur die **Neuerteilung** einer Fahrerlaubnis in Betracht.

Widerspruch und **Anfechtungsklage** gegen die sich als Verwaltungsakt darstellende Entziehungsverfügung haben **aufschiebende Wirkung** mit der Folge, daß das Erlöschen der Fahrerlaubnis erst mit Rechtskraft der Entziehungsverfügung eintritt. Etwas anderes gilt, wenn die sofortige Vollziehung der Entziehungsverfügung angeordnet ist und hiernach nicht wiederum erfolgreich Antrag auf aufschiebende Wirkung gestellt wird (vgl. im einzelnen *Himmelreich/Hentschel* aaO, Rdnrn. 554/561).

VI. Besondere Aspekte der anwaltlichen Tätigkeit in Verkehrsstraf- und OWi-Verfahren

1. Gefahren der Interessenkollision

Die **Gefahr der Interessenkollision** ist für den in Straßenverkehrsangelegen- 47
heiten tätigen Anwalt häufig gegeben und stets zu beachten, weil in diesen Angelegenheiten regelmäßig auf einer Unfallseite mehrere Personen beteiligt sind als Halter, Fahrer oder Insasse oder bei Beteiligung eines Leasingnehmers und Leasinggebers. Bei Vertretung eines Insassen in zivilrechtlicher Hinsicht kann z. B. die Verteidigung des Fahrzeugführers problematisch sein im Hinblick auf die gesamtschuldnerische Haftung.

Bei Verteidigung eines Fahrzeugführers, der wegen Fahrens ohne Fahrerlaubnis beschuldigt wird, ist die Verteidigung des Fahrzeughalters, der in einem anderen Verfahren wegen Zulassens des Führens ohne Fahrerlaubnis beschuldigt ist, zulässig (*LG Hamburg* NZV 1990, S. 325).

2. Nebenklage, Adhäsionsverfahren und Vertretung nach Opferschutzgesetz

a) Nebenklage. Nach der Neuregelung der Nebenklage gem. § 395 III StPO 48
kann sich der Verletzte der erhobenen öffentlichen Klage als Nebenkläger nur anschließen, wenn dies aus besonderen Gründen, namentlich wegen der schweren Folgen der Tat, zur Wahrnehmung seiner Interessen geboten erscheint. In der Praxis wird hiernach, jedenfalls im Straßenverkehrsrecht, die Nebenklage nur noch in geringem Umfang zugelassen. Es muß Aufgabe der Rechtsprechung sein, **Grundsätze** dazu zu entwickeln, wann diese Voraussetzungen für die Zulassung der Nebenklage und der „besonderen Gründe" gegeben sind. Besondere Gründe im Sinne von § 396 III StPO können gegeben sein bei schweren Folgen der Tat bei noch nicht erfolgter oder verzögerter Regulierung oder auch bei Streit über das Mitverschulden des Verletzten (vgl. *Kleinknecht/Meyer*, Anm. 11 zu § 396). Die Entscheidung des Gerichtes über die Berechtigung zum Anschluß des Nebenklägers ist unanfechtbar. Bei berechtigter Anschlußerklärung des Nebenklägers kommt die Bewilligung von **Prozeßkostenhilfe** gem. § 397a StPO in Betracht. Gegen einen **Jugendlichen** ist gem. § 80 III JGG die Nebenklage unzulässig.

b) Adhäsionsverfahren. Gem. § 404 StPO kann der Verletzte durch einen 49
Antrag das **Adhäsionsverfahren** einleiten, mit dem – nur – vermögensrechtliche Ansprüche, insbesondere solche auf Schadensersatz einschließlich Schmerzensgeld, geltend gemacht werden können. Der Antrag, der auch als **Feststellungsantrag** angebracht werden kann, ist auch schon während des Ermittlungsverfahrens zu stellen. (*Kleinknecht/Meyer*, StPO, § 404 Rdnr. 4). Die Kostenregelung im Adhäsionsverfahren bestimmt sich nach § 472a StPO.

Gem. § 404 V StPO kommt **Prozeßkostenhilfe** für den Verletzten und Angeklagten in Betracht. Die Vergütung des Anwaltes bestimmt sich nicht nach § 31, sondern nach § 89 III in Verbindung mit § 1 BRAGO, ggf. zuzüglich einer Vergleichsgebühr (§§ 89 IV, 23 BRAGO). Der zugleich als Verteidiger tätige Anwalt erhält ggf. auch die durch die Tätigkeit zur Abwehr der Ansprüche anfallenden Gebühren, die ggf. durch die Haftpflichtversicherung gem. § 50 I 1

B IX   Der Straßenverkehrsfall

VVG zu ersetzen sind (vgl. *Schirmer,* 26. Dt. VGT 1988, S. 299ff.). Der Haftpflichtversicherer ist nach AKB zu informieren.

Für die Durchsetzung der Schadensersatzansprüche im Adhäsionsverfahren kommt Eintrittspflicht der **Rechtsschutzversicherung** in Betracht (vgl. Rdnr. 62).

50 c) **Vertretung nach Opferschutzgesetz.** Aufgrund des **Opferschutzgesetzes** ist der Verletzte selbständiger Prozeßbeteiligter, dessen Befugnisse sich nach den Vorschriften der §§ 406d/407h StPO bestimmen. Im Falle der **fahrlässigen Körperverletzung** gem. § 230 StGB, also auch infolge eines Straßenverkehrsunfalles, kommt die Bestellung als Beistand allerdings nur in Betracht, wenn dies aus besonderen Gründen (§ 406g IV 1 StPO) geboten ist, also namentlich bei schweren Folgen der Tat.

Prozeßkostenhilfe kommt in entsprechender Anwendung des § 397a StPO in Betracht (vgl. im einzelnen *Kleinknecht/Meyer,* StPO, § 406g Rdnrn. 4, 5).

Die **Kosten** für die Heranziehung des **Beistandes** sind entsprechend der Nebenklagekostenregelung vom verurteilten Angeklagten gem. §§ 472 III 1, 473 I 2 StPO zu erstatten.

3. Überprüfungen der Eintragungen und Tilgung

51 Wichtig für die Verteidigung speziell im Straßenverkehrsstraf- und OWi-Verfahren ist es, sich über etwaige **Eintragungen** über den Mandanten im **BZRG** oder in der **Verkehrszentralkartei** zu informieren. Dem Verteidiger ist bei Vorlage einer Vollmacht **Auskunft** zu erteilen.

52 a) **Bundeszentralregister.** Die Voraussetzungen der Eintragung über Straftaten, also auch im Zusammenhang mit dem Straßenverkehr, richten sich nach dem BZRG, die Eintragungen der Sperre für Fahrerlaubnis sind in § 8 BZRG geregelt (wegen der Einzelheiten vgl. *Rebmann/Uhlig,* Bundeszentralregistergesetz, § 8 Rdnrn. 1 ff.).

53 b) **Verkehrszentralkartei.** Für Eintragungen im **Verkehrszentralregister** gelten die §§ 28ff. StVG (vgl. im einzelnen *Himmelreich/Hentschel,* Fahrverbot, Führerscheinentzug, Rdnrn. 509ff.). Die Einzelheiten der Tilgung sowie Fristen sind in § 13a StVZO geregelt. Zur Punktebewertung nach erfolgter Fahrerlaubnisentziehung vgl. Rdnr. 45. Zur Eintragung der Verwarnung mit Strafvorbehalt gem. §§ 59ff. StGB vgl. Rdnr. 14a.

VII. Beteiligung von Rechtsschutz in Verkehrsstraf- und OWi-Sachen

1. Die Leistungsansprüche des Mandanten (VN) im Verkehrsstraf- und OWi-Recht

54 Der Verteidiger hat häufig für den Mandanten die Frage zu klären, ob und in welchem Umfang Leistungspflicht einer bestehenden Rechtsschutzversicherung gegeben ist. Der **Leistungsumfang ist in § 2 ARB** geregelt. In dieser Vorschrift sind positiv die Rechtskosten aufgezählt, die ihrer Art nach unter die Versicherungsdeckung fallen (vgl. *Harbauer,* Rechtsschutzversicherung, § 2 Rdnr. 2), während im zweiten Teil, also in den §§ 21–29 ARB, die „besonderen Bestimmungen" zu den einzelnen Vertragsarten enthalten sind. (Zu den vom Anwalt

zu beachtenden Besonderheiten bei Beteiligung der Rechtsschutzversicherung vgl. im einzelnen Rdnrn. 227ff.; vgl. im übrigen zur Beteiligung von Rechtsschutz im Straf- und OWi-Verfahren *Buschbell* ZfS 1991, S. 109ff.). Nach § 2 I a ARB hat die Rechtsschutzversicherung zunächst die **gesetzliche Vergütung** eines für den Versicherungsnehmer tätigen Anwaltes zu tragen. Darüber hinaus sind von der Rechtsschutzversicherung folgende **Kosten** zu erstatten:

a) Kosten des technischen Sachverständigen. In § 2 I e ARB ist geregelt, daß 55 die Rechtsschutzversicherung die Kosten des für die Verteidigung erforderlichen Gutachtens eines öffentlich bestellten technischen Sachverständigen im Verfahren wegen der Verletzung einer verkehrsrechtlichen Vorschrift des Straf- oder OWi-Rechtes zu tragen hat, also z. B. die Kosten für ein Unfallrekonstruktionsgutachten, die Beurteilung von Ampelphasenschaltungen oder Gutachten über Defekte an der Brems- oder Lenkanlage, Reifenmängel o. ä. Die Erstattungsfähigkeit ist unter drei **Voraussetzungen** gegeben:

Es muß sich um ein Straf- oder OWi-Verfahren gegen den VN oder eine versicherte Person handeln, das Privatgutachten muß für die Verteidigung erforderlich sein, was jedoch in erster Linie der Verteidiger selbst entscheidet, und das Gutachten muß von einem öffentlich bestellten technischen Sachverständigen erstellt werden (vgl. *Harbauer*, aaO, § 2 Rdnr. 125ff.).

b) Bei Unfall im Ausland Erstattung Reisekosten und Zahlung Strafkau- 56 **tion.** Ebenso hat die Rechtsschutzversicherung gem. § 2 I f ARB die Kosten zu tragen, die außerhalb der Bundesrepublik Deutschland vom Versicherungsnehmer aufgewendet werden müssen, um einstweilen von **Strafverfolgungsmaßnahmen verschont** zu bleiben (vgl. im einzelnen *Harbauer*, aaO, § 2 Rdnr. 131). Im übrigen hat die Mehrzahl der Rechtsschutzversicherer in einer Klausel zu § 2 I ARB die **Erstattung** von **Reisekosten** geregelt. Hiernach trägt die Rechtsschutzversicherung die Reisekosten der versicherten Person an den Ort des zuständigen ausländischen Gerichtes, wenn dieses das persönliche Erscheinen angeordnet hat (vgl. im einzelnen *Harbauer*, aaO, § 2 Rdnr. 7a).

c) Gebühren bei Gnadengesuch und Antrag auf Zahlungserleichterung. In 57 den Fällen, in denen für den straf- oder bußgeldrechtlichen Vorwurf Versicherungsschutz besteht, umfaßt dieser auch bei Freiheitsstrafen (§§ 38, 39 StGB, §§ 17ff. JGG) und evtl. auch bei Strafarrest (nach § 9 Wehr-Strafgesetz) sowie bei Geldstrafe (§ 40 StGB) und Geldbuße (§ 17 OWiG), soweit diese jeweils mehr als 500 DM beträgt, auch den Anspruch auf **Erstattung der Anwaltskosten** gem. § 93 BRAGO, die anfallen für ein Gnaden-, Strafaussetzungs- sowie Strafaufschubgesuch. Ebenso sind zu erstatten die Anwaltsgebühren, die sich bei einem Antrag auf Zahlungserleichterung ergeben. Die Gebühren für ein Gnadengesuch bestimmen sich nach § 93 BRAGO, während die Gebühren für einen Antrag auf Zahlungserleichterung sich aus § 91 BRAGO ergeben (vgl. *Gerold/Schmidt/v. Eicken/Madert*, BRAGO § 93 Rdnr. 4).

2. Zu beachtende Ausschlußklausel

Der mit Verkehrssachen befaßte Anwalt hat bei Beteiligung einer Rechts- 58 schutzversicherung in Betracht kommende Risikoausschlüsse zu beachten und hierüber den Mandanten zu belehren. Hierbei sind folgende **Ausschlußtatbestände** zu berücksichtigen:

59 **a) Vorsatztat, § 4 III b ARB.** Für den Bereich der **verkehrsrechtlichen Strafvorschriften** sind die Voraussetzungen des Ausschlusses des Versicherungsschutzes in § 4 III b 1 ARB geregelt (vgl. G Rdnr. 102). Nach dieser Vorschrift ist bei in Betracht kommenden Vorsatztaten der Versicherungsschutz – gegenüber Absatz III a – erweitert. Nach dieser Vorschrift besteht bei einem Verstoß gegen verkehrsrechtliche Strafvorschriften nur dann **kein Versicherungsschutz,** wenn rechtskräftig festgestellt wird, daß der Versicherungsnehmer die Straftat vorsätzlich begangen hat. Solange eine Verurteilung wegen einer Vorsatztat nicht gegeben ist, besteht also Versicherungsschutz.

Verkehrsrechtliche Vorschriften im Sinne der genannten Vorschrift sind Fahren ohne Fahrerlaubnis, unerlaubtes Entfernen vom Unfallort usw. (vgl. im einzelnen *Harbauer* aaO, § 4 Rdnr. 201 ff.). Diese Erweiterung des Versicherungsschutzes im Vergleich zu Straftaten des allgemeinen Strafrechtes bedeutet, daß auch **bei Vorsatztat** und einer **Einstellung** des Verfahrens die Rechtsschutzversicherung Versicherungsschutz zu gewähren hat und der Ausschluß des Versicherungsschutzes bei Vorsatztaten nicht zum Tragen kommt, also bei Einstellung eines Verfahrens z. B. wegen Fahren ohne Fahrerlaubnis oder Unfallflucht ist durch die Rechtsschutzversicherung Versicherungsschutz zu gewähren. In den Fällen, in denen eine Vorsatztat in Rede steht, ist es für den Verteidiger empfehlenswert, von der Rechtsschutzversicherung angemessene **Vorschüsse** zu fordern. Sollte bei der Verurteilung wegen Vorsatztat der Versicherungsschutz nachträglich entfallen, kann die Rechtsschutzversicherung den gezahlten Vorschuß nicht vom Verteidiger, sondern lediglich vom VN zurückfordern, da nur diesem gegenüber ein vertraglicher Rückzahlungsanspruch besteht.

In § 4 III 3 b, 1 ARB ist der Sonderfall der **Rauschtat** geregelt. Für Rauschtaten (§ 323 a StGB) besteht generell kein Versicherungsschutz.

Bei der Verteidigung in **Ordnungswidrigkeitenverfahren** spielt die Vorsatzfrage gem. § 4 II a ARB keine Rolle (*Harbauer* aaO, § 4 Rdnr. 176).

60 **b) Halterhaftung nach § 25 a StVG.** Für die – ab dem 1. 4. 1987 geltende – Vorschrift des § 25 a StVG, also der **Halterhaftung** bei Kennzeichenanzeigen, gilt ein besonderer Ausschlußtatbestand der Rechtsschutzversicherung. Wenn dem VN nämlich (nur) ein Halt- oder Parkverstoß vorgeworfen wird, besteht Versicherungsschutz nur, wenn das Verfahren nicht mit einer Entscheidung nach § 25 a StVG endet. Nach § 25 a StVG hat der Halter des Kraftfahrzeuges bei einem Halt- oder Parkverstoß auch seine Auslagen zu tragen, wenn nicht vor Eintritt der Verfolgungsverjährung der Führer des Fahrzeuges ermittelt werden kann. Wenn der Führer des Kraftfahrzeuges feststeht oder vor Eintritt der Verfolgungsverjährung benannt wird, entfällt der Ausschluß des Versicherungsschutzes (vgl. *Harbauer* aaO, § 2 Rdnr. 122 a). Um den Versicherungsschutz zu erreichen, ist also vor Eintritt der Verfolgungsverjährung der verantwortliche Fahrzeugführer zu benennen.

3. Beteiligung von Rechtsschutz bei Vertretung des Verletzten

61 **a) Im Nebenklageverfahren.** Bei Vertretung des Nebenklägers hat die Rechtsschutzversicherung die Kosten einer vom Mandanten bzw. VN selbst erhobenen „aktiven" Nebenklage nicht zu übernehmen im Gegensatz zu den Kosten einer „passiven" Nebenklage. Im Falle der passiven Nebenklage ist der VN entsprechend der gerichtlichen Kostenentscheidung von den Nebenklagekosten freizustellen (vgl. *Harbauer* aaO, vor § 21 Rdnr. 79 u. § 2 Rdnrn. 141 ff.).

b) Im Adhäsionsverfahren. Bei der **Geltendmachung von Schadensersatz-** 62
ansprüchen ist es unerheblich, in welchem Verfahren die Schadensersatzansprüche geltend gemacht werden. Also sind beim Adhäsionsverfahren im Sinne der §§ 403 ff. StPO – auch wenn es im Ausland durchgeführt wird – von der Rechtsschutzversicherung die Kosten zu übernehmen (vgl. *Harbauer* aaO, vor § 21 Rdnr. 33).

c) Im Verfahren nach Opferschutzgesetz. Die Grundsätze, die (vorstehend 63
zu Buchstabe a) bezüglich der Nebenklage ausgeführt sind, müssen auch gelten bei Vertretungen des Verletzten nach dem Opferschutzgesetz. In diesem Fall ist der Mandant bzw. der Versicherungsnehmer, gegen den sich eine Vertretung nach dem Opferschutzgesetz seitens des Verletzten richtet, von den insoweit anfallenden Kosten entsprechend der gerichtlichen Kostenentscheidung (vgl. Rdnr. 74) freizustellen.

d) Übersicht. Häufig ergeben sich in der Praxis Unklarheiten über die Mög- 64
lichkeiten der Beteiligung von Rechtsschutz bzw. über den Kostenfreistellungsanspruch gegenüber der Rechtsschutzversicherung. Die nachstehende Übersicht möge bei aktiver oder passiver Vertretung des Mandanten bzw. VN als **Überblick** dienen:

Versicherungsschutz durch Rechtsschutz-Versicherung für Vertretung:

	aktiv	passiv
Nebenklage	nein	ja[1]
Adhäsionsverfahren	ja	ja[2]
Opferschutzgesetz	nein	ja[1]

[1] Freistellungsanspruch gemäß gerichtlicher Kostenentscheidung.
[2] Kostenhaftungspflicht der Haftpflichtversicherung.

VIII. Besondere gebührenrechtliche Aspekte in Straf- und OWi-Sachen

1. Allgemeine Grundsätze

Die Vergütung des als Verteidiger tätigen Anwaltes richtet sich nach den 65
Vorschriften des 6. Abschnittes der BRAGO, also den Vorschriften der §§ 83 ff. BRAGO, im Nebenklageverfahren nach § 95 BRAGO sowie für das Adhäsionsverfahren nach § 89 BRAGO, speziell für die Verteidigung im Bußgeldverfahren nach § 105 BRAGO (zu den in Betracht kommenden Anwaltsgebühren im Strafverfahren, differenziert nach Verfahrensabschnitten, Gegenstand und Umfang der Tätigkeit vgl. im einzelnen Übersicht bei *Buschbell,* Der Straßenverkehrsfall in der praktischen Abwicklung, 2. Aufl., S. 235 ff.).

In der Praxis stellt sich häufig die Frage, ob die **Voraussetzungen für eine Verteidigungstätigkeit** gegeben sind. Diese Voraussetzungen sind gegeben, sofern und sobald sich gegen den Beschuldigten bzw. Betroffenen Ermittlungen richten im Zusammenhang mit einem Verhalten im Straßenverkehr. Speziell das Bußgeldverfahren vor der Verwaltungsbehörde beginnt regelmäßig mit der Aufnahme der Ermittlungen wegen des Verdachtes einer Ordnungswidrigkeit durch Beamte des Polizeidienstes gem. § 53 OWiG (vgl. *Chemnitz* AnwBl 1987,

515). Dies ist gegeben, wenn im OWi-Verfahren nach Belehrung gem. § 55 OWiG der Beteiligte als Betroffener angehört wird. Im Ermittlungsverfahren der Polizei wird dies dokumentiert. Der Rechtsanwalt, der ab diesem Zeitpunkt mit der Verteidigung beauftragt wird, verdient mit der Annahme des Mandates die Verteidigergebühren, speziell im OWi-Verfahren die Gebühr gem. § 105 I BRAGO (vgl. *Chemnitz* AnwBl 1987, 515 und AnwBl 1985, 118 [124]; *Peperkorn* AnwBl 1985, 140; vgl. im übrigen *Bücken/Baldus,* Anwaltsgebühren in Verkehrsstraf- und Bußgeldsachen, DAR 1988, S. 47 ff.).

2. Verhältnis der gesetzlichen Gebührentatbestände in Verkehrsstraf- und OWi-Sachen

66 Das **Verhältnis der gesetzlichen Gebührentatbestände** in Straßenverkehrsangelegenheiten bei Tätigkeit im Straf- und OWi-Verfahren und speziell beim Übergang von einer Verfahrensart in die andere ist problematisch und hat häufig in der Vergangenheit zu gegensätzlichen Standpunkten und Handhabungen geführt. Zum Verhältnis der ges. Gebühren in Verkehrsstraf- und Verkehrsordnungswidrigkeiten-Sachen gilt, daß die **jeweiligen Gebührentatbestände unabhängig zueinander** stehen, es sei denn, daß sich ihre Tatbestände gegenseitig ausschließen. Einmal entstandene Gebühren kommen grundsätzlich nachträglich nicht in Fortfall, es sei denn, daß es durch das Gesetz ausdrücklich bestimmt wird, oder daß durch ausdrückliche gesetzliche Regelung festgelegt ist, daß eine entstandene Gebühr auf eine andere anzurechnen ist (vgl. im einzelnen *Chemnitz* AnwBl 1987, 524).

67 **a) Allgemeine Grundsätze.** Es ist von dem Grundsatz auszugehen, daß im Verlauf einer Angelegenheit die **Gebühren erneut entstehen,** so oft der Anwalt den Gebührentatbestand verwirklicht (*Schmidt* AnwBl 1959, 382, *Gerold/Schmidt/v. Eicken/Madert* § 13 Rdnr. 2). Wird ein bei der Staatsanwaltschaft geführtes Ermittlungsverfahren, in dem der Anwalt als Verteidiger tätig ist, eingestellt und die Akte an die Verwaltungsbehörde zur Verfolgung als Ordnungswidrigkeit abgegeben, so ist dem Verteidiger für seine Tätigkeit im Ermittlungsverfahren der Staatsanwaltschaft eine Gebühr nach § 84 I 3 BRAGO entstanden (*Beck,* OWi-Sachen im Straßenverkehrsrecht, S. 159, 160; *Madert,* Gebühren des Strafverteidigers, S. 54 Rdnr. 44).

68 **b) Gebührentatbestände bei Übergang vom Straf- zum OWi-Verfahren und umgekehrt.** Wird nach Einstellung des Verfahrens durch die Staatsanwaltschaft ein Bußgeldbescheid gegen den Beteiligten erlassen, gegen den der Beteiligte durch seinen Anwalt Einspruch einlegen läßt, erhält der Verteidiger für das Bußgeldverfahren vor der Verwaltungsbehörde einschließlich der evtl. Ermittlungen der Staatsanwaltschaft eine Gebühr nach § 105 I BRAGO und ggf. für das Bußgeldverfahren ohne HV vor dem Amtsrichter eine Gebühr nach § 105 II, § 84 I 3 BRAGO (wegen der Einzelheiten hierzu und der Darstellung an einem praktischen Beispiel vgl. *Chemnitz* AnwBl 1987, 524 [252]).

Im Ergebnis ist von dem Grundsatz auszugehen, daß das Ermittlungs**verfahren** der **Staatsanwaltschaft** wegen einer Verkehrsstrafsache und die Tätigkeit der Verfolgungsbehörde im **Bußgeldverfahren** zwei verschiedene Angelegenheiten sind, für die dem Verteidiger, der in beiden Verfahren tätig geworden ist, eine selbständige Gebühr entsteht (*Chemnitz* AnwBl 1987, 514; *Gerold/Schmidt/v. Eicken/Madert* § 105 Rdnr. 18 m. w. Nachw.; *Bücken/Baldus* AnwBl 1988, 47 [48]).

Andererseits ist bei **Überleitung** des Bußgeldverfahrens in ein **Strafverfahren**, z. B. bei dem Hinweis auf Änderung des rechtlichen Gesichtspunktes in der HV, daß wegen des Tatgeschehens auch eine Verurteilung wegen einer Straftat in Betracht kommt, das Verfahren als ein von vornherein als Strafverfahren geführtes Verfahren zu bewerten (vgl. *Lappe* NJW 1976, 1250 [1251]; zustimmend *Gerold/Schmidt/v. Eicken/Madert* § 105 Rdnr. 18).

3. Besondere Tatbestände

a) Rats- und Auskunftsgebühr. Für die Erteilung eines schriftlichen oder 69 mündlichen **Rates** oder einer **Auskunft** in einem Straf- und OWi-Verfahren bestimmt sich die Gebühr nach § 20 BRAGO (*Göttlich/Mümmler*, BRAGO, Stichw. Strafsachen, Rdnr. 8.4; *Madert* aaO, S. 91, 92 Rdnr. 71). Dient die Beauftragung des Anwaltes lediglich zur Prüfung der Aussichten eines Rechtsmittels und wenn hiervon abgeraten und ein Rechtsmittel nicht eingelegt wird, so ist § 20 II BRAGO nicht anwendbar. In diesem Fall erwächst eine Gebühr nach § 91 1 BRAGO (*Göttlich/Mümmler*, BRAGO, Stichw. Strafsachen, Rdnr. 8.4).

b) Gnadenantrag und Antrag auf Zahlungserleichterung. Für die Vertre- 70 tung in einer Gnadensache bestimmt sich die anwaltliche Gebühr nach § 93 BRAGO. Für einen Antrag auf Zahlungserleichterung für Geldstrafe und Verfahrenskosten erhält der Anwalt die Gebühr gem. § 91 BRAGO (vgl. *Gerold/Schmidt/v. Eicken/Madert* § 91 Rdnr. 4).

c) Bei Vertretung des Verletzten und Geschädigten. Bei Vertretung eines 71 Verletzten bzw. Geschädigten ergeben sich folgende Anwaltsgebühren:

aa) Für die Tätigkeit als Vertreter eines Nebenklägers erhält der Anwalt die 72 Vergütung gem. § 95 BRAGO in entsprechender Anwendung der Vorschriften der §§ 83, 93 BRAGO. Dem Nebenkläger kann **Prozeßkostenhilfe** bewilligt und ein Rechtsanwalt beigeordnet werden, wenn dies wegen der Schwere und Rechtslage geboten erscheint (vgl. *Göttlich/Mümmler*, BRAGO, Stichw. Nebenklage, Rdnr. 3.11; OLG Nürnberg AnwBl 1983, 466).

bb) Im **Adhäsionsverfahren** erhält der Rechtsanwalt neben den Gebühren 73 eines Verteidigers gem. §§ 89, 94 I, 95 BRAGO im ersten Rechtszug $^{15}/_{10}$, im Berufungs- und Revisionsverfahren $^{20}/_{10}$-Gebühren gem. § 31 BRAGO.

cc) Der – neuen – rechtlichen Vertretungsmöglichkeit des Verletzten nach 74 dem **Opferschutzgesetz** entspricht die Erweiterung des Tatbestandes des § 95 BRAGO, wonach unter anderem auch für die Tätigkeit des Rechtsanwaltes als Beistand oder Vertreter eines Verletzten die Vorschriften der §§ 83, 96 BRAGO sinngemäß gelten mit der Maßgabe, daß der Rechtsanwalt die Hälfte der Gebühren erhält (vgl. *Göttlich/Mümmler*, BRAGO, Stichw. Opferschutzgesetz; *Burmann*, Reform des Strafverfahrens, S. 104).

Die **Kosten** für die Heranziehung des **Beistandes** werden wie Nebenklagekosten 75 behandelt, sind also von dem verurteilten Angeklagten in entsprechender Anwendung der §§ 472 III 1, 473 I 2 StPO zu erstatten. Ebenso kann dem Verletzten, der zur Nebenklage berechtigt ist, **Prozeßkostenhilfe** bewilligt werden gem. § 406g III StPO (vgl. *Kleinknecht/Meyer* StPO § 406g Rdnrn. 4, 5; vgl. auch *Brieske*, Erstattung von Anwaltsgebühren durch Gegner und Dritte, S. 177ff.; vgl. G Rdnr. 89).

4. Die Gebühren-Höhe

76 **a) In Verkehrsstrafsachen.** Bei Tätigkeit des Verteidigers in einer Verkehrsstrafsache im **vorbereitenden Verfahren,** ohne daß es zu einer Hauptverhandlung kommt, bestimmt sich der Gebührenrahmen nach § 84 BRAGO. Wenn der Verteidiger tätig ist sowohl im vorbereitenden Verfahren als auch – ohne daß es zu einer **Hauptverhandlung** kommt – im gerichtlich anhängigen Strafverfahren, erhält der Anwalt die Gebühr des § 84 BRAGO doppelt. Bei Tätigkeit auch in der Hauptverhandlung ist § 84 BRAGO nicht anwendbar. Im Falle der Tätigkeit des Verteidigers in der Hauptverhandlung richtet sich die Gebühr nach § 83 BRAGO. Nach dieser Vorschrift richtet sich der Gebührenrahmen in erster Instanz danach, vor welchem Gericht des ersten Rechtszuges die Tat angeklagt wird.

77 Die **Bestimmung** der Gebühren bei Rahmengebühren richtet sich nach § 12 BRAGO. Hiernach bestimmt der Rechtsanwalt die Gebühr im Einzelfall unter Berücksichtigung aller Umstände, insbesondere der Bedeutung der Angelegenheit, des Umfanges und der Schwierigkeit der anwaltlichen Tätigkeit sowie der Vermögens- und Einkommensverhältnisse des Auftraggebers nach billigem Ermessen die Gebührenhöhe (vgl. zu den Voraussetzungen und Umständen des § 12 BRAGO im einzelnen *Schmid/Baldus*, S. 31 ff.; vgl. auch *Himmelreich/Bükken*, Verkehrsunfallflucht, Checkliste für Gebührenrechnungen in Straf- und OWi-Sachen, S. 162 ff., auch abgedruckt in: *Buschbell* aaO, S. 234 ff.).

78 In **Verkehrsstrafsachen** dürfte regelmäßig **zumindest** die **Mittelgebühr** gerechtfertigt sein. Es gilt nämlich der Grundsatz, daß von der Mittelgebühr auszugehen ist, wenn keine Umstände erkennbar sind, die eine Erhöhung oder eine Ermäßigung rechtfertigen (vgl. im einzelnen *Gerold/Schmidt/v. Eicken/Madert* § 12 Rdnr. 10 m. w. Nachw. und Einzelbeispielen für die Erhöhung der Verteidigergebühren über den Mittelwert in Verkehrsstrafsachen).

Ein besonderer gesetzlicher Gebührenrahmen gem. § 88 BRAGO kommt in Betracht bei Entziehung der Fahrerlaubnis oder bei Fahrverbot. In diesem Fall ist eine Überschreitung der anwaltlichen Gebühren gem. § 88 Satz 3 BRAGO des Gebührenrahmens um 25 von 100 möglich, allerdings erst wenn der gesetzliche Gebührenrahmen der §§ 83, 84, 105 I BRAGO nicht ausreichend ist.

79 **b) In Verkehrs-OWi-Sachen.** Im **Bußgeldverfahren** vor der Verwaltungsbehörde und dem sich anschließenden Verfahren bis zum Eingang der Akten bei Gericht richtet sich die **Anwaltsgebühr nach § 105 I BRAGO.** Bei dieser Gebühr handelt es sich um eine Betragsrahmengebühr im Sinne von § 12 I BRAGO. Auch im Bußgeldverfahren sind die zu **§ 12 BRAGO** entwickelten **Grundsätze** zu beachten und anzuwenden. Nach dieser Begründung im Regierungsentwurf (BT-Drucks 7/3243 unter Nr. 52) soll durch die Verselbständigung der Gebühr für die Tätigkeit im gerichtlichen Verfahren der Auffassung entgegengewirkt werden, daß im Bußgeldverfahren in der Regel geringere Gebühren als im amtsgerichtlichen Verfahren, dem ein staatsanwaltliches Ermittlungsverfahren vorangegangen ist, angebracht sind (vgl. im einzelnen *Schmid/Baldus* aaO, S. 57). Auch im Verkehrsordnungswidrigkeitenverfahren ist der Gebührenrahmen des § 105 BRAGO uneingeschränkt anzuwenden, abgestellt auf den Einzelfall. Maßgebend sind die Bemessungskriterien des § 12 BRAGO. Die Gebührenbemessung des Anwaltes kann vom Rechtspfleger oder Richter nur abgeändert werden, wenn eine Abweichung von mehr als 20% vorliegt (ZfS 1992, S. 134).

In durchschnittlichen **Verkehrsordnungswidrigkeitssachen** ist der Ansatz der **Mittelgebühr** gerechtfertigt (vgl. hierzu ausf. mit Darstellung des Meinungsstandes *Gerold/Schmidt/v. Eicken/Madert* § 105 Rdnr. 17; *Chemnitz* AnwBl 1987, 515 m.w.N. zur Rechtfertigung der Mittelgebühr, insbesondere auch *Chemnitz* AnwBl 1985, 140 [141]). Es ist gerechtfertigt, bei den Verkehrsordnungswidrigkeiten auch zu differenzieren nach dem zugrunde liegenden Sachverhalt. Von der Mittelgebühr ist in den Fällen auszugehen, in denen die Ordnungswidrigkeiten einen Verkehrsunfall zur Folge hatten oder eine Geldbuße verhängt ist, die gleichzeitig zu einer Eintragung in der Verkehrszentralkartei führt (vgl. auch *Schmid/Baldus* aaO, S. 58). Im übrigen ist hinzuweisen auf die von *Baumgärtel* (VersR 1978, 581) entwickelte und von einigen Gerichten übernommene Tabelle. Die Ermittlung des Gebührenrahmens bzw. der Gebühr erfolgt nach verschiedenen Bemessungskriterien (vgl. hierzu im einzelnen *Schmid/Baldus* aaO, S. 47, speziell Fußnote 17).

Es kann von dem Grundsatz ausgegangen werden, daß dem Anwalt in einem Fall, der in jeder Hinsicht dem Durchschnitt entspricht, grundsätzlich die Mittelgebühr zusteht (vgl. *Beck*, OWi-Sachen im Straßenverkehrsrecht, Rdnr. 104 m.w. Nachw. aus Literatur und Rechtsprechung; vgl. auch *Bücken/Baldus* AnwBl 1988, 47ff.).

IX. Beratungs- und Prozeßkostenhilfe im Verkehrsstraf- und OWi-Recht

In Straf- und Bußgeldsachen wird gem. § 2 I und II BerHG **Beratungshilfe** 80 gewährt, jedoch nur für die Beratung und nicht für eine weitere Vertretung. Voraussetzung ist, daß der Anwalt nach § 1 I BerHG zur Wahrnehmung von Rechten außerhalb eines gerichtlichen Verfahrens in Anspruch genommen wird. Das Ermittlungsverfahren bei der Staatsanwaltschaft ist kein gerichtliches Verfahren, so daß für die Vertretung im Ermittlungsverfahren Beratungshilfe in Betracht kommt (vgl. hierzu im einzelnen und hinsichtlich der Vergütung *Schmid/Baldus*, S. 79). Ebenso kommt Beratungshilfe in Betracht für die Stellung eines Gnadenantrages und bei Straferlaß im Gnadenwege, da es sich hierbei um ein verwaltungsrechtliches Verfahren handelt (*Schmid/Baldus*, S. 79).

Prozeßkostenhilfe kommt für den Beschuldigten, Angeklagten oder Betroffenen nicht in Betracht. Hier gelten ausschließlich die Vorschriften der §§ 140ff. mit Ausnahme des Adhäsionsverfahrens, für das gem. § 404 V StPO Prozeßkostenhilfe in Betracht kommt (*Schmid/Baldus*, S. 79ff.).

2. Teil. Straßenverkehrszivilrecht

I. Außergerichtliche Geltendmachung und Durchsetzung von Haftpflichtansprüchen

Sicherheit und **Schnelligkeit** sind bei der Abwicklung von Verkehrsschaden- 81 fällen für den Anwalt das wichtigste Erfolgsrezept. Besonders bei der Abwicklung von materiellen Schäden, und hierbei insbesondere beim Fahrzeugschaden, ergeben sich wirtschaftliche Nachteile für den Mandanten und Geschädigten, wenn nicht schnellstens die finanziellen Mittel als Schadensausgleich, also insbesondere die Reparaturkosten oder Kosten für die Neuanschaffung eines Fahrzeuges zur Verfügung stehen. Verkehrsschadenangelegenheiten sind andererseits Mandate, die für eine schnelle Abwicklung geeignet sind, wenn die Korrespondenz und Abwicklung optimal organisiert sind (vgl. 3. Teil: Nutzung moderner Techniken bei der Unfallabwicklung, Rdnrn. 240 ff.).

1. Feststellung des Schädigers, seiner Versicherung und sonstiger Beteiligter

82 Die **Feststellung des Schädigers,** seiner Versicherung und sonstiger Beteiligter ist die erste Voraussetzung für eine schnelle und rationelle Abwicklung von Unfallschadenangelegenheiten. Bei polizeilich aufgenommenen Schadenfällen können der Name des Halters, des Fahrers, sowie das Kennzeichnen und evtl. auch die Versicherungen über die Polizei erfragt werden. Bei der zuständigen Polizeibehörde sind Unfallvorgänge registriert nach Ort und Unfallzeitpunkt. Wenn lediglich das Kennzeichen und nicht die Versicherung oder Name des Halters bekannt sind, können beim Straßenverkehrsamt, das das Kennzeichen des beteiligten gegnerischen Fahrzeuges ausgegeben hat, der Name des Halters sowie die Versicherungsgesellschaft und Versicherungsscheinnummer erfragt werden. Auskunft über Versicherer und Versicherungsscheinnummer sowie über die für die Regulierung zuständige Stelle (Direktion oder Filiale der beteiligten Versicherungsgesellschaft) können erfragt werden über den **Zentralruf der Autoversicherer** (wegen der wichtigen Erstinformationen und Sofortmaßnahmen vgl. *Fleischmann/Schulze,* Verkehrshaftpflicht- und Verkehrsversicherungsrecht, 1. Kapitel, S. 1).

83 Ein besonderes Regulierungssystem gilt für **Massenunfälle.** Dieses Regulierungssystem wird angewandt bei Massenunfällen, und zwar bei einer Mindestzahl von 50 verunfallten Fahrzeugen – bei 20–49 bei Vorliegen besonderer Verhältnisse –. Hierzu hat der HUK-Verband eine Sonderregelung getroffen (vgl. Sonderrundschreiben K 31/76 und K 99/77; siehe hierzu *Becker/Böhme,* Rdnr. 275). Hiernach werden dem Geschädigten schwierige Feststellungen darüber, wer für den Schaden verantwortlich ist, abgenommen. Bei Massenunfällen wird durch eine Lenkungskommission in Zusammenarbeit mit der zuständigen Landespolizeistelle festgelegt und einem Versicherer wird die Abwicklung der Schadenersatzansprüche übertragen. Hierbei erfolgt die **Regulierung nach Sach- und Rechtslage,** also entsprechend der gegebenen Betriebsgefahr und einem möglichen Mitverschulden. Wenn eine vergleichsweise Regelung nicht möglich ist, erfolgt Klaglosstellung. Jedoch kann die Klage nicht gegen den Versicherer gerichtet werden, der den Schaden abwickelt, sondern sie kann nur gegen den/die für den Schaden haftpflichtigen Fahrer/Halter bzw. dessen Haftpflichtversicherung erhoben werden (vgl. im einzelnen *Becker/Böhme* aaO, Rdnr. 75).

2. Möglichkeiten der vorprozessualen Beweissicherung

84 Eine wichtige aber selten genutzte Möglichkeit und häufige Notwendigkeit für die sachgerechte Abwicklung von Unfallschadenangelegenheiten ist die – vorprozessuale – Beweissicherung. In eventuell späteren Prozessen können meistens Spuren nicht mehr gesichert und ausgewertet werden. Deshalb ist es bei nicht eindeutigen Unfallsachverhalten empfehlenswert, **Spuren zu sichern.** Dies gilt vornehmlich bei Unfallgeschehen, die nicht polizeilich aufgenommen

worden sind. Aber auch bei erfolgter polizeilicher Unfallaufnahme kann eine private Beweissicherung erforderlich sein, weil nicht immer mit Sicherheit angenommen werden kann, daß die aufnehmenden Polizeibeamten alle in Betracht kommenden, für den Mandanten wichtigen Spuren gesichert haben.

a) **Vor- und außerprozessuale Beweissicherung.** Als Möglichkeit der außergerichtlichen Beweissicherung kommt in Betracht, einen vereidigten **Sachverständigen** zu beauftragen, Unfallspuren zu sichern und hierüber ein Unfallursachengutachten zu erstellen. Ein solches Gutachten ist nicht nur wichtig für die Durchsetzung der eigenen Ansprüche gegenüber der gegnerischen Versicherung, sondern evtl. von Bedeutung für die Abwehr von Ansprüchen und schließlich evtl. auch bei der Verteidigung in einem möglichen Straf- und OWi-Verfahren. 85

Auch kann es für den Anwalt wichtig sein, die **Unfallstelle** selbst zu **besichtigen.** Dies sollte nur grundsätzlich nicht geschehen im Hinblick auf eine etwaige Zeugenstellung des Anwaltes, sondern für eine bessere Information zur Darstellung des Unfallgeschehens. Der engagierte Anwalt wird die hiermit verbundenen Mühen zur besseren Interessenvertretung seines Mandanten nicht scheuen. 86

Schließlich ist auch daran zu denken, daß der Anwalt sich um die alsbaldige **Aufnahme von Zeugenaussagen** zur Vorlage bei der Versicherung bemüht (wegen der standesrechtlichen Zulässigkeit und Problematik der Aufnahme von Zeugenaussagen vgl. Rdnr. 3). 87

Als Kostenträger für die **Kosten** der außerprozessualen Beweissicherung, z. B. der Sachverständigenkosten (s. dazu näher unten Rdnr. 120), kommt Eintrittspflicht der Rechtsschutzversicherung nicht in Betracht. Es ist daran zu denken, diese Kosten bei außerprozessualer Schadenregulierung der gegnerischen Versicherung zu überbürden oder im Falle eines nachfolgenden Prozesses als notwendige Kosten gem. § 91 ZPO geltend zu machen. 88

b) **Selbständiges Beweisverfahren nach §§ 485 ff. ZPO.** Seit dem 1. 4. 1991 tritt an die Stelle des bisherigen Beweissicherungsverfahrens das **selbständige Beweisverfahren.** Zu den Arten des Beweisverfahrens vgl. A I Rdnr. 92 ff. Speziell kann auch Gegenstand der Beweisaufnahme und damit des Antrages sein die Feststellung der Ursache eines Personen- oder Sachschadens (vgl. A I, Rdnr. 96 ff.). Ein gerichtliches **Beweisverfahren** kommt zur Beweissicherung von Unfallspuren bzw. zur Unfallrekonstruktion in Betracht. Wichtig ist hierbei die klare Formulierung des Beweisthemas. 89

Als **Kostenträger** für die Kosten des selbständigen Beweisverfahrens kommt die ggf. zugunsten des Mandanten bestehende **Rechtsschutzversicherung** gem. § 2 I e ARB in Betracht.

3. Materiellrechtliche Haftungsgrundlagen

a) **Der richtige Anspruchsberechtigte und Stellvertreter.** Bei der Geltendmachung von Haftpflichtansprüchen aus Anlaß eines Straßenverkehrsunfalles ist zunächst zu prüfen, wer als Anspruchsberechtigter für entstandene Schäden in Betracht kommt. In der Praxis wendet sich regelmäßig der geschädigte **Fahrzeughalter** zwecks Mandatserteilung an den Anwalt. Im Gespräch ist dann zu klären, ob auch **weitere Personen** aus Anlaß des Unfalles Schäden erlitten haben und vertreten werden sollen, z. B. der Fahrer, wenn dieser nicht identisch ist mit dem Halter oder Beifahrer. Dies gilt auch für Familienangehörige, z. B. die 90

B IX
Der Straßenverkehrsfall

Ehefrau oder Kinder als Beifahrer. Hierbei muß stets die Problematik und Gefahr einer möglichen **Interessenkollision** beachtet werden. Für jedes angenommene Mandat empfiehlt es sich, eine **separate Akte oder Teilakte** anzulegen; sowohl wegen der notwendigen klaren Trennung der Darlegungen zu den Anspruchsvoraussetzungen, den in Betracht kommenden Ansprüchen sowie auch wegen der Übersicht der finanziellen Abwicklung.

Von jedem Mandanten ist separat eine Vollmacht zur Interessenvertretung entgegenzunehmen. Soweit **Minderjährige** als Anspruchsberechtigte vertreten werden ist darauf zu achten, daß eine ordnungsgemäße Vollmacht von dem oder den gesetzlichen Vertretern unterzeichnet wird. Bei Schwerverletzten, die aufgrund der erlittenen Verletzungen nicht imstande sind, Vollmacht zu erteilen, muß eine Betreuerbestellung beantragt werden (§ 1896 II BGB).

91 aa) Wegen der für **Halter** und/oder **Fahrer** in Betracht kommenden Ansprüche vgl. Rdnr. 117ff.

92 bb) Gegenüber **Insassen** kommt eine Haftung des Halters bzw. seiner Haftpflichtversicherung in Betracht, und zwar bei unentgeltlicher Beförderung. Verwandtschaftsverhältnisse, also zwischen Ehegatten und Eltern und Kindern sind nicht haftungsausschließend oder haftungsbeschränkend (vgl. *Becker/Böhme*, Rdnr. 164). Auch der **als Beifahrer beteiligte Halter** kann gegenüber dem Fahrzeugführer z. B. auch gegen den Ehegatten, der schuldhaft einen Unfall verursacht hat, bzw. gegenüber der – eigenen – Haftpflichtversicherung Ansprüche geltend machen (wegen der Besonderheiten bei geschäftsmäßiger und entgeltlicher Personenbeförderung etc. vgl. *Becker/Böhme* aaO, Rdnr. 164).

93 cc) Als sonstige Berechtigte kommen auch **mittelbar Geschädigte** in Betracht, abweichend von dem Grundsatz, daß nur der unmittelbar Geschädigte Schadenersatzansprüche geltend machen kann. Zu den in Betracht kommenden anspruchsberechtigten mittelbar Geschädigten gehören die **Erben,** die **Unterhaltsberechtigten** und diejenigen Personen, denen gegenüber der Geschädigten zu **Dienstleistungen verpflichtet** war. Ein Anspruch besteht nur, wenn auch der Schadensersatzanspruch des unmittelbar Geschädigten bestanden hätte (vgl. *Becker/Böhme* aaO, Rdnr. 496; wegen der in Betracht kommenden Ansprüche vgl. Rdnr. 132). Bei der Tötung des Vaters eines noch nicht geborenen Kindes oder der Verletzung der Mutter eines noch nicht geborenen Kindes kommen Unterhaltsansprüche oder Ansprüche aus gesundheitlichen Schäden in Betracht. Zur Geltendmachung bzw. Sicherung dieser Ansprüche ist die Anordnung einer Pflegschaft für Leibesfrucht gem. § 1912 BGB erforderlich (vgl. *Himmelreich/Klimke*, Kfz-Schadenregulierung, Rdnr. 159).

94 b) **Haftungstatbestände. aa) Gefährdungshaftung gem. § 7 StVG.** Die **Haftung des Halters** entfällt nur dann, wenn und soweit für diesen ein unabwendbares Ereignis im Sinne von § 7 II StVG vorliegt. Mieter eines Kfz kann neben dem Vermieter auch Halter sein, jedenfalls bei gewisser zeitlicher Dauer der Gebrauchsüberlassung (*BGH NJW* 1992, 900 = *NZV* 1992, 145).

Bei Überschreiten der Richtgeschwindigkeit kann der Kraftfahrer sich nicht auf die Unabwendbarkeit des Unfalls im Sinne von § 7 II StVG berufen, es sei denn er weist nach, daß es auch bei einer Geschwindigkeit von 130 km/h zu dem Unfall mit vergleichbar schweren Folgen gekommen wäre (*BGH NJW* 1992, S. 1684ff.). Es ist für die Ansprüche des Geschädigten von besonderer Bedeutung, ob lediglich Gefährdungshaftung gem. § 7 StVG oder auch Verschuldenshaftung durchsetzbar ist. Bei lediglich gegebener Gefährdungshaftung gem. § 7 StVG kommen nämlich lediglich Ansprüche auf Ersatz materieller Schäden in Betracht und nicht der Anspruch auf Schmerzensgeld. Für den mit der Durchsetzung von Schadensersatzansprüchen befaßten Anwalt ist es daher stets von besonderer Wichtigkeit, daß bei streitiger Haftungslage die Ansprüche auch aus Verschulden durchgesetzt werden. In den Bereich der Verschuldenshaftung fällt auch die Haftung des Trägers der Straßenbaulast wegen Verletzung der Verkehrssicherungspflicht, z. B. Verletzung der Streupflicht (vgl. hierzu Checkliste zur Streupflicht in DAR 1989, S. 76f., Stichwort DAR-Service oder auch bei falscher Beschaffenheit von Bodenschwellen *BGH* DAR 1991, S. 378 = NZV 1991, S. 385; vgl. B VII Rdnrn. 1ff., 66).

Aus **Gefährdungshaftung gem. § 8a StVG** haftet auch der Kraftfahrzeughalter gegenüber den Insassen, wenn es sich um eine entgeltliche geschäftsmäßige Personenbeförderung handelt (*Becker/Böhme* aaO, Rdnr. 152). 95

bb) Der **Fahrzeugführer** haftet aus Verschulden gem. **§ 18 StVG**, und zwar mit umgekehrter Beweislast. Er haftet nach § 18 I 2 StVG nicht, wenn er nachweist, daß der Unfall nicht durch sein Verschulden verursacht ist (*BGH* DAR 1983, 227, ZfS 1984, 293). 96

Bei nicht geschäftsmäßiger Beförderung ist also Voraussetzung für die Haftung gegenüber dem Beförderten immer, daß den Kraftfahrzeughalter bzw. seinen Erfüllungsgehilfen, den Fahrer (§ 278 BGB) ein Verschulden trifft. 97

Als **weitere Tatbestände der Verschuldenshaftung** kommt in Betracht die Vorschrift des § 823 II BGB – im Rahmen des Schutzbereichs dieser Norm – die Haftung des Geschäftsherrn gem. Im § 831 BGB, die Ersatzpflicht der Eltern, der Verletzung der Aufsichtspflicht gem. § 832 BGB, die Tierhalterhaftung nach § 833 BGB sowie Amtshaftung nach § 839 BGB, Art. 34 GG, letzterer Tatbestand jedoch mit der Besonderheit der haftungseinschränkenden Substidiavitätsklausel. Ebenso kommt Verschuldenshaftung bei Billighaftung nach § 829 BGB in Betracht sowie die Haftung Minderjähriger gem. § 828 BGB. 98

cc) Als **sonstige Haftungstatbestände** für die Ansprüche des Geschädigten kommen in Betracht die Haftung 99
- aus **Beförderungsvertrag**, also des Fahrgastes (vgl. *BGH* VersR 1954, 303- Hans Albers-Fall),
- speziell die **Haftung bei Fahrgemeinschaften** (vgl. hierzu *Becker/Böhme* aaO, Rdnr. 161),
- aus **Kaufvertrag**, z. B. die Haftung des Kfz-Händlers gegenüber dem Käufer bei Probefahrt,
- aus **Auftrag**, z. B. bei Überführungsfahrten (vgl. *BGH* VersR 1969, 49),
- sowie aus **Geschäftsführung ohne Auftrag**, z. B. bei Hilfeleistung (vgl. Zusammenstellung der Rechtsprechung bei *Fleischmann/Schulze* aaO, 4. Kapitel).

Besonderheiten gelten für die **Haftung öffentlichrechtlicher Körperschaften,** z. B. bei Fahrten in Ausübung des Hoheitsrechtes sowie für Schäden infolge von Fehlern im Zulassungsverfahren und bei Pflichtverletzungen zur Sicherung des Verkehrs (vgl. *Becker/Böhme* aaO, Rdnrn. 290, 291ff.). 100

c) Ausschluß der Haftung. Der mögliche Ausschluß der Haftung spielt bei der Durchsetzung von Haftpflichtansprüchen häufig eine wichtige Rolle. Haftungseinwendungen muß der mit der Durchsetzung der Ansprüche befaßte Anwalt wirksam beggnen. Andererseits muß dem mit der Abwicklung von Verkehrsschadenfällen befaßten Anwalt stets bewußt sein, welche Tatbestände von 101

vornherein eine Haftung ausschließen, damit nicht bei dem Mandanten falsche Erwartungen auf eine Entschädigung oder unnötige Kosten und damit die Gefahr von Haftpflichtansprüchen erwachsen.
Haftungsausschlüsse können sich aus besonderen Beziehungen zwischen Schädiger und Geschädigtem ergeben, z. B. aus dem Verhältnis zwischen Mieter und Vermieter, Arbeitgeber und Arbeitnehmer sowie bei Ehegatten (*Gerlach*, Die Rechtsprechung des *BGH* zum Verkehrshaftpflichtrecht, DAR 1992, S. 201 [205]).

102 aa) Ein **Haftungsverzicht** kann in Betracht kommen bei Gefälligkeitsfahrten aufgrund stillschweigendem Haftungsverzicht. Nach der Rechtsprechung kommt dies jedoch nur in Ausnahmefällen und dann nur bei leichter Fahrlässigkeit in Betracht (vgl. BGH VersR 1965, 387, VersR 1978, 625). Etwas anderes gilt lediglich bei vertraglichem Haftungsausschluß, z. B. zwischen Fahrer und Insassen und im Familienkreis (vgl. *Becker/Böhme* aaO, Rdnr. 166).

103 bb) Ein Ausschluß der Haftung ist von vornherein gegeben gem. § 8 StVG für Personen, die beim **Betrieb des Kraftwagens tätig** sind. Beim Betrieb tätig sein können der Fahrer, Beifahrer und z. B. der Schaffner eines Omnibusses. Eine Haftung ist nur bei nachgewiesenem Verschulden gegeben (*Becker/Böhme* aaO, Rdnrn. 173, 174).

104 Weiter ist ein Ausschluß der Haftung gegeben bei **Arbeitsunfällen** gem. §§ 636, 637 RVO und **bei Soldaten** gem. § 91a SVG. (Wegen der Problematik im einzelnen vgl. *Becker/Böhme* aaO, Rdnr. 176ff.).

4. Anspruchsschreiben

105 a) **Fahrer – Halter und Versicherung.** Es ist zu empfehlen, das Anspruchsschreiben direkt an die **Versicherungsgesellschaft** des Schädigers zu richten. Nach § 3 PflVG besteht ein **Direktanspruch** des Geschädigten gegen die Haftpflichtversicherung des Schädigers. Durch Anschreiben an den Schädiger oder dessen Vertreter ergeben sich häufig Verzögerungen oder sogar unnötige und unsachliche Korrespondenz. **Bei Beteiligung** eines **ausländischen Schädigers** ist der HUK-Verband anzuschreiben, evtl. gleichzeitig unter Beifügung des Anspruchsschreibens zur Weiterleitung an die zu beauftragende Versicherungsgesellschaft.

106 Das Anspruchsschreiben muß zur Vermeidung von Verzögerungen die für die Bearbeitung auf seiten der Versicherungsgesellschaft erforderlichen Angaben enthalten. Die **erforderlichen Angaben** sind: Versicherung, Versicherungsscheinnummer, Kennzeichen des beteiligten Fahrzeuges, Unfallort und Zeitpunkt des Unfalles sowie Angaben darüber, ob der Unfall polizeilich aufgenommen worden ist oder nicht. Unbedingt sollte dem Anspruchsschreiben bereits beigefügt werden der Fragebogen für Anspruchsteller gem. Muster des HUK-Verbandes.

107 b) **Beteiligung des HUK-Verbandes.** Bei Beteiligung eines ausländischen Fahrzeuges beauftragt der HUK-Verband ein deutsches Versicherungsunternehmen oder Regulierungsbüro mit der Regulierung des Schadens. Es ist deshalb der HUK-Verband, 2000 Hamburg 1, Glockengießerwall 1, anzuschreiben und um die Beauftragung eines deutschen Versicherungsunternehmens oder eines Regulierungsbüros zu bitten. Der **HUK-Verband** selbst **haftet nicht** für Aufwendungen anläßlich von Unfällen ausländischer Kraftfahrzeuge (vgl. *LG*

Hamburg ZfS 1981/5 = VersR 1980, 1031; vgl. Bearbeitung von Kraftverkehrsschäden – Mitwirkung des HUK-Verbandes – Stand 1.1. 1987, abgedruckt AnwBl 1987, 593 [594]).

c) Verkehrsopferhilfe. Eintrittspflicht der Verkehrsopferhilfe kommt in Betracht: 108
– bei **Unfallflucht** wird Sachschaden mit Ausnahme des Kfz-Schadens ersetzt, der einen Betrag von 1000 DM übersteigt, sowie Schmerzensgeld in besonders schweren Fällen.
– bei **nicht versicherten Kraftfahrzeugen** erfolgt die Regulierung im Rahmen des § 158 c VVG bei „krankem" Versicherungsverhältnis sowie
– bei **Vorsatztat** im Bereich des Verkehrsrechts (vgl. im einzelnen *Weber*, Der Entschädigungsanspruch gegen den Verein „Verkehrsopferhilfe", DAR 1987, 333 ff.; vgl. auch B VIII, Rdnr. 55).

d) Solidarhilfe. Eintrittspflicht der **Solidarhilfe-Einrichtung** der Kraftfahrzeughaftpflichtversicherer in der Bundesrepublik Deutschland kommt in Betracht bei Zahlungsunfähigkeit eines in der Bundesrepublik Deutschland zugelassenen und der Einrichtung beigetretenen Kraftfahrzeugversicherungsunternehmens (vgl. wegen der Einzelheiten *Becker/Böhme* aaO, Rdnrn. 1059 ff.). 109

5. Bestimmung der Haftungsquote

a) Allgemeines. Schon bei der – auch außerprozessualen – Festlegung der Quote der geltend zu machenden Ansprüche muß der mit der Durchsetzung von Haftpflichtansprüchen aus Verkehrsunfällen befaßte Anwalt sich ein klares Bild machen über die **Durchsetzbarkeit der** geltend zu machenden **Ansprüche.** 110

Zum einen ist es sicherlich wichtig, eine günstige Position zu begründen für evtl. notwendige außergerichtliche Vergleichsverhandlungen, zum anderen darf hierbei nicht die Gefahr übersehen werden, daß bei einer zu weit gehenden und nicht realistischen Position bei dem Mandanten über die Höhe seiner Ansprüche eine zu hohe Erwartungshaltung geweckt wird mit der Folge, daß der Anwalt es bei einem wesentlich niedrigeren Vergleichsergebnis schwer hat, den Mandanten von der Angemessenheit eines Vergleiches zu überzeugen. In einem solchen Fall besteht oft die Gefahr, daß der Mandant selbst dann, wenn schließlich ein angemessenes Vergleichsergebnis erzielt ist, mit diesem unzufrieden ist, weil ihm ursprünglich ein unrealistisches Bild für die Durchsetzbarkeit der Ansprüche dargestellt worden ist. Der Mandant sollte in Angelegenheiten, in denen die Festlegung der Quote streitig ist, in Informationsschreiben darüber belehrt werden, daß die zunächst gegenüber der Gegenseite geltend gemachte Haftungsquote höher in Ansatz gebracht wurde, um eine günstige Verhandlungsposition für notwendige Verhandlungen zu erreichen. Jedenfalls aber sollte der Anwalt bei unklarer Haftungslage von vornherein bei der Festlegung der geltend zu machenden Quote sachlich fundiert argumentieren unter Berücksichtigung der einschlägigen Rechtsprechung und der wechselseitigen Beweismöglichkeiten. 111

b) Unabwendbarkeit im Sinne von § 7 II StVG und Haftungserteilung gem. § 17 StVG. Für die **Bestimmung der Haftungsquote** gegenüber dem Halter und Fahrer des gegnerischen Fahrzeuges ist von vornherein entscheidend die Frage, ob und inwieweit der Nachweis der Unabwendbarkeit möglich ist. Nach § 7 II StVG ist die Haftung des Halters für den bei dem Betrieb des Kfz entstandenen Schaden ausgeschlossen, wenn der Unfall auf seiten des Schädigers 112 unabwendbar war. Für den sorgfältig arbeitenden Anwalt ist es unumgänglich, im Einzelfall die hierzu ergangene differenzierte Rechtsprechung im einzelnen zu überprüfen (vgl. hierzu z. B. *Jagusch/Hentschel,* Straßenverkehrsrecht, § 17 StVG Rdnrn. 11 ff.).

113 Zur **Typisierung der Haftungsverteilung** sind sogenannte „Quotentabellen" entwickelt worden (vgl. *Jagusch/Hentschel* aaO, § 17 StVG Rdnr. 20 unter Hinweis auf Dt. VGT 1985, 253; *Bursch/Jordan* VersR 1985, 512 ff.; *Grüneberg,* Haftungsquoten bei Verkehrsunfällen).

Für den **Kraftfahrzeugführer** gilt nicht die Gefährdungshaftung, sondern Verschuldenshaftung mit umgekehrter Beweislast (vgl. *Becker/Böhme,* Rdnr. 140).

Für den Anwalt ist es wichtig, die Regeln der **Beweislastverteilung** zu kennen und zu beachten (vgl. hierzu im einzelnen *Lepa,* Beweislast und Beweiswürdigung im Haftpflichtprozeß, S. 10 ff.).

114 c) **Die gesamtschuldnerische Haftung.** Bei der Geltendmachung von Haftpflichtansprüchen **für einen verletzten Dritten,** also z. B. einen Insassen, ist bei der Durchsetzung der Ansprüche zu beachten, daß gegenüber dem verletzten Dritten die gesamtschuldnerische Haftung gem. §§ 840 I, 421–426 BGB bestehen bleibt. Dies bedeutet in der Praxis, daß für einen Insassen bei auch nur quotenmäßiger Haftung des Unfallgegners Schadenersatz stets in voller Höhe geltend zu machen und durchzusetzen ist gegenüber dem Unfallgegner aus dem Gesichtspunkt der gesamtschuldnerischen Haftung.

6. Die in Betracht kommenden Ansprüche

115 a) **Allgemeine Überlegungen.** Bei der Prüfung der in Betracht kommenden Ansprüche sollte der Anwalt differenzieren zwischen den in Betracht kommenden **Anspruchsberechtigten** und den **Anspruchsarten.** Es ist empfehlenswert, für jeden in Betracht kommenden Anspruchsberechtigten, so z. B. für die Ansprüche des Halters, des Fahrers z. B. wegen seiner Schmerzensgeldansprüche oder sonstiger Beifahrer oder wegen des Lohnfortzahlungsanspruches des Arbeitgebers jeweils getrennte Aktenvorgänge oder Teilakten anzulegen. Dies empfiehlt sich, um Übersicht in der Korrespondenz und in der finanziellen Abwicklung zu behalten und nicht zuletzt auch im Hinblick auf die Abrechnung der Gebühren. Die Geltendmachung von Schadensersatzansprüchen für jeden separaten Berechtigten ist jeweils nämlich eine **selbständige Angelegenheit** im Sinne des Gebührenrechts (vgl. *Chemnitz* AnwBl 1987, 119 ff.). Im Rahmen dieser Abhandlung ist es nicht möglich, zu allen in Betracht kommenden Anspruchspositionen alle tatsächlichen und rechtlichen Problempunkte aufzuzeigen. Vielmehr können und sollen lediglich – gleichsam als Überblick – die einzelnen Anspruchspositionen angeführt werden unter Hinweis auf weiterführende Literatur. Die nachfolgende Darstellung der in Betracht kommenden Anspruchspositionen unterscheidet zwischen den Ansprüchen des **unmittelbar** Geschädigten – und – Ansprüchen des **mittelbar Geschädigten.**

116 b) **Die Ansprüche der unmittelbar Geschädigten. aa) Sachschaden** (vgl. auch B VII Rdnr. 11). Beim Kraftfahrzeugschaden sind die wichtigsten Schadenpositionen:
– Reparaturschaden
– Totalschaden, und zwar „echter" und „unechter".

Beim Reparaturschaden sind grundsätzlich die Kosten gemäß Reparaturrechnung zu erstatten. Auch kann der Geschädigte Ersatz der Reparaturkosten auf der Grundlage eines Schätzgutachtens beanspruchen, auch wenn er die Reparatur tatsächlich durchführen läßt (*BGH* NZV 1989, 465 = NJW 1989, 3009 = ZfS 1989, 299f.; *LG Köln* NZV 1990, 119)

Der Geschädigte kann die Reparatur auch durchführen lassen und Ersatz der Reparaturkosten beanspruchen, wenn die Reparaturkosten den Wiederbeschaffungswert des Fahrzeuges um bis zu 30% übersteigen (so z.B. *OLG Düsseldorf* NJW 1989, 1041). Der *BGH* hat nunmehr grundsätzlich entschieden, daß bei der Berechnung des Wiederbeschaffungswertes, der Bezugsgröße für die 100%-Grenze ist, dieser nicht um den Restwert, also um den erzielten oder erzielbaren Verkaufserlös aus den Restwerten zu kürzen ist (*BGH* Grundsatzurteile vom 15. 10. 1991 VI ZR 314/90 u. 67/91 in: *BGHZ* 115, 364 u. 375 = NJW 1992, 302 u. 305 = DAR 1992, 22 u. 25 = VersR 1992, 61 u. 64 = NZV 1992, 66 u. 68. Zum dogmatischen Grundverständnis dieser Entscheidungen und speziell zum Verhältnis der §§ 249, 251 BGB vgl. *Gerlach* DAR 1992, S. 201f.). Dies gilt auch, wenn der Geschädigte auf der Grundlage eines Gutachtens ohne Durchführung der Reparatur abrechnet (*BGH* Urteil vom 21. 1. 1992 VI ZR 142/91, DAR 1992, S. 172; zur 130%-Grenze bei Kraftfahrzeugreparaturkosten vgl. auch *Weber* DAR 1991, S. 1ff.).

Bei einem – **echten** – **Totalschaden** des Fahrzeuges ist der Wiederbeschaffungswert zu ersetzen. Ein echter Totalschaden liegt auch vor, wenn das Fahrzeug zwar reparaturfähig, aber nicht reparaturwürdig ist. In diesem Fall liegt ein „wirtschaftlicher" Totalschaden vor, bei dem die Wiederherstellungskosten erheblich höher sind als eine Ersatzbeschaffung. Jedoch kann der Geschädigte die Reparatur durchführen lassen und Ersatz der Reparaturkosten beanspruchen (zur Berechnung der 130%-Grenze vgl. vorstehend Rdnr. 106). Der Geschädigten ist mangels entsprechender Übung grundsätzlich nicht verpflichtet, der Versicherung des Schädigers Gelegenheit zur Abgabe eines – höheren – Restwertangebotes zu geben, bevor er das beschädigte Fahrzeug auf der Grundlage des eingeholten Sachverständigengutachtens veräußert (*LG Aachen* ZfS 1992, 196). Er verstößt nicht gegen die Schadensminderungspflicht, wenn er vor der Veräußerung auf der Grundlage des Sachverständigengutachtens das Fahrzeug veräußert, ohne der Haftpflichtversicherung des Schädigers Gelegenheit zu geben, ein höheres Restwertangebot zu unterbreiten (*LG Aachen* ZfS 1992, S. 196). Auch ist der Geschädigte nicht verpflichtet, durch eigene Bemühungen zu versuchen für den Unfallwagen einen vergleichsweise höheren Preis herauszuschlagen (*BGH* DAR 85, 218; vgl. im übrigen Fleischmann, Der Restwert in der Schadenregulierung, ZfS 89, 1ff.; *Gebhard*, Die fiktive Abrechnung von Fahrzeugschäden, eine unendliche Geschichte, ZfS 90, S. 145ff.).

Unechter Totalschaden ist gegeben, wenn die **Reparatur unzumutbar** ist (*Hellwig*, Der Schaden „Reparatur", R 9). Hiernach kann Entschädigung auf Neuwagenbasis nur dann beansprucht werden, wenn trotz eines reparaturfähigen Schadens die Weiterbenutzung des reparierten Fahrzeuges nicht zugemutet werden kann. Bei einer Fahrleistung des beschädigten Fahrzeuges von 1000–3000 km ist auf Neuwagenbasis nur dann abzurechnen, wenn bei objektiver Beurteilung der frühere Zustand des beschädigten Fahrzeuges auch nicht annähernd wieder hergestellt werden kann. Dies gilt insbesondere, wenn Teile beschädigt sind, die für die Betriebssicherheit wesentlich oder verborgene Mängel zu befürchten sind (*Hellwig* aaO m. w. N.). Den Anspruch auf Abrechnung auf

B IX Der Straßenverkehrsfall

Totalschadenbasis hat anerkannt OLG Zweibrücken (ZfS 1989, 328 = NZV 1989, 355) bei einem Fahrzeug zu einem Neupreis von 35 185,– DM und gefahrenen 386 km und einem geschätzten Reparaturkostenaufwand von 2 183,– DM. Ausnahmsweise kann auch Abrechnung auf Totalschadenbasis in Betracht kommen bei einer Kilometerleistung bis 3000 km (*BGH* NJW 1982, 433 = VersR 1982, 163, *BGH* VersR 1983, 658), jedenfalls bei erheblicher Beschädigung des Fahrzeuges. Bei Abrechnung auf Neuwagenbasis muß evtl. ein Abschlag für die gefahrenen Kilometer hingenommen werden, jedoch nur für den Fall, daß das beschädigte Fahrzeug eine Kilometerleistung von mehr als 1000 km zurückgelegt hatte (*BGH* ZfS 1983, 296 = DAR 1988, 289).

119 Als weitere Schadenposition kommt in Betracht **Wertminderung** aufgrund technischen oder merkantilen Minderwertes, der ggf. durch einen Sachverständigen festzustellen ist.

120 Die **Sachverständigenkosten** sind zu erstatten. Der Geschädigte hat Anspruch auf Einschaltung eines Sachverständigen bzw. Ersatz der hierdurch veranlaßten Kosten, wenn diese angemessen sind, regelmäßig bei einem Reparaturaufwand von mehr als 1000 DM.

121 Wegen entgangener Nutzung des Fahrzeuges sind die Kosten für ein **Mietfahrzeug,** oder wenn ein solches nicht in Anspruch genommen wird, **Nutzungsausfall** zu ersetzen, und zwar für die angemessene Dauer der Reparatur oder der Beschaffung eines Ersatzfahrzeuges (vgl. *Sanden/Völtz*, Sachschadensrecht des Kraftverkehrs; die neuen Tabellen zur Nutzungsentschädigung für Pkw in VersR 1987, 852 bzw. NJW 1987, 3167). In Betracht kommt auch Nutzungsausfall für ein Fahrrad (*AG Frankfurt* NZV 1990, 237).

122 Die in den Schadenpositionen enthaltenen **Mehrwertsteuerbeträge** sind zu erstatten, soweit der Geschädigte nicht zum Vorsteuerabzug berechtigt ist. Dies gilt auch, wenn der Geschädigte sein Fahrzeug selbst repariert oder auf Reparatur verzichtet (*BGH* VersR 1973, 964 = NJW 1973, 1647).

123 bb) **Personenschaden**. Ersatz der **Heilungskosten** kann beansprucht werden. Jedoch ist der Berechtigte aus dem Gesichtspunkt der Schadensminderungspflicht zunächst verpflichtet, seine ggf. bestehende Krankenversicherung in Anspruch zu nehmen (*BGH* VersR 1970, 129; *KG* MDR 1973, 495). Bei Krankenhausaufenthalt kommen zusätzlich hinzu Besuchskosten der nächsten Angehörigen, kleine Trinkgelder und Geschenke für das Pflegepersonal und evtl. Kosten für besondere Stärkungsmittel (*Becker/Böhme* aaO, Rdnr. 386). Als Heilungskosten können auch in Betracht kommen die Kosten für einen **Kuraufenthalt,** evtl. besondere Heilmittel sowie notwendige Schönheitsoperationen (*Becker/Böhme* aaO, Rdnr. 386 mit weiteren Nachweisen).

124 **Vermehrte Bedürfnisse,** auch evtl. fortlaufend notwendige Kosten für Heilung und Pflege, sind zu ersetzen, z. B. Kosten für eine Krankenschwester oder sonstige notwendige Hilfskräfte. Zu denken ist auch daran, daß z. B. bei einer Querschnittlähmung die Kosten für die Schaffung behindertengerechten Wohnraums geltend zu machen bzw. zu erstatten sind (wegen der in Betracht kommenden Schadensersatzansprüche wegen vermehrter Bedürfnisse vgl. *Drees* VersR 1988, 784 ff.). Leistungen der Sozialhilfe hierauf sind nicht anzurechnen (*KG* VersR 1979, 260).

125 **Schmerzensgeld** kann der Verletzte gem. § 847 BGB verlangen, sofern der Unfall schuldhaft herbeigeführt wurde und hierbei der Körper oder die Gesundheit verletzt oder beeinträchtigt wurde (*LG Köln* VersR 1964, 444 mit Rechtspre-

chung, vgl. auch *OLG Köln* VersR 1966, 374; *LG Krefeld* VersR 1969, 166). Über die Höhe der in Betracht kommenden Schmerzensgeldansprüche wird verwiesen auf die hierzu vorliegenden bekannten Entscheidungssammlungen (vgl. im einzelnen *Hacks,* Schmerzensgeldansprüche). Bei unangemessenem Regulierungsverhalten kommt eine Erhöhung des Schmerzensgeldes in Betracht (*LG Frankfurt* NZV 1992, S. 368). Eine **Schmerzensgeldrente** kommt nach der Rechtsprechung nur in besonders gelagerten Fällen in Betracht, z. B. bei notwendigen Nachoperationen oder schmerzhafter weiterer Behandlung (*BGH* VersR 1955, 615). Auch bei rechtskräftig zuerkanntem Schmerzensgeld kommt ein weiteres zusätzliches Schmerzensgeld in Betracht für Verletzungsfolgen, mit denen nicht oder nicht ernstlich zu rechnen war (*BGH* VersR 1974, 44 = NJW 1976, 1149; *BGH* VersR 1980, 975). Seit dem 1. 7. 1990 ist aufgrund des Gesetzes zur Änderung des Bürgerlichen Gesetzbuches und anderer Gesetze vom 14. 3. 1990 (BGBl I 478) die Vorschrift des § 847 I Satz 2 BGB gestrichen mit der Folge, daß nunmehr **Schmerzensgeldansprüche übertragbar und vererblich** sind, ohne daß es eines Anerkenntnisses oder einer Rechtshängigkeit bedarf. Die Übertragbarkeit und Vererblichkeit des Schmerzensgeldanspruches kann zu besonderen rechtlichen Problemen führen in der Person des oder der Erben, speziell wenn der Schädiger als Alleinerbe in die Rechtsstellung des Verletzten eintritt (vgl. *Reger,* Gesetzesänderungen im Haftungsrecht NZV 1991, 17 ff.).

cc) Der **Erwerbsschaden** − Verdienstausfall − ist gem. konkreter Schadenberechnung zu ersetzen, bezogen auf den Zeitpunkt des Einkommens zur Unfallzeit. Bei der Berechnung des Verdienstausfalles ist bei Lohnfortzahlung von den Bruttobezügen auszugehen (*BGHZ* 42, 76 = DAR 1965, 18 = NJW 1964, 2207). Soweit eine Gehaltsfortzahlung nicht stattfindet, sind die Nettobezüge maßgebend. Zusätzlich sind Beiträge zur Sozialversicherung zu erstatten, ggf. zur Vermeidung nachweisbaren Schadens in der Rentenversicherung. Ein für die Zukunft zu erwartender Verdienstausfall ist durch Zahlung einer Geldrente gem. § 13 StVG, § 843 BGB auszugleichen, evtl. durch Kapitalabfindung. (Zum Schadensersatz bei Verletzung eines Gewerbetreibenden oder Freiberuflers vgl. *Grunsky* DAR 1988, S. 400 ff.). Grundsätzlich kann der Geschädigte, der seinen bisherigen Beruf nicht mehr ausüben kann, Erstattung der Kosten für die Umschulung verlangen (*BGH* DAR 1991, 293 = VersR 1991, 596 = NZV 1991, 265).

Besonderheiten ergeben sich bei der Abrechnung des Personenschadens eines Kindes oder Jugendlichen und hierbei insbesondere zu der Frage des Eintritts oder der Verzögerung des Eintritts in das Erwerbsleben (vgl. *Dornwald,* Schadensersatz bei Beteiligung von Kindern und Jugendlichen an Verkehrsunfällen, S. 41 ff.). An die **Darlegungs- und Beweislast** der hypothetischen Berufsausbildung und -ausübung sind erleichterte Anforderungen zu stellen, und Schwierigkeiten bei der Schätzung eines Erwerbsschadens als Folge eines im Leben des geschädigten Kindes früh eintretenden Unfallereignisses dürfen nicht zu Lasten des Kindes gehen (*OLG Karlsruhe* DAR 1988, 104 ff.).

c) **Die Ansprüche der mittelbar Geschädigten. aa)** Die **Erben** haben Anspruch auf Ersatz der Kosten einer standesgemäßen Beerdigung (§ 1968 BGB), evtl. zuzüglich der Kosten der Überführung in das Heimatland. Zu den Beerdigungskosten gehören auch die Auslagen für eine Grabstelle, einen Grabstein, Trauermahlzeiten sowie Trauerkleidung. Gem. §§ 201 ff. RVO gezahltes Sterbegeld ist auf die Beerdigungskosten anzurechnen. Nicht anzurechnen ist jedoch die gem. § 591 RVO an die Witwe gezahlte Überbrückungshilfe (*OLG Hamm* VersR 1980, 39).

129   **bb) Ansprüche** wegen **entgangener Unterhaltsleistung.** War der Getötete unterhaltspflichtig, so hat der Ersatzpflichtige dem Unterhaltsberechtigten Schadensersatz insoweit zu leisten, als der Getötete zur Unterhaltsgewährung verpflichtet gewesen wäre. Voraussetzung hierfür ist, daß dem Unterhaltsberechtigten das Recht auf Unterhalt infolge der Tötung entzogen worden ist. Der Anspruch ist nur gegeben bei einem kraft Gesetzes gegebenen Unterhaltsanspruch, nicht bei vertraglichen Unterhaltsansprüchen. Das Maß des zu ersetzenden Unterhaltes ergibt sich aus den Vorschriften der §§ 1602, 1361, 1569 BGB. Der Unterhaltsanspruch nach § 844 II BGB erliegt durch Leistungen der Sozialhilfe nicht (*BGH* NJW 1992, 115 = DAR 1992, 103 = NZV 1992, 26).

130   **cc) Anspruch wegen entgangener Dienstleistungen** des Kindes und des Ehepartners. Ein Anspruch wegen entgangener Dienstleistungen **des Kindes** kommt in Betracht, soweit eine Dienstleistungspflicht des Kindes nach § 1619 BGB gegeben ist.

131   Besondere Bedeutung hat jedoch der Anspruch auf Entschädigung bei Ausfall **des Ehepartners** bei Tätigkeit im Haushalt und Gewerbe. Hierbei ist auf den Grad der Arbeitsunfähigkeit nach den konkreten Umständen des Einzelfalles und der ärztlichen Beurteilung abzustimmen (vgl. *BGH* VersR 1973, 939, *BGH* VersR 1985, 357 = ZfS 1983, 141 = DAR 1985, 119, vgl. auch *BGH* NZV 1990, 21 f.). Zu Unterhaltsansprüchen gem. § 844 II BGB vgl. *Weber*, Rechtsprechung des BGH zur Verkehrshaftpflicht, DAR 1988, 181 (191). Für die Höhe des Anspruchs aus § 844 II BGB kommt es allein auf den gesetzlich geschuldeten und nicht auf den tatsächlich gewährten Unterhalt des Getöteten an (*BGH* FamRZ 1988, 1030; vgl. im übrigen *Wussow/Küppersbusch*, Ersatzansprüche bei Personenschäden; *Scheffen/Pardey*, Die Rechtsprechung des BGH zum Schadensersatz beim Tod einer Hausfrau und Mutter, *ders.*, Schadensersatz bei Beteiligung von Kindern und Jugendlichen an Verkehrsunfällen. (Zur Berechnung des Ersatzanspruches bei Beeinträchtigung der Haushaltsführung vgl. *Hofmann* NZV 1990, 8 ff. sowie Fragebogen zur EDV-gestützten Bewertung der Haushaltstätigkeit nach dem Hohenheimer Verfahren, DAR 1990, 194 ff.)

132   **d) Speziell: Der Arbeits- und Wegeunfall.** Ein Verkehrsunfall, der sich während der im Sinne der RVO versicherten Tätigkeit z. B. auf einer Baustelle ereignet, ist Arbeitsunfall im Sinne des § 548 RVO. Ebenso kann sich ein Verkehrsunfall als sogenannter Wegeunfall im Sinne des § 550 RVO ereignen (wegen der Einzelheiten der Unterscheidungen und Abgrenzungen vgl. *Krasney*, Der Verkehrsunfall als Arbeitsunfall, Homburger Tagung 1984). Bei Arbeitsunfällen ist gem. §§ 636, 637 RVO die Haftung ausgeschlossen und ebenso speziell für Soldaten gem. § 91a SVG. An die Stelle der zivilrechtlichen Ansprüche treten die Ansprüche gegen den Träger der Unfallversicherung (vgl. Rdnr. 184; vgl. hierzu im übrigen ausführlich *Gitter*, Der Verkehrsunfall des Arbeitnehmers, DAR 1992, S. 409 ff.).

133   **e) Lohnfortzahlungsanspruch.** Der Lohnfortzahlungsanspruch nach LFZG geht gem. § 4 LFZG auf den Arbeitgeber über, soweit er das **Arbeitsentgelt** fortbezahlt hat, darauf entfallende, von den Arbeitgebern zu tragende Beiträge zur Bundesanstalt für Arbeit, Arbeitgeberanteile an Beiträgen zur Sozialversicherung sowie zu Einrichtungen der zusätzlichen Alters- und Hinterbliebenen-

versorgung abgeführt hat. Der Anspruchsübergang nach LFZG gilt nicht für Angestellte. Der Anspruchsübergang für **Beamte** regelt sich nach den Bestimmungen des § 87a Bundesbeamtengesetzes und § 81a des Bundesversorgungsgesetzes.

f) Abtretung von Ansprüchen. Eine Abtretung von Ansprüchen ist grundsätzlich möglich und kommt in der Praxis häufig vor. Der für den Geschädigten tätige Anwalt wird im Einzelfall zu prüfen haben, ob eine vorliegende Abtretung wirksam ist. Ist die Abtretung von Schadensersatzansprüchen des Unfallgeschädigten wegen Verstoßes gegen Art. 1 § 1 I RBerG unwirksam, so ist auch das Darlehensgeschäft gem. § 139 BGB nichtig, wenn die Vertragsparteien das Darlehensgeschäft nicht ohne die Forderungsabtretung abgeschlossen hätten (*OLG München* NJW 1974, 1659, vgl. im einzelnen *Hellwig,* Der Schaden, A 4 – Abtretung). 134

g) Abrechnung gem. Differenztheorie. Nach der sogenannten Differenztheorie ist eine Besonderheit gegeben, wenn eine Kaskoversicherung in Anspruch genommen wurde und auf diese gem. § 67 VVG Ansprüche übergegangen sind. In einem solchen Fall erfolgt die Abrechnung nach der sogenannten Differenztheorie. Der **Forderungsübergang** bzw. das Quotenvorrecht bezieht sich nur auf den **unmittelbaren Sachschaden,** nicht jedoch auf Sachfolgeschäden. Zu den unmittelbaren Schäden gehören die Kosten der Fahrzeugreparatur sowie die Beschaffung eines Ersatzwagens, der technische und merkantile Minderwert, sowie die Abschlepp- und Sachverständigenkosten (wegen eines Abrechnungsbeispiels nach der Differenztheorie vgl. *Becker/Böhme* aaO, Rdnr. 255). 135

Es ergibt sich folgendes Abrechnungsbeispiel (entnommen *Bauer,* Die Kraftfahrtversicherung, Rdnrn. 763–769): Das Beispiel, ausgehend von der Rechtsprechung des BGH, zeigt eine Schadenabrechnung zwischen einem kaskoversicherten Geschädigten und dem Haftpflichtversicherer des Schädigers. 136

1. Von der Fahrzeugversicherung umfaßter unmittelbarer Sachschaden:

Reparaturkosten	ab ggf. 3700 DM
Abschleppkosten	30 DM
merkantile Wertminderung	400 DM
Sachverständigenkosten	250 DM
Gesamtschaden	4380 DM
abzüglich Zahlung des Kaskoversicherers	3150 DM
noch offen	1230 DM

Der Anspruch des Geschädigten gegen den Schädiger unter Berücksichtigung einer Mithaftung von 50% beträgt 4380 DM : 2 = 2190 DM. Aufgrund des Quotenvorrechtes stehen dem Geschädigten hiervon noch 1230 DM zu, der Restbetrag von 960 DM geht auf den Kaskoversicherer über.

2. Sachfolgeschaden:

Mietwagenkosten	1200 DM
Nutzungsentschädigung	400 DM
Unkostenpauschale	30 DM
	1630 DM

Hiervon hat der Haftpflichtversicherer des Schädigers entsprechend der Mithaftungsquote 815 DM zu zahlen. Auf den Kaskoversicherer gehen im Rahmen des Sachfolgeschadens keine Ersatzansprüche über. Insgesamt schuldet der Haftpflichtversicherer des Schädigers dem kaskoversicherten Geschädigten 1230 DM + 815 DM = 2045 DM.

7. Haftpflichtansprüche bei Unfall mit Leasingfahrzeugen

137 **a) Die wachsende Bedeutung von Leasing.** Das Leasen von Fahrzeugen hat sehr zugenommen und eine stets größere wirtschaftliche Bedeutung erlangt (beim Marktführer im Bereich Kfz-Leasing, der VAG Leasing GmbH Braunschweig, hat sich der Fahrzeugbestand der geleasten Fahrzeuge wie folgt entwickelt:

1985: 163 000 Verträge   1988: 264 000 Verträge
1986: 189 000 Verträge   1989: 281 000 Verträge
1987: 235 000 Verträge   1990: 286 000 Verträge

Nach den statistischen vom vorgenannten Unternehmen mitgeteilten Zahlen wurden für ca. 14% der Verträge p. a. Schäden gemeldet. Ca. 45% der gemeldeten Schäden waren auf Fremdverschulden zurückzuführen und der Rest war durch Eigenverschulden verursacht und mußte im Rahmen der Kaskoversicherung reguliert werden). Hieraus ergibt sich für den mit der Regulierung von Fahrzeugunfällen befaßten Anwalt die Notwendigkeit, sich vertraut zu machen mit den Besonderheiten der Unfallregulierung bei geleasten Fahrzeugen. In der Praxis ist es jedoch häufig so, daß nicht der Leasingnehmer den Anwalt mit der Regulierung des Unfalles beauftragt, sondern vielmehr der Leasinggeber, also das Leasingunternehmen. Dies ist in den Geschäftsbedingungen des Leasingvertrages regelmäßig geregelt. Gleichwohl ergibt sich hieraus für den Anwalt die Notwendigkeit und Erkenntnis, mit den Besonderheiten der Anspruchsregelung bei Leasingfahrzeugen nach einem Unfall vertraut zu sein (wegen der Abwicklung von Haftpflicht- und Kaskoschäden vgl. *Betthäuser* DAR 1987, 107ff. sowie *Reinking,* Auto Leasing, S. 141ff.).

Bei der Geltendmachung von Haftpflichtansprüchen aus Anlaß eines Unfalles mit einem geleasten Fahrzeug muß der mit der Abwicklung des Schadenfalles befaßte Anwalt unterscheiden zwischen den Ansprüchen des Leasinggebers bzw. Leasingnehmers. Hierbei ergeben sich nämlich unterschiedliche Anspruchspositionen. (Zu Schadensersatzproblemen bei Unfällen mit Leasingfahrzeugen vgl. *Hohloch* NZV 1992, 1. ff.).

138 **b) Ansprüche des Leasinggebers.** Für den Leasinggeber kommen zunächst gegenüber dem Leasingnehmer Ansprüche in Betracht, und zwar aus Vertrag und/oder aus unerlaubter Handlung. Zwischen diesen Ansprüchen kann der Leasinggeber wählen (*Graf v. Westphalen,* Der Leasingvertrag, Rdnr. 355). Dem Leasinggeber als **Eigentümer** stehen gegenüber einem schädigenden Dritten Ansprüche aus unerlaubter Handlung bez. StVG zu. Nachstehend werden nur diese Ansprüche behandelt. Der Leasinggeber braucht sich als Eigentümer im übrigen nicht die mitwirkende **Betriebsgefahr,** das **Mitverschulden** des Halters bzw. Fahrers entgegenhalten zu lassen (*BGH* VersR 1983, 656 = NJW 1983, 1492; *BGH* NJW 1986, 1044, vgl. im übrigen *Kunschert* VersR 1988, 13ff.).

139 **aa) Substanzschaden.** Bei Beschädigung des Fahrzeuges stehen dem Leasinggeber Ansprüche zu auf Erstattung der Reparaturkosten sowie eines Minderwertes. Im Falle des Totalschadens kann der Leasinggeber den Wiederbeschaffungswert beanspruchen, ebenso Sachverständigengebühren und die Auslagenpauschale (wegen der Einzelheiten vgl. *Dittrich,* in: Leasing: Haftpflicht- und Kaskoschaden, Kfz-Leasing, Homburger Tage 1987; vgl. insbesondere hier Literaturverzeichnis, Kommentare, Monographien, Aufsätze zum Leasingrecht, spez. zur Regulierung von Kfz-Schäden an Leasingfahrzeugen).

bb) Der Leasinggeber, der vorsteuerabzugsberechtigt ist, hat keinen An- 140
spruch auf Erstattung der **Mehrwertsteuer**.

cc) Probleme können sich ergeben beim Ersatz der **Rechtsanwaltskosten**, 141
wenn der Leasinggeber über eine eingerichtete Rechtsabteilung verfügt und
Grund und Höhe der Schadensersatzansprüche nicht problematisch sind (*LG
Hannover* ZfS 1986, 218 = VersR 1986, 864, *AG Wiesbaden* ZfS 1986, 176). Die
Beauftragung eines Anwaltes und damit die Übernahme der Anwaltskosten
durch den Schädiger ist als angemessen zu betrachten, da nicht nur der Leasinggeber, sondern auch der Leasingnehmer als Anspruchsberechtigter beteiligt ist
und die Schadenabwicklung als einheitlicher Vorgang zu bewerten ist.

c) Ansprüche des Leasingnehmers. Der **Nutzungsschaden** steht dem Lea- 142
singnehmer, dem Besitzer bzw. Halter zu. Im übrigen ist es in jedem Fall
empfehlenswert, sich anhand des Leasingvertrages zu orientieren, welche Rechte und Pflichten den Leasingnehmer bezüglich der Unterhaltung bzw. im Falle
des Unfalles treffen.

aa) Für die Position hinsichtlich des **Substanz-** bzw. **Reparaturschadens** ist 143
entscheidend die vertragliche Gestaltung des Leasingvertrages. Der Unfallschaden des Leasingnehmers besteht nicht in der vertraglich bestehenden Belastung
mit Leasingraten, sondern im Entzug der Sachnutzung (*BGH* NJW 1992, 553 =
VersR 1992, 194). Problematisch ist die Position der Mehrwertsteuer, wenn der
Leasingnehmer nicht zum Vorsteuerabzug berechtigt ist. Die Mehrwertsteuer
ist vom Schädiger bzw. seiner Versicherung zu übernehmen (*AG Fürstenfeld-
bruck* DAR 1987, 59; *LG Stade* DAR 1987, 123; *AG Schorndorf* DAR 1987, 123;
AG Freiburg NJW-RR 1987, 345; *AG München* ZfS 1987, 264).

bb) Nutzungsschaden. Der Nutzungsschaden steht dem Leasingnehmer zu. 144
Er kann demnach Ersatz des Nutzungsausfalles oder der Mietwagenkosten verlangen.

cc) Wegen der Besonderheiten des Anspruches auf Erstattung der **Mehrwert-** 145
steuer vgl. *Dittrich*, Leasing: Haftpflicht- und Kaskoschaden, Ziff. 2.4 ff.

dd) Der Leasingnehmer hat Anspruch aus Ersatz der ihm entstehenden 146
Rechtsanwaltsgebühren. (Wegen der **Kaskoschadenabwicklung** vgl. Rdnrn.
175 ff.).

8. Sicherung des Schmerzensgeldanspruches

Die Notwendigkeit zur Sicherung des Schmerzensgeldanspruches beim be- 147
wußtlosen Verletzten entfällt aufgrund der ab 1. 7. 1990 eingetretenen Gesetzesänderung zu § 847 II BGB (vgl. hierzu im einzelnen die Ausführungen zu Rdnr.
125).

Die Betreuerbestellung, die zur Sicherung des Schmerzensgeldanspruchs 148
nicht mehr erforderlich ist, kann jedoch bei dem bewußtlosen Verletzten gem.
§ 1910 BGB erforderlich sein zwecks Herbeiführung einer Vollmachtserteilung.

9. Zu beachtende mögliche Einwendungen

a) Schadensminderungspflicht. Dem Geschädigten obliegen nach den inso- 149
weit von der Rechtsprechung sehr differenziert entwickelten Grundsätzen umfassende Schadensminderungspflichten. Dies hat besondere praktische Bedeu-

tungen bei der Feststellung des Schadens, der Beauftragung eines Sachverständigen, der Inanspruchnahme eines Mietwagens bzw. der Beschaffung eines Ersatzfahrzeuges und auch hinsichtlich der Finanzierungskosten (vgl. im einzelnen *Fleischmann/Schulze,* aaO, 7. Kapitel, S. 127 ff.; *Becker/Böhme,* Rdnr. 572; vgl. B VII Rdnr. 33).

150 Der Geschädigte muß baldigst den **Reparaturauftrag** erteilen. Nur bei Schäden, die nicht Bagatellschäden sind, also bei Schäden über 1000 DM Sachschaden, kann ein **Sachverständiger** beauftragt werden. Sonst liegt ein Verstoß gegen die Schadensminderungspflicht vor. Beim Anfall von **Mietwagenkosten** ist darauf zu achten, daß die angemessene Reparaturzeit bzw. Zeit für die Wiederbeschaffung eines Ersatzfahrzeuges bei Totalschaden eingehalten wird. Zur Begrenzung von Mietwagenkosten ist evtl. die Durchführung einer Notreparatur zu empfehlen (*OLG Köln* VersR 1987, 65, *OLG Stuttgart* VersR 1981, 1061 = ZfS 1982, 11). Besonders differenziert ist die Schadensminderungspflicht bei der evtl. notwendigen Inanspruchnahme der Kaskoversicherung (*Fleischmann/ Schulze* aaO, S. 133). Dem Geschädigten ist der durch eine notwendige Inanspruchnahme der Kaskoversicherung entstehende Schaden aus Verlust der Rückvergütung oder des Schadenfreiheitsrabattes zu ersetzen (*Becker/Böhme* aaO, Rdnr. 567 unter Hinweis auf *OLG Köln* VersR 1976, 554, *BGH* VersR 1966, 256).

Die Schadensminderungspflicht gilt nicht nur bei materiellem Schaden, sondern auch bei **Personenschäden.** So kann auch z. B. die Verletzung der Schadensminderungspflicht gegeben sein bei Weigerung, eine Hüftgelenkoperation vornehmen zu lassen (*OLG Oldenburg* VersR 1982 175 = ZfS 1982, 107; vgl. weiter *Fleischmann/Schulze* aaO, S. 135). Auf die Gesichtspunkte der Schadensminderungspflicht muß der mit der Regulierung des Schadensfalles beauftragte Anwalt den Geschädigten hinweisen.

Grundsätzlich kann der Geschädigte einen **Anwalt** mit der außergerichtlichen Schadenregulierung **beauftragen.** Hierdurch verstößt er nicht gegen seine Schadensminderungspflicht (*BGH* AnwBl 1969, 15).

151 b) **Vorteilsausgleichung.** Auf seiten des Geschädigten wird häufig übersehen, daß mit der Schadenabwicklung verbundene Vorteile auszugleichen sind. Hieran ist auf seiten des Anwaltes stets zu denken, um auf seiten des Geschädigten nicht falsche Vorstellungen aufkommen zu lassen über die ihm zustehenden Ansprüche. So sind z. B. bei Krankenhausaufenthalt auf seiten des Geschädigten **ersparte** eigene **Verpflegungskosten** abzuziehen (*Himmelreich/Klimke,* Rdnrn. 888 ff. mit ausführlicher Darstellung und Nachweisen zu den einzelnen Fällen der Vorteilsausgleichung, z. B. Abzüge „Neu" für „Alt", Rabatte, Skonti etc.).

152 Angerechnet werden **alle Bezüge,** die den Geschädigten oder ihren Hinterbliebenen aufgrund gesetzlicher Vorschriften zufließen, also insbesondere Beamtenpensionen, Witwen-, Waisenrente, Zahlungen nach dem Bundesversorgungsgesetz. Demgegenüber werden nicht angerechnet Beträge, die aufgrund einer **privaten Versicherung,** Unfall- und Lebensversicherung ausbezahlt werden. Ebenso mindern Erträgnisse, die sich ergeben aus ausgezahlten **Lebensversicherungssummen,** nicht den Unterhaltsanspruch aus § 844 II BGB. Weiter sind nicht anzurechnen freiwillige oder arbeitsvertraglich bedingte **Leistungen Dritter** und auch nicht Leistungen von Arbeitgebern aufgrund einer kollektiven Sterbegeld- oder betrieblichen Rentenversicherung (*Becker/Böhme* aaO, Rdnr. 545).

Straßenverkehrszivilrecht

10. Besondere Fallgestaltungen

a) Anwaltliche Hilfe bei Unfall im Ausland. Bei der notwendigen Geltendmachung von Schadensersatzansprüchen aus Anlaß eines **Unfallereignisses im Ausland** gilt grundsätzlich das Recht des jeweiligen Schadensortes. Der *BGH* hat nunmehr unter Aufgabe seiner bisherigen Rechtsprechung – Urteil vom 5. 10. 1976 , VII ZR 253/75 – durch Urteil vom 7. 7. 1992, VI ZR 1/92 erkannt, daß das Tatortprinzip in bestimmten Fällen keine Anwendung finden kann, wenn bei einem Verkehrsunfall der gemeinsame gewöhnliche Aufenthalt von Schädiger und Geschädigtem sowie die Zulassung und Versicherung des von ihnen benutzten Kraftfahrzeuges in dieselbe vom Tatort verschiedene Rechtsordnung weisen, so daß diese für den Schadensausgleich maßgebend ist. Es kommt auch in Betracht, daß der deutsche Anwalt – im Einvernehmen mit dem Mandanten und in dessen Auftrag – einen ausländischen Anwalt beauftragt und mit diesem die Korrespondenz führt. Zur Information des Mandanten über die in Betracht kommenden Ansprüche können als Orientierungshilfe die hierzu veröffentlichten Übersichten (vgl. Rdnr. 154) und spezielle für das jeweilige Land von den Automobilclubs herausgegebene Informationsbroschüren dienen.

b) Übersicht über Versicherungsleistungen im Ausland

Land	Heilungskosten	Schmerzensgeld	Verdienstausfall	Reparaturkosten	Abschleppkosten	Wertminderung	Gutachterkosten	Nutzungsausfall	Mietwagen	Kreditkosten	Anwaltskosten
Belgien	+	+↓	+	+	+	−	−	+↓	+↓	+↑	−
Bulgarien	+	+↓	+	+↓	+	−	+↓	−	−	−	+
Dänemark	+	+↓	+	+↓	+	+↓	+	−	−	−	+↓
Finnland	+	+↓	+	+	−	−	+	+↓	−	−	+↓
Frankreich	+	+↑	+	+	+	+↓	−	+↓	−	−	−
Griechenland	+	+↓△	+	+↓	+	+△	−	−	−	−	+↓
Großbritannien	+	+	+	+	+	−	+	−	+↓	−	+↓
Irland	+	+	+	+↓	+	−	+	−	+△	−	+↓
Italien	+	+↓	+	+	+	+↓	+↓	+↓	−	−	+↓
Jugoslawien	+	+↓	+	+	+	+↓	+	−	−	−	+↓
Luxemburg	+	+↓	+	+	+	−	+	+↓	−	−	−
Niederlande	+	+↓	+	+	+	+↓	+	−	−	+	−
Norwegen	+	+↓△	+	+	+	+↓	+	−	−	−	+↓
Österreich	+	+↓	+	+	+	+↓	+	−	+	+	+
Polen	+	+↓	+	+	+	−	+↓	−	−	−	+
Portugal	+	+↓	+↓	+↓	+	−	−	−	−	−	−
Rumänien	+	−	−	+	+	−	+	+△	+△	+	+
Schweden	+	+↓	+	+	+	+↓	+	+↓	−	−	+
Schweiz	+	+↓	+	+	+	+↓	+	+↓	−	+	−
Spanien	+	+↓	+↓	+↓	+	−	−	−	−	−	−
Ungarn	+	+↓	+	+	+	+↓	+	−	−	+	+

Zeichenerklärung: + wird bezahlt, − wird nicht bezahlt, ↑ bessere, ↓ schlechtere Leistung als in Deutschland, △ muß eingeklagt werden:
Erstattung von Mietwagenkosten vereinzelt möglich, wenn Pkw zur Berufsausübung gebraucht wird. (Mit freundlicher Gestattung des Autors und Verlages entnommen *Kramer*, ADAC Ratgeber.)

11. Besonders zu beachtende Punkte

155 **a) Beschaffung Aktenauszug für Versicherung.** Im Interesse des Geschädigten liegt es, die für die Regulierung des Schadens notwendige Aufklärung des Sachverhaltes zu fordern. Neben der Vorlage von Zeugenaussagen kommt in Betracht, daß der Anwalt des Geschädigten der Haftpflichtversicherung, auch der des Gegners einen Aktenauszug der amtlichen Ermittlungsakten vorlegt. Häufig genügt zur Klärung des Sachverhaltes die Vorlage von Kopien der Unfallaufnahme. In der Praxis ist es jedoch so, daß häufig Wochen und manchmal Monate vergehen, bis nach Weiterleitung des Ermittlungsvorganges an die Staatsanwaltschaft diese dem Anwalt als Verteidiger oder Bevollmächtiger einer Versicherung Akteneinsicht gewährt. Für die Praxis wäre anzuregen, daß die unfallaufnehmenden Polizeibehörden zusätzliche Kopien der Unfallaufnahme neben der Weiterleitung der Akten an die Staatsanwaltschaft behalten und diese Kopien den Verteidigern oder Bevollmächtigten zur Verfügung stellen. Die Staatsanwaltschaft sollte generell die Polizeibehörden ermächtigen, in Unfallsachen den Anwälten alsbald Kopien oder Durchschriften der Unfallaufnahme zur Fertigung von Aktenauszügen zur Verfügung zu stellen. Der mit der Abwicklung von Unfallschäden befaßte Anwalt sollte also darum bemüht sein, den schnellsten Weg zur Akteneinsicht zu finden und der Versicherungsgesellschaft einen Aktenauszug zur Verfügung stellen, um so die für die Regulierung des Schadens notwendige Aufklärung des Sachverhaltes zu fördern.

156 **b) Regulierungsfristen und -verzug.** Dem Kfz-Versicherer ist eine **angemessene Prüfungsfrist** für die geltend gemachten Ansprüche vor Klageerhebung zuzubilligen. Diese beträgt in der Regel 2–4 Wochen. Die Länge des zur Prüfung der Ansprüche benötigten Zeitraumes kann nicht schematisch bestimmt werden, sondern muß nach den **Umständen des Einzelfalles** bemessen werden (*OLG Nürnberg* VersR 1976, 1052).

Es ist also nach Darlegung der Anspruchsvoraussetzung und Bezifferung des Anspruches mit Belegen Sache des Anwaltes zu entscheiden, wie lang der zur Regulierung zu setzende Zeitpunkt zu bemessen ist. Zur Orientierung können die vorgenannten, in der Rechtsprechung genannten Fristen dienen. Nach Ablauf einer angemessenen Prüfungsfrist ist **Verzug** gegeben mit der Folge, daß Klageerhebung in Betracht kommt und das Prozeßkostenrisiko die Versicherung trifft. Ebenso ergeben sich die weiteren Verzugsfolgen, nämlich Ersatz des Verzugsschadens, z. B. Anspruch auf Zinserstattung.

157 **c) Quoten-Befriedigungsvorrecht.** Durch das Quotenvorrecht wird bestimmt, wem der Ersatzanspruch zusteht, und zwar dem Sozialversicherungsträger (SVT) oder dem Verletzten, wenn der Schädiger aus Rechtsgründen nur einen Teil des entstandenen Schadens zu ersetzen hat und folglich der zu leistende Ersatzbetrag nicht ausreicht, um sowohl den beim Verletzten nach Abzug der SVT-Leistungen verbliebenen Restschaden als auch den Teil des Schadens zu ersetzen, für den der SVT Leistungen zu gewähren hat. Das Quotenvorrecht ist durch den Gesetzgeber im Rahmen der Kodifizierung des SGB X abgeschafft und durch verschiedene jeweils auf eine bestimmte Fallgruppe bezogene Lösungen ersetzt worden (vgl. im einzelnen *Eckelmann/Nehls*, Schadensersatz bei Verletzung und Tötung, S. 192ff.).

Unter Befriedigungsvorrecht ist zu verstehen das Vorrecht des Verletzten bzw. seiner Hinterbliebenen, gegenüber dem eintrittspflichtigen SVT bei der

Durchsetzung von Ersatzansprüchen in den Fällen, in denen der Schädiger aus Gründen tatsächlicher Art, z. B. mangels finanzieller Leistungsfähigkeit nicht in der Lage ist, sowohl die Ansprüche des Verletzten als auch die des SVT voll zu befriedigen (*BGH* VersR 1975, 558; *BGH* VersR 1979, 30).

12. Verjährungsfragen

a) Fristen. Für den mit der Regulierung von Unfallschäden befaßten Anwalt **158** ist die Kenntnis von Verjährungsfristen zu den verschiedensten in Betracht kommenden Ansprüchen, die Fristberechnung, Hemmung und Unterbrechung von besonderer Bedeutung, um sich nicht den Gefahren von Regressen auszusetzen. Für allgemeine Ansprüche nach dem Straßenverkehrsgesetz gilt gem. § 14 StVG ebenso wie für Ansprüche aus unerlaubter Handlung gem. § 852 BGB eine dreijährige Verjährungsfrist (vgl. im einzelnen *Becker/Böhme* aaO, Rdnrn. 839 ff.). Nach § 3 Nr. 3 PflVG tritt mit der Anmeldung der Ersatzansprüche eine Hemmung der Verjährung ein (§ 200 BGB). Eine Beendigung der Verjährungshemmung ist gegeben bei – auch positiven – Bescheid des Versicherers (*BGH* NJW 1991, 1954 = NZV 1991, 307 = DAR 1991, 448). Eine einjährige Verjährungsfrist gilt gem. § 640 RVO bezüglich des Rückgriffs des SVT (*BGH* VersR 1969, 451 und *Fleischmann/Schulze*, 6. Kapitel, S. 1 ff.; vgl. auch B VII Rdnrn. 37 ff.).

b) Beginn, Hemmung und Unterbrechung der Verjährung. Der Verlauf **159** der Verjährungsfrist beginnt, wenn der Geschädigte aufgrund der ihm bekannten Tatsachen gegen eine bestimmte Person Schadensersatzklage erheben kann, insbesondere wenn er die Tatsachen kennt, die auf ein schuldhaftes Verhalten des Schädigers hinweisen (*BGH* VersR 1973, 232 = NJW 1973, 316). Der Kenntnis des Anspruchsberechtigten für den Beginn der Verjährung steht es gleich, wenn der Verletzte ohne besondere Mühe und Aufwendungen auf entsprechende Erkundigungen hin die notwendigen Tatsachen hätte erfahren können (*BGH* VersR 1976, 147).

c) Unzulässige Rechtsausübung. Eine besondere zu beachtende Problematik **160** ist die Frage des **Beginns der Verjährung bei Spätschäden** (*OLG Hamburg* VersR 1978, 546). Bei Regulierungsverhandlungen ist die Verjährungsfrist gehemmt (*BGH* ZfS 1982, 358). Die Verjährung kann unterbrochen werden durch Anerkenntnis (*BGH* VersR 1965, 1149 mit weiteren Nachweisen zur Problematik der Hemmung und Verjährung sowie zum Einwand der unzulässigen Rechtsausübung *Fleischmann/Schulze* aaO, 6. Kapitel, S. 6 ff.).

13. Steuerliche Aspekte der Unfallregulierung

Der mit der Unfallschadenabwicklung befaßte Anwalt muß stets, insbesonde- **161** re bei Abfindungsvereinbarungen die steuerlichen Auswirkungen berücksichtigen. Für entgangene oder entgehende Einnahmen gewährte Entschädigungen sind als **Einkünfte zu versteuern** (vgl. § 24 I a, EStG in Verbindung mit § 2 I EStG). Geldrenten, die als wiederkehrende Bezüge zu zahlen sind, müssen versteuert werden. Dies gilt auch für Schadensersatzrente, die gem. § 844 II BGB für den Verlust von Unterhaltsansprüchen gewährt wird (vgl. *Becker/Böhme* aaO, Rdnrn. 745 ff. m. Hinw. auf die Rspr. des BFH).

Steuerfreie Leistungen gem. § 3 EStG sind z. B. Leistungen aus gesetzlicher **162** Krankenversicherung und Unfallversicherung sowie Sachleistungen und Kinderzuschüsse aus den gesetzlichen Rentenversicherungen (vgl. *Becker/Böhme* aaO, Rdnr. 746).

Steuererleichterungen und **Steuervergünstigungen** kommen nicht dem Schädiger zugute, so z. B. nicht der Pauschalbetrag für Körperbehinderte gem. § 33 b EStG (*Becker/Böhme* aaO, Rdnr. 747).

Umgekehrt muß der **Schädiger** die **Steuern ersetzen,** die auf den Geschädigten persönlich entfallen, also nicht bei Berechnung nach Splitting-Tarif (*BGH* VersR 70, 640). Der Verlust des Splitting-Tarifs und der hierdurch für den Hinterbliebenen eintretende Schaden ist nicht zu erstatten (*BGH* VersR NJW 79, 1501; vgl. im einzelnen auch *Becker/Böhme* aaO, Rdnrn. 748, 749).

163 Ebenso sind zu beachten mögliche steuerliche Belastungen durch zu zahlende **Gewerbesteuer** oder **Mehrwertsteuer.** In jedem Fall erscheint es empfehlenswert, bei Abfindungsvereinbarung mit dem Schädiger bzw. seiner Haftpflichtversicherung vorzubehalten, daß evtl. sich ergebende steuerliche Belastungen zusätzlich auszugleichen sind, sofern nicht feststeht, ob sich eine steuerliche Belastung ergibt oder nicht.

164 Eine andere Frage ist, ob und wieweit Unfallkosten steuerlich **absetzbar** sind oder nicht. Entscheidend ist, ob der Unfall sich ereignet hat auf einer durch das Arbeitsverhältnis des Steuerpflichtigen veranlaßten Fahrt (*Becker/Böhme* aaO, Rdnrn. 762 ff.). So sind z. B. Unfallkosten als Werbungskosten abzugsfähig, wenn sich ein Steuerpflichtiger von seinem Ehegatten im Rahmen einer wöchentlichen Familienheimfahrt mit dem Pkw zum Bahnhof fahren läßt und sich auf der – beruflich veranlaßten – Rückfahrt ein Unfall ereignet. Abzugsfähig sind der Reparaturaufwand, die Wertminderung, Krankheitskosten, Prozeßkosten. Bei eingetretenem Totalschaden ist abzugsfähig der Kaufpreis, gemindert um die anteilige AfA und den Restwert (*Becker/Böhme* aaO, Rdnr. 766).

14. Durchsetzung von Ansprüchen im Verhandlungswege

Mehr als 95% aller Unfallschadenregulierungen erfolgen außergerichtlich, also ohne Durchführung eines Zivilprozesses.

165 **a) Notwendigkeit von Verhandlungen und Verhandlungstaktiken.** In der Regel ist es empfehlenswert, vor Einleitung eines gerichtlichen Verfahrens mit der beteiligten Versicherung über Streitpunkte zu verhandeln. Hierdurch kann in der Regel ein langwieriger und unwirtschaftlicher Prozeß vermieden werden. Voraussetzung für erfolgreiche Verhandlungen ist jedoch, daß der beteiligte Anwalt den Sachverhalt genauestens kennt. Verhandlungen müssen hinsichtlich der streitigen Positionen bestens vorbereitet werden, also z. B. der Schaden detailliert spezifiziert und, soweit möglich, belegt sein. Mit der rechtlichen Problematik von möglichen Streitfragen muß der Anwalt bestens vertraut sein. Es muß eine feste eigene Verhandlungsposition aufgebaut werden, andererseits aber vermieden werden, zu weitgehende und sachlich nicht gerechtfertigte Ansprüche geltend zu machen, weil hierdurch die eigene Position beim Verhandlungspartner unsachlich und unrealistisch erscheint und möglicherweise bei der Mandantschaft falsche und unrealistische Erwartungen geweckt werden. Im übrigen sollte der Anwalt immer in Vergleichsverhandlungen Überlegungen einbringen, die, wenn ein **endgültiges Ergebnis** nicht zu erzielen ist, einen Fortgang evtl. über **Teilbereiche** z. B. Verdienstausfallzahlungen für bestimmte Zeitabschnitte etc. möglich machen.

b) Abfindungsvereinbarungen. Nach der Erfahrung streben Haftpflichtversicherungen und Sozialversicherungsträger als Ersatzpflichtige regelmäßig eine **Kapitalisierung** von Schadensersatzleistungen und Schadensersatzrenten an, damit der mit der fortlaufenden Bearbeitung einer Schadenakte verbundene verwaltungs- und personalintensive Aufwand in Fortfall kommt. Auf seiten des Geschädigten, also durch anwaltliche Beratung ist zu entscheiden, welche Form des Schadenausgleiches verlangt wird, ob Schadenausgleich nach konkreter Schadenberechnung geltend gemacht wird oder ob die Form einer Kapitalabfindung bevorzugt wird. Selbstverständlich sind auch Mischformen denkbar, also z. B. fortlaufende Zahlung des Unterhaltsanspruches und die Kapitalisierung eines Verdienstausfalles. Der unmittelbar oder mittelbar Geschädigte kann statt einer Rente eine Kapitalabfindung verlangen bei Vorliegen eines wichtigen Grundes (vgl. § 843 III BGB, 844 II BGB, § 13 II StVG, § 8 II Haftpflichtgesetz, § 38 LuftVG und ebenso noch § 1585 II BGB). 166

aa) Die Problematik, statt einer Entschädigung nach konkreter Schadenberechnung oder statt einer Rente eine Kapitalabfindung zu verlangen, liegt in der Unsicherheit einer **Prognose** über die **künftige Entwicklung** in den persönlichen und wirtschaftlichen Verhältnissen des Anspruchsberechtigten. Es muß im Einzelfall nach sorgfältiger Wägung aller Umstände, insbesondere auch des erreichbaren Kapitalbetrages entschieden werden, ob zur Vereinbarung einer Kapitalabfindung oder zur Vereinbarung einer Rentenverpflichtung geraten wird oder nicht.

bb) Bei der **Berechnung von Abfindungssummen** für entgangene Unterhaltsansprüche sind grundsätzlich zu beachten das mutmaßliche Lebensende des Unterhaltsverpflichteten, der Wegfall der Unterhaltsverpflichtung sowie das tatsächliche Lebensende des Berechtigten. Die mutmaßliche Lebensdauer eines Unterhaltsverpflichteten bestimmt sich nach der „Allgemeinen Sterbetafel für die Bundesrepublik Deutschland" (abgedr. in *Becker/Böhme* aaO, S. 571 ff.). Regelmäßig ist auf die in Betracht kommenden individuellen Gesichtspunkte zu achten. 167

cc) Bei Kindern endet der Unterhaltsanspruch regelmäßig mit dem 16–18 Lebensjahr, sofern nicht eine längere Ausbildung in Betracht kommt. Bei der Abfindung einer Witwe ist neben der Wiederverheiratungsmöglichkeit zu prüfen die Lebenserwartung der Witwe sowie des unterhaltsberechtigten verstorbenen Ehemannes. Zwischenzeitlich liegen statistische Erhebungen über die Dauer des Witwenstandes vor (vgl. die sogenannten Heiratsstaffel Verwitweter und Geschiedener, Wirtschaft und Statistik 1979, 652 ff.). 168

Beim Ausgleich für Schadensersatz wegen **Erwerbsschaden** ist bei der Berechnung zu beachten, daß dieser längstens bis zu dem Zeitpunkt zu bezahlen ist, in dem der Verletzte ohnehin aus dem Erwerbsleben ausgeschieden wäre (wegen der Einzelheiten vgl. *Becker/Böhme* aaO, Rdnrn. 429 ff.). 169

(Wegen der maßgebenden **Kapitalisierungstabellen** einschließlich der Kapitalisierungs**faktoren** vgl. *Becker/Böhme* aaO, S. 571 ff. sowie Kapitalisierungstabellen, -übersicht, Rdnrn. 604 ff.) Für das Schmerzensgeld kommt regelmäßig die Vereinbarung eines Kapitalbetrages in Betracht. Der Schmerzensgeldausgleich in **Rentenform** kommt nur in besonders gelagerten Fällen in Betracht (*Becker/Böhme* aaO, Rdnr. 449). 170

171 **dd)** Bei der Vereinbarung von Kapitalabfindungen oder der Festlegung von Renten ist stets daran zu denken, ob nicht für bestimmte mögliche Entwicklungen, die nicht endgültig zu übersehen sind, **Vorbehalte** zu vereinbaren sind, so z. B. für den Verlust des Arbeitsplatzes oder bei Eintritt vermehrter Bedürfnisse. In jedem Fall sind jedoch die Voraussetzungen so genau wie irgend möglich zu beschreiben, damit ggf. über das Vorliegen oder Nichtvorliegen der Voraussetzungen für weitergehende Ansprüche Streit nicht entstehen kann. Auch ist daran zu denken, z. B. für den Fall des Vorbehaltes von weitergehenden Ansprüchen. Bei vermehrten Bedürfnissen ist bzw. kann ein ärztliches Gutachten, evtl. ein amtsärztliches Gutachten maßgebend sein (vgl. im übrigen wegen der Einzelheiten, die bei Abfindungsvergleichen zu beachten sind, *Hellwig,* Der Schaden, A 1 – Abfindungsvergleich).

II. Geltendmachung von Ansprüchen gegen eigene Versicherung und sonstige Leistungsträger

172 In der Praxis ist es noch nicht selbstverständlich und die Regel, daß der mit der Abwicklung eines Unfallschadens befaßte Anwalt den Mandanten berät und vertritt auch hinsichtlich seiner Ansprüche gegenüber der eigenen Versicherung. Dieser Gesichtspunkt sollte nicht außer Betracht gelassen werden, insbesondere in den Fällen, in denen aufgrund einer nur teilweise gegebenen Haftung nach Haftpflichtrecht der Gegenseite der Mandant Ansprüche gegen seine eigenen Versicherungen haben könnte, und zwar sowohl bei Sachschäden, z. B. Glasbruch, als auch bei Körperverletzung. In Betracht kommen Ansprüche im einzelnen wie folgt:

1. Ansprüche aus Fahrzeugversicherung

173 **a) Die Teilversicherung – Teilkasko.** Die Teilversicherung umfaßt Fahrzeugschäden infolge
– des Brandes und der Explosion (§ 12 I AKB),
– der Entwendung, insbesondere des Diebstahls, des unbefugten Gebrauches durch betriebsfremde Personen, des Raubes und der Unterschlagung (§ 12 I 1 b, Satz 1 AKB),
– der unmittelbaren Einwirkungen von Sturm, Hagel, Blitzschlag oder Überschwemmung auf das Fahrzeug (§ 12 I, I c I AKB),
– des Zusammenstoßes des in Bewegung befindlichen Fahrzeuges mit Haarwild im Sinne des § 2 I 1 des Bundesjagdgesetzes (§ 12 I, I d AKB),
– Glasbruch- und Kabelschaden,
– Reifenschäden (wegen der Einzelheiten vgl. *Bauer,* Die Kraftfahrtversicherung, Rdnrn. 660 ff.).

Die Berücksichtigung dieser möglichen Ansprüche für den Mandanten und den Geschädigten ist bei bestehender Teilversicherung immer dann wichtig, wenn bei einem Unfallereignis im Straßenverkehr Schadensersatz vom Unfallgegner nicht zu erlangen ist, sei es wegen nicht gegebener Haftung oder etwa wegen Fahrerflucht etc. In diesem Fall sollte der den Mandanten in Unfallschadenangelegenheiten beratende Anwalt den Mandanten darüber beraten, daß ihm z. B. Ansprüche wegen Glasbruchs und Kabelschaden sowie wegen Reifenschäden im Zusammenhang mit einem Unfallereignis gegenüber der eigenen Teilversicherung zustehen.

Straßenverkehrszivilrecht **B IX**

Für den Anspruch aus der Teilkaskoversicherung im Zusammenhang mit einem Unfall mit Haarwild ist nicht der Zusammenstoß mit dem Haarwild erforderlich, sondern es genügt vielmehr, daß er unmittelbar bevorsteht (*BGH NJW* 1991, 1609 = NZV 1991, 226 = DAR 1991, 261).
Die Fahrzeug- und Zubehörteile, die prämienfrei mitversichert sind, ergeben sich aus der Teile-Liste (vgl. *Stiefel/Hofmann*, Kraftfahrtversicherung, § 12 Rdnr. 11). Hinzu kommmen die Rettungs- bzw. Bergungskosten (vgl. *Stiefel/ Hofmann*, aaO, § 13 Rdnrn. 82 f.).

b) Vollversicherung – Vollkaskoversicherung. Die Fahrzeugvollversiche- 174
rung umfaßt neben dem in der Fahrzeugteilversicherung gewährten Versicherungsschutz zusätzlich auch Versicherungsschutz gem. § 12 I, II AKB für die Beschädigung, Zerstörung und den Verlust des Fahrzeuges und seiner Teile, und zwar
– die bei einem Unfall entstehen (§ 12 I, II e AKB),
– durch mut- oder böswillige Handlungen betriebsfremder Personen (§ 12 I, II f AKB),
– der Umfang der Leistungen des Versicherers für Teil- und Vollkaskoversicherung ergibt sich aus § 13 AKB (wegen der Einzelheiten, speziell auch bezüglich der Neupreisentschädigung vgl. *Bauer* aaO, Rdnrn. 685/751).

c) Speziell: Bei Leasingfahrzeugen. Bei Leasingfahrzeugen ist die Geltend- 175
machung des Schadens aus der Vollkaskoversicherung beim Fahrzeugversicherer zu empfehlen, falls entweder der Leasingnehmer den Unfall allein oder mitverschuldet hat, oder falls die Voraussetzungen für eine Neuwertentschädigung im Sinne von § 13 II AKB vorliegen. Bei Totalschaden und Verlust eines Personenwagens erhöht sich die Leistungsgrenze des Versicherers auf den Neupreis, wenn sich der Versicherungsfall in den ersten beiden Jahren nach der Erstzulassung des Fahrzeuges ereignet hat und sich das Fahrzeug bei Eintritt des Versicherungsfalls im Eigentum dessen befindet, der es als Neufahrzeug unmittelbar vom Kraftfahrzeughändler oder Hersteller erworben hat (vgl. *BGH DAR* 1988, 341). Bei den Ansprüchen aus der Vollkaskoversicherung beim Leasingfahrzeug ist zu unterscheiden zwischen den Ansprüchen, die dem Leasinggeber und dem Leasingnehmer zustehen. Ein spezielles Problem und umstritten ist die Frage, ob die Versicherung die **Mehrwertsteuer** auf die Wiederbeschaffungskosten zahlen muß, wenn der Leasingnehmer Privatmann und somit nicht zum Vorsteuerabzug berechtigt ist (wegen der Einzelheiten vgl. *Reinking*, Auto Leasing, S. 153 ff.).

d) Inanspruchnahme der Vollkaskoversicherung und Differenztheorie. Bei 176
unklarer Haftungslage und sich verzögernder Regulierung des Fahrzeugschadens durch die gegnerische Haftpflichtversicherung ist bei bestehender Fahrzeugvollversicherung durch den mit der Abwicklung des Schadens befaßten Anwalt der Mandant darüber zu beraten, ob und mit welcher Konsequenz die Inanspruchnahme der eigenen Fahrzeugversicherung zu empfehlen ist. Die Inanspruchnahme der eigenen Fahrzeugvesicherung dürfte regelmäßig empfehlenswert sein, um einen alsbaldigen Schadensausgleich, also Ausgleich der Reparaturkosten oder Kosten für die Beschaffung eines Neu- oder Ersatzfahrzeuges, sicherzustellen.
Wichtig ist hierbei die Frage, ob – bei nichtprivilegierten Fahrzeugen – auf 177
Reparaturkostenbasis abzurechnen ist oder ob **Neupreisentschädigung** bean-

sprucht werden kann. Bei nichtprivilegierten Fahrzeugen im Sinne von § 13 I AKB – das sind Droschken, Mietwagen, Selbstfahrervermietwagen, Campingfahrzeuge bzw. Wohnmobile – sind Reparaturkosten und Zeitwerte zu vergleichen. Liegen die Reparaturkosten unter dem Zeitwert, so sind diese gem. § 13 V 1 AKB zu entschädigen, auch wenn eine Reparatur nicht durchgeführt wird (*LG München* VersR 1981, 183). Die Entschädigung ist zu zahlen unabhängig davon, ob ein Ersatzfahrzeug erworben wird oder nicht.

178   Bei sogenannten **privilegierten Fahrzeugen** ist zu prüfen, ob eine über den Zeitwert hinausgehende Entschädigung in Betracht kommt, orientiert an der Wiederbeschaffungs- bzw. Wiederherstellungsklausel des § 13 X a AKB. Für die Höhe der Entschädigung ist maßgebend, ob der Versicherungsnehmer ein Ersatzfahrzeug erwirbt oder nicht. Wenn der Versicherungsnehmer kein Ersatzfahrzeug erwirbt bzw. nicht reparieren läßt, ist die Versicherungsleistung beschränkt auf den Zeitwert, abzüglich Selbstbeteiligung und Restwert. Für den Fall des Erwerbes eines Ersatzfahrzeuges kann erhöhte Versicherungsleistung beansprucht werden und bei Durchführung der Reparatur trotz Totalschaden besteht Anspruch auf erhöhte Versicherungsleistung, wenn die Verwendung der Versicherungsleistung auch zur Reparatur sichergestellt ist (wegen der Einzelheiten vgl. *Bauer* aaO, Rdnrn. 710, 715 ff.). Im Falle der Inanspruchnahme der Fahrzeugversicherung geht der Schadensersatzanspruch gegen den schädigenden Dritten auf den Versicherer über gem. § 67 I 1 VVG.

179   Die **Abrechnung** etwaiger Ansprüche gegen den schädigenden Dritten erfolgt dann nach der **Differenztheorie** (vgl. Rdnrn. 117 ff.; wegen der Einzelheiten der Berechnungen nach der Differenztheorie und Beispiele hierfür vgl. *Bauer* aaO, Rdnrn. 762 ff.). Bei Inanspruchnahme der Kaskoversicherung ist die vertragliche Selbstbeteiligung zu beachten.

180   Der sich ergebende Verlust des Schadensfreiheitsrabattes kommt als Schadensposition gegenüber dem haftpflichtigen Dritten in Betracht (*Hellwig*, Der Schaden, S 5 – Schadensfreiheitsrabatt mit weiteren Nachweisen der Rechtsprechung; *Becker/Böhme*, aaO, Rdnr. 314). Der **Rückstufungsschaden** in der Kaskoversicherung ist vom Schädiger auch dann zu ersetzen, wenn Verzug nicht vorliegt und die Kaskoversicherung nur wegen des größeren Leistungsumfangs in Anspruch genommen wird (*LG Freiburg* DAR 1990, S. 26 f.).

181   e) **Verkehrs-Service-Versicherung.** Beim Bestehen einer Verkehrs-Service-Versicherung **(Schutzbrief)** kommen entsprechend den Bedingungen dieser Versicherung Ansprüche in Betracht auf Erstattung der Abschleppkosten, Übernachtungskosten etc. (vgl. Allgemeine Bedingungen für die Verkehrs-Service-Versicherung (AVSB 83) abgedruckt und kommentiert in *Stiefel/Hofmann*, 13. Aufl., S. 823 ff.). Kongruente Schadensersatzansprüche des Geschädigten gehen gem. § 67 VVG auf den Versicherer über (vgl. *Becker/Böhme* aaO, Rdnr. 257).

2. Ansprüche aus sonstigen Versicherungen

182   Der Straßenverkehrsunfall ist auch – was häufig nicht bedacht und nicht beachtet wird – ein **Unfall** im Sinne von § 2 Nr. 1 AUB. Somit kommen auch im Falle des Straßenverkehrsunfalles bei bestehenden Unfallversicherungen und sonstigen bestehenden Versicherungen in Betracht, soweit Leistungen nicht ausgeschlossen sind, für Versicherungsfälle im Zusammenhang mit dem Straßenverkehr. Besondere praktische Bedeutungen können sowohl für Fahrer als auch

Beifahrer Ansprüche aus Unfallversicherungen haben, wenn eine Verantwortung des Unfallgegners nicht feststellbar ist und damit nicht in Anspruch genommen werden kann. **Zusätzliche Ansprüche,** die gegenüber dem haftpflichtigen Schädiger nicht gegeben sind, kommen in Betracht z. B. aus **Insassen**unfallversicherung oder als Krankenversicherung z. B. auf Krankenhaustagegeld etc. All diese Aspekte müssen bei umfassender Beratung und Vertretung bei der Abwicklung von Ansprüchen aus Anlaß eines Straßenverkehrsfalles durch den beratenden Anwalt bedacht werden. Ggf. sollte der Anwalt sich die Policen in Betracht kommender Versicherungen vorlegen lassen, soweit der Mandant hierzu Beratung und Vertretung wünscht. Nachstehend können die in Betracht kommenden Versicherungen lediglich angesprochen, nicht aber vertieft behandelt werden. Hierzu muß auf die weiterführende Literatur verwiesen werden. In Betracht kommen **Ansprüche aus folgenden Versicherungen:**

a) Ansprüche aus Kraftfahrtunfallversicherung (§ 16 AKB). Als Versicherungsarten und -leistungen dieser Versicherung jedoch ergeben sich Ansprüche aus Insassenunfallversicherung – nach dem **Pauschalsystem** – oder für eine bestimmte Zahl von Personen oder Plätzen, Berufsfahrerversicherung sowie namentliche Versicherung sonstiger Personen (§ 16 I AKB). In Betracht kommen Leistungen des Versicherers für den Fall des Todes, der dauernden Beeinträchtigung der Arbeitsunfähigkeit (Invalidität), Tagegeld sowie Heilkosten (wegen der evtl. Ausrechnung dieser Ansprüche auf Leistungen aus Haftpflichtansprüchen vgl. *Prölss/Martin,* Versicherungsvertragsgesetz, § 16 AKB Anm. 2). Der Umfang der Leistungen ergibt sich aus § 8 AUB (speziell vgl. **Gliedertaxe** § 8 II AUB).

183

b) Unfallversicherung, § 8 AUB. Ansprüche kommen in Betracht aus Unfallversicherungen, auf die Person des Versicherungsnehmers oder eines anderen gem. § 179 VVG. Die Voraussetzungen der Leistungen ergeben sich aus § 8 AUB. Die Versicherung kann also gerichtet sein auf Todesfallentschädigung, Invaliditätsentschädigung, Krankenhaustagegeld, Genesungsgeld, Heilkosten sowie Übergangsentschädigung (Verfasser hat Ansprüche aus **Unfallversicherung** abgewickelt für einen Mandanten wegen einer erlittenen AIDS-Infektion, verursacht durch eine Bluttransfusion nach einem Verkehrsunfall). Besonders hinzuweisen ist auf die besonderen **Voraussetzungen** des Versicherungsschutzes für Invaliditätsentschädigung. Die Invalidität muß gem. § 8 Nr. II 1 S. 1 Hs. 1 AUB binnen Jahresfrist „eingetreten sein", und nach Abs. 2 der vorgenannten Vorschrift muß die Invalidität innerhalb 3 Monate „nach dem Unfalljahr" ... „ärztlich festgestellt sein" (vgl. hierzu im einzelnen *Grimm,* Unfallversicherung 1987 § 8 Rdnrn. 18, 19). Dies ist Anspruchsvoraussetzung. Hierauf muß der beratende Anwalt den Mandanten hinweisen und die Fristen beachten. Im übrigen ist hinzuweisen auf die **Fristen** für die **Geltendmachung.** Zur Einhaltung der Frist für die Geltendmachung der Invalidität gem. § 8 II 1 AUB (= § 9 VI AUB 88) genügt es für die Geltendmachung der Invalidität, daß fristgerecht gegenüber dem Versicherer behauptet wird, es sei Invalidität eingetreten (*BGH,* Urteil vom 25. 4. 1990 VersR 1990, S. 732 f.; vgl. hierzu im übrigen *Wussow/Pürkhauer* AUB, § 9 I Rdnr. 7).

184

c) Gruppenunfallversicherung. Neben der Unfallversicherung für die Person des Versicherungsnehmers kommen auch in Betracht Gruppenunfallversicherungen oder betriebliche Unfallversicherungen oder sonstige spezielle Un-

185

fallversicherungen. Hierzu zählt auch z. B. die Unfallversicherung durch das Studentenwerk. Es ist Aufgabe und Pflicht des beratenden Anwaltes, durch Aufklärung und im Gespräch mit dem Mandanten zu klären, ob und ggf. aus welcher Unfallversicherung Ansprüche in Betracht kommen.

186   d) **Lebensversicherung.** Im Falle des Todes einer Person kommen für die mittelbar Geschädigten, also den oder die Erben und ggf. die Begünstigten Ansprüche aus der Lebensversicherung in Betracht.

187   e) **Krankenversicherung.** Weiter kommen nach einem Unfall Ansprüche auf Leistungen aus Krankheitskosten und Krankenhaustagegeldversicherung in Betracht. Gegenstand, Umfang und Geltungsbereich des Versicherungsschutzes für die Krankheitskosten- und Krankenhaustagegeldversicherung ergeben sich aus § 1 MBKK (abgedruckt in *Prölss/Martin,* Versicherungsvertragsgesetz, S. 1222 ff.).

188   f) **Rechtsschutzversicherung.** Wegen der Beteiligung der Rechtsschutzversicherung als spezielle Sachversicherung vgl. Rdnrn. 227 ff.

3. Ansprüche auf Unfallrente gem. RVO

189   Soweit Eintrittspflicht der ges. Angestellten-, Arbeiter-, Renten- und Knappschaftsrentenversicherung – also bei Arbeitsunfällen – in Betracht kommt, können sich für den Geschädigten Rentenansprüche ergeben. Wenn begründete Aussicht darauf besteht, daß die Berufsunfähigkeit oder die **Erwerbsunfähigkeit nur für absehbare Zeit** besteht, so ist die Rente wegen Berufsunfähigkeit oder wegen Erwerbsunfähigkeit oder evtl. die Hinterbliebenenrente zu gewähren, und zwar von Beginn der 27. Woche an jedoch nur auf Zeit und längstens für die Dauer von 2 Jahren von der Bewilligung an gerechnet (wegen der Einzelheiten vgl. *Hellwig,* Der Schaden R 7).

190   In der gesetzlichen Unfallversicherung erhält der **Verletzte** die **Rente** mit dem Tag nach dem Wegfall der Arbeitsunfähigkeit im Sinne der Krankenversicherung oder mit dem Beginn der durch den Arbeitsunfall verursachten Erwerbsunfähigkeit im Sinne der Rentenversicherung, wenn die zu entschädigende Minderung der Erwerbsunfähigkeit über die 13. Woche nach dem Arbeitsunfall hinaus andauert, spätestens jedoch mit dem beginn der 79. Woche nach dem Arbeitsunfall mit Ausnahme des Falles, daß der Verletzte sich dann noch in Heilanstaltspflege befindet. Der Verletzte erhält die Rente mit dem Tag nach dem Arbeitsunfall, wenn die zu entschädigende Minderung der Erwerbsunfähigkeit über die 13. Woche nach dem Arbeitsunfall hinaus andauert, Arbeitsunfähigkeit im Sinne der Krankenversicherung jedoch nicht vorgelegen hat (§ 580 RVO). Die Verletztenrente wird als Vollrente oder Teilrente gewährt (wegen der Einzelheiten vgl. *Hellwig* aaO, R 7).

191   Der Anspruch auf Rente ist gegenüber dem Versicherungsträger geltend zu machen. Sofern dem Anspruch nach Entscheidung im Widerspruchsverfahren nicht entsprochen wird, kommt **Klage zum Sozialgericht** in Betracht.

III. Die Beteiligung der eigenen Versicherung

1. Verhältnis der einzelnen bei der Abwicklung eines Straßenverkehrsunfalles beteiligten Versicherungsarten

a) **Die Kraftfahrzeughaftpflichtversicherung.** Die eigene Kraftfahrzeughaftpflichtversicherung des Mandanten ist regelmäßig dann an der Abwicklung eines Unfalles beteiligt, wenn nicht nur gegenüber dem Unfallgegner Ersatzansprüche geltend zu machen und durchzusetzen sind, sondern wenn auch andere beim Unfall zu Schaden gekommene Personen, sei es der Unfallgegner oder seien es die Fahrzeuginsassen, ihrerseits gegen den Mandanten aus Anlaß des Unfalles Ansprüche erheben. Die obligatorische Kraftfahrzeughaftpflichtversicherung beinhaltet für den Versicherungsnehmer bzw. Mandanten eine **Befreiungs- und Rechtsschutzfunktion** für gegen ihn erhobene Ansprüche (*Bauer*, Die Kraftfahrtversicherung, Rdnrn. 83 ff.). Die Kraftfahrzeughaftpflichtversicherung hat also die Funktion, den Versicherungsnehmer von Ansprüchen Dritter freizustellen. Hinzuweisen ist auch darauf, daß die nach § 11, Nr. 4 AKB aF geltende Verwandtenklausel seit dem 1. 1. 1977 entfallen ist, so daß auch die Kraftfahrzeughaftpflichtversicherung die Ansprüche geschädigter Verwandter des Versicherungsnehmers, also auch etwa der als Beifahrerin beteiligten Ehefrau, zu regulieren haben. Gesetzliche Grundlagen für die Rechtsbeziehungen zur Kraftfahrzeughaftpflichtversicherung sind das Versicherungsvertragsgesetz (VVG) sowie die allgemeinen Bedingungen für die Kraftfahrtversicherung (AKB vgl. Anhang II. zu §§ 149–158 VVG) sowie das Pflichtversicherungsgesetz (PflVG).

b) **Sonstige beteiligte Versicherungen.** Bei der Abwicklung von Ansprüchen aus Anlaß eines Straßenverkehrsunfalles **beteiligte Versicherungen** des Mandanten sind:
– Fahrzeugteil- und Fahrzeugvollversicherung,
– Insassen- und sonstige Unfallversicherungen,
– die Krankenversicherung sowie die Rechtsschutzversicherung und Verkehrs-Service-Versicherung.
Die **Rechtsbeziehungen** zu diesen Versicherungen regeln sich nach VVG und den hierzu festgelegten besonderen Bedingungen, nämlich für die Kraftfahrtversicherung **(AKB)**, nach den Allgemeinen Unfallversicherungsbedingungen **(AUB)**, Anhang zu §§ 179–185 VVG sowie Allgemeine Versicherungsbedingungen für die Krankheitskosten- und Krankenhaustagegeldversicherung **(MBKK**; Zusatz zu §§ 159–178 VVG) sowie Allgemeine Rechtsschutzbedingungen **(ARB**; Anhang III zu §§ 149–158k) und Allgemeine Bedingungen für die Verkehrs-Service-Versicherung (vgl. Rdnr. 181).

2. Die Rechtsbeziehungen zur eigenen Versicherung

a) **Allgemeines.** Die Beachtung der Rechtsbeziehungen zur eigenen Versicherung und die ggf. notwendige richtige Beratung des Mandanten ist erforderlich, um Pflichtverletzungen gegenüber der Versicherung zu vermeiden und notfalls bei Streit über den Versicherungsschutz und über Regressen diese abzuwehren oder zu begrenzen. Die sich für den Mandanten bzw. Versicherungsnehmer ergebenden Verpflichtungen – Obliegenheiten – gegenüber der eigenen Versicherung ergeben sich aus den Bestimmungen des Versicherungsvertragsgesetzes. Man unterscheidet hier **gesetzliche** Obliegenheiten sowie **vertragliche** Obliegenheiten, bei denen zu unterscheiden sind Obliegenheiten vor und nach Eintritt des **Versicherungsfalles**. Zu den **gesetzlichen Obliegenheiten** gehört die vorvertragliche Anzeigepflicht, etwa über den technischen Zustand des Fahrzeuges und die Verpflichtung zur Unterlassung von Gefahrerhöhungen. Der häufigste Fall der Gefahrerhöhung ist das Benutzen des Fahrzeuges mit abgefahrenen Reifen.

195 Zu den **vertraglichen,** vor Eintritt des Versicherungsfalles beachtlichen **Obliegenheiten** gehören bei der Kraftfahrzeughaftpflichtversicherung die Verwendungsklausel (§ 2 IIa AKB), z. B. die Verwendung des Fahrzeuges eines „zur Eigenverwendung" benutzten Fahrzeuges als Selbstfahrmietwagen, die Schwarzfahrtklausel (§ 2 IIb AKB), also Benutzung durch einen unberechtigten Fahrer, die Führerscheinklausel (§ 2 IIc AKB), also der notwendige Besitz der vorgeschriebenen Fahrerlaubnis sowie sonstige Obliegenheiten, deren Verletzung den Versicherungsschutz ausschließen (§ 2 IId AKB), etwa die Teilnahme an Rennveranstaltungen (z. B. Motocross-Rennen), soweit diese nicht behördlich genehmigt sind (*Becker/Böhme* aaO, Rdnr. 1028). Zu den **nach** Eintritt des **Versicherungsfalles** zu beachtenden Obliegenheiten gehören die Anzeigepflicht (§ 7 I 2 AKB), die Aufklärungs- u. Schadensminderungspflicht (§ 7 I, II AKB). Der häufigste Problemfall ist hier die Fahrerflucht oder sonstige Obliegenheiten nach Eintritt des Versicherungsfalles (vgl. B XV Rdnrn. 48 ff.).

196 **b) Praktische besondere Probleme bei der Abwicklung von Haftpflichtschäden.** Der mit der Abwicklung von Unfallschäden befaßte Anwalt ist auch durch den Mandanten häufig gebeten, sich um die **Meldung des Schadenfalles** gegenüber der eigenen Versicherung zu kümmern.

197 **aa)** Häufig kommt es vor, daß der Mandant, für den Schadensersatzansprüche abzuwickeln sind, seinen insoweit tätigen Anwalt auch die ihm von seiner eigenen Haftpflichtversicherung zugegangene Schadenanzeige zuleitet. Der Anwalt ist gehalten, die Schadenanzeige zu bearbeiten oder diese dem Mandanten zurückzugeben mit der entsprechenden Belehrung über die Notwendigkeit der Vorlage der Schadenanzeige und der Rechtsfolge bei Verstoß gegen die Anzeigepflicht. Grundsätzlich muß der VN, wie auch der Mitversicherte der Versicherung jeden Versicherungsfall innerhalb einer Woche anzeigen (§ 7 I 2 AKB). Nicht rechtzeitige, unwahre oder unvollständige Angaben bringen die Gefahr mit sich, den Versicherungsschutz zu verlieren (*Becker/Böhme* aaO, Rdnr. 1042).

198 **bb)** Lediglich bei **Schäden bis zu 500 DM** ist der Versicherungsnehmer gem. § 7 I, II 2 AKB berechtigt, den Schaden selbst zu regulieren, etwa um den Schadenfreiheitsrabatt nicht zu verlieren. Ein **Regulierungsverbot** gegenüber der Versicherungsgesellschaft ist im übrigen unbeachtlich und bringt die Gefahr mit sich, für Mehraufwendungen infolge des Regulierungsverbotes von der Versicherungsgesellschaft auf Ersatz in Anspruch genommen zu werden. Vielmehr erscheint es in der Praxis sachdienlich und ratsam, bei notwendiger Abwehr von Ansprüchen des Unfallgegners sich mit der eigenen Haftpflichtversicherung im Hinblick auf die Durchsetzung der eigenen Ansprüche des VN abzustimmen und die Versicherungsgesellschaft zu bitten, sich vor Eintritt in die Regulierung, insbesondere über die Haftungsquote abzustimmen.

cc) Gemäß § 3 II 2 AHB trägt der Versicherer die **Kosten des Verteidigers,** 199 wenn gegen den VN wegen eines Schadenereignisses, das unter den Versicherungsschutz fällt, die Bestellung eines Verteidigers vom VN gewünscht oder genehmigt wird. Der Versicherungsnehmer kann also in einem Haftpflichtfall, der einen unter den Versicherungsschutz fallenden Haftpflichtanspruch zur Folge hat, also etwa bei einem Unfall als Radfahrer, von der Versicherung verlangen, daß diese die Kosten der Verteidigung trägt. In die Leistungspflicht des Versicherers fällt also die Gewährung von Rechtsschutz (*Prölss/Martin* aaO, § 3 AHB, Anm. 2).

dd) Bei **Obliegenheitsverletzung** in der Kraftfahrzeughaftpflichtversiche- 200 rung etwa wegen Gefahr, Erhöhung oder bei Verletzung der Aufklärungs- und Schadensminderungspflicht (Fahrerflucht) oder bei Verstößen gegen die Anzeigepflicht etc. ist Leistungsfreiheit der Versicherung grundsätzlich gem. § 6 III VVG gegeben. Jedoch haben die Versicherungen im Wege einer geschäftsplanmäßigen Erklärung bei Obliegenheitsverletzung darauf verzichtet, einen über 5000 DM hinausgehenden **Regreß** beim Versicherungsnehmer oder Mitversicherten geltend zu machen (*Prölss/Martin* aaO, § 7 AKB Anm. 6). In solchen Fällen wird es Aufgabe des Anwaltes sein, die **Begrenzung des Regresses** geltend zu machen. In der Praxis ist es empfehlenswert, mit der regreßnehmenden Versicherung über eine Ermäßigung der Regreßforderung auch unter den Betrag von 5000 DM zu verhandeln. Zu beachten ist jedoch, daß von dem Regreßverzicht ausgenommen ist der **Rückgriff des Sozialversicherungsträgers.** Diesem bleibt der Versicherungsnehmer, dem der Versicherungsschutz entzogen ist, **voll** ausgesetzt (*BGH* 1980, 332, VersR 1977, 272; VersR 1976, 358; *OLG Oldenburg* NJW 1979, 2133 mit kritischen Anmerkungen, *Ebel* NJW 1975, 1765; vgl. B XV Rdnrn. 73f.).

c) Rechtsbeziehung zur eigenen Versicherung bei Ansprüchen gegen die 201 **eigene Versicherung. aa)** In der Praxis ist der häufigste Fall der Probleme im Rahmen des Versicherungsverhältnisses bei Geltendmachung von Ansprüchen gegen die eigene Versicherung, z. B. bei der Geltendmachung von Kaskoansprüchen, der Einwand der **schuldhaften Herbeiführung des Versicherungsfalles** gem. § 61 VVG. Nach dieser Vorschrift ist bei schuldhafter, d. h. vorsätzlicher oder grob fahrlässiger Herbeiführung des Versicherungsfalles der Versicherer von der Verpflichtung zur Leistung frei.

bb) Die hierzu in der Praxis häufigsten Fälle beziehen sich auf den **Verlust** des 202 **Versicherungsschutzes** aus der Fahrzeugteil- und Vollkaskoversicherung z. B. bei Fahrern mit einer BAK, die über dem Grenzwert der absoluten Fahruntüchtigkeit liegt (früher 1,3 Promille, jetzt 1,1 Promille). Diese Rechtsprechung ist jetzt auch maßgebend für den Grenzwert im Versicherungsrecht mit der Folge, daß der Versicherer nach § 61 VVG von der Leistung frei wird (*BGH* NJW 1992, 119 = NZV 1992, 27). Auch kann der zu ersetzende Rabattverlust bei Inanspruchnahme der Kaskoversicherung nur mit der Feststellungsklage geltend gemacht werden (*BGH* NZV 1992, 107 = VersR 1992, 244). Insbesondere ist auch häufig problematisch die Verursachung des Versicherungsfalles bei dem Vorwurf der Mißachtung einer Rot-Ampel oder beim Bedienen der Armatur eines Fahrzeuges sowie etwa beim Aufheben eines Gegenstandes während der Fahrt (vgl. *Bauer,* Die Kraftfahrtversicherung, Rdnr. 423 mit Einzelbeispielen).

3. Verjährung und Klagefrist nach § 12 VVG

203 Ein wichtiger, bei der Geltendmachung von Ansprüchen aus Anlaß von Kraftfahrunfällen zu beachtender Punkt ist die Beachtung der Verjährungsfristen sowie die Beachtung der Klagefrist bei Versagung des Versicherungsschutzes. Maßgebende Vorschrift ist § 12 VVG. Hiernach beträgt die **allgemeine Verjährung** zwei Jahre. Im übrigen ändert diese Vorschrift die bürgerlich rechtlichen Vorschriften über den Beginn und die Dauer der Verjährung aber nicht jedoch die Vorschriften über die Berechnung, über die Hemmung und Unterbrechung der Frist (vgl. im einzelnen *Prölss/Martin* aaO, § 12 Anm. 1; vgl. B XV Rdnr. 44).

204 Von wichtiger praktischer Bedeutung ist die Regelung über die **Leistungsfreiheit des Versicherers**. Bei Entzug des Versicherungsschutzes ist der Versicherer von der Verpflichtung zur Leistung gem. § 12 III VVG frei, wenn der Anspruch auf die Leistung nicht innerhalb von 6 Monaten gerichtlich geltend gemacht wird. Hier schlummert eine besondere Gefahr von Regressen für den in Unfallangelegenheiten tätigen Anwalt. Wenn der Anwalt über den Entzug des Versicherungsschutzes durch die Versicherungsgesellschaft unmittelbar oder durch den Mandanten informiert wird, muß der Mandant durch den Anwalt über die Frist und die Rechtsfolgen der Nichtbeachtung informiert werden, wobei es sich empfiehlt, dies schriftlich zu veranlassen.

205 In der Praxis kommt auch häufig bei schwierig gelagerten und nicht endgültig geklärten Sachverhalten die Vereinbarung einer **Verlängerung der Klagefrist** mit der Versicherungsgesellschaft in Betracht (*Prölss/Martin* aaO, § 12 Anm. 5).

IV. Der Kraftschadenprozeß

1. Der richtige Kläger und Beklagte

206 Bei notwendiger Klageerhebung hat der Anwalt besonders darauf zu achten und zu prüfen, die Klage für den richtigen Kläger zu erheben, also für denjenigen, der für die geltend gemachten Ansprüche **aktivlegitimiert** ist. Hierbei ist gerade beim Kraftschadenprozeß wegen der besonderen und **differenzierten Anspruchsart** auf den Anspruchsgrund abzustellen. So sind z. B. für den Sachschaden im Fall des Todes des unmittelbar Geschädigten die Erben anspruchsberechtigt, während z. B. für einen Unterhaltsschaden das Kind, das nicht notwendigerweise und nicht immer Erbe ist, anspruchsberechtigt und damit klageberechtigt ist (wegen der Besonderheiten der Klageberechtigung vgl. im einzelnen *Geigel,* Der Haftpflichtprozeß, S. 1225 ff.). Wenn der Anspruchsberechtigte selbst z. B. infolge der erlittenen Verletzungen nicht imstande ist, seine Angelegenheiten selbst zu besorgen, ist auf Antrag **Prozeßpflegschaft** anzuordnen. Der Prozeßpfleger ist der ges. Vertreter des Anspruchsberechtigten.

207 Auf seiten des/der **Beklagten** ist seitens des Anwalts darauf zu achten, wer – auch aus prozeßtaktischen Gründen – als Beklagter in Anspruch zu nehmen ist. Regelmäßig ist dies der **Halter**. Ebenso empfiehlt es sich – bei gegebener Verschuldungshaftung und wenn Halter und Fahrer nicht identisch sind – auch den Fahrer des Beklagten mit in Anspruch zu nehmen. Hierbei ist zu beachten, daß der als Beklagter in Anspruch genommene Fahrer nicht mehr als Zeuge in Betracht kommt. Ebenso besteht gegenüber dem Versicherer gem. § 3 Pflichtversicherungsgesetz ein Direktanspruch, so daß auch der Versicherer als Beklagter in Anspruch zu nehmen ist. Der Versicherer und der Versicherungsnehmer bzw. Versicherte sind **Gesamtschuldner.**

Wird lediglich der Halter oder Fahrer in Anspruch genommen, so ist die 208 Einleitung des gerichtlichen Verfahrens gegenüber dem Versicherer gem. § 158 VVG anzuzeigen.

Bei notwendiger **Klage** nach einem Verkehrsunfall mit einem ausländischen 209 Fahrzeug im Gebiet der Bundesrepublik Deutschland ist der **HUK-Verband** und nicht das von diesem beauftragte Versicherungsunternehmen zu verklagen. (Zu den Besonderheiten der Schäden mit Ausländern vgl. im einzelnen *Becker/Böhme* aaO, Rdnrn. 896 ff. sowie speziell zum Verfahren vgl. Rundschreiben des HUK-Verbandes vom 1. 1. 1983, abgedruckt bei *Becker/Böhme* aaO, Rdnr. 904 und ebenso die Hinweise auf die Anwendung ausländischen Rechtes zu den einzelnen Ländern *Becker/Böhme* aaO, Rdnrn. 907, 908).

2. Besonderheiten des Feststellungsantrages

Schwierigkeiten in der Praxis ergeben sich häufig bei in Betracht kommenden 210 Feststellungsanträgen. Die Höhe des Schmerzensgeldes kann – und dies ist regelmäßig zu empfehlen – in das Ermessen des Gerichts gestellt werden. Ein **unbezifferter Klageantrag** für Schmerzensgeld ist ausreichend, wenn die **Klagebegründung** im übrigen die für die Ausübung des notwendigen gerichtlichen Ermessens und damit für die Festlegung der Höhe des Schmerzensgeldes notwendigen tatsächlichen Angaben enthält (*Becker/Böhme* aaO, Rdnr. 451, wegen der prozessualen Probleme der Schmerzensgeldklage im einzelnen vgl. *Prütting/Giehle* NZV 1989, S. 329 ff.).

Auch kann hinsichtlich **anderer Schäden,** z. B. für einen Erwerbsschaden, ein 211 Feststellungsanspruch gem. § 256 ZPO gegeben sein, wenn die Entstehung künftigen Schadens wahrscheinlich und nicht nur eine abstrakte Möglichkeit gegeben ist (*Becker/Böhme* aaO, Rdnr. 419). Ebenso kommt ein Feststellungsanspruch in Betracht bezüglich des Ersatzes von **Rentenversicherungsbeiträgen** (*BGH* VersR 1977, 1156), z. B. wenn nicht endgültig feststeht, aber die Möglichkeit konkret gegeben ist, daß wegen einer Beitragsdifferenz in der Rentenversicherung der Geschädigte Nachteile in der Höhe hinsichtlich der zu erwartenden Rente hat.

3. Besondere Beweisfragen und Anscheinsbeweis

Für den Anwalt, der einen Haftpflichtprozeß, also auch einen Kraftschaden- 212 prozeß aktiv oder passiv zu führen hat, ist von vornherein auf die Beweislastverteilung und die sich ergebende Substantiierungspflicht und ihre mögliche Änderung auch während des Prozesses zu achten (*Lepa,* Beweislast und Beweiswürdigung im Haftpflichtprozeß, 1988, S. 10, 13). Nach der in der Praxis herrschenden Beweislastverteilungsregel hat jede Partei die Anwendungsvoraussetzungen der für sie günstigen Norm zu beweisen. Dies gilt für rechtsbegründende, -hindernde, -hemmende und -vernichtende Normen.

Bei der Haftung nach Straßenverkehrsgesetz gilt die verschuldensunabhängi- 213 ge **Gefährdungshaftung.** Gem. § 7 II StVG ist die Haftung für Unfallschäden ausgeschlossen, wenn der Unfall durch ein **unabwendbares Ereignis** herbeigeführt wird. Wer sich gem. § 7 II StVG entlasten will, muß die Unabwendbarkeit des Unfalles beweisen (*Jagusch/Hentschel* § 7 StVG Rdnr. 31). Der Kläger dringt also mit dem Klagebegehren durch, sofern und soweit der Beklagte nicht nachweist, daß der Unfall für ihn unabwendbar war im Sinne von § 7 II StVG. Zu der Frage der Unabwendbarkeit hat sich zwischenzeitlich eine sehr **differenzierte Rechtsprechung** entwickelt (vgl. im einzelnen *Jagusch/Hentschel* aaO, § 7 StVG Rdnrn. 32 ff. sowie *Geigel* aaO, Kapitel 25, Rdnr. 53 ff. unter Hinweis auf die „**Hamburger Quotentabelle**", abgedruckt in VersR 1985, 512, sowie Empfehlung des Verkehrsgerichtstages 1985; vgl. auch Rdnrn. 111 ff.; *Grüneberg,* Haftungsquoten bei Verkehrsunfällen).

214 Nach **den Regeln des Anscheinsbeweises ist** bei einem Auffahrunfall davon auszugehen, daß der Auffahrende den Unfall verursacht hat, wobei der Beweis des ersten Anscheines nur dadurch entkräftet werden kann, wenn der Hintermann nur deswegen auffährt, weil der Anhalteweg des Vordermannes durch eine Kollision erheblich verkürzt war. Der Beweis hierfür obliegt dem Hintermann (wegen der Einzelheiten des Anscheinsbeweises im Bereich des Kraftfahrzeugverkehrs vgl. *Geigel* aaO, Kapitel 37, Rdnr. 42; bezüglich Massenunfall vgl. *Geigel* aaO, Kapitel 25, Rdnr. 126; vgl. insbesondere Beweiserleichterungen im Haftpflicht- und Versicherungsrecht, Schriftenreihe der Arbeitsgemeinschaften des Deutschen Anwaltverein 1991).

4. Widerklage

215 Eine besondere Bedeutung kommt gerade im Kraftschadenprozeß der **Widerklage** zu. Soweit die Ansprüche der/des Beklagten noch nicht ausgeglichen sind, kommt die Erhebung einer Widerklage in Betracht. Auf diesem Weg kann ein Unfallbeteiligter in den Prozeß einbezogen und so als **Zeuge ausgeschaltet** werden. Die Erhebung der Widerklage ist nicht rechtsmißbräuchlich (*LG Köln* VersR 1983, 403 = ZfS 1983, 165). Es ist auch möglich, daß **negative** und **positive Feststellungsklage** im Schadenersatzprozeß aufeinander treffen (vgl. hierzu *Macke* NJW 1990, S. 1651 f.).

5. Das Prozeßführungsrecht der Versicherung bei Passivprozeß

216 Bei einem Kraftschadenprozeß muß der Versicherungsnehmer dem Versicherer die Entscheidung überlassen, den Schaden zu regulieren und evtl. Prozesse zu führen. Erteilte Weisungen sind durch Versicherungsnehmer zu befolgen. Eine Ausnahme von der Anzeigepflicht und dem Verbot der Selbstregulierung gilt nur für Sachschäden bis zu einer Höhe von 500 DM.

Der **Versicherer** erteilt dem zu beauftragenden Anwalt auch für den Versicherungsnehmer und sonstige Mitversicherte **Vollmacht** gem. § 158 c VVG (*BGH* DAR 1959, 17, VersR 1970, 549, 1972, 398; vgl. auch *Fleischmann* VersR 1959, 60).

V. Gebührenrechtliche Fragen bei der Unfallschadenregulierung

1. Außergerichtliche Regulierung

217 a) **Pauschalgebühr.** Bei der außergerichtlichen Unfallschadenregulierung werden die Anwaltsgebühren häufig als **Pauschalgebühren** vergütet entsprechend dem Abkommen zwischen dem DAV und dem HUK-Verband (vgl. hierzu ausführlich *Madert,* Anwaltsgebühren in Zivilsachen, S. 285 ff.; wegen der Einzelheiten im übrigen vgl. *Chemnitz* AnwBl 1987, 474 f.; vgl. G Rdnrn. 103, 104).

b) Gesetzliche Gebühren. Die **Gebühren** bei außergerichtlicher Unfallschadenregulierung bestimmen sich nach § 118 BRAGO. Hiernach fällt an die Geschäftsgebühr gem. § 118 I 1 BRAGO und ggf. die Besprechungsgebühr gem. § 118 I 2 BRAGO sowie bei Vergleichsabschluß die Vergleichsgebühr gem. § 23 BRAGO.   218

aa) Der **Gegenstandswert** richtet sich nach dem Wert der Ansprüche, mit deren Geltendmachung der Anwalt beauftragt wird (*BGH* AnwBl 1969, 50), und zwar die Schadensersatzforderungen, die nach dem zugrunde liegenden Sachverhalt bei pflichtgemäßer Beratung als durchsetzbar erscheinen. Der Geschäftswert ergibt sich aus sämtlichen Schadenspositionen, einschließlich etwa abgetretener Forderungen (*AG Biberach* DAR 1988, 27).   219

bb) Die **Höhe** der nach § 12 I BRAGO zu bestimmenden Gebühren ist nach billigem Ermessen zu bestimmen. Regelmäßig kommt die $^{7,5}/_{10}$-Mittelgebühr bei der Geschäfts- und Besprechungsgebühr in Betracht. Dies dürfte gelten für eine Unfallschadenregulierung mittlerer Art. Bei umfangreicher und länger dauernder Korrespondenz oder bei besonderen Umständen, etwa notwendiger Übersetzungen kommt eine $^{10}/_{10}$-Gebühr in Betracht, speziell wenn ein Teil der Korrespondenz in fremder Sprache zu führen ist (*AG Köln* AnwBl 1988, 76).   220

cc) Häufig ist der Anfall der **Besprechungsgebühr** streitig. Die Besprechungsgebühr gem. § 118 I 2 BRAGO fällt grundsätzlich an bei Besprechungen mit Dritten, so z. B. in Schadenangelegenheiten bei Besprechung mit der gegnerischen Versicherung, etwa wegen Vorschußzahlung (*AG Ludwigshafen* AnwBl 1988, 76). Dritter im Sinne der Vorschrift des § 118 I 2 BRAGO ist nicht nur die Versicherungsgesellschaft des Schädigers. Auch das Gespräch zur Kreditbeschaffung begründet die Besprechungsgebühr (AG Dortmund ZfS 1990, S. 196) und ebenso das Gespräch mit dem Kfz-Sachverständigen (*LG Essen* ZfS 1990, S. 196; vgl. im übrigen *Chemnitz* AnwBl 1987, 474 m. w. Nachw.; ebenso *Madert*, Anwaltsgebühren in Zivilsachen, 1990, S. 273 ff.).   221

dd) Nicht realisiert wird häufig in der Praxis die **Gebührendifferenz**, die sich ergibt, wenn die Versicherungsgesellschaft lediglich einen geringeren Teil des Schadens reguliert als ursprünglich geltend gemacht. Dies ist der Fall, wenn die Versicherungsgesellschaft dem Geschädigten nur einen Teil seines geltend gemachten Schadens ersetzt und damit auch nur einen Teil der Anwaltskosten erstattet. In diesem Fall hat der Anwalt Anspruch auf Erstattung der insgesamt angefallenen Gebühren, jedenfalls dann, wenn der ursprünglich geltend gemachte Anspruch zum Zeitpunkt der Geltendmachung sachlich gerechtfertigt war. Die ggf. hinter dem Mandanten stehende Rechtsschutzversicherung hat den Mandanten bzw. VN von dem Betrag der Gebührendifferenz freizustellen.   222

Die **Berechnung** erfolgt in der Weise, daß gegenüber dem Mandanten bzw. der Versicherungsgesellschaft die insgesamt anfallenden Gebühren berechnet werden und der vom Schädiger bzw. dessen Haftpflichtversicherung anteilig gezahlte Betrag in Abzug gebracht wird (vgl. im einzelnen *Chemnitz* AnwBl 1987, 474 ff.).

ee) Bei Vertretung **mehrerer Auftraggeber** entstehen dem Anwalt gegen jeden Mandanten Gebühren nach § 118 BRAGO, und zwar entsprechend dem Gegenstandswert des für jeden Mandanten geltend gemachten Anspruches. Damit hat die Versicherungsgesellschaft auch die entsprechenden Gebühren zu   223 erstatten. Dies gilt jedenfalls dann, wenn der Anwalt für jeden Auftraggeber die Ansprüche getrennt geltend macht. Werden die Ansprüche dagegen für mehrere Auftraggeber als eine Angelegenheit zusammengefaßt geltend gemacht, entstehen dem Anwalt lediglich einmal Gebühren gem. § 118 BRAGO, jedoch mit der Maßgabe, daß die Geschäftsgebühr sich für jeden Auftraggeber um $3/10$-Gebühren gem. § 6 I 2 BRAGO **erhöht**, und zwar berechnet aus dem Wert der insgesamt geltend gemachten Ansprüche.

224 **ff)** In der Praxis kommt es häufig vor, daß bei einem Verkehrsunfall, der überwiegend oder ausschließlich durch den Mandanten verursacht oder zu verantworten ist, der Mandant sich erkundigt, ob und in welchem Umfang Schadensersatzansprüche gegeben und durchsetzbar sind. Wenn der so konsultierte Anwalt Auskunft erteilt, daß Schadensersatzansprüche mit Erfolg nicht geltend zu machen oder durchzusetzen sind, so verdient er hierdurch die sogenannte **Abrategebühr** (die in der Praxis häufig nicht erhoben wird). Die Gebühr ergibt sich aus **§ 20 BRAGO**. Soweit für den in Rede stehenden Versicherungsfall Eintrittspflicht der Rechtsschutzversicherung gegeben ist, muß diese dem Versicherungsnehmer bzw. Mandanten von den insoweit entstandenen Gebühren freistellen (*Harbauer* § 17 Rdnr. 3; vgl. hierzu auch Rdnr. 232).

2. Die Gebühren bei gerichtlicher Unfallschadenregulierung

225 Sie bestimmen sich, wenn der Anwalt zum Prozeßbevollmächtigten bestellt ist, nach den Bestimmungen des 1. bis 3. Abschnittes der BRAGO. Besonderheiten ergeben sich bei teils außergerichtlicher und teils gerichtlicher Unfallschadenregulierung (wegen der Einzelheiten der Gebührenberechnung in diesem Fall vgl. *Chemnitz* AnwBl 1987, 474). Hat der Rechtsanwalt des Unfallgeschädigten dessen Schaden zunächst außergerichtlich gegenüber der Haftpflichtversicherung des Schädigers geltend gemacht, später jedoch die **Klage allein gegen den Schädiger** erhoben, so ist die außergerichtlich entstandene Geschäftsgebühr auf die **Prozeßgebühr** des Rechtsstreites gem. § 118 II BRAGO **nicht anzurechnen** (*OLG München* AnwBl 1990, S. 325).

3. Gebühren bei Regulierung von Kaskoansprüchen

226 Bei Geltendmachung eines restlichen Haftpflichtschadens gegen den Haftpflichtversicherer des Schädigers bei vorangegangener Abwicklung der Kaskoansprüche ist zu beachten, daß es sich um gebührenrechtlich verschiedene Angelegenheiten handelt. Es handelt sich nämlich um **verschiedene Anspruchsgegner** und **Anspruchsgrundlagen**. Die Kaskoansprüche gründen sich auf den Versicherungsvertrag, während die Haftpflichtansprüche sich aus unerlaubter Handlung bzw. der StVG-Haftung ergeben. Dies bedeutet, daß die **Anwaltsgebühren** für die **Geltendmachung des Kaskoschadens** und die Geltendmachung der **Restentschädigung getrennt** zu berechnen und zu vergüten sind. Der Kaskoversicherer hat regelmäßig, soweit Verzug nicht gegeben ist, die Anwaltskosten nicht zu ersetzen. Hieraus folgt, daß die Gebühren für die Geltendmachung der Kaskoentschädigung von der Haftpflichtversicherung des Schädigers als Unfallfolgeschaden zu ersetzen sind (vgl. im einzelnen *Chemnitz* AnwBl 1987, 472f. m. w. Nachw., vgl. im übrigen *Madert*, Anwaltsgebühren in Zivilsachen, 1992, S. 284).

4. Gebühren für Einholung der Deckungszusage bei Rechtsschutz

Ein Mandatsverhältnis beinhaltet nicht die Verpflichtung des Rechtsanwaltes, mit der Rechtsschutzversicherung zu korrespondieren (*Brieske*, S. 115). Die Einholung der Deckungszusage fällt auch nicht unter den von der Rechtsschutzversicherung zu gewährenden Versicherungsschutz. In Betracht kommt jedoch, daß der Schädiger bzw. dessen Haftpflichtversicherung für diese anwaltliche Tätigkeit die hierdurch anfallenden Gebühren als adäquate Schadenfolge zu übernehmen hat (*Buschbell*, Die Beteiligung von Rechtsschutz beim verkehrsrechtlichen Mandat, ZfS 1991, S. 73 ff. [76]; vgl. auch *Madert*, Anwaltsgebühren in Zivilsachen 1992, S. 288; vgl. im übrigen zum Rechtsverhältnis zur Rechtsschutzversicherung Rdnr. 235). 226a

VI. Die Beteiligung von Rechtsschutz

Bei der Abwicklung von Ansprüchen aus Straßenverkehrsunfällen ist es für den Mandanten eine wichtige Hilfe, wenn für die Geltendmachung und Durchsetzung der Schadenersatzansprüche **Kostenschutz** durch eine Rechtsschutzversicherung gewährt wird. Ebenso wichtig ist es aber auch, daß der mit der Abwicklung der Ansprüche beauftragte Anwalt alle Möglichkeiten und Aspekte der Gewährung des Kostenschutzes durch die Rechtsschutzversicherung kennt und beachtet. 227

1. Kosten und Gebühren der Beweissicherung

Der Versicherungsschutz in verkehrsrechtlichen Angelegenheiten erstreckt sich auch auf **notwendige Nebenverfahren**, also auch auf ein evtl. notwendiges **Beweissicherungsverfahren** (*Harbauer*, Rechtsschutzversicherung, § 2 Rdnr. 20). Die Einleitung eines gerichtlichen Beweissicherungsverfahrens ist regelmäßig dann in Erwägung zu ziehen, wenn dies zur Sicherung der Beweismöglichkeit des Mandanten bei unklarer Haftungslage geboten erscheint. Die Kosten eines außergerichtlichen Sachverständigengutachtens sind bei zivilrechtlichem Vorgehen durch die Rechtsschutzversicherungen nicht zu tragen, anders als in Straf- und OWi-Verfahren, wo gem. § 2 I b ARB die Kosten des für die Verteidigung erforderlichen Gutachtens eines öffentlich bestellten technischen Sachverständigen zu tragen sind (vgl. Rdnr. 55, vgl. im übrigen *Kern*, Die Sachverständigenkosten in der Rechtsschutzversicherung, DAR 1990, 37 f.). 228

2. Kosten und Gebühren für Betreuung

Die **Kosten** und **Gebühren** für **Betreuung** nach § 1910 BGB für einen geschäftsunfähigen Schwerverletzten sind vom **Kostenschutz** umfaßt (*Harbauer* aaO, § 4 Rdnr. 130a; *BGH* NJW 1986, 1039), obwohl grundsätzlich Angelegenheiten der freiwilligen Gerichtsbarkeit gem. § 4 II 1 b ARB vom Versicherungsschutz der Rechtsschutzversicherung ausgenommen sind. 229

3. Gutachten über die Erfolgsaussicht

Die dem Rechtschutzversicherer gegebene Möglichkeit, die **Erfolgsaussicht** der Wahrnehmung der rechtlichen Interessen zu prüfen, ist in Verkehrshaftpflichtfällen, in denen es um die Abwägung der Haftungsbeteiligung gem. § 17 230

StVG oder um die Beurteilung des Mitverschuldens gem. § 254 BGB geht, häufig nicht gerechtfertigt bzw. nicht möglich. In Verkehrshaftpflichtfällen dürfte eine solche Ablehnung der Erfolgsaussicht nur dann angenommen werden, wenn der „vom Anwalt als hinreichend aussichtsreich angenommene Erfolg der Interessenwahrnehmung des VN mit Sicherheit nicht eintreten kann" (*Harbauer* aaO, § 17 Rdnr. 16). Im **Falle einer Ablehnung** der Erfolgsaussicht ist für den Anwalt daran zu denken, daß der VN den für ihn tätigen oder noch zu beauftragenden Anwalt auf Kosten der Versicherung veranlassen kann, ein Gutachten über die Erfolgsaussicht abzugeben. Eine solche **gutachterliche Entscheidung** des Rechtsanwaltes ist für beide Teile bindend, es sei denn, daß sie offenbar von der wirklichen Sach- oder Rechtslage erheblich abweicht (§ 17 II ARB). Die **Kosten** dieses Gutachtens sind von der **Rechtsschutzversicherung** zu tragen (vgl. ausführlich *Buschbell* aaO, S. 390 ff.). Beim sog. „**Stichentscheid**" gem. § 17 II ARB hat der Rechtsanwalt gem. Urteil des *BGH* vom 17. 1. 1990 (VersR 1990, S. 414 ff.) die Funktion eines Schiedsgutachters, der zu prüfen hat – vergleichbar dem Prozeßkostenhilfeverfahren – ob die Rechtsverfolgung hinreichende Aussicht auf Erfolg bietet und nicht mutwillig erscheint, wobei in der begründeten Stellungnahme der entscheidungserhebliche Streitstoff darzustellen und anzugeben ist, inwieweit für bestrittenes Vorbringen Beweis oder Gegenbeweis angetreten werden kann. Es sind die sich ergebenden rechtlichen Probleme unter Berücksichtigung von Rechtsprechung und Rechtslehre herauszuarbeiten, und es ist das hiernach bestehende (Prozeß-)Risiko aufzuzeigen (zu den Voraussetzungen des Stichentscheides und zur Zulässigkeit des Klageweges vgl. ausführlich *Füchtler* VersR 1991, S. 156 ff.).

4. Gebühren bei nur teilweiser Regulierung

231 Wenn der Versicherer dem Geschädigten den Schaden, der ihm entstanden ist, und damit auch dessen Anwaltskosten nur zum Teil zu ersetzen hat, muß der Mandant dem Anwalt die **Quote** bzw. die Differenz der vollen Vergütung zahlen, die der Versicherer nicht zu übernehmen brauchte. Insoweit besteht ein **Freistellungsanspruch** der Rechtsschutzversicherung gegenüber dem Mandanten bzw. VN (wegen der Einzelheiten und wegen der Berechnungsbeispiele vgl. *Chemnitz* AnwBl 1987, 474; siehe auch Rdnr. 222).

5. Abrategebühr

232 Von den Kosten einer Abrategebühr bezüglich der Verfolgung von zivilrechtlichen Ansprüchen hat die Rechtsschutzversicherung den Mandanten bzw. VN freizustellen, und zwar aus dem Gegenstandswert des geltend zu machenden Anspruches (*Harbauer* aaO, § 17 Rdnr. 3 und 3a).

6. Interessenwahrnehmung aus Versicherungsverträgen

233 Soweit in den Versicherungsschutz auch die Wahrnehmung **rechtlicher Interessen aus Versicherungsverträgen** in die Deckung einbezogen ist, kommt die Gewährung von Versicherungsschutz in Betracht auch bei Streitigkeiten aus Versicherungsverträgen, also speziell **Ansprüchen** des Mandanten bzw. VN **gegenüber der eigenen Versicherung**. Dies gilt sowohl für die Geltendmachung von Ansprüchen aus Versicherungsverträgen gegenüber der eigenen Versicherung, als auch hinsichtlich der Rechtsbeziehungen zur eigenen Versicherung (vgl. Rdnrn. 192 ff.), speziell also auch bei Streitigkeiten über die Leistungsvoraussetzungen und den Leistungsumfang der eigenen Versicherung und bei notwendiger Abwehr von Regressen (vgl. hierzu im einzelnen *Harbauer* aaO, § 14 Rdnr. 55).

Der Versicherungsschutz seitens der Rechtsschutzversicherung gilt in diesen Fällen auch speziell für die Geltendmachung von **Ansprüchen aus der Fahrzeugversicherung** (Teil- und Vollkaskoversicherung). Problematisch ist in diesem Bereich jedoch häufig die Frage, ob und wann der **Versicherungsfall** eingetreten ist. Zu beachten ist, daß die jeweilige Entschädigungsleistung in der Regel erst zwei Wochen nach ihrer Feststellung (§§ 15, 21 AKB, § 11 AUB) fällig wird. Vor diesem Zeitpunkt ist die Leistung nicht fällig. Ein **Versicherungsfall** ist regelmäßig dann gegeben, wenn der Versicherer trotz Vorliegens der in den jeweiligen AVB festgelegten Voraussetzungen die vom VN geforderte Leistung oder geforderten Vorschüsse nicht oder nicht fristgerecht zahlt (*Harbauer* aaO, § 14 Rdnr. 55 a). 234

Soweit in den einzelnen Versicherungsbedingungen vorgesehen wird, daß bei Meinungsverschiedenheiten zwischen VN und Versicherer ein **besonderes Sachverständigenverfahren** durchzuführen ist, z. B. § 14 AKB in der Kraftfahrzeugkaskoversicherung oder § 20 Nr. 2 AKB in der Kraftfahrtunfallversicherung bzw. § 12 AUB in den allgemeinen Unfallversicherungsbedingungen hat der Rechtsschutzversicherer für dieses Verfahren, sobald der Versicherungsfall eingetreten ist, **Versicherungsschutz zu gewähren** (vgl. hierzu im einzelnen *Harbauer* aaO, § 14 Rdnr. 55 a). Im Verhältnis zur eigenen Rechtsschutzversicherung gilt, daß die **Einholung der Deckungszusage** nicht vom Leistungsumfang der Rechtsschutzversicherung umfaßt wird. Zu beachten ist jedoch, daß der Anspruch auf Versicherungsleistung, also auf Deckungszusage, fällig ist nach wahrheitsgemäßer Meldung des Versicherungsfalles und Vorlage der zur Prüfung erforderlichen Unterlagen (*Harbauer,* § 2 Anm. 145). Bestätigt die Rechtsschutzversicherung nicht nach ordnungsgemäßer Meldung des Schadensfalles und einer danach erfolgten Mahnung seitens des VN die Übernahme des Versicherungsschutzes und erteilt nicht fristgerecht Deckungszusage, so gerät sie mit ihrer Leistung in **Schuldnerverzug** und hat dem VN den hierdurch eingetretenen Schaden, d. h. die Kosten für die Geltendmachung des Versicherungsschutzes, als Verzugsschaden zu erstatten. 235

Im übrigen kommt in Betracht, daß die Kosten für die Einholung der Deckungszusage vom Schädiger bzw. dessen Haftpflichtversicherung als **adäquate Schadenfolge** zu erstatten sind (vgl. Rdnr. 226 a).

VII. Rechte des Anwaltes nach dem Rechtsberatungsgesetz (RBerG) bei Unfallschadenregulierung durch Nichtanwälte

1. Die Rechtslage

Nach Art. 1 § 1 RBerG ist allen Personen, die dazu von der zuständigen Behörde keine Erlaubnis nach dem Gesetz erhalten haben, verboten, geschäftsmäßig fremde Rechtsangelegenheiten zu besorgen, einschließlich der Rechtsberatung und der Einziehung fremder oder zu Einziehungszwecken abgetretener Forderungen. Dies gilt ohne Unterschied zwischen haupt- und nebenberuflicher oder entgeltlicher und unentgeltlicher Tätigkeit. Hiernach ist es **Nichtanwälten,** z. B. Kfz-Werkstattunternehmern oder Mietwagenunternehmern untersagt, aus 236

Anlaß von Unfällen Schadensersatzansprüche für Kunden geltend zu machen (*LG Paderborn* ZfS 1991, S. 342). Dies gilt auch bei Abtretung der Ansprüche des Geschädigten an den Dritten, da die Geltendmachung der Schadensersatzforderung, obwohl sie nach Abtretung eine eigene Forderung des Abtretungsempfängers wird, rechtlich und wirtschaftlich in erster Linie im Interesse des Abtretenden, d. h. des Geschädigten erfolgt (*OLG Frankfurt* VersR 1992, S. 111; wegen der rechtlichen Problematik, auch zur Unfallschadenregulierung durch Kasko- und Kfz-Haftpflichtversicherer, vgl. im einzelnen *Chemnitz*, Unfallschadenregulierung durch Nichtanwälte – Praxis und Gegenmaßnahmen –, AnwBl 1986, 483 ff.).

2. Praktische Gegenmaßnahmen

237   Als **praktische Gegenmaßnahmen** gegen Verstöße gegen das Rechtsberatungsgesetz (RBerG) durch geschäftsmäßige Unfallschadenregulierungen kann die Anwaltschaft **Unterlassungsklage** aus § 1 UWG oder aus § 823 BGB in analoger Anwendung erheben. Die unzulässige Regulierung von Unfallschäden durch Nichtanwälte ist ein unlauterer Wettbewerb zu den im Gerichtsbezirk niedergelassenen Rechtsanwälten. Die Geschäftsmäßigkeit oder Gewerbsmäßigkeit der Handlung begründet die Wiederholungsgefahr. Im übrigen ist Art. 1, § 1 RBerG ein Schutzgesetz für die Anwaltschaft gem. § 823 II BGB (*Chemnitz* AnwBl 1986, 488; für die Bereiche Steuerberater, Architekten etc. und mögliche Maßnahmen vgl. *Gross*, Das Rechtsberatungsgesetz und die örtlichen Anwaltsvereine, AnwBl 1987, 565 ff.).

238   Im übrigen kommt die **Anzeige bei der Staatsanwaltschaft** als Verfolgungsbehörde wegen des Verdachtes einer Ordnungswidrigkeit gem. Art. I, § 8 RBerG in Betracht.

VIII. Das Bundesaufsichtsamt und sonstige Beschwerdemöglichkeiten

239   Mit dem „**Bundesaufsichtsamt**" (BAV) (vgl. Versicherungsaufsichtsgesetz und Gesetz über die Errichtung des Bundesaufsichtsamtes) wird vom Geschädigten häufig, aber auch von Anwälten gedroht. Von einer solchen Drohung bzw. einer Beschwerde an das BAV sollte man absehen, soweit nicht eine Beschwerde nach der Sach- und Rechtslage erfolgversprechend erscheint.

Zur **Beschwerdehäufigkeit** und zu den Beschwerdeergebnissen im Bereich Kfz und Rechtsschutz seien folgende Zahlen genannt:

- Kfz-Beschwerden   (1988) 2224, davon erfolgreich 21,4%
- Kfz-Beschwerden   (1989) 2096, davon erfolgreich 17,0%
- Rechtsschutz   (1988) 1588, davon erfolgreich 13,9%
- Rechtsschutz   (1989) 1422, davon erfolgreich 14,6%

(Entnommen: Auswertungsbericht der BAV-Beschwerdestatistik 1987.)

Die vorstehenden Zahlen, nach denen ⅔ der Beschwerden nicht erfolgreich sind zeigt, daß ein Anwalt bzw. für den anwaltlich vertretenen Versicherungsnehmer Beschwerde zum BAV nur eingelegt werden sollte, wenn sich nach der **Sach-** und **Rechtslage** tatsächlich **Beschwerdegründe** ergeben, und zwar sowohl hinsichtlich der Bearbeitungszeit, speziell des Bearbeitungsverzuges sowie der evtl. mangelhaften formalen Behandlung der Schadenangelegenheit. Nach der Erfahrung ist eine Kontaktaufnahme oder Eingabe an den jeweiligen **Abteilungsleiter** bzw. Sachbearbeiter in der Regel erfolgreicher.

3. Teil. Nutzung moderner Techniken bei der Bearbeitung von Straßenverkehrsfällen

In kaum einem anderen Rechtsgebiet ist es möglich und notwendig, moderne Techniken, also **Datenverarbeitung** und speziell **programmierte Textverarbeitung** zu nutzen wie im Bereich des Straßenverkehrsfalles (vgl. *Buschbell*, Datenverarbeitung in Verkehrssachen, AnwBl. 11/91, S. 466 ff.). In diesem Bereich handelt es sich in einem hohen Maß um sich wiederholende vergleichbare Fallgestaltungen. Dies erleichtert die Nutzungsmöglichkeit moderner Techniken, speziell der Daten- und Textverarbeitung.

I. Nutzung und Möglichkeiten der Stammdatenverwaltung

Es ist inzwischen allgemeine Praxis, die für eine Mandatsabwicklung notwendigen Informationen über den Mandanten **(Mandantenstammdaten)** sowie die fallbezogenen Daten, z. B. Sachgebiet etc. **(Aktenstammdaten)** durch EDV zu erfassen und anzuwenden (vgl. hierzu *Heussen*, Überlegungen zum Computereinsatz in der Anwaltskanzlei, in Materialien zur Büroorganisation und Bürotechnik – Nr. 1 –, Text- und Datenverarbeitung in der Anwaltskanzlei). Neben diesen allgemeinen Nutzungsmöglichkeiten bieten sich bei der Abwicklung von **Straßenverkehrsfällen** spezielle Möglichkeiten, und zwar insbesondere im Bereich der Abwicklung der zivilrechtlichen Ansprüche an. Neben der Möglichkeit der allgemeinen **Kollisionskontrolle** bei der Annahme des Mandates können durch Datenverarbeitung beteiligte Versicherungen und sonstige **Drittbeteiligte** erfaßt werden. Die Erfassung der beteiligten Versicherungen gibt einen besseren Überblick über die mit einer einzelnen Versicherung abzuwickelnden Mandate. Sind die mit einer Versicherung abzuwickelnden Mandate erfaßt, so kann z. B. eine vorgesehene Regulierungsverhandlung mit einer Versicherung so vorbereitet werden, daß diese hinsichtlich der übrigen abzuwickelnden Mandate als Sammelbesprechung organisiert wird. Dies dient sicherlich im allgemeinen Interesse der Beschleunigung und Rationalisierung der Unfallschadenabwicklung (vgl. im einzelnen *Buschbell*, Datenverarbeitung in Verkehrssachen, Veröffentlichung 30. VGT, S. 179 ff.).

II. Telex, Teletex und Telefax

Im Bereich der Unfallschadenabwicklung ist die Schnelligkeit in der Abwicklung ein Erfordernis und Qualitätsmerkmal und zudem wichtig für die Wirtschaftlichkeit der Mandatsabwicklung. Die Nutzung moderner **Kommunikationsmöglichkeiten** durch Telex, Teletex und insbesondere Telefax ermöglichen eine besondere Beschleunigung, weil unter Vermeidung des oft verzögerten Postweges eine **direkte Kommunikationsmöglichkeit** besteht. Diese modernen Kommunikationsmittel sollten in der Unfallabwicklung unbedingt genutzt werden (vgl. zur technischen Seite der EDV und zur Kommunikationstechnik im einzelnen Kap. K III). Insbesondere durch die Nutzung von **Telefax** ist es möglich, in der Korrespondenz nicht nur Inhalte, also Schriftstücke zu übermitteln. Vielmehr eröffnet Telefax auch die Möglichkeit, in der Unfallabwicklung wichtig und häufig vorkommende Dokumente, nämlich Vollmachten, Skizzen, Zeugenaussagen etc. zu übermitteln.

III. Programmierte Textverarbeitung

242 Bei der Abwicklung von Straßenverkehrsfällen kommen bei der Korrespondenzabwicklung sich häufig wiederholende Texte vor. Dies gilt sowohl für die anwaltliche Tätigkeit als Verteidiger als auch in der Schadensabwicklung. (Vgl. auch Kap. K V.)

1. Im Bereich der Verkehrsstraf- und OWi-Sachen

243 Im Bereich des **Straf- und OWi-Rechtes** ist daran zu denken, die Verteidigerbestellung gegenüber der Polizei, Staatsanwaltschaft oder gegenüber dem Gericht oder Aktenanforderung sowie Erinnerungen an Aktenanforderung durch programmierte Texte zu erledigen. In der **Sachbearbeitung** können darüber hinaus bestimmte Schriftsätze bei bestimmten typischen Fallgestaltungen ebenfalls durch programmierte Textverarbeitung erledigt werden, so z. B. bei in Betracht kommenden Fehlern bei der Geschwindigkeitsmessung, bei Unfallflucht etc.

Darüber hinaus können die in Betracht kommenden **Rechtsmittel** durch programmierte Texte bearbeitet werden. Insbesondere ist die Kostenkorrespondenz geeignet für programmierte Textverarbeitung. Hierbei kann man davon ausgehen, daß im wesentlichen Ermittlungs- und Strafverfahren sich erledigen entweder vor Durchführung einer Hauptverhandlung oder bei Durchführung oder nach Durchführung einer Hauptverhandlung. An dieser grundsätzlichen Unterscheidung kann das Gliederungsschema der programmierten Textverarbeitung orientiert und aufgebaut werden.

In gleicher Weise kann die **Parteikorrespondenz** aufgebaut werden. Der Mandant ist entsprechend den einzelnen Schritten in der Sachbearbeitung über den Verfahrensstand und über den Fortgang des Verfahrens zu informieren. Besondere Möglichkeiten ergeben sich hier bei den notwendigen Belehrungen des Mandanten bei Trunkenheitsdelikten, speziell bei den notwendigen Belehrungen über Rechtsfolgen des Führerscheinentzuges sowie des Fahrverbotes und der Abwicklung dieser Angelegenheiten.

Schließlich sollte die hierzu notwendige **Korrespondenz** mit der **Rechtsschutzversicherung** systematisch in das Aufbauschema des Textsystems eingegliedert sein, so daß sie vereinfacht abgewickelt werden kann.

2. Bei der Abwicklung zivilrechtlicher Schadensangelegenheiten

244 Bei der **Abwicklung von zivilrechtlichen Ansprüchen** ist es ebenfalls weitestgehend möglich, die notwendige Korrespondenz durch programmierte Texte zu erledigen. Hierbei scheint es empfehlenswert, daß das **Textschema** bei der Geltendmachung von Haftpflichtansprüchen in der **Korrespondenz mit der gegnerischen Haftpflichtversicherung** einen Bereich darstellt, beginnend mit dem ersten Anspruchsschreiben und Vorschußanforderung sowie differenziert nach den wichtigsten typischen Unfallabläufen, also Auffahrunfall – ruhenden und fließenden Verkehrs –, Vorfahrtsverletzungen – bei Vorfahrtregelung, Verkehrsregelung „rechts vor links" oder im Abbiegeverkehr –. Ein weiterer Kor-

respondenzblock wäre die Korrespondenz mit der eigenen Versicherung zur ergänzenden und endgültigen Spezifikation. Ebenfalls kann die Korrespondenz mit evtl. beteiligten **Dritten,** z. B. Ärzten wegen Attestanforderung, dem Arbeitgeber wegen Lohnfortzahlung, beteiligten Werkstätten oder zur Finanzierung eingeschalteten Kreditinstituten programmiert werden. Abgestimmt auf die vorangeführten Korrespondenzblöcke sollte die Parteikorrespondenz programmiert werden.

Auch ist daran zu denken wegen der typischen Fallgestaltungen und der hierdurch möglichen typisierten Textmöglichkeit, evtl. notwendige Klagen im Wege programmierter Textverarbeitung zu bearbeiten. Im Wege programmierter Textverarbeitung kann auch die Korrespondenz mit der eigenen Versicherung, speziell zur Abwicklung von Kaskoschadenangelegenheiten gestaltet werden.

Ebenso sollte die Korrespondenz mit der eigenen Rechtsschutzversicherung speziell bei der Abwicklung von Haftpflichtschäden durch programmierte Textverarbeitung erledigt werden. Wegen der Einzelheiten für den Aufbau einer Textgliederung, speziell auch zum Verkehrsstraf- und OWi-Recht sowie Verkehrszivilrecht vgl. K III (vgl. im übrigen Textverarbeitung in der Anwaltskanzlei – Ein Praxisbericht, in: *Wolf,* Textverarbeitung für die Anwaltskanzlei, S. 70 ff. mit ausführlicher Darstellung der Korrespondenz bei Unfallschadenabwicklung).

B X. Die familienrechtlichen Verfahren

Beate und Dr. Hans Heiß

Übersicht

	Rdnr.
I. Die Vorbereitung des familiengerichtlichen Verfahrens	1
1. Sachliche, örtliche und internationale Zuständigkeit	4
2. Prozeßfähigkeit	8
3. Besondere Prozeßvollmacht	10
4. Anwaltszwang	13
5. Regelungsvorschläge und Vereinbarungen nach §§ 630 ZPO und 1587o BGB	17
6. Prozeßkostenvorschuß	22
7. Prozeßkostenhilfe	29
II. Die Ehescheidung	38
1. Vorbereitende Maßnahmen	38
2. Scheidungsgrund	39
3. Getrenntleben	41
4. Scheidung bei Trennung unter einem Jahr	45
5. Einverständliche Scheidung	47
6. Streitige Scheidung	49
7. Scheidung nach dreijähriger Trennung	51
8. Die Härteklausel	52
9. Prozeßrechtliche Besonderheiten	53
III. Nichtigkeit und Aufhebung der Ehe	58
IV. Regelung der elterlichen Sorge über ein eheliches Kind	61
1. Vorbereitende Maßnahmen	61
2. Vereinbarungsmöglichkeiten	64
3. Vorläufiger Rechtsschutz und Eilmaßnahmen	66
4. Sorgerechtsregelung bei Getrenntleben	67
5. Sorgerechtsregelung bei Scheidung	68
6. Entscheidungskriterien	69
7. Regelungsmöglichkeiten	77
8. Anhörungspflichten	88
9. Sachverständigengutachten	89
10. Prozeßrechtliche Besonderheiten	90
11. Abänderung von Sorgerechtsentscheidungen	92
V. Regelung des Umgangs eines Elternteils mit dem ehelichen Kind	94
1. Vorbereitende Maßnahmen	94
2. Vereinbarungsmöglichkeiten, gerichtliche Verbindlicherklärung	95
3. Vorläufiger Rechtsschutz und Eilmaßnahmen	101

	Rdnr.
4. Inhalt der Umgangsregelung	102
5. Einschränkung und Ausschluß der Umgangsbefugnis	105
6. Zwangsgeldandrohung	106
7. Auskunftsrecht	107
8. Kosten der Ausübung des Umgangsrechts	108
9. Prozeßrechtliche Besonderheiten	109
VI. Herausgabe des Kindes an den anderen Elternteil	110
1. Vorbereitende Maßnahmen	110
2. Vorläufiger Rechtsschutz und Eilmaßnahmen	111
3. Vollstreckung	112
VII. Versorgungsausgleich	113
1. Vorbereitende Maßnahmen	113
2. Vereinbarungsmöglichkeiten	116
3. Grundgedanke	119
4. Ehezeitberechnung	120
5. Auskunftsverpflichtung	121
6. Härteklausel	122
7. Abänderung von Versorgungsausgleichsentscheidungen	124
VIII. Kindesunterhalt	125
1. Vorbereitende Maßnahmen	125
2. Vereinbarungsmöglichkeiten	127
3. Vorläufiger Rechtsschutz und Eilmaßnahmen	130
4. Minderjährige Kinder	131
5. Volljährige Kinder	140
6. Gesetzliche Prozeßstandschaft	147
7. Richtige Klageart, prozeßrechtliche Besonderheiten	148
IX. Familienunterhalt	153
1. Unterhaltstatbestand	153
2. Maß des Unterhalts	154
X. Getrenntlebensunterhalt	157
1. Vorbereitende Maßnahmen	157
2. Vereinbarungsmöglichkeiten	159
3. Vorläufiger Rechtsschutz und Eilmaßnahmen	161
4. Anspruchsgrundlage	162
5. Anspruchsvoraussetzung	165
6. Maß des Unterhalts	166
7. Herabsetzung oder Verwirkung des Unterhaltsanspruchs	167
8. Darlegungs- und Beweislast	168
9. Richtige Klageart; Prozeßrechtliche Besonderheiten	169

	Rdnr.
XI. Nachehelicher Ehegattenunterhalt	175
1. Vorbereitung des Unterhaltsrechtsstreits	175
2. Vereinbarungsmöglichkeiten	183
3. Vorläufiger Rechtsschutz und Eilmaßnahmen	194
4. Anspruchsgrundlagen	197
5. Maß des Unterhalts	205
6. Bedürftigkeit des Berechtigten	211
7. Leistungsfähigkeit des Verpflichteten, Selbstbehalt	212
8. Rangfolge bei mehreren Unterhaltsberechtigten	214
9. Berechnungsmethoden	215
10. Einwendungen gegen die Unterhaltspflicht	219
11. Auskunftspflicht und eidesstattliche Versicherung	255
12. Unterhalt für die Vergangenheit	260
13. Rückforderung überzahlten Unterhalts	261
14. Altehen	262
15. Richtige Klageart; Prozeßrechtliche Besonderheiten	263
XII. Hausratsauseinandersetzung	267
1. Vorbereitende Maßnahmen	268
2. Vereinbarungsmöglichkeiten	272
3. Vorläufiger Rechtsschutz und Eilmaßnahmen	274
4. Materiell-rechtliche Regelung der Hausratsverordnung	281
5. Prozessuale Besonderheiten	287
XIII. Ehewohnung	291
1. Vorbereitende Maßnahmen	292
2. Vereinbarungsmöglichkeiten	295
3. Vorläufiger Rechtsschutz und Eilmaßnahmen	296
4. Materiell-rechtliche Schwerpunkte	298
5. Prozeßrechtliche Besonderheiten	300
XIV. Vermögensauseinandersetzung	301
1. Vorbereitung des Güterrechtsstreits	302
2. Vereinbarungsmöglichkeiten	310
3. Vorläufiger Rechtsschutz und Eilmaßnahmen	322
4. Sicherung der bereits entstandenen Zugewinnausgleichsforderung	324
5. Schwerpunkte des Zugewinnausgleichsverfahrens	325
6. Prozeßrechtliche Besonderheiten	336
XV. Die Rechtsmittelverfahren	337
1. Rechtsmittel im Scheidungsverbund	338
2. Rechtsmittel in den isolierten Verfahren gemäß § 621 I 1–3, 6, 7, 9 ZPO	340
3. Rechtsmittel in den selbständigen Familiensachen gemäß § 621 Ziffer 4, 5 und 8 ZPO	341
4. Rechtsmittelverzicht	343
XVI. Die Beiordnung nach § 625 ZPO	344
XVII. Besonderheiten in den neuen Bundesländern	345
XVIII. Anhang:	
1. Düsseldorfer Tabelle (Stand 1. 7. 1992)	350
2. Thüringer Tabelle (Stand 1. 7. 1992)	351
3. Bremer Tabelle zur Berechnung des Altersvorsorgeunterhalts (Stand 1. 7. 1992)	352

Literatur: Beck'sches Prozeßformularbuch, hrsg. v. *Horst Locher* und *Peter Mes*, 4. Aufl. 1986; *Gießler*, Vorläufiger Rechtsschutz in Ehe-, Familien- und Kindschaftssachen, 1987; *Göppinger* u. a., Unterhaltsrecht, 5. Aufl. 1987; *ders.*, Vereinbarungen anläßlich der Ehescheidung, 6. Aufl. 1988 (zit.: Vereinbarungen); *Günther/Hein*, Familienrechtssachen in der Anwaltspraxis, 1988; *Heiß, Beate/Heiß, Hans*, Die Höhe des Unterhalts von A–Z, 5. Aufl. 1992 (zit.: Unterhalt von A–Z); *Johannsen/Henrich*, Eherecht, 2. Aufl. 1992 (Kommentar) (zit.: *Johannsen/Henrich/Bearbeiter*); *Kalthoener/Büttner*, Die Rechtsprechung zur Höhe des Unterhalts, 4. Aufl. 1989; *Langenfeld*, Handbuch der Eheverträge und Scheidungsvereinbarungen, 1984 (zit.: Handbuch); *Luthin*, Gemeinsames Sorgerecht nach der Scheidung, 1987; *Schwab/Borth*, Handbuch des Scheidungsrechts, 2. Aufl. 1989; Unterhaltsrecht. Ein Handbuch für die Praxis (Gesamtredaktion: *Beate Heiß*), 3. Aufl. 1992 (Loseblatt) (zit.: Unterhaltsrecht – *Bearbeiter*); *Vespermann*, Familiensachen, 7. Erg.lieferung, Stand Jan. 1989; *Walter*, Der Prozeß in Familiensachen – Das Familiengericht und sein Verfahren 1985; *Wendl/Staudigl*, Das Unterhaltsrecht in der familienrechtlichen Praxis, 1990. – **Fachzeitschrift:** Zeitschrift für das gesamte Familienrecht (FamRZ).

B X Die familienrechtlichen Verfahren

I. Die Vorbereitung des familiengerichtlichen Verfahrens

1   Wie in keinem anderen juristischen Bereich hat in Familiensachen die vorbereitende Korrespondenz auf das gesamte spätere Verfahren maßgeblichen Einfluß. Das Schreiben sollte in der Regel so abgefaßt sein, daß es dem Gegner möglich ist, den **Anwalt** als gerechten, ausgleichenden, **quasi-neutralen Gesprächspartner** zu akzeptieren (vorbildliche Schriftsatz-Muster s. *Günther/Hein,* S. 50 ff.).

2   Dringend abzuraten ist von der Übernahme eines **Doppelmandats**. In einverständlichen Fällen liegt es oft nahe, daß nur ein Anwalt beteiligt ist, weil das Verfahren für die Parteien billiger ist und keine Gefahr besteht, daß ein anderer Kollege aus dem einfachen Fall eine streitige Scheidung mit mehrjähriger Verfahrensdauer macht. Auch die Gerichte neigen dazu, die Bearbeitung einer Scheidungssache durch einen Anwalt zu akzeptieren, um zu verhindern, daß aus einer einverständlichen Scheidung eine streitige wird. Diese praktischen Überlegungen rechtfertigen es aber nicht, die §§ 356 StGB, § 45 Nr. 2 BRAO und § 46 der Standesrichtlinien außer Acht zu lassen, wonach der Anwalt schon den **Anschein der Vertretung widerstreitender Interessen** zu vermeiden hat. Die hierdurch gesetzten Grenzen und Voraussetzungen sind so eng, daß das **Risiko für den Anwalt** bei der Übernahme eines Doppelmandats in jedem Fall unabsehbar ist; wenn er nicht rechtzeitig erkennt, daß die „Einverständlichkeit" in irgendeinem Punkt zu Ende ist, beginnt bereits der **Parteiverrat** (vgl. hierzu *BayObLG* FamRZ 1981, 608 ff.). Sobald die „Einverständlichkeit" in auch nur einem Nebenpunkt beendet ist, auch wenn dies unmittelbar vor Beendigung des Verfahrens eintritt, muß das Mandat gegenüber beiden Parteien in allen Bereichen sofort niedergelegt werden, mit der Folge, daß auch eine interne Beratung einer der Parteien ausscheidet (so zutreffend *Günther/Hein* S. 45 ff.).

3   Obwohl es zur Herbeiführung einer angestrebten einverständlichen Scheidung sehr naheliegend ist, daß ein Anwalt beide Ehepartner zu sich kommen läßt und im **Gespräch zu dritt** eine Vereinbarung nach § 630 ZPO oder § 1587 o BGB entwirft, sollte davon mit Blick auf den späteren – meist nicht mehr zu entkräftenden – Vorwurf des Parteiverrats abgesehen werden.

1. Sachliche, örtliche und internationale Zuständigkeit

4   Bereits beim ersten Beratungsgespräch ist als erste unmittelbare Prozeßvorbereitung die Zuständigkeit zu prüfen. § 78 ZPO schreibt für Ehesachen, Güterrechtssachen und Scheidungsfolgesachen im Verbund den Anwaltszwang vor. In diesen Fällen darf der Anwalt nur beim Familiengericht des Amtsgerichts, bei dem er **zugelassen** ist und bei den Familiengerichten der Amtsgerichte, bei deren übergeordnetem Landgericht er zugelassen ist, auftreten.

5   Die **sachliche Zuständigkeit** der Familiengerichte ist in § 23 b I GVG umfassend und in Verbindung mit §§ 606 I, 621 I und 12 ff. ZPO, §§ 36, 45 FGG abschließend geregelt (Probleme in Einzelfällen lassen sich mit *Johannsen/Henrich/Sedemund-Treiber,* Kommentierung zu § 23 b GVG lösen). Die sachliche Zuständigkeit ist gem. §§ 606 I, 621 I ZPO ausschließlich mit der Folge, daß abweichende Parteivereinbarungen hierzu nicht möglich sind, § 40 II ZPO.

6   Die **örtliche Zuständigkeit** (die mit Ausnahme der isolierten ZPO-Sachen ebenfalls ausschließlich ist) läßt sich anhand der §§ 606, 621 und 12 ff. ZPO sowie §§ 36, 45 FGG feststellen. Während der Anhängigkeit einer Ehesache ist

Die Vorbereitung   **B X**

unter den deutschen Gerichten das Gericht ausschließlich zuständig, bei dem die Ehesache im ersten Rechtszug anhängig ist oder war, § 621 II ZPO. Ist eine Ehesache nicht anhängig, so richtet sich die örtliche Zuständigkeit nach den allgemeinen Vorschriften, § 621 II i.V. m. §§ 12 ff. ZPO. Wird eine Ehesache rechtshängig, während eine Familiensache bei einem anderen Gericht im ersten Rechtszug anhängig ist, so ist diese von Amts wegen an das Gericht der Ehesache zu verweisen oder abzugeben, § 621 III ZPO.

Die **internationale Zuständigkeit** richtet sich nach § 606 a ZPO. Deutsche **7** Gerichte sind in Ehesachen immer dann zuständig, wenn **ein Ehegatte Deutscher** ist oder bei der Eheschließung war. Ist keiner der Ehegatten Deutscher, und war auch kein Ehegatte bei der Eheschließung Deutscher, so sind die deutschen Gerichte gleichwohl international zuständig, wenn beide Ehegatten ihren gewöhnlichen Aufenthalt im Inland haben, § 606 a I 1 Nr. 2 ZPO. Der Begriff des gewöhnlichen Aufenthalts ist dabei faktisch, nicht rechtlich geprägt. Maßgebend ist der gewöhnliche Aufenthalt zum Zeitpunkt der Scheidung. Der letzte gemeinsame gewöhnliche Aufenthalt spielt für die internationale Zuständigkeit keine Rolle (*OLG Düsseldorf* IPRax 1983, 129). Ist ein **Ehegatte staatenlos** und mit gewöhnlichem Aufenthalt im Inland, so ist die internationale Zuständigkeit ebenso gegeben, wie wenn er Deutscher wäre, § 606 a I 1 Nr. 3 ZPO. **Flüchtlinge** im Sinne der Genfer Flüchtlingskonvention und Asylberechtigte stehen, was die internationale Zuständigkeit betrifft, im Ergebnis einem Staatenlosen gleich.

Grundsätzlich ist die internationale Zuständigkeit der deutschen Gerichte auch dann gegeben, wenn nur ein Ehegatte seinen gewöhnlichen Aufenthalt im Inland hat; **die deutschen Gerichte** sind in einem solchen Fall aber **nicht zuständig**, wenn „die zu fällende Entscheidung offensichtlich nach dem Recht keines der Staaten anerkannt würde, denen einer der Ehegatten angehört". (Eine Übersicht der Staaten, die deutsche Scheidungsurteile nicht anerkennen, findet sich bei *Johannsen/Henrich/Henrich,* Rdnr. 36 zu § 606 a ZPO).

2. Prozeßfähigkeit

Sinnvollerweise stellt der Anwalt schon beim ersten Beratungsgespräch **8** Überlegungen zur Prozeßfähigkeit an, denn die **Wirksamkeit** der Erteilung **der Prozeßvollmacht** und des abgeschlossenen Anwaltsvertrages ist davon abhängig. Nach § 52 ZPO wäre ein in der Geschäftsfähigkeit beschränkter Ehegatte nicht prozeßfähig. Jedoch ist gem. § 607 wegen des höchstpersönlichen Charakters der **Ehesachen** in diesen (Legaldefinition in § 606 I 1 ZPO) ein **in der Geschäftsfähigkeit beschränkter** Ehegatte prozeßfähig. § 607 gilt aber nur für Ehesachen, nicht auch für Folgesachen; die Prozeß- und Verfahrensfähigkeit hierfür richtet sich nach den allgemeinen Vorschriften. Für Ehesachen besteht trotz beschränkter Geschäftsfähigkeit grundsätzlich volle aktive und passive Prozeßfähigkeit, und zwar auch für Ausländer (§ 55 ZPO). Im einzelnen Verfahren erfaßt die Prozeßfähigkeit alle Verfahrenshandlungen und -abschnitte, die damit zusammenhängen; sie umfaßt insbesondere die Erteilung der Prozeßvollmacht an einen Rechtsanwalt und den **Abschluß eines Anwaltsvertrages** (*OLG Hamburg* MDR 1963, 761; *BayObLGZ* 1963, 209, 213), die Einzahlung der Prozeßgebühr, die Richterablehnung und die Kostenfestsetzung, nicht dagegen die Zwangsvollstreckung (*OLG Hamm* FamRZ 1960, 162).

Bei **Geschäftsunfähigkeit** besteht auch in Ehesachen keine Prozeßfähigkeit, **9** § 607 II 1 ZPO. Soll eine nicht prozeßfähige Partei verklagt werden, die ohne gesetzlichen Vertreter ist, so hat ihr der Vorsitzende des Prozeßgerichts, falls mit dem Verzuge Gefahr verbunden ist, auf Antrag bis zu dem Eintritt des gesetzlichen Vertreters einen besonderen Vertreter zu bestellen, § 57 ZPO. Bei Eintritt der Geschäftsunfähigkeit während des Verfahrens ist nach §§ 241, 246 ZPO vorzugehen. Bei nichterkannter Geschäftsunfähigkeit wird das Urteil nach §§ 516, 552 rechtskräftig; Rechtsschutz kann nach § 579 I 4 ZPO erreicht werden.

3. Besondere Prozeßvollmacht

10 Gemäß § 609 ZPO bedarf der Bevollmächtigte einer besonderen, auf das Verfahren gerichteten Vollmacht. Erforderlich ist die besondere Vollmacht in allen Ehesachen. Eine **Generalvollmacht** oder die Vollmacht eines Bevollmächtigten reicht nicht aus. Um dem Schutzzweck des § 609 zu genügen, muß das **Verfahrensziel,** insbesondere eine angestrebte Erhaltung oder Auflösung der Ehe angegeben werden. Die Vollmacht für die Ehesache umfaßt nach § 82 ZPO alle Anordnungsverfahren nach §§ 620ff. und nach § 624 I auch alle Folgesachen. Eine Erklärung, daß einem Rechtsanwalt Prozeßvollmacht erteilt wird, ohne daß der Gegenstand der Vollmacht näher bezeichnet wird, reicht nicht aus. § 609 gilt auch für den Antragsgegner der Scheidungssache und den Beklagten in anderen Ehesachen. Es ist also Vollmacht für einen Abweisungsantrag oder für einen Gegenantrag auf Scheidung, Aufhebung der Ehe usw. zu erteilen.

11 Der **Umfang der Vollmacht** richtet sich nach § 81 ZPO; auszunehmen sind nach dem Zweck des § 609 Klageänderungen, Widerklage und Wiederaufnahmeverfahren.

12 Im Anwaltsprozeß besteht kein Bedürfnis dafür, die Vollmacht von Amts wegen **nachzuprüfen,** wenn ein Rechtsanwalt als Bevollmächtigter auftritt, § 88 II ZPO. Gemäß § 80 ZPO ist bei entsprechender Rüge die Vollmacht nachzuweisen.

4. Anwaltszwang

13 § 78 II ZPO regelt den Anwaltszwang für **Familiensachen;** wird das Familiengericht mit einer Nicht-Familiensache befaßt, so richtet sich der Anwaltszwang nach den für das Verfahren sonst maßgebenden Vorschriften, in Zivilprozeßsachen also nach § 78 I, in FGG-Verfahren nach § 29 FGG. In **Ehesachen (§ 606 ZPO)** besteht Anwaltszwang in allen Rechtszügen für die Ehegatten. In **Folgesachen (§ 623 I 1 ZPO)** besteht ebenfalls Anwaltszwang in allen Rechtszügen, und zwar ohne Rücksicht darauf, ob sie Zivilprozeßsachen oder FFG-Verfahren sind. Dies gilt auch nach einer Abtrennung gem. § 628 I ZPO, weil das Verfahren dadurch nicht seinen Charakter als Folgesache verliert.

14 **Selbständige Unterhaltsprozesse** unterliegen nur im zweiten und dritten Rechtszug dem Anwaltszwang, **Güterrechtsprozesse** dagegen schon in der ersten Instanz. Selbständige FGG-Familiensachen über das Sorge- und Umgangsrecht, die Kindesherausgabe und der Versorgungsausgleich, ferner Verfahren nach der Hausratsverordnung sowie nach §§ 1382, 1383 BGB unterliegen im ersten und zweiten Rechtszug nicht dem Anwaltszwang. Anwaltszwang besteht dagegen für die **weitere Beschwerde.** Vom Anwaltszwang **ausgenommen** sind generell Prozeßhandlungen, die vor dem Urkundsbeamten vorgenommen werden können, sowie das Verfahren vor dem beauftragten und ersuchten Richter, ferner das Prozeßkostenhilfeverfahren einschließlich der Beschwerde, das Kostenfestsetzungsverfahren mit Erinnerung und Durchgriffserinnerung.

Maßnahmen des **vorläufigen Rechtsschutzes** unterliegen als Teil des Hauptsacheverfahrens dem Anwaltszwang, wenn dieser für das Hauptsacheverfahren gilt. Das trifft insbesondere zu für einstweilige Anordnungen nach den §§ 620 ff. ZPO als Teil des Eheverfahrens, mit Ausnahme der Verfahrenseinleitung und der schriftlichen Verfahrensführung, ferner im gleichen Umfang für Verfahren nach den §§ 127 a, 621 f. ZPO. **Arreste und einstweilige Verfügungen** unterliegen dem Anwaltszwang nach Maßgabe der Vorschriften für das Hauptsacheverfahren unter Beachtung der für sie geltenden Erleichterungen (§§ 920 III, 921 I, 936 ZPO). Ein **Vergleich** untersteht dem Anwaltszwang, wenn er in einem Verfahren oder Verfahrensabschnitt mit Anwaltszwang geschlossen wird. Insbesondere gilt Anzwaltszwang für einen Vergleich im Scheidungsverfahren über Scheidungsfolgen oder andere Gegenstände, ebenso wie für einen Vergleich im einstweiligen Anordnungsverfahren nach §§ 620 ff. Kein Anwaltszwang besteht für einen Vergleich im Verfahren nach §§ 127 a, 621 f. ZPO, wenn dieses ohne Rechtsanwalt durchgeführt werden kann, ferner im PKH-Verfahren nach § 118 I 3 ZPO, weil dieses selbst nicht dem Anwaltszwang unterfällt.

15

Soweit Anwaltszwang besteht, fehlt den Ehegatten die Postulationsfähigkeit als Fähigkeit, prozessual wirksam zu handeln. Eine dennoch vorgenommene Prozeßhandlung ist prozessual **unwirksam**. Eine **Heilung des Fehlens der Postulationsfähigkeit** als Prozeßhandlungsvoraussetzung nach § 295 ZPO oder durch Nachholung der Prozeßhandlung seitens eines später eingeschalteten postulationsfähigen Rechtsanwalts ist nicht möglich. Im zivilprozessualen Verfahren kann gegen die anwaltlich nicht vertretene Partei ein **Versäumnisurteil** ergehen (§§ 330, 331 ZPO), allerdings nicht in Ehesachen gegen den Antragsgegner oder Beklagten (§ 612 IV ZPO); bei Nichterscheinen des Antragsgegners ergeht in Ehesachen ein **streitiges Endurteil**. In FGG-Familiensachen ist ein Versäumnisurteil wegen des dort geltenden Untersuchungsgrundsatzes ausgeschlossen, § 12 FGG.

16

5. Regelungsvorschläge und Vereinbarungen nach §§ 630 ZPO und 1587 o BGB

Gemäß § 630 ZPO ist eine **einverständliche Scheidung** nach § 1565 i. V. m. § 1566 I BGB nur möglich, wenn die Antragsschrift folgende Erklärungen, Regelungsvorschläge und Vereinbarungen enthält:
– Die Mitteilung, daß der andere Ehegatte der Scheidung zustimmen oder in gleicher Weise die Scheidung beantragen wird;
– Den übereinstimmenden Vorschlag der Ehegatten zur Regelung der elterlichen Sorge für ein gemeinschaftliches Kind und über die Regelung des Umgangs des nicht sorgeberechtigten Elternteils mit dem Kinde;
– Die Einigung der Ehegatten über die Regelung der Unterhaltspflicht gegenüber einem Kinde, die durch die Ehe begründete gesetzliche Unterhaltspflicht sowie die Rechtsverhältnisse an der Ehewohnung und am Hausrat.

17

Es ist daher empfehlenswert, daß dem Gericht zusammen mit der Antragsschrift die entsprechenden Erklärungen und Vorschläge in von den Parteien selbst unterzeichneten Textentwürfen vorgelegt werden (s. die Muster bei *Vespermann*, Familiensachen, und *Günther/Hein*, S. 62 ff.; Antwort auf alle denkbaren Einzelfragen gibt *Göppinger*, Vereinbarungen, S. 7 ff.).

Nach **§ 1587 o BGB** können die Ehegatten im Zusammenhang mit der Scheidung neben der Regelung der sonstigen Scheidungsfolgen auch eine Vereinba-

18

rung über den **Ausgleich ihrer Versorgungsanrechte** schließen. Anders als bei der Regelung der übrigen Scheidungsfolgen besteht im Bereich des Versorgungsausgleichs nur eine **beschränkte Vertragsfreiheit** nach Maßgabe der §§ 1408 II und 1587o BGB. Neben den Formerfordernissen besteht eine Genehmigungspflicht nach § 1587o BGB, die den Gerichten die inhaltliche Prüfung aufgibt, ob der vereinbarte anderweitige Ausgleich angemessen und zur Sicherung des Berechtigten geeignet ist. Nach § 1408 II BGB kann durch Ehevertrag der Versorgungsausgleich ganz oder teilweise ausgeschlossen werden (*BGH* FamRZ 1986, 890 ff.). Zugleich hat dies den Eintritt der Gütertrennung zur Folge (§ 1414 BGB). Eine Abfindung oder anderweitige Sicherstellung des Berechtigten ist nicht erforderlich, ebensowenig eine gerichtliche Genehmigung. Dem Schutz der Ehegatten dient lediglich die Formvorschrift des § 1410 BGB; die eine Belehrung über die Rechtsfolgen durch den Notar sichert. Bei einer **Vereinbarung nach § 1587o BGB** ist ein entschädigungsloser Verzicht auf den Versorgungsausgleich nicht grundsätzlich ausgeschlossen. Voraussetzung ist aber entweder, daß der an sich ausgleichsberechtigte Ehegatte schon anderweitig für den Fall des Alters oder der Invalidität gesichert ist oder sonstige Gründe für einen Ausschluß nach § 1587c BGB vorliegen. Andernfalls ist eine angemessene Abgeltung des Ausgleichsanspruchs notwendig.

19 Ein **vertraglicher Ausschluß nach § 1408 II BGB** ist nur wirksam, wenn zwischen ihm und der Zustellung des Scheidungsantrags an den Antragsgegner mindestens ein Jahr liegt. Wird der Scheidungsantrag innerhalb dieses Jahres gestellt oder ist die Scheidung bei Vertragsschluß bereits anhängig, kann ein Ausschluß nur noch unter den strengen Voraussetzungen des § 1587o BGB erfolgen (*BGH* FamRZ 1986, 788 ff.; 1987, 467). Wird nach Ausschluß des Versorgungsausgleichs durch Ehevertrag gem. § 1408 II binnen Jahresfrist Scheidungsantrag gestellt, kommt eine Umdeutung des gem. § 1408 II 2 unwirksamen Vertrages in eine Vereinbarung nach § 1587o BGB gegen den Willen eines Ehegatten nicht in Betracht; die Parteien können jedoch eine Vereinbarung nach § 1587o BGB abschließen.

20 Ausdrücklich sei darauf hingewiesen, daß solche Beratungen und Vereinbarungsvorschläge für den Anwalt ganz erhebliche **Haftungsrisiken** mit sich bringen. Um das Haftungsrisiko möglichst gering zu halten, muß der Anwalt in aller Regel sich zunächst durch Auskünfte der Versicherungsträger über die Anwartschaften informieren lassen. Die Auskünfte über die Anwartschaften erhält der Anwalt von den Versicherungsträgern nach den Grundsätzen der **Auskunftsverordnung**. § 1 AuskunftsVO lautet: „Versicherten ist auf Antrag, der durch einen Rechtsanwalt zu stellen ist, den sie schriftlich zur Vertretung ihrer Interessen in einer Ehescheidungsangelegenheit bevollmächtigt haben, Auskunft über die Höhe... für die bisherige Ehezeit zu berechnenden Anwartschaft auf Altersruhegeld zu erteilen; dem Antrag ist die Vollmacht des Rechtsanwalts beizufügen..." „Versicherten ist auf Antrag auch dann Auskunft zu erteilen, wenn der Antrag durch einen Notar gestellt wird, den sie ersucht haben, eine Vereinbarung über den Versorgungsausgleich entsprechend § 1587o des Bürgerlichen Gesetzbuches zu beurkunden. Dem Antrag ist eine Vollmacht zur Einholung der Auskunft beizufügen." Die **Berechnung der Versorgungswerte** sollten einem Rentensachverständigen oder Rentenberater überlassen werden.

21 Von der **Einholung der Auskunft** und der Berechnung der Versorgungswerte kann nur in den Fällen abgesehen werden, in denen beide Eheleute gleich

Die Vorbereitung

lange versicherungspflichtige Tätigkeiten ausgeübt haben, bei gleichen Einkünften und bei kurzer Ehedauer, wenn die Parteien noch jung sind und ausgeschlossen ist, daß eine der Parteien im Grenzbereich einer Wartezeiterfüllung liegt. Nur in diesen Fällen läßt sich ohne eine weitergehende Berechnung ein wechselseitiger Verzicht vertreten (Muster für Vereinbarungen gem. § 1587o BGB s. bei *Günther/Hein*, S. 68f.).

6. Prozeßkostenvorschuß

Die Gewährung von **Prozeßkostenhilfe** ist grundsätzlich **subsidiär** zum Prozeßkostenvorschuß (PKV); da Prozeßkostenhilfe nur dann und insoweit gewährt werden kann, als ein PKV nicht durchsetzbar ist, muß der Anwalt sich rechtzeitig Informationen zur Einkommens- und Vermögenssituation des eigenen Mandanten aber auch über die des Ehepartners beschaffen. Wenn vom anderen Ehegatten PKV erlangt werden soll, ist eine entsprechende Darlegung der Einkommens- und Vermögenssituation des Gegners erforderlich. Besteht eine Prozeßkostenvorschußpflicht des anderen Ehegatten nicht und soll Prozeßkostenhilfe beantragt werden, muß zusammen mit der Beantragung der Prozeßkostenhilfe dargelegt werden, daß ein PKV nicht erlangt werden kann. Ohne diesbezügliche Darlegung ist der Antrag auf Bewilligung von Prozeßkostenhilfe ohne sachliche Prüfung abzuweisen, da möglicherweise ein durchsetzbarer Anspruch auf Prozeßkostenvorschuß besteht. 22

a) Voraussetzung einer Prozeßkostenvorschußpflicht. Die in § 1360a IV BGB geregelte Prozeßkostenvorschußpflicht ist Ausfluß der Unterhaltspflicht. In Unterhaltssachen kann das Prozeßgericht durch **einstweilige Anordnung** die Verpflichtung zur Leistung eines Prozeßkostenvorschusses regeln. Zwischen **geschiedenen** Ehegatten besteht kein Anspruch auf PKV. Die Vorschußpflicht besteht nur unter den in **§ 1360a IV BGB** aufgeführten Voraussetzungen: 23
– bestehende Ehe;
– Berechtigter muß außerstande sein, die **Kosten** des Rechtsstreits **selbst zu tragen.** Ein Ehegatte ist dann außerstande, die Kosten des Rechtsstreits selbst zu tragen, wenn sonst die zu einem angemessenen Lebensunterhalt erforderlichen Mittel nicht unerheblich in Anspruch genommen werden müßten. Die Frage, ob vor der Geltendmachung des PKV der eigene Vermögensstamm angegriffen werden muß, ist eine Frage der Zumutbarkeit, also unter Billigkeitsgesichtspunkten zu prüfen.
– **Leistungsfähigkeit des Verpflichteten.** Die Leistungsfähigkeit des in Anspruch genommenen Ehegatten wird ebenso wie die Bedürftigkeit des Berechtigten nach den allgemeinen unterhaltsrechtlichen Grundsätzen ermittelt. Würde durch den Prozeßkostenvorschuß der eigene angemessene Unterhalt gefährdet, entfällt die Prozeßkostenvorschußpflicht; insbesondere braucht sich der Ehegatte nicht auf den notwendigen Unterhalt beschränken zu lassen und auf Güter des gehobenen Bedarfs zu verzichten. Eine Verpflichtung zur Prozeßkostenvorschußzahlung kommt daher nicht in Betracht, wenn der Unterhaltsschuldner selbst (wenn auch unter Anordnung von Ratenzahlungen) Prozeßkostenhilfe bekäme.
– **Persönliche Angelegenheit.** Eine allgemeine Definition der persönlichen Angelegenheit enthält weder das Gesetz noch ist sie in der bisherigen Rechtsprechung gefunden worden. Jedenfalls fallen darunter alle Angelegenheiten, die ihre Wurzel im persönlichen Lebensbereich oder in der Lebensgemeinschaft

der Ehegatten haben, so daß alle mit der Trennung und Scheidung zusammenhängenden Verfahren vor dem Familiengericht dazugehören.
- Grundsätzliches **Bestehen einer Unterhaltspflicht.** Als Anspruchsvoraussetzung ist weiterhin zu beachten, daß eine Prozeßkostenvorschußpflicht nur dann besteht, wenn der Unterhaltstatbestand des § 1361 BGB erfüllt ist, so daß den Inanspruchgenommenen grundsätzlich die eheliche Unterhaltspflicht trifft. Das ist insbesondere dann nicht der Fall, wenn der andere Ehegatte darauf verwiesen werden kann, seinen Unterhalt durch Erwerbstätigkeit selbst zu verdienen (§ 1361 II BGB) oder wenn er nach der Vorschrift des § 1361 III iVm. § 1579 BGB den Unterhaltsanspruch verwirkt hat.
- Mindestaussicht auf **Erfolg des Rechtsstreits.** Da das Prozeßkostenvorschuß-Verlangen der Billigkeit entsprechen muß, darf die beabsichtigte Rechtsverfolgung nicht mutwillig oder offensichtlich aussichtslos sein; es ist Sache des Bedürftigen, die Erfolgsaussicht glaubhaft zu machen. Eine Verurteilung zum PKV kann insbesondere dann nicht in Betracht kommen, wenn die Prozeßkostenhilfe bereits wegen Aussichtslosigkeit abgelehnt worden ist.

24 **Umfang der Kostenvorschußpflicht.** Die Vorschußpflicht umfaßt alle zur sachdienlichen Prozeßführung erforderlichen Geldmittel, so daß außer den gerichtlichen auch die vom Berechtigten selbst aufzuwendenden Kosten für den eigenen Anwalt erfaßt werden. Die wichtigsten außergerichtlichen Kosten sind die Gebühren des Rechtsanwalts: Nach § 17 BRAGO kann der Rechtsanwalt gewöhnlich die in der Instanz erwachsenden Gebühren als Vorschuß verlangen, also regelmäßig die Prozeß- und Verhandlungsgebühr. Für den Scheidungsprozeß stehen dem Antragsteller bei Einreichung des Antrags in der Regel drei Anwaltsgebühren und die Gerichtsgebühren zu. Die Vorschußpflicht erstreckt sich weiter auf die Reisekosten der bedürftigen Partei. Von den gerichtlichen Auslagen fallen vor allem die Vorschüsse für Zeugen und Sachverständige ins Gewicht. Zu den vorschußpflichtigen Kosten im Sinne des § 127a ZPO gehören auch die Kosten des einstweiligen Anordnungsverfahrens nach § 127a ZPO selbst.

25 **b) Geltendmachung des Prozeßkostenvorschußanspruchs.** Der Anspruch auf Prozeßkostenvorschuß kann in allen Familiensachen im Wege des Antrags auf Erlaß einer **einstweiligen Anordnung** gem. § 620 l Nr. 9 ZPO geltend gemacht werden. In isolierten Unterhaltssachen ergibt sich die Möglichkeit des Erlasses einer einstweiligen Anordnung aus § 127a ZPO und für sonstige isolierte Familiensachen aus § 621f. ZPO. Die Zulässigkeit einer einstweiligen Anordnung schließt ein Rechtsschutzinteresse für eine **Klage** auf PKV nicht aus. Es entspricht aber in allen Fällen der Zweckmäßigkeit, daß ausschließlich von der Möglichkeit des Antrags auf **Erlaß einer einstweiligen Anordnung** Gebrauch gemacht wird. Von einer Klage auf PKV (oder einer einstweiligen Verfügung vor Anhängigkeit einer Ehesache) ist schon wegen der Rechtsmittelgefahr abzuraten. Hinzu kommt, daß in Unterhaltssachen hinsichtlich der Ausführungen zur Anspruchsgrundlage und zur Bedürftigkeit und Leistungsfähigkeit auf die Ausführungen in der Hauptsache verwiesen werden kann mit der Folge, daß eine erhebliche Arbeitserleichterung sowohl für den Anwalt, als auch für den Richter eintritt.

26 **Wichtig:** Es empfiehlt sich in jedem Fall (jedenfalls bei einfachen und mittleren Einkommensverhältnissen) den Prozeßkostenvorschußantrag **hilfsweise** mit dem Antrag auf Bewilligung von Prozeßkostenhilfe für die Hauptsache und

die einstweilige Anordnung zu kombinieren. Im Hinblick auf den Hilfsantrag ist gleichzeitig die Erklärung der Partei über die persönlichen und wirtschaftlichen Verhältnisse vorzulegen.

c) **Negative Feststellungsklage.** Die Entscheidung über den Antrag auf Erlaß einer einstweiligen Anordnung Prozeßkostenvorschuß ist **unanfechtbar,** § 620c S. 2 ZPO. Ist ein Ehegatte durch eine unanfechtbare einstweilige Anordnung zur Zahlung eines PKV verpflichtet worden, so kann er nur noch im ordentlichen Verfahren eine die Vorschußpflicht leugnende negative Feststellungsklage erheben. 27

d) **Rückzahlungsanspruch.** Ist der Vorschußberechtigte in dem Rechtsstreit unterlegen und verurteilt worden, die Kosten ganz oder teilweise zu tragen, folgt daraus noch keine Verpflichtung zur Rückzahlung des erhaltenen Vorschusses. Die Frage, ob der Vorschuß zurückzuzahlen ist, richtet sich danach, ob sich die wirtschaftlichen Verhältnisse des Vorschußempfängers wesentlich gebessert haben, oder die Rückforderung aus anderen Gründen der Billigkeit entspricht. Wer also die Rückzahlung eines PKV begehrt oder die Durchsetzung des Anspruchs verbieten lassen will, muß darlegen und gegebenenfalls nachweisen, daß bei dem Berechtigten eine **Besserung der wirtschaftlichen Verhältnisse** eingetreten ist. Allein der Umstand, daß der Vorschußempfänger in dem Verfahren, für das der Vorschuß zu leisten war, unterlegen ist und hieraus dem zur Zahlung des Vorschusses Verpflichteten ein Kostenerstattungsanspruch entstanden ist, begründet für sich allein keinen Billigkeitsgrund, welcher die Rückforderung rechtfertigen und die weitere Durchsetzung des Vorschußanspruchs verbieten könnte. Als **Beispiele für die Billigkeit** werden die Verbesserung der wirtschaftlichen Verhältnisse des Empfängers oder das Vorliegen eines Anspruchs auf Zugewinnausgleich angesehen. Für den letzteren Fall hat der BGH ausdrücklich die Aufrechnung des Zugewinnschuldners zugelassen, ohne jedoch auf die Billigkeitsprüfung zu verzichten (vgl. BGH FamRZ 1971, 360–362). Mit einem Kostenerstattungsanspruch aus dem nämlichen Verfahren, für das Vorschuß zu leisten ist, kann nicht aufgerechnet werden. 28

7. Prozeßkostenhilfe

a) **Antrag.** Die Bewilligung von Prozeßkostenhilfe (PKH) und die Beiordnung des Rechtsanwalts (ausführl. s. u. F.) ist immer nur ab dem Zeitpunkt möglich, ab dem ein entsprechender Antrag bei Gericht vorliegt. Es ist daher für jedes einzelne Verfahren in jedem Rechtszug **gesondert** rechtzeitig **Antrag** auf PKH und Beiordnung eines Rechtsanwalts zu beantragen. Empfehlenswert ist, daß dieser Antrag gleichzeitig mit dem Antragsschriftsatz gestellt wird, denn nach Abschluß der Instanz muß der Antrag auf Bewilligung von PKH und Beiordnung eines Anwalts zurückgewiesen werden. Gemäß § 117 ZPO ist in dem Antrag das Streitverhältnis unter Angabe der Beweismittel darzustellen. Ein Antrag auf PKH für ein möglicherweise in der Zukunft anhängig werdendes Verfahren ist unzulässig. Dem Antrag ist eine Erklärung über die persönlichen und wirtschaftlichen Verhältnisse beizufügen (§ 117 II ZPO). Dabei ist der amtliche Vordruck zu verwenden. Werden keine Belege zu den im Vordruck genannten Angaben vorgelegt oder begehrte Auskünfte verweigert, so ist der Antrag nach § 118 II 4 ZPO insoweit zurückzuweisen. 29

B X   Die familienrechtlichen Verfahren

30   Der Antrag auf PKH und Beiordnung muß wie folgt **begründet** sein:
- Die antragstellende Partei muß prozeßkostenhilfebedürftig, das heißt nicht in der Lage sein, die Kosten zur Prozeßführung selbst oder jedenfalls nur zum Teil oder nur in Raten aufzubringen,
- Die beabsichtigte Rechtsverfolgung oder Rechtsverteidigung muß hinreichende Aussicht auf Erfolg bieten, und
- die beabsichtigte Rechtsverfolgung oder Rechtsverteidigung darf nicht mutwillig erscheinen.

31   **b) Bedürftigkeit.** Die Prozeßkostenhilfebedürftigkeit ist unter Beachtung von § 115 ZPO darzulegen. Insbesondere muß der amtliche Vordruck richtig und vollständig ausgefüllt und unterzeichnet sein. Dem Anwalt droht eine **Haftungsgefahr** dann, wenn er den Mandanten nicht darauf hinweist, daß der Vordruck vollständig ausgefüllt sein muß und demzufolge der Mandant abzugsfähige Verbindlichkeiten nicht angibt oder nicht belegt. Die Beratungsverpflichtung des Anwalts erstreckt sich auch auf den Hinweis, daß der Vordruck sehr sorgfältig ausgefüllt und die dazugehörigen Belege vorgelegt werden müssen. Die sorgfältige Beratung hierzu liegt schon im Gebühreninteresse des Anwalts: Wird der Partei nämlich wegen unvollständiger Angaben ratenfreie PKH bewilligt, entfällt der Anspruch des Anwalts aus § 124 BRAGO.

32   Die subjektiven **Voraussetzungen für die Gewährung von PKH** richten sich nach dem monatlichen Nettoeinkommen. Da sämtliche Einkünfte zu berücksichtigen sind, gehören auch Unterhaltszahlungen Dritter dazu. Als besondere Belastung, die vom Einkommen abzusetzen ist, wird regelmäßig die **Kaltmiete** mit dem Betrag anerkannt, der 18% des jeweiligen Nettoeinkommens übersteigt. Nicht zum relevanten Einkommen gehören das **Kindergeld** und die vermögenswirksamen Leistungen. Die Frage, ob und ggf. in welcher Höhe eine Ratenzahlungsverpflichtung besteht, richtet sich nach der **Tabelle** (Anlage 1 zu § 114 ZPO).

33   Im Zusammenhang mit der Prozeßkostenhilfebedürftigkeit muß auch das **Vermögen** angegeben werden. Gemäß § 115 II ZPO hat die Partei ihr Vermögen einzusetzen, soweit dies zumutbar ist. Als nicht zumutbar wird der Einsatz des Familienheims oder kleinerer Barbeträge bis zu 4000 DM angesehen. **Keinen Anspruch** auf PKH hat eine Partei dann, wenn sie in Kenntnis der Tatsache, daß sie Mittel zur Prozeßführung benötigt, Einkünfte oder Vermögen vermindert oder Beträge als Darlehen weggibt oder wenn sie ihr zugeflossene bedeutende Beträge aus dem Zugewinnausgleich unentgeltlich weitergibt, obwohl sie davon ausgeht, daß sie weitere Ansprüche im Prozeßweg wird durchsetzen müssen oder wenn sie nach Rechtshängigkeit Vermögenswerte hergibt oder Verbindlichkeiten eingeht, ohne daß hierfür ein unabweisbares Bedürfnis besteht oder wenn sie die Vermögensminderung grob fahrlässig herbeiführt. Außerdem erhält eine Partei dann keine PKH, wenn die Prozeßkosten vier Monatsraten und die aus dem Vermögen aufzubringenden Teilbeträge voraussichtlich nicht übersteigen, § 115 VI ZPO (*Thomas/Putzo* Anm. 4 zu § 114 ZPO).

34   **c) Hinreichende Erfolgsaussicht.** Die Rechtsverfolgung bietet hinreichende Aussicht auf Erfolg, wenn der Sachvortrag zusammen mit den angegebenen Beweismitteln den Antrag rechtfertigt; die Rechtsverteidigung ist hinreichend aussichtsreich, wenn der Sachvortrag der sich verteidigenden Partei neben den angebotenen Beweisen ihren Antrag rechtfertigt. Eine hinreichende Aussicht auf Erfolg kann auch für **entgegengesetzt Beteiligte,** also für beide Parteien bestehen.

d) Fehlende Mutwilligkeit. Mutwillig ist eine Rechtsverfolgung oder 35 Rechtsverteidigung, wenn sie eine verständige, nicht prozeßkostenhilfebedürftige Partei unterlassen würde. Dies ist in der Regel dann der Fall, wenn eine Partei ihr Ziel auf einem **billigeren Weg** als dem beschrittenen Klageweg erreichen könnte. Wird ein Unterhaltsanspruch vom Berechtigten eingeklagt, obwohl der Verpflichtete die Unterhaltsleistungen in der Vergangenheit **freiwillig und regelmäßig erfüllt** hat, so ist die Klage in aller Regel mutwillig, obwohl das Rechtsschutzbedürfnis für eine solche Klage nicht verneint werden kann. Gleiches gilt, wenn eine Partei bereits im Wege der **einstweiligen Anordnung** einen Unterhaltstitel erwirkt hat und dennoch ohne besonderen Grund wegen dieses bereits titulierten Anspruchs Klage erheben will. Die prozeßkostenhilfebedürftige Partei muß den Gegner stets vor dem Antrag auf Bewilligung von Prozeßkostenhilfe zur Erstellung eines **billigeren Vollstreckungstitels** (z. B. Urkunde des Jugendamts oder notarielles Schuldanerkenntnis) vergeblich aufgefordert haben. Schließlich ist eine Rechtsverfolgung in den Fällen des § 93 ZPO mutwillig, denn eine Partei, die den Rechtsstreit auf eigene Kosten führt, vermeidet es, daß ihr der Beklagte wegen fehlender Veranlassung zur Klageerhebung durch sofortiges Anerkenntnis die Kostenlast aufbürden kann.

Teilleistungen: Ein Unterhaltsschuldner, der freiwillig und regelmäßig einen 36 Teil des geschuldeten Unterhalts erbringt, hat dann keine Veranlassung zur Klageerhebung im Sinne von § 93 ZPO über den vollen Unterhaltsbetrag gegeben, wenn der fehlende Spitzenbetrag relativ geringfügig ist (15% des vollen Unterhaltsbetrages) und der Unterhaltsschuldner zuvor weder zur Beibringung eines außergerichtlichen Titels aufgefordert worden ist, noch diese verweigert hat (so *OLG Bremen* FamRZ 1989, 876f.). Nach überwiegender Meinung hat der Unterhaltsschuldner allenfalls dann Anlaß zur Klageerhebung gegeben, wenn er die Errichtung eines außergerichtlichen Titels verweigert hat. Demgegenüber wird in der Rechtsprechung überwiegend die Meinung vertreten, daß der Unterhaltspflichtige, der lediglich eine Teilleistung des vollen Unterhaltsbetrages freiwillig und regelmäßig erbringt und die darüber hinausgehende Unterhaltsforderung bestreitet, Veranlassung zur Klageerhebung über den **vollen Unterhaltsbetrag** selbst dann gibt, wenn er zur Errichtung eines außergerichtlichen Titels nicht aufgefordert wurde und diesen auch nicht verweigert hat, mit der Folge, daß er auch bezüglich des anerkannten Teils die Kosten des Rechtsstreits zu tragen hat. Die h. M. stützt sich im wesentlichen auf § 266 BGB, wonach der Schuldner zu Teilleistungen nicht berechtigt ist. Hiergegen wird aber eingewandt, daß diese Vorschrift zwar das Recht des Gläubigers zur Ablehnung von Teilleistungen betreffe, daß aber in der Regel die Annahme der Teilleistung im Interesse sowohl des Schuldners, als auch des Unterhaltsgläubigers liege und § 266 BGB daher nicht anzuwenden sei, und zwar jedenfalls dann nicht, wenn die Unterhaltszahlung nicht ganz offensichtlich erheblich unter dem vollen Betrag des Anspruchs zurückbleibe. Dem ist grundsätzlich beizupflichten; denn bei der Anwendbarkeit des § 266 BGB sind Treu und Glauben zu beachten. Sie verbieten es jedenfalls, die Annahme bei Fehlen eines relativ geringfügigen Teilbetrages zu verweigern, den man, soweit es um Unterhalt geht, in Anbetracht des ersichtlichen Interesses sowohl des Gläubigers als auch des Schuldners an der Annahme der Teilleistung nicht zu gering ansetzen darf (so wörtlich *OLG Bremen* FamRZ 1989, 876f.).

37 **e) Erstreckung der Prozeßkostenhilfe.** Gemäß § 624 II ZPO erstreckt sich im Verbundverfahren die Bewilligung der PKH für die Scheidungssache automatisch nur noch auf die von Amts wegen einzuleitenden Folgesachen (Sorgerecht und Versorgungsausgleich). Für die übrigen Folgesachen ist ein **besonderer Antrag** und eine besondere ausdrückliche Bewilligung erforderlich. Für **Vergleiche** in Folgesachen ist weiterhin die Einholung einer Einzelbewilligung zu empfehlen bzw. notwendig (vgl. § 122 III 1 BRAGO). (Zu Einzelheiten des PKH-Verfahrens vgl. im übrigen Kap. F Rdnrn. 21 ff.).

II. Die Ehescheidung

1. Vorbereitende Maßnahmen

38 Da zusammen mit dem Scheidungsantrag das Original der Heiratsurkunde vorzulegen ist, soll der Mandant angehalten werden, dem Anwalt unverzüglich eine **Original-Heiratsurkunde** oder das Stammbuch beizubringen. In der Regel empfiehlt es sich, zusammen mit dem Scheidungsantrag auch die **Geburtsurkunden** der ehegemeinschaftlichen Kinder vorzulegen; zur Beibringung dieser Urkunden sollte der Mandant rechtzeitig angehalten werden. Bei Ausländern wird häufig ein **Staatsangehörigkeitsnachweis** verlangt. Damit das gerichtliche Verfahren später nicht verzögert wird, sollte sich der Anwalt diesen Nachweis möglichst frühzeitig beschaffen. Häufig vergessen die Parteien, zum Gerichtstermin den **Personalausweis oder Reisepaß** mitzubringen. Für diesen Fall sollte der Anwalt eine beglaubigte Ablichtung des Reisepasses oder Personalausweises zum Nachweis der Staatsangehörigkeit in seiner Akte haben.

2. Scheidungsgrund

39 Gemäß § 1565 BGB kann eine Ehe geschieden werden, wenn sie gescheitert ist. Es gibt nur einen **einzigen Scheidungsgrund: Das Scheitern der Ehe.** § 1565 II definiert, was unter dem Begriff „Scheitern" zu verstehen ist: „Die Ehe ist gescheitert, wenn
– die Lebensgemeinschaft der Ehegatten nicht mehr besteht und
– nicht erwartet werden kann, daß die Ehegatten sie wiederherstellen".
In der Antragsschrift muß also **dargelegt** sein, daß eine eheliche Lebensgemeinschaft mit dem Ehepartner nicht mehr besteht, und daß auch nicht erwartet werden kann, sie werde in Zukunft wiederhergestellt werden.

40 Bei **Trennung von weniger als einem Jahr** kann die Ehe nur geschieden werden, wenn ihre Fortsetzung für den Antragsteller aus Gründen, die ausschließlich in der Person des Antragsgegners liegen, eine unzumutbare Härte darstellen würde, § 1565 II BGB (s. a. Rdnrn. 46 f.).
Bei **Trennungsdauer zwischen ein und drei Jahren** besteht eine unwiderlegbare Vermutung für das Scheitern der Ehe, wenn beide Ehegatten die Scheidung beantragen oder der Antragsgegner der Scheidung zustimmt, § 1566 I BGB. Wehrt sich der Antragsgegner gegen die Scheidung, muß dem Gericht im einzelnen das Scheitern der Ehe nachgewiesen werden (s. a. Rdnr. 49).
Bei **Trennungsdauer von mehr als drei Jahren** kann die Ehe auch auf einseitigen Antrag hin geschieden werden. Es besteht eine unwiderlegbare Vermutung dahingehend, daß die Ehe gescheitert ist, § 1566 II (s. a. Rdnr. 50). – In allen Fällen ist die Vorschrift des **§ 1568 BGB** (Härteklausel) zu beachten.

3. Getrenntleben

Entscheidendes **Kriterium für das Scheitern einer Ehe** ist das Getrenntleben der Ehepartner. Leben die Ehepartner nicht getrennt, besteht die Lebensgemeinschaft fort, mit der Folge, daß die Ehe nicht als gescheitert beurteilt werden kann. Gemäß § 1567 BGB leben die Ehegatten dann getrennt, wenn zwischen ihnen keine häusliche Gemeinschaft besteht und einer der Ehegatten sie erkennbar nicht herstellen will, weil er die eheliche Lebensgemeinschaft ablehnt. Voraussetzung für die Annahme eines Getrenntlebens ist somit einerseits **objektiv** das Nichtbestehen der häuslichen Gemeinschaft und andererseits **subjektiv** der Wille mindestens eines der Ehegatten, die häusliche Gemeinschaft nicht herzustellen und zwar deshalb, weil er die eheliche Lebensgemeinschaft ablehnt. 41

Es gilt der **Grundsatz der totalen Trennung,** der in der Regel immer dann erfüllt ist, wenn ein Ehepartner aus der Ehewohnung ausgezogen ist und die neue Wohnung zum alleinigen räumlichen Mittelpunkt seiner Lebensführung gemacht hat. Nach § 1567 I 2 BGB besteht die häusliche Gemeinschaft jedoch auch dann nicht mehr, wenn die Ehegatten **innerhalb der ehelichen Wohnung** getrennt leben. Die Anforderungen an das Getrenntleben innerhalb der gemeinsamen Wohnung sind streng. Es muß dargelegt und ggf. nachgewiesen werden, daß ein Höchstmaß an Trennung in allen Lebensbereichen herbeigeführt wurde, das nach den realen Möglichkeiten des Einzelfalles erreichbar ist. Ein Getrenntleben innerhalb der ehelichen Wohnung liegt nicht bereits dann vor, wenn die Eheleute getrennte Schlafzimmer beziehen, im übrigen aber eine gegenseitige Versorgung stattfindet. Es wird die tatsächliche vollkommene Trennung aller Lebensbereiche verlangt, mit der Ausnahme der gemeinsamen Benutzung von Küche und Bad. Kocht und wäscht die Ehefrau weiterhin für den Mann, so liegt ein Getrenntleben innerhalb der Wohnung nicht vor. Es kann nicht als ein „Nichtbestehen" der häuslichen Gemeinschaft gewertet werden, wenn die Ehefrau dem Ehemann abends das Frühstück für den nächsten Morgen richtet, die Eheleute abends zumeist mit dem gemeinsamen Kind das von der Ehefrau zubereitete Abendessen einnehmen und die Eheleute wiederholt einen Teil des Fernsehprogramms zusammen anschauen, auch wenn sonst keine Gemeinsamkeiten mehr bestehen (*Johannsen/Henrich/Jaeger*, Rdnr. 24 zu § 1567 BGB). 42

Gemäß § 1567 II BGB unterbricht oder hemmt ein Zusammenleben über kürzere Zeit, das der **Versöhnung** der Ehegatten dienen soll, die Trennungsfristen nicht. In der Rechtsprechung hat sich zwischenzeitlich die Meinung herausgebildet, daß drei Monate die obere Grenze sind; dies gilt auch bei wiederholten Versöhnungsversuchen. 43

Den **Beweis** dafür, daß ein erneutes Zusammenleben zu einer **echten Versöhnung** geführt hat, muß derjenige Ehegatte führen, der die Scheidung ablehnt. Dies ergibt sich aus dem Zweck des § 1567 II, nämlich die Ehegatten zu motivieren, sich nicht mit Blick auf den Fristenablauf von Versöhnungsversuchen abhalten zu lassen. 44

4. Scheidung bei Trennung unter einem Jahr

Leben die Ehegatten noch nicht ein Jahr getrennt, so kann die Ehe nur geschieden werden, wenn die Fortsetzung der Ehe für den Antragsteller aus Gründen, die in der Person des **anderen** Ehegatten liegen, eine unzumutbare Härte darstellen würde, § 1565 II BGB. Diese Vorschrift soll voreiligen Scheidungsentschlüssen und Scheidungsanträgen entgegenwirken. Außerdem soll der 45

Rechtsmißbrauch eines solchen Ehegatten verhindert werden, der durch sein Verhalten die Ehe einseitig zerstört und daraus sogleich, indem er auf den von ihm selbst geschaffenen Zerrüttungstatbestand einen Scheidungsantrag stützt, für sich günstige Rechtsfolgen abzuleiten versucht.

46   Eine **unzumutbare Härte** wird in der Rechtsprechung in der Regel bejaht, wenn ein länger anhaltendes (über drei Monate) ehebrecherisches Verhalten des Antragsgegners vorliegt; nicht jede Verletzung der ehelichen Treue, insbesondere nicht ein einzelner Ehebruch, stellen jedoch einen ausreichenden Härtegrund dar. Die vorzeitige Scheidbarkeit einer Ehe wird bejaht, wenn der Antragsgegner mit einem anderen Partner eine eheähnliche Lebensgemeinschaft aufgenommen hat und diese schon einige Monate dauert. Die **Art und Weise**, die Begleitumstände der Verletzung der ehelichen Treuepflicht können aber so gravierend sein, daß es dem Antragsteller wegen der besonders tiefgreifenden oder gar entwürdigenden Persönlichkeitsverletzung nicht angesonnen werden kann, das Eheband noch bis zum Ende der Jahresfrist aufrechtzuerhalten. Dazu gehören insbesondere ehebrecherische Beziehungen mit Angehörigen der Familie oder mit Arbeitskollegen (z. B. Vorgesetzten oder Untergebenen) des Antragstellers; die demütigenden, ansehensschädigenden Auswirkungen der bekannt gewordenen ehebrecherischen Beziehungen mit Blick auf eine besonders herausgehobene berufliche Stellung des Antragstellers; Aufnahme des neuen Partners in die eheliche Wohnung; eine extrem lange Dauer eines ehebrecherischen Verhältnisses. Weitere Anwendungsfälle für § 1565 II BGB sind:
- Schwere Beleidigungen, grobe Ehrverletzungen, demütigende Beschimpfungen in Verbindung mit Tätlichkeiten;
- Gravierende Bedrohungen;
- Homosexualität, wenn der eigene Partner wegen gleichgeschlechtlicher Beziehungen zu einem anderen Partner verlassen wird;
- Häufige Mißhandlungen des Ehepartners;
- Häufige Alkoholexzesse.

5. Einverständliche Scheidung

47   Nach § 1566 I BGB wird unwiderlegbar vermutet, daß die Ehe gescheitert ist, wenn die Ehegatten seit einem Jahr getrennt leben und beide Ehegatten die Scheidung beantragen oder der Antragsgegner der Scheidung zustimmt. Da es sich um eine **unwiderlegbare Zerrüttungsvermutung** handelt, ist vom Gericht lediglich zu prüfen, ob das Trennungsjahr abgelaufen ist. Die Prüfung, ob die Ehe tatsächlich gescheitert ist, ist dem Richter in diesem Fall verwehrt. Allerdings ist eine einverständliche Scheidung nach § 630 ZPO nur möglich, wenn die Ehegatten sich außer über die Frage, daß sie geschieden werden wollen, auch über
- die Regelung der elterlichen Sorge für ein gemeinschaftliches Kind,
- die Regelung des Umgangs des nichtsorgeberechtigten Elternteils mit dem Kinde,
- die Regelung der Unterhaltspflicht gegenüber einem Kinde,
- den Unterhalt nach der Scheidung,
- die Ehewohnung, und
- den Hausrat

geeinigt haben. Die übrigen Scheidungsfolgen, insbesondere der Zugewinnausgleich und der Versorgungsausgleich, sind von dieser Einigungspflicht nicht erfaßt und können unabhängig von der Scheidung gerichtlich geregelt werden.

Es ist empfehlenswert, daß dem Gericht zusammen mit der Antragsschrift die Vorschläge und **Vereinbarungen** und die Zustimmungserklärung des Gegners vorgelegt werden. Sind sich die Eheleute zwar über die Ehescheidung einig, nicht aber über die genannten **Folgesachen**, so greift die Zerrüttungsvermutung nicht ein. In diesem Falle muß sich der Richter vom Scheitern der Ehe im Rahmen der streitigen Scheidung überzeugen.

6. Streitige Scheidung

Leben die Ehegatten weniger als drei Jahre getrennt oder läßt sich der Ablauf der Dreijahresfrist nicht zweifelsfrei feststellen, so gilt bei einer streitigen Scheidung die gesetzliche Vermutung des § 1566 I BGB nicht. Dies hat zur Folge, daß eine Ehe nur dann gegen den Willen des anderen Ehegatten geschieden werden kann, wenn ihr Scheitern auf andere Weise als durch den Ablauf der Trennungsfrist dargelegt und ggf. bewiesen wird. Der Richter muß davon überzeugt werden, daß die Ehe so tief zerrüttet ist, daß ihre Wiederherstellung nicht erwartet werden kann. Dazu müssen **Tatsachen vorgetragen** werden, die dem Richter eine Würdigung ermöglichen, wobei die bloße Erklärung, der Antragsteller wolle nicht zu seiner Familie zurückkehren, zum Beweis des Scheiterns allein nicht ausreicht.

Da die Ehepartner nach einem individuellen Lebensplan ihre Ehe gestalten, ist es häufig schwierig, das Scheitern der Ehe festzustellen und eine negative Zukunftsprognose abzugeben, denn was bei einer Ehe zur Zerrüttung führt, mag in einer anderen Ehe gänzlich normaler Alltag sein. Nach Ablauf des ersten Trennungsjahres kommt es jedoch auf die Gründe des Scheiterns nicht mehr an, ebensowenig wie auf die Frage, wer das Scheitern der Ehe verursacht oder verschuldet hat. Es kann also auch derjenige Ehegatte die Scheidung beantragen, der selbst den anderen verlassen oder betrogen hat. Da für das Scheitern der Ehe auch erforderlich ist, daß die Wiederherstellung der ehelichen Gemeinschaft nicht erwartet werden kann, muß in diesen Fällen zur Schlüssigkeit des Antrages dargelegt und ggf. nachgewiesen werden, daß zumindest bei einem Ehepartner subjektiv die **endgültige Ablehnung** der ehelichen Gemeinschaft vorliegt. Entscheidend ist, ob die Abneigung eines Ehegatten gegen den anderen einen solchen Grad erreicht hat, daß eine **Versöhnung nicht zu erwarten** ist.

7. Scheidung nach dreijähriger Trennung

Leben die Eheleute drei Jahre getrennt, greift die Vermutung des § 1566 II BGB ein. In diesem Falle wird das Scheitern der Ehe unwiderlegbar vermutet, auch wenn nur einer der Ehepartner den Scheidungsantrag stellt.

8. Die Härteklausel

Gemäß § 1568 BGB soll eine gescheiterte Ehe nicht geschieden werden, wenn ausnahmsweise aus besonderen Gründen eine Aufrechterhaltung der gescheiterten Ehe notwendig erscheint. Diese Vorschrift beinhaltet eine **Kinderschutzklausel** und eine **Ehegattenschutzklausel**. Die Vorschrift hat einen ganz deutlich betonten **Ausnahmecharakter**. Da eine Scheidung, die gegen den Willen eines Ehegatten ausgesprochen wird, für diesen regelmäßg mit Härten verbunden ist, kann der Vergleichsmaßstab für das Außergewöhnliche der Umstände nicht die Ehe schlechthin, sondern nur die gescheiterte Ehe sein. Außergewöhnlich im Sinne der Vorschrift sind nur diejenigen Umstände, die sich von den noch als normal anzusehenden Gegebenheiten einer gescheiterten Ehe deutlich abheben (s. hierzu *Johannsen/Henrich/Jaeger,* Rdnrn. 24 ff. zu § 1568).

9. Prozeßrechtliche Besonderheiten

53 – Ehesachen (§ 606 ZPO) fallen nicht unter die **Feriensachen** des § 200 II GVG.
– Gemäß § 612 IV ZPO ist ein **Versäumnisurteil** gegen den Antragsgegner nicht zulässig; zulässig ist jedoch ein Versäumnisurteil gegen den zum Termin nicht erschienenen Antragsteller.
– Gemäß § 613 ZPO soll das Gericht in Ehesachen das **persönliche Erscheinen der Ehegatten** anordnen und sie dabei anhören; auch ein Prozeßunfähiger ist anzuhören.
– Ausführlich geregelt ist die **Aussetzung des Verfahrens,** § 614 ZPO; damit soll eine gütliche Beilegung des Verfahrens gefördert werden.

54 – Den Ehegatten sollen die **Auswirkungen einer Scheidung** frühzeitig vor Augen geführt werden; das Gesetz will es daher ermöglichen und zum Teil sogar erzwingen, daß über die Scheidung und die weiteren Folgesachen gleichzeitig in ein und demselben Verfahren verhandelt und entschieden wird. Ist für den Fall der Scheidung die elterliche Sorge über ein gemeinschaftliches Kind zu regeln oder der öffentlich-rechtliche Versorgungsausgleich durchzuführen, so leitet das Gericht das Verfahren über diese Gegenstände von Amts wegen ein und stellt den **Verbund mit dem Scheidungsverfahren** her, § 623 III ZPO. Bei anderen Scheidungsfolgen hängt der Eintritt des Verbundes grundsätzlich vom Verhalten der Parteien ab. Eine Familiensache, die mit dem Scheidungsverfahren im Verbund steht, wird Folgesache genannt. Über den erfolgreichen Scheidungsantrag und die Folgesachen wird einheitlich durch Urteil entschieden, § 629 I ZPO. Ist der Scheidungsantrag abgewiesen, so sind die Folgesachen gegenstandslos, § 629 III ZPO.

55 – Das Scheidungsverfahren wird durch Einreichung eines Scheidungsantrages eingeleitet, der dem Anwaltszwang unterliegt. Die **Antragsschrift** ist formalisiert und muß in jedem Fall nach § 622 ZPO Angaben darüber enthalten, ob gemeinschaftliche minderjährige Kinder vorhanden sind, ein Vorschlag zur elterlichen Sorge unterbreitet wird, oder Familiensachen der in § 621 I ZPO bezeichneten Art anderweitig anhängig sind. Des weiteren gelten die Vorschriften des § 253 ZPO über die Erfordernisse einer Klageschrift entsprechend.
– An die Stelle der Bezeichnung Kläger-Beklagter treten die Worte **Antragsteller-Antragsgegner,** § 622 III ZPO.
– Ein schriftliches Vorverfahren ist nach § 611 ZPO ausgeschlossen.
– Eine **öffentliche Zustellung** der Antragsschrift ist in Ehesachen nach allgemeinen Grundsätzen möglich, §§ 203 ff. ZPO.

56 – Die **Zurücknahme** des Scheidungsantrags hat auch für die Folgesachen zur Wirkung, daß sie als nicht anhängig geworden anzusehen sind (§§ 626, 269 ZPO). Auf Antrag einer Partei ist ihr durch Beschluß, der keiner mündlichen Verhandlung bedarf, vorzubehalten, eine Folgesache als selbständige Familiensache fortzuführen, § 626 II ZPO.
– Mit der Rechtskraft des Scheidungsurteils ist die Ehe aufgelöst (§ 1564 II BGB).
– Die Zustellung des Scheidungsurteils erfolgt gem. §§ 317, 618, 621 c ZPO; eine Rechtsmittelbelehrung ist nicht vorgeschrieben.

– Bezüglich der **Verfahrenskosten** geht § 93a ZPO von dem Grundsatz aus, 57
daß bei der Beendigung einer Ehe grundsätzlich beide Partner gleichmäßig
mit den Kosten zu belasten sind. Der Verbund ist im übrigen kostenmäßig
begünstigt. Schon die Zusammenrechnung der Werte für die Scheidungssache und alle Folgesachen im Verbund ergibt geringere Gebühren, als diese bei
einer isolierten Durchführung der einzelnen Verfahren anfielen. Zusätzlich
werden im Verbund für Urteile und vergleichbare Beschlüsse niedrigere Gebühren als sonst erhoben. § 93a I 1, II ZPO regelt die Kostenverteilung nur
für den Fall der Scheidung eigenständig. Bei **Abweisung** des Scheidungsantrags verbleibt es bei der allgemeinen Regelung des § 91 ZPO; im Rechtsmittelverfahren bleibt darüber hinaus § 97 I ZPO anwendbar. Zu den Kosten des
Scheidungsverfahren gehören auch die eines einstweiligen Anordnungsverfahrens nach §§ 620 ZPO. Bei einem Rechtsmittelverfahren sind die Kosten
des Rechtsmittelverfahrens grundsätzlich ebenfalls nach § 93a I 1 ZPO zu
verteilen.

III. Nichtigkeit und Aufhebung der Ehe

Das Eheaufhebungsverfahren ist in §§ 28ff. des Ehegesetzes und das Verfah- 58
ren auf Nichtigerklärung und auf Feststellung des Bestehens oder Nichtbestehens einer Ehe in §§ 16ff. Ehegesetz und 631ff. ZPO geregelt.

Nichtigkeitsgründe:
– Bigamie, § 20   59
– Nahe Verwandtschaft, § 21
– Schwägerschaft, § 21
– Formmangel, § 17
– Fehlende Geschäftsfähigkeit, § 18
– Fehlende Urteilsfähigkeit, § 18

Aufhebungsgründe:
– Fehlende Einwilligung des gesetzlichen Vertreters, § 30   60
– Irrtum über die Wirkung der Eheschließung, § 31
– Irrtum über die Person des Partners, § 31
– Drohung, § 34
– Arglistige Täuschung, § 33
– Irrtum über persönliche Eigenschaften des Partners, § 32

(Bezüglich der Einzelheiten wird Bezug genommen auf die Kommentierung des Ehegesetzes in *Johannsen/Henrich*, Kommentierung der §§ 16–37 EheG, S. 1023ff., sowie der
dazugehörigen Verfahrensfragen S. 1524ff.)

IV. Regelung der elterlichen Sorge über ein eheliches Kind

1. Vorbereitende Maßnahmen

Vor allem, wenn die elterliche Sorge für ein Kind, das älter als neun oder zehn 61
Jahre ist, geregelt werden muß, sollte der Anwalt seinen Mandanten möglichst
bald anhalten, frühzeitig die Einstellung des Kindes zur Sorgerechtsfrage zu
erforschen, mit ihm zu besprechen und bei dem eigenen Willensbildungsprozeß
vor einem gemeinsamen Vorschlag der Eltern zu berücksichtigen. Da im gerichtlichen Verfahren die Stellungnahme des **Jugendamts** einzuholen ist, ist

demjenigen Mandanten, der beabsichtigt, die Übertragung des Rechts der elterlichen Sorge auf sich zu beantragen, dringend nahezulegen, sich möglichst frühzeitig mit dem zuständigen Sachbearbeiter des Jugendamts in Verbindung zu setzen, die häusliche Situation und eventuelle Probleme mit dem Kind ausführlich zu schildern und zu besprechen. Der Sachbearbeiter, der nicht erst auf gerichtliche Anordnung hin die häuslichen Verhältnisse überprüft, sondern bereits vorher über längere Zeit hinweg mit der Familie und mit der Trennungssituation und den dabei entstandenen Problemen vertraut ist, wird eine wesentlich fundiertere Stellungnahme bei Gericht abgeben können. Der Stellenwert der Stellungnahme des Jugendamtes bei Gericht darf nicht unterschätzt werden! Haben sich bei der Erziehung des Kindes bereits Schwierigkeiten ergeben, sollte dem Mandanten nahegelegt werden, möglichst bald eine **Erziehungsberatungsstelle** aufzusuchen und deren Hilfe in Anspruch zu nehmen; auch dadurch wird die Erziehungsgeeignetheit dokumentiert.

62 Überhaupt sollten bei **auftretenden Störungen im Verhalten des Kindes** Beratungsstellen und Ärzte aufgesucht werden, denn im Zweifelsfalle wird derjenige Elternteil das Sorgerecht bekommen, der sich am meisten für das Kind einsetzt und das Kind auf allen Gebieten am besten fördert. Die Förderung des Kindes erscheint in der Regel aber nur dann glaubwürdig, wenn sie nicht erst im Zusammenhang mit einem gerichtlichen Verfahren beginnt.

63 Von großer Bedeutung ist häufig auch, wenn sich die **Kindergärtnerin** oder die **Lehrerin** des Kindes für die Übertragung des Sorgerechts auf den Mandanten durch eine schriftliche, begründete Erklärung einsetzen; auch zu diesen Personen sollte deshalb frühzeitig intensiver Kontakt aufgenommen und ihnen die häusliche Situation geschildert werden. Da in einem späteren streitigen Verfahren die **Bindungen des Kindes** dargestellt werden müssen, empfiehlt es sich, den Mandanten zu veranlassen, schriftlich niederzulegen, in welcher Weise und mit welcher Intensität er sich bisher an der Betreuung und Versorgung des Kindes seit der Geburt beteiligt hat (Stillen, Wickeln, Füttern, Einschlafen, Spielen, Arztbesuche, Hinbringen und Abholen vom Kindergarten, Schulgespräche, Spielen, Förderungsmaßnahmen jeglicher Art etc.). **Neutrale Zeugen,** die bestätigen können, daß der andere Elternteil sich nicht oder nur wenig um das Kind gekümmert hat, oder nicht erziehungsgeeignet ist, können veranlaßt werden, entsprechende eidesstattliche Versicherungen zur Vorlage bei Gericht abzugeben.

2. Vereinbarungsmöglichkeiten

64 Die Eltern können nicht selbst eine Regelung der elterlichen Sorge treffen, weil die elterliche Sorge nicht zur Disposition der Parteien steht, sondern die Ehegatten können nur einen **übereinstimmenden Vorschlag** an das Familiengericht machen. An diesen Vorschlag der Eltern ist das Familiengericht dann gebunden, wenn der gemeinsame Vorschlag einen zulässigen Inhalt hat und das Wohl des Kindes keine abweichende Regelung erfordert, und wenn auch das über vierzehn Jahre alte Kind keinen abweichenden Vorschlag unterbreitet. Für einen übereinstimmenden Vorschlag reicht es aus, wenn die Eltern unabhängig voneinander je einen inhaltsgleichen Vorschlag dem Familiengericht machen. Die Frage, inwieweit die Eltern selbst an ihren übereinstimmenden Vorschlag **gebunden** sind, ist umstritten. Überwiegend wird der gemeinsame Vorschlag als **bindender Vertrag** angesehen. Die Bindungswirkung kann danach nur auf-

gehoben werden, wenn der gemeinsame Vorschlag übereinstimmend widerrufen wird, oder durch Anfechtung gem. §§ 119, 123 BGB oder nach den Grundsätzen über das Fehlen oder den Wegfall der Geschäftsgrundlage. Zunehmend wird aber die Auffassung vertreten, daß sich der Vertragscharakter des übereinstimmenden Vorschlags und die Bindung der Eltern nicht rechtfertigen läßt (vgl. *Johannsen/Henrich/Jaeger*, Rdnrn. 55 ff. zu § 1671 BGB m. w. Nachw.). Nach dieser Meinung ist eine Bindung der Eltern an einen früheren übereinstimmenden Vorschlag abzulehnen mit der Folge, daß der **einseitige Widerruf** bis zur Entscheidung in der letzten Tatsacheninstanz als stets zulässig angesehen wird. Bei einem einseitigen Widerruf hat danach das Familiengericht die volle Kindeswohlprüfung gemäß § 1671 II BGB durchzuführen.

Zulässiger Inhalt des übereinstimmenden Vorschlags: Der Vorschlag der Eltern muß klar und eindeutig erkennen lassen, für welches Kind die elterliche Sorge dem einen oder anderen Elternteil übertragen werden soll oder ob die Eltern die Sorge gemeinsam wahrnehmen wollen. Voraussetzung für die Zulässigkeit des Vorschlags ist stets, daß er eine **zulässige gerichtliche Regelung** betrifft. Als unzulässig wird in der Rechtsprechung insbesondere der Fall angesehen, daß die Personensorge auf einen Elternteil übertragen wurde, das Kind aber ohne zeitliche Begrenzung bei dem anderen Elternteil verbleiben oder sich ganz überwiegend, z. B. in der Woche von Montag bis Freitag, bei dem anderen Elternteil aufhalten soll; denn eine solche Regelung würde bedeuten, daß der letztere zwar nur die tatsächliche Personensorge ausüben, in Wahrheit aber die Erziehung und Versorgung des Kindes maßgebend beeinflussen würde (unzulässige Vorschläge sind dargestellt bei *Johannsen/Henrich/Jaeger*, Rdnrn. 61 ff. zu § 1671 BGB; s. auch *Göppinger*, Vereinbarungen, Rdnrn. 600 ff.; zum gemeinsamen Sorgerecht nach der Scheidung s. *Luthin*, Gemeinsames Sorgerecht nach der Scheidung, S. 63 ff.). **65**

3. Vorläufiger Rechtsschutz und Eilmaßnahmen

Einstweilige Anordnungen sind sowohl innerhalb eines Verfahrens in Ehesachen als auch außerhalb eines solchen Verfahrens möglich. Das Verfahren wird durch die Vorschriften der §§ 620–620 g ZPO bestimmt. Im einstweiligen Anordnungsverfahren muß nicht die elterliche Sorge insgesamt geregelt werden, sondern der Antrag kann sich auch auf **Teilregelungen** beschränken. Der Maßstab für die Entscheidung ist wie im Fall des § 1672 BGB auch bei der einstweiligen Anordnung das **Wohl des Kindes**. Das Kind, die Eltern, eine evtl. Pflegeperson und das Jugendamt sind, soweit wie möglich, vorher anzuhören, §§ 50 a, b, c FGG, § 50 KJHG i. V. m. § 49 a FGG; auf jeden Fall ist eine unverzügliche Nachholung der Anhörung geboten. Anders als bei der Endentscheidung ist es möglich, daß durch die einstweilige Anordnung lediglich das **Aufenthaltsbestimmungsrecht** einem Elternteil oder Vormund übertragen wird. Ebenso kann das Gericht gegenüber den Eltern Gebote und Verbote aussprechen oder einem Elternteil ein bestimmtes Verhalten aufgeben. **66**

4. Sorgerechtsregelung bei Getrenntleben der Eltern, § 1672 BGB

Voraussetzung ist, daß die Eltern getrennt leben im Sinne von § 1567 I BGB. Das Gesetz verlangt neben dem Antrag **kein besonderes Rechtsschutzbedürfnis** für eine schon vor der Ehescheidung zu treffende Sorgerechtsregelung. Bei einer Entscheidung nach § 1672 BGB ist es unzulässig, die Entscheidung auf das **67**

Aufenthaltsbestimmungsrecht zu beschränken (anders als bei der einstweiligen Anordnung). Zur **Geltungsdauer** einer Entscheidung nach § 1672 ist zu beachten, daß die Sorgerechtsentscheidung aufgehoben werden muß, wenn die Eltern die eheliche Lebensgemeinschaft wieder herstellen; die Sorgerechtsentscheidung tritt nicht von selbst außer Kraft. Die Entscheidung nach § 1672 BGB verliert jedoch ihre **Wirksamkeit**, ohne daß es einer ausdrücklichen Aufhebung bedarf, sobald anläßlich der Scheidung der Ehe eine Sorgerechtsentscheidung nach § 1671 BGB in Kraft tritt. Solange die Personensorge für ein gemeinsames Kind nach der Trennung der Eltern voneinander noch nicht geregelt worden ist, ermächtigt § 1629 II 2 BGB denjenigen Elternteil, in dessen Obhut sich das Kind befindet, dessen **Unterhaltsansprüche** gegen den anderen Elternteil geltend zu machen; dieser ist von der Vertretung des Kindes insoweit ausgeschlossen.

5. Sorgerechtsentscheidung bei Scheidung der Elternehe, § 1671 BGB

68 Das Verfahren folgt im Rahmen des § 621a ZPO dem **FGG**. Nach § 1671 II BGB trifft das Gericht die Regelung, die dem **Wohle des Kindes** am besten entspricht; hierbei sind die **Bindungen** des Kindes, insbesondere an seine Eltern und Geschwister zu berücksichtigen.
Ein **gemeinschaftliches** Kind i. S. v. § 1671 BGB ist auch das durch Elternheirat legitimierte Kind i. S. v. § 1719 BGB sowie das von beiden Ehegatten gemeinsam adoptierte und das von einem Ehegatten adoptierte Kind des anderen Ehegatten; nicht jedoch das einbenannte nichteheliche Kind der Ehefrau.

6. Entscheidungskriterien

69 a) **Übereinstimmender Vorschlag der Eltern.** Machen die Eltern einen übereinstimmenden und inhaltlich zulässigen Vorschlag über die Zuteilung des Sorgerechts, dann darf das Gericht nur abweichen, wenn dies zum Wohl des Kindes erforderlich ist, § 1671 III BGB. Die Bindung an den Vorschlag der Eltern wird dann aufgehoben, wenn ein Kind, welches das vierzehnte Lebensjahr vollendet hat, einen abweichenden Vorschlag macht, § 1671 III 2 BGB.

70 b) **Das Kindeswohl.** Liegt kein gemeinsamer Vorschlag der Eltern vor oder ist das Gericht nicht an ihn gebunden (weil der Wille des Kindes entgegensteht oder er einen unzulässigen Inhalt hat), so ist die Regelung zu treffen, die dem **Wohl des Kindes** am besten entspricht, § 1671 II BGB. Hierbei sind die Bindungen des Kindes, insbesondere an seine Eltern und Geschwister, zu berücksichtigen. Die Entscheidung nach dem Kindeswohl bedeutet oft eine unlösbare Aufgabe. **Orientierungsmaßstab** für diejenigen Lebensaspekte, die das Kindeswohl beeinflussen, sollen das Recht eines jeden Kindes auf Erziehung zur leiblichen, seelischen und gesellschaftlichen Tüchtigkeit sein. Weiter muß gewährleistet sein, daß das Kind nicht nur später einmal ein tüchtiger Erwachsener wird, sondern daß das Kind sich auch in der Gegenwart wohlfühlen soll. Außer dem Erziehungsmoment müssen daher die stetige Liebe und Fürsorge der sorgeberechtigten Person gewährleistet sein, so daß sichergestellt ist, daß sich das Kind geborgen fühlt und angstfreie Beziehungen aufbauen kann. Die **Prognose** des Richters über das künftige Eltern- und Kindesverhalten, über die Entwicklung der äußeren und inneren Bindungen der Erziehung steht auf schwankendem Boden, so daß, wenn beide Elternteile das Kind wollen und beide mit dem Kind ein normal-intaktes Verhältnis verbindet, die Erholung eines fachpsychologischen **Sachverständigengutachtens** beantragt werden soll.

c) Weiterhin soll ein Sachvortrag zur **Erziehungsgeeignetheit** des Elternteils, 71
der das Sorgerecht beansprucht, erfolgen; wer nämlich schlechthin erziehungsungeeignet ist, kann das Sorgerecht nicht erhalten. Im übrigen kann ein stärkeres Defizit in der Erziehungseignung durch entsprechende stärkere Bindungen des Kindes aufgewogen werden.

d) Nach dem **Förderungsprinzip** soll das Sorgerecht auf denjenigen Elternteil 72
übertragen werden, der nach seiner Persönlichkeit, seiner Beziehung zum Kind und nach den äußeren Verhältnissen eher in der Lage erscheint, das Kind zu betreuen und seine seelische und geistige Entfaltung zu begünstigen. Um dies beurteilen zu können, müssen die Lebensverhältnisse beider Elternteile umfassend dargelegt und gegeneinander abgewogen werden, wobei insbesondere die Persönlichkeit der Eltern einschließlich ihres Charakters, ihre erzieherische Eignung und ihre Einstellung zum Kind und der Grad ihrer inneren Bereitschaft, das Kind – auch unter Aufopferung eigener Interessen – zu versorgen von besonderer Bedeutung sind. Ferner ist auf die wirtschaftliche Situation einschließlich der **Wohnverhältnisse** sowie die objektive Möglichkeit der Unterbringung und Betreuung des Kindes abzustellen.

e) Ein nur biologisch, „von der Natur her" oder aus der allgemeinen Lebens- 73
erfahrung abgeleiteter **Muttervorrang,** der früher als ungeschriebene Regel, zumindest für Kleinkinder, gegolten hat, wird inzwischen abgelehnt.

f) **Negative Persönlichkeitsmerkmale** wie überdurchschnittliche Aggressivität, Unduldsamkeit oder seelische Labilität, charakterlich bedingte Unzuverlässigkeit oder ausgeprägte Unselbständigkeit in Denken und Handeln sind ebenso zu beachten, wie wenn ein Elternteil zu Gewalttätigkeiten neigt oder gar in die Kriminalität abgeglitten ist.

g) Lebt der potentiell sorgeberechtigte Elternteil in eheähnlicher Gemeinschaft mit einem anderen Partner, ist auch die Beziehung des **neuen Lebensgefährten** des Elternteils zum Kind sorgsam in jeder Hinsicht darauf zu überprüfen, ob sie dem Kindeswohl zu- oder abträglich ist.

h) **Eheverfehlungen** sind insofern beachtlich, als diese zugleich eine Verletzung der Elternpflicht darstellen, wobei zu überprüfen ist, ob die Pflichtverletzung ihren wesentlichen Grund in der ehelichen Situation hatte, so daß sie für die Ausübung der elterlichen Sorge nach der Ehescheidung bedeutungslos ist.

i) Als weiteres besonders wichtiges Kriterium für das Kindeswohl ist das 74
Kontinuitätsprinzip anerkannt. Es soll möglichst diejenige Regelung getroffen werden, die weniger tief in die gewachsenen personalen Bindungen des Kindes zu einer hauptsächlichen Bezugsperson und seiner sozialen Umwelt eingreift. Nach dem **Kontinuitätsinteresse** ist diejenige Sorgerechtsregelung zu treffen, die die **Einheitlichkeit, Gleichmäßigkeit und Stabilität der Erziehungsverhältnisse** gewährleistet oder am wenigsten stört. Entscheidend ist dabei darauf abzustellen, ob der betreuende Elternteil dem Kind eine gleichmäßige Entwicklung, Geborgenheit und konsequente Erziehung vermittelt hat und enge gefühlsmäßige Bindungen im Kind hat entstehen lassen.

j) Die **Bindungen** des Kindes sind in besonderem Maße zu berücksichtigen, 75
weil der Übergang zur unvollständigen Familie nur mit einem Elternteil für das Kind dann am wenigsten schädlich ist, wenn seine Bindungen möglichst wenig

beeinträchtigt werden. Nach den derzeit vorhandenen kinderpsychologischen und kinderpsychiatrischen Erkenntnissen ist es für die gedeihliche Entwicklung eines Kindes, gerade auch eines Kleinkindes, aber nicht erforderlich, daß es eine einzelne Hauptbezugsperson gibt, zu der dann die engsten emotionalen Beziehungen erwachsen; gleichwertig sind das Entstehen und der Bestand gleich starker gefühlsmäßiger Bindungen zu mehreren Betreuungspersonen. Als gesicherte Erkenntnis muß angesehen werden, daß der Lebensabschnitt zwischen dem vollendeten sechsten Lebensmonat und dem vollendeten dritten Lebensjahr als **besonders trennungsempfindlich** gilt und um diese Zeit ein Wechsel der primären Betreuungsperson ein ganz erhebliches Risiko für die weitere geistig-seelische Entwicklung des Kindes darstellt (vgl. *Johannsen/Henrich/Jaeger*, Rdnr. 39 zu § 1671 BGB m. w. Nachw.). Die Bindung des Kindes richtet sich nicht danach, welcher Elternteil insgesamt die längere Zeitdauer an Betreuung gewährleistet hat; wichtig ist die **emotionale Intensität** (Qualität) der Bindung, die dem Zeitmoment nicht unbedingt entsprechen muß.

76 k) Auch die Bindungen des Kindes zu anderen Personen, insbesondere den **Großeltern,** müssen beachtet werden, insbesondere dann, was nicht selten der Fall ist, wenn die Großmutter faktisch und psychologisch die Rolle der „Mutter" eingenommen hat. In diesem Fall kann es für die gedeihliche seelische und geistige Entwicklung, insbesondere im Kleinkindalter, wichtiger sein, daß die großmütterliche Bindungs- und Erziehungskontinuität fortdauert; dieses Fortdauern kann für das Kind wichtiger sein als die Chance, in Zukunft von der biologischen Mutter voll betreut zu werden.

7. Regelungsmöglichkeiten

77 Aufgrund der §§ 1671, 1672 BGB bestehen folgende Möglichkeiten zur Regelung der elterlichen Sorge:

a) Der Regelfall ist, daß die gesamte elterliche Sorge auf **einen Elternteil** übertragen wird, § 1671 I BGB.

78 b) In seltenen Fällen wird die elterliche Sorge nach der Scheidung **beiden Elternteilen gemeinsam** zur Ausübung überlassen. Das gemeinsame Sorgerecht muß eine Ausnahmeerscheinung bleiben. Anlaß, es zum Regelfall hochzustilisieren, besteht nicht. Es ist nämlich nach dem gegenwärtigen Erkenntnisstand für die Masse der Sorgerechtsfälle ungeeignet, weil es ein erhebliches Maß an Kooperationsbereitschaft und Kooperationsfähigkeit der Eltern erfordert. Nach der Rechtsprechung ist das Belassen der gemeinsamen elterlichen Sorge nach der Scheidung an vier **Voraussetzungen** geknüpft (so *Luthin,* Gemeinsames Sorgerecht nach der Scheidung, S. 63 ff. m. w. Nachw.):

79 – Die Eltern sind gewillt, die gemeinschaftliche Verantwortung für ihr Kind nach der Scheidung weiterhin zu tragen. Für die Feststellung dieses gemeinsamen Willens ist es unbedingt erforderlich, daß die Eltern einen **übereinstimmenden Vorschlag** auf die Übertragung der gemeinsamen elterlichen Sorge machen.

80 – **Beide Eltern** sind nach der Scheidung **voll erziehungsfähig.** Das bedeutet, daß jeder Elternteil unter Berücksichtigung der eigenen Lebensverhältnisse, insbesondere Beruf, Wohnort und einer eventuellen neuen Familie nach der Scheidung eine hinreichende tatsächliche Möglichkeit haben muß, selbst seinen **erzieherischen Einfluß** auf das Kind auszuüben, also über längere Zeit-

räume hinweg oder für kurze, aber häufig wiederkehrende Zeiträume mit dem Kind zusammen zu sein; in der Regel kann also die gemeinsame elterliche Sorge nicht angeordnet werden, wenn die räumliche Entfernung zwischen dem vorgesehenen Hauptwohnsitz des Kindes und dem anderen Elternteil zu groß ist, als daß ein regelmäßiger unmittelbarer persönlicher Kontakt zwischen beiden stattfinden könnte.

- Es dürfen **keine Gründe** vorliegen, die im Interesse des Kindeswohls die Übertragung des Sorgerechts auf **einen** Elternteil angezeigt erscheinen lassen. Nach der Rechtsprechung des *BVerfG* (FamRZ 1982, 1179 ff.) ist es bei der richterlichen Entscheidungsfindung für das Belassen gemeinsamer elterlicher Sorge nach der Scheidung notwendig, daß der Richter die Überzeugung gewinnt, daß die Ehegatten die Pflege und Erziehung ihres Kindes weiterhin, wenn auch in einer durch die Scheidung modifizierten Form, gemeinschaftlich zum Wohl des Kindes wahrnehmen können. 81

- Es muß ausgeschlossen werden können, daß der Vorschlag auf Übertragung des gemeinsamen Sorgerechts lediglich als Weg des geringeren Widerstands beschritten wird. Die **anwaltliche Beratung** muß bei einem Vorschlag auf Übertragung des gemeinsamen Sorgerechts besonders gründlich sein. Bei Zweifeln an der inneren Bereitschaft der Eltern zur gemeinsamen Sorge sollte in der Regel ein kinderpsychologisches **Sachverständigengutachten** beantragt werden. Gleichzeitig sollte dem Gericht dargelegt werden, daß die Eltern einen **realistischen Plan** über die künftige tatsächliche Ausübung der gemeinsamen Sorge haben, wobei auch die Gemeinsamkeiten in den Erziehungsvorstellungen und Erziehungszielen der Eltern zum Ausdruck gebracht werden müssen. 82

Das Gericht kann die elterliche Sorge ganz oder teilweise beiden Elternteilen **gemeinsam belassen,** wenn die Eltern dies **übereinstimmend vorschlagen.** Der Vorschlag **muß** Angaben darüber enthalten, **in welcher Weise** die Eltern die elterliche Sorge gemeinsam ausüben und mit dem Kind persönlich verkehren sollen. Der Vorschlag **soll** eine Einigung der Eltern über die **Regelung der Unterhaltspflicht** gegenüber dem Kind sowie die durch die Ehe begründete gesetzliche Unterhaltspflicht (Ehegattenunterhalt) sowie die Rechtsverhältnisse an der Ehewohnung (und am Hausrat) enthalten.

Mit dem Vorschlag, das Sorgerecht den Eltern gemeinsam zu belassen, sollen die Eltern dem Gericht möglichst eine **Vereinbarung** über die weiteren Folgen des gemeinsamen Sorgerechts vorlegen. Die mit der **Gesamtvertretung** gemäß § 1629 I 2 BGB verbundenen Schwierigkeiten und Unbequemlichkeiten lassen sich – wie bei Bestehen der Ehe – in Grenzen halten: Jeder Elternteil kann den anderen für Einzelbereiche ermächtigen, allein zu handeln. Wenn ein Elternteil die tatsächliche Sorge für das Kind überwiegend allein ausüben soll, empfiehlt sich, daß ihm der andere von vorneherein **Vollmachten** für wichtigere Geschäfte (ärztliche Behandlung, Bankverkehr u. ä.) erteilt. Die **wechselseitige Alleinvertretungsvollmacht** ist insbesondere für Eilfälle sowie für alltägliche Angelegenheiten notwendig. 83

Der Anwalt muß also darauf hinwirken, daß, wenn dem Gericht ein übereinstimmender Vorschlag zur gemeinsamen elterlichen Sorge unterbreitet werden soll, gleichzeitig Vereinbarungen über den **ständigen Aufenthaltsort,** die Besuche und den Unterhalt des Kindes getroffen werden und daß Regeln und Vollmachten für Notfälle und Nichterreichbarkeit des anderen Elternteils schriftlich fixiert werden. Schließlich ist eine Regelung für den Fall zu treffen, daß sich die

Eltern in einem wichtigen Punkt nicht einigen können. Beim **Tod eines Elternteils** fällt die sorgerechtliche Alleinzuständigkeit in entsprechender Anwendung von § 1681 I 1 BGB dem überlebenden Elternteil von selbst zu; eines Übertragungsaktes durch das Vormundschaftsgericht bedarf es nicht. War der verstorbene Elternteil nach den §§ 1671, 1672 sorgeberechtigt, so hat das Vormundschaftsgericht die elterliche Sorge dem überlebenden Elternteil zu übertragen, es sei denn, daß dies dem Wohle des Kindes widerspricht, § 1681 I 2 BGB.

84   c) **Übertragung von Personen- und Vermögenssorge auf einen Vormund oder Pfleger.** Gemäß § 1671 V BGB kann die Personensorge und die Vermögenssorge auch auf einen Vormund oder Pfleger übertragen werden. Die Trennung eines Kindes von seiner Familie kommt nur in Betracht, wenn sie erforderlich ist, um eine **Gefahr** für das Wohl oder für das Vermögen des Kindes abzuwenden; es müssen die strengen Anforderungen wie in §§ 1666, 1666a und 1667 BGB vorliegen. Der Grundsatz der **Verhältnismäßigkeit** muß strikt gewahrt werden, zumal es sich hierbei um den stärksten Eingriff in das Elternrecht handelt.

85   Die Anwendung des Abs. 5 kommt in Betracht, wenn festgestellt werden muß, daß beide Eltern objektiv bei der Erfüllung der Aufgabe, die Interessen des Kindes zu wahren und zu fördern, versagen und demzufolge eine erhebliche Schädigung des körperlichen, geistigen oder seelischen Wohls des Kindes oder seiner Vermögensinteressen mit ziemlicher Sicherheit vorauszusehen ist oder wenn das Kind bei einer ausschließlichen **Drittbetreuung** (z. B. durch Großeltern, Pflegeeltern) eine so starke innere Bindung zur Pflegeperson hat, daß es infolge eines abrupten Herausreißens aus dieser Bindung und Pflege voraussichtlich in seiner Erziehung und psychischen Entwicklung nachhaltig, zumindest aber für einen längeren Zeitraum, geschädigt werden würde.

86   d) Gemäß § 1671 IV 2 BGB kann die **Personensorge** auf einen Elternteil und die **Vermögenssorge** auf den anderen Elternteil ganz oder teilweise übertragen werden. Anders als die Personensorge, die zwischen den Eltern unteilbar ist, ist die Vermögenssorge teilbar.

87   Eine **Alternative** zur Anordnung der Vormundschaft ist auch die Belassung der elterlichen Sorge bei einem Elternteil, verbunden mit der Abspaltung und Übertragung nur des **Aufenthaltsbestimmungsrechts** auf einen Pfleger. Die Anordnung einer **Aufsichtspflegschaft** durch das Familiengericht kommt in Betracht, wenn sich die Verhältnisse bei einem alkoholgefährdeten Elternteil zu stabilisieren beginnen; Aufsichtspflegschaft bedeutet, daß die tatsächliche Pflege und Erziehung des Kindes einem Elternteil belassen wird und daß dem Pfleger die Befugnis zur Überwachung und zum jederzeitigen Eingreifen, wenn die Kindesinteressen es erfordern, übertragen wird. **Zuständig für die Anordnung** der Vormundschaft oder Pflegschaft ist das Familiengericht; die Auswahl und Bestellung des Vormunds oder Pflegers obliegen jedoch dem Vormundschaftsgericht.

8. Anhörungspflichten

88   Die erforderliche persönliche Anhörung der **Eltern** in Sorgerechtsverfahren ist in § 50a, die Verpflichtung zur persönlichen Anhörung des **Kindes** in Sorgerechtsverfahren in § 50b und die Anhörung der Pflegeperson in Personensorgerechtsverfahren in § 50c FGG geregelt. Die Verpflichtung zur Anhörung des Jugendamtes ergibt sich aus § 50 KJHG i. V. m. § 49a FGG.

9. Sachverständigengutachten

Beantragen beide Elternteile die Übertragung des Sorgerechts jeweils auf sich und läßt sich auch nach der Anhörung des Kindes durch den Richter eine Einigung nicht erzielen, empfiehlt es sich meist, daß der Anwalt die Erholung eines **familienpsychologischen Gutachtens** beantragt. Die Einschaltung eines qualifizierten Sachverständigen stellt für die Eltern in der Regel eine Chance dar, daß ihnen bei der Bewältigung der schwierigen Situation eine Hilfe gegeben wird und daß ihnen durch das Gutachten Wege zur Lösung und Verarbeitung des Konfliktes aufgezeigt werden, die sie ohne Gesichtsverlust beschreiten können. Die **Verwertbarkeit des Gutachtens** setzt folgendes voraus (so zutreffend *Günther/Hein*, S. 155): „Das Gutachten des Sachverständigen ist nur verwertbar, wenn es **verständlich, objektiv** und **nachvollziehbar** ist. Objektivität zählt zu den Grundpflichten des Sachverständigen wie des Richters. Probantenbezogene Abwehrhaltungen (z. B. Vorwürfe, Verdächtigungen, abwertende Bemerkungen) und die unzulässige Übernahme von Prozeßrollen können die Besorgnis der Befangenheit begründen und damit zur Ablehnung führen (§§ 15 I FGG, 406 I, 42 II ZPO). Nachvollziehbarkeit bedeutet **Nachprüfbarkeit**. Aus dem Gutachten müssen sich die Anworten auf folgende Fragen ablesen lassen: Auf welchen Untersuchungsmethoden beruhen welche Schlußfolgerungen? Welche Gesprächsinhalte und Einzelbeobachtungen haben welchen Einfluß auf das Untersuchungsergebnis gehabt? Welche eigenen Tatsachenermittlungen hat der Sachverständige durchgeführt? Ein qualifiziertes Gutachten setzt auf seiten des Sachverständigen umfassende Sach- und Methodenkenntnisse, die Fähigkeit zu gründlicher wissenschaftlicher Arbeit und eine hinreichende Erfahrung voraus. Das Kennzeichen eines guten Sachverständigengutachtens ist seine Stimmigkeit ..."

89

10. Prozeßrechtliche Besonderheiten

a) Ist eine Scheidungssache **nicht anhängig** und leben die Eltern nicht nur vorübergehend getrennt und stellt ein Elternteil Antrag auf Regelung der elterlichen Sorge (Fall des § 1672 BGB), besteht **kein Anwaltszwang**. Die sachliche **Zuständigkeit** des Familiengerichts ergibt sich aus §§ 1672 BGB, 23b I 2 GVG, 621 I 1 ZPO; die örtliche Zuständigkeit ergibt sich aus § 621 II ZPO. In diesem Zusammenhang kommt der Rechtsprechung zum etwaigen **Doppelwohnsitz** ehelicher Kinder eine erhöhte Bedeutung zu. Nach § 11 S. 1 BGB teilt ein minderjähriges eheliches Kind den Wohnsitz der Eltern. Haben gesamtvertretungsberechtigte (§ 1626 BGB) Eltern getrennte Wohnsitze, so erhalten die Kinder einen von beiden Eltern abgeleiteten Doppelwohnsitz. Damit kommt nach §§ 43 I, 36 I FGG die Zuständigkeit beider Wohnsitzgerichte in Betracht. Unter mehreren zuständigen Gerichten gebührt nach § 4 FGG demjenigen der Vorzug, das **zeitlich zuerst** in der Sache tätig geworden ist. Notfalls ergeht Entscheidung nach § 5 FGG.

90

b) Ist eine Scheidungssache **anhängig** (Fall des § 1671 BGB), ist die Sorgerechtsregelung von Amts wegen zu treffen. Es besteht **Anwaltszwang**. Die Verhandlung ist **nicht öffentlich**, § 170 GVG. Die Entscheidung ist in der Regel im Verbund nach §§ 623, 629, 629d ZPO zu treffen. Die Entscheidung über die Sorgerechtsregelung ergeht im Scheidungsurteil; sie wird erst mit Rechtskraft des Scheidungsurteils wirksam. Wird der Scheidungsantrag abgewiesen, so wird die Sorgerechtsregelung gegenstandslos.

91

11. Abänderung von Sorgerechtsentscheidungen

92 Das Familiengericht kann während der Dauer der elterlichen Sorge seine Anordnungen jederzeit ändern, wenn es dies im Interesse des Kindes für angezeigt hält, § 1696 I BGB. Die Abänderung setzt voraus, daß entweder die tatsächlichen Verhältnisse sich geändert haben oder daß Umstände zutage getreten sind, die zu einer anderen Beurteilung des der früheren Regelung zugrundegelegten Sachverhalts nötigen. **Zuständig** ist gem. §§ 621, 621a ZPO, 36 FGG das Wohnsitzgericht (Familiengericht) des Kindes zur Zeit der Stellung des Abänderungsantrages. Das Abänderungsverfahren ist ein selbständiges Verfahren, nicht die Fortsetzung des bisherigen Verfahrens. Die **Anhörungsvorschriften** der §§ 50a–50c FGG und § 49a FGG sind zu beachten. Maßgebend für eine Abänderung ist ausschließlich das **Kindeswohl,** so daß die Änderung weder mit dem Interesse eines beteiligten Elternteils noch mit einem entsprechenden Wunsch des Kindes begründet werden kann.

93 Es muß sich um triftige, das **Kindeswohl nachhaltig berührende Gründe** handeln. Das Interesse einer ruhigen, stetigen Entwicklung des Kindes gebietet zurückhaltende Anwendung der Vorschrift des § 1696 BGB; die Gründe, die für eine Abänderung sprechen, müssen mindestens so erheblich sein, daß ihnen gegenüber der Erziehungskontinuität größeres Gewicht zukommt. Das Interesse des Kindes spricht regelmäßig gegen eine Änderung. Sie kommt nur in Betracht, wenn sie zum Wohl des Kindes **erforderlich** ist. Der Hauptanwendungsfall des § 1696 ist der Fall, daß die Abänderung dem Wunsch beider Eltern und dem Wunsch des Kindes entspricht und die gewünschte Abänderung bereits seit **längerer Zeit** praktiziert worden ist.

V. Regelung des Umgangs eines Elternteils mit dem ehelichen Kind

1. Vorbereitende Maßnahmen

94 Der Mandant, der ein Umgangsrecht mit dem ehelichen Kind wünscht, sollte sich rechtzeitig mit dem zuständigen Sachbearbeiter des **Jugendamtes** in Verbindung setzen (s. hierzu Rdnr. 61). Der Mandant ist dahin zu beraten, daß er in seinem **häuslichen Bereich** die optimalen äußeren Voraussetzungen für die Ausübung des Umgangsrechts zu schaffen hat, insbesondere, daß bei einer geplanten Übernachtung des Kindes ein eigenes Bett für das Kind zur Verfügung stehen muß. Den Interessen und Neigungen des Kindes entsprechendes Spielzeug (oder auch ein Tier) sollte rechtzeitig angeschafft werden, damit für das Kind genügend Anreize bestehen, sich auf die Besuchstage zu freuen. Hat der umgangswillige Mandant nur beschränkte Zeiten zur Ausübung des Umgangsrechts zur Verfügung, muß er dem Anwalt rechtzeitig eine **Aufstellung** zur Verfügung stellen, an welchen Tagen und zu welchen Zeiten er uneingeschränkt für das Kind zur Verfügung stehen kann.

2. Vereinbarungsmöglichkeiten, gerichtliche Verbindlicherklärung

95 In der Regel empfiehlt es sich, zusammen mit dem übereinstimmenden Vorschlag über die Regelung der elterlichen Sorge (§ 1671 III BGB) eine Vereinbarung über die Regelung des Umgangs, des Kontakts des nichtsorgeberechtigten Elternteils mit dem Kinde zu treffen. Diese Vereinbarung ist ohne gerichtliches

Verfahren wirksam. Treffen die Eltern keine Vereinbarung über die Umgangsregelung, so soll das Familiengericht eine Regelung des persönlichen Umgangs mit dem Kinde im allgemeinen nur anordnen, wenn ein Elternteil dies anregt.

Wird eine Vereinbarung getroffen, so kann ein Elternteil anregen, das Familiengericht möge eine der getroffenen Vereinbarung entsprechende Anordnung treffen. Ist die von den Eltern getroffene Regelung mit dem Wohl des Kindes vereinbar, so kann das Familiengericht diese Vereinbarung **als gerichtliche Entscheidung übernehmen,** also die Vereinbarung zwischen den Eltern gerichtlich für verbindlich erklären. 96

Die Eltern sollen bei einer Vereinbarung über die Umgangsregelung stets beachten, daß die Regelung dem Wohl des Kindes entsprechen muß, insbesondere muß das Alter und die Konstitution des Kindes berücksichtigt werden; ein **Kleinkind** wird in der Regel nur wenige Stunden an dem betreffenden Besuchstag mit dem nichtsorgeberechtigten Elternteil zusammen sein können, ein Kind in der Altersstufe, in der es den **Kindergarten** besucht, etwa einen ganzen Nachmittag bis zum frühen Abend, ein Kind im **schulpflichtigen Alter** von morgens bis abends, ab dem Alter von **8 Jahren** regelmäßig von Samstag vormittag bis Sonntag abend. In der Regel wird ein Besuchstag im Monat in Betracht kommen; doch können auch gegen zwei Besuchstermine im Monat nicht ohne weiteres Bedenken erhoben werden. Ab dem Alter von etwa 9 Jahren kommt dem **Willen des Kindes** bezüglich des Umfangs der Umgangsregelung ganz erhebliche Bedeutung zu. Schließlich entspricht es der Übung, daß an den hohen **Feiertagen** Ostern, Weihnachten und Pfingsten, jeweils am zweiten Feiertag das Kind beim nichtsorgeberechtigten Elternteil sich besuchsweise aufhält. 97

Sind aus der Ehe **mehrere Kinder** hervorgegangen und hat jeder Elternteil die elterliche Sorge über ein Kind oder mehrere Kinder inne, so wird es sich bei der Regelung des Umgangs zumeist empfehlen, daß die Geschwister während der Umgangszeit zusammen sein können, also nicht etwa in der gleichen Zeit „ausgetauscht" werden, es sei denn, daß die Geschwister sich nicht miteinander vertragen.

In der Vereinbarung sollen die **Einzelheiten** der Umgangsregelung genau festgelegt werden, insbesondere, an welchen Tagen das Umgangsrecht stattfinden soll und zu welcher Uhrzeit die Abholung und die Rückgabe des Kindes erfolgt. Zwecklos ist eine Regelung dahingehend, das Umgangsrecht soll **großzügig gehandhabt werden,** da sie zu unbestimmt und daher geeignet ist, zu Schwierigkeiten und Streitigkeiten zu führen.

Unzulässig und somit **unwirksam** ist eine Vereinbarung, die eine Regelung durch das Familiengericht ausschließt oder in welcher der umgangsberechtigte Elternteil auf das Umgangsrecht **verzichtet,** da auf dieses Recht als solches nicht wirksam verzichtet werden kann. Allerdings besteht auch **keine Pflicht** zur Ausübung des Umgangsrechts. Als Verstoß gegen § 138 I BGB **unwirksam** ist eine Vereinbarung des Inhalts, daß der eine Elternteil auf die Ausübung des Umgangsrechts verzichtet und der andere ihn als Gegenleistung von Unterhaltsansprüchen des Kindes freistellt (*Göppinger*, Vereinbarungen, Rdnr. 626 ff. im Anschluß an *BGH* FamRZ 1984, 778). In der Vereinbarung zur Umgangsregelung können die Eltern nicht die **Androhung eines Zwangsgeldes** für den Fall der Zuwiderhandlung festlegen; eine solche Androhung kann nämlich nur das Gericht aussprechen. 98

Die Vereinbarung einer **Vertragsstrafe** (§ 339 BGB) ist hier unzulässig, da es sich nicht um ein schuldrechtliches Rechtsverhältnis handelt und die Regelungen 99 des § 33 FGG zwingendes Recht darstellen, das durch Vereinbarungen nicht ausgeschaltet werden kann. Die Vereinbarung über eine **Umgangsregelung** kann nur in der Weise **durchgesetzt werden,** daß ein Elternteil eine Entscheidung des Familiengerichts anregt und dieses ein Umgangsrecht anordnet, zugleich mit der Androhung von Zwangsgeld für den Fall der Zuwiderhandlung (§ 33 I 3 FGG), insbesondere gegen den sorgeberechtigten Elternteil, z. B. bezüglich der Anordnung, daß er das Kind an einem bestimmten Tag zu einem bestimmten Zeitpunkt abholbereit bereitzustellen hat.

100 Erweist sich die Vereinbarung über die Umgangsregelung als **undurchführbar** oder unwirksam und entsteht später zwischen den Eltern Streit über die Auslegung oder den Inhalt der Vereinbarung, so kann zur Entscheidung hierüber das Familiengericht angerufen werden, § 621 I 2 ZPO, § 1696 BGB. Das gleiche gilt, wenn ein Elternteil der Auffassung ist, daß sich die Verhältnisse, welche die Grundlage der Vereinbarung dargestellt haben, geändert haben.

3. Vorläufiger Rechtsschutz und Eilmaßnahmen

101 Bei Anhängigkeit einer Ehesache oder eines Prozeßkostenhilfeverfahrens für eine solche Sache zwischen den Kindeseltern ist die **einstweilige Anordnung** Umgangsrecht gemäß § 620 S. 1 Nr. 2 ZPO zulässig. Bei Anhängigkeit eines **isolierten** Umgangsregelungsverfahrens gemäß § 1634 BGB ist die sog. **vorläufige Anordnung Umgangsregelung** das richtige Mittel zur vorläufigen Umgangsregelung. Der Umgang eines Elternteils mit dem Kind kann aus einem bestimmten Einzelanlaß durch **Einzelanordnungen** (z. B. Ferienbesuch), in einzelnen Teilbereichen (z. B. Briefkontakte, Besuche) oder in vollem Umfang (z. B. durch Bestimmung sämtlicher Besuchsmodalitäten) im Wege der einstweiligen Anordnung geregelt werden. Es kommen auch Einzelanordnungen in Form von Geboten und Verboten in der Weise in Betracht, daß z. B. einem Elternteil verboten wird, das Kind in das Ausland zu verbringen oder einem Elternteil auferlegt wird, Briefe oder Telefongespräche des Kindes mit dem Umgangsberechtigten zu ermöglichen.

Ein **gänzlicher Ausschluß des Umgangsrechts** ist im einstweiligen Anordnungsverfahren nicht zulässig. Möglich ist nur eine **Aussetzung** des Umgangs, wenn durch eine Einschränkung des Umgangs und dessen sachgerechte Ausgestaltung eine Gefährdung des Kindeswohls nicht verhindert werden kann (*BGH* FamRZ 1980, 131 ff.; 1984, 1084; *Gießler,* Vorläufiger Rechtsschutz, Rdnrn. 1018 ff.).

4. Inhalt der Umgangsregelung

102 Die **Einzelheiten** des persönlichen Umgangs mit dem Kinde sollen zur Vermeidung von Streitigkeiten und im Hinblick auf die Vollstreckung mit **größtmöglicher Genauigkeit** geregelt werden; neben der Dauer, dem Zeitpunkt und dem Ort des Umgangsrechts sollen insbesondere die Modalitäten der Hinführung des Kindes bei Beginn und der Rückführung beim Ende des jeweiligen Umgangs, aber auch die Frage des Ersatzes für einen ausgefallenen Umgangstag und zu den diesbezüglichen beiderseitigen Benachrichtigungspflichten möglichst in allen relevanten Einzelheiten festgelegt werden.

Bezüglich der Häufigkeit und Zeitdauer des Umgangsrechts ist bei **Kleinkindern** zu beachten, daß diese der psychischen Belastung einer längeren Trennung von ihrer Hauptbezugsperson und ihrer gewohnten Umgebung oft nicht gewachsen sind. Bei ihnen sollte der Abstand zwischen den Besuchen in der Regel nicht länger als zwei Wochen betragen, während die einzelnen Besuche selbst mit vier Stunden ausreichend bemessen sind. Sobald das **Kind** dem Kleinkindalter entwachsen ist, sollte zusätzlich ein **Sommerferien-Umgangsrecht** von ein bis höchstens drei Wochen gestattet werden; durch diesen Ferienbesuch wird erfahrungsgemäß das Verhältnis des Kindes zum Umgangsberechtigten entkrampft und normalisiert. Das Gesetz sieht **keine aktive Verpflichtung des Sorgeberechtigten** vor, an der Verwirklichung des Umgangsrechts mitzuwirken; bei einem besonders sensiblen Kind kann es jedoch aus psychischen Gründen zum Wohl des Kindes erforderlich sein, daß angeordnet wird, daß der sorgeberechtigte Elternteil das Kind zum Umgangsberechtigten hinbringt und der umgangsberechtigte Elternteil das Kind bei Beendigung des Umgangs zum sorgeberechtigten Elternteil zurückbringt. Soweit aber das Wohl des Kindes nicht ausnahmsweise eine derartige Regelung erfordert, ist es grundsätzlich **Aufgabe des Umgangsberechtigten,** das Kind abzuholen und zurückzubringen.

Der **Ort des persönlichen Zusammenseins** ist normalerweise die Wohnung des besuchsberechtigten Elternteils, auch wenn dieser inzwischen mit einem anderen Partner zusammenlebt oder eine neue Familie gegründet hat. Der sorgeberechtigte Elternteil kann nicht verlangen, daß der umgangsberechtigte Elternteil in der Wohnung des Sorgeberechtigten bleibt und mehr oder weniger unter Aufsicht einige freundliche Worte mit dem Kind wechselt und dann wieder geht. Das Kind soll den umgangsberechtigten Elternteil bei sich zu Hause erleben dürfen, um so die verwandtschaftlichen Beziehungen mit allen ihren individuellen Einzelheiten möglichst unbefangen erleben zu können.

103

Das Bestimmungsrecht hinsichtlich der **Anwesenheit dritter Personen** während der Ausübung des Umgangsrechts liegt grundsätzlich beim umgangsberechtigten Elternteil; grundsätzlich soll das Kind beim Umgang mit dem umgangsberechtigten Elternteil auch dessen soziales Umfeld kennenlernen; eine andere Anordnung kann das Gericht dann treffen, wenn die Anwesenheit einer dritten Person zu einer unzumutbaren psychischen Belastung für das Kind wird. Die Anwesenheit dritter Personen darf das Familiengericht nur in seltenen Ausnahmefällen anordnen, nämlich dann, wenn und soweit das Kindeswohl dies erfordert, was z. B. bei Säuglingen nach längerer Entfremdung vom Umgangsberechtigten in Betracht kommt, insbesondere aber bei **Entführungsgefahr.** Die Aufsichtsperson hat die Rechtsstellung eines Pflegers mit dem sich aus dem Anordnungszweck ergebenden Aufgabenkreis, man spricht hier vom **Überwachungspfleger.** Das Familiengericht kann auch das Jugendamt mit der Aufsicht betrauen.

104

5. Einschränkung und Ausschluß der Umgangsbefugnis

Gemäß § 1634 I BGB kann das Familiengericht das elterliche Umgangsrecht zeitweise oder dauernd ausschließen, wenn dies zum Wohl des Kindes erforderlich ist. Als Gründe für eine Einschränkung oder einen Ausschluß kommen in Betracht:
– Verfehlungen des Umgangsberechtigten gegenüber einem Kind, wie gravierende Mißhandlungen, sexueller Mißbrauch oder kriminelle Beeinflussung;
– Ausschweifender Lebenswandel;
– Trunksucht, Drogenabhängigkeit;

105

- Ansteckende Krankheit des Umgangsberechtigten;
- Fortgesetzte negative Beeinflussung des Kindes gegen den Sorgeberechtigten oder dessen nahe Angehörige;
- Ausnutzung des Umgangs zur erzieherischen oder sonstigen Beeinflussung des Kindes mit dem Ziel, das Sorgerecht übertragen zu bekommen;
- Fortgesetzter Mißbrauch der umgangsbedingten Begegnungen zu Beschimpfungen und Auseinandersetzungen mit dem sorgeberechtigten Elternteil vor dem Kind.

Dem **Willen des Kindes** kommt bei der Einschränkung oder beim Ausschluß des Umgangsrechts eine besonders wichtige Bedeutung zu.

6. Zwangsgeldandrohung

106 Das Familiengericht kann die von ihm angeordnete Umgangsregelung nach § 33 FGG zwangsweise durchsetzen mittels Verhängung von Zwangsgeld oder Anordnung unmittelbaren Zwanges (keine Verhängung von Haft oder Ersatzhaft!). Das Zwangsgeldfestsetzungsverfahren setzt eine **vollzugsfähige gerichtliche Verfügung** voraus, die eine alle Zweifel ausschließende Bestimmtheit haben muß. Diese muß genaue und erschöpfende Angaben über Art, Zeit und Ort des Umgangs enthalten. Zwangsgeld darf nur dann verhängt werden, wenn es zuvor **angedroht** worden war und der Elternteil gegen ein eindeutiges Verbot oder Gebot verstoßen hat. Ferner setzt die Verhängung des Zwangsgeldes **Verschulden** voraus. Das einzelne Zwangsgeld darf den Betrag von 1000 DM nicht übersteigen. Zulässig ist es, in dem Umgangsregelungsbeschluß zugleich die Androhung von Zwangsgeld oder von unmittelbarem Zwang nach § 33 FGG aufzunehmen. Das Zwangsgeld nach § 33 FGG stellt keine Sühne oder Buße für begangene Pflichtwidrigkeiten, sondern ausschließlich ein **Beugemittel** dar. Da das Zwangsgeld ein Beugemittel darstellt, kann es nicht mehr verhängt oder vollstreckt werden, wenn die Anordnung befolgt ist; wohl aber, falls weitere Zuwiderhandlungen gegen die zur Regelung des Umgangs getroffenen gerichtlichen Anordnungen zu befürchten sind.

7. Auskunftsrecht

107 Gemäß § 1634 III BGB kann ein Elternteil, dem das Personensorgerecht nicht zusteht, vom Sorgeberechtigten Auskunft über die persönlichen Verhältnisse des Kindes verlangen. Über Streitigkeiten, die das Auskunftsrecht betreffen, entscheidet das **Vormundschaftsgericht**. Der nichtsorgeberechtigte Elternteil kann die Auskunftserteilung nur vom Personensorgeberechtigten beanspruchen. Er kann nicht die Zustimmung verlangen, daß er selbst Auskünfte von den das Kind behandelnden Ärzte, von der Schule oder vom Lehrherrn einholen kann. Allgemein anerkannt ist das Recht auf Übersendung von **Zeugnisabschriften** und – in größeren Zeitabständen von etwa einem halben Jahr – von **Fotographien** des Kindes.

8. Kosten der Ausübung des Umgangsrechts

108 Die Kosten des Umgangs sind allein vom **Umgangsberechtigten** zu tragen und berechtigen ihn in der Regel auch nicht, die Aufwendungen bei der Berechnung des Unterhaltsanspruchs des geschiedenen Ehegatten zu berücksichtigen, weil es sich insoweit um allgemeine Lebenshaltungskosten handelt. Bleibt das

Kind allerdings längere Zeit außerhalb des Besuchsrechts beim nichtsorgeberechtigten Elternteil, kommt eine entsprechende Kürzung des Kindesunterhalts in Betracht, wobei dem sorgeberechtigten Elternteil auch dann zur Tragung der fixen Kosten mindestens ⅓ des Kindesunterhalts zusteht (vgl. *OLG Karlsruhe* FamRZ 1979, 327).

9. Prozeßrechtliche Besonderheiten

Zuständig für die Regelung des elterlichen Umgangsrechts ist das Familiengericht, § 1634 II BGB, 23 b I Nr. 3 GVG; §§ 621 I 2, 621 a I ZPO; § 64 FGG; die **örtliche Zuständigkeit** richtet sich nach § 621 II ZPO i. V. m. §§ 43 I, 36 I FGG, wonach außerhalb des Verbundverfahrens entscheidend der **Wohnsitz des Kindes** ist. **Zuständigkeitsvereinbarungen** sind im Bereich dieser Verfahren ausgeschlossen. Die Verhandlung über das Umgangsrecht ist **nichtöffentlich**, § 170 GVG. Die Entscheidung des Familiengerichts ergeht nur auf **Antrag** eines Ehegatten. Eine einmal getroffene Umgangsregelung kann nur unter den Voraussetzungen des § 1696 BGB **geändert werden**. 109

VI. Herausgabe des Kindes an den anderen Elternteil

1. Vorbereitende Maßnahmen

Es gelten die Ausführungen zu den vorbereitenden Maßnahmen zur Regelung der elterlichen Sorge und zum Umgangsrecht (s. Rdnr. 64). Insbesondere müssen rechtzeitig die äußeren Voraussetzungen für die Aufnahme, Betreuung und Versorgung des Kindes geschaffen werden (eingerichtetes Kinderzimmer, Bett, Spielzeug etc.). 110

2. Vorläufiger Rechtsschutz und Eilmaßnahmen

Der sorgeberechtigte Elternteil kann die Herausgabe des Kindes von jedem, also auch vom anderen Elternteil, verlangen, der es ihm widerrechtlich vorenthält, § 1632 I BGB. **Herausgabeberechtigt** ist derjenige Elternteil, der aufgrund einer wirksamen, im Hauptsache- oder im einstweiligen Anordnungsverfahren ergangenen Sorgerechtsentscheidung das Sorgerecht oder zumindest das Aufenthaltsbestimmungsrecht hat. Bei **Anhängigkeit einer Ehesache** oder eines darauf gerichteten Prozeßkostenhilfeverfahrens kann vorläufiger Rechtsschutz durch den Antrag auf Erlaß einer **einstweiligen Anordnung Kindesherausgabe** gemäß § 620 S. 1 Nr. 3 ZPO erreicht werden; **ohne Anhängigkeit** einer Ehesache kann vorläufiger Rechtsschutz dadurch erreicht werden, daß ein isoliertes familiengerichtliches Herausgabeverfahren eingeleitet wird gemäß § 23 b I 4 GVG, § 621 I 3 ZPO mit dem Ziel, daß eine **vorläufige Anordnung** Kindesherausgabe beantragt wird. Gegen die aufgrund mündlicher Verhandlung ergangene einstweilige Anordnung Kindesherausgabe ist die **sofortige Beschwerde** gemäß § 620 c S. 1 ZPO gegeben. Diese wird nicht dadurch unzulässig, daß das Kind (zur Abwendung einer Zwangsvollstreckung) zwischenzeitlich herausgegeben oder daß die Herausgabeanordnung vollstreckt worden ist, weil es alsdann um die Rückgabe des Kindes geht (*Gießler,* Vorläufiger Rechtsschutz, Rdnrn. 1034 f.). 111

3. Vollstreckung

112 Die Anordnung des Familiengerichts zur Herausgabe des Kindes kann nach § 33 FGG vollzogen werden. Möglich ist also die Erzwingung der Herausgabe durch **Zwangsgeld** oder **Gewalt,** die gemäß § 33 II FGG jedoch eine besondere Verfügung des Gerichtes voraussetzt. Die Verhängung einer Ordnungsstrafe setzt Verschulden voraus; der vom Kind gegen die Herausgabe gerichtete Widerstand kann nicht im Wege der Zwangsvollstreckung gebrochen werden.

VII. Versorgungsausgleich

1. Vorbereitende Maßnahmen

113 Der Mandant ist über den **Grundgedanken** des Versorgungsausgleichs (s. Rdnr. 119) sowie über den **Endstichtag** (Zustellung des Scheidungsantrages) aufzuklären; verdient nämlich ein Partner sehr gut und der andere nichts, ist in Erwägung zu ziehen, ob im Hinblick auf den Versorgungsausgleich mit der Einreichung des Scheidungsantrages noch zugewartet werden soll. Zur Vorbereitung einer **Vereinbarung zum Versorgungsausgleich,** aber auch, um den Mandanten bezüglich des weiteren Verlaufs des Versorgungsausgleichsverfahrens besser beraten zu können, sollte von den Versicherungsträgern Auskunft über den bisherigen Versicherungsverlauf und über die Höhe für die bisherige Ehezeit zu berechnende Anwartschaft auf Altersruhegeld eingeholt werden (Vollmacht beifügen!). Liegt ein solcher Versicherungsverlauf bereits vor, kann dadurch die Dauer des Scheidungsverfahrens erheblich abgekürzt werden.

114 Sobald vom Gericht nach Zustellung des Scheidungsantrages die Versorgungsausgleichsunterlagen dem Anwalt oder Mandanten zugegangen sind, empfiehlt es sich, folgendes **Anschreiben** zu übersenden:

In Ihrer Angelegenheit wegen Ehescheidung wurden mir zwischenzeitlich die Formulare zum Versorgungsausgleich zugesandt, die von uns innerhalb von drei Wochen ausgefüllt und unterzeichnet wieder an das Gericht zurückzuleiten sind.
Zur Bearbeitung der Versorgungsausgleichsformulare benötige ich folgende Unterlagen bzw. Angaben:
1) Rentenmäßiger Lebenslauf, in dem sämtliche Arbeitgeber, bei denen Sie nach Ihrer Schulzeit gearbeitet haben, mit genauen Anschriften und den genauen Zeiten, in denen Sie dort gearbeitet haben, enthalten sind.
2) Abschlußzeugnis der Schule, sofern Sie nach dem 16. Lebensjahr noch die Schule besucht haben.
3) Angabe der Zeiten der Arbeitslosigkeit unter Mitteilung, ob Sie in diesen Zeiten Arbeitslosengeld bezogen haben; ggf. Vorlage der Arbeitslosengeldbewilligungsbescheide.
4) Mitteilung, ob zu Ihren Gunsten bei einem früheren bzw. beim derzeitigen Arbeitgeber eine Betriebsrente besteht. Falls ja, ersuche ich um Bekanntgabe der Personalnummer.
5) Ich benötige sämtliche Versicherungskarten bzw. -nachweise.
6) Mitteilung, wo Sie geboren sind.
7) Haben Sie eine Lebensversicherung abgeschlossen, deren Auszahlung in Form einer Rente erfolgt, also bei der kein Wahlrecht zwischen Kapitalzahlung und Rentenzahlung besteht? Falls ja, ersuche ich um Angabe der Versicherung sowie der Versicherungsnummer.

Frau:

8) Angaben darüber, ob und wann Sie in Mutterschutz waren. Hier ersuche ich ggf. um Übersendung einer Bescheinigung.
9) Haben Sie sich bei ihrer Heirat Rentenversicherungsbeiträge auszahlen lassen?

Mann:

8) Angaben darüber, wann Sie ggf. Wehrdienst geleistet haben. Hier ersuche ich um Übersendung des Wehrpasses oder einer Wehrdienstbescheinigung.

In der Anlage übergebe ich eine Entgeltsbescheinigung, die von Ihrem derzeitigen Arbeitgeber auszufüllen und zu unterzeichnen und sodann so bald als möglich an mich zurückzuleiten ist.

Nach Eingang der vom Mandanten angeforderten Unterlagen und Auskünfte sollten für den Mandanten die vom Gericht übersandten Fragebögen ausgefüllt und diesem dann zur Prüfung der Vollständigkeit und Richtigkeit und Unterschrift zugeleitet werden. Die gute Scheidungskanzlei zeichnet sich nicht zuletzt dadurch aus, daß sie den Mandanten mit den **unübersichtlichen Fragebögen** zum Versorgungsausgleich nicht alleine läßt. Der **Anwalt,** der von Anfang an dafür Sorge trägt, daß rechtzeitig alle für den Versicherungsträger zur Auskunftserteilung notwendigen Unterlagen beigebracht werden, erspart sich überflüssige Schreibarbeiten und unzufriedene Mandanten. Denn häufig dauert ein Scheidungsverfahren nur deswegen so lange, weil die Versicherungsträger nicht von Anfang an mit den erforderlichen Unterlagen bedient werden, mit der Folge, daß häufige Rückfragen notwendig sind. Sobald die ausgefüllten **Fragebögen des Gegners** und die Auskünfte der Versorgungsträger vorliegen, sind diese an den Mandanten weiterzuleiten mit dem ausdrücklichen Hinweis, daß diese auf **Vollständigkeit und Richtigkeit** genau geprüft werden müssen. Es kommt immer wieder vor, daß vor allem Betriebsrenten oder Lebensversicherungen auf Rentenbasis von einer Partei nicht angegeben werden. 115

2. Vereinbarungsmöglichkeiten

Im Regelfall besteht kein Anlaß, statt des Renten- oder Quasi-Splitting die Begründung von Anwartschaften zugunsten des Berechtigten durch Beitragszahlung zu vereinbaren. Bezieht der Ausgleichspflichtige jedoch **bereits Altersruhegeld,** so ist die Wiederauffüllung seines Rentenkontos ausgeschlossen und die Ersetzung des Splitting durch die Entrichtung von Beiträgen sinnvoll, wenn beim Berechtigten noch kein Versicherungsfall eingetreten und auch nicht zu erwarten und die möglichst baldige Zahlung des Verpflichteten gesichert ist. Haben beide Ehegatten Anwartschaften auf eine künftige Versorgung erlangt, die ungefähr gleichwertig sind, so können sie beiderseits auf einen **Versorgungsausgleich verzichten.** Bei Gleichwertigkeit kann ein Ehegatte auf Versorgungs-, der andere auf Zugewinnausgleich verzichten. Ebenso kann ein gewisser Ausgleichsbetrag vereinbart werden. Eine Vereinbarung der Ehegatten ist oft sehr sinnvoll, wenn **tatsächliche oder rechtliche Zweifel** über Bestand, Umfang oder Bewertung einer Anwartschaft nicht vollständig zu beheben sind, z. B. ausländische gesetzliche Anwartschaften, vor allem aus kurzen Ehezeiten. 116

Nach **§ 1408 II BGB** können die Ehegatten in einem **Ehevertrag** durch eine ausdrückliche Vereinbarung den Versorgungsausgleich ausschließen. Der Ausschluß ist unwirksam, wenn innerhalb eines Jahres nach Vertragsschluß Antrag auf Scheidung der Ehe gestellt wird. Diese Sperrfrist dient zunächst im Verhältnis der Ehegatten zueinander dem Schutz desjenigen, der sich ahnungslos auf den Ausschluß des Versorgungsausgleichs zugunsten seines insgeheim scheidungswilligen Partners einläßt. Sie soll den Mißbrauch der eingeräumten Dispositionsfreiheit mit Rücksicht auf eine nahe Scheidung verhindern. 117

Ein Jahr vor dem Scheidungsantrag beginnt der Bereich der Scheidungsver- 118

B X   Die familienrechtlichen Verfahren

einbarung nach § 1587o BGB, die über die richterliche **Genehmigungspflicht** der Inhaltskontrolle des Familiengerichts unterliegt. (Bezüglich der Einzelheiten wird verwiesen auf *Langenfeld*, Handbuch S. 131 ff. sowie auf *Göppinger*, Vereinbarungen S. 204 ff.)

3. Grundgedanke

119   Der Grundgedanke des Versorgungsausgleichs ist es, demjenigen Ehegatten, der während der Ehe die geringeren Aussichten und Anwartschaften auf eine zukünftige Versorgung erworben hat, bei Scheidung der Ehe den Anspruch auf die Hälfte der von beiden Ehepartnern während der Ehe erworbenen Versorgungsanwartschaften zu geben. Der wirtschaftlich schwächere Partner soll zur Absicherung seiner sozialen Situation eine eigenständige und ausbaufähige Absicherung für die Fälle des Alters, der Berufs- und der Erwerbsunfähigkeit erhalten. Die Arbeitsleistungen von Mann und Frau in der Ehe (Erwerbstätigkeit oder Haushaltsführung) sind gleichwertige Beiträge zum Familienunterhalt. Deshalb ist es auch gerechtfertigt, die in der Ehezeit erworbenen Versorgungswerte als Ergebnis einer partnerschaftlichen Versorgungsgemeinschaft beider Ehegatten anzusehen und im Falle der Scheidung gleichmäßig zwischen den Ehegatten aufzuteilen (*BVerfG* FamRZ 1986, 543, 547). **Ausgleichspflichtig** sind gemäß § 1587a BGB vor allem Renten aus der gesetzlichen Rentenversicherung, Beamtenpensionen, Ansprüche aus betrieblichen Altersversorgungen, anderer Versorgungsrenten, z. B. berufsständische Versorgungseinrichtungen und Ansprüche aus privaten Lebensversicherungen auf Rentenbasis. **Nicht auszugleichen** sind Anwartschaften oder Aussichten, die weder mit Hilfe des Vermögens noch durch Arbeit der Ehegatten begründet oder aufrechterhalten worden sind. Dies gilt insbesondere für Unfallrenten, Kriegsopferrenten und Schadensersatzansprüche. Diese Ansprüche verbleiben im Falle der Scheidung dem berechtigten Ehegatten alleine.

4. Ehezeitberechnung

120   Auszugleichen sind nur solche Anwartschaften, die von den Ehepartnern „in der Ehezeit" begründet oder aufrechterhalten worden sind. Als Ehezeit gilt gemäß § 1587 II BGB die Zeit vom Beginn des Monats, in dem die Ehe geschlossen worden ist, bis zum Ende des Monats, der dem Eintritt der Rechtshängigkeit des Scheidungsantrages vorausgeht. Haben die Ehegatten z. B. am 15. 2. 1983 die Ehe geschlossen und wird der Scheidungsantrag am 30. 8. 1993 zugestellt, so gilt als Ehezeit die Zeit vom 1. 2. 1983–31. 7. 1993.

5. Auskunftsverpflichtung

121   Das Gericht kann Auskünfte nach Maßgabe des § 11 II VAHRG einholen. Diese Vorschrift begründet eine Auskunftspflicht auch der Ehegatten gegenüber dem Gericht. Anders als Auskunftsrechte der Ehegatten gegeneinander wird ein Auskunftsverlangen nach § 11 II VAHRG nach § 33 FGG vollstreckt, soweit dies mit Zwangsmitteln durchgesetzt werden kann. Die §§ 1587e I, 1587k I i. V. m. § 1580 BGB gewähren den Ehegatten **gegeneinander Auskunftsrechte**. Zusätzliche Auskunftsrechte sind durch § 3a VIII und § 10a XI VAHRG begründet worden. Das Verfahren auf Auskunft wird durch **Antrag** eingeleitet.

Eine als Klage bezeichnete Verfahrensinitiative kann umgedeutet werden. Die **Entscheidung über das Auskunftsverlangen** ist Endentscheidung und unterliegt deshalb der Beschwerde und weiteren Beschwerde des § 621 e ZPO. Die Durchführung der **Vollstreckung** obliegt dem Gläubiger, findet also nicht von Amts wegen statt. Die **Art der Vollstreckung** richtet sich nach dem Inhalt des Titels. Die Entscheidung über den Auskunftsanspruch wird nach § 888 ZPO vollstreckt. Die Vollstreckung eines Zwangsgeldes nach § 888 I ZPO obliegt dem Gläubiger. Eine Entscheidung auf Abgabe einer eidesstattlichen Versicherung entsprechend § 254 ZPO wird nach § 889 ZPO vollstreckt. Wenn ein Scheidungsverfahren nicht anhängig ist, kann der Auskunftsanspruch nach § 1587 e I BGB nur **isoliert** verfolgt werden. Bei Anhängigkeit eines Scheidungsverfahrens kommt eine Rechtsverfolgung als **Nebenverfahren im Verbund** oder außerhalb des Verbundes in Betracht.

Unterläßt es der Rechtsanwalt, den Mandanten dahingehend zu beraten, daß 122 er den vom Gericht zur Kenntnisnahme übermittelten Fragebogen des Gegners auf Richtigkeit und Vollständigkeit hin überprüft und entdeckte Fehler oder Lücken dem Gericht mitteilt, besteht ein **Haftungsrisiko**.

6. Härteklausel

Liegen die Auskünfte der Versorgungsträger vor und ist an ihnen nichts zu 123 beanstanden (Prüfungsschema für den Anwalt s. *Günther/Hein*, S. 120f.) hat der Anwalt in jedem Fall zu prüfen, ob ein Sachverhalt nach § 1587 c BGB vorgetragen und bewiesen werden kann, ob also die Voraussetzungen für einen Antrag auf Herabsetzung oder Ausschluß des Versorgungsausgleichs vorliegen (s. hierzu *Johannsen/Henrich/Hahne*, Kommentierung zu § 1587 c BGB).

7. Abänderung von Versorgungsausgleichsentscheidungen

§ 10a VAHRG läßt die nachträgliche Änderung von Entscheidungen im Rah- 124 men des Versorgungsausgleichs zu. Die Abänderbarkeit solcher Entscheidungen ist nicht nur aufgrund geänderter Umstände möglich, sondern auch aufgrund einer geänderten Sicht der bei der Erstentscheidung maßgebenden Umstände. Die in § 10a VAHRG ermöglichte weitgehende Durchbrechung der Rechtskraft ist vergleichbaren Rechtsinstituten wie der Abänderung nach § 323 ZPO und der Wiederaufnahmeklage nach § 580 ZPO fremd. Die Vorschrift schreibt eine **Totalrevision** der Erstentscheidung vor, in die alle dem Versorgungsausgleich unterliegenden Versorgungsanrechte einzubeziehen sind, auch solche, bei denen keine Veränderungen oder Fehlberechnungen vorliegen. Eine Abänderung findet jedoch nur statt, wenn die Abweichung von der früheren Entscheidung die in § 10a II aufgestellte **Wesentlichkeitsgrenze** von 10% übersteigt. In allen anderen Fällen bleibt die Bestandskraft erhalten (im einzelnen hierzu s. *Johannsen/Henrich/Hahne*, Kommentierung zu § 10a VAHRG, S. 704ff.).

VIII. Kindesunterhalt

1. Vorbereitende Maßnahmen

Jeder Anwalt sollte die jeweils **aktuelle Düsseldorfer Tabelle** (unten 125 Rdnr. 350) sowie die in seinem Bezirk geltenden Richt-/Leitlinien des zuständigen Oberlandesgerichts kennen und mit ihnen arbeiten können. Da aber nur derjenige, der die exakten Zahlen zum unterhaltsrechtlich **relevanten Einkommen** kennt, richtig mit den Tabellen und Leitlinien arbeiten kann, muß als vorbereitende Maßnahme das anrechenbare Einkommen des eigenen Mandanten und das des Gegners ermittelt werden. Es gelten hierzu die Ausführungen zum Getrenntlebens- und nachehelichen Ehegattenunterhalt (Rdnrn. 175–182). Neben den Mitteln, die der eigenen Partei oder dem Gegner tatsächlich zur Verfügung stehen, ist zu ermitteln, ob evtl. **fiktive Einkünfte** (insbesondere bei eheähnlichem Zusammenleben mit einem Dritten) anzurechnen sind; als Einkünfte beim Kindesunterhalt kommen insbesondere die **Ausbildungsvergütungen** in Betracht. Es ist auch festzustellen, ob das Kind einen eigenen Haushalt unterhält und ob der sorgeberechtigte Elternteil in sehr guten wirtschaftlichen Verhältnissen lebt. Schließlich sind die **öffentlichen Leistungen,** z. B. Kindergeld, Ausbildungsförderung, Sozialhilfe, Wohngeld, nach Empfänger, Monatsbetrag sowie etwaiger Überleitung genau festzustellen.

126   Ein Elternteil, der von einem volljährigen gemeinschaftlichen Kind auf Unterhalt in Anspruch genommen wird, kann zur Berechnung seines Haftungsanteils von dem **anderen Elternteil Auskunft** über dessen Einkünfte verlangen (so *BGH* FamRZ 1988, 268 ff. m. w. Nachw.).

2. Vereinbarungsmöglichkeiten

127   Vereinbarungsschranke ist § 1614 BGB, wonach **für die Zukunft** auf den gesetzlichen Unterhalt nicht verzichtet werden kann. Die Unterhaltsvereinbarung kann also lediglich den gesetzlich geschuldeten Unterhalt konkretisieren oder erhöhen, bei **Unterschreitung des gesetzlichen Unterhalts** ist sie nichtig. Auszugehen ist damit von den unterhaltsrechtlichen Leitlinien der Oberlandesgerichte, wie z. B. der Düsseldorfer Tabelle. Hinsichtlich der Anpassung kann vereinbart werden, daß sich die Unterhaltsrente zu dem Vomhundertsatz und zu den Zeitpunkten erhöht oder ermäßigt, wie das für den Unterhalt von Minderjährigen in § 1612a BGB i. V. m. den Anpassungsverordnungen der Bundesregierung vorgesehen ist. Eine derartige Klausel bedarf, da Unterhaltsschulden als Geldwertschulden nicht unter § 3 WährungsG fallen, nicht der Genehmigung der Landeszentralbank. Ein **Regelungsschwerpunkt** der Vereinbarung kann auf der Konkretisierung des Studienziels, der Höchststudiendauer und der Verpflichtung zur Vorlage von Leistungsnachweisen liegen. Auch die noch nicht geklärte Frage, ob eine Promotion zur Berufsausbildung gehört, kann im Wege der Vereinbarung geregelt werden (vgl. Unterhaltsrecht – *Langenfeld,* S. 15.25).

128   Ein **vollstreckbarer Unterhaltstitel** für das Kind, der nach § 630 ZPO Voraussetzung der einverständlichen Scheidung ist, kann nach der Ausnahmeregelung des § 1629 II, III durch unmittelbar für das Kind wirksame Vereinbarung der Ehegatten nur im gerichtlichen Verfahren hergestellt werden. Im Rahmen notarieller Vereinbarungen ist dies nur bei Mitwirkung eines Pflegers möglich, §§ 1629 II, 1795 Nr. 1 BGB. Beim **volljährigen Kind** scheidet § 1629 BGB aus. Das Kind kann an der außergerichtlichen Vereinbarung beteiligt werden.

129   Bei **mehreren** unterhaltsberechtigten **Kindern** sind die Beträge für jedes Kind einzeln anzugeben und vollstreckbar zu machen, damit einer späteren separaten Abänderung und Vollstreckung nichts im Wege steht. Die **Bemessungsfaktoren** und rechnerischen Grundlagen sollen in der Vereinbarung möglichst genau festgehalten werden.

3. Vorläufiger Rechtsschutz und Eilmaßnahmen

Zur Durchsetzung der Unterhaltsansprüche ehelicher Kinder im Wege des 130 vorläufigen Rechtsschutzes stehen folgende Mittel zur Verfügung:
— Wenn zwischen den Eltern eine Ehesache oder ein Prozeßkostenhilfeverfahren für eine solche anhängig ist: Antrag auf Erlaß einer **einstweiligen Anordnung** Kindesunterhalt gemäß § 620 I 4 ZPO.
— Wenn zwischen den Eltern weder eine Ehesache noch ein Prozeßkostenhilfeverfahren für eine solche anhängig ist: Antrag auf Erlaß einer **einstweiligen Verfügung** in Form der Leistungsverfügung gemäß § 940 ZPO.
— Für **volljährige Kinder:** Antrag auf Erlaß einer einstweiligen Verfügung in der Form der Leistungsverfügung gemäß § 940 ZPO.
— Zur **Sicherung** des Anspruchs auf Geldunterhalt: **Der Arrest**
(Die Besonderheiten dieser Verfahren sind übersichtlich zusammengestellt bei *Gießler,* Vorläufiger Rechtsschutz, S. 183ff.). Besonders hingewiesen sei auf die **Vollziehungsfrist** des § 929 II ZPO!

4. Minderjährige Kinder

Die **Anspruchsvoraussetzungen** für den Kindesunterhalt ergeben sich aus den 131 Vorschriften der §§ 1601 ff., wobei § 1601 das Anspruchsgrundverhältnis beschreibt, § 1602 BGB die Bedürftigkeit des Kindes und § 1603 BGB die Leistungsfähigkeit der Eltern als Anspruchsvoraussetzung nennt. Die Höhe des angemessenen Unterhalts ergibt sich aus § 1610 und die Art der Unterhaltsgewährung ist in § 1612 BGB geregelt.

§ 1606 III 2 BGB gestattet der Mutter, ihre Unterhaltspflicht gegenüber einem 132 minderjährigen unverheirateten Kind in der Regel durch dessen Pflege und Erziehung zu erfüllen. Die Zahlungspflicht liegt daher normalerweise allein beim Vater. In verfassungskonformer Auslegung der Vorschrift ist sie auch auf den die Kinder betreuenden Mann anzuwenden. Aus § 1606 III 2 BGB ergibt sich die **Gleichwertigkeit des Naturalunterhalts** mit dem Barunterhalt. Dies hat zur Folge, daß keine Barunterhaltspflicht des betreuenden Elternteils bei Leistungsfähigkeit des anderen Elternteils besteht. Dies gilt auch dann, wenn der sorgeberechtigte Elternteil sich wegen eigener Erwerbstätigkeit bei der Betreuung des Kindes zeitweilig der Hilfe Dritter bedient. Betreuungsleistungen Dritter sind dem Sorgeberechtigten zuzurechnen (*BGH* FamRZ 1981, 543).

Ein **Elternteil** der ein eheliches Kind allein unterhalten hat, kann von dem ebenfalls unterhaltspflichtigen anderen Elternteil **Ausgleich für die Vergangenheit** außer ab Verzug oder Rechtshängigkeit auch von dem Zeitpunkt ab verlangen, zu dem er als gesetzlicher Vertreter des Kindes gegen den anderen Klage auf Kindesunterhalt erhoben hat (so *BGH* FamRZ 1989, 850ff.); sog. **familienrechtlicher Ausgleichsanspruch.**

a) Bedürftigkeit des Kindes. Die Bedürftigkeit ist **zwingende Voraussetz-** 133 **ung** eines jeden Unterhaltsanspruchs. Nur wer außerstande ist, sich selbst zu unterhalten, ist anspruchsberechtigt. Die minderjährigen Kinder sind in der Regel aufgrund ihres Lebensalters, ihrer körperlichen Konstitution und ihres Ausbildungsstandes nicht in der Lage, eigenes Arbeitseinkommen zu erzielen. Die einzige wesentliche Ausnahme zu diesem Grundsatz ist die Erzielung der Ausbildungsvergütung durch den Lehrling. Soweit Einkünfte aus **Vermögen** vorhanden sind, müssen diese eingesetzt werden. Den unterhaltsberechtigten

Minderjährigen trifft eine Erwerbsobliegenheit nicht, wenn er sich noch in einer angemessenen Ausbildung befindet. Eine **Ausbildungsvergütung** ist auf den Unterhaltsanspruch in voller Höhe bedarfsmindernd anzurechnen, nachdem zuvor berufsbedingte Aufwendungen und notwendiger Mehrbedarf abgezogen worden sind. Das Einkommen des Kindes muß beiden Eltern im Verhältnis ihrer Haftungsanteile zugute kommen. Leistet also z. B. der Vater Barunterhalt und die Mutter Naturalunterhalt, so entlastet nach der Regel des § 1606 III 2 BGB das bereinigte Kindeseinkommen die Eltern zu gleichen Teilen und ist damit nur zur Hälfte auf den Barunterhaltsanspruch anzurechnen (so *Günther/ Hein*, S. 264f. im Anschluß an *BGH* FamRZ 1988, 159ff.; die Rechtsprechung zu allen in diesem Zusammenhang auftretenden Problemen ist übersichtlich dargestellt bei Unterhaltsrecht – *Deisenhofer*, S. 12.9ff.).

134 **b) Leistungsfähigkeit und Selbstbehalt.** Minderjährigen unverheirateten Kindern gegenüber können sich die Eltern nicht darauf berufen, daß sie ohne Gefährdung des eigenen angemessenen Unterhalts nicht leistungsfähig sind. Vielmehr sind alle verfügbaren Mittel zum Eltern- und Kindesunterhalt gleichmäßig, d. h. in gleicher Weise nach der Dringlichkeit der jeweiligen Bedürfnisse zu verwenden, § 1603 II BGB. Die Familie ist also eine Solidargemeinschaft auch in der Not. Andererseits beläßt die Praxis dem unterhaltspflichtigen Elternteil auch gegenüber minderjährigen Kindern von seinem Einkommen stets einen sog. **Mindestselbstbehalt**, um zu vermeiden, daß er selbst sozialhilfebedürftig wird. Grundsätzlich müssen aber Eltern mit ihren minderjährigen unverheirateten Kindern alles teilen. Diejenigen Mittel, die auch in **einfachsten Lebensverhältnissen einer Person** für den eigenen Lebensunterhalt verbleiben müssen, werden aber als nicht verfügbar i. S. d. § 1603 II BGB angesehen. Diese **Opfergrenze** wird als notwendiger oder kleiner Selbstbehalt bezeichnet und kann aus den in der Praxis verwendeten Unterhaltstabellen und -leitlinien abgelesen werden.

135 Die Leistungsfähigkeit wird von **sämtlichen Mitteln,** die der Verpflichtete zur Verfügung hat und/oder beschaffen könnte, sowie von den **Abzugsposten,** um die die Einkünfte zu bereinigen sind, geprägt. Die Eltern haben eine erhöhte Pflicht zur Erwerbstätigkeit unter gesteigerter Ausnutzung ihrer Arbeitskraft gegenüber minderjährigen unverheirateten Kindern. (Bezüglich der Ermittlung des anrechenbaren Einkommens der Eltern, besonders des barunterhaltspflichtigen Elternteils, wird auf die Ausführungen in Unterhaltsrecht – *Heiß/Heiß*, S. 3.1ff. verwiesen. Sowohl das anrechenbare Einkommen wie auch die Abzugsposten sind dort in alphabetischer Reihenfolge umfassend dargestellt.)

Da minderjährige Kinder ihren notwendigen Lebensunterhalt nicht durch eigene Anstrengung decken können, muß bei der gebotenen Abwägung, ob **Kreditverbindlichkeiten** einkommensmindernd berücksichtigt werden können, in besonderem Maße das Angewiesensein der minderjährigen Kinder auf die Unterhaltsleistungen der Eltern berücksichtigt werden (vgl. *BGH* FamRZ 1990, 266ff.; FamRZ 1986, 254/257; FamRZ 1984, 657/659). Dennoch kann es aber Fälle geben, in denen es dem unterhaltsverpflichteten Elternteil nach den Grundsätzen von Treu und Glauben nicht versagt werden kann, seine anderweitigen Verbindlichkeiten auch minderjährigen Kindern gegenüber zur Geltung zu bringen (§ 1603 I u. II BGB). Dies kann insbesondere dann der Fall sein, wenn die Kreditbelastung mehrere Jahre lang die Verhältnisse der Parteien während der intakten Ehe geprägt hat und die von dem Kredit getätigten Anschaffungen der **gesamten Familie** zugute gekommen sind und bei Nichtberücksichtigung der Kreditbelastung die Verschuldung des Unterhaltspflichtigen unausweichlich zunimmt (so *BGH* FamRZ 1990, 266/268).

c) Maß und Art des Unterhalts. Nach § 1610 BGB bemißt sich das Maß des 136 zu gewährenden Unterhalts nach der Lebensstellung des Berechtigten. Die Lebensstellung eines unterhaltsberechtigten Kindes wird von den Eltern geprägt und kann je nach deren Einkommens- und Vermögensverhältnissen unterschiedlich hoch sein. Zum Unterhalt gehört der gesamte Lebensbedarf, auch die Kosten der Erziehung und die Kosten der Berufsausbildung. Die Pflicht zur Ausbildungsfinanzierung besteht über das Erreichen des Volljährigkeitsalters hinaus, wenn der berufsqualifizierende Abschluß nach Art der Ausbildung (z. B. Studium) oder nach Art der Umstände (z. B. Krankheit, Verzögerung in der Reifeentwicklung) erst später erreicht wird. Die Gerichtspraxis wird vom **Tabellenunterhalt** beherrscht. Unterhaltstabellen sind inzwischen durch Rechtsprechung und Erläuterungswerke derart verfeinert, daß deren Anwendung in hohem Maße geeignet ist, Rechtsgleichheit und Rechtseinheit zu fördern und die Höhe von Unterhaltsansprüchen berechenbar zu machen. Für die Berechnung des Kindesunterhalts wird ganz überwiegend die **Düsseldorfer Tabelle** (vgl. Rdnr. 350) angewandt. In den Unterhaltssätzen der Düsseldorfer Tabelle sind bei minderjährigen Kindern, die mit wenigstens einem Elternteil noch in familiärer Gemeinschaft leben, die Kosten für Nahrung, Wohnung, Ferien, Pflege musischer und sportlicher Interessen sowie Taschengeld enthalten. Solange sich Unterhaltsforderungen an diese Tabellensätze halten, ist der Bedarf im Rechtsstreit nicht näher zu konkretisieren.

Beispiel: Vater A ist nur gegenüber der 17-jährigen Tochter Stefanie unterhaltspflichtig. Er erzielt ein unterhaltsrechtlich relevantes Einkommen von DM 4200,–. Stefanie erhält eine Ausbildungsvergütung von DM 600,– und hat ausbildungsbedingte Aufwendungen (Fahrtkosten, Berufskleidung) in Höhe von DM 100,–; sie lebt bei der Mutter. Der Vater bezieht das Kindesgeld in Höhe von DM 70,–.

Lösung:
Bedarf des Kindes nach Düsseldorfer Tabelle (6. Einkommensgruppe/3. Altersstufe): DM 650,– + Zuschlag von 1,5 × Differenzbetrag zur nächsthöheren Einkommensgruppe (weil Vater nur gegenüber einem Kind unterhaltspflichtig ist) DM 720,– ./. DM 650,– DM 70,– × 1,5 = DM 105,–

Unterhaltsbedarf von Stefanie	DM 755,–
./. Hälfteanteil der Ausbildungsvergütung (DM 600,– ./. DM 100,– =) DM 500,– : 2 =	DM 250,–
Restbedarf somit	DM 505,–
+ Hälfteanteil des Kindesgeldes, das der Vater bezieht: DM 70,– : 2 =	DM 35,–
Unterhaltsanspruch von Stefanie:	DM 540,–

d) Rang des Anspruchs. In allen Fällen, in denen das unterhaltsrechtlich rele- 137 vante Einkommen des Unterhaltspflichtigen nicht ausreicht, den angemessenen Lebensbedarf aller Berechtigten sicherzustellen, entscheidet der Rang des Anspruchs des jeweiligen Unterhaltsberechtigten darüber, ob dieser und ggf. in welcher Höhe er aus der Verteilungsmasse des Verpflichteten Unterhaltsbeträge beanspruchen kann. Die Unterhaltsberechtigten rangieren in folgender **Reihenfolge:**
– Minderjährige unverheiratete Kinder und Ehegatte

- Andere Kinder (Volljährige oder Verheiratete) und neuer Ehegatte
- Andere Abkömmlinge (Enkel, Urenkel)
- Verwandte aufsteigender Linie (Großeltern usw.)

138 Solange noch ein **Bedürftiger des vorgehenden Ranges** vorhanden ist, kommen in jedem Mangelfall Verwandte der nachfolgenden Ränge überhaupt nicht zum Zuge. Innerhalb desselben Ranges müssen die zur Verfügung stehenden Mittel gleichmäßig aufgeteilt werden. § 1609 I, II 1 BGB stellt die minderjährigen unverheirateten Kinder und den Ehegatten in die erste Reihe der Berechtigten. Keine Rolle spielt dabei der Umstand, ob die Kinder adoptiert oder leibliche, eheliche oder nichteheliche Kinder sind und aus welcher Ehe sie stammen.

§ 1603 II 1 BGB legt aber eine **verschärfte Leistungspflicht** gegenüber minderjährigen unverheirateten Kindern fest. Dies bedeutet, daß innerhalb der ersten Gruppe der Gleichrang zwischen Kindern und Ehegatten in **Mangelfällen** vom Gesetz nicht durchgehalten ist. § 1603 II 1 BGB ist in diesen Fällen Spezialvorschrift zu § 1609 BGB (Unterhaltsrecht – *Deisenhofer*, S. 12.41 f.).

139 **e) Freistellungsvereinbarung.** Die Vorschriften der §§ 1614 I, 1610 III BGB stehen einer Vereinbarung der Eltern des Inhalts nicht entgegen, daß ein Elternteil sich verpflichtet, den anderen von Unterhaltsansprüchen eines Kindes freizustellen. Der Unterhaltsanspruch des Kindes wird durch eine solche Vereinbarung nicht betroffen, denn es handelt sich dabei um eine sog. Erfüllungsübernahme (vgl. *BGH* NJW 1986, 1167 = FamRZ 1986, 444). Eine derartige Vereinbarung wird dann als gegen die guten Sitten verstoßend und damit als nichtig gemäß § 138 BGB beurteilt, wenn sie sich zum **Nachteil des Kindes** auswirkt. Soweit in der Vereinbarung ein **Verzicht des Unterhaltsanspruchs des Kindes** enthalten ist, liegt Unwirksamkeit nach § 1614 I BGB vor. Nach der Rechtsprechung des Bundesgerichtshofs (*BGH* FamRZ 1983, 474) sind solche Vereinbarungen gemäß § 138 I BGB nichtig, die die Freistellung eines Elternteils vom Kindesunterhalt ohne Rücksicht auf das Wohl des Kindes oder in anstößiger Weise zur Erlangung wirtschaftlicher Vorteile mit Vereinbarungen über das Sorgerecht oder das Umgangsrecht koppeln, in denen das Kind also in einem Sorgerechtsvorschlag der Eltern zum Gegenstand eines Handelns gemacht oder das Umgangsrecht als Tauschobjekt benutzt wird. Grundsätzlich zulässig ist es aber, daß der **künftige Partner** des Ehegatten erklärt, er stelle den früheren Ehegatten von der Unterhaltspflicht frei, solange das Kind in seinem Haushalt lebt (vgl. hierzu *BGH* FamRZ 1986, 254). Bedenklich wird eine solche Vereinbarung dann, wenn sie dazu dienen soll, die Bindungen des Kindes zum nichtsorgeberechtigten Elternteil zu beeinträchtigen und dem Kind diesen Elternteil wegzunehmen. Die Vereinbarung ist weder als eine Schenkung noch als eine Bürgschaft zu beurteilen, sondern regelmäßig als **Erfüllungsübernahme** i. S. v. § 329 BGB, also auch nicht als ein Vertrag zugunsten eines Dritten i. S. v. § 328 BGB (so *Göppinger*, S. 410 im Anschluß an *BGH* FamRZ 1986, 254).

5. Volljährige Kinder

140 **a) Bedürftigkeit.** Je älter ein Kind wird, desto mehr steigen seine Möglichkeiten, durch eigene Erwerbstätigkeit seinen Lebensbedarf ganz oder zumindest teilweise zu decken. An die Unterhaltsbedürftigkeit eines volljährigen Kindes, das sich nicht in der Ausbildung befindet, sind **strenge Anforderungen** zu stellen. Ein Volljähriger ist zunächst ausschließlich für sich selbst verantwortlich. Nach Abschluß seiner Ausbildung ist er verpflichtet, jede Arbeit – auch berufsfremde Tätigkeiten und Arbeiten unterhalb seiner gewohnten Lebensstellung – anzunehmen. Der volljährige Unterhaltsgläubiger muß daher **intensive Bemühungen** um eine Beschäftigung jedweder Art darlegen und im Bestreitensfalle Beweis dafür anbieten. Das Kind hat aber gemäß § 1610 II BGB einen Anspruch auf Finanzierung einer angemessenen Ausbildung, bevor es auf eigene Erwerbstätigkeit verwiesen werden kann. Andererseits muß das volljährige Kind mit hinreichender **Zielstrebigkeit** das selbst gewählte Ausbildungsziel angehen.

Der Bedarf eines **Wehrpflichtigen** oder Zivildienstleistenden ist normalerweise durch staatliche Leistungen gedeckt (differenzierend *BGH* NJW 1990, 713 ff.; vgl. auch die Zusammenstellung der Rechtsprechung in: Unterhaltsrecht – *Heiß/Heiß*, S. 3.180 ff.).

b) Leistungsfähigkeit und Selbstbehalt. Der Selbstbehalt nach § 1603 I BGB richtet sich auch gegenüber volljährigen Kindern nach den Lebensverhältnissen des Verpflichteten, der Art seiner Tätigkeit und sich daraus eventuell ergebenden zusätzlichen Belastungen und Aufwendungen. Er ist wesentlich höher als der notwendige Selbstbehalt gegenüber minderjährigen Kindern und Ehegatten. Die Leistungsfähigkeit des Unterhaltsverpflichteten wird auch beim Unterhaltsanspruch des volljährigen Kindes in der Weise ermittelt, daß sämtlichen Mitteln, die der Verpflichtete zur Verfügung hat und/oder sich beschaffen könnte, die Abzugsposten, um die die Einkünfte zu bereinigen sind, gegenübergestellt werden (ausführlich hierzu Unterhaltsrecht – *Heiß/Heiß*, S. 3.1 ff.).

Häufig scheitern Unterhaltsansprüche volljähriger Kinder an der **Rangordnung** gemäß § 1609 BGB. Es steht nach dieser Vorschrift innerhalb der Kleinfamilie an letzter Stelle, weil die Unterhaltsansprüche der Ehefrau(en) und des minderjährigen Kindes des Verpflichteten (manchmal aus mehreren Ehen) Vorrang genießen (vgl. Unterhaltsrecht – *Deisenhofer*, S. 12.58).

c) Art und Maß des Anspruchs. Auch der Unterhaltsanspruch des volljährigen Kindes bestimmt sich nach seiner Lebensstellung, § 1610 I BGB. In der Regel ist die wirtschaftliche Lage, insbesondere das Einkommen der unterhaltspflichtigen Eltern, maßgebend für die Lebensstellung und den Umfang des Anspruchs des volljährigen Kindes. Auch während des Studiums richtet sich die Lebensstellung des volljährigen Kindes nach der der Eltern (*BGH* FamRZ 1987, 58, in der einer 26-jährigen Studentin monatlich 1700 DM Unterhalt zugesprochen wurden – bei weit überdurchschnittlichem Einkommen und Vermögen des unterhaltspflichtigen Vaters). Lebt ein volljähriges Kind weiterhin **im Haushalt eines Elternteils,** kann die Aufteilung in Natural- und Barunterhalt andauern. Die auf minderjährige Kinder zugeschnittene Regelung des § 1606 III 2 BGB schließt nicht aus, daß im Einzelfall in den ersten zwei Jahren nach Eintritt der Volljährigkeit noch von der Gleichwertigkeit von Bar- und Naturalunterhalt auszugehen ist. Die Mutter, bei der das volljährige Kind wohnt, ist dann, wenn sie nicht wesentlich höheres Einkommen als der Vater erzielt, nicht barunterhaltspflichtig (vgl. auch *OLG Köln* FamRZ 1984, 1139 f.).

Die schwierigste Frage beim Barunterhaltsanspruch des volljährigen Kindes gegen beide Elternteile ist das Problem der jeweiligen **Haftungsanteile**. Wohnt der Volljährige bei einem Elternteil und ist **nur der andere barunterhaltspflichtig,** so ist der Unterhaltsbedarfsbetrag nach dem bereinigten Nettoeinkommen des Pflichtigen unter Berücksichtigung der Anzahl der Unterhaltsberechtigten aus der Düsseldorfer Tabelle abzulesen und ein Zuschlag in Höhe der Differenz zwischen der zweiten und dritten Altersstufe der jeweiligen Gruppe vorzunehmen. Lebt das volljährige Kind im Haushalt der Eltern oder eines Elternteils und sind **beide barunterhaltspflichtig,** so ist sein Unterhaltsbedarf nach der Düsseldorfer Tabelle aus dem zusammengerechneten bereinigten Nettoeinkommen der Eltern zu bestimmen. Die Haftungsanteile sind erst nach dem Abzug der für den angemessenen eigenen Unterhalt erforderlichen Beträge (sog. Sockelabzug) – in der Regel für jeden Elternteil 1600.– DM – nach dem Verhältnis der verbleibenden Mittel zu berechnen (vgl. *Günther/Hein,* S. 279 m. zahlr. w. Nachw. und Unterhaltsrecht – *Deisenhofer,* S. 12.59 ff.).

146 d) **Bestimmungsrecht der Eltern und des Vormundschaftsgerichts.** Einem unverheirateten Kinde gegenüber können die Eltern bestimmen, in welcher Art und für welche Zeit im voraus Unterhalt gewährt werden soll, § 1612 II 1 BGB. Streitig ist vor allem, wem das Bestimmungsrecht nach § 1612 II 1 BGB gegenüber einem volljährigen Kind zusteht, wenn die Eltern getrennt leben oder geschieden sind. Das **Vormundschaftsgericht** kann die elterliche Bestimmung, den Unterhalt anders als durch monatliche Geldrente zu gewähren, auf Antrag des Kindes aus besonderen Gründen ändern, § 1612 II 2 BGB (ausführlich hierzu Unterhaltsrecht – *Deisenhofer,* S. 12.63 ff. m. w. Nachw.; *BGH* NJW 1992, 974; *Schütz,* NJW 1992, 1086 f.).

6. Gesetzliche Prozeßstandschaft

147 Die Vertretung des Kindes ist in § 1629 BGB geregelt. Solange die Personensorge für das Kind nach der Trennung der Eltern voneinander noch nicht neu (in Abänderung des nach § 1626 I BGB bestehenden gemeinsamen Sorgerechts) gerichtlich geregelt worden ist, ermächtigt § 1629 II 2 denjenigen Elternteil, in dessen Obhut sich das Kind befindet, dessen Unterhaltsansprüche gegen den anderen Elternteil geltend zu machen; dieser ist von der Vertretung des Kindes insoweit ausgeschlossen. Nach § 1629 III 1 BGB kann und muß der gemäß § 1629 II 2 ermächtigte Elternteil ab dem Beginn des Getrenntlebens Unterhaltsansprüche des Kindes gegen den anderen Elternteil **im eigenen Namen,** im gerichtlichen Verfahren also als Partei in gesetzlicher Prozeßstandschaft, geltend machen. Die in solchen Aktiv- und Passivprozessen erwirkten gerichtlichen Entscheidungen und zwischen den Eltern geschlossenen gerichtlichen Vergleiche wirken unmittelbar auch für und gegen das Kind, § 1629 III 2 BGB. Gemäß § 1629 III 1 muß der Sorgerechtsinhaber den Kindesunterhaltsprozeß gegen den anderen Elternteil ab dem Zeitpunkt der Elterntrennung im eigenen Namen führen (*Johannsen/Henrich/Jaeger,* Rdnr. 4 zu § 1672 BGB).

7. Richtige Klageart, prozeßrechtliche Besonderheiten

148 Die sog. Erstklage, mit der erstmals ein Unterhaltstitel im ordentlichen Verfahren erwirkt werden soll, ist in der Regel die **Leistungsklage.** Die Leistungsklage kann auch in die Form der **Stufenklage** gemäß § 254 ZPO gebracht werden. Liegt bereits ein Unterhaltstitel vor und ist eine wesentliche Veränderung derjenigen Verhältnisse eingetreten, die für die Verurteilung zur Entrichtung der Leistungen, für die Bestimmung der Höhe der Leistungen oder der Dauer ihrer Entrichtung maßgebend war, besteht gemäß § 323 ZPO die Möglichkeit einer **Abänderungsklage.** Eine Leistungsklage (sog. **Zusatzklage**) ist in den

Kindesunterhalt **B X**

Fällen zu erheben, in denen im Vorprozeß nur ein Teilunterhaltsanspruch geltend gemacht worden ist. Da Unterhalt regelmäßig in voller Höhe eingeklagt wird, spricht die Vermutung gegen eine Teilklage. Eine neue Leistungsklage muß auch erhoben werden, wenn eine **frühere Leistungsklage** wegen fehlender Bedürftigkeit des Unterhaltsbegehrenden abgewiesen worden ist, der nunmehr bedürftig ist. Die Voraussetzungen für eine Abänderungsklage liegen hier nicht vor, weil es an der in § 323 I ZPO vorausgesetzten „Verurteilung" fehlt.

Während die Abänderungsklage bei wesentlichen Änderungen der dem ursprünglichen Titel zugrundeliegenden Verhältnisse dessen Anpassung an die veränderten Umstände zum Ziel hat, soll die **Vollstreckungsabwehrklage** gemäß § 767 ZPO dem Schuldner die Möglichkeit geben, mit Hilfe von Einwendungen ungeachtet der fortbestehenden Rechtskraft des Titels die **Vollstreckungsmöglichkeit** ganz oder teilweise zu beseitigen (zu den einzelnen Klagearten ausführlich *Luthin*, Unterhaltsrecht, S. 23.1 ff.). 149

Prozeßrechtliche Fragen: 150
– Die **sachliche Zuständigkeit** für ein Verfahren, das die gesetzliche Unterhaltspflicht gegenüber einem ehelichen Kinde betrifft, ist in § 23 a Nr. 2 GVG geregelt; gemäß § 621 I 4 ZPO handelt es sich dabei um eine **ausschließliche** sachliche Zuständigkeit.
– Die **örtliche Zuständigkeit** ist in § 621 II ZPO unterschiedlich ausgestaltet, je nachdem, ob eine Ehesache anhängig ist oder nicht. Ist eine Ehesache nicht anhängig, so richtet sich die Zuständigkeit nach den allgemeinen Vorschriften. In diesem Fall kann die Zuständigkeit eines Gerichts nach §§ 38 II, III, 39, 40 ZPO durch Prorogation und rügelose Einlassung begründet werden. Unberührt von den Regelungen des § 621 II, III ZPO bleiben **Vollstreckungsgegenklagen** Familiensachen. Für sie ist das Prozeßgericht des ersten Rechtszuges ausschließlich zuständig (!), §§ 767 I, 802 ZPO, wenn keine Regelung für den Fall der Scheidung begehrt wird.
– Das Verfahren wird nach den allgemeinen **zivilprozessualen Grundsätzen** abgewickelt. Insbesondere sind die Beschleunigungsvorschriften der §§ 272 ff. einschließlich des § 296 ZPO anwendbar.
– Auch bei freiwilliger und pünktlicher Zahlung besteht grundsätzlich für einen Unterhaltsprozeß ein **Rechtsschutzbedürfnis**, weil eine Titulierung schutzwürdig ist. Wenn jedoch der Unterhaltsgläubiger dem Schuldner keine Gelegenheit gibt, den einfacheren und billigeren Weg zur Errichtung eines Titels nach § 794 I 5 ZPO zu gehen, können die Folgen des § 93 ZPO eintreten. Bei **Teilleistungen** s. o. Rdnr. 36. 151
– Das volljährige Kind führt seinen Unterhaltsprozeß selbst; dieser kann nicht in den Verbund einbezogen werden.
– Nicht als Familiensache gilt das **vereinfachte Verfahren** zur Abänderung von Unterhaltstiteln Minderjähriger nach §§ 641 ff. ZPO.
– Unterhaltsansprüche von Kindern in Fällen mit **Auslandsberührung:** Das anwendbare Recht ergibt sich aus dem Haager Übereinkommen über das auf Unterhaltspflichten anzuwendende Recht vom 2. 10. 1973 (Bundesgesetzblatt 1986 II, S. 837 ff.). Danach gilt: In welchem Staat auch immer ein Kind seinen gewöhnlichen Aufenthalt hat, ist auf seinen Unterhaltsanspruch grundsätzlich das innerstaatliche Recht dieses Staates anzuwenden. Die Staatsangehörigkeit des Kindes und die seiner Eltern spielt grundsätzlich keine Rolle. Eine Ausnahme gilt, wenn der Unterhaltsanspruch vor einem deutschen Gericht geltend gemacht wird, der Unterhaltsbeklagte und das Kind deutsche Staats- 152

angehörige sind und der Unterhaltsbeklagte seinen gewöhnlichen Aufenthalt in der Bundesrepublik Deutschland hat. Hier tritt an die Stelle des Rechts des Staates, in dem das Kind seinen gewöhnlichen Aufenthalt hat, das deutsche Recht. Entsprechende Vorbehalte haben auch Italien, Luxemburg, die Niederlande, die Schweiz und die Türkei erklärt (ausführlich zu den Fällen mit Auslandsberührung s. Unterhaltsrecht – *Henrich*, S. 34.1 ff.).

IX. Familienunterhalt

1. Unterhaltstatbestand

153 Gemäß § 1360 Satz 1 BGB sind die Ehegatten einander verpflichtet, durch ihre Arbeit und mit ihrem Vermögen die Familie angemessen zu unterhalten. Der **angemessene Unterhalt** der Familie umfaßt nach § 1360a I BGB alles, was nach den Verhältnissen der Ehegatten erforderlich ist, um die Kosten des Haushalts zu bestreiten und die persönlichen Bedürfnisse der Ehegatten und den Lebensbedarf der gemeinsamen unterhaltsberechtigten Kinder zu befriedigen.

Voraussetzungen des Anspruchs nach § 1360 BGB sind ausschließlich der Bestand der Ehe und die häusliche Gemeinschaft der Eheleute. Die Vorschriften über den Familienunterhalt werden unanwendbar, wenn die Ehegatten getrennt leben, d. h., wenn ihre häusliche Gemeinschaft aufgehoben oder von vorneherein nicht begründet worden ist. § 1360 BGB setzt eine **intakte Familieneinheit** voraus, während im Fall der Trennung § 1361 BGB zur Anwendung kommt und im Falle der Scheidung §§ 1569 ff. BGB.

2. Maß des Unterhalts

154 Der Familienunterhalt umfaßt alles, was zur angemessenen Versorgung der aus Eltern und Kindern bestehenden Familie erforderlich ist. Er besteht aus dem **Wirtschaftsgeld** für den haushaltsführenden Ehegatten und dem **Taschengeld** für nicht selbst verdienende Familienmitglieder sowie aus einmaligen Geldleistungen bei Sonderbedarf und aus Naturalunterhalt in Form von Sachzuwendungen und Dienstleistungen. Das Taschengeld des haushaltsführenden Ehegatten, also im Falle der Hausfrauenehe, der Ehefrau, ist regelmäßig ohne nähere Bezifferung im Wirtschaftsgeld enthalten, so wie der verdienende Ehegatte sein Taschengeld einbehält.

155 Die **Höhe des Hauswirtschaftsgeldes** bestimmt sich nach dem, was nach den Verhältnissen beider Ehegatten für die Bedürfnisse der Familie erforderlich ist, wobei ein objektiver Maßstab, z. B. der Lebensstil gleicher Berufskreise, anzulegen ist und das Einkommen beider Ehegatten die Grundlage bildet und die Leistungspflicht nach oben begrenzt. Der notwendige Bedarf an Wirtschaftsgeld liegt höher, als der notwendige Unterhaltsbedarf eines getrennt lebenden Ehegatten.

156 Die **Höhe des Taschengeldes** richtet sich nach den Einkünften, dem Vermögen, dem Lebensstil und der Zukunftsplanung der Eheleute und hängt damit im wesentlichen vom Einzelfall ab. In der Regel werden 5% des Nettoeinkommens als angemessen angesehen. Eine allgemein gültige Antwort auf die Frage, wieviel Taschengeld **Kinder** in den verschiedenen Altersstufen bekommen sollen, kann nicht gegeben werden. Auch hier kommt es auf den Einzelfall an. Anhaltspunkte können folgende Richtlinien geben:

6– 7jährige wöchentlich	5,– DM	12–13jährige monatlich	32,– DM
8– 9jährige wöchentlich	6,– DM	14–15jährige monatlich	37,– DM
10–11jährige monatlich	29,– DM	16–17jährige monatlich	50,– DM
			bis 100,– DM

Die Sätze ab 16 Jahre gelten für Jugendliche, die wirtschaftlich noch ganz von den Eltern abhängig sind, in der Regel also Schüler und arbeitslose Jugendliche.

X. Getrenntlebensunterhalt

1. Vorbereitende Maßnahmen

Die Ermittlung des unterhaltsrechtlich revelanten Einkommens beider Parteien ist die Hauptaufgabe des Rechtsanwalts bei der Vorbereitung eines Unterhaltsrechtsstreites, denn nur wer die vollständigen Zahlen kennt, kann den Unterhalt richtig berechnen. Es gelten die gleichen Grundsätze wie für den nachehelichen Ehegattenunterhalt, die unter Rdnrn. 175 ff. dargestellt sind. Soweit eine **Erwerbsobliegenheit** eines arbeitslosen Mandanten besteht, ist es unbedingt erforderlich, daß der Mandant nachdrücklich darauf hingewiesen wird, welch hohe Anforderungen an das ernsthafte Bemühen um Arbeit im gerichtlichen Verfahren gestellt werden und daß im Prozeß die Bemühungen um Arbeit nachgewiesen werden müssen. Damit die erfolglosen Bemühungen um Arbeit nachgewiesen werden können, sollte der Mandant sämtliche Bewerbungsschreiben und die Ablehnungen der Bewerbungen dem Anwalt rechtzeitig zur Verfügung stellen. Für Bewerbungen in Form der persönlichen Vorsprache bei potentiellen Arbeitgebern empfiehlt es sich, dem Mandanten Bestätigungsschreiben mitzugeben, die die Arbeitgeber, bei denen sich der Mandant vorgestellt hat, nur zu unterschreiben brauchen. Aus diesem Schreiben sollte erkennbar sein, wann die Bewerbung für welche Tätigkeit erfolgte und aus welchem Grund die Bewerbung erfolglos geblieben ist. Soweit **Zeitungsannoncen** aufgegeben werden, sind entsprechende Belege zu sammeln; bei Bewerbungen auf Zeitungsannoncen hin sind Bewerbungsschreiben und die Absagen vorzulegen. 157

Schließlich ist der Mandant darauf hinzuweisen, daß beim Arbeitsamt das **Arbeitsgesuch dringlich gestellt** werden muß und daß in der Folgezeit die Zusammenarbeit mit dem Sachbearbeiter beim Arbeitsamt ständig gesucht werden muß. Im Prozeß empfiehlt es sich häufig, den Sachbearbeiter des zuständigen Arbeitsamtes als Zeugen dafür anzubieten, daß der Mandant sich besonders intensiv um Arbeit bemüht hat. Insbesondere, wenn der Mandant **auf dem Arbeitsmarkt nicht vermittelbar** und seine Chance, Arbeit zu finden, gleich Null ist, muß hierzu der Sachbearbeiter des Arbeitsamtes als Zeuge angeboten werden. Das aber setzt voraus, daß sich zuvor der Mandant mit dem notwendigen Engagement um Arbeit bemüht hat. 158

2. Vereinbarungsmöglichkeiten

Die Eheleute können für die Zeit des Getrenntlebens grundsätzlich Unterhaltsvereinbarungen wirksam treffen, jedenfalls soweit sie nicht Sittenwidriges enthalten wie z. B. die Verpflichtung, sofort Scheidungsklage zu erheben. Möglich und zulässig sind insbesondere Vereinbarungen über die Überlassung der Wohnung sowie die Abmachung, daß der Unterhalt erbracht wird, z. B. indem kostenlose Benutzung des PKWs bewilligt wird. Die Ehegatten können **nicht** 159 auf Unterhalt für die Zukunft verzichten. Die Unterhaltsansprüche ergeben sich zwingend aus § 1361 BGB und können wegen der ausdrücklichen Bestimmung des **§ 1614 BGB,** wonach für die Zukunft auf Unterhalt nicht verzichtet werden kann, für die Zeit des Bestehens der Ehe nicht abbedungen werden. Während ein Unterhaltsverzicht **für die Vergangenheit** nach dieser Vorschrift ausdrücklich unter Stillschweigen zulässig ist, ist ein Verzicht für die Zukunft, gleichgültig, ob vollständig oder teilweise, entgeltlich oder unentgeltlich, nicht zulässig. Auch ein **Unterhaltsabfindungsvertrag** ist unzulässig, soweit damit der Verzicht für zukünftigen **Getrenntlebens**unterhalt verbunden ist. Vereinbarungen über die Höhe des gesetzlichen Unterhaltsanspruchs sind also nur insoweit wirksam, als sie sich im Rahmen des gesetzlichen Spielraums halten.

160 § 1614 I BGB ist **zwingendes Recht,** das schon deshalb nicht abbedungen werden kann, weil die Vorschrift auch das öffentliche Interesse in der Weise schützen soll, daß eine vermeidbare Inanspruchnahme der Sozialhilfe verhindert wird. Wenn die Parteien mit ihrer Vereinbarung bewußt eine Situation herbeiführen, in der dem Sozialamt eine Inanspruchnahme des unterhaltspflichtigen Ehegatten wegen der an den anderen Ehegatten gezahlten **Sozialhilfeleistungen** unmöglich gemacht wird und auf diese Weise die öffentliche Hand mit den Kosten belastet werden soll, verstößt eine solche Vereinbarung, auch ohne daß ihr eine **Schädigungsabsicht** der Parteien gegenüber dem Träger der Sozialhilfe zugrundeliegen müßte, nach ihrem aus der Zusammenfassung von Inhalt, Beweggrund und Zweck zu entnehmenden Gesamtcharakter gegen die guten Sitten und ist damit nach § 138 I BGB nichtig (so *BGH* FamRZ 1987, 40/43). (Eine ausführliche Darstellung der Möglichkeit von Unterhaltsvereinbarungen zwischen Ehegatten bei Getrenntleben findet sich in Unterhaltsrecht – *Langenfeld,* S. 15.7 ff.)

3. Vorläufiger Rechtsschutz und Eilmaßnahmen

161 Als Mittel des vorläufigen Rechtsschutzes zur Erlangung von Getrenntlebensunterhalt stehen zur Verfügung:
– Wenn zwischen den Ehegatten eine Ehesache oder ein Prozeßkostenhilfeverfahren für eine solche Sache anhängig ist: die **einstweilige Anordnung** Ehegattenunterhalt gemäß § 620 S. 1 Nr. 6 ZPO;
– In sonstigen Fällen: Die **einstweilige Verfügung** in der Form der Leistungsverfügung gemäß § 940 ZPO;
– Zur Sicherung des Anspruchs auf Unterhalt: **Arrest** gem. § 916 ZPO.

(Voraussetzungen und Inhalt der Verfahren zur Erlangung vorläufigen Rechtsschutzes sind übersichtlich dargestellt bei *Gießler,* Vorläufiger Rechtsschutz, Rdnr. 671 ff.)

4. Anspruchsgrundlage

162 Gemäß § 1361 BGB kann ein Ehegatte von dem anderen Ehegatten Unterhalt verlangen,
– wenn die Ehegatten getrennt leben,
– soweit und solange er außerstande ist, sich durch eine für ihn zumutbare Erwerbstätigkeit selbst zu unterhalten, und
– soweit und solange er sich aus seinem Vermögen und seinen sonstigen Einkünften nicht unterhalten kann, und

– soweit dem anderen Ehegatten im Hinblick auf seine Leistungsfähigkeit die Unterhaltszahlung zumutbar ist, und
– soweit nicht die Inanspruchnahme des anderen Teils nach § 1579 Nr. 2–7 grob unbillig wäre.

Soweit der Ehegatte **keiner Erwerbstätigkeit nachgeht**, obwohl er dazu in der Lage wäre, kann ihm die **Schutzvorschrift** des § 1361 II BGB zugutekommen, wonach er nur dann darauf verwiesen werden kann, seinen Unterhalt durch eine Ewerbstätigkeit selbst zu verdienen, wenn dies nach seinen persönlichen Verhältnissen und den wirtschaftlichen Verhältnissen beider Ehegatten von ihm erwartet werden kann. Dabei ist von besonderer Bedeutung, wie weit die frühere Erwerbstätigkeit zurückliegt. In der Regel kann vor Ablauf **eines Trennungsjahres** die Aufnahme einer Erwerbstätigkeit nicht erwartet werden. 163

Im Hinblick auf die **Unterschiedlichkeit zwischen Getrenntlebens- und nachehelichem Ehegattenunterhalt** hat der *BGH* (FamRZ 1980, 1099 ff.) entschieden, daß ein Urteil über des Unterhaltsanspruch des getrenntlebenden Ehegatten nicht den Unterhaltsanspruch nach Scheidung der Ehe umfaßt. Das Urteil kann auch nicht nach § 323 ZPO in ein solches über den nachehelichen Unterhaltsanspruch abgeändert werden. Der unterhaltsbedürftige Ehegatte ist für den nachehelichen Unterhalt vielmehr auf den Weg einer neuen Klage verwiesen. Demgegenüber wirkt eine **einstweilige Anordnung** auch nach Rechtskraft des Scheidungsurteils fort. Der Unterhaltsschuldner kann eine anderweitige Regelung i. S. d. § 620 f. ZPO in der Regel nur mit der **negativen Feststellungsklage** herbeiführen. 164

5. Anspruchsvoraussetzungen

Die Ehegatten müssen getrennt leben i. S. v. § 1567 BGB. Danach müssen zwei Voraussetzungen erfüllt sein, nämlich das Nichtbestehen der häuslichen Gemeinschaft und die gleichzeitige Trennungsabsicht zumindest eines der beiden Ehegatten. Der Anspruch auf Trennungsunterhalt setzt nicht voraus, daß die Ehegatten jemals zusammengelebt haben. 165

6. Maß des Unterhalts

Ein unterhaltsbedürftiger Ehegatte kann den „nach den Lebensverhältnissen und den Erwerbs- und Vermögensverhältnissen der Ehegatten angemessenen Unterhalt" verlangen, § 1361 BGB. Die Kriterien für die Beurteilung der ehelichen Lebensverhältnisse und der Erwerbs- und Vermögensverhältnisse sind identisch mit den das Maß des nachehelichen Ehegattenunterhalts bestimmenden ehelichen Lebensverhältnissen. Es wird daher auf die ausführliche Erörterung zum „Maß des Unterhalts" beim nachehelichen Ehegattenunterhalt (s. unten Rdnrn. 205 ff.) verwiesen. Abweichungen ergeben sich nur insofern, als **maßgebender Zeitpunkt** für die Beurteilung der ehelichen Lebensverhältnisse nicht der Zeitpunkt der Scheidung ist, sondern notwendigerweise die Zeit des Bestehens der ehelichen Lebensgemeinschaft, wobei maßgebend der **Zeitpunkt der Trennung** der Eheleute ist. Der Trennungsunterhalt bemißt sich nach dem **jeweiligen Stand** der wirtschaftlichen Verhältnisse, an deren prägender Entwicklung die Ehegatten bis zur Scheidung gemeinschaftlich teilhaben (*BGH* FamRZ 1988, 256 f.) 166

Nutzung eines Eigenheims nach Trennung: Sind beide Ehegatten Miteigentümer eines Eigenheims so steht demjenigen Ehegatten, der zur Trennung vom anderen Ehegatten den gemeinsamen Wohnsitz aufgibt, entweder nach §§ 741, 745 II BGB oder nach § 1361b II BGB im Grundsatz ein **Nutzungsentgelt** zu. Ein Anspruch auf Nutzungsentgelt entsteht aber nicht in jedem Fall unmittelbar mit der Trennung der Ehegatten. Zwar sieht der *BGH* (FamRZ 1983, 795 ff.) in der endgültigen Trennung der Ehegatten eine so grundlegende Veränderung der Verhältnisse, daß jeder Ehegatte nach § 745 II BGB eine Neuregelung der Verwaltung und Nutzung verlangen kann. Dies schließt es aber nicht aus, einen Ehegatten jedenfalls bis zur Scheidung an der bisherigen Regelung festzuhalten (vgl. *BGH* FamRZ 1986, 343; 436 f.), etwa wenn der im gemeinsamen Haus verbleibende Ehegatte wirtschaftlich zur Übernahme von Gegenleistungen für eine ihm aufgedrängte Alleinnutzung nicht in der Lage ist und deshalb gezwungen würde, zur Vermeidung solcher Lasten die eheliche Wohnung aufzugeben.

Dem in der ehelichen Wohnung verbleibenden Ehegatten kann regelmäßig **nicht der volle Nutzungswert** zugerechnet werden, sondern lediglich ein Betrag in Höhe des unterhaltsrechtlich angemessenen Wohnbedarfs. Einem **Kind**, das bei dem in der Wohnung verbleibenden Ehegatten lebt, wird regelmäßig ein Nutzungswert nicht angerechnet, weil die Düsseldorfer Tabelle bereits berücksichtigt, daß ein minderjähriges Kind wohnkostenfrei im Haushalt eines Elternteils lebt und deshalb der Unterhaltsbedarf bereits entsprechend gemindert ist (s. *Borth,* S. 786 f.).

Gegenüber **getrenntlebenden Ehegatten** haftet der Pflichtige bis zum notwendigen Selbstbehalt (1300,– DM beim Erwerbstätigen; 1150,– DM beim Nichterwerbstätigen).

7. Herabsetzung oder Verwirkung des Unterhaltsanspruchs

167 § 1361 II BGB verweist auf § 1579 BGB. Es gelten daher die Ausführungen zu den Einwendungen gegen die nacheheliche Unterhaltspflicht auch für den Getrenntlebensunterhalt (s. Rdnrn. 219 ff.). Ausgenommen ist der Härtegrund nach § 1579 Nr. 1, so daß der Unterhaltsanspruch nicht allein unter dem Gesichtspunkt gemindert oder versagt werden kann, daß die Ehe bisher von **kurzer Dauer** war.

8. Darlegungs- und Beweislast

168 Wie im gesamten Unterhaltsrecht richtet sich die Darlegungs- und Beweislast nach den gegebenen Beweismöglichkeiten. Dies bedeutet, daß der Unterhaltsberechtigte die tatbestandlichen Voraussetzungen des Anspruchs einschließlich seiner Bedürftigkeit darlegen und notfalls beweisen muß, während der Unterhaltsverpflichtete seine Leistungsunfähigkeit nachweisen muß.

9. Richtige Klageart, Prozeßrechtliche Besonderheiten

169 Die in Unterhaltssachen praktisch wichtigste Klage ist die **Leistungsklage,** die auf die Erlangung eines Vollstreckungstitels in Form eines Urteils oder Vergleichs zielt; bei **Teilleistungen** s. o. Rdnr. 36.

Eine Klage ist auch in Unterhaltssachen nur dann das geeignete Mittel zur Durchsetzung von Ansprüchen, wenn zuvor der Versuch einer außergerichtlichen Regelung ernsthaft unternommen worden ist. Wenn vorschnell Klage erhoben wird, hat dies für die Beteiligten nicht nur die Konsequenz einer nicht selten jahrelangen prozessualen Auseinandersetzung mit den sich hieraus ergebenden finanziellen und – gerade in Familiensachen – psychischen Belastungen, sondern darüber hinaus auch unmittelbar prozessuale Folgen. So besteht insbesondere die Gefahr, falls der Beklagte keine Veranlassung zur Klageerhebung gegeben hat und nach § 93 ZPO den **Anspruch nach Klageerhebung** „sofort" anerkennt, daß dem Kläger die Kosten des Rechtsstreits auferlegt werden. Die Unsicherheiten über die Leistungsfähigkeit des Unterhaltspflichtigen können zudem in vielen Fällen dadurch verringert werden, daß er aufgefordert wird, seine Einkommensverhältnisse in einer den Anforderungen der Rechtsprechung entsprechenden Weise darzulegen und nach § 261 BGB die Richtigkeit seiner Angaben an Eides Statt zu versichern. Falls eine solche Auskunft vorprozessual nicht erteilt wird, besteht die Möglichkeit der **Stufenklage**, die für den Kläger den Vorteil hat, daß das Kostenrisiko erheblich verringert wird. Vor Einreichung einer Klage bzw. Beantragung der Prozeßkostenhilfe für eine Klage sollte sich der Kläger in gleicher Weise Klarheit über seine eigenen Einkommensverhältnisse verschaffen.

Ein Unterhaltsanspruch muß bei einer Leistungsklage **beziffert** werden; ein 170 Antrag auf Verurteilung zum angemessenen Unterhalt ist nicht ausreichend. In dem Klageantrag ist auch genau anzugeben, für welchen **Zeitraum** Unterhalt begehrt wird. Es empfiehlt sich im übrigen auch schon bei der Antragstellung, rückständigen Unterhalt vom laufenden Unterhalt zu unterscheiden, weil dieser auch kostenrechtlich bei der Festsetzung des Streitwertes von Bedeutung ist. **Unterhaltsrückstände** (bis zur Einreichung der Klage) werden nach § 17 IV GKG dem für die kostenmäßige Streitwertberechnung in der Regel maßgeblichen Jahresbetrag der wiederkehrenden Leistungen hinzugerechnet. Vor Klageeinreichung **gezahlte Beträge** sind ebenso zu berücksichtigen wie später im Laufe des Prozesses erbrachte Leistungen, die insoweit zu einer **Erledigung der Hauptsache** führen. Wird bis zur letzten mündlichen Verhandlung der (teilweisen) Erledigung der Hauptsache nicht Rechnung getragen, so besteht die Gefahr einer Klageabweisung als unbegründet, weil zu diesem Zeitpunkt ein Unterhaltsanspruch in der beantragten Höhe nicht mehr gegeben ist. Auch der Möglichkeit der **zeitlichen Begrenzung** des Anspruchs nach §§ 1573 V, 1578 I 2, 1579 BGB muß durch die Fassung des Antrages Rechnung getragen werden.

Eine weitere Besonderheit bei der Fassung der Klageanträge kann sich erge- 171 ben, wenn neben Elementarunterhalt auch **Vorsorgeunterhalt** geltend gemacht wird. Der Vorsorgeunterhalt ist Teilelement des gesamten Lebensbedarfs, gleichwohl ist er im Urteil selbstständig zu tenorieren (*BGH* FamRZ 1981, 442/445).

Von großer praktischer Bedeutung in Unterhaltsprozessen ist die Verfahrens- 172 beendigung durch **Prozeßvergleich.** Ein erheblicher Teil aller Unterhaltsverfahren wird in erster, aber auch in zweiter Instanz durch Vergleich erledigt. Der Prozeßvergleich ist ein **Vollstreckungstitel,** der aus sich heraus für die Vollstreckung verständlich sein muß. In dem Vergleich sollten – schon für den Fall der notwendig werdenden späteren Abänderung die **Vergleichsgrundlagen** sehr sorgfältig angegeben werden. Andernfalls besteht in einem späteren Abänderungsprozeß eine erhöhte Gefahr von Beweisschwierigkeiten, die dann zu Lasten der beweispflichtigen Partei geht. Wenn der Vergleich eine **Kostenregelung** nicht vorsieht, so sind die Kosten des Rechtsstreits und derjenigen des Vergleichs nach § 98 ZPO gegeneinander aufzuheben.

Der **Auskunftsklage** kommt in Unterhaltssachen eine beträchtliche Bedeu- 173 tung zu, da sehr häufig der Unterhaltsgläubiger über Einkommens- und ggf.

auch über die Vermögensverhältnisse des Unterhaltsschuldners nicht oder nur unzureichend unterrichtet ist und sich nur durch eine Auskunft Kenntnis der wirklichen Verhältnisse verschaffen kann. Die materiell-rechtliche Auskunftsverpflichtung ergibt sich für den Ehegatten-Trennungsunterhalt aus § 1361 IV 3. i. V. m. § 1605 BGB.

174 Dem gesetzlichen **Mahnverfahren** gemäß §§ 688 ff. ZPO kommt in Unterhaltssachen kaum eine praktische Bedeutung zu. Allerdings ist auf die Geltendmachung von bereits fälligen Unterhaltsansprüchen, die auf die Zahlung einer bestimmten Geldsumme gerichtet ist (§ 688 I ZPO), grundsätzlich zulässig. Zukünftig, nach Ablauf der Widerspruchsfrist fällig werdende Unterhaltsansprüche können jedoch im Mahnverfahren nicht geltend gemacht werden (vgl. Unterhaltsrecht – *Schlüter*, S. 23.28 im Anschluß an Kommentierung der §§ 688 ff. in *Thomas/Putzo*).

XI. Nachehelicher Ehegattenunterhalt

1. Vorbereitung des Unterhaltsrechtsstreits

175 a) **Auskunfts- und Belegverfahren.** Ist das vollständige Einkommen des Unterhaltsverpflichteten nicht bekannt, muß er so früh wie möglich mit einem **Aufforderungsschreiben** angehalten werden, über seine Einkünfte Auskunft zu erteilen. Aus der vorgerichtlichen Auskunftsaufforderung muß eindeutig zu entnehmen sein,
– für welchen Zeitraum der Schuldner Auskunft erteilen soll,
– auf welchen Zeitpunkt er die Aufstellung seines Vermögens abstellen, und
– welche Belege er vorlegen soll.

Ohne die konkrete Bezeichnung des Auskunfts- und Belegverlangens ist das Aufforderungsschreiben wirkungslos. Der Auskunftsberechtigte hat Anspruch auf eine **systematische Zusammenstellung** der erforderlichen Angaben, die ihm ohne übermäßigen Arbeitsaufwand eine Berechnung seines Unterhaltsanspruchs oder seiner Unterhaltsverpflichtung ermöglicht. Die Auskunftspflicht ist durch Vorlage einer systematischen (geordneten, übersichtlichen und in sich geschlossenen und verständlichen) **Aufstellung** zu erfüllen.

176 Die **Anspruchsgrundlagen** für die wechselseitigen Auskunfts- und Belegpflicht finden sich in §§ 1605, 1361 IV 4, 1580 BGB, wobei § 1605 BGB die Grundnorm darstellt, deren entsprechende Anwendung die §§ 1361 IV 4 und 1580 BGB vorschreiben. Bei **unselbständig Erwerbstätigen** sind i. d. R. die Einkünfte eines Jahres maßgebend, wobei es sich regelmäßig empfiehlt, den zwölfmonatigen Zeitraum vor dem Auskunftsverlangen oder der Klageerhebung als Beurteilungszeitraum zu wählen, um auch die Lohn- bzw. Gehaltserhöhung des laufenden Jahres berücksichtigen zu können.

177 Bei **selbständig Gewerbetreibenden** oder freiberuflichen Erwerbstätigen ist i. d. R. auf das Durchschnittseinkommen in den letzten drei Jahren abzustellen, um im Hinblick auf das regelmäßig schwankende Einkommen eine sichere Beurteilung der Verhältnisse zu ermöglichen (zu Umfang, Art und Weise der Auskunft s. Unterhaltsrecht – *Heiß/Heiß*, S. 6. 4 ff. m. w. Nachw.) Wer mit der Erfüllung seiner Auskunftspflicht in **Verzug** kommt, ist dem anderen zum Ersatz des daraus entstehenden Schadens verpflichtet (*BGH FamRZ* 1985, 155, 158). Das Familiengericht kann im Unterhaltsrechtsstreit ggf. von dem vom Gegner behaupteten Einkommen oder Vermögen des anderen ausgehen.

b) Verpflichtung zur ungefragten Information

Der mit einem Unterhaltsrechtsstreit befaßte Anwalt sollte stets bedenken, 178
daß aufgrund des im Unterhaltsrecht herrschenden **Gegenseitigkeitsprinzips**
eine Verpflichtung seines Mandanten zur ungefragten Information bestehen
kann. In Literatur und Rechtssprechung ist die Meinung im Vordringen, daß bei
allen Veränderungen, die sich erkennbar jenseits der für § 323 ZPO maßgebenden Schwelle auf den Unterhaltsanspruch auswirken können, eine ungefragte
gegenseitige Informationspflicht besteht (vgl. *Brüne* FamRZ 1983, 657f). Danach sind insbesondere die Aufnahme oder Erweiterung einer Erwerbstätigkeit,
der Wegfall oder die Einschränkung der Betreuungsbedürftigkeit eines Kindes
zu einem früheren als dem erwarteten Zeitpunkt, die Entwicklung einer Krankheit, der Abschluß oder die Aufgabe einer finanzierten Ausbildung, insbesondere aber die **Wiederverheiratung** ungefragt mitzuteilen (s. hierzu Unterhaltsrecht – *Heiß/Heiß*, S. 6. 10ff. und *Johannsen/Henrich/Voelskow*, Rdnr. 14 zu
§ 1580 BGB).

c) Ermittlung des unterhaltrechtlich revelanten Einkommens

Sämtliche Einkommen, die beide Parteien zur Verfügung haben und/oder 179
sich beschaffen könnten sowie sämtliche Abzugsposten, um die die Einkünfte zu
bereinigen sind, sind sorgfältig zu erforschen. Nur auf der Grundlage des exakten, unterhaltsrechtlich revelanten Einkommens kann der Unterhaltsprozeß
ordnungsgemäß geführt werden. Nur der Anwalt, der alle Gesichtspunkte, die
bei der Ermittlung des unterhaltsrechtlich revelanten Einkommens von Bedeutung sind, berücksichtigt und im Streitfalle einen entsprechenden Sachverhalt
darlegt und ggf. nachweist, kann erwarten, daß der Unterhaltsrechtsstreit zu
einem richtigen Ergebnis führt (zur Ermittlung des Einkommens s. *Heiß/Heiß*,
Unterhalt von A–Z, S. 52ff. und Unterhaltsrecht – *Heiß/Heiß*, S. 3. 1ff., *Friederici*, Aktuelles Unterhaltsrecht, Seminarschriften der Deutschen Anwaltsakademie, Band 14, S. 13ff.). **Sachverständige:** Bei der Ermittlung des unterhaltsrechtlich relevanten Einkommens von Selbständigen kann häufig die Auswertung der Bilanzen, Gewinn- und Verlustrechnungen, Buchführungsunterlagen
u. dergl. ohne Einbeziehung eines Gutachters nicht sachgerecht vorgenommen
werden. Im Hinblick darauf, daß Gutachter regelmäßig nach betriebswirtschaftlichen und steuerrechtlichen Grundsätzen bei der Erstellung des Gutachtens
vorgehen, empfiehlt es sich einen **Beweisantrag** auf Einholung eines Sachverständigengutachtens nicht nur allgemein zur Höhe eines bestimmten Einkommens zu stellen, sondern diesen so konkret zu formulieren, daß eine sachgerechte Ermittlung des Einkommens vorgenommen werden kann. Im Anschluß an
Borth, (Handbuch des Scheidungsrechts, S. 750) empfiehlt es sich regelmäßig
folgende Fragen an den Gutachter zu richten:

– Sind die vorgelegten Unterlagen entsprechend den handels- bzw. steuerrechtlichen Grundsätzen erstellt worden?
– Wurde nach diesen Unterlagen der Betriebsgewinn korrekt ermittelt?
– In welcher Weise haben sich die Betriebsergebnisse über den Zeitraum von ... bis ... entwickelt (regelmäßig 3 Jahre)?
– Entspricht die vorgenommene Abschreibungspraxis den herkömmlichen betriebswirtschaftlichen Grundsätzen?
– Wie würde sich das jeweilige Betriebsergebnis darstellen, wenn entsprechend der Rechtsprechung des BGH die jeweilige AfA nicht aufgrund der steuerlich zulässigen Regelungen, sondern der tatsächlichen Nutzungsdauer der Wirtschaftsgüter vorgenommen würde (es empfiehlt sich, dem Gutachter diese Rechtsprechung zu benennen)?

- Sind Rückstellungen vorgenommen worden, die sowohl aus der Sicht im Zeitpunkt ihrer Vornahme als auch aus heutiger Sicht betriebswirtschaftlich nicht geboten waren?
- Wie sind die im Betrieb ruhenden stillen Reserven zu bewerten?
- Wird sich angesichts der Betriebsstruktur die bisherige positive (negative) Entwicklung des Betriebsergebnisses fortsetzen?

180 **d) Aufforderungsschreiben, Inverzugsetzung.** Gemäß §§ 1585 b, 1613 BGB kann der Unterhaltsberechtigte mit Ausnahme von Sonderbedarf (§ 1613 II BGB) Unterhaltserfüllung für die Vergangenheit oder Schadenersatz wegen Nichterfüllung erst von der Zeit an fordern, in der der Unterhaltspflichtige **in Verzug** gekommen oder der Unterhaltsanspruch rechtshängig geworden ist. Gemäß § 1585 b III BGB kann bezüglich des nachehelichen Ehegattenunterhalts für eine **mehr als ein Jahr** vor der Rechtshängigkeit liegende Zeit Erfüllung oder Schadenersatz wegen Nichterfüllung nur verlangt werden, wenn anzunehmen ist, daß der Verpflichtete sich der Leistung **absichtlich entzogen** hat.

181 Der Unterhaltspflichtige muß daher so früh wie möglich mit einem **Aufforderungsschreiben** in Verzug gesetzt werden. Gleichzeitig wird durch dieses Aufforderungsschreiben die Kostenfolge des § 93 ZPO vermieden. Bei diesem Schreiben muß berücksichtigt werden, daß der Verzug des Verpflichteten Fälligkeit der Forderung und Mahnung voraussetzt; Mahnung ist die Aufforderung, die geschuldete, nach Grund und Höhe genau bezeichnete Leistung zu erbringen. Die Mahnung muß eine der Höhe nach **bestimmte und eindeutige Leistungsaufforderung** enthalten. Die Wirksamkeit der Mahnung wird nicht dadurch berührt, daß ein **überhöhter Unterhalt** gefordert wird. Wegen der Schwierigkeiten der Berechnung einer Unterhaltsforderung kann eine Mahnung i. d. R. nicht deswegen als unwirksam angesehen werden, weil sie eine Zuvielforderung enthält (*BGH* FamRZ 1983, 352 ff.). Dies gilt jedoch nicht, wenn der bezifferte Unterhalt **außer Verhältnis** zum wirklich geschuldeten Unterhalt steht und der Unterhaltsschuldner aufgrund des Mahnschreibens nicht in der Lage ist, den wirklich geschuldeten Unterhalt zu errechnen (*OLG Frankfurt* FamRZ 1987, 1144 f.). Ein Betrag, der „ins Blaue hinein" verlangt wird, weist keinen genügenden Bezug auf den wirklich geschuldeten Unterhalt auf und vermag die Zwecke einer Mahnung, den Schuldner zur Erbringung der Leistung anzuhalten, nicht zu erfüllen. In derartigen Fällen ist eine Mahnung **rechtsunwirksam,** dies gilt jedenfalls dann, wenn eine Berechnung des aufgrund des Mahnschreibens geschuldeten Unterhalts schlechterdings unmöglich ist.

182 Das an den Verpflichteten gerichtete Verlangen, **Auskunft** über seine Einkommensverhältnisse zu erteilen, stellt keine konkrete Leistungsaufforderung dar (*BGH* FamRZ 1985, 155/157). Die Mahnung ist entbehrlich, wenn der Verpflichtete Unterhaltsleistungen eindeutig und endgültig **verweigert** hat. (Schriftsatz-Muster für Aufforderungsschreiben s. *Günther/Hein,* S. 189 ff. sowie bei *Vespermann,* Scheidungs- und Scheidungsverbundverfahren.)

2. Vereinbarungsmöglichkeiten

183 Bei der Scheidungsvereinbarung über den nachehelichen Unterhalt gewährt § 1585 c BGB einen **weiten Vereinbarungsspielraum.** Den Ehegatten steht bis zur Grenze des § 138 BGB volle Vereinbarungsfreiheit zu. Wenn sich die Eheleute nach entsprechender Aufklärung und Belehrung auf eine rechtlich zulässige, vom gesetzlichen Modell abweichende Lösung der Unterhaltsfrage einigen können, so ist dies als letzter Akt ehelicher Autonomie und Solidarität zu begrüßen und zu fördern. Der Rechtsanwalt sollte sich ebenso wie der Familienrichter hüten, den Vormund der Beteiligten spielen zu wollen. Die Scheidungsvereinbarung über den nachehelichen Unterhalt bedarf nach § 1585 c BGB grundsätzlich **keiner Form**. Allerdings kann sich der Zwang zur notariellen Form aus dem Titulierungszwang des § 630 I 3, III ZPO i. V. m. § 794 I 5, II ZPO ergeben. Der **minderjährige Ehegatte** bedarf zu einer Vereinbarung über den nachehelichen Ehegattenunterhalt der Zustimmung des gesetzlichen Vertreters, §§ 1633, 108 BGB.

Die häufigste Form der Vereinbarung über den nachehelichen Unterhalt ist **184** der völlige **Unterhaltsverzicht**. Der Unterhaltsverzicht verwirklicht die Grundvorstellung des Gesetzgebers, daß jeder Ehegatte nach der Scheidung für seinen Unterhalt selbst verantwortlich ist. Der Unterhaltsverzicht umfaßt mangels abweichender Vereinbarung auch den Verzicht auf den sog. **Notbedarf**. Die in der Praxis häufige ausdrückliche Einbeziehung des Notbedarfs in den Verzicht dient nur der Klarstellung. Der Fall der Not kann jedoch auch vom Verzicht ausdrücklich ausgenommen werden. Möglich ist auch ein **Unterhaltsverzicht gegen Abfindung,** etwa eine Kapitalabfindung als „Startgeld" im Sinne des weitgehend leerlaufenden § 1585 II BGB. Im **Verhältnis zur Sozialhilfe** sind zwei sich aus der Rechtsprechung des BGH ergebende Anwendungsfälle des § 138 BGB zu beachten. Hat ein Ehegatte bereits Sozialhilfe in Anspruch genommen und hat das **Sozialamt** vor Abschluß der Vereinbarung die Unterhaltsansprüche gemäß §§ 90, 91 BSHG auf sich **übergeleitet,** so hat der verzichtende Ehegatte kein Verfügungsrecht über diese Unterhaltsansprüche mehr. Der Verzicht ist unwirksam. Sittenwidrig und nichtig ist auch ein Unterhaltsverzicht, der in Anbetracht der wirtschaftlichen Situation der Eheleute zwingend dazu führen würde, daß der verzichtende Ehegatte der **Sozialhilfe anheim fällt** (ausführlich hierzu Unterhaltsrecht – *Langenfeld,* S. 15.14 ff.).

Die **modifizierende Unterhaltsvereinbarung** dient der Verfahrensbeschleu- **185** nigung, Kostenersparnis und vor allem der Vermeidung oder Beilegung von Streit über Höhe und Modalitäten der Unterhaltspflicht. Die Vereinbarungsmöglichkeiten sind so vielgestaltig wie das Recht des nachehelichen Unterhalts (s. hierzu Unterhaltsrecht – *Langenfeld,* S. 15.17 ff. m. w. Nachw.).

a) Elementarunterhalt. Eine besondere Rolle spielen hier Vereinbarungen **186** über den **Unterhaltsmaßstab.** Regelmäßig wird von den Lebensverhältnissen der Ehegatten ausgegangen, die zum Zeitpunkt der Scheidung dauerhaften Bestand gewonnen haben. Wird ein geringerer Unterhalt vereinbart, empfiehlt es sich den nach den ehelichen Lebensverhältnissen an sich angemessenen Bedarf als künftige Bemessungsgrundlage – auch für die Anrechnung eigenen Einkommens des Berechtigten – festzuhalten. Von erheblicher praktischer Bedeutung sind Vereinbarungen, die die Auswirkungen einer eigenen Erwerbstätigkeit des Unterhaltsberechtigten regeln oder berücksichtigen.

Die Bereitschaft des während der Ehe nicht berufstätigen Ehegatten zur Auf- **187** nahme einer Erwerbstätigkeit kann dadurch gesteigert oder erst hergestellt werden, daß im Gegensatz zur einschlägigen Rechtsprechung des *BGH* (vgl. FamRZ 1983, 144/146) für die Berechnung des zu quotierenden Einkommens die **Differenzmethode** an Stelle der Substraktionsmethode vereinbart wird. Abweichend von der gesetzlichen Gestaltung des Unterhaltsanspruchs kann vereinbart werden, daß der Unterhalt teilweise nicht durch Zahlung einer Geldrente (§ 1585 BGB), sondern in **Sachleistungen** wie etwa unentgeltliche Gebrauchsüberlassung einer Wohnung oder eines Kfz erbracht werden soll. In der Vereinbarung können Regelungen aufgenommen werden, die **künftige Änderungen** betreffen, z. B. wenn die geschiedene Ehefrau das aus der Ehe hervorgegangene Kind nicht mehr in einem solchen Umfange zu betreuen und zu erziehen braucht, daß sie nicht erwerbstätig sein kann, überhaupt Regelungen, die eine spätere Änderung erleichtern oder erschweren.

188   b) **Krankenversicherung.** Bezüglich des Krankenversicherungsunterhalts kann im Falle der **Privatversicherung** vereinbart werden, daß der geschiedene Ehegatte weiterhin mit dem Versicherungsnehmer versichert bleiben soll. Der Versicherungsnehmer hat sich dann zu verpflichten, weiterhin die Beiträge zu leisten und den Vertrag nicht zu kündigen. In der **gesetzlichen Krankenversicherung** erlischt die Krankenhilfe für den Ehegatten des in der Krankenversicherung Versicherten mit Rechtskraft des Scheidungsurteils. Der geschiedene Ehegatte hat aber die Möglichkeit, der Krankenversicherung nach §§ 185 II, 9 SGB V freiwillig beizutreten, und zwar ohne Rücksicht auf sein Alter, ohne Wartezeit, ohne ärztliche Untersuchung und ohne Ausschluß bereits bestehender Krankheiten von der Kassenleistung. Der Aufnahmeantrag oder die Beitragszahlung hat **binnen einer Frist von drei Monaten** nach Rechtskraft des Scheidungsurteils zu erfolgen. Dieses Verfahren und die Weiterzahlung des Beitrages durch den Unterhaltspflichtigen kann ausdrücklich vereinbart werden. Kinder bleiben regelmäßig versichert. Auf die Bedeutung der rechtzeitigen Antragstellung, die immer wieder versäumt wird, sollten beide Ehegatten nachdrücklich hingewiesen werden (sonst **Haftungsgefahr!**).

189   c) **Altervorsorgeunterhalt.** Altersvorsorgeunterhalt kann ab Beginn des Monats verlangt werden, in dem das Scheidungsverfahren rechtshängig geworden ist, § 1361 I 2 BGB. Der Unterhaltsberechtigte kann frei wählen, in welcher Form er sich versichern will, insbesondere, ob er in einer privaten Versicherung oder in der Rentenversicherung für sein Alter vorsorgen will. Die Bemessung des Altersvorsorgeunterhalts erfolgt nach der Bremer Tabelle; anschließend ist eine Kürzung des Elementarunterhalts vorzunehmen (zur Berechnung s. Unterhaltsrecht – *Heiß/Heiß*, S. 2. 45 ff.).

Der *BGH* (FamRZ 1988, 1145/1147) hat erneut die zweistufige Bemessung des Elementar- und Vorsorgeunterhalts nach der Bremer Tabelle gebilligt. Die von *Jacob* vorgeschlagene integrierte Berechnung des Vorsorge- und Grundunterhalts (FamRZ 1988, 997 ff.; 1989, 924 ff.) hat aber den Vorteil, daß Elementarunterhalt und Vorsorgeunterhalt besser aufeinander abgestimmt werden können. Wird ein zu geringer Krankheits- und Altersvorsorgeunterhalt gefordert, ist das Gericht nicht durch § 308 ZPO daran gehindert, einen höheren Betrag zuzusprechen. Es gilt die Regel, daß bei der Bemessung des Vorsorgeunterhalts im Verhältnis zum Elementarunterhalt weitgehend unabhängig von Parteierklärungen zu verfahren ist. Eine Bindung an den Antrag des Unterhaltsberechtigten ist nur insoweit anzunehmen, als kein höherer Gesamtunterhalt, als geltend gemacht, zugesprochen werden darf (so *BGH* FamRZ 1989, 483/485).

190   d) **Zeitliche Begrenzung.** Soll der Unterhaltsanspruch zeitlich begrenzt werden, gleichgültig, für welche Zwecke der Unterhalt gedacht ist und aus welchen Gründen die zeitliche Begrenzung festgelegt wird, so ist daraus häufig zu schließen, daß der Ehegatte für die folgende Zeit auf Unterhalt verzichtet (zu den

Folgen des Unterhaltsverzichts s. *Göppinger*, Vereinbarungen, Rdnr. 308 ff.). Eine ausdrückliche Klarstellung empfiehlt sich jedoch dringend.

e) Unterhaltsabänderung, § 323 ZPO. Wurde der Unterhalt durch **vertragliche Vereinbarung** geregelt, so unterliegt der Anspruch auf Anpassung an **veränderte Verhältnisse** nur den Grundsätzen der Änderung bzw. des Wegfalls der Geschäftsgrundlage (keine entsprechende Anwendung des § 323 ZPO!; vgl. *BGH* NJW 1986, 2054 = FamRZ 1986, 790). Unterhaltsverträge, in denen die Parteien Leistung einer festen Rente vereinbart haben, unterliegen grundsätzlich der Anpassung unter dem Gesichtspunkt der §§ 157, 242 BGB; die Anpassungsmöglichkeit entfällt im allgemeinen nur dann, wenn sie durch ausdrückliche Erklärung der Parteien ausgeschlossen ist, denn regelmäßig werden Unterhaltsverträge unter der Voraussetzung gleichbleibender Verhältnisse geschlossen (*Göppinger*, Rdnr. 253 ff. m. w. Nachw.). 191

Verteidigt der im Abänderungsprozeß beklagte Unterhalts**gläubiger** das **Urteil** mit dem Einwand, die titulierte Unterhaltsforderung sei inzwischen aufgrund eines **anderen Unterhaltsanspruchs** gerechtfertigt, so trifft ihn die Darlegungs- und Beweislast für die tatsächlichen Voraussetzungen der ausgewechselten Anspruchsgrundlage auch dann, wenn der Unterhaltsschuldner die Abänderungsklage erst geraume Zeit nach dem Einsatzzeitpunkt des neuen Anspruchs erhoben hat (so *OLG Zweibrücken*, FamRZ 1989, 1192 m. w. Nachw.). Der Unterhaltsgläubiger ist in diesem Fall den Schwierigkeiten nicht hilflos ausgesetzt, welche dadurch entstehen, daß der Unterhaltsschuldner erst geraume Zeit nach Eintritt der abänderungserheblichen tatsächlichen Veränderungen die Abänderungsklage erhebt. Es ist ihm nämlich möglich, durch rechtzeitige Sicherung des Beweises in einem Verfahren nach den §§ 485 ff. ZPO seine Rechtsverteidigung in einem späteren Abänderungsprozeß sicherzustellen. Eine derartige, in gewisser Weise vorbeugende Maßnahme zur Erhaltung des titulierten Unterhaltsanspruchs erscheint für den Unterhaltsgläubiger schon wegen seiner stärkeren Nähe zum abänderungserheblichen Sachverhalt zumutbar.

f) Abfindung. Eine Abfindungsvereinbarung ist in der Regel nur dann sinnvoll, wenn auch der Verpflichtete auf Unterhalt verzichtet. Die Vereinbarung einer Abfindung hat zur Folge, daß mit der Bezahlung der Abfindungssumme der gesetzliche **Unterhaltsanspruch erlischt,** sofern nicht eine Klausel aufgenommen wird, daß im Falle einer Notlage ein bestimmter Betrag laufend zu leisten sei. Erlischt der Unterhaltsanspruch, so wird der Erbe des unterhaltspflichtig gewesenen geschiedenen Ehegatten von Unterhaltspflichten frei (s. § 1586 b BGB). 192

g) Sicherstellung der Ansprüche. Ist der unterhaltspflichtige Ehegatte Eigentümer oder Miteigentümer eines Grundstücks, so kann die Verpflichtung zur Zahlung einer Unterhaltsrente durch Bestellung einer **Reallast** dinglich gesichert werden, §§ 1105 I, 1106, 1107, 1108, 1111 BGB. Möglich ist auch, daß zur Sicherstellung des Unterhalts ein **Nießbrauch** an einem Grundstück bestellt wird, § 1030 BGB (s. hierzu *Göppinger*, Vereinbarungen, Rdnr. 274 ff.). 193

3. Vorläufiger Rechtsschutz und Eilmaßnahmen

a) Arrest. Geht es dem Unterhaltsberechtigten darum, die **künftige Durchsetzung** seiner Ansprüche zu sichern, so kann das durch Arrest geschehen. In dem Arrestgesuch (§ 920 ZPO) sind der Anspruch und der Arrestgrund (§§ 917, 194

B X   Die familienrechtlichen Verfahren

918 ZPO) anzugeben und glaubhaft zu machen, §§ 920 II, 294 ZPO (die Voraussetzungen für den Erlaß eines Arrestes sind übersichtlich zusammengestellt in Unterhaltsrecht – *Luthin,* S. 5. 1 a ff.).

195   **b) Einstweilige Verfügung.** Hat der Unterhaltsberechtigte ein dringendes Bedürfnis nach rascher, gegenwärtiger Regelung seiner Unterhaltsansprüche, so kann das durch einstweilige Verfügung bewirkt werden, die als sog. **Leistungsverfügung** statthaft ist. In dem Gesuch sind der Verfügungsanspruch und der Verfügungsgrund zu bezeichnen und glaubhaft zu machen, §§ 936, 920 II, 294 ZPO. An die **Glaubhaftmachung** von Verfügungsanspruch und Verfügungsgrund sind strenge Maßstäbe anzulegen. Es muß eine **Notlage** des Unterhaltsberechtigten vorliegen; nur das **Notwendige** darf zuerkannt werden und nur für einen **begrenzten Zeitraum.** Ein Verfügungsgrund liegt insbesondere dann nicht vor, wenn der Unterhaltsberechtigte sich nachlässig um eine Klärung seiner Unterhaltsansprüche bemüht hat, insbesondere wenn er nachehelichen Ehegattenunterhalt **nicht im Verbund** mit der Scheidungssache geltend gemacht hat, obwohl der Unterhaltspflichtige eindeutig zu erkennen gegeben hat, daß er nicht freiwillig leisten werde (Unterhaltsrecht – *Luthin,* S. 25.4 ff. m. zahlr. w. Nachw. aus der Rechtsprechung).

   c) Einstweilige Anordnung
196   Solange eine Ehesache oder ein darauf gerichtetes Prozeßkostenhilfeverfahren anhängig ist, kann der nacheheliche Ehegattenunterhalt auch durch einstweilige Anordnung nach §§ 620–620 f ZPO geregelt werden (s. hierzu Unterhaltsrecht – *Luthin,* S. 25.12. ff.).

4. Anspruchsgrundlagen

197   Auszugehen ist von dem **Grundsatz,** daß nach der Scheidung jeder Ehegatte verpflichtet ist, selbst für seinen Unterhalt zu sorgen, § 1569 BGB. Ein Unterhaltsanspruch für die Zeit nach Rechtskraft der Scheidung besteht deshalb nur, wenn die Voraussetzungen einer der in §§ 1570 ff. BGB genannten Anspruchsgrundlagen dargelegt und ggf. bewiesen sind. Als Anspruchsgrundlagen kommen in Betracht:

198   **a) Unterhalt wegen Kindesbetreuung,** § 1570 BGB. Derjenige Elternteil, dem die elterliche Sorge für die ehegemeinschaftlichen Kinder übertragen wird, hat regelmäßig gegen den geschiedenen Ehegatten auch einen Unterhaltsanspruch für sich selbst. Bis zu welchem Zeitpunkt bei der Betreuung eines Kleinkindes eine Erwerbsobliegenheit nicht besteht, wird auch in den Leitlinien und Rechtsprechungshinweisen der Oberlandesgerichte, die im Anhang (Rdnrn. 350 ff.) abgedruckt sind, nicht einheitlich beurteilt.

   Im Regelfall ist davon auszugehen, daß eine Obliegenheit des Sorgeberechtigten zur Erwerbstätigkeit nicht besteht, bis bei 1 oder 2 Kindern das jüngste Kind in die 3. Grundschulklasse kommt. **Ab Beginn der 3. Grundschulklasse** bis zur Vollendung des **15. Lebensjahres** des jüngsten Kindes besteht für den Sorgeberechtigten in der Regel eine Obliegenheit zur **Halbtags-/Teilzeitbeschäftigung,** danach zur Ganztagstätigkeit. Ist das Kind älter als 15 Jahre, wird seine Betreuung einer Erwerbsobliegenheit des Elternteils regelmäßig nicht mehr entgegenstehen. Wer eine Ausnahme von der aus der Erfahrung abgeleiteten Regel in Anspruch nimmt, hat im Prozeß die hierfür erforderlichen Voraussetzungen darzulegen und zu beweisen.

b) Unterhalt wegen Alters, § 1571 BGB. Entscheidend für den Unterhaltsanspruch wegen Alters ist, daß die Anspruchsvoraussetzungen im sogenannten **Einsatzzeitpunkt** vorliegen. Ein geschiedener Ehegatte kann nicht allgemein, wenn er alt wird, Unterhalt verlangen. Die Unzumutbarkeit der Aufnahme einer Erwerbstätigkeit muß vielmehr am Ende der Ehe (d. h. bei Rechtskraft des Scheidungsurteils) oder in deren Nachwirkungsbereich (insbesondere bei Beendigung der Pflege oder Erziehung eines gemeinschaftlichen Kindes) bestehen. Im Gesetz wird **keine feste Altersgrenze** genannt, von der ab Unterhalt wegen Alters verlangt werden könnte. Der geschiedene Ehegatte muß nachweisen, daß er aufgrund seines Alters keine angemessene Erwerbstätigkeit finden konnte oder seinen Beruf nicht voll decken kann. Der Nachweis entsprechender, aber fehlgeschlagener Bemühungen (durch Zeitungsanzeigen, Arbeitsamt) reicht aus. In der Praxis ist davon auszugehen, daß einer Frau, die das **55. Lebensjahr** vollendet hat und längere Zeit nicht erwerbstätig war, es meist unmöglich ist, in das Erwerbsleben zurückzukehren. Auch bei Frauen, die im Zeitpunkt der Scheidung zwischen 50 und 55 Jahre alt sind, werden Versuche, ihnen eine angemessene Erwerbstätigkeit zu vermitteln, vielfach scheitern. Andererseits wird es auch Frauen geben, denen auch nach Vollendung des 55. Lebensjahres die Aufnahme einer Erwerbstätigkeit zugemutet werden kann, weil der Alterungsprozeß nicht so fortgeschritten ist, daß die Aufnahme einer entsprechenden Tätigkeit nicht erwartet werden könnte.

c) Unterhalt wegen Krankheit oder Gebrechen, § 1572 BGB. Erforderlich ist, daß die Krankheit entweder zum Zeitpunkt der Scheidung, nach Beendigung der Kindererziehung, nach einer Ausbildung oder nach einer Zeit der Arbeitslosigkeit besteht. Entscheidend für den Grad der Freistellung ist, ob die Krankheit völlige oder teilweise Erwerbsunfähigkeit zur Folge hat. Nach den Einsatzzeitpunkten eintretende Erkrankungen werden nicht mehr dem Risikobereich des geschiedenen Ehegatten zugerechnet. Etwas anderes gilt nur dann, wenn die im Einsatzzeitpunkt vorhandene Krankheit noch nicht zu einer völligen Erwerbsunfähigkeit führt, sich in der Folgezeit aber derart verschlechtert, daß der erkrankte Ehegatte keiner Erwerbstätigkeit mehr nachgehen kann (*BGH* FamRZ 1987, 684/685). In den Fällen, in denen zum Einsatzzeitpunkt (z. B. Zeitpunkt der Scheidung) eine teilweise Erwerbsunfähigkeit vorlag, die wegen der beschränkten Erwerbsfähigkeit zu einem Teilunterhalt führte, und in denen später eine völlige Erwerbsunfähigkeit eingetreten ist, weil sich der Gesundheitszustand verschlechtert hat, kann der Anspruch gemäß § 1572 BGB ab dem Zeitpunkt der völligen Erwerbsunfähigkeit auch den vollen angemessenen Unterhalt erfassen (*Schwab*, Teil IV, Rdnr. 134).

Den Unterhaltsberechtigten trifft die Obliegenheit, alles zur **Wiederherstellung der Arbeitskraft** erforderliche zu tun, um seine Unterhaltsbedürftigkeit zu mindern. Wer leichtfertig die Möglichkeit ärztlicher Behandlung und Behebung der Aufnahme der Erwerbstätigkeit entgegenstehender Schwierigkeiten nicht nutzt, kann seine Bedürftigkeit mutwillig herbeiführen und seinen Unterhaltsanspruch verwirken, § 1579 BGB.

d) Unterhalt wegen Arbeitslosigkeit, §§ 1573, 1574 BGB. Ein Ehegatte kann wegen unzureichender Wiedereingliederung ins Arbeitsleben Unterhalt verlangen, wenn er nach der Scheidung oder nach Beendigung der Kindererziehung oder nachdem er wieder gesund geworden ist, keine angemessene Erwerbstätigkeit zu finden vermag. Voraussetzung des Anspruchs ist, daß der

Ehegatte sich um eine **Erwerbstätigkeit ausreichend bemüht**. Bemüht er sich nicht ausreichend, so ist ein Unterhaltsanspruch nicht gegeben. Die Tatsache allein, daß er nicht erwerbstätig ist, soll somit den Anspruch noch nicht auslösen; es muß vielmehr hinzu kommen, daß seine Bemühungen, eine angemessene Erwerbstätigkeit aufzunehmen, ausreichend waren und erfolglos geblieben sind. Die Bedürftigkeit des Unterhaltsgläubigers entfällt im Umfang **erzielbarer Einkünfte** aus zumutbarer Erwerbstätigkeit. Vorstellungen beim Arbeitsamt, Zeitungsannoncen, Bewerbungen auf Anzeigen, Vorstellungsbesuche, probeweiser Arbeitsbeginn, Wiederherstellung der Gesundheit und was sonst üblicherweise unternommen wird, um eine Beschäftigung zu finden, muß auch von dem geschiedenen Ehegatten erwartet werden. Eine erlangte Erwerbstätigkeit darf er nicht durch eigenes verantwortbares Versagen gefährden.

Im Hinblick darauf, daß die Erfüllung von Erwerbsobliegenheiten schwierig zu kontrollieren ist, sind neben objektiven Kriterien auch die **subjektive Arbeitsbereitschaft** zu berücksichtigen, wobei häufig die Arbeitsbiographie sehr aufschlußreich sein kann (*BGH* FamRZ 1986, 244/246; *van Els* FamRZ 1989, 397).

202 e) **Ergänzungs- oder Aufstockungsunterhalt**, § 1573 II BGB. Wenn beide Ehegatten erwerbstätig, aber ihre Einkünfte unterschiedlich hoch sind, kann derjenige geschiedene Ehegatte, der eine angemessene Erwerbstätigkeit ausübt, dessen Einkünfte aber nicht ausreichen, ihm seinen vollen Unterhalt zu sichern, die **Differenz zwischen** seinen Einkünften und dem vollen Lebensbedarf von dem anderen Ehegatten als Geldrente verlangen. Der geschiedene Ehegatte, der aufgrund seiner Erwerbstätigkeit weniger verdient als 3/7 der Summe der Nettoeinkünfte der beiden Ehegatten, hat somit einen sogenannten Aufstockungsunterhaltsanspruch.

203 f) **Unterhalt wegen Ausbildung**, Fortbildung oder Umschulung, § 1575 BGB. Wer in Erwartung der Ehe oder während der Ehe eine Schul- oder Berufsausbildung nicht aufgenommen oder abgebrochen hat, kann von dem anderen Ehegatten Unterhalt verlangen. Entscheidend für die Ausbildungsfinanzierung ist, daß die Ausbildung sobald wie möglich, d. h. unverzüglich nach der Scheidung aufgenommen wird und ein erfolgreicher Abschluß zu erwarten ist.

204 g) **Unterhalt aus Billigkeitsgründen**, § 1576 BGB. Wer nach den bisher dargestellten unterhaltsbegründenden Tatbeständen (Kindeserziehung, Alter, Krankheit, Arbeitslosigkeit, Ausbildung) keinen Anspruch hat, kann dennoch in Ausnahmefällen Unterhalt verlangen, wenn dies **Gerechtigkeitserwägungen** erfordern. Entscheidend für einen solchen Unterhaltsanspruch ist, daß seine Ablehnung dem Gerechtigkeitsempfinden in unerträglicher Weise widerspräche, z. B. in Fällen in denen der in Anspruch genommene Ehegatte einen **Vertrauenstatbestand** des Inhalts gesetzt hat, der Unterhalt des bedürftigen Ehegatten werde auch in Zukunft trotz Unmöglichkeit einer Erwerbstätigkeit gesichert sein. Dabei ist jedoch zu beachten, daß das Gesetz generell nicht das Vertrauen eines Ehegatten, daß er – wenn er nur einmal einen leistungsfähigen Partner geheiratet und diesem die Rolle des Geldverdieners überlassen hat – dann ein für allemal bis an sein Lebensende für seinen Unterhalt ausgesorgt hat. Grundprinzip des nachehelichen Unterhaltsrechts ist vielmehr die Eigenverantwortung.

5. Maß des Unterhalts

Liegen die Anspruchsvoraussetzungen für einen oder mehrere der Unterhaltstatbestände vor, ist das Maß des zu leistenden Unterhalts zu bestimmen. Das Maß des Unterhalts bestimmt sich nach den **ehelichen Lebensverhältnissen** (§ 1578 I BGB). Die ehelichen Lebensverhältnisse hängen im wesentlichen von den Einkommens- und Vermögensverhältnissen ab, sie werden insbes. durch das Einkommen der Eheleute geprägt. In einer sogenannten **Doppelverdienerehe** werden die ehelichen Lebensverhältnisse durch die addierten Einkünfte beider Ehegatten bestimmt, wobei eine Pauschalsumme, ausgehend von dem Nettoeinkommen, das die Ehegatten zum Zeitpunkt der Scheidung hatten, festgesetzt wird. Zum Typus der Doppelverdienerehe gehört dabei auch eine Ehe, in der ein Ehegatte vor der Trennung vom anderen Ehegatten in dessen Unternehmen jahrelang regelmäßig und nicht in unerheblichem Umfang mitgearbeitet hatte, ohne daß er einen eigenen Lohn förmlich ausbezahlt erhielt. 205

Einkünfte aus einer **überobligationsmäßigen Tätigkeit** sind ohne Einfluß auf die ehelichen Lebensverhältnisse, weil sie jederzeit ohne unterhaltsrechtliche Nachteile eingestellt werden können (so *BGH* FamRZ 1988, 256). 206

Das gleiche gilt für Einkünfte aus unzumutbarem Vermögenseinsatz, etwa nicht gebotener Untervermietung (so zutr. *Graba* FamRZ 1989, 562/569).

Die Tätigkeit als Hausfrau oder die **Betreuung von Kindern** ist zwar der Erwerbstätigkeit und der durch diese ermöglichte Barunterhaltsleistung wirtschaftlich grundsätzlich gleichwertig, § 1606 III 2 BGB. Sie bleibt aber für die Unterhaltsbemessung nach den ehelichen Lebensverhältnissen **außer Betracht**, weil diese durch die Einkünfte und nicht durch den Wert der Leistungen der Ehegatten bestimmt werden (*BGH* FamRZ 1988, 1145 f.).

Bei Ermittlung des Lebensstandards einer „**Beamten-Ehe**" ist auch der beamtenrechtliche Anspruch auf Beihilfen im Krankheitsfall sowie auf eine beitragsfreie Invaliditäts- und Altersvorsorge zu berücksichtigen (so *BGH* FamRZ 1989, 483 ff.).

Wenn der tatsächliche Lebensunterhalt im **Einvernehmen** der beteiligten Ehegatten auf Dauer in der Weise angelegt war, daß Teile des Einkommens zur **Vermögensbildung** verwendet wurden, muß dieser Umstand bei der Bestimmung der ehelichen Lebensverhältnisse berücksichtigt werden. Abzustellen ist dann auf den Betrag, der zur Lebensführung tatsächlich zur Verfügung stand. Dabei sollen jedoch weder übertriebener Konsumverzicht zugunsten der Vermögensbildung, noch eine verschwenderische Lebensführung maßgeblich sein. 207

Bei der Feststellung der ehelichen Lebensverhältnisse sind **Schulden** dann nicht zu berücksichtigen, wenn die den Schulden zugrunde liegende Kreditaufnahme zu **Konsumzwecken** (Anschaffung von Hausrat, Finanzierung der Lebenshaltungskosten etc.) erfolgte. Denn in diesem Fall stand den Eheleuten infolge der Abzahlung des Kredits letztlich nicht weniger Geld zur Verfügung, als wenn sie die Aufwendungen jeweils dann getätigt hätten, wenn sie zur Zahlung ohne Kreditaufnahme in der Lage gewesen wären. Entscheidend ist darauf abzustellen, welcher Betrag zur Verfügung stand, um den allgemeinen Lebensbedarf abzudecken, so daß es ohne Bedeutung ist, ob der Lebensbedarf durch Kreditaufnahme, die sodann in monatlichen Raten getilgt wurde, finanziert worden ist, oder ob die Deckung des Lebensbedarfs mit den jeweils vorhandenen Mitteln erfolgte. Anders ist es mit Schulden, deren **Abzahlung die Auswirkung hatte, daß im Ergebnis** den Eheleuten ein geringerer Geldbetrag 208 zur Lebensführung zur Verfügung stand, als ihren Einkommensverhältnissen entsprach; dies ist insbesondere dann der Fall, wenn z. B. Schulden aus früherer Ehe oder aus geschäftlichem Mißgeschick mit in die Ehe gebracht wurden und die Abzahlung während der Ehe erfolgte. Hier werden die ehelichen Lebensverhältnisse dadurch geprägt, daß ein geringeres als das tatsächlich erzielte Einkommen zur Verfügung stand. Das gleiche gilt, wenn die Schulden zwar erst während der Ehe entstanden sind, aber nicht auf Lebenshaltungskosten im weitesten Sinne beruhen, sondern einverständlich aufgenommen wurden, um einen Geschäftsbetrieb zu führen. Schulden im Zusammenhang mit dem **Erwerb eines Grundstücks,** Hauses oder einer Eigentumswohnung dienen der **Vermögensbildung,** so daß sie, jedenfalls wenn sie einverständlich aufgenommen worden sind, grundsätzlich im Rahmen eines vernünftigen Tilgungsplans berücksichtigt werden können. Dabei ist jedoch dem Umstand Rechnung zu tragen, daß durch die Abtragung solcher Lasten gleichzeitig **Wohnbedarf** gedeckt worden ist, wenn die Ehepartner das Haus oder die Wohnung bewohnt haben. Soweit die Lasten nicht höher sind, als die nach den Verhältnissen übliche Miete, sind sie daher nicht als Schulden zu berücksichtigen, denn damit wird nicht anders als mit der Miete ein Teil des allgemeinen Lebensbedarfes abgedeckt.

Schließlich werden die ehelichen Lebensverhältnisse durch das Vorhandensein unterhaltsbedürftiger **Kinder** geprägt; vom Nettoeinkommen ist daher vorweg der Betrag abzuziehen, der vom verfügbaren Gesamtnettoeinkommen der Eheleute zum angemessenen Unterhalt der Kinder verbraucht wurde, denn dieser Betrag stand den Eheleuten zur Lebensführung nicht zur Verfügung. Bezogenes Kindergeld ist demgegenüber als Einkommenserhöhung zu berücksichtigen.

209 **Maßgebender Zeitpunkt** für die Bestimmung der ehelichen Lebensverhältnisse ist der **Zeitpunkt der Scheidung** und nicht, auch nicht bei langjährigem Getrenntleben, der Zeitpunkt der Trennung (*BGH* NJW 1982, 1871 m. w. Nachw.).

Bei der Bemessung des Unterhaltsbedarfs nach den ehelichen Lebensverhältnissen muß dem erwerbstätigen Unterhaltspflichtigen ein die Hälfte des verteilungsfähigen Einkommens maßvoll übersteigender Betrag verbleiben (so *BGH* FamRZ 1989, 842 m. w. Nachw.). Der *BGH* hat wiederholt entschieden und eingehend begründet, daß es dem **Halbteilungsgrundsatz** nicht widerspricht, sondern mit dem Grundsatz gleichmäßiger Teilhabe am ehelichen Lebensstandard in Einklang steht, wenn dem erwerbstätigen Unterhaltsverpflichteten eine höhere Quote als dem nicht erwerbstätigen bedürftigen Ehegatten zugebilligt wird (*BGH* FamRZ 1988, 265; 1989, 842 f.).

210 **Unterhaltsbedarf (Ehegattenunterhalt).** Bei der Bedarfsbemessung dürfen nur Einkünfte berücksichtigt werden, die die ehelichen Lebensverhältnisse **nachhaltig geprägt** haben.

Es gilt der Halbteilungsgrundsatz, wobei jedoch Erwerbseinkünfte nur zu $6/7$ zu berücksichtigen sind (Abzug von $1/7$ als Arbeitsanreiz/Erwerbstätigenbonus). Die Quote (Unterhaltsbedarf) beträgt 50% des so errechneten Einkommens des Pflichtigen, wenn er **Alleinverdiener** ist. Haben **beide Ehegatten Einkommen,** so beträgt der Unterhaltsbedarf 50% der **Summe** der Einkünfte **beider** Ehegatten.

Konkret geltend gemachter **trennungsbedingter Mehrbedarf** kann zusätzlich berücksichtigt werden.

Leistet ein Ehegatte auch Unterhalt für ein Kind und hat dies die ehelichen Lebensverhältnisse geprägt, so wird sein Einkommen vorab um den Tabellenunterhalt ohne Berücksichtigung des Kindergeldes bereinigt. Erbringt der Verpflichtete sowohl Bar- als auch Betreuungsunterhalt, so kann sein Einkommen aus unzumutbarer Tätigkeit je nach Billigkeit ganz oder teilweise unberücksichtigt bleiben.

Werden **Krankenversicherungskosten** von Berechtigten gesondert geltend gemacht oder vom Verpflichteten bezahlt, sind diese vom anrechenbaren Einkommen des Pflichtigen **vorweg abzuziehen** (so Leitlinien des OLG *München,* Ziff. 3.1 bis 3.3; 1.7).

6. Bedürftigkeit des Berechtigten, § 1577 BGB

Unterhalt kann nur verlangen, wer bedürftig ist. Das Unvermögen, sich aus 211 eigenen Einkünften und eigenem Vermögen selbst zu unterhalten, ist **Anspruchsvoraussetzung;** für die diesbezüglichen Tatsachen trägt der Unterhaltskläger die Darlegungs- und Beweislast. Dabei ist nach dem Gesetz zu unterscheiden: Uneingeschränkt anzurechnen sind nur Einkünfte aus einer sowohl angemessenen als auch von dem geschiedenen Ehegatten zu erwartenden Erwerbstätigkeit. Einkünfte aus einer Erwerbstätigkeit, zu welcher der Ehegatte nicht verpflichtet ist, sind nur in den Grenzen der Billigkeit anzurechnen. Die Unterhaltsbedürftigkeit des Ehegatten wird nicht nur durch Einnahmen aus einer tatsächlich ausgeübten oder ihm obliegenden Erwerbstätigkeit oder aus Vermögen gemindert, sondern auch durch **alle sonstigen Einkünfte.** Auch insoweit gilt, daß als Einkünfte auch solche Beträge anzurechnen sind, die der Ehegatte zwar nicht erzielt, aber zumutbarer Weise erzielen könnte (fiktive Einkünfte).

Obwohl trennungsbedingter Mehraufwand regelmäßig anfällt, wird er in der Praxis selten geltend gemacht. Dies ist vor allem darauf zurückzuführen, daß meist kein verteilbares Einkommen übrigbleibt, wenn der Quotenunterhalt bestimmt ist. Der *BGH* (FamRZ 1982, 892/894) hat auch ausgesprochen, daß die Differenzmethode bei durchschnittlichen Einkommensverhältnissen regelmäßig geeignet ist, auch dem beiderseitigen trennungsbedingten Mehrbedarf Rechnung zu tragen. Trennungsbedingter Mehrbedarf kann **nicht nach einem prozentualen Anteil** des Bedarfs nach den ehelichen Lebensverhältnissen generell bestimmt werden, sondern ist vom Unterhaltsberechtigten **konkret** darzulegen (so *BGH* FamRZ 1990, 258 ff.). In den Fällen, in denen ein nicht erwerbstätiger Ehegatte einem leistungsfähigen Dritten den Haushalt führt, kann diesem Ehegatten in der Regel ein fiktives Einkommen in Höhe von 500,– DM bis 1000,– DM angerechnet werden, wobei in diesem Betrag in der Regel der Vorteil des mietfreien Wohnens beim Dritten bereits enthalten ist (so Münchner Leitlinien, Ziff. 3.7).

7. Leistungsfähigkeit des Verpflichteten, Selbstbehalt

Die Leistungsfähigkeit wird von sämtlichen Mitteln, die der Verpflichtete zur 212 Verfügung hat und/oder beschaffen könnte, sowie von den Abzugsposten, um die die Einkünfte zu bereinigen sind, geprägt.

Nach einer Entscheidung des *OLG Frankfurt* (FamRZ 1989, 1300 f.) ist einem **Selbständigen** in der Regel eine Quote von etwa **20% seines Nettoeinkommens** für seine Krankheits- und Altersvorsorge gutzubringen.

In jedem Fall muß dem Unterhaltsverpflichteten ein gewisser Mindestbetrag, der sogenannte **Selbstbehalt** verbleiben. Wer durch seine Berufstätigkeit einen geschiedenen Ehegatten und evtl. Kinder unterhält, darf soviel für sich behalten, wie er notwendigerweise zum Leben braucht. Sind von dem anrechnungsfähigen Einkommen die berücksichtigungsfähigen Posten abgesetzt, so ist das **bereinigte Nettoeinkommen** ermittelt. – Gemäß den **neu** eingefügten §§ 1610a, 1578a, 1361 Abs. 1 Satz 1, 2. HS BGB gilt folgende **gesetzliche Vermutung:** „Werden für Aufwendungen infolge eines Körper- oder Gesundheitsschadens Sozialleistungen in Anspruch genommen, wird bei der Feststellung eines Unterhaltsanspruchs vermutet, daß die Kosten der Aufwendungen nicht geringer sind als die Höhe dieser Sozialleistungen" (z. B. bei Blindengeld).

213 Gegenüber **geschiedenen Ehegatten** gilt grundsätzlich der eheangemessene Selbstbehalt. Er entspricht dem angemessenen Unterhaltsbedarf des Berechtigten zzgl. des Erwerbstätigenbonus des Unterhaltspflichtigen. Ist der Verpflichtete außerstande, ohne Gefährdung seines eheangemessenen Selbstbehalts Unterhalt zu gewähren und übersteigt der eheangemessene Selbstbehalt den notwendigen Selbstbehalt, so braucht der Pflichtige Unterhalt nur nach Billigkeit zu leisten (§ 1581 BGB). Eine Herabsetzung auf den notwendigen Selbstbehalt kommt nur in Ausnahmefällen in Betracht, so z. B. wenn dem berechtigten Ehegatten eine Erwerbstätigkeit auch unter Anlegung strenger Maßstäbe nicht zugemutet werden kann, weil er ein noch nicht schulpflichtiges Kind betreut.

Beispiel: Ehemann Stefan erzielt ein durchschnittliches Nettoeinkommen in Höhe von 3200,— DM; nach Abzug der 5%igen Pauschale für arbeitsbedingte Mehraufwendungen verbleiben ihm 3040,— DM. Für den 10jährigen Sohn Thilo und den 11jährigen Sohn Rudi bezahlt er an die Kindesmutter, die das Kindergeld erhält, einen Unterhalt von 400,— DM je Kind (450,— DM Tabellenunterhalt ./. 50,— DM anteiliges Kindergeld). Die geschiedene Ehefrau Stefanie geht einer Halbtagstätigkeit nach und erzielt dabei durchschnittlich monatlich 800,— DM; nach Abzug einer 5%igen Pauschale für arbeitsbedingte Mehraufwendungen verbleiben ihr 760,— DM.

Lösung:

Erwerbseinkommen des Stefan	3040,— DM
./. ½ Erwerbstätigenbonus	434,28 DM
./. Tabellenunterhalt für Thilo	450,— DM
./. Tabellenunterhalt für Rudi	450,— DM
verbleibendes Einkommen	1705,72 DM
Arbeitseinkommen der Stefanie	760,— DM
./. ½ Arbeitsanreiz	108,58 DM
verbleiben	651,42 DM
Unterhaltsbedarf nach den ehelichen Lebensverhältnissen:	
Einkommen Stefan	1705,72 DM
zuzüglich Einkommen Stefanie	651,42 DM
Summe der Einkünfte	2357,15 DM
50% = Unterhaltsbedarf der berechtigten Stefanie =	1178,58 DM
Unterhaltsanspruch der berechtigten Stefanie:	
Unterhaltsbedarf	1178,58 DM
./. eigenes Erwerbseinkommen	651,42 DM
Unterhaltsanspruch	527,15 DM
Selbstbehalt des unterhaltspflichtigen Stefan:	
Unterhaltsbedarf der berechtigten Stefanie:	1178,58 DM
+ Erwerbstätigenbonus des unterhaltspflichtigen Stefan	434,28 DM
./. anteiliges Kindergeld	100,— DM
Selbstbehalt des Stefan	1512,86 DM

Der **eheangemessene Selbstbehalt** des Stefan in Höhe von 1512,86 DM würde bei einer Verpflichtung zur Bezahlung des festgestellten Unterhaltsanspruchs der berechtigten Stefanie unterschritten, weil dem Stefan nach Bezahlung des Kindesunterhalts nur noch 1705,72 DM verbleiben. Unter Berücksichtigung des eheangemessenen Selbstbehalts ist er nur noch zur Bezahlung eines Ehegattenunterhalts in Höhe von 193,— DM leistungsfähig (verbleibendes Einkommen 1705,72 ./. eheangemessener Selbstbehalt in Höhe von 1512,87 DM = 192,85 DM, aufgerundet 193,— DM. Es ist daher Unterhalt nach Billigkeit gemäß § 1581 BGB zu bezahlen.

8. Rangfolge bei mehreren Unterhaltsberechtigten

Sofern das unterhaltsrechtlich anrechenbare Einkommen zur Deckung zumindest des notwendigen Bedarfs ausreicht, bekommt jeder Unterhaltsberechtigte diesen Mindestunterhalt. Nur wenn der Mindestunterhalt nicht gedeckt ist, entsteht die Frage der Rangfolge. Die Rangverhältnisse sind in §§ 1582, 1583, 1609 II, 1582 II BGB geregelt. Vorrangige Unterhaltspflichten mindern die Leistungsfähigkeit stets um den gesamten, an den ranggünstigeren Unterhaltsgläubiger zu zahlenden Betrag. Gleichrangige Unterhaltspflichten sind bei Würdigung der Leistungsfähigkeit anteilig anzusetzen (sogenannte Mangelfälle). Nach § 1609 II BGB steht der Unterhaltsanspruch des Ehegatten dem der minderjährigen unverheirateten Kinder gleich. Ist die Ehe geschieden oder aufgehoben, so geht der unterhaltsberechtigte Ehegatte den volljährigen oder verheirateten Kindern vor (zu Einzelheiten s. Unterhaltsrecht – *Heiß/Heiß*, S. 4.1 ff.).

214

9. Berechnungsmethoden

Die Wahl der Berechnungsmethode hat erheblichen Einfluß auf die Höhe des Unterhaltsanspruchs. Die Anwendung der Berechnungsmethode bestimmt sich danach, ob die eigene Erwerbstätigkeit des unterhaltsberechtigten Ehegatten die für den Unterhalt maßgebenden ehelichen Verhältnisse prägte oder nicht.

a) Im Falle einer sog. **Doppelverdienerehe,** bei der die ehelichen Lebensverhältnisse durch die Einkünfte beider Ehegatten bestimmt worden sind, kann der dem weniger verdienenden Ehegatten zuzubilligende Unterhalt nach der sog. **Differenzmethode** mit einer Quote des Unterschiedes zwischen dem eigenen Einkommen und dem Einkommen des anderen Ehegatten ermittelt werden (*BGH* FamRZ 1984, 358, 359 = NJW 1984, 1237).

215

b) Die Differenzmethode kann jedoch nicht angewendet werden, wenn während der Ehe nur **ein Ehegatte eine Erwerbstätigkeit** ausgeübt hat, denn in diesem Fall werden die ehelichen Lebensverhältnisse allein durch das Einkommen des verdienenden Ehegatten bestimmt. Bei der sog. **Hausfrauenehe,** bei der der nicht erwerbstätige Partner ggf. nach der Trennung, jedenfalls aber nach der Scheidung eine Erwerbstätigkeit aufnimmt, ist die sog. **Substraktions- oder Anrechnungsmethode** anzuwenden. Die Ergebnisse müssen jedoch im Einzelfall auf ihre Angemessenheit überprüft werden. Das ist insbesondere im Hinblick auf etwaige Mehrkosten der Fall, die den Ehegatten als Folge ihrer Trennung erwachsen und dazu führen können, daß der Berechtigte mit den Mitteln, die sich aus der Anwendung der Anrechnungsmethode als Quote ergeben, den ehelichen Lebensstandard nicht mehr aufrechtzuerhalten vermag. Die sog. Anrechnungsmethode ist auch anzuwenden, wenn dem unterhaltsberechtigten Ehegatten **fiktive Einkünfte** deshalb zugerechnet werden, weil er einem **neuen Partner den Haushalt führt** (*BGH* FamRZ 1984, 356f.).

216

Die strikt durchgeführte Anrechnungsmethode kann den anspruchsberechtigten Ehegatten benachteiligen. Das oft als ungerecht empfundene Ergebnis kann auf zwei Wegen abgemildert werden:

Zum einen können sich die ehelichen Lebensverhältnisse als eine **Doppelverdienerehe** bereits dann darstellen, wenn nach dem **Lebensplan** der Ehegatten die Ehefrau später wieder eine Arbeit aufnehmen sollte oder wollte; in diesem Fall kann nach der Trennung erzieltes Arbeitseinkommen nach der **Differenzmethode** berücksichtigt werden. Die Frau trägt aber die Darlegungs- und Beweislast dafür, daß „die Tätigkeit auch ohne Trennung der Parteien aufgenommen worden wäre". Kann sie das nicht beweisen, so ist davon auszugehen, daß die nach der Trennung aufgenommene Arbeit auf einem erst jetzt gefaßten Entschluß beruht, das heißt, das insoweit erzielte Einkommen ist nach der Anrechnungsmethode zu behandeln (*Weychardt,* Zur Bemessung des Ehegattenunterhalts, NJW 1984, 2328/2329 im Anschluß an *BGH*).

Zum anderen kann ein als ungerecht empfundenes Ergebnis durch die Berücksichtigung von **trennungsbedingtem Mehrbedarf** abgemildert werden. Die infolge der Trennung erforderlich gewordenen Mehrkosten können, soweit sie der Unterhaltsberechtigte konkret darlegt, bei der Feststellung des abzuziehenden Einkommens berücksichtigt werden. Die Mehrkosten sind vom Tatrichter unter Berücksichtigung der Umstände des Einzelfalles zu ermitteln, wobei diesem nicht verwehrt ist, unter Zuhilfenahme allgemeiner Erfahrungssätze nach § 287 ZPO die Höhe der Mehrkosten zu schätzen (so BGH FamRZ 1983, 886). Beispielsweise könnte man die reine Substraktionsmethode also wie folgt modifizieren (im Anschluß an *Weychardt* NJW 1984, 2328/2329):

Monatseinkommen Ehemann:	3000,— DM
davon (z. B. nach Düsseldorfer Tabelle) 3/7	1285,71 DM
zuzüglich trennungsbedingter Mehrbedarf	+ 257,14 DM
	1542,85 DM
abzüglich Eigeneinkommen der Ehefrau	1000,— DM
Unterhaltsanspruch der Ehefrau gegen den Ehemann	542,85 DM

217 c) Mischmethode bei Ausweitung einer bisherigen Halbtagstätigkeit. Wird eine seitherige zumutbare Halbtagstätigkeit **nach der Trennung** in eine zumutbare Ganztagstätigkeit ausgeweitet, so ist eine gemischte Berechnungsmethode vorzunehmen.

Beispiel:

Der Ehemann Stefan erzielt ein durchschnittliches Nettoeinkommen in Höhe von 3200,— DM, nach Abzug der 5%igen Pauschale für arbeitsbedingte Mehraufwendungen verbleiben 3040,— DM. Bis zur Scheidung übt die Ehefrau eine Halbtagstätigkeit aus, bei der sie durchschnittlich 500,— DM, nach Abzug der Pauschale 475,— DM verdient. Nach der Scheidung weitet die Ehefrau Stefanie die Erwerbstätigkeit in eine Ganztagsbeschäftigung aus und verdient monatlich netto 600,— DM, nach Abzug der Pauschale von 30,— DM 570,— DM mehr, also insgesamt nach Abzug der Pauschale 1045,— DM.

Lösung:

Monatseinkommen des Stefan	3040,— DM
./. Einkommen Stefanie vor der Trennung	475,— DM
Differenz	2565,— DM
Unterhaltsbedarf nach Düsseldorfer Tabelle 3/7 von 2565,— DM =	1099,29 DM

Davon abzuziehen ist das zusätzliche Nettoeinkommen der Stefanie nach der Scheidung in Höhe von 570,— DM
./. 1/7 Arbeitsanreiz (= 1/7 von 570,— DM = 81,43 DM)

Im Wege der Substraktionsmethode sind daher vom Unterhaltsbedarf
von 1099,29 DM noch (% von 570,— DM) 488,57 DM
abzuziehen, so daß der Unterhaltsanspruch der Stefanie gegen den Stefan bei Anwendung
der Mischmethode 610,72 DM, aufgerundet 611,— DM beträgt.

Ebenso ist zu verfahren, wenn die ehelichen Lebensverhältnisse z. B. durch Einkünfte aus **Vermögen** des Unterhaltsberechtigten mitgeprägt waren oder wenn bei der Bestimmung der ehelichen Lebensverhältnisse eine Wohnwertanrechnung erfolgt und nach der Scheidung zusätzliches Arbeitseinkommen erzielt wird.

d) Berechnungsmethode bei Arbeitsaufnahme nach Trennung, aber vor 218
Scheidung. Hat die Ehefrau schon während der Trennung eine Erwerbstätigkeit aufgenommen, so werden die ehelichen Lebensverhältnisse durch dieses Einkommen der Frau mitgeprägt. Es ist daher gerechtfertigt, in einem solchen Fall die Einkünfte der Ehefrau bei der Ermittlung der ehelichen Lebensverhältnisse in vollem Umfang heranzuziehen, mit der Folge, daß insoweit die Differenzmethode anzuwenden ist, wobei aber zu beachten ist, daß der **Unterhaltskläger die Beweislast** für die Gestaltung der ehelichen Lebensverhältnisse trägt, nach denen sich sein Unterhalt bemißt (vgl. *BGH FamRZ* 1982, 892; *FamRZ* 1984, 150). Für die Frage, ob und inwieweit die Erwerbstätigkeit das Maß des Unterhalts mitbestimmt, kommt es entscheidend darauf an, ob die Aufnahme oder Ausweitung der Erwerbstätigkeit **in der Ehe angelegt** war und damit auch **ohne die Trennung** erfolgt wäre. Die Entscheidung hierüber ist vom Tatrichter unter Würdigung aller Umstände des Einzelfalles zu treffen (so *BGH FamRZ* 1984, 149/150). Dabei ist stets zu beachten, daß sich der Trennungsunterhalt nach dem **jeweiligen Stand** der wirtschaftlichen Verhältnisse bemißt, an deren prägender **Entwicklung** die Ehegatten bis zur Scheidung gemeinschaftlich teilhaben (*BGH FamRZ* 1988, 256f.) Der Unterhaltsanspruch wird auf jeden Fall nach oben durch den **Bedarf nach den ehelichen Lebensverhältnissen** begrenzt und es besteht dann kein Anspruch mehr, wenn das eigene Einkommen des Unterhaltsberechtigten diesen Bedarf deckt.

10. Einwendungen gegen die Unterhaltspflicht

a) Verteidigung des Unterhaltsverpflichteten. Schwere Fehler werden in 219
Unterhaltsstreitigkeiten vor allem dadurch gemacht, daß als Verteidigungsmöglichkeiten nur diejenigen Möglichkeiten erkannt werden, die § 1579 BGB gibt. Dabei werden die Auswirkungen des § 1579 BGB häufig überschätzt, gleichzeitig wird übersehen, daß anderes Verteidigungsvorbringen wesentlich wirksamer sein kann. Aus der Schwierigkeit der Rechtsmaterie des Unterhaltsrechts ergibt sich eine Vielzahl von Verteidigungsmöglichkeiten, von denen hier nur ein geringer Teil (die in jedem Fall geprüft werden sollten) kurz angesprochen werden (im Anschluß an *Günther/Hein*, S. 250ff.):

– **Anspruchsgrundlage:** Das Vorbringen zu den Voraussetzungen der geltend gemach- 220
ten Anspruchsgrundlage ist gründlich auf Schlüssigkeit, Substantiierung und Beweisangebote zu untersuchen. Der Aussageinhalt und die Beweiskraft der beigefügten Unterlagen (z. B. ärztliche Atteste, Verdienstbescheinigungen) sind sorgfältig zu prüfen und zu würdigen. Insbesondere, wenn den unterhaltbegehrenden Ehegatten eine Erwerbsobliegenheit trifft und er eine Erwerbstätigkeit auch ausübt, aber das Einkommen gering erscheint, liegt es nahe, zu überprüfen, ob die geleisteten Wochenarbeitsstunden die Obliegenheit erfüllen oder nicht. Wird Unterhalt wegen Krankheit begehrt, bestehen häufig Zweifel hinsichtlich Art, Umfang, Dauer und Folgen der Erkrankung; in

diesen Fällen muß mindestens die Einholung eines amtsärztlichen Gutachtens zu den offenen Fragen verlangt werden. Beruft sich der Unterhalt begehrende Ehegatte auf die Anspruchsgrundlage aus § 1573 BGB, ist streng zu prüfen, ob die Bemühungen um Arbeit ausreichend und ernsthaft waren, wobei in der Regel im Monat mindestens 7 erfolglose ernsthafte Bewerbungen als notwendig angesehen werden. Bestehen **Zweifel an der Ernsthaftigkeit der Bemühungen um Arbeit**, muß mindestens darauf bestanden werden, daß einige Arbeitgeber, bei denen die Bemühungen um Arbeit erfolglos waren, als Zeugen vernommen werden. Dabei ist zunächst jedoch zu prüfen, ob die mangelhaften Bemühungen für die Arbeitslosigkeit **ursächlich** sind. Nach der Rechtssprechung des BGH (vgl. *BGH* FamRZ 1986, 885 f.) besteht eine Verpflichtung zu intensiven Bemühungen um Arbeit dann nicht, wenn die Beschäftigungschance „gleich Null" ist, wenn also eine Beschäftigung aufgrund der Arbeitsmarktlage oder infolge der persönlichen Voraussetzungen des Bewerbers praktisch ausscheidet. Behauptet der Unterhalt begehrende Ehegatte, daß seine Beschäftigungschance „gleich Null" sei, empfiehlt es sich, gegenbeweislich die Einholung einer Auskunft des zuständigen Arbeitsamtes, besser die Vernehmung des Sachbearbeiters des zuständigen Arbeitsamtes als sachverständigen Zeugen zu beantragen. In vielen Fällen erweist es sich als die beste Verteidigung des auf Unterhalt in Anspruch genommenen Ehegatten, dem Anspruchsteller eine angemessene und für ihn geeignete Beschäftigung konkret nachzuweisen. Dabei sind in der Regel aus Zeitungen ausgeschnittene Stellenangebote keine konkreten Nachweise. Geht der Unterhaltskläger auf den Nachweis nicht ein oder schlägt er die nicht von der Hand zu weisende Beschäftigungschance ohne vernünftigen Grund aus, so riskiert er die Abweisung seiner Unterhaltsklage. Hilfen bei der Arbeitsplatzsuche liegen daher im eigenen Interesse des Verpflichteten und verschaffen ihm zudem wichtige Erkenntnisse über die Verhältnisse auf dem Arbeitsmarkt. Zum Teil wirken diese Erkenntnisse sehr ernüchternd und fördern auch die Vergleichsbereitschaft. Häufig wird übersehen, Ausführungen zur **zeitlichen Begrenzung** des Anspruchs nach § 1573 V BGB zu machen (*Günther/Hein*, S. 251 f. m. w. Nachw.).

221 – **Bedürftigkeit des Anspruchstellers:** Es ist genau zu ermitteln, ob der Unterhalt begehrende Ehegatte nicht aus seinen eigenen Einkünften und seinem Vermögen sich selbst unterhalten kann. Dabei sind nicht nur die **tatsächlichen Einkünfte**, sondern auch eventuell **fiktive Einkünfte** zu berücksichtigen, insbesondere bei Bestehen einer eheähnlichen Gemeinschaft oder bei mietfreiem Wohnen im eigenen Haus oder in der eigenen Wohnung oder bei unzureichender Vermögensnutzung.

222 – **Leistungsfähigkeit des Verpflichteten:** Häufig wird übersehen, sämtliche Abzugsmöglichkeiten zu berücksichtigen oder die möglichen Abzugsposten so ausführlich **darzulegen,** daß sie vom Gericht als abzugsfähig anerkannt werden können (s. hierzu die alphabetisch geordnete Zusammenstellung der Rechtsprechung in: Unterhaltsrecht – *Heiß/Heiß*, S. 3.1 ff.).

223 – Die Erläuterungen zu bestehenden **Verbindlichkeiten**, insbesondere die Darlegung eines vernünftigen **Tilgungsplanes**, sollten so ausführlich erfolgen, daß das Gericht in die Lage versetzt wird, ernsthaft zu prüfen, ob Zins- und Tilgungsleistungen sich unterhaltsmindernd auswirken können.

– Ausführungen zum **Selbstbehalt** sollten nicht übersehen werden.

224 – Die Bedeutung der **ehelichen Lebensverhältnisse,** die ja den Maßstab für den zu zahlenden Unterhalt setzen, werden häufig übersehen. Entscheidend ist nämlich, welcher Geldbetrag von dem Einkommen der Eheleute während des Zusammenlebens bzw. zum Zeitpunkt der Scheidung tatsächlich zur Verfügung stand. Insbesondere sollte dargelegt und nachgewiesen werden, welche Teile des Vermögens für andere Zwecke (z. B. Vermögensbildung) als für die Lebensführung der beiden Ehepartner verwendet wurden.

225 – Fehlende Ausführungen zur richtigen **Berechnungsmethode** können das Ergebnis des Unterhaltsrechtsstreits völlig verfälschen.

226 – In Fällen, in denen eine **zeitliche Begrenzung** des Unterhaltsanspruchs in Betracht kommt, können kaum mehr reparable Schäden verursacht werden, wenn die Voraussetzungen für eine zeitliche Begrenzung nicht dargelegt und ggf. nachgewiesen werden.

Erst nachdem der Anwalt diese allgemeinen Verteidigungsmöglichkeiten geprüft hat, sollte er sich der unterhaltsrechtlichen Härteklausel des § 1579 BGB zuwenden.

b) Härteklausel des § 1579 Nrn. 1-7 BGB

Nr. 1: Kurze Ehedauer
Unter der Ehedauer ist die Zeit von der Eheschließung bis zur Rechtshängigkeit, also dem Zeitpunkt der Zustellung des Scheidungsantrages, zu verstehen. Nach der Rechtsprechung liegt eine kurze Ehedauer in der Regel vor, wenn die Ehe **nicht mehr als zwei Jahre** gedauert hat. Eine nicht mehr kurze Ehedauer liegt in der Regel vor, wenn die Ehe **drei Jahre** oder länger gedauert hat. Bei Ehen mit einer **Dauer zwischen zwei und drei Jahren** kommt es entscheidend darauf an, inwieweit die Ehegatten ihre Lebensführung in der Ehe bereits aufeinander eingestellt und in wechselseitiger Abhängigkeit auf ein gemeinsames Lebensziel ausgerichtet haben. 227

Zur **Vermeidung verfassungswidriger Ergebnisse** ist bei der Auslegung und Anwendung des § 1579 Nr. 1 BGB zunächst von der **tatsächlichen Ehezeit auszugehen** und anschließend die zur Wahrung der Belange des Kindes gesetzlich vorgesehene Abwägung vorzunehmen (so *BVerfG* FamRZ 1989, 941 ff.). Eine Auslegung und Anwendung der Norm des § 1579 Nr. 1 BGB in der Weise, daß der Härtetatbestand der Kurzzeitehe bei einer Ehe mit einem Kind überhaupt nicht mehr erfüllt sein kann, führt zu verfassungswidrigen Ergebnissen.

Nr. 2: Straftaten gegen den Verpflichteten oder dessen nahe Angehörige
Die Verwirklichung des Ausschluß-, Herabsetzungs- bzw. Begrenzungstatbestandes nach 228
Nr. 2 setzt ein **schuldhaftes** Fehlverhalten und damit die Schuldfähigkeit des unterhaltsbedürftigen Ehegatten voraus. Im einzelnen kommen folgende Straftaten in Betracht:
- **Beleidigung, Verleumdung, falsche Anschuldigung:** Fälle wiederholter, schwer- 229 wiegender Beleidigungen und Verleumdungen und falscher Anschuldigungen sind dann als schwere vorsätzliche Vergehen zu behandeln, wenn derartige Verletzungen mit nachteiligen Auswirkungen auf die persönliche und berufliche Entfaltung sowie auf die Stellung des Unterhaltsverpflichteten in der Öffentlichkeit verbunden sind.
- **Täuschung über das Ausmaß der eigenen Bedürftigkeit** (Prozeßbetrug): Wenn der 230 Unterhaltsgläubiger sein eigenes Einkommen zu niedrig angibt, um höhere Unterhaltsleistungen zugesprochen zu erhalten, so kann darin eine schwere Verfehlung liegen, sofern daraus dem in Anspruch Genommenen ein empfindlicher Schaden droht. Wer durch eine Täuschung über das Ausmaß der eigenen Bedürftigkeit, insbesondere durch Verschweigen eigener Einkünfte, einen Prozeßbetrug zum Nachteil des Unterhaltspflichtigen begeht, macht sich eines schweren vorsätzlichen Vergehens schuldig, falls die Höhe der verschwiegenen Einkünfte nicht nur geringfügig ist. Wer eine nicht vorhandene Bedürftigkeit vorspiegelt, um überhöhte Unterhaltszahlungen zu erwirken, verdient es in aller Regel als gerechte Folge, daß er seinen Unterhaltsanspruch völlig verliert, auch wenn er später wieder (vermehrt) bedürftig werden sollte. Denn dem Unterhaltspflichtigen, der einmal in erheblicher Weise über die Einkommensverhältnisse des geschiedenen Partners getäuscht worden ist, ist es nicht zumutbar, dem täuschenden Unterhaltsberechtigten weiterhin Unterhalt zu gewähren, schon deshalb nicht, weil er nunmehr Anlaß genug hat, zu befürchten, auch in Zukunft immer wieder getäuscht und betrügerisch geschädigt zu werden.
- **Falsche Aussage in Ehelichkeitsanfechtungsverfahren:** Der Anspruch auf Tren- 231 nungsunterhalt ist verwirkt, wenn die Ehefrau in dem vom unterhaltspflichtigen Ehemann angestrengten Ehelichkeitsanfechtungsverfahren eine falsche Aussage gemacht hat dahin, in der gesetzlichen Empfängniszeit Geschlechtsverkehr nur mit dem Ehemann gehabt zu haben, obgleich ein späteres Sachverständigengutachten den Ausschluß der Vaterschaft des Ehemannes ergeben hat. Das gleiche gilt für den nachehelichen Ehegattenunterhalt.

232 – **Diebstahl, Unterschlagung:** Ein Vermögensdelikt wird vor allem dann als schweres vorsätzliches Vergehen anzusehen sein, wenn es das Einkommen oder Vermögen des Verpflichteten und damit die wirtschaftliche Grundlage seiner Unterhaltspflicht erheblich und nachhaltig beeinträchtigt (z. B. wenn der unterhaltsberechtigte Ehegatte im Rahmen der Trennung ein gemeinsames Konto „abräumt"). Während des Bestehens der ehelichen Lebensgemeinschaft geschlossene Vereinbarungen – betreffend die **Verfügungsbefugnis** des einen Ehegatten über ein Konto des anderen verlieren mit der Trennung ihre Wirkung (*BGH* FamRZ 1988, 476 ff.). Dem liegt zugrunde, daß derartige Vereinbarungen im Regelfall der Verwirklichung der ehelichen Lebensgemeinschaft dienen und in dem Zusammenleben der Ehegatten ihre Geschäftsgrundlage haben. Findet die Lebensgemeinschaft durch Trennung der Partner ihr Ende, so liegt darin ein **Wegfall der Geschäftsgrundlage.** Dieser führt nicht in jedem Fall zum völligen Erlöschen der Vereinbarung. Denkbar ist vielmehr auch ihre Modifizierung und ein Fortbestehen der Verfügungsbefugnis in eingeschränktem Umfang. Im allgemeinen wird sich die Befugnis mit der Trennung dahingehend **einschränken,** daß der Ehegatte nur noch solche Verfügungen über das Konto treffen darf, die nicht nur mit den früheren gemeinsamen Vorstellungen im Einklang stehen, sondern auch nach der Trennung weiterhin dem mutmaßlichen Willen des Ehepartners entsprechen (so *BGH* FamRZ 1989, 834 f.).

233 – **Körperverletzungen:** Körperliche Mißhandlungen, die die körperliche Unversehrtheit erheblich beeinträchtigen, können zum Ausschluß oder zur Herabsetzung des Unterhaltsanspruchs führen.

234 – **Verschweigen eigener ehebrecherischer Beziehungen:** Das Verschweigen eigener ehebrecherischer Beziehungen bei Abschluß eines Scheidungsvergleichs stellt keinen Ausschlußtatbestand dar (vgl. *BGH* FamRZ 1973, 182).

235 Bei § 1579 Nr. 2 BGB ergibt sich das Problem, ob der Verpflichtete ein gegen ihn oder einen Angehörigen gerichtetes Verbrechen oder Vergehen **verzeihen** kann. Dies ist zu bejahen. Ein während des ehelichen Zusammenlebens begangenes Verbrechen oder Vergehen ist infolgedessen nicht mehr relevant, wenn die Ehegatten danach ihr eheliches Leben fortgesetzt haben. Verbrechen oder Vergehen, die nach der Trennung oder nach der Scheidung begangen wurden, sind grundsätzlich zu berücksichtigen, wenn nicht der Verpflichtete durch eindeutiges Verhalten zu erkennen gegeben hat, daß er sich darauf nicht berufen wollte.

Nr. 3: Mutwillig herbeigeführte Bedürftigkeit

236 Bei der mutwilligen Herbeiführung der Bedürftigkeit braucht es sich nicht um ein vorsätzliches oder gar absichtliches Verhalten zu handeln, sondern es genügt eine **leichtfertige** Handlungsweise. Denn der Bereich der ehelichen Solidarität würde verlassen, wenn der Unterhaltspflichtige die Folgen einer leichtfertigen Herbeiführung der Bedürftigkeit durch den anderen Ehegatten unterhaltsrechtlich mittragen müßte. Allerdings muß das Verhalten zu der Unterhaltsbedürftigkeit in einer Beziehung stehen, die sich nicht in bloßer Ursächlichkeit erschöpft; erforderlich ist eine **„unterhaltsbezogene" Leichtfertigkeit.** Im einzelnen kommen folgende Fälle in Betracht:

237 – **Vermögensverschwendung, Spielleidenschaft:** Ein typischer Fall der mutwillig herbeigeführten Bedürftigkeit liegt vor, wenn ein Ehegatte infolge von Spielleidenschaft sein Vermögen einbüßt. Gibt ein Ehegatte den ihm ausbezahlten Zugewinnausgleich für luxuriöse Zwecke aus, führt er seine Bedürftigkeit mutwillig herbei, wenn er mit der Möglichkeit gerechnet hat, daß er dadurch seine Bedürftigkeit herbeiführt. Nicht erforderlich ist, daß der Handelnde die Bedürftigkeit herbeiführen wollte.

238 – **Alkohol-, Tabletten- und Drogenmißbrauch:** Eine mutwillige Herbeiführung im Sinne dieser Vorschrift liegt vor, wenn der Ehegatte seine Arbeitskraft auf sinnlose Art, die ein Verantwortungsgefühl gegen den potentiell Unterhaltspflichtigen nicht erkennen läßt, riskiert und einbüßt; die Härteklausel richtet sich auch gegen denjenigen, der seine Arbeitskraft ruiniert, oder durch Trunk- oder Drogensucht zerstört oder seine Beschäftigung infolge Trunksucht oder Arbeitsscheu verliert oder nicht nachhaltig zu sichern vermag (*BGH* FamRZ 1981, 1042/1044 m. w. Nachw.). Entscheidungserheblich im Fall der **Alkoholabhängigkeit** ist, ob der Ehegatte zu einer Zeit, als seine

Einsicht und die Fähigkeit, danach zu handeln, dies noch zuließen, eine ihm angeratene **Erziehungskur** unterlassen hatte und sich der Möglichkeit bewußt gewesen war, er werde infolgedessen im Falle einer Trennung außerstande sein, eine Berufstätigkeit aufzunehmen und seinen Unterhalt selbst zu verdienen. Es kann aber nicht allgemein angenommen werden, daß durch krankhafte Alkohol- und Drogensucht bedingte Bedürftigkeit mutwillig herbeigeführt worden ist. Mutwilligkeit in diesem Sinne kann zwar bei Alkoholkranken vorliegen, muß aber nicht in jedem Fall gegeben sein. Die Krankheit kann vielmehr schicksalhaft und von der betroffenen Person von Anfang an nicht steuerbar sein. Sie ist dann mangels Verantwortungsfähigkeit des Betroffenen nicht als mutwilliges Abgleiten in die Sucht zu kennzeichnen. Es muß daher geklärt werden, ob der zur Sucht führende übermäßige Alkoholgenuß **Ursache oder Folge** einer anderweitigen Störung ist.

– **Unterlassene Heilbehandlung:** Das Unterlassen einer Heilbehandlung mit der Folge, 239 daß der Unterhaltsbedürftige arbeitsunfähig ist, wird nur in Ausnahmefällen als mutwillig angesehen werden können. Solange jedoch eine Heilbehandlung kein unverhältnismäßiges Risiko mit sich bringt und erfolgversprechend ist, wird aber eine Obliegenheit zur Durchführung der Heilbehandlung bestehen.

– **Gefährliche Aktivitäten:** Mutwilligkeit kann auch gegeben sein, wenn der Ehegatte 240 ohne triftige Gründe besonders gefährliche Aktivitäten entfaltet und dabei seine Erwerbsfähigkeit einbüßt. Bloße Unvorsichtigkeit beim Sport oder im Straßenverkehr wird in der Regel hierfür nicht ausreichen.

– **Aufgabe der Berufstätigkeit:** Der typische Fall mutwillig herbeigeführter Bedürftig- 241 keit liegt vor, wenn ein Ehegatte angesichts der sich bereits abzeichnenden Trennung oder Scheidung eine bis dahin ausgeübte Berufstätigkeit aufgibt, um so nach der Scheidung einen Unterhaltsanspruch zu erlangen. Die Mutwilligkeit muß hier aber gerade darauf gerichtet sein, die eigene Unterhaltsbedürftigkeit herbeizuführen, um auf Kosten des anderen leben zu können.

Nr. 4: Mutwillige Mißachtung schwerwiegender Vermögensinteressen
Zu beachten ist, daß die Vorschrift nur anwendbar ist, wenn der Berechtigte mutwillig 242 gehandelt hat; eine Pflichtwidrigkeit des Berechtigten ist hier dann beachtlich, wenn diese den Verpflichteten ebenso hart trifft, wie der Verlust des Unterhaltsanspruchs den Berechtigten. Für die Bejahung der Mutwilligkeit reicht ein einfaches Verschulden nicht aus, es braucht sich aber nicht um ein vorsätzliches oder gar absichtliches Verhalten zu handeln, sondern es genügt eine **leichtfertige** Handlungsweise. Nicht erforderlich ist, daß das mutwillige Verhalten unterhaltsbezogen ist. Der Tatbestand der Nr. 4 kann bereits durch eine bloße **Vermögensgefährdung** erfüllt sein. Der Eintritt eines Vermögensschadens ist schon deshalb zur Erfüllung der Härteklausel nicht erforderlich, weil ein Vermögensschaden den Berechtigten vielfach schon durch eine Verminderung der Leistungsfähigkeit des Verpflichteten trifft. Würde man für den Härtegrund der Nr. 4 den **Eintritt** eines Schadens verlangen, so wäre die Vorschrift vielfach überflüssig. Nicht unter Nr. 4 fällt ein für die Vermögensinteressen des Verpflichteten nachteiliges Verhalten des Berechtigten, das **typisch mit der Trennung oder Scheidung verbunden ist.** Denn Trennung und Scheidung als solche dürfen noch nicht zur Versagung von Unterhalt führen. Etwas anderes kann dann gelten, wenn eine Trennung „zur Unzeit" erfolgt, wenn z. B. der Berechtigte grundlos seine dringend erforderliche **Mitarbeit im Erwerbsgeschäft** des Verpflichteten einstellt. Im einzelnen kommen folgende Fälle in Betracht:

– **Anschwärzen beim Arbeitgeber:** Die Inanspruchnahme des anderen Ehegatten auf 243 Unterhalt ist ungerechtfertigt, wenn die frühere Ehefrau den geschiedenen Ehemann bei dessen Behörde „anschwärzt". Darauf, daß den Unterhaltspflichtigen ein meßbarer beruflicher oder wirtschaftlicher Nachteil durch die Denunziation entstanden ist, kommt es nicht entscheidend an, ausreichend ist, daß solche Nachteile jedenfalls nicht auszuschließen sind.

– **Geschäftliche Schädigung:** Versucht ein Ehegatte, den anderen Ehegatten während 244 des Scheidungsverfahrens geschäftlich zu schädigen, so sind die Voraussetzungen für eine Herabsetzung des Unterhalts der Ehefrau erfüllt. Das Betreiben eines Verfahrens wegen Abgabe einer eidesstattlichen Versicherung ist kein Ausschlußgrund i. S. d. § 1579.

245 – **Strafanzeigen:** Wenn ein Ehegatte den anderen **ohne berechtigte Interessen** anzeigt, liegen die Voraussetzungen des § 1579 Nr. 4 vor. **Strafrechtliche Ermittlungen** tangieren regelmäßig Vermögensinteressen des Betroffenen, weil sie zu Ansehensminderung, mangelnder Kreditwürdigkeit oder zu Strafe führen können (*OLG Zweibrücken FamRZ 1989, 63*). Es ist ohne Bedeutung, ob durch die Anzeige ein meßbarer beruflicher oder wirtschaftlicher Nachteil eintritt. Entscheidend ist, daß solche Nachteile nicht ausgeschlossen werden können und daß der Anzeigeerstatter weiß, daß neben den üblichen polizeilichen Maßnahmen bei Anzeigen zusätzlich die beruflichen und möglicherweise wirtschaftlichen Belange des anderen Ehegatten berührt werden. Die Erstattung einer Strafanzeige wegen Unterhaltspflichtverletzung ist im Gegensatz zu anderen Anzeigen regelmäßig nicht als schwere Eheverfehlung zu werten, sondern als Wahrnehmung berechtigter Interessen. Ein zur Herabsetzung des Unterhaltsanspruchs führendes schwerwiegendes Fehlverhalten kann allenfalls dann in Betracht kommen, wenn die Strafanzeige aus Mutwillen erstattet wird, was insbesondere dann der Fall ist, wenn Zahlungsbereitschaft besteht.

Nr. 5: Gröbliche Verletzungen der Pflicht, zum Familienunterhalt beizutragen

246 In den nicht seltenen Fällen, daß der Mann einen großen Teil seines Lohnes vertrinkt, während die Frau neben der Kindererziehung arbeitet, um sich und die Kinder durchzubringen, ist die Frau vor Unterhaltsansprüchen des Mannes geschützt, wenn der Mann wegen seiner Trunksucht arbeitslos wird. Es werden nicht nur Unterhaltspflichtverletzungen gegenüber dem Verpflichteten, sondern auch gegenüber gemeinschaftlichen **Kindern** erfaßt. Der Tatbestand kann auch dann erfüllt sein, wenn ein Ehegatte seine Pflicht, in Beruf oder Geschäft des anderen Ehegatten mitzuarbeiten, nicht erfüllt hat. Zu beachten ist, daß einerseits eine **schwerwiegende Unterhaltspflichtverletzung** vorliegen muß und daß diese andererseits über **längere Zeit hindurch** erfolgt sein muß. Eine gelegentliche oder hin und wieder erfolgte Unterhaltspflichtverletzung reicht somit nicht aus. Eine „gröbliche" Unterhaltspflichtverletzung setzt subjektiv mindestens grob fahrlässiges Verhalten voraus. Eine gröbliche Unterhaltspflichtverletzung wird erst dann angenommen werden können, wenn die Familie durch das Verhalten des Unterhalt begehrenden Ehegatten in eine **Notlage** geraten ist.

Nr. 6: Schwerwiegendes einseitiges Fehlverhalten

247 Ein Fehlverhalten ist dann offensichtlich schwerwiegend, wenn sich ein Ehepartner ganz bewußt von jeglichen Bindungen gelöst hat, oder wenn er sich von den ehelichen Bindungen zwar nur teilweise, aber schwerwiegend abkehrt. Es muß sich um Verfehlungen handeln, die sich deutlich von den beim Auseinanderleben der Ehegatten häufig auftretenden Bosheiten abheben. Ein **einseitiges** Fehlverhalten i. S. d. Nr. 6 liegt vor, wenn sich die Hinwendung zu einem Dritten als **evidente Abkehr aus einer intakten Ehe** darstellt, nicht jedoch, wenn die Abkehr Folge eines Fehlverhaltens des anderen Ehegatten ist bzw. wenn es sich um eine reaktive Flucht aus einer bereits gescheiterten Ehe handelt. Ein Ausschlußgrund liegt auch dann vor, wenn ein Ehepartner an Stelle eines auf Dauer angelegten intimen Verhältnisses ehebrecherische Beziehungen zu **wechselnden Partnern** aufgenommen hat. Als schwerwiegendes Fehlverhalten kommt ferner in Betracht, wenn eine Ehefrau den Ehemann von der rechtzeitigen **Anfechtung** der Ehelichkeit eines Kindes **abgehalten** hat, mit der Folge, daß er auf Jahre mit den Unterhaltspflichten gegenüber diesem Kind belastet ist (*BGH FamRZ 1985, 51 f.*). Unter besonderen Voraussetzungen, z. B. in ländlichen und kleinstädtischen Verhältnissen, kann eine gegenüber dem Verpflichteten **provozierend zur Schau getragene neue Beziehung** auch nach Trennung und Scheidung als schwerwiegendes Fehlverhalten zu werten sein. Nach *Johannsen/Henrich/Voelskow* Rdnr. 31 zu § 1579 BGB ist im Zusammenhang mit der Nr. 6 ist stets zu beachten, daß die Anwendung der Nr. 6 eine subtile Verschuldensabwägung erfordert, so daß ein entsprechender **Sachvortrag** notwendig ist. Im Hinblick darauf wird es in den meisten Fällen naheliegend sein, das Verhalten des Berechtigten mehr unter dem

Gesichtspunkt der **objektiven Unzumutbarkeit** nach **Nr. 7** zu prüfen; dabei braucht nämlich die Mitursächlichkeit für das Scheitern der Ehe, die Frage, „wer angefangen hat", in der Regel keine Rolle mehr zu spielen. Dies gilt insbesondere für die nach der Scheidung fortgesetzte eheähnliche Gemeinschaft, deren Subsumtion unter die Härteklausel zunächst Schwierigkeiten bereitet hat, bis der BGH den Grundsatz entwickelt hat, daß sich auch aus objektiven Gegebenheiten und Veränderungen der Lebensverhältnisse eine Überschreitung der **Grenzen des Zumutbaren** für den Verpflichteten ergeben kann.

Eine fortgesetzte schuldhafte **Vereitelung des Umgangsrechts** gemäß § 1634 BGB kann zu einer Herabsetzung des Unterhaltsanspruchs des personensorgeberechtigten Elternteils gemäß § 1579 Nr. 6 BGB führen. Als schwerwiegendes Fehlverhalten kommt nicht nur eine Verletzung der ehelichen Treuepflicht in Betracht, sondern auch eine sonstige Verletzung des sich aus der ehelichen Lebensgemeinschaft ergebenden Pflichtenkataloges, wie etwa die massive und absichtliche Behinderung des Umgangsrechts des Unterhaltsverpflichteten und die darin liegende fortgesetzte Verletzung der Pflicht des personensorgeberechtigten Ehegatten, alles zu unterlassen, was das Verhältnis des Kindes zum anderen Elternteil beeinträchtigt (so *OLG Celle* FamRZ 1989, 1194/1195 m. zahlr. w. Nachw.). Der nichtsorgeberechtigte Elternteil hat einen durch Art. 6 II GG geschützten Anspruch auf Umgang mit seinem ehelichen Kind. 248

Nr. 7: Andere Gründe von gleichem Gewicht
§ 1579 Nr. 7 erfaßt insbesondere die Fälle der „objektiven Unzumutbarkeit". Es kommt dabei entscheidend darauf an, ob die aus der Unterhaltspflicht erwachsenden Belastungen für den Verpflichteten die **Grenze des Zumutbaren** überschreiten. Es ist eine Abwägung erforderlich, ob und inwieweit die Inanspruchnahme von der Situation des Verpflichteten aus grob unbillig wäre. Eine grobe Unbilligkeit der Inanspruchnahme eines geschiedenen Ehegatten kann sich nicht nur aus einem vorwerfbaren Verhalten des bedürftigen geschiedenen Ehegatten ergeben, sondern auch aus Umständen, die ihm nicht als Fehlverhalten zur Last gelegt werden können, wenn die aus der Unterhaltspflicht erwachsenen Belastungen für den in Anspruch genommenen geschiedenen Ehegatten die Grenze des Zumutbaren überschreiten. 249

Einer der Schwerpunkte ist dabei das **Zusammenleben mit einem anderen Partner,** das nicht als schwerwiegendes Fehlverhalten gewertet werden kann. Die Tatsache des Zusammenlebens mit einem Dritten nach der Scheidung stellt kein Fehlverhalten dar, weil die eheliche Treuepflicht mit der Ehescheidung ihr Ende gefunden hat. Maßgeblicher Gesichtspunkt ist dabei, daß, wer mit einem anderen Partner eine neue Verbindung eingeht, sich damit **von allen ehelichen Bindungen lossagt.** Nach der Scheidung endet damit eine bisher noch fortbestehende nacheheliche Verantwortung des anderen Ehegatten. Der geschiedene Ehegatte kann ab Begründung einer neuen Partnerschaft, sei es in Form der Ehe (§ 1568 I BGB), sei es in Form der eheähnlichen Gemeinschaft, den anderen geschiedenen Ehegatten grundsätzlich nicht mehr unter Berufung auf dessen wirtschaftliche Mitverantwortung für sein wirtschaftliches Auskommen in Anspruch nehmen. Tut er es, dann handelt er widersprüchlich und begeht **Rechtsmißbrauch** (so zutreffend *Johannsen/Henrich/Voelskow* Rdnr. 41 zu § 1579 BGB m. w. Nachw.). Als **Beweis** für das Bestehen einer eheähnlichen Gemeinschaft genügt es (so *Johannsen/Henrich/Voelskow* Rdnr. 42 zu § 1579 BGB), wenn der Ehegatte mit dem neuen Partner oft in der Freizeit zusammen ist, dieser ab und zu bei jenem schläft und sich z. B. aus versicherungstechnischen Gründen als Halter des Kfz des Partners eintragen läßt. Auf die **Leistungsfähigkeit des neuen Partners** kann es grundsätzlich nicht ankommen. Das Risiko der Partnerwahl liegt nicht bei dem auf Unterhalt in Anspruch genommenen anderen Ehegatten (so zutreffend *Johannsen/Henrich/Voelskow* Rdnr. 43 zu § 1579 BGB m. w. Nachw.). Eine **Ausnahme** ist zu machen, wenn der bedürftige Ehegatte Betreuungsunterhalt nach § 1570 BGB oder Unterhalt wegen Krankheit oder Behinderung nach § 1571 BGB verlangen kann. Dieser Auslegung der Nr. 7 als **Konkubinatsklausel** wird man sich schon deswegen auf Dauer nicht verschließen können, weil sie die Rechtsprechung nicht unerheblich entlasten und besonders die nicht unproblematischen Schuldfeststellungen in weitem Umfang wieder entbehrlich machen wird, auch beim Trennungsunterhalt. Es kommt dann in der 250

Regel nicht mehr darauf an, ob das Zusammenleben mit einem neuen Partner als schwerwiegendes Fehlverhalten zu werten ist, ob es für das Scheitern der Ehe ursächlich war, ob auch dem anderen Ehegatten Fehlverhalten von einem gewissen Gewicht zur Last zu legen ist. Weitgehend entbehrlich werden auch die Feststellungen, ob und inwieweit sich der bedürftige Ehegatte Vergütungen für Versorgungsleistungen und andere Vorteile des Zusammenlebens anrechnen lassen muß (*Johannsen/Henrich/Voelskow* Rdnr. 43 zu § 1579 BGB).

251 Als **weiterer Fall,** der unter den Auffangtatbestand der Nr. 7 wegen objektiver Unzumutbarkeit zu subsumieren ist, ist von der Rechtsprechung die begrenzte Berücksichtigung des **Splitting-Vorteils** nach Wiederheirat in Mangelfällen anerkannt (*BGH* FamRZ 1985, 911 f.). Die **Geschlechtsumwandlung** wird ebenfalls als endgültige Abkehr von allen ehelichen Bindungen angesehen, auch wenn sie nicht mit einer Zuwendung zu einem neuen Partner verbunden ist (a. A. *OLG München* FamRZ 1986, 171 f.).

252 **c) Wahrung der Belange des Kindes.** Liegt einer der in § 1579 genannten Härtegründe vor, ist **zusätzlich eine Billigkeitsabwägung** vorzunehmen, insbesondere ob und inwieweit die Inanspruchnahme des Verpflichteten auch unter Wahrung der Belange eines dem Berechtigten zur Pflege und/oder Erziehung anvertrauten gemeinschaftlichen Kindes grob unbillig wäre. Den Belangen eines anvertrauten gemeinschaftlichen Kindes kommt bei der gebotenen Interessenabwägung eine ganz besondere Bedeutung zu, insbesondere sind sie **vorrangig** von den Interessen des unterhaltspflichtigen Elternteils. Eine zeitliche Begrenzung des Unterhaltsanspruchs gem. § 1570 BGB oder gar eine Versagung des Unterhaltsanspruchs wird darum nur in krassen Ausnahmefällen in Betracht kommen.

253 In jedem Fall ist **darzulegen,** in welcher Weise die Belange des Kindes noch gewahrt werden. Die Belange des Kindes können bei einer gänzlichen Versagung des Unterhaltsanspruchs nur dann gewahrt werden, wenn entweder der unterhaltsbedürftige Ehegatte von anderer Seite die Mittel bekommen kann, die er zu seinem Lebensbedarf benötigt, oder wenn Pflege und Erziehung des Kindes in anderer Weise sichergestellt werden können, etwa wenn die Ehefrau, die ein Kind aus der Ehe betreut, vermögende Eltern hat oder wenn der Ehefrau bei Versagung des Unterhaltsanspruchs ein Anspruch auf Arbeitslosen- oder Sozialhilfe zusteht oder wenn das Kind schon vor der Scheidung in einem Ganztagskindergarten untergebracht war und dort auch weiterhin bleiben kann. In diesen Fällen werden auch bei einer gänzlichen Versagung des Unterhaltsanspruchs die Belange des Kindes nur in einer solchen Weise beeinträchtigt, die – nach dem Grundsatz der Verhältnismäßigkeit – noch hingenommen werden kann.

254 Zur Frage, wann die Belange eines dem Unterhaltsberechtigten zur Pflege oder Erziehung anvertrauten gemeinschaftlichen Kindes gewahrt sind, hat der *BGH* (FamRZ 1989, 1279 ff.) betont, daß dies nur dann der Fall ist, wenn der Unterhalt das Maß dessen übersteigt, was der betreuende Ehegatte zur **Deckung eines Mindestbedarfs** benötigt; ferner, soweit dieser die dazu erforderlichen Mittel von **anderer Seite** erhalten kann und daher auf den Unterhalt nicht angewiesen ist. Schließlich können die Belange des Kindes gewahrt sein, wenn seine Pflege und Erziehung in anderer Weise als durch elterliche Betreuung sichergestellt werden kann. Angesichts des Wortlautes und der Zielsetzung des Gesetzes könne es nur ganz seltene Ausnahmefälle (besonders schwerwiegende Härtefälle) geben, in denen diese Grenzen zur Vermeidung untragbarer Ergebnisse überschritten werden, in denen also die Belange des Kindes denen des Unterhaltspflichtigen in weiterem Umfang weichen müssen. Die Belange des Kindes können nicht deshalb gewahrt sein, weil der das Kind betreuende Elternt-

teil **Sozialhilfe** beanspruchen könne, wenn ihm Unterhalt versagt werde. Diese Auffassung sei mit dem Grundsatz der Subsidiarität der Sozialhilfe nicht zu vereinbaren (ausführlich hierzu sh. *BGH* FamRZ 1989, 1279 ff.).

11. Auskunftspflicht und eidesstattliche Versicherung

Die geschiedenen Ehegatten sind einander verpflichtet, auf Verlangen über 255 ihre Einkünfte und ihr Vermögen Auskunft zu erteilen, soweit dies zur Feststellung eines Unterhaltsanspruchs oder einer Unterhaltsverpflichtung erforderlich ist. Über die Höhe der Einkünfte sind auf Verlangen Belege, insbesondere Bescheinigungen des Arbeitgebers vorzulegen. Vor Ablauf von zwei Jahren kann Auskunft erneut nur verlangt werden, wenn glaubhaft gemacht wird, daß der zur Auskunft Verpflichtete später wesentlich höhere Einkünfte oder weiteres Vermögen erworben hat, §§ 1580, 1605, 260, 261 BGB.

Die **Kosten** der Auskunftserteilung hat grundsätzlich der zur Auskunft Verpflichtete zu tragen (vgl. *BGH* FamRZ 1975, 405 und FamRZ 1982, 682). Wird für Vermögensgegenstände oder die Feststellung des Gewinns eines Selbständigen die Wertermittlung durch einen **Sachverständigen** erforderlich, hat der **Auskunftsgläubiger** diese Kosten zu tragen (so zutr. *Borth,* Handbuch des Scheidungsrechts, S. 726).

Die Zwangsvollstreckung setzt eine konkrete Fassung des Auskunftsurteils 256 voraus, so daß das Urteil nur einen **vollstreckungsfähigen Inhalt** hat, wenn die Frage für welchen Zeitraum der Schuldner Auskunft erteilen soll, auf welchen Zeitpunkt er die Aufstellung seines Vermögens abstellen und welche Belege er vorlegen soll, beantwortet ist. Demzufolge ist ein **Klageantrag** als **unzulässig** anzusehen, der diese Fragen offen läßt. Die Unzulässigkeit der Klage ergibt sich bei einem nicht genügend konkretisierten Klageantrag, insbesondere bei mangelnder Bezeichnung der Belege, die der Auskunftspflichtige vorlegen soll, aus § 253 II 2 ZPO.

Die unterhaltsrechtliche Auskunftspflicht ist durch Vorlage einer **systemati-** 257 **schen Aufstellung** der erforderlichen Angaben zu erfüllen, die dem Berechtigten ohne übermäßigen Arbeitsaufwand die Berechnung des Unterhaltsanspruchs ermöglichen (*BGH* FamRZ 1983, 996). Der Auskunftsanspruch ist so lange nicht erfüllt – auch nicht teilweise –, als der Auskunftsverpflichtete nicht eine systematische Zusammenstellung der erforderlichen Angaben vorgelegt hat. Insbesondere wird der Anspruch nicht schon durch Übergabe der Lohn- und Einkommensteuererklärung erfüllt, weil diese keinen hinreichenden Aufschluß über die Einkommensentwicklung geben.

Der **unselbständig** tätige Auskunftspflichtige hat in der Regel über seine Ein- 258 kommensverhältnisse für die Zeit des abgelaufenen Kalenderjahres **(12 Monate)** Auskunft zu erteilen, wenn sich das laufende Einkommen nicht mit Sicherheit wesentlich und nachhaltig geändert hat. – Der **selbständig** Tätige muß seine Einnahmen und Aufwendungen im einzelnen so darstellen, daß die allein steuerlich beachtlichen Aufwendungen von solchen, die unterhaltsrechtlich von Bedeutung sind, abgegrenzt werden können (vgl. *BGH* FamRZ 1985, 357 ff.). Die Vorlage der Gewinnermittlung sowie der Steuerbescheide einschließlich der Einkommensteuererklärung stellen keine ausreichende Auskunft dar. Regelmäßig reicht die Angabe der Einkünfte über einen Zeitraum von **3 Jahren** als Beurteilungsgrundlage aus. In Einzelfällen – insbesondere bei stark schwankenden Einkünften – kann es jedoch auch gerechtfertigt sein, daß Angaben über die

Einkünfte über einen Zeitraum bis zu 6 Jahren verlangt werden (vgl. *BGH* FamRZ 1985, 357f.).

259 Die **eidesstattliche Versicherung** kann erst **nach Erfüllung** des Auskunftsanspruchs verlangt werden (*BGH* FamRZ 1983, 996/998; 1984, 144f.). Gibt der Auskunftsverpflichtete an, er verfüge über **keine Einkünfte,** besteht aber aufgrund des Vortrages des Unterhaltsberechtigten Grund zur Annahme, daß die Angaben unrichtig sind, so liegt in dieser Erklärung die vollständige Auskunftserteilung: es kann dann nach §§ 259ff. BGB vorgegangen werden.

Der Anspruch auf Abgabe der eidesstattlichen Versicherung kann **freiwillig** vor dem Gericht der freiwilligen Gerichtsbarkeit nach §§ 163, 79 FGG erfüllt werden. Eine rechtskräftige **Verurteilung** wird nach § 889 ZPO vollstreckt.

12. Unterhalt für die Vergangenheit

260 Gemäß § 1585b I und II BGB kann der Unterhaltsberechtigte mit Ausnahme von Sonderbedarf i. S. v. § 1613 II BGB Unterhaltserfüllung für die Vergangenheit oder Schadensersatz wegen Nichterfüllung erst von der Zeit an fordern, in der der Unterhaltspflichtige **in Verzug** gekommen oder der Unterhaltsanspruch **rechtshängig** geworden ist. Gemäß § 1585b III BGB kann für eine **mehr als ein Jahr** vor der Rechtshängigkeit liegende Zeit Erfüllung oder Schadenersatz wegen Nichterfüllung nur verlangt werden, wenn anzunehmen ist, daß der Verpflichtete sich der Leistung absichtlich entzogen hat. Der Unterhaltsanspruch ist vom Unterhaltsschuldner von Verzugsbeginn an gemäß § 288 I BGB zu **verzinsen.** § 1585b III BGB gilt auch für den Fall, daß der Unterhaltsanspruch auf einen **Träger der Sozialhilfe** übergegangen ist (*BGH* FamRZ 1987, 1014f.). Die Überleitung wirkt wie eine Abtretung. Die Rechtsnatur des Anspruchs bleibt unverändert.

Nach allgemeinen Grundsätzen ist eine Mahnung vor der Entstehung des Anspruchs wirkungslos und bleibt es auch, wenn dessen Voraussetzungen eintreten (*BGH* FamRZ 1988, 370ff.). Der Schuldner von Trennungsunterhalt kann daher durch die den Trennungsunterhalt betreffende Mahnung nicht auch wegen der künftigen Ansprüche auf nachehelichen Unterhalt in Verzug gesetzt werden; es handelt sich um verschiedene Ansprüche (*BGH* FamRZ 1981, 242).

Anders als für den laufenden Unterhalt, für den eine allgemeine Verwirkung gemäß § 242 BGB durch die Spezialregelung der §§ 1579, 1611 BGB, 66 EheG ausgeschlossen ist, ist die Anwendung der **Verwirkungsregeln** gemäß § 242 BGB für den rückständigen Unterhalt möglich. Rückständiger Unterhalt kann nicht mehr verlangt werden, wenn ein derartiger Anspruch nach § 242 BGB verwirkt ist. Die allgemeine Verwirkung ist, ohne daß sich eine Partei darauf berufen müßte, von Amts wegen zu beachten (*OLG Celle* FamRZ 1989, 1194 im Anschluß an *BGH* NJW 1966, 343, 345).

Der Unterhaltsgläubiger kann nach einer einmal ausgesprochenen Mahnung unter dem Gesichtspunkt von Treu und Glauben nicht beliebig lange Zeit verstreichen lassen, bevor er den angemahnten Betrag gerichtlich geltend macht oder sonst auf die Mahnung zurückgreift (so *Kalthoener/Büttner,* Die Rechtsprechung zur Höhe des Unterhalts, Rdnr. 951 im Anschluß an *BGH* FamRZ 1988, 478/480).

Bei der Frage der Verwirkung von rückständigem Unterhalt müssen sowohl das „Umstandsmoment", als auch das „Zeitmoment" erfüllt sein (so *BGH* FamRZ 1988, 370/372; 1988, 478/480). Dabei sind an das Zeitmoment keine strengen Anforderungen zu stellen, denn von einem Unterhaltsgläubiger, der lebensnotwendig auf Unterhaltsleistungen angewiesen ist, ist zu erwarten, daß er sich zeitnah um die Durchsetzung des Anspruchs bemüht. Tut er das nicht, so erweckt er in der Regel den Eindruck, in dem fraglichen Zeitraum nicht oder zumindest nicht weitergehend bedürftig zu sein (so *OLG Celle* FamRZ 1989, 1194f. m. w. Nachw.). Ein Unterhaltsgläubiger, der sich nahezu zwei Jahre zwischen der ersten und zweiten Zahlungsaufforderung Zeit läßt, ohne den vermeintlichen (höheren) Zahlungsanspruch geltend zu machen, läßt unter Berücksichtigung der in §§ 1587b III, 1615i II 1 BGB enthaltenen Rechtsgedanken einen Zeitraum verstreichen, der die Voraussetzungen des sogenannten „Zeitmomentes" der Verwirkung erfüllt (so *OLG Celle* FamRZ 1989, 1194 im Anschluß an *BGH* FamRZ 1988, 370).

13. Rückforderung überzahlten Unterhalts

Geht eine einstweilige Anordnung Unterhalt über Bestand oder Höhe des materiell-rechtlichen Unterhaltsanspruchs hinaus, leistet der Schuldner insoweit „ohne rechtlichen Grund" i. S. d. § 812 I 1 BGB, weil § 620 S. 1 Nr. 6 ZPO rein prozessualer Natur ist und nur eine einstweilige Vollstreckungsmöglichkeit wegen eines vorläufig als bestehend **angenommenen** Anspruch schafft (*BGH* FamRZ 1984, 767ff. m. w. Nachw.). Der Schuldner kann in diesen Fällen die Bereicherungsklage erheben, ohne daß es auf eine förmliche **Aufhebung** der einstweiligen Anordnung ankäme. Das zusprechende Urteil auf diese Klage ist zugleich eine „anderweitige Regelung" i. S. v. § 620f. S. 1 ZPO.

Die gegen eine einstweilige Anordnung über Ehegattenunterhalt gerichtete negative Feststellungsklage unterliegt keiner Einschränkung dahin, daß die Feststellung erst ab Rechtshängigkeit der Klage oder **Verzug** des Gläubigers mit einem Verzicht auf seine Rechte aus der einstweiligen Anordnung verlangt werden kann. Eine Einschränkung dahin, daß die Feststellung erst ab Rechtshängigkeit der Klage oder ab Verzug des Gläubigers mit einem Verzicht auf seine Rechte aus der einstweiligen Anordnung verlangt werden kann, findet im Gesetz keine Stütze. Der **Vertrauensschutz** für den Titelgläubiger wird hinreichend dadurch gewährleistet, daß er gegenüber einem Anspruch auf Rückzahlung überzahlten Unterhalt ggf. auf die Einrede des Wegfalls der Bereicherung gemäß § 818 III BGB erheben kann und nicht befürchten muß, wegen objektiv unberechtigter Vollstreckungsmaßnahmen analog § 945 ZPO ohne Rücksicht auf ein Verschulden Schadensersatz leisten zu müssen. Der durch die einstweilige Anordnung Verpflichtete kann auch sogleich die Bereicherungsklage erheben, die hinsichtlich des in der Vergangenheit rechtsgrundlos geleisteten Unterhalts ebenfalls keinen Einschränkungen unterliegt (so *BGH* FamRZ 1989, 850 m. w. Nachw.).

Die **verschärfte Haftung** des Bereicherungsschuldners für den Empfänger von Unterhaltsleistungen, die aufgrund einer nicht dem materiellen Recht entsprechenden einstweiligen Anordnungen geleistet worden sind, tritt nicht schon mit der Rechtshängigkeit der Klage auf Feststellung, daß die Unterhaltspflicht nicht besteht, ein. Die verschärfte Haftung gemäß § 818 IV BGB knüpft konkret an die Rechtshängigkeit der Klage auf Herausgabe des Erlangten (§ 812 BGB) oder auf Leistung von Wertersatz (§ 818 II BGB) an. (Es sei an dieser Stelle ausdrücklich auf die Entscheidungen des *BGH* FamRZ 1985, 368ff. und FamRZ 1986, 793f. hingewiesen!)

14. Altehen

262 Wurde eine Ehe nach dem bis zum 30. 6. 1977 geltenden Recht geschieden, aufgehoben oder für nichtig erklärt, richtet sich der Unterhaltsanspruch eines Ehegatten nach dem bis dahin geltenden Unterhaltsrecht, somit nach den §§ 58 bis 70 EheG. Die Vorschrift des § 58 EheG macht das Entstehen eines Anspruchs davon abhängig, ob die Ehe gemäß dem Scheidungsurteil aus dem alleinigen oder überwiegenden Verschulden des anderen Ehegatten geschieden wurde. Im Gegensatz zu dem jetzt geltenden Unterhaltsrecht können Unterhaltsansprüche nach § 58 EheG auch noch **viele Jahre nach der Scheidung** entstehen, etwa wenn ein geschiedener Ehegatte erst zu einem wesentlich späteren Zeitpunkt unterhaltsbedürftig wird. Dies ergibt sich daraus, daß eine Regelung, die den §§ 1573 IV, 1577 IV BGB entsprechen, das Unterhaltsrecht nach §§ 58 ff. EheG nicht kennt (*BGH* FamRZ 1987, 257/259).

Verfügt der Unterhaltsberechtigte über **Vermögen,** so ist dieses vorab zur Deckung des Bedarfs einzusetzen, § 59 II EheG. Für den Fall, daß der eigene angemessene Unterhalt des Verpflichteten gefährdet wird, wenn er den ehegemessenen Unterhalt leistet, ist dieser aufgrund der mangelnden Leistungsfähigkeit nach Billigkeitsgesichtspunkten zu beschränken, § 59 I 1 EheG.

Nach dem für Scheidungen vor dem 1. 7. 1977 geltenden Unterhaltsrecht bestehen keine der Bestimmung des § 1571 BGB entsprechenden **Einsatzzeitpunkte;** es ist daher unschädlich, wenn Bedürftigkeit erst lange nach Rechtskraft der Scheidung eintritt. § 1582 BGB gilt nicht im Falle von sog. Altscheidungen (so *OLG München* FamRZ 1989, 1309 ff.).

15. Richtige Klageart; prozeßrechtliche Besonderheiten

263 – **Sachlich zuständig** (auch für Abänderungsklagen nach § 323 ZPO) ist das Familiengericht, §§ 620, 621 I 5 ZPO, 23 a, b GVG; die **örtliche Zuständigkeit** richtet sich nach §§ 606 ff., 620, 621 ZPO.

– Es gelten die **Verfahrensvorschriften** der ZPO; nötig ist immer ein Antrag, ggf. eine Klage.

– Die **Entscheidung** kann während der Anhängigkeit einer Ehesache auf Antrag durch einstweilige Anordnung nach § 620 ZPO, während der Anhängigkeit eines Scheidungsverfahrens durch Urteil im Verbund, § 623 ZPO, im übrigen im isolierten streitigen Verfahren durch Urteil ergehen.

264 – **Muster für Antrag:** „Der Beklagte wird verurteilt, an die Klägerin ab dem... einen monatlichen Unterhalt in Höhe von... DM, wobei auf den Elementarunterhalt... DM und auf den Vorsorgeunterhalt... DM entfallen, zu bezahlen."

– In der Regel empfiehlt es sich, den nachehelichen Ehegattenunterhalt **innerhalb des Verbundes** geltend zu machen, im Wege der Leistungsklage; nur auf ausdrücklichen Wunsch des Mandanten sollte von dieser Regel abgewichen und der nacheheliche Ehegattenunterhalt erst nach Abschluß des Scheidungsverfahrens im isolierten Rechtsstreit durchgesetzt werden.

265 – Der Unterhaltsschuldner kann im Hinblick auf durch einstweilige Anordnung titulierten Unterhalt nur mit der **negativen Feststellungsklage** eine anderweitige Regelung i. S. d. § 620 f. ZPO herbeiführen; die **Vollstreckungsabwehrklage** gem. § 767 ZPO ist daneben in der Regel ausgeschlossen.

266 – Eine der wichtigsten Möglichkeiten, gegen einen Unterhaltstitel vorzugehen, ist die **Abänderungsklage** nach § 323 ZPO. Das Verhältnis der Abänderungsklage zu anderen Rechtsbehelfen ist umstritten. (Praktikable Antworten auf die wichtigsten Fragen gibt *Luthin* – Unterhaltsrecht R. 23.2 ff.). Während die Abänderungsklage bei wesentlichen Änderungen der dem ursprünglichen Titel zugrundeliegenden Verhältnisse dessen

Anpassung an die veränderten Umstände zum Ziel hat, soll die **Vollstreckungsabwehrklage** gemäß § 767 ZPO dem Schuldner die Möglichkeit geben, mit Hilfe von **Einwendungen** ungeachtet der fortbestehenden Rechtskraft des Titels die Vollstreckungsmöglichkeit ganz oder teilweise zu beseitigen. Besonders darauf hingewiesen sei, daß für die **Vollstreckungsabwehrklage** örtlich und sachlich **ausschließlich zuständig** (§ 802 ZPO) das Gericht des Vorprozesses erster Instanz (§ 767 I ZPO), bei Prozeßvergleichen das Gericht, bei dem der durch den Vergleich erledigte Rechtsstreit in erster Instanz anhängig war, ist. – (Zur Abgrenzung Abänderungsklage/Zusatz-, Nachforderungsklage s. Unterhaltsrecht – *Luthin,* S. 23.5ff.)

XII. Hausratsauseinandersetzung

Gemäß Art. 8 des Einigungsvertrages ist die HausratsVO im **Gebiet der ehemaligen DDR** mit dem Beitritt am 3. 10. 1990 in Kraft getreten. Die Vorschrift des § 1361a BGB ist im gesamten **Beitrittsgebiet** ohne Einschränkung anzuwenden. Ziel der gesetzlichen Regelung ist es, eine vorläufige Regelung über die Hausratsgegenstände zwischen getrenntlebenden Ehegatten zu ermöglichen. **267**

1. Vorbereitende Maßnahmen

Der in der Praxis offensichtlich gängige Rat des Rechtsanwalts an den Mandanten, alles mitzunehmen, was er brauche, ist nicht nur rechtlich nicht zulässig, sondern birgt auch eine erhebliche **Haftungsgefahr** des Anwalts in sich. Verleitet dieser Rat nämlich den Mandanten dazu, nahezu alles mitzunehmen, müssen die Reaktionsmöglichkeiten des den mit einer leeren Wohnung zurückgelassenen Ehegatten beratenden Anwalts bedacht werden: **268**

– Er kann den Mandanten dahin beraten, sich neu einzurichten; für die zwangsläufig notwendig gewordenen Hausratsanschaffungen kann der Mandant dann bei der Unterhaltsberechnung monatlich angemessene Beträge absetzen, bzw. trennungsbedingten Mehrbedarf geltend machen.
– Der Mandant kann zumindest einen Teil der Hausratsgegenstände zurückverlangen und seinen Anspruch durch Antrag auf Erlaß einer einstweiligen Anordnung, gerichtet auf Herausgabe oder Rückschaffung der Hausratsgegenstände, durchsetzen (außerhalb des Scheidungsverfahrens ist dieser Antrag mit dem Antrag auf Einleitung eines selbständigen Hausratsverfahrens zu verbinden).
– Die Herausgabe der zum persönlichen Gebrauch eines Ehegatten bestimmten Sachen kann im Hausratsverfahren nicht verlangt werden, denn für ein Verfahren auf Herausgabe der zum persönlichen Gebrauch bestimmten Sachen ist das allgemeine Zivilgericht zuständig, es sei denn, daß die Voraussetzungen der §§ 620 Nr. 8, 620a II 1 ZPO vorliegen.
– Er kann einen Schadensersatzansprüche wegen verschwundenen Hausrats sowie wegen unrechtmäßiger Verfügung, wegen Beschädigung oder Zerstörung von Hausratsgegenständen vor dem allgemeinen Zivilgericht geltend machen. – (S. hierzu *Walter,* Die eigenmächtige Hausratsteilung, JZ 1983, 54f.)

Auch im Hinblick auf diese zahlreichen Reaktionsmöglichkeiten, aber nicht zuletzt auch deswegen, weil sich durch einen derartigen Rat das Verhältnis der Parteien noch wesentlich verschlechtert, kann vom Anwalt verantwortlich der Rat zur **eigenmächtigen Hausratsteilung** nicht gegeben werden. Vielmehr sollte der Anwalt darauf achten, daß ein gerichtliches Verfahren zur Hausratsauseinandersetzung rechtzeitig und sorgfältig vorbereitet wird. **269**
Die Hauptarbeit muß dabei der Mandant bei sich zu Hause selbst leisten, indem

er eine **Aufstellung** eines vollständigen und genauen **Hausratsverzeichnisses** fertigt.

270 Zur Aufklärung über das Hausratsverfahren empfiehlt es sich, dem Mandanten ein **Merkblatt** auszuhändigen. (Es wird auf das von *Günther/Hein* entworfene „Merkblatt für Hausratsauseinandersetzung" (S. 314ff.) hingewiesen.) Die Verwendung eines derartigen Merkblattes erspart viel Besprechungszeit und führt häufig dazu, daß im Hinblick auf die deutlich werdenden Schwierigkeiten bei der Durchführung eines Hausratsverfahrens die Parteien sich veranlaßt fühlen, sich gütlich mit dem Ehepartner zu einigen. Andererseits können vom Anwalt verantwortlich Vergleichsverhandlungen nur geführt werden oder ein Antrag auf Zuweisung von Hausrat nur schlüssig begründet werden, wenn eine genaue Bezeichnung der Hausratsgegenstände vorliegt und wenn geklärt ist, von wem die Gegenstände in die Ehe eingebracht wurden, ob sie während der Ehe angeschafft, geerbt oder geschenkt worden sind, in wessen Besitz sie sich befinden und wie hoch der Anschaffungspreis zum Anschaffungszeitpunkt war und wie hoch der Verkehrswert heute ist.

271 Es empfiehlt sich, dem Mandanten Bögen auszuhändigen (im Anschluß an *Günther/Hein*, S. 316), auf denen folgende Rubriken stehen:
– Genaue Bezeichnung des Hausratsgegenstandes;
– In die Ehe eingebracht von wem?
– Während der Ehe angeschafft von wem für den gemeinsamen Haushalt oder für sich allein?
– Während der Ehe geerbt von wem?
– Während der Ehe geschenkt von wem an wen?
– Im Besitz von wem?
– Anschaffungspreis und Anschaffungsjahr;
– Geschätzter Verkehrswert heute;
– Zuteilung wird beantragt von wem?

2. Vereinbarungsmöglichkeiten

272 Ein streitiges Verfahren auf Hausratszuteilung kann für den Anwalt sehr zeitaufwendig sein und für die Parteien hohe Kosten verursachen (Sachverständigengutachten). Die Parteien können sich insbesondere darüber streiten, wer welche Gegenstände in die Ehe eingebracht hat, wer welche Gegenstände während der Ehe angeschafft, geerbt oder als Geschenk erhalten hat, in wessen Besitz die Gegenstände sind, wann und zu welchem Preis sie angeschafft worden sind und wie ihr heutiger Verkehrswert eingeschätzt wird. Der Anwalt muß daher von Mandatsübernahme an darauf achten, daß die Hauptarbeit, die in der Aufstellung eines genauen **Hausratsverzeichnisses** besteht, vom Mandanten zu Hause schriftlich geleistet wird. Eine Regelung der Rechtsverhältnisse der Ehegatten am Hausrat findet gemäß § 1 HausratsVO auf Antrag dann statt, wenn sich die Eheleute anläßlich der Scheidung nicht darüber einigen können, wer den Hausrat erhalten soll. Die **Vereinbarung geht vor** und ist immer anzustreben. Sie muß vollständig und vollzogen sein, um eine richterliche Regelung auszuschließen. Für das Aushandeln der Einigung ist von Bedeutung, welche Befugnisse der Richter im Verfahren der Hausratsverordnung hat. Gemäß § 2 HausratsVO entscheidet der Richter nach billigem Ermessen. Er hat dabei alle Umstände des Einzelfalles, insbesondere das **Wohl der Kinder** und die Erfordernisse des Gemeinschaftslebens zu berücksichtigen. Das bedeutet zunächst, daß der

Ehegatte, dem die Kinder zugeteilt werden, eine Präferenz auf den Haushalt hat. Bei der Beratung zu einer Hausratsauseinandersetzungsvereinbarung sollte der Anwalt immer die gesetzliche Regelung der §§ 8, 9 HausratsVO beachten. § 9 HausratsVO wird jedoch mit guten Gründen in der Literatur als **verfassungswidrig** angesehen (so *Johannsen/Henrich/Voelskow* Rdnr. 2 zu § 9 HausratsVO).

Soll aufgrund der Vereinbarung die Herausgabe einzelner Gegenstände oder eine Ausgleichszahlung festgelegt werden, so empfiehlt es sich, die **Gegenstände genau zu bezeichnen** und die Verpflichtung zur Herausgabe sowie ggf. zu der Ausgleichszahlung aufzunehmen, damit eine später notwendig werdende **Vollstreckung** (§ 883 ZPO bezüglich der Herausgabe von Gegenständen, § 803 f., 807 ff., 828 ff. ZPO hinsichtlich der Zahlungsansprüche) durchführbar ist. Sind Hausratsgegenstände auf **Kredit** gekauft worden, können auch Vereinbarungen des Inhalts geschlossen werden, daß, wenn beide Ehegatten in dem betreffenden Kaufvertrag als Käufer, d. h. Schuldner des Kaufpreises, aufgeführt sind, im Innenverhältnis der eine Ehegatte den anderen von der Zahlung der weiteren Raten freistellt (zu den Einzelheiten einer Hausratsvereinbarung s. *Göppinger,* Vereinbarungen Rdnrn. 660 ff. und *Langenfeld,* Handbuch S. 238).

3. Vorläufiger Rechtsschutz und Eilmaßnahmen

Die Möglichkeiten des vorläufigen Rechtsschutzes im Zusammenhang mit dem Hausrat sind vielfältig (bezüglich der Einzelheiten wird auf die vorbildliche Beschreibung der einzelnen Verfahren in *Gießler,* Vorläufiger Rechtsschutz, Rdnrn. 771 ff. verwiesen). Um die Möglichkeiten des vorläufigen Rechtsschutzes richtig anwenden zu können, muß man sich zunächst dessen bewußt sein, daß das Gesetz zwei verschiedene **Regelungsbereiche** unterscheidet, nämlich:
- § 1361 a (Hausratsverteilung bei **Getrenntleben**);
- §§ 1, 8 **HausratsVO** (Auseinandersetzung des Hausrats bei **Scheidung**):

Bezüglich der Hausratsverteilung bei Getrenntleben nach § 1361 a BGB kann das Familiengericht **einstweilige Anordnungen** nach § 13 IV HausratsVO erlassen. Diese einstweilige Anordnung verliert mit der Rechtskraft der Scheidung ihre Kraft. Nach **Anhängigkeit des Scheidungsverfahrens** können einstweilige Anordnungen nach § 620 Nr. 7 ZPO vorgehen. Das Familiengericht kann erst entscheiden, wenn die Ehegatten **getrennt leben.** Hausrat wird jedoch meist sofort mit der Trennung in dem neuen oder im bisherigen Haushalt benötigt. Nach der bestehenden Gesetzeslage ist es möglich, daß über die Zuweisung oder Aufteilung der Ehewohnung und die Verteilung des Hausrats nach § 1361 a BGB in **einer Anordnung** beschlossen wird. Mit der Entscheidung über die Ehewohnung ist die häusliche Gemeinschaft als aufgelöst anzusehen, so daß im unmittelbaren Anschluß der Hausrat verteilt werden kann.

Wird bei **bestehender häuslicher Gemeinschaft** die Überlassung von Hausrat begehrt, kommt nur eine einstweilige Verfügung in Betracht und zwar in den Fällen verbotener **Eigenmacht;** im Fall verbotener Eigenmacht besteht ein Verfügungsgrund gegen jeden fehlerhaft Besitzenden (§§ 861, 858 II BGB). In anderen Fällen liegt ein Verfügungsgrund nur vor, wenn der Herausgabegläubiger auf den Hausrat zu seinem Lebensbedarf **dringend angewiesen** ist. Herausgabeansprüche wegen Besitzentziehung (§ 862 BGB), unerlaubter Handlung (§ 823 BGB), aufgrund Eigentums oder Miteigentums (§§ 985, 1011 BGB) sind je nach Streitwert beim Amtsgericht (allgemeine Zivilabteilung) oder beim Landgericht geltend zu machen.

277 Leben die Ehegatten **getrennt,** kommt vor Anhängigkeit einer Ehesache oder eines darauf gerichteten Prozeßkostenhilfeverfahrens die einstweilige Anordnung zur Regelung der Hausratsbenutzung nach §§ 13 IV, 18a HausratsVO in Betracht, ab Anhängigkeit einer Ehesache oder eines PKH-Verfahrens für eine solche Sache die einstweilige Anordnung gemäß § 620 S. 1 Nr. 7 ZPO. Nach Rechtskraft der Scheidung der Ehe kann vorläufiger Rechtsschutz wiederum nur im Wege der einstweiligen Anordnung des Hausratsauseinandersetzungsverfahrens gemäß § 13 IV HausratsVO erreicht werden.

278 Zur **Verhinderung von Verfügungen** über Hausrat kann der von einer Rechtsverletzung bedrohte Ehegatte gegen den anderen ein **Verfügungs-**(Veräußerungs-)**verbot** erwirken. Vorläufiges Rechtsschutzmittel hierfür ist in Fällen, in denen es lediglich um den Schutz des Eigentums, des Miteigentums oder güterrechtlicher Mitwirkungsrechte geht, die **einstweilige Verfügung,** in Fällen, in denen auch oder allein der Hausratsüberlassungsanspruch zu schützen ist, die einstweilige Anordnung nach §§ 13 IV, 18a HausratsVO oder – bei Anhängigkeit einer Ehesache – die einstweilige Anordnung nach § 620 S. 1 Nr. 7 ZPO.

279 Beim Vorliegen eines Arrestgrundes i. S. v. §§ 917, 918 ZPO kann der gegen den anderen Ehegatten oder einen Dritten gerichtete Anspruch auf Überlassung oder Rückgewähr von Hausrat, der – bei verschuldeter Unmöglichkeit – in eine Geldforderung übergehen kann, durch **Arrest** gesichert werden, § 916 ZPO.

280 Als vorläufiger Rechtsschutz **gegenüber Dritten** kommen insbesondere die einstweilige Anordnung des Hausratsverfahrens nach §§ 13 IV, 18a HausratsVO, sowie die einstweilige Verfügung, wenn eine einstweilige Anordnung nicht zu erlangen ist, in Betracht (s. hierzu auch *Gießler,* Vorläufiger Rechtsschutz, Rdnrn. 782 ff.).

4. Materiell-rechtliche Regelung der HausratsVO

281 **Begriff des Hausrats:** Als Hausratsgegenstände sind alle Gegenstände anzusehen, die nach den ehelichen Lebensverhältnissen üblicherweise in der Familie und im Haushalt verwendet werden, gleichgültig, wem sie gehören und welchen Wert sie haben, also z. B. die Wohnungsausstattung (ausgenommen fest eingebaute Sachen, z. B. Einbauküche), Küchengeräte, Möbel, Einrichtungsgegenstände, Teppiche, Vorräte, Bilder (außer Kunstsammlungen), Bücher (außer beruflicher Fachliteratur, die nur ein Ehegatte benötigt), Rundfunk-, Fernseh-, Video-, Phonogeräte einschließlich Platten, andere Tonträger und Filme, Haustiere, gemeinsam benutzte Musikinstrumente, Sportgeräte, Wohnwagen, Wohnmobil, soweit sie der Freizeitgestaltung und nicht – wie bei Schaustellern – zum Wohnen dienen. Auch wertvolle Gegenstände einschließlich kostbarer Kunstgegenstände gehören dazu, wenn sie nicht ausschließlich der Kapitalanlage dienen oder als Objektsammlung anzusehen sind, vielmehr als Hausratsgegenstände geeignet sind und nach dem Lebenszuschnitt der Ehegatten als solche dienen (*BGH* FamRZ 1984, 575). Sinngemäß stellen auch Nahrungsmittel oder Heizmaterial Hausrat im weiteren Sinne dar; ebenso ein PKW, der von der ganzen Familie benutzt wird. Auszugehen ist von dem zum **Zeitpunkt** der Rechtskraft des Scheidungsurteils bzw. einer vorangegangenen Trennung vorhandenen Hausrat. Jedoch fallen auch die an die Stelle der nicht mehr vorhandenen Gegenstände getretenen Surrogate, also Ersatzstücke oder Rechte wie Schadensersatz- und Versicherungsforderungen unter den Begriff.

282 **Kein Gegenstand des Hausratsverfahrens** sind dagegen Forderungen wie Geschäftseinlagen und Darlehnsforderungen, auch nicht Sparkassenbücher. Sofern eine Hausratssache den Ehegatten zum **Miteigentum** gehört, ist ein Ehegatte gegen **eigenmächtige Verfügungen** des anderen Ehegatten aufgrund seines Miteigentums geschützt. Über die Sache können – abgesehen vom Gutglaubenserwerb (§ 932 ff. BGB) – rechtswirksam nur beide Ehegatten gemeinschaftlich verfügen, § 747 S. 2 BGB. Die sich aus einer unwirksamen Verfügung ergebenden Rechte, vor allem den Herausgabeanspruch gemäß § 985 BGB, kann jeder Miteigentümer gegen Dritte geltend machen, § 1011 BGB.

In der **Zugewinngemeinschaft** besteht eine – auch den gutgläubigen Erwerb 283 Dritter ausschließende – **Verfügungsbeschränkung** der Ehegatten über Hausrat. Gemäß § 1369 I BGB kann ein Ehegatte „über ihm gehörende Gegenstände des ehelichen Hausrats" nur mit Einwilligung des anderen Ehegatten verfügen und sich zu einer Verfügung verpflichten. Ein Dritter kann trotz guten Glaubens kein Eigentum an Hausratsgegenständen erwerben. Die Rechte des Hausratseigentümers aus einer unwirksamen Verfügung kann auch der übergangene andere Ehegatte gegen den Dritten geltend machen (sog. **Revokationsanspruch** gemäß §§ 1368, 1369 III BGB).

Nach der HausratsVO gelten für die Verteilung des Hausrats folgende Vor- 284 schriften: Was einem Ehegatten **nachweislich allein gehört,** soll er normalerweise behalten können. Gemeinsames Eigentum beider Ehegatten wird vom Richter „**gerecht und zweckmäßig**" verteilt, also einem Ehegatten zugewiesen. Alles, was im Laufe der Ehezeit für den gemeinsamen Haushalt angeschafft wurde, gilt im Zweifel als gemeinsames Eigentum und kann deshalb vom Richter einem allein zugewiesen werden. Wenn allerdings bei einem während der Ehe angeschafften Hausratsgegenstand das Alleineigentum eines Ehegatten feststeht, also bewiesen werden kann, daß kein gemeinsames Eigentum besteht, so gilt die allgemeine Regel, daß dieser Gegenstand dem Ehegatten verbleiben soll, dem er gehört.

Verteilungsmaßstab ist § 2 HausratsVO, also billiges Ermessen. Das **Wohl** 285 **der Kinder** gebietet es in der Regel, daß der sorgeberechtigte Elternteil vom Hausrat diejenigen Gegenstände erhält, die er für die Kinder benötigt. Auch die wirtschaftlichen Verhältnisse der Ehegatten spielen eine Rolle, insbesondere, welcher von ihnen auf die Gegenstände in stärkerem Maße angewiesen ist und welcher eher in der Lage erscheint, sich **Ersatzhausratsgegenstände** zu beschaffen. Bei **Hochzeitsgeschenken** besteht die allgemeine Vermutung, daß sie beiden Ehegatten gehören.

§ 9 HausratsVO ist ohne praktische Bedeutung. Das Familiengericht kann zur 286 Behebung aktueller **Notstände** Haushaltsgegenstände im Alleineigentum eines Ehegatten dem anderen für vorübergehende Zeit durch eine vorläufige Benutzungsregelung überlassen, bis der bedürftige Ehegatte in der Lage ist, sich die benötigten Gegenstände zu beschaffen. Es ist in diesen Fällen naheliegend, den Ehegatten an das Sozialamt zu verweisen, das Hilfe auch durch einmalige Leistungen zur Beschaffung dringend benötigter Haushaltsgegenstände gewähren kann, § 21 II BSHG.

5. Prozessuale Besonderheiten

a) Die Entscheidung ergeht im Zusammenhang mit dem Scheidungsverfah- 287 ren durch **Verbundurteil** und im isolierten Verfahren durch **Beschluß**. Da nach § 15 HausratsVO der Richter in seiner Entscheidung die Anordnungen treffen soll, die zu ihrer Durchführung nötig sind, ist es erforderlich, daß bereits im Antrag die Herausgabe der zugeteilten Hausratsgegenstände in vollstreckbarer Form beantragt wird.

288 b) Die **Rechtsmittel** im Hausratsverfahren ergeben sich aus den Vorschriften der ZPO und des FGG über streitige Verfahren der freiwilligen Gerichtsbarkeit in Familiensachen, insbesondere aus § 621e ZPO. Hat das Familiengericht **nur über Hausrat** entschieden, ist die Beschwerde gegen die Endentscheidung nur zulässig, wenn der Beschwerdewert 1200,– DM übersteigt. Der Wert ist entsprechend § 511a II ZPO glaubhaft zu machen.

c) Gegen einstweilige Anordnungen, die nur den Hausrat betreffen, ist **kein Rechtsmittel** gegeben.

d) Entscheidungen des Familiengerichts im Verfahren nach der Hausratsverordnung werden erst **vollstreckbar,** wenn sie formell rechtskräftig sind; es gibt keine vorläufige Vollstreckbarkeit. Die Erteilung des Rechtskrafterzeugnisses erfolgt nach § 31 FGG durch die Geschäftsstelle des Familiengerichts. Da die Zwangsvollstreckung nach den Vorschriften der ZPO erfolgt (§ 16 III HausratsVO), ist die Erteilung einer Vollstreckungsklausel notwendig. Vollstreckungsgegenklagen nach § 767 ZPO sind zulässig. Es fehlt aber an einem Rechtsschutzbedürfnis, soweit eine Abänderung nach § 17 HausratsVO erreicht werden kann.

289 e) Sind die zugeteilten Gegenstände zur Zeit der Vollstreckung **nicht mehr vorhanden,** so bleibt nur Klage auf Geldersatz.

f) Der **Geschäftswert** richtet sich nach dem Wert des ganzen Hausrats. Bei einer Teileinigung ermäßigt er sich entsprechend.

g) Die **Rechtsanwaltsgebühren** sind nach § 63 I 1 BRAGO zu berechnen.

290 h) Das Verfahren in Hausratssachen ist ein Verfahren der streitigen freiwilligen Gerichtsbarkeit. Im FGG-Verfahren gibt es keine Beweisführungslast im formellen Sinn, da der Grundsatz der Amtsermittlung gilt, § 12 FGG. Die Beteiligten haben aber diejenigen Tatsachen und Beweismittel **beizubringen,** die für die Entscheidung des Familiengerichts erheblich sein können.

i) **Hausrat, der nach §§ 8 oder 9 HausratsVO verteilt werden kann** (also nicht aller Hausrat), **unterliegt nicht dem Zugewinnausgleich** (*BGH NJW* 1984, 484). In der Literatur wird jedoch die Auffassung vertreten, daß die Auseinandersetzung des Hausrats unter Berücksichtigung der Grundprinzipien des Zugewinnausgleichs zu erfolgen hat (vgl. statt vieler *Johannsen/Henrich/Voelskow* Rdnr. 1 Vorbemerkung von § 8 HausratsVO).

XIII. Ehewohnung

291 Die Regelung des § 1361b BGB ist im gesamten **Beitrittsgebiet** ohne Einschränkung anzuwenden. Ziel der gesetzlichen Bestimmung ist es, eine Regelung über die **vorläufige Benutzung** der Ehewohnung zu ermöglichen. Gemäß Art. 8 des Einigungsvertrages ist die HausratsVO im **Gebiet der ehemaligen DDR** mit dem Beitritt am 3. 10. 1990 in Kraft getreten.

B X

1. Vorbereitende Maßnahmen

Es ist von vorneherein zu berücksichtigen, daß gemäß § 7 HausratsVO im gerichtlichen Verfahren auch der **Vermieter** der Ehewohnung, der **Grundstückseigentümer,** der Dienstherr (§ 4) und Personen, mit denen die Ehegatten oder einer von ihnen hinsichtlich der Ehewohnung in Rechtsgemeinschaft stehen, **Beteiligte** sind. Auch der Untervermieter, wenn die Ehegatten zur Untermiete wohnen, was bei Wohnungen im „**Bauherrenmodell**" nicht selten der Fall ist, ist Beteiligter. Auch die Genossenschaft oder der Bauverein bei entsprechenden Wohnungen, der Verpächter gehören zum Kreis der Beteiligten ebenso wie der **Untermieter** eines oder beider Ehegatten, der neue Ehegatte eines geschiedenen Ehegatten, der in die Wohnung gezogen ist, nahe Angehörige, die in Wohngemeinschaft mit einem Ehegatten leben, jedoch nicht minderjährige Kinder. Jeder dieser Beteiligten hat Anspruch auf **rechtliches Gehör;** in der Regel ist mit ihnen mündlich zu verhandeln (§ 13 II HausratsVO). Jeder Beteiligte hat ein selbständiges Beschwerderecht, soweit er beschwert ist. Die Entscheidung wird erst wirksam, wenn sie allen Beteiligten gegenüber rechtskräftig geworden ist. Es ist für den Anwalt daher sehr wichtig, daß er den Kreis der möglicherweise Beteiligten rechtzeitig erfährt. Der Mandant, der die Zuweisung der Ehewohnung an sich begehrt, sollte sich mit den Beteiligten in Verbindung setzen und schriftliche **Erklärungen einholen,** aus denen hervorgeht, daß die Beteiligten die Zuweisung der Ehewohnung an den Mandanten befürworten und sich damit schriftlich einverstanden erklären. 292

In jedem Fall sollte sich der Anwalt einen **maßstabsgetreuen Plan** der Ehewohnung vom Mandanten vorlegen lassen, damit er später im gerichtlichen Verfahren sachgerecht argumentieren kann, wenn es um eine Teilung der Wohnung nach § 6 HausratsVO durch bauliche Maßnahmen oder um die Frage der Zuweisung von Teilen der Wohnung zur selbständigen Benutzung ohne räumliche Teilung geht.

Soll eine **Wohnungsteilung** beantragt werden, muß rechtzeitig die **Zustimmung des Vermieters** oder des Eigentümers eingeholt werden. Eine Teilung gegen den Willen des Vermieters bzw. Eigentümers wäre eine nicht mehr vertretbare Eigentumsbeschränkung. Hilfreich kann häufig auch eine Stellungnahme des **Jugendamtes** dahingehend sein, daß es aus der Sicht des Jugendamtes zwingend erforderlich ist, daß dem Elternteil, bei dem sich die ehegemeinsamen Kinder befinden, die Ehewohnung allein zugewiesen wird. 293

Die Einräumung längerer **Räumungsfristen** kann schließlich dadurch häufig verhindert werden, daß dem Antragsgegner eine bezugsfertige, angemessene und preislich zumutbare **Ersatzwohnung** nachgewiesen wird. 294

2. Vereinbarungsmöglichkeiten

Bei Vereinbarungen über die Weiterführung des Mietverhältnisses über die Ehewohnung durch einen Ehegatten empfiehlt es sich dringend, sich mit dem **Vermieter** in Verbindung zu setzen und diesen möglichst zu einer entsprechenden schriftlichen Erklärung zu veranlassen, um zu verhindern, daß eine Vereinbarung nicht durchführbar ist. Häufig scheitern Vereinbarungen über die Ehewohnung daran, daß keine **eindeutigen Regelungen** bezüglich der Räumung und des Räumungszeitpunktes getroffen werden. Bei Abschluß einer Vereinbarung sollte stets darauf geachtet werden, daß die Vereinbarung einen so erschöpfenden Inhalt hat, daß ein weiteres späteres Verfahren vor dem Familiengericht 295 entbehrlich wird und daß auch eine Vollstreckung möglich ist (§ 885 ZPO). (Bezüglich der Einzelheiten wird verwiesen auf *Göppinger,* Vereinbarungen Rdnrn. 650 ff.).

3. Vorläufiger Rechtsschutz und Eilmaßnahmen

296   a) Ist ein isoliertes Hauptsacheverfahren auf Zuteilung der Ehewohnung eingeleitet, kann gemäß § 1361 b BGB i. V. m. §§ 18 a, 13 IV HausratsVO der Erlaß einer **einstweiligen Anordnung** mit dem Inhalt, daß einem Ehegatten die Ehewohnung oder ein Teil davon zur **alleinigen Benutzung** überlassen wird, beantragt werden, soweit dies notwendig ist, um eine **schwere Härte** zu vermeiden. Diese Möglichkeit ist insbesondere von Bedeutung, wenn der andere Ehegatte das Recht auf Getrenntleben nicht respektiert und wiederholt Bedrohungen, Beleidigungen, Gewalttätigkeiten und/oder Mißhandlungen vorkommen, so daß es für den friedfertigen Ehepartner **unzumutbar** und **unerträglich** ist, wenn der andere weiterhin in der Ehewohnung verbleibt.

b) **Einstweilige Verfügungen** durch das allgemeine Zivilgericht in Hausrats- und Ehewohnungssachen sind **unzulässig,** da es sich dabei ausschließlich um Angelegenheiten der freiwilligen Gerichtsbarkeit handelt.

c) **Zulässigkeitsvoraussetzung** für eine einstweilige Anordnung ist jedoch, daß nicht nur ein Antrag auf Erlaß einer einstweiligen Anordnung eingereicht wird, sondern daß gleichzeitig ein **Hauptsacheverfahren** auf Zuteilung der Ehewohnung anhängig gemacht wird. Der Antrag auf Erlaß einer einstweiligen Anordnung ist immer mit dem Antrag auf Einleitung eines entsprechenden isolierten Wohnungsregelungsverfahrens zu verbinden, weil einstweilige Anordnungen in Angelegenheiten der freiwilligen Gerichtsbarkeit nur im Rahmen eines anhängigen Hauptsacheverfahrens erlassen werden können. Bei dem einstweiligen Anordnungsverfahren handelt es sich nicht um ein selbständiges Verfahren, sondern lediglich um ein **Zwischenverfahren,** für das keine gesonderten Gebühren anfallen. So kann auch für das einstweilige Anordnungsverfahren (anders als für die einstweiligen Anordnungsverfahren im Verbund) **kein gesonderter Streitwert** festgesetzt werden und es kann für das einstweilige Anordnungsverfahren **nicht gesondert Prozeßkostenhilfe** beantragt und zugesprochen werden – obwohl dies in der täglichen Praxis fälschlicherweise häufig geschieht.

297   d) Bei Anhängigkeit einer Ehesache oder eines darauf gerichteten Prozeßkostenhilfeverfahrens kann gemäß § 620 S. 1 Nr. 7 ZPO der **Erlaß einer einstweiligen Anordnung** beantragt werden, soweit die materiellrechtlichen Voraussetzungen des § 1361 b BGB vorliegen. Auch wenn eine einstweilige Anordnung nach §§ 620 Nr. 7, 620a II 1 ZPO erwirkt werden kann, besteht weiterhin die Möglichkeit, ein isoliertes Hauptsacheverfahren auf Zuteilung der Ehewohnung einzuleiten und innerhalb dieses Verfahrens eine einstweilige Anordnung nach § 1361 b BGB i. V. m. §§ 18 a, 13 IV HausratsVO zu erwirken. Nach überwiegender Auffassung hat der Antragsteller die Wahl zwischen einer Entscheidung im summarischen Verfahren der einstweiligen Anordnung oder einer Entscheidung, die im selbständigen Verfahren nach eingehenden Ermittlungen ihrer sachlichen Voraussetzungen getroffen wird. Begründet wird dies damit, daß die Ergebnisse der beiden Verfahren nicht gleichwertig sind, weil für das Hauptsacheverfahren die größere Richtigkeitsgewähr spricht und im übrigen der An-

tragsteller die Zurückweisung seines Antrags auf eine einstweilige Anordnung gemäß § 620c ZPO nicht anfechten kann (so zutreffend *Günther/Hein* S. 310 m. zahlr. w. Nachw; ebenso *Gießler,* Vorläufiger Rechtsschutz Rdnr. 888 m. w. Nachw.).

Gegen ein einstweiliges Anordnungsverfahren nach § 13 IV HausratsVO innerhalb eines isolierten Wohnungsregelungsverfahrens in den Fällen, in denen wegen der Anhängigkeit einer Ehesache oder eines darauf gerichteten Prozeßkostenhilfeantrags eine einstweilige Anordnung nach § 620 Nr. 7 ZPO möglich ist, spricht jedoch, daß nach überwiegender Auffassung in der Rechtsprechung die einstweilige Anordnung nach § 13 IV HausratsVO als nicht mit der einfachen Bescherde anfechtbar angesehen wird (vgl. *Weychardt* FamRZ 1987, 241 gegen *OLG Stuttgart* FamRZ 1986, 1235). Insofern besteht eine Schlechterstellung des Beschwerten gegenüber der Regelung in § 620c ZPO, die jedoch in der Literatur als nicht gerechtfertigt angesehen wird (vgl. z. B. *Günther/Hein* S. 310f. m. w. Nachw.).

4. Materiell-rechtliche Schwerpunkte

a) Wohnungsregelung bei Getrenntleben. Leben die Ehegatten getrennt oder will einer von ihnen getrennt leben, so kann ein Ehegatte verlangen, daß ihm der andere die Ehewohnung oder einen Teil zur alleinigen Benutzung überläßt, soweit dies notwendig ist, um eine **schwere Härte** zu vermeiden, § 1361b BGB. Da es nicht Aufgabe des Familiengerichts ist, die Scheidung der Ehe zu fördern, kommt eine Wohnungsregelung nach § 1361b BGB nur in Betracht, wenn die **Wohnungssituation unerträglich** geworden ist. Möglich ist nach dieser Vorschrift auch nur eine **vorläufige Benutzungsregelung.** Diese Benutzungsregelung muß notwendig sein, um eine schwere Härte zu vermeiden. Da die Wohnung den Schwerpunkt des räumlich-gegenständlichen Lebensbereichs der Ehepartner bildet, sind schon aus verfassungsrechtlichen Gesichtspunkten an Eingriffe sehr strenge Voraussetzungen zu stellen. Die Überlassung der ganzen Ehewohnung zur alleinigen Benutzung kann nur statthaft sein, wenn eine Aufteilung nicht möglich ist. Nach dem Grundsatz der Verhältnismäßigkeit ist in jedem Fall die Möglichkeit der Aufteilung der Wohnung unter den Ehegatten vor der Alleinzuweisung an einen von ihnen streng zu prüfen. Eine **schwere Härte** liegt zwar nicht nur dann vor, wenn eine unmittelbare Gefahr für Leib oder Leben besteht, aber die Verhältnisse müssen untragbar sein, z. B. wegen fortdauernder Gewalttätigkeiten, ständigen Randalierens, Mißhandlungen, schwerwiegenden Beleidigungen, insbesondere bei Alkohol- oder Drogenmißbrauch. Der Ehegatte der überwiegend selbst die Ursache für die unerträglichen Zustände liefert, wird in der Regel eine Wohnungszuweisung zu seinen Gunsten nicht verlangen können, insbesondere dann nicht, wenn er sich einseitig aus der Ehe lösen will, ohne daß der andere dazu Veranlassung gegeben hat (*Johannsen/Henrich/Voelskow* Rdnr. 4ff. zu § 1361b BGB m. w. Nachw.).

b) Regelung der **Rechtsverhältnisse an der Ehewohnung** für die Zeit **nach der Scheidung.** Es gelten die Grundsätze der §§ 1, 2 HausratsVO sowie die besonderen Vorschriften für die Wohnung, §§ 3–7 HausratsVO. Zur Anwendung der richtigen Vorschrift sind zunächst die **Eigentumsverhältnisse** oder die **dinglichen Berechtigungen** zu ermitteln, § 3 HausratsVO. Es ist zu prüfen, ob es sich um eine Werkmiet- oder Werkdienstwohnung handelt, § 4 HausratsVO, oder ob es sich um eine Mietwohnung handelt, § 5 HausratsVO.

B X Die familienrechtlichen Verfahren

5. Prozeßrechtliche Besonderheiten

300
- Die **Verfahrensvorschriften** der §§ 11 ff. HausratsVO sind zu beachten.
- Die **Kostenentscheidung** für ein isoliertes Wohnungsregelungsverfahren ergeht nach § 20 HausratsVO, die eine Sondervorschrift i. S. v. § 13a III FGG ist. Die Kosten des isolierten Wohnungsregelungsverfahrens richten sich nach § 21 HausratsVO. Nach § 21 II 1 HausratsVO richtet sich der Geschäftswert nach dem einjährigen Mietwert, soweit der Streit die Wohnung betrifft und nach dem Wert des Hausrats, soweit der Streit den Hausrat betrifft.
- Das Ehewohnungsregelungsverfahren nach § 1361b BGB ist **stets isolierte Familiensache**. Nach § 18a HausratsVO richtet sich das Verfahren nach §§ 11 ff. HausratsVO. Die **örtliche Zuständigkeit** richtet sich nach § 11 II HausratsVO, wenn eine Ehesache noch nicht anhängig ist. Eine **Beteiligung Dritter** ist in diesen Verfahren ausgeschlossen.
- Im Zusammenhang mit der vorläufigen Wohnungszuweisung ist von vorneherein zu beachten, daß im einstweiligen Anordnungsverfahren der Sachvortrag (insbesondere für das Vorliegen einer schweren Härte) glaubhaft zu machen ist und daß erfahrungsgemäß der Gegner den Sachvortrag bestreitet. In der zur **Glaubhaftmachung** vorzulegenden eidesstattlichen Versicherung der Parteien sollten die wesentlichen Vorfälle substantiiert wiedergegeben werden, insbesondere sollte nicht bloß auf den Schriftsatz Bezug genommen werden. Außerdem ist darauf zu achten, daß die Beweise für Gewalttätigkeiten einerseits durch **ärztliche Atteste**, aber auch – meist eindrucksvoller – durch **Farblichtbilder** der verletzten Körperteile gesichert werden.

XIV. Vermögensauseinandersetzung

301 Seit dem 3. 10. 1990 gilt das eheliche Güterrecht des BGB auch im **Beitrittsgebiet**, Art. 234, § 1 EGBGB. Für die sog. Altfälle gelten gem. Art. 234, § 4 EGBGB Übergangsvorschriften. Es wird auf die Kommentierung in *Johannsen/Henrich/Jaeger*, Eherecht, Kommentierung des Art. 234, § 4 EGBGB verwiesen.

1. Vorbereitung des Güterrechtsstreits

302 a) **Ermittlung des Endvermögens beider Ehegatten.** Gemäß § 1379 I BGB ist jeder Ehegatte verpflichtet, dem anderen Ehegatten über den Bestand seines Endvermögens **Auskunft** zu erteilen. Die Auskunft besteht in der Vorlage eines schriftlichen Bestandsverzeichnisses (§ 260 I BGB), in dem die **Aktiva** und **Passiva** des auf den maßgeblichen Stichtag (§§ 1384, 1387 BGB) bezogenen Endvermögens geordnet und übersichtlich zusammengestellt sind; dabei müssen die zum Endvermögen gehörenden Gegenstände grundsätzlich nach Anzahl, Art und Wertbildungsmerkmal einzeln aufgeführt sein (*BGH* FamRZ 1982, 682f.). Dem Erfordernis der übersichtlichen Zusammenstellung genügt es nicht, wenn in mehreren Schriftsätzen verstreut **Einzelangaben** zur Erfüllung der Auskunftspflicht gemacht werden.

303 Als **wertbildende Faktoren** sind im einzelnen anzugeben:
- Bei Grundstücken: Lage, Größe, Nutzung;
- Bei Kraftfahrzeugen: Hersteller, Typ, Baujahr, Kilometerstand;
- Bei Sachgesamtheiten und Inbegriffen von Gegenständen (z. B. Unternehmen, Bibliotheken, Münz- und Briefmarkensammlungen): Die wesentlichen

wertbildenden Faktoren, so genau wie möglich; das Unterlassen einer ins einzelne gehenden Spezifizierung ist jedoch verkehrsüblich, jedenfalls wenn die notwendige Individualisierung gewahrt ist (vgl. *BGH* FamRZ 1984, 144f.). Das Verlangen nach einer detaillierten Aufschlüsselung würde hier die Anforderungen an die Auskunft überspannen.

Nach § 1379 II BGB kann Auskunftserteilung ab **Eintritt der Rechtshängigkeit des Scheidungsverfahrens** verlangt werden. Der Anwalt sollte daher zunächst möglichst frühzeitig damit beginnen, das End- und Anfangsvermögen des eigenen Mandanten zu ermitteln. Dazu sollte der Mandant gebeten werden, eine vollständige Aufstellung über sein Endvermögen zu erstellen (mit dem Hinweis, daß er im gerichtlichen Verfahren damit rechnen muß, die Vollständigkeit und Richtigkeit seiner Angaben möglicherweise eidesstattlich versichern zu müssen) und dabei exakte Angaben, insbesondere zu folgenden Positionen zu machen:

- **Alle Aktiva,** wozu alle dem Ehegatten am Stichtag schon zustehenden rechtlich geschützten Positionen mit wirtschaftlichem Wert gehören, mit Ausnahme derjenigen Gegenstände, die nach der HausratsVO verteilt werden können, insbesondere also Bargeld, Darlehensforderungen, Girokonten, bebaute und unbebaute Grundstücke, Kostbarkeiten (Gold, Silber, Schmuck), Kraftfahrzeuge, Lebensversicherungen auf Kapitalbasis, Sparguthaben (insbesondere Bausparverträge und vermögenswirksame Leistungen), Wertpapiere aller Art, Betriebe, Unternehmen, Beteiligungen an Praxen, Steuererstattungsforderungen für am Endstichtag abgeschlossene Veranlagungszeiträume.
- **Alle Passiva,** wobei vom Aktivvermögen alle bis zum Stichtag **entstandenen** Verbindlichkeiten aller Art abzuziehen sind, wozu insbesondere auch die bis zum Stichtag entstandenen **Steuerschulden** gehören, selbst wenn sie noch nicht fällig sind; **gesamtschuldnerische Verbindlichkeiten** sind entsprechend dem internen Ausgleichsverhältnis nach § 426 BGB abzusetzen; auch alle bis zum Stichtag aufgelaufenen **Unterhaltsrückstände** gehören zu den abzusetzenden Verbindlichkeiten.

b) Ermittlung des Anfangsvermögens beider Ehegatten. Besonders wichtig ist es, daß der Anwalt den Mandanten dazu motiviert, das eigene Anfangsvermögen vollständig darzulegen und die vorhandenen Beweismöglichkeiten mitzuteilen. Soweit das Anfangsvermögen nicht dargelegt und ggf. bewiesen wird, gilt nämlich die Regel des § 1377 III BGB, wonach **vermutet** wird, daß das Endvermögen eines Ehegatten seinen Zugewinn darstellt, daß also kein Anfangsvermögen vorhanden war. Der Mandant sollte möglichst frühzeitig eine **Aufstellung seines Anfangsvermögens** fertigen und alle Belege und Beweismittel für dieses Anfangsvermögen beibringen. Ist ein Verzeichnis i. S. v. § 1377 aufgenommen, muß natürlich dieses **Verzeichnis** beigebracht werden.

Der andere Ehegatte kann nicht verpflichtet werden, das eigene Anfangsvermögen bekanntzugeben; die gesetzliche Auskunftspflicht ist auf das Endvermögen des anderen Ehegatten beschränkt. Bezüglich des Anfangsvermögens dienen dem Interesse an einer schnellen und richtigen Berechnung des Zugewinnausgleichs nur die beiden Vermutungen des § 1377 I und III BGB. Ein Anspruch auf Auskunft über das Anfangsvermögens des Ehepartners kann aus §1379 BGB nicht hergeleitet werden. Gibt eine Partei sein Anfangsvermögen trotz entsprechender Aufforderung nicht bekannt, macht sie aber im späteren gerichtlichen Verfahren Anfangsvermögen geltend, sind ihr insoweit die Kosten aufzuerlegen, als der Zugewinn bei Klageerhebung falsch berechnet wurde, weil das Anfangsvermögen nicht bekannt war.

308 c) **Auskunftsanspruch bei Vermögensminderungen.** Für den Auskunftsanspruch über dem Endvermögen hinzuzurechnende Vermögensminderungen ist § 1379 BGB nicht anwendbar. Es besteht aber die Möglichkeit einer **Auskunftspflicht nach § 242 BGB.** Diese Auskunft ist aber nicht auf einen Inbegriff von Gegenständen i. S. d. § 260 I BGB gerichtet, sondern umfaßt nur eine bestimmte Handlung i. S. d. § 1375 II BGB, für die der Auskunftsberechtigte **konkrete Anhaltspunkte vortragen** muß, wobei an diesen Vortrag keine übertriebenen Anforderungen gestellt werden (*BGH* FamRZ 1982, 27 f.).

309 Der in einer Vermögensauseinandersetzungssache tätige Anwalt muß stets die Vorschrift des § 1378 II BGB im Auge behalten, der die Höhe der Zugewinnausgleichsforderung auf jeden Fall auf den **Wert des Nettovermögens** des Ausgleichspflichtigen begrenzt, das bei **Beendigung des Güterstandes** noch vorhanden ist. Danach braucht der Ausgleichsschuldner zur Erfüllung des Zugewinnausgleichsanspruchs nach Beendigung des Güterstandes keine Kredite aufnehmen und kein künftiges Einkommen verwenden. Das gilt auch für **Vermögensschmälerungen,** die nach dem Stichtag der §§ 1384, 1387 erfolgt sind und für **illoyale Handlungen** des Ausgleichspflichtigen (Verschwendung, Schenkungen usw.). Der einzige Schutz, den das Gesetz dem Ausgleichsberechtigten gewährt, besteht in den §§ 1389, 1390. Sobald und soweit **Sicherheit gemäß § 1389 BGB** geleistet worden ist, wird § 1378 II BGB verdrängt. Der Hauptanwendungsbereich des § 1378 II BGB liegt bei den Fällen, in denen wegen illoyaler Handlungen des Ausgleichspflichtigen vor dem Stichtag seinem Endvermögen fiktiv Vermögenswerte nach § 1375 II BGB hinzugerechnet werden müssen, über die er real nicht mehr verfügt (*OLG Hamm* FamRZ 1986, 1106; *Johannsen/Henrich/Jaeger* Rdnr. 5 zu § 1378 BGB).

2. Vereinbarungsmöglichkeiten

310 In der Anwaltspraxis spielen eine Vielzahl von Fallgruppen eine bedeutende Rolle. Hier können nur einige wenige Fallgruppen exemplarisch dargestellt werden. Im übrigen wird auf die spezielle Fachliteratur verwiesen (insbesondere *Göppinger*, Vereinbarungen anläßlich S. 309 ff. und *Langenfeld*, Handbuch S. 87 ff.).

311 a) **Bei gesetzlichem Güterstand, Zugewinnausgleich.** Vor Anhängigkeit des Scheidungsverfahrens können die Ehegatten im Wege des Ehevertrages gemäß § 1408 I oder während des Scheidungsverfahrens nach § 1378 III 2 eine Vereinbarung über den Ausgleich des Zugewinns treffen; die Vereinbarung bedarf der **notariellen Beurkundung.** Die Vereinbarung kann aber gemäß § 127a BGB auch dadurch wirksam geschlossen werden, daß die Erklärungen bei Abschluß eines **gerichtlichen Vergleichs** im Eheprozeß in ein nach den Vorschriften der ZPO errichtetes Protokoll aufgenommen werden; dieses Protokoll ersetzt dann die notarielle Beurkundung. In diesem Fall kann sich der Ehegatte vor der Beendigung des Güterstandes zu einer Verfügung über die Ausgleichsforderung verpflichten; in allen übrigen Fällen ist dagegen eine solche Verfügung unzulässig, § 1378 III 3 BGB, es sei denn, daß ein **Ehevertrag** über die Regelung des Zugewinnausgleichs zustande gekommen war, §§ 1408 I, 1410 BGB. **Nicht der notariellen Beurkundung** bedarf lediglich eine Vereinbarung über die Regelung der Tragung von Verbindlichkeiten als **Gesamtschuldner** im Innenverhältnis nach § 426 BGB, z. B. der Freistellung eines Ehegatten. Denn solche Regelungen betreffen nicht güterrechtliche Verhältnisse der Ehegatten und stellen damit auch keine Verfügung über einen Zugewinnausgleich i. S. d. § 1378 III BGB dar. (Zu den **steuerlichen Auswirkungen** des Zugewinnausgleichs s. *Göppinger*, Vereinbarungen Rdnrn. 503 ff.).

b) Bei Gütergemeinschaft. Vor Rechtskraft der Scheidung kann die Gütergemeinschaft durch **notarielle Scheidungsvereinbarung** dadurch beendet werden, daß der Güterstand der Gütertrennung vereinbart wird, bei gleichzeitigem Vollzug der Auseinandersetzung. Möglich ist auch lediglich eine **Verpflichtung** der Ehegatten, nach rechtskräftiger Scheidung eine bestimmte Auseinandersetzung vorzunehmen. Der **Inhalt** jeder Parteivereinbarung wird durch die gesetzlichen Auseinandersetzungsregeln der §§ 1474–1481 BGB bestimmt. Nach § 1475 BGB sind zunächst die **Gesamtgutsverbindlichkeiten** zu begleichen. Das danach noch verbleibende Gesamtgut wird nach §§ 1476 I, 1477 I BGB zwischen den Ehegatten **hälftig geteilt,** wobei zunächst nach § 772 BGB **Teilung in Natur,** hilfsweise Teilung durch Pfandverkauf bzw. Versteigerung und anschließende **Erlösteilung** nach § 753 BGB erfolgt. 312

Aber: Gemäß § 1478 I BGB hat jeder Ehegatte ein Wahlrecht, ob er nach § 1476 den hälftigen Überschuß beanspruchen oder die **Auseinandersetzung nach § 1478 BGB** verlangen will. Derjenige Ehegatte, der mehr in die Ehe eingebracht hat als der andere, stellt sich wesentlich günstiger, wenn er die Auseinandersetzung nach § 1478 BGB verlangt. In der Praxis am bedeutsamsten ist das **Übernahmerecht** hinsichtlich der eingebrachten Gegenstände nach § 1477 II BGB i. V. m. dem Anspruch auf **Werterstattung** für eingebrachte Gegenstände nach § 1478 BGB. 313

Nach § 1477 II BGB kann jeder Ehegatte neben den Gegenständen des persönlichen Gebrauchs auch die Gegenstände gegen Wertersatz aus dem Gesamtgut übernehmen, die er in die Gütergemeinschaft eingebracht hat oder die er während der Gütergemeinschaft durch Erbfolge, durch Vermächtnis oder mit Rücksicht auf ein künftiges Erbrecht durch Schenkung oder als Ausstattung zum Gesamtgut erworben hat. Das **Übernahmerecht besteht, soweit** die Versilberung des betreffenden Gegenstandes nach § 1475 III zur Befriedigung der Gesamtgutsverbindlichkeiten nicht erforderlich ist, soweit also nach Begleichung der Gesamtgutsverbindlichkeiten ein Überschuß vorhanden ist. Das Übernahmerecht wird durch einseitige, empfangsbedürftige Willenserklärung ausgeübt, als deren Folge der dingliche Vollzug der Übernahme durchzuführen ist und durch Übereignung der einzelnen Gegenstände zu erfolgen hat. **Maßgeblicher Zeitpunkt für den Wertersatz** ist der Zeitpunkt der rechtsgestaltenden Erklärung, unabhängig davon, ob zu diesem Zeitpunkt der Güterstand schon beendet ist oder nicht. Der die Übernahme erklärende Ehegatte hat nämlich ein Interesse daran, auf den Zeitpunkt des Zugangs der Übernahmeerklärung ermitteln zu können, welcher Wertersatz auf ihn zukommt (so *Langenfeld,* Handbuch Rdnrn. 354 f.). 314

Losgelöst von diesem Übernahmerecht hat gemäß § 1478 BGB jeder Ehegatte das Recht, den Wert dessen zurückzuverlangen, was er in die Gütergemeinschaft eingebracht hat. Der **Wert des Eingebrachten** bestimmt sich nach § 1478 III BGB nach dem **Zeitpunkt der Einbringung.** Die Rechte aus §§ 1477 II und 1478 BGB können **nebeneinander** ausgeübt werden. Bei der Ermittlung des 315

Wertes des Eingebrachten ist der Kaufkraftschwund des Geldes außer Betracht zu lassen, so daß – entsprechend der Rechtssprechung des BGH zu § 1376 BGB – der Wert des Eingebrachten zum Zeitpunkt der Einbringung hochzurechnen ist auf den Gesamtpreis für die allgemeine Lebenshaltung zum Zeitpunkt der Übernahmeerklärung, nach der **BGH-Formel:** Wert zum Zeitpunkt der Übernahmeerklärung abzüglich Wert zum Zeitpunkt der Einbringung mal Indexzahl Übernahmeerklärung geteilt durch Indexzahl Einbringung = Ausgleichspflichtiger Überschuß (*Langenfeld,* Handbuch Rdnr. 358). Nicht übersehen werden sollte, daß für den Fall der Teilung **vor Berichtigung** einer Gesamtgutsverbindlichkeit beide Ehegatten nach Maßgabe des § 1480 BGB weiterhin haften.

316   c) **Ehegatten als Eigentümer eines Grundstücks.** Bei Übertragung eines Anteils an einem Grundstück auf den anderen Ehegatten durch gerichtlich protokollierten Vergleich ist zu beachten, daß in einem **widerruflich geschlossenen Vergleich** oder in einem Vergleich **für den Fall der Scheidung keine Auflassungserklärungen** aufgenommen werden können, da diese bedingungsfeindlich sind, § 925 II BGB. Möglich ist aber die Erklärung, daß die Parteien sich verpflichten, die Auflassung nach der Rechtskraft des Scheidungsurteils zu erklären (im späteren Weigerungsfalle: Klage gemäß § 894 ZPO vor dem Streitgericht). Es kann auch eine **Vormerkung** vereinbart werden in der Weise, daß „der Ehegatte ... dem anderen Ehegatten ... an dem veräußerten Grundstück eine Vormerkung zur Sicherung seines Anspruchs auf Übereignung des Grundstücks bestellt; gleichzeitig bewilligt er und beantragt der andere die Eintragung der Vormerkung im Grundbuch".

317   d) **Lebensversicherung.** Bei Bestehen von Lebensversicherungsverträgen in Form einer Kapitalversicherung sollte geklärt werden, ob der andere Ehegatte als Bezugsberechtigter angegeben ist und ob evtl. die Bezugsberechtigung unwiderruflich ist. Hat der Versicherungsnehmer seinen Ehegatten als Bezugsberechtigten in dem Versicherungsvertrag benannt, dann ist dessen Bezugsrecht durch die Scheidung der Ehe nicht ohne weiteres auflösend bedingt. Es kommt dabei darauf an, welcher Wille gegenüber dem Versicherer zum Ausdruck gekommen ist. Ein **Widerruf** der Bezugsberechtigung ist gegenüber **dem Versicherer** nur wirksam, wenn er diesem vor dem Versicherungsfall schriftlich mitgeteilt worden ist.

318   e) **Bausparverträge.** Häufig werden bei Vereinbarungen zu Bausparverträgen die einkommensteuer- und wohnungsbauprämienrechtlichen Vorschriften nicht beachtet (Haftungsrisiko!). Die Verwendung des Bausparvertrages für die Abfindung bei güter- oder unterhaltsrechtlichen Auseinandersetzungen ist i. d. R. steuer- und prämienschädlich. Es empfiehlt sich, vor Abtretungen zwischen Ehegatten eine verbindliche **Auskunft des Finanzamtes** einzuholen. Wurde ein gemeinsamer Bausparvertrag auf den Namen **beider Ehegatten** geführt, so stellt die Teilung keine Abtretung dar. Übernimmt jedoch ein Ehegatte den gemeinsamen Bausparvertrag allein, so ist es zumindest bürgerlich-rechtlich insoweit eine Abtretung, daß sie wiederum steuer- und prämienschädliche Folgen auslösen kann (zu den Einzelheiten s. Göppinger, Vereinbarungen, Rdnrn. 537 ff. m. zahlr. w. Nachw.).

319   f) **Rückgabe von Geschenken.** Will ein Ehegatte diejenigen Geschenke, die er dem anderen Ehegatten gemacht hat, wieder zurück haben, so kann dies einerseits durch den **Schenkungswiderruf** nach § 530 BGB erfolgen und soweit es

sich um Sachverhalte handelt, die außerhalb des Anwendungsbereichs der §§ 527, 528, 530 BGB liegen, nach den Regeln über den **Wegfall der Geschäftsgrundlage**. Die Regeln über den Wegfall der Geschäftsgrundlage können insbesondere dann zur Anwendung kommen, wenn es nach der Scheidung unzumutbar ist, daß der Beschenkte das Geschenk weiterhin behält.

g) **Erbvertrag.** Der Anwalt sollte stets bedenken, daß bei Abschluß eines 320 gerichtlich protokollierten Vergleichs die Ehegatten auch erbvertragliche Abmachungen gem. § 2274 BGB treffen können (Persönliche Anwesenheit beider Ehegatten erforderlich!). In einer derartigen Vereinbarung können sowohl Erbeinsetzungen als auch Vermächtnisse und Auflagen getroffen werden, § 2278 II BGB. So ist eine vergleichsweise Regelung hinsichtlich strittiger Punkte oft möglich, wenn gleichzeitig festgelegt wird, daß die Ehegatten ihre gemeinschaftlichen Kinder zu gesetzlichen Erben einsetzen und zwar in dem Sinne, daß diese gesetzliche Erben sein und bleiben sollen, auch wenn die Ehegatten wieder heiraten und aus der neuen Ehe Kinder hervorgehen. Bei einer derartigen Regelung kann später ein Ehegatte nicht durch Testament den neuen Ehegatten zum Alleinerben oder auch nicht den neuen Ehegatten und die aus der neuen Ehe hervorgegangenen Kinder zu testamentarischen Erben einsetzen, mit der Folge, daß die Kinder aus der ersten Ehe nur noch pflichtteilsberechtigt wären. Wird eine solche Regelung nur in einem gemeinschaftlichen Testament festgelegt, dann kann ein solches Testament widerrufen werden, wenn die Erklärung des Widerrufs notariell beurkundet und dem anderen geschiedenen Ehegatten gegenüber abgegeben wird, d. h., wenn dem anderen Ehegatten die Ausfertigung des notariell beurkundeten Widerrufs zugeht.

h) **Steuerrechtliche Erklärungen.** Zu den vertraglichen Pflichten des An- 321 walts gehört auch eine Beratung zu den Regelungsmöglichkeiten steuerrechtlicher Fragen zwischen den Ehegatten. Das gilt insbesondere für das Zusammenwirken bei der Zusammenveranlagung zur Einkommens- und Vermögenssteuer sowie für die Vereinbarungsmöglichkeiten, daß Eheleute für den betreffenden Veranlagungszeitraum die **Zusammenveranlagung wählen,** wenn die diesbezüglichen Voraussetzungen vorliegen (Splitting-Verfahren). Weiterhin kann vereinbart werden, daß bei getrennter Veranlagung die abzuziehenden Sonderausgaben und außergewöhnlichen Belastungen aufgeteilt werden (bezüglich der Einzelheiten s. *Göppinger*, Vereinbarungen, Rdnrn. 543a ff.).

3. Vorläufiger Rechtsschutz und Eilmaßnahmen

Aufgrund der gesetzlichen Verfügungsbeschränkung der §§ 1365, 1366 BGB 322 kann ein Ehegatte nur mit Zustimmung des anderen Ehegatten über das Vermögen im Ganzen oder über einzelne Vermögensgegenstände rechtswirksam verfügen. Der **gute Glaube** eines Dritten an ein rechtswirksames Geschäft wird nicht geschützt. Sowohl der unwirksam veräußernde Ehegatte als auch der übergangene andere Ehegatte haben nach § 1368 BGB ein sog. **Revokationsrecht.** Liegen hinreichende Anhaltspunkte dafür vor, daß ein Ehegatte beabsichtigt, über das Vermögen im Ganzen oder über einzelne Vermögensgegenstände, die nahezu das gesamte Vermögen ausmachen, ohne Zustimmung des anderen Ehegatten zu verfügen, besteht die Möglichkeit, zur Verhinderung dieses Geschäfts eine **einstweilige Verfügung** auf Erlaß eines Verbotes zur Veräußerung zu erwirken. Betreibt der Dritterwerber die Zwangsvollstreckung, kann Antrag auf **einstweilige Einstellung der Zwangsversteigerung** gemäß §§ 769, 771 III ZPO beantragt werden. Solange nicht ein Scheidungsverfahren oder ein Verfahren auf vorzeitigen Zugewinnausgleich eingeleitet ist, kann die künftige Ausgleichsforderung nur durch die Verfügungsbeschränkungen über das Gesamtvermögen und über die fiktive Zurechnung weggegebener Vermögensgegenstände zum Endvermögen gemäß § 1375 II BGB erreicht werden. Eine weitergehende Sicherung der künftigen Ausgleichsforderung durch Arrest oder einstweilige Verfügung gibt es nicht.

323   Nach **Rechtshängigkeit einer Ehesache** kommt als Mittel des vorläufigen Rechtsschutzes der **Arrest** in Betracht, der die Zwangsvollstreckung „wegen einer Geldforderung" sichert, § 916 I ZPO. Denn bei dem Anspruch auf Zugewinnausgleich handelt es sich um einen auf Geldzahlung gerichteten Anspruch, der eine durch Arrest sicherbare Forderung darstellt. Schließlich kann auf dem Umweg über den materiell-rechtlichen **Kautionsanspruch** aus § 1389 BGB vorläufiger Rechtsschutz für die künftige Ausgleichsforderung erreicht werden. Dieser Kautionsanspruch kann durch Arrest geschützt werden. Der Arrest ist zur Sicherung der künftigen Ausgleichsforderung der zweckmäßigere vorläufige Rechtsschutz, weil er eine sofortige Sicherstellung nach §§ 928 ff. ZPO ermöglicht. **Voraussetzung** für den Erlaß eines Arrestes ist, daß die Durchsetzung des künftigen Zugewinnausgleichsanspruchs gefährdet erscheint, § 917 ZPO, was insbesondere dann der Fall ist, wenn die Voraussetzungen des § 1386 II BGB erfüllt sind, oder wenn ein Ehegatte konkrete Handlungen vorgenommen hat, die auf eine alsbaldige Auswanderung schließen lassen.

4. Sicherung der bereits entstandenen Zugewinnausgleichsforderung

324   Nach der Beendigung des Güterstandes der Zugewinngemeinschaft kann die Zugewinnausgleichsforderung, die ja Geldforderung ist, durch **Arrest** nach §§ 916 ff. ZPO vorläufig geschützt werden. Der Arrest ist jedoch **unzulässig,** wenn ein Verfahren auf Stundung der Ausgleichsforderung nach § 1382 BGB anhängig ist. Wenn nämlich in diesem Verfahren der Erlaß einer vorläufigen Anordnung nach § 53 a III FGG statthaft ist, dann ist die Möglichkeit des Arrestes **subsidiär** gegenüber der vorläufigen Anordnung nach § 53 a III FGG (s. hierzu *Gießler*, Vorläufiger Rechtsschutz, Rdnrn. 941 ff.).

5. Schwerpunkte des Zugewinnausgleichsverfahrens

325   a) **Zugewinn** ist der Betrag, um den das Endvermögen eines Ehegatten das Anfangsvermögen übersteigt. Es ist also zunächst bei jedem Ehegatten getrennt das **Anfangsvermögen** i. S. v. § 1374 BGB und das **Endvermögen** i. S. v. § 1375 BGB zu ermitteln. Dabei ist stets zu berücksichtigen, daß letztlich lediglich festgestellt werden soll, ob bei einem Ehegatten ein **real vorhandener Vermögenszuwachs** eingetreten ist. Dies kann dadurch geschehen, daß Vermögen hinzuerworben wurde, daß das vorhandene Vermögen wertvoller geworden ist oder daß wegen des Geldwertverfalles eine Werterhöhung eingetreten ist. Im letzteren Fall liegt nur ein scheinbarer unechter Zugewinn vor, der nicht auszugleichen ist.

326   b) Um den Kaufkraftschwund des Geldes, also den unechten Zugewinn, auszuscheiden, muß eine **Umrechnung des Anfangsvermögens** vorgenommen werden. Diese Umrechnung erfolgt nach der **Formel des BGH** wie folgt:

Vermögensauseinandersetzung

$$\text{Ermitteltes Anfangsvermögen} \times \frac{\text{Index bei Güterstandsbeendigung}}{\text{Index bei Güterstandsbeginn}}$$

Preisindex für die Lebenshaltung in langjähriger Übersicht (Basisjahr 1985 = 100)

1958	1959	1960	1961	1962	1963	1964	1965	1966	1967	1968
38,8	39,1	39,7	40,7	41,8	43,1	44,1	45,6	47,2	47,9	48,5
1969	1970	1971	1972	1973	1974	1975	1976	1977	1978	1979
49,5	51,1	53,7	56,6	60,4	64,5	68,4	71,5	73,9	75,8	78,7
1980	1981	1982	1983	1984	1985	1986	1987	1988	1989	1990
82,8	88,1	92,7	95,8	98,0	100	99,8	99,9	101,0	103,9	106,7
1991	1992									
110,5	115,1									

(Quelle: Statist. Jahrb. 1991 S. 608; zit. nach *Palandt/Diederichsen* § 1376 Rdnr. 13)

Es ist immer das **gesamte Anfangsvermögen** (als Summe) umzurechnen und zwar einschließlich des im Anfangsvermögen enthaltenen Bestandes an Geld und der auf Geld lautenden Forderungen.

Der Teil des Anfangsvermögens, der bezüglich des Bewertungszeitpunktes gemäß § 1376 I vom ursprünglichen Anfangsvermögen abweicht, nämlich der **privilegierte Hinzuerwerb gemäß § 1374 II BGB**, muß **gesondert umgerechnet werden**, wobei der Lebenshaltungsindex des Erwerbsjahres an Statt desjenigen zu Beginn des Güterstandes heranzuziehen ist (*BGH* FamRZ 1978, 332f.). Übersteigen bezüglich des Anfangsvermögens die Verbindlichkeiten das Aktivvermögen, ist also das Anfangsvermögen im Ergebnis **mit Null** anzusetzen, dann scheidet eine Umrechnung aus, insbesondere kann nicht etwa das Aktivvermögen isoliert umgerechnet werden. 327

c) Gemäß § 1374 II BGB wird dem **Anfangsvermögen** Vermögen, das ein Ehegatte nach Eintritt des Güterstandes von Todes wegen oder mit Rücksicht auf ein künftiges Erbrecht, durch Schenkung oder als Ausstattung erwirbt, nach Abzug der Verbindlichkeiten **hinzugerechnet, soweit** es nicht den Umständen nach zu den Einkünften zu rechnen ist. Dem **Endvermögen** wird gemäß § 1375 II der Betrag hinzugerechnet, um den dieses Vermögen dadurch vermindert ist, das ein Ehegatte nach Eintritt des Güterstandes durch Übermaßschenkung, Verschwendung oder Handlungen in Benachteiligungsabsicht sein Vermögen vermindert hat. Eine Hinzurechnung erfolgt nur dann nicht, wenn die Vermögensminderung mindestens 10 Jahre vor Beendigung des Güterstandes eingetreten oder wenn der andere Ehegatte mit der unentgeltlichen Zuwendung oder der Verschwendung einverstanden gewesen ist, § 1375 III BGB. Trägt der Berechtigte Tatsachen vor, die ein Verhalten i. S. d. § 1375 II BGB nahelegen, dann erstreckt sich der **Auskunftsanspruch** auch auf diese dem Endvermögen hinzuzurechnenden Beträge (so jedenfalls *OLG Düsseldorf* FamRZ 1982, 805). 328

d) Die **Verbindlichkeiten**, die vom **Anfangsvermögen** nach § 1374 abzuziehen sind, erfassen alle Verbindlichkeiten, die mit dem Erwerbsvorgang verküpft sind (z. B. auch Beerdigungskosten, Erfüllung der Vermächtnisse, Auflagen und Pflichtteilsansprüche, Erbschaftsteuer); nicht jedoch Verbindlichkeiten, die erst durch weiteres Handeln des Ehegatten entstehen. Die **Verbindlichkeiten**, die gemäß § 1375 vom **Endvermögen** abzuziehen sind, erfassen alle bis 329 zum Stichtag entstandenen Verbindlichkeiten aller Art, insbesondere auch die entstandenen **Steuerschulden,** auch wenn sie noch nicht fällig sind (bei Steuerhinterziehung s. *OLG München* FamRZ 1984, 1096 f.). **Gesamtschuldnerische** Verbindlichkeiten sind nicht bei beiden Ehegatten in voller Höhe vom Endvermögen abzusetzen. Maßgebend ist das interne Ausgleichsverhältnis nach § 426 BGB (*OLG Frankfurt* FamRZ 1985, 482). Bei **Einkommensteuerschulden** ist eine interne Ausgleichsquote in Analogie zu § 748 BGB zu bestimmen. Bei sämtlichen gesamtschuldnerischen Verbindlichkeiten muß jeweils berücksichtigt werden, daß beide Ehegatten im Außenverhältnis voll haften, so daß ein Nicht-Abzug der Verbindlichkeiten wegen des internen Ausgleichsverhältnisses nur in Betracht kommt, wenn der interne Ausgleichsanspruch realisierbar ist. Ist dies nicht der Fall, kann die Verbindlichkeit nur vom Endvermögen des solventen Ehegatten abgesetzt werden. Auch **Unterhaltsrückstände,** die ein Ehegatte dem anderen schuldet, gehören zu den abzusetzenden Verbindlichkeiten, ebenso alle anderen Verbindlichkeiten der Ehegatten untereinander.

330   e) Die **Wertermittlung** des Anfangs- und Endvermögens erfolgt nach § 1376 BGB; eine Vorschrift, die Gewinnung und Auswahl der sachlichen Wertmaßstäbe der Rechtspraxis überläßt und lediglich die Bewertungsstichtage festlegt. (Die Rechtspraxis ist übersichtlich in der meisterlichen Kommentierung zu § 1376 in *Johannsen/Henrich/Jaeger* dargestellt). Zu beachten ist, daß das *BVerfG* § 1376 IV für mit Art. 3 I i. V. m. Art. 6 I GG **unvereinbar** erklärt hat, „soweit danach **ausnahmslos der Ertragswert** als Bewertungsmaßstab anzuwenden ist" (FamRZ 1985, 256).

331   f) **Zuwendungen unter Ehegatten** können entweder **echte Schenkungen** i. S. d. § 516 BGB sein oder sog. **unbenannte** (ehebedingte) **Zuwendungen,** die ein Ehegatte seinem Partner im Rahmen der Verwirklichung der ehelichen Lebensgemeinschaft, etwa in Form der Einräumung von Miteigentum am Familienheim macht und die deshalb nicht als Schenkung qualifiziert werden können, weil es an der der Schenkung eigentümlichen Einigung über die **Unentgeltlichkeit** der Zuwendung fehlt (*BGH* FamRZ 1982, 246 ff.). Der in der Praxis häufigste Fall ist der, daß Ehegatten als Miteigentümer je zur Hälfte ein Hausgrundstück erwerben und es dann als Familienheim benutzen, wobei der Kaufpreis durch ein von beiden Eheleuten aufgenommenes Darlehen aufgebracht wurde und die laufenden Raten für Verzinsung und Tilgung des Darlehens der Mann aus seinem Einkommen allein zahlte (s. hierzu *BGH* FamRZ 1982, 246 und FamRZ 1982, 778). Als Zuwendung i. S. v. § 1380 BGB kommen sowohl die echte Schenkung als auch die sog. unbenannte Zuwendung in Betracht, soweit die Zuwendung nicht bereits vor Beginn des Güterstandes erfolgte.

332   Im Zusammenhang mit Zuwendungen unter Ehegatten stellt sich stets die Frage, ob die Zuwendungen dem Anfangsvermögen des Empfängers gemäß § 1374 II BGB hinzuzurechnen sind. Die Meinungen hierzu sind unterschiedlich. Richtigerweise ist die **Hinzurechnung beim Anfangsvermögen zu unterlassen.** Gleichzeitig ist die Zuwendung mit ihrem auf den Zuwendungszeitpunkt bezogenen Wert **aus dem Endvermögen des Empfängers herauszurechnen.**

333   Weiter ist zu prüfen, ob eine **Anrechnung nach § 1380** BGB in Betracht kommt. Da in der Praxis eine Bestimmung, daß das Zugewendete auf die Ausgleichsforderung angerechnet werden soll, kaum getroffen wird, ist die Frage i. d. R. durch Anwendung von § 1380 I 2 BGB zu beantworten: Wenn der Wert der Zuwendung den Wert der nach den Lebensverhältnissen der Ehegatten

üblichen Gelegenheitsgeschenke übersteigt, wird das Zugewendete auf die Ausgleichsforderung angerechnet. Mit der Anrechnung soll das Ergebnis erreicht werden, daß sich der Zuwendungsempfänger im Fall des Zugewinnausgleichs wirtschaftlich nicht besser stellt, als er stehen würde, wenn die Zuwendung unterblieben wäre und der Wert im Endvermögen des Zuwendenden verblieben wäre, so daß der Empfänger hieran über den Zugewinnausgleich partizipiert hätte. Durch § 1380 BGB sollen freiwillige Zuwendungen bei der Festsetzung der Ausgleichsforderung neutralisiert werden. **Voraussetzung** für eine Anrechnung der Zuwendung ist jedoch, daß eine Ausgleichsforderung des Zuwendungsempfängers besteht.

g) Hat ein Ehegatte dem anderen eine Zuwendung aus seinem Anfangsvermögen gemacht, aber selbst **keinen Zugewinn erzielt,** so kann er nach § 1378 I BGB die Hälfte des Wertes der Zuwendung zurückverlangen (*BGH* FamRZ 1982, 778 f.). Hat der Zuwendungsempfänger unter Berücksichtigung des Zuwendungswertes real einen höheren Zugewinn erzielt als der Zuwendende, dann gilt das normale Berechnungssystem des Zugewinnausgleichs nach §§ 1373–1378 BGB, mit der Folge, daß der Empfänger dem Zuwendenden Zugewinnausgleich in Höhe der Hälfte seines realen Zugewinnüberschusses leisten und auf diesem Wege den Zuwendungswert ganz oder teilweise erstatten muß (*Johannsen/Henrich/Jaeger* Rdnrn. 16 ff. zu § 1380 BGB m. w. Nachw.). 334

h) Der Anwalt der auf Ausgleich in Anspruch genommenen Partei muß folgende weitere Gesichtspunkte prüfen: 335
– Liegt grobe Unbilligkeit vor, § 1381 BGB?
– Ist ein Leistungsverweigerungsrecht nach § 273 BGB gegeben?
– Besteht Leistungsverweigerungsrecht wegen Verjährung, §§ 1378 IV, 222 BGB?
– Ist Antrag auf Stundung der Ausgleichsforderung gemäß § 1382 BGB notwendig? Mit § 1382 BGB gibt das Gesetz neben dem § 1381 BGB ein weiteres **Billigkeitskorrektiv** zugunsten des Schuldners. Durch diese Vorschrift soll der Schuldner vor vermeidbaren Härten bezüglich des **Zeitpunkts** der Erfüllung der Ausgleichsforderung bewahrt werden. Insbesondere wenn die Durchsetzung der sofortigen Zahlung die Wohn- oder sonstigen Lebensverhältnisse gemeinschaftlicher Kinder nachhaltig verschlechtern würde, sollte der Antrag nach § 1382 BGB in Erwägung gezogen werden. Denn damit soll insbesondere das Ziel erreicht werden, zu verhindern, daß der Schuldner das **Familienheim,** in dem er mit den gemeinschaftlichen Kindern wohnt, zwecks Erfüllung der Ausgleichsforderung sofort veräußern muß. Die Belange der Kinder haben vor dem Interesse des Gläubigers der Ausgleichsforderung an sofortiger Zahlung Vorrang, so daß eine Interessenabwägung hier nicht mehr stattfindet.

6. Prozeßrechtliche Besonderheiten

– Streitigkeiten über Ansprüche aus dem ehelichen Güterrecht (§ 23b I Nr. 9 GVG) unterliegen allein der ZPO, § 621b ZPO, und können – wie Unterhaltssachen – als isolierte oder als Folgesachen geltend gemacht werden. 336
– Ausnahmslos besteht Anwaltszwang, § 78 II 2 ZPO.
– Zugewinnausgleichsansprüche, die nach rechtskräftiger Scheidung anhängig gemacht werden (binnen drei Jahren ab Kenntnis der rechtskräftigen Schei-

B X Die familienrechtlichen Verfahren

dung!) oder vorzeitige Zugewinnausgleichsverfahren sind **isolierte** Güterrechtssachen.
– Auch Ansprüche aus der Gütergemeinschaft können als Folgesache geltend gemacht werden, § 1477 II BGB; § 1478 BGB.

XV. Die Rechtsmittelverfahren

337 Berufungs- und Beschwerdegericht ist ausschließlich das **Oberlandesgericht**. Auch Ablehnungsgesuche gegen einen Familienrichter werden vom Oberlandesgericht entschieden, § 45 II ZPO. Bei den Rechtsmitteln in Familiensachen ist die unterschiedliche verfahrensrechtliche Ausgestaltung von großer Bedeutung. Abhängig von der verfahrensrechtlichen Ausgestaltung der Familiensachen sind die jeweils zulässigen Rechtsmittel getrennt zu bestimmen. Es ist zu **unterscheiden,** ob gegen eine isoliert geführte Familiensache i. S. d. § 621 ZPO, gegen eine im Verbund geführte Folgesache oder aber gegen das stattgebende oder abweichende Scheidungsurteil selbst ein Rechtsmittel eingelegt wird.

1. Rechtsmittel im Scheidungsverbund

338 Da im Verbundverfahren sowohl ZPO- als auch FGG-Verfahren verbunden sein können, sind die Rechtsmittelmöglichkeiten vielfältig, zumal der Scheidungsausspruch selbst wie auch alle oder einzelne Foglesachen oder insgesamt die Scheidung mit den Folgesachen angefochten werden können. Hier werden nur exemplarisch einzelne Beispiele angeführt:
– Wird in dem Verbundurteil dem Scheidungsantrag stattgegeben, so ist gemäß § 511 ZPO gegen den Scheidungsausspruch sowie auch gegen sämtliche Folgesachen die **Berufung** möglich, unabhängig davon, ob es sich um Folgesachen, die der ZPO oder dem FGG unterliegen, handelt. Unter den Voraussetzungen des § 545 I ZPO ist neben der Berufung auch die **Revision** möglich.
– Soll nicht der Scheidungsausspruch selbst, sondern nur eine bestimmte Folgesache im Rahmen der Verbundentscheidung angefochten werden, gilt folgendes: Gegen **zivilprozessuale** Folgesachen gem. § 621 I 4, 5 und 8 ZPO ist Berufung und Revision möglich. Gegen Folgesachen, die dem FGG unterliegen (§ 621 I 1–3, 6, 7 und 9 ZPO, ist die **befristete Beschwerde** gemäß § 621e, 629 II 1 ZPO möglich. Außerdem ist gemäß § 629a I, 621e II ZPO die **weitere Beschwerde** zulässig, soweit Fälle des § 621 I 1–3 und 6 ZPO betroffen sind.

339 **Wichtig:** Gemäß § 629a III ZPO kann eine Änderung von Teilen einer Verbundentscheidung, hinsichtlich derer zunächst kein Rechtsmittel eingelegt worden ist, nur noch bis zum Ablauf eines Monats nach Zustellung der Rechtsmittelbegründung in der **anderen,** angefochtenen Familiensache beantragt werden. Wird in dieser Frist eine Abänderung beantragt, so verlängert sich die Frist, weitere, andere Verbundentscheidungen in den Rechtsmittelzug einzubeziehen, um einen weiteren Monat.
– Gegen **einstweilige Anordnungen** im Rahmen des Verbundverfahrens gibt es grundsätzlich kein Rechtsmittel; nach § 620c ZPO ist eine **sofortige Beschwerde** nur in den Fällen möglich, daß nach mündlicher Verhandlung die elterliche Sorge, die Herausgabe eines Kindes oder die völlige Zuweisung der Ehewohnung an einen der beiden Ehegatten geregelt worden ist. In einem

Verfahren nach § 621 I 9 ZPO (Stundungs- oder Austauschverfahren nach §§ 1382, 1383 BGB) darf eine einstweilige Anordnung gemäß § 53 a III 2 FGG nur zusammen mit der Endentscheidung angefochten werden.
– Gegen die **Androhung eines Zwangsgeldes** nach § 33 FGG ist die unbefristete Beschwerde gemäß § 19 FGG zulässig, da bereits die Androhung eine Rechtsbeeinträchtigung darstellt; gleiches gilt bezüglich der **Festsetzung** des Zwangsgeldes.

2. Rechtsmittel in den isolierten Verfahren gemäß § 621 I 1–3, 6, 7, 9 ZPO

Hier sind Berufung und Revision nicht möglich, weil es sich um Familiensachen handelt, die zur freiwilligen Gerichtsbarkeit gehören. Die Rechtsmittel sind jedoch über § 621 a ZPO auch für diese Verfahren in der Zivilprozeßordnung geregelt. Die befristete Beschwerde des § 621 e ZPO ist nur gegen die im ersten Rechtszug ergangenen **Endentscheidungen** über Familiensachen gegeben. Alle anderen Entscheidungen, nämlich Anordnungen und richterliche Beschlüsse, die keine abschließende Wirkung für die Instanz haben, sind mit den Rechtsmitteln nach dem FGG bzw. der HausratsVO anfechtbar. Die **befristete Beschwerde** nach § 621 e ZPO muß **binnen eines Monats** eingelegt werden. Hierbei sind grundsätzlich die Vorschriften des FGG anwendbar. Die befristete Beschwerde muß eine Begründung enthalten. Wird die Beschwerdefrist von einem Monat versäumt, so hat dies die Unzulässigkeit des Rechtsmittels zur Folge. Wiedereinsetzung ist gem. § 621 a i. V. m. § 233 ZPO zulässig. Einlegung und Begründung der befristeten Beschwerde unterliegen **keinem Anwaltszwang**. Die Zulässigkeit der **weiteren Beschwerde** richtet sich nach § 621 e II ZPO. 340

3. Rechtsmittel in den selbständigen Familiensachen gemäß § 621 I Nrn. 4, 5 und 8 ZPO

Bei den Verfahren Kindesunterhalt, Ehegattenunterhalt und Ansprüche aus dem ehelichen Güterrecht handelt es sich gem. § 621 a ZPO um **rein zivilprozessuale** Verfahren. Gegen Urteile in diesen Verfahren ist gemäß § 511 ZPO bei Erreichen der Berufungssumme von 1500,– DM Beschwer (§ 511 a ZPO) die **Berufung** zulässig. **Versäumnisurteile** und Kostenentscheidungen in Endurteilen, sofern diese allein und nicht die Hauptsache selbst angefochten werden soll, sind nicht berufungsfähig, §§ 513, 99 ZPO. Die Zulässigkeit der **Revision** richtet sich nach §§ 545 II ZPO i. V. m. § 621 d ZPO. Grundsätzlich ist in den eigenständigen, zivilprozessualen Familiensachen die **Beschwerde gemäß § 567 ZPO** zulässig, und zwar in den vom Gesetz besonders hervorgehobenen Fällen und gegen solche Entscheidungen, die eine mündliche Verhandlung nicht erfordern. 341

Die Beschwerde ist auch statthaft, wenn dem erkennenden Gericht bei seiner Entscheidung **greifbare Gesetzwidrigkeit** vorgeworfen werden muß; nicht aber bereits bei einer Verletzung des rechtlichen Gehörs. Die **sofortige Beschwerde** gemäß § 577 ZPO ist vor allem in folgenden isolierten zivilprozessualen Familiensachen möglich: Sofortige Beschwerde gegen Beschlüsse nach § 91 a ZPO; Gegen Beschlüsse in Zwangsvollstreckungsverfahren, § 793 ZPO; Gegen die Berichtigung eines Urteils nach § 319 ZPO; Gegen die Entscheidung über den Kostenfestsetzungsbeschluß gemäß § 104 III 5 ZPO. 342

4. Rechtsmittelverzicht

343 Gelegentlich wird einem Anwalt angetragen, nur für eine Rechtsmittelverzichtserklärung aufzutreten. In diesem Fall sollte sich der Anwalt kurz über die Sachlage unterrichten lassen und sodann die Partei über die Rechtslage beraten, wozu insbesondere der Hinweis gehört, daß ein Rechtsmittelverzicht, wenn er als Prozeßhandlung gegenüber dem Gericht durch einen postulationsfähigen Rechtsanwalt abgegeben worden ist, grundsätzlich unwiderruflich ist und nicht nach bürgerlichem Recht wegen Willensmängeln anfechtbar ist (vgl. *BGH FamRZ* 1986, 1089). Zur Vermeidung einer Regreßgefahr empfiehlt es sich, den Hinweis in die zu **Protokoll** zu erklärende Vollmacht mit aufzunehmen. Formulierungsvorschlag (nach *Günther/Hein* S. 371): „Hiermit erteile ich dem Rechtsanwalt ... Prozeßvollmacht zur Abgabe einer Rechtsmittelverzichtserklärung ohne jede Einschränkung hinsichtlich des soeben verkündeten Verbundurteils. Über die Risiken des Rechtsmittelverzichts bin ich hinreichend beraten worden."

XVI. Die Beiordnung nach § 625 ZPO

344 Um ein Minimum an anwaltlicher Beratung des Antragsgegners der Scheidung sicherzustellen, kann das Gericht gemäß § 625 ZPO ihm einen Rechtsanwalt beiordnen. Die Beiordnung erfaßt automatisch die Scheidungssache und ein Sorgerechtsverfahren. Der Rechtsanwalt ist zur Annahme verpflichtet, § 48 I Nr. 3 BRAO. Einen **Vorschuß** mit der Folge, daß im Fall der Nichtzahlung die Beiordnung abgelehnt werden kann, darf er nicht verlangen. Der beigeordnete Rechtsanwalt ist mangels Vollmacht **nicht Prozeßbevollmächtigter**. Er hat die Stellung eines Beistandes und damit dessen Befugnisse nach § 90 ZPO. **Zustellungen** sind wegen der fehlenden Vollmacht an den Antragsgegner, nicht an den beigeordneten Rechtsanwalt auszuführen, § 176 ZPO. Abschriften der zuzustellenden Schriftsätze sollten dem beigeordneten Rechtsanwalt aber zugeleitet werden, damit er seine Beratungsfunktion erfüllen kann.

Der beigeordnete Rechtsanwalt hat **gegen den Antragsgegner** den Anspruch eines zum Prozeß bevollmächtigten Rechtsanwalts auf Vergütung, § 36a I BRAGO. Bei **Zahlungsverzug** des Antragsgegners kommt eine **Vergütung aus der Staatskasse** entsprechend §§ 121 ff. BRAGO in Betracht, § 36a II BRAGO. Liegen jedoch die Voraussetzungen der Prozeßkostenhilfe vor, kann der Anwalt Prozeßkostenhilfe beantragen und gleichzeitig seine Beiordnung.

Der beigeordnete Rechtsanwalt kann sich gegen seine Auswahl wehren, § 625 I 1 i. V. m. § 78c III ZPO. Im übrigen kann er gegen eine Entscheidung, mit der eine Aufhebung seiner Beiordnung nach § 48 II BRAO abgelehnt worden ist, nach § 78c III S. 2 ZPO mit der Beschwerde vorgehen.

XVII. Besonderheiten in den neuen Bundesländern

Literatur: *Brudermüller/Wagenitz*, Das Ehe- und Ehegüterrecht in den neuen Bundesländern, FamRZ 1990, 1294 ff.; *Adlerstein/Wagenitz*, Nachehelicher Unterhalt und Versorgungsausgleich in den neuen Bundesländern, FamRZ 1990, 1300 ff.; *Kalthoener/Büttner*, Die Entwicklung des Unterhaltsrechts, NJW 1991, 398 ff.; *Palandt/Diederichsen*, Kommentierung des Art. 234 zum EGBGB.

a) Nach der grundsätzlichen Regelung in Art. 8 des Einigungsvertrages vom 31. 8. 1990 (BGBl. II S. 889) trat am 3. 10. 1990 im Gebiet der ehemaligen DDR **Bundesrecht in Kraft,** soweit der Vertrag bzw. insbesondere seine Anlagen I und II nichts anderes bestimmten. Für das BGB – und damit das Familienrecht – enthält der durch Anl. I Kap. III Sachgeb. B Abschn. II EVertr (BGBl. S. 941 ff.) eingeführte 6. Teil des EGBGB umfangreiche Übergangsvorschriften. 345

b) Ausgenommen vom Inkrafttreten gem. Art. 8 EVertr. ist die **Regelunterhalt-Verordnung** (Anl. I Kap. III Sachgeb. B Abschn. I Nr. 2 EVertr.); ferner gelten die §§ 616 I u. III, 622 sowie 1706–1710 BGB im Gebiet der ehemaligen DDR nicht (Art. 230 I EGBGB). 346

c) Nach **Art. 234 EGBGB** gelten familienrechtlich u. a. folgende Übergangsregelungen: 347

§ 1 Grundsatz Das Vierte Buch des Bürgerlichen Gesetzbuchs gilt für alle familienrechtlichen Verhältnisse, die am Tag des Wirksamwerdens des Beitritts bestehen, soweit im folgenden nichts anderes bestimmt ist.

§ 4 Eheliches Güterrecht. (. . .)

§ 5 Unterhalt des geschiedenen Ehegatten. Für den Unterhaltsanspruch eines Ehegatten, dessen Ehe vor dem Wirksamwerden des Beitritts geschieden worden ist, bleibt das bisherige Recht maßgebend. Unterhaltsvereinbarungen bleiben unberührt.

§ 6 Versorgungsausgleich. (. . .)

§ 8 Anpassung von Unterhaltsrenten für Minderjährige. (1) Der Vomhundertsatz nach § 1612a Abs. 2 Satz 1 des Bürgerlichen Gesetzbuchs kann für das in Artikel 3 des Einigungsvertrages genannte Gebiet von der Landesregierung durch Rechtsverordnung (Anpassungsverordnung) bestimmt werden. Vor einer Bestimmung soll die Landesregierung die übrigen Landesregierungen in den in Satz 1 genannten Gebieten und die Bundesregierung unterrichten.

(2) Die Landesregierung kann die Ermächtigung weiter übertragen.

(3) Die Absätze 1 und 2 gelten nicht, wenn die Bundesregierung den Vomhundertsatz gemäß § 1612a Abs. 2 Satz 1 des Bürgerlichen Gesetzbuchs in diesen Gebieten bestimmt.

(4) Eine Anpassung nach § 1612a Abs. 1 Satz 1 des Bürgerlichen Gesetzbuchs kann nicht für einen früheren Zeitpunkt als den Beginn des zweiten auf das Inkrafttreten der Anpassungsverordnung folgenden Kalendermonats verlangt werden.

§ 9 Regelbedarf des nichtehelichen Kindes. (1) Der Regelbedarf nach § 1615f Abs. 1 Satz 2 des Bürgerlichen Gesetzbuchs kann in dem in Artikel 3 des Einigungsvertrages genannten Gebiet von der jeweiligen Landesregierung durch Rechtsverordnung festgesetzt werden. Vor einer Festsetzung soll die Landesregierung die übrigen Landesregierungen in den in Satz 1 genannten Gebiet und die Bundesregierung unterrichten. Der Regelbedarf ist in gleicher Weise nach dem Alter abzustufen wie der von der Bundesregierung mit Zustimmung des Bundesrates festgesetzte Regelbedarf. Eine Abstufung nach den örtlichen Unterschieden in den Lebenshaltungskosten findet nicht statt.

(2) Die Landesregierung kann die Ermächtigung weiter übertragen.

(3) Die Absätze 1 und 2 gelten nicht, wenn die Bundesregierung den Regelbedarf gemäß § 1615f des Bürgerlichen Gesetzbuchs in diesem Gebiet festsetzt.

348 d) Die Überleitung des Rechts des BGB ist somit für alle Familienrechtsverhältnisse wirksam, die am 3. 10. 1990 bereits bestanden, mit der Maßgabe, daß der **Ehegattenunterhalt** sich für Ehegatten, die vor dem 3. 10. 1990 rechtskräftig geschieden worden sind, noch nach dem bisherigen Recht des DDR-FGB richtet und mit der Maßgabe, daß für die Anpassung der **Unterhaltstitel für Kinder** an veränderte ökonomische Bedingungen und für den Erlaß einer RegelunterhaltsVO eine Kompetenz der neuen Länder, aber auch eine solche der Bundesregierung begründet worden ist.

Das früher in der ehemaligen DDR geltende Unterhaltsrecht ist **nicht auf alle** vor dem 3. 10. 1990 geschiedenen Ehen anwendbar. Sind die Ehegatten zwar in der DDR geschieden worden, aber vor dem 3. 10. 1990 in das Gebiet der damaligen Bundesrepublik übergesiedelt, ist nach der Rechtsprechung des *BGH* (FamRZ 1982, 1189) auf die Scheidungsfolgen das **BGB-Unterhaltsrecht** anwendbar.

Für nach dem 3. 10. 1990 erstmals festzulegende Unterhaltsverpflichtungen zwischen Ehegatten nach Scheidung gelten auch im ehemaligen DDR-Gebiet die §§ 1569 ff. BGB. Ein Problem dabei wird sein, was bei den gegebenen Einkommensverhältnissen der den ehelichen Lebensverhältnissen angemessene Unterhalt sein kann. Als Übergangslösung bietet sich an, im Regelfall den Bedarf nach den ehelichen Lebensverhältnissen mit einem **Mindestbedarfssatz**, der dem notwendigen Selbstbehalt des Unterhaltspflichtigen gleichzusetzen ist, anzusetzen.

349 Infolge der Übernahme der ZPO im Ganzen sind für **Abänderungsklagen** die Vorschriften der ZPO anzuwenden. **Unterhaltstitel** aus dem Gebiet der ehemaligen DDR können ohne weiteres vollstreckt werden, wobei Unterhaltsrückstände aus der Zeit vor dem 1. Juli 1990 im Verhältnis 1 : 1 umzustellen sind.

Da mit der ZPO im Ganzen auch die **Pfändungsgrenzen** bei Arbeitseinkommen übernommen wurden, werden derzeit viele Kinder allerdings nur dann Unterhalt tatsächlich erhalten, wenn der Unterhaltspflichtige freiwillig zahlt.

… Düsseldorfer Tabelle **B X**

XVIII. Anhang

1. Düsseldorfer Tabelle (Stand 1. 7. 1992)[1, 2] 350

A. Kindesunterhalt

Altersstufe	bis Volldg. des 6. Lebensjahres (Lbj.)	vom 7. bis Volldg. des 12. Lbj.	vom 13. bis Volldg. des 18. Lbj. (vgl. Anm. 8)	ab Volldg. des 18. Lbj. (vgl. Anm. 7, 8)	
Nichteheliche Kinder nach VO 1992[3])	291	353	418		
Eheliche Kinder nach Nettoeinkommen des Unterhaltspflichtigen in DM					*Bedarfskontrollbetrag* in DM gemäß
Gruppe					Anmerkung 6
1 bis 2300	291	353	418		1150/1300
2 2300–2600	310	375	445		1370
3 2600–3000	335	405	480		1450
4 3000–3500	370	450	530		1550
5 3500–4100	410	495	590		1680
6 4100–4800	450	545	650		1880
7 4800–5700	500	605	720		2100
8 5700–6700	550	665	790		2350
9 6700–8000	600	730	860		2600
über 8000		nach den Umständen des Falles.			

Anmerkungen:
1. Die Tabelle weist monatliche Unterhaltsrichtsätze aus, bezogen auf einen gegenüber einem Ehegatten und zwei Kindern Unterhaltspflichtigen.
Bei einer größeren/geringeren Anzahl Unterhaltsberechtigter sind *Ab- oder Zuschläge* in Höhe eines Zwischenbetrages oder durch Einstufung in niedrigere/höhere Gruppen

---

[1] Die neue Tabelle nebst Anmerkungen beruht auf Koordinierungsgesprächen, die zwischen Richtern der Familiensenate der Oberlandesgerichte Düsseldorf, Köln und Hamm sowie der Unterhaltskommission des Deutschen Familiengerichtstages e. V. unter Berücksichtigung des Ergebnisses einer Umfrage bei allen Oberlandesgerichten und Bezirksgerichten stattgefunden haben.
[2] Die Zahlenwerte der neuen Tabelle gelten ab 1. 7. 1992. Bis zum 30. 6. 1992 sind die Zahlenwerte der bisherigen Tabelle (Stand: 1. 1. 1989, abgedruckt in FamRZ 1988, 911 = NJW 1988, 2352) anzuwenden.
[3] BGBl 1992 I 535.

angemessen. Bei überdurchschnittlicher Unterhaltslast ist Anmerkung 6 zu beachten. Zur Deckung des notwendigen Mindestbedarfs aller Beteiligten – einschließlich des Ehegatten – ist gegebenenfalls eine Herabstufung bis in die unterste Tabellengruppe vorzunehmen. Reicht das verfügbare Einkommen auch dann nicht aus, erfolgt eine Mangelberechnung nach Abschnitt C.
2. Den Bedarfsbeträgen der Gruppen 2–8 entsprechen folgende auf- und abgerundete Zuschläge auf den Basisbetrag der 1. Gruppe in %: 7, 15, 27, 40, 55, 72, 90, 105.
3. Berufsbedingte Aufwendungen, die sich von den privaten Lebenshaltungskosten nach objektiven Merkmalen eindeutig abgrenzen lassen, sind vom Einkommen abzuziehen, wobei ohne Einzelnachweis eine Pauschale von 5% – mindestens 90 DM, bei geringfügiger Teilzeitarbeit auch weniger, und höchstens 260 DM monatlich – des Nettoeinkommens geschätzt werden kann. Übersteigen die berufsbedingten Aufwendungen die Pauschale, sind sie insgesamt nachzuweisen.
4. Berücksichtigungsfähige *Schulden* sind in der Regel vom Einkommen abzuziehen.
5. Der *notwendige Eigenbedarf (Selbstbehalt)* des nicht erwerbstätigen Unterhaltspflichtigen beträgt monatlich 1150 DM, des erwerbstätigen Unterhaltspflichtigen monatlich 1300 DM.
Der *angemessene Eigenbedarf* beträgt gegenüber volljährigen Kindern in der Regel mindestens monatlich 1600 DM.
6. Der *Bedarfskontrollbetrag* des Unterhaltspflichtigen ab Gruppe 2 ist nicht identisch mit dem Eigenbedarf. Er soll eine ausgewogene Verteilung des Einkommens zwischen dem Unterhaltspflichtigen und den unterhaltsberechtigten Kindern gewährleisten. Wird er unter Berücksichtigung des Ehegattenunterhalts (vgl. auch B V und VI) unterschritten, ist der Tabellenbetrag der nächst niedrigeren Gruppe, deren Bedarfskontrollbetrag nicht unterschritten wird, oder ein Zwischenbetrag anzusetzen.
7. Bei *volljährigen Kindern*, die noch im Haushalt der Eltern oder eines Elternteils wohnen, ist in der Regel ein Zuschlag in Höhe der Differenz der 2. und 3. Altersstufe der jeweiligen Gruppe vorzunehmen.
Der angemessene Gesamtunterhaltsbedarf eines *Studierenden*, der nicht bei seinen Eltern oder einem Elternteil wohnt, beträgt in der Regel monatlich 950 DM. Dieser Bedarfssatz kann auch für ein Kind mit eigenem Haushalt angesetzt werden.
8. Die *Ausbildungsvergütung* eines in der Berufsausbildung stehenden Kindes, das im Haushalt der Eltern oder eines Elternteils wohnt, ist vor ihrer Anrechnung in der Regel um einen ausbildungsbedingten Mehrbedarf von monatlich 150 DM zu kürzen.
9. In den Unterhaltsbeträgen (Anmerkungen 1 und 7) sind Krankenkassenbeiträge nicht enthalten.

B. Ehegattenunterhalt

I. *Monatliche Unterhaltsrichtsätze des berechtigten Ehegatten ohne gemeinsame unterhaltsberechtigte Kinder:*
Aus §§ 1361, 1569, 1578, 1581 BGB:
1. gegen einen *erwerbstätigen Unterhaltspflichtigen:*
   a) wenn der Berechtigte kein Einkommen hat: $3/7$ des anrechenbaren Erwerbseinkommens zuzüglich ½ der anrechenbaren sonstigen Einkünfte des Pflichtigen, nach oben begrenzt durch den vollen Unterhalt, gemessen an den zu berücksichtigenden ehelichen Verhältnissen;

   b) wenn der Berechtigte ebenfalls Einkommen hat:
      aa) Doppelverdienerehe: $3/7$ der Differenz zwischen den anrechenbaren Erwerbseinkommen der Ehegatten, insgesamt begrenzt durch den vollen ehelichen Bedarf; für sonstige anrechenbare Einkünfte gilt der Halbteilungsgrundsatz;

Anhang: Düsseldorfer Tabelle **B X**

bb) Alleinverdienerehe:	Unterschiedsbetrag zwischen dem vollen ehelichen Bedarf und dem anrechenbaren Einkommen des Berechtigten, wobei Erwerbseinkommen um ½ zu kürzen ist; der Unterhaltsanspruch darf jedoch nicht höher sein als bei einer Berechnung nach aa);
c) wenn der Berechtigte erwerbstätig ist, obwohl ihn keine Erwerbsobliegenheit trifft:	gemäß § 1577 Abs. II BGB;
2. gegen einen *nicht erwerbstätigen Unterhaltspflichtigen* (z. B. Rentner):	wie zu 1a, b oder c, jedoch 50%.

II. Fortgeltung früheren Rechts:
1. Monatliche Unterhaltsrichtsätze des nach dem Ehegesetz berechtigten Ehegatten *ohne gemeinsame unterhaltsberechtigte Kinder:*
   a) aus §§ 58, 59 EheG: in der Regel wie zu I,
   b) aus § 60 EheG: in der Regel ½ des Unterhalts wie zu I,
   c) aus § 61 EheG: nach Billigkeit (höchstens bis zu I).
2. Bei Ehegatten, die vor dem 3. 10. 1990 in der früheren DDR geschieden worden sind, ist das DDR-FGB in Verbindung mit dem Einigungsvertrag zu berücksichtigen (Art. 234 § 5 EGBGB).

III. Monatliche Unterhaltsrichtsätze des berechtigten Ehegatten *mit von ihm versorgten gemeinsamen unterhaltsberechtigten minderjährigen Kindern:*
Wie zu I bzw. II 1, jedoch wird vorab der Kindesunterhalt (Tabellenbetrag ohne Abzug von Kindergeld) vom Nettoeinkommen des Pflichtigen abgezogen.

IV. *Monatlicher notwendiger Eigenbedarf (Selbstbehalt) gegenüber dem getrennt lebenden und dem geschiedenen Berechtigten:*
1. wenn der Unterhaltspflichtige *erwerbstätig* ist: 1300 DM.
2. wenn der Unterhaltspflichtige *nicht erwerbstätig* ist: 1150 DM.
Dem geschiedenen Unterhaltspflichtigen ist nach Maßgabe des § 1581 BGB unter Umständen ein höherer Betrag zu belassen.

V. *Monatlicher notwendiger Eigenbedarf (Existenzminimum) des unterhaltsberechtigten Ehegatten einschließlich des trennungsbedingten Mehrbedarfs in der Regel:*
1. falls erwerbstätig: 1300 DM.
2. falls nicht erwerbstätig: 1150 DM.

VI. Monatlicher notwendiger Eigenbedarf (Existenzminimum) des Ehegatten, der in einem *gemeinsamen Haushalt mit dem Unterhaltspflichtigen* lebt:
1. falls erwerbstätig: 970 DM.
2. falls nicht erwerbstätig: 840 DM.

Anmerkung zu I–III:
Hinsichtlich *berufsbedingter Aufwendungen* und *berücksichtigungsfähiger Schulden* gelten Anmerkungen A. 3 und 4 – auch für den erwerbstätigen Unterhaltsberechtigten – entsprechend.
Diejenigen berufsbedingten Aufwendungen, die sich *nicht* nach objektiven Merkmalen eindeutig von den privaten Lebenshaltungskosten abgrenzen lassen, sind pauschal im Erwerbstätigenbonus von ½ enthalten.

B. Heiß/H. Heiß

C. Mangelfälle

Reicht das Einkommen zur Deckung des notwendigen Bedarfs des Unterhaltspflichtigen und der gleichrangigen Unterhaltsberechtigten nicht aus (sog. Mangelfälle), ist die nach Abzug des notwendigen Eigenbedarfs (Selbstbehalt) des Unterhaltspflichtigen verbleibende Verteilungsmasse auf die Unterhaltsberechtigten im Verhältnis ihrer jeweiligen Bedarfssätze gleichmäßig zu verteilen. Das Kindergeld ist bis zur Deckung des Mindestbedarfs in die Verteilungsmasse einzubeziehen.

Beispiel (aus Vereinfachungsgründen ohne Kindergeld):
Bereinigtes monatliches Nettoeinkommen des Unterhaltspflichtigen (V): 2600 DM.
Unterhaltsberechtigte: ein nicht erwerbstätiger Ehegatte (B) und zwei minderjährige Kinder K 1 und K 2 (1. und 2. Altersstufe).

Notwendiger Eigenbedarf des V:	1300 DM.
Verteilungsmasse:	2600 DM − 1300 DM = 1300 DM.
notwendiger Gesamtbedarf der Berechtigten:	1150 DM (B) + 291 DM (K 1) + 353 DM (K 2) = 1794 DM.
Unterhaltsansprüche:	B 1150 DM × 1300/1794 DM = 833 DM,
	K 1 291 DM × 1300/1794 DM = 211 DM,
	K 2 353 DM × 1300/1794 DM = 256 DM.
	(Summe: 1300 DM = Verteilungsmasse).

351 2. Thüringer Tabelle (Stand: 1. 7. 1992)

A. Kindesunterhalt

I. Minderjährige

		Bedarf nach Altersstufen (ab Gruppe 2 gerundet durch 5 teilbar)		
Gruppe	bereinigtes Nettoeinkommen des Unterhaltspflichtigen in DM	1.–6. Lebensjahr [Lbj.]	7.–12. Lbj.	13.–18. Lbj.
1	bis 1500 (im Beitrittsgebiet ab 1. 7. 1992 einheitlich vorgesehener Regelbedarf)	219	264	315
2	1501–1700	230	280	330
3	1701–1900	250	305	355
4	1901–2100	270	330	385
5	2101–2300	290	355	420
6	ab 2301	wie Düsseldorfer Tabelle Stand 1. 7. 1992 [FamRZ 1992, 398]		
2. *nichteheliche Kinder* nach der Regelbedarfsverordnung Thüringen vom 22. Mai 1991 (GVBl 1991, 97 = FamRZ 1991, 1157)		165	201	237

Anhang: Thüringer Tabelle B X

II. Volljährige

1. Der *Bedarf eines Volljährigen mit eigenem Hausstand* (Schüler, Auszubildender, Student) beträgt *in der Regel* monatlich *800 DM,* soweit sich nicht aus dem zusammengerechneten Einkommen der Eltern ein höherer Satz unter Anwendung der Tabelle ergibt.

2. Für den im *Haushalt der Eltern oder eines Elternteils lebenden Volljährigen ohne eigenes Erwerbseinkommmen* ist der Tabellenbetrag der 3. Altersstufe zuzüglich der Differenz zur 2. Altersstufe anzusetzen. Dabei ist von dem zusammengerechneten Nettoeinkommen beider Eltern auszugehen.

3. Erzielt der *bei den Eltern oder einem Elternteil lebende Volljährige eigenes Erwerbseinkommen,* so ist wegen der sich anbahnenden eigenen Lebensstellung von einem festen Bedarfsbetrag auszugehen, der wegen der wirtschaftlichen Vorteile des Zusammenlebens mit den Eltern oder einem Elternteil auf 700 DM zu bemessen ist, sofern sich nicht nach Ziff. 2 ein höherer Bedarf ergibt. Hierauf ist das eigene Einkommen des Volljährigen nach Abzug konkret zu belegender berufsbedingter Aufwendungen anzurechnen.

4. Die *Eltern haften anteilig* nach ihren *Einkommensverhältnissen* für den Bedarf des Volljährigen. Vor Bildung der Haftungsquote sind der angemessene Selbstbehalt (1300 DM) und der Unterhalt vorrangig Berechtigter vom Einkommen jeden Elternteils abzusetzen.

Die Haftung ist auf den Tabellenbetrag nach Maßgabe des eigenen Einkommens der Verpflichteten begrenzt.

B. Ehegattenunterhalt

I. Gegen einen erwerbstätigen Unterhaltspflichtigen:

1. Wenn der Berechtigte kein eigenes Einkommen hat ³⁄₇ des bereinigten Nettoeinkommens zuzüglich ½ der anrechenbaren sonstigen Einkünfte des Verpflichteten,

2. wenn der Berechtigte eigenes Einkommen hat ³⁄₇ der Differenz zwischen den anrechenbaren Nettoeinkommen der Ehegatten bzw. ½ der anrechenbaren sonstigen Einkünfte,

jeweils begrenzt durch den vollen Bedarf nach den ehelichen Lebensverhältnissen (§ 1578 BGB).

II. Gegen einen nichterwerbstätigen Unterhaltspflichtigen

(z. B. Rentner, Pensionär oder einem aus Vermögenseinkünften Verpflichteten): ½ der verteilungsfähigen Einkünfte.

III. Bei *Ehegatten, die vor dem 3. 10. 1990 in dem Beitrittsgebiet geschieden worden sind,* ist das FGB i. V. mit dem EinigVtr zu berücksichtigen (Art. 234 § 5 EGBGB).

C. Selbstbehalte

der im Beitrittsgebiet wohnenden (erwerbstätigen wie nichterwerbstätigen) *Unterhaltsverpflichteten*

1. Gegenüber *minderjährigen Kindern* und *getrenntlebenden Ehegatten* (sog. *notwendiger* oder *kleiner Selbstbehalt):* 1000 DM
(darin enthalten ein *Wohnanteil* von 250 DM Warmmiete bzw. 150 DM Kaltmiete).

2. *Gegenüber volljährigen Kindern und geschiedenen Ehegatten* (sog. *angemessener* oder *großer Selbstbehalt):* 1300 DM (darin enthalten ein *Wohnanteil von 300 DM* Warmmiete bzw. 200 DM Kaltmiete).

Dem geschiedenen Ehegatten ist nach Maßgabe des § 1581 BGB unter Umständen ein höherer Betrag zu belassen.

Anmerkungen:

1. Die Tabelle beruht auf gemeinsamer Beratung und Entschließung der Richter der *Familiensenate der BezGe Erfurt, Gera und Meiningen.*

Die Unterhaltsrechtsprechung der *Thüringer Familiensenate* orientiert sich im wesentlichen an den Leitlinien der sog. *„Düsseldorfer Tabelle"* nach Frankfurter Praxis (vgl. FamRZ

1990, 948 ff.), soweit im folgenden keine Abweichungen enthalten sind, und an den von der Rechtsprechung des *BGH* entwickelten Grundsätzen.

Die vorliegende Tabelle berücksichtigt die ab 1. 7. 1992 geänderten Regelbedarfssätze nach der 4. Verordnung über die Anpassung und Erhöhung von Unterhaltsrenten für Minderjährige vom 19. 3. 1992 (BGBl I [Nr. 14] 535 [FamRZ 1992, 519]) und die danach auch im Beitrittsgebiet vorgesehenen Erhöhungen, die ab diesem Zeitpunkt angehobenen Sätze der *„Düsseldorfer Tabelle"* (vgl. FamRZ 1992, 398 ff.) sowie die Steigerung der Lebenshaltungskosten in den neuen Bundesländern. Weitere Anpassungen werden erforderlich werden.

2. Die *Anwendung der Tabelle richtet sich nach dem Wohnort des Unterhaltsverpflichteten.* Ein Abschlag wegen geringeren Bedarfs im Beitrittsgebiet wohnender Berechtigter findet nicht statt. Der im Altbundesgebiet wohnende Unterhaltsberechtigte muß die geringere Leistungsfähigkeit des Verpflichteten aus dem Beitrittsgebiet hinnehmen.

3. Bei der Bereinigung des Nettoeinkommens sind *berufsbedingte Aufwendungen* des Unterhaltspflichtigen nach Auffassung des Familiensenats des Bezirksgerichts Erfurt *nur auf konkreten Nachweis* absetzbar, da eine pauschalierende Berücksichtigung schon in der Unterhaltsquote enthalten ist. Eine Schätzung nach § 287 ZPO kann dabei erfolgen.

Die Familiensenate der *BezGe Gera und Meiningen* nehmen für *berufsbedingte Aufwendungen des Pflichtigen einen pauschalierten Abzug von 5% des Nettoeinkommens, bei im Beitrittsgebiet Wohnenden jedoch mindestens i. H. von 60 DM* und *höchstens i. H. von 240 DM*, vor. Darüber hinausgehende Aufwendungen sind nachzuweisen.

Nachgewiesene *notwendige Fahrtkosten* zur Arbeitsstätte werden übereinstimmend mit 0,42 DM pro gefahrenem Kilometer berücksichtigt.

4. Eine Anpassung auf die Bedarfssätze wie oben Ziff. 1 Gruppe 1 ist rückwirkend zum 1. 7. 1992 vorgesehen.

3. Bremer Tabelle zur Berechnung des Altersvorsorgeunterhalts (Stand: 1. 7. 1992)[1]

Nach Absprache mit dem 5. *Familiensenat des OLG Bremen*, fortgeführt von *Werner Gutdeutsch*, Richter am OLG München, im Anschluß an FamRZ 1990, 134

Nettobemessungs-grundlage in DM	Zuschlag in Prozent zur Berechnung der Bruttobemessungs-grundlage	Nettobemessungs-grundlage in DM	Zuschlag in Prozent zur Berechnung der Bruttobemessungs-grundlage
1– 175	14%	2116–2210	37%
716– 745	15%	2211–2305	38%
746– 780	16%	2306–2400	39%
781– 820	17%	2401–2500	40%
821– 865	18%	2501–2600	41%
866– 910	19%	2601–2700	42%
911– 960	20%	2701–2730	43%[2]
961–1015	21%	2731–2800	43%
1016–1075	22%	2801–2905	44%
1076–1140	23%	2906–3005	45%
1141–1215	24%	3006–3110	46%
1216–1290	25%	3111–3210	47%
1291–1385	26%	3211–3315	48%
1386–1455	27%	3316–3415	49%
1456–1520	28%	3416–3515	50%
1521–1595	29%	3516–3615	51%
1596–1675	30%	3616–3715	52%
1676–1760	31%	3716–3810	53%
1761–1840	32%	3811–3910	54%
1841–1900	33%	3911–4005	55%
1901–1960	34%	4006–4095	56%
1961–2025	35%	4096–4190	57%
2026–2115	36%	4191–4286	58%[3]

[1] Berechnet unter Berücksichtigung von Beitragssätzen von 17,70% für die Rentenversicherung und 6,30% für die Arbeitslosenversicherung und Lohnsteuer der Klasse 1 ohne Kinderfreibeträge; zur Anwendung vgl. *BGH*, FamRZ 1981, 442, 444, 445 = NJW 1981, 1556, 1558, 1559; FamRZ 1983, 888, 889, 890 = NJW 1983, 2937, 2938, 2939; s. a. *BGH*, FamRZ 1985, 471, 472, 473 = NJW 1985, 1347 [LS.].

[2] In den neuen Bundesländern wird bei einer Beitragsbemessungsgrenze von 3900 DM mit einer Nettobemessungsgrundlage von 2731,17 DM und einem Zuschlag von 42,79% der höchstmögliche Einzahlungsbetrag in die gesetzliche Rentenversicherung von 690 DM erreicht.

[3] In den alten Bundesländern wird bei einer Beitragsbemessungsgrenze von 6800 DM mit einer Nettobemessungsgrundlage von 4286,59 DM und einem Zuschlag von 58,63% der höchstmögliche Einzahlungsbetrag in die gesetzliche Rentenversicherung von 1204 DM erreicht.

B XI. Betreuungsrecht

Helmward Alheit

Übersicht

	Rdnr.		Rdnr.
I. Vorbemerkung	1	14. Entscheidungen im Wege der einstweiligen Anordnung	20
II. Die Überleitung der Altverfahren	2	IV. Die Aufgabenkreise des Betreuers	21
		1. Das Aufenthaltsbestimmungsrecht	21
III. Der Ablauf des Betreuungsverfahrens	4	2. Die Gesundheitsfürsorge	23
		3. Die Vermögensangelegenheiten	32
1. Verfahrenseinleitung	4	4. Die geschlossene Unterbringung	35
2. Unterrichtung des Betroffenen	5	5. Freiheitsentziehende Maßnahmen	48
3. Örtliche Zuständigkeit	6	6. Vormundschaftsgerichtliche Genehmigungen	52
4. Internationale Zuständigkeit	7		
5. Funktionelle Zuständigkeit	8	7. Der Einwilligungsvorbehalt	56
6. Erstanhörung	9	8. Die Sterilisation	58
7. Der Verfahrenspfleger	10	9. Die Post- und Fernmeldekontrolle	59
8. Die Betreuungsbehörde	11	V. Rechtsmittel	60
9. Die Erholung des Sachverständigengutachtens	13	1. Betreuungssachen	60
10. Die Erforderlichkeit	15	2. Unterbringungssachen	64
11. Die Mitwirkungspflichten des Betroffenen	16	3. Angriffspunkte	66
12. Die Schlußanhörung	17	VI. Aufwendungsersatz und Vergütung	67
13. Die Person des Betreuers und dessen rechtl. Stellung	18	VII. Kosten und Auslagen	71

Literatur: *Bienwald*, Kommentar zum Betreuungsgesetz; *Damrau-Zimmermann*, Kommentar zum Betreuungsgesetz; *Jürgens-Kröger-Marschner-Winterstein*, Das neue Betreuungsrecht; *Knittel*, Kommentar zum Betreuungsgesetz; Münchener Kommentar zum BGB, 3. Aufl., Band 8; Betreuungsrechtliche Praxis, Zeitschrift für soziale Arbeit, gutachterliche Tätigkeit und Rechtsanwendung in der Betreuung (Btprax).

I. Vorbemerkung

1   Am 1. 1. 1992 ist das Gesetz zur Reform des Rechts der Vormundschaft und Pflegschaft für Volljährige (**Betreuungsgesetz – BtG**) in Kraft getreten. Das Gesetz (BGBl. 1990 I Nr. 48 vom 21. 9. 1990) wirkt sich auf über 50 Einzelgesetze aus und bringt vor allem Änderungen des BGB und des FGG. Die Regelungen im BGB sind enthalten in den §§ 1896 bis 1908i BGB und in den Paragraphen, die auf Grund der Verweisung in § 1908i BGB auf das Vormundschaftsrecht für Minderjährige zur Anwendung kommen. Durch das BtG wird sich die Bedeutung der Materie für die anwaltschaftliche Praxis erhöhen. Einmal ist durch die öffentliche Diskussion der Problemkreis großen Teilen der Bevölkerung vor Augen geführt worden. Zum anderen wird schon das vorliegende statistische Material – der Hauptanteil der Betroffenen sind altersverwirrte Menschen bei einem derzeit vorhandenen Anteil von 16 Millionen Personen über 60 Jahren – für eine Ausweitung der anwaltschaftlichen Mitarbeit sorgen. Es ist

damit zu rechnen, daß die Gerichte in vielen Fällen nach wie vor auf Rechtsanwälte als **Betreuer** zurückgreifen müssen oder diese den Betroffenen nach der neuen Regelung als **Verfahrenspfleger** zur Seite stellen (§§ 67, 70b FGG). Aber auch die eigenverantwortliche Bestellung des Anwalts als **Verfahrensbevollmächtigter** des (selbst verfahrensfähigen) Betroffenen (§ 66 FGG) wird zunehmen. Die dem RA von einem etwa Geschäftsunfähigen erteilte **Vollmacht** ist wirksam (*Palandt/Heinrichs*, § 167, Rdnr. 4), nicht dagegen der zugrundeliegende Geschäftsbesorgungsvertrag. Für eine stärkere anwaltschaftliche Einbindung spricht auch indiziell schon die gesetzlich vorgeschriebene **Rechtsmittelbelehrung** bei Anordnung einer Betreuerbestellung (§ 69 I Nr. 6 FGG).

II. Fragen der Überleitung der am 1. 1. 1992 bestehenden Vormundschaften/Pflegschaften

Als (automatische) Folge des BtG gilt ab 1. 1. 1992 folgendes: 2
- die bereits angeordneten Vormundschaften/Pflegschaften werden zu Betreuungen (Art. 9 § 1 BtG).
- Bei übergeleiteten Vormundschaften gelten **alle** Aufgabenkreise und der **Einwilligungsvorbehalt** (§ 1903 BGB; siehe Rdnr. 56f.) als angeordnet (Art. 9 § 1 III BtG).
- Bei übergeleiteten Pflegschaften gelten die **bisherigen** Aufgabenkreise als angeordnet (Art. 9 § 1 III BtG).
- Der frühere Ausschluß vom **Wahlrecht** auf Grund einer früheren Anordnung der **Pflegschaft** entfällt (Art. 9 § 7 BtG). Ein Ausschluß vom Wahlrecht ab 1. 1. 1992 ist für einen Betreuten dann vorgesehen, wenn er zur Besorgung **aller** Angelegenheiten (Aufenthalt, Vermögen, Gesundheitsfürsorge) einen Betreuer erhält (§ 13 BundeswahlG, entsprechendes gilt für alle anderen Wahlen).
- Die übergeleiteten Verfahren sind **von Amts wegen** bis 31. 12. 1996 auf ihre Aufhebung/Verlängerung zu **überprüfen,** wenn die Vormundschaft/Pflegschaft am 1. 1. 1992 länger als 10 Jahre bestanden hat, im übrigen spätestens 10 Jahre nach Inkrafttreten des BtG (Art. 9 § 2 BtG). Dem entspricht die auf höchstens 5 Jahre neu eingeführte **Befristung** von Betreuerbestellungen (§ 69 I Nr. 5 FGG).

Ungeachtet der von Amts wegen vorzunehmenden Überprüfung sollten bei 3 **Altverfahren** folgende Punkte eigenverantwortlich geprüft werden:
- Ist eine Betreuerbestellung überhaupt noch **erforderlich?**
- Kann die Betreuerbestellung durch andere Hilfen oder Bevollmächtigte aufgehoben werden (§ 1896 II BGB)?
- Sind die Aufgabenkreise zu **weitgehend** angeordnet? Einschränkungen können sich hier oft bei dem Aufgabenkreis Vermögenssorge ergeben, wenn – wie oft – die Regelung **aller** Vermögensangelegenheiten ohne Einschränkung angeordnet war.
- Sind die Aufgabenkreise zu **eng?** Dies ist häufig der Fall, da früher die Gesundheitsfürsorge nicht eigens angeordnet wurde in der irrigen Annahme, sie sei im Aufgabenkreis Aufenthaltsbestimmung enthalten. Hierdurch ergeben sich vor allem Probleme im Bereich der geschlossenen **Unterbringung,** da der Betreuer den Betroffenen dann zwar unterbringen lassen kann, aber niemand (bei Einwilligungsunfähigkeit des Betroffenen) als gesetzlicher Vertreter im Bereich der Gesundheitsfürsorge vorhanden ist.

Alheit

B XI Betreuungsrecht

- Ist der Betreuer zur **persönlichen** Betreuung des Betroffenen i. S. des § 1897 I BGB gewillt und in der Lage?

III. Der Ablauf des Betreuungsverfahrens

1. Verfahrenseinleitung

4   An der Art der **Verfahrenseinleitung** (von Amts wegen oder auf Antrag des Betreuten, § 1896 BGB) hat sich nichts geändert.

2. Unterrichtung des Betroffenen

5   Gesetzlich nicht eigens geregelt, aber schon wegen Art. 103 GG ratsam ist die frühzeitige **Unterrichtung des Betroffenen** von der Verfahrenseinleitung. Der Betroffene soll nicht erstmals nach der „Stoffsammlung" mit dem Verfahren konfrontiert werden, sondern sich rechtzeitig darauf einstellen können.

3. Örtliche Zuständigkeit

6   Bei der örtlichen Zuständigkeit des Gerichts (in Württemberg wahrgenommen vom Notar im Landesdienst – § 37 I Nr. 19 ff. Bad.-Württ. Landes-FGG) kommt es in erster Linie auf den **gewöhnlichen Aufenthalt** des Betroffenen an (§ 65 FGG).

4. Internationale Zuständigkeit

7   Die **internationale** Zuständigkeit ist gegeben, wenn ein Ausländer in Deutschland seinen gewöhnlichen Aufenthalt hat (§§ 69e, 35b FGG). Zu beachten ist § 65 V FGG, wonach für **Eilmaßnahmen** auch das Gericht zuständig ist, in dessen Bezirk das Fürsorgebedürfnis hervortritt. Maßgebend für das anwendbare Recht ist dabei das Heimatrecht des Betroffenen (Art. 24 EGBGB).

5. Funktionelle Zuständigkeit

8   Bei der **funktionellen** Zuständigkeit ist zu beachten, daß im Gegensatz zu früher der **Richter** auch den Betreuer bestellt (**Einheitsentscheidung** – § 69 I Nr. 2 FGG). Der Rechtspfleger ist für die Bestellung des sog. **Kontrollbetreuers** (§ 1896 III BGB) zuständig, führt die **Aufsicht** über die Betreuer (§ 1837 BGB) und ist für vormundschaftsgerichtliche Genehmigungen mit **vermögensrechtlichem** Bezug zuständig.

6. Erstanhörung

9   Nach Eingang einer Anregung für eine Betreuerbestellung dürfte sich für den Richter oft (ohne weitere Erhebungen) ein Gang zum Betroffenen anbieten (**Erstanhörung**, § 68 I FGG).

7. Der Verfahrenspfleger

10   In vielen Fällen wird sich durch die Erstanhörung ergeben, daß die Notwendigkeit zur Bestellung eines **Verfahrenspflegers** (§ 67 FGG) besteht. Dieser ist von Weisungen des Betroffenen unabhängig und untersteht auch nicht der Aufsicht des Gerichts, nimmt vielmehr die objektiven Interessen des ansonsten

selbst **verfahrensfähigen** Betroffenen (§ 66 FGG) wahr. Wegen der vorauszusetzenden Rechtskenntnisse wird hier vor allem eine neue Aufgabe für Rechtsanwälte entstehen, wenn auch das Gesetz eine Beschränkung auf diesen Personenkreis nicht vorsieht. Der Verfahrenspfleger nimmt an den Verfahrenshandlungen teil, würdigt und prüft vorliegende Gutachten/Berichte und nimmt Stellung zur Erforderlichkeit/Umfang der Betreuerbestellung und zur Person des Betreuers. Der Verfahrenspfleger kann auch die Beiordnung eines RA im Rahmen der **Prozeßkostenhilfe** beantragen. Ist der Verfahrenspfleger selbst RA, so ist das Rechtsschutzbedürfnis für seine **eigene** Beiordnung zweifelhaft. Ist der Betroffene nämlich mittellos i. S. der §§ 114 ff. ZPO, so kann er auch ohne Prozeßkostenhilfe nicht mit Gerichtskosten oder Auslagen (Sachverständigenkosten) belastet werden (siehe Rdnr. 71 ff.). Da er auch schon anwaltschaftlich durch einen Verfahrenspfleger geschützt ist, kann der verfahrensfähige Betroffene etwa abweichende Vorstellungen selbst zum Ausdruck bringen. Die Beiordnung eines RA im Wege der Prozeßkostenhilfe wird sich daher auf die Fälle beschränken, in denen als Verfahrenspfleger kein RA bestellt wurde.

8. Die Betreuungsbehörde

Zeichnet sich auf Grund der Erstanhörung die Notwendigkeit der Betreuerbestellung ab, so schaltet das Gericht die bei den kreisfreien Städten/Landkreisen eingerichtete **Betreuungsstelle** ein. Deren **Aufgaben** regelt das **Betreuungsbehördengesetz** – BtBG. Im wesentlichen werden die Aufgaben hier durch Vorschlag eines geeigneten Betreuers und Abgabe eines Berichts über das soziale Umfeld des Betroffenen erfüllt (§ 8 BtBG). Überschneidungen mit eigenen Ermittlungen des Verfahrenspflegers werden sich hier oft ergeben, wenn auch dessen Aufgabe in erster Linie nicht das Zusammentragen von Material ist, vielmehr die **Prüfung** der ermittelten Fakten. 11

Weitere Aufgaben der Betreuungsbehörde sind: 12
– Beratung und Unterstützung der Betreuer (§ 4 BtBG).
– Einführung und Fortbildung der Betreuer (§ 5 BtBG).
– Gewinnung von Betreuern und Betreuungsvereinen (§ 6 BtBG).
– Übernahme von Betreuungen (durch Mitarbeiter als Behördenbetreuer oder die Behörde als solche) bei Fehlen geeigneter Einzelpersonen.
– Abgabe von Stellungnahmen im gerichtlichen Verfahren (§ 68 a FGG).
– Vorführung des Betroffenen zum Gericht oder beim Sachverständigen (§§ 68 III, 68 b III FGG).
– Vollzugshilfe bei der geschlossenen Unterbringung (§ 70 g V FGG).
Einen Teil dieser Aufgaben kann – soweit vorhanden – auch von **Betreuungsvereinen** (§ 1908 f. BGB) übernommen werden.

9. Die Erholung des Sachverständigengutachtens

Gleichzeitig mit der Aufforderung an die Betreuungsbehörde wird das Gericht das nach § 68 b FGG nötige **Gutachten** eines Sachverständigen über die Notwendigkeit der Betreuung einholen. Der (medizinische) Kreis der Betroffenen hat sich durch das BtG nicht geändert, wohl aber faßt § 1896 I BGB die Voraussetzungen neu. Danach muß vorliegen 13
– eine **psychische** Krankheit
– eine **geistige** Behinderung (nach der Gesetzesbegründung angeborene oder

Alheit 503

frühkindlich erworbene Intelligenzdefekte, fraglich ob auch altersbedingte Einbußen hier einzuordnen sind) oder
- eine **seelische** Behinderung; hierunter versteht man bleibende Folgen einer durchgemachten psychischen Krankheit.

Bei **körperlichen** Behinderungen kann ein Betreuer nur auf **Antrag** des Betroffenen bestellt werden, es sei denn, der Betroffene kann seinen Willen überhaupt nicht kundtun (§ 1896 Abs. 1 Satz 3 BGB).

14 Das Gutachten (eine besondere **Qualifikation** für Betreuungsgutachten sieht das Gesetz im Gegensatz zum Gutachter in Unterbringungssachen (§ 70e FGG) nicht vor, die Qualifikation ergibt sich aber aus dem Begriff des **Sachverständigen** (*BayObLG* Btprax 1993, 30) hat sich zu folgenden Fragen zu äußern:
- Vorliegen einer Krankheit/Behinderung i. S. des § 1896 BGB;
- Umfang des Verlustes üblicherweise vorhandener Fähigkeiten;
- welche funktionalen Beeinträchtigungen (Merkfähigkeit, Antrieb etc.) bestehen?;
- Umfang der nötigen **Aufgabenkreise** des Betreuers;
- Möglichkeiten der Rehabilitation/Dauer der Betreuungsbedürftigkeit;
- besteht eine erhebliche Gesundheitsgefährdung für den Betroffenen, wenn ihm die Entscheidungsgründe mitgeteilt werden oder er von der Mitteilung an andere Stellen erfährt (§§ 69a I 2, 69k III Nr. 2 FGG)?

10. Die Erforderlichkeit

15 Nicht endgültig geklärt scheint die Frage, ob sich das Gutachten auch auf die Frage der **Geschäftsfähigkeit** erstrecken muß. Das neue Recht geht lediglich davon aus, daß einen Betreuer derjenige erhält, für den dies **erforderlich** ist. Allerdings wird sich kaum je begründen lassen, weshalb für einen Geschäftsfähigen die Bestellung eines Betreuers **erforderlich** ist und diese seine Angelegenheiten nicht selbst erledigen kann. Das (gewollte) Absehen von der Geschäftsfähigkeitsprüfung bringt Unsicherheiten für den sonstigen Rechtsverkehr mit sich (vgl. *Weser*, MittBayNot 1992, 163). Auch aus der Sicht des Betreuers ist die Frage für die Rückgängigmachung von Rechtsgeschäften des Betroffenen von wesentlicher Bedeutung, falls kein **Einwilligungsvorbehalt** (§ 1903 BGB) angeordnet wurde. **Gegen** den Willen des Betroffenen kann daher ein Betreuer nur bestellt werden, wenn der Betroffene generell oder für die in Frage kommenden Aufgabenkreise geschäftsunfähig ist (so schon *Bürgle* in NJW 1988, 1881 f.; *Knittel*, Kommentar zum Betreuungsgesetz, Anm. IV 13 zu § 1896 BGB m. w. Nachw.).

11. Die Mitwirkungspflichten des Betroffenen

16 Bei der Durchführung/Erstattung des Gutachtens hilfreich ist die durch § 68b III FGG mögliche **Vorführung** des Betroffenen zum Gutachter durch die Betreuungsbehörde durch unanfechtbaren Beschluß des Gerichts. Weitere (erzwingbare) Mitwirkungspflichten des Betroffenen bestehen nicht.

12. Die Schlußanhörung

17 Nach Vorlage des Gutachtens, der Stellungnahme der Betreuungsbehörde und evtl. Durchführung weiterer Ermittlungen (§ 68a FGG) bestimmt das Gericht Termin zur **Schlußanhörung** des Betroffenen (§ 68 V FGG). Kann die

Der Ablauf des Betreuungsverfahrens B XI

persönliche Anhörung im Hinblick auf § 68 II FGG unterbleiben, weil sie Nachteile für die Gesundheit des Betroffenen mit sich bringt oder dieser äußerungsunfähig ist, so kann die Schlußanhörung mit dem Verfahrenspfleger im **schriftlichen** Verfahren stattfinden.

13. Die Person des Betreuers und dessen rechtliche Stellung

Das Gericht bestimmt mit seiner **Einheitsentscheidung** zugleich mit den Auf- 18 gabenkreisen die **Person** des Betreuers (§ 69 FGG). Dessen Amt **beginnt** mit der förmlichen Zustellung des die Betreuerbestellung betr. Beschlusses. In erster Linie kommt als Betreuer eine natürliche Person in Betracht, welche **geeignet** zur Besorgung der zugewiesenen Angelegenheiten ist und die den Betroffenen im erforderlichen Umfang **persönlich** zu betreuen hat (§ 1897 BGB). Ob dies der Fall ist, kann das aufsichtsführende Gericht auf Grund des neu vorgeschriebenen jährlichen Berichts zu den **persönlichen Verhältnissen** (§ 1840a BGB) überprüfen. Als Betreuer kommen weiter Mitarbeiter der Betreuungsbehörde oder der Betreuungsvereine (Behörden- und Vereinsbetreuer) in Betracht sowie diese Institutionen als solche. Auf Wünsche des Betroffenen ist bei der Auswahl im Rahmen des § 1897 IV BGB Rücksicht zu nehmen. Das Amt des Betreuers **endet** mit dem Tod des Betreuten, der Betreuer darf aber unaufschiebbare Geschäfte (der Erben) erledigen, soweit diese nicht selbst handeln (§§ 1908i I, 1893, 1698b BGB).

Der Betreute wird innerhalb des zugewiesenen Aufgabenkreises außergericht- 19 lich und gerichtlich vom Betreuer gem. § 1902 BGB gesetzlich vertreten wie folgt:
– Ein geschäfts**un**fähiger Betreuter ist prozeßunfähig (§§ 104 Nr. 2, 105 BGB, 52 ZPO) und kann nur vom Betreuer vertreten werden.
– Ein geschäftsfähiger Betreuter ist prozeßfähig, er wird jedoch gem. § 53 ZPO dann einer nicht prozeßfähigen Person (verfahrensrechtlich) gleichgestellt, wenn der Betreuer den Rechtsstreit für ihn führt oder in ihn später eintritt. Insoweit fällt die gegebene materiell-rechtliche Befugnis des Betreuten und dessen verfahrensrechtliche Macht auseinander.
– Ist für einen geschäftsfähigen Betreuten ein **Einwilligungsvorbehalt** nach § 1903 BGB angeordnet, so kann er sich in diesem Rahmen nicht wirksam verpflichten und ist prozeßunfähig (§ 52 ZPO).
– Zu beachten ist im **Eheverfahren** weiter § 607 ZPO. Für den Scheidungsantrag oder die Anfechtungsklage ist die vormundschaftsgerichtliche Genehmigung nötig (§ 607 II 2 ZPO).
– Eine **allgemeine** Genehmigungspflicht für Klagen, die ein RA als Betreuer erhebt, gibt es nicht. Die Einschätzung des Prozeßrisikos gehört zur selbständigen Prüfungspflicht des Betreuers, der aber in Sachen von Gewicht das aufsichtsführende Gericht (§ 1837 BGB; hier: Rechtspfleger) vorher informieren sollte.

14. Entscheidungen im Wege der einstweiligen Anordnung

Ist eine Entscheidung über die Betreuerbestellung nicht möglich, weil das 20 notwendige Gutachten (noch) nicht vorliegt oder sonst die Voraussetzungen für eine abschließende Entscheidung fehlen, so kann das Gericht durch **einstweilige Anordnung** einen vorläufigen Betreuer bestellen (§ 69f FGG). Nötig ist hier ein **ärztliches Zeugnis** (siehe Rdnr. 42). Die einstweilige Anordnung kann auf die

Alheit

B XI Betreuungsrecht

Dauer von **6 Monaten** angeordnet und einmal für weitere 6 Monate verlängert werden (§ 69 f II FGG). Hauptanwendungsfall ist hier die eilige Bestellung eines vorläufigen Betreuers im Unterbringungsverfahren und bei Einwilligungen in ärztliche Behandlungen, um an sich systemwidrige Eigenanordnungen durch das Gericht nach § 1846 BGB zu vermeiden.

IV. Die Aufgabenkreise des Betreuers

1. Das Aufenthaltsbestimmungsrecht

21 Bei Betreuung mit dem Aufgabenkreis der Aufenthaltsbestimmung kommen die weitgehendsten Folgen für den Betroffenen in Betracht, da er – oft endgültig – aus seinem gewohnten Umfeld gerissen wird. Das Aufenthaltsbestimmungsrecht berechtigt zur Änderung des **tatsächlichen** Aufenthalts durch Verlegung des Betroffenen in ein Heim oder Krankenhaus. Dabei stehen für die Durchführung dieser Maßnahmen **Zwangsmittel nicht** zur Verfügung. Als (rechtliche) Alternative steht eigentlich nur der Übergang zu einer **geschlossenen** Unterbringung zur Verfügung. Eine gerichtliche Entscheidung über § 33 FGG bei geplanter Verlegung in ein Heim/Krankenhaus ist nämlich mangels Ermächtigungsnorm nicht möglich (*AG Frankfurt* FamRZ 1989, 1113). Auch die Berufung auf § 1631 III BGB scheidet aus, da diese Vorschrift für das Betreuungsrecht mangels Verweisung nicht mehr gilt (§ 1908i I BGB). **Nicht** erfaßt vom Aufenthaltsbestimmungsrecht sind auch **rechtsgeschäftliche** Veränderungen (§ 8 BGB) des Aufenthalts durch Änderung des Wohnsitzes, so daß hier eine Erweiterung des Aufgabenkreises nötig ist (*BayObLGZ* 1985, 158). Soweit im Zusammenhang mit Aufenthaltsänderungen weitere rechtsgeschäftliche Erklärungen (Abschluß eines Heimvertrags) nötig sind, bedarf es der Zuweisung des Aufgabenkreises „Vermögensangelegenheiten", wegen des Grundsatzes der Erforderlichkeit allerdings in eingeschränkter Fassung (Abschluß des Heimvertrags und Sicherstellung der Finanzierung). Dagegen wird die geschlossene Unterbringung auf den Aufgabenkreis ohne ausdrückliche Erweiterung gestützt werden können, da ja hier eine gesonderte Prüfung der weiteren Voraussetzungen im Unterbringungsverfahren erfolgt.

22 Soweit es sich um **Altverfahren** handelt, sollte Augenmerk darauf gerichtet werden, daß früher oft der Aufgabenkreis „Gesundheitsfürsorge" nicht gesondert erwähnt wurde, wodurch sich vor allem bei Fällen späterer geschlossener Unterbringung ein rechtliches Defizit ergibt, weil auch die gerichtliche Genehmigung der Unterbringung die Heilbehandlung eines Betroffenen nicht deckt, wenn dieser ihr widerspricht (*BayObLG* FamRZ 1990, 1154). Enthält die alte Pflegschaftsanordnung nur den Aufgabenkreis „Aufenthaltsbestimmung", so muß der Aufgabenkreis erweitert werden, wurde die generelle Fassung „Personensorge" gewählt, so ist die „Gesundheitsfürsorge" damit abgedeckt.

2. Die Gesundheitsfürsorge

23 Ein wichtiges Anliegen der Reform ist die stärkere Beachtung der **persönlichen** Sphäre der Betroffenen. Zu Recht kritisiert wurde die Überbetonung der vermögensrechtlichen Angelegenheiten im früheren Vormundschafts- und Pflegschaftsrecht.

24 **a) Zuführung zur Heilbehandlung. Aufgabe** des Betreuers ist es zunächst, die Voraussetzungen zur Einleitung einer ärztlichen Behandlung durch Ab-

506 *Alheit*

schluß eines Arzt- oder Krankenhausvertrags als gesetzlicher Vertreter des Betreuten (§ 1902 BGB) zu schaffen. Dabei hat er bei der Auswahl der Vertragspartner auf evtl. Wünsche des Betroffenen Rücksicht zu nehmen (§ 1901 II BGB).

Keine Möglichkeiten bestehen für den Betreuer zur **zwangsweisen** Zuführung des Betreuten zum Arzt oder in ein Krankenhaus. In Fällen dieser Art bleibt als Alternative nur die Einleitung eines Unterbringungsverfahrens, weil dann die Heilbehandlung ohne geschlossene Unterbringung nicht durchgeführt werden kann (§ 1906 I Nr. 2 BGB). Dabei darf die Unterbringung natürlich nicht außer Verhältnis zu den Gefahren stehen, die sich ohne sie für den Betroffenen ergeben. 25

b) **Die Abgabe von Einwilligungserklärungen.** Jede ärztliche Behandlung stellt sich rechtlich als Eingriff in die körperliche Unversehrtheit oder – falls körperliche Eingriffe nicht nötig sind – als Eingriff in das Persönlichkeitsrecht dar. Damit bedürfen sie eines rechtfertigenden Grundes. Dieser liegt abgesehen von der Behandlung nach den Regeln der Geschäftsführung ohne Auftrag in der Einwilligung des Betreuten, des Betreuers oder zusätzlich der Genehmigung des Vormundschaftsgerichts (§ 1904 BGB). Wegen des höchstpersönlichen Charakters ist es nicht möglich, Aufgaben der Gesundheitsfürsorge ohne Betreuerbestellung einem Dritten (Angehörigen) zu übertragen (a. A. *Uhlenbruck* MedR 92, 134 f.; LG *Göttingen* VersR 90, 1401). 26

Erstreckt sich die Betreuung auf den Aufgabenkreis „Gesundheitsfürsorge", so bedeutet dies nicht immer, daß der Betreuer die nötigen Einwilligungserklärungen abzugeben hat. Obwohl das Gesetz (§ 1904 BGB) dies nicht zum Ausdruck bringt, kommt es nämlich in erster Linie auf den **Willen des Betreuten** an, sofern dieser **einwilligungsfähig** ist. Die Erklärung des einwilligungsfähigen Betroffenen hat somit Vorrang vor der generellen Befugnis des mit dem Aufgabenkreis „Gesundheitsfürsorge" bestellten Betreuers. Einwilligungsfähigkeit ist nicht identisch mit Geschäftsfähigkeit, vielmehr genügt die natürliche Einsichts- und Steuerungsfähigkeit. Diese ist vorhanden, wenn der Betroffene nach seiner geistigen und sittlichen Reife die Bedeutung und Tragweite der konkreten Arztbehandlung erfassen kann (*BGH* NJW 1972, 335) und wenn er auch die nötige ärztliche Aufklärung in den Grundzügen verstehen kann (*BGH* NJW 1961, 261). Für die Frage der Einwilligungsfähigkeit kommt es somit auf den Einzelfall an, sie ist **relativer** Natur, weil sie je nach Art und Schwere des Eingriffs und der nötigen ärztlichen Aufklärung vorhanden sein kann oder nicht. Dies zu beurteilen ist Aufgabe des Arztes anläßlich der aktuellen Behandlung. Das Gericht wird den Aufgabenkreis „Gesundheitsfürsorge" dann bestimmen, wenn der Betroffene ersichtlich für **alle** ärztlichen Behandlungen nicht einwilligungsfähig ist oder wenn diese Fähigkeit zweifelhaft sein kann. 27

c) **Die Gesundheitsfürsorge im Rahmen der geschlossenen Unterbringung.** Soweit es sich um eine **öffentlich**-rechtliche Unterbringung nach den Landesgesetzen handelt, sehen diese zwar einen **Anspruch** auf Heilbehandlung vor, der Betroffene ist aber nicht umfassend zur Duldung der Heilbehandlung verpflichtet. Auf Grund der Landesgesetze muß er meist nur **unaufschiebbare** Behandlungen dulden, die im Zusammenhang mit dem Grund der Unterbringung stehen. Für alle anderen Maßnahmen ist wieder seine Einwilligung oder die des Betreuers nötig. Liegt eine **zivilrechtliche** Unterbringung vor, so umfaßt die Unterbringungsgenehmigung nicht die Heilbehandlung. Die Unterbringungs- 28 genehmigung deckt nur den Aufgabenkreis „Aufenthaltsbestimmung" ab, nicht jedoch die „Gesundheitsfürsorge". Hierfür ist eine gesonderte Rechtsgrundlage nötig (*BayObLG* FamRZ 1990, 1154). Diese liegt in der Einwilligung des Betroffenen oder – soweit dieser einwilligungsunfähig ist – in der Einwilligung des Betreuers.

29   Diese umfaßt auch **Zwangsbehandlungen** des Betroffenen, es sei denn, es besteht die begründete Gefahr des Todes oder eines schweren und länger dauernden gesundheitlichen Schadens (§ 1904 BGB). Eine **vormundschaftsgerichtliche** Genehmigung nach § 1906 IV BGB ist (unabhängig von der Frage, ob dieser Tatbestand für den Fall einer Unterbringung zutrifft) nicht nötig. Zielrichtung des § 1906 IV BGB ist nicht der Fall, daß Medikamente zum Zwecke der **Heilbehandlung** verabreicht werden (*Schwab*, MüKo 3. Aufl., Rdnr. 25 zu § 1906 BGB). Vielmehr erfaßt § 1906 IV BGB nur die Fälle, bei denen durch Medikamente Betreute am Verlassen der „Anstalt" gehindert werden sollen. Ist ein Betreuer noch nicht bestellt, so kann das Gericht gleichzeitig mit der Anordnung der Unterbringung nach §§ 70h III FGG, 1846 BGB in die Heilbehandlung einwilligen. Diese Einwilligung muß sich aber auf **unaufschiebbare** Maßnahmen beschränken, alle weiteren Einwilligungen sind Sache des danach zu bestellenden (evtl. vorläufigen) Betreuers. Nicht einwilligen darf der Betreuer in die Prüfung eines Arzneimittels beim Betroffenen (§ 40 Arzneimittelgesetz).

30   **d) Die vormundschaftsgerichtliche Genehmigung von ärztlichen Maßnahmen.** Der Betreuer bedarf zusätzlich zu seiner Einwilligung der Genehmigung des Vormundschaftsgerichts, wenn die Gefahr des Todes oder eines schweren und länger dauernden gesundheitlichen Schadens für den Betreuten besteht (§ 1904 BGB). Diese Gefahr muß **begründet** sein, was nur für konkrete und naheliegende Möglichkeiten des Schadenseintritts gilt. Der Entwurf des Betreuungsgesetzes führt hierzu **Risikooperationen** bei herzkranken oder sonst besonders gefährdeten Patienten auf. Weitere Fälle können Hirnoperationen, Elektroschockbehandlungen und die Verabreichung von Medikamenten mit stark persönlichkeitsverändernden Wirkungen sein (*Jürgens* in *Jürgens/Kröger/Marschner/Winterstein*, Das neue Betreuungsrecht, Rdnr. 205; zu weitgehend wohl *Schreiber*, FamRZ 1991, 1014f.).

31   Ist mit dem Aufschub Gefahr verbunden, so ist eine vormundschaftsgerichtliche Genehmigung nicht nötig (§ 1904 S. 2 BGB). In allen anderen Fällen hat das Gericht das **Gutachten eines Sachverständigen** zu erholen, der nicht ausführender Arzt sein darf und nach Anhörung des Betroffenen (ggf. eines Verfahrenspflegers) seine Entscheidung zu treffen (§ 69d III 1, 3 FGG). Ob der Betreuer von der erteilten Genehmigung Gebrauch macht, ist Sache seiner pflichtgemäßen Würdigung der Umstände.

3. Die Vermögensangelegenheiten

32   Bei der Betreuung mit dem möglichen Aufgabenkreis „Vermögensangelegenheiten" hat der Verfahrensbevollmächtigte oder Verfahrenspfleger zunächst darauf zu achten, daß nicht pauschal dem Betreuer **alle** Vermögensangelegenheiten übertragen werden. Im Hinblick auf den Grundsatz der **Erforderlichkeit** (§ 1896 II BGB) ist gerade hier eine differenzierte Betrachtung angebracht. **Nicht** zum Aufgabenkreis gehört die Geltendmachung von Unterhaltsansprüchen des Betreuten (*BGH* NJW 1955, 217). Hat der Betreute bereits wirksame

Vollmachten erteilt, so können diese die Betreuung überflüssig machen, da sie trotz späterer evtl. Geschäftsunfähigkeit wirksam bleiben (§ 672 BGB). Die Betreuerbestellung unterbleibt, wenn der Bevollmächtigte mittels Vollmacht die Angelegenheiten des Betroffenen **ebenso gut** wie ein Betreuer (§ 1896 II 2 BGB) erledigen könnte. Das Gericht (hier: Rechtspfleger) kann aber auch gemäß § 1896 III BGB einen sog. **Kontrollbetreuer** einsetzen. Dieser hat **nicht** wie ein sonstiger Betreuer das Recht zum **Widerruf** erteilter Vollmachten, er beaufsichtigt lediglich dessen Handeln.

Völlig neu im Bereich der Vermögensangelegenheiten ist die Genehmigungspflicht bei **Wohnungsauflösungen** i. S. des § 1907 BGB. Erweitert wurde auch die Möglichkeit des Betreuers zu **Schenkungen** (§ 1908i II BGB). Weggefallen ist (soweit das VormG nichts anderes anordnet) die Pflicht zur **Rechnungslegung** für Eltern, Ehegatten und Abkömmlinge des Betreuten (nicht für Geschwister) sowie für Vereins- und Behördenbetreuer (§ 1908i II 2 BGB). Hier ist nur gemäß §§ 1908i I, 1854 II BGB eine **Bestandsübersicht** im Abstand von 2 bis 5 Jahren vorzulegen. Erheblich erweitert wurde auch der Betrag des **genehmigungsfreien** Geschäfts nach § 1813 II Nr. 2 BGB auf 5000,– DM.

Im übrigen finden im Bereich der Vermögenssorge für das Betreuungsrecht auf Grund der Verweisung in § 1908i I BGB die (bisherigen) Vorschriften aus dem Recht der Vormundschaft für Minderjährige Anwendung, soweit das Betreuungsrecht keine Sondervorschriften getroffen hat. Für den Bereich der Lebensführung des Betroffenen bedeutet dies, daß nicht (wie beim Minderjährigen) die Vermögensmehrung im Vordergrund steht, vielmehr der vom Betreuten gewünschte Lebenszuschnitt, soweit dies nicht dem Wohl des Betreuten widerspricht und dem Betreuer zumutbar ist (§ 1901 II BGB).

4. Die geschlossene Unterbringung

Eine der verantwortungsvollsten Aufgaben des Betreuers stellt sein Handeln im Rahmen des Unterbringungsverfahrens dar. Dieselbe Verantwortung trifft den Rechtsanwalt, wenn er hier als Verfahrenspfleger bestellt ist. Das Betreuungsgesetz konkretisiert erstmals die **materiellen** Unterbringungsvoraussetzungen, die früher über die Verweisungskette der §§ 1915, 1897, 1800 BGB dem § 1631b BGB (Kindeswohl = Wohl des Betroffenen) entnommen wurden.

Hat der Betreuer den Aufgabenkreis „Aufenthaltsbestimmung", so müssen bei der geschlossenen Unterbringung nunmehr gemäß § 1906 I BGB (alternativ) folgende Voraussetzungen gegeben sein:
– Gefahr der **Selbsttötung** des Betroffenen;
– Gefahr, daß sich der Betroffene **erheblichen gesundheitlichen Schaden** zufügt;
– Notwendigkeit der Untersuchung des Gesundheitszustandes, einer Heilbehandlung oder eines ärztlichen Eingriffs, wobei dies ohne Unterbringung nicht möglich ist und der Betroffene dies krankheitsbedingt nicht erkennen kann oder nach dieser Einsicht handeln kann.

Im Hinblick auf den **Grundsatz der Erforderlichkeit** ist zusätzlich zu prüfen, ob weniger einschneidende Maßnahmen nicht ausreichen. Voraussetzung im Bereich der Gesundheitsschädigung ist die Wahrscheinlichkeit eines **erheblichen** Schadens, so bei unterlassener Aufnahme von Nahrung und wichtigen Medikamenten oder zur Verhinderung des Entstehens eines chronischen Leidens.

Wie auch bei der Betreuerbestellung hat sich das Unterbringungsrecht von der Frage der **Geschäftsfähigkeit** gelöst und stellt auf die **Erforderlichkeit** ab. Während früher der geschäftsfähige Betroffene nicht gegen seinen Willen untergebracht werden konnte (BGHZ 48, 147 ff.), stellt § 1906 BGB nun auf den **natürlichen Willen** ab. Der im natürlichen Sinn einsichtsfähige Betroffene kann somit nicht gegen seinen Willen untergebracht werden.

38   Die Unterbringung des Betroffenen ist **ohne gerichtliche Mitwirkung** möglich, wenn dieser in seine Unterbringung einwilligt (Freiwilligkeitserklärung). Dabei kommt es auf den natürlichen Willen an. Die Einwilligung stellt keinen Rechtfertigungsgrund dar, vielmehr fehlt es dann begrifflich an einer **Entziehung** der Freiheit (h. M., a. A. *Schwab,* MüKo 3. Aufl., § 1906 BGB Rdnr. 17).

39   Die Unterbringung durch den **Betreuer** ist **ohne vorherige gerichtliche Genehmigung** zulässig, wenn mit dem Aufschub Gefahr verbunden ist (§ 1906 II 2 BGB). Die Genehmigung ist dann unverzüglich nachzuholen.

40   Entgegen der ersten Fassung des Entwurfs der Bundesregierung zum BtG ist (weiterhin) die **Anordnung** der zivilrechtlichen Unterbringung durch das Gericht im Rahmen einer einstweiligen Anordnung zulässig (§§ 70h III FGG, 1846 BGB). Insoweit liegt eine Durchbrechung des Prinzips vor, wonach das Gericht (anders als bei der **öffentlich-**rechtlichen Unterbringung) die Unterbringung nicht selbst anordnet, vielmehr lediglich eine bereits erfolgte (§ 1906 II 2 BGB) oder beabsichtigte Unterbringung durch den Betreuer nur **genehmigt**. Die Anordnungsbefugnis entspricht dem Bedürfnis der Praxis, da die vorherige Bestellung eines Betreuers und die Übertragung der Frage der Unterbringung auf diesen aus Zeitgründen und wegen des Fehlens präsenter und geeigneter Betreuer nicht möglich ist. Die Einleitung eines Betreuungsverfahrens fällt hier somit mit der Anordnung der Unterbringung zusammen, schafft einen oft unangemessenen Zeitdruck und entfernt sich erheblich von dem Idealbild, wonach vor der Unterbringung bereits eine umfassende Sachverhaltsaufklärung im vorhergehenden Betreuungsverfahren erfolgt sein sollte. Für eine Unterbringung nach § 1846 BGB gelten sonst dieselben nachfolgenden Voraussetzungen wie für vorläufige Unterbringung nach § 70h FGG, wenn ein (vorläufiger) Betreuer bereits vorhanden ist.

41   Die **Genehmigung** der vorläufigen Unterbringung nach § 70h I i. V. mit § 69f I FGG setzt voraus:
– Das Vorliegen dringender Gründe für die Annahme, daß die Voraussetzungen für eine endgültige Unterbringung vorliegen, wobei mit dem Aufschub Gefahr verbunden sein muß;
– das Vorliegen eines **ärztlichen Zeugnisses** über den Zustand des Betroffenen;
– die evtl. nach §§ 70b, 67 FGG nötige Bestellung eines Verfahrenspflegers;
– die persönliche Anhörung des Betroffenen und des Verfahrenspflegers.

42   Erhebliche Unsicherheit besteht hinsichtlich der Anforderungen an Inhalt und Umfang eines **ärztlichen Zeugnisses** sowie zur Frage der **Qualifikation** des Ausstellers. Das **Zeugnis** über den Zustand des Betroffenen muß mehr enthalten als die Wiedergabe einer Diagnose, nicht genügend ist auch ein Fünf-Zeilen-Attest (*Bienwald,* § 70h FGG Anm. 1). Erforderlich ist vielmehr ein Kurzgutachten, das zu allen für die Entscheidung erheblichen Punkten in verkürzter Form (aussagekräftig) Stellung nimmt (BT-Drucksache 11/4528 S. 174; *Zimmermann,* FamRZ 1990, 1314 Fn. 49). Die Aussagekraft wird bei fehlender persönlicher Untersuchung durch den Arzt schwer zu bejahen sein.

43   **Strittig** ist, ob das Zeugnis von einem **Arzt für Psychiatrie** oder auf diesem Gebiet erfahrenen Arzt ausgestellt sein muß (so *Marschner* in *Jürgens/Kröger/*

Die Aufgabenkreise des Betreuers   **B XI**

Marschner/Winterstein, Das neue Betreuungsrecht, Rdnr. 559) oder nicht (so *Damrau-Zimmermann* Rdnr. 5 zu § 70h FGG). Da die strengen Voraussetzungen an die Qualifikation nach § 70e FGG nur die Genehmigungstatbestände des § 70 I 2 Nr. 1 und 3 und nicht den § 70h FGG betreffen, dürfte ein **ärztliches** Zeugnis ausreichen, denn 70h FGG verweist auf 69f FGG und dort reicht ein ärztliches Zeugnis ebenfalls aus. Das Gericht hat es hier auch in der Hand, durch Nichtausschöpfen der 6-Wochenfrist des § 70h II FGG ein dann schon im Rahmen des stationären Aufenthalts erstelltes weiteres fachärztliches Zeugnis zu erholen, wobei dieser Sachverständige dann (persönlich) anzuhören ist (§ 70h II 2 FGG). Vor der richterlichen Entscheidung ist grundsätzlich der Betroffene und dessen Verfahrenspfleger (§ 70b FGG) **anzuhören**. Die Anhörung kann auch im **Rechtshilfeweg** erfolgen (§§ 70h I 2, 69f I 3 FGG). Hiervon kann nur in seltenen Fällen bei **Gefahr im Verzuge** abgesehen werden. Dann ist die Anhörung **unverzüglich** nachzuholen.

Die Entscheidung des Gerichts wird regelmäßig so ausfallen, daß ihre **sofortige Wirksamkeit** angeordnet wird (§ 70g III 2 FGG). Sie wird dann mit **Übergabe an die Geschäftsstelle** wirksam (§ 70g III 3 FGG), Rechtsmittel ist dann die **sofortige** Beschwerde. Ist ein Betreuer schon bestellt und zeigt sich, daß über den Zeitraum einer vorläufigen Unterbringung hinaus eine Unterbringung nötig ist, so hat der Betreuer um Genehmigung der Unterbringung nach § 70f FGG nachzusuchen. Dasselbe gilt, wenn ein noch nicht Untergebrachter ohne Zwischenschaltung einer vorläufigen Unterbringung (langfristig) untergebracht werden soll. 44

Im Gegensatz zur vorläufigen Unterbringung ergeben sich hier folgende Besonderheiten: 45
- Die **vorherige** Anhörung des Betroffenen ist **zwingend** (§ 70c FGG), es sei denn, die Anhörung wäre nach ärztlichem Gutachten mit erheblichen Nachteilen für die Gesundheit des Betroffenen verbunden oder der Betroffene könnte seinen Willen nicht kundtun (§ 68 II FGG analog). Hiervon muß sich der Richter aber vor Ort selbst überzeugen und kann sich nicht auf ein ärztliches Gutachten berufen.
- Dem selbst verfahrensfähigen (§ 70a FGG) Betroffenen wird wegen der Schwere des Eingriffs regelmäßig ein Verfahrenspfleger (§ 70b FGG) zu bestellen sein, der die **objektiven** Interessen des Betroffenen ohne Rücksicht auf dessen Wünsche und unabhängig vom Vormundschaftsgericht wahrnimmt.
- Das Gericht hat gemäß § 70d FGG auch anderen Personen/Stellen **Gelegenheit zur Anhörung** zu geben.
- Das Gericht hat ein (umfassendes) **Gutachten** eines Sachverständigen zu erholen, der den Betroffenen persönlich untersucht und befragt hat (§ 70e FGG).
- Der Sachverständige muß in der Regel Arzt für Psychiatrie sein oder **Erfahrungen** auf diesem Gebiet aufweisen (§ 70e FGG). Letzteres ist beim **Arzt im Praktikum** nicht der Fall. Wann im übrigen bei noch in Ausbildung zum Arzt für Psychiatrie befindliche Mediziner die Qualifikation bejaht werden kann, ist Frage des Einzelfalls. Der Sachverständige muß dann seinen Ausbildungsstand im Gutachten offenlegen, damit der Betroffene (oder sein Verfahrenspfleger) die Qualifikation erkennen und notfalls sein Verhalten im Verfahren einrichten kann. Ist das Gutachten zugleich von einem anderen Arzt (mit unstreitiger Qualifikation) unterschrieben, so muß dieser den Betroffenen ebenfalls **persönlich** untersucht und befragt haben, wenn das Gutachten (hilfsweise) auf ihn gestützt werden soll.

Alheit 511

Das Gericht bestimmt unter Berücksichtigung des Gutachtens die **Dauer** der Unterbringung in seiner Entscheidung (§ 70 f FGG). Die Unterbringung darf höchstens für 1 Jahr, bei offensichtlicher langer Unterbringungsbedürftigkeit 2 Jahre angeordnet werden. Hiergegen können der Betroffene, sein Verfahrenspfleger und die in § 70 d FGG bezeichneten Personen/Stellen das Rechtsmittel der **sofortigen Beschwerde** einlegen (§ 70 m FGG).

46 Ein wichtiges Anliegen des Reformgesetzgebers war die Beseitigung der Zweigleisigkeit im Verfahrensrecht für die öffentlich-rechtliche und die zivilrechtliche Unterbringung. Das früher in den **Landesgesetzen** geregelte Verfahren war teilweise schwieriger und führte dazu, daß aus nicht sachgemäßen Gründen auf die zivilrechtliche Unterbringung ausgewichen wurde. Nunmehr ist das Verfahren für beide Arten der Unterbringung im FGG geregelt (§ 70 FGG) und die Zuständigkeit des **Vormundschaftsgerichts** gegeben.

47 Die öffentlich-rechtliche Unterbringung ist **subsidiär**, wenn ein Betreuer bereits bestellt ist und selbst die Unterbringung betreibt. Dies ergibt sich aus den Formulierungen in den Landesgesetzen, wonach die öffentlich-rechtliche Unterbringung zulässig ist, soweit die Gefahr nicht **auf andere Weise** abgewendet werden kann.

Ausschließlich kommt die **öffentlich**-rechtliche Unterbringung in Betracht, wenn der Betroffene die Interessen **Dritter** oder der **Allgemeinheit** gefährdet, denn § 1906 BGB erfaßt nur die Selbstgefährdung und Maßnahmen zum Wohle des Betroffenen.

Zu einer Konkurrenz der beiden Unterbringungsarten kann es dagegen bei Selbstmordgefahr oder der Gefahr erheblicher Selbstschädigung kommen, da hier sowohl die materiell-rechtlichen Voraussetzungen des § 1906 I Nr. 1 BGB als auch die der Landesgesetze über die öffentlich-rechtliche Unterbringung vorliegen.

Die Sachbehandlung als **öffentlich**-rechtliche Unterbringung hat hier den Vorteil, daß es auf Probleme der **Geschäftsfähigkeit** oder Einsichtsfähigkeit überhaupt **nicht** ankommt und daß die Einleitung eines Betreuungsverfahrens nicht nötig ist. Der Betroffene muß dann auch nicht damit konfrontiert werden, daß ihm trotz Beendigung der geschlossenen Unterbringung ein gesetzlicher Vertreter zur Seite gestellt werden muß.

5. Freiheitsentziehende Maßnahmen

48 Mit der **Genehmigungspflicht** nach § 1906 IV BGB hat der Gesetzgeber eine bis dahin in der Rechtsprechung uneinheitliche Sachbehandlung beendet. Während ein Teil der Rechtsprechung Maßnahmen zum Schutz meist altersverwirrter Betroffener in Heimen (Bettgitter, Schutzdecke, Leibgurt, Ausgangssperre etc.) als bloße **Beschränkung** der Freiheit angesehen hatte (a. A. schon immer *AG Frankfurt* FamRZ 1988, 1209 ff.), sind diese Maßnahmen nun **genehmigungspflichtig** nach § 1906 IV BGB. Den zunächst im Gesetzgebungsverfahren gebrauchten Begriff der „unterbringungsähnlichen Maßnahme" hat der Gesetzgeber allerdings nicht übernommen.

49 Die Genehmigungspflicht ist nicht isoliert zu sehen, setzt vielmehr eine Betreuerbestellung mit dem Aufgabenkreis „Aufenthaltsbestimmung" voraus. Geschütztes Rechtsgut ist nämlich die **persönliche Bewegungsfreiheit**. Ein Eingreifen in diese Freiheit ist nur unter den Voraussetzungen des § 1906 I bis III BGB möglich, also wenn der Betroffene sich ohne diese Maßnahme töten oder

erheblichen gesundheitlichen Schaden zufügen würde oder wenn sonst Untersuchungen/Heilbehandlungen nicht vorgenommen werden könnten und der Betroffene die Notwendigkeit der Maßnahme nicht erkennen oder nicht nach dieser Einsicht handeln kann.

Folgende **Voraussetzungen** sind nötig: 50
- Es muß ein Betreuer mit dem Aufgabenkreis „Aufenthaltsbestimmung" betroffen sein, der sich in einem Heim oder einer Anstalt aufhält.
- Der Betroffene darf nicht bereits **geschlossen** untergebracht sein (str.). Entgegen dem klaren Wortlaut wird man allerdings auch für den Fall der erfolgten Unterbringung weitere Beschränkungen der Genehmigungspflicht unterwerfen müssen, denn mit der Unterbringungsgenehmigung überprüft das Gericht ja nicht die Bedingungen der Unterbringung im Einzelfall, genehmigt vielmehr nur die Einweisung **in** eine Anstalt. Die Genehmigung „unterbringungsähnlicher Maßnahmen" kann mit der Unterbringungsgenehmigung nach § 1906 I BGB verbunden werden (*Schwab*, MüKo 3. Aufl., § 1906 BGB Rdnr. 7).
- Dem Betroffenen muß **regelmäßig** oder über einen **längeren Zeitraum** durch mechanische Vorrichtungen, Medikamente oder auf andere Weise die Freiheit entzogen werden.

Keine Freiheitsentziehung liegt vor, wenn 51
- der Betroffene noch wirksam mit natürlichem Willen in die Maßnahme **einwilligt;**
- ein natürlicher **Wille zur Fortbewegung** (z. B. im Koma) fehlt oder er sonst auch ohne die Maßnahme körperlich nicht zur Fortbewegung in der Lage wäre;
- bei Verabreichung von Medikamenten ein **therapeutischer** Zweck verfolgt wird und damit nur als Nebenwirkung verbunden ist, daß der Betroffene sich nicht mehr fortbewegen kann/will (*Schwab*, MüKo 3. Aufl., § 1906 BGB Rdnr. 25).

6. Vormundschaftsgerichtliche Genehmigungen

Der Katalog der genehmigungspflichtigen Vorgänge ergibt sich aus der in 52 § 1908i I BGB enthaltenen Verweisung auf die §§ 1811, 1812, 1821, 1822 Nr. 1 bis 4 und 6 bis 13 sowie 1823 und 1825 BGB. Völlig neu ist die sich aus § 1907 BGB ergebende Genehmigungspflicht bei **Wohnungsauflösung.** Zuständig insoweit ist der Rechtspfleger. Ob der Betreuer ein evtl. langwieriges Genehmigungsverfahren dadurch umgehen kann, daß er sich vom (geschäftsfähigen) Betreuten **bevollmächtigen** läßt, ist strittig (vgl. *OLG Karlsruhe* FamRZ 1957, 57; *Schwab* FamRZ 1990, S. 681, 682ff.; BT-Drucksachen 11/4528, S. 135). Der Betreuer wird wohl ein solches Vorgehen dem VormG stets anzuzeigen haben, so daß dieses seiner Aufsichtspflicht (§ 1837 BGB) genügen kann.

Für die anwaltschaftliche Praxis bedeutsam ist die Neufassung des § 1822 53 Nr. 12 BGB. Danach ist bei **Vergleichen** und Schiedsverträgen eine vormundschaftsgerichtliche Genehmigung **nicht** nötig, wenn der Vergleich einem schriftlichen oder protokollierten **Vorschlag des Gerichts** entspricht oder wenn der Gegenstand des Streits den Wert von **5000,– DM** nicht übersteigt. Entscheidend ist also der Streitgegenstand, nicht etwa die Vergleichssumme.

Die **Anhörung** des Betreuten **muß** erfolgen im Falle der Genehmigung der 54 Wohnungsauflösung (§ 69d I 3 FGG), sie **soll** in den übrigen Fällen durchgeführt werden (§ 1908i I BGB). Wird von der Anhörung in wichtigen Fällen abgesehen, so ist die Bestellung eines **Verfahrenspflegers** zu prüfen.

55 Handelt es sich um ein **einseitiges** Rechtsgeschäft, so muß die Genehmigung **vorher** an den Betreuer erfolgt sein, damit es wirksam ist (§§ 16 FGG, 1831 BGB). Bei **Verträgen** liegt es nach Zustellung der Genehmigung an den Betreuer nur in dessen Willensmacht, das Geschäft durch Mitteilung an den Vertragspartner (§ 1829 I 2 BGB) wirksam zu machen. Gegen die wirksam gewordene Genehmigung ist ein Rechtsmittel nicht gegeben (§§ 18 I, 55 FGG; siehe aber für Ausnahmefälle BayObLG FamRZ 1989, 1113 ff.).

7. Der Einwilligungsvorbehalt

56 Die angeordnete Betreuerbestellung wirkt sich auf die **Geschäftsfähigkeit** des Betroffenen **nicht** aus. Der Betroffene kann somit trotz Betreuerbestellung allein oder neben dem Betreuer rechtsgeschäftlich handeln, wodurch Schädigungen seiner Person oder seines Vermögens eintreten können. Bei der nachträglichen Aufhebung solcher Geschäfte ist der Betroffene bzw. sein Betreuer **beweispflichtig** dafür, daß das Geschäft wegen Geschäftsunfähigkeit unwirksam ist (§ 105 BGB).

57 Die **Anordnung eines Einwilligungsvorbehalts** vermeidet dieses Beweislastrisiko, da es die Wirksamkeit des Geschäfts lediglich an die Tatsache knüpft, ob der Betreuer diesem Geschäft **zustimmt** oder nicht (§§ 1903, 108 BGB). Es gelten hier die Vorschriften der §§ 108 bis 113, 131 II und 206 BGB. Auch die Anordnung des Einwilligungsvorbehalts (immer nur von Amts wegen) setzt die Erholung eines Gutachtens voraus (§ 68 b II FGG). Nötig ist der Einwilligungsvorbehalt in vielen Fällen deshalb nicht, weil die Betroffenen entweder nicht mehr am Rechtsverkehr teilnehmen oder ihre Unfähigkeit zum Abschluß für Dritte auf den ersten Blick erkennbar ist. Der Einwilligungsvorbehalt kann sich nicht erstrecken auf Willenserklärungen bei Eingehung einer Ehe, auf Verfügungen von Todes wegen und auf **geringfügige** Angelegenheiten des täglichen Lebens, soweit das Gericht nichts anderes anordnet (§ 1903 II, III BGB).

8. Die Sterilisation

58 Die Sterilisation eines **Minderjährigen** ist gesetzlich ausgeschlossen (§ 1631 c BGB). Die Sterilisation eines **Volljährigen** ist unter den in § 1905 BGB aufgeführten Voraussetzungen zulässig, wobei hierzu ein **besonderer** Betreuer zu bestellen ist (§ 1899 II BGB).

9. Die Post- und Fernmeldekontrolle

59 Die Post- und Fernmeldekontrolle gehört nicht zu den üblichen Aufgabenkreisen, vielmehr bedarf es insoweit einer eigenen Anordnung des Gerichts (§ 1896 IV BGB). Die Post ist dann gemäß § 45 VI PostO verpflichtet, die Post dem Betreuer auszuhändigen. Keine Kontrolle besteht, soweit der Betroffene innerhalb des **Verfahrens** handelt, da ansonsten seine grundsätzliche Verfahrensfähigkeit (§ 66 FGG) berührt würde.

V. Rechtsmittel

1. Betreuungssachen

Soweit der **Rechtspfleger** entschieden hat, ist dagegen unbefristete **Erinne-** 60
rung gegeben (§ 11 RPflG). Bei Nichtabhilfe entscheidet der Richter selbst, wenn er die Erinnerung für zulässig und begründet erachtet, ansonsten legt er sie dem Landgericht (dann als Beschwerde) vor (§ 11 II RPflG).
  Gegen Entscheidungen des **Richters** ist in den meisten Fällen die unbefristete 61
Beschwerde gegeben. In einigen Fällen (Anordnung des Einwilligungsvorbehalts oder dessen Ablehnung/Aufhebung, bei der Frage des Umfangs einwilligungsbedürftiger Willenserklärungen (§§ 68g IV Nr. 1, 69i II, III FGG), bei Entlassung des Betreuers gegen dessen Willen, bei Beschränkung der Aufgabenkreise sowie bei der Aufhebung der Betreuung (§ 69g IV Nr. 3 FGG) ist **sofortige** Beschwerde binnen 2 Wochen ab Zustellung einzulegen (§ 22 FGG).
  Zu prüfen ist die **Beschwerdeberechtigung**, die beim **Betroffenen** selbst im- 62
mer zu bejahen ist und auch bei Beschwerden gegeben ist, die der Betreuer **im Namen** des Betroffenen einlegt (§ 69g II FGG). Die **Betreuungsbehörde** ist unabhängig von der Frage der Verletzung eigener Rechte beschwerdeberechtigt (§ 69g I FGG). Bei den in § 69g I FGG aufgeführten Entscheidungen sind auch die **nahen Angehörigen** unbeschadet des § 20 FGG beschwerdeberechtigt. Der Kreis der nahen Angehörigen ist § 69g I FGG zu entnehmen.
  Gegen die Entscheidung des **Landgerichts** findet das Rechtsmittel der **weite-** 63
ren Beschwerde statt (§ 27 FGG). Diese ist binnen einer 2-Wochen-Frist ab Zustellung der landgerichtlichen Entscheidung einzulegen, **falls** auch die Erstbeschwerde fristgebunden war.

2. Unterbringungssachen

  Mit **sofortiger Beschwerde** anfechtbar sind: 64
– Ablehnung/Genehmigung der (endgültigen) Unterbringung;
– Ablehnung/Genehmigung einer **vorläufigen** Unterbringung;
– Anordnung der Unterbringung nach § 1846 BGB;
– Ablehnung/Genehmigung der **Verlängerung** der Unterbringung;
– Entscheidungen über **unterbringungsähnliche** Maßnahmen nach § 1906 IV BGB.
Im übrigen ist **einfache** Beschwerde gegeben.
  Beschwerdeberechtigt (§ 20 I FGG) sind der Betroffene, dessen Verfahrens- 65
pfleger sowie die in § 70d FGG genannten Personen und Stellen. Der Weg der Beschwerde bei **Genehmigung** der Unterbringung ist für den Betreuer nicht eröffnet, da er dasselbe Ziel erreicht, wenn er von der erteilten Genehmigung keinen Gebrauch macht. Der Betreuer hat die Beschwerdeberechtigung hier nur bei **Ablehnung** der Genehmigung der Unterbringung.

3. Angriffspunkte

  Die wesentlichen Angriffspunkte für eine Beschwerde und **weitere Be-** 66
schwerde haben sich im Vergleich zur früheren Rechtslage kaum verändert. Als solche kommen in Betracht:
– Verstoß gegen **Anhörungspflichten**;
– unterlassene Bestellung eines **Verfahrenspflegers** (*BayObLG* Rpfleger 1990,

162/163). Bestellt das Gericht in **Unterbringungssachen** keinen Verfahrenspfleger, so ist dies in der Entscheidung zu begründen (§ 70b Abs. 1 FGG);
- Verwertung von Beweisergebnissen ohne deren Übermittlung an den Betroffenen oder ohne ausreichende Zeit zur Stellungnahme bei Übermittlung an den Betroffenen (*Keidel/Kuntze/Winkler*, FGG, 12. Aufl. § 12 Rdnr. 114ff.; *OLG Zweibrücken* FamRZ 1989, 544ff.; *BayObLG* Rpfleger 1990, 162);
- fehlende **Qualifikation** des Sachverständigen (§ 70e FGG), wobei nicht nur in Unterbringungssachen eine nicht bei jedem Arzt vorhandene **besondere** Sachkunde vorauszusetzen sein wird;
- **inhaltliche** Mängel des Gutachtens, so bei bloßer Wiedergabe einer Diagnose (vgl. *KG* FamRZ 1988, 981);
- Verwendung eines nicht **zeitnahe** zum Verfahren erstellten Gutachtens;
- fehlende **eigene** Untersuchung/Befragung des Betroffenen durch den verantwortlichen Gutachtensverfasser (§ 68b I 4 FGG);
- unkritische Übernahme des Gutachtens ohne Einzelprüfung durch das Gericht (*BGH* NJW 1982, 2874);
- unterlassene Prüfung anderer Hilfemöglichkeiten zur Abwendung der Betreuung (§ 1896 II 2 BGB);
- Unterlassen der **Einschränkung** des Aufgabenkreises auf das **erforderliche** Maß (§ 1896 II 1 BGB).

VI. Aufwendungsersatz und Vergütung

67 **Aufwendungen** (Fahrt-, Porto-, Telefon- und Versicherungskosten für Schadensfälle des Betreuten oder wegen Ansprüchen Dritter, nicht Kfz-Haftpflicht) kann der Rechtsanwalt als Betreuer dem Vermögen des Betroffenen entnehmen. Ist der Betreute **mittellos**, so kann Ersatz aus der Staatskasse verlangt werden (§ 1835 IV 1 BGB). Diese Ansprüche müssen **binnen 3 Monaten** geltend gemacht werden (§ 1835 IV 2 BGB, § 15 II ZuSEG). Stehen dem Betreuer Vergütungsansprüche nicht zu, so kann zur Abgeltung **geringfügiger** Aufwendungen pauschal 300,– DM im Jahr als **Aufwandspauschale** (§§ 1836a Satz 4, 1835 IV BGB) verlangt werden.

68 Ist **Aktivvermögen vorhanden,** so **kann** dem Betreuer eine angemessene **Vergütung** bewilligt werden (§ 1836 I 2 BGB). Abzustellen ist hierbei in erster Linie auf Umfang und Schwierigkeit der Aufgaben (*BayObLG* Rpfleger 1987, 67ff.), nicht auf die Höhe des Vermögens und darauf angewandter Prozentsätze (so aber *OLG Düsseldorf* Rpfleger 1987, 20 und dem folgend ein Großteil der Gerichtspraxis). Die Stundensätze des § 1836 II BGB sind im Rahmen dieser Ansprüche ohne Relevanz (vgl. *Seitz,* Btprax 1992, 82f. mwN).

69 Ist **kein Aktivvermögen vorhanden,** so erhält der RA als Betreuer nur dann Vergütung aus der **Staatskasse,** wenn er die Voraussetzungen eines **Berufsbetreuers** erfüllt. Ihm müssen also Betreuungen in einem solchen Umfang übertragen werden, daß er sie nur im Rahmen seiner Berufsausübung führen kann (§ 1836 II BGB). Dies **kann** bei etwa **acht** Betreuungsfällen (für Mittellose) der Fall sein (*BayObLG* Rpfleger 1988, 529). Entscheidend ist auch hier nicht allein die Anzahl der Betreuungen, vielmehr deren Gewicht für die Arbeitsbelastung im Rahmen der nur **persönlich** zu erbringenden Arbeit als Betreuer (§ 1897 BGB). Ausgehend von einer von Sozialpädagogen angestrebten Zahl von 30 Fällen bei hauptamtlicher Betreuung in Vollarbeitszeit, dürfte bei der gebotenen persönlichen Betreuung auch die Anzahl von 8 noch unterschritten werden können. Einem RA als Berufsbetreuer kann dabei nicht zugemutet werden, für weniger als 60.– DM pro Stunde (einschl. MwSt.) zu arbeiten (*AG Bremen* RPfl. 1992, 434).

Ist der RA als **Verfahrenspfleger** bestellt, so richtet sich seine evtl. Vergütung nach den Grundsätzen der Vergütung des Betreuers, denn für das Amt des Verfahrenspflegers ist keine abweichende Regelung vorgesehen. Nach anderer Auffassung kommt die Anwendung der BRAGebO über § 1835 Abs. 3 BGB als Aufwendungsersatz für besondere Dienste in Betracht (*Kirsch*, RPfl. 1992, 279 f.; *Klüsener*, RPfl. 1992, 466 f.). Insbesondere kommt wegen § 1 II **BRAGO** diese nicht zur Anwendung. Zur Frage der **Beiordnung** des Verfahrenspflegers **als PKH-Anwalt** siehe Rdnr. 10. Die derzeitige Gerichtspraxis ist noch völlig uneinheitlich (vgl. *Pohl*, Btprax 1992, 19, 56). 70

VII. Kosten und Auslagen

Gerichtskosten werden erst bei Überschreiten der Freigrenze von 50000,– DM erhoben (§ 92 KostO). Nicht eingerechnet wird hierbei ein angemessenes Hausgrundstück (§ 88 II Nr. 2 BSHG). 71

Wird die Freigrenze nicht überschritten, so werden auch **Auslagen (Sachverständigenkosten)** nicht verlangt. Dies gilt auch bei Überschreiten der Freigrenze, falls eine der in § 96 KostO aufgeführten Entscheidungen (Ablehnung der Betreuerbestellung, Aufhebung, Einschränkung etc.) ergeht. 72

Außergerichtliche Auslagen können der **Staatskasse** bei Ablehnung/Aufhebung/Einschränkung von Maßnahmen auferlegt werden (§ 13a II 1 FGG). Auch einem unbeteiligten **Dritten** können diese Kosten auferlegt werden, wenn dem Dritten der Vorwurf **großen Verschuldens** trifft (§ 13a II 2 FGG). 73

B XII. Der Wettbewerbsprozeß

Reiner Schmidt

Übersicht

	Rdnr.
I. Gegenstand des Wettbewerbsprozesses	1
1. Wettbewerbsrechtliche Ansprüche	1
2. Gewerbliche Schutzrechte	2
II. Einige Besonderheiten des Wettbewerbsprozesses	3
1. Schnelligkeit	4
2. Dominanz des einstweiligen Verfügungsverfahrens	5
3. Rechtszersplitterung betreffend das einstweilige Verfügungsverfahren	6
4. Weitgezogene Klagbefugnis	7
5. Weitgezogene Passivlegitimation	8
6. Einbeziehung anderer Rechtsgebiete in den Wettbewerbsprozeß	10
7. Bedeutung der Rechtsprechung und deren Fundstellen	11
III. Das Vorstadium zum Wettbewerbsprozeß	12
1. Vorbereitungen	12
2. Abmahnung	13
3. Pflichten des Abgemahnten	20
4. Unterlassungserklärung	24
5. Kosten der Abmahnung	30
6. Schutzschrift	35
IV. Einstweiliges Verfügungsverfahren	41
1. Zuständigkeit des Gerichts der Hauptsache	42
2. Örtliche Zuständigkeit	43
3. Sachliche Zuständigkeit	47
4. Funktionelle Zuständigkeit	48
5. Inhalt und Form	49
6. Antrag	55
7. Verfügungsgrund	60
8. Besondere Dringlichkeit gemäß § 937 II ZPO	63
9. Darstellung des Verfügungsanspruchs	64

	Rdnr.
10. Glaubhaftmachung	65
11. Beschluß- oder Urteilsverfahren	67
12. Abweisender Beschluß	68
13. Beschlußverfügung	70
14. Widerspruch	74
15. Kostenwiderspruch	81
16. Urteilsverfügung	86
17. Berufung	89
18. Geltungsdauer der einstweiligen Verfügung	94
19. Fristsetzung nach § 926 I ZPO	95
20. Aufhebungsverfahren nach § 927 ZPO	99
21. Die Bedeutung der Verjährungsfrist des § 21 UWG	102
V. Vorstadium zur Hauptklage und Hauptklage	106
1. Rechtzeitige Erhebung der Hauptklage	106
2. Abschlußschreiben	107
3. Zuständigkeit für die Hauptklage und Inhalt des Unterlassungsantrages	112
4. Verbraucherbefragung	113
5. Mögliche Ansprüche des Hauptprozesses	114
6. Schadenersatzklage	115
7. Ansprüche auf Auskunfts- oder Rechnungslegung	117
VI. Streitwert und Gerichtskosten	121
1. Bedeutung	121
2. Bemessung	122
3. Bei einstweiligen Verfügungsverfahren und Hauptverfahren	123
4. Streitwertminderung	124
5. Streitwertbegünstigung gemäß § 23b UWG	125
6. Gerichtskosten	126
VII. Besonderheiten in den neuen Bundesländern	128

Literatur: *Baumbach/Hefermehl*, Wettbewerbsrecht, 17. Aufl. 1993; *v. Gamm*, Wettbewerbsrecht, 5. Aufl., 1987; *Gloy*, Handbuch des Wettbewerbsrechts, 1986; Großkommentar UWG 1991; *Locher/Mes*, Beck'sches Prozeßformularbuch, 6. Aufl. 1992; *Mellulis*, Handbuch des Wettbewerbsprozesses, 1991; *Nordemann*, Wettbewerbsrecht, 6. Auflage 1990; *Teplitzky*, Wettbewerbsrechtliche Ansprüche, 6. Aufl. 1992; *Traub*, Wettbewerbsrechtliche Verfahrenspraxis, 2. Aufl. 1991; – **Fachzeitschriften:** Gewerblicher Rechtsschutz und Urheberrecht (GRUR); Wettbewerb in Recht und Praxis (WRP).

I. Gegenstand des Wettbewerbsprozesses

1. Wettbewerbsrechtliche Ansprüche

Es handelt sich um bürgerliche Rechtsstreitigkeiten aufgrund des Gesetzes gegen den unlauteren Wettbewerb (§ 95 I Nr. 5 GVG; § 27 I UWG). Dies betrifft im wesentlichen die **Unterlassungs- und Schadensersatzansprüche** wegen
- **Wettbewerbshandlungen,** die gegen die **guten Sitten** verstoßen (§ 1 UWG),
- **irreführender Angaben** (§§ 3, 13 VI UWG),
- besonderer in den §§ 6–6e UWG verbotener Werbe- und Vertriebsmethoden (in Verbindung mit § 13 VI UWG),
- Verstöße gegen die Vorschriften über **Verkaufsveranstaltungen** (§§ 7, 8, 13 VI UWG),
- **Bestechung** von Angestellten (§ 1 UWG in Verbindung mit § 12 UWG),
- **Geschäftsehrverletzung** (§§ 14, 15 UWG),
- **Verletzung geschäftlicher Bezeichnungen** wie Name, Firma, besondere Bezeichnung eines gewerblichen Unternehmens, eines Erwerbsgeschäftes oder einer Druckschrift (§ 16 UWG),
- **Verrats** von Geschäfts- und Betriebs**geheimnissen** (§ 1 UWG in Verbindung mit §§ 17, 18 UWG),
- Verstöße gegen die **Zugabeverordnung** (§§ 1, 2 ZugabeVO),
- Verstöße gegen das **Rabattgesetz** (§ 2 RabattG).

2. Gewerbliche Schutzrechte

Im weiteren Sinn zählen zu den Wettbewerbsprozessen auch solche, in denen Ansprüche aufgrund **gewerblicher Schutzrechte** geltend gemacht werden (§ 95 I Nr. 4c GVG), nämlich Ansprüche u. a. aus dem Warenzeichen-, Geschmacksmuster-, Gebrauchsmuster- und Patentgesetz. Insbesondere die Patent- und Gebrauchsmusterstreitsachen unterliegen wiederum eigenen Besonderheiten, so daß die folgenden Ausführungen darauf nicht (ohne weiteres) übertragbar sind.

II. Einige Besonderheiten des Wettbewerbsprozesses

Der Wettbewerbsprozeß besitzt ein wesentlich anderes Gepräge als der normale Zivilrechtsstreit. Seine Besonderheiten sind teils prozeßrechtlichen, teils materiell-rechtlichen Ursprungs.

1. Schnelligkeit

In aller Regel ist der Wettbewerbsprozeß außerordentlich **schnell,** so daß zügiges Agieren und schnelles Reagieren erforderlich sind. Im vorprozessualen Stadium wie auch im Rechtsstreit selbst sind kurze Fristen an der Tagesordnung. Diesen kann man häufig nur durch Einsatz moderner Kommunikationsmittel, wie Fernschreiber, Telefax oder Teletex, gerecht werden.

2. Dominanz des einstweiligen Verfügungsverfahrens

Der besonderen Schnelligkeit entspricht die **dominierende Rolle** des einstweiligen Verfügungsverfahrens. Diese ermöglicht § 25 UWG. Danach sind zur

B XII

Sicherung der im UWG bezeichneten Unterlassungsansprüche einstweilige Verfügungen auch dann zulässig, wenn die in den §§ 935, 940 ZPO im einzelnen bezeichneten Voraussetzungen nicht vorliegen. Die **Dringlichkeit** für den Erlaß von einstweiligen Verfügungen wird **vermutet** (vgl. Rdnr. 60).

3. Rechtszersplitterung betreffend das einstweilige Verfügungsverfahren

6 Der hohe Stellenwert des einstweiligen Verfügungsverfahrens wird wegen des **Fehlens der Revisionsinstanz** – Revisionen sind gegen Urteile der Oberlandesgerichte im einstweiligen Verfügungsverfahren nicht zulässig (§ 545 II ZPO) – insoweit beeinträchtigt, als sich hinsichtlich des prozeßrechtlichen Teils eine gewisse **Rechtszersplitterung** zwischen den verschiedenen Oberlandesgerichtsbezirken entwickelt hat. Ehe also ein einstweiliges Verfügungsverfahren eingeleitet wird, muß man sich eingehend über die jeweiligen **örtlichen Gepflogenheiten** unterrichten (vergl. deren Sammlung in *Traub*, Wettbewerbsrechtliche Verfahrenspraxis; Nachweise bei *Baumbach-Hefermehl* S. XXXVI).

4. Weitgezogene Klagbefugnis

7 Eine weitere Besonderheit ist, abgesehen von den reinen Individualansprüchen bei der Geschäftsehrverletzung (§ 14, 15 UWG) und der Verletzung geschäftlicher Bezeichnungen (§ 16 UWG), in der sehr **weit gezogenen Klagbefugnis** zu sehen. Die Klagbefugnis haben
- der unmittelbar verletzte Wettbewerber (*BGH* GRUR 1966, 445, 446 = MDR 1966, 577 „Glutamal"),
- die Gewerbetreibenden gleicher oder verwandter Branchen (§ 13 II 1 UWG),
- rechtsfähige Verbände zur Förderung gewerblicher Interessen (§ 13 II 2 UWG),
- Verbraucherverbände (§ 13 II 3 UWG),
- die Industrie- und Handelskammern sowie die Handwerkskammern (§ 13 II 4 UWG),
- die Kammern freier Berufe (*BGH* GRUR 1987, 444 = NJW 1987, 2087 „Laufende Buchführung").

(Vgl. *Baumbach/Hefermehl*, § 13 UWG; *Gloy*, Handbuch § 19.)

5. Weitgezogene Passivlegitimation

8 a) Der Kreis der **Passivlegitimierten** ist ebenfalls weit gespannt. Verantwortlich ist jeder, der selbst handelt, andere anstiftet oder unterstützt. Darüber hinaus haftet jeder als **Störer,** der für das unlautere Verhalten eines Dritten unmittelbar oder mittelbar eine adäquate Ursache gesetzt hat und die rechtliche Möglichkeit hat, das unlautere Verhalten des Dritten zu unterbinden. Demnach können also nicht nur die Unternehmen selbst passivlegitimiert sein, sondern auch deren Organe und Angestellte sowie darüber hinaus Außenstehende, zum Beispiel Werbeagenturen (zur Passivlegitimation vgl. *Baumbach/ Hefermehl*, Einleitung UWG, Rdnrn. 325 ff., *Teplitzky*, Kapitel 14).

9 b) Daneben sind die Inhaber der Betriebe für die meisten wettbewerbsrechtlichen Unterlassungsansprüche auch hinsichtlich des Verhaltens ihrer Angestellten oder Beauftragten, zum Beispiel Handelsvertreter, Werbeagenturen, Kommissionäre etc. passivlegitimiert (§ 13 IV UWG). Diese Haftungserleichterung

gilt nur für Unterlassungsansprüche, nicht für Schadensersatzansprüche. Hier bleibt es bei den allgemeinen Vorschriften (insbesondere § 831 BGB).

6. Einbeziehung anderer Rechtsgebiete in den Wettbewerbsprozeß

Eine weitere, hervorzuhebende Bedeutung des Wettbewerbsprozesses ist darin zu sehen, daß in ihm nicht nur rein wettbewerbsrechtliche Fragen, sondern Probleme aus anderen **Rechtsgebieten** geklärt werden können, und zwar mit Hilfe des § 1 UWG, der insoweit als „Transmissionsriemen" in die anderen Rechtsgebiete dient. Unlauter ist es nämlich, 10
- gegen **sittlich fundierte Normen** zu verstoßen, wie zum Beispiel solche, die dem Schutz der Volksgesundheit dienen, oder
- sich mit Hilfe der Nichtbeachtung von sogenannten **wertneutralen Vorschriften**, die lediglich ordnenden Charakter haben, einen unlauteren Vorsprung vor gesetzestreuen Wettbewerbern zu verschaffen.

So lassen sich Rechtsfragen aus den verschiedensten Rechtsgebieten im Wettbewerbsprozeß klären; zum Beispiel aus dem Arzneimittelrecht, dem Lebensmittelrecht, der Preisangabenverordnung, dem Ladenschlußgesetz, dem Gesetz gegen Wettbewerbsbeschränkungen und den Berufsstandesordnungen (vgl. *Baumbach/Hefermehl*, § 1 UWG Rdnr. 609 ff.; *von Gamm*, Wettbewerbsrecht, Kap. 4 Rdnr. 3).

7. Bedeutung der Rechtsprechung und deren Fundstellen

Die Rechtsprechung der Gerichte, insbesondere des BGH für das materielle Wettbewerbsrecht und der Oberlandesgerichte hauptsächlich für das Prozeßrecht des einstweiligen Verfügungsverfahrens (vgl. Rdnr. 5), besitzt deshalb eine besondere Bedeutung, weil erst durch sie die das Wettbewerbsrecht beherrschenden Generalklauseln der §§ 1 und 3 UWG sowie das Prozeßrecht mit konkreten Rechtssätzen ausgefüllt worden sind. Wegen ihrer Bedeutung erhalten höchstrichterliche Entscheidungen ein „**Stichwort**"; zum Beispiel „Glutamal" (vgl. Rdnr. 7) und werden üblicherweise mit Stichwort zitiert. Auch wenn derartige Gerichtsentscheidungen in allgemeinen juristischen Zeitschriften veröffentlicht werden, ist es ratsam, sie in den beiden Fachzeitschriften auf dem Gebiet des Wettbewerbsrechts „Gewerblicher Rechtsschutz und Urheberrecht" (GRUR) und „Wettbewerb in Recht und Praxis" (WRP) nachzuschlagen, weil sie häufig nur dort vollständig abgedruckt sind. 11

III. Das Vorstadium zum Wettbewerbsprozeß

1. Vorbereitungen

Angesichts dessen, daß im Wettbewerbsprozeß alles sehr schnell gehen kann, ist er sorgfältig und gründlich vorzubereiten. Es sind sämtliche erforderlichen Informationen zu sammeln. Beweis- und Glaubhaftmachungsmittel sind so zusammenzustellen, daß sie jederzeit verfügbar sind. 12

2. Abmahnung

Bevor ein Wettbewerbsprozeß eingeleitet wird, ist sehr sorgfältig zu prüfen, ob der Gegner nicht vorher abgemahnt werden sollte. 13

14 a) Die Abmahnung ist zwar keine Prozeßvoraussetzung. Jedoch hat derjenige, der einen Wettbewerbsprozeß ohne vorherige Abmahnung einleitet, grundsätzlich die gesamten Kosten des Verfahrens gemäß § 93 ZPO zu tragen, wenn der Gegner im Wettbewerbsprozeß unverzüglich anerkennt oder eine vertragsstrafenbewehrte Unterlassungserklärung abgibt. Die ständige Rechtsprechung geht nämlich davon aus, daß der Gegner dann keine **Veranlassung** zur Einleitung des Prozesses gegeben hat (§ 93 ZPO).

15 b) In der Praxis kommt man in den meisten Fällen nicht um eine Abmahnung herum, es sei denn, daß man bereit ist, das Kostenrisiko zu tragen. Selbst in besonders dringlichen und schwerwiegenden Fällen geht die Rechtsprechung vermehrt dazu über, **eine Abmahnung zu verlangen,** so zum Beispiel in Messesachen (*OLG Köln* GRUR 1986, 626) und bei Vorsatz (*OLG Köln* GRUR 1988, 487 unter Aufgabe seiner früher entgegenstehenden Rechtsprechung; *KG* WRP 1988, 167 – andere Oberlandesgerichte halten demgegenüber eine Abmahnung bei Vorsatz für entbehrlich, zum Beispiel *OLG Düsseldorf* GRUR 1979, 191; *OLG Karlsruhe* WRP 1986, 165).

Die **Abmahnung** ist in letzter Zeit insbesondere dann für **entbehrlich** gehalten worden, wenn mit dem Antrag auf Erlaß einer einstweiligen Verfügung ein **Sequestrationsantrag** verbunden war, weil die Abmahnung wegen des in ihr enthaltenen Warneffekts die Sequestration gefährden würde (*OLG Nürnberg* WRP 1981, 342; *OLG Hamburg* WPR 1985, 40). Wenn es dagegen keine Anhaltspunkte dafür gibt, daß der Gegner die zu sequestrierenden Gegenstände beiseite bringen könnte, muß vor Einleitung des Verfahrens abgemahnt werden, wenn man nicht die Kosten des Verfahrens tragen will (*OLG Hamburg* WRP 1988, 47).

Die Rechtsprechung zum Erfordernis der Abmahnung ist außerordentlich umfangreich und unübersichtlich. Die Einzelheiten sind sehr umstritten und werden je nach Oberlandesgerichtsbezirk unterschiedlich gehandhabt.

16 c) Die Abmahnung muß die wettbewerbswidrige Handlung in der **konkreten Verletzungsform** angeben und den daraus hergeleiteten Verstoß so klar und eindeutig bezeichnen, daß der Verletzer die gebotenen Folgerungen ziehen kann (*OLG Hamburg* WRP 1989, 32). Sie muß erkennen lassen, welche Ansprüche geltend gemacht werden, zum Beispiel Unterlassung, Auskunftserteilung oder Schadensersatz. Im Fall des Unterlassungsverlangens ist zweckmäßigerweise die vertragsstrafenbewehrte Unterlassungserklärung vorzuformulieren. Ebenso ist es zweckmäßig, die Inanspruchnahme gerichtlicher Hilfe für den Fall anzudrohen, daß der Abmahnung keine Folge geleistet wird.

17 d) In der Abmahnung muß eine bestimmte **Frist** gesetzt werden. Sie muß so bemessen sein, daß sie dem Verletzer Zeit zur Überlegung und gegebenenfalls Einholung anwaltlichen Rats läßt. Die Frist kann umso kürzer sein, je eiliger die Angelegenheit ist. Notfalls kann sie nach Stunden bemessen werden (*OLG München* WRP 1988, 62). Das Fristenthema ist heikel. Eine Rechtsprechung, wonach eine bestimmte Frist in jedem Fall ausreicht, gibt es nicht. Es kommt auf den Einzelfall an. – Eine unangemessen kurze Frist macht die Abmahnung nicht unwirksam, vielmehr läuft dann eine angemessene Frist.

18 e) Eine bestimmte **Form** ist für die Abmahnung **nicht** vorgeschrieben. Jedoch ist schon aus Beweisgründen vorzugsweise schriftlich, fernschriftlich oder per Telefax abzumahnen. Nach Auffassung mancher Oberlandesgerichte kann auch eine telefonische Abmahnung gelten (z. B. *OLG München* WRP 1988, 62). Dann trägt allerdings der Abmahnende das volle Beweisrisiko. Wenn die Abmahnung von einem Vertreter ausgesprochen wird, braucht eine Vollmacht nicht beigefügt zu werden (*OLG Köln* WRP 1985, 360).

f) Der Abmahnende braucht lediglich die ordnungsgemäße Absendung der Abmahnung nachzuweisen. Der Abgemahnte trägt das **Zugangsrisiko**. Dennoch ist es zweckmäßig, die Abmahnung als Einschreiben mit Rückschein zu versenden, wenn nicht ohnehin per Telex oder Telefax abgemahnt wird. (Vgl. zur Abmahnung: *Baumbach/Hefermehl,* Einleitung UWG, Rdnrn. 529 ff.; *Teplitzky,* Kapitel 41; *Gloy,* Handbuch § 63; *Traub,* Wettbewerbsrechtliche Verfahrenspraxis, unter 1 „Abmahnung"; Muster: *Mes,* in: Beck'sches Prozeßformularbuch, II L 1.). Eine nochmalige Abmahnung kann erforderlich sein, wenn die Abmahnung zurückkommt, weil sie vom Empfänger bei der Post nicht abgeholt wurde (*OLG Köln* WRP 1989, 47). 19

3. Pflichten des Abgemahnten

a) Durch die Abmahnung wird zwischen den Beteiligten eine durch die wettbewerbsrechtliche Verletzungshandlung begründete **Rechtsbeziehung** konkretisiert, deren Inhalt vom Zweck der Abmahnung, überflüssige Prozesse zu vermeiden, und von den Grundsätzen von Treu und Glauben bestimmt wird (*BGH* GRUR 1987, 54 „Aufklärungspflicht des Abgemahnten"). 20

b) Aus diesem Grunde hat der Abgemahnte die Abmahnung klar und umfassend zu beantworten. Er hat sämtliche erforderlichen Informationen zu erteilen (*Baumbach/Hefermehl,* Einleitung UWG, Rdnr. 548). 21

Insbesondere muß der auf Unterlassung Abgemahnte binnen der gesetzten Frist oder jedenfalls binnen einer angemessenen Frist (vgl. Rdnr. 17 a. E.) ablehnend reagieren oder eine ausreichend vertragsstrafenbewehrte **Unterlassungserklärung** abgeben (*BGH* WRP 1990, 276 „Antwortungspflicht des Abgemahnten), wenn die Abmahnung ganz oder teilweise begründet ist und der Abgemahnte nicht mit einem Verfahren überzogen werden will. Nur eine solche Verpflichtungserklärung vermag nämlich die Wiederholungsgefahr auszuschließen mit der Folge, daß der Unterlassungsanspruch erloschen ist. Im Fall einer Erstbegehungsgefahr kann schon die Aufgabe der Berühmung ausreichen (*BGH,* GRUR 92, 116 „Topfgucker-Scheck").

c) Wenn eine Abmahnung nur teilweise begründet ist, weil sie z. B. zu weit geht, ist es Sache des Abgemahnten, von sich aus eine vertragsstrafenbewehrte Unterlassungserklärung in dem Umfang abzugeben, in dem die Abmahnung berechtigt ist (vgl. *OLG Köln* WRP 1988, 56). 22

d) Angesichts der weitgezogenen Klagebefugnis kann durchaus mit **mehreren Abmahnungen** gerechnet werden. In einem solchen Fall kann die Abgabe einer einwandfreien vertragsstrafenbewehrten Unterlassungserklärung gegenüber dem ersten Abmahner die Erstbegehungs- bzw. die Wiederholungsgefahr auch gegenüber anderen beseitigen. Da aber jede Abmahnung, auch die zweite und spätere, zum Abgemahnten erneut eine vorprozessuale Rechtsbeziehung begründet, ist dieser verpflichtet, die später Abmahnenden über die Abgabe der Erklärung an den Erstabmahnenden vollständig und rückhaltlos zu informieren. Wenn er dieser Verpflichtung nicht nachkommt, kann er sich dem später Ab- 23 mahnenden nach den Grundsätzen der positiven Forderungsverletzung schadensersatzpflichtig machen (*BGH* GRUR 1988, 54 „Aufklärungspflicht des Abgemahnten"; WRP 1989, 90 „Aufklärungspflicht gegenüber Verbänden").

4. Unterlassungserklärung

24   a) Die **Unterlassungserklärung** hat den Zweck, die **Wiederholungsgefahr** als materiell-rechtliche Voraussetzung des Unterlassungsanspruchs zu beseitigen und diesen durch Abgabe der Erklärung zum Erlöschen zu bringen (*BGH* GRUR 1983, 127 f. „Vertragsstrafeversprechen" = NJW 1983, 941).

25   b) Da die Rechtsprechung an die Beseitigung der Wiederholungsgefahr **strenge Anforderungen** stellt, muß die Unterlassungserklärung grundsätzlich bedingungs- und einschränkungslos abgegeben werden sowie mit einem angemessenen Vertragsstrafeversprechen versehen sein (*BGH* GRUR 1987, 748 f. „Getarnte Werbung II"). Die Unterlassungsverpflichtungserklärung muß grundsätzlich dem **konkreten Verletzungsfall** entsprechen (*OLG Frankfurt* WRP 1988, 460). Sie muß – mit Ausnahme der Strafandrohung gemäß den §§ 890, 891 ZPO – denselben Inhalt haben wie ein gerichtlicher Unterlassungstenor (*Teplitzky*, Kapitel 8, Rdnr. 10).

26   c) Der Verletzte muß ein angemessenes **Vertragsstrafeversprechen** abgeben, wobei die Vertragsstrafe (nicht zu verwechseln mit den Ordnungsmitteln des § 890 ZPO) geeignet sein muß, den Verletzer ernsthaft von Wiederholungen der Verletzungshandlungen abzuhalten (*BGH* GRUR 1985, 155 f. „Vertragsstrafe bis zu..." = NJW 1985, 191).

aa) Es gibt zwei Arten des **Vertragsstrafeversprechens,** und zwar zum einen **mit einem festen Betrag,** wobei dessen Höhe von den Umständen des Einzelfalles abhängig ist. Zum anderen kann die Bestimmung gemäß Vereinbarung dem Abmahnenden **nach billigem Ermessen** (§§ 315, 317 BGB) überlassen werden (zu den Vor- und Nachteilen beider Varianten: vgl. *BGH* aaO). Im letzteren Fall obliegt die Festsetzung der Vertragsstrafe dem Gläubiger der Unterlassungsverpflichtung nach einem Verstoß gegen diese.

bb) Der Verletzer haftet nur für **schuldhafte** Verstöße. Ein entsprechender Hinweis im Vertragsstrafeversprechen hat nur deklaratorische Bedeutung (vgl. *BGH* aaO). Der Erklärende braucht nicht auf die Einrede des **Fortsetzungszusammenhanges** zu verzichten.

27   d) Die Vertragsstrafe ist grundsätzlich dem Abmahnenden zu versprechen. Ob ein **Vertragsstrafeversprechen zugunsten Dritter ausreicht,** hängt von den Umständen des Einzelfalles ab (*BGH* GRUR 1987, 748 „Getarnte Werbung II").

28   e) Eine bestimmte **Form** ist für die vertragsstrafenbewehrte Unterlassungserklärung **nicht vorgeschrieben.** Schon aus Beweisgründen ist es jedoch zweckmäßig, die Erklärung in Schriftform abzugeben. Ob die Telex- bzw. Telefax-Form ausreicht, ist offen. Das Kammergericht verlangt eine schriftliche Bestätigung der fernschriftlichen Verpflichtungserklärung (*KG* GRUR 1988, 568).

29   f) Der Abgemahnte trägt die Verantwortung für den **Zugang** seiner Erkärung beim Abmahnenden binnen angemessener Frist. (*KG* WRP 1990, 415; vgl. allgemein zur Unterlassungserklärung *Teplitzky*, Kap. 8; *Baumbach/Hefermehl*, Einleitung UWG, Rdnrn. 269 ff.)

5. Kosten der Abmahnung

a) Der Abmahnende kann die **Abmahnkosten als Schadensersatz** im Rahmen der materiellrechtlichen Schadensersatzansprüche (§§ 1, 13 VI, 14, 16 II, 19 UWG, 823 II, 826 BGB) erstattet verlangen. Er muß dann allerdings dem Abgemahnten ein Verschulden nachweisen. Für Verbände kommt diese Anspruchsgrundlage nicht in Betracht, da sie auf die Verfolgung von Unterlassungsansprüchen beschränkt sind (§ 13 II Nr. 2, 3 UWG).

b) Die Abmahnkosten können ferner aus dem Gesichtspunkt der **Geschäftsführung ohne Auftrag** gemäß den §§ 683, 670 BGB erstattet verlangt werden. Die Rechtsprechung geht davon aus, daß die Abmahntätigkeit auch dem Interesse und dem mutmaßlichen Willen des Abgemahnten entspricht (*BGH* GRUR 1970, 189 „Fotowettbewerb" = NJW 1970, 243). Hier gilt die sechsmonatige Verjährungsfrist des § 21 UWG (*BGH,* GRUR 92, 176 „Abmahnkostenverjährung").

aa) Abmahnkosten sind möglichst niedrig zu halten. Die Kosten für die Einschaltung eines Rechtsanwalts sind nur erstattungsfähig, wenn sie zur zweckentsprechenden Rechtsverfolgung notwendig sind (vgl. *BGH* GRUR 1984, 691 f. „Anwaltsabmahnung" = NJW 1984, 2525).

bb) Bislang hat die Rechtsprechung im wesentlichen den **Verbänden,** auch den Fachverbänden, die Erstattung von Anwaltskosten versagt, wenn es zu den Aufgaben des Verbandes gehört, Wettbewerbsverstöße zu verfolgen (vgl. *BGH* aaO). Reagiert der Abgemahnte in diesen Fällen auf die erste Abmahnung jedoch nicht, so darf dann ein Anwalt in Anspruch genommen werden mit der Folge, daß dessen Kosten dem Verband zu erstatten sind (*BGH* GRUR 1970, 189 „Fotowettbewerb").

c) Die **Höhe** der erstattungsfähigen Abmahnkosten hängt davon ab, ob ein Rechtsanwalt eingeschaltet werden durfte. Dann darf in aller Regel eine 7,5/10 Mittelgebühr nach § 118 I 1 BRAGO berechnet werden. Besaß der Anwalt dagegen schon einen Auftrag, gerichtlich vorzugehen, so reduziert sich die Gebühr auf 5/10 nach § 32 BRAGO, wenn die Abmahnung zum Erfolg führt (vgl. *Baumbach/Hefermehl,* Einleitung UWG, Rdnr. 557; *Gloy,* Handbuch, § 63, Rdnr. 37 f.). Verbänden wird eine **Abmahnkostenpauschale** in der Größenordnung von derzeit etwa 150 DM bis 300 DM zugesprochen (*BGH* GRUR 1984, 129 „shop-in-the-shop" = MDR 1984, 376; *OLG Hamburg* vom 5. 4. 1990 – 3 U 72/89).

d) Auch im Fall einer Mehrfachabmahnung können die **Abmahnkosten des Zweitabmahnenden** erstattungsfähig sein (*LG Köln* GRUR 1987, 741).

e) Im Fall einer **unberechtigten** wettbewerbsrechtlichen Abmahnung hat der Abgemahnte grundsätzlich **keinen Kostenerstattungsanspruch,** es sei denn, die Abmahnung war ihrerseits wettbewerbswidrig oder der Abmahnende ist zu Unrecht aus einem Schutzrecht vorgegangen, zum Beispiel aus § 16 UWG (*BGH* GRUR 1984, 571, 573 „Feststellungsinteresse" = NJW 1986, 1815).

6. Schutzschrift

a) Die **Schutzschrift** ist ein in der Zivilprozeßordnung nicht vorgesehener Schriftsatz. Sie hat den Zweck, das Gericht davon zu überzeugen, den Antrag auf Erlaß einer einstweiligen Verfügung von vornherein, also ohne mündliche Verhandlung, zurückzuweisen, zumindest jedoch nicht ohne mündliche Verhandlung über den Antrag zu entscheiden.

36   b) Eine Schutzschrift ist zweckmäßigerweise einzureichen, wenn man befürchtet, mit einem einstweiligen Verfügungsverfahren überzogen zu werden, oder, nachdem man abgemahnt worden ist und keine Unterwerfungserklärung abgeben will.

37   c) Die Schutzschrift ist gegebenenfalls bei mehreren Gerichten und dort auch jeweils bei den für Wettbewerbssachen zuständigen Zivilkammern und Kammern für Handelssachen zu hinterlegen. Es ist nämlich zu berücksichtigen, daß dem Antragsteller angesichts der Zuständigkeitsbesonderheiten des Wettbewerbsprozesses zahlreiche Wahlmöglichkeiten offenstehen (vgl. Rdnrn. 43 ff.).

38   d) Die Schutzschrift ist wie ein **vorbereitender Schriftsatz** zu gestalten (§ 130 ZPO). Sie enthält also insbesondere den Antrag, den Antrag auf Erlaß einer einstweiligen Verfügung zurückzuweisen, hilfsweise nicht ohne mündliche Verhandlung darüber zu entscheiden. Zweckmäßig ist es, diesen Antrag unter Vortrag des Sachverhalts und der rechtlichen Überlegungen zu begründen; gegebenenfalls sind Beweis- und Glaubhaftmachungsmittel beizufügen.

39   e) Das Gericht hat die Schutzschrift nach den Grundsätzen des **rechtlichen Gehörs** zu beachten (Art. 103 I GG; *Teplitzky* GRUR 1988, 405 ff.). Dies kann für den Abgemahnten von Nachteil sein, wenn sich der Schutzschrift entnehmen läßt, daß der Antrag auf Erlaß einer einstweiligen Verfügung berechtigt ist. Diese kann dann vom Gericht trotz der Schutzschrift erlassen werden.

40   f) Nach Auffassung fast aller Oberlandesgerichte sind die **Kosten der Schutzschrift** im einstweiligen Verfügungsverfahren mit einer $^{5}/_{10}$ Gebühr nach den §§ 32, 31 I 1 BRAGO erstattungsfähig, wenn die Schutzschrift vor der Rücknahme oder der Zurückweisung des Antrages auf Erlaß einer einstweiligen Verfügung dem Gericht vorlag. Dem Kostenerstattungsanspruch können jedoch praktische Gründe entgegenstehen, da das Gericht den Zurückweisungsbeschluß dem Einreicher der Schutzschrift grundsätzlich nicht von sich aus mitteilen darf (§§ 936, 922 III ZPO). Allerdings hat der Antragsgegner ein Recht auf Akteneinsicht nach § 299 ZPO. (Vgl. zur Schutzschrift: *Teplitzky*, Kap. 55, Rdnr. 52; *Spätgens*, in: Handbuch des Wettbewerbsrechts, § 80 Rdnr. 90 ff.; Muster einer Schutzschrift: *Mes*, in: Beck'sches Prozeßformularbuch, 4. Aufl. II L 2.)

IV. Einstweiliges Verfügungsverfahren

41   Im Vordergrund des Wettbewerbsprozesses steht das einstweilige Verfügungsverfahren, das im Verhältnis zum Hauptklageverfahren mit zahlreichen Besonderheiten behaftet ist, die unbedingt beachtet werden müssen.

1. Zuständigkeit des Gerichts der Hauptsache

42   Für den Erlaß einstweiliger Verfügungen ist das **Gericht der Hauptsache** örtlich, sachlich und funktionell zuständig, unabhängig davon, ob die Hauptsache schon anhängig ist oder nicht (§ 937 I ZPO).

2. Örtliche Zuständigkeit

a) Für Prozesse aufgrund des UWG ist das Gericht örtlich zuständig, in dessen 43
Bezirk der Antragsgegner seine gewerbliche Niederlassung oder – in Ermangelung einer solchen – seinen Wohnsitz hat. Für Personen, die im Inland weder eine gewerbliche Niederlassung noch einen Wohnsitz haben, ist das Gericht des inländischen Aufenthaltsortes zuständig (§ 24 I UWG).

b) Darüber hinaus ist nach § 24 II UWG das Gericht ausschließlich örtlich 44
zuständig, in dessen Bezirk die Handlung begangen ist oder ernsthaft droht (hM, z. B. *OLG Stuttgart* WRP 1988, 331 f.). Die Handlung ist dort begangen, wo irgendein Tatbestandsmerkmal verwirklicht wird. In Betracht kommt also auch der **Ort des Verletzungserfolges** (*Baumbach/Hefermehl*, § 24 UWG Rdnr. 6). Die besondere Bedeutung dieser Zuständigkeitsvorschrift liegt darin, daß sie dem Antragsteller häufig die Wahl zwischen mehreren Gerichten ermöglicht, wenn die unlautere Werbemaßnahme durch überregionale Werbemedien verbreitet wird. Die Zuständigkeit ist dann überall dort gegeben, wo das Werbemedium, zum Beispiel die Zeitung, verbreitet, d. h. dritten Personen bestimmungsgemäß und nicht nur zufällig zur Kenntnis gebracht wird, sofern die Werbung geeignet ist, den Wettbewerb im Bereich des angerufenen Gerichts zu beeinflussen (so zuletzt *OLG Köln* GRUR 1988, 148 f.). Die Einzelheiten sind jedoch umstritten (vgl. *Baumbach/Hefermehl*, § 24 UWG Rdnr. 6, sowie *Seibt*, in: Handbuch des Wettbewerbsrechts, § 65 Rdnrn. 10 ff.).

c) Schließlich kann das **Amtsgericht**, in dessen Bezirk sich der Streitgegen- 45
stand befindet, zuständig sein (§ 942 I ZPO). Diese Zuständigkeit spielt jedoch im wettbewerbsrechtlichen einstweiligen Verfügungsverfahren keine Rolle.

d) Ein beim **örtlich unzuständigen** Gericht eingereichter Antrag auf Erlaß 46
einer einstweiligen Verfügung ist unzulässig. Das Gericht muß auf eventuelle Bedenken gegen die örtliche Zuständigkeit – gegebenenfalls telefonisch – hinweisen. Der Antragsteller kann dann einen **Verweisungsantrag** einreichen, so daß das Verfahren ohne mündliche Verhandlung durch Beschluß an das zuständige Gericht verwiesen werden kann (§ 281 ZPO; vgl. *Teplitzky*, Kap. 55, Rdnr. 20).

3. Sachliche Zuständigkeit

Im Rahmen der sachlichen Zuständigkeit sind meistens die Landgerichte in 47
erster Instanz zuständig, da der Wert der geltend gemachten Ansprüche den Betrag von 10000 DM in aller Regel übersteigt (§ 23 Nr. 1 GVG).

4. Funktionelle Zuständigkeit

Die funktionelle Zuständigkeit liegt grundsätzlich bei den Kammern für Han- 48
delssachen (§ 95 I Nr. 5 GVG, § 27 I UWG). Dennoch ist es bei einigen Landgerichten üblich, sich an die nach der Geschäftsverteilung für Wettbewerbsprozesse zuständigen Zivilkammern zu wenden. Vielfach machen die Gegner von ihrem Recht, die Verweisung an die Kammern für Handelssachen zu erzwingen (§ 98 I 1 GVG), keinen Gebrauch. Insoweit kommt es sehr auf die örtlichen Verhältnisse an.

5. Inhalt und Form

49 **a)** Der Antrag auf Erlaß einer einstweiligen Verfügung muß sich nach den allgemeinen Regeln richten und dementsprechend das Gericht und die Parteien bezeichnen (§§ 253 II 1, 130 S. 1 ZPO). Für die Partei- und Prozeßfähigkeit gelten die allgemeinen Vorschriften der §§ 50 ff. ZPO.

50 **b)** Zweckmäßigerweise wird schon auf der ersten Seite des Antrags angegeben, daß es sich um einen Wettbewerbsprozeß handelt, damit der Schriftsatz von der Gerichtseingangsstelle unmittelbar den dafür zuständigen Kammern zugeleitet werden kann. Im einstweiligen Verfügungsverfahren ist es um der schnellen Bearbeitung willen ohnehin besser, den Antrag direkt auf der Geschäftsstelle der zuständigen Kammer abzugeben.

51 **c)** Des weiteren soll der Antrag den Verfügungsgrund und den Verfügungsanspruch unter Angabe des Geldwertes bezeichnen (§ 936 in Verb. mit § 910 S. 1 ZPO). (In § 936 ZPO befindet sich die Generalverweisung, nach der für das einstweilige Verfügungsverfahren die Vorschriften über das Arrestverfahren grundsätzlich anwendbar sind. Im Folgenden wird daher § 936 ZPO nicht mehr gesondert erwähnt).

52 **d)** Für den an das Landgericht gerichteten Antrag auf Erlaß einer einstweiligen Verfügung besteht **kein Anwaltszwang**. Der Antrag ist nämlich eine Prozeßhandlung, die vor dem Urkundsbeamten der Geschäftsstelle zu Protokoll erklärt werden kann (§ 920 III ZPO). Für derartige Prozeßhandlungen gilt der in § 78 III ZPO verordnete Anwaltszwang nicht. Daraus folgt, daß jedermann eine einstweilige Verfügung beantragen kann; der Rechtsanwalt also auch dort, wo er nicht zugelassen ist.

53 **e)** Im Anwaltsprozeß braucht wegen § 88 II ZPO an und für sich eine **Vollmacht** nicht vorgelegt zu werden. Dennoch ist es besser, eine solche vorzubereiten, weil der Mangel der Vollmacht vom Gegner in jeder Lage des Verfahrens gerügt werden kann (§ 88 I ZPO).

54 **f)** Der Antrag kann auch nach Erlaß der einstweiligen Verfügung entsprechend § 269 ZPO bis zur formellen Rechtskraft **zurückgenommen** werden, ohne daß es einer Einwilligung des Antragsgegners bedarf (*OLG Düsseldorf* WRP 1982, 654). (Muster eines Antrages auf Erlaß einer einstweiligen Verfügung: *Mes,* in: Beck'sches Prozeßformularbuch, II L 3.)

6. Antrag

55 **a)** Im Wettbewerbsprozeß steht die **Durchsetzung von Unterlassungsansprüchen** im Vordergrund. Insoweit muß ein **genau bestimmter Antrag** formuliert werden, der sich an der konkreten Verletzungshandlung orientiert, so daß der Antragsgegner ohne weiteres erkennen kann, was ihm verboten wird. Dem Antrag ist besondere Sorgfalt zu widmen. Das Gericht ist an die Formulierung des Antrages nicht gebunden. Es darf gewisse Änderungen vornehmen, aber nur im Rahmen des Antrages (*Baumbach/Hefermehl,* § 25 UWG Rdnr. 30).

56 **b) Ordnungsmittelandrohung. aa)** Es ist zweckmäßig, mit dem Verbotsantrag die **Ordnungsmittelandrohung** gemäß den §§ 928, 890 I ZPO zu verbinden. Danach wird dem Antragsgegner die vom Gericht vorzunehmende Festsetzung eines Ordnungsgeldes für jeden Fall der Zuwiderhandlung und für den Fall, daß dieses nicht beigetrieben werden kann, einer Ordnungshaft oder einer Ordnungshaft bis zu 6 Monaten (Ordnungsgeld im Einzelfall höchstens 500 000 DM, Ordnungshaft insgesamt höchstens 2 Jahre) angedroht.

bb) Die Erzwingung von Unterlassungsgeboten wird nämlich durch die Verhängung von Ordnungsmitteln nach § 890 I ZPO durchgesetzt. Sie ist nur zulässig, wenn eine entsprechende Androhung vorausgegangen ist. Die Androhung kann auch aufgrund eines späteren Antrages durch Beschluß vom Prozeßgericht des ersten Rechtszuges, getrennt von der einstweiligen Verfügung, erlassen werden (§ 890 II ZPO).

cc) Richtet sich das Unterlassungsgebot jedoch gegen einen im **Ausland** ansässigen Gegner, darf die einstweilige Verfügung keine Ordnungsmittelandrohung enthalten, denn die ausländischen Stellen weigern sich wegen Verletzung ihrer Hoheitsrechte einen Titel mit Ordnungsmittelandrohung dem Gegner zuzustellen (Art. 13 I Haager Zustellungsübereinkommen vom 15. 11. 1965, BGBl. 1977 II 1453; *Schütze* WM 1980, 1438).

c) Wenn die einstweilige Verfügung im Beschlußwege erlassen werden soll, 57 ist es ferner zweckmäßig, einen Antrag „der Dringlichkeit wegen ohne mündliche Verhandlung" zu stellen (§ 937 II ZPO).

d) Neben dem Unterlassungsantrag sind im einstweiligen Verfügungsverfah- 58 rens **Herausgabeanträge** denkbar, wenn es darum geht, Gegenstände sicherzustellen (§ 938 II ZPO).

e) Sonstige Anträge, wie der Antrag auf Urteilsveröffentlichung gemäß 59 § 23 II UWG, auf Löschung eines Rechts, auf Vernichtung von Gegenständen, auf Widerruf, auf Richtigstellung, auf Auskunft oder Rechnungslegung, sind grundsätzlich unzulässig, es sei denn, daß der Antragsteller auf derartige Verfügungen wegen ihrer für ihn existentiellen Bedeutung angewiesen ist (vgl. zum Beispiel *KG GRUR* 1988, 403f.; *Spätgens,* in: Handbuch des Wettbewerbsrechts, § 81).

7. Verfügungsgrund

a) Die Darstellung des Verfügungsgrundes – genannt die **Dringlichkeit** oder 60 **Eilbedürftigkeit** – ist in einem auf eine Unterlassungsverfügung gerichteten Antrag grundsätzlich entbehrlich, da gemäß § 25 UWG Unterlassungsverfügungen erlassen werden können, auch wenn die in den §§ 935, 940 ZPO bezeichneten Voraussetzungen nicht vorliegen. Der Antragsteller braucht also nicht darzulegen, daß seine Rechte durch eine Veränderung des bestehenden Zustandes vereitelt oder wesentlich erschwert werden oder daß das Unterlassungsgebot zur Abwendung wesentlicher Nachteile oder aus anderen Gründen nötig erscheint. Kurzum: **Die Dringlichkeit wird vermutet.**

b) Aber die Dringlichkeitsvermutung ist **widerlegbar.** Wann dies der Fall ist, 61 ist in der Rechtsprechung der Oberlandesgerichte höchst umstritten. Deswegen ist es zwingend erforderlich, die örtlichen Gepflogenheiten zu ermitteln und zu berücksichtigen (vgl. *Traub,* Wettbewerbsrechtliche Verfahrenspraxis unter 3.7.).

62 Die Dringlichkeit kann entfallen:
- durch **bloßes Zuwarten** nach Kenntniserlangung des Verletzungstatbestandes, zum Beispiel nach 1 Monat (*OLG München* GRUR 92, 328), nach 6 Wochen (*OLG Köln* WRP 1978, 557), nach 3 Monaten (*Baumbach/Hefermehl*, § 25 UWG Rdnr. 15).
- im Fall der **Unkenntnis** eines schon länger andauernden Verletzungstatbestandes, wenn man ihn bei pflichtgemäßer Marktbeobachtung hätte wahrnehmen können (*OLG Köln* WRP 1983, 355; ablehnend *OLG Frankfurt* WRP 1978, 467),
- wenn eine Verlängerung einer einmonatigen Berufungsbegründungsfrist um einen Monat beantragt wird (*OLG München* GRUR 92, 328), oder wenn die verlängerte Berufungsbegründungsfrist voll ausgeschöpft wird (*OLG Köln* GRUR 1979, 172; *KG* WRP 1978, 49).

8. Besondere Dringlichkeit gemäß § 937 II ZPO

63 Von dieser im Unterlassungsverfügungsverfahren vermuteten Dringlichkeit ist die **besondere Dringlichkeit des § 937 II ZPO** zu unterscheiden, die es dem Gericht erlaubt, in dringenden Fällen ohne mündliche Verhandlung, also durch Beschluß, zu entscheiden. Insoweit gewährt § 25 UWG keine Erleichterung. Der Antragsteller muß also vortragen und glaubhaft machen, warum die Angelegenheit so dringlich ist, daß ohne mündliche Verhandlung entschieden werden soll (*OLG Karlsruhe* WRP 1989, 265). Teilweise wird auch angenommen, daß die besondere Dringlichkeit nur nach vorheriger Abmahnung vorliegen kann, so daß ohne eine solche die mündliche Verhandlung anzuberaumen ist (*Baumbach/Hefermehl*, § 25 UWG Rdnr. 27). Trotzdem ist das Beschlußverfahren ohne mündliche Verhandlung die Regel (*Spätgens*, in: Handbuch des Wettbewerbsrechts, § 84, Rdnr. 83).

9. Darstellung des Verfügungsanspruchs

64 Der Verfügungsanspruch ist entsprechend den allgemeinen Vorschriften vollständig und der Wahrheit gemäß darzustellen (§§ 920 II, 138 I ZPO) und glaubhaft zu machen (§ 294 I ZPO). Nach einem Teil der Rechtsprechung hat sich die Glaubhaftmachung im Beschlußverfahren auch auf mögliche Einwendungen oder Einreden zu erstrecken, wenn diese sich aus dem Vortrag des Antragstellers ergeben (*Baumbach/Hefermehl*, § 25 UWG Rdnr. 8). Im Urteilsverfahren gelten dagegen die allgemeinen Lastverteilungsregeln.

10. Glaubhaftmachung

65 a) Im Rahmen der **Glaubhaftmachung** reicht zur Feststellung der Tatsachen ein geringerer Grad der Wahrscheinlichkeit im Verhältnis zur Beweisführung im Hauptprozeß aus. Die Glaubhaftmachung kann mit den Beweismitteln der ZPO und darüber hinaus zusätzlich mit der eidesstattlichen Erklärung erfolgen (§ 294 I ZPO). Die eidesstattliche Erklärung kann von jedermann, auch von der Partei selbst stammen. Sie darf vom Rechtsanwalt aufgenommen werden. Dieser hat den Erklärer auf die Wahrheitspflicht und die Folgen der Abgabe einer falschen eidesstattlichen Erklärung hinzuweisen (§ 6 IV der Grundsätze des anwaltlichen Standesrechts in der Fassung vom 1. 2. 1987). Die Abgabe einer eidesstattlichen Erklärung ist freiwillig; sie darf nicht erzwungen werden.

b) Im einstweiligen Verfügungsverfahren gilt nur eine **präsente** Glaubhaft- 66
machung (§§ 920 II, 294 II ZPO). Beweisanträge oder das Anerbieten einer
Glaubhaftmachung reichen nicht aus.

aa) Im **einseitigen Antragsverfahren** kommen aus praktischen Gründen natürlich nur Urkunden, Sachverständigengutachten und eidesstattliche Erklärungen in Betracht. Sollte das Gericht der Auffassung sein, daß eine bestimmte Tatsache nicht ausreichend glaubhaft gemacht ist, kann es dem Antragsteller Gelegenheit zur Nachbesserung geben.

bb) Wenn dagegen im Urteilsverfahren während der **mündlichen** Verhandlung Beweis- und Glaubhaftmachungsmittel fehlen, ist eine **Nachbesserung nicht möglich**. Eine Beweisaufnahme, die nicht sofort erfolgen kann, ist unstatthaft (§ 294 II ZPO). In keinem Fall, jedenfalls nicht ohne Zustimmung der anderen Partei, darf das Gericht die mündliche Verhandlung vertagen, um einer Partei Gelegenheit zur Herbeischaffung von Beweis- bzw. Glaubhaftmachungsmitteln zu geben (*Spätgens*, in: Handbuch des Wettbewerbsrechts, § 84, 109 f.).

11. Beschluß- oder Urteilsverfahren

Nach Eingang des Antrages auf Erlaß einer einstweiligen Verfügung hat das 67
Gericht, nachdem es dem Antragsgegner eventuell Gelegenheit zur Stellungnahme gegeben hat, die Weiche zwischen dem Beschlußverfahren (vgl. Rdnr. 68 ff.), wenn es sich um einen besonders dringlichen Fall handelt (§ 937 II ZPO), und dem Verfahren mit mündlicher Verhandlung (vgl. Rdnr. 86 ff.) zu stellen.

12. Abweisender Beschluß

a) Das Gericht kann einen unzulässigen oder unbegründeten Antrag ohne 68
mündliche Verhandlung zurückweisen (§ 937 Abs. 2 ZPO). Der **zurückweisende Beschluß** ist zu begründen. Er darf dem Antragsgegner nicht mitgeteilt werden (§ 922 III ZPO), es sei denn, daß dieser vorher gehört worden war. Dem Antragsteller sind die Kosten des Verfahrens aufzuerlegen, so daß der Antragsgegner gegebenenfalls einen Kostenerstattungsanspruch, insbesondere hinsichtlich einer etwa hinterlegten Schutzschrift, hat (vgl. Rdnrn. 35 ff.).

b) Gegen den zurückweisenden Beschluß kann der Antragsteller **Beschwerde** 69
einlegen.

aa) Die Beschwerde wird grundsätzlich bei dem Gericht eingelegt, das den Zurückweisungsbeschluß erlassen hat (§ 569 I ZPO). Beim Landgericht gilt **Anwaltszwang** (§ 569 II ZPO). Erachtet das Gericht die Beschwerde für begründet, so hat es ihr abzuhelfen. Anderenfalls ist die Beschwerde vor Ablauf einer Woche dem Beschwerdegericht vorzulegen (§ 571 ZPO).

bb) In dringenden Fällen kann die Beschwerde unmittelbar beim **Beschwerdegericht** eingereicht werden (§ 569 II 1 ZPO), und zwar auch von dem beim Landgericht zugelassenen Rechtsanwalt (§ 569 II, *OLG Frankfurt* MDR 1983, 233).

cc) Wenn das Beschwerdegericht die Beschwerde als unbegründet ansieht, wird es sie durch Beschluß zurückweisen. Eine **weitere Beschwerde** dagegen ist **nicht zulässig** (§ 567 III 1 ZPO). Im übrigen hat das Beschwerdegericht dieselben Möglichkeiten wie das erstinstanzliche Gericht. Wenn es die Beschwerde als begründet und die Voraussetzungen des § 937 II ZPO als gegeben ansieht, wird es die einstweilige Verfügung durch Beschluß erlassen, allerdings nur, wenn der betreffende Anspruch in erster Instanz geltend gemacht war (*OLG Hamm* WRP 1990, 122). Beim Fehlen der Voraussetzungen des § 937 II ZPO muß es mündliche Verhandlung anberaumen oder unter Aufhebung des Zurückweisungsbeschlusses das Landgericht anweisen, über den Antrag nicht ohne mündliche Verhandlung zu entscheiden (*Pastor*, Der Wettbewerbsprozeß, 3. Aufl. S. 319).

dd) Die **Beschwerdeschrift** ist ein bestimmender Schriftsatz (§ 130 ZPO). Zweckmäßigerweise enthält sie einen bestimmten Antrag sowie eine Begründung. Die Beschwerde kann auf neue Tatsachen und Beweise, d. h. auch neue Glaubhaftmachungsmittel, gestützt werden (§ 570 ZPO).

ee) Für die Einlegung der Beschwerde besteht **keine Frist.** Wegen der Dringlichkeitsproblematik ist sie jedoch so schnell wie möglich einzureichen.

13. Beschlußverfügung

70   Wenn das Gericht den Antrag als begründet und als dringlich gemäß § 937 II ZPO ansieht, wird es die einstweilige Verfügung durch Beschluß erlassen (§ 922 I ZPO). Eine Begründung ist nicht erforderlich (*Teplitzky*, Kap. 55, Rdnr. 5).

71   **a)** Das Gericht hat nur dem Antragsteller eine vollständige **Ausfertigung der Beschlußverfügung** von Amts wegen zuzustellen (§§ 929 II, 329 II 2, 270 I, 170 I ZPO). Die Ausfertigung muß die formellen Voraussetzungen erfüllen, also vom Urkundsbeamten der Geschäftsstelle unterschrieben und mit dem Gerichtssiegel versehen sein (§§ 329 I, 317 III ZPO).

72   **b)** Dem Antragsgegner gegenüber wird die Beschlußverfügung nur dadurch **wirksam,** daß der Antragsteller ihm eine beglaubigte Abschrift der vollständigen Ausfertigung, also einschließlich der Unterschrift des Urkundsbeamten der Geschäftsstelle und des Gerichtssiegels, im Parteibetrieb vom Gerichtsvollzieher zustellen läßt (§§ 166 ff. ZPO; *OLG Düsseldorf* WRP 1990, 43). Manche Gerichte schreiben in der einstweiligen Verfügung vor, daß mit der Beschlußverfügung auch eine beglaubigte Abschrift der Antragsschrift zuzustellen ist.

War für den Antragsgegner schon ein Rechtsanwalt aufgetreten, so ist die Zustellung vorsorglich an diesen zu bewirken (§§ 176, 198 ZPO). In Zweifelsfällen ist sowohl dem Rechtsanwalt als auch dem Antragsgegner zuzustellen.

73   **c)** Die Zustellung der Beschlußverfügung im Parteibetrieb bewirkt auch deren **Vollziehung,** die binnen der **Frist eines Monats** zu erfolgen hat (§ 929 II ZPO). Da die Vollziehung nach Ablauf eines Monats unstatthaft ist, kann die einstweilige Verfügung infolge nicht rechtzeitiger oder fehlerhafter Zustellung wirkungslos werden. Dies ist in jedem Stadium des Verfahrens von Amts wegen zu beachten und kann vom Antragsgegner in jeder ihm zur Verfügung stehenden Verfahrensart, nämlich im Widerspruchsverfahren (§ 924 ZPO), in den Aufhebungsverfahren der §§ 926, 927 ZPO sowie in der Berufung geltend gemacht werden.

Bei einstweiligen Verfügungen, die auf ein aktives Tun, zum Beispiel eine Sequestration, hinauslaufen, hat diese Maßnahme vor Ablauf der Vollziehungsfrist zu beginnen (zur Vollziehung vgl. *Baumbach/Hefermehl*, § 25 Rdnrn. 55 ff.; *Spätgens*, in: Handbuch des Wettbewerbsrechts, § 86).

14. Widerspruch

a) Gegen die Beschlußverfügung findet der **Widerspruch** statt (§ 924 I ZPO), und zwar zum erstinstanzlichen Gericht, auch wenn die einstweilige Verfügung vom Beschwerdegericht durch Beschluß erlassen worden ist. 74

b) Für die Einlegung des Widerspruchs besteht **keine Frist**. Der Antragsgegner kann den Zeitpunkt des Widerspruchs grundsätzlich frei bestimmen. 75

c) Der Widerspruch kann nur schriftlich eingelegt werden, verbunden mit dem Antrag, die einstweilige Verfügung ganz oder teilweise oder beschränkt auf den Kostenausspruch (vgl. zum Kostenwiderspruch Rdnrn. 81 ff.), aufzuheben (§ 924 I, II ZPO). Beim Landgericht gilt **Anwaltszwang**. Im übrigen gelten dieselben Grundsätze wie für die Antragsschrift. Insbesondere kann sich auch die widersprechende Partei der Glaubhaftmachungsmittel bedienen (Muster eines Widerspruchs: *Mes*, in: Beck'sches Prozeßformularbuch, II L 5, L 6). 76

d) Der Widerspruch ist jederzeit **rücknehmbar** und schließt einen erneuten Widerspruch nicht aus (*Baumbach/Hefermehl*, § 25 Rdnr. 67). 77

e) Der Widerspruch hat **keine aufschiebende Wirkung** (§ 924 I, III ZPO). Grundsätzlich kommt auch **keine Einstellung der Zwangsvollstreckung** in Betracht (*Klette* GRUR 1982, 471 ff.; vgl. auch *OLG Koblenz* WRP 1990, 366). 78

f) Das Gericht hat aufgrund des Widerspruchs **Termin zur mündlichen Verhandlung** von Amts wegen zu bestimmen (§ 924 II 2 ZPO), und zwar unter Beachtung der gegebenenfalls abzukürzenden Ladungsfrist (§ 217 ZPO). Für die mündliche Verhandlung gilt dasselbe wie im Urteilsverfahren (vgl. Rdnr. 87). 79

g) Das Gericht kann je nach Sach- und Rechtslage die einstweilige Verfügung ganz oder teilweise bestätigen, abändern oder aufheben. Es entscheidet durch **Endurteil** (§ 925 ZPO). Die bestätigte einstweilige Verfügung braucht nicht noch einmal zugestellt zu werden. 80

Wird die einstweilige Verfügung aufgehoben, so wird die Aufhebung nach herrschender Meinung sofort mit der Verkündung des Urteils wirksam mit der Konsequenz, daß in der Berufungsinstanz gegebenenfalls eine neue einstweilige Verfügung zu erlassen ist (*Baumbach/Hefermehl*, § 25 UWG Rdnr. 69; *Teplitzky*, Kap. 55, Rdnr. 14).

15. Kostenwiderspruch

a) **Eine Besonderheit ist der Kostenwiderspruch**, mit dem der Widerspruch ausschließlich auf die Nachprüfung der Kostenentscheidung beschränkt und aufgrund dessen lediglich geprüft wird, ob der Antragsgegner Veranlassung zum Verfahren gegeben hat (§ 93 ZPO). Mit Einwendungen gegen die einstweilige Verfügung im übrigen ist der Antragsgegner ausgeschlossen. 81

b) Die Beschränkung des Widerspruchs auf die Kosten impliziert zugleich die Erklärung, daß im übrigen die einstweilige Verfügung anerkannt wird. Ob in einer solchen Erklärung auch der Verzicht, dem Antragsteller eine Frist zur Erhebung der Hauptklage nach § 926 ZPO setzen zu lassen, liegt, ist umstritten. Ein Teil der Oberlandesgerichte verneint dies. Dagegen sieht jedoch das *Kammergericht* (WRP 1982, 465) im Kostenwiderspruch einen solchen Verzicht mit der Folge, daß man sich gegebenenfalls das Recht zur Fristsetzung nach § 926 I ZPO im Kostenwiderspruch ausdrücklich vorbehalten muß. 82

B XII — Der Wettbewerbsprozeß

83　c) Das Gericht entscheidet über den Kostenwiderspruch durch **Urteil**, das nur mit **der sofortigen Beschwerde** bei Einhaltung der **zweiwöchigen Beschwerdefrist** (§ 577 II 1 ZPO) angefochten werden kann (analog § 99 II ZPO).

84　d) Da es nur um die Kosten geht, wird der Streitwert nach den bis zum Erlaß der einstweiligen Verfügung entstandenen Kosten bemessen. (Vgl. zum Kostenwiderspruch *Baumbach/Hefermehl,* § 25 UWG Rdnr. 73 ff.; *Spätgens,* in: Handbuch des Wettbewerbsrechts, § 88, Rdnrn. 8 ff.; Muster eines Kostenwiderspruchs bei *Mes,* in: Beck'sches Prozeßformularbuch, II L 7.)

85　e) Wer im Rahmen einer Kostenentscheidung auch den Verfügungsgrund und den Verfügungsanspruch überprüft haben möchte, muß gegen die einstweilige Verfügung **Widerspruch insgesamt** erheben und eine strafbewehrte Unterlassungserklärung abgeben, wobei nach überwiegender Meinung deren Abgabe im Termin vor Beginn der mündlichen Verhandlung ausreicht. Nachdem die Parteien dann die Hauptsache übereinstimmend für erledigt erklärt haben, muß das Gericht im Rahmen seiner Kostenentscheidung nach § 91a ZPO unter Berücksichtigung des gesamten bisherigen Sach- und Streitstandes einschließlich der Frage, ob der Antragsgegner zur Einleitung des Verfahrens Veranlassung gegeben hat (§ 93 ZPO), über die Kosten durch Beschluß entscheiden. Gegen diesen Beschluß ist das Rechtsmittel der sofortigen Beschwerde mit der Notfrist von 2 Wochen gegeben (§§ 91a II, 577 II 1 ZPO); *Spätgens,* in: Handbuch des Wettbewerbsrechts, § 88, Rdnr. 13).

16. Urteilsverfügung

86　a) Wenn das Gericht nach Eingang des Antrages auf Erlaß einer einstweiligen Verfügung von vornherein mündliche Verhandlung, und zwar unter Beachtung der gegebenenfalls abzukürzenden Ladungsfrist (§ 217 ZPO), angeordnet hat, wird damit das **Urteilsverfahren** eingeleitet (§ 922 I ZPO). Es besteht nunmehr **Anwaltszwang**.

87　b) Beide Parteien können bis zum Schluß der mündlichen Verhandlung neu vortragen. Beweis- und Glaubhaftmachungsmittel müssen von den Parteien gestellt werden. Das Gericht kann keine Zeugen oder Sachverständigen laden (§ 294 II ZPO). Die mündliche Verhandlung ist in einem Zuge durchzuführen. **Eine Vertagung oder Aussetzung ist nicht zulässig** (vgl. Rdnr. 66 a. E.).

88　c) Wenn das Gericht die einstweilige Verfügung durch Urteil ganz oder teilweise erläßt, spricht man insoweit im Gegensatz zur Beschlußverfügung von einer **Urteilsverfügung**.

aa) Die Urteilsverfügung wird mit der Verkündung **wirksam**. Insoweit bedarf es deren Zustellung nicht. Sie ist also vom Antragsgegner sofort nach deren Verkündung auch ohne Zustellung zu beachten.

bb) Es ist jedoch darauf zu achten, daß nach der weit überwiegenden Meinung der Oberlandesgerichte auch die Urteilsverfügung zur **Vollziehung** der Zustellung im Parteibetrieb binnen Monatsfrist bedarf (vgl. *Baumbach/Hefermehl,* § 25 UWG Rdnr. 56; *Spätgens,* in: Handbuch des Wettbewerbsrechts, § 82 Rdnr. 7; a. A. *BGH* WRP 1989, 514, 517). Es kann daher erforderlich sein, sich vom Gericht eine abgekürzte Ausfertigung geben zu lasen, um die Zustellung innerhalb der Monatsfrist des § 929 II ZPO bewirken zu können. Die nicht ordnungsgemäße oder nicht rechtzeitige Zustellung hat dann dieselben Folgen wie bei der nicht rechtzeitig zugestellten Beschlußverfügung (vgl. Rdnr. 73).

17. Berufung

Für die **Berufung** gegen erstinstanzliche Urteile im einstweiligen Verfügungsverfahren gelten die allgemeinen Grundsätze. Es ist jedoch auf folgende Besonderheiten zu verweisen: 89

a) Gegen ein Urteil über den **Kostenwiderspruch** gibt es keine Berufung, sondern nur die **sofortige Beschwerde**, für deren Einlegung die 2-Wochen-Frist gilt (§ 577 II 1 ZPO; vgl. Rdnr. 83). 90

b) Wenn es sich um eine Berufung des Antragstellers handelt, weil ihm eine einstweilige Verfügung nicht gegeben wurde, ist es bei manchen Oberlandesgerichten ratsam, die **Fristen**, insbesondere die Berufungsbegründungsfrist, **nicht verlängern zu lassen.** Anderenfalls besteht nämlich die Gefahr, daß aus dem Verhalten des Antragstellers auf eine eventuell fehlende Dringlichkeit geschlossen wird (vgl. Rdnr. 62). 91

c) Bis zum Schluß der mündlichen Verhandlung darf umfassend vorgetragen werden. Sämtliche Beweis- und Glaubhaftmachungsmittel dürfen vorgelegt werden. Die Anwendung der §§ 527, 529 ZPO ist im einstweiligen Verfügungsverfahren ausgeschlossen. **Eine Vertagung findet nicht statt** (*Spätgens*, in: Handbuch des Wettbewerbsrechts, § 88, Rdnr. 29 ff.). 92

d) Eine **Revision** gegen Berufungsurteile im einstweiligen Verfügungsverfahren ist **nicht zulässig** (§ 545 II 1 ZPO). 93

18. Geltungsdauer der einstweiligen Verfügung

Jede durch Beschluß oder Urteil erlassene Verfügung gilt **ohne zeitliche Beschränkung,** jedoch nur einstweilen. Die Beschlußverfügung ist im jederzeitigen Widerspruchsverfahren aufhebbar. Ferner sind die einstweiligen Verfügungen in den Verfahren der §§ 926, 927 ZPO aufhebbar, auch wenn sie schon formell rechtskräftig festgestellt oder bestätigt sind. 94

19. Fristsetzung nach § 926 I ZPO

a) Solange eine einstweilige Verfügung existiert und die Hauptklage vom Antragsteller nicht anhängig gemacht worden ist, kann der Antragsgegner durch Antrag an das erstinstanzliche Gericht (kein Anwaltszwang) dem Antragsteller durch Beschluß eine **Frist zur Erhebung der Hauptklage** setzen lassen (§ 926 I ZPO). Dieser Antrag ist jedoch unzulässig, wenn die einstweilige Verfügung vom Antragsgegner als endgültige Regelung anerkannt worden ist oder wenn der Antragsteller auf die Rechte aus der einstweiligen Verfügung verzichtet und die Ausfertigung dem Antragsgegner herausgegeben hat. 95

b) Die Einreichung der Klage zum Zeitpunkt des Fristablaufs reicht aus, wenn die Zustellung demnächst erfolgt (§ 270 III ZPO). Die Frist wird auch noch gewahrt, wenn die Klage bis zum Schluß der mündlichen Verhandlung im Aufhebungsverfahren der Antragsgegnerin zugestellt worden ist (§ 231 II ZPO). 96

97 c) Die Klage muß im Streitgegenstand mindestens dem im einstweiligen Verfügungsverfahren geltend gemachten Anspruch entsprechen und wird zweckmäßigerweise als Unterlassungsklage erhoben.

98 d) Wird der Fristanordnung keine Folge geleistet, so ist auf Antrag des Antragsgegners (nunmehr Anwaltszwang) die einstweilige Verfügung nach mündlicher Verhandlung durch Endurteil des erstinstanzlichen Gerichts aufzuheben mit der Folge, daß der Antragsteller die Kosten des gesamten Verfahrens einschließlich des Erlaßverfahrens zu tragen hat, auch wenn die Verfügung ursprünglich berechtigt war. (Vgl. zum Aufhebungsverfahren nach § 926 ZPO *Baumbach/Hefermehl*, § 25 UWG Rdnrn. 77 ff.; *Spätgens*, in: Handbuch des Wettbewerbsrechts, § 90.)

20. Aufhebungsverfahren nach § 927 ZPO

99 a) Jede einstweilige Verfügung kann aufgrund eines Antrages des Antragsgegners **wegen veränderter Umstände aufgehoben** werden. Zu diesen Umständen gehören das nachträgliche Erlöschen des Verfügungsanspruchs, zum Beispiel durch die Abgabe einer vertragsstrafebewehrten Unterlassungserklärung, die Nichteinhaltung der Vollziehungsfrist (§ 929 II ZPO), ein abweisendes oder bestätigendes, rechtskräftiges Urteil im Hauptsacheprozeß.

100 b) Für den Antrag ist das **Gericht der Hauptsache zuständig,** wenn die Hauptsache dort anhängig ist, gegebenenfalls also das Berufungsgericht, sonst das Gericht erster Instanz. Es wird nach mündlicher Verhandlung durch Endurteil entschieden. Für das Verfahren gilt Anwaltszwang. Der Aufhebungsantrag ist nicht zulässig, solange ein Widerspruchs- oder Berufungsverfahren anhängig ist (*OLG Koblenz* WRP 1988, 389).

101 c) Da das Aufhebungsverfahren grundsätzlich nicht den Zweck hat, die Rechtmäßigkeit des Erlaßverfahrens nachzuprüfen, wird neben der Aufhebung der einstweiligen Verfügung lediglich über **die Kosten des Aufhebungsverfahrens** entschieden. Wenn der Antragsgegner nicht das Risiko eingehen will, die Kosten im Fall eines sofortigen Verzichts des Antragstellers auf die Rechte aus der einstweiligen Verfügung gemäß § 93 ZPO auferlegt zu bekommen, muß er diesen vorher auffordern, auf die Rechte zu verzichten und den Titel herauszugeben. Wenn der Aufhebungsantrag allerdings auf die rechtskräftige Abweisung der Hauptsacheklage oder auf die Versäumung der Vollziehungsfrist (§ 929 II ZPO) gestützt wird, werden auch die Kosten des Erlaßverfahrens dem Antragsteller auferlegt. (Vgl. zum Aufhebungsverfahren nach § 927 ZPO *Baumbach/Hefermehl*, § 25 UWG Rdnrn. 89 ff.; *Spätgens*, in: Handbuch des Wettbewerbsrechts, § 91.)

21. Die Bedeutung der Verjährungsfrist des § 21 UWG

102 Der Bestand einer einstweiligen Verfügung ist insbesondere durch die sehr **kurze Verjährungsfrist** des § 21 UWG von nur **sechs Monaten** bedroht, weil der Antrag, der Erlaß, die Zustellung, die Androhung von Ordnungsmitteln, wenn sie in der Verfügung erfolgt, und die Vollstreckung der Kosten die Verjährung nicht unterbrechen.

103 a) Die Verjährung kann nur durch die rechtzeitige Erhebung der Hauptklage (§ 209 I BGB) oder die Vornahme einer Vollstreckungshandlung (§ 209 II Nr. 5 BGB) **unterbrochen** werden.

b) Der Antragsgegner kann die Einrede der Verjährung in jedem Verfahrens- 104
stadium erheben. Wenn die Verjährung schon vor Rechtshängigkeit des einstweiligen Verfügungsverfahrens eingetreten war, ist der Antrag von Anfang an unbegründet.

Höchst umstritten ist die Rechtslage, wenn die Verjährung nach der Einreichung des Antrages eingetreten ist. Nach einem Teil der Rechtsprechung erledigt sich das Verfügungsverfahren. Verzichtet der Antragsteller sofort auf die Rechte aus der einstweiligen Verfügung, so sind dem Antragsgegner die Kosten des Verfahrens analog § 93 ZPO aufzuerlegen.

Nach einem anderen Teil der Rechtsprechung wird der Verfügungsantrag zurückgewiesen oder die einstweilige Verfügung aufgehoben, weil der Antragsteller durch Erhebung der Hauptklage die Verjährung hätte unterbrechen können (vgl. *Baumbach/Hefermehl,* § 25 UWG Rdnr. 95; *Spätgens,* in: Handbuch des Wettbewerbsrechts § 90, Rdnr. 17).

c) Der Antragsgegner kann dem Antragsteller auch nach Eintritt der Verjäh- 105
rung die Frist zur Erhebung der Hauptklage nach § 926 ZPO setzen lassen (*BGH* GRUR 1981, 447 „Abschlußschreiben" = NJW 1981, 1955) bzw. das Aufhebungsverfahren nach § 927 ZPO einleiten.

V. Vorstadium zur Hauptklage und Hauptklage

1. Rechtzeitige Erhebung der Hauptklage

Da die einstweilige Verfügung nur eine vorläufige Regelung darstellt, deren 106
Bestand durch verschiedene Umstände, nicht zuletzt durch die kurze Verjährungsfrist im Wettbewerbsrecht (§ 21 UWG) gefährdet ist, muß der Antragsteller bestrebt sein, **rechtzeitig Hauptklage zu erheben.** Dies erübrigt sich nur, wenn die einstweilige Verfügung vom Antragsgegner als endgültige Regelung akzeptiert wird, d. h. wenn dieser darauf verzichtet, Widerspruch einzulegen (§ 924 ZPO), dem Antragsteller eine Frist zur Erhebung der Hauptklage setzen zu lassen (§ 926 ZPO) und die einstweilige Verfügung wegen veränderter Umstände gemäß § 927 ZPO aufheben zu lassen (*BGH* WRP 1989, 480), oder wenn der Antragsgegner eine vertragsstrafebewehrte Unterlassungserklärung abgibt (Muster einer Hauptklage: *Mes,* in: Beck'sches Prozeßformularbuch II L 9).

2. Abschlußschreiben

a) Vor der Erhebung der Hauptklage ist es grundsätzlich zweckmäßig, den 107
Antragsgegner entweder **abzumahnen,** wenn kein einstweiliges Verfügungsverfahren vorausgegangen ist, oder in einem sog. **Abschlußschreiben** aufzufordern, die einstweilige Verfügung anzuerkennen und auf die Rechte aus den §§ 924, 926, 927 ZPO zu verzichten. Das Abschlußschreiben hat dieselbe Funktion wie die Abmahnung. Sie ist keine Prozeßvoraussetzung. Jedoch vermeidet der Kläger das Kostenrisiko gemäß § 93 ZPO für den Fall des sofortigen Anerkenntnisses oder der unverzüglichen Abgabe einer vertragsstrafebewehrten Unterlassungserklärung durch den Antragsgegner.

b) Das Abschlußschreiben soll nicht sofort nach dem Erlaß der einstweiligen 108
Verfügung abgesandt werden, sondern erst nach einer gewissen Zeitspanne von etwa 14 Tagen (*Spätgens,* in: Handbuch des Wettbewerbsrechts, § 94, Rdnr. 4).

Die **Frist** im Abschlußschreiben soll so bemessen sein, daß der Antragsgegner nach Zustellung der einstweiligen Verfügung einen Monat Bedenkzeit hat. Mindestens soll sie jedoch zwei Wochen betragen. Eine kürzere Fristbemessung ist zulässig, wenn Verjährung droht (§ 21 UWG; *Baumbach/Hefermehl*, § 25 UWG Rdnr. 104).

109 c) Eine bestimmte **Form** ist für das Abschlußschreiben **nicht** vorgeschrieben. Jedoch ist schon aus Beweisgründen vorzugsweise schriftlich, fernschriftlich oder per Telefax vorzugehen. Wie bei der Abmahnung braucht lediglich die ordnungsgemäße Absendung des Abschlußschreibens nachgewiesen zu werden.

110 d) In der **Abschlußerklärung** muß der Antragsgegner entweder die einstweilige Verfügung anerkennen und darauf verzichten, die Rechte aus den §§ 924, 926, 927 ZPO geltend zu machen oder eine vertragsstrafebewehrte Unterlassungserklärung abgeben.

111 e) Das Abschlußschreiben dient der Vermeidung eines Hauptsacheprozesses. Die dem Antragsteller dadurch entstandenen **Kosten** sind nach denselben Grundsätzen wie bei der Abmahnung zu **erstatten** (vgl. Rdnr. 30); allerdings mit der Einschränkung, daß im Fall der Einschaltung eines Rechtsanwalts häufig nur eine ⁵⁄₁₀-Gebühr nach § 118 I Nr. 1 BRAGO angemessen sein wird. (Muster eines Abschlußschreibens: *Mes*, in: Beck'sches Prozeßformularbuch II L 4.)

3. Zuständigkeit für die Hauptklage und Inhalt des Unterlassungsantrags

112 Hinsichtlich der örtlichen, sachlichen und funktionellen Zuständigkeit für die Hauptklage gelten im wesentlichen dieselben Grundsätze wie beim einstweiligen Verfügungsverfahren (vgl. Rdnrn. 43 ff.). Im übrigen richtet sich der Aufbau der Klage nach den allgemeinen Regeln des Zivilprozeßrechts. Der Unterlassungsantrag hat sich grundsätzlich an der konkreten Verletzungshandlung zu orientieren, so daß der Beklagte ohne weiteres erkennen kann, was er zu unterlassen hat. Es gelten dieselben Grundsätze wie im einstweiligen Verfügungsverfahren (vgl. Rdnr. 55).

4. Verbraucherbefragung

113 Unter den Beweismitteln spielt die **Verbraucherbefragung** bzw. die Marktforschung eine gewisse Rolle. Dadurch läßt sich die Auffassung der von einer Werbemaßnahme angesprochenen Verkehrskreise ermitteln. Denn diese ist häufig ausschlaggebend dafür, ob eine Wettbewerbshandlung unlauter bzw. irreführend ist. Derartige Gutachten können erhebliche Kosten von etwa DM 5000 aufwärts verursachen. Überwiegend bedarf es dieses Beweismittels jedoch nicht, da die Richter in aller Regel den angesprochenen Verkehrskreisen angehören und somit selbst in der Lage sind, die Auffassung der angesprochenen Verkehrskreise zu ermitteln (*Baumbach/Hefermehl*, § 3 UWG Rdnr. 112 ff.).

5. Mögliche Ansprüche des Hauptprozesses

114 Der Hauptprozeß dient neben der Verfolgung von Unterlassungsansprüchen der **Durchsetzung** von
– Beseitigungsansprüchen, zum Beispiel:
 – Löschung einer Firma,
 – Vernichtung von Gegenständen,

Vorstadium zur Hauptklage und Hauptklage   B XII

- Widerrufsansprüche,
- öffentliche Bekanntmachung der Verurteilung (§ 23 UWG),
- Schadensersatzansprüchen,
- Auskunfts- und Rechnungslegungsansprüchen,
- Vertragsstrafenansprüchen,
- Kostenerstattungsansprüchen

und der **Abwehr von Ansprüchen** in Form der negativen Feststellungsklage.

Wegen der kurzen sechsmonatigen **Verjährungsfrist** des § 21 UWG, die für alle aufgezählten Ansprüche mit Ausnahme für firmenrechtliche und Vertragsstrafenansprüche gilt, ist es zweckmäßig, neben den Unterlassungsansprüchen auch alle anderen in Betracht kommenden Ansprüche rechtzeitig anhängig zu machen.

6. Schadensersatzklage

a) Da es nur selten möglich sein wird, die Schadensersatzansprüche innerhalb der sechsmonatigen Verjährungsfrist zu beziffern, ist es zulässig und ratsam, zunächst eine **Schadensersatzfeststellungsklage**, normalerweise **verbunden mit einer Auskunfts-** oder Rechnungslegungsklage, zu erheben. An die Begründetheit der Schadensersatzfeststellungsklage stellt die Rechtsprechung keine hohen Anforderungen. Sie ist schon dann begründet, wenn mit Wahrscheinlichkeit dem jeweiligen Kläger durch das wettbewerbswidrige Verhalten des Beklagten ein Schaden entstanden ist bzw. noch entstehen wird (*Baumbach/Hefermehl*, Einleitung UWG, Rdnr. 500). 115

b) Wenn der Kläger über den Schadensersatzfeststellungsanspruch hinaus **Zahlungsansprüche** geltend machen will, muß er den Schaden der Höhe nach genau spezifiziert vortragen und belegen. Allerdings hat die Rechtsprechung in Teilbereichen des gewerblichen Rechtsschutzes gewisse Erleichterungen geschaffen angesichts der Tatsache, daß es dem Verletzten häufig aus tatsächlichen Gründen unmöglich sein wird, den Schaden genau zu beziffern. 116

Unter bestimmten Voraussetzungen kann der Geschädigte vom Verletzer statt des konkreten Schadens eine sog. **hypothetische Lizenz** verlangen. Das ist die Lizenz, die üblicherweise für die Nutzung eines Rechts oder einer Nachahmung zu zahlen gewesen wäre. Schließlich kann der Verletzte statt dessen auch die **Herausgabe des** vom Schädiger erzielten **Gewinns** beanspruchen. In allen Fällen ist das Gericht befugt, den Schaden in den Grenzen des § 287 ZPO unter Würdigung aller Umstände nach freier Überzeugung zu schätzen (vgl. *Teplitzky* GRUR 87, 215; *Baumbach/Hefermehl*, Einleitung UWG, Rdnr. 377).

7. Ansprüche auf Auskunfts- oder Rechnungslegung

Die Ansprüche auf **Auskunfts- oder Rechnungslegung** sind Hilfsansprüche, die insbesondere der Vorbereitung des Schadensersatzanspruches dienen. Sie sind nur dann begründet, wenn sie unbedingt zur Ermittlung des Schadens erforderlich sind. 117

a) Bei unlauteren und irreführenden Werbemaßnahmen ist in aller Regel nur Auskunft über Art, Zeitpunkt und Umfang der Werbung zu erteilen. Eine Auskunft bzw. eine Rechnungslegung über den Umsatz kommt dagegen nicht in Betracht. 118

Schmidt   539

119 b) Eine Auskunft über die Personen, die von der Werbemaßnahme angesprochen sind, ist normalerweise nicht erforderlich. Im übrigen kann eine solche Auskunftspflicht über die Adressaten ehrverletzender Behauptungen oder hinsichtlich der Lieferquellen, die die Lückenlosigkeit eines Vertriebssystems bedrohen, bestehen.

120 c) Auskünfte über die Umsatzentwicklung und Rechnungslegung sind insbesondere bei Eingriffen in gewerbliche Schutzrechte und bei unlauterer Nachahmung denkbar, insbesondere, wenn der Geschädigte die Herausgabe des Gewinns oder die hypothetische Lizenz beanspruchen will. (Vgl. *Baumbach/Hefermehl*, Einleitung UWG, Rdnrn. 373 ff.; zur Formulierung eines solchen Antrages vgl. *BGH* WRP 1986, 377 „Beschlagprogramm".)

VI. Streitwert und Gerichtskosten

1. Bedeutung

121 Grundlage für die Kostenbemessung und damit für das Kostenrisiko ist der **Streitwert**. Dieser richtet sich nach dem Interesse des Angreifers und ist vom Gericht aufgrund objektiver Kriterien nach freiem Ermessen festzusetzen (vgl. § 3 ZPO). Auf das Interesse des Verletzers kommt es grundsätzlich nicht an.

Im Wettbewerbsprozeß kommt der Streitwertfestsetzung angesichts der meist überdurchschnittlichen Höhe der Streitwerte erhebliche Bedeutung zu. Dennoch gibt es, abgesehen von gewissen Faustregeln, keine von den Gerichten einheitlich praktizierten Richtlinien.

2. Bemessung

122 Bei Unterlassungsansprüchen soll vom **Jahresumsatz** des Anspruchstellers ausgegangen werden, soweit dieser beeinträchtigt ist. Wird der Auskunfts- und der Schadensersatzfeststellungsanspruch zusammen mit dem Unterlassungsanspruch anhängig gemacht, beträgt dessen Wert etwa ⅕ bzw. ¼ des Wertes für den Unterlassungsanspruch.

Bei der einseitigen und der übereinstimmenden **Erledigungserklärung** ergibt sich der Streitwert aus dem Wert der Kosten, die bis zu der Erklärung entstanden sind. (Vgl. zum Streitwert *Baumbach/Hefermehl*, Einleitung UWG, Rdnrn. 509 ff.)

3. Bei einstweiligen Verfügungsverfahren und Hauptverfahren

123 Vielfach bewerten die Oberlandesgerichte die Unterlassungsanträge im einstweiligen Verfügungsverfahren und im Hauptklageverfahren gleich. Das *Kammergericht* (WRP 1982, 157) bemißt den Unterlassungsanspruch im einstweiligen Verfügungsverfahren jedoch nur mit einem Drittel des Wertes der Hauptsache (vgl. *Baumbach/Hefermehl*, § 25 Rdnr. 45).

4. Streitwertminderung gemäß § 23a UWG

124 Bei der Bemessung für bestimmte wettbewerbsrechtliche Unterlassungsansprüche ist es **wertmindernd** zu berücksichtigen, wenn die Sache nach Art und Umfang einfach gelagert ist oder eine Belastung einer der Parteien mit den Prozeßkosten nach dem vollen Streitwert angesichts ihrer Vermögens- und Einkommensverhältnisse nicht tragbar erscheint (§ 23 a UWG). Auch im letzteren Fall gilt die Streitwertfestsetzung für beide Parteien, so daß die Kostenerstattungspflicht der vermögenden Partei sich nur nach dem niedrigeren Streitwert bemißt, der selbstverständlich auch für die Gebührenabrechnung des Rechtsanwalts der vermögenden Partei gilt.

5. Streitwertbegünstigung gemäß § 23 b UWG

Eine weitere Besonderheit ist die **Streitwertbegünstigung** gem. § 23 b UWG, die jedoch in Zukunft nur noch ganz ausnahmsweise zur Anwendung kommen wird (*OLG Köln* GRUR 1988, 716). 125

6. Gerichtskosten

a) Im einstweiligen Verfügungsverfahren sind die Gerichtskostensätze nur **halb so hoch** wie im Hauptklageverfahren (vgl. das Gerichtskostenverzeichnis zu § 11 II GKG, Ziff. 1050 ff. und 1005 ff.). 126

b) Ein wesentlicher Unterschied zwischen dem einstweiligen Verfügungsverfahren und dem Hauptklageverfahren besteht bei der **Rücknahme der verfahrenseinleitenden Schritte**. Bei der Rücknahme des Antrages auf Erlaß einer einstweiligen Verfügung fällt in jedem Fall eine halbe Prozeßgebühr als Gerichtsgebühr an. Dagegen ist die Einreichung der Hauptklage gebührenfrei, wenn diese spätestens vor Beginn des Tages zurückgenommen wird, der für die mündliche Verhandlung vorgesehen war, sofern das Gericht nicht vorher eine Anordnung nach § 273 ZPO unterschrieben hat (Nr. 1012 Gerichtskostenverzeichnis). 127

VII. Besonderheiten in den neuen Bundesländern

1. Gemäß Artikel 8 des Einigungsvertrages vom 31. 8. 1990 (BGBl. II S. 889) gilt grundsätzlich das Bundesrecht auch in den neuen Bundesländern einschließlich Ost-Berlin, d. h. also auch das Gesetz gegen den unlauteren Wettbewerb, die weiteren wettbewerbsrechtlichen Nebengesetze und die Zivilprozeßordnung, so daß die obigen Ausführungen grundsätzlich auch für die neuen Bundesländer gelten. 128

2. Zuständigkeit

Für wettbewerbsrechtliche Streitigkeiten sind erstinstanzlich die Kammern für Handelssachen bei den Kreisgerichten (sie werden nur bei solchen Kreisgerichten gebildet, in deren Bezirk das Bezirksgericht seinen Sitz hat) bzw. die Kreisgerichte zuständig, wenn die Kammern für Handelssachen noch nicht gebildet sind (vgl. Einigungsvertrag Anl. I Kap. III, Sachgeb. A, Abschn. III, 1 e). Zweitinstanzlich sind Senate für Handelssachen bei den Bezirksgerichten zuständig, in deren Bezirk die Landesregierung ihren Sitz hat (Einigungsvertrag Anl. I, Kap. III, Sachgeb. A, Abschn. III, Nr. 1 h). In Mecklenburg-Vorpommern, in Sachsen-Anhalt und in Sachsen ist die Gerichtsorganisation schon derjenigen des westlichen Bundesgebiets angeglichen. In Berlin ergibt sich keine Besonderheit, da gemäß Einigungsvertrag Anl. I Kap. III, Sachgeb. A, Abschn. IV das bisherige Bundesrecht auch in Ost-Berlin gilt und mithin das Landgericht und das Kammergericht auch für Ost-Berlin zuständig sind. 129

3. Anwaltszwang

130 Bei den Kreisgerichten besteht kein Anwaltszwang. Vor dem Bezirksgericht ist die Vertretung durch einen Rechtsanwalt erforderlich, der seine Kanzlei in dem neuen Bundesgebiet unterhält (Einigungsvertrag Anl. I, Kap. III, Sachgeb. A, Abschn. III, 5b). Gemäß § 22 Rechtspflege-Anpassungsgesetz vom 26. Juni 1992 (BGBl. I S. 1147) gilt in den Gebieten, in denen die Gerichtsorganisation schon angepaßt worden ist, der Anwaltszwang in der Ausgestaltung, daß im Anwaltsprozeß vor dem Landgericht jeder vor einem Landgericht eines neuen Bundeslandes zugelassene oder bei einem Bezirksgericht registrierte Rechtsanwalt auftreten kann.

4. Gerichtskosten

131 Die Gerichtskosten nach dem Gerichtskostengesetz ermäßigen sich um 20%, wenn der Kostenschuldner seinen allgemeinen Gerichtsstand in dem neuen Bundesgebiet hat (Einigungsvertrag Anl. I Kap. III, Sachgeb. A, Abschnitt III, 19a).

5. Anwaltsgebühren

132 Die Rechtsanwaltsgebühren ermäßigen sich bei der Tätigkeit von Rechtsanwälten, die ihre Kanzlei in dem neuen Bundesgebiet eingerichtet haben, um 20%. Die Gebühren ermäßigen sich in gleicher Weise, wenn ein Rechtsanwalt vor Gerichten oder Behörden, die ihren Sitz in den neuen Bundesländern mit Ausnahme von Ost-Berlin haben, im Auftrag eines Beteiligten tätig wird, der seinen Wohnsitz oder Sitz in dem neuen Bundesgebiet hat (Einigungsvertrag Anl. I Kap. III, Sachgeb. A, Abschn. III, 26a).

B XIII. Der Handelsvertreter- und Vertragshändlerprozeß

Dr. Franz-Jörg Semler

Übersicht

	Rdnr.
I. Systematische Übersicht	1
1. Allgemeines	1
2. Rechtliche Qualifikation	2
3. Internationales und ausländisches Recht	13
II. Typische Streitfragen im Handelsvertreterrecht	16
1. Vorfragen	16
2. Provision und Provisionsvorschuß	22
3. Provisionsabrechnung und Buchauszug	30
4. Kündigung	34
5. Ausgleichsanspruch (§ 89b HGB)	37
6. Nachvertragliches Wettbewerbsverbot	47
7. Klage auf Buchauszug, Vollstreckung	50
8. Streitwert; Rechtsschutzversicherung	51
III. Typische Streitfragen im Vertragshändlerrecht	52
1. Ausgleichsanspruch	52
2. Weitere Fälle analoger Anwendbarkeit von Handelsvertreterrecht	56
3. Kündigung	57
4. Verletzung eines Alleinvertriebsvertrages durch Lieferung des Herstellers in das geschützte Gebiet	59
5. Rechtsschutzversicherung	61
IV. Besonderheiten bei Fällen in den neuen Bundesländern	62

Literatur: *Bunte/Sauter*, EG-Gruppenfreistellungsverordnungen, 1988; *Detzer*, Verträge mit ausländischen Handelsvertretern und Vertragshändlern, 1982; *Ebenroth*, Absatzmittlungsverträge im Spannungsverhältnis von Kartell- und Zivilrecht, 1980; *Ebenroth/Parche*, Die kartell- und zivilrechtlichen Schranken bei der Umstrukturierung von Absatzmittlungsverhältnissen, BB 1988, Beil. 10; *Eberstein*, Der Handelsvertretervertrag, 7. Aufl. 1991; *Hopt*, Handelsvertreterrecht, 1992 (aus der in Vorbereitung befindlichen 29. Aufl. von *Baumbach/Duden/Hopt*, Handelsgesetzbuch); *Kindler*, Neues deutsches Handelsvertreterrecht aufgrund der EG-Richtlinie, RIW 1990, 358; *Knapp/Ankele*, Handelsvertreterrecht, Kommentar, Loseblatt, Stand 1990; *Küstner/v. Manteuffel*, Handbuch des gesamten Außendienstrechtes Bd. 1. Das Recht des Handelsvertreters, 2. Aufl. 1992; Bd. 2. Der Ausgleichsanspruch des Handelsvertreters, 5. Aufl. 1988; *Küstner*, Die neuere Rechtsprechung zum Außendienstrecht, BB 1985, Beil. 12/1985; *Kuther*, Die neuen Handelsvertretervorschriften im HGB, NJW 1990, 304; *Martinek*, Aktuelle Rechtsfragen der vertriebsvertraglichen Praxis, RWS-Skript 189, 3. Aufl. 1992; *Piper*, Höchstrichterliche Rechtsprechung zum Handelsvertreterrecht, RWS-Skript 183, 1987; *Reithmann/Martiny*, Internationales Vertragsrecht, 4. Aufl. 1988; *Semler*, Aktuelle Fragen im Recht der Vertragshändler, DB 1985, 2493; *ders.*, in Münchener Vertragshandbuch, Bd. 2, 3. Aufl. 1993 „Vertriebsverträge"; *ders.*, Handelsvertreter- und Vertragshändlerrecht, Bd. 10 der Seminarschriften der Deutschen Anwaltsakademie, 1988; *Stötter*, Das Recht der Handelsvertreter, 3. Aufl. 1985; *Stumpf*, Internationales Handelsvertreterrecht, Teil 1, 6. Aufl. 1987; Teil 2; 4. Aufl. 1986; *Thume*, Der Ausgleichsanspruch des Handelsvertreters, Ausgewählte Probleme in der neueren Rechtsprechung, BB 1990, 1645. *Wiedemann*, Kommentar zu den Gruppenfreistellungsverordnungen des EWG-Kartellrechts, Bd. I Allgemeiner Teil, 1988; Bd. II Besonderer Teil, 1990; *Wolf*, Die neuere Rechtsprechung des Bundesgerichtshofes zum Handelsvertreterrecht WM 1986, Sonderbeilage 5.

B XIII Der Handelsvertreter- und Vertragshändlerprozeß

I. Systematische Übersicht

1. Allgemeines

1   Das Recht der Handelsvertreter und Vertragshändler ist ein wichtiges Teilgebiet des **Rechts der Vertriebsmittler**. Andere, hier nicht behandelte Vertriebsmittler sind namentlich Handelsmakler (§§ 93–104 HGB), Kommissionäre (§§ 383–406 HGB) und Franchise-Nehmer, für die eine besondere gesetzliche Regelung bislang fehlt. Mit Wirkung vom 1. 1. 1990 sind verschiedene Änderungen des Handelsvertreterrechts in Kraft getreten, durch die die **Harmonisierungsrichtlinie der EWG** (ABlEG Nr. L 382/17 vom 31. 12. 1986) in das deutsche Recht umgesetzt wurde. Für Handelsvertreterverträge, die vor dem 1. 1. 1990 in Kraft getreten sind, gilt das alte Recht bis zum 31. 12. 1993 weiter (Art. 29 EGHGB).

Im kaufmännischen Leben werden die Grenzen zwischen den einzelnen Vertragstypen häufig verwischt. Die sich daraus ergebenden Abgrenzungsprobleme haben erhebliche praktische Auswirkungen: Je nach der rechtlichen Qualifikation können sich sehr unterschiedliche Rechtsfolgen ergeben, z. B. hinsichtlich der Vergütung und des Ausgleichsanspruchs.

2. Rechtliche Qualifikation

2   a) **Handelsvertreter.** aa) **Legaldefinition.** § 84 I HGB definiert den Begriff des Handelsvertreters. Wesentliche Merkmale sind danach:
- Der Handelsvertreter ist **selbständig;** darin unterscheidet er sich insbesondere vom angestellten Handlungsreisenden, der als Arbeitnehmer dem Weisungsrecht seines Prinzipals unterworfen ist.
- Der Handelsvertreter ist damit betraut, Geschäfte **für einen anderen** Unternehmer zu vermitteln **oder in dessen Namen** abzuschließen; darin liegt der wesentliche Unterschied zum Vertragshändler, der im eigenen Namen im Geschäftsverkehr auftritt.
- Der Handelsvertreter ist **ständig** mit den genannten Tätigkeiten betraut; darin unterscheidet er sich vom Handelsmakler gemäß §§ 93–104 HGB.

3   Für die Qualifikation als Handelsvertreter kommt es auf das Gesamtbild an. Unerheblich ist, welche Bezeichnung die Parteien wählen. So finden sich Benennungen wie „Repräsentant", „Freiberuflicher Mitarbeiter", „Agent", „Einzelhandelspartner", „Propagandist" (*BGH* NJW 1982, 1757) oder „Pharma-Berater" (*BGH* NJW 1984, 2695).

4   „**Selbständig**" ist nach § 84 I 2 HGB, wer im wesentlichen frei seine Tätigkeit gestalten und seine Arbeitszeit bestimmen kann. Ungeachtet seiner Selbständigkeit unterliegt aber der Handelsvertreter dem allgemeinen Weisungsrecht des Unternehmens gemäß § 665 BGB (*BGH* NJW 1966, 882). Instruktiv ist die Erörterung in *BGH* NJW 1982, 1757, ob eine „Propagandistin" als selbständig anzusehen war, die in den Räumen eines großen Kaufhauses in einem extra dafür eingerichteten Verkaufsstand Klebefolien im Namen des Herstellers derselben verkaufte. Zur Annahme „**ständiger Betrauung**" reicht es nach *BGH* WM 1984, 556 noch nicht aus, daß jemand die Aufgabe hat, immer wieder bei sich bietender geeigneter Gelegenheit für einen anderen Geschäfte zu vermitteln. Das sei die Tätigkeit eines Handelsmaklers, der naturgemäß auch immer wieder für dieselben Auftraggeber tätig werde.

Vgl. auch *BGH* BB 1987, 220 zur Qualifikation einer Rechtsbeziehung, innerhalb derer der Vertriebsmittler im Laufe von vier Jahren ein Auftragsvolumen von ca. 3 Mio. DM vermittelt und Provisionen in Höhe von ca. 150 000 DM verdient hatte. Instruktiv *BGH* NJW-RR 1986, 709 (Konzertkartenverkauf); NJW-RR 1991, 1053 (Schuhvertrieb).

bb) Besondere Ausprägungen. Innerhalb des Vertragstypus „Handelsvertreter" gibt es verschiedene Unterfälle: 5

- „**Bezirksvertreter**" ist ein Handelsvertreter, dem ein bestimmter Bezirk zugewiesen worden ist; „**Kundenschutz**" bezeichnet die Zuweisung eines bestimmten Kundenkreises. Solche Handelsvertreter haben gemäß § 87 II HGB Anspruch auf Provision für alle Geschäfte, die der Unternehmer mit Personen ihres Bezirkes oder ihres Kundenkreises abschließt, gleichgültig, ob sie die Kunden geworben haben oder nicht.
- „**Alleinvertreter**" ist ein Handelsvertreter, dem ein bestimmter Bezirk oder 6 Kundenkreis mit der Maßgabe zugewiesen ist, daß das vertretene Unternehmen insoweit nur über den Handelsvertreter tätig werden darf (*BGH* DB 1961, 601). Solche Vertreter werden zuweilen auch als „Generalvertreter" bezeichnet, doch ergibt sich aus dieser Bezeichnung im Gegensatz zu der Bezeichnung als „Alleinvertreter" noch nicht zwingend, daß das Unternehmen in dem betreffenden Gebiet unmittelbar keine Geschäfte abschließen darf (*BGH* NJW 1970, 1040). Es ist streitig, ob ein Alleinvertretervertrag eine **Ausschließlichkeitsbindung** im Sinne von § 18 I Nr. 2 GWB enthält. (Dafür: *Langen/Niederleithinger/Schmidt* § 18 Rdnrn. 67 ff. mit umfangreichen Nachweisen; *Immenga/Mestmäcker/Emmerich* § 18 Rdnrn. 48 ff.; dagegen die wohl noch überwiegende Meinung: vgl. *v. Gamm*, Kartellrecht § 18 Rdnr. 8; *Müller/Gries/Gießler/Scholz* § 18 Rdnr. 20; differenzierend *Fikentscher/Straub* im Gemeinschaftskommentar, 4. Aufl., § 18 Rdnr. 212 ff.; vgl. auch *BGH* NJW 1991, 490 „Pauschalreiseveranstalter"). Auf der Grundlage der ersteren Auffassung bedarf ein Alleinvertretervertrag der modifizierten Schriftform des § 34 GWB. Er ist also einschließlich aller Nebenabreden schriftlich niederzulegen und zu unterzeichnen, soweit es sich nicht um Nebenabreden handelt, die schlechterdings keinen Einfluß auf die Entscheidung der Kartellbehörden oder der Gerichte über ein Eingreifen aufgrund des GWB haben können oder sich ohnehin aus Treu und Glauben ergeben (*Immenga/Mestmäcker/Emmerich* GWB § 34 Rdnr. 26; *BGH* WuW/E 1773 ‚Pockinger Hof'). Zur Formwahrung ausreichend ist ein Briefwechsel, in welchem der gesamte Vertragsinhalt niedergelegt ist, wenn jedes Schreiben von dem jeweils Erklärenden eigenhändig unterzeichnet ist (vgl. *Immenga/Mestmäcker/Emmerich* GWB § 34 Rdnrn. 42 ff.). Hinsichtlich der im Vertrag in Bezug genommenen Anlagen ist das Schriftformerfordernis erfüllt, wenn sie mit dem unterzeichneten Text körperlich verbunden sind, z. B. durch Verwendung einer Heftmaschine (*BGHZ* 40, 255; *BAG* WM 1985, 584 = NJW 1986, 152 [Leitsatz]). Die Nichteinhaltung der erforderlichen Schriftform führt zur Nichtigkeit jedenfalls der Ausschließlichkeitsabrede. Die Fortgeltung des Vertrages im übrigen beurteilt sich nach § 139 BGB.
- „**Untervertreter**" ist ein Handelsvertreter, der aufgrund eines Handelsvertre- 7 tervertrages mit einem anderen Handelsvertreter (dem Hauptvertreter) tätig ist (§ 84 III HGB). Von diesem „echten" Untervertreter ist der „unechte" Untervertreter zu unterscheiden, der in einem Vertragsverhältnis nicht zum

Hauptvertreter, sondern nur zum Unternehmen steht. Er ist dem Hauptvertreter organisatorisch oder hierarchisch untergeordnet. Letzterer trägt dann häufig Titel wie „Generalvertreter", „Verkaufsleiter" oder „Subdirektor". Beziehungen zwischen einem Hauptvertreter und einem „echten" Untervertreter haben zuweilen auch Ähnlichkeit mit einer BGB-Gesellschaft (vgl. *BGH* WM 1984, 556).

– „Handelsvertreter im Nebenberuf" ist ein Vertriebsmittler, der alle Qualifikationsmerkmale des Handelsvertreters (§ 84 I HGB) erfüllt, jedoch vom Unternehmer ausdrücklich nur nebenberuflich bestellt ist (§ 92b II HGB) und nach der Verkehrsauffassung tatsächlich nur nebenberuflich tätig ist (§ 92b III HGB). Das Gesetz schützt ihn weniger, insbesondere steht ihm kein Ausgleichsanspruch zu (§ 92b I HGB).

– „Arbeitnehmerähnliche Handelsvertreter" sind Einfirmenvertreter (§ 92a HGB) mit einer monatlichen Vergütung von nicht mehr als DM 2000,–, siehe dazu unten Rdnr. 20.

8   **b) Vertragshändler. aa) Begriff.** Das Gesetz gibt keine Definition des „Vertragshändlers". Die Rechtsprechung charakterisiert das Vertragshändlerverhältnis als ein **Rechtsverhältnis eigener Art,** durch das sich der eine Teil („Eigenhändler" oder „Vertragshändler") verpflichtet, Waren des anderen Teils (des Herstellers oder Lieferanten) im eigenen Namen und auf eigene Rechnung zu vertreiben (*BGHZ* 54, 338; 68, 340). Die Vertragshändlerbeziehung ist eine agenturvertragsähnliche Interessenbindung und von den in Ausführung des Vertragshändlervertrages geschlossenen einzelnen Kaufverträgen zu unterscheiden (*BGH* NJW 1979, 1782). Der Vertragshändlervertrag ist ferner von einem bloßen Sukzessivlieferungsvertrag zu unterscheiden (vgl. *BGH* NJW 1986, 124), aus dem die besonderen Rechte und Pflichten nicht erwachsen, die sich im Rahmen eines Vertragshändlerverhältnisses ergeben.

9   In gewisser Weise ist der Vertragshändler immer in die **Absatzorganisation des Herstellers** eingegliedert. Je nach der Intensität der Eingliederung bestimmt sich, inwieweit auf das Vertragshändlerverhältnis die Vorschriften des Handelsvertreterrechts analog anzuwenden sind. Auch für die Qualifikation einer Vertragsbeziehung als Vertragshändlervertrag kommt es nicht auf die von den Parteien verwandte Bezeichnung an, sondern auf das Gesamtbild (*BGH* BB 1976, 6).

Der Vertragshändler handelt auf eigene Rechnung, im Gegensatz zum *Kommissionär,* der auf Rechnung des Auftraggebers handelt (§ 383 HGB).

10   **bb) Besondere Ausprägungen. Alleinvertriebsverträge** sind gekennzeichnet durch die ausschließliche Zuweisung eines Vertriebsgebietes an den Vertragshändler. Wie bei der Bestellung eines Alleinvertreters darf der Unternehmer in dem einem alleinvertriebsberechtigten Vertragshändler zugewiesenen Gebiet keine eigenen Geschäfte machen (*BGH* DB 1970, 44 – ‚Autoentfroster' = LM Nr. 33 zu § 433 BGB). Solche zum Alleinvertrieb berechtigten Vertragshändler werden in der Praxis zuweilen auch etwas irreführend als „Generalvertreter" bezeichnet. Alleinvertriebsverträge unterliegen der einhelliger Auffassung der Mißbrauchsaufsicht gemäß § 18 GWB und bedürfen der Schriftform gemäß § 34 GWB (Rdnr. 6).

11   Auch Vertragshändlerverhältnisse können mehrstufig aufgebaut sein, indem z. B. ein Generalimporteur und unter ihm Bezirkshändler eingesetzt werden (*BGH* NJW 1967, 825 – ‚Peugeot-Händler').

c) **Mischformen.** Vertriebsmittler werden nicht selten sowohl als **Handels-** 12
vertreter als auch als **Eigenhändler** eingesetzt (vgl. *BGH* NJW 1986, 2954
[2955] – ‚Telefunken'; dort auch zur Frage, ob ein Handelsvertreterverhältnis, in
dessen Rahmen der Unternehmer grundsätzlich den Abgabepreis vorschreiben
kann, eine unzulässige Umgehung von § 15 GWB darstellen kann). Es mag z. B.
sein, daß der Vertriebsmittler Maschinen als Handelsvertreter vertreibt und die
dazu gehörenden Ersatzteile als Eigenhändler. Bei der Durchführung solcher
Vertriebsverhältnisse treten zuweilen erhebliche Verwirrungen auf, wenn die
Beteiligten die Art der Geschäfte nicht auch buchhalterisch klar kennzeichnen.
Namentlich kommt es vor, daß bei der Auslieferung oder der Rücklieferung
von Waren diese dem anderen Teil „belastet" werden, ohne daß klar ist, ob die
Waren verkauft, zur Ansicht, zur Auslieferung oder in Kommission überlassen
bzw. zurückgesandt werden. Ebenso wird zuweilen der Begriff „Provision"
sowohl für die Provision im Sinne des HGB verwandt als auch für den Abschlag, den der Unternehmer dem Vertragshändler von seinen allgemeinen Listenpreisen einräumt.

3. Internationales und ausländisches Recht

a) **Handelsvertreter.** Handelsvertreterverträge können als schuldrechtliche 13
Verträge nach deutschem IPR grundsätzlich einer beliebigen Rechtsordnung
unterworfen werden (Art. 27 EGBGB). Wenn keine besondere Vereinbarung
getroffen wurde, ist nach einer Auffassung das Recht des Staates anwendbar, in
dem der Handelsvertreter den Schwerpunkt seiner Tätigkeit hat, nach anderer
Auffassung das am Sitz des Handelsvertreters geltende Recht (vgl. *Palandt/
Heldrich,* Art. 28 EGBGB Rdnr. 15). Praktisch kommen beide Auffassungen
häufig zum selben Ergebnis, weil der Handelsvertreter überwiegend den
Schwerpunkt seiner Tätigkeit im Staat des Sitzes seiner Niederlassung hat. Für
diesen Fall kann die Rechtslage im erwähnten Sinn als geklärt angesehen werden
(vgl. *BGH* NJW 1981, 1899). Mit der Umsetzung der **Harmonisierungsrichtlinie der EWG für das Handelsvertreterrecht** vom 18. 12. 1986 (AB1EG Nr. L
382/17 vom 31. 12. 1986) wird für die Mitgliedsstaaten der EWG ein im wesentlichen vereinheitlichtes Handelsvertreterrecht mit weitgehend zwingenden Vorschriften einschließlich eines Ausgleichs- oder Entschädigungsanspruchs zu
Gunsten des Handelsvertreters bei Vertragsbeendigung gelten. Die Umsetzung
ist per 30. 9. 1992 erfolgt in Dänemark, Deutschland, Frankreich, Griechenland
und Italien. Die Abweichung von zwingenden Vorschriften gegenüber ausländischen Handelsvertretern insbesondere der Ausschluß des Ausgleichsanspruchs
bei Vertragsbeendigung ist nur noch möglich, wenn der Handelsvertreter seine
Tätigkeit außerhalb der EWG ausübt (§ 92c HGB n. F.). Zweifelhaft ist die
Rechtslage insoweit für Handelsvertreter in EWR-Staaten.
Zur kartellrechtlichen Beurteilung von Handelsvertreterverträgen unter
EWG-Recht und zu der in Vorbereitung befindlichen Handelsvertreterbekanntmachung der EG-Kommission vgl. *Freund* EuZW 1992, 408.
Länderübersicht bei *Stumpf,* Teil 2 und *Schwappach/Zwernemann,* EG-Rechtshandbuch für die Wirtschaft, 1991, 144 ff; Bibliographie zum **ausländischen**
Handelsvertreterrecht bei *Reithmann/Martiny* Rdnr. 759. Aktuelle Informationen bei der Bundesstelle für Außenhandelsinformationen, Blaubach 13, 5000
Köln 1.

b) **Vertragshändler.** Das **anwendbare Recht** für den Vertragshändlervertrag 14
bestimmt sich ebenfalls in erster Linie nach der von den Parteien getroffenen

Rechtswahl und in Ermangelung einer solchen nach dem Schwerpunkt des Vertragsverhältnisses. Wenn Tätigkeitsgebiet und gewerbliche Niederlassung des Vertragshändlers im selben Staat liegen, ist nach einhelliger Auffassung das Recht dieses Staates auf das Vertriebsverhältnis anwendbar (*OLG Hamm* NJW 1983, 523 [524]; *Palandt/Heldrich,* Art. 28 EGBGB Rdnr. 15). Für die in Ausführung des Vertragshändlerverhältnisses abgeschlossenen einzelnen Kaufverträge können die Parteien das anwendbare Recht frei, auch abweichend von dem Recht des Grundvertrages, bestimmen. Wenn **deutsches Recht** auf die Einzelgeschäfte anwendbar ist, führt dies im weiten Anwendungsbereich des seit 1.1. 1991 für Deutschland geltenden UN-Kaufrechts (vgl. *Piltz* Abschn. B XVI und zur gleichartigen Rechtslage unter der Geltung des am 31. 12. 1990 außer Kraft getretenen EKG) im Zweifel zur Verdrängung der §§ 459ff. BGB, 373ff. HGB *BGHZ* 74, 193 [197].

15 Alleinvertriebsvereinbarungen haben im Wettbewerbsrecht der **europäischen Gemeinschaften** von Anfang an eine hervorragende Rolle gespielt (vgl. dazu *Bechtold* RIW 1987, 809). Als problematisch hat sich bei **Alleinvertriebsabreden,** die einem Händler bestimmte Teilgebiete der EWG zuweisen, das Spannungsverhältnis erwiesen zwischen der verstärkten Markterschließung einerseits und der Gefahr der Abschottung nationaler Teilmärkte andererseits. In drei **Freistellungsverordnungen** aus den Jahren 1983 und 1984 betreffend Alleinvertriebsvereinbarungen (VO [EWG] Nr. 1983/83), Alleinbezugsvereinbarungen (VO [EWG] Nr. 1984/83) und Gruppen von Vertriebs- und Kundendienstvereinbarungen über Kraftfahrzeuge (VO [EWG] Nr. 123/85) hat die Kommission festgelegt, welche Regelungen über Alleinvertrieb und Alleinbezug von ihr als nicht gegen Art. 85 I EWGV verstoßend angesehen oder gem. Art. 85 III EWGV freigestellt werden. Zum Ganzen vgl. *Bunte/Sauter* und *Wiedemann.*
Bibliographie zum **ausländischen** Vertragshändlerrecht bei *Reithmann/Kleinschmidt* Rdnr. 777.

II. Typische Streitfragen im Handelsvertreterrecht

1. Vorfragen

16 **a) Liegt ein Handelsvertreterverhältnis vor?** Ansprüche aus den §§ 84 bis 92c HGB setzen voraus, daß ein Handelsvertreterverhältnis und kein sonstiges Vertriebsmittlungsverhältnis gegeben ist. Zur Abgrenzung siehe oben Rdnrn. 1 und 2ff.

17 **b) Ist der Handelsvertretervertrag AGB-mäßig geschlossen?** AGB-mäßig geschlossene Handelsvertreterverträge unterliegen der **Inhaltskontrolle gemäß §§ 9, 24 AGBG,** wenn auf sie deutsches Recht anwendbar ist (§§ 12, 24 AGBG). Sie sind unwirksam, soweit sie den Handelsvertreter unangemessen benachteiligen, z. B. wenn der Handelsvertreter wegen der Vertragsgestaltung auch bei gewissenhafter Geschäftsführung keinen ausreichenden Gewinn erwirtschaften kann (*BGH* DB 1981, 2274; *Ulmer/Brandner/Hensen* Anh. zu §§ 9 bis 11 Anm. 410ff.; *Löwe/Graf Westphalen/Trinkner,* AGB-Gesetz Bd. III Stichwort „Handelsvertreter"; *Graf v. Westphalen* DB 1984, 2335; 2392). An sich zulässige Abweichungen von dispositiven Normen des Handelsvertreterrechtes können daher unzulässig sein, wenn sie AGB-mäßig getroffen worden sind. Kritisch ist die Rechtsprechung insbesondere bei einseitigen Änderungsvorbehalten des Unternehmens (*BGH* NJW 1985, 623).

c) Wer sind die Vertragspartner? Handelsvertreterverträge laufen oft über lange Zeiträume, während derer sich die Firma, die Rechtsform aber auch die **rechtliche Identität der Vertragspartner** ändern kann. Im Falle einer Klage gegen die falsche Partei kann in der Regel nicht mit einer Berichtigung des Klagerubrums geholfen werden. Es ist vielmehr die Klage mit den entsprechenden Folgen hinsichtlich der Kosten und möglicherweise der Verjährung zurückzunehmen und gegen die richtige Partei zu erheben. 18

d) Welches nationale Recht ist anwendbar? Zu diesem Problem siehe oben Rdnr. 13. 19

e) Welches Gericht ist anzurufen? Rechtsstreitigkeiten zwischen Handelsvertreter und Unternehmer sind **in der Regel Handelssachen** gemäß § 95 I Nr. 1 GVG. Einfirmenvertreter gemäß § 92a HGB gelten allerdings als Arbeitnehmer im Sinne des ArbGG, wenn sie monatlich eine Vergütung von weniger als 2000 DM beziehen (§ 5 III ArbGG). Gerichtsstandsvereinbarungen sind unwirksam, wenn der Handelsvertreter Minderkaufmann im Sinne von § 4 HGB ist (§ 38 I ZPO). 20

Ist für eine Auseinandersetzung mit einem ausländischen Vertragspartner auch ein deutscher **Gerichtsstand** gegeben, so kann es trotzdem zweckmäßig sein, Klage im Ausland zu erheben, wenn nämlich ein deutsches Urteil nicht oder nicht ohne Schwierigkeiten im Ausland vollstreckbar ist. Insbesondere sind in verschiedenen Staaten deutsche Versäumnisurteile nicht vollstreckbar, so daß eine an sich mögliche Klage vor einem inländischen Gericht nur Sinn hat, wenn der Beklagte sich auf den Rechtsstreit einläßt oder wenn er über Inlandsvermögen verfügt. § 23 ZPO, der einen Gerichtsstand für Klagen gegen Ausländer bei demjenigen inländischen Gericht begründet, in dessen Bezirk sich Vermögen des Ausländers befindet, gilt nicht im Anwendungsbereich des EuGÜbk (Art. 3; *Baumbach/Lauterbach/Hartmann* § 23 Anm. 1 A; *EuGH* NJW 1985, 905). Eine Gerichtsstandsvereinbarung im Geltungsbereich des EuGÜbk bedarf der modifizierten Schriftform gemäß Art. 17 EuGÜbk. 21

2. Provision und Provisionsvorschuß

a) Für welchen Zeitraum kann Provision beansprucht werden? Provisionsansprüche verjähren wie alle sonstigen Ansprüche aus dem Handelsvertretervertrag **in vier Jahren,** beginnend mit dem Schluß des Jahres, in dem sie fällig geworden sind (§ 88 HGB). Eine Verkürzung der Verjährungsfrist kann vereinbart werden (§ 225 BGB), aber nicht einseitig zu Lasten des Handelsvertreters (*BGHZ* 75, 218; *BGH* WM 1982, 635), problematisch bei Abkürzung auf 6 Monate, vgl. *Schwerdtner* EWiR 1991, 273; *BGH* ZIP 1990, 1469. Die Geltendmachung von Provisionsansprüchen ist ausgeschlossen, wenn die Abrechnung anerkannt worden ist, wozu aber die widerspruchslose Hinnahme von Abrechnungen für sich allein in der Regel noch nicht ausreicht (*BGH* DB 1982, 376). 22

b) Welche Geschäfte sind provisionspflichtig? 23
- **Vom Handelsvertreter vermittelte oder von ihm abgeschlossene Geschäfte** (§ 87 I 1 1. Alternative HGB);
- **Folgegeschäfte,** die der Unternehmer mit Kunden abschließt, welche der Handelsvertreter für Geschäfte der gleichen Art geworben hat (§ 87 I 1 2. Alternative HGB); 24

B XIII   Der Handelsvertreter- und Vertragshändlerprozeß

25 – Im Falle der Zuweisung eines bestimmten *Bezirkes* oder eines bestimmten *Kundenkreises* (vgl. oben Rdnr. 10): Alle Geschäfte, die der Unternehmer mit Personen dieses Bezirks oder Kundenkreises abschließt, soweit die Provision nicht dem früheren Vertreter zusteht (§ 87 II HGB). Probleme können entstehen, wenn der Kunde **Hauptniederlassung und Zweigniederlassungen** in verschiedenen Vertreterbezirken unterhält. Nach *BGH* BB 1976, 1530 hat der Bezirksvertreter keinen Anspruch auf Provision für Geschäfte, die von der außerhalb seines Vertretungsbezirks liegenden Hauptniederlassung abgeschlossen und mit einer innerhalb des Vertretungsbezirks liegenden Zweigniederlassung ausgeführt werden. Ebensowenig besteht ein Provisionsanspruch, wenn der Kunde seine Hauptniederlassung im Vertreterbezirk hat, wenn aber eine Zweigniederlassung in einem anderen Vertreterbezirk das Geschäft selbständig, also ohne Mitwirkung der Hauptniederlassung und ohne Mitwirkung des Handelsvertreters abschließt *(BGH* LM Nr. 1 zu § 87 HGB);

26 – Geschäfte, die erst **nach Beendigung des Vertragsverhältnisses** abgeschlossen worden sind, nach näherer Maßgabe des neu gefaßten § 87 III HGB; der Anspruch ist abdingbar *(Baumbach/Duden/Hopt* § 87 Anm. 4 A). Abweichende vertragliche Regelungen sind häufig. § 87 III 2 HGB sieht unter bestimmten Voraussetzungen die Teilung der Gesamtprovision zwischen dem ausgeschiedenen Handelsvertreter und seinem Nachfolger vor.

27   **c) Ist bei provisionspflichtigen Geschäften die Pflicht zur Provisionszahlung entstanden?**
– Nach § 87a I HGB entsteht die Provisionszahlungspflicht, sobald und soweit der Unternehmer das **Geschäft ausgeführt** hat. Auch wenn die Ausführung unterbleibt, hat der Handelsvertreter Anspruch auf Provision, es sei denn die Nichtausführung beruhe auf Umständen, die der Unternehmer nicht zu vertreten hat (§ 87a III HGB). Bei teilweiser Ausführung entsteht ein Anspruch auf Teilprovision.

28 – **Abweichende vertragliche Regelungen** sind in gewissem Umfange zulässig, insbesondere kann die Provisionszahlungspflicht an die Zahlung des Kunden geknüpft werden. Jedoch hat der Handelsvertreter dann Anspruch auf angemessenen Provisionsvorschuß (§ 87a I 2 HGB).

29   **d) Ist der Anspruch auf Provisionszahlung wieder weggefallen?** Der Anspruch auf Provisionszahlung entfällt nach § 87a II HGB, wenn feststeht, daß **der Dritte nicht leistet** obwohl der Unternehmer die ihm obliegende Leistung vertragsmäßig erbracht hat. (Zum Begriff des „Feststehens" vgl. *Baumbach/Duden/Hopt* § 87a Anm. 3 C; *BGH* NJW 1984, 1455; für den Handelsvertreter nachteilige Vereinbarung, wann Ausfall „feststeht", ist gemäß § 87 V HGB n. F. nicht mehr möglich.) Dem steht der Fall gleich, daß dem Unternehmer die Realisierung einer Forderung gegen einen nicht zahlungswilligen Kunden nicht zumutbar ist (vgl. *BGH* DB 1983, 2136). Die Kündigung des Werk- oder Werklieferungsvertrages durch den Auftraggeber, bei welcher der Vergütungsanspruch des Unternehmers im Rahmen des § 649 BGB erhalten bleibt, führt nicht zu einem Wegfall des Provisionsanspruches sondern nur zu einer Reduzierung entsprechend dem vom Auftraggeber geschuldeten Betrag *(BGH* NJW 1984, 1455).

3. Provisionsabrechnung, Buchauszug und Bucheinsicht

Der Handelsvertreter hat einen unabdingbaren Anspruch auf Erteilung einer Provisionsabrechnung (§ 87c I HGB) und eines Buchauszuges über alle Geschäfte, für die ihm eine Provision gebührt (§ 87c II HGB). Ein „Buchauszug" ist eine aus den Geschäftsunterlagen des Unternehmers abgeleitete Zusammenstellung, die in geordneter Form die zur Berechnung der Provision des Handelsvertreters nach Höhe und Fälligkeit maßgeblichen Verhältnisse des Unternehmers wiedergibt (*BGH* DB 1989, 1329). (Vgl. zu den Kontrollrechten des Handelsvertreters umfassend *Seetzen* WM 1985, 213.) 30

a) Kommen Provisionsansprüche in Betracht? Da der **Buchauszug ein Hilfsanspruch** zur Bezifferung des Provisionsanspruchs ist, kann er nur insoweit geltend gemacht werden, wie Provisionsansprüche des Handelsvertreters in Betracht kommen. Kein Anspruch auf Buchauszug besteht daher, soweit sich der Unternehmer gegenüber einem etwa aus dem Buchauszug ableitbaren Provisionsanspruch auf Verjährung beruft (vgl. *BGH* NJW 1981, 457). Ebenso entfällt der Anspruch auf Buchauszug, wenn bereits Einigung über den Provisionsanspruch erzielt ist, wozu es allerdings in der Regel noch nicht ausreicht, daß der Handelsvertreter Provisionsabrechnungen widerspruchslos hingenommen hat (*BGH* DB 1982, 376). Im Einzelfall kann allerdings der Anspruch auf Buchauszug durch widerspruchslose Hinnahme von Provisionsabrechnungen verwirkt werden (*BGH* BB 1965, 434/435 für den Fall eines vollkaufmännischen Vertreters mit hohen Umsätzen). 31

b) Entfällt der Anspruch auf Buchauszug, weil der Unternehmer bereits erfüllt hat? Wenn der Unternehmer die Provisionsabrechnungen so ausführlich gestaltet, daß sich daraus bereits alle für die Überprüfung des Provisionsanspruches maßgeblichen Gesichtspunkte ohne weiteres entnehmen lassen, bedarf der Handelsvertreter keiner weiteren Informationen mehr, um seinen Provisionsanspruch überprüfen zu können. Ein zusätzlicher Anspruch auf Buchauszug entfällt daher (vgl. *BGH* DB 1982, 376; *Baumbach/Duden/Hopt* § 87c Anm. 3 A). 32

c) Bestehen vertragliche Vereinbarungen zum Buchauszug? Vertragliche Regelungen, die das Recht des Handelsvertreters auf Buchauszug beeinträchtigen, sind gemäß § 87c V HGB unwirksam. Das schließt aber nicht aus, daß Vereinbarungen über die Art und Weise getroffen werden, in der der Buchauszug zu erteilen ist. 33

d) Besteht ein Anspruch auf Bucheinsicht? Bucheinsicht kann verlangt werden, wenn der Buchauszug verweigert worden ist oder wenn begründete Zweifel an der Abrechnung oder dem Buchauszug bestehen (§ 87c IV HGB). Die Ansprüche auf Buchauszug und Einsichtnahme können nicht gleichzeitig gestellt werden (*BGHZ* 56, 290 [297]), wohl aber im Wege der Stufenklage miteinander verbunden werden (*Heymann/Sonnenschein* § 87c Anm. 19). 33a

4. Kündigung

a) Liegt eine wirksame ordentliche Kündigung vor? Die gesetzliche Kündigungsfrist ist nach der Laufzeit des Vertrages gestaffelt und ergibt sich im einzelnen aus § 89 I HGB. Längere Kündigungsfristen können vereinbart werden, dürfen aber für den Unternehmer nicht kürzer sein als für den Handelsvertreter 34

(§ 89 II HGB). Im Einzelfall können sich Kündigungsbeschränkungen aus § 26 II GWB ergeben (*OLG Frankfurt* WuW/E OLG 4681 „Postalia-Wartung").

35 **b) Sind Teilkündigungen möglich?** Teilkündigungen, z. B. für den Postleitbezirk „7" oder hinsichtlich eines bestimmten Kundenkreises sind grundsätzlich unzulässig (*BGH* DB 1977, 1844; *Küstner/v. Manteuffel* Bd. 1 Rdnr. 1570ff). Es kann nur im Wege einer **Änderungskündigung** das Vertragsverhältnis im ganzen gekündigt und zugleich das Angebot zum Abschluß eines neuen Handelsvertretervertrages gemacht werden. Anderes gilt nur bei entsprechender **vertraglicher Vereinbarung**. Behält sich der Unternehmer in einem AGB-mäßig abgeschlossenen Handelsvertretervertrag das Recht vor, das dem Handelsvertreter zugewiesene Gebiet einseitig zu verändern, so ist dies nur Rechtens, wenn der Vertrag auch eine Regelung der Voraussetzungen enthält, unter denen das Änderungsrecht ausgeübt werden kann, sowie eine Entschädigung zugunsten des Handelsvertreters. Ferner muß dem Handelsvertreter eine angemessene Frist zugebilligt werden, damit er sich auf die veränderte Situation einstellen kann (*BGH* NJW 1984, 1182; DB 1988, 1591). Beide Entscheidungen betreffen zwar Vertragshändlerverhältnisse, gelten aber für Handelsvertreterverträge in gleicher Weise.

36 **c) Liegt eine wirksame außerordentliche Kündigung vor (§ 89a HGB)?** Aus wichtigem Grund kann auch fristlos gekündigt werden, wenn dem Kündigenden eine Fortsetzung des Vertragsverhältnisses bis zum Ablauf der ordentlichen Kündigungsfrist nicht zugemutet werden kann (*BGH* BB 1983, 1629; zahlreiche Beispiele bei *Baumbach/Duden/Hopt* § 89a Anm. 2 D und E; *Küstner, v. Manteuffel* Bd. 1 Rdnr. 1790–2000). Es ist zweifelhaft, inwieweit vertragliche Vereinbarungen zum „wichtigen Grund" möglich sind, vgl. *Schwerdtner* DB 1989, 1757. Die fristlose Kündigung braucht zwar nicht innerhalb der 2-Wochen-Frist gemäß § 626 II BGB zu erfolgen; jedoch muß sie alsbald erklärt werden, wobei dem zur Kündigung Berechtigten eine gewisse Überlegungsfrist zugebilligt wird. Im Hinblick auf *BGH* BB 1992, 1162 wird man als Faustregel annehmen können, daß das Recht zur fristlosen Kündigung irgendwann zwischen zwei Wochen und zwei Monaten nach Bekanntwerden des Kündigungsgrundes erlischt.

5. Ausgleichsanspruch (§ 89b HGB)

37 **a) Ist ein Ausgleichsanspruch dem Grunde nach ausgeschlossen (§ 89b III HGB)?** Der Ausgleichsanspruch entsteht typischerweise, wenn der Unternehmer das Handelsvertreterverhältnis **kündigt**. Er kann aber auch entstehen, obwohl die Kündigung vom Handelsvertreter erklärt wird, und zwar dann, wenn der Unternehmer zu der Kündigung begründeten Anlaß gegeben hat. „Begründeter Anlaß" ist weniger als „wichtiger Grund" (*Baumbach/Duden/Hopt* § 89b Anm. 4 A). Jüngere Beispiele für ein Verhalten, des Unternehmers, das dem Handelsvertreter begründeten Anlaß zur Kündigung gegeben hat, in *BGH* BB 1985, 226; *BGH* BB 1987, 221. Jahrelange Hinnahme eines bestimmten Verhaltens des Unternehmens kann dazu führen, daß sich der Handelsvertreter hierauf nicht mehr berufen kann (*BGH* NJW-RR 1989, 862). Gegen den Ausschluß des Ausgleichsanspruchs bei Kündigung des Handelsvertreters ohne begründeten Anlaß werden verfassungsrechtliche Zweifel geäußert (vgl. *LG Koblenz* DB 1992, 2182; *Haas* BB 1991, 1441).

Der Ausgleichsanspruch entfällt, obwohl der Unternehmer kündigt, wenn ein wichtiger Grund zur Kündigung wegen **schuldhaften Verhaltens des Handelsvertreters** vorliegt. Dabei kommt es nur darauf an, ob ein wichtiger Grund bestand, nicht aber, ob die Kündigung auf diesen Grund gestützt wurde oder ob der Grund gar das Motiv für die Kündigung war (*BGHZ* 40, 13/15 f.). Zur Frage, was ein wichtiger vom Handelsvertreter zu vertretender Grund ist, vgl. die Nachweise bei *Baumbach/Duden/Hopt* § 89a Anm. 2 und *Küstner/v. Manteuffel* Bd. 1 Rdnr. 1790–2000.

Im Falle **einvernehmlicher Vertragsbeendigung** kann der Ausgleichsanspruch ebenfalls entstehen. Er entfällt jedoch, wenn auf Grund einer Vereinbarung zwischen dem Handelsvertreter und dem Unternehmer an Stelle des Handelsvertreters ein Nachfolger in das Vertragsverhältnis eintritt. Diese Vereinbarung kann aber erst bei oder nach Beendigung des Handelsvertreterverhältnisses getroffen werden (§ 89b III Nr. 3 HGB). Ein Unternehmen, das im Rahmen einer Unternehmensgruppe als Vertriebsunternehmen tätig ist, hat keinen Ausgleichsanspruch, wenn es dem Produktionsunternehmen gegenüber nicht hinreichend selbständig ist (*FG Rheinland-Pfalz* DB 1990, 1370).

Der Ausgleichsanspruch ist nach neuem Recht innerhalb einer **Ausschlußfrist** 38 von einem Jahr nach Vertragsende geltend zu machen (§ 89b IV HGB). Nach altem Recht, das bis zum 31. 12. 1993 für Verträge fortgilt, die vor dem 1. 1. 1990 in Kraft getreten sind (vgl. Rdnr. 1), betrug die Ausschlußfrist drei Monate (§ 89b IV a. F. HGB). Die Geltendmachung bedarf keiner besonderen Form, insbesondere ist nicht etwa Klageerhebung erforderlich.

b) Sind die Voraussetzungen des § 89 b I HGB erfüllt? § 89 b I HGB stellt für 39 das Entstehen des Ausgleichsanspruches neben der Beendigung des Vertragsverhältnisses drei kumulativ zu erfüllende Voraussetzungen auf, nämlich fortdauernde Unternehmervorteile aus der Geschäftsverbindung mit Kunden, die der Handelsvertreter geworben hat; Provisionsverluste des Handelsvertreters durch die Beendigung des Handelsvertreterverhältnisses; Billigkeit der Zuerkennung eines Ausgleichsanspruchs.

– **Fortdauernde Unternehmervorteile** aus der Geschäftsbeziehung mit vom 40 Handelsvertreter neu geworbenen Kunden oder mit solchen Kunden, hinsichtlich derer eine einer Neuwerbung gleichkommende Umsatzausweitung erzielt wurde (letzteres bejaht für eine Umsatzverdoppelung von *BGH* NJW 1971, 1611). Den Handelsvertreter trifft die Darlegungs- und Beweislast. Die Darlegung erfolgt zweckmäßigerweise in Form einer Tabelle, in der für jeden vom Handelsvertreter geworbenen Kunden das Beweismittel für die Werbung, das Jahr des ersten Geschäftsabschlusses und die Geschäftsentwicklung der letzten z. B. fünf Vertragsjahre übersichtlich präsentiert werden können. Wenn eine große Zahl von Kunden in Betracht kommt, kann die Beweisführung durch stichprobenartig eingeholte schriftliche Auskünfte dieser Kunden erfolgen, vgl. BGH NJW 1985, 860 betreffend 198 Stellungnahmen von 1148 als geworben behaupteten Kunden. Es genügt, daß die Tätigkeit des Handelsvertreters für die Werbung des Kunden und für den Fortbestand der Kundenbeziehung über die Beendigung des Handelsvertreterverhältnisses hinaus mitursächlich war (*BGH* NJW 1985, 859/860; DB 1986, 1069). Eine etwaige „Sogwirkung der Marke" würde das Entstehen des Ausgleichsanspruches nur dann ausschließen, wenn die Tätigkeit des Handelsvertreters ohne jeden Einfluß auf den Fortbestand der Kundenbeziehung wäre. Sie kann aber im Rahmen der Billigkeitsprüfung von Bedeutung sein (s. unten Rdnr. 43). Zum

B XIII   Der Handelsvertreter- und Vertragshändlerprozeß

Fortbestand von Unternehmervorteilen beim Vertrieb langlebiger Wirtschaftsgüter, für die ein Ersatzbedarf etwa alle fünf Jahre eintritt, vgl. *BGH NJW* 1985, 859; 13jähriger Turnus für Ersatzbedarf *BGH NJW-RR* 1991, 1050. Wenn ein Handelsvertreter einen Kunden geworben hat, spricht eine – widerlegliche – Vermutung dafür, daß die Geschäftsbeziehung fortbesteht (*BGH NJW* 1985, 859).

41   Fortdauernde Unternehmervorteile können zu verneinen sein, wenn der Unternehmer seinen Geschäftsbetrieb aufgibt, ohne z. B. beim Verkauf seines Unternehmens ein Entgelt für die Überlassung der Kunden erhalten zu haben (vgl. *BGH NJW* 1976, 2022; 1986, 1931). Häufig schwächt sich der Unternehmervorteil in den Jahren nach der Vertragsbeendigung ab, weil Kunden abwandern. Zur Höhe der in Betracht kommenden **Abwanderungsquote** vgl. *BGH NJW* 1985, 860; *NJW-RR* 1988, 1061; *OLG Karlsruhe* BB 1982, 275. Eine nachvertragliche Verlustphase des Unternehmers schließt die Annahme eines Unternehmervorteils nicht aus (*BGH WM* 1991, 602).

42   – **Provisionsverluste des Handelsvertreters** durch die Beendigung des Handelsvertretervertrages (§ 89 b I Nr. 2 HGB). Solche Verluste entstehen, wenn entweder der Anspruch auf Überhangprovisionen (§ 87 a I 1 HGB) oder der auf Provision aus nachvertraglichen Geschäften (vgl. § 87 III HGB) vertraglich ausgeschlossen worden ist. Sie treten im übrigen dadurch ein, daß der Handelsvertreter bei Fortbestand des Handelsvertretervertrages für Folgegeschäfte des Unternehmers mit den vom Handelsvertreter geworbenen Kunden Provisionen verdient hätte (§ 87 I 1 2. Alternative HGB). Dabei kommt es nicht darauf an, ob solche Geschäfte weitere Bemühungen des Handelsvertreters erfordert hätten (*BGHZ* 30, 98/103). Nicht auszugleichen ist dagegen der eben auf der Vertragsbeendigung beruhende Verlust der Möglichkeit, neue Kunden zu werben (*BGHZ* 34, 314). Berücksichtigungsfähig sind nur Provisionen für die werbende Tätigkeit, nicht für Verwaltungstätigkeiten, Lagerhaltung u. ä., BGH NJW 1985, 860/861; NJW-RR 1988, 1061/1062. Ist der Handelsvertretervertrag so gestaltet, daß der Handelsvertreter für Folgegeschäfte ohnehin keine Provision erhalten hätte, erleidet er keine Provisionsverluste durch die Beendigung des Handelsvertretervertrages und kann deshalb auch keinen Ausgleich beanspruchen. Etwas anderes kann gelten, wenn der Unternehmer durch eine ungewöhnliche Gestaltung der Geschäftsabwicklung mit seinen Kunden das Entstehen von Provisionsverlusten vermeidet (dahingestellt in *BGH NJW* 1985, 859/860 für ein System häufiger Bezirkswechsel). Darin könnte eine gemäß § 89 b IV HGB unzulässige Beeinträchtigung des Ausgleichsanspruchs liegen.

43   – **Billigkeit.** Zu berücksichtigen sind **alle Umstände des Einzelfalles,** wie: die Frage, ob der Handelsvertreter besonders günstige Vertragsbedingungen hatte (*BGHZ* 43, 154/159); Rückgang oder Steigerung des Umsatzes während der Vertragsdauer (*BGHZ* 42, 244/247); Gründe für die Kündigung (*BGH WM* 1975, 856); „Sogwirkung der Marke" (*BGH DB* 1986, 1069); ersparte Betriebskosten, wenn Ersparnis 50% überschreitet (*BGH NJW* 1979, 651/653); die lange Dauer des Vertragsverhältnisses wird nur selten anspruchsmindernd zu berücksichtigen sein (*BGHZ* 55, 45); die kurze Dauer kann hingegen anspruchserhöhend wirken. Weitere Beispiele bei *Küstner/v. Manteuffel* Bd. 2 Rdnr. 399–456; zu den Auswirkungen der Einbeziehung des Handelsvertreters in die Alters- und Hinterbliebenenversorgung des Unternehmers: *Küstner/v. Manteuffel* Bd. 2 Rdnr. 457–497.

c) **Wie bestimmt sich die Obergrenze gemäß § 89b II HGB?** Anders als für 44
die Ermittlung der Provisionsverluste sind für die Bestimmung der Obergrenze
des Ausgleichsanspruches alle Vergütungen des Handelsvertreters zu berücksichtigen, die er vom Unternehmer erhalten hat, also auch z. B. solche für
Verwaltungstätigkeiten, Lagerhaltung, Auslieferung, Inkasso, Betreuung von
Untervertretern (*BGH* NJW 1985, 860/861).

d) **Beispiel zur Errechnung des Ausgleichsanspruchs im einzelnen. aa) Er-** 45
mittlung des Ausgangsbetrages ("Rohausgleich") gem. § 89b I HGB:

- vom Handelsvertreter geworbene Neukunden: 50
- Altkunden, mit denen der Handelsvertreter die Umsätze
  mindestens verdoppelt hat: 20
- Gesamtumsatz mit den vorgenannten Kunden im letzten
  Vertragsjahr: 700 000 DM
- Vergütung des Handelsvertreters:
  Provision: 4% zuzüglich Mehrwertsteuer, also für das letzte
  Vertragsjahr: 28 000 DM
  zzgl. MwSt.
  Verwaltungskostenerstattung: 1% zuzüglich Mehrwertsteuer, also für das letzte Vertragsjahr: 7000 DM
  zzgl. MwSt.
- Abwanderungsquote, hier unterstellt mit jährlich 20%.
- Provisionsverluste in % aus 28 000 DM (= Provision des letzten Vertragsjahres für Geschäfte mit Neukunden und solchen Altkunden, mit denen die
  Umsätze mindestens verdoppelt werden konnten) mit 7% abgezinst auf den
  Zeitpunkt der Vertragsbeendigung (die Abzinsung ist geboten, der Abzinsungsfaktor ggf. gemäß § 287 ZPO zu schätzen, *BGH* DB 1991, 1325 in casu
  8%):

Jahr nach Vertragsbeendigung	Provisionsverlust in %	Provisionsverlust in DM	abgezinst
1	80	22 400	20 944,—
2	60	16 800	14 666,40
3	40	11 200	9 139,20
4	20	5 600	4 272,80
		56 000	49 022,40
		zzgl. MwSt.	zzgl. MwSt.

- Billigkeitsgründe (§ 89b I Nr. 3 HGB) rechtfertigen weder einen Zuschlag
  noch einen Abschlag (unterstellt).

bb) **Ermittlung des Höchstbetrages gemäß § 89b II HGB:** 46
- durchschnittliche Gesamtprovision, die der Handelsvertreter
  während der letzten fünf Vertragsjahre insgesamt (sämtliche
  Altkunden und Neukunden) erhalten hat (unterstellt): 50 000 DM
- durchschnittliche sonstige Vergütungen der letzten fünf Vertragsjahre (hier: 1% Verwaltungskostenerstattung): 12 500 DM
  62 500 DM
  zzgl. MwSt.

Der dem Handelsvertreter zukommende Ausgleichsanspruch beträgt also 49022,40 DM zuzüglich Mehrwertsteuer und liegt somit unter dem sich aus § 89b II HGB ergebenden Höchstbetrag. Weitere instruktive Berechnungsbeispiele mit Differenzierungen bei *Küstner/von Manteuffel* II Rdnrn. 492ff.

6. Nachvertragliches Wettbewerbsverbot

47 **a) Kann der Unternehmer das Wettbewerbsverbot durchsetzen?** Ein nachvertragliches Wettbewerbsverbot ist für den Handelsvertreter nur bei Beachtung der Formvorschriften und im Rahmen der **inhaltlichen Schranken des § 90a HGB** verbindlich. Die Schranken sind durch die seit 1. 1. 1990 geltende Fassung von § 90a I 2 HGB enger gezogen worden. Dem Handelsvertreter ist eine **angemessene Entschädigung** zu zahlen. Vom Gesetz abweichende, für den Handelsvertreter nachteilige Vereinbarungen können nur nach Beendigung des Vertragsverhältnisses oder in einer Vereinbarung über die Beendigung des Vertrages getroffen werden, wenn die Vereinbarung den Vertrag sofort beendet (*BGHZ* 51, 184; 53, 89; BB 1970, 101). Unverbindlich ist insbesondere eine Regelung, durch die sich der Unternehmer vorbehält, das Wettbewerbsverbot bei Vertragsende in Geltung zu setzen (*Baumbach/Duden/Hopt* § 90a Anm. 6 unter Berufung auf *LG Tübingen* BB 1977, 671). Eine Beschränkung des Wettbewerbsverbotes auf den Fall einer Vertragsbeendigung infolge vertragswidrigen Verhaltens des Handelsvertreters ist zulässig, weil für den Handelsvertreter vorteilhaft (*BGH* DB 1984, 289).

48 **b) Kann der Handelsvertreter Karenzentschädigung verlangen? Der Unternehmer** kann sich bis zum Ende des Vertragsverhältnisses von dem Wettbewerbsverbot lossagen und wird dann mit Ablauf von 6 Monaten nach dieser Erklärung von der Verpflichtung zur Zahlung weiterer Karenzentschädigungen frei (§ 90a II HGB). Im Falle einer **unverbindlichen Wettbewerbsabrede** kann **der Handelsvertreter** bis Vertragsende wählen, ob er sich auf die Unverbindlichkeit berufen oder aber die Wettbewerbsabrede einhalten und Karenzentschädigung verlangen will (*Baumbach/Duden/Hopt* § 90a Anm. 8). **§ 90a II 2 HGB,** der den unbedingten Wegfall des Entschädigungsanspruches im Falle einer Kündigung aus wichtigem Grund wegen schuldhaften Verhaltens des Handelsvertreters vorsah, ist durch *BVerfG* NJW 1990, 1462 für **verfassungswidrig** erklärt worden. Obwohl sich die Entscheidung nur mit der bis zum 31. 12. 1989 geltenden Fassung des § 90a HGB befaßt, ist anzunehmen, daß der unverändert gebliebene § 90a II 2 HGB auch nach der Neufassung von § 90a I 2 HGB verfassungswidrig ist. Die laufenden Reformbestrebungen tendieren dahin, eine Regelung zu schaffen, wie sie vom *BAG* BB 1977, 847 für die Kündigung von Dienstverhältnissen der Handlungsgehilfen im Rahmen des als verfassungswidrig angesehenen § 75 III HGB entwickelt wurde: Der Unternehmer soll die Wahl bekommen, ob er am Wettbewertsverbot festhalten oder ob er sich lossagen will. Im ersteren Fall würde die Entschädigungspflicht eintreten, im letzteren nicht.

7. Klage auf Abrechnung, Buchauszug, Bucheinsicht, eidesstattliche Versicherung, Zahlung rückständiger Provisionen und Ausgleich – Antragsfassung, Vollstreckung

„Es wird beantragt, die Beklagte zu verurteilen:
1. An den Kläger einen Teilbetrag von DM ... auf die rückständigen Provisionen nebst ... % Zinsen ab Klageerhebung zu bezahlen;
2. an den Kläger einen Teilbetrag von DM ... auf den Ausgleichsanspruch nebst ... % Zinsen ab Klageerhebung zu bezahlen;
3. im Wege der Stufenklage nacheinander
   a) dem Kläger
      – Abrechnung über die Provision zu erteilen, die er für die Zeit vom ... bis ... zu beanspruchen hat; und
      – einen Buchauszug über sämtliche Geschäfte zu erteilen, die sie zwischen dem ... und dem ... mit Kunden im Bezirk ... abgeschlossen hat;
   b) die Richtigkeit und Vollständigkeit der Abrechnung und des Buchauszuges an Eides Statt zu versichern;
   c) dem Kläger nach ihrer Wahl selbst oder durch einen von ihm zu bestimmenden Wirtschaftsprüfer oder vereidigten Buchsachverständigen Bucheinsicht zu gewähren;
   d) die Richtigkeit und Vollständigkeit der zur Einsichtnahme vorgelegten Bücher an Eides Statt zu versichern;
   e) dem Kläger die aufgrund der Abrechnung, des Buchauszuges oder der Einsichtnahme in die Bücher der Beklagten zu beziffernden weiteren Provisionen nebst ... % Zinsen seit Klageerhebung zu zahlen;
   f) dem Kläger die aufgrund der Abrechnung, des Buchauszuges oder der Einsicht in die Bücher zu beziffernden weiteren Ansprüche auf Ausgleich nebst ... % Zinsen seit Klageerhebung zu zahlen."

Der Antrag ist so umfassend formuliert wie möglich und kann je nach Lage des Falles verkürzt werden. Er geht davon aus, daß der Handelsvertreter einen Teil seiner Provisions- und Ausgleichsansprüche bereits beziffern kann. Statt der Anträge auf Abrechnung und Buchauszug kann der Kläger auch unmittelbar Bucheinsicht verlangen, wenn der Unternehmer den Buchauszug verweigert hat (*Küstner/v. Manteuffel* Bd. 1 Rdnr. 1457 ff) Der Handelsvertreter kann nach den allgemeinen Grundsätzen eine **Stufenklage** erheben (vgl. § 254; dazu *Heymann/Sonnenschein* § 87c Anm. 19; *Baumbach/Duden/Hopt* § 87c Anm. 3 D; *Küstner/v. Manteuffel* Bd. 1 Rdnr. 1426 ff). Zur Frage, inwieweit mit der Klage auf Buchauszug auch der Antrag auf Abgabe der eidesstattlichen Versicherung verbunden werden kann, vgl. *Baumbach/Lauterbach/Hartmann* § 254 Anm. 2 B; 3 A b). *Schneider* BB 1976, 1298 läßt einen unbezifferten Antrag auf Zahlung eines in das Ermessen des Gerichtes gestellten Betrages zu. **Die Vollstreckung** erfolgt grundsätzlich nach den Regeln über die Vollstreckung vertretbarer Handlungen gemäß § 887 ZPO durch Ersatzvornahme (*BGH* LM Nr. 4a zu § 87c HGB); anders, wenn Ersatzvornahme unmöglich ist, z. B. weil Geschäftsbücher Dritten nicht zugänglich sind (vgl. *Baumbach/Duden/Hopt* § 87c Anm. 1 D).

8. Streitwert; Rechtsschutzversicherung

Vgl. zum Ganzen *Schneider* Streitwertkommentar, 10. Aufl. 1992 „Handelsvertreter". Der Streitwert für eine Klage auf Feststellung der Unwirksamkeit einer außerordentlichen Kündigung bestimmt sich nach § 3 ZPO. *OLG München* DB 1985, 645 = JurBüro 1985, 574 hat den Betrag der **Provisionen,** die bis zur nächsten ordentlichen Kündigungsmöglichkeit angefallen wären, zugrunde gelegt und davon einen Abschlag von 20% vorgenommen. Berücksichtigungsfähig erscheint auch der Betrag des Ausgleichsanspruchs, der auf dem Spiel steht, wenn über die Berechtigung einer vom Unternehmer aus wichtigem Grund wegen schuldhaften Verhaltens des Handelsvertreters erklärten Kündigung gestritten wird (§ 89b III Nr. 2 HGB). Der Anspruch auf Bucheinsicht ist nach denselben Grundsätzen zu berechnen wie der Wert eines Auskunftsanspruches, vgl. zu letzterem *Baumbach/Hartmann* Anh. § 3 „Auskunft". Die *Beschwer* des zur Erteilung eines Buchauszuges verurteilten Unternehmers entspricht seinem Aufwand für die Erstellung desselben (*BGH* NJW 1992, 2020). Der Streitwert einer **unbezifferten Klage** auf Ausgleich bemißt sich nach dem Betrag, der sich ergeben würde, wenn sämtliche tatsächlichen Behauptungen (und wohl auch rechtlichen Würdigungen) der Klageschrift zutreffen würden (vgl. *Schneider* BB 1976, 1298/1299, dort auch zum Streitwert einer Stufenklage). Die Wahrnehmung rechtlicher Interessen aus dem Bereich des Handelsvertreterrechts ist gemäß § 4 Abs. 1 Buchst. f ARB vom Versicherungsschutz ausgenommen, soweit nicht eine Sondervereinbarung gemäß § 24 Abs. 3 Nr. 2 ARB getroffen wurde.

III. Typische Streitfragen im Vertragshändlerrecht

1. Ausgleichsanspruch

Vgl. dazu neuerdings *BGH* NJW-RR 1992, 421

52   a) **Unter welchen Voraussetzungen kommt die analoge Anwendung von § 89b HGB auf Vertragshändler in Betracht?**
– Der Hersteller muß aufgrund einer vertraglichen Verpflichtung des Vertragshändlers berechtigt und in der Lage sein, die Vorteile des von dem Vertragshändler geworbenen **Kundenstammes** sofort und ohne weiteres auf sich überzuleiten. Dazu bedarf er im wesentlichen der Übermittlung der Kundenadressen und sonstiger zur Pflege der Geschäftsverbindung erforderlicher Daten. Gleichgültig ist, ob die Verpflichtung zur Überlassung des Kundenstamms ausdrücklich im Vertrag niedergelegt ist oder ob der Hersteller aus der vertragsmäßigen Durchführung des Vertriebsvertrages notwendigerweise die ausreichenden Kenntnisse über die Kundschaft erlangt (*BGH* NJW 1981, 1961; NJW 1983, 1789), beispielsweise auch, indem der Hersteller die Kunden direkt beliefert (vgl. *BGH* WM 1988, 1642). Eine **freiwillige,** also nicht aufgrund vertraglicher Verpflichtung erfolgende **Mitteilung von Kundenanschriften** rechtfertigt die analoge Anwendbarkeit von § 89b HGB nicht. Andererseits schließt der Verzicht des Herstellers auf die Ausübung der ihm vertraglich eingeräumten Befugnis, die Bekanntgabe der Kundenanschriften zu verlangen, den Ausgleichsanspruch nicht aus (*BGH* DB 1980, 344).

53   – Der Vertragshändler muß in einer dem Handelsvertreter vergleichbaren Weise in die **Vertriebs- und Absatzorganisation des Herstellers** eingegliedert sein. Die Eingliederung muß über die ständige Wahrnehmung der Interessen des Herstellers durch den Händler hinausgehen, die letzteren erst zum Ver-

tragshändler macht. Wie die Eingliederung im einzelnen auszusehen hat, läßt sich nicht abschließend sagen. Eine Zusammenstellung der nach der Rechtsprechung in Betracht kommenden Voraussetzungen enthalten *BGH* NJW 1984, 2101; 2102/2103; *BGH* DB 1987, 1730/1731. **Indizien** für die Eingliederung in die Vertriebs- und Absatzorganisation können danach sein das Recht des Herstellers, dem Vertragshändler Weisungen, Richtlinien oder Empfehlungen hinsichtlich der Verkaufsorganisation, der Lager- und Vorratshaltung zu geben, hinsichtlich der Einrichtung der Geschäftsräume, der Art und des Umfangs der Werbung oder der Buchführung und des Berichtswesens. Von Bedeutung kann sein, ob der Hersteller das Recht hat, Abrechnungsunterlagen zu prüfen und den Vertragshändler bei Investitionen oder Änderungen der Betriebsstruktur zu beraten. Keine Voraussetzung, wohl aber ein Indiz für die Analogiemöglichkeit ist es, daß dem Vertragshändler ein Alleinvertriebsrecht oder Gebietsschutz zugebilligt worden ist (*BGH* NJW 1982, 2819).

b) Wie berechnet sich der Ausgleichsanspruch im einzelnen? 54

– Hinsichtlich der **Kundenwerbung** und der **Billigkeit** der Ausgleichszahlung (§ 89 b I HGB) gilt das für Handelsvertreter Gesagte in gleicher Weise (siehe oben Rdnr. 39 ff.).
– Der dem Vertragshändler auszugleichende Verlust berechnet sich nach dem Betrag, den der Hersteller an einen **Handelsvertreter** zu zahlen gehabt hätte, falls er den Vertrieb über einen solchen geleitet hätte. Es ist also nicht etwa die regelmäßig sehr viel höhere **Handelsspanne** des Händlers maßgeblich (vgl. schon *BGHZ* 29, 3). Einen groben Anhaltspunkt kann die in der Branche üblicherweise gezahlte Provision bilden. Eine den Umständen des Einzelfalls angepaßte verfeinerte Berechnungsmethode wird von *Küstner/von Manteuffel*, vorgestellt in BB 1988, 1972. Ein ganz anderer auf den Unternehmenswert des Vertragshändlers abstellender Ansatz bei *Ekkenga* AG 1992, 345.
– Auch die **Obergrenze** gemäß § 89 b II HGB berechnet sich nach der Vergütung, die ein Handelsvertreter erhalten hätte (*BGH* NJW-RR 1992, 421). Dabei muß berücksichtigt werden, daß ein Händler regelmäßig das Kredit-, Absatz- und Lagerrisiko zu tragen hat und dafür als Handelsvertreter üblicherweise einen entsprechenden Zuschlag zur „normalen" Provision erhalten hätte.

c) Kann der Ausgleichsanspruch des Vertragshändlers abbedungen werden? Durch *BGH* BB 1985, 1084 ist entschieden, daß bei Vorliegen der Analogievoraussetzungen für die Anwendung von § 89 b I bis III HGB auch IV analog anzuwenden ist. Auch der Ausgleichsanspruch des inländischen Vertragshändlers kann also im voraus nicht ausgeschlossen werden, wenn das Vertragsverhältnis deutschem Recht unterliegt. Ob dies auch für den ausländischen Vertragshändler mit Tätigkeit in einem anderen EWG-Staat gilt, ist zweifelhaft aber wohl zu bejahen. Das HGB gibt keinen Ansatzpunkt für eine Differenzierungsmöglichkeit. Die Schlechterstellung von Händlern aus dem EWG-Ausland gegenüber deutschen Händlern würde das Diskriminierungsverbot gemäß Art. 6 EWGV tangieren, dem durch die Neufassung von § 92 c HGB Rechnung getragen worden ist. Das Entstehen eines Ausgleichsanspruchs wird aber vermieden, wenn das Vertragshändlerverhältnis im Rahmen des Zulässigen einem ausländischen Recht unterworfen ist, das einen solchen Anspruch nicht kennt. 55

2. Weitere Fälle analoger Anwendbarkeit von Handelsvertreterrecht

56 Ein Wettbewerbsverbot analog § 86 I HGB kann sich auch ohne ausdrückliche Vereinbarung aus der Pflicht des Vertragshändlers zur **Wahrung der Interessen des Herstellers** jedenfalls bei Alleinvertriebsverträgen ergeben (*BGH* DB 1984, 555). Die 4jährige Verjährungsfrist gemäß § 88 HGB gilt auch für den Ausgleichsanspruch des Vertragshändlers (*BGH* NJW 1984, 2102/2103).

3. Kündigung

57 a) **Kündigungsfristen, Teilkündigung, außerordentliche Kündigung.** Im Rahmen analoger Anwendbarkeit des Handelsvertreterrechtes gelten auch für Vertragshändlerverträge die Kündigungsfristen gemäß § 89 HGB (*BGH* NJW 1962, 1107). Für außerordentliche Kündigungen gilt § 89 a HGB analog (*BGH* NJW 1982, 2432). Vgl. im übrigen und zur Teilkündigung Rdnr. 34 ff. Als wichtigen Grund für die **fristlose Kündigung** eines Vertragshändlervertrages sah es *BGH* BB 1978, 982 an, daß der Händler sein zuvor einzelkaufmännisch betriebenes Unternehmen in eine GmbH & Co. KG umgewandelt hatte, ohne den Hersteller von der einschneidenden Veränderung der Haftungsverhältnisse zu unterrichten.

58 b) **Gelten Kündigungsbeschränkungen?** Vertragshändler müssen ihren Vertrieb häufig so stark auf die Produkte ihres Herstellers ausrichten, daß sie nur unter erheblichen **Wettbewerbsnachteilen** auf einen anderen Hersteller überwechseln können. In solchen Fällen kann eine unternehmensbedingte Abhängigkeit des Händlers von seinem Hersteller im Sinne von § 26 II GWB vorliegen, die die Ausübung der nach Vertrag oder Gesetz für den Hersteller gegebenen ordentlichen Kündigungsmöglichkeit rechtsmißbräuchlich machen kann (*BGH* DB 1989, 2064 „Lotterievertrieb"). Es kann eine Rolle spielen, ob der Händler im Einvernehmen mit dem Hersteller **Investitionen** vorgenommen hat, die im Zeitpunkt der Kündigung noch nicht amortisiert sind (*OLG Stuttgart* WuW/E 3415). Eingehend zum ganzen *Ebenroth/Parche* BB 1988, Beil. 10. Auch wird erwogen, dem Händler u. U. einen Anspruch auf Ersatz für die von ihm getätigten Investitionen zuzubilligen (*Foth* BB 1987, 1270). Eine Verlängerung der Kündigungsfrist auf zwölf Monate hat das *OLG Stuttgart* zu Gunsten eines unternehmensbedingt abhängigen Kfz-Händlers für erforderlich erklärt (NJW-RR 1990, 491; ebenso *OLG Düsseldorf* WuW/E OLG, 4458). Zur Verpflichtung des Herstellers, das Ersatzteillager des Händlers zurückzunehmen vgl. WuW/E BGH 2515.

4. Verletzung eines Alleinvertriebsvertrages durch Lieferungen des Herstellers in das geschützte Gebiet

59 a) **Welche Rechtsbehelfe kommen in Betracht?** Hat der Hersteller einem Händler ein bestimmtes Gebiet zum Alleinvertrieb übertragen, darf er selbst in diesem Bezirk keine Geschäfte machen (*BGH* DB 1970, 44 – Autoentfroster). Verletzt er diese Verpflichtung, erwächst dem Händler ein **Schadenersatzanspruch**, nicht hingegen ein Anspruch auf eine Art Bezirksvertreterprovision oder gemäß § 687 II BGB auf Herausgabe des vom Hersteller Erlangten wegen unberechtigter Fremdgeschäftsführung (*BGH* BB 1984, 1313). Der Vertragshändler wird auch häufig das Recht zur **außerordentlichen Kündigung** haben

Besonderheiten in den neuen Bundesländern B XIII

(§ 89a HGB). Darüber hinaus steht ihm bei Aufrechterhaltung des Vertrages der **Erfüllungsanspruch** (auf Unterlassung) zu.

b) Ist die Alleinvertriebsabrede wirksam? Alleinvertriebsverträge bedürfen der Schriftform gemäß § 34 GWB, vgl. Rdnr. 10. Dies wird in der Praxis häufig übersehen. 60

5. Rechtsschutzversicherung

Der Risikoausschluß gemäß § 4 Abs. 1 Buchst. f ARB für Rechtsstreitigkeiten aus dem Bereich des Handelsvertreterrechts (vgl. Rdnr. 51) erfaßt nicht die Geltendmachung von Ansprüchen aus Eigenhändlerverträgen (*BGH* NJW-RR 1989, 1251). 61

IV. Besonderheiten in den neuen Bundesländern

Nach dem Beitritt der DDR zur Bundesrepublik Deutschland gemäß Art. 23 GG stellt sich die Frage, ob Abreden über Alleinvertrieb oder Gebietsschutz, die sich auf die BRD bezogen, auch für die neuen Bundesländer gelten. Die Entscheidung muß von der Vertragsauslegung im Einzelfall abhängig gemacht werden (vgl. *OLG Frankfurt* DtZ 1992, 246; *Thume* BB 1990, Beil. 40 zu Heft 35/36, S. 20). In der Regel wird es dem Parteiwillen bei Vertragsschluß entsprochen haben, daß ein Vertriebsrecht für die Bundesrepublik und Berlin (West) nur die alten Bundesländer abdecken soll. Einen wichtigen Anhaltspunkt für die Vertragsauslegung wird das tatsächliche Verhalten der Parteien in der Zeit seit dem 3. 10. 1990 bilden. 62

Auf Vertragsverhältnisse, die vor dem 1. 7. 1990 mit Handelsvertretern in der DDR nach dem Gesetz über internationale Wirtschaftsverträge begründet werden, ist dieses Gesetz bis 31. 12. 1993 weiter anzuwenden (Anlage I zum Einigungsvertragsgesetz vom 23. 9. 1990, BGBl. II S. 885, 959f).

B XIV. Der Äußerungsrechts- und Medienprozeß

Sieghart Ott

Übersicht

	Rdnr.		Rdnr.
Vorbemerkung	1	II. Sonstige Verletzungen von Persönlichkeits- und Immaterialgüterrechten	68
I. Rechtsschutz gegen Ehrverletzungen	2		
1. Abgrenzung Meinungsäußerung/Tatsachenbehauptung	4	1. Wettbewerbstatbestände	69
		2. Titelschutzansprüche	70
2. Gegendarstellung	13	3. Namensrechtliche Ansprüche	72
3. Unterlassungsanspruch	24	4. Ansprüche gegen Abbildungen	76
4. Widerrufsanspruch	47	5. Urheberrechtsansprüche	79
5. Zahlungsansprüche	56	6. Sonstige Ansprüche	80
6. Exkurs: Strafrechtliches Vorgehen	65	III. Neue Medien	81

Literatur: *v. Gamm*, Persönlichkeits- und Ehrverletzungen durch Massenmedien, 1969; *Götz v. Olenhusen*, Handbuch des Medienrechts, Rundfunkrecht, 1988; *Helle*, Der Schutz der Persönlichkeit, der Ehre und des wirtschaftlichen Rufes im Privatrecht, 2. Aufl. 1969; *ders.*, Besondere Persönlichkeitsrechte im Privatrecht, 1991; *Hubmann*, Das Persönlichkeitsrecht, 2. Aufl. 1967; *König*, Die Teletexte, 1980; *Löffler*, Presserecht, 3. Aufl., Band I. Landespressegesetze, 1983; *Löffler/Golsong/Frank*, Das Gegendarstellungsrecht in Europa, 1974; *Löffler/Ricker*, Handbuch des Presserechts, 2. Aufl. 1986; *Ring*, Medienrecht (Loseblattausgabe), Stand Sept. 1992; *Schulze/Stippler-Birk*, Schmerzensgeldhöhe in Presse- und Medienprozessen, 1992 (kommentiert); *Seitz/Schmidt/Schoener*, Der Gegendarstellungsanspruch in Presse, Film, Funk und Fernsehen, 2. Aufl. 1989; *Ulmer*, Urheber- und Verlagsrecht, 3. Aufl. 1980; *Wenzel*, Das Recht der Wort- und Bildberichterstattung. Handbuch des Äußerungsrechts, 3. Aufl. 1986. – **Fachzeitschriften:** Archiv für Presserecht (AfP), Archiv für Urheber- Film- Funk- und Theaterrecht (UFITA); Gewerblicher Rechtsschutz und Urheberrecht (GRUR), Zeitschrift für Urheber und Medienrecht/Film und Recht (ZUM, früher: FuR). Wie im Wettbewerbsrecht (B XII Rdnr. 16) werden Entscheidungen i. d. R. mit einem Stichwort versehen und zitiert.

Vorbemerkung

1 Das Äußerungsrecht umfaßt das gesamte Rechtsgebiet verbaler und nichtverbaler menschlicher Gedankenäußerung und -verbreitung: in Wort, Schrift, Bild und sonstigen Zeichen. Als Freiheitsrecht ist es verbürgt in Art. 5 GG. Die für die Anwaltspraxis wichtigsten Konflikte ergeben sich aus mündlichen Äußerungen, vor allem aber aus Veröffentlichungen in Massenmedien (Presse, Rundfunk, sonstige Massenkommunikationsmittel). Auf letzteren liegt der Schwerpunkt der Darstellung, insbesondere auf den Rechtsproblemen des **Ehren- und sonstigen Persönlichkeitsrechtsschutzes**. Sondergebiete können hier nicht berücksichtigt werden, auf einige wichtige wird jedoch hingewiesen.

I. Rechtsschutz gegen Ehrverletzungen

2 Am Beginn jeder Prüfung, ob eine als beeinträchtigend empfundene Äußerung erlaubt ist oder untersagt werden kann, steht die Frage, ob es sich um eine

Meinungsäußerung oder eine **Tatsachenbehauptung** handelt. Diese Qualifizierung kann im Einzelfall schwierig sein, ist jedoch wichtig, weil Meinungsäußerungen den Grundrechtsschutz des Art. 5 I GG genießen (grundlegend: *BVerfGE* 7, 198 [208 ff.] – Lüth), zwar in den Schranken der allgemeinen Gesetze, der gesetzlichen Bestimmungen zum Schutze der Jugend und des Rechts der persönlichen Ehre (Art. 5 II GG), jedoch müssen diese Schranken ihrerseits „im Lichte der besonderen Bedeutung des Grundrechts der freien Meinungsäußerung für den freiheitlichen demokratischen Staat ausgelegt werden" (*BVerfGE* 7, 198 [208] – Lüth; ähnlich: *BVerfGE* 30, 336 [347 f.] zum Jugendschutz: Güterabwägung erforderlich).

Äußerungen bestimmter Art können weiteren Privilegien unterliegen: 3
– **parlamentarische Äußerungen** nach Art. 46 I GG (Indemnität), für Abgeordnete in Landesparlamenten gilt (evtl. abweichendes) Landesverfassungsrecht; die Freistellung von der Rechtsverfolgung (ausgenommen wegen verleumderischer Beleidigungen) bezieht sich auch auf zivilrechtliche Klagen (*Wenzel* Rdnr. 2.25), für Strafverfolgungsmaßnahmen gilt zusätzlich § 36 StGB.
– **Kunst und Wissenschaft**, Forschung und Lehre sind nach Art. 5 III 1 GG frei, Äußerungen auf diesem Gebiet unterliegen nicht den Schranken des Art. 5 II und Art. 2 I Halbsatz 2 GG (*BVerfGE* 30, 173 [191 ff.] – Mephisto), doch sind auch diese Freiheitsrechte nicht schrankenlos gewährt.
– gegen anwaltliche Äußerungen im formalisierten Verfahren gibt es keinen Anspruch auf Unterlassung oder Widerruf (*BGH* NJW 1962, 243; *Arndt* NJW 1967, 1331; *Wenzel* Rdnr. 2.36 m. w. N.): aus Art. 103 I GG und § 1 BRAO folgt ein besonderes **Anwaltsrederecht**.
– **Presse- und Rundfunkfreiheit** sowie das Zensurverbot sind garantiert in Art. 5 I 2 und 3 GG (zur Abgrenzung der Meinungs- und Pressefreiheit: *BVerfG* NJW 1992, 1439 f. – Kritische Bayer-Aktionäre).
– für Äußerungen in **Wahrnehmung berechtigter Interessen** kann nach § 193 StGB ein **Rechtfertigungsgrund** vorliegen (*Wenzel* Rdnr. 6.27 ff.; MünchKomm – *Schwerdtner*, 2. Aufl., Anh. zu § 12 BGB Rdnr. 259), der auch im Zivilprozeß beachtlich ist.
– auch Äußerungen im engsten **Familien- und Freundeskreis**, in welchem ein offener Austausch möglich sein muß, können privilegiert sein (*BGH* NJW 1984, 1104 f. – Kleiner Kreis).

1. Abgrenzung Meinungsäußerung/Tatsachenbehauptung

Zu den „**Meinungen**" im Sinn des Art. 5 I 1 GG gehören insbesondere die 4
„**Werturteile**" (*BVerfGE* 33, 1 [14 f.] – Gefangenenpost). Beide Begriffe werden gleichgesetzt und synonym gebraucht und den „Tatsachenbehauptungen" gegenübergestellt.

a) **Kriterien der Meinungsäußerung.** Ein **Werturteil** ist notwendig subjek- 5
tiv. Äußerungen, die durch Elemente der Stellungnahme, des Dafürhaltens oder **Meinens** geprägt sind, fallen hierunter, und zwar auch dann, wenn sich diese Elemente mit denen einer Tatsachenmitteilung oder -behauptung verbinden oder vermischen (unten Rdnr. 10; *BVerfGE* 61, 1 [9] – Wahlkampfäußerung; *BVerfG* NJW 1992, 1439 [1440] – Kritische Bayer-Aktionäre). Unerheblich ist, ob ein Werturteil „richtig" oder „falsch", emotional oder rational begründet ist (*BVerfGE* 33, 1 [14] – Gefangenenpost). Auch echte, auf Antwort zielende

Fragen – sie sind weder Meinungsäußerung noch Tatsachenbehauptung – sind von Art. 5 I 1 GG geschützt; rhetorische Fragen sind hingegen entweder Meinungsäußerung oder Tatsachenbehauptung (*BVerfG* NJW 1992, 1442 [1443]). Lehrreich auch: *BVerfG* (Kammer) NJW 1991, 3023 ff. – Leserbrief und *BVerfG* NJW 1992, 2073 – Satiremagazin.

6   Steht die **subjektive Wertung** so im Vorderung, daß der substanzarme tatsächliche Gehalt einer einzelnen Äußerung in den Hintergrund tritt, liegt eine Meinungsäußerung vor (*BGHZ* 45, 296 [304] – Höllenfeuer; vgl. auch *BGH GRUR* 1975, 89 [91] – Brüning I). Unter diesem Gesichtspunkt hat *BVerfGE* 61, 1 [9] auch eine Wahlkampfäußerung, die CSU sei „die NPD von Europa" noch als zulässiges Werturteil angesehen. Auch wenn tatsächliche Vorgänge geschildert aber mit übergreifenden Schlußfolgerungen versehen werden, kann dadurch ebenfalls der Wertungscharakter so überwiegen, daß die Tatsachenmitteilung in den Hintergrund tritt (*BGH* NJW 1981, 1089 [1095] – Wallraff).

7   Durch geschickte **Formulierung** läßt sich daher eine Äußerung, die als Tatsachenbehauptung anfechtbar wäre, durchaus als zulässiges Werturteil ausdrükken, wozu allerdings rein formale Floskeln nicht ausreichen. Im übrigen kann eine Meinungsäußerung ebenso wie eine Tatsachenbehauptung in beliebigen Medien ausgedrückt werden, auch durch Bilder (*BVerfGE* 30, 336 [352]; 75, 369 [377] – Hachfeld).

8   **b) Kriterien der Tatsachenbehauptung.** Nach ständiger Rechtsprechung liegt eine **Tatsachenbehauptung** vor, wenn die Richtigkeit einer Äußerung objektiv dem Wahrheits- oder Unwahrheitsbeweis zugänglich ist (*BGHZ* 3, 270 [273] – Constanze I, insoweit bestätigt durch *BGHZ* 45, 296 [304] – Höllenfeuer). Maßgeblich ist, ob nach dem Verständnis des Durchschnittsadressaten der Äußerung sich diese als beweisbar darstellt. Instruktiv hierzu: *BGH* NJW 1982, 2246 [2247] und *BGH* NJW 1982, 2248 [2249]. Danach ist die Bezeichnung eines näher beschriebenen Verhaltens als „illegal" zulässige Meinungsäußerung, wenn damit eine Rechtsauffassung kenntlich gemacht, eine rechtliche Bewertung vorgenommen wird (so schon *BGH* NJW 1965, 294 [295] – Volkacher Madonna); ruft die Äußerung hingegen beim Adressaten zugleich die Vorstellung von konkreten, in die Wertung eingekleideten Vorgängen hervor, handelt es sich um eine rechtlich angreifbare Tatsachenbehauptung, wie beim Vorwurf des Betrugs in Verbindung mit einem konkreten Sachverhalt. Würde die Trennung der wertenden und tatsächlichen Gehalte den Sinn einer Äußerung aufheben oder verfälschen, ist im Zweifel Meinungsäußerung anzunehmen (*BVerfG* NJW 1992, 1439 [1440] – Kritische Bayer-Aktionäre). Sind mehrere Deutungen möglich : *BVerfGE* 82, 43 – Strauß-Transparent.

9   **Tatsachen** sind nicht nur äußere sondern auch innere Vorgänge, die der Wahrnehmung Dritter und damit des Beweises zugänglich sind, wie Willensrichtungen, Einstellungen einer Person, ihr Vorsatz oder ihre Absicht, soweit sie sich aus äußeren Hilfstatsachen erschließen lassen (*KG* NJW 1970, 2029 [2031], zustimmend *Wenzel* Rdnr. 4.31). Stets aber betrifft die (äußere oder innere) Tatsache einen objektiven, von der subjektiven Einstellung des Äußernden unabhängigen Vorgang.

10 **c) Meinungsäußerungen mit Tatsachenkern.** Aus den genannten Abgrenzungskriterien folgt, daß die **Form der Äußerung** nicht entscheidend für ihre rechtliche Einordnung als Meinungsäußerung oder Tatsachenbehauptung ist. Auch eine in die Form des subjektiven Werturteils gekleidete Äußerung kann

einen Tatsachenkern vermitteln und wird als Tatsachenbehauptung gewertet, wenn der Durchschnittsadressat sie als objektiv beweisbaren Sachverhalt ansehen wird. Instruktiv: *BGH* GRUR 1975, 89 ff. – Brüning-Memoiren I.

d) Meinungsäußerungen in der Form der Tatsachenbehauptung. Dementsprechend werden in die äußere Form einer Tatsachenbehauptung gekleidete subjektive Meinungsäußerungen als solche gewertet, wie oft bei Redensarten („Er ärgerte sich grün und blau"). 11

e) Formalbeleidigungen. Äußerungen können bereits ihrer Form nach beleidigend sein. Auch wenn damit eine Meinungsäußerung oder eine künstlerische Äußerung verbunden ist, kann den Grundrechten aus Art. 5 GG die Schranke des Art. 1 I GG (Eingriff in die Menschenwürde des Betroffenen) entgegenstehen (*BVerfGE* 30, 173 [195] – Mephisto; 75, 369 [380] – Hachfeld). Presserechtlich wird in der Regel eine stets unzulässige Schmähkritik vorliegen (hierzu: *BGH* NJW 1974, 1762 [1763] – Deutschland-Stiftung). 12

2. Gegendarstellung

Anspruch besteht nur gegen **Tatsachenbehauptungen** in Periodika. Vorteile: Möglichkeit rascher Reaktion des Betroffenen, Veröffentlichung seiner eigenen Sachdarstellung, Erreichung des gleichen Empfängerkreises wie Erstnachricht. Nachteile: Starke Formalisierung, meist Widerstand durch die Medien, deren Möglichkeit der Anfügung eines „Redaktionsschwanzes" (unten Rdnr. 22). 13

a) Anspruchsgrundlagen. Medienrecht ist weitgehend **Landesrecht**. Die Anspruchsgrundlagen mit teils unterschiedlichen Regelungen über Fristen, Form, Aktiv- und Passivlegitimation finden sich in den Landespressegesetzen (in manchen Bundesländern auch für den Rundfunk), in den Landesrundfunkgesetzen, in den Rundfunk-Staatsverträgen, für privaten Rundfunk in den Landesmediengesetzen, wobei der Begriff „Rundfunk" stets Hörfunk wie auch Fernsehen umfaßt, für Bildschirmtext gilt § 7 des Staatsvertrags über Bildschirmtext i. d. F. vom 31. 8. 1991. Einzig das hamburgische Pressegesetz vom 29. 1. 1965 sieht in § 7 II 2 auch eine Gegendarstellung für „Wochenschauen" vor. 14

Wegen der Vielfalt der Regelungen muß im Einzelfall stets die anzuwendende gesetzliche (staatsvertragliche) Regelung herangezogen werden, vollständigstes und aktuellstes Nachschlagewerk: *Ring,* Medienrecht (Loseblattausgabe). In den neuen Bundesländern gilt (soweit sie nicht eigene Pressegesetze – wie Thüringen: TPG v. 31. 7. 1991 und Sachsen-Anhalt: LPG v. 14. 8. 1991 – oder Rundfunkgesetze erlassen haben) Nr. 4 S. 2 des Volkskammerbeschlusses v. 5. 2. 1990 (GBl. I S. 39) i. V. m. Art. 9 I Einigungsvertrag, ausgefüllt durch die Rechtsgrundsätze der westdeutschen Landespressegesetze (*Schulz* DtZ 1992, 210; a. M. *BezG Schwerin* DtZ 1991, 442: Reichspressegesetz). Wegen Uneinheitlichkeit der Rechtslage können die nachstehenden Stichworte nur als Anhaltspunkte und Faustregeln dienen. 15

Anzuwenden ist bei **Printmedien** stets das Recht des Verlagsorts (auch wenn Druck- und Auslieferungsort in einem anderen Bundesland liegen); er muß im Impressum genannt sein. Bei **Rundfunksendungen** gilt die Regelung im jeweiligen Rundfunkgesetz bzw. Rundfunk-Staatsvertrag. 16

b) Aktiv- und Passivlegitimation. Aktiv legitimiert ist in der Regel jede von der Veröffentlichung betroffene „Person oder Stelle" (nach § 10 I 1 BayPresseG: 17

unmittelbar betroffene Person oder Behörde), die nicht notwendig namentlich genannt sein muß, wenn sie identifizierbar ist. Anspruchsgegner ist nach den Landespressegesetzen der Verleger und der verantwortliche Redakteur, bei Rundfunksendungen in der Regel die ausstrahlende Anstalt, beim Privatrundfunk die Landeszentrale (Bayern), der Veranstalter (Baden-Württemberg, Thüringen) oder der Anbieter (Hamburg), nach Art. 7 I 1 Btx-StV der Anbieter. Die Aufzählung ist nicht vollständig, nur beispielhaft.

18 c) **Fristen.** Das Gegendarstellungsverlangen ist – je nach Rechtsgrundlage – unverzüglich (§ 121 I 1 BGB) oder innerhalb bestimmter (Ausschluß-)Fristen zu stellen. Rechtsschutzbedürfnis ist stets zu prüfen, gelegentlich ausdrücklich geregelt.

19 d) **Form.** Die Gegendarstellung bedarf der **Schriftform** und der eigenhändigen Unterzeichnung durch den Betroffenen; Übermittlung mittels Telefax wahrt die Schriftform nicht (*OLG Hamburg* NJW 1990, 1613; a. M. OLG München NJW 1990, 2895, sofern Übermittlung vom Gerät des Berechtigten unmittelbar zum Empfängergerät des Verpflichteten erfolgt; ebenso [uneingeschränkt] *OLG Saarbrücken* NJW-RR 1992, 730; doch trägt dann jedenfalls der Anspruchsberechtigte die Übermittlungsgefahr). Dagegen ist gewillkürte Vertretung beim Anspruchsverlangen zulässig, Vollmacht sollte wegen § 174 BGB beigefügt werden.

20 e) **Inhalt und Umfang.** Gegendarstellung ist nur gegen unzutreffende Tatsachenbehauptungen zulässig. Sie muß die beanstandeten Stellen bezeichnen und darf nicht wesentlich umfangreicher sein als diese, wenngleich nicht exakte Entsprechung im Umfang verlangt werden kann, weil die Negation oft mehr Raum beansprucht als die beanstandete Meldung, insbesondere, wenn diese wiederholt werden muß. (Muster: Beck'sches Prozeßhandbuch II N sowie *Seitz/Schmidt/Schoener*.)

21 f) **Gerichtliche Durchsetzung.** Sie erfolgt im **Zivilrechtsweg** (LG, da nicht vermögensrechtliche Streitigkeit), auch gegenüber öffentlich-rechtlichen Rundfunkanstalten, und zwar im Verfahren der einstweiligen Verfügung oder in einem Anordnungsverfahren nach § 11 LPG, auf das das Recht der einstweiligen Verfügung anzuwenden ist. Es gilt der allgemeine Gerichtsstand, nicht anwendbar: §§ 29, 32 ZPO. Da die Veröffentlichung nur unverändert erfolgen darf (u. Rdnr. 22), muß auch der Verfügungsantrag die begehrte Gegendarstellung wörtlich wiederholen.

22 g) **Veröffentlichung und Redaktionsschwanz.** Die Veröffentlichung der Gegendarstellung ist grundsätzlich nur **unverändert** zulässig, lediglich offensichtliche Schreibversehen dürfen berichtigt werden. Ist eine Gegendarstellung nur teilweise zulässig, kann sie ganz zurückgewiesen werden. Der Anspruchsverpflichtete ist weder zur Redaktion berechtigt noch zur Hilfestellung verpflichtet. Die Gegendarstellung muß in der nächsterreichbaren Ausgabe (Sendung), die noch nicht für die Veröffentlichung abgeschlossen ist, erfolgen. Sie darf nicht in redaktionellen Text eingebettet werden. In der Regel ist jedoch ein „Redaktionsschwanz" zulässig, der grafisch oder sonst entsprechend dem Medium von der Gegendarstellung abgesetzt sein und sich auf tatsächliche Mitteilungen beschränken muß. Auch ein Vorspann mit dem Hinweis auf die gesetzliche Pflicht zur Veröffentlichung wird als zulässig erachtet.

Rechtsschutz gegen Ehrverletzungen B XIV

h) Prozeßverhindernde Maßnahmen. Massenmedien lieben die Veröffentli- 23
chung von Gegendarstellungen selten. Es kann sich daher empfehlen, zur Vermeidung eines Rechtsstreits, dessen Dauer die Veröffentlichung der Gegendarstellung wegen Zeitablaufs nicht mehr sinnvoll erscheinen läßt, dem Anspruchsgegner anzubieten, der Betroffene werde auf die Durchsetzung seines Anspruchs verzichten, wenn eine Berichtigung im redaktionellen Teil erfolgt, ein Leserbrief abgedruckt wird (die Gegendarstellung darf andernfalls nicht als Leserbrief veröffentlicht werden) oder eine sonstige zu vereinbarende Äußerung veröffentlicht wird, mit der die Interessen des Betroffenen gewahrt werden.

3. Unterlassungsanspruch

Der von einer sein Persönlichkeitsrecht beeinträchtigenden Äußerung Betrof- 24
fene kann im Falle der Wiederholungsgefahr (die bei Presseveröffentlichungen stets unterstellt wird) deren Unterlassung verlangen. In Betracht kommen unrichtige Tatsachenbehauptungen, in einigen Fällen auch ehrenrührige Werturteile. Der Unterlassungsanspruch kann neben einem eventuell gegebenen Gegendarstellungsanspruch geltend gemacht werden.

a) Rechtsgrundlagen. Der quasi-negatorische Unterlassungsanspruch wurde 25
in Analogie zu §§ 1004 I 2, 826 I 2 und 12 S. 2 BGB von der Rechtsprechung entwickelt. Als Verletzungstatbestände kommen infrage:
– § 823 I BGB, als „sonstiges Recht" insbesondere das **Recht am eingerichteten und ausgeübten Gewerbebetrieb** sowie das **allgemeine Persönlichkeitsrecht**. § 823 I BGB ist insoweit Auffangtatbestand, soweit andere Tatbestände nicht greifen (aus dem UWG, §§ 824, 823 II BGB). Eingriffe können durch Tatsachenbehauptungen (unabhängig von ihrer Richtigkeit) und Werturteile erfolgen. Zum Recht am Gewerbebetrieb vgl. insbesondere *BGHZ* 45, 296 (306 ff.) – Höllenfeuer; 65, 325 (328 ff.) – Warentest II; 80, 25 (27) – Wallraff. Verletzungen des allgemeinen Persönlichkeitsrechts, die hierher gehören, sind insbesondere: Verletzung der Intimsphäre, der Geheimsphäre, der persönlichen Entfaltung und der verfälschenden Darstellung des Persönlichkeitsbildes.
– § 823 II BGB i. V. m. §§ 185–187 StGB, wobei vor allem § 186 StGB (üble Nachrede) in der Praxis erhebliche Bedeutung zukommt. Dieser Tatbestand wie der des § 187 StGB setzt falsche Tatsachenbehauptungen voraus.
– § 824 BGB: Kreditgefährdung.
– § 826 BGB: Sittenwidrigkeit.

b) Beeinträchtigung. Der Unterlassungsanspruch setzt eine **Beeinträchti-** 26
gung des Betroffenen in seinen Persönlichkeitsrechten voraus. Auch die Veröffentlichung und Verbreitung wahrer Tatsachenbehauptungen kann eine Beeinträchtigung darstellen, wenn dadurch die Individualsphäre des Betroffenen oder sein Recht auf informationelle Selbstbestimmung (*BVerfGE* 65, 1 ff. – Volkszählung) verletzt wird. Andererseits muß nicht jede wahrheitswidrige Behauptung eine Beeinträchtigung darstellen: kein Unterlassungsanspruch gegen irrelevante Äußerungen.

Die Beeinträchtigung muß nicht notwendig bereits erfolgt sein. Unterlas- 27
sungsanspruch kann auch bestehen, wenn die Beeinträchtigung kurz bevorsteht: angekündigte Auslieferung eines Buches, Veröffentlichung eines Beitrags, Ausstrahlung einer Sendung. Gerade dem vorbeugenden Unterlassungsanspruch kommt praktisch große Bedeutung zu.

Ott

28 **c) Wiederholungsgefahr.** Jede Äußerung trägt indiziell die Gefahr ihrer Wiederholung in sich, es sei denn, sie sei innerhalb eines abgeschlossenen historischen Prozesses gefallen, für dessen Wiederholung kein Anlaß besteht. Bei Äußerungen in Massenmedien wird die Wiederholungsgefahr unterstellt.

29 **d) Aktiv- und Passivlegitimation. Anspruchsberechtigt** ist, wer von der Äußerung betroffen ist, Erkennbarkeit genügt. Sind durch eine Äußerung mehrere betroffen, steht jedem ein selbständiger Unterlassungsanspruch zu.

30 **Passivlegitimiert** ist insbesondere der Autor, der die Äußerung aufgestellt und verbreitet hat: der Informant (*BGH* NJW 1964, 1181 – Weizenkeimöl; NJW 1966, 1213 [1214] – Luxemburger Wort; NJW 1967, 675 [676] – Spezialsalz, insoweit nicht in *BGHZ* 46, 305), ferner: der Journalist oder sonstige Autor, der den Beitrag verfaßt oder sich die Äußerung zu eigen gemacht hat, ohne sich von ihr zu distanzieren, der verantwortliche Redakteur, wohl auch der Chefredakteur, der Verleger, der Herausgeber, wenn er der „maßgebliche Mann" und der „Herr des Unternehmens" ist, die Rundfunkanstalt, die die Sendung ausstrahlt (gleich, ob privat oder öffentlich-rechtlich). Wegen Äußerungen in der Pressemitteilung einer Landtagsfraktion kann jedes Fraktionsmitglied (auch einzeln) auf Unterlassung in Anspruch genommen werden (*OLG München* NJW 1989, 910). Beamte haften für dienstliche Äußerungen jedoch nicht persönlich (*BGHZ* 34, 99), bei Amtspflichtverletzung gilt Art. 34 GG, § 839 BGB.

31 **e) Inhalt und Umfang.** Der Unterlassungsanspruch ist grundsätzlich beschränkt auf die **konkrete Verletzungsform.** Die **Verbotsfassung** (bereits in der Abmahnung) muß sich ihr möglichst eng anpassen. Schwierigkeiten können sich ergeben, wenn die zu beanstandende Äußerung in einer längeren Satzperiode enthalten ist oder die ehrkränkenden Beschuldigungen **verdeckt,** „zwischen den Zeilen" der offenen Darstellung enthalten sind. Im erstgenannten Fall wird sich in der Regel empfehlen, die Unterlassung der gesamten Satzperiode, die die unzulässige Äußerung enthält, zu fordern (soweit für das Verständnis erforderlich), statt einen (tatsächlichen oder vermeintlichen) Kern aus der Gesamtäußerung herauszuschälen, zumal dann oft notwendig werdende formale Einschränkungen („ohne hinzuzufügen, daß . . ."; „in Zusammenhang mit . . .") tatsächlich zu einem weitergehenden Eingriff in die Äußerungsfreiheit führen können; sie sind unzulässig (so richtig: *v. Gamm* Rdnr. 68 gegen *BGH* NJW 1968, 1773 [1777] – Mephisto, insoweit nicht in *BGHZ* 50, 133). Im Fall der **„verdeckten" Behauptungen** kann ein Rechtsschutzbedürfnis des Betroffenen dafür bestehen, zu verlangen, nicht nur auf die Bezugspunkte des Textes, die die „verdeckten" Behauptungen tragen, zu verzichten, sondern darüber hinaus einen klarstellenden Zusatz zu machen, soweit das erforderlich ist (*BGHZ* 78, 9 [18] – Medizin-Syndikat III). Doch kann gegen ein Kunstwerk (z. B.: Roman) keine distanzierende Erklärung durchgesetzt werden (*BGH* NJW 1968, 1773 [1787] – Mephisto, insoweit nicht in *BGHZ* 50, 133). Dagegen kann im Einzelfall ausnahmsweise ein das ganze Werk umfassendes Veröffentlichungsverbot als weniger einschneidende Maßnahme (Verhältnismäßigkeitsprinzip) zulässig sein, wenn der beanstandete Text für die Gesamtkonzeption des Werks einen prinzipiellen Stellenwert hat und dem Autor dadurch eine nicht zu beanstandende Neufassung ermöglicht wird (*BGH* GRUR 1976, 210 [212] – Der Geist von Oberzell).

32 Problematisch ist die aus dem Wettbewerbsrecht übernommene (nur dort sinnvolle) Übung, die Unterlassung einer Äußerung **„wörtlich oder sinnge-**

mäß" zu fordern. Verfassungsrechtlich unzulässig ist das zumindest bei herabsetzenden Meinungsäußerungen, die lediglich ihrer Form wegen zu beanstanden sind (*BVerfGE* 42, 143 [149f., 152f.] – Deutschland-Magazin). Auch sonst ist im außerwettbewerbsrechtlichen Bereich vor dem Verbot „sinngemäßer" Äußerungen zu warnen (a. M.: *Wenzel* Rdnr. 12.70): ein solches Verbot bringt zwar dem Anspruchsteller (Titelgläubiger) die Möglichkeit weitergehenden Vorgehens, beschränkt den Anspruchsgegner (Titelschuldner) jedoch oft gravierend in seinem Äußerungsrecht nach Art. 5 GG, weil die Entscheidung, ob eine spätere Äußerung „sinngemäß" die frühere (untersagte) wiederholt, in das dafür nicht geeignete Zwangsvollstreckungsverfahren (Ordnungsmittelverfahren) verweist. Auch das bloße Unterlassungsverbot umfaßt nach der in der Rechtsprechung herrschenden **Kerntheorie** (*BGHZ* 5, 189 [193f.] – Fischermännchen, st. Rspr.) nur geringfügig abweichende, in ihrem Kern aber mit der untersagten Äußerung übereinstimmende Erklärungen.

f) **Beweislast.** Die Darlegungs- und Beweislast für die Äußerung und ihre 33 Verbreitung richtet sich nach den allgemeinen Regeln: für die anspruchsbegründenden Tatsachen liegt sie bei dem, der sich betroffen fühlt, für die anspruchsvernichtenden bei dem, der auf Unterlassung in Anspruch genommen wird. Ein Auskunftsanspruch besteht grundsätzlich nicht (*BGH NJW* 1980, 2801 [2807] – Medizinsyndikat III, insoweit nicht in *BGHZ* 78, 9). *Wenzel* Rdnrn. 12.101 und 15.3 ff. bejaht einen Auskunftsanspruch für durch Rundfunk verbreitete Äußerungen, sofern eine verkörperte Fassung (Aufzeichnung) vorhanden ist. In einigen Bundesländern gibt es gesetzliche Regelungen (mit unterschiedlichen Normadressaten und zum Teil beschränkt auf bestimmte Sendearten) über zeitlich befristete Aufzeichnungs- und Aufbewahrungspflichten für ausgestrahlte Sendungen und ein entsprechendes Auskunfts- oder Einsichtsrecht des Betroffenen (§ 54 BaWüLMedG, § 17 LRG NRW, § 17 LRG RhPf., § 6 Saarl. LRG, § 18 LRG Schl-H.).

Zu beachten ist jedoch, daß der **Wahrheitsbeweis** für Tatsachenbehauptun- 34 gen, die eine üble Nachrede darstellen, dem Anspruchsgegener (Beklagten) obliegt, und zwar wegen der über § 823 II BGB in das Deliktsrecht transformierten Beweisregel des § 186 StGB (*BGH NJW* 1985, 1621 [1622] – Türkol). Danach kommt es darauf an, daß die behauptete Tatsache nicht erweislich wahr ist. Näheres s. *Wenzel* Rdnrn. 5.171 ff. und 12.105 ff. Somit sind vom Anspruchsteller (Kläger) insbesondere zu beweisen:
– bei Anspruch aus § 823 I BGB: Äußerung einer Tatsachenbehauptung oder eines Werturteils, erkennbares Betroffensein, Eingriff in das Persönlichkeitsrecht oder den eingerichteten und ausgeübten Gewerbebetrieb, Rechtswidrigkeit mit notwendiger Interessenabwägung, Haftung des Anspruchsgegners, Verschulden (Vorsatz oder Fahrlässigkeit).
– bei Anspruch aus § 823 II BGB i. V. m. § 186 StGB: Tatsachenbehauptung, erkennbares Betroffensein, objektive Eignung verächtlich zu machen oder in der öffentlichen Meinung herabzuwürdigen, Vorsatz; **nicht:** Unwahrheit (Wahrheitsbeweis obliegt dem Gegner).
– bei Anspruch aus § 824 BGB: Tatsachenbehauptung, ihre Unwahrheit, objektive Eignung zur Kreditgefährdung oder Herbeiführung sonstiger Nachteile für Erwerb oder Fortkommen, fahrlässige Unkenntnis der Unwahrheit (bei Kenntnis: § 187 StGB i. V. m. § 823 II oder § 826 BGB).

35 g) Rechtfertigung. Eine Äußerung kann, auch wenn sie den äußeren Tatbestand eines Unterlassungsanspruchs erfüllt, gerechtfertigt sein. Als Rechtfertigungsgründe kommen insbesondere in Betracht:
- Einwilligung des Betroffenen,
- Privilegien (oben Rdnr. 3),
- Wahrnehmung berechtigter Interessen (§ 193 StGB). Hierbei kann es sich um die Wahrnehmung eigener oder fremder rechtlich relevanter Interessen handeln. Die Wahrnehmung fremder Interessen bedarf jedoch einer ausdrücklichen Legitimation (nahe Verwandtschaft, langjähriges Arbeitsverhältnis, Mandatsverhältnis eines Anwalts), im Einzelfall ist sorgfältige Prüfung erforderlich.

Eine besondere Legitimation zur Wahrnehmung fremder Interessen begründet das Grundrecht der **Pressefreiheit** (Art. 5 I 2 GG, vgl. *BGHZ* 31, 308 [312] – Alte Herren). Auch Äußerungen im Bereich der politischen Meinungs- und Willensbildung, insbesondere im Wahlkampf, können ein höheres Maß an Polemik rechtfertigen (*BVerfGE* 42, 163 [170 f.] – Deutschland-Magazin; *BVerfGE* 61, 1 [9 f.] – Wahlkampfäußerung).

36 Die Wahrnehmung berechtigter Interessen erfordert eine **Interessenabwägung.** (Einzelheiten hierzu s. *Wenzel* Rdnrn. 6.59 ff.) Einige Kriterien:
- Informationsinteresse der Öffentlichkeit (*BGHZ* 80, 25 – Wallraff),
- Einhaltung presseüblicher Sorgfalt (evtl. Rückfrage beim Betroffenen),
- Recht zum Gegenschlag (*BVerfGE* 12, 113 – Schmid),
- Intensität der Beeinträchtigung (*BVerfGE* 35, 202 – Lebach),
- unwahre Tatsachenbehauptungen, Klatsch und Sensationsgier geben keinen Rechtfertigungsgrund (*BVerfGE* 12, 113 [130] – Schmid),
- gleiches gilt bei Beeinträchtigung zum Zweck der Föderung des eigenen Wettbewerbs (*BGHZ* 35, 363 – Ginseng),
- oder für das unrichtige Zitat (*BVerfGE* 54, 208 – Böll).

Die genannten Kriterien sind lediglich eine Auswahl von Beispielen. Jeder Einzelfall muß anhand der umfangreichen Rechtsprechung individuell geprüft werden, eine Schematisierung ist nicht möglich.

37 h) Abmahnung. Jedem gerichtlichen Vorgehen muß (wegen § 93 ZPO) eine Abmahnung vorausgehen, soweit möglich (nach *OLG München* NJW-RR 1992, 731 vor Verfügungsverfahren entbehrlich; str.). Mit ihr sollte dem Anspruchsgegner eine vorformulierte Unterlassungserklärung übersandt werden, die folglich einem zu erwirkenden Tenor einer einstweiligen Verfügung oder Klage inhaltlich entsprechen muß und ein Vertragsstrafeversprechen für den Fall der Zuwiderhandlung enthalten sollte. Muster: Beck'sches Prozeßhandbuch II N 7. Die Höhe der Vertragsstrafe entspricht der Bedeutung des Falles (Durchschnitt: 2000 DM bis 5000 DM); bei unverhältnismäßiger Höhe: § 343 BGB. Ob die Verpflichtung zur Kostenübernahme in die Unterwerfungserklärung augenommen werden soll, ist eine taktische Frage; oft verhindert diese Klausel die Abgabe der Unterwerfungserklärung.

38 Das Abmahnschreiben sollte eine Kurzbegründung enthalten. Der Anspruchsgegner kann Text und Inhalt der Unterwerfungserklärung abweichend formulieren.

39 i) Gerichtliche Durchsetzung. Rechtsweg: Grundsätzlich Zivilrechtsweg, auch wenn die Äußerung durch eine öffentlich-rechtliche Rundfunkanstalt verbreitet wurde und sich der Anspruch (auch) gegen sie richtet (*BGHZ* 66, 182

[185] – Panorama/Bittenbinder). Handelt es sich um eine nichtvermögensrechtliche Streitigkeit, richtet sich die Zuständigkeit seit 1. 3. 1993 ebenfalls nach der Höhe des Streitwerts (§ 23 Nr. 1 GVG n. F.). In einem Fall des § 2 I Nr. 2 ArbGG sind die Arbeitsgerichte ausschließlich zuständig. Der Verwaltungsrechtsweg ist gegeben bei Äußerungen von Beamten im Rahmen ihrer hoheitlichen Tätigkeit sowie bei Streitigkeiten wegen Justiz-Presseerklärungen (str., vgl. *Wenzel* Rdnr. 12.85).

Die **örtliche Zuständigkeit** richtet sich nach dem allgemeinen Gerichtsstand 40 des Beklagten (§§ 12–18 ZPO). Wird der Anspruch auf unerlaubte Handlung gestützt, ist jedes Gericht zuständig, in dessen Bezirk die Handlung begangen ist (§ 32 ZPO). Bei Presseerzeugnissen ist Begehungsort jeder Ort, wo das Presseerzeugnis erscheint und wo es regelmäßig vertrieben wird, nicht jedoch unabhängig davon der Wohn- oder Aufenthaltsort des Betroffenen (*BGH* NJW 1977, 1590). Ein einziges Exemplar genügt; keine reguläre Verbreitung liegt vor, wenn eine Druckschrift nur zufällig (etwa durch einen Reisenden) oder provoziert (auf eigenes Anfordern durch den Betroffenen) an einen Ort gelangt. Bei Rundfunksendungen kommt es auf die regelmäßige Empfangsmöglichkeit an. Der Gerichtsstand des § 32 ZPO gilt auch für vorbeugende Unterlassungsklagen, wenn also die unerlaubte Handlung noch nicht begangen wurde; maßgebend ist dann, wo die Verbreitung normaler- und üblicherweise erfolgt (h. M., vgl. *Wenzel* Rdnr. 12.94).

Ist eine Hauptsacheklage noch nicht anhängig, kann eine einstweilige Verfü- 41 gung bei jedem Gericht erwirkt werden, das für die Hauptsache zuständig ist (§§ 936, 919 ZPO). Die **Gerichtsstandswahl** für die einstweilige Verfügung bindet nicht für die Hauptsache (§ 35 ZPO).

Neben dem Unterlassungsanspruch können Nebenansprüche bestehen auf 42 Urteilsveröffentlichung (nur im Hauptsacheverfahren), wenn eine Interessenabwägung ihre Erforderlichkeit ergibt, sowie (auch im einstweiligen Verfügungsverfahren) ein Rückrufanspruch bei Presseerzeugnissen, der sich jedoch nur auf die Exemplare bezieht, die sich noch in der Verfügungsgewalt des Verlegers befinden.

k) **Gegenmaßnahmen.** Wer davon Kenntnis erlangt oder vermutet, daß ge- 43 gen ihn mit einem Antrag auf Erlaß einer einstweiligen Verfügung zu rechnen ist, kann **Schutzschriften** bei den Gerichten hinterlegen, die voraussichtlich vom Anspruchsteller angerufen werden. Sinn der Schutzschrift ist, den Erlaß einer einstweiligen Verfügung ohne mündliche Verhandlung (§ 937 II ZPO) zu verhindern. Muster: Beck'sches Prozeßformularbuch I R 12. Die Gerichte tragen Schutzschriften in ein Schutzschriftenregister ein, das beim Eingang jedes Verfügungsantrags konsultiert wird. Bei größeren Landgerichten werden für Pressesachen Spezialkammern gebildet. Da der potentielle Antragsgegner den Geschäftsverteilungsplan und die Usancen der Schutzschriftregisterführung eines auswärtigen Gerichts nicht kennen wird, muß im Betreff der Schutzschrift sichergestellt werden, daß sie bei allen in Betracht kommenden allgemeinen und speziellen Kammern registriert wird (bei Urheberrechtsverletzung auch bei der Spezialkammer dafür).

l) **Streitwert.** Er ist nach § 3 ZPO zu schätzen. In Durchschnittsfällen: zwi- 44 schen 20000 DM und 50000 DM, regional unterschiedlich.

m) **Prozeßverhindernde Maßnahmen.** Flexibilität kann beiden Parteien nüt- 45 zen, um Interessen durchzusetzen, die auf gerichtlichem Weg nicht oder nicht so schnell erreichbar sind. Vor allem bei Druckwerken ist der Betroffene im Vorteil, der seine Ansprüche durch einstweilige Verfügung vorläufig sichern kann, denn die Beanstandung nur einer einzigen Äußerung kann die (weitere) Verbreitung des gesamten Druckwerks blockieren. Der Verfügungskläger kann den Verzicht auf seine Rechte unter Bedingungen anbieten. Andererseits kann der Verleger die Erwirkung einer einstweiligen Verfügung verhindern, wenn er zunächst von sich aus einen Auslieferungsstop zusagt, bis Sachaufklärung möglich und vielleicht ein Kompromiß gefunden ist (fehlendes Rechtsschutzbedürfnis).

46   Als Bedingungen kommen – je nach Fallgestaltung – in Betracht: Zahlung von Schadensersatz, Zusage der Änderung in der nächsten Auflage gegen Einräumung einer Aufbrauchsfrist, Beifügung einer Gegendarstellung des Betroffenen in einer Buchveröffentlichung (die das Presserecht nicht vorsieht), Klarstellung durch einen Aufkleber, Vereinbarung neuer Konditionen, wenn zwischen den Anspruchsgegnern ein Vertragsverhältnis besteht.

4. Widerrufsanspruch

47   Er ist ein Beseitigungsanspruch wegen einer Rechtsstörung. **Rechtsgrundlage:** § 1004 BGB analog i. V. m. einem Deliktstatbestand (oben Rdnr. 25).

48   a) **Beeinträchtigung.** Nur hinsichtlich unrichtiger **Tatsachenbehauptungen** (oben Rdnrn. 8, 9) ist ein Widerrufsverlangen zulässig. Sie können sich auch aus dem Sinnzusammenhang der Äußerung als solche erweisen (*BGH NJW 1982, 1805 – Schwarzer Filz*).

49   b) **Beweislast.** Der Anspruchsteller trägt die volle Last des **Nachweises der Unwahrheit** der Behauptung, deren Widerruf er begehrt, Zweifel gehen zu seinen Lasten.

50   c) **Notwendigkeit.** Auch wenn der Anspruchsteller die Unwahrheit der ihn betreffenden Äußerung nachweist, hat er Anspruch auf Widerruf nur, wenn dieser **notwendig** ist, um die erfolgte Rufbeeinträchtigung zu beseitigen. Weder verletztes Ehrgefühl noch Genugtuungsinteresse reicht aus. Durch Zeitablauf oder freiwillige Richtigstellung durch den Äußernden kann ein Widerrufsbedürfnis entfallen sein (*BGH NJW 1982, 1805 [1806] – Schwarzer Filz*). Voraussetzung ist ferner, daß der Widerruf ein geeignetes Mittel ist, die Rufbeeinträchtigung zu beseitigen.

51   d) **Aktiv- und Passivlegitimation. Anspruchsberechtigt** ist nur der unmittelbar Betroffene. Mehrere Betroffene können nur **einen** Widerruf fordern, weil es sich um eine Erklärung des Störers handelt.

Passiv legitimiert ist nur, wer die zu widerrufende Behauptung **als eigene aufgestellt** hat; wer sie zitiert oder sonst verbreitet, kann auf Widerruf nur in Anspruch genommen werden, wenn er sich die Äußerung zu eigen gemacht hat. In diesem Fall kommt eventuell eine bloße Distanzierung infrage (unten Rdnr. 52).

52   e) **Inhalt, Umfang und Form.** Die Widerrufserklärung muß auf das für die Beseitigung eines Zustands fortdauernder Beeinträchtigung Erforderliche beschränkt werden (*BGHZ 31, 308 [320] – Alte Herren*). Unter Abwägung der Interessen ist auch sonst die schonendste Maßnahme zu wählen, die zur Beseitigung des Störungszustandes geeignet ist (*BGH NJW 1972, 431 [433] – Frei-*

spruch). Keinesfalls darf die Widerrufserklärung demütigend sein (*BVerfGE* 28, 1). Je nach der Intensität der Beeinträchtigung und der Notwendigkeit ihrer Beseitigung kann der Berichtigungsanspruch abgestuft werden. Die Spannweite reicht vom qualifizierten Widerruf über den einfachen Widerruf, die Rücknahme, die Richtigstellung, die Klarstellung, das Nichtaufrechterhalten zur Ergänzung. Einzelheiten bei *Wenzel* Rdnrn. 13.53 ff.

Im Widerrufsverlangen und folglich auch im Klageantrag sind auch die Empfänger der Erklärung (niemals der Verletzte: *v. Gamm* Rdnr. 71; anders: BGH NJW 1966, 647 [649] − Reichstagsbrand), bei Veröffentlichung ihre räumliche und zeitliche Ausdehnung sowie das Veröffentlichungsorgan zu bezeichnen. 53

f) Gerichtliche Durchsetzung. Nur im Wege der Hauptsacheklage. Im übrigen gelten die Grundsätze oben Rdnrn. 39, 40. Vollstreckung: § 888 ZPO. 54

g) Gegenmaßnahmen. Durch eine freiwillige Richtigstellung kann der Widerrufsanspruch erlöschen (*BGH* NJW 1982, 1805 [1806] − Schwarzer Filz). 55

5. Zahlungsansprüche

In Betracht kommen, je nach Fallgestaltung alternativ oder kumulativ, Schmerzensgeldansprüche, Ersatz materiellen Schadens und Bereicherungsansprüche. 56

a) Immaterieller Schaden. Rechtsgrundlage ist § 823 I BGB i. V. m. der Verletzung eines „sonstigen Rechts" im Sinn dieser Vorschrift, ferner § 823 II BGB i. V. m. der verletzten Strafnorm. Schmerzensgeldansprüche **können neben** Ansprüchen auf Gegendarstellung, Unterlassung, Widerruf wie auch neben materiellem Schadensersatz oder Bereicherungsansprüchen bestehen. Voraussetzungen sind: 57
− schwerwiegender Eingriff in das Persönlichkeitsrecht des Betroffenen,
− der nicht in anderer Weise befriedigend ausgeglichen werden kann,
− sowie Verschulden des Verletzers:
(aus der zahlreichen Rechtsprechung: *BVerfGE* 54, 120 [135] − Kunstkritik; *BGH* NJW 1982, 635 [636] − Böll II; 1985, 1617 [1619] − Nacktfoto).

Geringfügige Eingriffe geben keinen Schadensersatzanspruch. Ob eine schwerwiegende Verletzung des Persönlichkeitsrechts vorliegt, die Zahlung einer Entschädigung fordert, hängt insbesondere ab: 58
− von der Bedeutung und Tragweite des Eingriffs, also dem Ausmaß der Verbreitung und der Nachhaltigkeit und Fortdauer der Interessen- oder Rufschädigung des Verletzten,
− von Anlaß und Beweggrund des Handelnden,
− vom Grad seines Verschuldens,
(*BGH* NJW 1985, 1617 [1619] − Nacktfoto).

Der **Schmerzensgeldanspruch** soll dem Verletzten in erster Linie Genugtuung verschaffen. Deshalb sind **anspruchsberechtigt** nur natürliche Personen (*BGHZ* 78, 24 [28] − Medizin-Syndikat I), und zwar nur unmittelbar Betroffene. Hierzu kann auch − anstelle des Filmherstellers − der Inhaber eines Alleinvertriebsrechts gehören, der für den Hersteller den Zugang zu einem bestimmten Markt übernommen hat und dem das Produkt zugeordnet wird (*BGH* GRUR 1989, 222 − Filmbesprechung). **Passiv legitimiert** ist der Verletzer sowie, wer als Organ oder für Erfüllungs- oder Verrichtungshilfen haftet. Mehrere unabhängig voneinander handelnde Verletzer sind nicht Gesamtschuldner (*BGH* 59

NJW 1985, 1617 [1619] – Nacktfoto). Wer zur Inhaltskontrolle einen Rechtsanwalt hinzuzieht, kann sich dadurch nicht von dessen Verschulden freizeichnen („Fiktionshaftung" für mangelnde Organisation: *BGH* NJW 1980, 2810 – Medizin-Syndikat II).

60   Zur **Höhe des Schmerzensgeldes** vgl. die Zusammenstellungen bei *Wenzel* Rdnr. 14.128 (tabellarisch) und *Schulze/Stippler-Birk* (systematisch). Die Höhe kann bei Klage in das Ermessen des Gerichts gestellt werden, doch muß der Kläger die tatsächlichen Grundlagen und die ungefähre Höhe des Anspruchs darlegen.

61   **Schadensminderung** ist möglich durch rechtzeitige Richtigstellung, auch durch kostenlosen Abdruck einer Werbeanzeige bei schadensbegründendem Angriff auf das Produkt eines Warenherstellers (*BGH* NJW 1978, 210 [211] – Alkoholtest).

62   b) **Materieller Schaden.** Er ist i. d. R. nur bei Eingriffen in den Gewerbebetrieb, Kreditschädigung (hier Haftungsausschluß nach § 824 II BGB beachten!) und Wettbewerbsverletzungen (oben Kap. B XII) gegeben. Bei Verletzungen von Bildrechten (KUG) kann die entgangene Vergütung Ersatzansprüche begründen. Bei sonstigen Persönlichkeitsverletzungen wird nur in Ausnahmefällen ein materieller Ersatzanspruch entstehen (*BGHZ* 66, 182 [191 ff.] – Panorama/Bittenbinder).

63   Der adäquat ursächliche Schaden umfaßt insbesondere auch den **Zukunftsschaden** (*BGH* GRUR 1981, 80 [89] – Medizin-Syndikat IV). Im übrigen gelten die allgemeinen Grundsätze des Schadensersatzrechts.

64   c) **Bereicherung.** Aufgrund **Eingriffskondiktion** wurden vor allem in Fällen der widerrechtlichen Verwendung des Bildnisses oder Namens zu Werbezwecken Ansprüche nach § 812 BGB zugebilligt (*BGH* NJW 1956, 1554 – Paul Dahlke; 1979, 2205; 1981, 2402): wenn zu unterstellen ist, daß der Betroffene, wäre er gefragt worden, gegen Entgelt Bildnis oder Namen zur Verfügung gestellt hätte.

6. Exkurs: Strafrechtliches Vorgehen

65   Soweit eine Persönlichkeitsrechtsverletzung strafbare Handlung nach §§ 185ff. StGB oder einem Spezialgesetz (§ 33 KUG, §§ 106ff. UrhG u. a.) darstellt, kann auch strafrechtlich gegen den Störer vorgegangen werden. Handelt es sich um Antragsdelikte (nicht alle: § 22 I UWG), ist die Strafantragsfrist einzuhalten.

66   a) **Sinn und Zweck.** Bei Antragsdelikten ist ein strafrechtliches Vorgehen für den Verletzten i. d. R. nur sinnvoll, wenn zu erwarten steht, daß das öffentliche Interesse bejaht und das Delikt von Amts wegen verfolgt wird. Bei Privatklagedelikten (§ 374 StPO) kann er sich als **Nebenkläger** dem Verfahren anschließen. Wird der Verletzte auf den Privatklageweg verwiesen (RiStBV 87, 89 II), hat er meist nur zusätzliche Kosten.

67   b) **Beschlagnahme.** Bei strafrechtlichem Vorgehen ist für den **Verletzten** von besonderem Interesse die Möglichkeit der Sicherstellung von Beweismitteln und ihrer Beschlagnahme (§§ 94, 98 StPO) sowie die der **allgemeinen Sicherstellung und Beschlagnahme** von Schriften, Ton- und Bildträgern, Abbildungen und anderen Darstellungen (§§ 111b, 111m, 111n StPO, §§ 74d,

11 III StGB). Letztere ist für den **Beschuldigten** oder späteren **Einziehungsbeteiligten** (§§ 431, 440 StPO) besonders gravierend, weil sie die weitere Verbreitung bis zum Abschluß des Verfahrens hindert. Er muß daher versuchen, sofort auf das Verfahren Einfluß zu nehmen. Grundsätze: Beschlagnahme von Schriften (§ 11 III StGB) als **Beweismittel** ist grundsätzlich auf **ein** Exemplar zu beschränken, sie darf nicht zur Umgehung der strengeren Beschlagnahmevorschriften der §§ 111 m, n StPO mißbraucht werden (*Löwe/Rosenberg*, 24. Aufl., Rdnr 54; KK – *Laufhütte*, 2. Aufl., Rdnr. 13 je zu § 94 StPO). Bei der allgemeinen Beschlagnahme ist der Grundsatz der Verhältnismäßigkeit zu wahren, sie kann nach § 111 m IV StPO abgewendet werden.

II. Sonstige Verletzungen von Persönlichkeits- und Immaterialgüterrechten

Neben Ehrverletzungen kommen zahlreiche andere Äußerungen (auch in Medien) in Betracht, die Unterlassungs- und Schadensersatzansprüche, im Einzelfall auch einen Gegendarstellungs- oder Widerrufsanspruch auslösen können. Insoweit gelten die Ausführungen Rdnrn. 1 ff. entsprechend. 68

1. Wettbewerbstatbestände

Hierfür wird auf Kap. B XII Rdnr. 1 verwiesen. Wegen des besonderen Bezugs zum Äußerungsrecht wird im folgenden jedoch kurz hingewiesen auf: 69

2. Titelschutzansprüche

a) Rechtsgrundlage. § 16 I, II UWG: Wer im geschäftlichen Verkehr die besondere Bezeichnung einer Druckschrift so benutzt, daß Verwechslungsgefahr mit derjenigen eines anderen besteht, der sich ihrer rechtmäßig bedient, kann auf Unterlassung und Schadensersatz in Anspruch genommen werden. Unter Druckschrift sind alle Erzeugnisse der Buchdruckerpresse zu verstehen und alle anderen durch mechanische oder chemische Mittel bewirkten, zur Verbreitung bestimmten Vervielfältigungen von Schriften und bildlichen Darstellungen mit oder ohne Schrift und von Musikalien mit Text oder Erläuterungen, analog auch Titel anderer Werke (Bühnen- oder Filmwerke, Fernseh-Serien, Hörfunksendung), Einzelheiten: *Baumbach/Hefermehl*, Wettbewerbsrecht, 16. Aufl., Rdnrn. 116 ff. zu § 16 UWG. 70

b) Voraussetzungen. 71
– Unterscheidungskraft,
– Priorität,
– Verwechslungsgefahr.
Nicht: Urheberrechtsschutz, der an Werktiteln mangels einer persönlichen geistigen Schöpfung i. d. R. nicht entstehen kann (*Fromm/Nordemann*, 7. Aufl., Rdnr. 41; *Schricker/Loewenheim* Rdnr. 35, je zu § 2 UrhG).

3. Namensrechtliche Ansprüche

Der Name einer Person zählt zum reinen Persönlichkeitsrecht, im Geschäftsverkehr kann er Immaterialgüterrecht sein. Unbefugter Gebrauch kann Unter- 72 lassungs- und Schadensersatzansprüche auslösen, im Einzelfall auch Gegendarstellungs- und Widerrufsansprüche.

73 **a) Rechtsgrundlage.** § 12 BGB gibt bei Verletzung des Namensrechts einen Unterlassungsanspruch, aus §§ 823 I, 812 I 1 BGB können Schadensersatz- und Bereicherungsansprüche folgen. Im geschäftlichen Verkehr begründet § 16 I, II UWG Unterlassungs- und Schadensersatzansprüche (oben Rdnr. 70).

74 **b) Schutzbereich.** Schutzfähig sind der bürgerliche Name, Pseudonyme, Künstlernamen, Bezeichnungen juristischer Personen, auch: nichtrechtsfähiger Vereine, politischer Parteien, Gewerkschaften, möglicherweise auch Abkürzungen, Etablissementsbezeichnungen (wenn sie unterscheidungskräftig sind und Verkehrsgeltung besitzen).

75 **c) Verletzungstatbestände.**
– Namensleugnung: wenn das Recht zum Namensgebrauch bestritten wird;
– Namensanmaßung: wenn unbefugt ein fremder Name gebraucht wird und dadurch ein schutzwürdiges Interesse des wahren Namensträgers verletzt wird.

4. Ansprüche gegen Abbildungen

76 Zu unterscheiden ist zwischen **Bildern** (auf denen Gegenstände abgebildet sind) und **Bildnissen** (Darstellung von Personen in ihrer wirklichen, dem Leben entsprechenden Erscheinung).

77 **a) Bildnisse** dürfen nach § 22 KUG nur mit Einwilligung des Abgebildeten verbreitet oder öffentlich zur Schau gestellt werden („Recht am eigenen Bild"). Die Einwilligung gilt im Zweifel als erteilt, wenn der Abgebildete dafür, daß er sich (gerade für diesen Zweck: *BGH* NJW 1985, 1617, [1618] – Nacktfoto) abbilden ließ, ein Entgelt erhielt. Erkennbarkeit der Person ist erforderlich, nicht jedoch bei Nacktfotos, da die Anonymität gelüftet werden kann (*BGH* NJW 1974, 1947 – Nacktaufnahme). Einwilligung ist nicht erforderlich (§§ 23, 24 KUG) bei
– Bildnissen aus dem Bereich der Zeitgeschichte,
– Bildern, auf denen die Personen nur Beiwerk sind,
– Bildern von Versammlungen, Aufzügen und ähnlichen Vorgängen,
– Bildnissen, die zwar nicht auf Bestellung angefertigt wurden, jedoch der Kunst dienen,
– Bildnisse für Zwecke der Rechtspflege und öffentlichen Sicherheit.

78 **b) Bilder** unterliegen nicht dem KUG. Die Zulässigkeit ihrer Herstellung und Verbreitung richtet sich danach, ob eine Persönlichkeitsverletzung erfolgt ist, insbesondere die Privat- und Intimsphäre verletzt oder ein Fotografierverbot mißachtet wurde. Daher zulässig: Fotografieren eines fremden Hauses von einer allgemein zugänglichen Stelle ohne Betreten des Grundstücks (*BGH* GRUR 1990, 390 – Friesenhaus). Einzelheiten: *Wenzel* Rdnrn. 7.43 ff.

5. Urheberrechtsansprüche

79 Aus dem dem Schöpfer eines Werks der Literatur, Wissenschaft und Kunst zukommenden Urheberpersönlichkeitsrecht folgt, daß der Urheber das ausschließliche Recht der Verwertung seines Werkes hat (§§ 15 ff. UrhG). Für Lei-

stungsschutz- und sonstige verwandte Schutzrechte gilt Teil 2 des UrhG. In §§ 97 ff. UrhG sind Ansprüche auf Unterlassung, Schadensersatz und Vernichtung rechtswidrig hergestellter Vervielfältigungsstücke geregelt, §§ 106 ff. UrhG enthalten Strafvorschriften. Im übrigen kann hier nur auf die Urheberrechts-Literatur verwiesen werden.

6. Sonstige Ansprüche

Sonstige Ansprüche können sich ergeben aus dem PatG, dem GebrMG, dem GeschmMG und verwandten Gesetzen. 80

III. Neue Medien

Es handelt sich um neue **Telekommunikationstechniken**. Äußerungsrechtlich gelten die gleichen Grundsätze wie vorstehend dargestellt. Der Massenkommunikation dienen insbesondere die materialisierbaren **Teletexte**: Bildschirmtext (Btx), Kabeltext und Videotext. Sie bieten die Möglichkeit, die kodierten Textinformationen nicht nur am Bildschirm abzulesen, sondern auch auszudrucken. Ob sie eher der Presse oder dem Rundfunk zuzuordnen sind, ist umstritten. In § 7 des Staatsvertrags über Bildschirmtext i. d. F. vom 30. 8. 1991 wurde das Gegendarstellungsrecht für dieses Medium eigenständig geregelt. Die übrigen hier behandelten Ansprüche sind nicht medienabhängig. 81

Die Faksimile-Zeitung ist technisch ein Sonderfall des Fernkopierens (Telefax), sie wird der „Presse" zugeordnet (*König*, S. 200).

B XV. Der Versicherungsvertragsfall

Dr. Reinhard Dallmayr

Übersicht

	Rdnr.
I. **Vorbemerkung und Prüfschema**	1
II. **Allgemeiner Teil**	4
1. Rechtsgrundlagen des Versicherungsvertrages und Vertragsschluß	4
2. Prämienzahlungspflicht	32
3. Fälligkeit des Deckungsanspruches – Vorschußanspruch	39
4. Verzug des Versicherers	42
5. Verjährung – Klagefrist	44
6. Obliegenheiten	48
7. Gefahrerhöhung	61
8. Arglistige Täuschung des Versicherers durch den VN bei der Schadensermittlung	62
9. Herbeiführung des Versicherungsfalles durch Vorsatz oder grobe Fahrlässigkeit des VN	64
10. Haftung des VN für Dritte – Repräsentanten	65
11. Unterversicherung – Doppelversicherung – versichertes Interesse	70

	Rdnr.
12. Mitversicherung – Prozeßführungsklausel	71
13. Regreß des Versicherers	72
14. Veräußerung der versicherten Sache	74
15. Versicherung für fremde Rechnung, §§ 74ff. VVG	76
III. **Besonderer Teil**	78
1. Diebstahls- und Raubversicherung	78
2. Feuerversicherung	86
3. Haftpflichtversicherung	87
4. Kraftfahrtversicherung	88
5. Unfallversicherung	90
6. Krankenversicherung	91
7. Lebensversicherung und Berufsunfähigkeitsversicherung	92
IV. **Prozessuale Fragen**	93
1. Prozeßart	93
2. Gerichtsstand	94
V. **Rechtslage in den neuen Bundesländern**	96

Literatur: *Bach*, Aktuelle Fragen der Versicherungsvertragspraxis, 2. Aufl.; *Bach/Moser*, Private Krankenversicherung; *Bruck/Möller/Sieg*, VVG, 8. Aufl.; *van Bühren/Nies*, Reiseversicherung, 2. Aufl. 1992; *Grimm*, AUB; *Martin*, Sachversicherungsrecht, 3. Aufl. 1991; *Prölss/Martin*, Versicherungsvertraggesetz, 25. Aufl. 1992; *Stiefel/Hofmann*, Kraftfahrtversicherung, 14. Aufl. 1989; *Wussow/Pürckhauer*, AUB 5. Aufl. 1985 und 6. Aufl. 1990 (zu den AUB 1988) – **Fachzeitschriften:** Recht und Schaden (R + S); Versicherungsrecht (VersR), NJW-RR.

I. Vorbemerkung und Prüfschema

1 Fälle aus dem Versicherungsvertragsrecht (sog. Deckungsprozesse) sind häufig und kommen fast in jeder Kanzlei vor. Sie bereiten dem hierauf nicht spezialisierten Anwalt formelle und materielle Probleme, da regelmäßig eine Vielzahl von Einzelfragen zu beachten ist. Die Gegner des Anspruchstellers, d. h. die Versicherungsunternehmen, sind rechtskundig und hoch spezialisiert, was von den Versicherungsnehmern und den meisten ihrer Anwälte nicht gesagt werden kann. Das Prüfschema richtet sich daher in erster Linie an die **Anwälte der Versicherungsnehmer,** in zweiter Linie aber auch an Anwälte der Versicherungsunternehmen, die nicht spezialisiert sind (z. B. in kleineren Gerichtsorten). Für sie kann das Prüfschema deshalb eine Hilfe sein, weil Auftragsschreiben von Versicherungsunternehmen zwar meist umfangreich und detailliert sind, gleichwohl aber gelegentlich einzelne Einwendungen übersehen werden.

2 Im folgenden schließt sich einem Prüfschema zum Aufbau der Anspruchsprü-

Vorbemerkung und Prüfschema **B XV**

fung eine Erläuterung des allgemeinen Teils des Versicherungsvertrages an. Schließlich werden stichpunktartig die häufigsten Probleme bei den einzelnen Versicherungsarten aufgezählt.

Prüfschema:

1. Welche Schäden bzw. sonstige einen **Versicherungsanspruch auslösende** Ereignisse 3 liegen vor (z. B. Wohnungseinbruch, Diebstahl der Wertgegenstände)?
2. Welche möglicherweise einschlägigen **Versicherungen** sind abgeschlossen (z. B. Hausratversicherung)?
3. Welche **Bedingungswerke** liegen diesen Verträgen zugrunde (z. B. VHB 74 oder 84)?
4. Welche **Gefahren**, Schäden und Sachen sind danach versichert (Einbruchdiebstahl, Gebäudebeschädigungen)?
5. Greifen **Risikoausschlüsse** oder -begrenzungen ein (z. B. § 9 VHB 84, Täter ist Wohnungsgenosse des VN)?
6. Insbesondere: **Versicherungsort** und **Versicherungszeitraum**
7. Wurde **Erst-** oder **Folgeprämie** vom VR korrekt angefordert, aber vom VN nicht fristgerecht bezahlt, §§ 38, 39 VVG?
8. Kann VN Versicherungsfall **beweisen**? Kommen ihm **Beweiserleichterungen** zugute, oder kann VR beweisen, daß Versicherungsfall vorgetäuscht wurde?
9. Kann VR beweisen, daß VN **selbst** i. S. v. §§ 61, 152 VVG den **Versicherungsfall herbeigeführt** hat?
10. Ist der Anspruch **fällig**, d. h. müßten die Ermittlungen des VR abgeschlossen sein, 11 I VVG? Falls nein, kommt Abschlagszahlung in Frage, § 11 II VVG?
11. Ist Forderung **verjährt**, 12 I VVG?
12. Hat VR **Frist** des § 12 III VVG in Gang gesetzt? Wenn ja, wurde Frist rechtzeitig unterbrochen?
13. Wurde die vorvertragliche **Anzeigepflicht** erfüllt §§ 16 f. VVG? Wenn ja, ist der Versicherer vom Vertrag fristgerecht **zurückgetreten**, § 20 VVG? Falls ja, hatte der nicht oder falsch angezeigte Umstand **Einfluß** auf den **Eintritt** des **Versicherungsfalls** oder die Schadenhöhe, § 21 VVG? Hat VR gem. §§ 123 BGB, 22 VVG fristgerecht **angefochten**?
14. a) Wurden **vor** dem Versicherungsfall zu erfüllende **Obliegenheiten**, insbesondere sog. Sicherheitsvorschriften, verletzt (z. B. § 14 VHB 84)?
    b) Falls ja, mit dem zur Leistungsfreiheit des VR nötigen **Verschuldengrad**, § 6 I VVG?
    c) Falls ja, kann VN **Entschuldigungsbeweis** führen?
    d) Hat VR rechtzeitig **gekündigt**, § 6 I 3 VVG?
    e) Hatte Verletzung Einfluß auf den Eintritt des Versicherungsfalls oder die Schadenshöhe, § 6 II? Falls nein, kann VN den **Kausalitätsbeweis** führen?
15. a) Liegt eine **Gefahrerhöhung** vor (23 ff. VVG und Regelungen in AVB)?
    b) Ist diese **erheblich**, § 29 VVG?
    c) Trat sie mit **Willen** des VN (dann § 23 ff.) oder ohne seinen Willen (dann § 27 f.) ein?
    d) wenn gewollt, hat VN sie **verschuldet**, § 25 II 1 VVG?
        aa) Falls ja: Kann VN **Kausalitätsgegenbeweis** führen, § 25 III VVG?
        bb) Falls nein: Hatte VN **Anzeige** gem. § 23 II VVG unterlassen und ist der Versicherungsfall mindestens 1 Monat nach gesetzlichem Anzeigezeitpunkt eingetreten, § 25 II VVG?
    e) Falls **ungewollt**, § 28 VVG (siehe d. bb).
16. Wurden **nach** dem Versicherungsfall zu erfüllende **Obliegenheiten** verletzt (z. B. § 21 VHB 84; Anzeige bei Versicherer, Polizei, Beförderungsunternehmen, Schadensminderungsmaßnahmen, Mitwirkung bei Aufklärung des Sachverhalts)?

Dallmayr

B XV Der Versicherungsvertragsfall

    a) Falls ja, mit dem zur Leistungsfreiheit geforderten **Verschuldensgrad** (grob fahrlässig oder vorsätzlich), § 6 III 1 VVG?
    b) Falls nein, kann VN **Entschuldigungsbeweis** führen?
    c) Hatte Verletzung **Einfluß** auf die **Feststellung** des Versicherungsfalls oder den Leistungsumfang, § 6 III 2 VVG?
    d) Falls nein, kann VN **Kausalitätsgegenbeweis** führen?
17. Hat VN VR bei Ermittlungen über Eintrittspflicht arglistig **getäuscht** (vgl. § 22 Nr. 1 VHB 84, z. B. falsche Bestätigungen vorgelegt)?
18. Hat VN selbst gehandelt, z. B. gegen Obliegenheiten verstoßen? Falls nein, war Handelnder **Repräsentant, Wissensvertreter** od. evtl. (bei Anzeigeobliegenheiten nach dem Versicherungsfall) **Erfüllungsgehilfe** des VN?
19. Ist VN oder Versicherter **anspruchsberechtigt** (Versicherung für fremde Rechnung, (74 ff. VVG)?
20. Entschädigungshöhe
    a) Welche **Versicherungssumme** oder Entschädigung ist vereinbart?
    b) Wie hoch ist versicherter **Schaden** einschließlich versicherter Nebenkosten bzw. Summenversicherungsanspruch?
        aa) Liegen Voraussetzungen der Neuwertentschädigung vor?
        bb) Sonstige Leistungsvoraussetzungen?
        cc) Greifen **Entschädigungsgrenzen** ein?
    c) Soll zur Höhe **Sachverständigenverfahren** i. S. v. 64 VVG durchgeführt werden?
    d) Liegt **Unterversicherung** vor, § 56?
    e) **Zinsanspruch** (vgl. z. B. § 19 I VHB 84)?

II. Allgemeiner Teil

1. Rechtsgrundlagen des Versicherungsvertrages und Vertragsschluß

4   Wichtigste **Rechtsgrundlagen** des Versicherungsvertrages sind VVG, BGB und HGB (soweit auch der VN Kaufmann ist), Allgemeine (AVB) und Besondere Versicherungsbedingungen.

5   a) **Das Versicherungsvertragsgesetz.** Das VVG regelt im wesentlichen den allgemeinen Teil des Versicherungsrechts und behandelt im besonderen Teil nur einige der heute gebräuchlichen Versicherungszweige, nämlich Feuer-, Hagel-, Tier-, Transport-, Haftpflicht-, Lebens- und Unfallversicherung, nicht aber z. B. die Hausrat-, ED- oder Krankenversicherung. Es gilt im Prinzip für alle Versicherungszweige, auch soweit sie im Gesetz nicht erwähnt sind, nicht jedoch für die See- und die Rückversicherung, § 186 VVG. Die halbzwingenden und manche zwingenden Vorschriften gelten nicht für die Gütertransport-, die Kredit- und die laufende Versicherung, § 187 VVG. Die im besonderen Teil behandelten Versicherungszweige sind nur bruchstückhaft geregelt. Der *BGH* (VersR 1989, 912) hat daneben die Anwendung des § 102 VVG auf Gebäudeversicherungen außerhalb der Gebäudefeuerversicherung abgelehnt. Man wird aus dieser Entscheidung den Schluß ziehen können, daß in den sog. verbundenen Versicherungen (Hausrat, Wohngebäude) nur das Feuerrisiko unter die §§ 99 ff. VVG fällt.

6   b) **Die Allgemeinen Versicherungsbedingungen. aa) Einbeziehung.** Die AVB („AGBG der Versicherer") unterliegen dem AGBG und bedürfen zwar wie alle AGB der Einbeziehung in den Versicherungsvertrag. Behördlich genehmigte AVB (in den Massenversicherungszweigen somit so gut wie alle) unterliegen wegen § 23 III AGBG aber nicht den Erfordernissen des §§ 2 Nr. 1,

2 AGBG. Unabhängig davon gilt der **widerspruchslose Vertragsschluß** durch den VN als dessen Einverständnis mit den AVB, auch wenn er sie nicht gelesen oder gekannt hat (vgl. die Nachweise bei *Prölss/Martin* Vorbem. 6 B).

bb) Festlegung der anzuwendenden AVB. Es stellt einen häufig begangenen 7 Kunstfehler dar, nicht genau zu klären, welche AVB dem Vertrag konkret zugrunde liegen, da sie wesentliche Teile des Vertragsinhaltes regeln, häufig sogar erst die Anspruchsgrundlage für den VN und Mandanten geben.

cc) Inhaltskontrolle und Auslegung der AVB. Bislang wurden erstaunlich 8 wenig Bestimmungen als AGBG-widrig angesehen (vgl. im einzelnen die Darstellung bei *Prölss/Martin* Vorbem. 6 C), soeben allerdings § 14 Nr. 1c VHB 84 (*BGH* VersR 1990, 896). Bei der Inhaltskontrolle wie auch bei der Auslegung werden die Besonderheiten der AVB gegenüber anderen AGB insoweit berücksichtigt, als auf **versicherungstechnische Gegebenheiten** Rücksicht genommen wird, solange dadurch der Versicherungsschutz der Mehrheit der VN nicht entwertet wird. Eine geltungserhaltende Reduktion ist nicht zulässig (*BGH* VersR 1990, 69). AVB sind nach dem **Sprachgebrauch des täglichen Lebens** (*BGH* NJW 1988, 1050), nicht nach einer fachwissenschaftlichen Terminologie auszulegen, soweit ersterer den verwendeten Begriff einigermaßen bestimmt, andererseits ist ihr versicherungswirtschaftlicher Zweck zugunsten des Versicherers zu berücksichtigen, wenn er irgendwie zum Ausdruck gekommen ist; bei Beschränkung der übernommenen Gefahr allerdings nur insoweit, als es ihr Zweck erfordert. Die wohl herrschende Rechtsprechung legt AVB „gesetzesähnlich" aus, läßt also entscheiden, wie ein durchschnittlicher VN bei aufmerksamer Durchsicht und verständiger Würdigung die AVB unter Berücksichtigung ihres dabei erkennbar werdenden Sinnzusammenhangs verstehen muß (*BGH* VerR 1990, 419) und berücksichtigt Vorstellungen der Versicherer nur, wenn sie in den AVB zumindest unvollkommen Ausdruck gefunden haben und nicht überwiegende sachliche Gründe gegen eine entsprechende Auslegung sprechen (*BGH* VersR 1986, 177; VersR 1978, 362; VersR 1981, 173). Die Unklarheitenregel, § 5 AGBG, findet erst Anwendung, wenn die objektive Auslegung zu keinem Ergebnis führt.

c) Vertragsschluß – Annahme unter Abweichungen. Der Vertragsschluß ist 9 **formlos** möglich, Schriftform ist gesetzlich nicht vorgeschrieben. Gemäß § 3 VVG hat der Versicherer dem VN einen Versicherungsschein auszuhändigen.

aa) Bindungsfrist. Viele AVB und die meisten Antragsvordrucke enthalten 10 eine Bindungsfrist i. S. v. § 145 BGB für den Antragsteller, die gleichzeitig **Annahmefrist** i. S. v. § 148 BGB für den Versicherer ist. Gesetzliche Annahmefristen enthalten § 81 VVG und § 5 Pflichtversicherungsgesetz.

bb) Annahme. Häufig nimmt der Versicherer den Antrag unter **Änderungen** 11 an, so z. B. unter Ausschluß bestimmter Risiken oder unter der Auflage, bestimmte Sicherungsmaßnahmen durchzuführen. § 5 VVG gibt hierfür ein vereinfachtes Verfahren. Weicht der Versicherer im Versicherungsschein vom Antrag oder den getroffenen Vereinbarungen ab, gilt die Abweichung als genehmigt, wenn der VN nicht innerhalb eines Monats nach Empfang des Versicherungsscheins schriftlich widerspricht. Voraussetzung ist aber, daß die Abweichung durch eine besondere schriftliche Mitteilung oder durch einen auffälligen Vermerk (**„Rötung"**) im Versicherungsschein deutlich gemacht wird und der

B XV Der Versicherungsvertragsfall

Versicherer den VN über die Monatsfrist für den Widerspruch belehrt (vgl. im einzelnen *Prölss/Martin* § 5 Anm. 3 f.).

12 Da Versicherer einerseits realtiv häufig vom Antrag abweichen und gar nicht so selten den deutlichen Hinweis (Rötung) vergessen, sollte in jedem Fall die Kongruenz zwischen Antrag und Versicherungsschein sowie die Einhaltung von § 5 VVG geprüft werden.

13 **d) Versicherungsbeginn – vorläufige Deckung – Rückwärtsversicherung. aa) Versicherungsbeginn.** Zu unterscheiden ist zwischen **formellem** Versicherungsbeginn (Zeitpunkt des Vertragsschlusses durch Angebot und Annahme), **technischem** Versicherungsbeginn (Zeitpunkt, ab dem Prämien geschuldet werden – Bedeutung u. a. für Berechnung des Eintrittsalters, der Wartezeiten, des Versicherungsjahrs) und **materiellen** Versicherungsbeginn (Beginn des Versicherungsschutzes).

14 Seit der Entscheidung *BGH* NJW 1982, 2776 stellt ein vor den eigentlichen Vertragsschluß einvernehmlich zurückverlegter Vertragsbeginn in der Regel auch den **Beginn des materiellen Versicherungsschutzes** dar, da die Verwendung der Begriffe Vertragsbeginn oder Versicherungsbeginn im Antrag als individuelle Willenserklärung dahin auszulegen ist, daß der VN damit zugleich den Beginn des Versicherungsschutzes meint. Anders aber, wenn im konkreten Fall mit der Vorverlegung des Versicherungsbeginns nur **technische Vorteile** (z. B. günstigeres Eintrittsalter) bezweckt waren (*BGH* a. a. O.; *OLG Hamm* VersR 1984, 152). Insbesondere in der Kranken- und Lebensversicherung ist regelmäßig aus den Anträgen ersichtlich, daß Versicherungsschutz vor einer eingehenden Risikoprüfung nicht bestehen soll. Man wird daher einen zurückverlegten Vertragsbeginn als ausschließlich technisch auslegen müssen. In der Lebensversicherung gilt daneben die Besonderheit, daß eine Rückwärtsversicherung für den Zeitraum vor Antragstellung deshalb ausgeschlossen ist, weil der Versicherungsfall zumindest bei der Eigenversicherung begrifflich nicht eingetreten sein kann.

15 **bb) Grenzen der Zulässigkeit der Rückwärtsversicherung, § 2 Abs. 2 VVG.** Es gibt vier Fallgruppen:
(1) Der **Versicherer** weiß, daß der Versicherungsfall eingetreten ist. Der Vertrag ist voll wirksam, was aus einem Umkehrschluß aus § 2 II 2 folgt; Weiß der Versicherer, daß der Versicherungsfall nicht mehr eintreten kann, ist der Vertrag zwar gültig, er hat aber keinen Anspruch auf Prämie, § 2 II 1.
(2) Der **VN** weiß, daß der Versicherungsfall eingetreten ist: Der Versicherer ist leistungsfrei (vgl. *BGH* r + s 1992, 145), bleibt aber für spätere Versicherungsfälle zur Leistung verpflichtet, gleichwohl ist die Prämie verfallen, § 2 II 2; Weiß demgegenüber der VN, daß der Versicherungsfall nicht mehr eintreten kann, ist der Vertrag zwar wirksam, erlischt aber entsprechend § 68 VVG.
(3) **Beide** wissen, daß der Versicherungsfall ganz oder teilweise eingetreten ist: Der Versicherer kann keine Prämie, der VN keine Entschädigung fordern (vgl. aber noch unten Rdnr. 17); Wissen beide, daß der Versicherungsfall nicht mehr eintreten kann, ist der Vertrag unwirksam.
(4) **Beide** wissen **nicht**, daß der Versicherungsfall eingetreten ist oder nicht mehr eintreten kann: der Vertrag ist wirksam.

16 **cc) Abänderbarkeit des § 2 II VVG.** Vorstehende Fallgruppen (3) und (4) sind abänderbar. Im Prinzip ist die Vorschrift auch abbedungen, wenn bei Ver-

Allgemeiner Teil **B XV**

tragsschluß beide Parteien vom Eintritt des Versicherungsfalles wissen. Allerdings ist eine solche **Rückwärtsversicherung** gemäß § 138 BGB **nichtig,** soweit ein beiden Parteien bekannter Versicherungsfall der Versichertengemeinschaft aufgebürdet werden soll.

Ein Verstoß gegen die guten Sitten soll nur dann nicht vorliegen, wenn **17** zumindest die nicht fern liegende Möglichkeit besteht, daß der Versicherer – etwa aufgrund einer vorläufigen Deckungszusage oder einer Schadensersatzpflicht aus c.i.c. – ohnehin zur Leistung verpflichtet wäre (vgl. *BGH* NJW 1982, 2776).

dd) Vertragsdauer. Diese ist in § 8 VVG n.F. geregelt. Bei den dieser Bestimmung noch nicht unterliegenden Altverträgen wurde häufig AGB-mäßig eine fünf- oder zehnjährige Dauer vereinbart, ohne daß dem VN das Wahlrecht gem. § 8 III VVG eingeräumt wurde. Die h. M. hält eine solche Vereinbarung für nichtig iSv § 9 AGBG (vgl. z. B. *OLG Düsseldorf* NJW RR 1990, 1311; *OLG Braunschweig* VersR 1992, 45). Mit einer BGH-Entscheidung ist in absehbarer Zeit zu rechnen.

e) Vorläufige Deckungszusage. aa) Zustandekommen Die vorläufige Deck- **18** kungszusage ist neben dem möglichen späteren Versicherungsvertrag ein selbständiges Rechtsverhältnis, das formlos zustande kommt. Der Versicherungsschutz **beginnt** mit dem Zugang der Zusage beim VN, die Prämie ist gestundet. Der Agent hat eine **Rechtsscheinvollmacht** zur Erteilung einer vorläufigen Deckungszusage jedenfalls dann, wenn der Versicherer ihm eine mit faksimilierten Unterschriften versehene Bestätigung (z. B. die sog. Doppelkarte in der Kraftfahrzeughaftpflichtversicherung) an die Hand gibt (*BGH* VersR 1986, 131). Zu beachten ist aber im Einzelfall, daß viele Versicherungsanträge den ausdrücklichen Hinweis enthalten, daß der Agent zur Erteilung einer Deckungszusage nicht befugt ist. Erteilt der Agent ohne Vertretungsmacht eine Deckungszusage, kommt eine Erfüllungshaftung des Versicherers nur kraft Anscheinsvollmacht in Betracht (*BGH* VersR 1987, 1142). Nach *LG Hannover* (VersR 1980, 130) liegt eine Deckungszusage vor, wenn in dem Versicherungsvertrag nach Absprache mit einer Hilfsperson des Versicherers das Antragsdatum als Versicherungsbeginn angegeben wird, soweit es sich um eine Massenversicherungssparte handelt, in der die Versicherer üblicherweise die Verträge annehmen (heftig umstritten, anderer Meinung *Prölss/Martin* Zusatz zu § 1 Anm. 3 m. w. Nachw.).

bb) Verhältnis zum Hauptvertrag Durch die Deckungszusage sind weder **19** Versicherer noch Versicherungsnehmer gehindert, den **Abschluß des Hauptvertrags abzulehnen.** Ein Verstoß gegen Anzeigepflichten bei Abschluß des endgültigen Vertrages berechtigt nicht zum Rücktritt von der vorläufigen Deckung und zu ihrer Anfechtung. Kommt es nicht zum Abschluß des endgültigen Vertrages, kann gleichwohl aus der Deckungszusage gehaftet werden (vgl. im einzelnen *Prölss/Martin* Zusatz zu § 1).

cc) Inhalt. Der **Inhalt der vorläufigen Deckung** bestimmt sich nach den **20** AVB, die für das endgültige Vertragsverhältnis gelten würden, jedenfalls, sofern die AVB gemäß § 23 Abs. 3 AGBG Vertragsbestandteil würden (vgl. *Bach,* Aktuelle Rechtsfragen der Versicherungsvertragspraxis, S. 33; *Prölss/Martin* aaO). Anderenfalls müssen die AVB entsprechend § 2 AGBG zum Gegenstand der Deckungszusage gemacht werden (*BGH* VersR 1982, 381).

Dallmayr

21 **dd) Ende der vorläufigen Deckung.** Die verläufige Deckung **endet,** wenn der Versicherungsschutz aus dem **Hauptvertrag** beginnt oder wenn sich die Verhandlungen über den Hauptvertrag endgültig zerschlagen. Insoweit reicht allerdings der Ablauf der Annahmefrist alleine nicht aus, weil auch dann die Möglichkeit eines Vertragsschlusses gemäß § 149 BGB besteht (vgl. *OLG Hamm* VersR 1984, 173). Wird die Prämie nicht rechtzeitig eingelöst (§ 38 VVG), entfällt die vorläufige Deckung rückwirkend (vgl. z. B. § 1 II 4 AKB).

22 **f) Verspätete Annahme des Vertragsangebots durch den Versicherer.** Fast alle Versicherungsanträge bzw. AVB enthalten eine **Bindungsfrist** für den Antragsteller, die gleichzeitig Annahmefrist gemäß § 148 BGB für den Versicherer ist. Gesetzliche Annahme- und Bindungsfristen sind in § 81 VVG und § 5 Pflichtversicherungsgesetz enthalten. Die Frist beginnt mit dem Eingang des Antrages beim Versicherer, bzw. in der Praxis weit bedeutungsvoller, beim Agenten, vgl. § 43 Nr. 1 VVG.

23 **aa) Überschreitung der Annahmefrist.** Viele Versicherer sind aufgrund ihrer Organisation nicht in der Lage, die Annahmefrist einzuhalten. Jede Überschreitung dieser Frist ist eine **Ablehnung** des Antrages verbunden mit einem neuen Antrag des Versicherers, § 150 I BGB, ebenso die Prämienabbuchung im Einzugsverfahren (*BGH* VersR 1991, 910). Die Annahme des Antrages durch den Versicherer kann formlos erfolgen, geschieht aber meist durch Übersendung des Versicherungsscheines. Die versehentliche Übersendung einer Prämienrechnung oder die Entgegennahme der Erstprämie ist grundsätzlich keine Annahme des Antrages (*OLG Hamm* VersR 1982, 844).

24 Zahlt der VN die Prämie oder sorgt er für Deckung auf seinem (Prämieneinzugs-)Konto, obwohl der Versicherer die Annahme verspätet erklärt hat, ist der Vertrag zustande gekommen, da die Zahlung die **Annahme des neuen Angebotes** darstellt (*OLG Hamm* NJW RR 1987, 153 und *BGH* a. a. O.). Anders, wenn die Prämie aufgrund eines bei Antragstellung erteilten Dauerauftrages bezahlt wurde und der VN sogleich nach Erhalt des Versicherungsscheines dem Vertrag widerspricht (*OLG Hamm* VersR 1978, 1039).

25 **bb) Haftung, obwohl Angebot nicht angenommen wurde.** Erleidet ein Versicherungsinteressent zwischen Antrag und Annahme einen Schaden, für den keine vorläufige Deckung zugesagt ist, und kommt auch keine den Schaden deckende Rückwärtsversicherung zustande, haftet der Versicherer gleichwohl aus **c. i. c.** in folgenden Hauptfällen:
 – Der Agent vertröstet den VN und erklärt, die **Verzögerung** der Übermittlung des Versicherungsscheines habe auf den Bestand des Versicherungsverhältnisses keinen Einfluß (*BGH* VersR 1986, 329).
 – Der Versicherer hat über den Antrag des potentiellen VN nicht innerhalb einer den Umständen nach gebotenen oder erkennbar erwarteten Frist **entschieden** (*BGH* NJW 1983, 631; VersR 1975, 1090).
 – Der Agent hat den Antrag **nicht rechtzeitig** an den Versicherer **weitergeleitet** (*BGH* NJW 1983, 631) oder die ihm ausgehändigte Annahmeerklärung dem Versicherungsnehmer nicht rechtzeitig übermittelt (*RGZ* 147, 103).
 – Oder der Versicherer hat den VN, der erkennbar den Beginn des Versicherungsschutzes zu einem Zeitpunkt begehrt, zu dem der Versicherer den Antrag noch nicht annehmen kann, **nicht** über die Möglichkeit vorläufigen Deckungsschutzes **aufgeklärt** (*Prölss/Martin* § 3 Anm. 5 B, umstritten).

g) Haftung für Agenten – Haftung der Agenten. Die folgenden Ausführungen gelten für Versicherungsagenten im Sinne von § 43 f. VVG, nicht für Versicherungsmakler, die in erster Linie Interessensvertreter des VN sind (*BGHZ* 94, 356), so daß deren Verschulden dem VN gemäß § 278 BGB zugerechnet wird (vgl. *LG Köln* ZfS 1983, 79). 26

Bei der Haftung für Agenten ist zu unterscheiden zwischen der Haftung für **falsche Erklärungen** des Agenten über das Bestehen und den Umfang der Versicherung einerseits und für die **Nichtweitergabe von Erklärungen** des VN bzw. von sonstigen Kenntnissen über das versicherte Risiko durch den Agenten an den Versicherer andererseits. 27

aa) Haftung für falsche Erklärungen. Im ersten Fall gilt der Gewohnheitsrechtssatz, daß der Versicherer abweichend von den Regeln des BGB über Stellvertretung und § 278 für alle Erklärungen des Agenten über das Bestehen und den Umfang der Versicherung so einzustehen hat, als sei ein Vertrag im Sinne der dem Antragsteller günstigen Aufklärung durch den Agenten zustande gekommen. Eine **Irrtumsanfechtung** ist nicht möglich. Dogmatisch handelt es sich um eine Ausdehnung der Vertragserfüllung, nicht um einen Schadensersatzanspruch. Der Anspruch geht auf das **positive Interesse** (vgl. *BGH* VersR 1986, 329; *OLG Köln* VersR 1983, 1045). Die Vertrauenshaftung des Versicherers steht neben der allgemeinen Haftung aus c. i. c. und p. V. V. (vgl. *Prölss/Martin* § 43 Anm. 7; *BGH* VersR 1987, 147). Voraussetzung für das Eingreifen der Haftung ist ein **schutzwürdiges Vertrauen** des VN, den kein erhebliches Eigenverschulden treffen darf. Ein solches wird dann angenommen, wenn der VN naheliegende Erkenntnismöglichkeiten, die ihm die Unrichtigkeit der Äußerungen des Agenten aufgezeigt hätten, nicht nutzt. Dies gilt insbesondere dann, wenn die Angaben des Agenten klaren und eindeutigen Versicherungsbedingungen oder den Erläuterungen im Versicherungsantrag widersprechen, so daß der VN bei Beachtung auch nur geringer Sorgfalt erkennen konnte, daß die entgegengesetzte Angabe des Agenten unrichtig ist (vgl. *OLG Schleswig* VersR 1985, 756 und *BGH* VersR 1986, 329; besonders illustrativ: *LG Köln* ZfS 1985, 346). 28

Vorstehende Haftung soll auch für **Angestellte des Versicherers** gelten (*OLG Karlsruhe* VersR 1983, 74; *Brück/Möller/Sieg* § 44 Anm. 63; *Prölss/Martin* § 43 Anm. 7 A). 29

bb) Wissenzurechnung. § 44 VVG, wonach die Kenntnis des Agenten der Kenntnis des Versicherers nicht gleichsteht, schließt die **Wissenzurechnung** gemäß § 166 BGB aus. Die Vorschrift gilt für alle Tatsachen, die nach dem VVG rechtserheblich sind (z. B. §§ 2, 20, 24, 25, 27, 38, 33, 34). § 44 ist aber nicht zugunsten des Versicherers anzuwenden, soweit es um Kenntnisse des Vermittlungsagenten geht, die dieser bei Anbahnung des betroffenen Vertrages aufgrund einer Erklärung des VN erlangt (*BGH* VersR 1989, 398). *OLG Köln* (R + S 1988, 240) dehnt die Wissenzurechnung auf **jede dienstliche Kenntnis** des Versicherers, seiner Angestellten und Agenten aus, die diese erlangen, während sie mit dem Abschluß oder der Bearbeitung des betreffenden Vertrages betraut sind. § 44 soll nur insoweit angewandt werden, als es um Tatsachen geht, über die der Vermittlungsagent außerhalb seiner Agententätigkeit und ohne Zusammenhang mit dem betreffenden Versicherungsvertrag Kenntnis erlangt. Die Wissenzurechnung scheidet allerdings aus, wenn der Agent nach den entspr. AVB, zB den MBKK, nicht bevollmächtigt ist, Anzeigen und Willens- 30

B XV
Der Versicherungsvertragsfall

erklärungen entgegenzunehmen (vgl. *OLG Köln* VersR 1988, 904). Wirken Agent und VN kollusiv zum Nachteil des Versicherers zusammen, haftet dieser nicht. Hat der Agent das Antragsformular aufgrund von Angaben des VN ausgefüllt, und behauptet der VN substantiiert, er habe den Agent mündlich zutreffend unterrichtet, trifft den Versicherer die Beweislast, daß der VN eine Obliegenheitsverletzung durch Falschbeantwortung begangen hat (*BGH* VersR 1989, 833 1990, 77; 1990, 1002). Der Versicherer kann die Empfangsvollmacht für die Entgegennahme von VN-Erklärungen bei Antragstellung nicht AGB-mäßig (wie z. B. in vielen Krankenversicherungsanträgen) einschränken (*BGH* VersR 1992, 217).

31 cc) **Haftung der Agenten**. Eine an sich denkbare **Eigenhaftung des Agenten** nach § 179 BGB scheidet immer dann aus, wenn der Versicherer dem VN nach vorstehenden Grundsätzen haftet (*OLG Karlsruhe* VersR 1986, 33 m. w. N.). Eine **c.i.c.-Haftung** des Agenten kommt nur in Betracht, wenn er entweder besonderes Vertrauen in Anspruch genommen oder ein besonderes, die Provision übersteigendes, wirtschaftliches Interesse hat (*BGH* WM 1984, 127; *OLG Karlsruhe* VersR 1986, 33).

2. Prämienzahlungspflicht

32 a) **Erstprämie, § 38 VVG**. Nach dieser Vorschrift kann der Versicherer nicht nur vom Vertrag zurücktreten, solange die erste oder einmalige Prämie nicht rechtzeitig gezahlt wird, sondern er ist auch von der Verpflichtung zur Leistung frei, wenn die Prämie zur Zeit des Eintrittes des Versicherungsfalles noch aussteht.

33 aa) **Definition**. Erstprämie ist die **zeitlich erste Prämie** und setzt den Abschluß eines **neuen Vertrages** voraus. Bei Vertragsverlängerungen oder -fortsetzungen aufgrund einer Verlängerungsklausel handelt es sich um keine Erstprämie. Die erste Prämie eines Vertrages, der einen bereits bestehenden ersetzt, ist nur dann Erstprämie, wenn nach dem Willen der Parteien ein neuer Vertrag geschlossen, nicht aber der frühere unter Wahrung der Vertragsidentität abgeändert werden soll. Erstens liegt z. B. vor bei Erhöhung des versicherten Risikos oder Auswechslung des versicherten KFZ (*OLG München* R+S 1986, 57), letzteres bei bloßer Erhöhung der Versicherungssumme (*OLG Hamm* VersR 1979, 413); zu Recht bestritten von *Prölss/Martin*, § 38 Anm. 1c). Erstprämie ist auch die Prämie für den Hauptvertrag nach vorläufiger Deckungszusage.

34 bb) **Berechnung**. Der Versicherer kann sich nur auf § 38 VVG berufen, wenn die **Erstprämienanforderung** auf den Pfennig richtig ist (*BGH* VersR 1992, 1501). Fordert er in einer Rechnung mehrere Prämien an, muß er kenntlich machen, auf welchen Vertrag sich die Erstprämie bezieht.

35 cc) **Zahlung**. Als Zahlung genügt bereits der Zugang eines **Schecks** beim Versicherer, sofern die bezogene Bank ihn einlöst (*BGH* VersR 1965, 1141); anderer Meinung: *LG Köln* R+S 1987, 3). Bei einer **Überweisung** gilt die Prämie in dem Moment gezahlt, in dem der Betrag beim VN abgebucht wird. Im **Lastschriftverfahren** treten eine Reihe von Problemen auf. So werden getrennte Lastschriften für jeden vom VN unterhaltenen Vertrag verlangt, weil Lastschriften nur vollständig oder aber gar nicht ausgeführt werden, so daß dem VN ein teilweiser Widerspruch gegen eine von mehreren erhobenen Prämien

nicht möglich ist (*BGH* VersR 1985, 447; *OLG Hamm* VersR 1984, 231 und 377). Die Leistungsfreiheit tritt auch dann ein, wenn nur ein kleiner Teil der Prämie nicht bezahlt ist (derzeitiger Stand der Rechtsprechung: ab ca. 5%, vgl. *BGH* VersR 1985, 982; VersR 1986, 54).

dd) Belehrung des VN. Beginnt der Versicherungsschutz vor Einzahlung der 36 Erstprämie, besteht wegen des dann möglichen rückwirkenden Wegfalls des Versicherungsschutzes eine **Hinweis- und Belehrungspflicht** gegenüber dem Versicherten über die Folgen der verspäteten Zahlung. Im Falle der sogenannten erweiterten Einlösungsklausel (§ 8 II VHB 74, § 3 I 3 AHB, § 5 S. 2 ARB, § 7 I AUB, § 15 III VHB 84, § 7 II AWB, § 10 II VGB) hat der VN nach der Rechtsprechung 14 Tage zur Zahlung zur Verfügung (vgl. *OLG Köln* R+S 1987, 22).

b) Folgeprämie, § 39 VVG. Bei nicht rechtzeitiger Zahlung der Folgeprämie 37 muß der Versicherer den VN qualifiziert mahnen, um das Versicherungsverhältnis kündigen zu können oder leistungsfrei zu werden, falls der Versicherungsfall vor Prämienzahlung eintritt. An die **Belehrung des Versicherers** stellt die Rechtsprechung strenge Anforderungen. Sie muß umfassend sein, der VN ist also über sämtliche Rechtsfolgen einer Nichtbeachtung der gesetzten Zahlungsfrist zu belehren. Er darf dabei nicht in den Glauben versetzt werden, eine Zahlung nach Fristablauf könne ihm nichts mehr nützen, und vor allem reicht es nicht aus, den Wortlaut des § 39 VVG auf der Rückseite des Schreibens, verbunden mit dem Hinweis hierauf auf der Vorderseite der Mahnung, abzudrucken (*BGH* VersR 1988, 484).

Im übrigen gelten obige Ausführungen (Rdnrn. 33–35), insbesondere zu Zahlung, 38 Rechtzeitigkeit, Vollständigkeit der Zahlung, Richtigkeit der Zahlung etc., entsprechend.

3. Fälligkeit des Deckungsanspruches – Vorschußanspruch

a) Voraussetzungen. Die Versicherungsleistung ist erst mit Beendigung der 39 zur Feststellung des Versicherungsfalles und des Umfanges der Leistung des Versicherers nötigen Erhebungen **fällig**, § 11 Abs. 1 VVG. Zu den **nötigen Erhebungen** gehört die Beschaffung aller Unterlagen, die ein durchschnittlich sorgfältiger Versicherer braucht, um den Versicherungsfall und seine Eintrittspflicht festzustellen und abschließend zu prüfen. Hierzu gehört insbesondere die Möglichkeit der Einsichtnahme in behördliche Ermittlungsakten. Dabei soll das Ersuchen um Aktenübersendung an den Versicherer unter Umständen nicht ausreichen, wenn die Akten dem Versicherer erkennbar nicht in absehbarer Zeit zur Verfügung stehen werden. Vielmehr müsse er an Ort und Stelle Einsicht nehmen (*OLG Frankfurt* VersR 1986, 1009).

Lehnt der Versicherer die Leistung (unbegründet) ab, bevor er die nötigen 40 Erhebungen durchgeführt hat, wird seine Leistung bereits mit dem Zugang der Ablehnung fällig (*BGH* VersR 1984, 1161; *OLG Hamm* VersR 1982, 1091).

b) Abschlagszahlungen. Gemäß § 11 Abs. 2 VVG kann der Versicherungs- 41 nehmer eine Abschlagszahlung verlangen, wenn die Erhebungen nicht innerhalb eines Monats seit der Anzeige des Versicherungsfalles beendet sind. Voraussetzung ist allerdings, daß der Anspruchsgrund unstreitig ist (ständige Rechtsprechung, vgl. *BGH* VersR 1986, 77 [79]).

Dallmayr

4. Verzug des Versicherers

42 Eine unbegründete Leistungsverweigerung des Versicherers kann weitergehende Schäden beim VN (z. B. Konkurs) verursachen. Ob der Versicherer nach Verzugsgrundsätzen haftet, hängt davon ab, ob ihn ein **Verschulden** trifft. Unterlag der Versicherer bei seiner Ablehnung einem **Rechtsirrtum,** ist er dann entschuldigt, wenn sich in einer schwierigen Rechtsfrage noch keine herrschende Meinung gebildet und er sich seine Auffassung mit genügender Sorgfalt erarbeitet hat. Der Rechtsirrtum ist von dem Moment an schuldhaft, in dem der Versicherer mit seinem Unterliegen im Rechtsstreit rechnen muß, d. h. das normale Prozeßrisiko falsch einschätzt (*BGH* VersR 1990, 153, r + s 1991, 37).

43 Bei Ablehnung wegen **zweifelhafter Tatfragen** liegt Verschulden nur vor, wenn sie nicht durch ausreichende Tatsachen begründet wurden. Vor Abschluß der Beweisaufnahme, in der er mit der Beweisbarkeit der von ihm zu beweisenden Tatsachen rechnen konnte, gerät der Versicherer nicht in Verzug (*BGH* r + s 1991, 37). Er darf regelmäßig den Ausgang eines Strafverfahrens abwarten, selbst wenn es nicht gegen den VN, sondern gegen einen Dritten gerichtet ist, und kommt möglicherweise selbst nach einem Freispruch nicht in Verzug, da er die im Zivilprozeß andersartige Beweislage berücksichtigen darf (vgl. *Prölss/Martin* § 11 Anm. 5 B).

5. Verjährung – Klagefrist

44 **a) Voraussetzungen der Verjährung.** Gemäß § 12 I VVG verjähren die Ansprüche aus dem Versicherungsvertrag in **zwei Jahren,** beginnend mit dem Schluß des Jahres, in dem die Leistung verlangt werden kann. Ist der Anspruch des VN beim Versicherer angemeldet, ist die Verjährung bis zum Eingang der schriftlichen Entscheidung des Versicherers **gehemmt,** § 12 II VVG. Für die Berechnung gelten im übrigen die Vorschriften des BGB. Die Vorschrift betrifft alle Ansprüche, die ihre rechtliche Grundlage in dem Versicherungsvertrag haben, also auf dem Vertrag beruhen. Daher verjährt der auf **§ 812 BGB** gestützte Anspruch des Versicherers auf Rückforderung gezahlter, aber nicht geschuldeter Entschädigungen nicht nach § 12 VVG, sondern gemäß § 195 BGB in 30 Jahren (*BGHZ* 32, 13; a. M. *Prölss/Martin* § 12 Anm. 2). Die Leistung kann naturgemäß erst verlangt werden, wenn sie gemäß § 11 VVG fällig ist. Der VN kann durch Unterlassen der Schadensanzeige oder seiner Mitwirkung bei den Erhebungen den Beginn der Verjährung nicht hinausschieben. Beantwortet er z. B. Fragen des Versicherers nicht, soll die Verjährung in dem Zeitpunkt enden, in dem bei korrektem Vorgehen des gemahnten VN mit der Entscheidung des Versicherers zu rechnen gewesen wäre (*OLG Hamm* VersR 1977, 1155; bestritten). Ergibt der Versicherer nach Ablehnung zu erkennen, die Entscheidung nochmals überprüfen zu wollen, ist der Ablauf der Verjährung wiederum gehemmt (vgl. *OLG Hamm* VersR 1987, 250).

45 **b) Einhaltung der Klagefrist.** Die Klagefrist nach § 12 III VVG soll die Rechtmäßigkeit der Deckungsablehnung des Versicherers möglichst rasch klären. Leistungsfreiheit tritt in diesem Fall für alle noch nicht erbrachten Leistungen ein, egal, ob diese geschuldet waren oder nicht. Voraussetzung ist die ordnungsgemäße **Belehrung** des VN, daß der Versicherer durch bloßen Zeitablauf von der Verpflichtung zur Leistung frei wird, wenn der Anspruch nicht vorher gerichtlich geltend gemacht wird. Die Rechtsprechung stellt an die Belehrung strenge Anforderungen (vgl. *Prölss/Martin* § 12 Anm. 6).

Es handelt sich um **keine Verjährungsfrist,** daher sind §§ 202 f. BGB nicht 46
anwendbar (ständige Rechtsprechung, vgl. die Nachweise bei *Prölss/Martin* § 12
Anm. 7). Verjährungs- und Klagefrist laufen selbständig nebeneinander. Trifft
allerdings den VN bei Versäumung der Frist kein Verschulden, soll sich der
Versicherer nicht auf Fristversäumnis berufen können (*BGH* VersR 1977, 442).
Das gleiche gilt, wenn der Versicherer durch die Berufung auf den Fristablauf
gegen Treu und Glauben verstoßen würde. Die Klagefrist kann i. ü. verlängert
werden.

Gerichtliche Geltendmachung im Sinne dieser Vorschrift ist neben Erhe- 47
bung einer Leistungsklage auch die einer Feststellungsklage oder eines Antrages
auf Erlaß eines Mahnbescheides. Es gilt § 270 III ZPO (Rückwirkung der alsbaldigen Zustellung auf den Antragszeitpunkt, vgl. *BGH* VersR 1987, 39). Der
Prozeßkostenhilfeantrag genügt ebenfalls für die Fristwahrung, wenn der VN
alsdann alles zumutbare tut, damit die Klage demnächst im Sinne von § 270 III
ZPO zugestellt werden kann. Abzustellen ist darauf, wieviel Zeit ein Anwalt für
eine ordnungsgemäße Prozeßführung benötigt. Bei Verweigerung der Prozeßkostenhilfe sind für die Einreichung einer mit Begründung versehenen Beschwerdeschrift höchstens zwei Wochen zu veranschlagen (*BGH* aaO). **Nicht
ausreichend** sind Streitverkündung, Einleitung des Sachverständigenverfahrens, Beschwerde beim Bundesaufsichtsamt für das Versicherungswesen, Antrag auf Erlaß eines Arrests oder einer einstweiligen Verfügung oder ein Beweissicherungsantrag.

6. Obliegenheiten

Den Versicherungsnehmer treffen in jedem Versicherungsvertrag eine Reihe 48
von Obliegenheiten, deren Verletzung den Versicherer nicht nur zur Lösung des
Vertrages berechtigt, sondern unter bestimmten Voraussetzungen auch zur Leistungsfreiheit im Versicherungsfalle führt.

a) Vorvertragliche Anzeigepflicht gemäß § 16 f. VVG. Der VN hat bei 49
Schließung des Vertrages alle ihm bekannten Umstände, die für die Übernahme
der Gefahr **erheblich** sind, dem Versicherer anzuzeigen. Erheblich sind die
Umstände, die auf den Entschluß des Versicherers, den Vertrag überhaupt oder
zu dem vereinbarten Inhalt abzuschließen, Einfluß ausüben. Jeder Umstand,
nach dem der Versicherer ausdrücklich und schriftlich gefragt hat, gilt im Zweifel als erheblich.

Unterbleibt die danach nötige Anzeige des VN, auch weil er sich z. B. der 50
Kenntnis des Umstandes arglistig entzogen hat, oder macht der VN eine unrichtige Anzeige, kann der Versicherer vom Vertrag **zurücktreten,** es sei denn, er
kannte den angezeigten Umstand oder die Anzeige ist ohne Verschulden des
VN unterblieben, §§ 16, 17 VVG. Den schriftlichen Antragsfragen des Versicherers kommt insbesondere deshalb Bedeutung zu, da nach § 18 VVG der
Rücktritt wegen unterbliebener Anzeige eines Umstandes, nach dem nicht ausdrücklich gefragt worden ist, nur im Falle **arglistiger Verschweigung** zulässig
ist.

Klassische Umstände, bei deren Verschweigung die Versicherer zurücktreten, 51
sind z. B. falsche Angaben zu Art und Beschaffenheit des Gebäudes in der Gebäude- und Feuerversicherung, zu Vorschäden und Vorversicherungen in fast
allen Versicherungszweigen und zu Gesundheitsfragen in der Kranken- und
Lebensversicherung.

52 Der **Rücktritt** kann nur innerhalb eines Monats ab dem Moment erfolgen, in dem der Versicherer von der Verletzung der Anzeigepflicht Kenntnis erlangt, § 20 I VVG. An den Inhalt der Rücktrittserklärung werden strenge Anforderungen gestellt; Berufung auf Leistungsfreiheit, Ablehnung der Entschädigung, Kündigung oder ähnliches genügen nicht, wohl aber im Wege der Umdeutung eine Anfechtung.

53 Nach Eintritt des Versicherungsfalles kann der Versicherer zwar noch zurücktreten, bleibt aber leistungspflichtig für diesen Versicherungsfall, wenn der nicht angezeigte oder verschwiegene Umstand keinen **Einfluß auf** den **Eintritt** des Versicherungsfalles oder den Umfang der Leistung gehabt hat. In der Sachversicherung gilt dies z. B. im Gegensatz zur Krankenversicherung regelmäßig für verschwiegene Vorschäden oder Vorversicherungen.

54 Unberührt bleibt allerdings das Recht des Versicherers, aus einem solchen Grund den Vertrag wegen arglistiger Täuschung gemäß §§ **123 BGB, 22 VVG** anzufechten. Gegenüber einer Irrtumsanfechtung nach § 119 BGB sind dagegen § 16 ff. VVG Spezialregeln.

55 **b) Obliegenheiten, die vor dem Versicherungsfall zu erfüllen sind, § 6 I VVG. aa) Verhältnis zu Risikobegrenzungen.** Die Abgrenzung dieser Obliegenheit zu den Risikobegrenzungen ist schwierig. Bis heute scheint noch keine gesicherte, allgemein gültige, über den Einzelfall hinausgehende Lösung gefunden zu sein (vgl. die Zusammenstellung bei *Schirmer* R + S 1990, 217). Wegen § 15a VVG steht nach der bisherigen h. M. fest, daß sogenannte **verhüllte Obliegenheiten**, d. h. Obliegenheiten, die in den AVB in die Form eines Risikoausschlusses gehüllt sind, nicht nichtig sind, sondern den Regeln des § 6 I und II VVG unterliegen (vgl. im einzelnen *Prölss/Martin* § 6 Anm. 3).

56 **bb) Voraussetzungen.** Werden solche Obliegenheiten vom VN **schuldhaft** (leichte Fahrlässigkeit genügt idR) verletzt und hat bei sogenannten gefahrmindernden Obliegenheiten die Verletzung Einfluß auf den Versicherungsfall und den Umfang der dem Versicherer obliegenden Leistungen, ist der Versicherer **leistungsfrei**, wenn er darüberhinaus den Versicherungsvertrag binnen eines Monats nach Kenntniserlangung ohne Einhaltung einer Kündigungsfrist **kündigt**, § 6 I, II VVG. Die Rechtsprechung wendet gerade dieses sog. Klarstellungserfordernis des § 6 I 3 VVG restriktiv an (vgl. *BGH* VersR 1982, 395 und VersR 1988, 1014) und macht nur dann eine Ausnahme, wenn der Vertrag vor Ablauf der Monatsfrist zur Kündigung schon aus anderen Gründen (z. B. vereinbarter Vertragsablauf) beendet wird.

57 **c) Obliegenheiten, die nach dem Versicherungsfall zu erfüllen sind.** In der Regel geben diese Obliegenheiten, die in allen Bedingungswerken enthalten sind, dem VN die unverzügliche Schadensmeldung beim Versicherer (vgl. auch § 33 VVG) sowie z. B. bei der Polizei und Beförderungsunternehmen auf, verpflichten ihn zur Abwendung oder Minderung des Schadens nach Weisung des Versicherers und zur Erteilung jeglicher Auskunft über Ursache und Höhe des Schadens (vgl. insoweit auch § 34 VVG).

58 Leistungsfreiheit des Versicherers im Falle ihrer Verletzung tritt nur bei ausdrücklicher Vereinbarung ein, welche aber regelmäßig in den AVB enthalten ist (vgl. etwa §§ 15 VGB, 13 AFB 87).

59 Gemäß § 6 III VVG führt die Verletzung solcher Obliegenheiten nur dann zur **Leistungsfreiheit** des Versicherers, wenn sie mindestens grob fahrlässig oder vorsätzlich erfolgt ist und Einfluß entweder auf die Feststellung des Versicherungsfalles oder den Umfang der dem Versicherer obliegenden Leistung gehabt hat. Gerade diese Relevanz wird von der Rechtsprechung immer mehr hervorgehoben. Trotz des an sich klaren Wortlautes des § 6 III VVG zu vorsätzlichen Verstößen läßt die Rechtsprechung bei **folgenloser Verletzung dieser Aufklärungspflicht** die Berufung auf die Leistungsfreiheit des Versicherers nur zu, wenn der Verstoß generell geeignet war, die Interessen des Versicherers ernsthaft zu gefährden und den VN der Vorwurf groben Verschuldens trifft (vgl. *BGH* VersR 1983, 674, VersR 1978, 74, *OLG Hamm* VersR 1981, 330). Nach endgültiger Ablehnung des Versicherungsschutzes führt unrichtiger Sachvortrag des VN aber nicht mehr zur Leistungsfreiheit des Versicherers (*BGH* NJW 1989, 2472).

d) **Beweislast.** Der Versicherer muß bei allen vorstehenden Obliegenheiten 60 den **objektiven** Tatbestand der Verletzung nachweisen, während sich der VN exculpieren und ferner beweisen muß, daß die Verletzung nicht kausal war.

Anders ist die Sachlage bei den Risikobeschränkungen: Bei den sogenannten primären Risikobeschränkungen muß der VN deren Nichtvorliegen beweisen, während bei den sekundären Risikobeschränkungen die Beweislast den Versicherer für das Eingreifen des Ausschlußtatbestandes trifft.

7. Gefahrerhöhung

Der VN darf nach Vertragsabschluß ohne Einwilligung des Versicherers kei- 61 ne Erhöhung der Gefahr vornehmen oder deren Vornahme durch einen Dritten dulden, §§ 23 ff. VVG. Unter Gefahrerhöhung versteht man eine nachträgliche Änderung der bei Vertragsschluß tatsächlich vorhandenen gefahrerheblichen Umstände (vgl. Rdnr. 49), die den Eintritt des Versicherungsfalles, eine Vergrößerung des Schadens oder die ungerechtfertigte Inanspruchnahme des Versicherers wahrscheinlich macht. Die Umstände müssen ihrer Natur nach geeignet sein, einen neuen Gefahrenzustand von so langer Dauer zu schaffen, daß er die Grundlage eines neuen natürlichen Schadensverlaufes bilden kann und damit den Eintritt des Versicherungsfalles generell zu fördern geeignet ist (grundlegend: *BGHZ* 7, 311). Eine Gefahrerhöhung iSv § 23 I VVG kann nur durch **aktives Tun, nicht** durch **Unterlassen** begangen werden (*BGH* VersR 1987, 653). Der VN ist verpflichtet, dem Versicherer unverzüglich **Anzeige** über die Gefahrerhöhung zu erstatten, §§ 23 II, 27 II VVG. Der Versicherer hat das Recht, bei gewillkürter Gefahrerhöhung des VN, § 23 VVG, das Versicherungsverhältnis ohne Einhaltung einer Frist zu **kündigen**. Beruht die Gefahrerhöhung nicht auf einem Verschulden des VN, wirkt die Kündigung erst mit Ablauf eines Monates, §§ 24, 27 I VVG. Das Kündigungsrecht erlischt binnen eines Monats. Tritt der **Versicherungsfall nach der Gefahrerhöhung** ein, ist der Versicherer im Falle der Verletzung des § 23 I VVG oder des § 27 II VVG leistungsfrei, wenn die Verletzung nicht unverschuldet war. Selbst dann ist der Versicherer aber leistungsfrei, wenn die Anzeige der Gefahrerhöhung vom VN nicht unverzüglich gemacht wurde und der Versicherungsfall später als einen Monat nach dem Zeitpunkt eintrat, in dem die Anzeige dem Versicherer hätte zugehen müssen, es sei denn, ihm war in diesem Moment die Erhöhung der Gefahr bekannt. Der Versicherer bleibt ferner leistungspflichtig, wenn die Frist zur Kündigung bei Eintritt des Versicherungsfalles abgelaufen und eine Kündigung nicht erfolgt oder wenn die Erhöhung der Gefahr nicht kausal für den

B XV Der Versicherungsvertragsfall

Eintritt des Versicherungsfalles und den Umfang der Leistung des Versicherers war.

8. Arglistige Täuschung des Versicherers durch den VN bei der Schadensermittlung

62 So gut wie alle Bedingungswerke sanktionieren eine arglistige Täuschung des VN bei den Verhandlungen über die Ermittlung der Entschädigungsleistung mit der Leistungsfreiheit des Versicherers, vgl. z. B. §§ 16 AFB, AEB, 16 Nr. 2 VHB 74, 22 Nr. 1 VHB 84. Die Täuschung muß sich zwar an den Versicherer richten, kann aber mittelbar auch auf dem Umweg z. b. über Angaben bei Polizei (*BGH* VersR 1982, 689) oder Sachverständigen (*OLG Hamm* VersR 1978, 811) erfolgen. **Bereicherungsabsicht des VN** hierbei ist nicht nötig. Es reicht aus, wenn durch die Täuschung ein berechtigter Anspruch durchgesetzt, z. B. mit Hilfe eines gefälschten Beleges ein tatsächlich erfolgter Kauf nachgewiesen werden soll (*BGH* VersR 1985, 77). Die Rechtsprechung mutet allerdings dem Versicherer zur **Vermeidung unbilliger Härten** die Regulierung eines Teils des Schadens ausnahmsweise dann zu, wenn das Verschulden des VN verhältnismäßig gering wiegt und bei völligem Verlust des Versicherungsschutzes die Existenz des VN gefährdet wäre (*OLG Hamm* VersR 1976, 1177; *BGH* VersR 1987, 149). Nach *OLG Hamm* (VesR 1992, 301) soll eine arglistige Täuschung **nach** dem **Versicherungsfall** nicht zur Leistungsfreiheit des Versicherers führen.

63 Manche Bedingungswerke fingieren den **Beweis der Arglist,** wenn der VN insoweit rechtskräftig verurteilt wurde, vgl. §§ 22 Nr. 1 VHB 84, 16 Nr. 2 VHB 74, 18 Nr. 3 VGB, 14 Nr. 2 AFB 87, AERB 87. Hiergegen bestehen keine Einwände, insbesondere auch nicht nach § 9 AGBG (*Martin,* Sachversicherungsrecht, X III 23). Die Leistungsfreiheit wegen arglistiger Täuschung steht in Anspruchskonkurrenz zur Leistungsfreiheit wegen Obliegenheitsverletzung, kann also kumulativ eingewandt werden (*Martin* VersR 1986, 137).

9. Herbeiführung des Versicherungsfalles durch Vorsatz oder grobe Fahrlässigkeit des VN

64 Der Versicherer ist in der **Schadensversicherung** leistungsfrei, wenn der VN den Versicherungsfall vorsätzlich oder grob fahrlässig herbeiführt, § 61 VVG sowie korrespondierende Bestimmungen in allen Bedingungswerken. In der **Haftpflichtversicherung** tritt Leistungsfreiheit demgegenüber nur bei vorsätzlicher Herbeiführung durch den VN ein, § 152 VVG. Für die Definition der groben Fahrlässigkeit gelten die allgemeinen Regeln. Die Außerachtlassung allgemein gültiger Sicherheitsregeln ist dann grob fahrlässig, wenn ihre Kenntnis nach dem Grad ihrer Verbreitung allgemein vorausgesetzt werden muß (*BGH* VersR 1977, 465). Ein Verstoß gegen Unfallverhütungsvorschriften von Berufsgenossenschaften erfüllt daher nicht ohne weiteres diesen Tatbestand (*BGH* VersR 1981, 73). Allerdings wird grobe Fahrlässigkeit häufig dann vorliegen, wenn der VN gegen im Versicherungsvertrag vereinbarte Sicherheitsvorschriften verstößt (vgl. im übrigen die ausführliche Kommentierung bei *Prölss/Martin* zu § 61 VVG). Bei sog. **Augenblicksversagen** wird grobe Fahrlässigkeit verneint, wenn weitere **subjektive Umstände** hinzukommen, die den Grund des Versagens in einem milderen Licht erscheinen lassen (*BGH* VersR 1992, 1085; *Römer,* VersR 1992, 1187).

Allgemeiner Teil   B XV

10. Haftung des VN für Dritte – Repräsentanten

Häufig ist mit der Gefahrverwaltung eine Hilfsperson des VN beauftragt, die 65
gegen eine Vertragsverpflichtung, die zur Leistungsfreiheit des Versicherers
führen kann, verstößt. Das VVG enthält keine Regeln über die Zurechnung des
Verhaltens Dritter. § 278 BGB betrifft zwar Schuldverhältnisse, zu denen Versicherungsverträge gehören, soll aber nicht für die Gefahrenverwaltung im Rahmen der Versicherungsverträge passen, da der Versicherungsschutz zu stark
eingeengt würde. Die Rechtsprechung hat deshalb Fehlverhalten Dritter im
Rahmen der §§ 6, 23, 25, 61 und 152 VVG auf den Kreis der Repräsentanten
begrenzt.

a) **Repräsentanten.** Repräsentant ist, wer in einem Geschäftsbereich, zu dem 66
das versicherte Risiko gehört, aufgrund eines Vertretungs- oder eines ähnlichen
Verhältnisses an die **Stelle des VN** getreten ist. Klassische Repräsentanten sind
vor allem Betriebsleiter eines Unternehmens, vergleichbare Angestellte oder
Arbeiter und Sicherheitsbeauftragte. Der Ehegatte ist in der Hausratsversiche-
rung nicht Repräsentant (*BGH* R + S 1990, 242). Ebensowenig soll der Mieter
Repräsentant des versicherten Vermieters sein (*BGH* VersR 1989, 909). Im
übrigen ist die Kasuistik unübersichtlich (vgl. im einzelnen *Prölss/Martin* § 6
Anm. 8 B mit Aufzählung der Einzelfälle).

b) **Mehrere VN.** Demgegenüber wirkt das Verhalten eines Versicherungs- 67
nehmers bei einem gemeinsamen von mehreren Personen unterhaltenen Versicherungsvertrag jeweils gegen alle VN (*OLG Hamm* R+S 1987, 167).

c) **Haftung für Verhalten nach dem Versicherungsfall.** Bei **Verhalten nach** 68
dem Versicherungsfall ist streitig, ob § 278 BGB nicht doch anwendbar ist
(vgl. *LG Traunstein* VersR 1984, 549). Anderer Ansicht ist wohl das *OLG
Karlsruhe* (R+S 1987, 291), wonach der Prozeßbevollmächtigte des VN nicht
ohne weiteres dessen Repräsentant bei der Schadensabwicklung ist.

d) **Wissensvertreter.** Der VN haftet nicht nur für seinen Repräsentanten, 69
sondern auch für seinen Wissensvertreter (§ 166 I BGB analog). Dieser ist damit
betraut, Tatsachen, deren Kenntnis von Rechtserheblichkeit ist, anstelle des VN
entgegenzunehmen (gesetzliche Fälle: §§ 79 I, 161, 179 II, IV VVG). Das gleiche
gilt für **Wissenserklärungsvertreter** (vgl. z. B. *BGH* VersR 1981, 948).

11. Unterversicherung – Doppelversicherung – versichertes Interesse

Eine Unterversicherung liegt vor, wenn die Versicherungssumme niedriger 70
als der Versicherungswert (= Wert aller versicherten Sachen) im Schadenszeit-
punkt ist, § 56 VVG. In diesem Fall wird die Entschädigung anteilig gekürzt
(vgl. im einzelnen, insbes. zur Berechnung *Prölss/Martin* § 56). Eine Doppelversicherung liegt vor, wenn ein Interesse gegen dieselbe Gefahr bei mehreren
Versicherern versichert ist und die Versicherungssumme zusammen den Versicherungswert oder die Summe der Entschädigung den Gesamtschaden übersteigt, §§ 59 VVG. Beispiel in der Sachversicherung sind die Versicherung des
Hauseigentümers und die Sachfremdversicherung des Mieters (vgl. *BGH* R+S
1988, 86). So besteht andererseits aber nur auf den ersten Blick Doppelversicherung bei Zusammentreffen einer Wohngebäude- und Hausratversicherung bei
einem Leitungswasserschaden an Mietwohnungen. Denn zwar wird das Interesse des Eigentümers durch beide Verträge gedeckt, aber in der zweiten Stufe der

B XV　　　　　　　　　　　　　　　　　　　　Der Versicherungsvertragsfall

Schadensregulierung hat der Schädiger, bzw. sein Versicherer, den Schaden wegen § 67 VVG allein zu tragen (vgl, *Prölss/Martin* § 56 Anm. 2). Ferner besteht keine Doppelversicherung zwischen der Sachversicherung des Eigentümers und der Haftpflichtversicherung des Schädigers, z. B. Mieters. Gemäß § 59 I sind die Versicherer in der Weise dem VN als Gesamtschuldner verpflichtet, daß diesem jeder Versicherer für den Betrag haftet, dessen Zahlung ihm nach seinem Vertrag obliegt, der VN aber im ganzen nicht mehr als den Betrag des Schadens verlangen kann. Hat der VN eine Doppelversicherung in der Absicht genommen, sich dadurch einen **rechtswidrigen Vermögensvorteil** zu verschaffen, ist der Vertrag nichtig, § 59 III VVG.

12. Mitversicherung – Prozeßführungsklausel

71　Größere Risiken werden von den Versicherern häufig nicht rückversichert, sondern im Wege einer sogenannten **offenen Mitversicherung** gezeichnet. Darunter ist die einverständliche Beteiligung mehrerer Versicherer an einem Risiko in der Weise zu verstehen, daß jeder eine gewisse Quote übernimmt. Rechtlich liegen dabei so viele Verträge vor, wie Versicherer beteiligt sind. Die Mitversicherung muß sich aus dem Versicherungsvertrag ergeben. Zur Vereinfachung wird meist die sogenannte **Führungsklausel** vereinbart, wonach der führende Versicherer bevollmächtigt ist, Anzeigen und Willenserklärungen des VN für alle beteiligten Versicherer entgegenzunehmen. Wichtiger für das vorliegende Buch ist die sogenannte **Prozeßführungsklausel**, wonach nur die führende Gesellschaft auf ihren Anteil verklagt werden kann, während die mitbeteiligten Versicherer die gegen die führende Versicherung rechtskräftige Entscheidung ebenso anerkennen, wie die von der führenden Versicherung mit dem VN nach Rechtshängigkeit geschlossenen Vergleiche. Diese Prozeßführungsklauseln sind in der Rechtsprechung als gültig anerkannt und werden auch dann Vertragsbestandteil, wenn sich der VN hierüber keine Gedanken gemacht haben sollte, sofern sie klar aus dem Versicherungsschein zu ersehen sind. Ist dies der Fall, kann daher nur der führende Versicherer auf dessen Anteil verklagt werden. Dies ist wegen des im Verhältnis zum Gesamtbetrag niedrigeren Streitwertes für den VN von Vorteil.

13. Regreß des Versicherers

72　Gemäß § 67 VVG geht der Anspruch des VN auf Schadensersatz gegen einen Dritten auf den Versicherer über, soweit dieser dem VN den Schaden ersetzt hat. Die Vorschrift gilt für die Schadensversicherung, also nicht nur für die Sachversicherungszweige, sondern auch die Haftpflichtversicherung, die Rechtsschutzversicherung und die Personenversicherung, soweit sie Schadensleistungen erbringt (z. B. Krankheitskosten in der Krankenversicherung). Sie gilt nicht in der als Summenversicherung betriebenen Personenversicherung (z. B. Krankenhaustagegeld, vgl. *BGH* VersR 1984, 690).

73　Der Übergang erstreckt sich aber nur auf die Schadensersatzansprüche, die sich auf den Schaden beziehen, der in den Schutzbereich der in Frage stehenden Versicherung fällt **(Grundsatz der Kongruenz)**. Nicht kongruent sind z. B. Sachfolgeschäden, d. h. Ansprüche wegen Nutzungs- und Verdienstausfall, wegen Prämiennachteilen, auf Ersatz von Mietwagenkosten oder der allgemeinen Unkosten (vgl. im einzelnen *Prölss/Martin* § 67 Anm. 4 B). In der Gebäudeversicherung sind Mieter und Pächter nicht beim Eigentümer mitversichert, so daß dessen Versicherer gegen die Mieter und Pächter regressieren kann (*BGH* NJW 1992, 980 zur Feuerversicherung und *BGH* NJW-RR 1991, 527 zur Leitungswasserversicherung). Der **Umfang des Übergangs** richtet sich nach der Höhe des Ersatzanspruches und der Versicherungsleistung. Ersetzt der Versicherer dem VN nur einen Teil des Schadens, z. B. aufgrund eines Selbstbehaltens oder einer Unterversicherung, und bleibt der Anspruch gegen den Dritten ebenfalls hinter dem Schaden zurück, § 254 BGB, geht weder der Anspruch in Höhe der Zahlung auf den Versicherer über, noch ist er zwischen VN und Versicherer im Verhältnis ihrer Beteiligung am Schaden zu Teil. Vielmehr bleibt der VN Gläubiger des Ersatzanspruches mit der Folge des Befriedigungsrechts insoweit, als er vom Versicherer nicht entschädigt worden ist. Erst nach Deckung des Schadens durch Versicherungsleistung und Ersatzanspruch kommt der Versicherer zum Zuge (**Quotenvorrecht** des VN).

14. Veräußerung der versicherten Sache

Veräußert der VN die versicherte Sache, tritt an die Stelle des Veräußerers der 74 Erwerber in das Versicherungsverhältnis ein, § 69 I VVG. Veräußerung ist **jeder Eigentumsübergang durch** rechtsgeschäftliche **Einzelrechtsnachfolge**, so z. B. Personenwechsel in einer BGB-Gesellschaft oder Umwandlung von Gesamtteilseigentum in Bruchteilseigentum oder wenn ein Einzelkaufmann oder eine GmbH die in ihrem Eigentum stehenden versicherten Sachen in eine oHG einbringt. Sie ist zu verneinen bei Wechsel einiger oder aller Gesellschafter einer oHG oder der Anteilsinhaber einer AG oder GmbH. Bei **Gesamtrechtsnachfolge** gelten zwar nicht die §§ 69f. VVG, das Versicherungsverhältnis geht aber nach allgemeinen Grundsätzen über. Für die laufende Prämie haften Veräußerer und Erwerber als Gesamtschuldner, § 69 II VVG. Versicherer und Erwerber sind berechtigt, das Versicherungsverhältnis zu kündigen, ersterer unter Einhaltung einer Frist von einem Monat, letzterer mit sofortiger Wirkung oder auf den Schluß der laufenden Versicherungsperiode, § 70 VVG.

Wichtig ist vor allem § 71 VVG, wonach die Veräußerung dem Versicherer 75 unverzüglich anzuzeigen ist. Unterbleibt diese Anzeige, ist der Versicherer von der Leistungspflicht frei, wenn der Versicherungsfall später als einen Monat nach dem Zeitpunkt eintritt, in welchem die Anzeige ihm hätte zugehen müssen. Die Schärfe dieser Vorschrift mildert die Rechtsprechung aber dadurch, daß sie nur dann Leistungsfreiheit des Versicherers eintreten läßt, wenn diese nicht außer Verhältnis zur Schwere des Verstoßes steht. Dabei ist auf seiten des Versicherers abzuwägen, wie weit seine Interessen in ernster Weise beeinträchtigt sind, auf seiten des VN, in welchem Umfang ihn ein Verschulden trifft und welches Gewicht die Entziehung der Versicherungsleistung hat (*BGH* VersR 1987, 477).

15. Versicherung für fremde Rechnung, §§ 74 ff. VVG

Versichert der VN Gegenstände (z. B. Waren, die unter Vorbehaltseigentum 76 erworben wurden) oder Gebäude, die nicht in seinem Eigentum stehen (z. B. der Mieter versichert das Gebäude gegen Feuer, vgl. *BGH* R+S 1988, 86), liegt eine Versicherung für fremde Rechnung vor. Die gesetzliche Definition des § 74 I VVG lautet, daß die Versicherung von demjenigen, welcher den Vertrag mit dem Versicherer schließt, im eigenen Namen für einen anderen, mit oder ohne Benennung der Person des Versicherten, genommen werden kann. § 74 II

B XV Der Versicherungsvertragsfall

VVG vermutet, daß der Vertragsschließende nicht als Vertreter, sondern im eigenen Namen für fremde Rechnung (hinsichtlich der Prämie allerdings auf eigene Kosten) handelt. Nach § 75 VVG stehen die Rechte aus dem Vertrag dem Versicherten zu, die Aushändigung des Versicherungsscheines kann aber nur der VN verlangen. Letzteres ist deshalb von Bedeutung, da der Versicherte ohne Zustimmung des VN über seine Rechte nur verfügen und diese Rechte nur gerichtlich geltend machen kann, wenn er im Besitz des Versicherungsscheines ist. Ist ein solcher ausgestellt, kann der VN ohne Zustimmung des Versicherten die Zahlung nur annehmen und die Rechte des Versicherten nur übertragen, wenn er im Besitz des Scheines ist. Der Versicherer ist zur Zahlung an den VN nur verpflichtet, wenn dieser ihm nachweist, daß der Versicherte seine Zustimmung zur Versicherung erteilt hat, § 76 VVG. Die Vorschrift ist allerdings abdingbar, wovon manche Bedingungen Gebrauch machen. So sehen z. B. §§ 12 I 3 AFB, 10 I 3 AFB 87, vor, daß der Versicherer vor Auszahlung der Entschädigung vom VN den Nachweis verlangen kann, daß der Versicherte seine Zustimmung zur Versicherung und zur Empfangnahme der Entschädigung erteilt hat.

77 Im Innenverhältnis ist der VN nicht verpflichtet, dem Versicherten den Versicherungsschein auszuhändigen, bevor er wegen der ihm gegen den Versicherten zustehenden Ansprüche befriedigt ist, § 77 VVG. Nach § 79 VVG werden Versicherer und VN in Bezug auf Kenntnis und Verhalten gleichgestellt. Nach § 80 VVG wird in Ermangelung sonstiger Umstände vermutet, daß die Versicherung für fremde Rechnung abgeschlossen wurde.

III. Besonderer Teil

1. Diebstahls- und Raubversicherung (z. B. Hausrat-, Einbruchdiebstahl-, Reisegepäckversicherung VHB 66, VHB74, VHB 84, AEB, AEB 87, AERB, AERB 87, AVBR 80).

78 **a) Beweislast und -führung.** Da sich Versicherungsfälle in der Diebstahlversicherung regelmäßig im Verborgenen abspielen, der VN also Schwierigkeiten hätte, den ihm obliegenden Beweis des Versicherungsfalles zu führen, räumt ihm die ständige Rechtsprechung erhebliche **Beweiserleichterungen** ein: Für den Beweis eines (Einbruch-)diebstahls brauchen nach der ständigen Rechtsprechung des *BGH* (z. B. R+S 1987, 261, R+S 1990, 242) nicht einmal die Voraussetzungen eines Anscheinsbeweis vorzuliegen. Es braucht sich deshalb weder um einen typischen Geschehensablauf zu handeln noch muß eine hohe Wahrscheinlichkeit für den Eintritt eines Versicherungsfalles sprechen. Vielmehr reicht es aus, daß Anzeichen feststehen, die mit **hinreichender Wahrscheinlichkeit** das äußere Bild eines versicherten Diebstahles ergeben (Stufe 1).

79 Dem Versicherer steht selbstverständlich der Gegenbeweis offen, der allerdings nicht schon dann geführt ist, wenn die ernsthafte Möglichkeit eines anderen Geschehensablaufes besteht. Vielmehr ist der Nachweis von konkreten Tatsachen erforderlich, die die Annahme einer Vortäuschung des Versicherungsfalles mit **erheblicher Wahrscheinlichkeit** nahelegen (Stufe 2).

80 Die **Judikatur** in diesem Zusammenhang ist unübersehbar. In Stufe 1 reicht jedenfalls die bloße Behauptung eines Diebstahls im allgemeinen nicht aus, ebensowenig die Anzeige bei der Polizei. In der Einbruchdiebstahlversicherung

müssen sich in der Regel objektive Spuren am Tatort finden, die nach der Lebenserfahrung von einem erschwerten Diebstahl versicherter Sachen herrühren würden. In der Kfz-Kasko-Versicherung fehlt es an einem ausreichenden äußeren Sachverhalt für ein Kfz-Diebstahl, wenn das Lenkradschloß nicht aufgebrochen und die Zündung nicht kurzgeschlossen war (vgl. im einzelnen *Prölss/Martin* § 49 Anm. 3 D; *Martin,* Sachversicherungsrecht D XVI.).

In Stufe 2 (Rdnr. 79) können die Verdachtsgründe sich schon aus dem geschilderten Sachverhalt ergeben. Dies gilt insbesondere, wenn die Angaben des VN's auch technischen Gründen nicht schlüssig sind, was gar nicht so selten vorkommt (vgl. *OLG München* VersR 1984, 126; *LG Frankfurt* R+S 1985, 93; *OLG Frankfurt* VersR 1982, 966 und *OLG Köln* VersR 1983, 921). Ähnliches gilt, wenn die Finanzierung der angeblich gestohlenen Sachen durch den VN unwahrscheinlich ist, Teile der gestohlenen Sachen beim VN aufgefunden werden, oder Spuren, die nach der Sachverhaltsschilderung eigentlich vorhanden sein müßten, tatsächlich nicht zu finden sind (vgl. *Martin* aaO). 81

Ob allerdings aus einem **Verhalten des VN,** das nicht die äußeren objektiven Umstände des behaupteten Diebstahls betrifft, der Schluß auf eine Vortäuschung zu ziehen ist, ist einzelfallabhängig. Dabei muß beachtet werden, daß nicht jede bewußt falsche Angabe den Schluß rechtfertigt, es bestehe eine Wahrscheinlichkeit für eine Vortäuschung (*BGH* R+S 1987, 261). Selbst wenn der VN im Rahmen von Regulierungsverhandlungen zur Schadenshöhe falsche Angaben macht, soll dies unter Umständen nicht ausreichen, eine Vortäuschung anzunehmen, weil die kriminelle Energie bei der Vortäuschung des Versicherungsfalles regelmäßig sehr viel intensiver sei als eine eventuell nur gelegentlich eines echten Versicherungsfalls erfolgte Täuschungshandlung über die Höhe des Schadens (*BGH* VersR 1987, 61). Zusätzliche Indizien, die für sich meist nicht zur Annahme einer Vortäuschung ausreichen, sind schlechte Vermögensverhältnisse und einschlägige Vorstrafen (vgl. *OLG Hamm* VersR 1980, 1060). 82

b) Versicherungsfall. Es ist zu unterscheiden zwischen versicherten Gefahren, Schäden, Sachen und Kosten. Insbesondere die versicherten Gefahren bereiten Probleme (vgl. die Definition des Einbruchdiebstahls in §§ 5 VHB 84, 3 E, Ziff. 1 VHB 74, 1 Nr. 1 AERB 87). Die versicherten Schäden (z. B. Abhandenkommen, Zerstörung oder Beschädigung) sind demgegenüber meist unproblematisch. Ob ein Gegenstand aber unter die Versicherung fällt, wird unter den versicherten Sachen definiert, was in der Diebstahlversicherung ebenfalls meist keine großen Probleme aufwirft (vgl. § 1 VHB 84). 83

c) Versicherungsort, vgl. § 10 VHB 84. Meist im Versicherungsschein definiert. Umzug des VN kann Probleme aufwerfen, vgl. § 11 VHB 84. 84

d) Schadenhöhe. 85
– Diebstahlsversicherungen ersetzen meist den **Neuwert.** Dieser wird aber nur bei Wiederherstellung bzw. Wiederanschaffung der versicherten Sachen binnen einer bestimmten Frist geschuldet, ansonsten wird nur der Zeitwert gezahlt, vgl. z. B. § 11 Nr. 5 AERB 87.
– **Entschädigungsgrenzen,** vgl. z. B. § 2 Nr. 3ff. VHB 74, § 19 VHB 84.

2. Feuerversicherung (AFB, AFB 87, VHB 66, 74, 84, VGB und diverse Klauseln und Besondere Bedingungen)

86 a) Tatbestandsmerkmale eines **versicherten Brandes** bzw. eines Blitzschlages, insbesondere Ausschlüsse (vgl. § 1 AFB 87).

b) **Gefahrerhöhung.** Z. B. Leerstehen des versicherten Gebäudes, Änderung des Verwendungszwecks des Gebäudes (z. B. Umwandlung einer Speisegaststätte in eine Diskothek).

c) **Grobe Fahrlässigkeit,** (z. B. Brennenlassen einer Kerze, Leeren eines Aschenbechers in einen Plastikeimer).

d) Vorsätzliche Herbeiführung des Versicherungsfalls durch den VN – **Eigenbrandstiftung.** Hier ist der Versicherer beweispflichtig. Der BGH verlangt vom Versicherer den Vollbeweis, der allerdings durch Indizien geführt werden kann, versagt demgegenüber den Anscheinsbeweis (*BGH* VersR 1988, 683; Beispiele für Indizienbeweis: *OLG Hamm* VersR 1981, 1145; *OLG Oldenburg* R+S 1984, 196).

e) **Schadenhöhe.** Neuwert – Zeitwert; Änderung des Zwecks des wieder aufgebauten Gebäudes gegenüber alten Gebäuden, Aufbau an anderer Stelle, vgl. § 7 Nr. 1 c VGB.

f) **Aktivlegitimation** des VN bei belasteten Grundstücken (vgl. §§ 1127 ff. BGB und 102 ff. VVG): Eventuell Anspruchsübergang auf Realgläubiger. Die sogenannten Realgläubiger (Hypothekare und Grundschuldgläubiger) sind versicherungsrechtlich besonders geschützt, können den Versicherer regelmäßig auch dann in Anspruch nehmen, wenn dieser gegenüber seinem VN leistungsfrei ist. Ausgangspunkt sind §§ 1127 ff. BGB, wonach sich die Forderung des Hypothekars auf die Versicherungsforderung erstreckt, wenn der Hypothek unterliegende Gegenstände unter Versicherung gebracht sind. Der Realgläubiger erhält also an Stelle von untergegangenen und beschädigten Gegenständen die Versicherungsforderung. Bei der Gebäudeversicherung erlangt er Kraft Gesetzes ein Pfandrecht an dieser, erhält also die Stellung eines Forderungspfandgläubigers, § 1128 BGB. Voraussetzung ist, daß die Versicherungsforderung besteht. Weiter geht der Schutz nach §§ 102 ff. VVG. Danach erhält der Realgläubiger einen direkten Anspruch gegen den Versicherer, auch wenn dieser gegenüber seinem VN leistungsfrei ist. §§ 99 ff. gelten in verbundenen Versicherungsverträgen (zB. Hausrat, Wohngebäude) nur für das Feuerrisiko (*BGH* 1989, 912).

3. Haftpflichtversicherung (AHB und spezielle Bedingungen.)

87 Sie deckt das Risiko, daß der VN von einem Dritten auf Schadenersatz in Anspruch genommen wird. Es besteht gegen den Versicherer sowohl ein Befreiungsanspruch, der sich nach Befriedigung des Geschädigten durch den VN in einen Zahlungsanspruch umwandelt, als auch ein Rechtsschutzanspruch.

a) **Ausschlüsse,** vgl. insbesondere § 4 AHB.

b) **Anerkenntnisverbot,** vgl. §§ 154 II VVG, 5 Nr. 5 AHB, § 7 II Nr. 1 AKB.

c) **Bindungswirkung** des Haftpflichtprozesses für den anschließenden Deckungsprozeß und umgekehrt (vgl. *Prölss/Martin* § 149 Anm. 5).

Besonderer Teil   B XV

4. Kraftfahrtversicherung (AKB vgl. auch B IX Rdnrn. 204 ff.)

  a) Haftpflichtversicherung (Deckungsverhältnis VN – Versicherer).   88
  – Risikoausschluß des § 1 Nr. 2 AKB (Ansprüche gegen mitversicherte Personen).
  – § 3 Nr. 1 Pflichtversicherungsgesetz.
  – Regreß (Begrenzung), § 7 V 2 AKB.

  b) Kaskoversicherung   89
  – Beweislast bei Kfz-Entwendung, insbesondere bei Zusammentreffen von Entwendung und Brand, § 12 I 1 A b AKB (s. oben Rdnrn. 78–82).
  – Beweisführung bei Verdacht des fingierten Unfalles (vgl. *Prölss/Martin* § 12 AKB Anm. 3).
  – Grobe Fahrlässigkeit, § 61 VVG (insbesondere Trunkenheit, Abkommen von der Strecke ohne ersichtlichen Grund, Überfahren von Rotlicht).
  – Ersatzleistung, § 13 AKB, Ersterwerber, Wiederherstellung.

5. Unfallversicherung (AUB, AUB 88, § 16 ff. AKB)

  a) Unfallbegriff – Plötzliches Ereignis – Unfreiwilligkeit – von außen einwir-   90
  kend (Stich oder Biß eines Tieres), § 2 I AUB, § 1 III AUB 88.

  b) Bewußtseinsstörung – Trunkenheit – Unfall bei Ausübung einer Straftat, § 3 Nr. 2, Nr. 3 AUB, § 2 I 1 AUB 88.

  c) Frist zur Geltendmachung § 8 II 1 AUB, § 7 I 1 AUB 88, § 19 II 1 AKB. Danach muß die Invalidität als Unfallfolge innerhalb eines Jahres vom Unfalltag an gerechnet eingetreten und spätestens vor Ablauf einer Frist von weiteren drei Monaten nach dem Unfalljahr ärztlich festgestellt und geltend gemacht worden sein. Fristablauf führt zur Leistungsfreiheit des Versicherers. Die ärztliche Feststellung der Invalidität innerhalb der Frist muß nicht richtig oder dem Versicherer innerhalb der 15-Monatsfrist zugegangen sein. Ausreichend ist vielmehr, daß innerhalb dieser Frist die Invalidität (wenn auch möglicherweise unzutreffend) festgestellt wird (*BGH* NJW-RR 1988, 601). Obwohl es sich nicht um eine Obliegenheit handelt, wird in Ausnahmefällen der Entschuldigungsbeweis zugelassen (vgl. *BGH* NJW 1982, 2779).

  d) Bemessung des Invaliditätsgrades, § 8 II, 3 AUB.

6. Krankenversicherung (MB/KK und MB/KT)

  a) Krankheitskosten   91
  – Medizinisch notwendige Heilbehandlung, § 1 II MB/KK.
  – „Gemischte" Anstalt, § 4 V MB/KK.
  – Ausschluß bestimmter Ärzte aus wichtigem Grund, § 5 I c MB/KK.
  – Kur- und Sanatoriumsbehandlung, § 5 I d MB/KK.
  – Heilbehandlung im Heilbad oder Kurort, § 5 I e MB/KK.
  – Wissenschaftlich nicht allgemein anerkannte Methoden, § 5 I f MB/KK.

  b) Krankentagegeld
  – Versicherungsfall – Arbeitsunfähigkeit – Nichtausübung einer Berufstätigkeit, § 5 I MB/KT.
  – Nachweis der Arbeitsunfähigkeit, § 9 MB/KT.
  – Wegfall der Leistungspflicht bei Eintritt der Berufsunfähigkeit, tritt entgegen § 15a, b MB/KT 78 nicht ein (*BGH* VersR 1992, 477 und 479).

Dallmayr   599

B XV   Der Versicherungsvertragsfall

7. Lebensversicherung und Berufsunfähigkeitsversicherung

92 a) Widerruf des Bezugsrechts, § 15 ALB.

b) Selbstmord, § 10 ALB.

c) Berufsunfähigkeitsversicherung – Begriff der Berufsunfähigkeit: Unfähigkeit zu gleichwertiger Tätigkeit, die nach der bisherigen Ausbildungs- und Berufserfahrung wahrscheinlich bewältigt werden könnte (vgl. *OLG München* VersR 1986, 669) und sozial gleichwertig wäre (vgl. im einzelnen *Prölss/Martin* § 2 BUZ).

IV. Prozessuale Fragen

1. Prozeßart

93 In aller Regel wird die **Leistungsklage** geboten sein, wenn der Anspruch vom VN beziffert werden kann. Gelegentlich ist die Schadenhöhe für den VN nicht feststellbar, andererseits droht Verjährung. Die Rechtsprechung läßt daher positive **Feststellungsklage** gegen Versicherer auch dann zu, wenn Leistungsklage möglich wäre, der Streit aber nur den Anspruchsgrund betrifft und zu erwarten ist, daß die Versicherung bei Feststellung ihrer Leistungspflicht zur Leistung fähig und bereit ist (vgl. *OLG Köln* VersR 1970, 759). Voraussetzung ist aber, daß zu erwarten ist, daß die Schadenhöhe unstreitig ist! Eine Feststellungsklage empfiehlt sich in solchen Fällen gegenüber einer Teilleistungsklage, da bei dieser hinsichtlich des nicht eingeklagten Teils die Verjährung nicht unterbrochen wird.

2. Gerichtsstand

94 Neben dem allgemeinen Gerichtsstand des Versicherers gem. § 17 ZPO kommt der Gerichtsstand der **Agentur** gem. § 48 VVG in Frage. Voraussetzung ist, daß ein Versicherungsagent, nicht ein Versicherungsmakler den Vertrag vermittelt oder abgeschlossen hat. In diesem Fall ist das Gericht des Ortes zuständig, bei dem der Agent zur Zeit der Vermittlung oder Schließung des Vertrages seine gewerbliche Niederlassung bzw. seinen Wohnsitz hatte.

95 Versicherer haben häufig **Zweigniederlassungen,** die Versicherungsverträge ausfertigen und – zumindest bei kleineren Schäden – die Schadensregulierung durchführen. In diesen Fällen kommt auch der Gerichtsstand nach § 21 ZPO in Betracht.

V. Rechtslage in den neuen Bundesländern

96 Die nachfolgende Kurzdarstellung betrifft die Frage, welches Recht für Versicherungsverträge in den neuen Bundesländern künftig anwendbar ist, schildert also nicht die materielle Rechtslage des in der ehemaligen DDR gültigen Versicherungsrechts. Eine solche Darstellung würde den Rahmen des Beitrages sprengen.

97 Seit 1. 7. 1990 gibt es das **staatliche Versicherungsmonopol** auf dem Gebiet der DDR nicht mehr. Die Versicherungsaufsicht obliegt seit diesem Zeitpunkt dem Bundesaufsichtsamt für das Versicherungswesen auf der Rechtsgrundlage des VAG.

Zwischen 1. 7. 1990 und 2. 10. 1990 konnte für **Neuabschlüsse** im Gebiet der 98
DDR zwischen DDR-Recht und dem Recht der BRD gewählt werden. Bei
Vereinbarung von Bundesrecht galten für DDR-Versicherungsnehmer die Besonderheiten, daß für Versicherungsanträge ein Widerrufsrecht von 10 Tagen,
die Verkürzung der Kündigungsfrist auf einen Monat vor der nächsten Beitragsfälligkeit (statt 3 Monaten nach dem VVG), und ein Kündigungsrecht des VN
von 14 Tagen bei Beitragserhöhung galten. Aufgrund einer Vereinbarung zwischen dem BAV und dem Gesamtverband der deutschen Versicherungswirtschaft sollen diese Bedingungen auch noch im Jahre 1991 weiter vereinbart
werden.

Nach dem Einigungsvertrag gilt ab 3. 10. 1990 für alle ab diesem Zeitpunkt 99
abgeschlossenen Versicherungsverträge das **bundesdeutsche Recht**, für alle vor
diesem Zeitpunkt zustande gekommenen Verträge weiterhin das bisherige
DDR-Recht. **Haftpflichtansprüche**, die vor dem 3. 10. 1990 entstanden sind,
werden nach ehemaligem DDR-Recht behandelt, danach entstandene nach
BRD-Recht. Alle **vor dem 30. 6. 1990** mit der staatlichen Versicherung der
DDR **bestehenden Versicherungsverträge** einschließlich der Pflichtversicherungsverträge, für die vor dem 30. 6. 1990 Beiträge gezahlt wurden, laufen auf
der Grundlage des bisherigen DDR-Rechts zunächst weiter, soweit sie nicht
zwischenzeitlich gekündigt wurden. Versicherungsleistungen sind von der mit
dem Einigungsvertrag gesetzlich neu gebildeten staatlichen Versicherung der
DDR in Abwicklung zu zahlen. Die **Regulierung** erfolgt über die Dienststellen
der Deutschen Versicherungs-AG. Lebensversicherungsverträge werden direkt
durch die Deutsche Lebensversicherungs-AG weitergeführt.

Am 31. 12. 1990 enden automatisch alle früheren Pflicht- und freiwilligen 100
Versicherungen der volkseigenen und sozialistischen landwirtschaftlichen Betriebe, der staatlichen Organe und Einrichtungen, ferner alle Kraftfahrthaftpflichtversicherungen für die vor dem 10. 8. 1990 zugelassenen Kraftfahrzeuge.
Deren Halter müssen ab 1. 1. 1991 neue Kraftfahrthaftpflichtversicherungen
abschließen. Alle anderen Versicherungen sind freiwillig. Alle nach dem 1. 7.
1990 abgeschlossenen Versicherungsverträge sowie die nach dem 10. 8. 1990
abgeschlossenen Kraftfahrthaftpflichtversicherungsverträge, alle Feuerpflichtversicherungen (künftig als freiwillige Versicherungen), sowie alle vor dem
30. 6. 1990 abgeschlossenen freiwilligen Versicherungen der Bürger, der privaten Betriebe und Handwerker-Produktionsgenossenschaften **laufen weiter**.
Diese, sowie die Feuerversicherungsverträge, können zur nächsten Beitragsfälligkeit gekündigt werden, und zwar bis 31. 12. 1990 ohne Einhaltung einer
Kündigungsfrist, danach mit einer Frist von 3 Monaten vor der nächsten Fälligkeit.

B XVI. Der Kaufrechtsfall

Dr. Burghard Piltz

Übersicht

	Rdnr.		Rdnr.
I. Gegenstand und Prüfschema	1	III. Deutsches internationales Privatrecht	38
II. Grundzüge des UN-Kaufrechts	4	1. Vorbemerkung	38
1. Abgrenzung zu den Einheitlichen Kaufgesetzen	4	2. Die Anknüpfung von Kaufverträgen	40
2. Anwendungsbereich des UN-Kaufrechts	5	3. Regelungsumfang des Vertragsstatuts	47
		4. Rechtsfolgen der Anknüpfung	62
3. Ausgewählte Einzelfragen des UN-Kaufrechts	14	IV. Strukturen des deutschen Kaufrechts	65
4. Leistungsstörungen im UN-Kaufrecht	21	1. Vertragsabschluß	65
5. Zusammenfassende Bewertung	37	2. Inhalt des Kaufvertrages	69
		3. Leistungsstörungen beim Kauf	71
		4. Kaufrechtliche Spezialregelungen des HGB	94

Literatur: *von Caemmerer/Schlechtriem,* Kommentar zum Einheitlichen UN-Kaufrecht, 1990; *Czerwenka,* Rechtsanwendungsprobleme im Internationalen Kaufrecht, 1988; *Herber/Czerwenka,* Internationales Kaufrecht, 1991; *W. Lorenz,* Neues Schuldvertragsrecht, IPRax 1987, S. 269ff.; *Quittnat,* Das Recht der Außenhandelskaufverträge, 1988; *Piltz,* Internationales Kaufrecht, 1993; *Reinhart,* UN-Kaufrecht, 1991; *Reinicke/Tiedtke,* Kaufrecht, 4. Aufl., 1989; *Reithmann/Martiny,* Internationales Vertragsrecht, 4. Aufl., 1988; *Schlechtriem,* Einheitliches UN-Kaufrecht, 1981; *Walter,* Kaufrecht (Handbuch des Schuldrechts, Band 6), 1987; *Graf von Westphalen* (Hrsg.), Handbuch des Kaufvertragsrechts in den EG-Staaten, 1992.

I. Gegenstand und Prüfschema

1   Der Kauf steht als die wichtigste und häufigste Form des Umsatzgeschäftes im Zentrum rechtsanwaltlicher Tätigkeiten und erfährt zunehmende Beachtung infolge des sich intensivierenden internationalen Güteraustausches. Die nachfolgenden Ausführungen haben **typische Waren-Umsatz-Geschäfte des kaufmännischen Geschäftsverkehrs** zum Gegenstand. Kaufverträge über Grundstücke, Rechte, Sachgesamtheiten oder vermögenswerte Positionen sonstiger Art bleiben ausgespart. Auch wird nicht auf die spezifischen Bestimmungen zum Schutz des Endverbrauchers (insbes. VerbrKrG, HaustürwiderrufsG, AGBG) sowie die mit dem Eigentumsübergang verbundenen Rechtsfragen eingegangen. Statt dessen konzentriert sich die Darstellung auf für den Praktiker wichtige Aspekte zu den – insbesondere auch auf grenzüberschreitenden Warenumsatz ausgerichteten – schuldrechtlichen Beziehungen zwischen Verkäufer und Käufer.

2   Die Internationalität des heutigen Geschäftsverkehrs hat zur Folge, daß die §§ 433ff. BGB häufig nicht die maßgeblichen Normen vermitteln. Ausgenommen eindeutige Binnensachverhalte ist zur rechtlichen Erschließung eines Kaufrechtsfalles aus deutscher Sicht vielmehr nach folgendem **Prüfschema** vorzugehen:

1. Vorrangig maßgeblich sind in ihrem jeweiligen Anwendungsbereich die **Einheitlichen Kaufrechte** (Rdnr. 4ff.), nämlich
   - das Einheitliche Gesetz über den internationalen Kauf beweglicher Sachen vom 17. 7. 1973 (nachfolgend: **EKG**) und das Einheitliche Gesetz über den Abschluß von internationalen Kaufverträgen über bewegliche Sachen (nachfolgend: **EAG**) sowie
   - das Wiener UN-Übereinkommen über Verträge über den internationalen Warenkauf vom 11. 4. 1980 (nachfolgend: **UN-Kaufrecht**).
2. Außerhalb des Anwendungsbereiches der Einheitskaufrechte erschließt sich die Rechtsordnung, nach der der Kaufrechtsfall zu beurteilen ist, über die Vorschriften des (deutschen) **Internationalen Privatrechts**, Art. 3 ff. und insbesondere Art. 27 ff. EGBGB (Rdnr. 38 ff.).
3. Nur soweit die anstehenden Rechtsfragen von den Einheitlichen Kaufrechten nicht erfaßt werden und die Vorschriften des EGBGB zur Anwendung des deutschen Rechtes führen, gelten die **Bestimmungen des BGB/HGB**, namentlich die §§ 433 ff. BGB und die §§ 343 ff., 373 ff. HGB (Rdnr. 65 ff.).

Das New Yorker UN-Übereinkommen über die Verjährungsfrist beim internationalen Kauf beweglicher Sachen vom 13. 6. 1974 sowie das Haager Übereinkommen betreffend das auf internationale Kaufverträge über bewegliche Sachen anzuwendende Recht vom 15. 6. 1955 sind von der Bundesrepublik Deutschland nicht gezeichnet worden.

II. Grundzüge des UN-Kaufrechts

1. Abgrenzung zu den Einheitlichen Kaufgesetzen

Das Einheitliche Gesetz über den internationalen Kauf beweglicher Sachen (EKG) (BGBl 1973 I, S. 856) und das Einheitliche Gesetz über den Abschluß von internationalen Kaufverträgen über bewegliche Sachen (EAG) (BGBl 1973 I, 868) sind mit **Ablauf des 31. 12. 1990** außer Kraft getreten (BGBl. 1990 II, 1482) und werden hier deshalb nicht weiter behandelt. Nach Art. 5 des Gesetzes zu dem Übereinkommen der Vereinten Nationen vom 11. 4. 1980 über Verträge über den Internationalen Warenkauf .... (BGBl. 1989 II, 586) bleibt das EKG jedoch für alle bis zum 31. 12. 1990 abgeschlossenen Kaufverträge und das EAG für alle bis zum 31. 12. 1990 angebotenen Vertragsabschlüsse weiterhin maßgeblich. Voraussetzung für die Fortgeltung des EKG/EAG ist, daß Käufer und Verkäufer ihre Niederlassungen jeweils im Gebiet verschiedener Vertragsstaaten (Belgien, Bundesrepublik Deutschland, Gambia, Israel, Italien (bis zum 31. 12. 1987), Luxemburg, Niederlande, San Marino und Vereinigtes Königreich) hatten und zusätzlich die weiteren Anwendungsvoraussetzungen des EKG/EAG erfüllt waren (*Piltz*, NJW 1989, 615 ff.).

2. Anwendungsbereich des UN-Kaufrechts

a) **Anwenderstaaten.** Das UN-Kaufrecht ist seit dem 1. 1. 1991 geltendes Recht in der **Bundesrepublik Deutschland** (BGBl. 1990 II, 1477). Es gilt automatisch für alle Verträge, die Warenlieferungen zum Gegenstand haben und einen bestimmten Bezug zu mindestens einem der Vertragsstaaten aufweisen (Rdnr. 7 ff.).

Seit dem 1. 3. 1993 gilt das UN-Kaufrecht – in geographischer Ordnung – in den nachfolgend aufgeführten weiteren Staaten (BGBl. 1990 II, 1477, BGBl.

B XVI

1991 II, 675, BGBl. 1992 II, 449). Das Datum des Inkrafttretens sowie etwaige von den Vertragsstaaten erklärte Vorbehalte sind unter Angabe des jeweiligen Artikels des UN-Kaufrechtes in Klammern hinzugefügt:
- **Argentinien** (1. 1. 1988, Art. 96), **Chile** (1. 3. 1991, Art. 96), **Ecuador** (1. 2. 1993), **Mexiko** (1. 1. 1989), **USA** (1. 1. 1988, Art. 95) und **Kanada** (1. 5. 1992, Art. 93 und teilweise Art. 95, vorbehaltlos ab 1. 3. 1993)
- **Finnland** (1. 1. 1989, Art. 92 I, 94), **Norwegen** (1. 8. 1989, Art. 92 I, 94), **Schweden** (1. 1. 1989, Art. 92 I, 94), **Dänemark** (1. 3. 1990, Art. 92 I, 93, 94), **Spanien** (1. 8. 1991), **Frankreich** (1. 1. 1988), **Niederlande** (1. 1. 1992), **Schweiz** (1. 3. 1991), **Italien** (1. 1. 1988), **Österreich** (1. 1. 1989), **Tschechoslowakei** (1. 4. 1991, Art. 95), **Ungarn** (1. 1. 1988, Art. 96), **Jugoslawien** (1. 1. 1988), **Bulgarien** (1. 8. 1991), **Rumänien** (1. 6. 1992), **Ukraine** (1. 2. 1991, Art. 96), **Weißrußland** (1. 11. 1990, Art. 96) und **Rußland** (1. 9. 1991, Art. 96)
- **Ägypten** (1. 1. 1988), **Syrien** (1. 1. 1988), **Irak** (1. 4. 1991), **Guinea** (1. 2. 1992), **Sambia** (1. 1. 1988), **Uganda** (1. 3. 1993) und **Lesotho** (1. 1. 1988)
- **Volksrepublik China** (1. 1. 1988, Art. 95, 96)
- **Australien** (1. 4. 1989, Art. 93)

7   b) **Von dem UN-Kaufrecht erfaßte Sachverhalte. aa)** In gegenständlich-sachlicher Hinsicht regelt das UN-Kaufrecht **Kaufverträge über Waren**, ohne daß es auf die handelsrechtliche oder bürgerlichrechtliche Natur des Geschäftes ankommt, Art. 1. Nicht erfaßt sind jedoch erkennbar zum persönlichen Gebrauch vorgenommene Käufe sowie die weiteren in Art. 2 zusammengestellten Ausnahmen. Das UN-Kaufrecht gilt gleichermaßen für Werklieferungsverträge, es sei denn, der Käufer erbringt wesentliche Zulieferungen, Art. 3 I. Allerdings ist das UN-Kaufrecht nicht anwendbar, wenn in gemischten Vertragstypen kaufvertragliche Elemente nur von untergeordneter Bedeutung sind, Art. 3 II.

8   Das UN-Kaufrecht sieht für die ihm unterliegenden Kaufverträge Regelungen vor zum **äußeren Zustandekommen** einschließlich der Formerfordernisse und der Abänderung sowie zu den kaufrechtlichen **Rechten und Pflichten der Parteien**. Es beansprucht hingegen keine Kompetenz für Rechtsfragen, die die Gültigkeit des Vertrages oder von Gebräuchen betreffen, Art. 4 lit. a, für dingliche Rechtsfragen, Art. 4 lit. b, sowie für die Haftung des Verkäufers für Personenschäden, Art. 5. Gleichermaßen erfaßt das UN-Kaufrecht nicht allgemeine schuldrechtliche Institutionen wie die Abtretung, die Verjährung und die Aufrechnung. Problematisch hingegen ist die Abgrenzung zu den Rechtsinstituten der culpa in contrahendo, der positiven Vertragsverletzung und zu den deliktischen Anspruchsgrundlagen (*Herber*, in: *von Caemmerer/Schlechtriem*, Art. 4 Anm. 23, Art. 5 Anm. 5 und 10).

9   Für alle **von dem UN-Kaufrecht nicht erfaßten Rechtsfragen** ist die maßgebliche Rechtsordnung über die Normen des internationalen Privatrechts zu erschließen (Rdnr. 38 ff.). Soweit danach deutsches materielles Recht berufen wird, ergibt sich aus Art. 3 des Zustimmungsgesetzes (Rdnr. 4) eine modifizierte Fassung des § 477 BGB. Im übrigen ist wegen des nicht alle Rechtsfragen abdeckenden Charakters des UN-Kaufrechtes empfehlenswert, auch bei in seinem Anwendungsbereich liegenden Sachverhaltsgestaltungen gleichwohl international-privatrechtliche Überlegungen (Rdnr. 38 ff.) anzustellen und in ihren Konsequenzen zu berücksichtigen.

bb) Neben der gegenständlich-sachlichen Eingrenzung erfährt das UN-Über- 10
einkommen auch **räumlich-persönliche Beschränkungen,** da es nur für grenzüberschreitende Sachverhalte gelten soll, die zudem einen bestimmten Bezug gerade zu den Vertragsstaaten aufweisen. Demzufolge wird der Anwendungsbereich des UN-Kaufrechtes eröffnet, wenn die Parteien zur Zeit des Vertragsabschlusses erkennbar ihre **Niederlassungen in verschiedenen Staaten** haben und zusätzlich entweder beide Niederlassungsstaaten **Vertragsstaaten** des Übereinkommens sind, Art. 1 lit. a, oder aber die Normen des **Internationalen Privatrechtes** (RdNr. 38ff.) in die Rechtsordnung eines Vertragsstaates führen, Art. 1 I lit. b. Nach Art. 2 des Zustimmungsgesetzes (RdNr. 4) bleibt die letztere Variante jedoch verschlossen, wenn das deutsche internationale Privatrecht in die USA, in die Volksrepublik China, die Tschechoslowakei oder in der Zeit bis zum 31. 1. 1993 in die kanadische Provinz British Columbia verweist.

Mit dem Beitritt der Länder der ehemaligen **DDR** zur Bundesrepublik 11
Deutschland ist ein einheitliches Staatsgebiet entstanden und der Vertragsstaat DDR untergegangen. Ab. 1. 1. 1991 gilt das UN-Kaufrecht aufgrund seines Inkrafttretens für die Bundesrepublik Deutschland auch für die fünf östlichen Bundesländer der bisherigen DDR.

cc) In **zeitlicher Hinsicht** schließt das UN-Kaufrecht nahtlos an die Einheitli- 12
chen Kaufgesetze (Rdnr. 4) an. Demzufolge sind die **Vertragsschlußregeln** der Art. 14ff. auf jeden Fall anwendbar, wenn der Vertragsabschluß ab dem 1. 1. 1991 angeboten wurde, Art. 100 I. Die **Bestimmungen über den Warenkauf,** Art. 25 ff., gelten unabhängig davon für alle nach dem 31. 12. 1990 abgeschlossenen Verträge, Art. 100 II. Bei Anwendung des Art. 1 I lit. b kann sich eine Vorverlagerung des zeitlichen Einsatzes ergeben (*Evans,* in: *Bianca/Bonell* Commentary on the International Sales Law, 1987, Art. 100 Anm. 2.3 und 2.4).

dd) In dem vorstehend aufgezeigten Rahmen kommt das UN-Kaufrecht zur 13
Anwendung, ohne daß es einer entsprechenden Willensbekundung oder eines sonstigen positiven Tuns der Parteien bedürfte. Andererseits ist es den Parteien freigestellt, das UN-Kaufrecht insgesamt oder teilweise **auszuschließen,** Art. 6 (dazu *Holthausen* RIW 1989, 513ff.). Gleichermaßen bestehen keine Bedenken, für internationale Kaufrechtsfälle das UN-Kaufrecht als die maßgebliche Rechtsordnung zu wählen, soweit der gesetzliche Anwendungsbereich nicht eröffnet ist (*Herber,* in: *von Caemmerer/Schlechtriem,* Art. 6 Anm. 31).

3. Ausgewählte Einzelfragen des UN-Kaufrechtes

a) Vertragsabschluß. Die Art. 14ff. zum **Abschluß des Vertrages** gelten glei- 14
chermaßen für die **Abänderung** bereits abgeschlossener Verträge sowie insbesondere auch für die **Einbeziehung von AGB** (*Holthausen* RIW 1989, 517f.). Während das deutsche Recht für die Vereinbarung von AGB unter Kaufleuten den bloßen Hinweis auf ihre Maßgeblichkeit ausreichen läßt (Erkundigungsobliegenheit des Vertragspartners), geht das UN-Kaufrecht im Grundsatz davon aus, daß die Bedingungen dem anderen Vertragsteil inhaltlich zur Kenntnis gebracht werden müssen (Kenntnisverschaffungspflicht des Verwenders).

Die Art. 14ff. folgen im übrigen dem aus dem deutschen Recht bekannten 15
Muster von Angebot und Annahme. Als bedeutsame **Abweichungen** sind insbesondere herauszustellen:

– Art. 16 läßt unter gewissen Voraussetzungen einen **Widerruf des Vertragsan-**

B XVI Der Kaufrechtsfall

gebotes zu, nachdem dieses dem Empfänger bereits zugegangen ist; die Annahmeerklärung hingegen kann nicht widerrufen werden.
- Die **inhaltlich abweichende Annahme** führt vorbehaltlich Widerspruchs des Empfängers zu einem Vertragsabschluß, wenn die Abweichung nicht wesentlich ist. Typische Beispiele für wesentliche Änderungen sieht Art. 19 III vor.
- Die **verspätet abgegebene Annahmeerklärung** ist anders als nach § 150 I BGB kein Gegenangebot, sondern bleibt vorbehaltlich anders lautender Äußerung des Anbietenden ohne Wirkung, vgl. Art. 21 II.
- Ein Vertragsangebot ist nur wirksam, wenn der **Kaufpreis** zumindest bestimmbar ist, Art. 14 I; der Gedanke des § 316 BGB ist nicht anwendbar.
- Die Grundsätze des **Schweigens** auf ein kaufmännisches Bestätigungsschreiben sind nicht ohne weiteres anwendbar.

16   b) **Pflichten des Verkäufers.** Die Aufgaben des Verkäufers sind in Art. 30ff. zusammengestellt und entsprechen dem aus dem deutschen Recht bekannten Pflichtenspektrum. Art. 34 regelt zudem die Übergabe von **Waren-Dokumenten.** Als Besonderheit ist die Verpflichtung des Verkäufers hervorzuheben, **leistungshindernde Umstände** bereits in angemessener Frist nach deren Erkennbarkeit dem Käufer mitzuteilen, Art. 79 IV.

17   c) **Pflichten des Käufers.** Die Pflichten des Käufers sind in den Art. 53ff. niedergelegt. Trotz seines ausschließlich internationalen Anwendungsbereiches trifft das UN-Kaufrecht keine Aussage zu der **Währung,** in der der Kaufpreis zu zahlen ist; im Zweifel ist jedoch in der Währung zu leisten, die am Sitz des Verkäufers gesetzliches Zahlungsmittel ist (*Magnus* RabelsZ 1989, 116ff.).

18   Als markante **Abweichungen** gegenüber dem deutschen Recht fallen auf:
- Die Kaufpreiszahlungspflicht ist im Zweifel am Sitz des Verkäufers (**Bringschuld**) zu erfüllen. Damit erschließt sich deutschen Exporteuren im Inland der Gerichtsstand des Erfüllungsortes, Art. 5 Nr. 1 EuGVÜ, § 29 ZPO (kritisch *Schack* IPRax 1986, 82ff.).
- Art. 54 sieht ausdrücklich die Verpflichtung des Käufers zur **Vorbereitung der Zahlung** vor. Die Nichterfüllung dieser Verpflichtung eröffnet dem Verkäufer alle Rechtsbehelfe wegen Vertragsverletzung des Käufers (Rdnr. 24ff.).

19   d) **Gefahrtragung.** Im Falle des – in der Praxis vorherrschenden – Beförderungsverkaufes geht die Gefahr in der Regel mit vertragsgemäßer Übergabe der Kaufsache an den ersten Beförderer über, Art. 67 I. Die bloße Aushändigung an den Spediteur genügt anders als im deutschen Recht hingegen nicht (*Loewe,* Internationales Kaufrecht, 1989, zu Art. 67 und 31). Für andere Gestaltungen ist die Gefahr in Art. 66ff. geregelt.

20   e) **Abweichende Vereinbarungen.** Die Vorgaben des UN-Kaufrechtes sind im wesentlichen **dispositiv,** so daß es den Parteien freisteht, modifizierende Vereinbarungen zu treffen (*Herber,* in: *vom Caemmerer/Schlechtriem,* Art. 6 Anm. 24). Abweichungen können sich insbesondere auch aus **Gebräuchen** oder **Gepflogenheiten** ergeben, Art. 9.

4. Leistungsstörungen im UN-Kaufrecht

a) Überblick und Vergleich zum deutschen Recht. Anders als das deutsche 21
Recht, das nach unterschiedlichen Leistungsstörungs-Figuren differenziert und
damit die Abgrenzung verschiedenster Arten sowie die Beachtung unterschiedlichster Voraussetzungen bedingt, geht das UN-Kaufrecht von einem **einheitlichen Begriff der Leistungsstörung** aus (*Huber*, in: *von Caemmerer/Schlechtriem*,
Art. 45 Anm. 8, 9a). Eine Vertragsverletzung liegt stets dann vor, wenn eine
Leistungspflicht nicht ordnungsgemäß erfüllt wird. Die Rechtsfolgen sind jeweils geschlossen im Anschluß an die Pflichten des Verkäufers, Art. 45 ff., bzw.
des Käufers, Art. 61 ff., geregelt.

Allerdings kann auch das UN-Kaufrecht nicht gänzlich auf die Bildung von 22
Leistungsstörungsgruppen verzichten. So setzen die Ansprüche des Käufers
wegen Lieferung vertragswidriger oder wegen mit Rechten/Ansprüchen Dritter
belasteter Ware ein Tätigwerden des Käufers nach Maßgabe der Art. 38 ff.
(Rdnr. 34 ff.) bzw. Art. 43 I voraus, andernfalls er seine Gewährleistungsrechte
verliert. Ansprüche wegen sonstiger Leistungsstörungen, z. B. wegen Nicht-
oder verspäteter Lieferung, erwachsen dem Gläubiger hingegen bereits aufgrund des bloßen Umstandes der nicht ordnungsgemäßen Erbringung. Mahnungen, Fristsetzungen, Ablehnungsandrohungen oder sonstige Aktivitäten des
Gläubigers erwartet das UN-Kaufrecht insoweit nicht.

Eine weitere Differenzierung ergibt sich aus der Unterscheidung der wesentli- 23
chen und der nicht **wesentlichen Pflichtverletzung**, Art. 25 (*Holthausen* RIW
1990, 101 ff.). Die wesentliche Pflichtverletzung ermöglicht dem Gäubiger in
aller Regel, ohne weiteres die Aufhebung des Kaufvertrages zu erklären, wohingegen im Fall der nicht wesentlichen Leistungsstörung diese Möglichkeit noch
nicht besteht (*Schlechtriem* JZ 1988, 1043). Anders als im deutschen Recht entscheidet damit nicht die Art der Leistungsstörung über die Konsequenzen. Ausgangspunkt für die Rechtsfolgen ist vielmehr die Gewichtigkeit der Abweichung von dem vereinbarten Vertragsprogramm.

b) Rechtsbehelfe bei Leistungsstörungen. Das UN-Kaufrecht sieht als Reak- 24
tion auf Leistungsstörungen der anderen Seite für den Verkäufer vier und für
den Käufer fünf Rechtsbehelfe vor.

aa) Wesentliche Pflichtverletzungen des Schuldners berechtigen den Gläubi- 25
ger in aller Regel, ohne weitere Voraussetzungen die **Aufhebung des Vertrages**
zu erklären. Diese Möglichkeit besteht auch dann, wenn das Leistungshindernis
von dem Schuldner nicht zu verantworten ist, Art. 79 V. Bei nicht wesentlichen
Pflichtverletzungen kann der Gläubiger die Vertragsaufhebung hingegen nur
nach fruchtlosem Ablauf einer angemessenen Nachfrist erreichen, soweit diese
Möglichkeit vorgesehen ist. Für den Fall, daß der Verkäufer vertragswidrige
Ware liefert und dieser Umstand nicht bereits eine wesentliche Vertragsverletzung ausmacht, ist eine Möglichkeit zur Vertragsaufhebung nicht eröffnet
(*Schlechtriem* JZ 1988, 1045).

Für die Erklärung der Vertragsaufhebung sieht das UN-Kaufrecht überwie- 26
gend die Einhaltung einer angemessenen Frist vor, Art. 49 II, 64 II. Die im EKG
angeordnete automatische Vertragsaufhebung ist für das UN-Kaufrecht nicht
übernommen worden. Die nähere Durchführung der Vertragsaufhebung regeln
die Art. 81 ff.

27 bb) Auf die Lieferung vertragswidriger Ware kann der Käufer nach Maßgabe des Art. 50 mit einer verhältnismäßigen **Preisherabsetzung,** wie sie aus § 472 BGB bekannt ist, reagieren.

28 cc) Anstelle des Anspruchs auf Vertragsaufhebung bzw. auf Kaufpreisherabsetzung hat der Gläubiger in aller Regel auch die Möglichkeit, weiterhin auf **Erfüllung** zu bestehen, Art. 46, 62. Ersatzlieferung bzw. Nachbesserung kann jedoch nur unter den engeren Voraussetzungen des Art. 46 geltend gemacht werden (*Schlechtriem* JZ 1988, 1045).

29 dd) Neben den vorstehend angesprochenen Rechtsbehelfen ist der Gläubiger einer nicht ordnungsgemäß erbrachten Leistung stets auch zum **Schadensersatz** berechtigt. Anders als nach der Systematik des deutschen Rechtes erwächst der Schadensersatzanspruch zusätzlich neben dem Anspruch auf Vertragsaufhebung, Kaufpreisherabsetzung und Erfüllung, Art. 45 II, 61 II.

30 Als Besonderheit gegenüber dem deutschen Recht ist herauszustellen, daß der Anspruch auf Schadensersatz in aller Regel **ohne weitere Tatbestandsvoraussetzungen** entsteht, wenn für die maßgebliche Leistungsstörung – wie etwa in Art. 45 I lit. b oder Art. 61 I lit. b – eine Schadensersatzverpflichtung vorgesehen ist. Namentlich ist nicht Voraussetzung, daß der Schuldner die Vertragsverletzung schuldhaft begangen hat. Die ihre Leistung nicht ordnungsgemäß erbringende Partei wird lediglich dann **nicht schadensersatzpflichtig,** wenn sie nach Maßgabe der Art. 79 f. für die Nichterfüllung ihrer Pflicht nicht einzustehen hat (*Stoll*, in: *Schlechtriem*, Einheitliches Kaufrecht und nationales Obligationenrecht, 1987, S. 270 ff.).

31 Die **Ermittlung des zu ersetzenden Schadens** vollzieht sich nach Art. 74 ff. Ausgenommen die Gestaltungen in Art. 75 (Deckungsgeschäft) und Art. 76 (Ware hat einen Marktpreis) ist der Schaden im übrigen konkret zu berechnen und umfaßt alle entstandenen Verluste einschließlich entgangener Gewinne, Art. 74. Art. 74 Satz 2 begrenzt die Haftungsfolgen danach, daß dem Schuldner nur der bei Vertragsschluß als mögliche Konsequenz der Leistungsstörung voraussehbare Schaden zuzurechnen ist.

32 ee) Ungeachtet eines Anspruchs auf Schadensersatz sanktioniert Art. 78 die nicht rechtzeitige Erfüllung fälliger Zahlungsverpflichtungen damit, daß der anderen Partei ein **Anspruch auf Zinsen** zusteht. Zur Höhe der Zinsen trifft das UN-Kaufrecht keine Aussage (näher hierzu *Piltz*, Internationales Kaufrecht, § 5 Rdnr. 406 ff.).

33 c) **Lieferung vertragswidriger Ware.** Anders als das deutsche Recht enthebt das UN-Kaufrecht von der Notwendigkeit, im Hinblick auf unterschiedliche Rechtsfolgen die Mangel-Formen Qualitätsmangel, Fehlen zugesicherter Eigenschaft, Quantitätsmangel und aliud zu unterscheiden (*Schwenzer* NJW 1990, 605). **Vertragswidrigkeit** im Sinne des UN-Kaufrechtes ist vielmehr stets dann gegeben, wenn die Lieferung nicht den Abreden oder Gebräuchen der Parteien bzw. den Vorgaben des Art. 35 II entspricht. Diese Gleichbehandlung hat andererseits zur Folge, daß auch Quantitäts- bzw. aliud-Abweichungen nach Maßgabe des Art. 39 gerügt werden müssen.

34 Nach Art. 38 hat der Käufer die Ware innerhalb einer den Umständen entsprechenden kurzen Frist **zu untersuchen,** es sei denn, daß sich aufgrund der Absprachen, Gepflogenheiten oder Gebräuche andere Modalitäten entwickelt haben, Art. 9. Zum Umfang der Untersuchung enthält das UN-Kaufrecht kei-

ne Anweisung (*Bianca*, in *Bianca/Bonell*, oben Rdnr. 12, Art. 38 Anm. 2.3). Ebenso fehlt eine Präzisierung des Begriffes „kurze Frist". Für die Praxis könnte als Mittelwert ein Zeitraum von 3 bis 4 Arbeitstagen vorgeschlagen werden (ähnlich *Asam* RIW 1989, 944).

Auf die Untersuchungsfrist folgt eine weitere, diesmal jedoch angemessene 35 Zeitspanne, innerhalb der der Käufer die Vertragswidrigkeit dem Verkäufer **anzuzeigen** hat. Als grobes Richtmaß, das je nach Art der Ware, Umständen des Geschäftes sowie Konsequenzen der Vertragswidrigkeit zu modifizieren sein wird, könnte ein Zeitraum zwischen 4 bis 7 Arbeitstagen praktikable Anhaltswerte vermitteln (ähnlich *Asam* RIW 1989, 944). Diese Frist beginnt – anders als im deutschen Recht – mit Entdeckung bzw. Erkennbarkeit der Vertragswidrigkeit. Vorbehaltlich anderslautender Garantiezusagen verliert der Käufer das Rügerecht zwei Jahre nach Aushändigung der Ware. Inhaltlich hat die Anzeige die Art der Vertragswidrigkeit sowie den Umfang der von ihr betroffenen Ware genau zu bezeichnen. Zweckmäßigerweise wird die Anzeige verbunden mit einem etwaigen Verlangen nach Ersatzlieferung bzw. Nachbesserung, Art. 46 II, III.

Die **nicht ordnungsgemäße Anzeige** bedeutet vorbehaltlich Art. 40, 44 den 36 Verlust der Folgeansprüche wegen vertragswidriger Lieferung, verschließt dem Käufer jedoch nicht Rechtsbehelfe wegen anderer Leistungsstörungen. Die **ordnungsgemäße Anzeige** hingegen eröffnet alle Rechtsbehelfe. In Art. 3 des Zustimmungsgesetzes (Rdnr. 4) ist vorgesehen, daß für die Verjährung der Folgeansprüche § 477 BGB mit gewissen Modifikationen entsprechend gilt (Rdnr. 9).

5. Zusammenfassende Bewertung

Gemessen an den Bestimmungen des deutschen Rechtes verbessert das UN- 37 Kaufrecht in Teilbereichen die Rechtslage des Verkäufers (Recht der zweiten Andienung, Art. 48, Erschwerung der Vertragsaufhebung wegen vertragswidriger Lieferung, erweiterte Rügepflichten). Insgesamt gesehen dürfte es jedoch mehr Vorteile für den Käufer bringen (einfache Systematik des Leistungsstörungsrechtes, längere Gewährleistungsfristen und insbesondere weitreichende Schadensersatzmöglichkeiten). Als parteiunabhängige **Vorzüge des UN-Kaufrechtes** sind herauszustellen sein übersichtlicher Aufbau, die Verfügbarkeit des Textes in vielen Sprachen sowie seine Eignung, als neutrale Rechtsordnung in internationalen Transaktionen zugrunde gelegt zu werden. Aus der Sicht des international tätigen Rechtsberaters kommt hinzu, daß das UN-Kaufrecht deutsches Recht ist und damit – anders als aufgrund der IPR-Bestimmungen möglicherweise zur Anwendung kommendes außereuropäisches Kaufrecht – vom Versicherungsschutz der rechtsanwaltlichen Vermögensschadenhaftpflichtversicherung erfaßt wird.

III. Deutsches internationales Privatrecht

1. Vorbemerkung

Soweit die zu beurteilenden Rechtsfragen von den Einheitskaufrechten nicht 38 erfaßt werden, erschließt sich das jeweils maßgebliche Recht über die Vorschriften des deutschen internationalen Privatrechtes (IPR), Art. 3 ff., insbesondere Art. 27 ff. EGBGB (Rdnr. 2). Die **IPR-Normen** zeigen jeweils die nationale

B XVI   Der Kaufrechtsfall

Rechtsordnung auf, aus der die Lösung des Kaufrechtsfalles zu ermitteln ist. Für Schuldverhältnisse, die vor dem Wirksamwerden des Beitritts der fünf Länder der DDR entstanden sind, bleibt das bislang dort geltende Recht weiterhin maßgeblich, Art. 232 § 1 EGBGB (BGBl. 1990 II, S. 885, 943). Soweit danach ungeachtet des Einigungsvertrages eine Vereinheitlichung der Zivilrechte nicht vollzogen ist, ist das anzuwendende Recht gleichermaßen über die jeweiligen IPR-Normen zu bestimmen (vgl. Palandt/Heldrich Anhang zu Art. 3 EGBGB).

39   Die durch das IPR-Neuregelungsgesetz von 1986 geschaffenen Art. 11, 12 und 27 ff. EGBGB beruhen im wesentlichen auf dem **Römischen EWG-Übereinkommen** über das auf vertragliche Schuldverhältnisse anzuwendende Recht vom 19. 6. 1980 (BGBl. 1986 II, S. 810). Art. 36 EGBGB schreibt demzufolge eine für die Vertragsstaaten einheitliche Auslegung und Anwendung vor.

2. Die Anknüpfung von Kaufverträgen

40   a) **Rechtswahl der Parteien.** Art. 27 EGBGB statuiert den Grundsatz der **freien Rechtswahl.** Käufer und Verkäufer können danach für ihre Rechtsbeziehungen ohne Nachweis eines anerkennenswerten Interesses jede auf dieser Welt vorhandene Rechtsordnung wählen. Art. 27 I 3 EGBGB gestattet zudem, den Vertrag aufzuspalten und ihn nicht einheitlich einer einzigen Rechtsordnung zu unterstellen; aus Gründen der Rechtsanwendung ist jedoch dringend davon abzuraten, unterschiedliche Rechte für Teile des Vertrages zu berufen.

41   Die Vereinbarung des maßgeblichen Rechtes kann entweder **ausdrücklich** oder aufgrund von Vertragsbestimmungen oder anderer Umstände stillschweigend erfolgen, Art. 27 I 2 EGBGB. Stets ist jedoch ein realer Rechtswahlwille erforderlich. Die vereinbarte Währung oder die gewählte Vertragssprache sind nicht geeignet, als Ausdruck einer stillschweigenden Rechtswahl gewertet zu werden (*Koch/Magnus/Winkler v. Mohrenfels*, IPR und Rechtsvergleichung, 1989, S. 91). Typische **Indizien für eine stillschweigende Rechtswahl** können hingegen sein: Gerichtsstandsklauseln, Schiedsklauseln, Erfüllungsortvereinbarungen sowie Bezugnahmen auf ein bestimmtes Recht (*OLG Hamburg*, RIW 1991, S. 61 f.) ausgenommen zwingende Vorschriften insbesondere des öffentlichen Rechts. Übereinstimmendes Prozeßverhalten, insbesondere die Argumentation ausschließlich mit Vorschriften des deutschen Rechtes kann nur dann als stillschweigende Rechtswahl gewertet werden, wenn ein dahingehender Wille der Beteiligten unzweifelhaft feststeht (*Schack* IPRax 1986, 272 f.; großzügiger *OLG Koblenz*, RIW 1989, 61). Im übrigen ist gerade auch aus haftungsrechtlicher Sicht davor zu warnen, vor deutschen Gerichten aus Bequemlichkeitsgründen die Maßgeblichkeit deutschen Kaufrechtes zu vereinbaren, bevor nicht sorgfältig geprüft ist, wie sich die Rechtslage ohne Berufung deutschen Rechtes darstellen würde.

42   Die – ausdrückliche oder stillschweigende – Rechtswahl als Ergebnis einer vertraglichen Absprache, der sogenannte **Verweisungsvertrag,** ist von dem eigentlichen Kaufvertrag zu unterscheiden. Der Verweisungsvertrag bleibt insbesondere auch dann verbindlich, wenn der eigentliche Kaufvertrag nach den Bestimmungen des gewählten Rechtes etwa wegen Verstoßes gegen ein gesetzliches Verbot nichtig ist. Das Zustandekommen des Verweisungsvertrages wird im übrigen gleichermaßen nach dem mit dem Verweisungsvertrag gewählten Recht beurteilt (*Meyer-Sparenberg* RIW 1989, 348 f.). Eine **Rechtswahl aufgrund von AGB** setzt demzufolge voraus, daß die AGB nach dem gewählten Recht

wirksam zum Vertragsinhalt geworden sind und die Rechtswahl als solche der AGB-Inhaltskontrolle des jeweils maßgeblichen Rechtes standhält (Rdnr. 57). Für die Beurteilung, ob ein bloßes Verhalten, insbesondere Schweigen des Empfängers der AGB als Zustimmung zu ihrer Einbeziehung gewertet werden kann, ist ungeachtet des gewählten Rechtes zusätzlich die Rechtsordnung am gewöhnlichen Aufenthaltsort des Empfängers zu berücksichtigen, Art. 31 II EGBGB. Der Verweisungsvertrag und damit die Rechtswahl kann nach Maßgabe des Art. 27 II EGBGB auch später vereinbart oder geändert werden.

b) Objektive Anknüpfung. Soweit weder eine ausdrückliche noch eine still- 43 schweigende Rechtswahl feststellbar oder wirksam getroffen ist, wird der Kaufvertrag nach **Art. 28 EGBGB** einer Rechtsordnung zugewiesen. Hierzu ist in drei Stufen zu prüfen:

aa) Zunächst ist die für den Vertrag **charakteristische Leistung** herauszuar- 44 beiten. Bei typischen Kaufverträgen ist dies die anstrengendere Naturalleistung des Verkäufers (*Palandt/Heldrich* Art. 28 EGBGB Rdnr. 8 sowie *OLG Frankfurt,* RIW 1991, S. 950f.). Soweit in gesondert gelagerten Gestaltungen eine charakteristische Leistung nicht feststellbar ist, muß die Anknüpfung nach den engsten Verbindungen vorgenommen werden, Art. 28 I, II 3 EGBGB.

bb) Anschließend ist die die charakteristische Leistung erbringende Partei 45 bezogen auf den Zeitpunkt des Vertragsabschlusses **nach Art. 28 II EGBGB zu lokalisieren.** Bei gewerblichen Verkäufern ist auf die Zweig- oder Hauptniederlassung abzustellen, die nach den vertraglichen Absprachen die charakteristische Leistung zu erbringen hat. Mit dieser Fixierung ist die Rechtsordnung gefunden, die die kaufrechtlichen Beziehungen bestimmt. Das Recht des Käufers bleibt unbeachtet. Nicht maßgeblich für die Lokalisierung ist der vorgesehene Erfüllungsort.

cc) In einer dritten Arbeitsstufe ist zu überprüfen, ob der Vertrag möglicher- 46 weise **engere Verbindungen zu einer anderen Rechtsordnung** aufweist, Art. 28 V EGBGB. Die bloße Tatsache, daß nach dem Kaufvertrag die Ware auf Gefahr des Verkäufers reist (Bringschuld), erscheint nicht ausreichend, engere Verbindungen zu der Rechtsordnung des Käufers anzunehmen (a. A. *Kegel,* Internationales Privatrecht, 6. Aufl., 1987, S. 429). Die gemeinsame Staatsangehörigkeit der Parteien, die Vertragssprache sowie die vereinbarte Währung sind gleichermaßen nicht geeignet, ohne Unterstützung durch weitere Umstände die Vermutung des Art. 28 II EGBGB zu widerlegen. Engere Verbindungen zu einem anderen Recht können sich jedoch daraus ergeben, daß das Kaufgeschäft in Anlehnung an einen Rahmenvertrag oder einen Vertriebshändlervertrag abgeschlossen wird, für die in dem konkreten Fall das Recht am Sitz des Käufers (Vertriebshändlers) maßgeblich ist.

3. Regelungsumfang des Vertragsstatuts

Das über die Art. 27, 28 EGBGB bestimmte Recht regelt nicht sämtliche 47 Rechtsfragen, die bei der Erarbeitung des Kaufrechtsfalles bedeutsam sein können. Insbesondere werden mit einer üblichen Rechtswahlklausel nicht alle Rechtsaspekte erfaßt. Vielmehr gelten für eine Reihe von **Teilfragen des Fallaufbaus** besondere Anknüpfungen, die neben dem eigentlichen Vertragsstatut der Art. 27, 28 EGBGB eigenständig zu erschließen sind (Rdnr. 48ff.). Alle nicht eigenständig anzuknüpfenden Rechtsfragen (Rdnr. 56 ff.) unterliegen hingegen dem Vertragsstatut.

48 **a) Typische Teilfragen.** Typische Teilfragen, ohne daß die nachstehende Aufzählung jedoch vollständig ist, sind insbesondere:

49 **aa)** Die **Rechts- und Geschäftsfähigkeit** natürlicher Personen bestimmt sich nach Art. 7, 12 EGBGB. Die Rechtsfähigkeit von Personenvereinigungen und juristischen Personen wird nach der am Sitz ihrer effektiven Hauptverwaltung maßgeblichen Rechtsordnung beurteilt (*BayObLG* DB 1986, 1325 ff.).

50 **bb)** Für die **Form** des Rechtsgeschäftes sieht Art. 11 EGBGB eine besondere Anknüpfungsregel vor.

51 **cc)** In der Praxis von besonderer Bedeutung ist, ob das bloße Verhalten insbesondere das **Schweigen einer Partei,** die sich nicht ausdrücklich erklärt hat, als Zustimmung zu einem Vertrag oder etwa auch der Einbeziehung von AGB gewertet werden kann. Nach Art. 31 II EGBGB muß insoweit das Recht ihres gewöhnlichen Aufenthaltortes berücksichtigt werden, wenn diese Partei einwendet, keine Zustimmung erklärt zu haben.

52 **dd) Die gesetzliche Vertretungsmacht** von Gesellschaftsorganen beurteilt sich nach der Rechtsordnung am Sitz ihrer effektiven Hauptverwaltung (Rdnr. 49, *BGH,* NJW 1992, S. 618 f.). Für die Anknüpfung der rechtsgeschäftlichen Vertretungsmacht stellt die Rechtsprechung bei Einschaltung kaufmännischer Hilfspersonen, namentlich Handelsvertretern, auf das Recht deren Niederlassung ab und greift ansonsten auf das Recht des vorgesehenen Wirkungslandes bzw. des tatsächlichen Gebrauchsortes der Vollmacht zurück (*Kropholler,* Internationales Privatrecht, 1990, S. 267 ff. und *BGH,* NJW 1990, S. 3088).

53 **ee)** Auch für **währungsrechtliche Fragen** kann sich eine gesonderte Anknüpfung ergeben, wenn die Zahlung in einer bestimmten Währung zu leisten ist. Ob die in § 244 BGB vorgesehene Umrechnungsbefugnis dem Schuldner auch dann eröffnet ist, wenn der Kaufvertrag nicht deutschem Recht unterliegt, erscheint angesichts der abschließenden Regelung des EWG-Übereinkommens von 1980 (Rdnr. 39) und der nach Art. 36 EGBGB zu beachtenden Praxis in den anderen EG-Staaten zweifelhaft. Das ausländische Devisenrecht der Mitgliedstaaten des Internationalen Währungsfonds ist jedoch zu berücksichtigen und kann zur Nichtklagbarkeit eines Zahlungsanspruches führen, Art. VIII 2 b IWF (vgl. *BGH,* EuZW 1992, S. 123 ff.).

54 **ff)** Art. 32 II EGBGB sieht vor, daß das am Ort der Erfüllung maßgebliche Recht für die Modalitäten der Erfüllung, die **Untersuchungs- und Rügepflichten** des Käufers und die bei Zurückweisung mangelhafter Ware zu treffenden Maßnahmen neben den Bestimmungen des Vertragsstatutes mit zu berücksichtigen ist.

55 **gg)** Soweit aufgrund parteilicher Vereinbarung oder beachtlicher Handelsbräuche die **INCOTERMS** zur Anwendung berufen werden, gehen ihre Bedeutungsinhalte den nach den IPR-Verweisungen maßgeblichen Bestimmungen vor. Die INCOTERMS sind Regeln zur Interpretation von 13 international gebräuchlichen Lieferklauseln wie FOB, CIF usw. und gelten seit dem 1. Juli 1990 in einer revidierten Fassung (*Bredow/Seiffert,* INCOTERMS 1990). Die Klauseln regeln u. a. die Gefahr- und Kostentragung, Fragen der Ausführung der Export- und Importabfertigung sowie der Transportdokumentationen.

b) Von dem Vertragstatut erfaßte Rechtsfragen. Typische, von dem Vertragsstatut erfaßte Rechtsfragen sind: 56

aa) Das Vertragsstatut bestimmt über Zustandekommen und Wirksamkeit des Vertrages, Art. 31 I EGBGB, sowie über die Einbeziehung und Inhaltskontrolle von **AGB.** Generell ist für den internationalen Geschäftsverkehr zu empfehlen, die AGB in vollem Umfang der anderen Vertragspartei in der Verhandlungssprache zur Kenntnis zu bringen und eine ausdrückliche Vereinbarung über ihre Einbeziehung zu treffen, da die im deutschen Recht eröffnete Möglichkeit, AGB im kaufmännischen Geschäftsverkehr durch bloßen Hinweis auf ihre Geltung zum Vertragsinhalt zu machen, im Ausland überwiegend für nicht ausreichend erachtet wird (*Otto,* Allgemeine Geschäftsbedingungen und Internationales Privatrecht, 1984 und *Schütze,* DWiR 1992, S. 89ff.). 57

bb) Den **Inhalt des Kaufvertrages** unter Einschluß der Bestimmungen zum Gefahrübergang sowie zur Verjährung, Art. 32 I Nr. 4 EGBGB, gibt das Vertragsstatut vor. Nach ihm beurteilen sich auch die maßgeblichen Gebräuche sowie die Regeln der Vertragsauslegung, Art. 32 I Nr. 1 EGBGB. 58

cc) Gleichermaßen bestimmt das Vertragsstatut über Voraussetzungen und Folgen von **Leistungsstörungen,** Art. 32 I Nr. 3 EGBGB, unter Einschluß auch der culpa in contrahendo (*Koch/Magnus/Winkler v. Mohrenfels,* o. Rdnr. 41, S. 81). Nach dem Vertragsstatut beurteilt sich demzufolge auch die kaufrechtliche Gewährleistung, die Verpflichtung zur Zahlung von Prozeßzinsen sowie die Wirksamkeit der Vereinbarung eines Haftungsausschlusses. 59

dd) Über das Vertragsstatut erschließen sich ferner die Voraussetzungen und Folgen der **Abtretung,** Art. 33 II EGBGB, namentlich also ob die Forderung abtretbar ist, welches das Verhältnis zwischen Schuldner und neuem Gläubiger sowie ob eine befreiende Leistung an den Altgläubiger möglich ist (*BGH,* NJW 1991, S. 637ff.; kritisch *Einsele,* ZVglRWiss 1991, S. 1 ff.). Soweit ausländisches Recht zur Anwendung kommt, ist zu beachten, daß die europäischen Rechtsordnungen überwiegend deutlich schärfere Anforderungen für eine Abtretung vorsehen als § 398 BGB (vgl. etwa *Hadding/Schneider,* Die Forderungsabtretung, insbesondere zur Kreditsicherung, in der Bundesrepublik Deutschland und in ausländischen Rechtsordnungen, 1986). Nicht dem Vertragsstatut hingegen untersteht das Grundgeschäft zwischen Zedent und Zessionar, das eigenständig anzuknüpfen ist, Art. 33 I EGBGB. 60

cc) Schließlich bestimmt das Vertragsstatut über die **Erfüllung,** Art. 32 I 2 EGBGB. Für Voraussetzungen und Folgen der Erfüllung durch **Aufrechnung** wird dann, wenn die gegenüberstehenden Ansprüche verschiedenen Rechtsordnungen unterliegen, auf das Recht der Hauptforderung abgestellt, gegen die aufgerechnet wird. Die Vereinbarung international ausschließlicher Gerichtsstände wertet die deutsche Rechtsprechung als Aufrechnungsausschluß (*BGH* RIW 1981, 703ff.). Auf verschiedene Währungen lautende Geldforderungen sind ungleichartig im Sinn des § 387 BGB (*KG* NJW 1988, 2181). 61

4. Rechtsfolgen der Anknüpfung

Die Anknüpfung des Kaufvertrages über Art. 27, 28 EGBGB (Rdnr. 40ff.) führt unmittelbar in die **Sachvorschriften der maßgeblichen Rechtsordnung,** Art. 35 I EGBGB. Die Bestimmungen dieser Rechtsordnungen gelten in ihrem 62 jeweiligen Bestand, ausgenommen lediglich sogenannter Eingriffsnormen (*Kropholler*, o. Rdnr. 52, S. 423). Auf der anderen Seite werden die – auch die vertraglich nicht abdingbaren – Vorschriften aller anderen Rechtsordnungen ausgenommen jedoch wiederum deren Eingriffsnormen durch die IPR-Verweisung ausgeschaltet. Anderes gilt, wenn der Sachverhalt außer einer Rechtswahlbestimmung ansonsten praktisch keine grenzüberschreitenden Bezüge aufweist, Art. 27 III EGBGB.

63 Art. 34 EGBGB sieht vor, daß bestimmte deutsche Vorschriften (**Eingriffsnormen**) auch zu beachten sein können, wenn über die Anknüpfung ansonsten ausländisches Recht berufen wird. Art. 34 EGBGB erfaßt jedoch nicht jede nicht dispositive Norm. Vielmehr sind mit Art. 34 EGBGB Vorschriften insbesondere des öffentlichen, aber auch des privaten Rechtes angesprochen, die durch einen wirtschafts- oder sozialpolitischen Gehalt charakterisiert sind, nicht in erster Linie dem Individualschutz der Vertragsbeteiligten, sondern vielmehr ordnungspolitischen Interessen dienen und daher in gewissem Umfang umfassendere Geltung beanspruchen. Im Bereich des Handelskaufes zählen hierzu etwa die GewO, das AußenwirtschaftsG, das GerätesicherheitsG, das TextilkennzeichnungsG, das LebensmittelG, das FuttermittelG, das PflanzenschutzG sowie insbesondere alle Gesetze, die Regelungen für die Ein- bzw. Ausfuhr von Waren vorsehen (*Reithmann*, in: *Reithmann/Martiny*, Internationales Vertragsrecht, 4. Aufl. 1988, Rdnr. 276 ff.).

64 Derzeit noch wenig geklärt ist, in welchem Umfang zwingende Eingriffsnormen der über die Verweisung maßgeblichen nicht-deutschen Rechtsordnung bzw. **eines dritten Staates** zu berücksichtigen sind. Überwiegend wird vertreten, daß diese Vorschriften von der Anknüpfung nach Maßgabe der Art. 27, 28 EGBGB nicht erfaßt werden (a. A. *Palandt/Heldrich* Art. 34 EGBGB Anm. 3b). An Stelle einer Berücksichtigung durch Bestimmungen von der Art der §§ 138, 242 BGB (*Piehl* RIW 1988, 841 ff.) wird eine kollisonsrechtliche Lösung favorisiert, die anhand des eigenen Geltungswillens der Norm, ihrer Verbindung zu der maßgeblichen Rechtsordnung und unter Berücksichtigung ihres Inhaltes je nach den Umständen des Einzelfalles vorzunehmen ist (*Kropholler*, o. Rdnr. 52, S. 419 ff.).

IV. Strukturen des deutschen Kaufrechts

1. Vertragsabschluß und -inhalt

65 Der Vertragsabschluß vollzieht sich nach den **allgemeinen Regeln** der §§ 116 ff., 145 ff. BGB. Für den kaufmännischen Geschäftsverkehr gelten über AGB-Fragen hinaus (s. dazu B. I.) weitere Besonderheiten:

66 Nach § 346 HGB sind bei der Beurteilung des Verhaltens eines Kaufmannes auch die in den jeweils beteiligten Kreisen üblichen **Handelsbräuche** heranzuziehen. Dies gilt für alle handelsrechtlichen Kaufmannstypen, insbesondere auch für Minderkaufleute und Scheinkaufleute. Aufgrund Handelsbrauchs kann sowohl aktivem wie passivem Verhalten eine Erklärungsbedeutung zukommen.

67 Während im bürgerlichen Recht bloßes Schweigen in der Regel nicht die Rechtsfolgen einer Willenserklärung auslöst, gilt das **Schweigen des Kaufmanns** in den Fällen der §§ 75 h, 91 a HGB (Vertragsschluß ohne Vertretungsmacht durch Handlungsgehilfen im Außendienst/Handelsvertreter) als Genehmigung des ursprünglich schwebend unwirksamen Vertrages und im Falle des

§ 362 HGB (Vertragsangebot bei bestehender Geschäftsverbindung) als Annahme des Antrages. Darüber hinaus hat die Rechtsprechung in Einzelfällen Schweigen als Zustimmung gewertet, wenn mit einer Ablehnung nicht gerechnet werden mußte und bei Ablehnung eine ausdrückliche Willensäußerung zu erwarten gewesen wäre (*Walter*, Kaufrecht, 350 ff.).

Daneben ist heute gewohnheitsrechtlich anerkannt, daß das **Schweigen auf** 68 **ein kaufmännisches Bestätigungsschreiben** vertragskonstitutive bzw. vertragsändernde Wirkung haben kann (Einzelheiten bei *Palandt/Heinrichs*, § 148 BGB Rdnr. 8 ff.):

– Absender und Empfänger des Bestätigungsschreibens müssen wie Kaufleute am Rechtsverkehr teilnehmen, wobei an die Kaufmannsähnlichkeit des Empfängers strengere Maßstäbe anzulegen sind als an die des Absenders (*BGH NJW* 1987, 1940 ff.).

– Es müssen Vertragsverhandlungen stattgefunden haben, die zumindest nach Ansicht des Absenders bereits zu einem mündlichen Vertragsschluß geführt haben. Die bloße Auftragsbestätigung ist daher kein kaufmännisches Bestätigungsschreiben, da sie den Vertrag erst noch zustande bringen soll.

– Das Bestätigungsschreiben muß sich erkennbar auf die Vertragsverhandlungen beziehen und ihnen zeitlich unmittlbar nachfolgen.

– Der Absender des Bestätigungsschreibens muß redlich sein und in dem Schreiben den nach seiner Auffassung bereits abgeschlossenen Vertrag inhaltlich zutreffend wiedergeben. Abweichungen, zu denen ein Einverständnis des Empfängers anzunehmen ist, sind unschädlich.

– Das Bestätigungsschreiben muß der anderen Seite zugehen und der Empfänger hat nicht unverzüglich widersprochen.

Sind diese Voraussetzungen erfüllt, dient das Bestätigungsschreiben als Beweisurkunde. Darüber hinaus löst das Schweigen des Empfängers konstitutive Wirkungen im Hinblick auf Abweichungen des Bestätigungsschreibens sowie auch dann aus, wenn – dem Absender unbewußt – bis dahin ein Vertrag tatsächlich noch nicht abgeschlossen war.

2. Inhalt des Kaufvertrages

Der **Inhalt des Kaufvertrages** ergibt sich aus den Absprachen der Parteien, 69 den maßgeblichen Handelsbräuchen, § 346 HGB, und hilfsweise dem Gesetz, §§ 433 ff. BGB. Typisierte Inhalte sind mit der Vereinbarung von Klauseln des internationalen Handelsverkehrs, namentlich der INCOTERMS (Rdnr. 55) verbunden.

Der **Kaufpreis** wird meist bei Vertragsschluß ausdrücklich oder konkludent 70 vereinbart. Soll der Marktpreis entrichtet werden, ist im Zweifel die Auslegungsregel des § 453 BGB heranzuziehen. Läßt sich der Preis weder aufgrund der Vertragsabsprachen noch aufgrund der sonstigen Umstände bestimmen, ist der Vertrag jedoch gleichwohl von den Parteien nicht bewußt offen gehalten worden, § 154 BGB, führen die §§ 315, 316 BGB in der Regel zu dem üblichen Preis. Der Kaufpreis ist im Zweifel mit Abschluß des Kaufvertrages zur Zahlung fällig (*Walter*, Kaufrecht, 312); eine Vorleistungspflicht des Verkäufers sieht das Gesetz nicht vor. Nach § 452 BGB kann der Käufer verpflichtet sein, den Kaufpreis ab Nutzungsübergang zu verzinsen.

3. Leistungsstörungen beim Kauf

71 Die Konsequenzen nicht ordnungsgemäßer Erfüllung kaufvertraglicher Pflichten werden zum Teil von spezifisch kaufrechtlichen Vorschriften und zum Teil von Regelungen des allgemeinen Schuldrechts bestimmt, die zudem von speziellen handelsrechtlichen Vorschriften überlagert werden können. Danach sind **zu unterscheiden:**
– Leistungsstörungen auf Seiten des Verkäufers, namentlich die rechtsmangelhafte (Rdnr. 72) und die sachmangelhafte Lieferung (RdNr. 73 ff.) sowie sonstige Leistungsstörungen (Rdnr. 87 ff.).
– Leistungsstörungen auf Seiten des Käufers (Rdnr. 90).

72 a) **Haftung für Rechtsmängel.** Weist die verkaufte Sache einen **Rechtsmangel** auf, § 434 BGB, haftet der Verkäufer vorbehaltlich der Kenntnis des Käufers von dem Rechtsmangel, § 439 BGB, über § 440 I BGB nach den allgemeinen Regeln der §§ 320–327 BGB. Für den Verkauf beweglicher Sachen enthalten die §§ 440 II–IV, 441 BGB spezielle Schadensersatzregelungen (Eviktionshaftung). Rechte Dritter im Sinne des § 434 BGB können auch gewerbliche Schutzrechte wie Patente, Gebrauchs- oder Geschmacksmuster, Warenzeichen sowie Urheberrechte sein (*BGH* NJW 1979, 713 f.).

73 b) **Gewährleistung für Sachmängel.** Das HGB enthält keine Regelungen zu den Rechtsbehelfen des Käufers im Falle unzureichender Lieferung. Diese bestimmen sich vielmehr nach dem BGB, insbesondere den §§ 459 ff., 480 BGB (Rdnr. 77 ff.), wenn die Lieferung einen **Fehler** (Rdnr. 74 f.) aufweist oder ihr eine zugesicherte Eigenschaft (Rdnr. 76) fehlt. Die Rechtsfolgen der Lieferung von **Über- oder Mindermengen** ergeben sich aus den §§ 320 ff. BGB (vgl. *Walter*, Kaufrecht, 394). Die §§ 459 ff. BGB kommen jedoch zur Anwendung, wenn die Mengenabweichung zugleich einen Sachmangel im Sinne dieser Vorschriften begründet. Bei **aliud-Lieferungen** hingegen ist zu differenzieren: Für den Stückkauf und das nicht genehmigungsfähige aliud des handelsrechtlichen Gattungskaufes gelten die §§ 320 ff. BGB, wohingegen die genehmigungsfähige aliud-Lieferung unter Kaufleuten den §§ 459 ff. BGB unterstellt wird (*Walter*, Kaufrecht, 392 ff. und *BGH*, NJW 1992, 566 ff., 568 f.). Falschlieferungen in einem bürgerlich-rechtlichen Gattungskauf hingegen werden ohne weitere Unterscheidungen nach den §§ 320 ff. BGB beurteilt (*BGH*, NJW 1989, 218).

74 Ein **Fehler** im Sinne des § 459 I BGB ist gegeben, wenn der tatsächliche Zustand der Sache von deren Sollbeschaffenheit abweicht und hierdurch die vertraglich vorausgesetzte oder die gewöhnliche Gebrauchserwartung aufgehoben oder nicht unerheblich gemindert wird (vgl. *BGH*, DB 1989, 1764 ff.). Zur Fehlerbestimmung ist in erster Linie auf die Absprachen der Parteien abzustellen und lediglich ergänzend die Verkehrsauffassung im Hinblick auf den „gewöhnlichen" Gebrauch heranzuziehen (Fallbeispiele bei *Palandt/Putzo*, § 459 BGB Rdnr. 27 ff.). Auch öffentlich-rechtliche Beschränkungen der Gebrauchstauglichkeit können einen Sachmangel begründen (*BGH*, DB 1984, 1140).

75 Mengenabweichungen begründen ebenso wie Falschlieferungen in der Regel **keinen Fehler** im Sinne des § 459 BGB (vgl. Rdnr. 73). Beim Stückkauf liegt eine Falschlieferung (aliud) vor, wenn die gelieferte Sache mit dem verkauften Gegenstand nicht identisch ist. Hingegen bereitet die Abgrenzung zwischen aliud einerseits und Sachmangel andererseits beim Gattungskauf Schwierigkeiten, da nicht eine konkrete Sache verkauft ist, sondern lediglich die Art der zu liefernden Ware bestimmt wird. Jede Lieferung einer Sache, welche nicht der vereinbarten Gattung angehört, ist als Falschlieferung zu qualifizieren. Allerdings kann die Bestimmung der maßgeblichen Gattung erhebliche Probleme aufwerfen (vgl. *BGH, NJW* 1989, 218 f. und *BGH,* DB 1990, 2016 f.).

Die Auslegung des Begriffs **zugesicherte Eigenschaft,** § 459 II BGB, orientiert sich an der im Vergleich zum Vorliegen eines bloßen Fehlers weitergehenden, verschuldensunabhängigen Haftung des Verkäufers auf Schadensersatz (Rdnr. 80). Die Zusicherung einer Eigenschaft erfordert daher, daß der Verkäufer ausdrücklich oder stillschweigend zum Ausdruck bringt, dem Käufer das Vorhandensein einer Eigenschaft zu garantieren und im Falle ihres Fehlens hierfür einzustehen (*BGH, NJW* 1981, 1501). Entscheidend ist, wie der Käufer die Äußerungen des Verkäufers unter Berücksichtigung seines sonstigen Verhaltens und der zum Vertragsabschluß führenden Umstände auffassen durfte. Die Zusicherung muß sich zudem auf ein gegenwärtiges, wertbildendes Merkmal der Kaufsache beziehen, das dieser selbst unmittelbar und für eine gewisse Dauer anhaftet. Hingegen ist nicht erforderlich, daß durch das Fehlen der Eigenschaft die Gebrauchstauglichkeit der Sache beeinträchtigt wird; vielmehr genügt es, wenn deren Vorhandensein erkennbar für den Käufer erheblich ist (Fallgruppen bei *Palandt/Putzo,* § 459 BGB Rdnr. 27 ff. und *Walter,* Kaufrecht, 165 ff.). Auch steuerrechtliche Konsequenzen können eine zusicherungsfähige Eigenschaft ausmachen; die Einfuhrumsatzsteuerpflicht ist für den Wert der Kaufsache jedoch ohne Bedeutung (BGH, DB 1990, 1275). 76

Bei Vorliegen eines Fehlers (Rdnr. 74 f.) oder bei Fehlen einer zugesicherten Eigenschaft (Rdnr. 76) zum Zeitpunkt des Gefahrübergangs (*Palandt/Putzo,* § 459 BGB Rdnr. 5 ff.) ist der Käufer berechtigt, 77
- entweder den Kaufvertrag zu **wandeln,** § 462 BGB,
- oder den Kaufpreis zu **mindern,** § 462 BGB.
- Beim Gattungskauf kann der Käufer statt dessen auch die **Nachlieferung** einer mangelfreien Sache verlangen, § 480 I BGB.

Zur **Durchführung der Wandlung** verweist § 467 I BGB im wesentlichen auf die für das Rücktrittsrecht geltenden Vorschriften der §§ 346 ff. BGB. Ungeachtet des dogmatischen Streits um die Durchführung der Wandlung (*Walter,* Kaufrecht, 180 f.) kann der Käufer unmittelbar auf Rückgewähr des bereits gezahlten Kaufpreises klagen, auch wenn der Verkäufer das nach § 465 BGB erforderliche Einverständnis zur Vollziehung der Wandlung noch nicht erklärt hat (*Palandt/Putzo,* § 465 BGB Rdnr. 6). Ist der Kaufpreis noch nicht gezahlt, kann der Käufer dem Zahlungsverlangen des Verkäufers das Wandlungsbegehren im Wege der Einrede entgegenhalten, vgl. § 478 I BGB. Zudem gewährt § 467 Satz 2 BGB eine eigene Anspruchsgrundlage für die Erstattung der Vertragskosten. 78

Zur **Durchführung der Minderung** gelten die in Rdnr. 78 gemachten Ausführungen entsprechend. Die Berechnung des Minderungsbetrages ist in § 472 BGB geregelt. Danach ist der Kaufpreis nicht einfach um das Wertdefizit der mangelhaften Sache zu reduzieren, sondern vielmehr proportional entsprechend ihrem objektiven Minderwert anzupassen. 79

Anstelle der Wandlung oder der Minderung bzw. der Nachlieferung hat der Käufer beim Stückkauf einen Anspruch auf **Schadensersatz,** wenn der Kaufsache sowohl zur Zeit des Kaufes, § 463 BGB, wie auch bei Gefahrübergang, § 459 II BGB, eine zugesicherte Eigenschaft (Rdnr. 76) fehlt oder der Verkäufer einen **Fehler arglistig verschwiegen** hat, § 463 BGB. Bei einem Gattungskauf 80 ist allein der Zeitpunkt des Gefahrübergangs entscheidend, § 480 II BGB. Der Schadensersatzanspruch nach §§ 463, 480 II BGB erfaßt jedoch nur unmittelbare Mangelschäden, nicht hingegen mittelbar ausgelöste Folgeschäden. Mangelschäden sind solche, die mit der zugesicherten Eigenschaft in einem unmittelbaren Zusammenhang stehen, während als Mangelfolgeschäden Nachteile qualifiziert werden, die mittelbar an anderen Rechtsgütern als der Kaufsache selbst eintreten (*BGH,* NJW 1978, 2241 ff.). Der Umfang des zu ersetzenden Schadens beurteilt sich im übrigen nach den §§ 249 ff. BGB. Der Käufer kann entweder die mangelhafte Kaufsache behalten und die Wertdifferenz reklamieren (kleiner Schadensersatz) oder die Ware ablehnen und den vollen Wert der mangelfreien Lieferung geltend machen (großer Schadensersatz).

81 Wegen der Subsidiarität der **positiven Vertragsverletzung** gegenüber gesetzlichen Regelungen kommen Schadensersatzansprüche aus positiver Vertragsverletzung nur außerhalb des Regelungsbereichs der §§ 463, 480 II BGB in Betracht. Namentlich der Ersatz von Mangelfolgeschäden (Rdnr. 80) setzt daher eine positive Vertragsverletzung des Käufers voraus (*Walter,* Kaufrecht, 202 f.). Danach ist die schuldhafte Verletzung einer über die Verpflichtung zur mangelfreien Erfüllung hinausgehenden Vertragspflicht erforderlich.

82 Einen **Nachbesserungsanspruch** sieht das BGB/HGB von Gesetzes wegen nicht vor. § 476 a BGB regelt jedoch die weiteren Konsequenzen, wenn die Parteien ein Recht des Käufers auf Nachbesserung vorgesehen haben.

83 Der Käufer hat ein **Wahlrecht** hinsichtlich der ihm zur Verfügung stehenden Rechtsbehelfe Nachlieferung, Wandlung, Minderung (Rdnr. 77) oder Schadensersatz (Rdnr. 80). Dieses Wahlrecht erlischt erst mit der rechtskräftigen Entscheidung über einen dieser Ansprüche oder sobald der Verkäufer sich auf Verlangen des Käufers mit der Wandlung, der Minderung, der Nachlieferung oder der Schadensersatzleistung einverstanden erklärt hat. Ebenfalls besteht ein Eventualverhältnis zwischen „kleinem" und „großem" Schadensersatz und Wandlung (*BGH,* NJW 1992, 566 ff.).

84 c) **Untersuchungs- und Rügelast des Käufers.** Bei Vorliegen eines Handelsgeschäftes gem. §§ 343, 344 HGB ist der Käufer nach §§ 377, 378 HGB verpflichtet, abgelieferte Ware **unverzüglich zu untersuchen.** Als grobes Richtmaß, das je nach Lage des Einzelfalles zu modifizieren ist, gilt eine Frist von einer Woche (*Heymann/Emmerich,* HGB-Kommentar, 1990, Anm. 22, 23 zu § 377). Art und Weise und Umfang der Untersuchung erschließen sich aus den Handelsbräuchen, § 346 HGB, und dem objektiven Maßstab der Sorgfalt eines ordentlichen Kaufmanns, § 347 HGB. Die Untersuchungs- wie auch die Rügeobliegenheit besteht auch bei Lieferung eines genehmigungsfähigen aliud sowie bei Mengenabweichungen, § 378 HGB, obwohl für den BGB-Kauf insoweit nicht die besonderen Gewährleistungsregeln der § 459 ff. BGB, sondern vielmehr das allgemeine Leistungsstörungsrecht der § 320 ff. BGB zum Zuge kommt (Rdnr. 73).

85 Offene **Mängel** hat der Käufer bei einem Handelskauf unverzüglich nach der Entdeckung, der Untersuchungspflicht unterliegende Abweichungen unverzüglich nach der Untersuchung dem Verkäufer **anzuzeigen,** §§ 377, 378 HGB. Im Rahmen der gebotenen Untersuchung nicht erkennbare Abweichungen sind dem Verkäufer unverzüglich nach ihrer Entdeckung mitzuteilen, § 377 III HGB. Auch hier gilt ein objektiver Maßstab, so daß persönliche Umstände den Käufer in aller Regel nicht zu entlasten vermögen. Mit der Rüge ist die Art des Mangels

sowie der Umfang der von ihr erfaßten Ware möglichst genau zu bezeichnen. Angaben zu den Ursachen des Mangels bedarf es hingegen nicht (*BGH,* NJW 1986, 3136 ff.), so daß eine verspätete Rüge nicht damit entschuldigt werden kann, daß zunächst der Grund der Abweichung aufgeklärt werden mußte. Die rechtzeitige Absendung der Mängelanzeige genügt, um dem Käufer die an die Beachtung der Untersuchungs- und Rügeobliegenheit gebundenen Rechtsbehelfe zu erhalten, § 377 IV HGB.

Die **Nichtbeachtung der Untersuchungs- und Rügeobliegenheiten** hat zur 86 Folge, daß vorbehaltlich arglistigen Verschweigens durch den Verkäufer, § 377 V HGB, der Käufer im übrigen alle Folgeansprüche wegen untersuchungs- bzw. rügepflichtiger Abweichungen der Lieferung verliert. Dieser Verlust erfaßt nicht nur die Rechte aus §§ 320 ff., 459 ff. BGB, sondern gilt gleichermaßen für auf positive Vertragsverletzung gestützte Ansprüche, soweit diese auf den Ausgleich von Mangelfolgeschäden zielen (vgl. *BGH,* NJW 1989, 2532 ff., 2534; weitergehend *Tiedtke* NJW 1990, 14 ff.).

d) Sonstige Leistungsstörungen des Verkäufers. Soweit nicht die Vorschrif- 87 ten der speziellen Sachmängelgewährleistung nach §§ 459 ff. BGB eingreifen, verweist § 440 I BGB für den Fall der Nichterfüllung der in den §§ 433 ff. BGB geregelten Verkäuferpflichten auf die §§ 320–327 BGB. § 440 I BGB wird überwiegend als Rechtsgrundverweisung gesehen, so daß die tatbestandlichen Voraussetzungen der §§ 320 ff. BGB jeweils durchzuprüfen sind.

Neben den §§ 440 I, 320 ff. BGB sind die sonstigen **Regelungen des allge-** 88 **meinen Schuldrechts** anwendbar. Bei Leistungsverzug des Verkäufers etwa hat dieser dem Käufer somit den Verzögerungsschaden nach § 286 I BGB zu ersetzen.

Verletzt der Verkäufer schuldhaft eine vertragliche Nebenpflicht, ohne daß 89 diese Gestaltung von den gesetzlichen Vorschriften namentlich der §§ 459 ff. BGB geregelt wird (*BGH,* DB 1984, 1041 f.), begeht er in der Regel eine **positive Vertragsverletzung** und kann daraus dem Käufer schadensersatzpflichtig werden. In der Praxis steht insbesondere die schuldhafte Verletzung dem Verkäufer obliegender Aufklärungs- oder Beratungspflichten im Vordergrund (vgl. *BGH,* DB 1989, 1764 ff.).

e) Leistungsstörungen des Käufers. Pflichtverletzungen des Käufers beurtei- 90 len sich grundsätzlich nach den **Regeln des allgemeinen Schuldrechts.** Allerdings entfällt das **Rücktrittsrecht** des Käufers nach §§ 325, 326 BGB, wenn der Verkäufer den Vertrag vollständig erfüllt und dem Käufer den Kaufpreis gestundet hat, § 454 BGB. Die Abnahmepflicht des Käufers nach § 433 II BGB ist zudem in der Regel keine Pflicht im Gegenseitigkeitsverhältnis im Sinne der §§ 323 ff. BGB. Zusätzlich gewährt § 455 BGB dem Verkäufer jedoch ein besonderes Rücktrittsrecht, wenn er sich das Eigentum an der Kaufsache bis zur vollständigen Zahlung vorbehalten hat und der Käufer mit der Zahlung in Verzug gerät.

f) Verjährung. Für die **Gewährleistungsansprüche des Käufers** beweglicher 91 Sachen sieht § 477 I 1 BGB eine Verjährungsfrist von nur sechs Monaten vor. Die Verjährungsfrist zählt ab dem Zeitpunkt der Ablieferung der Ware. Unter bestimmten Voraussetzungen bleibt dem Käufer auch nach Eintritt der Verjährung die Mängeleinrede erhalten, §§ 478, 479 BGB.

B XVI   Der Kaufrechtsfall

92 Die **kurze Verjährungsfrist** des § 477 I BGB gilt lediglich für bestimmte Gewährleistungsansprüche des Käufers, namentlich für
- Ansprüche auf Wandlung oder Minderung nach § 462 BGB;
- Ansprüche auf Nachlieferung einer mangelfreien Gattungssache nach § 480 I BGB;
- Ansprüche auf Schadensersatz wegen Fehlens einer zugesicherten Eigenschaft oder arglistigen Verschweigens eines Fehlers, §§ 463, 480 II BGB;
- auf positive Vertragsverletzung gestützte Schadensersatzansprüche, wenn diese wie etwa im Falle der Geltendmachung von Mangelfolgeschäden mit Fehlern der Kaufsache in Zusammenhang stehen (*Walter,* Kaufrecht, 203 ff.);
- Schadensersatzansprüche wegen unterlassener oder falscher Aufklärung hinsichtlich einer zusicherungsfähigen Eigenschaft der Kaufsache (*BGH,* DB 1990, 1275 f.).

93 Nicht der kurzen Verjährungsfrist des § 477 I BGB, sondern vielmehr der **regelmäßigen Verjährungsfrist** nach § 195 BGB unterliegen:
- Rückgewähransprüche aus einer nach § 465 BGB vollzogenen Wandlung oder Minderung;
- die Ansprüche nach Lieferung eines aliud, soweit die Falschlieferung nicht lediglich als Schlecht-, sondern als Nichterfüllung anzusehen ist (Rdnr. 73);
- Schadensersatzansprüche aus positiver Vertragsverletzung wegen Verletzung von Nebenpflichten, welche in keinem Zusammenhang mit einem Fehler der Kaufsache oder dem Nichtvorhandensein einer zugesicherten Eigenschaft stehen (*Walter,* Kaufrecht, 203 ff.);
- Ansprüche aus culpa in contrahendo (*BGH,* DB 1990, 1276);
- Ansprüche wegen rechtsmangelhafter Lieferung.

4. Kaufrechtliche Spezialregelungen des HGB

94 Nach § 347 I HGB ist die aus einem Handelsgeschäft verpflichtete Vertragspartei grundsätzlich gehalten, mit der **Sorgfalt eines „ordentlichen Kaufmanns"** einzustehen. Die Bestimmung enthält keine selbständige Anspruchsgrundlage, sondern ergänzt den Verschuldensmaßstab des § 276 I BGB.

95 Bei einem beiderseitigen Handelsgeschäft betragen die **gesetzlichen Zinsen** in Abweichung von § 246 BGB 5%, § 353 HGB. Ferner sind Kaufleute untereinander berechtigt, vom Tage der Fälligkeit an auf Forderungen aus beiderseitigen Handelsgeschäften Zinsen geltend zu machen, § 353 HGB, ohne daß ein Verzug des Zahlungspflichtigen, § 288 I BGB, oder die Rechtshängigkeit des Zahlungsanspruchs, § 291 BGB, erforderlich ist.

96 § 369 HGB trägt dem gesteigerten Sicherungsbedürfnis des Handelsverkehrs Rechnung und gestattet unter einfacheren Voraussetzungen als § 273 BGB, herauszugebende Gegenstände zurückzubehalten. § 370 HGB gibt dem Gläubiger in außerordentlichen Situationen ein **Zurückbehaltungsrecht** auch wegen nicht fälliger Forderungen. §§ 371, 372 HGB eröffnen dem Kaufmann ein Recht zur Befriedigung aus den Sachen, deren Herausgabe er schuldet.

97 Bei **Annahmeverzug** des Käufers ist der Verkäufer zur Hinterlegung der Ware und unter bestimmten Voraussetzungen zu deren Versteigerung befugt, § 373 HGB.

98 § 376 HGB regelt das sogenannte **relative Fixgeschäft** und verdrängt insoweit § 361 BGB.

B XVII. Der Verbraucherkreditfall

Sieghart Ott

Übersicht

	Rdnr.		Rdnr.
Vorbemerkung	1	11. Vorzeitige Zahlung	66
I. Verbraucherkreditgesetz	2	12. Kreditvermittlung	67
1. Anwendungsbereich	3	13. Unabdingbarkeit, zeitliche Geltung	70
2. Formvorschriften	18	14. Gerichtliche Durchsetzung	71
3. Überziehungskredite	37	**II. Nichtige Verbraucherkreditverträge**	
4. Widerrufsrecht	40		
5. Versandhandelsprivileg	44	1. Vorbemerkung	72
6. Verbundene Geschäfte (finanzierter Abzahlungskauf)	45	2. Formmängel	73
		3. Sonstige Abschlußmängel	74
7. Einwendungsverzicht	49	4. Kreditwucher	78
8. Wechsel- und Scheckverbot	50	5. Wucherähnliche Verbraucherkreditverträge	79
9. Verzugsfolgen	51		
10. Stundungs- und Teilzahlungsvergleiche	62	6. Nichtigkeitsfolgen	87

Literatur: Zu Kap. I: BT-Drucks. 11/5462 vom 25. 10. 1989 und 11/8274 vom 25. 10. 1990; Kommentare zum VerbrKrG: *Bruchner/Ott/Wagner-Wieduwilt*, 1992 (Anhang: EG-Richtlinien); *Bülow*, 1991; *Münstermann/Hannes*, 1991 (Anhang: BT-Drucksachen); *Seibert*, 1991 (Anhang: Gesetzesmaterialien); *Ulmer/Habersack* = Sonderdruck aus MünchKomm BGB, Ergänzungsband zur 2. Aufl.; *Vortmann*, 1991 (Anhang: EG-Richtlinien, Schwerpunktzins 1976–1990 u. a.); *Graf von Westphalen/Emmerich/Kessler*, 1991, (Anhang: EG-Richtlinien); Systematische Darstellung: *Scholz*, Verbraucherkreditverträge, 2. Aufl., 1992; Zur PAngV 1985: *Gimbel/Boest*, Die neue Preisangabenverordnung, 1985. – **Zu Kap. II:** *Halstenberg*, Die neuere Rspr. des BGH zum Darlehensrecht WM 1988 Sonderbeilage Nr. 4; *Schmelz*, Der Verbraucherkredit, 1989 (behandelt nicht das VerbrKrG); *Schönle*, Bank- und Börsenrecht, 2. Aufl. 1976; *Scholz*, Ratenkreditverträge, 1983; AGB der Banken sind kommentiert bei *Baumbach/Duden/Hopt*, HGB, 28. Aufl. 1989, 2. Teil IV (8). – *Fachzeitschriften:* Finanzierung Leasing Factoring (FLF); Wertpapier-Mitteilungen (WM), Verbraucher und Recht (VuR).

Vorbemerkung

Am **1. Janaur 1991** ist das Gesetz über Verbraucherkredite, zur Änderung der ZPO und anderer Gesetze vom 17. 12. 1990 (BGBl. 1990, S. 2840) in Kraft getreten; die Änderung der §§ 688 II, 690 I Nr. 3, 691 ZPO traten erst am 1. 1. 1992 in Kraft. Das VerbrKrG löste das AbzG ab, das gleichzeitig außer Kraft trat. Auf Kreditverträge, die vor dem 1. 1. 1991 abgeschlossen wurden, ist jedoch weiterhin das bisherige Recht anzuwenden (also auch das AbzG, mit Ausnahme der Gerichtsstandsbestimmungen der §§ 6a, 6b AbzG). Für die Erläuterung der älteren Rechtslage wird auf die erste Auflage verwiesen. Das VerbrKrG dient in erster Linie der Umsetzung der EG-Richtlinie vom 22. 12. 1986 zur Rechtsangleichung über den Verbraucherkredit (87/102/EWG = NJW 1988, 1959), geändert durch EG-Richtlinie vom 22. 2. 1990 (90/88/EWG). Mit ihm wurde ein Sonderrecht geschaffen, das in manchen Bereichen (so bei den Existenzgründungsdarlehen) über den Verbraucherschutz hinausgeht, für Ver-

B XVII

Der Verbraucherkreditfall

braucher vom allgemeinen Recht abweichende Bestimmungen trifft, andere Verbraucherschutzgesetze (wie das HausTWG und § 13a UWG) unberührt läßt und auch nicht alle Rechtsprobleme des Verbraucherkredits abschließend regelt: so gelten die von der Rechtsprechung entwickelten Kriterien zum Kreditwucher und zu wucherähnlichen Verbraucherkreditverträgen weiter; ob sich die Rechtsprechung zur Sittenwidrigkeitsgrenze nach § 138 I BGB aufgrund des VerbrKrG ändern wird, kann nicht vorhergesehen werden.

I. Verbraucherkreditgesetz

2 Im folgenden sind Art. ohne besonderen Zusatz Bestimmungen des Gesetzes über Verbraucherkredite, zur Änderung der ZPO und anderer Gesetze vom 17. 12. 1990, §§ ohne besonderen Zusatz Bestimmungen des Art. 1 dieses Gesetzes, das ist das VerbrKrG.

1. Anwendungsbereich

3 Der persönliche Anwendungsbereich wird durch Legaldefinitionen für „Kreditgeber", „Kreditvermittler" und „Verbraucher" bestimmt (§ 1 I), der sachliche Anwendungsbereich durch eine Umschreibung der Begriffe „Kreditvertrag" und „Kreditvermittlungsvertrag" (§ 1 II, III, Ausnahmen: § 3). Teilweise gleichgestellt werden die Leistungen nach § 2 (s. u. Rdnr. 11).

4 **a) Persönlicher Anwendungsbereich.** Gegenüber dem AbzG wird der geschützte Personenkreis erheblich eingeschränkt. Auf die Eintragung in das Handelsregister als Kaufmann kommt es nicht mehr an. **Verbraucher ist (nur) eine natürliche Person,** es sei denn, daß der Kredit nach dem Inhalt des Vertrages für ihre bereits ausgeübte, also laufende gewerbliche oder selbständige berufliche Tätigkeit bestimmt ist (§ 1 I). Das VerbrKrG gilt also **nicht** für Kredite an Kaufleute, Handwerker, Landwirte und Angehörige der freien Berufe wie Ärzte, Rechtsanwälte, Steuerberater, Wirtschaftsprüfer, die ganz oder überwiegend für Zwecke ihrer Gewerbs- oder Berufstätigkeit bestimmt sind (BT-Drucks. 11/5462 S. 17), es sei denn, es handle sich um ein Existenzgründungsdarlehen, dessen Nettokreditbetrag oder Barzahlungspreis 100000 DM nicht übersteigt (§ 3 I 2). **Beweislast:** Kreditgeber dafür, daß kein Existenzgründungsdarlehen vorliegt.

5 **Privatkredite** fallen nicht unter das VerbrKrG. Dieses gilt nur für Kreditverträge und Kreditvermittlungsverträge zwischen einer Person, die in Ausübung ihrer gewerblichen oder beruflichen Tätigkeit einen Kredit gewährt (Kreditgeber) oder vermittelt oder nachweist (Kreditvermittler), und einem Verbraucher.

6 **b) Sachlicher Anwendungsbereich.** Dieser wird weit gezogen. **Kreditvertrag** ist danach jeder Vertrag, durch den ein Kreditgeber (Rdnr. 5) einem Verbraucher (Rdnr. 4) einen entgeltlichen Kredit in Form eines **Darlehens**, eines **Zahlungsaufschubs** oder einer **sonstigen Finanzierungshilfe** gewährt oder zu gewähren verspricht.

7 Das VerbrKrG findet nur, jedoch auf **alle entgeltlichen Kreditverträge** (soweit sie in § 3 nicht ausdrücklich ausgenommen sind) Anwendung, gleichgültig, ob Kapital und Zins in einem Betrag oder in Raten zu zahlen sind, insbesondere auch auf **Finanzierungsleasingverträge** (Formerleichterungen: u. Rdnr.

15), auf **Überziehungskredite** (Formerleichterungen nach § 5, u. Rdnr. 37) und **andere kontokorrentähnliche Kredite** (wie Scheck-, Vario-, Dispositions-, Ideal-, Dauerkredite, sog. Selbstbedienungskredite) auch auf **Raten- und sonstige Stundungsvereinbarungen** (u. Rdnr. 9), auf Kreditierung mittels Kreditkarten (soweit nicht die Ausnahme des § 3 I Nr. 3 eingreift: Zahlungsaufschub von nicht mehr als 3 Monaten). Eine Limitierung der Kreditsumme nach oben besteht (außer bei den freigestellten Existenzgründungsdarlehen) nicht.

Zahlungsaufschub ist vor allem vertraglich vereinbarte Stundung (Münch- 8 Komm/*Keller*, 2. Aufl., § 271 BGB Rdnr. 15), auch einseitiges Zuwarten des Kreditgebers nach Verzugseintritt (§ 284 II BGB). Wird hierfür ein Entgelt berechnet, liegt (ggf. zusätzlicher) Kreditvertrag vor. Nach BT-Drucks. 11/5462 S. 17 soll die Stundung eines bestehenden Kreditvertrags nicht als entgeltlicher Zahlungsaufschub anzusehen sein, wenn die Sätze der laufzeitabhängigen Kreditkosten nicht erhöht werden, weil für diese Stundung kein eigenes Entgelt anfalle. Das ist nur richtig, wenn die Stundung zinslos erfolgt, nicht auch, wenn sie mit einer Laufzeitverlängerung verbunden ist, für die Zinsen berechnet werden (str.; wie hier: *Ulmer* Rdnr. 55 zu § 1, a. A. *Münstermann/Hannes* Rdnrn. 672 f.).

Raten- und sonstige Stundungsvereinbarungen gewähren einen Zahlungs- 9 aufschub. Ist der Schuldner Verbraucher (o. Rdnr. 4) und muß er hierfür ein Entgelt zahlen (weitere Zinsen, Anwaltskosten), liegt ein Verbraucherkredit vor (o. Rdnr. 6). Nur die gerichtlich und notariell beurkundeten, also vor allem die im Rahmen eines **Prozeßvergleichs** abgeschlossenen Vereinbarungen dieser Art sind von den Formvorschriften und dem Widerrufsrecht freigestellt: § 3 III Nr. 2 (nur hiervon, nicht auch von den übrigen Bestimmungen des VerbrKrG, wie die über den Einwendungsverzicht und die Verzugsfolgen, §§ 10–12). **Außergerichtliche** und nicht notariell beurkundete Raten- und Stundungsvereinbarungen fallen voll unter das VerbrKrG, sie müssen daher auch die Formvorschriften des § 4 einhalten. Hierzu näher u. Rdnr. 62.

Als **sonstige Finanzierungshilfen** kommen auch andere der Kreditierung die- 10 nenden Verträge in Betracht, insbesondere die **Finanzierungsleasingverträge**. Der Begriff eignet sich in Verbindung mit dem Umgehungsverbot (§ 18) als Auffangtatbestand. Bankbürgschaften („Avalkredite") fallen jedoch nicht hierunter, weil sie lediglich der Garantie für die Zahlungsfähigkeit des Avalnehmers dienen (BT-Drucks. 11/5462 S. 18).

Teilweise gleichgestellte Leistungen: Die Vorschriften über die Schriftform 11 (§ 4 I 1), die Pflicht zur Aushändigung der Abschrift der Urkunde (§ 4 III), das Widerrufsrecht (§ 7 I, II, IV) und das Versandhandelsprivileg (§ 8) gelten auch für **Verträge über die Lieferung in Teilleistungen oder wiederkehrende Leistungen**, auch wenn es sich nicht um Kreditverträge (§ 1 II) handelt. Diese in § 2 umschriebenen Leistungen sind wörtlich aus § 1c AbzG übernommen, die dafür entwickelten Kriterien und die Rechtsprechung hierzu sind auf § 2 anwendbar.

Die eben genannten Vorschriften gelten also entsprechend (§ 2), wenn die 12 **Willenserklärung des Verbrauchers** auf den Abschluß folgender Verträge gerichtet ist:
– Lieferung mehrerer als zusammengehörend verkaufter Sachen in Teilleistungen, wenn das Entgelt für die Gesamtheit der Sachen in Teilleistungen zu entrichten ist (z. B. Kaufvertrag über ein mehrbändiges Lexikon, Fälligkeit des Kaufpreises je Band vor oder nach Lieferung; Bestellung eines Sprachkurses in 12 einzeln berechneten Teillieferungen, auch wenn der Besteller nach

jeder Lieferung kündigen kann: *BGH* BB 1990, 1158 – „Sprachkurs"; Vertrag über die Lieferung eines Bausatzes für den Bau eines Wohnhauses unter Vereinbarung von Teilzahlungen, etwa nach Baufortschritt,
- regelmäßige Lieferung von Sachen gleicher Art, **unabhängig davon,** ob das Entgelt in einer Summe oder in Teilbeträgen fällig ist (Sukzessivlieferungsverträge; nicht: Probeabo einer Zeitung zum Sonderpreis in einer Summe, wenn Fortsetzung nicht vorgesehen ist: *BGH* NJW 1990, 1046),
- Verpflichtung zum wiederkehrenden Erwerb oder Bezug beweglicher Sachen, unabhängig von ihrer Zusammengehörigkeit, Gleichartigkeit oder ihrer regelmäßigen Lieferung (z. B. Rahmenverträge vor allem mit Buchgemeinschaften, Schallplattenringen usw., Vertrag über langfristigen Bezug von Flüssiggas: *BGH* NJW-RR 1988, 1322; Schuldbeitritt zu Getränkebezugsverpflichtung eines Gastwirts: *BGH* NJW 1990, 567; nicht: Wiederkehrschuldverhältnisse).

13   **Keine Anwendung** findet das Gesetz auf Kreditverträge und ihre Vermittlung (§ 3 I),
- in **Bagatellfällen,** in denen der auszuzahlende Kreditbetrag oder Barzahlungspreis 400 DM nicht übersteigt oder der dem Verbraucher eingeräumte Zahlungsaufschub nicht mehr als 3 Monate beträgt (§ 3 I Nrn. 1 und 3);
- wenn der Kredit für die Aufnahme einer gewerblichen oder selbständigen beruflichen Tätigkeit bestimmt ist **(Existenzgründungsdarlehen),** der Nettokreditbetrag oder Barzahlungspreis jedoch 100 000 DM übersteigt (§ 3 I Nr. 2);
- **für Arbeitgeberdarlehen** zu marktüblichen Zinssätzen; **Beweislast** hierfür: Arbeitgeber!

14   **Nur teilweise anwendbar** ist das VerbrKrG auf folgende Kreditverträge:

15   **Finanzierungsleasingverträge** mit Verbrauchern und ihre Vermittlung unterliegen grundsätzlich dem VerbrKrG (§ 3 II Nr. 1). **Begriff:** B XIX Rdnr. 6. Der Verbraucher-Leasingnehmer hat für die Amortisation der vom Leasinggeber für die Anschaffung der Leasingsache gemachten Aufwendungen und Kosten einzustehen. Jedoch **gelten nicht:** § 4 I 2, 3 (Informationspflichten), § 6 (Sanktionen gegen Verstoß dagegen), § 13 III (Rücktrittsfiktion) und § 14 (Zinsnachlaß bei vorzeitiger Zahlung).

16   **Realkredite** an Verbraucher, also Kredite, deren Sicherung durch ein Grundpfandrecht erfolgen soll (Hypothek, Grundschuld, Rentenschuld; gleichgestellt: Sicherung gem. § 7 III bis V des Gesetzes über Bausparkassen), unterliegen ebenfalls dem VerbrKrG. Werden sie zu für grundpfandrechtlich abgesicherte Kredite üblichen Bedingungen (vor allem: hinsichtlich der Zinshöhe) gewährt, sind jedoch **unanwendbar** §§ 7 (Widerrufsrecht), 9 (Einwendungsdurchgriff bei verbundenen Geschäften), 11–13 (Verzugsfolgen, Rücktritt des Kreditgebers), die für Realkredite nicht passen. Die übrigen Vorschriften des VerbrKrG gelten jedoch, insbesondere die Informationspflichten (§§ 4, 5). **Zwischenfinanzierungen** in Form von Kontokorrentkrediten dürften nicht unter die Ausnahmen des § 3 II Nr. 2 fallen, da § 3 als Ausnahmevorschrift eng auszulegen ist.

17   **Prozeßvergleiche** und **notarielle Urkunden** mit einem Verbraucher, die einen Kreditvertrag (Raten- und Stundungsvereinbarung) enthalten, unterliegen ebenfalls dem VerbrKrG (§ 3 II Nr. 3). Sie sind **nur freigestellt** von den §§ 4–7, 9 II (Formvorschriften, Widerrufsrecht). Doch muß die Urkunde enthalten:
- den Jahreszins (Zinssatz pro Jahr, nicht effektiver Jahreszins),
- die bei Abschluß des Vertrages in Rechnung gestellten Kosten des Kredits

(nicht: beim Vergleichsabschluß anfallende Gerichts- und Anwaltskosten, sie sind „nicht Gegenstand dieses Gesetzes", BT-Drucks. 11/5462 S. 18, dann wohl auch nicht Notarkosten),
– die Voraussetzungen, unter denen der Jahreszins oder die Kosten geändert werden können (wenn also variable Zinsen/Kosten vereinbart werden oder die Stundung/Ratenvereinbarung zeitlich limitiert ist).

Wichtig: Die Ausnahme gilt **nicht für außergerichtliche** Raten- und Stundungsvereinbarungen, diese unterliegen voll dem Gesetz (o. Rdnr. 9, u. Rdnr. 62).

2. Formvorschriften

a) Schriftform. Alle Verbraucherkreditverträge außer den Überziehungskrediten bedürfen der Schriftform (§ 4 I 1, § 5), auch die Verträge über die teilweise gleichgestellten Geschäfte des § 2. Es gilt § 126 BGB; auf den Zugang der Annahmeerklärung des Kreditgebers kann im Fall des § 151 S. 1 BGB verzichtet werden (BT-Drucks. 11/5462 S. 19). Für den notwendigen Inhalt der Urkunde wird unterschieden zwischen Kreditverträgen im allgemeinen (§ 4 I 2 Nr. 1) und Abzahlungsgeschäften (§ 4 I 2 Nr. 2). Die Abgrenzung zwischen beiden ist jedoch teilweise abweichend vom bisherigen Recht geregelt. Die Rechtsfolgen von Formmängeln sind für beide Gruppen teilweise unterschiedlich. 18

aa) Kreditverträge im allgemeinen. Begriff: Alle Kreditverträge im Sinn des Gesetzes, die nicht zu den „klassischen Abzahlungsgeschäften" über die Lieferung einer bestimmten Sache oder die Erbringung einer bestimmten Leistung (§ 4 I 2 Nr. 2) zählen. Zu den Kreditverträgen im allgemeinen gehören auch: **Kontokorrentkredite** (außer den Überziehungskrediten), **Rahmenkreditverträge** des Handels zum fortlaufenden Erwerb von Waren sowie **finanzierte Abzahlungskäufe** (wie sich aus § 9 I ergibt), die das Gesetz nun „verbundene Geschäfte" nennt, Begriff: u. Rdnr. 45. Bei Kreditverträgen im allgemeinen **muß** die Urkunde angeben: 19
– den **Nettokreditbetrag,** das ist der (an den Verbraucher oder einen Dritten, etwa den Verkäufer) auszuzahlende Kreditbetrag (Legaldefinition in § 3 I Nr. 1), jedoch ohne Restschuldversicherungskosten, die nach § 4 I 2 Nr. 1 f) (u. Rdnr. 25) gesondert auszuweisen sind, ggf. die Höchstgrenze des Kredits (das kann bei Kontokorrent- und sonstigen revolvierenden Krediten nur das obere Limit sein); 20
– wenn möglich: den **Gesamtbetrag** aller vom Verbraucher zu entrichtenden Teilzahlungen einschließlich Zinsen und sonstiger (auch einmaliger) Kosten wie: Bearbeitungsgebühren, Spesen, Provisionen, Vermittlungs- und Restschuldversicherungskosten. Möglich heißt: objektiv (aufgrund finanzmathematischer Berechnung) möglich, nicht: subjektiv dazu in der Lage. Die Angabe ist von erheblicher Bedeutung, weil § 12 I Nr. 1 die Voraussetzungen der Kündigung wegen Zahlungsverzugs von Prozentsätzen eines „Nennbetrages" abhängig macht, ein Begriff, der infolge eines Redaktionsversehens aus einer älteren Fassung des Gesetzentwurfs übernommen wurde und mit dem „Gesamtbetrag" des § 4 I 2 Nr. 1b) identisch ist. Objektiv unmöglich ist die Angabe des Gesamtbetrags bei den Selbstbedienungskrediten (Begriff o. Rdnr. 7) wie Rahmenkrediten und Kreditkartenkrediten sowie bei variablen Konditionen; bei Krediten mit festen Konditionen aber taggenauer Verzin- 21

sung muß es genügen, den Gesamtbetrag für den Fall der pünktlichen Zahlung durch den Verbraucher anzugeben; wegen praktischer Schwierigkeiten wird eine Novellierung erwogen (ZIP 1992, 288);

22 – die Art und Weise der **Rückzahlung** des Kredits, beim Ratenkredit also Anzahl, Betrag und Fälligkeit der Teilzahlungen, ggf. auch der Mindestraten (bei variabler Ratenhöhe); ist eine Vereinbarung hierüber nicht vorgesehen (Beispiel: Kontokorrentkredit), muß die Urkunde Angaben über die Regelung der Vertragsbeendigung enthalten: Befristung (nach Datum oder bestimmbar), Kündigung (Frist), Rücktritt (*Palandt/Putzo* Rdnr. 6 zu § 4);

23 – den **Zinssatz** und **alle sonstigen Kosten** des Kredits, die im einzelnen zu bezeichnen sind (o. Rdnr. 21), insbesondere also vom Verbraucher zu tragende Vermittlungskosten, Bearbeitungsgebühren, Spesen, Provisionen u. ä. sowie die Kosten einer Restschuld- oder sonstigen Versicherung, die in § 4 I 2 Nr. 1f) gesondert aufgeführt werden;

24 – den **effektiven Jahreszins,** das ist die in einem Vomhundertsatz des Kredits, nicht: Nettokreditbetrags) anzugebende Gesamtbelastung pro Jahr gem. § 4 PAngV i. d. F. der ÄnderungsVO v. 3. 4. 1992 (BGBl. I S. 846): § 4 II 2, er ist nach einer finanzmathematischen, der „360-Tage-Methode" zu errechnen (*Gimbel/Boest* S. 45; *Boest* NJW 1985, 1440), Restschuldversicherungskosten dürfen nicht eingerechnet werden (BT-Drucks. 11/5462 S. 19). Die Bezugnahme auf den „Nettokreditbetrag" in § 4 II dürfte ein Redaktionsversehen sein. Das Gesetz verweist für die Berechnung ausdrücklich auf § 4 PAngV. Ist eine **Änderung** des Zinssatzes oder anderer preisbestimmender Faktoren vorbehalten (bei Krediten mit variablen Konditionen), muß der anfängliche effektive Jahreszins angegeben werden und zusätzlich, unter welchen Voraussetzungen preisbestimmende Faktoren geändert werden können und auf welchen Zeitraum Belastungen, die sich aus einer nicht vollständigen Auszahlung oder aus einem Zuschlag zu dem Kreditbetrag ergeben (Disagio oder Agio, vor allem beim Realkredit), bei der Berechnung des effektiven Jahreszinses verrechnet werden;

25 – die Kosten einer **Restschuldversicherung** oder einer sonstigen Versicherung, die im Zusammenhang mit dem Kreditvertrag abgeschlossen wird (z. B. einer Kapitallebensversicherung, auch wenn sie der Rückzahlung des Kredits dient). Steht die Höhe der Kosten einer Restschuldversicherung bei Vertragsschluß noch nicht fest (z. B. wenn sie bei Rahmenkrediten je nach der Höhe der in Anspruchnahme des Kredits berechnet werden, sog. Außenstands- oder Saldenversicherung), genügt nach BT-Drucks. 11/5462 S. 19 die Angabe der Bedingungen der Berechnung der Restschuldversicherungskosten, beispielsweise: Angabe des Versicherungsbeitrags pro DM 1000 zum Zeitpunkt des Vertragsabschlusses je nach Inanspruchnahme. Offen ist, ob unter „Kosten einer Restschuldversicherung" nur die Versicherungsprämie fällt oder ob dazu auch die Finanzierungskosten hierfür gehören;

26 – zu bestellende **Sicherheiten;** die Bestellung selbst muß nicht in der Vertragsurkunde erfolgen, wohl aber die schuldrechtliche Verpflichtung hierzu; sind bereits Sicherheiten bestellt, genügt der pauschale Hinweis, daß sie bestehen bleiben.

27 **Formmängel: Nichtigkeit** des Kreditvertrags, wenn die Schriftform insgesamt nicht eingehalten ist oder eine der vorgenannten Angaben (Rdnrn. 20–26) fehlt. Lediglich die Nichtangabe zu bestellender Sicherheiten ist für den Rechtsbestand des Kreditvertrags unschädlich (§ 6 I).

Heilung von Formmängeln: Der Kreditvertrag **wird gültig,** wenn der Verbraucher das Darlehen empfängt oder den Kredit in Anspruch nimmt, **jedoch zu anderen Bedingungen:** der dem Kreditvertrag zugrundegelegte Zinssatz ermäßigt sich auf den gesetzlichen (4%), wenn seine Angabe oder die Angabe des effektiven oder anfänglichen effektiven Jahreszinses oder die Angabe des Gesamtbetrages fehlt. Nicht angegebene Kosten werden vom Verbraucher nicht geschuldet. Vereinbarte Teilzahlungen sind unter Berücksichtigung der verminderten Zinsen oder Kosten neu zu berechnen. Fehlt die Angabe, unter welchen Voraussetzungen preisbestimmende Faktoren geändert werden können, entfällt die Möglichkeit, diese zum Nachteil des Verbrauchers zu ändern. Sicherheiten können bei fehlenden Angaben hierüber nicht gefordert werden, es sei denn, daß der Nettokreditbetrag 100000 DM übersteigt (§ 6 II). Ist der effektive oder der anfängliche effektive Jahreszins zu niedrig angegeben, so vermindert sich der dem Kreditvertrag zugrundegelegte Zinssatz um den Vomhundertsatz, um den der effektive oder anfängliche effektive Jahreszins zu niedrig angegeben wurde (§ 6 IV); nach der amtlichen Begründung (BT-Drucks. 11/5462 S. 21) wollte der Gesetzgeber zum Ausdruck bringen, der Kreditgeber müsse an einem von ihm zu niedrig angegebenen Effektivzins festgehalten werden. 28

bb) Abzahlungsgeschäfte: Begriff: Kreditverträge, die die Lieferung einer bestimmten Sache oder die Erbringung einer bestimmten anderen Leistung gegen Teilzahlung zum Gegenstand haben. Auch sie bedürfen der **Schriftform** (§ 4 I 1; o. Rdnr. 18). Die Urkunde muß angeben: 29
– den **Barzahlungspreis,** das ist der Preis, den der Verbraucher zu entrichten 30 hätte, wenn spätestens bei Übergabe der Sache oder Erbringung der Leistung der Preis in voller Höhe fällig wäre (nach der Legaldefinition in § 1a I 3 des außer Kraft getretenen AbzG, auf das BT-Drucks. 11/5462 S. 20 ausdrücklich Bezug nimmt);
– den **Teilzahlungspreis,** das ist der Gesamtbetrag von Anzahlung und allen 31 vom Verbraucher zu entrichtenden Teilzahlungen einschließlich Zinsen und sonstigen Kosten (Legaldefinition in § 4 I 2 Nr. 2b);
– **Betrag, Zahl** und **Fälligkeit** der einzelnen Teilzahlungen; 32
– den **effektiven Jahreszins,** der nach § 4 PAngV zu errechnen ist (§ 4 II; vgl. o. 33 Rdnr. 24);
– die Vereinbarung eines **Eigentumsvorbehalts** oder einer anderen zu bestel- 34 lenden **Sicherheit,** wobei die Bestellung selbst außerhalb der Urkunde erfolgen kann.
Formmängel: Nichtigkeit des Kreditvertrags, wenn die Schriftform insgesamt nicht eingehalten ist oder wenn eine der in Rdnrn. 30–33 vorgeschriebenen Angaben fehlt; lediglich das Fehlen der Angaben über Eigentumsvorbehalt und Sicherheiten ist unschädlich. Der Kreditvertrag **wird jedoch gültig,** wenn dem Verbraucher die Sache übergeben oder die Leistung erbracht wird. Fehlt die Angabe des Teilzahlungspreises oder des effektiven Jahreszinses, ist der Barzahlungspreis höchstens mit dem gesetzlichen Zinssatz (4%) zu verzinsen. Fehlt die Angabe des Barzahlungspreises, gilt im Zweifel der Marktpreis als Barzahlungspreis. Fehlt die Angabe über die Bestellung von Sicherheiten, können sie nicht gefordert werden. Ist der effektive Jahreszins zu niedrig angegeben, vermindert sich der Teilzahlungspreis um den Vomhundertsatz, um den der effektive Jahreszins zu niedrig angegeben wurde (§ 6 I, III, IV), eine Bestimmung, die nach der amtlichen Begründung (BT-Drucks. 11/5462 S. 21) wiederum so auszule- 35

gen sein soll, daß der Kreditgeber an dem von ihm zu niedrig angegebenen Effektivzins festgehalten wird (vgl. o. Rdnr. 28 am Ende).

36 **b) Urkundenaushändigung.** Der Kreditgeber hat sowohl im Fall eines Abzahlungsgeschäfts wie auch beim Abschluß eines Kreditvertrags im allgemeinen dem Verbraucher eine Abschrift der Urkunde (§ 4 I) auszuhändigen (§ 4 III). Die **Beweislast** für die Aushändigung trägt der Kreditgeber (Verkäufer, Dienstleister). Es handelt sich um eine **Nebenpflicht**, deren Verletzung nicht zur Nichtigkeit des Kreditvertrags führt, doch ist der Anspruch auf Aushändigung einklagbar.

3. Überziehungskredite

37 **Eingeräumte Dispositionskredite:** Die **Formvorschriften** des § 4 (o. Rdnrn. 18–36) **gelten nicht** für Kreditverträge, mit denen ein Kreditinstitut einem Verbraucher das Recht einräumt, sein laufendes Konto in bestimmter Höhe zu überziehen, **wenn** für den in Anspruch genommenen Kredit
– außer den Zinsen keine weiteren Kosten in Rechnung gestellt werden, **und**
– die Zinsen nicht in kürzeren Perioden als drei Monaten belastet werden (§ 5 I).
Das Kreditinstitut hat vor Inanspruchnahme eines solchen Kredits den Verbraucher jedoch zu **unterrichten** über:
– die Höchstgrenze des Kredits,
– den zum Zeitpunkt der Unterrichtung geltenden Jahreszins,
– die Bedingungen, unter denen der Zinssatz geändert werden kann, sowie
– die Regelung der Vertragsbeendigung.
Diese Unterrichtung kann in AGB des Kreditgebers und deren Aushang in den Geschäftsräumen erfolgen (BT-Drucks. 11/5462 S. 20). Der Begriff „laufendes Konto" setzt eine „laufende Rechnung" nach § 355 I HGB voraus (*Münstermann/Hannes* Rdnr. 261; *Ulmer* Rdnr. 11 zu § 5). Die amtliche Begründung schränkt den „Überziehungskredit" auf „Gehalts- und ähnliche Konten" ein, bei denen der Kredit „auf einem Kontokorrentkonto in der Regel ohne Sicherheiten mit einem Kreditrahmen eingeräumt (wird), der das Zwei- bis Dreifache der monatlichen regelmäßigen Einkünfte des Kreditnehmers umfaßt" und für die charakteristisch sei, daß sie grundsätzlich als „Habenkonten" mit mehr oder weniger regelmäßigen Zahlungseingängen geführt werden. Ihnen gegenübergestellt werden die Formen der Selbstbedienungskredite (Begriff: o. Rdnr. 7), die ebenfalls im Kontokorrent geführt werden können; für sie gilt § 5 nicht.

38 Nimmt der Verbraucher den **Überziehungskredit in Anspruch,** muß das Kreditinstitut ihm allerdings spätestens nach der ersten Inanspruchnahme die Vertragsbedingungen schriftlich (individuell) **bestätigen.** Während der Inanspruchnahme des Kredits muß er über jede Änderung des Jahreszinses unterrichtet werden (§ 5 I 3, 4). Die Informationen nach Inanspruchnahme des Überziehungskredits können auch durch einen Ausdruck auf Kontoauszügen erfolgen (BT-Drucks. 11/5462 S. 21).

39 **Geduldete Kontoüberziehung:** Auch in diesem Fall gelten die Formvorschriften des § 4 nicht. Duldet das Kreditinstitut die (einseitige, nicht vereinbarte) Überziehung eines laufenden Kontos länger als 3 Monate, muß es jedoch den Verbraucher unterrichten (Mitteilung auf einem Kontoauszug genügt)
– über den Jahreszins,
– die Kosten des Kredits sowie
– über die jeweilige Änderung von Jahreszins und Kosten (§ 5 II).

4. Widerrufsrecht

a) Die **auf den Abschluß eines Kreditvertrags gerichtete Willenserklärung** 40
des Verbrauchers wird erst wirksam, wenn er sie nicht binnen einer Frist von
einer Woche **schriftlich** widerruft (§ 7 I). Die Frist beginnt erst zu laufen, wenn
dem Verbraucher eine drucktechnisch deutlich gestaltete und vom Verbraucher
gesondert zu unterschreibende **Belehrung** über sein Recht zum Widerruf, dessen Wegfall sowie Namen und Anschrift des Widerrufsempfängers ausgehändigt wurde. Bei **verbundenen Geschäften** (u. Rdnrn. 45 ff.) muß die Belehrung
zusätzlich auch den Hinweis enthalten, daß mit dem Widerruf des Kreditvertrags auch der verbundene Kauf- oder sonstige Vertrag nicht zustandekommt
(§ 9 II 2). Bei **Gelddarlehen** im allgemeinen (§ 4 I 2 Nr. 1) muß die Belehrung
zusätzlich den Hinweis enthalten, daß der Widerruf als nicht erfolgt gilt, wenn
der Verbraucher das Darlehen nicht binnen zweier Wochen entweder nach Erklärung des Widerrufs oder nach Auszahlung des Darlehens zurückzahlt (§ 7 III;
u. Rdnr. 43).

b) Unterbliebene Belehrung. Erfolgt die Belehrung nicht oder nicht ausrei- 41
chend, erlischt das Widerrufsrecht des Verbrauchers erst nach beiderseits vollständiger Erbringung der Leistungen, spätestens jedoch **ein Jahr** nach Abgabe
der auf den Abschluß des Kreditvertrags gerichteten Willenserklärung des Verbrauchers **(Ausschlußfrist).**

c) Frist und Folgen des Widerrufs. Zur Fristwahrung genügt die rechtzeitige 42
Absendung des Widerrufs (§ 7 II 1), doch ist der Verbraucher für den Zugang
beweispflichtig. Für die Folgen des Widerrufs gilt § 3 HausTWG:
- der bis zum Fristablauf schwebend unwirksame Kreditvertrag kommt nicht
  zustande;
- es entsteht ein Rückgewährschuldverhältnis, das zur Rückgewähr der jeweils
  empfangenen Leistungen verpflichtet, und zwar muß der Verbraucher
- beim Gelddarlehen im allgemeinen (§ 4 I 2 Nr. 1) das Darlehen **binnen zweier Wochen** entweder nach Erklärung des Widerrufs oder nach Auszahlung
  des Darlehens zurückzahlen, weil andernfalls der Widerruf als nicht erfolgt
  gilt (§ 7 III, „qualifizierte Schickschuld"); der Verbraucher muß den Kreditbetrag auch dann zurückzahlen, wenn der Kreditgeber ihn vereinbarungsgemäß an einen Dritten gezahlt hat (§§ 362 II, 185 BGB; BT-Drucks. 11/5462
  S. 22),
- bei verbundenen Geschäften (§ 9, u. Rdnr. 45) entfällt allerdings die Darlehensrückzahlungsverpflichtung durch den Verbraucher (§ 9 II 3);
- für alle Kreditarten gilt, daß eine Überlassungsvergütung zu zahlen ist, für
  Sachen nach § 3 III HausTWG, für sonstige Leistungen, wie Gelddarlehen,
  nach § 818 II BGB (*Palandt/Putzo* Rdnr. 9 zu § 3 HausTWG), also eine Verzinsung wohl in Höhe des Marktzinses.

d) Für **Überziehungskredite** (§ 5) gilt das Widerrufsrecht nicht, wenn der 43
Verbraucher nach dem Kreditvertrag den Kredit jederzeit ohne Einhaltung einer
Kündigungsfrist und ohne zusätzliche Kosten zurückzahlen kann (§ 7 V).

5. Versandhandelsprivileg

In § 8 wird der Versandhandel unter bestimmten Voraussetzungen vom 44
Schriftformerfordernis und von den übrigen Formvorschriften des § 4 I 2 Nr. 2
freigestellt und das Widerrufsrecht durch ein Rückgaberecht ersetzt.

6. Verbundene Geschäfte

45 **a) Begriff.** § 9 I, bisher als finanzierter Abzahlungskauf bekannt. Die hierzu ergangene Rechtsprechung ist daher anwendbar: *BGHZ* 3, 257; 47, 253; 83, 301; 91, 9; *BGH NJW* 1954, 185; 1970, 701; 1971, 2303 (grundlegend); 1983, 2250; 1984, 2291 und *WM* 1988, 1328. Nach § 9 I 1 bildet ein Kaufvertrag ein mit dem Kreditvertrag verbundenes Geschäft, wenn der Kredit der Finanzierung des Kaufpreises dient und beide Verträge als wirtschaftliche Einheit anzusehen sind; nach § 9 IV gilt gleiches für Kredite zur Finanzierung des Entgelts anderer Leistungen. Eine wirtschaftliche Einheit ist insbesondere anzunehmen, wenn der Kreditgeber sich bei der Vorbereitung und dem Abschluß des Kreditvertrages der Mitwirkung des Verkäufers oder des Erbringers anderer Leistungen bedient (§ 9 I 2). Auf die Rückführung des Kredits in Raten kommt es nicht mehr an.

46 **b) Widerrufsrecht.** Die auf den Abschluß des Kauf- oder sonstigen Vertrags gerichtete Willenserklärung des Verbrauchers wird **erst wirksam,** wenn der Verbraucher seine auf den Abschluß des **Kreditvertrags** gerichtete Willenserklärung nicht gem. § 7 I widerruft (o. Rdnr. 40). Das finanzierte Geschäft bleibt folglich schwebend unwirksam, solange der Verbraucher den Kreditvertrag noch widerrufen kann (etwa: wegen fehlerhafter Widerrufsbelehrung). Diese (§ 7 II 2) muß daher auch darauf hinweisen, daß im Fall des Widerrufs auch der Kauf- oder sonstige Vertrag nicht wirksam wird. § 7 III (Unwirksamkeit des Widerrufs mangels Rückzahlung, o. Rdnr. 43) gilt hier **nicht.**

47 **c) Vertragseintritt.** Ist der Nettokreditbetrag (§ 3 I Nr. 1) dem Verkäufer, Werk- oder Dienstleister vor dem Rücktritt des Verbrauchers bereits zugeflossen (ihm ausgezahlt, verrechnet oder gutgeschrieben), tritt an dessen Stelle der Kreditgeber im Verhältnis zum Verbraucher hinsichtlich der Rechtsfolgen des Widerrufs (§ 7 IV). Das Rückgewährschuldverhältnis ist also zwischen Kreditgeber und Verbraucher abzuwickeln mit der Folge, daß ersterer auch zur Rückzahlung einer etwaigen Anzahlung des Verbrauchers an den Verkäufer oder sonstigen Leistungserbringer verpflichtet ist, weil der Kreditgeber sich gegen diese Risiken intern gegenüber dem Verkäufer oder sonstigem Leistungserbringer im Einreichervertrag absichern könne (BT-Drucks. 11/5462 S. 24).

48 **d) Einwendungsdurchgriff.** Er ist nun in § 9 III gesetzlich geregelt: Hat der Verbraucher beim verbundenen Geschäft gegen den Käufer (§ 9 III) oder den Erbringer sonstiger Leistungen (§ 9 IV) Einwendungen aus dem Kauf- oder sonstigen Vertrag, die ihm ein Leistungsverweigerungsrecht geben, kann er dieses direkt (im Durchgriff) gegen den Kreditgeber geltend machen und die Rückzahlung des Kredits verweigern. Dieses Recht ist jedoch eingeschränkt **subsidiär.** Verlangt der Verbraucher aufgrund vertraglicher Vereinbarung oder gesetzlicher Bestimmung wegen des Mangels einer gelieferten Sache (Kauf-, Werklieferungsvertrag) zunächst Nachbesserung oder Ersatzlieferung, muß er deren Ergebnis abwarten und kann erst nach deren Fehlschlagen (Begriff: § 11 Nr. 10 Buchst. b AGBG) das Leistungsverweigerungsrecht gegenüber dem Kreditnehmer geltend machen. Bis dahin muß er den Kreditvertrag erfüllen. Macht der Verbraucher hingegen von sonstigen gesetzlichen Mängelrechten Gebrauch (Wandelung, Minderung, Schadensersatz, §§ 462ff., 480 BGB), kann er darauf gestützte Einwendungen dem Kreditgeber sofort entgegenhalten mit der Folge einer Rückgängigmachung des Kreditvertrags bei Wandelung, einer verhältnismäßigen Herabsetzung der Raten bei Minderung und der Aufrech-

Verbraucherkreditgesetz **B XVII**

nung mit Schadensersatzansprüchen. Das Leistungsverweigerungsrecht bezieht sich auf Kapital und Zinsen. Es **entfällt** generell (§ 9 III 2)
– in Bagatellfällen (Preis übersteigt 400 DM nicht; bei einer Vielzahl kleinerer Geschäfte unter Ausnutzung eines Kreditrahmens gilt die Bagatellgrenze von 400 DM für jedes finanzierte Geschäft, BT-Drucks. 11/5462 S. 24),
– bei Einwendungen, die auf einer nachträglichen Vertragsänderung zwischen Verkäufer/Leistungserbringer und Verbraucher beruhen, weil Kreditgeber damit nicht zu rechnen braucht (*BGH* MDR 1956, 597).

7. Einwendungsverzicht

Vereinbarungen, durch die der Verbraucher auf Einwendungen und Aufrechnungsmöglichkeiten für den Fall der Abtretung verzichtet, sind unwirksam (§ 10 I). Damit werden §§ 404, 406 BGB für Verbraucherkreditverträge unabdingbar. 49

8. Wechsel- und Scheckverbot

Dem Kreditgeber ist es untersagt, den Verbraucher zur Eingehung einer Wechselverbindlichkeit aus dem Kreditvertrag zu verpflichten oder einen Scheck sicherungshalber entgegenzunehmen (§ 10 II). Zweck: Dem Verbraucher sollen die Einwendungen aus dem Verbraucherkreditgesetz erhalten bleiben, er soll vor Umkehr der Beweislast im Wechsel- und Scheckprozeß geschützt werden. 50

9. Verzugsfolgen

Das VerbKrG regelt die Verzugsfolgen zum Teil **abweichend vom BGB**. Da alle seine Vorschriften zwingend sind (§ 18), können auch AGB nicht Abweichendes bestimmen. 51

a) Kreditverträge im allgemeinen. Für Verbraucherkreditverträge **aller Art** gilt: 52

aa) Verzugsschaden. Kommt der Verbraucher mit Zahlungen in Verzug (§ 284 BGB), kann der Kreditgeber seinen Verzugsschaden abstrakt oder konkret berechnen. Abstrakt: mit 5% über dem jeweiligen Bundesbankdiskontsatz (§ 11 I), soweit nicht der Verbraucher im Einzelfall einen niedrigeren, konkret: der Kreditgeber einen höheren Schaden nachweist. Das gilt auch für vor dem 1. 1. 1991 abgeschlossene Verbraucherkreditverträge, wenn hinreichende Angaben zur abstrakten Schadensberechnung fehlen (*BGHZ* 115, 268 = NJW 1992, 109). Da die Abhängigkeit des Verzugszinssatzes vom Bundesbankdiskontsatz dazu führen kann, daß der Verzugszinssatz unter dem Vertragszinssatz liegt, wurde mit Inkrafttreten des VerbrKrG § 609a BGB, der dem Darlehensnehmer ein vorzeitiges Kündigungsrecht einräumt, dahingehend ergänzt, daß eine Kündigung des Schuldners als nicht erfolgt gilt, wenn er den geschuldeten Betrag nicht binnen 2 Wochen nach Wirksamwerden der Kündigung zurückzahlt (§ 609a III BGB n. F.). 53

bb) Tilgungsbestimmung. Teilzahlungen des Verbrauchers, die der Kreditgeber (abw. von § 266 BGB) nicht zurückweisen darf (§ 11 III 2), sind **abweichend** von § 367 I BGB wie folgt zu verrechnen (§ 11 III 1): 54
– zunächst auf die Kosten der Rechtsverfolgung,

Ott

B XVII   Der Verbraucherkreditfall

- dann auf die Hauptsache und
- zuletzt auf die Zinsen. Auf die Zinsansprüche finden §§ 197, 218 II BGB in diesem Fall keine Anwendung (§ 11 III 2); sie **verjähren** folglich erst in 30 Jahren (§ 195 BGB).

Ausnahme: Diese Tilgungsbestimmungen gelten nicht für Zahlungen auf Vollstreckungstitel, deren Hauptforderung auf Zinsen lautet (§ 11 III 3). Auch kann der Verbraucher durch **einseitige** Leistungsbestimmung eine abweichende Tilgung vornehmen (umstr.).

55   Diese von § 367 I abweichende Tilgungsbestimmung setzt voraus, daß nach Verzugseintritt anfallende Zinsen auf einem **gesonderten Konto** verbucht werden müssen und nicht in ein Kontokorrent mit dem geschuldeten Betrag (Hauptsache) oder anderen Forderungen des Kreditgebers eingestellt werden (§ 11 II 1). Als Äquivalent für den entfallenden Kontokorrentvorteil (Zinsen aus dem Saldo, § 355 I HGB, der auch Zinsen enthält), kann der Kreditgeber zusätzlich Schadensersatz nach § 289 S. 2 BGB fordern mit der Maßgabe, daß nunmehr **Zinsen auf Zinsen,** jedoch nur bis zur Höhe des gesetzlichen Zinssatzes (4%) verlangt werden dürfen (§ 11 II 2).

56   **b) Ratenkredite.** Ein Verbraucherkredit, der in Teilzahlungen zu tilgen ist (Geldkredite und Abzahlungsgeschäfte), kann vom Kreditgeber wegen Zahlungsverzugs des Verbrauchers **nur gekündigt** werden, wenn
- der Verbraucher mit mindestens 2 aufeinanderfolgenden Teilzahlungen ganz oder teilweise (!) im Verzug ist, und **(kumulativ)**
- der Rückstand mindestens 10% (bei einer Laufzeit von mehr als 3 Jahren: 5%) des Nennbetrages des Kredits (das ist – wie sich aus einer früheren Entwurfsfassung ergibt – der mit dem Gesamtbetrag (o. Rdnr. 21) identische ursprüngliche Kreditbetrag einschl. mitkreditierter Einmalkosten) oder des Teilzahlungspreises beträgt und **(kumulativ)**
- der Kreditgeber dem Verbraucher erfolglos eine Frist von 2 Wochen zur Zahlung des rückständigen Betrags mit der Erklärung gesetzt hat, daß er bei Nichtzahlung innerhalb der Frist die gesamte Schuld verlange. Spätestens mit dieser Fristsetzung **soll** der Kreditgeber ein Gespräch über die Möglichkeiten einer einverständlichen Regelung anbieten. Die 2-Wochen-Frist berührt den Verzugseintritt ohne Mahnung nach § 284 II BGB nicht, setzt ihn vielmehr voraus (§ 12 I).

57   Kündigt der Kreditgeber den Kreditvertrag, sind die nicht verbrauchten laufzeitabhängigen Kosten des Kredits, die bei staffelmäßiger Berechnung auf die Zeit nach der Kündigung entfallen, **gutzuschreiben** (§ 12 II).

58   **c) Rücktritt beim finanzierten Abzahlungsgeschäft.** Dem Kreditgeber steht wie bisher neben dem Kündigungsrecht der Rücktritt zu, auch ohne vertraglich ausbedungen zu sein. Er ist nur unter den in § 12 I bezeichneten Voraussetzungen (Rdnr. 56) zulässig.

59   **d) Rücktrittsfolgen.** Es gelten §§ 346–354, 356 BGB analog. Der Verbraucher hat dem Kreditgeber auch die infolge des Vertrags gemachten Aufwendungen zu ersetzen; bei der Bemessung der Nutzungsvergütung einer zurückzugewährenden Sache (§ 346 S. 2 BGB) ist auf die inzwischen eingetretene Wertminderung Rücksicht zu nehmen. Man wird auf die zu § 2 AbzG entwickelten Grundsätze zurückgreifen, sie jedoch wohl nicht schematisch übernehmen können.

Nimmt der Kreditgeber die aufgrund des Kreditvertrags gelieferte Sache (auf- 60
grund Eigentumsvorbehalts, Sicherungseigentums oder Verwertung in der
Zwangsvollstreckung) wieder an sich, gilt das als Rücktritt, nicht jedoch, wenn
er sich mit dem Verbraucher einigt, diesem den gewöhnlichen Verkaufswert
(Marktwert) der Sache im Zeitpunkt der Wegnahme zu vergüten (§ 13 III).

Liegt ein verbundenes Geschäft vor und nimmt der Kreditgeber die Sache in 61
diesem Fall an sich, gilt ebenfalls § 13 II, nicht § 3 HausTWG (wie beim Widerruf: § 9 II 4, § 7 IV).

10. Stundungs- und Teilzahlungsvergleiche

Nachträglich vereinbarte Teilzahlung ist Stundung, diese ist Zahlungsauf- 62
schub. Die Stundungs- und Teilzahlungsvergleiche mit Verbrauchern sind daher Verbraucherkredite, § 1 II (o. Rdnr. 9) **wenn sie entgeltlich** sind. Unentgeltlich ist ein Stundungs- und Ratenzahlungsvergleich jedenfalls, wenn der
gestundete Betrag nicht verzinst werden muß und in ihn auch keine Zinsen für
die Zukunft eingerechnet sind. **Zweifelhaft** wird die Unentgeltlichkeit, wenn
der Schuldner die Kosten des Anwalts des Kreditgebers übernimmt. Die Bemerkung „Gerichtskosten und Anwaltsgebühren, die beim Vergleichsabschluß
anfallen, sind nicht Gegenstand dieses Gesetzes." (BT-Drucks. 11/5462 S. 18)
bezieht sich nur auf gerichtlich und notariell beurkundete Vergleiche. Auch hat
der Gesetzgeber nur sie ausdrücklich von den Formvorschriften und dem Widerrufsrecht ausgenommen, nicht auch privatschriftliche Vergleiche unter Mitwirkung eines Rechsanwalts. In den Fällen, in denen bereits ein Vollstreckungstitel vorliegt, könnte § 788 ZPO dafür sprechen, daß der Schuldner kraft Gesetzes auch für die Kosten eines im Rahmen der Zwangsvollstreckung abgeschlossenen Stundungs- und Ratenvergleichs haftet. Liegt noch kein Vollstreckungstitel vor, könnte sich seine Haftung aus §§ 286 I, 288 II BGB ergeben. Ob die
Rechtsprechung dem folgen wird, läßt sich jedoch nicht vorhersagen. Ist der
gestundete Betrag zu verzinsen, muß damit gerechnet werden, daß in den zusätzlich anfallenden Zinsen ein Entgelt gesehen wird (o. Rdnr. 8). Auch die
ausdrückliche Ausnahme der gerichtlich und notariell beurkundeten Verbraucherkreditgeschäfte von einigen Bestimmungen des Gesetzes in § 3 II Nr. 3
zeigt, daß der Gesetzgeber diese Problematik erkannt aber nicht ausdrücklich
geregelt hat; sie wurde in den Gesetzesberatungen ausdrücklich angesprochen
(Stellungnahme Sandkühler gegenüber BT-Rechtsausschuß, Protokoll Nr. 86
vom 1. 6. 1990 S. 265). Es ist daher zur Vermeidung von **Haftungsfällen** davon
auszugehen, daß unter Mitwirkung eines Rechtsanwalts nicht gerichtlich oder
notariell beurkundete Stundungs- und Teilzahlungsvergleiche, wonach der gestundete Betrag verzinst werden muß und/oder der Schuldner Anwaltskosten
der Gegenseite übernimmt, **dem VerbrKrG unterliegen können.** Dann ist folgendes zu beachten:

a) **Gerichtlich und notariell beurkundete Vergleiche.** Für sie gelten nicht die 63
§§ 4–7, 9 II (Formvorschriften, Widerrufsrecht). Doch müssen sie die in § 3 II
Nr. 3 aufgeführten Angaben enthalten (o. Rdnr. 17). Für die gerichtlich und
notariell beurkundeten Verbraucherkreditgeschäfte gelten jedoch auch: § 10 I
(kein Einwendungsverzicht), §§ 11, 12 (Verzugsfolgenregelungen), § 13 (Rücktritt des Kreditgebers bei verbundenen Geschäften) und § 14 (vorzeitige Zahlung durch den Schuldner, u. Rdnr. 66). Zu den **Verzugsfolgen:** zwar beseitigt
der Abschluß des Stundungs- und Teilzahlungsvergleichs zunächst den Verzug,

B XVII   Der Verbraucherkreditfall

so daß auch höhere Zinsen als 5% über dem Bundesbankdiskontsatz vereinbart werden können, ein gesondertes Zinskonto nicht geführt werden muß und § 367 I BGB gilt. Das gilt jedoch **nur solange**, wie der Schuldner nicht (erneut) in Verzug gerät (§ 284 II BGB!). Für die übliche Verfallklausel ist § 12 I (o. Rdnr. 56) zu beachten, Gesamtfälligstellung darf folglich nur vereinbart werden bei Verzug mit mindestens 2 aufeinanderfolgenden Raten ganz oder teilweise **und** mindestens 10% (bei einer Laufzeit des Vergleichs über 3 Jahre: 5%) **und** nach erfolgloser Fristsetzung von 2 Wochen. **Nach Verzugseintritt** (also vor der Gesamtfälligstellung!) gilt wieder § 11 (o. Rdnr. 52–55): ggf. Zinssenkung auf 5% über dem Bundesbankdiskontsatz (offen ist: ob hierauf im Vergleichstext hinzuweisen ist), gesondertes Zinskonto, von § 367 I BGB abweichende Tilgungsfolge.

64   **b) Nicht beurkundete Stundungs- und Teilzahlungsvergleiche.** Für sie gelten die Ausführungen in Rdnr. 63 entsprechend **mit der Ausnahme**, daß – wenn es sich um Verbraucherkreditgeschäfte handelt – sie auch den Formvorschriften der §§ 4–6, dem Widerrufsrecht der §§ 7 und 9 II (mit den Belehrungspflichten!) unterliegen. Es bedarf somit **sorgfältiger Formulierung**. Größere Schwierigkeiten bereitet lediglich § 4 I Nr. 1 Buchst. b, also die Verplichtung, „wenn möglich den Gesamtbetrag aller vom Verbraucher zu entrichtenden Teilzahlungen einschließlich Zinsen und sonstiger Kosten" anzugeben (o. Rdnr. 21). Objektiv möglich ist das unter der Bedingung, daß der Schuldner die Teilzahlungen entsprechend der Vereinbarung taggenau leistet. Hiergegen läßt sich einwenden, daß erfahrungsgemäß immer ein Fälligkeitstermin auf einen Sonntag, staatlich anerkannten allgemeinen Feiertag (1. 1., 1. 5., 1. 11.) oder einen Sonnabend fallen wird, so daß an dessen Stelle der nächste Werktag tritt (§ 193 BGB) mit der Folge, daß eine taggenaue Verzinsung und somit die geforderte Angabe nicht möglich ist. Offen ist, ob die Rechtsprechung diesen Einwand akzeptieren wird (für vom Monatsersten abweichende Zahlungstermine gilt er ohnehin nicht). Folglich muß empfohlen werden, den Gesamtbetrag nach § 4 I Nr. 1 Buchst. b auszuweisen. Das ist objektiv möglich unter der Einschränkung pünktlicher Zahlung durch Aufstellung einer Zinsstaffel, Verwendung einer finanzmathematischen Formel oder eines entsprechend programmierten Rechners. Alternative: Vereinbarung variabler Konditionen (etwa: x% über dem jeweiligen Bundesbankdiskontsatz).

65   Rechtsanwälte, die gleichzeitig Notare sind, können den Formerfordernissen und dem Widerrufsrecht durch notarielle Beurkundung des Stundungs- und Teilzahlungsvergleichs entgehen (was ebenfalls dafür spricht, die Rechtsanwälte allgemein auszunehmen). Ist auf Gläubiger- **und** Schuldnerseite ein Rechtsanwalt tätig und unterwirft sich der Schuldner der sofortigen Zwangsvollstreckung, kann der Vergleich, wenn er von den Parteien und deren Rechsanwälten unterschrieben ist, nach den Vorschriften über den schiedsrichterlichen Vergleich für vollstreckbar erklärt werden, ferner durch einen Notar: § 1044 b ZPO.

11. Vorzeitige Zahlung

66   **a) Gelddarlehen** können nach § 609a I Nr. 2 vorzeitig gekündigt werden, jedoch gilt die Kündigung als nicht erfolgt, wenn der geschuldete Betrag nicht binnen 2 Wochen zurückgezahlt wird.

b) Finanzierter Abzahlungskauf: Bei verbundenen Geschäften ist die vorzeitige Rückzahlung jederzeit möglich. In diesem Fall sind die nichtverbrauchten Kreditkosten gutzubringen (§ 14). 67

12. Kreditvermittlung

Der Kreditvermittlungsvertrag bedarf der **Schriftform**. Die **Vergütung** des Kreditvermittlers ist in einem Prozentsatz des Darlehensbetrags anzugeben. Erhält der Vermittler auch vom Kreditgeber eine Vergütung, ist auch diese anzugeben. Die Vertragsurkunde darf nicht mit dem Kreditvertrag verbunden werden, dem Verbraucher ist eine **Abschrift** der Urkunde auszuhändigen. Ein Verstoß gegen diese Bestimmungen hat **Nichtigkeit** des Vermittlungsvertrags zur Folge (§ 15). 68

Der Kreditvermittler hat nur Anspruch auf eine **Vergütung,** wenn infolge seiner Vermittlung oder seines Nachweises das Darlehen an den Verbraucher geleistet und ein Widerruf des Verbrauchers nicht mehr möglich ist. Im Fall der Umschuldung entsteht ein Vergütungsanspruch des Vermittlers nur, wenn sich der effektive oder anfängliche effektive Jahreszins nicht erhöht, für die Vergleichsberechnung bleiben Vermittlungskosten des abzulösenden Kredits außer Betracht (§ 16). Nebenentgelte dürfen nicht vereinbart werden, ausgenommen Ersatz tatsächlich erfolgter Auslagen (§ 17). 69

13. Unabdingbarkeit, zeitliche Geltung

Alle Vorschriften des Gesetzes sind **zwingend** (§ 18). Auf Kreditverträge, die vor dem Inkrafttreten des Gesetzes abgeschlossen wurden, ist (mit Ausnahme der Verfahrensvorschriften) bisheriges Recht anzuwenden. 70

14. Gerichtliche Durchsetzung

Nach §§ 688 II, 690 I Nr. 3, 691 ZPO ist das gerichtliche Mahnverfahren ausgeschlossen für Ansprüche des Kreditgebers, wenn der effektive oder anfängliche effektive Jahreszins den bei Vertragsabschluß geltenden Diskontsatz der Deutschen Bundesbank zuzüglich 12% übersteigt. Haupt- und Nebenforderungen sind daher im Mahnantrag gesondert und einzeln zu bezeichnen, Ansprüche aus Verträgen, für die das VerbrKrG gilt, auch unter Angabe des Datums des Vertragsabschlusses und des nach dem Gesetz anzugebenden effektiven oder anfänglichen effektiven Jahreszinses. 71

II. Nichtige Verbraucherkreditverträge

1. Vorbemerkung

Das VerbrKrG hat weder den Kreditwucher noch die Fälle wucherähnlicher Verbraucherkreditverträge geregelt. Die hierzu von der Rechtsprechung entwickelten Grundsätze gelten daher fort. Sie werden nachstehend erläutert. 72

2. Formmängel nach VerbrKrG

Ist die Schriftform nicht eingehalten oder fehlt eine der in § 4 I 2 Nr. 1a)–f) und Nr. 2a)–e) vorgeschriebenen Angaben, ist der Kreditvertrag nichtig, jedoch nach § 6 II–IV heilbar (o. Rdnrn. 27–28, 35). 73

3. Sonstige Abschlußmängel

74 Neben den allgemeinen Tatbeständen der §§ 119, 123, 154, 155 BGB u. a. sind in der Praxis vor allem folgende Sachverhalte von Relevanz:

75 a) **Kreditvermittlung im Reisegewerbe.** Seit 1. Januar 1991 ist das bis dahin geltende Verbot für den Abschluß von Darlehensgeschäften im Reisegewerbe aufgehoben; die Vermittlung derartiger Darlehensgeschäfte ist nur noch untersagt, wenn der Darlehensnehmer hierfür ein Entgelt zu entrichten hat (§ 56 I Nr. 6 GewO n. F.). Hat der Darlehensnehmer (ob Verbraucher oder nicht) für die Vermittlung ein Entgelt zu entrichten, ist die Frage, ob Vermittlung im Reisegewerbe vorliegt, und deren Rechsfolgen nach den Vorschriften des HausTWG zu beurteilen (s. u. B XVIII).

76 b) **Vollmachtsmängel.** Ermächtigt der Text eines Bankvollmachtsformulars auch zur Kreditaufnahme, ist dieser Teil unwirksam, soweit mündlich der gegenteilige Wille des Vollmachtgebers zum Ausdruck kam (*BGH NJW* 1987, 2011).

77 c) **Unterschriftsfälschung.** Die **Beweislast** für die Echtheit der Unterschrift trägt die klagende Bank. Beweismittel: Sachverständigengutachten, Zeuge (behaupteter Fälscher).

4. Kreditwucher

78 Ein Kreditvertrag ist nach § 138 II BGB nichtig, wenn Leistung und Gegenleistung in einem auffälligen Mißverhältnis stehen und der Vertrag unter Ausbeutung der Zwangslage, der Unerfahrenheit, des Mangels an Urteilsvermögen oder der erheblichen Willensschwäche des anderen zustandekam. Die **Beweislast** trägt, wer sich auf die Nichtigkeit beruft. Strafrechtliche Sanktion: § 302 a StGB. In der Praxis wichtiger sind:

5. Wucherähnliche Verbraucherkreditverträge

79 Ratenkreditverträge sind nach § 138 I BGB nichtig, wenn
- der **objektive Tatbestand** (Zinshöhe, AGB) ein auffälliges Mißverhältnis zwischen Leistung und Gegenleistung ergibt, und zusätzlich
- auch die persönlichen **subjektiven Voraussetzungen** zur Sittenwidrigkeit führen: der Kreditnehmer sich auf den ihn objektiv übermäßig belastenden Vertrag nur wegen seiner wirtschaftlich schwächeren Lage, Rechtsunkundigkeit und Geschäftsungewandtheit eingelassen hat; der Kreditgeber das bei Aufstellung seiner Kreditbedingungen und beim Vertragsabschluß erkannt hat oder sich zumindest leichtfertig dieser Einsicht verschloß, wobei im Fall der Aufnahme eines Teilzahlungskredits durch einen Verbraucher bei einer Bank die Erfüllung des objektiven Tatbestands zur **widerlegbaren Vermutung** führt, auch die subjektiven Voraussetzungen seien gegeben, *BGHZ* 98, 174, 178 = *NJW* 1986, 2565. Zu den Kriterien s. a. *Schäfer* BB 1990, 1139.

80 **Darlegungs- und Beweislast:** für die Voraussetzungen der Sittenwidrigkeit: Kreditnehmer (*BGH NJW* 1979, 2089; doch beachtet sie das Gericht bei der Schlüssigkeitsprüfung von Amts wegen), für das Fehlen der subjektiven Voraussetzungen bei Vorliegen des objektiven Tatbestands: das Kreditinstitut (*BGHZ* 98, 174, 178).

a) Effektiver Jahreszins. Ob ein auffälliges Mißverhältnis zwischen Leistung 81
und Gegenleistung (Äquivalenzstörung) vorliegt, ergibt in erster Linie der Zinsvergleich. Dem effektiven Jahreszins des konkreten Vertrags (Vertragszins) ist ein auf gleiche Weise ermittelter Vergleichszins gegenüberzustellen, den die Rspr. dem in den Monatsberichten der Deutschen Bundesbank ausgewiesenen durchschnittlichen Zinssatz (Sollzinsen für Ratenkredite) entnimmt (auch Schwerpunktzins oder falsch „Marktzins" genannt): *BGHZ* 80, 153 = *NJW* 1981, 1206; 98, 174 = *NJW* 1986, 2564.

Die **Berechnung** des effektiven Jahreszinses erfolgte früher mit Hilfe einer 82
Annäherungsformel nach der Uniformmethode (*Palandt/Heinrichs* Rdnr. 6 zu § 246 BGB). Seit 1. 1. 1981 sind die Kreditinstitute verpflichtet, ihn nach einer finanzmathematischen, der „360-Tage-Methode" zu errechnen, die durch § 4 II 1 PAngV auch festgeschrieben wurde. Bei Kreditlaufzeiten über 48 Monate hat auch der BGH die finanzmathematische Berechnung gefordert (*BGH NJW* 1987, 2220; 1988, 818 und 1661). Berechnungsbeispiel: *Palandt/Heinrichs* Rdnr. 7 zu § 246 BGB. Benötigt wird hierfür lediglich eine Tabelle, wie die von *Sievi/Gillardon/Sievi*, Effektivzinssätze für Ratenkredite mit monatlichen Raten, Bankenausgabe für Finanzierungen bis 120 Monatsraten.

Berechnungsfaktoren, die bei den Kreditkosten zu berücksichtigen sind: die 83
(vorschüssigen) Zinsen (Kreditgebühren), die einmalige Bearbeitungsgebühr (2–3%), beim Vertragszins sämtliche sonstige Auslagen, bis 31. 12. 1992 **jedoch ohne Restschuldversicherungskosten** (weder Prämien noch darauf entfallende Kreditkosten: *BGH NJW* 1988, 1661, abw. von *BGHZ* 80, 153). Seit 1. 1. 1993 (Inkrafttreten der 1. VO zur Änderung der PAngV v. 3. 4. 1992 BGBl. I, S. 846) sind jedoch die Restschuldversicherungskosten bei der Ermittlung des effektiven Jahreszinses **voll** zu berücksichtigen, wenn der Darlehensgeber die Versicherung zwingend als Bedingung für die Gewährung des Kredits vorschreibt (§ 4 III Nr. 5). **Vermittlerkosten** sind nach *BGH NJW* 1987, 181; 1988, 1661 (grundsätzlich) nur beim Vertragszins, nicht auch beim Vergleichszins zu berücksichtigen, weil die Bank sich durch die Tätigkeit eines Maklers eigenen organisatorischen und finanziellen Aufwand erspart (*BGHZ* 80, 153, 167). Das *OLG Nürnberg* (FLF 1988, 217) sieht keine solche Ersparnis, wenn die Bank am Wohnort des Verbrauchers eigene Geschäftsstellen unterhält (str.; BGH-Rspr. hierzu liegt nicht vor).

Ein **auffälliges Mißverhältnis** zwischen Leistung und Gegenleistung wird 84
angenommen, wenn der Vertragszins den Vergleichszins um mehr als 100% übersteigt, doch ist diese **100%-Grenze** nicht starr (*BGHZ* 80, 153; *BGH NJW* 1988, 1661). Liegt der relative Zinsunterschied zwischen Vertrags- und Vergleichszins unter 90%, liegt i. d. R. kein auffälliges Mißverhältnis vor, *BGH NJW* 1988, 818 und 1661, doch kann im Einzelfall eine geringere relative Zinsdifferenz zur Sittenwidrigkeit führen, wenn der Vertragszins den Vergleichszinssatz absolut um mehr als 12% überschreitet (*BGH NJW* 1988, 1659: Überschreitung relativ 83,72%, absolut 13,5%; vgl. dagegen *BGH NJW* 1988, 818: kein auffälliges Mißverhältnis bei Überschreitung des Vergleichszinses durch den Vertragszins um 7,18%-Punkte absolut oder 66,6% relativ). Bei Ratenkredit in Niedrigzinsphase mit langer Laufzeit ohne Zinsanpassungsklausel liegt ein auffälliges Mißverhältnis erst bei Überschreitung des Vergleichszinses um 110% vor: *BGH NJW* 1991, 834 (Vertrag September 1977, Laufzeit 120 Monate).

85 **b) Kreditbedingungen.** Im Rahmen der anzustellenden **Gesamtwürdigung** hat der BGH in allen Fällen, in denen er ein auffälliges Mißverhältnis aufgrund der Zinsdifferenz zwischen Vertrags- und Vergleichszins angenommen hat, auch untersucht, ob die von der Bank festgelegten sonstigen Kreditbedingungen die Belastung des Kreditnehmers ins Untragbare steigern (*BGH* NJW 1982, 2433; 1987, 183 und 3256; 1988, 1659), während belastende AGB-Klauseln allein, auch wenn sie einer Inhaltskontrolle nach dem AGB-Gesetz nicht standhielten, ohne zu mißbilligende Zinsdifferenz nicht als so schwerwiegend angesehen wurden, daß sie zur Sittenwidrigkeit eines Kreditvertrags führten (*BGH* NJW 1988, 1661; NJW-RR 1989, 1320). Keine Analogie zu § 310 BGB (*BGH* NJW 1989, 1665). Das VerbrKrG wird wohl zu einer Modifizierung dieser Kriterien führen.

86 **c) Sonstige Umstände.** Auch sonstige Umstände sind bei der Gesamtwürdigung zu berücksichtigen und können zur Annahme eines auffälligen Mißverhältnisses führen, so wenn ein Kredit überwiegend der Ablösung zinsgünstigerer Vorkredite dient (*BGH* NJW 1988, 1659). Das kann anders zu beurteilen sein, wenn der Verbraucher trotz uneingeschränkter Aufklärung durch die Bank auf der Umschuldung besteht, obwohl er auf den neuen Kredit nicht zwingend angewiesen ist (*BGH* NJW 1988, 818). Die Bank oder der Vermittler müssen bei externer Umschuldung die Nichtigkeit eines Vorkredits berücksichtigen, wenn sie sie positiv kennen und sich die Nichtigkeit aufdrängt (*BGH* NJW 1990, 1597).

6. Nichtigkeitsfolgen

87 **a) Rückabwicklung nach Bereicherungsrecht.** Ist ein Ratenkreditvertrag nach § 138 I BGB nichtig, steht der Bank nur ein Bereicherungsanspruch auf Rückzahlung des Darlehenskapitals und der halben Restschuldversicherungsprämie (ohne Finanzierungskosten) zu, und zwar anteilig zu den im Vertrag festgelegten Fälligkeitsterminen (*BGHZ* 98, 174 = NJW 1986, 2564; *BGH* NJW 1987, 830; NJW-RR 1988, 757). Ein Zinsanspruch besteht nicht.

88 Nach *BGHZ* 91, 55 = NJW 1984, 2161 ist ein Ratenkreditvertrag, in dem das Nettokapital und sämtliche Kosten zu einer Gesamtrückzahlungssumme zusammengefaßt werden, die in Einzelraten zu tilgen ist, dahin auszulegen, daß jede Einzelzahlung einen dem Verhältnis der Gesamtbeträge entsprechenden Anteil an Kapital und Kreditkosten enthalte. Bei widerspruchsloser Zahlung treffe der Kreditnehmer stillschweigend die Bestimmung, daß jeweils der sich aus dem Vertrag ergebende Anteil auf Kapital und Kreditkosten entfalle, die objektiv bestehende Unwirksamkeit des Vertrages lasse diese Bestimmung unberührt (*BGH* NJW 1986, 2568). Das gelte auch, wenn nicht vertragsgemäße sondern unregelmäßige bzw. verspätete Raten geleistet werden (*BGH* NJW 1987, 830; NJW-RR 1988, 757). Diese **Leistungszweckbestimmung** muß der Kreditnehmer beachten, wenn er zu viel bezahlte Kreditkosten zurückfordert, ferner die **Verjährungsfrist von 4 Jahren** nach § 197 BGB (*BGHZ* 98, 174 = NJW 1986, 2564), die jedoch nicht die Aufrechnung seitens des Kreditnehmers hindert (*BGH* NJW 1987, 101).

89 **b) Sonderfall: Kettenkreditverträge.** Diente ein Ratenkreditvertrag ganz oder teilweise der Ablösung eines (von den Parteien für wirksam gehaltenen, jedoch tatsächlich nichtigen) früheren Kreditvertrags, so führt die Sittenwid-

rigkeit des früheren Vertrags allein nicht zur Nichtigkeit des neuen Vertrags nach § 138 I BGB (*BGHZ* 99, 333 = NJW 1987, 944). Die Folgeverträge sind jedoch nach § 242 BGB anzupassen. Die Grundsätze hierfür finden sich – einander ergänzend – in: BGH NJW 1987, 944; NJW-RR 1987, 679 und 1988, 363. Bei Verlängerung des bisherigen und Gewährung eines Zusatzkredits, die zu einem einheitlichen Kreditgeschäft zusammengefaßt werden: *BGH* NJW 1990, 1509.

c) **Sonderfall: Rechtskräftig titulierte Forderungen.** Während der Kreditnehmer die Vollstreckung aus einem **notariellen Schuldanerkenntnis,** dem ein nichtiger Ratenkreditvertrag zugrundeliegt, nach § 767 ZPO abwehren kann (*BGH* NJW 1988, 1659), kann er gegen **rechtskräftige Urteile** und **Vollstreckungsbescheide** (sie sind der materiellen Rechtskraft fähig: *BGHZ* 101, 380 = NJW 1987, 3256) nur mit einer **Klage nach § 826 BGB** vorgehen. **Klageantrag:** Unterlassung der Zwangsvollstreckung aus dem Titel und dessen Herausgabe (*BGHZ* 13, 71; 26, 391; 101, 380). 90

Anspruchsvoraussetzungen, für die der klagende Kreditnehmer die Darlegungs- und Beweislast trägt: 91
– materielle **Unrichtigkeit** des Titels,
– **Kenntnis** des Titelgläubigers von der Unrichtigkeit,
– zusätzlich: Hinzutreten **besonderer Umstände,** aufgrund deren es dem Gläubiger zugemutet werden muß, die ihm unverdient zugefallene Rechtsposition aufzugeben (*BGHZ* 101, 380). Die Tatsache allein, daß der Gläubiger aus einem nicht erschlichenen materiell falschen Vollstreckungstitel mehr erhält, als ihm bei richtig beurteilter Rechtslage zusteht, begründet keine hier relevanten besonderen Umstände (*BGH* NJW 1991, 330 m. Anm. *Vollkommer*). Diese sind auch zu verneinen, wenn der Kreditnehmer trotz rechtzeitiger anwaltlicher Beratung den Titel gegen sich ergehen ließ (*BGH* NJW 1987, 3259) oder wenn der Titelgläubiger wegen solcher Beträge Befriedigung verlangt, die ihm auch bei Nichtigkeit des Darlehensvertrags zustehen (*BGH* NJW-RR 1989, 622). Für nach dem 1. 7. 1977 erwirkte Vollstreckungsbescheide kommt es darauf an, ob der Titelgläubiger **nach dem damaligen Stand der höchstrichterlichen Rspr.** erkennen konnte, daß sein Anspruch im Fall der Durchsetzung im Klageweg an der gerichtlichen Schlüssigkeitsprüfung hätte scheitern müssen (*BGH* NJW-RR 1988, 757; 1990, 179, 303 und 434). Auch diese Voraussetzungen muß der klagende Kreditnehmer im einzelnen darlegen bzw. widerlegen.

Gerichtsstand: Jeder Vollstreckungsort (§ 32 ZPO); bei Klage auf Rückzahlung aber nur, soweit die Beträge durch Zwangsvollstreckung beigetrieben wurden (*OLG Karlsruhe* NJW-RR 1988, 1389). **Einstweiliger Rechtsschutz:** einstweilige Verfügung des Hauptsachegerichts (§§ 940, 937 ZPO), **nicht:** §§ 767, 769 ZPO analog (*OLG München* NJW 1976, 1748); Abwendung i. d. R. möglich durch Versicherung des Titelgläubigers, vorerst nicht weiter zu vollstrecken. 92

B XVIII. Haustür- und ähnliche Geschäfte

Sieghart Ott

Übersicht

	Rdnr.		Rdnr.
Vorbemerkung	1	IV. Umgehungsverbot	35
I. Begriff des „Haustürgeschäfts"	2	V. Gerichtliche Durchsetzung	37
II. Ausnahmen	13	VI. Zeitlicher Geltungsbereich	39
III. Widerrufsrecht	26		

Literatur: *Klauss/Ose*, Verbraucherkreditgeschäfte, Kommentar zu § 13a UWG, zum HausTWG und zum AbzG, 2. Aufl. 1988; *Werner/Machunsky*, HausTWG (Kommentar mit zahlreichen Rspr.-Hinweisen, auch der Instanzgerichte).

Vorbemerkung

1   Das Gesetz über den Widerruf von Haustürgeschäften und ähnlichen Geschäften vom 16. 1. 1986 (HausTWG) gilt für alle Verträge über eine entgeltliche Leistung (§ 1 I; Ausnahmen: § 1 II und § 6), die in einer Verhandlungssituation abgeschlossen werden, die dadurch gekennzeichnet ist, daß die Vertragsanbahnung **außerhalb eines ständigen Geschäftsbetriebs** erfolgt und so die rechtsgeschäftliche Entscheidungsfreiheit des Kunden besonders gefährdet ist (Direktmarketing). Das HausTWG gilt grundsätzlich nicht für Geschäfte zwischen **Privaten** (solange der Anbieter nicht gewerblich handelt): § 6 Nr. 1, 2. Alternative. Erfüllt ein Geschäft im Sinn des § 1 I HausTWG zugleich die Voraussetzungen eines Geschäfts nach dem VerbrKrG, nach § 11 des Gesetzes über den Vertrieb ausländischer Investmentanteile oder über die Besteuerung der Erträge aus ausländischen Investmentanteilen, nach § 23 des Gesetzes über Kapitalanlagegesellschaften oder nach § 4 des Fernunterrichtsgesetzes, **gehen die Bestimmungen dieser Gesetze vor** (§ 5 II).

I. Begriff des „Haustürgeschäfts"

2   Der **sachliche Anwendungsbereich** des Gesetzes (§ 1 I) setzt voraus:

3   1. einen Vertrag über eine entgeltliche Leistung, also einen gegenseitigen oder **Austauschvertrag** im Sinn von § 320 BGB. Entgeltlich ist eine Leistung, wenn mit ihr rechtlich eine Gegenleistung verknüpft ist, ohne daß diese geldwert zu sein braucht. Es kommen alle Arten von Leistungen als Vertragsgegenstand in Betracht, das HausTWG findet also Anwendung auf Kaufverträge, Werk- und Werklieferungsverträge, Partnervermittlungsverträge, Dienstleistungs- und Geschäftsbesorgungsverträge, Kredit- und sonstige Bankverträge, auch Tauschverträge, Leasing- und Mietverträge (bei letzteren wird jedoch in der Regel der Ausnahmetatbestand des § 1 II Nr. 1 HausTWG vorliegen), Verträge mit dem Ziel einmaligen Leistungsaustauschs ebenso wie Dauerschuld-, Wiederkehrschuld- und Sukzessivlieferungsverträge.

Entscheidend ist die **Gegenseitigkeit** des Vertrags, daher erfaßt das Gesetz 4
keine einseitig verpflichtenden Verträge wie Schenkung, Bürgschaft (*BGH
NJW* 1991, 975), Verwahrung, Leihe. Umstritten ist der **Vereinsbeitritt.** Es
wird zu differenzieren sein, ob der Vereinsbeitritt zu entgeltlichen Leistungen
verpflichtet und ob er auf einen Leistungsaustausch gerichtet ist (wie bei Buch-
und Freizeitclubs). Nur in diesen Fällen wird der Erwerb der Vereinsmitglied-
schaft vom HausTWG erfaßt; ggf. als **Umgehungsgeschäft** (u. Rdnr. 35).

2. eine auf den Vertragsabschluß gerichtete **Willenserklärung** des Kunden, 5
wobei auf seiten des Kunden eine Willensbeeinflussung eines rechtsgeschäftlich
für ihn handelnden Vertreters genügt. Bei Rechtsgeschäften im Sinn von
§ 1357 I BGB (Schlüsselgewalt), durch die beide Eheleute verpflichtet werden,
kommt es auf die Willensbeeinflussung des Handelnden an, das Widerrufsrecht
steht dann beiden zu.

3. die **Bestimmung des Kunden,** eine auf den Vertragsschluß gerichtete Wil- 6
lenserklärung abzugeben (**Kausalität**). Die **Darlegungs-** und **Beweislast** hierfür
trägt der Kunde.

4. eine **relevante Verhandlungssituation,** wie sie in § 1 I Nr. 1–3 HausTWG 7
umschrieben ist. Gemeinsam ist diesen Tatbeständen, daß **entscheidender Ort**
nicht der des Vertragsschlusses oder der der Abgabe der Willenserklärung des
Kunden ist, sondern der der Willensbeeinflussung durch die andere Vertragspartei, also der Ort des Ansprechens des Kunden. Dessen tatsächliche Überrumpelung ist nicht Voraussetzung; sie wird zum Gesetz unterstellt, Beweiserhebung
hierüber ist unzulässig. Das Gesetz nennt enumerativ folgende relevante Ver-
handlungssituationen, die das Widerrufsrecht des Kunden begründen können:

– mündliche Verhandlungen am **Arbeitsplatz** des Kunden oder im Bereich 8
einer **Privatwohnung,** also nicht notwendig: seiner Privatwohnung, wozu
auch Hausflur, Garten und sonstige der Privatsphäre zuzurechnende Neben-
räume und -flächen gerechnet werden. Erfaßt wird die gesamte private und
berufliche Sphäre des Kunden, auch in Seniorenheimen, Hotelzimmern usw.;

– von der anderen Vertragspartei oder einem Dritten zumindest auch in deren 9
Interesse durchgeführte **Freizeitveranstaltungen.** Erfaßt werden vor allem
die verkaufsorientierten „Kaffeefahrten". Voraussetzung ist, daß der Veranstaltung ein gewisser eigenständiger Freizeitwert zukommt. Nicht hierunter
fallen daher Veranstaltungen, die für den Kunden eindeutig erkennbar dem
Anbieten oder der Veräußerung von Ware dienen wie reine Verkaufsveranstaltungen (Basare, Flohmärkte), das mitunter übliche Angebot eines kostenlosen Getränks, kostenlose Beförderung zu außerhalb liegenden Einkaufs-
zentren. Erfolgt der Vertragsabschluß im **Ausland,** findet nach Art. 29 I, II
EGBGB deutsches Recht und folglich das HausTWG Anwendung.

– Es genügt, wenn die Willenserklärung auf Abschluß eines Vertrags **anläßlich** 10
einer Freizeitveranstaltung erfolgt, sie muß also nicht während der Freizeitveranstaltung abgegeben werden. Auch wer in unmittelbarem Anschluß an
die Freizeitveranstaltung von einem Mitarbeiter des Veranstalters in der
Wohnung aufgesucht und zur Abgabe der Erklärung veranlaßt wird, ist wi-
derrufsberechtigt (*OLG Stuttgart* NJW-RR 1989, 1144);

– ein überraschendes Ansprechen in **Verkehrsmitteln** oder im Bereich öffent- 11
lich zugänglicher **Verkehrswege.** Hierunter fallen auch die der Benutzung
öffentlicher Verkehrsmittel dienenden Orte und Verkehrsflächen wie: Halte-
stellen, Bahnhöfe, Flughäfen, Autobahnraststätten, Einkaufspassagen, wenn

sie dem Verkehr gewidmet sind. Auch Erholungsflächen wie Kurparks, Sportanlagen, Schwimmbäder, Campingplätze zählen hierzu, wenn sie dem Besuch der Öffentlichkeit offenstehen.

12 – **Nicht** erfaßt werden jedoch für den Ort typische Waren- und Leistungsangebote, weil sie nicht überraschend sind: das Angebot von Speisen und Getränken in öffentlichen Verkehrsmitteln und auf öffentlichen Verkehrsflächen; die Warenabgabe in Duty-free-Shops, das Angebot von Verköstigung und Andenken auf Festplätzen. Entscheidend ist das **Überraschungsmoment**.

II. Ausnahmen

13 Umschreibt § 1 I HausTWG den sachlichen Anwendungsbereich des Gesetzes, die „Haustür"-Situation, so bestimmt § 1 II HausTWG, in welchen Fällen ein Recht auf Widerruf nicht besteht, obwohl einer der in § 1 I umschriebenen Tatbestände objektiv vorliegt. Grund: ein Schutzbedürfnis wird in diesen Fällen verneint.

1. Vorhergehende Bestellung

14 Als für die Praxis wichtigste Ausnahme bestimmt § 1 II Nr. 1, daß eine auf den Abschluß eines Vertrags über eine entgeltliche Leistung gerichtete Willenserklärung, zu der der Kunde durch mündliche Verhandlungen an seinem Arbeitsplatz oder im Bereich einer Privatwohnung bestimmt wurde, dann nicht widerrufen werden kann, wenn die mündlichen Verhandlungen, auf denen der Vertragsabschluß beruht, auf vorhergehende Bestellung des Kunden geführt wurden (§ 1 II Nr. 1 HausTWG). Die Ausnahme betrifft folglich ausschließlich den in § 1 I Nr. 1 normierten Tatbestand.

15 a) Zum Begriff der „vorhergehenden Bestellung" kann auf die bisherige Rechtsprechung zur Nichtigkeit eines im **Reisegewerbe** abgeschlossenen oder vermittelten Darlehensvertrags (§§ 55, 56 I Nr. 6 GewO in der bis 31. 12. 1990 geltenden Fassung i. V. m. § 134 BGB – s. 1. Auflage) Bezug genommen werden (*BGH* NJW 1990, 181/183 re. Sp. lit. c), denn der Begriff ist wörtlich § 55 I GewO entnommen. Gleichwohl ist vor schematischer Übernahme zu warnen: Rechtsfolgen und Beweislast haben sich geändert!

16 Nach *BGH* NJW 1989, 584 kann eine vorhergehende Bestellung zu bejahen sein, wenn eine Bank sich auf Veranlassung eines – vom Kreditsuchenden eingeschalteten – Kreditvermittlers telefonisch bei dem Kreditsuchenden meldet und ihn veranlaßt, sich mit einem Hausbesuch einverstanden zu erklären; nach *BGH* NJW 1989, 3217 kann eine „vorhergehende Bestellung" jedoch dann zu verneinen sein, wenn der Anruf des Kreditvermittlers **nach den Umständen** als Beginn einer verbotenen Überrumpelung zu werten ist. In *BGH* NJW 1990, 181 (II 2 lit. a) wurde die bisherige Rechtsprechung des BGH bekräftigt, daß eine durch den Anbieter „**provozierte Bestellung**" für die Anwendung des § 1 II Nr. 1 HausTWG nicht ausreicht. Zwar muß danach die Initiative zur Bestellung nicht stets vom Kunden ausgehen, doch kann eine im Rechtssinn beachtliche Einladung nie im Rahmen eines vom Anbieter ausgehenden Telefongesprächs erklärt werden. Entscheidend muß es sein, wie es zu der Absprache des Hausbesuchs gekommen ist (*BGH* NJW 1990, 181, 183 li. Sp., II 2b). Das Abstellen auf den Einzelfall bekräftigt auch *BGH* NJW 1990, 1732 (vorhergehende Bestellung verneint, wenn im Rahmen des Abschlusses von Bauverträgen Hausbesuche der

Bauhandwerker zum Zweck der Besichtigung oder Bestandsaufnahme vereinbart werden).

b) Die Bestellung bedarf keiner bestimmten **Form** (jedoch evtl. Dokumentationspflicht des Maklers nach § 10 MaBV, für die Darlehensvermittlung: § 10 III Nr. 4); Schweigen des Kunden ist keinesfalls als konkludenter Besuchswunsch anzusehen. Stellvertretung in der Person des Kunden ist zulässig. 17

c) Beweislast: die Voraussetzungen des Widerrufsrechts („Haustürgeschäft") sind vom Kunden zu beweisen, die Voraussetzungen einer Ausnahme nach § 1 II Nr. 1–3 von der anderen Vertragspartei (Anbieter). 18

d) Rechtsfolgen: Mangelnde vorhergehende Bestellung führt nicht zur Nichtigkeit sondern zur Widerruflichkeit. Solange der Widerruf noch zulässig, aber nicht erklärt ist, ist der Vertrag schwebend unwirksam. 19

2. Bagatellfälle

Das Widerrufsrecht ist ausgeschlossen, wenn der Anbieter bei Abschluß der Vertragsverhandlungen seine Leistung sofort erbracht und der Kunde sofort bezahlt hat, sofern das Entgelt DM 80 nicht übersteigt (§ 1 II Nr. 2 HausTWG). **Darlegungs- und Beweislast:** o. Rdnr. 18. 20

3. Notariell beurkundete Willenserklärungen

Diese können nicht widerrufen werden (§ 1 II Nr. 3 HausTWG). 21

4. Das HausTWG findet keine Anwendung (§ 6) 22

- wenn der Kunde den Vertrag in Ausübung einer **selbständigen Erwerbstätigkeit** abschließt, z. B. als Kaufmann oder sonst Gewerbetreibender, Handwerker, Landwirt, Freiberufler, freischaffender Künstler bzw. Wissenschaftler (umstr.), 23
- wenn die andere Vertragspartei (Anbieter) nicht **geschäftsmäßig** handelt, z. B. bei Austauschverträgen zwischen **Privaten**, 24
- beim Abschluß von **Versicherungsverträgen**. Bei gemischten Verträgen beschränkt sich die Ausnahme auf den versicherungsrechtlichen Teil. 25

III. Widerrufsrecht

Die auf den Abschluß eines „Haustürgeschäfts" (Rdnrn. 2–12) gerichtete Willenserklärung kann der Kunde, sofern kein Ausnahmetatbestand gegeben ist (Rdnrn. 13–25), innerhalb einer **Frist von einer Woche** schriftlich widerrufen (§ 1 I HausTWG). 26

1. Voraussetzungen des Widerrufs

Die Wochenfrist muß eingehalten sein, doch genügt zur Fristwahrung die rechtzeitige Absendung des Widerrufs (§ 2 I 1). Sie ersetzt jedoch nicht das Erfordernis des **Zugangs** des Widerrufs, der empfangsbedürftige Willerserklärung ist. **Beweislast:** für das Vorliegen der Widerrufsvoraussetzungen, die Absendung und den Zugang des Widerrufs trägt der Kunde die Darlegungs- und Beweislast. 27

28 Die Widerrufsfrist beginnt jedoch erst, wenn die andere Vertragspartei (Anbieter) dem Kunden eine drucktechnisch deutlich gestaltete schriftliche **Belehrung** über sein Recht zum Widerruf ausgehändigt hat, die den Namen und die Anschrift des Widerrufsempfängers enthalten muß sowie die Belehrung, daß zur Fristwahrung die rechtzeitige Absendung des Widerrufs genügt. Die Belehrung darf keine anderen Erklärungen enthalten und ist vom Kunden zu unterschreiben. Unterbleibt die Belehrung, erlischt das Widerrufsrecht des Kunden erst einen Monat nach beiderseits vollständiger Erbringung der Leistung (§ 2 I 2–4). **Beweislast:** der Anbieter für die Belehrung und ihren Zeitpunkt (§ 2 II).

29 Das Rechtsgeschäft selbst ist nicht **formbedürftig,** nur die Belehrung, es sei denn, daß nach anderen gesetzlichen Vorschriften eine bestimmte Form vorgeschrieben ist (z. B. Mietvertrag: § 566 BGB).

2. Folgen des Widerrufs

30 Bei wirksamem Widerruf kommt der bis zum Fristablauf schwebend unwirksame Vertrag (§ 1 I HausTWG) nicht zustande. Es entsteht ein Rückgewährschuldverhältnis nach § 3 HausTWG, das nicht nur zur Rückgewähr der jeweils empfangenen Leistungen verpflichtet (§ 3 I 1), sondern auch zur Zahlung einer Gebrauchs- oder Benutzungsvergütung durch den Käufer, wenn ihm die Sache bereits überlassen war oder er sonstige Leistungen bereits empfangen hat, jedoch ohne Berücksichtigung einer Wertminderung durch bestimmungsgemäße Ingebrauchnahme einer Sache oder Inanspruchnahme einer sonstigen Leistung (§ 3 III). **Aufwendungsersatz** kann der Kunde nach § 3 IV fordern.

31 Der Widerruf wird durch eine Verschlechterung, den Untergang oder die anderweitige Unmöglichkeit der Herausgabe des erhaltenen Gegenstands nicht ausgeschlossen. Hat der Kunde die Verschlechterung, den Untergang oder die anderweitige Unmöglichkeit zu vertreten, hat er dem Anbieter die Wertminderung oder den Wert zu ersetzen (§ 1 I 2, 3). Ist der Kunde jedoch nicht nach § 2 belehrt worden und hat er auch nicht anderweitig Kenntnis von seinem Widerrufsrecht erhalten, hat er eine Verschlechterung, den Untergang oder die anderweitige Unmöglichkeit nur dann zu vertreten, wenn er diejenige Sorgfalt nicht beachtet hat, die er in eigenen Angelegenheiten anzuwenden pflegt (§ 3 II).

32 **Beweislast:** Für Rückgabe der Sache: Kunde. Fordert die andere Vertragspartei (Anbieter) Wertersatz, muß sie dessen Voraussetzungen beweisen; beruft der Kunde sich auf die Unmöglichkeit der Herausgabe wegen Untergangs oder Abhandenkommens, hat er sein Nichtverschulden entspr. § 282 BGB zu beweisen.

33 **Verjährung:** Ansprüche des privaten Kunden auf Rückgewähr und Ersatz notwendiger Aufwendungen: 30 Jahre (§ 195 BGB), soweit nicht § 197 BGB eingreift. Ansprüche der anderen Vertragspartei (Anbieter): grundsätzlich zwei Jahre gegen Privatkunden, § 196 BGB analog; dinglicher Herausgabeanspruch: 30 Jahre, § 195 BGB.

34 **Erfüllung der Rückgewähransprüche:** Zug um Zug, § 4 HausTWG.

IV. Umgehungsverbot

35 Die Vorschriften des HausTWG sind **zwingend,** zum Nachteil des Kunden abweichende Vereinbarungen sind unwirksam (§ 5 III 1). Das Gesetz findet auch

auf Umgehungsgeschäfte Anwendung (§ 5 I). **Hauptanwendungsfall: Vereinsbeitritt,** wenn er aus der Sicht des Kunden dem Abschluß eines entgeltlichen Vertrages gleichkommt, weil die Mitgliedschaft geprägt wird von durch den Mitgliedsbeitrag finanzierten Leistungen (o. Rdnr. 4). Umstr.; anders: OLG Karlsruhe NJW 1991, 433.

Versandhandelsprivileg: § 5 III 2 (Widerrufsrecht wird durch Rückgaberecht ersetzt). 36

V. Gerichtliche Durchsetzung

Für Klagen aus „Haustürgeschäften" im Sinn des § 1 einschließlich Umgehungsgeschäften (§ 5 I) ist ausschließlich das Gericht zuständig, in dessen Bezirk der Kunde zur Zeit der Klageerhebung seinen Wohnsitz oder in Ermangelung eines solchen seinen gewöhnlichen Aufenthaltsort hat (§ 7 I). Eine abweichende Vereinbarung, für deren Form § 40 I ZPO gilt, ist nur nach § 7 II HausTWG zulässig. Dieser Gerichtsstand gilt grundsätzlich auch für Klagen aus Wechseln und Schecks, wenn die Begebung aufgrund eines Haustürgeschäfts erfolgt ist, es sei denn, daß der Erwerber gutgläubig war. 37

Für das **Mahnverfahren** geht die ausschließliche Zuständigkeit des Mahngerichts (§ 689 II 3 ZPO) vor; § 7 HausTWG gilt erst für das streitige Verfahren. 38

VI. Zeitlicher Geltungsbereich

Das HausTWG ist am 1. Mai 1986 in Kraft getreten. 39

Es findet keine Anwendung auf Verträge, die vor diesem Zeitpunkt geschlossen wurden (**Beweislast:** Kunde, wenn er Geltung des HausTWG behauptet: *BGH* NJW 1991, 1052); § 7 gilt jedoch auch für Klagen aus Haustürgeschäften, die vor dem 1. Mai 1986 abgeschlossen wurden. Bei Mahnbescheiden kommt es auf den Zeitpunkt des Übergangs zum streitigen Verfahren an.

B XIX. Der Leasingfall

Sieghart Ott

Übersicht

	Rdnr.
I. Vorbemerkung	1
II. Begriff und rechtliche Einordnung der Leasingverträge	3
1. Operating Leasing	4
2. Hersteller- oder Händlerleasing	5
3. Finanzierungsleasing	6
4. Immobilienleasing	8
5. Null-Leasing	10
6. Sale-and-lease-back	11
III. Vertragsschluß und Lieferung	12
1. Verschulden beim Vertragsschluß	13
2. Arglistige Täuschung	15
3. Vertragsabschluß im Reisegewerbe	16
4. Nichtlieferung der Leasingsache	17
5. Aufklärungspflichten	18

	Rdnr.
IV. Pflichtenverteilung	19
1. Abnahme-/Übernahmeerklärung	19
2. Erhaltung und Unterhaltung der Leasingsache	21
3. Leasingraten	22
4. Gewährleistung für Sachmängel	24
5. Gebrauchsgewährung	29
6. Schadensabwicklung beim Kfz-Leasing	31
V. Beendigung des Leasingvertrags	32
1. Fristlose Kündigung wegen Zahlungsverzugs	33
2. Ordentliche Kündigung	34

Literatur: *Braxmaier*, Die Rechtsprechung des BGH zu Miete und Pacht einschließlich Leasing, WM 1990, 573 ff., 580 ff.; *Gitter*, Gebrauchsüberlassungsverträge, 1988; *Grunsky* u. a. (Hg), Grundfragen des Finanzierungsleasing, 1990 (Sonderausgabe aus AcP Bd. 190); *Hagenmüller/Stoppok*, Leasing-Handbuch für die betriebliche Praxis, 6. Aufl. 1992; *Martinek*, Moderne Vertragstypen Band I: Leasing und Factoring; *Wolf/Eckert*, Handbuch des gewerblichen Miet-, Pacht- und Leasingrechts, 6. Aufl. 1991; in den BGB-Kommentaren: meist vor § 535 BGB.– **Fachzeitschriften:** Finanzierung Leasing Factoring (FLF); Wertpapier-Mitteilungen (WM).

I. Vorbemerkung

1 Für **Finanzierungsleasingverträge** (s. unten Rdnr. 6) mit **Verbrauchern** (Begriff: Kap. B XVII Rdnr. 4) gilt das VerbrKrG mit einigen Formerleichterungen (Kap. XVII Rdnr. 15).

2 Der Leasingvertrag ist im übrigen spezialgesetzlich nicht geregelt. Daher liegt nur auf den Einzelfall bezogene Rspr. vor, es wird nur die des *BGH* zitiert. In der Praxis wichtig sind vor allem 3 Bereiche: Mängel bei Vertragsschluß und Lieferung sowie ihre Rechtsfolgen (unten Rdnrn. 12 ff.), Rechtsprobleme bei Beendigung des Vertrages (unten Rdnrn. 32 ff.) sowie die Rechtswirksamkeit von AGB-Klauseln.

II. Begriff und rechtliche Einordnung der Leasingverträge

3 Leasingverträge sind Gebrauchsüberlassungsverträge. Typisch ist i. d. R. ein Dreiecksverhältnis zwischen Hersteller/Lieferant – Käufer/Leasinggeber (LG) – Leasingnehmer (LN). Ein Leasingvertrag liegt vor, wenn ein LG eine zu diesem Zweck beschaffte und vorfinanzierte Sache dem LN

gegen Zahlung eines nach Zeitabschnitten (in Raten) bemessenes Entgelt überläßt und die Sach- und Preisgefahr auf den LN abwälzt, ihm seine Ansprüche gegen Dritte, insbesondere die auf Gewährleistung gegen den Lieferanten, abtritt und für die Rechtsfolgen einer ordentlichen und außerordentlichen Kündigung vom Mietrecht abweichende Regelungen vereinbart werden (Gedanke der Vollamortisation; vgl. BGH NJW 1990, 1785, 1788 li. Sp. m. w. Nachw.). Man unterscheidet:

1. Das **Operating Leasing** ist die entgeltliche Überlassung von Objekten, die 4 zur wiederholten Überlassung geeignet und bestimmt sind, weshalb sie der LG in eigener Initiative anschafft (ein Dreiecksverhältnis allenfalls über einen Wartungsvertrag hergestellt wird), mit kurzer oder unbestimmter Laufzeit, meist – ggf. nach fester Grundmietzeit – beiderseits kündbar. Rechtlich handelt es sich um **Miete**, §§ 535ff. BGB haben Leitbildfunktion. Klauseln, die ohne Not davon abweichen, sind nach §§ 9ff. AGBG unwirksam: daher keine rechtswirksame Abwälzung der Sach- und Preisgefahr, keine Freizeichnung für rechtzeitige Lieferung des Leasinggutes und zumindest im nichtkaufmännischen Geschäftsverkehr kein völliger Ausschluß der Haftung für Sach- und Rechtsmängel (§ 11 Nr. 10 AGBG) beim Operating Leasing. Steuerrechtlich steht es außerhalb der Leasingerlasse des BMF.

2. Das **Hersteller- oder Händlerleasing,** bei dem der Lieferant oder ein mit 5 ihm rechtlich und/oder wirtschaftlich verbundenes Unternehmen LG ist, steht dem Operating Leasing nahe. Das Absatzinteresse überwiegt. Es gelten die gleichen Grundsätze wie oben Rdnr. 4.

3. Das **Finanzierungsleasing** (langfristig, während einer Grundlaufzeit nicht 6 ordentlich kündbar, Finanzierungsfunktion des LG überwiegt) wird vom *BGH* grundsätzlich dem Mietrecht zugeordnet (*Wolf/Eckert* Rdnr. 456 mit BGH-RsprNachw.), doch wird unter Ausschluß der mietrechtlichen Gewährleistung die Sach- und Preisgefahr nach kaufrechtlichem Vorbild auf den LN abgewälzt, unter Abtretung aller Gewährleistungsansprüche gegenüber dem Lieferanten bzw. Ermächtigung des LN, diese Ansprüche gegen den Lieferanten geltend zu machen („Mietvertrag in der Sonderform des Leasingvertrages", *BGH* NJW 1982, 870). Es kann als **Vollamortisations-** oder **Teilamortisationsvertrag** ausgestaltet werden, der durch Absicherung des Restwerts wirtschaftlich ebenfalls zur Vollamortisation führen soll. Zur Sicherung der steuerrechtlichen Vorteile müssen bei der Vertragsgestaltung die Erlasse des BMF beachtet werden (ausführlich: MünchKomm/*Voelskow,* 2. Aufl., Rdnr. 48 vor § 535 BGB).

Ist LN ein **Verbraucher,** ist für nach dem 31. 12. 1990 abgeschlossene und 7 vermittelte Finanzierungsleasingverträge das VerbrKrG zu beachten (o. Rdnr. 1 und Kap. B XVII Rdnrn. 1ff., 15). Für die Rechtslage davor wird auf die 1. Auflage dieses Handbuchs verwiesen; vgl. ferner *Martinek* S. 91ff.

Beim **Immobilienleasing** ist § 566 BGB zu beachten. Man unterscheidet zwi- 8 schen (seltenem) Netto- und (üblichem) Brutto-Leasing mit „full-service"-Leistung zugunsten des LN. Beim Brutto-Leasing übernimmt der LG neben der Finanzierung alle Aufgaben eines Bauherrn, er hat die rechtliche und wirtschaftliche Stellung eines solchen, kann aber auch seinerseits wieder den LN mit der Herstellung des Gebäudes beauftragen.

Auch beim Immobilienleasing gibt es Voll- und Teilamortisationsverträge. 9 Für die Gefahrtragung und Gewährleistung gilt das gleiche wie beim Finanzierungsleasingvertrag. Hat sich allerdings der LN verpflichtet, das zu überlassende Gebäude selbst zu errichten und für Herstellungsmängel zu haften, ist das als Freizeichnung des LG von seiner mietrechtlichen Haftung für Herstellungsmängel auszulegen. Eine derartige Haftungsfreizeichnung benachteiligt den LN nicht unangemessen, sie ist nach § 9 AGBG nicht zu beanstanden (*BGH* BB 1989, 578).

10   5. Beim **Null-Leasing** (beim Handel mit Kfz und Fernsehgeräten üblich) überläßt der LG die Leasingsache dem LN für einen bestimmten Zeitraum gegen periodisch fällige Raten, jedoch ohne Zinsberechnung, zum Gebrauch und räumt ihm für die Zeit nach Vertragsende ein Erwerbsrecht gegen Zahlung des Restkaufpreises ein. Ist der LN Verbraucher (Begriff: B XVII Rdnr. 4) ist das VerbrKrG zu beachten.

11   6. Unter „**sale-and-lease-back**" werden Leasinggeschäfte verstanden, bei denen sich der LG das Leasinggut nicht von einem Dritten sondern vom LN beschafft. Rechtlich gleichgestellt werden Fälle, in denen der LN zunächst der finanzierenden Bank das Sicherungseigentum am Leasinggut übertragen hat, das diese mit Zustimmung des LN an den LG überträgt, weil auch insoweit der LN als wirtschaftlicher Eigentümer angesehen wird (*BGH* NJW 1990, 829, 831). Ist LN ein Verbraucher, kann ein dem VerbrKrG (Kap. B XVII) unterliegendes Geschäft vorliegen.

III. Vertragsschluß und Lieferung

12   Häufig hält der Lieferant Formulare des Leasinggebers vorrätig und vermittelt den Leasingvertrag. Ist LN ein Verbraucher, unterliegt auch die Vermittlung eines Finanzierungsleasingvertrags dem VerbrKrG.

1. Verschulden beim Vertragsschluß

13   Soweit in Vorverhandlungen zwischen dem LN und dem **Lieferanten** Aufklärungs- oder Hinweispflichten gegenüber LN schuldhaft verletzt werden, handelt der Lieferant als **Erfüllungsgehilfe** des LG, der die Verhandlungen kannte (*BGH* NJW 1985, 2258), jedoch nur soweit, als über den Inhalt des Leasingvertrags gesprochen wurde (*BGH* WM 1988, 84). Hat der Lieferant die Leasingsache im Auftrag des LG dem LN zu übergeben, ist er auch insoweit Erfüllungsgehilfe des LG (*BGH* NJW 1988, 198). Das gilt auch für die Entgegennahme und Weiterleitung einer unrichtigen Übernahmebestätigung des LG (*BGH* NJW 1988, 204). Seine Rechtsstellung als Erfüllungsgehilfe endet regelmäßig mit dem Abschluß des Leasingvertrages. Sie lebt nicht wieder auf, wenn der Lieferant ohne Auftrag des LG gegenüber einem am Vertragseintritt als LN Interessierten Auskünfte über den Vertragsinhalt erteilt (*BGH* BB 1989, 1501).

14   Der Lieferant hat grundsätzlich **keine Empfangsvollmacht** für Willenserklärungen, die gegenüber dem LG abzugeben sind (*BGH* NJW 1988, 2465).

2. Arglistige Täuschung

15   Der Lieferant, von dem sich der LN getäuscht glaubt, ist Dritter i. S. d. § 123 II BGB, es sei denn, daß er als Vertreter des LG aufgetreten ist (*BGH* NJW 1989, 287). Eine mehrseitige Vertragsübernahme mit der Folge, daß der LG anstelle des LN alle Rechte und Pflichten aus dem von diesem mit dem Lieferanten abgeschlossenen Kaufvertrag über das Leasingobjekt übernimmt, kann wegen arglistiger Täuschung vom LG nur durch Erklärung sowohl gegenüber dem LN wie auch gegenüber dem Lieferanten angefochten werden (*BGH* NJW 1986, 918).

3. Vertragsabschluß im Reisegewerbe

Ein Finanzierungsleasingvertrag, der mit einem Verbraucher abgeschlossen 16 wird, unterliegt zwar dem VerbrKrG (Kap. B XVII Rdnr. 15), er ist im übrigen jedoch nach Mietrecht zu beurteilen. Für seine Vermittlung gelten zwar §§ 15–17 VerbrKrG, nicht jedoch das Verbot des § 56 I Nr. 6 GewO, das allgemein auf Leasingverträge nicht (auch nicht analog) anwendbar ist (*BGH* NJW 1989, 460).

4. Nichtlieferung der Leasingsache

Die Haftung für die Lieferung trägt grundsätzlich der LG. Daher hat er gegen 17 den LN auch keinen Anspruch auf **Erstattung der Refinanzierungskosten**, wenn ein Leasingvertrag ohne Verschulden des LN scheitert, weil der Lieferant nicht liefert. Eine AGB-Klausel, die einen solchen Erstattungsanspruch zubilligt, ist unwirksam (*BGH* NJW 1986, 179). Haben sich die Partner eines **Finanzierungsleasingvertrages** über Computer-Hard- und Software auf den Beginn der Vertragslaufzeit geeinigt in der Kenntnis, daß Teile der Software noch nicht in vertragsgemäßem Zustand vorhanden, jedoch nachzuliefern sind, sind die Leasingraten zunächst in voller Höhe fällig, doch kann LN möglicherweise vom vereinbarten Zeitpunkt für die Lieferung der fehlenden wesentlichen Teile der Software die Einrede aus § 320 BGB zustehen.

5. Aufklärungspflichten

Der LG hat grundsätzlich keine Aufklärungspflicht über die allgemeinen wirt- 18 schaftlichen Risiken von Leasingverträgen, auch nicht gegenüber einem Nichtkaufmann (*BGH* NJW 1987, 2082).

IV. Pflichtenverteilung

1. Abnahme-/Übernahmeerklärung

Diese vom LN bei Abnahme des Leasinggegenstandes abzugebende Erklä- 19 rung kann maßgebend sein für die Fälligkeit der Kaufpreiszahlung des LG an den Lieferanten; sie löst i. d. R. auch die Fälligkeit der vom LN zu zahlenden Leasingraten aus. Sie stellt kein Schuldanerkenntnis (§ 781 BGB) dar, ist jedoch **Quittung**; ist sie falsch, trägt der LN die **Darlegungs- und Beweislast** für die Unrichtigkeit (*BGH* NJW 1988, 204; 1989, 3222). Die unrichtige Quittung kann zu Schadensersatzansprüchen des LG (der den Kaufpreis ausgezahlt hat) führen (oben Rdnr. 13). Sie kann auch die Rügefrist des LG nach § 377 HGB in Lauf setzen (*BGH* NJW 1990, 1290; s. auch unten Rdnr. 26). Der LN, den keine eigene Untersuchungs- und Rügeobliegenheit trifft, weil er nicht Vertragspartner des Lieferanten ist, wird jedoch als Erfüllungsgehilfe („Obliegenheitsgehilfe") des LG tätig (*BGH* NJW 1990, 1290, 1292f.). Diese Obliegenheiten können dem LN jedoch durch AGB des LG wirksam übertragen werden (*Martinek* S. 125).

20 Wurde die Leasingsache tatsächlich nicht geliefert, kann der LN nach § 542 BGB den Leasingvertrag fristlos kündigen (Einzelheiten: *BGH* NJW 1985, 2258; 1988, 204). Dieses **Kündigungsrecht** kann jedenfalls durch Individualabrede ausgeschlossen werden; nach h. M. auch durch AGB, da Ausschluß leasingtypisch (MünchKomm-*Voelskow*, 2. Aufl., Rdnr. 55 vor § 535 BGB). Im übrigen ist zu unterscheiden zwischen Unmöglichkeits- und Verzugsfällen. Ob Freizeichnungsklauseln des LG von der Pflicht rechtzeitiger Lieferung an § 11 Nr. 7, 8 a) und b), 9 bzw. § 9 II Nr. 2 AGBG scheitern, ist sehr umstr. (vgl. *Martinek* S. 126 ff.).

2. Erhaltung und Unterhaltung der Leasingsache

21 In den AGB wird regelmäßig dem LN das Risiko der Beschädigung, des Untergangs, des Verlustes oder des sonstigen Gebrauchsverlustes aufgebürdet, ferner die Pflicht zur Pflege und Erhaltung der Sache. Diese **Abwälzung** ist leasingtypisch und rechtlich nicht zu beanstanden (*BGH* NJW 1977, 1058; 1985, 1537; 1986, 1335). Lediglich für das Kfz-Leasing gilt einschränkend, daß dem LN in den Fällen des Untergangs oder der nicht unerheblichen Beschädigung des Kfz ein kurzfristiges Kündigungsrecht einzuräumen ist, das mit einer Verpflichtung zur Ausgleichszahlung verbunden sein kann (*BGH* NJW 1987, 377).

3. Leasingraten

22 a) Bei einem auf bestimmte Zeit abgeschlossenen Leasingvertrag entsteht der Anspruch auf Zahlung sämtlicher Leasingraten bereits mit Vertragsabschluß als **betagte Forderung** (nicht als nach § 163 BGB befristete, wie künftige Mietzinsraten), *BGH* NJW 1990, 1113 und 1785 (1787 re. Sp.). Das gilt auch beim Operating Leasing und auch für im Anschluß an eine feste Grundmietzeit zu entrichtende Raten (*BGH* NJW 1992, 2150). Daher braucht eine Refinanzierungsbank, an die der LG seinen Anspruch auf die künftig fälligen Leasingraten im Wege der Forfaitierung abgetreten hat, eine nach der Abtretung zwischen LG und LN vereinbarte Abkürzung der Vertragslaufzeit oder eine Aufhebung des Leasingvertrags nicht gegen sich gelten zu lassen (§§ 398, 407 BGB), wenn der LN bei Abschluß der Vereinbarung die Abtretung kennt.

23 b) Wird ein Finanzierungsleasingvertrag nach seiner Beendigung nicht vereinbarungsgemäß **abgewickelt,** weil sich die Vertragsparteien weder über einen Ankauf noch über eine Verlängerung des Leasingvertrags einigen können, hat der LN die Leasingsachen zurückzugeben (*BGHZ* 107, 123, 128). Gibt er sie nicht zurück, gilt § 557 I BGB, wonach der Mieter bei **Vorenthaltung der Mietsache** als Entschädigung die Zahlung des vereinbarten Mietzinses schuldet (*BGHZ* 71, 196, 205; 95, 39, 53 f.; 97, 65, 72; 107, 123, 127). Denn Finanzierungsleasingverträge sind dadurch gekennzeichnet, daß der Anschaffungs- und Finanzierungsaufwand des LG einschließlich seines Gewinns durch die Zahlung der entsprechend kalkulierten Leasingraten während der Grundvertragsdauer, ggf. in Verbindung mit der vereinbarten Abschlußzahlung oder dem Erlös aus der Verwertung des zurückgegebenen Leasinggutes nebst einer etwaigen Zusatzzahlung an den LG zurückfließt.

4. Gewährleistung für Sachmängel

„Der in einem als Mietvertrag zu wertenden Leasingvertrag formularmäßig 24
vereinbarte vollständige Gewährleistungsausschluß ist wirksam, wenn der Leasinggeber dem Leasingnehmer sämtliche ihm gegenüber dem Lieferanten zustehenden kaufrechtlichen Gewährleistungsansprüche einschließlich der Wandelungsbefugnis überträgt" (*BGH NJW* 1977, 848; bestätigt in *BGH NJW* 1982, 105; 1985, 1547; 1986, 1744; 1987, 1072; 1988, 2465; st.Rspr.). Behält sich der LG aber vor, die abgetretenen Rechte selbst wahrzunehmen, ist die Freizeichnung unangemessen und nach § 9 I AGBG unwirksam (*BGH NJW* 1988, 2465, 2467, II 1 a; insoweit in *BGHZ* 104, 232 nicht abgedruckt). Das gilt auch im nichtkaufmännischen Verkehr; § 11 Nr. 10 AGBG ist auf Finanzierungsleasingverträge nicht anwendbar (*BGH NJW* 1985, 1547). Der LN kann die ihm zur Ausübung übertragenen Gewährleistungsansprüche im Wege **gewillkürter Prozeßstandschaft** verfolgen (*BGH NJW* 1977, 848 und WM 1977, 390).

Beispiel einer unwirksamen Freizeichnungsklausel (Ausübung des Wande- 25
lungsrechts nur Zug um Zug gegen Zahlung sämtlicher ausstehender Raten, des Restwerts und von Kosten der Lieferung): *BGH NJW* 1984, 2687.

Ist der Kaufvertrag zwischen Lieferant und LG – wie wohl regelmäßig – 26
Handelskauf, gelten die Vorschriften der §§ 377, 378 HGB mindestens entsprechend, und zwar auch, wenn der LG dem LN die Gewährleistungsansprüche abgetreten hat, denn der abgetretene Anspruch bleibt in seinem bisherigen Umfang und mit dem bisherigen Inhalt unverändert bestehen. Der LG muß also dafür sorgen, daß das Leasinggut unverzüglich untersucht und erforderlichenfalls unverzüglich Mängelanzeige erhoben wird. Er darf sich hierzu auch des nichtkaufmännischen LNs bedienen. Doch trifft diesen ohne besondere Abrede keine **Rügeobliegenheit**. Hat der LN aber die Untersuchungs- und Rügepflicht wirksam übernommen, muß er die Rechtsfolgen einer Verletzung dieser Pflichten gegen sich gelten lassen (*BGH NJW* 1990, 1290, 1292, 1293).

Der LG muß die **rechtlichen Folgen** aus der Geltendmachung der Gewährlei- 27
stungsansprüche gegen sich gelten lassen (*BGH NJW* 1982, 105; 1985, 1535). Hat der LN mit seinem **Wandelungsbegehren** Erfolg, ist die Rückabwicklung des Kaufvertrags Sache von LG und Lieferant (*BGH NJW* 1985, 129): der LG hat das Leasingobjekt, der Lieferant den Kaufpreis zurückzugewähren. Nach § 242 BGB ist wegen Wegfalls der Geschäftsgrundlage eine Anpassung des Leasingvertrags vorzunehmen: der LG verliert von Anfang an, auch wenn das Leasingobjekt bereits in Gebrauch genommen wurde (*BGH NJW* 1985, 796) den Anspruch auf die Leasingraten, die der LN zurückfordern kann (*BGH NJW* 1985, 1535; 1990, 314 = *BGHZ* 109, 139). Entgegenstehende AGB-Klauseln sind nach § 9 I AGBG unwirksam. In den Bereicherungsausgleich sind die vom LN gezogenen Nutzungen einzubeziehen, für die LG Darlegungs- und Beweislast trägt (*BGH NJW* 1990, 314)! Scheitert die Durchsetzung der Wandelung wegen Vermögenslosigkeit des Lieferanten, muß der LN im Verhältnis zum LG so gestellt werden, wie er stünde, wenn die Wandelung vollzogen worden wäre (*BGH NJW* 1985, 129).

Nach *BGHZ* 97, 135 (= NJW 1986, 1744) ist der Ausschluß der mietrechtli- 28
chen Gewährleistung unter Abtretung der kaufrechtlichen Sachmängelansprüche gegenüber dem Lieferanten an den LN in AGB dahin auszulegen, daß der LG auch nicht vorläufig Zahlung von Leasingraten fordern kann, wenn der LN **Wandelungsklage** gegen den Lieferanten erhoben hat; eine Klage auf Zahlung

der Leasingraten ist nach § 148 ZPO auszusetzen. Andererseits kann sich der LN mit Erfolg nur wehren, wenn er nicht nur den Mangel behauptet, sondern ggf. auch Wandelungsklage erhebt. Unterläßt er dies, ist sein Einwand nicht schlüssig, der LG kann seinen Zahlungsanspruch in diesem Fall im Prozeßweg durchsetzen. Hat der LN es zu vertreten, daß das Leasingobjekt an den Lieferanten zurückgegeben wird, ohne daß Zug um Zug der Kaufpreis zurückgezahlt wird, ist er dem LG **schadensersatzpflichtig** (*BGH* NJW 1985, 1535).

5. Gebrauchsgewährung

29   a) Sie ist Hauptpflicht des LG. Der Lieferant ist insoweit Erfüllungsgehilfe des LG. Ist ein Leasingvertrag über Hard- und Software abgeschlossen und wird dem LN die Software nicht überlassen, richten sich die Rechtsfolgen nicht nach Sachmängelgewährleistungsrecht, sondern nach den Vorschriften über die (Teil-)Nichterfüllung einer Hauptpflicht des LG (*BGH* NJW 1988, 204 und 2465 II 2b). Wird in einem solchen Fall ein nicht unerheblicher Teil der Software nicht geliefert, kann dem LN ein Kündigungsrecht nach § 542 BGB zustehen (*BGH* NJW 1988, 204 A I 3 und 2465 II 2c); vgl. a. *BGH* NJW 1991, 2135 (Einrede aus § 320 BGB). Die Kündigung muß dem LG gegenüber ausgesprochen werden (s. oben Rdnr. 20).

30   b) Ist **Computer-Hardware** Gegenstand des Leasingvertrags, so gehört dazu auch ohne Erwähnung im Vertragstext grundsätzlich das Benutzerhandbuch als wesentlicher Bestandteil der geschuldeten Leistung. Ob die Nichtlieferung des Handbuchs einen Mangel darstellt oder ob es sich um eine Teil-Nichterfüllung handelt, hat der BGH offengelassen. Hat der LN den vollständigen Empfang der Leistung bestätigt, kann er sich nicht auf mangelnden Beginn seiner Mietzahlungspflicht berufen, sondern allenfalls die Einrede des nicht erfüllten Vertrags (§ 320 BGB) erheben. Die direkte Anwendung von § 539 BGB ist in diesem Fall ausgeschlossen, doch können im Rahmen des § 320 II BGB die Rechtsgedanken des § 539 BGB herangezogen werden. Greifen Gewährleistungsansprüche durch, steht dem LN diese Einrede neben den Ansprüchen aus §§ 537 ff. BGB zu, doch kann der Einrede möglicherweise die vorbehaltlose Annahme des Leasingguts entgegenstehen (*BGH* NJW 1989, 3222).

6. Schadensabwicklung beim Kfz-Leasing

31   Zu den damit zusammenhängenden Rechtsfragen: *Klimke* NJW 1988, 1830. Ergänzend hierzu: *BGH* NJW 1992, 553 (Schadensberechnung, wenn die Beschädigung des Fahrzeugs die Beendigung des Leasingvertrags zur Folge hat) und NJW-RR 1991, 280 (kein Anspruch des LG gegen den Schädiger auf Ersatz der Leasingraten bis Vertragsende bei Totalschaden).

Ferner: *BGH* NJW 1988, 2803 (zur Berechnung der Ersatzleistung in einer **Fahrzeugkaskoversicherung** wegen des Totalschadens eines geleasten Pkw). Die Ersatzleistung aus der Vollkaskoversicherung eines geleasten Pkw richtet sich nach den Aufwendungen des LG für eine Neubeschaffung, und zwar auch dann, wenn dem LN ein uneingeschränktes Erwerbsrecht zugesichert war (*BGH* NJW 1988, 2803; 1989, 2031). Mangels besonderer Vereinbarung bezweckt die Abtretung der Rechte des LN aus einer von ihm abgeschlossenen Vollkaskoversicherung lediglich die Befriedigung von Ansprüchen des LG aus Beschädigung und Verlust des Fahrzeugs (*BGH* NJW 1992, 683). LG Bielefeld hat in einem Berufungsurteil (NJW-RR 1989, 1431) entschieden, daß der durch einen Verkehrsunfall Geschädigte grundsätzlich vom gegnerischen Haftpflichtversicherer Ersatz der Anwaltskosten verlangen kann, die ihm infolge einer Kasko-Regulierung entstanden sind. Das gilt auch dann, wenn diese Kosten bei dem LN entstanden sind, der mit Ermächtigung des LG die Kasko-Regulierung mit Hilfe eines Anwalts durchgeführt hat.

IV. Beendigung des Leasingvertrags

Die Beendigung durch Zeitablauf wirft besondere Probleme nicht auf. In erster Linie gelten vereinbarte AGB, im Falle ihres Fehlens oder ihrer Unwirksamkeit: §§ 556, 557 BGB. Nach *BGH* NJW 1990, 247 ist ein formularmäßiger, auf unbestimmte Dauer abgeschlossener Finanzierungsleasingvertrag, der vom LN halbjährlich gekündigt werden kann, nicht deshalb als auf eine bestimmte Höchstdauer (Zeitpunkt der Vollamortisation) geschlossen auszulegen, weil bei Vertragsbeendigung eine Ausgleichszahlung des LN nur bis zu diesem Zeitpunkt der Vollamortisation aller Kosten entrichtet werden soll.

32

1. Fristlose Kündigung wegen Zahlungsverzugs

Der Leasingvertrag wird auch in diesem Fall nach Mietrecht beurteilt; ist LN ein Verbraucher, ist das VerbrKrG beim Finanzierungsleasingvertrag zu beachten (o. Rdnr. 1). Unwirksam ist eine AGB-Klausel, die dem LG die fristlose Kündigung wegen „sonstiger Umstände" erlaubt, aus denen sich eine wesentliche Verschlechterung oder Gefährdung des Vermögens des LN ergeben (*BGHZ* 112, 279). Kündigt der LG einen auf unbestimmte Dauer geschlossenen Teilamortisationsvertrag wegen Zahlungsverzugs des LN (§ 554 BGB), wird sein Anspruch auf **Schadensersatz** wegen Nichterfüllung (Anspruch eigener Art, keine Nachfristsetzung erforderlich: *BGH* NJW 1984, 2687) der Höhe nach durch das Erfüllungsinteresse bei vertragsgemäßer Beendigung bestimmt. Er ist, falls eine rechtswirksame vertragliche Regelung fehlt, konkret zu berechnen (*BGH* NJW 1985, 2253). Der Schadensersatzanspruch wegen Nichterfüllung umfaßt grundsätzlich den vollen entgangenen Gewinn, den der LG bis zum Zeitpunkt einer nach dem Vertrag zulässigen ordentlichen Kündigung hätte beanspruchen können, jedoch abgezinst (*BGH* NJW 1991, 221 in Fortführung von *BGH* NJW 1985, 2253 und 1986, 1746) sowie die Erstattung einer vom LG mit der Refinanzierungsbank wirksam vereinbarten und gezahlten Vorfälligkeitsentschädigung (*BGHZ* 111, 237). Ferner kann Herausgabe des Leasingobjekts gefordert werden. Anzurechnen sind der Restwert des Objekts bzw. ein etwaiger Erlös aus vorzeitiger Verwertung (*BGH* ZIP 1983, 1084; vgl. a. *BGH* ZIP 1984, 1114 und NJW 1985, 1539; 1985, 2253 – Abweichung von *BGH* NJW 1982, 1747). Fälligkeit mit Zugang der Kündigung (*BGH* NJW 1992, 2150). Mangels eines steuerbaren Umsatzes ist Mehrwertsteuer nicht in Ansatz zu bringen (*BGH* WM 1987, 562).

33

Der LN kann nicht einwenden, der LG hätte das Objekt anderweit verleasen können (*BGH* NJW 1981, 43). Verwertet der LG das Leasinggut, hat er eine Schadensminderungspflicht (*BGH* BB 1992, 92); unschädlich ist es, wenn der erzielte Erlös weniger als 10% unter dem Verkehrswert liegt (*BGH* NJW 1991, 221).

2. Ordentliche Kündigung

34   a) Kündigt der LN den Leasingvertrag ordentlich vor Ablauf der Vertragsdauer aufgrund eines ihm eingeräumten Kündigungsrechts, hat der LG Anspruch auf volle Amortisation einschließlich des kalkulierten Gewinns (*BGH* NJW 1985, 2253). Er hat daher Anspruch auf eine **Abschlußzahlung**. Eine AGB-Klausel über deren Berechnung muß mit §§ 9, 10 Nr. 7a AGBG vereinbar sein (umfangreiche BGH-Rspr. bei: *Wolf/Eckert* S. 358 Fn. 179). Unwirksam ist eine AGB-Klausel des LG, die ihm für den Fall vorzeitiger ordentlicher Kündigung den vollen kalkulierten Gewinn zubilligt, ohne Abzinsung und Verminderung ersparter laufzeitabhängiger Aufwendungen (*BGH* NJW 1991, 221 [222]). Mangels einer wirksamen Klausel ist das Erfüllungsinteresse konkret zu berechnen.

Verjährung: 2 Jahre nach § 196 I Nr. 6 BGB (*BGH* NJW 1986, 1335).

35   b) Die Verpflichtung eines Dritten gegenüber dem LG zur käuflichen Übernahme einer Leasingsache für den Fall, daß der Leasingvertrag notleidend werde, ist dahin auszulegen, daß es zum Eintritt der vereinbarten Bedingung einer wirksamen Kündigung des Leasingvertrags bedarf. Soll sich der Kaufpreis in einem solchen Fall nach dem „jeweils valutierenden Finanzierungsstand" richten, ist der Betrag zu zahlen, den der LN im Zeitpunkt der Kündigung als Rückstand und Schadensersatz schuldet. Seine Höhe bestimmt sich nach dem Barzahlungspreis, wenn dem LN ein Erwerbsrecht eingeräumt war und im Finanzierungsleasingvertrag die Förmlichkeiten des VerbrKrG nicht erfüllt sind (*BGH* NJW 1990, 1902 zur Rechtslage nach dem AbzG).

C. Sonstige Verfahren

C I. Der Arbeitsgerichtsprozeß

Dr. Jobst-Hubertus Bauer

Übersicht

	Rdnr.		Rdnr.
I. **Urteilsverfahren**	1	2. Verfahrensvertretung	181
1. Einleitung	1	3. Anwaltskosten im Beschlußverfahren	202
2. Annahme von Mandaten in Kündigungsschutzsachen	3		
3. Grundzüge des Urteilsverfahrens	8	III. **Einigungsstellenverfahren**	218
4. Erste Instanz	13	1. Sinn und Zweck der Einigungsstelle	218
5. Zweite Instanz	16		
6. Dritte Instanz	27	2. Errichtung der Einigungsstelle	219
7. Beiordnung des Rechtsanwaltes	33	3. Rechtsstellung der Mitglieder der Einigungsstelle	225
8. Kündigungsschutzklage	35		
9. Beendigung des Arbeitsverhältnisses durch Prozeßvergleich oder außergerichtlichen Aufhebungsvertrag	88	4. Der Anwalt vor der Einigungsstelle	229
		5. Gerichtliche Überprüfung des Spruchs der Einigungsstelle	230
10. Vollstreckungsprobleme	134	6. Kosten der Einigungsstelle	232
11. Arrest und einstweilige Verfügung	139	IV. **Besonderheiten in den neuen Bundesländern**	240
12. Streitwert- und Honorarprobleme	140		
II. **Beschlußverfahren**	155	1. Allgemeins	240
1. Grundzüge des Beschlußverfahrens	155	2. Verfahrensrecht	247

Literatur: *Ascheid*, Beweislastfragen im Kündigungsschutzprozeß, 1989; *Bauer*, Arbeitsrechtliche Aufhebungsverträge, 3. Aufl. 1993; *Bauer/Röder*, Kündigungsfibel, 2. Aufl., 1991; *Bengelsdorf*, Aufhebungsvertrag und Abfindungsvereinbarungen, 1992; *Berkowsky*, Die betriebsbedingte Kündigung, 2. Aufl. 1985; *ders.*, Die personenbedingte Kündigung, 1986; *Bulla/Buchner*, MutterschutzG, 6. Aufl. 1990; *Fitting/Auffarth/Kaiser/Heither*, BetrVerfG, 17. Aufl. 1992 (zitiert FAKH); *Gagel/Vogt*, Beendigung von Arbeitsverhältnissen, 3. Aufl. 1992; *Germelmann/Matthes/Prütting*, ArbGG, 1990; *Grunsky*, ArbGG, 6. Aufl. 1990; *Herschel/Löwisch*, KSchG, 6. Aufl. 1984; *Hueck/v. Hoyningen-Huene*, KSchG, 11. Aufl. 1992; *Knorr/Bichlmeier/Kremhelmer*, Die Kündigung. Ein Handbuch des Kündigungsrechts, 3. Aufl. 1991; KR-*Bearbeiter*, Gemeinschaftskommentar zum Kündigungsschutzgesetz und sonstigen kündigungsschutzrechtlichen Vorschriften, 3. Aufl. 1988; *Langer*, Die anwaltliche Praxis in Arbeitssachen, 1989; *Lepke*, Kündigung bei Krankheit, 6. Aufl. 1984; *ders.*, Der unbezifferte Zahlungsanspruch im Urteilsverfahren vor dem Arbeitsgericht, BB 1990, 273; *ders.* Zur Rechtsnatur der Klagefrist des § 4 KSchG; *Meisel/Sowka*, MutterschutzG, 3. Aufl. 1989; *Müller/Bauer*, Der Anwalt vor den Arbeitsgerichten, 3. Aufl. 1991; *Rohlfing/Rewolle/Bader*, KSchG (Loseblatt), Stand Juni 1991; *Schaub*, Arbeitsrechts-Handbuch, 7. Aufl. 1992; *ders.*, Arbeitsgerichtliche Formularsammlung und Arbeitsgerichtsverfahren, 5. Aufl. 1990; *Stahlhacke/Preis*, Kündigung und Kündigungsschutz im Arbeitsverhältnis, 5. Aufl. 1991; *Wilrodt/Neumann*, SchwerbehindertenG, 8. Aufl. 1992; *Zirnbauer*, Anwaltliche Kunstfehler im Arbeitsrecht, NZA Beil 3/1989 S. 34; *Zmarzlik/Zipperer/Viethen*, Mutterschutzgesetz, Mutterschaftshilfe, 5. Aufl. 1986. –

C I

Zum Beschlußverfahren: *Auffarth,* Neuerungen im arbeitsgerichtlichen Beschlußverfahren nach dem Arbeitsgerichtsgesetz 1979, in: Festschrift G. Müller, 1981 S. 3; *Bauer,* Sprecherausschußgesetz, 2. Aufl. 1990; *Bulla,* Die Konkurrenz von arbeitsgerichtlichen Urteils- und Beschlußverfahren, RdA 1978, 205; *Däubler,* Gewerkschaftliches Klagerecht gegen tarifwidrige Betriebsvereinbarungen?, BB 1990, 2256; *Dütz,* Verfahrensrecht der Betriebsverfassung, AuR 1973, 353; *Dunkl,* Der Begriff und die Arten der Beteiligten im arbeitsgerichtlichen Beschlußverfahren, 1979; *Fabricius/Kraft/Thiele/Wiese/Kreutz,* Gemeinschaftskommentar zum BetrVG (zitiert GK-*Bearbeiter*), 4. Aufl. 1987; *Grunsky,* Antragsbefugnis der Gewerkschaft zur Feststellung der Tarifvertragswidrigkeit einer Betriebsvereinbarung, DB 1990, 526; *Klimpe-Auerbach,* Gesetzesänderungen des Jahres 1990 und ihre Auswirkungen auf das arbeitsgerichtliche Verfahren, AuR 1992, 110; *Künzl,* Die einseitige Erledigungserklärung im Urteilsverfahren, DB 1990, 2370. *Laux,* Die Antrags- und Beteiligungsbefugnis im arbeitsgerichtlichen Beschlußverfahren, 1985; *Matthes,* Zur Antragstellung im Beschlußverfahren, DB 1984, 453; *ders.,* Verfahrensrechtliche Fragen im Zusammenhang mit Beteiligungsrechten des Betriebsrats bei personellen Einzelmaßnahmen, DB 1989, 1285. *Molkenbur,* Verfahrensrechtliche Probleme des arbeitsgerichtlichen Beschlußverfahrens, DB 1992, 425; *Schwab,* Neuerungen im arbeitsgerichtlichen Verfahren, NZA 1991, 657 – **Zum Einigungsstellenverfahren:** *Bauer,* Der Anwalt im Einigungsstellenverfahren, AnwBl. 1985, 225; *ders.,* Einigungsstellen – Ein ständiges Ärgernis!, NZA 1992, 433; *ders.,* Betriebsänderungen, 1992; *Bauer/Röder,* Problemlose Einigungsstellenkosten?, DB 1989, 224; *Behrens,* Konkretisierung des Gegenstandes der Einigungsstelle, NZA Beil. 2/1991, 23; *Bengelsdorf,* Die Vergütung der Einigungsstellenmitglieder, NZA 1989, 489; *ders.,* Rechtliche Möglichkeiten zur Beschleunigung des erzwingbaren Einigungsstellenverfahrens, BB 1991, 613; *Bischoff,* Die Einigungsstelle im Betriebsverfassungsrecht, 1975; *Gaul,* Die betriebliche Einigungsstelle, 2. Aufl. 1980; *Heinze,* Verfahren und Entscheidung der Einigungsstelle, RdA 1990, 262; *Henssler,* Die Entscheidungskompetenz der betriebsverfassungsrechtlichen Einigungsstelle in Rechtsfragen, RdA 1991, 268; *Löwisch,* Die gesetzliche Regelung der Einigungsstellenkosten, DB 1989, 223; *Lunk/Nebendahl,* Die Vergütung der außerbetrieblichen Einigungsstellenbeisitzer, NZA 1990, 921; *Pünnel,* Die Einigungsstelle des BetrVG 1972, 3. Aufl. 1990; *Rieble,* Die Kontrolle der Einigungsstelle in Rechtsstreitigkeiten, BB 1991, 471; *Schönfeld,* Die Person des Einigungsstellenvorsitzenden, DB 1988, 1996; *ders.,* Grundsätze der Verfahrenshandhabung der Einigungsstelle, NZA Beil. 4/1988 S. 3; *Sowka,* Die Tätigkeit von Rechtsanwälten als Parteivertreter vor der Einigungsstelle, NZA 1990, 91; *Ziege,* Der Rechtsanwalt im Einigungsstellenverfahren gem. § 76a BetrVG, NZA 1990, 926. – **Zur Rechtslage in der ehemaligen DDR:** Einigungsvertrag vom 31. 8. 1990 (BGBl. II S. 889) und Einigungsvertragsgesetz vom 23. 9. 1990 (BGBl. II S. 885). – **Fachzeitschriften:** Arbeit und Recht (AuR); Neue Zeitschrift für Arbeits- und Sozialrecht (NZA); Recht der Arbeit (RdA); Zeitschrift für Arbeitsrecht (ZfA).

I. Urteilsverfahren

1. Einleitung

1 Die Mehrzahl arbeitsgerichtlicher Urteilsverfahren besteht aus Kündigungsschutzprozessen. Diese bestimmen deshalb weitgehend die Tätigkeit von „Vertretern" von Arbeitgeberverbänden und Gewerkschaften, Mitarbeitern von Personal- und Rechtsabteilungen, zunehmend aber auch von Anwälten. Im Unterschied zu den Verbandsvertretern ist der freiberufliche **Anwalt**, nicht zuletzt wegen seiner Unabhängigkeit, der **geborene Interessenvertreter** (*Bauer* AnwBl 1987, 383). Voraussetzung ist, daß er sich auf dem Gebiet des Arbeitsrechts auskennt, wovon in der Regel bei Fachanwälten für **Arbeitsrecht** (§§ 42a ff. BRAGO) ausgegangen werden kann. Allerdings sollte sich der (potentielle) Mandant nicht allein auf die Bezeichnung verlassen, zumal es viele Anwälte

gibt, die bewußt auf das Führen dieser Bezeichnung verzichten und mehr von der Materie verstehen, als mancher Fachanwalt für Arbeitsrecht (*Bauer,* Aufhebungsverträge, Rdnr. 1037).

Im folgenden sollen die wichtigsten Fragen von der Annahme des Mandats bis zum Abschluß des Urteilsverfahrens, insbesondere des Kündigungsschutzverfahrens, erörtert werden. Dabei ist es allerdings nicht möglich, näher auf materielle Probleme des Kündigungsrechts (z. B. Fristen, Zugang, Kündigungsgründe) einzugehen. Im Vordergrund stehen vielmehr **rechtliche und taktische Verfahrensfragen,** die sich aus KSchG und ArbGG ergeben. 2

2. Annahme von Mandaten in Kündigungsschutzsachen

Dem Anwalt ist dringend zu empfehlen, schon frühzeitig und gründlich die Sach- und Rechtslage aufzuklären, um die Weichen im Interesse des Mandanten richtig stellen zu können. 3

An die **Sorgfaltspflicht** des Anwalts wird gerade bei arbeitsrechtlicher Beratung – und hier vor allem im Bereich des Kündigungsschutzes und der Lohnsicherung der Arbeitnehmer – ein scharfer Maßstab angelegt. Unruhe hat das Urteil des *BGH* vom 29. 3. 1983 (DB 1983, 1606; vgl. dazu *Weisemann* AnwBl 1984, 1974) ausgelöst. Danach beachtet der Anwalt, der die Vertretung eines Arbeitnehmers in einem Arbeitsgerichtsprozeß übernimmt, nur dann die im Verkehr erforderliche Sorgfalt, wenn er die veröffentlichte höchstrichterliche Rechtsprechung, vornehmlich die in der amtlichen Sammlung des BAG abgedruckten Entscheidungen, berücksichtigt. 4

Das Mandat in einem Kündigungsrechtsstreit verpflichtet den Anwalt zunächst selbstverständlich, die Erfolgsaussichten einer Klage und/oder eines Rechtsmittelverfahrens mit dem Arbeitnehmer umfassend zu erörtern (vgl. **BGH** NJW 1986, 2043; *BGH* NJW 1984, 791; vgl. weiter LG Dortmund vom 8. 6. 1988 – 6 O 76/88 und in diesem Zusammenhang *Schlee* AnwBl. 1990, 459 zur Frage, inwieweit bei einem aussichtslosen Mandat eine Pflicht des Anwalts zur Mandatsniederlegung besteht). Dabei darf der Anwalt aber nicht stehenbleiben; er muß vielmehr auf sonstige finanzielle Interessen des Mandanten, die im Zusammenhang mit der Kündigung stehen „erkennen oder durch Befragung ermitteln" (*BGH* a. a. O.). Dazu gehört es, für eine **Sicherung der Gehaltsansprüche** zu sorgen. Der Anwalt muß deshalb daran denken, das solche Ansprüche möglicherweise innerhalb bestimmter Verfallfristen schriftlich (genügend ist aber in diesem Fall eine Kündigungsschutzklage; *BAG* EzA Nrn. 27, 28, 30 zu § 4 TVG – Ausschlußfristen, *BAG* NZA 1992, 521) oder gerichtlich (hier genügt die Erhebung einer „reinen" Kündigungsschutzklage nicht, *BAG* AP 31 zu § 4 TVG „Ausschlußfristen" mit Anm. von *Zöllner*) geltend gemacht werden müssen. Dem Anwalt obliegt dabei die Pflicht, den Sachverhalt aufzudecken, d. h. auch zu ermitteln, ob der Arbeitnehmer individualvertraglich eine Ausschlußfrist (auch die Verweisung auf einen Tarifvertrag!) vereinbart hat, oder ob ein (auch nur allgemeinverbindlicher oder kraft betrieblicher Übung zum Zuge kommender) Tarifvertrag auf das Arbeitsverhältnis des Arbeitnehmers Anwendung findet (*BGH* a. a. O.). 5

Diese Rechtsprechung zwingt den Anwalt nicht nur dazu, gründlich zu arbeiten, sondern auch schnell. So muß er nicht nur unverzüglich prüfen, ab wann die 3-Wochen-Frist des § 4 KSchG zu laufen beginnt, sondern z. B. auch, ob eine Zurückweisung einer Kündigung nach § 174 BGB in Betracht kommt. Zur 6 raschen und frühzeitigen **Aufklärung der Sach- und Rechtslage** gehört es, folgende Feststellungen zu treffen und mit dem Mandanten zu besprechen, ohne daß die Aufzählung Anspruch auf Vollständigkeit erhebt (vgl. *Bauer* NZA 1985, 20):

7 – Feststellung der Parteiverhältnisse (Name, Anschrift, Familienstand, Unterhaltspflichten, Alter, Betriebszugehörigkeit, Status, Organisation des Arbeitgebers, Belegschaftsstärke des Betriebs usw.);
– Zugang der Kündigung (vgl. *BAG* NZA 1988, 875) und Ablauf der Klagefrist;
– Ist die Kündigung formell in Ordnung? (Schriftform, schriftliche Begründung, Zurückweisung nach § 174 BGB (*OLG Hamm* AnwBl. 1991, 340: Fax nicht ausreichend), Kündigungsfrist);
– Greift der Kündigungsschutz nach dem KSchG ein? (Betriebsgröße, Wartezeit – vgl. *BAG* NZA 1990, 221 zur Frage, ob die Zeiten früherer Arbeitsverhältnisse anzurechnen sind und *BAG* NZA 1989, 884 zur Beweislast für eine rechtliche Unterbrechung eines Arbeitsverhältnisses –, Arbeitnehmerbegriff);
– Kündigungsart und Gründe prüfen; kommt ein Wiedereinstellungsanspruch in Betracht (vgl. dazu *Brahm/Rühl* NZA 1990, 753)?
– Ist der Betriebsrat/Sprecherausschuß ordnungsgemäß angehört worden?;
– Kann sich der Arbeitnehmer auf besonderen Kündigungsschutz berufen (vgl. Rdnr. 120 ff.)?;
– Ist ein nachvertragliches Wettbewerbsverbot vereinbart? (Falls ja, an §§ 75, 75 a HGB denken; vgl. Rdnr. 109 ff.);
– Besteht Anspruch auf betriebliche Altersversorgung? (Falls ja: Wann wurde Zusage erteilt? Ist die Zusage schon unverfallbar?, Abfindungsverbot des § 3 BetrAVG beachten; vgl. Rdnr. 102 ff.);
– Auflistung aller sonstigen offenen gegenseitigen Ansprüche der Parteien vornehmen, z. B.: (Rückständige) Vergütung (Gratifikation, 13. oder 14. Monatsgehalt, Urlaub und Urlaubsgeld, Provision, Tantieme, Spesenvorschuß), Darlehen, Firmen-PKW, Umzugs-/Ausbildungskosten, Werkwohnung, (Zwischen-)Zeugnis, Schadensersatz, Arbeitnehmererfindungsansprüche, Herausgabe von Arbeitsmitteln (Preis- und Kundenlisten, Muster, Werkzeuge, Angebotsunterlagen, Literatur usw.), Arbeitspapiere (Lohnsteuerkarte, Versicherungsunterlagen, Urlaubsbescheinigung, Bescheinigung nach § 133 AFG);
– Werden die Ansprüche tangiert durch Ausschlußfristen, Bindungsklauseln und/oder Rückzahlungsvorbehalte?;
– Muß die Arbeit angeboten werden – §§ 615 BGB, 11 KSchG beachten!? – Vgl. *BAG*/ZIP 1990, 1292 und *Bauer/Hahn* NZA 1991, 217.
– Klarheit über (Prozeß-)Ziel gewinnen:
Arbeitnehmer: Will er sich den Arbeitsplatz erhalten oder strebt er eine Abfindung an? Sollen oder müssen weitere Ansprüche mit Geld gemacht werden? Weiterbeschäftigungsanspruch ggfs. nicht vergessen!
Arbeitgeber: Ist er bereit, notfalls eine Abfindung (in welcher Höhe?) zu bezahlen? Kommt eine Widerklage (z. B. wegen Schadensersatz) in Betracht?
– Welches Gericht ist sachlich und örtlich zuständig (vgl. Rdnr. 11 a, b)?
– Soweit eine Rechtsschutzversicherung besteht, muß diese unverzüglich eingeschaltet werden;
– Besteht keine Rechtsschutzversicherung, ist zu prüfen ob ein PKH-Antrag oder ein Antrag nach § 11 a ArbGG in Betracht kommt (vgl. Rdnr. 34 ff.);

- Wenn eine Honorarvereinbarung getroffen werden soll, muß sie schriftlich (§ 3 BRAGO) erfolgen;
- Belehrung des Mandanten gem. § 12a ArbGG (vgl. Rdnr. 153);
- Vollmacht.

3. Grundzüge des Urteilsverfahrens

a) **Verweisung auf die ZPO.** Beim arbeitsgerichtlichen Urteilsverfahren handelt es sich um einen **echten Zivilprozeß.** Für das Urteilsverfahren des ersten Rechtszugs schreibt § 46 I 1 ArbGG die Geltung der §§ 495 ff. ZPO zwingend vor, soweit das ArbGG nichts Abweichendes bestimmt. Da § 495 I 1 ZPO auf die Vorschriften über das Verfahren vor dem Landgerichten verweist, sind die Verfahrensvorschriften für das Urteilsverfahren des ersten Rechtszugs dreistufig angeordnet: Zunächst muß geprüft werden, ob das ArbGG eine unmittelbare Regelung enthält; ist dies nicht der Fall, sind die §§ 495 ff. ZPO heranzuziehen; schweigen auch diese, muß auf die Vorschriften über das Verfahren vor den Landgerichten (§§ 23 und 50 ff. ZPO) zurückgegriffen werden. Da aber das ArbGG und die §§ 495 ff. ZPO nur einzelne Fragen beantworten, ist die Anwendung der Vorschriften über das landgerichtliche Verfahren die Regel. 8

Die Anwendbarkeit der ZPO hat zur Folge, daß im arbeitsgeichtlichen Urteilsverfahren der **Dispositionsgrundsatz** gilt. Der Kläger muß also einen bestimmten Antrag stellen, an den das Gericht gebunden ist (§§ 253 I Nr. 2, 308 ZPO). Der Dispositionsgrundsatz ermöglichst es den Parteien auch, die Rechtshängigkeit des Verfahrens zu beenden bzw. dessen Gegenstand zu verändern. Damit gelten die Vorschriften über die Klagerücknahme (§ 269 ZPO), die Klageänderung (§ 263 f ZPO), den Verzicht (§ 306 ZPO), den Vergleich (§ 794 ZPO), das Anerkenntnis (§ 307 ZPO) sowie die Erledigung der Hauptsache (§ 91a ZPO, vgl. dazu *Künzl*, DB 1990, 2370). 9

Eng verwandt mit dem Dispositionsgrundsatz ist die **Verhandlungsmaxime.** Danach können die Gerichte für Arbeitssachen in der Regel nur solche Tatsachen berücksichtigen, die von den Parteien vorgetragen und soweit sie bestritten werden – bewiesen worden sind (*BAG* AP Nr. 3 zu § 9 KSchG). 10

Neben dem Urteilsverfahren kennt das ArbGG mit dem **Beschlußverfahren** (§§ 80 ff. ArbGG) eine zweite völlig eigenständige Verfahrensart (vgl. *Molkenbur* DB 1992, 425 zur Abgrenzung von Urteils- und Beschlußverfahren) für betriebsverfassungsrechtliche Streitigkeiten sowie Angelegenheiten aus dem MitbestG und dem BetrVG 1952, soweit über die Wahl von Vertretern der Arbeitnehmer in den Aufsichtsrat und über ihre Abberufung mit Ausnahme der Abberufung nach § 103 Abs. 3 AktG zu entscheiden ist (§ 2a I Nrn. 1 und 2 ArbGG). Statt von „Parteien" spricht § 83 I 2 ArbGG von „Beteiligten". Während im Urteilsverfahren eine Klage erhoben wird, ist im Beschlußverfahren nur von Anträgen die Rede; deshalb gibt es dort auch nur „Antragsteller" und „Antragsgegner". Im Unterschied zum Urteilsverfahren erforscht das Gericht den Sachverhalt „im Rahmen der gestellten Anträge von Amts wegen" (§ 83 I 1 ArbGG). 11

Für die in § 2 I ArbGG enumerativ genannten Arbeitssachen sind die Gerichte für Arbeitssachen ausschließlich zuständig (vgl. *Krasshöfer-Pidde/Molkenbur* NZA 1991, 623). Der Anwalt muß deshalb prüfen, ob der jeweilige Rechtsstreit einem Tatbestand des Zuständigkeitskataloges unterfällt. Bei Streitigkeiten über die Miethöhe für Werk**miet**wohnungen sind die Amtsgerichte nach § 29a ZPO 11a zuständig; dagegen sind die Gerichte für Arbeitssachen wohl zuständig für Rechtsstreitigkeiten über Werksdienstwohnungen nach § 565e BGB, weil hier die Überlassung des Mietraums unmittelbarer Bestandteil des Arbeitsverhältnisses ist (*BAG* NZA 1990, 539). Für Klagen auf Erteilung einer Arbeitsbescheinigung nach § 133 AFG ist anders als für Klagen auf Berichtigung der Rechtsweg zu den Arbeitsgerichten gegeben (*BAG* DB 1992, 2199; *BSG* NZA 1991, 696). Bei dem Verhältnis der ordentlichen Gerichtsbarkeit zur Arbeitsgerichtsbarkeit handelt es sich seit dem Inkrafttreten des Gesetzes zur Neuregelung des verwaltungsgerichtlichen Verfahrens (4. VwGOÄndG vom 17. 12. 1990, BGBl. I, 2809) am 1. 1. 1991 nicht mehr um eine Frage der sachlichen Zuständigkeit, sondern der Zulässigkeit des Rechtswegs (*LAG Frankfurt* NZA 1993, 142; *ArbG Passau* NZA 1992, 428; *Klimpe-Auerbach* AuR 1992, 110; a. A. *Schwab* NZA 1991, 657; *Krasshöfer-Pidde/Molkenbur* a. a. O.; vgl. auch *Koch* NJW 1991, 1856). Das ergibt sich daraus, daß der Gesetzgeber in § 17ff GVG eine für alle Gerichtszweige einheitliche Rechtswegeregelung getroffen und die Überschriften der §§ 2, 48 ArbGG entsprechend geändert hat. Durch **rügeloses Verhandeln** zur Hauptsache kann die Zulässigkeit des Rechtswegs nicht herbeigeführt werden.

11b   Nach der Neufassung der §§ 17 bis 17b GVG und des § 48 I ArbGG durch das 4. VwGOÄndG vom 17. 12. 1990 (a. a. O.) hat das erstinstanzliche Arbeitsgericht seit dem 1. 1. 1991 den Rechtsstreit nach Anhörung der Parteien von **Amts wegen** durch Beschluß gemäß § 48 I ArbGG n. F. i. V. m. § 17a II GVG an das von ihm für **örtlich zuständig** gehaltene Arbeitsgericht zu verweisen. Eine Abweisung der Klage als unzulässig durch Urteil ist auch dann gesetzwidrig, wenn die Klägerseite keinen Verweisungsantrag gestellt hat (*LAG Hamm* NZA 1992, 136).

11c   Verweisungsbeschlüsse sind im übrigen nach § 17a GVG förmlich zuzustellen (§ 329 III ZPO). Das abgebende Gericht darf die Akten nicht vor Rechtskraft des Verweisungsbeschlusses an das Gericht, an das der Rechtsstreit verwiesen worden ist, übersenden (§ 17b I GVG). Das Arbeitsgericht, an das verwiesen worden ist, kann den Rechtsstreit wegen örtlicher Unzuständigkeit innerhalb „seines" Rechtsweges weiter verweisen (§ 17a II 3 GVG; *BAG* NZA 1992, 1047). Durch das **Bestimmungsverfahren** nach § 36 Nr. 6 ZPO erhält der Verweisungsbeschluß keine weitergehende Bindungswirkung als es § 17a II 3 GVG vorsieht. Das bedeutet: Auch das Gericht, das in einem negativen Kompetenzkonflikt zwischen Gerichten verschiedener Rechtswege nach § 36 Nr. 6 ZPO für zuständig erklärt worden ist, kann den Rechtsstreit wegen örtlicher Zuständigkeit weiterverweisen (*BAG* a. a. O.).

11d   Nach § 48 I ArbGG, § 17a II 3 GVG sind **Verweisungsbeschlüsse** für das Arbeitsgericht, an das verwiesen worden ist, **bindend.** Die bindende Wirkung ist auch im Bestimmungsverfahren des § 36 Nr. 6 ZPO zu beachten (*BAG* AP Nr. 27 zu § 36 ZPO). Lediglich eine offensichtlich gesetzeswidrige Verweisung kann diese Bindungswirkung nicht entfalten (*BAG* NZA 1992, 1049).

12   **b) Besonderheiten.** Im arbeitsgerichtlichen Urteilsverfahren gelten gegenüber der ZPO vor allem folgende Besonderheiten:
— Im Mahnverfahren gilt nach § 46a III ArbGG im Unterschied zu § 692 I 3 ZPO nur eine Widerspruchsfrist von einer statt zwei Wochen;
— Nach § 46 II 2 ArbGG gelten die §§ 592ff. ZPO über den Urkunden- und Wechselprozeß nicht. Umstritten ist allerdings, ob die Zuständigkeit der Arbeitsgerichte einem Urkundenprozeß vor dem ordentlichen Gerichten entge-

Urteilsverfahren **C I**

gensteht (so *Grunsky* § 2 Rdnr. 6; *Schaub,* Formularsammlung, § 82 II 6; *Nägele* BB 1991, 1411; *Müller/Bauer* A. II. 2. a);
- Das arbeitsgerichtliche Verfahren beginnt zwingend mit der Güteverhandlung (§ 54 ArbGG; vgl. Rdnrn. 48 ff.);
- Es gibt kein schriftliches Vorverfahren (§ 46 II 2 ArbGG);
- Nach § 59 I 1 ArbGG kann gegen ein Versäumnisurteil nur binnen einer Notfrist von einer Woche nach seiner Zustellung Einspruch eingelegt werden, und zwar schriftlich oder zu Protokoll der Geschäftsstelle (anwendbar bleibt § 340 III ZPO);
- Da im arbeitsgerichtlichen Verfahren kein schriftliches Vorverfahren stattfindet (§ 46 II 2 ArbGG) kann ein Versäumnisurteil nur aufgrund mündlicher Verhandlung ergehen; § 331 III ZPO ist deshalb nicht anwendbar;
- Die §§ 101 bis 110 ArbGG enthalten für die Arbeitsgerichtsbarkeit eine abschließende Sonderregelung der Schiedsgerichtsbarkeit;
- Gerichtsferien gibt es nicht in der Arbeitsgerichtsbarkeit. Also: In Arbeitsgerichtsverfahren läuft eine normale nicht durch Gerichtsferien verlängerte Berufungsbegründungsfrist;
- § 9 I 1 ArbGG ordnet allgemein die Beschleunigung des arbeitsgerichtlichen Verfahrens an. Die **Beschleunigungstendenz des ArbGG** drückt sich darüber hinaus in zahlreichen Einzelbestimmungen aus, die von den für das Verfahren vor den ordentlichen Gerichten geltenden Regelungen nicht unerheblich abweichen (verkürzte Einlassungsfrist auf eine Woche, § 47 I ArbGG; verkürzte Einspruchsfrist gegen Versäumnisurteil, § 59 S. 1 ArbGG; besondere Beschleunigung für das Kündigungsschutzverfahren, § 61 a ArbGG; Zustellung der Urteile von Amts wegen, wobei die Zustellung innerhalb von 3 Wochen seit Übergabe an die Geschäftsstelle erfolgen muß, § 50 I 1 ArbGG; Zurückweisung verspäteten Vorbringen in der Berufungsinstanz schon bei einfachem Verschulden der Partei, § 67 II ArbGG);
- Wer die **Gerichtskosten** letztlich zu tragen hat, ergibt sich aus der Kostenentscheidung. Verfahren vor den Gerichten für Arbeitssachen sind im Vergleich zum Zivilprozeß relativ billig; in erster Instanz wird nur eine einmalige Gebühr erhoben, deren Höhe sich nach dem Streitwert richtet. Der Mindestbetrag ist 3 DM, der Höchstbetrag 500 DM. Im übrigen kann die Gebührenhöhe der Gebührentabelle (= Anlage 2 zu § 12 II ArbGG) entnommen werden. Endet das erstinstanzliche Verfahren durch Prozeßvergleich, fallen keine Gebühren an, und zwar auch dann nicht, wenn streitig verhandelt worden ist (Gebührenverzeichnis Nr. 2112). Kostenvorschüsse werden nicht erhoben (§ 12 IV 2 ArbGG). Völlig kostenfrei sind Beschlußverfahren (§ 12 V ArbGG). In der Berufungs- und/oder Revisionsinstanz können zwei Gebühren (Verfahrens- und Urteilsgebühr) anfallen;
- Nach § 12a I 1 ArbGG besteht im Urteilsverfahren des ersten Rechtszugs kein Anspruch der obsiegenden Partei auf Entschädigung wegen Zeitversäumnis und auf Erstattung von Anwaltskosten;
- § 11a ArbGG sieht die Beiordnung eines Rechtsanwaltes vor (vgl. Rdnrn. 33 ff.).
- § 62 II 2 ArbGG stellt das **Mündlichkeitsprinzip** im **einstweiligen Verfügungsverfahren** nachdrücklich heraus. Nur in dringenden Fällen, etwa aus Zeitmangel, kann ausnahmsweise ohne mündliche Verhandlung entschieden werden.

4. Erste Instanz

13 In erster Instanz besteht **kein Anwaltszwang** (§ 11 I ArbGG). Damit kommt § 79 ZPO zum Zuge, wonach sich eine Partei durch jede prozeßfähige Person und damit auch von jedem bei einem deutschen Gericht zugelassenen Anwalt vertreten lassen kann mit Ausnahme der beim BGH zugelassenen Anwälte (§ 172 BRAO; vgl. *Müller/Bauer* A.II.1.a). Eine Partei ist nach § 11 ArbGG vor dem Arbeitsgericht ordnungsgemäß vertreten auch durch einen Rechtsreferendar, der bei einem von der Partei bevollmächtigten Rechtsanwalt besschäftigt ist, und dem von diesem Rechtsanwalt Untervollmacht zum Auftreten vor dem Arbeitsgericht erteilt ist (*BAG NZA* 1990, 665).

14 Nach § 11 I 2 ArbGG ist auch eine Vertretung durch **Verbandsvertreter** oder durch Vertreter von selbständigen Vereinigungen von Arbeitnehmern mit sozial- oder berufspolitischer Zwecksetzung zulässig (vgl. *BAG NZA* 1990, 666). Der „Vertreter" im Sinne des § 11 I ArbGG ist kein Stellvertreter, da er nicht für seinen Verband, sondern allein für die Partei rechtsgeschäftliche Erklärungen abzugeben hat (*Grunsky* § 11 Rdnr. 10). Eine nicht im Verband organisierte Prozeßpartei kann sich nicht durch einen Verbandsvertreter vertreten lassen (*BAG AP* Nr. 35 zu § 11 ArbGG). Entsprechendes gilt für den Arbeitgeber.

15 Der Prozeßbevollmächtigte hat seine Bevollmächtigung durch schriftliche Vollmacht nachzuweisen und zu den Gerichtsakten zu geben (§ 46 II ArbGG i. V. m. § 80 I ZPO). Der Mangel der Vollmacht kann vom Gegner in jeder Lage des Rechtsstreits gerügt werden (§ 88 I ZPO). Tritt vor dem Arbeitsgericht allerdings ein **Anwalt** auf, so erfolgt die Prüfung nur auf Rüge des Gegners (§ 88 II ZPO).

15a Mit Ausnahme der Rechtsanwälte sind Personen, die die **Besorgung fremder Rechtsangelegenheiten** vor Gericht geschäftsmäßig betreiben, als Bevollmächtigte und Beistände in der mündlichen Verhandlung ausgeschlossen (§ 11 III ArbGG). § 11 III ArbGG und § 6 I Nr. 1 Rechtsberatungsgesetz stehen einer Vertretung einer Gesellschaft durch ihre eigenen Mitarbeiter oder auch durch Mitarbeiter einer Konzernobergesellschaft nicht entgegen (*LAG Hamm* NZA 1992, 1050).

5. Zweite Instanz

16 Nach § 64 I ArbGG findet gegen die erstinstanzlichen Urteile grds. die Berufung an die Landesarbeitsgerichte statt. Bei vermögensrechtlichen Streitigkeiten ist Voraussetzung, daß der **Wert des Beschwerdegegenstandes** 800 DM übersteigt oder die Berufung im Urteil zugelassen worden ist (§ 64 II ArbGG). Um vermögensrechtliche Streitigkeiten handelt es sich immer in Kündigungsschutzverfahren (*BAG AP* Nr. 1 zu § 64 ArbGG 1969; *LAG Berlin* DB 1980, 2044), aber auch beim Anspruch auf Zeugnis (*LAG Ba-Wü* BB 1977, 400) und dem Streit um die Zulässikgeit einer zur Personalakte genommenen Abmahnung (*LAG Rheinland-Pfalz* EzA Nr. 9 zu § 64 ArbGG).

17 Zu beachten ist, daß **Streitwert und Beschwer** nicht immer identisch sein müssen. Hat der Arbeitnehmer eine Bruttovergütung von 1000 DM eingeklagt und sind ihm durch Urteil des Arbeitsgerichts nur 700 DM zugesprochen worden, so beträgt der Streitwert 1000 DM, die Beschwer dagegen nur 300 DM, so daß eine Berufung nicht statthaft ist, es sei denn, sie ist im Urteil zugelassen worden. Legt die beim Arbeitsgericht in vollem Umfang unterlegene Partei uneingeschränkt Berufung ein, so stimmt der Wert der Beschwer mit dem im

Urteil des Arbeitsgerichtes festgesetzten Streitwerts überein. Eine gesonderte Ermittlung des Beschwerdewertes kommt dann nicht in Betracht (*BAG NZA* 1988, 705).

Vor den Landesarbeitsgerichten müssen sich die Parteien nach § 11 II 1 **18** ArbGG durch **Anwälte** als Prozeßbevollmächtigte vertreten lassen. Als Anwälte können auch Syndikusanwälte, die zur Rechtsanwaltschaft zugelassen und gleichzeitig Angestellte von Arbeitgebern sind, auftreten. Das Gericht kann in diesem Zusammenhang nicht prüfen, ob ein solches Auftreten standesrechtlich zulässig ist oder nicht (*Germelmann/Matthes/Prütting* § 11 Rdnr. 46). Allerdings können gem. § 11 II 2 ArbGG anstelle der Anwälte auch Verbandsvertreter auftreten (vgl. *BAG NZA* 1990, 666 zur Postulationsfähigkeit eines Verbandsvertreters). § 11 II 1 2. Halbs. ArbGG bestimmt ausdrücklich, daß jeder bei einem deutschen Gericht zugelassene Anwalt auftreten kann, mit Ausnahme der beim BGH zugelassenen Anwälte (§ 172 BRAO). Ein **Lokalisationsprinzip** und/oder ein Prinzip der besonderen Zulassung gilt also nicht. Da nur Anwälte und die ihnen insoweit gleichgestellten Personen des § 11 II ArbGG vor den Landesarbeitsgerichten auftreten dürfen, kann eine Untervollmacht nur an eine solche Person erteilt werden, die in ihrer Person ebenfalls die Voraussetzungen jener Bestimmung erfüllt (*BAGE* 3, 55). Der Anwalt kann also auch einem Koalitionsvertreter und umgekehrt der Koalitionsvertreter einem Anwalt Untervollmacht erteilen.

Im **Versäumnisverfahren** beim Landesarbeitsgericht muß der Einspruch **19** nicht unbedingt durch einen Anwalt – oder einen Verbandsvertreter – eingelegt werden. Dieser Rechtsbehelf kann durch die Partei selbst schriftlich oder durch Angabe einer Erklärung zur Niederschrift der Geschäftsstelle des LAG eingelegt werden (§ 64 VII i. V. m. § 59 ArbGG; *BAGE* 4, 207).

Die **Berufungsschrift** muß von einem bei einem deutschen Gericht zugelasse- **20** nen Anwalt oder von einem vertretungsberechtigten Verbandsvertreter unterzeichnet sein (§ 11 II ArbGG). Es reicht nicht aus, daß die Unterschrift „im Auftrag" eines anderen Anwalts erfolgt; zulässig soll aber eine Unterzeichnung „in Vertretung" eines anderen Anwalts sein (*BAG* AP Nr. 11 zu § 518 ZPO; *BGH NJW* 1988, 210). Nicht genügend ist eine nur paraphierte Berufungsschrift (*BAG* AP Nr. 1 zu § 130 ZPO). Weiter ist zu beachten, daß die Unterschrift zwar nicht leserlich sein muß, der Schriftzug aber charakteristische, ihn von andern Unterschriften abhebende Merkmale aufweisen muß (*BAG* AP Nr. 1 zu § 140 ZPO; AP Nr. 38 zu § 518 ZPO). Nach Auffassung des *BGH* (*NJW* 1987, 1333) genügt es für die Lesbarkeit einer Unterschrift unter einer Rechtsmittelschrift, wenn dem Schriftbild Andeutungen von Buchstaben noch entnommen werden können. Bei Anwälten mit Doppelnamen genügt es, wenn der zweite Teil des Doppelnamens mit den beiden Anfangsbuchstaben abgekürzt wird (*BAG DB* 1988, 920). Der in der Nichtunterzeichnung oder fehlerhaften Unterzeichnung einer Berufungsschrift liegende Verfahrensmangel kann im Anwaltsprozeß nicht gemäß § 295 ZPO (rügeloses Verhandeln) geheilt werden, weil es sich um eine Notfrist handelt (*BGHZ* 65, 46). Anders ist die Rechtslage dagegen bei der Klageschrift (*BGH* a. a. O.), auch wenn es sich um eine Kündigungsschutzklage handelt (*BAG NZA* 1986, 761).

Hat ein zum Kreis der Prozeßbevollmächtigten gehörender Anwalt in seiner **21** Eigenschaft als Mitglied der bevollmächtigten **Kanzlei** eine von einem anderen Prozeßbevollmächtigten abgefaßte Rechtsmittel- oder Rechtsmittelbegründungsschrift mit einem auf den sachbearbeitenden Anwalt hinweisenden Zusatz

Bauer

unterzeichnet, so ist in der Regel davon auszugehen, daß er auch die Verantwortung für den Inhalt dieser fristwahrenden bestimmenden Schriftsätze übernimmt (*BAG* NJW 1987, 3279). Ob dies auch gilt, wenn ein nicht im Briefkopf erwähnter oder in der Prozeßvollmacht nicht als Prozeßbevollmächtigter ausgewiesener Anwalt gehandelt hat, hat das *BAG* (a. a. O.) unentschieden gelassen.

22 Nach früherer Rechtsprechung des *BAG* (vgl. AP Nrn. 22, 27, 28, 30, 37 zu § 518 ZPO) mußte eine Rechtsmittelschrift nicht nur die in § 518 II ZPO genannten Angaben, sondern auch die volle ladungsfähige **Anschrift des Berufungsbeklagten** oder seines Prozeßbevollmächtigten zum Zweck der alsbaldigen Zustellung enthalten. Diese Rechtsprechung ist vom *Großen Senat* des *BAG* (NZA 1987, 136) aufgegeben worden.

23 Das Erfordernis der **eigenhändigen Unterschrift** hindert nicht eine telegraphische Rechtsmitteleinlegung (*BAGE* 23, 361). Eine telegraphische Berufungsschrift muß aber wenigstens aus dem Zusammenhang erkennen lassen, welcher Anwalt (wichtig für Sozietäten!) für den Text verantwortlich ist **und** die Aufgabe des Telegramms veranlaßt hat (*BAG* AP Nr. 48 zu § 518 ZPO). Die Berufung kann im arbeitsgerichtlichen Verfahren auch durch Telekopie (Telebrief, Telefax) eingelegt werden, wenn sie auf postalischem Wege dem Rechtsmittelgericht zugeleitet wird (*BAG* BB 1983, 1987); soweit die Telekopie unmittelbar beim Rechtsmittelgericht eingeht, bedarf es natürlich keiner Übermittlung durch die Deutsche Bundespost (*BAG* NZA 1987, 106; *BAG* NZA 1990, 985). Allerdings ist darauf zu achten, daß der Sendebericht zu den Akten genommen wird (*BGH* DB 1990, 40) und die Kopiervorlage von einem postulationsfähigen Anwalt unterzeichnet ist (*BGH* NJW 1990, 188). Berufungsschrift und Berufungsbegründung können grundsätzlich auch von einem postulationsfähigen **unterbevollmächtigten Rechtsanwalt** unterzeichnet werden (*BAG* NZA 1990, 828).

24 Die **Berufungsfrist** beträgt einen Monat (§ 66 I 1 ArbGG). Sie ist eine Notfrist und beginnt mit Zustellung des in vollständiger Form abgefaßten Urteils, wobei das Urteil von Amts wegen zugestellt werden muß; eine Zustellung von Anwalt zu Anwalt setzt die Frist nicht in Lauf. Die Rechtsmittelbelehrung des erstinstanzlichen Gerichts ist Bestandteil des Urteils und vom erkennenden Gericht zu unterschreiben; eine nicht vom Gericht unterschriebene Rechtsmittelbelehrung setzt die Berufungsfrist deshalb nicht in Lauf (*BAG* NZA 1984, 98). Bei fehlender Rechtsmittelbelehrung *und* unterbliebener Zustellung der gesamten Entscheidung wird mit Ablauf der Fünf-Monats-Frist nach §§ 516, 552 ZPO die Jahresfrist des § 9 V 4 ArbGG in Lauf gesetzt, so daß nach Ablauf von 17 Monaten seit Verkündung ein Rechtsmittel nicht mehr zulässig ist (*BAG* NZA 1985, 195; a. A. *Germelmann/Matthes/Prütting* § 9 Rdnr. 58; vgl. auch *Kappes* NZA 1991, 664). Eine Berichtigung bzw. Nachholung der fehlerhaften oder unterbliebenen Belehrung ist ohne weiteres zulässig, auch wenn dies § 9 V ArbGG nicht ausdrücklich vorsieht (*Germelmann/Matthes/Prütting* § 9 Rdnr. 62).

25 Die **Berufungsbegründungsfrist** beträgt ebenfalls einen Monat (§ 66 I 1 ArbGG) und beginnt mit der Einlegung der Berufung zu laufen (§ 519 I 2 ZPO), und zwar auch dann, wenn die Brufung ausnahmsweise vor Zustellung des Urteils eingelegt wird (*BAG* AP Nr. 16 zu § 519 ZPO). Zu beachten ist, daß sich die Begründung mit den Gründen des angefochtenen erstinstanzlichen Urteils **auseinandersetzen** muß (*BAG* NZA 1984, 268 und *BAG* NZA 1990, 73). Vertritt der Anwalt einen Arbeitnehmer, muß er darauf achten, daß die Berufungsbegründungsschrift ebenfalls anwaltlich unterzeichnet sein muß, mit der

Folge, daß mit der bloßen Vorlage eines vom Anwalt unterzeichneten Schriftsatzes, den der Vertretene selbst entworfen hatte, im Regelfall dem Begründungserfordernis nicht Genüge getan wird (vgl. *BSG* NZA 1992, 664). Die zwingende Frist für die **Berufungsbeantwortung** beträgt nach § 66 I 2 ArbGG einen Monat. Der Berufungsbeklagte ist über die Frist zu belehren (§ 66 I 3 ArbGG). § 66 ArbGG enthält keine Aussage darüber, welche Rechtsfolgen sich an die Versäumung der Frist knüpfen (*Grunsky* § 66 Rdnr. 7 schlägt eine analoge Anwendung der §§ 527, 296 I ZPO vor). Die Fristen zur Begründung der Berufung und zur Berufungsbeantwortung können vom Vorsitzenden des LAG einmal auf Antrag verlängert werden, wenn nach seiner freien Überzeugung der Rechtsstreit durch die Verlängerung nicht verzögert wird oder wenn die Partei erhebliche Gründe darlegt. Die Fristen dürfen auch nach Fristablauf verlängert werden, sofern dies bis zum Ablauf des letzten Tages der Frist beantragt worden ist (*BAG* GS AP Nr. 1 zu § 66 ArbGG 1979; *BAG* NZA 1986, 107). Wird die Berufungs- oder Berufungsbegründungsfrist versäumt, kann eine **Wiedereinsetzung in den vorigen Stand** nach §§ 233 ff. ZPO in Betracht kommen (vgl. *BAG* NZA 1989, 818 zur Wiedereinsetzung von Amts wegen, *BAG* NZA 1990, 538 und *BAG* NZA 1991, 401 zum schuldhaften Handeln eines Anwalts und *BGH* BB 1990, 1085 zur Fristenkontrolle durch den Anwalt).

Für die Zulässigkeit einer selbständigen oder unselbständigen **Anschlußberu-** 26 **fung** gelten über § 64 II ArbGG die Vorschriften der §§ 521 ff. ZPO entsprechend. Bei der unselbständigen („gewöhnlichen") Anschlußberufung handelt es sich um kein Rechtsmittel; sie räumt dem Rechtsmittelbeklagten vielmehr nur die Möglichkeit ein, innerhalb der Berufung des Prozeßgegners angriffsweise Anträge zu stellen und die Grenzen der neuen Verhandlung mitzubestimmen (*BAG* NJW 1976, 2134). Der Ablauf der Berufungsfrist steht der unselbständigen Anschließung nicht entgegen; eine Beschwer ist nicht nötig. Um eine selbständige Anschlußberufung handelt es sich dann, wenn sie in der Berufungsfrist eingelegt wird. Allerdings wird sie erst dann wirklich selbständig, wenn die Berufung der Gegenseite zurückgenommen oder als unzulässig verworfen wird (§ 522 II ZPO). Nach § 522 a III ZPO muß die Anschließungsschrift im wesentlichen den Anforderungen an eine Berufungsschrift genügen (vgl. insgesamt zur Anschlußberufung *Müller/Bauer* A.II.2.h).

Ob das Berufungsgericht die im erstinstanzlichen Rechtszug gehörten **Zeu-** 26a **gen** nochmals nach § 298 ZPO vernimmt oder sich mit der Verwertung der protokollierten und gem. § 526 ZPO vorgetragenen Aussagen begnügt, liegt im Ermessen des Berufungsgerichts. Allerdings kann das Berufungsgericht die Glaubwürdigkeit eines erstinstanzlich gehörten Zeugen nicht anders als die Richter erster Instanz beurteilen, ohne den Zeugen nochmals zu vernehmen. Die Glaubwürdigkeit eines Zeugen kann nur **der** Richter beurteilen, der den Zeugen vor sich sieht und ihm Fragen über solche Umstände vorlegen kann, die seine Glaubwürdigkeit in der zu entscheidenden Sache betreffen (*BAG* NZA 1990, 74).

Das Mandat eines erstinstanzlichen Prozeßbevollmächtigten ist grundsätzlich 26b nicht beendet bevor er seinem Auftraggeber das erstinstanzliche Urteil übersandt, dessen Zustellung mitgeteilt und auf die Rechtsmittelmöglichkeiten hingewiesen hat (*BGH* NJW 1990, 189). Ergibt eine Mitteilung oder Anfrage des Mandanten, daß ihn eine entsprechende Unterrichtung nicht erreicht hat, gehört es zu den Pflichten des Anwalts, unverzüglich die gebotene Unterrichtung nachzuholen und den Mandanten wegen des Ablaufs der Berufungsfrist auf die

Möglichkeit und die Erfordernisse eines Wiedereinsetzungsgesuchs hinzuweisen (*BGH* a. a. O.).

6. Dritte Instanz

27 **a) Anwaltszwang.** Vor dem BAG müssen die Parteien nach § 11 II 1 ArbGG durch **Rechtsanwälte** vertreten sein. Eine Vertretung durch die in § 11 II 2 ArbGG sonst noch genannten Personen ist nicht statthaft. Zur Form der Revisionsschrift kann auf die Ausführungen zur Berufungsschrift verwiesen werden.

28 **b) Revisionsfrist und Revisionsbegründungsfrist.** Beide Fristen betragen je einen Monat (§ 74 I 1 ArbGG). Nach § 72 V ArbGG i. V. m. § 552 ZPO beginnt der Lauf der Revisionsfrist mit der Zustellung des in vollständiger Form abgefaßten Urteils, wobei nach § 9 V 1 ArbGG die **Rechtsmittelbelehrung** Bestandteil des Berufungsurteils ist und von den erkennenden Richtern unterschrieben werden muß. Fehlt es daran, wird die Revisionsfrist nicht in Lauf gesetzt (*BAG NZA* 1984, 98). Die Revisionsbegründungsfrist kann einmal bis zu einem weiteren Monat verlängert werden (§ 74 I 2 ArbGG). Im Unterschied zu § 66 ArbGG kann also hier die Frist höchstens um einen Monat verlängert werden. Eine zweite Verlängerung kommt auch dann nicht in Betracht, wenn der zulässige Monat bei der ersten Verlängerung nicht ausgeschöpft worden ist (*Grunsky* § 74 Rdnr. 3). Das Revisionsverfahren kennt **keine Revisionsbeantwortungsfrist.**

29 **c) Sprungrevision.** § 76 ArbGG enthält für die sog. Sprungrevision (unmittelbare Revision unter Übergehung der Berufungsinstanz) eine **abschließende Sonderregelung,** die auch Anwälte immer wieder Schwierigkeiten bereitet. § 566a ZPO gilt nur hinsichtlich seiner Abs. 5–7 (§ 76 VI ArbGG; vgl. weiter *Müller/Bauer* A.II.3.c; *Grunsky* § 76 Rdnrn. 1 ff.).

30 **d) Revisionszulassung und Nichtzulassungsbeschwerde.** Nach § 72 I ArbGG findet die Revision an das BAG statt, wenn sie im Urteil des LAG oder im Beschluß des BAG (§ 72a ArbGG) zugelassen worden ist. Die Revision ist vom LAG zuzulassen, wenn die Sache grundsätzlich Bedeutung hat (§ 72 II 1 ArbGG; vgl. dazu *BAGE* 2, 26; 21, 80) oder das Urteil von einer Entscheidung des Gemeinsamen Senats der Obersten Gerichtshöfe des Bundes, von einer Entscheidung des BAG oder solange eine Entscheidung des BAG in der Rechtsfrage nicht ergangen ist, von einer Entscheidung einer anderen Kammer des selben LAG oder eines anderen LAG abweicht **und** die Entscheidung auf dieser Abweichung beruht (§ 72 II Nr. 2 ArbGG; sog. **Divergenzrevision**). Entscheidungen des Bundesverfassungsgerichts sind keine divergenzfähigen Entscheidungen i. S. d. § 72 II Nr. 2 ArbGG (*BAG NZA* 1991, 613). Das BAG ist an die Zulassung der Revision durch das LAG gebunden (vgl. aber *BAG NJW* 1984, 254 zur gesetzeswidrigen Zulassung bei fehlerhafter Entscheidung des LAG über den Antrag nach § 5 KSchG). Die Entscheidung eines LAG über die Zulassung der Revision ist nur wirksam, wenn sie **verkündet** wird; es reicht nicht aus, wenn die Zulassung der Revision nur in den Entscheidungsgründen erwähnt wird (*BAG AP* Nr. 9 zu § 72 ArbGG 1979; vgl. auch *BVerfG NZA* 1990, 579).

31 Mit der Nichtzulassungsbeschwerde wird eine Überprüfung der Nichtzulassung der Revision durch das LAG ermöglicht (vgl. *Grunsky* § 72a Rdnrn. 1 ff.

Urteilsverfahren

zu den materiellen Voraussetzungen für eine solchen Beschwerde). Die Beschwerde muß bei BAG eingelegt werden (§ 72a II 1 ArbGG); eine Einlegung beim LAG wirkt nicht fristwahrend (*BAG AP* Nr. 7 zu § 72a ArbGG 1979). Für die Einlegung gilt eine **Notfrist** von einem Monat; innerhalb einer Notfrist von zwei Monaten nach Zustellung des in vollständiger Form abgefaßten Urteils ist die Nichtzulassungsbeschwerde zu begründen.

e) Anschlußrevision. Durch die Verweisung von § 72 V ArbGG auf die Vorschriften der ZPO über die Revision kommt auch § 556 ZPO hinsichtlich der Anschlußrevision zum Zuge, einem Rechtsinstitut, bei dem schnell Fehler gemacht werden. § 556 ZPO entspricht weitgehend den Vorschriften über das Berufungsverfahren (§§ 521, 522a ZPO; vgl. im übrigen *Grunsky* § 72 Rdnrn. 1 ff.; *Müller/Bauer* A.II.3.g). 32

7. Die Beiordnung eines Rechtsanwaltes

Nach § 11a ArbGG hat der Vorsitzende des Arbeitsgerichts einer Partei, die außerstande ist, ohne Beeinträchtigung des für sie und ihre Familie notwendigen Unterhalts die Kosten des Prozesses zu bestreiten, und die nicht durch ein Mitglied oder einen Angestellten einer Gewerkschaft oder einer Vereinigung von Arbeitgebern vertreten werden kann, auf ihren **Antrag** einen Anwalt dann beizuordnen, wenn die Gegenpartei durch einen Anwalt vertreten ist. Eine Beiordnung von Amts wegen gibt es demnach nicht (vgl. zu den materiellen Voraussetzungen *Müller/Bauer* A.III.). 33

Außer der Beiordnung eines Anwalts nach § 11a ArbGG ist auch die Beiordnung eines Anwaltes nach §§ 114ff. ZPO möglich (vgl. zur Prozeßkostenhilfe im arbeitsgerichtlichen Verfahren z. B. *Dänzer-Vanotti* NZA 1985, 619). Zweifellos kommt der **Prozeßkostenhilfe** im arbeitsgerichtlichen Verfahren aber nicht die Bedeutung zu, die sie in Verfahren vor dem Zivilgericht hat, weil eben § 11a ArbGG vieles abdeckt und im Gegensatz zur ZPO keine Kostenvorschüsse zu zahlen sind (§ 12 III 2 ArbGG). Praktische Bedeutung hat die Prozeßkostenhilfe aber dann, wenn der Gegner nicht durch einen Anwalt vertreten ist. Ob die Partei Prozeßkostenhilfe oder nur die Beiordnung eines Anwaltes nach § 11a ArbGG beantragt, steht ihr frei (*Grunsky* § 11a Rdnr. 2). 34

8. Kündigungsschutzklage

Feststellungsklagen bilden das hauptsächliche Handwerkszeug des Anwalts im Arbeitsgerichtsprozeß. Sie kommen vor als „normale" Klagen nach § 256 ZPO und als „besondere" nach § 4 I 1 KSchG oder nach § 2 KSchG (Änderungsschutzklage). Folgendes muß der Anwalt beachten: 35

a) Streitgegenstand. Von wesentlicher Bedeutung ist, was Streitgegenstand des Kündigungsschutzprozesses ist. Die h. M. (*BAG AP* Nrn. 17, 18, 40 zu § 3 KSchG; *Hueck* § 4 KSchG Rdnr. 48 m. w. N.) sieht, wenn der Arbeitnehmer nur entsprechend dem Wortlaut des § 4 S. 1 KSchG auf Feststellung klagt, daß das Arbeitsverhältnis durch die Kündigung nicht aufgelöst sei, als Streitgegenstand die Wirksamkeit dieser **konkreten Kündigung** an (punktueller Streitgegenstand). Wegen des punktuellen Streitgegenstandes sollte die Kündigungsschutzklage mit einer allgemeinen Feststellungsklage nach § 256 ZPO verbunden werden. Folgender Antrag empfiehlt sich: 36

„Es wird festgestellt, daß das Arbeitsverhältnis der Parteien nicht durch die ordentliche Kündigung der Beklagten vom ... mit Ablauf des ... beendet worden ist/enden wird, sondern darüber hinaus zu unveränderten Bedingungen fortbesteht".

37 Von einer **solchen Klage** werden nach BAG NZA 1988, 651 (vgl. auch *Weidemann* NZA 1989, 246 und *Schaub* NZA 1990, 85) weitere Kündigungen erfaßt, die der Arbeitgeber im streitbefangenen Zeitraum ausspricht, und zwar unabhängig davon, wann sie in den Prozeß eingeführt werden. Allerdings entfällt für eine mit der Kündigungsschutzklage nach § 4 KSchG verbundene Klage nach § 256 ZPO das Rechtsschutzbedürfnis, wenn sie sich nur auf weitere Kündigungen bezieht, die der Arbeitnehmer später mit Kündigungsschutzklagen nach § 4 KSchG selbständig angreift (*BAG* NZA 1991, 141).

38 **b) Versäumung der Klagefrist und nachträgliche Klagezulassung.** Bei der Drei-Wochen-Frist des § 4 KSchG handelt es sich um eine prozessuale Klageerhebungsfrist mit der materiell-rechtlichen Wirkung, daß die Kündigung, wenn sie nicht aus einem anderen Grunde als nach § 1 KSchG (Sozialwidrigkeit) rechtsunwirksam ist, als von Anfang an rechtswirksam gilt (§ 7 KSchG; vgl. *BAG* NZA 1986, 761). Ihre Nichteinhaltung hat das Arbeitsgericht **von Amts wegen** zu berücksichtigen (materiell-rechtliche Ausschlußfrist, nicht Verjährungsfrist!). Im Falle ihrer Versäumung muß die Kündigungsschutzklage, wenn sie nicht nachträglich nach § 5 KSchG zugelassen ist, durch Sachurteil als unbegründet abgewiesen werden (*BAG* a. a. O.; *LAG Berlin* NZA 1992, 386; *Hueck/v. Hoyningen-Huene* § 4 Rdnr. 82; *Lepke* DB 1991, 2034). Dieser Rechtsnatur der Klagefrist kommt auch praktische Bedeutung zu: Ein die Kündigungsschutzklage als unbegründet abweisendes Sachurteil stellt die Beendigung des Arbeitsverhältnisses endgültig fest, so daß auch andere Kündigungsmängel, etwa wegen Sittenwidrigkeit, wegen Formmangels oder wegen Verstoßes gegen § 102 I BetrVG, mit erfaßt werden und später nicht mehr geltend gemacht werden können. Dies ist auch nicht unbillig, weil die Wirkung nicht an die Fristversäumung, sondern an ein Sachurteil anknüpft, vor dessen Erlaß der klagende Arbeitnehmer Gelegenheit hat, sich auf alle sonstigen Kündigungsmängel zu berufen (*Hueck/v. Hoyningen-Huene* a. a. O.; *Lepke* a. a. O.). Geht innerhalb der Frist des § 4 KSchG ein nicht unterzeichneter, jedoch im übrigen den Erfordernissen einer Klageschrift entsprechender Schriftsatz beim Arbeitsgericht ein, so kann der Mangel der Nichtunterzeichnung fristwahrend nach § 295 ZPO geheilt werden (*BAG* NZA 1986, 761; vgl. aber Rdnr. 20 zur Prüfung). Die Klagefrist des § 4 KSchG gilt auch für außerordentliche Kündigungen (§ 13 I 2 KSchG), es sei denn, es handelt sich um ein Berufsausbildungsverhältnis, für das ein Schlichtungsausschuß nach § 111 II 5 besteht (*BAG* NZA 1990, 395).

39 Wird die 3-Wochen-Frist des § 4 KSchG versäumt, so kann die Klage auf Antrag nachträglich nur zugelassen werden, wenn der Arbeitnehmer trotz Anwendung aller ihm nach Lage der Umstände zuzumutenden Sorgfalt die Klage nicht fristgerecht erheben konnte (§ 5 I KSchG; vgl. *LAG Berlin* DB 1984, 835). Damit wird ein **hohes Maß an individueller Sorgfalt** vom Arbeitnehmer verlangt. Kennt er die 3-Wochen-Frist nicht, so entschuldigt ihn dies grundsätzlich nicht. Es wird von ihm erwartet, daß er sich mit den grundlegenden Voraussetzungen des Kündigungsschutzes vertraut macht oder sich aber **Auskunft bei einer geeigneten Stelle,** z. B. einem Anwalt holt (vgl. *LAG Düsseldorf* DB 1968, 764; *LAG München* DB 1976, 732). Um eine solche geeignete Stelle han-

delt es sich grds. nicht bei einem Betriebsratsmitglied, auch nicht dem Betriebsratsvorsitzenden (*LAG Hamburg* DB 1987, 1744; *LAG Berlin* ZTR 1991, 473). Wird der Arbeitnehmer vom Anwalt nicht auf die notwendige Fristwahrung hingewiesen, kann die nachträgliche Klagezulassung gerechtfertigt sein (*Hueck* § 5 Rdnr. 3; KR-*Rost* § 5 KSchG Anm. 30 ff. m. w. N.). Abzulehnen ist eine nachträgliche Klagezulassung wegen Unmöglichkeit rechtzeitiger Einholung von fachkundigem Rechtsrat (*LAG Frankfurt* DB 1990, 2612; a. A. *LAG Köln* EzA § 5 KSchG Nr. 14).

Umstritten ist, ob das **Verschulden eines Prozeßbevollmächtigten** hinsichtlich der Nichtwahrung der Klagefrist des § 4 KSchG in entsprechender Anwendung von § 85 II ZPO (= § 232 II ZPO a. F.) im Verfahren der nachträglichen Klagezulassung dem Arbeitnehmer zuzurechnen ist (bejahend: *LAG Berlin* AP 2 zu § 5 KSchG 1969; *LAG Düsseldorf* DB 1972, 1975; *LAG Frankfurt* BB 1971, 745 und BB 1976, 139; *LAG Hamm* DB 1967, 912; *LAG München* BB 1981, 915; *LAG Rheinland-Pfalz* NJW 1982, 2461; *LAG Frankfurt* NZA 1984, 40; *LAG Köln* DB 1987, 1796). Richtiger dürfte es aber sein, das Anwaltsverschulden im Rahmen des § 4 KSchG dem Arbeitnehmer nicht zuzurechnen. Gegen die erste Auffassung muß nämlich vor allem eingewendet werden, daß sie den Fall der unrichtigen Beratung des gekündigten Arbeitnehmers vor der Klageerhebung und den Fall fehlerhafter prozeßrechtlicher Vertretung im Rahmen eines Kündigungsschutzprozesses ohne sachlichen Grund unterschiedlich behandelt (*Müller/Bauer* S. 90 f.). Weiter ist zu berücksichtigen, daß es sich bei § 85 II ZPO um eine prozeßrechtliche Bestimmung handelt, während die Ausschlußfrist des § 4 KSchG dem materiellen Recht zuzuordnen ist. Damit käme allenfalls eine analoge Anwendung von § 85 II ZPO in Betracht. Durchschlagende Gründe liegen dafür aber nicht vor (im Ergebnis ebenso: *LAG Hamm* AnwBl 1984, 158; *LAG Hamburg* AnwBl 1981, 37; *LAG Baden-Württemberg* NJW 1965, 2366). 40

Folgt man der Auffassung, die ein Verschulden des Anwalts dem Arbeitnehmer zurechnet, so ist aber zu prüfen, ob es sich überhaupt um Anwaltsverschulden handelt, oder ob nicht das **Büropersonal** schuldhaft gehandelt hat. Die Klage ist nachträglich zuzulassen, wenn der Anwalt sein Personal sorgfältig ausgewählt, unterwiesen und überwacht hat (*Hueck* § 5 Rdnr. 9a); andernfalls trifft ihn selbst ein Organisationsverschulden, das der vertretenen Partei zuzurechnen wäre (vgl. *LAG Frankfurt* NZA 1984, 40). 41

Der binnen zwei Wochen nach Behebung des Hindernisses (§ 5 III KSchG) zu stellende Antrag auf nachträgliche Klagezulassung muß im einzelnen enthalten: 42
– **Verbindung des Antrags mit der Klageerhebung** (ist die Klage schon eingereicht, so ist auf sie im Antrag Bezug zu nehmen; § 5 II 1 KSchG);
– die Angabe der die nachträgliche Zulassung begründenden Tatsachen (§ 5 II S. 2 1. Halbs.). Die **Schuldlosigkeit** an der Versäumung der Frist muß „nach allen Richtungen hin" schlüssig dargetan sein (*Rohlfing/Rewolle/Bader*, KSchG, § 5 Rdnr. 4 m. w. Nachw.). Eine Nachholung soll nicht möglich sein, sondern allenfalls eine Ergänzung (KR-*Friedrich*, § 5 KSchG Anm. 86, 88);
– die Angabe der Mittel für die **Glaubhaftmachung** der die nachträgliche Zulassung begründenden Tatsachen (§ 5 II 2 KSchG).
– Auch die Tatsachen für die Wahrung der Antragsfrist von zwei Wochen sind glaubhaft zu machen (*LAG Frankfurt* NZA 1992, 618).

Nach Ablauf von sechs Monaten, vom Ende der versäumten Frist an gerechnet, kann der Antrag nicht mehr gestellt werden (§ 5 III 2 KSchG).

43 **c) Anspruchshäufung.** Im Urteilsverfahren können selbstverständlich auch mehrere Ansprüche anhängig gemacht werden, und zwar sowohl in der Form der Klagenhäufung (§ 60 ZPO) als auch als Haupt- und Widerklage. Zulässig ist ferner, mehrere Anträge in Form von Haupt- und Hilfsantrag zu stellen (vgl. Rdnr. 141 ff. zur Streitwertbemessung). Häufig wird eine Kündigungschutzklage mit einer **Vergütungsklage** verbunden. Dabei sind grds. Brutto-Klagen nötig (*BAG* AP Nr. 20 zu § 611 BGB „Dienstordnungs-Angestellte" und AP Nr. 12 zu § 611 BGB „Lohnanspruch"). Sowohl Brutto- als auch Nettoforderungen kommen aber dann vor, wenn auf die einzuklagende Brutto-Vergütung ein Teilbetrag bezahlt ist. Hier wäre folgender Antrag richtig:
„Die Beklagte wird verurteilt, an den Kläger ... DM brutto abzüglich bezahlter ... DM netto zu bezahlen."

44 Soweit der Arbeitnehmer **Arbeitslosengeld** erhalten, darf nicht allgemein auf den Rechtsübergang auf die Bundesanstalt für Arbeit verwiesen werden. Es ist vielmehr folgender bestimmter Antrag zu stellen (*BAG* DB 1979, 702):
„Die Beklagte wird verurteilt, an den Kläger ... DM brutto abzüglich an die Bundesanstalt für Arbeit übergegangene ... DM zu bezahlen."

45 Nach §§ 257, 258 ZPO können auch künftig fällig werdende Geldforderungen, die nicht von Gegenleistungen abhängig sind, geltend gemacht werden.

Ein weiterer wichtiger Fall der Klagenhäufung ist die Verbindung eines **Weiterbeschäftigungsanspruchs** (nach *BAG* NZA 1988, 741 auch zulässig als „uneigentlicher Hilfsantrag"; vgl. auch *LAG Düsseldorf* NZA 1989, 862) mit einer Kündigungsschutzklage (vgl. *BAG GS* NZA 1985, 702 zu den Voraussetzungen des allgemeinen Weiterbeschäftigungsanspruchs; diese Grundsätze gelten auch für die Weiterbeschäftigung bei Streit über eine **Befristung**, *BAG* NZA 1986, 562; vgl. dazu auch *LAG Hamm* NZA 1989, 823). In der Praxis wird häufig folgender Antrag gestellt:
„Die Beklagte wird verpflichtet, den Kläger/die Klägerin zu unveränderten Arbeitsbedingungen weiter zu beschäftigen."

46 Fraglich ist, ob ein solcher Antrag **vollstreckungsfähig** ist (vgl. *LAG Schleswig-Holstein* NZA 1987, 322: Der Titel ist hinreichend bestimmt und damit vollstreckungsfähig, wenn sich aus ihm, d. h. einschließlich Tatbestand und Entscheidungsgründe, die wesentlichen Bedingungen des Arbeitsverhältnisses ergeben; vgl. auch *LAG Rheinland-Pfalz* vom 7. 1. 1986 – 1 Ta 302/85). Es sollte deshalb darauf geachtet werden, die Beschäftigung näher zu konkretisieren („als ... weiter zu beschäftigen"). Wird ein gekündigter Arbeitnehmer während des Kündigungsschutzprozesses aufgrund eines Urteils (also nicht einvernehmlich) weiterbeschäftigt, so hat er bei Wirksamkeit der Kündigung gegen den Arbeitgeber Anspruch auf Ersatz des Werts der geleisteten Arbeit nach §§ 812 I 1, 818 II BGB (*BAG* NZA 1987, 373; vgl. auch *BAG* BB 1986, 1157 und *BAG* NZA 1987, 376 zum Anspruch des Arbeitnehmers auf Lohnfortzahlung bzw. anteilige Jahressonderzahlung bei **einvernehmlicher Weiterbeschäftigung** nach einer Kündigung).

47 Hat bei einer **Änderungskündigung** der Arbeitnehmer die geänderten Bedingungen unter Vorbehalt nach § 2 KSchG angenommen, ist der Arbeitgeber nicht aufgrund des allgemeinen Beschäftigungsanspruchs verpflichtet, den Arbeitnehmer vorläufig zu den bisherigen Bedingungen weiter zu beschäftigen (*BAG* NZA 1990, 734; *LAG München* DB 1987, 1099). Der Arbeitnehmer ist damit verpflichtet, nach Ablauf der Kündigungsfrist (im Fall einer fristlosen Änderungskündigung also sofort) verpflichtet, bis zu einer gegenteiligen rechtskräftigen Entscheidung zu den geänderten Bedingungen weiterzuarbeiten. Möglicherweise gibt es aber entsprechend § 102 V BetrVG einen Anspruch auf unveränderte Weiterbeschäftigung auch dann, wenn der Vorbehalt nach § 2 KSchG erklärt wird, aber der Betriebsrat einer mit der Änderung der Arbeitsbedingungen verbundenen Versetzung oder Umgruppierung widersprochen hat, die Zustimmung nicht ersetzt ist und es dem Arbeitgeber auch verwehrt ist, die Maßnahmen vorläufig durchzuführen (offengelassen von *BAG* a.a.O.). Der Umstand, daß es nach erklärtem Vorbehalt keinen allgemeinen Weiterbeschäftigungsanspruch zu den bisherigen Bedingungen gibt, aber auch die Tatsache, daß im Änderungsschutzprozeß der Auflösungsantrag nach §§ 9, 10 KSchG nicht gestellt werden kann (*Bauer,* Arbeitsrechtliche Aufhebungsverträge, Rdrn. 197; *ders.* DB 1985, 1180), muß den Anwalt veranlassen, den Einzelfall zu würdigen, also nicht pauschal zur Erklärung des Vorbehalts zu raten (vgl. im übrigen zu Problemen der Änderungskündigung: *Löwisch* NZA 1988, 633; *Bekker-Schaffner* BB 1991, 129; *Berkowsky* DB 1990, 834).

d) **Güteverhandlung und weiterer Verfahrensablauf.** Im Urteilsverfahren 48 ist grundsätzlich die Durchführung einer Güteverhandlung nach §§ 54 I ArbGG vorgeschrieben (vgl. insgesamt *van Venrooy* ZfA 1984, 337). Die Verhandlung findet nicht vor der vollbesetzten Kammer statt, sondern vor dem Vorsitzenden allein. Trotz des an und für sich zwingenden Charakters der Güteverhandlung ist doch eine Absprache der Parteien – und damit auch ihrer Anwälte – möglich, nicht zur Verhandlung zu erscheinen. Nach § 54 V ArbGG hat dann der Vorsitzende das **Ruhen des Verfahrens** anzuordnen. Anschließend kann das Verfahren von einer oder beiden Seiten wieder angerufen werden; daraufhin ist Kammertermin (nicht Gütetermin, vgl. *Grunsky* § 54 Rdnr. 24) zu bestimmen. Dieser Weg bietet sich an, wenn die Chancen für eine gütliche Einigung offenkundig aussichtslos sind; Zeit und Kosten können dann gespart werden. Natürlich sollte das Gericht vorher informiert werden, daß niemand zum Termin erscheint (*Müller/Bauer* B. I. 1.).

Auch eine Partei allein kann durch ihr **Nichterscheinen** die Güteverhandlung 49 torpedieren. Allerdings darf nicht übersehen werden, daß sich die weitere Verhandlung unmittelbar anschließen kann. Das kann vor allem deshalb nachteilig sein, weil nach § 55 I 4 ArbGG der Vorsitzende bei Säumnis einer Partei allein entscheidet (*Müller/Bauer* a. a. O.).

Zur Vorbereitung der Güteverhandlung können von den Parteien keine 50 **Schriftsätze** verlangt werden. Das ergibt sich vor allem aus §§ 47 II, 61a II ArbGG. Die Parteien sollen in der Güteverhandlung völlig unbelastet Einigungsverhandlungen führen können. Diese Auffassung wird weiter dadurch bestätigt, daß § 56 ArbGG nur die Vorbereitung der streitigen Verhandlung betrifft und eine analoge Anwendung dieser Vorschrift ausscheidet (*Germelmann/Matthes/Prütting* § 54 Rdnr. 13ff.; a. A. *Grunsky* § 54 Rdnr. 8). Der Anwalt sollte dennoch in jedem Einzelfall sorgfältig prüfen, ob und in welchem Umfang schriftsätzlicher Vortrag nützlich ist (vgl. *Müller/Bauer* B. I. 2.). Die Anberaumung der Güteverhandlung verlangt allerdings einen Schriftsatz, der die konkrete Kündigung und ihren Zugang bezeichnet und den Klageantrag (vollständiges Rubrum) enthält. Die die Kündigung bedingenden Tatsachen hat der Arbeitgeber zu beweisen (§ 1 II 4 KSchG).

Häufig wird das **persönliche Erscheinen** einer oder beider Parteien angeord- 51 net (§ 51 I ArbGG i. V. m. § 141 II, III ZPO). Die Anordnung ergeht durch den

Vorsitzenden; sie steht in seinem freien Ermessen („kann"), während es bei § 141 I ZPO „soll" heißt. Bleibt die von Amts wegen geladene Partei bzw. der gesetzliche Vertreter aus, kann ein Ordnungsgeld (aber keine Ordnungshaft) festgesetzt werden, und zwar auch wiederholt (§ 380 II ZPO). Außerdem kann der Vorsitzende die Zulassung eines Prozeßbevollmächtigten ablehnen, wenn die Partei unbegründet ausgeblieben ist und hierdurch der Zweck der Anordnung vereitelt wird. Gefährlich und vor allem peinlich ist, daß durch diese Ablehnung die Partei säumig wird, so daß ein **Versäumnisurteil** möglich ist. Eine Ablehnung des Prozeßbevollmächtigten scheidet aus, wenn dieser entweder selbst oder eine andere Person (z. B. der Vorgesetzte des gekündigten Arbeitnehmers) zur Aufklärung des Sachverhalts **und** zur Abgabe der gebotenen Erklärungen, insbesondere zu einem Vergleichsabschluß ermächtigt ist (§ 141 III 2 ZPO). Ob der Vertreter hinreichend informiert ist, richtet sich danach, mit was die Partei bei Beauftragung des Vertreters rechnen mußte (*Grunsky* § 51 Rdnr. 12; *Müller/Bauer* B.I.3.). Der Arbeitgeber wird z. B. damit rechnen müssen, daß der Vorsitzende schon in der Güteverhandlung danach fragt, wann, wo, wie und durch wen ein aus behaupteten verhaltensbedingten Gründen gekündigter Arbeitnehmer abgemahnt worden ist. Erscheint der Anwalt allein zum Termin, ist er oft nicht in der Lage, solche Fragen konkret zu beantworten. Dies schließt es meist aus, daß der Anwalt als der besondere Vertreter i. S. d. § 141 I 2 ZPO auftreten kann (*Germelmann/Matthes/Prütting* § 51 Rdnr. 20; vgl. auch LAG *Rheinland-Pfalz* LAGE Nr. 2 zu § 51 ArbGG 1979). Deshalb wird es i. d. R. nötig sein, die von Amts wegen geladene Partei bzw. ihren gesetzlichen Vertreter rechtzeitig vor dem Termin zu entschuldigen und/oder um Terminverlegung zu bitten.

52   Ist die Güteverhandlung erfolglos, schließt sich die weitere Verhandlung unmittelbar an, oder es ist, falls der weiteren Verhandlung Hinderungsgründe entgegenstehen, Termin zur streitigen Verhandlung zu bestimmen. Diese hat alsbald stattzufinden (§ 54 IV ArbGG). Ein sich unmittelbar an die Güteverhandlung **anschließender Kammertermin** ist die Ausnahme, weil die ehrenamtlichen Richter mitwirken müssen. Ob sich ausnahmsweie doch der Kammertermin unmittelbar an die Güteverhandlung anschließen soll, kann im übrigen schon der Ladung entnommen werden.

53   Nach § 54 IV 2. Halbs. ArbGG hat die streitige Verhandlung „alsbald" nach der gescheiterten Güteverhandlung stattzufinden. Das entspricht aber nicht der Realität. Erfahrungsgemäß liegen zwischen den beiden Terminen zwei Wochen (vgl. § 61 a III ArbGG) bis zu zwölf Monaten(!), obwohl gerade Kündigungsschutzverfahren aus verständlichen Gründen besondere Prozeßförderung genießen sollten. Zur Vorbereitung der streitigen Verhandlung hat der Vorsitzende den Parteien **Schriftsatzfristen** gem. § 61 a III, IV ArbGG zu setzen. Verspätetes Vorbringen kann zurückgewiesen werden (§ 61 a IV ArbGG; vgl. dazu § 296 I ZPO und die einschlägige Kommentarliteratur). Liegen sachliche Gründe vor, können die Schriftsatzfristen verlängert werden. Es darf deshalb ggf. nicht vergessen werden, das Gericht rechtzeitig vor Ablauf der Frist um Verlängerung zu bitten. Vgl. Rdnrn. 16 ff. zum weiteren Verfahren vor dem LAG und BAG.

e) Auflösung des Arbeitsverhältnisses trotz unwirksamer Kündigung

54   **aa) Allgemeines.** Das KSchG enthält in § 9 eine gesetzliche Durchbrechung des Bestandsschutzprinzips. Der Gesetzgeber konnte nämlich nicht übersehen, daß es im Arbeitsleben Fälle gibt, in denen zwar die Kündigung sozialwidrig

und deshalb unwirksam ist, ein weiteres Zusammenarbeiten aber weder der einen noch der anderen Partei „zugemutet" werden kann. Eine gerichtliche Auflösung des Arbeitsverhältnisses gegen Zahlung einer Abfindung kommt nur bei einer **sozialwidrigen Kündigung** in Betracht. Dies setzt den Antrag einer der Parteien des Kündigungsschutzprozesses bis spätestens zum Schluß der mündlichen Verhandlung in der Berufungsinstanz voraus (§ 9 I 3 KSchG; vgl. Bauer/Hahn DB 1990, 2471 zum Auflösungsantrag in zweiter Instanz).

bb) Der Auflösungsantrag des Arbeitnehmers. Der Antrag des Arbeitnehmers setzt voraus, daß diesem die **Fortsetzung des Arbeitsverhältnisses nicht mehr zuzumuten** ist. Dafür genügt es nicht, daß der Arbeitnehmer schon eine andere Stelle gefunden hat, da die Folgen der Annahme einer neuen Stelle abschließend in § 12 KSchG geregelt sind. Wichtig ist, daß die Gründe für die Unzumutbarkeit nicht schon zur Zeit der Kündigung vorliegen müssen, sie können sich auch während des Prozesses ergeben. Sie müssen aber im Zusammenhang mit der Kündigung oder dem Kündigungsprozeß stehen (vgl. *BAG* DB 1962, 706 und DB 1977, 358).   55

Der Begriff der Unzumutbarkeit in § 9 I 1 KSchG ist nicht so anzuwenden wie bei der arbeitnehmerseitigen außergerichtlichen Kündigung nach § 626 I BGB. Der **unterschiedliche Normzweck** beider Vorschriften führt zur Anwendung unterschiedlicher Beurteilungsmaßstäbe für den Begriff der Unzumutbarkeit. Diese machen zwar stets auch die Fortsetzung des Arbeitsverhältnisses nach § 9 I 1 KSchG unzumutbar. Es können aber schon solche Tatsachen genügen, die für eine außerordentliche Kündigung nicht ausreichen (*BAG* BB 1982, 1113).   56

Wenn der Arbeitgeber einen wirksamen Auflösungsantrag des Arbeitnehmers mit der Folge einer Abfindung vermeiden will, ist dringend zu **sachlicher Argumentation** im Prozeß zu raten: Beleidigungen und herabsetzende Äußerungen liefern nicht selten Auflösungsgründe. Ein Auflösungsgrund kann sich auch dann ergeben, wenn die Kündigung besonders leichtfertig ausgesprochen worden ist oder der Arbeitnehmer bei Rückkehr in den Betrieb mit Benachteiligungen und weiteren Kündigungen rechnen muß (vgl. *Denck* Anm. zu BAG AP Nr. 8 zu § 9 KSchG 1969). Die – wenn auch konkrete – Befürchtung, die wirtschaftliche Situation des Betriebes könnte zu einer weiteren betriebsbedingten Kündigung führen, kann nicht ausreichen (vgl. aber auch *LAG Hamm* DB 1975, 1513 zur unzumutbaren Rückkehr des Arbeitnehmers nach der Rüge fehlerhafter Sozialauswahl).   57

Führt der Arbeitnehmer den Kündigungsschutzprozeß „nur", um eine Abfindung zu erhalten, ist ihm dringend zu raten, den **Auflösungsantrag** schon **in erster Instanz** zu stellen. Vergißt er den Antrag und wird der Kündigungsschutzklage stattgegeben, kann er nicht Berufung einlegen, um in zweiter Instanz Auflösung seines Arbeitsverhältnisses gegen Festsetzung einer Abfindung zu begehren, weil er nicht beschwert ist.   58

Bei einer **Änderungsschutzklage** kommt eine Auflösung des Arbeitsverhältnisses nach §§ 9, 10 KSchG nicht in Betracht, weil sich der Rechtsstreit auf die Berechtigung der Änderung der Arbeitsbedingungen beschränkt. Anders ist die Rechtslage, wenn der Arbeitnehmer die Änderung nicht unter Vorbehalt annimmt (*Herschel/Löwisch* § 9 Rdnr. 4; *Bauer* DB 1985, 1180).   59

cc) Der Auflösungsantrag des Arbeitgebers. Der Arbeitgeber kann die Auflösung nur beantragen, wenn er Gründe vorträgt, die eine den **Betriebszwek-**   60 ken **dienliche weitere Zusammenarbeit** mit dem Arbeitnehmer oder das Verhalten des Arbeitnehmers betreffen, insbesondere sein Verhältnis zum Arbeitgeber, sonstigen Vorgesetzten oder Mitarbeitern oder seine Eignung für die ihm gestellten Aufgaben, nicht dagegen wirtschaftliche oder betriebliche Gründe; diese können grundsätzlich nur Anlaß für eine betriebliche Kündigung bieten (*BAG* AP Nr. 6 zu § 9 KSchG 1969). Ein Verschulden des Arbeitnehmers ist nicht nötig, entscheidend ist allein die objektive Lage. Zur Schlüssigkeit des Auflösungsantrags des Arbeitgebers gehört der Vortrag greifbarer Tatsachen; allgemeine Redewendungen etwa des Inhalts, die Vertrauensgrundlage sei weggefallen oder ein unüberbrückbares Zerwürfnis sei eingetreten, genügen nicht (*BAG* DB 1988, 295). Wie beim Antrag des Arbeitnehmers können die Gründe vor oder nach der Kündigung liegen. Nicht selten ergeben sich die Gründe erst im Laufe des Kündigungsschutzprozesses, vor allem dann, wenn polemisch argumentiert wird (vgl. *LAG Köln* DB 1985, 2107: Der Arbeitnehmer hatte im Prozeß den Arbeitgeber unter Überschreitung der Wahrnehmung berechtigter Interessen verunglimpft, indem er ihm u. a. pauschalierend unterstellte, Nackenschläge von Vorgesetzten als Personalführungsmittel zu billigen). Auch das **Verhalten des Anwalts** des Arbeitnehmers kann die Auflösung bedingen (*BAG* DB 1988, 295).

61 Der Arbeitgeber kann den Auflösungsantrag bis zum Schluß der mündlichen Verhandlung in der Berufungsinstanz stellen (§ 9 I 3 KSchG). Dabei darf eine ausdrückliche **Bezugnahme auf konkrete Fakten** zur Begründung des Antrags nicht vergessen werden. Will er versuchen, eine – auch nur vorläufige – Weiterbeschäftigung des Arbeitnehmers zu vermeiden, ist er nach der Entscheidung des Großen Senats (a. a. O.) allerdings faktisch gezwungen, den Auflösungsantrag schon in erster Instanz zu stellen.

62 Bei **leitenden Angestellten** i. S. des § 14 II 1 KSchG bedarf der Auflösungsantrag des Arbeitgebers keiner Begründung (§ 14 II 2 KSchG).

63 **dd) Beiderseitiger Auflösungsantrag.** Stellen beide Parteien einen Auflösungsantrag nach § 9 KSchG oder stimmt eine Partei dem Auflösungsantrag der Gegenpartei zu, so steht fest, daß ein **Auflösungsgrund** besteht. Das Gericht braucht in diesen Fällen nur noch zu prüfen, ob die Kündigung sozial gerechtfertigt ist (dann Klagabweisung) oder ungerechtfertigt war und in welcher Höhe die Abfindung gerechtfertigt ist (*BAG* DB 1960, 984; *Schaub* § 141 III 4; *Herschel/Löwisch* § 9 Rdnr. 45; *Bauer* a. a. O.; a. A. KR-*Becker* § 9 KSchG Rdnr. 66; *Neumann*, AR-Blattei, Kündigungsschutz VI D I).

64 **ee) Rücknahme des Auflösungsantrags.** Der Auflösungsantrag kann bis zum Schluß der mündlichen Verhandlung in der Berufungsinstanz zurückgenommen werden (*BAG* DB 1961, 476). Zur Nichtweiterverfolgung eines zunächst gestellten Auflösungsantrags i. S. von § 9 KSchG bedarf es **keiner Einwilligung des Prozeßgegners** (*BAG* AP Nr. 5 zu § 9 KSchG 1969). Bei einem Auflösungsantrag i. S. von § 9 I KSchG handelt es sich um ein eigenständiges prozessuales Institut des Kündigungsschutzrechts, auf das die zivilprozessualen Institute der teilweisen Klagerücknahme (§ 269 ZPO) oder des teilweisen Klageverzichts (§ 306 ZPO) nicht passen.

65 Auch wenn beide Parteien die Auflösung des Arbeitsverhältnisses beantragt haben, können sie unabhängig voneinander ihre Anträge zurücknehmen; dies folgt aus der **prozessualen Selbständigkeit beider Anträge** (*Hueck/v. Hoyningen-Huene* § 9 Rdnr. 27; KR-*Becker* § 9 KSchG Rdnr. 22). Die Antragsrücknah-

me darf aber nicht leichtfertig erfolgen, weil sich durch Auslegung ergeben kann, daß die Rücknahme zugleich einen Verzicht i. S. des § 306 ZPO enthält mit der Folge, daß ein neuer Antrag unzulässig wäre (vgl. *BAG* AP Nr. 11 zu § 13 KSchG; *LAG Ba-Wü* DB 1975, 2528).

ff) Auflösungsantrag bei unbegründeter außerordentlicher Arbeitgeber- 66
kündigung. § 13 I 3 KSchG bestimmt, daß nach einer unbegründeten außerordentlichen Kündigung der Arbeitnehmer, nicht aber der Arbeitgeber, den Auflösungsantrag stellen kann. Hat der Arbeitgeber nicht nur außerordentlich, sondern **vorsorglich** auch **ordentlich gekündigt** oder sich auf die Umdeutung einer außerordentlichen Kündigung in eine ordentliche Kündigung berufen (§ 140 BGB), so kann er für den Fall einer sich ergebenden Sozialwidrigkeit der ordentlichen Kündigung die Auflösung des Arbeitsverhältnisses zum Ablauf der Kündigungsfrist begehren (*BAG* AP Nr. 5 zu § 9 KSchG 1969).

gg) Auflösungsantrag bei sittenwidriger und nichtiger Arbeitgeberkündi- 67
gung. Verstößt eine Kündigung gegen die guten Sitten, so kann der Arbeitnehmer ihre Nichtigkeit unabhängig von den Vorschriften des KSchG geltend machen. Die Auflösung des Arbeitsverhältnisses gem. §§ 9, 10 KSchG kann er allerdings nur begehren, wenn er **Feststellungsklage** innerhalb von drei Wochen erhoben hat (§ 13 II KSchG). Dagegen steht dem Arbeitgeber bei Sittenwidrigkeit der eigenen Kündigung wie bei der Unwirksamkeit der außerordentlichen Kündigung kein Recht zu, die Auflösung zu beantragen.

Eine Kündigung kann schließlich aus zahlreichen sonstigen Gründen unwirk- 68
sam sein. Dann wird das KSchG nicht berührt (§ 13 III KSchG). Das hat zur Folge, daß im Gegensatz zur unbegründeten außerordentlichen und zur sittenwidrigen Kündigung dem Arbeitnehmer auch dann nicht das Recht zusteht, einen Antrag auf Auflösung des Arbeitsverhältnisses und Zahlung einer Abfindung zu stellen, wenn er binnen drei Wochen Klage erhebt. Er kann nur, wenn ihm infolge der nichtigen Kündigung die Fortsetzung des Arbeitsverhältnisses nicht mehr zuzumuten ist, nach § 626 BGB seinerseits fristlos kündigen und, falls der Arbeitgeber schuldhaft gehandelt hat, nach § 628 II BGB **Schadensersatz** verlangen.

Allerdings schließt § 13 III KSchG die **gleichzeitige Geltendmachung der** 69
Sozialwidrigkeit nicht aus. Mit anderen Worten: Die Möglichkeit des Arbeitnehmers, einen Auflösungsantrag nach § 9 KSchG zu stellen, scheidet nur dann aus, wenn die Kündigung des Arbeitgebers ausschließlich aus sonstigen Gründen nichtig, aber nicht gleichzeitig sozialwidrig ist (*Hueck/v. Hoyningen-Huene* § 13 Rdnr. 94; *Herschel/Löwisch* § 13 Rdnr. 55; *KR-Becker* § 9 KSchG Rdnr. 27; *KR-Friedrich* § 13 KSchG Rdnr. 326; *Bauer* a. a. O.).

Umstritten ist, ob das Arbeitsverhältnis nur auf Antrag des Arbeitnehmers, 70
nicht aber auf Antrag des Arbeitgebers aufgelöst werden darf, wenn die Kündigung nicht nur sozialwidrig, sondern auch aus anderen Rechtsgründen unwirksam ist. Die wohl überwiegende Meinung sieht die Lösungsmöglichkeiten des § 9 KSchG für den Arbeitgeber als Vergünstigung an, die nur bei **bloßer Sozialwidrigkeit der Kündigung**, nicht aber bei einer auf sonstigen Gründen beruhenden Nichtigkeit der Kündigung Platz greifen soll (vgl. *KR-Friedrich* § 13 KSchG Rdnr. 329 m. w. Nachweisen). Demgegenüber verweisen andere zu Recht darauf hin, daß sich weder aus dem Wortlaut noch aus Sinn und Zweck des § 9 I KSchG herleiten lasse, daß eine Auflösung des Arbeitsverhältnisses auf Antrag des Arbeitgebers dann unzulässig sein soll, wenn die Kündigung nicht nur

sozialwidrig, sondern auch aus anderen Rechtsgründen unwirksam ist (*Auffarth* DB 1969, 528 Fn. 5; *Brill* AuR 1966, 272; KR-*Becker* § 9 KSchG Rdnr. 27; *Bauer/ Röder,* Kündigungsfibel, 7.6g).

71 **hh) Auflösungsantrag und Kündigungsrücknahme.** Nicht selten ergibt sich die Situation, daß ein Arbeitgeber eine Kündigung gerne zurücknehmen möchte, weil seine Aussichten im Kündigungsschutzprozeß schlecht sind. Aber auch wenn er erfährt, daß der Arbeitnehmer eine neue Stelle gefunden hat, bietet es sich an, an eine „**Rücknahme**" der **Kündigung** zu denken. In beiden Fällen stellen sich folgende Fragen:
- Kann oder muß der Arbeitnehmer die Absicht der Kündigungsrücknahme durch den Arbeitgeber durch sofortige Formulierung eines Auflösungsantrags blockieren?
- Kann die unterlassene Formulierung des Auflösungsantrags nach der Kündigungsrücknahmeerklärung nachgeholt werden?

72 Das *BAG* (DB 1983, 663) meint, in der Erhebung der Kündigungsschutzklage liege keine antizipierte Zustimmung zur Kündigungsrücknahme; die „Rücknahme" der Kündgiung durch den Arbeitgeber enthalte vielmehr ein **Vertragsangebot,** wonach das Arbeitsverhältnis durch die Kündigung nicht als beendet anzusehen sei, also unter Beseitigung der Kündigungswirkungen das Arbeitsverhältnis unverändert fortgesetzt werden solle. Die Rechtsfolgen der „Rücknahme" hängen deshalb davon ab, wie sich der Arbeitnehmer einläßt: Nimmt er das Angebot gem. §§ 145ff. BGB an, wird das Arbeitsverhältnis fortgesetzt. Er kann es aber auch ablehnen, insbesondere dadurch, daß er einen Auflösungsantrag stellt (*Bauer* a. a. O.).

73 **ii) Auflösungszeitpunkt.** Gibt das Gericht einem Auflösungsantrag statt, hat es den Zeitpunkt für die Auflösung des Arbeitsverhältnisses festzusetzen. § 9 II KSchG schreibt dabei vor, daß es sich um den Zeitpunkt handeln soll, an dem das Arbeitsverhältnis bei sozial gerechtfertigter Kündigung geendet hätte. § 9 II KSchG ist **verfassungsmäßig** (*BVerfG* NZA 1990, 535; *BAG* NZA 1985, 60; a. A. *Bleckmann/Coen* DB 1961, 640 und *Belling* DB 1985, 1890).

74 Problematisch ist der Auflösungszeitpunkt, wenn es um eine unbegründete **außerordentliche Kündigung** geht und der Arbeitnehmer Auflösung seines Arbeitsverhältnisses gegen Zahlung einer Abfindung beantragt. Nach § 13 I 3 KSchG gilt für die Festlegung des Auflösungszeitpunkts § 9 II KSchG entsprechend. Daraus schließt die herrschende Meinung (*BAG* BB 1983, 1859; *LAG Ba-Wü* BB 1976, 512; *Hueck/v. Hoyningen-Huene* § 13 Rdnr. 20; *Herschel/Löwisch* § 13 Anm. 21; KR-*Friedrich* § 13 KSchG Anm. 64ff.), daß der Zeitpunkt maßgebend ist, zu dem die außerordentliche Kündigung wirken würde, wenn sie gerechtfertigt wäre. Eine Mindermeinung (*Rohlfing/Rewolle/Bader,* KSchG, § 13 Anm. 5; *Güntner* AuR 1974, 105; *Schaub* § 141 V 2) will dagegen auf den Zeitpunkt abstellen, zu dem das Arbeitsverhältnis enden würde, wenn man die außerordentliche in eine ordentliche Kündigung umdeuten würde; der Arbeitnehmer verliere andernfalls seinen Zwischenverdienst, ohne durch die Abfindung hinreichend entschädigt zu werden. Da der Arbeitnehmer und sein Anwalt davon ausgehen müssen, daß die Arbeitsgerichte der h. M. folgen, müssen sie die Vor- und Nachteile eines Auflösungsantrags sorgfältig abwägen. Dies gilt erst recht, wenn es sich um ein ordentlich unkündbares Arbeitsverhältnis handelt.

75 **jj) Abfindungshöhe.** Die Auflösung des Arbeitsverhältnisses durch das Gericht nach § 9 KSchG erfolgt nur bei gleichzeitiger Festsetzung einer angemesse-

nen Abfindung. Ihre Höhe steht deshalb nicht im freien Belieben des Gerichts; sie ist vielmehr nach **pflichtgemäßem Ermessen** zu bestimmen. Dabei ist das Gericht an die Grenzen des § 10 KSchG gebunden (12, 15 oder 18 Monatsverdienste je nach Alter und Betriebszugehörigkeit; vgl. Rdnr. 95).

Die **Höchstgrenzen** des § 10 KSchG knüpfen an den Begriff des Monatsverdienstes an. Als Monatsverdienst gilt, was dem Arbeitnehmer bei der für ihn maßgebenden regelmäßigen Arbeitszeit in dem Monat, in dem das Arbeitsverhältnis endet, an Geld und Sachbezügen zusteht (§ 10 I KSchG), also der volle Betrag ohne Abzüge für Lohnsteuer und Sozialversicherung. Bezüge, die für die Arbeit eines längeren Zeitraums, insbesondere für das ganze Jahr gewährt werden (z. B. Tantiemen, 13. oder 14. Monatsgehälter, Jahresabschlußvergütungen und auch Gratifikationen) müssen auf die einzelnen Monate gleichmäßig verteilt werden. Dagegen sind Beträge, die nur bei besonderer Gelegenheit gezahlt werden (z. B. Jubiläumsgeschenke) nicht mitzurechnen. Bei der Umrechnung der Sachbezüge ist der wahre Wert anzusetzen; die Sätze der Finanzbehörde und Sozialversicherungsträger sind dabei für die Gerichte nicht bindend. 76

Bei der Frage, was „angemessen" ist, hat das Gericht alle Umstände in Betracht zu ziehen, die eine Erhöhung oder Ermäßigung der Abfindung als billig erscheinen lassen. Dabei spielen die **Dauer des Arbeitsverhältnisses** und das **Alter** des Arbeitnehmers die größte Rolle, was der Wortlaut der Vorschrift schon ergibt. Dem Lebensalter kommt allerdings eine ambivalente Funktion zu: Wenn die Auflösung kurze Zeit vor Vollendung des 65. Lebensjahres liegt, kann dies durchaus zu einer relativ geringen Abfindung führen. Weitere Bemessungsfaktoren sind im übrigen: Familienstand, Unterhaltspflichten, Entlassungsfolgen, Maß der Sozialwidrigkeiten, der Kündigung, Verlust verfallbarer Versorgungsanwartschaften, ideelle Nachteile für den Arbeitnehmer, wirtschaftliche Lage des Arbeitgebers usw. Maßgebend für die Bemessung sind die Verhältnisse zur Zeit der letzten mündlichen Verhandlung der Tatsacheninstanz (*BAG* AP 20 zu § 66 BetrVG). 77

Da das Gericht von Amts wegen über die Höhe der Abfindung zu befinden hat, ist es an Anträge nicht gebunden; § 9 I KSchG schließt eine Anwendung von § 308 I 1 ZPO aus (*BAG* NZA 1987, 139). Selbstverständlich bleibt es der Partei unbenommen, einen **bezifferten Antrag** (z. B. „mindestens aber .. ") zu stellen; dann sind ihr aber nach § 92 ZPO auch anteilige Kosten aufzuerlegen, wenn das Gericht dem Antrag nicht in voller Höhe entspricht (*BAG* a. a. O.). Eine „Anregung" außerhalb der Antragstellung ist deshalb vorzuziehen. 78

kk) Verzinsung der Abfindung. Ein Anspruch auf Verzinsung der Abfindung kommt erst ab Eintritt der **Rechtskraft** in Betracht (*LAG* Bremen NJW 1978, 126; *LAG* Hamburg DB 1983, 74; *Schaub* § 141 VII 1; *Bauer/Röder,* Kündigungsfibel, 7.8; vgl. auch *BAG* AP Nr. 2 zu § 8 KSchG). 79

f) Wahlrecht des Arbeitnehmers nach gewonnenem Kündigungsschutzprozeß. In der Regel wird der Arbeitnehmer, der eine gleichwertige neue Stellung gefunden hat, die Klage zurücknehmen oder versuchen, über §§ 9, 10 KSchG eine Abfindung zu erhalten. Er kann aber auch das Verfahren bis zum rechtskräftigen Abschluß fortführen, um dann nach § 12 KSchG zu entscheiden, ob er das alte oder das neue Arbeitsverhältnis fortsetzt. Folgende **Voraussetzungen** müssen erfüllt sein: 80
– Der Arbeitnehmer muß ein neues Arbeitsverhältnis eingegangen sein. Der Begriff „Eingehung" entspricht dem Begriff des „Abschlusses eines Arbeits-

vertrages". Wenn jedoch der Antritt der neuen Stellung solange hinausgezögert war, daß der Arbeitnehmer noch die Kündigungsfrist einhalten konnte, wird er in der Regel das neue Arbeitsverhältnis kündigen und das alte Arbeitsverhältnis mit dem früheren Arbeitgeber fortsetzen.
- Der Abschluß des neuen Arbeitsvertrages muß vor der Rechtskraft der Entscheidung des Arbeitsgerichts liegen. Es muß sich bei dem neuen Arbeitsvertrag grundsätzlich um ein echtes Arbeitsverhältnis handeln, also nicht etwa um einen Werkvertrag oder gesellschaftsrechtliche Verhältnisse (vgl. *Hueck/ v. Hoyningen-Huene* § 12 Rdnr. 2). Dem Zweck des Gesetzes entsprechend stehen jedoch Dienstverträge von vertretungsberechtigten Organmitgliedern gleich (*Hueck/v. Hoyningen-Huene* a. a. O.).
- Der Arbeitnehmer muß die Ablehnung innerhalb einer Woche seit Rechtskraft des Urteils aussprechen.

81 Die **Rechtskraft** des Urteils tritt ein, wenn ein Rechtsmittel nicht mehr eingelegt werden kann (vgl. § 705 ZPO). Wird gegen ein Urteil des LAG die Revision nicht zugelassen, so tritt die Rechtskraft mit Ablauf der einmonatigen Frist für die Nichtzulassungsbeschwerde ein (§ 72a ArbGG).

82 Erklärt sich der Arbeitnehmer innerhalb der Frist nicht, erlischt sein Recht zur Auflösung des alten Arbeitsverhältnisses (*LAG Düsseldorf* DB 1970, 545 und DB 1979, 1516). Viele Arbeitnehmer geben **keine** dem Gesetz entsprechende **Erklärung** ab und setzen dennoch das Arbeitsverhältnis mit dem neuen Arbeitgeber fort. Für den alten Arbeitgeber stellt sich in einem solchen Fall die Frage, ob er den Arbeitnehmer unter Androhung erneuter (fristloser) Kündigung für den Fall der Nichtaufnahme der Arbeit zur Arbeitsaufnahme auffordern oder ob er schweigend die Fortsetzung des Arbeitsverhältnisses durch den Arbeitnehmer mit dem neuen Arbeitgeber zur Kenntnis nehmen soll (vgl. *Bauer/Röder*, Kündigungsfibel, 7.7 c).

83 Die Ablehnungserklärung gegenüber dem alten Arbeitgeber kann mündlich oder schriftlich erfolgen. Die **Beweislast** für eine rechtzeitige Ablehnung trägt der Arbeitnehmer. Die einwöchige Frist „wird durch eine vor ihrem Ablauf zur Post gegebene schriftliche Erklärung gewahrt" (§ 12 S. 2 KSchG). Die Frist berechnet sich nach §§ 187, 188 II, 193 BGB. Als „Nichtfortsetzungserklärung" i. S. des § 12 KSchG soll auch eine **Kündigung** des alten Arbeitsverhältnisses durch den Arbeitnehmer anzusehen sein, die innerhalb der Wochenfrist erklärt wird, und zwar auch dann, wenn diese Kündigung die ordentliche Kündigungsfrist einhält (*LAG Düsseldorf* DB 1979, 1516).
Beispiel: Das Urteil wird am Donnerstag, 25. 3. 1993 rechtskräftig. Am Montag, 29. 3. 1993 kündigt der Arbeitnehmer das alte Arbeitsverhältnis ordentlich zum 30. 6. 1993. Auch hier „erlischt" das Arbeitsverhältnis am 29. 3. 1993 (§ 12 S. 3 KSchG).

84 Nach h. M. (*BAG* AP Nr. 1 zu § 12 KSchG 1969; *Hueck/v. Hoyningen-Huene* § 12 Rdnr. 8; KR-*Becker* § 12 Rdnr. 26; a. A. *Rohlfing/Rewolle/Bader*, KSchG, § 12 Rdnr. 2) kann die „Nichtfortsetzungserklärung" auch schon vor Eintritt der Rechtskraft erklärt werden. Dabei ist zu beachten, daß eine solche vorzeitige Erklärung zum Verlust von Ansprüchen aus dem Annahmeverzug des Arbeitgebers führen kann.

85 **Achtung:** Das Gesagte gilt auch dann, wenn der Arbeitnehmer im Prozeß nach §§ 9, 10 KSchG vergeblich die Auflösung des Arbeitsverhältnisses beantragt. Das Arbeitsgericht hat es dem Arbeitnehmer zu überlassen, ob er vom Wahlrecht des § 12 KSchG Gebrauch macht. Ist dagegen nach §§ 9, 10 KSchG

die Auflösung des Arbeitsverhältnisses rechtskräftig ausgesprochen worden, ist für § 12 KSchG kein Raum mehr. Der Arbeitnehmer kann die Erklärung „vorsorglich" schon vor Rechtskraft des Urteils im Kündigungsschutzprozeß abgeben, aber gleichwohl den Antrag nach §§ 9, 10 KSchG weiter verfolgen (*BAG* a. a. O.). Gibt das Gericht dem Antrag statt, wird die Erklärung nach § 12 KSchG gegenstandslos.

Da das alte Arbeitsverhältnis bis zum Zugang der „Nichtfortsetzungserklärung" bestanden hat, würde dem Arbeitnehmer die **Vergütung** nach § 615 Satz 1 BGB an und für sich bis dahin zustehen, wobei er sich auch das im neuen Arbeitsverhältnis Verdiente anrechnen lassen müßte (§ 615 Satz 2 BGB). § 12 Satz 4 KSchG vereinfacht dies folgendermaßen: Der Vergütungsanspruch wird von vornherein auf die Zeit zwischen der tatsächlichen „Entlassung und dem Tag des Eintritts in das neue Arbeitsverhältnis" beschränkt. Ob der Arbeitnehmer im alten Arbeitsverhältnis mehr verdient hatte, spielt keine Rolle (*BAG* AP 16 zu § 242 BGB „Auskunftspflicht"; *Hueck/v. Hoyningen-Huene* § 12 Rdnr. 6). Auf den Vergütungsanspruch finden die Kürzungsmöglichkeiten nach § 11 KSchG entsprechende Anwendung (§ 12 Satz 5 KSchG).

Achtung: Für den Arbeitnehmer kann es deshalb in einem Ausnahmefall finanziell attraktiv sein, das alte Arbeitsverhältnis zunächst fortzusetzen und dann nach Ablauf der Wochenfrist ordentlich zu kündigen und schließlich wieder beim neuen Arbeitgeber zu arbeiten. Bei solcher Vorgehensweise kommt § 12 S. 4 KSchG nicht zum Zuge; es gelten vielmehr §§ 615 S. 1 BGB, 11 KSchG.

86

87

9. Beendigung des Arbeitsverhältnisses durch Prozeßvergleich oder außergerichtlichen Aufhebungsvertrag

Hauptziel der Güteverhandlung ist die Herbeiführung einer **gütlichen Einigung**. Ein ausgewogener Prozeßvergleich ist ein probates Mittel, den Rechtsstreit gütlich, schnell und vor allem endgültig beizulegen. Beide Seiten müssen die Risiken beachten, die sich bei einer Fortsetzung des Prozesses ergeben. Notwendig ist es, die Güteverhandlung, aber auch jeden sonstigen Termin in Kündigungsschutzverfahren in tatsächlicher und rechtlicher Hinsicht sorgfältig vorzubereiten. Welche Probleme beim Abschluß von Prozeßvergleichen und außergerichtlichen Aufhebungsverträgen regelmäßig zu beachten sind, soll im folgenden ohne Anspruch auf Vollständigkeit checklistenartig dargestellt werden (vgl. insgesamt *Bauer*, Arbeitsrechtliche Aufhebungsverträge, 3. Aufl. 1993; *ders.* NZA 1989, 256). Soweit nur von Aufhebungsverträgen die Rede ist, sind damit sowohl außergerichtliche Aufhebungsverträge als auch Prozeßvergleiche gemeint.

88

a) Form:

– **Der außergerichtliche Aufhebungsvertrag kann grds. formlos abgeschlossen werden. Aus Beweisgründen empfiehlt sich jedoch i. d. R. Schriftform;**
– Soweit ausnahmsweise in einem Kollektiv- oder Individualvertrag Schriftform für den außergerichtlichen Aufhebungsvertrag (!) vorgesehen ist, handelt es sich um eine **konstitutive Bedingung;**
– Der Prozeßvergleich muß vom Gericht **protokolliert** werden. Er endet mit der Formel „v. u. g." (vorgelesen und genehmigt);

89

90 **b) „Art" der Beendigung. aa)** Vor allem folgende **Möglichkeiten** kommen in Betracht:
- „Die Parteien sind sich einig, daß das Arbeitsverhältnis einvernehmlich mit Ablauf des ... beendet worden ist/enden wird";
- „Die Parteien sind sich einig, daß das Arbeitsverhältnis wegen dringender betrieblicher Gründe/personenbedingter Gründe (ggfs.: nähere Beschreibung der Gründe) mit Ablauf des ... beendet worden ist/enden wird";
- „Die Parteien sind sich einig, daß das Arbeitsverhältnis aufgrund ordentlicher personen(krankheits-)bedingter/verhaltensbedingter/betriebsbedingter Kündigung vom ... mit Ablauf des ... beendet worden ist/enden wird";
- „Es wird festgestellt, ... (im übrigen Wortlaut wie letzter Fall) ...".

91 **bb)** Je nachdem welche der unter a genannten Variante gewählt wird, kann dies z. B. folgende **Auswirkungen** haben:
- Im Fall d. ersten Formulierung: Sperrfrist nach §§ 119, 119a AFG. **Achtung:** Nach *BAG* BB 1988, 1962 (vgl. aber auch *BAG* DB 1990, 2431, wonach grundsätzlich keine Verpflichtung des Arbeitgebers besteht, beim Abschluß eines Aufhebungsvertrages den Arbeitnehmer auf mögliche nachteilige Folgen für die betriebliche Altersversorgung hinzuweisen) muß der Arbeitgeber u. U. beim außergerichtlichen Aufhebungsvertrag den Arbeitnehmer auf die möglichen nachteiligen sozialversicherungsrechtlichen Folgen hinweisen (vgl. insgesamt zu §§ 117, 119 AFG: *Gagel/Vogt*, Beendigung von Arbeitsverhältnissen, 3. Aufl. 1992 Rdnr. 1–470; *Waltermann*, NJW 1992, 1136; *Albrecht* BB 1984, 919; *Bauer* NZA 1985, 275 und C. II. Rdnr. 76, 82). Die Hinweispflicht des Arbeitgebers entfällt m. E., wenn der Arbeitnehmer von einem Anwalt oder einem Gewerkschaftsfunktionär vertreten oder ein Prozeßvergleich abgeschlossen wird. Der Verstoß gegen Hinweispflichten kann den Arbeitgeber nur zum Schadensersatz verpflichten (*BAG* BB 1988, 1962; *Bauer*, Aufhebungsverträge, Rdnr. 74; *Nägele* BB 1992, 1274; a. A. *ArbG Wetzlar* DB 1991, 976);
- Im Fall der zweiten und dritten Formulierung: Nach vereinzelter falscher Praxis der Arbeitsämter soll es sich auch bei Vorliegen dringender betriebsbedingter Gründe um eine einvernehmliche Beendigung handeln, die grds. eine Sperrfrist nach §§ 119, 119a AFG auslöst;
- Ein rückdatierter Aufhebungsvertrag ist nicht wegen Umgehung des § 117 II AFG und wegen Vorbereitung einer Straftat sittenwidrig und damit nicht insgesamt nichtig. Er ist jedenfalls hinsichtlich der Beendigung des Arbeitsverhältnisses wirksam (so zu Recht *LAG Hamm* LAGE § 611 BGB Aufhebungsvertrag Nr. 3), natürlich mit der Folge, daß § 117 AFG zum Zuge kommt. Der Arbeitnehmer kann grds. keine Anpassung der Abfindung verlangen (*LAG Ba-Wü* LAGE § 611 BGB Aufhebungsvertrag Nr. 4);
- Bei einvernehmlicher betriebsbedingter Beendigung oder Beendigung aufgrund betriebsbedingter Kündigung muß der Arbeitgeber beachten, daß er möglicherweise Ansprüche aufgrund von Rückzahlungsvorbehalten (Gratifikationen, Darlehen, Umzugs-/Ausbildungskosten) verliert (*Bauer*, Aufhebungsverträge, Rdnr. 411, 650).

92 **c) Zeitpunkt des rechtlichen Endes des Arbeitsverhältnisses.** Dieser Zeitpunkt kann, muß aber nicht, von folgenden Kriterien bestimmt werden:
- Welche kollektiv-/individualvertragliche/gesetzliche **Kündigungsfrist** gilt?
- Bei Beendigung vor Ablauf der ordentlichen Kündigungsfrist **und** Vereinba-

rung einer Abfindung müssen beide Parteien § 117 AFG (vgl. Rdnr. 91) beachten;
– Die vorzeitige Beendigung des Arbeitsverhältnisses kann zu Nachteilen bei der **betrieblichen Altersversorgung** führen (vgl. Rdnrn. 102 ff.).

d) Freistellung und Urlaub. Bei der Frage, ob der Arbeitnehmer bis zum rechtlichen Ende des Arbeitsverhältnisses arbeiten oder freigestellt werden soll, ist zu bedenken: 93
– Für die Zeit des unstreitigen Arbeitsverhältnisses steht dem Arbeitnehmer der **allgemeine Beschäftigungsanspruch** zu (BAG, AP Nrn. 4, 5 zu § 611 BGB „Beschäftigungspflicht");
– Der Beschäftigungsanspruch ist grds. **abdingbar** (vgl. *Leßmann* RdA 1988, 149). Der Arbeitnehmer kann deshalb im Rahmen des Aufhebungsvertrags widerruflich oder unwiderruflich bis zum rechtlichen Ende des Arbeitsverhältnisses freigestellt werden;
– Auch bei unwiderruflicher Freistellung sollte der Arbeitgeber darauf achten, daß restliche **Urlaubsansprüche** des Arbeitnehmers miterledigt werden (vgl. *BAG* BB 1991, 1788; *LAG Ba-Wü* LAGE § 794 ZPO Nr. 5; *Bauer*, Aufhebungsverträge, Rdnr. 439 ff.);
– Häufig empfiehlt es sich, die bis zum rechtlichen Ende des Arbeitsverhältnisses fortzuzahlenden **Bezüge** exakt festzulegen;
– **Achtung:** Nach der Rechtsprechung des BAG ist bisher nicht geklärt, ob bei vertraglich vereinbarter Freistellung § 615 S. 2 BGB (Anrechnung anderweitigen Erwerbs) – unmittelbar oder analog – eingreift. Eine unmittelbare Anwendung dieser Vorschrift scheint ausgeschlossen, da § 615 S. 2 BGB **Annahmeverzug** des Arbeitgebers voraussetzt (vgl. *LAG Hamm* DB 1991, 1577; *LAG Köln* LAGE § 615 BGB Nr. 30; *Bauer/Baeck* NZA 1989, 784);
– Wegen dieser Unsicherheit kann es sich empfehlen, die Geltung des § 615 S. 2 BGB entweder ausdrücklich festzulegen oder auszuschließen;
– Der Arbeitnehmer muß beachten, daß das gesetzliche **Wettbewerbsverbot** nach § 60 HGB grds. trotz Freistellung bis zum rechtlichen Ende des Arbeitsverhältnisses gilt (*BAG* BB 1979, 324). Da § 60 HGB dispositiv ist, können die Parteien selbstverständlich vertraglich auf die Einhaltung des Verbots verzichten;
– **Urlaubsabgeltungsansprüche** aufgrund eines früheren Arbeitsverhältnisses werden durch das Entstehen von Urlaubsansprüchen in einem nachfolgenden Arbeitsverhältnis nicht berührt (*BAG* BB 1991, 1788).

e) Abfindung. aa) Höhe. Bei der Höhe von Abfindungen orientieren sich die Parteien und/oder Gerichte häufig an den **Maßstäben der §§ 9, 10 KSchG.** Diese Bestimmungen gelten aber zwingend nur bei der gerichtlichen Auflösung von Arbeitsverhältnissen durch Urteil. Vereinbarte Abfindungen können deshalb die Höchstgrenzen der §§ 9, 10 KSchG ohne weiteres überschreiten oder auch deutlich unter dem liegen, was nach „üblichen Formeln" (½ bis 1 Monatsgehalt pro Jahr Betriebszugehörigkeit) ermittelt wird. 94

bb) Steuer: 95
– Die Beendigung des Arbeitsverhältnisses muß auf Veranlassung des Arbeitgebers erfolgen, damit der **steuerfreie Betrag** nach § 3 Nr. 9 EStG zum Zuge kommt. Läuft ein **wirksam befristetes Arbeitsverhältnis** aus und zahlt der Arbeitgeber eine „Abfindung", ist diese nicht steuerfrei, weil es an einer vom

Arbeitgeber veranlaßten Auflösung fehlt (*BFH* BStBl. II 1980, 793; *Offerhaus* StBp. 1987, 71; *ders.* DB 1991, 2457; *Bauer* NZA 1991, 617);
- Der steuerfreie Betrag nach § 3 Nr. 9 EStG beträgt 24 000 DM. Hat der Arbeitnehmer das 50. Lebensjahr vollendet und hat das Arbeitsverhältnis mind. 15 Jahre bestanden (**Achtung:** Für das Vorliegen dieser Kriterien ist der Zeitpunkt des rechtlichen Endes des Arbeitsverhältnisses maßgebend), beträgt der steuerfreie Höchtbetrag 30 000 DM; hat der Arbeitnehmer das 55. Lebensjahr vollendet und hat das Arbeitsverhältnis mind. 20 Jahre bestanden, beträgt der steuerfreie Höchstbetrag 36 000 DM;
- Abfindungen, die die maßgebliche Höchstgrenze des § 3 Nr. 9 EStG übersteigen, sind nach §§ 24, 34 EStG **steuerbegünstigt** (halber Steuersatz). Der Arbeitgeber kann die Hälfte des Lohnsteuerbetrages des Arbeitnehmers aus dem steuerbegünstigten Abfindungsbetrag einbehalten und den Restbetrag gleich an den Arbeitnehmer ausbezahlen (§ 39b III 10 EStG);
- Für die Steuerfreiheit nach § 3 Nr. 9 EStG und die Steuerbegünstigung nach §§ 24, 34 EStG ist allein der von den **Parteien gewählte Beendigungszeitpunkt des Arbeitsverhältnisses maßgeblich** (*BFH* BB 1979, 304 und *BFH* StBp. 1987, 71). Damit greift die Steuerfreiheit auch bei einer vorzeitigen Auflösung des Arbeitsverhältnisses ein, soweit sie vom Arbeitgeber veranlaßt ist (also z. B. auch bei der vorzeitigen Beendigung befristeter Dienstverhältnisse von Vorstandsmitgliedern und Geschäftsführern!). Die Höhe der steuerfreien Abfindung kann nach der Vergütung bemessen werden, die der Arbeitnehmer erhalten hätte, wenn das Arbeitsverhältnis nicht vorzeitig beendet worden wäre (*BFH* a. a. O.);
- Weder § 3 Nr. 9 EStG noch §§ 24, 34 EStG verlangen, daß das Arbeitsverhältnis in **Vollzug** gesetzt gewesen sein muß;
- Die Steuerermäßigung nach §§ 24, 34 EStG kommt grds. nur zum Zuge, wenn die Entschädigung als **Einmalbetrag** in einem Veranlagungszeitraum zufließt (*BFH*/NV 1992, 102 zu den Ausnahmen);
- **Verfallbare Versorgungsanwartschaften** können unter Anwendung von § 3 Nr. 9, §§ 24, 34 EStG kapitalisiert werden, nicht dagegen unverfallbare Anwartschaften (*BFH* DB 1991, 1500; *BFH* DStR 1991, 903);
- § 3 Nr. 9 und §§ 24, 34 EStG finden auch Anwendung, wenn der Arbeitnehmer aufgrund eines **nach Beendigung des Arbeitsverhältnisses** abgeschlossenen neuen Arbeitsverhältnisses bei demselben Arbeitgeber zu anderen Bedingungen weiterbeschäftigt wird (*BFH* a. a. O.). Anders ist die Rechtslage aber, wenn das Arbeitsverhältnis aufgrund einer Änderungskündigung zu geänderten Bedingungen fortgesetzt wird (*BFH* a. a. O.; *Offerhaus* a. a. O.);
- Vereinbarte Abfindungen sind regelmäßig als **Bruttobeträge** zu verstehen. Möglich ist aber auch eine „Netto-Abfindung", bei der volle Abfindungsbetrag ungeschmälert an den Arbeitnehmer auszuzahlen ist. Widersprüchlich sind deshalb „Brutto = Netto"-Klauseln (vgl. *LAG Hamm* DB 1980, 2396; *LAG Niedersachsen* BB 1985, 272; *LAG Bremen* NZA 1988, 433);
- Um steuerliche Nachteile zu vermeiden, kann es für eine oder beide Parteien im Einzelfall sinnvoll sein, vor oder nach Abschluß eines Aufhebungsvertrages eine **Lohnsteueranrufungsauskunft** beim zuständigen Betriebsstätten-Finanzamt nach § 42e EStG einzuholen.

96 cc) **Fälligkeit.** Nach richtiger Auffassung (*LAG Köln* DB 1984, 568; *LAG Düsseldorf* DB 1989, 2031; *LAG München* vom 28. 6. 1991 – 3 Ta 106/91; *Schaub*,

Arbeitsrechts-Handbuch, § 141 VII. 1 b; *Müller/Bauer* B. II. 6. g; *Bauer*, Aufhebungsverträge, Rdnr. 685; vgl. auch *BAG* NJW 1984, 1650 zur Abfindung nach § 113 III BetrVG; a. A. *LAG Hamm* LAGE § 9 KSchG Nr. 20); wird der Abfindungsanspruch des Arbeitnehmers erst mit dem **rechtlichen Ende des Arbeitsverhältnisses** fällig. Der Fälligkeitszeitpunkt sollte dennoch grds. klargestellt werden.

dd) Vererbbarkeit. Nach *BAG* BB 1988, 1392 (vgl. auch *LAG Köln* LAGE § 611 BGB Aufhebungsvertrag Nr. 2) ist das **Erleben des vereinbarten Auflösungszeitpunkts** für den Arbeitnehmer nicht ohne weiteres Voraussetzung für den Anspruch der Erben. Bei erheblicher Diskrepanz zwischen dem Zeitpunkt des Abschlusses des Aufhebungsvertrages und dem rechtlichen Ende des Arbeitsverhältnisses kann sich deshalb eine entsprechende Regelung im Aufhebungsvertrag empfehlen. 97

ee) Ruhen des Arbeitslosengeldanspruchs. Eine **Abfindung** kann vor allem ein Ruhen des Arbeitslosengeldanspruchs nach §§ 117, 117a AFG bewirken (vgl. Rdnr. 91 zur Hinweispflicht des Arbeitgebers; vgl. Rdnr. 126 bei besonders geschützten Arbeitnehmern; vgl. auch (C. II. Rdnr. 76 ff.). 98

ff) Familienrechtliche Konsequenzen. Kann der Arbeitnehmer aufgrund einer arbeitsrechtlichen Auseinandersetzung mit einer (größeren) Abfindung rechnen, kann dies Überlegungen hinsichtlich des günstigsten Zeitpunkts zur Einreichung des **Scheidungsantrags** beim Familiengericht führen (vgl. *Müller/Bauer* B. II. 6. d); *Bauer*, Aufhebungsverträge, Rdnr. 686). 99

gg) Sozialversicherung. Eine Abfindung, die als Entschädigung für den Verlust des Arbeitsplatzes gezahlt wird, ist zeitlich nicht der früheren – inzwischen weggefallenen versicherungspflichtigen – Beschäftigung zuzuordnen, und zwar auch dann nicht, wenn es um eine Beendigung des Arbeitsverhältnisses ohne Einhaltung der ordentlichen Kündigungsfristen geht. Solche Abfindungen sind nicht beitragspflichtig (*BSG*, BB 1990, 1350; vgl. auch *BSG* SozR 2200 § 18 Nr. 36 und *BAG* BB 1989, 428). Dagegen besteht im Zweifel (teilweise) Beitragspflicht, wenn das Arbeitsverhältnis zu einem bestimmten Zeitpunkt gegen Zahlung einer Abfindung beendet wird und die Abfindung teilweise oder ganz anstelle der Bezüge gezahlt wird, die an und für sich bis zum rechtlichen Ende des Arbeitsverhältnisses zu zahlen sind (*BSG* EzA § 9 KSchG n. F. Nr. 38). 100

f) Zeugnis. Unangenehme nachträgliche Streitigkeiten über Art und Inhalt eines Zeugnisses können vermieden werden, wenn schon im Aufhebungsvertrag eine **Festlegung** (konkretes Zeugnis oder aber konkrete Vorgaben für das Zeugnis) erfolgt (vgl. *Becker-Schaffner* BB 1989, 2105 zur Rspr. zum Zeugnisrecht und *Schleßmann*, Das Arbeitszeugnis, 1986 sowie *ders.*, BB 1988, 1320 zur **Zeugnissprache**). 101

g) Betriebliche Altersversorgung. aa) Unverfallbare Anwartschaft? Hat der Arbeitnehmer zum Zeitpunkt des rechtlichen Endes des Arbeitsverhältnisses noch keine unverfallbare Anwartschaft nach § 1 BetrAVG, geht er an und für sich „leer" aus. Abweichend von § 1 BetrAVG können die Parteien aber einen Anspruch auf betriebliche Altersversorgung vereinbaren. 102

bb) „Pro rata temporis"-Regelung des § 2 BetrAVG. Hat der Arbeitnehmer zum Zeitpunkt des rechtlichen Endes des Arbeitsverhältnisses eine unverfallbare 103

Anwartschaft erworben, muß er beachten, daß § 2 BetrAVG eine **Kürzung der Rente** für den Fall vorsieht, daß das Arbeitsverhältnis vor dem eigentlichen Pensionierungszeitpunkt endet. Auch insoweit ist eine abweichende vertragliche Regelung zugunsten des Arbeitnehmers möglich.

104   cc) **Abfindungsverbot.** §§ 3, 17 III BetrAVG enthalten ein Abfindungsverbot für 10jährige und ältere unverfallbare Versorgungsanwartschaften. Bei Verstoß (auch auf Veranlassung des Arbeitnehmers!) gegen diese Vorschriften läuft der Arbeitgeber Gefahr, bei Eintritt des Versorgungsfalles betriebliche Altersversorgung leisten zu müssen. **Achtung:** Da es sich um einen Verstoß gegen ein gesetzliches Verbot handelt, kann der Arbeitgeber nur schwer mit einem Anspruch auf Rückzahlung der früher geleisteten Abfindung aufrechnen (§ 817 BGB, vgl. *Bauer*, Aufhebungsverträge, Rdnr. 650).

105   dd) **Sittenwidriger Abfindungsvergleich.** Nach Ansicht des *BAG* (DB 1986, 548) kann ein Vergleich, der die Abfindung einer Versorgungsanwartschaft durch einen Kapitalbetrag vorsieht, gegen die guten Sitten verstoßen und deshalb nichtig sein (§ 138 BGB), wenn ein **grobes Mißverhältnis** des beiderseitigen Nachgebens besteht (vgl. dazu *Blomeyer* RdA 1988, 88).

106   ee) **Tatsachenvergleich.** Eine Vereinbarung im Rahmen eines Aufhebungsvertrags über tatsächliche Voraussetzungen eines Versorgungsanspruchs verstößt nicht gegen zwingende Grundsätze des BetrAVG. Auch eine Einigung, wonach keine Versorgungsrechte bestehen, wird durch die §§ 3, 17 III BetrAVG nicht verboten (*BAG* DB 1985, 1949).

107   ff) **Zustimmung des Betriebsrats/Sprecherausschusses.** Beruht der Anspruch auf betriebliche Altersversorgung auf einer Kollektivvereinbarung, so ist ein Verzicht des Arbeitnehmers nur mit Zustimmung des Betriebsrats bzw. des Sprecherausschusses zulässig (§ 77 IV 1 BetrVG; vgl. § 28 II 3 SprAuG bei leitenden Angestellten). Dies gilt auch für den Verzicht im Rahmen eines Aufhebungsvertrags.

108   gg) **Unverfallbarkeitsbescheinigung.** Liegen die Voraussetzungen einer unverfallbaren Anwartschaft nach § 1 BetrAVG vor, hat der Arbeitnehmer Anspruch auf Aushändigung einer Unverfallbarkeitsbescheinigung nach § 2 VI BetrAVG.

hh) **Steuern.** Abfindungen zur Abgeltung einer betrieblichen Rentenanwartschaft sind dann nicht steuerfrei nach § 3 Nr. 9 EStG, wenn der Arbeitnehmer im Zeitpunkt der Beendigung des Arbeitsverhältnisses bereits einen unverfallbaren Anspruch auf spätere Versorgungsleistungen erworben hatte (*BFH* DStR 1991, 903).

109   h) **Nachvertragliches Wettbewerbsverbot (nvW).** Haben die Parteien ein nachvertragliches Wettbewerbsverbot vereinbart, liegt es nahe, sich im Rahmen eines Aufhebungsvertrages Gedanken über das Schicksal der Wettbewerbsabrede zu machen, wobei beide Parteien zunächst prüfen sollten, ob das nachvertragliche Wettbewerbsverbot wirksam oder unverbindlich nach §§ 74 ff. HGB vereinbart worden ist (vgl. insgesamt *Bauer* DB 1979, 500; *ders.*, Aufhebungsverträge, Rdnr. 503 ff.). Darüber hinaus ist vor allem folgendes zu beachten:

110   aa) **Verzicht des Arbeitgebers.** Vor, beim oder nach Abschluß des Aufhebungsvertrags kann es sich für den Arbeitgeber empfehlen, nach § 75 a HGB schriftlich auf das nvW zu verzichten. Diese Erklärung hat zur Folge, daß der Arbeitgeber mit

Ablauf eines Jahres von der Verpflichtung zur Zahlung der Entschädigung frei wird. Die Erklärung muß dem Arbeitnehmer vor dem rechtlichen Ende des Arbeitsverhältnisses **zugehen.** § 75a HGB gilt analog auch bei einem nvW mit einem **vertretungsberechtigten Organmitglied,** wenn der Dienstvertrag keine Verweisung auf §§ 74ff. HGB enthält (*BGH* GmbHR 1992, 263).

Achtung: Sinn und Zweck des § 75a HGB ist es nicht, dem Arbeitgeber einen Weg zu bieten, sich von der Klausel zu lösen, wenn er erfahren hat, daß der ausscheidende Arbeitnehmer eine konkurrenzfreie Tätigkeit übernehmen wird. In diesem Fall kann der Verzicht unwirksam nach § 242 BGB sein (*BAG* BB 1979, 1557).

bb) Lösungserklärung nach § 75 I HGB. Ist vor Abschluß des Aufhebungsvertrags eine außerordentliche Kündigung nach § 626 BGB vom Arbeitnehmer oder Arbeitgeber ausgesprochen worden, ist zu prüfen, ob außerdem eine Lösungserklärung von nvW nach § 75 I HGB vorliegt (§ 75 I HGB ist nach *BAG* AP Nr. 6 zu § 75 HGB für den Fall der außerordentlichen Kündigung durch den Arbeitgeber analog anzuwenden). 111

Achtung: Die Lösungserklärung nach § 75 I HGB wirkt nur, wenn wirksam außerordentlich gekündigt worden ist und die Erklärung vor Ablauf eines Monats nach Zugang der Kündigung erfolgt. Im Aufhebungsvertrag sollte deshalb klargestellt werden, ob das nvW durch die Lösungserklärung erledigt ist oder nicht.

cc) Erhöhte Karenzentschädigung. Vor allem bei ordentlicher betriebsbedingter Kündigung muß der Arbeitgeber beachten, daß er gezwungen ist, eine erhöhte Karenzentschädigung nach § 75 II HGB anzubieten, wenn er das nvW aufrechterhalten will. Vergißt er dies, kann sich der Arbeitnehmer binnen Monatsfrist vom nvW lossagen (vgl. *Bauer/Röder,* Kündigungsfibel, 10.1 b). Verhängnisvoll ist es, wenn nicht beachtet wird, daß die **Monatsfrist** des § 75 HGB **ab Zugang der Kündigung** zu laufen beginnt. Dies gilt auch, wenn später ein Aufhebungsvertrag geschlossen wird (*BAG* AP Nr. 4 zu § 75 HGB). 112

dd) Zu geringe Entschädigung. Nach bisheriger Rechtsprechung des *BAG* (AP Nr. 19 zu § 74 HGB) kann ein Arbeitnehmer, dem eine Entschädigung von weniger als der Hälfte der zuletzt bezogenen vertragsmäßigen Leistungen zugesagt worden war und dessen Wettbewerbsverbot deshalb unverbindlich ist, nur die vertraglich vereinbarte Entschädigung verlangen, nicht die gesetzliche Mindestentschädigung nach § 74 II HGB. In der Entscheidung vom 9. 1. 1990 hat der *Zweite Senat* des *BAG* (NJW 1990, 1870) allerdings ausdrücklich offengelassen, ob er an dieser Rechtsprechung festhält. 112a

ee) Einvernehmliche Aufhebung oder Änderung: 113
– Ein nvW kann jederzeit einvernehmlich aufgehoben werden, also auch im Rahmen eines Aufhebungsvertrags. Die **Aufhebung** muß allerdings **ausdrücklich** erfolgen (*BAG* BB 1982, 861);
– Nach dem rechtlichen Ende des Arbeitsverhältnisses können die Parteien in einem Aufhebungsvertrag von den **zwingenden gesetzlichen Vorschriften** der §§ 74ff. HGB **abweichen.** Möglich ist es deshalb, eine Wettbewerbsklausel ohne Karenzentschädigung oder eine Karenzentschädigung unter der gesetzlichen Mindesthöhe zu vereinbaren (*BAG* AP Nrn. 23, 24 zu § 74 HGB);
– Vorsicht ist bei von §§ 74ff. HGB abweichenden Regelungen geboten, wenn sie im Rahmen eines Aufhebungsvertrages erfolgen, der vor dem rechtlichen Ende des Arbeitsverhältnisses abgeschlossen wird (vgl. *Müller/Bauer* B. II. 3. d); *LAG Düsseldorf* DB 1974, 1915).

114 ff) Erstattungspflicht nach § 128a AFG. Bei der Frage, ob ein nvW aufrechterhalten werden soll, muß der Arbeitgeber auch die zusätzlichen finanziellen Lasten nach § 128a AFG berücksichtigen (vgl. *Beise* DB 1987, 1251; *ders.* DB 1990, 1037, *Bauer,* Aufhebungsverträge, Rdnr. 994ff.). Die Bundesanstalt für Arbeit, ist verpflichtet, den Arbeitgeber über die Möglichkeit zu belehren, durch Verzicht (nicht zu verwechseln mit dem Verzicht nach § 75a HGB!) auf das nvW den Erstattungsanspruch abzuwehren (vgl. *BSG* NZA 1990, 911 und NZA 1992, 573). Umstritten ist, inwieweit Arbeitslosengeld auf die Karenzentschädigung anzurechnen ist (vgl. *BAG* NZA 1990, 975; *BGH* DB 1991, 1508 und *Bauer/Hahn* DB 1991, 2591).

115 gg) Geschäfts- und Betriebsgeheimnisse. Unabhängig vom Vorliegen eines nvW ist der Arbeitnehmer nach Beendigung des Arbeitsverhältnisses verpflichtet, **Verschwiegenheit** über Geschäfts- und Betriebsgeheimnisse seines Arbeitgebers zu bewahren (*BAG* NZA 1988, 502; vgl. auch *Molkenbur* BB 1990, 1196). Ggf. kann dies auch im Aufhebungsvertrag ausdrücklich betont werden. Vgl. auch *BAG* NZA 1989, 860 zur nötigen Bestimmtheit des Klageantrages bei Betriebsgeheimnissen.

116 i) Sonstige Ansprüche, bestimmte Erledigungsklauseln. Im Aufhebungsvertrag sollte grundsätzlich auch geregelt werden, was mit sonstigen Ansprüchen wird, und zwar vor allem hinsichtlich Darlehen, (rückständige) Vergütung (auch Tantieme, Provision, Gewinnbeteiligung usw.), Dienstwagen, Werkwohnung, Spesenvorschuß, Diensterfindung, Firmenunterlagen, Schadensersatz.

117 j) Allgemeine Erledigungsklausel. Solche Klauseln erfassen im Zweifel nicht Ansprüche auf/aus
- schon entstandene **Fortzahlungsansprüche** (*BAG* BB 1982, 1302 und BB 1981, 119);
- **betriebliche Altersversorgung** (*LAG Hamm* DB 1980, 113 und DB 1980, 643; vgl. auch *BAG* BB 1984, 280 zur Ausgleichsquittung);
- **nachvertragliches Wettbewerbsverbot** (*BAG* BB 1982, 861);
- **Zeugnis,** sofern darauf überhaupt verzichtet werden kann (*BAG* AP Nr. 9 zu § 630 BGB);
- **Arbeitnehmererfindung.**

118 k) Unverzichtbare Rechte und Ansprüche. Dazu gehören
- schon entstandene **tarifliche Rechte.** Ein Verzicht ist nur in einem von den Tarifvertragsparteien gebilligten Vergleich zulässig (§ 4 IV 1 TVG);
- Rechte aus einer **Betriebsvereinbarung** oder einer Vereinbarung mit dem Sprecherausschuß (vgl. *Bauer,* SprAuG, § 28 III.). Ein Verzicht ist nur mit Zustimmung des Betriebsrats/Sprecherausschusses möglich (§ 77 IV 1 BetrVG; vgl. Rdnr. 107);
- gesetzliche Urlaubs- und Urlaubsabgeltungsansprüche (*BAG* AP Nr. 2 zu § 7 BUrlG „Abgeltung"; *BAG* AP Nr. 5 zu § 13 BUrlG „Unabdingbarkeit"); *BAG* NZA 1990, 935).

In den genannten Fällen ist jedoch ein **Tatsachenvergleich** möglich.

119 l) Zurückbehaltungsrecht und Aufrechnungsverbot.
- An **Arbeitspapieren** besteht grundsätzlich kein Zurückbehaltungsrecht nach § 273 BGB;

- Im übrigen wird das Zurückbehaltungsrecht des Arbeitgebers durch eine **analoge Anwendung von § 394 BGB** eingeschränkt, wenn der Arbeitnehmer einen Lohnanspruch geltend macht;
- Ein bestehendes **Zurückbehaltungsrecht** kann grds. im Aufhebungsvertrag **ausgeschlossen** werden;
- Der Arbeitgeber kann auch gegenüber einer Gehaltsforderung oder einem Abfindungsanspruch des Arbeitnehmers **aufrechnen,** allerdings nicht, soweit es sich um eine unpfändbare Forderung handelt (§ 394 BGB). Ein Aufrechnungsverbot kann im **Aufhebungsvertrag** aber vereinbart werden.

m) Aufhebungsverträge mit besonders geschützten Arbeitnehmern und sonstige Sonderfälle. aa) Betriebsratsmitglieder. Der Zustimmung des Betriebsrats bedarf es nicht. **Achtung:** Mit Rücksicht auf § 117 II AFG empfiehlt es sich, daß das Betriebsratsmitglied vor Abschluß des Aufhebungsvertrages sein **Betriebsratsamt niederlegt.** Nach der Niederlegung des Amtes ist das Betriebsratsmitglied nach § 15 I KSchG für die Dauer eines Jahres (also nicht mehr zeitlich unbegrenzt) ordentlich nicht kündbar. Ein Ruhen des Arbeitslosengeldanspruchs kommt deshalb nach § 117 AFG dann nur noch in Betracht, wenn zwischen Abschluß des Aufhebungsvertrages und rechtlichem Ende des Arbeitsverhältnisses nicht die Frist eingehalten wird, die ohne § 15 I KSchG gelten würde. Die Niederlegung des Betriebsratsamtes und der nachfolgende Abschluß des Aufhebungsvertrages können aber zu einer Sperrzeit nach §§ 119, 119a AFG führen.

bb) Schwerbehinderte. Der Schwerbehinderte kann nach Ausspruch der Kündigung oder auch ohne vorangegangene Kündigung auf den besonderen Schutz nach §§ 15 ff. SchwbG **verzichten.** Im Aufhebungsvertrag liegt ein solcher Verzicht, der den **Kündigungsschutz** nimmt (*Wilrodt/Neumann* § 1 Rdnr. 57). Um Nachteile nach §§ 117, 119 AFG zu vermeiden, kann es zweckmäßig sein, die **Hauptfürsorgestelle** einzuschalten. Wird darauf verzichtet, kommt m. E. nicht die fiktive Kündigungsfrist von 18 Monaten nach § 117 II 3 AFG zum Zuge, da die ordentliche Kündigung durch den Arbeitgeber nicht ausgeschlossen, sondern nur unter das Erfordernis der Zustimmung der Hauptfürsorgestelle gestellt ist.

cc) (Werdende) Mütter und Erziehungsurlaub. Hier gilt ein zeitlich befristeter Ausschluß der Kündigung nach § 9 MuSchG, § 18 BErzGG. Im Rahmen des § 117 AFG ist deshalb auf die Kündigungsfrist zurückzugreifen, die ohne den Ausschluß der ordentlichen Kündigung maßgeblich wäre. Das hindert aber grundsätzlich nicht, Aufhebungsverträge abzuschließen, die zu einer vorzeitigen Beendigung der Arbeitsverhältnisse führen.

dd) Auszubildende. Achtung: Bei minderjährigen Auszubildenden bedarf der Aufhebungsvertrag der Zustimmung des gesetzlichen Vertreters nach § 111 BGB.

ee) Ausländer. Problematisch sind die sog. „Heimkehrklauseln". Nach *BAG* vom 7. 5. 1987 (NZA 1988, 15) kann eine solche Klausel wegen funktionswidriger Umgehung der §§ 111, 112 BetrVG unwirksam sein, wenn der Aufhebungsvertrag in Ausführung einer Betriebsvereinbarung geschlossen wird, die Personalabbau durch Abschluß von Aufhebungsverträgen zum Ziel hat und der deshalb eine Art Sozialplanersatzcharakter zukommt.

125 **ff) Ältere Arbeitnehmer.** (Vgl. C II. Rdnr. 72 ff. und *Bauer*, Aufhebungsverträge, Rdnr. 28 ff., 964 ff.).
- Für den Arbeitgeber können die negativen Folgen des § 128 AFG i. d. F. der 10. AFG-Novelle vom 18. 12. 1992 (BGBl. I, S. 2044) seit 1. 1. 1993 ausgelöst werden (vgl. dazu *Bauer/Diller* BB 1992, 2283).
- Die sog. „128er-Vereinbarung" ist nach § 32 SGB I nichtig, soweit sie die Verpflichtung enthält, keinen Antrag auf Arbeitslosengeld zu stellen, weil dadurch dem Arbeitnehmer sozialrechtliche Nachteile in der Kranken- und Rentenversicherung entstehen (vgl. BSG BB 1988, 1964; BAG EzA § 128 AFG Nr. 2). Darauf hat das Arbeitsamt bei Kenntnis den ausgeschiedenen Arbeitnehmer (Arbeitslosen) hinzuweisen (BSG a. a. O.). Hat das Arbeitsamt dies unterlassen, so eröffnet die Nichtigkeit die Möglichkeit rückwirkend Arbeitslosengeld zu beantragen.
- Ab 1. 1. 1992 gilt § 41 IV SGB VI. Nach dessen Satz 3 ist eine Vereinbarung, wonach ein Arbeitsverhältnis zu einem Zeitpunkt enden soll, indem der Arbeitnehmer Anspruch auf eine Rente wegen Alters hat, nur wirksam, wenn die Vereinbarung innerhalb der letzten drei Jahre geschlossen oder von dem Arbeitnehmer bestätigt worden ist (vgl. *Ammermüller* DB 1990, 221; *Gitter/Boerner* RdA 1990, 129; *Leinemann* DB 1990, 732; *Kienast* DB 1991, 1725; *Franke* NZA 1991, 972; *Laux* NZA 1991, 967; *Waltermann* NZA Beil. 4/1991, 19; *Worzolla* NZA Beil. 4/1991, 15; *Steinmeyer* RdA 1992, 6; *Moll* DB 1992, 475; *Berger-Delhey* ZTR 1992, 99; vgl. *LAG Düsseldorf* DB 1992, 2350, wonach § 41 IV SGB VI nicht für kollektivrechtliche Regelungen gilt.

126 - Bei tariflich (aber auch einzelvertraglich) **altersgesicherten Arbeitnehmern,** denen nicht mehr ordentlich gekündigt werden kann, ist grds. die **fiktive Kündigungsfrist** des § 117 AFG von 18 Monaten zu beachten. Andernfalls kommt es zum Ruhen des Arbeitslosengeldes, es sei denn, die Voraussetzungen für eine fristgebundene Kündigung liegen vor (§ 117 II 3 Nr. 2 AFG), was z. B. bei der Stillegung eines Betriebes der Fall ist (*BAG* NZA 1985, 559).

127 **gg) Bedingte Aufhebungsverträge.** Unwirksam sind Aufhebungsverträge, wenn durch ihre Ausgestaltung zwingende Bestimmungen des Kündigungsrechts umgangen werden. Dazu zählen Aufhebungsverträge mit **bedingten Wiedereinstellungszusagen** (BAG NZA 1988, 391 und BAG NZA 1985, 324). Unwirksam ist auch ein außergerichtlicher Aufhebungsvertrag, der zur Beendigung eines Arbeitsverhältnisses unter der auflösenden Bedingung der Überschreitung einer bestimmten Krankheitsquote innerhalb eines bestimmten Zeitraums führen soll (*LAG Ba-Wü* DB 1991, 918).

128 **hh) Aufhebungsverträge im Rahmen von Betriebsveräußerungen nach § 613a BGB.** Eine **Umgehung** des § 613a IV 1 BGB liegt vor, wenn ein Aufhebungsvertrag mit einem vom Betriebsübergang betroffenen Arbeitnehmer abgeschlossen wird, um dann mit dem Erwerber einen neuen (für den Erwerber günstigeren) Arbeitsvertrag abzuschließen (*BAG* NZA 1988, 198). Keine Umgehung des § 613a IV 1 BGB liegt dagegen m. E. vor, wenn der Arbeitnehmer den Aufhebungsvertrag mit dem Veräußerer abschließt und er nicht vom Erwerber übernommen wird. **Achtung:** In einem solchen Fall kommt aber eine Anfechtung nach § 123 BGB in Betracht, wenn der Arbeitnehmer nicht hinsichtlich des Betriebsübergangs aufgeklärt wird.

Urteilsverfahren **C I**

ii) Massenentlassungen, Betriebsänderungen. Betriebsbedingte Aufhe- 129
bungsverträge zählen im Rahmen des § 17 KSchG und der §§ 111 ff. BetrVG
mit (vgl. § 112a I BetrVG und *Bauer/Röder* NZA 1985, 201).

n) Rücktritts-, Widerrufsrechte und Anfechtung: 130
– Wird ein Aufhebungsvertrag abgeschlossen, so kann von diesem unter den
  Voraussetzungen der §§ 320 ff. BGB zurückgetreten werden (*Bauer*, Aufhebungsverträge Rdnr. 84 ff.).
– Ein Widerruf kommt nur in Betracht, wenn dafür eine individual- oder kollektivrechtliche Regelung besteht (*Bauer* a. a. O.).
– Der Aufhebungsvertrag kann unter den Voraussetzungen des § 123 BGB
  angefochten werden. Nach *BAG* NZA 1992, 1023 kann auch in den Ankündigung einer (alternativen) ordentlichen Kündigung eine Drohung i. S. d.
  § 123 I BGB liegen (vgl. dazu auch *Bauer* NZA 1992, 1015).
– Der Widerruf muß gegenüber dem richtigen Adressaten ausgeübt werden
  (vgl. *BAG* NZA 1992, 134).

o) Kostenregelung. Im erstinstanzlichen Arbeitsgerichtsverfahren hat die ob- 131
siegende Partei keinen Anspruch auf Erstattung von **Anwaltskosten** gegenüber
der unterlegenen Partei (§ 12a I ArbGG). Nach der Rechtsprechung des *BAG*
(AP Nr. 14 zu § 61 ArbGG „Kosten") sind auch vorprozessuale Anwaltskosten
nicht erstattungspflichtig. **Freiwillig** kann jedoch eine Partei jederzeit Kosten
der anderen übernehmen. **Achtung:** Vorsicht ist vor allem bei einer Kostenregelung im Prozeßvergleich geboten, wenn der Arbeitnehmer erstattungsfähige
Reisekosten (auch hypothetische) geltend machen kann.

p) Widerrufsvorbehalt bei Prozeßvergleich: 132
– Ein solcher Vorbehalt kann z. B. **zweckmäßig** sein, um die nötige Zustimmung des Mandanten einzuholen oder um steuerliche und/oder sozialversicherungsrechtliche Fragen mit den zuständigen Behörden abzuklären.
– Der Widerrufsvorbehalt eines Prozeßvergleichs unterliegt keiner gerichtlichen Verfügung, da es sich „nur" um eine vom Gericht protokollierte Parteivereinbarung handelt. Eine **Verlängerung der Widerrufsfrist** durch Gerichtsbeschluß ist daher nicht möglich. Die Parteien können aber einen neuen
  Vergleich gleichen Wortlauts mit längerem Widerrufsvorbehalt schließen.
  Die Protokollierung kann ggf. durch Bedienstete des Gerichts in Untervollmacht erfolgen.
– Exakten **Wortlaut** des Vergleichs (inkl. etwaigen Widerrufsvorbehalt) notieren.
– Widerrufsschriftsatz unterschreiben; ein schriftsätzlicher Widerruf ohne **Unterschrift** ist unwirksam (*BAG* NZA 1989, 860).
– Bei Versäumung der Widerrufsfrist gibt es **keine Wiedereinsetzung in den
  vorigen Stand** nach §§ 233 ff. ZPO, weil es sich um eine vertraglich vereinbarte Frist handelt (*BAG* AP Nr. 24 zu § 794 ZPO).
– Bei Ablauf der Frist für den Widerruf eines Prozeßvergleichs an einem Samstag, Sonn- oder Feiertag endet die Frist im Zweifel erst am nächsten Werktag
  (vgl. §§ 222 II ZPO; 193 BGB).
– Der Widerruf muß gegenüber dem richtigen **Adressaten** ausgeübt werden. Ist
  der Widerruf gegenüber dem Gericht zu erklären, so kann er im Zweifel statt

dessen nicht wirksam gegenüber dem Prozeßgegner erklärt werden (*BAG* NZA 1992, 134).

133 q) **Streitwertfestsetzung/Anwaltsvergleich.** Bei Kündigungsschutzstreitigkeiten im Rahmen des § 12 VII 1 ArbGG liegt der Streitwert in der Regel bei ¼ Jahresbezug (nicht bei drei Monatseinkommen!). Auch anteilige Leistungen (z. B. 13. Monatsgehalt, private Nutzung des Firmen-PKW, Deputate usw.) sind zu berücksichtigen. Aufgrund des Rechtspflegevereinfachungsgesetzes vom 17. 12. 1990 (BGBl. I, 2847) ist ein neuer § 1044b in die ZPO eingefügt und § 23 BRAGO ergänzt worden. Danach erhält der Anwalt für die Mitwirkung beim Abschluß eines außergerichtlichen Anwaltsvergleichs i. S. d. § 1044b ZPO statt einer 10/10 eine **15/10 Vergleichsgebühr.** Allerdings ist fraglich, ob § 1044b ZPO (und damit auch die Gebührenbegünstigung) für arbeitsrechtliche Aufhebungsverträge überhaupt einschlägig ist (was von *Ziege,* NJW 1991, 1580/1582 wenig überzeugend unter Hinweis auf § 101 III ArbGG bestritten wird).

10. Vollstreckungsprobleme

134 Gemäß § 62 I ArbGG sind die Urteile, gegen die Einspruch oder Berufung zulässig ist, **vorläufig vollstreckbar.** Macht der Beklagte glaubhaft, daß die Vollstreckung ihm einen nicht zu ersetzenden Nachteil bringen würde, so hat das ArbG auf seinen Antrag die vorläufige Vollstreckbarkeit *im* Urteil ohne Sicherheitsleistung auszuschließen (§ 62 I 2 ArbGG). Daraus ergibt sich, daß der aktive Antrag auf vorläufige Vollstreckbarkeit überflüssig und der nur passive Antrag auf Vollstreckungsschutz ungenügend ist. Der Anwalt des Beklagten darf den möglichen Ausschluß der Vollstreckbarkeit nicht übersehen oder vergessen, vor allen dann nicht, wenn wegen schlechter Vermögenslage des Klägers nicht damit zu rechnen ist, daß die beigetriebene Leistung zurückerstattet werden kann (vgl. dazu *Grunsky* § 62 Rdnr. 4; *Dütz* DB 1980, 1069). Daß die Vollstreckung einen nicht zu ersetzenden Nachteil bringen würde, ist nach § 294 ZPO glaubhaft zu machen. Wird gegen das vorläufig vollstreckbare Urteil eines Arbeitsgerichts **Berufung** eingelegt *und* beantragt hiernach der Schuldner, die Zwangsvollstreckung einstweilen einzustellen, so ist nach h. M. (*LAG Frankfurt* LAGE § 62 ArbGG Nr. 12; *Dütz* a. a. O.; *Grunsky* § 62 Rdnr. 8; *Germelmann/Matthes/Prütting* § 62 Rdnr. 35; a. A. *LAG Düsseldorf* NZA 1992, 618) in den Fällen des § 61 I 3 ArbGG i. V. m. §§ 707, 719 ZPO eine Einstellung **gegen Sicherheitsleistung** ebenfalls **nicht** möglich.

135 Die Zwangsvollstreckung eines **Beschäftigungsanspruchs** erfolgt nach § 888 ZPO. Eine für jeden Tag der Nichterfüllung des Beschäftigungsanspruchs bestimmte Zwangsgeldfestsetzung widerspricht nicht nur Eigenart und Zielrichtung von § 888 ZPO, sondern auch dem Gebot der Eindeutigkeit und Bestimmtheit vollstreckbarer gerichtlicher Entscheidungen. Es ist daher in der Regel ein einheitlicher Betrag anzudrohen und festzusetzen (*LAG Berlin* NZA 1986, 36). Wird im Zusammenhang mit einem Kündigungsrechtsstreit oder einem sonstigen Beendigungsrechtsstreit über die Weiterbeschäftigung gestritten, ist die entsprechende Verurteilung in der Regel beschränkt auf die Dauer des Rechtsstreits, auch wenn dies nicht ausdrücklich ausgesprochen wird. Der Titel erlischt also mit Rechtskraft der Entscheidung (*LAG Köln* NZA 1988, 39; *LAG Frankfurt* NZA 1988, 743). Für die Zeit ab Rechtskraft steht dem Arbeitnehmer wieder der allgemeine Beschäftigungsanspruch zu (*LAG Frankfurt* a. a. O.). Bestehen Bedenken, daß der Arbeitgeber nach Beendigung des Rechtsstreits zu vertragsgemäßer Beschäftigung zurückkehrt, kann der allgemeine Beschäftigungsanspruch im Wege des § 259 ZPO schon während des Beendigungsrechtsstreits geltend gemacht werden (*BAG* NZA 1986, 562; *LAG Frankfurt* a. a. O.). Problematisch kann sein, ob ein Titel auf Beschäftigung überhaupt vollstreckungsfähig ist (vgl. dazu Rdnr. 46).

Nach Auffassung des *BAG* (NZA 1988, 329; a. A. *LAG Hamburg* DB 1983, 724; *LAG Berlin* DB 1986, 753; KR-*Becker* § 10 KSchG Rdnr. 19) sind auch **Abfindungsurteile** nach §§ 9, 10 KSchG vorläufig vollstreckbar nach § 62 ArbGG. Abweichend von der ZPO gibt es im Rahmen des § 62 ArbGG **keine** vorläufige Vollstreckbarkeit gegen **Sicherheitsleistung** (*BAG* AP 1 zu § 719 ZPO; a. A. *LAG Rheinland-Pfalz* AuR 1980, 252). Ebenso gibt es keine Abwendung durch Hinterlegung nach § 711 ZPO. Im übrigen gelten die §§ 708 ff. ZPO entsprechend. **136**

Liegen die Voraussetzungen des § 62 ArbGG vor, könnte beantragt werden,
– die Klage abzuweisen,
– hilfsweise: die vorläufige Vollstreckbarkeit aus dem Urteil des Arbeitsgerichts auszuschließen.

Die Zwangsvollstreckung darf grundsätzlich erst beginnen, wenn das Urteil zuvor oder gleichzeitig zugestellt worden ist. Die Zustellung erfolgt entweder von Amts wegen (§ 317 I ZPO, § 50 I 1 ArbGG) oder durch den Gläubiger (§ 750 I 2 ZPO). Die Zustellung eines abgekürzten Urteils (§ 317 II 2 ZPO) durch den Gläubiger genügt, um die Zwangsvollstreckung zu betreiben (§ 750 I 2 ZPO). **137**

Wird **Vollstreckungsgegenklage** (§ 767 ZPO) oder **Drittwiderspruchsklage** (§ 771 ZPO) erhoben, so kann nach §§ 769, 771 III ZPO die Zwangsvollstreckung gegen oder ohne Sicherheitsleistung eingestellt werden. § 62 ArbGG ändert insoweit die Vorschriften der ZPO nicht. Dasselbe gilt für §§ 732, 766 I 2, 768 ZPO. **138**

11. Arrest und einstweilige Verfügung

Die Vorschriften der **ZPO** über Arrest und einstweilige Verfügung sind im arbeitsgerichtlichen Urteilsverfahren unmittelbar anwendbar (§ 62 II ArbGG). Revision gibt es nicht (§ 72 IV ArbGG). Die Entscheidung über den Antrag auf Erlaß einer einstweiligen Verfügung kann nur in dringenden Fällen, auch dann, wenn der Antrag zurückzuweisen ist, ohne mündliche Verhandlung ergehen (§ 62 II 2 ArbGG). Zu den Voraussetzungen des Arrestes und der einstweiligen Verfügung muß im übrigen auf die einschlägige Kommentarliteratur verwiesen werden (vgl. auch *Faecks* NZA Beil. 3/1985, 6 ff.). **139**

12. Streitwert- und Honorarprobleme

Die Streitwert- und Kostenjudikatur ist kaum noch zu übersehen. An dieser Stelle können nur einige **grundsätzliche Hinweise** gegeben werden: **140**

a) Streitwert und Statthaftigkeit der Berufung. Nach § 64 II ArbGG ist die Berufung statthaft, wenn sie im Urteil des Arbeitsgerichts zugelassen worden ist oder der Wert des Beschwerdegegenstandes 800 DM übersteigt. Es handelt sich um einen **Rechtsmittelstreitwert**, der nach § 61 I ArbGG im Urteil festzusetzen **141**

ist (vgl. *Schwab* NZA 1991, 659). Die Festsetzung ist nach § 318 ZPO grds. bindend. Deshalb ist eine Änderung des Streitwertes von Amts wegen oder im Wege der Abhilfe, wie sie § 25 I 3 GKG zuläßt, nicht möglich, es sei denn, das ArbG hätte den Streitwert offensichtlich unrichtig festgesetzt (*BAG* AP Nr. 3 zu § 61 ArbGG). Ebensowenig kann der Streitwert aufgrund einer Beschwerde nach § 25 II GKG abgeändert werden. Er kann als Nebenentscheidung des Urteils nur in Verbindung mit einer Anfechtung der Entscheidung in der Hauptsache überprüft werden (§§ 511, 537 ZPO; *BAG* AP Nr. 6 zu § 64 ArbGG 1979). Da der Beschwerdewert nie höher liegen kann als der Streitwert zum Schluß der letzten mündlichen Verhandlung vor dem ArbG, begrenzt der festgesetzte Streitwert die Höhe der Beschwer. Aus Streitwert, Urteil und Anträgen kann die Höhe der Beschwer ermittelt werden. In allen Rechtsstreitigkeiten, in denen eine Partei in vollem Umfang unterliegt, ergibt sich ihre Beschwer unmittelbar aus dem Streitwert.

142 **b) Streitwertfestsetzung auf Antrag des Anwalts.** Der Anwalt hat ein eigenes Recht, die Wertfestsetzung zu beantragen (§ 9 II BRAGO). Dieser Antrag ist auch dann nicht wegen fehlenden **Rechtschutzbedürfnisses** unzulässig, wenn Streitwertfestsetzungen nach §§ 61 I, 64 II ArbGG vorliegen oder der Gegenstandswert der anwaltlichen Tätigkeit für das Berufungsverfahren schon nach § 10 I BRAGO festgesetzt worden ist (*BAG* NZA 1985, 369).

143 **c) Streitwert in Kündigungsschutzstreitigkeiten.** § 12 VII 1 ArbGG bestimmt, daß für die Wertberechnung bei Streitigkeiten über das Bestehen, das Nichtbestehen oder die Kündigung eines Arbeitsverhältnisses „höchstens der Betrag des für die Dauer eines Vierteljahres zu leistenden Arbeitsentgelts maßgebend" ist; eine **Abfindung** wird nicht hinzugerechnet. § 12 VII 3 ArbGG ergänzt, das § 24 S. 1 GKG nicht anwendbar ist, dieser Wert also nicht für die Berechnung der Gerichts- und über § 9 I BRAGO der Rechtsanwaltsgebühren maßgeblich ist. Das hindert zwar nicht, auch ohne gesonderte Festsetzung gem. § 25 I 1 GKG den im Urteil festgesetzten Wert den Gebühren des Gerichtes und des Anwaltes zugrunde zu legen, führt aber jedenfalls dann nicht zur Unzulässigkeit eines Antrags des Anwalts auf Wertfestsetzung nach § 9 II BRAGO, § 25 I 1 GKG mangels Rechtschutzbedürfnisses, wenn die Parteien den Wert des Streitgegenstandes unterschiedlich beurteilen.

144 Der in § 12 VII 1 ArbGG genannte Vierteljahresverdienst ist **nicht** der **Regelstreitwert,** der nur dann niedriger anzusetzen ist, wenn es um den Fortbestand des Arbeitsverhältnisses für weniger als drei Monate geht (*BAG* NZA 1985, 369). Der Vierteljahresverdienst ist vielmehr nur die **Obergrenze** für den vom Gericht nach freiem (pflichtgemäßem) Ermessen festzusetzenden Streitwert. Dieser ist vor allem von der bisherigen Dauer des Arbeitsverhältnisses abhängig. Bei einem typisierenden, regelgebundenen Maßstab sind dann, wenn nicht besondere Umstände eine Erhöhung oder Herabsetzung rechtfertigen, bei einem Bestand des Arbeitsverhältnisses

bis zu sechs Monaten = ein Monatsverdienst
von sechs bis zwölf Monaten = zwei Monatsverdienste
von mehr als einem Jahr = drei Monatsverdienste

als Streitwerte anzusetzen. Umstände, die ein Ausschöpfen der Obergrenze rechtfertigen, sind z. B. der Ausschluß der ordentlichen Kündbarkeit oder lange Kündigungsfristen (*BAG* a. a. O.). Die Instanzgerichte weichen teilweise von der Auffassung des *BAG* ab (vgl. *LAG Rheinland-Pfalz* NZA 1986, 496; *LAG München* NZA 1986, 496; *LAG Frankfurt* NZA 1986, 171; *LAG Köln* LAGE § 12 ArbGG Nr. 42; *LAG Niedersachsen* JurBüro 1987, 110; *LAG Hamm* vom 27. 6. 1985 – 8 Ta 184/85; *LAG Düsseldorf* JurBüro 1985, 1885; *LAG Bremen* vom 28. 2. 1986 – 4 Ta 8/86; Rechtsprechungsübersicht bei *Philippsen/Dörner* NZA 1987, 113).

Nach *BAG* (NZA 1985, 296) soll die Höchstgrenze des § 12 VII ArbGG für die Streitwertfestsetzung auch dann gelten, wenn ein Arbeitnehmer in einem Prozeß die Klage auf Feststellung des Fortbestehens eines Arbeitsverhältnisses (§ 256 ZPO) mit einer Kündigungsschutzklage nach § 4 KSchG verbunden hat (vgl. auch zum Streitwert bei **mehreren Kündigungen:** *LAG Berlin* NZA 1985, 297 und BB 1987, 479; *LAG Nürnberg* NZA 1985, 298 und *LAG Nürnberg* NZA 1992, 617). 145

Handelt es sich um eine **Änderungskündigung,** ist für die Streitwertfestsetzung zunächst zu prüfen, ob der Arbeitnehmer das Änderungsangebot unter Vorbehalt angenommen hat. Liegt dieser Vorbehalt nicht vor, handelt es sich um eine Vollkündigung, für die der Streitwert unstreitig nach § 12 VII 1 ArbGG zu bestimmen ist. Ist der Vorbehalt erklärt worden, geht es im Änderungsschutzverfahren nicht mehr um die Beendigung des Arbeitsverhältnisses, sondern nur noch um die Berechtigung der Änderung. Wie hier der Streitwert zu ermitteln ist, ist umstritten: 146

LAG Rheinland-Pfalz (NZA 1986, 34): Analoge Anwendung von § 12 VII 1 ArbGG; *LAG Frankfurt* (NZA 1986, 35): Analoge Anwendung von § 12 VII 1 ArbGG mit der Maßgabe, daß ein Regelwert von einem Monatsbezug angemessen ist; *LAG Baden-Württemberg* (AnwBl 1985, 588): Dreimonatiger Wert der beabsichtigten Einkommensminderung. Weitere mit der Änderungskündigung verbundene vermögensrechtliche Einbußen sind hinzuzurechnen; *LAG Hamm* (BB 1986, 136): Anwendung von § 12 VII 1 ArbGG, wobei sich das wirtschaftliche Interesse des Klägers auch nach Gesichtspunkten des Prestiges und der Rehabilitation bestimmen kann. Soweit die Änderungskündigung eine Verdienstminderung zum Gegenstand hat, können die genannten Gesichtspunkte eine angemessene Erhöhung der vierteljährlichen Verdienstdifferenz rechtfertigen; dabei muß die Obergrenze des § 12 VII 1 ArbGG regelmäßig unterschritten werden; *LAG Köln* und *LAG München* (EzA, § 12 ArbGG 1979 Nrn. 13 u. 28): Anwendung von § 12 VII 2 ArbGG.

Das *BAG* (DB 1989, 1880) geht grundsätzlich vom dreifachen Jahresbetrag des Wertes der Änderung aus; als Höchstgrenze sollen die Regelungen in § 12 VII 1 u. 2 ArbGG in der Weise herangezogen werden, daß der Gebührenstreitwert keine der beiden dort genannten Grenzen überschreiten darf, sondern die niedrigere von beiden maßgeblich ist.

Problematisch ist auch, inwieweit ein **Weiterbeschäftigungsantrag** neben der Kündigungsschutzklage (**unechter Hilfsantrag** für den Fall des Obsiegens im Kündigungsschutzprozeß) streitwertmäßig zu berücksichtigen ist: Es wird die Auffassung vertreten, der Weiterbeschäftigungsanspruch habe neben der Kündigungsschutzklage keinen selbständigen Streitwert (*Grunsky* § 12 Rdnr. 5c; *ArbG Münster* BB 1983, 503). Die h. M. (*Schneider,* Streitwert, 8. Aufl., „Hilfsantrag" Rdnr. 2472; *LAG Köln* LAGE § 19 GKG Nr. 2; *LAG Hamm* NZA 1989, 231; *LAG Schleswig-Holstein* JurBüro 1987, 1056; *LAG München* NZA 1992, 140; *Germelmann/Matthes/Prütting* § 12 Rdnr. 109) geht zutreffend davon aus, daß § 19 IV GKG nicht auf den unechten Hilfsantrag anzuwenden ist und 147 nimmt deshalb eine Erhöhung des Streitwerts an, wobei unterschiedliche Ansichten über die Höhe bestehen:

1 Monatsgehalt:	*Germelmann/Matthes/Prütting* a. a. O.; *LAG Bremen* Kostenrechtsprechung ArbGG § 12 Nr. 30; *LAG München* NZA 1992, 140; *LAG Rheinland-Pfalz* NZA 1992, 664; *LAG Frankfurt* AuR 1985, 62.
1½ Monatsgehälter:	*LAG Hamm* EzA, § 12 ArbGG 1979 Nr. 1; *Schaub,* Formularsammlung, § 104 V. 10.
2 Monatsgehälter:	*LAG Düsseldorf* AuR 1981, 156; *LAG Köln* BB 1982, 1427.
3 Monatsgehälter	*LAG Bremen* AuR 1981, 285; *LAG Düsseldorf* AnwBl. 1981, 36

148 Geht es um eine mit der Kündigungsschutzklage verbundene **Vergütungsklage,** so vergleicht das *BAG* (AP Nr. 17 zu § 12 ArbGG 1953; ebenso *LAG Saarbrücken* AnwBl 1977, 252; *LAG Bremen* AnwBl 1983, 38) den Vierteljahresbezug mit der Summe der geltendgemachten Gehaltsansprüche; maßgebend für die Streitwertfestsetzung soll der höhere Wert sein (diese Auffassung wird abgelehnt von *LAG Berlin* AnwBl 1984, 151; *LAG Hamburg* AnwBl 1984, 150; zugestimmt hat dagegen das *LAG Ba-Wü* Kostenrechtsprechung ArbGG § 12 Nr. 226, jedenfalls soweit es um Vergütungsansprüche geht, die in der Vergangenheit liegen).

149 **d) Kostenerstattung?.** Nach § 12a I 1 ArbGG besteht im Urteilsverfahren des ersten Rechtszugs kein Anspruch der obsiegenden Partei auf Entschädigung wegen Zeitversäumnis und auf Erstattung der Kosten für die Zuziehung eines Prozeßbevollmächtigten oder Beistandes. Dies gilt auch bei **offensichtlich unbegründeten Klagen** (*LAG Frankfurt* AR-Blattei, Arbeitsgerichtsbarkeit XIII Entsch. 25). Auch wenn der Arbeitgeber eine Kündigung ausgesprochen hat, ohne die nötige vorherige behördliche Zustimmung einzuholen und es dann zum Kündigungsschutzverfahren kommt, greift § 12a ArbGG ein. §§ 15 SchwbG, 9 III MuSchG sind keine Schutzgesetze zugunsten der Arbeitnehmer i. S. des § 823 II BGB (*LAG Köln* NZA 1988, 548 zu § 15 SchwbG; a. A. *ArbG Hamburg* NZA 1985, 100). Nur wenn eine **mißbräuchliche Rechtsausübung** den Tatbestand des § 826 BGB erfüllt, besteht kein Ausschluß der Kostenerstattung nach § 12a ArbGG (*LAG Frankfurt* a. a. O., Entsch. 46). Die Sonderregelung des § 12a I ArbGG läßt aber ohne weiteres eine vertraglich eingegangene Verpflichtung zur Erstattung solcher Kosten zu (*LAG Hamm* NZA 1992, 524).

150 § 12a I 1 ArbGG bezieht sich ausdrücklich nur auf die anwaltliche Prozeßtätigkeit. Aber auch **vorprozessuale Anwaltskosten** sind nicht erstattungsfähig, unabhängig davon, ob es zu einem Prozeß kommt oder nicht (*BAG* AP Nr. 14 zu § 61 ArbGG 1953 „Kosten" mit Anm. von *Mes; BAG* NZA 1992, 1101).

151 **Verweist das Landgericht** an das Arbeitsgericht, sind die beim Zivilgericht angefallenen Kosten erstattungsfähig (*LAG Ba-Wü* NJW 1984, 86; *LAG Mainz* – 9 Ta 145/91). Belanglos ist, ob der Anwalt des Beklagten die Prozeßvertretung vor dem Arbeitsgericht fortsetzt oder nicht (*LAG Frankfurt* BB 1969, 583). Entgegen § 12a I 1 ArbGG kann die Partei die Erstattung der Anwaltskosten im Arbeitsgerichtsprozeß beanspruchen, wenn bei eigener Prozeßführung mindestens gleich hohe Kosten entstanden wären. Vermeidet also eine Partei durch die Zuziehung eines Anwalts die Entstehung eigener **Reisekosten,** so sind die Anwaltsgebühren in Höhe der erstattungsfähigen Reisekosten von der unterlegenen Partei zu tragen (*Müller/Bauer* G. V. 1. c); *Germelmann/Matthes/Prütting* § 12 a Rdnr. 21; *Schaub,* Formularsammlung, § 105 II.5; vgl. auch *ArbG Berlin* AuR 1992, 221). Beauftragt die Partei für das Berufungs- und/oder Revisionsverfahren einen nicht am Sitz des Gerichts domizilierenden Anwalt, sondern einen an ihrem Wohnsitz oder im Bereich des erstinstanzlichen oder zweitinstanzlichen Gerichtes ansässigen Anwalt, so hängt die Erstattungsfähigkeit der Reisekosten allein davon ab, ob diese für die Partei „zur zweckentsprechenden Rechtsverfolgung oder Rechtsverteidigung notwendig waren" (§ 91 I 1 ZPO). Diese Frage ist grds. dann zu bejahen, wenn sich die Partei zuvor schon vom gleichen Anwalt im vorherigen Rechtszug hat vertreten lassen (*LAG Ba-Wü* Beschl. vom 8. 10. 1987 – 1 Ta 43/87; vgl. auch *BAG* AP 27 zu § 91 ZPO). Das **Vertrauensargument** gilt verstärkt, wenn der von der Partei beauftragte und nicht am Sitz des LAG oder BAG domizilierende Anwalt über besondere Erfahrungen mit der Spezialmaterie „Arbeitsrecht" verfügt (*LAG Baden-Württemberg* a. a. O.).

Nicht ausgeschlossen ist eine Erstattung der Anwaltskosten im **Zwangsvollstreckungsverfahren,** da diese Kosten nicht unter § 12a ArbGG fallen (*LAG Frankfurt* BB 1968, 630). Hat ein Arbeitgeber als Drittschuldner die Verpflichtung zur Abgabe der Drittschuldnererklärung nach § 840 I ZPO nicht erfüllt, so umfaßt der Anspruch des Gläubigers auf Ersatz des ihm entstandenen Schadens nach § 840 II 2 ZPO trotz § 12a I 1 ArbGG die Kosten für die Zuziehung eines Anwalts im Drittschuldnerprozeß (*BAG* NZA 1991, 27 unter Aufgabe von *BAG* AP Nrn. 3, 10, 13, 14 zu § 61 ArbGG 1953 „Kosten"). 152

e) **Belehrung über den Ausschluß der Kostenerstattung.** Die Hinweispflicht des Anwalts nach § 12a I 2 ArbGG auf den Ausschluß der Kostenerstattung nach § 12a I 1 ArbGG ist nur klarstellender Natur; sie ergibt sich schon aus dem **anwaltlichen Standesrecht** (*Rewolle* BB 1979, 1353; *Müller/Bauer* G.VI.1.). Ausnahmen von der Belehrungspflicht bestehen dann, wenn der Mandant rechtsschutzversichert ist und deshalb kein Kostenrisiko trägt (*Ziege* AnwBl 1980, 179) oder wenn dem Mandanten der Ausschluß der Kostenerstattung schon bekannt ist, was bei größeren Arbeitgebern mit Rechts- und/oder Personalabteilung und ständigen arbeitsgerichtlichen Auseinandersetzungen unterstellt werden kann (*Müller/Bauer* a. a. O.). Umstritten sind die **Rechtsfolgen einer unterlassenen Belehrung.** Im Regelfall wird eine Verletzung des § 12a I 2 ArbGG dazu führen, daß der Anwalt kein Honorar für seine Tätigkeit beanspruchen kann (*Ziege* a. a. O.). Die Darlegungs- und Beweislast für die ordnungsgemäße Belehrung nach § 12a I 2 ArbGG trägt der Anwalt (vgl. *Müller/Bauer* G. VI. 4.). 153

f) **Honorarvereinbarung.** Nach § 3 I BRAGO können höhere als die gesetzlichen Gebühren schriftlich vereinbart werden. **Erfolgshonorare** sind unzulässig (§ 52 I, II der Grundsätze des anwaltlichen Standesrechts). Soweit eine Gebührenvereinbarung standeswidrig ist, wird sie regelmäßig als zivilrechtlich unwirksam behandelt (vgl. *BGH* NJW 1963, 313 und *BGH* NJW 1963, 1147). 154

II. Beschlußverfahren

1. Grundzüge des Beschlußverfahrens

155 a) **Allgemeines.** Neben dem Urteilsverfahren kennt das ArbGG mit dem Beschlußverfahren (§ 2a i. V. m. §§ 80 ff ArbGG) eine zweite, völlig **eigenständige Verfahrensart** für betriebsverfassungs- und sprecherausschußrechtliche Streitigkeiten sowie für Angelegenheiten aus dem MitbestG und dem BetrVG 1952, soweit über die Wahl von Vertretern der Arbeitnehmer in den Aufsichtsrat und ihre Abberufung mit Ausnahme der Abberufung nach § 103 III AktG zu entscheiden ist. Zum Beschlußverfahren kommt es auch bei der Entscheidung über die Tariffähigkeit und die Tarifzuständigkeit einer Vereinigung (§ 2a I 3 ArbGG). Urteils- und Beschlußverfahren schließen sich gegenseitig aus (*FAKH* nach § 1 Rdnr. 6). Eine Abgabe in die richtige Verfahrensart ist möglich und geboten (*BAG* AP Nrn. 1, 2 zu § 8 ArbGG; *BAG* AP Nrn. 1, 2 zu § 78a BetrVG 1972), allerdings nur aufgrund eines **Abgabeantrags** (*BAG* AP Nr. 13 zu § 78a BetrVG 1972). Wird dieser nicht gestellt, sind der Antrag im Beschlußverfahren oder die Klage im Urteilsverfahren als unzulässig abzuweisen.

156 b) **Verfahrensgrundsätze.** Für das Beschlußverfahren des ersten Rechtszugs gelten zahlreiche Vorschriften des Urteilsverfahrens entsprechend (§ 80 II ArbGG). Ebenso wie im Urteilsverfahren können Anträge auf Leistung, auf Feststellung oder Gestaltung gestellt werden. Es gilt der **Dispositionsgrundsatz**; der Antragsteller bestimmt durch seinen Antrag den Streitgegenstand des Verfahrens. Allerdings erforscht das Gericht im Unterschied zum Urteilsverfahren den Sachverhalt „im Rahmen der gestellten Anträge von Amts wegen". Die am Verfahren Beteiligten haben aber an der Aufklärung des Sachverhalts mitzuwirken (§ 83 I 1 ArbGG). Der Antrag kann vom Antragsteller in erster Instanz jederzeit (§ 81 II 1 ArbGG), in zweiter und dritter Instanz nur mit Zustimmung des Antragsgegners zurückgenommen werden.

157 In erster und zweiter Instanz ist eine **Antragsänderung** zulässig, wenn die übrigen Beteiligten zustimmen oder das Gericht sie für sachdienlich hält (§ 81 III a ArbGG). Darüber hinaus wird die Dispositionsbefugnis der Beteiligten durch § 83a ArbGG erweitert (Vergleich, Erledigung des Verfahrens).

158 Für Ladungen, Zustellungen, Termine und Fristen gilt nichts anderes als im Urteilsverfahren. Eine Güterverhandlung von dem Vorsitzenden allein findet nicht statt; es wird sofort eine **streitige Verhandlung vor der Kammer** durchgeführt. Rechtliches Gehör muß den Beteiligten gewährt werden. Eine Entscheidung im schriftlichen Verfahren, also ohne mündliche Verhandlung kann nur ergehen, wenn alle Beteiligten einverstanden sind (§ 83 IV 3 ArbGG). Die vereinfachte Zustellung nach § 212a ZPO ist auch im Beschlußverfahren gegenüber den nach § 11 ArbGG zur Prozeßvertretung zugelassenen Vertretern von Gewerkschaften möglich (*BAG* AP Nr. 6 zu § 212a ZPO).

159 Die Dispositionsbefugnis der Beteiligten läßt es auch zu, das Verfahren durch Vergleich- oder Erledigungserklärung zu beenden (§ 83a ArbGG). Für die Zulässigkeit eines Vergleichs ist allerdings Voraussetzung, daß die Beteiligten über den Verfahrensgegenstand verfügen können (§ 83a I ArbGG; vgl. *Lepke* DB 1977, 629). Umstritten ist, ob dabei **alle Beteiligten** mitzuwirken haben oder – was richtig sein dürfte – nur die unmittelbar Beteiligten, also Antragsteller und Antragsgegner (so *Grunsky* § 83a Rdnr. 3; *Schaub*, Formularsammlung, § 114 10a: *Müller/Bauer* C.I.2.; a. A. *Dütz* RdA 1980, 99). Nicht gesetzlich geregelt ist

der Fall der einseitigen Erledigungserklärung. § 83a ArbGG erfaßt nur die beiderseitige Erledigungserklärung. Nach richtiger Auffassung (*BAG* NZA 1990, 822 unter Aufgabe von *BAG* NZA 1988, 101; *Müller/Bauer* C.I.2.; a. A. *Grunsky* § 83a Rdnr. 9; *Schaub,* Formularsammlung, § 113 11d; *FAKH* nach § 1 Rdnr. 33; *Germelmann/Matthes/Prütting* § 83a Rdnr. 21) ist bei einseitiger Erledigungserklärung von den Gerichten für Arbeitssachen nur zu prüfen, ob das Verfahren tatsächlich erledigt ist. Ist das der Fall, so ist das Verfahren ebenso einzustellen, wie wenn die Beteiligten es übereinstimmend für erklärt haben.

c) **Antrags- und Beteiligungsbefugnis.** Fehlt die **Antragsbefugis,** ist ein 160 Beschlußverfahren unzulässig. Dabei ist zwischen Antrags- und **Beteiligungsbefugnis** zu unterscheiden; beide Begriffe sind nicht identisch. Dem beteiligungsbefugten Antragsteller kann die Antragsbefugnis fehlen. Die Antragsbefugnis ist nach den Regeln über die Einleitung eines gerichtlichen Verfahrens zu bestimmen. Dazu ist derjenige befugt, der eigene Rechte geltend macht. Sie entspricht der Prozeßführungsbefugnis im Zivilprozeß und ist Voraussetzung für eine Sachentscheidung (*BAG* AP Nr. 1 zu § 23 BetrVG 1972; *FAKH* nach § 1 Rdnr. 22; *Laux* S. 22, 26, 43; a. A. *Grunsky* § 80 Rdnr. 29: Begründetheitsvoraussetzung).

Bei Streitfragen betriebsverfassungsrechtlicher Art ist zu untersuchen, ob die 161 den Streitgegenstand betreffenden Normen des Betriebsverfassungsgesetzes eine eigene schutzwerte Rechtsposition zuordnen. Weder die Bestimmungen des § 42 II, V BetrVG noch allgemeine betriebsverfassungsrechtliche Grundsätze, wie die Tarifvorbehalte nach §§ 77 III 1, 87 I 1 BetrVG, vermitteln den im Betrieb vertretenen **Gewerkschaften** das Recht, Mängel bei der Konstituierung des Gesamtbetriebsrats und beim Abschluß von Betriebsvereinbarungen zu rügen noch deren Inhalt gerichtlich überprüfen zu lassen (*BAG* DB 1987, 1642; *BAG* NZA 1988, 26; *BAG* NZA 1989, 229; a. A. *Grunsky* DB 1990, 526; *Däubler,* BB 1990, 2256). Entsprechende Feststellungsanträge sind deshalb unzulässig. Die Antragsbefugnis der im Betrieb vertretenen Gewerkschaft liegt aber dann vor, wenn ein **Leistungsantrag nach § 23 Abs. 3 BetrVG** gestellt wird bzw. die für eine Verletzung von Art. 9 Abs. 3 GG erforderlichen Voraussetzungen vorliegen (*BAG* NZA 1992, 317 = SAE 1992, 151 mit Anm. *Oetker*).

Den Parteien des Urteilsverfahrens entsprechen die **Beteiligten** im Beschluß- 162 verfahren (§ 83 I und II ArbGG). Beteiligte sind zunächst der Antragsteller und/oder Antragsgegner **(Beteiligte im engeren Sinne),** aber auch die Arbeitnehmer und Stellen, die nach dem BetrVG 1952 und 1972, dem SprAuG, dem MitbestG und den zu diesen Gesetzen ergangenen Rechtsverordnungen im einzelnen Fall beteiligt sind **(Beteiligte im weiteren Sinne).** Maßgeblich ist die materiellrechtliche Betroffenheit. In Betracht kommen vor allem:

- **Betriebsrat** bei Verfahren zwischen Betriebsratsmitglied und Arbeitgeber auf Kostenersatz wegen Teilnahme an einer Schulungsveranstaltung (*BAG* AP Nr. 8 zu § 82 ArbGG; *BAG* AP Nr. 16 zu § 40 BetrVG 1972; *BAG* AP Nr. 1 zu § 13 BetrVG 1972;
- **Betriebsrat** bei Ausschlußverfahren gegen eines seiner Mitglieder (*BAG* AP Nr. 1 zu § 83 ArbGG);
- **Betriebsrat** bei Anfechtung der Wahl eines einzelnen Betriebsratsmitglieds (*Grunsky* § 83 Rdnr. 17);
- **Angestellter,** wenn sein Status als leitender Angestellter i. S. des § 5 III und IV BetrVG in einem Verfahren zwischen Betriebsrat und Arbeitgeber oder einem Verfahren zwischen Sprecherausschuß und Arbeitgeber streitig ist (vgl. *BAG* AP Nr. 30 zu § 5 BetrVG 1972);

– **Betriebsratsmitglied,** wenn es in einem Beschlußverfahren zwischen Arbeitgeber und Betriebsrat um die Ersetzung der Zustimmung der außerordentlichen Kündigung nach § 103 BetrVG geht (*LAG Hamm* DB 1975, 939; *FAKH* § 103 Rdnr. 27b).

163 Dagegen ist der **Gesamtbetriebsrat** nicht Beteiligter in einem Verfahren, in dem Arbeitgeber und Betriebsrat über ein Mitbestimmungsrecht streiten (*BAG* AP Nr. 1 zu § 85 BetrVG). Auch sind die Tarifvertragsparteien nicht zu beteiligen, wenn es um die Wirksamkeit einer Betriebsvereinbarung im Hinblick auf den Tarifvorrang des § 77 BetrVG geht (*BAG* AP Nr. 9 zu § 77 BetrVG 1972). Weiter sind die von personellen Einzelmaßnahmen betroffenen Arbeitnehmer nicht zu beteiligen in einem Verfahren, in dem es um die Zustimmung des Betriebsrats nach §§ 99ff BetrVG geht. Der Ausgang dieser Verfahren berührt nämlich die Arbeitnehmer weder in ihren individual- noch in ihren betriebsverfassungsrechtlichen Rechten (*BAG* AP Nr. 1 zu § 1 TVG „Tarifverträge: Druckindustrie").

164 Ein Beteiligter im weiteren Sinne ist nach h. M. **beschwerdebefugt** nach § 87 I ArbGG (*BAG* AP Nrn. 10, 18 zu § 78 BetrVG; *Laux* S. 29 ff; *Rolfing/Rewolle/Bader,* ArbGG, § 83 Rdnr. 3; *FAKH* (o. Rdnr. 162); a. A. *Grunsky* § 83 Rdnr. 20 und § 87 Rdnr. 6), auch wenn er ordnungsgemäß von den Instanzgerichten angehört worden ist. Unter den Voraussetzungen der §§ 92, 92a ArbGG kann er Rechtsbeschwerde einlegen, wenn er beschwert ist. Das ist z. B. hinsichtlich des beteiligten Betriebsratsmitglieds der Fall, wenn in einem Verfahren nach § 103 BetrVG die Zustimmung des Betriebsrats durch Beschluß des Arbeitsgerichts oder des LAG ersetzt wird (*FAKH* a. a. O.; vgl. *LAG Hamm* DB 1989, 1244 zur Kostentragung durch den Arbeitgeber).

165 d) **Rechtsschutzbedürfnis.** Der Antragsteller muß auch im Beschlußverfahren ein Rechtsschutzinteresse an der Durchführung des Verfahrens haben, das allerdings bei **Anträgen auf Leistung** oder Rechtsgestaltung nicht besonders geprüft wird (*FAKH* nach § 1 Rdnr. 25 ff). Auch bei **Feststellungsanträgen** wird eine „gewisse Großzügigkeit" an den Tag gelegt mit der Begründung, es seien betriebsverfassungsrechtliche Fragen kollektivrechtlicher Art zu klären und weniger persönliche Rechtspositionen (*Herschel* DB 1977, 1161). Das Rechtsschutzinteresse ist deshalb gegeben, wenn der Betriebsrat sich ernsthaft eines Mitbestimmungsrechts berühmt, wobei das bloße Verlangen des Betriebsrats, eine Angelegenheit in bestimmter Weise zu regeln, nicht ausreichend ist (*BAG* NZA 1988, 249). Der bloße abstrakte Streit der Betriebspartner darüber, ob eine Angelegenheit mitbestimmungspflichtig ist oder nicht, begründet allerdings noch kein Rechtsschutzinteresse (*Matthes* DB 1984, 453/457). Bejaht wird das Rechtsschutzinteresse regelmäßig auch dann noch, wenn das konkrete Ereignis zwar schon der Vergangenheit angehört, aber die Wiederherstellung des Betriebsfriedens noch eine gerichtliche Entscheidung erfordert, vor allem weil die Möglichkeit nicht auszuschließen ist, daß sich ein ähnlicher Vorgang in Zukunft wiederholen wird.

166 e) **Richtige Antragstellung.** Auch im Beschlußverfahren kommt es vor, daß Anträge als unzulässig abgewiesen werden müssen oder daß zumindest erhebliche Anstrengungen nötig sind, um dem Antrag im Wege der Auslegung ein Begehren entnehmen zu können, über das eine Entscheidung in der Sache überhaupt möglich ist (vgl. insgesamt zur richtigen Antragstellung *Matthes* DB 1984, 453).

aa) Anträge zur Zulässigkeit des Beschlußverfahrens. Der Verfahrensvertreter sollte es unterlassen, die Zulässigkeit eines Beschlußverfahrens über das Bestehen oder den Inhalt eines Mitbestimmungsrechts mit der Begründung zu verneinen, über diese Frage habe vorab die **Einigungsstelle** zu entscheiden. Das Arbeitsgericht hat nämlich nach ständiger Rechtsprechung des BAG (*BAG* AP Nrn. 5, 9 zu § 111 BetrVG 1972; *BAG* AP Nr. 3 zu § 87 BetrVG 1972 „Arbeitssicherheit"; *BAG* AP Nr. 7 zu § 87 BetrVG 1972 „Überwachung") für die Frage der Zuständigkeit der Einigungsstelle die sog. **Kompetenz-Kompetenz.**

167

bb) Anträge zur Zuständigkeit der Einigungsstelle. Wenn es in einem Verfahren nach § 98 ArbGG um die **umstrittene Zuständigkeit** der Einigungsstelle geht, beantragen die Arbeitgeber häufig festzustellen,
„daß die angerufene Einigungsstelle zur Beschlußfassung über... nicht zuständig ist.
Ein solcher Antrag ist nicht korrekt. Letztlich geht es nämlich nicht um die Zuständigkeit der Einigungsstelle, sondern vielmehr um die Frage, ob der Betriebsrat in einer bestimmten Angelegenheit ein Mitbestimmungsrecht hat oder nicht. Hinter dem Antrag verbirgt sich deshalb die Auffassung, daß die Einigungsstelle keinen verbindlichen Spruch fällen kann, weil es an einem erzwingbaren Mitbestimmungsrecht des Betriebsrats in der Angelegenheit fehlt (*BAG* AP Nr. 11 zu § 76 BetrVG 1972). Anträge auf Feststellung der Zuständigkeit oder Unzuständigkeit einer Einigungsstelle werden deshalb vom BAG dahingehend ausgelegt, daß über das Bestehen oder Nichtbestehen eines Mitbestimmungsrechts entschieden werden soll.

168

cc) Unbestimmte Anträge. Häufig sind Anträge unzulässig, weil es ihnen an der nötigen **Bestimmtheit** fehlt, z. B. wenn beantragt wird, festzustellen,
„daß der Betriebsrat bei der Anordnung von Überstunden überhaupt ein Mitbestimmungsrecht hat".
Ein so weit gefaßter Antrag bezeichnet keine bestimmte Angelegenheit, für die über Mitbestimmungsrechte des Betriebsrats entschieden werden kann; er wiederholt letztlich nur mit anderen Worten eine Gesetzesvorschrift. Die umstrittene Angelegenheit muß vielmehr ausreichend umrissen wrden. Soweit es um die Mitbestimmung des Betriebsrats bei der Anordnung von Überstunden geht, könnte z. B. beantragt werden, daß der Betriebsrat mitzubestimmen hat:
„bei der Anordnung von Überstunden für das Verkaufspersonal anläßlich der Inventur",
„bei der Anordnung von Überstunden nach Ausfall von Arbeitszeit durch Wochenfeiertage",
„bei der Anordnung von Überstunden für Betriebshandwerker zur Beseitigung von (näher anzugebenden) Störungsfällen".

169

Matthes (o. Rdnr. 166) bemerkt zu Recht, daß es sicher nicht immter leicht, aber doch nicht unmöglich ist, die jeweilige Angelegenheit, aus der sich ein Mitbestimmungsrecht des Betriebsrats ergeben soll, genau zu bezeichnen. Er zeigt **beispielhaft,** wie man Vorgänge prägnant umreißen kann:
„... bei der Regelung der Arbeitszeit zwischen Weihnachten und Neujahr",
„anläßlich der Installation von Datensichtgeräten in der Abteilung Auftragsabwicklung",
„... bei der Veranstaltung des Verkäuferwettbewerbs XY für die Außendienstmitarbeiter",

170

„... bei der Regelung des Zutrittsrechts zu den Forschungsbereichen A und B".

171 **dd) Zu weit gefaßte Anträge.** Vorsicht ist geboten, wenn der Arbeitgeber das vom Betriebsrat in einer bestimmten Angelegenheit in Anspruch genommene Mitbestimmungsrecht überhaupt bestreitet, etwa mit folgendem Antrag:

„... beim Erlaß einer von ihm (dem Arbeitgeber) geplanten Dienstreiseordnung für die Mitarbeiter A, B, C usw. nicht mitzubestimmen hat".

Ein solcher Antrag ist sicherlich zulässig und auch bestimmt genug, denn die Worte „nicht mitzubestimmen hat" drücken unmißverständlich aus, daß jedes einschlägige Beteiligungsrecht des Betriebsrats vom Arbeitgeber bestritten wird. Zu beachten ist, daß einem solchen weit gefaßten und zugleich unbedingten Antrag entweder stattzugeben oder daß er abzuweisen ist. Mit anderen Worten: Besteht ein Mitbestimmungsrecht des Betriebsrats auch nur hinsichtlich einer Teilregelung, so ist ein **zu weit gefaßter Antrag** insgesamt abzuweisen. Allerdings wird auf diese Gefahr das Arbeitsgericht die Beteiligten und ihre Prozeßbevollmächtigten hinweisen.

172 In vielen Beschlußverfahren geht es nicht darum, ob der Betriebsrat in einer bestimmten Angelegenheit überhaupt ein Mitbestimmungsrecht hat, sondern vielmehr darum, ob er ein etwaiges Mitbestimmungsrecht zur Durchsetzung einer bestimmten Regelung in dem Sinn verlangen kann, daß er zur Durchsetzung seines Begehrens auch die Einigungsstelle anrufen kann.

173 Wird das Beschlußverfahren vom Arbeitgeber eingeleitet, kann dieser selbstverständlich in erster Linie beantragen festzustellen, daß für eine bestimmte Angelegenheit dem Betriebsrat überhaupt kein Mitbestimmungsrecht zusteht; **hilfsweise** können bestimmte Regelungsverlangen des Betriebsrats bestritten werden (vgl. dazu *BAG* BB 1984, 850 zur Einführung von Datensichtgeräten).

174 **ee) Angabe des Gesetzestextes im Antrag?** In der Praxis stößt man immer wieder auf Anträge, mit denen ein Mitbestimmungsrecht aus einer bestimmten Vorschrift des BetrVG verlangt oder bestritten wird. Dabei wird die Angabe der Gesetzesvorschrift bei einem vom Betriebsrat gestellten positiven Feststellungsantrag regelmäßig nur als Begründung des Antrags zu werten sein. Selbstverständlich bedarf es auch im Beschlußverfahren einer substantiierten Sachverhaltsdarstellung. An die mit der Angabe der Gesetzesvorschrift gegebene Begründung des Antrags ist deshalb das Gericht nicht gebunden; es kann vielmehr das in Anspruch genommene Mitbestimmungsrecht aus einer anderen gesetzlichen Vorschrift herleiten. Dies zeigt, daß die Angabe einer betriebsverfassungsrechtlichen Vorschrift zumindest überflüssig ist. Auch wenn es um einen vom Arbeitgeber gestellten **negativen Feststellungsantrag** geht, ist die Angabe einer betriebsverfassungsrechtlichen Vorschrift im Antrag entweder schädlich oder aber überflüssig.

175 **f) Besondere Fristen bei der Einleitung des Verfahrens.** Bei der Einleitung eines Beschlußverfahrens muß der Anwalt als Verfahrensvertreter beachten, daß unter Umständen rasches Handeln geboten ist: Vor allem in folgenden Fällen gelten kurze Fristen:

176 **aa) Anfechtung von Betriebsratswahlen.** Betriebsratswahlen können nach § 19 BetrVG innerhalb einer **Ausschlußfrist** von zwei Wochen nach Bekanntgabe des Wahlergebnisses beim Arbeitsgericht angefochten werden. Innerhalb der Frist muß ein betriebsverfassungsrechtlich erheblicher Anfechtungsgrund vorgetragen werden (*BAG* AP Nr. 14 zu § 18 BetrVG). Ist die Wahl frist- und ordnungsgemäß angefochten worden, so hat das Gericht allerdings während des Verfahrens weiteren Anfechtungsgründen von Amts wegen nachzugehen, soweit es auf solche stößt (*BAG* AP Nr. 17 zu § 18 BetrVG).

Die Geltendmachung der **Nichtigkeit** einer Betriebsrats- oder Sprecherausschußwahl ist dagegen nicht an die Anfechtungsfrist des § 19 BetrVG, § 8 SprAuG gebunden. Vertritt der Anwalt den Arbeitgeber, sollte er allerdings bedenken, daß sich dieser unter Umständen nicht auf die Nichtigkeit der Wahl für die Vergangenheit berufen kann, wenn zu lange mit der Geltendmachung der Nichtigkeit zugewartet wird (vgl. *FAKH* § 19 Rdnr. 7).

bb) Vorläufige personelle Maßnahmen. Bestreitet der Betriebsrat, daß eine 177 personelle Maßnahme aus sachlichen Gründen dringend erforderlich ist, so hat er dies nach § 100 BetrVG dem Arbeitgeber unverzüglich mitzuteilen. In diesem Fall muß der Anwalt des Arbeitgebers sehen, daß sein Mandant die vorläufige personelle Maßnahme nur aufrechterhalten darf, wenn innerhalb von **drei Kalendertagen** das Arbeitsgericht zur Entscheidung im Beschlußverfahren angerufen wird. Nach überwiegender Meinung (*FAKH* § 100 Rdnr. 8) sollen die Verfahren nach § 99 IV und § 100 II BetrVG miteinander verbunden werden, was häufig zweckmäßig, nach dem Wortlaut des Gesetzes aber nicht unbedingt erforderlich ist (vgl. auch *BAG* NJW 1978, 848; vgl. vor allem auch *Matthes* DB 1989, 1285 zu verfahrensrechtlichen Problemen). Es könnte beantragt werden:
„(1) die vom Antragsgegner verweigerte Zustimmung zur Versetzung/Einstellung des Arbeitnehmers... zu ersetzen,
(2) festzustellen, daß die am... vorgenommene vorläufige Versetzung/Einstellung des Arbeitnehmers... aus sachlichen Gründen dringend erforderlich war".

Neben dem besonderen Verfahren nach § 100 II BetrVG ist eine einstweilige 178 Verfügung auf Antrag des Arbeitgebers nach §§ 85 II ArbGG, 935 ff ZPO unzulässig (*FAKH* § 100 Rdnr. 1). Für den Betriebsrat wiederum ist § 101 BetrVG eine Sondervorschrift gegenüber § 85 I ArbGG und § 23 III 3 BetrVG, soweit es um die Aufhebung der konkreten personellen Maßnahme, um die Beseitigung eines bereits eingetretenen mitbestimmungswidrigen Zustandes im Einzelfall ohne Rücksicht auf die Schwere des Verstoßes geht (*BAG* AP Nr. 7 zu § 23 BetrVG 1972 mit Anm. *von Hoyningen-Huene*; *FAKH* § 101 Rdnr. 5a). Anders ist es dagegen, wenn es um einen **vorbeugenden,** in die Zukunft gerichteten **Unterlassungsanspruch** nach wiederholten groben Verstößen des Arbeitgebers, insbesondere durch Einstellung von Arbeitnehmern für jeweils kurze Zeit geht; dann läuft das Verfahren nach § 101 BetrVG ins Leere (*BAG* a.a.O.; *FAKH* a.a.O.).

cc) Zustimmungsersetzungsverfahren nach § 103 II BetrVG. Will der Ar- 179 beitgeber einem Betriebsratsmitglied oder einem anderen nach §§ 15 KSchG, 103 BetrVG besonders geschützten Arbeitnehmer außerordentlich nach § 626 BGB kündigen, muß die Zustimmung des Betriebsratsgremiums so rechtzeitig eingeholt werden, daß notfalls (bei Nichterteilung der Zustimmung) die Ersetzung der Zustimmung innerhalb der **Zweiwochenfrist** des § 626 BGB beim Arbeitsgericht beantragt werden kann (*BAG* AP Nrn. 1, 2, 10 zu § 103 BetrVG 1972). Dabei ist zu beachten, daß sich der Betriebsrat in entsprechender Anwendung von § 102 II 3 BetrVG mit seiner Reaktion grundsätzlich 3 Tage Zeit lassen kann.

180 dd) Feststellung der Unwirksamkeit eines Einigungsstellenspruchs. Überschreitet der Spruch der Einigungsstelle die Ermessensgrenze, können der Arbeitgeber oder der Betriebsrat binnen einer Ausschlußfrist von **zwei Wochen** nach Zugang des Spruchs (§ 187 I BGB) das Arbeitsgericht anrufen (§ 76 V 4 BetrVG). Wie bei der Anfechtung nach § 19 I BetrVG, § 8 SprAuG) muß auch hier innerhalb der Zweiwochenfrist **konkret vorgetragen** werden, warum die Einigungsstelle die Ermessensgrenze überschritten haben soll. Es genügt also nicht, innerhalb der Frist einen fristwahrenden Schriftsatz beim Arbeitsgericht einzureichen, der sich darauf beschränkt, den Antrag anzukündigen (*Müller/ Bauer* C.I.6.d).

g) Rechtskraft im Beschlußverfahren und Rechtskrafterstreckung. Eine zwischen den Betriebspartnern ergangene rechtskräftige gerichtliche Entscheidung über den Inhalt einer Betriebsvereinbarung wirkt auch gegenüber den Arbeitnehmern, die Ansprüche aus der Betriebsvereinbarung geltend machen (*BAG* vom 17. 2. 1992 – 10 AZR 448/91). Auch sonst entfalten betriebsverfassungsrechtliche Streitigkeiten Bindungswirkung gegenüber nicht beteiligten Arbeitnehmern. Steht z. B. aufgrund eines nach § 18 II BetrVG rechtskräftigen Beschlusses fest daß zwei Unternehmen keinen gemeinsamen Betrieb bilden, dann wirkt diese Entscheidung auch im Verhältnis zwischen den Unternehmen und ihren Arbeitnehmern (*BAG* NZA 1991, 812). Ist vorab im Beschlußverfahren rechtskräftig entschieden worden, daß keine Betriebsänderung i. S. d. § 111 BetrVG vorliegt, so hat diese Entscheidung ebenfalls präjudizielle Wirkung für die Klage (Urteilsverfahren!) eines betroffenen Arbeitnehmers auf Zahlung von Nachteilsausgleich i. S. d. § 113 BetrVG (*BAG* NZA 1988, 287; *Bauer*, Betriebsänderungen, 1992, S. 116; a. A. *Jox* NZA 1990, 424).

2. Verfahrensvertretung im Beschlußverfahren

181 a) Erste Instanz. aa) Vertretung durch Anwälte. § 80 I ArbGG sieht die entsprechende Anwendung der für das erstinstanzliche Urteilsverfahren maßgebenden Bestimmungen vor. Damit können Anwälte auch im Beschlußverfahren unbeschränkt auftreten.

182 bb) Vertretung des Betriebsrats durch Gewerkschaftsvertreter. Der Betriebsrat kann als Organ der Betriebsverfassung nicht Mitglied einer Gewerkschaft sein. Bei wörtlicher Anwendung von § 80 II i. V. m. § 11 II 2 ArbGG müßte man deshalb zu dem Ergebnis kommen, daß im Beschlußverfahren Vertreter von Gewerkschaften nicht als Verfahrensbevollmächtigte des Betriebsrats auftreten können (so tatsächlich *LAG Hamm* BB 1954, 165). Nach Auffassung des *BAG* (AP Nr. 7 zu § 11 ArbGG 1953 mit zust. Anm. von *Dietz*) ist das Auftreten eines Koalitionsvertreters jedenfalls dann möglich, wenn sich unter den **Mitgliedern des Betriebsrats** wenigstens ein Mitglied der betreffenden Gewerkschaft befindet. Die vom BAG (a. a. O.) offengelassene Frage, ob eine Vertretung über die Koalition auch dann möglich ist, wenn sich nur unter den sonstigen Arbeitnehmern des Betriebs ein Gewerkschaftsangehöriger befindet, ist zu verneinen, da die Belegschaft als solche nach der Struktur des Betriebsverfassungsrechts nicht beteiligungsfähig ist.

183 b) Zweite Instanz. aa) Kein Anwaltszwang für die mündliche Verhandlung. Gegen jeden das Verfahren vor der ersten Instanz beendenden Beschluß ist nach § 87 I ArbGG die Beschwerde an das LAG gegeben. Nach § 87 II 2 i. V. m.

§ 11 I ArbGG ergibt sich, daß Anwälte als Verfahrensbevollmächtigte auftreten können. Der Anwalt des Betriebsrats muß allerdings darauf achten, daß ein ordnungsgemäßer **Beschluß des Gremiums** vorliegt.

Ein Vertretungszwang besteht dagegen nicht, da § 87 ArbGG ausdrücklich **184** nur auf § 11 I (nicht auf II) Bezug nimmt. Alle Beteiligten können sich deshalb im Beschwerde- und Rechtsbeschwerdeverfahren ebenso vertreten lassen wie beim Urteilsverfahren in erster Instanz. Bei dem eindeutigen Wortlaut des Gesetzes ist es nicht möglich, von einem Redaktionsversehen des Gesetzgebers zu reden (*Grunsky* § 87 Rdnr. 17 und § 89 Rdnr. 2; *Germelmann/Matthes/Prütting* § 89 Rdnr. 14; a. A. *Dietz/Nikisch* § 87 Rdnr. 43ff).

bb) Unterzeichnung der Beschwerdeschrift. Wie wenig sachgerecht die un- **185** ter Rdnr. 183f. beschriebene Regelung ist, ergibt sich aber daraus, daß die Beschwerdeschrift nach § 89 I ArbGG **zwingend** die Unterschrift eines **Anwalts oder Verbandsvertreters** nach § 11 I 2 ArbGG aufweisen muß.

cc) Unterzeichnung der Beschwerdebegründung. § 89 I ArbGG bestimmt **186** nicht, daß die Beschwerdebegründung von einem Anwalt oder einem Verbandsvertreter unterzeichnet sein muß. Auch diese **Differenzierung zwischen Beschwerdeschrift und Beschwerdebegründung** ist mindestens rechtspolitisch verfehlt, wenn sie nicht sogar de lege lata unhaltbar ist (vgl. *Wlotzke/Schwedes/Lorenz*, ArbGG 1979 § 89 Rdnr. 1, die § 89 I ArbGG „in sinnvoller Auslegung des Sinns der Regelung" auf die Beschwerdebegründung anwenden wollen; im Ergebnis ebenso: *Germelmann/Matthes/Prütting* § 89 Rdnr. 24; *Grunsky* § 87 Rdnr. 12; *Dütz* RdA 1980, 100). Eine gesetzliche „Beschwerdebeantwortungsfrist" sieht § 90 ArbGG für das Beschlußverfahren nicht vor (*Lepke* NZA 1986, 186).

c) Dritte Instanz. aa) Rechtsbeschwerde. Gegen den das Verfahren beenden- **187** den Beschluß eines LAG findet die Rechtsbeschwerde an das BAG statt, wenn sie im Beschluß des LAG **zugelassen** worden ist (§ 92 I 1 ArbGG) oder im Beschluß des BAG aufgrund einer Nichtzulassungsbeschwerde im Rahmen des § 92a 2 ArbGG zugelassen wird (§ 92 I 1 ArbGG). Auf jeden Fall müssen sowohl die Rechtsbeschwerdeschrift als auch die Rechtsbeschwerdebegründung wirksam von einem **Anwalt** unterzeichnet werden (§ 94 I ArbGG).

bb) Rechtsbeschwerdebegründung. Die Rechtsbeschwerdebegründung muß **188** angeben, inwieweit die Abänderung des angefochtenen Beschlusses beantragt wird, welche Bestimmungen verletzt sein sollen und worin die Verletzung bestehen soll (§ 94 II 2 ArbGG). Der Anwalt muß sich deshalb mit den Gründen der angefochtenen Entscheidung **auseinandersetzen** und darlegen, was der Rechtsbeschwerdeführer daran zu beanstanden hat und warum er die Erwägungen des LAG für unrichtig hält. Die bloße Bezeichnung der verletzten Norm mit der Bemerkung, das LAG habe einen darin enthaltenen Rechtsbegriff verkannt, genügt jedenfalls nicht (*BAG* NZA 1984, 268).

cc) Vertretung. Da § 92 II 2 ArbGG für die Vertretung ausdrücklich auf **189** § 11 I ArbGG insgesamt (!) verweist, muß der Rechtsbeschwerdeführer **nicht** im gesamten Rechtsbeschwerdeverfahren von einem Anwalt vertreten sein; er kann sich vielmehr in der mündlichen Verhandlung von einem **Koalitionsvertreter** oder sogar von einem Vertreter von selbständigen Vereinigungen von Arbeitnehmern mit sozial- oder berufspolitischer Zwecksetzung vertreten lassen (*Grunsky* § 92 Rdnr. 12). Auch diese Regelung ist rechtspolitisch verfehlt.

190 **dd) Anhörung der Beteiligten.** Nach § 95 ArbGG sind die Rechtsbeschwerdeschrift und die Rechtsbeschwerdebegründung den Beteiligten **zur Äußerung** zuzustellen. Die Äußerung erfolgt durch die Einreichung eines Schriftsatzes beim BAG oder durch Erklärung zur Niederschrift der Geschäftsstelle des LAG, das den angefochtenen Beschluß erlassen hat. Anders als § 90 II ArbGG verweist § 95 ArbGG nicht auf § 83 VI ArbGG, wonach die Anhörung der Beteiligten vor der Kammer erfolgen muß. Die Entscheidung über die Rechtsbeschwerde **ohne mündliche Anhörung** der Beteiligten ist daher der gesetzliche Regelfall (*BAG* NZA 1986, 366). Es bedarf dazu weder eines besonderen Beschlusses des Senats noch eines Einverständnisses der Beteiligten (*BAG* NZA 1986, 366; *BAG* AP Nr. 2 zu § 95 ArbGG 1953; *Grunsky* § 95 Rdnr. 7).

Ebenso wie im Beschwerdeverfahren gibt es auch im Rechtsbeschwerdeverfahren **keine gesetzliche Beantwortungsfrist**.

191 **ee) Nichtzulassungsbeschwerde.** Bei der Nichtzulassungsbeschwerde wird leicht übersehen, daß die Nichtzulassung der Rechtsbeschwerde wegen grundsätzlicher Bedeutung der Rechtssache nach § 92a ArbGG nur gerügt werden kann, wenn es sich um eine **Streitigkeit über die Tariffähigkeit** oder (nicht „und", wie es in Satz 1 mißverständlich heißt) **Tarifzuständigkeit** einer Vereinigung handelt (*Grunsky* § 92a Rdnr. 2). In diesem Verfahren kann § 72a I ArbGG weder unmittelbar noch analog angewendet werden, so daß keine fehlerhafte Tarifauslegung gerügt werden kann (*BAG* AP Nr. 4 zu § 92a ArbGG 1979). Im übrigen betrifft die Rechtssache nur dann Streitigkeiten über die Tariffähigkeit oder Tarifzuständigkeit einer Vereinigung, wenn eine dieser Fragen **Streitgegenstand** der gerichtlichen Auseinandersetzung ist. Es genügt also nicht, daß solche Fragen als Vorfragen in einem Beschlußverfahren mit einem anderen Streitgegenstand zu klären sind (*BAG* NZA 1992, 186). Hinsichtlich der Divergenzbeschwerde kann auf die Ausführungen unter Rdnr. 30 verwiesen werden.

192 **d) Beiordnung eines Anwalts nach § 11a ArbGG.** Über § 86 II ArbGG kommt im Beschlußverfahren auch eine Beiordnung nach § 11a ArbGG in Betracht (*Grunsky* § 11a Rdnr. 15; *Lepke* DB 1981, 1927). Mit Rücksicht auf § 40 BetrVG ist bei einem **zahlungsfähigen Arbeitgeber** allerdings im konkreten Fall streng zu prüfen, ob die Voraussetzungen des § 11a I ArbGG tatsächlich bejaht werden können.

193 **e) Prozeßkostenhilfe.** Auch Prozeßkostenhilfe kommt im Beschlußverfahren in Betracht (*Grunsky* § 11a Rdnr. 3; *Schaub*, Formularsammlung, § 88 XI 2). Dem steht nicht die mangelnde Rechtsfähigkeit des Betriebsrats entgegen (*Grunsky* a. a. O.). Die Voraussetzungen für die Gewährung von Prozeßkostenhilfe liegen allerdings nicht vor, wenn der Anspruch des Betriebsrats gegen den Arbeitgeber auf Bezahlung der Prozeßkosten über **§ 40 BetrVG** realisierbar ist (*Grunsky* a. a. O.).

194 **f) Einstweilige Verfügung.** Nach § 85 II 1 ArbGG ist im Beschlußverfahren auch der Erlaß einer einstweiligen Verfügung **zulässig**. Zuständig ist nach § 937 I ZPO das Gericht der Hauptsache. Das kann dazu führen, daß der Antrag auf Erlaß einer einstweiligen Verfügung parallel zum „normalen" Beschlußverfahren in der Beschwerdeinstanz, also beim LAG, gestellt wird, ohne daß damit zuvor das Arbeitsgericht mit der einstweiligen Verfügung befaßt war (*Germelmann/Matthes/Prütting* § 85 Rdnr. 42).

Für das Verfahren gelten die Vorschriften des 8. **Buches der ZPO** mit der 195
Maßgabe, daß die Kammer, nicht der Vorsitzende allein, zu entscheiden hat
(§ 85 II 2 ArbGG). In dringenden Fällen kann der Vorsitzende auch allein entscheiden (*Dütz* ZfA 1972, 256; *Schaub*, Formularsammlung, § 118b.II.b); *Müller/Bauer* C.II.6.; *Grunsky* § 85 Rdnr. 18; a. A. *Germelmann/Matthes/Prütting* § 85 Rdnr. 45; *Kehrmann/Schmahl* AuR 1977, 15). Die erforderlichen Zustellungen erfolgen von Amts wegen; ein Anspruch auf Schadensersatz nach § 945 ZPO gibt es in betriebsverfassungsrechtlichen Angelegenheiten nicht (§ 85 II 2 ArbGG).

Die einstweilige Verfügung setzt einen Verfügungsanspruch und einen Verfü- 196
gungsgrund voraus. **Verfügungsanspruch** kann jeder betriebsverfassungsrechtliche Anspruch sein, wobei jeweils geprüft werden muß, ob nicht nach dem BetrVG Sonderregeln bestehen (z. B. §§ 100, 101 BetrVG). Umstritten ist, ob § 23 III BetrVG als Sondervorschrift anzusehen ist, die die Zwangsvollstreckung aus Unterlassungsansprüchen ausschließt (so *BAG* AP Nr. 2 zu § 23 BetrVG; a. A. *FAKH* § 87 Rdnr. 162f. m. w. N.), so daß insoweit der Erlaß einer einstweiligen Verfügung mangels eines Verfügungsanspruchs nicht möglich ist. Im übrigen ist zu berücksichtigen, daß beide Betriebspartner nach § 77 I BetrVG Anspruch auf Durchführung von Betriebsvereinbarungen und Einigungsstellensprüchen haben. Dieser Anspruch besteht auch bei Anfechtung eines Einigungsstellenspruchs durch einen Betriebspartner, so daß grds. eine einstweilige Verfügung zur Durchsetzung einer Betriebsvereinbarung oder eines Spruchs der Einigungsstelle in Betracht kommt. Eine Suspendierung kann nur in Betracht kommen, wenn die Betriebsvereinbarung oder der Spruch offensichtlich rechtswidrig ist (*LAG Berlin* BB 1991, 206). Daraus folgt weiter, daß eine durchführungsverhindernde einstweilige Verfügung regelmäßig nicht erlassen werden kann, wenn in einem weiteren Beschlußverfahren nur umstritten ist, ob die Einigungsstelle die Grenzen des ihr eingeräumten Ermessens (§ 76 V 4 BetrVG) überschritten hat (*LAG Frankfurt* BB 1988, 347).

Ungeachtet der Systematisierung der einstweiligen Verfügung („Sicherungs- 197
verfügung" und „Regelungsverfügung") ist für die einstweilige Verfügung ihr einstweiliger vorläufiger Charakter wesentlich (*Stein/Jonas/Grunsky*, ZPO, 20. Aufl., vor § 935 Rdnr. 29 f m. w. N.; *Heinze* RdA 1986, 2073). Die einstweilige Verfügung darf deshalb grundsätzlich nicht zur Befriedigung eines Rechts, sondern nur zu dessen Sicherung führen und in einem Rechtsverhältnis keine endgültige, sondern nur eine einstweilige Regelung treffen. Deshalb ist die zu einer vorläufigen Befriedigung des Anspruchs führende Leistungsverfügung – und hierzu gehört regelmäßig auch die dem Antragsgegner ein bestimmtes Verhalten untersagende Unterlassungsverfügung (*LAG Ba-Wü* NZA 1990, 286; *Stein/Jonas/Grunsky*, ZPO, 20. Aufl., vor § 935 Rdnr. 46) – auch im Bereich des allgemeinen Zivilrechts sowie im arbeitsgerichtlichen Urteilsverfahren nur ausnahmsweise dann zulässig, wenn besondere Gründe eine solche dringend erforderlich erscheinen lassen. Im Beschlußverfahren ist darüber hinaus zu beachten, daß die Zwangsvollstreckung in **nichtvermögensrechtlichen Streitigkeiten** nur aus rechtskräftigen Beschlüssen stattfindet und der Antragsgegner des einstweiligen Verfügungsverfahrens nach § 85 II 2 ArbGG gegen den Antragsteller **keinen Schadensersatzanspruch** hat. Deshalb darf eine Befriedigungsverfügung im arbeitsgerichtlichen Beschlußverfahren in Angelegenheiten des BetrVG „nur mit größter Vorsicht und Zurückhaltung gewährt werden" (*Olderog* NZA 1985, 753; *LAG Ba-Wü*, a. a. O.).

198 Über den Antrag auf Erlaß einer einstweiligen Verfügung wird durch **Beschluß** entschieden. Ergeht die Verfügung ohne mündliche Verhandlung, so ist der Widerspruch nach § 85 II ArbGG i. V. mit §§ 936, 924 ZPO gegeben. Gegen die Zurückweisung ist dagegen die nicht fristgebundene Beschwerde gegeben. Auf den Widerspruch hin muß Kammertermin bestimmt (§ 85 II ArbGG i. V. m. §§ 936, 924 II ZPO) und durch Beschluß entschieden werden (Argument aus § 84 ArbGG). Gegen diesen ist die sofortige Beschwerde statthaft (§§ 87 ff ArbGG). Die Beschwerdefrist beträgt einen Monat; die Begründungsfrist beträgt ebenfalls einen Monat, gerechnet ab Einlegung der Beschwerde. Gegen die **Entscheidung des LAG** im einstweiligen Verfügungsverfahren findet **kein Rechtsmittel** statt (§ 92 I 3 ArbGG), was sich in bedeutsamen Angelegenheiten als durchaus problematisch erwiesen hat (vgl. *Wenzel* NZA 1984, 112).

199 g) **Zwangsvollstreckung nach § 85 ArbGG.** Nach § 85 I 2 ArbGG kommt im Beschlußverfahren eine Vollstreckung in folgenden Fällen in Betracht:
- rechtskräftige Beschlüsse,
- vorläufig vollstreckbare Beschlüsse in vermögensrechtlichen Streitigkeiten,
- Vergleiche,
- Beschlüsse des Vorsitzenden nach § 83 V ArbGG, gegen die die Beschwerde stattfindet (§ 794 I 3 ZPO),
- einstweilige Verfügungen.

200 Ist der **Betriebsrat Vollstreckungsgläubiger,** so kann der Anwalt zu dessen Gunsten vollstrecken (*Grunsky* § 85 Rdnr. 4; *Schaub,* Formularsammlung, § 120, 3), obwohl der Betriebsrat allgemein als nicht rechtsfähig und damit auch als nicht vermögensfähig angesehen wird (*FAKH* § 1 Rdnr. 105).

201 Ist der **Betriebsrat** dagegen **Vollstreckungsschuldner,** dürfte eine Pfändung nach §§ 808, 835 ZPO nicht in Betracht kommen, da er nicht Eigentümer oder Träger von Rechten sein kann. Denkbar ist aber unter Beachtung des Sinngehaltes von § 40 II BetrVG die Wegnahme von Sachen (§ 885 ZPO) und die Ersatzvornahme (§ 887 ZPO).

3. Anwaltskosten im Beschlußverfahren

202 a) **Kostentragung durch den Arbeitgeber. aa) Erforderliche Einschaltung des Anwalts.** Nach § 40 I BetrVG trägt der Arbeitgeber die durch die Tätigkeit des Betriebsrats entstehenden Kosten. Dazu können auch die Kosten einer Prozeßvertretung des Betriebsrats durch einen Anwalt gehören, wenn der Betriebsrat bei pflichtgemäßer und verständiger Abwägung der zu berücksichtigenden Umstände die Zuziehung eines Anwalts für notwendig erachten konnte (vgl. vor allem *BAG* AP Nr. 14 zu § 40 BetrVG 1972). Die Hinziehung eines Anwalts erscheint dann nötig, wenn der Betriebsrat sie z. B. wegen der (wahrscheinlich) bestehenden Schwierigkeit der Sach- und Rechtslage für erforderlich hält (*FAKH* § 40 Rdnr. 10). Liegen diese Voraussetzungen vor, so ist der Betriebsrat nach h. M. berechtigt, einen Anwalt sowohl in der ersten als auch in der zweiten Instanz auf Kosten des Arbeitgebers einzuschalten, auch wenn nach § 11 ArbGG eine Vertretung durch einen Gewerkschaftsvertreter möglich wäre (*BAG* a. a. O.). Das BAG räumt zwar ein, daß nach § 40 I BetrVG das Merkmal der Erforderlichkeit zu beachten und nach § 2 I BetrVG die angemessene Berücksichtigung der finanziellen Belange des Arbeitgebers geboten sei, hält aber nur eine mutwillige oder mißbräuchliche Durchsetzung oder Feststellung seiner Rechte für unzulässig (*BAG* a. a. O.; kritisch *GK-Wiese* § 40 Rdnr. 39). Nicht zu tragen sind dagegen die Kosten, die einer **Gewerkschaft** aus der Beteiligung an einem Beschlußverfahren entstehen.

bb) Betriebsratsbeschluß. Die Hinzuziehung eines Anwalts erfordert einen 203 ordnungsgemäßen **Beschluß des Betriebsrats,** und zwar gesondert für jede Instanz (*LAG Schleswig-Holstein* BB 1984, 533; *LAG Berlin* AP Nr. 25 zu § 40 BetrVG 1972; *FAKH* § 40 Rdnr. 10). Eine Haftung einzelner oder mehrerer Betriebsratsmitglieder als Vertreter ohne Vertretungsmacht nach § 179 BGB wird nur in Ausnahmefällen in Betracht kommen, da man den Anwalt für verpflichtet halten muß, auf einen wirksamen Beschluß des Betriebsrats hinzuwirken.

cc) Kostentragung nur bei betriebsverfassungsrechtlichen Streitigkeiten. 204 Nach § 40 I BetrVG kann ein Betriebsrat nur solche Kosten gegenüber dem Arbeitgeber geltend machen, die aus gerichtlichen Verfahren entstanden sind, in denen betriebsverfassungsgerichtliche Rechte oder Rechtsverhältnisse zu klären waren. Dies trifft weder für Gerichtskosten noch für Anwaltskosten zu, die aus einem Rechtsstreit im Urteilsverfahren mit dem Ziel der Durchsetzung eines Lohnanspruchs eines Betriebsratsmitglied entstanden sind (*BAG* BB 1983, 12/15) noch für Kosten, die einem Betriebsratsmitglied dadurch entstehen, das es im Urteilsverfahren gegen den Arbeitgeber vorgeht, obwohl der maßgebliche Streitpunkt im Beschlußverfahren geklärt werden kann. Das ist z. B. der Fall, wenn ein Betriebsratsmitglied für die Teilnahme an einer Schulung nach § 37 VI BetrVG die Zahlung des Arbeitsentgelts einklagt, obwohl es ausschließlich darum geht, ob die Schulung notwendig ist, so daß zur Klärung dieser Streitfrage ein Beschlußverfahren eingeleitet werden könnte. Der Anwalt muß deshalb sorgfältig prüfen, welche Verfahrensart angebracht ist, ein durchaus nicht immer leichtes Unterfangen (vgl. nur *BAG* AuR 1984, 186 und *BAG* NZA 1988, 439 zu § 78 a BetrVG, wonach der Antrag des Auszubildenden auf Feststellung des Bestehens eines Arbeitsverhältnisses im Urteilsverfahren zu verfolgen ist, weil es sich bei dem auf **§ 78 a II BetrVG** gestützten Anspruch um eine **individualrechtliche Streitigkeit** handelt; dagegen muß der Arbeitgeber im **Beschlußverfahren** nach **§ 78 a IV BetrVG** geltend machen, daß ihm unter Berücksichtigung aller Umstände die Weiterbeschäftigung im Rahmen eines unbefristeten Vollzeitarbeitsverhältnisses nicht zumutbar ist).

Anwaltskosten, die einem beteiligten Betriebsratsmitglied in einem Verfahren 205 nach § 103 II BetrVG entstehen, sind nicht nach § 40 I BetrVG erstattungsfähig. Die **Beteiligung des Betriebsratsmitglieds** am Beschlußverfahren ist nämlich **keine Betriebsratstätigkeit** (*BAG* AP Nr. 16 zu § 40 BetrVG 1972). Allerdings hat der Arbeitgeber aufgrund des Benachteiligungsverbots des § 78 S. 2 BetrVG die dem Betriebsratsmitglied im Beschwerdeverfahren entstandenen Anwaltskosten in gleicher Weise zu erstatten, wie wenn das Betriebsratsmitglied in einem entsprechenden Kündigungsschutzprozeß obsiegt hätte. Damit hat der Arbeitgeber jedenfalls dann die zweitinstanzlichen Anwaltskosten des Betriebsratsmitglied zu tragen, wenn einem Zustimmungsersetzungsantrag nach § 103 II BetrVG, dem das Arbeitsgericht stattgegeben hatte, auf die Beschwerde des beteiligten Betriebsratsmitglieds hin vom Landesarbeitsgericht rechtskräftig abgewiesen worden ist (*BAG* NZA 1991, 152).

Durch die Betriebsratstätigkeit bedingt sind auch die Kosten, die einem Be- 206 triebsratsmitglied durch die Führung von Rechtsstreitigkeiten entstehen, die ausschließlich das **Verhältnis des einzelnen Mitglieds zum Betriebsrat** betreffen (*FAKH* § 40 Rdnr. 23; *BAG* AuR 1982, 258). Ob dies im Falle eines rechtskräftigen Ausschlusses aus dem Betriebsrat wegen grober Pflichtverletzung des Betriebsratsmitglieds auch gilt, kann allerdings zweifelhaft sein (verneinend GK-*Wiese* § 40 Rdnr. 23; *FAKH* a. a. O. wollen die Geltendmachung eines Erstattungsanspruchs gegen den Arbeitgeber je nach Art und Schwere der groben Pflichtverletzung u. U. als rechtsmißbräuchlich ansehen; vgl. auch *BAG* DB 1990, 740).

207 dd) **Außergerichtliche Anwaltskosten.** Zu den vom Arbeitgeber zu tragenden Kosten der Betriebsratstätigkeit gehören auch solche Kosten, die durch eine Hinzuziehung von **Sachverständigen** nach § 80 III BetrVG entstehen (*FAKH* § 40 Rdnr. 14; *Hess/Schlochauer/Glaubitz,* BetrVG 3. Aufl., § 40 Rdnr. 11). Auch ein Anwalt, der von einem Betriebsrat nur zur Beratung über eine vom Arbeitgeber vorgeschlagene Betriebsvereinbarung hinzugezogen wird, ist Sachverständiger i. S. von § 80 III BetrVG. Sachverständige Personen, die dem Betriebsrat fehlende sachliche oder rechtliche Kenntnisse vermitteln, damit dieser zur sachgemäßen Zusammenarbeit mit dem Arbeitgeber in der Lage ist (*FAKH* § 80 Rdnr. 60). Selbstverständlich können dies gerade dann, wenn rechtliche Probleme im Vordergrund stehen, Rechtsanwälte sein (*BAG* AP Nr. 11 zu § 80 BetrVG). Für die Tätigkeit als Sachverständiger ist nicht erforderlich, daß ein schriftliches Gutachten erstattet wird. Die Erstattungspflicht tritt nur ein, wenn zuvor über die Hinzuziehung eine **Vereinbarung zwischen Betriebsrat und Arbeitgeber** zustande gekommen ist oder im Beschlußverfahren ersetzt ist (*BAG* a. a. O.).

208 Der Anwalt, der für den Betriebsrat einen **Prozeß** nur **vorbereitet,** ist kein Sachverständiger nach § 80 III BetrVG. Fraglich ist hier aber, ob sich nicht unmittelbar ein Anspruch aus § 40 BetrVG ergeben kann (vgl. – etwas unklar – *FAKH* § 40 Rdnr. 14). Holt der Betriebsrat ohne Vereinbarung mit dem Arbeitgeber ein **anwaltliches Gutachten** ein und kommt es wegen dieses Gutachtens nicht zum Rechtsstreit, so dürften jedenfalls die Kosten eines solchen Gutachtens in Höhe der sonst entstandenen Prozeßvertretungskosten erstattungsfähig sein (*FAKH* § 40 Rdnr. 14; a. A. *Dietz/Richardi,* BetrVG, 6. Aufl., § 40 Rdnr. 22).

209 ee) **Kostenvorschuß.** Wird ein Anwalt beauftragt, dann hat er nach § 17 BRAGO Anspruch auf Zahlung eines **angemessenen Vorschusses.** Diesen kann der Betriebsrat aber nur bezahlen, wenn der Arbeitgeber eintritt. Man muß deshalb dem Betriebsrat einen Anspruch auf Zahlung dieses Vorschusses gegen den Arbeitgeber einräumen (*FAKH* § 40 Rdnr. 13; *Müller/Bauer* H. I 5; *Chemnitz* Anm. zu *LAG Kiel* AnwBl. 1984, 166; a. A. *LAG Kiel* a. a. O.).

210 ff) **Anwaltskosten im Konkurs des Arbeitgebers.** Die dem Anwalt des Betriebsrats aus früheren Verfahren zustehenden Gebühren sind **nicht** aus der **Konkursmasse** zu zahlen und können auch **nicht als bevorrechtigte Forderungen** anerkannt werden (*BAG* BB 1979, 522).

211 gg) **Streitigkeiten über die Anwaltskosten.** Weigert sich der Arbeitgeber, die Anwaltskosten zu erstatten, so ist darüber im Beschlußverfahren zu entscheiden (*BAG* AP Nrn. 1, 7 zu § 39 BetrVG). Da der Betriebsrat selbst nicht vermögensfähig ist, geht der Anspruch gegen den Arbeitgeber auf Übernahme der Kosten oder auf Freistellung von dieser Verbindlichkeit. Demgemäß hat in den bisher entschiedenen Fällen jeweils der Betriebsrat die Erstattung der Anwaltskosten vom Arbeitgeber verlangt (*BAG* AP Nr. 14 zu § 40 1972). Noch nicht entschieden ist, ob sich der **Anwalt** die **Kostenerstattungsforderung abtreten** lassen kann, um dann selbst als Antragsteller im Beschlußverfahren gegen den Arbeitgeber aufzutreten (so wohl *Schaub*, Beck'sches Prozeßformularbuch S. 977), wogegen aber der Umstand spricht, daß im Beschlußverfahren betriebsverfassungsrechtliche Streitigkeiten grundsätzlich nur zwischen den Betriebspartnern zu klären sind (*Müller/Bauer* H.I.7). Mangels Rechtsfähigkeit kann der Betriebsrat nicht als Kollegialorgan auf Zahlung von Anwaltskosten in Anspruch genommen werden (*LAG Hamm* BB 1989, 2479).

Der als Verfahrensbevollmächtigter vom Betriebsrat hinzugezogene **Anwalt** **212** ist **nicht Beteiligter** in einem Beschlußverfahren, das vom Betriebsrat wegen der Freistellung von seinen Honoraransprüchen bzw. deren Erstattung eingeleitet wird (*BAG* AP Nr. 14 zu § 40 BetrVG 1972).

Führen Auseinandersetzungen über die Tragung der Anwaltskosten zu einer **213** wesentlichen Erschwerung der Betriebsratsarbeit, kann der Betriebsrat unter Umständen im Beschlußverfahren eine **einstweilige Verfügung** beantragen, § 85 II ArbGG i. V. m. § 940 ZPO (*FAKH* § 40 Rdnr. 57). Auch ein Verfahren nach § 23 III BetrVG ist in gravierenden Fällen denkbar; schließlich kommt sogar eine strafbare Handlung nach § 119 I 2 BetrVG in Betracht (*Müller/Bauer* o. Rdnr. 211).

b) Gebühren. Im Beschlußverfahren gelten die nach § **62 BRAGO** heranzu- **214** ziehenden **Gebührentatbestände** „sinngemäß". Daraus ergibt sich, daß die Verhandlungs- oder Erörterungsgebühr nach § 31 I Nr. 2, 4 BRAGO ohne Rücksicht darauf entsteht, ob sonstige Verfahrensbeteiligte den Anhörungstermin warnehmen oder ob sie wegen der in § 83 IV 2 ArbGG getroffenen Regelung darauf verzichten. Es kommt nur darauf an, ob der Anwalt im Termin Ausführungen macht, die auf eine Sachentscheidung abziehen oder an Erörterungen teilnimmt, die eine gütliche Regelung oder eine sonstige Verfahrenserledigung bezwecken (*LAG Hamm* MDR 1987, 963). Darüber hinaus ist § 35 BRAGO zu beachten, wonach die Verhandlungsgebühr auch dann entsteht, wenn in einem Verfahren, für das mündliche Verhandlung vorgeschrieben ist, im Einverständnis mit den Beteiligten ohne mündliche Verhandlung entschieden wird. Nach § 83 IV 3 ArbGG kann das Arbeitsgericht nur mit Einverständnis der Parteien ohne mündliche Verhandlung entscheiden. Entsprechendes gilt auch für das Landesarbeitsgericht (§ 90 II ArbGG), nicht aber für das Rechtsbeschwerdeverfahren beim Bundesarbeitsgericht, weil § 95 ArbGG gerade nicht auf § 83 IV ArbGG verweist. Die Entscheidung über die Rechtsbeschwerde ohne mündliche Anhörung der Beteiligten ist deshalb der gesetzliche Regelfall (*BAG* NZA 1986, 366). Entscheidet deshalb das Bundesarbeitsgericht ohne mündliche Verhandlung, so gibt es keine Verhandlungsgebühr.

Eine **Kostenentscheidung** hat nicht zu ergehen, da keine Kostenerstattung im **214a** prozeßualen Sinn stattfindet. Normalerweise hat aber der Arbeitgeber die Anwaltskosten des Betriebsrats über § 40 I BetrVG zu tragen.

c) Wertfestsetzung. aa) Festsetzung durch das Arbeitsgericht. Da das Be- **215** schlußverfahren gerichtsgebührenfrei ist (§ 12 V ArbGG), setzt das Gericht den Wert der anwaltlichen Tätigkeit nicht von Amts wegen fest, sondern nur auf Antrag nach § 10 BRAGO. Als **Antragsberechtigte** kommen vor allem zugezogene Anwälte und ihre Auftraggeber in Betracht. Auftraggeber des verfahrensbeteiligten Betriebsrats sind dessen handelnde Mitglieder. Auch der nach

§ 40 I BetrVG zur Übernahme der Anwaltskosten verpflichtete Arbeitgeber hat ein eigenes Antragsrecht (*LAG Baden-Württemberg* BB 1980, 1695; *Müller/Bauer* H. III. 2.).

216 **bb) Bemessungsgrundsätze.** Die Wertfestsetzung richtet sich ausschließlich nach § 8 II BRAGO. Danach ist der Gegenstandswert nach **billigem Ermessen** zu bestimmen, wenn sich nicht aus den in § 8 II BRAGO genannten Vorschriften der Kostenordnung etwas anderes ergibt. Handelt es sich um eine **bestimmbare Summe**, steht der Gegenstandswert fest und es greifen die Vorschriften über vermögensrechtliche Streitigkeiten und deren Wertberechnung ein (*Wenzel* DB 1977, 723; *BGH* LM § 7 BRAGO Nr. 2). Wird deshalb im Beschlußverfahren ein Anspruch geltend gemacht, der Geldansprüche von Arbeitnehmern betrifft, dann bestimmt sich dessen Wert nach den Vorschriften über vermögensrechtliche Streitigkeiten. Handelt es sich um Lohnansprüche aus einer Betriebsvereinbarung, dann ist in Anlehnung an § 12 VII 2 ArbGG der dreifache Jahreswert der mehr zu zahlenden Beträge zugrundezulegen, wobei bei Feststellungsklagen ein Abschlag von 20% vorzunehmen ist (*LAG Bremen* AnwBl. 1984, 164).

217 In Ermangelung genügender tatsächlicher Anhaltspunkte für eine Schätzung (denkbar auch bei vermögensrechtlichen Gegenständen) und bei **nichtvermögensrechtlichen Gegenständen** ist der Gegenstandswert nach § 8 II BRAGO auf DM 6000,–, nach Lage des Falles niedriger oder höher, jedoch nicht unter DM 300,– und nicht über eine Million Deutsche Mark anzunehmen. Bei den DM 6000,– handelt es sich um keinen Regelwert, sondern nur um einen **Hilfswert** (vgl. auch *Vetter* NZA 1986, 182; *Wenzel* o. Rdnr. 216; *LAG Hamburg* NZA 1993, 42; *LAG Köln* AnwBl. 1992, 238; *Langer* Rdnr. 574). Der Hilfswert ist heranzuziehen, wenn eine individuelle Bewertung nicht möglich ist (vgl. im übrigen G Rdnr. 7 und *Müller/Bauer* H. 3. zur kostenrechtlichen Judikatur).

III. Einigungsstellenverfahren

1. Sinn und Zweck der Einigungsstelle

218 Nach § 76 I 1 BetrVG ist zur Beilegung von Meinungsverschiedenheiten zwischen Arbeitgeber und Betriebsrat bei Bedarf eine Einigungsstelle zu bilden (vgl. *Behrens* NZA Beil. 2/1991, 23 zur Konkretisierung des Gegenstandes der Einigungsstelle). Die Einigungsstelle hat über die sog. Regelungsstreitigkeiten hinaus in bestimmten Fällen auch über Rechtsfragen zu befinden (z. B. im Rahmen der Vorschriften des § 38 II und des § 87 I Nrn. 3, 10, 11 BetrVG). Es handelt sich weder um ein (Betriebs-)Gericht noch um ein Schiedsgericht im zivilprozessualen Sinne noch um eine öffentlich-rechtliche Behörde. Als **betriebliche Schlichtungsstelle** ist sie vielmehr ein eigenständiges Organ der Betriebsverfassung, das ersatzweise Funktionen der Betriebspartner wahrnimmt (*BAG* AP Nr. 7 zu § 111 BetrVG 1972; *FAKH* § 76 Rdnr. 3) oder wahrnehmen soll und sich immer wieder als Ärgernis erweist (vgl. *Bauer* NZA 1992, 433; *ders.* AnwBl. 1985, 255; *ders.*, Betriebsänderungen, S. 90 ff.; *Bengelsdorf* BB 1991, 613).

2. Errichtung der Einigungsstelle

219 **a) Einigung zwischen den Betriebspartnern.** Die Einigungsstelle ist keine zwingend vorgeschriebene Dauereinrichtung. Sie wird vielmehr in der Regel von Fall zu Fall gebildet. Vor allem in Großbetrieben wird aber auch von der Möglichkeit Gebrauch gemacht, **ständige Einigungsstellen** zu errichten (§ 76 I 2 BetrVG); dazu ist eine Betriebsvereinbarung nötig, die aber von keinem Betriebspartner erzwungen werden kann (*FAKH* § 76 Rdnr. 5). Die Einigungsstelle besteht aus einer gleichen Zahl von Beisitzern, die von den Betriebspartnern bestellt werden, und einem unparteiischen Vorsitzenden. Grundsätzlich „müssen" (vgl. § 76 II 1 BetrVG; besser „sollen") sich beide Seiten einigen.

b) Gerichtliche Entscheidung. aa) Erstinstanzliches Beschlußverfahren. 220
Wird zwischen den Betriebspartnern über die Person des Vorsitzenden und/oder über die Zahl der Beisitzer keine Einigung erzielt, so entscheidet das Arbeitsgericht im Beschlußverfahren (§ 76 II 2, 3 BetrVG). Der Beschluß ergeht nicht durch die Kammer, sondern durch **den Vorsitzenden allein** (§ 98 I 1 ArbGG). Auch hier ist eine mündliche Verhandlung nur dann zwingend vorgeschrieben, wenn die Beteiligten mit einem schriftlichen Verfahren nicht einverstanden sind (§ 83 IV 3 ArbGG; *LAG Hamm* DB 1972, 684; *Grunsky* § 98 Rdnr. 1; vgl. auch *LAG Frankfurt* AuR 1978, 216). Der **Antrag** hat sich auf die Bestellung des unparteiischen Vorsitzenden und/oder die Bestimmung der Zahl der Beisitzer zu beschränken. Es könnte also beantragt werden:
„(1) Herrn Richter am Arbeitsgericht... zum Vorsitzenden einer Einigungsstelle für die Regelung von ... zu bestellen;
(2) die Zahl der von jeder Seite zu benennenden Beisitzer auf je zwei festzusetzen."

Denkbar ist auch, in einem „Hilfsantrag" eine weitere Person als Vorsitzen- 221 den der Einigungsstelle vorzuschlagen. Auf die Benennung einer bestimmten Person kann aber auch verzichtet werden, zumal das Arbeitsgericht nicht auf die von den beteiligten genannten Personen festgelegt ist (*LAG Hamm* DB 1976, 2069; *LAG Frankfurt* AuR 1977, 62; *LAG Frankfurt* DB 1986, 756; a. A. *LAG Bremen* AiB 1988, 315: Im Regelfall soll der vom Antragsteller vorgeschlagene Vorsitzende eingesetzt werden). Es dürfte aber gegen den Grundsatz des **rechtlichen Gehörs** verstoßen, wenn das Arbeitsgericht abweichend von den Vorschlägen der Beteiligten einen Vorsitzenden bestellt, ohne sie dazu vorher zu hören (*LAG München* BB 1989, 916). Der zu bestellende Vorsitzende einer Einigungsstelle sollte tunlichst das Vertrauen beider Seiten haben. Deshalb sind auch subjektive Vorbehalte beachtlich, sofern sie nachvollziehbar sind (*LAG Frankfurt* DB 1988, 2520). Wenn ohne Schwierigkeiten ein anderer Vorsitzender bestellt werden kann, gegen den von keiner Seite Einwendungen erhoben werden, sollte nach Möglichkeit keine Person zum Vorsitzenden bestellt werden, die von einer Seite abgelehnt wird (*LAG Frankfurt* DB 1986, 756). Ob (eine) bestimmte Person(en) schon im „Antrag" oder im „Gegenantrag" bezeichnet werden soll(en) ist in erster Linie eine taktische Frage und muß in jedem Einzelfall gesondert geprüft werden.

Einigen sich die Beteiligten während des Verfahrens über die Besetzung der 222 Einigungsstelle, so hat der Antragsteller das Verfahren für **erledigt** zu erklären (§ 83a III ArbGG). Ob die umstrittene Frage in die Zuständigkeit der Einigungsstelle gehört, ist grundsätzlich vom Vorsitzenden nicht zu prüfen. Die Bestimmung des Vorsitzenden der Einigungsstelle und/oder der Zahl der Beisitzer darf deshalb nur unterbleiben, wenn die Einigungsstelle **offensichtlich unzuständig** (§ 98 I 2 ArbGG) ist, d. h. wenn bei fachkundiger Beurteilung durch das Gericht sofort erkennbar ist, daß ein Mitbestimmungsrecht des Betriebsrats in der fraglichen Angelegenheit unter keinem denkbaren rechtlichen Gesichtspunkt in Frage kommt (vgl. *LAG Düsseldorf* DB 1981, 379 und NZA 1989, 146; *LAG Berlin* AP Nr. 1 zu § 98 ArbGG 1979; *LAG München* NZA 1989, 577 und DB 1987, 479; *LAG Frankfurt,* DB 1991, 920; *LAG Schleswig-Holstein* NZA 1990, 703; *LAG Niedersachsen* NZA 1989, 149; *LAG Hamm* BB 1986, 1359). Für das Bestellungsverfahren nach den §§ 76 BetrVG, 98 ArbGG ist nicht Voraussetzung, daß zwischen den Betriebspartnern Verhandlungen tatsächlich stattgefunden haben und daß diese gescheitert sind. Vielmehr reicht es aus, wenn sich eine der beiden Seiten auf Verhandlungen überhaupt nicht einläßt (*LAG Ba-Wü* NZA 1992, 186).

223   Die rechtskräftige Abweisung des Antrags des Betriebsrats auf Bestellung eines Einigungsstellenvorsitzenden mit der Begründung, die Einigungsstelle sei offensichtlich unzuständig, läßt nicht das **Rechtsschutzinteresse des Betriebsrats** an der Feststellung des umstrittenen Mitbestimmungsrechts entfallen. Der Betriebsrat kann erneut die Bestellung des Einigungsstellenvorsitzenden beantragen, wenn das geltend gemachte Mitbestimmungsrecht unter den Beteiligten rechtskräftig festgestellt worden ist (*BAG* BB 1989, 1624). Für das Beschlußverfahren nach § 76 Abs. 1 Satz 2 BetrVG iVm § 98 ArbGG gelten die §§ 80 bis 84 ArbGG entsprechend (§ 98 Abs. 1 Satz 3 ArbGG).

224   **bb) Rechtsmittelverfahren.** Gegen die Entscheidungen des Vorsitzenden findet die **Beschwerde** an das LAG statt (§ 98 II 1 ArbGG). Abweichend vom „allgemeinen" Beschlußverfahren (Beschwerdefrist: 1 Monat) beträgt die Beschwerdefrist nur **zwei Wochen.** Innerhalb der Frist ist die Beschwerde auch zu begründen (§ 98 II 3 ArbGG). Über die Beschwerde entscheidet nicht die Kammer des LAG, sondern der Vorsitzende allein (§ 98 II 3 ArbGG). Im übrigen gelten für das zweitinstanzliche Verfahren § 87 II 3 und §§ 88 bis 90 II sowie § 91 I 2 ArbGG (§ 98 II 3 ArbGG). Gegen die Entscheidung des Vorsitzenden findet **kein Rechtsmittel** statt (§ 98 II 4 ArbGG). Damit ist auch der die zweite Instanz abschließende Beschluß unanfechtbar; die Rechtsbeschwerde kann nicht zugelassen werden.

3. Rechtsstellung der Mitglieder der Einigungsstelle

225   Nach § 76 II 1 BetrVG ist die Befugnis zur Bestellung von Beisitzern nicht auf einen bestimmten Personenkreis beschränkt. Beide Seiten können danach Mitglieder in die Einigungsstelle berufen, die nicht dem Betrieb angehören, also auch **freiberufliche Anwälte.** Nach § 76 II 3 BetrVG sind beide Seiten dabei nur an die zuvor vereinbarte Zahl der Beisitzer oder bei Fehlen einer Einigung an die Entscheidung hierüber durch das Arbeitsgericht gebunden. Die Bestellung von mehr als je drei Beisitzern einer Einigungsstelle ist in aller Regel weder unter Kostengesichtspunkten noch im Hinblick auf die Arbeitsfähigkeit der Einigungsstelle vertretbar (*LAG München* BB 1989, 916).

226   Der Betriebsrat ist befugt, auch Personen als Beisitzer zu bestellen, die nur bereit sind, gegen ein **Honorar** tätig zu werden, wenn er andere Personen, die sein Vertrauen genießen, nicht findet (*BAG* AP Nr. 6 zu § 76 BetrVG; *BAG* AuR 1984, 48; *BAG* AP Nr. 15 zu § 76 BetrVG 1972). Der Beschluß des Betriebsrats, mit dem er über die Bestellung des Beisitzers entscheidet, ist nicht fehlerhaft, weil der Betriebsrat andere objektiv geeignete Personen als Beisitzer hätte benennen können (*BAG* BB 1984, 1746). Regelmäßig dürfte es aber nicht

angemessen sein, wenn der Betriebsrat **mehrere betriebsfremde Beisitzer** bestellt, die nur gegen Honorar tätig werden, es sei denn, dies sei aus Paritätsgründen notwendig.

Selbstverständlich können Anwälte nicht nur Beisitzer, sondern auch **Vorsitzende** von Einigungsstellen sein, was allerdings in der Praxis kaum vorkommt. Das liegt zum einen daran, daß sie – häufig vorschnell und zu Unrecht – als Arbeitgeber- oder Arbeitnehmeranwälte abgestempelt werden, zum anderen auch daran, daß in den streitigen Fällen Richter entscheiden und diese wie selbstverständlich auf Richter zurückgreifen (*Müller/Bauer* D. III.). 227

Nicht nur der Vorsitzende, sondern auch die Beisitzer haben nach bestem Wissen und Gewissen zu entscheiden, ohne an **Weisungen der Betriebspartner** gebunden zu sein (*FAKH* § 76 Rdnr. 15). Die Beisitzer, zumal wenn es sich um Anwälte handelt, sind aber nicht gehindert, die Interessen zur Geltung zu bringen, denen sie sich verbunden fühlen (*FAKH* a. a. O.); sie können deshalb i. d. R. nicht als befangen abgelehnt werden (*Heinze* RdA 1990, 262/272; *FAKH* § 76 Rdnr. 7; *Dütz* AuR 1973, 353/359; vgl. auch *Schmitt* NZA 1987, 78). Umstr. ist dagegen, ob der Vorsitzende entsprechend §§ 42, 1032 ZPO, 49 ArbGG wegen Befangenheit abgelehnt werden kann (grds. bejahend: *Heinze* RdA 1990, 262/272; grds. ablehnend: *Pünnel* Rdnr. 101 ff. unter Hinweis auf die sonst möglichen Verzögerungstaktiken). 228

4. Das Verfahren der Einigungsstelle

Es liegt weitgehend im **pflichtgemäßen Ermessen** der Einigungsstelle, ihr Verfahren selbst zu regeln (vgl. *Schönfeld* NZA Beil. 4/1988 S. 3; *Heinze* RdA 1990, 262). Nach § 76 III 1 BetrVG ist allerdings **mündliche Beratung,** aber nicht mündliche Verhandlung vorgeschrieben. Damit hat die Einigungsstelle beiden Betriebspartnern auf jeden Fall rechtliches Gehör zu gewähren (*Dietz/Richardi,* BetrVG, 6. Aufl., 74 Rdnr. 74). Auch die mündliche Anhörung der Betriebspartner kann angemessen sein. Für sie besteht die Möglichkeit, sich bei den Verhandlungen vor der Einigungsstelle durch **Bevollmächtigte** vertreten zu lassen und/oder schriftsätzlich vorzutragen. Dazu bedarf es keiner Zulassung durch die Einigungsstelle. Vielmehr ist aus dem Fehlen einer einschränkenden Regelung in § 76 BetrVG zu schließen, daß keine Einschränkung besteht. Damit sind auch Anwälte zur Vertretung der Betriebspartner zuzulassen, was vor allem dann zweckdienlich ist, wenn ihre einschlägigen Sach- und Rechtskenntnisse zu einer zügigen, sach- und betriebsgerechten Erledigung des Einigungsstellenverfahrens beitragen (*BAG* BB 1990, 138; *Pünnel* Rdnr. 70; *Galperin/Löwisch* § 76 Rdnr. 26; *Dietz/Richardi* § 76 Rdnr. 74; *Müller/Bauer* D.IV.). Dabei ist es rechtlich unbeachtlich, ob der Vorsitzende der Einigungsstelle die schriftliche Vorbereitung und Darlegung der Standpunkte der Beteiligten vor der Einigungsstelle verlangt hat (*BAG* DB 1989, 2436, insoweit unter Aufgabe von *BAG* DB 1982, 609). Auch die **Nichtöffentlichkeit** der Verhandlung vor der Einigungsstelle schließt die Vertretung nicht aus. 229

5. Gerichtliche Überprüfung des Spruchs der Einigungsstelle

Die Einigungsstelle faßt ihre Beschlüsse unter angemessener Berücksichtigung der Belange des Betriebs und der betroffenen Arbeitnehmer nach **billigem Ermessen** (§ 76 V 3 BetrVG). Der Spruch der Einigungsstelle muß in seiner Gesamtheit von der Mehrheit der Einigungsstellenmitglieder getragen sein (*BAG* DB 1989, 1926). Zur Durchsetzung des Spruchs ist eine einstweilige 230

Verfügung denkbar (vgl. *LAG Berlin* BB 1991, 206). Überschreitet der Spruch der Einigungsstelle die Ermessensgrenze, so kann jeder der Betriebsparter binnen einer **Ausschlußfrist von zwei Wochen** nach Zugang des Spruchs das Arbeitsgericht anrufen (§ 76 V 4 BetrVG). Wird die Frist versäumt, sollte in analoger Anwendung der §§ 233 ff ZPO die **Wiedereinsetzung in den vorigen Stand** gewährt werden (*Müller/Bauer* D. V.; a. A. *FAKH* § 76 Rdnr. 33). Nicht übersehen werden darf, daß ein Fehlen der Begründung innerhalb der Zweiwochenfrist zum Erlöschen des Anfechtungsrechts wegen Ermessensüberschreitung führt. Das Arbeitsgericht kann dann nur noch prüfen, ob der Einigungsstellenspruch wegen fehlender Zuständigkeit unwirksam ist (*BAG* DB 1988, 2154).

231 Das Arbeitsgericht darf nicht sein eigenes Ermessen an die Stelle des Ermessens der Einigungsstelle setzen (*FAKH* § 76 Rdnr. 33a; *Herschel* AuR 1974, 265). Andere rechtliche Mängel des Spruchs oder des Verfahrens der Einigungsstelle können jederzeit gerügt werden, es sei denn, **Verwirkung** sei inzwischen eingetreten (*FAKH* § 76 Rdnr. 33c). Werden nur Ermessensfehler gerügt, ist das Gericht dennoch von Amts wegen zur Prüfung solcher zusätzlicher Rechtsfehler verpflichtet, soweit der Sachverhalt dafür Veranlassung gibt (*Grunsky* § 2a Rdnr. 24). Soweit die Einigungsstelle über Rechtsfragen entscheidet, unterliegt ihr Spruch unbeschränkter gerichtlicher Kontrolle (vgl. *Rieble* BB 1991, 471; *Henssler* RdA 1991, 268).

6. Kosten der Einigungsstelle

232 a) **Honoraranspruch**. Seit 1. 1. 1989 gilt der neue § 76a BetrVG, der die Kosten der Einigungsstelle regelt (vgl. dazu *Löwisch* DB 1989, 223; *Bauer/Röder* DB 1989, 224; *Engels/Natter* BB Beil. 8/1989 S. 27; *Bengelsdorf* NZA 1989, 495; *Sowka* NZA 1990, 92; *Lunk/Nebendahl* NZA 1990, 921; *Schäfer* NZA 1991, 836; *Kamphausen* NZA 1992, 55). § 76a Abs. 3 BetrVG bestimmt ausdrücklich, daß nur der Vorsitzende und die nichtbetriebsangehörigen Beisitzer einen **gesetzlichen Vergütungsanspruch** haben. Die betriebsangehörigen Beisitzer sind auf den Anspruch auf Freistellung von ihrer Arbeitstätigkeit und Fortzahlung des Entgelts entsprechend § 37 II, III BetrVG verwiesen.

233 b) **Vergütungshöhe**. Kernstücke der Neuregelung sind die Regelungen über die **Bemessung der Vergütung** nach § 76a IV, V BetrVG. Entscheidend wird sein, welche **Vergütungsordnung** der Bundesminister für Arbeit und Sozialordnung aufgrund der ihm im Absatz 4 eingeräumten Ermächtigung erlassen wird. Ob und wann die Vergütungsordnung kommen wird, steht allerdings zur Zeit noch nicht fest.

234 Aus der Formulierung „insbesondere" in § 76a IV 2 BetrVG ergibt sich, daß es sich bei den für die Bestimmung der Höhe für die Vergütung genannten Kriterien um **keine abschließende Regelung** handelt. Maßgebliche Kriterien für die Vergütung sind nun vor allem der erforderliche Zeitaufwand und die Schwierigkeit der Streitigkeit. Dagegen wird die wirtschaftliche Bedeutung der mitbestimmungspflichtigen Angelegenheit nicht erwähnt. Bei der Bemessung der Vergütung ist regelmäßig von Stundensätzen auszugehen, wobei nicht nur der Zeitaufwand für die Sitzung, sondern auch für eine notwendige Vor- und Nachbearbeitung zu berücksichtigen ist. Die von *Löwisch* (o. Rdnr. 232) vorgeschlagene Orientierung an den Sätzen des § 3 ZSEG erscheint aber nicht angebracht (*Bauer/Röder* o. Rdnr. 232; *FAKH* § 76a Rdnr. 7a). Im Gegensatz zur bisherigen Rechtsprechung wird man auch nicht auf die BRAGO abstellen kön-

nen, deren pauschale Gebührensätze nicht auf Zeitaufwand abstellen (*FAKH* a.a.O.).

Nach § 76a IV 3 BetrVG ist die Vergütung der Beisitzer niedriger zu bemessen als die des Vorsitzenden. Da die für die Vergütung nun maßgeblichen Kriterien bei den jeweiligen Mitgliedern der Einigungsstelle in durchaus unterschiedlichem Maße vorliegen können, unterstellt das Gesetz auch die Möglichkeit unterschiedlicher Vergütungsansprüche der einzelnen Mitglieder. Die in Anlehnung an das *BAG* (AP Nr. 8 zu § 76 BetrVG 1972) geübte Praxis, den Beisitzern pauschal ein Honorar von **7/10** der dem Vorsitzenden der Einigungsstelle zustehenden Vergütung zu gewähren, ist an und für sich aufgrund der gesetzlichen Neuregelung überholt (vgl. aber *FAKH* § 76a Rdnr. 8). Dennoch wird vor allem in der Rechtsprechung die Auffassung vertreten, es entspreche in aller Regel billigem Ermessen, das Honorar der außerbetrieblichen Beisitzer am Entgelt des Vorsitzenden zu orientieren und ihnen davon 7/10 zuzubilligen (*LAG Frankfurt* NZA 1992, 469; *LAG Hamburg* LAGE § 76a BetrVG 1972 Nr. 5; *Kamphausen* o. Rdnr. 232; *Schäfer* o. Rdnr. 232). **235**

§ 76a V BetrVG sieht vor, daß von den neuen Vergütungsgrundsätzen und einer eventuell erlassenen Vergütungsordnung durch Tarifvertrag oder Betriebsvereinbarung abgewichen werden kann. Möglich müssen aber auch **individualvertragliche Vereinbarungen** zwischen dem Vorsitzenden und einzelnen Mitgliedern der Einigungsstelle einerseits und dem Arbeitgeber andererseits sein (*FAKH* § 76a Rdnr. 9; *Löwisch* o. Rdnr. 232; *Bengelsdorf* o. Rdnr. 232; a. A. *Engels/Natter* o. Rdnr. 232). Damit kann es aber auch keine Pflicht zur gleichen Vergütung beider Beisitzerseiten geben (*Bauer/Röder* o. Rdnr. 232; a. A. *Löwisch* o. Rdnr. 232; *FAKH* aaO; *Kamphausen* o. Rdnr. 232). Auch kann einem Beisitzer durchaus ein höheres Honorar als dem Vorsitzenden der Einigungsstelle zugesagt werden. Aus dem Paritätsgrundsatz kann nicht abgeleitet werden, daß die Zusage einer höheren Vergütung an den Beisitzer der Arbeitgeberseite zwangsläufig denselben Vergütungsanspruch beim Beisitzer der Betriebsratsseite auslöst. **236**

Der Gesetzgeber hat nicht die Gebühren eines beauftragten Rechtsanwalts geregelt, der als **Vertreter vor der Einigungsstelle** auftritt. Der Anwalt erhält dann Gebühren nach § 65 I Nr. 4 und II BRAGO (a. A. *Sowka* o. Rdnr. 232). Danach erhält der Anwalt maximal zwei 10/10-Gebühren. Dabei kann die 10/10-Einigungsgebühr allerdings nicht zum Zuge kommen, wenn die Einigungsstelle durch Spruch entscheidet. Diese Gebühren bemessen sich grundsätzlich nach dem Gegenstandswert des Verfahrens, der durch die Regelung über die Vergütungshöhe nach § 76a BetrVG nicht berührt wird. **237**

Bei der Frage, **welcher Gegenstandswert** zugrunde zu legen ist, muß nach § 8 Abs. 2 BRAGO zwischen vermögens- und nichtvermögensrechtlichen Angelegenheiten unterschieden werden (vgl o. Rdnr. 216f.). Um eine vermögensrechtliche Angelegenheit handelt es sich z. B. bei der Aufstellung eines Sozialplans. Hier kann es angemessen sein, den Gegenstandswert nach dem zwischen den Betriebspartnern strittigen Sozialplanvolumen zu bestimmen (*LAG Hamm* DB 1989, 52) es sei denn, der Betriebsrat hätte eine von vornherein unrealistische Forderung gestellt (*Müller/Bauer* J.II.3.). **238**

Das *BAG* (DB 1989, 2436) gibt dem Betriebsrat aber auch das Recht, einem Anwalt für die Wahrnehmung seiner Interessen vor der Einigungsstelle ein Honorar in Höhe der Vergütung eines betriebsfremden Beisitzers zuzusagen, wenn der von ihm ausgewählte Anwalt seines Vertrauens nur gegen eine solche **239**

Honorarzahlung zur Mandatsübernahme bereit ist, und sich das Erfordernis der Honorarvereinbarung daraus ergibt, daß der Gegenstandswert der anwaltlichen Tätigkeit nach billigem Ermessen zu bestimmen wäre. Das ist der Fall bei einem **nicht bezifferbaren Gegenstandswert.** Der in § 8 II 2 BRAGO enthaltene Hilfsstreitwert von DM 6000,– wird regelmäßig nicht dem Arbeitsaufwand gerecht, den ein Anwalt als Verfahrensbevollmächtigter des Betriebsrats vor der Einigungsstelle erbringen muß. Da Maßstäbe zu wertmäßigen Konkretisierung des Gegenstandswerts der anwaltlichen Tätigkeit vor einer Einigungsstelle weder in der BRAGO noch in § 76a BetrVG enthalten sind, führt dies in der Praxis oft zu unterschiedlichen Wertfestsetzungen (vgl. *BAG* a. a. O.).

IV. Besonderheiten in den neuen Bundesländern

1. Allgemeines

240   Mit dem Wirksamwerden des Beitritts am 3. 10. 1990 (Einigungsvertrag vom 31. 8. 1990, BGBl. II S. 889 und Einigungsvertragsgesetz vom 23. 9. 1990, BGBl. II S. 885) ist das **Grundgesetz** der Bundesrepublik Deutschland in den Ländern Brandenburg, Mecklenburg-Vorpommern, Sachsen, Sachsen-Anhalt und Thüringen sowie in Ost-Berlin in Kraft getreten. Des weiteren findet seit dem Wirksamwerden des Beitritts **das gesamte bundesdeutsche Recht** auch für das Gebiet der ehemaligen DDR Anwendung, soweit durch den Einigungsvertrag, insbesondere dessen Anlage I, nichts anderes bestimmt wird (Art. 8 des Einigungsvertrages). Sofern also der Einigungsvertrag oder dessen Anlage I nichts Gegenteiliges aussagt, gilt seit dem 3. 10. 1990 bundesdeutsches Arbeitsrecht auch im Gebiet der ehemaligen DDR. Das Arbeitsgesetzbuch (AGB-DDR) und die anderen arbeitsrechtlichen Vorschriften der ehemaligen DDR sind außer Kraft getreten, soweit nicht die vorübergehende Weitergeltung einzelner Bestimmungen ausdrücklich angeordnet ist. Diese Bestimmungen sind in der Anlage II des Einigungsvertrages enthalten. In den meisten Fällen sind die Übergangsregelungen zeitlich befristet. Der Einigungsvertrag enthält aber auch unbefristete Übergangsregelungen. Die Vertragsparteien haben den gesamtdeutschen Gesetzgeber beauftragt, das Arbeitsvertragsrecht sowie das öffentlich-rechtliche Arbeitszeitgesetz möglichst bald neu zu kodifizieren.

241   Seit dem 3. 10. 1990 gelten für alle neuen, aber auch die bereits bestehenden Arbeitsverhältnisse die Vorschriften des **Bürgerlichen Gesetzbuches,** insbesondere die §§ 611–630 BGB (vgl. Anl. I Kap. VIII Sachgeb. A Abschn. II EVertr.).

242   Damit findet ab dem 3. 10. 1990 vor allem § 613a BGB Anwendung (allerdings bis 21. 12. 1994 nicht im Gesamtvollstreckungsverfahren im Gebiet der ehemaligen DDR, vgl. Gesetz v. 21. 12. 1992, BGBl. I S. 2116), der den seit dem 1. 7. 1990 geltenden inhaltsgleichen § 59 AGB abgelöst hat. § 613a BGB ordnet bei einem Betriebs- oder Betriebsteilübergang die Überleitung der bestehenden Arbeitsverhältnisse auf den neuen Betriebsinhaber an (vgl. dazu *Bauer* in *Hölters,* Handbuch des Unternehmens- und Beteiligungskaufs, 3. Aufl. 1992, Teil V.). Da die Einführung von Kurzarbeit nicht zur Auflösung der Arbeitsverhältnisse führt, gehen auch die Arbeitsverhältnisse der von Kurzarbeit betroffenen Arbeitnehmer auf den neuen Betriebsinhaber über. Die sofortige Einführung des § 613a BGB im Gebiet der ehemaligen DDR war und ist Gegenstand kontroverser Diskussionen, weil die zwingende Überleitung aller Arbeitsverhältnisse viele Interessenten von der Übernahme sanierungsbedürftiger Betriebe abhält.

Seit dem 3. 10. 1990 findet das **BeschFG** auch für das Gebiet der früheren 243
DDR Anwendung (vgl. Art. 8 des Einigungsvertrages). Danach können Arbeitsverträge einmalig bis zur Dauer von 18 Monaten (bzw. 24 Monaten, wenn die Voraussetzungen des § 1 II Nr. 1 BeschFG vorliegen) befristet abgeschlossen werden, wenn entweder der Arbeitnehmer neu eingestellt wird oder der Arbeitnehmer in unmittelbarem Anschluß an die Berufsausbildung nur vorübergehend weiterbeschäftigt werden kann, weil kein Arbeitsplatz für einen unbefristet einzustellenden Arbeitnehmer zur Verfügung steht.

Die **einheitlichen Kündigungsfristen** für alle Arbeitnehmer nach § 55 AGB- 244
DDR sind auch nach dem 3. 10. 1990 in Kraft geblieben (Anl. II Kap. VIII Sachgeb. A, Abschn. III Nr. 1a EVertr.). Danach beträgt die gesetzliche Mindestkündigungsfrist sowohl für Arbeiter als auch für Angestellte lediglich zwei Wochen. Sie erhöht sich in Abhängigkeit von der Beschäftigungsdauer im Betrieb oder Unternehmen bis auf drei Monate zum Ende eines Kalendervierteljahres.

Für den **allgemeinen Kündigungsschutz** gilt weiterhin das bereits am 1. 7. 245
1990 in Kraft getretene KSchG der Bundesrepublik (vgl. Anl. I Kap. VIII Sachgeb. A Abschn. III Nr. 6 EVertr.). Die Zuständigkeit des Landesarbeitsamtes gemäß §§ 18–20 KSchG wird bis zur Bildung der Landesarbeitsämter durch die zentrale Arbeitsverwaltung wahrgenommen (Anl. I Kap. VIII Sachgeb. A Abschn. III Nr. 6b EVertr.). Hinsichtlich des **besonderen Kündigungsschutzes** ist vor allem zu beachten, daß für Schwerbehinderte grundsätzlich das SchwbG und damit auch dessen § 15 gilt. Bis zur Errichtung der Hauptfürsorgestellen nehmen allerdings die Arbeitsämter die den Hauptfürsorgestellen zugewiesenen Aufgaben und Befugnisse war. Für (werdende) Mütter gilt im Gebiet der ehemaligen DDR ab 1. 1. 1991 das MuSchG.

Das **BetrVG** gilt auch für das Gebiet der ehemaligen DDR. Bei Massenentlassungen sind daher vor allem die Vorschriften der §§ 111–113 BetrVG zu beachten und Sozialpläne aufzustellen. Dabei ist aber von Bedeutung, daß nach **§ 128 AFG** in der ab 1. 1. 1993 geltenden Fassung (vgl. o. Rdnr. 125) keine Erstattungspflicht für Arbeitnehmer eintritt, die nach einer mindestens zweijährigen Beschäftigung in einem Betrieb in den neuen Bundesländern bis Ende 1995 entlassen werden (§ 249d Nr. 10a AFG).

2. Verfahrensrecht

a) Gesetz über die Errichtung und das Verfahren der Schiedsstellen für 247
Arbeitsrecht. Das wenig durchdachte DDR-Gesetz vom 29. 6. 1990 (GBl. I Nr. 38 S. 505) über die Errichtung und das Verfahren der Schiedsstellen für Arbeitsrecht ist in den neuen Bundesländern, aber nicht in Ost-Berlin, zunächst in Kraft geblieben (Anl. II Kap. VIII Sachgeb. A Abschn. III Nr. 3 EVertr.).

Das Gesetz über die Errichtung und das Verfahren der Schiedsstellen für 248
Arbeitsrecht (o. Rdnr. 247) ist mit Ablauf des 31. 12. 1992 außer Kraft getreten (Art. 1 des Gesetzes zur Aufhebung des Gesetzes über die Errichtung und das Verfahren der Schiedsstellen für Arbeitsrecht und zur Änderung des AFG vom 20. 12. 1991; BGBl. I S. 2321). Allerdings gilt § 3 des Schiedsstellen-Gesetzes weiterhin mit der Maßgabe, daß der **besondere Kündigungsschutz** nach Absatz 5 längstens bis zum Ablauf des 31. 12. 1993 gilt (Art. 1 Abs. 4 des Aufhebungsgesetzes vom 20. 12. 1991; vgl. im übrigen *Beck/Rosendahl/Schuster* AuA 1992, 233 zum Abschied von den Schiedsstellen für Arbeitsrecht).

249 **b) Arbeitsgerichtsgesetz.** Im übrigen gilt auch im Gebiet der ehemaligen DDR das ArbGG (vgl. *Kissel* NZA 1990, 833 zum Aufbau der Arbeitsgerichtsbarkeit. Bis zur Errichtung einer selbständigen Arbeitsgerichtsbarkeit waren die Kreisgerichte in erster Instanz und die Bezirksgerichte in zweiter Instanz zuständig (vgl. Einigungsvertrag, Anl. I Kap. VIII Sachgeb. A Abschn. III Nr. 15). Der Aufbau der Arbeitsgerichtsbarkeit entsprechend den Maßgaben des ArbGG ist inzwischen abgeschlossen. In allen neuen Bundesländern gibt es spätestens seit 1. 1. 1993 **Arbeits- und Landesarbeitsgerichte.**

250 **c) Vertretung durch Anwälte.** Ein Rechtsanwalt, der im Geltungsbereich der Bundesrechtsanwaltsordnung oder im ehemaligen Gebiet der DDR zugelassen ist, steht in dem jeweils anderen Gebiet einem dort zugelassenen Rechtsanwalt gleich (Anl. I Kap. III Sachgeb. A Abschn. II Nr. 2 EVertr.). Da § 11 ArbGG im gesamten Gebiet Deutschlands gilt, ergibt sich zwingend, daß jeder im ehemaligen Gebiet der DDR zugelassene Anwalt vor jedem Gericht für Arbeitssachen in Westdeutschland (einschließlich des Bundesarbeitsgerichts) auftreten kann. Umgekehrt kann auch jeder westdeutsche Anwalt vor jedem Arbeits- und Landesarbeitsgericht im Gebiet der ehemaligen DDR auftreten.

251 **d) Kosten und Gebühren. aa) Gerichtsgebühren.** Hinsichtlich der Verfahren vor den Arbeits- und Landesarbeitsgerichten im Gebiet der ehemaligen DDR gilt das GKG mit folgender Maßgabe: Die Gebühren ermäßigen sich um 20%, wenn der Kostenschuldner seinen allgemeinen Gerichtsstand im Gebiet der ehemaligen DDR hat (Anl. I Kap. III Sachgeb. A Abschn. III Nr. 19a EVertr.). Der Bundesjustizminister kann diesen Ermäßigungssatz durch Rechtsverordnung neu festsetzen oder aufheben (EVertr. a.a.O. Nr. 27), hat davon aber bisher noch keinen Gebrauch gemacht. Das Gericht kann ferner unter Berücksichtigung aller Umstände des Einzelfalls, insbesondere des Umfangs und der Bedeutung der Sache und der Vermögens- und Einkommensverhältnisse der Beteiligten, einen um bis zu einem Drittel geringeren Wert festsetzen, wenn nach den gesetzlichen Vorschriften ein Mindestwert oder ein fiktiver Wert festgelegt ist, weil genügende tatsächliche Anhaltspunkte für die Bestimmungen des Wertes nicht bestehen (EVertr. a.a.O. Nr. 19b).

252 **bb) Anwaltsgebühren.** Der Einigungsvertrag bestimmt (Anl. I Kap. III Sachgeb. A Abschn. III Nr. 26a S. 1), daß sich die Gebühren der BRAGO bei der Tätigkeit von Rechtsanwälten um 20% ermäßigen, die ihre Kanzlei im Gebiet der ehemaligen DDR eingerichtet haben. Dies bewirkt, daß z. B. ein in Leipzig zugelassener Anwalt, der einen westdeutschen Verfahrensbeteiligten vor einem westdeutschen Gericht für Arbeitssachen vertritt, nur ermäßigte Gebühren erhält. Die Gebühren ermäßigen sich in gleicher Weise, wenn ein westdeutscher Rechtsanwalt vor Gerichten oder Behörden im Gebiet der ehemaligen DDR im Auftrag eines Beteiligten tätig wird, der seinen Wohnsitz oder Sitz im Gebiet der ehemaligen DDR hat (Anl. I Kap. III Sachgeb. A Abschn. III Nr. 26a S. 2 EVertr.; vgl. im übrigen Rdnr. 251 zur Ermächtigung des Bundesjustizministers zur Neufestsetzung des Ermäßigungssatzes).

C II. Das sozialrechtliche Mandat

Dr. Hermann Plagemann

Übersicht

	Rdnr.
I. Sozialrechtsweg	1
1. Versorgungsausgleich	2
2. Pfändung, Verrechnung, Abzweigung	3
3. Dienstunfähigkeit – Berufsunfähigkeit	4
4. Ärztliche Leistungen	5
5. Versicherungs- und Beitragspflicht	6
6. Arbeitspapiere/Auskunftspflicht des Arbeitgebers	7
7. Rückerstattung von Leistungen und Beiträgen	8
8. Krankenkassen und Leistungserbringer	9
9. Rückgriff der Sozialämter (§§ 90, 91 BSHG)	10
10. Besondere Arbeitsverhältnisse	11
II. SG – Verfahren	12
1. Widerspruch	12
2. Klageerhebung	15
3. Aufklärung des Sachverhaltes	25
4. Schluß des Verfahrens	38
5. Einstweilige Anordnung	43
III. Sozialrechtspraxis – typische Problemfelder	45
1. Unterlassene Anhörung/Ermessensausübung	45
2. Berufs-/Erwerbsunfähigkeit (Prüfschema)	49
3. Versicherungs- und Beitragspflicht	57
4. Geschiedenenwitwenrente (§ 243 SGB VI)	63
5. Neufeststellung	65

	Rdnr.
6. Der sozialrechtliche Herstellungsanspruch	69
7. Erstattungspflichten der Arbeitgeber	72
8. Sperrzeit/Ruhen des Arbeitslosengeldes (§§ 119, 117 AFG)	76
9. Gestaltungsmöglichkeiten nach dem RRG 92	83
10. MdE, GdB, Nachteilsausgleich, Arbeitsunfähigkeit	85
11. Pflegefall	90
IV. Berufung	91
1. Form und Fristen	91
2. Zulässigkeit der Berufung	92
3. Berufungsbegründung	93
4. Aufschiebende Wirkung der Berufung	94
V. Nichtzulassungsbeschwerde	96
1. Form und Fristen	96
2. Begründung	97
VI. Revision	101
1. Form und Fristen	101
2. Begründung	102
3. Achtung: Bindungswirkung, § 163 SGG!	105
VII. Kosten und Gebühren	106
1. Gerichtskosten	106
2. Kosten öffentlich-rechtlicher Organisationen	108
3. Außergerichtliche Kosten	109
4. Gegenstand der Kostenentscheidung	110
5. Angemessenheit der Anwaltsgebühren	111
6. Höhe der Anwaltsgebühren	112
7. Prozeßkostenhilfe	114
VIII. Werte in der Sozialversicherung 1993	115

Literatur: *Cramer*, Schwerbehindertengesetz, 4. Aufl. 1992; *Eicher/Haase/Rauschenbach*, Die Rentenversicherung der Arbeiter und Angestellten (Loseblatt); *Figge*, Sozialversicherungs-Handbuch (Loseblatt); *Gagel*, AFG (Loseblatt); Kasseler Kommentar, Sozialversicherungsrecht (Loseblatt); *Krasney/Udsching*, Handbuch des sozialgerichtlichen Verfahrens, 1991; *Luchterhand*, Arbeits- und Sozialrecht 1993; *v. Maydell/Ruland* (Hrsg.), Sozialrechts-Handbuch, 1988; *Meyer-Ladewig*, SGG, 4. Aufl. 1991; *Niesel*, Der Sozialgerichtsprozeß, 2. Aufl. 1991; *Plagemann*, Medizinische Begutachtung im Sozialrecht, 1991; *Schönberger/Mehrtens/Valentin*, Arbeitsunfall und Berufskrankheit, 5. Aufl. 1992; *Schroeder-Printzen*, SGB X, 2. Aufl. 1990; *Wannagat* (Hrsg.), Jahrbuch des Sozialrechts (erscheint jährlich und enthält Berichte über alle Bereiche des Sozialrechts, ferner Adressen der Sozialleistungsträger und -behörden); *D. Wiegand*, Das europäische Gemeinschaftsrecht in der Sozialversicherung, 1983. – **Fachzeitschriften:** Informationen zum Arbeitslosen- und Sozialhilferecht (info also); Mitteilungsblatt – Arbeitsgemeinschaft Sozialrecht (DAV);

C II
Das sozialrechtliche Mandat

Neue Zeitschrift für Sozialrecht (NZS); Die Sozialgerichtsbarkeit (SGb); Die Sozialversicherung (SV); Zeitschrift für Sozialhilfe und Sozialgesetzbuch (ZfSH/SGB). – **Entscheidungssammlungen:** BSGE; Sozialrecht (SozR); *Breithaupt,* Medizin im Sozialrecht (Meso)

Ob Fachanwalt oder nicht – **alle** Anwälte werden täglich mit sozialrechtlichen „Fragen" oder „Nebeneffekten" konfrontiert; auch wenn sie sich insoweit für inkompetent halten, müssen sie doch ein Gespür dafür haben, daß originär zivil-, straf-, oder verwaltungsrechtliche Fallgestaltungen sozialrechtliche Folgen haben können (z. B. Antrag auf freiwillige Weiterversicherung nach Ehescheidung, § 9 I Nr. 2 SGB V – Haftungsgefahr für Anwalt: *OLG Hamm* NJW 1988, 2383; Hinweispflichten des Arbeitgebers bei Aufhebungsverträgen: *Nägele* BB 1992, 1274). Die **Beratung** über sozialrechtliche Probleme gewinnt eine immer größere Bedeutung. Sie setzt die Bereitschaft des Anwalts zur **Kooperation** mit anderen Beratern z. B. Renten-, Steuerberatern, Wirtschaftsprüfern und insbesondere den Leistungsträgern selbst voraus. Im Folgenden geht es deshalb nicht nur um den SG-Prozeß, sondern es sollen auch einige ausgewählte besonders häufig auftretende typische Beratungsfelder kurz angesprochen werden.

I. Sozialrechtsweg

1   Der Rechtsweg zu dem SG (§ 51 SGG) ist vor allem in Streitigkeiten gegeben, in denen es um Ansprüche oder Pflichten geht im Bereich der
– gesetzlichen Rentenversicherung
  (d. h. nach SGB VI, RÜG, GAL, einschließlich Ansprüche auf Zusatzrente aus volkseigenen Betrieben, *LAG Berlin* BB 1992, 2224), dagegen Klagen gegen berufsständische Versorgungswerke: Verwaltungsrechtsweg; gegen private Lebensversicherung: Zivilrechtsweg; gegen den Pensionssicherungsverein: Arbeitsgericht, § 2 I Nr. 5 ArbGG n. F.; gegen VBL: Zivil- oder Schiedsgericht.
– gesetzlichen Krankenversicherung
  (einschließlich Kassenarztrecht nach SGB V), dagegen Klage gegen private Krankenversicherung: Zivilrechtsweg,
– gesetzlichen Unfallversicherung
  (einschließlich unechte Unfallversicherung wie etwa Schüler-, Kindergärten-, Krankenhausunfälle und Nothelfer nach §§ 539ff RVO), dagegen Klage gegen private Unfallversicherung: Zivilrechtsweg,
– Arbeitslosenversicherung (nach AFG, AÜG),
– des sozialen Entschädigungsrechtes
  (Kriegsopferversorgung, Impfschadenausgleich, Schwerbehindertenrecht, Opferentschädigung nach BVG, OEG, BSeuchG, SVG, SchwbG); dagegen Klage auf Zustimmung zur Kündigung eines Schwerbehinderten: Verwaltungsrechtsweg.

1. Versorgungsausgleich

2   Den Versorgungsausgleich (B X Rdnr. 113ff) führt das **Familiengericht** durch. Soweit allerdings von den Parteien die Vollständigkeit oder Richtigkeit der Rentenauskunft beanstandet wird, entscheiden darüber die Sozialgerichte.

Da deren Entscheidung vorgreiflich ist, muß das Familiengericht das Versorgungsausgleichsverfahren so lange aussetzen (§ 628 I Nr. 2 ZPO). Diese Aussetzung kann u. U. im Interesse des Ausgleichsverpflichteten liegen, wenn z. B. damit die Entscheidung des Familiengerichtes auf einen Zeitpunkt verlegt wird, in dem die Besitzstandswahrung nach § 101 III SGB VI zum Tragen kommt. Über die **Folgen** des Versorgungsausgleichs, z. B. Bedeutung der zugesplitteten Zeiten beim Berechtigten in Bezug auf die Vorversicherungszeiten im Sinne der §§ 43, 44 SGB VI, die Aufteilung der Rentennachzahlung gem. § 6 VAHRG (*BSG* NJW 1992, 2110), den Schutz des Rentenversicherers gem. § 1587p BGB oder über die Rückübertragung von Anwartschaften gem. § 4 VAHRG (*BSGE* 59, 132; SGb 1990, 155) entscheiden die Versicherungsträger und eröffnen damit den Rechtsweg zum SG. Lediglich über Anträge auf Änderung der Versorgungsausgleichsentscheidung gem. §§ 3, 10a VAHRG befinden die Familiengerichte.

2. Pfändung, Verrechnung, Abzweigung

Pfändet ein Gläubiger Leistungsansprüche des Berechtigten, kann dieser Einwände, die sich z. B. aus §§ 850c, 850e, 850f, 850i ZPO i. V. m. §§ 54, 55 SGB I ergeben, im Wege der Erinnerung oder Beschwerde beim **Vollstreckungsgericht** gem. §§ 766, 793 ZPO vortragen (*BGHZ* 92, 336, 339; *OLG Köln* NJW 1990, 2696, insbes. zur Billigkeitsprüfung; *LSG Niedersachsen* NJW 1988, 2695; Pfändung künftiger Rentenansprüche: *OLG Köln* NJW 1992, 3307; im einzelnen: A V Rdnr. 109ff.; *Kohte*, NJW 1992, 393ff.). Dieses hat auch über Anträge auf einstweiligen Rechtsschutz zu entscheiden. Das gilt auch dann, wenn ein Sozialleistungsträger den Weg der Pfändung wählt, z. B. das Arbeitsamt aus nach § 115 SGB X übergegangenem Recht. Im Streit über die Durchführung der Pfändung, z. B. inwieweit auch Nachzahlungen betroffen sind (bejahend: *LSG Saarland* Breithaupt 1989, 924) oder inwieweit Abtretungen vorrangig sind (*BSG* SGb 1992, 308; 1992, 307: Pfändung und Verrechnung) entscheiden die SGe. Soweit der Leistungsempfänger nun aber Erlaß, Stundung oder Niederschlagung der Forderung nach § 76 SGB IV begehrt, ist der Rechtsweg zum SG gegeben (*BSG* NJW 1990, 342; *Ahrens,* AcP 189 (1989), 526ff.: Vorliegen einer „besonderen Härte" auch dann schon, wenn der Regreßschuldner seinen Lebensplan „nachhaltig ändern" muß; *SG Frankfurt* NZA 1987, 328). Hat der Leistungsträger wegen seiner Ansprüche nicht gepfändet, sondern von der Möglichkeit der **Verrechnung** (§§ 52 SGB I, 28 SGB IV) Gebrauch gemacht, ist der Sozialrechtsweg gegeben, soweit dieser für den Träger gilt, der die Erstattungsansprüche geltendmacht. Geht es um die Erstattung von **Sozialhilfeleistungen** gem. § 102 SGB X, weil z. B. während des Rentenrechtsstreites das Sozialamt eingetreten ist, muß die Klage gegen das Sozialamt vor dem Verwaltungsgericht anhängig gemacht werden. Hat der Leistungsträger in Form der sogenannten **„Abzweigung"** gem. § 48 SGB I an unterhaltsberechtigte Personen einen Teil der Leistung ausgekehrt, kann der Leistungsberechtigte gegen diese Abzweigung das SG anrufen (*BSGE* 57, 59). In einem solchen Streit kann aber die Berechtigung des Unterhaltsanspruchs, soweit er tituliert ist, nicht bestritten werden, so daß u. U. gleichzeitig Abänderungsklage zum Zivilgericht gem. § 323 ZPO erhoben werden muß (*BSGE* 55, 245).

3. Dienstunfähigkeit – Berufsunfähigkeit

4   Hat der Dienstherr bei einem **Beamten** „Dienstunfähigkeit" festgestellt, bedeutet dies nicht, daß bei diesem Beamten auch Berufs- oder Erwerbsunfähigkeit im Sinne des SGB VI vorliegt. Eine Bindungswirkung besteht nicht, zumal die gesetzliche Rentenversicherung bei der Prüfung des „bisherigen Berufs" nicht von der Beamtentätigkeit, sondern von der letzten versicherungspflichtigen Beschäftigung ausgeht. Hat der Rentenversicherungsträger Berufs- oder Erwerbsunfähigkeit bejaht, bindet dies wiederum **nicht** die **private Lebensversicherung,** sofern es um die Berufsunfähigkeit im Sinne der Versicherungsbedingungen geht (*OLG Hamm* VersR 1987, 899; *Richter,* VersR 1988, 1207).

4. Ärztliche Leistungen

5   Streitigkeiten, die sich aus dem **Kassenarztrecht** ergeben, etwa zwischen Kassenarzt und Kassenärztlicher Vereinigung und/oder Krankenkassen, sind vor dem SG auszutragen, z. B. über Zulassung und Ermächtigung nach §§ 95ff, 116 SGB V und die Wirtschaftlichkeitsprüfung nach § 106 SGB V. Ausgenommen sind lediglich allgemeine berufsrechtliche Streitigkeiten, die vor die Verwaltungsgerichte gehören (problematisch Notdienst: *BSGE* 44, 252; *OVG Münster* NJW 1992, 2374). Bei Mängeln in der prothetischen Versorgung bejaht das *BSG* (NJW 1992, 1590) eine Ersatzpflicht des Kassenzahnarztes, der dagegen das SG anrufen kann.

5. Versicherungs- und Beitragspflicht

6   Über die Versicherungs- und Beitragspflicht wird vor dem SG gestritten (z. B. *LAG Nordrhein-Westfalen* BB 1988, 1964), ebenso über die Vollstreckung aus Beitragsbescheiden. Behauptet der Arbeitnehmer, er sei versicherungspflichtig beschäftigt gewesen, sind für den Streit darüber die Arbeitsgerichte nicht zuständig, sondern darüber ist mit der zuständigen Einzugsstelle vor dem **SG** zu streiten (*LSG Niedersachsen* SV 1990, 140; zum Rechtsstreit ist der Arbeitgeber gem. § 75 SGG beizuladen). Ebenso ist für die Klage des Arbeitnehmers gegen den Arbeitgeber auf Zuschuß nach § 257 SGB V das SG zuständig (*GemS* NJW 1974, 2087) oder für die Klage des Arbeitnehmers auf Beitragszuschuß zur befreienden Lebensversicherung (*BSGE* 58, 110). Über die Inanspruchnahme eines Alleingesellschafters im Wege des sogenannten „Durchgriffs" befindet das SG (*BGH* NJW 1972, 1237). Die **Zivilgerichte** sind zuständig, soweit es um einen Anspruch aus § 823 BGB i. V. m. § 266a StGB (*LG Nürnberg* NJW 1988, 1856) oder aus einer Bürgschaft für Sozialversicherungsbeiträge geht (*BGH* NJW 1984, 1622). Bei Streit darüber, ob und inwieweit der Arbeitgeber berechtigt ist, die Arbeitnehmeranteile am Sozialversicherungsbeitrag im Nachhinein gem. § 28g SGB IV abzuziehen, entscheiden die **Arbeitsgerichte** (*BAG* BB 1985, 200; NJW 1978, 1766); demgegenüber entscheiden die SGe, wenn Arbeitgeber und Arbeitnehmer um die Beitragspflicht einer Abfindung streiten (*Arbg Hannover* BB 1990, 928; *BSG* NZA 1990, 751). Hat der Arbeitgeber pflichtwidrig die **Entrichtung von Sozialversicherungsbeiträgen** unterlassen und kommt eine Nachentrichtung z. B. nach § 197 III SGB VI nicht mehr in Betracht, haftet er dem Arbeitnehmer auf den dadurch entstandenen Rentenschaden. Diese Ansprüche sind vor dem Arbeitsgericht geltendzumachen.

6. Arbeitspapiere/Auskunftspflicht des Arbeitgebers

Soweit der Arbeitnehmer vom Arbeitgeber die Ausfüllung und Herausgabe 7
der **Arbeitspapiere** verlangt, sind die Arbeitsgerichte zuständig (§ 2 I Nr. 3e ArbGG). Auch Klagen auf Erteilung der **Arbeitsbescheinigung** nach § 133 AFG gehören vor die Arbeitsgerichte (*BAG* BB 1992, 1360), ebenso die Klage auf Erteilung der für die Berechnung des Krankengeldes notwendigen Lohnbescheinigung zur Vorlage bei der Krankenkasse. Das SG ist zuständig, soweit es um die **Berichtigung** der Eintragungen in die Arbeitspapiere geht. Denn der Anspruch darauf, daß die Arbeitspapiere ordnungsgemäß und vollständig ausgefüllt werden, ist öffentlich-rechtlich (*BSG* NJW 1991, 2101). Schadensersatz nach § 145 AFG klagt die Bundesanstalt für Arbeit vor dem SG ein (*BSGE* 64, 233). Für Schadensersatzansprüche der Sozialleistungsträger wegen Falschauskünfte von Arbeitgebern gem § 98 SGB X ist Zuständigkeit der SGe gegeben (*Kummer*, Die Angestelltenversicherung 1992, 193 ff; vgl. aber auch *OLG Düsseldorf* NJW-RR 1992, 1507).

7. Rückerstattung von Leistungen und Beiträgen

Für die Klage auf **Rückzahlung** von nach dem Tode des Berechtigten gezahlte 8
Rente sind die Zivilgerichte zuständig (*BGHZ* 71, 180; *OLG Karlsruhe* NJW 1988, 1920), soweit nicht Rücküberweisung nach § 118 SGB VI erfolgte. § 50 II SGB X ermächtigt den Leistungsträger nicht, versehentlich einem Dritten überwiesene Leistungen, die für diesen nicht bestimmt waren, durch Verwaltungsakt zurückzufordern (*BSGE* 61, 11). Über eine Klage der Bundesanstalt für Arbeit gegen den Empfänger von Unterhaltsgeld auf Erstattung **zuvielgezahlter Krankenversicherungsbeiträge** hat dagegen auch dann das SG zu entscheiden, wenn das Klagebegehren auf die zivilrechtlichen Vorschriften über ungerechtfertigte Bereicherung und unerlaubte Handlung gestützt ist (*BGH* NJW 1988, 1731). Für Rückerstattungsstreitigkeiten mit dem Versicherten selbst ist das SG, für Rückforderungsansprüche gegen Dritte das Zivilgericht zuständig (z. B. *OLG Koblenz* NVwZ 1989, 93: Zivilrechtsweg bei Rückforderung des irrtümlich an einen nicht bevollmächtigten Dritten gezahlten Pflegegeldes).

8. Krankenkassen und Leistungserbringer

Über Streitigkeiten, die in Angelegenheiten nach dem SGB V entstehen, 9
aufgrund von Entscheidungen oder Verträgen der Krankenkassen oder ihrer Verbände, auch soweit durch diese Angelegenheiten Dritter betroffen werden (§ 51 Abs. 2 Satz 1 Nr. 3 SGG), entscheiden die SGe. Dies gilt etwa für den Streit zwischen einer Krankenkasse und den Lieferanten über die Zulässigkeit der leihweisen Weitergabe von Hilfsmitteln nach Beendigung des Erstgebrauchs an andere Versicherte (*BSGE* 64, 260). SG zuständig für Klage eines Arzneimittelherstellers gegen Richtlinie i. S. § 92 I Nr. 6 SGB V (*BVerwG* NJW 1987, 725). Dagegen Zivilrechtsweg für Klage einer Krankenschwester auf Vertragsangebot nach § 132 I 2 SGB V (*BGH* NJW 1992, 1561) und für kartellrechtliche Ansprüche (*BGH* NJW 1991, 2963). Bei Streit um Pflegesatzvereinbarung i. S. § 93 II BSHG: Verwaltungsrechtsweg (*BGH* NJW 1992, 1237).

9. Rückgriff der Sozialämter (§§ 90, 91 BSHG)

10   Nach §§ 90, 91 BSGH kann der Sozialhilfeträger bürgerlich-rechtliche Ansprüche gegen Dritte auf sich überleiten, soweit bei rechtzeitiger Erfüllung der Ansprüche keine Hilfebedürftigkeit eingetreten wäre (allg.: *Schulte*, NJW 1989, 1241). Voraussetzung für den Übergang ist eine **Überleitungsanzeige**. Ab dem Zugang der Anzeige bei dem Verpflichteten kommt dessen Inanspruchnahme in Betracht (*BGH* NJW 1988, 1147). Gegen die Anzeige kann Widerspruch und dann **Klage** zum Verwaltungsgericht erhoben werden (keine aufschiebende Wirkung: § 90 Abs. 3 BSHG). Da die Überleitungsanzeige nur einen Gläubigerwechsel bewirkt, ist sie nur dann rechtswidrig, wenn das Bestehen des übergeleiteten Anspruches offensichtlich ausgeschlossen ist („Negativ-Evidenz": *BVerwGE* 34, 219). Ob z. B. ein Unterhaltsanspruch oder ein Anspruch auf Erstattung nach § 528 BGB (dazu *BGHZ* 94, 141 ff.; NJW 1989, 1478) besteht, ist ausschließlich von den **Zivilgerichten** zu klären. In Zweifelsfällen empfiehlt sich der Widerspruch gegen die Überleitungsanzeige, um schon im folgenden Anhörungsverfahren eine – u. U. auch kostengünstigere – Klärung des Rückgriffsanspruches zu erreichen, zumal neben dem bürgerlichen Unterhaltsrecht auch sozialhilferechtliche Einschränkungen wie z. B. gem. § 91 III BSHG (dazu *BVerwGE* 58, 211; NJW 1992, 3312; *Wahrendorf*, ZAP F. 19, S. 44) und § 91 BVFG in Betracht kommen können. Nach § 91 I 2 BSHG sind Unterhaltspflichtige insbesondere in Pflegefällen insoweit geschützt, als ihr Einkommen und Vermögen nach den §§ 76 ff., BSHG nicht angetastet werden darf. Wird das als Vermögenswert einzusetzende Haus von einem Angehörigen bewohnt, gewährt das Sozialamt gem. § 89 BSHG seine Leistungen darlehensweise – oftmals gegen Eintragung einer Grundschuld. Im übrigen wenden die Sozialhilfeträger in der Praxis häufig die vom Deutschen Verein für öffentliche und private Fürsorge aufgestellten „Empfehlungen für die Heranziehung Unterhaltspflichtiger" an (Auszug mit Beispielen bei *Wahrendorf*, ZAP F. 19, S. 46; *BGH* FamRZ 1992, 795: höherer Selbstbehalt).

Unterhaltsvereinbarungen, durch die schlußendlich das Sozialamt belastet wird (z. B. Verzicht des wirtschaftlich schwächeren Partners), können gem. § 138 BGB nichtig sein (vgl. *OLG Köln* FamRZ 1990, 634; *BGH* FamRZ 1992, 1403; oben B X Rdnr. 160). Dagegen verneint der BGH die Sittenwidrigkeit eines **Behinderten-Testaments,** mit dem – zum Nachteil des Pflegeleistungen gewährenden Sozialamtes (*VGH Bad Württ* VBL BW 1992, 271) – die behinderte Tochter als befreite Vorerbin eingesetzt wird und ein Dritter als Testamentsvollstrecker und Nacherbe (*BGH* NJW 1990, 2055). In derartigen Fällen kommt auch die Anordnung eines Vermächtnisses in Betracht, z. B. ein Altenteilsrecht, auf welches das Sozialamt nicht nach § 90 BSHG zurückgreifen kann (zu den Gestaltungsmöglichkeiten *van de Loo*, NJW 1990, 2852; *Reimann* DNotZ 1992, 246.).

10. Besondere Arbeitsverhältnisse

11   Für Klagen gegen Aufforderung zur Verrichtung gemeinnütziger Arbeiten ist VG zuständig (*BVerwG* NVwZ 1984, 243). VA zum Abschluß eines Arbeitsvertrages nach § 18 II BSHG unzulässig (*OVG Lüneburg* NVwZ 1992, 594). Im übrigen Zuständigkeit der Arbeitsgerichte, soweit Inhalt oder Ende des Arbeitsverhältnisses in Streit steht, ebenso bei Arbeit in Behindertenwerkstatt i. S. §§ 54 ff SchwerbG (im einzelnen *Schwab,* in : Beck'sches Arbeitsrechtslexikon,

99); im übrigen Zivilgerichte (vgl. *Cramer,* SchwbG, § 13 SchwbWV, Rdn. 2, 6 d). Klage auf berufsfördernde und ergänzende Leistungen zur Teilnahme an Maßnahmen im Eingangsverfahren und im Arbeitstrainingsbereich anerkannter Werkstätten für Behinderte gem § 58 AFG zum SG, auf Zuschuß gegen Sozialhilfeträger zum VG. Rechtsbeziehung zwischen Rehabilitand und Umschulungsstätte sozialversicherungsrechtlich, nicht arbeitsrechtlich: *LAG Düsseldorf* BB 1992, 2431.

II. SG-Verfahren

1. Widerspruch

Rechtmäßigkeit und Zweckmäßigkeit eines Verwaltungsaktes sind in einem Vorverfahren zu überprüfen (§ 78 SGG). Es erfolgt auch eine Ermessenskontrolle, z. B. soweit es um Rehabilitationsmaßnahmen geht oder um die Rücknahme eines Leistungsbescheides nach § 45 SGB X (dazu unten Rdnr. 66). Der Widerspruchsführer hat Anspruch auf **Akteneinsicht** (§ 25 SGB X); dem Anwalt werden in aller Regel auf entsprechenden Antrag hin die Verwaltungsakten auf seine Büroräume übersandt (vgl. § 84 a SGG; *BVerfG* NJW 1991, 415; *OLG Hamm* ZIP 1990, 1369 zur Aktenüberlassung nach § 299 I ZPO). Diese Akteneinsicht ist schon wegen der Auswertung der medizinischen Gutachten in aller Regel unumgänglich. Anwalt muß schriftliche Vollmacht vorlegen. Zurückweisung des vollmachtlosen Bevollmächtigten durch Bescheid an diesen (*SG Kiel* Breithaupt 1992, 603). 12

Auf die Begründung des Widerspruchs sollte nicht nur wegen der Ermessensüberprüfung, sondern auch wegen der dadurch möglichen Beschleunigung große Sorgfalt verwandt werden. Auch im Widerspruchsverfahren können **Beweisanträge** gestellt werden, § 20 SGB X. Vor allem aber kann durch Vorlage ärztlicher Befundberichte, etwa in Verfahren nach dem SchwbG eine zeitaufwendige Begutachtung eingespart werden (dazu unten Rdnr. 85 ff.). U. U. kommt auch eine Begutachtung durch die versorgungsärztliche Dienststelle in Betracht. Geht es um die Herstellung von Versicherungsunterlagen, genügt in bestimmten Fällen die Glaubhaftmachung, etwa nach §§ 286 a ff SGB VI oder der VuVO i. V. m. § 23 SGB X. Hat der Träger die nach § 24 SGB X gebotene **Anhörung** unterlassen (dazu unten Rdn. 45), kann er diese im Widerspruchsverfahren noch nachholen (§§ 42 II, 41 I Nr. 3 SGB X). 13

Der Widerspruch gegen Entziehungsbescheide hat gem. § 86 II SGG **aufschiebende Wirkung,** ohne daß es etwa – wie u. U. nach § 97 II SGG – einer Sicherheitsleistung bedarf. Keine aufschiebende Wirkung hat allerdings der Widerspruch gegen Beitragsbescheide. Hier muß eine Stundungs- oder Ratenzahlungsvereinbarung geschlossen werden, in Extremfällen bleibt nur die Möglichkeit einer einstweiligen Anordnung (dazu unten Rdnr. 43). Soweit der Widerspruch erfolgreich ist, kommt nach § 63 SGB X eine Kostenerstattung in Betracht. Nach den ARB übernehmen die Rechtsschutzversicherer jedoch keine Kosten im Widerspruchsverfahren. Möglich ist allenfalls eine Beratungshilfe, die nach dem Einigungsvertrag in der ehemaligen DDR nun auch in Angelegenheiten des Sozialrechts gewährt wird, ansonsten nur in einigen Bundesländern (vgl. F Rdnr. 1 ff). Auch vor Erlaß eines Widerspruchsbescheides werden häufig mündliche Verhandlungen durchgeführt, an denen teilzunehmen sich dann lohnt, wenn der Sachverhalt noch aufklärungsbedürftig ist oder es um die An- 14

C II Das sozialrechtliche Mandat

wendung unbestimmter Rechtsbegriffe geht, die den Selbstverwaltungsgremien einen gewissen Entscheidungsspielraum eröffnen. Die Teilnahme an mündlichen Verhandlungen ist z. B. bei den in verschiedenen Städten tagenden Ausschüssen der BfA auf Antrag möglich.

2. Klageerhebung

15 a) **Klageschrift, Klageantrag.** Notwendiger Bestandteil der Klage sind lediglich Name und Anschrift des Klägers sowie eine Angabe über den Beklagten und den angefochtenen Bescheid. Ergibt sich aus dem in der Klage bezeichneten „Streitgegenstand", welcher Bescheid angefochten ist, bedarf es einer genauen Angabe mit Datum und Az. des Bescheides bzw. Widerspruchsbescheides nicht. Nicht unbedingt erforderlich ist die eigenhändige Unterschrift, die Klage kann auch telegrafisch oder fernschriftlich eingereicht werden. Zur **Fristwahrung** kann die Klage auch bei einem unzuständigen Gericht sowie bei jeder anderen inländischen Behörde oder einem Versicherungsträger eingelegt werden (§ 91 SGG), ferner bei entsprechenden Trägern oder Gerichten anderer EG-Staaten (Art. 86 EWG-VO 1408/71). Hat der Kläger in der Klage einen anderen Streitgegenstand angegeben, kommt eine **Klageänderung** gem. § 99 SGG in Betracht, die aber voraussetzt, daß entweder die übrigen Beteiligten einwilligen oder das Gericht die Änderung für sachdienlich hält. In aller Regel bedarf es eines bezifferten **Klageantrages** nicht, sondern ausreichend der Antrag, die Beklagte zur Gewährung von Verletztenrente, Krankengeld, Arbeitslosengeld usw. „im gesetzlichen Umfang" zu verurteilen. Auf ein entsprechendes **Grundurteil** hin ist der Träger verpflichtet, die Leistungen der Höhe nach festzusetzen (§ 130 SGG). Hinsichtlich der Höhe ist der Ausführungsbescheid dann erneut anfechtbar.

16 b) **Örtliche Zuständigkeit. Örtlich** zuständig ist nach § 57 SGG das SG, in dessen Bezirk der Kläger seinen Wohnsitz (§ 30 I SGB I) bzw. Aufenthaltsort (§ 30 III SGB I) hat. Der Kläger kann aber auch an dem für seinen **Beschäftigungsort** (nicht Ausbildungs- oder Studienort) zuständigen SG klagen, sofern er in einem Beschäftigungsverhältnis steht. Hat er an einem der beiden Gerichtsorte Klage eingereicht, ist eine nachträgliche Änderung nicht mehr möglich; das Wahlrecht ist verbraucht. Hat der Kläger im **Ausland** seinen Wohnsitz, richtet die örtliche Zuständigkeit sich nach dem Sitz des Beklagten. Bei Klagen juristischer Personen kommt es auf den Sitz der Zentralverwaltung an. Bei der erstmaligen Gewährung einer Hinterbliebenenrente kommt es auf den Wohnsitz der Witwe bzw. des Witwers an (nicht auf den Wohnsitz der „geschiedenen Witwe", § 57 II 1 SGG). Besonderheiten können sich in Kassenarztsachen ergeben (§ 57a SGG). **Zuständigkeitsvereinbarungen** sind gem. § 59 SGG unbeachtlich.

17 c) **Klagefrist.** Die Klagefrist beträgt gem. § 87 SGG einen Monat nach Zustellung bzw. Bekanntgabe des Verwaltungsaktes. Fehlt es an der Rechtsmittelbelehrung, beträgt die Klagefrist ein Jahr (§ 66 II SGG). Ist die Klagefrist versäumt, kommt gem. § 67 SGG die Wiedereinsetzung in den vorigen Stand in Betracht. In Zweifelsfällen sollte gleichzeitig ein **Antrag** gem. § 44 SGB X (Rdnr. 65) an den Sozialleistungsträger gestellt werden, schon um sicherzustellen, daß die **Vier-Jahres-Frist** gem. § 44 IV SGB X gewahrt wird. Das SG kann seinerseits nicht die Klage in einen Antrag gem. § 44 SGB X umdeuten oder

selbst nach § 44 SGB X verfahren, da Voraussetzung für eine solche Neufeststellung immer ein vorangegangenes Verwaltungsverfahren ist.

d) Vollmacht. Ein Anwalt muß sich zur Wirksamkeit der Klageerhebung 18 durch eine schriftliche **Vollmacht**, die er zu den Akten reicht, legitimieren (§ 73 II SGG). Die Vollmacht kann nach Klageerhebung nachgereicht werden. Reicht er eine solche auch nach Fristsetzung durch das SG nicht ein, ist die Klage unzulässig. Tritt im Termin ein Anwalt ohne Vollmacht auf, muß das SG vertagen oder einen Verkündungstermin anberaumen, verbunden mit der Auflage, die Vollmacht nachzureichen (*LSG Berlin* Breithaupt 1989, 703). Dem vollmachtslosen Vertreter können auch Mutwillenskosten gem. § 192 SGG auferlegt werden. Ist die Klage – mangels Vollmacht – als unzulässig abgewiesen worden, kann der Vertretene die Klageerhebung nachträglich noch genehmigen (*GemS* NJW 1984, 2140). Dazu daß auch **EWG-Anwälte** vor deutschen Sozialgerichten auftreten dürfen: *EuGH* NJW 1988, 887; *Behn*, NZA 1988, 495. Die Einzahlung eines **Kostenvorschusses** ist wegen der Gerichtskostenfreiheit nicht notwendig (§ 183 SGG). Da Prozeßkostenhilfe frühestens ab **Antragstellung** gewährt wird und sich die Rahmengebühr gem. § 116 BRAGO auch nach dem Umfang der anwaltlichen Mühewaltung richtet, muß der Antrag auf PKH möglichst frühzeitig gestellt werden. Gegen die Ablehnung der PKH kann Beschwerde innerhalb einer Frist von 1 Monat eingelegt werden (§ 173 SGG). Die Anwaltsbeiordnung kommt auch in Verfahren nach dem SchwbG in Betracht, etwa wenn umfangreiche medizinische Unterlagen auszuwerten sind (*LSG Nordrhein-Westfalen* FamRZ 1989, 1315; im übrigen vgl. F Rdnr. 21 ff.).

e) Akteneinsicht. Unbedingt erforderlich ist alsbald die **Einsicht** in die **Ver-** 19 **waltungsakten** (§ 120 SGG). In aller Regel werden die Akten dem Anwalt, nachdem er seine Vollmacht vorgelegt hat, auf seine Büroräume übersandt. Es kann auch beantragt werden, die Akten an ein nahegelegenes Gericht oder eine Behörde am Sitz des Bevollmächtigten zu übersenden. Die Akteneinsicht ist insbesondere notwendig, um zu den vom Träger angeforderten medizinischen Unterlagen Stellung zu nehmen.

f) Beiladung anderer Leistungsträger. Neben der Klageerhebung kann es 20 zweckmäßig sein, zugleich beim **Sozialamt** oder dem überörtlichen Sozialhilfeträger die Übernahme der Kosten zu beantragen, z. B. für eine Drogenbehandlung gem. § 44 BSHG. Kommt ein anderer Träger als leistungspflichtig in Betracht, z. B. Krankenkasse statt Rentenversicherung, ist diese nach § 75 SGG **beizuladen.** Der Beigeladene kann, auch ohne daß er zuvor über den Streitgegenstand durch Bescheid entschieden hat (*BSGE* 57, 1), anstelle des Beklagten verurteilt werden. Zu beachten ist auch § 28 SGB X über die **nachgeholte Antragstellung.** Notwendig beizuladen sind z. B. die Arbeitnehmer im Beitragsprozeß und die Partner des Bundesmantelvertrages, wenn es um die Gültigkeit einer von ihnen getroffenen Regelung geht (*BSGE* 62, 124).

g) Untätigkeitsklage. Hat ein Träger einen Antrag nicht innerhalb einer Frist 21 von sechs Monaten beschieden oder in Angelegenheiten der Krankenversicherung oder der Bundesanstalt für Arbeit nicht innerhalb eines Monats, im übrigen nicht innerhalb von drei Monaten über einen Widerspruch entschieden, kann der Betroffene nach § 88 SGG **Untätigkeitsklage** erheben. Liegt für die Verzögerung der Sache kein „zureichender Grund" (z. B. Einholung von Gutachten oder Klärung von Versicherungszeiten) vor, verurteilt das Gericht den

Träger dazu, den Antrag bzw. den Widerspruch unter Beachtung der Rechtsauffassung des Gerichts zu verbescheiden (§ 131 III SGG). Steht fest, daß der Kläger einen Rechtsanspruch auf die begehrte Leistung hat, kann das Gericht auch zur Leistung verurteilen. Angesichts der meist jahrelangen Dauer sozialgerichtlicher Verfahren hat die Untätigkeitsklage in der Praxis nur geringe Bedeutung. Effektiver ist oftmals die **Dienstaufsichtsbeschwerde** oder die Einschaltung der **Aufsichtsgremien**. Unter Umständen kommt auch ein Antrag auf Vorschuß nach § 42 SGB I in Betracht, wenn die Leistungspflicht dem Grunde nach feststeht.

22 h) **Mitwirkungsobliegenheiten**. Zwar hat der Kläger an der Aufklärung des Sachverhaltes mitzuwirken (vgl. §§ 60 ff. SGB I), jedoch kann das Gericht nach dem derzeitigen Recht **keine Ausschlußfristen** zur Antragstellung oder Begründung setzen. Eine Zurückweisung verspäteten Vorbringens gibt es **nicht** – abgesehen von den Möglichkeiten des § 109 II SGG (dazu Rdnr. 28) und den Mitwirkungspflichten des Kassenarztes im Honorarprüfungsverfahren (Rdnr. 37). Beweisanträge können also noch in der letzten mündlichen Verhandlung gestellt werden. Gerade wegen der langen Verfahrensdauer sollte der Bevollmächtigte aber das Verfahren durch schriftsätzliche Angaben zur Rechtslage bzw. zum Sachverhalt fördern, um dadurch u. U. die Gegenseite zur Abgabe eines Anerkenntnisses oder Vergleichsangebotes zu veranlassen.

23 i) **Aufschiebende Wirkung der Klage**. Die Klageerhebung gegen **Rückforderungsbescheide** hat aufschiebende Wirkung (gilt auch für die Rückforderung vertragszahnärztlichen Honorars: *LSG Nordrhein-Westfalen* NJW 1989, 798; anders beim ärztlichen Honorar: *BSGE* 60, 122; § 106 V a SGB V). **Keine** aufschiebende Wirkung hat die Klage gegen einen Bescheid, mit dem eine Leistung entzogen oder herabgesetzt wird. Dies kann nur auf Antrag durch gesonderte Anordnung des Gerichtes gem. § 97 II SGG erreicht werden (ferner in AÜG-Erlaubnissachen sowie bei Zulassungssachen, Amtsenthebungen sowie Aufsichtsanordnungen, soweit die sofortige Vollziehung angeordnet worden ist). Nach *SG Mannheim* (Informationen zum Arbeitslosenrecht und Sozialhilferecht 1986, 133) kann das SG die Kürzung der Arbeitslosenhilfe auch dann nach § 97 II SGG aussetzen, wenn diese schon im ersten Bewilligungsbescheid enthalten ist. Bei der Entscheidung über den **Aussetzungsantrag** berücksichtigt das Gericht vor allem die Erfolgsaussichten der Klage und das für den Sofortvollzug notwendige öffentliche Interesse (*BVerfG* NJW 1985, 2877; *LSG Niedersachsen* MedR 1984, 154). Das *SG Hannover* (Breithaupt 1990, 87) wendet § 97 I Nr. 4 SGG entsprechend in den Fällen an, in denen der Disziplinarausschuß das Ruhen der Kassenarzt-Zulassung angeordnet hat (§ 81 V SGB V). Hat das Gericht nach § 97 II SGG den Vollzug ausgesetzt, erweist sich der Entziehungsbescheid später aber doch als rechtmäßig, muß der Kläger die erhaltenen Leistungen nach Bereicherungsgrundsätzen zurückerstatten, es sei denn, es tritt rückwirkend Sozialhilfebedürftigkeit ein. Insoweit entfällt – da ja eine rückwirkende Sozialhilfegewährung nicht möglich ist – ein Erstattungsanspruch (*BSG* ZfSH/SGB 1988, 475).

24 j) **Einbeziehung weiterer Bescheide gemäß § 96 SGG**. Ändert ein neuer Verwaltungsakt den angefochtenen Bescheid ab oder ersetzt er den angefochtenen, wird er gem. § 96 SGG Gegenstand des anhängigen Verfahrens, und zwar auch dann, wenn die ursprüngliche Klage, z. B. wegen Fristversäumnis unzuläs-

sig war. Eine weitere Klage gegen den neuen Bescheid ist unzulässig; der Durchführung eines Widerspruchsverfahrens bedarf es nicht. Gegenstand des Klageverfahrens wird z. B. ein Bescheid, mit dem eine der Höhe nach streitige Rente wegen Erwerbsunfähigkeit in ein Altersruhegeld umgewandelt wird oder ein Rentenbescheid während eines Streites um die Vormerkung von Versicherungszeiten oder ein Bescheid, mit dem das Versorgungsamt den Gesamt-GdB neu festsetzt oder einen Nachteilsausgleich anerkennt. § 96 SGG gilt auch im Berufungsverfahren, nicht aber in der Revision (§ 171 II SGG). Hat das SG § 96 SGG verletzt, indem es einen abändernden Bescheid nicht in das Verfahren einbezogen hat, entscheidet das LSG über den gem. § 96 SGG erweiterten Streitgegenstand, wenn dies dem Willen der Beteiligten entspricht (*BSGE* 61, 45).

3. Aufklärung des Sachverhaltes

a) **Sachverständigenbeweis** (*Plagemann*, Medizinische Begutachtung, 1991). 25
Das Amtsermittlungsprinzip verpflichtet das Gericht dazu, den Sachverhalt von Amts wegen zu ermitteln, insbesondere Zeugen zu vernehmen, Ärzte zu befragen und Gutachten einzuholen, ohne daß es dazu besonderer Anträge der Parteien bedarf (§§ 103, 106 SGG). **Beweisanordnungen** ergehen in aller Regel im schriftlichen Verfahren, ohne daß dem eine mündliche Verhandlung vorangegangen sein muß. Trotzdem kommt es auf die aktive **Mitwirkung** der Beteiligten an: oft bilden die von den behandelnden Ärzten (nach Entbindung von der ärztlichen Schweigepflicht) eingeholten **Befundberichte** die Grundlage medizinischer Gutachten. Daraus kann insbesondere die Entwicklung der Behinderung abgelesen werden. Außerdem ergibt sich daraus, auf welchem medizinischen Fachgebiet (z. B. internistisch, orthopädisch, neurologisch-psychiatrisch) der Schwerpunkt der Behinderungen liegt. Der Kläger sollte die vom Gericht eingeholten Befundberichte sehr sorgfältig auf ihre Vollständigkeit und Richtigkeit hin überprüfen, u. U. ergänzende Bescheinigungen beibringen.

Da das Gericht – mangels eigener Sachkunde – von den medizinischen 26
Schlußfolgerungen im Gutachten kaum abweichen kann, kommt den gezielten **Beweisanträgen** des Klägers besondere Bedeutung zu. Dazu ist es nötig, die Kritik an dem eingeholten Gutachten im einzelnen zu formulieren, u. U. unter Heranziehung der sozialmedizinischen Literatur (z. B. Anhaltspunkte, Lehrbücher der Unfallbegutachtung, Leitfaden für die sozialmedizinische Begutachtung). Der Antrag auf **mündliche Anhörung des Sachverständigen** (§§ 118 SGG, 411 III ZPO) ist vor dem Termin schriftlich anzubringen (*BSG* SozR 1750 § 411 Nr. 2; im einzelnen: *Plagemann*, NJW 1992, 400). Das Fragerecht nach §§ 118 SGG, 397 II ZPO kann i. d. R. noch in der Verhandlung nach dem Gutachten geltend gemacht werden. Zumeist fordert das Gericht dann den Sachverständigen zu einer ergänzenden schriftlichen Stellungnahme auf. Zu beachten ist, daß das Gericht die im **Verwaltungsverfahren** eingeholten Gutachten nicht als bloße „Privatgutachten" behandelt, sondern sie wie Gerichtsgutachten bei der Entscheidungsfindung gem. § 128 SGG berücksichtigt. Auch hierzu muß der Kläger also Stellung nehmen, z. B. herausarbeiten, welche Untersuchungsergebnisse, wie etwa EKG, Röntgenaufnahmen, CT, EEG usw., noch heranzuziehen sind, welche Bewegungen und Verrichtungen ihm nicht mehr möglich sind (zur Funktionsbegutachtung siehe Rdnr. 85). Unter Umständen erweist sich die Hinzuziehung anderer Fachdisziplinen, z. B. Chemiker,

wenn es um Berufskrankheiten geht, Verkehrssachverständige bei Wegeunfällen, Waffenexperten in Kriegsopfersachen, Sozialwissenschaftler im Streit um Berufsschadensausgleich (*BSG* SGb 1983, 201), als notwendig.

27 **b) Antrag nach § 109 SGG** (*Udsching* NZS 1992, 50 ff.). Nimmt das Gericht – trotz entsprechender Anträge – keine weiteren Ermittlungen nach §§ 103, 106 SGG vor, kann der Kläger gem. **§ 109 SGG** beantragen, daß ein **bestimmter Arzt** gutachtlich gehört wird:
– es muß sich um einen **Arzt** handeln. Die Begutachtung durch einen Psychologen kann nicht beantragt werden, obwohl auch dieser an der Aufklärung des beim Versicherten noch vorhandenen Rest-Leistungsvermögens durchaus zu beteiligen ist, insbesondere sofern es um die Anpassungs- und Umstellungsfähigkeit geht (*BSG* SGb 1979, 522).
– zwar kann der **behandelnde Arzt** benannt werden (zur Befangenheit siehe Rdnr. 29), die Benennung des Hausarztes ist jedoch nicht empfehlenswert, da Allgemeinärzte nur in seltenen Fällen über die erforderlichen Erfahrungen als Sachverständige verfügen und bereits in den Befundberichten sich geäußert haben. Es empfiehlt sich in aller Regel, **Fachärzte** zu benennen. Diese können niedergelassene Ärzte oder Krankenhausärzte sein. Man kann nicht sagen, daß etwa die Ärzte von Universitätskliniken im Rahmen von Sozialgerichtsverfahren grundsätzlich eine „höhere Autorität" genießen als andere Ärzte. Äußert der beauftragte Arzt auf Anfrage des Gerichtes, er sei überlastet, kann der Antragsteller einen anderen Arzt benennen.
– auf die vom Kläger bzw. seinem Bevollmächtigten vorzunehmende **Auswahl** des Gutachters haben weder Gericht noch Beklagte Einflußmöglichkeiten. Das Gericht kann den Antrag nach § 109 SGG **nicht** mit dem Hinweis ablehnen, der benannte Sachverständige könne seine Überzeugung nicht mehr beeinflussen. Die Benennung eines **ausländischen** Arztes sieht § 109 SGG im Prinzip nicht vor. Ein im Ausland lebender Arzt kann nicht zur Erstattung eines Gutachtens verpflichtet werden. In besonderen Fällen, z. B. Auslandswohnsitz eines deutschen Arztes, kann das Gericht jedoch trotzdem verpflichtet sein, die Einholung des beantragten Gutachtens zu versuchen.
– liegt bereits ein Gutachten gem. § 109 SGG vor, besteht unter Umständen das Recht, einen **weiteren Arzt** als Gutachter zu benennen, etwa wenn auf anderen medizinischen Fachgebieten weitere Leiden hinzugekommen sind oder wenn nach der Begutachtung neue Leiden auftreten bzw. das Gutachten vom Prozeßgegner angegriffen wurde oder sonstige neue Gesichtspunkte eine zweite oder weitere Stellungnahme durch den bereits angehörten oder einen anderen Arzt erforderlich macht (*BSG* SozR 1500 § 109 Nr. 1). Der Antragsteller muß also begründen, weshalb seiner Auffassung nach die Einholung eines weiteren Gutachtens gem. § 109 SGG geboten ist. Dies kann u. U. auch dann der Fall sein, wenn der erste Sachverständige in dem Gutachten gem. § 109 SGG eine widersprüchliche, nicht nachvollziehbare Beurteilung abgegeben hat oder gar das Gutachten nicht selbst erstellt hat, sondern von anderen Ärzten hat erstellen lassen, so daß ein Verstoß gegen §§ 118 SGG, 401 I ZPO vorliegt (dazu Rdnr. 28).
– das Gericht muß dem Antrag stattgeben, es sei denn, es liegt ein Fall des § 109 II SGG vor. Der Antrag nach § 109 SGG kann auch noch in der **mündlichen Verhandlung** gestellt werden (*BSGE* 7, 218), es sei denn, daß das Gericht zuvor ausdrücklich auf das Recht gem. § 109 SGG hingewiesen hat und eine

entsprechende Frist gesetzt hatte. Eine Ablehnung des Antrages gem. § 109 II SGG kommt nur dann in Betracht, wenn die Erledigung des Rechtsstreites durch die Zulassung des Antrages **verzögert** würde **und** die verspätete Antragstellung entweder auf **Verschleppungsabsicht** oder **grober Nachlässigkeit** beruht. Letzteres verlangt nach der Rechtsprechung des *BSG* entweder einen „bösen Willen" im Sinne eines Verstoßes gegen den Grundsatz von Treu und Glauben, oder aber das Außerachtlassen jeder in der Prozeßführung erforderlichen Sorgfalt (*BSGE* 7, 218, 221). Wenn ein Gericht einem Beteiligten zu verstehen gibt, daß es nicht von Amts wegen weitere Beweise erheben wird, muß der Antrag nach § 109 SGG in angemessener Zeit gestellt werden, wobei in der Zwischenzeit den Beteiligten eine medizinische und juristische Beratung möglich sein muß.

– das Gericht macht die Einholung eines Gutachtens gem. § 109 SGG regelmäßig von der Zahlung eines **Kostenvorschusses** abhängig. Dieser Vorschuß muß sich an den zu erwartenden Kosten des Gutachtens orientieren, er darf die geschätzten Kosten nicht wesentlich übersteigen, da andernfalls das Recht nach § 109 SGG unverhältnismäßig erschwert würde. Unter Umständen kann von dem Gutachter ein Kostenvoranschlag eingeholt werden. Verfügt der Antragsteller nicht über die entsprechenden Mittel, kann beantragt werden, ihn von der Kostenvorschußpflicht **zu befreien**. Aus Gründen der Chancengleichheit sollte das Gericht gegebenenfalls von der Anforderung eines Kostenvorschusses Abstand nehmen. Die Gewährung von Prozeßkostenhilfe für solche Gutachterkosten ist nicht möglich. Auch wenn dem Kläger also Prozeßkostenhilfe bewilligt wurde, hat dies nicht zwingend die Befreiung von der Kostenvorschußzahlungspflicht gem. § 109 SGG zur Folge (anders: *LSG Rheinland-Pfalz* Breithaupt 1980, 171). Nach Vorlage des Gutachtens kann das Gericht die entsprechenden Kosten auf die Staatskasse übernehmen und sie dem Kläger erstatten, wenn das Gutachten zur weiteren Sachaufklärung beigetragen hat (unabhängig davon, ob der Kläger nun obsiegt oder nicht). Auch wenn er z. B. auf Grund dieses Gutachtens die Klage zurücknimmt, kann das Gericht die Kosten auf die Staatskasse übernehmen, etwa wenn das Gutachten weitere Fragen definitiv geklärt hat, die bislang noch nicht von den anderen Gutachtern diskutiert wurden.

– das Gutachten nach § 109 SGG hat das Gericht in gleicher Weise zu würdigen wie von Amts wegen eingeholte Gutachten. Das Gutachten nach § 109 SGG ist also **nicht** „minderen Wertes".

c) **Persönliche Gutachterpflicht.** Die Gutachterpflicht ist eine persönliche 28 (§§ 118 SGG, 407a ZPO), d. h. der vom Gericht benannte Arzt trägt allein die Verantwortung für die Untersuchung und Beurteilung des Probanden. Zulässig ist aber die Delegation einzelner Aufgaben auf andere Ärzte, sofern der Sachverständige ausdrücklich die Verantwortung dafür übernimmt und dies durch einen entsprechenden Vermerk auch zum Ausdruck bringt, z. B. „einverstanden auf Grund persönlicher und eigener Urteilsbildung" (*BSG* NJW 1985, 1422; *LSG Nordrhein-Westfalen* NJW 1983 360–LS). Diese persönliche Gutachterpflicht gilt auch bei der Beweiserhebung nach § 109 SGG. Wird sie verletzt, unterliegt das Gutachten einem Verwertungsverbot. Hat der beauftragte Chefarzt den Kläger nur ganz kurz gesehen, liegt allein darin eine Verletzung der persönlichen Gutachterpflicht noch nicht (ausführlich: *Plagemann*, Med. Begutachtung, Rdn. 45 ff.).

29 **d) Befangenheit eines Sachverständigen.** Befangenheit eines Sachverständigen (§§ 118 SGG, 406, 42, 41 ZPO) **liegt vor** (dazu *Schimanski,* SGb 1986, 404), wenn
- der Sachverständige sich im Rechtsstreit bereits im Auftrag einer Partei gutachterlich geäußert hat (*BSG* SozR § 42 ZPO Nr. 1);
- der Sachverständige Krankenpapiere verwertet, bezüglich deren keine Entbindung von der ärztlichen Schweigepflicht vorliegt (*LSG Bremen* Breithaupt 1957, 854);
- der Sachverständige den Patienten grob beleidigt (*BGH* NJW 1981, 2010),
- der Sachverständige behandelnder Arzt des Klägers ist und sich in Bescheinigungen schon zur Streitfrage derart eindeutig geäußert hat, daß Zweifel an einer unvoreingenommenen Beurteilung begründet erscheinen (*LSG Berlin* Breithaupt 1980, 71; *Hess. LSG* vom 24. 3. 1983 – L 2/B 3/83; einschränkend *LSG Rheinland-Pfalz* Breithaupt 1982, 169);
- der Sachverständige seit langem schon für einen Versicherungsträger tätig ist, so daß man von einer „wohl beiderseits zufriedenstellenden Zusammenarbeit" ausgehen kann (*LSG Bremen* NJW 1972, 2247; anders: *LSG Rheinland-Pfalz* Breithaupt 1986, 638; vgl. auch *OLG Köln* VersR 1992, 850).

Befangenheit liegt nicht vor, wenn
- der Sachverständige in einem früheren Rechtsstreit eine für den Kläger ungünstige Stellungnahme abgegeben hatte, auch dann nicht, wenn die jetzt zu beantwortende Frage die gleiche wie die frühere ist (*LSG Schleswig-Holstein* SGb 1978, 450);
- der Sachverständige für kurze prompte Verneinung von beruflichen Zusammenhängen zugunsten der Versicherungsträger bekannt ist und häufig für die Beklagte tätig ist (*LSG Rheinland-Pfalz* Meso B 20a/214 = Breith. 1986, 638);
- der Sachverständige sich unzureichender Untersuchungsmethoden bediente (*LSG Nordrhein-Westfalen* Meso B 20a/219);
- der Sachverständige einer Klinik angehört, die bereits einmal den Kläger untersucht hatte (*LSG Schleswig-Holstein* Breithaupt 1988, 522).

30 Der **Befangenheitsantrag** ist **vor** Erstellung des Gutachtens zu stellen. Ergibt sich die behauptete Befangenheit aus der Untersuchung selbst, ist dies unverzüglich geltendzumachen. Der Kläger darf nicht erst den Eingang des schriftlichen Gutachtens abwarten (§ 406 II ZPO).

31 **e) Beweislast.** Auch im Sozialrecht gilt der **allgemeine Grundsatz,** daß derjenige die Folgen einer Beweislosigkeit tragen muß, der aus der nicht erwiesenen Behauptung für ihn günstige Ansprüche herleiten möchte (*BSGE* 35, 216; NZS 1992, 78). Da im SG-Prozeß aber die **Amtsermittlungsmaxime** (§§ 103, 106 SGG) gilt, wird die Frage der Beweislosigkeit erst dann relevant, wenn trotz aller Bemühungen um Aufklärung berechtigte Zweifel an der Richtigkeit der Sachverhaltsdarstellung bleiben (z. B. *BSGE* 61, 114; ernsthafte Möglichkeit der Selbsttötung geht zu Lasten der Hinterbliebenen, anders: § 180a VVG). Die Tatsache allein, daß der Verletzte keinen Zeugenbeweis für das Unfallereignis führen kann, hat also nicht eo ipso die Ablehnung des Entschädigungsanspruchs zur Folge, sondern nur dann, wenn die **ernsthaften Zweifel** an der Unfalldarstellung nicht auszuräumen sind und die „gute Möglichkeit" besteht, daß z. B. ein Unfall garnicht vorliegt (*BSG* SGb 1987, 425).

32 **Gesetzliche Beweislastregelungen** finden sich z. B. in § 589 II RVO (Tod nach Berufskrankheit und anerkannter MdE von 50%) oder in § 554 I RVO, soweit es die strafgerichtliche Verurteilung eines Verbrechens oder vorsätzlichen Vergehens verlangt. Die für Kriegsopfer (§ 15 KOVVfG) geschaffene Beweiserleichterung gilt auch für Gewaltopfer im Verfahren nach dem OEG (*BSGE* 65, 123). Danach sind die Angaben des Antragstellers, die sich auf die mit der Schädigung zusammenhängenden Tatsachen beziehen, der Entscheidung zugrunde zu legen, wenn andere Unterlagen oder Beweismittel nicht vorhanden sind und die Angaben glaubhaft erscheinen.

Beweiserleichterungen (Glaubhaftmachung) sieht das Rentenversicherungsrecht in den Fällen vor, in denen Versicherungsunterlagen, die von einem Versicherungsträger aufzubewahren gewesen sind, dessen Karten- oder Kontenarchiv vernichtet oder nicht erreichbar ist, fehlen (§§ 1 VuVO; 23 I SGB X). Auch nach § 4 FRG genügt für die Feststellung der nach diesem Gesetz erheblichen Tatsachen die Glaubhaftmachung, allerdings mit der Folge der Kürzung auf 5/6 (§ 19 II FRG). Machen Versicherte glaubhaft, daß sie eine versicherungspflichtige Beschäftigung ausgeübt haben und dafür entsprechende Beiträge gezahlt wurden, ist diese Zeit als Beitragszeit anzuerkennen (§ 203 SGB VI). Eine Übersicht über Versicherungsträger und andere Stellen, bei denen noch Unterlagen über Versicherungszeiten vorhanden sind, gibt *Pietsch,* Mitteilungen LVA Rheinprovinz, Sonderheft 11/1989. § 49 Nr. 5 SGB V, wonach der Anspruch auf **Krankengeld** ruht, solange die Arbeitsunfähigkeit der Kasse nicht gemeldet wird, erleichtert ebenfalls die Beweisführung. Besonders strenge Maßstäbe legt die Rechtsprechung dann an, wenn es um den Nachweis der Arbeitsunfähigkeit im Ausland geht (*Marburger,* BB 1988, 557; anders bei EWG-Angehörigen: *BSG* NJW 1988, 2199). 33

Während das Unfall- bzw. schädigende Ereignis im Sinne der RVO, des BVG, OEG oder SVG mit einer an Sicherheit grenzenden Wahrscheinlichkeit vorliegen muß (ebenso der für die MdE-Bewertung relevante Vorschaden), genügt für den Zusammenhang zwischen Unfall und betrieblicher Sphäre bzw. Unfall/„schädigendem Ereignis" und Körperschaden das Vorliegen einer **überwiegenden Wahrscheinlichkeit** (*BSGE* 61, 127 ff.). Macht der Unfallversicherungsträger geltend, der Verletzte sei auf Grund innerer Ursache gestürzt, sei sozusagen geschädigt zu Boden gefallen, muß diese **innere Ursache** feststehen (*BSG* SGb 1984, 201). 34

Läßt sich im Nachhinein nicht mehr eindeutig feststellen, welche **Blutalkoholkonzentration** im Unfallzeitpunkt vorgelegen hat, geht diese Ungewißheit zu Lasten des Versicherungsträgers (*BSGE* 48, 228), mit der Folge, daß allenfalls aus anderen Indizien, vor allem dem Fehlverhalten vor dem Unfall, alkoholbedingte Fahruntüchtigkeit entnommen werden kann. Läßt sich dagegen eine Blutalkoholkonzentration von 1,1 Promille oder mehr im Unfallzeitpunkt mit Gewißheit feststellen (*BSGE* 45, 285), tragen der Verletzte oder die Hinterbliebenen die Beweislast für das Vorliegen betriebsbezogener Umstände (z. B. betriebsbezogene Eilbedürftigkeit, ungünstiger Straßenverlauf, Verschmutzung der Fahrbahn). Hat ein Versicherter mit einem Meniskusschaden mindestens drei Jahre Untertage gearbeitet, spricht zumindest der **Beweis des ersten Anscheins** dafür, daß hier eine Berufskrankheit im Sinne der Nr. 2102 der Anlage 1 zur BKVO vorliegt (*BSG* SozR 5670 Anl. 1 Nr. 2102 Nr. 2). Bei **Impfschäden** kann weder aus den Grundsätzen über die Arzthaftpflicht noch aus den §§ 2 II, 17 I SGB I eine „Beweislastumkehr" zu Lasten des Trägers hergeleitet werden (*BSG* SozR 3850 § 52 Nr. 1). 35

Plagemann

36 Hat der Leistungsträger zum Verlust eines **Beweismittels** beigetragen (z. B. Röntgenaufnahme: SG *Mainz* Sozialversicherung 1984, 166; Obduktion: *BSGE* 24, 25), ist dies zumindest bei der Beweiswürdigung zu seinen Lasten zu berücksichtigen. Hat der Arbeitgeber seine **Aufzeichnungspflichten** verletzt und läßt sich später nicht mehr feststellen, an welche Personen bestimmte Löhne gezahlt wurden, die als geringfügig deklariert worden sind, hat dies eine Beweislastumkehr in der Weise zur Folge, daß der Arbeitgeber nur aus der vollen Lohnsumme den gesamten Sozialversicherungsbeitrag schuldet, unabhängig davon, ob dieser bestimmten Versicherungskonten zugeordnet werden kann oder nicht („Summenbescheid": § 28f II SGB V; vgl. auch *BSGE* 41, 301; 59, 235).

37 Eine besonders weitgehende Beweis- und Mitwirkungslast legt das BSG dem **Kassenarzt** auf, der zur Rechtfertigung einer aus der Sicht des Fachgruppendurchschnitts unwirtschaftlichen Behandlungsweise auf sogenannte Praxisbesonderheiten – etwa hoher Rentneranteil, besondere Praxisausrichtung, überdurchschnittlich viele ambulante Operationen, Arzneimitteleinsparungen, Einsparungen bei Arbeitsunfähigkeitszeiten oder bei Krankenhausbehandlungen – verweist (zur Wirtschaftlichkeitsprüfung im einzelnen: *Danckwerts* MedR 1991, 316; *BSG* NZS 1992, 113). Der Kassenarzt kann nicht durch verspätetes Vorbringen das Prüfungsverfahren unterlaufen und die den Prüfgremien vorbehaltene Prüfung in das gerichtliche Verfahren verlagern. Soweit dem Kassenarzt Besonderheiten seiner Praxis bekannt sind, hat er diese bereits im Verwaltungsverfahren vorzutragen (*BSG* MedR 1990, 101). Stehen die Behandlungskosten des Arztes in einem offensichtlichen Mißverhältnis zu den Durchschnittswerten seiner Fachgruppe, trägt der Arzt die Darlegungs- und Beweislast dafür, daß der Mehraufwand durch einen Minderaufwand in anderen Leistungsbereichen ausgeglichen wird (*BSG* SozR 2200 § 368n Nr. 43). Bei der Ermittlung der Durchschnittswerte ist auf die Homogenität der Vergleichsgruppe zu achten, *Maaß*, MedR 1990, 62.

4. Schluß des Verfahrens

38 a) **Rücknahme der Klage.** Nach § 102 SGG ist die Rücknahme der Klage durch schriftliche Erklärung an das Gericht (*App* SGb 1992, 250) auch ohne Einwilligung des Gegners und auch noch im Berufungs- oder Revisionsverfahren möglich. Klagerücknahme im Berufungsverfahren beseitigt auch das Urteil der ersten Instanz, einschließlich einer evtl. Entscheidung über **Mutwillenskosten.** Ausdrückliche Erklärung nötig, auf die Protokollierung kommt es nicht an. Die Klagerücknahme enthält keinen Verzicht auf den Anspruch selbst, so daß jederzeit ein Antrag nach § 44 SGB X möglich ist, aber keine Wiedererweiterung des Klageantrags, wenn die Klage teilweise zurückgenommen wurde (*BSG* NJW 1969, 1135). Auf Antrag entscheidet das Gericht über die außergerichtlichen **Kosten** (§ 102 III SGG). Sie können dem Beklagten insbesondere dann auferlegt werden, wenn die Begründung des angefochtenen Bescheides unzureichend war.

39 b) **Anerkenntnis.** Erkennt die Beklagte den klageweise geltendgemachten Anspruch ganz oder teilweise an und nimmt der Kläger das Anerkenntnis durch schriftliche Erklärung oder zu Protokoll des Gerichtes an, erledigt dies den Rechtsstreit in der Hauptsache (§ 101 II SGG). Diese Erklärungen werden in der Praxis zumeist schriftsätzlich abgegeben. Dem Anerkenntnis-Urteil kommt keine praktische Bedeutung zu. Der Zustimmung des Beigeladenen, auch wenn ein

Fall der notwendigen **Beiladung** vorliegt, bedarf es nicht. Über die **Kosten** entscheidet das Gericht gem. § 193 SGG auf Antrag der Beteiligten. Hat der Rentenversicherungsträger entsprechend einem vom Gericht eingeholten Gutachten den Rentenanspruch ab einem Zeitpunkt **nach Klageerhebung** anerkannt, wird eine Kostenpflicht des Trägers häufig verneint (z. B. *LSG Nordrhein-Westfalen* Breithaupt 1990, 173), was aber deshalb bedenklich ist, weil der Träger durch den Ablehnungsbescheid ja gerade zu erkennen gab, daß er weitere Ermittlungen nicht für tunlich erachtet, weshalb eine Kostenquotelung sachgerechter ist (*LSG München* Breithaupt 1986, 365; vgl. auch *LSG Nordrhein-Westfalen* v. 27. 6. 1988 – L 7 S 7/87 – zum Schwerbehindertenprozeß). Hat die Versorgungsverwaltung dagegen dem Vorliegen bestimmter Behinderungen im Zeitpunkt der Klageerhebung nicht Rechnung getragen, sondern den Kläger erst im Klageverfahren klaglos gestellt, so ist sie mit der Kostenpflicht zu belasten.

c) **Vergleich.** Nach allgemeiner Auffassung sind die Träger trotz des Gesetzmäßigkeitsprinzips befugt, über den Streitgegenstand im Wege des Vergleichs zu verfügen. Der Beigeladene kann einen Vergleich zwischen den Klageparteien zwar nicht verhindern, er kann aber dann seinerseits klagen, etwa bei einem Vergleich über die Versicherungspflicht des beigeladenen Arbeitnehmers. Ist dieser damit nicht einverstanden, kann er seinerseits gegen einen Ausführungsbescheid Klage erheben. Der außergerichtliche Vergleich wird als übereinstimmende Erledigung behandelt und beendet das Verfahren. Enthält der Vergleich keine Kostenregelung, trägt gem. § 195 SGG jeder Beteiligte seine Kosten selbst. Diese Wirkung kann nur vermieden werden, wenn der Kläger sich bei der Annahme des Vergleichsangebotes seinen **Kostenantrag** nach § 193 SGG vorbehält. 40

d) **Gerichtsbescheid.** Durch Gerichtsbescheid kann der Vorsitzende gem. § 105 SGG ohne mündliche Verhandlung entscheiden, wenn die Sache keine besonderen Schwierigkeiten aufweist (gem. § 158 SGG in Berufungsverfahren nur bei offensichtlicher Unzulässigkeit). Der Kläger kann dagegen innerhalb eines Monats nach Zustellung Berufung einlegen bzw. die **mündliche Verhandlung** beantragen. Tut er dies nicht, steht der Gerichtsbescheid einem rechtskräftigen Urteil gleich (§ 105 II SGG). 41

e) **Urteile.** Urteile ergehen auf Grund mündlicher Verhandlung, die durch einen Sachbericht des Vorsitzenden eingeleitet wird. In aller Regel entscheidet daraufhin das Gericht – zumeist durch abschließendes Urteil (Beweisaufnahme erfolgt regelmäßig ohne vorangegangene Verhandlung im schriftlichen Verfahren). Ein **Versäumnis-Urteil** gibt es nicht. Erscheint eine Partei nicht, kann auf Antrag der erschienenen Partei nach Lage der Akten entschieden werden (§ 126 SGG) oder zur Sache verhandelt werden. Mit Einverständnis beider Parteien kann auch **ohne** mündliche Verhandlung entschieden werden (§ 124 II SGG). Die Einverständniserklärung ist, wenn die Gegenseite auch zugestimmt hat, unwiderruflich. Im allgemeinen empfiehlt sich die Wahrnehmung der mündlichen Verhandlung, um mit dem Gericht und der Gegenseite die Sach- und Rechtslage zu erörtern. Ordnet das Gericht das **persönliche Erscheinen** des Klägers an, werden ihm die dadurch entstandenen Auslagen erstattet. 42

5. Einstweilige Anordnung (vgl. auch *Temme* NZS 1992, 91)

43 Das SGG enthält – anders als die VwGO – keine Bestimmung über die einstweilige Anordnung. Aus dem Gesichtspunkt effektiven Rechtsschutzes gem. Art. 19 IV GG kommt sie gleichwohl etwa in folgenden Fällen in Betracht:
- **Arbeitserlaubnissachen,** da ohne eine entsprechende Anordnung dem Antragsteller häufig ein nicht mehr wiedergutzumachender Schaden entsteht (*BVerfGE* 46, 166; *LSG Baden-Württemberg* NJW 1978, 81);
- **Beitragssachen,** wenn nach der Sach- und Rechtslage mehr für ein Obsiegen des Antragstellers in der Hauptsache spricht als dagegen (vgl. z. B. *LSG Berlin* Breithaupt 1990, 78: Gewährung von Aufschub gegen Sicherheitsleistung);
- Mitgliedschaft in der studentischen Krankenversicherung gem. § 5 I Nr. 9 SGB V (*LSG Baden-Württemberg* v. 24. 1. 1990 – L 4 KR 2252/89 e. A.);
- Honorarkürzungen und Arzneimittelregress im Kassenarztrecht, zumindest insoweit, als es um die notwendigen Kosten der Weiterführung der Praxis geht (*BSG* MedR 1987, 51; *LSG Rheinland-Pfalz* Breithaupt 1979, 89);
- Fortführung oder Gewährung von **Rehabilitationsmaßnahmen,** wenn durch ein längeres Hauptsacheverfahren das Ziel der Umschulung gar nicht mehr erreichbar ist (vgl. *Unger*, SGb 1985, 226);
- **Schließung einer Betriebskrankenkasse** (*LSG Bremen* NZA 1985, 718);
- Verlängerung einer befristet erteilten Genehmigung, einen Ausbildungsassistenten zu beschäftigen (*LSG Berlin* Breithaupt 1988, 614); Abrechnung von Leistungen auf einem Großgerät durch Kassenarzt (*LSG Niedersachsen* Breithaupt 1992, 961);
- **Vollstreckungssachen,** z. B. Pfändung laufenden Krankengeldes auf Grund eines Beitragsbescheides oder eines zivilrechtlichen Titels der Berufsgenossenschaft;
- **Erstattungsansprüche** nach § 128 AFG, soweit nicht Aufschub auf Grund einer entsprechenden Anwendung des § 80 V VwGO gewährt wird (vgl. *LSG Nordrhein-Westfalen* NZA 1988, 72; zu § 128b AFG: *LSG Baden-Württemberg* Breithaupt 1988, 605);
- **Stundung von Darlehen** nach dem AFG, wenn in der Hauptsache die Umwandlung in einen Zuschuß begehrt wird.
- Förderung einer **Umschulung.** Bei solchen Leistungen, die einem „gehobenen Leistungsbereich" des sozialen Sicherungssystems zuzuordnen sind, kann der Antragsteller nicht auf die Inanspruchnahme von Sozialhilfe verwiesen werden, *SG Wiesbaden* info also 1992, 69.

44 Im **Leistungsbereich** (z. B. Krankengeld, Rente, Heilkostenübernahme) muß sich der Antragsteller in aller Regel auf die Sozialhilfe verweisen lassen bzw. selbst in Vorlage treten (Ausnahme: Streit um Ansprüche nach dem AFG während Streiks – § 116 AFG –, *Hess. LSG* NZA 1984, 100; *LSG Bremen* NZA 1984, 132). Die Gerichte stellen insbesondere an den Nachweis der **Eilbedürftigkeit** hohe Anforderungen. Gegen die Ablehnung des Antrages ist die **Beschwerde** zulässig, über die das LSG letztinstanzlich entscheidet. Nach zutreffender Auffassung hat bei einstweiligen Anordnungen eine gesonderte Kostenentscheidung zu ergehen. Anders als bei Beschlüssen nach § 97 II SGG (dazu Rdnr. 23) sind die **Kosten** im einstweiligen Anordnungsverfahren nicht solche der Hauptsache.

III. Sozialrechtspraxis – typische Problemfelder

1. Unterlassene Anhörung/Ermessensausübung

Nach § 24 SGB X ist vor dem Erlaß eines Verwaltungsaktes, der in Rechte 45
eines Beteiligten eingreift, diesem Gelegenheit zur **Anhörung** zu geben. Diese
Anhörungspflicht gilt nicht nur dann, wenn es um die Rückforderung erbrachter Leistungen geht, sondern auch wenn es um eine Herabsetzung, eine Renteneinstellung oder eine Herabbemessung der Arbeitslosenhilfe geht. Anhörungspflicht besteht auch dann, wenn eine **Sperrzeit** nach § 119 AFG angeordnet oder
wenn der Arbeitgeber zur Beitragszahlung oder zur Erstattung nach § 128 AFG
herangezogen werden soll. Die Anhörung kann auch mündlich erfolgen (*LSG
Nordrhein-Westfalen* Breithaupt 1989, 268). Die Aufwendungen für die anwaltliche Vertretung im Anhörungsverfahren sind vom Träger nicht zu erstatten
(*BSG* NVwZ-RR 1992, 286).

Beruht die den Beteiligten betreffende Entscheidung auf **medizinischen** Un- 46
terlagen, so ist dem Betroffenen die Möglichkeit der Einsicht in die Gutachten
zu geben (*BSG* v. 28. 7. 1992 – 5 RJ 31/89). Es ist ihm eine angemessene **Frist**
zur Durchsicht der Gutachten einzuräumen. Die bloße Einlegung eines Widerspruchs gegen den Überraschungseingriff macht die unterlassene Anhörung
grundsätzlich nicht unbeachtlich. Dem Betroffenen müssen die entscheidungserheblichen Tatsachen so unterbreitet werden, daß er sie als solche erkennen und
sich zu ihnen sachgerecht äußern kann (*BSGE* 69, 247).

Anhörungspflichtig ist auch der Erlaß eines **Abzweigungsbescheides** gem. 47
§ 48 SGB I (*BSG* SozR 1200 § 48 Nr. 13). Ist die Anhörung im Verwaltungsverfahren unterblieben, kann sie im Klageverfahren **nicht** nachgeholt werden. Der
angefochtene Verwaltungsakt ist also schon allein wegen der unterlassenen Anhörung aufzuheben. Hat der Träger nun aber die Anhörung nachgeholt, ist er
berechtigt, den neuen belastenden Verwaltungsakt mit Wirkung auf den früheren Zeitpunkt zu erlassen (*BSG* SozR 1300 § 48 Nr. 39).

Hat der Träger im Verwaltungsverfahren die gesetzlichen Grenzen seines 48
Ermessens überschritten oder von dem Ermessen auf eine dem Zweck der
Ermächtigung nicht entsprechende Weise Gebrauch gemacht (§ 54 II SGG), ist
der angefochtene Bescheid aufzuheben und der Träger zur **Neubescheidung** zu
verpflichten. Die Ermessensausübung kann während des Gerichtsverfahrens
nicht nachgeholt werden. Dies gilt auch für Rücknahmebescheide nach § 45
SGB X.

2. Berufs-/Erwerbsunfähigkeit (Prüfschema)

49 (Vgl. Grundsätze zur Berufs- und Erwerbsunfähigkeit DRV 1990, 210 ff.; 49
Plagemann, ZAP F. 18 S. 29 ff.; *Löschau*, ZAP F. 18 S. 223 ff.)

a) Versicherungsrechtliche Voraussetzungen:
- **Wartezeit:** 60 Monate „Beitragszeit" (§§ 51 I, 55 SGB VI), d. h. Beitragszeiten, Ersatzzeiten, Zeiten der Kindererziehung (sofern nicht deckungsgleich
  mit Beitragszeiten), Zeiten aus dem Versorgungsausgleich, **nicht** Anrechnungszeiten im Sinne von § 58 SGB VI;
- oder: **Wartezeitfiktion.** § 53 SGB VI, d. h. Berufsunfähigkeit nach Arbeitsunfall, Berufskrankheit oder Wehrdienstbeschädigung;
- oder: **Erwerbsunfähigkeit** (auch ohne Unfall) innerhalb von sechs Jahren

nach Beendigung der Ausbildung, sofern in den dem Versicherungsfall vorausgegangenen 24 Kalendermonaten mindestens 12 Pflichtbeiträge entrichtet wurden (§ 53 II SGB VI);
- **Vorversicherungszeit:** 36 Pflichtbeiträge innerhalb der letzten 60 Monate vor dem Versicherungsfall (§ 43 I Nr. 2 SGB VI). Nicht mitgezählt werden bei den 60 Monaten u. a. Ersatzzeiten, Anrechnungszeiten, Rentenbezugszeiten und Berücksichtigungszeiten wegen Kindererziehung und nicht erwerbsmäßiger Pflege (§ 57 SGB VI);
- oder: Übergangsregelung nach § 240 II SGB VI, d. h. Erfüllung der Wartezeit von 60 Monaten vor dem 1. 1. 1984 (dazu zählen auch Versorgungsausgleichszeiten; *BSGE* 61, 271). Außerdem muß jeder Kalendermonat in der Zeit ab 1. 1. 1984 bis zum Ende des Kalenderjahres vor dem Eintritt des Versicherungsfalles mit Beiträgen (zweimonatige Beitragszahlung nach dem HandwerkerversG reicht aus: *BSG DRV* 1988, 503) oder mit Zeiten, die bei der Ermittlung des Zeitraumes von 60 Kalendermonaten nicht mitgezählt werden, belegt sein (z. B. Ersatzzeiten, Anrechnungszeiten, Rentenbezugszeiten und Berücksichtigungszeiten, § 57 SGB VI). Gem. § 198 SGB VI kommt die nachträgliche Beitragszahlung in Betracht, wenn der Versicherungsfall erst während des Rentenprozesses eintritt;
- **Keine** Übergangsregelung für jüngere Versicherte, die am 1. 1. 1984 noch keine 60 Monate Wartezeit erfüllt hatten.

50 b) Versicherungsfall **Erwerbsunfähigkeit,** § 44 SGB VI:
- **Keinerlei** Leistungsvermögen wegen ärztlich festgestellten Behinderungen, d. h. weniger als zwei Stunden täglich leistungsfähig (im einzelnen: *Marx,* (Hrsg.), Medizinische Begutachtung, 6. Aufl. 1992); zur EU bei Beschäftigung in Werkstatt für Behinderte vgl. BSG SozR 3–2200 **§ 1247 Nr. 12;**
- oder: nur noch in der Lage, **Teilzeit**-Arbeiten zu verrichten (d. h. weniger als vollschichtig) und erreichbarer Arbeitsmarkt **verschlossen** (*BSGE* 43, 75), d. h. der Versicherte hat keinen seinem gesundheitlichen Leistungsvermögen entsprechenden Arbeitsplatz und das Arbeitsamt kann ihn auch nicht vermitteln;
- Bei **vollschichtiger** Leistungsfähigkeit besteht dann Erwerbsunfähigkeit, wenn zusätzliche Einschränkungen hinzu kommen, etwa der Versicherte nur noch einen kurzen (d. h. unter 500 m) **Anmarschweg** zurücklegen kann, der Versicherte einen solchen Arbeitsplatz nicht innehat, ihn auch nicht mit Hilfe eines Kfz erreichen kann und der Träger auch diesbezüglich keine Maßnahmen zur beruflichen Rehabilitation anbietet (*BSG NZA* 1992, 960), der Versicherte **betriebsunübliche Pausen** einhalten muß (*BSG SozR* 2200 § 1247 Nr. 43), die Greiffähigkeit seiner Hände erheblich eingeschränkt ist (vgl. *BSG SV* 1992, 81) oder **Blindheit** vorliegt, so daß er den Arbeitsplatz nicht mehr allein erreichen kann;
- **Keine Erwerbsunfähigkeit,** wenn der Versicherte noch einer **selbständigen** Tätigkeit, sei sie auch geringfügig, nachgeht (*BSGE* 51, 190). Selbständige Tätigkeit auch dann, wenn der Unternehmer das Geschäft durch andere betreiben läßt (*BSGE* 55, 174) oder wenn die Tätigkeit auf Kosten der Restgesundheit des Versicherten geschieht (*BSGE* 55, 254). **Keine selbständige Tätigkeit,** wenn die in Gütergemeinschaft mit dem Versicherten lebende Ehefrau den Betrieb allein führt (*BSGE* 55, 174) oder der Versicherte lediglich Alleingesellschafter einer GmbH ohne Geschäftsführerposition ist (*BSG*

NZA 1988, 486). Hat der Versicherte eine nutzbare **landwirtschaftliche Fläche**, u. U. auch im Ausland, liegt eine selbständige Tätigkeit vor, es sei denn, die landwirtschaftliche Fläche ist weniger als drei Hektar groß (*LSG Baden-Württemberg* Breithaupt 1986, 506; *LSG Hessen* SV 1990, 25; *Behn,* NZA 1990, 175).

c) Versicherungsfall **Berufsunfähigkeit,** § 43 SGB VI. „Bisheriger Beruf"? 51
Maßgeblich ist die **letzte Tätigkeit,** es sei denn, daß der Versicherte zuvor eine höher qualifizierte ausgeübt hat und aus gesundheitlichen Gründen nun eine niedriger qualifizierte ausübt. Entscheidend ist der „**qualitative Wert**" des bisherigen Berufs (der mindestens 60 Monate ausgeübt wurde). Die Qualität des bisherigen Berufs (Hauptberuf) ergibt sich aus der beruflichen Qualifikation (die auch in einem anderen EG-Land erworben sein kann, *BSGE* 64, 85), der Bedeutung der Tätigkeit im Betrieb und vor allem aus der tariflichen Einstufung (*BSG* NZA 1992, 813). Der bisherige **Arbeiterberuf** ist einer der folgenden vier Gruppen zuzuordnen:
– **Vorarbeiter** mit Leitungsfunktionen. Leitberuf ist der Vorarbeiter mit Lei- 52
tungs- bzw. Vorgesetztenfunktion. D. h. Meister und Hilfsmeister im Arbeitsverhältnis, Disponierer und Vorarbeiter. Gleichzustellen sind die hochqualifizierten Facharbeiter (*BSG* SozR 2200 § 1246 Nr. 145: Bäckermeister; *BSGE* 62, 74: Lokomotivführer).
– **Facharbeiter.** Leitberuf ist der staatlich anerkannte Ausbildungsberuf mit einer Ausbildungsdauer von **mehr** als zwei Jahren.
– **Anlernberufe.** Leitberuf ist der staatlich anerkannte Ausbildungsberuf mit einer Regelausbildungszeit von bis zu zwei Jahren (zum Berufskraftfahrer differenzierend anhand tarifvertraglicher Einstufung: *BSG* NZA 1992, 390; ferner *BSGE* 64, 85, 88 zu den „oberen Angelernten", die nicht auf angelernte Tätigkeiten von ganz geringem Wert verwiesen werden können) oder mit einer echten betrieblichen Ausbildung von wenigstens drei Monaten. Eine betriebliche Ausbildung in diesem Sinne setzt voraus, daß sie über eine bloße Einweisung und Einarbeitung hinausgeht, was in der Regel eine längere Anlernzeit als drei Monate, zumindest aber eine solche von drei Monaten erfordert (*BSGE* 43, 243). Es kommt dabei **nicht** auf die tarifliche Bezeichnung „angelernter Arbeitnehmer" an.
– **Ungelernte.** Hierunter fallen praktisch alle Hilfsarbeiter und kurzfristig Angelernte, wobei das BSG hier bisweilen zwischen ungelernten Tätigkeiten, die sich durch die Qualitätsmerkmale der Einweisung und Einarbeitung auszeichnen, und reinen Hilfsarbeitertätigkeiten unterscheidet.
Ähnliches Stufenschema in der **Angestelltenversicherung:** 53
– Angestellte in leitender Stellung mit Einkünften oberhalb der Beitragsbemessungsgrenze V; (dazu *BSGE* 66, 276).
– Angestellte, deren Tätigkeiten typischerweise über eine abgeschlossene Berufsausbildung hinausgehend erhebliche Berufserfahrung und (durch Berufsaufstieg bewiesene) besondere Kenntnisse und Fähigkeiten erfordern (IV).
– Angestellte mit einer längeren (durchschnittlich dreijährigen)· Ausbildung (III).
– Angelernte Angestellte mit einer Ausbildung bis zu zwei Jahren.
– Ungelernte Angestellte.
In den Gruppen III und IV sind weitere Aufteilungen denkbar (*BSG* Die Angestelltenversicherung 1988, 426; Grundsätze, DRV 1990, 249).

54 **Berufsunfähigkeit** liegt dann vor, wenn der Versicherte im bisherigen Beruf und in der nächstniedrigeren Stufe aus gesundheitlichen Gründen nicht mehr einsatzfähig ist, wenn also andere Tätigkeiten der nächsten Stufe dem Versicherten, sei es aus gesundheitlichen oder aus anderen Gründen (z. B. mangelnde Ausbildung) nicht zugemutet werden können. Die **Verweisungstätigkeit** muß konkret benannt werden. Zumutbar ist stets eine Tätigkeit, für die der Versicherte durch Rehabilitationsmaßnahmen erfolgreich umgeschult oder ausgebildet worden ist. Der neue Beruf braucht dann nicht den Zumutbarkeitskriterien zu entsprechen. In diesem Rahmen können Selbständige auch auf Angestelltentätigkeiten und Angestellte auch auf Arbeiterberufe verwiesen werden. Die Anerkennung der Schwerbehinderteneigenschaft (GdB 50 gem. §§ 1, 3 SchwbG) entspricht nicht dem Tatbestand der Berufsunfähigkeit.

55 **d) Rente auf Zeit** (§ 102 II SGB VI) erhält der Versicherte, bei dem begründete Aussicht besteht, daß die Berufs- oder Erwerbsunfähigkeit in absehbarer Zeit behoben sein wird. Beruht die Rentengewährung darauf, daß der Teilzeit-Arbeitsmarkt verschlossen ist, ist immer Rente auf Zeit zu gewähren, es sei denn der Berechtigte vollendet innerhalb von zwei Jahren nach Rentenbeginn das 60. Lebensjahr. Zeitrenten werden erst **26 Wochen nach** dem Versicherungsfall gewährt (§ 102 II SGB VI). Nach dem Zeitablauf entfällt die Rente, ohne daß es eines Aufhebungsbescheides bedarf. Zeitrenten können (auf Antrag) wiederholt gewährt werden. Hat der Versicherte einen Teilzeit-Arbeitsplatz (mindestens halbschichtig) inne, besteht kein Rentenanspruch (*BSG* SozR 2200 § 1247 Nr. 22). Arbeitet er vollschichtig u. U. auch auf Kosten seiner Restgesundheit, besteht aber nur unterhalbschichtiges Leistungsvermögen, ist Berufsunfähigkeit möglich (u. U. auf Zeit: *BSG* SozR 3–2200 § 1276 Nr. 4).

56 **e) Während des Rentenverfahrens** ist zu beachten:
– Erreicht der Versicherte das 60. Lebensjahr, sollte – wenn die Wartezeit erfüllt ist – auf jeden Fall **vorgezogenes Altersruhegeld** beantragt werden (§§ 37–39 SGB VI).
– Nach Ablauf der **Blockfrist** hat die Krankenkasse bei unterbrochener Arbeitsunfähigkeit erneut **Krankengeld** zu zahlen (und zwar für die Dauer von max. 78 Wochen innerhalb eines Zeitraumes von 3 Jahren, § 48 II SGB V). Voraussetzung dafür ist, daß zwischen dem Ablauf des Krankengeldes und dem erneuten Eintritt von Arbeitsunfähigkeit ein Zeitraum von mindestens 6 Monaten Arbeitsfähigkeit liegt. Nach der **„Aussteuerung"** durch die Krankenkasse sollte der Rentenbewerber sich arbeitslos melden. Dies setzt nicht die Beendigung des Arbeitsverhältnisses voraus. Es genügt der Verzicht des Arbeitgebers auf seine Direktionsrechte (*Gagel*, AFG, § 101 Rdnr. 8). Wer **Krankentagegeld** von einer privaten Versicherung bezieht, muß innerhalb von **3 Monaten** Antrag auf Pflichtversicherung stellen, um die Anrechnung dieser Zeiten als Beitragszeiten (§ 4 IV Nr. 2 SGB VI) sicherzustellen.
– Die lückenlose Arbeitslosmeldung (mindestens alle 3 Monate auch ohne Aufforderung des Arbeitsamtes, § 15 II AFG) ist Voraussetzung dafür, daß diese Anrechnungszeiten nach § 58 SGB VI rentensteigernd bzw. als Vorversicherungszeit (§§ 43 I Nr. 2, 44 I Nr. 2 SGB VI) berücksichtigt werden.
– Unter den Voraussetzungen des § 105a AFG kann an Arbeitslose auch dann Arbeitslosengeld oder Arbeitslosenhilfe gezahlt werden, wenn sie aus gesundheitlichen Gründen keine mehr als kurzzeitigen (§ 102 AFG) Arbeiten verrichten können, Erwerbs- oder Berufsunfähigkeit von der Rentenversi-

cherung aber noch nicht anerkannt worden ist. Das Votum des Arbeitsamtsarztes, wonach eine Vermittlungsfähigkeit aus gesundheitlichen Gründen nicht mehr besteht, bindet die Rentenversicherung nicht.
- Es gilt der Grundsatz „**Rehabilitation vor Rente**". Bietet der Rentenversicherungsträger eine Heilmaßnahme während des Rentenprozesses an, sollte der Versicherte diese annehmen. Kommt der Entlassungsbericht dann zu dem Ergebnis, daß der Versicherte vollschichtig leistungsfähig ist, kann der Rentenprozeß gleichwohl fortgeführt und beantragt werden, daß ein neues Gutachten eingeholt wird.
- Im Hinblick darauf, daß Erwerbsunfähigkeit auf Grund eines neuen Gutachtens im Rentenverfahren möglicherweise erst ex nunc, also nicht ab Antragstellung gewährt wird, müssen Versicherte, wenn sie das Arbeitsverhältnis beenden, auf evtl. Auswirkungen hinsichtlich der **Betriebs-** oder **Zusatzrentenansprüche** (VBL oder ZVK) achten.
- Gilt der Antrag auf Rehabilitation als Rentenantrag (§ 116 Abs. 2 SGB VI), kann der Versicherte von seinem **Dispositionsrecht** Gebrauch machen und den Rentenbeginn auf einen späteren Zeitpunkt festlegen, sofern der Krankenkasse keine Erstattungsansprüche (§ 103 SGB X) zustehen, um so z. B. die Anrechnung weiterer rentenrechtlicher Zeiten zu erreichen (vgl. dazu die *„Grundsätze zum Dispositionsrecht"* DRV 1990, 291; *BSG* SozR 1300 § 103 Nr. 3; ferner § 51 SGB V zum Reha-Antrag nach Aufforderung durch die Kasse).

3. Versicherungs- und Beitragspflicht

(Vgl. dazu *Figge*, Sozialversicherungs-Handbuch)

Soweit Versicherungs- und damit auch Beitragspflicht an das Vorliegen eines 57 abhängigen Beschäftigungsverhältnisses anknüpft (§§ 1 SGB VI, 5 SGB V, 539 RVO, 168 AFG), kommt es auf das die Tätigkeit prägende **Gesamtbild** an. Entscheidend ist, ob eine **Eingliederung** in den Betrieb des Arbeitgebers vorliegt, der Beschäftigte also einem **Zeit, Dauer, Ort und Art der Ausführung** umfassenden Weisungs- und Kontrollrecht unterliegt. Diese Direktionsrechte können sich vor allem bei sogenannten „Diensten höherer Art" zu einer „funktionsgerecht dienenden Teilhabe am Arbeitsprozeß" (*BSGE* 38, 53) entwickeln, bei denen die arbeitsrechtlichen Weisungen durch „Sachzwänge" ersetzt werden (*BSG* SozR 2200 § 1227 Nr. 17: Filialleiterin). Indizien für die Versicherungspflicht sind:
- Weisungsrechte des Dienstgebers etwa betr. Lehrtätigkeit, Ort und Zeit zusätzlicher Aufgaben, Eingliederung in den Lehrbetrieb (z.B. *BAG* BB 1992, 1356: selbständige **Honorarlehrkraft** in Einrichtung der beruflichen Bildung);
- technisch-organisatorische Eingliederung in den Betrieb desjenigen, der die Produktionsmittel zur Verfügung stellt (*BSG* NZA 1991, 907: **Fotomodelle** unständig beschäftigt);
- ständige Dienstbereitschaft (*BAG* BB 1990, 779: Fotoreporter selbständig);
- fehlendes Unternehmerrisiko (wobei als Unternehmerrisiko auch das bloße Einkommensrisiko angesehen wird);
- laufende Berichtspflicht an den Auftraggeber, Bindung an einen Prinzipal (*BSGE* 13, 130: Versicherungsvertreter; BB 1981, 2074);
- die Lohnfortzahlung im Krankheitsfall, feste Arbeitszeiten, Urlaubsanspruch,

die höchstpersönliche Dienstleistungspflicht ohne das Recht, sich vertreten zu lassen, die Abhängigkeit von den persönlichen und sächlichen Mitteln des Arbeitgebers (z. B. *BSGE* 36, 262: Rundfunksprecher);
- als **Rechtsanwalt** tätiger Mitarbeiter kann sich die zu bearbeitenden Fälle nicht selbst aussuchen, ist an Bürozeiten gebunden, ist verpflichtet, auch in anderen Angelegenheiten Termine wahrzunehmen, muß die Schriftsätze einem Sozius zur Kontrolle vorlegen und trägt schließlich kein eigenes „Unternehmerrisiko", da er nicht unmittelbar am Gewinn und Verlust der Praxis beteiligt ist (vgl. *LAG Baden-Württemberg* AnwBl 1987, 142; *Wettlaufer,* AnwBl 1989, 195 ff.; *LAG Frankfurt/M* BB 1990, 2492;
- bei **Ehegattenarbeitsverhältnissen:** maßgeblich, ob der Arbeitgeber ohne diese Mitarbeit eine fremde Kraft benötigt hätte und ob die Bezüge ortsüblich sind oder den tariflichen Löhnen entsprechen (*LSG Niedersachsen* SV 1989, 81). Zum sog. **freien Mitarbeiter** vgl. *Plagemann/Schafhausen* ZAP F 18 S. 153 ff. Zur Abgrenzung bei **Künstlern** in Theater, Orchester, Film, Fernsehen und Rundfunk vgl. Spitzenverbände BB 1992, 1492 ff.

58 Hat der **Geschäftsführer** einer GmbH, z. B. wegen seiner speziellen Branchenkenntnisse wesentlichen Einfluß auf die Gesellschaft, liegt Versicherungsfreiheit auch dann vor, wenn für ihn laufend Pflichtbeiträge entrichtet wurden, so daß z. B. Ansprüche auf Arbeitslosen- oder Konkursausfallgeld nicht begründet werden konnten (*BSG* BB 1987, 406; 1992, 2437). Das gilt nach *BSG* BB 1990, 783, auch für Alleingesellschafter, der nur untergeordnete Tätigkeiten nach Weisung verrichtet.

59 Wer Arbeitnehmer von einem Verleiher entleiht, der nicht über die erforderliche Erlaubnis nach dem AÜG verfügt, hat nach §§ 9, 10 AÜG die Sozialversicherungsbeiträge abzuführen, ohne daß er diese vom Verleiher zurückfordern kann. Ein solches **Leih-Arbeitsverhältnis** liegt nicht vor, wenn ein Werkunternehmervertrag besteht und die Arbeitnehmer des Werkunternehmers – z. B. als Arbeitsgruppe – nicht in den Betrieb des Auftraggebers eingegliedert sind (*BSGE* 61, 209; BB 1988, 1184; *BAG* NZA 1990, 364: Wachpersonal; *Leitner* NZA 1991, 293; *LAG München* BB 1992, Beil. 10, S. 11: Programmierer; *Zahrnt* CR 991, 736). Bei nicht gewerbsmäßigen Bauarbeiten (dazu zählen auch Handwerker, die nicht in die Handwerksrolle eingetragen sind; *BSGE* 30, 235) haftet der Bauherr für die **Unfallversicherungsbeiträge** zahlungsunfähiger Unternehmer während eines Jahres, nach dem die Verbindlichkeit festgestellt wurde, § 729 II RVO (*BSG* NZA 1987, 286).

60 Handelt es sich um ein **geringfügiges Beschäftigungsverhältnis** im Sinne des § 8 SGB IV (Entgeltgrenzen sh. Rdnr. 115), besteht (bis auf die Unfallversicherung) keine Beitragspflicht. (Die Richtlinien über geringfügige Beschäftigungen sind z. B. abgedruckt in: *Aichberger,* Sozialgesetzbuch Loseblatt, Nr. 115.) Ist der Arbeitnehmer aber bei mehreren Arbeitgebern geringfügig beschäftigt und überschreiten alle Beschäftigungsverhältnisse zusammen die Geringfügigkeitsgrenze, besteht Versicherungs- und Beitragspflicht auch dann, wenn der Arbeitnehmer dem Arbeitgeber das weitere Beschäftigungsverhältnis verschwiegen hat (*BSG* NZA 1988, 629; ZIP 1988, 593). Die Arbeitgeber müssen Beginn und Ende jeder geringfügigen Beschäftigung der Krankenkasse melden (§ 104 SGB IV i. V. m. DEVO; dazu *Plagemann,* AnwBl 1990, 14 f).

61 Der Arbeitgeber kann vom Arbeitnehmer dessen Beitragsanteil nach Ende des Beschäftigungsverhältnisses nur unter den Voraussetzungen des § 28 g Satz 4 SGB IV zurückfordern. Auch soweit der Arbeitgeber Arbeitnehmeranteile nachentrichtet, muß der Arbeitnehmer diese als Einkommen versteuern (*BFH NJW* 1992, 2587; *Streck* AnwBl 1992, 310). Nach §§ 823 II BGB, 266a StGB haftet auch der Geschäftsführer für die nicht abgeführten Arbeitnehmeranteile (zur Verjährung *BGH NZA* 1990, 311). Hat der Arbeitgeber seine **Aufzeichnungspflichten** verletzt, so daß bei einer Betriebsprüfung nicht mehr geklärt werden kann, an welche Arbeitnehmer geringfügige Löhne für welche Zeiträume gezahlt wurden, hat dies eine Beweislastumkehr zur Folge. Die Einzugsstelle kann dann einen sogenannten „Summenbescheid" erlassen, der die Beiträge nicht mehr bestimmten Versicherten zuordnet (*BSGE* 41, 301; 59, 235 ff.; § 28 f II SGB IV). Im Einzelfall kann die Beitragsnachforderung für die Vergangenheit gegen Treu und Glauben verstoßen (*LSG Niedersachsen* Breithaupt 1990, 362).

Die **Beiträge** zur Renten-, Kranken- und Arbeitslosenversicherung errechnen **62** sich anhand des **Bruttoeinkommens**. Bei irrtümlicher Annahme von Versicherungsfreiheit kann gezahltes Entgelt Bruttolohn entsprechen (*Spitzenverbände SV* 1991, 83). Was im einzelnen zum Arbeitseinkommen zählt, ergibt sich aus der Arbeitsentgeltverordnung (§ 17 SGB IV). Beitragspflichtig kann auch eine anläßlich der Beendigung eines Arbeitsverhältnisses gezahlte **Abfindung** sein, soweit sie als „verdeckte Vergütung" für Zeiten des noch bestehenden Arbeitsverhältnisses gewährt wird (*BSG NZA* 1990, 751). Der Beitrag zur Krankenversicherung für freiwillige Mitglieder wird anhand der „wirtschaftlichen Leistungsfähigkeit" des Mitglieds aufgrund der Satzung errechnet, § 240 SGB V (dazu *Töns,* SV 1990, 123) und berücksichtigt u. U. auch eine vom letzten Arbeitgeber gezahlte Abfindung, da diese – nach dem Arbeitsverhältnis – ebenfalls dem laufenden Unterhalt dient (*BSG BB* 1988, 1966). Ein Unternehmer kann zwar seine Unkosten, einschließlich Investitionskosten absetzen, nicht aber Abschreibungen aus Vermietung und Verpachtung (*BSGE* 62, 90). Beitragsansprüche **verjähren** nach vier Jahren (§ 25 SGB IV). Der Tatbestand der **Verwirkung** ist nur dann erfüllt, wenn die Einzugsstelle zu erkennen gegeben hat, daß sie auf die Beiträge verzichten will. Das bloße Nichtstun der Kasse reicht dazu nicht. Bei der Festsetzung von **Säumniszuschlägen** steht den Versicherungsträgern ein Ermessen zu. Dabei muß der Träger die gesamten Umstände des Einzelfalles, insbesondere die Dauer der Säumnis, die dadurch den Trägern entstandenen Nachteile und die vom Schuldner geltend gemachten Gründe für seine Säumnis berücksichtigen (*LSG Niedersachsen* Breithaupt 1990, 265; *SG Berlin* ZIP 1990, 1358). Wegen der unterschiedlichen Beitragsbemessungsgrenzen in den alten und neuen Bundesländern gelten bei der **Entsendung** in das jeweils andere Gebiet die Regelungen über die Aus- und Einstrahlungen gem. §§ 4,5 SGB IV (vgl. Richtlinien v. 12. 12. 1991, abgedr. bei *Maaßen* u. a., SGB V – GKV – Kommentar Nr. 6580).

4. Geschiedenenwitwenrente (§ 243 SGB VI)

Hinterbliebenenrente können auch Personen erhalten, die von einem Versi- **63** cherten nach altem Recht, also vor dem 1. 7. 1977, geschieden wurden. Tatsächlich bezog die „geschiedene Witwe" von dem Versicherten vor dessen Tod nur dann „Unterhalt" i. S. von § 243 I Nr. 3 oder II Nr. 3 SGB VI, wenn die Zahlung mehr als 25% des jeweils geltenden Regelsatzes (§ 22 BSHG) der Sozialhilfe betrug. Unabhängig von den tatsächlich erbrachten Unterhaltszahlungen kann sich der Unterhaltsanspruch auch aus einem gerichtlichen Titel bzw. einem Vergleich sowie aus dem Ehegesetz ergeben, wobei für die Leistungsfähigkeit und den Bedarf auf den sogenannten „letzten wirtschaftlichen Dauerzustand" (dazu *BSG* SozR 2200 § 1265 Nr. 64), d. h. etwa 1 Jahr vor dem Tod, abzustellen ist. Hatten die deutschen Ehegatten während der Ehe ihren gewöhnlichen Aufenthalt zuletzt in der DDR und ist ein Ehegatte in die Bundesrepublik übergesiedelt, der andere aber in der DDR geblieben, bestimmen sich die Scheidungsfolgen allein nach dem Recht der DDR (*BSG* Die Angestelltenversicherung 1991, 317). Hat die geschiedene Frau auf Unterhalt verzichtet, kommt ein Rentenanspruch allenfalls nach § 243 III SGB VI in Betracht (der Versicherte hatte keine Witwe hinterlassen). Voraussetzung dafür ist:

64 – Keine Leistungsfähigkeit des Versicherten oder kein Bedarf der geschiedenen Frau wegen eigener Einkünfte und **deshalb** keine Unterhaltsansprüche im Zeitpunkt der Vereinbarung (so daß sie nur eine „leere Hülse" war) und
 – kein Unterhaltsanspruch im Zeitpunkt des Todes des Versicherten ausschließlich aus den gleichen Gründen wie vorstehend und
 – die späteren Hinterbliebenen durften es bei Abschluß des Erlaßvertrages vernünftigerweise als ausgeschlossen ansehen, daß die in § 243 III Nr. 1 SGB VI genannten, den Unterhaltsanspruch hindernden Gründe bis zum Tode des Versicherten infolge einer in Rechnung zu stellenden Änderung der Verhältnisse wieder entfallen (*BSGE* 64, 167; *NJW* 1989, 2012). Die frühere Ehefrau kann sich auch nach dem Tode des Versicherten auf die Unwirksamkeit eines vergleichsweise vereinbarten Unterhaltsverzichts berufen (*BSG NJW* 1990, 1135).

Wurde die Ehe nach dem 1. 7. 1977 geschieden, kommt ein Anspruch auf Hinterbliebenenrente auch dann nicht in Betracht, wenn – aus welchen Gründen auch immer – ein Versorgungsausgleich nicht durchgeführt wurde. Kein Rentenanspruch bei Scheidungsurteil ohne Schuldausspruch: BSG SozR 3–2200 § 1265 Nr. 8.

5. Neufeststellung

65 § 44 SGB X gibt dem Bürger einen Anspruch auf die Überprüfung bestandskräftiger, belastender Bescheide (z. B. Leistungsablehnungen), auch wenn sie von SG, LSG und BSG als Rechtens bestätigt wurden. Der Träger hat hinsichtlich der Frage, ob er das Verfahren wiederaufgreift, **kein** Ermessen. Er muß in die Überprüfung eintreten, und zwar sowohl bezüglich des der Entscheidung zugrundeliegenden Sachverhaltes als auch der rechtlichen Beurteilung. Soweit die Rücknahme eines rechtswidrigen Bescheides auch für die **Vergangenheit** gelten soll, steht dem Träger nach § 44 II SGB X ein Ermessen zu (*BSGE* 62, 143, 146). Allerdings werden Leistungen nur für vier Jahre rückwirkend ab Antragstellung erbracht (§ 44 IV SGB X). Im Klageverfahren kann nicht auf ein Verfahren nach § 44 SGB X umgestellt werden. Dazu bedarf es immer erst eines besonderen Verwaltungsverfahrens.

66 § 45 SGB X regelt die Voraussetzungen, unter denen die Träger rechtswidrige **begünstigende Bescheide** (nach Anhörung gem. § 24 SGB X) zurücknehmen können. Voraussetzung ist zunächst der **Nachweis** der Rechtswidrigkeit, es reicht also nicht aus, daß dem Träger nach der Anerkennung von Unfallleistungen Zweifel an der Richtigkeit früherer Gutachten entstehen. Sofern der Leistungsempfänger nicht „bösgläubig" i. S. des § 45 II 3 SGB X war, kann er sich auf **Vertrauensschutz** berufen. Die dazu erforderliche Abwägung zwischen den öffentlichen (insbesondere fiskalischen) und privaten Interessen kann, wenn

der Träger schon längere Zeit die Leistung erbracht hat und wiederholt zu erkennen gab, daß dies gerechtfertigt sei, u. U. sogar dazu führen, daß dem Betroffenen die (rechtswidrige) Leistung auch zukünftig weiter zu gewähren ist, insbesondere wenn die Leistungsentziehung (z. B. Kindergeld) Sozialhilfebedürftigkeit zur Folge hat (*BSG* SozR 1300 § 45 Nr. 9). Allein schuldhaftes Verhalten des Trägers beim Erlaß des rechtswidrigen Bescheides rechtfertigt ein schutzwürdiges Vertrauen des Bürgers in den Fortbestand der Entscheidung nicht (*BSGE* 59, 157). Als „Vermögensdisposition" i. S. des § 45 II 2 SGB X kommt nur eine nach Erlaß des begünstigenden Verwaltungsaktes vorgenommene Disposition in Betracht (*BSG* SozR 1300 § 45 Nr. 20). **Keinen Vertrauensschutz** genießt, wer die Voraussetzungen des § 45 II 3 SGB X erfüllt. Dazu genügt es schon, daß der Leistungsempfänger seinen **Mitteilungspflichten** (§§ 60 ff. SGB I), auf die ordnungsgemäß hingewiesen wurde, nicht nachgekommen ist (*BSG* SozR 1300 § 45 Nr. 29). In jedem Fall – also auch wenn die Voraussetzungen des § 45 II 3 SGB X vorliegen – erfordert die Rücknahme eines Bescheides nach § 45 SGB X die Ausübung pflichtgemäßen **Ermessens**. Dazu genügen Ausführungen über das Fehlen des Vertrauensschutzes nicht (*BSGE* 59, 157, 169; SGb 1988, 120; 1991, 560), es sei denn, es liegt eine „Ermessensschrumpfung auf Null" vor (*BSGE* 60, 147).

§ 45 IV 2 SGB X enthält zu Lasten des Trägers eine **Ausschlußfrist** von 1 Jahr, 67 innerhalb derer nach Bekanntwerden der maßgeblichen Tatsachen der Rücknahmebescheid erlassen sein muß. Diese Frist hat nicht vor dem 1. 1. 1981 (Inkrafttreten des SGB X) zu laufen begonnen. Nach § 45 III SGB X kann ein begünstigender Verwaltungsakt mit Dauerwirkung nur bis zum Ablauf von 2 Jahren nach seiner Bekanntgabe zurückgenommen werden, es sei denn, es liegen die Voraussetzungen des § 45 II 3 Nr. 1 oder 3 SGB X vor. Die Zweijahresfrist wird durch Erlaß eines später als rechtswidrig aufgehobenen Bescheides nicht gewahrt.

„Soweit" sich **nach Erlaß** eines Bescheides die **„wesentlichen"** tatsächlichen 68 oder rechtlichen Verhältnisse **geändert** haben, ist nach § 48 SGB X der Bescheid aufzuheben. Eine Änderung der wesentlichen Verhältnisse kann z. B. in den gesundheitlichen Situationen („Heilungsbewährung", Anpassung, Gewöhnung, Ablauf einer Schonfrist: *BSG* SGb 1990, 157, Besserung oder Verschlimmerung) eingetreten sein oder auch in der Erzielung anrechenbaren Einkommens bestehen oder schließlich in der Änderung gesetzlicher Normen. War anrechenbares Einkommen aber von Anfang an vorhanden, regelt sich die Korrektur nach § 45 SGB X (mit entsprechendem Vertrauensschutz: *BSGE* 57, 274). Vor Erlaß eines Bescheides nach § 48 SGB X ist jedenfalls bei einer „atypischen Fallgestaltung" eine Ermessensausübung vorzunehmen. Wann ein Ausnahmefall in diesem Sinne vorliegt, richtet sich nach Sinn und Zweck der Aufhebungsnorm. Die Frage, ob ein atypischer Fall vorliegt, ist nicht Teil der Ermessensausübung, sondern unterliegt der gerichtlichen Kontrolle in vollem Umfang (*BSG* SozR 1300 § 48 Nr. 21). Liegt die Änderung der wesentlichen Verhältnisse schon längere Zeit zurück, ist der Träger wegen der nachträglichen Erbringung von Sozialleistungen berechtigt, die Einrede der Verjährung nach § 45 SGB I zu erheben. Dies gilt auch dann, wenn die verspätete Feststellung der Änderung in den Verantwortungsbereich des Versicherungsträgers fällt (*BSGE* 61, 154).

6. Der sozialrechtliche Herstellungsanspruch (*Bieback,* SGb 1990, 517)

69 Hat der Bürger auf Grund unrichtiger oder unvollständiger **Auskunft** es versäumt, rechtzeitig einen bestimmten Antrag zu stellen (z. B. auf Rente, Beitragsnachentrichtung, Befreiung von der Krankenversicherungspflicht) oder sonst sein Verhalten einzurichten (z. B. Inanspruchnahme eines Arztes anstelle eines Psychologen), ist der Träger verpflichtet, diejenigen Rechtsfolgen herbeizuführen, die eingetreten wären, wenn er die ihm obliegenden Pflichten ordnungsgemäß wahrgenommen hätte, z. B. durch Wiedereinsetzung in den vorigen Stand (*BSGE* 49, 76), Erstattung zuviel gezahlter Beiträge nach unvollständiger Unterrichtung über die Folgen der Beitragsnachentrichtung (*BSGE* 61, 175) oder die Fiktion der rechtzeitigen Ausübung des Wahlrechts hinsichtlich der Hinterbliebenenrente gem. § 314 SGB VI.

70 Der Nachweis schuldhaften Verhaltens auf seiten des Trägers ist nicht erforderlich (*BSGE* 51, 89). Der Träger muß sich u. U. auch das rechtswidrige Verhalten einer anderen Behörde zurechnen lassen (*BSGE* 51, 89). Die vom Versicherten im Wege des Herstellungsanspruchs begehrte Amtshandlung muß jedoch „ihrer Art nach zulässig" sein, d. h. vom Gesetz zur Regelung ähnlicher Verpflichtungen anerkannt sein (*BSGE* 61, 175; 53, 144: zur Erstattung von Kosten für eine nichtärztliche Behandlung). Problematisch ist die Anwendung dieser Grundsätze im Beitragsrecht, da nach bisheriger Rechtsprechung die von dem Betriebsprüfer geäußerte Auffassung **keinen Vertrauensschutz** begründet (*BSGE* 47, 194; vgl. aber auch § 26 I SGB IV n. F.).

71 Das *BSG* wendet auch auf den Herstellungsanspruch die Vier-Jahres-Frist des § 44 IV SGB X an (*BSGE* 60, 245). Die Geltendmachung des sozialrechtlichen Herstellungsanspruchs durch Klage vor dem SG unterbricht die **Verjährung** des Amtshaftungsanspruchs, der auf dasselbe Fehlverhalten gestützt wird (*BGH* VersR 1988, 741). Die Frist des § 44 IV SGB X ist auf Amtshaftungsansprüche nicht anwendbar; die Haftung des Trägers kann also gem. § 839 BGB Art. 34 GG weiter zurückreichen als der Anspruch nach § 44 SGB X (*BGH* BB 1990, 637).

7. Erstattungspflichten der Arbeitgeber

(Dazu: *Bauer/Diller* BB 1992, 2283; *Hanau* DB 1992, 2625; *Stolz* NZS 1993, 62)

72 Nach der Neuregelung des § 128 AFG haben Arbeitgeber das an ältere Arbeitnehmer (ab dem 58. Lebensjahr) gezahlte Arbeitslosengeld dem Arbeitsamt zu erstatten. Voraussetzung ist eine längere Betriebszugehörigkeit (10 Jahre beitragspflichtige Beschäftigung innerhalb der 12jährigen Rahmenfrist). Die Erstattungspflicht entfällt u. a., wenn:

73 – das Arbeitsverhältnis vor dem 56. Lebensjahr des Arbeitslosen beendet wurde;
– der Arbeitgeber in der Regel nicht mehr als 20 Arbeitnehmer ausschließlich der Auszubildenden beschäftigt;
– der Arbeitslose das Arbeitsverhältnis durch Kündigung beendet und weder eine Abfindung noch eine Entschädigung oder ähnliche Leistung wegen der Beendigung des Arbeitsverhältnisses erhalten oder zu beanspruchen hat;
– der Arbeitgeber das Arbeitsverhältnis durch sozial gerechtfertigte Kündigung beendet hat;
– der Arbeitgeber bei Beendigung des Arbeitsverhältnisses berechtigt war, das Arbeitsverhältnis aus wichtigem Grund ohne Einhaltung der Kündigungsfrist oder mit sozialer Auslauffrist zu kündigen;

– der Betrieb, in dem der Arbeitslose zuletzt tätig war, von einem erheblichen Personalabbau betroffen ist;
– die Erstattung für den Arbeitgeber eine unzumutbare Belastung bedeuten würde (dazu anhand des alten Rechtes LSG *Hessen* Breith. 1990, 592; *BVerfGE* 81, 156 ff = NZA 1990, 161 ff). **Betriebsstillegungen** können eine unzumutbare Belastung indizieren wenn durch die Erstattung der Fortbestand des Unternehmens oder die verbleibenden Arbeitsplätze gefährdet würden.
– wenn der Arbeitslose mindestens 2 Jahre in einem Betrieb im Beitrittsgebiet tätig war (§ 249 d AFG)

Nach § 32 SGB I **nichtig sind Vereinbarungen,** worin der Arbeitnehmer sich **74** verpflichtet, kein Arbeitslosengeld in Anspruch zu nehmen oder dem ehemaligen Arbeitgeber das zu erstatten, was dieser nach § 128 AFG an das Arbeitsamt zu zahlen hat (*BSG* BB 1988, 1964; *BAG* v. 22. 6. 1989 – 8 AzR 761/87; zur Anrechnung des Erstattungsbetrages auf die vereinbarte Abfindung: *BAG* ZIP 1990, 1360; kein Abzug des Erstattungsbetrages nach § 128 a AFG von der Karenzentschädigung: *BAG* v. 22. 5. 1990 – 1 AzR 373/88).

Der Arbeitgeber hat das Arbeitslosengeld zu erstatten, wenn der Arbeitslose **75** durch eine Wettbewerbsabrede in seiner beruflichen Tätigkeit als Arbeitnehmer beschränkt ist (§ 128 a AFG). Diese Erstattungspflicht greift nicht ein, wenn die Wettbewerbsabrede erst nach dem Ende des Arbeitsverhältnisses getroffen wurde und Teil einer Vereinbarung zur Regulierung der Folgen eines unredlichen Verhaltens des Arbeitnehmers ist (*BSG* NZA 1989, 774) oder die wegen fehlender Karenzentschädigung nichtig ist (*BSG* NZA 1989, 981). § 128 a AFG findet auch dann keine Anwendung, wenn der Arbeitgeber die Unklarheit über das Fortbestehen eines Wettbewerbsverbotes nach einem Vergleich im Kündigungsschutzverfahren nicht durch eine eindeutige Erklärung über die Nichtausübung der daraus folgenden Rechte beseitigt hat (*BSG* NZA 1990, 541). Die bloße rechtliche Möglichkeit, für die Beschäftigung eines (ehemaligen) Lizenzspielers von einem Lizenzverein eine Ablösung **zu verlangen,** löst noch nicht den Erstattungsanspruch des § 128 b AFG aus. Hinzukommen muß das konkrete Verlangen einer Ablösung des den Spieler abgebenden Vereins gegenüber dem den Spieler beschäftigenden Verein (*BSG* NZA 1990, 246).

8. Sperrzeit/Ruhen des Arbeitslosengeldes (§§ 119, 117 AFG)

(Dazu: Arbeitslosenprojekt, Leitfaden für Arbeitslose. 1991, 156 ff.; *Walter-* **76** *mann* NJW 1992, 1136).

Hat der Arbeitslose selbst die Beendigung des Arbeitsverhältnisses verursacht und fehlt es dafür an einem „wichtigen Grund", „**sperrt**" das Arbeitsamt die Gewährung von Arbeitslosengeld/Arbeitslosenhilfe für 12 Wochen (§§ 119, 119 a AFG). Die Dauer des Arbeitslosengeldbezuges (§ 110 AFG) kürzt sich um die Sperrzeit und im Falle des § 119 I Nr. 1 AFG um ein Viertel der Anspruchsdauer. In Härtefällen kann die Sperre auf 6 Wochen reduziert werden. Während der Sperrzeit entfällt auch der Anspruch auf Krankengeld (§ 49 I Nr. 3 SGB V), es sei denn, die Arbeitsunfähigkeit trat bereits vor Beendigung des Arbeitsverhältnisses ein. Der Anspruch auf Sachleistungen gegenüber der Kasse bleibt dagegen erhalten (§§ 156, 155 II, 155 a AFG). Die Arbeitslosigkeit während einer Sperrzeit wird nicht als Anrechnungszeit gem. § 58 SGB VI bei der Rente berücksichtigt, so daß Personen, die am 1. 1. 1984 die 60monatige Wartezeit erfüllt hatten, zum Erhalt der Anwartschaft auf Erwerbs-/Berufsunfähigkeitsrente unter Umständen freiwillige Beiträge entrichten müssen (§ 241 SGB VI).

Sperrzeittatbestände *(Bubeck, Satorius* ZAP F 18, S. 189 ff) sind:

77 – Arbeitgeberseitige Kündigung, wenn der Arbeitnehmer durch sein **vertragswidriges Verhalten** Anlaß für die Kündigung gegeben hat, dieses Verhalten für die entstandene Arbeitslosigkeit **ursächlich** war und der Arbeitslose durch sein vertragswidriges Verhalten den Eintritt der Arbeitslosigkeit vorsätzlich oder grob fahrlässig herbeigeführt hat (*BSG NZA* 1990, 791). Betriebs- und personenbedingte Kündigungen führen in der Regel also nicht zur Sperrfrist (z. B. Krankheit, Leistungsminderung, Rationalisierung). Vertragswidriges Verhalten ist nur dann ursächlich für die Arbeitslosigkeit, wenn die Kündigung nicht aus anderen Gründen unwirksam war, z. B. fehlende Abmahnung, Nichtbeteiligung des Betriebsrates (§ 102 BetrVG), fehlende Zustimmung der Hauptfürsorgestelle gem. § 15 SchwbG (oder des Regierungspräsidenten nach § 9 MuSchG). Keine Ursächlichkeit, wenn neben vertragswidrigem Verhalten andere Gründe sowieso zur Kündigung geführt hätten (z. B. Auftragsmangel oder Befristung). An der groben Fahrlässigkeit fehlt es, wenn der Arbeitslose konkrete Aussicht auf einen Anschlußarbeitsplatz hatte (*BSGE* 64, 202). Schließen die Parteien im Kündigungsschutzprozeß einen **Abfindungsvergleich,** kommt es darauf an, ob Einverständnis darüber besteht, daß das Arbeitsverhältnis aus betrieblichen Gründen endete oder zumindest auch betriebliche oder personenbedingte Gründe für die Beendigung maßgeblich sind. Bedeutung kann auch eine Bemerkung im Vergleichstext erhalten, wonach der Arbeitgeber die zunächst erhobenen Vorwürfe nicht aufrechterhält bzw. zurücknimmt.

78 – **Eigenkündigung** des Arbeitnehmers (soweit sie wirksam erklärt wurde). Keine Ursächlichkeit, wenn die Eigenkündigung einer bevorstehenden personen- bzw. betriebsbedingten Kündigung zuvorkommt. Keine grobe Fahrlässigkeit, wenn der Arbeitslose konkrete Aussichten hatte, einen Anschlußarbeitsplatz zu erhalten oder wenn er einen **wichtigen Grund** für die Kündigung hatte, z. B. unzumutbare Arbeitsverhältnisse (Überstunden, gesundheitsschädlicher Arbeitsplatz, erheblicher Rückstand der Lohnzahlungen, Konflikte am Arbeitsplatz, die nicht mehr behoben werden können) oder Wohnortwechsel wegen Heirat oder gemeinsamer Versorgung eines Kindes mit dem Lebensgefährten (dazu *BSGE* 64, 202).

79 – **Aufhebungsvertrag** mit dem Arbeitgeber (nicht Abfindungsvergleich im Kündigungsschutzprozeß). Keine Ursächlichkeit, wenn der Arbeitgeber zur gleichen Zeit gekündigt hätte, etwa aus betriebsbedingten Gründen. Kein wichtiger Grund für einen Aufhebungsvertrag z. B. dann, wenn der langjährige Chef in den Ruhestand geht und die Sekretärin nun einen anderen Arbeitsplatz einnehmen müßte. Löst ein älterer Arbeitnehmer das Arbeitsverhältnis gegen Abfindung, kann dafür ein **wichtiger Grund** vorliegen, etwa wenn der Personalabbau – in einer krisenhaften Situation eines größeren Betriebes – von erheblichem Ausmaß ist und kurzfristig durchgeführt werden muß, um den Betrieb und die verbleibenden Arbeitsplätze zu erhalten. Dies setzt im allgemeinen voraus, daß innerhalb eines Jahres mehr als ein Viertel der Belegschaft freigesetzt werden muß (*BSG SozR* 4100 § 119 Nr. 28; *NZA* 1990, 628).

80 – **Arbeitsablehnung** oder Nichtantritt einer Arbeit. Voraussetzung: Ablehnung

Sozialrechtspraxis – typische Problemfelder **C II**

eines Arbeitsangebotes, welches das Arbeitsamt unterbreitet hat und das zumutbar (§ 103 AFG) war (*LSG München* NJW 1988, 3230). Auf die Rechtsfolgen einer unberechtigten Ablehnung muß der Arbeitslose vorher hingewiesen worden sein. Außerdem muß die Ablehnung die Arbeitslosigkeit verlängert haben.
– Weigerung, an einer Fortbildungs-, Ausbildungs- oder Umschulungsmaß- 81
nahme teilzunehmen, bzw. Abbruch oder Ausschluß von einer solchen Maßnahme wegen maßnahmewidrigen Verhaltens.

Das Arbeitslosengeld ruht, wenn 82
– der Arbeitslose Arbeitsentgelt erhält oder zu beanspruchen hat (§ 117 I AFG).
– der Arbeitslose Urlaubsabgeltung erhalten oder zu beanspruchen hat, und zwar für die Zeit des abgegoltenen Urlaubs. Der Ruhenszeitraum beginnt mit dem Ende des Arbeitsverhältnisses (§ 117 II AFG).
– Erhalt einer Abfindung wegen der Beendigung des Beschäftigungsverhältnisses und Eintritt einer Sperrzeit deswegen, § 117a AFG.
– Erhalt einer Abfindung, Entschädigung oder ähnlichen Leistung zum Ausgleich dafür, daß die ordentliche Kündigungsfrist nicht eingehalten wurde. Bei Arbeitnehmern, die an sich unkündbar sind, die aber aufgrund eines Sozialplanes oder Rationalisierungsschutzabkommens ihren Arbeitsplatz gegen Zahlung einer Abfindung verlieren, geht § 117 II AFG von einer Kündigungsfrist von 12 Monaten aus, und zwar auch dann, wenn der Sozialplan eine kürzere Frist vorsieht (dazu Vorlage nach Art. 100 GG durch *BSG* SGb 1990, 323). Das Arbeitslosengeld ruht längstens für die Dauer von 1 Jahr und nicht über den Tag hinaus, bis zu dem der Arbeitslose bei Weiterzahlung des während der letzten Beschäftigung verdienten Arbeitsentgelts 70% der Abfindung als Arbeitsentgelt verdient hätte. Dieser Anteil verringert sich bei längerer Betriebszugehörigkeit und höherem Lebensalter:

Betriebszugehörigkeit in Jahren	Lebensalter zum Zeitpunkt der Beendigung des Arbeitsverhältnisses in Jahren					
	bis 40	ab 40	ab 45	ab 50	ab 55	ab 60
weniger als 5	70%	65%	60%	55%	50%	45%
5 und mehr	65%	60%	55%	50%	45%	40%
10 und mehr	60%	55%	50%	45%	40%	35%
15 und mehr	55%	50%	45%	40%	35%	30%
20 und mehr	50%	45%	40%	35%	30%	30%
25 und mehr	45%	40%	35%	30%	30%	30%
30 und mehr	–	35%	30%	30%	30%	30%
35 und mehr	–	–	30%	30%	30%	30%
der Abfindung werden angerechnet						

Plagemann

Arbeitsamt kann durch Genehmigung die befreiende Wirkung von Zahlungen des Arbeitgebers an den Arbeitslosen und damit dessen Erstattungspflicht nach § 117 IV 2 AFG auslösen (*BSG NZA* 1992, 619). Rückwirkende Aufhebung nach § 48 SGB X ist dann nicht erforderlich. Die **Rückdatierung** von Aufhebungsverträgen zur Umgehung der Rechtsfolgen des § 117 II AFG ist nur dann sittenwidrig, wenn beide Parteien diesen Zweck verfolgen und der Hauptzweck des Aufhebungsvertrages in der Täuschung des Arbeitsamtes liegt (*LAG Bad. Württ.* DB 1992, 280).

9. Gestaltungsmöglichkeiten nach dem RRG 92

83 a) Das neue Rentenrecht tritt nach Art. 85 RRG 92 am 1. 1. 1992 in Kraft. Anders als frühere Gesetze stellt das SGB VI entscheidend auf den **Rentenbeginn** ab (§ 300 SGB VI). Lag dieser vor dem 1. 1. 1992, gilt altes Recht, unabhängig vom Zeitpunkt des Versicherungsfalles. Beginnt die Rente erst nach dem 1. 1. 1992, erfolgt die Berechnung nach neuem Recht.

84 b) Das SGB VI enthält verschiedene Gestaltungsmöglichkeiten:
- Zahlung von Beiträgen bei nichterwerbsmäßiger Pflege eines Pflegebedürftigen, § 177 SGB VI. Umwandlung der freiwilligen Beiträge oder Aufstockung von Pflichtbeiträgen innerhalb von **3 Monaten** ab Pflegebeginn.
- **Nachversicherung** für Ausbildungszeiten, die nicht als Anrechnungszeiten angerechnet werden können, § 207 SGB VI, bis zum 31. 12. 2004; ab 1. 1. 2005 nur noch vor Vollendung des 45. Lebensjahres.
- Nachversicherung wegen Beitragserstattung anläßlich der Eheschließung (diese Erstattung war bis 1967 möglich). Frist: 31. 12. 1995, es sei denn, die Versicherte bezieht schon vorher Altersruhegeld oder vollendet das 65. Lebensjahr, § 282 SGB VI.
- Nachversicherung für frühere Beamtinnen, die anstelle der Nachversicherung eine Abfindung erhalten haben, § 283 SGB VI; für Strafgefangene bei unschuldig erlittener Haft, § 205 SGB VI.
- Zuordnung der **Kindererziehungszeiten** für Geburten vor 1992 beim Vater durch gemeinsame Erklärung bis 31. 12. 1994, § 249 VII SGB VI; die Erklärung kann auch von der Mutter allein abgegeben werden, wenn der Vater verstorben ist, Frist: 31. 3. 1995 (§ 249 VII SGB VI).
- Befreiung von der Versicherungspflicht auf **Antrag** für Handwerker, nachdem sie 216 Beiträge entrichtet haben, § 6 I Nr. 4 SGB VI; für Selbständige, die am 31. 12. 1991 im Beitrittsgebiet versicherungspflichtig waren, § 229 a SGB VI.
- **Höherversicherung** nur noch für Geburtsjahrgänge vor 1941, es sei denn der Versicherte hat vor dem 1. 1. 1992 schon Höherversicherungsbeiträge entrichtet, § 234 SGB VI (zur Rentabilität der Höherversicherung vgl. *Schwarz*, Kompaß 1989, 544).
- Versicherungspflicht auf Antrag für Empfänger von Sozialleistungen, § 4 III SGB VI, Frist: 3 Monate nach Beginn der Arbeitsunfähigkeit.
- Versicherungspflicht auf **Antrag** für Entwicklungshelfer und Selbständige, § 4 I, II SGB VI.

10. MdE, GdB, Nachteilsausgleich, Arbeitsunfähigkeit

85 a) Die Minderung der Erwerbsfähigkeit (MdE) im Sinne der §§ 581 RVO, 30 I BVG meint ebenso wie der **Grad der Behinderung** (GdB) im Sinne der §§ 1

und 3 SchwbG die **Auswirkungen** einer Behinderung oder Schädigungsfolge. Während das SchwbG auf die Auswirkungen in allen Lebensbereichen abstellt, geht es bei der MdE um die Frage, welche **Funktionen,** die für die Leistungsfähigkeit im **Erwerbsleben** bedeutsam sein können, durch die anerkannten Unfallfolgen beeinträchtigt werden. Zu ermitteln ist ferner, inwieweit die festgestellten Funktionseinbußen den gängigen Anforderungen des allgemeinen Erwerbslebens nicht gerecht werden und welchen Anteil die Tätigkeiten, mit denen die nicht mehr erfüllbaren Anforderungen verbunden sind, am gesamten Erwerbsleben haben (*BSG* SozR 2200 § 581 Nr. 22; zum SchwbG: *BSGE* 62, 209). Die Begutachtung in diesem Bereich erfolgt unter medizinischen, juristischen, sozialen und wirtschaftlichen Gesichtspunkten und berücksichtigt weniger die Schwere der Verletzung als die Auswirkungen einer Behinderung oder einer Schädigungsfolge (**„Funktionsbegutachtung").** Die individuellen Verhältnisse finden insoweit Berücksichtigung, als z. B. ein „Vorschaden" eine Höherbewertung der MdE zur Folge haben kann. In der Praxis greifen sowohl die Unfallversicherungsträger als auch die Versorgungsämter auf medizinische **Erfahrungswerte** zurück (z. B. Anhaltspunkte für die ärztliche Gutachtertätigkeit im sozialen Entschädigungsrecht, Hrsg. *Bundesminister für Arbeit,* 1983; Rentensätze bei *Izbicki, Neumann, Spohr* Unfallbegutachtung, 9. Aufl., S. 111 ff.). Nach *SG Frankfurt/M* (Breithaupt 1990, 151) ist für einen Zustand nach Brustoperation ein GdB von 50 auch nach Heilungsbewährung angemessen; bei „schwerster Arthrose beider Kniegelenke mit O-Beinverformung" und Lockerung der Bänder: GdB 60 (Breithaupt 1990, 206).

Mit dem Mandanten zu klären ist also im einzelnen, inwieweit eine bestimmte 86 Behinderung bzw. eine Schädigungs- oder Unfallfolge ihn etwa in der Beweglichkeit seiner Extremitäten behindert, vorzeitige Ermüdung herbeiführt, Kopfschmerzen verursacht, Bewegungseinschränkungen im Bereich der Wirbelsäule zur Folge hat usw. Bei der Bildung einer **„Gesamt-MdE"** bzw. eines **„Gesamt-GdB"** sind die Einzelwerte nicht zu addieren, sondern zu **integrieren** (§ 4 III SchwbG; *BSGE* 48, 82). Die Rehabilitationsfunktion des SchwbG steht beim Personenkreis älterer Arbeitnehmer mit typischen Verschleiß-Erkrankungen einer Praxis der Versorgungsverwaltung entgegen, wonach leichtgradige Behinderungen bei der Bildung des Gesamt-GdB weitgehend außer acht bleiben (*SG Frankfurt/M* Breithaupt 1990, 322). Diese „Gesamtschau" aller Behinderungsmomente setzt u. U. ein Zusammenwirken verschiedener medizinischer Fachbereiche voraus. Zwar sind die Gerichte an die Einschätzungen von MdE/GdB durch die Gutachter nicht absolut gebunden, jedoch werden sie von der gerichtlichen Praxis als wichtige und vielfach unentbehrliche Grundlage angesehen.

b) Individuelle Gesichtspunkte werden berücksichtigt, soweit es um das **be-** 87 **sondere berufliche Betroffensein** gem. § 581 II RVO und § 30 II BVG geht. Voraussetzung für eine Erhöhung der MdE nach diesen Bestimmungen ist, daß der Betroffene seine individuellen Kenntnisse und Fähigkeiten wegen der Unfall- bzw. Schädigungsfolgen nicht mehr oder nur noch ganz eingeschränkt auf dem Arbeitsmarkt verwerten kann.

c) Das Schwerbehindertenrecht kennt noch verschiedene **Nachteilsaus-** 88 **gleichstatbestände,** u. a. den der erheblichen Beeinträchtigung der Bewegungsfähigkeit im Straßenverkehr. Diese bemißt sich nach einer Wegstrecke von 2 km bei einer Gehdauer von etwa einer halben Stunde (*BSG* SGb 1988, 238; *SG Berlin* Breithaupt 1991, 338). Außergewöhnlich gehbehindert (**aG**) sind solche

Schwerbehinderte, die sich wegen der Schwere ihres Leidens dauernd nur mit fremder Hilfe oder nur mit großer Anstrengung außerhalb ihres Kraftfahrzeuges bewegen können. Hierzu zählen Querschnittsgelähmte, Doppeloberschenkelamputierte, Doppelunterschenkelamputierte, aber auch einseitig Oberschenkelamputierte, die dauernd außerstande sind, ein Kunstbein zu tragen oder die nur eine Beckenkorbprothese tragen können; ferner solche, die auf Grund von Erkrankungen dem vorstehend aufgeführten Personenkreis gleichzustellen sind. Die Voraussetzungen für das Merkzeichen **aG** sind nur gegeben, wenn der Leidenszustand das Gehen als solches auf das Schwerste einschränkt. Dazu reichen Orientierungsstörungen (*BSG* SozR 3870 § 3 Nr. 18) oder die Infektanfälligkeit eines Herztransplantierten (*LSG Berlin* SGb 1990, 193) nicht aus. Die gesundheitlichen Voraussetzungen für die Befreiung von der Rundfunkgebührenpflicht **(RF)** liegen vor, wenn der Schwerbehinderte mit einem GdB von mindestens 80 wegen seiner Behinderungen „an öffentlichen Veranstaltungen ständig nicht teilnehmen" kann. Der Schwerbehinderte muß allgemein und umfassend von fast allen öffentlichen Veranstaltungen behinderungsbedingt ausgeschlossen sein (*BSGE* 53, 175 ff.). Allerdings ist ein Schwerbehinderter, der mit Krücken gehen und stehen kann, nicht allein deshalb von öffentlichen Veranstaltungen ständig ausgeschlossen, weil er für längere Wege Rollstuhl und Begleitperson benötigt. Auch auf das Fehlen einer Begleitperson kann der Behinderte sich in diesem Fall nicht berufen (*BSG* SozR 3870 § 3 Nr. 25).

89 d) Gem. § 12 SchwbG bedarf die Kündigung des Arbeitsverhältnisses eines Schwerbehinderten durch den Arbeitgeber der vorherigen Zustimmung der Hauptfürsorgestelle. Dieser **Kündigungsschutz** gilt auch für die „Gleichgestellten" (§ 2 SchwbG). Kündigungen ohne diese Zustimmung sind unwirksam. Dies gilt auch dann, wenn der Arbeitnehmer vor der Kündigung beim Versorgungsamt Antrag auf Anerkennung als Schwerbehinderter gestellt hat und dieser Antrag dem Arbeitgeber zur Zeit der Kündigung bekannt ist oder vom Arbeitnehmer spätestens innerhalb einer Regelfrist von **einem Monat** nach Zugang der Kündigung dem Arbeitgeber mitgeteilt wurde. MdE und GdB sind nicht gleichbedeutend mit **Arbeitsunfähigkeit**. Diese liegt vor, wenn ein Versicherter wegen einer Erkrankung seine bisherige Erwerbstätigkeit nicht mehr ausüben kann. Dies ist auch dann der Fall, wenn die Gefahr der Verschlimmerung besteht. Kann der Versicherte noch zeitweise Arbeiten verrichten, z. B. halbtags, liegt ebenfalls Arbeitsunfähigkeit vor. Nach § 74 SGB V ist aber eine stufenweise Wiedereingliederung möglich (dazu *Hoyningen-Huene* NZA 1992, 49 ff). Ist das Arbeitsverhältnis schon beendet, kommt es darauf an, ob der Versicherte die Tätigkeiten verrichten kann, die seiner bisherigen Erwerbsfähigkeit nach Art und Entgelt entsprechen, sofern solche Tätigkeiten auf dem Arbeitsmarkt in nennenswerter Zahl vorhanden sind. Eine **Einkommenseinbuße** von mehr als 10% muß der Versicherte nicht hinnehmen (*BSGE* 61, 66).

11. Pflegefall

(Vgl. dazu allg. *Igl,* Leistungen bei Pflegebedürftigkeit, 1992)

90 a) **Häusliche Krankenpflege** nach § 37 SGB V im eigenen Haushalt durch ambulante Pflegekräfte (dazu § 132 SGB V), wenn Krankenhausbehandlung geboten, aber nicht ausführbar ist oder wenn sie durch die häusliche Krankenpflege vermieden wird. Vorrangig gegenüber Pflegehilfe, § 53 II SGB V. Häusliche Pflege setzt ärztliche Behandlung voraus. Pflege umfaßt Grundpflege (z. B.

Sozialrechtspraxis – typische Problemfelder **C II**

Betten, Lagern, Körperpflege), Behandlungspflege (z. B. Injektionen, Verbandswechsel, Katheder) und hauswirtschaftliche Versorgung (z. B. Wohnungsreinigung und Zubereitung von Mahlzeiten). Übernahme „angemessener" Kosten (dazu BSGE 38, 138) für selbstbeschaffte Ersatzkraft möglich (§ 37 IV SGB V). Anpruchsdauer maximal 4 Wochen. Verlängerung in Ausnahmefällen möglich.

b) Häusliche Pflegehilfe nach §§ 53 ff SGB V bei **Schwerpflegebedürftig-** 90a **keit,** d. h. der Versicherte ist so hilflos, daß er im Bereich der Motorik und Mobilität, der Hygiene, Ernährung und Kommunikation „in sehr hohem Maße" auf fremde Hilfe angewiesen ist (im einzelnen: *Igl,* S. 44 ff). Weitere Voraussetzungen: 15 Jahre Kassenmitgliedschaft oder 36 Monate in den letzten 60 Kalendermonaten vor Feststellung der Schwerpflegebedürftigkeit. Häusliche Pflegehilfe umfaßt entweder Grundpflege und hauswirtschaftliche Versorgung zuhause bis zu 25 Pflegeeinsätzen im Gesamtwert von 700,– DM/Monat (§ 55 SGB V), Urlaubsvertretung für maximal 1 Monat oder laufende Geldleistungen. von 400,– DM monatlich. Davon werden 200,– DM auf Leistungen nach § 69 BSHG angerechnet, § 69 II 4 BSHG. Beihilfe von 400,– DM wird auch nach § 6 I Nr. 7 Satz 3 BeihVO für ständige Pflege durch nahe Angehörige gewährt.

c) Hauspflege nach § 558 RVO, soweit ursächlicher Zusammenmhang zwi- 90b schen Hilflosigkeit und Arbeitsunfall vorliegt, auch wenn später unfallunabhängige Erkrankungen hinzutreten (*BSGE* 41, 80). Steht geeignetes Personal für die Gewährung der Hauspflege nicht zur Verfügung, bleibt nur Anstaltspflege oder Gewährung von Pflegegeld (§ 579 RVO; Anhaltspunkte für die Bemessung von Pflegegeld, abgedr. in: *Igl,* S. 95).

d) Pflegezulage für Kriegsopfer und Beschädigte nach OEG, SoldatenVer- 90c sorgungsG, BSeuchG. Voraussetzung: Anerkannte Schädigungsfolge, die Pflegebedürftigkeit verursacht hat. Schädigungsfolge muß für die Hilflosigkeit eine annähernd gleichwertige Bedeutung haben wie die schädigungsunabhängige Folge (*BSGE* 40, 80, 82). Grad der Pflegebedürftigkeit in 6 Stufen unterteilt. Bei Pflege durch fremde Hilfe werden die dafür aufzuwendenden „angemessenen" Kosten gem. § 35 II BVG erstattet.

e) Kosten für **Anstaltspflege/Heimpflege** werden nach § 35 VII BVG vom 90d Versorgungsamt erstattet, wenn Pflegebedürftigkeit durch Schädigungsfolge wesentlich verursacht wurde oder gem. § 558 II Nr. 2 RVO von dem Unfallversicherungsträger, soweit ursächlicher Zusammenhang zwischen Hilflosigkeit und Arbeitsunfall gegeben ist. Entsprechende Regelung für **Beamte** nach §§ 33, 34 BeamtVG. Teilkostenerstattung für Beamte nach **Beihilferecht.** Soweit Einkommensgrenzen des § 81 BSHG unterschritten werden, Übernahme der ungedeckten Pflegeheimkosten gem. § 68 BSHG zuzüglich Taschengeld durch Sozialhilfeträger. Anspruchsteller muß Vermögen bis zu einem geschützten Betrag von 8000,– DM (§ 88 BSHG) einsetzen. Ein **Pflegefall,** der trotz Krankenhausaufenthaltes keine Leistungspflicht der Kasse nach § 39 SGB V auslöst, liegt vor, wenn der Versicherte nicht (mehr) auf die besonderen Mittel des Krankenhauses (apparative Mindestausstattung, besonders geschultes Personal, jederzeit rufbereiter Arzt) angewiesen ist, um eine Verschlimmerung zu vermeiden, Schmerzen zu lindern oder das Leben zu verlängern. Reine Pflege, die nicht mehr Teil einer medizinischen Behandlung ist, liegt vor, wenn sie lediglich dem Zweck dient, einem Zustand der Hilflosigkeit zu begegnen und dazu der Einsatz gutgeschulter Pfleger ausreicht (*BSG* SozR 2200 § 184 Nr. 22; SGb 1992, 305; *Plagemann,* Med. Begutachtung, Rdnr. 276ff).

90e f) Bei Inanspruchnahme von Sozialhilfe **Unterhaltsregreß** gegen Kinder und Eltern gem. §§ 90, 91 BSHG (dazu o. Rdnr. 10). Der Unterhaltspflichtige genießt des gleichen Schutz wie Hilfeempfänger; anwendbar also Einkommens- und Vermögensgrenzen gem. §§ 79ff, 88 BSHG. Auch Bedarfsrechnung des Unterhaltspflichtigen ist nach sozialhilferechtlichen Grundsätzen vorzunehmen (*HessVGH,* ZfSH/SGB 1992, 356, 360; vgl. auch *BGH,* FamRZ 1992, 795). Verstirbt der Hilfeempfänger, **Kostenersatz** durch Erben gem. § 92c BSHG für Sozialhilfeleistungen, die innerhalb eines Zeitraumes von 10 Jahren für den Erbfall aufgewendet worden sind. Kostenersatz auch insoweit, als Sozialhilfeempfänger z. B. geschütztes Vermögen nach § 88 BSHG hat (einschließlich geschütztes Hausgrundstück gem. § 88 II Nr. 7 BSHG). Kein Kostenersatz, wenn Hilfeempfänger Schonvermögen vor dem Tode an Kinder oder Ehegatten verschenkt hat, etwa im Hinblick auf langjährige Pflegeleistungen. Kleines Hausgrundstück unterliegt auch beim Unterhaltsregreß Schutz nach § 91 I 2 BSHG, so daß auch keine Inanspruchnahme nach § 528 BGB in Betracht kommt (vgl. auch *BVerwG* NJW 1992, 3312).

90f g) Bei Hauspflege **Rentenversicherungsschutz** der Pflegepersonen gem. §§ 57, 177 SGB VI. Voraussetzung regelmäßig wöchentlich mindestens 10 Stunden Pflege und Einschränkung der Beschäftigung bei der Pflegeperson. Erstattung der Beiträge für „angemessene Alterssicherung" der Pflegeperson gem. § 69 III 2 BSHG. Angemessen ist nach der Rechtsprechung eine Alterssicherung nur dann, wenn dadurch Sozialhilfebedürftigkeit der Pflegeperson im Alter vermieden wird (*BVerwG* NVwZ 1991, 72). Kein Unfallversicherungsschutz bei Pflege durch Familienangehörige (*BSG* SozR 2200 § 539 Nr. 134).

90g h) Geplant ist die Einführung einer **Pflegeversicherung.** Diese soll durch die Träger der gesetzlichen Krankenversicherung durchgeführt werden. Der Beitrag für Versicherungspflichtige soll 1 bis 2% des Bruttoeinkommens bis zur Jahresentgeltgrenze gemäß § 6 I Nr. 1 SGB V betragen. Im Versicherungsfall sollen dem Versicherten Pflegeleistungen als Sachleistung gewährt werden, bei Heim- und Anstaltspflege allerdings nur bis zu einem Höchstbetrag von ca. 2100,– DM. Die soziale Sicherung der Pflegepersonen in der häuslichen Pflege soll verbessert werden.

IV. Berufung

1. Form und Fristen

91 – Berufung ist innerhalb **eines Monats** nach Zustellung beim LSG einzulegen. Einlegung beim SG wahrt die Frist. Bei Zustellung im Ausland drei Monate (gilt nicht, wenn das Urteil einem Bevollmächtigten im Inland zugestellt wurde).
– Berufungsfrist von einem Monat beginnt erneut, wenn SG Antrag auf Zulassung der Sprungrevision zurückgewiesen hat (§ 161 II 3 SGG).
– Berufungseinlegung bei Sozialleistungsträgern anderer EG-Staaten ist u. U. fristwahrend (vgl. Art. 86 EWG-VO 1408/71).

– **Berufungsschrift** muß Namen der Parteien sowie angefochtenes Urteil mit Aktenzeichen enthalten. Berufungsschrift muß eigenhändige **Unterschrift** enthalten; Paraphe reicht nicht aus (anders bei Behörden, bei denen Name des Verfassers und Beglaubigungsvermerk ausreicht, *GemS* NJW 1980, 172; Wiedereinsetzung bei fehlender Unterschrift: *LSG Niedersachen* Breithaupt 1989, 702). **Telefax** ausreichend, wenn Berufungsschrift vor Aufgabe als Telefax handschriftlich unterzeichnet (*LSG Rheinl. Pfalz* NZA 1992, 524). **Telefonische Einlegung** nicht fristwahrend.
– **Kein Vertretungszwang** durch Bevollmächtigte; EG-Anwälte können nur mit inländischen Kollegen zusammen auftreten (*LSG Baden-Württemberg* SGb 1985, 575; anders aber *EuGH* NJW 1988, 887).
– Berufung kann auch vom Beigeladenen eingelegt werden, soweit dieser durch das SG-Urteil beschwert ist.

2. Zulässigkeit der Berufung

Gegen Urteil und Gerichtsbescheid ist grundsätzlich die Berufung zulässig, § 143 SGG. LSG ist **Tatsacheninstanz**. Das LSG holt häufig neue Gutachten ein, auch dann, wenn seit der letzten Beweisaufnahme längere Zeit vergangen ist. Zulasssung der Berufung im SG-Urteil oder auf Beschwerde durch Beschluß des LSG notwendig, wenn: 92

a) Wert des Beschwerdegegenstandes bei einer Klage, die eine **Geld- oder Sachleistung** oder einen hierauf gerichteten Verwaltungsakt betrifft, 1000 DM nicht übersteigt. Betrifft z. B. Arzneikostenregreß oder Honorarkürzung i. S. d. § 106 SGB V, Reisekosten i. S. d. § 28 Nr. 2 SGB VI, Kraftfahrzeughilfe i. S. d. § 569a Nr. 5 RVO, Prüfungsgebühren i. S. d. § 56 III Nr. 3a AFG oder Zuzahlungen i. S. d. §§ 40, 41, 43b SGB V. § 144 I Nr. 1 SGG gilt auch für **Grundurteile** nach § 130 SGG, sofern sie nicht laufende oder wiederkehrende Leistungen für mehr als ein Jahr betreffen. Bei Rentenklage für vergangene Zeiträume unter 1 Jahr muß also Streitwert ermittelt werden.

b) Gegenstandswert bei **Erstattungsstreit** zwischen Leistungsträgern, vor allem gem. §§ 102ff. SGB X, 10000 DM nicht übersteigt. Gilt nicht für Leistungszeiträume von mehr als 1 Jahr, auch wenn sie in der Vergangenheit liegen.

Die Berufung ist zuzulassen – gegebenenfalls auf Beschwerde an das Gericht, von dem das Urteil stammt (anders bei Nichtzulassungsbeschwerde gem. § 160a I 2 SGG, Rdn. 96) – sofern
– die Rechtssache grundsätzliche Bedeutung hat (dazu Rdnr. 97),
– das Urteil von einer Entscheidung des BSG (dazu Rdnr. 98) oder des für die Berufung zuständigen LSG abweicht oder
– ein der Beurteilung des LSG unterliegender **Verfahrensmangel** geltend gemacht wird und vorliegt, auf dem die Entscheidung beruhen kann, z. B. unvollständige Sachverhaltsaufklärung (Verstoß gegen §§ 103, 106 SGG), Entscheidung über medizinischen Sachverhalt ohne ausreichende medizinische Fachkompetenz, Beweisanträge übergangen, Befundberichte nicht eingeholt. Ferner: Verletzung **rechtlichen Gehörs**, § 62 SGG, durch Nichtberücksichtigung neuen Vorbringens; Entscheidung ohne mündliche Verhandlung ohne Einverständnis aller Parteien; Ablehnung eines begründeten Vertagungsantrages (§ 227 I ZPO); Verstoß gegen § 109 SGG (vgl. Rdnr. 27); Verstoß gegen § 128 SGG: vorweggenommene Beweiswürdigung, Verstoß gegen allgemeine Denkgesetze bei der Würdigung von Gutachten; Verlet-

zung des Rechts auf freie Beweiswürdigung; Unterlassen einer notwendigen Beiladung gem. § 75 SGG; (*Kummer,* NJW 1989, 1569; Checkliste: Bley, SGb 1988, 522). Verstoß gegen § 96 SGG; verspätete Ablehnung eines Prozeßkostenhilfsantrages (*BSG* SV 1988, 108; vgl. auch Rdnr. 99). Fehlerhafte Rechtsmittelbelehrung bewirkt Zulässigkeit der Berufung nicht.

3. Berufungsbegründung

93 – **Keine Begründungsfrist** und kein Begründungszwang. Zurückweisung als „verspätetes Vorbringen" unzulässig. Berufung eröffnet aber nicht ohne weiteres erneut das Recht nach § 109 SGG. Eine erneute Begutachtung nach § 109 SGG ist nur dann zulässig, wenn neue Gesichtspunkte (z. B. Verschlimmerung oder andere medizinische Argumente) dies rechtfertigen (vgl. Rdnr. 27);
– Zur Begründung kann auf Vortrag der ersten Instanz verwiesen werden, aber: Rüge eines **Verfahrensfehlers** muß ausdrücklich vorgetragen werden;
– **Beweisanträge** im Hinblick auf § 160 II Nr. 2 SGG nötig, da andernfalls keine Begründung für eine Nichtzulassungsbeschwerde möglich (vgl. Rdnr. 99). Beweisantrag muß in der letzten mündlichen Verhandlung zu Protokoll erklärt werden.

4. Aufschiebende Wirkung der Berufung

94   Die Berufung hat gem. § 154 I SGG in den Fällen des § 97 I SGG aufschiebende Wirkung, ferner dann, wenn es um die Rückforderung von Beiträgen geht. Bei Berufungen von Versicherungsträgern und in Angelegenheiten der Kriegsopferversorgung müssen diese ab Erlaß des Urteils Leistungen erbringen, also die sogenannte Urteilsrente zahlen. Diese „Vollstreckung" des erstinstanzlichen Urteils kann nach § 199 II SGG auf Antrag des Trägers durch Beschluß des LSG ausgesetzt werden. Die Entscheidung des LSG ist unanfechtbar, kann aber jederzeit abgeändert werden. Zu dem Antrag des Trägers auf Aussetzung der Vollstreckung ist dem Kläger rechtliches Gehör zu gewähren. Ihm obliegt es nun, darzutun, daß die gegnerische Berufung aussichtslos ist, so daß es einer Aussetzung nach § 199 II SGG nicht bedarf.

95   Hat der Träger in der Berufung obsiegt, ist der Kläger verpflichtet, die **Urteilsrente** zurückzuzahlen. Die Rückzahlungspflicht entfällt insoweit, als – bei rückwirkender Betrachtung – andernfalls die Lebensführung des Klägers unter das Sozialhilfeniveau fallen würde (*BSG* SozR 1500 § 154 Nr. 8; *BSGE* 57, 138). Der Kläger muß durch Vorlage entsprechender Bescheinigungen des Sozialamtes also nachweisen, in welchem Umfang er Sozialhilfe erhalten hätte, wäre ihm die Urteilsrente nicht gewährt worden.

V. Nichtzulassungsbeschwerde

(vgl. *Kummer,* Nichtzulassungsbeschwerde, 1990; *Krasney/Udsching,* Handbuch IX, Rdnr. 45 ff)

1. Form und Fristen

96 – Nichtzulassungsbeschwerde ist beim BSG innerhalb **eines Monats** nach Zustellung des LSG-Urteils einzulegen; Einlegung beim LSG oder anderen Behörden ist nicht fristwahrend. Das LSG kann der Beschwerde nicht abhelfen;

- Die Nichtzulassungsbeschwerde muß **schriftlich** eingelegt werden und vom Bevollmächtigten eigenhändig unterzeichnet sein. Telegrafische und fernschriftliche Einlegung auch ohne Unterschrift ist zulässig, sofern der Name des Bevollmächtigten im Telegramm oder Fernschreiben erscheint. Fehlt auf dem durch **Telebrief** übermittelten Schriftsatz die Wiedergabe der Unterschrift des Bevollmächtigten, ist die Beschwerde nicht formgerecht eingelegt worden (*BSG* SozR 1500 § 160a Nr. 53);
- **Beschwerdeschrift** muß das angefochtene Urteil bezeichnen, d. h. das Gericht, Aktenzeichen sowie Datum der Urteilsverkündung, ferner Name des Klägers und des Beklagten. **Umdeutung** einer Revision in eine Nichtzulassungsbeschwerde ist nicht möglich (*BSG* SozR 1500 § 160a Nr. 6);
- **Vertretungszwang** durch Prozeßbevollmächtigte, § 166 SGG (Ausnahme: Antrag auf Prozeßkostenhilfe und auf Beiordnung eines Anwalts);
- **Begründung** innerhalb einer Frist von zwei Monaten nach Zustellung des LSG-Urteils, § 160a II SGG. Begründungsfrist kann nur einmal bis zu einem Monat verlängert werden.

2. Begründung

a) Rechtsfrage von grundsätzlicher Bedeutung, § 160 II Nr. 1 SGG. Es muß 97 sich um eine **Rechtsfrage** handeln, also um Fragen der Auslegung revisiblen Rechts (und nicht nur Landesrechts: § 162 SGG). Es darf sich nicht um eine Tatfrage handeln (auch nicht um die Beurteilung „besonderer Erfahrungssätze"). Die Rechtsfrage muß „**klärungsbedürftig**" sein. Das ist nicht der Fall, wenn die Beantwortung der Rechtsfrage unmittelbar dem Gesetz zu entnehmen ist (*BSG* SozR 1300 § 14 Nr. 1), oder so gut wie unbestritten ist oder vom BSG bereits entschieden wurde. Klärungsbedürftigkeit kann auch dann vorliegen, wenn erhebliche Einwände gegen die bisherige Rechtsprechung erhoben wurden, die noch nicht Gegenstand einer BSG-Entscheidung waren. Notwendig ist der Nachweis, daß es für die Beurteilung des konkreten Falles auf die Klärung der als grundsätzlich bezeichneten Rechtsfrage ankommt. Aufgabe des BSG ist es nicht, „aus einer Vielzahl vom Beschwerdeführer aufgeworfener und als rechtsgrundsätzlich bezeichneter Rechtsfragen diejenige herauszufinden, über die im Revisionsverfahren notwendigerweise zu entscheiden wäre" (*BSG* SozR 1500 § 160a Nr. 31). Die **grundsätzliche Bedeutung** muß im einzelnen dargetan werden. Dazu sind Ausführungen des Beschwerdeführers erforderlich, aus denen sich ergibt, daß die angestrebte Entscheidung über den Einzelfall hinaus allgemeine Bedeutung besitzt, daß also von der Entscheidung des BSG erwartet werden kann, daß sie in einer bisher nicht geschehenen, jedoch die Interessen der Allgemeinheit berührenden Weise das Recht oder die Rechtsanwendung fortentwickeln oder vereinheitlichen wird (*BSG* SozR 1500 § 160a Nr. 39).

b) Divergenz, § 160 II Nr. 2 SGG. Der Zulassungsgrund der Divergenz, 98 § 160 II Nr. 2 SGG, greift nur bei einem Abweichen von einer Entscheidung des BSG oder des gemeinsamen Senats der obersten Gerichtshöfe des Bundes ein, nicht bei einem Abweichen von einem Urteil des LSG (dann unter Umständen grundsätzliche Bedeutung nach § 160 II Nr. 1 SGG). Die Entscheidung, von der das LSG abgewichen sein soll, muß genau bezeichnet werden, entweder Datum und Aktenzeichen oder genaue Fundstelle. Es muß ferner der **Rechtssatz**, den das BSG aufgestellt hat, genau bezeichnet werden (obiter dictum reicht nicht!). Kein Abweichen, wenn das BSG selbst seine Rechtsprechung geändert hat. Es

C II — Das sozialrechtliche Mandat

kommt auf die entscheidungserhebliche Rechtsfrage an und nicht darauf, ob in den Gründen des LSG Erwägungen angestellt wurden, die darauf schließen lassen, daß das LSG an sich anderer Meinung als das BSG ist, es im konkreten Fall darauf aber nicht ankommt. Keine rügefähige Divergenz liegt vor, wenn lediglich die Möglichkeit des Abweichens besteht, das LSG dazu aber erst weitere Tatsachen feststellen müßte.

99 c) **Verfahrensfehler** (Übersicht: *Kummer,* NJW 1989, 1569). Es muß eine Verletzung des Verfahrensrechts, also des SGG vorliegen, und zwar im Verfahren vor dem LSG (§ 160 II Nr. 3 SGG). Unbeachtlich also Verstöße z. B. gegen das SGB X im Verwaltungsverfahren oder Verfahrensfehler in der ersten Instanz, auch wenn sie von der zweiten Instanz übersehen wurden. Unbeachtlich auch Verstoß gegen sachliche und örtliche Zuständigkeit (§§ 202 SGG, 549 II ZPO). Der geltendgemachte Verfahrensmangel muß tatsächlich vorliegen. Es reicht nicht die bloße Möglichkeit. Das Urteil des LSG muß darauf beruhen, z. B.:

- **Verletzung rechtlichen Gehörs,** § 62 SGG z. B. durch Nichtberücksichtigung neuen Vorbringens; Einführung neuer, als gerichtskundig bezeichneter Tatsachen, zu denen die Parteien sich nicht äußern konnten; Änderung der Auffassung des Gerichtes über den Schädigungsvorgang selbst erst nach Einholung eines medizinischen Gutachtens und ohne Hinweis an die Parteien (*BSG* Breithaupt 1990, 261). Nichtverlegung eines Termines, obwohl Beteiligte oder Prozeßbevollmächtigte erhebliche Gründe dafür vortragen; Übergabe schriftlicher Auskünfte oder Gutachten in der mündlichen Verhandlung, ohne daß die Parteien diese ihrerseits auswerten konnten (der anwaltlich vertretene Kläger muß aber nachweisen, daß er alles unternommen hat, um seine Rechte zu wahren, z. B. erfolglos Vertagung beantragt hat). Die Rüge der Verletzung des rechtlichen Gehörs greift nur dann durch, wenn dargetan wird, welcher Vertrag übergangen wurde, der **Beweisantrag** (vollständig!) bezeichnet wird und daraus deutlich wird, inwieweit davon der Ausgang des Verfahrens zugunsten des Beschwerdeführers beeinflußt worden wäre (*BSG* Breithaupt 1990, 261). Urteil des LSG, ohne daß zuvor über den Prozeßkostenhilfeantrag des Klägers entschieden wurde (*BSG* SV 1988, 108); Aufruf einer Sache nur im Sitzungssaal, nicht im Wartezimmer, mit der Folge, daß Beteiligter den Termin nicht wahrnehmen kann (*BSG* SGb 1971, 147);
- **Entscheidung ohne mündliche Verhandlung,** ohne Einverständnis aller Parteien, § 124 II SGG. In diesem Fall bedarf es nicht des Nachweises, daß mit mündlicher Verhandlung eine andere Entscheidung ergangen wäre (*BSG* SozR 1500 § 124 Nr. 7);
- Verstoß gegen § 75 II SGG: notwendige Beiladung unterlassen (*BSGE* 43, 255); nach *BSGE* 69, 138 kein fortwirkender Verfahrensfehler, wenn Beizuladender weder materiell noch verfahrensrechtlich benachteiligt);
- **Vorschriftswidrige Besetzung des Gerichtes,** etwa Verstoß gegen Geschäftsverteilung oder Verletzung der Vorschriften über Mitwirkung ehrenamtlicher Richter (*BSGE* 7, 230); unzureichende Bestellung eines Berichterstatters nach § 155 SGB (*BSGE* 2, 197, 198; einschränkend *BSG* Breithaupt 1992, 605);
- Verstoß gegen §§ 118 SGG, 404 ZPO (**persönliche Gutachterpflicht**). Dazu muß Kläger darlegen, daß in der nächsten mündlichen Verhandlung der Mangel gerügt wurde. Wegen §§ 295, 558 ZPO muß Kläger aufzeigen, wann

und wo er den von ihm angenommenen Mangel des Berufungsverfahrens gerügt hat oder weshalb Vorschriften im Sinne des § 295 II ZPO verletzt worden seien, auf deren Befolgung nicht wirksam verzichtet werden kann (*BSG* SozR 1500 § 160a Nr. 61);
- Verstoß gegen §§ 144 ff. SGG, etwa wenn das LSG entgegen diesen Bestimmungen die Berufung für zulässig bzw. für unzulässig erachtet;
- **Nichtbeachtung neuer Verwaltungsakte,** die nach § 96 SGG Gegenstand des Verfahrens geworden sind, bzw. Einbeziehung neuer Verwaltungsakte, die nach §§ 96, 153 SGG nicht Gegenstand des Berufungsverfahrens werden konnten;
- Verstoß gegen § 103 SGG wenn das LSG einem **Beweisantrag nicht gefolgt** ist, obwohl es sich zur Beweiserhebung aus der Sicht der eigenen Rechtsauffassung hätte gedrängt sehen müssen (*BSG* SGb 1978, 158). Beweisantrag muß noch in der letzten mündlichen Verhandlung aufrechterhalten worden sein (*BSG* SozR 1500 § 160a Nr. 12). Es muß im einzelnen dargelegt werden, welchen Beweisantrag das Gericht übergangen hat, welcher Sachverständige bzw. Zeuge zu welchem Thema aus welchem Grunde hätte gehört werden müssen. Dazu muß substantiiert dargelegt werden, auf Grund welcher Rechtsauffassung des LSG bei dem von ihm festgestellten Gesamtergebnis des Verfahrens noch Tatsachenfragen klärungsbedürftig erscheinen und das LSG sich zu einer weiteren Sachaufklärung hätte gedrängt sehen müssen (*BSG* SozR 1500 § 160a Nr. 14). Mit dem Argument, das Gericht hätte auf einen entsprechenden Beweisantrag hinwirken müssen, kann die Beschwerde nicht begründet werden;
- Verletzung des **Fragerechts** nach §§ 116, 118 SGG, 402, 397 ZPO, sofern der Beschwerdeführer im einzelnen darlegt, daß dem Sachverständigen sachdienliche Fragen gestellt worden wären, die das LSG zu einer anderen Einschätzung veranlaßt hätten (*BSG* NJW 1992, 455).
- Verstoß gegen § 128 II SGG, wenn das LSG das Urteil auf Beweisergebnisse oder Tatsachen stützt, zu denen sich der Beteiligte nicht äußern konnte (gleichzeitig **Verletzung rechtlichen** Gehörs, § 62 SGG).

Nicht rügefähig ist eine Verletzung der §§ 109 und 128 I SGG. Auch wenn **100** das LSG offensichtlich rechtswidrig einen Antrag nach § 109 SGG übergangen hat, führt dies nicht zur Zulassung der Revision, es sei denn, daß die Ablehnung des Beweisantrages zugleich einen Verstoß gegen § 103 SGG darstellt.

VI. Revision

1. Form und Fristen

- Zulassung durch LSG oder auf Beschwerde durch BSG (vgl. Rdnr. 96). Eine **101** zulassungsfreie Revision wie in § 133 VwGO kennt das SGG nicht;
- „**Sprungrevision**", § 161 SGG setzt ausdrückliche Zustimmung des Gegners (des Beigeladenen nur dann, wenn er verurteilt wurde) voraus, etwa zu Protokoll des SG oder in schriftlicher Form. Zustimmung muß innerhalb der Revisionsfrist beim BSG vorliegen. Nicht ausreichend Vorlage der Zustimmung zusammen mit der Revisionsbegründung. Zulassung der Sprungrevision durch SG kann auch nach Zustellung des SG-Urteils innerhalb eines Monats beantragt werden. Gleichzeitig kann – zur Fristwahrung – Berufung eingelegt werden;

C II

- Einlegung der Revision beim **BSG** innerhalb eines Monats nach Zustellung des Urteils (Angabe der Parteien mit Name und Anschrift sowie des angefochtenen Urteils mit Datum der Verkündung und Aktenzeichen nötig). Einlegung durch Telegramm, Telekopie oder Fernkopie zulässig, bei Telebrief ist Wiedergabe der Unterschrift nötig;
- Begründung durch unterzeichneten Schriftsatz innerhalb einer Frist von zwei Monaten nach Zustellung des Urteils; nach **Wiedereinsetzung:** einen Monat ab Zustellung des Beschlusses über die Wiedereinsetzung (*BSG* SozR 1500 § 164 Nr. 9);
- Begründungsfrist kann auf begründeten Antrag (eingehend vor Fristablauf) auch mehrfach verlängert werden. Konkreter Revisionsantrag notwendig. Begründung muß sich mit dem angefochtenen Urteil auseinandersetzen. Bezugnahme auf frühere Schriftsätze oder solche in Parallelverfahren nicht ausreichend. Bezugnahme auf die Nichtzulassungsbeschwerde reicht nur dann und insoweit aus, als eindeutig ist, auf welche Zulassungsrüge die Revisionsbegründung nun tatsächlich gestützt wird (*BSG* SozR 1500 § 164 Nr. 27);
- Unzulässig ist die **Klageänderung** im Revisionsverfahren, § 168 SGG, einschließlich Erweiterung, etwa indem der Anspruch auf eine völlig neue Rechtsgrundlage gestützt wird (*BSGE* 60, 38);
- Zulässig ist jedoch der Wechsel von **Haupt- auf Hilfsantrag,** Beschränkung des Anspruchs auf Übergang zur Fortsetzungsfeststellungsklage. Keine Einbeziehung neuer Bescheide, § 171 II SGG. Neue Bescheide gelten danach als vor dem SG angefochten;
- **Vertretungszwang** nach § 166 SGG für die Beteiligten, soweit es sich nicht um Behörden handelt, die sich auch vor dem BSG selbst vertreten können. Kein Vertretungszwang für einzelne Prozeßhandlungen, z. B. Antrag auf Prozeßkostenhilfe, Klagerücknahme, Zustimmung zur Entscheidung ohne mündliche Verhandlung, zum Ruhen des Verfahrens.

2. Begründung

102 – Verletzung **materiellen Bundesrechts** durch das LSG. Das Urteil muß auf der verletzten Norm beruhen, d. h. es muß für die Entscheidung auf die vom Kläger als fehlerhaft gerügte Auslegung durch das LSG ankommen. Die Verletzung von **Landesrecht** kann nach § 162 SGG nur dann gerügt werden, wenn es entweder auf Bundesrecht Bezug nimmt oder über den Bereich eines Bundeslandes hinaus Gültigkeit hat oder inhaltlich gleiche Vorschriften in Bezirken verschiedener LSGe gelten und dies bewußt und gewollt um der Rechtseinheit willen geschehen ist oder das Landesrecht dieselben Begriffe verwendet wie das Bundesrecht. Der Revisionskläger muß, um die verletzte Rechtsnorm ordnungsgemäß zu „bezeichnen" (§ 162 SGG), konkret eine gleichlautende Norm in einem anderen LSG-Bezirk bezeichnen und darlegen, daß und aus welchem Grunde sie zum Zwecke der Vereinheitlichung erlassen wurde (*BSGE* 58, 45, 51). An eine Änderung irrevisiblen Landesrechts, die gegen das Willkürverbot verstößt, ist das BSG nicht gebunden (*BSGE* 62, 131, 135). Zum **Bundesrecht** gehören auch Normen des GG, völkerrechtliche Verträge (einschl. EWG-VO) und Recht der früheren DDR, z. B. soweit RÜG darauf Bezug nimmt. Nicht dagegen Normen ausländischen Rechts. Die Revisionsbegründung muß alle Streitteile betreffen (*BSGE* 65, 8, 11).

103 – **Nicht rügefähig** ist die Würdigung des Sachverhalts durch das LSG, etwa

soweit es einem bestimmten Gutachter folgt, bei der Beurteilung einer beruflichen Tätigkeit einen bestimmten Tarifvertrag angewandt hat, grobe Fahrlässigkeit im Sinne des § 45 II 2 SGB X angenommen hat (dazu: *BSGE* 47, 180) oder bei der Vertragsauslegung einzelne Erklärungen der Parteien in bestimmter Weise gewürdigt hat (*BSGE* 52, 47). Derartige Tatsachenfeststellungen binden das BSG nur dann gem. § 163 SGG nicht, wenn sie ordnungsgemäß als verfahrensfehlerhaft gerügt wurden (dazu Rdnr. 99);
– Verletzung von Verfahrensvorschriften durch das LSG (nicht des SGB X während des Verwaltungsverfahrens oder des SGG im Verfahren der ersten Instanz). Als rügefähig kommen sämtliche Vorschriften des SGG in Betracht, sofern sie sich auf die angefochtene Entscheidung ausgewirkt haben und der Revisionskläger nicht auf seine Rechte verzichtet hat (§ 295 ZPO), z. B. Verletzung rechtlichen Gehörs (§ 62 SGG), Einbeziehung neuer Verwaltungsakte (§ 96 SGG), der Vorschriften über die Zulässigkeit der Berufung gem. § 144 SGG, der §§ 103, 109, 128 SGG. Zwar gilt hier die Beschränkung des § 160 II Nr. 3 SGG (Rdnr. 99) nicht, jedoch muß genau angegeben werden, welchem **Beweisantrag** das LSG aus der Sicht seiner Rechtsauffassung hätte folgen müssen, in welchem Punkt der benannte Zeuge nähere Aufklärung hätte geben können, in welchem Schriftsatz bzw. in welchem Termin der Antrag nach § 109 SGG gestellt wurde und warum dies nicht verspätet im Sinne des § 109 II SGG war, gegen welche „Denkgesetze" das LSG bei der Sachverhaltsfeststellung bzw. der Gutachtensauswertung verstoßen hat (*BSG SozR* 1500 § 128 Nr. 21) oder welche allgemeinen Erfahrungssätze das LSG außer acht ließ (z. B. *BSGE* 61, 113) und inwieweit die weitere Beweisaufnahme das Ergebnis des Rechtsstreites zugunsten des Revisionsklägers beeinflußt hätte. Kommen zwei Sachverständige zu entgegengesetzten Ergebnissen, müssen vor einer abschließenden Beweiswürdigung alle weiteren Aufklärungsmöglichkeiten, z. B. nach den wissenschaftlichen Lehrmeinungen, ausgeschöpft werden, um die Widersprüche zu verringern (*BSG SozR* 1500 § 128 Nr. 31). Gegen § 103 SGG verstößt das LSG, wenn es sein Urteil allein auf ein medizinisches Gutachten stützt, das der Beklagte eingeholt hat und gegen das der Kläger nicht unerhebliche Einwände erhoben hat (*BSG SV* 1988, 53). Es muß nicht nur der **Verfahrensfehler** bezeichnet werden, sondern es muß auch dargelegt werden, daß das LSG – bei verfahrensfehlerfreiem Vorgehen – zu einem anderen Urteil gelangt wäre, das Urteil also auf dem bezeichneten Mangel beruhen kann. Ohne formgerechte Rüge prüft das BSG die Verletzung von Verfahrensvorschriften nicht (Ausnahme: § 75 II SGG; *BSGE* 43, 255). Verfahrensrügen bei **Sprungrevision** ausgeschlossen (§ 161 IV SGG). **104**

3. Achtung: Bindungswirkung, § 163 SGG!

Das BSG ist an die in dem angefochtenen Urteil getroffenen Feststellungen (auch soweit sie nur in den Entscheidungsgründen aufgeführt wurden) gebunden. Ausnahme: widersprüchliche Tatsachenfeststellungen (*BSG SozR* 2200 § 1246 Nr. 139). Sowohl der Revisionskläger als auch sein Gegner, der das Urteil der Vorinstanz verteidigt, müssen also sorgfältig prüfen, ob das LSG den Sachverhalt vollständig und zutreffend ermittelt hat oder ob, etwa aus der Sicht der von der Gegenseite vertretenen Rechtsauffassung, der Tatsachenstoff ergänzungs- bzw. korrekturbedürftig ist. Dies kann nur durch die Rüge erfolgen, der vom LSG festgestellte Sachverhalt sei verfahrensfehlerhaft (z. B. Verstoß gegen **105**

§§ 62, 103, 128 SGG) zustande gekommen. Der Revisionsbeklagte kann seine „Gegenrügen" bis zum Schluß der mündlichen Verhandlung erheben, sie sind auch dann zulässig, wenn sie zuvor im Verfahren vor dem LSG nicht vorgetragen wurden. Wegen § 161 IV SGG ist bei der **Sprungrevision** die Rüge, der Sachverhalt sei verfahrensfehlerhaft festgestellt, ausgeschlossen. Schon deshalb sollte von diesem Rechtsmittel nur mit großer Vorsicht Gebrauch gemacht werden.

VII. Kosten und Gebühren

1. Gerichtskosten

106 Nach § 183 SGG besteht grundsätzlich **Gerichtskostenfreiheit**. Ein Referentenentwurf des BMJ sieht die Auferlegung von Gerichtskosten im Falle des Unterliegens auch zulasten der Bürger vor, sofern die Voraussetzungen des § 116 II BRAGO gegeben sind. Kosten der vom Gericht gem. §§ 103, 106 SGG eingeholten Gutachten trägt die Staatskasse – gleichgültig ob der Kläger obsiegt oder nicht. Für Gutachten nach § 109 SGG verlangt das Gericht regelmäßig einen Kostenvorschuß (dazu Rdnr. 27).

107 Beim Nachweis der Verschleppungs- oder Irreführungsabsicht oder von Mutwillen kann das Gericht **Mutwillenskosten** gem. § 192 SGG auferlegen. Mutwillig ist die Prozeßführung, wenn der Beteiligte die Erfolglosigkeit der weiteren Prozeßführung kennt und entgegen besserer Einsicht von der weiteren Rechtsverfolgung nicht Abstand nimmt. Der bloße Verdacht reicht nicht. Im Einzelfall stellt sich dann die Frage, ob hier nicht ein Fall der Querulanz vorliegt, der Zweifel an der Prozeßfähigkeit begründet. Zwar muß sich jeder Beteiligte das Verhalten seines **Bevollmächtigten** zurechnen lassen. Mutwillenskosten können aber nur dem Beteiligten, nicht seinem Bevollmächtigten auferlegt werden. Über die Mutwillenskosten entscheidet das Gericht im Urteil oder durch Beschluß. Gegen die Entscheidungen des SG kann Berufung (soweit es nur um die Mutwillenskosten geht, ist sie gem. § 144 IV SGG unzulässig) oder Beschwerde eingelegt werden. Wird die Klage im Berufungsverfahren zurückgenommen, wird die Auferlegung von Mutwillenskosten, soweit sie im Urteil erfolgt ist, hinfällig.

2. Kosten öffentlich-rechtlicher Organisationen

108 **Behörden, Körperschaften und Anstalten des öffentlichen Rechts** können die Erstattung ihrer Kosten nicht verlangen, uanbhängig davon, ob sie obsiegt haben oder nicht (§ 193 IV SGG). Dies gilt nicht in Verfahren i. S. des § 116 II Nr. 1 und 4 BRAGO betr. Kassenärzte und Leistungserbringer nach dem SGB V. Als Beklagte schulden sie – ebenfalls unabhängig vom Ausgang des Verfahrens – eine Pauschgebühr (§ 184 SGG).

3. Außergerichtliche Kosten

109 Ob und in welchem Umfang der Beklagte dem Kläger dessen außergerichtliche Kosten zu erstatten hat, entscheidet das Gericht, entweder im Urteil oder durch Beschluß auf Antrag (z. B. bei Anerkenntnis oder Vergleich; dazu Rdnr. 39). Auch Beschlüsse über Anträge auf Erlaß einer einstweiligen Anordnung müssen eine Kostenentscheidung enthalten, ebenso ablehnende Beschlüsse im

Nichtzulassungsbeschwerdeverfahren. Soweit das BSG die Revision zuläßt, folgen die Kosten der Revisionsentscheidung. Das Gericht kann die Kosten quoteln, und zwar entsprechend dem Erfolg des Rechtsmittels. Dies gilt auch, wenn der Träger auf Grund eines vom Gericht eingeholten Gutachtens ein Anerkenntnis über Leistungen nach Klageerhebung abgibt (*LSG München* Breithaupt 1986, 365 [Rdnr. 39]).

4. Gegenstand der Kostenentscheidung

Erstattungsfähig sind die gesetzlichen Gebühren und Auslagen eines Rechtsanwalts (§ 193 III SGG), ferner Aufwendungen, die zur Aufklärung des Sachverhaltes notwendig waren und weitere Beweiserhebungen erspart haben. Von der Kostenentscheidung umfaßt werden auch die Kosten des vorangegangenen **Widerspruchsverfahrens** (*SG Berlin* Breithaupt 1990, 438) sofern die Zuziehung eines Bevollmächtigten gem. § 63 II SGB X notwendig war (dazu *BSG* SozR 1300 § 63 Nr. 12; NZS 1992, 159). Über die Notwendigkeit der Zuziehung eines Anwaltes ist im sozialgerichtlichen Urteil und nicht im Kostenfestsetzungsverfahren zu entscheiden (*LSG Nordrhein-Westfalen* AnwBl 1988, 488). Erstattungsfähig sind auch die Kosten für Fotokopien der Gutachten, die das Gericht eingeholt hat und die der Anwalt nun dem Mandanten zuschickt (*SG Reutlingen* AnwBl 1986, 110). Erstattungsfähig sind ausnahmsweise auch die Kosten von **Privatgutachten**, wenn sie dem Antragsteller die andernfalls nicht mögliche Abgabe einer sachkundigen Stellungnahme ermöglichen oder unmittelbar zur Verfahrensbeendigung führen (*SG Frankfurt/M* Breithaupt 1992, 166).

110

5. Angemessenheit der Anwaltsgebühren

Über die Angemessenheit der Anwaltsgebühren entscheidet der Urkundsbeamte (§ 197 I SGG). Gegen seine Entscheidung kann innerhalb eines Monats **Erinnerung** eingelegt werden, über die – sofern der Urkundsbeamte nicht abhilft – der Kammervorsitzende ohne mündliche Verhandlung entscheidet. Überschreitet die vom Anwalt in Rechnung gestellte Gebühr den Rahmen des § 12 BRAGO um mehr als 20%, ist der Urkundsbeamte zur Abänderung befugt (*BSG* AnwBl 1984, 565; *SG Münster* AnwBl. 1992, 399).

111

6. Höhe der Anwaltsgebühren

Die Höhe der Anwaltsgebühren richtet sich nach § 116 I i. V. m. § 12 BRAGO, sofern nicht nach Streitwert abzurechnen ist (§ 116 II BRAGO). Die Rahmengebühr nach § 116 BRAGO fällt auch im Widerspruchsverfahren an. Sie beträgt dann etwa ⅔ der im Verfahren vor dem SG nach § 116 I 1 BRAGO anfallenden Rahmengebühr (*BSG* SozR 1300 § 63 Nr. 2, vgl. auch: *LSG Nordrhein-Westfalen* AnwBl 1986, 44). Diese Gebühren sind zu verzinsen (*SG Speyer* Breithaupt 1992, 964).

112

Auszugehen ist von der für Normalfälle (Bedeutung, Umfang und Schwierigkeit sowie Vermögensverhältnisse duchschnittlich) anzusenden **Mittelgebühr.** Diese beträgt (ab 1. 9. 1990):

113

vor dem Sozialgericht 570 DM
vor dem Landessozialgericht 670 DM
vor dem Bundessozialgericht 1100 DM.

(vgl. im einzelnen *Madert/Tacke*, Anwaltsgebühren in Verwaltungs-, Steuerund Sozialsachen, 1991, VI). Wirkt der Anwalt bei einem Vergleich mit oder kommt es zur Erledigung nach § 24 BRAGO, erhöhen sich die Gebühren gem. § 116 III BRAGO. Vgl. im einzelnen *Plagemann*, NJW 1990, 2717 ff; G Rdnr. 138 ff, 142. Mitwirkung i. S. § 24 BRAGO liegt nur vor, wenn RA die Erledigung der Hauptsache durch besondere, gerade darauf gerichtete Bemühungen erkennbar verfolgt hat und diese zur außergerichtlichen Erledigung nicht nur unwesentlich beigetragen haben. Klagebegründung und Beweisanträge reichen nicht (*SG Oldenburg v. 22. 1. 1992 – SGS 900 ZZ/91 –*; *Schürmann*, SGb 1991, 393; *Schmidt* ZAP F 24 S. 151 f).

7. Prozeßkostenhilfe

114 Dem Prozeßkostenhilfeanwalt steht ein Anspruch auf Vorschuß (§ 127 BRAGO) gegen die Staatskasse nicht zu (*LSG Niedersachsen* SV 1988, 223). Dies gilt auch dann, wenn der Mandant bereits im Rahmen der Prozeßkostenhilfe Raten gezahlt hat, die den verlangten Kostenvorschuß voll abdecken. Etwas anderes gilt in den Fällen des § 116 II BRAGO.

VIII. Werte in der Sozialversicherung 1993

115 Beitragsbemessungsgrenze Renten- und Arbeitslosenversicherung – West (§ 159 SGB VI)

jährlich:	86 400,— DM
monatlich:	7 200,— DM

Beitragsbemessungsgrenze Renten- und Arbeitslosenversicherung – Ost (§ 275 a SGB VI)

jährlich:	63 600,— DM
monatlich:	5 300,— DM

Beitragssatz RV 17,5% ALV 6,5%

Höchstbeitrag für freiwillig Versicherte
West/Ost monatlich RV 1 260,00 DM

Mindestbeitrag für freiwillig Versicherte
West/Ost monatlich RV 92,75 DM

Regelbeitrag RV für Selbständige, § 165 SGB VI
– West 649,25 DM
– Ost 477,75 DM

Bezugsgröße, § 18 SGB IV
– West 3 710,— DM
– Ost 2 730,— DM

Verdienstgrenze für Geringfügige, §§ 8, 18 SGB IV
– West 530,— DM
– Ost 390,— DM

Beitragsbemessungsgrenze KV (§§ 6 Abs. 1 Nr. 1, 223 SGB V)
– West jährlich: 64 800,— DM
  monatlich: 5 400,— DM
– Ost jährlich: 47 700,— DM
  monatlich: 3 975,— DM

Aktueller Rentenwert
– West (§§ 68, 309 SGB IV, RAV 1992) 42,63 DM
– Ost 28,19 DM

Werte in der Sozialversicherung 1993   C II

Einkommensgrenzen für Sozialzuschlag – Ost – (G. v. 25. 7. 1991,
BGBl. I, 1606, RAV '92)
für Alleinstehende: 658,— DM/Monat
für Verheiratete: 1 054,— DM/Monat

Allgemeine Hinzuverdienstgrenze für vorgezogene Altersrenten (§ 34
Abs. 3 Nr. 1 SGB VI)
– West 530,— DM
– Ost 390,— DM

Mindestverdienstgrenzen bei Teilrenten, §§ 42, 34 Abs. 3 Nr. 2 SGB VI

	Ost	West
⅓ der Vollrente	986,65	1 492,05 DM
½ der Vollrente	739,99	1 119,04 DM
⅔ der Vollrente	493,33	746,03 DM

Sozialhilferegelsatz für Haushaltsvorstand ab 1. 7. 1992
(§ 22 BSHG)/Hessen 510,— DM

Unzumutbare Belstung i. S. : 61 II SGB V
West: 1 484,00 DM/Monat
Ost: 1 092,00 DM/Monat

C III. Das verwaltungsrechtliche Mandat

Siegfried de Witt

Übersicht

	Rdnr.
I. Besonderheiten des verwaltungsrechtlichen Mandats	1
II. Beratung des Mandanten	4
1. Gesprächsvorbereitung	4
2. Besprechung mit dem Mandanten	9
3. Maßnahmen	25
III. Verwaltungsverfahren	31
1. Rechte des Mandanten	31
2. Verfahrensrecht	50
IV. Verwaltungsgerichtsverfahren	76
1. Das Verfahren vor den Verwaltungsgerichten	76
2. Verfahrensablauf	84
3. Klagearten	95
4. Anfechtungsklage	97
5. Verpflichtungsklage	102
6. Untätigkeitsklage	107
7. Feststellungsklage	110

	Rdnr.
8. Leistungsklage	115
9. Unterbrechungen und sonstige Verfahrensbeendigungen	117
10. Massenverfahren	122
11. Normenkontrolle	123
12. Berufung	129
13. Revision	133
V. Vorläufiger Rechtsschutz	138
1. Überblick	138
2. Das Verfahren nach § 80 VwGO	139
3. Einstweilige Anordnung	148
4. Baurecht und VA mit Doppelwirkung	155
VI. Kosten und Vollstreckung	160
1. Streitwert	160
2. Kosten des Verwaltungsverfahrens	161
3. Kosten des Gerichtsverfahrens	164
4. Vollstreckung des Verwaltungsakts	169
5. Vollstreckung von Urteilen	172

Literatur: *Battis/Krautzberger/Löhr*, BauGB, 3. Aufl. 1991; *Bosch/Schmidt*, Praktische Einführung in das verwaltungsgerichtliche Verfahren, 5. Aufl. 1992; *Busse/Linke*, Die anwaltliche Praxis in Verwaltungssachen I, 1987; *Erbguth*, Bauplanungsrecht, 1989; *Erichsen/Martens*, Allgemeines Verwaltungsrecht, 9. Aufl. 1992; *Eyermann/Fröhler*, VwGO, 9. Aufl. 1988; *Finkelnburg/Jank*, Vorläufiger Rechtsschutz im Verwaltungsstreitverfahren, 3. Aufl. 1986; *Finkelnburg/Ortloff*, Öffentliches Baurecht, 2. Aufl., Bd. I und II, 1990; *Hoppe/Schlarmann*, Rechtsschutz bei der Planung von Straßen und anderen Verkehrsanlagen, 2. Aufl. 1981; *Maurer*, Allgemeines Verwaltungsrecht, 7. Aufl. 1990; *v. Münch* (Hrsg.), Besonderes Verwaltungsrecht, 9. Aufl. 1992; *Kopp*, VwGO, 8. Aufl. 1989; *ders.*, VwVfG, 5. Aufl. 1991; *Redeker/von Oertzen*, VwGO, 9. Aufl. 1988; *Redeker/Uechtritz* (Hrsg.), Anwaltshandbuch für Verwaltungsverfahren, Köln 1992; *Ronellenfitsch*, Einführung in das Planungsrecht 1986 (Wissenschaftliche Buchgesellschaft). – **Fachzeitschriften:** Deutsches Verwaltungsblatt (DVBl); Die öffentliche Verwaltung (DÖV); Neue Zeitschrift für Verwaltungsrecht (NVwZ).

I. Besonderheiten des verwaltungsrechtlichen Mandats

1 Dargestellt wird das verwaltungsrechtliche Mandat aus der Sicht des Anwalts, der den **Bürger** gegen die Verwaltung vertritt. Behörden vertreten sich vor Gericht meist selbst. Einige Besonderheiten des verwaltungsgerichtlichen Mandats sollen vorweg dargestellt werden.

Auf der Gegenseite steht eine **Behörde** oder Selbstverwaltungskörperschaft, deren Rechte wie Pflichten sich von einem privaten Gegner grundsätzlich unterscheiden. Behörden können hoheitlich anordnen, den Bürger mit Pflichten belasten, ihm die Ausübung von Rechten versagen oder beschränken und die eigenen Anordnungen mit hoheitlichem Zwang durchsetzen. In ihrem Verhalten und ihren Entscheidungen sind sie determiniert von den Verfahrensgesetzen, den jeweils einschlägigen Fachgesetzen, Verwaltungsvorschriften und Erlassen – und nicht zuletzt von den Mechanismen bürokratischer Organisation. Oft kann dieser Gegner die Rechtslage selbst gestalten, z. B. bei der Aufstellung von Bebauungsplänen. Aber auch bei einzelnen Verwaltungsentscheidungen ist der Behörde häufig ein Ermessen eingeräumt, das in einem späteren verwaltungsgerichtlichen Verfahren nur beschränkt auf Fehler überprüft werden kann. Weitere Unwägbarkeiten werden durch unbestimmte Rechtsbegriffe und Beurteilungsspielräume begründet.

Verwaltungsverfahren, Widerspruchsverfahren und gerichtliches Verfahren sind so miteinander verzahnt, daß die tatsächliche und rechtliche Auseinandersetzung frühzeitig beginnen muß. Nachträglicher Rechtsschutz ist meist schwieriger zum Erfolg zu führen; rund 80% der Klagen und Rechtsmittel werden von den Verwaltungsgerichten abgewiesen. Das vorrangige Ziel anwaltlicher Tätigkeit muß es sein, das **Verwaltungshandeln** so zu **beeinflussen,** daß eine **dem Mandanten günstige Entscheidung erreicht** wird. Dazu kann es notwendig sein, tatsächliche Voraussetzungen für eine Genehmigung zu schaffen, Versagungsgründe durch Nachweis zu beseitigen, die dem Mandanten günstigen Ermessensgesichtspunkte herauszuarbeiten usw. Das Gespräch zu den zuständigen Behörden ist zu suchen (Rdnr. 29), es ist – soweit möglich – präventiv zu handeln. Kommt der Mandant erst nach negativem Ausgang des Verwaltungsverfahrens zum Anwalt, kann im Einzelfall auch nach Erhebung einer Klage noch Gelegenheit und Grund zu einer Verhandlungslösung bestehen.

Im Verwaltungsrecht stammen die einschlägigen Vorschriften oft von verschiedenen Normgebern und sind weit verstreut; es gibt keinen „Palandt des Verwaltungsrechts" und wird ihn auch nicht geben (*Redeker*, NVwZ 1982, 1, 2). Hat man die Vorschriften aufgefunden, erschließen sie sich oft erst im Licht der Rechtsprechung. Ein Teil der Verwaltungsvorschriften im engeren Sinne wird überhaupt nicht publiziert, allerdings haben die Verfahrensbeteiligten einen Auskunftsanspruch (Rdnr. 27).

Die Beamten- und Richterschaft ist spezialisiert, der Anwalt muß sich erst einarbeiten. Dabei lassen für ihn die von den Gerichten und Verwaltungsbehörden festgesetzten niedrigen Gegenstandswerte regelmäßig eine kostendeckende Bearbeitung nicht zu; es ist deshalb fast immer der Abschluß einer **Honorarvereinbarung** erforderlich (siehe Rdnr. 7, 20).

Wer ein verwaltungsrechtliches Mandat übernimmt, muß – nicht zuletzt aus Haftungsgründen – sich mit der nötigen **Fachliteratur** vertraut machen. Die Anschaffung auch teurer Literatur zahlt sich in der Regel rasch aus, wenn der ersparte Zeitaufwand betriebswirtschaftlich bewertet wird.

Bei Übernahme eines Mandats sind regelmäßig folgende Überlegungen anzustellen:

– Was ist der Sachverhalt? Welches Ziel verfolgt der Mandant? (Rdnr. 9)
– Welchen Aufwand wird die Sachbearbeitung erfordern? Honorarvereinbarung erforderlich? (Rdnr. 7, 20)
– Wie sieht die materiell-rechtliche Position des Mandanten aus? Wenn er einen begünstigenden Verwaltungsakt oder eine sonstige Leistung der Verwaltung erstrebt, ist eine Anspruchsgrundlage zu suchen (Rdnr. 32). Wenn er einen belastenden Verwaltungsakt abwehren will, ist dessen Rechtswidrigkeit sowie die Rechtsverletzung des Mandanten zu prüfen (Rdnr. 43).

- Liegen die tatsächlichen Voraussetzungen dieser Normen vor? Sind sie beweisbar? (Rdnr. 14)
- Müssen zur Fristwahrung Rechtsmittel eingelegt werden (Rdnr. 10)? Muß vorläufiger Rechtsschutz in Anspruch genommen werden (Rdnr. 138 ff)? Müssen – in Planungs- und Genehmigungsverfahren – fristgebundene Einwendungen vorgebracht werden, um Präklusion zu vermeiden (Rdnr. 12)?
- Kann noch gestaltend auf die behördliche Tätigkeit eingewirkt werden? Besteht Anlaß und Möglichkeit zur Durchsetzung der Ziele des Mandanten ohne Klage (Vertrag, Verwaltungsakt mit Nebenbestimmungen)? Verspricht eine Klage mit Parallelverhandlungen Erfolg?

II. Beratung des Mandanten

1. Gesprächsvorbereitung

Das erste Gespräch mit dem Mandanten sollte gut vorbereitet werden, um Ziele des Mandanten, Sachverhalt und rechtliche Möglichkeiten bereits hier grundsätzlich zu erörtern.

4 a) **Vorarbeiten.** Nahezu in jedem Verwaltungsstreitfall liegt bereits ein **Schriftwechsel** vor, bevor sich der Mandant beim Anwalt meldet. Zur Vorbereitung des Gesprächs sollte der Mandant deshalb aufgefordert werden, den Sachverhalt und seine eigenen Ziele schriftlich zu formulieren. Der Schriftwechsel sowie z. B. ergangene Bescheide, öffentl. Bekanntmachungen (Zeitungsausschnitte), Pläne und Gutachten sollten möglichst vollständig vorliegen.

5 Anhand dieser Unterlagen kann eine erste rechtliche Einordnung erfolgen. Zur eigenen Orientierung empfiehlt sich zunächst ein Blick in das einschlägige Gesetz. Gesetze und Verordnungen ändern sich rasch. Es ist deshalb die Fassung im Zeitpunkt des Bescheides zu ermitteln. Die Rechtslage erschließt sich oft erst aus der Kenntnis der Rechtsverordnungen und Verwaltungsvorschriften. Stehen dem Anwalt die einschlägigen Vorschriften nicht unmittelbar zur Verfügung, können sie bei den zuständigen Behörden oder dem Verwaltungsgericht eingesehen werden.
Technische Regelwerke können als antizipierte Sachverständigengutachten bewertet werden (*BVerwGE* 55, 250 zur TA-Luft; vgl. *Kopp* VwGO, § 86 Rdnr. 5 a). Es ist deshalb oft nötig, die einschlägigen Technischen Regelwerke (DIN, VDI usw.) zu beschaffen.
Meist macht die Abgrenzung des Verwaltungs- zum Privatrecht keine Schwierigkeiten. Im Einzelfall muß anhand der einschlägigen Rechtsnormen untersucht werden:
- Kann aus der Norm nur ein Träger der öffentlichen Gewalt berechtigt oder verpflichtet werden?
- Steht die Norm im Sachzusammenhang mit Vorschriften, die dem Allgemeininteresse dienen?
- Hat die Behörde durch Verwaltungsakt, Satzung, Rechtsverordnung gehandelt?
- Welche Organisation besteht im Bereich der Leistungsverwaltung?
Bei Leistungen (Zulassungen, Benutzungen) wird oft öffentlich-rechtlich über den Anspruch entschieden, die Leistung selbst privatrechtlich abgewickelt (vgl. *Salzwedel*, in *Erichsen/Martens*, Allgemeines Verwaltungsrecht, S. 461 ff.).

6 Sind bereits Verwaltungsakte ergangen, ist zu prüfen, ob die Rechtsmittelfristen entweder vom Mandanten selbst eingehalten sind oder ob ein **Fristablauf** droht. Wenn das Mandat noch nicht erteilt ist, muß der Anwalt auf den drohenden Fristablauf hinweisen. Fristen können in der Regel vom Mandanten selbst gewahrt werden. Das Muster eines fristwahrenden Schriftsatzes (Widerspruch, Klage usw.) sollte beigefügt werden mit dem Hinweis, daß es zur Fristwahrung auf den Eingang des Schriftsatzes bei der Behörde oder dem Verwaltungsgericht

ankommt. Erteilt der Mandant telefonisch Auftrag zur Fristwahrung, kann die schriftliche Vollmacht nachgereicht werden. Erweist sich das Rechtsmittel als aussichtslos, kann es zurückgenommen werden, ohne daß Kosten entstehen.

b) Arbeitsaufwand. Die rechtzeitige Kenntnis der Unterlagen des Mandanten 7 erlaubt auch eine Schätzung des notwendigen Aufwands. Die Gegenstandswerte sind oft sehr niedrig, vielfach wird nur der Regelstreitwert von 6000 DM festgesetzt (§ 13 GKG; vgl. *Redeker/v. Oertzen* § 165 Rdnrn. 4 ff.; *Eyermann/Fröhler* § 162 Rdnrn. 17 ff., unten Rdnr. 160). Es ist deshalb häufig erforderlich, eine Honorarvereinbarung abzuschließen, deren Höhe sich an der Bedeutung der Sache für den Mandanten und am voraussichtlichen Aufwand orientieren muß.

Schließlich sollte vor der Annahme des Mandates auch geprüft werden, ob 8 eine **Delegation** an einen Kollegen mit entsprechender Spezialkenntnis sinnvoll ist. Die Angst, deshalb einen Mandanten auch mit seinen anderen Rechtssachen zu verlieren, erweist sich meist als unbegründet. Es ist nicht zweckmäßig, das Verwaltungsverfahren oder die erste Instanz zu übernehmen und das Mandat dann abzugeben.

2. Besprechung mit dem Mandanten

a) Ziel des Mandanten. Zunächst ist zu ermitteln, welches Ziel der Mandant 9 erreichen will, nicht das vordergründige Begehren, sondern das tatsächliche wirtschaftliche oder persönliche Ziel. Gelegentlich stellt der Umstand, der den Wunsch nach Rechtsberatung ausgelöst hat, nur einen Ausschnitt aus dem Gesamtproblem dar (Beispiel bei *Busse/Linke* aaO, S. 27 f). Für den Maximalwunsch des Mandanten können die Erfolgsaussichten schlecht, jedoch Teilziele erreichbar sein. So mag z. B. die Anfechtungsklage gegen einen Planfeststellungsbeschluß wenig aussichtsreich sein, wohl aber erscheinen Schutzvorkehrungen durchsetzbar. Unter Umständen kann auch bei schlechten Erfolgsaussichten ein Rechtsbehelf sinnvoll sein, wenn dem Mandanten bereits mit der dadurch in der Regel ausgelösten Verzögerung gedient ist.

Bei der Ermittlung des Ziels des Mandanten ist stets zu prüfen, ob er klagebefugt ist. Verwaltungs- wie Verwaltungsgerichtsverfahren dienen der **Durchsetzung subjektiver Rechte,** nicht einem öffentlichen Interesse. Mag der Wunsch des Mandanten noch so verständlich und ehrenwert sein, spätestens bei Klageerhebung muß er die Klagebefugnis haben (vgl. *Kopp* VwGO, § 42 Rdnrn. 37 ff.). Vereinfacht sind meistens drei Fallkonstellationen zu unterscheiden:
– Der Mandant begehrt eine Genehmigung oder Leistung.
– Der Mandant wehrt sich gegen einen belastenden Verwaltungsakt oder den Angriff eines Dritten auf eine dem Mandanten erteilte Genehmigung.
– Der Mandant wehrt sich gegen eine Genehmigung, die einem Dritten erteilt ist.

Danach wird sich die Strategie des Vorgehens – unter Berücksichtigung des Zeitfaktors – richten.

b) Die Verfahrenslage. Die aktuelle Verfahrenslage ist anhand der Unterla- 10 gen mit dem Mandanten zu besprechen. Soweit es sich nicht aus dem Schriftverkehr ergibt, sind Anträge, Anhörungen, Zustellungen zu erfragen. Wurde eine **Frist versäumt,** ist zu prüfen, ob Wiedereinsetzung (§ 32 VwVfG, § 60 VwGO) möglich ist. Oft wird der Mandant den Anwalt aufsuchen, wenn er einen Verwaltungsakt mit Rechtsmittelbelehrung erhalten hat. In der verbleibenden Zeit bis zum Fristablauf läßt sich die Sach- und Rechtslage oft nicht hinreichend klären. Es genügt und ist fast immer zu empfehlen, zur Fristwahrung Widerspruch, Klage oder das Rechtsmittel einzureichen und die Begründung nachzureichen (Ausnahme: Nichtzulassungsbeschwerde, unten Rdnr. 135).

11 Besonderheiten können sich in Genehmigungs- und Planfeststellungsverfahren ergeben. Zum Ausgleich der Interessen des Projektbetreibers und der Drittbetroffenen, die die Durchführung des Vorhabens verhindern wollen, enthalten die einschlägigen Fachgesetze häufig Regelungen über einen **Einwendungsausschluß** (z. B. §§ 10 Abs. 3 und 11 BImSchG, § 7b AtG, § 7 AtVfV, § 17 Abs. 4 FStrG). Ist der Mandant ein Drittbetroffener, so muß ein solcher Einwendungsausschluß unbedingt vermieden werden.

12 Der Ursache nach unterscheidet man die **Bestandskraftpräklusion**, die bei gestuften Genehmigungsverfahren aus der Bestandskraft früherer Teilgenehmigungen folgt, von der **Verwirkungspräklusion**, die an das nicht rechtzeitige Vorbringen von Einwendungen anknüpft. Der Folge nach unterscheidet man die **formelle Präklusion**, die dazu führt, daß verspätete Einwendungen im Erörterungstermin nicht erörtert werden müssen, von der **materiellen Präklusion**, die bezüglich der von ihr erfaßten Einwendungen einen entgültigen Rechtsverlust herbeiführt, der auch in einem späteren Verwaltungsrechtsstreit zu beachten ist. Ist in einem Gesetz ohne Einschränkungen von Einwendungsausschluß die Rede, handelt es sich i. d. R. um materielle Präklusion. Um ein solches Ergebnis zu vermeiden, ist sorgfältig zu prüfen, innerhalb welcher Fristen und mit welcher Darlegungsintensität die Einwendungen vorgebracht werden müssen. Hier ist besondere Aufmerksamkeit geboten.

13 Hat die Behörde mit dem **Vollzug** bereits begonnen oder steht der Vollzug unmittelbar bevor, können Sofortmaßnahmen notwendig werden. Anträge auf Erlaß einer einstweiligen Anordnung oder auf Wiederherstellung der aufschiebenden Wirkung können schon vor Klageerhebung bei Gericht eingereicht werden.

14 c) **Sachverhaltserörterung.** Im Gespräch mit dem Mandanten sollte der Sachverhalt umfassend aufgeklärt werden (anhand der schriftlichen Unterlagen Fragen vorbereiten). Der Mandant muß insbesondere die ihm zur Verfügung stehenden Unterlagen, wie Anträge und Bescheide, zur Verfügung stellen. Ist der Sachverhalt zwischen Mandant und Behörde streitig, müssen **Beweismittel** angegeben werden. Zwar ist das Verwaltungsverfahren vom Untersuchungsgrundsatz (§ 24 VwVfG) und der Verwaltungsgerichtsprozeß von der Amtsermittlung (§ 86 I VwGO) geprägt, doch bleibt es auch hier bei der materiellen Beweislast, nach der die Unerweislichkeit von solchen Tatsachen zu Lasten der Partei geht, die daraus für sich günstige Rechtsfolgen herleitet, es sei denn, daß der Rechtssatz selbst eine besondere Regelung trifft (*BVerwGE* 47, 332, 338). Wer eine Genehmigung oder Leistung begehrt, muß deshalb die tatbestandlichen Voraussetzungen des Anspruchs **beweisen**, während die Behörde die Voraussetzungen für einen Eingriffstatbestand zu belegen hat. Ebenso gelten die Grundsätze der Beweislastumkehr und die Folgen einer Beweisvereitelung (vgl. *Kopp* VwGO, § 86 Rdnrn. 11 ff.; zu beachten die neuen §§ 82, 87, 87b VwGO).

15 Kommt es auf die örtlichen Verhältnisse an, ist eine **Ortsbesichtigung** notwendig. Fotos oder Pläne können niemals den unmittelbaren Eindruck der Ortsbesichtigung ersetzen. Häufig sind schwierige technische, wissenschaftliche oder wirtschaftliche Sachverhalte zu beurteilen. Mit dem Mandanten ist deshalb zu erörtern, ob Sachverständige mit Untersuchungen oder Gutachten beauftragt werden können. Es ist i. d. R. nicht sinnvoll, damit bis zum Prozeß zu warten.

d) Vollmacht. Im Verwaltungs- wie im Verwaltungsgerichtsverfahren ist 16
eine schriftliche Vollmacht vorzulegen (§ 14 VwVfG, § 67 III VwGO). Ist mit
mehreren Behörden zu verhandeln, sollte jeweils die Legitimation durch eine
schriftliche Vollmacht nachgewiesen werden. Lediglich im Prozeß ist eine Prozeßvollmacht erforderlich, ansonsten muß eine außergerichtliche Vollmacht
verwendet werden, wie sie in den gebräuchlichen Formularsammlungen angeboten wird. Der Schriftverkehr erfolgt dann ausschließlich mit dem Anwalt,
dem auch alle Bescheide zuzustellen sind (§ 41 VwVfG). Nur durch die Zustellung an den Anwalt wird eine Frist wirksam in Lauf gesetzt, es sei denn, die
Bekanntgabe erfolgt öffentlich.

Die Vollmacht gilt immer nur für das jeweilige Verfahren, so daß in anderen 17
(z. B. parallelen) Verfahren, die Zustellungen weiterhin an den Mandanten erfolgen. Um Mißverständnisse hinsichtlich des Fristablaufs zu vermeiden, sollte
der Mandant stets alle Schriftstücke, die er von Behörden erhält, dem Anwalt
zusenden. Bei **parallelen Genehmigungen** ist es sinnvoll, daß der Anwalt in
allen Verfahren seine Vertretung anzeigt. So umfaßt z. B. die Vertretung im
Planfeststellungsverfahren in der Regel nicht das Enteignungsverfahren. Die
Behörde versucht häufig, am Anwalt vorbei mit dem Mandanten über den
Grunderwerb zu verhandeln. Es ist deshalb eine gesonderte Vertretungsanzeige
erforderlich.

Bei **mehreren Auftraggebern,** z. B. Klägergemeinschaften, ist sorgfältig zu 18
prüfen, ob zwischen den Auftraggebern keine Interessenkollision besteht. Soweit alle ein gemeinsames Hauptziel verfolgen, sollte dieses Ziel als Auftrag in
der Auftragsbestätigung durch den Anwalt schriftlich bestätigt werden.

e) Gebühren. Die Gebühren richten sich im Verwaltungsverfahren nach 19
§ 118 BRAGO. Das Verfahren vor Erlaß eines Bescheides und ein anschließendes Widerspruchsverfahren bilden gebührenrechtlich eine Einheit (§ 119 BRAGO). Andererseits werden die Gebühren des Verwaltungsverfahrens auf das
Klageverfahren nicht angerechnet. Für den Verwaltungsgerichtsprozeß gelten
die allgemeinen Prozeßgebühren, für Beschwerden deshalb auch nur halbe Gebühren (§ 114 BRAGO). Bei mehreren Auftraggebern (auch Eheleuten) ist auf
§ 6 BRAGO zu achten.

Im Verwaltungsverfahren entsteht eine **Beweisgebühr** nach § 118 I 3 BRAGO dann, wenn die Behörde eine Beweiserhebung anordnet, wie z. B. einen
Augenschein oder die Anhörung des Mandanten, nicht jedoch dadurch, daß der
Anwalt Beweismittel vorlegt. Die **Erledigungsgebühr** des § 24 BRAGO setzt
eine Tätigkeit voraus, die über das Betreiben der Sache hinausgeht. Wird die
vom Mandanten begehrte Genehmigung erteilt, ist regelmäßig ein Vergleich
i. S. d. § 55 VwVfG mangels öffentlich-rechtlichen Vertrages nicht zustandegekommen.

Da im übrigen die Gegenstandswerte (unten Rdnr. 160) in der Regel so nied- 20
rig sind, daß eine verantwortliche Bearbeitung wirtschaftlich unmöglich ist,
empfiehlt sich der Abschluß einer **Honorarvereinbarung.** Der Mandant ist darauf hinzuweisen, daß eine Erstattung nur in Höhe der gesetzlichen Gebühren in
Frage kommt. Es kann ein festes Honorar für eine bestimmte Tätigkeit, ein
Gegenstandswert oder auch Stundenhonorar vereinbart werden. Wird ein Gegenstandswert bestimmt, sollten auch $^{13}/_{10}$ Gebühren für Beschwerden vereinbart werden.

Die Vorschriften über die **Prozeßkostenhilfe** der ZPO gelten entsprechend, 21

§ 166 VwGO. Zu diesen Bedingungen können allenfalls sozial-rechtliche Ansprüche wie BAföG, BSHG vertreten werden.

22 Kopien aus den Verwaltungsakten werden in der Regel nicht als erstattungsfähig angesehen, obwohl sie für die Bearbeitung des Falles notwendig sind. Die Rechtsprechung sieht diese Kosten als mit den Gebühren abgegolten. Hierauf ist der Mandant hinzuweisen. Bei umfangreicheren Kopien aus Verwaltungsakten sollte dem Mandanten der Selbstkostenpreis berechnet werden.

23 Dem Mandanten ist zu empfehlen, die eigenen **Kosten**, wie z. B. Fahrt zum Anwalt, zur Besprechung mit der Behörde, mit entsprechenden Belegen in seiner eigenen Akte zu erfassen, um später eine Abrechnung zu erleichtern. Gleiches gilt für die Reisekosten und sonstigen Auslagen des Anwalts (vgl. *Kopp,* VwGO, Anm. zu § 162). Reisekosten eines auswärtigen Anwalts sind nur erstattungsfähig, wenn der Anwalt über besondere Fachkenntnisse verfügt und der Streitfall schwierig ist (*VGH Mannheim* VBlBW 1990, 15).

24 **f) Rechtsschutzversicherung.** Die Hoffnung des Mandanten, seine Rechtsschutzversicherung werde die Verfahrenskosten übernehmen, trifft nur selten zu. Der Grundstücksrechtsschutz gem. § 29 ARB gilt nicht für den Bauherrn, der eine Baugenehmigung erstreiten will, jedoch für den Nachbarn, der sich in seinem Eigentum durch eine Baugenehmigung beeinträchtigt fühlt. Kein Versicherungsschutz wird gewährt in Planfeststellungs-, Flurbereinigungs-, Umlegungs- und Enteignungsverfahren. Es bleibt der **Versicherungsschutz** beim Führerscheinentzug, beim Disziplinarverfahren und in den öffentlich-rechtlichen Anstellungsverhältnissen. Die Rechtsschutzversicherung erstattet nur die gesetzlichen Gebühren, so daß eine darüber hinausgehende Honorarvereinbarung oftmals notwendig ist.

3. Maßnahmen

25 **a) Drohender Fristablauf.** Bei drohendem Fristablauf kann die Einlegung des Widerspruchs oder die Erhebung der Klage – auch per Telex oder Telefax – geboten sein, auch wenn die Rechtslage noch nicht vollständig geprüft werden kann. Stets ist die sofortige Anzeige der Vertretung unter Vorlage der Vollmacht zu empfehlen, damit die künftige Korrespondenz ausschließlich mit dem Anwalt geführt wird, ihm insbesondere alle Entscheidungen zugestellt werden.

26 **b) Akteneinsicht.** Mit der Vertretungsanzeige sollte der Antrag auf Akteneinsicht verbunden werden. Die Verwaltungsakten sind bei der zuständigen Behörde **einzusehen** (§ 29 II 1 VwVfG); ein Anspruch auf Übersendung der Akten in das Büro besteht nicht. Der Anwalt kann nicht einmal verlangen, daß ihm Kopien aus den Akten angefertigt werden. Aus diesen Verfahrensvorschriften des VwVfG spricht noch der Geist einer vordemokratischen Verwaltung. In der Praxis jedoch wird der Anwalt in den meisten Fällen gegen Kostenerstattung Kopien aus den Akten erhalten. Vorsorglich sollte er jedoch ein Diktiergerät mitnehmen, um wesentliche Akteninhalte festzuhalten. Es müssen die **vollständigen Verfahrensakten** vorgelegt werden, bis auf die Entwürfe zu beabsichtigten Entscheidungen. Das Einsichtsrecht umfaßt also auch alle tatsächlichen und rechtlichen Voraussetzungen der künftigen Entscheidung, z. B. die Stellungnahmen anderer Behörden. Gehören **Pläne** zu den Akten, sollte man sich diese Pläne erläutern lassen. Bei Planänderungen ist es erforderlich, sich auch die alten Pläne zeigen und erläutern zu lassen.

Soweit es auf **Vorschriften** ankommt, die nicht veröffentlicht sind, besteht 27
ebenfalls ein Anspruch gegen die Behörde, den vollständigen Text der Vorschriften zu erfahren. Verwaltungsvorschriften, die insbesondere Ermessensentscheidungen verwaltungsintern steuern, sind zwar keine Akten, der Anwalt hat aber Anspruch auf Auskunft nach § 25 VwVfG über den vollen Wortlaut des Textes. In den förmlichen Verfahren, wie z. B. den Planfeststellungsverfahren, ist die Akteneinsicht in das **Ermessen der Behörde** gestellt. Die Akteneinsicht wird häufig mit dem falschen Argument abgelehnt, die Behörde müsse allen Einwendern Akteneinsicht gewähren, wenn sie nur einem dieses Recht zugestehe. Das führe dazu, daß die Behörde nicht mehr funktionsfähig bleibe. Es ist deshalb unklug, solche Anträge im Erörterungstermin zu stellen. Wenn man bei der Behörde noch nicht bekannt ist, sollte man mit dem zuständigen Beamten einen Termin vereinbaren, um den Wunsch nach Akteneinsicht mündlich zu erläutern. Ein solcher Wunsch wird praktisch nie abgeschlagen.

Gerade in Verfahren mit umfangreichen Verwaltungsakten ist es zweckmä- 28
ßig, die einzelnen Verwaltungsakten, Gutachten usw in den eigenen Akten gesondert zu führen, durchzunumerieren und in einem gesonderten Aktenplan zu erfassen. Nur so ist auch bei einem mehrjährigen Verfahren der direkte Zugriff ohne langwieriges Suchen möglich.

c) **Kontakte zur Behörde.** Das Gespräch mit der Behörde ist in nahezu allen 29
Verfahrenslagen sinnvoll. Über die Akteneinsicht hinaus läßt sich durch das Gespräch mit dem zuständigen **Sachbearbeiter** erfahren, wie die Behörde Sachverhalt und Rechtslage einschätzt. Hier kann der Anwalt unmittelbar seine Auffassungen einbringen sowie weitere Sachverhaltsermittlungen anregen oder eigene Ausführungen zu bestimmten Sach- und Rechtsfragen ankündigen. Deshalb ist zu empfehlen, frühzeitig mit dem Sachbearbeiter zu telefonieren. Der **Verwaltungsstil** wandelt sich zunehmend von der obrigkeitlichen Anordnung hin zum Verhandlungsstil (instruktiv: *Bulling* DöV 1989, 277). Nur in Verhandlungen läßt sich ausloten, ob durch Auflagen oder durch Beschränkung auf eine Teilgenehmigung das Interesse des Mandanten, wenn auch nicht ganz, so doch in wesentlichen Teilen, durchsetzbar ist. Allerdings ist nicht jede Erklärung eines Beamten im Rahmen einer solchen Verhandlung bereits eine behördliche **Zusage** (§ 38 VwVfG). Ein Verhandlungsergebnis sollte auf jeden Fall schriftlich formuliert und von der Behörde bestätigt werden, ein Vergleich bedarf der Schriftform (§ 57 VwVfG).

d) **Zeitfaktor.** Erhebliche Bedeutung für die eigene Strategie hat der Zeitfak- 30
tor. Hier sind die Interessenlagen je nach dem verfolgten Ziel des Mandanten höchst unterschiedlich. Der Bauherr will möglichst bald mit dem Bau beginnen. Widersprüche des Nachbarn lassen sich durch Verhandlungen oft am schnellsten ausräumen. Der Nachbar hingegen möchte Zeit gewinnen, ist in den meisten Fällen aber auch gut beraten, einen Kompromiß zu suchen.

Begehrt der Mandant eine Genehmigung, kann das Verfahren oft beschleunigt werden, wenn nur eine **Teilgenehmigung** oder ein Vorbescheid beantragt wird (beispielsweise Bauvorbescheid). Auch eine inhaltliche Beschränkung kann zweckmäßig sein, damit möglichst zügig mit dem Vorhaben begonnen und parallel dazu eine Änderungsgenehmigung beantragt werden kann. Widerspruch und Anfechtungsklage haben gegen belastende Verwaltungsakte aufschiebende Wirkung, die jedoch durch Anordnung des **Sofortvollzugs** durchbrochen werden können. Der Sofortvollzug soll zwar nach der Prozeßordnung nur die Ausnahme sein, ist aber bei allen größeren öffentlichen Vorhaben die Regel. Effektiver Rechtsschutz und die Chance einer Aufhebung der Verwaltungsentscheidung im Klageverfahren bestehen meist nur dann, wenn verhindert wird, daß vollendete Tatsachen geschaffen werden. Entsprechend hoch sind die Anforderungen an das Verfahren des vorläufigen Rechtsschutzes. Auch hier sollte der Anwalt nichts unversucht lassen, durch Verhandlungen mit der Behörde einen Aufschub oder eine Beschränkung des Vollzugs zu erreichen.

III. Verwaltungsverfahren

1. Rechte des Mandanten

31   Jede rechtliche Prüfung hat damit zu beginnen, aufgrund welcher materieller Rechte der Mandant eine Leistung begehren oder einen Eingriff abwehren kann. Auszugehen ist stets von der spezialgesetzlichen Regelung; auf Grundrechte ist nur abzustellen, wenn eine gesetzliche Regelung fehlt.

Sodann ist zu prüfen, in welchem Verfahren (unten Rdnr. 50 ff.) diese Rechte geltend zu machen sind. Aus dem jeweils einschlägigen Gesetz und den dazu ergangenen Verordnungen und Verwaltungsvorschriften können sich besondere Formerfordernisse ergeben.

Prüfung:
- Welches Gesetz ist einschlägig? In welcher Fassung?
- Sind ergänzend Verordnungen und/oder Verwaltungsvorschriften ergangen?
- Gibt das Gesetz dem Mandanten subjektive Rechte?
- Ist – zusätzlich – auf Grundrechte abzustellen?
- Ist das Verfahren geregelt? Gilt das VwVfG?
- Wer ist zuständig?
- Sind besondere Formen und Fristen zu beachten?

32   **a) Begehren einer Leistung oder eines begünstigenden Verwaltungsaktes. aa) Ermittlung der Anspruchsgrundlage.** Begehrt der Mandant eine Leistung oder einen begünstigenden Verwaltungsakt, so ist zunächst die Anspruchsgrundlage zu ermitteln. Dabei hilft folgende Checkliste:

(1) Ansprüche aus **Sonderbeziehungen**
 - aus öffentlich-rechtlichem Vertrag; siehe Rdnr. 33 ff
 - aus vertragsähnlichen öffentlich-rechtlichen Schuldverhältnissen; siehe Rdnr. 37
 - aus Zusicherung gemäß § 38 VwVfG oder aus Leistungsbescheid; siehe dazu Rdnr. 38

(2) Ansprüche aus **einfach-gesetzlichen Rechtsvorschriften**
 - Normen, die **ausdrücklich Individualansprüche** gewähren (§ 1 BAföG)
 - Normen, aus denen sich im Wege der Auslegung ergibt, daß sie – neben der Allgemeinheit – zumindest auch einzelne Bürger schützen und insoweit **subjektiv-öffentliche Rechte** begründen (z. B. § 17 I 2 BImSchG)
 - Ist in einer Norm, die subjektiv-öffentliche Rechte des Bürgers begründet, der Behörde Ermessen eingeräumt (dazu unten Rdnr. 39), so hat der Bürger einen Anspruch auf ermessensfehlerfreie Entscheidung.
 - Im Bereich des Verwaltungsrechts gibt es nach wie vor wichtige ungeschriebene Anspruchsgrundlagen, so etwa den öffentlich-rechtlichen Unterlassungs- und Folgenbeseitigungsanspruch und den allgemeinen öffentlich-rechtlichen Erstattungsanspruch.

(3) Ansprüche aus **Grundrechten**
- Die Freiheitsgrundrechte spielen im Breich der Leistungs- und Verpflichtungsklage eine geringere Rolle, da sich aus ihnen vor allem Abwehransprüche ergeben.
- Aus Art. 3 GG in Verbindung mit einer ständigen Verwaltungspraxis oder entsprechenden Verwaltungsvorschriften kann sich ein Anspruch auf Gleichbehandlung ergeben.

bb) Öffentlich-rechtlicher Vertrag. Die **Zulässigkeitsvoraussetzungen** des öffentlich-rechtlichen Vertrags sind allgemein in den §§ 54f VwVfG geregelt. Es werden Vergleichs- und Austauschvertrag unterschieden (vgl. *Erichsen* in: *Erichsen/Martens*, Allgemeines Verwaltungsrecht, 9. Auflage, S. 357ff). Für den Abschluß eines öffentlich-rechtlichen Vertrages sprechen dieselben Gründe wie für Verträge im Zivilrecht: Die Interessenlagen der Parteien können optimal gestaltet werden, selbst wenn sie divergieren. Dem öffentlich-rechtlichen Vertrag sind jedoch engere Grenzen gesetzt, deren Einhaltung vor Abschluß des Vertrages zu überprüfen sind. 33

Insbesondere ist zu prüfen, ob durch den öffentlich-rechtlichen Vertrag in **Rechte Dritter** eingegriffen wird oder die Mitwirkung einer anderen am Vertragsabschluß noch nicht beteiligten Behörde notwendig ist (§ 58 VwVfG). Schließt z. B. der Mandant mit dem Regierungspräsidium als Planfeststellungsbehörde einen Vergleich über eine Straße, die in der Baulast der Gemeinde steht, muß auch die Gemeinde am Vergleich beteiligt werden. Würde er ohne Beteiligung der Gemeinde aufgrund des Vergleichs die Klage zurücknehmen, könnte die Gemeinde ihre Zustimmung verweigern, die Klagerücknahme wäre dennoch wirksam. 34

Praktisch bedeutsam sind Erschließungsverträge (§ 124 BauGB), Folgekostenverträge (*BGH*, NJW 1975, 1019), Ablösungsverträge für Stellplätze und Garagen (*BVerwGE* 23, 213). Im Bereich der städtebaulichen Sanierung werden besonders häufig Verträge geschlossen. 35

Öffentlich-rechtliche Verträge lassen sich in jedem **Verfahrenstadium** abschließen, auch der Prozeß kann durch einen Vergleichsvertrag beendet werden. Soweit für das Verwaltungshandeln die Form des Verwaltungsakts zwingend vorgeschrieben ist, kann sich die Behörde in einem Vertrag allenfalls zum Erlaß eines Verwaltungsaktes verpflichten, der gesondert auszusprechen ist. Es kann auch im Zusammenhang mit einem Verwaltungsakt eine Vereinbarung geschlossen werden. Die Behörde darf allerdings den öffentlich-rechtlichen Vertrag nicht dazu mißbrauchen, sich Gegenleistungen versprechen zu lassen, auf die sie keinen Anspruch hat. Hat der Mandant einen Anspruch auf eine unbeschränkte Genehmigung, ist es oft zweckmäßiger, diesen Anspruch durchzusetzen als sich in einem Vertrag übermäßig zu binden. 36

cc) Vertragsähnliche öffentlich-rechtliche Schuldverhältnisse. Wichtige Beispiele für vertragsähnliche öffentlich-rechtliche Schuldverhältnisse sind die Leistungs- und Benutzungsverhältnisse im Bereich der Daseinsvorsorge sowie die öffentlich-rechtliche Verwahrung und die öffentlich-rechtliche GoA. Aus ihnen ergeben sich zum einen Erfüllungsansprüche; bei Verletzung der Primärpflichten sind – neben den allgemeinen öffentlich-rechtlichen Regeln – die Haftungsvorschriften des BGB analog anzuwenden. Die Haftung kann durch Satzung in gewissem Umfang beschränkt werden (siehe *Maurer*, S. 647ff). 37

dd) Zusicherung und Leistungsbescheid. **Zusicherung** ist die Zusage einer Behörde, einen bestimmten VA später zu erlassen oder zu unterlassen (§ 38 38

VwVfG). Eine verbindliche Zusage der Behörde liegt sehr viel seltener vor, als die Mandanten annehmen. Meist fehlt es bereits an der Schriftform (§ 38 VwVfG). Insbesondere ist die Behörde bei einer Änderung der Sach- oder Rechtslage nicht an die Zusage gebunden.

Prüfung:
- Wurde zugesagt, einen bestimmten Verwaltungsakt zu erlassen oder zu unterlassen?
- Hat die zuständige Behörde die Zusage schriftlich gegeben?
- Sind die Verfahrensanforderungen eingehalten?
- Ist das zugesagte Verhalten rechtmäßig?
- Ist die Bindungswirkung nachträglich entfallen?

Die Behörde kann sich auch durch Abgabe eines Verwaltungsaktes zu Leistungen anderer Art verpflichten. Hauptfall ist der Subventionsbescheid. Aus einem solchen **Leistungsbescheid** kann auf Erbringung der versprochenen Leistung geklagt werden.

39 ee) **Ermessen und unbestimmter Rechtsbegriff.** Ermessen liegt vor, wenn die Behörde bei Erfüllung des gesetzlichen Tatbestandes zwischen verschiedenen Rechtsfolgen wählen kann. Gemäß § 40 VwVfG ist das Ermessen entsprechend dem Zweck der Ermächtigung und innerhalb der gesetzlichen Grenzen auszuüben; des weiteren wird es häufig verwaltungsintern durch Verwaltungsvorschriften gebunden. Gibt die Norm dem Mandanten ein subjektiv-öffentliches Recht, so hat er einen Anspruch auf fehlerfreie Ermessensausübung. In (seltenen) eindeutigen Fällen kann das Ermessen „auf Null reduziert" sein, so daß nur noch eine rechtmäßige Entscheidung übrig bleibt und der Mandant einen Anspruch gerade auf diese Entscheidung hat. Bei Ermessensentscheidungen ist herauszuarbeiten, daß die vom Mandanten begehrte Regelung gerade dem gesetzlichen Zweck entspricht (vgl. im einzelnen *Kopp*, Anm. zu § 40 VwVfG; *Maurer*, S. 97 ff; *Erichsen*, in: *Erichsen/Martens*, Allgemeines Verwaltungsrecht, 9. Auflage, S. 186 f). Im Prozeß kann i.d.R. nur die fehlerhafte Ermessensausübung gerügt und beantragt werden, die Behörde zu einer Neubescheidung zu verpflichten (Bescheidungsantrag).

Beim **unbestimmtem Rechtsbegriff** hingegen findet eine volle gerichtliche Überprüfung statt, so daß im Prozeß auf Erlaß des begehrten Verwaltungsaktes geklagt werden kann. Ein **Beurteilungsspielraum** (zur planerischen Abwägung vgl. unten Rdnr. 70) besteht bei Wertungen, wie sie typischerweise mit Prüfungen verbunden sind.

40 ff) **Parallele Genehmigungen und Teilgenehmigungen.** Oft kann das wirtschaftliche Ziel des Mandanten nur erreicht werden, wenn mehrere Behörden mitwirken.

Soweit die Genehmigungsbehörde die **Stellungnahme anderer Behörden** einholt, sind diese zwar nur verwaltungsintern und nicht selbständig einklagbar, doch ist stets zu empfehlen, rechtzeitig mit den Behörden Kontakt aufzunehmen und den Antrag zu erörtern, von denen die ablehnende Stellungnahme erwartet werden kann (beispielsweise das Einvernehmen der Gemeinde im Baugenehmigungsverfahren nach § 36 BauGB).

41 Davon zu unterscheiden ist der Fall, daß **mehrere Genehmigungen** (parallel) erteilt werden müssen, damit z. B. die beantragte Anlage in Betrieb gehen kann (z. B. § 13 BImSchG; Baugenehmigung und Gaststättenerlaubnis). In der Regel werden die verschiedenen Verfahren gleichzeitig betrieben, im Einzelfall kann es

taktisch klüger sein, zunächst nur das Haupthindernis in einem isolierten Verfahren vorab zu beseitigen.

Bei allen **komplexen Verfahren** ist sorgfältig zu ermitteln, welche Genehmigungen insgesamt für die Inbetriebnahme vorliegen müssen. Anhaltspunkte bieten die Auswirkungen des Vorhabens auf die Umgebung, Besonderheiten der Betriebsweise bis hin zur Entsorgung, Anforderungen an die Infrastruktur. Der Anwalt ist gut beraten, sich bei solchen Vorhaben im Gespräch mit Architekten und Ingenieuren rechtzeitig sachkundig zu machen.

Vorbescheid (typisch die Bebauungsgenehmigung, *BVerwGE* 68, 241) und die **Teilgenehmigung** (§ 8 BImSchG) sind ebenfalls Verwaltungsakte, die einen besonderen strategischen Wert erhalten, wenn das Vorhaben des Mandanten umstritten ist oder aber eine Prüfung des Gesamtvorhabens zu lange dauern würde und der Mandant zumindest mit Teilen beginnen will. Der Vorbescheid beschränkt sich auf die Prüfung und Entscheidung, ob das Vorhaben mit einem Teil der rechtlichen Voraussetzungen in Einklang steht, z.B. der Bauvorbescheid auf die bauplanungsrechtliche Zulässigkeit des Vorhabens. Die Teilgenehmigung ist für einen Teil des Vorhabens eine abschließende und umfassende Genehmigung; der Antragsteller kann mit dem Vorhaben beginnen und Tatsachen schaffen. Ein Vorbescheid gibt einen rechtlich gesicherten Bestand. In beiden Fällen bindet sich die Verwaltung und begründet dadurch die Erwartung weiterer Genehmigungsschritte. Davon zu unterscheiden ist die **taktische Beschränkung eines Antrags,** um später mit einem Erweiterungs- und Änderungsantrag das ursprüngliche Ziel des Mandanten zu verwirklichen.

42

gg) **Beispiel:** Antrag auf Zurückstellung vom Wehrdienst

42a

Kreiswehrersatzamt...

Aktenzeichen und Personenkennzeichen
Wehrpflichtiger:

Sehr geehrte Damen und Herren,

unter Vorlage auf uns lautender Vollmacht zeigen wir an, daß wir Herrn... vertreten. In seinem Namen und Auftrag beantragen wir,

Herrn... bis zum... vom Wehrdienst zurückzustellen.

Begründung

1. Der Wehrpflichtige ist nach § 12 Abs. 4 Ziff. 2 WPflG vom Wehrdienst zurückzustellen. Die Heranziehung zum Wehrdienst würde für ihn wegen wirtschaftlicher Gründe eine besondere Härte bedeuten, da er für die Erhaltung und Fortführung eines eigenen Gewerbebetriebes unentbehrlich ist.

Der Wehrpflichtige ist Mitinhaber des Restaurants... (Es folgt eine exakte Beschreibung der Mitarbeit des Wehrpflichtigen im Restaurant und der tatsächlichen Unentbehrlichkeit.)

2. Der Wehrpflichtige ist nach § 12 Abs. 4 S. 2 Nr. 2 WPflG vom Wehrdienst zurückzustellen, da der Betrieb durch die wehrpflichtbedingte Abwesenheit des Wehrpflichtigen in seiner Existenz gefährdet wäre. Das Restaurant... ist ein eigener Betrieb des Wehrpflichtigen (vgl. dazu *Johlen,* Wehrpflichtrecht in der Praxis, 1984, Rdnrn. 120ff.). Der Wehrpflichtige ist für seinen eigenen Betrieb unentbehrlich. (Es folgt die rechtliche Begründung unter Auswertung des dargelegten Sachverhaltes nach Maßgabe der Rechtsprechung des Bundesverwaltungsgerichts, insbesondere der fehlenden Möglichkeit, eine Ersatzkraft zu stellen.)

Prüfung:

– Wie lautet die spezialgesetzliche Anspruchsgrundlage oder ist auf allgemeine Vorschriften abzustellen?

C III Das verwaltungsrechtliche Mandat

- Bestehen mehrere Anspruchsgrundlagen?
- Ist – zusätzlich – auf Grundrechte abzustellen?
- Welche Tatsachen verlangt die Anspruchsgrundlage; sind diese Anspruchsvoraussetzungen erfüllt?
- Wie werden diese tatsächlichen Umstände in der Rechtsprechung und Literatur ausgelegt?
- Wie können sie im konkreten Fall nachgewiesen werden?
- Bei Ermessen: Welche Gründe sprechen für eine Bescheidung im Sinne des Antrags?
- Welche formellen Voraussetzungen sind einzuhalten, insbesondere: Wer ist zuständig?
- Ist der Antrag fristgebunden und die Frist gewahrt?

43   **b) Angriff eines belastenden Verwaltungsaktes. aa)** Will der Mandant einen ihn belastenden Verwaltungsakt angreifen, so empfiehlt sich eine Prüfung seiner materiell-rechtlichen Position nach folgender Checkliste:

- Gibt es eine Ermächtigungsgrundlage für diesen VA? Ist sie mit höherrangigem Recht vereinbar?
- Ist der VA formell rechtmäßig? Zuständigkeit der handelnden Behörde? Anhörung erfolgt bzw. entbehrlich? Begründung? Sonstige Verfahrensvorschriften?
- War die Behörde zum Handeln durch VA befugt? (in der Regel ja, siehe *Maurer*, S. 200 ff)
- Liegen die materiellen Voraussetzungen der Ermächtigungsgrundlage vor?
- War der Mandant der richtige Adressat des VA? Bei Ordnungsverfügungen: War er Störer?
- Ist der VA mit anderen einschlägigen Vorschriften vereinbar?
- Ist er mit allgemeinen Rechtmäßigkeitsvoraussetzungen vereinbar (Grundsatz der Verhältnismäßigkeit, der Bestimmtheit, der tatsächlichen und rechtlichen Möglichkeit des Verlangten)?
- Wurde ggf. das Ermessen korrekt ausgeübt?
- Ist der Mandant in eigenen Rechten verletzt (subjektiv-öffentliche Rechte aus Spezialvorschriften, ggfs. aus Grundrechten).

44   **bb) Verwaltungsakt.** Zur Erläuterung und zur Abgrenzung des Verwaltungsakts vom sonstigen Verwaltungshandeln wird auf die Erläuterungen zu § 35 VwVfG verwiesen (vgl. *Maurer*, S. 149 ff; *Erichsen*, in: *Erichsen/Martens*, Allgemeines Verwaltungsrecht, 9. Auflage, S. 227 ff). Ob das Verwaltungshandeln die Voraussetzungen des Verwaltungsakts erfüllt, ist in den meisten Fällen unproblematisch. Ist die getroffene Regelung abstrakt-generell und nicht auf einen **konkreten Einzelfall** bezogen, liegt kein Verwaltungsakt, sondern eine Rechtsverordnung oder eine Satzung vor. Verwaltungsakt jedoch ist die Allgemeinverfügung (§ 35 S. 2 VwVfG), die auf den Einzelfall bezogen bleibt, auch wenn sie sich an eine unbestimmte Zahl von Personen richtet (Verkehrszeichen) und sich in der Form bereits vom Rechtssatz unterscheidet. Der Verwaltungsakt ist immer hoheitlich und damit verbindliche Regelung. Am **Regelungscharakter** fehlt es beim nur tatsächlichen Verwaltungshandeln (dienstliche Beurteilung durch den Vorgesetzten, *BVerwGE* 48, 351). Der Verwaltungsakt ist die Form, mit der die Verwaltung typischerweise handelnd den Einzelfall regelt. Es werden anordnende, gestaltende, feststellende, begünstigende und belastende Verwaltungsakte, Erlaubnisse, dingliche Verwaltungsakte, Zusagen usw. unterschieden (vgl. *Maurer*, S. 177 f). Mit dem Verwaltungsakt ist eine besondere Förmlichkeit des **Verwaltungshandelns** verbunden. Wird ein beantragter Verwaltungsakt abgelehnt, ist vor der Verpflichtungsklage ein Widerspruchsverfahren zwingend vorgeschrieben (§ 68 II VwGO); wird der Mandant durch einen belastenden Verwaltungsakt oder durch den einem Dritten erteilten Verwaltungsakt belastet, ist vor Erhebung der Anfechtungsklage ebenfalls das Widerspruchsverfahren durchzuführen (§ 68 I VwGO), es sei denn, daß ein Widerspruchsverfahren aufgrund besonderer gesetzlicher Regelung entfällt. Diese Verfahren sind zwingend an Fristen gebunden.

cc) Klagebefugnis, Verwaltungsakt mit Doppelwirkung. Im Anfechtungs- 45 prozeß stellt sich häufiger als im Verpflichtungs- oder Leistungsprozeß die Frage, ob die einschlägigen Rechtsvorschriften dem Kläger subjektiv-öffentliche Rechte einräumen. Schon für die Zulässigkeit von Widerspruch und Klage ist **Widerspruchsbefugnis** bzw. **Klagebefugnis** erforderlich; sie liegt nur vor, wenn es nach dem Vortrag des Klägers möglich erscheint, daß er durch den angegriffenen VA in eigenen Rechten verletzt wird. Diese mögliche Verletzung in eigenen Rechten ist dann unproblematisch, wenn der Kläger **Adressat** einer belastenden Verfügung ist. Sie bedarf aber dann einer besonderen Begründung, wenn der Kläger sich gegen den an einen Dritten gerichteten begünstigenden VA wendet. In dieser – nicht seltenen – Situation ist sorgfältig zu prüfen, ob die einschlägigen Normen **Drittschutz** zugunsten des Klägers entfalten (vgl. die Kasuistik bei *Bosch/Schmidt*, S. 112 ff). Wenn dies nicht offensichtlich und nach jeder Betrachtungsweise unmöglich ist, ist der Kläger widerspruchs- bzw. klagebefugt. Im Rahmen der Begründetheit ist dann zu prüfen, ob eine Verletzung in eigenen Rechten tatsächlich vorliegt.

Geht der Kläger gegen den an einen anderen gerichteten, diesen begünstigenden Verwaltungsakt vor (Verwaltungsakt mit Doppelwirkung), so haben nach den ausdrücklichen Regelungen in §§ 80, 80a VwGO Widerspruch und Anfechtungsklage aufschiebende Wirkung. Zu beachten ist aber die Ausnahme in § 10 Abs. 2 BauGB-MaßnG für Rechtsbehelfe gegen die Genehmigung von Wohnvorhaben. Im Widerspruchsverfahren und im Prozeß ist der Genehmigungsempfänger notwendig beizuladen. Aus der Interessenrichtung des Klägers **(Nachbarn)** ist ein Widerspruch wegen der Zeitverzögerung auch bei unsicherer Rechtslage zu empfehlen, wenn die Verfahrenslage für Vergleichsgespräche genutzt wird. Oft läßt sich eine Lösung finden, die rechtlich so nicht durchsetzbar wäre.

Aus der Interessenrichtung des Begünstigten **(Bauherrn)** kommt es darauf an, möglichst schon im Vorfeld die Zustimmung derjenigen zu finden, die Rechtsmittel ergreifen können. Auf jeden Fall ist dafür zu sorgen, daß die Behörde den Verwaltungsakt den Dritten zustellt, die klagebefugt wären, um die Frist für den Widerspruch in Lauf zu setzen. Gegen offensichtlich unbegründete Widersprüche hilft ein Antrag auf Sofortvollzug, um die aufschiebende Wirkung des Widerspruchs zu beseitigen. Der Antrag kann bei der Behörde und beim Verwaltungsgericht gestellt werden (§ 80a VwGO). Widerruf und Rücknahme sind unter erweiterten Voraussetzungen möglich (§ 50 VwVfG).

dd) Widerspruch. Gegen alle belastenden Verwaltungsakte ist **Widerspruch** 46 (unten Rdnr. 53 ff) einzulegen. Die Frist beträgt regelmäßig einen Monat, in einigen Rechtsgebieten wie z. B. dem Wehrpflichtrecht oder dem Flurbereinigungsrecht nur 2 Wochen. Zur Fristwahrung reicht es regelmäßig aus, den Widerspruch einzulegen, die Begründung kann nachgereicht werden. Soll die belastende Verfügung insgesamt angegriffen werden, reicht es aus, Widerspruch einzulegen und diesen zu begründen. Soll die belastende Verfügung nur teilweise angegriffen werden, ist der Widerspruch mit einem entsprechenden Antrag zu verbinden. Eine solche inhaltliche Beschränkung des Widerspruchs muß sorgfältig bedacht werden, da der Verwaltungsakt dann im übrigen bestandskräftig werden kann. Es empfiehlt sich, eine Beschränkung im Hilfsantrag aufzunehmen.

47 **ee) Nebenbestimmungen.** Besondere Bedeutung für die Anwaltspraxis haben Nebenbestimmungen (§ 36 VwVfG; vgl. *Erichsen*, in: *Erichsen/Martens*, Allgemeines Verwaltungsrecht, 9. Auflage, S. 221 ff) oder die Beschränkung des Verwaltungsakts. Durch Nebenbestimmungen lassen sich oft Versagungsgründe ausräumen. Viele Genehmigungen sind **befristet**, z. B. die Baugenehmigung oder die Teilungsgenehmigung, oder unter einer Bedingung erteilt. Besondere Bedeutung hat die Auflage. Sie ist abzugrenzen von der modifizierenden Auflage, die nicht selbständig zum Verwaltungsakt hinzutritt, sondern den Inhalt der Regelung selbst verändert. Während die Nebenbestimmungen in der Regel selbständig anfechtbar sind, kann bei einer modifizierenden Auflage nur Verpflichtungsklage auf Erteilung des uneingeschränkten Verwaltungsaktes erhoben werden. Auch bei der Klage gegen eine Auflage ist Voraussetzung, daß ein Rechtsanspruch auf den Verwaltungsakt ohne Nebenbestimmungen besteht. Auf die Anordnung einer Nebenbestimmung können auch **Dritte** klagen, z. B. Angrenzer einer Straße auf aktive oder passive Schallschutzmaßnahmen.

48 **ff) Begünstigender Verwaltungsakt: Widerruf und Rücknahme.** Ein rechtmäßiger begünstigender Verwaltungsakt darf unter den Voraussetzungen des § 49 II VwVfG **widerrufen,** ein rechtswidriger Verwaltungsakt gemäß § 48 VwVfG **zurückgenommen** werden. Allerdings ist der Vertrauensschaden zu ersetzen. Dem Empfänger eines begünstigenden Verwaltungsaktes ist deshalb regelmäßig zu raten, unverzüglich von der Genehmigung Gebrauch zu machen (im einzelnen: *Kopp*, Anm. zu §§ 48, 49 VwGO; *Maurer*, S. 237 ff; *Erichsen*, in: *Erichsen/Martens*, Allgemeines Verwaltungsrecht, 9. Auflage, S. 284 ff).

Widerruf und Rücknahme sind von der Berichtigung (§ 42 VwVfg) zu unterscheiden. Bevor die Vorschriften des VwVfG zurückgegriffen wird, sind die spezialgesetzlichen Regelungen wie z. B. § 15 Gaststättengesetz anzuwenden.

Prüfung Rücknahme (§ 48 VwVfG):
- Ist der begünstigende Verwaltungsakt rechtswidrig (Abgrenzung zum Widerruf des rechtmäßigen VA, § 49 VwVfG)?
- Wird eine Geldleistung oder Sachleistung gewährt?
  wenn ja: Sind die Voraussetzungen des § 48 Abs. 2 VwVfG erfüllt, Vertrauensschutz des Mandanten?
- Wird ein sonstiger begünstigender Verwaltungsakt (z. B. Baugenehmigung) zurückgenommen?
  wenn ja: Ist der Vermögensnachteil des Mandanten auszugleichen (§ 48 Abs. 3 VwVfG)?
- Ist das Ermessen über das Ob, den Zeitraum und die sachliche Reichweite der Rücknahme sachgerecht ausgeübt?
- Ist die Jahresfrist des § 48 Abs. 4 VwVfG gewahrt?

Prüfung Widerruf (§ 49 VwVfG):
- Liegt ein rechtmäßig begünstigender Verwaltungsakt vor (Abgrenzung zum rechtswidrigen VA)?
- Ist ein Widerrufsgrund gemäß § 49 Abs. 2 VwVfG gegeben?
- Ist das Ermessen sachgerecht ausgeübt?
- Ist der Widerruf ausgeschlossen (§ 49 Abs. 1 VwVfG)?
- Ist dem Mandanten ein Vertrauensschaden entstanden (§ 49 Abs. 5 VwVfG)?

49 **gg) Belastender Verwaltungsakt: Rücknahme.** Ein rechtswidrig belastender Verwaltungsakt kann unter den Voraussetzungen des § 48 VwVfG zurückgenommen werden. Enthält ein Verwaltungsakt sowohl begünstigende wie bela-

Verwaltungsverfahren **C III**

stende Elemente, kommt es darauf an, was überwiegt. Der Verwaltungsakt mit Doppelwirkung (z. B. Baugenehmigung) hat für den Nachbarn häufig eine belastende Wirkung, kann jedoch gegenüber dem Bauherrn nur unter den Voraussetzungen des begünstigenden Verwaltungsaktes, jedoch im Rechtsmittelverfahren erweitert (§ 50 VwVfG) zurückgenommen oder widerrufen werden.

hh) Beispiele
49 a
– Aus dem **Beamtenrecht:**

Regierungspräsidium ...

Entlassung aus dem Polizeivollzugsdienst des Landes Baden-Württemberg

Sehr geehrte Damen und Herren,

Unter Vorlage auf uns lautender Vollmacht zeigen wir an, daß wir Herrn ... vertreten. In seinem Namen und Auftrag legen wir gegen Ihren Bescheid vom ... – zugegangen am ...

Widerspruch

ein und beantragen:

Die Entlassungsverfügung des Regierungspräsidiums ... vom ... wird aufgehoben.

Hilfsweise:

Unter Aufhebung der Entlassungsverfügung vom ... wird der Widerspruchsführer in den Ruhestand versetzt.

Begründung

1. Die Entlassungsverfügung ist rechtswidrig und verletzt den Widerspruchsführer in seinen Rechten. Die angegriffene Verfügung stützt sich auf § 41 Nr. 2 LBG, die die Dienstunfähigkeit des Beamten voraussetzt. Nach der Legaldefinition des § 145 LBG ist die Dienstunfähigkeit eines Polizeibeamten anzunehmen, wenn ... (Es folgt dann die Auseinandersetzung mit der Frage, ob der Beamte tatsächlich dienstunfähig ist.)

2. Selbst wenn eine Dienstunfähigkeit bestünde, wäre allenfalls eine Versetzung in den Ruhestand rechtmäßig. Rechtsgrundlage ist § 57 Abs. 2 LBG. Das dem Dienstherren eingeräumte Ermessen reduziert sich hier dahin, den Beamten in den Ruhestand zu versetzen. Nach dem Urteil des VGH Mannheim vom 9. 12. 1986 – 4 S 572/85 – ist Voraussetzung einer solchen Ermessensbeschränkung, daß der Widerspruchsführer mit Erfüllung der beamtenrechtlichen Voraussetzungen einen Rechtsanspruch auf Ernennung zum Beamten auf Lebenszeit erlangt hätte. Rechtsgrundlage hiefür ist § 8 Abs. 1 und 2 LBG. (Es wird nun ausgeführt, daß diese Voraussetzungen gegeben sind.)

– Aus dem **Baurecht:**

Landratsamt ...

Baugenehmigung vom ... für Herrn ... zum Neubau eines landwirtschaftlichen Gebäudes in ..., Lgb. Nr. ...

Sehr geehrte Damen und Herren,

unter Vorlage auf uns lautender Vollmacht zeigen wir an, daß wir die Eheleute ... vertreten. Im Namen und Auftrag unserer Mandanten legen wir gegen die Herrn ... erteilte Baugenehmigung

Widerspruch

ein.

Begründung

Die erteilte Baugenehmigung ist rechtswidrig und verletzt die Rechte unserer Mandanten. Für das Baugrundstück besteht kein rechtsgültiger Bebauungsplan. Die Annahme, das Gebiet entspreche gemäß § 5 BauNVO einem Dorfgebiet, ist nicht zutreffend. (Dies ist im einzelnen nun zu begründen.)

Planungsrechtlich ist das Vorhaben deshalb nach § 34 Abs. 1 BauGB zu beurteilen. Es ist deshalb nur zulässig, wenn es sich nach Art und Maß der baulichen Nutzung, der

de Witt 781

Bauweise und Grundstücksfläche, die bebaut werden soll, in die Eigenart der näheren Umgebung einfügt und die Erschließung gesichert ist. Entscheidend ist, daß sich das Vorhaben in jeder Hinsicht innerhalb des Rahmens hält, der sich aus der das Grundstück prägenden Umgebung ergibt. Es fügt sich dann nicht im Sinne des § 34 Abs. 1 BauGB in die Eigenart der näheren Umgebung ein, wenn es die gebotene Rücksichtnahme insbesondere auf die in seiner unmittelbaren Nähe vorhandene Bebauung vermissen läßt. (Sodann ist im einzelnen zu begründen, warum das Gebot der Rücksichtnahme hier verletzt wird.)

Prüfung:
– Wie lautet die Ermächtigungsgrundlage für das Verwaltungshandeln?
– Werden durch die Ermächtigungsgrundlage subjektive Rechte des Mandanten begründet?
– Werden durch andere öffentlich-rechtliche Vorschriften, die nicht nur der Allgemeinheit, sondern auch dem Interesse des Einzelnen zu dienen bestimmt sind, subjektive Rechte begründet?
– Sind Grundrechte verletzt?
– Ist der Verwaltungsakt formell rechtmäßig, insbesondere:
Hat die zuständige Behörde gehandelt?
Ist das Verfahren eingehalten worden?
Ist der Verwaltungsakt begründet?
Ist der Verwaltungsakt an den richtigen Adressaten bekannt gegeben?
– Wann läuft die Frist für die Einlegung des Widerspruchs ab? Kann unter Umständen Wiedereinsetzung in den vorherigen Stand beantragt werden?
– Ist das Verwaltungshandeln von der Ermächtigungsgrundlage gedeckt?
– Sind die von der Behörde angenommenen Tatsachen zutreffend?
– Hat die Behörde die Rechtsvorschriften richtig ausgelegt?
– Ist das Ermessen richtig ausgeübt? Insbesondere:
Wurde überhaupt das Ermessen ausgeübt?
Sind sachfremde Erwägungen angestellt?
Wurde die Selbstbindung der Verwaltung z. B. durch gleichförmiges Verhalten oder Bindung an Verwaltungsvorschriften beachtet?

49 b Häufig ist der Mandant mit der erteilten Genehmigung zufrieden, will sich aber gegen **Nebenbestimmungen** wie z. B. Auflagen wehren. Es ist dann zu prüfen, ob diese Nebenbestimmungen selbständig anfechtbar sind (vgl. *Erichsen*, in: *Erichsen/Martens*, Allgemeines Verwaltungsrecht, 9. Auflage, S. 221 ff.; *Martens* DÖV 1988, 949; *Fehn* DÖV 1988, 202).

Prüfung:
– Ist die Wirksamkeit des Verwaltungsaktes von der Nebenbestimmung abhängig (Bedingung, Befristung)?
– Ist die Nebenbestimmung eine zusätzliche Verpflichtung (Auflage)?
– Läßt die Ermächtigungsgrundlage Nebenbestimmungen zu?
– Besteht ein sachlicher Zusammenhang mit der Genehmigung? (vgl. unten Rdnr. 105).

2. Verfahrensrecht

50 **a) Allgemeines. aa)** Das Verwaltungsverfahren ist im Verwaltungsverfahrensgesetz des Bundes und gleichlautend in den **Verwaltungsverfahrensgesetzen** der Länder geregelt. Der jeweilige Anwendungsbereich ergibt sich aus den §§ 1 und 2. Nach dem Einigungsvertrag gilt das VwVfG des Bundes in den neuen Bundesländern für eine Übergangszeit, längstens aber bis zum 31. 12. 1992, auch für den landeseigenen Vollzug von Landesrecht. Darüber hinaus ist das Verfahren spezialgesetzlich unterschiedlich geregelt. Eine umfassende Ver-

Verwaltungsverfahren **C III**

einheitlichung der Verfahrensvorschriften steht noch aus. Soweit spezielle Regelungen nicht vorgehen, enthält das VwVfG die allgemein gültige Regelung des Verfahrens. Als besondere Verfahrensarten werden noch förmliches Verfahren, Planfeststellung und Aufstellung des Bebauungsplans behandelt (unten Rdnrn. 63 ff.).

bb) Mandanten überschätzen meist die Bedeutung von **Verfahrensfehlern.** 51
Verfahrens- und Formfehler können unter der Voraussetzung des § 45 VwVfG geheilt werden. Von besonderer Bedeutung ist § 46 VwVfG, wonach allein wegen eines Verfahrensfehlers die Aufhebung eines Verwaltungsaktes nicht verlangt werden kann, wenn keine andere Entscheidung in der Sache hätte getroffen werden können. Bei Ermessensentscheidungen läßt sich in der Regel nicht ausschließen, daß eine andere Entscheidung zustandegekommen wäre, es sei denn, der Fehler hat sich nachweislich auf die Entscheidung nicht ausgewirkt. Die Rechtsprechung tut sich sehr schwer, Verfahrensrechte als subjektiv-öffentliche Rechte anzuerkennen, so daß bei Verfahrensfehlern ungeachtet der Vorschriften des § 46 VwVfG und des § 44a VwGO eine Aufhebung der Entscheidung nur selten in Betracht kommt.

cc) Bevor ein belastender Verwaltungsakt erlassen wird, ist der **Betroffene** 52
zu hören. Davon kann nur unter den Voraussetzungen des § 28 II und III VwVfG abgesehen werden. Wegen einer unterbliebenen Anhörung kann nicht geklagt werden, § 44a VwGO.

b) Widerspruchsverfahren. aa) Vor Erhebung einer Anfechtungs- oder Ver- 53
pflichtungsklage ist nach § 68 VwGO ein Widerspruchsverfahren durchzuführen. Für alle Klagen der Beamten aus dem Beamtenverhältnis (§ 126 III BRRG) ist ein Vorverfahren Sachurteilsvoraussetzung. Das Widerspruchsverfahren richtet sich nach den Vorschriften der **VwGO,** das VwVfG gilt nur ergänzend (vgl. oben Rdnr. 34 ff.). Die Erfolgsaussichten eines Widerspruchs sind – ähnlich wie die Hauptsachklage – nach folgender Checkliste zu prüfen:

Zulässigkeit des Widerspruchs:
– Zulässigkeit des Verwaltungsrechtswegs in der Hauptsache (§ 40 VwGO)
– Statthaftigkeit des Widerspruchs (§ 68 VwGO)
– Beteiligungs- und Handlungsfähigkeit des Widersprechenden (§ 11, § 12 VwVfG)
– Widerspruchsbefugnis (§ 42 II VwGO analog)
– Zuständigkeit der Widerspruchsbehörde (§ 73 VwGO)
– Ordnungsgemäße Widerspruchserhebung und Fristwahrung (§ 70 VwGO)
– Nichtabhilfeentscheidung der Ausgangsbehörde (§ 72 VwGO)
– Allgemeines Rechtsschutzinteresse

Begründetheit des Widerspruchs:
– Rechtswidrigkeit des angegriffenen VA (siehe Rdnr. 43)
– Verletzung des Widerspruchsführers in eigenen Rechten

Die Widerspruchsbehörde überprüft den angegriffenen Verwaltungsakt auf 54
seine Rechtmäßigkeit und Zweckmäßigkeit; sie ist an die ergangene Entscheidung nicht gebunden. Insbesondere besteht nicht das Verbot der reformatio in peius (*BVerwGE* 51, 310). Die Widerspruchsbehörde trifft eine eigene Ermessensentscheidung. Beschränkungen der Überprüfung ergeben sich in Selbstverwaltungsangelegenheiten (nur Rechtmäßigkeitskontrolle) und bei pädagogisch-wissenschaftlichen Beurteilungen.

de Witt

55 Grundsätzlich ist eine Änderung der Sach- und Rechtslage beachtlich. (Ausnahme: Verwaltungsakt mit Doppelwirkung, Rdnr. 60). Das Verfahren vor der Ausgangsbehörde bildet mit dem Widerspruchsverfahren eine Einheit. Deshalb können Form- und Verfahrensfehler geheilt werden.

56 bb) Ein **Widerspruchsverfahren ist entbehrlich,** wenn
– dies durch Gesetz bestimmt ist (z. B. §§ 70, 74 i. V. m. VwVfG),
– der VA von einer obersten Bundes- oder Landesbehörde erlassen worden ist,
– wenn ein Dritter durch den Widerspruchsbescheid erstmalig beschwert wird,
– wenn nicht in angemessener Frist über einen Antrag oder Widerspruch entschieden ist (§ 75 VwGO),
– wenn ein bereits gerichtlich angefochtener Verwaltungsakt von der Behörde geändert wird (dann nur Klageänderung).

57 cc) Der Widerspruch ist innerhalb der **Monatsfrist** nach Bekanntgabe einzulegen, sofern nicht kürzere Fristen vorgeschrieben sind, wie z. B. im Flurbereinigungsrecht oder im Wehrrecht (vgl. §§ 190, 191, 192 VwGO). Da häufig die Baugenehmigung den Nachbarn nicht förmlich zugestellt wird, beginnt ihnen gegenüber auch die Monatsfrist nicht zu laufen. Sobald der Nachbar sichere Kenntnis von der Baugenehmigung erlangt hat, kann er sich ein Jahr (§ 58 II VwGO) mit der Einlegung des Widerspruchs Zeit lassen.
58 Haben die Nachbarn nicht bereits im Anhörungsverfahren dem Bauantrag zugestimmt, sollte der Bauherr darauf drängen, daß ihnen die Baugenehmigung zugestellt wird, um die Monatsfrist des § 70 VwGO in Gang zu setzen.

59 dd) Die **Widerspruchsbehörde** trifft eine eigene neue Entscheidung in der Sache. Bei neuen oder veränderten Umständen ist der Betroffene zu hören. Nach Sachlage findet eine mündliche Verhandlung statt, in Bausachen meist ein Ortstermin. Das Widerspruchsverfahren bietet noch einmal Gelegenheit, durch Verhandlungen rasch zum Ziel zu gelangen, sei es durch Modifizierung des Antrags, die Übernahme von Nebenbestimmungen oder Ausgleichsmaßnahmen, um Widersprüche Dritter auszuräumen. Es entsteht damit eine Verhandlungs- und mit dem Augenschein eine Beweisaufnahmegebühr (§ 118 Abs. 1 Nr. 2 u. 3 BRAGO).

60 ee) **Maßgeblicher Zeitpunkt** ist grundsätzlich die Entscheidung über den Widerspruch. Das gilt uneingeschränkt für den Antrag des Bauherrn, der bei einer nachteiligen Änderung der Rechtslage (z. B. Änderung des Bebauungsplans) beantragen kann, festzustellen, daß das Vorhaben nach alter Rechtslage zulässig war (*BVerwG* NJW 1981, 2426; zum Vertrauensschaden bei Planänderungen vgl. §§ 39ff. BauGB). Ist die Baugenehmigung erteilt und erhebt der Nachbar Widerspruch, so ist der Zeitpunkt der Baugenehmigung maßgeblich, wenn danach die Rechtslage sich zu Ungunsten des Bauherrn geändert hat (*BVerwG* NJW 1979, 995). Eine dem Bauherrn günstige Änderung ist beachtlich (für den Verwaltungsprozeß vgl. die Übersicht von *Klein* NVwZ 1990, 633).

61 ff) Ist über einen Widerspruch oder einen Antrag auf Erlaß eines Verwaltungsaktes nicht in angemessener Frist entschieden, kann frühestens nach drei Monaten **Untätigkeitsklage** (§ 75 VwGO) erhoben werden. Dies ist eine normale Klageschrift, in der lediglich darauf zu verweisen ist, daß die Voraussetzungen des § 75 VwGO vorliegen. Es ist zweckmäßig, der Behörde zuvor eine Frist zu setzen (vgl. unten Rdnr. 107).

Verwaltungsverfahren C III

gg) Der Widerspruchsbescheid entscheidet auch über die **Kosten**. Es sollte 62
beantragt werden, die Zuziehung des Bevollmächtigten für notwendig zu erklären (§ 162 II 2 VwGO). Der Antrag kann lauten: Es wird beantragt, dem Widerspruchsführer die Kosten des Verfahrens zu erstatten und die Zuziehung des Bevollmächtigten für notwendig zu erklären. Dies gilt nicht für Planfeststellungsverfahren (*BVerwG* NVwZ 1990, 59). Der Widerspruchsbescheid wird dem Bevollmächtigten förmlich **zugestellt** (§ 8 I 2 VwZG). Damit beginnt der Lauf der Frist zur Klageerhebung.

c) Förmliche Verfahren. aa) Die Vorschriften über förmliche Verfahren 63
(vgl. §§ 63 ff. VwVfG) finden nur insoweit Anwendung, als sie durch Rechtsvorschrift angeordnet sind. In Fachgesetzen finden sich oft Verfahrensvorschriften, die denen der §§ 63 ff. VwVfG ähnlich sind. Als Beispiel sei das Verfahren für genehmigungsbedürftige Anlagen (§§ 4 ff. BImSchG) erwähnt. Einzelheiten des Verfahrens sind in der 9. BImSchV geregelt. Da genehmigungsbedürftige Anlagen Auswirkungen auf die unmittelbare Nachbarschaft hinaus haben können, ist eine Öffentlichkeitsbeteiligung vorgesehen. Das Vorhaben wird öffentlich bekannt gemacht und die Unterlagen werden zwei Monate zur Einsicht ausgelegt (§ 10 III BImSchG, §§ 8 ff. der 9. BImSchV).

bb) Innerhalb der Frist der Offenlage können **Einwendungen** erhoben wer- 64
den. Einwendung ist ein sachliches Gegen-Vorbringen. Es sind die befürchteten Auswirkungen des Vorhabens auf die eigene Rechtssphäre darzulegen, insbesondere individuelle Umstände, die eine besondere Betroffenheit begründen. Soweit erkennbar, sind die befürchteten Betriebsgefahren der Anlage zu benennen. Daran dürfen jedoch keine übertriebenen Anforderungen gestellt werden. Wer nicht oder nicht umfassend Einwendungen erhoben hat, ist materiell **präkludiert** (§ 10 III BImSchG). Er kann diese Einwendungen später weder im Verwaltungs- noch im Gerichtsverfahren dem Vorhaben entgegensetzen. Es ist notwendig, sich durch Sachverständige beraten zu lassen, da weder Mandant noch Anwalt idR die nötige Sachkenntnis haben, Einwendungen zu begründen.

cc) Die rechtzeitig erhobenen Einwendungen sind in einem **nicht-öffentli-** 65
chen Erörterungstermin mit Antragsteller und Sachverständigen zu verhandeln. Die Ladung kann wiederum durch öffentliche Bekanntmachung erfolgen. Bei mehr als 300 Zustellungen kann die Zustellung des Genehmigungsbescheides durch öffentliche Bekanntmachung ersetzt werden (§ 10 VIII BImSchG). Die immissionsschutzrechtliche Genehmigung hat eine begrenzte **Konzentrationswirkung** (§ 13 BImSchG).

dd) Die Genehmigung nach dem **BImSchG** hat privatrechtsgestaltende Wir- 66
kung (§ 14 BImSchG). Privatrechtliche Abwehransprüche werden beschränkt auf Schutzmaßnahmen und, soweit diese nach dem Stand der Technik nicht durchführbar oder wirtschaftlich nicht vertretbar sind, Schadensersatz (vgl. im einzelnen: *Sellner,* Immissionsschutzrecht und Industrieanlagen; *Jarass* BImSchG). Bei den Anlagen des § 48 VwGO ist die Klage sogleich beim OVG bzw. VGH zu erheben. Allerdings bereitet schon die Frage der verletzten subjektiven Rechte große Probleme, wenn Grenzwerte durch die Anlage eingehalten werden. Eine Klage ist ohne Zuarbeit von Sachverständigen i. d. R. nicht zu begründen.

C III Das verwaltungsrechtliche Mandat

67   **d) Planfeststellungsverfahren. aa)** Die Vorschriften über das Planfeststellungsverfahren in den §§ 72 ff. VwVfG gelten ergänzend zu den spezialgesetzlich vorgesehenen Regelungen (vgl. *Ronellenfitsch,* Einführung in das Planungsrecht, S. 101 ff.). Das Planfeststellungsverfahren ist durch seine formelle Konzentrationswirkung gekennzeichnet (§ 75 I VwVfG). Der Planfeststellungsbeschluß hat privatrechtsgestaltende Wirkung (§ 75 II VwVfG). Schutzauflagen können nur durchgesetzt werden, wenn fristgerecht Verpflichtungsklage erhoben wird (Ausnahme: die Nachteile waren nicht vorhersehbar und treten erst später hervor, vgl. § 75 III VwVfG).

68   **bb)** Das Planfeststellungsverfahren ist auf **umfassende Genehmigung** eines konkreten Vorhabens bezogen, dessen Verwirklichung nach dem Planfeststellungsbeschluß keiner weiteren Genehmigung mehr bedarf. In den jeweiligen Fachgesetzen hat der Gesetzgeber entschieden, daß mit der Planfeststellung zugleich über die Zulässigkeit der **Enteignung** entschieden ist (vgl. § 19 FStrG). Im Enteignungsverfahren ist deshalb nur noch über die Höhe der Entschädigung zu verhandeln. Will ein enteignungsbetroffener Eigentümer die Inanspruchnahme seines Grundeigentums abwehren, muß er deshalb den Planfeststellungsbeschluß anfechten.

69   **cc)** Das Vorhaben wird ortsüblich öffentlich bekannt gemacht. Die Pläne werden einen Monat zur Einsicht ausgelegt. Innerhalb der Offenlage und zwei weiterer Wochen können **Einwendungen** erhoben werden (inzwischen gilt für die meisten Fachplanungen des Bundes eine materielle Präklusion). Dabei müssen alle Umstände offenbart werden, die sich nicht aus den Akten ergeben oder offenkundig sind. Ein in seiner Existenz bedrohter Betrieb muß dies geltend machen und die Umstände offenbaren, die zur Existenzgefährdung führen. Die Einwendungen werden in einem Erörterungstermin mit Antragstellern und beteiligten Behörden verhandelt. Bei mehr als 300 Zustellungen kann die Zustellung des Planfeststellungsbeschlusses durch öffentliche Bekanntmachung ersetzt werden.

70   **dd)** Die gerichtliche Überprüfung eines Planfeststellungsbeschlusses ist beschränkt. Der enteignungsbetroffene Grundeigentümer hat die stärkste Rechtsstellung, da ihm gegenüber der Planfeststellungsbeschluß an Art. 14 Abs. 3 GG zu messen ist. Die Rechtsprechung hat ein Kontrollmodell entwickelt und prüft die Erforderlichkeit des Vorhabens, die Einhaltung von Planungsleitsätzen und des Abwägungsgebotes (vgl. im einzelnen *Hoppe/Schlarmann,* Rechtsschutz bei der Planung von Straßen und anderen Verkehrsanlagen, 1981; *Kühling,* Fachplanungsrecht).

Die Beurteilung der Rechtmäßigkeit eines Planfeststellungsbeschlusses ist oft nur mit Hilfe von Sachverständigen möglich. Es sind zahlreiche technische Regelwerke, z. B. zur Lärmberechnung, heranzuziehen. Es ist auch frühzeitig zu prüfen, ob Hilfsanträge, z. B. auf verbesserten Lärmschutz, gestellt werden. Klagt ein Anlieger einer geplanten Straße, können i. d. R. nur Schutzmaßnahmen verlangt werden.

71   **e) Bebauungsplan. aa)** Die Gemeinden stellen in eigener Verantwortung Bebauungspläne auf, die als Satzung beschlossen die Qualität einer kommunalen Rechtsnorm haben (vgl. *Ronellenfitsch* S. 32 ff.). Das Verfahren beginnt mit dem Beschluß, einen Bebauungsplan aufzustellen, der ortsüblich bekanntzumachen ist (§ 2 II BauGB). Häufig findet eine vorgezogene Bürgerbeteiligung (§ 3 I

de Witt

BauGB) statt, bei der Varianten mit den Bürgern diskutiert werden. Besteht bereits ein Mandat, sollte diese Erörterung wahrgenommen werden, um die Interessen des Mandanten in den Planungsprozeß einzubringen. Der Entwurf des Bebauungsplans ist mit Erläuterung und Begründung einen Monat öffentlich auszulegen. Die Offenlage wird ortsüblich bekanntgemacht. Nun können Anregungen und Bedenken schriftlich vorgetragen werden.

Der **Gemeinderat** hat diese Bedenken und Anregungen sowie die Stellungnahmen der Träger öffentlicher Belange zu behandeln. Er beschließt durch Satzung den Bebauungsplan (§ 10 BauGB). Der Bebauungsplan ist der Höheren Verwaltungsbehörde anzuzeigen bzw. von ihr zu genehmigen (§ 11 BauGB). Die Anzeige oder Genehmigung ist öffentlich bekanntzumachen. Damit tritt der Bebauungsplan in Kraft (§ 12 BauGB). Der Bebauungsplan ist mit der **Normenkontrolle** anzugreifen, die Verletzung von Verfahrens- und Formvorschriften ist nur innerhalb eines Jahres seit Bekanntmachung geltend zu machen (§ 215 BauGB; vgl. *Erbguth,* Bauplanungsrecht und Finkelnburg/Ortloff, Öffentliches Baurecht, Bd. I. Zum notwendigen Handwerkszeug zählt: *Battis/ Krautzberger/Löhr,* BauGB).

bb) Die **Einflußnahme** auf die Aufstellung eines Bebauungsplanes ist nicht beschränkt auf die Erörterung bei der vorgezogenen Bürgerbeteiligung und schriftliche Anregungen und Bedenken. Es kann sinnvoll sein, noch vor öffentlicher Bekanntgabe des Planentwurfs mit dem zuständigen Planer oder Dezernenten zu sprechen. Vor der Behandlung des Bebauungsplans im Gemeinderat können Gespräche mit Ratsmitgliedern sinnvoll sein. Je nach Interessenrichtung des Mandanten wird man weitere Verbündete suchen. Bei den Bedenken und Anregungen wäre es falsch, wichtige Argumente zurückzuhalten, sie für ein späteres Normenkontrollverfahren aufzusparen. Es werden allerdings nicht die rechtlichen, sondern die tatsächlichen Argumente im Vordergrund stehen. Dazu zählt auch die Rüge mangelnder Sachaufklärung. **72**

Um einen Bebauungsplan lesen zu können, ist die Kenntnis der **Baunutzungsverordnung** und insbesondere der **Planzeichenverordnung** nötig. Die Behörde ist i. d. R. bereit, den Planentwurf zu erläutern. Bei dieser Gelegenheit kann überprüft werden, ob der Entwurf mit dem Flächennutzungsplan übereinstimmt, ob und wie das betreffende Gebiet früher überplant war, welche Vorhaben sonstiger Planungsträger bekannt sind usw. Das Gespräch mit dem Sachbearbeiter des Planungsamts sollte gesucht werden. **73**

cc) Die Wahrnehmung der Interessen des Mandanten bei der Aufstellung des Bebauungsplans erfordert eine besonders sorgfältige **Ermittlung der Ziele des Mandanten:** **74**

– Das Grundstück ist derzeit nicht bebaubar und soll durch den Bebauungsplan Bauland werden.
– Das Grundstück ist zwar baulich nutzbar aufgrund § 34 BauGB oder Bebauungsplan, soll aber in anderer, derzeit nicht zulässiger Weise genutzt werden.
– Der Bebauungsplan nimmt oder beschränkt eine derzeit zulässige, aber noch nicht ausgenutzte bauliche Nutzung.
– Der Bebauungsplan verändert zu Lasten des Mandanten die baulichen Nutzungsmöglichkeit in der Nachbarschaft.

Je nach Zielrichtung des Mandanten und Inhalt des Planentwurfes wird die Aufgabe lauten, die Planaufstellung zu fördern, zu beeinflussen oder zu verhindern (vgl. die instruktive Darstellung von *Busse/Linke,* Die anwaltliche Praxis in Verwaltungssachen I, Rdnrn. 314 ff.).

75 **f) Einzelne Rechtsgebiete:** Wer einen Fall in einem ihm unbekannten Rechtsgebiet übernimmt, sollte sich zunächst einen Überblick verschaffen. Als **Einstieg** bietet sich an: *von Münch, Bes. VerwR.* Beispielhaft sei für einzelne Rechtsgebiete empfohlen:

- zum **Baurecht:** *Finkelnburg/Ortloff,* Öffentliches Baurecht Band I und II; *Driehaus,* Erschließungs- und Ausbaubeiträge sowie *Hoppenberg* (Hrsg.), Handbuch des öffentlichen Baurechts (mit zahlreichen Sachgebieten)
- zum **Gewerberecht:** *Sieg/Leifermann/Tettinger,* GewO
- zum **Wehrpflichtrecht:** *Johlen,* Wehrpflichtrecht in der Praxis und *Wurster/Schäf,* Ratgeber für Wehrpflichtige
- zum **Ausländerrecht:** *Kanein,* Ausländergesetz
- zum **Beamtenrecht:** *Battis,* BBG; *Niehues,* Schul- und Prüfungsrecht
- zum **Entschädigungsrecht:** *Krohn/Löwisch,* Eigentumsgarantie, Enteignung, Entschädigung sowie *Nüßgens/Boujong,* Eigentum, Sozialbindung, Enteignung.

IV. Verwaltungsgerichtsverfahren

1. Das Verfahren vor den Verwaltungsgerichten

76 a) Das Verfahren vor den Verwaltungsgerichten weist erhebliche **Abweichungen vom Zivilprozeß** auf (gem. § 173 VwGO sind die Vorschriften der ZPO ergänzend anzuwenden). Im Verwaltungsprozeß gilt Amtsermittlung (§ 86 I VwGO). Der Streitstoff steht also nicht in der Disposition der Parteien; das Gericht ist zwar an das Klagebegehren gebunden, nicht aber an die Fassung der Anträge (§ 88 VwGO). Der **Untersuchungsgrundsatz** darf nun nicht dahin mißverstanden werden, daß nach erhobener Klage das Verwaltungsgericht von selbst aufklären wird, ob der angefochtene Verwaltungsakt rechtswidrig ist. Das Gericht ist nicht verpflichtet, über den Sachvortrag der Parteien und sich aufdrängende Probleme hinaus den Sachverhalt zu erforschen.

77 In der Regel findet nur eine einzige **mündliche Verhandlung** statt, in der von den Parteien erwartet wird, daß sie ihre Anträge in einem Plädoyer begründen (§ 103 III VwGO). Der Anwalt trägt Robe. Die in der mündlichen Verhandlung unbedingt gestellten Beweisanträge sind im Termin durch Beschluß zu bescheiden. Auf eine mündliche Verhandlung kann mit Einverständnis der Beteiligten verzichtet werden (§ 101 I VwGO). Das Gericht wird ferner keine mündliche Verhandlung anberaumen, wenn es durch Gerichtsbescheid entscheiden will (§ 84 I VwGO).

Durch das Gesetz zur Entlastung der Rechtspflege hat der Einzelrichter (§ 6 VwGO) an Bedeutung gewonnen.

78 b) **Schriftsätze** haben zur Vorbereitung der mündlichen Verhandlung besondere Bedeutung. Hier liegt der Schwerpunkt der anwaltlichen Arbeit im Verwaltungsgerichtsprozeß. Voraussetzung einer ordnungsgemäßen Klagebegründung ist die Kenntnis der Verwaltungsakten. Behörden sind zur Vorlage der Akten verpflichtet (§ 99 VwGO), die Beteiligten können Akteneinsicht nehmen (§ 100 VwGO). Es ist empfehlenswert, mit der Klagebegründung zunächst nur den Kern des Streitstoffes kurz darzulegen und zu beantragen, die Verwaltungsakten (und ggf. auch die Akten der mittelbar beteiligten Behörden) beizuziehen und Akteneinsicht zu gewähren. Die Aktenkenntnis ist unabdingbar für eine ordnungsgemäße Prozeßführung. Die Kosten für Kopien aus den Verwaltungs-

de Witt

akten werden i. d. R. nicht erstattet. Eine Vereinbarung mit dem Mandanten ist deshalb nötig.

c) Eine verwaltungsgerichtliche **Klagebegründung** kann sich regelmäßig 79 nicht auf die Darstellung des Sachverhaltes beschränken. Sie muß in viel stärkerem Maße als im Zivilprozeß zu Rechtsfragen Stellung nehmen. Die Lösung für den konkreten Fall kann oft dem Gesetz oder präjudiziellen Entscheidungen nicht entnommen werden, so daß die rechtliche Lösung des Falles erst zu entwickeln ist. Dies setzt die Kenntnis und Auseinandersetzung mit Rechtsprechung und Literatur voraus.

Eine genaue Kenntnis der Rechtsprechung und Literatur ist auch erforderlich, um die erheblichen Sachverhaltsfragen zu erkennen. Eine Grundausstattung mit Literatur ist deshalb unabdingbare Voraussetzung für die verantwortliche Bearbeitung.

Der **richtige Beklagte** ergibt sich aus § 78 VwGO mit dem jeweiligen Landesrecht (im einzelnen: *Kopp*, Anm. zu § 78 VwGO). Häufig sind Dritte am Rechtsstreit beteiligt; sie sind unter der Voraussetzung des § 65 VwGO beizuladen. Hat beispielsweise ein Nachbar die Baugenehmigung angefochten, ist der Bauherr notwendig beizuladen (vgl. § 65 VwGO).

d) Die örtliche **Zuständigkeit** des Verwaltungsgerichts gem. § 52 VwGO zu 80 finden, macht in der Regel keine Probleme (Rechtsmittelbelehrung). Bei der erstinstanzlichen Zuständigkeit ist § 48 I VwGO zu beachten.

e) Das **erstinstanzliche Verfahren** endet durch Gerichtsbescheid oder Urteil. 81 Auch der Verwaltungsgerichtsprozeß kennt die Klagerücknahme, den Vergleich und die Erledigung der Hauptsache.

f) Vor Verwaltungsgericht und OVG/VGH ist eine anwaltliche Vertretung 82 nicht notwendig. Der Anwalt muß seine Vertretungsmacht durch schriftliche Vollmacht nachweisen (§ 67 III VwGO). Im übrigen besteht kein Unterschied im Umgang mit den Gerichten. Terminabstimmungen oder Verfahrensfragen lassen sich mit dem Berichterstatter telefonisch erörtern.

g) In den neuen Bundesländern existiert eine organisatorisch eigenständige 83 Verwaltungsgerichtsbarkeit zur Zeit noch nicht. Zuständig sind Kammern für Verwaltungssachen bei den Kreis- und Bezirksgerichten. Zudem gibt es eine örtliche Zuständigkeitskonzentration (s. *Bosch/Schmidt S. 14*).

2. Verfahrensablauf

a) Das Verfahren wird mit **Einreichen der Klageschrift**, in den Eilverfahren 84 mit der Antragsschrift beim zuständigen Verwaltungsgericht (§ 81 I 1 VwGO) eingeleitet. Bei Anfechtungs- und Verpflichtungsklagen muß die Klage innerhalb der Monatsfrist des § 74 VwGO beim Gericht eingegangen sein, sofern nicht kürzere Fristen (z. B. § 142 I FlurbG) gelten. Wiedereinsetzung ist gem. § 60 VwGO möglich.

Die **Klage** ist **schriftlich** (§ 81 I VwGO) zu erheben und muß den Kläger, den 85 Beklagten und den Streitgegenstand bezeichnen. Es sind die Abschriften für den Beklagten und ggf. beteiligter Dritter beizufügen. Ist ein Vorverfahren durchgeführt worden, ergibt sich der richtige Beklagte in der Regel aus der Rechtsmittelbelehrung. Die Regelung des § 78 VwGO für die Anfechtungs- und Verpflichtungsklage gilt generell. Die Klage richtet sich stets gegen den Rechtsträ-

de Witt

ger, soweit das Land nicht von der Regelungsbefugnis des § 78 I 2 VwGO Gebrauch gemacht hat (z. B. § 5 AGVwGO NRW). Zur Bezeichnung des Streitgegenstandes ist mindestens in groben Zügen der Sachverhalt darzulegen, über den das Gericht entscheiden soll. Die weiteren Anforderungen des § 82 I VwGO sind keine zwingenden Voraussetzungen für eine wirksame Klageerhebung. Entspricht die Klage diesen Anforderungen nicht, können Vorsitzender oder Berichterstatter Frist mit ausschließender Wirkung setzen (§ 82 II VwGO). Kennt der Anwalt die Behördenakten noch nicht vollständig, ist zu empfehlen, zunächst noch keinen Antrag zu stellen, sondern sich darauf zu beschränken, die Vorlage der Behördenakten zu fordern und um Akteneinsicht zu bitten. Soweit Bescheide vorliegen, sollten diese stets beigefügt werden, so daß das Gericht sich orientieren kann.

Beispiel für Klage:
Verwaltungsgericht Karlsruhe
In Sachen
Mandant mit voller Anschrift — Kläger —
Prozeßbevollmächtigte: ...
gegen
Land Baden-Württemberg, vertreten durch das Regierungspräsidium Karlsruhe, 7500 Karlsruhe — Beklagter —
wegen Planfeststellung B 35-Bruchsal

zeigen wir unter Vorlage der Vollmacht an, daß wir den Kläger vertreten. In seinem Namen und Auftrag erheben wir gegen den Planfeststellungsbeschluß des Regierungspräsidium Karlsruhe vom ..., Aktenzeichen ...,
Klage
Die Anträge bleiben einem gesonderten Schriftsatz vorbehalten. Der Kläger wird durch den angefochtenen Planfeststellungsbeschluß in seinem Eigentum betroffen. Wir beantragen,
    die Akten des Regierungspräsidiums beizuziehen und uns Akteneinsicht zu gewähren.
Wir werden sodann die Klage begründen. Der angefochtene Planfeststellungsbeschluß ist in Abschrift beigefügt.

86 b) Spätestens mit der **Klagebegründung** sollen die Anträge (einschließlich Hilfsanträge) formuliert werden (vgl. unten Rdnrn. 97 ff.). War der Anwalt im Vorverfahren tätig, ist zu beantragen, daß die Zuziehung im Vorverfahren für notwendig erklärt wird (oben Rdnr. 62). In einem ersten Teil ist der Sachverhalt zu schildern. Nach Möglichkeit sollte zum Nachweis auf die Behördenakten und die Bescheide Bezug genommen werden. Nur soweit der Sachverhalt entscheidungserheblich streitig ist, sind die Tatsachen aus der Sicht des Klägers so zu schildern, daß das Gericht diese Schilderung in den Beweisbeschluß übernehmen kann. Die geeigneten Beweismittel sind anzugeben. Bei Sachverständigengutachten sollten auch geeignete Sachverständige benannt werden.
Im zweiten Teil der Klagebegründung erfolgt die rechtliche Begründung. Zum Verwaltungsrechtsweg oder zur Zulässigkeit der Klage ist nur Stellung zu nehmen, wenn diese problematisch sind. Die Begründung setzt in der Regel eine Auseinandersetzung mit Rechtsprechung und Literatur voraus, die in üblicher Form zu zitieren sind. Man sollte sich zur Aufgabe machen, die Klage so umfassend und vollständig zu begründen, daß eine Replik entbehrlich ist (vgl.

die Beispiele von *Johlen*, in: *Locher/Mes,* Beck'sches Prozeßformularbuch V. A. 3 ff.).
Die Befugnisse des Vorsitzenden und Berichterstatters sind nun erheblich erweitert worden, um das Verfahren zu beschleunigen. Dem Kläger kann gem. § 87 b VwGO Frist gesetzt werden
– zur Angabe der Tatsachen, durch deren Berücksichtigung oder Nichtberücksichtigung im Verwaltungsverfahren er sich beschwert fühlt,
– zur Angabe von Tatsachen zu bestimmten, vom Gericht bezeichneten Vorgängen und der Bezeichnung von Beweismitteln,
– zur Vorlage von Urkunden oder anderen beweglichen Sachen.

Unter den Voraussetzungen des § 87 b III VwGO kann verspätetes Vorbringen zurückgewiesen werden (Präklusion). Die Fristsetzung kann auch mit § 82 II VwGO verbunden werden. Die Vorschriften gelten auch für das Berufungsverfahren und schränken die Amtsermittlungspflicht erheblich ein. Angesichts der oft überlegenen Fachkenntnisse der Behörden sind diese Vorschriften zurückhaltend anzuwenden. Weist die Sache in tatsächlicher oder rechtlicher Art keine besonderen Schwierigkeiten auf und ist sie auch nicht von grundsätzlicher Bedeutung, soll der Rechtsstreit auf den Einzelrichter übertragen werden (§ 6 VwGO).

c) In der Regel findet eine einzige **mündliche Verhandlung** statt. Zur Vorbereitung der mündlichen Verhandlung sind die Befugnisse des Vorsitzenden oder Berichterstatters über §§ 82, 87 b VwGO erweitert worden mit § 87 VwGO. Er kann die Beteiligten insbesondere zu einem Erörterungstermin (§ 87 I Nr. 1 VwGO) laden und Beweis erheben (§ 87 III VwGO). Ohne mündliche Verhandlung kann das Gericht nach § 84 VwGO (vgl. die Rechtsmittel Rdnr. 132a) entscheiden oder wenn alle Parteien auf mündliche Verhandlung verzichten (dennoch entsteht für den Anwalt die Verhandlungsgebühr). Im Einverständnis der Beteiligten kann der Vorsitzende oder Berichterstatter als Einzelrichter entscheiden (§ 87a II, III VwGO). Die Ladung zur mündlichen Verhandlung muß gem. § 102 VwGO eine Frist von zwei Wochen einhalten. Es wird mit Robe verhandelt. Der Termintafel läßt sich die Zusammensetzung des Spruchkörpers, bei den ehrenamtlichen Richtern der Beruf entnehmen. Die mündliche Verhandlung beginnt mit dem Sachbericht. Darauf sollte in der Regel nicht verzichtet werden, weil aus der Sachverhaltsdarstellung Rückschlüsse darauf gezogen werden können, welche Umstände das Gericht für erheblich hält. Nur so kann der Anwalt erkennen, ob das Gericht auch alle für das Klagevorbringen bedeutsamen Umstände kennt. 87

Danach sind die **Anträge** zu stellen (§ 103 III VwGO). Das Gericht ist an die Fassung der Anträge nicht gebunden (§ 88 VwGO). Es wird in der Regel eine bestimmte Fassung des Antrags vorschlagen. Es ist darauf zu achten, ob die vom Gericht vorgeschlagene Fassung dem Klagebegehren des Mandanten vollständig entspricht. Empfiehlt das Gericht eine Einschränkung des Antrags, kann dieser Antrag ggf. als Hilfsantrag gestellt werden. 88

Die Anträge sind gem. § 103 III VwGO zu begründen. Dies geschieht üblicherweise in der Form eines Plädoyers. Meist geht jedoch die Erörterung der Streitsache (§ 104 I VwGO) voraus. In einem Rechtsgespräch macht das Gericht meist seine eigene Rechtsauffassung deutlich. Das ist kein Grund zur Ablehnung wegen Befangenheit, sondern wünschenswert, um darauf die eigene Prozeßstrategie einzustellen. So kann es notwendig werden, einen unbedingten Beweisantrag zu stellen oder z. B. einen Vergleich anzubieten. 89

de Witt

C III   Das verwaltungsrechtliche Mandat

90   Eine **Beweisaufnahme** erfolgt grundsätzlich in der mündlichen Verhandlung (§ 96 I 1 VwGO). Die Beweisaufnahme vor dem Spruchkörper ist in der Regel der Beweiserhebung durch einen beauftragten Richter (§ 96 II VwGO) oder nach § 87 III VwGO vorzuziehen. An Zeugen und Sachverständige können sachdienliche Fragen gerichtet werden (§ 97 VwGO). I. ü. gelten die entsprechenden Vorschriften der ZPO. Grundlage der Beweiserhebung ist ein Beweisbeschluß, der in der mündlichen Verhandlung verkündet oder bereits vorher gefaßt wird. Häufig ist ein Augenschein zweckmäßig. Ob sich z. B. ein Bauvorhaben nach § 34 BauGB einfügt, kann i. d. R. nur vor Ort beurteilt werden.

91   **d)** Im Verwaltungsprozeß wird regelmäßig ein **Plädoyer** zum Schluß der Verhandlung erwartet. Darin ist der Sachverhalt und ggf. die Beweisaufnahme zu würdigen. Im Kern steht die rechtliche Auseinandersetzung mit den Rechtsfragen. Insbesondere sollte man sich mit der Rechtsauffassung des Gerichts auseinandersetzen. Es ist dringend zu empfehlen, das Plädoyer in Stichworten vor der mündlichen Verhandlung vorzubereiten. Für den Fall einschlägige Entscheidungen von Obergerichten oder Nachweise aus der Literatur sollten in der mündlichen Verhandlung dann so parat sein, daß man sie zitieren kann.

92   **e)** Danach wird die mündliche Verhandlung geschlossen. **Nachgereichte Schriftsätze** werden nicht mehr berücksichtigt, es sei denn, das Gericht beschließt die Wiedereröffnung der mündlichen Verhandlung (§ 104 III 2 VwGO).

93   **f)** Abweichend von § 116 I VwGO wird das Urteil meist nicht im Termin verkündet (Ausnahme: BVerwG). Das Gericht kann einen besonderen **Verkündungstermin** ansetzen oder das Urteil zustellen. Dann ist der Urteilstenor innerhalb von zwei Wochen der Geschäftsstelle zu übergeben (§ 116 II VwGO). Der Urteilstenor kann dann von der Geschäftsstelle erfragt werden. Zur Beschleunigung soll auch die Zurückverweisung an die Verwaltung gem. § 113 II oder III VwGO dienen.

94   **g)** Erst mit Zustellung des vollständigen Urteils beginnt die Rechtsmittelfrist. Das Urteil entscheidet zugleich über die Kosten. Es enthält zwingend eine Rechtsmittelbelehrung. Meist wird zugleich durch Beschluß der Gegenstandswert bestimmt. Von einer Begründung kann gem. § 113 V VwGO abgesehen werden.

3. Klagearten

95   Für die Zulässigkeit einer Klage sind in jedem Falle folgende allgemeinen Sachurteilsvoraussetzungen erforderlich:

– Deutsche Gerichtsbarkeit (§§ 18 ff GVG)
– Rechtsweg zu den Verwaltungsgerichten (§ 40 VwGO)
– Sachliche und örtliche Zuständigkeit des angerufenen Gerichts (§§ 45, 48, 50, 52, VwGO)
– Beteiligten- und Prozeßfähigkeit (§§ 61, 62 VwGO)
– Prozeßführungsbefugnis (§ 78 VwGO)
– Postulationsfähigkeit (§ 67 VwGO)
– Ordnungsgemäße Klageerhebung (§§ 81, 82 VwGO)
– Fehlen einer anderweitigen Rechtshängigkeit und einer rechtskräftigen Entscheidung in derselben Sache (§§ 90 II, 121 VwGO)
– Allgemeines Rechtsschutzbedürfnis

Dazu kommen die besonderen Sachurteilsvoraussetzungen sowie die Begründetheitsvoraussetzungen, die bei der betreffenden Klageart erörtert werden.
Die VwGO stellt folgende Klagearten zur Verfügung:
- Will der Mandant einen belastenden Verwaltungsakt oder im Dreiecksverhältnis die belastende Wirkung einer dem Nachbarn erteilten Genehmigung abwehren, ist **Anfechtungsklage** zu erheben (Rdnrn. 97 ff.).
- Will der Mandant den Erlaß eines begünstigenden Verwaltungsakts erreichen (z. B. Genehmigung, Erlaubnis), erhebt er **Verpflichtungsklage** (Rdnrn. 102 ff.).
- Begehrt der Mandant eine Leistung, die nicht im Erlaß eines Verwaltungsakts besteht, ist die allgemeine **Leistungsklage** zu erheben (Rdnrn. 115 ff.).
- Ist ein Rechtsverhältnis des Mandanten streitig oder ein belastender Verwaltungsakt nichtig, kommt die **Feststellungsklage** in Betracht, sofern der Mandant seine Ziele nicht durch Anfechtungs- oder Verpflichtungsklage verfolgen kann (Rdnrn. 110 ff.).
- Wendet sich der Mandant gegen eine Norm (wie z. B. Verordnung, Satzung, Bebauungsplan), die im Rang unter dem Gesetz steht, wird er ein **Normenkontrollverfahren** einleiten (Rdnrn. 123 ff.).

Ergänzend ist der **vorläufige Rechtsschutz** (Rdnrn. 138 ff.) zu sehen: Da die **96** Verwaltungsgerichtsverfahren oft erhebliche Zeit in Anspruch nehmen, kann die Behörde die aufschiebende Wirkung der Anfechtungsklage durch Anordnung des sofortigen Vollzugs beseitigen. Dagegen kann sich der Mandant mit einem Antrag auf Wiederherstellung der aufschiebenden Wirkung wehren.
Würde im Fall einer Verpflichtungs- oder Leistungsklage das Urteil zu spät kommen, kann der Mandant Antrag auf **Erlaß einer einstweiligen Anordnung** stellen. Im Baurecht war die Art des vorläufigen Rechtsschutzes abhängig von der jeweiligen Rechtsprechung des OVG (VGH), vgl. unten Rdnrn. 155 ff. Hier gelten nun bundeseinheitlich §§ 80, 80a VwGO.

4. Anfechtungsklage

a) Ziel der Anfechtungsklage ist die Aufhebung eines Verwaltungsakts, der **97** den Mandanten in seiner eigenen Rechtssphäre belastet.
Für die Anfechtungsklage gelten – neben den soeben unter Rdnr. 95 genannten – folgende **besonderen Sachurteilsvoraussetzungen:**

- Statthaftigkeit der Anfechtungsklage (§ 42 I VwGO)
- Klagebefugnis (§ 42 II VwGO)
- Vorverfahren (§ 68 VwGO)
- Klagefrist (§ 74 VwGO)

Die Voraussetzungen der **Begründetheit** sind:
- Rechtswidrigkeit des angegriffenen VA
- Verletzung des Klägers in eigenen Rechten

Das Gericht hebt mit seinem Urteil den angegriffenen Verwaltungsakt – ganz oder teilweise – auf. Die Anfechtungsklage hat in der Regel **aufschiebende Wirkung**; der Verwaltungsakt darf bis zur rechtskräftigen Entscheidung nicht vollzogen werden. Beachte aber § 80 II VwGO; eine wichtige Ausnahmeregelung befindet sich in § 10 II BauGB-MaßnG. Den Suspensiveffekt kann die Behörde nur durch Anordnung des Sofortvollzugs beseitigen.

b) **Gegenstand der Anfechtungsklage** ist der ursprüngliche Verwaltungsakt **98** in der Gestalt, die er durch den Widerspruchsbescheid gefunden hat (§ 79 I 1

VwGO). Zur Abgrenzung des Verwaltungsakts von sonstigen Verwaltungsmaßnahmen, innerdienstlichen Anordnungen und Maßnahmen im besonderen Pflichtenverhältnis (Beamte, Wehrdienst, Schule) oder Normen muß auf die ausführliche Kommentierung von *Kopp* zu § 35 VwVfG verwiesen werden. Ist der Verwaltungsakt teilbar, ist eine Teil-Anfechtung möglich. Allein der Widerspruchsbescheid ist Gegenstand der Anfechtungsklage, wenn ein Dritter erstmalig dadurch beschwert ist, oder wenn er eine zusätzliche selbständige Beschwerde enthält (Verböserung des Verwaltungsakts), vgl. § 79 I Nr. 2 und II VwGO (z. B. wenn die Widerspruchsbehörde auf den Widerspruch des Nachbarn die Baugenehmigung aufhebt; vgl. die Beispiele bei *Johlen,* in: *Locher/Mes,* Beck'sches Prozeßformularbuch V. A. 3 und 4).

99   c) Auf die Klagebefugnis (Geltendmachen der Verletzung in subjektiven Rechten) wurde bereits oben eingegangen (Rdnr. 45).

100   d) Die Durchführung des Widerspruchsverfahrens ist gem. § 68 I VwGO Sachurteilsvoraussetzung. Im Regelfall ist also erst nach durchgeführtem Widerspruchsverfahren der Weg zum Verwaltungsgericht frei. Davon gibt es jedoch Ausnahmen gem. § 68 I 2 VwGO.
Die Klage muß innerhalb eines Monats nach Zustellung des Widerspruchsbescheids erhoben werden, § 74 I VwGO.

101   e) Regelmäßig wird der **Antrag** lauten, „den Bescheid der Behörde (mit Aktenzeichen) und den Widerspruchsbescheid der Widerspruchsbehörde vom ... (Aktenzeichen) aufzuheben". Ist im Widerspruchsverfahren dem Widerspruch teilweise stattgegeben worden, „wird beantragt, den Bescheid der Behörde vom ... (Aktenzeichen) in der Gestalt des Widerspruchsbescheids der Behörde vom ... (Aktenzeichen) aufzuheben". Wird die Anfechtungsklage beschränkt, kann dies beispielsweise ergänzt werden: „Der Bescheid ... wird aufgehoben, soweit ein Erschließungsbeitrag von mehr als x DM festgesetzt ist". Beschränkt sich die Anfechtungsklage auf den Widerspruchsbescheid, wird lediglich beantragt, „den Widerspruchsbescheid der Behörde vom ... (Aktenzeichen) aufzuheben". Die jeweilige Behörde ist exakt zu bezeichnen. War der Anwalt auch im Vorverfahren tätig, ist ferner zu beantragen, die Zuziehung des Bevollmächtigten für notwendig zu erklären (§ 162 II 2 VwGO).
Zum Prüfungskatalog vgl. oben Rdnr. 43. Hat der Mandant Anspruch auf Entschädigung, ist ein entsprechender Antrag zu stellen. Soll ein Amtshaftungsprozeß geführt werden, ist ein Feststellungsantrag entbehrlich, da mit der Aufhebung des Verwaltungsaktes dessen Rechtswidrigkeit festgestellt wird.
Ist eine weitere Sachverhaltsaufklärung erforderlich, kann der Verwaltungsakt aufgehoben und eine vorläufige Regelung getroffen werden unter den Voraussetzungen des § 113 III VwGO. Diese Möglichkeit scheidet aus bei allen Planungsentscheidungen.

5. Verpflichtungsklage

102   a) Ziel der Verpflichtungsklage ist der Erlaß eines vom Mandanten begehrten Verwaltungsakts. Die Verpflichtungsklage hat – neben der unter Rdnr. 95 genannten allgemeinen – folgende **besondere Sachurteilsvoraussetzungen:**
– Statthaftigkeit der Verpflichtungsklage (§ 42 I VwGO)
– Klagebefugnis (§ 42 II VwGO)

– Vorverfahren (§ 68 VwGO, beachte § 75 VwGO)
– Klagefrist (§ 74 VwGO)
Die Voraussetzungen der **Begründetheit** sind:
– Anspruch des Klägers auf Erlaß des begehrten Verwaltungsaktes oder
– bei fehlender Spruchreife Anspruch des Klägers auf ermessensfehlerfreie Neubescheidung
Zur Ermittlung der Anspruchsgrundlagen siehe oben Rdnr. 32 ff.

b) Im Unterschied zur allgemeinen Leistungsklage muß ein Verwaltungsakt 103 begehrt werden. Das ist meistens der Fall bei einer Genehmigung, Erlaubnis oder Bewilligung; aber auch im Bereich der Leistungsverwaltung wird häufig über die Leistung zunächst durch Verwaltungsakt entschieden. Hat die Behörde den Erlaß des begehrten Verwaltungsaktes abgelehnt, muß diese Ablehnung nicht gesondert angefochten werden. Zur Klarstellung ist jedoch zu empfehlen, auch die Aufhebung des ablehnenden Verwaltungsakts und Widerspruchsbescheids zu beantragen (vgl. das Beispiel von *Johlen*, in: *Locher/Mes*, Beck'sches Prozeßformularbuch V. A. 5 und oben Rdnr. 33).

c) Das Gericht ist gehalten, alle Voraussetzungen des Anspruchs aufzuklären, 104 so daß die Sache spruchreif wird. Steht der Behörde jedoch ein **Ermessen** oder ein Beurteilungsspielraum zu, ist grundsätzlich nur ein Bescheidungsantrag zulässig, da das Gericht nicht berechtigt ist, sein Ermessen an die Stelle der Behörde zu setzen, § 114 VwGO. Die Ausnahme ist der Fall, daß nur der Erlaß des begehrten Verwaltungsakts rechtmäßig ist (Ermessensreduzierung auf Null). Es ist dann zu empfehlen, den Bescheidungsantrag hilfsweise zu stellen.

Erfordert die Ermittlung eines Betrages erheblichen Aufwand, kann das Gericht die Behörde zur Neuberechnung gem. § 113 II VwGO veranlassen.

d) Wendet sich der Mandant gegen **Nebenbestimmungen** eines begünstigen- 105 den Verwaltungsaktes, ist Anfechtungsklage zu erheben, wenn die Nebenbestimmung selbständig abtrennbar ist, Verpflichtungsklage, wenn die Nebenbestimmung mit dem Verwaltungsakt eine Einheit bildet. Die Auflage ist in der Regel eine selbständige zusätzliche Leistungsverpflichtung und deshalb mit der Anfechtungsklage isoliert angreifbar. Eine Bedingung, Befristung oder ein Widerrufsvorbehalt sind jedoch mit dem Verwaltungsakt untrennbar verbunden, so daß Verpflichtungsklage auf Erlaß eines Verwaltungsaktes ohne diese lästige Nebenbestimmung zu erheben ist. Ebenfalls Verpflichtungsklage ist bei einer modifizierenden Auflage zu erheben, weil die Auflage den Inhalt des Verwaltungsaktes verändert (vgl. oben Rdnr. 47).

e) Auch die Verpflichtungsklage setzt die Durchführung eines Vorverfahrens 105 a nach § 68 VwGO voraus.

f) Es wird mit der Verpflichtungsklage „**beantragt**, die Behörde unter Aufhe- 106 bung des Bescheids vom ... (Aktenzeichen) und des Widerspruchsbescheids der Behörde vom ... (Aktenzeichen) zu verpflichten, dem Kläger Leistungen nach dem BAföG in Höhe von monatlich x DM für den Bewilligungszeitraum vom ... bis ... zu gewähren". Ist die Sache noch nicht spruchreif oder steht die Entscheidung im Ermessen der Behörde, „wird beantragt, die Behörde unter Aufhebung des Bescheids ... zu verpflichten, den Antrag des Klägers vom ... auf (Erteilung der Baugenehmigung für das Grundstück Lgb.Nr. ... in ...) unter Beachtung der Rechtsauffassung des Gerichts erneut zu bescheiden". Die-

de Witt 795

ser Bescheidungsantrag kann auch als Hilfsantrag gestellt werden, wenn streitig ist, ob bereits Spruchreife eingetreten ist oder der Behörde ein Ermessen zusteht.
War der Anwalt schon im Vorverfahren tätig, ist auch hier gem. § 162 II 2 VwGO zu beantragen, die Zuziehung des Bevollmächtigten für das Vorverfahren für notwendig zu erklären.
Bei einer zwischenzeitlichen Änderung der Sach- oder Rechtslage kann der Anspruch entfallen, auch wenn die ursprüngliche Ablehnung rechtswidrig war. Dann ist hilfsweise zur Vorbereitung der Klage auf Amtshaftung die Feststellung zu beantragen, daß „die Ablehnung des Antrags durch die Behörde mit Bescheid vom ... rechtswidrig war" (§ 113 I 4 VwGO).

6. Untätigkeitsklage

107 **a)** Die Anfechtungs- oder Verpflichtungsklage ist ohne Vorverfahren zulässig, wenn über Widerspruch oder Antrag auf Erlaß eines Verwaltungsaktes nicht in angemessener Frist entschieden wurde, § 75 VwGO. Auch wenn die Jahresfrist des § 76 VwGO entfallen ist, wird eine Untätigkeitsklage in der Regel nur innerhalb eines Jahres zulässig sein. Danach stellt sich die Frage der Verwirkung.

108 **b)** Wird nach Klageerhebung dem Begehren des Mandanten entsprochen, ist die Hauptsache für erledigt zu erklären. Ergeht eine **behördliche Entscheidung** zu Lasten des Mandanten, ist diese unmittelbar Gegenstand des Prozesses. Hat allerdings das Gericht das Verfahren ausgesetzt und wird in dieser Zeit der begehrte Verwaltungsakt abgelehnt, muß zunächst das Widerspruchsverfahren durchgeführt werden (vgl. das Beispiel von *Johlen*, in: *Locher/Mes*, Beck'sches Prozeßformularbuch V. A. 6).

109 **c)** Die Anträge entsprechen hier der Anfechtungs- oder Verpflichtungsklage. Die Untätigkeitsklage ist keine besondere Klageart. Sie unterscheidet sich von der Anfechtungs- und Verpflichtungsklage nur dadurch, daß ein Vorverfahren noch nicht abschließend durchgeführt ist.

7. Feststellungsklage

110 **a)** Die Feststellungsklage (§ 43 VwGO) hat nur geringe Bedeutung, da Gestaltungs- und Leistungsklage Vorrang haben. Hätte der Mandant sich z. B. durch eine Anfechtungsklage gegen einen belastenden Verwaltungsakt wehren können, jedoch die Klagefrist versäumt, kann er wegen des drohenden Vollzugs nun keine Feststellungsklage erheben (vgl. im einzelnen die Kommentierung bei *Kopp* § 43 VwGO und das Beispiel von *Johlen*, in: *Locher/Mes*. Beck'sches Prozeßformularbuch V. A. 10)
Die Feststellungsklage hat – neben den unter Rdnr. 95 genannten allgemeinen – folgende **besondere Sachurteilsvoraussetzungen:**
– Statthaftigkeit der Feststellungsklage (§ 43 I VwGO)
– Feststellungsinteresse (§ 43 I VwGO)
– Keine „Subsidiarität" (§ 43 II VwGO)
– Im Kommunalverfassungsstreitverfahren nach hM auch Klagebefugnis erforderlich

Die Feststellungsklage ist **begründet,** wenn
- das streitige Rechtsverhältnis besteht bzw. nicht besteht oder
- der umstrittene VA nichtig ist.

b) Unter **Rechtsverhältnis** ist die rechtliche Beziehung zwischen zwei Personen oder einer Person zu einer Sache zu verstehen, die sich aufgrund einer Rechtsnorm, eines öffentlich-rechtlichen Vertrags oder eines Verwaltungsakts aus einem konkreten Sachverhalt ergibt. Gegenstand der Feststellungsklage können auch einzelne Rechte und Pflichten eines Rechtsverhältnisses sein, nicht jedoch abstrakte Rechtsfragen. Über das Bestehen eines Rechtsverhältnisses muß zwischen Mandant und übrigen Beteiligten Streit bestehen. Die Nichtigkeit eines Verwaltungsaktes kann mit der Feststellungs-, aber auch mit der Anfechtungsklage geltend gemacht werden. **111**

c) Voraussetzung ist ein berechtigtes Interesse als **besonderes** zusätzliches **Rechtsschutzbedürfnis.** Berechtigtes Interesse ist jedes nach Lage des Falles anzunehmendes schutzwürdige Interesse rechtlicher, wirtschaftlicher oder ideeller Art. **111a**

d) Die Feststellungsklage ist aber nur **subsidiär** (§ 43 II VwGO) zulässig. Es ist deshalb stets zu prüfen, ob der Mandant nicht die Abwehr eines belastenden Verwaltungsaktes oder eine bestimmte Leistung der Verwaltung begehrt. Über die Rechtsfragen, die Gegenstand einer Feststellungsklage sein können, wird dann im Rahmen der Gestaltungs- oder Leistungsklage entschieden. **112**

e) Die Feststellungsklage ist **nicht fristgebunden.** Ein Vorverfahren ist nicht erforderlich (Ausnahme: Beamtenverhältnis, § 126 III BRRG). Mit einer **vorbeugenden Feststellungsklage** kann ein Mandant künftig drohende Maßnahmen abwehren. Ein darauf gerichtetes Rechtsschutzbedürfnis besteht, wenn die Wiederholung rechtswidriger Eingriffe in Rechte des Mandanten zu besorgen ist. Das ist nur selten der Fall, da der Mandant auf den nachträglichen Rechtsschutz verwiesen wird. **113**

f) Der **Antrag** der Feststellungsklage lautet, daß z. B. festgestellt wird, daß der Kläger die Rechtsstellung als anerkannter Kriegsdienstverweigerer hat oder daß die Wohnung des Klägers in der X-Straße Nr. X die Eigenschaft „öffentlich gefördert" hat. **114**

8. Leistungsklage

Ziel der Leistungsklage ist eine **Leistung** der Verwaltung, die nicht im Erlaß eines Verwaltungsaktes besteht oder davon abhängig ist. Mit ihr kann auch ein Anspruch auf Unterlassung verfolgt werden (vgl. das Beispiel von *Johlen,* in: *Locher/Mes,* Beck'sches Prozeßformularbuch V. A. 11). **115**

Für die allgemeine Leistungsklage gelten – neben den unter Rdnr. 95 genannten allgemeinen – folgende **besondere Sachurteilsvoraussetzungen:**
- Statthaftigkeit der allgemeinen Leistungsklage
- Klagebefugnis (§ 42 II VwGO analog)

Begründet ist die allgemeine Leistungsklage, wenn
- der Kläger einen Anspruch auf das begehrte schlicht hoheitliche Tun oder Unterlassen oder
- bei fehlender Spruchreife auf ermessensfehlerfreie Neubescheidung hat.

de Witt

Ein Vorverfahren muß nicht durchgeführt werden, die Erhebung der Leistungsklage ist auch nicht an eine Frist gebunden (Ausnahme: § 126 III BRRG). Mit der Leistungsklage kann unmittelbar auf Zahlung geklagt werden, wenn die Zahlung nicht von einem Verwaltungsakt abhängt. Es kann eine Leistung der Verwaltung, z. B. die Gewährung von Akteneinsicht, begehrt werden oder der Widerruf ehrverletzender amtlicher Äußerungen sowie der Anspruch auf Folgenbeseitigung.

116 Die **Anträge** der Leistungsklage sind vielfältig. Bei Zahlungsansprüchen „wird beantragt, die Behörde zu verpflichten, dem Kläger ... DM für das Jahr ... zu zahlen". Es empfiehlt sich jedoch, auch den Zahlungsgrund in den Tenor aufzunehmen und den Leistungszeitraum anzugeben. Wird eine schlicht-hoheitliche Verwaltungshandlung begehrt, so wird z. B. beantragt, die erkennungsdienstlichen Unterlagen der Behörde über den Kläger zu vernichten.

9. Unterbrechungen und sonstige Verfahrensbeendigungen

117 a) Auch der Verwaltungsgerichtsprozeß kann durch übereinstimmende Erklärung der Parteien gem. § 173 VwGO i. V. m. § 251 ZPO zum **Ruhen** gebracht werden. Darüber entscheidet der Vorsitzende oder Berichterstatter (§ 87a VwGO) im vorbereitenden Verfahren. Das Verfahren kann jederzeit wieder angerufen werden. Ruht das Verfahren mindestens sechs Monate, hat der Kläger nach Nr. 1200 KV die gerichtliche Verfahrensgebühr zu tragen.

118 b) Das Verfahren kann bei Vorgreiflichkeit (§ 94 VwGO) **ausgesetzt** werden. Es muß ausgesetzt werden, wenn das Verwaltungsgericht zur Auffassung gelangt, daß die anzuwendende nachkonstitutionelle Norm gegen das Grundgesetz verstößt (Vorlage nach Art. 100 GG). Gleiches gilt, wenn es auf die Auslegung des EG-Vertrages ankommt (Vorlage an den Europäischen Gerichtshof gem. Art. 177 des Vertrages über die Europäische Gemeinschaft). Darüber entscheidet der Vorsitzende oder Berichterstatter (§ 87a VwGO) im vorbereitenden Verfahren.

119 c) Die **Klage** kann jederzeit **zurückgenommen** werden, nach Stellung der Anträge in der mündlichen Verhandlung jedoch nur mit Einwilligung des Beklagten (§ 92 VwGO). Der Kläger hat dann die Kosten zu tragen. Darüber entscheidet der Vorsitzende oder Berichterstatter (§ 87a VwGO) im vorbereitenden Verfahren. Mit Rücknahme der Klage wird der angegriffene Bescheid bestandskräftig und steht dann einer erneuten Klage entgegen. Einigen sich die Parteien in einem Vergleich, verpflichtet sich der Kläger häufig zur Rücknahme der Klage. Die Klagerücknahme ist bedingungsfeindlich und bleibt auch dann gültig, wenn die im Vergleich zugesagte Leistung oder Regelung der Behörde nicht erbracht wird, weil eine mitwirkungsberechtigte weitere Behörde ihre Zustimmung zum Vergleich verweigert. Die Klage sollte deshalb immer erst zurückgenommen werden, wenn die Gegenleistung des Vergleichs gesichert ist.

120 d) Die **Hauptsache** kann sich **erledigen.** Der häufigste Fall ist die Aufhebung des angegriffenen Verwaltungsaktes durch die Behörde. Ein befristeter Verwaltungsakt kann sich durch Zeitablauf erledigen. Soweit der Kläger ein berechtigtes Interesse daran hat festzustellen, daß der Verwaltungsakt rechtswidrig war (§ 113 I 4 VwGO), wird das Verfahren trotz Erledigung fortgesetzt (Fortsetzungsfeststellungsklage). Im anderen Fall wird das Verfahren durch überein-

stimmende Erledigungserklärung beendet. Das Gericht bzw. der Vorsitzende oder Berichterstatter im vorbereitenden Verfahren entscheidet nach billigem Ermessen über die Kosten gem. § 161 II VwGO.

e) Der Verwaltungsgerichtsprozeß kann insbesondere durch **Vergleich** beendet werden, der außergerichtlich (§ 55 VwVfG) und gerichtlich (§ 106 VwGO) geschlossen werden kann. Beim gerichtlichen Vergleich gelten alle Einschränkungen wie für den öffentlich-rechtlichen Vertrag (oben Rdnr. 46). Bietet sich in einem Verfahren der Abschluß eines Vergleichs an, sollte vor der mündlichen Verhandlung mit dem Mandanten der Spielraum geklärt werden. Es ist vorher sorgfältig zu prüfen, ob der Prozeßgegner allein berechtigt ist oder ob es der Zustimmung weiterer Behörden oder Körperschaften bedarf. In diesem Fall muß der Anwalt vor der mündlichen Verhandlung klären, ob diese Behörden zustimmen. Ein Vergleich kann auch dadurch geschlossen werden, daß einem Vorschlag des Gerichts in der Form eines Beschlusses schriftlich zugestimmt wird (§ 106 S. 2 VwGO). 121

10. Massenverfahren

Nun sind auch in die VwGO Vorschriften über sog. Massenverfahren eingeführt worden, die jedoch nur eine begrenzte Wirkung haben. Von vernünftigen Beteiligten ist die Zahl der Klagen gegen Großvorhaben ohnehin begrenzt worden. Hinzuweisen ist auf die Regelung für mehr als fünfzig Personen im gleichen Interesse: 122
- die öffentl. Bekanntmachung gerichtlicher Entscheidungen (§ 56a VwGO),
- die Aufforderung zur Anmeldung einer Beiladung (§ 65 III VwGO),
- die Bestellung eines Prozeßbevollmächtigten (§ 67a VwGO, Gebühren: § 115 BRAGO),
- die Auswahl von Musterverfahren (§ 93a VwGO).

Gerade die Auswahl der Musterverfahren sollte aber durch den Anwalt erfolgen, der bei einer Vielzahl von Klagen durch entsprechende Erklärung gegenüber dem Gericht die anderen Klagen nur fristwahrend erhebt.

11. Normenkontrolle

a) Die verwaltungsgerichtliche Normenkontrolle dient der **Überprüfung von Rechtsnormen:** 123

- Satzungen und Rechtsverordnungen nach dem BauGB (insb. Bebauungspläne, dazu: *Quaas/Müller,* Normenkontrolle und Bebauungsplan, 1986),
- andere Rechtsvorschriften unter dem Rang eines Landesgesetzes, sofern das jeweilige Landesrecht (Ausführungsgesetz zur VwGO) dies bestimmt (so Baden-Württemberg, Bremen, Hessen, Niedersachsen, Schleswig-Holstein, eingeschränkt Rheinland-Pfalz).

Die Normenkontrolle dient dem subjektiven Rechtsschutz und zugleich der objektiven Rechtskontrolle.
Für das Normenkontrollverfahren gelten – neben den oben unter Rdnr. 95 genannten allgemeinen – folgende **besondere Sachurteilsvoraussetzungen:**
- Statthaftigkeit des Normenkontrollverfahrens (§ 47 I VwGO)
- Antragsbefugnis (§ 47 I VwGO)

Begründet ist ein Normenkontrollantrag, wenn
- die beanstandete Norm gegen höherrangiges Recht verstößt und
- dieser Verstoß zur Nichtigkeit führt.

124 b) **Unter dem Landesgesetz stehende Rechtsvorschriften** sind solche, die ein Organ des Landes erlassen hat: z. B. Rechtsverordnungen der Landesregierungen, der Ministerien, der allgemeinen Verwaltungsbehörden, Satzungen von Gemeinden, öffentlich-rechtlichen Körperschaften. Entscheidend ist, ob die Vorschrift in einem förmlichen Rechtsetzungsverfahren als Verordnung oder Satzung erlassen wurde. Im übrigen kommt es auf den materiellen Gehalt der Regelung an, insbesondere die Außenwirkung (vgl. *Kopp* § 47 VwGO Rdnrn. 13 ff.).

125 c) **Antragsbefugt** ist jede natürliche oder juristische Person, die durch die Rechtsvorschrift oder deren Anwendung einen Nachteil erlitten oder zu erwarten hat. Die Zulässigkeit reicht also weiter als § 42 II VwGO. Der Antragsteller muß durch die Rechtsvorschrift oder deren Anwendung in einem Interesse verletzt werden, das bei Erlaß der Vorschrift berücksichtigt werden mußte (z. B. privater Belang im Rahmen der Abwägung, vgl. *BVerwGE* 59, 87).

Der **Antrag** ist gegen die Körperschaft, Anstalt oder Stiftung zu richten, die die Rechtsvorschrift erlassen hat. Er kann lauten: „Der Bebauungsplan... vom ... der Gemeinde... ist nichtig." Ist die Rechtsvorschrift ungültig, wird sie ganz oder teilweise für nichtig erklärt. Diese Entscheidung ist allgemein verbindlich, § 47 VI 2 VwGO. Obwohl die Rechtsvorschrift damit von Anfang an ungültig ist, bleiben unanfechtbare Verwaltungsakte oder verwaltungsgerichtliche Entscheidungen davon unberührt. Allerdings ist eine Vollstreckung nicht mehr zulässig. Auch wenn also ein Bebauungsplan für nichtig erklärt wird, bleiben darauf gestützte Baugenehmigungen wirksam, wenn sie nicht ebenfalls mit Rechtsmitteln angegriffen werden. Die Baugenehmigungen sind dann nach §§ 34 oder 35 BauGB zu beurteilen.

Wird der Normenkontrollantrag abgelehnt, entfaltet er nur Bindungswirkung zwischen den Verfahrensbeteiligten, § 121 VwGO.

126 **Prüfungsmaßstab** ist das gesamte Bundesrecht einschließlich des Grundgesetzes sowie die Landesverfassung und sonstiges Landesrecht, sofern nicht nach Landesrecht ausschließlich ein Verfassungsgericht des Landes zuständig ist (so Art. 132 Hessische Verfassung, Art. 98 S. 4 Bayerische Verfassung für Teilbereiche).

Prüfung:

(Für die Überprüfung von Bebauungsplänen vgl. den Leitfaden von *Kohl* VBlBW 1988, S. 351 ff.; vgl. auch das Beispiel von *Zuck* in: *Locher/Mes*, Beck'sches Prozeßformularbuch V. F. 1 ff.).

127 d) **Vorläufiger Rechtsschutz** im Normenkontrollverfahren ist durch Antrag auf Erlaß einer einstweiligen Anordnung, § 47 VIII VwGO, möglich. Die Abwägung erfolgt wie bei § 32 BVerfGG (vgl. *Grooterhorst* DVBl 1989, 1176, auch zur Nichtvorlagebeschwerde sowie die Beispiele von *Zuck* aaO).

128 e) Die Nichtvorlage der Sache an das BVerwG kann durch Beschwerde gem. § 47 VII VwGO angefochten werden, für die nun § 133 VwGO entsprechend gilt (vgl. bisher *BVerwG* NVwZ 1988, 727, 728).

12. Berufung

a) Gegen das Urteil des Verwaltungsgerichts kann innerhalb eines Monats Berufung eingelegt werden, § 124 II 1 VwGO. Sie ist beim Verwaltungsgericht einzulegen, dessen Entscheidung angefochten wird. Die Berufung hat das angefochtene Urteil zu bezeichnen und einen bestimmten **Antrag** zu enthalten. Die weitere Begründung kann nachgereicht werden.

Die Berufung hemmt den Eintritt der **Rechtskraft**. Sie setzt bei Kläger und Beklagtem eine formelle Beschwer voraus (einem Antrag wurde nicht voll entsprochen), beim Beigeladenen eine materielle Beschwer. Durch den Antrag kann der Berufungsführer den Gegenstand des Berufungsverfahrens bestimmen, den Streitgegenstand also auch einschränken.

„Es wird **beantragt,** das Urteil des Verwaltungsgerichts vom ... (Aktenzeichen) zu ändern". Danach folgt der Antrag der I. Instanz. Ist einem Verpflichtungs- oder Leistungsbegehren teilweise stattgegeben worden, ist der Antrag entsprechend einzuschränken.

Bis auf den Gerichtsbescheid (§ 84 VwGO) gelten die Vorschriften des erstinstanzlichen Verfahrens (§ 125 I VwGO). Neue Erklärungen und Beweismittel sind nur unter den Voraussetzungen des § 128 a VwGO zugelassen.

b) Die Berufung bedarf der **Zulassung** unter den Voraussetzungen von § 131 II, III VwGO. Gegen die Nichtzulassung der Berufung ist Beschwerde gem. § 131 V VwGO zulässig. Die Abweisung bedarf keiner Begründung. Wird die Berufung zugelassen, ist das Beschwerdeverfahren als Berufung fortzusetzen (§ 131 VIII VwGO). Eine Berufung kann spezialgesetzlich ausgeschlossen sein, wie z. B. im Wehrpflichtrecht.

c) Die Berufung führt zu einer vollständigen **Überprüfung in tatsächlicher und rechtlicher Hinsicht** mit der Einschränkung des § 128 a VwGO. Hat es sich aufgrund des erstinstanzlichen Verfahrens als zweckmäßig erwiesen, die Fortführung einem Kollegen anzuvertrauen, der über besondere Sachkenntnis verfügt, ist nach Einlegung der (fristwahrenden) Berufung der richtige Zeitpunkt zum Wechsel gekommen. Für den Mandanten gibt es noch eine volle Tatsacheninstanz. Ein Wechsel nach einem negativen Berufungsurteil ist kaum möglich, denn in der Regel wird die Revision nicht zugelassen. Meist wird sich kein Kollege finden, der dann innerhalb der verbleibenden zwei bis drei Wochen die Beschwerde gegen die Nichtzulassung der Revision einlegt und begründet. Die Berufung kann gemäß § 130a VwGO durch Beschluß zurückgewiesen werden, wenn das Gericht sie einstimmig für unbegründet und eine mündliche Verhandlung nicht für erforderlich hält.

d) Gegen den **Gerichtsbescheid** (§ 84 I VwGO) kann die statthafte Berufung oder Revision eingelegt werden. Ist die Berufung oder Revision nicht zugelassen, kann entweder Nichtzulassungsbeschwerde eingelegt oder mündliche Verhandlung beantragt werden (§ 84 II Nr. 2 VwGO).

13. Revision

a) Gegen das Urteil des Berufungsgerichts findet die Revision statt, wenn sie **zugelassen** ist. Eine besondere Form der Revision ist die vom Verwaltungsgericht zugelassene Sprungrevision (§ 134 VwGO).

134   b) Die Revision dient vor allem der **Wahrung der Rechtseinheit** und der Fortbildung des Rechts. Das BVerwG überprüft nur Rechtsfragen. Voraussetzung ist eine Verletzung von Bundesrecht, ausnahmsweise kann auch eine Verletzung der Beamtengesetze der Länder (§ 127 BRRG) und der Vorschriften des VwVfG der Länder (§ 137 I 2 VwGO) gerügt werden. Die Revision bedarf der Zulassung (§ 132 VwGO). Im Revisionsverfahren ist das BVerwG an die Zulassungsgründe des Berufungsgerichts nicht gebunden, wohl an die Zulassung.

135   c) Gegen die **Nichtzulassung der Revision** kann Beschwerde erhoben werden. Die Beschwerde muß innerhalb eines Monats eingelegt und innerhalb von zwei Monaten nach Zustellung des Urteils begründet werden. In der Beschwerde sind die Zulassungsgründe (§ 132 II VwGO) darzulegen:
– die grundsätzliche Bedeutung der Sache,
– das Beruhen des Berufungsurteils auf einer Abweichung von einer Entscheidung des BVerwG oder des Gemeinsamen Senats der obersten Gerichtshöfe,
– das Beruhen auf einem Verfahrensmangel des Berufungsverfahrens, sofern der Verfahrensmangel tatsächlich vorliegt.
An die Begründung der Nichtzulassungsbeschwerde werden hohe Anforderungen gestellt.

136   d) Revision und Nichtzulassungsbeschwerde können nur von einem Rechtsanwalt oder einem Rechtslehrer an einer deutschen Hochschule eingelegt werden (§ 67 I VwGO).

137   e) Läßt das VG oder OVG/der VGH die Revision zu, ist sie innerhalb eines Monats gem. § 139 I VwGO einzulegen. Läßt das BVerwG die Revision zu, wird das Beschwerde- als Revisionsverfahren fortgesetzt. Die Revision ist dann innerhalb eines Monats ab Zustellung des Beschlusses zu begründen. Die Revision ist im übrigen innerhalb von zwei Monaten nach Zustellung des Urteils oder des Beschlusses über die Zulassung der Revision nach § 134 III Nr. 2 VwGO zu begründen. Die Begründungsfrist kann auf Antrag vor Ablauf der Begründungsfrist verlängert werden. Eine notwendige Beiladung ist auch im Revisionsverfahren zulässig mit der Möglichkeit der Zurückverweisung (§ 144 III VwGO).

V. Vorläufiger Rechtsschutz

1. Überblick

138   Die Entscheidung des Verwaltungsgerichts in der Hauptsache kann zu spät kommen, wenn die Schaffung vollendeter Tatsachen droht oder der Mandant auf öffentliche Leistungen zur Existenzsicherung angewiesen ist. Der Bauherr will von seiner Baugenehmigung Gebrauch machen, der Nachbar ihn daran hindern. In all diesen Fällen ist vorläufiger Rechtsschutz notwendig. Die VwGO bietet dafür zwei Verfahren:
– das Verfahren nach § 80 VwGO
– die einstweilige Anordnung nach § 123 VwGO
Grundsätzlich richtet sich das Verfahren nach der Hauptsache: Wird in der Hauptsache eine Anfechtungsklage erhoben, ist regelmäßig gegen den Sofortvollzug Antrag auf Wiederherstellung der aufschiebenden Wirkung nach § 80 V VwGO zu stellen. In allen anderen Fällen (Verpflichtungs-, Leistungs- und Feststellungsklage) ist eine einstweilige Anordnung nach § 123 VwGO zu bean-

tragen (zum einstweiligen Rechtsschutz vgl. B XVI). Die Vorschriften des § 123 VwGO gelten jedoch nicht für die Fälle des Verwaltungsakts mit Doppelwirkung (§ 123 V VwGO). Sowohl für den Antrag nach § 80 V VwGO wie auch für den nach § 123 VwGO gelten die oben (Rdnr. 95) ausgeführten allgemeinen Zulässigkeitsvoraussetzungen.

2. Das Verfahren nach § 80 VwGO

a) Widerspruch und Anfechtungsklage haben aufschiebende Wirkung bei rechtsgestaltenden, feststellenden Verwaltungsakten und solchen mit Doppelwirkung, § 80 I VwGO. Dieser **Suspensiveffekt** entfällt unter den Voraussetzungen des § 80 II 1–3 VwGO (vgl. die Übersicht bei *Finkelnburg/Jank* Rdnrn. 554 ff.; beachte § 10 II BauGB-MaßnahmenG). Wird der Sofortvollzug von der Behörde angeordnet (§ 80 II 4 VwGO), muß die Behörde das besondere öffentliche Interesse oder Interesse eines Privaten am Sofortvollzug gesondert begründen. Fehlt eine solche Begründung überhaupt, ist die Anordnung aufzuheben. Die Behörde kann allerdings nunmehr mit ordentlicher Begründung den Sofortvollzug erneut anordnen. Der Sofortvollzug kann mit dem Verwaltungsakt angeordnet werden, jedoch auch später durch gesonderten Bescheid. Auch gegen die gesonderte Anordnung des Sofortvollzugs gibt es nur die Rechtschutzmöglichkeiten des § 80 V VwGO.

Die **besonderen Zulässigkeitsvoraussetzungen** des Verfahrens nach § 80 V VwGO sind:
– Statthaftigkeit des Verfahrens nach § 80 V VwGO
– Antragsbefugnis analog zu § 42 II VwGO
– Rechtsbehelf in der Hauptsache; zumindest Widerspruch muß schon eingelegt sein

Zur Begründetheit siehe Rdnr. 141 f.

139

b) Der **Antrag** ist beim **Gericht der Hauptsache** oder der **Behörde** zu stellen. Er lautet: „Es wird beantragt, die aufschiebende Wirkung des Widerspruchs/der Klage gegen den Bescheid des ... vom ... wiederherzustellen." Ist eine Klage noch nicht anhängig (z. B. während des Widerspruchsverfahrens), ist der Antrag beim für die künftige Anfechtungsklage zuständigen erstinstanzlichen Gericht einzureichen. Bei öffentlichen Abgaben oder Kosten ist zuerst ein Antrag bei der Behörde zu stellen (§ 86 VI VwGO). Es ist günstig, wenn die Klage gleichzeitig ausführlich begründet wird oder eine Klagebegründung schon vorliegt, denn bei der Entscheidung des Gerichts kommt es in erheblichem Maße auf die Rechtmäßigkeit des angegriffenen Verwaltungsakts an. Kann die Klage noch nicht umfassend begründet werden, weil die Akten z. B. noch nicht eingesehen wurden, muß die Antragsbegründung eingehend darlegen, warum aus der Sicht des Mandanten der angegriffene Verwaltungsakt rechtswidrig ist und den Mandanten in eigenen Rechten verletzt. Die persönliche Betroffenheit des Mandanten ist deshalb besonders sorgfältig herauszuarbeiten. In diesem Verfahren heißen die Beteiligten Antragsteller und Antragsgegner.

140

Das Gericht trifft eine eigene **Ermessensentscheidung**. Es nimmt eine Interessenabwägung vor. Ist der Verwaltungsakt offensichtlich rechtmäßig, besteht auch ein überwiegendes öffentliches Interesse am Vollzug. Ist der Verwaltungsakt offensichtlich rechtswidrig, kann ein öffentliches Interesse am Sofortvollzug nicht bestehen. Voraussetzung ist jedoch, daß Rechtmäßigkeit oder Rechtswidrigkeit offensichtlich sind.

141

142 Wenn durch den Sofortvollzug **vollendete Tatsachen** geschaffen werden, darf nicht auf die voraussichtliche Rechtmäßigkeit des Verwaltungsaktes abgestellt werden, vielmehr hat eine Interessenabwägung wie bei § 32 BVerfGG stattzufinden. Es ist Aufgabe der Antragsbegründung, diese Gesichtspunkte sorgfältig herauszuarbeiten. Es müssen also die von der Behörde angeführten Gründe für den Sofortvollzug widerlegt werden. Es ist darzustellen, welche Folgen der Sofortvollzug für den Rechtsschutz des Mandanten haben würde, insbesondere wenn sich später in der Hauptsache die Rechtswidrigkeit des Verwaltungsakts herausstellen würde. Dem ist der Nachteil gegenüberzustellen, der durch ein Zuwarten entsteht, wenn sich später in der Hauptsache die Rechtmäßigkeit des Verwaltungsaktes erweist. Zusätzlich zu den ordentlichen Beweismitteln kann der Antragsteller erhebliche Tatsachen durch **eidesstattliche Versicherung** glaubhaft machen.

143 c) Der Antrag hat **keine aufschiebende Wirkung**. In dringenden Fällen kann eine Entscheidung nach § 80 VIII VwGO durch den Vorsitzenden beantragt werden. Gegen seine Entscheidung kann das Gericht nicht mehr angerufen werden. Meist wird es jedoch ausreichen, mit dem Vorsitzenden über eine Zwischenregelung zu verhandeln. Auf die Bitte des Gerichts stellen die Behörden meist die Vollzugsmaßnahmen zurück, bis das Gericht über den Antrag auf vorläufigen Rechtsschutz entschieden hat.

144 d) Die Entscheidung kann von **Auflagen** abhängig gemacht werden (§ 80 V 4 VwGO). Es ist deshalb zu prüfen, ob der Antragsteller selbst die Erfüllung bestimmter Auflagen oder eine Beschränkung der aufschiebenden Wirkung anbietet. Gerade in schwierigen Fällen kann dadurch eine positive Entscheidung für den Mandanten erzielt werden.

145 e) Wird der Antrag vom Verwaltungsgericht abgelehnt, kann innerhalb von zwei Wochen beim Verwaltungsgericht **Beschwerde** eingelegt werden, es sei denn, in der Hauptsache bedarf die Berufung der Zulassung, §§ 146 ff. VwGO. Gegen Entscheidungen der Oberverwaltungsgerichte ist eine Beschwerde nicht zulässig, § 152 I VwGO.

146 f) Bei einer **Änderung der Sach- und Rechtslage** kann die Entscheidung auf Antrag nach § 80 VII VwGO geändert werden. Zuständig ist das Gericht der Hauptsache. Es handelt sich um ein selbständiges Verfahren. Auch wenn die aufschiebende Wirkung vom OVG/VGH angeordnet wurde, die Hauptsache beim Verwaltungsgericht anhängig ist, entscheidet das Verwaltungsgericht über die Abänderung.

147 g) Wird die aufschiebende Wirkung angeordnet, die Klage später in der Hauptsache aber abgewiesen, können dem Beklagten erhebliche Kosten z. B. durch eine Bauverzögerung entstanden sein. Für diese Schäden **haftet** der Antragsteller jedoch nicht. Im Unterschied zu § 123 III VwGO erfolgt bei § 80 VwGO kein Verweis auf § 945 ZPO (vgl. im einzelnen *Finkelnburg/Jank* Rdnrn. 845 ff.).

3. Einstweilige Anordnung

148 a) Mit der einstweiligen Anordnung kann die Sicherung eines bestehenden Zustandes **(Sicherungsanordnung)** oder eine Regelung, z. B. eine Leistung, **(Regelungsanordnung)** beantragt werden. Die einstweilige Anordnung ist das

Vorläufiger Rechtsschutz **C III**

richtige Verfahren, wenn in der Hauptsache eine Verpflichtungs-, Leistungs- oder Feststellungsklage erhoben wird. Der Antrag ist schon vor Erhebung der Klage zulässig. Auch in diesem Verfahren heißen die Parteien Antragsteller und Antragsgegner. Die **besonderen Zulässigkeitsvoraussetzungen** des Verfahrens nach § 123 VwGO sind
– Statthaftigkeit des Verfahrens nach § 123 VwGO (das Verfahren ist gegenüber § 80 V VwGO nachrangig, siehe § 123 V VwGO)
– Antragsbefugnis analog § 42 II VwGO

b) Der Antrag setzt stets einen **Anordnungsanspruch** und einen **Anordnungsgrund** voraus. Bei der Sicherungsanordnung ist Anordnungsanspruch das Recht, das der Mandant im Hauptsacheverfahren verfolgt. Das gefährdete Recht muß gerade ihm zustehen (Beispiele siehe *Finkelnburg/Jank* Rdnrn. 144 ff.). Auch die Regelungsanordnung setzt einen Regelungsanspruch voraus, der aus dem streitigen Rechtsverhältnis erwächst. Er ist wie bei der Sicherungsanordnung das Recht, welches der Mandant mit der Hauptsacheklage verfolgt. Ein Anordnungsgrund besteht, wenn die begehrte Sicherung oder Regelung für den Antragsteller dringlich ist (vgl. die Beispiele von *Johlen*, in: *Locher/Mes*, Beck'sches Prozeßformularbuch V. C. 6 und 7). 149

c) Anordnungsanspruch und Anordnungsgrund müssen **glaubhaft** gemacht werden. Es sind also die überwiegenden Erfolgsaussichten für das Hauptsacheverfahren darzulegen. Daran schließt sich die Begründung der Dringlichkeit für den Mandanten an. Auch hier empfiehlt sich eine Interessenabwägung analog § 32 BVerfGG. Zusätzlich zu den allgemeinen Beweismitteln können Anordnungsanspruch und Anordnungsgrund durch eidesstattliche Versicherung glaubhaft gemacht werden. 150

d) Das Verbot der **Vorwegnahme der Hauptsache** ist zu differenzieren: Bei der Sicherungsanordnung soll der Status quo erhalten bleiben, es sollen keine vollendeten Tatsachen geschaffen werden. Das Begehren kann sich insoweit mit der Hauptsache decken, wird jedoch nur vorläufig gesichert. Bei der Regelungsanordnung tritt durch die gerichtliche Anordnung und deren Vollzug eine Veränderung ein. Hier gilt das Verbot der Vorwegnahme der Hauptsache, das wiederum durchbrochen wird
– wegen Zeitablaufs (z. B. Sendezeit im Wahlkampf),
– bei Geldleistungen zur Sicherung des Existenzminimums,
– bei besonders schwerwiegenden Nachteilen (z. B. Zulassung zum Studium). 151

e) Der **Antrag** ist beim **Gericht der Hauptsache** anhängig zu machen. Ist die Hauptsache in der Revisionsinstanz, ist der Antrag beim Verwaltungsgericht zu stellen (*BVerwG* BayVBl 1966, 279). Die Entscheidung ergeht durch Beschluß. Für alle Beteiligten gibt es nur das Rechtsmittel der fristgebundenen Beschwerde (§ 123 IV VwGO), es sei denn, in der Hauptsache bedarf die Berufung der Zulassung. 152

f) Aufgrund **veränderter Umstände** kann eine erlassene einstweilige Anordnung aufgehoben oder verändert werden (entsprechende Anwendung von § 927 ZPO). Zuständig ist das Gericht der Hauptsache, gleich welches Gericht zuvor die einstweilige Anordnung erlassen hat. 153

g) § 123 III VwGO verweist auf die **Schadensersatzregelung** des § 945 ZPO. Danach ist der dem Antragsgegner entstandene Schaden zu ersetzen, wenn sich 154 die einstweilige Anordnung als von Anfang an ungerechtfertigt erweist. Der Beigeladene ist nicht anspruchsberechtigt (vgl. im einzelnen *Finkelnburg/Jank* Rdnrn. 423 ff.).

4. Baurecht, Verwaltungsakte mit Doppelwirkung

155 **a)** Will der Nachbar sich gegen eine **Baugenehmigung** wehren (Verwaltungsakt mit Doppelwirkung), muß er sein Begehren durch Widerspruch und Anfechtungsklage verfolgen. Hinsichtlich des vorläufigen Rechtsschutzes von Nachbarn und Bauherrn bestand keine Einigkeit, so daß die Verfahrensart vom jeweils zuständigen OVG/VGH abhing (vgl. *Finkelnburg/Ortloff,* Öffentliches Baurecht, Bd. II, S. 219 ff.).

156 **b)** *VGH Baden-Württemberg, BayVGH, OVG Bremen, OVG Hamburg, OVG Koblenz* und *OVG Saar* waren mit dem *BVerwG* der Auffassung, daß Widerspruch und Anfechtungsklage des Nachbarn **aufschiebende Wirkung** haben.

157 **c)** *OVG Münster, VGH Kassel* und *OVG Berlin* lehnten **die aufschiebende Wirkung** von Widerspruch und Anfechtungsklage des Nachbarn ab. Hier konnte der Bauherr also weiter von der Baugenehmigung Gebrauch machen. Der Nachbar mußte vielmehr eine einstweilige Anordnung gem. § 123 VwGO beantragen mit dem Ziel, der Baugenehmigungsbehörde aufzugeben, die Fortführung der Bauarbeiten zu unterbinden.

158 **d)** Das *OVG Lüneburg* sah in der Aushändigung des Bauscheins die **Anordnung der sofortigen Vollziehung,** so daß Widerspruch und Anfechtungsklage des Nachbarn keine aufschiebende Wirkung hatten. Der Nachbar mußte deshalb Antrag nach § 80 V VwGO stellen.

159 **e)** Dieser Meinungsstreit ist nun **bundeseinheitlich** durch §§ 80, 80 a VwGO entschieden. Der Widerspruch des Nachbarn oder des sonst von einem Verwaltungsakt mit Doppelwirkung negativ Betroffenen hat aufschiebende Wirkung (§ 80 I 2 VwGO). Beachte aber § 10 II BauGB MaßnG. Der Bauherr oder der Begünstigte kann bei der Behörde die Anordnung des Sofortvollzugs beantragen (§ 80 a I Nr. 1 VwGO). Der Nachbar (= Dritte) kann bei der Behörde die Aussetzung der Vollziehung in den Fällen des § 80 IV VwGO beantragen. Diese Befugnisse hat ebenfalls das Gericht der Hauptsache (§ 80 a III i. V. m. § 80 V VwGO). Damit ist die unterschiedliche Praxis des Nachbarwiderspruchs Geschichte.

VI. Kosten und Vollstreckung

1. Streitwert

160 Der Streitwert ist gem. § 13 GKG zu bestimmen, bei Ansprüchen der Beamten auf wiederkehrende Leistungen gem. § 17 III GKG. Maßgeblich ist die Bedeutung der Sache für den Kläger. Läßt sich der wirtschaftliche Wert nicht bestimmen, ist gem. § 13 I 2 GKG der **Auffangstreitwert** von 6000 DM anzunehmen. Wird um eine **bezifferbare Leistung** gestritten, bereitet die Bestimmung des Streitwertes keine Schwierigkeiten. Ansonsten ist die Rechtsprechung uneinheitlich. Im Planfeststellungsrecht nimmt der VGH BW die Hälfte des Verkehrswertes der enteignend betroffenen Fläche als Streitwert an. Bei der

Zulassung zu einem freien Beruf ist das wirtschaftliche Interesse durch den Nettoertrag, bei der Zulassung zum öffentlichen Dienst ein Jahresgehalt zugrunde zu legen (vgl. im einzelnen den Entwurf eines Streitwertkataloges des BVerwG mit Einführung *Sendler* NVwZ 1989, 1041 sowie *Bräutigam* NVwZ 1989, 1022; ausführlich *Zimmer/Schmidt,* Der Streitwert im Verwaltungs- und Finanzprozeß, NJW-Schriftenreihe Bd. 52). Werden mehrere Kläger in einer Klage vertreten, werden die Streitwerte zusammengerechnet, so daß für die Anwendung des § 6 BRAGO kein Raum ist.

Mit der Klagebegründung soll auch der Streitwert angegeben werden. Das Gericht entscheidet durch Beschluß.

2. Kosten des Verwaltungsverfahrens

a) Es sind die Kosten und Gebühren der Behörde, die Anwaltskosten und die sonstigen Kosten zu unterscheiden. Die Verfahrenskosten werden nach dem jeweiligen Landesgebührengesetz i. V. m. dem Gebührenverzeichnis festgelegt.   161

b) Die Gebühren und Auslagen des Rechtsanwalts werden im **Verwaltungsverfahren,** das mit dem Bescheid endet, nicht erstattet (Ausnahme: Enteignungsverfahren). Wird also dem Antrag des Mandanten entsprochen oder sieht die Behörde nach Anhörung des Mandanten vom Erlaß eines belastenden Verwaltungsaktes ab, werden die Gebühren des Anwalts nicht erstattet.   162

c) Im **Widerspruchsverfahren** ist auch über die Kosten zu entscheiden (§§ 72, 73 III 2 VwGO). War der Widerspruch ganz oder teilweise erfolgreich, ist über die Kosten der Partei, mithin auch die Gebühren und Auslagen des Rechtsanwalts gem. § 80 VwVfG zu entscheiden. Die Zuziehung eines Bevollmächtigten ist regelmäßig notwendig. Die Gebühren im Widerspruchsverfahren werden nach dem Streitwert ermittelt. Die Gebührentatbestände sind § 118 BRAGO zu entnehmen. Hat die Widerspruchsbehörde einen Augenschein angeordnet, entsteht damit auch die Beweisgebühr. Wird die Behörde telefonisch um eine Auskunft gebeten, fällt die Besprechungsgebühr nicht an.   163

3. Kosten des Gerichtsverfahrens

a) Mit dem **Urteil** wird auch über die Kosten entschieden. Die Kostenpflicht ist in den §§ 154 ff. VwGO geregelt. Sie entspricht im wesentlichen den Regelungen der ZPO. Die Kosten des Beigeladenen werden nur erstattet, wenn dieser Anträge gestellt oder ein Rechtsmittel eingelegt hat (§ 154 III VwGO). Der Beigeladene kann auch mit Kosten beschwert werden.   164

b) Die **Gerichtskosten** ergeben sich gem. § 11 GKG aus dem Kostenverzeichnis i. V. m. der Gebührentabelle zum GKG. Im Unterschied zum Zivilprozeß ist ein Gerichtskostenvorschuß nicht erforderlich. Mit Einreichung der Klage entsteht die Verfahrensgebühr (Nr. 1200 KV). Ist die Klage nur fristwahrend eingelegt und wird sie frühzeitig zurückgenommen, entfällt die Gebühr rückwirkend (Nr. 1201 KV).   165

Wird durch Urteil entschieden, entsteht die Urteilsgebühr (Nr. 1205 KV: zweifacher Satz). In den Eilverfahren entsteht die halbe Verfahrensgebühr. Hinzu kommen die Auslagen des Gerichts gem. Nr. 1900 ff. KV.

c) Zu den **erstattungsfähigen Kosten** gehören die Gebühren und Auslagen des Rechtsanwalts (§ 162 II 1 VwGO). Ist der Anwalt weder am Wohnsitz des   166

de Witt

Mandanten noch des Gerichts ansässig, ist seine Beauftragung gesondert zu begründen, z. B. wegen seiner besonderen fachlichen Kenntnisse. Es sind dann auch die Reisekosten zum Gericht wie zum Wohnsitz des Mandanten, z. B. zur Ortsbesichtigung, erstattungsfähig. Es ist empfehlenswert, Datum, Zweck und Auslagen der Reise sorgfältig zu dokumentieren, da die Abrechnung oft erst sehr viel später erfolgt. Die meisten Verwaltungsgerichte lehnen eine Erstattung der Kosten für **Kopien** der Verwaltungsakten ab. Sie sind der mE falschen Auffassung, diese Kosten seien mit der Prozeßgebühr abgegolten. Es ist deshalb eine besondere Vereinbarung mit dem Mandanten zu schließen.

167 d) Die **Auslagen des Mandanten** für Reisen zum Kanzleisitz des Anwalts und zum Gerichtstermin sind ebenfalls erstattungsfähig. Auch hier sind Datum, Zweck und Auslagen zu erfassen.

168 e) Der **Antrag auf Kostenfestsetzung** ist stets beim Gericht I. Instanz einzureichen. Hat das Berufungs- oder Revisionsgericht unterlassen, den Streitwert festzusetzen, kann nachträglich Antrag auf Festsetzung des Streitwerts gestellt werden.

4. Vollstreckung des Verwaltungsaktes

169 a) Die Vollstreckung eines Verwaltungsakts richtet sich ausschließlich nach den Verwaltungsvollstreckungsgesetzen des Bundes und der Länder. Gegen Vollstreckungsmaßnahmen stehen die **Rechtsbehelfe** nach den allgemeinen Vorschriften der VwGO zur Verfügung.

170 b) Als **anfechtbare Verwaltungsakte** werden z. B. angesehen die Androhung der Vollstreckung eines Verwaltungsaktes, die Androhung und Festsetzung von Zwangsgeld, die Anordnung der Vollstreckung und der Vollstreckungsauftrag.

171 c) Werden **Einwendungen** gegen den der Vollstreckung zugrundeliegenden Verwaltungsakt erhoben, die **nach Unanfechtbarkeit** oder Bestandskraft entstanden sind, können diese mit Widerspruch und Anfechtungsklage gegen die einzelne Vollstreckungsmaßnahme vorgetragen werden. Möglich ist auch eine vorbeugende Unterlassungs- oder Feststellungsklage. Allerdings können nur Mängel der Vollstreckung gerügt werden. Mit der **Vollstreckungsgegenklage** können nachträglich eingetretene materielle Einwendungen gegen den zu vollstreckenden Verwaltungsakt vorgetragen werden.

5. Vollstreckung von Urteilen

172 a) Die Vollstreckung von Urteilen, Beschlüssen, insbesondere einstweilige Anordnungen erfolgt nach den §§ 167 ff. VwGO i. V. m. der ZPO.

173 b) Auch wenn die Entscheidung noch nicht rechtskräftig ist, erhebt das Gericht die **Gerichtskosten** direkt beim Mandanten. Es ist dafür Sorge zu tragen, daß beim Kostenfestsetzungsantrag bei Obsiegen in der nächsten Instanz die Erstattung dieser Kosten nicht vergessen wird.

174 c) Die **Vollstreckung gegen die öffentliche Hand** wegen einer Geldforderung ist in § 170 VwGO geregelt. In allen anderen Fällen erfolgt die Vollstreckung gegen die öffentliche Hand gem. § 172 VwGO. Vollstreckungsmaßnahmen gegen Behörden sind selten, da die Behörden regelmäßig den gerichtlichen Entscheidungen Folge leisten.

C IV. Der Strafprozeß

Dr. Christoph Rückel

Übersicht

	Rdnr.
Vorbemerkung	
I. Ermittlungsverfahren	1
1. Der Verteidiger	1
2. Der Beschuldigte – ohne Verhaftung –	15
3. Der Beschuldigte – mit Verhaftung –	23
4. Beschuldigtenvernehmungen	34
5. Beweisantrag und Beweismittel	37
6. Durchsuchung und Beschlagnahme	50
7. Vorläufige Maßnahmen gegen den Beschuldigten	60
8. Der Abschluß des Ermittlungsverfahrens	72
II. Das Zwischenverfahren	86
1. Zuständiges Gericht	87
2. Möglichkeiten der Beweiserhebung	88
3. Zulassung und Nichtzulassung der Anklageschrift	89
III. Das Hauptverfahren	90
1. Vorbereitung der Hauptverhandlung	90
2. Beginn der Hauptverhandlung	100
3. Verlesung der Anklage und Stellungnahme des Angeklagten	103
4. Die Beweisaufnahme	107
5. Ablehnungsanträge	121
6. Erklärungsrechte des Angeklagten	122

	Rdnr.
7. Verlesungen	123
8. Verfahrenseinstellung	124
9. Schlußvortrag (Plädoyer) und Urteil	125
IV. Rechtsmittel	126
1. Berufung	126
2. Revision	129
3. Beschwerde	130
V. Besonderheiten im Strafbefehlsverfahren	131
VI. Der gesetzlich nicht geregelte Verfahrensabschluß durch Verständigung und Vereinbarung	132
1. Ermittlungsverfahren	133
2. Zwischenverfahren	140
3. Hauptverfahren	141
VII. Beteiligung des Verletzten am Verfahren	
1. Tätigkeiten außerhalb der §§ 374ff. StPO	145
2. Privatklage	146
3. Nebenklage	155
4. Entschädigung des Verletzten	159
5. Verletztenbefugnisse nach dem Opferschutzgesetz	160

Literatur: *Alsberg/Nüse/Meyer*, Der Beweisantrag im Strafprozeß, 5. Aufl. 1983; Beck'sches Formularbuch für den Strafverteidiger, hrsg. von *Hamm/Lohberger*, 2. Aufl. 1992; *Beulke*, Der Verteidiger im Strafverfahren, Funktionen und Rechtsstellung, 1980, Die Strafbarkeit des Verteidigers, 1989; *Blumers/Göggerle*, Handbuch des Verteidigers und Beraters im Strafverfahren, 1984; *Dahs*, Taschenbuch des Strafverteidigers, 4. Aufl. 1990; *Dahs/Dahs*, Die Revision im Strafprozeß, 4. Aufl. 1987; *Eberth/Müller*, Verteidigung in Betäubungsmittelsachen, 1985; *Kahlert*, Verteidigung in Jugendstrafsachen, 2. Aufl. 1986; Karlsruher Kommentar zur Strafprozeßordnung und zum Gerichtsverfassungsgesetz, hrsg. von *Pfeiffer*, 2. Aufl. 1987 (zit.: KK-*Bearbeiter*) *Kleinknecht/Meyer*, Strafprozeßordnung, 40. Aufl. 1991; *Madert*, Gebühren des Strafverteidigers, 1987; *Müller*, Verteidigung in Straßenverkehrssachen, 4. Aufl. 1990; *Rückel*, Strafverteidigung und Zeugenbeweis, 1988; *Schlothauer*, Vorbereitung der Hauptverhandlung, 1988; *Schmidt-Hieber*, Verständigung im Strafverfahren, 1986; *Ulsenheimer*, Arztstrafrecht, 1988; *Volckart*, Verteidigung in der Strafvollstreckung und dem Vollzug, 1988; *Weihrauch*, Verteidigung im Ermittlungsverfahren, 3. Aufl. 1991. Thesen zur Strafverteidigung/Strafrechtsausschuß der Bundesrechtsanwaltskammer, 1992; *Schlothauer/Weider*, Untersuchungshaft, 1992; *Malek/Rüping*, Zwangsmaßnahmen im Ermittlungsverfahren – Verteidigungsstrategien – 1991; *Himmelreich/Bücken*, Verkehrsunfallflucht – Verteidiger – Strategien im Rahmen des § 142 StGB, 1991; *Michalke*, Umweltstrafsachen, 1991. **Fachzeitschriften:** Neue Zeitschrift für Strafrecht (NStZ); Der Strafverteidiger (StV); Zeitschrift für Wirtschaft, Steuer, Strafrecht (wistra).

Strafrecht nach dem Einigungsvertrag. Beck'sche Textausgabe mit Einführung von *Lemke*, 1991; *Pfister*, Das Rehabilitierungsgesetz, NStZ 1991, 165 ff., 264 ff.; *Wasmuth*, Straf- und Strafverfahrensrecht nach dem Einigungsvertrag, NStZ 1991, 160 ff.; *Kleinknecht/Meyer*, Einl. 206, 206 a.

Vorbemerkung

Checklisten und Übersichten können alleine keine ausreichenden Hilfsmittel für die Strafverteidigung sein. Bestenfalls ermöglicht eine Darstellung in dieser Kürze die Aufmerksamkeit auf Problembereiche, um sie dann in Rechtsprechung und Literatur zu vertiefen. Zudem ist die sicher erlernbare Strafverteidigung auf informelle Programme angewiesen, das Erfahrungswissen der Strafverteidiger untereinander. Gemessen an den Problemen, die sich dem Strafverteidiger stellen, ist die folgende Checkliste unvollständig und lückenhaft. Eine Orientierung für den Rechtsanwalt bieten nunmehr auch die vom Strafrechtsausschuß der Bunderechtsanwaltskammer veröffentlichten „Thesen zur Strafverteidigung". Sie sind Arbeitshilfe und Leitlinie für die täglich zu beantwortende Frage des Praktikers in der Strafverteidigung, was noch zulässiges Handeln ist.

I. Ermittlungsverfahren

1. Der Verteidiger

1   a) **Stellung im Verfahren:** Der Verteidiger ist neben Gericht und Staatsanwaltschaft **gleichberechtigtes** Organ der Rechtspflege (*BGH* AnwBl 1980, 430; *BVerfGE* 63, 266 = NJW 1983, 1535, *Müller* AnwBl 1981, 311, 312; *Rückel*, Strafverteidigung und Zeugenbeweis, Rdnrn. 3 ff. m. w. N. a. A. z. Bspl. *Lüderssen*, der die „Vertragstheorie" vertritt; siehe auch *Löwe/Rosenberg/Lüderssen* Rdnrn. 33 ff. vor § 137 StPO). Er hat als selbständiger Interessenvertreter des Beschuldigten auf das prozeßordnungsgemäße Verfahren zu achten. Als **unabhängiges** Organ der Rechtspflege steht der Verteidiger nicht unter der Kontrolle des Gerichts (*BVerfGE* 34, 293, 302; 63, 266). Er ist dabei ausschließlich im Rahmen der Gesetze einseitig den Interessen seines Mandanten verpflichtet und muß für diesen alles Günstige vorbringen und ist berechtigt, an anderen Verfahrensbeteiligten, Zeugen oder Sachverständigen durchaus scharfe, nicht aber unsachliche Kritik zu üben (siehe hierzu KK-*Laufhütte* Rdnr. 4 vor § 137 StPO m. w. N.). Der Verteidiger soll im Konsens mit dem Mandanten die Verteidigung führen. Bei der Ausgestaltung ist er nicht weisungsgebunden (s. Thesen zur Strafverteidigung 9 und 10). Erlaubt ist dem Verteidiger, alle rechtlich zulässigen Mittel einzusetzen (*BGH* NJW 1983, 2712 mit Anmerkung *Beulke* NStZ 1983, 503; Gegenwert die tabellarische Übersicht bei *Beulke*, Die Strafbarkeit des Verteidigers, 1989; s. auch *Krekeler*, Strafrechtliche Grenzen der Verteidigung, NStZ 1989, 146 ff. Thesen zur Strafverteidigung 1–3). Siehe auch Rdn. 4 letzter Satz. Die Öffnung der Grenzen nach und in Europa bringt neue Fragen auch für die Strafverteidiger, die nicht nur allein durch die „Richtlinien für den Verkehr mit dem Ausland in strafrechtlichen Angelegenheiten" (RiVASt), das „Gesetz über die internationale Rechtshilfe in Strafsachen" (IRG), das „Europäische Übereinkommen über die Rechtshilfe in Strafsachen" und das „Überstellungsübereinkommen" (ÜberstÜbk) beantwortet werden. (s. hierzu *Schomburg/*

Lagoduy, Richtlinien für den Strafverteidiger in Strafverfahren mit Auslandsbezug – Neueste Entwicklungen im internationalen Rechtsverkehr – in StV 1992, 239 ff.; *dies.*, Neuere Entwicklungen der internationalen Rechtshilfe in Strafsachen, NStZ 92, 353 ff.).

b) Wahrheitspflicht (*BGH* NJW 72, 214; *Dahs*, Taschenbuch, Rdnr. 32): Der Verteidiger darf nicht wissentlich etwas falsches vortragen. Belastende Umstände darf der Verteidiger ohne hierzu ausdrücklich vom Mandanten autorisiert zu sein, nicht nennen. Hierzu kann ihn auch nicht die Wahrheitspflicht verpflichten. Er darf mit zulässigen Mitteln den Freispruch anstreben, selbst wenn er die Schuld des Mandanten kennt. Hier ist dann mehr auf die Stilistik im Vortrag, insbesondere beim Plädoyer zu achten (s. Thesen zur Strafverteidigung 19–21). **2**

c) Verschwiegenheitspflicht (§ 203 StGB): Danach darf der Verteidiger nichts mitteilen, was ihm im Mandatsverhältnis anvertraut ist, es sei denn, er ist vom Mandanten hierzu autorisiert. Wegen der Verschwiegenheitspflicht darf der Verteidiger grundsätzlich nicht zur Überführung des Beschuldigten beitragen (*KK-Laufhütte* Rdnr. 5 vor § 137 StPO m. w. N.). Der Verteidiger hat keine Verpflichtung, nur das vorzutragen, von dessen Richtigkeit er überzeugt ist. Der Verteidiger darf auf die Richtigkeit von Informationen tatsächlicher Art des Mandanten vertrauen (*BGH* NJW 1985, 1154). Es empfiehlt sich aber für den Verteidiger im Interesse des Mandanten jegliche Weitergabe von Informationen so gut wie möglich zu überprüfen. Im Interesse des Mandanten liegt es auch, daß der Verteidiger nur das weitergibt, was solide und tragfähig ist. Damit festigt der Verteidiger sein Ansehen, welches wiederum dem Mandanten nutzt. Aufgabe des Verteidiger ist es auch, im Rahmen des Vertrauensverhältnisses, dem Beschuldigten eine unsinnige Verteidigung auszureden (s. Thesen zur Strafverteidigung 16–18). **3**

d) Informationsrechte (siehe auch: § 6 der Grundsätze des anwaltlichen Standesrechts [RiLi] die in ihrer bisherigen Form nach der Entscheidung des *BVerfG* NJW 1988, 194 und des *EuGH* NJW 1988, 887 allerdings verfassungswidrig sind; *Zuck* AnwBl 1988, 19 ff.; 351 ff. sowie H II Rdnrn. 167 ff.): Die Standesrichtlinien, die daher zur Zeit keinen größeren Stellenwert als eine marginale Orientierung beinhalten, regeln besonders umfangreich das Recht zur Befragung von Zeugen (siehe hierzu *Rückel*, aaO Rdnrn. 16 ff.). Der Anwalt kann in Betracht kommende Zeugen außergerichtlich über ihr Wissen befragen, wenn dies zur pflichtgemäßen Sachaufklärung, Beratung oder Vertretung notwendig ist (§ 8 I RiLi) (s. Thesen zur Strafverteidigung 25–27, zum Umgang mit Zeugen, Sachverständigen und Mitbeschuldigten Thesen 28–32). **4**

Der Verteidiger darf nicht: **5**
– den Zeugen unzulässig beeinflussen (§ 6 V RiLi, § 258 StGB)
– über das Gespräch eine eidesstattliche Versicherung (§ 4 RiLi) anfertigen (diese ist nur erlaubt, wenn sie für ein Verfahren benötigt wird, in welchem nach dem Gesetz die Glaubhaftmachung zulässig ist – § 6 IV RiLi – zum Beispiel Wiedereinsetzungsantrag gemäß § 45 StPO), den Zeugen auf eine spätere Aussage vorbereiten oder auch nur eine Tendenz seiner Aussage bestimmen (Strafvereitelung: § 258 StGB).

Der Verteidiger darf: **6**
– den Zeugen – wie ein Richter – nach seinem Wissen befragen, sogenannte **informatorische Zeugenbefragung,**

Rückel 811

- (und sollte) den Zeugen über seine Rechte und Pflichten als Zeuge belehren (§§ 52 ff., 55 StPO),
- über dieses Wissen eine einfache Aufzeichnung erstellen (siehe *Rückel,* aaO Rdnrn. 25 ff.),
- diese Aufzeichnung einer informatorischen Zeugenbefragung im Wege des Vorhalts oder in einem behördlichen Verfahren gebrauchen (§ 6 III 2 RiLi).

7 **Der Verteidiger muß** im Rahmen der informatorischen Tätigkeit:
- einen Zeugen/Sachverständigen informatorisch befragen, wenn er nicht sicher sein kann, daß dessen Aussage dem Mandanten nur nutzen wird (Prüfungspflicht),
- Stillschweigen über ein solches informatorisches Gespräch bewahren, wenn die Weitergabe dem Mandanten nicht nur nützen würde,
- den Mandanten möglichst früh über die Konsequenzen von belastendem Beweismaterial (Zeugen, Sachverständige, Urkunden, Augenschein) aufklären.

8 **e) Wahlverteidigung:** Nach § 137 I StPO hat der Beschuldigte das Recht auf Verteidigung in jeder Lage des Verfahrens. Anzahl der Verteidiger: **drei** (Ausdruck der Sozien auf Vollmachtsurkunde ist bedeutungslos, *BVerfG* NJW 1977, 99), der unterbevollmächtigte Rechtsanwalt ist kein weiterer Verteidiger im Sinne von § 137 I StPO (KK-*Laufhütte* Rdnr. 9 vor § 137 StPO). Nach § 138 I StPO können als Wahlverteidiger auftreten: Rechtsanwälte, Hochschullehrer und gem. § 138 II StPO sonstige Personen in Ausnahmefällen (so der Assessor, der nicht unter § 139 StPO fällt). Gem. § 139 StPO darf der Wahlverteidiger einen **Rechtsreferendar** als Unterbevollmächtigten einschalten, wenn der Rechtsreferendar mindestens 15 Monate im Justizdienst ist und das Einverständnis des Mandanten vorliegt. Nach der Neufassung dieser Vorschrift (StVÄG 1987) gilt diese Befugnis des Rechtsreferendars nicht erst ab Vorliegen einer Anklageschrift, sondern auch für die Verteidigung **vor** Eröffnung des Hauptverfahrens bei Zustimmung des Beschuldigten (siehe hierzu: KK-*Laufhütte* Rdnr. 5 vor § 139 StPO; *Kleinknecht/Meyer* Rdnr. 5 zu § 139 StPO). Eine besondere Form ist für die Beauftragung des Wahlverteidigers nicht zwingend (*Kleinknecht/Meyer*, 39. Aufl. Rdn. 9 vor § 137 StPO). Es empfiehlt sich zur Klarstellung die Übergabe einer schriftlichen Vollmachtsurkunde. Im Gegensatz zum Pflichtverteidiger kann der Wahlverteidiger einen unterbevollmächtigten Verteidiger auswählen und bevollmächtigen. Die §§ 138 a ff. StPO regeln die Voraussetzungen und das Verfahren der **Ausschließung** des Verteidigers.

9 **f) Pflichtverteidigung:** In den §§ 140, 141 StPO sind die Voraussetzungen der notwendigen Verteidigung geregelt. Dies sind die gesetzlich normierten Fälle der Pflichtverteidigerbestellung. § 142 StPO regelt die Auswahl des Pflichtverteidigers, insbesondere § 142 I 2 StPO: Auswahlrecht des Beschuldigten, zwar kein Rechtsanspruch auf Beiordnung des gewünschten Rechtsanwalts, doch Vorrang des Vertrauensverhältnisses Rechtsanwalt – Mandant (*Kleinknecht/Meyer* Rdnrn. 9–13 zu § 142 StPO. Die Sollvorschrift des § 142 I 2 StPO muß grundsätzlich beachtet werden (*OLG Stuttgart* StV 1990, 55); Vertrauensgrundsatz gilt auch bei zweiten Pflichtverteidiger, so *OLG Hamm* StV 1989, 242, 243). Wenn auch § 142 I 1 StPO bestimmt, daß der Pflichtverteidiger möglichst aus der Zahl der bei einem Gericht zugelassenen Rechtsanwälte auszusuchen ist, setzt sich mehr und mehr durch, daß hierbei dem Wunsch des Beschuldigten zu folgen ist. So gilt dies bei Bestehen eines besonderen Vertrauensverhältnisses zu einem nicht ortsansässigen Verteidiger (so auch *OLG Stuttgart* StV

1989, 521; s. auch *Müller,* aus der Rechtsprechung zum Recht der Strafverteidigung NStZ 1990, 376; *OLG Düsseldorf* StV 1990, 255 mit Anm. *Decker).* **Bestellung des Rechtsreferendars** zum Verteidiger: § 142 II StPO. Für erstinstanzliche Verhandlungen vor dem LG können Referendare nicht zum Pflichtverteidiger bestellt werden (§ 140 I Nr. 1 i. V. mit § 142 I und II StPO, *BGH* bei Miebach NStZ 1990, 226). § 143 StPO: Rücknahme der Pflichtverteidigerbestellung bei Übernahme der Wahlverteidigung. Nach den Thesen zur Strafverteidigung (These 7) darf der Rechtsanwalt die Übernahme einer Pflichtverteidigung auch dann ablehnen, wenn sie gegen den Willen des Beschuldigten oder des Wahlverteidigers oder gegen seinen Willen zu führen wäre.

g) **Verbot der Mehrfachverteidigung** (§ 146 StPO): Mehrere derselben Tat im Sinne des § 264 StPO Beschuldigte darf der Verteidiger nicht gleichzeitig verteidigen. Durch das StVÄG 1987 ist die **sukzessive Mehrfachverteidigung** zulässig. Danach ist die Übernahme oder Fortführung eines Mandats zulässig, wenn das Mandat des Mitbeschuldigten rechtlich beendet ist (siehe hierzu: *Kleinknecht/Meyer* Rdnr. 18 zu § 146 StPO). Es ist allein auf den Umstand der Gleichzeitigkeit mehrer Verteidigungsverhältnisse abzustellen. (*OLG Celle* StV 1989, 471). **Anbahnung des Mandats** ist Verteidigung im Sinne des § 146 StPO (*BGHSt* 28, 67). **Anwaltssozietät:** Haben sich alle Sozien als Verteidiger eines Beschuldigten bestellt, gilt § 146 StPO. Möglich ist aber Einzelvollmacht jedes Sozietätsmitglieds für jeweils einen Beschuldigten, wenn keine Interessenkollision besteht (zum Beispiel alle Beschuldigten ein Geständnis ablegen). **10**

h) **Akteneinsicht** (§ 147 StPO): Der Verteidiger ist im gesamten Verfahren (immer) befugt, in ausreichender und zumutbarer Weise Akten (Grundsatz der Aktenvollständigkeit) einzusehen (in seiner Kanzlei) und alle Beweismittel (in der Regel beim Staatsanwalt oder dem Gericht) zu besichtigen. **Grenzen** (§ 147 II StPO): Akteneinsicht und Besichtigung der Beweismittel können ganz oder teilweise versagt werden, wenn die Gewährung den **Untersuchungszweck gefährden** würde. Eine **konkrete** Gefahr ist zwar nicht vorausgesetzt, es genügt für die Beschränkung nicht eine bloß vage oder pauschal formulierte entfernte Möglichkeit der Gefährdung. Der Verteidiger sollte sich der Ablehnung der Akteneinsicht mit solcher Argumentation entgegensetzen und hervorheben, daß ja **Akteneinsicht** auch **teilweise** gewährt werden kann, und Akteneinsicht Kooperation fördert. Akteneinsicht ist in der Regel die Voraussetzung für Stellungnahmen des Beschuldigten zum Tatvorwurf. **Ausgenommen** sind die Aktenstücke des § 147 Abs. 3 StPO wie Niederschriften über Beschuldigtenvernehmungen und richterliche Untersuchungshandlungen bei Anwesenheitsrecht des Verteidigers sowie Sachverständigengutachten – z. B. Blutalkoholbestimmung, zu §§ 20, 21 StGB (Schuldfähigkeit), Schriftsachverständige, Rechtsmedizin u. a. –. Diese Akteile sollte der Verteidiger ausdrücklich mit der Verteidigerbestellung anfordern. Die Akteneinsicht erfolgt in der Kanzlei (Abs. 4). Zuständig ist im Ermittlungsverfahren die Staatsanwaltschaft, der Vorsitzende ab Anklageerhebung (Abs. 5). Beendigung der möglichen Beschränkung der Akteneinsicht bei Abschluß der Ermittlungen (im Sinne des § 169a StPO) und Mitteilungspflicht (Abs. 6) über Entstehen der unbeschränkten Akteneinsicht. (Akteneinsicht des Verletzten durch seinen RA gem. § 406e StPO siehe Rdn. 166). **11**

Weitergabe des Akteninhalts: Der Verteidiger ist berechtigt und verpflichtet (*BGHSt* 29, 99, 102) dem Beschuldigten mündlich **und** durch Übergabe von Kopien (siehe auch These 48 zur Strafverteidigung und § 15 II RiLi) über den **12**

Akteninhalt zu informieren (*Krekeler* wistra 1983, 47). Ausnahme: Verschlußsachen (*BGHSt* 18, 369, 371 ff.). Hat der Verteidiger Grund zur Annahme, sein Mandant werde den Akteninhalt zu verfahrensfremden Zwecken verwenden (z. B. Zeugenbeeinflussung), so ist wegen dieser Gefährdung des Untersuchungszweckes die Weitergabe zu unterlassen (siehe auch § 14 RiLi). In besonderen Fällen empfiehlt sich die Unterzeichnung einer entsprechenden Erklärung vor Aushändigung der Aktenstücke an den Mandanten („Ich bestätigte, von Rechtsanwalt... die Fotokopien aus der Gerichtsakte (Az...) zur eigenen Vorbereitung erhalten zu haben. Diese Akte darf ich weder ganz noch teilweise Zeugen in diesem Verfahren zur Verfügung stellen, noch sonst zu verfahrensfremden Zwecken verwenden ".). Eine Weitergabe von Kopien an Dritte ist nur ausnahmsweise mit Einwilligung des Mandanten zu Verteidigungszwecken (z. B. Vorbereitung eines „Privat"-Gutachtens) zulässig, wenn zudem jeglicher Mißbrauch ausgeschlossen ist. (s. Thesen zur Strafverteidigung 49).

13 **Rechtsmittel gegen die Versagung der Akteneinsicht:** Bei Staatsanwaltschaft: Dienstaufsichtsbeschwerde, nicht §§ 23 ff. EGGVG; a. A. *OLG Frankfurt/M.* welches die Verweigerung der Akteneinsicht zwar als Justizverwaltungsakt einstuft aber dennoch den Antrag auf gerichtliche Entscheidung nach § 23 III EGGVG als unzulässig ansieht (subsidiärer Rechtsweg), weil nach Abschluß der Ermittlungen die Strafsache in die Verfahrensherrschaft des Richters übergehe (krit. hierzu *Müller* NStZ 1989, 563, 564), bei Akteneinsicht Dritter (z. B. Geschädigte): §§ 23 ff. EGGVG (siehe *Kleinknecht/Meyer* Rdnr. 39 § 147 StPO). Zuständ. Gericht: OLG. Bei Akteneinsichtsanträgen des RA für den Verletzten siehe Rdn. 160. Nichtverfahrensbeteiligte: § 304 II StPO Beschwerde, Ausnahme der Anfechtbarkeit: siehe § 147 IV 2 StPO.

14 **i) Grundsatz der freien Verteidigung** (§ 148 I StPO): Hierzu gehört ein ungehinderter Verkehr zwischen Verteidiger und Beschuldigten (NStZ 1986, 295), unüberwachter mündlicher und schriftlicher Verkehr, egal ob Beschuldigter frei oder in Haft ist (*BGHSt* 83, 347). Bei **Haft:** Gespräche und Briefe („Verteidigerpost") ohne Überwachung (Ausnahme: § 148 II StPO). Briefkontrolle umfaßt daher nur, ob Empfänger Rechtsanwalt und Verteidiger ist und ob der Absender im Mandatsverhältnis zu diesem Rechtsanwalt steht. **Besuche:** zu anstaltsüblichen Zeiten, dann aber ohne Begrenzung, Voraussetzung ist der Sprechschein oder Nachweis des Verteidigerverhältnisses (KK-*Laufhütte* Rdnr. 3 zu § 148 StPO; siehe hierzu im einzelnen die Vorschriften der Untersuchungshaftvollzugsordnung). §§ 148 II, 148a StPO: Grenzen der freien Verteidigung bei Verdacht bzw. Straftaten gemäß § 129a StPO und Überwachung dieser bedenklichen Beschränkung der freien Verteidigung.

2. Der Beschuldigte – ohne Verhaftung –

15 **a) Begriff.** Wichtig ist die Abgrenzung zum Tatverdächtigen. Die Beschuldigteneigenschaft wird durch die förmliche Einleitung eines Ermittlungsverfahrens begründet, die dem Beschuldigten aber nicht bekannt sein muß. Beschuldigter ist derjenige, gegen den die Strafverfolgungsorgane das Verfahren als den für eine Straftat Verantwortlichen betreiben (KK-*Boujong* Rdnr. 4 zu § 136 StPO). Für den Verteidiger ist es entscheidend zu wissen, ob sein Mandant bereits Beschuldigter ist, wie er belehrt wurde und welche Rechte in Anspruch zu nehmen sind. Die Beratung des Mandanten erfordert daher zunächst diese Informationen ebenso wie die abwägende Vorausschau, wie ein Schweigen oder

eine Aussage sich auswirken werden (siehe zu diesem Problemkreis auch: *Beulke,* Die Vernehmung des Beschuldigten – Eine Anmerkung aus der Sicht der Prozeßrechtswissenschaft, StV 1990, 180 ff.).

b) Rechte und Pflichten. Bei der ersten Vernehmung, die in der Regel durch 16 die **Polizei** erfolgt (§ 163a IV StPO), muß eröffnet werden, welche Tat der betreffenden Person zur Last gelegt wird. Im übrigen sind die §§ 136 I 2–4, II, III und 136a StPO (verbotene Vernehmungsmethoden) zu beachten. Entscheidend ist nach § 136 StPO, daß die Polizei **vor** Beginn der ersten Vernehmung auf folgendes hinweist:

– **Belehrung über die Aussagefreiheit** und damit über das Recht, zur Sache zu 17 schweigen. Es genügt die Angabe der Personalien im Sinne des § 111 OWiG, also Vor-, Familien- und Geburtsname, Ort und Tag der Geburt, Familienstand, Beruf, Wohnort, Wohnung und Staatsangehörigkeit. Weitere Angaben, insbesondere zum Lebenslauf, sind nicht notwendig.

– **Hinweis auf das Recht der Verteidigerkonsultation,** da die Entscheidung 18 über eine sofortige Aussage von der Beratung mit dem Anwalt abhängt. Es ist dem Beschuldigten Gelegenheit zu geben, sich mit dem bereits bekannten Verteidiger oder einem noch zu wählenden telefonisch in Verbindung zu setzen (siehe hierzu: *Strate/Fentzke* StV 1986, 30). Der Beschuldigte sollte ein Telefonbuch oder ein Anwaltsverzeichnis verlangen, kommt der Anwalt, sollte zunächst ein vertrauliches unüberwachtes Gespräch mit dem Anwalt erfolgen. § 137 I StPO: Der Beschuldigte kann sich in jeder Lage des Verfahrens des Beistands eines Verteidigers bedienen. Er sollte zuerst die Vollmacht unterschreiben, sie der Polizei aushändigen und dann unter Hinweis auf § 148 I StPO um die Einräumung eines unüberwachten Gespräches bitten.

– **Hinweis auf das Beweisantragsrecht** (§ 136 I 3 StPO): Zu selten werden 19 wirklich entlastende Zeugen (Alibi) sofort formlos oder als schriftliche Beweisanregung oder als formgültiger Beweisantrag bereits in diesem frühen Verfahrensstadium gestellt. Gleiches gilt für die Vorlage entlastender Urkunden (zum Beispiel Verträge) oder das Verlangen nach Augenscheinseinnahme (Unfall- oder Tatort). Auch sollte eine **Gegenüberstellung** so früh wie möglich beantragt werden. Dabei sollen die klar definierten Voraussetzungen der Wahlgegenüberstellung (Nr. 18 RiStBV: Eine Reihe anderer Personen gleichen Geschlechts, ähnlichen Alters, ähnlicher Erscheinung, in einer Form, die nicht erkennen läßt, wer der Beschuldigte ist. Gleiches gilt bei der Vorlage von Lichtbildern.) beachtet werden (siehe auch *Odenthal,* Die Gegenüberstellung im Strafverfahren, 1986). Ebenso sollte ein Sachverständiger sofort hinzugezogen werden, insbesondere wenn es gilt, Verletzungen, psychische oder psychiatrische oder medizinische Befunde zu erheben. Ebenso sind sämtliche sonstigen sachverständigen Beweiserhebungen schon jetzt möglich, aber es sollte vorab eine **Prüfung** erfolgen, ob die gewünschte Beweiserhebung wirklich **nur** nützt.

– **Belehrung** über die Möglichkeit, sich **schriftlich** zu äußern. Unter Umstän- 20 den empfiehlt sich, zunächst eine Akteneinsicht gemäß § 147 StPO durchzuführen, wobei bestimmte Aktenteile wie vorliegende Sachverständigengutachten, richterliche Zeugenvernehmungen u. a. gemäß § 147 III StPO dem Verteidiger bereits im frühesten Stadium nicht vorenthalten werden dürfen. In dieser Verfahrensweise liegt ein Formulierungsvorteil und Zeitgewinn für eine gründliche Beratung.

- Erforderlich ist die **Mitteilung der Verdachtsgründe,** auch wenn der Beschuldigte zunächst erklärt, er wolle nicht aussagen. Der Grund liegt darin, daß er sich vielleicht dann zur Aussage entschließt (KK-*Boujong* Rdnr. 18 zu § 136 StPO).

21 Durch die **Vernehmung zur Sache** wird dem Beschuldigten rechtliches Gehör gewährt (*BGHSt* 25, 332). Die Vernehmung sollte auf die Ermittlung der Wahrheit und die Beweissicherung ausgerichtet sein. Bei der ersten Vernehmung sollen die persönlichen Verhältnisse ermittelt werden. So z. B.: Vorleben, Werdegang, berufliche Ausbildung und Tätigkeit, familiäre, wirtschaftliche und sonstige Umstände, die für die Beurteilung der Tat und einer etwaigen Rechtsfolgefrage von Bedeutung sind.

22 Die **Art der Vernehmung** regelt das Gesetz nicht. Die für den Zeugen geltende Vorschrift, daß ihm Gelegenheit für einen zusammenhängenden Bericht zu geben ist (so § 69 I StPO) gilt hier nicht. Frage und Antwort im Wechselspiel sind möglich. Der anwesende Verteidiger sollte auf folgendes achten: Der Beschuldigte soll konkret zum Vorwurf gehörende Antworten in seiner Sprache geben, ungenaue Erinnerungen auch als solche bezeichnen, Fragen, die er nicht beantworten kann erst nach Rücksprache beantworten und formulieren und die genaue Aufzeichnung der Formulierung im Vernehmungsprotokoll genauestens überwachen. Dabei muß der Verteidiger projektiv denken. Er muß sich darüber im klaren sein, wie diese jetzige schriftliche Aussage auf den später mit der Sache befaßten Staatsanwalt oder Richter unter Berücksichtigung von Tatverdacht, Tatschwere und etwaiger später stattfindender Strafzumessung wirken wird. Der Mandant ist deswegen darauf hinzuweisen, daß eine einmal erfolgte Vernehmung fast nicht „widerrufen" werden kann. Ihm muß verdeutlicht werden, daß der **Vernehmungsbeamte als Zeuge vom Hörensagen** in einer späteren Hauptverhandlung gegen ihn aussagen kann. Dieser wird die Vernehmungssituation schildern können (Art und Umfang der Verteidigermitwirkung, langsames oder schnelles Antworten; Sicherheit und Unsicherheit im Aussageverhalten können bereits in einem Aktenvermerk der Polizei oder in einer späteren Aussage des Vernehmungsbeamten wieder auftauchen).

Zur Beschuldigtenvernehmung durch Staatsanwaltschaft und Richter siehe unten Rdnrn. 35 und 36.

3. Der Beschuldigte – mit Verhaftung –

23 a) **Kontaktaufnahme.** Vorausgegangen ist die vorläufige Festnahme des Beschuldigten (§ 127 StPO) und es steht die Entscheidung über Verhaftung und Freilassung an. Der Beschuldigte muß über die Möglichkeit der Verteidigerkonsultation (siehe oben Rdnr. 18) belehrt worden sein (zur Stellung des Verteidigers bei dem in Untersuchungshaft befindlichen Mandanten s. auch Thesen zur Strafverteidigung 54–57).

- **Polizei:** Befindet sich der Beschuldigte bei der Polizeidienststelle, sollte der Verteidiger dort erscheinen, möglichst sein Kommen vorher telefonisch ankündigen (aus taktischen Gründen kann aber auch ein rasches unangekündigtes Erscheinen geboten sein, um den Beginn bestimmter Ermittlungsschritte vor dem ersten beratenden Gespräch noch zu vermeiden). Der Verteidiger läßt sich die Vollmacht des Mandanten im Beisein der Beamten erteilen, wenn diese darauf bestehen. Nach Unterzeichnung übergibt er ein Exemplar der Vollmacht den Beamten. Jetzt ist er gewählter Verteidiger mit dem Recht auf unüberwachte Gespräche entsprechend § 148 I StPO.

Ermittlungsverfahren C IV

– **Ermittlungsrichter:** Liegt ein Haftbefehlsantrag vor, über den der Ermittlungsrichter zu entscheiden hat oder ein Haftbefehl (zum Beispiel § 115 StPO), der zu eröffnen ist, so soll der Verteidiger sich eine Sprecherlaubnis (mündlich oder schriftlich) beim zuständigen Ermittlungsrichter besorgen, und dann den Beschuldigten zum unüberwachten Gespräch (§ 148 I StPO) in der Haftanstalt der Polizei oder des Gerichts aufzusuchen. Auf jeden Fall ist durch rasche Kontaktaufnahme mit dem Ermittlungsrichter sicherzustellen, daß die Vorführung vor diesen nur in Anwesenheit des Verteidigers erfolgen soll, also dieser vorher verständigt wird.

Die Kontaktaufnahme mit einem **flüchtigen Beschuldigten** ist in der Kanzlei 24 ebenso wie im Ausland zulässig, sie dient der Vollmachtserteilung und der Beratung im vertraulichen Gespräch. Der Verteidiger ist ohne Zustimmung des Mandanten nicht befugt, den Aufenthaltsort mitzuteilen (§ 203 StGB). Die Flucht in irgendeiner Weise zu fördern, könnte Strafvereitelung (§ 258 StGB) sein.

b) Rechte und Pflichten des Beschuldigten. Eröffnung des Haftbefehls: 25 (§ 114a StPO; Zuständigkeit: § 126 StPO); Konsultation und Anwesenheitsrecht des Verteidiger (§§ 137 I, 136 I, 168c I StPO; siehe oben Rdnrn. 16ff.); Benachrichtigung von Angehörigen oder Vertrauenspersonen (§ 114b I, II StPO); Vernehmung spätestens am nächsten Tag, Benennung der den Beschuldigten belastenden Umstände (§ 115 III StPO); Recht, sich zu äußern oder zu schweigen (§ 115 III StPO); Vorbringen von entlastenden Punkten (§ 115 III StPO); Aushändigung einer Abschrift des Haftbefehls (§ 114a II StPO); Belehrung über das Recht der Beschwerde und die anderen Rechtsbehelfe (§ 115 IV StPO); Form der Vernehmung: §§ 118, 168a StPO.

c) Mehrere Haftbefehle. Zu den Rechten und Pflichten siehe oben Rdnrn. 26 16ff.; 26. Wenn Überhaft besteht (= Haft in anderer Sache) bedarf es der Vorführung und Vernehmung (§§ 115, 115a StPO) erst, wenn der weitere Haftbefehl vollzogen wird. Vollstreckt (U-Haft) werden kann nur **ein** Haftbefehl.

d) Rechtsbehelfe/Rechtsmittel. Der Verteidiger sollte nicht starr auf Haftbe- 27 schwerde (§§ 304 I, IV S. 2 Nr. 1, V StPO), weitere Beschwerde (§ 310 I StPO), Haftprüfung (§ 117 I StPO) und mündliche Haftprüfung (§ 118 I, II StPO) ausgerichtet sein (Lohnenswert ist die Übersicht über die obergerichtliche Rechtsprechung in Haftsachen im letzten Jahrfünft von *Paeffgen* NStZ 1989, 417ff.; 514ff.).

aa) Informelle Verfahrensweise: Der Verteidiger sollte zunächst keinen 28 Rechtsbehelf einlegen. Er sollte Akteneinsicht erwirken (siehe oben Rdnr. 11), ganz oder teilweise Akteneinsicht durchführen, er sollte die Verständigung mit der Staatsanwaltschaft über Vernehmungen (durch Polizei, oder Staatsanwaltschaft oder Gericht suchen, insbesondere hinsichtlich der Zeugen oder Beschuldigten oder Mitbeschuldigten), evtl. im Anschluß eine neue Sachbeurteilung des Vorwurfs vornehmen, Einverständnis der Staatsanwaltschaft mit einer Außervollzugsetzung des Haftbefehls gemäß § 116 StPO oder § 120 III StPO erzielen, oder die Zusage einer schnellen Erhebung der Anklage mit der dann neuen Zuständigkeit des erkennenden Gerichts für die Haftfrage einholen.

bb) Haftprüfung/Mündliche Haftprüfung: Mit der Haftprüfung kann der 29 Beschuldigte **jederzeit** verlangen, daß die Voraussetzungen des Haftbefehls gerichtlich geprüft werden. Für diesen Antrag ist keine besondere Form vorgeschrieben. Er kann auch mündlich oder zu Protokoll des Urkundsbeamten der Geschäftsstelle oder (am sinnvollsten) durch RA-Schriftsatz mit Begründung eingebracht werden. Ein besonderer Antrag auf **mündliche Verhandlung** ist sinnvoll bei Personenverschiedenheit der Ermittlungsrichter, die bei der Eröffnung des Haftbehelfs und der Durchführung der mündlichen Haftprüfung zuständig sind (Zuständigkeiten prüfen). Auch bei einem Antrag auf Haftprüfung kann ohne entsprechenden Antrag eine mündliche Verhandlung stattfinden, wenn der zuständige Richter nach seinem Ermessen eine solche für geboten hält (§ 118 I StPO). Der Sinn der mündlichen Haftprüfung liegt darin, durch den persönlichen Eindruck vom Beschuldigten den Richter zu veranlassen, wegen eines nunmehrigen Vertrauens in den Beschuldigten den Haftbefehl außer Vollzug zu setzen. Die mündliche Haftprüfung eignet sich als Rechtsbehelf, um die Persönlichkeit, die sozialen Verhältnisse, die Einstellung zum Tatvorwurf und ggf. ein Geständnis eindrucksvoll zu „demonstrieren". Für den Verteidiger wichtig: Die Möglichkeit der (wenig genutzten) sofortigen Beweisaufnahme im Termin der mündlichen Haftprüfung im Rahmen des § 118a III StPO. Hier empfiehlt es sich, den Zeugen mitzubringen, da ein Ermittlungsrichter kaum die Zeit hat, den Haftprüfungstermin zu verlängern oder fortzusetzen, nur um einen Zeugen zu laden. Dies dürfte eine Ausnahme sein. **Fristen:** Die mündliche Haftprüfung ist – solange keine Hauptverhandlung stattfindet – alle zwei Monate zulässig (§ 118 III StPO). Dies gilt nicht, wenn der Haftprüfungsantrag vor Entscheidung (weil ein negativer Beschluß erwartet wird) zurückgenommen wurde. Wurde allerdings in einer mündlichen Haftprüfung entschieden, so muß neben der Zwei-Monats-Frist auch die U-Haftzeit von drei Monaten verstrichen sein. **Terminsfestlegung:** binnen 14 Tage (§ 118 V StPO) bezogen auf eine Fristberechnung nach Eingang des Antrags, wobei ein Fristversäumnis keine Konsequenzen in positiver wie in negativer Hinsicht hat.

30   cc) **Haftbeschwerde:** Die Beschwerde (schriftliches Verfahren) ist zulässig gemäß §§ 304, 305 Satz 2 StPO gegen jeden Haftbefehl. Der Haftbefehl ist ein richterlicher Beschluß. Bei der Erwartung an den Ausgang der Beschwerde gilt folgendes: Die schriftliche Prüfung durch das Landgericht erfolgt hinsichtlich der Tatverdachtsschwelle und etwaiger wichtiger Rechtsfragen (z. B. Abgrenzung Körperverletzung/Tötungsdelikt, oder in der Frage, ob die Verdunkelungsgefahr oder Fluchtgefahr rechtsfehlerfrei dargestellt ist). Grundlage der Entscheidung ist **nur** das vorhandene Aktenmaterial. Ein Problem liegt in der festgeschriebenen präjudiziellen Wirkung der negativen Beschwerdeentscheidung. Sollen mehr Sachverhaltsfeststellungen und ein persönlicher Eindruck gewonnen werden, empfiehlt sich die mündliche Haftprüfung.

31   dd) **Weitere Beschwerde** (§ 310 StPO): Es existiert eine unterschiedliche OLG-Rechtsprechung zur Zulässigkeit bei isolierter Anfechtung einzelner Auflagen eines Außervollzugsetzungsbeschlusses oder dessen Bestand (so Kautionshöhe, Meldeauflage u. a.); **bejahend:** *BGHSt* 25, 120 = *NJW* 1973, 664; *OLG Frankfurt/M. StV* 1989, 113 ff. (Bestand des Haftbefehls); *OLG Celle* StV 1983, 466; *KG Berlin* NJW 79, 2626; *OLG Düsseldorf* NJW 1980, 2426; *OLG Hamburg* NJW 81, 834; *OLG Schleswig* NJW 1981, 1523; *OLG Koblenz* NStZ 1990, 102 = StV 1990, 26 ff.; **ablehnend:** *OLG Karlsruhe* NStZ 1983, 41; *OLG München* MDR 1980, 74; *OLG Zweibrücken* MDR 1979, 695; *OLG Hamburg* JR 1978, 526; *OLG Stuttgart* MDR 1978, 953; *OLG Nürnberg* MDR 1980, 75. Ansonsten ist die weitere Beschwerde gegen einen Haftfortdauerbeschluß ebenso mit der Ge-

fahr eines Präjudizes versehen wie die Beschwerde (siehe oben Rdnr. 30). Eine ablehnende Entscheidung des Strafsenats kann unter Umständen eine lange Untersuchungshaft bedeuten. Deswegen empfiehlt es sich, eine etwaige angekündigte negative Entscheidung dadurch zu umgehen, daß rechtzeitig vorher der Antrag zurückgenommen wird.

ee) **Im Beschwerdeverfahren** ist die **mündliche Verhandlung** – ausnahmsweise – möglich (siehe § 118 II StPO), jedoch ist Argumentationskunst gefordert, den Richter von dieser sehr spärlich genutzten Möglichkeit zu überzeugen.

e) **Überprüfung der U-Haft durch das OLG.** §§ 121, 122 StPO nach 6 monatiger U-Haft, bzw. nach dann jeweils weiteren 3 Monaten nach Aktenvorlage.

4. Beschuldigtenvernehmungen

a) **Vernehmung durch die Polizei.** Auch die bloß informatorische Befragung ist eine Zeugenvernehmung: keine Pflicht zur Aussage. Eine Pflicht zur Aussage des Zeugen besteht – soweit kein Zeugnis- (§§ 52 ff. StPO) oder Auskunft- (§ 55 StPO) verweigerungsrecht besteht – nur bei der staatsanwaltlichen Vernehmung (gem. §§ 161 a I, 163 a III StPO). **Beschuldigtenvernehmung:** (siehe oben Rdnrn. 16 ff.) §§ 163 a IV, 136 I StPO: Aussagefreiheit und Hinweis darauf, daß keiner gegen sich selbst aussagen muß (*BGHSt* 14, 358, 364). Hinweis auf Verteidigerkonsultation (siehe oben Rdnr. 18). Recht auf Entlastungsbeweisanträge (siehe oben Rdnr. 19), Möglichkeit der schriftlichen Äußerung (§ 136 I 4 StPO), diese Möglichkeit ist aus vielerlei Gründen empfehlenswert und beliebt. **Personalien:** Gemäß § 111 OWiG Verpflichtung zu Angaben über die Person (Vor-, Familien-, Geburtsname, Ort und Tag der Geburt, Familienstand, Beruf, Wohnort, Wohnung, Staatsangehörigkeit). **Kein Anwesenheitsrecht** des Verteidigers, aber keine **Pflicht** ihn auszuschließen, weshalb es sich in der Regel empfiehlt, die Bereitschaft auszusagen dann davon abhängig zu machen, daß dem Verteidiger die Anwesenheit gestattet wird. **Vernehmungsprotokoll:** Muß die gesetzlich vorgeschriebenen Belehrungen, Inhalt und Gang der Vernehmung bis ins Detail, möglichst in direkter Rede wiedergeben (*Kleinknecht/Meyer* Rdnr. 29 ff. zu § 163 a StPO; s. auch RiStBV 45). § 168 b I, II StPO gelten entsprechend, eine Abschrift erhält der Verteidiger über § 147 III StPO.

b) **Vernehmung durch die Staatsanwaltschaft.** Verpflichtung zu erscheinen – auf Ladung – (siehe §§ 161 a I, 163 a III StPO). Vor der **ersten** Vernehmung gemäß § 136 StPO müssen die in dieser Vorschrift aufgezählten Hinweise (welche Tat, Aussagefreiheit, Verteidigerkonsultation, Beweiserhebungsrecht, siehe oben Rdnr. 17 ff.) gegeben werden. Bei Ausbleiben des Beschuldigten: **zwangsweise Vorführung** (§ 163 a III 2 i. V. m. § 133 StPO; RiStBV 44, I 1, 2) Ein Vorführungsbefehl ist nur zulässig nach vorheriger Androhung der Vorführung in der Ladung (§ 163 a III 2 i. V. m. §§ 133 II, 134 II StPO). **Anwesenheitsrecht** des Verteidigers (§ 163 a III 2 i. V. m. § 168 c I StPO). Kein Anwesenheitsrecht des Verteidigers des Beschuldigten bei staatsanwaltlicher Zeugenvernehmung und Sachverständigenvernehmung (§ 161 a StPO). Der Verteidiger hat **Fragerecht** (*Kleinknecht/Meyer* Rdnr. 1 zu § 168 c StPO), der Verteidiger ist zu verständigen, wenn keine Untersuchungserfolgsgefährdung vorliegt (§ 163 a III 2 i. V. m. § 168 c V 1, 2 StPO). Kein Anspruch auf Terminsverlegung (§ 163 a III 2

i. V. m. § 168c V 3 StPO). Keine Verpflichtung zur Aussage (siehe § 163a III i. V. m. § 136 I StPO; ausgenommen Personalien gemäß § 111 OWiG – siehe oben Rdnr. 17 polizeiliche Beschuldigtenvernehmung –) **Protokoll:** (§ 168b StPO) Hierbei ist wichtig, daß der Staatsanwalt auch berechtigt ist, nur einen Aktenvermerk über die Vernehmung anzufertigen, der sehr verkürzend und entstellend sein kann. Eine Abschrift erhält der Verteidiger gemäß § 147 III StPO.

36 c) **Richterliche Vernehmung.** Grundsätzlich hat allein die Strafverfolgungsbehörde zu entscheiden, wer den Beschuldigten vernimmt. Ausnahmsweise ersucht die Staatsanwaltschaft gemäß § 162 I StPO den zuständigen Ermittlungsrichter zur Beschuldigtenvernehmung. Dem Verteidiger sollte eine richterliche Vernehmung durchaus willkommen sein, da der Richter nicht unbedingt den Standpunkt des ermittelnden Staatsanwalts teilen muß, obwohl eine intensive Befragung durch den Ermittlungsrichter meistens an Zeitmangel und Ausgestaltung dieser richterlichen Tätigkeit scheitert. Die richterliche Vernehmung des Beschuldigten wird wohl dann beantragt und durchgeführt, wenn es darum geht, ein Geständnis zur späteren Verlesung (§ 254 StPO) zu gewinnen (Beweissicherung). Damit kann nach Verurteilung dieses Beschuldigten seine spätere Zeugenaussage im Verfahren gegen etwaige Mitbeschuldigte festgeschrieben sein (bei Abweichungen: Gefahr der eidlichen/uneidlichen Falschaussage, die durch die richterliche Vernehmung als Beschuldigter bewiesen wird). **Anwesenheitsrecht des Verteidigers:** § 168c I StPO, uneingeschränktes **Fragerecht** des Verteidigers (*Kleinknecht/Meyer* Rdnr. 1 zu § 168c StPO). Bei richterlicher Zeugen- und Sachverständigenvernehmung ist anders als bei der Staatsanwaltschaft dem Verteidiger und dem Beschuldigten (wenn kein Ausschlußgrund vorliegt) die Anwesenheit gestattet. Die Ausschließung des Beschuldigten erfolgt bei Gefährdung des Untersuchungszwecks (§ 168c III StPO). Das Anwesenheitsrecht des Beschuldigten entfällt, wenn er an einem anderen Ort als dem Gerichtsort in Haft ist (§ 168c IV StPO). Benachrichtigungspflicht und Grenzen für Gefährdung des Untersuchungszwecks (§ 168c V StPO).

5. Beweisantrag und Beweismittel

37 Die gesamte Tätigkeit des Verteidigers in den drei Verfahrensabschnitten (Ermittlungs-, Zwischen- und Hauptverfahren) ist geprägt durch Beweismittel und deren Benennung mittels Beweisantrag. Im Strengbeweisverfahren hat die Strafprozeßordnung einen abschließenden Katalog festgesetzt (*RGSt* 53, 348 [349]; *BGHSt* 14, 339 [341]; *Alsberg/Nüse/Meyer* S. 168):

Personalbeweis Zeugen (§§ 48 ff. StPO)
    Sachverständige (§§ 72 ff. StPO)
Sachbeweis Augenschein (§ 86, 244 V StPO)
    Urkundenbeweis (§ 249 StPO)

a) **Beweisantrag, Beweisanregung, Beweisverbote.** Der Verteidiger wird daher bei seinen Bemühungen immer vorhandene Beweisergebnisse prüfen und entscheiden, inwieweit zu welchem Verfahrenszeitpunkt auf die Verwendung anderer Beweismittel hinzuarbeiten ist. Beweisanträge sollte der Verteidiger in Abstimmung mit seinem Mandanten stellen (Thesen zur Strafverteidigung 35). Da spätestens in der Hauptverhandlung ein formell gültiger **Beweisantrag** erforderlich ist, empfiehlt es sich, zur kritischen Selbstkontrolle und zur Erleichterung der späteren Verwendung und zur Bezugnahme grundsätzlich diese Form in **jedem** Verfahrenszeitpunkt zu wählen (siehe zum Problem: „Hilfsbeweisantrag – Eventualbeweisantrag – Bedingter Beweisantrag" den grundlegenden Aufsatz von *Schlothauer* StV 1988, 542ff.; *BGH* StV 1990, 149; mit Anm. *Michalke* StV 1990, 184ff.; *Rückel,* aaO Rdnrn. 40ff.). Sicherlich kann auch mündlich oder als bloßer schriftlicher Hinweis eine solche Benennung in besonderen, insbes. eilbedürftigen Fällen erfolgen (s. Rdnr. 41).

aa) Beweisantrag (Definition): Ein Beweisantrag ist gestellt, wenn ein Verfahrensbeteiligter verlangt, daß zum Nachweis einer bestimmten Tatsache durch Gebrauch eines bestimmten Beweismittels Beweis erhoben wird und die Beweisbehauptung die Tatsachenbasis eines in der Sache entscheidenden Urteils betrifft (*BGH* NStZ 1981, 309, 310; 1985, 466, 468; *BGH* StV 1983, 185; insbesondere KK-*Herdegen* Rdnr. 42 zu § 244 StPO). Dabei kann der Verteidiger solche Tatsachen unter Beweis stellen, die er lediglich für möglich hält. Deshalb handelt es sich noch nicht um einen Beweisermittlungsantrag (*BGH* NStZ 1989, 334f.; *BGH* bei *Miebach* NStZ 1990, 26). Der Verteidiger muß allerdings eine genau Risikoprüfung vornehmen, da ein so unsicherer Beweisantrag geeignet ist, u. U. seinem Mandanten zu schaden (siehe unten Rdnr. 109).

bb) Anbringung und Verwendung von Beweisanträgen: 38
gesamtes Ermittlungsverfahren: § 160 II StPO
Haftprüfungsverfahren: §§ 117 III, 118a III, 122 II i. V. m. 118a StPO
richterliche Vernehmung: § 166 I StPO
Zwischenverfahren: §§ 201, 202, 219 I StPO
Hauptverhandlung: § 244 II, III StPO
Revisionsrüge: Verletzung der
Aufklärungspflicht: §§ 344 II, 244 II StPO

cc) Beweisantrag und Akteneinsicht: Gerade die – häufig unzulängliche – 39
Praxis der Versagung von Akteneinsicht begünstigt frühzeitige Beweisanträge, um entweder Akteneinsicht zu erhalten oder Informationen zu gewinnen oder Informationen bei der Anwesenheit (§ 168c StPO z. B.) von Beweiserhebungen zu erhalten.

dd) Beweisantrag und Verfahrensablauf: Frühzeitige Beweiserhebung und 40
dadurch erweiterter Akteninhalt bilden eine breitere Entscheidungsgrundlage und helfen, öffentliche Hauptverhandlungen zu vermeiden (so durch Verfahrenseinstellungen, Strafbefehlsverfahren). Die Auswahl des Zeitpunktes für die Stellung von Beweisanträgen liegt beim Verteidiger (Thesen zur Strafverteidigung 35). Wenn nicht besondere Gründe vorliegen, sollte ein Beweisantrag so früh wie möglich gestellt werden.

ee) Beweisanregung: Wird teilweise als Oberbegriff für Prozeßhandlungen 41
verstanden, mit denen ein Prozeßbeteiligter außerhalb des ordentlichen Beweisantrages das Gericht durch Informationen, Bekundungen und Hinweise zu Beweiserhebungen bringen will, die der Sachaufklärungspflicht entspringen (*BGHSt* 6, 128, 129; KK-*Herdegen* Rdnr. 55 zu § 244 StPO). Die Beweisanregung ist kein echter Antrag (*BGH* StV 1982, 55), es sind Anstöße zur Sachaufklärung, vage Andeutungen, bis hin zu bestimmten Umschreibungen von Beweisthema und Beweismittel. Die Beweisanregung („es sollte der Nachbar des Beschuldigten vernommen werden, was er in der Tatnacht gesehen hat") wird

dem gerecht, was an Mitwirkungsmöglichkeiten für das Ermittlungsverfahren in den §§ 136 I 3, 115 III 2, 128 I 2 i. V. m. §§ 115 III 2, 118a III 2, 163a IV 2 StPO ohne Bindung an Form vorgesehen ist. Gefahr besteht aber, daß das Ergebnis auch dem Mandanten schaden kann. Ein Verteidiger wird keine Beweisanregung geben, wenn er in der Lage ist, einen formellen Beweisantrag zu stellen und sich über die etwaige Aussage eines Zeugen durch ein informatorisches Gespräch vorab informieren kann. Dann kann mit dieser Information auch ein Beweisantrag gestellt werden, der ernster genommen wird.

42 ff) **Beweisermittlungsantrag**: Eine klare, unmißverständliche Definition gibt es nicht. Auf jeden Fall ist er ein echter Antrag, weil Sachverhaltsaufklärung gewollt ist und nicht nur angeregt und dem Gericht anheim gestellt wird (*KK-Herdegen* Rdnr. 52 zu § 244 StPO). Er steht wohl dem eigentlichen Beweisantrag sehr nahe, er wird auch als bedingter Beweisantrag bezeichnet. Es wird bereits ein Beweis erstrebt, doch ist der Antragsteller aus tatsächlichen Gründen nicht in der Lage eine bestimmte Behauptung aufzustellen oder ein bestimmtes Beweismittel zu nennen (*BGH* StV, 1989, 287 ff.; *Alsberg/Nüse/Meyer* S. 66; so auch *KK-Herdegen* Rdnr. 52 zu § 244 StPO).

43 gg) **Beweisverbote**: Hindern die Erhebung und Verwertung von Beweisen, sie schränken die von amtswegen gebotene Aufklärungspflicht (§ 244 II StPO) ein. Die StPO zwingt nicht zur Wahrheitserforschung um jeden Preis (*BGHSt* 14, 358, 365; 31, 304, 308); (siehe hierzu die Checkliste von *Tondorf* zu den Beweisverboten in: Beck'sches Formularbuch für den Strafverteidiger, S. 211 ff.). Die Beweisverbote gliedern sich in **Beweiserhebungsverbote** (z. B. § 51 I BZRG, Zeugnisverweigerungsrechte in §§ 52 ff. StPO; Wahlgeheimnis Art. 38 I GG) und **Beweisverwertungsverbote** (z. B. Tagebuchaufzeichnungen, *BGHSt* 19, 325; geschützter Bereich der Vertraulichkeit des Wortes [s. *Kleinknecht/Meyer* Rdnrn. 51 ff. Einl.; siehe unten Rdnr. 48]).

44 b) **Zeugenbeweis**. Dieses Beweismittel hat zentrale Bedeutung (siehe *Rückel*, aaO Rdnrn. 32 ff.). Der Zeuge beobachtet etwas und wird hierzu später gefragt. Er wußte bei der Beobachtung nichts von seiner späteren Zeugenrolle – er war auftragslos (anders der Sachverständige, der aufgrund eines Auftrages erst beobachtet **und** wertet). Der Zeuge kann im späteren Verfahren zu jedem möglichen Detail auch aus der Vergangenheit befragt werden. Antworten wird er nur, wenn er etwas **beobachtet** hat und sich **erinnert**. **Gegenstand des Zeugenbeweises: Tatsachen** (*Löwe/Rosenberg/Dahs* Rdnrn. 2; 3; 9 vor § 48 StPO); **Werturteile** nur soweit es um den darin enthaltenen Tatsachenkern geht (*BGH* StV 1984, 451); **Rechtsverhältnisse** nicht als rechtliche Würdigung, sondern nur als Beschreibung eines Vertragsverhältnisses oder Darstellung rechtlicher Beziehungen (*BGH* NJW 1968, 1293).

45 aa) **Rechte des Zeugen: Beistand** (*Löwe/Rosenberg/Dahs* Rdnr. 80 vor § 48 StPO) in sämtlichen Stadien des Strafverfahrens, Beistandsfunktion übernimmt der Rechtsanwalt als Zeugenbeistand (siehe *BVerfGE* 38, 105, 115 hat das Recht des Zeugen auf einen Beistand anerkannt; nach *BGH* NStZ 1990, 192 beinhaltet dieses Recht aber nicht die Befugnis des Zeugen dem Vernehmungstermin fernzubleiben, wenn sein Vertrauensanwalt verhindert ist. *Dahs* NJW 1984, 1922; *Hammerstein* NStZ 1981, 125; *Rückel* aaO Rdnr. 62); in tatsächlich schwierigen Situationen kann durch das Rechtsstaatsprinzip und das Gebot des fairen Ver-

fahrens es geboten sein, dem Zeugen einen Anwalt beizuordnen und dafür Prozeßkostenhilfe zu bewilligen (*OLG Stuttgart* StV 1992, 262, 263; *LG Verden* StV 1992, 268). **Aussageverweigerung** (§§ 52ff. StPO zum Umfang des Zeugnisverweigerungsrechts des Journalisten siehe *BGH* StV 1990, 4ff.). Das Zeugnisverweigerungsrecht des Angehörigen eines Beschuldigten im Verfahren gegen den Mitbeschuldigten erlischt mit dem rechtskräftigen Abschluß des gegen den angehörigen Beschuldigten geführten Verfahrens. (*BGH* NStZ 1992, 195, 196 mit Dokumentation und Anmerkung *Widmaier,* Anmerkung zu dieser Entscheidung von *Dahs/Langkeit,* Demontage des Zeugnisverweigerungsrechts, StV 1992, 492ff.); **Auskunftsverweigerung** (§ 55 StPO) hinsichtlich der Beantwortung einzelner Fragen, wenn durch deren wahrheitsgemäße Beantwortung der Zeuge sich selbst oder einen Angehörigen der Gefahr einer Verfolgung wegen einer bereits begangenen Straftat oder Ordnungswidrigkeit aussetzen würde. **Zusammenhängende Aussage:** § 69 I 1 StPO. Der Zeuge ist berechtigt, zunächst vor Befragung im Zusammenhang aussagen zu dürfen. **Zeugenentschädigung** erhält er nach dem ZSEG in der Fassung vom 1. 10. 1969 BGBl I 1757 i. V. m. § 71 StPO. Der Verteidiger wird immer auf eine zunächst zusammenhängende Aussage des Zeugen drängen, wenn er so die Glaubwürdigkeit und dabei die Erinnerungsfähigkeit des Zeugen prüfen will. **Zeugenschutz:** § 68a I StPO Beschränkung bei desavouierenden Fragen, §§ 406d ff. StPO insbesondere das Recht, Fragen zu beanstanden gemäß § 406f II StPO, sog. Opferschutzregelungen (s. auch Rdnrn. 166ff. und B IX Rdnr. 50).

bb) **Pflichten des Zeugen: Erscheinen** bei ordnungsgemäßer Ladung zur 46 Staatsanwaltschaft, Gericht, insbesondere zur Hauptverhandlung (§§ 48, 51 StPO). Vom Gesetz ist keine Ladungsfrist vorgeschrieben, doch ist ausreichend angemessener zeitlicher Abstand erforderlich, sonst gemäß § 51 II StPO rechtzeitiger Entschuldigung, sonst Kostenauferlegung gemäß § 51 I 1 StPO. **Vorführung** (§ 70 I StPO): Neben Ordnungsmitteln kann das Gericht die Vorführung anordnen, wenn die Besorgnis besteht, er werde nicht erscheinen. So kann der Zeuge bereits am Abend vor der Vernehmung festgenommen werden. **Wahrheitsgemäße Aussage** (§§ 153ff. StGB, 257 StGB). Bei Aussageverweigerung **ohne** Auskunft oder Zeugnisverweigerungsrecht treten Folgen des § 70 StPO ein (Ordnungsgeld, Ordnungshaft). **Eidespflicht:** § 65 StPO im vorbereitenden Verfahren, § 59 StPO in der Hauptverhandlung, **Ausnahmen von Vereidigungen:** § 60 StPO (Vereidigungsverbot), § 63 StPO (Eidesverweigerungsrecht von Angehörigen im Sinne von § 52 I StPO). **Ermessen:** §§ 61, 62 StPO (Privatklageverfahren) insbesondere § 61 Ziff. 5 StPO bei allseitigem Verzicht, der ständige Brauch in der Hauptverhandlung. Der Verteidiger sollte aber nicht grundsätzlich auf die Vereidigung verzichten, sondern dies im Einzelfall entscheiden.

c) **Sachverständigenbeweis.** Wie der Zeuge ist der Sachverständige ein „per- 47 sönliches Beweismittel", er ist „Gehilfe des Richters" (KK-*Pelchen* Rdnr. 1 vor § 72 StPO). Der Sachverständige entlastet den Richter nicht von der Verantwortung, die Tatsachengrundlage des Urteils zu finden. Dies gilt für Anknüpfungs- und Befundtatsachen (*BGHSt* 7, 238). Anknüpfungstatsachen werden vom Gericht mitgeteilt, aber unter Beachtung des § 80 StPO ermittelt. Befundtatsachen werden durch den Gutachter in der Hauptverhandlung eingeführt, nachdem sie bei Erstellung des Gutachtens aufgrund der besonderen Sachkunde festgestellt wurden. Vom Zeugen unterscheidet den Sachverständigen, daß er

Rückel

auswechselbar ist. Der **sachverständige Zeuge (§ 85 StPO)** ist und bleibt Zeuge, aber mit besonderer Sachkunde.
Ablehnung wegen Besorgnis der Befangenheit: § 74 StPO. **Auswahl im Ermittlungsverfahren** (§ 73 StPO, Nr. 70 RiStBV): Staatsanwaltschaft gibt Verteidigung Gelegenheit zur Stellungnahme vor Auswahl, es sei denn ständig gleicher Sachverhalt wie BAK-Gutachten. **Auswahl im gerichtlichen Verfahren** (§ 73 StPO): Anhörung der Verfahrensbeteiligten ist nicht erforderlich, bei Beweisantrag (z. B. des Verteidigers) muß kein bestimmter Sachverständiger genannt werden oder der genannte auch beauftragt werden (siehe hierzu KK-*Pelchen* Rdnr. 3 § 73 StPO). Bei Bestellung einer Fachbehörde als Gutachter (§ 83 III StPO) bedarf es keiner weiteren Bezeichnung der Person des Sachverständigen (s. hierzu *Rasch,* Die Auswahl des richtigen Psycho-Sachverständigen im Strafverfahren NStZ 1992, 257 ff.). **Begutachtungspflicht** (§ 75 I, II StPO): bei öffentlicher Bestellung (Gerichtsärzte, Universitätsprofessoren) des Sachverständigen oder einer Bereiterklärung in einer bestimmten Strafsache. **Gutachtensverweigerungsrecht** (§ 76 StPO): aus Gründen der §§ 52–53a StPO. Wichtig: ärztliche Sachverständige haben kein Schweigerecht nach § 53 I Nr. 3 StPO, da der als Sachverständige tätig werdende Arzt die Mitteilungen des Beschuldigten in der für diesen erkennbaren Absicht der Verwertung in dem vor Gericht zu erstattenden Gutachten entgegennimmt (*Löwe/Rosenberg/Dahs* Rdnr. 2 zu § 76 StPO). **Ausbleiben und Weigerung:** Kostentragung und Ordnungsgeld (§ 77 StPO). **Vereidigung** (§ 79 StPO): Ermessen des Gerichts, wenn Verfahrensbeteiligte keinen Antrag stellen. Bei allgemeiner Vereidigung kann sich der Sachverständige auf diesen Eid berufen. **Informatorische Befragung** (Vernehmung) von Zeugen und Beschuldigten ist nur ausnahmsweise dem Sachverständigen gemäß § 80 StPO gestattet. Er ist aber nicht zu einer eigenen **Vernehmung** im förmlichen Sinne befugt, er ist nicht berechtigt, Beschuldigte und Zeugen über deren Rechte (z. B. Aussageverweigerung) zu belehren. **Akteneinsicht** (§ 80 II StPO) ist regelmäßig gestattet (*Kleinknecht/Meyer* Rdnr. 3 zu § 80 StPO). **Fragerecht:** § 80 II StPO gestattet keine eigentliche Vernehmung in der Hauptverhandlung, es gehört zur Gutachtensvorbereitung. Ob er vor oder nach dem Verteidiger Fragen stellt, liegt im Ermessen des Gerichts (*BGH* NJW 1969, 427).

48 d) **Urkundenbeweis. Urkunde** im Sinne der §§ 249 ff. StPO ist jeder in einer natürlichen Sprache ausgedrückter, in Schriftzeichen, auch in Kurzschrift festgehaltener, aus sich heraus verständliche Gedankeninhalt, der geeignet ist, Beweis über Tatsachen zu erbringen (*BGHSt* 27, 135, 136). Der Richter darf aus **allen** schriftlichen Erkenntnisquellen, auch aus allen Arten von Niederschriften, ohne Bestätigung durch Auskunftspersonen jeden denkgesetzlichen Schluß ziehen (KK-*Mayr* Rdnr. 5 zu § 249 StPO). **Grenzen** ergeben sich nur aus den allgemeinen Beweis- und Verwertungsverboten (so auch § 136a III 2 StPO; heimliche Tonbandaufzeichnungen und deren schriftliche Aufzeichnung – *BGHSt* 14, 358 – intime Tagebuchaufzeichnungen siehe hierzu Rdnr. 123, siehe hierzu KK-*Pelchen* Rdnr. 20 vor § 48 StPO, *BGHSt* 19, 325, KK-*Laufhütte* Rdnrn. 7 ff. vor § 94 StPO; Rdnrn. 7 ff. zu § 97 StPO; Rdnrn. 17 ff., 25 ff. zu § 100a StPO; KK-*Boujong* Rdnrn. 26 ff. zu § 146 StPO; Rdnrn. 38 ff. zu § 136a StPO). Unverwertbar und nicht verlesbar sind Niederschriften über widerrechtlich (§ 201 I und III StGB) ohne richterliche Anordnung zustandegekommene Aufzeichnungen von Ferngesprächen (*BGH* NStZ 1983, 466). Bei der Verwertung früherer Urteile sind die Verwertungsverbote des § 49 BZRG zu beachten. Strafregisterauszüge (Bundeszentralregisterauszüge gemäß § 39 I 1 BZRG, Verkehrszentralregister § 30 StVG) werden, wenn keine Tilgungsreife vorliegt, am Ende der Beweisaufnahme (*BGHSt* 27, 216, 218), nicht aber vor Vernehmung des Angeklagten zur Sache verlesen, soweit deren Feststellung für die Entscheidung von Bedeutung ist (§ 243 IV 3 StPO).

Die Einführung einer Urkunde in den Strafprozeß erfolgt durch **vollständige Verlesung**. Das StVÄG 1979 hat im Hinblick auf Großverfahren des sog. **Selbstleseverfahren** nach § 249 II StPO geschaffen (siehe hierzu: KK-*Mayr* Rdnr. 31 zu § 249 StPO); bei Widerspruch gegen dessen Anordnung entscheidet das Gericht. Urkunden können Gegenstand des **Vorhalts** sein. Der Vorhalt ist Vernehmungsbehelf, nicht aber Urkundenbeweis (*BGHSt* 6, 141, 143 = NJW 1954, 1497). Grundlage der tatsächlichen Feststellung ist nicht die Urkunde, sondern die daraufhin erfolgte Erklärung der Auskunftsperson. Unter eingeschränkten Voraussetzungen läßt die StPO eine **Verlesung von Vernehmungsprotokollen** zu. Dabei sind folgende Vorschriften zu beachten:

§ 250: Grundsatz der persönlichen Vernehmung
§ 251: Zulässigkeit der Verlesung von Protokollen unter bestimmten Voraussetzungen, um Beweisverluste zu vermeiden.
§ 252: Verbot der Protokollverlesung nach erfolgter Zeugnisverweigerung
§ 253: Protokollverlesung zur Gedächtnisunterstützung
§ 254: Verlesung von Geständnissen bei Widersprüchen
§ 256: Verlesung von Zeugnissen oder Gutachten öffentlicher Behörden mit Ausnahme von Leumundszeugnissen

e) **Augenscheinsbeweis** (§§ 86, 244 V StPO). Ein Beweisantrag, der auf die 49 Durchführung eines Augenscheins abzielt, muß eine bestimmte Tatsache enthalten und nicht nur allgemeine Vermutungen (Beweisermittlungsantrag), wie die Beleuchtungs- oder Sichtverhältnisse am Tatort. Es muß durch die Augenscheinsinnahme ein besonderer Aufklärungseffekt eintreten, dieser muß im Beweisantrag bezeichnet werden und dieser muß den Effekt übersteigen, der durch die Augenscheinseinnahme von Lichtbildtafeln sowieso geboten wird. Die Aufklärungspflicht muß daher diese Form des Augenscheins (z. B. Besichtigung des Tatortes) geradezu nahelegen. In der Praxis (z. B. bei Verkehrsunfallsachen) genügt die Augenscheinseinnahme der von der Polizei gefertigten Lichtbildtafeln (siehe hierzu: KK-*Herdegen* Rdnr. 101 zu § 244 StPO m. w. N.). Häufig empfiehlt es sich, eine eigene Besichtigung des Tatortes durchzuführen, um abzuwägen, ob im Interesse des Mandanten nicht die bloße Betrachtung der Lichtbilder vorzuziehen ist.

6. Durchsuchung und Beschlagnahme

a) **Begriffe**. Die **Durchsuchung** (§§ 102 ff. StPO) ist zulässig zur Ergreifung 50 des Verdächtigen/Beschuldigten oder zur Auffindung von Beweismitteln. Sinn der Durchsuchung ist es, Gegenstände, die für die Untersuchung von Bedeutung sein können, in Verwahrung zu nehmen oder in anderer Weise sicherzustellen. Die **Beschlagnahme** gemäß § 94 II StPO erfolgt, wenn die Gegenstände nicht freiwillig herausgegeben werden. Die Anordnung von Durchsuchung und Beschlagnahme erfolgt in **schriftlicher Form** (siehe *BVerfGE* 1981, 971) durch den Richter, ausgenommen sind Fälle der „Gefahr in Verzug", wichtig ist die Bezeichnung der Straftat, die Grund für die Durchsuchung ist und die zu durchsuchenden Räume (Privatwohnung, Geschäftsräume, Garage, Pkw, Kellerräume, Ferienwohnung u. ä.). Bei den Anträgen auf Durchsuchung und Beschlagnahme ist der Ermittlungsrichter nicht an die Rechtsauffassung der StA gebunden (*BGH* NStZ 1989, 333; *OLG Düsseldorf* NStZ 1990, 145). Auf jeden Fall muß ein Durchsuchungsbeschluß tatsächliche Angaben über die aufklärende Straftat, den denkbaren Inhalt der zu suchenden Beweismittel ebenso enthalten wie die genaue Bezeichnung der zu durchsuchenden Räume (*BVerfG* (2. Kammer des 2. Senats) NStZ 1992, 91, 92).

51 **b) Anwesende bei einer Durchsuchung. aa) Verteidiger:** Die Kontrollbefugnis des Verteidigers im Durchsuchungsverfahren (§§ 102 ff. StPO) ist stark eingeengt (*Dahs*, Taschenbuch, Rdnr. 260). Ist der Gewahrsamsinhaber zugleich der Beschuldigte, hat der Verteidiger ein Anwesenheitsrecht (siehe Beck'sches Formularbuch für den Strafverteidiger, *Dankert* S. 64 ff. m. w. N. und einer übersichtlichen Darstellung). Er kann dann nur unter den Voraussetzungen des § 164 StPO entfernt werden. Ansonsten hat der Verteidiger kein Anwesenheitsrecht. Macht allerdings der Beschuldigte seine Kooperationsbereitschaft von der Gestaltung der Anwesenheit des Verteidigers abhängig, so wird diese in der Regel gewährt. So kann der anwesende Verteidiger sich einen Überblick vom sichergestellten Material verschaffen, er kann die Genauigkeit des Sicherstellungsverzeichnisses (§ 107 StPO) überprüfen und dabei schon auf Entlastungsmaterial achten sowie von wichtigen Schriftstücken Fotokopien fertigen lassen.

52 **bb) Wohnungsinhaber:** Anwesenheitsrecht gemäß § 106 I StPO, jedoch kein Verwertungsverbot hinsichtlich solcher Unterlagen, die unter Verletzung des Anwesenheitsrechts erlangt wurden (*BGH* NStZ 1983, 375).

53 **cc) Zeugen:** Gemäß § 105 II StPO ist bei der Durchsuchung – wenn möglich – (es kann aber darauf verzichtet werden) ein Gemeindebeamter oder zwei Mitglieder der Gemeinde, die nicht Polizeibeamte oder Hilfsbeamte der Staatsanwaltschaft sein dürfen, beizuziehen. Der Beschuldigte hat daran meistens kein Interesse, weil er die unangenehme Durchsuchung auch nicht noch dritten Personen bekanntwerden lassen will. Andererseits kann man hierauf bestehen, was im Einzelfall effektvoll sein kann.

54 **c) Durchsicht von Papieren.** Dieses Recht steht ohne Einwilligung des Betroffenen nur dem Staatsanwalt zu (§ 110 I StPO). So kann auch die Anwesenheit, wenn sie z. B. bei Durchsuchungen bei einem Dritten nicht gewährt wird, „ausgehandelt" werden. Es besteht die Möglichkeit der Sicherung von Papieren vor einer Auswertung durch Polizei – Versiegelung – (§ 110 III StPO). Ansonsten muß der Verteidiger auf die Teilnahme des Beschuldigten an der späteren Durchsicht drängen unter Hinweis auf seine Anwesenheit gemäß §§ 169a III 2, 168c I StPO. Diese „gemeinsame" Durchsicht der Papiere schafft frühzeitige Informationsmöglichkeiten vor einer Akteneinsicht gemäß § 147 II StPO.

55 **d) Zufallsfunde.** Bei rechtsfehlerhaften Durchsuchungen kann die Beschlagnahme von Zufallsfunden rechtlich unzulässig sein (*KG* StV 1985, 404). Andererseits gestattet § 108 StPO die einstweilige Beschlagnahme von Zufallsfunden, um der Staatsanwaltschaft die Prüfung zu ermöglichen, ob ein neues Ermittlungsverfahren gegen den von der Durchsuchung Betroffenen oder einen Dritten einzuleiten und der Gegenstand zu beschlagnahmen oder die Beschlagnahme in einem bereits anhängigen Verfahren geboten ist, das die Durchsuchenden nicht oder nicht näher kennen (*Kleinknecht/Meyer* Rdnr. 1 zu § 108 StPO). Ge-

gen Maßnahmen nach § 108 kann entsprechend § 98 II 2 StPO die richterliche Entscheidung beantragt werden, gegen die – ausgenommen in den Fällen des § 304 IV und V StPO (*BGHSt* 28, 349) – die Beschwerde zulässig ist, sofern nicht inzwischen die Beschlagnahme nach § 94 StPO angeordnet worden ist. Gegen die Beschlagnahme muß sich die Beschwerde richten (siehe KK-*Laufhütte* Rdnr. 9 zu § 108 StPO). Andererseits darf eine Durchsuchung als bloßer Vorwand nicht dafür benutzt werden, systematisch nach Gegenständen zu suchen, auf die sich die Durchsuchungsanordnung nicht bezieht (*OLG Karlsruhe* StV 1986, 10; *Krekeler* NJW 1977, 1423; KK-*Laufhütte* Rdnr. 1 zu § 108 StPO).

e) Anfechtung und Kosten. Erfährt der Verteidiger vor oder bis Abschluß 56 der Vollziehung der Durchsuchung von dem entsprechenden Beschluß, was fast nie der Fall ist, so sollte er gemäß § 304 StPO Beschwerde (KK-*Laufhütte* Rdnr. 11 zu § 105 StPO) einlegen und gemäß § 307 II StPO Vollzugshemmung (aufschiebende Wirkung) beantragen, was bei entsprechendem Erfolg sicher eine Aussage über die Aussichten der Beschwerde enthält. **Nach** beendeter Durchsuchung – was der Regelfall ist – ist die Beschwerde nicht mehr zulässig, dann kann die Rechtmäßigkeit der Durchsuchung in analoger Anwendung des § 98 II 2 StPO überprüft werden, wenn ein berechtigtes Interesse an der Feststellung der Rechtswidrigkeit besteht (*Dahs*, Taschenbuch, Rdnr. 262a). Auch dann ist die Verfassungsbeschwerde zulässig (*BVerfG* NJW 1976, 1735). **Kosten des Anwalts:** Die Kosten eines Anwalts, der hinzugezogen wurde, fallen im Falle der Einstellung des Verfahrens nach § 2 I und II Nr. 4 StrEG der Staatskasse zur Last (*LG Karlsruhe* AnwBl 1985, 185).

f) Beschlagnahme. Die Beschlagnahme dient der Kontrolle der Durchsu- 57 chung. Die Beschlagnahmeanordnung ist dem Richter vorbehalten, es ist noch keine zulässige Beschlagnahme im Rahmen einer angeordneten Durchsuchung, Gegenstände von Beweisbedeutung zu „beschlagnahmen". Eine richterliche Entscheidung über die Beschlagnahme oder die Herausgabe **konkreter Gegenstände** ist erforderlich (§§ 99, 100, 111c StPO). Durchsuchungsanordnungen ersetzen nicht die Beschlagnahme konkreter Gegenstände.

Postbeschlagnahme: (§ 99 StPO): Hierzu befugt ist der Richter, bei Gefahr in 58 Verzug auch der Staatsanwalt, niemals die Polizei (§ 100 StPO). Eine staatsanwaltliche Beschlagnahmeanordnung tritt nach 3 Tagen ohne richterliche Bestätigung außer Kraft (§ 100 II StPO). Die Staatsanwaltschaft muß alle Postsendungen ungeöffnet dem Richter vorlegen (§ 100 I StPO).

Beschlagnahmeverbote: (§ 97 StPO) Damit sollen Zeugnisverweigerungs- 59 rechte nicht umgangen werden. Zulässig ist die Sicherstellung aber bei freiwilliger Herausgabe, die insoweit nie erklärt werden sollte (siehe hierzu: KK-*Laufhütte* Rdnr. 3 zu § 97 StPO). Die **Rechtsanwaltshandakte** ist mit Ausnahme des § 97 II StPO beschlagnahmefrei (Tatverdacht gegen Rechtsanwalt wegen Strafvereitelung u. a.). Beweisgegenstände, die entgegen § 97 StPO beschlagnahmt werden, sind nicht verwertbar (*BGHSt* 18, 227 = NJW 1963, 870).

7. Vorläufige Maßnahmen gegen den Beschuldigten

a) Untersuchungshaft (§§ 112ff. StPO). Von der vorläufigen Festnahme im 60 Sinne des § 127 StPO ist die Untersuchungshaft zu unterscheiden. Ihre **Anordnung** erfolgt durch schriftlichen Haftbefehl gemäß §§ 112ff. StPO (§ 114 StPO).

61 Haftvoraussetzungen sind **dringender Tatverdacht,** wenn nach dem bisherigen Ermittlungsergebnis in seiner Gesamtheit eine große Wahrscheinlichkeit dafür besteht, daß der Beschuldigte als Täter oder Teilnehmer eine Straftat begangen hat (KK-*Boujong* Rdnr. 3 zu § 112 StPO) und **Haftgründe** aufgrund **bestimmter** Tatsachen (§ 112 II StPO):

62 – **Flucht,** wenn der Beschuldigte flüchtig ist oder sich verborgen hält (§ 112 II Nr. 1 StPO).
– **Fluchtgefahr,** wenn aufgrund bestimmter Tatsachen bei Würdigung der Umstände des Einzelfalles eine höhere Wahrscheinlichkeit (Abs. 2 Ziff. 2) für die Annahme spricht, der Beschuldigte werde sich dem Verfahren entziehen, als für die Erwartung, er werde am Verfahren teilnehmen (*Kleinknecht/Meyer* Rdnr. 17 zu § 112 StPO). Fluchtgefahr wurde auch schon angenommen, wenn der Angeklagte seine Verhandlungsunfähigkeit verschuldet herbeigeführt hat (so *OLG Oldenburg* StV 1990, 165 ff. mit Anm. *Wendisch*).
– **Verdunkelungsgefahr,** wenn aufgrund bestimmter Tatsachen das Verhalten des Beschuldigten den dringenden Verdacht begründet, er werde eine der in § 112 II Ziff. 3 StPO abschließend aufgeführten Verdunkelungshandlungen begehen, wobei die bloße Möglichkeit nicht ausreicht (KK-*Boujong* Rdnrn. 23–26 zu § 112 StPO; s. auch *Nix,* Der Haftgrund der Verdunkelungsgefahr, StV 1992, 445 ff.).
– **Schwerkriminalität** – besondere Straftaten (wie Mord, Bildung terroristischer Vereinigungen – in § 113 III StPO abschließend aufgezählt) erlauben Erlaß des Haftbefehls, ohne daß ein Haftgrund im technischen Sinne entsprechend § 112 II StPO vorliegt.
– **Wiederholungsgefahr** (§ 112a StPO): Katalog bestimmter Straftaten

63 **Verhältnismäßigkeitsgrundsatz** (Übermaßverbot) gemäß § 112 I 2 StPO: Dieser verfassungsrechtliche Grundsatz hat in dieser Vorschrift eine besondere gesetzliche Ausformung, Untersuchungshaft darf **nicht** verhängt werden, wenn sie von der Bedeutung der Sache und der zu erwartenden Maßregelung der Besserung und Sicherung außer Verhältnis steht. Daraus folgt das Subsidiaritätsprinzip, danach darf ein Beschuldigter nur inhaftiert werden, wenn der Zweck der Untersuchungshaft nicht auf andere, für den Beschuldigten schonendere Art und Weise erreicht werden kann. (So die Regelung des § 116 StPO: Weniger einschneidende Maßnahmen, wie Meldeauflage, Kaution, Beschränkung der Aufenthaltsmöglichkeit u. a.) **Jugendliche:** (§ 72 I JGG): Einschränkungen der Untersuchungshaftanordnung und besonderes Beschleunigungsgebot. Eine einmal eingetretene Verletzung des Beschleunigungsgebots in U-Haftsachen kann nicht durch eine nachträgliche Beschleunigung unbedingt ausgeglichen werden (*OLG Frankfurt/M.* StV 1992, 124).

64 **Haftunfähigkeit:** hindert nur den **Vollzug,** nicht den Erlaß des Haftbefehls, ärztliche Betreuung, Nr. 57 UVollzO. Insgesamt enthalten sind die Regelungen für den **Vollzug** der Untersuchungshaft in der Untersuchungshaftvollzugsordnung (UVollzO).

65 **Rechtsmittel, Kontrolle und Aufhebung des Haftbefehls:**
mündliche Haftprüfung (§§ 118, 118a StPO)
Beschwerde (§ 304 StPO)
Weitere Beschwerde (§ 310 I StPO)
6-Monats-Prüfung der Haftvoraussetzung von
amtswegen (§§ 121 ff. StPO)

Ermittlungsverfahren **C IV**

Aufhebung des Haftbefehls (§ 120 I, III StPO
auf Antrag der
Staatsanwaltschaft)

b) Fahrerlaubnisentziehung (§ 111a StPO). Voraussetzung für die Entzie- **66**
hung sind dringende Gründe, die die Annahme rechtfertigen, daß die Fahrerlaubnis nach § 69 StGB entzogen werden wird, die Annahme muß im Zeitpunkt der Entscheidung noch gerechtfertigt sein, eine ursprünglich gesehene Ungeeignetheit kann bei Zeitablauf entfallen (*OLG Hamburg* StV 1984, 251). **Kannbestimmung:** Liegen die Voraussetzungen des § 111a I 1 StPO vor, so wird es regelmäßig ermessens**fehlerhaft** sein, die Anordnung nicht zu treffen, doch kann die Anordnung auf bestimmte Arten von Kraftfahrzeugen beschränkt werden (so darf der Bauer den Traktor, nicht aber Pkws fahren – siehe auch *Janiszweski* NStZ 1983, 256; siehe auch *Müller,* Verteidigung in Straßenverkehrssachen, 4. Aufl. 1990, Rdnrn. 53 ff.; *Hentschel,* Die vorläufige Entziehung der Fahrerlaubnis, DAR 1980, 168 ff.; *Himmelreich/Hentschel,* Fahrverbot, Führerscheinentzug, 4. Aufl. 1984 siehe auch B IX Rdnr. 31 ff.). **Aufhebung:** Wenn keine dringenden Gründe für die Annahme vorhanden sind, daß die Fahrerlaubnis endgültig entzogen werden wird (*KK-Laufhütte,* Rdnr. 9 zu § 111a StPO). Das **Berufungsgericht** verstößt nicht gegen das Verbot der reformatio in peius, wenn es trotz zwischenzeitlichem Zeitablauf ohne Anrechnung der Sperrfrist das Urteil des Amtsgerichts bestätigt (*OLG Hamm* JZ 1978, 656 m. w. N.; *KK-Laufhütte* Rdnr. 10 zu § 111a StPO; *Kleinknecht/Meyer* Rdnr. 11 zu § 111a StPO). Der Angeklagte muß daher im Berufungsverfahren mit einer gewissen Verlängerung der **tatsächlichen** Sperrzeit rechnen. Während des **Revisionsverfahrens** ist die vorläufige Entziehung nach der herrschenden Meinung (*OLG Koblenz* MDR 1986, 871; *OLG München* NJW 1980, 1860; *Himmelreich/Hentschel* aaO, S. 241 ff.) nicht deshalb aufzuheben, weil die Verfahrensdauer die Dauer der Sperre übersteigt. Allein der Ablauf der Sperre gibt dem Angeklagten keinen Rechtsanspruch auf Teilnahme am Kraftfahrzeugverkehr (*Kleinknecht/Meyer* Rdnr. 12 zu § 111a StPO). **Führerscheinbeschlagnahme:** (§ 111a III, IV StPO) Auf Antrag des Beschuldigten nach § 98 II 2 StPO entscheidet das nach § 98 II 3, 4 StPO zuständige Gericht (siehe auch *Himmelreich/Hentschel* aaO, S. 220). **Ausländische Führerscheine** (§ 111a IV StPO) werden mit der Wirkung eines Fahrverbots (§ 44 StGB) entzogen. **Rechtsmittel:** Beschwerde (§ 304 StPO). Hat das LG auf Beschwerde gegen die vorläufige Entziehung der Fahrerlaubnis durch das AG entschieden, so ist die weitere Beschwerde unzulässig (*OLG Stuttgart* NStZ 1990, 141). Nach der h. M. ist eine Beschwerdeentscheidung des Berufungsgerichts dann beschwerdefähig, wenn diese Entscheidung erst nach Aktenvorlage gem. § 321 S. 2 StPO getroffen wurde (*OLG Karlsruhe* MDR 1974, 159; *OLG Hamm* VRS 49, 111; *OLG Düsseldorf* VRS 72, 370; *OLG Celle* NJW 1961, 1417; *Kleinknecht/Meyer,* Rdnr. 19 zu § 111a StPO; *Jagusch/Hentschel,* StraßenverkehrsR, 30. Aufl. Rdnr. 7 zu § 111a StPO).

c) Unterbringung zur Untersuchung (§ 81 StPO). Diese Unterbringung ist **67**
zu unterscheiden von der infolge eines Unterbringungsbefehls gemäß § 126a I StPO, der einen Haftbefehl dann ersetzt, wenn davon ausgegangen werden muß, daß die rechtswidrige Tat im Zustand der Schuldunfähigkeit oder der verminderten Schuldfähigkeit begangen wurde. Der Beschuldigte (dann Betroffener) wird statt in der JVA in einem psychiatrischen Krankenhaus gemäß

Rückel

§ 126a StPO einstweilig untergebracht (siehe *Kleinknecht/Meyer* Rdnrn. 1 ff. zu § 126a StPO).

68 Die Unterbringung zur Untersuchung gemäß § 81 StPO erfolgt zur Vorbereitung eines psychiatrischen und/oder psychologischen Gutachtens, insbesondere zur Prüfung der Schuldfähigkeit (§§ 20, 21 StGB) nicht zur Prüfung der Glaubwürdigkeit. Es kann diese Unterbringung erfolgen durch gerichtliche Anordnung für höchstens sechs Wochen (§ 81 V StPO). Der Beschuldigte wird in einem öffentlichen psychiatrischen Krankenhaus für diese Zeit untergebracht. Die Folge kann Annahme der Schuldunfähigkeit und damit der Erlaß eines Unterbringungsbefehles sein. Genausogut kann Folge die Bejahung einer erheblich verminderten Schuldfähigkeit mit der entsprechenden Strafmilderung (§ 21 StGB) sein. Bei einmaliger Schuldunfähigkeit ist denkbar, daß es zur Einstellung des Verfahrens oder zum Sicherungsverfahren (§§ 413ff. StPO) kommt. Dieses kann mit der Freisprechung oder der Unterbringung enden. Es kann aber auch zur Anklage und zur Entscheidung in der Hauptverhandlung **ohne** Sicherungsverfahren kommen. Diese Möglichkeit der Unterbringung zur Untersuchung besteht im Vorverfahren (siehe § 80a StPO), sie besteht auch im Sicherungsverfahren (§§ 413ff. StPO), nicht im Privatklageverfahren.

69 **Dringender Tatverdacht** (siehe oben Rdnr. 61) ist Voraussetzung wie im Falle des § 112 I 1 StPO, der Verhältnismäßigkeitsgrundsatz muß beachtet werden, die Unterbringung darf nur angeordnet werden, wenn sie unerläßlich ist (*BVerfGE* 17, 108, 117 = NJW 1963, 2368, 2370). Vorher ist die Anhörung eines Sachverständigen nötig. Der **Verteidiger** muß angehört werden, seine Mitwirkung ist nach § 140 I Nr. 6 StPO notwendig.

70 **Rechtsmittel:** sofortige Beschwerde (§ 311 StPO), hat entgegen § 307 I StPO aufschiebende Wirkung (§ 81 IV StPO). Der die Unterbringung ablehnende Beschluß ist unanfechtbar (*Kleinknecht/Meyer* Rdnr. 30 zu § 81a StPO).

71 **c) Körperliche Untersuchung des Beschuldigten.** Diese Vorschrift gestattet die zwangsweise körperliche Untersuchung des Beschuldigten. Sein Körper wird zum Augenscheinsobjekt. Seine Einwilligung macht die Anordnung nach § 81a StPO entbehrlich. So können einfache körperliche Untersuchungen erfolgen (z. B. für die Verhandlungsfähigkeit: *OLG Düsseldorf* StV 1989, 195 ff. m. Anm. *Welp*) Blutproben entnommen werden (z. B. für die Feststellung des BAK) oder auch die Computer Tomographie: Neuerdings zählt auch der sog. „genetische Fingerabdruck" oder „genetischer Fingerprint" dazu. § 81a StPO bildet eine ausreichende Grundlage zur Durchführung einer solchen Genanalyse (siehe hierzu *LG Heilbronn* NStZ 1990, 353; vgl. auch *Kimmich/Spyra/Skinke* NStZ 1990, 318; *Rademacher* StV 1990, 546ff.; *LG Darmstadt* NJW 1989, 2338 *Kleinknecht/Meyer* Rdnr. 36 zu § 81a StPO m. w. N.). **Rechtsmittel:** Beschwerde (§ 304 I StPO) wenn Anordnung noch nicht vollzogen.

8. Der Abschluß des Ermittlungsverfahrens

72 **a) Einstellung mangels Tatverdacht (§ 170 II StPO).** Eine Einstellung gem. § 170 II StPO erfolgt:
- wenn ein nichtbehebbares Verfahrenshindernis vorliegt
- wenn der Beschuldigte der Tat nicht **hinreichend verdächtig** erscheint, d. h. die Täterschaft ist nicht beweisbar. Hierbei entscheidet die Staatsanwaltschaft sobald diese Bewertung sich aufdrängt. Bei mehreren Tatkomplexen kann für jeden eine gesonderte Entscheidung ergeben, also Einstellung in einem, Anklageerhebung in einem anderen Tatkomplex.

Ermittlungsverfahren C IV

Bei dauernder oder längerer **Abwesenheit** erfolgt eine vorübergehende Einstellung gemäß § 205 StPO. In **Steuerstrafsachen** entscheidet die zuständige Finanzbehörde, wenn sie anstelle der Staatsanwaltschaft das Verfahren selbständig geführt hat (§§ 386, 399 AO). **Form und Inhalt:** Die Entscheidung erfolgt durch eine Verfügung, die zu begründen ist (RiStBV Nr. 88, 89 Abs. 2).

Durch diese Einstellung tritt **kein Strafklageverbrauch** ein, das Verfahren 73 kann bei neuen Verdachtsmomenten (wie auch immer diese der Staatsanwaltschaft bekanntgegeben werden) wieder aufgenommen werden. Dies gilt nur nicht bei § 153a StPO (siehe Rdnr. 80). Deshalb sollte ein Angebot oder eine mögliche Einstellung nach § 153a StPO gegen eine Geldbuße das Verfahren einzustellen, nicht von vorneherein ausgeschlagen werden. Gerade die Rechtskraftwirkung ist häufig ein nicht zu unterschätzender Vorteil. Allein im Falle der vorausgegangenen Anzeigeerstattung durch einen Dritten kann dieser gegen eine Einstellung nach § 170 II StPO zu Lasten des Beschuldigten Beschwerde einlegen (§§ 171, 172 StPO). Nicht selten führen in einfach gelagerten Fällen diese Beschwerden danach zum Strafbefehlsantrag durch den sachbearbeitenden Staatsanwalt, allein weil damit die Zuständigkeit für das weitere Verfahren auf den Amtsrichter, der in der Regel den Strafbefehl erläßt, übergeht. Der Staatsanwalt hat die Sache vom Tisch!

b) Einstellung nach Ermessensvorschriften (§§ 153, 153aff. StPO). Wegen 74 einer möglichen geringen Schuld kann das Verfahren eingestellt werden. Es muß bei § 153 StPO zwischen § 153 I StPO (Einstellung durch die Staatsanwaltschaft) und § 153 II StPO (Einstellung durch das Gericht) unterschieden werden sowie § 153a (Einstellung gegen Geldbuße). Voraussetzungen einer Einstellung nach § 153 StPO sind: (1) geringe Schuld und (2) Fehlen eines öffentlichen Interesses an der Verfolgung des **Vergehens** (§ 12 II StGB), ferner (3) Zustimmung des Gerichts (nicht in den Fällen des § 153 I 2 StPO, wo es nach der Neufassung nur auf geringe Tatfolgen ankommt) sowie schließlich (4) Zustimmung des Beschuldigten.

aa) Gemeinsame Prüfungskriterien für eine Einstellung wegen geringer 75 Schuld (sowohl nach § 153 StPO als auch nach § 153a StPO):
– Ausmaß der kriminellen Aktivität
– Schadenswiedergutmachung
– zu erwartende Strafe im Falle einer Verurteilung
– eigene Folgen der Tat für den Beschuldigten
– nachteilige wirtschaftliche Folgen einer Bestrafung für den Beschuldigten, wie Verlust der Arbeitsstelle, drohende disziplinarrechtliche oder standesrechtliche Maßnahmen
– finanzielle Belastung durch das Ermittlungsverfahren
– das Gesamtbündel der Tatmotivation und der Einstellung des Beschuldigten zur Tat, insbesondere unter Berücksichtigung seines bisherigen Vorlebens
– Ausschluß einer Wiederholung wegen der Persönlichkeit und der Einstellung des Beschuldigten. Insbesondere empfiehlt sich eine Orientierung an den **Kriterien der Strafzumessung nach § 46 II StGB** (siehe hierzu besonders die ausführliche Darstellung bei *Weihrauch* aaO Rdnrn. 180ff.)
– kein Nachweis der Schuld. Es reicht die Annahme aus, daß im Falle einer Entscheidung die Schuld gering **wäre**.
– Überlange Verfahrensdauer (*BGH* NStZ 1990, 94, 95).

Rückel 831

Diese Schuldfeststellung, die mit dem Ergebnis gering endet, erfolgt auch angelehnt an die Kriterien des § 46 II StGB (Gesinnung, Maß der Pflichtwidrigkeit, geringer Schaden, Schadensausgleich, zivilrechtliche Regelungen, positive Einstellung zum Vorwurf, keine wesentlichen einschlägigen Vorstrafen).

76 **Anzeigeerstatter:** Der Verletzte kann vorher angehört werden, muß es aber nicht (KK-*Schoreit* Rdnr. 36 zu § 153 StPO). Beschwerden des Verletzten sind Dienstaufsichtsbeschwerden, so daß eine „Anhörung" vorher zu empfehlen ist, unzulässig wäre ein Klageerzwingungsantrag, ebenso eine Privatklage.

77 **Strafklageverbrauch:** Eine Einstellung nach § 153 I StPO hat keinen Strafklageverbrauch zur Folge (*Löwe/Rosenberg/Rieß* Rdnr. 54 zu § 153 StPO).

78 Bei einer Einstellung nach § **153a II StPO** (Einstellung durch das Gericht) gibt es eine beschränkte Rechtskraft, **die erneute Strafverfolgung** soll zulässig sein (siehe KK-*Schoreit* Rdnr. 63 zu § 153a StPO), falls (1) **neue Tatsachen** bekannt oder **Beweismittel** vorgelegt werden, (2) sich nachträglich der **Verbrechenscharakter** der Tat herausstellt, (3) sich die **Tat als Teil einer fortgesetzten** umfangreicheren **Tat** erweist (siehe BGH NJW 1963, 549) und (4) neue Tatsachen oder Beweismittel eine erhöhte Strafbarkeit begründen (s. Rdnr. 81 u. 82).

79 **Steuerstrafsachen:** siehe § 398 AO. **Folgen der Einstellung:** siehe unten Rdnr. 82. **Kosten:** Eine Verfügung des Staatsanwalts gemäß § 153 I StPO hat keine Kostenfolge, § 467a StPO sieht die Auferlegung der notwendigen Auslagen an die Staatskasse nur für den Fall vor, daß die Anklage vor Entscheidung gemäß § 153 I StPO entsprechend § 156 StPO zurückgenommen wurde. Eine Verfügung des Gerichts gemäß § 153 II StPO hat eine Kostenentscheidung gemäß § 464 II StPO zur Folge. Es wird über die notwendigen Auslagen entschieden, wobei dann gemäß § 467 StPO davon abgesehen werden **kann** (was in der Regel geschieht), die notwendigen Auslagen der Staatskasse aufzuerlegen.

80 **bb) Besonderheiten der Einstellung gemäß § 153a StPO:** Voraussetzungen wie oben Rdnr. 75; nach der Neufassung darf nur die **Schwere der Schuld** nicht entgegenstehen. Zusätzlich: **Weisungen/Auflagen:** ein abschließender Katalog ist in § 153a I StPO aufgezählt. **Zustimmung:** Gericht und Beschuldigter. **Schuldfrage:** wie § 153 StPO, nur ist nach dem Wortlaut dieser Vorschrift (was in der Praxis selten an Bedeutung gewinnt) ein erhöhtes öffentliches Interesse an der Strafverfolgung – durch Geldbuße – zu beseitigen. **Geldbuße:** Zugunsten gemeinnütziger Einrichtungen, Staatskasse (leider sehr beliebt wegen des besonderen Umfangs in Ermittlungsverfahren). Unzulässig ist die Auflage, unverzüglich ein Arbeitsverhältnis zu begründen (*BVerfG* DRiZ 1982, 74). **Leistung:** in maximal 6 Monaten bzw. § 153a Satz 1 Nr. 1–3; in den Fällen des Satzes 1 Nr. 4 (Unterhaltsleistungen) höchstens 1 Jahr. **Anzeigeerstatter:** kann lediglich Gegenvorstellungen oder Dienstaufsichtsbeschwerde erheben, Klageerzwingung ist gemäß § 172 II 3 StPO ausgeschlossen.

81 **Unerfüllbarkeit oder Nichterfüllung der Auflage und Weisungen** (gemäß § 153a I 3 StPO): Möglichkeit der nachträglichen Änderung und Fristverlängerung von höchstens 3 Monaten. So kann aufgrund nachträglicher Änderung der Verhältnisse (Einkommen) eine Änderung oder Fristverlängerung angezeigt sein. Bei nicht vollständiger Erfüllung der Auflage ohne Abänderung muß das Verfahren fortgesetzt werden, es ist strittig, ob ein eigener Wiederaufnahmebeschluß nötig ist (siehe KK-*Schoreit* Rdnr. 57 zu § 153a StPO) (s. Rdnr. 78).

82 **Folgen der Einstellung:** keine BZRG-Eintragung; bei einigen Staatsanwaltschaften werden interne Aufzeichnungen geführt oder Akten früherer eingestell-

ter Verfahren (so bei Ladendiebstahl) herangezogen, was zur Verweigerung der Zustimmung führen kann. Vollständige Erfüllung der Auflagen: Prozeßhindernis, allerdings bleibt die Verfolgung als Verbrechen nicht ausgeschlossen (s. § 153a II S. 2 iVm I S. 4 StPO).

Kosten: gemäß § 467 I StPO trägt die Verfahrenskosten die Staatskasse, die 83 notwendigen Auslagen werden nicht erstattet (§ 467 V StPO). **Rechtsmittel:** Endgültige Einstellung ist unanfechtbar, ebenso die Kostenentscheidung (*Kleinknecht/Meyer* Rdnr. 58 zu § 153a StPO) nicht aber die etwaige Entscheidung über die Entschädigung nach § 8 III S. 1 StrEG (Strafentschädigung).

cc) **Einstellung des Verfahrens nach sonstigen Ermessensvorschriften:** 84 möglich ist die Einstellung auch gemäß §§ 153b ff. StPO, 154ff. (im Hinblick auf eine andere Straftat, §§ 154b ff. StPO).

c) **Anklageerhebung.** Sie erfolgt nach Abschluß der Ermittlungen (§§ 169a, 85 170 I StPO) – wenn keine Einstellung erfolgt ist. Dies ist zugleich der späteste Zeitpunkt für die Gewährung vollständiger Akteneinsicht (§ 147 II StPO). **Der Anklagesatz:** (notwendiger Inhalt § 200 StPO) enthält Person, Bezeichnung der Tat (historischer Vorgang – strafbare Handlung), rechtliche Einordnung der Tat (gesetzliche Merkmale), Strafvorschriften, daran anschließend das wesentliche Ergebnis der Ermittlungen, das Beweismittelverzeichnis, das Gericht und die Anträge der Staatsanwaltschaft, ggf. auch bezüglich einer Haftentscheidung. Mitteilung der Anklageschrift erfolgt durch das Gericht (§ 201 StPO). **Zuständigkeit des Gerichts:** §§ 74ff., 24, 28, 120 GVG.

II. Das Zwischenverfahren

Im alltäglichen anwaltlichen Bewußtsein genießt das Zwischenverfahren eine 86 zu geringe Beachtung, obwohl der Anwalt dort folgende realwirkende Handlungsspielräume hat.

1. Zuständiges Gericht

Die Staatsanwaltschaft erhebt Anklage zur – allgemeinen – Strafkammer, 87 zuständig wäre aber die Wirtschafts-, Schwurgerichts-, Jugendkammer oder Staatsschutzkammer (§§ 209, 209a StPO). Danach kann z.B. das Schwurgericht vor der Wirtschaftsstrafkammer oder der allgemeinen Strafkammer eröffnen, die Staatsschutzstrafkammer kann zwar vor der allgemeinen Strafkammer des OLG-Bezirkes eröffnen (§ 74a IV GVG), nicht aber vor der Jugendkammer, die nach Nr. 2a des § 209 StPO als Gericht höherer Ordnung gilt. In der Praxis bedeutend ist die Eröffnung der Strafkammer mit bindender Wirkung vor dem Schöffengericht, weil dessen Strafgewalt (max. 3 Jahre) der Kammer als ausreichend erscheint (§ 209 I StPO i. V. m. § 74 I GVG). Dies kann Folge eines gutbegründeten Verteidigerantrages sein. Auch sollte der Verteidiger in diesem Stadium die **Besetzungs**überprüfung (soweit schon bekannt) vorbereiten. Zur Vorbereitung des Besetzungseinwandes siehe § 222b StPO.

2. Möglichkeit der Beweiserhebung

Ergänzende Ermittlungen – eine Anhörung des Angeschuldigten selbst ist 88 nicht notwendig (KK-*Treier* Rdnr. 6 zu § 202 StPO) – sind zwar gemäß § 202

StPO möglich, doch betreffen sie nur die Klärung von Prozeßvoraussetzungen oder Feststellungen, ob hinreichender Tatverdacht für die anstehende Eröffnungsentscheidung (§ 203 StPO) besteht. Der Übergang der Zuständigkeit für richterliche Untersuchungshandlungen auf das Gericht, bei dem Anklage erhoben ist, schließt nicht die weitere – ergänzende – Tätigkeit der Staatsanwaltschaft aus, auch nicht auf Bitte des Vorsitzenden. Häufig läßt das Gericht so notwendige **Nachermittlungen** durchführen. Hierauf können sich auch Verteidigungsanträge in diesem Verfahrensstadium richten. Allerdings besteht keine Ermittlungs**pflicht** der Staatsanwaltschaft (*Kleinknecht/Meyer* Rdnr. 3 zu § 202 StPO). **Beschwerde:** Trotz § 202 Satz 2 StPO ist bei unzulässigen Maßnahmen die einfache Beschwerde gemäß § 304 StPO zulässig (*OLG Hamm* NJW 1974, 713; *Löwe/Rosenberg/Rieß* Rdnr. 7 zu § 202 StPO).

3. Zulassung oder Nichtzulassung der Anklageschrift

89 Zunächst weiß der Verteidiger, daß weit über 90% der Anklageschriften auch zur Hauptverhandlung zugelassen werden. Das Verteidigerverhalten wird sich an folgenden **Kriterien** orientieren.
– Wie wirkt sich die Entscheidung für den Mandanten aus?
– Was ergibt die Beschwerde der Staatsanwaltschaft gegen die Nichtzulassung, zementiert der Beschluß des Beschwerdegerichts negative Positionen gegen den Angeklagten, wird gar eine Prognose zur Strafhöhe das erkennende Gericht in seiner Milde „bremsen"?
– Ist nicht eine rasche Hauptverhandlung mit Ausnutzung des Beweisantragsrechts erstrebenswerter?
– Kann die Nichtzulassung der Anklage (etwa wegen definitiv fehlender verwertbarer Beweisergebnisse) zur endgültigen Einstellung des Verfahrens gemäß § 211 StPO führen?
– Führt die Eröffnung vor dem Amtsgericht anstelle der Verhandlung vor dem Landgericht zu einem besseren Ergebnis für den Mandanten oder empfiehlt sich bereits eine Verständigung oder Vereinbarung über das Verfahrensergebnis (siehe unten Rdnr. 132).
– Eröffnungsbeschluß: nach herrschender Meinung unanfechtbar, d. h. ein vorhandener Eröffnungsbeschluß kann nicht rückgängig gemacht werden (*Löwe/Rosenberg/Rieß* Rdnr. 36 zu § 207 StPO).

III. Das Hauptverfahren

1. Vorbereitung der Hauptverhandlung

90 Der Verteidiger muß sein Verteidigerhandeln ab der Mandatsübernahme auf eine etwaige Hauptverhandlung einstellen, auch wenn er sie letztendlich vermeiden will. Etwaige Auswirkungen einer Hauptverhandlung müssen schon zu Beginn des Ermittlungsverfahrens berücksichtigt werden.

a) Vereinbarungen und Verständigungen (siehe Rdnrn. 132 ff.). Insbesondere sollte die Terminierung der Hauptverhandlung, der Umfang der Beweismittel, die von gerichtswegen geladen werden und etwaige Selbstladungen des Verteidigers (§§ 38, 220 a, 245 II StPO) erörtert und vorbereitet werden (siehe unten Rdnr. 107).

b) **Akteneinsicht** sollte am besten noch einmal kurz vor Beginn der Haupt- 91
verhandlung durchgeführt werden, so können Mitteilungen von Zeugen, warum sie nicht erscheinen wollen, ebenso interessant sein, wie Unterstreichungen von Staatsanwaltschaft oder Gericht. Auch dient die Akteneinsicht zur letzten Überprüfung des aktuellen BZRG-Auszuges, der möglicherweise erst kurz zuvor zu den Akten gelangt ist, Überprüfung des eigenen Aktenauszuges auf Vollständigkeit. Lichtbildmappen und Skizzen sind noch im Original mit dem Mandanten durchzusprechen.

c) **Verhältnis Verteidiger – Mandant:** Festlegung des Aussageverhaltens 92
(Schweigen, spätere Aussage, Bestreiten – ganz oder teilweise – Gestehen). Durcharbeiten der eigenen Aussage, Herausarbeitung der Widersprüche, Auflösung und Erläuterung der Widersprüche, Erläuterung der jetzigen Aussage, Vorbereitung einer Verteidigungsschrift. (Siehe hierzu insgesamt: Literatur *Tondorf* aaO, S. 183; *Weihrauch* a. a. O. S. 139; *Schmidt-Leichner* NJW 1966, 189 ff.; siehe unten Rdn. 106.) Erörterung des Auftretens und der Wirkung in der Hauptverhandlung.

– **Grundsatz für Aussageverhalten:** Strafzumessungsgründe (§ 46 StGB) leben 93
vom Bild, das der Angeklagte selbst abgibt, ebenso verhält es sich bei einem Geständnis, das mit einer Erklärung des Verteidigers (Verteidigungsschrift) vorher oder einer Stellungnahme nachher begleitet werden kann.

– **Grundsatz für Schweigen:** Wenn die Straftat nur durch die Bewertung der 94
eigenen Aussage angelastet werden kann, wenn das Gericht wegen des Schweigens in Beweisnot zugunsten des Angeklagten kommen wird und Risiken weitestgehend ausgeschlossen werden können.

– **Grundsatz für ein Abwarten** (ggf. Aussage im späteren Verfahrenszeitpunkt 95
oder Beibehalten des Schweigens): Wenn eine anfängliche, schädliche unwahre Aussage des Angeklagten vermieden werden kann, er durch die teilweise Beweisaufnahme von einer Aussage/Geständnis überzeugt werden kann und dieses Zuwarten nicht erheblich schadet – insbesondere die (u. U. geständige) Aussage abwertet.

– **Grundsatz für eine ausschließliche Verteidigererklärung** (siehe unten 96
Rdn. 106): Wenn nur so ein komplexer Sachverhalt präzise erläutert und bewertet werden kann und es **deswegen** auf einen persönlichen Eindruck des Angeklagten nicht ankommt. Die Verteidigungslinie ist dann alleine durch das Auftreten des Verteidigers und die grundlegende Verteidigungsschrift umrissen, die u. a. zur Person des Angeklagten, zum Tatvorwurf, der rechtlichen Problematik und dem Ziel der Verteidigung Stellung nehmen kann.

d) **Verhältnis zum Geschädigten:** Rechtzeitige Klärung dieses Verhältnisses, 97
auch zu etwaigen Angehörigen und zum Anzeigeerstatter. Alle strafzumessungserforderlichen Handlungen (Schadenswiedergutmachung, Entschuldigung, Aussöhnung, zivilrechtliche Vereinbarungen wie Schuldanerkenntnisse u. a.) müssen so rechtzeitig erfolgt sein, daß Belege in der Hauptverhandlung vorgelegt werden können.

e) **Technische Vorbereitungen:** Vollständige und geordnete Kopien der Ge- 98
richtsakten, Bezifferung der Zeugenliste (auf welchem Blatt ist die Aussage des Zeugen in den Gerichtsakten zu finden, wo sind weitere für die Befragung des Zeugen wichtige Fundstellen), wichtige Entscheidungen sind zu kopieren, alle notwendigen Gesetzestexte StPO und StGB-Kurzkommentar, sind mitzunehmen.

98 a   f) **Besetzung des Gerichts:** Bei der Zuständigkeit einer Strafkammer wird der Verteidiger nach dem Inkrafttreten des Gesetzes zur Entlastung zur Rechtspflege neben den sonstigen Besetzungsfragen (s. u. Rdnr. 99) jetzt verstärkt prüfen, ob die Entscheidung des Gerichts gem. § 76 II StPO nur mit zwei Berufsrichtern zu verhandeln, sachgemäß und hinnehmbar ist.

2. Beginn der Hauptverhandlung

99   Es erfolgt der **Aufruf der Sache** (§ 243 I 1 StPO), die **Präsenzfeststellung** (§ 243 I 2 StPO), die **Mitteilung der Gerichtsbesetzung** nach § 222 a StPO für die dort erwähnten Fälle (also nicht im amtsgerichtlichen Verfahren oder im Berufungsverfahren, falls dies nicht schon vor der Hauptverhandlung geschehen ist, die (nicht unwichtige) Entlassung der Zeugen aus dem Sitzungssaal (§ 243 II 1 StPO), damit sie den Gang der Hauptverhandlung nicht vor ihrer Aussage verfolgen können (s. a. oben Rdnr. 98 a).

100   **Sachverständige** fallen nicht unter § 243 II 1 StPO, je nach Inhalt ihres Sachverständigenauftrages verfolgen sie die Hauptverhandlung mit, der Vorsitzende bestimmt nach seinem Ermessen, bei welchen Abschnitten der Hauptverhandlung, insbesondere der Beweisaufnahme, der Sachverständige anwesend sein muß. Der Verteidiger sollte sich hier immer einschalten, wenn zu befürchten ist, der Sachverständige werde zu wenig von der Hauptverhandlung mitbekommen, denn er muß sein Gutachten aufgrund der mündlichen **Hauptverhandlung** erstellen und nicht nur ein etwaiges vorbereitetes schriftliches Gutachten verlesen.

101   **Vernehmung des Angeklagten über seine persönlichen Verhältnisse** (§ 243 II 2 StPO): Die Vorschrift dient der Feststellung der Personenidentität, der Angeklagte hat die Daten anzugeben, die in § 11 I OWiG (siehe oben Rdnr. 34: Personalien) aufgeführt sind. Dazu gehören: Frage zu **Prozeßvoraussetzungen** wie **Verhandlungsfähigkeit** (hier können und sollten entsprechende Einwendungen und ggf. entsprechende Sachverständigenbeweisanträge eingebracht werden) und die Prüfung der **Fähigkeit, sich selbst verteidigen** zu können (§ 140 II StPO). Hierzu gehören auch (siehe *BGH* MDR 1975, 368; KK-*Treier* Rdnr. 22 zu § 243 StPO), Lebenslauf, berufliche Entwicklung, familiäre Situation, wirtschaftliche Verhältnisse. Entscheidend ist nur die Frage, inwieweit sich der Angeklagte hierzu äußern muß bzw. wann das Gericht ihn entsprechend belehrt (gem. § 243 IV StPO). Wohl regelmäßig durchsetzbar ist die Auffassung (*Kleinknecht/Meyer* Rdnr. 12 zu § 243 StPO), daß alles, was nur irgendwie Bezug zur **Schuld- und Rechtsfolgenfrage** hat, nicht beantwortet werden muß. Auf jeden Fall ist es (mit Ausnahme z. B. in Jugendstrafsachen) naheliegend, diese intensiveren biographischen Erörterungen nach Verlesung der Anklage vorzunehmen.

102   **Die Hinweispflicht** des § 243 IV StPO bezieht sich auf alle Angaben, die sich auf die Sache beziehen, also sowohl auf die **innere** als auch **äußere** Tatseite und insbesondere bezüglich der Tatsachen, die die Rechtsfolgen bestimmen.

3. Verlesung der Anklage und Stellungnahme des Angeklagten

103   Verlesen wird der **Anklagesatz** (§ 200 I StPO), der den Schöffen überlassen werden darf (und bei besonders umfangreichen Sachen, Wirtschaftsstrafsachen mit großem Zahlenwerk, auch überlassen werden sollte), allerdings darf nicht das wesentliche Ergebnis der Ermittlungen den Schöffen zur Verfügung gestellt

werden. Dies kann die Grundlage für einen Befangenheitsantrag bilden, da somit den Schöffen die Wertungen des Staatsanwalts und Details bekannt werden, die der Beweisaufnahme vorbehalten sind.

Geänderte Anklage: In den Fällen des § 207 II Nr. 1 und 2 StPO ist aus der 104 nach § 207 III StPO eingereichten neuen Anklageschrift der Anklagesatz zu verlesen. Eine andere – abweichende – rechtliche Begründung des Gerichts aus dem Eröffnungsbeschluß wird dargelegt, § 243 III StPO, Verfolgungsbeschränkungen werden berücksichtigt. **Mängel des Anklagesatzes** können noch in der Hauptverhandlung behoben werden. **Eröffnungsbeschluß:** dessen Verlesung ist zulässig, aber nicht nötig; doch wird seine Existenz unter Datumsangabe festgestellt. **Verteidigerverhalten:** Die Verlesung des Anklagesatzes kann nicht verhindert werden, sie sollte nur kommentiert werden, wenn dies zur Richtungsbestimmung und zur Verfahrensbeeinflussung im Interesse des Angeklagten nutzt.

Stellungnahme und Vernehmung des Angeklagten: Die Vernehmung des 105 Angeklagten gehört nicht zur Beweisaufnahme im eigentlichen Sinn. Der Angeklagte ist ein Beweismittel im weiteren Sinne, wenn er aussagt. (*BGHSt* 28, 196, 198). Gefordert ist die Grundentscheidung, ob eine Aussage des Angeklagten erfolgt oder nicht. Das Verteidiger- und Angeklagtenverhalten soll nie starr geplant sein. Die Situation des konkreten Erlebens in der Hauptverhandlung, die Besetzung des Gerichts, die Person der Staatsanwältin oder des Staatsanwalts können noch nach Verlesung der Anklageschrift eine Änderung des geplanten Aussage- und Verteidigerverhaltens begründen. Häufig ist ein entsprechender Hinweis des Gerichts sorgsam zu prüfen und in einer Pause im vertraulichen Gespräch mit dem Mandanten abzuwägen. Vor einer etwaigen Aussage des Angeklagten bietet sich eine brillante Gelegenheit, die Situation des Prozesses und einen etwaigen Prozeßausgang im Gespräch der Verfahrensbeteiligten, welches gerade in der öffentlichen Hauptverhandlung stattfinden sollte, auszuloten. Häufig empfiehlt es sich nach Verlesung des Anklagesatzes in einer Verteidigererklärung darzulegen (schriftlich oder mündlich), was das Ziel des Angeklagten ist. Allein diese Klarstellung (mein Mandant will eine Bewährungsstrafe erreichen) ermöglicht einen besseren Prozeßausgang als die Verteidigungsstrategie, die alle Verfahrensbeteiligten über das eigentliche Ziel im Unklaren läßt. Dies kann in besonders aussichtslosen Fällen ausnahmsweise mal geboten sein. Im übrigen siehe hierzu Rdnrn. 90 ff., Vorbereitung der Hauptverhandlung, mit den dortigen Richtlinien für das Aussageverhalten.

Die Verteidigungsschrift: Eine Verteidigungsschrift, die nach der Anklage- 106 schrift verlesen wird, (keine Schutzschrift) muß mit dem Mandanten vorbereitet und abgesprochen sein. Ihre Verlesung erfolgt entsprechend der §§ 243 IV, 137 I StPO. Es empfiehlt sich hierbei, die Verteidigungsschrift mit folgender Bemerkung einzuleiten: „Gemäß §§ 243 IV, 137 I StPO erklärt die Verteidigung zunächst folgendes ... Im Anschluß hieran wird sich der Angeklagte weiter bzw. ergänzend zur Sache einlassen."

Die Verteidigungsschrift hat folgende **Vorteile:** Nach Verlesung der Anklageschrift steht ein wohlformulierter Vorwurf (Anklagesatz) im Raum, der häufig (insbesondere in Wirtschaftsstrafsachen) von seinem ausgearbeiteten Zahlenwerk und den darin enthaltenen Dimensionen zum Nachteil des Angeklagten beeindruckt. Die Verteidigungsschrift setzt dem sofort eine Position entgegen und wird auch, da sie schriftlich vorliegt, Gericht und Staatsanwaltschaft und auch Mitverteidigern übergeben. Damit ist eine Position bestimmt und es wird offensichtlicher, daß das Gericht nunmehr über diese kontroversen Positionen entscheiden muß. Flankiert werden sollte eine solche Verteidigungsschrift immer mit einer Aussage des Angeklagten, es sei denn, das besondere Gründe dagegen sprechen. Es ist in besonderen Fällen denkbar, diese Verteidigungsschrift auch zur Wahrnehmung der berechtigten Interessen des Angeklagten (angeklagter Unternehmer) der Presse zur Verfügung zu stellen.

4. Die Beweisaufnahme

107 Zunächst erstreckt sich die Beweisaufnahme auf alle vom Gericht vorgeladenen und auch erschienenen Zeugen und Sachverständigen sowie auf die sonstigen, nach § 214 IV StPO vom Gericht oder der Staatsanwaltschaft herbeigeschafften Beweismittel (§ 245 I StPO). Die Beweisaufnahme in der Hauptverhandlung erstreckt sich auf **Zeugen** (§§ 48 ff. StPO) **Sachverständige** (§§ 72 ff. StPO) **Urkunden** (§§ 249 ff. StPO) und **Augenschein** (§§ 86, 244 V StPO). Diese Beweismittel verwendet das Gericht von selbst (Amtsaufklärung gemäß § 244 II StPO) oder nach vorangegangenen Beweisanträgen der Prozeßbeteiligten. Im übrigen muß der Verteidiger die Zeugen und Sachverständigen selbst laden oder Beweisanträge stellen.

a) Selbstgeladene Zeugen und Sachverständige (§ 245 II i. V. m. § 220 II i. V. m. § 38 StPO). Der selbstgeladene Zeuge und Sachverständige muß vom Verteidiger durch den Gerichtsvollzieher geladen sein, der Ladungsnachweis muß vorliegen und dem Gericht übergeben werden, der selbstgeladene Zeuge und Sachverständige muß anwesend sein. Der Verteidiger muß gemäß § 245 II StPO einen Beweisantrag stellen. Dieser Zeuge oder Sachverständige hat die gleichen Rechte und Pflichten wie der gemäß § 245 I StPO vom Gericht vorgeladene und zu vernehmende Zeuge und Sachverständige. Selbstverständlich kann der Verteidiger in der Vorbereitungsphase der Hauptverhandlung im Gespräch mit dem Vorsitzenden darauf hinweisen, welche Zeugen er unbedingt benötigt. Die Erfahrung lehrt, daß in der Regel ein Vorsitzender dankbar ist, wenn er **rechtzeitig** vom Verteidiger dessen Beweiserhebungswünsche erfährt.

108 **b) Beweisanträge** (siehe oben Rdnrn. 37 ff.) werden in der Hauptverhandlung vom Verteidiger immer dann gestellt, wenn die Beweiserhebungssituation eine Ergänzung, eine Erweiterung durch weitere Zeugeneinvernahmen, Sachverständigenvernehmungen, Urkundenverlesungen und Augenscheinsnahmen erforderlich macht. Dies ist eine punktuelle und graduell situationsabhängige Bewertung. Dem Verteidiger steht auch der **Überraschungseffekt** zu, der aber seine Grenzen hat (*Rückel* aaO Rdnrn. 137–138, Rdnr. 139, Tabelle zur Zeitpunktauswahl bei Beweisanträgen). Der Verteidiger kann, um eine Überraschungswirkung zu erzielen, Beweisanträge bis zum Beginn der Urteilsverkündung stellen (*BGHSt* 36, 389 [391]; 21, 118 [123, 124]; *BGHSt* NStZ 82, 41; *Alsberg/Nüse/Meyer* S. 387, 645, s. a. die Vorschrift des § 246 II StPO). Das Gericht kann dem Verteidiger nicht den Zeitpunkt zur Anbringung von Beweisanträgen vorschreiben (*Dahs*, Taschenbuch, Rdnrn. 326 ff., 457 ff.; *BGHSt* 21, 118 [123]). Beweisanträge mit Überraschungswirkung belegen keine Verschleppungsabsicht im Sinne von § 244 II 2 StPO. Beweisanträge mit Überraschungswirkung wollen durch die Auswahl des Zeitpunktes eine besondere Kontrastwirkung als Inhalt sinnvoller Verteidigungsstrategie erzielen. **Zeitpunktbestimmung:** Wert des Beweismittels, bereits erfolgte Anbringung in früheren Verfahrenszeitpunkten, Grad der Abhängigkeit von anderen Beweiser-

Das Hauptverfahren **C IV**

hebungen. Es behält selbstverständlich Gültigkeit, daß eine Beweiserhebung möglichst frühzeitig zu beantragen ist, wenn es der Verteidigungsplan auch nur zuläßt. Weitere **Kriterien** für die Auswahl des richtigen Zeitpunktes: Prozeßsituation, Plausibilität, vorangegangene Beschlüsse des Gerichts, erfolgte Zeugenvernehmungen und Bewertung der Ergebnisse, Notwendigkeit der Beweiserhebung zu Strafzumessungstatsachen, Beweiserhebung zu später eingetretenen Glaubwürdigkeitsfragen.

Überprüfung von Beweisanträgen: Vor Anbringung eines Beweisantrages 109 muß der Verteidiger die Erfolgsaussichen prüfen. Unter Umständen muß er den Zeugen informatorisch befragen (siehe *Rückel* aaO Rdnrn. 8 ff.). Er muß mit dem Mandanten Vor- und Nachteile der beabsichtigten Beweiserhebung erörtern und er darf kein Risiko eingehen. Eine der wichtigsten Selbstkontrollen ist die exakte Formulierung des Beweisantrages und seine Begründung. Der Beweisantrag ist schriftlich zu fassen, er wird nicht in das Protokoll diktiert. Er wird vielmehr verlesen und dem Gericht übergeben, welches den Beweisantrag als Anlage zu Protokoll nimmt (*Löwe/Rosenberg/Gollwitzer* Rdnr. 103 zu § 144 StPO). Es erleichtert das „procedere", Kopien des Beweisantrages, Staatsanwaltschaft, Nebenklägervertreter und Mitverteidigern sowie den berufsrichterlichen Mitgliedern des Gerichts in je einem Exemplar zu übergeben.

Begründung des Beweisantrages: Durch die Begründung des Beweisantra- 110 ges erläutert der Verteidiger, was das Ziel des Beweisantrages ist und welche Situation bei der Tat- und Schuldbewertung eintritt, wenn die behauptete Beweistatsache bewiesen wird. Diese vorausschauende Prüfung führt häufig dazu, daß bei kritischer Selbstkontrolle die Anbringung des Beweisantrages im Interesse des Mandanten und eines guten Prozeßergebnisses unterlassen wird.

Hilfsbeweisanträge sollen grundsätzlich vermieden werden (zum Begriff: 111 *Alsberg/Nüse/Meyer* S. 59 ff.; KK-*Herdegen* Rdnr. 54 zu § 244 StPO). Es kann ein Beweisantrag unter der Bedingung gestellt werden, daß die beantragte Beweiserhebung erst bei Eintritt einer bestimmten Prozeßlage bzw. bei einer bestimmten Auffassung des Gerichts stattfinden soll. Anträge im Schlußvortrag sind im Zweifel als Hilfsbeweisanträge zu werten (*Löwe/Rosenberg/Gollwitzer* Rdnrn. 160 ff. zu § 240 StPO; *Kleinknecht/Meyer* Rdnr. 22 zu § 244 StPO). Zum Hilfsbeweisantrag siehe insbesondere *Schlothauer* StV 1988, 542 ff. und *Scheffler* NStZ 1989, 158 ff. **Nachteil des Hilfsbeweisantrags:** Der Verteidiger erhält keinen ihm sonst Informationen gebenden Gerichtsbeschluß entsprechend § 244 VI StPO. Deshalb ist in der Regel der ordentliche Beweisantrag vorzuziehen. Der Verteidiger wird sich für einen Hilfsbeweisantrag nur dann entscheiden, wenn er eine Verbescheidung erst im Zusammenhang mit der Urteilsverkündung anstrebt und auch dabei die Möglichkeit der späteren revisionsrechtlichen Rüge in Betracht zieht.

c) Ablehnung von Beweisanträgen: Jeder Beweisantrag, der vom Verteidi- 112 ger gestellt wird, hat sich an den Gründen für die Ablehnung eines Beweisantrags gemäß § 244 III StPO zu orientieren. So hat der Verteidiger auch zu Beweisanträgen des Staatsanwalts zu argumentieren. Der Inhalt der Ablehnung eines Beweisantrages enthält meistens einen wichtigen „Fingerzeig" über die Bewertung des Gerichts.

aa) Unzulässiger Beweisantrag. (*BGHSt* 27, 355–359; NStZ 87, 137 ff.) Die 113 Unzulässigkeit betrifft die Erhebung von Beweisen, durch die Beweisverbote verletzt würden, sie bezieht sich auf die Beweiserhebung, nicht auf den Beweisan-

Rückel 839

trag als solchen (*Alsberg/Nüse/Meyer*, S. 425). Unzulässiges Beweismittel wäre die Vernehmung des Mitangeklagten als Zeugen. Ebenso wäre eine Beweiserhebung unzulässig, wenn entgegen der Regelung in § 52 StPO ein Zeuge vernommen werden soll, der aufgrund seiner Angehörigeneigenschaft gegenüber dem Angeklagten zur Verweigerung des Zeugnisses berechtigt ist und hiervon endgültig Gebrauch gemacht hat. Unzulässig ist auch ein Beweisantrag, der verfahrensfremde Zwecke verfolgt, wie die Verwertung von Ergebnissen der Überwachung des Fernmeldeverkehrs, welche unter Verstoß gegen die Vorschrift des § 100a StPO erlangt wurden, die Verwendung eines Lügendetektors (*BGH NJW* 68, 1293) oder Inhalt und Auslegung des geltenden inländischen Rechts, die nicht Gegenstand eines Beweisantrags sein können (*BGHSt* 25, 207).

114 **bb) Ablehnung wegen Offenkundigkeit.** (*BGHSt* 6, 292–297; *OLG Düsseldorf* MDR 80, 868.) Wegen Offenkundigkeit wird ein Beweisantrag abgelehnt, wenn in dem Ablehnungsbeschluß zum Ausdruck kommt, daß das Gericht die Beweistatsache bzw. den unter Beweis gestellten Erfahrungssatz für allgemeinkundig oder für gerichtskundig erachtet (*KK-Herdegen* Rdnrn. 67ff. zu § 244 StPO). Hierzu gehören auch die gerichtskundigen Tatsachen, von denen der Richter im Zusammenhang mit seiner amtlichen Tätigkeit zuverlässige Kenntnis erlangt hat. Hierunter fallen auch Erfahrungsgrundsätze oder sog. Hintergrundtatsachen (*BGHSt* 6, 292, 295). Dies sind prozeßual erhebliche Tatsachen wie der Stand eines Verfahrens, die Rechtshängigkeit einer Sache.

115 **cc) Bedeutungslosigkeit der Beweistatsache für die Entscheidung.** (*BGHSt* 16, 374, 378–380; *BGH NStE* 1988, Nr. 16 zu § 244 StPO; *KK-Herdegen* Rdnrn. 71ff. zu § 244 StPO; *BGH StV* 1990, 246.) Unerheblich ist eine Tatsache dann, wenn sie keine Beziehung zum Prozeßgegenstand hat oder trotz einer solchen Beziehung auch bei erfolgreicher Beweisführung für die Entscheidung des Gerichts letztendlich ohne Einfluß ist (*BGHSt* 2, 286; *BGH NStZ* 1982, 16). Beweisbehauptungen können aus rechtlichen und aus tatsächlichen Gründen bedeutungslos sein, ein entsprechender Ablehnungsbeschluß muß erkennen lassen, ob er auf rechtlichen oder tatsächlichen Überlegungen beruht. Es darf nicht verkannt werden, daß eine Beweistatsache dann nicht als bedeutungslos angesehen werden darf, wenn sie die Bewertung eines Beweismittels beeinflussen kann (*KK-Herdegen* Rdnr. 73 zu § 244 StPO).

116 **dd) Bereits erwiesene Tatsache.** (*KK-Herdegen* Rdnr. 74 zu § 244 StPO.) Schon erwiesene Tatsachen müssen nicht durch Beweismittel bewiesen werden. Jeder so formulierte Ablehnungsgrund stützt sich auf das bisher gewonnene Beweisergebnis und gibt dem Verteidiger einen Fingerzeig, wie das Gericht die Beweissituation sieht. Die Ablehnung wegen Erwiesenseins der Beweistatsache ist eine Wissenserklärung, hierbei spricht das Gericht aus, was es zu wissen glaubt, wovon es überzeugt ist (*KK-Herdegen* Rdnr. 74 zu § 244 StPO).

117 **ee) Völlig ungeeignetes Beweismittel.** (*BGHSt* 14, 339–343; *BGH NStZ* 83, 311; *KK-Herdegen* Rdnr. 75 zu § 244 StPO.) Völlig ungeeignet ist ein Beweismittel dann, wenn es zur Verwendung bei der Sachaufklärung nichts ausrichten kann, somit die Beweiserhebung in dieser beantragten Form zu einer Verfahrensverzögerung führen würde (*BGHSt* 14, 339, 342 = NJW 1960, 1582). Bei der Ablehnung kann das Gericht auch bei nur geringer Wahrscheinlichkeit der Beweisbehauptung den Beweisantrag nicht wegen „völliger" Ungeeignetheit zurückweisen (*BGH bei Miebach* NStZ 1990, 227). Damit vermag das Beweis-

mittel zur Sachaufklärung nichts beizutragen. Problematisch sind sicherlich die Fälle, in denen im Beweisantrag bereits benannten Zeugen wegen Unglaubwürdigkeit jeglicher Beweiswert abgesprochen wird. Hier nimmt das Gericht sicherlich eine unzulässige antizipierende Würdigung vor und es kann gegen den Grundsatz verstoßen, daß über den Wert eines Beweismittels erst nach völligem Abschluß der Beweisaufnahme entschieden werden darf (siehe hierzu KK-*Herdegen* Rdnr. 76 zu § 244 StPO). Beim Sachverständigen kann nicht schon dann die Voraussetzung eines völlig ungeeigneten Beweismittels angenommen werden, wenn er zwar keine sicheren und eindeutigen Schlüsse aus dem ihm zur Verfügung stehenden Material ziehen kann, aber unter Umständen zu Schlußfolgerungen befähigt ist, welche etwas zur Beantwortung der Frage beitragen, ob die Beweisbehauptung möglicherweise oder gar wahrscheinlich zutrifft.

ff) Unerreichbares Beweismittel. (*BGHSt* 22, 118–122; NStZ 1987, 518; **118** *BGH* StV 1989, 190 ff.; KK-*Herdegen* Rdnr. 79 zu § 244 StPO.) Die Bekanntgabe dieses Ablehnungsgrundes kann die Verteidigung veranlassen, die Erreichbarkeit des Zeugen in einem erneuten Beweisantrag zu behaupten und unter Beweis zu stellen. So kann der Verteidiger ein Schreiben des Zeugen im Wege des Urkundsbeweises zum Beweis dafür anbieten, daß dieser Zeuge bereits seine Bereitschaft mitgeteilt hat, zur Hauptverhandlung zu kommen. Das Gericht hat bei der Frage der Unerreichbarkeit den Aufwand abzuwägen, der erforderlich ist, um in den Besitz des Beweismittels zu gelangen und gleichzeitig zu gewichten, welche Bedeutung diese Beweiserhebung für das Verfahrensergebnis hat (*BGH* JR 1962, 149; StV 1984, 60). Bei der Unerreichbarkeit muß insbesondere geprüft werden:

– Ist der Aufenthalt des Zeugen im Ausland bekannt?
– Kann eine Vernehmung im Rechtshilfewege stattfinden oder scheitert diese daran, daß das Gericht nur den persönlichen Eindruck aller Mitglieder des erkennenden Gerichts für erforderlich erachtet (*BGH* StV 1992, 216, 217)?
– Welche Verzögerungen hat die Ladung für die Hauptverhandlung?
– Besteht eine Unerreichbarkeit aus Rechtsgründen?

Nach der Neufassung des § 244 V StPO kann die Vernehmung von Auslandszeugen nach Augenscheinsgrundsätzen abgelehnt werden.

gg) Verschleppungsabsicht. Grundsätzlich ist es nicht zulässig, einen Beweis- **119** antrag als verspätet abzulehnen (*BGH* NStZ 1981, 311; *BGH* NStZ 1989, 36 ff.; *Rückel* aaO Rdnrn. 49, 154). Unzulässig wird gemäß § 244 III StPO der Beweisantrag erst dann, wenn er zum Zweck der Prozeßverschleppung gestellt wird. Verschleppungsabsicht in diesem Sinne liegt nur dann vor, wenn der Antragsteller mit seinem scheinbar auf erhebliche Beweiserhebung gerichteten Antrag eigentlich nur eine Verzögerung des Verfahrens, also keine Sachaufklärung will. Dies ist nur dann der Fall, wenn durch die beantragte Beweiserhebung eine nicht nur unerhebliche Verzögerung des Verfahrens eintreten würde und sich der Antragsteller nur in diesem Bewußtsein zu diesem Beweisantrag entschlossen hat (*Kleinknecht/Meyer* § 244 Rdnr. 67, 68 mit Rspr. Nachw.). Dies dem Antragsteller nachzuweisen dürfte in der Regel für das Gericht sehr schwierig sein, da die Verschleppungsabsicht eine innere Tatsache ist, die nur auf Grund äußerer Beweisanzeichen nachgewiesen werden kann (*BGH* NStZ 1990, 350 mit Anm. *Wendisch*). Der Verteidiger sollte daher immer deutlich machen, warum es ihm durch diesen Beweisantrag ernsthaft um die Sachaufklärung geht und auch sachliche Erwägungen die Wahl des Zeitpunktes zur Anbringung dieses Beweisantrages bestimmt haben (s. Rdnr. 108). Bei einer entsprechenden Darstellung ist eine rechtsfehlerhafte Ablehnung wegen Verschleppungsabsicht kaum zu befürchten. Es ist erfreulich, daß der BGH wiederholt Urteile aufgehoben hat, weil in Hauptverhandlungen Beweisanträge entweder als rechtsmißbräuchlich zurückgewiesen oder von vornherein nicht entgegengenommen wurden, ohne daß eine gesetzliche Vorschrift dies zugelassen hätte (*Dahs/Dahs* Rdnr. 265).

120 hh) **Wahrunterstellung.** (*BGHSt* 1, 137–139; *BGH* NStE 1988, Nr. 15 zu § 244 StPO.) Ebenso wie die Ablehnung eines Beweisantrages mit der Begründung, die Tatsache sei bereits erwiesen, bedarf die Ablehnung aufgrund einer Wahrunterstellung (siehe *Herdegen* NStZ 1984, 340) keiner weiteren Begründung. Die Wahrunterstellung ist nur bei entlastenden Tatsachen zulässig (*Alsberg/Nüse/Meyer* S. 654). Der Verteidiger sollte allerdings die Wahrunterstellung als Warnsignal auffassen (*Hamm*, Peters-Festschrift II, S. 169 (175); *Rückel* aaO Rdnr. 155), ein Freispruch ist dann mit Sicherheit nicht mehr zu erwarten, es sei denn, daß die unter Beweis gestellte Tatsache nur den Strafausspruch beträfe. Verteidiger freuen sich zu schnell über Wahrunterstellungen. Grundsatz ist, eine Wahrunterstellung bedeutet die Ablehnung einer Beweiserhebung. Von einer Wahrunterstellung darf das Gericht nur Gebrauch machen, wenn dies ohne Verletzung der Aufklärungspflicht (§ 244 II StPO) geschehen kann (*BGH* bei Miebach NStZ 1990, 227), es besteht das Verbot der Beweisantizipation (*BGHSt* 23, 176, 182–194).

ii) **Weiterer Sachverständiger.** Bei zweifelhafter Sachkunde (*BGH* StV 1989, 331 ff. m. Anm. *Wasserburg*) des Sachverständigen kann die Hinzuziehung eines weiteren Sachverständigen geboten sein. Wenn zwar die Rspr. (LR-*Gollwitzer*, § 244 Rdnr. 311) enge Grenzen zieht (siehe aber zur Selbstladung oben Rdnr. 107) ist er bei umstrittenen wissenschaftlichen Annahmen zulässig (*BGH* bei Miebach NStZ 90, 27 = StV 1989, 335 ff. mit Anm. *Schlothauer*).

jj) Die Ablehnung eines Beweisantrags muß durch einen **Beweisbeschluß** erfolgen (§ 244 VI StPO).

5. Ablehnungsanträge

121 Wenn ein Richter nicht Kraft Gesetzes (§§ 22, 23 StPO) von der Mitwirkung an der Hauptverhandlung ausgeschlossen ist oder er sich nicht selbst ablehnt (§ 30 StPO), kann eine Ablehnung eines Richters wegen **Besorgnis** der Befangenheit in Betracht kommen (§ 24 StPO). Die Ablehnung eines Richters erfolgt nicht wegen feststehender Befangenheit, sondern weil der Angeklagte aufgrund eines ihm bekannt gewordenen Sachverhalts bei verständiger Würdigung der Sache Grund zu der Annahme hat, der abgelehnte Richter nehme ihm gegenüber eine innere Haltung ein, die dessen Unparteilichkeit und Unvoreingenommenheit störend beeinflussen **könne** (KK-*Pfeiffer* Rdnr. 3 zu § 24 StPO). Der Angeklagte muß vernünftige Gründe für sein Ablehnungsbegehren vorbringen, die jedem unbeteiligten Dritten einleuchten. Hierbei kommt es auf den Standpunkt des vernünftigen Angeklagten an (*BGHSt* 21, 334, 341). Es geht also immer um die **Besorgnis der Befangenheit.**

Verfahren der Ablehnung:
- Ablehnungszeitpunkt (§ 25 StPO) in der Hauptverhandlung **bis** zum Beginn der Vernehmung des **ersten** Angeklagten über seine persönlichen Verhältnisse. Danach können Ablehnungsgründe nur angebracht werden, wenn sie später eingetreten oder später bekannt geworden sind (§ 25 II StPO).

Das Hauptverfahren C IV

- Das Anbringen von Ablehnungsanträgen erfolgt in einem schriftlichen Antrag entweder zum Zeitpunkt des § 25 I StPO oder wenn der Ablehnungsgrund im Laufe der Hauptverhandlung bekannt wird, **unmittelbar** nach Entstehung des Ablehnungsgrundes. Ansonsten wird die Ablehnung gemäß § 26 a StPO wegen Verspätung unzulässig. Wenn also z. B. eine desavouierende Bemerkung eines Richters erfolgt, muß der Verteidiger **sofort** reagieren, Unterbrechung der Hauptverhandlung beantragen und seinen Ablehnungsantrag formulieren (siehe Beck'sches Formularbuch für den Strafverteidigers S. 203 ff.). Die Ablehnung muß **glaubhaft** gemacht werden (durch anwaltliche Versicherung, durch Vorlage einer dienstlichen Stellungnahme des abgelehnten Richters oder weiterer richterlicher Mitglieder des Gerichts oder des Sitzungsstaatsanwalts oder Vorlage des Protokolls). Ansonsten wäre der Ablehnungsantrag unzulässig (§ 26 a I).
- Entscheidung über die Ablehnung: (§ 27 StPO)
- Rechtsmittel: (§ 28 StPO, § 28 II iVm. § 338 Nr. 3 StPO)
- Selbstablehnung: (§ 30 StPO)

6. Erklärungsrechte des Angeklagten

Der Angeklagte äußert sich durch die Verteidigungsschrift (oben Rdnr. 106) 122 oder durch eigene Erklärungen, insbesondere gem. § 257 I StPO. Nach jeder Vernehmung eines Mitangeklagten und nach jeder einzelnen Beweiserhebung (Zeugenvernehmung, Sachverständigen-Gutachtenserstattung, Urkundenbeweis, Augenscheinseinnahme) soll der Angeklagte befragt werden, ob er dazu etwas zu erklären habe. Der Angeklagte kann auf diese Beweiserhebung selbst reagieren, er sollte dies nie ohne Absprache mit dem Verteidiger tun, und in der Regel sollte der Verteidiger gemäß § 257 II StPO sich dann – wenn es nötig ist – zu dieser Beweiserhebung äußern. Die Grenzen des Erklärungsrechts liegen in § 257 III StPO, d. h. der Verteidiger oder Angeklagte dürfen die Schlußvorträge nicht vorwegnehmen. § 257 I StPO ist durch das StVÄG 1987 geändert worden, es wurde klargestellt, daß auch nach jeder Augenscheinseinnahme und Erhebung eines Urkundenbeweises in der Form des § 249 II StPO der Angeklagte zu befragen ist, ebenso wie die Nebenbeteiligten und Vertreter von Personenvereinigungen und juristischen Personen gemäß §§ 433 II 1, 442, 444 II 2 StPO.

7. Verlesungen (§§ 249 ff. StPO)

Grundsätzlich sollte ein Verteidiger darauf achten, daß nur das zur Verlesung 123 kommt, was nicht in besserer, klarer und überzeugenderer Weise von persönlichen Beweismitteln (Zeugen, Sachverständigen) in die Hauptverhandlung eingeführt werden kann. Der Grundsatz der persönlichen Vernehmung (§ 250 StPO) ist ständig zu beachten, da das Ablesen von Urkunden häufig sehr wenig beeindruckend ist. Bei Verlesung von Protokollen sollte der Verteidiger darauf achten, ob er sein Einverständnis gemäß § 251 I Ziff. 4 StPO erklärt oder ob er nicht einen Beweisantrag stellt, sei es nur auf Vernehmung der Vernehmungsperson, die zumindest persönliche Eindrücke des damals Aussagenden wiedergeben kann. Auch tagebuchartige Aufzeichnungen des Angeklagten können zur Verlesung gelangen. Das BVerfG hält alle Aufzeichnungen für verwertbar, die in einem unmittelbaren Bezug zur konkreten Straftat stehen, weil sie dann nicht mehr zum Bereich unantastbarer privater Lebensgestaltung gehören (*BVerfG* NStZ 1990, 89 ff.; wobei allerdings die Hälfte der Mitglieder des Senats der

Auffassung waren, daß derartige Aufzeichnungen zum absolut geschützten Bereich privater Lebensgestaltung gehören; siehe hierzu auch die Besprechung von *Wolter,* StV 1990, 175 ff.).
Grenzen der Verlesung: §§ 252 ff. StPO.

8. Verfahrenseinstellung

124   Die Hauptverhandlung eignet sich nur zu Einstellungen von Verfahrensteilen gemäß §§ 154 ff. StPO oder nach einer Beweisaufnahme und einer Klärung des
– geringen – Schuldvorwurfs gemäß §§ 153, 153 a StPO (siehe Prüfungskriterien oben, Rdnrn. 75, 80).

Bei der Verfahrenseinstellung in der Hauptverhandlung sollte der Verteidiger immer wissen, daß diese am einfachsten in einem frühen Hauptverhandlungsstadium durchsetzbar ist. Wenn in der ersten Instanz eine Verurteilung stattgefunden hat, ist in einer Berufungsverhandlung eine Einstellung gemäß § 153 a in der Regel besonders schwierig. Einstellungen gemäß §§ 154 ff. StPO können bereits **vor** Beginn der Hauptverhandlung vorbereitet werden, in dem die Akten der Bezugsverfahren beigezogen werden. Allerdings kann sich eine teilweise Durchführung der Hauptverhandlung empfehlen, damit klar wird, daß eine etwaige Bestrafung nicht mehr **beträchtlich** entsprechend §§ 154 ff. StPO ins Gewicht fällt.

Bei Beteiligung von Verletzten kann gerade ein Schuldausgleich, eine Schadenswiedergutmachung, eine persönliche Geste in der Hauptverhandlung eine Verfahrenseinstellung gemäß § 153 a StPO dann ermöglichen, wenn auch der Geschädigte (unter Umständen in der Befragung als Zeuge) erklärt, daß er an der Bestrafung des Angeklagten kein Interesse habe.

9. Schlußvortrag (Plädoyer) und Urteil

125   Im Schlußvortrag sollte sich der Verteidiger an folgende Gliederung halten wobei nur das jeweils Wesentliche anzusprechen ist:
(1) Vorbemerkung (Art des Verfahrens, Besonderheiten des Verfahrens).
(2) die Person des Angeklagten (Lebensweg, beruflicher Werdegang, familiäre Situation, wirtschaftliche Situation, persönliche Reife, Art des Delikts im Verhältnis zur Person des Angeklagten).
(3) Vorwurf der Anklageschrift und Bewertung dieses Vorwurfs nach Durchführung der Hauptverhandlung (Bewertung der Zeugen, Sachverständigen, Urkunden, Augenscheinseinnahme), welchen Sachverhalt sieht der Verteidiger nach der Hauptverhandlung als erwiesen an.
(4) Rechtliches (der Verteidiger sollte in keiner Weise rechtlich belehrend sein, sondern ein Resumee ziehen, wie rechtlich der Vorwurf einzustufen ist, den er nach dieser Beweisaufnahme sieht oder im Falle des Freispruches, warum dieser begründet ist).
(5) Strafbemessung:
– Welcher Strafrahmen trifft zu (Strafrahmenmilderungen, §§ 21 ff., 49 StGB)?
– Wie ist dieser Strafrahmen auszufüllen (Kriterien des § 46 StGB)? – Hauptargumentationsfeld in der Regel –
– Antrag (konkrete Formulierung eines Strafantrags, konkrete Formulierung etwaiger Bewährungsauflagen, Aufhebung oder Außervollzugsetzung des Haftbefehls, Stellungnahme zu etwaiger Strafentschädigung,

Äußerung auch zu den Urteilsgründen, was in den Urteilsgründen unbedingt mit erscheinen muß, insbesondere im Hinblick auf abgekürzte Urteilsgründe gemäß § 267 IV StPO).

Bei der Abfassung der Urteilsgründe kann unter Umständen ein Schriftsatz („für eine Erwähnung folgender Tatsachen aus der mündlichen Urteilsbegründung in den Schriftlichen Urteilsgründen wäre ich dankbar ...") der nach der Urteilsverkündung bei Gericht eingeht, von großer Wichtigkeit sein.

IV. Rechtsmittel

1. Berufung

a) Zulässigkeit, Form, Frist: Die Berufung ist zulässig gegen Urteile des 126 Amtsgerichts (= Einzelrichter, Schöffengericht [§ 312 StGB]), bei **Ordnungswidrigkeiten** gelten die §§ 79, 80 OWiG, danach ist die **Rechtsbeschwerde** gegeben (*Kleinknecht/Meyer* Rdnr. 4 zu § 312 StGB). Die Berufung muß bei dem **Amtsgericht** eingelegt (§ 314 I StPO) werden. Bei Verurteilungen von nicht mehr als fünfzehn Tagessätzen muß die Berufung gem. § 313 StPO in einem gesonderten Verfahren angenommen werden. Gleiches gilt für die Berufung der Staatsanwaltschaft, wenn sie in 1. Instanz weniger als 30 Tagessätze beantragt hatte. Hierüber entscheidet gemäß § 322a StPO das Berufungsgericht.
Form: schriftlich oder zu Protokoll der Geschäftsstelle, die Niederschrift in das Sitzungsprotokoll genügt nicht. Fernmündliche Erklärung genügt nicht; Telebrief **(Telefax)** genügt der Schriftform (*BGH* NJW 1983, 1498; *BGH* StV 1989, 469; *OLG Frankfurt/M.* StV 1990, 202; KK-*Ruß* Rdnr. 15 zu § 314 StPO), **telegrafische** Einlegung ist ebenso zulässig.
Frist: binnen 1 Woche muß die Berufungseinlegung bei dem Amtsgericht erfolgt sein (§ 314 I StPO). Eine Fristverlängerung ist nicht möglich. **Ausnahme von der Wochenfrist:** Hat die Verkündung des Urteils nicht in Anwesenheit des Angeklagten stattgefunden, so beginnt für diesen die Frist erst mit der Zustellung (§ 314 II StPO), auch wenn der Verteidiger den Angeklagten vertreten hat (*BGHSt* 25, 234). Entfernt sich der Angeklagte bei Urteilsverlesung bevor die Urteilsformel komplett verlesen ist, beginnt die Wochenfrist erst mit der Zustellung zu laufen (*BGH* NStZ 1986, 520).
Berufungsgericht: Urteile des Einzelrichters und des Schöffengerichts: Kleine Strafkammer (§§ 74 III, 76 II GVG); Landgericht (§§ 24, 28 GVG); bei Urteilen des Jugendrichters (§§ 33, 39 JGG) und des Jugendschöffengerichts (§§ 33a, 40 JGG) die Jugendkammer des Landgerichts (§ 41 II JGG) in der Besetzung gem. § 33b JGG als kleine oder große Jugendkammer.

b) Änderung der Bezeichnung und Rücknahme des Rechtsmittels: Häufig 127 kann erst nach Vorliegen des schriftlichen amtsgerichtlichen Urteils entschieden werden, ob die Berufung durchgeführt werden soll, oder eine Revision (Sprungrevision § 335 I StPO) erwogen wird. Häufig geschieht die Rücknahme in Absprache mit der Staatsanwaltschaft, wenn auch diese Berufung eingelegt hat und das Verbot der reformatio in peius nicht gilt. Soll aber eine Sprungrevision durchgeführt werden, empfiehlt sich, das Rechtsmittel zunächst als Berufung (nicht wie häufig der Fall bloß als unbestimmtes „Rechtsmittel") zu bezeichnen. Der Richter stellt sich dann nicht unbedingt bei Urteilsabfassung auf eine spätere Revision ein. Es ist zulässig, nach der Berufungseinlegung zur Revision überzugehen (*BGHSt* 5, 338; 25, 321, 324), oder die Revision als

Berufung zu bezeichnen (*BGHSt* 17, 44; 25, 321, 324). Eine **Berufungsbegründung** ist nicht vorgeschrieben, sie empfiehlt sich aber ähnlich den Fällen der Verteidigungsschrift (siehe oben Rdnr. 106).

128 **c) Beschränkung der Berufung** (§ 318 StPO): möglich auf
- den Strafausspruch (Rechtsfolgenausspruch), dabei auf die Höhe des Tagessatzes, nicht auf die Zahl der Tagessätze,
- die Strafaussetzung zur Bewährung, sofern nicht eine innere Abhängigkeit von der gesamten Straffrage besteht (*BGHSt* 24, 164)
- Nebenstrafen und Nebenfolgen, nicht auf die Verhängung des Fahrverbots (§ 44 StGB), da diese Rechtsfolge mit der Hauptstrafe untrennbar verknüpft ist
- die Entziehung der Fahrerlaubnis nach § 69 StGB durch Beschränkung ist nicht immer unproblematisch (siehe hierzu KK-*Ruß* Rdnr. 8), sie sollte zumindest in einer allgemeinen Strafmaßberufung erfolgen (siehe hierzu i. ü. *Michalke*, in: Beck'sches Formularbuch für den Strafverteidiger, S. 68 ff.). Eine beschränkte Berufung nur hinsichtlich der Verhängung eines Fahrverbots wird wegen ihrer engen Verknüpfung mit der Hauptstrafe als unzulässig erachtet (*Kleinknecht/Meyer* Rdn. 22 zu § 318 StPO).
- einzelne Taten bei Verurteilung wegen mehrerer Taten im Sinne des § 53 StGB, die auch gemäß § 264 StPO verfahrensrechtlich verschiedene Taten darstellen
- einzelne Straftaten bei Verurteilung wegen sachlich-rechtlicher selbständiger Straftaten, die verfahrensrechtlich (§ 264 StPO) eine einheitliche Tat bilden, (siehe hierzu *Kleinknecht/Meyer* Rdnrn. 10, 11 zu § 318 StPO).

Bei unwirksamer Berufungsbeschränkung gilt das Rechtsmittel als in vollem Umfang eingelegt (*BGHSt* 6, 229, 230; 21, 256, 258). Der Verteidiger sollte die Berufungsbeschränkung nie vorschnell vornehmen. Ggf. erfolgt sie erst in der Hauptverhandlung (aber dann: § 303 StPO).

2. Revision

129 **a) Vorprüfung:** Der Verteidiger muß zunächst prüfen, ob das Rechtsmittel der Revision überhaupt eingelegt werden soll. So kann ein Vorteil im Verzicht auf eine Revision schon darin liegen, daß somit das Gericht abgekürzte Urteilsgründe gemäß § 267 IV StPO absetzt, wenn auch die StA keine Revision einlegt. Auch kann ein Verhandeln mit der StA über einen beiderseitigen Revisionsverzicht angezeigt sein. (Zur Vorbereitung und weiteren Tätigkeit im Revisionsverfahren siehe *Dahs*, Taschenbuch Rdnrn. 627 ff.)

b) Einlegung der Revision: Die Revision wird schriftlich oder zu Protokoll bei dem Gericht eingelegt, dessen Urteil angefochten wird (§ 341 I StPO). Angefochten werden Urteile der Strafkammern oder der OLGe (§ 333 StPO) oder das Urteil des AG mit der Sprungrevision (§ 335 I StPO). **Frist:** 1 Woche ab Urteilsverkündung (§ 341 I StPO), bei Abwesenheit des Angeklagten bei Urteilsverkündung beginnt diese Wochenfrist ab Zustellung des Urteils (§ 341 II StPO). Gerichtet ist der Schriftsatz mit der Revisionseinlegung an das Gericht der Tatsacheninstanz.

c) Begründung: Gemäß § 344 I, II StPO muß die Revisionsbegründung enthalten: (1) einen konkreten **Antrag**, das Urteil aufzuheben (inwieweit) und (2) eine **Begründung** dieses Antrags. Die Begründung hängt davon ab, ob Verstöße gegen das **sachliche Recht** (genügend: „Ich rüge die Verletzung sachlichen Rechts") und/oder das **Verfahrensrecht** (hier ist es **zwingend,** eine den Anforderungen des § 344 II StPO genügende schriftliche Revisionsbegründung abzugeben) vorgetragen werden. Erfolgsaussichten hat in der Regel eine Revisionsbegründung, die in materiellrechtlicher Hinsicht nur das Urteil angreift, wenn sie mehr enthält als die bloß allgemein erhobene Rüge der Verletzung materiellen Rechts. Die Revisionsbegründung kann gemäß § 345 II StPO nur durch eine von dem Verteidiger oder einem Rechtsanwalt unterzeichneten Schrift oder zu Protokoll der Geschäftsstelle erfolgen.

3. Beschwerde

- unbefristete einfache: **Frist:** keine, **Abhilfe** (§ 306 II StPO), insbesondere in Haftsachen 130
- befristete sofortige: (§ 311 StPO), **Frist:** 1 Woche, **Abhilfeverbot** (§ 311 III StPO)
- weitere Beschwerde in Haftsachen (§ 310 StPO) **Frist:** keine, **Abhilfeentscheidung** nach § 306 II StPO trifft das Beschwerdegericht.

V. Besonderheiten im Strafbefehlsverfahren

Zulässigkeit (§ 407 StPO): 131
- bei Einzelrichter **und** Schöffengerichtssachen
- mögliche Rechtsfolgen: Bewährungsstrafe bis 1 Jahr (wenn Verteidiger gewählt oder bestellt ist s. §§ 407 II, 408b StPO), Geldstrafe, Verwarnung mit Strafvorbehalt, Fahrverbot, Verfall, Einziehung, Vernichtung, Unbrauchbarmachung; Bekanntgabe der Verurteilung und Geldbuße gegen eine juristische Person oder Personenvereinigung,
- Entziehung der Fahrerlaubnis mit Sperre bis maximal 2 Jahre.

Folge des Strafbefehlsantrages:
- § 408 StPO Entscheidungsmöglichkeiten des Richters, insbesondere Anberaumung der Hauptverhandlung gemäß § 408 III StPO, wenn Bedenken gegen den Erlaß bestehen und § 408 II nicht vorliegt.
- **Einspruch** nach Erlaß binnen 2 Wochen nach Zustellung (§ 410 StPO) mit der Möglichkeit der Beschränkung auf bestimmte Beschwerdepunkte (§ 410 II StPO). Rücknahme des Einspruchs bis zum Beginn der Hauptverhandlung ohne Zustimmung der Staatsanwaltschaft, danach nur mit Zustimmung möglich (§ 411 III StPO).
- **Einspruchsverwerfung** bei verspäteter oder unzulässiger Einlegung und Ausbleiben des Angeklagten (§§ 411, 412 StPO).
- Nach Einspruchseinlegung gilt **nicht** das Verbot der reformatio in peius in der Hauptverhandlung.

VI. Der gesetzlich nicht geregelte Verfahrensabschluß durch Verständigung und Vereinbarung

Die in der Praxis verbreiteten Vereinbarungen über das Verfahrensergebnis 132
umfassen auch den Bereich der Verständigung allgemein (s. hierzu *Rückel,* Verteidigungstaktik bei Verständigungen und Vereinbarungen im Strafverfahren,

NStZ 1987, 303, m. zahlr. Nachw.; s. auch *Schünemann,* Absprachen im Strafverfahren? Grundlagen, Gegenstände und Grenzen, DJT Gutachten B, München 1990, s. hierzu einen übersichtlichen Abriß der aktuellen Diskussion bei: *Kintzi,* Verständigung im Strafverfahren – Eine unendliche und spannende Geschichte – DRiZ 92, 254 ff.; *Zschockelt,* Die Urteilsabsprache in der Rechtsprechung des BVerfG und des BGH, NStZ 1991, 305 ff.; *Kleinknecht/Meyer* Einl. 119–119 c). Im übrigen ist auf die Entscheidung des *BVerfG (3. Kammer des 2. Senats),* NStZ 1987, 419, hinzuweisen, wo zum Ausdruck kommt, daß in bestimmten Grenzen Vereinbarungen über das Verfahrensergebnis zulässig sind. Alle Verständigungen und Vereinbarungen muß der Verteidiger **vorher** unbedingt mit dem Mandanten hinsichtlich aller möglichen Konsequenzen erörtern. Hierbei ist es unerläßlich, darüber zu sprechen, daß bei fehlgeschlagenen Vereinbarungen so gut wie keine sicheren Lösungsmöglichkeiten existieren. Denkbar sind Befangenheitsanträge in besonders extremen Ausnahmefällen, da das Beginnen derartiger Gespräche voraussetzt, daß man daraus keine Besorgnis der Befangenheit ableiten wird. (Gründe für eine Besorgnis der Befangenheit sah das *Hans. OLG Bremen,* StV 1989, 145 ff.) Denkbar ist nur die Anfechtung des Urteils mit der Revision. Wesentliche Revisionsentscheidungen des Bundesgerichtshofes sind *BGHSt* 37, 298 (Verständigung unter Ausschluß von Verfahrensbeteiligten) und *BGHSt* 38, 102 (Verständigung unter Ausschluß der Staatsanwaltschaft). Auch hat der *BGH (BGHSt* 36, 210 = NJW 89, 2270 = NStZ 1989, 438 ff. mit Anm. *Strate)* entschieden, daß bei Zusicherungen des Vorsitzenden zum Strafmaß aus dem Gebot des fairen Verfahrens die Verpflichtung entsteht, den Verteidiger darauf hinzuweisen, wenn ein Abweichen von dieser Zusicherung in Betracht kommt. Die Befangenheit des Richters kann in der Revision nur gerügt werden, wenn die Ablehnung bereits in der Hauptverhandlung erfolgt ist (§ 338 Nr. 3 StPO). Als Revisionsrügen sind darüberhinaus vorstellbar: Die nicht vorschriftsmäßige Gerichtsbesetzung (§ 338 Nr. 1 StPO); die Hauptverhandlung in Abwesenheit des Angeklagten (§ 338 Nr. 5 StPO); die Verletzung der Vorschriften über die Öffentlichkeit (§ 338 Nr. 6 StPO) oder als relativer Revisionsgrund die Verletzung der Aufklärungspflicht gem. § 244 II StPO, oder Berufung oder eine Verfassungsbeschwerde. Nach der Rechtskraft verbleiben vollzugsrechtliche Lösungen (vgl. für das Halbstrafenverfahren *LG Koblenz* NStZ 1988, 311) und der Gnadenweg. Mögliche Handlungsabläufe für Verständigungen und Vereinbarungen in den einzelnen Abschnitten des Strafverfahrens sind enthalten in den Richtlinien für Absprachen des Hessischen Generalstaatsanwaltes (abgedruckt in StV 1992, 347, 348), den Thesen zur Strafverteidigung (Thesen 38–44) und in der folgenden (aus NStZ 1987, 303 entnommenen) Checkliste:

1. Ermittlungsverfahren

133 **a) Einstellung gem. § 170 II StPO.**
– Verständigung über Art und Umfang von Beweiserhebungen, da keine Bindung der Staatsanwaltschaft an Beweisanträge im Ermittlungsverfahren besteht.
– Abgabe einer Einlassung/Durchführung von Vernehmungen – Verzicht auf Schweigerecht.
– Schadenswiedergutmachung – Strafantragsrücknahme – Reduzierung des öffentlichen Interesses an der Strafverfolgung.

b) Einstellung gem. §§ 153 ff. StPO. 134

- Darstellung geringer Schuld und geringer Folgen der Tat (Ergebnis von Verteidigerargumentation), dafür sind Prüfungskriterien und Verständigungskriterien: Aussöhnung mit dem Geschädigten, Darstellung von erheblichen weiteren Ermittlungsschwierigkeiten durch gewünschte Aufklärungsbemühungen der Verteidigung.
- Grundsätzliche Erwähnung der Kompromißbereitschaft wie Verzicht auf Strafentschädigung, wie Verzicht auf § 170 II StPO, wie Verzicht auf weitere Ermittlungen.
- Darstellung von Motiven und Gesinnung des Beschuldigten.
- Vergleichbare Fälle zur Abgrenzung von kriminell erheblicher oder weniger erheblicher Intensität.
- Mitverschulden des Geschädigten/Betroffenen (was sind die Folgen der Tat, was sind die verschuldeten Folgen der Tat?).
- Vorsicht bei Erörterungen über zu erwartende Strafen (Gefahr der Festlegung!).
- Verständigung über Formulierung der Einstellungsverfügung.
- Verständigung über Höhe der Geldbuße oder Art der Auflage.
- Verständigung über Ratenzahlungen.
- Verständigung über Mischverhältnisse von Einstellungen, die Teileinstellung nach § 170 II StPO, Teileinstellung nach § 154 StPO, Teileinstellung nach § 153 oder § 153a StPO.

c) Einstellung gemäß §§ 154 ff. StPO.

- Bereitschaft zu Geständnis, um anderen Verfahrensteil einzustellen.
- Verzicht auf Rechtsmittel, um anderen Verfahrensteil einzustellen.
- Im übrigen Kriterien wie oben Nr. 6 zu §§ 153 ff. StPO.

d) Haftverfahren. 135

- Vereinbarung, daß Zeuge zunächst unter Verteidigeranwesenheit (§ 168c StPO) vernommen wird, um dann Aufhebung des Haftbefehls (§ 120 III StPO) oder Außervollzugsetzung (§ 116 I StPO) ohne mündliche Haftprüfung zu erreichen. Angaben zur Sache, ggf. Geständnis mit der Zusage, daß Staatsanwaltschaft mit Außervollzugsetzung einverstanden ist (s. insb. § 31 BtmG)
- Sachdarstellung des Beschuldigten, um Tatverdachtsschwelle niedriger zu setzen.
- Verständigung über schnelle, sofortige Akteneinsicht bei Verzicht auf Haftprüfung, um nach Akteneinsicht Beschuldigtenvernehmung durchzuführen, um **dann** Haftentscheidung zu ermöglichen.
- Schadenswiedergutmachung (Wirtschafts-/Steuerdelikte) gegen Zusage der Außervollzugsetzung.
- Geständnis – Haftentlassung.
- Geständnis – Verzicht auf weitere Ermittlungen.
- Geständnis – Zusage schneller Anklageerhebung, rasche Hauptverhandlung durchzuführen.
- Geständnis – schnelle Anklage, schnelle Hauptverhandlung, schnelle Haftentlassung in Hauptverhandlung (insoweit Vereinbarung).
- Zustellung eines Strafbefehls – damit verbunden Aufhebung des Haftbefehls.

e) Abschluß des Ermittlungsverfahrens. 136

- Geständnis, um Einzelrichter, Schöffenanklage, zu erreichen; schnelle Anklage verbunden mit Zusage über maximalen Strafantrag der Staatsanwaltschaft.

- schnelle Anklageerhebung verbunden mit Verfahrensbeschränkungen, verbunden mit Verständigung über Umfang der Beweisaufnahme, mit Vereinbarung des Verfahrensergebnisses.
- Geständnis oder Einlassung (auch Teileinlassung), um Tatkomplexe auszuschließen.
- Geständnis oder Einlassung, um positivere Darstellung in der Anklageschrift zu erreichen.
- Angaben zu persönlichen Verhältnissen, um Voraussetzungen für Tagessatzhöhe im Strafbefehlsverfahren oder Formulierungen im Strafbefehl zu erreichen.

137 f) Begutachtung.
- Auswahl des Sachverständigen, Bestimmung des Zeitpunktes der Begutachtung.
- Mitwirkung von dritten Personen (Angehörige berichten dem Sachverständigen) bei der Begutachtung.
- Alternative Vereinbarung bei bestimmten Ergebnis durch Gutachter der Staatsanwaltschaft, wird weiterer Gutachter, der schon festgelegt ist, eingeschaltet, um zwei Gutachten zur Verfügung zu haben (vorbeugendes Handeln im Hinblick auf rechtliche Schwierigkeiten wegen § 244 IV StPO – weiterer Sachverständiger).
- Mandant macht bei Gutachter nur Angaben zu persönlichen Verhältnissen, umfassende Angaben erst nach Akteneinsicht.

138 g) Akteneinsicht.
- Gewährung frühzeitiger Akteneinsicht, um jegliche Form der Kooperation zu begründen, wie: Angaben zur Person, Angaben zur Sache, Benennung von Beweismitteln.
- Verzicht auf Haftanträge, um rasche Akteneinsicht oder im Anschluß daran zunächst Anklageerhebung und Terminierung der Hauptverhandlung zu erreichen (Haftprüfungsverzicht gegen schnelles Prozedieren).

139 h) Anklageerhebung.
- Verbindung verschiedener Verfahren mit verschiedenen Beschuldigten, um Auswahl des gesetzlichen Richters zu beeinflussen.
- Verständigung über teilweise Einstellung und teilweise Anklageerhebung, um Verfahrensergebnis abzuwarten.

2. Zwischenverfahren

140 a) Zuständigkeit.
- Verständigung über Verzicht auf Haftprüfung und Zulassung der Anklage vor dem Schöffengericht (§ 209 StPO) anstelle vor dem Landgericht
- Verzicht auf Einwendungen gegen die Anklage gegen schnelle Terminierung der Hauptverhandlung.

b) Verfahrensergebnis.
- siehe unten 3. Hauptverfahren

3. Hauptverfahren

141 – Verständigungen und Vereinbarungen im Hauptverfahren betreffen Verfahrensabläufe oder Verfahrensergebnisse. Bei beiden Bereichen ist zwischen

Inhalt und Form der Gespräche zu unterscheiden. Die Form der Gespräche betrifft gleichermaßen Verfahrensabläufe und Verfahrensergebnisse, sie wird deshalb zuletzt dargestellt.

a) Verfahrensabläufe. Verständigung über 142
- Beweisaufnahme (Umfang, Art [Verwendung welcher Beweismittel], insbesondere Sachverständige).
- Selbstladung
- Zeitpunkt.
- Fragen (Art, Reihenfolge, Protokollierung, Unterlassen bestimmter Fragen, um Geschädigte zu schonen – Effekt).
- Verfahrensdauer, Festlegung der Hauptverhandlungstage, Verfahrensrhythmus,
- Haftentscheidung (Zurückstellung bis zum Ende der Hauptverhandlung, um positives Ergebnis zu erzielen; Kautionsleistung, Art und Umfang).
- Teilgeständnis (§§ 153 ff. StPO).
- Gesamtstrafenbildung vor dem erkennenden Gericht als Vorteil oder Verzicht, wenn Nachteil.
- Späterer Rechtsmittelverzicht oder Beschränkung (Strafmaß).

b) Verfahrensergebnisse. 143
- Günstiges Ergebnis wie Bewährungsstrafe/Geständnis.
- Geständnis/§§ 153 ff. StPO/günstiges Ergebnis.
- Geständnis/günstiges Ergebnis/Abtrennung/spätere Zeugenrolle.
- kein Geständnis/Beweisaufnahme (ganz oder teilweise)/§§ 153 ff. StPO, dann/Teilgeständnis dann/günstiges Ergebnis
- bei Nebenklagedelikten Geständnis des Angeklagten gegen Rücknahme der Nebenklage, Rechtsmittelverzicht und/oder zivilrechtliche Vergleichsregelungen.
- Verständigung über Formulierungen im Urteil für spätere nicht vollzugsbezogene Entscheidungen (Disziplinarverfahren, Zuleitung an Dienstherrn) oder Rechtsmittelverzicht gegen gekürzte Urteilsfassung (§ 267 IV StPO).

c) Form von Verständigungen und Absprachen. 144
- Gespräch zu Dritt (Verteidigung/Gericht/Staatsanwaltschaft).
- Gespräch zu Zweit (Verteidigung/Staatsanwalt; Verteidigung/Gericht, Staatsanwalt/Gericht).
- Stillschweigender Konsens durch eigenen Verstoß ohne Verständigung oder Absprache (Effekt wie Geschädigten schonen aus Kenntnis der Reaktion des Gerichts); offenes Gespräch im Gerichtssaal gerade als Folge einer Verteidigungsschrift oder bei informatorischer Zeugen- oder Sachverständigenbefragung/offenes Vorkalkulieren des Urteils, klare Vereinbarung.

VII. Beteiligung des Verletzten am Verfahren

1. Tätigkeiten außerhalb der §§ 374 ff. StPO

Tätigkeitsbereiche des Rechtsanwalts für den Verletzten eröffnen sich nicht 145 nur im Rahmen der §§ 374 ff. StPO, sondern bereits in früheren Verfahrensstadien (so insbesondere beim Zeugenbeistand, s. Rdnr. 45; bei allen Versuchen des zivilrechtlichen Schadensausgleiches/Vergleichsgespräche und bei der etwaigen

Strafantragsrücknahme im Zusammenhang mit der Einstellung des Ermittlungsverfahrens gegen den Beschuldigten, s. Rdnrn. 132, 133). Für das **Privat- und Nebenklageverfahren** ist die Kenntnis des Strafverfahrens allgemein unerläßlich (siehe i. ü. hierzu die ausführliche Darstellung im Beck'schen Formularbuch für den Strafverteidiger, S. 841 ff., S. 852 ff.; vgl. auch B IX Rdnrn. 48 ff. zur Nebenklage bei Verkehrsstrafsachen). Gem. § 406 h StPO **soll** der Verletzte auf seine Befugnisse nach den §§ 406 d, e, f und g sowie seine Anschlußbefugnis hingewiesen werden.

2. Privatklage (§§ 374 ff. StPO)

146 a) **Beratung des Mandanten.** Privatklagen sollten dem Mandanten in aller Regel ausgeredet werden (s. *Dahs,* Rdnr. 681). Gerade hier bietet sich das Tätigkeitsfeld für außergerichtliche Einigungen, da häufig die Privatklage die gewünschte Provokation des Beleidigers darstellt. In Anbetracht der regelmäßig langen Verfahrensdauer, einem hohen Zeitaufwand und einem gewissen Desinteresse der Justiz derartige Verfahren zügig zu betreiben, sollten vorab alle anderen Lösungswege erörtert werden (Unterlassungserklärungen, Widerrufserklärungen, Vergleiche, Ehrenerklärungen, Gegendarstellungen nach den Pressegesetzen u. a.).

147 b) **Zulässigkeitsvoraussetzungen.**
   – **Privatklagedelikt.** § 374 I StPO: Katalog, der Privatkläger muß Verletzter eine dieser Straftatbestände sein: §§ 123; 185 bis 187 a und 189; 202, 223, 223 a, 230, 241, 303 StGB; §§ 4, 6 c, 12, 15, 17, 18, 20 UWG und Verletzungen des Patent- und Urheberrechtes gem. § 374 I Ziff. 8 StGB.
   – **Prozeßfähigkeit des Privatklägers.**
148 – **Antragsdelikte.** Auch wenn Privatklage ohne vorherige Anrufung der Staatsanwaltschaft erhoben werden kann (allerdings innerhalb der Strafantragsfrist, s. *Kleinknecht/Meyer* Rdnr. 1 zu § 374 StPO) sollte der Sachverhalt zunächst der Staatsanwaltschaft mitgeteilt werden (Strafanzeige verbunden mit einem Strafantrag).
   Andererseits kann gem. § 377 II StPO die StA jederzeit das Verfahren übernehmen oder der Richter es der StA vorlegen (§ 377 I StPO). Erhebt die StA von sich aus öffentliche Klage, kann sich der Verletzte dann als **Nebenkläger** anschließen. Es empfiehlt sich daher immer, die Staatsanwaltschaft frühestmöglich einzubeziehen, da sie gegebenenfalls ein **Offizialdelikt** oder das **Öffentliche Interesse** (§ 376 StPO) für gegeben erachtet.
   – **Mehrere Klageberechtigte.** § 375 StPO.
   – **Jugendliche.** Gegen zur Tatzeit noch Jugendliche ist gemäß § 80 I S. 1 JGG die Privatklage unzulässig.

149 c) **Das Privatklageverfahren.**
   – **Beistand und Vertreter** in der Hauptverhandlung kann nur ein RA sein oder dessen Vertreter (§§ 387 I, II, 139 StPO: Referendar, OLG bestellter Vertreter **und** Assessor, s. KK-*Pelchen* Rdnr. 2 zu § 378 StPO).
   – **Sühneversuch.** § 380 StPO (siehe die Zuständigkeitsübersicht der jeweiligen Vergleichsbehörde nach Landesrecht in KK-*Pelchen* Rdnr. 2 zu § 380 StPO) ist Prozeß(Klage-)Voraussetzung, er ist noch kein eigentliches Strafverfahren; er ist i. d. R. entbehrlich wenn die Parteien in verschiedenen Gemeindebezirken wohnen, eine Widerklage (§ 388 StPO) erhoben wird, wenn der Vorge-

setze bei Beleidigung oder Körperverletzung eines Amtsträgers befugt ist, Strafantrag zu stellen, wenn Privatklagedelikte nach § 374 I Nr. 7 oder 8 in Betracht kommen.
- **Klageerhebung.** Durch eine dem § 200 I StPO genügende Anklageschrift 150 oder zu Protokoll der Geschäftsstelle (§ 381 StPO). Der RA sollte die Privatklage – wenn er sie denn erheben muß – mit einer plausiblen Beweisführung versehen ähnlich einem überzeugenden Ermittlungsergebnis in der staatsanwaltlichen Anklageschrift. Der RA sollte entsprechend § 203 StPO einen hinreichenden Tatverdacht belegen oder wenn er den Privatbeklagten vertritt, einen solchen entkräften. Die Privatklage wird dem Privatbeklagten zur Stellungnahme durch das Gericht mitgeteilt (§ 382 StPO).
- **Eröffnung, Zurückweisung, Einstellung des Verfahrens.** Eröffnungsbeschluß 151 ergeht bei hinreichendem Tatverdacht (§ 203 StPO) ansonsten ergeht eine Zurückweisung oder weil der Verdacht eines Offizialdeliktes besteht.

Dem Privatkläger steht im Falle der Zurückweisung die **sofortige Beschwerde** gemäß § 390 Abs. 1 S. 1 i. V. m. § 210 Abs. 2 zu (KK-*Pelcher*, Rdnr. 8 zu § 383 StPO).

Bei geringer Schuld des Täters stellt das Gericht wegen Geringfügigkeit 152 (§ 383 II StPO) ein, dies ist in jeder Lage des Verfahrens möglich. Die Möglichkeiten des § 153a StPO (s. Rdnrn. 74 ff.) bieten sich im Privatklageverfahren durch einen regelmäßig anzustrebenden gerichtlichen **Vergleich.** Dieser ist sicher die häufigste Form der Zurücknahme, obwohl er nicht gesetzlich vorgesehen ist aber die Praxis der Privatklageverfahren bestimmt. Sein vollstreckbarer Inhalt ist ein Vollstreckungstitel gemäß § 794 I, Nr. 1 ZPO. Ein außergerichtlicher Vergleich ist zu beachten, insbesondere kann er eine wirksame Erklärung auf den Verzicht des Klägerrechtes oder eine Rücknahme des Strafantrages enthalten. Der Beschuldigte ist durch die Einstellung nicht beschwert, ihm steht kein Rechtsmittel zu, dem Privatkläger bleibt nach § 383 II S. 3 StPO die sofortige Beschwerde gegen den Beschluß des Gerichts.
- **Die Hauptverhandlung** 153
Das Verfahren richtet sich nach den Vorschriften der StPO für das Verfahren nach Erhebung der öffentlichen Klage mit Ausnahmen. Die Privatklage kann in jeder Lage des Verfahrens zurück genommen werden (§ 391 StPO). Wirkung: § 392 StPO, die zurückgenommene Privatklage kann nicht von neuem erhoben werden.
- **Beweisaufnahme.** Das Gericht bestimmt den Umfang unbeschadet des § 244 II StPO. Doch ist der Ermessensspielraum des Gerichts größer, da es nicht an die Ablehnungsgründe des § 244 III und § 245 StPO gebunden ist. Allerdings kann die Verletzung der Aufklärungspflicht mit der Revision gerügt werden (§ 244 II StPO).
- **Haftbefehl** ist ausgeschlossen, allerdings kann der Angeklagte vorgeführt werden (§ 387 III StPO).
- **Weiteres Verfahren.** §§ 384, 385, 386 StPO.
- **Widerklage.** § 388 StPO, sie ist bei losem Zusammenhang (BGHSt 17, 194, 197) zulässig, bei Antragsdelikten ist auf den fristgerechten Strafantrag zu achten.
- **Rechtsmittel des Privatklägers.** (§ 390 StPO) Berufung, Revision und sofor- 154 tige Beschwerde gegen die Ablehnung des Hauptverfahrens (§§ 210 Abs. 2, 383 Abs. 1 StPO).

Rückel

3. Nebenklage (§§ 395 ff. StPO)

155 Die Nebenklage ist für den Verletzten und seinen Anwalt sicher ein bedeutenderes Instrument als die Privatklage. Nebenklage setzt die Tätigkeit des Staatsanwalts voraus, die nun noch unterstützt wird (*Dahs*, Rdnr. 688). Im **Vorverfahren** gilt § 406 StPO (s. Rdnr. 160).

156 – **Anschlußbefugnis.** § 395 StPO. Bei den im § 395 I Nr. 1, 2 und 3 und III StPO aufgezählten rechtswidrigen Taten sind der Verletzte und der Personenkreis des § 395 II StPO gemäß § 395 IV StPO in jeder Lage des Verfahrens anschlußberechtigt. Dies gilt nicht **vor** Erhebung der öffentlichen Klage.
– **Anschlußerklärung.** § 396 StPO.
– **Antragsdelikte.** Der notwendige Strafantrag ist Prozeßvoraussetzung, also ist für die Nebenklage ein rechtzeitiger und wirksamer Strafantrag erforderlich.
– **Offizialdelikte.** Für die Zulassung der Nebenklage genügt die rechtliche Möglichkeit der Verurteilung wegen eines Nebenklagedeliktes, wobei es bei qualifizierten Tatbeständen auf das Grunddelikt ankommt (BGHSt 33, 114, 115). Bei Tateinheit von Offizial- und Nebenklagedelikt ist auch dann der Anschluß möglich, wenn die Anklage das Nebenklagedelikt nicht umfaßt (KK-*Pelcher* Rdnr. 14 zu § 395 StPO).
– **Jugendliche.** Gegen einen zur Tatzeit Jugendlichen ist die Nebenklage unzulässig (§ 80 III JGG), nicht gegen Heranwachsende.
– **Beistand.** Wenn auch der Anschluß erst nach Erhebung der öffentlichen Klage zulässig ist, kann der RA für den Nebenklageberechtigten tätig werden auch wenn er sich später nicht anschließt (§ 406 g I StPO), der RA kann für den Verletzten auch als Beistand im Vorverfahren bestellt werden (§ 406 g IV StPO).
– **Prozeßkostenhilfe.** § 397 a StPO.

157 – **Rechte und Möglichkeiten des Nebenklägers** (§ 397 StPO). Der RA sollte immer dem Nebenkläger raten, an der Hauptverhandlung als Prozeßbeteiligter erst dann noch teilzunehmen, wenn er bereits als Zeuge vernommen ist. Besteht der Nebenkläger auf seinem Recht der sofortigen Teilnahme an der Hauptverhandlung (§ 397 I S. 1 StPO), so reduziert er unter Umständen seine Glaubwürdigkeit oder erschwert den Angeklagten ein Geständnis oder läßt frühzeitig unnötige Konfrontationen aufkommen. Wichtig ist spätestens dann das Gespräch der RA'e untereinander (Beistand und Verteidiger) über vernünftige Verfahrenslösungen (s. Rdnrn. 132 ff., 143).

158 – **Rechtsmittel des Nebenklägers.** (§§ 400, 401 StPO) keine Anfechtung im bloßen Rechtsfolgenanspruch, nicht wegen einer nicht zum Anschluß berechtigenden Gesetzesverletzung, Möglichkeit der sofortigen Beschwerde gegen den die Eröffnung des Hauptverfahrens ablehnenden Beschluß, Unabhängigkeit des Rechtsmittels von dem der Staatsanwaltschaft, Berufung, Revision. Erforderlich ist eine Beschwer (KK-*Pelcher* Rdnr. 3 zu § 401 StPO).
Das Rechtsmittel der **Revision** muß sich hinsichtlich der erhobenen Verfahrens- und Sachrüge auf die Anschlußerklärung oder die rechtliche Beurteilung des Nebenklagedelikts stützen. Unzulässig ist das Rechtsmittel, das sich auf die anderen – nicht nebenklagefähigen – Delikte stützt. Bei der **Berufung** stellt sich dieses Problem nicht, da sie nicht begründet werden muß.

159 ### 4. Entschädigung des Verletzten. §§ 403 ff. StPO.

5. Verletztenbefugnisse nach dem Opferschutzgesetz (§§ 406 d ff. StPO)

Unabhängig von der Nebenklage hat der Verletzte Beteiligungsmöglichkeiten und damit Informationsrechte schon im Vorverfahren (§ 406 StPO). Diese Rechte stehen **allen** durch Straftaten **Verletzten** zu. S. o. Rdnr. 145.

- **Mitteilung über den Verfahrensausgang**
  auf Antrag: § 406 d StPO.
- **Akteneinsicht** (§ 406 e StPO), die der Verletzte nur durch einen RA ausüben kann. Soweit nicht sowieso eine Nebenklagebefugnis besteht, ist die Darlegung des berechtigten Interesses erforderlich. **Anfechtung:** § 406 IV StPO.
- **Beistand und Vertreter des Verlezten** (§ 406 f. StPO). Damit wird das Anwesenheitsrecht bei allen Vernehmungen begründet. Damit verbunden ist das Recht, Fragen zu beanstanden oder den Ausschluß der Öffentlichkeit gemäß § 171 b GVG zu beantragen.
  Anwesend sein kann gemäß § 406 f StPO auch eine **Vertrauensperson**, die nicht RA sein muß. Dies ist häufig, bei Opfer von Sexual- und anderen Gewaltdelikten nützlich aus psychologischen Gründen.
- **Beistand des nebenklageberechtigten Verletzten** vor Erhebung der öffentlichen Klage (§ 406 g StPO) (s. Rdnrn. 158 ff.).
  Ob die Voraussetzungen eines Anschlusses nach § 395 StPO vorliegen, bestimmt sich nach einer Beurteilung des Anfangsverdachtes (*Kleinknecht/Meyer*, Rdnr. 2 zu § 406 g StPO). Dieser **Verletztenbeistand** kann auf Antrag des Verletzten unter den Voraussetzungen des § 406 g IV StPO **bestellt** werden. **Prozeßkostenhilfe** kann gewährt werden.

160

C V. Der Finanzgerichtsprozeß

Dr. Michael Streck/Alexandra Mack

Übersicht

	Rdnr.		Rdnr.
I. Das Prozeßrecht	1	VII. Die mündliche Verhandlung	28
II. Gerichte und Instanzen	3	1. Vorbereitung des Beraters	28
III. Überlegungen vor der Klageerhebung	5	2. Ablauf	32
		3. Hinweise	35
1. Motive für die Klageerhebung	5	VIII. Das Urteil	37
2. Zulässigkeitsvoraussetzungen	7	IX. Nichtzulassungsbeschwerde	38
IV. Klageerhebung	10	1. Frist und Einlegung	39
1. Notwendiger Mindestinhalt der Klage	10	2. Die Zulassungsgründe	43
2. Klageeinlegung	12	3. Entscheidung	51
3. Vollmacht	14	X. Die Revision	53
V. Klagebegründung und Klageantrag	17	1. Zulässigkeit, Frist und Einlegung	53
		2. Revisionsbegründung	54
1. Akteneinsicht	17	3. Abschluß des Revisionsverfahrens	55
2. Klageantrag	19	XI. Hinweise zum Gebühren- und Kostenerstattungsrecht	57
3. Klagebegründung	21		
VI. Einzelfragen des weiteren Verfahrensablaufs	25	1. Gerichtskosten bei Klagerücknahme	57
		2. Kostenerstattung für das Vorverfahren	58
1. Berichtigungsbescheid während des Klageverfahrens	25	3. Verhandlungsgebühr	59
2. Gerichtsbescheid	26	4. Gebühren für Nichtzulassungsbeschwerden und Revisionen	60

Literatur: *Gräber,* FGO, 2. Aufl. 1987; *Hübschmann/Hepp/Spitaler,* AO/FGO (Loseblatt); *Klein/Ruban,* Der Zugang zum BFH, 1986; *Kühn/Kutter/Hofmann,* AO/FGO, 16. Aufl. 1990; *Leise/Paleit/Bittner,* FGO (Loseblatt); *Streck,* Der Steuerstreit, 1986; *Tipke/Kruse,* AO/FGO (Loseblatt); *Ziemer/Birkholz,* FGO, 3. Aufl. 1978; *Ziemer/Haarmann/Lohse/Beermann,* Rechtsschutz in Steuersachen (Loseblatt).

I. Das Prozeßrecht

1 Den Ablauf des Verfahrens vor den Finanzgerichten und dem BFH regelt die **FGO**. Hinzu treten das Gesetz zur Entlastung des Bundesfinanzhofs (BFHEntlG) sowie ergänzend ZPO und GVG, § 155 FGO.

2 Durch das **FGO-Änderungsgesetz** vom 21. 12. 1992 (BGBl. 1992 I, 2109) hat die FGO mit Wirkung zum **1. 1. 1993** wesentliche Änderungen erfahren. Maßgeblich für die Prozeßführung sind insbesondere die neu aufgenommenen **Fristsetzungs- und Zurückweisungsmöglichkeiten.** Das Gesetz zur Entlastung der Gerichte in Verwaltungs- und Finanzgerichtsbarkeit **(FGEntlG)** ist **aufgehoben,** seine Regelungen weitgehend jetzt in die FGO aufgenommen.

II. Gerichte und Instanzen

3 Die Gerichte der Finanzgerichtsbarkeit sind die **Finanzgerichte** (FG) und der **Bundesfinanzhof** in München (BFH). Die Finanzgerichte entscheiden in 1. Instanz, der BFH ist zuständig für Revisionen und Beschwerden, §§ 35, 36 FGO.

Ein **Berufungsverfahren gibt es nicht.** Urteile der Finanzgerichte können nur 4
mit der **Revision** angegriffen werden, § 155 I FGO. **Voraussetzung** (Ausnahme: § 116 FGO) ist, daß das Finanzgericht oder auf Beschwerde (Nichtzulassungsbeschwerde) der BFH die Revision zugelassen hat. Die in § 115 I FGO noch zugelassene Streitwertrevision ist mit Wirkung vom 15. 7. 1985 durch Art. 1 Nr. 5 BFHEntlG insgesamt suspendiert worden (zum Revisions- und Nichtzulassungsbeschwerdeverfahren vgl. Rdnrn. 38 ff.).

III. Überlegungen vor der Klageerhebung

1. Motive für die Klageerhebung

Das Klageverfahren bezweckt grundsätzlich die **rechtliche Überprüfung** ei- 5
nes Steuerbescheids bzw. eines anderen steuerlichen Verwaltungsakts.

Dieser Zweck kann durch andere Zwecke (z. B. Hintergrund Steuerstrafver- 6
fahren) überlagert werden. Insbesondere kann alleine die **Zeitnot,** in die die Klagefrist (vgl. Rdnr. 7) führt, es gebieten, zunächst Klage zu erheben. Gleichzeitig wird gebeten, Klagebegründungsfrist bis zum ... einzuräumen. Die Klage hindert den Eintritt der Bestandskraft, so daß nunmehr ohne zeitliche Bedrängnis geprüft werden kann, ob das Klageverfahren durchgeführt werden soll. Das **Kostenrecht** kommt dem Bürger hier entgegen: Bei einer Klagerücknahme entstehen keine Gerichtskosten, solange keines der in Nr. 1301 Anlage 1 zum GKG aufgeführten Ereignisse eingetreten ist.

2. Zulässigkeitsvoraussetzungen

Soll – so die Regel – ein Steuerbescheid angegriffen oder der Erlaß eines 7
begünstigenden Bescheids erkämpft werden, d. h. geht es um eine Anfechtungs- oder Verpflichtungsklage, muß das **Einspruchsverfahren** durchgeführt sein (Ausnahme: Sprungklage, § 45 FGO). Mit der Klage ist der Steuer- oder Ablehnungsbescheid in Gestalt der Einspruchsentscheidung anzugreifen (zum Klageantrag vgl. Rdnrn. 19 f.). Die **Klagefrist** – 1 Monat ab Bekanntgabe der Einspruchsentscheidung, § 47 FGO – darf noch nicht abgelaufen sein. Bei unverschuldetem Fristversäumnis: **Wiedereinsetzungsantrag,** § 56 FGO. Der Antrag muß innerhalb von 2 Wochen nach Wegfall des Hindernisses gestellt und begründet werden. Hier verbirgt sich eine ausgesprochene **Fristenfalle,** da die Antragsfrist für Wiedereinsetzungsanträge nach der AO 1 Monat beträgt.

Klagebefugt ist nur, wer geltend macht, durch einen Verwaltungsakt oder 8
dessen Unterlassung beschwert zu sein. Soweit Personengesellschaften (auch BGB-Gesellschaften) selbst Steuerschuldner sind, sind sie unmittelbar klagebefugt. Regel: Wem eine Einspruchsentscheidung zugestellt wird, ist in der Eigenschaft, in der sie ihm zugestellt wird, auch klagebefugt. Zu den besonderen Voraussetzungen der Anrufung des FG im Aussetzungsverfahren vgl. § 69 III, IV, VI, VII FGO.

Im übrigen müssen die **allgemeinen Zulässigkeitsvoraussetzungen** (vgl. 9
hierzu *Gräber,* FGO, vor § 31 Anm. 4) erfüllt sein. Für das Verfahren vor den Finanzgerichten besteht **kein Vertretungszwang,** § 62 FGO. Jeder Anwalt kann bei jedem Finanzgericht auftreten (zu Verfahren beim BFH vgl. Rdnr. 40).

IV. Klageerhebung

1. Notwendiger Mindestinhalt der Klage

10 Der notwendige Mindestinhalt der Klage umfaßt bei einer Anfechtungsklage Kläger, Beklagten, angefochtene Entscheidung sowie die Einspruchsentscheidung. Umstritten ist, ob zu dem notwendigen Mindestinhalt auch ein Hinweis auf den Gegenstand des Klagebegehrens gehört (vgl. den Wortlaut des § 65 I FGO). Die Praxis ist großzügig. Empfehlenswert ist jedoch, in der Klageschrift zumindest mit einem Satz bereits den streitigen Bereich zu bezeichnen (Beispiel: Die vom Finanzamt vorgenommene Schätzung wird angegriffen). Dies gilt unabhängig von der Regelung des § 65 II FGO: Entspricht die Klage nicht den Anforderungen des § 65 I FGO, kann der Kläger unter Fristsetzung – gem. § 65 II 2 FGO auch mit ausschließender Wirkung – zur Ergänzung aufgefordert werden.

11 Die Klage soll einen bestimmten **Antrag** enthalten und die zur **Begründung** dienenden Tatsachen und Beweismittel angeben (§ 65 I und II 2 FGO). Antrag und **Begründung** gehören nicht zu dem Mindestinhalt. Sie können außerhalb der Klagefrist nachgereicht und ergänzt werden. Allerdings kann dem Kläger hierfür Frist gem. **§ 79b FGO** gesetzt werden. In diesem Fall kann das Gericht verspäteten Vortrag unter den Voraussetzungen des § 79b III FGO zurückweisen. Der Ausschluß wirkt auch für das Revisionsverfahren fort, vgl. § 121 S. 1 FGO.

2. Klageeinlegung

12 Die Klage ist bei dem **örtlich zuständigen Finanzgericht** zu erheben. Dies ist das Finanzgericht, in dessen Bezirk die Behörde, gegen die die Klage gerichtet ist, ihren Sitz hat (§ 38 I FGO).

13 Gem. § 47 II FGO kann die Klage zwar auch **beim Finanzamt „angebracht"** werden. Diese Vorschrift ist jedoch in der Praxis **gefährlich**. „Angebracht" bedeutet nämlich nach ständiger Rechtsprechung, daß das **Finanzamt** von der Klage Kenntnis nehmen muß (vgl. jüngst *BFH,* BStBl. 1992 II, 561). Nicht angebracht ist die Klage, wenn die an das Finanzgericht gerichtete Klage in einem an das Finanzgericht adressierten Umschlag in den Briefkasten des Finanzamts geworfen wird. Derartige Post leitet das Finanzamt unmittelbar an das Finanzgericht weiter. Für die Fristwahrung gilt dann erst der Zugang bei dem Finanzgericht, nicht der Zugang bei dem Finanzamt. Nach Weiterleitung kann die Klagefrist bereits verstrichen sein. Soll von der Möglichkeit des § 47 II FGO Gebrauch gemacht werden, so muß der Briefumschlag an das **Finanzamt** adressiert werden.

3. Vollmacht

14 Die Vollmacht muß **vorgelegt** werden. Es genügt nicht, sich auf eine Vollmacht zu beziehen, die sich in den Steuerakten befindet. Die Vollmacht kann **nachgereicht** werden, sie muß also nicht vor oder mit der Klageerhebung vorgelegt werden (vgl. § 62 III 2 FGO). Das Gericht kann eine **Frist zur Vollmachtsvorlegung** setzen. Dabei kann diese Frist auch als Ausschlußfrist ausgestaltet werden, § 62 III 3 FGO. Wird diese Frist versäumt, liegt eine Vollmacht nicht vor. Eine Klage durch den Bevollmächtigten gilt als ohne Vollmacht erhoben und ist mithin unzulässig.

Die Vollmacht muß innerhalb der Frist beim **Finanzgericht eingehen**. Über- 15
mittlung per Telefax genügt. Eingang beim Finanzamt ist nicht ausreichend.
Wird die Vollmacht nach Setzung einer Ausschlußfrist nicht fristgemäß vorgelegt, kann sie auch nach Fristablauf nicht mehr berücksichtigt werden. Die Klage bleibt unzulässig. **Wiedereinsetzung in den vorigen Stand** kann jedoch auch bzgl. dieser Frist gewährt werden.

Wird die Vollmacht nicht rechtzeitig vorgelegt, trägt der Prozeßvertreter die 16
Kosten, und zwar auch dann, wenn er nach Fristablauf die Vollmacht vorlegt.
Hinweis für die **Praxis:** Einer Ausschlußfristsetzung durch das Gericht sollte man dadurch ausweichen, daß man dem Gericht ankündigt, innerhalb einer bestimmten Frist die Vollmacht einzureichen. Kann auch diese Frist nicht eingehalten werden, muß sie verlängert werden; wird eine ungewöhnlich lange Fristverlängerung erbeten, so sollten die Gründe dem Gericht vorgetragen werden.

V. Klagebegründung und Klageantrag

1. Akteneinsicht

Bereits vor der **Klagebegründung** sollte der Berater prüfen, ob er Aktenein- 17
sicht begehrt. Häufig können aus Vermerken und Notizen der Steuerakten Begründungsansätze für das Klageziel gewonnen werden. Soweit es um Förmlichkeiten geht, ist ebenfalls häufig der Blick in die Originalurkunden in der Akte sinnvoll.

Das Recht zur Akteneinsicht, § 78 FGO, bezieht sich auf alle „den Streitfall 18
betreffenden" Akten. Ein Anspruch auf **Zusendung der Akten in** das Büro des Prozeßbevollmächtigten besteht jedoch nicht und erfolgt auch nur in krassen Ausnahmefällen. Ist der Gerichtsort weiter entfernt, werden die Akten in der Regel an ein nahegelegenes Finanzgericht, Amtsgericht oder Finanzamt zur Einsicht gesandt. Die Beteiligten können sich auf ihre Kosten durch die Geschäftsstelle **Abschriften** erteilen lassen, § 78 I 1 FGO. Problematisch kann allerdings die Bitte sein, ganze Akten zu kopieren.

2. Klageantrag

Der Klageantrag muß das **Begehren** des Klägers deutlich kennzeichnen. Eine 19
Bezifferung ist nicht erforderlich. Der Antrag muß mithin nicht den konkreten Steuerbetrag nennen, der nach dem Klageziel des Klägers geschuldet wird. Hinreichend ist, wenn sich das Begehren auf die Berücksichtigung oder Außerachtlassung bestimmter Besteuerungsgrundlagen bezieht.

Beispiel für einen **Anfechtungsantrag:** „Wir beantragen, unter Änderung des 20
Einkommensteuerbescheids 1984 vom ..., in Gestalt der Einspruchsentscheidung vom ..., ergangen zu Steuernummer ..., RbL-Nr. ..., die Einkommensteuer 1984 neu festzusetzen unter Berücksichtigung der in Tz. ... des Betriebsprüfungsberichts vom ... aufgelisteten Zahlungen als Werbungskosten."

3. Klagebegründung

Zur Klagebegründung erwähnt das Gesetz nur die „zur Begründung dienen- 21
den Tatsachen und Beweismittel" (§ 65 I 3 FGO). Tatsächlich stehen der Sachverhaltsvortrag und die Angabe von Beweismitteln regelmäßig im Mittelpunkt der guten Klagebegründung.

22 Jeder Berater wird sorgfältig prüfen, ob der in der Einspruchsentscheidung wiedergegebene **Sachverhalt** zutreffend ist. Es geschieht immer wieder, daß im Bp.-Bericht, in der Einspruchsentscheidung festgeschriebene Sachverhalte unkontrolliert tradiert werden. „Das Gericht erforscht den Sachverhalt **von Amts wegen**" (§ 76 I 1 FGO). Die Inquisitionsmaxime darf jedoch nicht dazu verführen, die Hände in den Schoß zu legen und die Sachaufklärung voller Vertrauen dem Gericht zu überlassen.

23 Die **Pflichten** des **Gerichts** werden durch die **Mitwirkung** des **Klägers** bestimmt. Die notwendigen Ermittlungen des Gerichts müssen sich aus dem Vorbringen des Klägers ergeben. Die Erfahrung lehrt, daß die Finanzgerichte Sachverhaltsermittlungen scheuen. Sachvortrag und Beweisantritten sollte daher nicht weniger Sorgfalt als im Zivilprozeß gewidmet werden.

24 In der Klagebegründung sollte erklärt werden, ob auf die **mündliche Verhandlung** verzichtet wird (vgl. § 90 II FGO). Wir selbst verzichten grundsätzlich nicht. Die mündliche Verhandlung im FG-Prozeß ist keine bloße Formalität (zum Ablauf vgl. unten Rdnrn. 32 ff.). Hier wird tatsächlich verhandelt, der Streitfall mit dem Gericht erörtert. Auf diese Chance sollte gerade angesichts der engen Überprüfungsmöglichkeiten finanzgerichtlicher Urteile (vgl. oben Rdnr. 4) nicht ohne Not verzichtet werden.

VI. Einzelfragen des weiteren Verfahrensablaufs

1. Berichtigungsbescheid während des Klageverfahrens

25 Entspricht der geänderte Bescheid nicht in vollem Umfang dem Klagebegehren, kann der Kläger durch Antrag gem. **§ 68 FGO** den Bescheid zum Gegenstand des Verfahrens machen. Seit dem 1. 1. 1993 ist dieser Antrag **fristgebunden** (Frist: 1 Monat nach Bekanntgabe des neuen Bescheides). Gegen den Änderungsbescheid kann auch – ganz „normal" – **Einspruch** eingelegt werden. Das schwebende Gerichtsverfahren muß dann nach § 74 FGO ausgesetzt werden. Wird die **Erklärung nach § 68 FGO** abgegeben, nachdem bereits Einspruch eingelegt worden ist, gilt die Erklärung gleichzeitig als **Einspruchsrücknahme**. In der **Praxis** ist regelmäßig zu empfehlen, den Antrag nach § 68 FGO zu stellen, falls der geänderte Bescheid nicht in vollem Umfang dem Klagebegehren entspricht.

2. Gerichtsbescheid

26 Wird nicht auf mündliche Verhandlung verzichtet, verfügen die Finanzgerichte (wie der BFH) gleichwohl über ein Instrument, der mündlichen Verhandlung aus dem Weg zu gehen. Das Gericht kann ohne mündliche Verhandlung durch Gerichtsbescheid entscheiden, § 90a FGO. Die Reaktionsmöglichkeiten der Parteien hängen davon ab, ob das Gericht in seiner Entscheidung Revision zugelassen hat oder nicht, vgl. § 90a II FGO: Ist Revision zugelassen, ist dies die einzige Möglichkeit der Parteien, sich zur Wehr zu setzen. D. h.: Möglich ist nur die Revision. Ist diese dagegen nicht zugelassen, kann innerhalb Monatsfrist mündliche Verhandlung beantragt werden. Der Gerichtsbescheid gilt dann als nicht ergangen, § 90a III FGO. Alternativ kann aber auch Nichtzulassungsbeschwerde eingelegt werden. Geschieht dies zusammen mit einem Antrag auf mündliche Verhandlung, findet diese statt, § 90a II Nr. 2 FGO.

Die mündliche Verhandlung C V

Der **Antrag** auf **mündliche Verhandlung** kann auch mit einem Verzicht auf 27
mündliche Verhandlung verbunden werden (BFH/NV 1986, 33). Dies kann
sinnvoll sein, wenn man glaubt, allein durch den schriftlichen Vortrag zum
Vorbescheid Stellung nehmen zu können. Wird mündliche Verhandlung beantragt, erwartet das Gericht eine **Stellungnahme** zum **Vorbescheid**. Es besteht
zwar keine Pflicht. Das Gericht wird jedoch unwillig, wenn es im unklaren
gelassen wird, warum der Vorbescheid angefochten wird.

VII. Die mündliche Verhandlung

1. Vorbereitung des Beraters

Angesichts dessen, daß zwischen Klagebegründung und mündlicher Ver- 28
handlung nicht selten Jahre liegen, sollten aktuell vor dem Termin noch einmal
Rechtsprechungs- und Literaturtendenzen überprüft werden.
Zu prüfen ist ebenfalls, ob **Sachvortrag oder Beweismittel** noch ergänzt 29
werden können (zu ihrer Bedeutung oben Rdnrn. 21 ff.). Verfahrensrechtlich ist
dies – wenn auch nicht immer ohne Unmutsäußerungen des Gerichts – grundsätzlich bis zum **Ende der mündlichen Verhandlung** möglich. Zu der Möglichkeit neuen Sachverhaltsvortrags nach Schluß der mündlichen Verhandlung, vor
Verkündung oder Zustellung des Urteils vgl. *BFH,* BFH/NV 1991, 531 sowie
Sangmeister, BB 1992, 1535. **Etwas anderes** gilt natürlich, wenn das Gericht
zuvor Frist nach **§ 79b FGO** (vgl. oben Rdnr. 11) gesetzt hat.
Der Berater sollte noch einmal genau prüfen, welche **Beweisanträge** er bisher 30
gestellt bzw. welche **Beweismittel** er benannt hat. Erhebt das Gericht diese
Beweise in der mündlichen Verhandlung nicht, ist es wichtig, daß zu Protokoll
erklärt wird, daß alle unerledigten **Beweisanträge aufrechterhalten** bleiben.
Außerdem muß vorsorglich die **Übergehung** der Anträge **als Verfahrensfehler
gerügt** werden. Versäumt der Berater diese Erklärungen, wird sein Schweigen
(so die Rspr. des *BFH,* vgl. *BFH,* BStBl. 1989 II, 372) als **Verzicht** gewertet;
der vom Gericht begangene Verfahrensverstoß kann nicht die Revision oder
Revisionszulassung begründen (vgl. *BVerwG* StRK FGO § 115 R. 202). Nach
unserer Erfahrung ist es zweckmäßig, bei der Vorbereitung exakt zu notieren, in
welchen Schriftsätzen (auf welchen Seiten) die **Beweisanträge** gestellt wurden,
da das Gericht – erklärt der Kläger in der Verhandlung ausdrücklich die Aufrechterhaltung aller Anträge zur Sachverhaltsermittlung, denen das Gericht
nicht nachgekommen ist – häufig die Angabe wünscht, welche Anträge dies im
einzelnen sind.
Vorbereitet sein sollte der Berater schließlich auch auf **Fragen** des **Vorsitzen-** 31
den in der mündlichen Verhandlung nach den Anträgen.

2. Ablauf

Die Senate entscheiden in der Besetzung mit drei Richtern und zwei Ehren- 32
richtern. Seit der FGO-Novelle (d.h. seit dem 1. 1. 1993) kann unter den Voraussetzungen des § 6 FGO (Verfahren ohne besondere Schwierigkeiten rechtlicher oder tatsächlicher Art und ohne grundsätzliche Bedeutung) auch einer der
Richter als **Einzelrichter** entscheiden. Zu Beginn der Sitzung wird der wesentli-

che Inhalt der Akten vorgetragen (§ 92 II FGO). Hier lassen sich ab und zu schon Tendenzen heraushören. Sodann können die Beteiligten ihre **Anträge begründen** (§ 92 III FGO). Der Vorsitzende kann mit den Beteiligten die **Streitsache** tatsächlich und rechtlich erörtern (§ 93 I FGO). Hierbei hat jedes Mitglied des Gerichts ein Fragerecht (§ 93 II FGO).

33   Das **Plädoyer** zur Begründung der Anträge sollte nicht verlesen werden. Unsinnig ist es, die bereits dem Gericht vorliegenden Schriftsätze (oder BFH-Urteile) zu verlesen.

34   Wird in der mündlichen Verhandlung eine **Beweisaufnahme** durchgeführt, wird die Anhörung der Beteiligten zunächst zurückgestellt und mit der notwendigen Stellungnahme zum Ergebnis der Beweisaufnahme (§ 96 II FGO) verbunden. Nach Erörterung der Streitsache, nach dem Stellen und Begründen der Anträge erklärt der Vorsitzende die **mündliche Verhandlung** für **geschlossen** (§ 93 III FGO).

3. Hinweise

35   Ist das Gericht nicht allen Beweisanträgen nachgekommen, darf nicht versäumt werden, in der mündlichen Verhandlung zu **Protokoll** (zur Bedeutsamkeit der Protokollierung vgl. *BFH*, BStBl. 1992 II, 562) zu geben, daß alle **Beweisanträge aufrechterhalten** bleiben und vorsorglich die Übergehung der Anträge als Verfahrensfehler gerügt wird (vgl. hierzu auch Rdnr. 30). Schweigen würde **Antragsverzicht** und damit den Verlust der Verfahrensrüge (vgl. *BFH*, BFH/NV 1992, 508) bedeuten, das FG sei seiner Pflicht zur Sachverhaltsermittlung (§ 76 FGO) nicht nachgekommen (vgl. § 155 FGO i. V. m. § 295 ZPO). Bezüglich der **Protokollierungsvorschriften** gilt die ZPO (§§ 94, 155 FGO).

36   Etwas problematisch ist die Situation für den Berater, wenn in der mündlichen Verhandlung das **Finanzamt** den **Erlaß** des begehrten **Änderungs-/Aufhebungsbescheids** zusagt und sodann den Rechtsstreit für in der Hauptsache erledigt erklärt. Die Gerichte bedrängen in dieser Situation meist den Berater, ebenfalls sofort die Erledigung zu erklären. Wir raten jedoch (trotz der *BFH*-Entscheidung BStBl. 1988 II, 121), prozeßbeendigende **Erledigungserklärungen** erst abzugeben, wenn entsprechende **Steuerbescheide** tatsächlich **vorliegen** (vgl. hierzu *Streck/Rainer*, Stbg. 1988, 120).

VIII. Das Urteil

37   Vgl. hierzu §§ 95 ff. FGO. Ob gegen das Urteil Revision eingelegt werden kann, hängt davon ab, ob das FG die **Revision** zugelassen hat (vgl. Rdnr. 4). Schweigen zu dieser Frage im Urteil bedeutet Nichtzulassung. Der Weg zur Revision muß in diesem Fall (Ausnahme: § 116 FGO) erst mit der **Nichtzulassungsbeschwerde** (§ 115 III FGO) erkämpft werden.

IX. Nichtzulassungsbeschwerde

38   Die Nichtzulassungsbeschwerde stellt an den Berater formell (Frist) und materiell (Begründung) **höhere Anforderungen als** eine **Revision**. Schon der erschreckend hohe Anteil unzulässiger, d. h. zumeist formal fehlerhafter Nichtzulassungsbeschwerden sollte bedenklich stimmen.

Das Urteil   C V

1. Frist und Einlegung

§ 115 III FGO zwingt den Berater, die Nichtzulassungsbeschwerde **innerhalb** 39
eines Monats einzulegen und zu begründen. Innerhalb dieser Frist, die nicht
verlängerbar ist, sind alle **Rügen** zu erheben. Ein Nachschieben von Zulassungsgründen nach Fristablauf ist regelmäßig (zur Ausnahme vgl. Rdnr. 48)
nicht möglich (BFH/NV 1987, 787). Einzulegen ist die Beschwerde **beim Finanzgericht**. Hier müssen Beschwerde und Begründung innerhalb der Monatsfrist eingehen.

Während vor dem Finanzgericht (erste Instanz) grundsätzlich kein **Vertre-** 40
tungszwang besteht, muß sich vor dem BFH – und auch schon bei Einlegung
der Beschwerde beim FG – jeder Beteiligte vertreten lassen von einem Rechtsanwalt, Steuerberater oder Wirtschaftsprüfer (vgl. Art. 1 Nr. 1 BFHEntlG). Beschränkungen innerhalb dieses Personenkreises bestehen nicht. Jeder Rechtsanwalt kann damit beim BFH auftreten.

Hat das FG Revision nicht zugelassen, kann es erforderlich sein, **Revision und** 41
Nichtzulassungsbeschwerde nebeneinander einzulegen. Hintergrund: Liegt einer der in § 116 I FGO abschließend aufgeführten **wesentlichen Verfahrensfehler** vor, kann dieser nur mit der Revision gerügt werden. Häufig ist jedoch für
den Berater gerade nicht mit letzter Sicherheit vorherzusagen, ob nach Ansicht
des BFH ein Verfahrensfehler in den Bereich des § 116 I FGO fällt, oder es
liegen neben angenommenen Verstößen im Sinne dieser Vorschrift noch andere
(einfache) Verfahrensmängel vor, die nur mit der Nichtzulassungsbeschwerde
gerügt werden können. In dieser Situation sollte der Berater **Revision und**
Nichtzulassungsbeschwerde einlegen, da andernfalls die Gefahr besteht, daß
das falsche Rechtsmittel angebracht wird, während das richtige Rechtsmittel
wegen Fristüberschreitung inzwischen verfällt. Erfolg kann allerdings notwendigerweise nur eines der Rechtsmittel haben (vgl. *BFH*-Beschluß vom 10. 11.
1987, KFR F. 2 FGO § 115, 1/88, S. 93 mit Anm. *Clausnitzer*).

Es ist darauf zu achten, daß beide Rechtsmittel „unbedingt" eingelegt wer- 42
den. Eine Revision, die nur hilfsweise, dh. nur für den Fall ihrer Zulassung
eingelegt wird, ist unzulässig; das gleiche gilt für eine „hilfsweise" eingelegte
Nichtzulassungsbeschwerde.

2. Die Zulassungsgründe

Die Zulassungsgründe zählt § 115 II FGO **abschließend** auf. Die Revision ist 43
nur zuzulassen, wenn
- die Rechtssache grundsätzliche Bedeutung hat oder
- das Urteil von einer Entscheidung des BFH abweicht und auf dieser Abweichung beruht oder
- bei einem geltend gemachten Verfahrensmangel die angefochtene Entscheidung auf dem Verfahrensmangel beruhen kann.

Hat das Finanzgericht seine Entscheidung kumulativ auf **mehrere selbständi-** 44
ge tragende Gründe gestützt, ist in der Beschwerdebegründung bezüglich jeder
dieser Begründungen zumindest **ein** Zulassungsgrund vorzutragen (BFH/NV
1987, 784, 787).

Wichtig ist, daß in der Nichtzulassungsbeschwerde neben den Zulassungs- 45
gründen selbst stets dargetan wird, daß das FG-Urteil auf diesen **beruht** bzw.
beruhen kann. Für die Zulassungsgründe „Divergenz" und „Verfahrensmangel" fordern dies § 115 II Nr. 2 und 3 FGO ausdrücklich. Obwohl § 115 II Nr. 1

FGO dies für den Zulassungsgrund „grundsätzliche Bedeutung" nicht ausdrücklich fordert, sollte auch hier immer die Bedeutung der streitigen Rechtsfragen für die Entscheidung des Rechtsstreits aufgezeigt werden.

46 Der Zulassungsgrund der **grundsätzlichen Bedeutung** sollte idR angeführt werden. Er hat die größten **Erfolgsaussichten**. Die maßgebliche **Rechtsfrage** ist abstrakt zu formulieren. Der Berater muß der Versuchung widerstehen, über die Darstellung des Rechtsproblems die konkrete Darlegung der grundsätzlichen Bedeutung zu vergessen. Denn hier und nicht bei der Erörterung der Rechtsfrage muß stets der Schwerpunkt der Nichtzulassungsbeschwerde liegen.

47 Ein **allgemeines Interesse** an der Klärung einer vom BFH noch nicht entschiedenen Rechtsfrage und damit auch die grundsätzliche Bedeutung lassen sich im allgemeinen durch substantiierte Ausführungen dazu darlegen, daß der Rechtssatz eine **Vielzahl vergleichbarer Fälle** betrifft. Rechtssätze sind ihrer Funktion nach allgemeingültig und nicht auf den Einzelfall beschränkt (vgl. weiter zur „grundsätzlichen Bedeutung" *Tipke/Kruse* § 115 FGO Anm. 52–56; *Streck*, Rdnrn. 1006–1030). Bedauerlich ist, daß der BFH für die grundsätzliche Bedeutung weder **wesentliche finanzielle Interessen** noch offensichtliche und grobe **Fehlerhaftigkeit des Urteils** genügen läßt. Zum Erfordernis des „Beruhens" vgl. Rdnr. 45.

48 Zulassung wegen **Divergenz**: Die Entscheidung kann von einem Urteil, Beschluß eines BFH-Senats oder des Großen Senats des BFH abweichen; die Divergenzrevision ist auch zuzulassen, wenn die Entscheidung nicht mit einer Entscheidung des gemeinsamen Senats der obersten Gerichtshöfe des Bundes in Übereinstimmung steht. Keine Divergenzrevision ist möglich bezüglich Entscheidungen des Bundesverfassungsgerichts. Die divergierende Rechtsprechung kann zu einem **anderen Gesetz** ergangen sein, wenn die gesetzlichen Tatbestände gleich und gleich interpretierbar sind. Wird erst **nach Einlegung und Begründung** der Nichtzulassungsbeschwerde ein BFH-Urteil veröffentlicht, zu dem das angegriffene FG-Urteil in Widerspruch steht, kann die entsprechende Divergenz-Rüge ausnahmsweise noch nachgeschoben werden.

49 Der Urteil „**beruht**" **auf der Divergenz,** wenn zumindest die Möglichkeit besteht, daß das FG auf der Grundlage der Rechtsansicht des BFH zu einem anderen Ergebnis gelangt wäre (vgl. BFH/NV 1988, 161).

50 Zulassung wegen **Verfahrensmängeln**: Beispiele von Verfahrensmängeln im Sinne von § 115 FGO bei *Tipke/Kruse* § 115 FGO Anm. 65 ff. In Betracht kommt hier insbesondere der Vorwurf ungenügender Sachverhaltsaufklärung (Verletzung von § 76 FGO). Hinweis hierzu allerdings auf Rdnrn. 30 und 35. Mängel sind nur solche des finanzgerichtlichen Verfahrens, nicht des **Vorverfahrens**. Verfahrensmängel im Sinne von § 115 II 3 FGO sind auch nicht die in § 116 FGO erwähnten, da diese zwingend zur (zulassungsfreien) Revision führen. Für das „**Beruhen-können**" **auf** dem **Verfahrensfehler** ist erforderlich, daß die Möglichkeit besteht, daß das FG ohne den Rechtsverstoß zu einem für den Beschwerdeführer sachlich günstigeren Ergebnis hätte gelangen können.

3. Entscheidung

51 Hilft das Finanzgericht der Beschwerde nicht ab, entscheidet (durch **Beschluß**) der BFH. Gegen die Ablehnung der Beschwerde sind **weitere Rechtsmittel** nicht gegeben.

52 Bei Stattgabe beginnt mit der Zustellung der Beschwerdeentscheidung der Lauf der Revisionsfrist (§ 115 II 4 FGO) und damit der Revisionsbegründungs-

Hinweise zum Gebühren- und Kostenerstattungsrecht   C V

frist (§ 120 I FGO). Es gilt sodann allgemeines Revisionsrecht. Die Revision ist infolgedessen beim **Finanzgericht** einzulegen (§ 120 I FGO). Die Zulassung eröffnet – selbst wenn sie nur wegen eines Einzelkomplexes ausgesprochen worden ist – die volle **revisionsrechtliche Überprüfbarkeit** des gesamten Urteils.

X. Die Revision

1. Zulässigkeit, Frist und Einlegung

Zur Zulässigkeit **(Revisionszulassung)** vgl. Rdnrn. 4 und 38 ff. Die Revision ist **innerhalb eines Monats** nach Zustellung des vollständigen Urteils oder nach Zustellung des Beschlusses über die Zulassung der Revision schriftlich einzulegen, § 120 I 1 FGO. Die Frist ist nicht verlängerbar. Wichtig ist, daß die Revision **beim Finanzgericht** einzulegen ist. Die **förmlichen Anforderungen** an die Revisionsschrift sind gering. „Die Revision muß das angefochtene Urteil angeben" (§ 120 II 1 FGO). Zum **Vertretungszwang** vgl. Rdnr. 40.   53

2. Revisionsbegründung

Innerhalb von **zwei Monaten** nach Zustellung des Urteils bzw. des Zulassungsbeschlusses ist die Revision zu begründen, § 120 I 1 FGO. Die Frist ist verlängerbar. Mit der Revisionsbegründung ist auch der Antrag für das Revisionsverfahren zu stellen. Zur Revisionsbegründung vgl. i. E. § 118 FGO sowie die Kommentierungen zu § 118 FGO z. B. bei *Tipke/Kruse* und *Gräber* FGO (vgl. Rdnrn. 34 und 9).   54

3. Abschluß des Revisionsverfahrens

Im Revisionsverfahren gelten grundsätzlich die Verfahrensregeln, die auch für die erste Instanz gelten (vgl. § 121 FGO). Folglich endet das Revisionsverfahren grundsätzlich mit einer **mündlichen Verhandlung** und sich anschließender gerichtlicher Entscheidung. In Revisionssachen sind mündliche Verhandlungen nicht die Regel. Der BFH bereitet dies durch die Anfrage an die Beteiligten vor, ob auf mündliche Verhandlung verzichtet werde. Wird verzichtet, so entscheidet der BFH durch Urteil, ohne die Parteien in einer mündlichen Verhandlung angehört zu haben.   55

Hält der BFH die Revision **einstimmig** für **unbegründet**, so kann er auch ohne mündliche Verhandlung und ohne weitere Begründung über die Revision in der Besetzung von fünf Richtern durch Beschluß entscheiden (Art. 1 Nr. 5 BFHEntlG). Voraussetzung ist, daß der Beschluß einstimmig erfolgt. Die Beteiligten sind auf diese Möglichkeit hinzuweisen und hierzu zu hören.   56

XI. Hinweise zum Gebühren- und Kostenerstattungsrecht

1. Gerichtskosten bei Klagerücknahme

Bei einer Klagerücknahme entstehen **keine Gerichtskosten,** solange weder eine Anordnung oder Ladung nach § 79 FGO noch ein Beweisbeschluß, noch ein Gerichtsbescheid verfügt ist, noch der Tag begonnen hat, der für die mündliche Verhandlung vorgesehen war, vgl. Nr. 1301 Anlage 1 des GKG.   57

2. Kostenerstattung für das Vorverfahren

58 Gem. § 139 III FGO gehören zu den erstattungsfähigen Kosten auch die Kosten des Vorverfahrens (d. h. i. d. R. des Einspruchsverfahrens). **Voraussetzung** ist, daß das Gericht die Zuziehung eines Bevollmächtigten für das Vorverfahren für notwendig erklärt. Dieser Antrag kann im Rahmen des Kostenfestsetzungsantrags gestellt werden, dh. mit dem Antrag auf Kostenerstattung auch für das Vorverfahren verbunden werden. War der **Berater** bereits im **Veranlagungsverfahren** tätig, ist von den Gebühren gem. § 118 BRAGO nur die Hälfte erstattungsfähig. Argument: § 119 I BRAGO.

3. Verhandlungsgebühr

59 Gem. § 117 BRAGO erhält der Rechtsanwalt, auch wenn ohne mündliche Verhandlung entschieden worden ist, die gleichen Gebühren wie in einem Verfahren mit mündlicher Verhandlung.

4. Gebühren für Nichtzulassungsbeschwerden und Revisionen

60 Die Nichtzulassungsbeschwerde bleibt **erfolglos:**
- **Gerichtskosten:** Eine zusätzliche Gerichtsgebühr (GKG-Kostenverzeichnis Nr. 1371).
- **Anwaltsgebühren:** Es gilt § 114 III BRAGO: Die Hälfte der Gebühren gem. § 31 BRAGO nach den Sätzen des § 11 I 4 BRAGO (Erhöhung um 3/10).

61 Die Beschwerde ist **erfolgreich,** die Revision wird zugelassen:
- Das Revisionsverfahren wird **gewonnen. Gerichtskosten:** Keine. Auch die Kostenentscheidung des erstinstanzlichen Urteils zu Lasten des Klägers wird aufgehoben. **Anwaltsgebühren:** Es fallen zusätzlich 2 Gebühren an (§ 114 BRAGO). Prozeß- und Verhandlungsgebühr, §§ 31 I, II BRAGO (erhöht um jeweils 3/10, §§ 114 I, 11 I 4 BRAGO). Die Verhandlungsgebühr fällt auch an, wenn ohne mündliche Verhandlung entschieden worden ist, § 117 BRAGO. Zum Kostenerstattungsanspruch des Klägers gegen das Finanzamt, vgl. § 139 FGO.
- Das Revisionsverfahren wird **verloren.** Es fallen 4 Gerichtsgebühren an (2 Gebühren nach Nr. 1312 GKG-Kostenverzeichnis: Verfahren im allgemeinen + 2 Gebühren Nr. 1314 GKG-Kostenverzeichnis: Instanzabschließendes Urteil ohne Gerichtsbescheid). Für das **gewonnene Beschwerdeverfahren** fallen auch bei **verlorenem Revisionsverfahren** beim Kläger keine Gerichtskosten an. Gem. Nr. 1371 des GKG-Kostenverzeichnisses fällt die Gebühr für die Beschwerde nur an, wenn die Beschwerde verworfen oder zurückgewiesen worden ist. Bezüglich des **erstinstanzlichen Verfahrens** vor dem FG bleibt es bei der Kostentragungspflicht des Klägers. **Anwaltsgebühren:** Wie bei erfolgreichem Ausgang des Revisionsverfahrens.

C VI. Verfassungsbeschwerde und Menschenrechtsbeschwerde

Prof. Dr. Rüdiger Zuck

Übersicht

	Rdnr.		Rdnr.
I. Die Verfassungsbeschwerde	1	9. Rechtsschutzbedürfnis	23
1. § 90 I BVerfGG	1	10. Fristen	27
2. Wesen der Verfassungsbeschwerde	2	11. Antragserfordernisse	31
3. Die Grundrechtsrüge	5	12. Verfahrenskosten	36
4. Öffentliche Gewalt	7	13. Verfahren	41
5. Angegriffene Maßnahme	8	14. Kommunalverfassungsbeschwerde	45
6. Jedermann	13	15. Vorläufiger Rechtsschutz	46
7. Verfahrensfähigkeit	19	**II. Die Menschenrechtsbeschwerde**	47
8. Beschwerdefähigkeit	20		

Literatur: Zu Kap. I: *Benda/Klein*, Lehrbuch des Verfassungsprozeßrechts, 1991 S. 129 ff; *Dörr*, Die Verfassungsbeschwerde in der Prozeßpraxis, 1990; *Gusy*, Die Verfassungsbeschwerde, 1988 S. 188 ff; *Pestalozza*, Verfassungsprozeßrecht, 3. Aufl. 1991; *Stern*, in: BK, *Stand* 1982 Anm. zu Art. 93 GG; *Schmidt-Bleibtreu*, in: *Maunz/Schmidt-Bleibtreu/Klein/Ulsamer*, BVerfGG, Anm. zu § 90; *Schlaich*, Das Bundesverfassungsgericht, 2. Aufl. 1991; *Zuck*, Das Recht der Verfassungsbeschwerde, 2. Aufl. 1988 (zit.: Verfassungsbeschwerde). – **Zu Kap. II:** *Frowein/Peukert*, EMRK 1985; *Zuck*, in: Beck'sches Formularhandbuch für den Strafverteidiger, 2. Aufl. 1992 S. 1014 ff.

I. Die Verfassungsbeschwerde

1. § 90 I BVerfGG

Die Verfassungsbeschwerde (Vb.) kann von jedermann gegenüber dem BVerfG mit der Behauptung erhoben werden, durch die öffentliche Gewalt in einem seiner Grundrechte oder grundrechtsähnlichen Recht verletzt zu sein (§ 90 I BVerfGG). 1

2. Wesen der Verfassungsbeschwerde

Die Vb. ist ein **außerordentlicher Rechtsbehelf** (*Zuck*, Verfassungsbeschwerde, Rdnrn. 8 ff.) Das bedeutet zweierlei: 2

a) Die Vb. ist grundsätzlich nur zulässig, wenn der **Rechtsweg** erschöpft ist 3 (§ 90 II 1 BVerfGG). Das ist der Fall, wenn der Beschwerdeführer (Bf.) keinen gesetzlich zugelassenen Rechtsbehelf (z. B. Widerspruch, Klage, Berufung, Revision, Beschwerde) unterlassen oder (etwa wegen Fristablaufs) versäumt hat. Eine Ausnahme von dieser Regel ist in § 90 II 2 BVerfGG enthalten. Sie wird vom Gericht sehr eng verstanden. Probleme:

(1) Rechtsweg gegen Gesetze. Das Normenkontrollverfahren nach § 47 VwGO ist, soweit es landesgesetzlich eingeführt ist, als Rechtsweg zu betrachten. Nicht zum Rechtsweg gehört dagegen die Grundrechtsklage vor einem Landesverfassungsgericht, soweit diese einem anderen Prüfungsmaßstab unterliegt (*BVerfGE* 32, 162).

(2) **Sekundäransprüche.** Diese (wie z. B. Amtshaftungsansprüche) gehören nicht zum Rechtsweg, wenn mit der Verfassungsbeschwerde der Primäranspruch weiterverfolgt wird (BVerfGE 20, 163).
(3) **Aussichtslose Rechtsmittel.** Die Einlegung völlig aussichtsloser Rechtsmittel ist dem Bf. nicht zuzumuten und daher nicht erforderlich (*BVerfGE* 64, 260).
(4) **Vb. gegen Entscheidung im Verfahren vorläufigen Rechtsschutzes.** Hier (z. B. nach § 123 VwGO) ist der Rechtsweg nur erschöpft, wenn ein Hauptsacheverfahren nicht geeignet wäre, die Grundrechtsverletzung auszuräumen (*BVerfGE* 62, 143).
(5) **Vorabentscheidung.** In den Fällen allgemeiner Bedeutung oder schwerer und unabwendbarer Nachteile kann das BVerfG auf das Erfordernis vorheriger Rechtswegerschöpfung verzichten. Dies suspendiert aber nicht von den Grundvoraussetzungen nach § 90 II 1 BVerfGG, so daß nach Versäumung einer Rechtsmittelfrist kein Raum mehr für eine Vorabentscheidung ist (*BVerfGE* 13, 289).

4   b) Weitergehende Pflichten des Bf. ergeben sich aus der **Subsidiarität** der Verfassungsbeschwerde. Sie besagt, die Vb. müsse „erforderlich sein, um eine Grundrechtsverletzung auszuräumen"; dies ist nicht der Fall, wenn eine anderweitige Möglichkeit besteht, die Grundrechtsverletzung zu beseitigen oder ohne Inanspruchnahme des BVerfG in praktischem Ergebnis dasselbe zu erreichen (*BVerfGE* 51, 139f.). Das bedeutet (= Grundsatz der **formellen Subsidiarität**), daß die gerügte Grundrechtsbeeinträchtigung im jeweils sachnächsten Verfahren geltend zu machen ist. Dazu gehören u. U. auch Gegenvorstellungen (-*BVerfGE* 15, 218). Primär müssen deshalb die Fachgerichte im Rahmen ihrer Zuständigkeit die Grundrechte des Bf. wahren und durchsetzen (*BVerfGE* 49, 258). Infolgedessen ist der Bf. gehalten, soweit möglich, Grundrechtsverstöße auch schon vor den Fachgerichten zu rügen (= Grundsatz der **materiellen Subsidiarität**) (*Bender* AöR 112, 169ff.).

c) Das alles gilt auch bei Vb. gegen Rechtsnormen, *BVerfGE* 74, 69ff und im Verhältnis von vorläufigen Rechtsschutz- zu Hauptsacheverfahren, *BVerfGE* 77, 381ff.

3. Die Grundrechtsrüge

5   Der Bf. kann sich nur auf die in § 90 BVerfGG genannten Rechte berufen. Art. 1 I GG kann deshalb nur als unselbständige Grundrechtsrüge eine Rolle spielen (*BVerfGE* 67, 248 – Allgemeines Persönlichkeitsrecht; 67, 142 – Informationelle Selbstbestimmung); die Rüge der Verletzung des Art. 19 IV GG ist zulässig (*Schmidt-Bleibtreu*, BVerfGG, § 90 Rdnr. 49. Ein Verstoß gegen einen sonstigen Satz des objektiven Verfassungsrechts (z. B. Art. 80 I 2 oder Art. 20 GG) kann der Bf. aber über Art. 2 I GG rügen (*Zuck*, Verfassungsbeschwerde, Rdnr. 319).

6   Dies gilt uneingeschränkt aber nur für die Vb. gegen ein Gesetz (oder einen Exekutivakt), hingegen nicht für die Urteilsvb.: da auch jede falsche Anwendung des einfachen Rechts durch die Fachgerichte nicht zur verfassungsmäßigen Ordnung gehört (*Schenke*, Verfassungsgerichtsbarkeit und Fachgerichtsbarkeit 1987, S. 27ff.), das BVerfG sich selbst aber nicht als Superrevisionsgericht ansieht, genügt die Rüge der Verletzung des Art. 2 I GG durch die Verletzung einfachen Rechts nicht.

4. Öffentliche Gewalt

Nach § 90 I BVerfGG ist die Vb. nur zulässig bei Verletzung der bezeichneten 7
Rechte durch die (ergänze: deutsche, vgl. *BVerfGE* 1, 11) öffentliche Gewalt. In
Betracht (vgl. Art. 20, II 2 GG) kommt somit die Vb. gegen Akte der Legislative (z. B. gegen Gesetze), gegen Akte der Exekutive sowie gegen Rechtsprechungsakte. Da ein Teil der Zulässigkeitsvoraussetzungen vom Beschwerdegegenstand abhängt, ist dieser auch zu bezeichnen. Problematisch sind:

- **Akte des Rates und der Kommission der EG.** Eine Vb. hiergegen ist trotz der innerstaatlichen Wirkung unzulässig (*BVerfGE* 22, 295 ff.).
- **Akte der Exekutive.** Hierzu gehören auch Fiskalakte, nicht aber justizfreie Hoheitsakte.
- **Akte der Legislative.** Als Beschwerdegegenstand kommen nicht nur alle Gesetze im formellen Sinn, sondern auch Rechtsverordnungen, Satzungen und sonstige materielle Rechtssätze der Verwaltung in Betracht, s. a. Rdnr. 4 aE.
- **Akte der rechtsprechenden Gewalt.** Häufig richtet sich eine Vb. gegen eine Entscheidung, die zwar „richtig" ist, aber auf einer für verfassungswidrig gehaltenen Norm basiert. Dann handelt es sich um eine Vb. gegen ein Urteil und mittelbar gegen ein Gesetz (vgl. *BVerfGE* 74, 33).

5. Angegriffene Maßnahme

Die angegriffene Maßnahme der öffentlichen Gewalt muß Rechtswirkungen 8
äußern und geeignet sein, Rechtspositionen des Bf. zu seinem Nachteil zu verändern (*BVerfGE* 60, 371). Probleme:

a) **Faktische Grundrechtsverletzung.** Eine solche genügt grundsätzlich; finale Eingriffe müssen nicht vorliegen (*BVerfGE* 38, 303 f.; 46, 137). 9

b) Verletzung durch **Unterlassen** des Gesetzgebers. Eingriffsqualität wird 10
vom BVerfG nur in Ausnahmefällen angenommen. Voraussetzungen sind ein ausdrücklicher Auftrag im GG, der Inhalt und Umfang der Gesetzgebungspflicht umreißt, und das völlige Untätigbleiben des Gesetzgebers (vgl. *Stern*, in: BK, Art. 93 Rdnrn. 634 ff.).

c) **Grundrechtsverletzung durch privaten Dritten.** Diese kann einmal zu- 11
gleich eine faktische Grundrechtsverletzung durch den Staat bedeuten, wenn diesen eine (aus Art. 2 I GG herzuleitende) Schutzpflicht trifft. Denkbar ist aber auch die Rüge unmittelbar der Grundrechtsverletzung durch den Dritten. Dabei handelt es sich nicht um ein Problem der mittelbaren Drittwirkung der Grundrechte, sondern um die Frage des Vorliegens eines Aktes der öffentlichen Gewalt. Dieser ist regelmäßig erst mit der gerichtlichen Entscheidung des Privatrechtsstreits gegeben; es genügt sodann der bloße Hinweis auf die Möglichkeit der Wirkung der Grundrechte im Privatrecht (*Schlaich*, Das BVerfG, Rdnr. 222).

d) Nicht jede **Verletzungshandlung** reicht aus. Im Rahmen der Urteilsvb. 12
muß der Bf. vielmehr geltend machen, daß der Richter bei der Auslegung und Anwendung des einfachen Rechts den Einfluß der Grundrechte gänzlich oder doch grundsätzlich verkannt hat, oder daß die Entscheidung grob und offensichtlich willkürlich sei, oder daß der Richter die Grenzen der richterlichen Rechtsfortbildung überschritten habe. Erforderlich ist bei der Urteilsvb. somit

immer die behauptete **Verletzung sog. spezifischen Verfassungsrechts**. Maßgebend ist dabei eine Stufentheorie (vgl. *Weber* JuS 1985, 408): „Die Schwelle eines Verstoßes gegen objektives Verfassungsrecht, den das BVerfG zu korrigieren hat, ist erreicht, wenn die Entscheidung der Zivilgerichte Auslegungsfehler erkennen läßt, die auf einer grundsätzlich unrichtigen Auffassung von der Bedeutung eines Grundrechts, insbesondere vom Umfang seines Schutzbereichs beruhen und auch in ihrer materiellen Bedeutung für den konkreten Rechtsfall von einigem Gewicht sind." (*BVerfGE* 42, 149). Man kann dies als **erste Prüfungsstufe** bezeichnen. „Je nachhaltiger ferner eine zivilgerichtliche Entscheidung grundrechtsgeschützte Voraussetzungen freiheitlicher Existenz und Betätigung verkürzt, desto eingehender muß die verfassungsrechtliche Prüfung sein, ob eine solche Verkürzung verfassungsrechtlich gerechtfertigt ist" (*BVerfGE* 54, 215). In diesem Rahmen kann es zunächst zu einer **zweiten Prüfungsstufe** kommen, bei der die fachgerichtliche Entscheidung auf „einzelne Auslegungsfehler" hingeprüft wird (*BVerfGE* 42, 149). Bei stärkster Eingriffsintensität, in der **dritten Stufe** also, hält sich das Gericht für befugt, die von den Gerichten vorgenommene Wertung durch seine eigene zu ersetzen (*BVerfGE* 42, 149).

6. Jedermann

13 Nach § 90 I BVerfGG kann unter bestimmten Voraussetzungen jedermann die Vb. erheben. Insoweit spricht man von der Beschwerdefähigkeit. Beschwerdefähig ist, wer Träger der angeblich verletzten Grundrechte oder grundrechtsähnlichen Rechte sein kann. Probleme:

14 **a) Ausländer.** Nicht alle Grundrechte stehen jedermann zu; einige sind nur als Deutschen- oder Bürgerrechte gewährleistet (Art. 8, 9, 11, 12, 16 II GG; s. auch Art. 20 IV, 33, I, 2 GG). Ausländer sind demnach nur beschwerdefähig, sobald sie sich auf ein Grundrecht berufen können, das auch Ausländern zukommt (*BVerfGE* 63, 205; s. aber auch Art. 116 GG).

15 **b) Juristische Personen des Privatrechts.** Die Antragsberechtigung beurteilt sich anhand Art. 19 III GG. Abzulehnen ist danach die Antragsberechtigung ausländischer juristischer Personen, soweit sie sich nicht auf die Justizgrundrechte (Art. 101 I, 103 I GG) berufen können.

16 **c) Nicht rechtsfähige Vereinigungen.** Die Entstehungsgeschichte des Art. 19 III GG spricht zwar für die enge Auslegung des Begriffs der juristischen Personen. Ihrem Wesen nach anwendbar sind die Grundrechte auf OHG, KG und den eingetragenen Verein, da diese Vereinigungen den natürlichen Grundrechtsträgern wesentlich näher stehen als die juristischen Personen i. e. S. Art. 19 III GG enthält somit nur eine ungenaue Sammelbezeichnung. Die Grenzen der jeweiligen Rechtsfähigkeit sind allerdings auch die Grenzen der Grundrechtsträgerschaft. Wichtig ist dies auch für politische Parteien und Stiftungen.

17 **d) Juristische Personen des öffentlichen Rechts.** Grundsätzlich gilt folgende Regel: die Befugnis juristischer Personen des öffentlichen Rechts zur Erhebung einer Vb. hängt von der Funktion ab, in der sie von dem beanstandeten Akt der öffentlichen Gewalt betroffen sind. Besteht dieser in der Wahrnehmung gesetzlich ausgewiesener und geregelter öffentlicher Aufgaben, so kann eine juristische Person sich insoweit nicht auf Grundrechte berufen. Das gleiche gilt für einen Zusammenschluß derartiger juristischer Personen, selbst wenn dieser pri-

vatrechtlich organisiert ist (*BVerfGE* 61, 100f.). Den Gemeinden hat das BVerfG in der Sasbach-Entscheidung die allgemeine Grundrechtsfähigkeit grundsätzlich abgesprochen. Anerkannt ist dagegen die partielle Antragsberechtigung der Universitäten und Fakultäten (Art. 5 III 1 GG; *BVerfGE* 39, 314), der öffentlich-rechtlichen Rundfunkanstalten (Art. 5 I 2 GG; *BVerfGE* 64, 259) und unbeschränkt die der Kirchen (Sonderstellung gem. Art. 140 GG i. V. m. Art. 137 V WRV; *BVerfGE* 53, 387). Generell offen steht aber auch den juristischen Personen des öffentlichen Rechts die Berufung auf die Justizgrundrechte (*BVerfGE* 13, 139 ff.).

e) **Politische Parteien und Abgeordnete** sind nur beschwerdefähig, soweit sie wie ein „Jedermann" die Verletzung der im § 90 I BVerfGE genannten Rechte rügen. Soweit sie dagegen ihren verfassungsrechtlichen Status gegenüber einem anderen Verfassungsorgan geltend machen, steht ihnen das Organstreitverfahren offen (st. Rspr.). 18

7. Verfahrensfähigkeit

Unter Verfahrensfähigkeit versteht man die Fähigkeit, die Verletzung der in § 90 BVerfGG genannten Rechte durch die öffentliche Gewalt rügen zu können, also im verfassungsprozessualen Sinn handlungsfähig zu sein. Probleme sind hierbei: 19
– **Minderjährige.** Sie sind grundsätzlich nicht verfahrensfähig. Entscheidend ist, ob effektiver Grundrechtsschutz nur durch Zubilligung der Verfahrensfähigkeit gewährleistet werden kann. Das BVerfG hat sich dafür bisher auf keine Altersgrenze festgelegt (*BVerfGE* 72, 135).
– Für **Entmündigte und andere Prozeßunfähige** gelten die allgemeinen Regeln.

8. Beschwerdefähigkeit

Die **Beschwerdebefugnis** sagt uns, ob jemand als Bf. zur Durchführung des Vb.verfahrens befugt ist. Beschwerde- und Verfahrensfähigkeit sind rechtlich geregelte Eigenschaften einer Person; sie bestimmen sich nach deren persönlichen Fähigkeiten und Verhältnissen. Die Beschwerdebefugnis ist dagegen keine persönliche Eigenschaft einer Person. Sie gibt vielmehr darüber Auskunft, ob ein Bf. zur Erhebung der Vb. gegen einen bestimmten Akt der öffentlichen Gewalt legitimiert ist. Probleme: 20

a) Eine **Prozeßstandschaft** ist im Vb.verfahren grundsätzlich unzulässig (*BVerfGE* 56, 297). Konkursverwalter oder Testamentsvollstrecker handeln dagegen aus eigenem Recht (*BVerfGE* 65, 190). Ausgeschlossen ist es dagegen, daß Vereine oder Verbände die Rechte ihrer Mitglieder im Vb.verfahren wahrnehmen, selbst wenn das in ihren Satzungen so vorgesehen ist (*BVerfGE* 2, 294). 21

b) § 90 I BVerfGG verlangt die „**Behauptung ... verletzt zu sein**". Die Problematik ist mit der der verwaltungsrechtlichen Klagebefugnis (§ 42 II VWGO) vergleichbar. Die Grundrechtsverletzung muß infolgedessen hinreichend (deutlich) dargetan sein; sie muß nach dem Tatsachenvortrag des Bf. zumindest möglich erscheinen (*BVerfGE* 64, 375). Nach § 92 BVerfGG ist das als verletzt behauptete Recht zu bezeichnen; eine ausdrückliche Angabe des Artikels ist nicht erforderlich. 22

Zuck

9. Rechtsschutzbedürfnis

23 Das Rechtschutzbedürfnis ist für die Vb. zwar nirgends geregelt. Wie in anderen Prozeßordnungen auch wird aber ein schutzwürdiges Interesse an der gerichtlichen Klärung der streitigen Frage vorausgesetzt (siehe dazu *Gusy*, Die Verfassungsbeschwerde, Rdnrn. 130 ff.). Wegen des weitgehenden Verbrauchs durch Beschwerdebefugnis, Betroffenheit und dem Erfordernis der Rechtswegerschöpfung ist dieser Punkt aber nur dann von Bedeutung, wenn sich die beanstandete Maßnahme zum Zeitpunkt der Entscheidung (etwa durch Aufhebung) erledigt hat.

Der Bf. muß nach der ständigen Rechtsprechung des BVerfG behaupten, durch die angegriffene Maßnahme selbst, gegenwärtig und unmittelbar betroffen zu sein (*BVerfGE* 1, 790). Dies gilt nicht nur für die Vb. gegen ein Gesetz, sondern (mit Einschränkungen beim Unmittelbarkeitserfordernis) auch für die Urteilsvb.

24 **a) Selbstbetroffenheit.** Problem: Drittwirkung eines Akts. Ist der Bf. nicht Adressat des angegriffenen Akts, verlangt das BVerfG „rechtliche" Betroffenheit – bloß wirtschaftliche oder mittelbar faktische Beeinträchtigungen genügen nicht.

25 **b) Gegenwärtige Betroffenheit.** Der Bf. muß aktuell betroffen sein, und er muß noch betroffen sein. Daß er irgendwann einmal in der Zukunft betroffen sein könnte, genügt nicht. Problem: Verstreichen der Jahresfrist nach § 93 BVerfGG. Sie ist hinzunehmen, die Nichtbetroffenheit schützt nicht vor Fristablauf. Im übrigen ist die Prüfung des Gesetzes auch nach Fristablauf noch im Rahmen der Urteilsvb. möglich. **Ausnahme:** Das BVerfG läßt die Vb. trotz fehlender aktueller Betroffenheit zu, wenn ein Gesetz schon vor Gesetzesvollzug zu später nicht mehr korrigierbaren Entscheidungen oder zu Dispositionen zwingt, die nach Gesetzesvollzug zu spät kämen. (*BVerfGE* 65, 730). In ganz besonderen Fällen soll auch schon eine ernsthaft zu besorgende Grundrechtsgefährdung genügen, wenn sie verletzungsgleiche Beeinträchtigungen hervorruft (*BVerfGE* 49, 141).

26 **c)** Der Bf. ist **unmittelbar** betroffen, wenn das Gesetz eingreift, ohne zu seiner Durchführung notwendig oder nach der Verwaltungspraxis eines besonderen, vom Willen der vollziehenden Gewalt beeinflußten Vollziehungsaktes zu bedürfen (*BVerfGE* 1, 790). Das BVerfG läßt die Vb. trotz fehlender unmittelbarer Betroffenheit **ausnahmsweise** zu, wenn das Gesetz schon vor Erlaß des Verwaltungsakts zu entscheidenden Dispositionen veranlaßt (*BVerfGE* 71, 35) oder wenn der Behörde jeglicher Prüfungs- und Entscheidungsspielraum fehlt (*BVerfGE* 59, 17) sowie im Fall der Unzumutbarkeit vorherigen Begehens einer Straftat oder Ordnungswidrigkeit (*BVerfGE* 68, 215). Da das Unmittelbarkeitserfordernis auch den Zweck hat, dem BVerfG die Fallanschauung der Fachgerichte zu vermitteln, ist eine Vb. ausnahmsweise auch schon vor Vollzug zulässig, wenn der den Fachgerichten bis zur gesetzlichen Durchführung eines Gesetzes zur Verfügung stehende Zeitraum für eine wesentliche Vorklärung zu kurz ist (*BVerfGE* 65, 36 f.).

Die Verfassungsbeschwerde   **C VI**

10. Fristen

Die Vb. ist nur innerhalb der Fristen des § 93 BVerfGG zulässig. Je nach Art 27
der angegriffenen Maßnahme handelt es sich dabei um eine Jahresfrist (§ 93 II 2
BVerfGG) oder um eine Monatsfrist (§ I 1 BVerfGG).

a) Vb. gegen Gesetz und nicht justitiablen Hoheitsakt. Hier ist die Jahres- 28
frist gemäß § 93 II BVerfGG einzuhalten. Probleme:

(1) **Rückwirkendes Inkrafttreten** eines Gesetzes. Für die Berechnung der Frist ist der Zeitpunkt der Verkündung maßgeblich (*BVerfGE* 62, 382).
(2) **Gesetzeswiederholender Vollziehungsakt.** § 93 II BVerfGG steht der Zulässigkeit auch dann nicht entgegen, wenn die Vg. gegen den Vollziehungsakt nur mit der Grundrechtsverletzung durch die Norm selbst begründet wird (*BVerfGE* 9, 342).
(3) **Unterlassen.** Vb. sind zulässig, solange die Unterlassung fortdauert (*BVerfGE* 64, 350).

b) Verfassungsbeschwerde gegen Urteile. Nach § 93 I 1 BVerfGG ist nur die 29
Urteilsvb. innerhalb eines Monats zu erheben. (Fristbeginn: § 93 I 2, 3
BVerfGG). Probleme:

(1) **Völlig aussichtslose Prozeßmittel.** Die Einlegung eines völlig aussichtslosen Prozeßmittels würde dem Bf. immer wieder die Vb. gegen die ablehnende Entscheidung über das Prozeßmittel eröffnen – hier beginnt die Frist also schon mit der Entscheidung über das letzte zulässige Rechtsmittel zu laufen (*BVerfGE* 63, 85).
(2) **Vb. gegen Urteil und mittelbar gegen Gesetz.** Der Fristablauf nach § 93 II BVerfGG macht die innerhalb der Frist des § 93 I 1 BVerfGG erhobene Urteilsvb. nicht unzulässig. Dies gilt selbst dann, wenn die Urteilsvb. nur mit der Grundrechtsverletzung durch die Norm begründet wird, auf die das Urteil basiert (*BVerfGE* 74, 33).

c) Zu beachten ist, daß es im Vb. verfahren keine Wiedereinsetzung in den 30
vorigen Stand gibt (*Zuck*, Verfassungsbeschwerde, Rdnrn. 287 ff.). Kontrolle
des Zugangs (gegebenenfalls Zustellung durch Boten!) ist deshalb nötig.

11. Antragserfordernisse

a) Die Vb. muß **schriftlich** eingelegt werden (zweckmäßig: 3-fach). Tele- 31
gramm/Telex/Telefax genügen. Vor dem BVerfG gibt es keinen Anwaltszwang außerhalb der mündlichen Verhandlung.

b) Förmliche Anträge müssen nicht gestellt werden. Es muß aber deutlich 32
werden, welche der in § 90 BVerfGG genannten Rechte als verletzt gerügt
werden. Liegt insoweit eine zulässige Vb. vor, kann das BVerfG auch nicht
gerügte Grundrechte in seine Prüfung einbeziehen.

c) Innerhalb der Beschwerdefrist muß die Vb. auch begründet werden (*BVerf-* 33
GE 18, 89). Dazu gehört auch die Vorlage der erforderlichen Unterlagen. Zu
beachten ist, daß das BVerfG zunächst keine Akten beizieht, also auf das angewiesen ist, was der Bf. vorträgt und belegt. Das **Nachschieben von Gründen** ist
zulässig, darf aber nicht dazu führen, daß ein neuer Sachverhalt zum Gegenstand
der Vb. gemacht wird.

d) Eine auf das Vb. verfahren bezogene **Vollmacht** ist erforderlich. Sie muß 34
aber weder innerhalb der Ausschlußfristen des § 93 BVerfGG erteilt, noch vorgelegt werden, immer aber innerhalb der Frist, die das BVerfG selbst setzt
(*BVerfGE* 62, 200).

Zuck   873

35 e) Die antraglichen Voraussetzungen für eine Vb. finden sich in den **Verfahrensmustern** bei *Zuck*, in: Beck'sches Prozeßformularbuch 6. Auflage 1992 S. 1287 ff.; *ders.*, Beck'sches Formularbuch für den Strafverteidiger, 2. Aufl. 1992 S. 987 ff.

12. Verfahrenskosten

36 a) Das Vb. verfahren ist grundsätzlich **gerichtskostenfrei** (§ 34 I BVerfGG). Das Gericht kann aber eine **Unterliegensgebühr** bis 1000 DM erheben und diese bei mißbräuchlicher Anrufung des Gerichts auf 5000 DM anheben (siehe *Zuck*, Verfassungsbeschwerde, Rdnrn. 965 ff.). Auf die Unterliegensgebühr kann vom Berichterstatter ein Vorschuß gefordert werden (§ 34 VI BVerfGG). Die angemessene Reaktion des Bf. auf die Vorschußanforderung ist die Beschwerderücknahme (sie ist jederzeit zulässig).

37 b) Für die **Anwaltsgebühren** gilt § 113 BRAGO. Im Regelfall ist danach eine 13/10 Gebühr (da die mündliche Verhandlung seltene Ausnahme ist) bei einem Gegenstandswert von 6000 DM zugrunde zu legen.

38 c) Fordert das BVerfG die Vorlage einer bestimmten Zahl von Abschriften, so sind die Kopiekosten dafür erstattungsfähig.

39 d) Auch im Vb. verfahren gibt es das Institut der PKH; praktisch spielt dies keine Rolle.

40 e) Die Auslagenerstattung richtet sich nach § 34 a BVerfGG.

13. Verfahren

41 a) Die Vb. erhält nach Zugang ein Aktenzeichen. Dann befaßt sich die Kammer mit ihr (§§ 93 a ff. BVerfGG). Lehnt sie die Annahme der Vb. zur Entscheidung nicht ab, kann sie u. U. selbst zur Sache entscheiden. Tut sie das nicht, entscheidet der Senat über die Annahme und dann in der Sache selbst.

42 b) Die Ablehnung von Bundesverfassungsrichtern folgt eigenen Grundsätzen (*Zuck*, Verfassungsbeschwerde, Rdnrn. 809 ff.).

43 c) Entscheidungen aufgrund mündlicher Verhandlungen werden öffentlich verkündet, alle nicht verkündeten Entscheidungen werden zugestellt (§ 30 BVerfGG).

44 d) Die Vb. hat **keine aufschiebende Wirkung!**

e) **Achtung:** Eine Novelle zum BVerfGG ist in Vorbereitung. Mit dem Inkrafttreten von Verfahrensänderungen, die u. a. Fristen, Begründungszwang, Wiedereinsetzung und Annahmevoraussetzungen im Vorverfahren betreffen, ist im Jahr 1993 zu rechnen. Im vorstehenden Text sind die derzeit noch ungewissen Änderungen noch **nicht** eingearbeitet.

14. Kommunalverfassungsbeschwerde

45 (Vgl. § 91 BVerfGG.)

15. Vorläufiger Rechtsschutz

Ihn kann das BVerfG im Rahmen des § 32 BVerfGG gewähren (vgl. ausführ- **46** lich *Zuck*, Verfassungsbeschwerde, Rdnrn. 872 ff.), „wenn dies zur Abwehr schwerer Nachteile, zur Verhinderung drohender Gewalt oder aus einem anderen wichtigen Grund zum Gemeinwohl dringend geboten ist". Es gelten strenge Maßstäbe. Danach muß das BVerfG die Folgen abwägen, die eintreten würden, wenn die einstweilige Anordnung nicht erginge, die Vb. aber Erfolg hätte, gegenüber den Nachteilen, die eintreten, wenn die begehrte einstweilige Anordnung erlassen würde, der Vb. aber Erfolg zu versagen wäre (*BVerfGE* 72, 301). Im Regelfall ist deshalb ein Antrag auf Erlaß einer einstweiligen Anordnung aussichtslos.

II. Die Menschenrechtsbeschwerde

1. Die Menschenrechtsbeschwerde (MRB) ist in **Artikel 25 EMRK** geregelt. **47** Die danach zulässige Anrufung der Europäischen Menschenrechtskommission in Straßburg (zum Formular vgl. *Zuck*, in: Beck'sches Formularbuch für den Strafverteidiger, 2. Aufl. 1992 S. 1021 ff.) setzt die Verletzung von (Menschen-)Rechten voraus, die in der Europäischen Menschenrechtskonvention anerkannt worden sind.

2. Die MRB kann erst erhoben werden, wenn der **innerstaatliche Rechtszug** **48** **erschöpft** ist. Dazu gehört auch die Vb. (*Frowein/Peukert* EMRK Art. 26 Rdnr. 18). Die MRB ist innerhalb von 6 Monaten nach Zustellung (str.) der endgültigen innerstaatlichen Entscheidung **einzulegen** (Art. 26 EMRK). Als Datum der Beschwerdeeinlegung gilt das Absendedatum der ersten schriftlichen Eingabe (Art. 38 III VerfO Kom). Die MRB hat keine aufschiebende Wirkung.

3. Die MRB ist nicht von bestimmten **Anträgen** abhängig. Wohl aber ist es **49** erforderlich, „die Bestimmung der Konvention, deren Verletzung behauptet wird", aufzuführen (Art. 38 I d VerfO Kom.). Der Bf. muß „soweit möglich den **Gegenstand der Beschwerde**" angeben (Art. 38 I d VerfO Kom.). Dazu gehört auch eine Sachverhaltsdarstellung (Art. 38 I e VerfO Kom.). Anzugeben ist weiter der Staat, dem die hoheitliche Maßnahme oder Unterlassung anzulasten ist (§ 38 I c VerfO Kom.). Die wesentlichen **Schriftstücke**, die sich auf den Gegenstand der Beschwerde beziehen, sind vorzulegen (*Frowein/Peukert*, EMRK Art. 25 Rdnr. 33).

4. Es gibt keinen Anwaltszwang. **Anwaltliche Vertretung** ist aber zulässig **50** (und auch zweckmäßig). Es genügt die – normale – Prozeßvollmacht.

5. Der **Verfahrensgang** ist vielschichtig (vgl. *Murswiek* JuS 1986, 6 ff.)

a) Zunächst prüft das **Sekretariat** die Beschwerde vor; es weist in einem **51** Belehrungsschreiben auf Umstände hin, die gegen die Erfolgsaussichten der Beschwerde sprechen, und deshalb schon die Registrierung nicht angeraten erscheinen lassen. Auf eine solche Belehrung hin sollte die Beschwerde in der Regel zurückgenommen werden. Besteht der Bf. auf **Weiterbehandlung** oder gibt es sonst keine offenkundigen Einwände gegen die Beschwerde, so erhält er ein Formular, das er ausfüllen muß. Nach Eingang des ordnungsgemäß ausgefüllten Formulars wird die Beschwerde registriert.

52 Nach Registrierung wird ein **Berichterstatter** ernannt. Ist die Beschwerde eindeutig unzulässig, wird sie im summarischen Verfahren abgewiesen. Hält die **Kommission** die Beschwerde für zulässig, wird sie der Bundesrepublik zu Stellungnahme über die Zulässigkeit zugeleitet. Der Bf. erhält die Möglichkeit zur Gegenäußerung. Wird die **Beschwerde** nunmehr als **unzulässig** zurückgewiesen, gibt es dagegen kein Rechtsmittel.

53 In der **Begründetheitsstufe** wird einerseits die Begründetheit der Beschwerde überprüft, andererseits hält sich die Kommission zur Verfügung der beteiligten Parteien, um eine gütliche Regelung zu erreichen (Art. 28 EMRK). Hält die Kommission den **Sachverhalt** für hinreichend aufgeklärt, bildet sie sich eine provisorische Meinung (Art. 47 VerfO Komm.). Diese wird mündlich und vertraulich den Parteien übermittelt, um eine gütliche Einigung zu erzielen. Kommt es zu einer **gütlichen Einigung,** so bedarf diese der Genehmigung der Kommission. Kommt es zu keiner Einigung, so erstattet die Kommission einen ausführlichen **Bericht an das Ministerkomitee** gem. Art. 31 EMRK. Damit ist das Verfahren vor der Kommission beendet.

Entweder wird die Sache nunmehr innerhalb von 3 Monaten dem Gerichtshof vorgelegt (Art. 48 EMRK); sonst entscheidet das Ministerkomitee (Art. 32 I EMRK). An diesem Verfahren ist der Bf. nicht beteiligt.

54 Im **Verfahren vor dem Gerichtshof** hat der Bf. die Stellung eines Verfahrensbeteiligten. Der EGMR entscheidet durch eine aus 7 Richtern bestehende, ad hoc gebildete Kammer. Es findet eine mündliche Verhandlung statt, selten ein Beweisverfahren (vgl. ausführlich *Murswiek* JuS 1986, 175 ff.).

55 b) Die **Verfahrensdauer** liegt bei durchschnittlich 6 Jahren (*Murswiek* JuS 1986, 179).

56 c) **Einstweiligen Rechtschutz** gibt es nur sehr eingeschränkt. Die Kommission hat lediglich die Möglichkeit, den beklagten Staat zu ersuchen, während des Verfahrens die vom Beschwerdeführer angegriffene Entscheidung nicht zu vollziehen (Art. 36 VerfO Kom.). Dies geschieht selten. Daneben gibt es einen Antrag auf vorrangige Entscheidung (Art. 27 S. 2 VerfO Kom; vgl. *Rogge* NJW 1977, 1569.)

57 6. **Vertretungskosten** des Bf. können im Verfahren nach Art. 50 EMRK erstattet werden. Voraussetzung ist, „daß die verletzte Partei das Verfahren eingeleitet hat, um auf dem innerstaatlichen Rechtsweg eine Rechtsverletzung zu verhindern oder aufheben zu lassen, um die Verletzung durch die Kommission und den Gerichtshof feststellen zu lassen und um Wiedergutmachung zu erlangen. Es wird auch verlangt, daß die Forderung erwiesen, begründet und angemessen ist" (*EGMR* NJW 1984, 2751).

58 7. **Verfahrenskosten** (Gerichtskosten) entstehen dem Bf. im Verfahren vor dem Konventionsorgan nicht (vgl. *Murswiek* JuS 1986, 179).

C VII. Rechtsschutz im Europarecht

Jochim Sedemund

Übersicht

	Rdnr.		Rdnr.
Vorbemerkung	1	7. Besondere Verfahrensarten	20
I. Klagearten	2	8. Allgemeine Rechtswahrung	20a
1. Nichtigkeitsklage	2	II. Verfahren vor dem EuGH	21
2. Untätigkeitsklage	10	1. Schriftliches Verfahren	22
3. Schadensersatzklage	15	2. Beweisaufnahme	27
4. Vorabentscheidungsverfahren	18	3. Mündliche Verhandlung	28
5. Vertragsverletzungsverfahren	19	4. Allgemeines	29
6. Rechtsmittelverfahren	19a	III. Verfahren vor dem EuG	32

Literatur: *Bebr*, Judical Control of the European Communities, 1962; *Daig*, Nichtigkeits- und Untätigkeitsklagen im Recht der Europäischen Gemeinschaften, 1985; *Dauses*, Das Vorabentscheidungsverfahren nach Artikel 177 EWG-Vertrag. Ein Leitfaden für die Praxis, 1985; *Deringer*, Das Gericht I. Instanz der Europäischen Gemeinschaften, RIW 1989, 122; *Grabitz*, Kommentar zum EWG-Vertrag, (Loseblatt) Stand 1989; *Groeben/Thiesing/Ehlermann*, Kommentar zum EWG-Vertrag, 1991; *Jung*, Das Gericht Erster Instanz, 1991; *Klincke*, Der Gerichtshof der Europäischen Gemeinschaft, Aufbau und Arbeitsweise, 1989; *Lasok*, The European Court of Justice. Practice and Procedure, 1984; *Naye*, Das neue europäische Gericht erster Instanz, DB 1988, 2393; *Rabe*, Das Gericht erster Instanz der Europäischen Gemeinschaften, NJW 1989, 3041; *Schermers*, Judicial Protection in the European Communities, 3. Auflage 1983; *Schermers*, The European Court of First Instance, CMLRev. 1988, 541; *Tomuschat*, Die gerichtliche Vorabentscheidung nach den Verträgen über die Europäischen Gemeinschaften, 1964; *Vandersanden/Barav*, Contentieux communautaire, 1977.

Vorbemerkung

Dem Europäischen Gemeinschaftsrecht kommt nicht zuletzt wegen der Einrichtung des Binnenmarkts eine wachsende Bedeutung nicht nur für die Mitgliedstaaten, sondern auch für Unternehmen und Einzelpersonen zu. Infolgedessen stellt sich immer häufiger die Frage nach Rechtsschutzmöglichkeiten gegenüber Handlungen der Gemeinschaftsorgane. Die Klagemöglichkeiten und das Verfahren vor dem Europäischen Gerichtshof in Luxemburg (EuGH) und vor dem Gericht Erster Instanz (EuG) sind in den Gründungsverträgen, in den Protokollen über die Satzung des EuGH (vom 18. 4. 1951 und vom 17. 5. 1957), in dem Beschluß über die Errichtung des Gerichts Erster Instanz (vom 24. 10. 1988) und in der Verfahrensordnung des EuGH vom 19. 6. 1991 (ABl. 1991 L 176/1) bzw. der Verfahrensordnung des EuG v. 2. 5. 1990, ABl. 1991 L 136/1) geregelt. Das EuG ist erstinstanzlich zuständig für Klagen in Wettbewerbsachen, für bestimmte Klagen nach dem EGKS-Vertrag und für Schadensersatzklagen, die mit diesen Gruppen von Klagen zusammenhängen. Über das Rechtsmittel gegen das Urteil des EuG entscheidet der EuGH, der im übrigen für alle Klagen erstinstanzlich zuständig ist, die nicht dem EuG zugwiesen sind.

C VII

Nachfolgend wird ein Überblick über die wichtigsten Klagearten sowie über den Verfahrensablauf im allgemeinen gegeben.

I. Klagearten

1. Nichtigkeitsklage

2   An erster Stelle ist die – für natürliche und juristische Personen praktisch wichtigste – Nichtigkeitsklage zu nennen (Art. 173 EWGV, Art. 148 EAGV, Art. 33 und 38 EGKSV), die die **Anfechtung von Handlungen der Organe der Gemeinschaften** vor dem EuGH zum Gegenstand hat. Während Art. 173 EWGV und Art. 148 EAGV insoweit übereinstimmen, ergeben sich im Hinblick auf den Montan-Vertrag eine Reihe von Besonderheiten, die jeweils kurz anzusprechen sind.

3   **Aktiv legitimiert** sind grundsätzlich der Rat oder die Kommission, die Mitgliedstaaten sowie natürliche und juristische Personen; soweit „Private" betroffen sind, können im Montan-Bereich allerdings nur Unternehmen und Unternehmensverbände klagen, und dies auch nur gegen Maßnahmen der Kommission. Eine Maßnahme ist nur anfechtbar, soweit sie Rechtswirkungen erzeugt, d. h. es darf sich nicht um eine unverbindliche Stellungnahme oder eine Empfehlung handeln; auch eine Anfechtung von lediglich vorbereitenden Rechtsakten scheidet wie im deutschen Verwaltungsrecht aus. Im Montan-Bereich müssen die angegriffenen Handlungen der Kommission allgemeine oder individuelle Entscheidungen oder „Empfehlungen" darstellen, was den Verordnungen, Entscheidungen und Richtlinien nach dem EWGV oder EAGV entspricht. Das Europäische Parlament ist in Art. 173 EWGV nicht als zur Erhebung der Nichtigkeitsklage aktiv legitimiert genannt. Es ist jedoch anerkannt, daß es dennoch eine Nichtigkeitsklage erheben kann, sofern diese Klage auf den Schutz seiner Befugnisse gerichtet ist und auf Klagegründe gestützt wird, mit denen die Verletzung dieser Befugnisse geltend gemacht wird (*EuGH* v. 22. 5. 1990, Rs. C – 70/88, Europäisches Parlament ./. Rat, Slg. 1990, I – 2067).

4   Als **Klagegründe** kommen Unzuständigkeit, Verletzung wesentlicher Formvorschriften, Verletzung des Vertrages (EWGV und EAGV) oder einer bei dessen Durchführung anzuwendenden Rechtsnorm sowie Ermessensmißbrauch in Betracht. Bei Klagen gegen den Rat nach dem Montan-Vertrag, die allerdings nicht von Privaten erhoben werden können, ist jedoch nur die Berufung auf Unzuständigkeit bzw. auf die Verletzung wesentlicher Formvorschriften zulässig. Ferner gilt im Montanbereich die Besonderheit, daß Private, d. h. Unternehmen und Unternehmensverbände, gegenüber „allgemeinen Entscheidungen" der Kommission, die einer Verordnung im Sinne des EWGV bzw. EAGV entsprechen, nur den Einwand des Ermessensmißbrauchs erheben können.

5   Die Klage ist gegen das Organ zu richten, welches die angegriffene Maßnahme getroffen hat. Der **Antrag** muß auf die Nichtigerklärung dieser Maßnahme gerichtet sein. Die **Klagefrist** beträgt nach Art. 173 EWGV, 146 EAGV zwei Monate ab Bekanntgabe der Maßnahme, ihrer Mitteilung an den Kläger oder, mangels dieser Voraussetzungen, ab Kenntniserlangung durch den Kläger. Nach Art. 33 EGKSV beträgt die Klagefrist einen Monat.

6   Bei Klagen natürlicher oder juristischer Personen sind weitere Einschränkungen der Klagemöglichkeit zu beachten. Nach EWGV und EAGV müssen natürliche und juristische Personen klagebefugt sein. Die **Klagebefugnis** ist gegeben,

wenn sie durch einen Rechtsakt „unmittelbar und individuell" betroffen ist. Dies ist bei an den Kläger gerichteten Entscheidungen grundsätzlich unproblematisch. Zweifelhaft können diese Voraussetzungen bei Individualklagen gegen an Staaten gerichtete Entscheidungen oder gegen eine Verordnung sein.

Die **individuelle Betroffenheit** ist zu bejahen, wenn die angegriffene Verord- 7 nung den Einzelnen „wegen bestimmter persönlicher Eigenschaften oder besonderer, ihn aus dem Kreis aller übrigen Personen heraushebender Umstände berührt und ihn daher in ähnlicher Weise individualisiert wie den Adressaten" einer Entscheidung (*EuGH* vom 15. 7. 1963, Rs 25/62, Plaumann, Slg. 1963, 213). Das Erfordernis der individuellen Betroffenheit wird vom EuGH in der Regel restriktiv ausgeleget. Allerdings hat er im Falle von mittels Verordnung festgesetzten Antidumping-Zöllen die individuelle Betroffenheit produzierender und exportierender Unternehmen aus Drittstaaten (aber auch von Importeuren) bejaht, sofern sie von den vorangegangenen Untersuchungen erfaßt waren (*EuGH* vom 21. 2. 1984, Rs 239 u. 275/82, Allied Corporation, Slg. 1984, 1005 und *EuGH* vom 23. 5. 1985, Rs 53/83, Allied Corporation, Slg. 1985, 1621; *EuGH* v. 14. 3. 1990, Rs. C – 156/87, Gestettner Holdings ./. Rat und Kommission, Slg. 1990, I – 828; *EuGH* v. 14. 3. 1990, Verb. Rs. C-133/87 und C-150/ 87, Nashua Corporation u. a. ./. Kommission, Slg. 1990, I – 767). Die individuelle Betroffenheit wird vom EuGH in zunehmendem Maße dann bejaht – und zwar unabhängig davon, ob sich die Klage auf eine Verordnung oder auf eine an einen Dritten („Privaten" oder Staat) gerichtete Entscheidung bezieht – wenn der Kläger auf irgendeine Weise am vorangegangenen Verwaltungsverfahren beteiligt war und durch die Maßnahme in seiner wirtschaftlichen Tätigkeit erheblich beeinträchtigt wird (vgl. zum Kartellrecht *EuGH* vom 25. 10. 1977, Rs 26/76, Metro, Slg. 1977, 1875 und *EuGH* vom 11. 10. 1983, Rs 210/81, Schmidt, Slg. 1983, 3045; zum Antisubventionsrecht *EuGH* vom 4. 10. 1983, Rs 191/82, FEDIOL, Slg. 1983, 2913 und *EuGH* vom 20. 3. 1985, Rs 264/82, Timex, Slg. 1985, 849; zum Beihilferecht *EuGH* vom 28. 1. 1986, Rs 169/84, Cofaz, Slg. 1986, 391).

Weiterhin muß der Kläger unmittelbar von der fraglichen Maßnahme betrof- 8 fen sein. Dies wird dahin verstanden, daß es feststehen muß, daß die Entscheidung die Interessen des Klägers beeinträchtigt. Allein die Tatsache etwa, daß eine Maßnahme geeignet ist, die auf dem betreffenden Markt stehenden Wettbewerbsverhältnisse für den Kläger nachteilig zu beeinflussen, reicht daher nicht aus (*EuGH* vom 10. 12. 1969, Rs 10 u. 18/68, Slg. 1969, 482). Soweit es sich bei der angefochtenen Maßnahme um an Staaten gerichtete Entscheidungen oder Verordnungen handelt, die von diesen durchzuführen sind, wird man für die Frage der **unmittelbaren Betroffenheit** durch eine Maßnahme der Gemeinschaft darauf abzustellen haben, ob den innerstaatlichen Behörden bei der Durchführung ein Ermessensspielraum verbleibt oder nicht (vgl. *EuGH* vom 11. 7. 1984, Rs 222/83, Differdange, Slg. 1984, 2889, 2896; *EuGH* vom 17. 1. 1985, Rs 11/72, Piraiki Patraiki, Slg. 1985, 207).

Im **Montanbereich** gilt die bereits erwähnte Besonderheit, daß generell nur 9 Unternehmen und Unternehmensverbände Klage erheben können. Soweit sich die „individuelle Entscheidung" des EGKS-Rechts, die der Entscheidung im Sinne des EWGV und des EAGV entspricht, an eine andere Person als den Kläger richtet, reicht es aus, daß er dadurch irgendwie in seinen Rechten oder Interessen beeinträchtigt werden kann, ohne daß das Erfordernis der unmittelbaren und individuellen Betroffenheit im o. g. Sinne zu prüfen ist. „Allgemeine

Entscheidungen" des EGKSV, die der Verordnung nach EWGV oder EAGV entsprechen, können von Privaten nur insoweit angefochten werden, als sie ihnen gegenüber einen – nach Gemeinschaftsrecht restriktiv zu verstehenden – Ermessensmißbrauch darstellen (*EuGH* vom 16. 7. 1956, Rs 8/55, Fédération Charbonnière . / . Hohe Behörde, Slg. 1955/56, 226).

2. Untätigkeitsklage

10   Die Nichtigkeitsklage wird durch die Untätigkeitsklage (Art. 175 EWGV, 148 EAGV, 35 EGKSV) ergänzt. Diese eröffnet die Möglichkeit, durch den EuGH feststellen zu lassen, daß ein **Organ es unter Mißachtung des Vertrages unterlassen** hat, einen Beschluß (i. w. S.) zu fassen. **Klagebefugt** sind die Organe der Gemeinschaften, die Mitgliedstaaten sowie natürliche und juristische Personen. Letztere können indessen nur dann eine Untätigkeitsklage erheben, wenn sie den Erlaß eines an sie gerichteten Rechtsaktes begehren. Soweit ersichtlich, ist die Frage noch nicht geklärt, ob eine Einzelperson den Erlaß einer Maßnahme begehren kann, die an einen Dritten zu richten ist, den Kläger aber individuell und unmittelbar betreffen würde.

11   Die **Zulässigkeit** der Klage setzt voraus, daß das betreffende Organ vor Klageerhebung zum Tätigwerden aufgefordert worden ist. Diese **Aufforderung** dient zur Bestimmung des Streitgegenstandes der späteren Klage, welche in tatsächlicher und rechtlicher Hinsicht nicht weitergehen darf als das Aufforderungsschreiben. Aus dieser Funktion folgt auch, daß die Aufforderung bestimmten Formalien und inhaltlichen Anforderungen genügen muß. Zum einen muß sie – schon aus Beweisgründen – schriftlich erfolgen. Inhaltlich muß das Schreiben unter Hinweis auf eine eventuelle Klageerhebung bei Untätigkeit klarstellen, welche Maßnahmen ergriffen werden soll.

12   Zulässigkeitsvoraussetzung ist weiterhin, daß das betreffende Organ innerhalb von zwei Monaten nach Eingang der Aufforderung **keine Stellungnahme** abgegeben hat. Dies ist einmal der Fall, wenn es überhaupt nicht reagiert hat; aber auch im übrigen kann von einer Stellungnahme im Sinne des Art. 175 EWGV nur dann ausgegangen werden, wenn eine verbindliche Entscheidung (z. B. Erlaß oder Ablehnung der begehrten Maßnahme) erfolgt ist, nicht aber – beispielsweise – bei lediglich vertröstenden Zwischenbescheiden u. ä. Sofern eine Stellungnahme erfolgt ist, kommt nicht die Untätigkeitsklage sondern grundsätzlich nur eine Nichtigkeitsklage in Betracht. Die Klagefrist beginnt mit Ablauf der vorherigen zweimonatigen **Befassungsfrist** und beträgt gleichfalls zwei Monate (anders im Montanbereich, s. u.).

13   Da es sich um eine **Feststellungsklage** handelt, wird der **Klageantrag** auf Feststellung durch den EuGH lauten, das beklagte Organ habe es unter Verletzung des Vertrages (oder des zu seiner Durchführung erlassenen Gemeinschaftsrechts) unterlassen, eine (oder mehrere) bestimmte Maßnahme zu ergreifen. Die Untätigkeitsklage ist begründet, wenn eine konkrete Rechtspflicht zum Handeln besteht, aus der sich die objektive Rechtswidrigkeit der – tatsächlichen – Untätigkeit ergibt.

14   Im **Montanbereich** sind bei der Untätigkeitsklage einige Besonderheiten zu beachten. Nach Art. 35 EGKSV kann grundsätzlich nur eine Unterlassung der Kommission gerügt werden. Hat diese nach ihrer **Befassung** innerhalb von zwei Monaten keine Entscheidung oder Empfehlung erlassen, wird diesem Schweigen die ablehnende Entscheidung entnommen. Gibt der EuGH der hiergegen

Klagearten **C VII**

gerichteten – innerhalb eines weiteren Monats zu erhebenden – Klage statt, erklärt er diese ablehnende „Entscheidung" für nichtig.

3. Schadensersatzklage

Als weitere Klageart ist die **Schadensersatzklage** nach Art. 178, 215 EWGV, 151, 188 EAGV und 34 II, 40 EGKSV zu nennen, mit der der Ersatz von Schäden aus außervertraglicher Haftung der Gemeinschaft begehrt werden kann. Diese Klageart weist Ähnlichkeiten mit der **Amtshaftungsklage** des deutschen Rechts auf. Der EuGH ist ausschließlich zuständig, da innerstaatliche Gerichte nicht über eine Haftung der Gemeinschaften befinden dürfen (*EuGH* vom 13. 2. 1979, Rs 101/78, Granaria, Slg. 1979, 623). Es handelt sich hierbei um einen eigenständigen Rechtsbehelf, der nicht gegenüber der Nichtigkeits- und Untätigkeitsklage subsidiär ist (*EuGH* vom 28. 4. 1971, Rs 4/69, Lütticke . / . Kommission, Slg. 1971, 323; *EuGH* vom 2. 12. 1971, Rs 5/71, Schöppenstedt, . / . Rat, Slg. 1971, 975). Sie ist gegen die Gemeinschaft, vertreten durch das Organ, dem das haftungsbegründende Verhalten zuzurechnen ist, zu richten (*EuGH* vom 13. 11. 1973, Rs 63-69/72, Werhahn, Slg. 1973, 1229). Die Schadensersatzansprüche verjähren innerhalb von fünf Jahren nach Eintritt des Ereignisses, das dem Anspruch zugrunde liegt; die **Verjährung** wird durch Einreichen der Klageschrift oder durch das Geltendmachen der Ansprüche gegenüber dem zuständigen Organ unterbrochen. 15

Aktiv legitimiert ist grundsätzlich derjenige, der schlüssig vorträgt, er habe durch ein Organ oder einen Bediensteten der Gemeinschaft einen Schaden erlitten. Die Klage ist **begründet,** wenn der geltend gemachte Schaden durch die Ausübung einer den Gemeinschaften zuzurechnenden Amtstätigkeit verursacht wurde. Voraussetzung einer Haftung ist dabei grundsätzlich die rechtswidrige Verletzung einer Schutznorm, die nicht lediglich im allgemeinen Interesse bestehen darf. Auf ein etwaiges Verschulden hingegen kommt es nicht an. Als Ersatzleistung kommt dabei grundsätzlich nur die Zahlung von Geld in Betracht, da Naturalrestitution im Regelfall schon aus praktischen Gründen nicht erfolgen kann. Anders als im Bereich des EWGV und des EAGV ist im EGKSV (Art. 40 I) von vornherein nur Geldersatz vorgesehen. Der mit der Klage begehrte Schadensersatz sollte genau beziffert werden; eine Klage kann aber auch erhoben werden, wenn dies noch nicht möglich ist oder wenn der Schaden mit hinreichender Sicherheit unmittelbar bevorsteht. Allerdings wird gefordert, daß keine Möglichkeit besteht oder bestanden hat, den Schaden – etwa durch die Einlegung von Rechtsmitteln – zu verhindern oder zu mindern bzw. daß der staatliche Rechtsweg, soweit gegeben, ausgeschöpft wurde. 16

Wird **Schadensersatz wegen normativen Handelns** in einem Bereich, in dem der Gemeinschaft ein Ermessen zusteht, begehrt, sind die Voraussetzungen strenger. Hier wird die „hinreichend qualifizierte Verletzung einer höherrangigen, dem Schutz des Einzelnen dienenden Rechtsnorm" gefordert (*EuGH* vom 2. 12. 1971, Rs 5/71, Schöppenstedt . / . Rat, Slg. 1971, 975); diese Voraussetzung wurde bislang nur in den seltensten Fällen vom EuGH als gegeben angesehen. 17

4. Vorabentscheidungsverfahren

18 Besondere Bedeutung kommt ferner dem Vorabentscheidungsverfahren nach Art. 177 EWGV, 150 EAGV, 41 EGKSV zu. Im Rahmen des Vorabentscheidungsverfahrens kann der EuGH mit dem Ziel angerufen werden, die Gültigkeit eines Gemeinschaftsrechtsaktes zu überprüfen oder über die Auslegung einer Gemeinschaftsnorm Klarheit zu erhalten. Dieses Verfahren ähnelt stark der **konkreten Normkontrolle** nach Art. 100 GG. Spielt eine gemeinschaftsrechtsrelevante Frage vor einem nationalen Gericht eine Rolle, kann die Aussetzung des Verfahrens sowie Vorlage zum EuGH beantragt werden. Erstinstanzliche Gerichte können, letztinstanzliche Gerichte müssen diesem Antrag bei Auslegungs- und Gültigkeitsfragen nachkommen; die Entscheidung des EuGH ist für das vorlegende Gericht verbindlich. Die Weigerung des Gerichts, dem Antrag nachzukommen, kann eine Verletzung der **Garantie des gesetzlichen Richters** (Art. 101 I GG) zur Folge haben (vgl. nur *BVerfGE* 73, 339). Zum Verfahren vor dem EuGH ist zu erwähnen, daß die Parteien des Rechtsstreits zwar keine Anträge stellen können, da es sich nicht um ein streitiges Verfahren handelt, sie jedoch Gelegenheit erhalten, ihren Standpunkt darzulegen.

5. Vertragsverletzungsverfahren

19 Als weitere Verfahrensart ist das Vertragsverletzungsverfahren nach Art. 169, 170 EWGV, 141, 142 EAGV, 88, 89 EGKSV zu erwähnen, das von der Kommission oder einem anderen Mitgliedstaat gegenüber einem vertragsbrüchigen Staat eingeleitet wird. Zur Erörterung von Einzelfragen wird insoweit auf die einschlägige Literatur verwiesen. Erwähnt sei nur, daß Private die Möglichkeit haben, ein solches Verfahren durch – formlose – Beschwerde bei der Kommission in die Wege zu leiten; ein Anspruch auf Verfahrenseinleitung besteht indessen nicht.

6. Rechtsmittelverfahren

19a Gegen die Entscheidung des EuG kann ein Rechtsmittel beim EuGH eingelegt werden (Art. 49 ff. EuGH-Satzung). Es ist auf Rechtsfragen beschränkt und kann nur auf die Unzuständigkeit des EuG, auf einen die Interessen des Rechtsmittelführers verletzenden Verfahrensfehler oder auf eine Verletzung des Gemeinschaftsrechts gestützt werden. Die Rechtsmittelfrist beträgt zwei Monate und beginnt mit der Zustellung der angefochtenen Entscheidung. Die Rechtsmittelanträge sind auf die Aufhebung der Entscheidung des EuG bzw. die Aufrechterhaltung der im ersten Rechtszug gestellten Anträge beschränkt.

7. Besondere Verfahrensarten

20 Eine Besonderheit stellen auch das **Verfahren der einstweiligen Anordnung** (Art. 186 EWGV, 158 EAGV, 39 III EGKSV) sowie die Möglichkeit dar, einen Antrag auf **Aussetzung der Vollziehung** von Maßnahmen eines Organs zu stellen (Art. 185 EWGV, 157 EAGV, 39 II EGKSV). Insoweit ist darauf hinzuweisen, daß Klagen vor dem EuGH grundsätzlich keine **aufschiebende Wirkung** haben (Art. 83 ff. VerfO). Auf weitere Besonderheiten (Streithilfe, Versäumnisurteil, Zwischenstreit, Drittwiderspruchsklage) kann an dieser Stelle nicht weiter eingegangen werden.

8. Allgemeine Rechtswahrung

Der Gerichtshof ist nach einem neueren Urteil auch befugt, zur Wahrung des Gemeinschaftsrecht in Situationen tätig zu werden, für die der EWGV keine besonderen Klagemöglichkeiten vorsieht (*EuGH* v. 13. 7. 1990, Rs. C – 2/88 Imm., Zwartveld, Slg. 1990, I – 3367). So hat er auf der Grundlage des Art. 164 EWGV einem Verpflichtungsbegehren eines niederländischen Richters stattgegeben, der die Gemeinschaft im Wege der Amtshilfe um Übersendung von Akten gebeten hatte und dessen Begehren von der Kommission abgewiesen worden war. Entgegen dem Gedanken der Art. 171, 174 und 176 EWGV hat der Gerichtshof damit zum ersten Mal eine Verpflichtung der Gemeinschaft zur Vornahme bestimmter Handlungen ausgesprochen und dies auf Antrag eines mitgliedstaatlichen Gerichts, das sich nach den Vorschriften des EWGV bislang nur nach Art. 177 EWGV im Rahmen des Vorabentscheidungsverfahrens an den Gerichtshof wenden konnte. 20a

II. Verfahren vor dem EuGH

Das Verfahren vor dem EuGH gliedert sich in einen schriftlichen Teil, gegebenenfalls eine Beweisaufnahme sowie in einen mündlichen Teil. 21

1. Schriftliches Verfahren

Im Regelfall beginnt das Verfahren vor dem EuGH mit der Klageerhebung (Art. 19 Satzung EWG, 19 Satzung EAG, 22 Satzung EGKS, 38 VerfO). Die **Klageschrift** muß beim Kanzler des Gerichtshofs eingereicht werden. Sie muß Namen und Wohnsitz des Klägers, die Stellung des Unterzeichnenden, die Bezeichnung des Klagegegners, gegebenenfalls die Beweismittel und jedenfalls die Anträge und eine Darstellung der **Klagegründe** enthalten. Zu beachten ist insbesondere, daß – anders als im deutschen Recht – die Klagegründe bereits in der Klageschrift vollständig enthalten sein müssen. Neue **Angriffs- oder Verteidigungsmittel** werden im Laufe des Verfahrens grundsätzlich nicht mehr zugelassen (Art. 42 VerfO). Der Klage ist gegebenenfalls die angefochtene Entscheidung im Wortlaut beizufügen. 22

Für das Verfahren vor dem EuGH besteht für Private **Anwaltszwang** (Art. 17 Satzung EWG und EAG, 20 EKGS). Der Anwalt muß in einem Mitgliedstaat zugelassen sein, was durch Hinterlegung einer entsprechenden Bescheinigung beim Kanzler des EuGH nachzuweisen ist (Art. 38 § 3 VerfO). Für die Zwecke des Verfahrens ist ferner ein **Zustellungsbevollmächtigter** in Luxemburg (im Regelfall ein dort zugelassener Rechtsanwalt) anzugeben; geschieht dies in der Klageschrift nicht, so werden bis zur Behebung des Mangels alle Zustellungen an die betreffende Partei auf dem Postweg an den Bevollmächtigten oder Anwalt der Partei gesandt (Art. 38 § 2 VerfO). Juristische Personen des Privatrechts müssen mit der Klage ihre Satzung sowie einen Nachweis darüber einreichen, daß die – gleichfalls vorzulegende – Prozeßvollmacht ihres Anwalts von einer hierzu berechtigten Person ausgestellt ist. Die Nichtbeachtung der Formvorschriften (Art. 38 §§ 2–6 VerfO) kann – nach Fristsetzung durch den Kanzler des EuGH – die Unzulässigkeit der Klage zur Folge haben. 23

Der Beklagte hat innerhalb eines Monats nach der vom Kanzler des EuGH veranlaßten Zustellung der Klageschrift eine **Klagebeantwortung** einzureichen. 24

Diese muß ihrerseits Namen und Wohnsitz des Beklagten, die tatsächliche und rechtliche Begründung sowie die Anträge des Beklagten enthalten; die Vorschriften für die Klageschrift gelten im übrigen entsprechend (Vorlage der Satzung, Benennung eines Zustellungsbevollmächtigten, Beweismittel usw.). Auch hier ist zu beachten, daß die Begründung wegen des grundsätzlichen Ausschlusses neuer Angriffs- und Verteidigungsmittel vollständig sein muß. Anders als im deutschen Recht ist es nicht möglich, zunächst nur die Anträge zu stellen und die Begründung später nachzuholen. Die Frist zur Klagebeantwortung kann auf begründeten Antrag gegebenenfalls durch den Präsidenten des EuGH verlängert werden. Weiterhin können Klageschrift und Klagebeantwortung durch eine **Erwiderung** des Klägers sowie nachfolgend durch eine **Gegenerwiderung** des Beklagten ergänzt werden; die Fristen für die Einreichung der Schriftsätze werden vom Präsidenten bestimmt.

25 Für die **Form der Schriftsätze** gilt (Art. 37 VerfO), daß sie vom Bevollmächtigten oder vom Anwalt der Partei zu unterzeichnen sind. Einzureichen sind weiterhin fünf beglaubigte Abschriften für den Gerichtshof sowie beglaubigte Abschriften für jede andere Partei, die am Rechtsstreit beteiligt ist. Dem Schriftsatz ist gegebenenfalls eine Urkundenakte sowie ein Verzeichnis der darin enthaltenen Urkunden beizufügen.

26 **Verfahrenssprache** kann grundsätzlich jede der Sprachen der Gemeinschaft sein; der Kläger hat insoweit ein Wahlrecht (Art. 29 VerfO). Handelt es sich allerdings um ein Verfahren gegen einen Mitgliedstaat oder gegen eine natürliche oder juristische Person, die einem Mitgliedstaat angehört, ist jeweils deren Sprache maßgebend. Beim Vorlageverfahren ist Verfahrenssprache die Sprache des vorlegenden Gerichts; für Übersetzungen wird im übrigen gesorgt (Art. 29 ff. VerfO).

2. Beweisaufnahme

27 Sehr selten findet im Anschluß an das schriftliche Verfahren eine Beweisaufnahme statt. Hierüber entscheidet der Gerichtshof auf Vorschlag des von ihm bestimmten Berichterstatters nach Anhörung des Generalanwalts. Im Regelfall verzichtet der EuGH allerdings auf Beweisaufnahmen und begnügt sich gegebenenfalls damit, vor der mündlichen Verhandlung schriftlich Fragen an die Parteien zu stellen.

3. Mündliche Verhandlung

28 Im Anschluß an das schriftliche Verfahren setzt der Präsident den Termin für die mündliche Verhandlung fest. Es muß aber nicht stets eine mündliche Verhandlung stattfinden (Art. 44a, 104 § 3 und 4 VerfO). Einige Wochen vor der mündlichen Verhandlung wird den Parteien der **Sitzungsbericht** des Berichterstatters übersandt, der einem auf der Grundlage des Akteninhalts erarbeiteten Sachbericht entspricht und der Unterrichtung der übrigen Richter dient. In der mündlichen Verhandlung vor dem Gerichtshof (Art. 55 ff. VerfO) steht den Vertretern der Parteien jeweils nur eine begrenzte Zeit für ihre **Plädoyers** (gegenwärtig 30 Minuten bei Plenarsitzungen, 15 Minuten bei Sitzungen der Kammern; die Frist kann auf Antrag verlängert werden) und erforderlichenfalls eine weitere Zeitspanne, um auf den Vortrag der Gegenseite einzugehen, zur Verfügung. Es ist empfehlenswert, frei und langsam zu plädieren, damit die Simultandolmetscher das Plädoyer fehlerfrei und verständlich für die nicht der Ver-

fahrenssprache mächtigen Richter übersetzen können. Entweder unmittelbar im Anschluß an die mündliche Verhandlung oder bei schwierigeren Fällen in einem neu anzuberaumenden Termin, der unter Umständen mehrere Monate nach der mündlichen Verhandlung liegt, gibt der **Generalanwalt** seine Stellungnahme ab. Danach ergeht das Urteil, wobei zwischen Plädoyer des Generalanwalts und Urteil wiederum bis zu sechs Monate liegen können.

4. Allgemeines

Hinsichtlich der mehrfach genannten **Verfahrensfristen** (Klagefrist, Frist zur 29 Klagebeantwortung, usw.) ist auf Art. 80 bis 82 der VerfO des Gerichtshofs (ABl. 1974 L 350/1, 1979 L 238/1, 1981 L 199/1) und die Anlage II zur Verfahrensordnung zu verweisen, wonach sich die Fristen für Verfahrensbeteiligte, die ihren gewöhnlichen Aufenthalt nicht in Luxemburg haben, um bis zu einem Monat verlängern können (für Parteien in der Bundesrepublik Deutschland 6 Tage). Fällt der letzte Tag der Frist auf einen Sonntag oder gesetzlichen Feiertag (letztere sind in Anlage I zur VerfO aufgezählt), endet die Frist mit Ablauf des darauf folgenden Werktages; in diesem Zusammenhang ist zu beachten, daß der Samstag als Werktag angesehen wird. Maßgebend für die Einhaltung der Fristen ist der Eingang des jeweiligen Schriftsatzes beim EuGH.

Der **Gerichtshof** tagt entweder im Plenum (13 Richter) oder in von ihm 30 gebildeten Kammern (drei oder sechs Richter); hierauf haben die privaten Parteien im jeweiligen Rechtsstreit keinen Einfluß (Art. 95 VerfO). Er wird in seiner Entscheidungsfindung vom **Generalanwalt** unterstützt, dessen Amt mit der des Vertreters des öffentlichen Interesses im Verwaltungsrecht vergleichbar ist.

Hinsichtlich der **Verfahrenskosten** gilt, daß das Verfahren vor dem EuGH 31 grundsätzlich gerichtskostenfrei ist (Art. 72 VerfO); die sonstigen außergerichtlichen Kosten werden – auf Antrag – der unterliegenden Partei durch den EuGH nach dem Maß ihres Unterliegens auferlegt, es sei denn, es liegen außergewöhnliche Umstände vor (Art. 69 § 3 VerfO). Eine Ausnahme gilt insoweit beim Vorabentscheidungsverfahren; hier entscheidet nicht der EuGH über die Kosten, sondern das vorlegende Gericht.

III. Verfahren vor dem EuG

Das Verfahren vor dem Gericht Erster Instanz entspricht dem Verfahren vor 32 dem EuGH, sodaß im wesentlichen auf den Abschnitt II verwiesen werden kann. Maßgebend für das Verfahren ist die Verfahrensordnung des Gerichts Erster Instanz (ABl. 1991, L 136/1). Sie weicht von den Vorschriften der Verfahrensordnung des EuG nur unwesentlich ab. Hinzuweisen ist insoweit insbesondere auf die Möglichkeit des Erlasses prozeßleitender Maßnahmen (Art. 64), der in die Verfahrensordnung des EuGH nicht übernommen worden ist.

Das Gericht Erster Instanz ist im ersten Rechtszug zuständig für **Beamtenkla-** 33 **gen, Wettbewerbssachen,** bestimmte Verfahren nach dem **EGKS-Vertrag** sowie Schadensersatzklagen im Zusammenhang mit diesen Verfahren. Die vielfach geforderte Einbeziehung von Antidumpingsachen in die Zuständigkeit des Gerichts Erster Instanz scheiterte vor allem am Widerstand der Kommission. Nicht zuständig ist das Gericht auch für von den Mitgliedstaaten oder Gemeinschaftsorganen unterbreitete Rechtssachen und für Vorabentscheidungsverfahren nach Art. 177 EWGV (Art. 168a Abs. 1 Satz 2 EWGV). Damit bleibt der Gerichtshof insbesondere allein zuständig für Entscheidungen auf dem Gebiete des Wettbewerbsrechts, die ihm von einem nationalen Gericht nach Art. 177 EWGV vorgelegt werden.

34 Das aus 12 Richtern bestehende Gericht Erster Instanz tagt in 5 Kammern mit je 3 oder 5 Richtern, in bestimmten Fällen in Vollsitzungen. Die Verfahrensordnung orientiert sich in wesentlichen Punkten an der Verfahrensordnung des Gerichtshofes. Hervorzuheben sind folgende Unterschiede: Das Gericht Erster Instanz kann ohne mündliche Verhandlung entscheiden, wenn alle Schriftsätze eingereicht worden sind. Eine mündliche Verhandlung kann allerdings von jeder Partei mit Hinweis darauf erzwungen werden, sie habe im schriftlichen Verfahren keine hinreichende Gelegenheit zur Darstellung ihres Standpunktes gehabt. Der Generalanwalt soll die Möglichkeit haben, seine Schlußanträge in schriftlicher Form zu überreichen.

35 Entscheidungen des Gerichts Erster Instanz werden grundsätzlich mit Verkündung, bei Nichtigerklärung einer Verordnung mit Ablauf der Rechtsmittelfrist bzw. mit Zurückweisung des Rechtsmittels wirksam. Gegen Entscheidungen des Gerichts kann die unterlegene Partei innerhalb von 2 Monaten ein **Rechtsmittel** beim Gerichtshof einlegen, das auf Rechtsfragen beschränkt ist und nur auf Unzuständigkeit des Gerichts, wesentliche Verfahrensfehler und Verletzungen des Gemeinschaftsrechts gestützt werden kann. Auch Gemeinschaftsorgane und Mitgliedstaaten, die der unterlegenen Partei als Streithelfer beigetreten waren, können das Rechtsmittel einlegen. Im Rechtsmittelverfahren kann auch der Gerichtshof ohne mündliche Verhandlung entscheiden. Dabei kann er Entscheidungen des Gerichts Erster Instanz aufheben, den Rechtsstreit endgültig entscheiden oder an das Gericht zurückverweisen.

D. Außergerichtliche Beratung und Vertretung

D I. Beratung des Unternehmens

Dr. Winfried Klöpper

Übersicht

	Rdnr.
Vorbemerkung	1
I. Gründungsphase des Unternehmens	2
1. Wahl der Unternehmensform	2
2. Genehmigungserfordernisse	19
3. Firmenname, Warenzeichen und Dienstleistungsmarken, gewerbliche Schutzrechte	20
4. Vertriebssysteme, Kooperationsmöglichkeiten mit anderen Unternehmen	27
5. Exkurs: Gründung einer Konkurrenzfirma durch ausscheidende Mitarbeiter	40
II. Wachstumsphase des Unternehmens	49
1. Finanzierung	49
2. Tätigkeit im und mit dem Ausland	58
3. Zukauf von Unternehmen, Veräußerung des Eigenunternehmens	62
4. Auftreten des Unternehmens auf dem Markt	68
5. Das Unternehmertestament	69
III. Beendigung der Unternehmenstätigkeit, Auflösung, Liquidation	78

Literatur: – **Zu Kap. I:** *Bokelmann,* Das Recht der Firmen- und Geschäftsbezeichnungen, 3. Aufl. 1986; *Buchwald/Tiefenkucher/Bernbach,* Die zweckmäßige Gesellschaftsform, 5. Aufl. 1981; *Hesselmann,* Handbuch der GmbH & Co., 17. Aufl. 1991; *Gloy,* Handbuch des Wettbewerbsrechts, 1986 mit Nachtrag 1987 und 1989; *Heidenhain/Meister,* Münchener Vertragshandbuch, Band I Gesellschaftsrecht 1990; *Krüger,* Zweckmäßige Wahl der Unternehmensform, 4. Aufl. 1988; *Küstner/v. Manteuffel,* Handbuch des gesamten Außendienstrechts, Band 1, 1979 und Band 3, 1985; *Schütze/Weipert,* Münchener Vertragshandbuch, Band 3 Wirtschaftsrecht, 3. Aufl. 1992; *Stumpf/Hesse,* Der Lizenzvertrag, 5. Aufl. 1984; *Stumpf,* Der Vertragshändlervertrag, 2. Aufl. 1979. – **Zu Kap. II:** *Großfeld,* Unternehmens- und Anteilsbewertung im Gesellschaftsrecht, 3. Aufl. 1992; *Hölters,* Handbuch des Unternehmens- und Beteiligungskaufs, 3. Aufl. 1992; *Holzapfel/Pöllath,* Recht und Praxis des Unternehmenskaufs, 6. Aufl. 1992; *Reithmann/Martiny,* Internationales Vertragsrecht, 4. Aufl. 1988; *Schmidt,* Gesellschaftsrecht, 2. Aufl. 1991; *Sudhoff,* Handbuch der Unternehmensnachfolge, 3. Aufl. 1984; *Wessel,* Die Firmengründung, 5. Aufl. 1987; – **Zu Kap. III:** *Groß,* Sanierung durch Fortführungsgesellschaften, 2. Aufl. 1988; *Uhlenbruck,* Gläubigerberatung in der Insolvenz, 1983.

Vorbemerkung

Beratung des Unternehmens meint hier wirtschaftsrechtliche Beratung von 1
insbesondere mittelständischen Unternehmen (Einzelkaufleuten und Handelsgesellschaften) – außerhalb prozessualer Verfahren und unter Aussparung der unten in Kapitel D II (Gesellschaftsrechtliche Beratung) und III (Erbrechtliche Beratung) näher behandelten Themenkreise. Dem natürlichen Lebenslauf von Unternehmen (Gründung, Wachstum, Beendigung) folgend werden schwerpunktmäßig Problembereiche aufgezeigt und zum Teil kurz näher ausgeführt, die in der Praxis besonders häufig zu bearbeiten sind. In einem Exkurs wird eine

immer wieder vorkommende Fallkonstellation knapp näher behandelt (Gründung einer Konkurrenzfirma durch ausscheidenden Mitarbeiter, unten Rdnr. 40).

Generell ist zur Beratung des Unternehmens durch den Anwalt zu bemerken: Der Umfang der außerprozessualen Beratung hat in den letzten Jahrzehnten, ausgelöst durch eine Vielzahl neuer wirtschaftslenkender Gesetze, das allgemeine Wirtschaftswachstum, die internationale Verflechtung und die zunehmende Komplexität von Entscheidungen und ihrer Folgen erheblich zugenommen. Verstärkt beziehen deshalb insbesondere mittelständische Unternehmer in Entscheidungsprozesse die Angehörigen der wirtschaftsberatenden Berufe mit ein. Damit gestaltet auch der so einbezogene Rechtsanwalt die Zukunft von Unternehmen als Partner der Geschäftsleitung maßgeblich mit. Ferner ist von ihm zu fordern, daß er den Unternehmer im Rahmen laufender Beratung ungefragt auf zukünftige Probleme aufmerksam macht, die dieser vielleicht nicht sieht. Beispiel für grundlegende Zukunftsentscheidung, die mit Hilfe des Rechtsanwalts zu erarbeiten ist: Wahl der Unternehmensform. Beispiel für Hinweis, den der Anwalt aus eigener Initiative geben muß: Hinweis darauf, daß vor Ingebrauchnahme eines Warenzeichens, einer Ausstattung, eines sonstigen Unternehmenskennzeichens, in dessen Durchsetzung auf dem Markt der Unternehmer Geld investieren will, zunächst zu überprüfen ist, ob es mit älteren Kennzeichen Dritter auf dem Markt kollidiert.

I. Gründungsphase des Unternehmens

1. Wahl der Unternehmensform

2   a) **Rechtsform des Unternehmens.** Der Unternehmer, der **nicht gemeinsam mit Mitgesellschaftern** seine Ziele verfolgen will (zur gesellschaftsrechtlichen Beratung vgl. D II Rdnr. 11), muß entscheiden, ob er als Einzelkaufmann oder durch eine Gesellschaft mit beschränkter Haftung oder eine GmbH & Co. KG seine Ziele verfolgen will (Einzelfirma: § 17 HGB; „Ein-Mann-GmbH": § 1 GmbHG; GmbH & Co. KG bestehend aus der „Ein-Mann-GmbH" des Gesellschafters und ihm selbst als einzigem Kommanditisten: jetzt anerkannt durch §§ 172a, 177a HGB (*Schimmelpfennig/Hanschka,* Die Zulassung der Ein-Personen-GmbH in Europa und die Änderungen des deutschen GmbH-Rechts, NJW 1992, S. 942 m. w. N.); die Aktiengesellschaft bleibt außer Betracht). Aus der Vielzahl der Entscheidungsgesichtspunkte seien folgende hervorgehoben:

3   aa) Unbeschränkte **persönliche Haftung des Einzelunternehmers** im Gegensatz zur beschränkten persönlichen Haftung des Unternehmers als Gesellschafter einer GmbH mit eventuell zusätzlicher beschränkter Haftung als Kommanditist im Rahmen einer GmbH & Co. KG. Der Gesichtspunkt der Haftungsbeschränkung gewinnt insbesondere angesichts der bevorstehenden Ausweitung der Produkthaftpflicht verstärkt Bedeutung. Wichtige ständige Geschäftspartner (Großlieferanten oder -kunden, Banken, Leasinggesellschaften etc.) verlangen jedoch häufig die zusätzliche persönliche Haftung des Gesellschafters, wenn seine Gesellschaft nur beschränkt haftet. Ferner ist zu erinnern an die persönliche Haftung auch eines GmbH-Gesellschafters oder -Geschäftsführers, deren Bedeutung im Rahmen der neueren *BGH*-Rspr. erheblich zugenommen hat (s. unten Rdnrn. 12, 15, 18; sog. Durchgriffshaftung).

Gründungsphase des Unternehmens D I

bb) Inhaber aller Vermögensgegenstände, Verpflichteter aus allen Schulden 4
und Partei aller Vertragsverhältnisse ist entweder der Kaufmann selber oder die
GmbH bzw. die GmbH & Co. KG. Dies hat u. a. Folgen für die Art der
Übertragung der Vermögensgegenstände, Schulden und Vertragsverhältnisse unter Lebenden oder von Todes wegen, für die Frage, über wessen Vermögen im Falle der Überschuldung oder Illiquidität **Konkurs** oder **Vergleich** anzumelden ist und wer sodann Verfügungsbeschränkungen unterliegt, für die unmittelbare Berechtigung aus Konzessionen und Erlaubnissen (Konzessionär), die technische Durchführung der Neuaufnahme von Partnern in das Unternehmen. Der Einzelkaufmann kann Vermögensgegenstände nur einzeln (Singularzession) und die einzelnen Schulden und Vertragsverhältnisse nur mit Zustimmung jedes einzelnen Gläubigers, bzw. Vertragspartners übertragen, einen **Partner nur durch Gesellschaftsgründung aufnehmen** (Haftung im Rahmen der §§ 25, 26, 28 HGB). Ist dagegen eine GmbH Inhaberin der Vermögensgegenstände und Schulden und Vertragspartei, so kann dieser Vermögens- und Schuldinbegriff einfach als Gesamtorganismus im ganzen durch Übertragung der GmbH-Geschäftsanteile übertragen werden; auch ein Partner wird durch einfache Übertragung von Geschäftsanteilen in die Gesellschaft aufgenommen. Ähnlich verhält es sich im Falle der GmbH & Co. KG, da auch die KG selber Inhaberin von Rechten und Pflichten (Vermögen, Schulden, Stellung als Vertragspartei) ist (§§ 124, 161 II HGB); bei einem **Gesellschafterwechsel** ist allerdings § 172 I HGB und die Rechtsprechung zur Eintragung des Rechtsnachfolgevermerkes im Handelsregister zu beachten. Auch die Vererbung von GmbH-Anteilen oder Kommanditanteilen ist für den Erben unproblematischer als die Übernahme der einzelnen Vermögensgegenstände eines Einzelkaufmannes im Wege der Universalsukzession (§ 1922 I BGB). Aber §§ 27, 139 HGB beachten!

cc) Steuerrechtliche Aspekte der Unternehmensform. Bei **Veräußerung/** 5
Erwerb ist insbesondere zu beachten: Im Falle der Veräußerung des Gewerbebetriebes des Einzelkaufmannes oder der übrigen in § 16 EStG genannten Gesellschaftsanteile kann der Veräußerer in den Genuß der **Freibeträge des § 16 IV EStG** und des ermäßigten Steuersatzes des § 34 EStG kommen. § 34 EStG ist neu gefaßt und staffelt nunmehr die Steuerermäßigung für §§ 16, 17 EStG. Außerordentliche Einkünfte bis DM 30 Mio. sind nur mit dem halben Steuersatz zu versteuern, darüberhinaus fällt volle Steuer an. Die Veräußerung von nicht wesentlichen Anteilen an Kapitalgesellschaften dagegen (derzeit bis 25%) kann sogar steuerfrei bleiben (§ 17 EStG), wenn sie nicht im Betriebsvermögen gehalten werden (und der Vorgang nicht steuerpflichtig gem. § 23 I Nr. 1b EStG ist). Der Erwerber hat andererseits im Falle des § 16, nicht im Fall des § 17 EStG, die Möglichkeit, einen den Buchwert der Wirtschaftsgüter übersteigenden Kaufpreisanteil einzelnen abschreibbaren Vermögensgütern (soweit vorhanden und soweit stille Reserven darin enthalten sind) zuzuordnen und abzuschreiben; dies gilt nunmehr sogar für den Geschäfts- oder Firmenwert (§§ 255 IV HGB, 7 I 3 EStG). Dies mindert seine Steuerlast, er finanziert den Kauf insoweit aus Steuerersparnissen. Der Erwerber von GmbH-Geschäftsanteilen kann dies nicht, da er die stillen Reserven im Vermögen der GmbH nicht aufdecken kann. Allerdings ist die Vereinbarung beider Zielsetzungen (Wunsch des Veräußerers, die GmbH-Geschäftsanteile aus steuerlichen Gründen zu veräußern, und Wunsch des Käufers, abschreibbare Einzelwirtschaftsgüter zu erwerben) in einem zweistufigen Verfahren möglich: der Käufer erwirbt in einem

Klöpper 889

ersten Schritt die GmbH-Geschäftsanteile (halber Steuersatz oder Steuerfreiheit für den Veräußerer). Die erworbene GmbH veräußert in einem zweiten Schritt ihre abschreibbare Einzelwirtschaftsgüter an ihren Anteilsinhaber (Freisetzung von AfA-Volumen). Vgl. dazu und zur Gewerbesteuerproblematik *Holzapfel/ Pöllath*, Recht und Praxis des Unternehmenskaufs, 1992, S. 177 ff., und *Otto*, Fremdfinanzierte Übernahmen – Gesellschafts- und steuerrechtliche Kriterien des Leveraged Buy-Out, DB 1989, 1389, 1393.

Für die **laufende Versteuerung:** Der Einzelkaufmann und der Kommanditist zahlen die jährliche **Einkommenssteuer,** entsprechend ihrem persönlichen Steuersatz, der unter dem Spitzensteuersatz von 53% liegen mag. Die **Körperschaftssteuerbelastung** auf nicht ausgeschüttete Gewinne bei der GmbH dagegen beträgt dagegen ab 1. 1. 1990 regelmäßig 50%. Diese Belastung kann allerdings durch das Schütt-aus-hol-zurück-Verfahren umgangen und auf den persönlichen Steuersatz reduziert werden. Im Gegensatz zu früher ist also die Körperschaft vom Steuersatz her begünstigt; es bleibt allerdings bei der Ausschüttungsbelastung von 36% und bei der Kapitalertragssteuer von 25% auf den Ausschüttungsbetrag. Ferner: Bei Betrieb des Unternehmens im Rahmen einer Kapitalgesellschaft fällt zweimal **Vermögenssteuer** an; einmal für die GmbH auf ihr Vermögen, und zusätzlich bei dem Gesellschafter für den Wert der Anteile an der GmbH. Andererseits kann nur der GmbH-Gesellschafter sein Geschäftsführergehalt als steuermindernde Betriebsausgabe bei der GmbH berücksichtigen, hat allerdings sein Gehalt als Einkünfte aus nichtselbständiger Tätigkeit zu versteuern. Gemindert wird auf diese Weise die Gewerbesteuer der GmbH. Auch kann nur der GmbH-Gesellschafter sich in seiner Rolle als gleichzeitiger Geschäftsführer eine Pensionszusage so gewähren, daß die dafür zu bildenden bilanziellen Rückstellungen gewinn- und steuermindernd sind. Der Einzelkaufmann also finanziert diesen Teil seiner Altersvorsorge (über die Sonderfreibeträge nach § 10 I 2b, II EStG hinaus) aus versteuertem Einkommen in Zeiten meist hoher Steuerprogression. Der GmbH-Gesellschafter, der steuermindernde Pensionsrückstellungen in seiner GmbH bilden kann, mindert in Zeiten hoher Progression die Steuerbelastung und verschiebt sie in die Zeit des Zuflusses der Altersbezüge, in der der Steuersatz in aller Regel geringer sein wird. Schließlich: **Kapitalverkehrsteuer** fällt nur bei Kapitalgesellschaften sowie bei der GmbH & Co. KG, nicht beim Einzelkaufmann sowie bei der konventionellen KG und den übrigen Personengesellschaften an. **Gewerbesteuer** fällt bei Kapitalgesellschaften und der GmbH & Co. KG stets an, bei natürlichen Personen nur dann, wenn sie ein Gewerbe im steuerrechtlichen Sinne betreiben (persönlicher Gewerbesteuerfreibetrag von DM 36 000,–, § 11 I GewStG (ab EZ 1993 DM 48 000,–); vgl. ferner D II Rdnrn. 16 ff.).

6   dd) Für die GmbH ist ein **Mindeststammkapital** von 50 000 DM vorgeschrieben, § 5 GmbHG, auf das auch Mindesteinzahlungen zu erbringen sind (§ 7 II GmbHG). Kapitalherabsetzungen (etwa zum Zwecke der Kapitalrückzahlung) unterliegen strengen Beschränkungen (§ 58 GmbHG). Bei der KG ist § 172 IV HGB zu beachten.

7   ee) Für die GmbH gelten strenge Vorschriften für **Aufstellung,** größenabhängige **Prüfung** und in jedem Fall (größenabhängig erleichterte) **Offenlegung des Jahresabschlusses** und Lageberichtes (§§ 264 ff., 325 ff. HGB). Die Offenlegung allerdings ist kaum ernstlich durchsetzbar (§ 335 S. 1 Nr. 6 und S. 2 HGB, § 2 II LöschG). Für den Einzelkaufmann und (noch) die GmbH & Co. KG

Gründungsphase des Unternehmens D I

gelten dagegen erleichterte Aufstellungsvorschriften mit erheblicher Flexibilität, zum Beispiel der weitergehenden Möglichkeit, stille Reserven zu bilden (§ 253 IV HGB im Gegensatz zu § 279 I 1 HGB). Unterhalb der Größenkriterien des Publizitätsgesetzes müssen weder der Einzelkaufmann noch die GmbH & Co. KG ihre Jahresabschlüsse prüfen lassen oder offenlegen.

ff) Im Einzelunternehmen gibt es keine **unternehmerische Mitbestimmung**. 8 Die GmbH dagegen hat einen mitbestimmten Aufsichtsrat bei Überschreitung bestimmter Arbeitnehmerzahlen (500 nach BetrVG, 1000 nach Montan-MitbestG, 2000 nach MitbestG).

gg) Ausländische Unternehmen können im Inland durch Einkleidung ihrer 9 geschäftlichen Aktivitäten in eine GmbH Probleme der **Betriebsstättenbesteuerung** vermeiden (allerdings sind die Regelungen der Einkunftsabgrenzung bei international verbundenen Unternehmen zu beachten, BMF vom 23. 2. 1983, BStBl 1983 I S. 218, sowie ergänzend DB 1987, 662 und DB 1988, 370) und einen inländischen aktiven Geschäftsführer neben dem (nicht aktiv im Inland tätigen) ausländischen Mitgeschäftsführer bestellen. Ein Ausländer kann auch alleiniger Geschäftsführer sein.

Bei Gründung von Tochtergesellschaften ausländischer Muttergesellschaften, insbesondere amerikanischer Gesellschaften, durch einen deutschen Anwalt aufgrund Vollmacht der Muttergesellschaften ändert sich die bisherige Handhabung bei den Registergerichten derzeit in der Praxis. Bislang genügte die Bestätigung der Vertretungsmacht des vollmachterteilenden Mitgliedes der Geschäftsführung der amerikanischen Muttergesellschaft durch den Company Secretary. Neuerdings verstärkt sich die Tendenz der Registerrichter, auch das Certificate of Incorporation und die By-Laws (Original und beglaubigte Übersetzung) zu fordern. Möglicherweise verlangt das Registergericht sogar zusätzliche Unterlagen. Es empfiehlt sich deshalb, die Anforderungen **vorher** zu klären. Im Falle von Muttergesellschaften aus EG-Staaten genügt offenbar die Bestätigung der Gesellschaft selbst – z. B. bei englischen Muttergesellschaften durch den Company Secretary. Unterschiedliche Anforderungen stellen die Registergerichte bei der Eintragung von Geschäftsführern ausländischer Unternehmen (vgl. ferner D. II Rdnr. 12).

hh) Generell ist zu prüfen, ob eine neue geschäftliche Aktivität im Rahmen 10 einer eigens dafür gegründeten GmbH oder GmbH & Co. KG aufgebaut werden soll, um, nachdem das Geschäft „in die Gewinnzone gebracht" ist, diese **geschäftliche Aktivität gesondert** und durch einfache Geschäftsanteilsübertragung **veräußern** zu können (ggf. mit steuerfreiem Veräußerungsgewinn gem. § 17 EStG – s. Rdnr. 5).

ii) Zu beachten ist aber auch die spätere **Umwandlungsmöglichkeit** eines 11 Einzelunternehmens in eine GmbH (§§ 56 a ff. UmwG), falls sich dies erst später als zweckmäßig herausstellen sollte – vgl. dazu unten D II Rdnr. 95 ff.

jj) Für die GmbH gelten die strengen Normen des HGB (§ 6 HGB) und des 12 GmbHG (insbesondere **Kapitalaufbringungsvorschriften** wie §§ 5 IV, 7 II, III, 8, 9, 9a, 11, 16 III, 19 II, V, 21–24 GmbHG sowie die **Kapitalerhaltungsvorschriften** wie Rückzahlungsverbot von Stammkapital, § 30 GmbHG mit Haftungsnorm § 31 und die Vorschriften für kapitalersetzende Darlehen, §§ 32a, 32b GmbHG; Haftung des Geschäftsführers für die Sorgfalt eines ordentlichen

Klöpper 891

D I   Beratung des Unternehmens

Geschäftsmannes, § 43 GmbHG; fristgebundene **Konkursantragspflicht** bei Zahlungsunfähigkeit oder Überschuldung, § 64 GmbHG mit Strafvorschrift des § 84 GmbHG sowie § 82 GmbHG bei Verletzung bestimmter Pflichten), vgl. auch Rdnr. 15. Auch für die GmbH & Co. KG gelten ähnliche Vorschriften (§§ 171, 172, 172a, 177a HGB) hinsichtlich der Kapitalaufbringung, -erhaltung und der Rückgewähr kapitalersetzender Darlehen und der Konkursantragspflicht. Für den Einzelkaufmann gelten keine derartigen formalen strafrechtlich bewehrten Vorschriften, er haftet aber auch immer mit seinem gesamten Vermögen. Ferner unterliegt nur der Einzelkaufmann, dessen Gewerbebetrieb nach Art oder Umfang einen in kaufmännischer Weise eingerichteten Geschäftsbetrieb erfordert (Vollkaufmann), sämtlichen Vorschriften des HGB. Auf den Minderkaufmann dagegen finden die Vorschriften des HGB über die Firmen, die Handelsbücher und die Prokura sowie verschiedene andere Vorschriften keine Anwendung (§§ 4, 351 HGB). Der Kaufmann kann also eventuell sein Gewerbe zunächst als Einzel-(Minder-)kaufmann beginnen, um es dann später in eine GmbH umzuwandeln (s. oben Rdnr. 11).

13   kk) Bei der Ein-Mann-GmbH darf die **Befreiung** des Gesellschafters/Geschäftsführers **vom Verbot des § 181 BGB** in der Satzung nicht übersehen werden (siehe § 35 IV GmbHG). Andernfalls kann zum Beispiel die steuerliche Anerkennung von Verträgen zwischen GmbH und ihrem Gesellschafter/Geschäftsführer schon aus diesem Grund gefährdet sein.

14   ll) Bei der GmbH & Co. KG ist speziell auf die exakte **Synchronisation von GmbH-Satzung und Gesellschaftsvertrag der Kommanditgesellschaft** zu achten. Es geschieht immer wieder, daß später plötzlich und übereilt ein Gesellschafter aufgenommen wird, ohne daß dann erneut Satzung und Gesellschaftsvertrag hinreichend überdacht und neu formuliert werden. Sind beide Vertragswerke dann nicht exakt koordiniert, so kann es später zu erheblichen Problemen kommen.

15   b) **Persönliche Haftung des Unternehmers.** Entscheidet sich der Unternehmer für die Gründung einer GmbH oder GmbH & Co. KG, so ist in der Gründungsphase außerordentlich sorgfältig darauf zu achten, daß die persönliche Haftung **infolge Nichtbeachtung von Kapitalaufbringungsvorschriften** für die GmbH (vgl. Rdnr. 12) vermieden wird. Hier sind insbesondere folgende Gesichtspunkte zu beachten:

16   aa) Bei **Sacheinlagen** sind die §§ 5 IV, 9, 9a und 19 V GmbHG zu beachten. Sacheinlagen müssen ferner vor der Anmeldung zur Eintragung voll erbracht sein (§ 7 III GmbHG);

17   bb) Zur Erbringung von Geldeinlagen vor Anmeldung vgl. § 7 II GmbHG: Einzahlung von einem Viertel, mindestens 25 000 DM. Verbot der einseitigen **Aufrechnung** durch den Gesellschafter **gegen Einlageverpflichtungen** (§ 19 II GmbHG).

18   cc) Seit *BGHZ* 80, 129 = NJW 1981, 1373 steht fest, daß die GmbH mit Entstehung (durch Eintragung in das Handelsregister, § 11 I GmbHG) in die Rechte und Pflichten eintritt, die in ihrem Namen mit Vertretungsmacht in der Zeit zwischen Abschluß des notariellen Gründungsvertrages und der Eintragung (sogenannte **Vorgesellschaft**) begründet wurden. Die Lehre vom sogenannten „Vorbelastungsverbot" ist aufgegeben. Um jedoch zu gewährleisten,

Gründungsphase des Unternehmens **D I**

daß trotz Übergang der Rechte und Pflichten der Vorgesellschaft auf die GmbH per Saldo das Stammkapital der GmbH bei Eintragung in das Handelsregister noch ungeschmälert vorhanden ist, hat der BGH in der gleichen Entscheidung die persönliche Haftung der Gründer für die Differenz (Fehlbetrag) zwischen dem bei Eintragung tatsächlich vorhandenem Eigenkapital und dem satzungsgemäßen Stammkapital statuiert (sogenannte **Differenzhaftung**). Also Vorsicht bei Aufnahme der Unternehmenstätigkeit vor Eintragung! Von der Vorgesellschaft zu unterscheiden ist die **Vorgründungsgesellschaft,** die entweder durch Abschluß eines notariell beurkundeten Vorvertrages, gerichtet auf den Abschluß eines GmbH-Gesellschaftsvertrages, entsteht oder ohne solchen Vorvertrag aufgrund bloßer gemeinschaftlicher unternehmerischer Betätigung. Die Vorgründungsgesellschaft setzt aber das Zusammenwirken mehrerer Gesellschafter voraus. Die **Handelnden-Haftung** nach § 11 II GmbHG (desjenigen, der vor Eintragung der Gesellschaft im Namen der Gesellschaft handelt) erlischt nach neuerer Rechtsprechung des BGH mit Eintragung der GmbH in das Handelsregister (*BGHZ* 80, 129 und 182) – sie erlischt also nicht, wenn die GmbH überhaupt nicht entsteht. Neben dem Handelnden wird auch die Vorgesellschaft selber (also alle Gesellschafter) durch den Handelnden verpflichtet, wenn die Voraussetzungen wirksamer Vertretung vorliegen (vgl. zur Wahl der Rechtsform *Hennekes/May* DB 1988, 483 ff.). Im übrigen sei nachhaltig auf die zunehmende Tendenz zur „Durchgriffshaftung" in der Rspr. (*BGH,* ZIP 1991, S. 1354 ff. m. w. N.) hingewiesen: „Der Allein- oder Mehrheitsgesellschafter einer GmbH, der gleichzeitig deren alleiniger Geschäftsführer ist und sich außerdem als Einzelhandelskaufmann unternehmerisch betätigt, haftet grds. nach den Haftungsregeln im qualifizierten faktischen Konzern (kritisch dazu *Schimmelpfennig/Hanschka,* aaO, S. 943, m. w. N.).

2. Genehmigungserfordernisse

Grundsätzlich gewähren Art. 12 GG Berufsfreiheit und § 1 GewO **Gewerbefreiheit.** Beide Normen enthalten allerdings einen Beschränkungsvorbehalt. Beschränkungen sind in einer Vielzahl von gesetzlichen Bestimmungen enthalten, z. B. im Lebensmittelrecht, Landwirtschaftsrecht, Umweltschutzrecht und in der GewO selber, die hier aufzuzählen und näher darzulegen den Rahmen dieser Ausführungen überschreiten würde. Besonders wichtig geworden ist das Bundes-Immissionsschutzgesetz vom 15. 3. 1974, das laufend einschließlich der zu seiner Ausführung ergangenen Verordnungen novelliert wird. Eine Zusammenstellung (allerdings Stand 1980) findet sich bei *Salewski* in: *Landmann/Rohmer,* GewO, Band I § 1 Rdnr. 51. Daneben ist die Handwerksordnung (Anlage A) zu beachten. § 34 GewO i. V. mit der Makler- und Bauträgerverordnung dazu regelt Erlaubnisse für diese Berufsgruppen. **Genehmigungserfordernisse** sind allerdings meist den Mandanten selbst als Kennern der Branche bekannt. 19

3. Firmenname, Warenzeichen und Dienstleistungsmarken, gewerbliche Schutzrechte

a) **Unverwechselbarer Firmenname.** Die Firma ist der Name, unter dem der Kaufmann im Handel seine Geschäfte betreibt und die Unterschrift abgibt (§ 17 I HGB). §§ 18 ff. HGB, § 4 GmbHG enthalten Vorschriften für die Firmenbildung als solche. Der Schutz des Firmennamens, von Kennzeichen oder Schlagworten ist in den §§ 12 BGB und 16 UWG geregelt. Er entsteht durch 20

Klöpper 893

Ingebrauchnahme. Wichtig ist darüber hinaus die hinreichende Unterscheidung der Firma von verwechselbaren Firmen und anderen Geschäftskennzeichen im Geschäftsverkehr. Der eventuell erst nach Jahren vom Konkurrenten durchgesetzte Zwang, die mit hohem Werbeaufwand eingeführte Firma (Warenzeichen etc.) nicht mehr zu benutzen, kann sehr einschneidend sein. Also: bereits bei Benutzungsaufnahme sachkundig beraten! Folgende Normen sind in diesem Zusammenhang zu beachten:

21   **aa)** Jede neue Firma muß sich von anderen, an dem selben Ort oder in der selben Gemeinde bereits bestehenden und in das Handelsregister eingetragenen Firmen deutlich unterscheiden, § 30 HGB. Vor der Firmenwahl ist deshalb die zuständige **Industrie- und Handelskammer** nicht nur unter dem Gesichtspunkt der Zulässigkeit der Firmenbildung (§§ 18 ff. HGB, § 4 GmbHG) zu befragen, sofern man Verzögerungen und unliebsame Überraschungen bei der Eintragung vermeiden will, sondern auch das Firmenregister der IHK zur Vermeidung von Verwechslungen (§ 30 HGB) einzusehen.

22   **bb)** Jede Firma ist zugleich auch der Name des Unternehmens im Sinne des § 12 BGB und Firmenkennzeichens im Sinne von § 16 UWG. Betreibt jemand unter gleicher oder **verwechselbarer** und **unterscheidungskräftiger Firma** bereits sein Gewerbe, so kann er Unterlassung der Firmenführung von demjenigen verlangen, der die Firma später in der gleichen oder einer verwandten Branche in Benutzung nimmt. Oft genügt in solchen **Kollisionsfällen** schon die Hinzufügung eines unterscheidungskräftigen Zusatzes. Anspruchsgrundlage ist in der Regel § 16 UWG, daneben ist § 12 BGB dann anwendbar, wenn ein Wettbewerbsverhältnis zwischen den beteiligten Unternehmen besteht oder ein ausländisches Unternehmen sich nicht auf die Pariser Verbandsübereinkunft berufen kann. § 12 BGB und § 16 UWG greifen über denselben Ort, dieselbe Gemeinde oder den gleichen Bezirk hinaus, haben also einen weiteren, **räumlichen Schutzumfang** als § 30 HGB. Sie schützen auch den räumlichen Bereich, in dem eine Firma oder **Geschäftsbezeichnung** zwar derzeit noch nicht benutzt wird, jedoch bei organischer Weiterentwicklung des Unternehmens in nicht so ferner Zukunft benutzt werden könnte (Ausdehnungsbereich) gegen später in Benutzung genommene verwechselbare Firmenbezeichnung. So kann es geschehen, daß eine in München neu gegründete Firma von einer Konkurrentin aus Hamburg aufgefordert wird, ihre Firma nicht mehr zu führen oder einen unterscheidungskräftigen Zusatz hinzuzufügen, unter Hinweis darauf, daß das Hamburger Unternehmen bereits vorher eine verwechselbare Firmenbezeichnung geführt habe (vgl. dazu *Schultz-Süchting,* Handbuch des Wettbewerbsrechts, §§ 56 f.). Denn es gilt bundesweit allein der Grundsatz der Erstbenutzung (Priorität). Da es immer noch kein bundesweites Firmenregister gibt, hilft hier nur genaue Branchenkenntnis und vorherige Prüfung einschlägiger Branchen-Firmenregister oder der Firmenverzeichnisse der Industrie- und Handelskammern der größeren Städte sowie des Warenzeichen- und Dienstleistungsmarkenregisters (vgl. Rdnr. 23). Ferner gilt allgemein der Grundsatz: je näher einander die sachlichen Geschäftsbereiche der betroffenen Unternehmen kommen, um so weiter sind der Verwechslungsbereich und der geschützte räumliche Bereich der älteren der kollidierenden Firmenbezeichnungen zu ziehen. Ähnliche Grundsätze gelten im Ausland. Will also eine Firma schwerpunktmäßig in bestimmten Ländern tätig werden, ist zumindest die Rechts- und Benutzungslage dort zu prüfen. Zum Schutz im Ausland vgl. die Pariser Verbandsübereinkunft, abgedruckt in *Baumbach/Hefermehl,* Warenzeichenrecht, 12. Aufl. S. 1043 ff. und die zweiseitigen Abkommen der Bundesrepublik Deutschland mit einer Reihe von Ländern, *Baumbach/Hefermehl* aaO, S. 1192 ff.

b) Warenzeichen, Dienstleistungsmarken, Ausstattungen. Ähnliches gilt 23 für die Benutzung von Warenzeichen und Dienstleistungsmarken sowie Ausstattungen. Hier sind die einschlägigen Verbotsnormen gegen spätere verwechselbare Kennzeichen §§ 15 und 24 sowie 25 WZG. Dabei ist zu unterscheiden zwischen Warenzeichen einerseits und Ausstattung andererseits. Das Warenzeichen ist ein streng formalisiertes Recht, dessen Eintragung in dem **Warenzeichenregister** des Deutschen Patentamtes rechtsbegründend wirkt. Die Ausstattung dagegen entsteht nicht durch Eintragung in ein Register, sondern durch Verkehrsgeltung. Das Warenzeichen ist mit seiner Eintragung im Warenzeichenregister für das Gebiet der Bundesrepublik Deutschland geschützt, die Ausstattung nur für den räumlichen Bereich, in dem sie Verkehrsgeltung genießt, also auch (nur) zum Beispiel im Wirtschaftsgebiet einer Großstadt. Alles, was Warenzeichen oder Dienstleistungsmarke sein kann, kann auch Ausstattung sein. Während aber eine Marke nur als Flächengebilde eingetragen werden kann, umfaßt der Schutzbereich der Ausstattung auch dreidimensionale Gestaltungen, wie z. B. die eigentümliche Art einer Flasche (z. B. Coca-Cola) oder Verpakkung, Farben und Farbkombinationen und überhaupt jedes auf die Herkunft der Ware oder Dienstleistung aus einem bestimmten Betrieb hinweisende Kennzeichnungsmittel *(Baumbach/Hefermehl* aaO, zu § 25 WzG Rdnr. 2). Bevor Wort- oder Bildzeichen als Warenzeichen oder Dienstleistungsmarke oder Ausstattung in Benutzung genommen werden, kann das Warenzeichen- und Dienstleistungsregister bei dem Deutschen Patentamt und der Markt auf das Vorhandensein ähnlicher Ausstattungen hin überprüft werden. Dies kann durch eigene Einsichtnahme in das Register des Deutschen Patentamtes, Winzererstraße 12, 8000 München 2, geschehen oder auch durch Beauftragung eines darauf spezialisierten Serviceunternehmens. Warenzeichenrecherchen führen zum Beispiel auch die Firma Compu-Mark, St. Pietersvliet 7, B 2000 Antwerpen, Belgien, oder der Schutz Marken Dienst, Manhagener Allee 76, 2070 Ahrensburg, durch. Erfolgt die Anmeldung des Zeichens dagegen zunächst ohne sofortige Nutzung „auf Vorrat", um gegebenenfalls später auf das Warenzeichen zurückgreifen zu können (wegen der Schutzfrist von 5 Jahren, vgl. § 5 VII WZG), so kann u. U. auf eine Recherche verzichtet werden, da das Patentamt alle zur Eintragung zugelassenen Warenzeichen und Dienstleistungsmarken von Amts wegen im Warenzeichenblatt veröffentlicht, um Inhabern bereits eingetragener verwechselbarer Zeichen für gleiche oder gleichartige Waren oder Dienstleistungen Gelegenheit zum Widerspruch binnen drei Monaten zu geben. Allerdings besteht keine Verpflichtung zum Widerspruch, so daß auch bei Ausbleiben eines Widerspruches der Warenzeichenbenutzer nicht endgültig dagegen gefeit ist, daß ein Dritter sich auf ein eigenes, älteres Warenzeichen oder – außerhalb des Verfahrens vor dem Patentamt – auf ein Ausstattungsrecht oder eine ältere Firmenbezeichnung, also die §§ 12 BGB, 16 UWG beruft. Denn alle diese Kennzeichnungsrechte untereinander unterliegen den gleichen Verbietungsgrundsätzen (Priorität und Verwechselbarkeit). § 47 des am 1. 5. 1992 in Kraft getretenen Erstreckungsgesetzes (BGBl. 1992 I S. 938) führte zu einer grundlegenden Änderung der §§ 2, 8 und 11 WZG. Damit wurde allgemein die freie Übertragbarkeit von Marken eingeführt, die weitgehend dem ehemaligen

Klöpper 895

D I   Beratung des Unternehmens

DDR-Warenkennzeichnungsgesetz entspricht. Es ist somit davon auszugehen, daß die Marke in Zukunft dogmatisch als selbständiges Vermögensrecht zu qualifizieren ist.

24   **c) Warenzeichen und Dienstleistungsmarke im Ausland.** Soll ein Warenzeichen oder eine Dienstleistungsmarke auch im Ausland benutzt werden, so muß sie dort gesondert geschützt werden. Es gilt das **Nationalitätsprinzip** (zur EG-Gemeinschaftsmarke vgl. Rdnr. 25). Das heißt, es muß eine gesonderte Anmeldung in jedem Land erfolgen, in dem das Zeichen geschützt werden soll. International einheitlich schreiben die Warenzeichenregelungen aller Länder außerdem vor, daß man sich nur eines im jeweiligen Land zugelassenen Anwaltes, Patentanwaltes oder Agenten zu diesem Zweck bedienen kann. Das macht Warenzeichen, wenn sie weltweit angemeldet und geschützt sind, wertvoll – weil nämlich ihre Eintragung mit einem erheblichen Aufwand an Zeit und Kosten verbunden ist. Für einige Länder ist im Rahmen der **Pariser Verbandsübereinkunft** vom 20. 3. 1883 zum Schutze des gewerblichen Eigentums, in der Stockholmer Fassung vom 14. 7. 1967 (PVU), i. V. m. dem **Madrider Markenabkommen** vom 14. 4. 1891 über die internationale Registrierung von Fabrik- oder Handelsmarken in der Stockholmer Fassung vom 14. 7. 1967 (MMA) eine einheitliche Anmeldung möglich. Das Madrider Markenabkommen gibt dem Inhaber einer in einem der Länder eingetragenen Marke die Möglichkeit, durch eine einzige Registrierung bei der zentralen Behörde des Abkommens in Genf (**OMPI = Organisation Mondiale de la Propriété Intellectuelle**, 34, Chemin des Colombettes, 1211 Genève) eine Vielzahl nationaler Markenrechte zu erwerben, die sog. **IR-Marke.** Dies führt zu einer erheblichen Kostenersparnis. Die Anmeldung der IR-Marke ist über das Deutsche Patentamt vorzunehmen, das die Eintragung bei der OMPI vermittelt. Das Deutsche Patentamt hat ein Merkblatt über die internationale Registrierung deutscher Warenzeichen und Dienstleistungsmarken sowie über international registrierte, ausländische Marken herausgegeben, das dort angefordert werden kann, aber auch bei *Baumbach/Hefermehl,* aaO nach Art. 3 MMA abgedruckt ist. Die internationale Marke hat eine Schutzdauer von 20 Jahren. Folgende Länder sind der Organisation angeschlossen: Deutschland, Algerien, Österreich, Benelux-Staaten, Bulgarien, Ägypten, Spanien, Frankreich, Ungarn, Italien, Liechtenstein, Marokko, Monaco, Mongolei, Portugal, Volksrepublik Korea, Rumänien, San Marino, Sudan, Schweiz, CSSR, UdSSR (heute wohl GUS), Vietnam, Jugoslawien (Stand April 1988). Die Erfahrung zeigt, daß insbesondere die UdSSR und Spanien mit Markenanmeldungen äußerst kleinlich verfahren und häufig für ihr Territorium einer Anmeldung widersprechen. Will man dann nicht die Kosten für die Einschaltung eines in jenem Lande ansässigen Vertreters aufwenden, so verzichtet man auf den Schutz in diesen Ländern – eine Entscheidung, die sich später als nachteilig erweisen kann. Hier sollte daher in Zukunft mehr Konsequenz gezeigt werden.

25   **d) Markenrecht der EG.** In Vorbereitung befindet sich eine gesetzliche Regelung für ein einheitliches Markenrecht der Europäischen Gemeinschaft, wonach eine **Gemeinschaftsmarke** geschaffen werden soll. Durch eine einzige Anmeldung und Registrierung bei dem neu zu schaffenden europäischen Markenamt wird die Gemeinschaftsmarke in allen Mitgliedsstaaten geschützt sein. Es liegt ein ausformulierter Vorschlag der EG-Kommission aus dem August 1984 vor, der aber noch nicht Gesetz geworden ist, abgedruckt in *Baumbach/Hefermehl,*

Gründungsphase des Unternehmens **D I**

aaO, S. 1335. Zu der Übertragung von Marken sei auf die Erste Richtlinie des Rates zur Angleichung der Rechtsvorschriften der Mitgliedsstaaten über die Marken vom 1. 12. 1988 (85/104/EWG), ABlEG Nr. L 40 vom 11. 2. 1989, S. 1 hingewiesen.

e) Markenrecht der ehemaligen DDR
    Mit dem am 1. 5. 1992 in Kraft getretenen Erstreckungsgesetz (BGBl. 1992 I **25 a** S. 938) ist das gesamte System des gewerblichen Rechtsschutzes für das vereinigte Deutschland vereinheitlicht worden (zum ganzen eingehend: *Mühlens/ Schäfer*, Die Vereinheitlichung des gewerblichen Rechtsschutzes im vereinigten Deutschland, DtZ 1992, S. 194 ff.).

    f) Sonstige gewerbliche Schutzrechte. Die Begründung weiterer sog. ge- **26** werblicher Schutzrechte wie **Patente, Geschmacksmuster, Gebrauchsmuster** und deren Aufrechterhaltung und ggf. Verteidigung kann im Rahmen dieser Abhandlung nicht näher behandelt werden, da insbesondere Patent- und Gebrauchsmustersachen (im Unterschied zu Warenzeichen- und Geschmacksmustersachen) von Patentanwälten bearbeitet werden. Aber auch die Behandlung der Angelegenheiten dieser gewerblichen Schutzrechte, die von Rechtsanwälten bearbeitet werden (Nutzungsrechte an Patenten etc., Urheberrechte) würde den Rahmen dieser Abhandlung sprengen. Auf diesem Gebiet spezialisierte Anwälte sind in der Deutschen Vereinigung für gewerblichen Rechtsschutz und Urheberrecht, Theodor-Heuss-Ring 19–21, 5000 Köln, zusammengeschlossen, der ggf. auch Mitgliederlisten übersendet.

    g) Prozessuale Durchsetzung wettbewerbsrechtlicher Ansprüche. (Vgl. dazu B XII.)

4. Vertriebssysteme, Kooperationsmöglichkeiten mit anderen Unternehmen

a) Vertriebssysteme als in der Regel vertikale Wettbewerbsbeschränkun- **27** **gen.** Unternehmen, die Waren herstellen oder vertreiben, bauen sich ein **Vertriebssystem** auf oder sind in ein Vertriebssystem eingebunden. Dienstleistungsunternehmen führen ihre Dienstleistungen meist selber aus, obgleich auch Dienstleistungen im Rahmen von Franchise-Systemen „vermarktet" werden.
    Vertriebssysteme wären aus der Sicht dessen, der sie schafft (z. B. des Herstel- **28** lers eines Produktes) dann optimal angelegt, wenn sie voll auf seine Bedürfnisse zugeschnitten sind, wenn also insbesondere Konkurrenzprodukte Dritter nicht im gleichen Vertriebssystem vertrieben werden, wenn ferner die Konkurrenz und „Querlieferungen" zwischen den Wiederverkäufern im Vertriebssystem ausgeschlossen sind, wenn die Vertriebsbedingungen (Preise, Konditionen etc.) bis zum Letztabnehmer straff und einheitlich geregelt sind und er sich jederzeit nach Belieben und ohne finanzielle Einbußen von den Geschäftspartnern im **Vertriebssystem** lösen könnte. Indessen gibt es eine Vielzahl von rechtlichen Regelungen, die die Gestaltungsfreiheit im Vertriebssystem beschränken.

    aa) Das deutsche Gesetz gegen Wettbewerbsbeschränkungen (GWB). Ver- **29** triebssysteme als vertikale Bindungen sind „sonstige Verträge" im Sinne der §§ 15 ff. GWB (vgl. die Überschrift des 2. Abschnittes des Gesetzes), im Gegensatz zu den „Kartellverträgen und Kartellbeschlüssen" des 1. Abschnittes des

GWB. § 15 verbietet grundsätzlich die Bindung von Preisen und Geschäftsbedingungen für Geschäfte eines Vertriebsvertragspartners mit Dritten. § 18 regelt die **Mißbrauchsaufsicht für Bezugs- und Absatzbindungen** des Vertriebspartners, **Beschränkungen in der Verwendung** von Waren und Leistungen und sog. Koppelungsverträge. §§ 20 und 21 enthalten einen Erlaubnisvorbehalt für Beschränkungen eines Erwerbers gewerblicher Schutzrechte, von **Know-how** oder **eines Lizenznehmers**, die über den Inhalt des geschützten Rechtes hinausgehen.

30 – § 15 GWB ordnet **Nichtigkeit** für solche Verträge an, die einen Vertragsbeteiligten in der Gestaltungsfreiheit des Vertragsabschlusses mit Dritten beschränken. Beispiele: Vereinbarung von Beschränkungen zwischen Brauerei und Automaten-Großhändler hinsichtlich dessen Verträgen mit Gastwirten; Bindung eines Händlers, bezogene Ware in bestimmter Weise für den Weiterverkauf zu kalkulieren sowie Markenartikel zu kostendeckenden Preisen zu verkaufen; Verpflichtung, hinsichtlich der Weiterveräußerung sich bei der Kalkulation an Handelsspannen zu orientieren, die üblich sind.

31 – § 18 GWB sieht nur eine **Mißbrauchskontrolle** vor, falls der Vertragspartner selber in seiner Wettbewerbsfreiheit hinsichtlich der bezogenen Waren/Leistungen oder hinsichtlich der von Dritten zu beziehenden Waren oder Leistungen gebunden wird und soweit dadurch eine erhebliche Wettbewerbseinschränkung bewirkt wird. Unter die Verwendungsbeschränkung des § 18 I Nr. 1 fällt jede Verwendung der gelieferten Waren, anderer Waren oder gewerblicher Leistungen – außer Bezug und Absatz, die in Nr. 2 und 3. geregelt sind. Unter die **Ausschließlichkeitsbindung** des § 18 I Nr. 2 fallen wirtschaftliche Vergünstigungen oder wirtschaftliche Nachteile, z. B. Treuerabattvereinbarungen, die in Aussicht gestellt werden, ferner z. B. Ausschließlichkeitsverträge wie Getränkelieferungsverträge als Alleinbezugsvereinbarungen. Die nach § 18 I Nr. 3 verbotene Vertriebsbindung kann sachlicher oder zeitlicher Art sein. Zu den weiteren Eingriffsvoraussetzungen (Erheblichkeit der Wettbewerbsbeschränkung) vgl. § 18 I a bis c. Die Kartellbehörde kann eine Mißbrauchsverfügung erlassen. Im Zusammenhang mit § 18 ist wichtig das **Schriftformerfordernis des § 34 GWB,** das unabhängig davon gilt, ob auch die Eingriffsvoraussetzungen des § 18 I a bis c erfüllt sind. Insbesondere für Dauerschuldverhältnisse, z. B. Bierlieferungsverträge, kann § 34 von Bedeutung werden, da z. B. nach dem Grundsatz der „Urkundeneinheit" **alle** mit der Bezugsbindung gleichzeitig vereinbarten Abreden der Schriftform bedürfen (*BGH* DB 1984, 2503).

32 – Unternehmen, die ihre Ware nicht selbst, sondern ganz oder teilweise über selbständige Handelsunternehmen vertreiben wollen, müssen, sofern sie unter den Normadressatenkreis des § 26 II GWB fallen, gleichartige andere Unternehmen hinsichtlich der Belieferung gleichbehandeln. Nur unter besonderen Umständen kann ein sog. **selektives Vertriebssystem** errichtet werden, das nach qualitativen oder quantitativen Gesichtspunkten nur ganz bestimmte Händler als „authorisierte Händler" zuläßt und andere Händler vom Bezug ausschließt (häufig mit dem wahren Ziel eine indirekte Preiskontrolle ausüben zu können). Die sogenannte Fachhandelsbindung, nämlich die (wirklich) erforderliche Selektion nach der Qualifikation fachbezogener Leistungen (wie qualifizierte Beratung, Serviceleistungen, Vorhaltung von Ersatzteillagern etc.), ist in der Regel zulässig. Die Voraussetzungen dafür werden aber streng geprüft (*Markert* in Immenga/Mestmäcker, GWB, § 26 Rdnr. 224).

Die Mißachtung der vertraglichen Ausschließlichkeitsbindung innerhalb des Systems kann nicht nur gegenüber dem ungetreuen Händler selber, sondern nach deutscher Rechtsprechung gem. § 1 UWG auch gegen einen sog. Außenseiter, der dabei mitwirkt, Ansprüche auf Unterlassung und Schadensersatz begründen, da das selektive Vertriebssystem an sich im Rahmen des § 1 UWG besonders schützenswert sein soll (abzulehnen mit Entscheidung des Schweizerischen Oberlandesgerichtes vom 24. 3. 1988 – C 487/1987/em, unter 4. der Gründe – nicht veröffentlicht) vgl. *Baumbach/Hefermehl*, Wettbewerbsrecht, § 1 UWG Rdnrn. 741 ff.

bb) Artikel 85 EWGV 33

– Art. 85 EWGV macht keinen Unterschied zwischen horizontalen und vertikalen Wettbewerbsbeschränkungen und gilt insbesondere auch für Vertriebsbeschränkungen. Seit dem 1. 7. 1983 sind für **Alleinvertriebsvereinbarungen** und **Alleinbezugsvereinbarungen** die VO 1983/83 und die VO 1984/83 der EG-Kommission zu beachten. Durch diese auf Art. 85 III gestützten Verordnungen sind ganz bestimmte Vereinbarungen im Wege der **Gruppenfreistellung** vom Nichtigkeitsverbot des Art. 85 I freigestellt, andere ihm eindeutig unterstellt. Beide Verordnungen enthalten einen sog. weißen und schwarzen Katalog.
– Die Gruppenfreistellung von **Alleinvertriebsvereinbarungen** (1983/83) betrifft Vereinbarungen, an denen nur zwei Unternehmen beteiligt sind und in denen sich der eine Vertragspartner dem anderen gegenüber verpflichtet, zum Zwecke des Weiterverkaufs **im Gesamtgebiet oder in einem abgegrenzten Teilgebiet der Gemeinschaft** bestimmte Waren nur an ihn zu liefern. Dem Lieferanten dürfen außer dieser Verpflichtung keine anderen Wettbewerbsbeschränkungen auferlegt werden, als die Verpflichtung, im Vertragsgebiet Endverbraucher nicht mit Vertragswaren zu beliefern. Insbesondere müssen Parallelimporte aus anderen Teilgebieten der Gemeinschaft möglich bleiben. Zulässig ist aber, dem Alleinvertriebshändler die Verpflichtung aufzuerlegen, außerhalb seines Vertragsgebietes für die Vertragswaren nicht aktiv Kunden zu werben, keine Niederlassungen einzurichten und keine Auslieferungslager zu unterhalten (Erwägungsgrund 11 sowie Artikel 1 und 2 der VO, WuW 9/ 1983 S. 695 ff.), sog. **aktives Marketing**. Dies bewirkt letztlich eine Vertriebsbeschränkung des Händlers. Wichtig sind dazu die Erläuterungen der EG-Kommission, abgedruckt in WuW 3/1984 S. 207 ff. III. Internationales.
– Die Gruppenfreistellung von **Alleinbezugsvereinbarungen** (1984/83) betrifft Vereinbarungen, an denen nur zwei Unternehmen beteiligt sind und in denen sich ein Vertragspartner, der Wiederverkäufer, gegenüber dem anderen Vertragspartner, dem Lieferanten, ohne Gebietsbeschränkung verpflichtet, zum Zwecke des Weiterverkaufs bestimmte im Vertrag genannte Waren nur von ihm, von einem mit ihm verbundenen Unternehmen oder einem sonstigen Unternehmen zu beziehen, das er mit dem Vertrieb seiner Waren betraut hat. Derartige Vereinbarungen dürfen nur bestimmte Wettbewerbsbeschränkungen enthalten (Art. 2 der VO) und für einen Zeitraum von nicht mehr als fünf Jahren geschlossen sein, u. a. für **Bierlieferungsverträge** gelten Sonderregeln (Titel 2 der VO). Übergangsregeln dazu liefen am 31. 12. 1988 ab (Art. 15 der VO). Die sog. Bagatellbekanntmachung der EG-Kommission gilt hier nicht, vgl. *Bunte/Sauter* VO (EWG) Nr. 1984/83 Rdnr. 10, hier Rdnr. 34, 36.
– Zu diesen und weiteren zwischenzeitlichen FreistellungsVOen vgl. *Bunte/* 34

D I   Beratung des Unternehmens

Sauter, **EG-GruppenfreistellungsVOen,** 1988 (betreffend Patentlizenzvereinbarungen, Vertriebs- und Kundendienstvereinbarungen über Kfz, Spezialisierungsvereinbarungen, Vereinbarungen über Forschung und Entwicklung, Know-how-Vereinbarungen, Franchisevereinbarungen). Generell ist zu beachten, daß damit nur die EG-Kommission ihre Auffassung darlegt, die vom EuGH überprüft wird und auch von den nationalen Gerichten keineswegs immer geteilt wird (vgl. allgemein: *Schwarz,* Grundzüge und neuere Entwicklung des Rechtsschutzes im Recht der Europäischen Gemeinschaft, NJW 1992, 1065 ff. [1070 f.]). Die Mehrzahl der deutschen Gerichte, die bislang in konkreten Fällen z. B. zu Bierlieferungsverträgen Stellung zu nehmen hatten, die die Vorschriften der VO 1984/83 Titel II nicht einhielten, hielt die Verträge gleichwohl für wirksam, weil die von der Kommission in der VO angenommene, EG-weite wettbewerbsbeschränkende Wirkung auch eines Einzelvertrages (als Teil eines Bindungssystems einer ganzen Branche) nicht nachgewiesen sei. Der *EuGH* hat noch keinen derartigen Fall entschieden.

35 – **Selektive Vertriebssysteme** nach objektiven, qualitativen Kriterien ohne Diskriminierung sind auch nach Auffassung der EG-Kommission möglich. Quantitative Selektion der Abnehmer ist dagegen verboten. Insbesondere Fachhändlerbindungen sind danach zulässig. Gebietsbeschränkungen, Exportverbote oder Parallelimportverbote sind dagegen grundsätzlich unzulässig.

36 **cc)** Immer zu prüfen aber ist die Aufgreif-Voraussetzung der „**Spürbarkeit**". Nach der **Bagatellbekanntmachung des Bundeskartellamtes** vom 8. 7. 1980 (DB 1980, 1634) werden Wettbewerbsbeschränkungen von der Verfolgung durch das Bundeskartellamt in aller Regel ausgenommen, wenn sie mit einer leistungssteigernden, zwischenbetrieblichen Zusammenarbeit durch Koordinierung von Unternehmensfunktionen verbunden sind, nur ein kleiner Kreis rechtlich und wirtschaftlich selbständiger, kleiner und mittlerer Unternehmen beteiligt ist und der Marktanteil dieser Unternehmen insgesamt 5% nicht überschreitet. Preis-, Quoten- und Gebietsabsprachen sind als solche kein Mittel der leistungssteigernden zwischenbetrieblichen Zusammenarbeit, daher nicht freigestellt. Die **EG-Kommission** hat in ihrer Bekanntmachung vom 3. 9. 1986 (GRUR Int 1986, 713) erklärt, Wettbewerbsbeschränkungen fielen regelmäßig nicht unter das Verbot des Art. 85 I, wenn nicht mehr als 5% des Marktes betroffen seien und der Gesamtumsatz der beteiligten Unternehmen innerhalb eines Geschäftsjahres 200 Mio. Ecu nicht überschreite.

37 **b) Kooperationen und Kartelle als horizontale Wettbewerbsbeschränkungen. aa)** Hinsichtlich dieser in §§ 1 ff. GWB geregelten **horizontalen Wettbewerbsbeschränkungen** durch Kartellverträge und Kartellbeschlüsse sind zunächst die nach §§ 2 bis 8 GWB zulässigen besonderen Kartellformen zu beachten. Ferner hat der Bundesminister für Wirtschaft zu den Kooperationserleichterungen für kleine und mittlere Unternehmen im Rahmen des § 5 b GWB ein Merkblatt herausgegeben (15. 4. 1975, abgedruckt in Textanhang 5 *Immenga/ Mestmäcker,* GWB), in dem die zulässigen Kooperationsformen aufgeführt sind.

38 **bb)** Art. 85 I EWGV erfaßt grundsätzlich alle horizontalen Kooperationen, die den Wettbewerb im gemeinsamen Markt beeinträchtigen, soweit sie nicht unterhalb der Spürbarkeitsgrenze liegen (vgl. oben Rdnr. 36) oder unter eine der GruppenfreistellungsVOen (vgl. oben Rdnrn. 33, 34) fallen.

c) Ausgleichsansprüche bei Vertragsbeendigung. Zu entscheiden ist, ob das 39
Vertriebssystem mit **Handelsvertretern, Eigenhändlern oder eigenen Angestellten (Reisenden)** aufgebaut werden soll. Handelsvertreter haben bei Vertragsbeendigung Ausgleichsansprüche nach § 89 b HGB. Dies gilt auch für Eigenhändler, die eine dem Handelsvertreter ähnliche Stellung haben (insbesondere ihre Kunden dem Prinzipal benennen müssen), vgl. *Stumpf,* Der Vertragshändlervertrag, 1979, Rdnr. 120. Gegenüber Handelsvertretern gelten andererseits die einschränkenden gesetzlichen Bestimmungen des GWB und des Art. 85 EWGV nicht (§ 86 I HGB – umstritten, vgl. *Langen/Niederleithinger/Ritter/ Schmidt* GWB, § 18 Rdnrn. 67 ff.) Zum Handelsvertreterprozeß vgl. B XIII.

5. Exkurs: Gründung einer Konkurrenzfirma durch ausscheidende Mitarbeiter

Die Beratungspraxis zeigt, daß diese Fallgruppe bei Unternehmensneugründungen besonders häufig ist. Sie ist auch besonders problematisch. Folgende Gesichtspunkte sind zu beachten. 40

a) Aufnahme der Konkurrenztätigkeit. Der ausscheidende Mitarbeiter 41
macht sich im Geschäftszweig des Prinzipals selbständig, er macht ihm Konkurrenz. Die Aufnahme der Konkurrenztätigkeit kann unzulässig sein, weil sie gegen ein **vertraglich vereinbartes Wettbewerbsverbot** gem. § 74 HGB verstößt: ein ausdrückliches, nachvertragliches Wettbewerbsverbot ist nur verbindlich, wenn sich der Prinzipal verpflichtet, für die Dauer des Verbots eine Entschädigung zu zahlen, die für jedes Jahr des Verbots mindestens die Hälfte der von dem Handlungsgehilfen zuletzt bezogenen vertragsmäßigen Leistungen erreicht. Zur Zahlung, Berechnung, Anrechnung anderweitigen Erwerbs, zum Unwirksamwerden nach Kündigung etc. vgl. die §§ 74 ff. HGB.

b) Grenzen der nachvertraglichen Wettbewerbsfreiheit. Ohne ein aus- 42
drückliches vertragliches Wettbewerbsverbot ist der ausscheidende Arbeitnehmer in unserer auf freien Wettbewerb ausgerichteten Wirtschaftsordnung grundsätzlich frei, auch seinem ehemaligen Prinzipal nach Vertragsende Wettbewerb zu machen. Es gibt jedoch auch die folgenden gesetzlichen Grenzen der nachvertraglichen Wettbewerbsfreiheit.

aa) §§ 60, 61 HGB: Vor Beendigung des Anstellungsverhältnisses darf der 43
Arbeitnehmer zwar seine zukünftige selbständige Existenz nach Vertragsende vorbereiten – jedoch nur insoweit, als er nicht durch Vorbereitungshandlungen seinem Arbeitgeber bereits während des bestehenden Anstellungsverhältnisses Konkurrenz macht. Andernfalls verletzt er die §§ 60, 61 HGB, seine **vertragliche Treueverpflichtung,** § 823 I BGB (Eingriff in den ausgeübten und eingerichteten Gewerbebetrieb), bei besonders grober Vorgehensweise § 826 BGB, ferner § 1 UWG. Abgrenzung: Zulässig ist die Gründung der zukünftigen eigenen GmbH des Arbeitnehmers, die Anmeldung eines Warenzeichens, das Betreiben der Berufszulassung, die Anmietung von Geschäftsräumen und das Anwerben von unternehmensfremden Arbeitskräften, der Abschluß eines Franchise-Vertrages, die Anmeldung zum Handelsregister. Nicht zulässig dagegen ist das **Ansprechen der Kunden und sonstigen Geschäftspartner des Prinzipals,** insbesondere das Werben um zukünftige Aufträge im Kundenkreis des Geschäftsherrn, die Abwerbung anderer Arbeitnehmer oder Mitarbeiter der Vertriebsorganisation des Prinzipals. Folgen bei Verstoß: **Unterlassungsansprüche**

Klöpper 901

D I Beratung des Unternehmens

und **Schadensersatzansprüche,** vgl. § 61 HGB. Kurze Verjährung von drei Monaten beachten, die auch für konkurrierende Anspruchsgrundlagen gilt, § 61 II HGB!

44   bb) Unzulässig ist ferner der Verrat von **Geschäfts- oder Betriebsgeheimnissen** des Prinzipals während der Dauer des Anstellungsvertrages (§ 17 I UWG), das heißt von Kundenlisten, Kalkulationsgrundlagen, speziellen Abwicklungsmodalitäten etc. Wer in einem gewerblichen Betrieb beschäftigt war, ist jedoch grundsätzlich nicht verpflichtet, seine im Rahmen dieser Tätigkeit auf redliche Weise gewonnenen Kenntnisse und Erfahrungen auch nach Beendigung des Dienstverhältnisses geheimzuhalten oder von einer Verwertung zu eigenem Nutzen abzusehen (*Baumbach/Hefermehl,* Wettbewerbsrecht, § 17 UWG Rdnr. 13). Darüber hinaus ist nach Beendigung des Anstellungsvertrages gem. § 17 Abs. 2 UWG nur die Verwertung solcher Kenntnisse untersagt, die der Arbeitnehmer während der Dauer des Anstellungsvertrages (oder später) auf unredliche Weise erlangt hat (*Baumbach/Hefermehl* aaO, Rdnr. 14). Besondere Umstände aber, wie z. B. der Mißbrauch einer Vertrauensstellung oder das schlagartige **Abwerben des ganzen (wohl auch des überwiegenden) Kundenstammes** des Prinzipals nach dem Ausscheiden können trotz redlichen Verhaltens während der Vertragszeit die nachträgliche Konkurrenztätigkeit unzulässig machen (*BGH* GRUR 1965, 215 – Milchfahrer und *BGH* GRUR 1970, 182 – Bierfahrer, *BAG* BB 1970, 1095, *Baumbach/Hefermehl* aaO, Rdnrn. 56 ff.).

45   cc) **Vorlagenfreibeuterei,** unbefugte Verwertung oder Weitergabe von im geschäftlichen Verkehr anvertrauten Vorlagen oder Vorschriften technischer Art, insbesondere Zeichnungen, Modelle, Schablonen, Schnitte, Rezepte, sind ebenfalls unzulässig (§ 18 UWG). Verboten sind auch selbst erfolgloses **Verleiten** oder die **Annahme der Erbietens** eines anderen zu Taten im Sinne der §§ 17, 18 UWG (§ 20 UWG). Ein Verstoß gegen die §§ 16, 18 UWG ist strafbar, wird jedoch nur auf Antrag verfolgt (§ 22 UWG). Der Prinzipal befindet sich häufig in **Beweisschwierigkeiten.** Daher empfiehlt sich die **Einschaltung des Staatsanwaltes** (§§ 17, 18 UWG, 226 StGB). Beschlagnahmt er Unterlagen und gestattet er dem Prinzipal Einsicht, so ist die Beweislage für den Prinzipal unproblematisch.

46   dd) Unzulässig ist schließlich auch die sog. **sklavische Nachahmung** der Produkte des ehemaligen Prinzipals, das Nachahmen fremder Leistung, die vermeidbare Herkunftstäuschung etc., vgl. dazu *Baumbach/Hefermehl,* Wettbewerbsrecht, § 1 UWG Rdnrn. 407 ff.

47   ee) In allen diesen Fällen kann es zu Unterlassungsverfügungen und Schadensersatzpflichten kommen, häufig sogar zu strafrechtlichen Folgen.

48   c) **Nachvertragliche Wettbewerbsfreiheit für Gesellschafter.** Ist der Unternehmer, der sich selbständig macht, vorher nicht Arbeitnehmer, sondern **OHG-Gesellschafter oder Komplementär einer KG** gewesen, so gilt § 112 HGB (iVm § 161 II HGB). Ein nachvertragliches Wettbewerbsverbot kann auch in diesen Fällen nur vertraglich vereinbart werden, wobei allerdings die §§ 74 ff. auch nicht entsprechend anwendbar sind, eine Karenzentschädigung also nicht gezahlt werden muß. Gewisse Beschränkungen können sich aber aus der **Treuepflicht des ehemaligen Gesellschafters** ergeben (*Baumbach/Duden/Hopt,* HGB, 27. Auflage, § 112 1. C.) sowie aus § 138 BGB, § 1 GWB. Diese Grundsätze

902   *Klöpper*

gelten entsprechend für den ehemaligen Gesellschafter einer GmbH, der sich selbständig macht. Der ehemalige weisungsabhängige Geschäftsführer mit Minderheitsbeteiligung, der am satzungsmäßigen nachwirkenden Wettbewerbsverbot ohne Karenzentschädigung nach Ausscheiden festgehalten werden soll und auch keine Karenzentschädigung im Rahmen eines anstellungsvertraglich vereinbarten nachvertraglichen Wettbewerbsverbotes erhält, kann sich ebenfalls nur auf § 138 BGB und § 1 GWB berufen. Für den ehemaligen Kommanditisten gilt § 112 HGB nicht (§ 165 HGB).

II. Wachstumsphase des Unternehmens

1. Finanzierung

Das Unternehmen kann von innen heraus wachsen. Es kann sich im Wege der 49 sog. **Innenfinanzierung** offen aus im Unternehmen belassenen Jahresüberschüssen und den aus Umsatzerlösen verdienten Abschreibungen finanzieren, ferner aus sogleich steuermindernden Rückstellungen, die erst später zu einem Abfluß von Zahlungsmitteln führen (z. B. **Pensionsrückstellungen**), ferner verdeckt durch Ausübung von Ansatz- und Bewertungswahlrechten im Jahresabschluß. Rechtlich treten Probleme erst auf, wenn im Wege der **Außenfinanzierung** von außen Finanzmittel zugeführt werden, sei es im Wege der Fremdfinanzierung durch Aufnahme von Mitteln bei fremden Dritten (Gläubigern), sei es im Wege der **Eigenfinanzierung = Beteiligungsfinanzierung,** zum Beispiel durch Kapitalerhöhung mit oder ohne Neuaufnahme von Gesellschaftern. Wirtschaftlich unterscheiden sich Eigenfinanzierung und Fremdfinanzierung wesentlich insbesondere wie folgt: Fremdfinanzierung kostet Zinsen, die steuerlich als Betriebsausgaben absetzbar sind; Gewinnanteile oder Dividenden an die Eigenkapitalgeber sind es nicht. Eigenkapital wird im Konkurs oder Vergleich erst nach den Gläubigern bedacht. Deshalb wählt mancher Gesellschafter einer GmbH oder GmbH & Co. KG in Krisenzeiten den Kapitaleinschuß durch Darlehen oder stille Beteiligung, statt durch Einlage von bilanziell so ausgewiesenem Eigenkapital (§ 266 III A HGB). Es hilft aber dem Gesellschafter nicht, wenn er in Zeiten, in denen ein ordentlicher Kaufmann Eigenkapital zur Verfügung stellen oder absetzen würde, Kapital in Formen der Fremdfinanzierung (z. B. Darlehen) gewährt oder nicht abzieht (Problem der **eigenkapitalersetzenden Darlehen,** §§ 32a, 32b GmbHG, 129a, 130a, 130b, 172a, 177a HGB, § 32a KO, § 3b AnfG). Ferner ist bei Bemessung des Zinssatzes das Problem der verdeckten Gewinnausschüttung zu beachten; Zinszahlungen an eine der Gesellschaft nahestehende Person sind keine Betriebsausgaben, falls sie überhöht sind.

Im folgenden werden kurz einige weitere rechtliche Probleme der Außenfinanzierung als Fremdfinanzierung und der Außenfinanzierung als Eigenfinanzierung (Beteiligungsfinanzierung) angesprochen vgl. zur Finanzierung ferner D II Rdnr. 25.

a) **Fremdfinanzierung. aa) Lieferantenfinanzierung** als Finanzierung des 50 Umlaufvermögens. Sie ist in der Regel verbunden mit dem Sicherungsmittel des verlängerten Eigentumsvorbehaltes, auf den hier nicht näher eingegangen wird. Da sich Banken andererseits ebensohäufig Warenlager und die sich aus dem Verkauf der Waren ergebenden Forderungen im Wege der Globalzession abtreten lassen, kommt es in derartigen Fällen zu einem **Konflikt zwischen Globalzession und verlängertem Eigentumsvorbehalt**. Hierbei ist zunächst vom Grundsatz der Priorität auszugehen. Der BGH geht aber seit *BGHZ* 30, 152 grundsätzlich davon aus, daß die Globalzession im Konfliktfall nichtig ist. Die Banken haben daraufhin in ihre Kreditverträge Klauseln aufgenommen, die dem verlängerten Eigentumsvorbehalt der Warenlieferanten (mit im einzelnen verschiedenen Formulierungen) den Vorrang einräumen. Es ist jeweils im Einzelfall zu prüfen, ob die Vorrangeinräumung die Nichtigkeit ausräumt (vgl. die Übersicht in: *Palandt/Heinrichs* § 398 Anm. 6. c). Zu einzelnen Finanzierungsformen vgl. unten Rdnr. 57 a ff.

51   **bb) Leasing.** Die Leasingfinanzierung betrifft nicht das Umlaufvermögen, sondern üblicherweise nur das Anlagevermögen der Unternehmung. *Palandt/ Putzo* Einführung vor § 535 Anm. 4 a formuliert: „Ein Leasingvertrag liegt vor, wenn der Leasinggeber eine Sache oder Sachgesamtheit dem Leasingnehmer gegen ein in Raten gezahltes Entgelt zum Gebrauch überläßt, wobei Gefahr oder Haftung für Instandhaltung, Sachmängel, Untergang und Beschädigung der Sache allein den Leasingnehmer trifft, der Leasinggeber dafür seine Ansprüche hieraus gegen Dritte (insbesondere den Lieferanten) dem Leasingnehmer überträgt." Auf die Vielzahl der vertragsrechtlichen Fragen kann hier nicht eingegangen werden. In der Praxis ist nach Auslieferung des Leasinggegenstandes besonders häufig die Frage von Bedeutung, ob der Leasingnehmer auch im Falle von Sachmängeln und nach erklärter Wandlung die Leasingraten weiterzahlen muß, bis die Frage der Berechtigung der Wandlung vom Gericht geklärt ist. Der BGH hat dies verneint (*BGHZ* 97, 135). Bis zur gerichtlichen Entscheidung über die Wandlungserklärung erhält daher die Leasinggeberin keine Raten. Wird die Wandlungsklage abgewiesen, muß nachgezahlt werden, andernfalls wird der Vertrag rückabgewickelt.

52   **cc) Bankkredit.** Die Formen, Laufzeiten, Zwecke, Sicherheitsmodalitäten etc. sind vielfältig. Sie darzustellen würde ebenfalls den Rahmen der vorliegenden Abhandlung sprengen. Hinzuweisen ist nur auf folgende Gesichtspunkte: Häufig sind Sicherungsvereinbarungen, insbesondere bei der Sicherheitenstellung in Form von Warenlagern, der Globalzession von Forderungen aus Verkäufen von Warenlagern u. ä., nicht wirksam, z. B. wegen Kollision mit dem verlängerten Eigentumsvorbehalt der Warenlieferanten (vgl. oben Rdnr. 50), oder weil die **sachenrechtlichen Bestimmtheitsgrundsätze** nicht beachtet sind (etwa im Falle der **Sicherungsübereignung von Warenlagern** mit wechselndem Bestand) oder auch weil die Bank übersichert ist (*BGHZ* 98, 308). Wichtig ist, **Sicherungsabreden** (insbesondere aus der Zeit der Unternehmensgründung), die oft zusätzlich die persönliche Haftung des Inhabers und seines Ehegatten und die umfassende Stellung sonstiger Sicherheiten vorsehen, turnusmäßig auf ihre wirtschaftliche Veranlassung und Rechtfertigung zu überprüfen. Sicherungen und Haftungen müssen abgebaut werden, sobald dies wirtschaftlich möglich ist.

b) Eigenfinanzierung als Beteiligungsfinanzierung. Beteiligungsfinanzierung ist ebenfalls in vielerlei Formen denkbar. Im folgenden sind einige der häufigsten Formen aufgeführt, die vertraglich sorgfältig gestaltet werden müssen.

53   **aa) Typische und atypische Stille Gesellschaft.** Wer sich nicht in offen nach außen erkennbarer Form an einem Unternehmen beteiligen will (offene Han-

delsgesellschaft, Kommanditgesellschaft) kann dies als sog. typischer oder atypischer Stiller Gesellschafter. Das Gesetz regelt nur die typische Stille Gesellschaft (§§ 230 bis 237 HGB), bei der der Stille Gesellschafter, anders als der atypische Stille Gesellschafter, nicht an den **Stillen Reserven und dem Firmenwert** des Unternehmens, sondern nur am laufenden Gewinn und Verlust beteiligt ist. Steuerrechtlich ist der typische Stille Gesellschafter nicht Mitunternehmer im Sinne des § 15 EStG, sondern erzielt Einkünfte aus Kapitalvermögen (§ 20 I Nr. 4 EStG). Nur der atypische Stille Gesellschafter kommt deshalb als Mitunternehmer im steuerlichen Sinne bei Veräußerung oder Aufgabe des Betriebs oder Teilbetriebs in den Genuß der Steuervergünstigungen der §§ 16, 34 II 1 EStG (derzeit noch halber Steuersatz), vgl. oben Rdnr. 5. Da der typische Stille Gesellschafter an Stillen Reserven und am Firmenwert des Unternehmens nicht beteiligt wird, muß er bei seinem Eintreten die vorhandenen Stillen Reserven und den vorhandenen Firmenwert nicht durch Zahlung eines Agio abgelten. Anders der atypische Stille Gesellschafter; man kann zwar vorsehen, daß er nur an den von seinem Eintritt ab entstehenden Stillen Reserven und dem neu gebildeten Firmenwert partizipiert. Eine solche Abgrenzung wird aber in der Regel nicht möglich sein, daher muß der eintretende atypische Stille Gesellschafter bei seinem Eintritt ein Agio zahlen, das dem bisherigen Einzelunternehmer außerhalb der Gesellschaft zufließt oder in der Gesellschaft verbleibt, jedoch in der Beteiligungsquote keinen Niederschlag findet. Wichtig ist die Sperrwirkung des § 15a EStG für die Behandlung der Verluste an atypisch Stiller Gesellschaft bei der laufenden Besteuerung.

bb) Übernahme eines Kapitalanteils an der GmbH, der im Wege der Kapitalerhöhung gebildet wird. Diese Beteiligungsform hat im Gegensatz zur Beteiligung als Stiller Gesellschafter an einer GmbH den Vorteil, daß die spätere Veräußerung der Anteile an der Kapitalgesellschaft von höchstens 25% gem. § 17 EStG steuerfrei ist (sofern im Privatvermögen gehalten und nicht als Spekulationsgeschäft nach § 23 Ib EStG steuerpflichtig), vgl. Rdnr. 5. 54

Für die Kapitalerhöhung sind die Vorschriften der §§ 55 bis 57b GmbHG zu beachten, die ebensostreng wie im Falle der Gründung der GmbH die tatsächliche Kapitalaufbringung, die Werthaltigkeit von Sacheinlagen, die Haftung der Geschäftsführer und die Differenzhaftung der Gesellschafter regeln.

Hinsichtlich der Abfindung der bereits im Unternehmen gebildeten Stillen Reserven und des vorhandenen Firmenwertes durch den neu eintretenden Gesellschafter ergibt sich die gleiche Problematik wie vorstehend in Rdnr. 53.

cc) Neueintritt als Kommanditist in eine GmbH & Co. KG im Wege der „Kapitalerhöhung". Die Ausführungen in vorstehend Rdnr. 54 gelten entsprechend. Der Terminus „Kapitalerhöhung" ist eigentlich Kapitalgesellschaften vorbehalten. Der Vorgang ist aber wirtschaftlich der gleiche. Für die Anwendung des halben Steuersatzes auf Einkünfte aus späterer Veräußerung des Anteiles sowie die Sperrwirkung des § 15a EStG siehe oben die Ausführungen zur atypischen Stillen Gesellschaft, Rdnr. 53. 55

dd) Finanzierung durch den Gang an die Börse. Dieser Weg wird neuerdings immer häufiger beschritten. Er setzt allerdings nach noch geltendem Recht voraus, daß der Einzelunternehmer, die Personengesellschaft oder GmbH zunächst in eine AG umgewandelt wird (§§ 40 bis 45 und 50 bis 56 UmwG). Das „Going Public" setzt genaue Überprüfung der wirtschaftlichen und rechtli- 56

D I

Beratung des Unternehmens

chen Gegebenheiten voraus und erfordert die enge Zusammenarbeit mit einer Bank, die das Geschäft des sog. **Investment Banking** betreibt. Zum Schutze des Publikums müssen ein **Einführungsprospekt** mit genauen Angaben, für deren Richtigkeit ein weiter Personenkreis haftet, aufgelegt werden und auch in der Folgezeit eine Vielzahl von Informationen für die Öffentlichkeit bereitgestellt werden (§§ 45 ff. Börsengesetz). Eine Gesellschaft, deren Aktien an einer Börse in einem Mitgliedstaat der Europäischen Gemeinschaft zum amtlichen Handel oder zum geregelten Markt zugelassen oder in den geregelten Freiverkehr einbezogen sind oder deren Zulassung zum amtlichen Handel oder zum geregelten Markt beantragt ist, ist allein deshalb immer eine sog. große Gesellschaft im Sinne der Rechnungslegungsvorschriften des dritten Abschnittes des HGB (§ 267 III 2 HGB), unterliegt also der strengsten Form der Aufstellungs-, Prüfungs- und Publizitätspflichten des Bilanzrichtliniengesetzes.

57 c) **Finanzierungshilfen der öffentlichen Hand, Hermesbürgschaft.** Hierauf kann der Rechtsanwalt aufmerksam machen. Die Vielzahl der Förderungsmittel ist fast unübersehbar. Eine Zusammenfassung findet sich z. B. in Bayern in der Loseblattsammlung der Bayerischen Staatsregierung „Finanzhilfen – Wie und Wo?", Boorberg-Verlag. In diesem Zusammenhang sind interessant insbesondere die bayerischen regionalen Förderungsprogramme für die gewerbliche Wirtschaft, die Kreditprogramme für die Förderung des gewerblichen Mittelstandes und die **Finanzierungshilfen des Bundes,** dort insbesondere für kleine und mittlere Unternehmen (**ERP-Darlehen**). Ferner gibt es eine Vielzahl spezieller Förderungshilfen, wie für den Umweltschutz, die Entwicklungshilfe und Exportfinanzierung, Technologieprogramme, Gewährung von Investitionszulagen für Energieforschung und -technologien, Umweltforschung etc. Die öffentliche Hand leistet auch Bürgschaften. Auch gibt es **Förderungsprogramme der Europäischen Gemeinschaft.**

57 a d) **Ausgewählte Finanzierungsformen und -verfahren. aa) Wechsel.** §§ 602 ff., 605 a und 703 a ZPO sehen vor, daß Ansprüche aus Schecks und Wechseln in den besonders schnellen und für den Gläubiger einfacher zu handhabenden Verfahren des Urkundenprozesses bzw. Urkundenmahnverfahren geltend gemacht werden können.

Anspruchsschema:
– Ergibt sich der Anspruch als Geldanspruch (§§ 592, 688 ZPO) allein aus der Urkunde (Art. 1 WG, § 592 II ZPO) oder einer möglichen Parteivernehmung (§ 595 VI ZPO)? wenn ja, Klage im Urkunds- bzw. Scheck- oder Wechselprozeß oder -mahnverfahren, der/das als solches zu bezeichnen ist (§§ 593 I, 604 I, 703 a II Nr. 1 ZPO); kurze Einlassungs- und Ladungsfristen (§§ 274 III; 604 II, III ZPO).
– Ist der Beklagte Annehmer, Aussteller, Indossant oder Wechselbürge und hat er auf dem Wechsel unterzeichnet (Art. 1 Nr. 8, Art. 9, 15, 28, 32 WG). Die Haftung gemäß § 128 HGB setzt keine eigene Unterschrift voraus (*BGH* WM 1260, 374).
– Bei Streitigkeiten zwischen Arbeitgeber und Arbeitnehmer ist das Arbeitsgericht zuständig (§ 2 I Nr. 3 ArbGG), sonst die Kammer für Handelssachen, wenn das Landgericht zuständig ist (§ 95 I Nr. 2, 3 GVG).
– Örtlich zuständig für die Wechselklage ist das Gericht des Zahlungsanspruches (Art. 1 Nr. 5 WG) oder der allgemeine Gerichtsstand des Beklagten (§ 603 ZPO).
– Beweismittelbeschränkungen: siehe vorstehend. Sachverständigengutachten sind im Wechselprozeß nicht verwendbar (*BGHZ* 1, 218, 220). Kann der Kläger seinen Vortrag nicht alleine anhand der Urkunde oder einer Parteivernehmung beweisen, so ist die

Klage als in der gewählten Prozeßart unstatthaft abzuweisen, § 597 II ZPO; § 331 I ZPO ersetzt das Fehlen dieser Voraussetzung nicht, auch wenn der Beklagte säumig ist. Der Kläger kann auch ohne Einwilligung des Beklagten bis zum Schluß der mündlichen Verhandlung vom Wechselprozeß Abstand nehmen mit der Folge, daß der Rechtsstreit im ordentlichen Verfahren anhängig bleibt (*Baumbach/Hefermehl,* Wechsel- und Scheckgesetz, 14. Aufl., Einleitung WG Rdnr. 78).

Das verurteilende Urteil ergeht gem. § 599 I ZPO unter Vorbehalt gegen den Beklagten, ist Endurteil hinsichtlich Rechtsmittel und Vollstreckung (§§ 599 III, 602 ZPO) und ist vorläufig vollstreckbar (§ 708 Nr. 4 ZPO), soweit nicht die Vollstreckung einstweilen eingestellt wird (§ 707 ZPO).

– Nachverfahren: Hier kann der Beklagte mit allen, auch den im Urkundsverfahren ausgeschlossenen Beweismitteln den Anspruch bestreiten, soweit seine Einwendungen oder Einreden nicht bereits im Vorverfahren geprüft und als sachlich unbegründet zurückgewiesen wurden. Sind die Einwendungen begründet, so ist das Vorbehaltsurteil aufzuheben und die Klage abzuweisen, sonst das Vorbehaltsurteil aufrecht zu erhalten.

bb) Scheck. Auch Ansprüche aus einem Scheck (Art. 1 ScheckG) können nach den in Rdnr. 57a beschriebenen Grundsätzen geltend gemacht werden, sofern die Scheckform gewahrt ist.

cc) Bürgschaft. Liegt eine schriftliche (§ 766 BGB) Erklärung vor, durch die sich der Bürge vertraglich dem Gläubiger gegenüber verpflichtet hat, für eine fremde Schuld einzustehen (§ 765 BGB)? Nicht der Schriftform bedürfen die Schuldmitübernahme und der Garantievertrag. Schuldmitübernahme liegt vor, wenn nicht nur für eine fremde sondern auch für eine eigene Verpflichtung eingestanden werden soll. Im Zweifel liegt Bürgschaft vor (*BGH* NJW 68, 2332, BB 76, 1431; *Palandt-Heinrichs,* Anm. 2 vor § 414 BGB); dies gilt auch für das Verhältnis Bürgschaft/Garantievertrag, *BGH* WM 85, 1417).

Die Bürgschaft ist von Bestand und Höhe der Hauptschuld abhängig (akzessorisch), § 767 BGB, wichtig in der Praxis insbesondere für die vom Bürgen gegenüber der Bank des Hauptschuldners übernommene (Kontokorrent-)Bürgschaft. Ratsam ist in jedem Fall die Begrenzung auf einen Höchstbetrag, sonst ist es Auslegungsfrage, ob und inwieweit sich eine Bürgschaft auch auf künftige und bedingte Verbindlichkeiten erstreckt (*BGH* WM 57, 876, *BGHZ* 25, 318).

Der Gläubiger muß, sofern der Bürge nicht auf die Einrede der Vorausklage verzichtet hat (773 BGB) zunächst gegen den Schuldner erfolglos vollstrecken, bevor er den Bürgen in Anspruch nehmen kann (§ 772 BGB). Der Bürge kann eine auf unbestimmte Zeit abgeschlossene Bürgschaft für künftige Forderungen des Gläubigers gegen den Schuldner außerordentlich kündigen (*BGH* NJW 85, 3007), ferner dann, wenn sich im Falle einer auf bestimmte Zeit abgeschlossenen Bürgschaft die Vermögenslage des Schuldners verschlechtert (*BGH* BB 59, 866). Er kann die dem Hauptschuldner zustehenden Einreden und Einwendungen geltend machen (§ 768 BGB), sich ferner auf vom Schuldner nicht ausgeübte Gestaltungsrechte berufen (§ 770 BGB).

Der Bürge hat die Einrede der Vorausklage (§§ 771 bis 773 BGB), sofern nicht der Bürge darauf verzichtet hat (sog. selbstschuldnerische Bürgschaft). Ein Vollkaufmann haftet selbstschuldnerisch, wenn die Bürgschaft für ihn ein Handelsgeschäft ist (§§ 349, 351 HGB). Bei Erschwerung der Rechtsverfolgung, Konkurs des Hauptschuldners und bei voraussichtlichem Fehlschlag hat der Bürge die Einrede der Vorausklage nicht (vgl. § 773 BGB).

Da der Bürge nur sichert, kann er Ersatz seiner Leistung vom Hauptschuldner verlangen; sichernde Nebenrechte gehen auf ihn über. Unabhängig davon hat er Ansprüche aus dem Innenverhältnis dem Hauptschuldner gegenüber, z. B. aus Auftrag.

Besondere Formen der Bürgschaft sind die Nachbürgschaft (Bürgschaft dem Gläubiger gegenüber dafür, daß der Bürge seine Bürgschaftsschuld erfüllt, *BGH* NJW 79, 415) und die Rückbürgschaft (Bürgschaft gegenüber dem Bürgen, daß der Schuldner die Rückgriffsforderung, § 774 BGB, erfüllt, *BGH* NJW 79, 415).

57 d   **dd) Sicherungsabrede.** Sie verbindet ein zu sicherndes Geschäft (z. B. Darlehen, gestundeter Kaufpreisanspruch, gesellschaftsrechtliche Einlageverpflichtung) mit einer gestellten Sicherung (Pfandrecht an unbeweglichen oder beweglichen Sachen oder Rechten, Bürgschaft, Wechsel etc.) und definiert Umfang und Inhalt der Haftung der Sicherung für das zu sichernde Rechtsgeschäft. Die Sicherungsabrede spielt insbesondere in der Bankenpraxis eine erhebliche Rolle (sog. Zweckabrede bei der abstrakten Grundschuldgestellung als Sicherheit für einen Kredit).

Häufiges Problem ist die Störung eines der drei Rechtsgeschäfte und die Frage, wie sich diese Störung auf die anderen Rechtsgeschäfte auswirkt. Ist die Sicherungsabrede selber fehlerhaft (z. B. wegen Knebelung des Sicherungsgebers oder Benachteiligung anderer Gläubiger nichtig, *BGHZ* 20, 43), so hat der Sicherungsnehmer die ihm eingeräumte Sicherung zurückzuübertragen (§ 812 I 1 1. Alt. BGB). Dagegen hat der Sicherungsgeber einen vertraglichen Anspruch auf Rückgewähr der gestellten Sicherheit, wenn das zu sichernde Geschäft nichtig (oder auch erfüllt) ist. Ist die gewährte Sicherheit selbst fehlerhaft gewährt (z. B. der Bürgschaftsvertrag unwirksam), so ergibt sich aus der Sicherungsabrede gegebenenfalls der Anspruch auf nochmalige Stellung der Sicherheit oder Gestellung einer anderen Sicherheit.

Wichtig ist: Der Sicherungsnehmer hat grundsätzlich Befriedigung zunächst aus dem zu sichernden Anspruch und erst dann aus der Sicherung zu suchen.

2. Tätigkeit im und mit dem Ausland

Die Tätigkeit im und mit dem Ausland gewinnt mehr und mehr Bedeutung. **Die Vereinheitlichung des Gemeinsamen Marktes** im Jahre 1992 wird diesen Trend erneut verstärken.

58   **a) Zu beachtende Rechtsnormen.** Zunächst hat auch der deutsche Anwalt bei der Gestaltung von Verträgen mit Auslandsbezug (insbesondere Vertriebsverträgen) die Rechtsnormen zu beachten, die für ihn greifbar Rechtsbeziehungen in den Ländern regeln, auf die sich die zu gestaltende Rechtsbeziehung bezieht. So hat er insbesondere selber zu beachten und zu berücksichtigen das EG-Recht, soweit es einheitlich oder weitgehend einheitlich gilt (GruppenfreistellungsVOen der EG-Kommission, vgl. oben Rdnr. 34 oder auch das zukünftig weitgehend einheitliche Produkthaftpflichtrecht, unten Rdnr. 61). Ferner hat er zwischenstaatliche Abkommen zu beachten, wie z. B. auf dem Gebiet des Wettbewerbsrechts und des internationalen gewerblichen Rechtsschutzes (oben Rdnrn. 22, 24) oder die hier nachfolgend besprochenen Regelungen.

59   **b) Schuldrechtliche Normen.** Die Parteien können inzwischen auch auf materiell-rechtliche Regelungen auf dem Gebiete des Schuldrechts zurückgreifen, die in **internationalen Abkommen** getroffen worden sind – statt sich für die Anwendung des materiellen Rechtes eines der vom Vertrag berührten Staaten entscheiden zu müssen. Denn dies hat den Nachteil, daß meist nur einer der Beteiligten das Recht dieses Staates kennt. Häufig wird deshalb sogar das Recht eines dritten Staates als anwendbares Recht gewählt oder es wird auf eine Schiedsvertragsregelung ausgewichen (s. unten Rdnr. 61); vgl. dazu B I.

c) **Internationale Verträge.** Verträge (wie zum Beispiel Vertriebsverträge) mit Geschäftspartnern **im Ausland** müssen ferner, will man nicht Risiken eingehen, von einem Kollegen im Ausland geprüft werden. Es gibt internationale Verzeichnisse von Anwälten im Buchhandel, auf die in solchen Fällen zurückgegriffen werden kann. *Reithmann/Martiny* (aaO) geben für eine Reihe von Vertragstypen (z. B. Arbeitsvertrag, Alleinvertriebsvertrag, Kooperationsvertrag etc.) Hinweise zu den bei internationalen Verträgen dieser Art zu beachtenden Gesichtspunkten (Schuldstatut, anwendbares Recht, aber auch zusätzliche Hinweise zu speziellen Problemen, die mit dem jeweiligen Vertragstyp verbunden sind, etwa zum Ausgleichsanspruch des **Handelsvertretervertrages** oder den kartellrechtlichen Regelungen beim **Joint Venture, Kooperationsvertrag**). Ferner enthält das Werk Ausführungen zu anderen wichtigen Gesichtspunkten, etwa zur gesetzlichen Vertretung von Handelsgesellschaften, Vollmachten etc. in verschiedenen Staaten. 60

d) **Vertragliche Vereinbarung des materiellen Rechts.** Soweit nicht im Rahmen der vorstehenden Ausführungen ein allen Parteien bekanntes Recht gewählt werden kann empfiehlt es sich, die Ermittlung des anwendbaren materiellen Rechtes nicht den Regeln des internationalen Privatrechtes der berührten Staaten zu überlassen, sondern ausdrücklich zu regeln, welches materielle Recht anwendbar sein soll (zu internationalem Kaufrecht vgl. B I). 61

So ist zum Beispiel bereits jetzt absehbar, daß die gesetzliche Regelung der Produkthaftpflicht in einer EG-Richtlinie in den einzelnen Staaten der EG in Ausübung von Wahlrechten unterschiedliche Folgen haben wird (wie auch im Falle des Bilanzrichtliniengesetzes). Es wird EG-Staaten mit schärferer Haftung und EG-Staaten mit weniger scharfer Haftung geben (in der Bundesrepublik Deutschland voraussichtlich Beschränkung auf Haftungssumme). Wie auf dem Gebiete des internationalen Steuerrechtes bei der Ausnutzung von Doppelbesteuerungsabkommen („Treaty Shopping"), wird es im zivilen Vertragsrecht in Zukunft verstärkt zum **„Forum Shopping"** kommen.

e) **Schiedsgerichtsklauseln.** Schiedsgerichtsklauseln sind im Verkehr mit dem Ausland relativ häufig. Anerkannte Schiedsgerichte sind z. B. für Verträge im anglo-amerikanischen Bereich die American Arbitration Association, für Verträge im europäischen Bereich (und weltweit) die Internationale Handelskammer in Paris, für Verträge mit Ostblockländern die Handelskammern Zürich oder Wien. 61a

Dabei ist aber sorgfältig darauf zu achten, daß die beteiligten Länder Schiedssprüche dieser **Schiedsgerichte** auch **anerkennen und** bereit sind durchzusetzen (zu **vollstrecken**). Häufig ist es günstig, um Schwierigkeiten in dieser Hinsicht auszuweichen, der eigenen Partei die Möglichkeit der Rechtswahl und der Wahl des Gerichtes (im eigenen Land oder im Lande des Vertragsgegners) einzuräumen. Doch wird dies nicht immer durchsetzbar sein (vgl. zu dieser Problematik *Schütze*, Rechtsverfolgung im Ausland). Es gibt verschiedene multilaterale und bilaterale internationale Regelungen für die Schiedsgerichtsbarkeit, insbesondere das UN-Übereinkommen über die Anerkennung und Vollstreckung ausländischer Schiedssprüche vom 10. 6. 1958 (BGBl. 1961 II, S. 222) und das Europäische Abkommen über die internationale Handelsschiedsgerichtsbarkeit vom 21. 4. 1961 (BGBl. 1964 II, S. 426), das das UN-Übereinkommen ergänzt. Näheres dazu findet sich bei *Reithmann/Martiny,* Internationales Vertragsrecht, 4. Auflage Rdnrn. 1295 ff. (vgl. zur Schiedsrichterlichen Tätigkeit D V.).

3. Zukauf von Unternehmen, Veräußerung des Eigenunternehmens

62   Der **Erwerb von Unternehmen** wirft zivilrechtliche, steuerrechtliche und kartellrechtliche Probleme auf. Die wirtschaftlichen Probleme (insbesondere die Frage der **Unternehmensbewertung** und der Festlegung des Preises) können hier nicht behandelt werden, vgl. dazu zum Beispiel die Grundsätze zur Durchführung von Unternehmensbewertungen des Hauptfachausschusses des Instituts der Wirtschaftsprüfer, HFA 2, 1983 und *Großfeld,* Unternehmens- und Anteilsbewertung im Gesellschaftsrecht, 1987. Im übrigen sind die zivilrechtlichen, kartellrechtlichen und steuerrechtlichen Probleme sowohl im Falle des Zukaufes eines Unternehmens wie auch im Falle der Veräußerung des eigenen Unternehmens gleich. Zu unterscheiden ist aber zwischen zwei ganz grundsätzlich unterschiedlichen Wegen. Denkbar ist zum einen der Erwerb (die Veräußerung) eines Unternehmens im Wege des **Erwerbes/der Veräußerung der einzelnen Vermögensgegenstände** des Unternehmens und der **Übernahme seiner Schulden.** Dies ist die Vorgehensweise bei dem Erwerb des Unternehmens eines Einzelkaufmannes und kann die Vorgehensweise bei dem Erwerb des Unternehmens auch von Personen- und Kapitalgesellschaften sein. Davon zu unterscheiden ist der **Erwerb der Anteile an Personengesellschaften oder der Kapitalanteile an Kapitalgesellschaften.** Die gleichzeitige Übertragung aller Anteile an einer OHG oder KG durch die Gesellschafter auf Dritte oder einen Dritten (wobei dann allerdings die Gesellschaft erlischt) ist möglich, *BGHZ* 13, 187; 44, 229; *Baumbach/Duden/Hopt,* HGB § 124 Anm. 2 B.; nur bei einer GmbH & Co. KG kann ein übernehmender Gesellschafter allein Inhaber der Geschäftsanteile an der GmbH und gleichzeitiger alleiniger Kommanditist sein, ohne daß die GmbH & Co. KG deshalb erlischt.

63   a) **Zivilrechtliche Fragen.** Der Erwerb von **Geschäftsanteilen** und **Kommanditanteilen** an der GmbH und der KG einer GmbH & Co. KG oder von Geschäftsanteilen an einer GmbH sind rechtssystematisch weniger problematisch als der Erwerb einer Vielzahl von einzelnen Vermögensgegenständen, Übernahme von Schulden und Eintritt in Einzelverträge (jeweils mit Zustimmung des Gläubigers und Vertragspartners!). Auch der Anteilserwerb ist aber in seiner Ausgestaltung im einzelnen kompliziert, kann daher hier nicht näher dargestellt werden. (vgl. dazu z. B. die Musterformularverträge von *Günther,* in: Münchener Vertragshandbuch, Band II, S. 153 und weitere Spezialliteratur z. B. *Holzapfel/Pöllath,* Recht und Praxis des Unternehmenskaufs, 1992).

64   b) **Steuerrechtliche Fragen. aa)** Mehrfach ist in den vorstehenden Ausführungen auf die unterschiedlichen steuerlichen Folgen bei der Veräußerung des Gewerbebetriebes eines Einzelkaufmannes oder einer Personengesellschaft (§§ 15, 16, 34 II Nr. 1 EStG) sowie der Übertragung nichtwesentlicher Beteiligungen an Kapitalgesellschaften im Privatvermögen (§ 17 EStG; § 34 II Nr. 1

EStG, soweit nicht Spekulationssteuer anfällt, § 23 Ib EStG) hingewiesen worden. Auf diese Ausführungen darf verwiesen werden, vgl. oben Rdnrn. 5, 53, 54).

bb) Der Erwerb der einzelnen Vermögensgegenstände und Schulden einer 65
Kapitalgesellschaft von dieser statt des Erwerbes der Anteile an der **Kapitalgesellschaft** ist der direkte Weg, um die **Buchwerte der Wirtschaftsgüter** anzuheben (das heißt die Stillen Reserven aufdecken) und damit eine für die Zukunft höhere und somit steuermindernde Abschreibungsbasis zu gewinnen sowie den **Goodwill** mit steuerrechtlicher Wirkung abzuschreiben (§ 7 I S. 3 EStG): Indirekt kann man auch im Falle des Erwerbes von Anteilen an einer Kapitalgesellschaft eine Buchwertaufstockung erreichen, wenn die zunächst die Anteile erwerbende Gesellschaft anschließend die Einzelvermögensgegenstände an eine (meist dem gleichen Gesellschafter gehörende) Gesellschaft veräußert. Vgl. dazu *Herzig,* Steuerorientierte Grundmodelle des Unternehmenskaufs, DB 1990, 133, 134; *Otto,* Fremdfinanzierte Übernahmen – Gesellschafts- und steuerrechtliche Kriterien des leveraged Buy-Out, DB 1989, 1389, 1393. Anders dagegen in den vorstehend geschilderten Fällen der Übernahme der Vermögensgüter und Schulden eines Einzelkaufmannes oder Anteile an einer Personengesellschaft. Hier kommt es zumindest über steuerliche Ergänzungsbilanzen zu einer **Buchwertaufstockung** mit zukünftigen Abschreibungsmöglichkeiten.

c) Kartellrechtliche Fragen. aa) Kartellgesetz (GWB). Bei dem Zusammen- 66
schluß von Unternehmen besteht unter den Voraussetzungen des § 23 GWB eine **Anzeigepflicht,** die die **Zusammenschlußkontrolle** des § 24 GWB auslöst. Bereits das Vorhaben eines Zusammenschlusses kann nach § 24a I 1 GWB angemeldet werden, und muß dies bei Vorliegen der Voraussetzungen des § 24a I 2 GWB. **Aufgreifkriterien** der Fusionskontrolle sind die in § 24 VIII GWB festgelegten Voraussetzungen. Danach greift die Zusammenschlußkontrolle nicht ein,
- wenn die Beteiligten Unternehmen insgesamt im letzten abgeschlossenen Geschäftsjahr Umsatzerlöse von weniger als 500 Mio. DM hatten, oder
- wenn sich ein Unternehmen, das nicht abhängig ist und im letzten abgeschlossenen Geschäftsjahr Umsatzerlöse von nicht mehr als 50 Mio. DM hatte, einem anderen Unternehmen anschließt, es sei denn, das eine Unternehmen hatte Umsatzerlöse von mindestens 4 Mio. DM und das andere Unternehmen Umsatzerlöse von mindestens 1 Mrd. DM, oder
- soweit ein Markt betroffen ist, auf dem seit mindestens 5 Jahren Waren oder gewerbliche Leistungen angeboten werden und auf dem im letzten Kalenderjahr weniger als 10 Mio. DM umgesetzt wurden.

Im übrigen können die §§ 22 ff. GWB hier nicht näher behandelt werden.

bb) Art. 86 EWG-Vertrag. Im Gegensatz zum GWB regeln weder Art. 85 67
noch Art. 86 ausdrücklich den Fall der **Zusammenschlußkontrolle.** Seit dem Urteil des *EuGH*-Continental Can, Slg 1973, 215, steht allerdings fest, daß ein Zusammenschluß mißbräuchlich im Sinne des Art. 86 EG-Vertrag sein kann, wenn ein Unternehmen durch den Zusammenschluß seine beherrschende Stellung so verstärkt, daß die auf dem Markt noch vorhandenen Unternehmen in ihrem Marktverhalten von dem beherrschenden Unternehmen abhängen (Continental Can, S. 246). Art. 86 enthält jedoch nicht – anders als §§ 23 ff. GWB – Aufgreif- oder Verbotskriterien. Vielmehr ist zu fragen, ob durch den Zusam-

Klöpper

menschluß eine „beherrschende Stellung auf dem gemeinsamen Markt oder auf einem wesentlichen Teil desselben" entsteht, ob diese Stellung „**mißbräuchlich ausgenutzt**" wird und ob dadurch „der Handel zwischen Mitgliedstaaten beeinträchtigt" werden kann. Siehe dazu *Gleiss/Hirsch,* Kommentar zum EWG-Kartellrecht, Art. 86 EWGV, Rdnrn. 103 ff. Neuerdings wendet der EuGH auf Zusammenschlüsse aber auch Art. 85 EWGV an, Urteil *EuGH* vom 17. 11. 1987 – Morris/Rothmanns, WUW 1988, 979 (EWG/MUV 815) besprochen von *Satzky* DB 1988, 379.

4. Auftreten des Unternehmens auf dem Markt

68 Das Auftreten des Unternehmens auf dem Markt wird durch eine Vielzahl öffentlich-rechtlicher Vorschriften geregelt, die nicht nur bereits die Aufnahme der Unternehmenstätigkeit als solche, sondern auch ihre Durchführung regeln (vgl. oben Rdnr. 19). Der Unternehmer wird die einschlägigen Bestimmungen in der Regel selber kennen und nur in Problemfällen die Hilfe seines Anwaltes benötigen, der sich kurzfristig in das konkrete Problem und die einschlägigen Normen einarbeiten kann.

Neben den angesprochenen öffentlich-rechtlichen Vorschriften gibt es jedoch auch noch **Wettbewerbsrecht,** das unmittelbar zwischen Konkurrenten gilt und Ansprüche erzeugt sowie bestimmten Dritten die Möglichkeit zum Eingreifen gegen das Unternehmen einräumt. Hier ist in erster Linie an das **Gesetz gegen den Unlauteren Wettbewerb** und dessen Nebengesetze gedacht (UWG). Im Vordergrund stehen dabei die §§ 1 und 3 UWG, die Unterlassungs- und Schadensersatzansprüche für Wettbewerber und bestimmte Verbände begründen (§ 13 UWG), falls das Unternehmen im geschäftlichen Verkehr zu Zwecken des Wettbewerbs Handlungen vornimmt, die gegen die guten Sitten verstoßen oder im geschäftlichen Verkehr zu Zwecken des Wettbewerbs über geschäftliche Verhältnisse irreführende Angaben macht. Verstöße gegen die oben genannten öffentlich-rechtlichen Normen begründen dabei nach allgemeiner Meinung ebenfalls unmittelbare Ansprüche von Konkurrenten gegen das zuwiderhandelnde Unternehmen auf Unterlassung, da sich das zuwiderhandelnde Unternehmen durch die Zuwiderhandlung in sittenwidriger Weise einen Rechtsvorsprung vor Mitbewerbern verschafft. Das Gebiet des Wettbewerbsrechts kann hier nicht näher dargestellt werden. Es weist erhebliche Besonderheiten auch in verfahrensmäßiger Hinsicht auf (Rechtsinstitute der Abmahnung und Unterlassungserklärung). Gesamtdarstellungen finden sich bei *Gloy,* Handbuch des Wettbewerbsrechts, und bei *Baumbach/Hefermehl,* Wettbewerbsrecht, ferner bei *von Gamm,* Wettbewerbsrechtliche Nebengesetze und *Köhler,* Die wettbewerbsrechtlichen Abwehransprüche (Unterlassung, Beseitigung, Widerruf), NJW 1992, 137 ff.

5. Das Unternehmertestament

69 Wie das **Unternehmen vererbt** wird – ob nämlich sämtliche Vermögensgegenstände und Schulden, Verträge und Rechtsbeziehungen zwar im Wege der Gesamtrechtsnachfolge aber im einzelnen auf den/die Erben übergehen oder ob Anteile an Personen- oder Kapitalgesellschaften als solche vererbt werden (Kommanditgesellschaft, GmbH und GmbH & Co. KG) – ist von erheblicher Bedeutung, da jeweils unterschiedliche Rechtsfolgen eintreten (siehe schon oben Rdnr. 4). Weder aber kann das Unternehmen vom Erben aus der Erbschaft herausgelöst und gesondert angenommen oder ausgeschlagen werden noch kann sich der Erbe aus dem Unternehmen „die Rosinen herauspicken". Es gibt nur Annahme oder Ablehnung (Ausschlagung) der Erbschaft im ganzen. § 139 HGB gibt außerdem dem Erben eines OHG-Gesellschafters die Möglichkeit, eine Haftungsbeschränkung herbeizuführen – indem er ihm das Recht der Umwandlung der Gesellschafterstellung in einen Kommanditanteil einräumt. Im übrigen besteht die Schwierigkeit der Unternehmer-Erbfolgeregelung darin, daß sich zwei Rechtskreise überschneiden: Erbrecht des BGB und dessen Gestaltungsmöglichkeiten einerseits und Gesellschaftsrecht (HGB) und Gesellschaftsvertrag mit den Mitgesellschaftern andererseits. Daraus ergeben sich Konflikte, die gelöst werden müssen. Die unter Lebenden gestaltete Sonderrechtsbeziehung der Gesellschafter (Gesellschaftsvertrag) überlagert das Erbrecht und geht ihm, beschränkt auf die Gesellschaft, grundsätzlich vor. Das geht so weit, daß die Erben gesellschaftsvertraglich vom Eintritt in das Unternehmen ausgeschlossen werden können, und zwar ohne Abfindung (*BGHZ* 68, 225, *Baumbach/Duden/Hopt*, HGB § 138 Anm. 2 C., 5 H.). Andererseits kann auch der Erbe/können die Erben ohne weiteres in die Gesellschafterstellung eintreten. Daneben gibt es eine Vielzahl von unterschiedlichen Gestaltungsmöglichkeiten. Zweckmäßigerweise regelt der **Unternehmer** seine Nachfolge durch **Testament**. Vgl. zu erbrechtlicher Beratung und Testamentsvollstreckung auch D III.

a) Tod eines Gesellschafters. Nur die **OHG** wird durch den Tod eines Gesellschafters aufgelöst, sofern nicht aus dem Gesellschaftsvertrage sich ein anderes ergibt (§ 131 Nr. 4 HGB). Der **Tod eines Kommanditisten** hat dagegen die Auflösung der Gesellschaft nicht zur Folge (§ 177 HGB), auch nicht im Falle einer GmbH & Co. KG. 70

aa) Erbrechtliche Nachfolgeklausel. Ist im **Gesellschaftsvertrag der OHG** die Fortsetzung vereinbart (sog. erbrechtliche Nachfolgeklausel), so wird der Erbe automatisch Gesellschafter, mehrere Erben werden Gesellschafter nicht als Erbengemeinschaft, sondern jeder einzeln im Wege der Sondererbfolge (*BGHZ* 22, 192; 68, 237). Es können auch einer von mehreren Erben oder nur einige von mehreren Erben als Gesellschaftsnachfolger mit oder ohne Abfindungspflicht gegenüber den weichenden Erben berufen werden (*Karsten Schmidt*, Gesellschaftsrecht, § 45 V 4c), sog. qualifizierte Nachfolgeklausel. 71

bb) Ausschluß der Erben, sog. Fortsetzungsklausel. Der Gesellschaftsvertrag kann andererseits den oder die Erben schlechthin und sogar ohne Abfindung und Ausgleichspflicht ausschließen, vgl. oben Rdnr. 69. Dies gilt auch für den Kommanditisten. Fällt der Anteil an den persönlich haftenden Gesellschafter als einzigen Mitgesellschafter, so wird dieser Alleininhaber, gegebenenfalls ohne Pflicht zur Abfindung der Erben (*Baumbach/Duden/Hopt* § 177 HGB Anm. 1). Dies gilt ebenso für GmbH-Geschäftsanteile. 72

cc) Pflichtteil und gesetzlicher Zugewinnausgleich. In den Fällen der qualifizierten Nachfolgeklausel wie auch der Fortsetzungsklausel haben Pflichtteilsberechtigte und hat der überlebende Ehegatte Ansprüche auf Pflichtteil, Pflichtteilsergänzung und gesetzlichen Zugewinnausgleich (§§ 1931, 2301 ff., 2325 BGB) – und zwar grundsätzlich zum vollen Wert des Gesellschaftsanteils trotz Buchwertklausel und mit einer Zahlungserstreckung auf höchstens 10 Jahre (vgl. Rdnr. 75).

73 dd) Gesellschaftsrechtliches Eintrittsrecht. Ist im Gesellschaftsvertrag dagegen vorgesehen, daß der Unternehmer letztwillig bestimmen kann, daß und wer als sein Nachfolger in die Gesellschaft eintritt, so ist damit für den so in der letztwilligen Verfügung Benannten ein gesellschaftsrechtliches Eintrittsrecht begründet (*BGHZ* 22, 193; 68, 231; *BGH* NJW 1978, 264). Ob und inwieweit die weichenden Erben dann erbrechtliche Ansprüche gegen den Eintretenden haben, richtet sich nach allgemeinem Erbrecht. So kann dem Eintretenden das Unternehmen oder die **Unternehmensbeteiligung als Vorausvermächtnis** ohne Anrechnung auf den Erbteil zugewandt worden sein (§ 2150 BGB) oder es ist ihm eine Erbquote zugewiesen, die dem Wert der Mitgliedschaft im Verhältnis zum gesamten Nachlaß entspricht. Für den Fall des Vorausvermächtnisses ist § 2306 I 1 BGB zu beachten (Wegfall der Belastung zugunsten des beschwerten Miterben insoweit, als diesem ohne die auf ihn entfallende Beschwerung nicht mehr als der Pflichtteil hinterlassen worden ist). Übersteigt diese so errechnete Erbquote aber den Pflichtteil, so hat der Miterbe ein Wahlrecht (§ 2306 I 2 BGB). Er kann den Pflichtteil verlangen und den Erbteil ausschlagen; dann ist der bevorrechtigte Erbe Pflichtteilsansprüchen ausgesetzt, die die Liquidität des Unternehmens gefährden können, wenn sie daraus zu befriedigen sind.

74 b) Erbrechtliche Vorsorge. aa) Überleitung des Unternehmens zu Lebzeiten (Familienpersonengesellschaft). Häufig bietet es sich an, das Unternehmen bereits zu Lebzeiten teilweise auf Kinder zu übertragen. Damit werden Einkommensteile auf Kinder verlagert, eine angesichts der Progressionsbesteuerung ertragssteuerlich vorteilhafte Verfahrensweise. Soweit die Beteiligung an einer Gesellschaft geschenkt wird, kann dies unter Ausnutzung der 10 Jahres-Grenze des § 14 ErbStG Erbschaftssteuer sparen. Allerdings setzt die Anerkennung eines Gesellschaftsverhältnisses zwischen nahen Angehörigen voraus, daß die Gesellschaft grundsätzlich wie unter fremden Dritten gestaltet wird. Ungewöhnliche Verfügungsbeschränkungen der Kinder/Gesellschafter und ungewöhnlich weitreichende Befugnisse der Eltern/Gesellschafter gefährden daher die steuerliche Anerkennung der Gesellschaft. Für die Gründung der Gesellschaft mit Minderjährigen bzw. deren Aufnahme in eine Gesellschaft muß ein Pfleger bestellt werden, ebenso für Gesellschaftsvertragsänderungen (§§ 1909, 1822 Nr. 3 BGB). Grundlegend zum häufigen Falle der Aufnahme von Kindern in das Unternehmen des Vaters mit schenkweiser Übertragung von Gesellschaftsvermögen (vgl. *BFH (GS)* v. 29. 5. 1972 BStBl. 1973 II S. 5; ferner *BFH* BStBl. 1970 II S. 114, BStBl. 1976 II S. 678, BStBl. 1980 II, S. 779, BStBl. 1973 II S. 307). Angemessen muß auch die Gewinnverteilung sein, nicht zu beanstanden ist in der Regel eine Rendite von nicht mehr als 15% des Wertes der Beteiligung bei nicht mitarbeitenden Kindern – anderenfalls ist eine steuerlich angemessene Gewinnverteilung zugrunde zu legen (*BFH* BStBl. 1973 II S. 650).

Eine Dauerergänzungspflegschaft für die Dauer der Mitgliedschaft und der Minderjährigkeit von Kindern ist nicht erforderlich (*BFH* BStBl. 1976 II S. 328).

75 bb) Erb- und Pflichtteilsverzicht, Zugewinnausgleichsverzicht. Eine umfassende Vorsorge muß nach Möglichkeit auch spätere Pflichtteilsansprüche weichender Erben (Rdn. 72), oder Pflichtteilsergänzungsansprüche (Rdnr. 74) übergangener Erben berücksichtigen (§§ 2301, 2311, 2325 BGB), ferner erbrechtliche Zugewinnausgleichsansprüche (§ 1931 BGB). Die Erben können hohen Ausgleichsansprüchen ausgesetzt sein, da sog. Buchwertklauseln in Gesellschaftsverträgen bei erheblichen Mißverhältnissen zwischen Buchwert und wahrem Wert nicht helfen (*BGH* NJW 85, 192; DB 1989, 1399; *Engel,* NJW 86, 345, 347; *Heymann/Emmerich,* Kommentar zum HGB, § 138 Rdnr. 41; *Hennerkes/May,* NJW 88, 2761, 2766; *Karsten Schmidt,* Gesellschaftsrecht, 1991, S. 1098). Zugrundezulegen ist in der Regel der Ertragswert des Unternehmens (*BGH* NJW 1985, 192). Die Auszahlung kann nur auf 10 Jahre erstreckt werden (*BGH* DB 1989, 1399), nicht länger. Der Unternehmer sollte also bereits zu Lebzeiten versuchen, das Unternehmen unter Übergehung seines Ehegatten direkt auf seine Kinder zu übertragen – und damit auch Erbschaftssteuer zu sparen. Der Ehegatte erhält für den dann erforderlichen Zugewinnausgleichs-, Erb- und Pflichtteilsverzicht einen Ausgleich (aus dem sonstigen Vermögen oder als Nießbrauch hinsichtlich der Unternehmensgewinne oder ähnliches), ebenso weichende pflichtteilsberechtigte Kinder.

cc) **Stiftung.** Beabsichtigt der Unternehmer eine Perpetuierung seines Lebenswerkes etwa durch Berufung der Belegschaft insgesamt als begünstigtem Personenkreis mit gleichzeitiger Zuwendung der Unternehmenserträge, ohne einzelnen Personen die **Unternehmenssubstanz** zuzuwenden, so läßt sich dies langfristig nur über eine Stiftung erreichen, deren Vermögen im Unternehmen besteht und deren Destinatäre alle oder bestimmte Belegschaftsangehörige sind – auszuwählen nach dem Erblasser vorgegebenen Regelungen. 76

Nur so auch kann der Unternehmer voll seinen eigenen Willen für die zukünftige rechtliche Regelung des Unternehmens zur Geltung bringen. Denn nur die Satzung der Stiftung kann später nicht mehr durch die Destinatäre geändert werden – anders als Gesellschaftsvertrag oder Satzung durch die Gesellschafter. Allerdings wird auch die Stiftung beim Erbgang und sodann jeweils nach 30 Jahren besteuert (§ 1 I Nr. 4 ErbStG). 77

III. Beendigung der Unternehmenstätigkeit, Auflösung, Liquidation

Vgl. hierzu auch die Ausführungen unten D II Rdnr. 100, und D IV für den Fall der Beendigung der Unternehmenstätigkeit bei Insolvenz. Diese Thematik wird deshalb hier nicht weiter besprochen. Hinzuweisen ist nur auf folgende wichtige gesetzliche Bestimmungen, die der Unternehmer nicht übersehen darf, wenn das Unternehmen in die Krise gerät: 78

Nach §§ 130a, 177a HGB sind für die OHG, bei der kein Gesellschafter eine natürliche Person ist, sowie die GmbH & Co. KG im Falle der **Zahlungsunfähigkeit** oder **Überschuldung** ohne schuldhaftes Zögern, spätestens aber drei Wochen nach Eintritt der Zahlungsunfähigkeit oder Überschuldung die Eröffnung des **Konkursverfahrens** oder des gerichtlichen **Vergleichsverfahrens** zu beantragen. Die Verletzung dieser Pflichten ist mit Freiheitsstrafe bis zu drei Jahren oder mit Geldstrafe bedroht (§§ 130d, 177a HGB). Pflichten und Rechtsfolgen sind die gleichen für den Vorstand der AG (§§ 92 II, 401 AktG, 64, 84 GmbHG). Der Vorstand der Aktiengesellschaft und der Geschäftsführer der GmbH haben ferner nach § 92 I AktG und § 49 III GmbHG unverzüglich eine Hauptversammlung/Gesellschafterversammlung einzuberufen, wenn sich (unter im einzelnen bei beiden Bestimmungen unterschiedlichen Voraussetzungen) ergibt, daß die Hälfte des Grundkapitals/Stammkapitals verloren ist. Zahlungen dürfen nach Eintritt der Zahlungsunfähigkeit oder Überschuldung nicht mehr geleistet werden (§ 92 III AktG, 64 II GmbHG), andernfalls sind der Vorstand/ 79

D I   Beratung des Unternehmens

die Geschäftsführer persönlich zum Ersatz verpflichtet. Kapitalersetzende Darlehen sind in der Krise wie Eigenkapital zu behandeln (§ 32a GmbHG). §§ 32a KO und 3b AnfG knüpfen Anfechtungsfolgen an die Rückgewährung kapitalersetzender Darlehen. Im übrigen sind folgende Gesichtspunkte zu beachten.

80 – Neben der Auflösung nach einem Insolvenzverfahren (das in der Regel Auflösung und Löschung gem. Gesetz über die Auflösung und Löschung von Gesellschaften und Genossenschaften nach sich zieht, Abdruck bei *Roth,* GmbHG, § 75 Anm. 8) und neben der Auflösung **als Folge einer Umwandlung** (oben Rdnrn. 71, 72) kommt die Auflösung als Folge eines Entschlusses eines Einzelaufmannes oder **Beschlusses** der Gesellschafter einer Personen- oder Kapitalgesellschaft in Betracht, die Geschäfte einzustellen. Der Einzelkaufmann hat in einem solchen Fall die Vermögensgegenstände zu veräußern, seine Verpflichtungen zu erfüllen und alle Vertragsverhältnisse abzuwickeln. Er **haftet** nach den allgemeinen Bestimmungen innerhalb der Verjährungsfristen für Verbindlichkeiten **weiter**.

OHG und KG werden durch Eintritt eines der **Auflösungsgründe des § 131 HGB** aufgelöst (die KG allerdings nicht durch den Tod eines Kommanditisten, § 177 HGB), sofern nicht, wie in der Regel, bei Eintritt der Gründe des § 131 Nr. 4, 5 und 6 Alternative 1 die Fortsetzung unter den übrigen Gesellschaftern vereinbart ist. Die Auflösung kommt daher insbesondere in Betracht durch Ablauf der Zeit, für welche die Gesellschaft eingegangen ist, durch Beschluß der Gesellschafter und durch gerichtliche Entscheidung (§ 131 Nr. 1, 2 und 6 Alternative 2).

– Es findet dann die **Liquidation der Gesellschaft** gemäß §§ 145 ff. HGB statt, an deren Ende Verteilung des Gesellschaftersvermögens nach Berichtigung der Schulden steht (§ 155 HGB). Die Liquidation und Auflösung wirft als solche keine besonderen Probleme auf, soll deshalb hier nicht näher behandelt werden.

D II. Gesellschaftsrechtliche Beratung

Dr. Ulrich Koch

Gliederung

	Rdnr.
I. Gesellschaftsrechtliche Beratung im Überblick	1
1. Die Beratung von Klein- und Mittelbetrieben, die Beratung von Großunternehmen	2
2. Die Beratung von Einzelunternehmen und von Unternehmensgruppen	5
3. Die Beratung des Unternehmens und seiner Anteilseigner	7
4. Die Beratung von Personen- und Kapitalgesellschaften	8
5. Die Beratung in der Gründungsphase, bei Neuordnungsmaßnahmen und in der Liquidationsphase	11
6. Die Beratung ausländischer Gesellschaften bei gesellschaftsrechtlichen Gestaltungsvorhaben im Inland, die Beratung inländischer Gesellschaften in bezug auf ausländische Tochtergesellschaften	12
7. Die Beratung im Streit der Gesellschafter	15
II. Randbereiche gesellschaftsrechtlicher Beratung	16
1. Steuerrecht	17
2. Rechnungslegung, Bilanzrecht und -politik	21
3. Finanzierung des Unternehmens	25
4. Übernahme von Mitgliedschaften in Unternehmensorganen	26
5. Familien- und erbrechtliche Beratung, Vermögensberatung	28
6. Arbeits- und Sozialrecht	29

	Rdnr.
III. Allgemeine Hinweise	31
1. Wirtschaftliches Verständnis des gesellschaftsrechtlichen Beraters	31
2. Gestaltungsfreiheit	32
3. Individuelle Beratung, Abfassung individueller Verträge	33
4. Klare und präzise Vertragsgestaltung, Vermeidung komplizierter Unternehmensstrukturen	35
5. Das Nebeneinander von gesellschaftsrechtlich beratendem Anwalt und sonstigen Beratern	40
IV. Ausgewählte Beratungssituationen	42
1. Gesellschaftsgründung	42
2. Die finanzielle Ordnung und steuerliche Verfassung von Personen- und Kapitalgesellschaften	52
3. GmbH & Co. KG, Betriebsaufspaltung, GmbH & Still	53g
4. Personalistisch strukturierte Gesellschaften, Familiengesellschaften	54
5. AG, große GmbH, Publikumspersonengesellschaft	63
6. Verein und Stiftung	66
7. Bildung und Strukturierung von Unternehmensgruppen	71
8. Gerichtliche Verfahren, Beratung von Anteilseignern im Gesellschafterstreit	82
9. Umstrukturierung und Neuordnung, Umwandlung und Verschmelzung	93
10. Gesellschaftsrechtliche Beratung in Krise und Insolvenz	100

Literatur:

Rechnungslegung, Prüfung, Unternehmensbewertung: *Adler/Düring/Schmaltz*, Rechnungslegung und Prüfung der Unternehmen, 5. Aufl., seit 1987; *Beck'scher Bilanzkommentar*, 2. Aufl. 1990; *Bierich* u. a., Rechnungslegung nach neuem Recht, 1980; *Grossfeld*, Unternehmens- und Anteilsbewertung im Gesellschaftsrecht, 2. Aufl. 1987; *Hommelhoff/Priester*, Bilanzrichtliniengesetz und GmbH, 1985; *Küting/Weber*, Handbuch der Konzern-Rechnungslegung, 1989; *dies.*, Handbuch der Rechnungslegung, 1986; *Leffson*, Die Grundsätze ordnungsmäßiger Buchführung, 7. Aufl. 1987; *Piltz*, Die Unternehmensbewertung in der Rechtsprechung, 2. Aufl. 1989; *Wirtschaftsprüferhandbuch*, Handbuch für Rechnungslegung, Prüfung und Bewertung, 10. Aufl. 1992; *Wöhle*, Bilanzierung und Bilanzpolitik, 7. Aufl. 1987;

Steuerrecht der Unternehmen: *Baranowski*, Besteuerung von Auslandsbeziehungen, 1978; *Bellstedt*, Die Besteuerung international verflochtener Gesellschaften, 3. Aufl. 1973;

Brandmüller, Gewerbliche Stiftungen, 1988; *Brönner*, Die Besteuerung der Gesellschaften, 16. Aufl. 1988; *Döllerer*, Verdeckte Gewinnausschüttungen und Einlagen bei Kapitalgesellschaften, 2. Aufl. 1990; *Glade/Steinfeld*, Kommentar zum Umwandlungsteuergesetz, 3. Aufl. 1980; *Hahn/Schindler*, Die Besteuerung der Stiftungen, 2. Aufl. 1977; *Hermann/Heuer*, Kommentar zum EStG und KStG, 19. Aufl. 1982 ff.; *Jacobs*, Internationale Unternehmensbesteuerung, 2. Aufl., 1991; *Knobbe-Keuk*, Bilanz- und Unternehmenssteuerrecht, 8. Aufl. 1991; *Lange*, Verdeckte Gewinnausschüttungen, 4. Aufl. 1973; *Littmann/Bitz/Meincke*, Das Einkommensteuerrecht, 14. Aufl. 1985; *Loos*, Kommentar zum Umwandlungsteuergesetz, 2. Aufl. 1970 ff.; *Scheidel*, Steuerreform 1990, 1988; *L. Schmidt*, Kommentar zum EStG, 11. Aufl. 1992; *Schmidt/Steppert*, Die Organschaft, 3. Aufl. 1978; *Schwedhelm*, Die GmbH & Still als Mitunternehmerschaft, 1986; *Söffing*, Die Besteuerung der Mitunternehmer, Kommentar zum BdF-Schreiben vom 20. 12. 1977, 1988; *Troll*, Bewertung der GmbH-, oHG- und KG-Anteile bei der Vermögensteuer, 4. Aufl. 1983; *Vogel*, Kommentar zu den Doppelbesteuerungsabkommen, 2. Aufl., 1990; *Weber*, Handausgabe der Doppelbesteuerungsabkommen, 1982; Widmann/Mayer, Umwandlungsrecht, seit 1990;

Umstrukturierung, Verschmelzung, Umwandlung: *Böttcher/Zartmann/Kandler*, Wechsel der Unternehmensform, 4. Aufl. 1982; *Formularkommentar*, Band II 2, „Unternehmensverbindungen, Verschmelzung u. a.", 21. Aufl. 1982; *Gross*, Sanierung durch Fortführungsgesellschaften, 2. Aufl. 1988; *Heckschen*, Verschmelzung von Kapitalgesellschaften, 1989; *Siegwart/Mahari* u. a., Restrukturierungen & Turnarounds, 1990; *Zartmann/Litfin*, Unternehmensform nach Maß, 2. Aufl. 1977;

Gesellschaftsrecht – Übergreifendes: *Albach* u. a., Deregulierung des Aktienrechts – Das 3-Stufen-Modell, 1988; *Jura Europae*, Gesellschaftsrecht und Steuerrecht, 1988; *U. Koch*, Die Entwicklung des Gesellschaftsrechts in den Jahren 1984/85 (NJW 1986, 1651); im Jahr 1986 (NJW 1987, 2483); in den Jahren 1987/88 (NJW 1989, 2662); NJW 1989, 3130; NJW 1990, 158); in den Jahren 1989/90 (NJW 1992, 404); *Langenfeld/Gail*, Handbuch der Familienunternehmen, 7. Aufl. 1987 ff.; *Münchener Vertrags-Handbuch*, Band 1 Gesellschaftsrecht, 2. Aufl. 1987; *K. Schmidt*, Gesellschaftsrecht, 2. Aufl. 1991; *Sudhoff*, Das Familienunternehmen, 1980; *ders.*, Unternehmensnachfolge, 2. Aufl. 1984; *Ulmer*, Richterliche Entscheidungen im Gesellschaftsrecht 1973–1985, 1986; *Wiedemann*, Gesellschaftsrecht, Band 1 Grundlagen, 1980; *ZGR*, Bibliographie zum Unternehmens- und Gesellschaftsrecht 1950–1985, 1989;

Konzernrecht: *Centrale für GmbH*, Der GmbH-Konzern, 1976; *Emmerich/Sonnenschein*, Konzernrecht, 4. Aufl. 1991; *Hirte* (Hrsg.), Der qualifizierte faktische Konzern, 1992; *Hommelhoff/Stimpel/Ulmer*, Heidelberger Konzernrechtstage: Der qualifizierte faktische Konzern, 1992; *Hommelhoff* u. a. (Hrsg.), Entwicklungen im GmbH-Konzernrecht, 1986; *Sonnenschein*, Organschaft und Konzerngesellschaftsrecht, 1970; *ZHR*, Probleme des Konzernrechts, 1989;

Juristische Personen und Kapitalgesellschaften: *Baumbach/Hueck*, Kommentar zum GmbHG, 15. Aufl. 1989; *dies.*, Kommentar zum Aktiengesetz, 13. Aufl. 1969; *Centrale für GmbH*, Das neue GmbH-Recht in der Diskussion, 1980; *Deutler*, Das neue GmbH-Recht – GmbH-Novelle 1980, 1979; *Lutter/Hommelhoff*, Kommentar zum GmbHG, 13. Aufl. 1991; *Fleck*, Kapitalaufbringung, Kapitalerhaltung und Insolvenzprobleme der GmbH, 2. Aufl. 1982; *Formularkommentar*, Band „Aktienrecht", 22. Aufl. 1988; *v. Gerkan/Hommelhoff*, Kapitalerhaltung im Gesellschafts- und Insolvenzrecht, 2. Aufl. 1988; *Gessler/Hefermehl/Eckardt/Kropff*, Kommentar zum Aktiengesetz, 1973; *Großkommentar zum Aktiengesetz*, 1974/75; *Hachenburg*, Großkommentar zum GmbHG, 7. Aufl. 1975–1988; 8. Aufl. seit 1991; *Henn*, Handbuch des Aktienrechts, 4. Aufl. 1990; *Hoffmann*, Der Aufsichtsrat, 2. Aufl. 1985; *Kölner Kommentar zum Aktiengesetz*, 2. Aufl. seit 1985; *Lang/Weidmüller*, Kommentar zum Genossenschaftsgesetz, 32. Aufl. 1988; *Lutter*, Information und Vertraulichkeit im Aufsichtsrat, 2. Aufl. 1984; *ders./G. Krieger*, Rechte und Pflichten des Aufsichtsrats, 1981; *Mertens*, Das Recht der GmbH-Geschäftsführer, 1979; *Meyer-Landrut/Miller/Niehus*, Kommentar zum GmbH-Gesetz, 1987; *Meyer/Meulenbergh/Beuthien*, Kommentar zum Genossenschaftsgesetz, 12. Aufl. 1983; *Möhring/Nirk/Tank*, Handbuch der

Aktiengesellschaft, 2. Aufl. seit 1982; *Müller,* Kommentar zum Genossenschaftsgesetz, 1986; *Münchener Handbuch des Gesellschaftsrechts,* Band 4 Aktiengesellschaft; *Obermüller/ Werner/Winden,* Die Hauptversammlung der AG, 3. Aufl. 1967; *Rowedder u. a.,* Kommentar zum GmbH-Gesetz, 1985; *Schick/Rüd,* Stiftung und Verein als Unternehmensträger, 1988; *Schlegelberger/Quasowski,* Kommentar zum Aktiengesetz, 2. Aufl. 1937; *Scholz,* Kommentar zum GmbHG, 7. Aufl. 1986; *Sudhoff,* Der Gesellschaftsvertrag der GmbH, 7. Aufl. 1987; *Timm* (Hrsg.), Mißbräuchliches Aktionärsverhalten, 1990; *Würdinger,* Aktien- und Konzernrecht, 4. Aufl. 1981;
Personengesellschaften: *Baumbach/Duden/Hopt,* Kommentar zum HGB, 28. Aufl. 1989; *Blaurock,* Unterbeteiligung und Treuhand an Gesellschaftsanteilen, 1981; *Böttcher/ Zartmann/Faut,* Stille Gesellschaft und Unterbeteiligung, 3. Aufl. 1978; *Flume,* Die Personengesellschaft, 1977; *Formularkommentar,* Band II 1, „Einzelkaufmann und Gesellschaften", 21. Aufl. 1973; *Großkommentar zum HGB,* 3. Aufl. seit 1973; 4. Aufl. seit 1988; *Binz,* Die GmbH & Co., 8. Aufl. 1992; *Heymann,* Kommentar zum Handelsgesetzbuch, 1989; *Hueck,* Das Recht der OHG, 4. Aufl. 1971; *Münchener Kommentar zum Bürgerlichen Gesetzbuch,* 2. Aufl. 1984, §§ 705 ff. (Bearbeiter: *Ulmer*); *Paulick/Blaurock,* Handbuch der stillen Gesellschaft, 4. Aufl. 1988; *Post/Hoffmann,* Die stille Beteiligung am Unternehmen der Kapitalgesellschaft – GmbH & Still, 2. Aufl. 1984; *Sauer,* Die Publikumskommanditgesellschaft, 2. Aufl. 1989; *Schlegelberger/Gessler* u. a., Kommentar zum HGB, 5. Aufl. 1973; *K. Schmidt,* Welche Änderungen oder Ergänzungen sind im Recht der BGB-Gesellschaft geboten? Gutachten und Vorschläge zur Überarbeitung des Schuldrechts, Band III, 1983; *Sudhoff,* Der Gesellschaftsvertrag der GmbH & Co., 4. Aufl. 1979; *ders.,* Der Gesellschaftsvertrag der Personengesellschaft, 6. Aufl. 1985; *Uhlenbruck,* Die GmbH & Co. KG in Krise, Konkurs und Vergleich, 2. Aufl. 1988; *Westermann* u. a., Handbuch der Personengesellschaft, 3. Aufl. seit 1989; *Wiesner,* Die Gesellschaft bürgerlichen Rechts, 1981;
EG-Gesellschaftsrecht, Auslandsrecht: *Frommel/Thompsen,* Company Law in Europe, 1975; *Ganske,* Das Recht der Europäischen Wirtschaftlichen Interessenvereinigung, 1989; *Lawlor/Crossborder* Transactions between related Companies, 1985; *Lutter,* Die Gründung einer Tochtergesellschaft im Ausland, 2. Aufl. 1988; *ders.,* Europäisches Gesellschaftsrecht, 3. Aufl. 1991; *A. Meyer-Landrut,* Die Europäische Wirtschaftliche Interessenvereinigung, 1989;
Einzelfragen: *Bockelmann,* Das Recht der Firmen- und Geschäftsbezeichnungen, 3. Aufl. 1986; *Brandmüller,* Die Betriebsaufspaltung nach Handels- und Steuerrecht, 5. Aufl., 1985; *Dehmer,* Die Betriebsaufspaltung, 1983; *Fitting/Wlotzke/Wißmann,* Kommentar zum Mitbestimmungsgesetz, 2. Aufl. 1978; *Guski/Schneider,* Mitarbeiter-Beteiligung, 1987; *Hanau/Ulmer,* Kommentar zum MitbestG, 1981; *Heerdt/Padberg/Walther,* Der Gang an die Börse, Handbuch für Neuemissionen, 3. Aufl. 1988; *Heubeck/Heitmann,* Die Altersversorgung der Geschäftsführer bei GmbH und GmbH & Co., 2. Aufl. 1983; *Hoffmann/Lehmann/Weinmann,* Kommentar zum Mitbestimmungsgesetz, 1978; *Hölters,* Der Beirat der GmbH und GmbH & Co. KG, 1979; *Koch/Jensen/Steinhoff,* Going Public – Recht und Praxis der Börseneinführung von Unternehmen, 2. Aufl. 1993; *Raiser,* Kommentar zum Mitbestimmungsgesetz, 2. Aufl. 1984; *Schwark,* Kommentar zum Börsengesetz, 1976; *Tillmann,* Der Geschäftsführer der GmbH und GmbH & Co., 5. Aufl. 1989.

I. Gesellschaftsrechtliche Beratung im Überblick

Gesellschaftsrechtliche Beratung ist die Beratung des Unternehmensträgers, 1 seiner Organe, seiner Anteilseigner und seiner Gläubiger zu allen Fragen des Gesellschaftsrechts. Sie erstreckt sich auf die gesellschaftsrechtlichen Regelungen in BGB (§§ 21 ff., 80 ff., 705 ff., 741 ff.) und HGB (§§ 105 ff., 161 ff., 230 ff.), in Sondergesetzen zu einzelnen Gesellschaftsformen (AktG, GmbHG, GenG), in rechtsformübergreifenden Gesetzen zu Sonderfragen (Fragen des Mitbestimmungsrechts nach MitbestG, §§ 76 f. BetrVG und Montan-Mitbe-

D II Gesellschaftsrechtliche Beratung

stimmungsgesetzen oder Publizität in §§ 238 ff. HGB und PublG) und zu Umgestaltungsmöglichkeiten (UmwG, KapErhG, §§ 339 ff. AktG) u. a. m. Als Beratung des Unternehmensträgers und seiner Anteilseigner dient gesellschaftsrechtliche Beratung dem Ziel, den Anteilseignern und ihrem Unternehmen einen Rechtsträger mit solchen rechtlichen Strukturen zur Verfügung zu stellen, die es erlauben, unternehmerische Geschäftsführungs-, Aufsichts- und Grundlagenentscheidungen – unter Aufrechterhaltung unternehmerischer Beweglichkeit – auf rechtlich verläßlicher Grundlage zu treffen.

Die Bandbreite der Beratungssituationen und gesellschaftsrechtlichen Problemstellungen ist unerschöpflich. Die Bedeutung der gesellschaftsrechtlichen Fragen für das Unternehmen kann nicht hoch genug eingeschätzt werden; sie bilden die Grundlage für ein funktionierendes Zusammenwirken von Unternehmensträger und dahinter stehenden Anteilseignern, für das Zusammenwirken der verschiedenen Gesellschaftsorgane, für das Erreichen steuerlicher Zielsetzungen und damit eine wichtige Voraussetzung für den wirtschaftlichen Erfolg des Unternehmens.

1. Die Beratung von Klein- und Mittelbetrieben, die Beratung von Großunternehmen

2   Gesellschaftsrechtliche Beratung durch den Anwalt erstreckt sich von den Problemen des **Einzelunternehmers,** der aus Gründen etwa der Haftungsbeschränkung sein Handelsgeschäft in eine Gesellschaft einbringen möchte, bis hin zur Beratung großer Industrieunternehmen, die als **Publikums-AG** organisiert sind und über eigene Steuer- und Rechtsabteilungen verfügen. Entsprechend unterschiedlich ausgerichtet ist die Erwartung des Mandanten, von seinem gesellschaftsrechtlichen Berater auch zu außergesellschaftsrechtlichen Fragen anwaltlichen Rat zu erhalten und über Einzelheiten der rechtlichen Fragestellung bzw. komplizierende Alternativen unterrichtet zu werden.

3   Bei der **Beratung von Klein- und Mittelbetrieben** ist der gesellschaftsrechtlich beratende Anwalt regelmäßig umfassend gefordert. Grundlagenentscheidungen, etwa die Wahl der Rechtsform oder die Gestaltung des Gesellschaftsvertrages gehören ebenso dazu wie gesellschaftsrechtliche Zweifelsfragen des Tagesgeschäfts. Die Realisierung etwaiger Gestaltungsvorhaben liegt ganz in Händen des gesellschaftsrechtlichen Beraters. Auch wird der kleine und mittlere Betriebe beratende Anwalt oft die im Rahmen der gesellschaftsrechtlichen Probleme berührten Rand- und außerrechtlichen Fragen mitklären müssen, z. B. auch bei steuerrechtlichen oder Finanzierungentscheidungen hinzugezogen. Der gesellschaftsrechtlich beratende Anwalt ist hier häufig auch der allgemeine Berater des Anteilseigners und seiner Familie. Der mittelständische Unternehmer ist an rechtlichen Einzelheiten, die einer bestimmten Empfehlung zu Grunde liegen, regelmäßig nicht interessiert; für ihn stehen der wirtschaftliche (steuerliche) Erfolg der Maßnahme, die rechtliche Realisierbarkeit und die damit verbundenen Kosten im Vordergrund.

4   **Großunternehmen** mit eigenen Steuer- und Rechtsabteilungen bearbeiten, je nach Größe und Qualifikation dieser Abteilungen, die meisten der im Bereich der gesellschaftsrechtlichen Beratung anfallenden Fragen selbst. Der externe Anwalt als gesellschaftsrechtlicher Berater wird zu Spezialfragen, komplizierten Gestaltungsvorhaben und – zum Zweck der Überprüfung eigener Überlegungen der Unternehmensjuristen – zu Fragen von erheblichem wirtschaftlichem Gewicht hinzugezogen. Hier stehen Spezialkenntnisse und die Beantwortung

Gesellschaftsrechtliche Beratung im Überblick **D II**

von ungeklärten, in Kommentaren nicht erörterten Rechtsfragen im Vordergrund. Soweit in diesem Zusammenhang auch zu Steuer- und sonstigen nichtgesellschaftsrechtlichen Fragen externer Beratungsbedarf besteht, stehen die Empfehlungen des gesellschaftsrechtlichen Beraters neben denen anderer externer Berater (Unternehmensmakler, Banken, Wirtschaftsprüfer, Finanzierungsgesellschaften, Rentenberater etc.).

Über die Justitiare des Unternehmens unterliegen die Empfehlungen des Anwalts insoweit auch einer fachlichen Kontrolle. Die Beschränkung dieser Beratungstätigkeit auf Spezialfragen machen auf seiten des gesellschaftsrechtlich beratenden Anwalts umfassende Kenntnisse von Rechtsprechung und Schrifttum sowie Fähigkeiten erforderlich, namentlich ungeklärte, in Kommentaren nicht erörterte Fragestellungen verläßlich beurteilen zu können. Vom gesellschaftsrechtlich beratenden Anwalt erwartet werden hier – neben der abschließenden Empfehlung – auch eine eingehende Sichtung von Rechtsprechung und Schrifttum. Die gegenüber Großunternehmen abzugebenden Rechtsgutachten sind denn auch regelmäßig in juristischer Fachsprache gehalten, rechtliche Selbstverständlichkeiten müssen hier – anders als beim mittelständischen Mandanten – nicht erörtert werden. Berät der Anwalt in gesellschaftsrechtlichen Fragen direkt die Geschäftsleitung, nähert die Art der Beratung sich wieder dem Stil einer Beratung mittelständischer Unternehmen an.

2. Die Beratung von Einzelunternehmen und von Unternehmensgruppen

Gesellschaftsrechtliche Beratung hat einen unterschiedlichen **Inhalt**, je nachdem, ob ein einzelner Unternehmensträger oder aber eine Unternehmensgruppe mit einer Vielzahl in- und ausländischer Tochter- und Beteiligungsgesellschaften Gegenstand der gesellschaftsrechtlichen Beratung ist. 5

Bei der Beratung einer **einzelnen Gesellschaft** und ihrer Anteilseigner wird 6
regelmäßig das Verhältnis Gesellschaft/Gesellschafter und das Verhältnis der Anteilseigner untereinander sowie der Einfluß der Anteilseigner auf Geschäftsführungs- und Grundlagenentscheidungen des Unternehmens im Vordergrund stehen. Bei der Beratung von **Unternehmensgruppen** treten – abgesehen davon, daß der Beratungsbedarf meist schon durch die größere wirtschaftliche Stellung der Unternehmensgruppe anders gelagert sein wird – konzernrechtliche Organisations- und Haftungsfragen, Streitfragen im Verhältnis Mutter- und Tochtergesellschaft sowie ertragsteuerliche Fragen der Ergebnisweiterleitung hinzu. Weitere Komplizierungen ergeben sich bei Unternehmensgruppen aus einer etwaigen Beteiligung Dritter an konzernzugehörigen Gesellschaften, durch die Frage nach der konzern- und steuerrechtlichen Zweckmäßigkeit von Zwischenholdinggesellschaften und durch die Frage, in welchem Maße die grundlegenden Geschicke von Tochter- und Enkelgesellschaften von der Geschäftsleitung der Muttergesellschaft oder aber von deren Anteilseignern zu bestimmen sind.

3. Die Beratung des Unternehmensträgers und seiner Anteilseigner

Der Anwalt kann als Berater der Gesellschaft und/oder (einzelner) ihrer Anteilseigner auftreten. Solange unter den Gesellschaftern Einigkeit besteht, liegt, gerade bei kleinen und mittleren Unternehmen, die Beratung meist in Händen ein und desselben Beraters, und zwar sowohl die Beratung des Unternehmens als auch die Beratung seiner Anteilseigner. Erst bei einem **Streit der Anteilseigner** untereinander oder absehbaren Interessenkonflikten stehen sich gesell- 7 schaftsrechtliche Berater der Gesellschaft und der Anteilseigner gegenüber. Ein Mandat der Gesellschaft wird den gesellschaftsrechtlich beratenden Anwalt regelmäßig mit den aus Sicht der Geschäftsführung relevanten Fragen beschäftigen: Das Verhältnis der Unternehmensorgane zueinander, die Gestaltung der Rechtsverhältnisse von Tochtergesellschaften und Beteiligungen u. a. m. Ein Mandat der Anteilseigner wird den gesellschaftsrechtlichen Berater meist mit Fragen des Verhältnisses der Gesellschafter zueinander und ihrem Einfluß auf das Unternehmen konfrontieren.

4. Die Beratung von Personen- und Kapitalgesellschaften

8   Schon im Hinblick auf die unterschiedliche steuerliche Behandlung stellen sich bei der Beratung von Personen- und Kapitalgesellschaften und ihrer Anteilseigner unterschiedliche Fragen. Dies gilt zunächst für die **steuerrechtlichen Konsequenzen,** die mit der Entscheidung für die Personen- oder Kapitalgesellschaft als Unternehmensträger verbunden sind (Verlustverrechnung mit anderweitigen Einkünften des Anteilseigners, gewerbesteuerliche Berücksichtigung von Geschäftsführergehältern, Rückstellungsfähigkeit der Versorgungsansprüche von geschäftsführenden Gesellschaftern, doppelte Vermögensteuerpflicht, Beteiligung von Steuerausländern, etc.). Aber auch für die Gestaltung der rechtlichen Verhältnisse des Unternehmensträgers ist die Entscheidung zwischen Personen- und Kapitalgesellschaft weichenstellend.

9   Der **Vorteil der beschränkten Haftung** für sämtliche Anteilseigner führt – wenn man von der GmbH & Co. KG also Doppelgesellschaft absieht – oft zur Rechtsform der Kapitalgesellschaft; für den gesellschaftsrechtlichen Berater stehen dann meist Fragen der Kapitalaufbringung und -erhaltung sowie Fragen zur kapitalersetzenden Funktion von Gesellschafterdarlehen im Mittelpunkt. Nur bei Gesellschaften in der Rechtsform der AG und KGaA kommt derzeit eine Börsenzulassung in Betracht.

10 Der Grundsatz der Selbstorganschaft bei **Personengesellschaften** und die enge, persönliche Verbundenheit ihrer Anteilseigner begründen zusätzliche, vom Berater zu beachtende Besonderheiten (das Fehlen fester Kapitalanteile, Regelungsbedarf bei der Einrichtung von Gesellschafterkonten, bei der Übertragbarkeit von Gesellschaftsanteilen unter Lebenden und von Todes wegen und bei der Einrichtung eines Verfahrens zur Berufung neuer persönlich haftender Gesellschafter, etc.).

5. Die Beratung in der Gründungsphase, bei Neuordnungsmaßnahmen und in der Liquidationsphase

11 Je nach dem „Lebensstadium" eines Unternehmens, zwischen Aufnahme und Beendigung der Geschäftstätigkeit, wird der gesellschaftsrechtliche Berater mit ganz unterschiedlichen Fragestellungen konfrontiert. In der Gründungsphase stehen die Frage der Rechtsform, der Inhalt des Gesellschaftsvertrages und die organisatorische Anbindung von Tochtergesellschaften im Vordergrund. Später werden regelmäßig gesellschaftsrechtliche Neuordnungen erforderlich, meist durch Unternehmenszu- oder -verkäufe, den Wechsel von Anteilseignern oder aber durch steuerliche Überlegungen ausgelöst; hier stehen die Umwandlung des Unternehmensträgers in eine andere Rechtsform, die Verschmelzung mehrerer Rechtsträger, konzernrechtliche Umstrukturierungen sowie die Neuordnung des Einflusses der Anteilseigner im Vordergrund. In der Liquidationspha-

se ist der gesellschaftsrechtliche Berater meist damit betraut, die Beseitigung der Gesellschaft möglichst geräuschlos und ohne zusätzlichen Aufwand durchzuführen, soweit die Einleitung des Liquidations- oder Vergleichsverfahrens nicht aktiv dazu eingesetzt wird, um Bereinigungen auf Anteilseigner- oder Gläubigerseite herbeizuführen und anschließend die Gesellschaft fortzuführen. Die mit der Liquidation verbundenen Kosten sind zu minimieren, ein Vergleichs- oder gar Konkursverfahren tunlichst zu vermeiden. Im Liquidations- wie auch im Insolvenzverfahren wird die Tätigkeit des gesellschaftsrechtlich beratenden Anwalts meist auf die Beantwortung der durch die Insolvenz ausgelösten gesellschaftsrechtlichen Fragen beschränkt sein.

6. Die Beratung ausländischer Gesellschaften bei gesellschaftsrechtlichen Gestaltungsvorhaben im Inland, die Beratung inländischer Gesellschaften in bezug auf ausländische Tochtergesellschaften

Der deutsche Anwalt wird als gesellschaftsrechtlicher Berater in erster Linie mit inländischen Gesellschaften und deren Rechtsproblemen im Inland konfrontiert. Die zunehmende weltwirtschaftliche Verflechtung hat aber dazu geführt, daß nahezu jeder gesellschaftsrechtliche Berater auch in Fällen mit Auslandsberührung tätig ist, sei es, daß ausländische Anteilseigner sich an Inlandsunternehmen beteiligen, ausländische Investoren in der Bundesrepublik Tochtergesellschaften gründen oder Niederlassungen errichten, sei es, daß inländische Gesellschaften ihr Auslandsgeschäft mit eigenen Tochtergesellschaften im Ausland unterstützen.

Die Beratung ausländischer Mandanten über Probleme des deutschen Gesellschaftsrechts besteht zu einem wesentlichen Teil darin, dem ausländischen Investor die **deutschen Rechtsprobleme und Zusammenhänge** zu erläutern, oft in dessen Landessprache. Kenntnisse des Rechts des Heimatstaats des Investors erleichtern es dem beratenden Anwalt, die Gestaltung der deutschen Tochtergesellschaft an das Recht der ausländischen Muttergesellschaft anzupassen und auf Abweichungen des deutschen gegenüber dem ausländischen Recht hinzuweisen, die dem ausländischen Investor nicht bewußt sind. Erhebliche Bedeutung kommt bei der Gestaltung der Tatsache zu, daß der ausländische Anteilseigner in der Bundesrepublik nur beschränkt steuerpflichtig ist (Belastungsvergleiche von Betriebsstätte und Tochtergesellschaft, Körperschaftsteuergutschriften, Quellensteuern, etc.).

Bei **Auslandsinvestitionen** deutscher Unternehmen, die hierbei ihren ständigen gesellschaftsrechtlichen Berater hinzuziehen, stehen zunächst Fragen des ausländischen Rechts im Vordergrund. Auch bei guten Kenntnissen des ausländischen Rechts wird der deutsche Anwalt kaum vollständig und verläßlich beurteilen können, ob bei der beabsichtigten Maßnahme allen sich aus dem ausländischen Recht ergebenden Risiken hinreichend Rechnung getragen ist oder nicht. Schon aus Gründen der Vorsicht werden zu solchen Fragen regelmäßig ausländische Anwälte hinzugezogen, sei es, daß der ausländische Anwalt für die nach fremdem Recht zu beurteilenden Fragen vom Mandanten beauftragt wird, sei es, daß der deutsche Anwalt sich im Innenverhältnis durch ausländische Kollegen beraten läßt. Die sich nach deutschem Recht aus der internationalen Verflechtung ergebenden Fragen, insbesondere Fragen des Konzern- und des Außensteuerrechts sind vom deutschen Anwalt zu beurteilen.

7. Die Beratung im Streit der Gesellschafter

15 Einen großen Tätigkeitsbereich findet der gesellschaftsrechtliche Berater bei Streitigkeiten der Anteilseigner untereinander. Hier steht die Durchsetzung einseitiger Interessen ganz im Vordergrund der anwaltlichen Tätigkeit, aber zugleich das Bemühen, durch entsprechende Verhandlungen einen Ausgleich der Interessen herbeizuführen, um eine Schädigung des Unternehmens zu vermeiden. Kommt es zu gerichtlichen Auseinandersetzungen, wird der gesellschaftsrechtlich beratende Anwalt die von ihm vertretenen Anteilseigner oder Unternehmensorgane auch vor Gericht vertreten. Gesellschaftsverträge, aber auch andere Vereinbarungen gesellschaftsrechtlichen Inhalts, enthalten oft **Schiedsgerichtsklauseln,** welche die Zuständigkeit staatlicher Gerichte zur Entscheidung solcher Streitigkeiten ausschließen und zur Einrichtung besonderer Schiedsgerichte führen. Die Prozeßführung vor Schiedsgerichten, aber auch die Tätigkeit als Schiedsrichter bilden deshalb regelmäßig einen festen Bestandteil der Tätigkeit des gesellschaftsrechtlich beratenden Anwalts.

II. Randbereiche gesellschaftsrechtlicher Beratung

16 Der gesellschaftsrechtliche Berater muß, wie jeder Anwalt auf seinem Fachgebiet, über gute Rechtskenntnisse, möglichst in Form präsenten Wissens, verfügen. Die gesellschaftsrechtliche Beratung verlangt dabei mehr als reine Rechtskenntnisse, wie sie bei der Führung gesellschaftsrechtlicher Prozesse im Vordergrund stehen. Gesellschaftsrechtliche Fragen sind regelmäßig eng mit dem **Steuerrecht** verknüpft, oft von steuerlichen Vorgaben abhängig. Die Lage des Unternehmens und die Notwendigkeit, mit gesellschaftsrechtlichen Maßnahmen gestaltend einzugreifen, lassen sich meist nur aus der Rechnungslegung des Unternehmens ablesen. Auch sind gesellschaftsrechtliche Gestaltungen oft mit Rechtsfragen anderer Rechtsgebiete verknüpft, die der gesellschaftsrechtliche Berater in gleicher Weise übersehen muß. In diesem Sinne ist der gesellschaftsrechtlich beratende Anwalt, trotz aller Spezialisierung auf Fragen z. B. des Aktien- und Umwandlungsrechts, als Generalist auf zahlreichen Rechtsgebieten tätig.

1. Steuerrecht

17 Dem Steuerrecht kommt zentrale und wegweisende Bedeutung für die gesellschaftsrechtliche Beratung zu (vgl. Steuerberatung, D. VI.). Dies gilt für die Ertragsteuern (Einkommen-, Körperschaft- und Gewerbeertragsteuer) und ihren Einfluß auf den Ertrag von Unternehmen und das Einkommen der Anteilseigner, sei es bei der Standort- und Rechtsformwahl, sei es bei der laufenden gesellschaftsrechtlichen Beratung. Dies gilt aber auch für die anderen Steuerarten (GewStG, GrEStG, ErbStG, VStG, u. a. m.), die bei der Wahl unter verschiedenen gesellschaftsrechtlichen Gestaltungsmöglichkeiten als Kosten zu berücksichtigen sind. Bei **Umstrukturierungen und Neuordnungsvorhaben** entscheiden – wegen der Gefahr der unbeabsichtigten Realisierung stiller Reserven – regelmäßig das UmwStG und die einschlägigen Erlasse der Finanzverwaltung über den einzuschlagenden Weg. Die gesellschaftsrechtliche Beratung in Fällen mit Auslandsberührung wird stark durch das Außensteuerrecht und die bestehenden DBAs geprägt. Wegen der finanziellen Bedeutung der steuerlichen Zusammenhänge entscheiden diese oft über die Auswahl unter verschiedenen gesellschaftsrechtlichen Gestaltungsmöglichkeiten.

Der Unterscheidung zwischen Privat- und Betriebsvermögen (einschl. ge- 18
willkürtem und notwendigem Betriebsvermögen) kommt in der gesellschaftsrechtlichen Beratung eine ebenso große Bedeutung zu wie der zivilrechtlichen Unterscheidung nach Eigentum der Anteilseigner und Eigentum der Gesellschaft. Bei jedem gesellschaftsrechtlichen Gestaltungsvorhaben, selbst bei der Abstimmung von Gesellschaftsvertragsklauseln zur Gesellschafternachfolge von Todes wegen und von letztwilligen Verfügungen, besteht die Gefahr, daß es zu nur schwer zu finanzierenden Steuerlasten oder gar zu einer unbeabsichtigten Realisierung stiller Reserven kommt. Unternehmen in der Rechtsform der **Betriebsaufspaltung**, der **GmbH & Still** oder der doppelstöckigen **GmbH & Co. KG** stehen schon von ihrer Gründung an unter der Dominanz des Steuerrechts. Einige gesellschaftsrechtliche Instrumente, etwa der Abschluß von Beherrschungs- und Gewinnabführungsverträgen, haben in der gesellschaftsrechtlichen Praxis vor allem steuerrechtliche Bedeutung, andere gesellschaftsrechtliche Gestaltungen (Beteiligungen von Familiengehörigen durch Nießbrauch oder Unterbeteiligung) hängen in ihrem wirtschaftlichen Erfolg ganz wesentlich von der Beachtung der steuerrechtlichen Vorgaben ab. Die eigentlichen Probleme gesellschaftsrechtlicher Gestaltung liegen deshalb oft in der rechtlichen Absicherung steuerrechtlicher Ziele, die dann ihrerseits die gesellschaftsrechtliche Gestaltung weitgehend präjudizieren.

Auch dann, wenn – wie in den meisten Fällen – die steuerliche Beratung in den Händen 19
einer Wirtschaftsprüfungsgesellschaft, eines Steuerberaters oder eines spezialisierten Steueranwalts liegt, genügt es für den gesellschaftsrechtlichen Berater in der Regel nicht, steuerliche Vorgaben nur zu beachten und die gesellschaftsrechtlichen Empfehlungen hieran auszurichten. Erst ein hohes Maß eigener steuerrechtlicher Kenntnisse versetzt den gesellschaftsrechtlichen Berater in die Lage, wirtschaftlich (weil auch steuerlich) sinnvolle Gestaltungsmöglichkeiten und -empfehlungen zu unterbreiten und steuerlich nachteilige Gestaltungen zu vermeiden. Die Fähigkeit, bilanz- und ertragsteuerliche Zusammenhänge zu beachten, ist dabei ebenso unerläßlich wie Kenntnisse des körperschaftsteuerrechtlichen Anrechnungsverfahrens und der Eigenkapitalgliederung, ohne die die Ertragssituation der Anteilseigner von Kapitalgesellschaften und Ausschüttungsentscheidungen nicht verläßlich beurteilt werden können.

Zahlreiche **Beratungsfehler** resultieren aus der ungenügenden Berücksichtigung steu- 20
errechtlicher Zusammenhänge. Vorschläge zu gesellschaftsrechtlichen Gestaltungsvorhaben, die ohne Berücksichtigung steuerrechtlicher Zusammenhänge abgegeben werden, enthalten oft auch noch Alternativen, die aus steuerlichen und damit finanziellen Gründen nicht verfolgt werden sollten; solche Vorschläge sind aus Sicht des Mandanten wertlos, sie gefährden auch die Stellung des gesellschaftsrechtlich beratenden Anwalts gegenüber dem Mandanten. Denn gerade wegen des starken Einflusses der steuerrechtlichen Fragen auf die gesellschaftsrechtliche Beratung bilden die mittleren und großen Wirtschaftsprüfungs- und Steuerberatungsgesellschaften wichtige Konkurrenten für den Rechtsanwalt als gesellschaftsrechtlichen Berater.

2. Rechnungslegung, Bilanzrecht und -politik

Gesellschaftsrechtliche Beratung wird meist nicht ohne Kenntnis der finan- 21
ziellen Verfassung der Gesellschaft möglich sein. Ein eigenkapitalschwaches Unternehmen kann nicht in der Rechtsform der Betriebsaufspaltung geführt werden; Verschmelzungsmaßnahmen sollten so vorgenommen werden, daß

steuerliche Verlustvorträge nicht ungenutzt untergehen; der Katalog zustimmungspflichtiger Geschäfte, für deren Vornahme die Geschäftsführung die Zustimmung des Aufsichtsorgans benötigt, wird oft danach restriktiv oder großzügig ausgestaltet, ob die Geschäftsführung erfolgreich tätig ist oder nicht. Der gesellschaftsrechtliche Berater wird dabei regelmäßig auf die Jahresabschlüsse der Gesellschaft und deren laufendes Rechnungswerk zurückgreifen. Nur die Fähigkeit, Einzel- und Konzernabschlüsse und betriebliche Monatsabrechnungen lesen und ihnen die entsprechenden Warnsignale entnehmen zu können, ermöglicht es dem gesellschaftsrechtlichen Berater, rechtzeitig die richtigen Gestaltungsvorschläge zu unterbreiten.

22   Entsprechende Kenntnisse der Buchführung und Bilanzierung sind für den gesellschaftsrechtlichen Berater wichtig, das Nebeneinander von Handels- und Steuerbilanz – in kleineren Unternehmen wird regelmäßig von vornherein nur eine Steuerbilanz erstellt – schafft die Verbindung zum Steuerrecht. Nur vor dem Hintergrund der Besonderheiten der Steuerbilanz sind z. B. Klauseln in Gesellschaftsverträgen von Personenhandelsgesellschaften verständlich, daß Tätigkeitsvergütungen und Miet- oder Zinszahlungen der Gesellschaft an ihren Anteilseigner handelsrechtlich als Aufwand zu verbuchen sind.

23   Die Fähigkeit, wichtige **Bilanzkennzahlen** (Umsatzrendite, Deckung des Anlagevermögens durch Eigenkapital, Eigenkapitalquote, Verhältnis von Investitionsaufwand und AfA etc.) beurteilen zu können, bildet die Grundlage für entsprechende Empfehlungen des gesellschaftsrechtlichen Beraters. Daneben werden dem gesellschaftsrechtlichen Berater aber auch in diesem Bereich konkrete Rechtsfragen vorgelegt: Etwa Rechtsfragen zur Bilanzierung (Betriebsausgabe oder Aktivierungspflicht, Abgrenzung der Umsatzrealisierung, etc.), in verstärktem Maße aber auch Publizitätsfragen, seit die Umsetzung der 4. und 7. gesellschaftsrechtlichen EG-Richtlinie auch mittelständische Unternehmen zur Veröffentlichung ihrer Jahresabschlüsse zwingt.

24   Die Beschäftigung mit dem **Jahresabschluß** der Gesellschaft wird regelmäßig dazu führen, daß der gesellschaftsrechtliche Berater auch in die finanziellen Planungen des Unternehmens eingebunden wird; hierzu gehören zunächst die Bilanzplanung einschließlich der Planung von Investitionen und Personalstand, im Zusammenhang mit der Kapitalausstattung des Unternehmens aber auch Fragen der Eigenkapitalbeschaffung und der Fremdfinanzierung. Schließlich wird der gesellschaftsrechtliche Berater oft bei Fragen der Bilanzpolitik (Bewertungsfragen, Ausübung von bilanziellen Wahlrechten etc.) hinzugezogen.

3. Finanzierung des Unternehmens

25   Der gesellschaftrechtlich beratende Anwalt wird bei länger bestehenden Mandatsverhältnissen oft auch zu grundsätzlichen Finanzierungsentscheidungen konsultiert. Die Innenfinanzierung des Unternehmens wird meist schon Gegenstand von Bilanzbesprechungen und -planungen sein. Aber auch Fragen der **externen Finanzierung** können eine Beteiligung des gesellschaftsrechtlich beratenden Anwalts erforderlich machen (Verstärkung der Eigenkapital-Basis durch Aufnahme von Mittelstandsförderungs- und Venture-Capital-Gesellschaften, Börsenzugang, Ausgabe von Genußscheinen und Wandel-Anleihen etc.). Schließlich besteht ein Beratungsbedarf beim Zugang des Unternehmens zu den verschiedenen Fremdkapitalmärkten (Inlands- und Auslandsfinanzierung, Zugang zum Euro-Dollarmarkt, Gründung einer eigenen Finanzierungsgesellschaft zur Vermeidung des Anfalls von Quellensteuern bei der Begebung von

Anleihen und zur zentralen Finanzierung der Unternehmensgruppe mit Hilfe von Cash-Management-Systemen, u. a. m.).

4. Übernahme von Mitgliedschaften in Unternehmensorganen

Ständige gesellschaftsrechtliche Berater von Anteilseignern sind häufig Mitglied in Aufsichtsorganen des Unternehmensträgers (Beirat, Verwaltungsrat, Aufsichtsrat). In dieser Stellung vertreten sie regelmäßig Interessen einzelner Anteilseigner, insbesondere gegenüber dem geschäftsführenden Unternehmensorgan und dem Einfluß anderer Anteilseigner. Die Mitgliedschaft in Aufsichtsorganen bietet weite **Einsicht in Interna des Unternehmens** und verschafft dem gesellschaftsrechtlichen Berater einen engen Kontakt zur Geschäftsführung. Der damit verbundene Informationsfluß ermöglicht es dem gesellschaftsrechtlichen Berater, wirtschaftlich gut fundierte Empfehlungen auszusprechen. 26

Insbesondere dann, wenn der gesellschaftsrechtliche Berater zugleich Vorsitzender des Aufsichtsgremiums zur Bestellung der Mitglieder der Geschäftsführung ist, treffen den gesellschaftsrechtlichen Berater zusätzliche Aufgaben: Er ist dann **Ansprechpartner der Geschäftsführung** im Aufsichtsorgan, weitgehend in seiner Hand liegt dann die Ausgestaltung der Anstellungsverhältnisse mit den Geschäftsführungsmitgliedern einschließlich deren regelmäßiger Anpassung; Suche von geeigneten Nachfolgern für ausscheidende Geschäftsführungsmitglieder, Entscheidung von Streitigkeiten in der Geschäftsführung, Vorabklärung wichtiger Geschäftsführungsmaßnahmen, die der Zustimmung des Aufsichtsorgans bedürfen, etc. 27

5. Familien- und erbrechtliche Beratung, allgemeine Vermögensfragen

Bei der gesellschaftsrechtlichen Beratung von Anteilseignern, insbesondere bei Mitunternehmerstellungen in Personengesellschaften, muß der gesellschaftsrechtliche Berater über den güterrechtlichen Status und über die erbrechtlichen Verfügungen seiner Mandanten unterrichtet sein. Die Regelungen des Gesellschaftsvertrages zum Übergang von Anteilsrechten von Todes wegen und die letztwilligen Verfügungen der Anteilseigner müssen aufeinander abgestimmt sein (einfache und qualifizierte Nachfolgeklausel bei Personengesellschaften; Mitwirkung von Testamentsvollstreckern; Gestaltung der Vermögensnachfolge, die verhindert, daß Unternehmensbeteiligungen und deren Bewertung zum Gegenstand von Scheidungsverfahren und Pflichtteilsauseinandersetzungen werden, etc.). Durch den Abschluß entsprechender güterrechtlicher Verträge sollte sichergestellt sein, daß Anteilsrechte an mittelständischen Unternehmen und deren Bewertung nicht Gegenstand von Ehescheidungsverfahren werden. Deshalb wird der gesellschaftsrechtliche Berater regelmäßig auch zur Überprüfung und Neugestaltung der güterrechtlichen und erbrechtlichen Situation von Anteilseignern hinzugebeten (vgl. Kap. D III.). Diese Tätigkeit des gesellschaftsrechtlich beratenden Anwalts, weit in der persönlichen Sphäre des Anteilseigners, veranlaßt Mandanten häufig, den Anwalt auch in allgemeinen Vermögensfragen als Berater hinzuzuziehen. 28

6. Arbeits- und Sozialrecht

Mit arbeits- und sozialrechtlichen Fragen wird der gesellschaftsrechtliche Berater vor allem im Zusammenhang mit den Anstellungsverträgen der Geschäfts- 29 führungsmitglieder von Kapitalgesellschaften sowie im Zusammenhang mit Unternehmenszu- und -verkäufen konfrontiert.

30   **Anstellungsverträge von Geschäftsführern und Vorstandsmitgliedern** können nur vor dem Hintergrund ihrer besonderen arbeits- und sozialrechtlichen Stellung inhaltlich gestaltet werden; bei Streitigkeiten im Zusammenhang mit der Abberufung von Geschäftsführungsmitgliedern oder sonstigen Fällen ihres Ausscheidens sind neben der organschaftlichen Stellung gerade auch die dienstvertraglichen Regelungen des Anstellungsverhältnisses zu beachten. Die Grundsätze für den **Übergang von Arbeitsverhältnissen** nach § 613a BGB müssen dem gesellschaftsrechtlichen Berater im Zusammenhang mit Unternehmenskäufen ebenso bekannt sein wie Vermeidungsstrategien, mit denen ein Übergang von Arbeitsverhältnissen ausgeschlossen werden soll, und die mit ihnen verbundenen Risiken.

III. Allgemeine Hinweise

1. Wirtschaftliches Verständnis des gesellschaftsrechtlichen Beraters

31   Gesellschaftsrechtliche Beratung setzt, in weit höherem Maß als die Tätigkeit des Anwalts in anderen Rechtsgebieten, ein hohes Maß an wirtschaftlichem Verständnis voraus. Die rechtliche Beratung des Unternehmensträgers über
– die Festlegung der von seiten der Anteilseigner zur Verfügung gestellten Eigenmittel (Festkapital, Nachschußverpflichtungen, nur langfristig kündbare Gesellschafterdarlehen, etc.),
– die zugunsten der Anteilseigner eingerichteten Gesellschafterkonten (Kapitalkonto I und II, Verlustvortragskonto, Darlehens- und Verrechnungskonten),
– die innere Ordnung des Geschäftsführungs- und Vertretungsorgans,
– die Kompetenzabgrenzung zwischen Geschäftsführungs- und Aufsichtsorganen,
– die Regelung der Mehrheitserfordernisse für tagespolitische und Grundlagenentscheidungen,
– die rechtliche Organisation eines divisionalisierten Unternehmens, u. a. m.
berühren in starkem Maße das Unternehmen, seine Organe und die Funktionsfähigkeit der Entscheidungsabläufe. Um einem Unternehmen einen Rechtsträger mit angemessenen rechtlichen Strukturen geben zu können, bedarf es entsprechender wirtschaftlicher Kenntnisse über die Entscheidungsbildung in Unternehmen und über die Zusammenhänge, die zwischen dem Unternehmen, seinem Gesellschaftsvertrag und anderen Verträgen bestehen. Erst die Berücksichtigung der Besonderheiten des einzelnen Unternehmens ermöglicht es dem gesellschaftsrechtlichen Berater, seine Empfehlungen individuell auf das einzelne Unternehmen auszurichten.

2. Gestaltungsfreiheit

32   Das deutsche Gesellschaftsrecht läßt dem gesellschaftsrechtlichen Berater, von dem engeren Aktienrecht einmal abgesehen, ein erhebliches Maß an Gestaltungsfreiheit, um für einen Unternehmensträger und seine Anteilseigner einen angemessenen rechtlichen Rahmen zu schaffen. An die **Phantasie und den Einfallsreichtum** des gesellschaftsrechtlichen Beraters werden damit hohe Anforderungen gestellt. Zwischen dem gesetzlichen Leitbild und den gesetzlichen

Allgemeine Hinweise **D II**

Schranken für die Gestaltbarkeit der Rechtsbeziehungen besteht eine erhebliche Bandbreite von Gestaltungsmöglichkeiten, sowohl bei der Rechtsform des Unternehmensträgers und der individuellen Abfassung von Gesellschafts- und sonstigen Unternehmensverträgen, als auch bei der Gestaltung von Unternehmensgruppen und ihrer Finanzierung (mit und ohne Zwischenholding, Anordnung der Gesellschaften im Abhängigkeits- oder Gleichordnungsverhältnis, Börsenzugang, Ausgabe von Vorzugsaktien oder Genußscheinen etc.). Die Ausschöpfung dieses breiten Rahmens an Gestaltungsfreiheit ermöglicht es dem gesellschaftsrechtlichen Berater, dem einzelnen Unternehmen einen für ihn zugeschnittenen rechtlichen Rahmen zur Verfügung zu stellen.

3. Individuelle Beratung, Abfassung individueller Verträge

Gesellschaftsrechtliche Beratung muß stets auf die individuelle Situation des Unternehmens, seiner Organe und seiner Anteilseigner zugeschnitten sein. Allerdings werden heute zu zahlreichen gesellschaftsrechtlichen Beratungssituationen in **Formularbüchern** Muster für Gesellschafts- und Unternehmensverträge sowie für Beschlüsse von Unternehmensorganen zur Verfügung gestellt. In zunehmenden Maße ist festzustellen, daß für Gesellschaftsverträge, aber auch für Umwandlungs- und Beteiligungsvorhaben auf Musterempfehlungen zurückgegriffen wird und Mustervertragsentwürfe in mehr oder weniger unveränderter Fassung verwandt werden. Vor einer solchen Handhabung von Formularbüchern und anderen Mustertexten kann nur gewarnt werden. 33

Auch wenn gewisse typische Beratungssituationen in ähnlicher Weise wiederkehren, müssen doch gerade die vorhandenen Unterschiede und Besonderheiten meist dazu führen, die **Rechtsverhältnisse individuell zu gestalten** und die vertraglichen Regelungen auf das einzelne Unternehmen zuzuschneiden. Das Nebeneinander von Anteilseignern und Unternehmensorganen sowie ihr konkretes Verhältnis zueinander, die steuerliche und bilanzielle Situation der Gesellschaft u. a. m. führen oft dazu, daß Gestaltungen und Regelungen, die sich in einem Fall bewährt und als sinnvoll erwiesen haben, in anderen Fällen überflüssig, hinderlich oder gar schädlich sind. Gestaltungsempfehlungen aus Handbüchern können die Besonderheiten des einzelnen Unternehmens und seiner Anteilseigner von vornherein nicht berücksichtigen, sondern müssen sich auf Standardsituationen und allgemeine Grundregeln beschränken. Publizierte Mustervertragsentwürfe und eigene Verträge (aus anderen Mandaten) können deshalb nur am Anfang der Tätigkeit des gesellschaftsrechtlichen Beraters stehen, dessen Hauptaufgabe darin liegt, den Standardinhalt eines Vertragsmusters so auf das Einzelunternehmen und seine Organe zuzuschneiden und zu ergänzen, daß deren Besonderheiten in bestmöglicher Weise Rechnung getragen wird. 34

4. Klare und präzise Vertragsgestaltung, Vermeidung komplizierter Unternehmensstrukturen

Gesellschafts- und sonstige Unternehmensverträge, aber auch der Aufbau von Unternehmensgruppen sollten möglichst einfach und überschaubar gefaßt und strukturiert sein. Die **Kompetenzen der einzelnen Organe** müssen klar gegeneinander abgegrenzt sein, der Ablauf der Entscheidungsbildung im Unternehmensträger muß auch für Kaufleute verständlich und handhabbar sein. Streitfragen sollten in möglichst weitgehendem Umfang regelmäßig durch einen Blick in die Verträge geklärt werden können. 35

D II   Gesellschaftsrechtliche Beratung

36   Hierzu gehört zunächst, daß die Verträge und Beschlüsse in einer **Sprache** abgefaßt sind, die dem Kaufmann klar und verständlich ist. Wegen der wirtschaftlichen und finanziellen Zusammenhänge kommt dem Gebot, Verträge einfach, aber doch erschöpfend und präzise zu gestalten und zu formulieren, bei Gesellschaftsverträgen und anderen gesellschaftsrechtlich bedeutsamen Vereinbarungen – mehr noch als in anderen Bereichen anwaltlicher Tätigkeit – besondere Bedeutung zu.

37   Im Interesse der guten Verständlichkeit sollten Gesellschafts- und Unternehmensverträge auch ein gewisses Maß an **Vollständigkeit** anstreben und ein in sich geschlossenes Regelungswerk darstellen. Bei Gesellschafts- und Unternehmensverträgen ist zuweilen ein Bestreben anzutreffen, die Vertragsbestimmungen auf das Unumgängliche zu beschränken, insbesondere auf die vom Gesetz abweichenden Regelungen. Mit einem Fragment, dessen Regelungsinhalt sich erst aus dem Nebeneinander von Gesetz und Vertrag erschließt, ist Anteilseignern und Unternehmensorganen in ihrer täglichen Arbeit aber meist nur wenig gedient. Diese legen regelmäßig Wert darauf, durch einen Blick in „ihren" Vertrag Zweifelsfragen möglichst abschließend klären zu können. Die deklaratorische Wiederholung von gesetzlichen Regelungen ist deshalb in Gesellschafts- und sonstigen Unternehmensverträgen nicht ungewöhnlich. Eine Ausnahme gilt für das Aktienrecht mit seinen detaillierten gesetzlichen Regelungen. Im Aktienrecht würde jede Wiederholung der gesetzlichen Regelung, gar in Abweichung vom Gesetzeswortlaut, die Frage aufwerfen, ob eine vom Gesetz abweichende Regelung beabsichtigt ist. Der Inhalt von AG-Satzungen wird deshalb üblicherweise auf das Unumgängliche beschränkt.

38   Steuerliche Überlegungen, aber auch der Wunsch einzelner Anteilseigner, die rechtliche Gestaltung des Unternehmensträgers auf lange Zeit, auch über den Tod der heutigen Anteilseigner hinaus, abzusichern, sind oft Anlaß für **komplizierte Verschachtelungen und Unternehmensstrukturen**. Mit derartigen Gestaltungen sind oft erhebliche Nachteile verbunden: Die Kompetenzabgrenzung der einzelnen Unternehmensorgane zueinander droht unübersichtlich zu werden, die Entscheidungsabläufe innerhalb des Unternehmensträgers werden belastet. Es empfiehlt sich deshalb, die unmittelbar angestrebten Vorteile gegen die Nachteile abzuwägen, die für die Übersichtlichkeit und Handhabarkeit der rechtlichen Regelungen im übrigen eintreten. In jedem Fall aber sollten die Überlegungen, die zur Abfassung und Begründung komplizierter Regelungen und Gestaltungen geführt haben, dokumentiert werden. Bei späteren Änderungen und Ergänzungen besteht stets die Gefahr, daß, wenn die Motive für komplizierte Gestaltungen nicht berücksichtigt werden, Änderungen an einzelnen Vertragsbestimmungen nachteilige Rechtsfolgen an anderer Stelle auslösen. Komplizierte Gestaltungen und Verschachtelungen bergen deshalb immer die Gefahr in sich, daß bei späteren Änderungen der Vertragsregelungen zu wenig berücksichtigt wird, welche vertraglichen Regelungen miteinander in engem inneren Zusammenhang stehen.

39   Zu komplizierten Gestaltungen und Verschachtelungen ist in den letzten Jahren auch gegriffen worden, um das Eingreifen bestimmter gesetzlicher Regelungen zu vermeiden (Mitbestimmungsgesetz 1976, Konzernrechnungslegungspflicht 1990). Mit der Zwischenschaltung ausländischer Gesellschaften und dem Ausweichen auf Rechtsformen, die vom **Mitbestimmungs- oder Publizitätsrecht** nicht erfaßt werden (Verein, Stiftung und Co. KG), werden aber die mit solchen Komplizierungen verbundenen Nachteile erkauft. Aufgabe des gesell-

schaftsrechtlichen Beraters ist es hier, übertriebene Befürchtungen der Anteilseigner und Unternehmen zurechtzurücken und auf eine Abwägung von Vor- und Nachteilen zu dringen, die mit einer solchen Komplizierung des Aufbaus der Unternehmensgruppe und der Verwendung solcher – für eine Unternehmensträgerschaft wenig geeigneten – Rechtsformen notwendigerweise verbunden sind.

5. Das Nebeneinander von gesellschaftsrechtlich beratendem Anwalt und sonstigen Beratern

Ebenso wie zahlreiche Unternehmen und deren Anteilseigner einem ständigen gesellschaftsrechtlichen Berater vertrauen oder zu speziellen gesellschaftsrechtlichen Fragen einen gesellschaftsrechtlich ausgerichteten Anwalt hinzuziehen, konsultieren diese auch andere ständige oder im Einzelfall hinzugezogene Berater. Zu den ständigen Beratern von Unternehmen und deren Anteilseignern können gehören: Der Abschlußprüfer, der steuerliche Berater, Finanzierungs- und Vermögensberater, Berater zur betrieblichen Altersversorgung u. a. m. In besonderen Situationen können hinzutreten: Insolvenzberater, Subventionsberater, Unternehmensmakler und Finanzierungsgesellschaften (bei Unternehmenszu- oder -verkäufen), Unternehmensberater (bei Sanierungs- und Neuordnungsvorhaben), ausländische Anwälte und Wirtschaftsprüfungsgesellschaften, u. a. m. 40

Schon im Interesse des Mandanten ist eine **enge Zusammenarbeit** und regelmäßige Abstimmung zwischen dem gesellschaftsrechtlichen Berater, dem Abschlußprüfer und dem steuerlichen Berater erforderlich. Darüber hinaus wird der beratende Anwalt regelmäßig über Kontakte zu Unternehmensmaklern, Unternehmensberatern und Finanzierungsgesellschaften verfügen, die er bei entsprechendem Bedarf dem Mandanten empfehlen und vermitteln kann und mit denen er bereits erfolgreich zusammengearbeitet hat. Hierher gehört auch die Zusammenarbeit des gesellschaftsrechtlichen Beraters mit dem Notar (soweit der Anwalt nicht selbst über eine Notarszulassung verfügt). Die Notwendigkeit der notariellen Beurkundung und Beglaubigung von Verträgen und Vereinbarungen macht die Mitwirkung eines Notars erforderlich, deren Umfang mit dem gesellschaftsrechtlich beratenden Anwalt abgestimmt werden muß. Bei wirtschaftlich bedeutsameren Vereinbarungen, die der notariellen Beurkundung bedürfen, können die Kostenvorteile einer **Beurkundung im Ausland** derart erheblich sein, daß hierauf hingewiesen werden sollte. Jeder gesellschaftsrechtlich beratende Anwalt wird über entsprechende Erfahrungen mit Auslandsbeurkundungen, namentlich in der Schweiz, verfügen. 41

IV. Ausgewählte Beratungssituationen

1. Gesellschaftsgründung

Bei der Gesellschaftsgründung stehen die Wahl der Rechtsform, die anfängliche Kapitalausstattung, die Abfassung des Gesellschaftsvertrages und die Art der Beteiligung der Anteilseigner an der Gesellschaft im Vordergrund. 42

a) **Rechtsformwahl.** Bei der Wahl der richtigen Rechtsform für den Unternehmensträger reicht die Auswahl von der Gesellschaft bürgerlichen Rechts, etwa für Gelegenheitsgesellschaften oder Freiberufler, bis hin zur AG, auf die wegen ihrer Schwerfälligkeit nur bei prestigeträchtigen Neugründungen und bei Gründungsvorgängen unter Einbringung bestehender, größerer Unterneh- 43

D II Gesellschaftsrechtliche Beratung

men zurückgegriffen wird. Neben den im Gesetz geregelten sind auch die aus der gesellschaftsrechtlichen Gestaltungfreiheit geborenen Rechtsformen zu beachten (Betriebsaufspaltung, GmbH & Still, doppelstöckige GmbH & Co. KG, Einheitsgesellschaft, u. a. m.). Für einzelne Branchen besteht keine Gestaltungsfreiheit (z. B. Banken, Versicherungen, Unternehmensbeteiligungs- und Kapitalanlagegesellschaften).

44   Neben **steuerlichen Gründen** ist für die Rechtsformwahl regelmäßig die Frage ausschlaggebend, ob die Anteilseigner für Gesellschaftsverbindlichkeiten eine **persönliche Haftung** übernehmen und inwieweit sie unmittelbar Einfluß auf Geschäftsführungsentscheidungen nehmen wollen. Auf Gesellschaftsformen mit notwendig persönlicher Haftung (eines Teils) der Anteilseigner (OHG, KG, KGaA) wird heute seltener zurückgegriffen. GmbH und GmbH & Co. KG stehen als einfach zu handhabende Gesellschaftsformen mit begrenzter Haftung, aber unmittelbarem Durchgriff der Anteilseigner auf Geschäftsführungsentscheidungen im Mittelpunkt des Interesses.

45   Mit der GmbH & Co. KG verbindet sich in der Gründungsphase insbesondere der Vorteil, Anlaufverluste mit anderen Einkünften der Anteilseigner verrechnen zu können. Im übrigen heben die steuerlichen Belastungsunterschiede einander teilweise auf; dies gilt etwa für die einkommen- und gewerbesteuerlichen Vorteile im Rahmen der Bildung von Pensionsrückstellungen für Gesellschafter-Geschäftsführer und der Abzugsfähigkeit von Vergütungen für Gesellschafter-Geschäftsführer bei der Kapitalgesellschaft, denen eine doppelte Vermögensteuerlast gegenübersteht, wie sie – anders als bei Personengesellschaften – mit der Kapitalgesellschaft verbunden ist. Die steuerlichen Belastungsunterschiede zwischen GmbH, GmbH & Co. KG und Betriebsaufspaltung sind deshalb meist marginal und nur im konkreten Belastungsvergleich verläßlich zu ermitteln.

46   **b) Stellung der Anteilseigner.** Im Verhältnis Anteilseigner/Gesellschaft ist zu klären, auf welche Weise die Anteilseigner sich beteiligen wollen: Durch unmittelbare Anteilsübernahme oder mittelbar im Wege der Treuhandschaft, durch typische oder atypische stille Beteiligungen, durch die Aufspaltung in Gesellschaftsanteil und Darlehensfinanzierung, Unterbeteiligung etc. Auch hier spielen, etwa bei ausländischen Anteilseignern, **steuerliche Überlegungen** eine maßgebliche Rolle.

47   Namentlich bei Gesellschaftern von Kapitalgesellschaften und bei Kommanditisten spielt auch die Frage der Aufbringung der **Kapitaleinlagen** durch die Anteilseigner eine wichtige Rolle. Die besonderen Sachgründungsvorschriften und deren Umgehung im Fall der verschleierten Sachgründung sowie die Grundsätze der verdeckten Gewinnausschüttung und der verdeckten Einlage verdienen sorgfältige Beachtung; ein Gleiches gilt für die Besonderheiten der (ggf. wiederauflebenden) Kommanditistenhaftung.

48   Befinden sich **betriebsnotwendige Vermögensgegenstände** in der Hand von Anteilseignern, etwa Grundstücke, aber auch andere Gegenstände des Anlagevermögens, so kommt sowohl deren Einbringung in das Gesellschaftsvermögen – gegen Verrechnung mit der Einlageverpflichtung – als auch eine Verpachtung durch den Anteilseigner in Betracht.

49   **c) Die Gestaltung des Gesellschaftsvertrages.** Bei der Gestaltung des Gesellschaftsvertrages kommt folgenden Regelungsbereichen besondere Bedeutung zu:

– Begrenzung des Unternehmensgegenstandes, Berechtigung zur Ausgründung von Tochtergesellschaften, zum Erwerb von Beteiligungen und zur Errichtung von Niederlassungen;

Ausgewählte Beratungssituationen **D II**

– die Kapitalausstattung der Gesellschaft und ihre Aufbringung durch die Anteilseigner; Finanzierung durch Gesellschafterdarlehen; Nachschußverpflichtungen;
– die Schaffung verschiedener Unternehmensorgane (Geschäftsführungs- und Aufsichtsorgan, Anteilseignerorgan), die Rechte und Pflichten der einzelnen Unternehmensorgane und ihr Zusammenspiel;
– die Rechtsstellung und die Einflußmöglichkeiten des einzelnen Anteilseigners gegenüber seinen Mitgesellschaftern und der Gesellschaft;
– die Tätigkeitsvergütung der geschäftsführenden Gesellschafter und etwaiger Fremdgeschäftsführer;
– die Übertragbarkeit von Anteilsrechten unter Lebenden und von Todes wegen;
– Kündigung und sonstige Fälle des Ausscheidens von Anteilseignern;
– die Abfindung ausscheidender Gesellschafter (Verkehrswert, Vermögenssteuerwert oder Buchwert, jeweils unter Abzug oder Hinzurechnung besonderer Einzelposten).
– zusätzlich bei Personengesellschaften: Einrichtung von Gesellschafterkonten für feste und bewegliche Kapitalanteile, Gewinn- und Verlustverteilung, Entnahmerechte.

d) Geschäftsführung. Besonderer Regelungen bedarf es zwischen der Gesellschaft und den Mitgliedern des Geschäftsführungsorgans, nämlich neben den Regelungen zu ihrer organschaftlichen Stellung auch dienstvertraglicher Regelungen zur Aufgabenstellung, Vergütung etc. 50

Bei Gesellschaften in der Rechtsform der **Personengesellschaft** bilden derartige Regelungen zur Tätigkeitsvergütung einen Bestandteil der Gewinnverteilung und des Gesellschaftsvertrags, was detaillierte Regelungen zur Vergütung, Tantieme und Versorgung geschäftsführender Gesellschafter nicht ausschließt. Bei **Kapitalgesellschaften** sind besondere Anstellungsverträge mit Geschäftsführern und Vorstandsmitgliedern zu schließen, in denen eine feste Tätigkeitsvergütung, ggf. eine umsatz- oder ertragsabhängige Tantieme (einschließlich Mindest- und Höchstgrenze) sowie Regelungen zur Alters-, Invaliden- und Hinterbliebenenversorgung enthalten sein werden. Soweit solche Verträge mit Gesellschaftern oder deren nahen Angehörigen geschlossen werden, ist aus steuerlichen Gründen auf die Angemessenheit der Bezüge zu achten. 51

2. Die finanzielle Verfassung und steuerliche Ordnung von Personen- und Kapitalgesellschaften

Die gesetzlichen Regelungen zur finanziellen Ordnung der Personengesellschaft gelten allgemein als unzulänglich und als für die unternehmerische Praxis wenig geeignet. Nach gesetzlichem Leitbild wird in der Personengesellschaft nach Köpfen abgestimmt (§ 709 BGB, § 119 II HGB), ohne Rücksicht auf das vom einzelnen Gesellschafter investierte Kapital. Für jeden Gesellschafter wird nur ein einheitliches Eigenkapitalkonto geführt, auf dem alle Geldbewegungen im Verhältnis zwischen Gesellschaft und Gesellschafter verbucht werden (Einlagen, Gewinne, Zinszahlungen, etc.). In der gesellschaftsrechtlichen Praxis wird dieses gesetzliche Leitbild regelmäßig durch abweichende gesellschaftsvertragliche Regelungen ersetzt, welche die Personengesellschaft weitgehend an das Recht der GmbH annähern. 52

a) Gesellschafterkonten in der Personengesellschaft. Üblicherweise werden die Mitwirkungsrechte der Gesellschafter auch in der Personengesellschaft – vorbehaltlich der Sonderstellung persönlich haftender Gesellschafter – unmittelbar an die Höhe der Kapitaleinlage geknüpft. Hierzu wird das Eigenkapital der Gesellschaft in Kapitaleinlagen und sonstige den Gesellschaftern zustehende Ei- 53

D II Gesellschaftsrechtliche Beratung

genkapitalanteile aufgeteilt und auf einem differenzierten Kontensystem verbucht:

- Auf einem **Kapitalkonto I** werden die nur durch Gesellschaftsvertragsänderung veränderlichen Kapitaleinlagen verbucht, nach deren relativer Höhe sich die Mitwirkungsrechte des Gesellschafters bestimmen;
- auf einem **Darlehens- oder Kapitalkonto II** die nur langfristig kündbaren Gesellschafterdarlehen und nicht entnahmefähigen Gewinnanteile;
- auf einem **Privat- oder Verrechnungskonto** der übrige Zahlungsverkehr zwischen Gesellschaft und Gesellschafter (sonstige Einlagen und Entnahmen, Zinsbelastungen und -gutschriften, entnahmefähige Gewinnanteile, etc.);
- der auf den einzelnen Gesellschafter entfallende Verlustanteil wird auf einem besonderen **Verlustvortragskonto** verbucht, das – im Sinne einer Haftung des Gesellschafters – zwar nicht wieder aufgefüllt werden muß, dem aber künftige Gewinne gutgebracht werden, bevor wieder dem Privatkonto entnahmefähige Gewinnanteile zugeführt werden.

53 a **b) Gewinnverteilung in der Personengesellschaft.** Hintergrund dieser Kontenaufteilung ist die – im Vergleich zur GmbH – abweichende Gewinnausschüttung in der Personengesellschaft. Denn bei der Personengesellschaft wird die Gewinnausschüttung über die **gesellschaftsvertraglichen Entnahmeregelungen** gesteuert.

Der von der Personengesellschaft ermittelte Jahresüberschuß steht den Gesellschaftern unmittelbar zu und kann, – nach Maßgabe der gesellschaftsvertraglichen Entnahmeregelung – ohne zusätzlichen Ausschüttungsbeschluß der Gesellschafter, entnommen werden. Auch hier erweisen die gesetzlichen Regelungen (§§ 121, 122 HGB) sich als wenig praxisgerecht. Statt einer Verteilung nach Köpfen (§ 121 III HGB) sieht der Gesellschaftsvertrag regelmäßig vor, daß der Gewinn der Personengesellschaft nach Kapitalanteilen verteilt wird. Der entnahmefähige Gewinnanteil – meist 70–80% des Jahresüberschusses (60% werden regelmäßig allein dazu benötigt, um die nach Höchststeuersatz auf den Gesellschafts- und Gewinnanteil zu bezahlenden Einkommen-, Kirchen- und Vermögensteuer zu bezahlen) – wird dem Privatkonto, der Rest dem Darlehenskonto gutgeschrieben.

53 b **c) Gewinnverteilung in der Kapitalgesellschaft.** Bei der Kapitalgesellschaft, etwa der GmbH, bedarf es solcher Regelungen nicht. Die Stimmrechtsverteilung richtet sich hier schon nach gesetzlichem Leitbild nach der Höhe seiner Kapitalbeteiligung (§ 47 II GmbHG). Die Gewinnausschüttung wird über **Ausschüttungsbeschlüsse der Gesellschafterversammlung** gesteuert.

53 c Der von der GmbH ermittelte Jahresüberschuß steht den Gesellschaftern erst und nur insoweit zu, als er durch Beschluß der Gesellschafter ausgeschüttet wird. Überschießende Beträge verbleiben der GmbH und werden in „andere Gewinnrücklagen" eingestellt oder auf neue Rechnung vorgetragen; diese verlassen die Sphäre der GmbH ebensowenig wie Verluste der Gesellschaft, die entweder auf neue Rechnung vorgetragen oder mit Rücklagen der GmbH verrechnet werden. Insoweit bedarf es weder der Einrichtung besonderer Gesellschafterkonten noch detaillierter Regelungen zur Entnahme von Gewinnanteilen. In der Bilanz der GmbH werden finanzielle Leistungen zwischen Gesellschaft und Gesellschaftern unter „Forderungen/Verbindlichkeiten gegenüber Gesellschaftern" verbucht.

53 d **d) Steuerrechtliche Unterschiede.** Die unterschiedliche Art der Gewinnausschüttung bei Personen- und Kapitalgesellschaft hat ihre Entsprechung im Steuerrecht:

Die **Personengesellschaft** ist Gewerbe- und Umsatzsteuersubjekt. Der Gewinn der Personengesellschaft aber wird den Gesellschaftern anteilig unmittelbar zugerechnet und

Ausgewählte Beratungssituationen **D II**

ist nicht von der Gesellschaft, sondern von den Gesellschaftern zusammen mit ihren sonstigen Einkünften zu versteuern, unabhängig davon, ob die Gesellschafter den auf sie entfallenden Gewinnanteil nach den gesellschaftsvertraglichen Regelungen entnehmen können oder nicht. Auch Verluste werden den Gesellschaftern anteilig direkt zugerechnet und mit ihren sonstigen Einkünften verrechnet, – ein Grund dafür, daß Unternehmensgründungen oft in der Rechtsform der GmbH & Co. KG und nicht in der Rechtsform der GmbH erfolgen. Vergütungen, welche die Gesellschaft an Gesellschafter zur Abgeltung von Geschäftsführungstätigkeit oder für das Zurverfügungstellen von Kapital oder Anlagevermögen bezahlt, sind handelsrechtlich als Aufwand zu behandeln, steuerlich werden sie dem betreffenden Gesellschafter als gewerbliche Einkünfte wieder hinzugerechnet, so daß der einkommen- und gewerbesteuerliche Gewinn bei der Personengesellschaft höher als der handelsrechtlich ermittelte ist.

Die **GmbH** ist demgegenüber nicht nur gewerbe- und umsatzsteuerlich, sondern auch 53e
einkommensteuerlich eigenständiges Rechtssubjekt. Handelsrechtlicher und steuerlicher Gewinn stimmen insoweit überein, als Geschäftsführervergütung für Gesellschafter und Zinszahlungen an Gesellschafter etc. auch steuerlich Aufwand bilden und Pensionsrückstellungen für geschäftsführende Gesellschafter im Grundsatz anerkannt werden.

Der damit verbundene einkommensteuerliche und gewerbesteuerliche Vorteil 53f
wird zumindest teilweise durch die doppelte – nicht abzugsfähige – Vermögensteuer aufgezehrt, welche die GmbH auf das von ihr gehaltene Betriebsvermögen und die Gesellschafter auf ihre Geschäftsanteile nebeneinander bezahlen. Bei der Personengesellschaft bezahlen nur die Gesellschafter Vermögensteuer (auf ihren Anteil am Einheitswert des Betriebsvermögens).

3. GmbH & Co. KG, Betriebsaufspaltung, GmbH & Still

Die Gesellschaftsrechtspraxis hat die ihr zur Verfügung stehende Gestaltungs- 53g
freiheit genutzt, um sich durch besondere Gestaltungen zusätzliche, abgewandelte Rechtsformen zu erschließen.

a) **GmbH & Co. KG.** Bei der Kapitalgesellschaft & Co. KG übernimmt eine 53h
beschränkt haftende Gesellschaft (AG, GmbH oder GmbH & Co. KG) die Stellung des persönlich haftenden Gesellschafters, deren Anteilsrechte werden von den Kommanditisten der KG gehalten. Die GmbH & Co. KG bietet – wie die GmbH – eine nur beschränkte Haftung der Gesellschafter, die Rechtsverhältnisse der GmbH & Co. können auch im übrigen wie bei einer Kapitalgesellschaft ausgestaltet werden. Vor allem können Anlaufverluste der GmbH & Co. – weil steuerlich Personengesellschaft – mit anderweitigen Einkünften der Gesellschafter verrechnet werden, während sie bei der GmbH steuerlich ungenutzt jeweils auf neue Rechnung vorgetragen werden müßten. Publizitätsrechtlich bietet die GmbH & Co. (noch) den Vorteil, daß sie den erweiterten Publizitätsregelungen der vierten und siebten EG-Richtlinie, wie sie durch das Bilanzrichtlinengesetz in das HGB, vor allem §§ 264ff., §§ 290ff. und §§ 316ff., Eingang gefunden haben, nicht unterliegt; dieser Vorteil wird allerdings dadurch relativiert, daß einerseits auf EG-Ebene Überlegungen, auch die GmbH & Co. KG diesen Vorschriften zu unterwerfen und sie insoweit als Kapitalgesellschaft zu behandeln, jetzt konkrete Form angenommen haben und andererseits die meisten bundesdeutschen GmbHs sich bislang nicht an die Pflicht zur Veröffentlichung ihres Jahresabschlusses halten.

Die GmbH & Co. KG ist eine **Doppelgesellschaft.** Unentbehrlich sind im 53i
Gesellschaftsvertrag deshalb Regelungen zur Verzahnung der Gesellschaftsbeteiligungen: Stets sollten an beiden Gesellschaften nur dieselben Gesellschafter in

Koch 935

D II   Gesellschaftsrechtliche Beratung

demselben Beteiligungsverhältnis beteiligt sein. Solche Regelungen sind sowohl im Hinblick auf die Anteilsübertragung unter Lebenden als auch für die Anteilsvererbung sowie für Kündigungs- und Ausschließungsfälle erforderlich. Steuerlich gehören die Geschäftsanteile der Kommanditisten an der Komplementär-GmbH zum Betriebsvermögen der Kommanditisten. Einer Verzahnung beider Gesellschaften bedarf es nicht, wenn die Geschäftsanteile der GmbH direkt von der Kommanditgesellschaft gehalten werden („Einheitsgesellschaft"); in einer solchen Einheitsgesellschaft wird die GmbH über einen Beirat der KG gesteuert, der nicht nur die Aufsicht der Kommanditisten über die Geschäftsführung der Komplementär-GmbH ausübt, sondern auch die Anteilseignerrechte der KG bei der GmbH ausübt.

53 k   b) **Betriebsaufspaltung.** Versuche von Anteilseignern, nicht nur ihr Privatvermögen, sondern auch wichtige Teile des betrieblichen Anlagevermögens aus der Haftung gegenüber Gesellschaftsgläubigern auszuklammern, haben in der Betriebsaufspaltung ihren Niederschlag gefunden. Hier werden das vom Unternehmen genutzte Grundvermögen, aber auch Patente und ähnlich wichtige Gegenstände des Anlagevermögens nicht in die das Unternehmen tragende Gesellschaft eingebracht, sondern verbleiben beim Anteilseigner oder einer Schwestergesellschaft (**„Besitzgesellschaft"**), die ihrerseits diese Gegenstände dem Unternehmensträger (**„Betriebsgesellschaft"**) pachtweise zur Verfügung stellen. Kommt es zum Zusammenbruch der Betriebsgesellschaft, kann – so die Zielvorstellung – das Vermögen der Besitzgesellschaft gerettet werden. Um die einkommen- und gewerbesteuerlichen Vorteile der Kapitalgesellschaft zu nutzen, wird die Betriebsgesellschaft üblicherweise in der Rechtsform der GmbH geführt (Vergütungen an Gesellschafter-Geschäftsführer, Pensionsrückstellungen), die Besitzgesellschaft regelmäßig in der Rechtsform der Personengesellschaft (keine doppelte Vermögensteuer auf das Anlagevermögen). Es handelt sich wieder um eine Doppelgesellschaft, bei die Gesellschaftsbeteiligungen verzahnt werden müssen.

53 l   Die Ziele der Betriebsaufspaltung werden oft nicht erreicht. Im Grundsatz muß es sich um ein eigenkapitalstarkes Unternehmen handeln, da das Anlagevermögen nicht zur Finanzierung der Betriebsgesellschaft beiträgt. Fremdkapital zur Finanzierung der Betriebsgesellschaft aber stellen die Banken meist nur zur Verfügung, wenn ausreichend Eigenkapital auch in der Betriebsgesellschaft vorhanden ist oder aber das Anlagevermögen der Besitzgesellschaft beliehen wird. Gerade auf die letztere Finanzierungsmöglichkeit, Beleihung des Anlagevermögens auch für Zwecke der Betriebsgesellschaft, müssen die Anteilseigner zumindest in wirtschaftlich schlechteren Zeiten regelmäßig zurückgreifen. Die Ziele der Betriebsaufspaltung werden so aufgegeben.

53 m   Zur Rechtsform der Betriebsaufspaltung kann deshalb nur in folgenden Fällen geraten werden:
– die Betriebsgesellschaft ist mit hohen Haftungsrisiken belastet, die eine erhebliche, die Lebensfähigkeit der Betriebsgesellschaft überschreitende Höhe erreichen und von heute auf morgen zum Konkurs der Betriebsgesellschaft führen können („Contergan"-Problematik), oder
– bei einem hochprofitablen Unternehmen soll ein Teil des Ertrags (durch Pachtzahlungen an die Besitzgesellschaft) vor der Belegschaft der Betriebsgesellschaft verschleiert werden.

53 n   Die steuerlichen Voraussetzungen, unter denen eine Betriebsaufspaltung anerkannt wird, sind kompliziert und derzeit im Wandel begriffen (vgl. *L. Schmidt*, EStG, § 15 Rdnr. 140ff. – „sachliche und personelle Verflechtung"). Die steuerliche Anerkennung als Betriebsaufspaltung führt dazu, daß auch das Vermögen der Besitzgesellschaft steuerlich zu

Ausgewählte Beratungssituationen

Betriebsvermögen wird und die Einkünfte der Besitzgesellschaft nicht mehr als Einkünfte aus Vermietung und Verpachtung, sondern als gewerbliche Einkünfte unter Anfall von Gewerbesteuer zu versteuern sind. Entfallen die tatbestandlichen Voraussetzungen der Betriebsaufspaltung, kann es bei der Besitzgesellschaft zugleich zu gefährlichen Entnahmevorgängen kommen. In der laufenden Besteuerung können mit der Rechtsform der Betriebsaufspaltung Steuervorteile verbunden sein, diese sind nur im konkreten Belastungsvergleich zu ermitteln.

Gesellschaftsrechtlich stellt sich vor allem das Problem, ob das pachtweise zur Verfügung gestellte Anlagevermögen in der Krise als „**kapitalersetzendes Gesellschafterdarlehen**" zu qualifizieren ist und damit – trotz der vermögensmäßigen Separierung – doch entsprechenden Haftungsrisiken unterliegt. In seiner Grundsatzentscheidung vom 16. 10. 1989 hat der BGH bislang nur entschieden, daß entsprechende Pachtzahlungen einer Betriebsgesellschaft den Grundsätzen für kapitalersetzende Gesellschafterdarlehen unterfallen können (BGH DB 1989, 2470); die Frage, ob auch der Pachtgegenstand selbst Rückforderungsbeschränkungen unterfallen kann, blieb offen. 53 o

c) **GmbH & Still.** Namentlich für beschränkt steuerpflichtige Gesellschafter ist in den letzten Jahren auf die Rechtsform der GmbH & Still zurückgegriffen worden. Bei der GmbH & Still beteiligt der Haupt- oder Alleingesellschafter der GmbH sich zugleich als **typischer stiller Gesellschafter** an seiner GmbH, so daß für ihn neben etwaigen Gewinnausschüttungen auch Einkünfte aus Kapitalvermögen anfallen; die Zahlungen der GmbH an den stillen Gesellschafter bilden dabei Betriebsausgaben. Besonders bei Einmann-Gesellschaften ist sorgfältig darauf zu achten, daß die stille Einlage nicht als atypisch stille Gesellschaft zu qualifizieren ist; denn dann wären die Zahlungen auf die stille Einlage als Gewinn der Mitunternehmerschaft zu versteuern. 53 p

Beschränkt steuerpflichtige Gesellschafter führen – wegen entsprechender steuerlicher Vorgaben in den Doppelbesteuerungsabkommen – ihre bundesdeutschen Tochtergesellschaften regelmäßig in der Rechtsform der Kapitalgesellschaft. Das körperschaftsteuerliche Anrechnungsguthaben aber, immerhin ⅓ der Dividende, erhalten beschränkt steuerpflichtige Gesellschafter nicht erstattet. Deshalb sind in der Vergangenheit Tochtergesellschaften ausländischer Anteilseigner üblicherweise über Gesellschafterdarlehen und stille Einlagen finanziert worden; Körperschaftsteuer fällt dann nur in geringem Umfang an, die von der Tochtergesellschaft auf Gesellschafterdarlehen und stille Einlagen zu bezahlenden Zinsen sind nach DBA-Regelung regelmäßig nur im Ausland zu versteuern (vorbehaltlich der bundesdeutschen Kapitalertragsteuer). 53 q

Dieser Entwicklung versucht die Finanzverwaltung einen Riegel vorzusetzen: Ein unausgewogenes Verhältnis von Stammkapital und Darlehensfinanzierung sollen einen Teil der Gesellschafter-Darlehen zu „verdecktem Nennkapital" umqualifizieren, die hierauf erfolgenden Zinszahlungen der GmbH an ihre Gesellschafter sollen deshalb als körperschaftsteuerpflichtige Gewinnausschüttungen anzusehen sein (*BMF*-Schreiben vom 16. 3. 1987). Zuletzt hat der *BFH* entschieden, daß es für eine steuerliche Gleichbehandlung von eigenkapitalersetzenden Darlehen mit Eigenkapital (Stammkapital einer GmbH) bislang an einer gesetzlichen Grundlage fehlt und diese weder durch § 42 AO noch durch das BMF-Schreiben ersetzt werden könne (IR 127/90; Urt. v. 5. 2. 1992). 53 r

4. Personalistisch strukturierte Gesellschaften, Familiengesellschaften

Bei der gesellschaftsrechtlichen Beratung kleinerer und mittlerer Unternehmen liegen die Anteilseignerrechte regelmäßig in Händen eines oder einiger weniger Unternehmensgründer und deren Nachfolgern. Bei derartigen personalistisch strukturierten Gesellschaften steht die langfristige Absicherung des Einflusses der Unternehmensgründer und ihrer Nachfolger auf das Unterneh- 54 men im Vordergrund der Beratung. Sind die Anteilseignerrechte innerhalb einer Familie, etwa infolge eines Anteilsübergangs von Todes wegen, breiter gestreut, besteht regelmäßig jedenfalls ein Interesse an der Absicherung des gebündelten Einflusses der Familie auf die Gesellschaft, insbesondere gegenüber anderen, nicht familienzugehörigen Anteilseignern.

55 a) **Die Ausrichtung des Gesellschaftsvertrages auf Unternehmensgründer und Anteilseigner-Familien.** Die Absicherung des **Einflusses des Unternehmensgründers** oder ganzer Anteilseigner-Familien auf das Unternehmen und seine Organe erfolgt im Gesellschaftsvertrag:

- Festlegung von Sonderrechten der Unternehmensgründer in Geschäftsführung, Aufsichtsorganen und Anteilseignerversammlung;
- Festschreibung der gegenwärtigen Unternehmensstrukturen, auch über das Ableben der Unternehmensgründer hinaus, durch Festlegung langer Laufzeiten für den Gesellschaftsvertrag und hoher Quoten für Anteilseignerbeschlüsse zur Änderung des Gesellschaftsvertrages; weitgehende Beschränkung von Kündigungsrechten;
- Verankerung einer Stammesverfassung, die den gewichteten Einfluß der Gründerfamilie auf das Unternehmen festschreibt;
- Einrichtung besonderer Aufsichtsorgane (Beirat, Verwaltungsrat) mit Vorschlags- oder Entsendungsrechten einzelner Gesellschafter oder Gesellschaftergruppen;
- Erschwerung der Übertragbarkeit von Anteilsrechten an familienfremde Dritte, Vereinbarung von Andienungspflichten und Vorkaufsrechten;
- Vorschlags- und Ablehnungsrechte für die Bestellung von Geschäftsführern in vielfältigster Ausgestaltung, von der unverbindlichen Empfehlung bis hin zum Recht, daß der von einem Gesellschafter oder einer Familie Benannte auch von der Anteilseignerversammlung bestellt wird;
- Verpflichtung eines jeden Gesellschafters, ehevertraglich Gütertrennung oder eine entsprechend modifizierte Zugewinngemeinschaft zu vereinbaren, um Verfügungsrechte des Ehegatten (§ 1365 BGB) über die Anteilsrechte und familienrechtliche Streitigkeiten über die Bewertung der Beteiligung auszuschließen;
- Absicherung des Familiencharakters der Gesellschaft durch Ausschließungs- und Einziehungsrechte bei Anfall von Anteilsrechten bei familienfremden Dritten.

56 b) **Einrichtung einer Stammesverfassung.** Die **Festschreibung des Familiencharakters** einer Gesellschaft durch Einrichtung einer Stammesverfassung macht insbesondere folgende gesellschaftsvertragliche Regelungen erforderlich:

- Zuordnung von Gesellschaftern und Kapitalanteilen zu Gesellschafterstämmen;
- Sonderrechte für die einzelnen Gesellschafterstämme (unabhängig von Kapitalanteilen, über Sonderrechte einzelner Gesellschafter hinaus);
- Anteilsübertragungen unter Lebenden und von Todes wegen: Unterschiedliche Regelungen zur Anteilsübertragung innerhalb und außerhalb des Familienstammes;
- Zweistufigkeit der Willensbildung auf Anteilseignerebene: Abstimmung der Familienstämme in der Anteilseignerversammlung und deren Vorbereitung innerhalb des Familienstammes.

57 c) **Stimmrechtsbindungs- und Poolverträge.** Soweit nicht bereits der Gesellschaftsvertrag vorsieht, daß die dem einzelnen Familienstamm zugehörigen Gesellschafter ihr Stimmrecht durch einen gemeinsamen Stammesbevollmächtigten oder aber nach Maßgabe der vorherigen familieninternen Willensbildung auszuüben haben, können außerhalb des Gesellschaftsvertrages zusätzliche Stimmrechtsbindungs- oder Poolverträge der Stammesmitglieder untereinander abgeschlossen werden. In ihnen verpflichten sich die stammeszugehörigen Gesellschafter, ihre **Anteilsrechte so auszuüben,** wie dies von den Angehörigen des Familienstammes zuvor mehrheitlich beschlossen wurde. Hierzu bedarf es der Festlegung eines Verfahrens, mit dem das Abstimmungsverhalten des Familienstammes jeweils rechtzeitig vor den Anteilseignerversammlungen ermittelt wird. Gegebenenfalls werden die Anteilseignerrechte des Stammes von einem Stammesvertreter ausgeübt.

Soweit die Anteilseignerrechte, wie etwa Inhaberaktien, frei veräußerlich sind, sieht der Poolvertrag regelmäßig ergänzende Regelungen zur Absicherung des Vorkaufsrechts der Familie und des Abstimmungsverhaltens des einzelnen stammeszugehörigen Gesellschafters vor: Vertragsstrafe, treuhänderische Übertragung der Aktien auf den Poolführer oder Hinterlegung der Aktien in einem gemeinsamen Depot unter Verwaltung des Poolführers. 58

d) Mittelbare Beteiligung weiterer Familienangehöriger an der Gesellschaft. In der Familiengesellschaft kommt der Beteiligung weiterer Familienmitglieder am Kapital der Gesellschaft, insbesondere der frühzeitigen Beteiligung von Kindern und Enkeln der Unternehmensgründer, besondere Bedeutung zu; aber auch in anderen Gesellschaften ist die Beteiligung von Abkömmlingen am Gesellschaftsanteil und dessen Erträgnissen meist eine vorteilhafte Gestaltungsform. Die Beteiligung erfolgt häufig aus steuerlichen Gründen, um **Unterhaltsleistungen** des Gesellschafters durch eigene Einkünfte seiner Kinder zu ersetzen und damit Unterhaltsleistungen teilweise aus ersparten Steuern bestreiten zu können. Daneben aber steht in Familiengesellschaften zusätzlich die Überlegung, Kinder, die zur unternehmerischen Nachfolge geeignet erscheinen, frühzeitig an das Unternehmen heranzuführen. Eine solche Beteiligung soll zunächst regelmäßig nicht mit nennenswertem Einfluß auf Geschäftsführungs- und Grundlagenentscheidungen der Gesellschaft verbunden sein. 59

Die **Beteiligung** kann im Wege der Unterbeteiligung, der Nießbrauchs- oder einer Treugeberschaft erfolgen; soweit unmittelbare Anteilsrechte eingeräumt werden, behält der bisherige Gesellschafter sich häufig Nießbrauchsrechte o. ä. vor oder aber der Einfluß der aufgenommenen Familienangehörigen wird durch Anordnung einer „obligatorischen Gruppenvertretung" beschränkt. 60

Im Hinblick auf die **steuerliche Zielsetzung** solcher Anteilsübertragungen gilt es, darauf zu achten, daß – bei Personengesellschaften – die für die steuerliche Ergebniszurechnung erforderliche Stellung der weiteren Anteilseigner als Mitunternehmer gewahrt bleibt, zugleich aber die zur Unternehmensführung ausersehenen Familienmitglieder die Geschäfte der Gesellschaft weitgehend ungehindert fortführen können; exzessive Regelungen zum Nachteil eintretender Kinder sollten nicht ohne Abstimmung mit den Finanzbehörden vereinbart werden. 61

Bei der Aufnahme von Kindern, Ehegatten und sonstigen Familienangehörigen muß auch die Frage geregelt werden, wie die Einlage auf die neugeschaffenen **Anteilsrechte** erbracht werden soll. Abgesehen von der Möglichkeit, von vornherein voll einbezahlte Einlagen zu übertragen, können mit den Anteilsrechten entsprechende Barmittel schenkweise zur Verfügung gestellt werden, verbunden mit der Auflage, diese zur Einlageleistung zu verwenden, oder aber die Einlagen werden von den neuen Anteilseignern erbracht, sei es aus eigenen Mitteln, sei es sukzessive aus Erträgen der Gesellschaft. Soweit die zu beteiligenden **Kinder minderjährig** sind, bedarf es der Mitwirkung von Pflegern und der vormundschaftsgerichtlichen Genehmigung. 62

3. AG, große GmbH, Publikumspersonengesellschaft

Bei diesen Gesellschaftsformen ist, teils gesetzlich vorgegeben, teils aufgrund freiwilliger Übernahme, zwischen das geschäftsführende Organ und die An- 63

D II   Gesellschaftsrechtliche Beratung

teilseignerversammlung ein besonderes Aufsichtsorgan zwischengeschaltet. Die Geschäftsführung ist weitgehend unabhängig tätig und dabei besonderen Weisungen der Anteilseigner, zumindest im Tagesgeschäft, nicht ausgesetzt. Bei Gesellschaften dieser Rechtsform werden deshalb an den gesellschaftsrechtlichen Berater häufig Konflikte zwischen Aufsichts- und Geschäftsführungsorganen herangetragen. Auch Fragen des Mitbestimmungsrechts haben hier ihre Bedeutung.

64   Ein gewisser Schwerpunkt der gesellschaftsrechtlichen Beratung von AG und GmbH bildet sich bei der Durchführung von **Kapitalveränderungen** (Kapitalerhöhung und -herabsetzung; Ausgabe von Genußscheinen, Wandelanleihen etc.). Auch die Möglichkeit der Umwandlung in die Rechtsform der AG und des anschließenden Zutritts zum geregelten Kapitalmarkt hat bei zahlreichen mittelständischen Unternehmen einen erheblichen gesellschaftsrechtlichen Beratungsbedarf entstehen lassen.

64a   Die Besetzung des Aufsichtsorgans mit Arbeitnehmervertretern hat, namentlich seit Einführung der paritätischen Mitbestimmung durch das Mitbestimmungsgesetz 1976, auch im Bereich des Aufsichtsorgans zusätzlichen gesellschaftsrechtlichen Beratungsbedarf entstehen lassen. Fragen der Vermeidung der paritätischen Mitbestimmung, namentlich bei Unternehmen mit Beschäftigten von nur wenig mehr als 2000 Arbeitnehmern, aber auch Satzungsregelungen zu den Rechtsverhältnissen des mitbestimmten Aufsichtsrats, Fragen zu seinen Organkompetenzen, der Besetzung und Tätigkeit von Aufsichtsratsausschüssen, den zulässigen Maßnahmen des Aufsichtsratsvorsitzenden etc., gehören zum Tätigkeitsbereich des gesellschaftsrechtlich beratenden Anwalts.

65   Bei Publikumspersonengesellschaften steht das **Regelungsproblem** im Vordergrund, die Regelungen des Aktienrechts zum Nebeneinander von Anteilseignerversammlung, Aufsichtsorgan und Geschäftsführung in das Recht einer BGB- oder Kommanditgesellschaft zu übertragen, ohne die steuerliche Zielsetzung des Projektes zu gefährden. Die beteiligten Anteilseigner sollen als steuerliche Mitunternehmer Verlustzuweisungen erhalten, sind aber – mangels echtem unternehmerischen Engagement – in ihrer Mitwirkung allenfalls an der Besetzung und Tätigkeit des Aufsichtsorgans der Publikumspersonengesellschaft interessiert. Gesellschaftsrechtlicher Beratungsbedarf besteht hier sowohl bei dem Anleger, der über die ihm im Gesellschaftsvertrag eingeräumte Stellung Rechte in der Gesellschaft ausüben möchte; meist wird die Beratung aber ihren Schwerpunkt in der Prüfung von Schadensersatz- und anderen Ansprüchen gegenüber Inhabern und Initiatoren solcher Gesellschaften haben. Beratungsbedarf besteht schließlich auch auf seiten der Gesellschaft, sei es bei der Klärung von Rechten der einzelnen Anleger und Gesellschaftsorgane, sei es bei der Bewältigung von Krisensituationen, wie sie mit Publikumspersonengesellschaften der sog. Abschreibungsbranche in der jüngsten Vergangenheit wiederholt verbunden waren. Die Einfügung des § 15a in das EStG im Jahre 1980 hat den Möglichkeiten zur steuerwirksamen Verlustverrechnung durch die Bildung negativer Kapitalkonten von Kommanditisten enge Grenzen gezogen und damit die Bedeutung der Verlustzuweisungsgesellschaften deutlich reduziert.

4. Verein und Stiftung

66   Mit Fragen aus dem Vereins- und Stiftungsrecht wird der gesellschaftsrechtliche Berater seltener konfrontiert. Als Unternehmensträger sind diese Rechtsformen wenig gebräuchlich, als Beteiligungsträger schon verbreiteter. Auch bei den Strategien zur Vermeidung des Eingreifens mitbestimmungsrechtlicher Regelungen und zur Vermeidung von Publizitätspflichten sind Stiftung und Verein als Rechtsträger schon empfohlen worden. In der gesellschaftsrechtlichen Beratungspraxis herrschen Mandate rechtsfähiger Idealvereine und die Beratung bei der Errichtung von gemeinnützigen und Familien-Stiftungen vor; bei den letzteren stehen **Steuerfragen** ganz im Vordergrund.

Bei Errichtung und Auswahl der Vereins- und Stiftungsform sollte ein Überblick über alle Gestaltungsmöglichkeiten bestehen: Wirtschaftlicher und Idealverein, gemeinnützige und nicht-gemeinnützige Stiftung bzw. Verein, rechtsfähiger und nicht-rechtsfähiger Verein, selbständige und unselbständige Stiftung, Familienverein und -stiftung und etc. Die Verwendungsmöglichkeiten dieser Rechtsformen sind vielgestaltig. 67

Im **Stiftungsrecht** steht die Beratung vermögender Einzelpersonen und Familien bei der Errichtung von Stiftungen im Vordergrund der Beratungspraxis, bei den Idealvereinen meist Satzungsfragen, Kompetenzabgrenzungen zwischen Vereinsorganen und vor allem Fragen des Vereinsausschlusses und der allgemeinen Strafgewalt des Vereins. Auch im Vereinsrecht wird das Mandatsverhältnis maßgeblich davon geprägt, ob Gegenstand der Beratung ein Großverein oder ein Kreis eng verbundener Vereinsmitglieder ist und das Mandatsverhältnis zu einem Mitglied im Großverein, zum Mitglied eines Organs etc. besteht. 68

Für die Beratung der größten nicht-rechtsfähigen Vereine, der **Gewerkschaften**, werden nur selten gesellschaftsrechtlich ausgerichtete Anwälte hinzugezogen, die als gesellschaftsrechtliche Berater regelmäßig Unternehmen und deren Anteilseigner als Mandanten betreuen. Ein Gleiches, wenn auch aus anderen Gründen, gilt für die Unternehmerverbände und ihre Dachorganisationen, die in der Rechtsform des Vereinsverbandes oder des Gesamtvereins organisiert sind; der gesellschaftsrechtlich beratende Anwalt wird hier regelmäßig nur zu Gestaltungsvorhaben und Streitfragen hinzugezogen, die nicht bereits durch die Verbands- und Unternehmensjuristen geklärt werden können. 69

Bei Gestaltungen unter Verwendung von Stiftungen empfiehlt sich eine Abstimmung mit der behördlichen Stiftungsaufsicht, bei schwierigeren Problemen des Rechts eingetragener Vereine die Abstimmung mit dem Registergericht. 70

5. Bildung und Strukturierung einer Unternehmensgruppe

Bei Mandaten zu konzernverbundenen Gesellschaften oder Gesellschaften mit einer Vielzahl von Beteiligungsgesellschaften besteht ein zusätzlicher Bedarf an gesellschaftsrechtlicher Beratung vor allem bei folgenden Fragen: 71
- dem Aufbau und der Struktur der Unternehmensgruppe;
- Rechtsfragen im Verhältnis Mutter-/Tochtergesellschaft;
- dem Abschluß von Unternehmensverträgen zwischen den gruppenzugehörigen Gesellschaften;
- konzernrechtlichen Haftungsfragen.

a) Grundsätzliches. Bei jeder neuen geschäftlichen Aktivität steht das Unternehmen vor der Frage, ob es das hinzutretende unternehmerische Risiko im Rahmen des bisherigen Unternehmensträgers verfolgen oder in einer eigenständigen Gesellschaft mit ihrerseits beschränkter Haftung rechtlich verselbständigen will. Wird ein rechtlich selbständiges Unternehmen hinzuerworben, stellt sich die Frage in der umgekehrten Weise, ob die hinzuerworbene Gesellschaft fortgeführt oder mit dem vorhandenen Unternehmensträger verschmolzen werden soll. 71a

Für die rechtliche Verselbständigung des geschäftlichen Risikos spricht meist: 71b
- die Begrenzung des Haftungsrisikos auf das Vermögen der Tochtergesellschaft;
- durch die Bezeichnung „Geschäftsführer" oder „Vorstandsmitglied" (statt Bereichsleiter im Einheitsunternehmen) bessere Möglichkeiten, geeignete Fremdmanager zu finden;

D II   Gesellschaftsrechtliche Beratung

– eigenständiges Rechnungswesen mit eigenständiger Erfolgskontrolle für die neue geschäftliche Aktivität.

Gegen eine rechtliche Verselbständigung sprechen regelmäßig:
– die Komplizierung des Berichts- und Rechnungswesens; die aus Kontrollgründen erwünschte Separierung des Rechnungswesens läßt sich auch im Einheitsunternehmen realisieren;
– unerwünschte Transparenz durch veröffentlichte Jahresabschlüsse der Einzelgesellschaften und damit Einsichtsmöglichkeiten der Wettbewerber in einzelne Geschäftsbereiche.

71 c   Mit der Entscheidung des Unternehmens für die rechtliche Verselbständigung mit eigenem Haftungskreis sind steuerliche Komplizierungen verbunden, dies zumindest dann, wenn die Tochtergesellschaft in Rechtsform der Kapitalgesellschaft geführt wird:

– Gewinne und Verluste der verschiedenen Gesellschaften können nicht miteinander verrechnet werden; einzelne Gesellschaften müssen Einkommen- und Gewerbeertragsteuer bezahlen, auch wenn andere Gesellschaften Verluste erwirtschaftet oder gar die Gruppe insgesamt keinen steuerpflichtigen Ertrag erreicht.
– doppelte Vermögensteuerpflicht der Mutter- und Tochtergesellschaft für das Vermögen der Tochtergesellschaft;
– auch beim Lieferungs- und Leistungsverkehr der Gesellschaften untereinander fällt Umsatzsteuer an (vorbehaltlich des Ausgleichs der Versteuerung);
– bei ausländischen Tochtergesellschaften stellen sich Sonderprobleme.

71 d   Das Steuerrecht stellt zur Vermeidung solcher steuerlicher Doppelbelastungen das Institut der „Organschaft" zur Verfügung, – die steuerliche Zusammenfassung mehrerer juristischer Personen, wenn diese (Organgesellschaften) finanziell, wirtschaftlich und organisatorisch in einen Organträger eingegliedert sind.

71 e   Der **körperschaftsteuerrechtlichen Organschaft** (§§ 14–19 KStG 1977) kam im früheren Körperschaftsteuerrecht (bis 1976: Doppelbelastung der von einer Kapitalgesellschaft erwirtschafteten und ausgeschütteten Gewinne mit Körperschaftsteuer und Einkommensteuer des Anteilseigners) erhebliche Bedeutung zu; auch außerhalb des Schachtelprivilegs (§ 9 KStG a. F.) vermied sie die Doppelbesteuerung. Im KStG 1977 kommt der Organschaft vor allem die Funktion zu, die Verrechnung von Gewinnen und Verlusten zwischen verschiedenen Kapitalgesellschaften zu ermöglichen. Hergestellt wird die Organschaft regelmäßig durch den Abschluß von Beherrschungs- und Ergebnisabführungsverträgen, die allerdings neben den gesellschaftsrechtlichen auch den steuerrechtlichen Erfordernissen der §§ 14 ff. KStG genügen müssen.

71 f   Die **gewerbesteuerrechtliche Organschaft** (§§ 2 Abs. 2 Ziff. 2 GewStG) bewirkt, daß eine eingegliederte Kapitalgesellschaft gewerbesteuerrechtlich als Betriebstätte des Organträgers gilt. Sie vermeidet die doppelte Erfassung von Gewerbeertrag und Gewerbekapital. Die Organgesellschaft ist nicht mehr gewerbesteuerpflichtig, steuerpflichtig ist allein der Organträger. Gewerbekapital und -ertrag werden weiterhin für alle Gesellschaften getrennt ermittelt. Dabei werden aber Hinzurechnungen (§§ 8, 12 Abs. 2 GewStG) insoweit nicht vorgenommen, als diese gewerbesteuerlich bereits berücksichtigt sind und ihre Berücksichtigung zur doppelten Erfassung führen würde.

71 g   Die **umsatzsteuerliche Organschaft** (§ 2 Abs. 2 Ziff. 2 UStG 1973) macht Organgesellschaften zu unselbständigen Teilen des Organträgers und beendet die Umsatzsteuerpflicht der Organgesellschaft. Auch die umsatzsteuerliche Organschaft hat mit Einführung des Mehrwertsteuersystems viel von ihrer Bedeutung verloren. Eine Steuerersparnis durch die Organschaft ergibt sich nicht mehr. Sie wurde aus steuersystematischen Gründen aufrechterhalten; auch führt sie zu nicht unerheblichen Erleichterungen bei den betroffenen Unternehmen, da Umsatzsteuerberechnungen innerhalb des Organkreises unterbleiben können und für den gesamten Organkreis nur eine Umsatzsteuererklärung abzugeben ist.

Die doppelte Vermögensteuer entfällt, wenn die Voraussetzungen des **Schachtelprivilegs** (§ 102 BewG) erfüllt sind. 71h

b) Strukturierung der Unternehmensgruppe. In den seltensten Fällen wird 72 der gesellschaftsrechtliche Berater von Anfang an bei der Bildung einer Unternehmensgruppe beteiligt sein. Meist erfolgt seine Einschaltung später, namentlich dann, wenn die Unternehmensgruppe unübersichtlich und schwer handhabbar geworden ist, so daß seine Tätigkeit dann meist in der Durchführung von Umstrukturierungs- und **Neuordnungsmaßnahmen** liegen wird. In ständigen Beratungsmandaten wird der beratende Anwalt auch in den Gründungs- oder Erwerbsvorgang eingeschaltet sein; er hat dann auch Einfluß darauf, wo eine neue Beteiligungsgesellschaft in der Unternehmensgruppe sinnvollerweise angesiedelt wird. Aufgabe des gesellschaftsrechtlichen Beraters ist es, die verschiedenen gruppenzugehörigen Gesellschaften so anzuordnen und zu strukturieren, daß einerseits die steuerrechtlichen Vorgaben, auch außensteuerrechtlicher Art, gewahrt bleiben, andererseits die unternehmensinternen Berichtswege übersichtlich und managbar bleiben und schließlich konzernrechtliche Haftungsrisiken nicht begründet werden.

Gesellschaften können im Gleichordnungsverhältnis als Schwestergesellschaf- 73 ten nebeneinander angeordnet werden oder als Mutter- und Tochtergesellschaft in einem vertikalen Verhältnis zueinander stehen. Die Anteilsrechte an abhängigen Gesellschaften können in den Händen einer Obergesellschaft liegen oder sich auf mehrere verteilen; auch können außenstehende Gesellschafter an abhängigen Gesellschaften beteiligt sein.

Die Frage, ob im Aufbau der Unternehmensgruppe eine oder gar mehrere 74 **Zwischenholdings** erforderlich sind, in welchem Land eine solche Holding ihren Sitz haben sollte, welche Anteilsrechte diesen Gesellschaften im einzelnen zugeordnet sind etc., wird regelmäßig durch das Außensteuerrecht der berührten Staaten vorgegeben. Eine solche Dominanz des Steuerrechts besteht bei rein inländischen Unternehmensgruppen nicht; allerdings werden auch hier Unternehmensverträge (Organschaft) vor allem aus den unter a) genannten steuerlichen Gründen abgeschlossen. Veränderungen im Aufbau der Unternehmensgruppe, insbesondere grundlegende Neuordnungsvorhaben, sind – bei wirtschaftlich bedeutsameren Gesellschaften – nur auf Grundlage einer Buchwertverknüpfung denkbar. Die Mitwirkung des gesellschaftsrechtlichen Beraters erstreckt sich hier vor allem auf die vertragliche Absicherung der angestrebten Gruppenstruktur.

c) Das Verhältnis zwischen herrschendem Unternehmen und Beteili- 75 **gungsgesellschaften.** Für die Beurteilung von Rechtsfragen im Verhältnis Mutter-/Tochtergesellschaft ist wegweisend, ob die betroffenen Gesellschaften nur faktisch durch eine entsprechende Beteiligung miteinander verbunden sind oder ob ein entsprechender Unternehmensvertrag abgeschlossen ist (faktischer oder Vertragskonzern). Die Unterscheidung ist weichenstellend für den rechtlichen Ausgleich der Interessen von herrschendem und abhängigen Unternehmen so-

D II
Gesellschaftsrechtliche Beratung

wie außenstehenden Minderheitsgesellschaftern. Das AktG hat mit §§ 308ff., 311ff. für Unternehmensgruppen mit abhängiger AG detaillierte, wenn auch nicht erschöpfende konzernrechtliche Regelungen geschaffen. Teilweise gelten die Regelungen des Aktiengesetzes auch als wenig geglückt und als für den Schutz der Minderheitsaktionäre nicht ausreichend. Im GmbH-Recht – für Unternehmensgruppen mit abhängiger GmbH – fehlen entsprechende gesetzliche Regelungen. Die höchstrichterliche Rechtsprechung aber hat zunehmend Grundsätze für den Abschluß von Unternehmensverträgen mit abhängiger GmbH und für faktische Unternehmensverbindungen mit abhängiger GmbH geschaffen.

75a – Haftung im „qualifizierten faktischen GmbH-Konzern":
Bei Vermögenslosigkeit einer abhängigen GmbH kommt eine Ausfallhaftung des herrschenden Konzernunternehmens in entsprechender Anwendung der §§ 303, 322 Abs. 2 und 3 AktG in Betracht, wenn dieses die Geschäfte der abhängigen GmbH dauernd und umfassend selbst geführt hat (*BGHZ* 95, 330/42f. – Autokran).
Eine abhängige GmbH hat gegen das herrschende Unternehmen in entsprechender Anwendung des § 302 AktG einen Anspruch auf Verlustausgleich, wenn dieses die Geschäfte der GmbH im finanziellen Bereich dauernd und umfassend geführt hat und nicht dartun und beweisen kann, daß die entstandenen Verluste nicht auf der Geschäftsführung beruhen (*BGHZ* 107, 7 – Tiefbau).
Der Allein- oder Mehrheitsgesellschafter einer GmbH, der gleichzeitig deren alleiniger Geschäftsführer ist und sich außerdem als Einzelkaufmann unternehmerisch betätigt, haftet grundsätzlich nach den Haftungsregeln im qualifizierten faktischen Konzern (*BGH, ZIP* 1991, 1354 – Video).

75b – Haftung im GmbH-Vertragskonzern:
Wird ein Beherrschungsvertrag mit abhängiger GmbH, obwohl nichtig, gleichwohl durchgeführt, ist das herrschende Unternehmen zum Ausgleich des Verlusts (§ 302 AktG) verpflichtet, bis eine der Vertragsparteien sich auf die Nichtigkeit des Vertrags beruft (*BGH NJW* 1988, 1326).

75c – Abschluß von Beherrschungs- und Ergebnisabführungsverträgen mit abhängiger GmbH:
Ein zwischen zwei GmbHs abgeschlossener Unternehmensvertrag wird nur wirksam, wenn die Gesellschafterversammlung der beherrschten und der herrschenden Gesellschaft dem Vertrag zustimmen und seine Eintragung in das Handelsregister der beherrschten Gesellschaft erfolgt. Der Zustimmungsbeschluß der herrschenden Gesellschaft bedarf mindestens ¾ der bei der Beschlußfassung abgegebenen Stimmen; welche Mehrheit bei der beherrschten Gesellschaft erforderlich ist, bleibt offen. Der Zustimmungsbeschluß der Gesellschafterversammlung der beherrschten Gesellschaft bedarf der notariellen Beurkundung, nicht hingegen der Unternehmensvertrag und der Zustimmungsbeschluß der Gesellschafterversammlung der herrschenden Gesellschaft. Aus der Eintragung im Handelsregister sollen sich Abschluß, Abschlußdatum und Art des Unternehmensvertrags sowie die Tatsache der Zustimmung der Gesellschafterversammlung der beherrschten Gesellschaft ergeben; wegen des weiteren Inhalts kann auf den Unternehmensvertrag und die zustimmenden Gesellschafterbeschlüsse verwiesen werden, die sämtlich in Abschrift der Anmeldung zum Handelsregister beizufügen sind (*BGH DB* 1988, 2623).

76 In **faktischen Konzernverhältnissen** wird – seit der grundlegenden Entscheidung *BGHZ* 95, 330 zum faktischen GmbH-Konzern – zunehmend die Frage aufgeworfen, ob die Ausübung der Anteilseignerrechte durch das herrschende Unternehmen sich in den Grenzen zulässiger faktischer Konzernherrschaft hält. Praktische Bedeutung kommt dieser Frage aber nur zu, wenn Gläubiger oder außenstehende Gesellschafter sich übervorteilt fühlen. Im Recht des **Vertrags-**

konzerns sind Streitfragen zwischen herrschendem und beherrschtem Unternehmen selten. Allenfalls in Fällen einer Mehrmütterorganschaft durften Grenzen des Weisungsrechts beherrschender Unternehmen einmal geprüft werden.

d) Der Abschluß von Unternehmensverträgen. Der Abschluß von Unternehmensverträgen mit abhängigen Aktiengesellschaften ist im Aktiengesetz nach Form und Inhalt umfassend geregelt. Entsprechende Regelungen zum Recht des GmbH-Konzerns und des Konzerns mit abhängiger Personengesellschaft fehlen. Allerdings hat der *BGH* mit seiner Grundsatzentscheidung vom 24. 10. 1988 (DB 1988, 2623) zahlreiche Zweifelsfragen zum GmbH-Vertragskonzern beseitigt. 77

Der gesellschaftsrechtlich beratende Anwalt wird in diesem Zusammenhang eingeschaltet z. B. für 78

– den wirksamen Abschluß von Unternehmensverträgen einschließlich deren Änderungen und Beendigung;
– die Gewährung eines angemessenen Ausgleichs bzw. Abfindung für außenstehende Gesellschafter einschließlich der damit verbundenen Streitigkeiten;
– die Vertretung der Gesellschaft oder etwaiger Aktionäre im Verfahren nach §§ 306 ff. AktG;
– die Klärung des Umfangs der Haftung, welches das herrschende Unternehmen mit dem Abschluß von Unternehmensverträgen eingeht;
– die Prüfung der Zulässigkeit von Einzelmaßnahmen, insbesondere Weisungen, auf Grundlage eines abgeschlossenen Unternehmensvertrages.

e) Haftung in Konzernverhältnissen. Gesellschaftsrechtlicher Beratungsbedarf besteht schließlich im Zusammenhang mit der Haftung, welche durch den Abschluß und bei Beendigung von Unternehmensverbindungen und -verträgen begründet wird. 79

Im **Vertragskonzern** steht dabei der Umfang der Verlustübernahme nach § 302 AktG im Vordergrund. Streitigkeiten um die Ermittlung des auszugleichenden Fehlbetrages ergeben sich insbesondere dann, wenn die abhängige Gesellschaft in engem zeitlichem Zusammenhang mit der Beendigung des Unternehmensvertrages insolvent wurde und dementsprechend Streit um die Bewertung des Vermögens der abhängigen Gesellschaft bei Beendigung des Unternehmensvertrages besteht. 80

Haftungsfragen im **faktischen Konzern** sind erst in jüngster Vergangenheit in den Mittelpunkt des rechtlichen Interesses gerückt. Eine grundlegende BGH-Entscheidung (*BGHZ* 93, 330) zum Recht des GmbH-Konzerns hat, insbesondere auch für den faktischen aktienrechtlichen Konzern, dessen gesetzliche Regelung in §§ 311 ff. AktG allgemein als unzureichend angesehen wird, zahlreiche ungeklärte Rechtsfragen aufgeworfen, die für deutsche Unternehmensgruppen weitgehende Bedeutung haben und einen entsprechenden Beratungsbedarf bei externen anwaltlichen Beratern ausgelöst haben. 81

6. Gerichtliche Verfahren, Beratung von Anteilseignern im Gesellschafterstreit

Eine Reihe von gesellschaftsrechtlichen Gestaltungsvorgängen, namentlich auf Anteilseignerebene, müssen im Rahmen gerichtlicher Verfahren durchgeführt werden. Diesen Verfahren liegt häufig ein Streit der Gesellschafter zugrunde. Auch unabhängig von solchen gerichtlichen Verfahren bildet die Beratung 82 von Anteilseignern bei Streitigkeiten untereinander, sei es über die Auslegung des Gesellschaftsvertrages, sei es über etwaige Geschäftsführungsmaßnahmen oder bestimmte Gesellschafterbeschlüsse etc. für den gesellschaftsrechtlichen Berater regelmäßig einen Schwerpunkt seiner Tätigkeit. Die Möglichkeit, durch einseitige Gestaltungsmaßnahmen, auch durch die Einleitung gerichtlicher Verfahren, Einfluß auf die rechtliche Struktur der Gesellschaften und das Verhältnis der Gesellschafter zueinander nehmen zu können, bilden wichtige Instrumente des gesellschaftsrechtlichen Beraters, die von ihm angestrebten Ziele auch gegen den Widerstand von Mitgesellschaftern durchsetzen zu können.

83 **a) Gerichtliche Verfahren.** Im Falle gerichtlicher Auseinandersetzungen ist zwischen den Verfahren vor der ordentlichen Gerichtsbarkeit und entsprechenden Schiedsgerichtsverfahren zu unterscheiden.

84 Bei den staatlichen Gerichten besteht für Streitigkeiten der Mitglieder einer Handelsgesellschaft untereinander oder zwischen dieser und ihren Mitgliedern (einschließlich stillem Gesellschafter) eine Zuständigkeit der **Kammern für Handelssachen** (§ 95 I Ziff. 4a GVG). In dritter Instanz ist die Zuständigkeit für gesellschaftsrechtliche Streitfragen beim II. Zivilsenat des BGH konzentriert. Hinzu treten Registerstreitigkeiten, sonstige FGG-Verfahren und gerichtliche Verfahren mit besonderer gesetzlicher Ausgestaltung.

85 Folgende gesellschaftsrechtliche Gestaltungsvorhaben können nur im Rahmen eines gerichtlichen Verfahrens durchgeführt werden, meist unabdingbar vor den **ordentlichen Gerichten:**
- Auflösungs-, Ausschluß- und Übernahmeklage nach §§ 133, 140 und 142 HGB sowie nach den Regelungen des GmbH-Rechts,
- Entziehung der Geschäftsführungs- und Vertretungsbefugnis nach §§ 117, 127 HGB,
- Anfechtungs- und Nichtigkeitsklagen gegen Anteilseignerbeschlüsse nach §§ 246 ff. AktG und entsprechend im GmbH-Recht.

86 Durch den Abschluß von **Schiedsgerichtsvereinbarungen** werden gesellschaftsrechtliche Streitfragen den ordentlichen Gerichten entzogen. Solche Schiedsgerichtsvereinbarungen sind regelmäßig genau daraufhin zu überprüfen, ob sie wirklich den konkreten Streitstoff erfassen. Insbesondere im Recht der Kapitalgesellschaften ist darauf zu achten, ob die Schiedsgerichtsvereinbarung auch von der Kapitalgesellschaft abgeschlossen ist oder ob es für Rechtsstreitigkeiten im Verhältnis Gesellschafter/Gesellschaft trotz Schiedsgerichtsklausel bei der Zuständigkeit der ordentlichen Gerichte bleibt. Für einzelne Streitfragen, etwa für Anfechtungs- und Nichtigkeitsklagen gegen Beschlüsse von Gesellschafterversammlungen, Ausschlußklagen etc. kann die Zuständigkeit eines Schiedsgerichts nicht vereinbart werden. In solchen Fällen kann es zum Nebeneinander von ordentlichem Gerichtsverfahren und, für die Klärung anderer Fragen, von Schiedsgerichtsverfahren kommen.

87 **b) Berater der Gesellschaft oder Berater des Anteilseigners?** Im **Streit der Anteilseigner** macht der Unterschied sich bemerkbar, ob der beratende Anwalt für den Anteilseigner oder für die Gesellschaft tätig ist: Der gesellschaftsrechtliche Berater der Gesellschaft, der gar den Gesellschaftsvertrag für alle Beteiligten entworfen hat, kann – aus standesrechtlichen Gründen – im Streit der Gesellschafter untereinander nicht einzelne Anteilseigner vertreten. Bei Übernahme von Mandaten, in denen ein Gesellschafterstreit absehbar ist, sollten geschäftsführende Gesellschafter deshalb gut bedenken, ob der gesellschaftsrechtliche

Berater sich für die Gesellschaft oder für den Anteilseigner legitimieren soll. Eine Reihe gesellschaftsrechtlicher Streitfragen sind notwendig von den Anteilseignern untereinander – ohne Beteiligung der Gesellschaft – auszutragen. Die auf seiten der geschäftsführenden Anteilseigner bestehende Möglichkeit, ein Beratungsmandat, mit denen Rechte und Pflichten von Anteilseignern geklärt werden sollen, aus Kostengründen im Namen der Gesellschaft zu erteilen, geht dann ins Leere.

Aber auch bei der Vertretung anderer Anteilseigner ist darauf zu achten, ob 88 nicht ein versteckter **Interessenkonflikt** dieser Anteilseigner untereinander die gemeinsame Vertretung durch denselben gesellschaftsrechtlichen Berater ausschließt.

c) Die Wahrnehmung von Anteilseignerinteressen. Gesellschaftsrechtliche 89 Beratung im Gesellschafterstreit beschränkt sich oft auf die Vertretung einzelner Anteilseigner bei Verhandlungen der Anteilseigner untereinander oder gar auf die interne, der Gegenseite nicht offengelegte Beratung einzelner Gesellschafter. Zahlreiche gesellschaftsrechtliche Auseinandersetzungen werden aber auch gerichtlich ausgetragen.

Zahlreiche Beispiele belegen, daß ein Gesellschafterstreit das Unternehmen in Mitlei- 90 denschaft zieht, seine Geschäftsführung beeinträchtigt oder gar lähmt und sogar das Unternehmen zugrunde richten kann. Dies gilt insbesondere dann, wenn die Streitparteien zu je 50 % am Kapital der Gesellschaft oder aber unmittelbar an der Geschäftsführung beteiligt sind und dann durch die Blockierung der Vorschläge der jeweils anderen Partei den Fortgang der Geschäfte fast vollständig stillegen.

Gesellschaftsrechtliche Beratung im Gesellschafterstreit ist indes **Interessenvertre-** 91 **tung.** Der gesellschaftsrechtlich beratende Anwalt kann, etwa unter Hinweis auf die nachteiligen Folgen für das Unternehmen, mäßigend auf seine Mandanten einwirken und einvernehmliche Regelungen vorschlagen. Eine solche ausgleichende Tätigkeit des gesellschaftsrechtlichen Beraters findet seine Grenze aber in der Interessenvertretung der von ihm vertretenen Anteilseigner. Einvernehmliche Regelungen werden deshalb – wie auch in anderen Rechtsstreitigkeiten – regelmäßig nur möglich sein, wenn allseits die Sorge um eine Schädigung des Unternehmers zu Abstrichen bei der Durchsetzung einseitiger Positionen führt.

d) Verhandlungsgeschick und Taktik. Im Gesellschafterstreit werden an das 92 Verhandlungsgeschick und das taktische Gestaltungsvermögen des gesellschaftsrechtlichen Beraters hohe Anforderungen gestellt. Durch die dem einzelnen Anteilseigner zur Verfügung stehenden gesellschaftsrechtlichen Gestaltungsmittel, neben der Möglichkeit zur Anrufung der Gerichte (einschließlich einstweiliger Verfügungen), stehen jeweils verschiedene **Handlungsalternativen** zur Verfügung, um die Verhandlungsposition des einzelnen Gesellschafters zu verbessern. Diese können bis hin zu solchen Überlegungen reichen, das Gesellschaftsverhältnis zu kündigen oder es zu einem Konkurs der Gesellschaft kommen zu lassen, um dann das Unternehmen – ohne lästige Mitgesellschafter – aus der Liquidations- oder Konkursmasse heraus zu erwerben.

7. Umstrukturierung und Neuordnung

Ziel einer Umstrukturierung und Neuordnung von Einzelgesellschaften und 93 Unternehmensgruppen ist es regelmäßig,

– durch Änderung des Gesellschaftsvertrages den inneren Aufbau des Unternehmensträgers neu zu ordnen, sei es durch Neuordnung der Entscheidungszuständigkeiten der

D II Gesellschaftsrechtliche Beratung

verschiedenen Gesellschaftsorgane, sei es durch die Anpassung des Gesellschaftsvertrages an veränderte Verhältnisse auf Anteilseignerebene u. a. m.
- die Rechtsform des Unternehmensträgers zu ändern,
- durch Ausgründung von Tochtergesellschaften einzelne Geschäftsbereiche rechtlich zu verselbständigen oder
- Aufbau und Struktur einer Unternehmensgruppe zu ändern.

94 **a) Der Anlaß für Umstrukturierungen.** Die Anlässe für solche Umstrukturierung und Neuordnung können vielfältig sein:

- Rechtsformwechsel zur Schaffung einer Haftungsbegrenzung für die Anteilseigner;
- Rechtsformwechsel in die AG oder KGaA, um der wachsenden Größe eines Unternehmens Rechnung zu tragen und diesem den Zugang zum organisierten Kapitalmarkt zu eröffnen;
- Neuordnungsvorhaben im Interesse einer steuerlichen Entlastung oder bei Änderung der steuerlichen Rechtslage;
- Eingliederung neu erworbener Unternehmen und Unternehmensteile;
- Straffung unternehmensinterner Abläufe;
- Kostenentlastung und Verbesserung der Übersichtlichkeit bei stark verschachtelten Unternehmensgruppen;
- Einführung einer Unternehmensstruktur, die gesetzlichen Verpflichtungen zur Einrichtung mitbestimmter Aufsichtsräte bei inländischen Gesellschaften oder einer Anwendung der Konzernrechnungslegungsvorschriften (§§ 290 ff. HGB) ausweicht.

95 **b) Instrumente.** Als Instrument für eine Umstrukturierung und Neuordnung stellt das Gesetz die Verschmelzung durch Aufnahme und durch Neubildung, die errichtende und verschmelzende Umwandlung, die Eingliederung, die Vermögensübertragung u. a. m. zur Verfügung. Hinzu kommen die Einbringung von Unternehmen und Anteilsrechten, meist im Rahmen von Gesellschaftsgründungen und Kapitalerhöhungen als Sacheinlage gegen Gewährung von Gesellschafterrechten. Das *BJM* hat den Vor-Entwurf eines neuen Umwandlungsgesetzes vorgelegt, in dem alle Formen der Umwandlung, Verschmelzung und Spaltung zusammengefaßt und teilweise neu geregelt werden sollen.

95 a aa) **Verschmelzung.** Die Verschmelzung von Kapitalgesellschaften ist im Aktiengesetz (§ 339 ff. – Verschmelzung von AGs, §§ 355 ff. – Verschmelzung von GmbH und AG, etc.) und im Kapitalerhöhungsgesetz (§§ 19 ff. – Verschmelzung von GmbHs) detailliert geregelt. Zu unterscheiden sind vor allem die Verschmelzung durch Aufnahme (§§ 340 ff. AktG, § 19 I 1 KapErhG), bei der die übernehmende Gesellschaft das Vermögen der übertragenden Gesellschaft fortführt, und die Verschmelzung durch Neubildung (§ 353 AktG, § 19 I 2 KapErhG), bei der die sich vereinigenden Gesellschaften untergehen und deren Vermögen durch einen neuen Rechtsträger fortgeführt wird.

95 b Die **Verschmelzung durch Aufnahme** nach dem KapErhG hat den Nachteil, daß jeweils nur zwei Gesellschaften miteinander verschmolzen werden können und die Verschmelzung einer Vielzahl von Gesellschaften nur durch ein sternförmiges Nebeneinander einer Vielzahl von Verschmelzungsverträgen möglich ist. Bei der **Verschmelzung durch Neubildung** können beliebig viele Gesellschaften unmittelbar verschmolzen werden; gleichwohl wird auf die Verschmelzung durch Neubildung selten zurückgegriffen, weil sie mit ungleich höheren verkehrsteuerlichen Belastungen verbunden ist.

95 c Bei der Verschmelzung durch Aufnahme ist sorgfältig zu prüfen, welche Gesellschaft untergehen und welche fortgeführt werden soll. Maßgeblich für die Entscheidung ist regelmäßig:

948   Koch

- Ein steuerlicher Verlustvortrag der übertragenden Gesellschaft geht durch die Verschmelzung verloren;
- Grundbesitz der übertragenden Gesellschaft löst Grunderwerbsteuer aus;
- Bilanzsumme und Höhe des Eigenkapitals der übertragenden Gesellschaft sind für die verkehrsteuerliche Belastung der Verschmelzung maßgebend.

bb) Umwandlung. Während Verschmelzungen dazu dienen, die Zahl selbständiger Rechtsträger zu verringern, wird durch die Umwandlung lediglich die Rechtsform des Unternehmensträgers gewandelt. Zu unterscheiden sind die „verschmelzende", die „formwechselnde" und die „errichtende Umwandlung": 95 d
Bei der **verschmelzenden** und **errichtenden Umwandlung** wechselt der Träger der Vermögensrechte, von der Kapital- auf die Personengesellschaft oder den Einzelkaufmann oder umgekehrt von der Personengesellschaft oder den Einzelkaufmann auf die Kapitalgesellschaft. Diese Form der Umwandlung ist vor allem im UmwG geregelt. Demgegenüber regelt das AktG vor allem die Fälle der **formwechselnden Umwandlung,** bei ihr bleibt das Rechtssubjekt als Unternehmensträger erhalten und wechselt mit der Rechtsform lediglich seine Organisation. 95 e

Unter Vernachlässigung von Umwandlungsmöglichkeiten für bergrechtliche Gewerkschaften und Versicherungsvereine auf Gegenseitigkeit bestehen sich folgende Rechtsgrundlagen: 95 f

- **Verschmelzende Umwandlung**

AG auf oHG	§§ 3 bis 14 UmwG
AG auf KG	§§ 20, 3 ff. UmwG
AG auf Gesellschafter	§ 15 UmwG
KGaA auf oHG	§§ 23, 3 ff. UmwG
KGaA auf KG	§§ 23, 20, 3 ff. UmwG
KGaA auf Gesellschafter	§§ 23, 15 UmwG
GmbH auf oHG	§§ 24, 3 ff. UmwG
GmbH auf KG	§§ 24, 20, 3 ff. UmwG
GmbH auf Gesellschafter	§§ 24, 15 UmwG

Die verschmelzende Umwandlung in eine Personengesellschaft ist nicht zulässig, wenn an der übernehmenden Gesellschaft eine Kapitalgesellschaft beteiligt ist (§ 1 Abs. 2 Satz 1 UmwG).

- **Errichtende Umwandlung:**

AG in oHG	§§ 16 ff. UmwG
AG in KG	§§ 20, 16 ff. UmwG
AG in GbR	§§ 21 f. UmwG
KGaA in oHG	§§ 23, 16 ff. UmwG
KGaA in KG	§§ 23, 20 UmwG
KGaA in GbR	§§ 23, 21 f. UmwG
GmbH in oHG	§§ 24, 16 ff. UmwG
GmbH in KG	§§ 24, 20 UmwG
GmbH in GbR	§§ 24, 21 f. UmwG

- **Formwechselnde Umwandlung:**

AG in KGaA	§§ 362 ff. AktG
AG in GmbH	§§ 369 ff. AktG
KGaA in AG	§§ 366 ff. AktG
KGaA in GmbH	§§ 386 ff. AktG
GmbH in AG	§§ 376 ff. AktG
GmbH in KGaA	§§ 389 ff. AktG
Gen in AG	§§ 385 ff. AktG

Koch

D II   Gesellschaftsrechtliche Beratung

95 g   Im **Personengesellschaftsrecht** sind gleichfalls Umwandlungen anzutreffen: der Eintritt eines Partners in das einzelkaufmännische Handelsgeschäft wandelt dieses in eine oHG um; die Beschränkung der Haftung für einen Gesellschafter wandelt die oHG in eine KG; betreibt die oHG/KG kein Handelsgewerbe mehr, so wandelt sie sich in eine Gesellschaft bürgerlichen Rechts; bringen die Kommanditisten einer GmbH & Co. ihre sämtlichen Kommanditanteile in die GmbH ein, wächst das Unternehmen der KG der GmbH zu; übernimmt ein Gesellschafter nach Ausscheiden des vorletzten Gesellschafters das Handelsgeschäft der oHG/KG mit allen Aktiven und Passiven, so wandelt die Gesellschaft sich wieder in ein einzelkaufmännisches Unternehmen.

95 h   cc) **Spaltung.** Mit der Spaltung sollen – entgegengesetzt zur Verschmelzung – aus einem Rechtsträger mehrere entstehen, das bisherige Einheitsunternehmen wird in zwei oder mehrere rechtlich selbständige Gesellschaften aufgespalten. Gesetzliche Regelungen zur Spaltung von Unternehmensträgern bestehen bislang nicht. Zu unterscheiden ist in grundsätzlicher Hinsicht danach, ob das zu spaltende Unternehmen eine Personen- oder Kapitalgesellschaft ist:

95 i   Bei der **Spaltung von Personengesellschaften** wird üblicherweise zwischen „Gründungsspaltung" und „Fusionsspaltung" unterschieden: Bei der Gründungsspaltung wird das Vermögen der zu spaltenden Personengesellschaft ganz oder teilweise auf mehrere Gesellschaften übertragen, an denen die Gesellschafter der Ausgangsgesellschaft untereinander beteiligt sind. Bei der Fusionsspaltung wird das Gesellschaftsvermögen in schon bestehende Personengesellschaften eingebracht, wobei die Gesellschafter der Ausgangsgesellschaft in diese Nachfolgegesellschaften aufgenommen werden. In beiden Fällen wird die Ausgangsgesellschaft aufgelöst und ein Liquidationsverfahren – abweichend von § 145 ff. HGB, 730 ff. BGB – die anteilige Übertragung des Gesellschaftsvermögens auf die Gesellschafter beschlossen. Zugleich werden in die Nachfolgegesellschaften – die im Falle der Gründungsspaltung erst gegründet werden müssen – als Sacheinlage die aus der Abwicklung der Ausgangsgesellschaft entstehenden Ansprüche auf Übertragung von Gesellschaftsvermögen eingebracht. Das Gesellschaftsvermögen kann dann direkt von der Ausgangs- auf die Nachfolgegesellschaften übertragen werden.

95 k   Bei der **Spaltung von Kapitalgesellschaften** stehen zwei mögliche Spaltungsformen zur Verfügung:

– beim „**Liquidationsmodell**" bringt die Ausgangskapitalgesellschaft ihr gesamtes Vermögen in mehrere Nachfolgegesellschaften ein; anschließend wird die Ausgangsgesellschaft liquidiert, im Rahmen der Liquidation werden die Anteilsrechte an den ausgegliederten Gesellschaften real an die Gesellschafter der Ausgangsgesellschaft übertragen;
– beim „**Abspaltungsmodell**", das auch im Fall der Realteilung der Varta AG und der Löwenbräu AG Anwendung fand, gliedert die Ausgangskapitalgesellschaft einen Teil ihres Vermögens, meist einen Betrieb oder Teilbetrieb in eine rechtlich selbständige Tochtergesellschaft aus, so daß beide Gesellschaften zunächst im Verhältnis Mutter-Tochter-Gesellschaft stehen. Anschließend führt die Mutter-Gesellschaft eine Kapitalherabsetzung durch, bei der nicht Barmittel, sondern die Anteilseignerrechte an der Tochtergesellschaft an die Gesellschafter der AG/GmbH ausgeschüttet werden. Bei einer Gesellschaft in der Rechtsform der GmbH kann die Spaltung auch im Weg des Anteilstausches herbeigeführt werden, indem nämlich die Gesellschafter der Ausgangsgesellschaft ihrer GmbH Teile ihrer Beteiligung übertragen gegen Übertragung der Anteilseignerrechte an den ausgegliederten Gesellschaften.

Im Ergebnis stehen die Gesellschaften als Schwestergesellschaften nebeneinander. Das Hauptproblem einer Spaltung von Kapitalgesellschaften liegt meist darin, die Kapitalherabsetzung mit der Ausschüttung der Anteilseignerrechte ertragsteuerneutral zu halten.

dd) Ausnutzung des Anwachsungsprinzips. Eine besondere Bedeutung bei 96 Umstrukturierungs- und Neuordnungsvorgängen kommt auch dem **Anwachsungsprinzip der gesamthänderischen Personengesellschaft** zu. Es bildet bei Personengesellschaften oft das einfachste Instrument, um Unternehmensträger aufzulösen und deren Vermögen ohne aufwendiges Liquidationsverfahren anderen Gesellschaften zuzuschlagen. Dies gilt insbesondere für solche Umwandlungsvorhaben, für die es an der erforderlichen gesetzlichen Grundlage fehlt. In solchen Fällen hilft die gestaltende Gesellschaftsrechtspraxis sich mit dem Anwachsungsprinzip, das dem letzten Gesellschafter einer Personengesellschaft deren Vermögen im ganzen zufallen läßt. In gleicher Weise wird häufig auch die Liquidation von Personengesellschaften durchgeführt.

c) Komplizierte Rechtsfragen, sorgfältige Realisierung von Ablaufplänen. 97 Die mit derartigen Neuordnungsvorhaben, mit Umwandlungen, Verschmelzungen und Einbringungsvorgängen verbundenen Rechtsfragen sind außerordentlich vielschichtig und kompliziert. Schon bei der Umwandlung in eine andere Rechtsform können sich Fragen nach der Kontinuität einzelner Unternehmensorgane ergeben, es sind aber bei Verschmelzung und Einbringung auch die vertraglichen **Beziehungen der Unternehmen zu Dritten** auf etwaige unbeabsichtigte Auswirkungen hin zu untersuchen. Ohne verläßliche Klärung dieser Rechtsfragen sollten umfangreichere Neuordnungsvorhaben deshalb nicht begonnen werden.

Meist müssen die einer Umstrukturierung zugrundeliegenden **Jahresab-** 98 **schlüsse** auf einen konkreten oder aber einen bestimmten Stichtag erstellt sein, der nur wenige Monate vor den entscheidenden Eintragungen im Handelsregister aufgestellt sein muß. Flüchtigkeiten und Ungenauigkeiten bei Gesellschafterbeschlüssen und Vereinbarungen, die zu Verzögerungen oder gar Eintragungsablehnungen beim Registergericht führen, können deshalb das gesamte Neuordnungsvorhaben gefährden. Größere Neuordnungsvorhaben, namentlich die Umstrukturierung größerer Unternehmen wird der gesellschaftsrechtlich beratende Anwalt deshalb regelmäßig nur unter Hinzuziehung mehrerer Mitarbeiter durchführen können.

Bei der Beratung börsennotierter Publikumsgesellschaften kommt seit eini- 98a gen Jahren das Problem der sogenannten „**räuberischen Aktionäre**" hinzu, Aktionäre, die ihre – wenigen – Aktien erst wenige Tage vor der Hauptversammlung erwerben, um gegen zustimmende Hauptversammlungsbeschlüsse, die Neuordnungsmaßnahmen, insbesondere Verschmelzungs- oder Umwandlungsbeschlüsse sowie den Abschluß von Beherrschungsverträgen zum Gegenstand haben, Widerspruch und Anfechtungsklage zu erheben und sich diese von der Gesellschaft abkaufen zu lassen. Bei börsennotierten Publikumsgesellschaften ist heute mit solchen Versuchen, gleichgültig ob gegen den Inhalt der Hauptversammlungsbeschlüsse ernstzunehmende Einwände bestehen oder nicht, stets zu rechnen, wenn nur die zeitliche Verzögerung, die sich aus entsprechenden Widersprüchen ergibt, das Unternehmen in Verlegenheit bringt und den „räuberischen Aktionären" einen entsprechend hohen Preis für den Verzicht auf eine Anfechtungsklage verspricht.

99 d) **Steuerrechtliche Fragen.** Bei allen derartigen Gestaltungsvorhaben ist auf die steuerrechtlichen Auswirkungen großes Gewicht zu legen. Mit derartigen Neuordnungsvorhaben sind regelmäßig erhebliche Vermögensbewegungen verbunden. Entsprechend große Bedeutung kommt damit dem Gebot zu, **stille Reserven** nicht ungewollt zu realisieren (soweit dies im Einzelfall, namentlich zur Ausnutzung steuerlicher Verlustvorträge oder zur steuerlichen Entstrickung von Anteilsrechten, nicht beabsichtigt ist). Steuerliche Belastungen im Zusammenhang mit Neuordnungsvorhaben sind aber – schon wegen der anfallenden Verkehrsteuern – nicht ganz vermeidbar. Über die insoweit anfallenden steuerlichen Kosten muß von Anfang an Klarheit bestehen. Das Neuordnungsvorhaben wird oft, namentlich bei Verschmelzungs- und Einbringungsvorgängen, zu einem neuen Bilanzbild bei einzelnen Gesellschaften führen. Auch über die insoweit eintretenden Veränderungen muß vor Durchführung der Neuordnung Klarheit bestehen.

8. Gesellschaftsrechtliche Beratung in Krise und Insolvenz

100 Die gesellschaftsrechtliche Beratung im Zusammenhang mit insolvenzrechtlichen Problemen beginnt bei ersten finanziellen **Krisenanzeichen,** wenn die Anteilseigner weitere Eigenmittel einbringen oder zugunsten von Gesellschaftsgläubigern Sicherheiten bestellen sollen, und reicht bis zur Beratung in einem etwaigen Konkursverfahren oder Zwangsvergleich. Gesellschaftsrechtliche Beratung kann sowohl auf seiten der Gläubiger wie auf seiten der bisherigen Anteilseigner erforderlich werden.

101 a) **Zusätzliche Anteilseignerleistungen bei ersten Krisenanzeichen.** Bei finanziellen Krisenanzeichen wird von Gläubigerseite meist die Begründung einer persönlichen Haftung der Anteilseigner für Gesellschaftsverbindlichkeiten, die Einbringung privaten Vermögens in die Gesellschaft oder Umstrukturierungen im Unternehmen gefordert, die das Finanzierungs- und Haftungsrisiko der Anteilseigner wesentlich erhöhen würden. Anteilseigner und Gläubiger müssen Klarheit über die rechtlichen Auswirkungen etwaiger **Sanierungsmaßnahmen** haben. Oft setzt sich das Interesse der Anteilseigner am Überleben des Unternehmens gegenüber dem ursprünglichen Bestreben durch, das Finanzierungsrisiko auf das eingesetzte Kapital zu begrenzen und jedenfalls eine persönliche Haftung auszuschließen.

102 Bevor Moratorien, Forderungsverzichte u.a.m. beschlossen werden, sollte der gesellschaftsrechtliche Berater darauf dringen, daß die Zukunftsaussichten des Unternehmens und die Erfolgsaussichten einer etwaigen Sanierung geprüft werden. Finanzielle Leistungen sollten nur erfolgen, wenn zugleich die Ursachen für die Schieflage des Unternehmens beseitigt werden. Soweit diese eine Umstrukturierung, etwa die Verschmelzung verschiedener Gesellschaften, deren Einbringung in andere Unternehmen o.ä. erfordern, gilt es, die damit verbundenen Rechtsfolgen für Gläubiger und Anteilseigner zu ermitteln.

102a b) **Kapitalersetzende Gesellschafterdarlehen.** Seit Anfang der siebziger Jahre hat die Rechtsprechung Grundsätze für die Behandlung sogenannter „kapitalersetzender Gesellschafterdarlehen" entwickelt, mit der GmbH-Novelle 1980 wurden ergänzend die §§ 32a, 32b GmbHG, 172a HGB u.a.m. in das Gesetz eingefügt. Sie haben das Recht der Unternehmensfinanzierung grundlegend neu geordnet und für den gesellschaftsrechtlich beratenden Anwalt einen erheblichen Beratungsbedarf ausgelöst.

Die Voraussetzungen, unter denen Finanzierungsleistungen der Anteilseigner außerhalb des Kapitals als kapitalersetzend angesehen werden und bestimmten Rückforderungsbeschränkungen unterliegen, sind durch eine Fülle höchstrichterlicher Entscheidungen in einer Vielzahl von Zweifelsfragen, jedoch nicht abschließend geklärt worden. Bei jeder Rückzahlung von Gesellschafterdarlehen, vor jeder Umwandlung von Gesellschafterdarlehen in Kapital ist zu prüfen, ob das Gesellschafterdarlehen gegebenenfalls entsprechenden Rückzahlungsbeschränkungen unterliegt. Entsprechend kompliziert geworden sind die Finanzierungsmöglichkeiten für Anteilseigner und die Möglichkeiten für sanierungswillige Banken, sich im Rahmen einer Krisenfinanzierung z. B. Anteilseignerrechte sicherungsweise übertragen zu lassen. 102 b

c) **Überschuldungsprüfung.** Für den gesellschaftsrechtlichen Berater der Anteilseigner kommt – bei den Kapitalgesellschaften und der GmbH & Co. KG in der Krise – der regelmäßigen Prüfung der Überschuldungssituation besondere Bedeutung zu. Anhand einer Vermögensaufstellung ist eine Überschuldungsbilanz aufzustellen und regelmäßig fortzuschreiben und zu prüfen, ob die Aktiva noch die Passiva decken oder Überschuldung eingetreten ist (s. Beispiel einer Überschuldungsbilanz D IV Rdnr. 5). Die Behandlung kapitalersetzender Gesellschafterdarlehen in der Vermögensaufstellung ist umstritten. Auf die mit einer **Versäumung der rechtzeitigen Konkursantragstellung** verbunden zivil- und strafrechtlichen Risiken muß hingewiesen werden. 103

d) **Beteiligung an einer Unternehmenssanierung.** In einem späteren Stadium des Niedergangs des Unternehmens sind regelmäßig **weitgehende Eingriffe** in die bisherige Unternehmensstruktur erforderlich, über deren Auswirkungen dann auf Gläubiger- wie auf Anteilseignerseite Klarheit bestehen muß. Die gesellschaftsrechtlichen Berater sind oft an den Verhandlungen zwischen Anteilseignern, Banken, Lieferanten und anderen Gläubigern, etwaigen neuen Kapitalgebern, Vertretern der – an einer Sanierung ggf. beteiligten – öffentlichen Hand und einem etwaigen Sequester oder vorläufigen Vergleichsverwalter unmittelbar beteiligt. 104

Mit den zur Unternehmensrettung zur Auswahl stehenden Maßnahmen: 105

– der Gewährung kurzfristiger Überbrückungsdarlehen durch Hausbanken;
– der Gewährung von Forderungsverzichten und Sanierungsdarlehen durch Anteilseigner und Dritte;
– Maßnahmen der Kapitalherabsetzung und -erhöhung, unter Ausschluß etwaiger Bezugsrechte und unter Eintritt neuer Anteilseigner;
– der „übertragenden Sanierung" durch Gründung einer Auffang- oder Fortführungsgesellschaft, unter Ein- oder Ausschluß der bisherigen Anteilseigner,

verbinden sich komplizierteste **gesellschaftsrechtliche Fragen,** von denen oft Erfolg oder Mißerfolg der einzelnen Sanierungsmaßnahme abhängt: Bindung weiterer Einlageversprechen an den Sanierungserfolg? Vollwertigkeit von Einlageleistungen, insbesondere beim Versuch, Gesellschafterdarlehen und andere Anteilseigner-Forderungen gegen die Gesellschaft zur Kapitalerhöhung zu verwenden? Aufklärungspflichten des Geschäftsführers gegenüber Geschäftspartnern des Unternehmens, die Krise des Unternehmensträgers offenzulegen? Übergang von Verbindlichkeiten und Arbeitsverhältnissen auf Fortführungsgesellschaften? Auch die mit diesen Fragen verbundenen steuerlichen Rechtsfolgen sind kompliziert, haben aber weitreichende wirtschaftliche Bedeutung und dementsprechend großen Einfluß auf die konkreten Empfehlungen des gesellschaftsrechtlichen Beraters.

106 **e) Beratung im Konkurs.** Im Konkurs des Unternehmens stehen Anteilseigner und Gläubiger dem Konkursverwalter gegenüber. Gesellschaftsrechtliche Probleme stellen sich hier nur noch am Rande:
- Anmeldung von Gesellschafterdarlehen zur Konkurstabelle;
- Auswirkung der Konkurseröffnung auf Unternehmensverträge (Beendigung von Beherrschungs- und Gewinnabführungsverträgen) und auf Unternehmensverbindungen im faktischen Konzern;
- Einfluß des Konkurses auf Organstellung und Anstellungsverhältnis der Geschäftsführer;
- Nachforderungen des Konkursverwalters auf Einlageleistungen der Anteilseigner;
- Kommanditistenhaftung im Konkurs.

D III. Erbrechtliche Beratung und Testamentsvollstreckung

Dr. Herbert Sernetz

Übersicht

	Rdnr.
Vorbemerkung	1
1. Teil. Beratung des Erblassers	5
I. Feststellungen	5
1. Zur Person des Erblassers	5
2. Zu den Familienverhältnissen	17
3. Das zu vererbende Vermögen	22
4. Bereits vorhandene letztwillige Verfügungen und ihr Widerruf	39
II. Ermittlung des letztwilligen Ziels und seine Realisierung	49
1. Feststellung und Koordinierung der Wünsche des Erblassers	49
2. Beratung über mögliche spätere Veränderungen	52
3. Steuerliche Konsequenzen	54
III. Das erbrechtliche Instrumentarium	
1. Testament	60
2. Gemeinschaftliches Testament	61
3. Erbvertrag	62
4. Erbeinsetzung, Ersatzerbeinsetzung, Enterbung	63
5. Vermächtnis, Ersatzvermächtnis, Vorausvermächtnis	64
6. Auflagen	65
7. Bedingte Erbeinsetzung, Vor- und Nacherbschaft, Berliner Testament	66
8. Teilungsanordnung/Teilungsausschluß	70
9. Testamentsvollstreckung	72
10. Pflichtteilsentzug, Pflichtteilsbeschränkung	79
11. Abfindung von Erbersatzansprüchen	82
12. Erb- und Pflichtteilsverzicht	83
13. Verzicht auf Anfechtungsrechte	87
14. Verzicht auf Zugewinnausgleich	88
15. Erbvertragliche Verfügungsbeschränkungen unter Lebenden	89
16. Vorweggenommene Erbfolge	90
17. Änderung des Güterstands	91
18. Vollmacht über den Tod hinaus	92
19. Stiftung	93
IV. Gestaltungsvorschläge	
1. Besondere Berücksichtigung des Ehegatten	94
2. Besondere Berücksichtigung der Kinder	96

	Rdnr.
3. Besondere Berücksichtigung einzelner Kinder	98
4. Zuwendungen an Dritte	100
5. Erhaltung des Familienvermögens	102
6. Kontinuierung des Erblasserwillens	104
7. Rigoroser Ausschluß bestimmter Personen	106
8. Vererbung von Firmenvermögen (Unternehmertestament)	108
9. Vererbung von Gesellschaftsvermögen	110
10. Zuwendung von Gegenständen	111
11. Überschuldung von Abkömmlingen/Ehegatten	113
12. Vorbehalt von Änderungsmöglichkeiten	115
13. Berücksichtigung von steuerlichen Belastungen	117
2. Teil. Beratung der Hinterbliebenen	119
I. Feststellung der gesetzlich Begünstigten	119
1. Das Erbrecht der ehelichen Verwandten und ihre Erbquote	121
2. Das Erbrecht/die Erbquote des Ehegatten	129
3. Das Erbrecht/die Erbquote unter nichtehelichen Verwandten	133
4. Die Pflichtteilsberechtigten	137
II. Feststellung des Inhalts der letztwilligen Verfügung	139
1. Auslegungsgrundsätze	140
2. Auslegungsregeln	145
3. Anfechtung der letztwilligen Verfügung	147
III. Annahme/Ausschlagung der Erbschaft	154
1. Annahme	154
2. Ausschlagung	156
3. Besonderheiten nach dem DDR-Erbrecht	160
IV. Die gerichtliche Feststellung der Erben und des Erbrechts	161
1. Testamentseröffnung	161
2. Nachlaßpflegschaft	163
3. Erbscheinsverfahren	166
4. Klage auf Feststellung des Erbrechts	172
5. Besonderheiten im Gebiet der DDR	174

	Rdnr.
V. Die Feststellung und Auseinandersetzung des Nachlasses	175
1. Auskunftsanspruch	175
2. Der Erbschaftsanspruch	180
3. Die Auseinandersetzung	185
VI. Die Erbenhaftung und ihre Beschränkung	195
1. Allgemeines	195
2. Prozessuales	197
3. Inventar	199
4. Haftungsbeschränkung des Alleinerben	200
5. Haftung und Haftungsbeschränkung der Miterben	207
6. Haftung und Haftungsbeschränkung des Erben eines Einzelkaufmanns	210
7. Haftung und Haftungsbeschränkung des Erben eines persönlich haftenden Gesellschafters bei OHG und KG	212
8. Besonderheiten nach dem DDR-Erbrecht	214
VII. Pflichtteilsrecht/Pflichtteilsanspruch	215
1. Die Pflichtteilsberechtigten	215
2. Die Höhe des Pflichtteilsanspruchs	218
3. Korrekturmöglichkeit unzureichender Zuwendungen an Pflichtteilsberechtigte	223
4. Wahlmöglichkeiten des Ehegatten in der Zugewinngemeinschaft	229
5. Der Pflichtteilsanspruch	234
6. Das Pflichtteilsrecht der DDR	240
3. Teil. Der Anwalt als Testamentsvollstrecker	245
I. Allgemeines	246
II. Die Befugnisse des Testamentsvollstreckers	249
III. Durchführung der Testamentsvollstreckung	257
IV. Das Rechtsverhältnis zwischen Testamentsvollstrecker und Erben	267
V. Der Testamentsvollstrecker nach DDR-Recht	273

Literatur: *Dittmann/Reimann/Bengel*, Testament und Erbvertrag, 2. Aufl. 1986; *Esch/Schulze zur Wiesche*, Handbuch der Vermögensnachfolge, 4. Aufl. 1992; *Firsching*, Nachlaßrecht, 6. Aufl. 1986; *Haegele/Winkler*, Der Testamentsvollstrecker, 9. Aufl. 1987; *Harder/Müller-Freienfels*, Grundzüge der Erbenhaftung, JuS 1980, 876 ff.; *Herrmann*, Erbrecht und Nachlaßverfahren in der DDR, 1989; *Keim*, Testamente und Erbverträge, Diktat und Arbeitshefte für Notare und Rechtsanwälte, 1985; *Kipp/Coing*, Erbrecht, 14. Aufl. 1990; *Lange/Kuchinke*, Lehrbuch des Erbrechts, 3. Aufl. 1989; *Nieder*, Münchner Vertragshandbuch, Bd. 4, 2. Hbd., Kap. XV, XVI, XVIII–XX, 3. Aufl. 1992; *ders.*, Handbuch der Testamentsgestaltung, 1992; *Schlüter*, Erbrecht, 12. Aufl. 1986; *Schotten/Johnen*, Erbrecht im deutsch-deutschen Verhältnis – die Rechtslage vor der Vereinigung und die Regelungen im Einigungsvertrag, DtZ 1991, 225.

Vorbemerkung

1   Aufgabe des Anwalts bei der erbrechtlichen Beratung ist es, das aus verschiedenen historischen Quellen abgeleitete, sehr subtil geregelte, aber überwiegend unpopuläre, objektive deutsche Erbrecht mit den davon oft erheblich abweichenden Vorstellungen des Ratsuchenden in Einklang zu bringen. Dabei geht es nicht nur um die Beachtung der Bestimmungen des Fünften Buches des BGB, sondern auch um die Berücksichtigung zahlreicher erbrechtlich relevanter Regelungen auf anderen Rechtsgebieten, wie etwa dem Familienrecht oder dem Handels- und Gesellschaftsrecht (vgl. die Beispiele bei *Schlüter* § 2 III) und vor allem dem Erbschaftssteuerrecht. Der im Rahmen eines Anwaltshandbuchs zur Verfügung stehende Raum erlaubt angesichts der Fülle des Stoffs nur eine Übersicht und Hinweise auf besondere Problemzusammenhänge. Zur Vertiefung muß auf die Spezialliteratur verwiesen werden, wie etwa die sehr instruktiven Anmerkungen von *Nieder* zu den Mustervorschlägen Kap. XV, XVI, XVIII–XX im Münchner Vertragshandbuch (Band 4, 2. Halbb.).

2   Die **DDR** hatte mit Wirkung ab 1. 1. 1976 das bis dahin auch dort geltende BGB durch das Zivilgesetzbuch (ZGB) vom 19. 6. 1975 (GBl. I Nr. 27 S. 465)

Vorbemerkung D III

ersetzt. Damit sollte u. a. das Erbrecht (§§ 362–427 ZGB) vereinfacht und der „sozialistischen Eigentumsordnung" (§§ 17 ff., 22 ff. ZGB) angepaßt werden. Für Erbfälle, die vor Inkrafttreten des ZGB eingetreten waren, und für letztwillige Verfügungen, die vorher errichtet waren, blieb es beim alten Recht (§ 8 EGZGB). Mit Wirksamwerden des Beitritts der DDR zur Bundesrepublik Deutschland am 3. 10. 1990 trat das BGB auch für das Gebiet der DDR in Kraft (Art. 230 II EGBGB), jedoch mit folgenden, in der Formulierung den Artikeln 213 und 214 EGBGB nachgebildeten (vgl. die Kommentierung hierzu) Einschränkungen:

– Bei Todesfällen vor dem 3. 10. 1990 bleibt für die erbrechtlichen Verhältnisse, wenn der 3
letzte gewöhnliche Aufenthaltsort des Erblassers in der ehemaligen DDR lag oder wenn der Erblasser – bei Aufenthalt in einem Drittstaat – eine besonders enge Verbindung zur Rechtsordnung der DDR hatte (MünchKomm/*Leipold,* Einigungsvertrag, Rdnr. 561), das bisherige Erbrecht der DDR maßgebend (Art. 235 § 1 I EGBGB). Der Begriff „erbrechtliche Verhältnisse" ist im weitesten Sinn auszulegen; hierunter fällt nicht nur das materielle Recht, sondern auch das Verfahrensrecht (*Staudinger/Winkler,* Art. 213 EGBGB, Rdnr. 3 m. w. N.; MünchKomm/*Leipold,* Einigungsvertrag, Rdnrn. 658, 661 ff., 668 ff.). Unberührt bleiben jedoch Zuständigkeitsänderungen (Kreisgericht als Nachlaßgericht anstelle des staatlichen Notariats).
– Die Regelungen des BGB über den Erbersatzanspruch **nichtehelicher Kinder** (§§ 1934 a–e, 2338 a BGB) gelten nicht für Kinder, die vor dem Beitritt geboren sind; sie sind vielmehr entsprechend den Regeln des ZGB ehelichen Kindern vollkommen gleichgestellt (Art. 235 § 1 II EGBGB). Die Frage, welchen Kindern diese Regelung zugute kommen soll, wird nach den Regeln des IPR bzw. des interlokalen Privatrechts, wie es vor der Wiedervereinigung von beiden Staaten angewandt wurde, zu entscheiden sein. Im Ergebnis kommt es darauf an, ob der Vater am 2. 10. 1990 seinen gewöhnlichen Aufenthalt in der DDR hatte, und zwar auch für die Beerbung des Kindes (MünchKomm/*Leipold,* Einigungsvertrag, Rdnrn. 681, 683; *Palandt/Edenhofer,* Art. 235 § 1 EGBGB, Rdnr. 2).
– Die Errichtung oder Aufhebung von letztwilligen Verfügungen vor dem Beitritt der DDR sind nach dem alten Recht zu beurteilen, auch wenn der Erblasser nach dem 2. 10. 1990 stirbt (Art. 235 § 2 S. 1 EGBGB). Der Inhalt und die Wirksamkeit der Verfügung sind dagegen nach den Regelungen des BGB zu prüfen. Bei der Auslegung allerdings führt die Ermittlung des wirklichen Willens u. U. zur Berücksichtigung des alten Rechts (vgl. *Staudinger/Winkler,* Art. 214, Rdnr. 8, 31 ff., 36).
– Auch die Bindungswirkung eines gemeinschaftlichen Testaments, welches vor dem 3. 10. 1990 errichtet worden ist, wird nach altem Recht beurteilt (Art. 235 § 2 S. 2 EGBGB). Bindung im Sinne dieser Vorschrift umfaßt nicht bloß die Widerruflichkeit einer getroffenen Verfügung, sondern auch die Art, wie ein Widerruf zu erklären ist (*Staudinger/Winkler,* Art. 214, Rdnr. 27; MünchKomm/*Leipold,* Einigungsvertrag, Rdnr. 713).

Das bisherige Recht der DDR wird zukünftig in erster Linie bei der Beratung 4
der Hinterbliebenen eine Rolle spielen; für die Beratung des Erblassers wird im allgemeinen die Kenntnis derjenigen Bestimmungen des früheren Erbrechts genügen, die auf Todesfälle nach dem 2. 10. 1990 zur Anwendung kommen können. Daneben wird man übergeleitete Bestimmungen des DDR-Rechts auf anderen Rechtsgebieten (z. B. dem **Sachenrecht, Familienrecht** etc.) beachten müssen. In der folgenden Darstellung wird das Recht der DDR, soweit von Bedeutung, unabhängig von seiner Relevanz für Erblasser oder Hinterbliebene wegen der größeren Anschaulichkeit dort behandelt, wo sich Ausführungen zum entsprechenden Recht der Bundesrepublik Deutschland finden. Hierauf wird, soweit notwendig, verwiesen werden.

Sernetz

1. Teil. Beratung des Erblassers

I. Feststellungen

1. Zur Person des Erblassers

5   a) **Die Staatsangehörigkeit.** Ein Berater kann sich darauf, daß er mit seinen Kenntnissen des deutschen Erbrechts auskommt, nur dann verlassen, wenn es sich bei dem Erblasser und den Erben um Deutsche mit Aufenthalt in der Bundesrepublik Deutschland handelt, sich das zu vererbende Vermögen in der Bundesrepublik Deutschland befindet und nicht zu erwarten ist, daß sich bis zum Erbfall an diesen Umständen etwas ändert. Liegen jedoch auch nur in einem der vorgenannten Punkte andere Verhältnisse vor, oder soll die letztwillige Verfügung im Ausland errichtet werden, ist ein **Fall mit Auslandsberührung** gegeben. Von dem beratenden Anwalt kann ebensowenig wie von einem Notar verlangt werden, daß er fremde Rechtsordnungen kennt und zuverlässig anwenden kann. Es wird aber von ihm erwartet, daß er das Vorliegen eines Falls des internationalen Testaments- oder Erbvertragsrechts erkennt. Zumindest müssen also dem Berater die inländischen Kollisionsnormen geläufig sein, die darüber Auskunft geben, inwieweit fremdes Recht zur Anwendung kommen kann (*Lichtenberger* in *Dittmann/Reimann/Bengel* Teil B, Rdnr. 50).

6   Bedeutsam sind dabei insbesondere die folgenden Bestimmungen des **deutschen IPR** in der durch die Neuregelung seit 1. 9. 1986 geltenden Fassung (BGBl I, 1142):

- Nach Artikel 25 I EGBGB unterliegt die Rechtsnachfolge von Todes wegen dem Recht des Staates, dem der Erblasser im Zeitpunkt seines Todes angehört hat **(Erbstatut).**
- Nach Art. 25 II EGBGB kann ein ausländischer Erblasser für im Inland gelegenes **unbewegliches Vermögen** das deutsche Recht wählen und zwar durch eine formgültige Verfügung von Todes wegen.
- Hat eine Person **mehrere Staatsangehörigkeiten,** dann soll nach Art. 5 I EGBGB das Recht desjenigen Staates angewandt werden, mit dem die Person am engsten verbunden ist **(effektive Staatsangehörigkeit).** Hat die Person jedoch auch die deutsche Staatsangehörigkeit, so geht diese Rechtsstellung vor.
- Bei **Staatenlosen** kommt es nach Art. 5 II EGBGB auf das Recht des Staates an, in dem die Person ihren gewöhnlichen Aufenthalt hat, oder wenn ein solcher nicht feststellbar ist, in dem sie sich aufhält.
- Durch Art. 26 I EGBGB wurde der wesentliche kollisionsrechtliche Inhalt des für die Bundesrepublik Deutschland am 1. 1. 1966 in Kraft getretenen **Haager Übereinkommens** über das auf die Form letztwilliger Verfügungen anzuwendende Recht vom 5. 10. 1961 übernommen. Nach den dadurch in Betracht kommenden Alternativen des **Formstatuts** hat der Berater insoweit die relativ größte Sicherheit, daß er bei Anwendung des eigenen Rechts, wenn die Verfügung bei ihm getroffen wird, keinen Fehler macht.

7   Der materielle Inhalt einer letztwilligen Verfügung, seine Wirksamkeit und Realisierbarkeit sind jedoch auch bei Beachtung der deutschen Kollisionsnormen nicht gesichert. Nur ein Anwalt mit besonderen Spezialkenntnissen wird sich zutrauen können, die **materielle Gültigkeit** einer letztwilligen Verfügung aus der Sicht eines fremden Rechts abschließend zu prüfen. Es wird deswegen in

den meisten Fällen anzuraten sein, daß der Anwalt die Prüfung in Zusammenarbeit mit einem ausländischen Kollegen vornimmt oder das Gutachten eines deutschen Instituts für ausländisches und internationales Privatrecht einholt (*Nieder* Kap. XVI 29 Anm. 2; *Lichtenberger* in *Dittmann/Reimann/Bengel* B 50). Die in Betracht kommenden Institute sind in DNotZ 1974, 133 aufgeführt.

Davon abgesehen sollte der Berater unbedingt darauf hinweisen, daß er nur **8** hinsichtlich des deutschen Rechts zuverlässig beraten und Vorschläge machen kann, und daß er hinsichtlich des ausländischen Rechts keine Haftung übernehmen kann. Es empfiehlt sich, hierüber eine ausdrückliche schriftliche **Haftungsfreistellung** zu vereinbaren (vgl. dazu *Lichtenberger* aaO B 51; *Nieder* aaO).

Nach § 25 I des **Rechtsanwendungsgesetzes** der **DDR** (DDR-RAG) vom **9** 5. 12. 1975 (GBl. I 1975, 748) bestimmten sich die erbrechtlichen Verhältnisse nach dem Recht des Staates, dessen Bürger der Erblasser im Zeitpunkt seines Todes war. Die erbrechtlichen Verhältnisse in bezug auf das Eigentum und andere Rechte an Grundstücken und Gebäuden auf dem Territorium der DDR richteten sich jedoch nach deren Recht (**Nachlaßspaltung;** § 25 II DDR-RAG). Hinsichtlich der Testierfähigkeit, der Arten letztwilliger Verfügungen und der Rechtsfolgen von Willensmängeln bei ihrer Errichtung knüpfte das Recht der DDR an das Recht des Staates an, in dem der Erblasser bei der Errichtung der Verfügung seinen Wohnsitz hatte (§ 26 DDR-RAG).

Der **innerdeutsche Erbrechtsfall** wurde seitens der DDR nach reinen IPR- **10** Regeln abgewickelt (*Herrmann* Rdnr. 1.71.), während man in der Bundesrepublik wegen der Anerkennung der Bürger der DDR als Deutsche im Sinne des Grundgesetzes das **interlokale Privatrecht,** aber in Anlehnung an das eigene IPR anwandte (*KG* OLGZ 1966, 592; 1972, 435; *OLG Hamm* OLGZ 1973, 289; *Lange/Kuchinke,* § 3 V). Dies führte zur regelmäßigen Anknüpfung an den letzten gewöhnlichen Aufenthaltsort des Erblassers.

Nachdem in Zukunft innerhalb des wiedervereinigten Deutschlands zumin- **11** dest teilweise unterschiedliche Rechtsordnungen gelten werden, wird die jeweils **maßgebliche Teilrechtsordnung** durch die Kollisionsnormen des interlokalen Privatrechts bestimmt werden müssen. Mangels einer gesetzlichen Regelung wird dies analog den Regeln des allgemeinen IPR geschehen (vgl. z. B. Rdnr. 3). Für Erbfälle bis zum 2. 10. 1990 wird beim ehemaligen Bundesbürger die Staatsangehörigkeit und beim ehemaligen Bürger der DDR der gewöhnliche Aufenthaltsort maßgeblich sein. Bei einem Todesfall ab 3. 10. 1990 richtet sich die Beerbung grundsätzlich nach dem Recht der Bundesrepublik mit den in Rdnr. 3 genannten Ausnahmen (MünchKomm/*Leipold,* Einigungsvertrag, Rdnrn. 672 f.).

b) **Testierfähigkeit.** Die Testierfähigkeit knüpft nicht direkt an die allgemei- **12** nen Abgrenzungen von Geschäftsunfähigkeit und beschränkter Geschäftsfähigkeit an, sondern ist selbständig geregelt, § 2229 BGB (Errichtung eines Testaments), § 2253 BGB (Widerruf). Sie beginnt mit Vollendung des 16. Lebensjahres des **Minderjährigen** (§ 2229 I BGB). Dieser bedarf keiner Zustimmung seines gesetzlichen Vertreters (§ 2229 II BGB). Er kann sich aber nur des öffentlichen Testaments durch mündliche Erklärung oder durch Übergabe einer offenen Schrift bedienen (§§ 2233 I, 2247 IV BGB). Der beschränkt geschäftsfähige **Verlobte oder Ehegatte** kann darüber hinaus mit Zustimmung seines gesetzlichen Vertreters auch einen Erbvertrag als Erblasser schließen (§ 2275 II und III BGB). Ansonsten setzt der Abschluß eines Erbvertrags unbeschränkte Geschäftsfähigkeit voraus (§ 2275 I BGB). Für den Partner eines Erbvertrages, der nicht Erblasser ist, gelten dagegen die allgemeinen Regeln für Verträge (§§ 104 ff., 107 BGB).

13 Bis zum 31. 12. 1991 konnten Entmündigte, und zwar ab Antrag auf Entmündigung (§§ 2229 III a. F., 6 a. F. BGB), nicht testieren. Durch das Betreuungsgesetz (v. 12. 9. 1990, BGBl. 2002) wurde die Entmündigung mit Wirkung ab 1. 1. 1992 abgeschafft. Vorher errichtete Testamente Entmündigter bleiben unwirksam, etwaige lichte Momente werden nicht berücksichtigt (*Palandt/Edenhofer* § 2229 Rdnr. 7).

14 Wer wegen **krankhafter Störung der Geistestätigkeit**, wegen **Geistesschwäche** oder wegen **Bewußtseinsstörung** (z. B. Trunkenheit) nicht in der Lage ist, die Bedeutung einer von ihm abgegebenen Willenserklärung einzusehen und nach dieser Einsicht zu handeln, ist nicht testierfähig (§ 2229 IV BGB). Im Gegensatz zum früheren Fall der Entmündigung muß dieses Testierhindernis nicht permanent bestehen. In lichten Momenten ist Testierfähigkeit gegeben. Im Gegensatz zur Geschäftsunfähigkeit kann sich die Testierunfähigkeit nicht auf einen beschränkten Kreis von Angelegenheiten beziehen (*BayObLG* NJW 1992, 248 ff.).

15 Insbesondere die letztgenannten Fälle können bei der Beratung eine Rolle spielen, weil der Anwalt mit beurteilen muß, ob der Beratene überhaupt wirksam testieren kann bzw. ob das Testament späteren Angriffen standhält. Der Anwalt muß neben dem hier meist hinzuzuziehenden Notar etwa bei kranken und alten, evtl. sterbenden Personen erkennen, ob sie noch wahrnehmen, daß sie letztwillig verfügen, und ob sie sich dabei frei entscheiden können. Besonders problematisch ist dies beim Fall der sog. **senilen Demenz,** die der Betroffene oft durch eine vorgetäuschte Fassade freundlicher Kooperationsbereitschaft zu überspielen versucht. Ein Anhaltspunkt dafür, ob von seniler Demenz auszugehen ist, wird im allgemeinen die Frage sein, ob der Betroffene noch „nein" zu sagen in der Lage ist oder nicht. Das kann der erfahrene Berater möglicherweise durch bestimmte, evtl. wechselnde Fragestellungen offenlegen. Letztlich klären kann die Testierfähigkeit in solchen Fällen nur der Arzt. Der Berater wird darum unter solchen Umständen gut daran tun, wenn möglich für eine ärztliche Stellungnahme zu sorgen. Es erfordert einiges Fingerspitzengefühl, den Betroffenen selbst für entsprechende Initiativen zu gewinnen.

16 Nach dem Recht der **DDR** (§ 370 I ZGB) setzte die Testierfähigkeit **Volljährigkeit** (Vollendung des 18. Lebensjahres, § 49 ZGB) voraus und zugleich **Handlungsfähigkeit,** d. h. es durfte keine Entmündigung vorliegen (§ 52 II ZGB). Dies ist im Rahmen des Art. 235 § 2 EGBGB weiterhin zu beachten (*MünchKomm/Leipold,* Einigungsvertrag, Rdnr. 711).

2. Zu den Familienverhältnissen

17 a) Bei der Beratung des Erblassers wird es regelmäßig nicht auf die Ermittlung aller in Betracht kommenden **gesetzlicher Erben** ankommen. Sinnvoll ist es aber, die unmittelbaren gesetzlichen Erben festzustellen (nicht alle gesetzlichen Folgen müssen unbedingt testamentarisch geregelt werden). Darüber hinaus sollten jedoch immer die **Pflichtteilsberechtigten** und die **Erbersatzberechtigten** festgestellt werden, weil ihre Ansprüche eine gewillkürte Erbfolge berühren, beeinträchtigen und möglicherweise sogar wirtschaftlich verhindern können.

D III

Beim verheirateten Erblasser ist von besonderer Bedeutung die Frage nach **18** seinem **Güterstand**. Dieser bestimmt in zwei Fällen die Erbquote mit, nämlich
– beim gesetzlichen Güterstand der **Zugewinngemeinschaft**; hier erhöht sich die gesetzliche Erbquote des Ehegatten (unabhängig von der Zahl der Kinder) um ¼ (§ 1371 I BGB);
– bei der **Gütertrennung**; hier erbt der Ehegatte neben einem Kind zu ½, neben 2 Kindern zu ⅓ (§ 1931 IV BGB).
Steuerliche Besonderheiten: Der Zugewinnausgleich ist gem. § 5 II ErbStG erbschafts- und schenkungssteuerfrei. Bei der erbrechtlichen Lösung nach § 1371 I BGB muß, soweit nicht Freibeträge den Nachlaß aufwiegen, die fiktive Ausgleichsforderung (nach Verkehrswerten) errechnet werden (§ 5 I 1 ErbStG).

b) **Besonderheiten in der ehemaligen DDR.** Das Familienrecht der **DDR** **19** kannte nur einen Güterstand, nämlich den der **Eigentums- und Vermögensgemeinschaft**, §§ 13–16 und 39–41 des Familiengesetzbuchs der DDR (FGB). Nach diesem Güterstand werden die von einem oder beiden Ehegatten während der Ehe durch Arbeit oder aus Arbeitseinkünften erworbenen Sachen (auch Grundstücke und Gebäude, § 299 I ZGB), Vermögensrechte und Ersparnisse **gemeinschaftliches Eigentum** (§ 13 I FGB); als Arbeitseinkünfte gelten auch Renten, Stipendien und ähnliche wiederkehrende Leistungen. Hinsichtlich aller übrigen Sachen und Vermögensrechte gilt quasi Gütertrennung. Die zur Befriedigung persönlicher Bedürfnisse oder zur Berufsausübung genutzten Sachen werden Alleineigentum jedes Ehegatten, auch wenn sie mit Mitteln aus Arbeitseinkünften erworben wurden, es sei denn, ihr Wert wäre gemessen am gemeinschaftlichen Einkommen und Vermögen unverhältnismäßig groß (§ 13 II FGB). Von alledem konnten die Ehegatten während der Ehe **abweichende Vereinbarungen** treffen, ausgenommen allerdings bezüglich solcher Sachen, die der gemeinsamen Lebensführung dienen (§ 14 I FGB). Am gemeinschaftlichen Vermögen sind die Ehegatten grundsätzlich zu je ½ beteiligt (§§ 39 I, 40 FGB). Beim Tode eines Ehegatten fällt dessen Anteil am gemeinschaftlichen Eigentum in den Nachlaß (§ 365 III 1 ZGB).

Diese Regelungen wurden bei **Einführung des FGB** – soweit nicht ausdrück- **20** lich abbedungen (§ 14 FGB) – auch auf das vor dessen Inkrafttreten (1. 4. 1966) erworbene Vermögen der Ehegatten ausgedehnt (§ 4 EGFGB). Die Grundbücher der DDR geben wegen der von Gesetzes wegen eingetretenen Änderungen möglicherweise nicht die wahre Rechtslage wieder; Anhaltspunkt dafür kann der Umstand sein, daß seit dem 1. 4. 1966 keine Änderungen eingetragen worden sind (*Herrmann*, Rdnr. 1.17).

Nach Art. 234 § 4 I EGBGB leben Ehegatten, sofern sie nichts anderes verein- **21** bart hatten, vom 3. 10. 1990 an statt im Güterstand der Eigentums- und Vermögensgemeinschaft nunmehr im **gesetzlichen Güterstand** der Zugewinngemeinschaft. Bei späteren Auseinandersetzungen bleibt § 39 FGB weiterhin anwendbar. Jeder Ehegatte kann aber bis zum Ablauf von zwei Jahren nach Wirksamwerden des Beitritts der DDR dem Kreisgericht gegenüber erklären, daß für die Ehe der bisherige gesetzliche Güterstand fortgelten solle. In diesem Fall gilt die **Überleitung** des bisherigen gesetzlichen Güterstandes als nicht erfolgt (§ 4 II FGB). Der gesetzliche Erbteil des überlebenden Ehegatten beurteilt sich ausschließlich nach § 1931 I BGB (MünchKomm/*Leipold*, Einigungsvertrag, Rdnr. 693).

3. Das zu vererbende Vermögen

22 Welcher Art das zu vererbende Vermögen ist, ist vor allem aus drei Gründen von Bedeutung:
- wegen besonderer Bewertung bei der Erbschaftssteuer;
- wegen möglicher Sonderrechtsnachfolge (Ausnahme vom Grundsatz der Gesamtnachfolge);
- wegen besonderer Bewertung in der erbrechtlichen Auseinandersetzung.

23 a) **Steuerliche Bewertung.** Im Prinzip soll der erbrechtliche Erwerb danach besteuert werden, welche **Bereicherung** beim Erben eingetreten ist (§ 10 I ErbStG); d. h. es kommt grundsätzlich auf den Verkehrswert an (§ 12 I ErbStG, § 9 BewG). Davon nehmen die Absätze II bis V von § 12 ErbStG jedoch den Grundbesitz, die Mineralgewinnungsrechte und das Betriebsvermögen aus.

aa) Der **Grundbesitz,** also die bebauten und unbebauten Grundstücke (inkl. der Betriebsgrundstücke), das Erbbaurecht, das Wohnungseigentum und die sonstigen dinglichen Berechtigungen sind nach § 12 II ErbStG zu bewerten mit dem Einheitswert (derzeit 1964) zzgl. 40% (§§ 70, 99 I 1 BewG). Ausgenommen hiervon ist der Auslandsgrundbesitz, der nach § 12 VI ErbStG, § 31 BewG mit dem gemeinen Wert anzusetzen ist. (Belastungen können mit dem Nennwert der Valuta den steuerlichen Grundstückswert vollständig aufzehren; vgl. Rdnr. 24.)

bb) Bei den **Mineralgewinnungsrechten** handelt es sich um Rechte zum Abbau und zur Gewinnung von Bodenschätzen. Sie sind nach § 12 II ErbStG mit dem Einheitswert zu besteuern.

cc) Bei **Betriebsvermögen** sind die Betriebsgrundstücke nach § 12 V ErbStG mit dem Einheitswert anzusetzen. Der Geschäftswert bleibt in der Regel außer Ansatz. Im übrigen ist der „**Reinwert**" festzustellen. Es handelt sich dabei um den Unterschiedsbetrag zwischen dem Gesamtbetrag der Steuerwerte der Besitzposten und dem Gesamtbetrag der Steuerwerte der Schuldposten (*Meincke/ Michel* ErbStG § 12, Rdnr. 150). Entsprechendes gilt für die Bewertung von Beteiligungen.

24 dd) Einige **weitere Bewertungsbeispiele:**
- **Aktien:** Börsenkurs, ggf. zzgl. Paketzuschlag,
- **GmbH-Anteile** und **nicht börsennotierte Aktien:** Gemeiner Wert nach „Stuttgarter Verfahren", soweit nicht im Jahr vor dem Stichtag Verkaufserlöse festzustellen sind (VermStRiLi Ziff. 76 ff.),
- **Hausrat, Kunstgegenstände, Sammlungen:** Verkehrswert nach Berücksichtigung des besonderen Freibetrags gem. § 13 I 1a ErbStG,
- **Land- und forstwirtschaftliche Betriebe:** der letzte festgestellte Einheitswert ohne Zuschlag von 40% beim Grundbesitz (§ 34 BewG),
- **Nutzungen, Renten, Erbbauzins:** der Kapitalwert auf der Grundlage des Jahreswerts (mit Modifikationen, § 15 BewG),
- **Vermächtnisse:** Geldvermächtnisse zum Nennwert, andere Vermächtnisse zum Steuerwert,
- **Verbindlichkeiten:** Nennwert, vom steuerpflichtigen Erwerb abzuziehen (§ 10 V und I ErbStG).

b) Sonderrechtsnachfolge. Entgegen der sonst geltenden Generalsukzession 25
gibt es in bestimmten Fällen die Möglichkeit der Sonderrechtsnachfolge in einzelne Gegenstände.

aa) Anerbenrecht/Höferecht. Mit Ausnahme von Bayern, Berlin, dem Saarland und den neuen Bundesländern gibt es in allen übrigen Bundesländern entsprechend dem Vorbehalt in Art. 64 EGBGB Anerbengesetze, die allerdings untereinander nicht gleich sind. Das territorial weitreichendste ist die in den Bundesländern Nordrhein-Westfalen, Niedersachsen, Hamburg und Schleswig-Holstein geltende **Höfeordnung** in der Fassung vom 1. 7. 1976. Wesentlicher Inhalt aller Anerbengesetze (vgl. die Zusammenstellung bei *Palandt/Edenhofer* Art. 64 EGBGB Rdnrn. 6 f.), deren Anwendung allerdings vom Erblasser ausgeschlossen werden kann, ist die Regelung, daß der Hof kraft Gesetzes im Wege der Sonderrechtsnachfolge nur einem Erben (dem **Hoferben**) zufällt (§ 4 Höfeordnung). Es gibt also im Bezug auf den Hof keine Erbengemeinschaft und keine Erbauseinandersetzung. Voraussetzung für die Anwendung des Höferechts ist regelmäßig eine bestimmte Mindestgröße des Hofs (z. B. nach Höfeordnung: Einheitswert ohne Wohnwert mind. 20 000 DM). Kleinere Betriebe können durch Eintrag in die Höferolle der Höfeordnung unterworfen werden. Das Höferecht enthält auch Regelungen, wer bei Fehlen einer Bestimmung Hoferbe wird. Schließlich bestimmt es, wie etwaige Miterben abzufinden sind u. ä.

bb) Heimstättenrecht. Bestimmte Grundstücke (Erbbaurechte, Wohnungs- 26
eigentum) können nach dem Reichsheimstättengesetz (vom 25. 11. 1937, BGBl III 2 Nr. 2332-1 mit AVO vom 19. 7. 1940, BGBl III 2 Nr. 2332-1-1) als **Heimstätte** ausgegeben sein. Bei einer Heimstätte ist in § 24 RHeimstG, § 25 f. AVO Sondererbfolge zur Vermeidung einer Eigenheimzersplitterung vorgesehen. Der Nachfolger wird bestimmt entweder durch Verfügung von Todes wegen oder durch Einigung der Miterben oder durch das Nachlaßgericht unter Zugrundelegung eines ⅔-Mehrheitsbeschlusses der Miterben (§ 26 AVO). Bei der Auseinandersetzung wird der Wert der Heimstätte dem Nachlaß hinzugerechnet (§ 31 AVO).

cc) Mietverhältnis. Nach der zwingenden Regel des § 569a BGB gehen 27
Mietverhältnisse über Wohnraum auf den Ehegatten des Mieters und/oder auf seine Familienangehörigen über, soweit diese Personen mit ihm in einem gemeinsamen Hausstand lebten, und zwar unabhängig davon, wer Erbe wird. Der Ehegatte und die Familienangehörigen können diese Sonderrechtsnachfolge verhindern, wenn sie innerhalb eines Monats seit Kenntnis des Todes dem Vermieter gegenüber erklären, das Mietverhältnis nicht fortsetzen zu wollen. Dann tritt insoweit die reguläre Erbfolge ein (§ 569a V BGB). Die Sonderrechtsnachfolge des Ehegatten gilt auch bei Vorliegen eines gemeinsamen Mietvertrages (§ 569b BGB). Für Verbindlichkeiten aus dem Mietverhältnis bis zum Tod haften nach außen der Ehegatte und die Familienangehörigen mit den Erben als Gesamtschuldner, im Innenverhältnis der Erbe allein (§ 569a III BGB). Vorausleistungen auf den Mietzins für die Zeit nach dem Tode sind den Erben gegenüber auszugleichen (§ 569a IV BGB). Eine analoge Anwendung der §§ 569a und 569b BGB auf Partner einer nichtehelichen Lebensgemeinschaft begegnet keinen verfassungsrechtlichen Bedenken (*BVerfG* NJW 1990, 1593). War die Lebensgemeinschaft auf Dauer angelegt und waren beide Partner unverheiratet, ist

nach *OLG Saarbrücken* (NJW 1991, 1760) eine analoge Anwendung des § 569a II BGB geboten.

28 **dd) Gesellschaftsbeteiligungen.** Während Beteiligungen an GmbHs und an AGs, gleichgültig ob diese verbrieft sind oder nicht, der Gesamtrechtsnachfolge unterliegen und gesellschaftsrechtliche Bestimmungen nur im Weg der Erbauseinandersetzung verwirklicht werden können und ggf. müssen, tritt bei den Anteilen persönlich haftender Gesellschafter an Personengesellschaften (OHG, KG, BGB-Gesellschaft), wenn der Gesellschaftsvertrag die Fortsetzung der Gesellschaft mit einem oder mehreren Erben vorsieht, Sondererbfolge ein (h. M. *Palandt/Edenhofer* § 1922 Rdnrn. 7, 16 mit weiteren Nachweisen; a. A. *Karsten Schmidt*, Gesellschaftsrecht, § 45 V 3). Der oder die gesellschaftsvertraglichen Nachfolger werden Gesellschafter mit einem ihrem Erbanteil entsprechenden Anteil (vgl. Rdnr. 110).

29 **ee)** Nach dem Erbrecht der **DDR** (§ 365 I 3 ZGB) erwirbt der Ehegatte die zum ehelichen Haushalt gehörenden Gegenstände (*Herrmann*, Rdnr. 1.31.) im Wege der **Sondererbfolge** (*Herrmann*, Rdnr. 1.31.; *Lange/Kuchinke*, § 12 IV 1; *Mampel* NJW 1976, 593, 595). Der **Voraus** des BGB (§ 1932) wird demgegenüber als gesetzliches Vermächtnis angesehen (*Lange/Kuchinke* aaO).

30 **c) Sonderbewertung in der Erbauseinandersetzung/bei der Pflichtteilsberechnung. aa) Landgut.** Hat ein Erblasser angeordnet, daß ein Miterbe das Recht haben soll, ein zum Nachlaß gehörendes Landgut zu übernehmen, so ist dieses im Rahmen der Erbauseinandersetzung im Zweifel zum **Ertragswert** anzusetzen (§ 2049 I BGB). Der Ertragswert ist gem. Art. 137 EGBGB landesgesetzlich geregelt. Er entspricht jeweils einem mehrfachen des kapitalisierten jährlichen Reinertrags (bzw. 150% des Einheitswerts, Schleswig-Holstein; zu den Landesgesetzen vgl. *Palandt/Edenhofer* Art. 137 EGBGB Rdnr. 2). Ein **niedrigerer Verkaufswert** geht dem Ertragswert vor (MünchKomm-*Dütz* § 2049 Rdnr. 4). Der so ermittelte Ertragswert ist auch für die Pflichtteilsberechnung maßgeblich (§ 2312 I 1 BGB) unter der Voraussetzung, daß der übernahmeberechtigte Erbe selbst pflichtteilsberechtigt ist (§ 2312 III BGB). Die Bewertung nach Pflichtteilsregeln gilt auch für den **Erbersatzanspruch** (§ 2338a) und für das **Übernahmerecht** eines Abkömmlings oder Ehegatten bei fortgesetzter Gütergemeinschaft (§ 1515 II und III BGB).

31 Nach Anerbenrecht (Höfeordnung) ist das 1½-fache des Einheitswerts **(Hofwert)** anzusetzen abzüglich der Schulden bis max. ⅔ des Hofwerts, d. h. es muß mindestens die Hälfte des Einheitswerts der Auseinandersetzung unter mehreren Erben zugrunde gelegt werden.

32 **bb) Gesellschaftsanteile an Personengesellschaften.** Gesellschaftsverträge sehen mitunter, auch wenn die Mitgliedschaft vererblich ist, für den Fall des Ausscheidens des Erben eine **Abfindung** seines Anteils nur unter dem wahren Wert einer Beteiligung vor (z. B. zum **Buchwert**). Diese Regelung ist grundsätzlich wirksam. Höchst umstritten ist jedoch die Frage, welcher Wert des Anteils der Pflichtteilsberechnung zugrunde zu legen ist. Zum Teil wird dies davon abhängig gemacht, ob der Erbe wegen seiner Verpflichtungen (z. B. wegen des Pflichtteilsanspruchs) zum Ausscheiden gezwungen ist oder nicht. Im ersten Fall soll der Klauselwert gelten, im zweiten Fall der wahre Wert (vgl. zum Stand der Diskussion MünchKomm-*Frank* § 2311 Rdnr. 26).

cc) Voraus. Nach § 2311 I 2 BGB bleibt bei der Berechnung des Pflichtteils 33
eines Abkömmlings und der Eltern des Erblassers der Voraus des überlebenden
Ehegatten außer Ansatz. Voraussetzung ist, daß ihm der Voraus auch tatsächlich
gebührt. Das ist z. B. nicht der Fall, wenn der Ehegatte enterbt ist oder ihm der
Voraus entzogen ist (§ 1932 I BGB), regelmäßig aber auch, wenn der Ehegatte
eingesetzter Erbe ist (*BGHZ* 73, 29, 33). Als Erbe neben Abkömmlingen hat der
Ehegatte Anspruch auf den zur Führung eines angemessenen Haushalts benötigten Voraus (§ 1932 I 2 BGB), als Erbe neben den Eltern auf den ganzen Voraus
(§ 1932 I 1 BGB). Ist der Ehegatte Alleinerbe, gilt die Regelung nicht (*BGHZ*
73, 29; a. A. mit beachtlichen Gründen MünchKomm-*Frank* § 2311 Rdnr. 28).
Beim Pflichtteil des Ehegatten wird der Voraus nicht abgezogen.

Nach dem Recht der **DDR** wird der Wert des Voraus nicht in die Berechnung
des Pflichtteils eines Abkömmlings einbezogen, wenn der Ehegatte insoweit
Sonderrechtsnachfolger geworden ist. Ansonsten, insbesondere bei der Pflichtteilsberechnung der Eltern und des Ehegatten selbst wird der Wert des Voraus
jedoch mitangesetzt (*Herrmann* Rdnr. 1.57).

d) Besonderheiten nach dem Recht der ehemaligen DDR. Das zu vererben- 34
de Vermögen auf dem Gebiet der DDR ist auch nach deren Beitritt zur Bundesrepublik Deutschland von folgenden Besonderheiten geprägt:

aa) Es gibt selbständiges **Eigentum an Gebäuden und Anlagen** unabhängig
vom Eigentum am Boden (§§ 288 IV, 292 III, 295 II 1, 459 I ZGB). Nach
Art. 233 § 4 I u. III, § 8 S. 2 EGBGB bleibt das Gebäudeeigentum auch nach
dem Beitritt der DDR bestehen; hierauf sind die sich auf Grundstücke beziehenden Vorschriften des BGB mit Ausnahme der §§ 927 (Aufgebotsverfahren) und
928 BGB (Dereliktion) entsprechend anzuwenden.

bb) Bürgern der DDR verliehene **Nutzungsrechte** an volkseigenen oder ge- 35
nossenschaftlichen Grundstücken, welche zur Errichtung von Gebäuden berechtigen, bleiben über den Beitritt der DDR hinaus bestehen und werden,
selbst wenn sie nicht im Grundbuch eingetragen sind, wenn in ihrer Ausübung
ein Gebäude ganz oder teilweise errichtet ist, durch die Vorschriften des BGB
über den gutgläubigen Erwerb nicht beeinträchtigt. Allerdings kann ein Erwerber des Grundeigentums u. U. die Aufhebung des Nutzungsrechts gegen eine
Ablösung verlangen (Art. 233 § 4 II EGBGB). Auch sog. **Mitbenutzungsrechte**
an Grundstücken (Dienstbarkeiten vergleichbar) gem. §§ 321, 322 ZGB überdauern den Beitritt der DDR, sind gegenüber dem öffentlichen Glauben des
Grundbuchs geschützt und können nunmehr eingetragen werden (Art. 233 § 5
EGBGB).

cc) Wochenendhäuser („Datschen") und ähnliche der Freizeitgestaltung die- 36
nende Baulichkeiten, die aufgrund eines vertraglichen Nutzungsrechts errichtet
wurden, stehen, soweit nichts anderes vereinbart wurde, im Eigentum des Nutzungsberechtigten und unterliegen dem Recht der beweglichen Sachen (§ 296 I
ZGB). Diese Eigentumsverhältnisse gelten über den Beitritt der DDR hinaus
fort und können auch danach in Ausübung eines zuvor begründeten Nutzungsrechts neu entstehen (Art. 231 § 5 EGBGB).

dd) An land- und forstwirtschaftlich nicht genutzten Bodenflächen konnten 37
vererbliche **Nutzungsrechte** zur kleingärtnerischen Nutzung, Erholung und
Freizeitgestaltung eingeräumt werden (§§ 312–315 ZGB). Auf diese Nutzungs-

verhältnisse sind auch nach dem Beitritt der DDR die genannten Vorschriften des ZGB bis zum Erlaß einer neuen gesetzlichen Regelung anzuwenden. Die Nutzungsentgelte können durch Rechtsverordnung angemessen geändert werden (Art. 232 § 4 EGBGB). U. U. kommt das Bundeskleingartengesetz vom 28. 2. 1983 in der durch Anlage 1, Kap. XIV Ziff. 4 des Einigungsvertrages geschaffenen Fassung zur Anwendung.

38   ee) Der **Grundstücksverkehr,** insbesondere die Verfügung über Grundstücke und Gebäude, unterliegen einer staatlichen **Genehmigung** (§ 2 der Grundstücksverkehrsverordnung vom 15. 12. 1977). Die Grundstücksverkehrsverordnung bleibt auch nach dem Beitritt der DDR mit gewissen Änderungen in Kraft (Anlage 2, Kap. III, Sachbereich B, Abschnitt B des Einigungsvertrages). Die Genehmigung ist zu erteilen, wenn das Landratsamt oder die Stadtverwaltung einen **besonderen Investitionszweck** bescheinigt (§ 2 des Gesetzes über besondere Investitionen, Anlage II, Kap. III, Sachgebiet B, Abschnitt I des Einigungsvertrages).

4. Bereits vorhandene letztwillige Verfügungen und ihr Widerruf

39   Der Ratsuchende kann nur letztwillig verfügen, wenn dies seine etwaigen bisherigen Verfügungen zulassen. Darum ist festzustellen, ob und ggf. welche Verfügungen bereits existieren. Es ist zugleich zu prüfen, welchen Inhalt sie haben, ob sie also mit dem, was der Erblasser will, inhaltlich ganz oder teilweise im Gegensatz stehen, und welchen Bindungen sie unterliegen, ob der Erblasser demnach von ihnen abweichen kann. Soweit ein oder mehrere Einzeltestamente vorliegen, bietet das keine besonderen Schwierigkeiten, weil diese durch jede neue letztwillige Verfügung abgeändert, ergänzt oder aufgehoben werden können. Bei gemeinschaftlichen Testamenten und bei Erbverträgen kommt es dagegen darauf an, ob die gewollte Verfügung in den Bereich fällt, der einseitig geändert werden kann, oder ob ein **Widerruf** der bisherigen Verfügung notwendig und möglich ist.

40   a) **Testamente.** Sie sind jederzeit widerruflich (§ 2253 I BGB), und zwar durch Testament (§ 2254 I BGB), durch Vernichtung oder Veränderung (§ 2255 BGB, Vermutung), durch Rücknahme aus amtlicher Verwahrung (§ 2256 BGB, Fiktion; Aushändigung an Bevollmächtigten genügt nicht, *OLG Saarbrücken,* NJW-RR 1992, 586 f.) und durch inhaltlich andere Verfügung (§ 2258 I BGB). Die Anfechtung eines Testaments durch den Erblasser kommt wegen seines Widerrufsrechts nicht in Betracht. Die Regelung des Widerrufs in § 387 ZGB der **DDR** stimmte im wesentlichen mit der in den §§ 2253 ff. BGB überein (vgl. auch Art. 235 § 2 S. 1 EGBGB u. o. Rdnr. 3).

41   b) **Gemeinschaftliche Testamente.** aa) Es ist zu unterscheiden:
— **Zu Lebzeiten** beider Ehegatten können alle Verfügungen einseitig widerrufen werden, und zwar nicht wechselbezügliche wie beim Einzeltestament (§§ 2254 bis 2258 BGB), wechselbezügliche durch notariell beurkundeten Widerruf, der dem anderen Ehegatten nach § 130 f. BGB zugehen oder ihm in Ausfertigung zugestellt werden muß (§§ 2271, 2296 BGB). Durch den Widerruf wechselbezüglicher Verfügungen werden auch die wechselbezüglichen Verfügungen des anderen Teils unwirksam. Gemeinschaftlicher Widerruf ist immer möglich.

– **Mit dem Tod eines Ehegatten** erlischt das Recht des anderen zum Widerruf 42 wechselbezüglicher Verfügungen (§ 2271 II BGB). Er kann jedoch seine Verfügung aufheben, wenn er das ihm Zugewendete ausschlägt (die Wiedererlangung der vollen Testierfreiheit setzt allerdings einen erheblichen Unterschied zwischen testamentarischem und gesetzlichem Erbteil voraus, *KG NJW-RR 1991, 330ff.*). Sonst nur, wenn der Bedachte sich einer Verfehlung schuldig macht, die im allgemeinen eine Pflichtteilsentziehung rechtfertigen würde (§§ 2294, 2336 BGB). Anordnungen nach § 2338 BGB kann der Überlebende treffen, auch soweit sie mit wechselbezüglichen Verfügungen in Widerspruch stehen. Ein Widerruf ist aber auch dort möglich, wo er ausdrücklich vorbehalten wurde. Nicht wechselbezügliche Verfügungen können auch nach dem Tod des anderen Ehegatten widerrufen werden (§§ 2254 bis 2258 BGB).

– Eine **Anfechtung** gemeinschaftlicher Testamente kommt zu Lebzeiten beider 43 Ehegatten wegen deren Widerrufsrecht nicht in Betracht (*Palandt/Edenhofer* § 2271 Rdnr. 25). Nach dem Tod eines Ehegatten kann der Überlebende sowohl die Verfügungen des erstverstorbenen als auch seine eigenen wechselbezüglichen Verfügungen nach den §§ 2078f. BGB bzw. in analoger Anwendung von § 2281 BGB anfechten. Die **Anfechtungserklärung** bedarf in entsprechender Anwendung von § 2282 III BGB der notariellen Beurkundung (*OLG Düsseldorf DNotZ 1972, 42; OLG Celle RdL 1968, 72; Palandt/Edenhofer* § 2271 Rdnr. 28). Die **Anfechtungsfrist** beginnt mit dem Zeitpunkt, in dem der überlebende Ehegatte von dem Anfechtungsgrund Kenntnis erlangt hat (*RGZ 132, 4;* JW 1935, 2716; *Palandt/Edenhofer* aaO) aber nicht vor dem Tod des Erstverstorbenen. **Anfechtungsgegner:** Nachlaßgericht (analog § 2281 II 1 BGB); **Wirkung:** i. d. R. gesetzliche Erbfolge (*Palandt/Edenhofer* § 2271 Rdnr. 34).

bb) Der Widerruf und die Aufhebung eines gemeinschaftlichen Testaments 44 nach dem Recht der **DDR** ist in den §§ 392 und 393 ZGB geregelt. Der einseitige Widerruf **zu Lebzeiten** beider Ehegatten erfolgt ausschließlich durch notariell beurkundete Erklärung gegenüber dem anderen Ehegatten. Die Auflösung der Ehe macht das Testament immer insgesamt unwirksam (§ 392 III ZGB; anders § 2268 II BGB, wenn anzunehmen ist, daß die Verfügung auch für diesen Fall getroffen sein würde). **Nach dem Tod** eines Ehegatten kann der Überlebende seine eigenen Verfügungen widerrufen, wenn er die Erbschaft ausschlägt (§ 392 IV 1 ZGB; **Frist:** § 402 I ZGB); ihm bleibt dann sein Pflichtteilsanspruch (§ 392 IV 2 ZGB; im Gegensatz dazu tritt nach §§ 2271 II 1, 1948 I BGB gesetzliche Erbfolge ein). Hat der überlebende Ehegatte die Erbschaft bereits angenommen, kann er dennoch seine eigenen Verfügungen widerrufen, wenn er das aus der Erbschaft Erlangte, soweit es seinen gesetzlichen Erbteil übersteigt, an die testamentarischen Erben herausgibt, oder wenn diese darauf verzichten (§ 393 ZGB; gem. § 2271 II 2 BGB bestehen nach Annahme der Erbschaft dagegen nur die Rechte aus §§ 2294 und 2336 BGB). Die **Widerrufserklärungen** waren nach dem Tod eines Ehegatten gegenüber dem staatlichen Notariat abzugeben (§§ 392 IV, 393 ZGB); nunmehr ist dafür das Kreisgericht als Nachlaßgericht zuständig. Die vorstehenden Regelungen gelten für Testamente, die vor dem 3. 10. 1990 errichtet wurden, fort (vgl. Art. 235 § 2 S. 2 EGBGB u. o. Rdnr. 3).

Sernetz

D III Erbrechtliche Beratung und Testamentsvollstreckung

45 c) **Erbverträge.** Erbverträge können durch **Aufhebungsvertrag** von den Vertragspartnern in der gleichen Form wie bei der Errichtung wieder aufgehoben werden (§§ 2290 I und IV, 2276 BGB). Die Aufhebung kann auch durch gemeinschaftliches Testament erfolgen (§ 2292 BGB). Die Anordnung eines vertraglichen Vermächtnisses oder einer Auflage kann der Erblasser schließlich durch Testament aufheben, wenn der andere Vertragsschließende in notariell beurkundeter Erklärung zustimmt (§ 2291 BGB).

46 Ein einseitiger **Rücktritt** des Erblassers vom Erbvertrag ist auch nach dem Tod des anderen Teils möglich, wenn dies so ausdrücklich im Vertrag vorbehalten wurde (§§ 2293, 2298 III BGB). Ansonsten endet ein Vorbehalt eines Rücktrittsrechts mit dem Tod des anderen Teils (§ 2298 II 2 BGB). Daneben besteht ein Rücktrittsrecht bei schweren Verfehlungen des Bedachten, die einen Pflichtteilsentzug rechtfertigen würden (§ 2294 BGB), und wenn die Verfügung mit Rücksicht auf eine rechtsgeschäftliche Verpflichtung getroffen ist, und diese vor dem Tod des Erblassers endet (§ 2295 BGB). Schließlich kann der Überlebende seine eigene Verfügung durch Testament aufheben, wenn er das ihm durch den Vertrag Zugewendete ausschlägt (§ 2298 II 3 BGB). Der Rücktritt erfolgt zu Lebzeiten des anderen Teils diesem gegenüber durch notariell beurkundete Erklärung (§ 2296 II BGB), danach durch Testament (§ 2297 BGB). Durch den Rücktritt eines Vertragsschließenden wird der ganze Vertrag aufgehoben.

47 Einseitige Verfügungen im Erbvertrag, die nach § 2299 I BGB möglich sind, können wie ein Einzeltestament widerrufen werden (§ 2253 f. BGB). Sie sind daher vom Erblasser nicht **anfechtbar.** Vertragsmäßige Verfügungen dagegen kann der Erblasser unter den Voraussetzungen der §§ 2078, 2079 BGB anfechten. **Anfechtungsgegner** ist bis zu seinem Tod der Vertragspartner (§§ 143 II, 130–132 BGB), danach ist die Erklärung dem Nachlaßgericht gegenüber abzugeben (§ 2281 II BGB). Sie bedarf der notariellen Beurkundung (§ 2282 III BGB) und kann nur binnen **Jahresfrist** erfolgen (§ 2283 I BGB). **Wirkung:** Nichtigkeit ganz oder teilweise des Erbvertrags (§ 2298 I BGB).

48 Das ZGB der **DDR** kannte den Erbvertrag nicht mehr; Erbverträge sind in der DDR darum allenfalls relevant, wenn sie aus der Zeit **vor Inkrafttreten** des ZGB am 1. 1. 1976 stammen (§ 8 II EGZGB). Für ihren Widerruf galt und gilt das alte Recht weiter (Art. 235 § 2 S. 2 EGBGB analog; s. o. Rdnr. 45–47).

II. Ermittlung des letztwilligen Ziels und seine Realisierung

1. Feststellung und Koordinierung der Wünsche des Erblassers

49 Der Ratsuchende hat nicht immer sichere Vorstellungen von dem, was er letztwillig bestimmen will. Aber auch derjenige, der mit einem relativ klaren Konzept zu seinem Anwalt kommt, hat selten einen Begriff davon, was nach dem Gesetz erforderlich ist, um seine Gedanken optimal und wirksam zu realisieren.

50 Es ist darum zunächst Aufgabe des Anwalts sorgfältig zu erfragen, welches **letztwillige Ziel** der Mandant verfolgt. Dabei geht es nicht allein darum zu hören, wer etwas bekommen soll, und warum gerade er dafür ausgewählt wurde, sondern auch darum, welche weiteren (**sekundären**) Zwecke (z. B. Versorgung von Angehörigen, Erhaltung des Familienvermögens u. ä.) der Erblasser verwirklichen will. Der Anwalt muß dem Mandanten u. U. sogar Hilfestellung bei der richtigen Willensbildung leisten. So ist es immer geraten, die **Motive** für die beabsichtigte Lösung mit dem Mandanten zu diskutieren. Dieser ist möglicherweise dankbar, wenn z. B. Grund und Folgen einer evtl. beabsichtigten Ungleichbehandlung in Frage gestellt werden. Andererseits geht die Aufgabe des Anwalts nicht dahin, dem Mandanten einen fremden Willen zu suggerieren oder ihn zu einem anderen Menschen erziehen zu wollen. Hat der Anwalt einmal festgestellt, daß der Mandant nach vorsichtigem Vorhalt von Alternativen unbeirrt ein bestimmtes Ziel verfolgt, hat er ihm die rechtlichen Mittel anhand zu geben, es so gut als möglich zu verwirklichen. Dabei muß er bestrebt sein, die sekundären Ziele des Erblassers mit zu realisieren, wie etwa die Versorgung von Ehegatten und Kindern, die Berücksichtigung des emotionellen Werts bestimmter Gegenstände, die Erhaltung des Familienvermögens u. ä.

Bei alledem ist aber auch im Auge zu behalten und der Erblasser darüber zu 51 beraten, daß auf den Bedachten mit der Zuwendung regelmäßig **Verpflichtungen** zukommen können, die zu bewältigen er mit dem zugewandten oder mit seinem eigenen Vermögen in der Lage sein muß. Zumindest muß der Bedachte mit der Erbschaftssteuer rechnen (näheres darüber s. u. Rdnr. 54), darüber hinaus aber auch evtl. mit Ausgleichs-, Pflichtteils-, Erbersatzansprüchen. Dies kann nicht einfach der Regelung im Erbfall überlassen werden, sondern sollte schon bei der Gestaltung der letztwilligen Verfügung bedacht werden. Eine unzulängliche Gestaltung kann unnötige **Erbschaftssteuer** auslösen, u. U. aber auch **Einkommensteuer**. Unzureichende Liquidität kann zur Zerschlagung von Vermögensgegenständen führen. Schließlich kann eine zu hohe Belastung des Erben zur Folge haben, daß der Bedachte das Zugewandte ausschlägt und damit die letztwillige Verfügung zunichte macht. Der Erblasser wird deswegen zu bedenken haben, ob er nicht schon zu Lebzeiten vorbereitende Maßnahmen trifft, die die eine oder andere unerwünschte Folge mildern wenn nicht ausschließen.

2. Beratung über mögliche spätere Veränderungen

Eine wohlüberlegte letztwillige Verfügung kann nicht lediglich von den Gegebenheiten ausgehen, die bei ihrer Errichtung feststehen. Sie sollte vielmehr von vornherein berücksichtigen, daß sich nach ihrer Errichtung in der Zeit bis zum Erbfall, aber auch in der Zeit danach Veränderungen ergeben können. Dazu gehören beispielsweise folgende Umstände: 52

– Die **Nachgeburt** von Kindern, Enkeln etc.; besteht diese Möglichkeit, sollte 53 die Verfügung die bedachten Kinder nicht namentlich aufführen, weil dann die Auslegung auch zur Berücksichtigung nachgeborener Kinder führen kann (§§ 2066 f. BGB). Eine ausdrückliche Berücksichtigung möglicher Nachgeburten erspart die Anfechtung nach § 2079 BGB.

– Die **Scheidung**; Zwar ist eine letztwillige Verfügung zugunsten des Ehegatten im Zweifel unwirksam, wenn die Ehe aufgelöst ist (§ 2077 I BGB). Da jedoch ein Gegenbeweis möglich ist (§ 2077 III BGB), sollte – wenn eine derartige Entwicklung möglich erscheint – eine ausdrückliche Regelung getroffen werden.

– Die **Wiederverheiratung** des Ehegatten nach dem Tod des Erblassers mit der Möglichkeit der Anfechtung der letztwilligen Verfügung und der Konsequenz der gesetzlichen Erbfolge (*Staudinger/Kanzleiter* § 2271 BGB Rdnrn. 69 ff.).

– Die Wiederverheiratung des verwitweten/geschiedenen Erblassers.

D III Erbrechtliche Beratung und Testamentsvollstreckung

- Die **Veränderung des** zu vererbenden **Vermögens,** seines Werts; es geht etwa um die Frage, was gelten soll, wenn ein bestimmter vermachter Gegenstand im Erbfall nicht mehr vorhanden wäre, oder wenn der Wert von Vermögensgegenständen (z. B. Wertpapieren) sich so verändert, daß er für vorgesehene Ausgleichszahlungen nicht ausreicht.
- Die Möglichkeit der **Weitervererbung** an unerwünschte Personen (geschiedener Ehegatte als Erbe oder Pflichtteilsberechtigter von gemeinsamen Kindern).
- Der **Wegfall der Bedachten;** hier geht es um die Bestimmung von Ersatzerben, Ersatzvermächtnisnehmern, Nacherben und Nachvermächtnisnehmern.
- Die Entstehung von **Interessengegensätzen** bei den Bedachten und damit von unerwünschten Streitigkeiten in der Familie.
- Auftreten bisher unbekannter **Erbersatzberechtigter.** Die Vaterschaftsfeststellung ist noch nach dem Tod des Erblassers möglich (§§ 1600n II, 1600o II BGB). Erbersatzansprüche als Geldforderungen können die Nachlaßregelung enorm belasten.
- Evtl. **Änderung von Gesellschaftsverträgen.**

Die Aufstellung ist naturgemäß nicht vollständig. Zum Teil hilft das Gesetz mit Auslegungsregeln. Bei einem durch Anwälte entworfenen Testament sollten aber zumindest sich bereits abzeichnende Entwicklungen so geregelt werden, daß spätere Zweifel ausgeschlossen sind.

3. Steuerliche Konsequenzen

54 a) Die Tatsache, daß das **Erbschaftsteuergesetz** Nachlaßgegenstände für die Berechnung der Erbschaftssteuer unterschiedlich bewertet (s. o. Rdnr. 23 f.), kann dazu führen, daß erbrechtliche Lösungen zu ungewollten Konsequenzen führen. Besonders deutlich wird dies, wenn z. B. ein Erblasser sein in einem Hausgrundstück bestehendes Vermögen seinen beiden Kindern (wertmäßig) zu gleichen Teilen zukommen lassen will. Setzt er eines von ihnen als Alleinerben ein und belastet er es mit einem Geldvermächtnis zugunsten des anderen in Höhe des halben Nachlaßwerts, zahlt der Vermächtnisnehmer möglicherweise ein Vielfaches der Erbschaftssteuer, die dann anfallen würde, wenn beide je zu ½ Erben wären mit entsprechender Teilungsanordnung und Ausgleichspflicht.

55 Das Beispiel zeigt, wie wichtig die Beachtung des Erbschaftsteuerrechts bei der erbrechtlichen Beratung ist. Hier kann nur auf die wichtigsten Regelungen hingewiesen werden:
- **steuerpflichtige Erwerbsvorgänge** §§ 3f., 6 ErbStG,
- **Steuerwert** §§ 10f., 12 ErbStG,
- gegenständliche **Steuerbefreiungen** § 13 ErbStG,
- persönliche **Freibeträge** (Ehegatte 250 000 DM; Kinder je 90 000 DM) § 16 ErbStG,
- besonderer **Versorgungsfreibetrag** (Ehegatte 250 000 DM; Kinder nach Alter gestaffelt von 50 000 DM bis 10 000 DM) § 17 ErbStG,
- **Steuerklassen** (Ehegatte und Kinder Steuerklasse I) § 15 ErbStG (Partner einer eheähnlichen Lebensgemeinschaft sind nicht gleichgestellt, *BVerfG* NJW 1990, 1593, BStBl II 1990, 764),
- **Steuersätze** § 19 ErbStG.

56 b) Die spätere Erbauseinandersetzung kann **einkommensteuerliche Folgen** haben, die möglichst schon bei Errichtung der letztwilligen Verfügung bedacht

werden sollten. So kann etwa der Liquiditätsbedarf für die Befriedigung von Ausgleichs-, Pflichtteils-, Erbersatzansprüchen und von Erbschaftssteuerschulden zu **steuerpflichtigen Gewinnen** führen, wenn deswegen Betriebsvermögen veräußert werden muß. Plötzlich notwendig werdende Veräußerungen können bei kurzfristig angeschafften Vermögensgegenständen des Privatvermögens **Spekulationsgewinne** auslösen. Ein Erblasser ist daher gut beraten, wenn er diese Fragen bedenkt und in günstiger Situation (etwa bei Ausnützungsmöglichkeit anderweitiger steuerlicher Verluste) die notwendige Liquidität schafft.

Der Große Senat des BFH hat in zwei Beschlüssen vom 5. 7. 1990 auf Vorlagen des VIII. und des IX. Senats abweichend von der bisherigen Rechtsprechung entschieden, daß im Einkommensteuerrecht die Erbauseinandersetzung als ein vom Erbfall zu trennender, unter Umständen entgeltlicher Vorgang anzusehen ist (BFH GrS BB 1990, Beilage 36 = BFHE 161, 317 = NJW 1991, 249, 254). Dies wirkt sich auch auf entsprechende Maßnahmen der vorweggenommenen Erbfolge aus. Die Erbauseinandersetzung hinsichtlich eines Betriebsvermögens etwa im Wege des Anteilserwerbs oder des Ausscheidens gegen Abfindung wird wie der entsprechende Vorgang bei einer Personengesellschaft angesehen; der Erwerber von zusätzlichem Betriebsvermögen hat Anschaffungskosten, der Ausscheidende/Veräußerer realisiert u. U. einen Veräußerungsgewinn. Auch bei der Auseinandersetzung von Privatvermögen können bei dem Erwerber Anschaffungskosten entstehen (so schon die bisherige Rechtsprechung); der Veräußerungsgewinn der veräußernden Miterben ist aber regelmäßig nicht steuerbar (Ausnahmen: wesentliche Beteiligung § 17 EStG, einbringungsgeborene Anteile i. S. v. § 21 UmwStG, Spekulationsgeschäft i. S. v. § 23 EStG). Bei der vorweggenommenen Erbfolge sind lediglich dem Schenker zugesagte Versorgungsleistungen weder als Veräußerungsentgelt noch als Anschaffungskosten anzusehen. Abstandszahlungen an den Schenker, die Übernahme von (nicht zu einem Betrieb gehörigen) Verbindlichkeiten und Gleichstellungsgelder an Dritte führen dagegen beim Übergeber zu einem Veräußerungsentgelt, beim Übernehmer zu Anschaffungskosten (vgl. *Meincke*, Erbauseinandersetzung und vorweggenommene Erbfolge im Einkommensteuerrecht, NJW 1991, 198ff.).

Soweit diese Folgen unerwünscht sind, wird man darüber nachdenken müssen, ob Ausgleichsleistungen nicht vom Zuwender/Erblasser direkt erbracht werden können (u. U. durch Inanspruchnahme von Barentnahmen aus einem Unternehmen).

c) Im Gebiet der ehemaligen DDR gilt ab 1. 1. 1991 das Erbschaftsteuerrecht **58** der Bundesrepublik (Anlage I, Kap. IV, Abschnitt II, Ziff. 14 des Einigungsvertrages). Nach dem neu geschaffenen § 37a ErbStG ist das Erbschaftsteuergesetz erstmals auf Erwerbe anzuwenden für die die Steuer nach dem 31. 12. 1990 entstanden ist oder entsteht (zur Anwendung vgl. die Gleichlautenden Erlasse der obersten Finanzbehörden der Länder, BStBl I 1991, 142). Für den **Entstehungszeitpunkt** gilt § 9 I Ziff. 1 ErbStG auch dann, wenn der Erblasser vor dem 1. 1. 1991 verstorben ist, es sei denn, daß die Steuer nach dem Erbschaftsteuergesetz der DDR vor dem 1. 1. 1991 entstanden ist. Bei der **Bewertung von Grundbesitz** gem. § 12 ErbStG ist die neue Regelung in den §§ 125–130 des Bewertungsgesetzes zu beachten.

Für Erbfälle, auf die das Erbschaftsteuerrecht der Bundesrepublik nicht zur **59** Anwendung kommt, gilt weiterhin das **Erbschaftsteuergesetz der DDR** in der

D III   Erbrechtliche Beratung und Testamentsvollstreckung

Fassung vom 18. 9. 1970 in Verbindung mit der Anordnung zur Vermögens- und Erbschaftsteuer vom 2. 12. 1987 (GBl. I 1987 Nr. 29 S. 282). Es gibt zwei Steuerklassen (**Klasse I:** der Ehegatte und die Kinder beider Ehegatten; **Klasse II:** alle übrigen Erben). Der Erbe mit ständigem Wohnsitz auf dem Gebiet der DDR ist durch Steuerbefreiungen und Freibeträge gegenüber anderen Erben erheblich begünstigt.

III. Das erbrechtliche Instrumentarium

1. Testament

60   **a) Formen. aa) Ordentliche,** § 2231 BGB, nämlich das notarielle, § 2232 BGB, das Konsulartestament (KonsularG v. 11. 9. 1974, BGBl I 2317) und das eigenhändige, § 2247 BGB. Zu den ordentlichen gehören auch die Testamente der Behinderten gem. § 2233 BGB.

bb) Außerordentliche, mit begrenzter Gültigkeit § 2254 BGB; das sind Nottestamente, nämlich das Testament vor dem Bürgermeister, §§ 2249, 2250 I BGB, das Dreizeugentestament, § 2250 II und III BGB, und das Seetestament, § 2251 BGB.

b) Inhalt. Außer Erbeinsetzung, Enterbung, Vermächtnisanordnung, Auflagenbestimmung, §§ 1937–1940 BGB, jede andere erbrechtlich zulässige Anordnung, wie Bestimmung eines Testamentsvollstreckers, Pflichtteilsentziehung, etc. sowie diverse familienrechtliche Anordnungen mit erbrechtlicher Auswirkung (z. B. §§ 1638, 1639, 1803 BGB; s. *Palandt/Edenhofer* § 1937 Rdnr. 11).

c) Bindung. Ein Widerruf ist jederzeit unbeschränkt durch den Erblasser möglich (s. o. Rdnr. 40). Daneben besteht die Anfechtungsmöglichkeit derjenigen, denen eine Aufhebung der letztwilligen Verfügung zustatten kommen würde nach den §§ 2078f. BGB.

d) Das ZGB der **DDR** (§§ 383–386) kannte das notarielle, das eigenhändige (schriftliche) Testament und das Nottestament (mündliche Erklärung gegenüber zwei Zeugen). **Inhalt:** § 371 ZGB; **Bindung:** § 387 ZGB (Widerruf); **Überleitung:** Art. 235 § 2 S. 1 EGBGB (s. o. Rdnr. 3).

2. Gemeinschaftliches Testament

61   **a) Formen.** Wie 1. a.

b) Beteiligte. Nur Ehegatten, § 2265 BGB.

c) Inhalt. Wie 1. b, aber möglicherweise (relative) Abhängigkeit von den Erklärungen des Ehegatten bei gleichzeitigem Testament, gegenseitigem Testament und wechselbezüglichem Testament (s. *Palandt/Edenhofer* Einf. v. § 2265 Rdnr. 11).

d) Bindung. Bei wechselbezüglichen Verfügungen, § 2270 I und II BGB, formalisierter Widerruf zu Lebzeiten der Ehegatten (s. o. Rdnr. 41); nach dem Tod eines Ehegatten Widerruf im Prinzip ausgeschlossen (s. o. Rdnr. 42).

e) Schutz eines bedachten Dritten. Wie beim Erbvertrag (s. u. Rdnr. 62).

f) Das ZGB der **DDR** regelt das gemeinschaftliche Testament in den §§ 388–393 ähnlich. **Form:** § 391 ZGB; **Inhalt:** § 389 ZGB; **Bindung:** §§ 390, 392, 393 ZGB; **Überleitung:** Art. 235 § 2 S. 2 EGBGB (s. o. Rdnr. 44).

3. Erbvertrag

a) Form. Nur notarielle Beurkundung, § 2276 I BGB, bzw. Beurkundung 62 durch Konsularbeamten (s. o. Rdnr. 60).

b) Beteiligte. Jeder unbeschränkt Geschäftsfähige, § 2275 I BGB, sowie beschränkt geschäftsfähige Ehegatten und Verlobte, § 2275 II und III BGB. Nicht jeder Partner eines Erbvertrages muß auch selbst Erblasser sein.

c) Inhalt. Einseitige Verfügungen (wie Testament) und vertragsmäßige Verfügungen, § 2278 I BGB. Als vertragsmäßige Verfügungen sind nur Erbeinsetzungen, Vermächtnisse und Auflagen möglich, § 2278 II BGB.

d) Bindung. Rücktritt von Ausnahmefällen abgesehen, z. B. bei Ausschlagung des Zugewendeten, nur wenn ausdrücklich vorbehalten (s. o. Rdnr. 46).

e) Schutz des Vertragserben, bzw. vertragsmäßigen Vermächtnisnehmers vor Beeinträchtigungen, insbesondere Schenkungen §§ 2287 f. BGB.

f) Das ZGB der **DDR** kannte keinen Erbvertrag. Erbverträge aus der Zeit vor dem 1. 1. 1976 galten und gelten weiter (s. o. Rdnr. 48).

4. Erbeinsetzung, Ersatzerbeinsetzung, Enterbung

Soweit nicht ausnahmsweise Sonderrechtsnachfolge in bestimmte Gegenstände 63 (z. B. Landgut s. o. Rdnr. 25) möglich ist, ist eine Erbeinsetzung auf bestimmte einzelne Gegenstände – entgegen dem landläufigen Verständnis – ausgeschlossen. Ersatz bietet die Teilungsanordnung gem. § 2048 BGB oder das Vermächtnis gem. § 1939 BGB aber ohne dingliche Wirkung. Der Erblasser kann einen Ersatzerben einsetzen, § 2096 BGB. Er kann durch Testament einen gesetzlichen Erben von der Erbfolge ausschließen, § 1938 BGB. Das Testament sollte aber unbedingt eine Erbeinsetzung enthalten. Entsprechendes galt nach dem ZGB der **DDR** (§§ 371 I, 378 ZGB).

5. Vermächtnis, Ersatzvermächtnis, Vorausvermächtnis

Gegenstand des Vermächtnisses als eines schuldrechtlichen Anspruchs (§ 2174 64 BGB) kann jeder Vermögensvorteil sein, der Leistung eines Schuldverhältnisses sein könnte (*Palandt/Edenhofer* Einf. v. § 2147 Rdnr. 6). Beschwert werden können Erben und Vermächtnisnehmer (§ 2147 BGB). Der Unterschied von Geld- und Sachvermächtnissen ist insbesondere bei der Erbschaftsteuer wegen unterschiedlicher Bewertungen von Bedeutung (s. o. Rdnr. 24); das gilt vor allem für das Vorausvermächtnis unter Miterben (§ 2150 BGB). Ein Vermächtnis kann unwirksam werden (§ 2160 BGB), wenn nicht ein Ersatzvermächtnisnehmer bestimmt ist (§ 2190 BGB).

ZGB der **DDR:** §§ 380, 381 ZGB; Vorausvermächtnis: § 381 II ZGB; Ersatzvermächtnis: § 381 III 2 ZGB.

6. Auflagen

65 Die Auflage ist keine Zuwendung, sondern die Auferlegung einer Verpflichtung, ohne daß der durch die Auflage Begünstigte einen Erfüllungsanspruch erhält (§ 1940 BGB). Dennoch ist sie einklagbar (§ 2194 BGB). Erbschaftsteuerlich können unter Miterben die gleichen Probleme entstehen wie beim Vorausvermächtnis. Die Auflage wird häufig bei vorbereitenden Schenkungen unter Lebenden gegen Ausgleichs- bzw. Gleichstellungszahlungen angeordnet.
ZGB der **DDR**: § 382.

7. Bedingte Erbeinsetzung, Vor- und Nacherbschaft, Berliner Testament

66 Die Erbeinsetzung kann aufschiebend und auflösend bedingt bzw. befristet erfolgen.

a) Davon wird bei der sog. **Wiederverheiratungsklausel** Gebrauch gemacht (vgl. *Wilhelm*, Wiederverheiratungsklausel, bedingte Erbeinsetzung und Vor- und Nacherbfolge, NJW 1990, 2857 ff.). Mit der Erbeinsetzung des Ehegatten wird eine bedingte Nacherbschaft für den Fall der Wiederverheiratung angeordnet oder die Nacherbeinsetzung erfolgt unbedingt, wobei ihr Anfall abhängig ist von der Wiederverheiratung oder dem Tod des Ehegatten (vgl. *Palandt/Edenhofer* § 2269 Rdnr. 17 f.). Bei einer lediglich bedingten Nacherbschaft ist der Ehegatte keinerlei Beschränkungen unterworfen, die sonst für Vor- und Nacherbschaft gelten (so MünchKomm-*Musielak* § 2269 Rdnrn. 52 f., 55 gegen die h. M.); das muß jedenfalls gelten, wenn dies vom Erblasser ausdrücklich so gewollt ist.

67 b) Eine **Befristung** liegt vor beim Normalfall der **Vor- und Nacherbschaft**. Der Vorerbe wird auf die Dauer seiner Lebenszeit Erbe, der Nacherbe vom Tod des Vorerben an. Möglich ist aber auch die Anknüpfung der Nacherbschaft an jede andere **Frist oder Bedingung**. Die Vorerbschaft ist dann befristet oder auflösend bedingt, die Nacherbschaft betagt oder aufschiebend bedingt. Auf diese Weise kann der Nachlaß durch den Erblasser vom Eintritt diverser Umstände unabhängig gestaltet werden. Die Vorerbschaft ist mit **Beschränkungen** zum Schutz des Nacherben verbunden (§§ 2113–2115 BGB), von denen nur z. T. Befreiung erteilt werden kann (§ 2136 BGB).

Der Erblasser kann seine Erben **mehrfach** nacheinander als Vorerben einsetzen; dem setzt allerdings die 30jährige Befristung einer Nacherbfolgebestimmung des § 2109 BGB Grenzen (mit Ausnahmen, vgl. *BayObLG* NJW-RR 1991, 1094). **Erbschaftsteuerrechtlich** gilt der Vorerbe als Erbe (§ 6 I ErbStG) und der Nacherbe als Erbe des Vorerben; auf Antrag kann jedoch der Versteuerung das Verhältnis des Nacherben zum Erblasser zugrunde gelegt werden (§ 6 II ErbStG). Tritt die Nacherbfolge nicht durch den Tod des Vorerben ein, so geht das Gesetz von bedingten Erbfolgen aus (§ 6 III ErbStG).

68 c) Das sog. „**Berliner Testament**" (§ 2269 I BGB) stellt eine Auslegungsregel gegen die Annahme einer Nacherbeinsetzung dar. Danach setzen sich die Ehegatten gegenseitig als Vollerben ein und einen Dritten als Ersatzerben für den Fall, daß der andere Ehegatte zuerst stirbt. Der Ersatzerbe wird somit sog. **Schlußerbe** des Nachlasses beider Ehegatten. Bei dieser Lösung hat der überlebende Ehegatte die größtmögliche Freiheit in der Verfügung über den Nachlaß.

Er ist lediglich – was oft übersehen wird –, weil ein gemeinschaftliches Testament vorliegt, den analog anzuwendenden Bestimmungen über beeinträchtigende Schenkungen gem. §§ 2287 f. BGB ausgesetzt. Erbschaftssteuerrechtlich sind nach § 15 III ErbStG die mit dem zuerst verstorbenen Ehegatten näher verwandten Erben (und Vermächtnisnehmer) als dessen Erben anzusehen, es sei denn, der überlebende Ehegatte hat das Recht frei zu testieren und macht davon Gebrauch (*BFH* NJW 1991, 1080).

d) Das ZGB der **DDR** kannte keine bedingte oder befristete Erbeinsetzung, also auch keine Vor- und Nacherbschaft (außer bei vor Inkrafttreten des ZGB errichteten Testamenten, § 8 II EGZGB); in einem gemeinschaftlichen Testament konnten sich aber die Ehegatten gegenseitig als Erben einsetzen und einen Dritten als Erben des zuletzt Versterbenden (§ 389 I ZGB; das entspricht dem Berliner Testament). 69

8. Teilungsanordnung/Teilungsausschluß

Der Erblasser trifft mit solchen Anordnungen eine Bestimmung für die Erbauseinandersetzung unter den Miterben (bei Bestehen von Personengesellschaftsverträgen nur möglich, wenn dies der Gesellschaftsvertrag zuläßt, *BGH* NJW-RR 1990, 1445 f.). 70

a) Mit der **Teilungsanordnung** (§ 2048 BGB) bestimmt der Erblasser nicht nur, wer sein Vermögen erhält, sondern auch wie die einzelnen Vermögensgegenstände aufzuteilen sind. Die Erben können sich einvernehmlich darüber hinwegsetzen, es sei denn die Anordnung ist als Auflage zu verstehen. Selbst dann ist aber die anderweitige Aufteilung dinglich wirksam (*BGHZ* 40, 115). Der einzelne Miterbe muß sich, wenn nichts anderes bestimmt ist, den Wert des zugeteilten Gegenstands anrechnen lassen. Anders ist dies im Fall des sog. **Vorausvermächtnisses**. Liegt dieses vor, soll der Erbe den Gegenstand ohne Anrechnung und ggf. über den Wert seiner Quote hinaus erhalten (*Palandt/Edenhofer* § 2048 Rdnr. 5; *BGH* NJW-RR 1990, 391). Erbschaftsteuerlich bleibt die reine Teilungsanordnung außer Betracht, während beim Vorausvermächtnis der zugewiesene Gegenstand zu bewerten ist.

b) Ein **Teilungsausschluß** nach § 2044 I BGB kann sich auf den ganzen Nachlaß, auf Teile davon oder auf einzelne Gegenstände beziehen. Er unterliegt zeitlichen Grenzen (§ 2044 II BGB). Seine Wirkung ist begrenzt, da selbst wenn er als Auflage gemeint ist, eine von allen Erben dennoch vorgenommene Teilung dinglich wirksam ist (*BGHZ* 40, 115; *Palandt/Edenhofer* § 2044 Rdnr. 2 f.). 71

c) ZGB der **DDR**: Teilungsanordnung §§ 371 I, 389 I 3 ZGB.

9. Testamentsvollstreckung (im einzelnen s. Teil 3, Rdnr. 245–272)

a) Die Einsetzung des Testamentsvollstreckers gibt dem Erblasser die Möglichkeit, über seinen Tod hinaus durch eine Person seines Vertrauens auf den Nachlaß und sein Geschick Einfluß zu nehmen. Der Testamentsvollstrecker ist **Treuhänder kraft eines privaten Amts,** welches er gem. dem letzten Willen des Erblassers in Übereinstimmung mit dem Gesetz auszuüben hat. Dem Testamentsvollstrecker können entsprechend dem weiten Rahmen der §§ 2203 f. BGB sehr unterschiedliche Aufgaben einzeln aber auch kumulativ zugewiesen sein, nämlich 72

Sernetz

73 aa) Die **Willensvollstreckung**, insbesondere beim Alleinerben, d. i. die Ausführung der letztwilligen Verfügungen, soweit sie über die reine Erbeinsetzung hinaus gehen, § 2203 BGB;

bb) Die **Auseinandersetzungsvollstreckung**; ihre Aufgabe ist die Auseinandersetzung des Nachlasses und kommt deshalb nur bei mehreren Erben in Betracht. Sie wird regelmäßig mit einer Willensvollstreckung verbunden sein, § 2204 BGB;

cc) Die **Verwaltungsvollstreckung**. Sie dient der Verwaltung des Nachlasses entweder bis zur Erledigung der erteilten Weisungen oder für eine bestimmte oder unbestimmte Zeit (längstens 30 Jahre oder bis zum Tod des Erben oder des Testamentsvollstreckers, § 2210 BGB). Man spricht hier auch von Dauertestamentsvollstreckung (§§ 2205, 2209 BGB);

dd) Die **Testamentsvollstreckung mit beschränkten Aufgaben**, § 2208 BGB. Der Erblasser kann den Testamentsvollstrecker auch nur mit der Durchführung einzelner Aufgaben (in Abweichung von §§ 2203–2206 BGB) betrauen oder seiner Verwaltung nur einzelne Gegenstände oder einen Erbteil unterwerfen. Auf diesem Wege kann die Erfüllung von Auflagen gegen den Willen der Erbengemeinschaft durchgesetzt werden;

ee) Die **Nacherbenvollstreckung**. Sie dient der Aufgabe bis zum Nacherbfall die Rechte des Nacherben auszuüben und dessen Pflichten zu erfüllen (§ 2222 BGB);

ff) Die **Vermächtnisvollstreckung**. Sie dient schließlich dem Zweck, die einem Vermächtnisnehmer auferlegten Beschwerungen auszuführen (Grundbucheintrag möglich, *BayObLG* NJW-RR 1990, 844).

74 b) Von der Testamentsvollstreckung wird häufig Gebrauch gemacht bei komplizierten Teilungsanordnungen auch unbedeutender Vermögen, von Erblassern ohne nahe Angehörige, wegen der Verwaltung großer Vermögen, insbesondere von Firmen- und Gesellschaftsvermögen. Dabei sind aber die Probleme zu beachten, die sich hinsichtlich der Verwaltung eines **Einzelhandelsunternehmens** und von **Beteiligungen an Personengesellschaften** ergeben.

75 aa) Nach h. M. kann der Testamentsvollstrecker das **Handelsgeschäft** nach außen im eigenen Namen, mit eigener Haftung und Verantwortung, im Innenverhältnis aber als **Treuhänder** fortführen (*BGHZ* 12, 100; 35, 13). Er wird persönlich als Inhaber des Geschäfts eingetragen, ist aber nicht Eigentümer. Gegenüber dem Erben hat er Anspruch auf Befreiung von seiner unbeschränkten Haftung für alte und neue Geschäftsverbindlichkeiten (§§ 2218, 670 BGB; *Haegele/Winkler* Rdnr. 291).

Im Einvernehmen und mit Vollmacht aller Erben kann der Testamentsvollstrecker das Handelsgeschäft auch **im Namen der Erben** fortführen. In diesem Fall sind die Erben einzutragen. Zu dieser Lösung kann der Erblasser die Erben durch eine Bedingung oder Auflage zwingen, § 2208 II BGB (*BGHZ* 12, 103; *BayObLGZ* 69, 138). Für die Beschränkung der Haftung des Erben gelten die §§ 25, 27 HGB.

76 bb) Aufgrund der angenommenen Sonderrechtsnachfolge (s. o. Rdnr. 28) in Beteiligungen an **Personengesellschaften** geht die Rechtsprechung ständig davon aus, daß der Testamentsvollstrecker die Mitgliedschaftsrechte der persönlich haftenden Gesellschafter in OHG, KG und BGB-Gesellschaft nicht ausüben kann (*RGZ* 170, 392; 172, 199; *BGHZ* 24, 106; 68, 225; NJW 1981, 749; *BayObLGZ* 83, 176; 84, 225). Wenn dies der Gesellschaftsvertrag zuläßt oder die Gesellschafter zustimmen, kann der Erblasser anordnen, daß der Testamentsvollstrecker die Mitgliedsrechte als **Treuhänder mit persönlicher Haftung** ausübt (*Palandt/Edenhofer* § 2205 Rdnr. 15). Auf der gleichen Basis kann der Testamentsvollstrecker als **Bevollmächtigter** der Erben oder aufgrund einer über den Tod hinaus wirkenden widerruflichen Vollmacht des Erblassers die Mitgliedsrechte ausüben (*Palandt/Edenhofer* § 2205 Rdnr. 16). Druckmittel für den Erben, die Vollmacht zu erteilen, können eine Bedingung oder Auflage sein. Zu ihrer Durchsetzung s. o. Rdnr. 53.

c) Umstritten war bisher die Frage, ob die Testamentsvollstreckung die **Kommanditbeteiligung** erfaßt (*Palandt/Edenhofer* § 2205 Rdnr. 20). Der *BGH* läßt nunmehr die Dauertestamentsvollstreckung für einen Kommanditanteil zu, wenn dies der Gesellschaftsvertrag vorsieht oder die Gesellschafter einwilligen und der Kommanditist nicht geschäftsführungs- oder vertretungsbefugt ist (*BGH* NJW 1989, 3152 ff.; *Ulmer* NJW 1990, 73 ff.).

d) Auch nach dem ZGB der **DDR** konnte ein Testamentsvollstrecker eingesetzt werden (§ 371 III ZGB). Ihm konnten die gleichen **Aufgaben** erteilt werden, wie dem Testamentsvollstrecker des BGB. Er ist aber seiner Stellung nach ein vom Erblasser **bevollmächtigter Vertreter** der Erben, auf den die Regeln über die rechtsgeschäftliche Vertretung (§§ 53 f. ZGB) zur Anwendung kommen. Die Verfügungsbefugnis der Erben wird durch seine Bestellung nicht eingeschränkt; die Vertretungsbefugnis kann ihm von den Erben jederzeit entzogen werden (*Herrmann* Rdnr. 1.45). **Überleitung:** Art. 235 § 1 I EGBGB.

10. Pflichtteilsentzug, Pflichtteilsbeschränkung

Die Gründe für eine Entziehung des Pflichtteils sind in den §§ 2333 BGB (Abkömmlinge), 2334 BGB (Eltern) und 2335 BGB (Ehegatten) abschließend geregelt. Da es sich nur um sehr schwerwiegende Umstände, z. T. um Straftatbestände, handelt, kommt diese Möglichkeit nur relativ selten in Betracht.

Wenig bekannt, aber von erheblicher Konsequenz ist die **Pflichtteilsbeschränkung** gegenüber Abkömmlingen **in guter Absicht** gem. § 2338 BGB. Voraussetzung sind Verschwendungssucht und **Überschuldung** in einem Maße, daß ein späterer Erwerb erheblich gefährdet wird. Der Erblasser kann in diesem Fall anordnen, daß die gesetzlichen Erben des Abkömmlings das diesem Hinterlassene bzw. den ihm gebührenden Pflichtteil als Nacherben oder als Nachvermächtnisnehmer erhalten sollen. Er kann darüber hinaus für die Lebenszeit des Abkömmlings die Verwaltung des Hinterlassenen einem Testamentsvollstrecker übertragen. Der Abkömmling hat dann nur Anspruch auf den jährlichen Reinertrag. Das Hinterlassene ist damit nicht nur vor Selbstschädigung durch den Abkömmling geschützt, sondern auch vor dem Zugriff seiner Gläubiger (§§ 2115 BGB, 863 I ZPO).

Einen Pflichtteilsentzug oder eine Pflichtteilsbeschränkung durch den Erblasser gab es nach dem ZGB der **DDR** nicht. Es blieb und bleibt nur die **Erbunwürdigerklärung** nach dem Erbfall durch jeden rechtlich Interessierten (§ 408 II ZGB; Gründe: § 406 ZGB; Verfahren: § 407 ZGB; Überleitung: Art. 235 § 1 I EGBGB.

11. Abfindung von Erbersatzansprüchen

82 Während das nichteheliche Kind von seinem Vater gem. § 1934d I BGB einen **vorzeitigen Erbausgleich** in Geld verlangen kann, hat der Vater nur die Möglichkeit das Kind zu einem **Erbverzicht** gem. § 2346 BGB zu bewegen. Der Erfolg eines solchen Verlangens wird im allgemeinen von der Höhe des Angebots abhängen. Wegen der rechtlichen Voraussetzungen s. u. Rdnr. 83 ff. Das nichteheliche Kind ist nach dem Erbrecht der **DDR** dem ehelichen vollkommen gleichgestellt (§ 365 I ZGB). Daran hat sich für Kinder, die vor dem 3. 10. 1990 geboren sind, nach dem Einigungsvertrag nichts geändert (Art. 235 § 1 II EGBGB).

12. Erb- und Pflichtteilsverzicht

83 **a)** Von dem in § 2346 BGB geregelten Erb- und Pflichtteilsverzicht hat der Verzicht auf den **Pflichtteil** die weitaus größere Bedeutung, da die Wirkung des Erbverzichts auch einseitig durch Enterbung herbeigeführt werden kann, während ein Pflichtteilsentzug nur unter extremen Voraussetzungen möglich ist (s. o. Rdnr. 79). Erbverzicht und Pflichtteilsverzicht können nebeneinander aber auch einzeln und unabhängig voneinander und schließlich auch beschränkt z. B. auf Bruchteile des Erbrechts oder des Pflichtteils erklärt werden (*Palandt/Edenhofer* § 2346 Rdnr. 4). Der Verzicht eines Abkömmlings oder eines Seitenverwandten des Erblassers erstreckt sich im Zweifel auch auf seine Abkömmlinge (§ 2349 BGB). Der Verzichtvertrag bedarf der notariellen Beurkundung (§ 2348 BGB). Er bezieht sich normalerweise auf das gesetzliche Erbrecht. Es kann aber auch ein Verzicht auf eine bereits bestehende **letztwillige Zuwendung** vereinbart werden (§ 2352 BGB). Zukünftige Zuwendungen sind in dem einen wie im anderen Fall nicht ausgeschlossen. Erb- und Pflichtteilsverzicht sind neben dem vorzeitigen Erbausgleich (s. o. Rdnr. 82) auch zwischen dem nichtehelichen Kind und seinem Vater zulässig (*Palandt/Edenhofer* Überbl. v. § 2346 Rdnr. 11).

84 **b)** Die **Bedeutung des Verzichts** auf das gesetzliche Erb- und Pflichtteilsrecht liegt in der dadurch für den Erblasser geschaffenen Möglichkeit ohne Rücksicht auf das Risiko zukünftiger Pflichtteilsansprüche über seinen zukünftigen Nachlaß frei verfügen zu können. Dies kann besonders bei der Unternehmensnachfolge bzw. Nachfolge in Beteiligungen erwünscht sein. Selbstverständlich wird der Erblasser den erstrebten Verzicht nur durch attraktive andere Zugeständnisse (Abfindungen, Unterbeteiligungen u. ä.) erreichen können. Daneben liegt die Bedeutung des Erb- und Pflichtteilsverzichts und auch des Zuwendungsverzichts in der Möglichkeit der Abänderung bereits unwiderruflich gewordener letztwilliger Verfügungen (*Nieder* Kap. XVIII 1 Anm. 3).

85 **c)** Zu beachten ist immer, daß der Erbverzicht gem. § 2310 S. 2 BGB die Erbquote und damit die Höhe des Pflichtteils anderer Berechtigter erhöht. Das ist meist nicht gewollt, weswegen in der Regel der Pflichtteilsverzicht genügt (*Nieder* Kap. XVIII 1 Anm. 3 [4]). Falsche Beratung kann erhebliche Haftung auslösen (vgl. *BGH* WM 1990, 1169 = NJW 1990, 2063).

d) Der Erb- und/oder Pflichtteilsverzicht unterliegt nicht der **Erbschaftsteuer**. Dagegen ist die Abfindung als Schenkung unter Lebenden gem. § 7 I Nr. 5 ErbStG zu versteuern.

e) Das Erbrecht der **DDR** kannte den Erb- und Pflichtteilsverzicht vor dem 86
Erbfall nicht. Der Erbe konnte nur ausschlagen. Erb- und Pflichtteilsverzichtsverträge aus der Zeit vor Inkrafttreten des ZGB galten fort (§ 8 I EGZGB).

13. Verzicht auf Anfechtungsrechte

Bei Erbverträgen kann der Erblasser vertragsmäßige Verfügungen nach 87
§§ 2281 I, 2078, 2079 BGB anfechten. Das gleiche Recht hat in analoger Anwendung vorstehender Bestimmungen der überlebende Ehegatte bei einem gemeinschaftlichen Testament (*BGH* FamRZ 1970, 71; *BGHZ* 37, 333). Da im Gegensatz zu § 119 II BGB nach § 2078 BGB jeder **Motivirrtum** erheblich ist, kann es für die Berechtigung einer Anfechtung auf spätere Entwicklungen nach der Errichtung der letztwilligen Verfügung ankommen. So kann etwa auch die spätere Wiederverheiratung Anfechtungsgrund sein. Dies stellt ein erhebliches Risiko für den Bestand erbvertraglicher Verfügungen und gemeinschaftlicher Testamente dar. Deswegen wird ein Verzicht des Erblassers auf etwaige Anfechtungsrechte zugelassen mit der Folge, daß die Anfechtung wegen solcher Tatsachen, auf die sich der Verzicht bezieht, für die Zukunft ausgeschlossen ist (*BGH* NJW 1983, 2247; *OLG Celle* NJW 1963, 353). Bei entsprechender Belehrung kann der Anfechtungsausschluß jedoch sehr weitgehende Wirkungen haben (*Nieder* Kap. XVI 27 Anm. 4 Ziff. 6 b dd).

Das ZGB der **DDR** hat einen Verzichts- oder Erlaßvertrag generell nicht geregelt. Verzichte auf Anfechtungsrechte dürften in gemeinschaftlichen Testamenten, die nach dem Recht des ZGB errichtet worden sind, nicht vorkommen.

14. Verzicht auf Zugewinnausgleich

Der Erbverzicht eines Ehegatten bezieht sich nicht auf den Zugewinnaus- 88
gleichsanspruch (§§ 1371 II, 1372 f. BGB). Auch hierauf kann der Ehegatte jedoch verzichten, ohne daß damit Gütertrennung eintritt (MünchKomm-*Kanzleiter* § 1408 Rdnr. 14 m. w. Nachw.). Damit wird für den Erblasser eine weitere Unsicherheit für die spätere Erbauseinandersetzung ausgeräumt. Allerdings stellt sich die Frage, ob unter diesen Umständen nicht überhaupt der Güterstand geändert werden sollte.

Das Recht der **DDR** kannte keinen Zugewinnausgleich. Nach Art. 234 § 4 I EGBGB kommt der Verzicht aber in Zukunft bei Überleitungsfällen in Betracht.

15. Erbvertragliche Verfügungsbeschränkungen unter Lebenden

Mit einem Erbvertrag können schuldrechtliche Verpflichtungen unter Leben- 89
den verbunden sein, die nur eingegangen werden, weil gleichzeitig eine Erbeinsetzung erfolgt und die Erwartung besteht, daß das Vermögen des Erblassers im Todeszeitpunkt in gewissem Umfang noch vorhanden ist. Dies gilt etwa, wenn ein zukünftiger Erbe oder dessen Ehegatte Unterhaltsverpflichtungen gegenüber dem Erblasser übernimmt, oder wenn diese Personen die Finanzierung der Instandhaltung oder Renovierung eines Anwesens übernehmen. Selbst wenn der Vertragserbe – von dem Anfechtungsrisiko abgesehen – relativ sicher sein kann, Erbe zu werden, kann er sich nicht darauf verlassen, daß bestimmte Gegenstände, auf die er bei seinen Überlegungen gebaut hat, beim Erbfall noch vorhanden sind. Mit dem Schutz vor beeinträchtigenden Schenkungen (§ 2287

BGB) allein ist ihm dabei nicht gedient. Der Erblasser ist frei, über sein Vermögen zu verfügen (§ 2286 BGB) und demnach einen Erlös auch zu verbrauchen. Unter diesen Umständen empfiehlt sich eine Vereinbarung zwischen dem Erblasser und dem Bedachten, durch die sich der Erblasser verpflichtet, über bestimmte Gegenstände seines Vermögens unter Lebenden nicht zu verfügen. Ein solcher Anspruch kann zwar nicht durch eine Vormerkung im Grundbuch abgesichert werden (*BGHZ* 12, 122f.; MünchKomm-*Musielak* § 2286 Rdnr. 12 m. w. Nachw.). Bei Gefährdung des Unterlassungsanspruchs kann aber u. U. ein Verfügungsverbot im Wege der einstweiligen Verfügung eingetragen werden (*BGH* DNotZ 1962, 499). Über weitere Absicherungen vgl. *Nieder* Kap. XVI 30 Anm. 6 Ziff. 3. Diese Problematik stellte sich nach dem Recht der **DDR** nicht, da es dort den Erbvertrag nicht gab.

16. Vorweggenommene Erbfolge

90 Bei großem Firmen- und Beteiligungsvermögen sowie bei komplizierten Familienverhältnissen empfiehlt es sich, Regelungen unter Lebenden zu treffen, die die gewollte Erbfolge zumindest teilweise vorwegnehmen. Dazu können gehören die Errichtung und Änderung von Familiengesellschaften, Schenkungen nach den §§ 516f., 2301 BGB, die Hofübergabe, Ausstattungen gem. §§ 1624, 2050 BGB. Die Möglichkeiten können hier nicht erschöpfend aufgezählt werden; es muß auf die Spezialliteratur verwiesen werden (Nachweise bei *Palandt/Edenhofer* Überbl. v. § 2274 Rdnr. 11). Anrechnungs- und Ausgleichsbestimmungen (§§ 2315 I, 2050ff. BGB) sind zu beachten.

Die Schenkung war nach dem Recht der **DDR** in § 282 ZGB geregelt. Anrechnung oder Ausgleich von Zuwendungen unter Lebenden sah das ZGB weder beim Erbrecht noch beim Pflichtteilsrecht vor.

17. Änderung des Güterstands

91 Die Änderung des Güterstands kann dann, wenn der Ehegatte (z. B. als Erbe neben Kindern aus einer anderen Ehe) besonders bevorzugt werden soll, vorteilhaft sein. Nach der Aufhebung des gesetzlichen Güterstands und dem Ausgleich des Zugewinns unter Lebenden hat der Ehegatte je nach Anzahl der Kinder möglicherweise noch eine Erbquote von ½ oder ⅓. Umgekehrt kann wiederum je nach Anzahl der Kinder die nachträgliche Vereinbarung des gesetzlichen Güterstands nach § 1371 BGB die Erbquote des Ehegatten auf die Hälfte erhöhen, die ihm nach § 1931 I BGB nicht zustehen würde. Daneben kann die Tatsache ausgenutzt werden, daß der Zugewinnausgleich nicht der Erbschaftssteuer unterliegt (s. o. Rdnr. 18). Der gesetzliche Güterstand kann mit erbschaftssteuerrechtlicher Wirkung rückwirkend ab dem Tag der Eheschließung vereinbart werden (frühestens ab 1. 7. 1958; *BFH* NJW 1989, 2911). In der Begründung der Gütergemeinschaft wird nur ausnahmsweise eine Schenkung gesehen (*BGH* NJW 1992, 558).

Eine Änderung des Güterstands ist in Zukunft nachträglich auch möglich, soweit frühere **DDR**-Bürger nach dem Beitritt ihren bisherigen Güterstand der Eigentums- und Vermögensgemeinschaft durch Erklärung gegenüber dem Kreisgericht aufrechterhalten haben (Art. 234 § 4 II EGBGB).

18. Vollmacht über den Tod hinaus

Die Vollmacht kann gem. § 164 BGB von vornherein über den Tod hinaus erteilt werden; der Tod des Vollmachtgebers wird aber ohnehin in der Regel nicht zum Erlöschen der Vollmacht führen (*Palandt/Heinrichs* § 168 Rdnr 4). Die Vollmacht kann auch auf den Todesfall erteilt werden (*RGZ* 114, 354). Die Erben können die Vollmacht jeder für sich widerrufen (*BGH* NJW 1975, 382). So hilfreich die Vollmacht für alte und kranke Menschen sein kann, birgt sie dennoch nicht unerhebliche Gefahren in sich. So kann etwa die Erteilung der üblichen formularmäßigen **Bankvollmacht** für den Vollzug einer behaupteten formlosen Schenkung ausreichen (*OLG Hamburg* NJW 1963, 449; *BGH* NJW 1986, 2107). 92

Auch das ZGB der **DDR** ließ eine Vollmacht über den Tod hinaus zu (§§ 53 III, 58 I ZGB).

19. Stiftung

Ein Erblasser kann auch durch die Errichtung einer Stiftung zu Lebzeiten die Verwendung seines Vermögens nach dem Tode regeln. Ihm steht als Rechtsform die rechtsfähige BGB-Stiftung (§§ 80–88 BGB) und die nicht rechtsfähige Stiftung zur Verfügung. Die letztgenannte Stiftung ist gesetzlich nicht geregelt, hat sich jedoch in der Praxis durchgesetzt (*Reimann* in *Dittmann/Reimann/Bengel* Teil D Rdnr. 260). Die Stiftung kann nach § 83 BGB von Todes wegen durch letztwillige Verfügung errichtet werden (vgl. *Neuhoff,* Münchner Vertragshandbuch, Bd. 4, 2. Halbb. XVII 1). Soweit die Stiftung einem gemeinnützigen Zweck gewidmet wird, ist sie auch in Zukunft unproblematisch. Die als Alternativform im Erbrecht früher als interessant angesehene **Familienstiftung** hat jedoch durch die Einführung der Ersatz-Erbschaftssteuer seit 1. 1. 1984 (§ 1 I 4 ErbStG) an Bedeutung verloren (vgl. *Sorg* BB 1983, 1620 f.). Durch das am 13. 12. 1990 in Kraft getretene Gesetz zur steuerlichen Förderung von Kunst, Kultur und Stiftungen (KultStiftFG, BGBl. 1990 I, S. 2775) werden u. a. Zuwendungen auch noch nachträglich erbschafts- bzw. schenkungssteuerfrei, wenn sie binnen 2 Jahren nach Erbfall oder Schenkung erfolgen. 93

Die privatrechtliche Errichtung von Stiftungen sah das Recht der **DDR** nicht vor.

IV. Gestaltungsvorschläge

1. Besondere Berücksichtigung des Ehegatten

a) **Beweggründe:** 94
- keine gemeinsamen Kinder der Ehegatten;
- sehr kleine Kinder; unabsehbare charakterliche Entwicklung der Kinder;
- Kinder aus anderer Ehe des Ehegatten;
- gemeinsamer Aufbau des Vermögens durch die Ehegatten;
- Gefahr des Entzugs der Existenzgrundlage des überlebenden Ehegatten (z. B. Wohnhaus, Wohnung) durch die Kinder (Teilungsversteigerung).

b) **Ziel:**
- Sicherung der Existenz und der Altersversorgung des Ehegatten; Erhaltung des Vermögens in einer Hand; vernünftige Verwaltung des Vermögens bis zur Überlassung an die Kinder;

D III Erbrechtliche Beratung und Testamentsvollstreckung

- gelegentlich: Selbstbindung eines Ehegatten (Erbvertrag, Schenkung) als Sicherheit vor eigenem unvernünftigen Handeln.

c) Bedenken:
- möglicherweise doppelter Erbschaftssteuervorgang;
- hohe Pflichtteilsansprüche, fehlende Liquidität, Zwang zum Verkauf;
- Übergang von Vermögen der Familie eines Ehegatten in die fremde Familie des anderen Ehegatten (bei Kinderlosen).

95 d) Lösung:

aa) (gegenseitige) Einsetzung der Ehegatten zu Alleinerben; Bindung durch gemeinschaftliches Testament oder Erbvertrag.

bb) Wie aa, aber Bestimmung von Schlußerben (Berliner Testament); Abwehr von Pflichtteilsrechten durch eine „Strafbestimmung": Derjenige, der seinen Pflichtteil beim ersten Erbfall in Anspruch nimmt, wird auch für den zweiten Erbfall auf den Pflichtteil gesetzt (die Auslegung kann ergeben, daß in diesem Fall der Überlebende Vollerbe wird und an die erbvertragliche Schlußerbeneinsetzung nicht mehr gebunden ist, *BayObLG* NJW-RR 1990, 969).

cc) Einsetzung des Ehegatten zum Allein-Vorerben mit größtmöglicher Befreiung von gesetzlichen Einschränkungen, d. h. ausgenommen von der freien Verfügungsbefugnis sind nur Schenkungen, mit denen nicht einer sittlichen Pflicht oder dem Anstand entsprochen wird (§§ 2112f., 2136 BGB). Problematisch: lange Dauer bei geringem Altersunterschied zwischen Vor- und Nacherben.

dd) Einsetzung zum Allein-Vorerben ohne Befreiung.

ee) Einsetzung zum Miterben (mit gesetzlicher oder größerer oder kleinerer Quote) aber Teilungsausschluß, Teilungsanordnung.

ff) Bestimmung des Ehegatten zum Verwaltungstestamentsvollstrecker bei gesetzlicher Erbfolge mit Strafklausel.

gg) Verschaffung von Wohnung und Einkommen durch Vermächtnis zu Eigentum bzw. zur Nutzung durch Einräumung von Nießbrauch u. ä. Nutzungsrechten.

hh) Zuwendungen unter Lebenden evtl. mit Nießbrauchs- oder sonstigem Nutzungsvorbehalt für den Schenker. Aber: Ausgleichspflicht nach §§ 2325 I und III, 2329 BGB. Deswegen zu überlegen: Entgeltliche Zuwendung zu mäßigem Preis.

ii) Änderung des Güterstands je nach Anzahl der Kinder von der Zugewinngemeinschaft zur Gütertrennung und umgekehrt (wegen der Folgen s. o. Rdnr. 91).

jj) Pflichtteilsverzicht der Kinder aus erster Ehe gegen Abfindung.

2. Besondere Berücksichtigung der Kinder

96 a) Beweggründe:
- Vorversterben des Ehegatten, Trennung vom Ehegatten, Scheidung,
- hohes eigenes Vermögen und ausreichende Versorgung des Ehegatten,

- zweite oder spätere Ehe des Erblassers,
- fehlendes Vertrauen zum Ehegatten,
- Erwartung einer späteren Wiederverheiratung des Ehegatten.

b) Ziel:
- Erhaltung des Vermögens in der eigenen Familie,
- Versorgung der Kinder.

c) Bedenken:
- Pflichtteilsanspruch des Ehegatten, fehlende Liquidität, Notwendigkeit zu Verkäufen,
- Streit zwischen Kindern und überlebendem Ehegatten.

d) Lösung:

aa) Einsetzung des Kindes/der Kinder zum/zu Alleinerben, d. h. Enterbung des Ehegatten.

bb) Erbeinsetzung der Kinder neben dem Ehegatten aber mit Wiederverheiratungsklausel (s. o. Rdnr. 66).

cc) Wie bb, aber Anordnung der Testamentsvollstreckung/Dauertestamentsvollstreckung.

dd) Einsetzung des Ehegatten neben den Kindern aber nur als Vorerben ohne Befreiung; Verzicht auf Anfechtung für den Fall der Wiederverheiratung (sonst: gesetzliche Erbfolge!).

ee) Erb- und Pflichtteilsverzicht zwischen den Ehegatten, insbesondere bei zweiter oder späterer Ehe.

ff) Geschiedenentestament/Erbvertrag zugunsten gemeinschaftlicher Kinder.

3. Besondere Berücksichtigung einzelner Kinder

a) Beweggründe:
- besondere Bedürftigkeit, z. B. Behinderung des Kindes (**Behindertentestament;** vgl. Bengel in *Dittmann-Reimann-Bengel* Teil D VI; van de Loo, Die letztwillige Verfügung von Eltern behinderter Kinder, NJW 1990, 2852),
- besondere Leistungen des Kindes für den Erblasser, z. B. Pflege,
- Zwang zur Einsetzung eines Kindes bei Sonderrechtsnachfolge im Höferecht, bei Personengesellschaften, bei Vorliegen einer Reichsheimstätte.

b) Ziel:
- Versorgung eines Kindes, Belohnung eines Kindes,
- Erfüllung sonderrechtlicher Gegebenheiten.

c) Bedenken:
Entfremdung, Streitigkeiten der Kinder; bei behinderten Erben ist das sozialrechtliche Nachrangprinzip zu beachten (§ 2 I BSHG) mit Zugriffsmöglichkeiten des Trägers der Sozialhilfe.

d) Lösung:

aa) Alleinerbeinsetzung eines Kindes, Enterbung der übrigen. Die Pflichtteilsansprüche der anderen Kinder sind zu beachten, diese können das angestrebte Ziel zunichte machen. Darum zu überlegen: Zuwendung an die übrigen Kinder so attraktiv, daß eine Ausschlagung unwahrscheinlich wird (§ 2306 BGB), oder (Erb- und) Pflichtteilsverzicht der übrigen Kinder gegen Abfindung (s. o. Rdnr. 83).

bb) Zuwendung eines Landguts nach § 2049 I BGB bzw. nach Höferecht; Vorteil: Ansatz des niedrigen Ertragswerts bei der Auseinandersetzung.

cc) Gesellschaftsvertragliche Nachfolgeklauseln (Übersicht bei *Nieder* Kap. XVI 10).

dd) Ausstattung des Kindes zu Lebzeiten gem. § 1624 I BGB unter Ausschluß der Ausgleichspflicht nach § 2050 I BGB.

ee) Bei schwer behinderten Erben kann das Zugriffsrecht des Sozialhilfeträgers durch Zuwendung höchstpersönlicher Leistungen und besondere Gestaltungen der Vor- und Nacherbschaft mit weitgehenden Rechten eines Dauertestamentsvollstreckers umgangen werden (vgl. *Bengel* o. Rdnr. 98). Dies wird jedenfalls bei bescheidenen Nachlässen (DM 30000.–) nicht als sittenwidrig angesehen (*BGH NJW* 1990, 2055).

4. Zuwendungen an Dritte

100 **a) Beweggründe:**
- besonders geeigneter Firmennachfolger,
- Lebensgefährte,
- Entschädigung für besondere Leistungen des Dritten zugunsten des Erblassers,
- Unterstützung gemeinnütziger Institute.

b) Probleme: Ungünstige Steuerklasse (Ausnahme: gemeinnützige Institute; vgl. auch das KultStiftFG v. 13. 12. 1990, BGBl. I, S. 2775).

101 **c) Lösungen:**

aa) Zuwendung steuergünstiger (Bewertung) Nachlaßgegenstände (s. o. Rdnr. 23),

bb) Adoption nach § 1754 BGB.

cc) Gesellschaftsvertragliche Anwachsung gem. § 738 I BGB durch Ausscheiden des Gesellschafters ohne Nachfolger. Dies bewirkt Übergang des Gesellschaftsanteils auf die übrigen Gesellschafter, ohne daß Einzelübertragungen nötig oder möglich wären (*BGHZ* 32, 317; 50, 309).

5. Erhaltung des Familienvermögens

102 **a) Beweggründe/Ziel:**
- Verhinderung der Veräußerung bzw. Vererbung von Famlienvermögen/Gegenständen an Dritte insbesondere Familienfremde,
- Erhaltung ungeteilter Gegenstände und von Ertragsquellen für spätere Generationen,
- Erhaltung lebensfähiger Betriebe.

b) Lösung: 103

aa) Bedingte Erbeinsetzung von Familienangehörigen, Vor- und Nacherbschaft über mehrere Generationen.

bb) Gründung einer Familienstiftung, einer Familiengesellschaft.

cc) Veräußerungs-, Verfügungsverbot, Auflage, Teilungsverbot, Vorkaufsrecht.

dd) Regelung der Sondererbfolge nach Höferecht und Gesellschaftsrecht.

ee) Verwaltungstestamentsvollstreckung des Ehegatten/eines Dritten am Kindesvermögen.

c) Probleme:
Notwendigkeit der Verschaffung ausreichender Liquidität für die Erfüllung von Verbindlichkeiten, insbesondere Steuern, Abfindungen, Pflichtteilsrechten.

6. Kontinuierung des Erblasserwillens

a) Beweggründe: 104

Zweifel des Erblassers an der Fähigkeit seiner Erben, den Nachlaß optimal bzw. in seinem Sinne zu verwalten, insbesondere bei großen Vermögen, differenziertem Vermögen, Gesellschaftsvermögen.

b) Ziel:
Auseinandersetzung und Verwaltung des Vermögens nach den Weisungen bzw. dem anzunehmenden Willen des Erblassers, ohne daß sich die Erben darüber hinwegsetzen können.

c) Lösung: 105

aa) Einsetzung eines Willens-, Auseinandersetzungs-, Verwaltungstestamentsvollstreckers.

bb) Erbeinsetzung unter Auflagen und Bedingungen, die die Testamentsvollstreckung, insbesondere bei der Verwaltung von Anteilen an Personengesellschaften, absichern (s. o. Rdnr. 75).

cc) Stimmrechtsregelungen in Gesellschaftsverträgen, insbesondere Einsetzung von Aufsichts- und Beschlußorganen wie Aufsichtsrat, Beirat u. ä. und Besetzung dieser Organe durch Personen, die das Vertrauen des Erblassers haben.

7. Rigoroser Ausschluß bestimmter Personen

a) Beweggründe: 106

– Verfeindung mit bestimmten direkt oder indirekt Erbberechtigten,
– Möglichkeit des Auftretens unbekannter unehelicher Abkömmlinge.

b) Ziel: Totaler Ausschluß von jedem erbrechtlichen Vorteil.

c) Lösung: 107

aa) Ausdrückliche Enterbung gesetzlicher Erben, auch soweit sie nicht sofort zur Erbfolge berufen sind, einschließlich derzeit nicht bekannter Erbersatzberechtigter.

bb) Pflichtteilsentzug bei Vorliegen der erschwerten Voraussetzungen der §§ 2333 f. BGB.

cc) Entzug des Erbersatzanspruchs gem. § 2338 a BGB (der Pflichtteilsanspruch bleibt hiervon unberührt).

dd) Bei Dritten (z. B. geschiedenem Ehegatten): Zuwendung an (gemeinsame) Kinder auflösend bedingt mit deren Tod, wenn keine Abkömmlinge da sind, oder Anwachsung zugunsten der Geschwister, Vor- und Nacherbschaft mit ausdrücklichem Ausschluß des Dritten als Nacherben, Ausschluß des Ehegatten von der Verwaltung gem. § 1638 BGB (Beispiele bei *Nieder* Kap. XVI 15 und 16).

ee) Pflichtteilsverzicht zur Ausschaltung entfernterer Pflichtteilsberechtigter aber unter Vermeidung einer Erhöhung der Erbquote Gleichberechtigter (§ 2310 BGB).

8. Vererbung von Firmenvermögen (Unternehmertestament)

108 **a) Beweggründe:** Gefahr der Zerstückelung eines Unternehmens, Liquiditätsentzug, Notwendigkeit der Veräußerung.

b) Ziel: Unternehmensfortführung, Sicherung der Familie, Beschränkung von Erbenbelastungen.

c) Lösung (vgl. *Reimann* in *Dittmann-Reimann-Bengel* Teil D III; *Nieder* Kap. XVI 7–9, 12, 22)

109 **aa)** Vorbereitende Maßnahmen: Gründung einer Familiengesellschaft mit allen vorgesehenen Erben, starke Bindungen gegen das Ausscheiden, Begrenzung von Abfindungsforderungen, professionelle Leitung durch Firmen-GmbH, Vereinheitlichung der Willensbildung durch besondere Gesellschaftsorgane (Aufsichtsrat, Beirat), Auswahl und Eingliederung des geeigneten Firmennachfolgers.

bb) Anordnung der Testamentsvollstreckung.

cc) Wahl des richtigen Güterstands.

dd) Erb- und Pflichtteilsverzicht gegen Abfindung.

ee) Familienstiftung.

9. Vererbung von Gesellschaftsvermögen

110 **a) Beweggründe/Ziel:** Ähnlich wie beim Firmenvermögen.

b) Lösung:

aa) Harmonisierung von Gesellschaftsvertrag und erbrechtlichem Vorhaben durch Nachfolgeklauseln, Abfindungsregelung und Testamentsvollstreckung. Bei Personengesellschaften ist auf die besonderen Probleme der Testamentsvollstreckung hinzuweisen (s. o. Rdnrn. 76 f.).

bb) Übertragung des Anteils auf eine Familiengesellschaft.

cc) Zuwendung von stillen Beteiligungen oder Unterbeteiligungen als Abfindung eines Erb- und Pflichtteilsrechts.

Beratung des Erblassers **D III**

10. Zuwendung von Gegenständen

a) Beweggründe/Ziel: 111
- Die gesetzliche Quotenregelung entspricht nicht dem individuellen Willen,
- Verwirklichung der Idee des Erblassers über die bestgeeignete Verteilung und über die optimale (wirtschaftlich/emotionell) Empfangszuständigkeit einer Person für einen Gegenstand (Bedürftigkeit, Würdigkeit, Fähigkeit den Gegenstand zu schätzen, zu nutzen, zu pflegen, zu erhalten etc.).

b) Lösung: 112
aa) Auch bei Zuwendung aller Vermögensgegenstände an einzelne Bedachte durch Vermächtnisse oder durch Teilungsanordnung sollten unbedingt ein oder mehrere Erben eingesetzt werden, die für übersehene Vermögensgegenstände oder spätere Vermögensgegenstände in Betracht kommen. Sonst ergeben sich schwierige Auslegungsprobleme und im schlimmsten Fall ein Erbrecht des Fiskus.

bb) Regelung von Ausgleichspflichten oder Anordnung von Vorausvermächtnissen.

cc) Bestimmung, ob und wie später vorhandene Gegenstände zu verteilen sind.

dd) Bestimmung, wie späterer Wegfall von Gegenständen zu behandeln ist.

11. Überschuldung von Abkömmlingen/Ehegatten

a) Beweggründe: Das Risiko, daß der Bedachte/gesetzliche Erbe von dem 113 Zugewandten nichts hat, weil seine Gläubiger dieses mit Beschlag belegen.

b) Ziel: Erhaltung des Nachlasses im Familienstamm (Abkömmlinge des Überschuldeten) und Versorgung des Überschuldeten ohne Zugriff seiner Gläubiger.

c) Lösung: 114
aa) Beschränkung des Pflichtteils eines Abkömmlings in guter Absicht gem. § 2338 BGB
- durch Testamentsvollstreckung. Folge: Der Erbe hat nur Anspruch auf den Reinertrag. Vor Gläubigern ist er durch § 863 ZPO geschützt;
- durch Einsetzung seiner gesetzlichen Erben als Mitnacherben oder Nachvermächtnisnehmer. Hier tritt ein Schutz durch § 2115 BGB ein.

bb) Eine dem § 2338 BGB vergleichbare gesetzliche Bestimmung besteht für den Ehegatten nicht. Es bleibt darum nur seine Einsetzung als befreiter Vorerbe mit den Kindern als Nacherben und Dauertestamentsvollstreckung für die Zeit der Vorerbschaft. Der Schutz vor Gläubigern ist durch § 2115 BGB gewährleistet. Der Testamentsvollstrecker kann Nutzungen nach billigem Ermessen überlassen und auf Naturalleistungen (Verpflegung, Wohnung) beschränken. Dies ist wichtig, weil der Vorerbe den Pfändungsschutz nach § 850b Nr. 3 ZPO bei Nutzungen nicht genießt; diese gebühren ihm nach § 2111 I BGB.

cc) Im einen wie im anderen Fall sollte in der letztwilligen Verfügung das Motiv angegeben werden, damit bei Wegfall der Zwangslage das Testament ggf. angefochten werden kann.

Sernetz 987

D III Erbrechtliche Beratung und Testamentsvollstreckung

12. Vorbehalt von Änderungsmöglichkeiten

115 **a) Beweggründe:** Veränderung der Zahl der als Erben in Betracht kommenden, Veränderung der Eignung der in Betracht kommenden Personen, Veränderung des zuwendbaren Vermögens und seines Werts.

b) Ziel: Anpassung der letztwilligen Regelung an veränderte Umstände.

116 **c) Lösung:**

aa) Beim Einzeltestament problemlos durch Änderung, Ergänzung, Widerruf, Neuerrichtung und Angabe von Motiven für eine evtl. Anfechtung durch Erben.

bb) Beim gemeinschaftlichen Testament ist die Bindungswirkung zu beachten (s. o. Rdnr. 61). Darum muß festgelegt werden, welche Verfügungen nicht wechselbezüglich sein sollen und/oder welche Abänderungsmöglichkeiten vorbehalten sein sollen. Darüber hinaus sollten ebenfalls die Motive angegeben werden.

cc) Wegen der Bindungswirkung des Erbvertrags s. o. Rdnr. 62. Es ist darum festzulegen, welche Verfügungen einseitig getroffen werden (§ 2299 BGB) und ob und ggf. wie weit ein Rücktritt vorbehalten ist (§§ 2293 f. BGB). Darüber hinaus können Bedingungen festgelegt und sollten Motive angegeben werden.

13. Berücksichtigung von steuerlichen Belastungen

117 **a) Beweggründe/Ziel:** Es kann nicht nur darauf ankommen, die geringstmögliche Steuerbelastung zu erreichen; es muß vielmehr der Erbe auch in die Lage versetzt werden, seine Steuern und sonstigen Verpflichtungen bezahlen zu können (einkommensteuerfreie Schaffung von Liquidität).

118 **b) Lösung:**

aa) Mehrfache Zuwendungen unter Lebenden unter Ausnutzung der Freibeträge.

bb) Anschaffung von Vermögensgegenständen mit günstigen Erbschaftssteuerwerten (s. o. Rdnr. 23).

cc) Vermeidung von Entnahmegewinnen durch frühzeitige Überführung von Betriebsvermögen in Privatvermögen. Dadurch wird der Entnahmegewinn absehbar. Er kann möglicherweise kompensiert werden mit Betriebs- oder anderen Verlusten oder gemildert werden in Jahren mit geringer Steuerschuld. Möglich sind solche Lösungen nur bei nicht notwendigem Betriebsvermögen.

dd) Ausgleich des Zugewinns statt erbrechtlicher Lösung.

2. Teil. Beratung der Hinterbliebenen

I. Feststellung der gesetzlich Begünstigten

Das gesetzliche Erb- und Pflichtteilsrecht ist für den ratsuchenden Hinterbliebenen nicht nur dann von Interesse, wenn keine letztwillige Verfügung vorliegt, sondern auch dann, wenn eine letztwillige Verfügung über einen Nachlaß nicht restlos verfügt hat, wenn sie Enterbungen enthält, wenn sie einen zu geringen Erbteil zuwendet oder wenn sie einen gesetzlichen Erben beschränkt oder beschwert. Die Ermittlung der gesetzlichen als Erben, Erbersatz- und Pflichtteilsberechtigte Begünstigten bzw. ihrer Ansprüche läßt sich nach dem folgenden **Prüfungsschema** anstellen. 119

Vorab ist allerdings zu klären, ob ein in Betracht kommender Erbe durch **Enterbung** (§ 1938 BGB), durch **Erbverzicht** (§ 2346 I BGB) oder durch **Erbunwürdigerklärung** (§§ 2339 f. BGB) von der Erbschaft ausgeschlossen bzw. ob einem Enterbten der **Pflichtteil** entzogen worden ist (§§ 2333 f. BGB) oder dieser darauf verzichtet hat (§ 2346 II BGB). 120

1. Das Erbrecht der ehelichen Verwandten und ihre Erbquote

a) **Welcher Erbordnung gehört der Verwandte an?** Die Erbordnungen ergeben sich aus den §§ 1924–1929 BGB. Verwandte einer späteren Erbordnung werden durch auch nur einen Verwandten der vorhergehenden Ordnung ausgeschlossen (§ 1930 BGB). 121

b) **Welchem Stamm/welcher Linie gehört der Verwandte an?** Jeder Stammelternteil einer Erbordnung (Linie) schließt seine Abkömmlinge (seinen Stamm) aus; der dem Erblasser bzw. den Stammeltern einer Erbordnung nächststehende Abkömmling schließt seine Abkömmlinge (seinen Stamm) aus (§§ 1924 III, 1925 III BGB). Der Ausschluß erfolgt nicht, auch wenn der Abkömmling lebt, wenn er ausschlägt (§ 1953 BGB), wenn er persönlich aber nicht stammesmäßig enterbt ist (gilt im Zweifel, *BGH* FamRZ 1959, 149; Auslegungsfrage *BayObLGZ* 65, 176), für erbunwürdig erklärt ist (§ 2344 BGB) oder wenn er nur für sich auf das gesetzliche Erbrecht verzichtet hat (§§ 2346 I, 2349 BGB). 122

c) **Wieviel Kinder (Geschwister) haben die gleiche Nähe zu einem Erblasser, zu einem Stammelternteil?** Mehrere Kinder erben zu gleichen Teilen (= Köpfen, = Stämmen; §§ 1924 IV, 1925 III BGB). Diese Regel gilt auch innerhalb der Stämme, also auch unter den nachrückenden Abkömmlingen eines weggefallenen Kindes. Danach bestimmt sich letztlich die **Erbquote** überhaupt (also neben Kind A ⅓ und Kind B ⅓ erben zwei Kinder von Kind C je ⅙). Dieses System setzt sich in den Erbordnungen 2 und 3 entsprechend fort. 123

d) Bei entfernten Verwandten: **Welche Nähe nach Verwandtschaftsgraden (§ 1589 BGB) besteht zum Erblasser?** Ab der vierten Erbordnung erbt ohne Rücksicht auf Stamm und Linie derjenige, der mit dem Erblasser dem Grad nach (§ 1589 S. 3 BGB) am nächsten verwandt ist, mehrere gleich nah Verwandte zu gleichen Teilen (§§ 1928 II, III, 1229 II BGB). 124

e) **Ist vom Erblasser oder unter den als Erben in Betracht kommenden Verwandten adoptiert worden?** aa) Nach der seit der Neuregelung des Adop- 125

D III   Erbrechtliche Beratung und Testamentsvollstreckung

tionsrechts ab 1. 1. 1977 geltenden Fassung von § 1754 I BGB (AdoptG v. 2. 7. 1976, BGBl I 1749; zum Übergangsrecht s. Art. 12 AdoptG) erhält ein **adoptierter Minderjähriger** die volle rechtliche Stellung eines ehelichen Kindes. Es tritt die uneingeschränkte Erbberechtigung im Verhältnis zum Annehmenden und seinen Verwandten ein. Die verwandtschaftliche und erbrechtliche Beziehung zu den leiblichen Verwandten endet mit der Adoption (§ 1755 I BGB).

bb) Bei **Adoption eines Volljährigen** entsteht grundsätzlich Verwandtschaft und Erbrecht nur im Verhältnis zum Annehmenden, nicht zu seinen Verwandten (§ 1770 I 1 BGB). Das Erbrecht zu den leiblichen Verwandten bleibt bestehen (Ausnahmen: § 1772 BGB).

126   f) **Gibt es nichteheliche Kinder, die nachträglich legitimiert worden sind?** Diese haben durch die Legitimation aufgrund Eheschließung der Eltern (§ 1719 BGB), auf Antrag des Vaters (§ 1723 BGB) oder auf eigenen Antrag (§ 1740a I BGB) die Stellung eines ehelichen und damit voll erbberechtigten Kindes (§§ 1719, 1736, 1740 f. BGB).

127   g) **Besonderheiten nach DDR-Erbrecht?** Zur ersten **Erbfolgeordnung** nach dem ZGB der **DDR** gehören die Kinder (ersatzweise deren Abkömmlinge) und im Gegensatz zum BGB auch der Ehegatte (§ 365 I 1 ZGB). Im übrigen stimmen die ersten drei Erbfolgeordnungen des ZGB mit den entsprechenden Erbordnungen des BGB überein (§§ 365 I 1, 367 I, 368 I ZGB). Anstelle einer vierten Erbfolgeordnung ist jedoch gesetzlicher **Erbe der Staat** (§ 369 I ZGB). Diese Regelung wurde, auch wenn sie enteignenden Charakter haben könnte, durch den Einigungsvertrag für Erbfälle vor dem 3. 10. 1990 nicht geändert. Innerhalb der Erbordnungen weicht die Regelung des ZGB insofern von der des BGB ab, als auch nur ein Stammelternteil die beiderseitigen Abkömmlinge ausschließt (§§ 367 II 2, 368 III 1 ZGB).

128   **Ausschlagung** und **Erbunwürdigerklärung** werden so behandelt, als hätte der Betreffende zur Zeit des Erbfalls nicht mehr gelebt (§§ 404, 408 I ZGB). Ehelichen Kindern erbrechtlich völlig gleichgestellt sind die außerehelichen (§ 55–57 FGB) und die an Kindes statt angenommenen (§ 66 FGB). Mit der **Adoption** endet jede erbrechtliche Beziehung zu den leiblichen Verwandten (§ 73 I FGB; Ausnahme: Adoption durch Ehegatten eines Elternteils § 73 II FGB). Für Erbfälle vor dem Inkrafttreten des ZGB am 1. 1. 1976 galten Sonderregelungen (*Herrmann* Rdnr. 2.21 und 2.22 und unten Rdnr. 136).

Diese Regelungen sind für Erbfälle vor dem 3. 10. 1990 weiterhin maßgeblich.

2. Das Erbrecht/die Erbquote des Ehegatten

129   a) **Ist ein Scheidungs- oder ein Aufhebungsverfahren anhängig?** Hat der Erblasser Scheidungsantrag gestellt oder einem solchen zugestimmt oder hat er Eheaufhebungsklage erhoben (in allen drei Fällen ist Rechtshängigkeit, d. h. Zustellung, erforderlich; § 270 III ZPO hilft nicht, *BGH* NJW 1990, 2382), und waren die materiellen Voraussetzungen für diese Verfahren gegeben, ist das Erbrecht des Ehegatten und sein Recht auf den Voraus ausgeschlossen (§ 1933 BGB). Die materielle Begründetheit von Scheidungsantrag und Aufhebungsklage sind ggf. im Erbscheinsverfahren vom Nachlaßgericht zu prüfen.

130   b) **Welchen Güterstand hatte der Erblasser mit seinem Ehegatten vereinbart?** aa) Beim gesetzlichen Güterstand der **Zugewinngemeinschaft** erhält der

Ehegatte zu seinem gesetzlichen Erbteil ein weiteres Viertel (§ 1371 I BGB; sog. **großer Erbteil**). Der Ehegatte kann daneben aber die Erbschaft gem. § 1371 III BGB ausschlagen und den Zugewinn nach der güterrechtlichen Lösung verlangen (§§ 1372f. BGB). Neben der Zugewinnausgleichsforderung hat er dann nach § 2303 I BGB einen Pflichtteilsanspruch, der sich nach dem normalen, nicht erhöhten gesetzlichen Erbteil bemißt (§ 1931 I BGB; sog. **kleiner Pflichtteil**).

bb) Bei der **Gütertrennung** kommt es auf die Zahl der Kinder an. Nach § 1931 IV BGB erbt der Ehegatte neben einem oder zwei Kindern mit diesen zu gleichen Teilen.

cc) Im übrigen gilt § 1931 I BGB. Es kommt demnach darauf an, wer neben dem Ehegatten Erbe wird. Die Quote des Ehegatten beträgt
- neben Verwandten der ersten Ordnung ¼,
- neben Verwandten der zweiten Ordnung ½,
- neben Großeltern allein ½,
- neben Abkömmlingen der Großeltern allein ¹⁄₁,
- neben einem Großelternteil und Abkömmlingen eines anderen Großelternteils ½ zzgl. Anteil des Abkömmlings,
- neben Verwandten der vierten und der weiteren Ordnungen erhält der Ehegatte den ganzen Nachlaß.

Ist der Ehegatte mit dem Erblasser verwandt, gilt § 1934 BGB.

c) Besonderheiten nach dem Recht der DDR: Nach dem ZGB der **DDR** erbt der Ehegatte mit Kindern des Erblassers zu gleichen Teilen, mindestens jedoch ¼ des Nachlasses (§ 365 I 2 ZGB), und im Wege der **Sondererbfolge** den Voraus (§ 365 I 3 ZGB). Der Ehegatte erbt allein, wenn Nachkommen des Erblassers nicht vorhanden sind (§ 366 ZGB). Zum Nachlaß eines Ehegatten gehört auch sein **Anteil am gemeinschaftlichen Eigentum** der Eheleute (§ 365 III 1 ZGB; s. o. Rdnr. 19). Das Erbrecht des Ehegatten endet mit rechtskräftiger Beendigung der Ehe. Diese Regelungen sind für Erbfälle vor dem 3. 10. 1990 weiterhin maßgeblich (Art. 235 § 1 I ZGB).

3. Das Erbrecht/die Erbquote unter nichtehelichen Verwandten

a) Zwischen einem nichtehelichen Kind und seinen Abkömmlingen einerseits und seiner **Mutter** und deren Verwandten andrerseits besteht kein Unterschied zum Erbrecht ehelicher Verwandter.

b) Zwischen dem nichtehelichen Kind und seinen Abkömmlingen einerseits und seinem **Vater** und dessen Verwandten andrerseits kommt es darauf an, ob nächste Angehörige des Erblassers mit nichtehelichen Verwandten zusammentreffen oder nicht:

aa) Ist Erblasser der nichteheliche Vater oder einer seiner Verwandten und hinterläßt dieser neben dem nichtehelichen Kind oder seinen Abkömmlingen eheliche Abkömmlinge oder einen Ehegatten, dann hat der berufene nichteheliche Erbe nur einen Erbersatzanspruch (§ 1934a I BGB).

bb) Ist Erblasser das nichteheliche Kind und hinterläßt es neben seinem Vater oder dessen Abkömmlingen seine Mutter oder deren eheliche Abkömmlinge, dann hat der berufene nichteheliche väterliche Erbe nur den Erbersatzanspruch (§ 1934a II BGB).

cc) Ist Erblasser das nichteheliche Kind oder dessen Kind und hinterläßt es neben seinem Vater oder dessen Verwandten seinen eigenen Ehegatten, dann haben die berufenen väterlichen Erben nur den Erbersatzanspruch (§ 1934a III BGB).

135 Die Regelung des **Erbersatzpruchs** ist zum Teil lückenhaft. Sie erreicht das beabsichtigte Ziel, Erbengemeinschaften zwischen nahen Verwandten bzw. Ehegatten des Erblassers und nichtehelichen Verwandten zu vermeiden, nicht in jedem Fall. Die Rechtsprechung und die herrschende Meinung schließen die Regelungslücke durch Gesetzesanalogien zu obigen Alternativen (*OLG Stuttgart* OLGZ 79, 405 und *Palandt/Edenhofer* § 1934a Rdnr. 10 m. w. Nachw.). Der Erbersatzanspruch ist ein **Geldanspruch**, dessen Höhe dem Wert des gesetzlichen Erbteils entspricht, den der nichteheliche Erbe erhalten hätte, wenn er nicht mit dem Erbersatzanspruch abzufinden wäre.

In allen anderen Fällen erhält der nichteheliche Erbe den Erbteil, der ihm nach den allgemeinen Regeln zukommt.

136 **c)** Das nichteheliche Kind war nach dem Recht der **DDR** dem ehelichen vollkommen gleichgestellt; dies gilt für nichteheliche Kinder, die vor dem Beitritt geboren wurden, nach dem Einigungsvertrag auch in Zukunft fort (Art. 235 § 1 II EGBGB), d.h. die Rechte des Kindes sind nicht auf den Erbersatzanspruch beschränkt. Gegenüber dem Vater war lediglich die Anerkennung der Vaterschaft (§§ 54 I, 55 FGB) oder deren gerichtliche Feststellung erforderlich (§§ 54 I, 56 FGB). Nach § 8 I EGZGB galt jedoch für Erbfälle vor dem 1. 4. 1966 (Inkrafttreten des FGB) noch das frühere Recht des BGB, d. h. das nichteheliche Kind war mit dem Vater nicht verwandt und gehörte nicht zu seinen gesetzlichen Erben. Bei Erbfällen zwischen dem 1. 4. 1966 und dem 31. 12. 1975 gab es ein gestuftes Erbrecht des nichtehelichen Kindes nach dem Vater bzw. den Großeltern väterlicherseits, je nach dem, ob das Kind älter oder jünger war als 18 Jahre, ob es unterhaltsbedürftig war, bei wem es lebte etc. (§ 9 EGFGB; vgl. *Herrmann* Rdnr. 2.21). Dieses bisherige Recht ist für Erbfälle vor dem 3. 10. 1990 weiterhin maßgeblich (s. o. Rdnr. 3).

4. Die Pflichtteilsberechtigten

137 **a) Pflichtteilsberechtigt** sind, wenn sie an sich zur gesetzlichen Erbfolge berufen wären, aber enterbt wurden
- die Kinder, und zwar gleichgültig ob ehelich, nichtehelich, legitimiert oder adoptiert, und deren Abkömmlinge,
- der Ehegatte und die Eltern (§ 2303 BGB).

Entferntere Abkömmlinge und die Eltern sind jedoch nach § 2309 BGB insoweit nicht pflichtteilsberechtigt, als ein Abkömmling, der sie im Fall gesetzlicher Erbfolge ausschließen würde, den Pflichtteil verlangen kann oder das Hinterlassene annimmt. Die **Höhe des Pflichtteilsanspruchs** entspricht der Hälfte des Werts des gesetzlichen Erbteils (§ 2303 I 2 BGB).

138 **b)** Durch das ZGB der **DDR** wurde das Pflichtteilsrecht zum Teil eingeschränkt, der Pflichtteilsanspruch aber erhöht (⅔ s. u. Rdnr. 241). **Pflichtteilsberechtigt** sind
- der Ehegatte (§ 396 I 1 ZGB),
- Kinder, wenn sie im Erbfall gegenüber dem Erblasser unterhaltsberechtigt waren (§ 396 I 2 ZGB),

− Enkel und Eltern des Erblassers, wenn sie ohne Testament gesetzliche Erben geworden wären, d. h. wenn sie nicht durch ein Kind des Erblassers von der gesetzlichen Erbfolge ausgeschlossen sind, und wenn sie gegenüber dem Erblasser zur Zeit des Erbfalls unterhaltsberechtigt waren (§ 396 I 2 ZGB). Auch diese Regeln bleiben für Erbfälle vor dem 3. 10. 1990 weiterhin maßgeblich.

II. Feststellung des Inhalts der letztwilligen Verfügung

Der Anwalt ist nicht nur gehalten, sich selbst und seinem Mandanten ein richtiges und zuverlässiges Bild vom Inhalt einer letztwilligen Verfügung zu verschaffen; er muß vielmehr auch in der Lage sein, seine Auslegung einer letztwilligen Verfügung dem Prozeßgericht im Erbschaftsstreit oder dem Nachlaßgericht im Erbscheinsverfahren zu vermitteln. Dies erfordert Kenntnis und Anwendung der relevanten **Auslegungsgrundsätze** und der gesetzlichen **Auslegungsregeln**. Dazu folgende Hinweise (nähere Einzelheiten s. *Staudinger/Otte* Vorbem. 23 f. zu §§ 2064 bis 2086; MünchKomm-*Leipold* § 2084 Rdnrn. 1 f.): 139

1. Auslegungsgrundsätze

a) Auszugehen ist vom **Wortlaut** der Urkunde, da alle letztwilligen Verfügungen formbedürftig sind, und sich somit bei jedem Auslegungsfaktor außerhalb des Textes die Frage der **Formgültigkeit** stellt (*BGH* LM § 2084 Nr. 7). 140

b) **Ziel der Auslegung** ist die Ermittlung des rechtlich maßgeblichen Sinnes der Erklärung (*Staudinger/Otte* aaO; MünchKomm-*Leipold* aaO). D. h., es gelten die allgemeinen Regeln über die Auslegung von Willenserklärungen, aber mit der Einschränkung, daß es bei allen einseitigen Verfügungen (also insbesondere Einzeltestamenten) allein auf den **Erblasserwillen** (§ 133 BGB) ankommt und nicht auf den sog. „Empfängerhorizont", da es hier weder einen „Empfänger" der Erklärung noch ein zu schützendes Vertrauen gibt. Die Verständnismöglichkeit eines Empfängers nach § 157 BGB kann jedoch gefragt sein bei wechselbezüglichen bzw. vertragsmäßigen Verfügungen in gemeinschaftlichen Testamenten und Erbverträgen (*Staudinger/Leipold* § 2084 Rdnr. 22). 141

c) Zur Ermittlung des Erblasserwillens können auch **Umstände außerhalb der Urkunde** herangezogen werden, wenn das Gewollte in ihr zumindest andeutungsweise zum Ausdruck gekommen ist („**Andeutungstheorie**"; *BGHZ* 80, 242; 80, 246; 86, 41, 47). 142

d) Die letztwillige Verfügung ist bei Auslegungsbedürftigkeit, also Mehrdeutigkeit **wohlwollend** auszulegen mit dem Ziel, die Wirksamkeit der letztwilligen Verfügung auf der Basis des vom Erblasser Gewollten (angestrebter Erfolg § 2084 BGB) zu erhalten (favor testamenti, benigna interpretatio).

e) **Ergänzende** Auslegung zur Lückenschließung ist im Rahmen der vorgenannten Grundsätze in bestimmten Grenzen zulässig (*BGH* LM § 2084 Nr. 5; LM § 2078 Nr. 3). Bei der Regelung einer Nacherbfolge kommen auch Veränderungen in Betracht, die zwischen dem Erbfall und dem Nacherbfall eingetreten sind (z. B. Geburt eines weiteren Enkels; *BayObLG* NJW-RR 1991, 1094). Eine ergänzungsfähige Lücke kann vorliegen, wenn Anhaltspunkte bestehen, daß der Erblasser anders verfügt hätte, wenn er einen nach Testamentserrich- 143 tung eingetretenen Vermögenserwerb bedacht haben würde (*BayObLG* DtZ 1990, 24). Zur Auswirkung eines Irrtums über die politische Entwicklung in der DDR vgl. *Grunewald* NJW 1991, 1208.

f) Die Frage der Umdeutung (§ 140 BGB) nichtiger Verfügungen (z. B. bei Formmängeln) in andere (weniger formstrenge) oder in Rechtsgeschäfte unter Lebenden ist zu prüfen (*Staudinger/Leipold* § 2084 Rdnrn. 60 f.).

144 **g)** Das ZGB der **DDR** enthielt in § 372 den Grundsatz, daß im Zweifel das Testament so auszulegen sei, daß dem wirklichen oder mutmaßlichen Willen des Erblassers Geltung verschafft wird. Dies entspricht dem Ziel der Auslegung auch nach dem BGB (vgl. o. Rdnr. 141).

2. Auslegungsregeln

145 Das Gesetz enthält zahlreiche Auslegungsregeln, die dann gelten sollen, wenn sich der Wille des Erblassers nicht mit Sicherheit feststellen läßt. Auslegungsregeln sind **widerlegliche gesetzliche Vermutungen.** Wer einen davon abweichenden Erblasserwillen behauptet, trägt dafür die Beweislast. Die Kenntnis der Auslegungsregeln und der Möglichkeiten ihrer Widerlegung sind bei der Beratung der Hinterbliebenen von großer Bedeutung. Gesetzliche Auslegungsregeln enthalten etwa die §§ 2066 bis 2077, 2084 bis 2087, 2089 bis 2093 BGB. Zahlreiche weitere kommen hinzu. Ihr Abdruck ist hier aus Platzgründen nicht möglich. Es wird auf die Zusammenstellung verwiesen bei *Staudinger/Otte* Vorbem. 111 zu §§ 2064 bis 2086; *Nieder* Kap. VIII 17.

146 Auslegungsregeln enthielt das ZGB der **DDR** in den §§ 375, 376, 377, 379 ZGB. Nach der Formulierung von Art. 235 § 2 S. 1 EGBGB umfaßt die Beurteilung der „**Errichtung oder Aufhebung**" eines Testaments nicht auch dessen Inhalt und seine Wirksamkeit. Die Ermittlung des wirklichen Willens des Erblassers kann aber u. U. zur Berücksichtigung des alten Rechts führen (vgl. *Staudinger/Winkler* Art. 214 Rdnr. 8, 31 ff., 36).

3. Anfechtung der letztwilligen Verfügung

147 Während die Auslegung den wahren letzten Willen des Erblassers zutage und zur Geltung bringen soll auch dort, wo er sich unvollkommen artikuliert, vernichtet die Anfechtung eine letztwillige Verfügung und damit das vom Erblasser angestrebte Ziel. Die Auslegung geht darum der Anfechtung vor.

148 **a) Voraussetzungen.** Die erbrechtlichen Anfechtungsbestimmungen in den §§ 2078 f. BGB erweitern die allgemeinen Regeln über die Anfechtung wegen Irrtums, Täuschung oder Drohung der §§ 119, 123 BGB im wesentlichen durch eine verstärkte Berücksichtigung des **Motivirrtums** (§§ 2078 II, 2079 BGB). Anfechtbar ist nach § 2078 II BGB eine letztwillige Verfügung, zu der der Erblasser durch die **irrige Annahme** oder **Erwartung** eines Umstandes bestimmt worden ist. Die Annahme bezieht sich dabei auf Umstände in der Vergangenheit und der Gegenwart, die Erwartung auf Umstände in der Zukunft. Die irrtümlichen Vorstellungen können sich auf tatsächliche oder rechtliche Verhältnisse beziehen, und zwar auch auf solche Umstände die der Erblasser selbst herbeiführen kann (z. B. seine Heirat). Entscheidend bleibt aber, daß es sich um Vorstellungen oder Erwägungen handeln muß, die der Erblasser **im Zeitpunkt der Errichtung** der letztwilligen Verfügung gehabt hat (*BGHZ* 42,

327). Die Anfechtung kann demnach nicht darauf gestützt werden, der Erblasser habe vergessen, eine Verfügung zu widerrufen, weil dieser Willensmangel erst nach der Errichtung auftrat.

Unklar ist, ob neben der positiven irrigen Vorstellung auch das **Fehlen der** **149** **richtigen Vorstellung** für eine Anfechtung ausreicht. Die Rechtsprechung hat dies zwar bisher verneint, sich dieser Auffassung aber dennoch angenähert, indem sie Umstände für relevant erklärt hat, die der Erblasser zwar nicht ausdrücklich erwogen hat, aber für sich als selbstverständlich ansah (*BGH* LM § 2078 Nr. 3, 4, 8; FamRZ 1962, 256). Zur Auswirkung eines Irrtums über die politische Entwicklung in der DDR vgl. *Grunewald* NJW 1991, 1208, 1211 u. *Notariat 1 Müllheim* DtZ 1992, 157, 159.

Als relevanter Anfechtungsgrund anerkannt ist demgegenüber das unbewuß- **150** te Fehlen einer Vorstellung bei dem **Übergehen eines Pflichtteilsberechtigten** in § 2079 BGB, ein besonderer Fall des Motivirrtums. Hier wird der ursächliche Zusammenhang zwischen Irrtum des Erblassers und seiner Verfügung vermutet (*BGH* LM § 2079 Nr. 1). In allen anderen Fällen muß der Anfechtende den **Kausalzusammenhang** dartun und beweisen.

Im Gegensatz zu § 119 I BGB kommt es bei der Anfechtung nach den **151** §§ 2078 f. BGB nur auf den **subjektiven Standpunkt** des Erblassers an (*KG* FamRZ 1977, 271, 273 f.), nicht auf das objektive Merkmal „verständige Würdigung eines Dritten". Es besteht kein Vertrauensschutz (*BGH* NJW 1952, 420).

b) **Wirkung.** Die Anfechtung vernichtet nur die Verfügung auf die sich der **152** Irrtum bezieht (§ 2085 BGB). Das gilt bei allen letztwilligen Verfügungen. **Anfechtungsberechtigt** ist jeder, welchem die Aufhebung der letztwilligen Verfügung unmittelbar zustatten kommen würde (§ 2080 I BGB), daneben bestimmte Personen, wenn sich der Irrtum nur auf sie bezieht (§ 2080 II BGB) oder wenn sie als Pflichtteilsberechtigte übergangen sind (§ 2080 III BGB). Die **Anfechtungserklärung** nach den §§ 2078 f. BGB erfolgt formlos. **Anfechtungsgegner** ist in den Fällen, in denen eine Erbeinsetzung, Enterbung, Ernennung eines Testamentsvollstreckers oder der Widerruf solcher Verfügungen angefochten werden soll, das Nachlaßgericht (§ 2080 I BGB). Dasselbe gilt, wenn eine Auflage oder eine familienrechtliche Anordnung angefochten werden soll (§ 2081 III BGB). In allen anderen Fällen bestimmt sich der Anfechtungsgegner nach § 143 I, IV 1 BGB. **Frist:** Das Anfechtungsrecht erlischt mit dem Ablauf eines Jahres seit Kenntnis des Anfechtungsgrundes (§ 2082 I, II BGB), ohne Rücksicht auf die Kenntnis mit dem Ablauf von 30 Jahren seit dem Erbfall (§ 2082 III BGB). Die rechtsirrtümliche Beurteilung des Anfechtungstatbestandes hemmt die Anfechtungsfrist nicht (*BayObLG* NJW-RR 1991, 454). Wegen der **Selbstanfechtung** beim gemeinschaftlichen Testament und beim Erbvertrag s. o. Rdnr. 43 u. 47.

c) **Besonderheiten nach DDR-Erbrecht.** Nach dem ZGB der **DDR** ist die **153** Anfechtung einer letztwilligen Verfügung zulässig, wenn sich der Erblasser über den Inhalt seiner Erklärung im Irrtum befand und er bei Kenntnis der Sachlage die Erklärung nicht abgegeben hätte, oder wenn die testamentarische Verfügung durch arglistige Täuschung oder widerrechtliche Drohung zustande gekommen war (§ 374 I ZGB). Die Anfechtung hat **durch Klage** vor dem ordentlichen Gericht zu erfolgen, und zwar innerhalb eines Jahres ab Kenntnis des Anfechtungsgrundes, spätestens zehn Jahre nach dem Erbfall (§ 374 II ZGB). Die Klage ist von dem, der durch die Unwirksamkeit der Verfügung begünstigt wäre, gegen den zu erheben, dem die Wirksamkeit der Verfügung zugute kommt. Dies gilt für Erbfälle vor dem 3. 10. 1990 weiter (Art. 235 § 1 I EGBGB).

III. Annahme/Ausschlagung der Erbschaft

1. Annahme

154 Die Erbschaft geht nach deutschem Recht ipso iure auf den berufenen Erben über, ohne daß es irgendeines Zutuns von seiner Seite bedarf (§ 1942 I BGB). Er kann sich dieser Rechtsfolge erwehren, indem er die Erbschaft gem. §§ 1942 I, 1944 f. BGB ausschlägt. Obwohl das Gesetz eine **Annahmeerklärung** kennt (§ 1943 BGB), kann man in der Praxis von Ausnahmen abgesehen nur davon abraten, eine Annahmeerklärung, sei es ausdrücklich oder schlüssig, durch entsprechende Betätigung des Annahmewillens abzugeben. Die Annahmeerklärung führt zum Verlust des Ausschlagungsrechts. Sie nimmt damit dem berufenen Erben die Möglichkeit, innerhalb der ohnehin zu kurz bemessenen Ausschlagungsfrist (§ 1944 I BGB) zu überlegen, ob es nicht besser ist, die Erbschaft auszuschlagen. Tut der Erbe dagegen gar nichts, tritt das, was mit einer Annahmeerklärung erreicht werden kann, auch durch reinen Zeitablauf ein (§ 1943 BGB).

155 Ist die Erbschaft einmal angenommen, kann der Erbschaftserwerb wegen nachträglicher Willensänderungen nicht mehr rückgängig gemacht werden. Wegen ursprünglicher Willensmängel besteht dagegen die Möglichkeit, die Erbschaftsannahme **anzufechten** (§ 119 BGB). Ein Irrtum über den Berufungsgrund fingiert die Annahme als nicht erfolgt (§ 1949 I BGB); einer Anfechtung bedarf es nicht. **Ursprüngliche Willensmängel** wird man dort, wo eine anwaltschaftliche Beratung vorlag, möglicherweise aber nur sehr begrenzt nachweisen können. Es besteht daher aller Grund, dem häufigen Drängen der Nachlaßgerichte auf Abgabe einer Annahmeerklärung zu widerstehen und auch zu der in den Formblättern der Nachlaßgerichte enthaltenen Frage, ob die Erbschaft angenommen werde, keine Erklärung abzugeben. Nachdem allerdings die Annahmeerklärung auch **schlüssig** erfolgen kann und keiner bestimmten Person gegenüber abzugeben ist (nicht empfangsbedürftiges Rechtsgeschäft) gilt es vorsichtig zu sein mit allen Handlungen, die auf einen Annahmewillen schließen lassen (z. B. Erbscheinsantrag).

2. Ausschlagung

156 a) Es kann sehr verschiedene Gründe geben, eine angefallene Erbschaft auszuschlagen. So etwa
– weil der Nachlaß überschuldet ist,
– weil die güterrechtliche Lösung der erbrechtlichen beim Zugewinnausgleich vorgezogen wird,
– weil dadurch ein doppelter erbschaftssteuerpflichtiger Vorgang vermieden wird,
– weil auf denjenigen, der durch die Ausschlagung nachrückt, günstigere Freibeträge und ein günstigerer Steuersatz bei der Erbschaftsteuer zur Anwendung gelangen,

– weil sich der zunächst Berufene den Problemen der Verwaltung und Auseinandersetzung einer möglicherweise komplizierten Erbschaft entziehen will,
– weil der hinterlassene Erbteil beschränkt oder beschwert im Sinne von § 2306 I BGB ist und der Erbe statt dessen den Pflichtteil verlangen will.

Die Ausschlagung kann durch Vereinbarung zwischen dem Ausschlagenden und dem durch die Ausschlagung Begünstigten mit einer **Abfindung** zugunsten des Ausschlagenden verbunden sein. Der Vertrag fällt nicht unter § 2385 I BGB (*OLG München* OLGZ 26, 288) und bedarf somit nicht der notariellen Beurkundung gemäß § 2371 BGB. Diese kann aber aus anderen Gründen (Gegenstand der Abfindung, Zwangsvollstreckungsunterwerfung) notwendig oder zweckmäßig sein. Die Ausschlagung selbst stellt keinen **erbschaftssteuerlich** relevanten Vorgang dar. Ein Ausschlagungsentgelt unterliegt dagegen der Erbschaftssteuer gem. § 3 II 4 ErbStG; für den nachrückenden Erben ist das als Abfindung Geleistete eine Nachlaßverbindlichkeit im Sinne von § 10 V 3 ErbStG.

157

Die Beratung über die Möglichkeit der Erbschaftsausschlagung ist zumindest unter bestimmten Umständen (z. B. hohes Alter des Erben) eine den Anwalt aus dem **Anwaltsvertrag** obliegende Pflicht (*LG Köln* NJW 1981, 351).

Die Ausschlagung ist nach den allgemeinen Regeln anfechtbar (§§ 119, 120, 123 BGB). Die §§ 2078, 2079 BGB gelten nicht (*Palandt/Edenhofer* § 1954 Rdnr. 1). Fehlvorstellungen über die politische Entwicklung in der DDR berechtigen nicht zur Anfechtung der Ausschlagungserklärung (*LG Berlin* NJW 1991, 1238; *Grunewald* NJW 1991, 1208, 1212).

158

b) Ausschlagungsfrist: 6 Wochen ab Kenntniserlangung von dem Anfall und dem Grund der Berufung; bei Verfügungen frühestens ab Verkündung der Verfügung (schlichte Eröffnung der Verfügung i. S. v. § 2260 II BGB genügt nicht, wenn der Erbe nicht geladen wurde; der Erbe muß dann Kenntnis erlangt haben gem. § 2262 BGB, BGH NJW 1991, 169). 6 Monate bei Wohnsitz des Erblassers oder Aufenthalt des Erben im Ausland (§ 1944 BGB). **Form:** Erklärung zur Niederschrift des Nachlaßgerichts oder öffentlich beglaubigt (§§ 1945 I, 129 BGB). Ein Bevollmächtigter bedarf einer öffentlich beglaubigten Vollmacht, die innerhalb der Frist dem Nachlaßgericht zugehen muß (§ 1945 III BGB). **Erklärungsempfänger:** Ausschließlich das Nachlaßgericht (= Amtsgericht, § 72 FGG; in Baden-Württemberg staatliches Notariat, LFGG I, II, 38), und zwar am letzten Wohnsitz oder Aufenthaltsort des Erblassers (§ 73 FGG). **Wirkung:** Der Erbanfall an den Ausschlagenden gilt als niemals erfolgt (§ 1953 I BGB); die Erbschaft fällt demjenigen an, der berufen war für den Fall, daß der Ausschlagende nicht gelebt hätte (§ 1953 II BGB). Der Ausschlagende als sog. „vorläufiger Erbe" wie auch der angefallene Nachlaß sind in der Zwischenzeit weitgehend geschützt (§§ 1958 f. BGB); von bleibender Dauer sind lediglich die einseitig empfangsbedürftigen Rechtsgeschäfte, die dem vorläufigen Erben gegenüber vorgenommen worden sind (§ 1959 III BGB). Wegen der Besonderheiten einer Ausschlagung durch die **Pflichtteilsberechtigten** gem. § 2306 I BGB bzw. des **Ehegatten** in der Zugewinngemeinschaft (§ 1371 III BGB) s. u. Rdnrn. 224 ff. u. 229 ff.

159

Aufgrund der für Erbfälle zwischen dem 1. 1. 1976 und dem 2. 10. 1990 für Grundstücke in der DDR geltenden Nachlaßspaltung (§ 25 II DDR-RAG, Art. 3 III EGBGB) konnten Bundesbürger einen aus DDR-Immobilien bestehenden Nachlaß nur durch Erklärung gegenüber dem Staatlichen Notariat ausschlagen (*BayObLG* NJW 1991, 1237); für Erbfälle vor dem 1. 1. 1976 galt dagegen die Nachlaßspaltung nicht, und darum betraf eine in der Bundesrepublik erklärte Ausschlagung auch den DDR-Grundbesitz (*OLG Frankfurt/M* DtZ 1991, 300).

3. Besonderheiten nach dem DDR-Erbrecht

160 Auch das ZGB der **DDR** geht vom ipso-iure-Erwerb der Erbschaft durch den Erben aus (§ 399 I 1 ZGB). Die **Ausschlagungsfrist** beträgt zwei Monate (bei Erben mit Wohnsitz außerhalb des Gebiets der DDR sechs Monate). Sie beginnt mit Kenntnis des Erbfalls, jedoch nicht vor Eröffnung des Testaments, welches die Einsetzung enthält (§§ 402 I 1, 403 I ZGB). Die Erklärung bedarf der **notariellen Beglaubigung** und war bisher gegenüber dem staatlichen Notariat der DDR zu erklären (§ 403 II ZGB); nunmehr ist das Kreisgericht als Nachlaßgericht zuständig. Die Annahme und die Ausschlagung der Erbschaft sowie das Versäumnis der Ausschlagungsfrist können binnen zwei Monaten ab Kenntnis des Anfechtungsgrundes, jedoch nicht später als vier Jahre nach Annahme oder Ausschlagung der Erbschaft angefochten werden (§§ 405 I und III, 70 I ZGB). Die **Anfechtung** muß gegenüber dem staatlichen Notariat erfolgen (§ 405 I 1 ZGB); nunmehr ist das Kreisgericht zuständig. Dies gilt für Erbfälle vor dem 3. 10. 1990 weiter (Art. 235 § 1 I EGBGB).

IV. Die gerichtliche Feststellung der Erben und des Erbrechts

1. Testamentseröffnung

161 Die Testamentseröffnung durch das Nachlaßgericht (§ 72 FGG; in Baden-Württemberg: Notariat) nach den §§ 2260 ff. BGB soll Klarheit darüber schaffen, welche letztwilligen Verfügungen existieren und wer begünstigt ist. Die Anwesenheit irgendwelcher Beteiligter ist dabei nicht erforderlich; sie werden jedenfalls nachträglich von einem sie betreffenden Inhalt in Kenntnis gesetzt (§ 2260 BGB).

162 Mit der Eröffnung des Testaments beginnt für den durch Verfügung von Todes wegen berufenen Erben frühestens die **Ausschlagungsfrist** (§ 1944 II BGB). Die **Niederschrift** über die Eröffnung des Testaments in Verbindung mit einem öffentlichen Testament oder einem Erbvertrag ersetzt im Grundbuch- und Schiffsregisterverkehr für den **Nachweis der Erbfolge** den Erbschein (§§ 35 I 2 GBO; 41 I 2 SchiffsRegO). Nach Ziffer 24 I der AGB der Banken können diese die Vorlage eines Erbscheins verlangen. Sie können aber auch denjenigen, der in einer Ausfertigung oder einer beglaubigten Abschrift einer Verfügung von Todes wegen nebst Protokoll über die Eröffnungsverhandlung als Erbe oder Testamentsvollstrecker bezeichnet ist, verfügen lassen oder mit befreiender Wirkung an ihn leisten. Von der letztgenannten Alternative machen die Banken im allgemeinen Gebrauch. Bei gemeinschaftlichen Testamenten und Erbverträgen werden in der Eröffnungsverhandlung Verfügungen des Überlebenden, soweit sie sich sondern lassen, weder verkündet noch sonst zur Kenntnis der Beteiligten gebracht (§ 2273 I BGB).

2. Nachlaßpflegschaft

163 Bis zur Feststellung, wer Erbe ist und ob er die Erbschaft annimmt, hat das Nachlaßgericht für die Sicherung des Nachlasses, soweit ein Bedürfnis besteht, zu sorgen (§ 1960 I BGB). Es kann in diesem Zusammenhang für den unbekannten Erben einen Nachlaßpfleger bestellen (§ 1960 II BGB). Geschieht dies, dann obliegt dem Nachlaßpfleger u. a. auch die **Ermittlung des** oder der **unbekannten Erben** (*OLG Köln* FamRZ 1967, 58, 59; *KG* OLGZ 8, 269, 270). Der Nachlaßpfleger ist gesetzlicher Vertreter des zukünftigen endgültigen Erben.

Die Ermittlungsarbeit des Nachlaßpflegers hinsichtlich der unbekannten Erben ist **tatsächlicher** Art. Der Nachlaßpfleger ist nicht befugt, über das Erbrecht zu streiten (*RGZ* 106, 46 f.) oder einen Erbscheinsantrag zu stellen (*KG* OLGZ 26, 288). Er hat auch nicht die Aufgabe zu klären, wer von mehreren Erbanwärtern der wirkliche Erbe ist (*BGH* NJW 1983, 226). Er kann aber passiv legitimiert für eine Klage des Erben sein, wenn er dessen Erbrecht bestreitet. 164

Die **Ermittlungsarbeit** des Nachlaßpflegers, zu welchem Amt regelmäßig auch immer wieder Anwälte berufen werden, besteht darin, den Nachlaß daraufhin zu sichten, ob sich letztwillige Verfügungen finden oder sonstige Schriftstücke oder andere Anhaltspunkte, aus denen sich ergibt, wer der gesetzliche oder letztwillig berufene Erbe ist und wo er sich befindet bzw. wie etwa eine unklare letztwillige Verfügung auszulegen ist. Hinweise kann er auch durch Befragung der Beteiligten erlangen; er kann in internationalen Fällen das maßgebliche ausländische Recht ermitteln und dem Nachlaßgericht entsprechende Hinweise geben. Sobald der oder die Erben durch ein rechtskräftiges Urteil des Prozeßgerichts oder nach Auffassung des Nachlaßgerichts feststehen, ist die Tätigkeit des Nachlaßpflegers insoweit erledigt. Die Vergütung wird durch das Nachlaßgericht bewilligt §§ 1962, 1915, 1838 I 1 BGB (vgl. *Gerold/Schmidt/Madert* § 1 Rdnr. 24). 165

3. Erbscheinsverfahren

a) Der Erbschein ist das **amtliche Zeugnis** des Nachlaßgerichts über die Person des Erben, sein Erbrecht und die Freiheit dieses Erbrechts von Beschränkungen durch Nacherbfolge oder Nachersatzerbfolge und Testamentsvollstreckung. Er wird nicht in jedem Erbfall und nicht für jeden Nachlaß benötigt. Dort, wo sich der Nachlaß bereits im Besitz der Erben befindet (z. B. bei Hausrat, Schmuck, Kunst- und sonstigen beweglichen Gegenständen) oder wo die Inbesitznahme über eine Vollmacht, die über den Tod hinaus wirkt, bewerkstelligt werden kann, bedarf es keines Erbscheins. Zum Teil kann der Erbschein auch durch das öffentliche Testament zusammen mit dem Protokoll der Eröffnungsverhandlung ersetzt werden (s. o. Rdnr. 162). Der Erbschein ist schließlich dort entbehrlich, wo ein Testamentsvollstrecker aufgrund eines Testamentsvollstreckerzeugnisses handelt (§§ 2365, 2368 III BGB). 166

b) Das Verfahren im einzelnen. Die Erteilung erfolgt nur auf **Antrag** (§ 2353 BGB). Der Antrag muß den Inhalt des begehrten Erbscheins so genau angeben, daß das Nachlaßgericht den Erbschein ohne Ergänzung oder Einschränkung dem Antrag entsprechend erteilen kann. Ein Erbschein mit vom Antrag abweichendem Inhalt ist unzulässig und führt zur Einziehung (*BayObLGZ* 70, 106). Der Antrag muß die Angaben des gesetzlichen Erben lt. § 2354 BGB bzw. des eingesetzten Erben lt. § 2355 BGB enthalten. Die Richtigkeit der Angaben muß nach § 2356 BGB nachgewiesen werden. Der Antrag muß auch bezeichnen, **welche Art** Erbschein begehrt wird, nämlich ein Alleinerbschein, ein Teilerbschein, ein gemeinschaftlicher Erbschein etc. (vgl. *Palandt/Edenhofer* Überbl. v. 167

§ 2353 Rdnr. 2). **Zuständig** ist das Nachlaßgericht gem. §§ 72, 73 FGG bzw. § 38 LFGG Baden-Württemberg.

168 **Antragsberechtigt** sind die Erben, der Testamentsvollstrecker, der Nachlaß- und der Nachlaßkonkursverwalter, der Abwesenheits- und Gebrechlichkeitspfleger des Erben, der verwaltungsberechtigte Ehegatte bei der Gütergemeinschaft, nicht jedoch der Nachlaßpfleger. Nachlaßgläubiger können einen Erbschein beantragen, soweit sie diesen zur Zwangsvollstreckung benötigen. Rechtsnachfolger des Erben (Erbteilserwerber, Erbschaftskäufer) können den Erbschein auf den Namen des Erben beantragen. Der **Inhalt** des Erbscheins ergibt sich aus den §§ 2352, 2363, 2364, 2369 BGB.

169 **Rechtsmittel** gegen die Entscheidung des Nachlaßgerichts sind die **Erinnerung** gem. § 11 RPflG gegen Entscheidungen des Rechtspflegers, die **Beschwerde** gem. § 19 FGG und die weitere Beschwerde gem. § 27 FGG. Die Beschwerde ist statthaft gegen die Antragsablehnung, gegen einen Bewilligungsbeschluß, solange der Erbschein noch nicht erteilt ist, und gegen die erfolgte Erteilung nur mit dem Ziel der Einziehung. Zu den Einzelheiten vgl. *Palandt/Edenhofer* § 2353 Rdnr. 35 ff.

170 Ein **unrichtiger Erbschein** ist von Amts wegen einzuziehen (§ 2361 I BGB) bzw., wenn er nicht sofort erlangt werden kann, durch Beschluß für kraftlos zu erklären (§ 2361 II BGB). Der wirkliche Erbe kann von dem Besitzer eines unrichtigen Erbscheins die Herausgabe an das Nachlaßgericht verlangen (§ 2362 I BGB).

171 Die Erteilung des Erbscheins durch das Nachlaßgericht schafft **keine materielle Rechtskraft** für den Bestand des bezeugten Erbrechts (*RGZ* 124, 322, 324; *KG JFG* 14, 286; 20, 203). Das Nachlaßgericht ist vielmehr an rechtskräftige Urteile des **Prozeßgerichts** gebunden. Probleme ergeben sich allerdings dort, wo das Prozeßgericht nur über das Erbrecht einzelner Erbanwärter entschieden hat. Das Nachlaßgericht kann jedoch auch in diesem Fall keinen Erbschein ausstellen, welcher der Entscheidung des Prozeßgerichts widersprechen würde.

4. Klage auf Feststellung des Erbrechts

172 Erbanwärter können neben dem Erbscheinsverfahren und anstatt eines solchen ihr Erbrecht auch durch einen Zivilprozeß klären lassen. Es handelt sich dabei um eine **Feststellungsklage** gem. § 256 ZPO. Das Urteil des Prozeßgerichts hat den Vorteil, daß es im Gegensatz zum Erbscheinsverfahren in **materielle Rechtskraft** erwächst. Ein bereits erteilter Erbschein hat im Zivilprozeß keine bindende Wirkung (*BGHZ* 86, 41; *WM* 1987, 564; *NJW* 1983, 277).

173 Das Erbscheinsverfahren ist für den Zivilprozeß nicht **vorgreiflich** und führt deswegen auch nicht zu seiner Aussetzung (*KG OLGZ* 75, 355). Dagegen kann das Erbscheinsverfahren bei gleichzeitiger Anhängigkeit eines Zivilprozesses ausgesetzt werden. Der Obsiegende hat die Rechte aus § 2362 BGB.

5. Besonderheiten im Gebiet der ehemaligen DDR

174 Die Aufgaben des **Nachlaßgerichts** nahm bis zum Beitritt der **DDR** das staatliche Notariat wahr (§ 395 ZGB mit § 10 I 1 des Notariatsgesetzes vom 5. 2. 1976). Nunmehr ist zuständig das Kreisgericht am Wohnsitz des Erblassers als Nachlaßgericht entsprechend den Änderungen, die das Gerichtsverfassungsgesetz durch den Einigungsvertrag erhalten hat (Anlage I, Sachgebiet A, Abschnitt III, Ziff. 1).

Beim Ableben von Bundesbürgern in der Zeit zwischen dem 1. 1. 1976 und dem 2. 10. 1990 bestimmte sich die Erbfolge für das in der DDR belegene Immobilienvermögen nach dem Recht der DDR (Nachlaßspaltung). Für diesen Immobiliennachlaß kann auch jetzt ein hierauf beschränkter Erbschein erteilt werden (*KG DtZ* 1992, 187). Eine Erbausschlagung in den alten Bundesländern umfaßte diesen Nachlaßteil nicht (*KG* aaO). Örtlich zuständig ist in jedem Fall das Nachlaßgericht am letzten Wohnsitz des Erblassers (§ 73 I FGG, *KG DtZ* 1992, 333). Vgl. auch *Schotten/Johnen*, Probleme hinsichtlich der Anerkennung, der Erteilung und des Inhalts von Erbscheinen im deutsch-deutschen Verhältnis, DtZ 1991, 257.

V. Die Feststellung und Auseinandersetzung des Nachlasses

1. Auskunftsanspruch

Um sich ein Bild davon zu machen, was alles zum Nachlaß gehört, stehen dem Erben (Vorerben) die folgenden Auskunftsansprüche zur Verfügung: **175**

a) Gegen jeden **Erbschaftsbesitzer,** das ist derjenige, der aufgrund eines ihm in Wirklichkeit nicht zustehenden Erbrechts oder Miterbenrechts etwas aus der Erbschaft erlangt hat, gem. §§ 2018, 260 I BGB der Anspruch auf Vorlegung eines **Bestandsverzeichnisses** und ggf. auf Abgabe der eidesstattlichen Versicherung gem. § 260 II BGB.

b) Der Anspruch aus § 2027 I BGB gegen den Erbschaftsbesitzer auf Auskunft über den Bestand der Erbschaft und den **Verbleib der Erbschaftsgegenstände.** Das bedeutet, daß der Erbschaftsbesitzer neben einem Bestandsverzeichnis über den gegenwärtigen Bestand der Erbschaft auch Angaben über den Verbleib derjenigen Gegenstände machen muß, die zur Erbschaft gehört haben, aber nicht mehr vorhanden sind oder von denen nicht bekannt ist, wo sie sich befinden. Der Erbschaftsbesitzer muß Ausführungen darüber machen, was er über die Schicksale solcher Erbschaftsgegenstände weiß, und über das aus der Erbschaft Erlangte. Mit Verbleib der Gegenstände ist nicht nur der örtliche, sondern auch der wirtschaftliche Verbleib gemeint (*Staudinger/Gursky* § 2027 Rdnrn. 6f.). **176**

c) Aus § 2027 II BGB die gleichen Ansprüche gegen jeden, der Besitz an einer Sache aus dem Nachlaß vor dem Erben erlangt hat.

d) Gegen die **Hausgenossen** des Erblassers gem. § 2028 I BGB und zwar darüber, **177**
– welche erbschaftlichen Geschäfte der Hausgenosse geführt hat, und
– was ihm über den Verbleib der Erbschaftsgegenstände bekannt ist.

Die Ansprüche stehen auch den Miterben gegeneinander zu, darüber hinaus dem Nachlaßpfleger, dem Nachlaßverwalter, dem Testamentsvollstrecker und dem Erbschaftserwerber. Die Klage auf Auskunftserteilung kann im **Gerichtsstand** des § 27 ZPO erhoben werden. Sie kann als **Stufenklage** gem. § 254 ZPO mit dem Antrag auf Herausgabe bestimmter Erbschaftsgegenstände verbunden sein. Die Vollstreckung erfolgt gem. § 888 ZPO. Bei unvollständiger Auskunft kann der Erbe die Klage auf Abgabe der eidesstattlichen Versicherung richten. **178**

Das Auskunftsrecht des Nacherben richtet sich allein gegen den Vorerben und besteht nur bei Gefährdung seiner Rechte (§ 2127 BGB).

179 e) Nach § 399 II ZGB der **DDR** kann der Erbe von jedem Besitzer von Nachlaßgegenständen Auskunft über deren Umfang und Verbleib verlangen. Überleitung: Art. 235 § 1 I EGBGB.

2. Der Erbschaftsanspruch

180 Aufgrund der Generalsukzession erwirbt der Erbe alle diejenigen Herausgabeansprüche, die schon dem Erblasser zustanden, etwa aufgrund seines Eigentums, aufgrund übergegangener Schuldverhältnisse oder aus Bereicherung. Daneben gibt das Gesetz dem Erben einen besonderen Erbschaftsanspruch durch die §§ 2018 f. BGB. Es handelt sich dabei um einen **Gesamtanspruch,** der dem Erben die Sache leichter machen soll, als er sie nur aus dem allgemeinen Eigentümer/Besitzerverhältnis hätte. Voraussetzung ist dabei, daß sich der Anspruch gegen einen Erbschaftsbesitzer richtet bzw. gegen den ihm gleichgestellten vertraglichen Erbschaftserwerber (§§ 2018, 2030 BGB). Erbschaftsbesitzer ist derjenige, der Nachlaßgegenstände aufgrund einer **Erbanmaßung,** z. B. aufgrund eines unrichtigen Erbscheins (§ 2362 II BGB) erlangt hat.

181 Der Erbschaftsanspruch geht auf Herausgabe des vom Erbschaftsbesitzer erlangten als Gesamtheit. Der Erbe muß dabei nicht **nachweisen,** welches Recht der Erblasser auf die einzelnen zum Nachlaß gehörigen Gegenstände hatte. Er kann alles herausverlangen, was im Augenblick des Todes des Erblassers tatsächlich zu dessen Nachlaß gehörte. Darüber hinaus muß der Erbe nur nachweisen, daß der Beklagte einmal Besitz an Erbschaftsgegenständen erlangt hatte, nicht aber, daß er noch Besitzer dieser Gegenstände ist (*Staudinger/Gursky* aaO). Der Anspruch erstreckt sich auf alle Nutzungen (§ 2020 BGB) und Surrogate (§ 2019 BGB). Der Erbschaftsbesitzer haftet andererseits bei Unvermögen zur Herausgabe nur nach Bereicherungsrecht (§ 2021 BGB), er kann Ersatz seiner Verwendungen gem. § 2022 BGB verlangen. Haftungserschwerungen treten erst ein bei Rechtshängigkeit, Bösgläubigkeit und bei Besitzerlangung durch eine Straftat oder verbotene Eigenmacht (§§ 2023 f. BGB).

182 Der Kläger muß die herauszugebenden Gegenstände in der Klage einzeln benennen. Um ihn dazu instand zu setzen, dient die Auskunftsklage (s. o. Rdnr. 175 ff.). Die Vervollständigung der herauszugebenden Gegenstände im Klageantrag während des Verfahrens stellt weder eine Klagehäufung noch eine Klageänderung dar, sondern eine nach § 268 Ziff. 2 ZPO zulässige Klagerweiterung (*Staudinger/Gursky* Vorbem. zu §§ 2018–2031 Rdnr. 16).

183 Die gleichen Personen, die den Auskunftsanspruch gem. § 2027 BGB haben, können auch den Erbschaftsanspruch nach § 2018 BGB geltend machen (s. o. Rdnr. 178). Schuldner kann auch ein Miterbe als Erbschaftsbesitzer sein.

184 Das ZGB der **DDR** kennt keinen eigenen Erbschaftsanspruch. Nachdem der Erbe in jeder Hinsicht Nachfolger des Erblassers wird (§ 399 I 1 ZGB), kann er die im Besitz eines Dritten befindlichen Nachlaßgegenstände nach den allgemeinen Vorschriften herausverlangen (§ 33 II 1 ZGB Herausgabeanspruch des Eigentümers; § 356 I 1 ZGB Bereicherungsanspruch; Ansprüche aus übergegangenen Schuldverhältnissen). Überleitung: Art. 235 § 1 I EGBGB.

3. Die Auseinandersetzung

185 Sofern der Erblasser nicht von einem Erben allein beerbt wird und nicht ausnahmsweise eine Sondererbfolge Platz greift, entsteht eine **Miterbengemeinschaft.** Bezüglich ihrer Besonderheiten als Gesamthandsgemeinschaft muß

Beratung der Hinterbliebenen **D III**

auf die Spezialliteratur verwiesen werden. Im Auge behalten werden muß, daß nach den Intentionen des BGB-Gesetzgebers die Erbengemeinschaft grundsätzlich auf **sofortige Auseinandersetzung** angelegt ist (*Schlüter* § 39 I, II). Der Erblasser kann jedoch die Auseinandersetzung des Nachlasses insgesamt oder einzelner Nachlaßgegenstände auf Dauer ausschließen (§ 2044 I BGB; bei Gesellschaftsverhältnissen nur unter besonderen Umständen, *BGH* NJW-RR 1990, 1445). Das gleiche können die Erben selbst durch Vertrag vereinbaren (*BGH* BB 1968, 1219). Sie können aber auch schlicht die Auseinandersetzung auf lange Dauer unterlassen, ohne diesbezüglich eine Vereinbarung getroffen zu haben. Ein derartiges Verhalten bzw. derartige Vereinbarungen und Anordnungen haben vor allem dann besondere Konsequenzen, wenn zu dem Nachlaß ein **Handelsunternehmen** gehört. In diesem Fall haften die Erben für neue Geschäftsschulden persönlich unbeschränkt als Gesamtschuldner (§§ 427, 431 BGB). Gehören zu den Erben Minderjährige, dann ist dieses Ergebnis umstritten (vgl. *BVerfG* WM 1986, 828; *BGHZ* 92, 259; *Karsten Schmidt*, Handelsrecht, S. 97). Bezüglich Geschäftsschulden des Erblassers gilt § 27 HGB.

Von diesen Sonderentwicklungen abgesehen, setzen sich Miterbengemeinschaften in aller Regel entweder durch Vertrag oder aufgrund Urteils auseinander. **186**

a) Materiellrechtlich sind die Erben zunächst einander verpflichtet, die **Nachlaßverbindlichkeiten** zu **berichtigen** (§ 2046 I 1 BGB). Soweit dazu das Geldvermögen des Nachlasses nicht ausreicht, ist der Nachlaß bzw. sind Nachlaßgegenstände zu versilbern (§ 2046 III BGB). Die danach übrig bleibenden Gegenstände sind, soweit dies möglich ist, unter den Miterben **aufzuteilen** (§ 752 BGB; *BGH* NJW 1963, 1610). Unteilbare bewegliche Sachen sind ebenfalls zu versilbern; ihr Erlös zu teilen (§§ 753, 2047 I BGB).

Soweit Abkömmlinge zu den Miterben gehören, haben diese mangels anderweitiger Bestimmung das, was sie als Ausstattung bzw. als Zuschuß erhalten haben, bei der Verteilung des Überschusses auszugleichen (§§ 2050f. BGB). **187**
Ebenfalls auszugleichen ist die besondere Mitarbeit oder Pflegetätigkeit eines Abkömmlings nach § 2057a BGB. Die Ausgleichung erfolgt dadurch, daß jedem Miterben bei der Auseinandersetzung der Wert der Zuwendung, die auszugleichen ist, auf seinen Erbteil angerechnet wird. Soweit eine Ausgleichungspflicht nach § 2057a BGB besteht, ist der Ausgleichsbetrag dem Erbteil des Ausgleichsberechtigten hinzuzurechnen (§§ 2055 I, 2057a IV BGB). Für die Bewertung ist der Zeitpunkt der Zuwendung maßgeblich (§ 2055 II BGB).

b) Sind sich die Miterben über die Durchführung der Auseinandersetzung **188** einig, so erfolgt diese durch **Auseinandersetzungsvertrag**. Der Vertrag bedarf grundsätzlich, soweit keine Vereinbarungen enthalten sind, die aus anderen Gründen formbedürftig sind, keiner Form. Formbedürftig ist er z. B. dann, wenn zum Nachlaß Grundstücke gehören (§ 313 BGB). Der Auseinandersetzungsvertrag ist ein Verpflichtungsgeschäft, das dinglich nach den für die Übereignung der einzelnen Nachlaßgegenstände einschlägigen Bestimmungen zu vollziehen ist.

Den **Inhalt** der Auseinandersetzungsregelung bestimmen die Erben, wenn sie **189** sich einig sind, selbst. Es liegt nahe, wenn dies möglich ist, Nachlaßgegenstände den einzelnen Miterben zu Alleineigentum zuzuteilen und einen entsprechenden Wertausgleich durch Geldzahlung vorzunehmen. Wenn dies die Zusammensetzung des Nachlasses nicht anders erlaubt, wird aber auch unter Umständen die

Sernetz 1003

Veräußerung des Nachlasses oder einzelner Nachlaßgegenstände an Dritte notwendig sein, um dann den Erlös teilen zu können.

190 **Erbschaftssteuerlich** ist die Erbauseinandersetzung, solange einer der Miterben nicht unentgeltlich mehr erhält, als seinem Erbteil entspricht, nicht relevant (*BFH* BStBl III 60, 348; II 83, 329). Einkommensteuerrechtlich ist die Erbauseinandersetzung nach zwei Beschlüssen des Großen Senats des BFH vom 5. 7. 1990 (BFH GrS BB 1990, Beilage 36 = *BFHE* 161, 317 = *NJW* 1991, 249, 254) als ein vom Erbfall zu trennender, u. U. entgeltlicher Vorgang anzusehen (s. o. Rdnr. 57).

191 c) Bei einem teilungsreifen Nachlaß (Ausnahme § 2043 BGB) kann jeder Miterbe **Klage auf Auseinandersetzung** erheben (auch Klage auf Feststellung einzelner Streitpunkte zur Klärung von Grundlagen der Erbauseinandersetzung kann zulässig sein, *BGH* NJW-RR 1990, 1220). Dafür steht der besondere Gerichtsstand des § 27 ZPO zur Verfügung. Der Klageantrag richtet sich auf Abschluß eines Auseinandersetzungsvertrages, für den er einen entsprechenden Plan vorzulegen hat (Muster: Beck'sches Prozeßformularbuch II I 11, *Böhmer*). Um eine unnötige Klageabweisung wegen unangemessener Vorschläge zu vermeiden, wird er gut daran tun, entsprechende Hilfsanträge vorzubereiten. Die Klage kann zugleich auf die Verurteilung zur Zustimmung zu den dinglichen Erklärungen für die Ausführung des Teilungsplans gerichtet werden. Durch das rechtskräftige Urteil wird die Zustimmungserklärung ersetzt (§ 894 ZPO; näheres s. bei *Johannsen* WM 1970, 744).

192 d) Weder einer Vereinbarung noch einer Klage bedarf es dort, wo der **Testamentsvollstrecker** mit der Auseinandersetzung betraut ist und diese durchführt (§§ 2204, 2042 bis 2056 BGB). Auf Antrag eines Miterben oder seines Pfandgläubigers wird auch das **Nachlaßgericht** vermittelnd aber nicht gestaltend tätig (§§ 86 f. FGG).

193 e) Eine gegenständlich beschränkte Auseinandersetzung kann von einem Miterben auch gegen den Willen der anderen erzwungen werden durch die **Teilungsversteigerung** eines Grundstücks nach den §§ 180 ff. ZVG (vgl. MünchKomm-*Dütz* § 2042 Rdnr. 25 u. 65; *Palandt/Edenhofer* § 2042 Rdnrn. 17 ff.). Daneben kann der **Verkauf des Erbteils** gemäß §§ 2033, 2371, 2385 BGB die Auseinandersetzung für den einzelnen Miterben entbehrlich machen bzw. auf einen emotionell unbeteiligten Dritten verlagern.

194 f) Mehrere Erben bilden nach dem Recht der **DDR** bis zur Auseinandersetzung eine Erbengemeinschaft (§ 400 I ZGB); ihnen gehört der Nachlaß als Gesamteigentümer (§§ 400 I 1, 34 II, 42 II ZGB). Der einzelne Miterbe unterliegt ähnlichen Beschränkungen wie in der Erbengemeinschaft des BGB (§§ 400, 401, 412 ZGB). Jeder Miterbe kann die Aufhebung der Erbengemeinschaft verlangen (§ 423 I ZGB). Nach Begleichung bzw. Abzug der Nachlaßverbindlichkeiten ist der Nachlaß unter den Erben nach dem Verhältnis ihrer Erbteile zu verteilen (§ 423 I 1 ZGB). Die **Aufteilung** soll grundsätzlich durch die Erben selbst im gegenseitigen Einvernehmen erfolgen (§ 423 III 2 ZGB). Das staatliche Notariat konnte auf Antrag bei der Teilung des Nachlasses vermitteln (§ 425 ZGB) und bei Erfolglosigkeit der **Vermittlung** selbst aufteilen (§ 427 I ZGB; die Fortgeltung der Aufteilungsbefugnis erscheint zweifelhaft, MünchKomm/*Leipold*, Einigungsvertrag, Rdnr. 671). Inwieweit diese Aufgaben in Zukunft auf die Notare in eigener Praxis übergehen, bestimmt sich nach landesrechtlichen Vorschriften (Anlage II, Kap. III, Sachgebiet A, Abschnitt III, Ziff. 2 des Einigungsvertrages). Seit 3. 10. 1990 ist das Kreisgericht als Nachlaßgericht zuständig. Die Zwangsversteigerung zur Aufhebung des gemeinschaftlichen Eigentums richtet sich seit dem Beitritt der DDR nach den §§ 180 f. ZVG. Über seinen Erbteil kann der Erbe auch vor einer Teilung verfügen (§ 401 I ZGB).

VI. Die Erbenhaftung und ihre Beschränkung

1. Allgemeines

Nach § 1967 I BGB haftet der Erbe für die **Nachlaßverbindlichkeiten**. Zu den Nachlaßverbindlichkeiten gehören einerseits diejenigen Schulden, die schon vom Erblasser herrühren, die also bereits ihm gegenüber entstanden waren oder deren Entstehungstatbestand ihm noch zuzurechnen ist **(Erblasserschulden)**, sowie diejenigen Schulden, die erst vom Zeitpunkt des Erbfalls an entstanden sind; das sind die den Erben als solchen treffenden Verbindlichkeiten (**Erbfallschulden, § 1967 II BGB**). Zu den letztgenannten gehören vor allem die Verbindlichkeiten aus Pflichtteilsrechten, Vermächtnissen und Auflagen. Daneben spricht man von **Nachlaßerbenschulden**; das sind solche Verbindlichkeiten, die sowohl den Nachlaß betreffen als auch eine Eigenschuld des Erben auslösen, wie vor allem die aus der Verwaltung des Nachlasses herrührenden Verbindlichkeiten bezüglich deren der Erbe nicht deutlich gemacht hat, daß er nur im Namen oder für den Nachlaß handelt. Zu den Besonderheiten dieser letztgenannten Verbindlichkeiten, insbesondere auch zu den Möglichkeiten einer Haftungsbeschränkung und Haftungssonderung verweisen wir auf *Palandt/Edenhofer* § 1967 Rdnr. 2 und *Schlüter* § 50 VI.

Der Erbe haftet im Prinzip gem. § 1967 I BGB **unbeschränkt** mit seinem gesamten Vermögen, also sowohl dem Nachlaß wie auch seinem Eigenvermögen; seine Haftung ist aber **beschränkbar**. Die Notwendigkeit der Haftungsbeschränkung ergibt sich erst dann, wenn der Nachlaß überschuldet ist und der Erbe die Erbschaft angenommen hat, sei es, weil er die Ausschlagungsfrist versäumt hat und die darin liegende Annahme nicht mehr anfechten kann (§ 1956 BGB), sei es, weil er die Erbschaft bewußt angenommen hat, um für eine ordnungsgemäße Abwicklung zu sorgen und anderen diese Probleme zu ersparen. Die Möglichkeit der Haftungsbeschränkung kann in Zukunft an Aktualität gewinnen, wenn nach Annahme der Erbschaft plötzlich unerwartete, eventuell sehr hohe Verbindlichkeiten aus **Produkthaftung** oder aus **Umweltbeeinträchtigungen** erhoben werden. Die Haftung und die Möglichkeiten ihrer Beschränkung sind verschieden geregelt je nachdem, ob es sich um einen Alleinerben handelt, einen Miterben, den Erben eines Einzelkaufmanns oder den Erben eines persönlich haftenden Gesellschafters.

2. Prozessuales

Die für den Anwalt aus der Sicht seiner Haftung wichtigsten Bestimmungen finden sich in den §§ 780 ff. ZPO. Nach § 780 I ZPO kann der als Erbe eines Schuldners verurteilte Beklagte die Beschränkung seiner Haftung nur geltend machen, wenn sie ihm im Urteil vorbehalten ist. Das bedeutet, daß der Erbe, wenn ein Gläubiger des Erblassers gegen ihn Klage führt, im Prozeß die **Einrede der beschränkten Erbenhaftung** geltend machen muß, wenn er nicht uneingeschränkt und vorbehaltlos verurteilt werden will und damit sein Recht auf Haftungsbeschränkung gegenüber dem klagenden Nachlaßgläubiger mit der Rechtskraft des Urteils verwirkt (*RGZ* 69, 283, 291; *BGH* NJW 1954, 635; *BVerwG* NJW 1956, 805). Die Einrede wird nicht von Amts wegen berücksichtigt; sie muß bis zum Schluß der letzten Tatsachenverhandlung erhoben werden, in der Revisionsinstanz nur, wenn der Erbe erst dann in das Verfahren eintritt (*BGHZ* 17, 69). § 780 I ZPO ist auch auf den Prozeßvergleich anzuwenden (*BGH* NJW 1991, 2839).

198 Das Prozeßgericht kann über die Haftungsbeschränkung bei Entscheidungsreife selbst entscheiden (*BGH* NJW 1983, 2377) oder sich mit dem allgemeinen **Beschränkungsvorbehalt** nach den §§ 780 I, 305 I ZPO begnügen. Durch den Vorbehalt wird die Vollstreckung in den Nachlaß und das Eigenvermögen des Erben nicht gehindert (§ 781 ZPO); der Erbe kann aber die Aufhebung der Vollstreckungsmaßnahmen durch eine besondere **Vollstreckungsabwehrklage** nach den §§ 785, 767 ZPO betreiben und die Anträge nach den §§ 769, 770 ZPO stellen. Ein Vorbehalt im Urteil ist nicht erforderlich, wenn es wegen einer Nachlaßverbindlichkeit gegen einen Nachlaßverwalter, Nachlaßpfleger oder gegen einen Verwaltungstestamentsvollstrecker ergeht (§ 780 II ZPO).

3. Inventar

199 Die **Inventarerrichtung** ist zwar keine Voraussetzung für die Haftungsbeschränkung des Erben, das Fehlen eines Inventars bzw. seine Unzulänglichkeit können aber zur unbeschränkten Haftung des Erben führen (§ 2005 I BGB). Bei problematischen Nachlässen ist darum dem Erben von vornherein zur Aufnahme eines Inventars zu raten. Die Aufnahme erfolgt nach den §§ 2002, 2003 BGB. Vor einer Fristsetzung zur Errichtung des Inventars hat das Nachlaßgericht dem Erben rechtliches Gehör zu gewähren (*BayObLG* NJW-RR 1992, 1159).

4. Haftungsbeschränkung des Alleinerben

200 a) Der **vorläufige Erbe** ist, solange er die Erbschaft noch ausschlagen kann, durch die §§ 1958 BGB, 778 I, 779 I ZPO geschützt. **Nach der Annahme** hat der Erbe zwei Möglichkeiten, einen **Aufschub** zu erlangen, um sich über die Notwendigkeit der Haftungsbeschränkung klar werden zu können, und zwar

– durch die **Dreimonatseinrede** (§ 2014 BGB), nach welcher der Erbe berechtigt ist, die Berichtigung einer Nachlaßverbindlichkeit bis zum Ablauf von 3 Monaten nach Annahme der Erbschaft, jedoch nicht über die Errichtung des Inventars hinaus, zu verweigern, und

– durch die **Einrede des Aufgebotsverfahrens** (§ 2015 BGB). Danach kann der Erbe, wenn er innerhalb eines Jahres nach Annahme der Erbschaft das Aufgebot der Nachlaßgläubiger beantragt hat, bis zur Beendigung des Aufgebotsverfahrens die Berichtigung einer Nachlaßverbindlichkeit verweigern. Während dieser Fristen kann der Erbe nur unter dem Vorbehalt der beschränkten Erbenhaftung verurteilt werden (§ 305 I ZPO). Gegen die Zwangsvollstreckung aus einem ergangenen Vorbehaltsurteil kann der Erbe Vollstreckungsgegenklage nach den §§ 782, 780 I, 785, 767 ZPO erheben mit dem Ziel, daß die Vollstreckung auf die bei einem Arrest zulässigen Maßnahmen beschränkt wird (Pfändung oder Eintragung einer Sicherungshypothek §§ 930 bis 932 ZPO).

b) Eine **endgültige Haftungsbeschränkung** gegenüber einzelnen Nachlaß- 201
gläubigern erreicht der Erbe durch **Ausschließung** im Aufgebotsverfahren
(§ 1973 I BGB) und durch **Verschweigung** (§ 1974 I BGB). Nach § 1970 BGB
kann der Erbe die Nachlaßgläubiger zur Anmeldung ihrer Forderungen im
Wege des Aufgebotsverfahrens auffordern. Das Verfahren richtet sich nach den
§§ 989 f. ZPO. Das Ausschlußurteil bewirkt, daß der Erbe den ausgeschlossenen Gläubigern gegenüber, also denjenigen gegenüber, die ihre Forderung im
Verfahren nicht angemeldet haben, die **Ausschlußeinrede** gem. § 1973 BGB
entgegenhalten kann. Die Forderung des ausgeschlossenen Gläubigers geht dadurch nicht unter, aber der Gläubiger muß sich entgegenhalten lassen, daß der
Nachlaß bereits durch andere Nachlaßgläubiger erschöpft ist oder erschöpft
werden wird. Diese Einrede hat der Erbe in einem etwaigen Erkenntnisverfahren gegen sich vorzutragen und zu beweisen.

Ein Nachlaßgläubiger, der seine Forderung erst später als fünf Jahre nach dem 202
Erbfall geltend macht, steht einem ausgeschlossenen Gläubiger gleich, es sei
denn, die Forderung wäre dem Erben innerhalb der fünf Jahre bekannt geworden oder in einem Aufgebotsverfahren angemeldet worden (§ 1974 I BGB).

c) Eine endgültige Haftungsbeschränkung gegenüber allen Nachlaßgläubi- 203
gern erreicht der Erbe durch Nachlaßverwaltung, Nachlaßkonkurs und Nachlaßvergleich.

aa) Die **Nachlaßverwaltung** gem. § 1975 BGB ist eine Nachlaßpflegschaft
zum Zweck der Befriedigung der Nachlaßgläubiger. Sie wird auf Antrag des
Erben angeordnet (§ 1981 I BGB) mit dem Ziel, die Nachlaßverbindlichkeiten
durch den Nachlaßverwalter berichtigen zu lassen (§ 1985 I BGB). Die Nachlaßverwaltung kommt nur in Betracht, wenn der Nachlaß nicht überschuldet ist,
da der Erbe bei Kenntnis der Überschuldung unverzüglich den Nachlaßkonkurs
zu beantragen hat (§ 1980 I BGB).

bb) Der **Nachlaßkonkurs** dient bei Überschuldung dem Ziel, die Nachlaß- 204
gläubiger gleichmäßig zu befriedigen (§ 1980 I BGB). Das Verfahren richtet sich
nach den §§ 214 bis 235 KO.

cc) Reicht der Nachlaß aus, den Nachlaßgläubigern eine Quote von 35% ihrer 205
Forderungen zu bieten (§ 7 VerglO), kann der Erbe anstelle des Nachlaßkonkurses das **Nachlaßvergleichsverfahren** beantragen (§§ 1980 I BGB, 113
VerglO).

dd) Wird ein Nachlaßkonkursverfahren mangels Masse des Nachlasses nicht 206
eröffnet bzw. eine Nachlaßverwaltung aus dem gleichen Grund nicht angeordnet oder nachträglich eingestellt, dann bleibt dem Erben die **Dürftigkeitseinrede** der §§ 1990 I, 1992 BGB. Diese kann der Erbe geltend machen, indem er
gem. § 780 I ZPO den Vorbehalt der beschränkten Erbenhaftung beantragt oder
indem er den Nachlaß vollständig nachweist. Im ersten Fall kann er sich mit der
Vollstreckungsgegenklage gegen die Zwangsvollstreckung in eigenes Vermögen wehren, im anderen Fall wird er nur zur Duldung der Zwangsvollstreckung
in die einzeln zu bezeichnenden Nachlaßgegenstände verurteilt.

5. Haftung und Haftungsbeschränkung der Miterben

a) Bis zur Teilung haften die Miterben für Nachlaßverbindlichkeiten als **Ge-** 207
samtschuldner (§ 2058 BGB). Der in Anspruch genommene Miterbe kann aber

gem. § 780 I ZPO beantragen, daß in ein gegen ihn erlassenes Urteil der Vorbehalt der beschränkten Erbenhaftung aufgenommen wird mit dem Ergebnis, daß seine Haftung auf seinen Erbteil beschränkt wird (§ 2059 I 1 BGB). Der Vorbehalt kann durch den Erben wiederum durch Vollstreckungsgegenklage in der Zwangsvollstreckung geltend gemacht werden (§§ 781, 785, 767 ZPO).

208 b) Neben der **Gesamtschuldklage** nach § 2058 BGB kann der Gläubiger auch die **Gesamthandklage** gem. § 2059 II BGB erheben mit dem Ziel, die Befriedigung aus dem ungeteilten Nachlaß zu erlangen. Mit einem Urteil in diesem Verfahren kann der Gläubiger gem. § 747 ZPO in den gesamten Nachlaß vollstrecken. Die Zwangsvollstreckung in das Eigenvermögen des Erben ist ausgeschlossen.

209 c) Der Miterbe sollte aus eigenem Interesse darauf achten, daß alle Nachlaßverbindlichkeiten vor der Teilung gem. § 2046 I BGB getilgt sind. Ist dies nicht geschehen und geht ein Nachlaßgäubiger gem. § 2058 BGB mit der Gesamtschuldklage gegen den Erben vor (die Gesamthandklage ist nunmehr ausgeschlossen), dann kann der Miterbe aufschiebend die Dreimonatseinrede gem. § 2014 BGB und die Einrede des Aufgebotsverfahrens gem. § 2015 BGB geltend machen, Nachlaßkonkurs beantragen (§ 216 II KO), sich auf die Dürftigkeit des Nachlasses berufen (§§ 1990 f. BGB) sowie die Ausschlußeinrede (§ 1973 I BGB) und die Verschweigung gem. § 1974 I BGB geltend machen. Nachlaßverwaltung und Nachlaßvergleich sind **nach der Teilung** ausgeschlossen (§§ 2062 BGB, 113 Nr. 3 VerglO). Unter den besonderen Voraussetzungen der §§ 2060, 2061 BGB (Ausschluß im Aufgebotsverfahren, verspätete Geltendmachung, Beendigung des Nachlaßkonkurses) haftet der Miterbe nur für den seinem Erbteil entsprechenden Teil einer Nachlaßverbindlichkeit. (Vgl. zu Rdnrn. 157–171 *Harder/Müller-Freienfels* JuS 1980, 876 ff.).

6. Haftung und Haftungsbeschränkung des Erben eines Einzelkaufmanns

210 a) Durch § 27 HGB wird die Haftung des Erben für den Fall modifiziert, daß zum Nachlaß ein **Handelsgeschäft** gehört. Führt der Erbe dieses Geschäft unter der bisherigen Firma mit oder ohne einen das Nachfolgeverhältnis andeutenden Zusatz fort, dann haftet er unbeschränkt und unbeschränkbar für die vom Erblasser stammenden Verbindlichkeiten (§§ 27 I, 25 I 1 HGB). Dieser Haftung kann der Erbe nur entgehen, wenn er den Betrieb des Unternehmens vor dem Ablauf von drei Monaten seit Kenntnis des Erbfalls einstellt. In einem solchen Fall bleibt es bei der Erbenhaftung nach BGB mit den dortigen Beschränkungsmöglichkeiten. Die **Dreimonatsfrist** wird bis zum Ablauf der Ausschlagungsfrist verlängert, wenn diese erst nach Ablauf der drei Monate endet.

211 b) Nach herrschender Meinung soll der Erbe auch bei **Fortführung** eines Einzelunternehmens unter der bisherigen Firma über die Frist des § 27 II HGB hinaus die Möglichkeit haben, die Haftung zu beschränken, wenn er in entsprechender Anwendung von § 25 II HGB erklärt, daß er die unbeschränkte handelsrechtliche Haftung ablehne, und wenn er diese Erklärung vor Ablauf der Frist des § 27 II HGB in das **Handelsregister** eintragen läßt und bekanntmacht oder sie dem Gläubiger sonst mitteilt (*KG* DR 1940, 2007; MünchKomm-*Siegmann*, § 1967 Rdnr. 62; a. A. *Karsten Schmidt*, Handelsrecht, S. 242 f.).

7. Haftung und Haftungsbeschränkung des Erben eines persönlich haftenden Gesellschafters bei OHG und KG

a) Wird die Gesellschaft durch den Tod eines Gesellschafters nicht aufgelöst, sondern mit seinem Erben **fortgesetzt**, haftet dieser für alle vor und nach dem Erbfall entstandenen Gesellschaftsverbindlichkeiten persönlich, unbeschränkt und unbeschränkbar (§§ 130 I, 128 HGB; *BGHZ* 55, 267). Dieser Haftung kann der Erbe nur entgehen, wenn er innerhalb der Frist des § 139 III HGB aus der Gesellschaft **ausscheidet** oder die Stellung eines **Kommanditisten** erlangt oder wenn die Gesellschaft innerhalb dieser Frist **aufgelöst** wird (§ 139 IV HGB). Dann gelten für seine Haftung und ihre Beschränkung die allgemeinen erbrechtlichen Bestimmungen. Das Ausscheiden des Erben muß allerdings unverzüglich im Handelsregister eingetragen werden. Wird ein Kommanditist als Erbe des Komplementärs Alleininhaber des Gesellschaftsvermögens, haftet er für Gesellschaftsschulden gemäß § 27 HGB (*BGH* NJW 1991, 844). 212

b) Nur nebenbei sei darauf hingewiesen, daß der Erbe eines **Kommanditisten**, wenn er in die Gesellschafterstellung nachrückt, für die im Zeitpunkt des Erbfalls bestehenden Geschäftsschulden mit seinem Kommanditanteil haftet, aber auch mit dem Nachlaß und persönlich, soweit die Haftsumme rückständig ist (§ 171 I HGB). Umstritten ist die Frage der Haftung des Kommanditisten für Neuverbindlichkeiten, wenn er sich nicht unverzüglich im Handelsregister als Rechtsnachfolger eintragen läßt (zum Meinungsstand vgl. MünchKomm-*Siegmann* § 1967 Rdnr. 71). 213

8. Besonderheiten nach dem DDR-Erbrecht

Die Erbenhaftung wurde im ZGB der **DDR** sehr vereinfacht. Grundsätzlich hat der Erbe Nachlaßverbindlichkeiten **nur mit dem Nachlaß** zu erfüllen (§ 409 ZGB); mehrere Erben haften als Gesamtschuldner (§ 412 I 1 ZGB). Ausgenommen sind lediglich die Bestattungskosten, die Kosten des Nachlaßverfahrens und die Zinsen für Kredite von Kreditinstituten (§§ 411 II u. III, 241 ZGB). Insofern haftet der Erbe auch mit seinem sonstigen Vermögen. Er haftet jedoch unbeschränkt und unbeschränkbar, wenn er die Pflicht zur Errichtung eines **Nachlaßverzeichnisses** schuldhaft verletzt (§§ 411 IV, 416, 418 ZGB). Reicht das Nachlaßverzeichnis nicht aus, um die berechtigten Interessen der Gläubiger (auch des Staates oder der Erben) zu schützen, konnte das staatliche Notariat die **Nachlaßverwaltung** anordnen und einen Nachlaßverwalter bestellen (§ 420 I ZGB). Diese Aufgabe obliegt jetzt dem Kreisgericht als Nachlaßgericht. Der Erbe verliert dadurch die Verwaltungs- und Verfügungsbefugnis über den Nachlaß (§ 420 III ZGB). Der Nachlaßverwalter hat im Rahmen seines Wirkungskreises die Stellung eines **gesetzlichen Vertreters der Erben** (§ 421 II 2 ZGB). Der Nachlaßverwalter hat die Nachlaßverbindlichkeiten zu erfüllen, soweit der Nachlaß dafür ausreicht (§ 421 I ZGB). Für Ansprüche gegen den Nachlaß ist nur der Nachlaßverwalter passiv legitimiert (§ 421 III ZGB). Für die Erfüllung von Nachlaßverbindlichkeiten besteht eine gesetzliche Rangfolge (§ 410 ZGB). Diese Regelungen gelten für Erbfälle vor dem 3. 10. 1990 weiter (Art. 235 § 1 I EGBGB). 214

VII. Pflichtteilsrecht/Pflichtteilsanspruch

1. Die Pflichtteilsberechtigten

215 a) Pflichtteilsberechtigt sind die Kinder des Erblassers und deren Abkömmlinge, sein Ehegatte und seine Eltern (§ 2303 BGB; s. o. Rdnr. 137). Festzuhalten ist, daß hierzu auch gehören die **Erbersatzberechtigten** und die **Adoptivkinder**, wobei sich je nach Art der Adoption die Pflichtteilsrechte sowohl in der leiblichen Beziehung als auch in der Adoptions-Beziehung ergeben können (§§ 1756, 1770 BGB). Erbschaftssteuerlich besteht eine Privilegierung auch bei „erloschenen" Verwandtschaftsverhältnissen (§ 15 I a ErbStG).

216 b) Auch wenn zum Kreis der Pflichtteilsberechtigten gehörig, hat dennoch **kein Pflichtteilsrecht**,
- wer darauf verzichtet hat (§ 2346 BGB),
- auf wen sich ein Verzicht auswirkt (§ 2349 BGB),
- wer für erbunwürdig erklärt ist (§§ 2344 f. BGB),
- wem der Pflichtteil wirksam entzogen ist (§§ 2333 f. BGB) und
- wer einen vorzeitigen Erbausgleich vereinbart hat (§§ 1934 d und e BGB).

217 c) Der Pflichtteilsberechtigte muß **enterbt** sein (§ 2303 I BGB). Diese Voraussetzung ist nicht gegeben, wenn ein berufener Erbe die Erbschaft **ausschlägt**. Ausnahmen: §§ 1371 III, 2306 I 2 BGB.

2. Die Höhe des Pflichtteilsanspruchs

218 Sie wird von zwei Faktoren bestimmt, nämlich
- dem gesetzlichen Erbteil (von diesem beträgt sie ½),
- dem Geldwert des Nachlasses.

a) Der **gesetzliche Erbteil** hängt ab von der Zahl der Miterben. Mitgezählt werden auch die Enterbten (§ 1938 BGB), die für erbunwürdig erklärten (§§ 2339 f. BGB) und diejenigen, die ausgeschlagen haben. Nicht mitgezählt werden dagegen diejenigen, die vorverstorben sind, und die, welche auf ihren Erbteil verzichtet haben (§ 2310 BGB).

219 b) Der **Geldwert des Nachlasses** ist wie folgt zu ermitteln:

aa) Maßgeblich ist der gemeine Wert der Nachlaßgegenstände im Zeitpunkt des Erbfalls (§ 2311 I 1 BGB). Dazu gehört auch der Firmen- bzw. Geschäftswert eines Handelsunternehmens (*BGH NJW* 1973, 509; *NJW* 1982, 575). Bestimmungen des Erblassers sind insoweit unverbindlich (§ 2311 II 2 BGB). Bezüglich eines Landguts kommt es auf den Ertragswert an (§ 2312 I BGB; s. o. Rdnrn. 30 f.). Beim Pflichtteil der Abkömmlinge und Eltern bleibt der **Voraus** außer Ansatz (§ 2311 I 2 BGB; das gilt nur bei gesetzlicher Erbfolge, *BGH FamRZ* 1979, 115).

220 bb) Von dem so ermittelten **Aktivnachlaß** sind die **Passiva** abzuziehen, das sind alle Erblasserschulden und die Erbschaftsverwaltungsschulden, deren Rechtsgrund und Notwendigkeit auf den Erbfall zurückgehen (Kosten der Beerdigung, der Inventaraufnahme, der Feststellung und Sicherung des Nachlasses, der Nachlaßpflegschaft). Nicht abgezogen werden können andere Pflichtteilsrechte, Vermächtnisse und Auflagen.

cc) Aufschiebend **bedingte Rechte und Verbindlichkeiten** bleiben unberücksichtigt (§ 2313 I 1 BGB); auflösend bedingte dagegen kommen voll zum Ansatz (§ 2313 I 2 BGB). Nach Bedingungseintritt sich ergebende Differenzen sind später auszugleichen (§ 2313 I 3 BGB). 221

dd) **Rechnerische Veränderungen** des Nachlaßwerts ergeben sich durch 222
– Zurechnung **anzurechnender Zuwendungen** (§§ 2315 II 1, 1624 BGB). Sie sind anzusetzen mit dem Wert zur Zeit des Empfangs (§ 2315 II 2 BGB); Korrektur entsprechend einer Geldwertveränderung nach Zugewinnregeln (*BGHZ* 61, 385; *BGH* FamRZ 1975, 485),
– Zurechnung **auszugleichender** (§ 2055 BGB) **Zuwendungen** (§ 2316 I 1 BGB),
– Abzug **ausgleichspflichtiger Leistungen** (§§ 2057a, 2316 I 1 BGB),
– Zurechnung von **Geschenken** an Dritte (§ 2325 I BGB; die sog. unbenannte Zuwendung unter Ehegatten gilt als Schenkung, *BGH* NJW 1992, 564) und an den Pflichtteilsberechtigten selbst (§ 2327 I 1 BGB). Bei Wertunterschied zwischen dem Schenkungszeitpunkt und dem Erbfall gilt der geringere Wert (§ 2325 II BGB). Eine Kaufkraftveränderung findet nach der Rechtsprechung Berücksichtigung (*BGHZ* 85, 274; NJW 1975, 1831 f.). Es sind die Fristen nach § 2325 III BGB zu beachten.

3. Korrekturmöglichkeit unzureichender Zuwendungen an Pflichtteilsberechtigte

Im Grundsatz hat einen Pflichtteilsanspruch nur der enterbte Pflichtteilsberechtigte (§ 2303 I BGB). Das Gesetz macht jedoch hiervon, um Mißbräuchen vorzubeugen, eine Ausnahme, wenn der Pflichtteilsberechtigte zwar als Erbe eingesetzt, der **Wert des Zugewandten** aber geringer ist als der des Pflichtteils, oder wenn der Pflichtteilsberechtigte mit einem Vermächtnis bedacht ist. Dem Pflichtteilsberechtigten soll wenigstens soviel gesichert sein, wie wertmäßig seinem Pflichtteil entspricht. Die gesetzliche Regelung ist nicht ganz leicht zu verstehen. Wenn in den §§ 2305, 2306 BGB von Erbteil gesprochen wird, kann darunter die Quote oder der Wert des Erbteils gemeint sein (s. MünchKomm-*Frank* § 2306 Rdnrn. 2f.). 223

a) **Klarzustellen** ist zunächst: Ist der **hinterlassene Erbteil** des unbeschränkten und unbeschwerten Pflichtteilsberechtigten (nach Quote oder Wert) **mindestens so groß** wie sein halber gesetzlicher Erbteil (= Pflichtteil), hat er keinen Pflichtteilsanspruch, auch wenn er ausschlägt. 224

b) Ist der hinterlassene Erbteil des unbeschränkten und unbeschwerten Pflichtteilsberechtigten (nach Quote oder Wert) **geringer** als der Pflichtteil, hat er neben seinem Erbteil einen **Pflichtteilsrestanspruch** in Geld in Höhe der wertmäßigen Differenz zwischen seinem Erbteil und dem Pflichtteil (§ 2305 BGB). Schlägt er in diesem Fall aus, so verbessert sich seine Position nicht. Er verliert den Erbteil, behält aber nur den Pflichtteilsrestanspruch. Ob er wegen Irrtums über diese Folge seine Ausschlagung anfechten kann, ist sehr fraglich (*Schlüter* § 46 IV 1 b). 225

c) Ist der pflichtteilsberechtigte Miterbe mit **Beschränkungen** (Nacherbschaft, Testamentsvollstreckung, Teilungsanordnung) oder mit **Beschwerungen** (Vermächtnis, Auflage) belastet und 226

aa) ist der hinterlassene Erbteil (nach Quote oder Wert) **dem Pflichtteil gleich,** gelten die Beschränkungen und/oder Beschwerungen als nicht angeordnet (§ 2306 I 1 BGB). Der Pflichtteilsberechtigte hat keine Möglichkeit, seine Position zu verbessern.

bb) Ist der hinterlassene Erbteil (nach Quote oder Wert) **geringer als der Pflichtteil,** gilt das gleiche wie in aa (§ 2306 I 1 BGB); der Pflichtteilsberechtigte hat aber außerdem noch den Pflichtteilsrestanspruch gem. § 2305 BGB.

cc) Ist der hinterlassene Erbteil **größer als der Pflichtteil,** kann der Pflichtteilsberechtigte
- die Erbschaft wie zugewandt annehmen oder
- ausschlagen und nach § 2306 I 2 BGB den vollen Pflichtteil verlangen. Dies soll auch für den Alleinerben gelten (*BayObLG* NJW 1959, 1734; a. A. *OLG Stuttgart* NJW 1959, 1735). Für die **Ausschlagungsfrist** gilt die allgemeine Regel des § 1944 BGB, modifiziert durch § 2306 I 2 BGB (Kenntnis der Beschränkungen und Beschwerungen sowie der Auswirkung von anzurechnenden bzw. auszugleichenden Vorempfängen, *BayObLG* MDR 1968, 762).

227 **d)** Ist der pflichtteilsberechtigte Miterbe zum **Nacherben** eingesetzt, wird die Vorerbeneinsetzung wie eine Beschränkung behandelt (§ 2306 II BGB). Es gilt das gleiche wie unter c).

228 **e)** Ist der Pflichtteilsberechtigte nur mit einem **Vermächtnis** bedacht, kann er
- ausschlagen gem. § 2180 BGB und den Pflichtteil verlangen (§ 2307 I 1 BGB) oder
- das Vermächtnis annehmen und einen Pflichtteilsrestanspruch verlangen in Höhe der Differenz zwischen dem Wert des Vermächtnisses und dem des Pflichtteils (§ 2307 I 2 BGB). Bei der Bewertung des Vermächtnisses bleiben dieses betreffende Beschränkungen und Beschwerungen außer Betracht (§ 2307 I 2 BGB; nachteilig!).

4. Die Wahlmöglichkeiten des Ehegatten in der Zugewinngemeinschaft

229 **a)** Tritt **gesetzliche Erfolge** ein, so wird infolge der erbrechtlichen Lösung des Zugewinnausgleichs gem. § 1371 I BGB der gesetzliche Erbteil des überlebenden Ehegatten um ¼ erhöht. Dabei bleibt es, wenn der Ehegatte die Erbschaft annimmt.

230 **b)** Ist der überlebende Ehegatte **enterbt** und steht ihm auch **kein Vermächtnis** zu, kann er von dem güterrechtlichen Zugewinnausgleich Gebrauch machen und daneben den Pflichtteil aus dem nicht erhöhten gesetzlichen Erbteil verlangen (§ 1371 I BGB; sog. **kleiner Pflichtteil**).

231 **c)** Ist der Ehegatte gesetzlicher oder eingesetzter Erbe oder Vermächtnisnehmer, kann er die Erbschaft bzw. das Vermächtnis **ausschlagen,** den güterrechtlichen Ausgleich des Zugewinns und (auch entgegen den erbrechtlichen Bestimmungen) daneben den kleinen Pflichtteil (s. o. Rdnr. 230) verlangen (§ 1371 III BGB).

232 **d)** Ist der Ehegatte als Erbe eingesetzt, der hinterlassene Erbteil aber (nach Quote oder Wert) **geringer** als der Pflichtteil, so kann er annehmen und daneben den Pflichtteilsrestanspruch gem. § 2305 BGB bzw. den Pflichtteilsergänzungsanspruch nach den §§ 2325 f. BGB geltend machen. Diese Ansprüche sind

aus dem erhöhten Erbteil (§ 1371 I BGB) zu errechnen (**großer Pflichtteil**). Der güterrechtliche Zugewinnausgleich kommt bei dieser Alternative nicht in Betracht.

e) Ist dem Ehegatten nur ein **Vermächtnis** zugewandt und erreicht dessen Wert nicht den seines (großen) Pflichtteils (s. o. Rdnr. 232), kann er annehmen und gem. § 2307 I BGB die Differenz als Pflichtteilsrestanspruch geltend machen. Ein Zugewinnausgleich kann daneben nicht durchgeführt werden. 233

5. Der Pflichtteilsanspruch

a) Allgemeines. Der Anspruch **entsteht** mit dem Erbfall (§ 2317 I BGB); in den Fällen der §§ 2306, 2307 BGB mit der Ausschlagung aber quasi rückwirkend (§ 2332 III BGB). Er wird gleichzeitig zur Zahlung **fällig**. Auch durch unbezifferte und hilfsweise Mahnung kann **Verzug** eintreten (*BGH NJW* 1981, 1729, 1731). Er **verjährt** in drei Jahren ab Kenntnis des Erbfalls und der den Pflichtteilsberechtigten beeinträchtigenden Verfügung, spätestens jedoch in 30 Jahren (§ 2332 I BGB). Nach § 2331 a BGB kann auf Antrag unter bestimmten Umständen eine **Stundung** erreicht werden. 234

b) Nach den §§ 2314, 260 BGB steht dem Pflichtteilsberechtigten ein umfassender **Auskunftsanspruch** auf Kosten des Nachlasses zu. Dieser richtet sich u. a. auf Vorlage eines amtlichen Verzeichnisses (§ 2314 I 3 BGB), bei Unternehmen oder Beteiligungen auf Vorlage von Jahresabschlüssen, Geschäftsbüchern und Belegen (*BGH NJW* 1975, 1774) und auf Beibringung des **Wertgutachtens** eines Sachverständigen (§ 2314 II BGB). Der Anspruch umfaßt auch Zuwendungen und Schenkungen des Erblassers (*BGH NJW* 1964, 1414). Zwar steht der Auskunftsanspruch nach dem Wortlaut von § 2314 BGB dem **Miterben** nicht zu; aufgrund von § 242 BGB wird man ihn den Miterben in analoger Anwendung von § 2314 I BGB aber dennoch gewähren müssen (*BGHZ* 61, 180; *WM* 1976, 1089; *Palandt/Edenhofer* § 2314 Rdnr. 3: Anspruch aus §§ 2027 f., 2038, 666, 681 BGB). Ebenfalls in entsprechender Anwendung richtet sich der Auskunftsanspruch auch **gegen den Beschenkten** (*BGH NJW* 1971, 842). Für das Auskunftsverlangen genügt es, wenn eine Schenkung des Erblassers naheliegt (*BGH FamRZ* 1965, 136; *WM* 1975, 28, 31). 235

c) Der Pflichtteilsanspruch richtet sich gegen den Alleinerben oder die Miterben als Gesamtschuldner (§§ 2303 I 1, 2058 BGB). Grundsätzlich tragen die Miterben die **Pflichtteilslast** im Verhältnis ihrer Erbteile zueinander. Der Erblasser kann jedoch etwas abweichendes anordnen (§ 2324 BGB). Wer anstelle eines Pflichtteilsberechtigten Erbe wird, hat im Verhältnis zu seinen Miterben die Pflichtteilslast allein (§ 2320 BGB). Wer als Pflichtteilsschuldner vorgeleistet hat, kann von den Miterben, Vermächtnisnehmern und Auflagenbegünstigten **Ausgleich** verlangen (§§ 2320 bis 2324 BGB). 236

Einen **Pflichtteilsergänzungsanspruch** kann der Pflichtteilsberechtigte, soweit der Erbe zur Ergänzung nicht verpflichtet ist, auch gegen den Beschenkten nach den Regeln über die Herausgabe einer ungerechtfertigten Bereicherung geltend machen (§ 2329 I BGB). 237

d) Ist der Pflichtteilsberechtigte selbst beschenkt, und hat der Erblasser nach § 2315 BGB bestimmt, daß das Geschenk anzurechnen sei, dann ist der Wert des Geschenks auf den gesamten Betrag des Pflichtteils und der Ergänzung anzu- 238

D III   Erbrechtliche Beratung und Testamentsvollstreckung

rechnen. Fehlt eine solche Bestimmung des Erblassers, dann erfolgt die **Anrechnung** nur auf die Pflichtteilsergänzung (§ 2327 I BGB). Dem pflichtteilsberechtigten Empfänger einer auszugleichenden Zuwendung wird ihr Wert von seinem rechnerischen Erbteil abgezogen.

239   e) Die Regeln des Pflichtteilsanspruchs gelten nicht nur auch für den Pflichtteil des nichtehelichen Kindes, sondern in Gesetzesanalogie (§ 1934b II BGB) für den **Erbersatzanspruch**, der als Geldanspruch dem Pflichtteil weitgehend nachgebildet ist (*Schlüter* § 9 II 3b cc).

6. Das Pflichtteilsrecht der DDR

240   a) **Pflichtteilsberechtigt** sind nach § 396 I ZGB der Ehegatte des Erblassers und, wenn sie zur Zeit des Erbfalls gegenüber dem Erblasser unterhaltsberechtigt waren, die Kinder und, sofern keine Kinder vorhanden sind, auch die Enkel und Eltern des Erblassers. Wer für **erbunwürdig** erklärt wurde, hat **kein Pflichtteilsrecht**. Einen Pflichtteilsanspruch kann grundsätzlich nur geltend machen, wer enterbt wurde (§ 396 I ZGB); Ausnahmen: §§ 392 IV, 397 II 2 ZGB, s. u. Rdnrn. 242f.

241   b) Der **Pflichtteilsanspruch** beträgt ⅔ des Werts des gesetzlichen Erbteils (§ 396 II 2 ZGB). Maßgeblich ist der Wert des Nachlasses zur Zeit des Erbfalls (§ 396 II 3 ZGB; Sonderbewertungen bestehen nicht). Vom Wert des Aktivnachlasses abzusetzen sind alle Nachlaßverbindlichkeiten mit Ausnahme der Verpflichtungen aus Vermächtnissen und Auflagen, weil diese dem Pflichtteilsanspruch rangmäßig nachgehen (§ 410 I ZGB, *Herrmann* Rdnr. 1.56), und konsequenterweise mit Ausnahme anderer Pflichtteilsrechte. Der Wert des **Voraus** wird bei der Berechnung des Pflichtteilsanspruchs eines Kindes, wenn der Erblasser bei seinem Tod verheiratet war, nicht zum Wert des Nachlasses gerechnet. Der Pflichtteilsanspruch von Enkeln und Eltern setzt voraus, daß keine Erben erster Ordnung vorhanden sind; also wird bei ihnen der Wert des Voraus zum Nachlaß gerechnet. Bei der Berechnung des Pflichtteils des Ehegatten gilt gleiches (*Herrmann* Rdnr. 1.57). Ausgleichs- oder Anrechnungspflichten bestehen nicht.

242   c) **Unzureichende testamentarische Zuwendungen** können vom Bedachten wie folgt korrigiert werden:
- Ist der **zugewandte Erbteil geringer** als der Pflichtteil, besteht ein Pflichtteilsrestanspruch in Höhe der Differenz gegen die Miterben (§ 397 I ZGB).
- Ist der Wert des zugewandten Erbteils oder eines zugewandten Vermächtnisses nicht größer als der Pflichtteil und ist der Erbteil mit Vermächtnissen oder Auflagen **beschwert**, gelten diese als nicht angeordnet (§ 397 II 1, III ZGB).
- Ist der Wert des zugewandten Erbteils oder eines zugewandten Vermächtnisses **größer als der Pflichtteil** und ist der Erbteil mit Vermächtnissen oder Auflagen beschwert, kann der Bedachte entweder den Erbteil oder das Vermächtnis mit den Beschwerungen annehmen oder den Erbteil **ausschlagen** und den vollen Pflichtteil verlangen (§ 397 II 2, III ZGB).

243   d) Der **überlebende Ehegatte** hat trotz Erbeinsetzung in einem gemeinschaftlichen Testament die Möglichkeit, den Pflichtteil zu verlangen, wenn er die Erbschaft ausschlägt (§ 392 IV ZGB); er ist dann an seine eigenen Verfügungen nicht mehr gebunden (s. o. Rdnr. 44).

e) **Der Pflichtteilsanspruch** entsteht mit dem Erbfall. Er verjährt in zwei 244
Jahren nach Kenntnis vom Erbfall und vom Inhalt des Testaments, spätestens
jedoch zehn Jahre nach dem Erbfall (§ 396 III ZGB). Der Pflichtteilsberechtigte
kann vom Erben **Auskunft** über den Nachlaß verlangen und hierauf Klage
erheben sowie beim staatlichen Notariat (jetzt Kreisgericht als Nachlaßgericht)
beantragen, daß es den Erben zur Aufstellung eines **Nachlaßverzeichnisses** verpflichtet (§ 416 I ZGB; *Herrmann* Rdnr. 1.56). Für die Erfüllung der Pflichtteilsansprüche haften die Miterben als Gesamtschuldner (§ 412 I 1 ZGB); sie sind
untereinander entsprechend ihren Erbteilen zum Ausgleich verpflichtet (§ 412 II
ZGB).

f) Diese Regelungen sind für Erbfälle vor dem 3. 10. 1990 weiterhin maßgeblich.

3. Teil. Der Anwalt als Testamentsvollstrecker

Der Anwalt wird nicht selten bei der Beratung des Erblassers vor die Frage 245
gestellt, ob er bereit sei, das Amt des Testamentsvollstreckers zu übernehmen.
Er sollte die Antwort hierauf nicht vorschnell geben. Eine Testamentsvollstreckung kann mit sehr viel Arbeit (umfangreicher, schwieriger Nachlaß; komplizierte, individuelle Weisungen des Erblassers), mit sehr viel Ärger (zerstrittene,
mißtrauische, feindselige Erben) und unangemessener Honorierung verbunden
sein. Es wäre aber ein **Vertrauensbruch,** würde der Anwalt aus solchen Gründen das Amt nicht annehmen, nachdem er einmal dem Erblasser die Übernahme
versprochen hat. Das Nachlaßgericht wäre in diesem Fall, wenn der Erblasser
nicht für Ersatz gesorgt hat, vor die Frage gestellt, ob es nicht durch die letztwillige Verfügung (evtl. konkludente oder ergänzende Auslegung) ersucht ist, einen Dritten als Testamentsvollstrecker zu ernennen (*Palandt/Edenhofer* § 2200
Rdnr. 1 m. w. Nachw.). Hat sich der Anwalt jedoch zur Übernahme des Amts
verpflichtet, haftet er bei einer Ablehnung unter Umständen auf Schadensersatz
(*Schlüter* § 42 II 2).

I. Allgemeines

1. Zum Wesen und zu den Arten der Testamentsvollstreckung, zu den Aufga- 246
ben des Testamentsvollstreckers und zur Problematik der Testamentsvollstreckung bei Handelsgeschäften und Gesellschaftsbeteiligungen vgl. o. Rdnrn. 74 ff.
Der Testamentsvollstrecker hat die letztwilligen Verfügungen des Erblassers, 247
soweit sie rechtsgültig sind, gleich welchen Inhalts, zur Ausführung zu bringen.
Maßgeblich für ihn ist also in erster Linie der vom **Erblasser** zum Ausdruck
gebrachte **Wille** (*Haegele/Winkler* Rdnr. 120). Damit wird der Testamentsvollstrecker beinahe im Regelfall einem Konflikt unterschiedlichster Interessen ausgesetzt (Miterben untereinander; Erben/sonstige Bedachte; Erben/Nachlaßgläubiger; Erben/Nachlaßunternehmen). Der Interessengegensatz verschärft sich
noch mehr, wenn der Testamentsvollstrecker selbst bedacht ist. Die Bewältigung solch kollidierender Interessen ist gerade bei der Dauertestamentsvollstreckung oft der eigentliche Sinn ihrer Anordnung. Dem Testamentsvollstrecker ist darum ein Handeln im **Interessenkonflikt** grundsätzlich erlaubt. Das gilt
auch dann, wenn er Anwalt ist. Soweit der Interessengegensatz vom Erblasser

gewollt ist, ist er weder ein wichtiger Grund zur Entlassung des Testamentsvollstreckers (*BayObLGZ* 16, 70; *OLG Hamburg* OLGZ 26, 357), noch begründet er einen Parteiverrat (*EGH* 14, 93; *Dreher/Tröndle*, StGB, § 356 Rdnr. 2), noch bewirkt er ein Standesvergehen. Das gilt, obwohl nach dem bisher geltenden Standesrecht die Wahrnehmung von Testamentsvollstreckeraufgaben zum Berufsbild des Rechtsanwalts gehört und darum Pflichtverletzungen unter Umständen standesrechtlich zu ahnden sind (*Isele*, BRAO, S. 518).

248 2. Die **Anordnung** der Testamentsvollstreckung ist nur durch Testament möglich (§ 2197 I BGB); sie kann nicht als vertragsmäßige oder wechselbezügliche Regelung im Erbvertrag oder gemeinschaftlichen Testament erfolgen (§§ 2278 II, 2270 III BGB). Die **Ernennung** des Testamentsvollstreckers kann der Erblasser selbst im Testament vornehmen (§ 2197 I BGB); er kann aber auch einen Dritten oder das Nachlaßgericht ersuchen, den Testamentsvollstrecker zu ernennen (§§ 2198 bis 2200 BGB). Die Testamentsvollstreckung **beginnt** mit der formlosen Annahme des Amtes gegenüber dem Nachlaßgericht (§ 2202 I BGB). Sie **endet**
- mit dem **Tod** des Testamentsvollstreckers und mit dem **Verlust** der vollen Geschäftsfähigkeit bzw. der Bestellung eines Betreuers zur Besorgung seiner Vermögensangelegenheiten (§§ 2225, 2201 BGB);
- mit der **Kündigung** des Testamentsvollstreckers gegenüber dem Nachlaßgericht (§ 2226);
- mit seiner **Entlassung** aus wichtigem Grund durch das Nachlaßgericht auf Antrag (§ 2227 I BGB);
- mit **Erledigung** der letzten ihm gestellten Aufgabe (*BGHZ* 41, 23);
- mit **Ablauf der Zeit,** für die sie angeordnet wurde bzw. spätestens gem. § 2210 BGB;
- partiell für einzelne Gegenstände durch **Überlassung** an den Erben (§ 2217 I 2 BGB).

II. Die Befugnisse des Testamentsvollstreckers

249 Die Rechte und Pflichten des Testamentsvollstreckers ergeben sich im Rahmen der gesetzlichen Grenzen aus der Aufgabenstellung des Erblassers. Da die dem Testamentsvollstrecker zugewiesenen Aufgaben sehr mannigfaltig sein können (Arten der Testamentsvollstreckung, s. Rdnrn. 73 ff.), ist es nicht möglich, seine Rechte und Pflichten generell festzustellen. Nach dem Gesetz kann der Testamentsvollstrecker, je nachdem was der Erblasser anordnet, folgende Befugnisse haben:

250 1. Die **Verfügungsberechtigung** im eigenen Namen als Testamentsvollstrecker über alle Nachlaßgegenstände ohne Rücksicht auf die Grenzen ordnungsmäßiger Verwaltung (§ 2205 S. 2 BGB). Ausnahme: unentgeltliche Verfügungen (§§ 2205 S. 3 BGB). Auch ein Vergleich kann eine unentgeltliche Verfügung i. S. v. § 2205 S. 3 BGB enthalten und daher unwirksam sein (*BGH* NJW 1991, 842).

251 2. Die **Verpflichtungsbefugnis.** a) **allgemein** im Rahmen ordnungsgemäßiger Verwaltung des Nachlasses (§ 2206 I 1 BGB). Die Wirksamkeit des Verpflichtungsgeschäfts ist gegeben, wenn der Gegner ohne Fahrlässigkeit annimmt, daß das Geschäft zur ordnungsmäßigen Verwaltung gehört (*BGH* NJW 1983, 40).

b) erweitert über den Rahmen ordnungsmäßiger Verwaltung hinaus
– bei Ermächtigung durch den Erblasser, insbesondere (im Zweifel) bei Verwaltungstestamentsvollstreckung (§§ 2207, 2209 S. 2 BGB);
– bei Zustimmung der Erben;
– soweit der Testamentsvollstrecker über Nachlaßgegenstände verfügen kann (§§ 2205 S. 1, 2206 I 2 BGB).

3. Das Insichgeschäft. Da der Testamentsvollstrecker nicht Vertreter ist, gelten die Beschränkungen des § 181 BGB für ihn nicht direkt, nach der Rechtsprechung aber entsprechend (*BGHZ* 30, 67). Ein Insichgeschäft ist zulässig, 252
– wenn es in der letztwilligen Verfügung gestattet wurde (*BayObLG* RPfleger 1982, 344). Dies ist zu unterstellen, wenn der Testamentsvollstrecker selbst eingesetzt oder sonst begünstigt ist (*BGHZ* 30, 67);
– und wenn es der ordnungsmäßigen Verwaltung dienlich ist (§ 2216 BGB; *KG* JW 1935, 2755).

4. Beschränkungen der allgemeinen Befugnisse durch den Erblasser sind sowohl hinsichtlich der Verfügungsbefugnis als auch hinsichtlich der Verwaltungsbefugnis möglich; dann hat der Testamentsvollstrecker weder ein Besitzrecht, noch eine Verfügungs- oder eine Verpflichtungsbefugnis (§§ 2208 I, 2206 I 2 BGB). 253

5. Die Prozeßführungsbefugnis. a) Für den Nachlaß **(Aktivprozeß)** kann 254 nur der Testamentsvollstrecker Prozesse führen (§ 2212 BGB). In diesem Prozeß können auch Einwendungen beachtlich sein, soweit sie gegen den Erben begründet sind (*Schlüter* § 42 XI 1.). Das Urteil wirkt für und gegen den Erben (§ 327 I ZPO).

b) Ein Anspruch, der sich gegen den Nachlaß richtet (**Passivprozeß**; auch 255 wenn es sich um eine negative Feststellungsklage handelt), kann geltend gemacht werden (§ 2213 I BGB)
– gegen den Testamentsvollstrecker, wenn dieser den ganzen Nachlaß verwaltet (§ 2213 I 2 BGB)
– und gegen den Erben (nach Annahme der Erbschaft §§ 2213 I 1, II, 1958 BGB).
Das Urteil gegen den Testamentsvollstrecker ist vollstreckbar in den Nachlaß (§ 748 I ZPO) aber auch gegen den Erben nach Umschreibung (§ 728 II ZPO). Die Vollstreckung eines Urteils gegen den Erben wird nur erreicht über einen zusätzlichen **Duldungstitel** gegen den Testamentsvollstrecker gem. § 2213 III BGB.

c) Pflichtteilsansprüche können nur gegen den Erben geltend gemacht werden (§ 2213 I 3 BGB). Bei der Zwangsvollstreckung ist ein Duldungstitel gegen den Testamentsvollstrecker nötig (§ 748 III ZPO). 256

III. Durchführung der Testamentsvollstreckung

257 1. Der berufene Testamentsvollstrecker, der das Amt annehmen will, sollte die **Annahme** unverzüglich nach Kenntnis des Erbfalls dem Nachlaßgericht gegenüber formlos erklären (§ 2202 II BGB). Damit beginnt das Amt des Testamentsvollstreckers. Auf die Testamentseröffnung kommt es nicht an. Der Testamentsvollstrecker erhält auf Antrag ein **Testamentsvollstreckerzeugnis**, dessen Wirkungen im wesentlichen dem des Erbscheins entsprechen (§ 2368 I, III BGB). Ein Erbschein ist darum bei Anordnung der Testamentsvollstreckung meist nicht erforderlich. Vor Erteilung des Testamentsvollstreckerzeugnisses kann sich der Testamentsvollstrecker auch durch das Protokoll über die Testamentseröffnung mit einer Ausfertigung des öffentlichen Testaments ausweisen. Bei Eintragung des Erben im Grundbuch wird die Testamentsvollstreckung mit eingetragen (§ 52 GBO). Bei beabsichtigter baldiger Veräußerung sind diese Eintragungen oft nicht erforderlich. Wegen des Handelsregistereintrags s. o. Rdnr. 75.

258 2. Ungeachtet des automatischen Besitzübergangs auf den Erben gem. § 857 BGB ist der Testamentsvollstrecker berechtigt, den Nachlaß **in Besitz zu nehmen** und nötigenfalls beim Erben herauszuklagen (§ 2205 S. 2 BGB).

259 3. Der Testamentsvollstrecker hat unverzüglich nach Annahme seines Amtes ein **Nachlaßverzeichnis** über alle seiner Verwaltung unterliegenden Nachlaßgegenstände und die Nachlaßverbindlichkeiten zu erstellen, dieses dem Erben mitzuteilen und ihm ggf. bei Aufnahme eines Inventars behilflich zu sein (§ 2215 I BGB). Daran sollte dem Testamentsvollstrecker auch aus eigenem Interesse wegen seiner Rechenschaftspflicht gelegen sein. Das Nachlaßverzeichnis hat nicht die Bedeutung eines Inventars (*Palandt/Edenhofer* § 2215 Rdnr. 2). Der Testamentsvollstrecker hat aber die Möglichkeit, das Nachlaßverzeichnis als **Inventar** unter Zuziehung eines Notars gem. § 2002 BGB zu errichten. Bei der Aufnahme des Inventars muß der Notar nicht zugegen sein. Es genügt, wenn der Notar unter entsprechender Belehrung Beistand geleistet hat (Münch-Komm-*Siegmann* § 2002 Rdnr. 2). Der Erbe hat dann die Möglichkeit, sich wegen seiner Haftungsbeschränkung auf das vom Testamentsvollstrecker eingereichte Inventar gem. § 2004 BGB zu berufen.

260 4. Der Testamentsvollstrecker hat, soweit ihm **Einzelverfügungen** aufgetragen sind (z. B. die Erfüllung von Vermächtnissen und Auflagen), diese auszuführen (§§ 2203, 2279 I BGB).

261 5. Der Testamentsvollstrecker hat, auch wenn er nicht Verwaltungstestamentsvollstrecker ist, den Nachlaß ordnungsgemäß zu **verwalten** (§ 2216 I BGB; zu den Einzelheiten vgl. *Palandt/Edenhofer* § 2216 Rdnr. 2). Zu den Verwaltungsaufgaben gehört die Erfüllung der Steuerpflichten für das verwaltete Vermögen mit den verwalteten Mitteln (§ 34 III AO). Den Testamentsvollstrecker trifft insoweit die persönliche Haftung bei vorsätzlicher oder grob fahrlässiger Verletzung dieser Pflicht (§ 69 AO). Erkennt der Testamentsvollstrecker, daß der Erblasser unrichtige oder unvollständige Steuererklärungen abgegeben oder die Abgabe von Steuererklärungen unterlassen hat, muß er dies dem

Finanzamt unverzüglich anzeigen und die erforderlichen Richtigstellungen vornehmen (§ 153 I AO). Andernfalls kann ihn auch hier eine persönliche Haftung treffen (§ 191 AO). Die Erbschaftssteuererklärung ist gemäß § 31 V ErbStG vom Testamentsvollstrecker abzugeben. Ihm gegenüber ist der Erbschaftssteuerbescheid bekanntzugeben, der den Erben als Steuerschuldner zu bezeichnen hat (§ 32 I ErbStG). Einspruch gegen den Steuerbescheid kann der Testamentsvollstrecker nur im Namen des Erben einlegen.

6. Er hat, soweit ihm die Auseinandersetzung aufgetragen ist, den Erben einen **Auseinandersetzungsplan** vorzulegen und sie dazu anzuhören (§ 2204 II BGB). Das Ergebnis der Anhörung sollte er festhalten. Auf eine Zustimmung der Erben kommt es nicht an (*BayObLGZ* 67, 240). Danach hat er die Nachlaßverbindlichkeiten zu berichtigen (§ 2046 I BGB) und die Auseinandersetzung und Teilung nach den §§ 2042 bis 2056 BGB durchzuführen. 262

7. Soweit **Prozesse** anhängig oder nötig sind, hat er diese aufzunehmen bzw. einzuleiten (§§ 2212, 2213 BGB). 263

8. Bei Anordnung einer **Verwaltungs-Dauervollstreckung** (§ 2209 BGB) hat der Testamentsvollstrecker den Nachlaß bzw. die der Verwaltung unterworfenen Nachlaßgegenstände auf die vorgesehene Dauer zu verwalten, wobei ihm die Befugnisse der §§ 2205 f. BGB mit der Erweiterung in § 2207 zustehen. Bei der Verwaltung von **Unternehmen** sollte der Testamentsvollstrecker seine Aufgaben jedoch nicht verkennen. Im Zweifel hat nicht er selbst die Geschäftsführung zu übernehmen, er hat vielmehr für eine kompetente Geschäftsführung zu sorgen. Unternehmerische Entscheidungen des Testamentsvollstreckers können vom Nachlaßgericht nur beschränkt nachgeprüft werden (*BayObLG NJW-RR* 1990, 1420). 264

9. Nach § 2218 I BGB hat der Testamentsvollstrecker nach Abwicklung seiner Aufgaben **Rechnung zu legen;** bei länger dauernder Verwaltung kann dies der Erbe jährlich verlangen (§ 2218 II BGB). Der Testamentsvollstrecker wird dieser Rechenschaftspflicht nur nachkommen können, wenn er für den Nachlaß **getrennte Konten** unterhält (Anderkonto; fortgeführtes Erblasserkonto) und **gesondert Buch führt.** 265

10. Mit **Beendigung** der Testamentsvollstreckung ist das Testamentsvollstreckerzeugnis an das Nachlaßgericht zurückzugeben und der Nachlaß dem Erben auszuhändigen. 266

IV. Das Rechtsverhältnis zwischen Testamentsvollstrecker und Erben

1. Es handelt sich um ein **gesetzliches Schuldverhältnis,** auf welches gewisse Vorschriften des Auftragsrechts entsprechend anzuwenden sind (§ 2218 BGB); der Testamentsvollstrecker ist allerdings an Weisungen der Erben nicht gebunden (*BGHZ* 25, 275; *Schlüter* § 42 XII). Aufgrund dessen **schuldet der Testamentsvollstrecker** die Durchführung der Testamentsvollstreckung je nach Anordnung durch den Erblasser dem Erben gegenüber entsprechend Ziffer III. Er hat dabei in eigener Person zu handeln. Nur wenn die Befolgung einer letztwilligen Anordnung den Nachlaß erheblich gefährden würde, kann das Nachlaßge- 267

richt auf Antrag des Testamentsvollstreckers oder eines anderen Beteiligten eine Anordnung außer Kraft setzen (§ 2216 II 2 BGB). Verletzt der Testamentsvollstrecker seine Verpflichtungen schuldhaft, dann ist er dem Erben gegenüber zum Schadensersatz verpflichtet (§ 2219 I BGB).

268 2. Der **Erbe schuldet** dem Testamentsvollstrecker den Ersatz seiner Verwendungen (§§ 2218 I, 670 BGB) und eine angemessene Vergütung (§ 2221 BGB). Diese ist nicht immer leicht zu bestimmen. Es gibt keine gesetzlichen Gebühren; die BRAGO ist nicht anwendbar. Im einzelnen gilt folgendes (vgl. *Gerold/ Schmidt/Madert* § 1 Rdnr. 25):

a) Hat der Erblasser eine Vergütung letztwillig bestimmt, dann ist diese maßgeblich (§ 2221 BGB). Ist diese unzureichend, dann ändert dies nichts. Dem Testamentsvollstrecker bleibt nur, das Amt abzulehnen.

b) Fehlt es an einer Bestimmung des Erblassers, empfiehlt es sich, eine angemessene Vergütung mit allen Erben oder allen sonstigen Begünstigten, wenn diese prozentual am Nachlaßwert beteiligt sind, zu vereinbaren.

c) Fehlt es an einer Bestimmung des Erblassers und kommt eine Vereinbarung mit den Erben nicht zustande, dann kann der Testamentsvollstrecker selbst die angemessene Vergütung ermitteln und dem Nachlaß entnehmen (*BGH NJW* 1957, 947).

d) Im Streitfall hat über die angemessene Vergütung das Prozeßgericht zu entscheiden (*BGH WM* 1972, 101; *BayObLG BB* 1973, 114).

269 3. Nach der Rechtsprechung hängt die **Höhe der angemessenen Vergütung** von den Verhältnissen im Einzelfall ab (*BGH NJW* 1963, 487). Folgende Regeln haben sich für die Feststellung der angemessenen Vergütung herausgebildet:

a) Es ist vom **Bruttonachlaßwert** als Berechnungsgrundlage auszugehen, d. h. von der Summe aller Aktiven des Nachlasses (*Hägele/Winkler* Rdnr. 593).

b) Die Vergütung ist abhängig von bestimmten Abschnitten der Tätigkeit des Testamentsvollstreckers. Es wird unterschieden:

270 – Die **Konstituierung des Nachlasses:** das ist die Ermittlung und Inbesitznahme, die Aufstellung des Nachlaßverzeichnisses, die Regulierung der Schulden, die Bezahlung der Beerdigung und des Grabsteins und der Ausgleich der Erbschaftsteuer (*Hägele/Winkler* Rdnr. 577). Die **Konstituierungsgebühr** wird regelmäßig degressiv gestaffelt in bestimmten Prozentsätzen vom Nachlaßwert angesetzt (Einzelheiten vgl. *Hägele/Winkler* Rdnr. 580 f.).

271 – Die **Auseinandersetzungstätigkeit** ist zusätzlich zu honorieren; in der Regel geschieht dies durch eine Erhöhung der Konstituierungsgebühr (vgl. *Hägele/ Winkler* Rdnr. 592).

272 – Bei Dauerverwaltung kommt eine **Verwaltungsgebühr** hinzu, für die die §§ 315, 316 BGB entsprechend anzuwenden sind (*BGH NJW* 1963, 1615). Die Angemessenheit hängt von den Umständen des Einzelfalls ab. Meist wird eine laufende, nach dem Jahresbetrag der Einkünfte zu berechnende, jährlich zu zahlende Vergütung von 2 bis 4% oder eine solche in Höhe von etwa ⅓ bis ½% des Nachlaßbruttowerts im Jahr in Betracht kommen (*Hägele/Winkler* Rdnr. 595).

V. Der Testamentsvollstrecker nach DDR-Recht

1. Wegen der rechtlichen Stellung und der erteilbaren Aufgaben vgl. oben Rdnr. 78. Nachdem der Testamentsvollstrecker nur als bevollmächtigter Vertreter der Erben anzusehen ist, richtet sich die **Dauer seiner Tätigkeit** nach der Dauer seiner Vollmacht (§ 58 I ZGB). Der Erblasser kann einen Ersatztestamentsvollstrecker bestimmen; die Erben können aber auch selbst gem. §§ 53, 54 ZGB einen Nachfolger bevollmächtigen. Als Vertreter der Erben hat der Testamentsvollstrecker keine Befugnisse, im eigenen Namen zu handeln. Die Erben bleiben also aktiv- und passivlegitimiert. 273

2. Zur Durchführung seiner Aufgaben wird dem Testamentsvollstrecker auf Antrag vom staatlichen Notariat (jetzt Kreisgericht als Nachlaßgericht), das in der Erbsache zuständig ist, ein **Testamentsvollstreckerzeugnis** ausgestellt (§ 32 I des Notariatsgesetzes vom 5. 2. 1976). Das Verfahren entspricht dem zur Erteilung des Erbscheins. Auch die Legitimationswirkung stimmt damit überein. 274

Der **Umfang der Aufgaben** hängt von den Bestimmungen des Erblassers ab (§ 371 III ZGB). Vom Auftrag zu Einzelverfügungen abgesehen, wird der Testamentsvollstrecker meist den Nachlaß zu verwalten, ggf. auseinanderzusetzen und über Nachlaßgegenstände zu verfügen haben. Er hat insoweit auch die Pflichten des Erben wahrzunehmen (Nachlaßverzeichnis).

3. Abrechnung und **Rechenschaftslegung** überläßt das Recht der ehem. DDR ebenso wie die Frage der **Vergütung,** wenn der Erblasser insoweit nichts bestimmt hat, einer Regelung zwischen dem Testamentsvollstrecker und den Erben (§ 199 I ZGB). In Zukunft werden hier auch für Testamentsvollstrecker, die vor dem Beitritt der DDR ihr Amt übernommen haben, die Regelungen des Rechts der Bundesrepublik Deutschland **analog** herangezogen werden (s. o. Rdnrn. 265 u. 268 ff.). 275

4. Diese Regelungen bleiben für Erbfälle vor dem 3. 10. 1990 weiterhin maßgeblich (Art. 235 § 1 I EGBGB). 276

D IV. Insolvenzberatung

Dr. Joseph Füchsl

Übersicht

	Rdnr.
I. Der Anwalt als Berater des insolventen Unternehmers	1
1. Prüfung der Insolvenz und Antragspflicht	1
2. Die Überschuldungsbilanz	3
II. Der Anwalt als Berater eines Gläubigers	7
1. Moratorium und außergerichtlicher Vergleich	7
2. Der gerichtliche Vergleich	8
3. Die Sequestration, insbesondere: persönliche Haftung des Sequesters?	22
4. Die Geltendmachung von Aus- und Absonderungsrechten im Konkursantragsverfahren, insbesondere: der Sicherungspool	23
5. Der Konkurs	25
6. Der Zwangsvergleich	34
7. Die Haftung des Konkursverwalters, des Gläubigerausschusses oder des Richters/Rechtspflegers	35
8. Ansprüche gegen den GmbH-Geschäftsführer persönlich	38
9. Ansprüche gegen die Hausbank des Gemeinschuldners?	41
10. Das Gläubigeranfechtungsgesetz	43
III. Der Anwalt als Berater eines Arbeitnehmers	44
1. Im gerichtlichen Vergleichsverfahren seines Arbeitgebers	44
2. Im Konkursverfahren	46
IV. Der Anwalt als Berater eines Betriebsübernehmers	53
1. Betriebsübernahme ohne eröffnetes Insolvenzverfahren	53
2. Der Konkurs- oder Vergleichsverwalter als Vertragspartner des Übernehmers	54
V. Ausblick: Die Reform des Insolvenzrechtes	57
VI. Rechtslage in den neuen Bundesländern	58

Literatur: *Bley/Mohrbutter*, VerglO, 4. Aufl. 1979; *Böhle-Stamschräder/Kilger*, VerglO, 11. Aufl. 1986; *Henckel*, Aktuelle Probleme der Warenlieferanten beim Kundenkonkurs, 2. Aufl. 1984; *Jaeger*, KO, 8. Aufl. 1957 (9. Aufl. bis § 42 KO (4. Teillieferung) verfügbar; *Kilger*, KO, 15. Aufl. 1987; *Kuhn-Uhlenbruck*, KO, 10. Aufl. 1986; *Uhlenbruck*, Die GmbH + Co. KG in Krise, Konkurs und Vergleich, 2. Aufl. 1988; *Schmidt-Ränsch*, Das Insolvenzrecht nach dem Einigungsvertrag, DtZ 1990, 344; *Uhlenbruck*, Die anwaltliche Beratung bei Konkurs- und Vergleichsantrag, 1988; Insolvenzrechts-Handbuch, herausgegeben von Peter Gottwald, 1990 Festschrift für Franz Merz, RWS Verlag, 1992; *Hess/Binz*, Gesamtvollstreckungsordnung, 1991; *Smid*, Gesamtvollstreckung 1992 – **Fachzeitschriften:** Konkurs, Treuhand, Sanierung (KTS); Zeitschrift für Wirtschaftsrecht (ZIP); Entscheidungen zum Wirtschaftsrecht (EWiR).

I. Der Anwalt als Berater des insolventen Unternehmers

1. Prüfung der Insolvenz und Antragspflicht

1   Bei natürlichen Personen und echten Personenhandelsgesellschaften (OHG, KG) setzt die Eröffnung des Konkursverfahrens Zahlungsunfähigkeit des Gemeinschuldners voraus (§§ 102, 209 KO). Dieser Konkursgrund ist verhältnismäßig leicht feststellbar. Will man als Berater eines insolventen Unternehmers die Eröffnung des Verfahrens verzögern, spricht man zunächst von einer Zahlungsstockung. Die Risiken einer Verzögerung sind nicht allzu hoch, da bei den

Der Anwalt als Berater des insolventen Unternehmers **D IV**

genannten Personen/Personenhandelsgesellschaften eine Konkursantragspflicht des Inhabers/persönlich haftenden Gesellschafters nicht besteht.
Am meisten Schwierigkeiten macht die Überprüfung der GmbH's und 2 GmbH & Co. KG's zum Konkursgrund der Überschuldung (§§ 209 Abs. 1 Satz 3 KO, 63 GmbHG). – Die Aktiengesellschaften, KG's auf Aktien und Genossenschaften spielen in der insolvenzrechtlichen Praxis keine Rolle. –
Bei den GmbH's und GmbH & Co. KG's wird die Situation deshalb brisant, weil der Geschäftsführer spätestens drei Wochen ab Kenntnis von der Überschuldung Konkursantrag stellen muß, will er sich nicht strafbar machen (§§ 130a HGB, 64 GmbHG).

2. Die Überschuldungsbilanz

Nach ständiger Rechtsprechung der Strafgerichte muß der Geschäftsführer 3 einen sog. Überschuldungsstatus aufstellen, sobald er Anhaltspunkte dafür hat, daß „das Vermögen der Gesellschaft nicht mehr die Schulden deckt" (§ 64 Abs. 1 Satz 2 GmbHG). Bei der Erstellung eines solchen Überschuldungsstatus ergeben sich zahlreiche Fragen, die anhand eines **Beispieles** beantwortet werden sollen.
Zunächst empfiehlt es sich, einen „Status" unter Fortführung der bisherigen 4 Bilanzansätze aufzustellen.

X – GmbH
Status per 31. 3. 1993

AKTIVA	DM		PASSIVA	
A. Ausstehende Einlagen	20 000	A. Stammkapital		100 000
B. Anlagevermögen		B. Verbindlichkeiten		
1. Grundstücke und		1. langfr. Bankverbindl.		1 200 000
Gebäude	1 000 000	2. kurzfr. Bankverbindl.		380 000
2. Betriebs- und		3. Verbindl. gg.		
Geschäftsausst.	80 000	Lieferanten		280 000
3. Kfz	40 000	4. Sozialbereich		40 000
C. Umlaufvermögen		5. Fiskus		120 000
1. Roh-, Hilfs- u.		6. sonstige Verbindl.		20 000
Betriebsstoffe	120 000	7. gegen Mitgesellschafter		200 000
2. Halbfabrikate	60 000	C. Rückstellungen		100 000
3. Warenvorräte	200 000			
4. Fdg. aus Lieferungen				
u. Leistungen	140 000			
5. flüssige Mittel	20 000			
D. Verlustvortrag per 31. 12. 1992	500 000			
Fehlbetrag lfd. Periode	260 000			
	2 440 000			2 440 000

Hieraus ist dann der Überschuldungsstatus zu entwickeln, für den folgende 5 Grundsätze gelten:
– Alle Werte sind unter dem Gesichtspunkt des „going concern" zu ermitteln. Zerschlagungswerte sind nur dann anzusetzen, wenn die Insolvenz des Unternehmers bereits feststeht und der Geschäftsbetrieb eingestellt ist.
– Alle Positionen sind ohne Rücksicht auf steuerliche Gesichtspunkte zu Verkehrswerten in Ansatz zu bringen, Außenstände auf ihre Einbringlichkeit zu überprüfen.

Füchsl   1023

D IV   Insolvenzberatung

- Aus- und Absonderungsrechte sowie Aufrechnungsmöglichkeiten von Gläubigern sind zu beachten.
- Ein „good will" kann nur in Ausnahmefällen in Ansatz gebracht werden, in der Regel nur zusammen mit Patenten, Warenzeichen oder Dienstleistungsmarken.
- Kapitalersetzende Gesellschafterdarlehen bleiben bei den Passiva außer Ansatz. Dies gilt auch für Bankverbindlichkeiten, für die ein Gesellschafter eine werthaltige Bürgschaft übernommen hat (§ 32a Abs. 2 GmbHG).
- Verbindlichkeiten aus einem evtl. abzuschließenden Sozialplan sind beim Überschuldungsstatus nicht zu berücksichtigen, es sei denn, daß die Insolvenz bereits feststeht und der Betrieb eingestellt ist.
- Rückstellungen sind nur in Höhe der tatsächlichen Inanspruchnahme auszuweisen.

X – GmbH
Überschuldungsstatus per 31. 8. 1990

AKTIVA		DM			PASSIVA
A. Ausstehende Einlage		20 000	A. Stammkapital		100 000
uneinbringlich	./. 20 000	–	kapitalersetzende		
B. Anlagevermögen			Darlehen		200 000
1. Grundstücke + Gebäude			B. Verbindlichkeiten		
Verkehrswert	1 400 000		1. langfr. Bankverb.:		
langfr. Bankverb.	./. 1 200 000	200 000	durch Aktiva B 1 erl.		
2. Betriebs- u. Gesch.			2. kurzfr. Bankverb.		380 000
Ausstattung	80 000		3. Verb. gegen		
EV der Lieferanten	./. 20 000	60 000	Lieferanten		280 000
3. Kfz.	40 000		./. Aktiva B2	20 000	
EV-Lieferanten	./. 10 000	30 000	./. Aktiva B3	10 000	
C. Umlaufvermögen			./. Aktiva C1–3	100 000	./. 130 000
1.–3. Waren	380 000				150 000
EV. Lieferanten	./. 100 000	280 000	4. Sozialbereich		40 000
4. Fdg. aus Lieferungen			5. Fiskus		120 000
u. Leistungen	140 000		6. Sonstige		20 000
nicht realisierbar	./. 30 000	110 000	C. Rückstellungen	100 000	
5. flüssige Mittel		20 000	Berichtigung	./. 20 000	80 000
D. Überschuldung		90 000			
		790 000			790 000

6   Unter Beachtung der vorstehend dargestellten Gesichtspunkte ergibt sich in unserem Musterfall eine Überschuldung von DM 90 000, die aber noch durch das Stammkapital in Höhe von DM 100 000 aufgefangen wird. Der Geschäftsführer dieser GmbH muß daher (noch) keinen Konkursantrag stellen. Nur der Vollständigkeit halber sei erwähnt, daß bei den juristischen Personen und den unechten Personenhandelsgesellschaften auch die Zahlungsunfähigkeit Konkursgrund ist, beim Nachlaß verständlicherweise nur die Überschuldung. (Zu Einzelheiten siehe *Uhlenbruck,* Die GmbH & Co. KG in Krise, Konkurs und Vergleich, 2. Aufl. 1988.)

II. Der Anwalt als Berater eines Gläubigers

Schwerpunkt dieses Hauptteils ist die Beratung der **Warenkreditgläubiger.** Hier stellt sich vor allem die Frage der Aus- und Absonderungsrechte. In zweiter Linie geht es um die Beratung der **Banken,** die meist besser abgesichert sind. Die Probleme der **Arbeitnehmer** des insolventen Betriebes werden in Abschnitt III (Rdnrn. 44 ff.) gesondert behandelt.

1. Moratorium und außergerichtlicher Vergleich

Ein kurzer Fall: Durch Kostenüberschreitungen beim Umbau des Hotels tritt bei der *H*-GmbH Zahlungsunfähigkeit ein. Daher **Moratorium** mit allen Gläubigern (Bauhandwerkern): Zahlung aller Forderungen in 24-Monatsraten ohne Zinsen. Damit ist die Zahlungsunfähigkeit beseitigt. Eine Überschuldung liegt nicht vor, da der Wert der Umbaumaßnahmen aktiviert ist. Aus- und Absonderungsrechte können nicht geltend gemacht werden, da die Gläubiger Bauhandwerker sind. Andererseits braucht die *H*-GmbH keine Bauhandwerker-Sicherungshypotheken (§ 648 BGB) zu befürchten, da sie nicht Eigentümer des Hotels ist.

Problem: Gleichbehandlung aller Gläubiger. Wenn ein oder einige Bauhandwerker nicht mitmachen, muß das ganze Moratorium scheitern. Hier gibt es nur eine Notlösung: befreundete Unternehmen, die Ehefrau u. a. könnten die Forderungen dieser widerspenstigen Gläubiger zu pari und gegen Barzahlung aufkaufen und sich dann am Moratorium beteiligen.

Übrigens: In der Praxis machen häufig Gläubiger mit verhältnismäßig kleinen Forderungen die größten Schwierigkeiten! Bei **Moratorium (Tilgungsstreckung)** und **außergerichtlichem Vergleich (Zahlung einer Quote)** gibt es keine Vorschriften über die Höhe der Quote und die Laufzeit der Sanierungsphase. Empfehlung: Im Zweifel einem Moratorium bzw. außergerichtlichem Vergleich zustimmen, falls keine oder keine ausreichenden Sicherheiten vorhanden sind. Es kann nur schlechter werden.

2. Der gerichtliche Vergleich

a) **Liquidations- oder Fortführungsvergleich.** Der gerichtliche Vergleich einer Kapitalgesellschaft (einschl. der GmbH & Co. KG) ist wirtschaftlich gesehen nur sinnvoll in der Form des **Fortführungsvergleiches,** bei dem der Geschäftsbetrieb im Kern erhalten werden soll. Zwischen **Liquidationsvergleich** und Konkurs besteht letztlich nur bei natürlichen Personen und echten Personen-Handelsgesellschaften ein essentieller Unterschied, nämlich soweit es um die **Restschuldbefreiung** des Geschäftsinhabers bzw. des persönlich haftenden Gesellschafters geht. In der Praxis wird diese meist über den **(Anschluß-) Konkurs** und den **Zwangsvergleich** erreicht.

b) **Voraussetzungen, äußerer Ablauf. aa)** Erfolgreich durchgeführte gerichtliche Vergleiche lassen sich bei den zuständigen Amtsgerichten meist an einer Hand abzählen. Dies liegt an den übersteigerten Voraussetzungen, die unsere geltende Vergleichsordnung aufstellt:
– alle Forderungen, die im Konkurs als **Masseverbindlichkeiten** (Massekosten und Masseschulden) i. S. der §§ 58 ff. KO gelten müssen auch im Vergleichsverfahren in voller Höhe bezahlt werden,

D IV
Insolvenzberatung

- alle **Forderungen, die im Konkurs bevorrechtigt sind** (§ 61 I Nr. 1–5 KO) müssen im Vergleich voll bezahlt werden,
- den nicht bevorrechtigten Gläubigern = „**Vergleichsgläubigern**" müssen entweder 35% in 12 Monaten oder 40% in 18 Monaten geboten werden, gerechnet jeweils ab Rechtskraft der gerichtlichen Bestätigung des Vergleiches,
- beim Fortführungsvergleich kommt erschwerend hinzu, daß die betriebsnotwendigen Gegenstände des Anlagevermögens meist nicht verkauft werden können, um die Erhaltung des Betriebes nicht zu gefährden.

10   bb) Stellt beispielsweise die X-GmbH am 1. 12. 1992 Vergleichsantrag, so wird der zuständige Richter nach einigen Tagen Rechtsanwalt R zum Gutachter bestellen mit der Bitte mitzuteilen, ob ein **allgemeines Veräußerungsverbot** gem. §§ 59 ff. VerglO erlassen werden soll. Bejaht R dies, so muß er sich sofort um den Geschäftsbetrieb der X-GmbH kümmern und deren Außenstände über ein RA-Anderkonto einziehen. Auf R's Anregung kann das Gericht auch eine **Sequestration** auf der Grundlage des § 59 VerglO und in entsprechender Anwendung des § 106 KO anordnen. Hält R den Vergleichsantrag nicht für völlig aussichtslos, wird das Amtsgericht ein „**vorläufiges Vergleichsverfahren**" eröffnen und R zum „**vorläufigen Vergleichsverwalter**" bestellen. Dann ist ein schneller Steuerberater/Wirtschaftsprüfer Gold wert.

11   Neben den Bilanzen der letzten 3 Geschäftsjahre benötigt die X-GmbH vor allem einen Status per 30. 11. 1992, ferner eine rechnerische Darstellung aller zu leistender Zahlungen und deren Finanzierung aus den verfügbaren Aktiva. Der **Vergleichsvorschlag** muß von einer Gleichbehandlung aller Vergleichsgläubiger ausgehen. Lediglich sogenannte **Klein-Gläubiger**, in der Regel Gläubiger mit Forderungen bis 1000 DM und solche, die ihre Forderungen auf 1000,– DM ermäßigen dürfen in voller Höhe bedient werden, falls der Vergleich zustande kommt. Erscheint alles plausibel, ist die zuständige Berufsvertretung, meist die Industrie- und Handelskammer zu hören. Stimmt auch diese zu, eröffnet der Richter am 1. 3. 1993 das Vergleichsverfahren, bestimmt Termin für die Gläubigerversammlung auf den 15. 4. 1993 und gibt das Verfahren an den zuständigen Rechtspfleger ab.

12   Unverzüglich nach Eröffnung des Vergleichsverfahrens werden die Vergleichsgläubiger vom Gericht aufgefordert, ihre Forderungen zur Vergleichstabelle anzumelden. Wichtigste Aufgabe der X-GmbH und ihres **Vergleichsverwalters** ist es, die Gläubiger um Zustimmung zum Vergleichsvorschlag zu bitten.
Eine schriftliche Zustimmung reicht aus. Erforderlich sind zwei Mehrheiten:
- eine **Summen-Mehrheit** von 80%, bezogen auf alle anerkannten Vergleichsforderungen – werden 50% Quote oder mehr geboten, genügen 75% – und
- eine **Kopfzahl-Mehrheit** von 51%, bezogen auf alle stimmberechtigten Vergleichsgläubiger.

Gläubiger, die sich passiv verhalten, zählen damit faktisch als Nein-Stimmen. Wird eine der beiden Mehrheiten in der Gläubigerversammlung vom 15. 4. 1993 nicht erreicht, kann die Vergleichsschuldnerin einmal Vertagung verlangen. Wichtig ist daher, daß die Gläubiger ihre (schriftliche) Zustimmung nicht auf die erste Gläubigerversammlung beschränken.

13   Kommt der Vergleich am 15. 4. 1993 zustande, wird ihn der Rechtspfleger auf Antrag sofort bestätigen. Außerdem wird der Rechtspfleger in Süddeutsch-

land das Vergleichsverfahren aufheben und den R zum „Sachwalter" bestellen mit dem Auftrag, die Erfüllung des Vergleiches zu überwachen, eine in der Praxis sehr schwierige Aufgabe. Gelingt es der Schuldnerin die versprochenen Raten pünktlich zu bezahlen, ist das Amt des Sachwalters nach 12 oder 18 Monaten erledigt. In Nord- und Westdeutschland werden die Vergleichsverfahren vielfach bis zur vollständigen Erfüllung des Vergleiches fortgeführt und erst dann aufgehoben. Die Einflußmöglichkeit des Vergleichsverwalters ist natürlich größer als die des Sachwalters. Dafür muß die Schuldnerin aber weitere 12 oder 18 Monate als im Vergleich befindlich firmieren, was den Geschäften meist nicht sehr zuträglich ist.

c) **Mitwirkungsrechte des Gläubigers, insbesondere Forderungsanmeldung.** aa) Die Mitwirkung der Vergleichsgläubiger im gerichtlichen Verfahren beschränkt sich im wesentlichen auf die Entscheidung, dem Vergleichsvorschlag zuzustimmen oder diesen abzulehnen. Eine qualifizierte Mehrheit ist aber durchaus in der Lage, eine Verbesserung des bestehenden Vergleichsvorschlages zu erreichen, sei es durch eine Erhöhung der Quote, eine Verkürzung der Laufzeit oder durch die Zusicherung eines sogenannten **Besserungsscheines.** 14

Während ein Eingriff in das erarbeitete Rechenwerk Vergleichsvorschlag zugunsten der Gläubiger leicht den ganzen Vergleich gefährden kann, bietet ein Besserungsschein für beide Teile sinnvolle Alternativen. So kann hier z. B. vereinbart werden, daß die Schuldnerin ihren Vergleichsgläubigern 1–2 Jahre nach Erfüllung des Vergleiches eine weitere Quote von 5%–10% zur Verfügung stellt, falls dann bestimmte Jahresumsätze oder bestimmte Erträge vor Steuern erwirtschaftet werden.

In einem solchen Fall muß das Amt des Sachwalters allerdings bis zur Erfüllung des Besserungsscheines fortgeführt werden.

bb) Von wenigen Großverfahren abgesehen, ist die Bestellung eines **Gläubigerbeirates** gem. § 44 VerglO jedenfalls in Süddeutschland selten. Ist ein Vergleichsgläubiger Mitglied in diesem Gremium, so hat er die Interessen aller Gläubiger, nicht in erster Linie seine eigenen, zu vertreten. Die Bezahlung ist schlecht. Die Vergleichsgerichte bewilligen in aller Regel nach dem ZSEG maximal 60 DM pro Stunde zuzügl. MWSt und Spesen. Das gute Beispiel einzelner Gerichte, den Mitgliedern des Gläubigerbeirates eine Vergütung in Höhe eines Prozentsatzes der Vergütung des Vergleichsverwalters zuzubilligen, hat offensichtlich noch nicht Schule gemacht. 15

cc) Vergleichsforderungen sind möglichst zweifach nebst Anlagen (Rechnungskopien u. a.) zur **Vergleichstabelle** bei dem zuständigen Amtsgericht anzumelden, nicht beim Vergleichsverwalter. Die Beweislast für Grund und Höhe seiner Forderungen trägt der Gläubiger. Bevollmächtigte müssen eine schriftliche Vollmacht vorlegen, in der ausdrücklich bestätigt ist, daß sich die Vollmacht auch auf die Vertretung in einem Vergleichsverfahren erstreckt. **Zinsen** dürfen nur bis zum Tage der Eröffnung des Vergleichsverfahrens geltend gemacht werden (§ 29 Nr. 1 VerglO), Verzugszinsen müssen belegt werden. 16

Die bis zur Vergleichseröffnung angefallenen **Kosten** der Rechtsverfolgung können als Vergleichsforderungen geltend gemacht werden, auch angemessene Kosten nach § 118 BRAGO. Das Anwaltshonorar für die Forderungsanmeldung selbst ist nicht anmeldbar, § 29 Nr. 2 VerglO. Bei **Wechsel- und Scheckforderungen** müssen die Urkunden im Original vorgelegt werden.

Muß ein Gläubiger mit **Aus- oder Absonderungsrechten** befürchten, daß seine Forderungen nicht voll befriedigt werden können, kann er diese „für den Ausfall" zur Vergleichstabelle anmelden. Ist eine Einigung über die **Höhe des Ausfalls** und damit über das **Stimmrecht** nicht zu erreichen, entscheidet der Rechtspfleger.

17   d) **Einzelzwangsvollstreckung, insbesondere die „Rückschlagsperre"** der §§ 28, 104 VerglO. aa) Die sogenannte **Rückschlagsperre** der §§ 28, 104 VerglO ist für den insolventen Schuldner häufig der Grund, erst einmal Vergleichsantrag zu stellen. Damit werden alle Vollstreckungsmaßnahmen unwirksam, die während eines Zeitraumes von 30 Tagen vor dem Vergleichsantrag durchgeführt worden sind. Dies gilt sowohl für die Eröffnung des Vergleichsverfahrens als auch eines Anschlußkonkurses. Die Konkursordnung kennt eine derartige Automatik nicht. Sie muß sich mit der Anfechtung gem. §§ 29 ff. KO behelfen, die wiederum im Vergleichsverfahren nicht verfügbar ist.

18   bb) Vergleichsgläubiger, die innerhalb der 30-Tages-Frist des § 28 VerglO gepfändet haben, können die Zwangsvollstreckung auch nach Eröffnung eines vorläufigen Vergleichsverfahrens fortsetzen. Die Anordnung eines allgemeinen Veräußerungsverbotes hindert dies ebenfalls nicht. Gem. § 13 VerglO kann der vorläufige Vergleichsverwalter jedoch die **einstweilige Einstellung von Vollstreckungsmaßnahmen** beantragen. Die dort normierte 6-Wochen-Frist macht in der Praxis große Probleme. Erst die Eröffnung des Vergleichsverfahrens bringt dann das **Vollstreckungsverbot**, § 47 VerglO.

19   cc) Vergleichsgläubiger können also zwischen Vergleichsantrag und Eröffnung des Vergleichsverfahrens vollstrecken, was allerdings wegen § 13 VerglO weder im Vergleich noch im Anschlußkonkurs etwas bringt. Sollte jedoch der Vergleich abgelehnt und der Anschlußkonkurs mangels Masse abgewiesen werden, könnte die Vollstreckung für den Vergleichsgläubiger doch noch vorteilhaft sein. Zur Klarstellung: die dargestellten Einschränkungen, vor allem die Rückschlagsperre und die einstweilige Einstellung der Vollstreckung gelten nur für Vergleichsgläubiger, nicht für solche Gläubiger, deren Forderungen im Vergleichsverfahren in voller Höhe zu befriedigen sind, wie z. B. die (bevorrechtigten) Forderungen des Fiskus.

20   e) **Realisierung von Aus- und Absonderungsrechten.** Die Realisierung von **Aus- und Absonderungsrechten** erfolgt außerhalb der Vorschriften der Vergleichsordnung, §§ 26, 27 VerglO. Auf die Möglichkeit, **Forderungen für den Ausfall** als Vergleichsforderungen geltend zu machen wurde bereits hingewiesen. Der Komplex ist für das Verfahren von grundsätzlicher Bedeutung. Falls bei einem Fortführungsvergleich alle aus- und absonderungsberechtigten Gläubiger ihre Rechte geltend machen, ist der Vergleich in aller Regel nicht mehr durchführbar. Hier liegt eine große Aufgabe für den Vergleichsverwalter, das Vertrauen dieser Gläubiger in den Geschäftsbetrieb der Vergleichsschuldnerin wieder herzustellen und darauf hinzuwirken, daß neue, für beide Teile akzeptable Vereinbarungen abgeschlossen werden. Auf die besondere Problematik „**Sicherungspool**" wird in Rdnrn. 17 ff. näher eingegangen.

21   f) **Durchsetzung bestritten gebliebener Vergleichsforderungen.** Bestreiten in der Gläubigerversammlung Vergleichsverwalter oder Schuldner eine Vergleichsforderung ganz oder teilweise, so entscheidet zunächst der Rechtspfleger

über das **Stimmrecht,** § 71 VerglO. Anschließend hat dann das Gericht auf Antrag des Schuldners oder des Gläubigers „die mutmaßliche Höhe der bestrittenen Forderung" mit der Wirkung festzustellen, daß sich der Schuldner bis zur endgültigen Feststellung bei der Quotenzahlung hieran halten kann und nicht etwa gem. § 9 I VerglO in Verzug gerät, § 97 VerglO. Dem Vergleichsverwalter muß allerdings dringend geraten werden, für strittige Forderungen ein Sicherheitspolster einzubauen, um den Vergleich nicht zu gefährden. Die endgültige Klärung der strittigen Vergleichsforderung erfolgt im Zivilrechtsweg.

3. Die Sequestration, insbesondere: persönliche Haftung des Sequesters?

Bei Zusammenbrüchen größerer Firmen war es jedenfalls im Norden und Westen Deutschlands lange Zeit üblich, zunächst gem. § 106 KO eine **Sequestration** anzuordnen. Der Geschäftsbetrieb wurde möglichst so lange fortgeführt, bis das Konkursverfahren eröffnet werden konnte nach dem Motto: ‚**Umwandlung von Masseverbindlichkeiten in Konkursforderungen**':
– die 3 Monate **Konkursausfallgeld** wurden meist voll ausgenützt,
– durch **Verkauf beweglichen Anlage- und Umlaufvermögens** (z. B. Betriebs- und Geschäftsausstattung, Maschinen, Kfz, Warenvorräte etc.) und **Verwertung sicherungsübereigneter Gegenstände** vor Konkurseröffnung fiel die MwSt als (bevorrechtigte) Konkursforderung an.

Entscheidend war aber die Frage, ob sich Verbindlichkeiten, die der nachmalige Gemeinschuldner zusammen mit dem Sequester im Rahmen der Betriebsfortführung einging, im eröffneten Konkurs als Masseschulden oder als (nicht bevorrechtigte) Konkursforderungen darstellen. Der *BGH* hat sich in einem „obiter dictum" mit guten Gründen für letztere Alternative entschieden. (*BGH* ZIP 1986, 448 ff., 450). Damit taucht aber sofort die Frage nach der **persönlichen Haftung des Sequesters** auf, die hier jedoch nicht abschließend beantwortet werden kann. Der Lieferant hat natürlich nur im Vertrauen auf die Existenz des Sequesters weitergeliefert und will nun sein Geld. Zahlt der Konkursverwalter diese Forderung als „quasi-Masseschuld", so macht er sich den dadurch benachteiligten Konkursgläubigern gegenüber haftbar. Über ein **„Massedarlehen"** läßt sich der Fall nur dann lösen, wenn der Bank im Stadium der Sequestration werthaltige Sicherheiten angeboten werden können. Aus diesen Gründen ist man in letzter Zeit mit der Anordnung einer Sequestration im Zusammenhang mit einer Betriebsfortführung sehr zurückhaltend geworden. Die Haftungsrisiken für den Sequester sind in aller Regel nicht mehr vertretbar.

4. Die Geltendmachung von Aus- und Absonderungsrechten im Konkursantragsverfahren, insbesondere: der Sicherungspool

Das Konkursantragsverfahren ist die große Zeit der **Aus- und Absonderungsrechte**. Alles stürzt sich auf den Schuldner, der – fälschlicherweise – entweder auf ein allgemeines Veräußerungsverbot oder auf den Gutachter/Sequester verweist. Relativ problemlos sind die Ansprüche der Lieferanten aus **unmittelbarem Eigentumsvorbehalt**. Nur bei Ausländern ist Vorsicht geboten, da in einigen Ländern der Eigentumsvorbehalt nicht oder nur unvollständig ausgebildet ist. Haben Gläubiger und Schuldner **Scheck-** bzw. **Wechselregulierungen** vorgenommen, ist zu prüfen, ob der Eigentumsvorbehalt des Lieferanten bereits mit der Hingabe des Schecks untergegangen ist; nach den allgemeinen Geschäftsbedingungen der meisten Lieferanten in der Regel erst dann, wenn der Wechsel eingelöst wurde.

Füchsl

Im Konkursantragsverfahren sind die Ansprüche aus dem **erweiterten und verlängerten Eigentumsvorbehalt** meist nicht mehr realisierbar. Im ersteren Fall muß geprüft werden, ob stets ein offener Saldo bestand, im letzteren Fall wird eine Kollision mit der Hausbank des Schuldners nicht zu vermeiden sein, der in aller Regel die Außenstände – mindestens A bis T – abgetreten sind. Im übrigen ist es schwer nachzuvollziehen, in welcher Kundenforderung des Gemeinschuldners welche Waren welcher Lieferanten stecken. Soweit sich sicherungsübereignete Gegenstände noch im Besitz des nachmaligen Gemeinschuldners befinden, können sie grundsätzlich an den Sicherungsnehmer – meist die Hausbank – herausgegeben werden. Häufig ist diese jedoch nicht in der Lage, eine optimale Verwertung selbst durchzuführen. Damit stellt sich hier, wie auch bei der Herausgabe unter Eigentumsvorbehalt gelieferter Ware, die Frage der Bearbeitungskosten. Nach § 196 des Gesetzentwurfes der Bundesregierung, betreffend den „Entwurf einer Insolvenzordnung" (vgl. Rdnr. 57) erhält der Konkursverwalter künftig für die Bearbeitung und die Verwertung von Sicherungsgut bzw. unter Eigentumsvorbehalt stehender beweglicher Habe 11% des Verwertungserlöses und die anfallende Mehrwertsteuer. In der Praxis verlangen schon heute viele Konkursverwalter eine **Bearbeitungsgebühr** zwischen 5% und 10% des Erlöses, ferner bei der Verwertung von Sicherungsgut **Erstattung der MwSt,** die seit der Entscheidung des *BFH* vom 4. 6. 87 (ZIP 1987, 1134 ff.) zu den Massekosten gehört.

24   Einer besonderen Erwähnung bedarf in diesem Zusammenhang der „**Sicherungspool**". Unter Pool-Verträgen sind Vereinbarungen von Sicherungsnehmern zu verstehen, mit denen diese ihre Sicherungsrechte in eine BGB-Gesellschaft, den Pool einbringen, um diese Rechte sodann gemeinsam geltend zu machen. Die Einstellung der Konkursverwalter zu solchen Pool-Vereinbarungen ist zwiespältig. Auf der einen Seite kann der Pool oft Ansprüche zu Lasten der Konkursmasse durchsetzen, die von einzelnen Pool-Gesellschaftern nicht durchgesetzt werden könnten. Andererseits ist die Zusammenarbeit mit dem Treuhänder des Pools, meist dem Mitarbeiter eines großen Warenkreditversicherers durchaus positiv, so daß sich Vor- und Nachteile einer Pool-Bildung die Waage halten. Wegen der zahlreichen Einzelprobleme muß auf die Spezialliteratur verwiesen werden (statt vieler, *Henckel,* Aktuelle Probleme der Warenlieferanten beim Kundenkonkurs, 1984, S. 75 ff.).

5. Der Konkurs

25   **a) Äußerer Ablauf; der Anschlußkonkurs. aa)** Daß heute die Mehrzahl der Konkursanträge gem. § 107 KO **mangels Masse** abgewiesen wird ist schon juristisches Allgemeingut geworden. Gelingt die Eröffnung, wird die Masse ganz überwiegend für die Masseverbindlichkeiten der §§ 57 ff. KO und die Vorrechtsforderungen des § 61 I Nr. 1–5 KO verbraucht. Die nicht bevorrechtigten Gläubiger des § 61 I Nr. 6 KO gehen in aller Regel leer aus oder müssen sich mit einer Mini-Quote begnügen. Aus der Sicht der gewöhnlichen Konkursgläubiger hat das Konkursverfahren daher eher eine **Ordnungsfunktion** denn eine **Befriedigungsfunktion**.

26   **bb)** Der wichtigste Termin ist die **Gläubigerversammlung**, etwa 4–6 Wochen nach Eröffnung des Konkursverfahrens mit folgenden Themen:
– Sachstandsbericht des Konkursverwalters,

- Beibehaltung des vom Gericht bestellten oder Wahl eines anderen Konkursverwalters,
- Wahl eines Gläubigerausschusses,
- Fortführung oder Schließung des Geschäftsbetriebes,
- Genehmigung des vom Verwalter angelegten Konkurskontos,
- freihändiger Verkauf von Immobilien.

Die Abwahl des vom Gericht bestellten **Konkursverwalters** ist höchst selten. Außerdem hat das Gericht ein Vetorecht, § 80 KO. Bei der Bestellung eines **Gläubigerausschusses** ist man in Süddeutschland zurückhaltender als in anderen Landesteilen. Die Verantwortung des Gläubigerausschusses im Konkurs wird deutlich höher eingestuft als im Vergleich, die Bezahlung ist allerdings gleich schlecht. In der Mehrzahl aller Fälle ist der Geschäftsbetrieb des gemeinschuldnerischen Unternehmens schon vor Konkurseröffnung eingestellt. Die Fortführung des Unternehmens im Konkurs kommt grundsätzlich nur in Betracht bei Fertigstellung einer Produktion, oder wenn sich abzeichnet, daß ein Verkauf des Unternehmens im Ganzen oder einzelner Unternehmensteile möglich erscheint. Achtung: Wird ein Gläubigerausschuß gewählt, muß der Konkursverwalter von der Vorschrift des § 137 KO befreit werden. Andernfalls müßte jede Zahlung während des gesamten Konkursverfahrens von einem Mitglied des Gläubigerausschusses mitunterzeichnet werden.

cc) Etwa 3–5 Monate nach der Konkurseröffnung werden die Konkursforderungen geprüft. Die Ausführungen zum Vergleich gelten entsprechend. Bestreitet der Konkursverwalter eine Forderung ist es zweckmäßig, sich erst mit ihm in Verbindung zu setzen. Ein nachträgliches Anerkenntnis ist jederzeit möglich. 27

dd) Dann kommt die lange Zeit der Konkursabwicklung. Eine Verfahrensdauer von 5–10 Jahren ist bei größeren Konkursen nicht ungewöhnlich. Üblicherweise erhalten die nicht bevorrechtigten Gläubiger ihre **Quoten** – wenn überhaupt – erst bei Abschluß des Konkursverfahrens. Ist ausnahmsweise Masse vorhanden soll der Konkursverwalter sobald und so oft wie möglich eine Abschlagsverteilung durchführen. 28

ee) Scheitert ein gerichtliches Vergleichsverfahren, so kommt es zur Eröffnung eines **Anschlußkonkurses**. Auch hier gilt die Rückschlagsperre § 104 VerglO. Wird das Verfahren aufgehoben und ein Sachwalter bestellt und kann dann eine Quote nicht mehr bezahlt werden, so kommt es gegebenenfalls zur Eröffnung eines neuen, selbständigen Konkursverfahrens. 29

b) Mitwirkungsrechte des Gläubigers. Die Mitwirkung der Gläubiger im Konkurs ihres Schuldners beschränkt sich im wesentlichen auf die Abstimmung in der Gläubigerversammlung bzw. auf ein Mandat als Mitglied des Gläubigerausschusses. Für die Forderungsanmeldung gilt das zum Vergleich Gesagte entsprechend. Bis zum Abschluß des Konkursverfahrens können Forderungen jederzeit nachträglich geltend gemacht werden. 30

c) Grundsätzlich keine Einzelzwangsvollstreckung. Einzelzwangsvollstreckungen sind im Konkursverfahren ausgeschlossen, § 14 KO. Es besteht jedoch die Möglichkeit, gegen den Gemeinschuldner persönlich bei der Einzelfirma oder den persönlich haftenden Gesellschafter bei der echten Personenhandelsgesellschaft wegen **Zinsen ab dem Tage der Konkurseröffnung** vorzugehen, und zwar durch Zwangsvollstreckung in sein Neuvermögen, soweit vorhanden. 31

D IV
Insolvenzberatung

Gem. § 63 Nr. 1 KO können „die seit der Eröffnung des Verfahrens laufenden Zinsen" im Konkursverfahren nicht geltend gemacht werden. Hieraus zieht die ganz herrschende Meinung den Schluß, daß Zinsen ab Konkurseröffnung gegen den Gemeinschuldner persönlich vollstreckt werden können. Wenn das Konkursverfahren mehrere Jahre dauert und der Gemeinschuldner wieder gut verdient, kommt ihn das ziemlich teuer zu stehen. Allerdings wissen es die wenigsten Gläubiger.

32 d) **Feststellung bestrittener Konkursforderungen.** Können sich Gläubiger und Konkursverwalter über die Höhe einer Konkursforderung nicht einigen, bleibt nur die **Feststellungsklage** gegen den Konkursverwalter gem. § 146 KO, die wegen des meist geringen Streitwertes – entscheidend ist die voraussichtliche Konkursquote – häufig am Amtsgericht, Streitgericht, beginnt. Zu beachten ist die Ausschlußfrist des § 152 KO. War gegen den Gemeinschuldner bereits vorher ein Rechtsstreit anhängig, wird dieser zunächst durch die Konkurseröffnung unterbrochen, § 240 ZPO. Bestreitet dann der Konkursverwalter die zur Tabelle angemeldete Forderung, kann dieser Gläubiger den unterbrochenen Rechtsstreit aufnehmen, jedoch mit der Maßgabe, daß Beklagter nunmehr der Konkursverwalter ist und nicht mehr Zahlung, sondern Feststellung der strittigen Forderung zur Konkurstabelle begehrt wird, § 12 KO. Hat der Konkursverwalter ein titulierte Forderung bestritten muß er den Prozeß fortführen.

33 e) **Anfechtungsprozesse.** Ein besonderer Konfliktstoff zwischen Konkursverwalter und Gläubiger liegt in dem Komplex **„Konkursanfechtung"**, §§ 29 ff. KO. Grundgedanke dieser Vorschrift ist der Wunsch, Rechtsgeschäfte zwischen dem nachmaligen Gemeinschuldner und bestimmten Gläubigern anfechten zu können, die nach dem Eintritt der Krise – Zahlungseinstellung oder Konkursantrag – einzelne Gläubiger begünstigt haben, falls diesen Gläubigern eine Kenntnis von der Krise nachgewiesen oder unterstellt werden kann. Der Umfang der Beweislast des Konkursverwalters hinsichtlich der subjektiven Tatbestandsmerkmale des Anfechtungsgegners hängt nach der wichtigen Vorschrift des § 30 KO davon ab, ob es sich bei dem anzufechtenden Rechtsgeschäft um eine **kongruente** (§ 30 Nr. 1 KO) oder eine **inkongruente** (§ 30 Nr. 2 KO) **Deckung** gehandelt hat.

Bei den Anfechtungsprozessen scheiden sich die Geister. Ein zunächst von allen Gläubigern gelobter Konkursverwalter schafft sich rasch Feinde, sobald er anfängt, sich mit dem Thema Anfechtung zu befassen. In der Praxis bleiben leider viele Tatbestände unaufgeklärt, zumal der Geschäftsführer der Gemeinschuldnerin – der in einem Anfechtungsprozeß als Zeuge fungiert – häufig kein Interesse an der Aufklärung anfechtungsverdächtiger Tatbestände hat. Nicht selten hat er sich bei der Hausbank oder bei besonderen Lieferanten verbürgt! Die Anfechtung einer Globalzession etwa kurz vor dem Ende – von dem die Bank natürlich keine Ahnung hatte – würde den Ausfall der Bank und damit das Obligo des Geschäftsführers und Bürgen erhöhen. Auf die besondere Problematik **kapitalersetzender Gesellschafterdarlehen,** § 32a GmbHG i. V. m. § 32a KO kann hier nicht näher eingegangen werden.

Wichtig: Nach Ablauf eines Jahres, gerechnet ab dem Tage der Konkurseröffnung, erlischt das Anfechtungsrecht des Konkursverwalters. Eine Verlängerung dieser Frist ist nicht möglich.

6. Der Zwangsvergleich

Natürliche Personen oder Gesellschafter einer echten Personen-Handelsgesellschaft, die ein gerichtliches Vergleichsverfahren nicht geschafft haben, versuchen häufig eine **Restschuldbefreiung** im Rahmen eines Zwangsvergleiches am Ende des Konkursverfahrens (§§ 173 ff. KO). Vorschriften über die Höhe einer Quote für die nicht bevorrechtigten Gläubiger gibt es nicht. Man geht jedoch davon aus, daß die bevorrechtigten Gläubiger grundsätzlich voll bedient werden müssen. Zumindest die Finanzverwaltung ist gelegentlich bereit, einen Verfahrensbeitrag zu leisten. Sehr fraglich ist, ob die ohnehin vorhandene Konkursmasse ausreicht oder ob sie von dritter Seite – z. B. aus dem Neuvermögen des Gemeinschuldners – angereichert oder ob den Gläubigern wenigstens in der Form eines Besserungsscheines oder einer Beteiligung an dem neuen Unternehmen des Gemeinschuldners ein zusätzlicher Vorteil gewährt werden muß. Schließlich haben es aber die Gläubiger in der Hand, einen nicht zufriedenstellenden **Vergleichsvorschlag** mit den in § 182 KO vorgeschriebenen Mehrheiten abzulehnen.

Wichtig: Falls der Gemeinschuldner zwischenzeitlich wegen einschlägiger **Konkursdelikte** bestraft wurde, scheidet ein Zwangsvergleich aus, § 175 KO.

7. Die Haftung des Konkursverwalters, des Gläubigerausschusses oder des Richters/Rechtspflegers

a) Haftung des Konkursverwalters, § 82 KO. Literatur und Rechtsprechung zur Haftung des Konkursverwalters, § 82 KO sind Legion. Bis vor kurzem war man der Auffassung, daß der Konkursverwalter für jegliches Fehlverhalten innerhalb einer **Verjährungsfrist** von 30 Jahren persönlich einzustehen habe. In seiner Entscheidung vom 17. 1. 1985 (NJW 1985, 1161 = ZIP 1985, 359) hat der *BGH* die Verjährungsfrist auf 3 Jahre verkürzt. Außerdem hat dann der *BGH* in der weiteren Entscheidung vom 4. 12. 1986 (ZIP 1987, 115 ff.) ausgesprochen, daß der Konkursverwalter einer GmbH jeweils nur in dem Umfang zur Haftung herangezogen werden kann, in dem sich auch der Geschäftsführer einer nicht insolventen GmbH persönlich haftbar gemacht hätte. In dem entschiedenen Fall ging es um die Fortführung einer Produktionsgesellschaft im Konkurs. Trotz aller betriebswirtschaftlicher Planungen ergaben sich Verluste, so daß Masseverbindlichkeiten, vor allem Steuern und Sozialversicherungsbeiträge nicht mehr bezahlt werden konnten. Der BGH lehnte eine persönliche Haftung des Konkursverwalters für diese Beträge ab.

Beachte: ergibt sich noch vor Abschluß des Konkursverfahrens, daß der Konkursverwalter gegen seine Pflichten verstoßen hat, so ist vom zuständigen Konkursgericht ein **Sonder-Konkursverwalter** zu bestellen (vgl. hierzu BGH ZIP 1989, 1407).

Nach Aufhebung des Konkursverfahrens kann jeder Gläubiger Schadenersatzansprüche gegen den (früheren) Konkursverwalter selbst geltend machen, falls er im **Schlußtermin** entsprechende Einwendungen gegen die **Schlußrechnung** vorgebracht hat. Andernfalls gilt die Schlußrechnung als anerkannt, § 86 KO, letzter Satz. Der Konkursverwalter ist insoweit entlastet und seiner Verantwortung nach § 82 KO enthoben, es sei denn, er hat über den fraglichen Punkt überhaupt nicht Rechnung gelegt.

Daß Konkursverwalter in größeren Verfahren eine **Vermögensschaden-**

Haftpflicht-Versicherung abschließen ist für geschädigte Gläubiger oft nur ein kleiner Trost. Der Weg bis zum BGH ist weit.

36 **b) Haftung des Gläubigerausschusses, § 89 KO.** Prozesse über die persönliche Haftung eines Mitgliedes des **Gläubigerausschusses, § 89 KO,** sind vergleichweise selten. Die einschränkende Rechtsprechung des BGH über Haftungsumfang und Verjährungsfrist beim Konkursverwalter gilt auch hier. Probleme könnten sich im Einzelfall aus der Pflicht zur **Kassenprüfung** ergeben, § 88 II 2 KO.

37 **c) Haftung des Richters/Rechtspflegers?** Schadenersatzansprüche gegen den für das Konkursverfahren zuständigen **Richter/Rechtspfleger** wegen Verletzung ihrer Überwachungspflichten sind trotz der gewaltigen Zahl von Verfahren gegen Konkursverwalter so gut wie unbekannt. Im übrigen darf auf die umfangreiche Rechtsprechung zu § 839 BGB verwiesen werden.

8. Ansprüche gegen den GmbH-Geschäftsführer persönlich

38 Sieht man von den Konkursdelikten der §§ 283 ff. StGB ab, so ergeben sich in fast jedem Konkursverfahren mögliche Ansprüche der Gläubiger gegen den verantwortlichen GmbH-Geschäftsführer und zwar:
– wegen verspäteter Bilanzierung, insbesondere aber wegen verspäteter Konkurs- oder Vergleichsanmeldung (a), und
– wegen verspäteter Einstellung des Geschäftsbetriebes und damit verbundener Betrugstatbestände (b).

39 **a) Verspätete Konkurs-/Vergleichsanmeldung.** Daß der GmbH-Geschäftsführer ebenso wie der Vorstand einer Aktiengesellschaft spätestens binnen 6 Monaten nach Ablauf des Geschäftsjahres die **Bilanz nebst Gewinn- und Verlustrechnung** vorlegen muß, § 264 HGB, wird gerade bei den insolvenzgefährdeten kleineren und mittleren Gesellschaften kaum ernst genommen. Mehr Respekt besteht schon vor der 3-Wochenfrist des § 64 GmbHG (bei der GmbH & Co. KG § 177 a HGB in Verbindung mit § 130 a HGB, bei der AG § 92 AktG). Der Eintritt der **Zahlungsunfähigkeit** ist meist leicht feststellbar. Entweder es hagelt schon Mahnbescheide, oder die Hausbank hat den Kredit gekündigt, so daß vor allem die Gehälter nicht mehr bezahlt werden können.
Die Abhandlungen über den Konkursgrund der **Überschuldung** sind kaum mehr überschaubar (sehr lesenswert: *Uhlenbruck,* Die GmbH & Co. KG in Krise, Konkurs und Vergleich). Nach der ständigen Rechtsprechung des BGH hat der Geschäftsführer eine „**Überschuldungsbilanz**" aufzustellen, sobald er weiß oder wissen muß, daß eine Überschuldung seiner Gesellschaft in Betracht kommt. Entscheidend ist nun die Bewertung der einzelnen Positionen der Aktiva. Nach heute ganz herrschender Meinung sind die Aktiva mit den effektiven Verkehrswerten jeweils unter Fortführungsgesichtspunkten – „**going-concern**" – anzusetzen. Stille Reserven dürfen also aufgedeckt werden. Ein etwaiges Know-how kann nur höchst vorsichtig bewertet werden. Erstellt der Geschäftsführer diese Überschuldungsbilanz zu spät oder läßt er dann mehr als 3 Wochen verstreichen, bis er Konkurs oder Vergleich beantragt, so macht er sich strafbar, § 84 GmbHG (für die GmbH & Co. KG gilt § 177 a HGB in Verbindung mit § 130 b HGB, für die AG gilt § 401 AktG). Im übrigen darf auf Abschnitt I (Rdnrn. 1 ff.) verwiesen werden.

Füchsl

b) Betrug. Die Situation ist stets dann problematisch, wenn der Geschäfts- 40
führer nach Eintritt der Krise ums Überleben kämpft. Stellt er jetzt den Geschäftsbetrieb ein, ist alles zu Ende. Arbeitet er weiter und kommt es dann doch zum Konkurs, so macht er sich solchen Gläubigern gegenüber des Betruges (§ 263 StGB) schuldig, die im Vertrauen auf seine Zahlungsfähigkeit nach dem Eintritt der Krise noch Lieferungen und Leistungen erbracht haben und nunmehr mit ihren Forderungen ganz oder teilweise ausfallen. Daß den betroffenen Gläubigern im letzteren Falle Schadenersatzansprüche gegen den Geschäftsführer der GmbH bzw. den Vorstand der AG zustehen liegt auf der Hand. Im Falle a) läßt sich jedoch eine Kausalität zwischen der verspäteten Konkurs-/Vergleichsanmeldung und dem Schaden des Gläubigers nicht immer herleiten.

Sehr streitig ist, ob sich der GmbH-Geschäftsführer, der mit Zustimmung seiner Mitgesellschafter Stammkapital oder kapitalersetzende Darlehen entnimmt, wegen Untreue gegen seine Gesellschaft strafbar macht, § 266 StGB. Am „Vorenthalten oder Veruntreuen von Arbeitsentgelt", § 266a StGB, kommt in der Insolvenz fast kein Geschäftsführer vorbei. I. ü. darf auf die breite Palette der §§ 283 ff. StGB verwiesen werden.

9. Ansprüche gegen die Hausbank des Gemeinschuldners?

a) Nicht selten müssen Konkursgläubiger aus dem Bericht des Konkursver- 41
walters in der Gläubigerversammlung zur Kenntnis nehmen, daß die Gemeinschuldnerin faktisch ihr gesamtes Vermögen ihrer Hausbank übertragen hat:
– diese ist als Grundpfandgläubiger wirtschaftlicher Eigentümer der Grundstücke nebst allem Zubehör,
– das Warenlager wurde ihr sicherungsübereignet, und
– alle Außenstände A–T abgetreten.
Liegt hier eine **sittenwidrige Knebelung** der Gemeinschuldnerin im Sinne des § 138 BGB vor? Wenn die Belastungen das Gesamtvermögen oder wesentliche Teile erfassen, ja. Lassen allerdings die Belastungen dem Betroffenen noch Raum für eigene geschäftliche Dispositionen, so ist kein Sittenverstoß anzunehmen (*BGH NJW* 1958, 457 f.). Liegt jedoch ein Fall sittenwidriger Knebelung vor, ist es Aufgabe des Konkursverwalters, von der Bank Freigabe der Sicherheiten zu verlangen.

b) Anders ist es mit dem **Konflikt Warengläubiger – Kreditgläubiger.** Die 42
Ansprüche der Lieferanten aus dem verlängerten Eigentumsvorbehalt gehen der Sicherungszession zugunsten der Bank unstreitig vor. Das praktische Problem besteht für die Lieferanten darin nachzuweisen, in welchen Lieferungen des Gemeinschuldners an seine Kunden ihre Waren stecken. Der Konkursverwalter ist verpflichtet, den Lieferanten entsprechende **Auskünfte zu erteilen** (*BGHZ* 70, 86). Bis zu dieser Entscheidung war man überwiegend der Meinung, daß nur der Gemeinschuldner selbst auskunftspflichtig sei.

Andererseits besteht kein Rechtsanspruch, die Geschäftsunterlagen beim Konkursverwalter einzusehen, es sei denn, der Konkursverwalter bietet von sich aus **Einsicht in die Unterlagen** an Stelle der Auskunftserteilung an (*BGHZ* 70, 86). Ob ein Auskunftsanspruch des absonderungsberechtigten Warengläubigers auch gegen die Bank besteht, die (fast) alle Außenstände einzieht, ist strittig. Da ein solcher Anspruch als Nebenverpflichtung der Durchsetzung des Hauptanspruches dienen soll, erscheint er nach § 242 BGB begründet. Schließlich muß die Hausbank ab Kenntnis von der Krise bzw. ab Kreditkündigung alle

Eingänge aus Zessionen auf ein Sicherheitenverwertungskonto nehmen, um den Lieferanten die Realisierung ihrer Ansprüche aus verlängertem Eigentumsvorbehalt zu ermöglichen.

10. Das Gläubigeranfechtungsgesetz

43 Das „Gesetz, betreffend die Anfechtung von Rechtshandlungen eines Schuldners außerhalb des Konkursverfahrens" hat in der Praxis kaum Bedeutung. In Fällen, in denen es nicht zur Konkurseröffnung gekommen ist, kann der Gläubiger anstelle des Konkursverwalters Anfechtungstatbestände realisieren, die jedoch für einen Dritten kaum nachvollziehbar und beweisbar sind.

III. Der Anwalt als Berater eines Arbeitnehmers

1. Im gerichtlichen Vergleichsverfahren seines Arbeitgebers

Im Vergleich bleibt die Verfügungsbefugnis und damit die Kompetenz, Kündigungen auszusprechen, grundsätzlich beim insolventen Unternehmer.

44 a) Fortführungsvergleiche sind in aller Regel nur realistisch, wenn die Belegschaft spürbar abgebaut werden kann. Derartige Kündigungen sind aber erst nach Durchführung eines **Interessenausgleiches** und Abschluß eines **Sozialplanes** (§§ 111/112 BetrVG) nach Maßgabe des Gesetzes über den Sozialplan im Konkurs- und Vergleichsverfahren vom 20. 2. 1985 (abgedruckt u. a. bei *Kilger* KO, Anhang 10) möglich, falls ein Betriebsrat vorhanden ist. Soweit sich die Sozialpläne an die im Gesetz aufgestellten Begrenzungen halten, sind die entsprechenden Beträge in voller Höhe an die Arbeitnehmer auszuzahlen. Darüber hinaus müssen die gesetzlichen und tariflichen Kündigungsfristen eingehalten werden. Das genannte Gesetz war zunächst bis zum 31. 12. 1988 befristet. Es wurde dann mehrfach verlängert, zuletzt durch Gesetz vom 20. 12. 1991 bis zum 31. 12. 1993 (BGBl. 1991 I S. 2289). Das Sozialplangesetz gilt nicht in den neuen Bundesländern und Ostberlin, dort ist die Problematik durch § 17 III Nr. 1c der Gesamtvollstreckungsordnung (GesO) geregelt (vgl. Rdnr. 58).

45 b) Im **Liquidationsvergleich** gilt das Sozialplangesetz in gleicher Weise. In einem Verfahren mit einer größeren Zahl von Arbeitnehmern wird es der Schuldnerin kaum gelingen, die erheblichen Beträge vorab aus der Masse zu bezahlen.

2. Im Konkursverfahren

Im Konkursverfahren stellt die Abwicklung der Arbeitsverhältnisse eine der wesentlichen und zeitraubenden Aufgaben des Konkursverwalters und seiner Mitarbeiter dar.

46 a) **Die Kündigung der Arbeitsverhältnisse.** Gehen wir von dem einfachen Fall aus, daß der Geschäftsbetrieb der Gemeinschuldnerin am Tage der Konkurseröffnung bereits eingestellt war oder vom Konkursverwalter sofort eingestellt wird.

Der Konkursverwalter wird zunächst alle Arbeitsverhältnisse kündigen. Nach § 22 I 2 KO kann er dies ohne Rücksicht auf (längere) **vertragliche Fristen.** Gemäß *BAG* ZIP 1984, 1517 sind jedoch auch **tarifvertragliche Kündi-**

gungsfristen wie gesetzliche Fristen zu behandeln. **Achtung:** Seit der Entscheidung des *Bundesverfassungsgerichts* vom 30. 5. 1990 (ZIP 1990, 1015 ff.) sind die kürzeren Kündigungsfristen **für Arbeiter,** § 622 Abs. 2 BGB nicht mehr anwendbar.

Außerdem müssen folgende Sonderfälle beachtet werden:
- **Schwerbehinderte** sind nur nach vorheriger Zustimmung durch die zuständige Hauptfürsorgestelle kündbar,
- **Schwangere** erst zum Ablauf der Mutterschutzfrist,
- Mitglieder des **Betriebsrates** können nach ganz herrschender Meinung erst zu dem Zeitpunkt gekündigt werden, zu dem die ordnungsgemäß kündbaren Arbeitnehmer mit den längsten Kündigungsfristen ausscheiden.
- Gleiches gilt für **ältere Arbeitnehmer,** die nach dem Tarifvertrag einiger Gewerkschaften, vor allem der IG-Metall als unkündbar gelten.
- Ob **Ausbildungsverträge** vorzeitig kündbar sind, ist sehr streitig. Ein fürsorglicher Konkursverwalter wird sich bemühen, den Auszubildenden einem anderen Arbeitgeber zu vermitteln.

Wichtig: Der Konkursverwalter muß auch die **Anzeigepflichten** nach § 17 KSchG und § 8 AFG erfüllen. **Massenentlassungen** vor Ablauf eines Monats nach Eingang der Anzeige beim Arbeitsamt sind nur mit Zustimmung des Landesarbeitsamtes wirksam, § 18 KSchG.

b) Die Ansprüche des gekündigten Arbeitnehmers. aa) Gem. § 59 I Nr. 3a KO sind die Ansprüche der Arbeitnehmer für die letzten 6 Monate vor Konkurseröffnung **Masseschulden** und damit in bar aus der Masse zu bezahlen. Hier tritt nun das **Gesetz über Konkursausfallgeld** vom 17. 7. 1974 ein und gibt den Arbeitnehmern für die letzten 3 Monate vor Konkurseröffnung einen Anspruch auf volle Bezahlung der bestehenden Rückstände (§§ 141 a ff. AFG, abgedruckt bei *Kilger* KO Anhang 8). Dieser Anspruch umfaßt Nettolohn/Gehalt, Krankenkasse, Rentenversicherung und Arbeitslosenversicherung, auch vertraglich vereinbarte Provisionen, Spesen und sonstige Kosten, nicht jedoch Lohn- und Kirchensteuer, da Konkursausfallgeld nicht lohnsteuerpflichtig ist. Ob der Arbeitnehmer gegen die Konkursmasse einen (Masse-)Anspruch auf Erstattung der beim Lohnsteuerjahresausgleich fehlenden Lohnsteuer hat, ist bisher noch nicht entschieden. Gesellschafter-Geschäftsführer einer GmbH mit beherrschendem Einfluß (wohl mehr als 25% Anteile, je nach Ausgestaltung der GmbH-Satzung) erhalten kein Konkursausfallgeld.

Gleiches gilt für alle freiberuflichen Mitarbeiter der Gemeinschuldnerin, vor allem für Handelsvertreter.

Zuständige Behörde für das Konkursausfallgeld ist das Arbeitsamt. Dort muß der Arbeitnehmer binnen 2 Monaten nach Konkurseröffnung einen Antrag stellen. Die arbeitsaufwendigen Lohnnachweise hat der Konkursverwalter zu erstellen und einzureichen. Kommt es zur Ablehnung des Konkursantrages mangels Masse, ist dieser Beschluß des Gerichtes maßgeblich für die Berechnung des 3-Monats-Zeitraumes. Sind Arbeitnehmer schon vor dem Stichtag (Konkurseröffnung-Ablehnung mangels Masse) ausgeschieden, wird bis zum Tag des Ausscheidens für maximal 3 Monate Konkursausfallgeld bezahlt.

bb) Soweit der Konkursverwalter die Arbeitnehmer nicht mehr benötigt, wird er sie von Arbeit **freistellen** mit dem Hinweis, daß zunächst noch offene Urlaubs- und Überstundenansprüche einzubringen sind. Reicht die Masse voraussichtlich nicht aus, alle Masseverbindlichkeiten zu bezahlen, wird er die Arbeitnehmer bitten, beim Arbeitsamt sofort **Arbeitslosengeld** zu beantragen. Das Arbeitsamt macht dann das gezahlte Arbeitslosengeld (wie das Konkursausfallgeld lohnsteuerfrei) beim Konkursverwalter als Masseschuld geltend, der verbleibende Differenzlohn zwischen dem regulären Gehalt und dem Arbeitslosengeld ist vom Konkursverwalter abzurechnen und an die Arbeitnehmer, die Sozialversicherungsträger und das Finanzamt auszuzahlen. Bei massearmen Konkursen mit verhältnismäßig vielen Arbeitnehmern kann gelegentlich eine Einstellung mangels Masse dadurch vermieden werden, daß das Arbeitsamt bzw. Landesarbeitsamt hinsichtlich des Arbeitslosengeldes einen Rangrücktritt hinter alle übrigen Masseverbindlichkeiten erklärt, so daß eine Bezahlung an das Arbeitsamt nur dann noch in Betracht kommt, wenn schließlich doch noch ausreichend Masse erwirtschaftet werden kann.

49 cc) Eine interessante Variante bietet in diesem Zusammenhang die Möglichkeit, den Arbeitsvertrag per Konkurseröffnung einvernehmlich aufzuheben und dem Arbeitnehmer in analoger Anwendung der §§ 9, 10 KSchG für den vorzeitigen Verlust des Arbeitsplatzes eine **Sozialabfindung** zu bezahlen. Eine solche Abfindung ist nicht krankenkassen- und sozialversicherungspflichtig und bis 24 000 DM lohn- und kirchensteuerfrei, bei Arbeitnehmern, die das 50. Lebensjahr vollendet haben und 15 Dienstjahre aufweisen bis 30 000 DM, nach Vollendung des 55. Lebensjahres und nach 20 Dienstjahren sogar bis 36 000 DM, § 3 Ziffer 9 EStG. Hat z. B. der Arbeitnehmer *A*, Brutto-Monatsgehalt 5000 DM ab Konkurseröffnung 4 Monate Kündigungsfrist, so kann die Vereinbarung einer Abfindung in Höhe von 10 000 DM brutto für netto für beide Teile vorteilhaft sein, für *A* vor allem dann, wenn er bereits einen neuen Job in Aussicht hat. *A* sollte sich aber vor der Unterschrift an das Arbeitsamt wenden, weil ihm ein Teil der Sozialabfindung auf das Arbeitslosengeld angerechnet wird.

50 c) **Die Mitwirkung des Betriebsrates.** Ist ein Betriebsrat vorhanden, muß der Konkursverwalter mit dem Betriebsrat einen **Sozialplan** nach Maßgabe des bereits besprochenen Sozialplangesetzes abschließen. Die hieraus resultierenden Ansprüche der einzelnen Arbeitnehmer sind bevorrechtigte Konkursforderungen gem. § 61 I Nr. 1 KO. Über den gleichzeitig abzuschließenden **Interessenausgleich** wurde bereits berichtet. Können sich Konkursverwalter und Betriebsrat nicht einigen muß die „**Einigungsstelle**" angerufen werden, § 112 II BetrVG.

51 d) **Die Fortführung des Geschäftsbetriebs durch den Konkursverwalter.** Es kommt nicht selten vor, daß der Konkursverwalter den Geschäftsbetrieb der Gemeinschuldnerin noch einen gewissen Zeitraum, meist einige Monate fortführen will, sei es, um noch vorhandene **Aufträge abzuwickeln** (sog. Ausproduktion), sei es, um einen Übernehmer zu finden, der natürlich nur an einem laufenden Geschäftsbetrieb Interesse hat. Häufig fallen beide Motive zusammen.

Wie bereits dargestellt, ist die aus Gründen des Betriebsablaufes erforderliche stufenweise Beendigung des Geschäftsbetriebes im Rahmen eines Interessenausgleiches gem. § 112 BetrVG mit dem Betriebsrat zu regeln. Die Problematik dieser – zeitlich begrenzten – Betriebsfortführung liegt meist auf einer anderen Ebene. Gerade die guten Arbeitnehmer suchen sich unverzüglich nach Konkurseröffnung einen neuen Job und **kündigen fristlos** gem. § 626 BGB. Falls mehrere wichtige Posten unbesetzt sind, ist eine geordnete Produktion nicht mehr möglich. Das Recht des Arbeitnehmers, nach Konkurseröffnung gem. § 626

BGB fristlos zu kündigen ist fraglich. Die Rechtsprechung ist darin einig, daß die Konkurseröffnung als solche kein Recht zur fristlosen Kündigung darstellt (Zitate bei *Kilger* Anm. 8 zu § 22 KO). Andererseits ist ebenso unstreitig, daß § 622 BGB durch § 22 KO nicht ausgeschlossen wird. In der Praxis bringt die theoretische Diskussion dieses Problems nicht allzuviel. Es gibt wohl nur zwei Möglichkeiten, den sofortigen Zusammenbruch des Geschäftsbetriebes zu vermeiden. Zum einen wird der Konkursverwalter in einer Betriebsversammlung darauf hinweisen, daß **Zahlungen aus dem Sozialplan** nur möglich sind, wenn die Produktion erfolgreich abgewickelt wird. Reicht dies nicht aus, müssen den Arbeitnehmern **Treueprämien** in Aussicht gestellt werden.

Soll der Personalbestand reduziert werden, stellt sich das weitere Problem der **Sozialauswahl** des § 1 KSchG. Das Bundesarbeitsgericht hat entschieden, daß diese Bestimmung auch für den Konkursverwalter gilt (*BAG ZIP 1983, 205 ff.*).

Um den lädierten Betrieb der Gemeinschuldnerin für einen potentiellen Übernehmer herauszuputzen, möchte der Konkursverwalter gerne alle Arbeitnehmer entlassen, die keine erstklassige Leistung mehr erbringen oder die überdurchschnittlich hohe soziale Anwartschaftsrechte (lange Kündigungsfristen, langer Urlaub u. a.) haben. Das Kündigungsschutzgesetz gebietet meist gerade das Gegenteil. Nur ein sehr kompromißfähiger Betriebsrat und die Abwägung zwischen den Interessen einzelner Arbeitnehmer und denen des Betriebes im Ganzen können diesen Gordischen Knoten lösen.

e) **§ 613a BGB: Betriebsübergang.** Das *BAG* hat in seiner Grundsatzentscheidung NJW 1984, 627 = ZIP 1983, 1377 ausgesprochen, daß die in § 613a BGB normierte cessio legis auch bei Betriebsveräußerungen im Konkurs (und im Liquidationsvergleich) gilt. Verkauft daher der Konkursverwalter einen Betrieb oder Betriebsteil, gehen alle Arbeitsverhältnisse der dort zum Zeitpunkt der Konkurseröffnung beschäftigten Arbeitnehmer auf den Erwerber über. Es empfiehlt sich daher für alle Arbeitnehmer, die vom Konkursverwalter gekündigt werden, vorsorglich **Kündigungsschutzklage** (Frist: 3 Wochen) zu erheben mit der Behauptung, eine Betriebsübernahme gem. § 613a BGB sei nicht auszuschließen. Kommt es dann tatsächlich zu einer Betriebsübernahme, können diese Arbeitnehmer vom Erwerber Weiterbeschäftigung verlangen. 52

Im Rahmen des § 613a BGB gehen auch die Ansprüche der Arbeitnehmer aus einer **betrieblichen Altersversorgung** bei der Gemeinschuldnerin auf den Erwerber über. Ansprüche der Arbeitnehmer gegen die Gemeinschuldnerin, die zum Zeitpunkt der Konkurseröffnung bereits entstanden waren, bleiben allerdings bei der Konkursmasse. Sie gehen auf Grund des **„Gesetzes zur Verbesserung der betrieblichen Altersversorgung"**, kurz **„Betriebsrentengesetz"** genannt, auf den Pensions-Sicherungs-Verein a. G., Köln über (abgedruckt Anhang 9 bei *Kilger* KO).

Hat der Konkursverwalter den Betrieb fortgeführt und die Löhne/Gehälter ab Konkurseröffnung nicht bezahlt, so haftet der Erwerber auch für diese Masseschulden (*BAG NJW 1987, 1966*). Viele Konkursverwalter halten § 613a BGB in der Lesart des BAG für einen Arbeitsplatzvernichter, da potentielle Erwerber unter diesen Umständen häufig nicht bereit sind einzusteigen, so daß auch nicht wenigstens ein Teil der ursprünglichen Arbeitsplätze erhalten werden kann. Dies führt in der Praxis zu dem Bestreben, die Anwendung des § 613a BGB zu umgehen. Ein häufig praktizierter Versuch besteht darin, den einheitlichen Betrieb der Gemeinschuldnerin wie folgt aufzuspalten:

- Grundstück, Gebäude und Maschinen werden an eine Besitzgesellschaft verkauft,
- das bewegliche Umlaufvermögen wird von einer Betriebs-GmbH erworben,
- Warenzeichen und know how der Gemeinschuldnerin werden zusammen mit einem Schreibtisch (§ 8 WZG!) an eine Marketing GmbH verkauft,
- allen Arbeitnehmern wird vom Konkursverwalter gekündigt.

Die „Auserwählten" erhalten von der Betriebs-GmbH ein Angebot zum Abschluß eines neuen Arbeitsvertrages. Das BAG wird bei seiner extensiven Anwendung wohl auch diesen Beispielfall unter § 613a BGB subsumieren.

In den neuen Bundesländern und in Ost-Berlin ist § 613a BGB im Gesamtvollstreckungsverfahren nicht anzuwenden (§ 16 des Gesetzes über die Spaltung der von der Treuhandanstalt verwalteten Unternehmen vom 5. 4. 1991). Diese Regelung war zunächst bis zum 31. 12. 1992 befristet. Im Rahmen des Gesetzes zur Änderung des Einführungsgesetzes zum Bürgerlichen Gesetzbuch vom 21. 12. 1992 wurde sie bis zum 31. 12. 1994 verlängert (BGBl. I S. 2116 v. 24. 12. 1992).

IV. Der Anwalt als Berater eines Betriebsübernehmers

1. Betriebsübernahme ohne eröffnetes Insolvenzverfahren

53 Bei so manchem insolvent werdenden Unternehmen stellt sich die Gretchenfrage, wie denn die noch vorhandenen positiven Elemente
- interessantes Produkt, guter Name, Kundenstamm, Know-how etc.
- unter Zurücklassung der Schulden und des zu hohen Personalbestandes gerettet werden könnten.

In aller Regel denkt man zunächst an eine neu zu gründende Gesellschaft, die entweder vom bisherigen Geschäftsinhaber und dessen Familie oder von fremden Dritten beherrscht werden soll. Sehr rasch stellt man aber fest, daß alle Lösungsansätze an **§ 419 BGB, § 25 HGB und an § 613a BGB** scheitern.

2. Der Konkurs- oder Vergleichsverwalter als Vertragspartner des Übernehmers

54 Ist das Konkursverfahren eröffnet, wird jeder Verwalter zunächst darüber nachdenken, ob und wie er den Geschäftsbetrieb der Gemeinschuldnerin – oder wenigstens Teile davon – „verkaufen" kann. Hierbei geht es nicht nur um Konkursmasse, sondern auch um die Erhaltung von Arbeitsplätzen. Gerade darin liegt aber das Problem.

Wie bereits dargestellt, gilt § 613a BGB nach der ständigen Rechtsprechung des BAG auch im Konkurs. Da in fast allen Insolvenzen ein zu hoher Personalbestand (mit-)ursächlich für den Zusammenbruch war, sind fremde Dritte nur dann zum Einsteigen bereit, wenn sie nur einen Teil der bisherigen Mitarbeiter übernehmen müssen. Läßt sich dies, wie meist, nicht realisieren, wird lieber auf das Geschäft verzichtet. Damit verlieren dann alle Arbeitnehmer ihren Job.

Viele Konkursverwalter versuchen nun den Geschäftsbetrieb der Gemeinschuldnerin so lange fortzuführen, bis sich der Personalbestand von selbst auf ein vernünftiges Maß reduziert und damit § 613a BGB kein Problem mehr macht. Falls nicht Banken bereit sind ausreichend hohe **Massekredite** zu geben, scheitert dieser Plan meist schon an den notwendigen flüssigen Mitteln, häufig auch daran, daß es für den Konkursverwalter mittel- und langfristig sehr schwer möglich ist, ohne Verluste zu produzieren. Ein noch größeres Problem liegt aber darin, daß auch der Konkursverwalter nach der ständigen Rechtsprechung des BAG verpflichtet ist, sich an die Kriterien der Sozialauswahl des Kündigungsschutzgesetzes zu halten.

Personalabbau im Konkurs bedeutet also, daß gerade die jüngeren Arbeitnehmer zuerst entlassen werden müssen. Bedenkt man auch, daß nach Konkurseröffnung viele qualifizierte Mitarbeiter von sich aus kündigen, so kann man sich die Personalliste nach 6 Monaten Konkurs gut vorstellen. Potentielle Betriebsübernehmer werden dankend ablehnen. 55

§ 419 BGB und § 25 HGB machen im Konkursverfahren keine Probleme. Die neue Gesellschaft kann vom Konkursverwalter alle Aktiva der Gemeinschuldnerin erwerben, ohne sich der Gefahr einer Haftungsübernahme auszusetzen. Sieht man vom Verkauf einzelner Betriebsteile ab, kommt eine **Betriebsübernahme** im gerichtlichen Vergleichsverfahren begrifflich nur beim Liquidationsvergleich in Betracht. Vertragspartner sind hier auf der Verkäuferseite sowohl das schuldnerische Unternehmen als auch der Vergleichsverwalter oder Sachwalter, der seine Zustimmung geben muß. Der Abschluß eines derartigen Vertrages ist nach richtiger Ansicht erst dann möglich, wenn die Gläubigerversammlung den Vergleichsvorschlag mit den erforderlichen Mehrheiten angenommen hat und die Bestätigung des Vergleiches rechtskräftig geworden ist. Andernfalls käme es zum Anschlußkonkurs. Im übrigen gilt das zum Konkursverfahren Gesagte analog: § 613a BGB ist in jeder Phase der Vergleichsabwicklung zu beachten, nicht jedoch § 419 BGB. 56

V. Ausblick: Die Reform des Insolvenzrechtes

Die 1978 vom damaligen Justizminister *Dr. Vogel* eingesetzte **Kommission für Insolvenzrecht** hat 1985/86 zwei umfangreiche Berichte vorgelegt. Hiernach soll es künftig nur noch ein einheitliches Insolvenzverfahren geben mit den Varianten „Reorganisation" und „Liquidation". Außerdem soll ein große Zahl formeller und materieller Vorschriften geändert werden, nicht nur in der Konkursordnung, sondern quer durch viele Rechtsgebiete, vor allem im Zivil-, Handels- und Arbeitsrecht. Vor dem Hintergrund dieser Vorschläge ließ das Bundesjustizministerium einen **Diskussionsentwurf** erarbeiten, der im September 1988 der Öffentlichkeit zugänglich gemacht wurde. Im November 1989 folgte dann ein **Referentenentwurf**, der die Stellungnahmen der beteiligten Kreise, vor allem der Insolvenzverwalter leider nur teilweise berücksichtigt. 57

Angesicht der vielfältigen Schwierigkeiten und Interessengegensätze, nicht zuletzt auch wegen der Priorität der Wiedervereinigung konnte das große Reformwerk in der Ende 1990 endenden Legislaturperiode nicht mehr verwirklicht werden. Aus den Reihen der Konkursverwalter – Arbeitskreis für Insolvenzrecht im DAV, Gravenbrucher Kreis u. a. – wurde deshalb seit einiger Zeit versucht, **Vorabmaßnahmen** durchzusetzen. So soll vor allem § 60 KO dahingehend geändert werden, daß erst die Massekosten und dann die Masseschulden zu befriedigen sind. Dies würde zur Vermeidung der vielen Abweisungen mangels Masse führen. In den neuen Bundesländern ist diese Forderung bereits teilweise erfüllt worden (§ 13 Gesamtvollstreckungsordnung). Außerdem hat der BGH am 5. 12. 1991 entschieden, daß die auf den Zeitraum ab Feststellung der Masseunzulänglichkeit entfallende Verwaltervergütung vor allen übrigen Masseverbindlichkeiten zu berichtigen ist (ZIP 1992, 120ff.). Auch eine Änderung des § 613a ist geplant. Die Vorschrift soll im Konkurs und Vergleich entschärft werden. Zur Situation in den neuen Bundesländern vgl. Rdnr. 52. Wichtig wäre vor allem auch noch eine Änderung des Umsatzsteuergesetzes dahingehend, daß bei der Verwertung von Sicherungseigentum im Konkurs die Umsatzsteuer nicht mehr wie jetzt der Konkursmasse zur Last fällt, sondern dem Sicherungsnehmer. Diese Bemühungen werden wohl schon deshalb wenig erfolgreich sein, weil die Bundesregierung am 15. 4. 1992 dem Deutschen Bundestag den Entwurf einer **Insolvenzordnung** (InsO) vorgelegt hat (BT-Drs. 12/2443 v. 15. 4. 1992; die Begründung der Bundesregierung ist abgedruckt in KTS 1992, 33ff.). Die vorgeschaltete Anhörung des Bundesrates (BR-Drs. 1/1/92 v. 4. 4. 1992) brachte der Bundesregierung viel Kritik. Dies gilt auch für die Praktiker, die vor allem die Eingliederung der geplanten „Restschuldbefreiung" in die Insolvenzordnung beanstanden. Nach dem Regierungsentwurf werden allen privaten Schuldnern nach 7 Jahren bei „guter Führung" alle Schulden erlassen, die Abwicklung der in die Zehntausende gehenden Verfahren soll über die Insolvenzgerichte erfolgen!

VI. Rechtslage in den neuen Bundesländern

58 Insolvenzverfahren waren dem System der früheren DDR nahezu unbekannt. Die „Gesamtvollstreckungsordnung" vom 18. 12. 1975 kam nur bei Einzelfirmen und Freiberuflern zur Anwendung. Da man die Insolvenzgesetze des Westens nicht übernehmen wollte, trat am 1. 7. 1990 eine „Verordnung über die Gesamtvollstreckung – Gesamtvollstreckungsordnung" – in Kraft, die in 23 Paragraphen Teilbereiche der Konkursordnung regelt (Gesetzblatt der DDR, Teil I, Nr. 32 vom 19. 6. 1990).

Die durch den Einigungsvertrag geschaffene Rechtslage hat die Bundesregierung durch die „Erläuterungen zu den Anlagen des Einigungsvertrages" (BR-Drs. 605/90 vom 11. 9. 1990) begründet. Die bereinigte, ab 3. 10. 1990 geltende Fassung und das „Gesetz über die Unterbrechung von Gesamtvollstreckungsverfahren" sind u. a. abgedruckt in ZIP 1990, 1231ff. und in der RWS Dokumentation 2, das Zivil- und Wirtschaftsrecht in den neuen Bundesländern ab 3. 10. 1990.

Es liegt auf der Hand, daß eine Regelung von 23 Paragraphen gegenüber den 238 Paragraphen der Konkursordnung lückenhaft sein muß. Ob diese Lücken im Einzelfall durch Analogie zur Konkursordnung ausgefüllt werden dürfen, ist höchstrichterlich noch nicht entschieden.

Andererseits verwirklicht die Gesamtvollstreckungsordnung bereits einige Reformvorschläge der neuen „Insolvenzordnung", nämlich
- eine geänderte Rangfolge der Massekosten und Masseschulden (§ 13),
- die Forderungsanmeldung beim Verwalter (§ 5 Nr. 3),
- den Ansatz einer Restschuldbefreiung (§ 18 Nr. 2, Satz 3),
- die „Konkursfähigkeit" der BGB-Gesellschaft (§ 1 I) und
- das einheitliche Verfahren.

Alles in allem sollte es nunmehr ein gemeinsames Anliegen sein, die Materie „Insolvenzrecht" so rasch wie möglich einer allerseits klaren, überschaubaren und einheitlichen Regelung zuzuführen.

D V. Schiedsrichterliche Tätigkeit

Prof. Dr. Rolf A. Schütze

Übersicht

	Rdnr.		Rdnr.
I. Schiedsvereinbarung	1	III. Vollstreckung von Schiedssprüchen	42
1. Zweckmäßigkeit einer Schiedsvereinbarung	1	1. Inländische Schiedssprüche	42
2. Institutionelles oder ad hoc Schiedsgericht	8	2. Ausländische Schiedssprüche	43
3. Erfordernisse der Schiedsvereinbarung	18	IV. Aufhebung von Schiedssprüchen	46
4. Inhalt der Schiedsvereinbarung	23	1. Inländische Schiedssprüche	46
5. Wegfall der Schiedsvereinbarung	30	2. Ausländische Schiedssprüche	47
II. Schiedsverfahren	31		
1. Schiedsverfahren als Schiedsrichter	31		
2. Schiedsverfahren als Partei	39		

Literatur: *Glossner/Bredow/Bühler,* Das Schiedsgericht in der Praxis, 3. Aufl. 1990; *Henn,* Schiedsverfahrensrecht, 2. Aufl., 1991; *Maier,* Handbuch der Schiedsgerichtsbarkeit, 1979; *Schlosser,* Das Recht der internationalen privaten Schiedsgerichtsbarkeit, 2. Aufl., 1989; *Schütze,* Schiedsgericht und Schiedsverfahren, 1991; *Schütze/Tscherning/Wais,* Handbuch des Schiedsverfahrens, 2. Aufl., 1990; *Schwab/Walter,* Schiedsgerichtsbarkeit, 4. Aufl., 1990.

I. Schiedsvereinbarung

1. Zweckmäßigkeit einer Schiedsvereinbarung

Die Schiedsgerichtsbarkeit ist in einzelnen Fällen der ordentlichen Gerichtsbarkeit konzeptionell überlegen (vgl. *Schütze,* in: *Gilles,* Effiziente Rechtsverfolgung, 1987 S. 65 ff.). Das ist jedoch nicht immer der Fall, insbesondere ist die Schiedsgerichtsbarkeit nicht unbedingt kostengünstiger und schneller. Vor- und Nachteile gilt es im einzelnen abzuwägen (dazu im einzelnen *Schütze/Tscherning/Wais,* Handbuch des Schiedsverfahrens, Rdnrn. 1 ff.). 1

a) Sachkunde. Schiedsgerichte empfehlen sich dort, wo die Materie besondere Sachkunde in technischer (Schiffahrt, Bauwesen pp.), juristischer (Versicherungsrecht, ausländisches Recht pp.) oder sprachlicher Hinsicht (Beweismittel in fremder Sprache, fremdsprachige Zeugen und Parteien) erfordert. 2

b) Kosten. Die Kostenvorteile der Schiedsgerichtsbarkeit werden häufig überschätzt. Schiedsverfahren sind – insbesondere bei kleinen Streitwerten – oft teurer als Verfahren vor staatlichen Gerichten (vgl. für Beispiele *Schütze/Tscherning/Wais* aaO, Rdnr. 10), obwohl die Schiedsgerichtsbarkeit konzeptionell wegen der Einstufigkeit billiger zu sein scheint. Es ist aber zu berücksichtigen, daß das Vollstreckbarerklärungsverfahren durch den Instanzenzug mit entsprechender Kostenfolge gehen kann. 3

c) Verfahrensdauer. Trotz der grundsätzlichen Einstufigkeit sind Schiedsverfahren nicht unbedingt schneller als ordentliche Prozesse. Die notwendigen Ab- 4 stimmungen mit Parteien, Anwälten, Zeugen und Sachverständigen und der Mangel von prozessualen Zwangsmitteln verzögern Schiedsverfahren – insbesondere bei böswilligen Parteien – häufig. Auch hier ist zu berücksichtigen, daß das auch bei inländischen Schiedssprüchen notwendige Vollstreckbarerklärungsverfahren (§ 1042 I ZPO) über den vollen Instanzenzug gehen kann.

5   d) **Vertraulichkeit.** Die Nicht-Öffentlichkeit des Schiedsverfahrens ist insbesondere bei gesellschaftsrechtlichen Streitigkeiten (dazu Roth, in: Festschr. f. Nagel, 1987, S. 318 ff.) ein Vorteil des Schiedsverfahrens.

6   e) **Mangelnde Präzedenzwirkung.** Wenn eine Präzedenzwirkung der Entscheidung gewünscht wird, ist ein Schiedsverfahren ungeeignet.

7   f) **Freizügigkeit.** Schiedssprüche werden international weitergehend anerkannt und für vollstreckbar erklärt als dies bei gerichtlichen Entscheidungen der Fall ist. Das gilt nicht nur für den staatsvertraglichen Bereich (z. B. UN-Übereinkommen über die Anerkennung und Vollstreckung ausländischer Schiedssprüche vom 10. 6. 1958), sondern auch für das autonome Recht. So sind die Schranken der Wirkungserstreckung im deutschen Recht in § 1044 ZPO für ausländische Schiedssprüche viel niedriger angesetzt als für ausländische Zivilurteile in §§ 328, 722 f. ZPO, insbesondere weil die verbürgte Gegenseitigkeit nicht Erfordernis der Wirkungserstreckung für ausländische Schiedssprüche ist. Vielfach bietet eine Schiedsvereinbarung die einzige Möglichkeit, einen international durchsetzbaren Spruch zu erhalten.

2. Institutionelles oder ad hoc Schiedsgericht

8   a) **Überlegungen für die Wahl. aa) Verfahrensordnung.** Ad hoc Schiedsgerichte bieten den Parteien große Flexibilität. Sie ermöglichen ein „maßgeschneidertes" Schiedsverfahren. Die Redaktion einer Schiedsvereinbarung eines ad hoc Schiedsgerichts erfordert aber viel Erfahrung und Sorgfalt. Institutionelle Schiedsgerichte machen es den Parteien leichter. Sie haben den Vorteil, daß auch ungeübte Anwälte durch die bloße Vereinbarung der Zuständigkeit des institutionellen Schiedsgerichts Fehler vermeiden können. Dieser Vorteil kann bei ad hoc Schiedsgerichten zumindest teilweise dadurch ausgeglichen werden, daß die Parteien hinsichtlich des Verfahrens auf eine Musterschiedsordnung zurückgreifen können (z. B. die UNCITRAL-Schiedsgerichtsordnung; Schiedsgerichtsordnung des Deutschen Ausschusses für Schiedsgerichtswesen, abgedruckt bei Schütze/Tscherning/Wais aaO, S. 574 ff.; 530 ff.).

9   bb) **Organisation.** Institutionelle Schiedsgerichte stellen regelmäßig ein Sekretariat, Sitzungsräume pp. zur Verfügung und überwachen die Durchführung des Verfahrens in organisatorischer Hinsicht. Damit ist – cum grano salis – eine Garantie für die Zügigkeit und Ordnungsgemäßheit des Ablaufs des Verfahrens gegeben.

10   cc) **Kosten.** Die Hilfe der institutionellen Schiedsgerichte hat jedoch ihren Preis. Die Verwaltungsgebühren sind z. T. relativ hoch. Die Verwaltungskosten sind neben den Schiedsrichterhonoraren zu zahlen.

11   dd) **Durchsetzbarkeit.** Obwohl Schiedssprüche von institutionellen und ad hoc Schiedsgerichten rechtlich gleiche Qualität haben, ist nicht zu verkennen, daß Sprüche unter der Schiedsordnung eines renommierten internationalen

Schiedsgerichts – nicht zuletzt durch die Hilfe der Institution – praktische Vorteile im Exequaturverfahren haben. So ist die Internationale Handelskammer Paris bemüht, eine Durchsetzung „ihrer" Sprüche zu sichern.

b) Institutionelle Schiedsgerichte. Als wesentliche institutionelle Schiedsgerichte kommen in Europa in Betracht: 12

aa) Internationale Handelskammer Paris. (38, Cours Albert 1er, F-75008 Paris, Deutsche Gruppe Kolumbastraße 5, D-5000 Köln 1). Die Verfahrensordnung ist mit Wirkung vom 1. 1. 1988 neu gefaßt (vgl. dazu *Aden,* Internationale Handelsschiedsgerichtsbarkeit, 1988, S. 135 ff.; *Bredow/Bühler* IPRax 1988, 69 ff.; im übrigen *Schütze* WM 1986, 345 ff.).

bb) Schiedsgericht der Bundeskammer der gewerblichen Wirtschaft Wien. 13 (Wiedner Hauptstraße 63, P. O. Box 190, A-1045 Wien) (vgl. dazu *Aden* aaO, S. 146 ff.; *Melis* JPS 2 (1988), 174 ff.; JPS 4 (1990), 171 ff.; *Schütze/Tscherning/ Wais* aaO, Rdnr. 872 ff.; *Schütze* WM 1987, 609 ff.).

cc) Schiedsgericht der Zürcher Handelskammer. (Bleicherweg 5, CH-8022 14 Zürich) (dazu *Glattfelder,* Die internationale Schiedsgerichtsbarkeit der Züricher Handelskammer, 1979; *Schütze/Tscherning/Wais* aaO, S. 848 ff.).

dd) Schiedsgericht der Stockholmer Handelskammer. (Postfach 16050, S- 15 10322 Stockholm 16) (vgl. dazu *Aden* aaO, S. 184 ff. *Stockholm Chamber of Commerce,* (Hrsg.) Arbitration in Sweden, 2. Auflage 1984).

ee) Schiedsgericht des London Court of International Arbitration. (International Arbitration Centre, 75 Cannon Street, London EC4 N5BG) (vgl. dazu *Schütze/Tscherning/Wais* aaO, Rdnr. 882). 16

ff) Außenhandelsarbitrage der sozialistischen Staaten. Die – teils ehemals – 17 sozialistischen Staaten haben bei den Außenhandelskammern – jeweils in den Hauptstädten – Schiedsgerichte nach dem Vorbild des Außenhandelsschiedsgerichts der Allunionskammer Moskau eingerichtet (vgl. dazu *Pfaff,* Die Außenhandelsschiedsgerichtsbarkeit der sozialistischen Länder im Handel mit der Bundesrepublik Deutschland 1973). Durch das Listensystem ist es regelmäßig nur möglich, Schiedsrichter, die dem jeweiligen Staat (und Regime) als Universitätsprofessor, Syndikus etc. besonders verbunden sind, zu wählen. Hieraus kann aber nach der Rechtsprechung des *BGH* nicht auf Parteilichkeit geschlossen werden (vgl. *BGHZ* 52, 184; dazu *Mezger* NJW 1970, 368 ff.; *Pfaff* AWD 1970, 55 ff.).

3. Erfordernisse der Schiedsvereinbarung

a) Subjektive Schiedsfähigkeit der Parteien. Die Parteien müssen in der 18 Lage sein, sich durch Vertrag zu verpflichten. Bei Ausländern beurteilt sich die Geschäftsfähigkeit nach ihrem Personalstatut (vgl. Art. 7 I EGBGB). Die subjektive Schiedsfähigkeit fehlt z. B. nicht börsentermingeschäftsfähigen Personen für Ansprüche aus Börsentermingeschäften (vgl. *Schütze* Jahrbuch für die Praxis der Schiedsgerichtsbarkeit I [1987], S. 94 ff.).

b) Objektive Vergleichsfähigkeit des Schiedsgegenstandes. Nur wenn die 19 Parteien über einen Gegenstand eine Regelung durch Vergleich treffen können, ist eine Schiedsvereinbarung zulässig. Schiedsunfähig sind z. B. Ehesachen (§§ 606 ff. ZPO) und Kindschaftssachen (§§ 640 ff. ZPO). Nicht oder nur beschränkt schiedsfähig sind u. a. aktienrechtliche Anfechtungsklagen (*BGH MDR* 1951, 674), Klagen über die generelle Wirksamkeit von AGB (§§ 13, 14 AGBG), Kartellstreitigkeiten (§ 91 GWB), Streitigkeiten über die Wirksamkeit von Mietverhältnissen (§ 1025 a ZPO).

20 **c) Formerfordernisse. aa) Schriftform.** Die Schiedsvereinbarung bedarf der Schriftform. Die Vereinbarung darf keine sonstigen Regelungen enthalten (§ 1027 I ZPO) und wird deshalb regelmäßig in gesonderter Urkunde vereinbart, obwohl dies nicht notwendig ist (vgl. *Schütze/Tscherning/Wais* aaO, Rdnr. 70). Die notarielle Beurkundung ersetzt die Schriftform (§ 126 I BGB). Ist die Schiedsvereinbarung aber in einer Anlage zu einem notariellen Protokoll enthalten, so genügt die Verlesung der Anlage nicht. Die Parteien müssen auch die Anlage unterschreiben (vgl. *BGHZ* 38, 155; *Schütze* BB 1992, 1877).

21 **bb) Ausnahmen vom Formzwang.** Eine Ausnahme vom Formzwang besteht für eine Schiedsvereinbarung unter Vollkaufleuten, soweit sie für beide Parteien ein Handelsgeschäft ist (§ 1027 III ZPO). Rügelose Einlassung zur Hauptsache heilt den Formmangel (§ 1027 II ZPO).

22 **cc) AGB.** Schiedsvereinbarungen in AGB sind möglich (vgl. *Schütze* DWiR 1992, 89 ff.) Der BGH verneint die Gültigkeit jedoch, wenn nach der Art des Schiedsgerichts zu befürchten ist, daß es das ABGB nicht richtig anwenden werden (*BGH BB* 1992, 229).

4. Inhalt der Schiedsvereinbarung

23 **a) Notwendiger Inhalt.** Die Schiedsvereinbarung muß die Entscheidung einer Rechtsstreitigkeit durch ein echtes Schiedsgericht (ein oder mehrere Schiedsrichter) zum Gegenstand haben (§ 1025 I ZPO).

24 **b) Gebotener Inhalt. aa) Umfang der Entscheidungskompetenz des Schiedsgerichts.** Die Schiedsvereinbarung sollte den Umfang der Entscheidungskompetenz des Schiedsgerichts genau umschreiben, insbesondere bestimmen, ob das Schiedsgericht selbst auch über die Wirksamkeit der Schiedsvereinbarung entscheiden kann (Kompetenz/Kompetenz). (Zur Zulässigkeit vgl. *BGH* BB 1955, 552; *BGHZ* 68, 356; *BGH* WM 1988, 1430; zur Formulierung *Schütze/Tscherning/Wais* aaO Rdnr. 118.)

25 **bb) Bestellung des Schiedsgerichts.** Die Parteien können den oder die Schiedsrichter in der Schiedsvereinbarung bereits bezeichnen. Wenn die Schiedsrichter namentlich bezeichnet sind, so ist für Ersatzschiedsrichter Sorge zu tragen, da sonst die Schiedsvereinbarung bei Wegfall eines Schiedsrichters außer Kraft tritt (§ 1033 Nr. 1 ZPO). Die Vereinbarung, daß ein Einzelschiedsrichter, der von einer Partei ernannt ist, entscheiden soll, verstößt bei deutschen Schiedsgerichten gegen den ordre public (vgl. *BGHZ* 54, 392), bei ausländischen Schiedsgerichten nicht unbedingt (vgl. *BGH* NJW 1986, 3027 mit ablehnender Anm. *Schütze* EWiR Art. 5 UNÜ 1/86, 835).

26 **cc) Schiedsrichterbenennung durch Dritte.** Soll ein Dritter (Präsident der IHK, OLG-Präsident etc.) für den Fall, daß eine Partei ihren Schiedsrichter nicht fristgemäß benennt oder die Schiedsrichter sich nicht auf einen Obmann einigen, die Ernennung vornehmen, so ist zweckmäßigerweise **vorher** das Einverständnis des Dritten einzuholen, die Ernennung vorzunehmen (vgl. für ein Mu-

ster *Schütze/Tscherning/Wais* aaO, Rdnr. 571). Sonst kann es passieren, daß der Dritte die Ernennung ablehnt – was verschiedentlich vorgekommen ist (vgl. z. B. *Mann* in: Liber Amicorum Schnitzer, 1979, S. 325 ff. [327 f.]) – und die Schiedsvereinbarung damit hinfällig wird.

dd) **Verfahren.** Die Schiedsvereinbarung sollte dem Schiedsgericht Hinweise 27 über das anwendbare Verfahren geben, z. B. durch die Bestimmung der Anwendbarkeit einer Musterschiedsordnung oder die entsprechende Anwendbarkeit der Regeln über das Verfahren des ersten Rechtszuges ZPO und den Schiedsort festlegen. Bei internationalen Schiedsverfahren ist das anwendbare Schiedsverfahrensrecht zu bestimmen. Dies ist für die Nationalität des Schiedsspruchs maßgebend (vgl. *BGHZ* 21, 365; *Wieczorek/Schütze* ZPO, 2. Aufl., § 1025 Anm. F I a 1; a. A. *Schwab/Walter* a. a. O. S. 250 ff. m. w. N. für den Meinungsstand).

ee) **Kosten.** Zweckmäßig ist die Regelung der Honorierung der Schiedsrich- 28 ter und der Kostentragungsverpflichtung der Parteien. Wenn die Honorierung der Schiedsrichter der Schiedsvereinbarung nicht geregelt wird – was die Regel ist – dann kann eine böswillige Partei das Verfahren verzögern, indem sie den Abschluß des Schiedsrichtervertrages durch Verhandlungen über die Höhe des Honorars blockiert.

ff) **Anwendbares Recht.** Ist das auf das Rechtsverhältnis, für dessen Streitig- 29 keit die Schiedsvereinbarung getroffen wird, anwendbare materielle Recht nicht eindeutig, so sollte die Schiedsvereinbarung selbst eine Bestimmung hierüber enthalten. Die Parteien können die Schiedsrichter auch von der Anwendung eines bestimmten Rechtes entbinden (amiable compositeur) und es ihnen freistellen, ex aequo et bono oder nach der lex mercatoria zu entscheiden. Hiervon ist abzuraten (vgl. *Triebel/Petzold* RIW/AWD 1988, S. 245 ff.).

5. Wegfall der Schiedsvereinbarung

Die Schiedsvereinbarung kann in dem im Gesetz genannten Fällen (z. B. 30 § 1033 Nr. 2 ZPO) oder bei Aufhebung, Anfechtung oder Rücktritt wegfallen. Eine Kündigung aus wichtigem Grund ist möglich (*BGHZ* 41, 108), insbes. bei Nichtzahlung von Vorschüssen durch eine Partei – auch aufgrund von Verarmung (*BGH* WM 1988, 478 = WuB VII A, 1027 a ZPO 1.88 mit Anm. *Schütze*).

II. Schiedsverfahren

1. Schiedsverfahren als Schiedsrichter

a) **Annahme des Amtes.** Bevor der von einer Partei oder einem Dritten be- 31 nannte Schiedsrichter sein Amt annimmt, sollte er sich vergewissern, ob er hieran nicht aus rechtlichen oder tatsächlichen Gründen gehindert ist.

aa) **Befangenheit.** Befangenheit ist ebenso wie beim staatlichen Richter ein 32 Ablehnungsgrund (§ 1032 I ZPO). Hierzu sollte ein als Schiedsrichter Benannter es nicht kommen lassen und das Amt bereits bei Benennung ablehnen.

bb) **Besondere persönliche oder fachliche Voraussetzungen.** Schreibt die 33 Schiedsvereinbarung besondere Erfordernisse vor (z. B. Befähigung zum Richteramt, Bestellung als Sachverständiger für das Bauwesen pp.), so muß die Ernennung abgelehnt werden, wenn diese besondere Qualifikation fehlt, es sei denn, die Parteien verzichten im Einzelfall hierauf, was eine Änderung der Schiedsvereinbarung bedeutet.

34 cc) **Besondere Genehmigung.** Richter und Beamte bedürfen einer Genehmigung der Schiedsrichtertätigkeit als Nebentätigkeit (vgl. § 65 I Nr. 2 BBG, § 46 DRiG). Für Richter ist darüber hinaus § 40 I DRiG zu beachten.

35 b) **Schiedsrichtervertrag.** Die rechtlichen Beziehungen der Schiedsrichter zu den Parteien werden durch den – von der Schiedsvereinbarung zu unterscheidenden – Schiedsrichtervertrag geregelt. Dieser sollte – was leider in der Praxis häufig nicht geschieht – schriftlich abgeschlossen werden (vgl. für ein Muster *Schütze/Tscherning/Wais* aaO, Rdnrn. 252, 253, 579) und insbesondere Regelungen über
- die Honorierung der Schiedsrichter (z. B. 3 $^{16}/_{10}$ Gebühren für den Vorsitzenden und 3 $^{13}/_{10}$ Gebühren für die Schiedsrichter) und
- die Haftung der Schiedsrichter (Haftungsbegrenzung auf den Haftungsmaßstab für staatliche Richter)

enthalten. Ist die Schiedsvereinbarung hinsichtlich des Verfahrens lückenhaft, so können auch Einzelheiten des Verfahrens noch im Schiedsrichtervertrag geregelt werden.

36 c) **Verfahren.** Das Schiedsgericht ist zunächst und in erster Linie an das Verfahren gebunden, das die Parteien vorgegeben haben, sei es in der Schiedsvereinbarung, sei es im Schiedsrichtervertrag, sei es durch die Vereinbarung der Anwendbarkeit einer Schiedsordnung (institutionelles Schiedsgericht oder Musterschiedsordnung). Fehlt eine solche Bestimmung, sind die Schiedsrichter in der Verfahrensgestaltung frei (§ 1034 II ZPO). Sie müssen jedoch die Grundsätze eines rechtsstaatlichen Verfahrens unter Beachtung der Schranken des § 1034 I ZPO beachten. Insbesondere muß rechtliches Gehör gewährt werden. Die Pflicht zur Gewährung rechtlichen Gehörs ist im Schiedsverfahren nicht anders als im Prozeß vor den staatlichen Gerichten. Zu beachten ist, daß dem Schiedsgericht keine Zwangsmittel zur Verfügung stehen. Soweit Zeugen oder Sachverständige nicht freiwillig erscheinen, müssen die Parteien die Hilfe der staatlichen Gerichte in Anspruch nehmen (§§ 1035 I, 1036 ZPO). Für die Zuständigkeit gilt § 1045 ZPO.

37 d) **Entscheidung. aa) Schiedsvergleich.** Das Schiedsgericht sollte ebenso wie das staatliche Gericht auf den Abschluß eines Vergleichs hinwirken. Der Schiedsvergleich mit Unterwerfungsklausel ist nach § 794 I Nr. 4a ZPO Vollstreckungstitel (§ 1044a I 1 ZPO). Jedoch ist zu beachten, daß zahlreiche Rechtsordnungen die Vollstreckbarerklärung eines Schiedsvergleichs nicht zulassen. Soll der Schiedsvergleich im Ausland durchgesetzt werden, so empfiehlt es sich, ihn in die Form eines Schiedsspruchs zu kleiden – wie es z. B. auch in der Schiedsordnung der internationalen Handelskammer Paris (vgl. Art. 17 SchO) vorgesehen ist.

38 bb) **Schiedsspruch.** Der Schiedsspruch wird mit Stimmenmehrheit erlassen (§ 1038 ZPO), was bei der gesetzlichen Regelung des Zweierschiedsgerichts (§ 1028 ZPO) problematisch ist. Es handelt sich jedoch angesichts des in der Praxis üblichen Dreierschiedsgerichts nur um ein theoretisches Problem. Der Schiedsspruch muß datiert und von den Schiedsrichtern unterschrieben werden.

Weigert sich bei einem Schiedsgericht aus drei oder mehr Mitgliedern ein Schiedsrichter zu unterschreiben oder ist seine Unterschrift aus sonstigen Gründen nicht zu erlangen, so reicht die Unterschrift der übrigen Schiedsrichter aus (§ 1039 I 2 ZPO). Der Schiedsspruch ist den Parteien zuzustellen (§ 1039 II ZPO) und bei dem zuständigen Gericht zu hinterlegen (§ 1039 III ZPO).

2. Schiedsverfahren als Partei

a) Auswahl und Bestellung der Schiedsrichter. Die Qualifikation der Schiedsrichter und die Formen und Fristen für ihre Benennung sind regelmäßig in der Schiedsvereinbarung enthalten. Fehlt eine Regelung, so ernennt jede Partei einen Schiedsrichter (§ 1028 ZPO). Die betreibende Partei teilt dem Gegner den von ihr benannten Schiedsrichter mit der Aufforderung mit, binnen einer einwöchigen Frist ihren Schiedsrichter zu benennen (§ 1029 I ZPO). Nach fruchtlosem Fristablauf wird die Ernennung durch das Gericht vorgenommen (§ 1029 II ZPO). Eine Bestimmung in der Schiedsvereinbarung, wonach bei Versäumung der Schiedsrichterbenennung durch den Gegner der von der betreibenden Partei benannte Schiedsrichter als Einzelschiedsrichter tätig sein soll, ist im inländischen Schiedsverfahren unzulässig (*BGHZ* 54, 392), im ausländischen Prozeß nicht unbedingt ordre public-widrig (vgl. *BGH NJW* 1986, 3027 mit ablehnender Anm. *Schütze* EWiR Art. 5 UNÜ 1/86, 835). 39

Die Parteien neigen dazu, „ihren" Schiedsrichter danach auszuwählen, daß er „die Gewähr" für eine ihnen günstige Entscheidung bietet. Das führt in der Praxis dazu, daß häufig allein der Obmann den Rechtsstreit entscheidet. Die Parteien sollten hier Zurückhaltung üben. Insbesondere ist darauf Bedacht zu nehmen, daß bei dem ernannten Schiedsrichter kein Befangenheitsgrund vorliegt, der zur Ablehnung führen kann.

b) Einleitung des Schiedsverfahrens. Das Schiedsverfahren wird durch die Benennung des Schiedsrichters und die Erhebung der Schiedsklage eingeleitet. Die Form der Schiedsklage ist im Gesetz nicht geregelt. Sie muß dem Schiedsgericht in irgendeiner Weise zugehen und das rechtliche Begehren enthalten (vgl. im einzelnen *Schütze/Tscherning/Wais* aaO, Rdnr. 373 ff.). Die Schiedsklageerwiderung und das weitere Verfahren bestimmen sich nach dem anwendbaren Schiedsverfahrensrecht und werden mangels einer ausdrücklichen Regelung nach § 1034 III ZPO vom Schiedsgericht bestimmt, regelmäßig durch verfahrensleitende Verfügungen des Obmanns. 40

c) Vertretung durch Rechtsanwälte. Rechtsanwälte dürfen – unabhängig von den Vereinbarungen der Parteien – als Prozeßbevollmächtigte nicht zurückgewiesen werden (§ 1034 I 2 ZPO). 41

III. Vollstreckung von Schiedssprüchen

1. Inländische Schiedssprüche

Inländische Schiedssprüche bedürfen der Vollstreckbarerklärung (§§ 1042 ff. ZPO). Auch Schiedssprüche ohne vollstreckbaren Inhalt sind der Vollstreckbarerklärung fähig, da sich die Bedeutung der Vollstreckbarerklärung nicht in der Ermöglichung der Zwangsvollstreckung im engeren Sinne erschöpft. Der Vollstreckbarerklärung fähig sind deshalb auch feststellende Schiedssprüche (vgl. 42

OLG Hamburg MDR 1964, 853), klageabweisende Schiedssprüche (*BGH* BB 1960, 302) und gestaltende Schiedssprüche (*Schütze/Tscherning/Wais* aaO, Rdnr. 531). Der Antrag auf Vollstreckbarerklärung ist nicht fristgebunden. Die gerichtliche Zuständigkeit ist in §§ 1045–1047 ZPO geregelt. Der Antrag kann beim Amtsgericht schriftlich oder zu Protokoll der Geschäftsstelle angebracht werden, beim Landgericht besteht Anwaltszwang. Der für vollstreckbar erklärte Schiedsspruch ist Vollstreckungstitel (§ 794 I Nr. 4a ZPO). Die Vollstreckbarerklärung kann nur versagt werden, wenn ein Aufhebungsgrund i. S. § 1041 ZPO vorliegt (§ 1042 II ZPO). Eine sachliche Nachprüfung ist ausgeschlossen.

2. Ausländische Schiedssprüche

43 Ausländische Schiedssprüche bedürfen der Vollstreckbarerklärung. Die Nationalität des Schiedsspruchs bestimmt sich nach dem anwendbaren Schiedsverfahrensrecht (*BGHZ* 21, 365). Nach der Rechtsprechung des Bundesgerichtshofs hat der Gläubiger eines ausländischen Schiedsspruchs, der im Ausland für vollstreckbar erklärt worden ist – soweit diese Vollstreckbarerklärung einen „merger" zum Gegenstand hat – ein Wahlrecht, ob er die Anerkennung und Vollstreckbarerklärung des Schiedsspruchs nach § 1044 ZPO (oder den Bestimmungen eines etwa anwendbaren Staatsvertrages) oder die Wirkungserstreckung des ausländischen Exequatururteils nach §§ 328, 722 f. ZPO betreiben will (*BGH* RIW/AWD 1984, 557 mit Anmerkung *Dielmann* und Anmerkung *Schütze* RIW/AWD 1984, 734; *BGH* RIW/AWD 1984, 644 mit Anmerkung *Mezger*).

44 a) **Staatsverträge.** Die Anerkennung und Vollstreckbarerklärung ausländischer Schiedssprüche ist weitgehend staatsvertraglich geregelt (dazu *Schütze/ Tscherning/Wais* aaO, Rdnrn. 618 ff.). Bedeutsam ist insbesondere das UN-Übereinkommen über die Anerkennung und Vollstreckung ausländischer Schiedssprüche vom 10. 6. 1958 (vgl. dazu *Maier*, Europäisches Übereinkommen über die internationale Handelsschiedsgerichtsbarkeit und UN-Übereinkommen über die Anerkennung und Vollstreckbarerklärung ausländischer Schiedssprüche, 1966; *Schlosser*, Das Recht der internationalen privaten Schiedsgerichtsbarkeit, 2. Aufl., 1989, S. 44 ff.). Die Erfordernisse der Wirkungserstreckung sind im UN-Übereinkommen von 1958 abschließend geregelt. Ein besonderes Verfahren für die Wirkungserstreckung besteht nicht. Es gilt das Verfahren des § 1044 ZPO.

45 b) **Autonomes Recht.** Soweit nicht ein multilateraler oder bilateraler Staatsvertrag die Anerkennung und Vollstreckbarerklärung regelt oder das autonome Recht anerkennungsfreundlicher ist, gilt § 1044 ZPO. Die Erfordernisse der Wirkungserstreckung sind in § 1044 II abschließend geregelt. Zu berücksichtigen ist, daß nach der Rechtsprechung des Bundesgerichtshofs der Versagungsgrund des § 1044 II Nr. 1 ZPO des Fehlens einer gültigen Schiedsvereinbarung dann nicht mehr im Vollstreckbarerklärungsverfahren geltend gemacht werden kann, wenn der Schuldner des Schiedsspruchs von einem nach den anwendbaren ausländischen Verfahrensrecht möglichen befristeten Rechtsbehelf keinen Gebrauch gemacht hat (vgl. *BGHZ* 52, 184; 55, 162; 57, 153). Es ist deshalb im Zweifelsfalle notwendig, ausländische Schiedssprüche im Erststaat anzufechten, wenn man das Fehlen einer Schiedsvereinbarung geltend machen will und das ausländische Recht hierfür eine befristete Anfechtungsmöglichkeit vorsieht.

IV. Aufhebung von Schiedssprüchen

1. Inländische Schiedssprüche

Inländische Schiedssprüche können bei schwerwiegenden Mängeln aufgehoben werden. Die Aufhebungsgründe sind in § 1041 ZPO abschließend normiert. Die Aufhebung erfolgt in einem ordentlichen Prozeß, der durch Klage eingeleitet wird. Zuständig ist das in § 1045 I ZPO bezeichnete Gericht (§ 1046 ZPO). 46

2. Ausländische Schiedssprüche

Eine Aufhebung eines ausländischen Schiedsspruchs durch ein inländisches Gericht ist nicht zulässig. An die Stelle der Aufhebung des ausländischen Schiedsspruchs tritt die Feststellung, daß er im Inland nicht anzuerkennen ist (§ 1044 III ZPO). 47

D VI. Steuerberatung

Dr. Michael Streck

Übersicht

Rdnr.
I. Rechtliche und wirtschaftliche Bedeutung 1
II. Befugnis zur Steuerberatung 7
1. Rechtsanwalt 7
2. Fachanwalt für Steuerrecht 8
3. Steuerberatungsgesellschaft 10
III. Verhältnis zu anderen Beraterberufen 12
1. Steuerberater und Steuerbevollmächtigte 12
2. Wirtschaftsprüfer und vereidigter Buchprüfer 14
3. Hochschullehrer 15
4. Standesrecht 16
IV. Steuerberatung als Dienstleistung .17
V. Das materielle und formelle Steuerrecht 20
VI. Steuerberatung: Erklärungsberatung 23

Rdnr.
VII. Steuerberatung: Buchführung und Bilanzierung 24
VIII. Steuerberatung: Einzelfallberatung 27
IX. Steuerberatung: Vertragsberatung 30
X. Steuerberatung: Steuerstrafverteidigung 32
XI. Honorarfragen 35
XII. Organisation der Praxis 41
1. Die funktionsgerechte Organisation .. 41
2. Erklärungsberatung; Buchführung und Bilanzierung 42
3. Sonstige Funktionen 43
4. Fristenorganisation 44
5. Bücher und Zeitschriften; Zitierweisen 47
6. Hinweise zur Akquisition 50

I. Rechtliche und wirtschaftliche Bedeutung

1 „Die GmbH in **Steuer und Recht**" ist ein typischer Titel für Fortbildungsseminare. Er suggeriert, daß die „GmbH im Recht" ein anderes Thema ist als „die GmbH in der Besteuerung", obwohl doch beides unzweifelhaft Rechtsberatung ist.

2 Der **Rechtsanwalt** ist allgemein zur Rechtsberatung befugt (§ 3 BRAO). Gleichwohl wird im Steuerberatungsgesetz (StBerG) noch einmal ausdrücklich gesagt, daß der Rechtsanwalt Steuerberatung betreiben dürfe (§ 3 Nr. 2 StBerG). Auch hier wieder die Vorstellung, wonach Steuerberatung etwas anderes sei als Rechtsberatung. Die **berufsständische Gliederung** der beratenden Berufe unterstreicht diese Aufteilung wiederum. Die Steuerberater sind, so scheint es, für die umfassende Steuerberatung tätig. Es ist ein eigener Berufsstand mit eigenem Selbstverständnis und eigenem Selbstbewußtsein. Dem gegenüber ist es eher zufällig, wenn sich auch Rechtsanwälte mit dem Steuerrecht befassen. Die **Wurzeln** dieser Aufgliederung lassen sich deutlich bis in die 20er und 30er Jahre verfolgen. Steuerberatung war damals etwas Handwerkliches, das dem Anwalt nicht angemessen schien. Hinzu kam die Wirkungskraft des römischen Spruches „judex non calculat". Die fortlaufende Befassung mit Zahlen schien dem Anwalt einfach nicht standesgemäß.

3 Die **Teilung** in Steuerberatung und Rechtsberatung hatte für die Anwaltschaft verheerende Folgen. Die Steuerberatung ist – vom **Honoraraufkommen** her gesehen – einer der wichtigsten Teile der Rechtsberatung. Die Anwälte haben sich einen Marktanteil entgehen lassen, der ihnen heute wie eine kaum einnehmbare Trutzburg der Steuerberater erscheint. Hinzu kommt, daß viele Anwälte insoweit von Steuerberatern abhängig sind, als die Steuerberater „Verteilungsfunktionen" haben. Sie werden gefragt, ob ein Anwalt einzuschalten ist und wen man beauftragen soll.

Schließlich verfügt die Steuerberatung über **Dauermandate,** die bei Anwälten 4 in dieser Dichte nicht so häufig zu finden sind. Steuerberater haben gegen Ende ihres Berufslebens etwas zu verkaufen oder zu vererben. Der Mandantenstamm eines Steuerberaters ist weit mehr zu kommerzialisieren als der Mandantenstamm eines Anwalts.

In jüngster Zeit bemüht sich die **Anwaltschaft,** hier wieder Terrain zu gewin- 5 nen. Der Weg ist lang und mühevoll. Es wäre irrig anzunehmen, man könne das Rad der Geschichte umdrehen und durch anwaltliche Steuerberatung den Beruf des Steuerberaters überflüssig machen. Richtig ist vielmehr zu erkennen, daß die Kooperation und die Zusammenarbeit zwischen Rechtsanwälten und Steuerberatern zur optimalen Steuerberatung führen.

Entsprechend diesem Ziel stelle ich hier die möglichen **Tätigkeitsfelder** eines 6 steuerberatenden Anwalts vor. Aufgabe der Darstellung in diesem Buch kann es nicht sein, die Steuerberatung inhaltlich darzustellen. Einen Überblick über das materielle Steuerrecht oder das steuerliche Verfahrensrecht gebe ich nicht. Der zur Verfügung stehende Platz ist zu kurz. Jede Verkürzung auf diesem Raum führt zu inhaltlichen Fehlern.

II. Befugnis zur Steuerberatung

1. Rechtsanwalt

Der Rechtsanwalt ist nach § 3 Nr. 2 StBerG zur Steuerberatung berechtigt. 7 § 1 StBerG umschreibt im einzelnen das, was unter Steuerberatung zu verstehen ist. Da die **Steuerberatung Rechtsberatung** ist, hätte es dieser Regelung im Steuerberatungsgesetz nicht bedurft. Der Rechtsanwalt ist bereits nach § 3 BRAO zur Steuerberatung berechtigt.

2. Fachanwalt für Steuerrecht

Anwälte mit bestimmter steuerlicher Qualifikation können sich Fachanwalt 8 für Steuerrecht nennen. Die Berechtigung gewährt die zuständige Rechtsanwaltskammer. Die Bezeichnung „Fachanwalt für Steuerrecht" ist in erster Linie dem **Standesrecht** zuzuordnen. Es geht darum, ob der Rechtsanwalt auf bestimmte Qualifikationen hinweisen darf. Zur Problematik s. H I Rdnr. 181 ff.

Der „Fachanwalt für Steuerrecht" stellt **keine besondere Berechtigung** dar, 9 Steuerberatung zu betreiben. Inhaltlich gewährt sie keine größere Berechtigung als die des Anwaltsberufs als solchem. In der tatsächlichen Auswirkung wird durch den Fachanwalt für Steuerrecht natürlich signalisiert, daß der, der diesen Titel trägt, insbesondere zur Steuerberatung qualifiziert ist.

3. Steuerberatungsgesellschaft

Die Steuerberatungsgesellschaft ist in §§ 49 ff. StBerG geregelt. Steuerbera- 10 tungsgesellschaften können **Kapitalgesellschaften** und **Personengesellschaften** sein. Die Befugnis wird der Gesellschaft von der „obersten Landesbehörde" verliehen (§ 49 III StBerG). § 50a StBerG normiert Beschränkungen für die **kapitalmäßig Beteiligten;** so können nur Steuerberater, Rechtsanwälte, Wirtschaftsprüfer, vereidigte Buchprüfer, Steuerbevollmächtigte oder Personen nach § 50 III StBerG Gesellschafter sein. Nur diese Personen können auch persönlich haftende Gesellschafter oder **Geschäftsführer** bzw. Vorstände sein.

11 Für **Anwälte** kennt § 50 IV StBerG die **Einschränkung,** daß die Anzahl der Anwälte, die persönlich haftende Gesellschafter oder Geschäftsführer bzw. Vorstände sind, die Zahl der Steuerberater mit der gleichen Funktion nicht übersteigen darf. Von Anwaltsseite ist diese Beschränkung zu **kritisieren.** Es gibt keinen rechtfertigenden Grund, wonach bei Steuerberatungsgesellschaften die Anwälte schlechter dastehen als die Steuerberater.

III. Verhältnis zu anderen Beraterberufen

1. Steuerberater und Steuerbevollmächtigte

12 Der steuerberatend tätige Rechtsanwalt steht im **Wettbewerb** zu den Steuerberatern und Steuerbevollmächtigten. Steuerbevollmächtigte gehören einem zeitlich auslaufenden Berufsstand an. In Zukunft wird es nur noch Steuerberater geben. Hinsichtlich der sog. **„laufenden Steuerberatung"** (s. Rdnrn. 23, 24 ff.) hat der Steuerberater schon deshalb einen Wettbewerbsvorteil, weil in der Regel jeder Ratsuchende davon ausgeht, daß der Steuerberater genau für diese Beratung da ist. Er wird sich in der Regel nicht an einen Anwalt wenden.

13 Tritt der Anwalt nicht in den direkten Wettbewerb mit dem Steuerberater, sollte er die **Kooperation** suchen. Dies gilt dann, wenn er sich für bestimmte Steuerfragen spezialisiert hat (vgl. unten Rdnrn. 27 ff.). Hier kann die Zusammenarbeit mit einem Steuerberater für den Mandanten, den Steuerberater und den Anwalt fruchtbar sein.

2. Wirtschaftsprüfer und vereidigter Buchprüfer

14 Wirtschaftsprüfer und vereidigte Buchprüfer haben die Befugnis zur Steuerberatung (§ 3 Nr. 2 StBerG). Soweit sie überwiegend steuerberatend tätig sind, gilt das zum Steuerberater Gesagte entsprechend (Rdnrn. 12 ff.). Im übrigen steht beim wirtschaftsprüfenden Beruf die **Rechtsberatung,** auch die Steuerberatung, nicht im Mittelpunkt. Zwischen Wirtschaftsprüfern und Rechtsanwälten gibt es zumeist keine direkte Wettbewerbssituation.

3. Hochschullehrer

15 Hochschullehrer können sich als Steuerberater bestellen lassen, wenn sie an einer deutschen wissenschaftlichen Hochschule oder Fachhochschule mindestens fünf Jahre auf dem **Gebiet des Steuerrechts** gelehrt haben (vgl. §§ 35, 38 I Nr. 1 StBerG). Der Hochschullehrer kann im Einzelfall, zumal wenn er die Steuerberatung in größerem Umfang betreibt, in Wettbewerb zum steuerberatenden Rechtsanwalt treten. Die Erleichterung zur Bestellung als Steuerberater, die das Gesetz dem Hochschullehrer gibt, hält einer Kritik nicht stand; es gibt keine hinreichenden Gründe, dem Hochschullehrer die Befugnis, die typischen freien Berufen vorbehalten ist, mit erleichterten Voraussetzungen zu geben.

4. Standesrecht

Der Rechtsanwalt unterliegt, auch wenn er Steuerberatung betreibt, der **stan-** 16
desrechtlichen Kontrolle durch die zuständige Rechtsanwaltskammer. Für **Sozietäten** gilt: Eine Sozietät zwischen Rechtsanwalt und Steuerberater sowie zwischen Rechtsanwalt und Wirtschaftsprüfer ist möglich. Eine Sozietät zwischen Rechtsanwalt und Steuerbevollmächtigten ist nicht möglich. Allerdings gebe ich hier den Standesrechtszustand vor den Entscheidungen des *BVerfG* (NJW 1988, 191, 194, 196) wieder, wonach das Standesrecht keine hinreichende gesetzliche Grundlage hat. Möglicherweise bringt das zukünftige Standesrecht weitere Möglichkeiten, Sozietäten einzugehen. Zum Standesrecht siehe auch Kap. H.

IV. Steuerberatung als Dienstleistung

Der steuerberatend tätige Anwalt ist, zumal wenn er die Erklärungsberatung 17
übernimmt (Rdnrn. 23, 24 ff.), in der Regel der **ständige Berater** des Mandanten. Dies setzt eine hohe Flexibilität voraus, auf den Mandanten einzugehen.

Einer der Gründe dafür, daß sich die Anwälte die Steuerberatung haben aus 18
den Händen nehmen lassen, ist die **Fehleinschätzung des „Service-Betriebs"**. In der Steuerberatung geht man zum Mandanten hin; in der Steuerberatung ist man von bestimmten Dienstzeiten unabhängig. In der Steuerberatung hat man auch Mut zur Beratung, soweit die engen Steuerberatungsgrenzen überschritten werden. Der Mandant fühlt sich schlecht beraten, wenn er allzu schnell hört, für diesen und jenen Rat sei man nicht zuständig.

Dies ist die eine Seite. Die andere: Wer sich voll in das steuerberatende Ge- 19
schäft begeben hat, verliert die Sachkompetenz für andere Rechtsberatung. Der steuerberatend tätige Anwalt muß auch wissen, wann er selbst Sachen nicht mehr bearbeiten kann, die ihm der Mandant anträgt. Mit einer einfachen Ablehnung ist dem Mandant hier jedoch nicht geholfen. Sie muß mit der Empfehlung eines kompetenten Beraters verbunden sein.

V. Das materielle und formelle Steuerrecht

Hier ist nicht der richtige Ort, das materielle und formelle Steuerrecht darzu- 20
stellen. Es versteht sich von selbst, daß seine Kenntnis Bedingung der Steuerberatung ist. Da die juristische Ausbildung hier versagt, muß sich der **steuerberatend tätige Anwalt** das Steuerrecht selbst aneignen, sei es im Selbststudium, sei es durch Mitarbeit in einer steuerberatend tätigen Praxis.

Das **Steuerrecht** ist schwierig und chaotisch. Dies als Anlaß zu nehmen, das 21
Steuerrecht für nicht lernbar zu halten, ist nicht akzeptabel. Auch andere Rechtsgebiete sind schwierig und chaotisch, ohne daß ihnen der fast lähmende Ruf vorauseilt, davon könne man jetzt und in Zukunft nichts verstehen (Beispiel: Sozialrecht).

Wer sich mit dem Steuerrecht befaßt, wird schnell zur Erkenntnis und zur 22
Erfahrung gelangen, daß der Reiz dieses chaotischen Rechts darin liegt, daß es den Berater in **alle Lebenssachverhalte,** die denkbar sind, einführt. Da es kaum einen Lebensbereich gibt, der der Steuer verborgen ist, gibt es keinen solchen Bereich, der nicht Eingang in die steuerberatende Praxis findet. Dies ist der Grund, warum man dem Steuerrecht geradezu „verfallen" kann.

VI. Steuerberatung: Erklärungsberatung

23 Die Erklärungsberatung ist der häufigste Fall der Steuerberatung. Der Berater bereitet die **Jahreserklärungen** vor (ua. Einkommensteuererklärung, Körperschaftsteuererklärung, Feststellungserklärung, Vermögensteuererklärung, Umsatzsteuererklärung, Gewerbesteuererklärung). Daneben treten die Vorbereitung der **jahresunabhängigen Anmeldungen** (Lohnsteueranmeldungen, Umsatzsteuervoranmeldungen, Kapitalverkehrsteueranmeldungen usw.) und sonstiger Erklärungen (ua. Grunderwerbsteuererklärung, Erbschaftsteuererklärung).

VII. Steuerberatung: Buchführung und Bilanzierung

24 Buchführung, Bilanzierung und Fertigung der Jahresabschlüsse sind Herzstücke der steuerberatenden Tätigkeit. Das Bundesverfassungsgericht (*BVerfGE* 54, 301; 59, 302) hat hier insoweit eingegriffen, als es erkannt hat, daß die rein buchführenden Tätigkeit nicht die Befugnis zur Steuerberatung voraussetzt. Gleichwohl bleibt auch noch heute die Übernahme der Buchführung für den Mandanten ein wesentlicher Teilbereich der steuerberatenden Arbeit.

25 **Das Mandat** kann einen unterschiedlichen Inhalt haben. Übernimmt der Berater die **Buchführung,** so schließt dies in der Regel auch die Fertigung der Jahresabschlüsse ein. Außerdem bereitet dieser Berater auch die Lohnsteuer- und Umsatzsteuervoranmeldungen vor. Wird die Buchführung im Unternehmen durchgeführt, obliegt dem Berater in der Regel die Fertigung des **Jahresabschlusses,** dh. die Bilanzerstellung. In solchen Fällen werden die Umsatzsteuer- und Lohnsteuervoranmeldungen regelmäßig vom Unternehmen selbst gefertigt und abgegeben. Nur die Abgabe der Jahreserklärungen liegt in der Hand des Steuerberaters.

26 Zumindest die Übernahme der Buchführung setzt heute voraus, daß diese mit einer **EDV-Anlage** durchgeführt werden kann. In seltenen Fällen verfügt der Berater selbst über eine solche Anlage. In der Regel bedient er sich Dritter, die die EDV-mäßige Verarbeitung von Buchführungsinformationen übernehmen. Die bedeutendste Organisation ist die DATEV, ein genossenschaftlicher Zusammenschluß von Steuerberatern, die jedoch auch den Anwälten offensteht.

VIII. Steuerberatung: Einzelfallberatung

27 Der Steuerberater ist häufig angesichts der von ihm geforderten „Rundumberatung" überfordert, wenn die Behandlung **steuerlicher Einzelfragen** ansteht. Hier können **Anwälte** ihre Spezialleistungen anbieten. Das Verhältnis zum Steuerberater entspricht dem der Fachklinik zum Hausarzt. Kommt im Einzelfall der Steuerberater (Hausarzt) mit einem Problem nicht weiter, bittet er einen Steueranwalt (Fachklinik), ihm bezüglich dieses Problems zur Seite zu stehen.

28 Dieser Steueranwalt kann auf diese Weise z. B. übernehmen:
- Fertigung von **Gutachten** und Stellungnahmen für den internen, für den externen Gebrauch;
- **Einspruchsverfahren;**
- **FG-Verfahren;**

- **BFH-Verfahren;**
- Vertretung in **Betriebsprüfungen** und anderen Außenprüfungen.

Der Anwalt, der auf diese Weise tätig ist, sollte keine „**laufende Steuerbera-** 29
tung" betreiben. Geschieht dies gleichwohl, wird er nur dann zur Spezialberatung herangezogen werden, wenn der ihn vermittelnde Steuerberater sicher ist, daß er das laufende Mandat nicht an den Anwalt verliert. Hier ist eine hohe Sensibilität für den Bestandsschutz, den der Steuerberater erwartet, angebracht.

IX. Steuerberatung: Vertragsberatung

Die Notwendigkeit für eine Vielzahl von Verträgen entsteht nicht nur aus der 30
zivilrechtlichen Notwendigkeit, Verträge abzuschließen, sondern auch aus **steuerlichen Bedingungen**. Bestimmte Unternehmensformen werden um bestimmter Steuervorteile willen gewährt. Bestimmte Testamentsgestaltungen sollen bestimmte Steuerfolgen berücksichtigen. Zwischen beherrschendem Gesellschafter und beherrschter Gesellschaft sind aus Steuergründen klare und eindeutige Verträge notwendig.

Steuerberater sind nicht befugt, Rechtsberatung im allgemeinen zu betreiben. 31
Die **Vertragsgestaltung** muß in der Hand eines **Anwalts** liegen. Dieser Anwalt wird der besonderen Aufgabe jedoch nur dann gerecht, wenn er die steuerrechtlichen Bedingungen kennt. Keinem Mandanten ist geholfen, wenn er in einer bestimmten steuerlichen Bedarfssituation einen zivilrechtlich zwar excellenten, bezüglich der steuerlichen Anforderung jedoch untauglichen Vertrag erhält. Dies bringt dem Anwalt kein Honorar, sondern allenfalls einen Haftpflichtanspruch. Ist allerdings der Anwalt in den steuerlichen Bedingungen stand- und sattelfest, kann sich eine vorzügliche Zusammenarbeit zwischen laufender Steuerberatung und Anwalt entwickeln.

X. Steuerberatung: Steuerstrafverteidigung

Der **Rechtsanwalt** ist in Steuerstrafsachen zur vollen, der Steuerberater im 32
Hinblick auf § 392 AO nur zur eingeschränkten Verteidigung in Steuerstrafsachen berechtigt.

Die **optimale Steuerstrafverteidigung** wird „über den objektiven Tatbe- 33
stand" geführt. Auf der subjektiven Tatseite ist kaum Verteidigungsterrain zu gewinnen. Die für die Verteidigung entscheidende Frage in Steuerstrafsachen muß dahingehen, ob das Finanzamt tatsächlich die hinterzogene Steuer dem Grund und der Höhe nach richtig ermittelt hat. Zwar ist der Steuerberater in der Regel für die materielle Beurteilung des objektiven Tatbestands hinreichend gerüstet, nicht jedoch für spezifische Verteidigerüberlegungen. Auf der anderen Seite fehlt es dem „typischen" Strafverteidiger an Kenntnissen des materiellen Steuerrechts, um die Verteidigung in Steuerstrafsachen wirkungsvoll führen zu können.

Der Anwalt, der sich im **materiellen Steuerrecht** sicher bewegt und auf 34
dieser Basis die Steuerstrafverteidigung übernimmt, ist der berufene und damit excellente Verteidiger des Steuerstrafverfolgten. **Voraussetzung** ist allerdings die sichere Beherrschung des materiellen Steuerrechts. Die bei Strafverteidigern häufig anzutreffende Tendenz, die effektive Verteidigung in die **Hauptverhandlung** zu verlegen, ist im Bereich der Steuerstrafverteidigung ein gravierender

Kunstfehler. Nach meiner Schätzung werden 80% der Steuerstraffälle bei guter Verteidigung im Wege einer Einigung geschäftsmäßig erledigt. Dies setzt jedoch voraus, daß der die Steuerstrafverfolgung so verunsichernde Vortrag, der Steueranspruch werde bestritten, wirkungsvoll eingesetzt werden kann. Wer auf dieser Basis Steuerstrafverteidigung betreibt und Kontakte zu Steuerberatern legt, kann eine noch häufig **vernachlässigte Funktion** übernehmen.

XI. Honorarfragen

35 Die **BRAGO** ist auf die Steuerberatung nicht zugeschnitten. Zwar gibt es besondere Vorschriften für den Steuerprozeß (§§ 114, 117 BRAGO). Der Steuerprozeß ist in der steuerberatenden Praxis jedoch die Ausnahme, nicht die Regel.

36 Für die sog. **laufende Steuerberatung** einschließlich Buchführung und Bilanzierung (Rdnrn. 23, 24 ff.) ist die BRAGO untauglich. Die Steuerberatergebührenverordnung (StBGebV) ist unmittelbar für den Anwalt nicht, allenfalls durch eine Gebührenvereinbarung, anwendbar. Ohne eine solche Vereinbarung, gleichgültig was ihr Inhalt ist, sollte ein Anwalt nicht tätig werden. Gute Einführung: *Schall,* Die Gebühren der Rechtsanwälte in der nichtstreitigen Steuerberatung, BB 1988, 1363.

37 Die **Einzelfallberatung** (Rdnrn. 27 ff.), die Vertragsberatung (Rdnrn. 30 f.) und die Steuerstrafverteidigung (Rdnrn. 32 ff.) können nach den Regeln der BRAGO abgerechnet werden. Gleichwohl werden diese Beratungsbereiche in der Regel auf der Grundlage einer Honorarvereinbarung durchgeführt.

38 Dies gilt insbesondere für die **Steuerstrafverteidigung.** Diese arbeitet insbesondere im Vorfeld, nämlich vor der Hauptverhandlung. Der hier von der BRAGO vorgegebene Gebührenrahmen (§ 84 BRAGO) ist völlig unzureichend, so daß kein anerkannter Steuerstrafverteidiger auf dieser Grundlage tätig wird. Die Honorarvereinbarung ist hier die Regel.

39 Der Anwalt sollte an die **steuerliche Behandlung** seiner **Honorare** denken. Auch dies gehört zu seinem Service-Verhalten. Die Honorare für die **steuerberatende Tätigkeit** sind als Betriebsausgaben, Werbungskosten oder zumindest als Sonderausgaben, § 10 I Nr. 6 EStG, abzugsfähig. Die Honorare für die **Vertragsberatung** (Rdnrn. 30 f.) sind abzugsfähig, wenn es sich um beruflich oder betrieblich bedingte Verträge handelt. Für die Honorare in **Steuerstrafsachen** gilt: Betrieblich oder beruflich bedingte Honorare sind als Werbungskosten oder Betriebsausgaben abzugsfähig (was z. B. für die Verteidigung in Umsatzsteuer- und Lohnsteuersachen gilt); Verteidigungskosten in Steuerstrafsachen sind allerdings nicht als Sonderausgaben nach § 10 I Nr. 6 EStG abzugsfähig.

40 Auf jeden Fall sollte der Anwalt seine Gebühren nach Möglichkeit entsprechend der steuerlichen Behandlung **aufteilen.** Seine Aufteilung ist für die Finanzämter, sofern sie vertretbar ist, maßgebend (*BFH* BStBl. 1965 III, 410). Unterläßt er die Aufteilung, was ich in der Praxis häufig feststelle, so erfolgt die Aufteilung durch den Betriebsprüfer, sicher eher zum Nachteil des Mandanten als zum Nachteil des Finanzamts.

XII. Organisation der Praxis

1. Die funktionsgerechte Organisation

Die steuerberatend tätige Anwaltspraxis setzt eine andere Organisation voraus als die typische, forensisch tätige Anwaltspraxis. 41

2. Erklärungsberatung; Buchführung und Bilanzierung

Übernimmt der Anwalt die Erklärungsberatung, so ist die **Zahl** der **Mitarbeiter** größer. Im Bereich der Steuerberatung wird mehr „zugearbeitet". Die Einzelvorbereitung einer Steuererklärung liegt in der Regel nicht in der Hand des Steuerberaters oder des Rechtsanwalts, sondern in der Hand des Steuerberatungsgehilfen. Also wird auch der Anwalt hier in der Regel Steuerberatergehilfen (oder -gehilfinnen) beschäftigen. Übernimmt er die **Buchführung**, so ist die Installierung einer EDV-Anlage oder der Anschluß an eine EDV-Anlage notwendig. 42

3. Sonstige Funktionen

Die **Einzelfallberatung**, die Vertragsberatung und die Steuerstrafverteidigung setzen eine vorzügliche Bibliothek voraus. Das Schrifttum im Steuerrecht wuchert. Dies kann aber dem steuerberatend tätigen Anwalt nicht als Entschuldigung dienen, keine Bücher anzuschaffen. Hier gelten statistische Gesetze. Auch wenn man weiß, daß ⅔ des Schrifttums überflüssig sind, weiß man nicht mit Sicherheit, ob das Buch, auf dessen Erwerb man verzichtet, zu den überflüssigen gehört. Zu den **Büchern** und **Zeitschriften** siehe außerdem Rdnrn. 47 ff. 43

4. Fristenorganisation

Kein freier Beruf ist so „geschlagen" mit Fristen wie der steuerberatende. Jeder Bescheid löst die Einspruchsfrist aus. Kaum ein Schreiben des Finanzamts endet nicht mit der Aufforderung, innerhalb einer Frist Stellung zu nehmen. 44

Erleidet der Mandant wegen einer Fristversäumung einen Schaden, so läßt sich der **Haftpflichtanspruch** gegen den Berater leicht beweisen. Die Fristversäumnis führt häufig zu Haftpflichtansprüchen. Zwar gibt es das Institut der „**Wiedereinsetzung in den vorigen Stand**" (§ 110 AO, § 56 FGO). Die Wiedereinsetzung erhält der Anwalt jedoch nur dann, wenn der Fehler auf ein Büroversehen, nicht aber dann, wenn der Fehler auf einen Organisationsmangel zurückzuführen ist. 45

Daraus folgt: Wer Steuerberatung betreibt, muß eine **sichere Fristenorganisation** und -kontrolle haben. Fristenbuch, Fristennotierung, Fristenkontrolle und Fristenerledigung müssen in sicherer Hand liegen. 46

5. Bücher und Zeitschriften; Zitierweisen

Die **Zahl** der im Steuerrecht erscheinenden Bücher und Zeitschriften ist sehr – im Verhältnis zu streitigen Rechtsgebieten außerordentlich – **hoch**. Eine Arroganz, man brauche sich der Papierflut nicht stellen, ist fehl am Platz, da sich in ihr nicht nur die kommerzialisierte Schreiblust, sondern auch die Hektik des Steuerrechts ausdrückt. Auf die Teilnahme an dieser Hektik, die Gesetzgeber, 47

Finanzverwaltung und periodisch wiederkehrende Veranlagungen vorgeben, kann der Anwalt nicht verzichten.

48 Das Steuerrecht kennt besondere **Zitierweisen**, die jeder im Steuerrecht Tätige befolgen sollte, will er sich als jemand zu erkennen geben, der vom Steuerrecht etwas versteht. Die **Entscheidungen** des **BFH** werden in erster Linie nach dem Bundessteuerblatt (nicht nach BFHE, nicht nach BB, nicht nach DB) zitiert. Alle steuerrechtlichen Entscheidungen werden mit **Datum** und **Aktenzeichen** zitiert. Hiervon machen nur – durchaus bewußt – Kurzkommentare eine Ausnahme. Wer in einem Aufsatz den BFH nach „DB" ohne Angabe von Datum und Aktenzeichen zitiert, zeigt, daß er noch ein sehr junger Jünger des Steuerrechts ist. **Entscheidungen** der **Finanzgerichte** werden nach „EFG" zitiert.

49 Schließlich noch eines: Wer im Steuerrecht tätig ist, muß eine **orthographische Regel** beherrschen und anwenden: Vor Steuer steht kein Binde-s. Es heißt nicht Einkommenssteuer, auch nicht Vermögenssteuer, sondern Einkommensteuer, Vermögensteuer. Daß die andere Schreibweise (mit Bindungs-s) weitgehend gebräuchlich ist, auch z. B. in den internationalen Verträgen verwandt wird, die in der Hand des Außenministeriums liegen, entschuldigt den Steuerrechtler nie.

6. Hinweis zur Akquisition

50 Die nachfolgenden Anregungen zur Akquisition beziehen sich auf den Rechtsanwalt, der die **Einzelfall-Steuerberatung** (Rdnrn. 27 ff., 30 f., 32 ff.) – durchaus auch immer wiederkehrend bei bestimmten Mandanten und insoweit auch als Dauermandat – betreibt, nicht auf den „Steuerberater-Rechtsanwalt".

51 Der Anwalt muß seine **Kompetenz,** Spezialisierung und Leistungsbereitschaft **am Markt anbieten. Zielgruppe** kann unmittelbar der Mandant sein
– durch Veröffentlichungen in Unternehmer- und Branchenpublikation,
– Vortragstätigkeiten bei Unternehmer- und Steuerzahlerseminaren,
– durch diskussionsfreudige Teilnahme an solchen Seminaren,
– durch auffallend gute Leistungserfüllung bei Einzelmandaten des Gebiets, auf dem man sich spezialisieren will,
– durch sogenannte Randberatung im gesuchten Spezialgebiet, wenn das Hauptmandat nicht in diesem Bereich liegt.

52 Wirkungsvoller kann aber auch sein, auf **indirektem Weg** den Mandanten über den **vermittelnden Steuerberater** anzusprechen. Dann sind Verbindungen zu Steuerberatern notwendig.
Diese können **geknüpft** werden
– durch Fachvorträge,
– durch Fachpublikation in Rechtszeitschriften,
– durch Schreiben von Kommentaren, Monographien etc.,
– durch diskussionsfreudige Teilnahme an Steuerberaterseminaren,
– durch sorgsam gepflegte **Kontakte** mit **Steuerberatern** auf lokaler Ebene.
Hier ist **Kooperation** mit Steuerberatern notwendig, nicht Abgrenzung.

D VII. Vermögensrückgabe und Vorrang für Investitionen in den neuen Bundesländern

Matthias Wohlfahrt/Anna-Maria von Lösch

Übersicht

	Rdnr.
I. Einleitung	1
II. Restitutions- und Entschädigungsanspruch nach dem Vermögensgesetz	8
1. Geltungsbereich des VermG	8
2. Anspruchsgegenstände des VermG	30
3. Die Ansprüche auf Vermögensrückgabe, auf Aufhebung der staatlichen Verwaltung oder auf Herausgabe des Erlöses	33
4. Verpflichtung zum Wertausgleich	40
5. Ausschluß des Restitutionsanspruchs	44
6. Anspruch auf Entschädigung	50
7. Prinzipien der Restitution	55
8. Vermögensausgleichsabgabe	57
9. Verfügungssperre	58
10. Abtretung	63

	Rdnr.
11. Verwaltungsverfahren	64
12. Rechte und Pflichten Dritter im Restitutionsverfahren	87
III. Vorfahrtsregelung für Investitionen	93
1. Voraussetzungen für die Verfahren nach dem InVorG	97
2. Materielle Voraussetzungen für das Standardverfahren	102
3. Formelle Voraussetzungen für das Standardverfahren	108
4. Der investive Vertrag	121
5. Entscheidung im Verfahren	122
6. Wirkung des InVor-Bescheids und der Aufhebung	128
7. Sonderverfahren	131
8. Überleitungsvorschriften	141

Literatur: *Brunner/Clemm/Etzbach* u. a., Rechtshandbuch Vermögen und Investitionen in der ehemaligen DDR, Bd. I und II, 1992; *Eickmann,* Grundstücksrecht in den neuen Bundesländern 1992; *Fieberg/Reichenbach/Messerschmidt/Verstegen,* Vermögensgesetz, Kommentar, 1992 (zitiert: *F/R/M/V,* VermG); *Fieberg/Reichenbach,* 2. VermÄndG, RWS-Dokumentation 14, 1992; *Heuer,* Grundzüge des Bodenrechts der DDR, 1991; *Kaligin/Goutier,* Beratungshandbuch Eigentum und Investitionen in den neuen Bundesländern, Heidelberg, 1992; *Lorff,* Offene Vermögensfragen nach der Einigung Deutschlands, Wegweiser zum Vermögens- und Investitionsrecht, 1992; *Rädler/Raupach/Bezzenberger,* Vermögen in der ehemaligen DDR, 1992; *Rohde* u. a., Bodenrecht, 1989; *Winckler,* Aktuelles Immobilienhandbuch für die neuen Bundesländer, 1992. Zeitschriften: OV-Spezial – Offene Vermögensfragen; Zeitschrift für das Steuer- und Wirtschaftsrecht der DDR; Zeitschrift für Vermögens- und Investitionsrecht.

I. Einleitung

„Investitionen vor Rückgabe und Rückgabe vor Entschädigung" heißt schlagwortartig das Programm, das den Regelungen für Restitution, Entschädigung und Investitionsvorrang zugrunde liegt. Am 22. 7. 1992 ist das **Zweite Vermögensrechtsänderungsgesetz** (2. VermÄndG) in Kraft getreten. Gesetzestechnisch handelt es sich um ein Artikelgesetz, in dessen 15 Artikeln jeweils verschiedene Gesetze abgeändert oder neu eingeführt wurden. Insbesondere wurde in Art. 1 das Vermögensgesetz (VermG) geändert, mit Art. 6 das Investitionsvorranggesetz (InVorG) eingeführt, in Art. 8 das EGBGB ergänzt und mit Art. 14 die Überleitungsvorschriften für die bisherigen Regelungen festgelegt. Mit dem vorliegenden Beitrag soll ein „roter Faden" für die Einarbeitungen in den „Normalfall" des Vermögensrechts geboten werden.

D VII Vermögensrückgabe/Investitionsvorrang i. d. neuen Bundesländern

2   Der erste Teil widmet sich der **Rückführung von Vermögenswerten** (§ 2 Abs. 2 VermG), wobei Ansprüche auf Rückgabe von Unternehmen nur systematisch mitberücksichtigt werden, die einzelnen Voraussetzungen insbesondere der §§ 6 ff. VermG werden nicht dargestellt. Für die Wahl der **Anspruchsgrundlage** erheblich ist neben der Unterscheidung nach dem Vermögenswert die Unterscheidung nach dem Ziel des Restitutionsanspruchs, ob die Rückübertragung oder die Aufhebung der staatlichen Verwaltung oder ein Anspruch auf Erlös oder auf Entschädigung begehrt wird. – Der **Entschädigungsanspruch** ist nur bezogen auf seine Stellung im System berücksichtigt, da zur Zeit das längst überfällige Entschädigungsgesetz noch aussteht.

3   Für die Beurteilung der **Aussichten eines Restitutionsanspruches** kommt es im wesentlichen auf den dem Vermögensentzug zugrundeliegenden Akt der Enteignung an. Danach beurteilt sich, ob ein Anspruch gem. § 1 VermG geltend gemacht werden kann, oder ob er gem. § 1 Abs. 8 VermG sachlich ausgeschlossen ist. Dazu empfiehlt sich insbesondere, Einsicht in die den Enteignungsvorgang dokumentierenden Akten der ehemaligen DDR-Behörden zu nehmen, die u. U. bereits bei den Vermögensämtern dem Vorgang zugeordnet worden sind.

4   Weitere **Ausschlußgründe** können sich aus dem „Schicksal" des Vermögenswertes im Anschluß an die Enteignung gem. §§ 4, 5 VermG ergeben. Im übrigen sind die Eigentumsverhältnisse an dem beanspruchten Vermögenswert seit dem 30. 1. 1993 zu berücksichtigen, da Ansprüche ab diesem Zeitpunkt gem. § 1 Abs. 6 VermG von den NS-Verfolgten geltend gemacht werden können. Die Behörde muß die Eigentumsverhältnisse im Rahmen ihrer Amtsermittlungspflicht bis zu diesem Zeitpunkt feststellen, da der zeitlich älteste Anspruch (§ 3 Abs. 2 VermG) allen anderen vorgeht. Anmeldungen der Betroffenen gem. § 1 Abs. 6 VermG, insbesondere der „Converence on Jewish Material Claims against Germany Inc." sind vorrangig, auch wenn der Vermögenswert noch nicht identifiziert werden konnte.

5   Im Anschluß an die Ausführungen zum **Verfahren** (Rdnr. 64 ff.) sind die **Rechte und Pflichten Dritter** zusammengefaßt und im Rahmen einer systematischen Auflistung dargestellt (Rdnr. 87 ff.).

6   Der zweite Teil ist den **Vorfahrtsregeln für Investoren** und den sich dadurch ergebenden Rechtsfolgen für den Restitutionsanspruch gewidmet.

7   Derjenige, der einen Anspruch geltend macht und im Gesetz als Berechtigter oder Anmelder etc. bezeichnet ist, wird im Rahmen dieses Beitrags „Alteigentümer" genannt.

II. Restitutions- und Entschädigungsanspruch nach dem Vermögensgesetz

1. Geltungsbereich des VermG (§ 1 VermG)

8   a) **Ausschluß vom Geltungsbereich des VermG (§ 1 VIII VermG).** Das VermG findet gem. § 1 VIII VermG auf folgende Fallgruppen **keine** Anwendung:

9   – **Enteignungen** von Vermögenswerten **auf besatzungsrechtlicher oder hoheitlicher Grundlage** (§ 1 VIII a VermG)

Zu den vom VermG nicht erfaßten Enteignungen auf besatzungsrechtlicher Grundlage gehören zwischen Kriegsende und Gründung der DDR jene, die im Zeitraum vom 8. 5. 1945 bis zum 7. 10. 1949 ergingen.

Im wesentlichen sind dies entschädigungslose Enteignungen im Bereich
- der Industrie zugrunsten der Länder der SBZ bzw im Rahmen sowjetischer Reparationsmaßnahmen oder
- der Landwirtschaft im Rahmen der sogenannten demokratischen Bodenreform.

Der Rechtschrakter der Maßnahmen beurteilt sich danach, ob die Enteignung in formeller Hinsicht auf Befehlen oder Anordnungen der Besatzungsmacht selbst (sogenannte besatzungsrechtliche Maßnahmen) oder auf Rechts- bzw Hoheitsakten der Länder der SBZ und kommunalen Stellen des sowjetischen Sektors Berlin (sogenannte besatzungshoheitliche Maßnahmen) beruhen.

Für die Beurteilung des Rechtscharakters der Maßnahme ist der Zeitpunkt des Eingriffs – nicht z. B. die spätere grundbuchtechnische Abwicklung – entscheidend (vgl. *BVerfG* NJW 1991, 1597, insbesondere bleiben Entschädigung und Exzeß strittig).

Von diesem Ausschluß nicht erfaßt sind die im § 1 VI und VII VermG geregelten Ansprüche zur Restitution von Vermögensverlusten, die unter dem NS-Regime eintraten bzw die auf rechtsstaatswidrigen Einzelmaßnahmen in der ehemaligen DDR beruhten.

- Ansprüche von Ausländern, die durch **völkerrechtliche Abkommen** ihrer **10** Heimatstaaten **mit der DDR** geregelt worden sind (§ 1 VIII b VermG)

Dies betrifft insbesondere Staatsangehörige der Staaten Österreich, Dänemark, Schweden und Finnland (Texte der Verträge in *Fieberg/Reichenbach*, RWS-Dokumentation 7, 1991, Bd 2, Dok 5.2. – 5.5.). Insoweit bleibt es bei den Regelungen dieser Verträge. Dabei kommt es nicht darauf an, ob die in den Vereinbarungen anerkannten Ansprüche sich mit jenen vom VermG gewährten decken. Für Vermögenswerte gem § 1 VIIIb VermG, die staatlich verwaltet worden sind, gilt der Genehmigungsvorbehalt gem. § 11c VermG, da die staatliche Verwaltung gem § 11a I VermG gesetzlich aufgehoben worden ist.
(Für Bürger der USA vgl. zusätzlich Entwurf der Vereinbarung vom 13. 5. 1992 zwischen den Regierungen der BRD und der USA, BT-Drs. 12/3379 vom 8. 10. 1992).

- Anteilsrechte an der **Altguthabenablösungsanleihe** (§ 1 Abs. 8c VermG) **11**

Ansprüche auf Anteilsrechte aus der Altguthaben-Ablösungs-Anleihe sind außerhalb des VermG geregelt (vgl. Verordnung über die Tilgung der Anteilsrechte von Inhabern mit Wohnsitz außerhalb der DDR an der Altguthaben-Ablösungs-Anleihe vom 27. 6. 1990 (GBl. I S. 354) sowie die Durchführungsbestimmung vom 20. 7. 1990 (GBl. I S. 906)).

- Ansprüche von **Gebietskörperschaften der ehemaligen DDR** (§ 1 Abs. 8d **12** VermG)

Ansprüche von Gebietskörperschaften der ehemaligen DDR fallen nicht in den Geltungsbereich des VermG. Sie sind im Einigungsvertrag in den Artikeln 21, 22 i. V. m. dem Vermögenszuordnungsgesetz geregelt.

- **Rechtsstaatliche Enteignungen** der ehemaligen DDR **13**

Grundsätzlich nicht in den Geltungsbereich des VermG fallen solche Enteignungen, die nach DDR-Gesetzen zulässig waren und ordnungsgemäß durchgeführt worden sind, ohne dabei Unterschiede zwischen DDR-Bürgern, Bundesbürgern und Ausländern zu machen. Dies ergibt ein Umkehrschluß aus § 1 Ia, b VermG und gilt insbesondere für folgende Regelungen der ehemaligen DDR:
- Verteidigungsgesetz (GBl. 1961 I S. 175; GBl. 1978 I S. 377);
- Denkmalpflegegesetz (GBl. 1975 I S. 458);
- Kulturgesetz (GBl. 1980 I S. 191);
- Landeskulturgesetz (GBl. 1970 I S. 67);
- Atomenergiegesetz (GBl. 1962 I S. 47);

- Berggesetz (GBl. 1969 I S. 29;
- Entschädigungsgesetz (GBl. 1984 I S. 209);
- DVO zum Entschädigungsgesetz (GBl. 1984 I S. 211) und
- Aufbaugesetz (GBl. 1950 I S. 965) sowie
- Baulandgesetz (GBl. 1984 I S. 201) mit Ausnahme der Überschuldungsfälle gem § 1 II VermG.

Enteignungen, die rechtsstaatlichen Mindestanforderungen entsprechen, haben grundsätzlich gem Art. 19 EVertr. (Bestandskraft von Verwaltungsakten) Bestand. Es handelt sich um Eigentumseingriffe
- im öffentlichen Interesse und
- aufgrund eines formellen Gesetzes und
- gegen angemessene Entschädigung.

Der Streit um die teleologische Reduktion des Rückerstattungsprogramms auf das Teilungsunrecht hat sich insbesondere an Mauergrundstücken entzündet, die nach dem Verteidigungsgesetz gegen Entschädigung enteignet wurden (es ist eventuell eine gesetzliche Neuregelung zu erwarten).

14 **b) Die anspruchsauslösenden Tatbestände des VermG (§ 1 I–VII i. V. m. § 3 oder § 6 VermG).** Die anspruchsauslösenden Tatbestände sind in § 1 I–VII VermG in folgenden Fallgruppen zusammengefaßt:

15 – Die **entschädigungslose Enteignung** (§ 1 Ia VermG): Dieser Restitutionsanspruch entsteht nur dann, wenn eine Enteignung entschädigungslos erfolgte, das heißt wenn die Enteignungsmaßnahme zu keiner Zeit einen Rechtsanspruch auf Entschädigung auslöste. Auch ein nachträglich in der DDR entstandener Entschädigungsanspruch (z. B. auf der Grundlage des Entschädigungsgesetzes vom 25. 4. 1960 BGl. I S. 257) schließt einen Restitutionsanspruch nach § 1 Ia VermG aus (zu den Rechtsvorschriften der DDR auf deren Grundlage entschädigungslos enteignet wurde, vgl. *F/R/M/V,*VermG, § 1 Rdnr. 18 ff.).

16 Die entschädigungslos erfolgte Enteignung ist jedoch nur dann restitutionsfähig, wenn sie teilungsbedingt ist, das heißt wenn sie Folge der Teilung Deutschlands ist und gegen einen DDR-Bürger in vergleichbarer Situation so nicht durchgeführt worden wäre („diskriminierende Enteignung"). Nicht Gegenstand des § 1 Ia VermG sind deshalb die sog. systembedingten entschädigungslosen Enteignungen, wie z. B. die Zwangsaussiedlung von Bürgern der DDR aus dem Grenzgebiet.

17 – Die **diskriminierende Enteignung** (§ 1 Ib VermG): Der Restitutionsanspruch entsteht, wenn eine Entschädigung erfolgte, diese jedoch geringer ausfiel als in vergleichbaren Fällen gegenüber DDR-Bügern. Das Kennzeichen dieser Fallgruppe ist der „interlokale Bezug". Eine Entschädigung ist dann diskriminierend gering ausgefallen, wenn ein nach dem DDR-Gesetz entstandener Entschädigungsanspruch von den Behörden nicht in voller Höhe gewährt wurde.

18 – **Veräußerung aus staatlicher Verwaltung oder Volkseigentum** (§ 1 Ic VermG): Der Anspruch entsteht im Anschluß an die Anordnung der staatlichen Verwaltung oder Enteignung, wenn der staatliche Verwalter oder der Verfügungsberechtigte den Vermögenswert bis zum Inkrafttreten des VermG (29. 9. 1990) weiterveräußert hat. Verfügungsberechtigter ist hier jeder „Rechtsträger", das heißt derjenige, der die Besitz-, Nutzungs- und Verfügungsbefugnis über den Vermögenswert des Volkseigentums gem § 19 ZGB DDR besaß. – Beachte: Rechtsträgerschaft und Volkseigentum sind im Grundbuch eingetragen.

- **1972 verstaatlichte Unternehmen** (§ 1 I d VermG): Die Rückübertragung der 19
auf der Grundlage des Beschlusses des Präsidiums des Ministerrates der DDR
vom 9. 2. 1972 erzwungenen Veräußerungen von Unternehmen erfolgt gem.
§ 6 VermG.
- **Ökonomischer Zwang** (§ 1 II VermG): Dieser Restitutionsanspruch entsteht, 20
wenn bebaute Grundstücke oder Gebäude (auch Trümmergrundstücke, wenn
sie vor ihrem Verlust zum Zwecke der Verpachtung oder Vermietung genutzt worden sind) infolge der staatlich angeordneten nicht kostendeckenden
Mieten (das heißt bei fehlendem Ertragsnutzen) und dadurch eingetretener
oder unmittelbar drohender Überschuldung des Alteigentümers in Volkseigentum überführt worden sind. Die Grenze zur Überschuldung ist mit dem
2. VermÄndG vorverlegt worden. Nunmehr begründet auch die unmittelbar
bevorstehende Überschuldung den Anspruch. Die Überschuldung ist „objektiv" zu bestimmen, das heißt ohne daß die Vermögensverhältnisse des Alteigentümers zum damaligen Zeitpunkt in Rechnung gestellt werden. Sie drohte bereits dann, wenn der Finanzierungsaufwand größer gewesen wäre als der
an den damaligen Bewertungsgrundsätzen gemessene Zeitwert der Immobilie.
Vom Tatbestand des § 1 II VermG werden sowohl die „formelle Enteig- 21
nung", z. B. auf der Grundlage der §§ 15, 16 des Baulandgesetzes der DDR
vom 15. 6. 1984 (GBl. I S. 201), als auch die sog. „kalte Enteignung" erfaßt.
Bei der kalten Enteignung wurde der Alteigentümer durch die Überschuldung de facto gezwungen, ohne formelle Enteignungsakte
- auf sein Eigentum zu verzichten (§ 310 ZGB),
- es zu verschenken (§ 282 ZGB, auch Verkauf zum „Nulltarif", das heißt die
Aufrechnung von Erlös und Aufbauhypothek erfaßt), oder
- im Erbfalle die Erbschaft (§ 402 ZGB) auszuschlagen.
(Zum Verhältnis von Restitutionsanspruch und Anfechtung des Eigentumsverzichts nach dem ZGB der DDR vgl. umfassend *F/R/M/V*, VermG, § 1
Rdnr. 56)
- **Unlautere Machenschaften** (§ 1 III VermG): § 1 III VermG erfaßt die Fälle, in 22
denen der Einsatz unlauterer Mittel durch staatliche Stellen oder Dritte erfolgte, um Alteigentümer von Grundstücken und Gebäuden (auch von schuldrechtlichen Nutzungsrechten i. S. v. § 312 ZGB) entweder willkürlich zu enteignen oder zur rechtsgeschäftlichen Veräußrung zu zwingen. Unlautere Mittel sind insbesondere die Regelbeispiele in § 1 II VermG, nämlich
- der „zweckwidrige Einsatz staatlicher Mittel" (Machtmißbrauch);
- „jede sittlich mißbilligenswerte Vorteilsgewährung bzw Vorteilsnahme"
(Korruption);
- Nötigung i. S. v. § 240 StGB sowie
- Täuschung in Anlehnung an § 123 BGB (vgl. dazu im einzelnen *F/R/M/V*,
VermG, § 1 Rdnr. 68)
„Willkürliche Enteignung" bedeutet, daß ein gesetzlich legitimer Enteig- 23
nungszweck von vornherein nur vorgetäuscht wurde. „Zwang zur rechtsgeschäftlichen Veräußerung" ist insbesondere die an den Verkauf oder gar an
den Verzicht auf das Eigentumsobjekt geknüpfte Inaussichtstellung der Ausreisegenehmigung durch DDR-Behörden. Beachte: Auch hier ist redlicher
Erwerb durch Dritte möglich, vgl. § 4 II VermG.
Ausgeklammert bleiben dagegen jene Fälle, in denen „alles mit rechten Din- 24
gen" im Rahmen der DDR-Regelungen zugegangen ist, z. B. wenn DDR-

Bürger zum Verkauf ihrer Grundstücke gezwungen waren, weil sie ansonsten keine Genehmigung zum Bau oder Erwerb eines anderen Eigenheimes erhalten hätten, ebenso wie die Fälle, in denen DDR-Bürger verkauften, um der gesetzlich zulässigen Enteignung gem § 12 Baulandgesetz zu entgehen.

25 – **Unter staatlicher Verwaltung stehende Vermögen** (§ 1 IV VermG): § 1 Abs. 4 VermG betrifft alle existierenden Formen staatlicher Verwaltung von Vermögen, die auf speziellen Rechtsvorschriften der DDR basierten. In diesen Fällen ist im Grundbuch der Alteigentümer eingetragen geblieben sowie ein Treuhandvermerk vorgenommen worden. Die durch Verwaltervertrag entstandene zivilrechtliche Verwaltung oder sog. Pflegschaften gem §§ 1911, 1913 BGB; § 105 ZGB DDR fällt nicht unter § 1 Abs. 4 VermG.

26 – **Vermögensverluste unter dem NS-Regime** (§ 1 VI VermG): § 1 Abs. 6 VermG hat die Wiedergutmachung nationalsozialistischen Unrechts für Vermögensverluste in der Zeit vom 30. 1. 1933 bis 8. 5. 1945 zum Ziel. Vermögensverluste, die in der Zeit des NS-Regimes bei Bürgern und Vereinigungen aufgrund von rassischen, politischen, religiösen oder weltanschaulichen Verfolgungen durch Zwangsverkäufe, Enteignungen oder auf andere Weise eintraten, sind zu restituieren. Die „Verfolgung" muß daraus resultiert haben, daß das NS-Regime die Rasse oder aber abweichende politische, religiöse bzw weltanschauliche Überzeugungen der Geschädigten nicht duldete.

27   Zu den Vermögensverlusten, die „auf andere Weise" eingetreten sind, gehören insbesondere:
  – die Veräußerung unter Verfolgungsdruck;
  – der Verlust durch hoheitlichen Akt, unabhängig von gewährten Entschädigungen;
  – Beschlagnahmen;
  – willkürliche Wegnahmehandlungen;
  – Veruntreuungen durch staatliche Treuhänder;
  – Vermögensminderung durch diskriminierende Abgaben wie z. B. die Reichsfluchtsteuer.

28   Kollidieren die Ansprüche dieser zeitlich weiter zurückliegenden Fallgruppen mit Ansprüchen wegen Vermögensverlusten aus der SBZ/DDR-Zeit, so gehen gem. § 3 Abs. 2 VermG diese älteren Ansprüche vor. – Beachte: Gem. § 1 VIIIa 2. Hs. VermG gilt der Ausschlußtatbestand § 1 VIIIa VermG nicht. Außerdem besteht eine gesetzliche Vermutung zugunsten des Verfolgten gem. § 1 Abs. 6 S. 2 VermG.

29 – **Rechtsstaatswidrige Einzelmaßnahmen** (§ 1 VII VermG): § 1 Abs. 7 VermG sieht eine Restitution von Vermögensansprüchen derjenigen Alteigentümer vor, in deren Eigentum im Zusammenhang mit rechtsstaatswidrigen Strafverfahren, Ordnungsstrafverfahren oder verwaltungsrechtlichen Entscheidungen eingegriffen wurde. Voraussetzung ist, daß andere Rechtsvorschriften die Aufhebung der rechtsstaatswidrigen Entscheidungen vorsehen. Die Aufhebung muß vor Antragstellung auf Rückübertragung durchgeführt worden sein, vgl § 30 III VermG.

2. Anspruchsgegenstände des VermG (§ 2 II VermG)

30   Ansprüche nach dem VermG können nach der **Legaldefinition** des § 2 II VermG für die folgenden **Vermögenswerte** geltend gemacht werden:
  – bebaute oder unbebaute Grundstücke,

Restitutions- und Entschädigungsanspruch nach dem VermG **D VII**

– rechtlich selbständige Gebäude und Baulichkeiten (die nicht zu den Bestandteilen eines Grundstücks gehören), vgl Art. 231 § 5 EGBGB,
– dingliche Rechte an Grundstücken oder Gebäuden (Grundfpandrechte; Nießbrauch; Dienstbarkeiten),
– schuldrechtliche Nutzungsrechte an Grundstücken oder Gebäuden (Miete, Pacht oder Grundstücksüberlassungs- bzw. Nutzungsverträge),
die sich in der ehemaligen DDR einschließlich Berlin Ost befinden.

Zu den **restitutionsfähigen Vermögenswerten** gehören darüber hinaus 31
– bewegliche Sachen,
– gewerbliche Schutzrechte (Patent-, Gebrauchsmuster-, Arbeitnehmererfinder-, Geschmacksmuster- und Warenzeichenrechte),
– Urheberrechte und verwandte Schutzrechte (i. S. v. § 70 ff. UrhG),
– Kontoguthaben gegenüber Kreditinstituten auf dem Gebiet der ehemaligen DDR und Berlin Ost,
– sonstige Geldforderungen gegenüber Schuldnern mit zumindest früherem Sitz oder Wohnsitz in der ehemaligen DDR und Berlin Ost,
– Unternehmen oder Unternehmensbeteiligungen mit Sitz im Gebiet der ehemaligen DDR/Berlin Ost (zum Unternehmensbegriff im restitutionsrechtlichen Sinne, vgl. *F/R/M/V*, VermG § 2 Rdnr. 33.1),
– unselbständige oder selbständige Betriebsstätten oder Zweigniederlassungen von Unternehmen, die sich im Gebiet der ehemaligen DDR/Berlin Ost befinden, deren Sitz jedoch außerhalb der ehemaligen DDR liegt.

Nicht zum gegenständlichen Anwendungsbereich des VermG gehört das 32 Vermögen von Parteien und Massenorganisationen der ehemaligen DDR i. S. v. §§ 20a, 20b des Parteiengesetzes der DDR (i. d. F. des Änderungsgesetzes vom 31. 5. 1990, GBl. I S. 275). Die Anspruchsgrundlage für eine Restitution ist die Regelung in der Anlage II Kapitel II Sachgebiet A Abschnitt III Nr. 1 Maßgabe d des Einigungsvertrages (BGBl. 1990 II S. 1150). Mit Inkrafttreten des 2. Vermögensrechtsänderungsgesetzes vom 14. 7. 1992 (BGBl. I S. 1257) ist die Zuständigkeit für solche Ansprüche im VermG geregelt worden. Gemäß § 29 II VermG ist das Bundesaufsichtsamt zur Regelung offener Vermögensfragen (BARoV) zuständig (vgl Rdnr. 69).

3. Die Ansprüche auf Vermögensrückgabe, auf Aufhebung der staatlichen Verwaltung oder auf Herausgabe des Erlöses

a) Anspruch auf Rückgabe der Vermögenswerte (§ 3 I 1, § 6 VermG). Der 33 öffentlich-rechtliche Rückgabeanspruch gem. § 3 I 1 VermG soll die frühere Rechtsposition nach Möglichkeit wiederherstellen (zum Verfahren siehe Rdnr. 64 ff.). Es ist zu unterscheiden, ob ein Unternehmen oder sonstige Vermögenswerte i. S. v. § 2 II VermG beansprucht werden.

Ein **Rückübertragungsanspruch auf sonstige Vermögenswerte** entsteht 34 gem. § 3 I VermG, wenn
– der sachliche Anwendungsbereich des VermG eröffnet ist, das heißt wenn einer der in § 1 Ia–d, II–VII VermG geregelten Tatbestände erfüllt ist und
– kein Ausschlußgrund vorliegt.

Die Vorschriften über die **Rückübertragung von Unternehmen** finden sich 35 nahezu abschließend und gesondert geregelt in §§ 6ff. VermG. Diese Bestimmungen werden nur um den Anwendungsbereich des § 1 VermG und um wenige allgemeine Regeln ergänzt. Wird also die Rückübertragung eines Unternehmens verlangt, so sind neben der Anwendbarkeit des VermG nach § 1 VermG

D VII Vermögensrückgabe/Investitionsvorrang i. d. neuen Bundesländern

vorweg die Bestimmungen der §§ 6 ff. VermG zu prüfen. (Zur Einzelrestitution im Zusammenhang mit der Unternehmensrückgabe vgl. § 6 I 4 und 5 VermG).

36 **Hinterlegung des Ablösebetrages für alte dingliche Rechte, die im Rahmen der Enteignung gelöscht wurden:** Bevor eine Rückübertragungsentscheidung ergehen kann, muß der Antragsteller gem. §§ 18, 18 a VermG alte Grundstücksbelastungen ablösen. Diese Rechte werden seit dem 2. VermÄndG bei der Entscheidung über die Rückübertragung nicht mehr in die Grundbücher eingetragen. Der Alteigentümer muß vielmehr gem. § 18 VermG i. V. m. der Hypothekenablöseordnung (Art. 2 des 2. VermÄndG) vor der Rückübertragung einen Ablösebetrag in Höhe der Summe der abzulösenden Rechte bezahlen. Der Betrag wird vom ARoV festgesetzt und ist beim Kreisgericht als Hinterlegungsstelle einzuzahlen. Erst wenn die Zahlung geleistet worden ist, kann die Rückübertragung des Grundstücks erfolgen (§ 30 a VermG), das dann unbelastet ist.

37 b) **Anspruch auf Aufhebung der staatlichen Verwaltung (§§ 11 bis 14a VermG).** Die Aufhebung der staatlichen Verwaltung erfolgt bis zum 31. 12. 1992 durch Verwaltungsakt. Im Rahmen des Verfahrens nach dem VermG gem. § 11 a I VermG erlischt die staatliche Verwaltung ab dem 1. 1. 1993 **kraft Gesetzes.** Von diesem Zeitpunkt an können die Alteigentümer über die betroffenen Vermögenswerte ohne besondere Entscheidung der Vermögensämter wieder verfügen, es sei denn, sie wählen fristgemäß Entschädigung gem. § 11 a I VermG. Gem. § 11 c VermG ist die freie Verfügung von der Zustimmung des BARoV abhängig, wenn Staatsangehörige von völkerrechtlichen Vereinbarungen gem. § 1 VIII b VermG betroffen sind. (Zur Pflicht auf Übernahme von Aufbauhypotheken und Grundpfandrechten vgl § 16 Abs. 5 VermG und zum Verfahren § 16 VI bis X VermG).

Wenn unklar bleibt, wer Eigentümer ist, wird gem. § 11 b VermG durch die kommunale Aufsichtsbehörde ein **gesetzlicher Vertreter** bestellt, der die Rechte und Pflichten eines Abwesenheitspflegers erhält. Bei Unternehmen tritt die Treuhandanstalt als gesetzlicher Vertreter ein.

38 **Schadensersatzansprüche bei staatlicher Verwaltung (§§ 13, 14, 33 Abs. 2 VermG):** Gemäß § 13 VermG haftet der staatliche Verwalter von Vermögenswerten während der Zeit der staatlichen Verwaltung für Schäden, die dem Restitutionsberechtigten erstens aus einer gröblichen Verletzung von Pflichten ordnungsgemäßer Wirtschaftsführung (§ 13 I 1. Alt. VermG) und zweitens aus der Verletzung sonstiger Verwalterpflichten (§ 13 I 2. Alt. VermG) rechtswidrig entstehen. Gemäß § 13 II VermG richtet sich die Feststellung des Schadensersatzes nach den gesetzlichen Regelungen der Staatshaftung. Für Schäden vor Inkrafttreten des Einigungsvertrags gilt das StHG DDR vom 12. 5. 1969 (GBl. I S. 34) i. d. F. des Änderungsgesetzes vom 14. 12. 1988 (GBl. I S. 329), für Schäden nach Inkrafttreten des EVertr. gilt das StHG i. d. F. des EVertr. (Anlage II Kap. III Sachgebiet B Abschnitt III) oder auch § 839 BGB i. V. m. Art. 34 GG. Die Entscheidung über den Schadensersatzanspruch ergeht gem. § 33 II VermG gesondert in der Form eines Leistungsbescheides. § 6 a StHG eröffnet gegen den Leistungsbescheid den Rechtsweg zu den Zivilgerichten.

39 c) **Der Anspruch auf Erlös (§ 3 IV 3 VermG).** Gem. § 3 IV 3 VermG hat der Alteigentümer einen Herausgabeanspruch auf den Erlös, wenn über den Vermögensgegenstand vor seiner verspäteten Anmeldung bereits rechtmäßig verfügt wurde. Voraussetzung ist, daß die Anmeldefrist gem. § 3 AnmV versäumt wurde, aber spätestens bis zum 31. 12. 1992 der Anspruch angemeldet worden

ist. Bei Aufhebung der staatlichen Verwaltung richtet sich der Anspruch auf Erlös nach § 11 III, IV VermG. Der Anspruch auf Erlös richtet sich bei unbeweglichen Sachen gegen den Veräußerer und bei beweglichen Sachen gegen den Entschädigungsfonds (§§ 10 I, 29a VermG). Der Anspruch auf Erlös ist vom Anspruch auf Entschädigung zu unterscheiden. Da der Anspruch auf Erlösherausgabe ein Surrogat des Restitutionsanspruches ist, kann auch der Anspruch auf Entschädigung (§ 8 I 1 VermG) gewählt werden.

4. Verpflichtung zum Wertausgleich (§§ 7, 7a, 14a VermG)

Bei Rückübertragungsansprüchen gem. § 7 und bei der Aufhebung der staatlichen Verwaltung gem. § 14a i. V. m. VermG muß der Alteigentümer an den ehemals Verfügungsberechtigten Werterhöhungen, die am Vermögensobjekt entstanden sind, zurückerstatten. Zu ersetzen sind bauliche Aufwendungen bis zum 2. 10. 1990, nicht jedoch die Abrißkosten. Differenziert wird zwischen Werterhöhungen aus privaten Mitteln gem. § 7 II VermG und anderen Baumaßnahmen nach Überführung in Volkseigentum gem. § 7 I VermG, die an den Entschädigungsfond gezahlt werden müssen. 40

Die Werterhöhungen gem. § 7 I VermG errechnen sich dabei aus den damaligen Baukosten der DDR, die einem jährlichen Abschlag von 8% unterliegen (vgl. DurchführungsVO des BMWi vom 4. 9. 1992). Im Unterschied zu den nachzuweisenden Baukosten gem. § 7 I VermG sind die privaten Aufwendungen gem. § 7 II VermG nach dem verbliebenen tatsächlichen Wert der Verwendungen im Zeitpunkt der Rückgabe auszugleichen. 41

Durch das 2. VermÄndG ist der bisherige Anspruch auf Ausgleich von Wertminderungen am Vermögensgegenstand des Alteigentümers ersatzlos entfallen. Gem. § 7 II, VII VermG sind auch Nutzungen nicht zu ersetzen. Gem. § 11 V VermG können Wertminderungen bei der Aufhebung der staatlichen Verwaltung berücksichtigt werden. Bei der Übertragung von Unternehmen richtet sich der Anspruch nach § 6 I 2 VermG. 42

Die Ansprüche sind ausgeschlossen gem. § 7 VI VermG. Gem. § 7a ist eine Gegenleistung des Verfügungsberechtigten, insbesondere der Kaufpreis, zu erstatten. 43

5. Ausschluß des Restitutionsanspruches (§ 3 I 1 i. V. m. §§ 4, 5 VermG)

a) **Ausschlußgrund Unmöglichkeit** (§ 4 I 1 und 2 VermG). § 4 I 1 VermG regelt die tatsächliche **Unmöglichkeit der sog. Singularrestitution** im Unterschied zur Unternehmensrestitution. Bei der tatsächlichen Unmöglichkeit darf die Restitution „von der Natur der Sache her" nicht mehr möglich sein. Dies ist anzunehmen, wenn der zu restituierende Vermögenswert nicht mehr existiert, das heißt untergegangen ist oder durch Verbindung, Vermischung, Vermengung oder Verarbeitung gem. §§ 946–950 BGB zu einem untrennbaren Bestandteil einer anderen Sache geworden ist. Besondere **Regelbeispiele** dieses Ausschlußtatbestandes sind in § 5 I 2 a–d VermG enthalten (vgl. im einzelnen F/R/M/V, VermG § 5 Rdnr. 9–48). Dabei müssen die maßgeblichen tatsächlichen Umstände am Tage des Inkrafttretens des VermG (29. 9. 1990) vorgelegen haben, § 5 II VermG. 44

Rechtsfolge der Unmöglichkeit des Restitutionsanspruches ist gem. § 9 I und III VermG der Geldentschädigungsanspruch nach dem noch nicht verabschiedeten EntschädigungsG.

D VII Vermögensrückgabe/Investitionsvorrang i. d. neuen Bundesländern

45 § 4 I 2 VermG regelt die **Unmöglichkeit der Unternehmensrestitution** gem. § 6 VermG. Wurde der Geschäftsbetrieb eingestellt (keine Vergleichbarkeit gem. § 6 I VermG) und fehlen aus objektiver Sicht bei vernünftiger kaufmännischer Beurteilung die tatsächlichen Voraussetzungen für seine Wiederaufnahme, so ist die Unternehmensrestitution unmöglich. Allerdings tritt die **Rechtsfolge** des § 6 VI a 1. VermG ein, das heißt die Singularrestitution von Vermögenswerten, die sich im Eigentum des Berechtigten befanden oder an dessen Stelle getreten sind, wird statt dessen möglich (beachte: dies gilt nicht zum Nachteil der Gläubiger des Verfügungsberechtigten, § 6 Abs. 6a S. 2 VermG; in diesem Fall kommt der Geldentschädigungsanspruch gem. § 9 Abs. 1 S. 1 VermG in Betracht).

46 b) **Ausschlußgrund redlicher Erwerb (§ 4 I 3, 4 II, III VermG).** Die negative Legaldefinition des redlichen Erwerbs nimmt § 4 III VermG mit Hilfe von Regelbeispielen vor. Redlichkeit bedeutet Schutzwürdigkeit desjenigen, der bis zum 18. 10. 1989 korrekt im Rahmen der Rechtsordnung der DDR handelte (im einzelnen *F/R/M/V*, VermG § 4 Rdnr. 51 ff.). Beachte: Redlichkeit ist nicht gleichbedeutend mit Gutgläubigkeit. Der Ausschluß des Restitutionsanspruches bzw. der Schutz für den Erwerber ist nicht mehr gegeben, wenn eine Veräußerung nach dem 18. 10. 1989 stattgefunden hat („Stichtagsregelung" in § 4 II 2 VermG).

47 Seit dem 2. VermÄndG entfällt der Restitutionsanspruch auch dann, wenn
– der Veräußerungsvertrag (aktenkundig) bereits vor dem Stichtag angebahnt wurde;
– Gewerbetreibende auf der Grundlage des § 1 des Gesetzes über den Verkauf volkseigener Gebäude vom 7. 3. 1990 (GBl. I S. 157) erworben haben; oder
– der Erwerber vor dem Stichtag in wesentlichem Umfang werterhöhende oder substanzerhaltende Investitionen vorgenommen hat (§ 4 Abs. 2 a–c VermG). Diese neue Regelung gilt auch für alle Verfahren, die auf der Ebene der Verwaltung noch nicht abgeschlossen worden sind, § 14 IV 1 des 2. VermÄndG.

48 Gem. § 4 Abs. 2, 3 VermG steht dem Alteigentümer bei redlichem Erwerb eines Dritten nur noch ein Entschädigungsanspruch zu. Dieser richtet sich nach § 9 VermG i. V. m. dem EntschädigungsG. Gegebenenfalls hat er einen Anspruch auf ein Ersatzgrundstück gem. § 9 Abs. 2 VermG und Geldentschädigung bzw Veräußerungserlös bei beweglichen Sachen, sowie auf ein dingliches Vorkaufsrecht bei Grundstücken, § 20 Abs. 2 VermG.

49 Unternehmensveräußerungen auf der Grundlage der in § 4 Abs. 1 S. 3 a–d VermG aufgezählten Rechtsvorschriften sind bei redlichem Erwerb ebenfalls „restitutionsfest".

6. Anspruch auf Entschädigung (§§ 8, 9 VermG)

50 a) **Wahlrecht.** Gem. § 8 I 1 VermG hat der Alteigentümer das Recht, statt der Rückübertragung eine Entschädigung zu verlangen. Der Alteigentümer kann in diesem Fall zwischen mehreren inhaltlich verschiedenen Rechten wählen. Wählt er die Entschädigung, so führt dies zum Wegfall der Verfügungssperre, weil der Alteigentümer dann nicht mehr durch § 3 III 1 VermG geschützt werden muß.

51 Das Wahlrecht gem. § 8 I VermG ist **auf die Singularrestitution beschränkt** (beachte für die Unternehmensrestitution eine entsprechende Regelung in § 6 VI 3 VermG; für die Aufhebung staatlicher Verwaltung § 11 I 2 VermG). Tritt an die Stelle des Restitutionsanspruches der Erlösherausgabeanspruch (vgl.

Rdnr. 39), so wird das Wahlrecht dadurch nicht berührt. – Bei der Restitution von **beweglichen** Sachen bestehen keine Besonderheiten.
Ausgeschlossen vom Wahlrecht sind gem. § 8 I 2 VermG die sog. Überschul- 52
dungsfälle, d. h. diejenigen Alteigentümer, deren Vermögensverlust durch ökonomisch erzwungenen Eigentumsverzicht, Schenkung oder Erbausschlagung
(§ 1 II VermG) entstanden ist.
Die Entschädigung gem. § 8 I VermG ist immer in Geld zu leisten, Ausnahme 53
§ 9 II VermG. Für die Entschädigung existiert im Januar 1993 noch keine gesetzliche Regelung. Die Eckwerte eines zukünftigen Entschädigungsgesetzes wurden von der sog. „Gerster-Kommission" ausgearbeitet.

b) Grundsätze der Entschädigung im Falle des Restitutionsausschlusses (§ 9 54
VermG). Ist der Rückübertragungsanspruch gem. §§ 4, 5 VermG ausgeschlossen, ist § 9 i. V. m. § 11 VermG unmittelbar anwendbar (beachte für bewegliche Sachen die Sonderregelung in § 10 VermG). Der Alteigentümer hat dann einen **Anspruch auf Entschädigung** gem. § 9 VermG. Der Entschädigungsanspruch ist jedoch gem. § 9 I 2 VermG ausgeschlossen, wenn der Eigentumsverlust aufgrund ökonomischen Zwangs durch Verzicht, Schenkung oder Erbausschlagung (§ 1 II VermG) eintrat. Die Entschädigung gem. § 9 I VermG wird grundsätzlich in Geld erstattet. Für den Fall des auf ein Grundstück gerichteten Restitutionsanspruches, der durch redlichen Erwerb eines Dritten ausgeschlossen worden ist, kann gem. § 9 II 1 VermG die Entschädigung durch Bereitstellung eines Ersatzgrundstücks mit vergleichbarem Wert erfolgen (zu Einzelheiten vgl. *F/R/M/V*, VermG § 9 Rdnr. 7). – Beachte die Möglichkeit der Eintragung eines Vorkaufsrechts gem. § 20 II VermG.

7. Prinzipien der Restitution

a) Prinzip des Vorrangs der Singularrestitution (§ 3 I 3 VermG). Auf der 55
Grundlage von § 3 I VermG lassen sich lediglich einzelne Vermögenswerte restituieren (Prinzip der Singularrestitution). Ausnahme ist die Rückübertragung eines Unternehmens nach § 6 VermG, da grundsätzlich bei der Unternehmensrestitution nicht einzelne Teile von Unternehmen isoliert zurückgegeben werden können (Zu den Ausnahmen vgl. *F/R/M/V*, VermG, § 3 Rdnr. 5)

b) Prioritätsprinzip bei mehreren inhaltsgleichen Ansprüchen (§ 3 II 56
VermG). Bei mehreren Rückgabeansprüchen auf denselben Vermögensgegenstand gilt gem. § 3 I VermG das sog. Prioritätsprinzip, danach ist derjenige Berechtigter iSv § 2 I VermG, der den Verlust des Vermögensgegenstandes historisch als erster erlitten hat (beachte für die Zuständigkeit des ARoV § 35 II VermG).

8. Vermögensausgleichsabgabe (Art. 14 2. VermÄndG)

Gem. Art. 14 III 2. VermÄndG erstreckt sich die zukünftig in einem Entschä- 57
digungsgesetz erst noch zu regelnde Vermögensausgleichsabgabe auch auf die bis dahin schon ergangenen Entscheidungen über vermögensrechtliche Ansprüche nach dem VermG. Dies gilt auch für die gesetzlich angeordnete Aufhebung der staatlichen Verwaltung zum 1. 1. 1993. Die Vermögensausgleichsabgabe wird voraussichtlich eine Abgabe sein, die jeder Alteigentümer in Höhe eines noch festzulegenden Prozentsatzes vom Wert des restituierten Vermögensgegenstandes und auch im Fall der Entschädigung abzuführen hat.

9. Verfügungssperre (§ 3 III VermG)

58 Bis zur Entscheidung des Vermögensamtes entsteht mit dem Antrag auf Rückgabe gem. § 3 III VermG eine sog. Verfügungssperre. Diese soll den Alteigentümer vor schädigenden Verfügungen des noch im Besitz des Vermögensgegenstandes befindlichen Verfügungsberechtigten (§ 2 III VermG) schützen. Die Verfügungssperre verbietet insbesondere:
– den Abschluß dinglicher Rechtsgeschäfte, d. h. die Veräußerung des Vermögenswertes;
– die Begründung von Grundpfandrechten, Nießbrauch, Grunddienstbarkeiten und Erbbaurechten;
– den Abschluß langfristiger vertraglicher Verpflichtungen wie z. B. die Vermietung oder Verpachtung
– Realakte, die den Vermögenswert nicht nur unerheblich beeinträchtigen, wie z. B. Zerstörung oder Beschädigung.

Die Erfolgsaussichten des Antrages sind für die Entstehung der Verfügungssperre nicht maßgeblich.

59 Der Verfügungsberechtigte hat nach der Anmeldung des Anspruchs die **Stellung eines „Treuhänders"**, der grundsätzlich zur Notgeschäftsführung (§ 3 III 2a, b, 3, 5 VermG) berechtigt bzw. verpflichtet ist. Hinsichtlich seiner Pflichten hat der Verfügungsberechtigte durch § 3 III 6 VermG eine ähnliche Stellung wie der Geschäftsführer ohne Auftrag, §§ 677 ff. BGB (im einzelnen *F/R/M/V*, VermG § 3 Rdnr. 39–44).

60 Die Verfügungssperre ist nicht als gesetzliches Verbot (§§ 134 ff. BGB) ausgestaltet, sondern begründet lediglich eine **schuldrechtliche Verpflichtung** im Innenverhältnis zwischen Verfügungsberechtigtem und Alteigentümer. Wird gegen die Verfügungssperre durch den Verfügungsberechtigten verstoßen, so hat der Alteigentümer **Schadensersatzansprüche** gem. § 823 II BGB; § 839 BGB gegenüber dem Verfügungsberechtigten. Seit dem 29. 3. 1991 (1. Änderung des VermG) ist § 678 BGB, die unberechtigte Geschäftsführung ohne Auftrag analaog anwendbar, § 3 III 6 2. Hs. VermG. – Gegenüber **Dritten** bleibt das Rechtsgeschäft, mit dem im Innenverhältnis gegen die Sperre verstoßen wurde, rechtswirksam. (Zu den Rechtsfolgen eines Verstoßes und den Schutzmöglichkeiten für den Alteigentümer vgl. die Literatur zu § 3 III VermG).

61 Für den Fall der Veräußerung eines Grundstücks oder Gebäudes besteht eine zusätzliche **Genehmigungssperre** gem. § 1 GVO (Art. 4 2. VermÄndG). In der Praxis ist deshalb die Erteilung von Negativattesten an potentielle Käufer entstanden. Beachte außerdem den **Genehmigungsvorbehalt** für den Fall der Aufhebung der staatlichen Verwaltung, § 11c VermG.

62 Gem. § 3c VermG gibt es **Ausnahmen** von der Verfügungssperre. Danach ist trotz einer Anmeldung die Veräußerung erlaubt,
– wenn Verfügungsberechtigter die Treuhand ist oder
– wenn an den Anmelder selbst bzw. an eine juristische Person des öffentlichen Rechts oder an eine von ihr beherrschte private juristische Person oder Genossenschaft verkauft werden soll und ein Ausschluß des Anspruchs gem. § 5 VermG anzunehmen ist.

10. Abtretung (§ 3 I 2 VermG)

63 Der Anspruch des Alteigentümers kann abgetreten, verpfändet oder gepfändet werden. Seit der Änderung durch das 2. VermÄndG ist nunmehr die **nota-**

rielle Beurkundung der Abtretung erforderlich, wenn sich der Anspruch auf Rückübertragung eines Grundstücks, Gebäudes oder Unternehmens richtet. Darüber hinaus ist jetzt die Bedingungsfeindlichkeit der Abtretung bestimmt. Da § I 2 VermG **keine Rückwirkung** entfaltet, bleiben frühere formlose Abtretungen wirksam. Gem. Art. 14 I i. V. m. Art. 15 2. VermÄndG sind sie dann unwirksam geworden, wenn sie nicht bis zum 15. 10. 1992 bei dem zuständigen ARoV/LaRoV angezeigt wurden. Wer den Restitutionsanspruch des Alteigentümers erwirbt, ohne dessen Angehöriger zu sein, wird an den Verfahren nach dem InVorG nicht beteiligt, § 4 Abs. 5 InVorG (eingeführt durch Art. 6 2. VermÄndG).

11. Verwaltungsverfahren

a) Anmeldung des Anspruchs bei der zuständigen Behörde

aa) Zuständigkeit ARoV/LaRoV/BaRoV

aaa) Amt zur Regelung offener Vermögensfragen (ARoV)

- **Sachliche Zuständigkeit** (§§ 23, 24 VermG): Die Länder haben gem. § 23 VermG ein ARoV für jeden Landkreis, jede kreisfreie Stadt und für Berlin errichtet. Diese Ämter sind sachlich zuständig für alle Anträge auf Rückübertragung von Vermögenswerten, die nicht den Landesämtern (LaRoV) bzw. dem Bundesamt zur Regelung offener Vermögensfragen (BaRoV) übertragen sind. Zusätzlich kann das ARoV gem. § 25 Abs. 2 VermG durch Rechtsverordnung der Landesregierung für Entscheidungen als zuständig erklärt werden, die grundsätzlich dem LaRoV obliegen.

64

- **Örtliche Zuständigkeit** (§ 35 VermG): Nach dem Wohnortprinzip ist das ARoV örtlich zuständig, in dessen Bereich der Alteigentümer bzw. dessen Rechtsvorgänger seinen letzten Wohnsitz im Beitrittsgebiet vor dem 3. 10. 1990 hatte. In Erbfällen kommt es auf den letzten Wohnsitz desjenigen Erblassers an, der von Maßnahmen i. S. d. § 1 VermG betroffen war. Hatte der Berechtigte keinen Wohnsitz in der ehemaligen DDR, ist gem. § 35 II VermG das ARoV zuständig, in dessen Bereich der Vermögensgegenstand belegen ist. Das Amt ist ausschließlich zuständig gem. § 35 III VermG, wenn mehrere Ansprüche auf denselben Vermögenswert angemeldet wurden. Gem. § 35 IV VermG sind im Fall ihrer Unzuständigkeit alle Behörden in den neuen Bundesländern zur Weiterleitung des Antrags verpflichtet.

65

bbb) Landesamt zur Regelung offener Vermögensfragen (LaRoV)

- **Sachliche Zuständigkeit:** Gem. § 25 VermG ist das LaRoV **erstinstanzlich** zuständig für Anträge:

66

– auf Rückgabe von Unternehmen:
– auf Unternehmensrestitution gem. § 6 i. V. m. § 25 I 2 und 4 VermG;
– auf Unternehmensrückführung bei staatlicher Verwaltung gem. §§ 12 i. V. m. 6 i. V. m. 25 I 2 und 4 VermG;
– auf vorläufige Einweisung in den Besitz des zurückzugebenden Unternehmens gem. § 6a i. V. m. § 25 I 2 und 4 VermG;
– Entflechtung von Unternehmen gem. § 6b i. V. m. § 25 Abs I 2 und 4 VermG;
– für Entscheidungen über Entschädigungen gem. § 6 Abs. 7 i. V. m. § 25 Abs. 1, S. 2 und 4 VermG; und
– für alle anderen Entscheidungen, die normalerweise beim ARoV entschieden werden, die das LaRoV aber gem. § 25 I 3 VermG an sich ziehen kann

D VII Vermögensrückgabe/Investitionsvorrang i. d. neuen Bundesländern

Ausnahme: durch Rechtsverordnung der Landesregierung gem. § 25 Abs. 2 VermG kann die Zuständigkeit abweichend von den o. g. Fällen auf das ARoV übertragen werden.

67 Gem. § 36 i. V. m. § 26 VermG ist das LaRoV als **Widerspruchsbehörde** zuständig
– für Widersprüche gegen Entscheidungen des ARoV (§ 36 Abs. 1 VermG) und
– für Widersprüche gegen Entscheidungen, die es gem. § 25 Abs. 1 S. 3 VermG an sich gezogen hat (§ 36 Abs. 4 VermG).

68 – **Örtliche Zuständigkeit:** Gem. § 6 IX VermG i. V. m. § 15 I Unternehmensrückgabeverordnung (URüV) gilt das Niederlassungs- oder Sitzprinzip, danach ist das LaRoV ausschließlich zuständig

– bei der Rückgabe von Unternehmen
– bei der Aufhebung der staatlichen Verwaltung
– für Anträge gem. § 6 Abs. 5 b, 5 c, 6 a und 8 VermG

in dessen Bereich das Unternehmen am 29. 9. 1992 seinen Sitz hatte bzw. im Fall seiner Stillegung seinen letzten Sitz hatte.

69 ccc) Das **Bundesamt zur Regelung offener Vermögensfragen (BaRoV)** ist zuständig

– allgemein für die Koordinierung und Unterstützung der Ämter gem. § 29 I VermG;
– für Restitutionsentscheidungen über Partei- und Organisationsvermögen, das der treuhänderischen Verwaltung nach den Regleungen des EVertr. zu § 20 a und § 20 b ParteiG unterliegt gem. § 29 II VermG i. V. m. Erlaß des Bundesministers der Finanzen „über die Zuständigkeit des BaRoV" vom 10. 8. 1992;
– gem. § 22 S. 3 VermG für die Rückgabe von der staatlichen Verwaltung unterliegenden ausländischen Unternehmenswerten (außer Unternehmen);
– gem. § 11 c VermG für den Zustimmungsvorbehalt für Vermögenswerte i. S. v. § 1 VIII VermG;
– gem. § 29 a II VermG für die Verwaltung des Entschädigungsfonds.

70 bb) **Anmeldeberechtigung (§§ 2, 30 VermG; § 2 AnmVo).** Die Anmeldeberechtigung bezieht sich auf Vermögenswerte gem. § 1 VermG. Anmeldeberechtigt sind alle natürlichen und juristischen Personen, Personengesellschaften sowie ihre Rechtsnachfolger, also insbesondere auch die Erben. Die „Conference on Jewish Material Claims" ist antragsberechtigt gem. § 2 Abs. 1 S. 2 und 3 VermG.

71 cc) **Ausschlußfrist für die Anmeldung (§ 30 a VermG).** Rückübertragungs- und Entschädigungsanspruch können nur bis zum 31. 12. 1992 bzw. bei beweglichen Sachen bis zum 30. 6. 1993 neu angemeldet werden.
Ansprüche gem. § 1 Abs. 7 VermG müssen innerhalb von sechs Monaten ab Unanfechtbarkeit der zugrundeliegenden Aufhebungsentscheidung geltend gemacht werden, § 30 a S. 2 und 3 VermG.

72 dd) **Form der Anmeldung.** Grundsätzlich ist die Anmeldung **formlos** möglich. Gem. § 31 Ib VermG kann der Anmelder/Alteigentümer – zur Vermeidung nicht identifizierbarer Anmeldungen – aufgefordert werden, innerhalb von vier Wochen seinen **Antrag zu präzisieren.** Unterläßt er dies, gegebenenfalls auch innerhalb einer verlängerten Frist gem. § 31 Ib 2 VermG, wird der Antrag zurückgewiesen. Gem. § 30 III VermG ist einem Restitutionsantrag gem. § 1 VII VermG eine Bescheinigung über die Antragstellung im Rehabilitierungsverfahren beizufügen.

Restitutions- und Entschädigungsanspruch nach dem VermG **D VII**

b) Rechte und Pflichten des Alteigentümers im Verfahren vor der Entscheidung. Das Verfahren ist in den §§ 30 ff. VermG geregelt. Subsidiär gilt das VwVfG des Bundes (Einigungsvertrag Anl. I, Kap. II, Sachgeb. B Abschn. III Nr. 1) bzw. die entsprechenden Verwaltungsverfahrensgesetze der Länder. 73

- **Auskunftsanspruch** (§ 31 III VermG): Der Anspruch besteht ausschließlich gegenüber der Behörde, nicht aber gegenüber den Rechtsträgern, Verwaltern, derzeitigen Eigentümern oder Nutzern, da dieser Personenkreis gem. § 31 IV VermG nur gegenüber der Behörde zur Auskunft verpflichtet ist. Der Anspruch des Alteigentümers geht über das den übrigen Beteiligten zustehende Recht auf Akteneinsicht hinaus. Er hat die Möglichkeit, alle Erkenntnisquellen der Behörde zu nutzen, wenn dies erforderlich ist. Er muß seinen Anspruch glaubhaft machen, § 31 III 2 VermG. Die Auskunft ist schriftlich zu erteilen, § 31 III 3 VermG. 74
- **Recht auf Anhörung** (§ 28 VwVfG): Vgl. im einzelnen *Kopp*, Kommentar zum VwVfG, 5. Aufl. 75
- **Weitergehende Rechte bei Unternehmen** (§ 31 III 4 VermG): Der Alteigentümer eines Unternehmens erwirbt mit Antragstellung das Recht, die Geschäftsräume des Unternehmens zu betreten und alle Unterlagen, die Bedeutung für seinen Anspruch haben, einzusehen. Voraussetzung ist, daß er seine Berechtigung glaubhaft macht. Die Gestattung dieser Rechte durch die Behörde kann vom Verfügungsberechtigten angefochten werden (Anfechtungsklage mit aufschiebender Wirkung, § 68 I 2 i. V. m. § 80 I VwGO). 76
- **Recht auf Aussetzung des Verfahrens bei angestrebter gütlicher Einigung** (§ 31 V VermG): Die Vorrangigkeit der gütlichen Einigung zwischen den Beteiligten wird in § 31 V VermG festgestellt und bindet die Behörde in jedem Stadium des Verfahrens. Gem. § 1 V 2 VermG ist sie verpflichtet, bei einem Einigungsversuch das Verfahren auszusetzen, sobald ihr dieser mitgeteilt wird. Beachte auch § 16 V 3 VermG. 77
- **Wahlrecht** (§ 32 II VermG): Der Alteigentümer kann bis zur Entscheidung der Behörde zwischen dem Anspruch auf Rückübertragung des Vermögensgegenstandes bzw. Aufhebung der staatlichen Verwaltung und Entschädigung nach § 9 VermG wählen. Dies gilt nicht, wenn das beantragte Grundstück durch Eigentumsverzicht, Schenkung oder Erbausschlagung in das Volkseigentum übernommen wurde, §§ 32 II 2 i. V. m. 8 I 2 VermG. Bei Aufhebung der staatlichen Verwaltung besteht das Wahlrecht gem. § 11 I 2 VermG, grundsätzlich jedoch nur bis zum Ablauf von zwei Monaten nach Inkrafttreten des – derzeit noch ausstehenden – EntschädigungsG (§ 11 a I 2 VermG). 78
- **Recht auf Mitteilung der beabsichtigten Entscheidung** (§ 32 Abs 1 VermG)
  – mit Gelegenheit für den Alteigentümer zur Stellungnahme und
  – Hinweis auf Auskunftsanspruch (s. o. 2.1) und
  – Hinweis auf Wahlrecht gem. § 32 Abs 2 VermG (s. o. 2.5).
  Die Entscheidung muß mit dem mitgeteilten Inhalt ergehen, andernfalls ist bei Änderungen die Mitteilung gem. § 32 I VermG zu wiederholen. 79
- **Recht auf Widerspruch gegen Auskunftserteilung an Dritte** (§ 32 V VermG): Dem speziellen Auskunftsanspruch Dritter gem. § 32 V 1 VermG auf Namen und Anschrift des Alteigentümers sowie die Mitteilung des Vermögensgegenstandes, der angemeldet wurde, kann der Alteigentümer gem. § 32 V 2 VermG widersprechen (vgl. Überleitungsvorschrift Art. 14 II 2. VermÄndG). 80

81 – **Recht auf Zustellung von Beschlüssen im Zwangsversteigerungsverfahren über das Vermögen des Verfügungsberechtigten** (§ 36 II VermG)

82 – **Mitwirkungspflicht des Alteigentümers** (§ 31 I VermG). Der Alteigentümer muß alle Voraussetzungen des Resitutionsanspruchs, die ihm bekannt sind, vortragen. Gem. § 31 I b VermG kann der Alteigentümer unter Fristsetzung zu näheren Angaben hinsichtlich des Vermögensgegenstandes verpflichtet werden. Nach erfolglosem Fristablauf wird der Antrag zurückgewiesen. Gem. § 31 I VermG kann ein Anspruch auf Geldleistung von der Behörde geschätzt werden, wenn keine ausreichende Aufklärung durch den Alteigentümer erfolgt.

83 c) **Amtsermittlungsgrundsatz** (§ 31 I 1 VermG i. V. m. § 24 I 2 VwVfG). Die Behörde bestimmt selbst Art und Umfang der Ermittlungen und ist nicht an Vorbringen und Beweisanträge der Beteiligten gebunden. Nach pflichtgemäßem Ermessen hat die Behörde insbesondere die erforderlichen Auskünfte einzuholen, die Beteiligten zu hören, Zeugen zu vernehmen, Sachverständige zu hören, Urkunden, Akten und sonstige Unterlagen beizuziehen, die der Aufklärung des Sachverhaltes dienen (vgl. zu den Beweismitteln § 26 VwVfG).

84 d) **Entscheidung über den Restitutionsanspruch** (§§ 32–24 VermG).

– Eine Entscheidung kann **frühestens einen Monat nach der Mitteilung** oder Auskunft gem. § 32 I VermG (s. o. Rdnr. 79) ergehen, soweit der Antragsteller Auskunft verlangt hat, § 32 III VermG.

– Die Behörde darf von der mitgeteilten beabsichtigten Entscheidung (§ 32 I VermG, s. o. Rdnr. 79) in ihrer endgültigen Entscheidung nicht abweichen, andernfalls muß sie ihre Abänderung dem Alteigentümer erneut gem. § 32 I VermG mitteilen.

– Die schriftliche Entscheidung ist zu **begründen** und mit einer **Rechtsbehelfsbelehrung** zu versehen, vgl. § 33 III VermG, §§ 37, 39 VwVfG.

– Bei Rückübertragung bzw. Aufhebung der Verwaltung ist ein **Übergangsprotokoll** gem. § 33 IV VermG beizufügen, das deklaratorisch feststellt, mit welchen Rechten und Pflichten der Vermögenswert belastet ist.

– Die Entscheidung **kann** gem. § 33 V VermG für **sofort vollziehbar** erklärt werden.

– Die Entscheidung ist **zuzustellen** (§ 33 IV). Gem. § 33 V 1 VermG wird die Entscheidung einen Monat nach Zustellung (Zustellungsgesetze der Länder bzw § 41 II VwVfG) bestandskräftig. (Bei ordnungsgemäßer Rechtsbehelfsbelehrung und fehlendem Widerspruch, vgl. § 33 V VermG i. V. m. §§ 58, 60 VwGO).

– Zum Inhalt der Entscheidungen über **Entschädigung** vgl. § 31 VermG und zur Entscheidung über Schadensersatzansprüche vgl. § 33 Abs. 2 VermG.

– Seit dem 2. VermÄndG ist eine Entscheidung über **Wertausgleichsansprüche** gem. § 7 VermG nicht mehr gesondert zu treffen (§ 33 II VermG a. F.), sondern bei der Entscheidung über die Rückgabe mitzuberücksichtigen. Gem. § 7 I 5 VermG ist eine gesonderte Vorabentscheidung auf Antrag des Alteigentümers möglich. Beachte aber § 7 VIII VermG für die privaten Werterhöhungen gem. § 7 II VermG.

– Die Entscheidung über die Rückübertragung hat **rechtsgestaltende Wirkung.** Voraussetzung ist,
 – daß der Bescheid unanfechtbar geworden ist (vgl. F/R/M/V, VermG, § 34 Rdnr. 5, 6) und
 – die Zahlung des sogenannten Ablösebetrages (Rdnr. 36) gem. § 34 I und IV i. V. m. § 18a VermG.

Für den Rechtsübergang bedarf es keiner Einigung und Übergabe und auch ohne Eintragung im Grundbuch ändert der unanfechtbare Bescheid des Vermögensamtes die Eigentumsverhältnisse.

– Die Behörde ersucht gem. § 34 II 1, Abs. 4 VermG das Grundbuchamt um entsprechende **Berichtigung des Grundbuches.** Es fallen keine Gebühren an für die Grundbuch-

Restitutions- und Entschädigungsanspruch nach dem VermG **D VII**

berichtigung gem. § 34 II 2 VermG. **Befreiung von der Grunderwerbsteuer** gem. § 34 III VermG.

e) Widerspruchsmöglichkeit (§ 36 VermG). Der Widerspruch ist nur gegen 85
Entscheidungen des ARoV zulässig, vgl. § 35 I 1 und IV VermG. Gem. §§ 36 II, 32 IV VermG beträgt die Widerspruchsfrist einen Monat, der Widerspruch muß bei dem Amt eingelegt werden, das die Entscheidung getroffen hat und „soll" begründet werden. Ergeht keine Abhilfeentscheidung des ARoV gem. § 36 I 4 VermG, so entscheidet die zuständige Widerspruchsbehörde (s. Rdnr. 67) gem. § 36 III VermG.

f) Kosten des Verfahrens (§ 38 VermG). Das Verfahren ist kostenfrei. Über 86
die Kosten einer Vertretung wird gem. § 38 II VermG mitentscheiden.

12. Rechte und Pflichten Dritter im Restitutionsverfahren

a) Rechte und Pflichten als Verfügungsberechtigter. 87
– Rechtsfolgen der **Verfügungssperre/Genehmigungssperre** § 34 III bis V VermG, beachte die Unterlassungspflichten und ihre Ausnahme (s. Rdnr. 58 ff.).
– Rechte und Pflichten des **staatlichen Verwalters** nach Aufhebung der Verwaltung gem. § 11 a III VermG und § 16 II 2 VermG.
– Anspruch auf **Gegenleistung bei Rückübertragungsverpflichtung** gem. § 7 a I und IV VermG
– Pflicht zur **Auskunft** gem. § 31 IV VermG
– Recht auf **Mitteilung** der „beabsichtigten" Entscheidung des ARoV/LaRoV gem. § 32 I 3 VermG
– Anspruch auf **Wertausgleich** aus privaten Mitteln gem. § 7 II VermG. Sie sind gem. § 7 VIII VermG nicht im Restitutionsverfahren geltend zu machen.

b) Rechte und Pflichten als Mieter und Nutzer. 88
– **Fortbestehen der Rechtsverhältnisse** gem. §§ 17, 16 II und IV VermG. Ausnahme bei unredlichem Vertragsabschluß, § 17 S. 2 und 3 VermG, aber Gewährleistung befristeten Mieterschutzes gem. § 17 S. 4 i. V. m. § 16 III 5 VermG
– Anspruch auf **Wiederaufleben** des zuvor bestehenden Miet- oder Nutzungsverhältnisses nach unredlichem Eigentumserwerb und deswegen erfolgter Restitution des Grundstücks/Gebäudes gem. § 17 S. 5 VermG, d. h. Schutz des redlichen Mieters bei Verlust seines Eigentums infolge unredlichen Grundstückserwerbs.
– Anspruch auf **befristeten Mieterschutz** (§ 16 III 5 VermG) und auf Ausgleich der Werterhöhungen (§ 7 II 2 VermG) nach Aufhebung dinglicher Nutzungsrechte wegen unredlichem Erwerb gem. § 16 III VermG.
– Anspruch auf **Eintragung eines Vorkaufsrechts** bei der Restitution oder bei der Aufhebung staatlicher Verwaltung gem. § 20 I VermG. Gem. § 20 III VermG ist die Eintragung im Rahmen des Restitutionsverfahrens zu beantragen.
– Anspruch des kaufinteressierten Mieters/Nutzers auf **Bereitstellung eines Ersatzgrundstücks** für den Alteigentümer gem. § 21 VermG. Es ist ein Antrag im Restitutionsverfahren zu stellen. Der Alteigentümer kann nicht verpflichtet werden, § 21 I VermG.
– Schutz für **„Eigenheimer" auf fremdem Grund und Boden** bis zum 31. 12. 1994 gem. Art. 233 §§ 2a, 2b EGBGB, Art. 231 § 7 EGBGB.
– **Wirksamkeit der Kaufverträge,** die von Notaren der alten Bundesländer notariell beurkundet worden sind.

89 **c) Rechte und Pflichten als Gläubiger des zu restituierenden Grundstücks/ Gebäudes.**
- Anspruch gegen den Alteigentümer auf **Übernahme von Aufbauhypotheken und Grundpfandrechten** bei Rückübertragung gem. §§ 18 ff. VermG bzw nach Aufhebung der staatlichen Verwaltung, § 16 V ff. i. V. m. § 18 II VermG.
- Anspruch gegen die Hinterlegungsstelle auf **Herausgabe des Ablösebetrages** gem. § 18 b VermG. Geltendmachung innerhalb von vier Jahren seit Hinterlegung gem. § 18 b I 4 VermG.
- **Gesamtvollstreckungstätigkeit** des Rückübertragungsanspruchs gem. § 3 b I VermG (Ausnahmen für Unternehmen: § 3 b I 2 VermG).

90 **d) Rechte und Pflichten des Zessionars (§ 3 I 2 VermG).** (S. dazu Rdnr. 63)

91 **e) Rechte und Pflichten Dritter, soweit ihre rechtlichen Interessen im Restitutionsverfahren berührt sind:**
- Recht auf **Information und Hinzuziehung** gem. § 31 II 1 1. und 3. Alt. VermG
- Recht auf **Übersendung der Anmeldung** gem. § 31 II 1 2. Alt. VermG. Ein entsprechender Antrag ist Voraussetzung.
- Anspruch auf „**Zustellung**" gem. § 32 IV VermG
- Mitteilung über den **Alteigentümer** und den **Vermögenswert** gem. § 32 V VermG
- Recht auf **Anhörung im Widerspruchsverfahren** gem. § 36 II VermG
- Anspruch auf **schriftlichen Bescheid** über die Entscheidung inklusive Übergabeprotokoll gem. § 33 III bis V VermG
- Recht auf **Widerspruch** gem. § 36 VermG
- Recht auf **Antrag auf Nachprüfung durch das Gericht,** § 37 I VermG
- Recht auf **Beschwerde** gegen die Nichtzulassung der Revision gem. § 37 II VermG
- Rechte und Pflichten im **Investitionsvorrangverfahren,** vgl. unten Rdnr. 93 ff.

92 **f) Bei Drittbetroffenheit durch Unternehmensrestitution** vgl. §§ 6 ff., § 7 IV, § 3 b I 2 VermG und § 31 VI 1 VermG.

III. Vorfahrtsregelung für Investitionen

93 Das **Investitionsvorranggesetz (InVorG)** eingeführt durch Art. 6 des 2. VermÄndG vom 14. 7. 1992 ersetzt die bisherigen Vorfahrtsregelungen (BInvG und § 3 VI–VII, § 3a VermG a. F.), indem diese zusammenfaßt, geändert und erweitert werden.

94 Die Anmeldung der Rückübertragungsansprüche durch die Alteigentümer nach dem VermG löst eine Verfügungs- und Genehmigungssperre für die derzeit Verfügungsberechtigten aus, die unter den Bedingungen der Vorfahrtsregelungen für Investitionen überwunden werden können. Die Vorfahrtsregelungen sind:
- das **Standardverfahren** gem. § 4 i. V. m. §§ 1 bis 3 InVorG
- die **Sonderverfahren** gem. §§ 18 bis 21 InVorG und § 7 VZOG

95 Nach Abschluß der Prüfung der Regelungen des InVorG wird mit der Erteilung des InVor-Bescheides gem. §§ 7 I, VIII InVorG die Möglichkeit geschaffen, trotz ungeklärter Eigentumsverhältnisse über das Grundstück zu verfügen. Der Rückübertragungsanspruch des Alteigentümers wandelt sich nach dem InVor-Verfahren in einen besonderen Entschädigungsanspruch um, der sich nicht wie die reguläre Entschädigung nach § 9 VermG gegen den Entschädigungsfonds richtet, sondern gegen den gegenwärtig Verfügungsberechtigten gem. § 16 InVorG, auf den Verkehrswert oder den Erlös.

Ist der Rückübertragungsanspruch gem. § 5 VermG ausgeschlossen, kommt **96** gem. § 7 II InVorG auch eine investive Zurückweisung des Eigentumsanspruchs in Betracht. Gegenstand der Entscheidung ist im Unterschied zum Investitionsbescheid nicht die Vorfahrtsregelung, sondern das Eigentumsverhältnis selbst.

1. Voraussetzungen für die Verfahren nach dem InVorG

a) Anmeldebelastung. Gem. § 1 gilt das InVorG nur für **Grundstücke und** **97** **Gebäude, die Gegenstand einer vermögensrechtlichen Anmeldung** „sind oder sein können", das heißt
– eine Anmeldung gem. § 30 VermG liegt nachweislich vor oder
– eine Anmeldung erscheint nach konkreten Anhaltspunkten möglich (Beachte: Ausschlußfrist 31. 12. 1992, § 30 a VermG)
Es darf **noch keine vollziehbare Rückübertragungsentscheidung** nach dem **98** VermG getroffen worden, d. h. noch kein bestands- oder rechtskräftiger oder gem. § 34 I VermG für sofort vollziehbar erklärter Bescheid ergangen sein. (Beachte: Das Verfahren auf Rückübertragung nach dem VermG wird im Rahmen des Investitionsvorrangverfahrens mit der Unterrichtung des zuständigen ARoV über die Einleitung des InVor-Verfahrens gem. § 4 Abs. 4, § 5 Abs. 1 InVorG für längstens drei Monate unterbrochen.)

b) Verfügungs- und Genehmigungssperre. Die Verfügungssperre gem. **99** § 3 III VermG und die Genehmigungssperre gem. § 1 II GVO (i. d. F. des Art. 4 2. VermÄndG), die durch die Anmeldung nach dem VermG automatisch ausgelöst werden, können nicht anderweitig überwunden werden. Als Alternative zum InVorG zur Beseitigung der Verfügungssperren kommen in Betracht:
– erlaubte Veräußerung gem. § 3 c VermG;
– bei „offensichtlich unbegründeter" Anmeldung kann gem. § 1 II 2 GVO sofort eine Grundstücksverkehrsgenehmigung erteilt werden. Der Vertrag mit dem Investor braucht dann nicht die besonderen Voraussetzungen nach dem InVorG zu erfüllen;
– einvernehmliche Regelung zwischen Investor und Alteigentümer gem. § 1 II 1 Nr. 2 GVO.

c) Einschränkungen bezüglich des Verfahrensgegenstandes. Das InVorG **100** **gilt nicht** für unter treuhänderischer oder sonstiger staatlicher Verwaltung stehende private Grundstücke und Gebäude, sondern nur für Grundstücke, die enteignet bzw. entzogen wurden. Grundstücke der Liste C (bestimmtes Vermögen von Verfolgten des NS-Regimes) und Grundstücke und Gebäude, die aus dem Grundbuch als Synagoge oder Friedhof einer jüdischen Gemeinde zu erkennen sind, sind gem. § 22 InVorG von den Vorfahrtsregelungen ausgeschlossen.

d) Investitionsantrag des Alteigentümers oder des Investors. Das Standard- **101** verfahren gem. § 4 InVorG und das Sonderverfahren für Investitionen des Alteigentümers gem. § 21 InVorG schließen sich gegenseitig aus (§ 21 VI InVorG). Ist ein eigener Investitionsantrag des Alteigentümers gem. § 21 InVorG gestellt, so ist ein Angebot eines anderen Investors nur nach Maßgabe von § 21 IV InVorG im Sonderverfahren zu berücksichtigen. Hat hingegen ein Investor ein Verfahren gem. § 4 InVorG zuerst eingeleitet, wird der Alteigentümer nach den Regeln des Standardverfahrens berücksichtigt. Die Einleitung eines Verfahrens gem. § 21 InVorG ist ausgeschlossen.

2. Materielle Voraussetzungen für das Standardverfahren (§ 4 i. V. m. §§ 2, 3 InVorG)

102 a) **Besonderer Investitionszweck.** Als investiver Zweck gem. § 3 Abs. 1 Nr. 1 bis 3 InVorG für die Verwendung restitutionsbelasteter **Grundstücke** bzw. **Gebäude** kommt alternativ in Betracht:
- Sicherung oder Schaffung von Arbeitsplätzen
- Schaffung oder Wiederherstellung von Wohnraum
- Für investive Vorhaben erforderliche Infrastrukturmaßnahmen
- Im Sonderverfahren bei Investitionen des Alteigentümers gibt es einen zusätzlichen Investitionszweck gem. § 21 Abs. 2 InVorG
- Zusätzlich ist der inhaltliche Bezug zwischen dem Vorhaben und dem Grundstück erforderlich, insbesondere die Erforderlichkeit des Grundstücks für das Vorhaben (Übermaßverbot) gem. § 3 Abs. 1 S. 2 InVorG

103 Investiver Zweck gem. § 3 Abs. 2 Nr. 11–3 InVorG für die Verwendung von Grundstücken restitutionsbelasteter **Unternehmen:**
- Sicherung oder Schaffung von Arbeitsplätzen
- die Wettbewerbsfähigkeit verbessernde Investitionen
- der Berechtigte bietet keine Gewähr für die Fortführung des Unternehmens
- der Berechtigte bietet keine Gewähr für die Sanierung des Unternehmens
- Verhinderung der Liquidation eines Unternehmens wegen drohender Zahlungsunfähigkeit oder Überschuldung
- Verhinderung der Gesamtvollstreckung eines Unternehmens wegen drohender Zahlungsunfähigkeit oder Überschuldung.

104 b) **Investitionsform (§ 2 InVorG).** Die beabsichtigte investive Maßnahme muß für eine „konkrete" Investitionsform durchgeführt werden. Folgende Alternativen stehen zur Verfügung:
- Veräußerung (§ 2 I Nr. 1 InVorG)
- Vermietung oder Verpachtung (§ 2 I Nr. 1 InVorG) (Es kommen nur langfristige Verträge in Betracht, da für kurzfristige Verträge nach § 3 III VermG ein InVor-Bescheid nicht notwendig ist).
- Bestellung von Dienstbarkeiten (§ 2 I Nr. 2 InVorG)
- Bestellung von Erbbaurechten (§ 2 I Nr. 2 InVorG)
- Begründung und Übertragung von Teil- oder Wohnungseigentum (§ 2 I Nr. 3 InVorG)
- Eigeninvestition des gegenwärtig Verfügungsberechtigten (§ 2 I Nr. 4 InVorG)
- Veräußerung eines Unternehmens durch Übertragung der Gesellschaftsanteile oder der Vermögenswerte (§ 2 II Nr. 1 InVorG)
- Verpachtung eines Unternehmens (§ 2 II Nr. 1 InVorG)
- Eigeninvestitionen in ein Unternehmen durch Eigenkapital, das auch fremdfinanziert werden kann, soweit auf eine Besicherung aus dem Unternehmen verzichtet wird (§ 2 II Nr. 2 InVorG).

105 Bei der Auswahl der Investitionsform ist der gegenwärtig Verfügungsberechtigte und der Investor in den Grenzen des § 3 Abs. 3 InVorG grundsätzlich frei. Vermietung bzw. Verpachtung ist dem Kauf zwingend vorzuziehen, wenn es die für das in Aussicht genommene Vorhaben übliche Investitionsform ist.

106 c) **Bonität.** Die Bonität des Investors muß gem. § 4 I InVorG hinreichende Gewähr für das Vorhaben bieten.

d) Vorrang für den Alteigentümer. Der Alteigentümer ist gem. §§ 5, 7 **107**
InVorG an dem InVor-Verfahren zu beteiligen. Er kann ein eigenes Investitionsgebot abgeben, das vorrangig zu berücksichtigen ist, wenn **kumulativ folgende Voraussetzungen** erfüllt werden:
– er seine Investitionsabsicht innerhalb von zwei Wochen ab Zugang der Mitteilung über das eingeleitete Verfahren und des Vorhabensplans des Investors angekündigt hat und in derselben Frist seine Berechtigung glaubhaft macht, § 5 I 1 und 2 II 1 und 4 InVorG;
– er seinen eigenen Vorhabensplan gem. § 5 III, § 4 III InVorG innerhalb von insgesamt sechs Wochen ab Zugang der Mitteilung (sog. 2-plus-4-Frist) einreicht. Das Angebot des Alteigentümers muß einem besonderen Investitonszweck nach § 3 I InVorG genügen (Beachte: der besondere Investitionszweck gem. § 21 II InVorG gilt hier nicht);
– er ein „gleiches oder annähernd gleiches" Investitionsvorhaben wie der Drittinvestor anbietet (§ 7 I 2 InVorG);
– keine Ausnahme von „der Regel", nach der der Alteigentümer gem. § 7 I 3 InVorG „bevorzugt" zu berücksichtigen ist, in Betracht kommt;
– er bei unbebauten Grundstücken nicht mit einem geeigneten Ersatzgrundstück gem. § 7 I 4 InVorG ausgeschlossen werden kann.

3. Formelle Voraussetzungen für das Standardverfahren (§ 4 InVorG)

a) **Zuständigkeit (§§ 4 II, 24, 25 InVorG).** Die Zuständigkeit für das Verwal- **108**
tungsverfahren richtet sich nach der Verfügungsbefugnis über das – für das Investitionsvorhaben in Anspruch genommene – Grundstück, § 4 Abs. 2 InVorG. Es kommen öffentlich-rechtliche Gebietskörperschaften, die Treuhand selbst oder bei Privatpersonen der Landkreis oder die kreisfreie Stadt in Betracht:
– Eine **öffentlich-rechtliche Gebietskörperschaft** ist selbst zuständig, wenn sie **109**
selbst verfügungsberechtigt ist. Ihre Verfügungsbefugnis kann sich ergeben aus:
  – Eigentum; es kann sich aus dem Grundbuch ergeben oder es läßt sich durch den Zuordnungsbescheid nach dem Vermögenszuordnungsgesetz (VZOG) belegen. (Beachte: Der Zuordnungsbescheid ersetzt grundsätzlich nicht den InVor-Bescheid, § 9 VZOG. Ausnahme: Sonderverfahren, § 7 VZOG, vgl. Rdnr. 131 ff.)
  – Verfügungsbefugnis nach § 6 VZOG; sie besteht für Kommunen und Länder an Grundstücken und Gebäuden, bei denen im Grundbuch noch „Eigentum des Volkes" und als Rechtsträger die betreffende Kommune eingetragen ist (für die Kommune: der ehemalige Rat der betreffenden Kommune oder der frühere volkseigene Betrieb der Wohnungswirtschaft und für die Länder: der Bezirk oder der ehemalige Rat des Bezirkes). Diese Verfügungsbefugnis läßt sich im Grundbuch feststellen.
– Die **Treuhandanstalt** ist selbst zuständig, **110**
  – soweit sie selbst verfügungsbefugt ist, z. B. gem. § 1 4. DVO zum Treuhandgesetz, aufgrund der 2. DVO zum Treuhandgesetz, §§ 1, 2 3. DVO zum Treuhandgesetz oder § 3c VermG;
  – gem. § 25 III InVorG, wenn sie den Vermögenswert einer Partei oder Massenorganisation verwaltet;
  – gem. § 25 I InVorG für ihre Tochterunternehmen, aber nur soweit sie als

deren „gesetzlicher Vertreter" handelt, denn grundsätzlich sind Treuhandunternehmen wie alle anderen Kapitalgesellschaften zu behandeln, wenn sie durch ihre reguläre Geschäftsführung oder ihren regulären Vorstand handeln.

111 – Der Landkreis bzw.. die kreisfreie Stadt des **belegenen Grundstücks** ist zuständig, wenn
- Privatpersonen,
- juristische Personen des öffentlichen Rechts, die keine Gebietskörperschaften sind (z. B. kommunale Zweckverbände, Anstalten und Körperschaften des öffentlichen Rechts)

verfügungsberechtigt sind.

112 **Ausnahmen** von der grundsätzlichen Zuständigkeit (§§ 24, 25 InVorG):
- bei **Abgabe** der eigentlich zuständigen kreisangehörigen Gemeinde oder Städte **an den Landkreis**, gem. § 24 II InVorG innerhalb der ersten zwei Wochen seit Einleitung des Verfahrens;
- durch **Landesverordnung**. Das Land kann nach § 24 III InVorG die Zuständigkeit der Behörden und der Kommunen des Landes abweichend regeln;
- durch einen **öffentlich-rechtlichen Vertrag**, wenn mehrere zuständige Stellen die Erledigung des Verfahrens bei einer Stelle vereinbaren, § 24 I 1 InVorG;
- durch eine **Konzentrationsentscheidung**, wenn entweder mehrere zuständige Stellen oder die Treuhandanstalt nach §§ 24 I 2, 25 II InVorG eine Änderung der Zuständigkeit herbeiführen.

113 **b) Anwendbarkeit anderer Gesetze.** Das Verfahren nach dem InVorG richtet sich gem. § 26 InVorG – insbesondere auch – nach dem Verwaltungsverfahrensgesetz, soweit es nicht im InVorG selbst geregelt ist (insbesondere Untersuchungsgrundsatz §§ 24 ff. VwVfG).

114 **c) Antrag. aa) Antragserfordernis.** Ist der Verfügungsberechtigte eine natürliche oder juristische Person, wird der zuständige Landkreis bzw. die kreisfreie Stadt (vgl. Rdnr. 111) nur auf Antrag tätig; das gilt für Treuhandunternehmen nur, wenn sie nicht gesetzlich durch die Treuhand vertreten werden, § 25 I InVorG. Ein Antrag ist nicht erforderlich, wenn die zuständige Stelle aus eigener Verfügungsbefugnis heraus selbst handeln kann (s. o. Rdnr. 108 ff.).

115 **bb) Antragsberechtigung.** Antragsteller kann der Verfügungsberechtigte und der Investor sein. Der **Investor** muß sein Verbescheidungsinteresse darlegen und glaubhaft machen. Kein schützenswertes Verbescheidungsinteresse besteht, wenn ein potentieller Investor den Investitionsbescheid beantragt, um den Verfügungsberechtigten unter Druck zu setzen, weil der Bescheid nicht zum Abschluß des Investitionsvertrages verpflichtet. Der Antrag des **Alteigentümers** ist im Sonderverfahren gem. § 21 InVorG geregelt.

116 **cc) Antragsinhalt.** Es bestehen keine besonderen Formvorschriften. Der Mindestinhalt ergibt sich aus dem beizufügenden Vorhabenplan gem. § 4 III InVorG und den notwendigen Feststellungen gem. § 4 I InVorG:

(1) Bezeichnung des Objekts
(2) Bezeichnung des Verfügungsberechtigten/-Investors
(3) Vorhabenplan (§ 4 III InVorG):
– Name und Anschrift des Vorhabenträgers
– Bezeichnung des betroffenen Vermögenswertes

- Angabe der voraussichtlichen Kosten der zugesagten Maßnahmen
- Angabe der Art der zugesagten Maßnahmen und die vorgesehene Dauer ihrer Ausführung
- Angabe des Kaufpreises
- je nach Art des Vorhabens, Angabe der Zahl der Arbeitsplätze, die erhalten oder geschaffen werden sollen, bzw. des Wohnraums, der geschaffen oder wiederhergestellt werden soll

(4) Unterlagen zur Absicherung der Finanzierung § 4 Abs. 1 S. 1 2. Alt. InVorG
(5) gegebenenfalls Abschlußzusage des Verfügungsberechtigten
(6) Darlegung der Anmeldebelastung

dd) Antragsfrist. Das Verfahren kann gem. § 4 I InVorG nur **bis zum 31. 12.** 117
1995 eingeleitet werden.

d) Mitteilungs- und Anhörungspflichten. Die mit der Durchführung des 118
Verfahrens nach § 4 InVorG befaßte Stelle ist verpflichtet;
- das **ARoV** und bei Grundstücken von Unternehmen das LaRoV gem. § 5 I InVorG über das Investitionsverfahren zu **unterrichten** (Fristbeginn für den Rückübertragungsstop gem. § 4 IV InVorG!);
- den **Alteigentümer** gem. § 5 InVorG **anzuhören** 119

- Alteigentümer (d. h. der Anmelder i. S. d. § 5 I 1 InVorG) ist jeder, der einen Anspruch nach dem VermG angemeldet hat. Gem. § 4 V InVorG gehört hierzu aber nicht der Erwerber dieses Anspruches, es sei denn, er ist Angehöriger i. S. v. § 20 III VwVfG. Diese Regelung gilt nach den Überleitungsvorschriften des 2. VermÄndG (Art. 14 V 4) grundsätzlich auch für die Abtretungen aus der Zeit vor Inkrafttreten des 2. VermÄndG (22. 7. 1992), es sei denn, die Abtretung erfolgte vor dem 2. 4. 1992 **und** wurde bis zum Ablauf des 2. 7. 1992 bei dem ARoV angezeigt. Dann gelten die früheren Vorschriften.
- Anzuhören ist der dem ARoV/LaRoV „bekannte" Alteigentümer (§ 5 I InVorG). Das ist jeder, dessen Anmeldung bei dem Amt eingegangen ist (Frist: § 30 a VermG). Soweit immer noch eine unüberschaubare Anzahl von Anmeldungen nicht registriert ist, kann die Anhörung unter Umständen gem. § 5 I 5 InVorG unterbleiben. Nicht identifizierbare Anmeldungen bleiben gem. § 5 I 5 InVorG unberücksichtigt.
- Dem Alteigentümer muß gem. § 5 I 2 InVorG ein ordnungsgemäßer Vorhabenplan (i. S. V. § 4 III InVorG) übersandt werden. Damit beginnen die Fristen gem. § 5 II, III InVorG zu laufen.
- Ergeben sich Anhaltspunkte, daß der Rückübertragungsanspruch gem. § 5 VermG ausgeschlossen ist und kommt deswegen eine investive Zurückweisung gem. § 7 II InVorG in Betracht, muß dem Alteigentümer rechtliches Gehör, d. h. Gelegenheit zur Stellungnahme zu dieser Frage, gegeben werden. Hier gelten die strengen Fristen gem. § 5 II, III InVorG **nicht;**

- die **Gemeinde,** in deren Gebiet das betroffene Grundstück liegt, gem. § 6 120
InVorG zu unterrichten, sofern diese nicht selbst entscheidet. Wird ein Antrag von der Gemeinde nach § 7 VZOG bei dem Präsidenten der zuständigen Oberfinanzdirektion gestellt, muß seine Vorbescheidung analog § 231 Abs. 6 InVorG abgewartet werden.

4. Der investive Vertrag

Der Vertrag zwischen dem Verfügungsberechtigten und dem Investor kann 121
vor oder nach der Erteilung des InVor-Bescheids abgeschlossen werden. Da der Vertrag den Auflagen des Bescheids entsprechen muß (vgl. § 8 II, III InVorG), ist es grundsätzlich zweckmäßig, den Bescheid abzuwarten. Sollen ausgehandel-

te Konditionen schon vorher festgeschrieben werden, kann der Vertrag unter der aufschiebenden Bedingung abgeschlossen werden, daß er nicht vor Eintritt der Vollziehbarkeit des InVor-Bescheids wirksam wird. Sichergestellt werden muß gem. § 8 II 2 InVorG, daß der Vertrag die Vertragsstrafenregelung aus dem InVor-Bescheid übernimmt, was z. B. durch Verweisung geregelt werden kann.

5. Die Entscheidung im Verfahren

122 Es gibt zwei Entscheidungsmöglichkeiten § 7 Abs. 2 oder 8 InVorG:

123 a) **Investive Zurückweisung (§ 7 II InVorG).** Ist der Rückübertragungsanspruch gem. § 5 VermG ausgeschlossen, so kann gem. § 7 II InVorG „festgestellt werden", daß der Anspruch ausgeschlossen ist. Die Entscheidung über eine Entschädigung und andere Ansprüche wird dabei dem ARoV vorbehalten. Die weiteren in § 8 InVorG aufgeführten Entscheidungsbestandteile werden nur ausgeführt, wenn mit der „Feststellung" nach § 7 Abs. 2 InVorG nicht alle Anmeldungen oder nicht die gesamte Anmeldung erledigt ist, da die Entscheidung nach § 8 InVorG lediglich den Vorrang vor der möglichen Rückgabe sichern soll.

124 b) **InVor-Bescheid (§ 8 InVorG).** Wird nicht gem. § 7 II InVorG entschieden, richtet sich der Inhalt der Entscheidung nach § 8 InVorG:
– Feststellung, daß § 3 III bis V VermG nicht anzuwenden ist (§ 8 I InVorG).
– Bezeichnung des Grundstücks/Gebäudes gem. § 28 GBO (§ 8 II 1 InVorG)
– Nebenentscheidungen:

  – Durchführungsfrist für das Investitionsvorhaben, § 8 Abs. 2a InVorG
  – Hinweis, daß der Bescheid nicht vor Ablauf von zwei Wochen ab Zustellung vollzogen werden darf, §§ 8 Abs. 2b, 10 InVorG
  – Hinweis, daß Anträge auf aufschiebende Wirkung nur innerhalb von zwei Wochen ab Bekanntgabe des Bescheids gestellt werden können, §§ 8 Abs. 2b, 12 InVorG
  – Hinweis, daß neue Tatsachen nur bis zum nachhaltigen Beginn der Durchführung und neue Investitionsvorhaben überhaupt nicht geltend gemacht werden können, § 12 Abs. 2 S. 3 InVorG
  – Rückübertragungsauflage für den Fall des Widerrufs des InVor-Bescheids gem. § 8 Abs. 2c und Abs. 3 InVorG
  – Sicherheitsleistung, wenn der Verfügungsberechtigte privatrechtlich organisiert ist, § 8 Abs. 2d InVorG
  – Verpflichtung zu einer bestimmten Vertragsstrafenregelung im investiven Vertrag (§ 8 II 2 und III InVorG).

125 c) **Zustellung und Bekanntmachung der Entscheidung (§§ 9, 26 InVorG i. V. m. VwVfG und VwZG).** Bekannten Anmeldern ist der InVor-Bescheid zuzustellen, selbst wenn eine Anhörung entbehrlich war (wichtig für Rechtsbehelfsfristen!), § 9 I InVorG. Der InVor-Bescheid „kann" im Bundesanzeiger bekannt gemacht werden, um den Lauf der Zustellungsfrist sicherzustellen (§ 9 II InVorG).

126 d) **Vollziehung des InVor-Bescheids (§§ 10, 12 InVorG).** Der InVor-Bescheid ist kraft Gesetzes **sofort vollziehbar** (§ 12 I InVorG); er darf nicht vor Ablauf von zwei Wochen ab seiner Bekanntgabe vollzogen werden, § 10 InVorG.

Schutz gegen die Vollziehung **für den Alteigentümer:** 127
Antrag beim Verwaltungsgericht nach § 80 V i. V. m. § 80a III VwGO auf Anordnung der aufschiebenden Wirkung des Widerspruchs bzw. der Anfechtungsklage – nur innerhalb von zwei Wochen ab Bekanntgabe des InVor-Bescheids gem. § 12 II 2 InVorG; zuständig ist das Verwaltungsgericht, in dessen Bezirk die Stelle ihren Hauptsitz hat, die den InVor-Bescheid erlassen hat (§ 23 I 2 InVorG). Berufung gegen ein Urteil bzw. Beschwerde gegen Entscheidungen im Verfahren nach § 80 V VwGO ist gem. § 23 II InVorG ausgeschlossen.

6. Wirkung des InVor-Bescheids und der Aufhebung

Der **Rückübertragungsanspruch** nach dem VermG **ist ausgeschlossen** 128
(§ 11 II InVorG).
Gem. § 11 I InVorG **ersetzt** der Bescheid 129
– die nach der Grundstücksverkehrsordnung erforderliche Grundstücksverkehrsgenehmigung;
– andere Genehmigungen oder Zustimmungen, die für die Verfügung über eigenes Vermögen des Bundes, der Länder oder der Kommunen erforderlich sind;
– das Zeugnis nach § 28 BauGB.
Wird der InVor-Bescheid **aufgehoben,** ist der Vermögenswert zurückzuübertragen (§ 12 III InVorG). Gem. § 12 III 2 InVorG bestimmen sich die näheren Einzelheiten bei **Unternehmen** nach dem investiven Vertrag, bei **Immobilien** zusätzlich nach § 20 der GrdVerkVO (dazu im einzelnen *Uechtritz,* BB 1992, 583 u. 1657). Ansprüche gegen den Investor auf Rückübertragung und Wertersatz sind ausgeschlossen,
– wenn der Alteigentümer innerhalb von zwei Wochen nach der Bekanntgabe des InVor-Bescheids keinen Antrag nach §§ 80 V, 80a III VwGO gestellt hat (§ 12 II Nr. 1a InVorG, Rdnr. 127), oder
– ein solcher fristgerechter Antrag rechtskräftig abgelehnt wird (§ 12 III Nr. 1b InVorG), oder
– wenn mit den investiven Maßnahmen „nachhaltig" begonnen wurde (§ 12 III Nr. 2 InVorG).

7. Sonderverfahren

a) Investitionsantrag des Alteigentümers (§ 21 InVorG). Die investive 131
Rückgabe nach § 21 InVorG ist unzulässig, wenn ein Verfahren nach § 4 InVorG anhängig geworden ist (§ 21 VI InVorG). Umgekehrt ist jedoch auch das Standardverfahren sowie die Sonderverfahren gem. §§ 18–20 InVorG ausgeschlossen, wenn das Verfahren des Alteigentümers gem. § 21 InVorG eingeleitet ist.
Der Alteigentümer muß seine Berechtigung für das Grundstück glaubhaft 132
machen, das heißt er muß einen Sachvortrag belegen, aus dem sich ergibt, daß der behauptete Anspruch möglich ist. Dem Erwerber eines vermögensrechtlichen Anspruchs steht das Verfahren nach § 21 InVorG nicht offen, analog § 4 V InVorG, es sei denn, er ist Angehöriger.
Alternativ zu dem Investitionszweck des Standardverfahrens (s. Rdnr. 102 f.) 133
kann der Alteigentümer den Investitionszweck gem. § 21 II InVorG geltend machen, daß heißt er kann außer der Schaffung oder Wiederherstellung auch die

Modernisierung oder Sanierung von Wohnraum anbieten, wenn er bereit ist, mindestens 20 000 DM pro Wohneinheit aufzuwenden.

134 Der Verfügungsberechtigte darf in die Prüfung des Antrags des Alteigentümers für die Dauer von zwei Monaten die Angebote anderer Investoren miteinbeziehen (§ 21 IV InVorG). Ist das Angebot des Fremdinvestors „gleich oder annähernd gleich", ist der Alteigentümer mit seinem Angebot vorzuziehen. Den zusätzlichen Investitionszweck gem. § 21 II InVorG kann der Fremdinvestor in Anspruch nehmen.

135 Der investive Vertrag muß mit dem Alteigentümer nach den gleichen Regeln wie im Standardverfahren geschlossen werden. Wegen der denkbaren Doppelzahlung eines unberechtigten Alteigentümers gem. § 21 V InVorG ist eine Anrechnungsklausel im Vertrag zu berücksichtigen. Die Verpflichtung zum Wertausgleich gem. § 7 VermG bleibt einer Entscheidung des ARoV vorbehalten und sollte daher unter Umständen auch im investiven Vertrag mitberücksichtigt werden. Das BaRoV als Verwalter des Entschädigungsfonds, in den der Ausgleichsanspruch einzuzahlen ist, wäre dann zu beteiligen.

136 Das Verfahren entspricht dem Standardverfahren.

137 **b) Öffentliches Bieterverfahren (§ 19 InVorG).** Dieses Verfahren steht nur der Treuhandanstalt und den öffentlich-rechtlichen Gebietskörperschaften zur Verfügung, da sie selbst verfügungsberechtigt sind.

138 **c) Vorhaben auf mehreren Grundstücken (§ 20 InVorG).** Bei einem Vorhaben, das sich auf mehrere Grundstücke bezieht, ergeben sich praktisch nur drei Unterschiede zum Standardverfahren:
– Das Vorrecht des Alteigentümers kann nur geltend gemacht werden, wenn das Vorhaben der Größenordnung nach „gleichwertig" ist. Identität der für das Vorhaben in Anspruch genommenen Grundstücksfläche ist nicht erforderlich.
– Die Anhörung des Alteigentümers kann durch Auslegen der Unterlagen über das Vorhaben ersetzt werden.
– Im Verwaltungsgerichtsverfahren müssen alle Anmelder im Wege der öffentlichen notwendigen Beiladung beigeladen werden, damit das Urteil mit Wirkung für und gegen alle ergehen kann.

139 **d) Vorhaben in Vorhaben- und Erschließungsplänen (§ 18 InVorG).** Für die neuen Länder ist die Schaffung der bauplanungsrechtlichen Voraussetzungen durch den Vorhaben- und Erschließungsplan (VEP) in einem wesentlich erleichterten Verfahren im Unterschied zu den Regelungen zur Erstellung von Bebauungsplänen möglich, § 246a I 1 Nr. 6 BauGB i. V. m. § 55 BauZVO. Auch dieser BauGB-VEP setzt geklärte Eigentumsverhältnisse voraus. Gem. § 18 InVorG kann der BauGB-VEP mit Investitionsvorrangwirkung erlassen werden, das heißt, daß auch mit einem investiven VEP die Verfügungsbeschränkung bei anmeldebelasteten Grundstücken und Gebäuden nach § 3 Abs. 3 VermG beseitigt werden kann.

140 **e) Investive Zuweisung nach § 7 VZOG.** Eine Kommune kann sich in diesem Verfahren ein Grundstück, das der öffentlichen Hand zusteht, durch ein Verfahren der Oberfinanzdirektion zuweisen lassen, wenn es für die Veräußerung an einen Investor bestimmt ist.

8. Überleitungsvorschriften

Das InVorG ist auf alle Verfahren anzuwenden, die am 14. 7. 1992 noch nicht durch eine „abschließende Entscheidung" abgeschlossen sind (Art. 14 V 1 Hs. 1 i. V. m. IV 1 2. VermÄndG). Abzustellen ist auf die letzte Entscheidung der Verwaltung, also der Widerspruchsbehörde. **141**

D VIII. Sonstige vereinbare Tätigkeiten

Dr. Winfried Klöpper

Übersicht

	Rdnr.		Rdnr.
I. Grundsätzliches	1	5. Nachlaßverwalter	7
II. Die in § 1 II BRAGO aufgeführten		6. Zwangsverwalter	8
vereinbaren Tätigkeiten	2	7. Treuhänder	9
1. Vormund, Betreuer, Pfleger	3	8. Schiedsrichter	10
2. Testamentsvollstrecker	4	9. Ähnliche Stellungen	11
3. Konkursverwalter, Vergleichsverwalter	5	III. Sonstige Tätigkeiten	12
		1. Wirtschaftsprüfer, Steuerberater	13
4. Mitglied des Gläubigerausschusses, Mitglied des Gläubigerbeirates	6	2. Syndikusanwalt	14
		3. Weitere Tätigkeiten	15

Literatur: *Bender*, Restriktive Tendenzen bei der Rechtsanwaltszulassung, NJW 1986, 409; *Borgmann/Haug*, Anwaltshaftung, 1986; *Clausnitzer*, Niederlassungs- und Dienstleistungsfreiheit der Anwälte in der EG, BRAK-Mitt. 1989, S. 59; *Feuerich*, Bundesrechtsanwaltsordnung, 2. Aufl. 1992; *Gerold/Schmidt/v. Eicken/Madert*, BRAGO 11. Aufl. 1991; *Hartung*, Anwaltliches Standesrecht, Anwaltsblatt 1988, 374; *Jessnitzer*, Bundesrechtsanwaltsordnung, 6. Aufl. 1992; *Kornblum*, Die anwaltlichen Werbeverbote, Anwaltsblatt 1988, 361; *Möhring*, Vermögensverwaltung in Vormundschafts- und Nachlaßsachen, 1981; *Rabe*, Auf dem Wege zum neuen anwaltlichen Berufsrecht, NJW 1989, 1113, *ders.*, Dienstleistungs- und Niederlassungsfreiheit der Rechtsanwälte in der EG, AnwBl. 1992, S. 146; *Riedel/Sußbauer*, BRAGO 6. Aufl. 1992; *Zuck*, Das Gesetz zur Änderung des Berufsrechts der Rechtsanwälte und der Patentanwälte, NJW 1990, 1025; *ders*. Die Rechtsprechung des BGH in Anwaltssachen und die für die Praxis des Rechtsanwalts bedeutsame Rechtsprechung des BVerfG in den Jahren 1990 und 1991, BRAK-Mitt 1992, S. 66; *Engel*, Der Rechtsanwalt im Zweitberuf (AnwBl. 1992, S. 202).

I. Grundsätzliches

1   Der Rechtsanwalt ist ein unabhängiges Organ der Rechtspflege (§ 1 BRAO). Er übt einen freien Beruf aus. Seine Tätigkeit ist kein Gewerbe (§ 2 BRAO). Er ist der berufene, unabhängige Berater und Vertreter in allen Rechtsangelegenheiten (§ 3 BRAO). Zum herkömmlichen Tätigkeitsbild des Rechtsanwaltes gehören die Tätigkeiten als Vormund, Betreuer, Pfleger, Testamentsvollstrecker, Konkursverwalter, Vergleichsverwalter, Mitglied des Gläubigerausschusses oder Gläubigerbeirats, Nachlaßverwalter, Zwangsverwalter, Treuhänder, Schiedsrichter (§ 1 II BRAGO). Das herkömmliche Bild des überwiegend forensisch tätigen Rechtsanwaltes (§ 1 BRAO) hat sich indessen gewandelt (vgl. Kap. H. I). Seit der Entscheidung des *BVerfG* vom 4.7.1987 (BRAK-Mitt 1988, 54 ff.), die nur die Kernregelungen der Grundsätze des anwaltlichen Standesrechts aufrecht erhielt, der allgemeinen Niederlassungsfreiheit in der EG verbunden mit der Zulassung überörtlicher Sozietäten und möglicherweise der Abschaffung der Singularzulassung sind weitere erhebliche Veränderungen absehbar. Dabei ist grundsätzlich der wirtschaftlichen Öffnung und der Abschaffung räumlicher Begrenzungen der Tätigkeit zuzustimmen. Gleichzeitig ist aber

auch angesichts der unaufhaltsam steigenden Zahl der Anwälte auf hohe berufliche Qualifikation und die Einbindung in ein an die Integrität und Unabhängigkeit strenge Anforderungen stellendes Standesrecht entscheidender Wert zu legen. Andernfalls wird der Berufsstand den hohen Anforderungen als wirtschaftsberatender Beruf, der der Wirtschaft auch im zunehmenden internationalen Wettbewerb der Unternehmen qualitativ exzellenten Rat erteilen muß nicht gerecht und sinkt vom unabhängigen und selbstbewußten Ratgeber zum bloßen Gehilfen des Mandanten herab.

Das Wort „unabhängig" war dem Gesetzgeber so wichtig, daß er es gleich zweimal herausgestellt hat (§ 1 und § 3 I BRAO). Dem ist auch für die Zukunft zuzustimmen. Darin liegt die Stärke des Rechtsanwaltes gegenüber etwa dem angestellten Mitarbeiter des Mandanten. Die Rechtsprechung zu §§ 7 Nr. 8, 14 Nr. 9 BRAO (unten Rdnr. 2ff.) zieht daraus die Konsequenzen. Der Rechtsanwalt ist **Organ der Rechtspflege**, er ist der berufene Berater und Vertreter in allen **Rechtsangelegenheiten**. Andere Tätigkeiten gehören also weder zu seinem Berufsbild (siehe ebenfalls §§ 7 Nr. 8, 14 Nr. 9 BRAO), noch sind sie – und das ist wichtig – von der Berufshaftpflichtversicherung gedeckt (*Borgmann/Haug*, Anwaltshaftung, § 6 I). § 2 BRAO legt ferner fest, daß der Rechtsanwalt einen freien Beruf und kein Gewerbe ausübt. Auch dies schlägt sich in der Rechtsprechung zu § 7 Nr. 8 BRAO nieder.

Eine erhebliche Änderung hat sich durch den Beschluß des *BVerfG* v. 4. 11. 1992 (NJW 1993, 317) ergeben, durch den die bish. restriktive Rspr. des *BGH* und der Ehrengerichte hinsichtlich der Zulässigkeit der Ausübung eines Zweitberufs durch Rechtsanwälte für unzulässig erklärt wurde; siehe dazu unten bei den einzelnen Fallgruppen, Rdnrn. 12ff.

II. Die in § 1 II BRAGO aufgeführten vereinbaren Tätigkeiten

Aus § 1 II BRAGO ist indirekt zu entnehmen, daß die dort aufgeführten 2 Tätigkeiten mit den Grundsätzen der §§ 1 bis 3 BRAO vereinbar sind (allerdings nicht den Gebührenregelungen der BRAGO unterliegen). Zu achten ist auch darauf, daß diese Tätigkeiten durch gesonderte Vereinbarungen in den **Berufshaftpflichtversicherungsschutz** einbezogen werden (*Borgmann/Haug* aaO, Fußn. 6), wie dies allerdings üblicherweise durch die Besonderen Bedingungen der Berufshaftpflicht für Rechtsanwälte geschieht. Sie decken allerdings nicht unternehmerische und kaufmännische Risiken und genügen von der Höhe her häufig nicht.

1. Vormund, Pfleger, Betreuer

Vgl. dazu §§ 1915, 1835, 1836, 1908i BGB. Grundsätzlich hat der Betreuer, 3 Vormund oder Pfleger die Tätigkeit unentgeltlich auszuüben. Das **Vormundschaftsgericht** kann jedoch eine angemessene Vergütung bewilligen (*Möhring*, Vermögensverwaltung in Vormundschafts- und Nachlaßsachen, 243ff., dort insbesondere Fußnote 32b sowie *BVerfG* NJW 1980, 2179). Bei der Vergütungsregelung ist nach § 1836 I 3 BGB auf das Vermögen einerseits sowie Umfang und Bedeutung der Geschäfte andererseits abzustellen (vgl. im einzelnen: *Gerold/Schmidt/v. Eicken/Madert*, BRAGO § 1 Rdnrn. 21ff.; vgl. generell zu Vormundschaft und Pflegschaft B XI).

2. Testamentsvollstrecker

4 Testamentsvollstrecker sind **Treuhänder privaten Amtes** (*BGH* NJW 1983, 40). Sie sind testamentarisch zur Verwirklichung des letzten Willens des Erblassers eingesetzt. Zur Vergütung vgl. § 2218 und § 2221 BGB, im einzelnen *Madert* aaO, Rdnrn. 25 ff.; *Möhring* aaO, S. 212, 269 und *Haegele/Winkler,* Der Testamentsvollstrecker, 9. Aufl. 1987, ferner D III Rdnr. 202.

3. Konkursverwalter, Vergleichsverwalter

5 Vgl. dazu zunächst *Füchsl,* oben D IV. Die Gebührenregelung des Konkursverwalters findet sich in § 85 KO. Sie wird durch das Konkursgericht festgesetzt, vgl. *Madert* aaO, Rdnr. 26. Die Gebührenregelung für den Vergleichsverwalter findet sich in § 43 VerglO. Sie wird ebenfalls vom Gericht festgesetzt, vgl. dazu *Madert* aaO, Rdnr. 27. Konkurs- und Vergleichsverwalter unterliegen strengeren Haftungen (§§ 82 KO, 42 VerglO). Erst die Anerkennung der Schlußrechnung nach § 86 Satz 4 KO entlastet den Konkursverwalter. Zu Haftungsgesichtspunkten vgl. *Borgmann/Haug* aaO, § 6 (5) c d; vgl. ferner D IV Rdnrn. 19 ff., 28 ff.

4. Mitglied des Gläubigerausschusses, Mitglied des Gläubigerbeirates

6 Der Gläubigerausschuß hat den Konkursverwalter bei seiner Geschäftsführung zu unterstützen und zu überwachen (§ 88 I KO). Die Vergütung ist in § 91 KO geregelt, die Verpflichtungen, aus denen sich Haftungen ergeben, in § 89 KO. Für Mitglieder des Gläubigerbeirates gilt hinsichtlich der Vergütung § 45 VerglO. Vgl. ferner D IV Rdnr. 29.

5. Nachlaßverwalter

7 Die Stellung des Nachlaßverwalters ist in § 1985 BGB geregelt. Gem. § 1987 BGB hat er einen Anspruch auf eine angemessene Vergütung. Es gelten die Grundsätze für den Vormund (oben Rdnr. 3).

6. Zwangsverwalter

8 Siehe die Regelungen in §§ 152 ff. ZVG.

7. Treuhänder

9 Der Begriff ist gesetzlich nicht definiert und unscharf. Rechtlich liegt der Tätigkeit als Treuhänder ein **Geschäftsbesorgungsvertrag** im Sinne der §§ 611 und 675 BGB zugrunde. Der Anspruch auf Vergütung ergibt sich ggf. aus § 612 BGB. Üblich ist die Bezeichnung Treuhänder im letzten Jahrzehnt insbesondere für denjenigen geworden, der im Rahmen von Bauherrenmodellen die von den Bauherren zur Verfügung gestellten Gelder auf **Treuhandkonten** verwahrt und sie nur unter bestimmten Voraussetzungen zur Zahlung freigibt. Wegen des besonderen Vertrauens, das Rechtsanwälte genießen, werden für solche Funktionen (neben Wirtschaftsprüfern und Steuerberatern) häufig Rechtsanwälte herangezogen. Ihre Aufgaben und Befugnisse sind zunächst in den zugrundeliegenden vertraglichen Vereinbarungen geregelt. Inzwischen hat sich ferner zu diesen Pflichten bereits eine umfangreiche Rechtsprechung entwickelt.

8. Schiedsrichter

Die Tätigkeit als Schiedsrichter ist nicht gesetzlich geregelt. Es gibt auch 10 keine gesetzliche Honorarregelung. Zur Vergütung vgl. *Madert* aaO, Rdnr. 31, ferner D V Rdnrn. 3, 27 sowie die Übersicht im Jahrbuch für die Praxis der Schiedsgerichtsbarkeit Band I 1987 über die Gebührenregelung in einer Reihe von Schiedsgerichtsordnungen, die von der BRAGO abweichen. Zur schiedsrichterlichen Tätigkeit generell vgl. D V.

9. Ähnliche Stellungen

Hierunter fallen z. B. die Tätigkeit als Aufsichtsratsmitglied oder als Syndikus 11 eines Wirtschaftsunternehmens (*Madert* aaO Rdnr. 32), § 46 BRAO, siehe dazu unten Rdnr. 14.

III. Sonstige Tätigkeiten

Jenseits der in § 1 II BRAGO genannten Tätigkeiten beginnt das Feld jener 12 Tätigkeiten, die von Fall zu Fall daraufhin zu überprüfen sind, ob sie „mit Anwaltsberuf oder Ansehen der Anwaltschaft nicht vereinbar" sind (§§ 7 Nr. 8, 14 Nr. 9 BRAO). Nach *Jessnitzer* BRAO, 1990, Rdnr. 20 hat die Prüfung dieses Versagungsgrundes praktische Bedeutung vor allem für folgende Fälle:
– der Anwaltsbewerber steht in einem ständigen **Dienst- oder Angestelltenverhältnis** zu einem privatrechtlich organisierten Unternehmen oder Verband (Syndikusanwalt)
– der Anwaltsbewerber ist **Angestellter im öffentlichen Dienst**
– der Anwaltsbewerber übt bereits einen **selbständigen Beruf aus**.

Das *BVerfG* (NJW 1993, 317) hat nunmehr festgestellt, §§ 7 Nr. 8 und 14 II Nr. 9 BRAO seien verfassungsgemäß, jedoch im Lichte des Art. 12 I GG auszulegen. Der Zweitberuf müsse dem Anwalt ausreichenden Handlungsspielraum für eine Anwaltstätigkeit lassen; bei Angestellten im öffentlichen Dienst darf insbesondere nicht die erforderliche Unabhängigkeit beeinträchtigt erscheinen. Ein Zulassungskriterium „gehobene Position" für einen Zweitberuf sei unzulässig. Unbedenklich sei ein Zweitberuf, bei dem der Rechtsanwalt verpflichtet ist, Dritte im Auftrag eines standesrechtlich nicht gebundenen Arbeitgebers rechtlich zu beraten. Eine kaufmännisch-erwerbswirtschaftliche Tätigkeit (z. B. als GmbH-Geschäftsführer) sei nur dann unzulässig, wenn sich die Gefahr einer Interessenkollision deutlich abzeichne oder nicht genügend Arbeitszeit für die Ausübung des Anwaltsberufs zur Verfügung stehe.

1. Wirtschaftsprüfer, Steuerberater

Die Ausübung des Berufes als Wirtschaftsprüfer oder Steuerberater ist zuläs- 13 sig (§§ 43 IV Nr. 2 WPO und § 57 III Nr. 2 StGB, ferner *Jessnitzer,* aaO, Rdnr. 29). Zulässig ist auch die geschäftsführende Tätigkeit eines Rechtsanwaltes in einer Steuerberatungs-GmbH (*EGH Stuttgart* BRAK-Mitt 1987, 45 sowie Richtlinienausschuß zur Zusammenarbeit eines RA mit einer Steuerberatungsgesellschaft (GmbH oder KG) BRAK-Mitt 1987, 21 und *Weigel* BRAK-Mitt 1987, 7 ff.). Mit Beschluß vom 4. 3. 1985 hat der *BGH* ferner entschieden, mit dem Beruf des Rechtsanwaltes sei die Tätigkeit als Geschäftsführer, Gesellschafter in einer Wirtschaftsprüfungs- und Steuerberatungsgesellschaft, welche die Rechtsform einer OHG habe, vereinbar (*BGH* NJW 1985, 1844). Aber: **Verbot** der Sozietät zwischen Anwaltsnotar und Wirtschaftsprüfer, *BVerfG* NJW 1980, 2123; *BGH* BRAK-Mitt. 1989, S. 163. Zur Tätigkeit auf dem Gebiet der Steuerberatung vgl. D VI.

2. Syndikusanwalt

14 Hier ist § 46 BRAO zu beachten, der voraussetzt, daß die Tätigkeit als Syndikusanwalt mit dem Berufsbild der § 1 bis § 3 BRAO vereinbar ist. Im Zulassungsverfahren wird der Anstellungsvertrag kritisch darauf überprüft, ob genügend **Zeit und Ungebundenheit** für freie anwaltliche Arbeit verbleibt und die Tätigkeit nach Art und Umfang des Unternehmens, Rang der innerbetrieblichen Position, Gehaltshöhe, Kündigungsfrist und ähnlichen bei der Gesamtwürdigung zu berücksichtigenden Punkten mit dem Ansehen der Rechtsanwaltschaft vereinbar ist (*Jessnitzer* aaO, Rdnr. 24). *Jessnitzer* macht ferner auf die instruktive Entscheidung des *BGH* zum Syndikusanwalt vom 25. 4. 1977 (EGE XIV, 48, 50) aufmerksam (Kernsätze abgedruckt bei *Jessnitzer* aaO, Rdnr. 25).

3. Weitere Tätigkeiten

15 a) **Immobilienmakler.** Die Tätigkeit des Immobilienmaklers war nach bish. Rspr. des *BGH* mit dem Beruf des Rechtsanwaltes nicht vereinbar (*BGH* BRAK-Mitt 1988, 49; vgl. aber auch *BGH*, NJW 1992, S. 681). Dies galt auch für die Stellung als Alleingesellschafter einer Immobilien-GmbH. Das *BVerfG* (NJW 1993, 317) hat nun die Tätigkeit des alleinigen Geschäftsführers einer Versicherungs-Vermittlungs-GmbH zugelassen, weil entgegen der bish. *BGH*-Rspr. nicht etwa „kommerzielles Denken schlechthin vom Anwaltsberuf ferngehalten werden solle", vielmehr im Einzelfall zu prüfen sei, ob sich die Gefahr einer Interessenkollision deutlich abzeichne oder ob dem Bewerber nicht genügend Zeit für die Ausübung des Anwaltsberufes zur Verfügung stehe.

16 b) **Versicherungsjustitiar mit Handlungsvollmacht.** Hierzu hatte der *BGH* (BRAK-Mitt. 1987, 207) entschieden, einem Zulassungsbewerber mit Handlungsvollmacht, der fachlich einem Vorgesetzten unterstellt sei, fehle die Eigenverantwortlichkeit, die eine mit dem Anwaltsberuf vereinbare „gehobene Stellung" auszeichne. Diese Rspr. des *BGH* ist durch die Entscheidung des *BVerfG* (NJW 1993, 317) überholt. Danach wird die Freiheit der Berufswahl übermäßig beschränkt, wenn es bereits als Unvereinbarkeitsgrund angesehen wird, daß der Zweitberuf keine „gehobene Position" vermittelt.

17 c) **Wissenschaftlich Beschäftigte an Hochschulen.** *Bender* (NJW 1986, 409, 410) stellte die Rechtsprechung dazu zusammen: Mit dem Professorenamt sei die Zulassung eines Rechtsanwaltes wegen § 7 Nr. 11 BRAO unvereinbar. Universitätsassistenten im Beamtenverhältnis auf Widerruf könnten nicht Rechtsanwälte sein. Dies gelte auch für wissenschaftliche Mitarbeiter, denen die für das Berufsbild des Rechtsanwaltes erforderliche „gehobene Stellung" fehle, ebenso wie der wissenschaftlichen Hilfskraft, dem Korrekturassistenten, nicht dagegen für eine Referentin am Max-Planck-Institut für Ausländisches und Internationales Strafrecht, da sie eine gehobene Stellung in einem international bedeutenden Institut innehabe und rein wissenschaftliche Tätigkeiten völlig selbständig aus-

übe. Nach der neuen Rspr. des *BVerfG* (NJW 1993, 317) ist bei einem Erstarbeitsverhältnis im öffentlichen Dienst zu prüfen, ob der Anwaltsbewerber dadurch in irgendeiner Weise vom Staat abhängig sein kann (vgl. auch § 7 Nr. 10, § 47 BRAO). Im Falle einer Universitätsangestellten, die diese Körperschaft des öffentl. Rechts nach außen vertritt und auch hoheitliche Aufgaben wahrnimmt, ergibt sich nach Ansicht des *BVerfG* eine Staatsnähe, die mit dem Berufsbild der freien Advokatur i. d. R. nicht vereinbar ist und insoweit das Ansehen der Rechtsanwaltschaft in der Öffentlichkeit berührt (a. a. O. unter II. 3.). Dagegen besteht diese Staatsnähe bei einer wissenschaftlichen Hilfskraft nicht; auch wegen fehlender „gehobener Stellung" kann in diesem Fall die Zulassung nicht verweigert werden (a. a. O. unter III. 1.).

d) Tätigkeit im öffentlichen Dienst. In den Leitsätzen der *BGH*-Entscheidung vom 23. 2. 1987 (NJW 1987, 3011) heißt es, eine Tätigkeit im öffentlichen Dienst stehe der Zulassung zur Rechtsanwaltschaft entgegen, wenn bei Rechtsuchenden die Vorstellung entstehen könne, die dienstliche Stellung könne zur Förderung privater Interessen genützt werden. Einem Angestellten fehle die rechtliche Möglichkeit, den Anwaltsberuf auszuüben, wenn sein Dienstherr die Nebentätigkeitsgenehmigung zeitlich eingrenze. Hier ging es um eine Sachbearbeiterin mit Zeichnungsbefugnis, die dem Vertreter des Kanzlers der Universität mit abgegrenztem Aufgabenbereich zugeordnet war. Die Antragstellerin war Dauerangestellte im öffentlichen Dienst, sie nehme damit anders als ein Syndikusanwalt hoheitliche Aufgaben wahr und repräsentiere staatliche Einrichtungen nach außen. Damit könne, wäre sie außerdem Rechtanwältin, bei Rechtssuchenden der Eindruck entstehen, daß sie größere und weitergehende **Möglichkeiten bei der Wahrnehmung von Interessen eines Mandanten** habe als ein Rechtsanwalt, der keine derartig bedeutsamen Aufgaben im öffentlichen Dienst wahrnehme. Umgekehrt könne eine Partei, die sie als Rechtsanwältin zur Gegnerin hätte, den Eindruck der Benachteiligung gewinnen. Auch sei das Dienstverhältnis nicht so ausgestaltet, daß die Bewerberin in der Lage sei, ihren Pflichten als Rechtsanwältin in der erforderlichen Weise nachzukommen. Sie sei nicht ausreichend unabhängig. Diese bish. Rspr. des *BGH* ist durch die Entscheidung *BVerfG* (NJW 1993, 317) weitgehend aufgehoben worden, vgl. Rdnr. 17. 18

e) Bundestagsabgeordneter, Mitarbeiter eines Bundestagesabgeordneten. Die Ausübung des Mandats eines Abgeordneten ist mit dem Beruf eines Rechtsanwaltes vereinbar (*BGH* NJW 1978, 2098). Dagegen ist die Tätigkeit als wissenschaftlicher Mitarbeiter eines Bundestagsabgeordneten unvereinbar mit dem Anwaltsberuf (*BGH* NJW 1987, 329). Vgl. auch dazu jetzt die Entscheidung des *BVerfG* (NJW 1993, 317), oben Rdnr. 17. 19

f) Geschäftsführer einer erwerbswirtschaftlich tätigen GmbH. Nach ständiger Rechtsprechung war „zwar nicht jede außerjuristische, auch nicht jede kaufmännische, insbesondere eine verwaltende Tätigkeit mit dem Berufsbild des Rechtsanwaltes unvereinbar, wohl aber eine solche **kaufmännische Tätigkeit,** durch welche der betreffende erwerbswirtschaftlich mit dem Streben nach Gewinnerzielung nach außen in Erscheinung tritt" (*BGH* NJW 1979, 430). Nach der Entscheidung des *BVerfG* (NJW 1993, 317) kann dagegen eine kaufmännisch-erwerbswirtschaftliche Tätigkeit den Ausschluß vom Rechtsanwaltsberuf nur dann rechtfertigen, wenn sich die Gefahr einer Interessenkollision 20 deutlich abzeichnet oder nicht genügend Arbeitszeit für die Ausübung des Anwaltsberufs zur Verfügung steht; eine grundsätzliche Unvereinbarkeit anwaltlicher und erwerbswirtschaftlicher Tätigkeit komme in der BRAO nicht zum Ausdruck. Im Einzelfall sei abzuwägen, ob eine Kollision zwischen der anwaltlichen Pflichtenbindung und der erwerbswirtschaftlichen Tätigkeit bestehe (z. B. dann, wenn im Rahmen des kaufmännischen Berufs Informationen genutzt werden könnten, die aus der rechtsberatenden Tätigkeit stammen).

21 **g) Rechtsanwalt als Angestellter einer Studentenschaft.** Eine Tätigkeit als Angestellter der Studentenschaft einer Universität mit der Verpflichtung, eingeschriebenen Studenten Rechtsrat in studentischen Belangen zu erteilen, war nach bish. Auffassung des *BGH* mit der Stellung eines Rechtsanwaltes unvereinbar und konnte Anlaß zur Zurücknahme der Zulassung sein (*BGH* NJW 1986, 2499). Das *BVerfG* (NJW 1993, 317) hat demgegenüber entschieden, daß ein angestellter Justitiar eines Genossenschaftsverbandes, der die Verbandsmitglieder anwaltlich beraten will, Anspruch auf Zulassung zur Anwaltschaft hat.

22 **h) Geschäftsführer einer Industrie- und Handelskammer.** Die Zulassung eines **Angestellten bei einer IHK** als Rechtsanwalt hat der *BGH* mit Beschluß vom 17. 1. 1977 (NJW 1977, 807) abgelehnt. Er sei bei einer Körperschaft des öffentlichen Rechts als Dauerangestellter angestellt. Bei in dieser Funktion zu erstattenden Gutachten und zu erteilenden Auskünften könne er befangen sein, wenn er in der Angelegenheit eines Kammerangehörigen tätig werden müsse, den er vorher als Rechtsanwalt vertreten oder beraten habe. Umgekehrt fehle ihm bei einer Tätigkeit als Anwalt in Angelegenheiten, die er bereits als Geschäftsführer bearbeitet habe, die notwendige Sachlichkeit und Unbefangenheit. Diese Entscheidung des *BGH* wird nach dem Beschluß des *BVerfG* (NJW 1993, 317) gleichfalls nicht mehr anzuwenden sein (vgl. Rdnrn. 17 und 21).

i) Weitere Fälle. Zu weiteren Tätigkeiten vgl. ausführlich: *Feuerich*, BRAO § 7 Rdnrn. 128 ff.

E. Beziehung zum Mandanten

E I. Der Anwaltsvertrag

Dr. Reiner Ponschab

Übersicht

	Rdnr.		Rdnr.
I. Wesen des Anwaltsvertrages	1	III. Beendigung des Anwaltsvertrags	8
1. Geschäftsbesorgungsvertrag/Dienstvertrag/Werkvertrag	1	1. Kündigung	8
		2. Gebührenrechtliche Auswirkungen	9
2. Gegenstand der anwaltlichen Geschäftsbesorgung	2	IV. Vertragspflichten des Anwalts	13
II. Zustandekommen des Anwaltsvertrages	5	V. Interessenkollision	20
		VI. Weisungsrecht des Mandanten	23
1. Allgemeine Regeln	5	VII. Zurückbehaltungsrecht an Handakten	24
2. Kein Kontrahierungszwang	6		

Literatur: *Borgmann/Haug,* Anwaltshaftung, 2. Auflage 1986; *Lingenberg/Hummel/Zuck/Eich,* Kommentar zu den Grundsätzen des anwaltlichen Standesrechts, 1988.

I. Wesen des Anwaltsvertrages

1. Geschäftsbesorgungsvertrag/Dienstvertrag/Werkvertrag

Der Anwaltsvertrag ist im **Regelfall** ein Geschäftsbesorgungsvertrag mit **1** Dienstvertragscharakter (RGRK-*Steffen* Rdnr. 57 zu § 675 BGB m. w. N.). In **Sonderfällen**, z. B. bei der Erstellung eines Gutachtens, Anpassung eines Vertrages an ausländisches Recht u. ä. findet Werkvertragsrecht Anwendung (RGRK-*Steffen* aaO). Nähere Vorschriften über die Regelung des Anwaltsvertragsverhältnisses ergeben sich aus den §§ 43–45, 48–55 BRAO. Über § 675 BGB finden teilweise Auftragsvorschriften des BGB Anwendung: §§ 663 (vgl. § 44 BRAO), 665 (zum Weisungsrecht des Mandanten Rdnr. 23), 666, 667 (vgl. § 50 BRAO sowie wegen des Zurückbehaltungsrechtes an den Handakten Rdnr. 24), 668 (zum Problem der Untreue an Mandantengeldern vgl. E III Rdnr. 64ff.), 669 (vgl. hierzu § 17 BRAGO), 670 (i. V. m. §§ 25ff. BRAGO), 671 (i. V. m. §§ 627, 628 BGB), 672 (vgl. §§ 54, 55 BRAO), 674 BGB.

2. Gegenstand der anwaltlichen Geschäftsbesorgung

Ein Anwaltsvertrag kommt nur dann zustande, wenn es sich bei der verein- **2** barten Tätigkeit nicht um eine **berufsfremde** Tätigkeit handelt. Die Ausübung berufsfremder Tätigkeit hat zur Folge:
– Die **BRAGO findet keine Anwendung** (fraglich bleibt, ob die von § 1 II BRAGO ausgeschlossenen Gebiete eo ipso berufsfremd sind; die Aufzählung in Abs. 2 dürfte vor allem darauf beruhen, daß es sich bei den dort genannten Fällen nicht um Mandate handelt, die auf einer Vertrauensbeziehung mit einem bestimmten Mandanten beruhen);

- die kurze **Verjährung** gemäß § 51 BRAO (*BGH* VersR 1972, 1052) scheidet aus;
- Einschränkung des **Versicherungsschutzes** (allerdings schließen die Haftpflichtversicherer im Regelfall auch die in § 1 II BRAGO erwähnten oder ähnliche Tätigkeiten in den Versicherungsschutz ein, teilweise auch durch gesonderte Vereinbarung, z. B. Tätigkeit als Konkursverwalter, Vergleichsverwalter, Testamentsvollstrecker, Praxisabwickler, Treuhänder etc., vgl. hierzu J Rdnr. 6, 7; D VIII Rdnr. 1).
- Der Maßstab der erforderlichen Sorgfalt ist unterschiedlich gegenüber anwaltlicher Tätigkeit.

3 Eine berufsfremde Tätigkeit wird nur dann anzunehmen sein, wenn die rechtsberatende Tätigkeit völlig in den Hintergrund tritt und keine in Betracht kommende Rolle mehr spielt (*BGHZ* 18, 340; *Borgmann/Haug*, S. 19). Wird ein Anwalt mit einem Geschäft betraut, das im Regelfall (auch) von Angehörigen anderer Berufe durchgeführt wird (z. B. Tätigkeit als Makler oder Vermögensverwalter), so ist im Zweifel davon auszugehen, daß der Anwalt gerade wegen **der Betreuung rechtlicher Interessen** zugezogen wird und somit ein Anwaltsvertrag vorliegt (*BGH* AnwBl 1987, 141/142; *BGH* LM § 675 Nr. 114). Gerade im Hinblick darauf, daß das neue Berufsverständnis die Profession des Anwalts als umfassende Dienstleistung ansieht, kann der Rahmen zur Bestimmung der beruflichen Tätigkeit des Anwalts nicht zu eng gezogen werden.

4 Bisher wurden, soweit nicht gleichzeitig Rechtsberatung erbracht wurde, folgende Tätigkeiten als berufsfremd angesehen:
- Makler (vgl. zur Vermittlung eines Bankkredits *OLG Frankfurt* AnwBl 1981, 152);
- Aufkauf von Forderungen;
- Ausarbeitung von Finanzierungsplänen;
- Treuhänder;
- Hausverwalter;
- Geschäftsführer.

Die Beweislast für das Vorliegen eines Anwaltsvertrages trägt bei einem Honorarprozeß der Anwalt (*OLG Frankfurt* AnwBl 1981, 152/153).

Zur Vereinbarkeit berufsfremder Tätigkeiten mit dem anwaltlichen Standesrecht vgl. D VIII Rdnr. 12 ff.

II. Zustandekommen des Anwaltsvertrages

1. Allgemeine Regeln

5 Für das Zustandekommen des Anwaltsvertrages gelten die allgemeinen Regeln, insbesondere kann der Anwalt den Antrag auf Mandatsübernahme konkludent annehmen (*BGH* NJW 1991, 2084 (2085 m.w.Nachw.)). Die Rechtsprechung stellt jedoch an die Annahme eines Vertragsschlusses durch konkludentes Handeln strenge Anforderungen (*BGH* NJW 1991, 2084 ff.). Da die anwaltliche Dienstleistung von der Natur her nur **gegen Entgelt** erbracht wird, muß der Anwalt im Rahmen eines Honorarprozesses nicht darlegen, daß er bei Annahme des Auftrages über die Frage der Honorierung gesprochen hat. Ist dagegen streitig, ob überhaupt ein Anwaltsauftrag erteilt worden ist, trägt der Anwalt die **Beweislast** für das Zustandekommen des Vertrages (*OLG Düsseldorf* AnwBl 1986, 400).

2. Kein Kontrahierungszwang

Ein Kontrahierungszwang zur Annahme eines Mandates besteht für Anwälte nicht (*Borgmann/Haug*, S. 52). In besonderen, gesetzlich geregelten Fällen, ist jedoch der (beigeordnete) Anwalt verpflichtet, zum Schutze einer benachteiligten Partei ein Mandat zu übernehmen (vgl. § 48 BRAO). Andererseits ist der Anwalt jedoch unter gewissen Umständen verpflichtet, ein Mandat abzulehnen (vgl. hierzu § 45 BRAO). **6**

Mit **Rechtsschutzversicherungen** kommt kein Mandatsverhältnis zustande, selbst wenn der Versicherer als Vertreter des Mandanten gemäß § 16 II ARB das Mandat erteilt hat. Demgemäß stehen dem Anwalt gegen den Versicherer keine Zahlungsansprüche zu; umgekehrt haftet der Anwalt auch nicht dem Rechtsschutzversicherer. **7**

3. Vollmacht

Selbst wenn der Anwaltsvertrag nichtig sein sollte (so z. B. wegen Verstoßes gegen § 45 Nr. 4 BRAO, 134 BGB) bleibt die erteilte Vollmacht bis zu einem Widerruf wirksam (*OLG Hamm* NJW 1992, 1174).

III. Beendigung des Anwaltsvertrages

Neben der Auftragserledigung durch Zweckerreichung wird der Anwaltsvertrag vor allem durch Kündigung beendet.

1. Kündigung

Da es sich bei dem Anwaltsvertrag um Dienste höherer Art handelt, ist die Kündigung des Anwaltsvertrages von beiden Seiten auch ohne wichtigen Grund **jederzeit möglich** (§§ 671 I, 627 BGB, Ausnahme § 48 BRAO – hier muß Aufhebung der Beiordnung beantragt werden). Kündigt jedoch der Anwalt ohne wichtigen Grund zur Unzeit, so macht er sich schadensersatzpflichtig (§§ 627 II 2, 671 II 2 BGB). Liegt dagegen für den Anwalt ein wichtiger Grund vor, so z. B. bei **8**
– Nichtzahlung von Vorschüssen trotz Mahnung,
– nachträglichem Bekanntwerden von Gründen des § 45 BRAO,
– Aussichtslosigkeit der Rechtssache,
so hat der Mandant die aus der Kündigung resultierenden Nachteile selbst verschuldet.

Trotz Beendigung des Anwaltsvertrages können sich für den Rechtsanwalt jedoch umfangreiche nachvertragliche Pflichten ergeben (Sicherstellung der Übernahme des Mandates durch Berufungsanwalt, Information über laufende Fristen etc.).

2. Gebührenrechtliche Auswirkungen

Die Auswirkungen der Kündigung haben vor allem gebührenrechtliche Bedeutung: **9**

a) Endet das Vertragsverhältnis **vor** Auftragserledigung, so ist dies auf das **Entstehen der Gebühr** gemäß § 13 Abs. 4 BRAGO ohne Einfluß. Der Anwalt hat also einen Anspruch auf volle gesetzliche Vergütung; bei Pauschalhonoraren kann sich die Verpflichtung zur Ermäßigung aus § 628 I 1 BGB ergeben (*BGH NJW* 1987, 315) oder – subsidiär – aus § 3 III BRAGO.

10   b) Hat jedoch der Anwalt **ohne Vorliegen eines wichtigen Grundes** gekündigt, so kann er gemäß § 628 I 2 BGB die Gebühren insoweit nicht verlangen, als sie der Mandant durch Beauftragung eines anderen Anwalts nochmals aufwenden muß.

c) Bei Kündigung aus **wichtigem Grunde** gilt:
11   – Hat der **Mandant** den Anwaltsvertrag aus wichtigem Grunde gekündigt, so gilt die Regelung wie vorstehend Rdnr. 10. Will sich der Mandant auf den Untergang des Vergütungsanspruchs aus vorstehenden Gründen berufen, so muß er diese Einwendung (vertragswidriges Verhalten des Anwalts) darlegen und beweisen (*BGH* AnwBl 1982, 67/68).
12   – Hat der **Anwalt** aus wichtigem Grunde gekündigt, so ist der Mandant seinerseits zum Schadensersatz verpflichtet (§ 628 II BGB). Diese Bestimmung ist im Regelfall ohne größere Auswirkung. Denn für erbrachte (Teil)Leistungen besteht bereits ein Gebührenanspruch des Anwalts gemäß § 13 IV BRAGO. Bei Gebühren für noch nicht erbrachte Leistungen kann der Anwalt im Hinblick auf die freie Kündbarkeit durch den Mandanten (§ 627 BGB) mangels adäquater Schadensverursachung keinen Schadensersatz verlangen. Die Vorschrift bleibt jedoch insoweit von Bedeutung, als der Anwalt im Hinblick auf das erteilte Mandat besondere Aufwendungen getätigt hat (z. B. Anschaffung einer sonst nicht einsetzbaren EDV-Anlage) oder ein Zeithonorar vereinbart ist.

IV. Vertragspflichten des Anwalts

13   Die Rechtsprechung hat den Pflichtenkreis des Anwalts überaus weit gesteckt: Der Anwalt hat den Mandanten allgemein, umfassend und möglichst erschöpfend zu beraten. Dabei muß der Anwalt die geeigneten Schritte zur Erreichung des Ziels vorschlagen, voraussehbare rechtliche Nachteile für den Auftraggeber vermeiden und den Mandanten über mögliche wirtschaftliche Gefahren belehren (st. Rspr. vgl. *BGH* NJW 1988, 486). Unter dem Diktat dieser Anforderungen gibt es angesichts der unbeschränkten persönlichen Haftung des Anwalts für einen Mandanten keine bessere Absicherung für schwierige rechtliche Transaktionen als die Beauftragung eines Rechtsanwalts.
14   Aus der vorstehenden Generalklausel der Sorgfaltspflichten lassen sich verschiedene Einzelpflichten ableiten (vgl. hierzu im einzelnen *Borgmann/Haug*, S. 81 ff. und E II Rdnr. 17 ff.):
– Pflicht zur **Aufklärung von Tatsachen**. Der Anwalt muß durch Befragung seines Auftraggebers alle Punkte klären, auf die es für die rechtliche Beurteilung ankommen kann. Hiermit korrespondiert die Verpflichtung des Mandanten, auf entsprechende Bitte des Anwalts um Information seinerseits die notwendige Aufklärung zu geben (*BGH* AnwBl 1982, 67). Die Tatsachenauswahl für den Anwalt ergibt sich aus der gleichzeitig zu erfüllenden
15   – Pflicht zur **Rechtsprüfung und -beratung**. Der Anwalt hat den ermittelten (oder noch zu ermittelnden) Tatsachenstoff umfassend und sorgfältig rechtlich zu prüfen und die dabei festgestellten Ansprüche in jeder Richtung zu sichern. Von wenigen Ausnahmen abgesehen, hat der Anwalt (im Gegensatz

zum Gericht) jeden Rechtsirrtum zu vertreten. Insbesondere werden detaillierte Kenntnisse von Gesetz und Judikatur verlangt;
- Pflicht zur **Belehrung über die Prozeßaussichten**. Eine Prozeßführung bei mangelnder Beratung über die geringen oder fehlenden Prozeßaussichten stellt eine Pflichtverletzung dar (*BGH* VersR 1963, 387, 388; *OLG Celle* AnwBl 1987, 491); 16
- Pflicht zur **Belehrung über Kosten**. Nur in Ausnahmefällen hat der Anwalt die Pflicht, den Mandanten ungefragt über entstehende Kosten zu informieren, so z. B. bei Anfall unvermutbarer, besonders hoher Kosten. Wohl hat aber der Anwalt die Pflicht, 17
  - den Mandanten vor nutzlosen Anwaltskosten zu bewahren (*AG Düsseldorf* AnwBl 1986, 353),
  - den Mandanten über die Möglichkeiten zu beraten, Prozeßkostenhilfe in Anspruch zu nehmen (*OLG Düsseldorf* AnwBl 1984, 444; AnwBl 1987, 147),
  - keine wirtschaftlich unnötigen Kostenrisiken einzugehen (*OLG Düsseldorf* AnwBl 1987, 283),
  - den Mandanten in geeigneten Fällen über die Möglichkeiten der Inanspruchnahme von Beratungshilfe aufzuklären (*AG Neuss* AnwBl 1987, 284);
- Pflicht zum **Gehen des „sichersten Weges"**. Der Anwalt hat bei mehreren möglichen Wegen denjenigen zu wählen, der für den Auftraggeber der sicherere oder weniger gefährliche ist (st. Rspr. vgl. *Borgmann/Haug*, S. 116 ff.); 18
- Pflicht zur **Verschwiegenheit**. Gemäß dem besonderen Treueverhältnis zum Mandanten ist der Anwalt verpflichtet, über alle Angelegenheiten Stillschweigen zu bewahren, die er in Ausübung seines Berufes (also nicht bei „privaten" Anlässen) erfährt. Diese Pflicht besteht nur gegenüber dem Mandanten und betrifft nur vertrauliche, nicht allgemein bekannte Tatsachen. Diese standesrechtlich (§ 42 RichtlRA) und strafrechtlich (§§ 203 I 3, 204 StGB) sanktionierte Pflicht des Anwaltes hat entsprechende Rechte zur Folge, nämlich das **Recht zur Zeugnis- und Auskunftsverweigerung** (§ 383 I 6 ZPO, § 53 I 3 StPO, § 102 I 3. lit. a, b AO) und dementsprechend die Herausgabe- und Beschlagnahmefreiheit an Gegenständen, auf die sich das Zeugnisverweigerungsrecht des Anwalts bezieht (z. B. §§ 95 II, 97 I StPO, 97, 104 I AO). 19

Die Verschwiegenheitspflicht entfällt nur unter besonderen Voraussetzungen, so z. B. bei Befreiung durch den Mandanten oder überwiegenden eigenen Interessen des Anwalts (so z. B. bei straf- oder ehrengerichtlichen Verfahren gegen den Anwalt oder in Gebühren- oder Regreßstreitigkeiten).

Die Verschwiegenheitspflicht dauert auch über den Tod des Mandanten hinaus, was in solchen Fällen oft genaue Prüfung durch den Anwalt erfordert (vgl. hierzu *Borgmann/Haug*, S. 138/139; *Kümmelmann* AnwBl 1984, 535; *Brieske* AnwBl 1985, 135).

V. Interessenkollision

Durch die Strafvorschrift des § 356 StGB (Parteiverrat – vgl. hierzu E III Rdnrn. 22 ff. –) und das Verbot der Tätigkeit im Bereiche widerstreitender Interessen (§ 46 RichtlRA; § 45 Ziff. 2 BRAO) wird der Klient eines Anwalts 20 anders als bei der Beratung durch Berufsfremde davor geschützt, daß der Anwalt nicht ausschließlich die Interessen des Mandanten vertritt. Diese Grundlage anwaltlicher Tätigkeit kann nicht hoch genug geschätzt werden; sie macht den Anwalt als verantwortlichen Berater unentbehrlich. Dieses rechtliche Gebot verhindert nicht, daß der Anwalt in Interessenkollisionen kommt, es soll aber verhindern, daß er im Kollisionsbereich tätig wird (wie z. B. ein von einer Bank in ein illiquides Unternehmen entsandter Unternehmensberater oder ein an einem Bauauftrag interessierter Architekt, der zum Kauf eines Grundstücks rät etc.).

Besonders häufige Fälle von Interessenkollisionen sind:

21 – **Einverständliche Ehescheidung.** Das erklärte Einverständnis von Eheleuten zur Scheidung befreit den Anwalt in keinem Falle von seiner Pflicht, von vornherein klarzustellen, welchen der beiden Ehegatten er vertritt. Die klare Parteinahme empfiehlt sich auch aus haftungsrechtlichen Gründen, weil sich ansonsten der Anwalt der Gefahr der Haftung aus culpa in contrahendo gegenüber dem anderen Vertragsteil aus dem Gedanken des Vertreterverschuldens oder der Sachwalterhaftung aussetzt;

– **Eine der Mandatsübernahme vorhergehende Tätigkeit** als Konkurs-, Nachlaß- oder Vergleichsverwalter (§§ 46 II RiLi);

22 – **Gesellschaftsrecht.** Hat eine Gesellschaft mehrere Gesellschafter, so muß sich der Anwalt von vornherein entscheiden, ob er die Gesellschaft oder einen oder mehrere Gesellschafter vertritt. Tut er dies nicht und hat er sowohl die Gesellschaft als auch Gesellschafter beraten und kommt es dann zu einer Auseinandersetzung zwischen den Gesellschaftern, so ist er in der Regel sowohl von der Vertretung der Gesellschafter als auch der Gesellschaft ausgeschlossen;

– **Mehrfachverteidigung** im Strafrecht (§ 146 StPO).

Das Verbot der Wahrnehmung widerstreitender Interessen gilt nicht nur für den jeweils beratenden Anwalt, sondern für alle **Anwälte einer Sozietät,** auch für freie Mitarbeiter, vgl. hierzu § 46 RichtlRA (zur strafrechtlichen Würdigung vgl E III Rdnrn. 28, 31). Ob das Verbot auch für **Bürogemeinschaften** gilt, hängt von deren konkreter Ausgestaltung ab; stellt sich die Bürogemeinschaft nach außen als einheitliche Kanzlei dar oder besteht Zugang der Gemeinschaften zu den Akten, so ergibt sich auf jeden Fall der Anschein widerstreitender Interessen (so auch *Lingenberg/Hummel/Zuck/Eich* § 46 Rz. 25; einschränkend strafrechtlich E III Rdnr. 30).

Aus diesem Grunde ist es für größere Kanzleien unabdingbar, neben einem Mandanten- auch ein **Gegnerregister** zu führen, wobei in beide Register bei den juristischen Personen nicht nur diese selbst, sondern auch deren Organe und Gesellschafter zu erfassen sind.

Zu dem Verbot der Vertretung widerstreitender Interessen im einzelnen *Lingenberg/Hummel/Zuck/Eich,* § 46.

VI. Weisungsrecht des Mandanten

23 Aus der Natur des Anwaltsvertrages als Geschäftsbesorgungsvertrag wird geschlossen, daß der Anwalt den Weisungen des Mandanten zu folgen hat, soweit nicht ein Fall des § 665 BGB oder einer unredlichen oder rechtswidrigen Weisung vorliegt (vgl. *Lingenberg/Hummel/Zuck/Eich* § 8 Rdnrn. 2ff. m. w. N.;

Borgmann/Haug, S. 122, 123). Diese rein an der zivilrechtlichen Vertretung orientierte Meinung übersieht jedoch, daß die überwiegende Meinung zu Recht für die **Tätigkeit des Verteidigers** eine solche Weisungsgebundenheit verneint (vgl. Hamm NJW 1988, 1820, 1821 m. w. N.). Entstehen bei der Befolgung von Weisungen Risiken für den Mandanten, muß der Anwalt auf solche Risiken und ggf. auf Alternativen hinweisen (*BGH* NJW 1985, 42; VersR 1985, 83).

VII. Zurückbehaltungsrecht an Handakten

Der Anwalt hat die gewohnheitsrechtliche Pflicht, für jeden Mandanten eine Handakte (zum Begriff vgl. § 50 III BRAO) anzulegen und gemäß § 50 II BRAO bis zu 5 Jahren nach dem Mandatsende aufzubewahren. Der Mandant kann seinerseits nach § 667 BGB die Herausgabe der Handakte verlangen. Auf dieses Recht ist vor allem der „schlampige" Mandant, der sich von den Unterlagen des Anwalts keine Kopien gefertigt oder diese nicht aufbewahrt hat, angewiesen. Die Frage der Herausgabe von Handakten spielt vor allem bei **Anwaltswechsel** eine Rolle. 24

Eine **Einrede des Anwalts** ergibt sich aus § 50 I 1 BRAO (Zurückbehaltungsrecht wegen Gebühren in derselben Sache) und aus § 273 BGB (Zurückbehaltung wegen Gebührenschulden auch in einer anderen Sache). In beiden Fällen ist jedoch zu beachten, daß das Zurückbehaltungsrecht dort endet, wo dem Mandanten durch die Zurückbehaltung ein nicht zu vertretender **Schaden** zugefügt wird (für § 273 BGB ergibt sich das aus der Formulierung: „sofern nicht aus dem Schuldverhältnis sich ein anderes ergibt...", für § 50 BRAO aus Abs. 1 Satz 2, wonach die Vorenthaltung unzulässig ist, soweit sie gegen Treu und Glauben verstößt). 25

Allerdings darf diese **Begrenzung des Zurückbehaltungsrechts** nicht zu seiner Eliminierung führen, denn die Nichtzahlung des Honorars bedeutet eine maßgebliche Pflichtverletzung des Anwaltsvertrages durch den Mandanten, die durchaus unangenehme Folgen aus der Zurückbehaltung nach sich ziehen darf. Es gibt auch keine Kollegialitätspflicht gegenüber dem nachfolgenden Anwalt, diesem die Handakten zur Verfügung zu stellen, wenn die Gebühren nicht bezahlt sind. Dies würde das Zurückbehaltungsrecht völlig unterlaufen. 26

Die **Grenzen des Zurückbehaltungsrechts** liegen dort, wo der Schaden des Mandanten und das Interesse des Anwalts an seinen Gebühren außer Verhältnis stehen, so z. B. 27
– bei **drohender Verjährung** der Forderung des Mandanten gegenüber einem Dritten, wenn dieser Anspruch ohne Zuziehung der Handakte nicht geltend gemacht werden kann. Hier genügt allerdings die gezielte Aushändigung von Unterlagen;
– wenn der **Inhalt der Handakte** (z. B. Titel, Sparbücher etc.) erst die Bezahlung der Forderung ermöglicht;
– wenn die Zurückbehaltung von Titeln (z. B. Unterhaltstitel) **akute Not des Mandanten** herbeiführt.
Es ist aber zu beachten, daß durch das Zurückbehaltungsrecht des Anwalts das **Einsichtsrecht** des Mandanten in die Handakten gem. §§ 810, 811 BGB nicht ausgeschlossen ist (*Borgmann/Haug*, S. 136).

E II. Haftung gegenüber dem Mandanten

Dr. Brigitte Borgmann

Übersicht

	Rdnr.
I. Allgemeines	1
1. Haftungsgrundlagen	1
2. Zurechenbarkeit des Schadens	4
3. Funktionen der Haftung	8
II. Haftung der Anwaltssozietät	9
1. Gesamtschuldnerisch	9
2. Zeitlich	10
III. Haftung bei Zusammenarbeit mit Dritten	12
1. Eigenes Büro	12
2. Korrespondenzanwalt und Prozeßanwalt	13
3. Unterbevollmächtigte	14
4. Notare	15
5. Andere eingeschaltete Personen	16
IV. Nachweis verletzter Hauptpflichten	17
1. Umfang des Mandats	17
2. Die Aufklärung des Sachverhalts	18
3. Fehler bei der Rechtsprüfung	21
4. Rechtliche Beratung	22

	Rdnr.
5. Kausalität	25
6. Vergleich	28
V. Verjährung von Regreßansprüchen	31
1. § 51 BRAO als Spezialnorm	31
2. Sekundäransprüche aus verletzter Hinweis- und Sicherungspflicht	35
VI. Umgang mit der Berufshaftpflichtversicherung des Anwalts	39
1. Voraussetzungen der Eintrittspflicht des Versicherers sind kumulativ	39
2. Verjährung des Versicherungsanspruchs	41
3. Versicherungsschutz bei Sozietäten	42
VII. Praktische Hinweise	43
1. Haftungsbeschränkungen	43
2. Beginn der Aufklärung und Rechtsprüfung mit Fristenprüfung	46
3. Im Schadensfall	49
4. Bei Anspruchserhebung gegenüber Anwaltskollegen	51

Literatur: *Borgmann/Haug,* Anwaltshaftung, 2. Aufl. 1986; *Rinsche,* Die Haftung des Rechtsanwalts und des Notars, 4. Auflage 1992; *Vollkommer,* Anwaltshaftungsrecht, 1989.

I. Allgemeines

1. Haftungsgrundlagen

1 Grundlage für die Haftung des Anwalts ist in der Regel der **Anwaltsvertrag**, das Mandat. Daneben enthält § 44 BRAO eine gesetzliche c.i.c.-Haftung für den Anwalt, der ein ihm angetragenes Mandat ablehnt und dies nicht unverzüglich tut. Meist treten anwaltliche Pflichtverletzungen als positive Vertragsverletzung **(p.V.V.)** auf; dabei sind Fristversäumnisse die prozentual häufigsten Fehler. Der Anwalt ist deshalb gehalten, vorzusorgen und die für die Wahrung von Fristen nötige Organisation zu schaffen (s. dazu unten K II).

2 Ein Prozeßverlust indiziert noch keine anwaltliche Pflichtverletzung, weil der Prozeß auch durch ungünstige Rechtslage und sonstige Umstände beeinflußt werden konnte. Der Anwalt ist nur verpflichtet, möglichst gute Dienste zu leisten, jedoch nicht, einen Prozeß auch zu gewinnen. Die **anwaltlichen Pflichten** bestimmen sich für jedes Mandat **individuell**. Eine Pflichtverletzung kann man nur am konkret geschuldeten Pflichtumfang messen. Die Rechtsprechung hat zu den Pflichten des Anwalts formelhafte Sätze entwickelt, so vor allem die Verpflichtung, den Mandanten umfassend und möglichst erschöpfend zu beraten (s. oben E I Rdnr. 15) und zugleich über die sachliche Durchführung

Allgemeines   E II

des Rates und die Gefahren, die das beabsichtigte Geschäft in sich birgt, zu belehren (*RG* JW 1932, 2854), oder auch: Immer den sichersten Weg zu wählen (*BGH* NJW 1983, 1665 u. a.), neuerdings als Haftungsbegründung wieder stark betont (*BGH* NJW 1988, 486; NJW 1988, 1079; NJW 1988, 1291; NJW 1988, 3013; NJW-RR 1990, 1241). In dieser unerfüllbaren Verallgemeinerung wird der Grundsatz zu einer ständigen Haftungsgefahr für den Anwalt (*Borgmann/Haug*, S. 116 ff).

Die umfassenden Pflichten beruhen auf einer als vertragsimmanent gedachten 3
Schutzpflicht des Anwalts für die ihm anvertrauten Vermögensinteressen seines Mandanten, sobald sie sein Mandat berühren. Beispiel: Denkbare Rückgriffsansprüche gegen eine Versicherung sollten auch bei einem reinen Prozeßmandat aufrechterhalten werden, weil sie den Mandanten für einen auch in nächster Instanz möglichen Prozeßverlust entschädigen können (*BGH* VersR 1971, 1119).

2. Zurechenbarkeit des Schadens

Dem Anwalt können nur schuldhafte, in der Praxis vor allem **fahrlässige** 4
Pflichtverletzungen zugerechnet werden. Das sind Verstöße gegen die im Verkehr erforderliche Sorgfalt, die nach einem objektiv typisierten Maßstab bemessen werden. Das für den Anwalt geltende Maß ist hoch: Fast stets wird ein Optimum verlangt: Blitzschnelle Reaktion in der mündlichen Verhandlung (*OLG Düsseldorf* AnwBl 1987, 283); umfassende Rechtsprüfung ohne Rechtsirrtum (*BGH* NJW 1972, 1044); Beschreiten des sichersten und gefahrlosesten Weges (*BGH* st. Rspr., vgl. NJW 1961, 601; NJW 1988, 486; NJW 1988, 3013).

Grundsätzlich ist die subjektive Seite, also die **Fahrlässigkeit, aus der Sicht ex** 5
ante zu beurteilen, während die objektive Pflichtwidrigkeit ex post festgestellt wird. In der Praxis ist der Schluß ex post auf das Verschulden üblich, zumal Fahrlässigkeit als Vorhersehbarkeit definiert wird und dem Anwalt kraft seiner annehmbar umfassenden Rechtskenntnisse hier viel Vorausschau angesonnen wird. Für einen objektiven Betrachter ist der später eingetretene Schaden meist vorhersehbar.

Entschuldigungen für den Anwalt sind selten: Etwa bei gleichzeitigem 6
Rechtsirrtum mehrerer gängiger Kommentare (*BGH* NJW 1985, 495); in der Regel nicht bei Fehlern des Gerichts: Diese muß der Anwalt verhindern (*BGH* NJW 1974, 1865; NJW 1988, 3013). Erst wenn auch das Gericht unbelehrbar war und gehäuft selbst Fehler gemacht hat, haftet der Anwalt unter Umständen nicht mehr: *BGH* NJW 1988, 486.

Adäquate Kausalität eines Anwaltsfehlers für einen Schaden ist Grundvoraus- 7
setzung für die **Zurechenbarkeit,** modifiziert durch den Schutzzweck der Norm. Der Haftungsumfang wird auch im Vertragsrecht durch den Schutzzweck der Norm begrenzt (*BGH* NJW 1990, 2057). Problematisch bei unterlassenem Rat: Wie hätte sich der Mandant bei richtiger Beratung verhalten? Dies muß ggf. aus tatsächlichen Anhaltspunkten erschlossen werden (*Borgmann/ Haug*, S. 167). Allerdings trägt der Anwalt dann die Beweislast dafür, daß sich der Mandant bei pflichtgemäßer Belehrung nicht anders verhalten hätte, als er sich ohne Belehrung verhalten hat (*BGH* NJW 1990, 2127 f.). Man kann aber nicht unterstellen, daß ein Mandant, der einen Vertrag zur Umgehung eines gesetzlichen Verbots in Auftrag gibt, nicht belehrungsbedürftig sei, nur weil er das Verbot selbst kennt. Der Laie traut dem Anwalt auch legale Wege dafür zu

(*BGH* NJW 1992, 1159). Der Kausalzusammenhang kann durch **Verhalten eines Dritten** unterbrochen sein, z. B. durch eine falsche und vom Anwalt nicht abwendbare Gerichtsentscheidung (*RGZ* 142, 394; *BGH* NJW 1988, 486). Doch darf das schädliche Verhalten des Dritten nicht herausgefordert worden sein (*BGH* NJW 1986, 1329; NJW 1988, 1262). Ungenügender Prozeßvortrag des erstinstanzlichen Prozeßbevollmächtigten erfordert beispielsweise eine Entschuldigung des Prozeßbevollmächtigten zweiter Instanz. Unterlaufen letzterem dabei Fehler, so gelten diese als durch das vorangegangene Verhalten des erstinstanzlichen Anwalts herausgefordert, sofern sie nicht außerhalb aller Wahrscheinlichkeit lagen (*BGH* NJW-RR 1990, 1241; s. dazu *Borgmann* EWiR § 675 BGB 7/90, 1193). Eine Schadenminderungspflicht des Geschädigten wird diskutiert (§ 254 BGB).

3. Funktionen der Haftung

8   Primäre Funktion ist der **Schadensersatz**. Spezial- und Generalprävention sind sicherlich daneben für die Rechtsprechung Anlaß, den Maßstab für die Anwaltspflichten sehr hoch anzusetzen; die geforderte hohe berufliche Standardisierung schafft für den Anwalt ein hohes Sozialprestige. Haftung sichert damit auch die Kompetenz des Anwalts. Aus der Haftungsrechtsprechung lassen sich schließlich allgemeine Erkenntnisse über die geschuldeten Leistungen des Anwalts gewinnen, die hier weitgehend verwertet worden sind.

II. Haftung der Anwaltssozietät

1. Gesamtschuldnerisch

9   Sozien aller Art haften nach ständiger Rechtsprechung des *BGH* gesamtschuldnerisch (*BGH* seit NJW 1971, 1801), es sei denn, ein Mandat wurde ausdrücklich als Einzelmandat angenommen und geführt. Hierzu bedarf es besonderer Vorkehrungen. Für den Mandanten ist das äußere Erscheinungsbild der Kanzlei, das sich ihm bietet, maßgebend (*BGH* VersR 1978, 996), also vor allem der verwendete Briefkopf, auch Türschilder und Vollmachten.

Auf das **Innenverhältnis,** ob Bürogemeinschaft, Anstellungsverhältnis oder freie Mitarbeit vereinbart sind, kommt es nicht an.

Überörtliche Sozietäten setzen den Willen zu gemeinsamer Berufsausübung und gesamtschuldnerischer Haftung voraus (*BGH* NJW 1991, 49; NJW 1993, 196). Wettbewerbswidrig wäre eine solche Sozietät mit angestellten Anwälten (*OLG Hamm* BB 1991, 1293).

2. Zeitlich

10   In der Regel haften die zum Zeitpunkt einer anwaltlichen Pflichtverletzung zusammengeschlossenen Sozien gesamtschuldnerisch (*BGH* NJW 1982, 1866). Unwesentlich ist, wann der Mandant den fehlerhaften Rat befolgt hat. Wer ausgeschieden ist, aber duldet, daß sein Name auf dem Briefkopf weitergeführt wird, haftet auch weiterhin mit (*BGH* NJW-RR 1988, 1299), es sei denn, daß er dagegen energische Maßnahmen ergriffen hat (*BGH* NJW 1991, 1225). Wird dem Mandanten das Ausscheiden eines Sozius mitgeteilt, so kann dies als Mandatsbeendigung interpretiert werden (*BGH* NJW 1982, 1866).

11   **Einzelmandate** erstrecken sich nicht automatisch auf neu eintretende Sozien.

Ob diese als stillschweigend in das Mandat und seine Pflichten einbezogen gelten können, hängt von den jeweils entwickelten Aktivitäten ab. Korrespondenz mit neuem, den Sozius mitaufweisendem Briefkopf kann schon genügen (*BGH* NJW 1990, 827). Ohne besonderen Anlaß braucht ein neu eintretender Sozius alte und längst abgelegte Akten seines (unter Umständen schon verstorbenen) Sozius nicht auf alte Versäumnisse hin durchzusehen (*BGH* NJW 1988, 1973).

III. Haftung bei Zusammenarbeit mit Dritten

1. Eigenes Büro

Für **Büroangestellte** haftet der Anwalt nach § 278 BGB. Das gilt für juristische und für nicht juristische Angestellte. Überwacht er sein Personal nicht richtig, oder duldet er beispielsweise Rechtsberatungen durch nicht juristisches Kanzleipersonal, so haftet er ohnehin aus eigenem Verschulden (*BGH* NJW 1981, 2741). 12

2. Korrespondenzanwalt und Prozeßanwalt

Der bei einem Prozeßgericht nicht zugelassene Anwalt, der ein Mandat zur Prozeßführung erteilt, tut dies im Rahmen seiner Vollmacht namens und im Auftrag seines Mandanten. Beide Anwälte haben **selbständige Mandate** mit unterschiedlichem Pflichtenkreis. Der **Prozeßanwalt** ist selbst Vertragspartner des Mandanten, er ist ihm selbst verantwortlich und haftet für die Erfüllung der übernommenen Pflichten, d.h. die Ausführungen vor Gericht und die Prozeßvertretung (*BGH* NJW 1988, 1079; NJW 1988, 3013; s. dazu *Borgmann* EWiR § 675 BGB 6/88, 571, 573; *OLG Düsseldorf* VersR 1989, 850; *BGH* NJW-RR 1990, 1241). Das gilt auch dann, wenn der Korrespondenzanwalt es intern – gegen Gebührenteilung – übernommen hatte, die Schriftsätze zu fertigen. Auch der **Korrespondenzanwalt** (Verkehrsanwalt) ist selbst Vertragspartner des Mandanten. Er hat grundsätzlich keine Überwachungspflicht gegenüber dem Prozeßanwalt; er muß allerdings nachprüfen und auf Abhilfe dringen, wenn sich ihm aufgrund besonderer Umstände aufdrängt, daß dieser seine Pflichten erfüllt (*BGH* NJW 1988, 1079). Im übrigen ist er wesentlich für die Aufklärung des Sachverhaltes und die Feststellung der zugrunde liegenden Tatsachen sowie für die Weitergabe dieser Informationen verantwortlich (s. dazu *Borgmann/ Haug*, S. 224; *Borgmann*, AnwBl. 1988, 477 ff.). Für die Information eines Rechtsmittelanwalts sind Prozeß- sowie Verkehrsanwalt eigenständig verantwortlich (*BGH* VersR 1991, 896). Die Gebührenteilung und die mit ihr getroffenen Vereinbarungen haben für die Haftung nach außen gegenüber dem Mandanten keine Bedeutung. 13

3. Unterbevollmächtigte

Auch beim Unterbevollmächtigten wird man von selbständigem Mandat und damit eigener Verantwortung gegenüber dem Mandanten ausgehen können. Die Vollmacht ermächtigt den Anwalt, im Namen des Mandanten auch Untervollmacht zu erteilen (*Borgmann/Haug*, S. 223). Zweifel sind angebracht bei Vertretung im Kartell, d.h. im eigenen Gerichtsbezirk des Anwalts, wo er selbst auftreten könnte. Hier kommt gesamtschuldnerische Haftung in Frage. 14

4. Notare

15 Notare haften als Amtsträger nur wegen **Amtspflichtverletzungen**. Als unabhängige Amtsträger sind sie zu strenger Unparteilichkeit verpflichtet. Die rechtliche Beratung und Vertretung der Partei obliegt daher im Verhältnis zum Notar dem Anwalt der Partei. Der Notar haftet als beurkundender Notar ohnehin nur subsidiär, § 19 I 2 BNotO i. V. m. § 839 I 2 BGB (s. dazu *Borgmann/Haug*, S. 32 ff.; *BGH NJW* 1990, 2882).

5. Andere eingeschaltete Personen

16 Werden vom Anwalt andere Personen, wie etwa Gutachter, Makler, Patentanwälte, Steuerberater, ausländische Anwälte (letztere ggf. mit Prüfung von Fragen des ausländischen Rechts) beauftragt, so haftet der Anwalt für deren Fehler nur insoweit nach § 278 BGB, als sie die ihm als Anwalt übertragene Aufgabe miterfüllen. Das kommt in Frage für den Steuerberater, der Steuerrechtsrat erteilt, da Rechtskenntnisse, auch solche des Steuerrechts, grundsätzlich vom Anwalt selbst geschuldet werden. Der Steuerberater und ggf. auch der ausländische Anwalt helfen ihm also nur bei der Erfüllung seiner eigenen anwaltlichen Rechtsprüfungspflicht.

Beauftragt der Mandant diese Personen selbst, so haben sie ein eigenes Mandat; dies und die Abgrenzung der Aufgaben des Anwalts ist im Haftungsinteresse vorzuziehen (vgl. *BGH NJW* 1972, 1044; *Borgmann/Haug*, S. 220 ff.). Die Haftung des Anwalts beschränkt sich dann allenfalls auf Verschulden bei der Auswahl, § 664 BGB.

IV. Nachweis verletzter Hauptpflichten

1. Umfang des Mandats

17 Wer aus einer anwaltlichen Pflichtverletzung Ansprüche herleitet, muß zunächst substantiiert behaupten, welche vertraglichen Pflichten der Anwalt verletzt hat. Die von der Rechtsprechung formulierte „umfassende Beratungs- und Belehrungspflicht" läßt noch nicht auf den jeweiligen Mandatsumfang schließen. Dieser ergibt sich vielmehr aus dem **konkreten Auftrag** (vgl. *Borgmann/Haug*, S. 242), wobei die erweiternden Schutzpflichten zu beachten sind (s. oben Rdnr. 3). Geht der Anwalt von einem eingeschränkten Mandat aus, so muß der Mandant das Gegenteil nachweisen. Beschränkte Mandate sind denkbar und nicht ungewöhnlich (*OLG München NJW* 1986, 726). Den Haftungstatbestand – also die objektive Pflichtwidrigkeit – muß der Mandant in jedem Fall behaupten und, falls der Anwalt sie bestreitet, nachweisen.

2. Die Aufklärung des Sachverhaltes

18 War die Aufklärung des Sachverhaltes nicht gründlich genug, so ist unzureichende Beratung und Vertretung des Mandanten praktisch vorprogrammiert. Da hier jedoch die primäre **Informationspflicht des Mandanten** und die ergänzende Aufklärungspflicht des Anwalts ineinandergreifen, muß der Mandant nachweisen, daß der Anwalt ihn nicht hinreichend zur Information aufgefordert hat (*BGH NJW* 1982, 437). Für ihn kann aber eine Vermutung sprechen, wenn sich herausstellt, daß der Anwalt über Umfang und Befristung seiner Ansprüche nicht rechtzeitig unterrichtet hat. Der BGH geht in solchen Fällen davon aus, daß der Mandant anderenfalls seinen Anwalt im eigenen Interesse vollständig unterrichtet hätte (BGH NJW 1992, 241; ablehnend Borgmann EWiR 1992, 29). Der Anwalt muß ausschließen, daß der Fehler in seinem Bereich lag. Die Aufklärung muß im übrigen bis zu den **Tatsachen** zurückgehen, bei rechtlichen Würdigungen darf der Anwalt nicht stehenbleiben (BGH NJW 1985, 1154; NJW 1961, 601).

Auf **tatsächliche Angaben** seines Mandanten kann sich der Anwalt in der 19 Regel verlassen (BGH NJW 1985, 1154), auch auf solche einer vom Mandanten beauftragten Vertrauensperson (BGH NJW 1991, 2839). In Ausnahmefällen können jedoch Nachfragen bei Dritten nötig sein, so etwa beim Arbeitgeber des Mandanten, wenn die Anwendbarkeit tariflicher Ausschlußfristen anders nicht geklärt werden kann (BGH NJW 1983, 1665). Ortsbesichtigungen sind unnötig (BGH NJW 1981, 2741), aber trotzdem empfehlenswert (vgl. Commichau, Die anwaltliche Praxis in Zivilsachen, 2. Auflage, S. 5).

Damit der Anwalt seiner entsprechenden Behauptungslast, wann, wie und 20 mit welchem Ergebnis er den Mandanten zu weiteren Informationen aufgefordert habe, auch später noch nachkommen kann, empfehlen sich **datierte Aktenvermerke** über Besprechungen und Telefonate sowie Briefe an den Mandanten. Übersendungszettel, in denen um Stellungnahme gebeten wird, reichen ggf. nicht aus.

3. Fehler bei der Rechtsprüfung

Rechtsfehler werden die Gerichte in der Regel aus eigener Kenntnis feststel- 21 len. Neue Gesetze und neue Rechtsprechung muß der Anwalt innerhalb kurzer Frist zur Kenntnis nehmen. Unkenntnis neuer Rechtsprechung über mehr als 14 Tage hat der BGH gelegentlich gerade noch entschuldigt (BGH NJW 1979, 877). Alle veröffentlichten Entscheidungen eines bearbeiteten Rechtsgebietes wären in die Prüfung einzubeziehen (BGH NJW 1983, 1665). Gelegentlich wird dem Anwalt vorgeworfen, die **Fachliteratur** nicht genügend überprüft zu haben. Das wirkt sich vor allem dann ungünstig aus, wenn die Rechtsprechung zur Zeit eines Haftpflichtprozesses der in der Literatur schon vorher veröffentlichten herrschenden Meinung inzwischen gefolgt war.

4. Rechtliche Beratung

Bei der rechtlichen Beratung muß vom Mandanten dargelegt und bei Bestrei- 22 ten bewiesen werden, daß er fehlerhaft oder unvollständig beraten wurde (BGH st. Rspr.; NJW 1985, 264).

Diese Verteilung der Behauptungs- und Beweislast gilt auch für **Negativa**. 23 Eine Umkehr der Beweislast findet nicht statt (BGH NJW 1987, 1322; NJW 1992, 2280). Allerdings muß der Anwalt in einem solchen Fall die Behauptung substantiiert bestreiten und im einzelnen darlegen, wann er beraten, was er gesagt, und wie der Mandant darauf reagiert hat. Erst dann hat der Mandant zu beweisen, daß es sich anders verhielt.

Aus einer unterbliebenen Handlung des Mandanten kann jedoch nicht auf 24 diesbezüglich unterlassenen anwaltlichen Rat geschlossen werden. Man kann auch nicht unterstellen, daß der anwaltliche Rat dann eben nicht ausdrücklich genug gewesen sei, denn es gibt keine sachgerechten Unterschiede für den Grad des Einwirkens auf den Mandanten (BGH NJW 1987, 1322). Allenfalls kann angenommen werden, daß ein Mandant eindeutig gutem Rat auch gefolgt wäre. Hierfür hat der BGH schon manchmal eine tatsächliche **Vermutung** sprechen lassen (*BGH* WM 1990, 695; NJW 1990, 2127 und 2128). Eine solche scheidet aber aus, wenn der Mandant ein Risiko hätte eingehen müssen, etwa das, einen langwierigen Prozeß zu führen (*BGH* VersR 1980, 925).

Ist für den Anwalt erkennbar, daß der Mandant anwaltlichen Rat benötigt, so muß er ihn darauf bei einer Mandatsniederlegung hinweisen (*BGH* WM 1990, 695). Wird der ohne solchen Hinweis entlassene Mandant anderweitig von einem Nicht-Anwalt fehlerhaft beraten, so rechnet der *BGH* den erlittenen Schaden ohne weiteres dem Anwalt zu, der den abschließenden Rat unterließ (*BGH* aaO, kritisch *Borgmann*, AnwBl 1990, 319).

5. Kausalität

25   Schließlich ist auch die Kausalität der fehlerhaften anwaltlichen Tätigkeit für den Schaden vom Mandanten nachzuweisen (*BGH* NJW 1988, 200; NJW 1988, 706). Er muß beweisen, daß er mit an Sicherheit grenzender Wahrscheinlichkeit einen Prozeß gewonnen hätte, wenn der Anwalt bestimmten Prozeßvortrag rechtzeitig vorgebracht oder eine Frist nicht versäumt hätte.

26   Der **hypothetische Prozeßverlauf** wird dabei abstrakt nach der Rechtsauffassung und der objektiven (wenn auch inzwischen vielleicht veränderten) Rechtslage zur Zeit des Regreßprozesses entschieden. Dabei können auch Zeugen gehört werden, die im Vorprozeß wegen ihrer Parteistellung nicht zur Verfügung gestanden hätten. Die Parteistellung ist ein rein formales Kriterium (*BGH* NJW 1979, 819; NJW 1984, 1240; NJW 1987, 3255).

27   **Beweiserleichterungen** für den Mandanten sind denkbar, wenn die anwaltliche Pflichtverletzung vorher festgestellt ist (*BGH* NJW 1990, 2127; NJW 1992, 240). Dem Mandanten kann § 252 S. 2 BGB und § 287 ZPO zur Hilfe kommen. Die Tatsachen, aus denen heraus sich die Wahrscheinlichkeit der nach § 252 Satz 2 BGB zu vermutenden Gewinnerzielung ergeben soll, muß der Mandant jedoch beweisen.

6. Vergleich

28   Wurde ein Vergleich abgeschlossen, der sich nachträglich als nicht sach- und interessengerecht erweist, so konnte der Anwalt ohnehin nur die Situation im Zeitpunkt des Vergleichsschlusses beachten. Vor- und Nachteile sind aus damaliger Sicht sorgfältig abzuwägen (*Borgmann/Haug*, S. 112). Eindeutig schlechter stellen darf der Vergleich den Mandanten nicht, ggf. muß der Anwalt vom Vergleich abraten (*BGH* Nichtannahmebeschluß vom 22. 10. 1987 – IX ZR 211/86).

29   Ein **gerichtlicher Vergleichsvorschlag** entlastet den Anwalt nicht stets, er darf ihm jedenfalls nicht unbesehen folgen (*OLG Stuttgart* VersR 1984, 450). Der Anwalt hat die Pflicht, die Rechtslage und ihre Vereinbarkeit mit dem gerichtlichen Vorschlag zu prüfen (vgl. *BGH* VersR 1959, 638). Mathematische Genauigkeit wird dabei aber nicht verlangt (*OLG Frankfurt* NJW 1988, 3269).

30   Über den Vergleichsabschluß entscheidet der Mandant selbst. Anwaltspflicht ist es jedoch, die **Entscheidungsspielräume des Mandanten** durch umfassende Beratung soweit zu öffnen, daß der Mandant die Folgen seiner Entscheidung bedenken kann. Macht der Mandant geltend, bei richtiger Beratung hätte er den Vergleich nicht oder nicht so geschlossen, so muß der Anwalt nachweisen, daß

der Mandant dies ggf. doch getan hätte. Dem Mandanten obliegt aber der Beweis dafür, daß er anders – ggf. durch ein Urteil – besser stünde. Hätte sich die Gegenseite nachweislich nicht auf einen anderen Vergleich eingelassen, so kommt es auf die Rechtslage an.

Bietet die Rechtslage keine genügenden Prozeßaussichten, so kann auch der Rat, einen von der Gegenseite vorgeschlagenen Vergleich abzulehnen, fehlerhaft und haftungsbegründend sein (*OLG Stuttgart* Urt. v. 31. 8. 1989 – 13 U 285/87, bestätigt durch Nichtannahmebeschluß des *BGH* v. 28. 6. 1990 – IX ZR 241/89). Ob das immer gilt, oder nur in dem Grenzfall, daß Rechtsansprüche nicht bestehen, muß offen bleiben.

V. Verjährung von Regreßansprüchen

1. § 51 BRAO als Spezialnorm

Ansprüche aus dem Anwaltsvertrag verjähren nach § 51 BRAO in drei Jahren 31
seit Entstehung des Schadens (§ 51, 1. Alt. BRAO). § 51 BRAO gilt auch für Ansprüche aus p.V.V. und aus c.i.c. (*BGH* NJW 1965, 106; VersR 1977, 617).

a) Ansprüche aus **berufsfremder Tätigkeit des Anwalts** unterliegen dieser 32
Verjährungsregelung nicht. Sofern nicht Sonderregeln gelten, gilt die Regelverjährung. Gelegentlich hat die Rechtsprechung andere Vorschriften analog angewandt, z.B. § 852 BGB für Konkursverwalter (*BGH* NJW 1985, 1161). Bei Treuhändertätigkeit kann sich der Anwalt möglicherweise ebenso wie der Wirtschaftsprüfer oder Steuerberater auf die Leitbildfunktion der für sein Berufsbild geltenden Verjährungsregelung berufen (*BGH* NJW 1986, 1171; NJW 1987, 3135; NJW 1988, 1663).

b) § 51, 1. Alt. BRAO Für den **Verjährungsbeginn** nach der 1. Alternative 33
des § 51 BRAO ist die Schadensentstehung maßgeblich. Das ist nach Definition der Rechtsprechung der Zeitpunkt, in dem sich die Vermögenslage des Mandanten verschlechtert hat (std. Rspr. *BGH* und *RG* seit *RGZ* 90, 82). Entstehen aufgrund einer Vertragsverletzung einzelne Schäden in zeitlichen Abständen nach und nach, so beginnt die Verjährung einheitlich mit dem Eintritt des ersten Schadens, soweit die späteren dabei voraussehbar waren (*BGH* NJW-RR 1990, 459 im Anschluß an *BGH* NJW 1979, 264). Auf die Kenntnis des Mandanten kommt es nicht an. Bei fehlerhaftem Prozeßverhalten ist frühestens mit Verkündung der darauf folgenden Gerichtsentscheidung der Schaden entstanden (*BGH* WM 1990, 1917 (1921); WM 1991, 743), spätestens mit deren Rechtskraft (*BGH* NJW 1991, 836). Nunmehr soll der Schaden in der Regel nicht vor Rechtskraft der Entscheidung entstanden sein (*BGH* NJW 1992, 2828). Für Steuerberater hatte die Rechtsprechung des *BGH* als besonderen Zeitpunkt der Schadensentstehung die Schlußbesprechung nach einer steuerlichen Außenprüfung festgelegt (NJW 1986, 1162). Davon ist der *BGH* abgewichen, er geht jetzt frühestens vom Zugang des Finanzamts-Bescheides aus (*BGH* NJW 1992, 2766), wenn dieser belastend wirkt. Bei früher zuviel gezahlten Steuern (Zinsschaden) soll der Zeitpunkt der ersten Kreditaufnahme maßgeblich sein (*BGH* NJW 1991, 2833) oder auch die Bestandskraft des – später aufgehobenen – vorläufigen Steuerbescheides (*BGH* NJW 1991, 2828). Beteiligt sich der Mandant hingegen an einer nachteiligen Vermögensanlage, so ist für die Verjährung der Steuerberaterhaftung der Zeitpunkt maßgebend, in dem sich der Mandant rechtlich

daran gebunden hat (*BGH* NJW-RR 1991, 1125). Sind Rechtsanwälte mit Steuerberatern und/oder Wirtschaftsprüfern assoziiert, so kommen für die Verjährung unterschiedliche Normen in Betracht (§ 51 BRAO, § 68 StGB, § 51a WPO). Bei Mehrfachberuflern entscheidet der Schwerpunkt der vertraglichen Tätigkeit nach dem Parteiwillen, im Zweifel die höhere Qualifikation (*BGH* NJW 1988, 308).

34 c) § 51, 2. Alt BRAO. Die **Verjährung ab Mandatsende** nach der 2. Alternative des § 51 BRAO soll den Verjährungsablauf durch einen festen Zeitpunkt begrenzen. Sie verkürzt vor allem die nachfolgend behandelten Sekundäransprüche, vorausgesetzt solche sind überhaupt entstanden.

2. Sekundäransprüche aus verletzter Hinweis- und Sicherungspflicht

35 Nach der Rechtsprechung (*BGH* seit VersR 1967, 979) muß der Anwalt seinen Mandanten auf eine eigene Pflichtverletzung und den daraus möglicherweise entstandenen Regreßanspruch gegen sich selbst hinweisen. Dieser **Hinweis** muß so deutlich sein, daß der Mandant, erforderlichenfalls unter Inanspruchnahme anderweitigen Rechtsrats, seine Belange sicher wahren kann (*BGH* NJW 1975, 1655). Die Hinweispflicht setzt voraus, daß der Anwalt einen begründeten Anlaß hatte, den Mandanten aufmerksam zu machen, z. B., wenn er seinen Fehler bemerkt (*BGH* NJW 1985, 2250). Zu einer vollständigen Überprüfung seiner Leistungen ist er aber auch bei Mandatsende nicht verpflichtet (*BGH* NJW-RR 1990, 459 ff.). Verletzt der Anwalt die Hinweispflicht schuldhaft und entsteht daraus ein Schaden, so wird er schadensersatzpflichtig. Den entstandenen Schadensersatzanspruch erfüllt er dadurch, daß er sich auf die eingetretene Verjährung nicht berufen kann. Dieser sog. **sekundäre Schadensersatzanspruch** entsteht mit Ablauf der Primärverjährung. Auch der Sekundäranspruch verjährt, und zwar nach Maßgabe des § 51, 1. Alt. BRAO. Maximal wird dadurch der Verjährungsablauf um 3 Jahre ab Schadensentstehung auf insgesamt 6 Jahre erstreckt.

36 Die **Hinweispflicht** besteht allerdings nur, so lange der Mandant den Anspruch nicht anderweitig erkannt hat (*BGH* NJW 1988, 2245). Hat er einen neuen Anwalt beauftragt, so entfällt die Hinweispflicht des ersten Anwaltes ersatzlos (*BGH* NJW 1982, 1288; NJW 1985, 2941) und zwar auch dann, wenn ihm nicht bekannt ist, ob der Mandant über die Verjährung zutreffend belehrt wurde (*BGH* NJW 1991, 836). Wurde der neue Anwalt vor Ablauf der Primärverjährung mandatiert, so endet die Regreßpflicht des ersten Anwaltes mit deren Ablauf, also 3 Jahre nach der Schadensentstehung.

37 Wurde der neue Anwalt hingegen erst nach Ablauf der Primärverjährung beauftragt, so kann der sekundäre Anspruch schon entstanden sein: Er verjährt dann aber spätestens in 3 Jahren vom Mandatsende an gemäß § 51, 2. Alt. BRAO. Diese Vorschrift kürzt die entstandenen Sekundäransprüche ab.

38 Der Anwalt wäre nur bis zum Mandatsende und nur bis zum Ablauf der Primärverjährung hinweispflichtig gewesen. Hatte er innerhalb der Primärfrist ein **neues Mandat** in derselben Sache übernommen, so kann die Hinweispflicht erneut entstehen (*BGH* VersR 1984, 162; NJW 1986, 581; NJW 1988, 2245). Eine nachvertragliche Hinweispflicht wird vom *BGH* abgelehnt (*BGH* NJW-RR 1990, 459). Im übrigen gilt in beschränktem Umfang auch die **Arglisteinrede,** wenn bis zum Fristablauf verhandelt wurde. Bloßes Schweigen des Anwalts auf Regreßansprüche erlaubt die Arglisteinrede noch nicht, selbst wenn der

Umgang mit der Berufshaftpflichtversicherung des Anwalts   **E II**

Anwalt den Mandanten vorher getäuscht hat (*BGH* NJW 1988, 265). Der *BGH* gewährt die Einrede nur bei einem wirklich groben Verstoß gegen Treu und Glauben (*BGH* NJW 1988, 2245; ZIP 1988, 1570). Verhandlungen hemmen die Verjährung nach § 51 BRAO nicht, § 852 Abs. 2 BGB ist nicht entsprechend anwendbar (*BGH* NJW 1990, 326). Ausführlich zu dem Gesamtproblemkreis: *Borgmann/Haug*, Kapitel X, S. 260 ff.

VI. Umgang mit der Berufshaftpflichtversicherung des Anwalts

Die privatrechtliche Haftung des Anwalts wird durch seine Berufshaftpflichtversicherung (s. dazu unten J Rdnr. 5 ff.) im Rahmen der vereinbarten Versicherungsbedingungen abgedeckt.

1. Voraussetzungen der Eintrittspflicht des Versicherers sind kumulativ:

a) Der Fehler ist bei einer Tätigkeit im Rahmen des eingeschlossenen **Risikos:** 39 **anwaltliche Berufstätigkeit** unterlaufen. Dazu kommen Risiken aus Sonderzusagen wie Konkursverwalter, Testamentsvollstrecker u. a. (unten J II).

b) Zeitliche Deckung nach Vertragsabschluß. Es gilt das Verstoßprinzip. 39a Das heißt: nur Fehler, die nach Versicherungsbeginn unterlaufen, unterliegen dem Versicherungsschutz. Nur **im Zweifel** gilt bei fahrlässigen Unterlassungen der Tag, an dem die Handlung spätestens hätte vorgenommen werden müssen, um den Schaden abzuwenden, als Verstoßzeitpunkt. Bei Wechsel des Versicherers in der kritischen Zeit sollte der Fall allen Versicherern rechtzeitig gemeldet werden. Vertragsbeendigung (Storno) nach dem Verstoß schließt Versicherungsschutz nach dem in Deutschland üblichen Deckungskonzept nicht aus.

c) Deckungshöhe. Die **Versicherungssumme** begrenzt ggf. Ansprüche nach 39b oben. Sie steht bei einem Verstoß bezüglich sämtlicher Folgen oder bei mehreren Verstößen mit einem einheitlichen Schaden nur einmal zur Verfügung. Mehrfaches auf gleicher oder gleichartiger Fehlerquelle beruhendes Tun oder Unterlassen gilt u. U. als einheitlicher Verstoß. Kosten eines Haftpflichtprozesses werden auch über die Deckungssumme hinaus erstattet, jedoch nur nach deren Streitwert.

Nicht versichert ist der sogenannte **Selbstbehalt.** Er kann unterschiedlich vereinbart werden, meist besteht er in einem prozentualen Anteil des Schadens (begrenzt auf in der Regel höchstens 5000 DM). Die in der Sache erhaltenen Gebühren kommen hinzu, ggf. auch nur teilweise; insgesamt werden neuerdings höchstens 5000 DM angerechnet. Nach Aufgabe des Anwaltsberufs oder Tod des Versicherungsnehmers entfällt der Selbstbehalt, dessen Zweck vor allem in der Spezialprävention liegt.

d) Nichtvorliegen von Ausschlüssen. Ausschlüsse sind vor allem: Haftungs- 40 zusagen über die gesetzliche Haftung hinaus; wissentliche oder vorsätzliche Pflichtverletzungen; Ansprüche von Sozien; Ansprüche von Angehörigen (dieser Ausschluß kann modifiziert sein bei anwaltlicher Tätigkeit vor Gerichten oder vor Behörden) und von juristischen Personen, deren Majorität dem Versicherungsnehmer gehört (unterschiedliche Regelungen bei sonstigen Gesellschaften); Verletzung außereuropäischen Rechts.

40a e) **Einhaltung von Obliegenheiten.** Die vorsätzliche Verletzung nachvertraglicher Obliegenheiten macht den Versicherer leistungsfrei. Bei grobfahrlässiger Obliegenheitsverletzung ist maßgeblich, inwieweit sie den Schaden oder seinen Umfang beeinflußt hat. Kenntnis der Obliegenheiten setzt die Rechtsprechung bei einem Anwalt voraus.

Die Obliegenheit zur Schadenmeldung besteht schon dann, wenn dem Anwalt bekannt wird, daß er einen Fehler begangen hat, der Haftpflichtansprüche zur Folge haben könnte. Das soll den Versicherer in die Lage setzen, den Schaden gering zu halten oder ganz zu beseitigen, beispielsweise bei Versäumung von Notfristen durch Wiedereinsetzung in den vorigen Stand. Die Pflicht des Versicherers zur Schadensabwehr umfaßt auch die erforderlichen Hinweise für ein erfolgreiches Wiedereinsetzungsgesuch. Wer einen Schadensfall erst nach dessen Einreichung oder gar dessen Ablehnung meldet, wird sich oft dem Vorwurf verspäteter Schadensmeldung ausgesetzt sehen.

Weitere Obliegenheiten zur unverzüglichen Anzeige an den Versicherer entstehen bei Bekanntwerden eines Mahnbescheids, eines Straf- oder Ermittlungsverfahrens, bei Erhebung von Schadensersatzansprüchen, bei Prozeßkostenhilfegesuchen oder gerichtlicher Geltendmachung des Anspruchs gegen den Anwalt, ebenso bei Arresten, einstweiligen Verfügungen oder Beweissicherungsverfahren und auch bei einer Streitverkündung.

Schließlich besteht die Obliegenheit, den Schaden nach Möglichkeit zu mindern, alles zu tun, was zur Klarstellung dient, den Versicherer ausführlich zu informieren, auch durch Übersendung von Handakten, und ihn bei der Abwehr des Schadens zu unterstützen.

Das **Anerkenntnisverbot** gilt auch hier. Ein Hinweis des Anwalts an seinen Mandanten wegen des ihm unterlaufenen Fehlers kann ihm vom Versicherer jedoch nicht untersagt werden, sofern er damit nicht seine Schadensersatzpflicht anerkennt, die Prüfung der Kausalitätsfrage also offenläßt.

2. Verjährung des Versicherungsanspruchs

41 Hat der Mandant Schadensersatzansprüche erhoben, so **verjährt** der Deckungsanspruch des Anwalts gegen seinen Versicherer in **zwei Jahren,** gerechnet vom Jahresende nach der ersten Inanspruchnahme an (§ 12 Abs. 1 VVG). Anmeldung beim Versicherer hemmt die Frist bis zu dessen schriftlicher Entscheidung (§ 12 Abs. 2 VVG).

3. Versicherungsschutz bei Sozietäten

42 Der Versicherer tritt bei sogenannten Außensozietäten (s. o. Rdn. 9–11) nur mit einer einheitlichen Durchschnittsleistung ein. Diese berechnet sich nach der Anzahl der Sozien im Verstoßzeitpunkt. Waren von 8 Sozien nur 5 bei ihm versichert, so tritt er nur für $5/8$ des Schadens ein, sofern bei jedem Sozius die Deckungssumme für den Gesamtschaden ausreicht. Deckungslücken können auch entstehen, wenn juristische Mitarbeiter (Referendare, Assessoren oder Rechtsanwälte) dem Versicherer nicht gemeldet werden. Sie sind eine Erweiterung des versicherten Risikos und – außer Stationsreferendaren – zuschlagspflichtig. Nicht gemeldete Mitarbeiter schränken den Deckungsschutz ebenso ein, wie nicht versicherte Sozien.

VII. Praktische Hinweise

1. Haftungsbeschränkungen

Die strenge Rechtsprechung zur Anwaltshaftung und das allgegenwärtige, oft 43 existenzbedrohende Risiko legen es nahe, Haftungsbeschränkungen zu vereinbaren.

a) **AGB.** Allerdings kann nach § 11 Nr. 7 AGBG die Haftung für grob fahr- 44 lässige Pflichtverletzungen in vorformulierten Bedingungen nicht mehr ausgeschlossen werden. Da der Anwalt auch für seine Sozien und das Büropersonal haftet, ist die Entlastungswirkung insoweit recht unsicher. Auch eine betragsmäßige Haftungsbeschränkung kann an dieser Klausel scheitern (*Borgmann/Haug*, S. 231). Zu bedenken ist auch, daß schon ein **leichtes Versehen** des Anwalts als grobe Fahrlässigkeit bewertet werden kann, also kaum ein Raum für die Haftungsbeschränkung bei leichter Fahrlässigkeit verbleibt. Die auf manchen Briefbögen ausgeschlossene Haftung für **telefonische Auskünfte** unterfällt im Zweifel derselben Bestimmung, abgesehen davon, daß dieser Vermerk dem Mandanten vor der Auskunft bekannt sein müßte, um überhaupt wirksam zu sein.

Bei Berufen mit **Monopolcharakter**, deren Angehörige gegen Vergütung Individualleistungen erbringen, wird in der Literatur gelegentlich die Meinung vertreten, Haftungsbeschränkungen seien generell unangemessen, wenn nicht unzulässig (u. a. *Bunte* NJW 1981, 2658). Verjährungsverkürzungen werden in der Regel abgelehnt (*BGH* NJW 1992, 2766). Wirkt die Vereinbarung verjährungsverlängernd, so ist sie nichtig gemäß § 225 BGB.

b) **Einzelvereinbarungen.** Für besondere Fälle (etwa Auslandsrecht, beson- 45 dere Eile u. ä.) können Einzelvereinbarungen mit Haftungsbeschränkungen geschlossen werden. Dabei müssen aber die gewünschten Klauseln ernsthaft zur Disposition stehen (*BGH* NJW 1992, 2759). Ein Haftungsausschluß muß jedenfalls im Rahmen von Treu und Glauben bleiben. (s. im Einzelnen *Vollkommer*, Rdnr 427 f.). Hier kann ein Anwalt in besondere Schwierigkeiten kommen, wenn er statt Haftungsbeschränkungen zu vereinbaren eigentlich darüber hätte beraten müssen, daß der Mandant sich besser gegen ihn anwaltlicher Hilfe bedienen sollte (*OLG München* Urt. v. 15. 1. 1992 – 15 U 4018/89). Unmöglich ist es jedenfalls (jetzt noch) für Anwälte, sich als Gesellschaft bürgerlichen Rechts „mit beschränkter Gesellschafterhaftung" zu bezeichnen (*OLG Düsseldorf* NJW 1990, 2133 und *BGH* NJW 1992, 3037).

2. Beginn der Aufklärung und Rechtsprüfung mit Fristenprüfung   46

Prüfung laufender Fristen sollte für den Anwalt bei jedem **Mandatsbeginn** das Erste sein. Nur so kann er die nötigen Arbeiten sinnvoll planen und koordinieren. Es gibt viele versteckte Fristen, aber auch bei gängigen Verjährungsfristen empfiehlt sich ein Blick in das Gesetz. Dort könnten Hinweise abgedruckt sein, etwa auf die kurzen Fristen des Nato-Truppenstatuts bei § 852 BGB.

E II Haftung gegenüber dem Mandanten

Checkliste

47 a) Fristen
- Sicherster Weg: **Kürzeste Frist** berechnen, z. B. 6 Monate bei Mangelfolgeschäden aus Werkvertrag, nicht 30 Jahre;
- Nach deren Ablauf: Chancen der noch offenen Fristen prüfen (z. B. Rechtsprechung zum entfernten Mangelfolgeschaden einschlägig?);
- **Frist notieren:** In Akte (möglichst in jeder Akte am selben Platz, d. h. im Vorblatt oder auf dem Aktendeckel); Im Kalender mit weiträumigen Vorfristen;
- Frist dem Mandanten mitteilen (auch wenn der nur eine Beratung wollte);
- Ihm Frist für Arbeitsvorlauf setzen: Diese nach Bedarf festlegen (Recherchen, Korrespondenz, Fristsetzung mit Ablehnungsandrohung, PKH-Unterlagen, Postnachfrage für Zeugen- und Gegneranschriften, Gesellschaftsform);
- Mandantenbelehrung über Folgen der Fristversäumung (besonders wichtig bei laufenden Prozeß- und richterlichen Fristen s. dazu a I Rdnr. 12);
- auch bei Mandatsende, besonders bei Mandatsniederlegung auf noch laufende Fristen hinweisen (nachweisbar!).
- Eingetragene **Fristen** ggf. **fortschreiben** (bei Verlängerung durch Gericht im Prozeß; bei unterbrechendem Anerkenntnis; bei Prozeßstillstand nach § 211 II BGB etc.). Wiedervorlagen auch hierzu benutzen.

48 b) Zielvorstellungen des Mandanten
Genau sondieren und berücksichtigen:
- Zur Aufklärung s. Rdnrn. 18–20;
- Mandat umfassend genug sehen (auch Randgebiete beachten);
- Klarstellen, ob mit Rechtsschutzversicherung korrespondiert werden soll und ob Mandat nur für den Fall der Rechtsschutzdeckung gilt (*OLG Nürnberg* NJW-RR 1989, 1370);
- Rückgriffsmöglichkeiten bei Prozeßverlust im Auge behalten: Dem Mandanten mitteilen; Fristen dafür wahren;
- Für und Wider erörtern: Auch Rechtsprechungslage; Auch Beweislage;
- Für **schriftliche** (datierte) **Nachweise** in Handakte sorgen: Telefonnotizen; Briefe (auf Eingang beim Mandanten achten, ggf. knappe Wiedervorlage, dabei prüfen, ob Mandant antwortet);
- Entscheidung des Mandanten einholen;
- Mandanten ständig über Verlauf informieren;
- Dessen Einverständnis kontrollieren;
- Bei veränderter Sach- (Prozeß-)Lage neue Weisung einholen; der Mandant ist Prozeßherr!
- Vertrauensbasis festigen;
- Bei Vertrauenskrise Klärung herbeiführen;
- Absolut aussichtslose Klagebegehren des Mandanten nicht vertretbar. Mandat ggf. niederlegen, wenn Mandant unbelehrbar bleibt. Auf laufende Fristen hinweisen!

3. Im Schadensfall

49 a) Unverzügliche Schadensmeldung an eigenen Haftpflicht-Vermögensschaden-Versicherer
- ist Obliegenheit,
- wahrt den Deckungsschutz,
- bringt Beratung und Hilfe: durch objektive Prüfung von Kausalität und Schaden; durch Aufzeigen von Rettungsmöglichkeiten.

b) Rettungsmöglichkeit bei Versäumung von Prozeßfristen: Wiedereinsetzung in den vorigen Stand 50
- Voraussetzungen, § 233 ZPO;
- Kein Anwaltsverschulden, § 85 II ZPO;
- Rechtzeitiger (§ 234 ZPO: Frist 14 Tage) und
- Vollständiger (§ 236 ZPO) Antrag;
- Glaubhaftmachung (meist eidesstattliche Versicherung und anwaltliche Versicherung des gesamten Geschehens, das zur Fristversäumung geführt hat);
- Nachholung der versäumten Prozeßhandlung (§ 236 ZPO);
- Antragsmuster bei *Borgmann/Haug,* im Anhang S. 373 ff.

4. Bei Anspruchserhebung gegenüber Anwaltskollegen

- Frist beachten (Sekundäranspruch scheidet oft aus, s. Rdnr. 36); 51
- Schlüssigkeit prüfen, BGH-Formel zur umfassenden Beratungspflicht reicht nicht, auch Kausalität, Schaden, Verschulden maßgeblich;
- Kollegen nach Standesrecht zuerst informieren, vertraulich (sofern Zeit!) und um Stellungnahme bitten. Objektive Rechtslage ist zu beachten. Information durch eigenen Mandanten manchmal einseitig.

E III. Strafrechtliche Risiken des Anwaltsberufes

Dr. Imme Roxin

Übersicht

	Rdnr.
I. Einleitung	
II. Strafvereitelung, § 258 StGB	1
1. Abgrenzung zum Standesrecht	1
2. Grenzziehung zwischen strafrechtlich zulässigem und unzulässigem Verhalten des Anwalts	2
3. Der subjektive Tatbestand	19
4. Täterschaft – Teilnahme	20
5. Versuch	21
III. Parteiverrat, § 356 StGB	22
1. geschütztes Rechtsgut	22
2. Täterkreis	23
3. Tatbestandsvoraussetzungen	32

	Rdnr.
IV. Beihilfe zu Straftaten des Mandanten	54
1. Problemstellung	54
2. Fallgestaltungen	56
V. Untreue, § 266 StGB	64
1. Das Anwalt-Mandant-Verhältnis	65
2. Verletzung der Treuepflicht	68
3. Vermögensnachteil	69
VI. Schuldnerbegünstigung, § 283 d StGB	70
VII. Teilnahme an einer Gläubigerbegünstigung, § 283 c StGB	71
VIII. Teilnahme an einer Falschaussage	72

Literatur: *Beulke,* Der Verteidiger im Strafverfahren, 1980; *Beulke,* Die Strafbarkeit des Verteidigers, 1989; *Bottke,* Wahrheitspflicht des Verteidigers, ZStW, Bd. 93 (1981), 726; *Dahs,* Handbuch des Strafverteidigers, 5. Aufl. 1983; *Feuerich,* Die Pflicht des Rechtsanwalts zur unverzüglichen Weiterleitung fremder Gelder, BRAK-Mitt. 1988, 167; *Friedrich/Dingfelder,* Parteiverrat und Standesrecht, 1987; *Gatzweiler,* Möglichkeiten und Risiken einer effizienten Strafverteidigung, StV 1985, 248; *Krekeler,* Strafrechtliche Grenzen der Verteidigung, NStZ 1989, 146; *Mallison,* Rechtsauskunft als strafbare Teilnahme, 1979; *Müller-Gugenberger* (Hg.), Wirtschaftsstrafrecht 2. Auflage 1992; *Ostendorf,* Strafvereitelung durch Strafverteidigung NJW 1978, 1345; *Peters,* Strafprozeß, 4. Aufl. 1985; *Pfeiffer,* Zulässiges und unzulässiges Verteidigerhandeln, DRiZ 1984, 341; *Roxin, Claus,* Strafverfahrensrecht, 22. Auflage 1991; *Rückel,* Strafverteidigung und Zeugenbeweis, 1988; *Volk,* Zum Strafbarkeitsrisiko des Rechtsanwalts bei Rechtsrat und Vertragsgestaltung, BB 1987, 139.

I. Einleitung

Zahlreiche Gerichtsentscheidungen geben Zeugnis davon, daß das Risiko, mit den Strafgesetzen in Konflikt zu kommen, nicht nur für den Strafverteidiger besteht, sondern auch für den auf dem Gebiet des Zivilrechts tätigen Rechtsanwalt. Im folgenden werden daher die für den Anwalt wichtigsten Straftatbestände dargestellt.

II. Strafvereitelung, § 258 StGB

1. Abgrenzung zum Standesrecht

1 Es ist bislang nicht gelungen, allgemeingültige Abgrenzungskriterien zwischen strafrechtlich zulässigem und unzulässigem Verhalten eines Verteidigers (oder sonstigen einen Straftäter beratenden Anwalts) zu finden. Eine gewisse

kasuistische Aufzählung von verbotenen und erlaubten Anwaltshandlungen ist daher nicht zu vermeiden. Vorwegzunehmen ist, daß standesrechtlich unzulässige Handlungen nicht ohne weiteres den Tatbestand der Strafvereitelung erfüllen.

2. Grenzziehung zwischen strafrechtlich zulässigem und unzulässigem Verhalten des Anwalts

a) Doppelstellung des Strafverteidigers. Auszugehen ist bei der Grenzziehung von der Stellung des Verteidigers im Rechtspflegesystem. Der Rechtsanwalt als Verteidiger hat eine doppelte Funktion zu erfüllen (h. L.: *BGHSt* 12, 367/369): Er ist selbständiger **Beistand** des Beschuldigten (§ 137 I 1 StPO) und unabhängiges **Organ der Rechtspflege** (§ 1 BRAO). Er ist also nicht einseitiger Interessenvertreter des Beschuldigten, sondern nimmt auch eine öffentliche Aufgabe wahr. Als unabhängiges Organ der Rechtspflege ist er den Prinzipien der **Wahrheit** und **Gerechtigkeit** verpflichtet (*BVerfGE* 38, 105/119). Als Beistand des Beschuldigten obliegt ihm die **Fürsprachepflicht** und unterliegt der strafbewehrten **Schweigepflicht** (§ 203 Nr. 3 StGB). (Abweichend *Löwe/Rosenberg/Lüderssen* Vorbemerkung vor § 137 StPO Rdnr. 33 ff., der für die Stellung des Verteidigers eine andere Konzeption, das **Vertragsprinzip**, vertritt und deshalb zu teilweise anderen Ergebnissen kommt.) 2

b) Die wichtigsten Fallgruppen. Unter Zugrundelegung dieser 4 Prinzipien ergibt sich bei den wichtigsten Fallgruppen folgende Unterscheidung zwischen zulässigem und unzulässigem Verteidigerverhalten: 3

aa) Eigene Ermittlungshandlungen des Verteidigers sind zulässig (z. B. Untersuchung des Tatortes, Bemühungen um Entlastungszeugen und Sachverständigengutachten). Den staatlichen Ermittlungsorganen steht keinesfalls ein Erstvernehmungsrecht zu. Ein krasser Verstoß gegen die Wahrheitspflicht wäre es jedoch, wenn der Verteidiger selber Beweisquellen trüben bzw. Verdunkelungsmaßnahmen des Beschuldigten ermöglichen oder fördern würde (*C. Roxin*, Strafverfahrensrecht, 1991, § 19 E II). 4

bb) Das Verhalten des Verteidigers gegenüber dem Beschuldigten. Es lassen sich zwei Bereiche unterscheiden: 5
– **Auskünfte zur Rechts- und Sachlage;**
– **Ratschläge** für das Verhalten des Beschuldigten.
Rechtsauskünfte sind unbeschränkt zulässig (z. B. Unterschied zwischen Mord und Totschlag, Vorsatz und Fahrlässigkeit; Aufklärung über das Schweigerecht des Beschuldigten und über die sanktionslose Möglichkeit des Lügens, Leugnens oder der Flucht. Sie sind eine Pflicht des Verteidigers (*C. Roxin*, § 19 E I). Zudem hat jedermann das Recht auf Rechtskenntnis (*Mallison*, Rechtsauskunft als strafbare Teilnahme, S. 95, 136). Es ist daher z. B. auch zulässig, dem Beschuldigten auf seine diesbezügliche Frage die Länder zu nennen, mit denen Rechtshilfeabkommen bestehen und jene, bei denen das nicht der Fall ist (*Dahs*, Handbuch des Strafverteidigers, Rdnr. 1023; *Beulke*, Die Strafbarkeit des Verteidigers, RN 233). Denn Rechtskenntnisse darf der Verteidiger dem Beschuldigten selbst dann vermitteln, wenn der Beschuldigte sie dazu benutzen kann, sich der Bestrafung zu entziehen (*C. Roxin*, § 19 E I). Die abstrakte Aufklärung über die Rechtslage verstößt niemals gegen die Wahrheitspflicht des Rechtsanwaltes. 6

7 Auskünfte zur Sachlage und Akteneinsicht. Ebensowenig verstößt der Rechtsanwalt gegen die ihm obliegende Wahrheitspflicht, wenn er den Beschuldigten über die Sachlage aufklärt, wie er sie nach genehmigter Akteneinsicht aus den Akten entnommen hat. In gleichem Umfang ist der Rechtsanwalt berechtigt, dem Beschuldigten Kopien des Akteninhalts zu überlassen (*BGHSt* 29, 99/102). Das Informationsrecht besteht allerdings dann nicht, wenn der Verteidiger konkrete Anhaltspunkte dafür hat, daß der Beschuldigte aufgrund der Kenntnis des Akteninhaltes Straftaten begehen wird (z. B. Nötigung oder Körperverletzung von Zeugen). Hier kann sich der Verteidiger nicht nur wegen Strafvereitelung strafbar machen, sondern auch wegen Beteiligung an der Straftat des Mandanten (*Krekeler*, NStZ 1989, 149). Von der Befugnis zur Weitergabe der aus dem Akteninhalt gewonnenen Fakten macht die Rechtsprechung (*BGHSt* 29, 99/103; ebenso *KG* NStZ 1983, 556) hinsichtlich solcher Aktenstücke eine Ausnahme, die rechtmäßige prozessuale Zwangsmaßnahmen ankündigen (Untersuchungshaft, Durchsuchung, Beschlagnahme; a. A. *Dahs*, Rdnr. 50).

8 Objektive Beweiswürdigung. Der Rechtsanwalt ist auch befugt, den **Sachverhalt** einer objektiven Beweiswürdigung zu unterziehen. Das gilt selbst dann, wenn infolge der Aufklärung der geständnisbereite Beschuldigte sich zum Leugnen entschließt (*Peters*, Strafprozeß, § 29 V 1 b).

9 Ratschläge. Bei Ratschlägen an den Beschuldigten ist zu unterscheiden: Der Rat, von **prozessualen Rechten** Gebrauch zu machen, ist zulässig (z. B. der Rat, keine Aussage zur Sache zu machen, *BGHSt* 10, 393/394; sich nicht selber zu bezichtigen, *BGHSt* 2, 375/378).

10 Hingegen sind Ratschläge, die ihre Grundlage nicht in prozessualen Rechten des Beschuldigten haben, dann nicht erlaubt, wenn sie dazu dienen können, daß sich der Beschuldigte **der gerechten Strafe entzieht.** Dem Rechtsanwalt als Organ der Rechtspflege ist es nicht gestattet, dem Beschuldigten den Rat zur Lüge oder zum Leugnen zu geben (*Dahs*, Rdnr. 48; a. A. *Krekeler*, NStZ 1989, 147).

11 Ebensowenig darf er dem Beschuldigten anraten, zu fliehen, ein wahres Geständnis zu widerrufen (*BGHSt* 2, 375/378; a. A. *Krekeler*, NStZ 1989, 147, 148) oder ihm gar eine wahrheitswidrige Einlassung oder Schutzbehauptung erfinden (*Roxin*, § 19 E I). Eine derartige Verdunkelung der Sachlage verstößt gegen die Bindung des Rechtsanwaltes an die Prinzipien von Wahrheit und Gerechtigkeit. Es ist dem Verteidiger ebenfalls untersagt, die Flucht des Beschuldigten durch Überweisung von treuhänderisch verwalteten Geldern ins Ausland zu unterstützen (*BGHSt* 33, 347).

12 **cc) Das Verhalten des Verteidigers gegenüber Dritten** (Zeugen, Mitbeschuldigten, Strafantragsberechtigten, potentiellen Anzeigeerstattern). **Aussageverweigerungsberechtigte Zeugen** dürfen veranlaßt werden, nicht auszusagen (*BGHSt* 10, 393/394), weil der Verteidiger nur anrät, von einem prozessualen Recht Gebrauch zu machen. Allerdings darf der Verteidiger sich hierbei keiner unlauteren Mittel bedienen, wie sie aus § 136 a StPO zu entnehmen sind (*BGHSt* 10, 393/394).

13 Zumindest der Versuch einer Strafvereitelung liegt vor, wenn der Verteidiger auf Zeugen zwecks entlastender Falschaussage einwirkt und sie dann benennt (*BGH* NStZ 1983, 503). Auch macht sich der Verteidiger strafbar, wenn er einen Freispruch dadurch erreicht, daß er einen Zeugen absichtlich in einer vorsätzlichen Falschaussage bestärkt (*BGHSt* 29, 99/107)). Wenn ein Zeuge – unbeeinflußt durch den Verteidiger – aus freien Stücken die Unwahrheit sagen will, darf der Rechtsanwalt, der dies weiß, ihn nicht benennen (*RGSt* 66, 316/ 323 f.), weil er damit der ihm obliegenden Wahrheitspflicht zuwiderhandeln würde. Es widerstreitet auch der Wahrheitspflicht, wenn der Verteidiger Zeugen, die wahrheitsgemäß aussagen, wider besseres Wissen als unglaubwürdig hinstellt (*BGHSt* 29, 99/107). Andererseits ist der Verteidiger nicht verpflichtet, die falsche Aussage eines Zeugen zu verhindern, deren Unwahrheit er erst während der gerichtlichen Vernehmung erkennt (*BGHSt* 4, 327 ff.).

Gegenüber **Mitbeschuldigten** darf der Verteidiger genauso vorgehen, wie 14 gegenüber seinem eigenen Mandanten (Hinweis auf Schweigerecht, Auskunft über Rechts- und Sachlage, Rat, vom Schweigerecht Gebrauch zu machen). Zulässig ist es auch, wenn der Anwalt die den Strafverfolgungsbehörden noch unbekannte Einlassung seines Mandanten dem Verteidiger eines Mitbeschuldigten übersendet mit der Bitte um Erörterung mit dem Mitbeschuldigten (*OLG Frankfurt* NStZ 1981, 145). Der Zweck der Übersendung darf nur nicht der einer wahrheitswidrigen Absprache der Aussagen zwischen den Mitbeschuldigten sein.

Der Verteidiger kann sich mit dem **Strafantragsberechtigten** in Verbindung 15 setzen und ihn veranlassen, den gestellten Strafantrag zurückzunehmen oder von einem Strafantrag abzusehen (*Pfeiffer* DRiZ 1984, 341/346). Er darf gegebenenfalls auch Geld als Wiedergutmachung für den erlittenen Schaden anbieten (*Schönke/Schröder/Stree* StGB, 24. Auflage 1991, § 258 Rdnr. 20). Den potentiellen **Erstatter einer Strafanzeige** darf der Verteidiger bitten, die Anzeige zu unterlassen. Auch Vorteilszusagen sind erlaubt, sofern es sich nicht um strafbare Mittel handelt oder der Anzeigeerstatter zur Anzeige verpflichtet ist (Polizist) (*Beulke*, Die Strafbarkeit des Verteidiger, Rdnr. 52 f.). Der Bundesgerichtshof sieht als unzulässig die Beeinflussung mit den Mitteln des § 136 a StPO an (a. A. *Beulke*, Rdnr. 51 ff., hinsichtlich einer Geldzahlung).

dd) Das Verhalten des Verteidigers gegenüber den Strafverfolgungsorga- 16 **nen.** Aus der Verschwiegenheitspflicht des Rechtsanwalts gegenüber seinem Mandanten folgt, daß er nur einseitig **zugunsten** des Beschuldigten wirken darf (*Pfeiffer* aaO, S. 343). Er muß alle Umstände vorbringen, die geeignet sind, den Beschuldigten zu entlasten. Niemals darf der Anwalt freilich in diesem Zusammenhang unwahre Tatsachen behaupten, weil er damit gegen seine Wahrheitspflicht verstoßen würde. Es ist ihm aber erlaubt, eine Rechtsmeinung vorzutragen, auch wenn er sie selber für unrichtig hält (*Pfeiffer* aaO). Denn die Wahrheitspflicht bezieht sich nur auf den tatsächlichen Sachverhalt und nicht auf die rechtliche Würdigung.

Der Verteidiger kann auch in Kenntnis der Schuld seines Mandanten auf 17 Freispruch plädieren (*BGHSt* 29, 99/107). Das Gesetz verlangt eine Verurteilung nur, wenn der Beschuldigte mit prozeßordnungsgemäßen Mitteln überführt werden kann (*C. Roxin*, § 19 A II 3 d). Erbringt die Beweisaufnahme nicht den Nachweis der Schuld, dann vereitelt der Verteidiger die Bestrafung seines Mandanten nicht in strafbarer Weise, wenn er unter Hinweis darauf Freispruch beantragt. Allerdings darf der Rechtsanwalt sich nicht die unwahre Einlassung des Mandanten zu eigen machen oder gar wider besseres Wissen die Unschuld seines Mandanten behaupten.

Prozessual zulässiges Verteidigerverhalten läßt bereits den objektiven Tatbe- 18 stand des § 258 StGB entfallen (*Dreher/Tröndle* StGB, 45. Auflage 1991, § 258 Rdnr. 7).

3. Der subjektive Tatbestand

19   Er verlangt hinsichtlich der Verfolgungsvereitelung Absicht oder Wissentlichkeit. Maßgeblich ist insoweit beim Verteidiger, welchem Ziel sein Tun in Wirklichkeit dient und ob es noch vom Verteidigungszweck getragen wird (*BGHSt* 29, 99/107).

4. Täterschaft – Teilnahme

20   Die Rechtsprechung nimmt bei strafrechtlich relevantem Verteidigerverhalten regelmäßig **Täterschaft** an, und zwar auch dann, wenn der Verteidiger einen Dritten zu einer Falschaussage bestimmt (*BGHSt* 31, 10; *BGH* NStZ 1983, 503).

5. Versuch

21   **Versuchte Strafvereitelung** und nicht nur straflose Vorbereitung liegt vor, wenn der Verteidiger Zeugen zur Falschaussage bestimmt und sie benennt, es zur Aussage aber nicht kommt (*BGH* NStZ 1983, 503; a. A. noch *BGHSt* 31, 10; s. auch *BGH* StV 1988, 325: Falsche Zeugenaussage vor der Staatsanwaltschaft als versuchte Strafvereitelung).

III. Parteiverrat, § 356 StGB

1. Geschütztes Rechtsgut

22   Die Vorschrift bezweckt nicht nur den Schutz der vertretenen Parteien. Vielmehr dient sie in erster Linie dem Vertrauen in die Rechtspflege (h. L. *BGHSt* 15, 332/336 f.; *BGH* NStZ 1985, 74).

2. Täterkreis

23   **a) Taugliche Täter.** Taugliche Täter des § 356 StGB sind Anwälte und andere Rechtsbeistände. Unter den Begriff des Anwalts i. S. von § 356 StGB fallen die **Rechtsanwälte** (§§ 4 ff. BRAO), und zwar auch die im Inland zugelassenen ausländischen Anwälte. Erfaßt werden zudem der Anwaltsnotar und Notaranwalt (*Schönke/Schröder/Cramer*, § 356 Rdnr. 5). Zu der Gruppe der Anwälte i. S. von § 356 StGB gehören auch der Patentanwalt (§ 5 ff. PatAnwO); der Syndikusanwalt (§ 46 BRAO); der Justitiaranwalt (§ 46 BRAO, *BGHSt* 22, 335); der Patentanwaltssyndikus (*BGHZ* 62, 154).

24   Beim Syndikusanwalt bzw. Justitiar spielt es für die Anwendbarkeit von § 356 StGB keine Rolle, ob sie in privatem oder öffentlichem Dienst stehen. Sie unterfallen allerdings nur dann § 356 StGB, wenn sie in ihrer Eigenschaft als unabhängiges Organ der Rechtspflege (§ 1 BRAO) tätig werden. Leisten sie nur weisungsgebundene Dienste, scheidet § 356 StGB aus (*BGHSt* 24, 192).

25   **b) Nicht unter § 356 StGB fallende Anwaltsaufgaben.** Nicht zum Täterkreis des § 356 StGB gehören Anwälte, die als **Konkursverwalter** (*BGHSt* 13, 231), **Testamentsvollstrecker** oder **Vormund** tätig sind (*BGHSt* 24, 192). Sie üben diese Funktion nicht als unabhängiger Rechtsanwalt aus, sondern stehen unter der Kontrolle des jeweiligen Richters (h. L.; *Schönke/Schröder/Cramer*, § 356 Rdnr. 6).

c) § 356 StGB – Ein Berufsvergehen. Da § 356 StGB ein Berufsvergehen ist 26
(*Dreher/Tröndle,* § 356 Rdnr. 1), fällt private Beratung nicht unter § 356 StGB
(*BGHSt* 20, 41).

d) Mehrheit von Anwälten. Bei einer Mehrheit von Anwälten innerhalb 27
eines Büros ist zu unterscheiden zwischen Sozietät, Bürogemeinschaft und
freien Mitarbeitern.

aa) Sozien. Eine Rechtssache ist allen Sozien auch dann anvertraut, wenn der 28
Mandant nur einen beauftragt hat (*Schönke/Schröder/Cramer,* § 356 StGB Rdnr. 9
m. w. N.; a. A. *Dahs* JR 1986, 349, 350). Das gilt allerdings dann nicht, wenn ein
Anwalt erst später in die Sozietät eintritt und nicht mit der Sache befaßt wird
(*OLG Stuttgart* NStZ 1986, 412).

bb) In Strafsachen ist die Verteidigung von mehreren Mitbeschuldigten 29
durch verschiedene Sozien erlaubt (*BVerfGE* 43, 79).

cc) Bürogemeinschaft. Bei bloßer Bürogemeinschaft ist das Mandat auf den 30
beauftragten Anwalt beschränkt, da es nicht einmal nach außen einer Mehrheit
von Anwälten erteilt ist (*Dahs* JR 1986, 349).

dd) Freie Mitarbeiter. Bei freien Mitarbeitern einer Anwaltssozietät dürfte zu 31
unterscheiden sein: Ist das Mandat der Sozietät anvertraut und bleibt es der
internen Mandatsverteilung überlassen, welchem Mitarbeiter die Sache zur Bearbeitung
übergeben wird, ist die Angelegenheit der Sozietät und dem freien
Mitarbeiter anvertraut. Hat der Mandant hingegen von Anfang an nur den
freien Mitarbeiter beauftragt, ist die Rechtssache nicht den Sozien anvertraut
(vgl. i. e. *Dahs* JR 1986, 349).

3. Tatbestandsvoraussetzungen

a) Dieselbe Rechtssache. Sie liegt vor, wenn das ursprünglich vor dem An- 32
walt ausgebreitete Lebensverhältnis in seinem Tatsachen- und materiellen
Rechtsgehalt mit dem Streitstoff der neuen Sache – sei es auch nur teilweise –
identisch ist (Leipziger Kommentar [LK] *Hübner* StGB, 10. Aufl. 1980, § 356
Rdnr. 124).

b) Der Parteibegriff. Partei i. S. von § 356 StGB sind alle an derselben 33
Rechtssache beteiligten natürlichen oder juristischen Personen. Formelle Prozeßgegnerschaft
ist nicht erforderlich.

c) Anvertraute Angelegenheit. Anvertraut ist eine Angelegenheit dann, 34
wenn der Mandant einen Sachverhalt zum Zwecke der Interessenwahrnehmung
mitteilt (*BGHSt* 15, 332/334). Das alte Mandat bleibt auch noch nach Beendigung
des Auftrages anvertraut (*BGHSt* 18, 192/193). Der Gegensatz der beiderseitigen
Interessen erlischt erst mit den Rechtsbeziehungen selbst (LK-*Hübner,*
§ 356 Rdnr. 95).

d) Pflichtwidriges Dienen, Interessengegensatz. Der Anwalt muß beiden Parteien
pflichtwidrig dienen.

aa) Dienen kann der Anwalt sowohl durch Tun wie durch Unterlassen (z. B. 35
Verstreichenlassen einer Einspruchs- oder Rechtsmittelfrist). Da das Unterlassen
nur dann tatbestandsmäßig ist, wenn damit die Gegenpartei unterstützt

werden soll, fällt eine schlechte Prozeßführung als solche nicht unter § 356 StGB (Systematischer Kommentar [SK]-*Rudolphi*, 4. Aufl. (Juni 1991), § 356 Rdnr. 23).

36 Aus der Tatsache, daß das alte Mandat auch über seine Erledigung hinaus anvertraut bleibt, ergibt sich, daß das beiden Parteien Dienen nicht notwendig gleichzeitig erfolgen muß (*BGH* NJW 1986, 948).

37 bb) Die **Pflichtwidrigkeit** ist ein **normatives Tatbestandsmerkmal** (*BGHSt* 15, 332/338), das den **Interessengegensatz** zwischen den beiden Parteien charakterisiert. Pflichtwidrig dienen bedeutet soviel wie gegensätzliche Interessen vertreten (*BGHSt* 5, 284/285; 7, 17/22; 15, 332/340). Nimmt der Rechtsanwalt bei seinem zweiten Auftrag nur gleichgerichtete Belange der beiden Beteiligten wahr, so ist eine Pflichtwidrigkeit nicht gegeben (*BGHSt* 18, 192/198; *BGH* NStZ 1982, 465). Gegensätzliche Interessen vertritt der Anwalt freilich auch dann, wenn er im Rahmen beider Mandate zwar denselben Rechtsstandpunkt vorträgt, dies aber nunmehr den Interessen des ersten Mandanten zuwider läuft (*BGH* NJW 1987, 335).

38 Der Interessenwiderstreit kann sich aber auch erst im Laufe der Beratungstätigkeit entwickeln. Dann muß das Mandat niedergelegt werden.

39 cc) **Bestimmung des Interessengegensatzes.** Es ist zunächst zu ermitteln, ob die Parteiinteressen objektiv, d. h. unabhängig vom Standpunkt der Parteien zu bestimmen sind oder subjektiv nach der parteibestimmten Zielrichtung. Es ist zu unterscheiden:

40 In **bürgerlich-rechtlichen** Angelegenheiten, wo der Streitstoff der Verfügung der Parteien unterliegt, ist der Interessengegensatz nach den Zielen der Parteien zu bestimmen, nicht danach, wohin aufgrund des wahren Sachverhalts und der wirklichen Rechtslage ihr Interesse gehen müßte (*BGHSt* 7, 17/20 f.).

41 In **Strafsachen** und grundsätzlich auch in den **Statusprozessen** (§§ 606 ff. ZPO), wo das Gericht die Wahrheit von Amts wegen ermitteln muß, sind hingegen der wahre Sachverhalt und die wirkliche Rechtslage zugrundezulegen. Im einzelnen gilt folgendes:

42 – In **Ehescheidungssachen** kann der Interessengegensatz der Ehepartner fehlen, wenn beide Parteien einvernehmlich die Scheidung beantragen (*BGHSt* 18, 192/199) und auch über die Folgesachen eine Einigung erzielt haben (*BayObLG* NJW 1981, 833).

43 – Bei **Vergleichsbemühungen** handelt der Anwalt tatbestandslos, und zwar unabhängig davon, ob ihm der Auftrag von beiden Parteien oder nur von einer Seite erteilt worden ist (*BGHSt* 4, 80/82). Kommt der Vergleich nicht zustande, ist der Anwalt allerdings gehindert, eine Partei gegen die andere zu vertreten, wenn ihm der Vergleichsauftrag von beiden Parteien erteilt worden ist (*BGHSt* 18, 192/198), weil er zwangsläufig gegen das Interesse einer Partei handeln müßte.

44 – In **bürgerlich-rechtlichen Vermögensangelegenheiten,** in denen die Parteien über den Prozeßstoff disponieren können, besagt nicht einmal ein Rechtsstreit, daß gegensätzliche Interessen bestehen. Das ist z. B. dann nicht der Fall, wenn ein Titel im Einvernehmen zwischen Gläubiger und Schuldner nur zu dem Zweck erwirkt wird, im anschließenden Zwangsversteigerungsverfahren sowohl den Schuldner wie den Gläubiger gegenüber dem Vorgehen anderer Gläubiger zu schützen (*BGHSt* 15, 332/337). Oder wenn ein Gläubi-

ger einen Gesamtschuldner verklagt, nachdem beide dahingehend überein gekommen sind, daß der Gläubiger nur die anderen Gesamtschuldner in Anspruch nehmen werde (RGSt 71, 231/234f.).
– Keine gegensätzlichen Interessen bestehen regelmäßig zwischen dem **Pfän-** 45 **dungsgläubiger** und dem **Drittschuldner,** so daß der Rechtsanwalt namens eines Mandanten eine gegen einen anderen Mandanten gerichtete Forderung pfänden und überweisen lassen kann, auch wenn er den letzteren Mandanten gegen den Pfändungsschuldner vertreten hat und vertritt (BayObLG NJW 1959, 2223). Im weiteren Vollstreckungsverfahren darf der Anwalt freilich nicht mehr tätig sein.
– Vertritt der Rechtsanwalt in **Haftpflichtprozessen** Versicherung und Versi- 46 cherungsnehmer, die als Gesamtschuldner verklagt sind, und verteidigt er außerdem den Versicherungsnehmer im Strafverfahren, kann es zu einem Interessengegensatz kommen, wenn der Anwalt aus den Strafakten von einer Obliegenheitsverletzung des Versicherungsnehmers erfährt (§ 62 VVG; LK-Hübner, § 356 Rdnr. 88).

Auch wenn der Anwalt als Vertreter des **Unfallgeschädigten** der Bitte der 47 gegnerischen Versicherung nach Aushändigung eines Auszugs aus der Strafakte nachkommt, kann das zu einem Interessengegensatz führen. Aus dem Auszug können sich Umstände ergeben, die die Entschließung der Versicherung zum Nachteil des Geschädigten beeinflussen (Dahs, Rdnr. 73).

e) Der subjektive Tatbestand. Der **Vorsatz** muß insbesondere die normati- 48 ven Tatbestandsmerkmale „dieselbe Rechtssache" und „Pflichtwidrigkeit" umfassen. Ausreichend ist bedingter Vorsatz. Der Rechtsanwalt muß nicht nur die tatsächlichen Umstände kennen, die den Interessengegensatz und „dieselbe Rechtssache" ausmachen. Erforderlich ist vielmehr außerdem eine Wertung der äußeren Gegebenheiten, die dazu führt, daß er den Bedeutungsgehalt der normativen Tatbestandsmerkmale erfaßt (BGHSt 7, 261/263 f.; 15, 332/338).

f) Die Irrtumsproblematik. Für die Behandlung eines **Irrtums** ergeben sich 49 daraus folgende Konsequenzen:

aa) Tatbestandsirrtum liegt vor, wenn der Täter nicht erkennt, daß es sich 50 bei der alten und neuen Angelegenheit um „dieselbe Rechtssache" handelt (BGHSt 7, 261/262; 18, 192/195). Entsprechend ist Tatbestandsirrtum anzunehmen, wenn der Interessengegensatz nicht gesehen wird (BGHSt 3, 400/402f.; 4, 80; 5, 284/288; 7, 17/22, 261/263; 15, 332/338).

bb) Verbotsirrtum. Ein nach § 17 StGB zu behandelnder Verbotsirrtum ist 51 hingegen gegeben, wenn der Anwalt annimmt, es liege nicht dieselbe Rechtssache vor, weil er den Begriff falsch interpretiert (BGHSt 7, 261/263), oder der Interessenwiderstreit zwar gesehen, aber ein Handeln trotzdem nicht für „pflichtwidrig" erachtet wird (BGHSt 3, 400; 7, 17/22; 15, 332/340).

Der Verbotsirrtum wird von der Rechtsprechung nur in Ausnahmefällen als 52 **unvermeidbar** angesehen (BGHSt 15, 341).

g) Einwilligung, Einverständnis. Da das Verbot der Doppelvertretung bei 53 bestehendem Interessengegensatz nicht der Verfügungsmacht der Parteien unterliegt (BGHSt 15, 332), hat eine Einwilligung oder ein Einverständnis der Partei grundsätzlich keine rechtfertigende Wirkung (Schönke/Schröder/Cramer,

§ 356 Rdnr. 20). Es kann aber gegebenenfalls der Interessengegensatz dadurch beseitigt werden (o. Rdnrn. 39 ff.).

IV. Beihilfe zu Straftaten des Mandanten

1. Problemstellung

54   In diesem Abschnitt geht es um das Problem, ob sich ein Rechtsanwalt durch Beratung eines Mandanten, die zu einem Verstoß gegen Strafvorschriften führt, der Beihilfe gem. § 27 StGB schuldig machen kann. Zu denken ist hier insbesondere an den Bereich des Wirtschaftsrechts, wo strafrechtliche Vorschriften nicht selten die Klärung diffiziler wirtschaftsrechtlicher Zusammenhänge erfordern (z. B. §§ 399 ff. AktG; 82 ff. GmbHG; 36 KapErhG; 283 ff. StGB; aber auch 324 ff. StGB).

55   Unter **Beratung** sind dabei sowohl die Rechtsauskunft wie der Rechtsrat und unterstützende Handlungen, z. B. die Vertragsgestaltung bzw. -durchführung zu verstehen.

2. Fallgestaltungen

56   Eine abschließende **Klärung nachstehender Probleme** ist bislang in Rechtsprechung und Literatur nicht erfolgt.

57   a) Die **richtige Rechtsauskunft,** bei der sich der Anwalt auf die Darlegung der Rechtslage beschränkt, ohne darüber hinaus mit Rat oder Tat tätig zu werden, ist selbstverständlich auch dann keine Beihilfe gem. § 27 StGB, wenn der Mandant daraufhin eine rechtswidrige Tat begeht (s. o. Rdnr. 6).

58   b) Ergibt die Rechtsauskunft eine **Rechtswidrigkeit des geplanten Vorhabens,** so muß sich der Rechtsanwalt ebenso selbstverständlich jeder weiteren Tätigkeit enthalten. Denn wenn er sicher um die **Rechtswidrigkeit weiß** und trotzdem den Mandanten weiter mit Rat oder Tat unterstützt, liegt eine Beihilfe zu der rechtswidrigen Tat des Mandanten vor (*RGSt* 60, 6/8; *Volk* BB 1987, 139/143).

59   c) Gibt der Rechtsanwalt **irrtümlich** eine **falsche Rechtsauskunft** und berät den Mandanten auf der Grundlage dieser Auskunft, so liegt nach der Rechtsprechung des Reichsgerichts keine Beihilfe vor, wenn die Folge eine strafbare Handlung des Mandanten ist (*RGSt* 37, 321/322 ff.). Es fehle der Beihilfevorsatz. Vorsätzlich leiste der Rechtsanwalt nur dann Beihilfe, wenn sein Wille dahin gehe, die Vollbringung der vom Täter beabsichtigten Tat zu fördern (*OLG Düsseldorf* NStZ 1984, 29 unter Hinweis auf *RGSt* 60, 6/8).

60   d) Hat der Rechtsanwalt **Zweifel an der Rechtmäßigkeit** des vom Mandanten geplanten Vorhabens, so wird er in seiner Rechtsberatung auf das Risiko der möglichen Strafbarkeit hinweisen. Bleibt es bei dieser **Rechtsauskunft,** und enthält sich der Rechtsanwalt weiterer Tätigkeit in dieser Sache, so liegt keine Beihilfe vor (o. Rdnr. 57).

61   Entscheidet sich der Mandant trotz des Strafbarkeitsrisikos für die Durchführung seines Vorhabens und bittet den Rechtsanwalt, Verträge zu gestalten oder Anmeldungen zum Handelsregister vorzunehmen, so unterstützt dieser objektiv eine Handlung des Mandanten, die er als möglicherweise strafbar qualifiziert hat.

Für den **subjektiven Tatbestand der Beihilfe** genügt bedingter Vorsatz 62
(*Schönke/Schröder/Cramer*, § 27 Rdnr. 19). Er liegt vor, wenn der Gehilfe die
Erfüllung eines Straftatbestandes für möglich hält und nach den ihm bekannten
Umständen nicht mehr auf ein Ausbleiben der Tatverwirklichung vertrauen
konnte (*BGH* StV 1985, 100). Nimmt der Rechtsanwalt das Strafbarkeitsrisiko
ernst und fertigt er dennoch notwendige Verträge oder bewirkt erforderliche
Anmeldungen zum Handelsregister, so liegt es nahe, einen bedingten Beihilfevorsatz und eine Strafbarkeit des Anwalts anzunehmen (*Müller-Gugenberger*,
Wirtschaftsstrafrecht, § 81 Rdnr. 11–13). Der *BGH* geht in der Entscheidung
WiStra 1993, 17, 18, davon aus, daß das Bewußtsein und der Wille eines Rechtsanwaltes bei Erteilung eines Rechtsrates in der Regel darauf gerichtet sind,
pflichtgemäß Rat zu erteilen und nicht darauf, eine Straftat zu fördern. Damit
würden die subjektiven Tatbestandsvoraussetzungen für eine Beihilfe entfallen.

Unter Hinweis auf die anwaltlichen Berufsrechte und den im Strafrecht ver- 63
tretenen Gedanken der objektiven Zurechnung wird demgegenüber teilweise
angenommen, bei Zweifeln an der Rechtmäßigkeit des Vorhabens brauche der
Anwalt auch bei bedingtem Vorsatz seine Mitwirkung nicht zu verweigern
(*Volk* BB 1987, 144; *Tiedemann* Jura 1981, 24/31); eine Strafbarkeit wegen Beihilfe komme nicht in Betracht.

V. Untreue, § 266 StGB

Die Erfüllung des Untreuetatbestandes stellt an sich kein spezielles strafrecht- 64
liches Risiko des Anwaltsberufes dar. Im folgenden soll daher nur auf die Fragen
eingegangen werden, die sich in Rechtsprechung und Literatur im Bezug auf
den Rechtsanwalt als wichtig erwiesen haben.

1. Das Anwalt-Mandant-Verhältnis

a) Mißbrauchs- oder Treubruchstatbestand? Die Rechtsprechung läßt die 65
Frage offen, ob die Beziehungen des Rechtsanwalts zum Mandanten ggf. den
Mißbrauchstatbestand erfüllen können und geht vom Treubruchstatbestand aus
(*BGH* NJW 1983, 461).

Das Anwalt-Mandant-Verhältnis wird keineswegs immer als Treueverhältnis
angesehen. Vielmehr muß im Einzelfall festgestellt werden, ob die von der
Rechtsprechung für das Vorliegen eines Treueverhältnisses entwickelten Kriterien gegeben sind.

b) Kriterien für das Vorliegen eines Treueverhältnisses. Folgende Gesichts- 66
punkte werden für wichtig erachtet:
– Es muß das Merkmal der fremdnützigen Vermögensfürsorge gegeben sein
  (*BGH* NJW 1983, 461).
– Die Vermögensfürsorgepflicht muß wesentlicher Inhalt des Vertragsverhältnisses sein (*BGH* NStZ 83, 455).
– Es darf sich nicht um eine ganz untergeordnete Tätigkeit handeln. Maßgebend ist insoweit der Grad der Selbständigkeit, der Bewegungsfreiheit und
  der Verantwortlichkeit des Verpflichteten (*BGH* NStZ 1983, 455).

Auch wenn die angeführten Kriterien zur Bejahung eines Treueverhältnisses 67
zwischen Rechtsanwalt und Mandant führen, ist damit nicht ohne weiteres
gesagt, daß gerade die **verletzte Pflicht** eine **Treuepflicht** war. Denn auch eine

vertragliche Beziehung, die sich insgesamt als Treueverhältnis darstellt, kann Verpflichtungen enthalten, deren Verletzungen nicht vom Untreuetatbestand geschützt sind (*BGH* NStZ 1986, 361/362). Sie bezeichnet der Bundesgerichtshof als bloße Schuldnerpflichten (z. B. reine Herausgabe- und Rückerstattungspflichten: Keine Untreue, wenn Rechtsanwalt das ihm zum Zwecke einer Vermögensanlage überlassene Geld, ohne es anzutasten, nach Kündigung seines Auftrages lediglich nicht zurückzahlt (*BGH* NStZ 1986, 361/362).

2. Verletzung der Treuepflicht

68 Als Verletzung der Treuepflicht eines Rechtsanwalts kommen nach der Rechtsprechung in Betracht:
- Verjährenlassen einer begründeten Forderung, die im Klagewege durchgesetzt werden sollte (*BGH* NJW 1983, 461);
- Verbrauch von Anderkontogeldern in erheblicher Höhe (*BGHSt* 15, 372/375 f.);
- vertragswidrige Nichtrückzahlung von Anwaltsgebühren, die die Versicherung erstattet hatte (*BGH* wistra 1987, 65);
- Überweisung von Anderkontogeldern auf das Geschäftskonto (*BGH* wistra 1984, 71);
- Unterbleiben der Zuführung von Fremdgeldern zum Anderkonto (*BGH* NStZ 1982, 331);
- Unterlassene umgehende Weiterleitung von empfangenen Zahlungen an den Mandanten (*OLG Karlsruhe* NStZ 1990, 82).

3. Vermögensnachteil

69 Der zur Erfüllung des objektiven Tatbestandes ferner erforderliche Vermögensnachteil umfaßt entsprechend dem Vermögensschaden beim Betrug bereits die **konkrete Vermögensgefährdung**. Eine Vermögensgefährdung liegt dann nicht vor, wenn der Rechtsanwalt uneingeschränkt fähig und bereit ist, die verbrauchten Mandantengelder aus eigenen flüssigen Mitteln jederzeit vollständig auszukehren (*BGHSt* 15, 342/344). Die Möglichkeit, sich das Geld bei Bedarf von anderen, z. B. durch Kreditaufnahme, zu beschaffen, genügt nicht (*BGHSt* 15, 372/376). Anhaltspunkte für eine nicht vorhandene Erstattungsbereitschaft sind (*OLG Karlsruhe* NStZ 1990, 82, 84):
- Fremdgelder verbleiben auf Geschäftskonto
- Abstreiten von Zahlungseingängen
- Konkludentes Leugnen von Zahlungseingängen (durch Vertröstungen, Hinhaltetaktik)
- Langer Zeitablauf zwischen Geldeingang und Tataufdeckung
- Keine Mitteilung an Mandanten bei Zahlungseingängen
- Auszahlung erst auf Intervention der Mandanten oder eingeschalteter Dritter
- fehlende Abrechnung abgeschlossener Mandate.

VI. Schuldnerbegünstigung, § 283 d StGB

70 Der Rechtsanwalt, der nach Eintritt der Zahlungsunfähigkeit mit der Wahrnehmung betrieblicher Interessen beauftragt wird, macht sich nicht wegen

Schuldnerbegünstigung gem. § 283d I StGB strafbar, wenn er sich zur Sicherung seines Anspruchs auf Vorschußzahlung vom Schuldner Vermögensgegenstände gewähren läßt (*BGH* NStZ 1989, 179f.).

VII. Teilnahme an einer Gläubigerbegünstigung, § 283c StGB

Es liegt in einem solchen Fall mangels einer strafbaren Haupttat auch keine Teilnahme an einer Gläubigerbegünstigung vor, denn die Tätigkeit des Anwalts liegt im wohlverstandenen Interesse der Gläubiger. Auch der in wirtschaftlichen Schwierigkeiten befindliche Schuldner hat grundsätzlich einen Anspruch darauf, den Anwalt seines Vertrauens hinzuzuziehen (*BGH* NStZ 1989, 179f.). 71

VIII. Teilnahme an der Falschaussage eines Zeugen

Wirkt der Verteidiger zwecks Herbeiführung einer Falschaussage auf einen Zeugen ein, so ist er wegen Anstiftung zu falscher uneidlicher Aussage bzw. zum Meineid strafbar, wenn der Zeuge in der Hauptverhandlung falsch aussagt. 72

Kommt es nicht zur Aussage des Zeugen, so liegt eine versuchte Anstiftung zur Falschaussage vor, die gem. §§ 159, 30 StGB strafbar ist, bzw. versuchte Anstiftung zum Meineid (§§ 30, 154 StGB).

Wegen Beihilfe zum Aussagedelikt kann der Verteidiger belangt werden, der einen falsch aussagenden Zeugen bewußt ermuntert (*Dahs*, Handbuch des Strafverteidigers, Rdnr. 164).

F. Prozeßkostenhilfe und Beratungshilfe

Rembert Brieske

Übersicht

	Rdnr.		Rdnr.
I. Gemeinsames	1	**III. Prozeßkostenhilferecht**	21
1. Der in Betracht kommende Personenkreis	2	1. RA-Pflichten	21
2. Rechtsgebiete	3	2. Fristwahrung durch PKH-Antrag	22
		3. Der notwendige Inhalt des PKH-Antrages	33
II. Beratungshilfe	6	4. Der Honoraranspruch des RA in PKH-Verfahren	55
1. Der Berechtigungsschein	6		
2. Das Honorar des RA	12	5. Pflichten nach PKH-Beiordnung	66

Literatur: *Brieske*, Erstattung von Anwaltsgebühren durch Gegner und Dritte, 1987; *Dörndorfer*, Prozeßkostenhilfe für Anfänger, 1986; *Engels*, Prozeßkostenhilfe, 1990; *Greißinger*, Beratungshilfegesetz, 1990; *Lindemann/Trenk-Hinterberger*, Beratungshilfegestz; *Kalthoener/Büttner*, Prozeßkostenhilfe und Beratungshilfe, 1988; *Schoreit/Dehn*, Beratungshilfegesetz, 3. Aufl. 1987.

I. Gemeinsames

Nachfolgend wird das Beratungshilfe- und Prozeßkostenhilferecht der BRD behandelt. Das Recht der DDR sah in § 28 GVG (DDR) vor, daß die Bürger bei den Kreisgerichten unentgeltlich Auskünfte über das sozialistische Recht und über die Möglichkeiten zur Wahrnehmung ihrer gesetzlich geschützten Rechte und Interessen erhielten; dazu gehörte es auch, die Bürger bei der Aufnahme von Anträgen oder Klageschriften zu unterstützen, § 28 Abs. 2 GVG (DDR). Gem. § 2 IV RAGO sind mündliche Rechtsauskünfte unentgeltlich zu erteilen. Eine der Prozeßkostenhilfe wirtschaftlich gleichstehende Regelung enthält § 170 ZPO (DDR) mit einem den gesetzlichen Gebühren entsprechenden Gebührenanspruch des Rechtsanwalts gegen die Staatskasse, § 7 JKOStO (DDR) und § 19 RAGO (DDR). – Nach Maßgabe von Anl. I Kap. III Sachgeb. A Abschn. III Nr. 10 EVertr. v. 31. 8. 1990 (BGBl. II S. 889/932) gilt nunmehr das Beratungshilfegesetz auch in den Ländern der bisherigen DDR und dort auch für Arbeits- und Sozialrecht. 1

Beratungshilfe und Prozeßkostenhilfe sollen den Bürgern den Zugang zu den Gerichten/den Zugang zu anwaltlicher Beratung ermöglichen, auch wenn ihre wirtschaftlichen Verhältnisse es nicht zulassen, diese Leistungen ganz oder teilweise selber zu bezahlen. Der Umgang mit diesen staatlichen Leistungen setzt voraus, daß der RA weiß,
– welcher Personenkreis,
– für welches Rechtsgebiet,
– unter welchen weiteren Voraussetzungen, und
– zu welchem Anwaltshonorar
diese Leistungen in Anspruch nehmen kann.

F Prozeßkostenhilfe und Beratungshilfe

1. Der in Betracht kommende Personenkreis

2 Der nach seinen wirtschaftlichen Verhältnissen für Beratungshilfe/Prozeßkostenhilfe in Betracht kommende Personenkreis; Beratungshilfe wird Personen gewährt, denen Prozeßkostenhilfe ohne Ratenzahlung zu gewähren wäre. Prozeßkostenhilfe ohne Ratenzahlungsbestimmung wird Personen gewährt mit einem nach Abzug von bestimmten Belastungen verbleibenden Einkommen von
mtl. netto 850 DM für den Antragsteller allein,
mtl. 1300 DM bei einer Unterhaltsverpflichtung,
mtl. 1575 DM bei zwei Unterhaltsverpflichtungen,
mtl. 1850 DM bei drei Unterhaltsverpflichtungen,
mtl. 2125 DM bei vier Unterhaltsverpflichtungen,
mtl. 2400 DM bei fünf Unterhaltsverpflichtungen,
und dann je weiterem Unterhaltsverpflichteten einem um jeweils 275 DM gesteigerten Einkommen, wenn die Unterhaltspflicht durch Naturalunterhalt erbracht wird. Wird dagegen die Unterhaltspflicht durch Zahlungen erbracht und liegen diese Unterhaltszahlungen bei einer Unterhaltspflicht über 450 DM, bei zwei Unterhaltsverpflichtungen über 725 DM etc., so ist auch dann PKH ohne Ratenzahlungsbestimmung zu gewähren, § 115 III ZPO. Prozeßkostenhilfe mit Ratenzahlungsbestimmung wird gewährt bis zu einem bereinigten Einkommen von netto 3950 DM bei Unterhaltsverpflichtungen gegenüber fünf Personen. Tatsächlich kann das mtl. Nettoeinkommen im Sinne des Steuerrechts sehr viel höher liegen.

2. Rechtsgebiete

3 **a) Beratungshilfe kraft Bundesrecht**
- Zivilrecht außer Angelegenheiten, für die die Arbeitsgerichte ausschließlich zuständig sind,
- Verwaltungsrecht,
- Verfassungsrecht,
- Strafrecht,
- Ordnungswidrigkeitenrecht,
- Ausländisches Recht, sofern der Sachverhalt eine Beziehung zum Inland aufweist;
- in den Ländern im Bereich der bisherigen DDR auch für Arbeits- und Sozialrecht, vgl. oben Rdnr. 1. (Der Ausschluß des Arbeitsrechts von der Beratungshilfe ist verfassungswidrig, *BVerfG* 1 BvR 296/88 vom 2. 12. 1992.)

b) Beratungshilfe kraft Landesrecht
- Sozialrecht,
- Arbeitsrecht,
in Niedersachsen, Bayern, Rheinland-Pfalz und Saarland.

4 **c) Übersicht über die einzelnen Prozeßkostenhilfe-Regelungen**
- PKH nach §§ 114ff. ZPO;
- PKH nach § 14 FGG i. V. m. § 121 II ZPO;
- PKH nach GBO i. V. m. § 14 FGG i. V. m. § 114 ZPO;
- PKH im Konkursverfahren für Antragsteller, § 71 KO i. V. m. §§ 114ff. ZPO;
- PKH für Anerkennung ausländischer Titel nach Europäischem Übereinkommen, Art. 44;
- PKH im Arbeitsrecht gem. §§ 114ff. ZPO, 11a III ArbGG sowie § 11a I ArbGG;
- PKH nach § 13 Hausratsverordnung i. V. m. § 14 FGG i. V. m. § 121 II ZPO;
- PKH nach § 29 EGGVG;

- PKH nach § 9 LWVG i. V. m. § 14 FGG;
- PKH im WEG-Verfahren, § 43 WEG i. V. m. § 14 FGG;
- PKH für Nebenkläger gem. § 397a StPO;
- PKH für Verletztenbeistand gem. § 406g III StPO i. V. m. § 397a StPO;
- PKH bei einstweiliger Beiordnung eines RA als Verletztenbeistand gem. § 406g IV StPO i. V. m. § 397 StPO;
- PKH für den Verletzten im Adhäsionsverfahren gem. § 404 V StPO;
- PKH für den Angeschuldigten im Adhäsionsverfahren gem. § 404 V StPO;
- PKH für den Privatkläger gem. § 379 III StPO;
- PKH für Klageerzwingungsverfahren;
- PKH bei Beiordnung eines RA für einen Zeugen;
- PKH im verwaltungsgerichtlichen Verfahren gem. § 166 VwGO i. V. m. § 114ff. ZPO;
- PKH im sozialgerichtlichen Verfahren gem. § 73a SGG i. V. m. § 114ff. ZPO, soweit nicht gem. § 73a II SGG die Vertretung durch einen Verbandsvertreter möglich ist;
- PKH im finanzgerichtlichen Verfahren gem. § 142 FGO i. V. m. § 114ff. ZPO;
- PKH im Verfahren vor dem BVerfG vgl. C VII Rdnr. 62;
- Armenrecht im Verfahren vor der Europäischen Kommission für Menschenrechte;
- Armenrecht im Verfahren vor dem Europäischen Gerichtshof gem. Art. 76 der Verfahrensordnung des Europäischen Gerichtshofes;
- Verfahrenskostenhilfe gem. §§ 130, 131 Patentgesetz.

Zur Abrundung der Übersicht über die staatlichen Leistungen gehört die 5
Pflichtverteidigerbestellung
- gem. § 140 I StPO;
- gem. § 140 II StPO;
- im OWiG-Verfahren unter denselben Voraussetzungen;
- nach den LänderPsychKG-Gesetzen;
- nach dem Freiheitsentziehungsgesetz;
- nach dem Unterbringungsgesetz.

II. Beratungshilfe

1. Der Berechtigungsschein

a) Der mit einem Berechtigungsschein zum RA kommende Rechtsuchende: 6
Der Rechtsanwalt kann beraten in dem aus dem Berechtigungsschein ersichtlichen Umfang. Weitere Prüfungen sind nicht notwendig.

b) Der ohne Berechtigungsschein kommende Rechtsuchende, dessen wirt- 7
schaftlichen Verhältnisse die Gewährung von Beratungshilfe nahelegen:

aa) Ergeben die dem RA angesichts seiner Tätigkeit in der Hauptsache bekanntwerdenden Daten über die wirtschaftlichen Verhältnisse des Mandanten ohne weiteres, daß diesem Beratungshilfe zu gewähren ist, so hat der **RA** den Mandanten darauf hinzuweisen. Wünscht der **Mandant** von sich aus, daß der RA im Rahmen der Beratungshilfe für ihn tätig wird, so hat der RA darauf hinzuwirken, daß der Mandant sich zunächst einen Berechtigungsschein besorgt, da nur dann sichergestellt ist, daß dem Mandanten tatsächlich im Rahmen der Beratungshilfe Rechtsrat zu gewähren ist.
Problematisch ist, wieweit der RA Fragen stellen muß, um die wirtschaftlichen Verhältnisse des Mandanten zu erforschen, wenn sich zwar Anhaltspunkte dafür ergeben, daß dem Mandanten PKH mit Ratenzahlung zu bewilligen wäre, nach intensiver Befragung aber auch die Voraussetzungen sich ergäben, unter denen PKH ohne Ratenzahlung zu bewilligen wäre, also auch Beratungshilfe zu

F Prozeßkostenhilfe und Beratungshilfe

bewilligen wäre. In jedem Fall muß der RA zunächst die **Voraussetzungen** kennen, unter denen nach dem Gesetz PKH ohne Ratenzahlungsanordnung zu gewähren ist, dazu s. Rdnr. 2 und Rdnrn. 39 ff.

8   bb) Der **Antrag** für Beratungshilfe muß beim zuständigen Amtsgericht bzw. Kreisgericht eingereicht werden. Gem. § 7 BerHG ist das Gericht zuständig, in dessen Bezirk der Bedarf für Beratungshilfe entsteht. In Betracht kommen:
    – Der Wohnsitz des Mandanten,
    – der Kanzleisitz des RA,
    – der Ort, an dem sich ein bestimmter Beratungsbedarf auslösender Vorfall ereignet.

Die Kenntnis des zuständigen Gerichts ist aus folgenden Gründen notwendig:

9   – Wegen der Tätigkeit im Grenzbereich zwischen Hamburg, Bremen, Niedersachsen und Schleswig-Holstein, da auch Hamburger und Bremer Anwälte Tätigkeiten nach dem Beratungshilfegesetz erbringen können und diese Tätigkeiten bezahlt werden, soweit für die Bewilligung von Beratungshilfe Gerichte in Schleswig-Holstein oder Niedersachsen zuständig sind,
    – für das Honorarfestsetzungsverfahren, damit das Honorar möglichst schnell festgesetzt wird und nicht darüber gestritten wird, ob das Gericht, das Beratungshilfe bewilligt hat, auch für die Festsetzung des Honorars zuständig ist,
    – für das Honorarfestsetzungsverfahren, soweit zwischen den Gerichten zur Höhe der Gebühren Kontroversen herrschen.

10 c) **Das Bewilligungsverfahren.** Aufgrund eines bei dem zuständigen Amtsgericht gem. § 4 BerHG mündlich oder schriftlich gestellten Antrages stellt der Rechtspfleger dem Rechtsuchenden einen **Berechtigungsschein** unter genauer Bezeichnung der Angelegenheit für Beratungshilfe durch einen Rechtsanwalt seiner Wahl aus, § 6 I BerHG. In dem Antrag sind die persönlichen und wirtschaftlichen Verhältnisse des Rechtsuchenden glaubhaft zu machen. Wegen der wirtschaftlichen Verhältnisse des Rechtsuchenden wird auf die Ausführungen zur PKH verwiesen, s. Rdnrn. 35 ff.

11 Der Rechtsuchende kann auch unmittelbar einen **RA** aufsuchen, § 7 BerHG. Er hat dort seine persönlichen und wirtschaftlichen Verhältnisse glaubhaft zu machen; er hat zu versichern, daß ihm in derselben Angelegenheit weder bisher Beratungshilfe gewährt worden sei noch sie vom Amtsgericht versagt worden sei, § 7 BerHG. Gegen die **Versagung** der Beratungshilfe ist gem. § 6 II BerHG die Erinnerung zulässig.

2. Das Honorar des RA

12 a) **Grundlagen.** Das Honorar setzt sich zusammen aus:
    – Zahlungen des **Mandanten:** 20 DM gem. § 8 Beratungshilfegesetz incl. Mehrwertsteuer (*Schoreit/Dehn* Rdnr. 4 zu § 8 BerHG), soweit nicht der RA dem Mandanten diese Zahlung erläßt, § 8 I BerHG.
    – Zahlung der **Staatskasse** gem. § 132 I 1 BRAGO in Höhe von 35 DM für einen Rat oder eine Auskunft gem. § 20 BRAGO.
    – Zahlung der Staatskasse in Höhe von 90 DM gem. § 132 II 1 BRAGO für eine außergerichtliche Tätigkeit im Sinne des § 118 BRAGO, unabhängig davon, welche Tätigkeiten im Sinne des § 118 I BRAGO erbracht werden, umfaßt also Geschäftsgebühr und Besprechungsgebühr auslösende Tätigkeiten.
    – Weitere Zahlung der Staatskasse bei Tätigkeiten im Sinne des § 118 BRAGO,

Beratungshilfe **F**

wenn es zu einem Vergleich oder einer Erledigung kommt, in Höhe von 110 DM, § 132 III BRAGO.
- Hinzukommt eine Auslagenpauschale gem. § 133 S. 2 BRAGO, die sich im Falle des § 132 I BRAGO bemißt auf 15% von 35 DM, also 5,30 DM, für die Tätigkeit im Sinne des § 132 II BRAGO auf 13,50 DM und für die Tätigkeit im Sinne des § 132 III BRAGO auf 16,50 DM.

Im Gebiet der ehemaligen DDR ermäßigen sich die Gebühren gem. § 132 **13** BRAGO um 20% (Anl. I Kap. III Sachgeb. A Abschn. III Nr. 26 EVertr. v. 31. 8. 1990, BGBl. II S. 889/936); dies gilt aber nicht für den Anspruch aus § 8 BerHG. Die Gebühr gem. § 132 I 1 BRAGO beträgt also 28,– DM, die Gebühr gem. § 132 II 1 BRAGO 72,– DM und die Gebühr gem. § 132 III BRAGO 88,– DM.

§ 9 BerHG: Soweit der Rechtsuchende einen materiell-rechtlichen Kostener- **14** stattungsanspruch gegen den Gegner hat, geht dieser Erstattungsanspruch auf den RA über. Zahlungen aufgrund dieses Erstattungsanspruchs sind auf die Vergütung der Landeskasse anzurechnen. Gemäß § 133 S. 1 i. V. m. § 130 I BRAGO gehen diese Ansprüche auf die Bundes- oder Landeskasse über, soweit diese Zahlung geleistet hat. Ein Erstattungsanspruch gegen den Gegner kann sich nicht nur materiell-rechtlich ergeben, sondern im Nachhinein auch verfahrensrechtlich, und zwar
- im Strafrecht, wenn mit einer Auslagenentscheidung zu Gunsten des Beschuldigten das Ermittlungsverfahren oder Strafverfahren zu Ende geht;
- im Verwaltungsrecht, wenn aufgrund einer gerichtlichen Entscheidung festgestellt wird, daß die Hinzuziehung eines RA im Vorverfahren notwendig war.

b) Höhe der Gebühren in Einzelfällen. Berät der RA Eheleute nach deren **15** Trennung, so ist sehr umstritten, wie er abzurechnen hat. Dabei sind verschiedene Konstellationen auseinanderzuhalten:
- Vertretung eines Ehegatten während der Trennung, aber vor dem Auftrag, die Scheidung zu beantragen, in verschiedenen mit der Trennung verbundenen Fragen;
- Vertretung eines Ehegatten wie vorstehend geschildert einschließlich des Unterhaltsanspruchs der bei ihm lebenden Kinder;
- Vertretung eines Ehegatten während der Trennung und nach Rechtshängigkeit des Scheidungsantrages einschließlich des Getrenntlebenunterhalts.

Die Rechtsprechung beantwortet die Frage, ob es sich um eine Angelegenheit handelt, sehr unterschiedlich (mehrere Angelegenheiten: *LG Hannover* JurBüro 1987, 250; *AG Köln* AnwBl 1986, 414; *LG Tübingen* Rpfl 1986, 239; *OLG Braunschweig* AnwBl 1984, 514; *OLG Düsseldorf* AnwBl 1986, 162). Andere Gerichte halten dies für eine Angelegenheit (*LG Berlin* Rpfl 1984, 162; *LG Dortmund* AnwBl 1985, 334; *LG Berlin* JurBüro 1985, 1665; *LG Aurich* JurBüro 1986, 239; *LG Göttingen* NdsRpfl 1986, 196; *LG Kleve* JurBüro 1986, 734; *LG Braunschweig* NdsRpfl 1986, 102; *OLG München* MDR 1988, 330; *LG Hannover* NdsRpfl 1987, 256; *LG Bad Kreuznach* KostRsp BRAGO § 132 Nr. 86). In der zweiten Variante erhöhen einige Gerichte die Gebühr analog § 6 BRAGO; soweit es sich um eine Angelegenheit handelt (*AG Hannover* JurBüro 1988, 606; *AG Rahden* JurBüro 1987, 1353; *AG Marburg* JurBüro 1986, 238; *AG Bochum* AnwBl 1986, 46; *LG Göttingen* AnwBl 1984, 516; *LG Berlin* JurBüro 1985, 894; a. A. *LG Dortmund* Rpfl 1986, 407; *AG Aachen* JurBüro 1989, 374).

Soweit die Gerichte aus § 13 i. V. m. § 7 III BRAGO ableiten, daß bereits die Tätigkeiten vor Anhängigkeit der Scheidung wegen § 8 I 2 BRAGO eine Angelegenheit sein sollen, ist ihnen entgegenzutreten. Es ist zu unterscheiden, ob der Auftrag des Mandanten, der den Umfang des Mandates bestimmt, sich auf die unmittelbar bevorstehende oder bereits eingereichte Scheidung und deren verfahrensrechtlich denkbare Folgesache bezieht, oder ob es sich um die Tätigkeit im Rahmen des bloßen Getrenntlebens handelt, dann kann von Folgesachen noch nicht die Rede sein. In den Begriff der „einen Angelegenheit" kann nur einbezogen werden, was verfahrensrechtlich vor dem Gericht als Folgesache behandelt werden kann. So kann der Getrenntlebenunterhalt nicht Gegenstand einer Folgesache sein, deshalb auch nicht mit der Scheidung oder dem Getrenntleben im Sinne des § 7 III BRAGO eine Angelegenheit bilden. Solange der Scheidungsantrag nicht anhängig ist, sind die Verfahren wegen elterlicher Sorge und Unterhalt oder vorzeitigen Zugewinnausgleichs jeweils isolierte Verfahren, einen Verfahrensverbund gibt es nicht. Deshalb handelt es sich hierbei um verschiedene Angelegenheiten.

Soweit es um den Kindesunterhalt geht, wird § 6 BRAGO zu Recht analog angewandt (vgl. hierzu auch die Ausführungen in *BGHZ* 81, 40 = NJW 1981, 2757).

16 Eine ähnliche Kontroverse gibt es zur Beratung mehrerer Personen, meistens Familienangehöriger, in Asylverfahren (mehrere Angelegenheiten: *AG Lüdenscheid* AnwBl 1987, 342; *AG Aachen* AnwBl 1986, 345; *LG Berlin* AnwBl 1984, 105; eine Angelegenheit: *AG Kulmbach* JurBüro 1986, 1215). Problematisch ist der Begriff der Angelegenheit auch bei der Schuldenregulierung (eine Angelegenheit: *LG Wuppertal* JurBüro 1986, 1358; mehrere Angelegenheiten, wenn die Korrespondenz mit den Gläubigern unterschiedlich verläuft: *AG Stuttgart* AnwBl 1986, 415).

Obwohl mehrere Berechtigungsscheine erteilt worden sind, soll es unter Umständen im Honorarfestsetzungsverfahren möglich sein, festzustellen, daß es sich um eine Angelegenheit handle (*LG Stuttgart* JurBüro 1986, 1519; *LG Tübingen* Rpfl 1986, 239; *LG Wuppertal* JurBüro 1985, 1426; a.A. *LG Köln* MDR 1985, 944; *LG Münster* JurBüro 1983, 1893).

Daß die Gebühr des § 132 III BRAGO neben der Gebühr des § 132 II BRAGO entsteht, ist in Rechtsprechung und Literatur mittlerweile weitestgehend unstreitig (vgl. Nachweise bei *Schoreit/Dehn* Rdnr. 35 zu § 10 BerhG; *Lindemann/Trenk-Hinterberger* Rdnr. 18 zu § 10 BerhG; *Riedel/Sußbauer/Chemnitz* Rdnr. 25 zu § 132 BRAGO; *Hartmann* Anm 5 zu § 132 BRAGO, *Gerold/Schmidt/Madert* Rdnr. 10 zu § 132 BRAGO; *Herget* mit Rechtsprechungsnachweisen in KostRsp Anm. zu *AG Goslar* § 132 BRAGO Nr. 80).

17 Unter Umständen können die Gebühren gem. § 132 BRAGO höher sein als die gesetzlichen Gebühren. **Gebühren nach dem Beratungshilfegesetz** verhalten sich zu Gebühren des späteren gerichtlichen Verfahrens:
- die Gebühr von 20 DM ist nicht anzurechnen,
- die Gebühr von 90 DM ist gem. § 132 II 2 BRAGO auf die Gebühren für ein anschließendes gerichtliches Verfahren zur Hälfte, also in Höhe von 45 DM anzurechnen,
- gem. § 132 II 2 BRAGO ist diese Gebühr auch in Höhe von 45 DM auf ein anschließendes behördliches Verfahren anzurechen, tatsächlich wird aber diese Gebühr schon für ein behördliches Verfahren gezahlt, so daß das weiterge-

hende behördliche Verfahren wegen § 119 I BRAGO ohnehin damit abgegolten ist.
- Soweit wie oben dargestellt mehrere Auseinandersetzungen als eine Angelegenheit behandelt werden, ist wiederum problematisch, in welchem Umfang die sich ja auf mehrere Auseinandersetzungen beziehende Gebühr in einem anschließenden gerichtlichen Verfahren angerechnet wird, das sich auf diese Teilauseinandersetzung beschränkt (in vollem Umfang: *AG Aschaffenburg* JurBüro 1988, 1351).

Die vorgenannten Beträge ermäßigen sich für den Bereich der bisherigen DDR um jeweils 20%.

c) Das Honorarfestsetzungsverfahren. Beim Amtsgericht, §§ 133, 128 BRAGO verläuft es wie bei der Festsetzung von PKH-Gebühren. Zuständig ist das den Berechtigungsschein ausstellende Gericht in den Fällen des § 4 BerHG, und das Amtsgericht, in dessen Bezirk der RA seine Kanzlei hat, beim Direktzugang des Mandanten zum RA. 18

Rechtsmittelverfahren: Gegen eine vom RA beanstandete Festsetzung des Honorars ist die Erinnerung gem. § 104 II ZPO zulässig, §§ 133, 128 III BRAGO, gegen den Beschluß des Gerichts ist u. U. die Beschwerde gem. § 128 IV BRAGO zulässig. 19

Rückforderung des Honorars kommt in Betracht, wenn die Beratungshilfebewilligung nachträglich aufgehoben wird. Dann entfällt im Prinzip der Vergütungsanspruch gegen die Staatskasse. Ist allerdings der Rechtsuchende mit einem Berechtigungsschein zum RA gekommen, kann der RA wegen des von ihm im Vertrauen auf diesen Beratungsschein erteilten Rechtsrates und/oder die im Hinblick auf diesen Berechtigungsschein entwickelte Tätigkeit wegen seines Gebührenanspruchs Vertrauensschutz in Anspruch nehmen (*Lindemann/Trenk-Hinterberger* § 5 Rdnr. 19). Ist der Rechtsuchende direkt zum RA gekommen, § 7 BerHG, so kann der RA keinen Vertrauensschutz für sich in Anspruch nehmen, wenn er den Rechtsrat erteilt hat, bevor der Berechtigungsschein ausgestellt worden ist (*LG Paderborn* JurBüro 1986, 1211; *LG Frankenthal* JurBüro 1986, 1379). 20

Die Rückforderung des Honorars durch die Staatskasse soll nur möglich sein bis zum Ablauf von einem Jahr, das dem Kalenderjahr folgt, in dem Beratungshilfe erteilt worden ist (*Lindemann/Trenk-Hinterberger* Rdnr. 22 zu § 5 BerHG; vgl. zur Analogie zu § 7 GKG bei PKH ebenso *OLG Düsseldorf* JurBüro 1987, 694; *OLG Celle* JurBüro 1983, 1324; *KG* JurBüro 1976, 212; *OLG Stuttgart* JurBüro 1979, 383; *OLG Frankfurt* JurBüro 1982, 1689).

III. Prozeßkostenhilferecht

1. RA-Pflichten

Der Umgang des RA mit dem Mandanten, der nach seinen wirtschaftlichen Verhältnissen PKH beantragen könnte, ist geprägt von 21
- Hinweispflichten: Der RA hat, sobald die wirtschaftlichen Verhältnisse des Mandanten dazu Anlaß bieten, den Mandanten auf die Möglichkeit der Prozeßkostenhilfe hinzuweisen.
- Minimierung der Kostenbelastung des Mandanten: Ermittlung aller berücksichtigungsfähigen Belastungen des Mandanten, um die Höhe der von ihm zu zahlenden Raten möglichst gering zu halten.

– Minimierung des Kostenrisikos des Mandanten: Im PKH-Verfahren wird die Erfolgsaussicht der Rechtverfolgung oder Rechtsverteidigung geprüft mit häufig für den Hauptprozeß präjudiziellem Ergebnis. Wird erst über die Prozeßkostenhilfe entschieden, so kann der Mandant nach Beendigung des PKH-Prüfungsverfahrens entscheiden, ob er ein Kostenrisiko eingehen will. §§ 114 ff. ZPO regeln Prozeßkostenhilfe unabhängig von der Staatsangehörigkeit (entgegen *LSG Hessen* L 2/S-222/87 vom 16. 12. 1987). Der zur Zeit des Armenrechts geltende § 114 II ZPO stellte noch auf Gegenseitigkeit ab und ist durch Gesetz vom 13. 6. 1980 (BGBl. I S. 677) ersatzlos gestrichen worden. Soweit § 115 ZPO auf § 76 I BSHG § 88 BSHG verweist, ist § 120 BSHG nicht anzuwenden. Nur bei den juristischen Personen verweist § 116 I Nr. 2 ZPO auf einen Sitz im Inland. Im übrigen sind BSHG und PKH-Recht nicht identisch (*BVerfG* NJW 1988, 2231).

2. Fristwahrung durch PKH-Antrag

22 Soweit Fristen ohne Übernahme eines Prozeßrisikos durch den PKH-Antrag gewahrt werden können, ist dieser Weg zu wählen.

23 a) PKH-Antrag für nach PKH-Gewährung einzureichende **Klage**. Wird zunächst der PKH-Antrag eingereicht und über das PKH-Gesuch entschieden, so riskiert der Mandant zunächst die gesetzlichen Gebühren seines RA für den PKH-Antrag (5/10 Gebühr § 51 BRAGO nach dem Hauptsachestreitwert). Die Gebühren des Antragsgegners braucht der Mandant nicht zu bezahlen, § 118 IV ZPO. Das gilt auch für die Beschwerdeinstanz. Dieses PKH-Gesuch ist geeignet, bestimmte Fristen zu wahren (dazu s. Rdnr. 32). Wird das PKH-Gesuch abgelehnt, weil nach den wirtschaftlichen Verhältnissen des Mandanten diesem nicht PKH zu gewähren ist, so ist ein derartiger PKH-Antrag nur fristwahrend, wenn der Mandant damit rechnen durfte, daß ihm PKH bewilligt würde, etwa, weil in der ersten Instanz oder in einem anderen Verfahren bei gleichen wirtschaftlichen Daten PKH bewilligt worden ist.

24 b) **Klage mit PKH-Antrag,** die nach PKH-Gewährung zugestellt wird: Der Mandant hat für eine derartige Klage die 10/10-Prozeßgebühr nach dem Hauptsachestreitwert berechnet nach gesetzlichen Gebühren, nicht berechnet nach den PKH-Gebühren, an seinen RA zu zahlen. Dem Gegner schuldet er die Erstattung von RA-Gebühren erst dann, wenn die Klage zugestellt worden ist, wenn ihm also PKH bewilligt worden ist. Diese Klage mit PKH-Antrag wahrt bestimmte Fristen, wie unten im einzelnen darzustellen ist, wenn der Mandant damit rechnen durfte, daß ihm PKH bewilligt werden würde.

25 c) Klage mit **Antrag gem. § 65 GKG.** Der Mandant schuldet dem Anwalt die 10/10 Prozeßgebühr nach den gesetzlichen Gebühren. Die Klage wahrt Fristen, wenn das Gericht dem Antrag gem. § 65 GKG entspricht. Lehnt das Gericht den Antrag ab und ist die Klage mit einem PKH-Gesuch verbunden, so kann mit der Klage eine Frist gewahrt werden, wenn das Gericht anschließend dem PKH-Antrag stattgibt, oder der Mandant damit rechnen durfte, daß das Gericht dem PKH-Antrag stattgeben würde. Das gilt auch dann, wenn erst auf Beschwerde dem PKH-Antrag stattgegeben wurde. Wird die Klage gem. § 65 GKG ohne Zahlung eines Gerichtskostenvorschusses zugestellt, entsteht natürlich die Gefahr, daß der unterlegene Kläger dem Kläger die Prozeßkosten erstatten muß.

d) PKH-Antrag für den Beklagten. Der Beklagte schuldet seinem RA zu- 26
nächst eine 5/10 Gebühr nach den gesetzlichen Gebührensätzen nach dem
Hauptsachestreitwert. Da ihm eine Klage zugestellt worden ist, ist er ohnehin
dem Risiko ausgesetzt, dem Gegner Gebühren erstatten zu müssen. Vom Beklagten zu wahrende Fristen können schon mit einem derartigen Schriftsatz
gewahrt werden (z. B. Unterbrechung der Verjährung durch Aufrechnung).

e) PKH-Antrag für Berufungskläger mit gleichzeitiger Berufung. Der Man- 27
dant schuldet dem RA die gesetzlichen Gebühren für den Berufungsschriftsatz.
Darin enthalten sind die Gebühren für den PKH-Antrag, § 37 Nr. 3 BRAGO.
Nach Bewilligung von PKH werden die weiteren Gebühren nur nach den Gebührensätzen für PKH geschuldet. Das Risiko des Berufungsverfahrens entsteht
voll für den Mandanten, wenn die Berufung erfolglos bleibt. Der RA hat hier
die gesamten Fristen zur Verfügung, um die Berufung ordnungsgemäß zu begründen.

f) PKH-Antrag für Berufungskläger für einzulegende Berufung und **erfolg-** 28
reicher Antrag und Wiedereinsetzungsantrag. Um das Kostenrisiko des Berufungsklägers zu minieren, kann von vornherein ein PKH-Antrag gestellt werden. Mit diesem Antrag müssen bereits die Gründe vorgetragen werden, auf die
die Berufung gestützt werden soll. Der Antrag muß innerhalb der Berufungsfrist bei Gericht eingehen. Damit verkürzt sich der dem RA zur Verfügung
stehende Zeitraum, innerhalb dessen die Berufung praktisch begründet werden
muß. Der Gebührenanspruch beläuft sich auf eine 13/20 Gebühr nach den gesetzlichen Gebührensätzen, § 51 BRAGO. Wird PKH bewilligt, ist innerhalb
von 2 Wochen nach Zugang des Bescheides Wiedereinsetzung zu beantragen,
soweit nicht das Gericht über den PKH-Antrag vor Ablauf der Berufungsfrist
oder vor Ablauf der Berufungsbegründungsfrist entschieden hat, § 234 I ZPO.
Der Wiedereinsetzungsantrag ist mit dem Berufungsantrag und der Berufungsbegründung zu verbinden.

g) PKH für Berufungskläger für einzulegende Berufung und **Abweisung des** 29
Antrags mangels Erfolg; Wiedereinsetzungsantrag. Wird dem Berufungskläger
PKH versagt, weil seine Berufung keine Aussicht auf Erfolg hat, so kann er
gleichwohl in der Hauptsache noch das Berufungsverfahren betreiben und einen
Wiedereinsetzungsantrag stellen. Er schuldet dann aber seinem RA die vollen
Gebühren.

h) PKH-Antrag für Berufungskläger und Abweisung mangels **Armut;** Gren- 30
zen des Wiedereinsetzungsantrages. Wird der PKH-Antrag für den Berufungskläger mangels Armut abgewiesen, so kann Wiedereinsetzung nur beantragt
werden, wenn der Berufungskläger damit rechnen durfte, daß ihm PKH bewilligt würde. (*BGH* VersR 84, 660; *BGH* BGHR § 233 ZPO; PKH 3 Ablehnung;
aber auch *BGH* BGHR ZPO § 233; PKH 2 Verweigerung trotz erstinstanzlicher
Annahme der Bedürftigkeit). Ändern sich die wirtschaftlichen Verhältnisse
während des PKH-Verfahrens, so beginnt die Frist für den Wiedereinsetzungsantrag nicht erst mit einer ablehnenden Entscheidung des OLG, sondern bereits
mit der Änderung der wirtschaftlichen Verhältnisse, weil von diesem Zeitpunkt
an der Mandant nicht mehr durch Armut gehindert ist, die Frist zu wahren
(*OLG Frankfurt* NJW-RR 1988, 255; *OLG Schleswig* FamRZ 1988, 961/963).
Dies ist in der Wiedereinsetzungsantragsschrift darzulegen.

F   Prozeßkostenhilfe und Beratungshilfe

31   **i) PKH-Antrag für den Berufungsbeklagten,** Zeitpunkt und § 119 ZPO. Dem Berufungsbeklagten ist grundsätzlich PKH ohne Prüfung der Erfolgsaussichten zu gewähren, § 119 ZPO; allerdings erst dann, wenn feststeht, daß der Berufungskläger seine Berufung tatsächlich durchführen will und sie begründet hat. Denn erst dann steht fest, in welchem Umfang der Berufungskläger sich gegen das Urteil wehren will. Die wirtschaftlichen Verhältnisse des Berufungsbeklagten sind allerdings erneut darzulegen und zu prüfen.

32   **Übersicht über die zu wahrenden Fristen:**

Frist	PKH-Antrag ja oder nein	**Klage** mit PKH-Antrag ja oder nein
Verjährungsfrist	ja, im Rahmen § 203 BGB	ja, § 270 ZPO
§ 12 VVG	ja	ja
§ 323 ZPO bei Urteil	nein	nein, wegen erforderlicher Zustellung
Maßgeblicher Zeitpunkt für Berechnung des Unterhaltsrückstandes bei Unterhaltsklage, § 17 IV GKG	umstritten	ja
Frist, § 926 ZPO	nein	ja
Frist, § 111 II ArbGG	umstritten	ja
§ 4 KSchG	problematisch mangels Anwaltszwang	ja
§ 13 I S. 3 GWB	zweifelhaft	ja
§ 561 II S. 1 BGB	zweifelhaft	ja
§ 9 StrEG	nein, mangels RA-Zwang	ja
§ 586 I ZPO	nein	ja
Klagfrist Art. 12 NTS-AG § 1002 BGB	nein	ja
Ehelichkeitsanfechtung	nein	ja
Anfechtung des Vaterschaftsanerkenntnisses	nein	ja
Jahresfrist für Unterhalt für die Vergangenheit, § 1585 b BGB, § 64 Ehegesetz	nein	ja
Jahresfrist für Sonderbedarf	ja	ja
Fristwahrung nach dem Anfechtungsgesetz	nein	ja
Anfechtungsfrist nach der Konkursordnung	nein	ja
Tarifliche Ausschlußfristen	nein	ja
Berufungsfrist ZPO	ja	ja
Berufungsbegründungsfrist ZPO	ja	ja
Revisionsfrist ZPO	ja	ja
Revisionsbegründungsfrist ZPO	ja	ja
Berufungsfrist ArbGG	ja	ja

Brieske

Prozeßkostenhilferecht   **F**

Frist	PKH-Antrag ja oder nein	Klage mit PKH-Antrag ja oder nein
Berufungsbegründungsfrist ArbGG	ja	ja
Revisionsfrist ArbGG	ja	ja
Revisionsbegründungsfrist ArbGG	ja	ja
Nichtzulassungsbeschwerde ArbGG	ja	ja
Beschwerde, ZPO allgemein	ja	ja
Sofortige Beschwerde ZPO	ja, bei RA-Zwang	ja
Beschwerde in Familiensachen, ZPO	ja	ja
Beschwerde in Familiensachen, FGG	ja	ja
Beschwerde in FGG-Sachen	ja, bei RA-Zwang	ja
Beschwerde in ArbGG-Sachen	ja, bei RA-Zwang	ja
Beschwerdeverfahren WEG	Erstbeschwerde nein, weitere Beschwerde zweifelhaft	ja

3. Der notwendige Inhalt des PKH-Antrages

Er umfaßt – nach Ausführungen des *BGH* (XII ZB 118/92 vom 11. 11. 1992) – nicht eine sachliche Begründung, soweit eine Frist gewahrt werden muß; zu einer solchen Begründung sei der Antragsteller persönlich nicht in der Lage. Sonst gilt zu den Erfolgsaussichten:

a) Ausführungen zur Hauptsache

- Die Darlegung der strittigen oder unstrittigen Tatsachen;
- Ausführungen zur Darlegungs- und Beweislast, soweit es darauf ankommt;
- Vorweggenommene **Beweiswürdigung** für den Fall, daß bereits in anderen Verfahren Zeugen vernommen worden sind (*OLG München* JurBüro 1986, 606; *OLG Nürnberg* JurBüro 1986, 286; vgl. auch *BVerfG* NVwZ 1987, 786). Grundsätzlich ist aber im PKH-Verfahren eine vorweggenommene Beweiswürdigung nicht zulässig (*BGH* LM § 118a ZPO a. F. Nr. 1; *OLG Hamburg* DAVorm 1984, 708).
- Soweit **Rechtsfragen** umstritten sind, ist nach einer Auffassung PKH zu gewähren, wenn die Auffassung nur vertretbar ist (*BGH* FamRZ 1982, 367). Nach anderer Auffassung kommt es auf die Rechtsmeinung des Gerichts an, das über den PKH-Antrag zu entscheiden hat (*OLG Stuttgart* BauR 1987, 462; *KG* NJW 1970, 476). Da im PKH-Verfahren Rechtsfragen regelmäßig nicht mündlich erörtert werden und dem Antragsteller des PKH-Verfahrens die Möglichkeit eröffnet werden muß, das Gericht in mündlicher Verhandlung von seiner Rechtsauffassung zu überzeugen, gebührt hier wohl der Auffassung des BGH der Vorzug. Von Verfassungs wegen ist PKH zu gewähren, wenn schwierige, noch nicht geklärte Rechtsfragen geklärt werden müssen, selbst wenn das Gericht zum Nachteil der Antragsteller in der Hauptsache zu entscheiden beabsichtigt (so entschieden und praktiziert von *BVerfG* 2 BvR 94/88 u. a. vom 13. 3. 1990).

33

34

35 **b) Ausführungen zur Armut.** Wesentlicher Inhalt sind Angaben zu den wirtschaftlichen Verhältnissen des Mandanten, und zwar auch in der Rechtsmittelinstanz; selbst dann, wenn in erster Instanz bereits PKH gewährt worden war. Die Verwendung des amtlichen Vordruckes soll aber nicht Zulässigkeitsvoraussetzung für einen PKH-Antrag sein (*BGH* BGHR ZPO § 117 IV Vordruck 1 Entbehrlichkeit; demgegenüber grundsätzlich notwendige Verwendung des Vordrucks *BGH* BGHR StPO § 397a I Prozeßkostenhilfe 2 Revisionsinstanz).

36 **aa) PKH und Zahlungspflichten Dritter.** Auf PKH kann nicht zurückgreifen, wer die Kosten des Prozesses aus eigenem Vermögen, aus Einkünften oder dank **Zahlungen Dritter** bestreiten kann. Zu den Zahlungen Dritter gehören insbesondere:

37 − **Rechtsschutzversicherung.** Es ist anzugeben, weshalb die Rechtsschutzversicherung nicht eintritt, um Zeit zu sparen. Die Versicherung kann aus verschiedenen Gründen nicht eintreten: das versicherte Risiko ist nicht einschlägig, die Versicherung verneint die Erfolgsaussichten, das Versicherungsverhältnis ist krank. Soweit es um die **Erfolgsaussichten** geht, muß der RA zunächst den Stichentscheid gem. § 17 ARB treffen, bevor sein Mandant PKH in Anspruch nehmen. In allen **anderen Fällen** kann grundsätzlich dem Versicherungsnehmer nicht zugemutet werden, zunächst die Auseinandersetzung mit der Rechtsschutzversicherung zu führen und bis dahin seine Rechtsverfolgung in der Hauptsache zurückzustellen.

38 − **Prozeßkostenvorschuß.** Ein Prozeßkostenvorschuß verdrängt einen PKH-Anspruch. Ein Prozeßkostenvorschußanspruch setzt voraus:
Einen dem Prozeßkostenvorschuß zugänglichen Rechtsstreit. Dazu siehe Übersicht Rdnr. 155 ff. Einen nach seinen wirtschaftlichen Verhältnissen zur Zahlung eines Prozeßkostenvorschusses in Betracht kommenden Unterhaltspflichtigen mit entsprechender Leistungsfähigkeit unter Berücksichtigung sonstiger Unterhaltsverpflichtungen. Daß die Bezahlung eines Prozeßkostenvorschusses der Billigkeit entspricht.
Daß der Prozeßkostenvorschußanspruch zweifelsfrei und kurzfristig durchgesetzt werden kann.
Unter diesem Gesichtspunkt kommt es auch auf die Einkünfte eines **Ehegatten** an. Unter diesem Gesichtspunkt soll es auch auf die Einkünfte eines Partners einer **nichtehelichen Lebensgemeinschaft** ankommen, sei es durch Zurechnung des Einkommens des Partners nach den Grundsätzen des BSHG, sei es durch eine Analogie zum Prozeßkostenvorschußanspruch oder sei es durch die Zurechnung eines fiktiven Einkommens aus der Versorgung des Partners der nichtehelichen Lebensgemeinschaft. Der RA hat vorsorglich darzustellen, ob der Partner einer nichtehelichen Lebensgemeinschaft nach seinen wirtschaftlichen Verhältnissen in der Lage ist, die Kosten eines Prozesses ganz oder teilweise zu tragen (vgl. hierzu *OLG Hamm* FamRZ 1981, 493; *OLG Koblenz* FamRZ 1987, 612; *OLG Düsseldorf* FamRZ 1987, 398; *OLG Köln* FamRZ 1988, 306).

39 **bb) PKH und Vermögen und Einkünfte.** Es sind alle Einkünfte aus selbständiger, nichtselbständiger Tätigkeit, aus Vermietung und Verpachtung, aus Kapital anzugeben. **Nach dem BSHG zu schonendes Vermögen** ist nicht einzusetzen. § 88 II Nr. 8 BSHG bestimmt, daß kleinere Barbeträge oder sonstige Geldwerte nach Maßgabe einer Verordnung des Bundesministers für Jugend, Familie und Gesundheit anrechnungsfrei bleiben, § 88 IV BSHG. Die dazu ergangene

Durchführungsverordnung (DVO) vom 11. 2. 1988 (BGBl 1988, I 150) bestimmt bei Hilfe in besonderen Lebenslagen einen Freibetrag von 4500 DM, § 1 I Nr. 1 b der DVO zzgl. eines Betrages von 500 DM für jede Person, die vom Hilfesuchenden überwiegend unterhalten wird, und wenn die Sozialhilfe vom Vermögen des Hilfesuchenden und seines nicht getrenntlebenden Ehegatten abhängig ist, eines weiteren Betrages von 1500 DM für den Ehegatten und eines Betrages von 500 DM für jede Person, die vom Hilfesuchenden oder seinem Ehegatten überwiegend unterhalten wird, § 1 II BSHG.

Schließlich bei **minderjährigen** unverheirateten Hilfesuchenden und Abhängigkeit von deren Vermögen und Vermögen der Eltern, Freibetrag gem. § 1 I Nr. 1 b der DVO zzgl. eines Betrages von 1200 DM für einen Elternteil und eines Betrages von 500 DM für den Hilfesuchenden und für jede Person, die von den Eltern oder vom Hilfesuchenden überwiegend unterhalten wird; sollte allerdings nur das Vermögen eines Elternteils zu berücksichtigen sein, so ist der Betrag von 1200 DM nicht anzusetzen, sondern nur das Vermögen des Elternteils, bei dem der Hilfesuchende lebt. Diese Regelung bedeutet: 40

– PKH-Antrag eines alleinlebenden, 2 Kindern unterhaltspflichtigen Ehemannes, Freibetrag 5500 DM (§ 1 I Nr. 1 b der DVO).
– PKH-Antrag eines nicht getrenntlebenden Ehemannes, der 2 Kindern unterhaltspflichtig ist, 6700 DM (4500 DM gem. § 1 Nr. 1 b der DVO, 1200 DM gem. § 1 Nr. 2 und 1000 DM (2 × 500 DM) gem. § 1 I Nr. 2 BSHG.
– PKH-Antrag eines bei den Eltern lebenden Minderjährigen, der noch einen Bruder hat, Freibetrag 6700 DM (4500 DM gem. § 1 I Nr. 1 b, 1200 DM gem. § 1 I Nr. 3 und 2 × 500 DM gem. § 1 I Nr. 3 BSHG).

Weiterhin ist bestimmtes **Vermögen** nicht einzusetzen, z. B. **Schmerzensgeld** 41 (*OLG Celle* JurBüro 1988, 224; *OLG Köln* FamRZ 1988, 95; im Einzelfall *KG* VRS 57, 338; a. A. *OLG Hamm* FamRZ 1987, 1283); **Abfindungen** für den Verlust des Arbeitsplatzes, soweit diese Einkommenseinbußen ausgleichen sollen, nur nach Maßgabe des Betrages, der auf den Monat umzulegen dem Einkommen entspricht; **Unterhaltsabfindungszahlungen** nicht (*OLG Koblenz* FamRZ 1987, 1284).

Weiterhin ist **Vermögen** nur in dem Maße einzusetzen, in dem es ohne unvertretbare Nachteile für den Antragsteller **verfügbar** ist: 42
– nicht kündbares Bausparguthaben;
– nicht kündbares Sparguthaben;
– nur gegen steuerliche Nachteile kündbare Guthaben;
– Kredite können nur aufgenommen werden, wenn das Einkommen ausreicht, um die laufenden Zins- und Tilgungszahlungen aufzubringen, auch wenn für Kredite Sicherheiten in Gestalten von Grundbesitz vorhanden sind;
– Vermögen kann durch Verkauf nur verwertet werden, wenn dadurch nicht unvertretbare Nachteile eintreten, etwa bei schlechter Konjunktur auf dem Grundstücksmarkt.

Öffentlich-rechtliche Leistungen, insbesondere Kindergeld und Sozialhilfe 43 und Wohngeld. Der Einsatz öffentlich-rechtlicher Leistungen als Einkommen oder Vermögen ist umstritten. Bei Leistungen nach dem BSHG wird dies bejaht von *OLG Celle* NdsRpfl 1985, 311; abgelehnt von *LSG Niedersachsen* NdsRpfl 1984, 24. Hinsichtlich des Einsatzes von Kindergeld ist die Rechtsprechung völlig kontrovers (ablehnend *LAG Bremen* MDR 1986, 434; *LSG Bremen* MDR 1984, 613; *OLG Bremen* FamRZ 1984, 411; *OLG Frankfurt* FamRZ 1982, 418; *OLG Düsseldorf* FamRZ 1982, 513; *OLG Schleswig* SchlHA 1983, 139; bejahend:

F Prozeßkostenhilfe und Beratungshilfe

KG FamRZ 1982, 625; *OLG Nürnberg* FamRZ 1984, 408; *OLG Bamberg* FamRZ 1984, 606; JurBüro 1987, 1414; *OVG Münster* FamRZ 1984, 603; *OLG Bremen* JurBüro 1987, 767; *OLG Düsseldorf* NJW 1981, 1791; *LAG Baden-Württemberg* JurBüro 1988, 365).

44 Vorläufig vollstreckbar **titulierte Forderungen** sind nicht einzusetzen (*OLG Zweibrücken* JurBüro 1987, 1714). Soweit in einer Zeit, in der der künftige Prozeß vorauszusehen war, **Vermögen gemindert** worden ist, ist umstritten, wieweit diese Vermögensminderungen als fiktives Vermögen zugerechnet werden. Jedenfalls bei absichtlichen Vermögensminderungen wird ein fiktiver Betrag hinzugerechnet (*OLG Köln* FamRZ 1983, 635). Andere Gerichte rechnen fiktives Vermögen schon bei grobfahrlässigen Vermögensminderungen hinzu (*OLG Karlsruhe* JurBüro 1986, 126). Fiktive Zurechnungen werden auch diskutiert hinsichtlich des Einsatzes der eigenen Arbeitskraft des Antragstellers (bei mangelndem Einsatz *OLG Koblenz* FamRZ 1986, 1014; nur wenn besondere Umstände vorliegen, *OLG Karlsruhe* AnwBl 1986, 161; *OLG Hamm* FamRZ 1986, 1013; *KG* NJW 1982, 112; *OLG Bamberg* JurBüro 1987, 130; nur in Mißbrauchsfällen *OLG Karlsruhe* FamRZ 1987, 613; völlig ablehnend *OLG Düsseldorf* FamRZ 1987, 398). Im Hinblick auf diese Rechtsprechung ist über den Inhalt des amtlichen Vordruckes hinaus zu den wirtschaftlichen Verhältnissen vorzutragen.

45 **cc) Belastungen und Schulden.** Gegenüber dem Einkommen und dem Vermögen sind dann insbesondere die Belastungen darzustellen, und zwar vollständig. Das gilt für sämtliche monatlichen Verpflichtungen, insbesondere für die **Miete.** Der 156 DM übersteigende oder 18% des Nettoeinkommens übersteigende Betrag der Kaltmiete ist eine abzugsfähige Belastung (*OLG Celle* NdsRpfl 1985, 311; *KG* FamRZ 1983, 1265; *OLG Düsseldorf* NJW 1981, 1791; *OLG Frankfurt* MDR 1984, 409; *OLG Köln* FamRZ 1983, 633; *LAG Düsseldorf* LAGE § 115 ZPO Nr. 18; *OLG Bamberg* FamRZ 1987, 1282; unterstützt von *BVerfG* 1 BvL 84/86); zurückhaltend haben sich bisher geäußert *OLG Düsseldorf* MDR 1984, 150; *LAG Freiburg* NJW 1982, 847). Zu berücksichtigen sind auch die **PKH-Raten aus einem Vorprozeß** (*OLG Karlsruhe* FamRZ 1988, 202, 400).

46 Soweit **Verbindlichkeiten nach Rechtshängigkeit** eingegangen worden sind, ist im einzelnen darzulegen, weshalb dies notwendig war, sonst sind diese Verbindlichkeiten nicht einkommensmindernd zu berücksichtigen (*OLG Zweibrücken* Rpfl 1981, 366; insoweit restriktiv auch *OLG Bamberg* NJW-RR 1986, 5; FamRZ 1986, 484). Ratenzahlungsverpflichtungen aus Anschaffungen zur allgemeinen Lebensführung sind einkommensmindernd zu berücksichtigen, wenn die Verpflichtung zum Zeitpunkt des PKH-Antrages bestand (*KG* FamRZ 1984, 412). Die Anforderungen an die **Darstellung** der wirtschaftlichen Verhältnisse sind gerade bei unübersichtlichen wirtschaftlichen Verhältnissen sehr hoch.

47 **c) Besonderheiten bei Gesellschaften. aa)** In **wirtschaftlicher Hinsicht:** Es ist nicht nur darzustellen, daß die Gesellschaft nach ihren wirtschaftlichen Verhältnissen die Rechtsverfolgung oder Rechtsverteidigung selber nicht bezahlen kann. Es ist auch darzustellen, daß die Gesellschafter oder sonst an der Rechtsverfolgung oder Rechtsverteidigung wirtschaftlich Interessierten die Prozeßkosten nicht aufbringen können, § 116 ZPO. Im übrigen gilt § 116 II ZPO.

48 **bb) Im übrigen gilt § 116 I Nr. 2 ZPO;** es ist darzustellen, daß es allgemeinen Interessen zuwiderläuft, die Rechtsverfolgung oder Rechtsverteidigung zu un-

terlassen (Einzelfälle *BGH* WM 1986, 405; *BGHZ* 25, 185; *BGH* NJW 1965, 585; BGH VIII ZR 87/90 v. 24. 10. 1990; *OLG Köln* JMBl NRW 1965, 114; *OLG Köln* JurBüro 1985, 1259; *OLG Bamberg* JurBüro 1982, 1733; *OLG Celle* NJW-RR 1986, 741; zur verfassungsrechtlichen Unbedenklichkeit *BVerfGE* 35, 348). Das gilt auch, wenn Ansprüche von Personen im Sinne des § 116 I Nr. 2 ZPO an natürliche Personen abgetreten werden.

cc) Soweit es um die Tätigkeit des Konkursverwalters geht, sind die Voraussetzungen des § 116 I Nr. 1 ZPO zunächst grundsätzlich zu berücksichtigen; zu den wirtschaftlich Beteiligten soll auch der Konkursverwalter gehören, wenn der Prozeß dazu dient, seinen Vergütungsanspruch zu realisieren (*OLG Celle* ZIP 1988, 792). Den Konkursgläubigern ist die Finanzierung nicht zumutbar, wenn wegen vorhergehender Berechtigter nur eine ganz geringe oder gar keine Quote zu erwarten ist (*OLG Hamm* ZIP 1990, 595; vgl. auch *OLG Celle* ZIP 1987, 729). 49

Im Konkurs einer juristischen Person müssen darüberhinaus die Voraussetzungen des § 116 I Nr. 2 ZPO nicht vom Konkursverwalter (*BGH* NJW 1991, 40; a. A. *OLG Frankfurt* NJW 1988, 2053) erfüllt werden.

d) Besonderheiten bei Prozeßstandschaft. Umstritten ist, ob es bei der Prozeßstandschaft, insbesondere einer solchen nach § 1629 III BGB auf die **Bedürftigkeit des** Klägers oder des letztlich **Interessierten** (Kindes) ankommt (*OLG Karlsruhe* (2. Zivilsenat) FamRZ 1987, 1062 stellt auf die Bedürftigkeit des Kindes ab; *OLG Karlsruhe* (16. Zivilsenat) FamRZ 1988, 636; *OLG Koblenz* FamRZ 1988, 637; *OLG Köln* FamRZ 1984, 304 stellen auf die Bedürftigkeit des klagenden Elternteils ab). Hat der materiell Berechtigte kein Interesse an der Rechtsverfolgung, dafür aber der Kläger ein berechtigtes Interesse an der Rechtsverfolgung, so ist auf seine wirtschaftlichen Verhältnisse abzustellen (*OLG Celle* NJW 1987, 783). Wird die Forderung einer GmbH an eine natürliche Person abgetreten, so hat die natürliche Person auch die Voraussetzungen des § 116 I Nr. 2 ZPO darzulegen (*OLG Hamburg* MDR 1988, 782). 50

e) Ausführungen zur Beiordnung eines RA 51
– In **Verfahren nach der ZPO** braucht der Antrag regelmäßig keine weitere Begründung enthalten, weshalb ein RA beizuordnen ist. Für die Prozesse mit Anwaltszwang ergibt sich dies aus § 121 I ZPO. In den übrigen Prozessen ist häufig auf der Gegenseite ein RA tätig, so daß gem. § 121 II 1 ZPO ein RA beizuordnen ist, und im übrigen sind die meisten Parteien nicht in der Lage, ihren Prozeß ohne RA zu führen, § 121 II 1, 1. Alternative ZPO.
– Im **arbeitsgerichtlichen Verfahren** ist gem. § 11a III ArbGG PKH zu bewilligen wie in ZPO-Verfahren. 52
– In arbeitsgerichtlichen Verfahren ist ohne Prüfung der Erfolgsaussichten unter den Voraussetzungen des § 11a I ArbGG ein RA beizuordnen. Der PKH-Antrag enthält stets auch den Antrag nach § 11a I ArbGG. 53
– In **FGG-Sachen** ist näher vorzutragen, weshalb der Mandant nicht in der Lage ist, den Prozeß selber zu führen und ein RA beizuordnen ist. Insbesondere kommt es darauf an, ob auf der Gegenseite ein RA oder sonstiger Rechtskundiger tätig ist, in welchem Umfang sich die Parteien streiten und inwieweit der Mandant nach seinen intellektuellen Fähigkeiten selber in der Lage ist, seine Rechte wahrzunehmen. Andererseits auch, wie kompliziert die Sach- oder Rechtslage ist, insbesondere wenn es um Gutachten geht. Entsprechen- 54

des gilt in **WEG-Sachen**. Das gilt entsprechend im Verwaltungsgerichts-, im Sozialgerichts- und im Finanzgerichtsverfahren; dort wird immer wieder wegen des Amtsermittlungsprinzips PKH nicht gewährt.

4. Der Honoraranspruch des RA im PKH-Verfahren und nach PKH-Gewährung

55 a) Der RA hat gegen den Mandanten stets einen Anspruch in Höhe der gesetzlichen Gebühren und nach PKH-Gewährung gegen die Staatskasse in Höhe der Gebühren aus der PKH-Tabelle; der Anspruch gegen den Mandanten kann nach PKH-Gewährung nur eingeschränkt geltend gemacht werden (§ 122 ZPO).

56 b) Es gibt keine PKH für das **PKH-Prüfungsverfahren** (*BGH* NJW 1984, 2106), auch nicht für das Beschwerdeverfahren (*BayObLG* FamRZ 1988, 210). Wird jedoch im PKH-Prüfungsverfahren im Erörterungstermin ein **Vergleich** abgeschlossen, so kann PKH bewilligt werden (*OLG Bamberg* JurBüro 1985, 602; *OLG Köln* MDR 1983, 324; *OLG Schleswig* SchlHA 1984, 149; *OLG Frankfurt* FamRZ 1982, 1225; *OLG Stuttgart* AnwBl 1986, 414; *OLG Zweibrücken* JurBüro 1988, 221). Nach einer Auffassung unter Beschränkung der Beiordnung auf den Abschluß des Vergleichs (*OLG München* MDR 1987, 239) mit der Folge, daß neben einer ⁵⁄₁₀ Prozeßgebühr gem. § 32 BRAGO eine ¹⁰⁄₁₀ Vergleichsgebühr gem. § 23 BRAGO aus der Staatskasse zu erstatten sind, während nach anderer Auffassung (*OLG Stuttgart* JurBüro 1986, 1576; *OLG Hamm* FamRZ 1987, 1061; *OLG Bamberg* JurBüro 1987, 1373) PKH für das gesamte Prüfungsverfahren bewilligt werden kann mit der Folge, daß aus der Staatskasse eine ⁵⁄₁₀ Prozeßgebühr gem. § 51 BRAGO, eine ⁵⁄₁₀ Erörterungsgebühr gem. § 51 BRAGO und eine ¹⁰⁄₁₀ Vergleichsgebühr gem. § 23 BRAGO zu erstatten sind.

57 c) Für die Tätigkeit im **PKH-Beschwerdeverfahren** hat der RA einen Gebührenanspruch gegen den Mandanten in Höhe von ⁵⁄₁₀ der gesetzlichen Gebühren gem. §§ 61, 51 BRAGO. Bei erfolgreicher Beschwerde des Antragstellers gegen die das PKH-Gesuch ablehnende Entscheidung des Erstgerichts, ist ein Erstattungsanspruch gegen die Staatskasse in der Rechtsprechung diskutiert worden. § 127 IV ZPO in der ab 1. 4. 1991 gültigen Fassung schließt dies aus.

58 d) Soweit Prozeßkostenhilfe bewilligt worden ist, kann der RA aus der Staatskasse die **Gebühren aus § 123 BRAGO** verlangen. Soweit PKH versagt worden ist, ist nach einer Meinung nach § 13 III BRAGO zu verfahren (*OLG München* JurBüro 1969, 514). Nach a. M. sind PKH-Gebühren nach dem Bewilligungsstreitwert gegenüber der Staatskasse und gesetzliche Gebühren gegenüber dem Mandanten zu berechnen in Höhe der Differenz der gesetzlichen Gebühren nach dem Gesamtstreitwert und der gesetzlichen Gebühren nach dem Bewilligungsstreitwert (*BGHZ* 13, 373; *KG* AnwBl 1989, 174).

59 e) Der RA erhält eine **weitere Vergütung gem. § 124 BRAGO** bis zur Höhe der gesetzlichen Gebühren aus der Staatskasse, soweit die von dem Mandanten an die Staatskasse zu zahlenden PKH-Raten die Summe der in § 122 I Nr. 1 ZPO aufgeführten Gerichtskosten, Gerichtsvollzieherkosten und der auf die Staatskasse übergegangenen RA-Kosten übersteigen, siehe Rdnr. 64.

f) Der RA erhält Gebühren bis zur **Höhe der gesetzlichen Gebühren,** soweit   60
die Differenz zwischen den Gebühren gem. § 123 BRAGO und den gesetzlichen
Gebühren aus Vorschüssen gedeckt sind, § 129 BRAGO.

g) Der RA erhält die Differenz zwischen den Gebühren gem. § 123 BRAGO   61
und den gesetzlichen Gebühren, ggf. aus einem **Kostenerstattungsanspruch**
seines Mandanten aufgrund der gerichtlichen Kostenentscheidung im Prozeß;
gem. § 130 BRAGO, § 126 I ZPO kann der RA den Kostenerstattungsanspruch
im eigenen Namen geltend machen. Der Gegner kann gegenüber diesem Anspruch aus § 126 I ZPO nur mit einem Kostenerstattungsanspruch aus demselben Prozeß gem. § 126 II ZPO aufrechnen.

h) Der RA kann gem. § 127 BRAGO für die gem. § 123 BRAGO entstande-   62
nen Gebühren und voraussichtlich entstehenden Auslagen einen **Vorschuß** verlangen.

i) Soweit der RA einen der vorstehenden bezeichneten Ansprüche gegen die   63
Staatskasse geltend machen kann, hat er den **Antrag bei Gericht** einzureichen,
§ 128 ZPO, und zwar: grundsätzlich bei dem Gericht des Rechtzuges, das ihn
beigeordnet hat, § 128 I S. 1 BRAGO; nach rechtskräftiger Entscheidung oder
Beendigung in sonstiger Weise beim Gericht des ersten Rechtszugs, § 128 I
2. Halbsatz BRAGO.

Wegen des die PKH-Gebühren aus § 123 BRAGO übersteigenden **Gebühren-**   64
anspruchs gem. § 124 BRAGO empfiehlt es sich, bereits mit dem Antrag auf
Erstattung der PKH-Gebühren gem. § 123 BRAGO die gesetzlichen Gebühren
gem. § 124 BRAGO zu berechnen und die Berechnung dem Gericht einzureichen. Umstritten ist allerdings, ob das Gericht verpflichtet ist, Raten für die die
Kosten gem. § 122 I Nr. 1 ZPO übersteigenden RA-Gebühren einzuziehen (bejahend *OLG München* AnwBl 1984, 105; *OLG Schleswig* AnwBl 1984, 457;
OLG Hamm MDR 1985, 149; *OLG Köln* AnwBl 1987, 101; *OLG Stuttgart*
AnwBl 1985, 49; *OLG Koblenz* Beschluß vom 9. 10. 1984, 11 WF 802/84; *OLG
Frankfurt* Beschluß vom 2. 7. 1984, 2 WF 22/84; *OLG Zweibrücken* Beschluß
vom 7. 10. 1986, 6 WF 70/86; ablehnend *LAG Hamm* MDR 1976, 258; *LAG
Frankfurt* MDR 1986, 1054). **Beachte:** Der Erstattungsanspruch nach § 124
BRAGO kann auch dann entstehen, wenn zunächst der Partei keine Ratenzahlung aufgegeben worden war und die wirtschaftlichen Verhältnisse sich innerhalb der 4-Jahresfrist des § 120 IV ZPO so verändern, daß **nachträglich Raten-**
zahlung angeordnet wird.

k) Bei Abrechnung eines **familienrechtlichen Mandates** ist zu beachten, daß   65
ohne ausdrückliche Beiordnung sich die Beiordnung in einer Ehesache gem.
§ 122 III BRAGO automatisch auf den Abschluß einer Vereinbarung über den
Unterhalt der Ehegatten, den Unterhalt der Kinder im Verhältnis zu den Ehegatten, die Sorge für die Person der gemeinschaftlichen minderjährigen Kinder,
die Rechtsverhältnisse an der Ehewohnung und am Hausrat sowie die Ansprüche aus dem ehelichen Güterrecht erstreckt.

5. Pflichten nach PKH-Beiordnung im laufenden Verfahren

Ist der RA beigeordnet, so hat er den Umfang seiner Beiordnung im Verhält-   66
nis zum Prozeßumfang stets zu beachten. Gem. § 122 III S. 3 Nr. 4 BRAGO
erstreckt sich die Beiordnung nicht auf eine Widerklage. Wird die Klage erwei-

F Prozeßkostenhilfe und Beratungshilfe

tert, so ist auch zu beantragen, die PKH-Bewilligung zu erweitern. Wird nach Beendigung der Instanz oder während der Instanz ein außergerichtlicher Vergleich geschlossen, so wird auch die dadurch dem RA entstandene Vergleichsgebühr von der PKH erfaßt (*BGH* NJW 1988, 494). Damit der Gegenstandswert für die Vergleichsgebühr richtig beziffert wird, muß im Vergleich nicht nur angegeben werden, worauf sich die Parteien geeinigt haben, sondern auch, worüber sie gestritten haben.

G. Gebühren, Honorare, Erstattungsansprüche

Rembert Brieske

Übersicht

	Rdnr.
I. Allgemeines	1
II. Anwendungsbereich der BRAGO	2
III. Grundsätze der Streitwertberechnung	5
1. §§ 7, 8 BRAGO	5
2. Festsetzung des Gegenstandswertes	14
3. Außergerichtliche Tätigkeit	15
4. Beratung, Entwurf	16
5. Scheidungssachen und Folgesachen	17
IV. Prüfschema zu den Gebühren	18
1. Erste Stufe: Ziel des Mandats	19
2. Zweite Stufe: Zahl der Mandanten	20
3. Dritte Stufe: Art des Verfahrens	26
4. Vierte Stufe: Inhalt des Auftrages	46
V. Einzelne gesetzliche Gebührentatbestände	61
1. Streitwerte und Gebühren in Scheidungs- und Folgesachen	61
2. Einstweilige Verfügung und Arrest	66
3. Die Gebühren in der Zwangsvollstreckung	71
4. Die Beschwerde	73
5. Außergerichtliche Tätigkeit	79
6. Anwaltsgebühren im Strafverfahren	82

	Rdnr.
7. Gebühren im verwaltungsrechtlichen Mandat	91
8. Gebühren im sozialrechtlichen Verfahren	92
9. Gebühren bei Herstellung des Einvernehmens gemäß § 4 RADG	93
10. Honorarvereinbarungen	94
VI. Bezahlung des Honorars durch den Mandanten	95
1. Vorschuß und Rechnung	95
2. Verjährung	96
3. Verfahren gem. § 19 BRAGO	97
4. Eigene Ansprüche des RA	98
5. Rechtsschutzversicherung	99
6. Erstattungsansprüche des Mandanten	107
7. Die Ermittlung der angemessenen Gebühr gem. § 12 BRAGO	138
8. Der Gebührenanspruch des amtlich bestellten Vertreters oder des Praxisabwicklers	141
VII. Kostenentscheidungen und Rechtsmittel gegen Kostenentscheidungen	142
1. Übersicht	142
2. Das zuständige Gericht	152

Literatur: *Becker/Eberhardt,* Grundlagen der Kostenerstattung bei der Verfolgung zivilrechtlicher Ansprüche, Bielefeld 1985; *Brieske,* Erstattung von Anwaltsgebühren durch Gegner und Dritte, 1987: *Dörndorfer,* Der Streitwert für Anfänger, 1988; *von Eicken/Lappe/Madert,* Die Kostenfestsetzung 1987; *Enders,* Die BRAGO für Anfänger, 6. Aufl. 1990; *Gerold/Schmidt/von Eicken/Madert,* BRAGO, 11. Aufl. 1991; *Göttlich/Mümmler,* BRAGO, 17. Aufl. 1989; *Hartmann,* Kostengesetze, 24. Aufl. 1991; *Madert,* Gebühren des Strafverteidigers, 1987; *Madert,* Anwaltsgebühren in Zivilsachen, 2. Aufl. 1992; *Riedel/Sußbauer,* BRAGO, 6. Aufl. 1988; *Schmidt/Baldus,* Gebühren und Kostenerstattung in Straf- und Bußgeldsachen, 3. Aufl. 1989; *Schneider,* Streitwertkommentar für den Zivilprozeß, 9. Aufl. 1991; *Swolana/Hansens,* BRAGO, 7. Aufl. 1991; zur BRAGO-Novelle 1993 vgl. AnwBl. 1993, 169 ff.

I. Allgemeines

Das anwaltliche Gebührenrecht setzt sich zusammen aus **Streitwertrecht,** **Gebührentatbeständen,** und **Gebührenerstattungsrecht.** Der RA muß diese Aspekte nicht nur bei seiner Tätigkeit berücksichtigen, um möglichst viel Honorar berechnen und erhalten zu können, sondern auch, um als Vertreter des Unterlegenen diesem zu ersparen, unnötig dem Gegner Kosten erstatten zu müssen, sei es wegen fehlerhafter Ermittlung des Streitwertes, wegen fehlerhafter Berechnung der Gebühren oder wegen fehlerhafter Annahme eines Gebührenerstattungstatbestandes.

G

II. Anwendungsbereich der BRAGO

2 Wer nach der BRAGO seine Tätigkeit abrechnen will, muß sicher sein, daß die BRAGO anwendbar ist, Art 27 bis 29 EGBGB. Wer als Anwalt seine Dienstleistung gegenüber einem nicht beruflich oder gewerblich Tätigen im Ausland erbringt, muß damit rechnen, daß derartige Verträge gem. § 29 I und II EGBGB dem ausländischen Recht unterliegen, wenn nicht die Ausnahme des § 29 IV Nr. 2 EGBGB eingreift. Soweit es nicht um Verbraucherverträge geht, unterliegt der Vertrag mit dem in Deutschland residierenden und niedergelassenen RA, der in der BRD seine Leistung erbringt, deutschem Recht (*MK-Martiny* Rdnr. 149 zu Art. 28 EGBGB; *Palandt-Heldrich* Rdnr. 13 zu Art. 28 EGBGB) zur Anwendung des deutschen Rechts vgl. *BGH* NJW 1991, 3095.

Innerhalb Deutschlands gilt nicht nur die BRAGO (West), sondern zum Teil die BRAGO (Ost) und zum Teil die RAGO-DDR (DDR-Schönfelder Nr. 336) in der Fassung der Änderungsanordnung vom 15. 8. 1990, zum Teil in der Fassung vom 1. 2. 1982 (vgl. *Hansens* AnwBl 1991, 24); im einzelnen:

- Die BRAGO (Ost) ist die BRAGO in der Fassung der Anl. I Kap. III Sachgeb. A Abschn. III Nr. 26 i. V. m. Nr. 27 zum Einigungsvertrag; sie gilt nicht nur für Mandate eines RA, der seine Kanzlei im Bereich der früheren DDR hatte. Sie gilt in bestimmten Fällen auch für einen RA mit Kanzlei im Bereich der früheren BRD. Nach dem Einigungsvertrag sind die Gebühren der BRAGO in diesen Fällen um 20% ermäßigt; der Bundesminister der Justiz ist gem. Nr. 27 ermächtigt, durch Rechtsverordnung mit Zustimmung des Bundesrates den Ermäßigungssatz den wirtschaftlichen Verhältnissen anzupassen oder aufzuheben. Die Auslagenpauschale gem. § 26 II BRAGO ist nach den ungekürzten Gebühren zu berechnen, da die tatsächlichen Auslagen gem. § 26 I BRAGO ebenfalls ungekürzt zu bezahlen sind (vgl. früher zur ähnlichen Problematik beim PKH-Recht *BGH* NJW 1966, 1411; NJW 1971, 845).
- Die BRAGO (Ost) gilt gem. § 134 BRAGO für Mandate, die nach Inkrafttreten des Vertrages erteilt worden sind und in vor diesem Zeitpunkt erteilten Mandaten für die Verfahren in Rechtsmitteln, die nach Inkrafttreten des Vertrages eingelegt worden sind.
- Die BRAGO (Ost) gilt unabhängig vom Sitz des Mandanten für einen RA, der seine Kanzlei im Bereich der bisherigen DDR einschließlich Berlin (Ost) eingerichtet hat (bei Westmandaten vor Westbehörden oder -Gerichten ist allerdings der Normzweck verfehlt).
- Die BRAGO (Ost) gilt für einen RA unabhängig von dem Sitz seiner Kanzlei, wenn er einen Beteiligten mit Sitz oder Wohnsitz im Bereich der früheren DDR einschließlich Berlin (Ost) vor Gerichten oder Behörden vertritt, die ihren Sitz in Brandenburg, Mecklenburg-Vorpommern, Sachsen, Sachsen-Anhalt oder Thüringen haben, nicht jedoch vor Gerichten oder Behörden in Berlin (Ost oder West); die im Bereich der früheren DDR einschließlich Berlin (Ost) anzuwendende BRAGO gilt also analog Art. 27 ff EGBGB auch für RAe mit Kanzleisitz im Bereich der früheren BRD.
- Für Mandate an RAe aus dem Bereich der früheren DDR einschließlich Berlin (Ost) gilt die bisherige RAGO-DDR, und zwar für bis zum 14. 8. 1990 entstandene und fällig gewordene Gebühren und Auslagen in der Fassung vom 1. 2. 1982 und für ab 15. 8. 1990 entstandene und fällig gewordene Gebühren und Auslagen in der Fassung der Änderungsanordnung vom 15. 8. 1990 (wegen des Inhalts der RAGO im einzelnen vgl. die Vorauflage, Rdnr. 163 ff.).
- Anwälte mit Zweitbüro im Bereich der bisherigen DDR haben ebenfalls nach der RAGO für Altmandate abzurechnen, § 1 RAGO. Dies gilt gem. AO-RA (DDR-Schönfelder Nr. 327) auch für Rechtsanwälte der BRD ohne Niederlassung im Bereich der bisherigen DDR, da diese gem. § 2 AO-RA die Rechte und Pflichten eines zugelassenen Rechtsanwalts haben.

Anwendungsbereich der BRAGO   G

§ 1 BRAGO: Handelt es sich etwa beim Anwaltsnotar nicht um eine Tätigkeit 3
gem. § 24 II BNotO, so muß der RA zunächst prüfen, ob er eine nach der
BRAGO zu vergütende Leistung erbringt. Nicht oder nicht unmittelbar nach
der BRAGO werden gem. § 1 II BRAGO abgerechnet:

Tätigkeit	Vergütungsgrundlage
Vormund, Betreuer	§ 1836 BGB Vergütung; § 1835 BGB Aufwandsersatz; beachte ab 1.1.1992 BtG Art. 1 Nr. 38–40 (BGBl. 1990 I 2002, 2004)
Pfleger, Betreuer	gem. § 1915 BGB i.V.m. §§ 1835 und 1836 BGB; beachte ab 1.1.1992 BtG Art. 1 Nr. 38–40 (BGBl. 1990 I 2002, 2004)
Testamentsvollstrecker	§ 2221 BGB angemessene Vergütung (vgl. D VII Rdnr. 4)
Konkursverwalter	Vergütungsverordnung (BGBl 1960, I S. 29); verfassungsrechtlich unbedenklich BVerfG ZIP 89, 382
Vergleichsverwalter	Vergütungsverordnung wie vor gem. § 43 VglO
Gläubigerausschußmitglied	Vergütungsverordnung wie vor gem. § 91 KO
Gläubigerbeiratsmitglied	Vergütungsverordnung wie vor gem. § 45 VglO
Sequester im Konkurs-/Vergleichseröffnungsverfahren	entweder §§ 675, 612, 632 BGB oder analog §§ 1835, 1836, 1987, 2221 BGB oder analog der Vergütungsverordnung für Konkursverwalter
Nachlaßverwalter	§ 1987 BGB
Zwangsverwalter	gem. § 153 ZVG Vergütungsverordnung (BGBl 1970 I S. 185) (vgl. dazu aber die verfassungsrechtlichen Bedenken von *LG Hamburg*, Rpfl 1988, 200; nach *OLG Hamburg* v. 7.12.1987 – 6 W 128/87 – ist die Rechtsprechung des *LG Hamburg* zur Verfassungswidrigkeit der Vergütungsverordnung nicht greifbar gesetzeswidrig) ab 1.4.1991 vgl. § 152a ZVG
Schiedsrichter	Vergütung gemäß Schiedsgerichtsordnung, Schiedsgerichtsvertrag oder Vereinbarung oder „übliche Vergütung" (vgl. D VII Rdnr. 10)
Treuhänder	analog § 1835 BGB
Sequester nach ZPO	analog Zwangsverwaltervergütung
Vertreter gem. § 306 IV AktG	BRAGO analog
Vertreter gem. § 779 S. 2 ZPO	§ 57 BRAGO analog
Verwalter im Rahmen der Gesamtvollstreckung	Vergütungsordnung für Konkursverwalter etc.

Unklarheiten über die Anwendung der BRAGO können durch Honorarvereinbarungen beseitigt werden.

Brieske

4 Soweit mit einer der vorgenannten Aufgaben Tätigkeiten verbunden sind, für die ein Dritter einen RA beauftragen würde, kann der RA diese Tätigkeiten gesondert nach der BRAGO abrechnen.

III. Grundsätze der Streitwertberechnung

Diese Übersicht dient dazu, das gesetzliche Streitwertsystem darzustellen und den Einstieg in die Streitwertermittlung zu ermöglichen. Dieses System setzt sich zusammen aus
– Sonderregeln aus der BRAGO und außerhalb der BRAGO
– der Verweisung in § 8 I 1 BRAGO für das gerichtliche Verfahren
– der Verweisung in § 8 I 2 BRAGO für sonstige Mandate mit streitigem Inhalt
– der Verweisung in § 8 II BRAGO für sonstige Mandate

1. §§ 7, 8 BRAGO

5 Die Höhe der Gebühren bemißt sich nach dem Gegenstandswert, § 7 I BRAGO, der sich nach § 8 BRAGO ermittelt, und zwar nach folgendem System:

6 a) § 8 I 1 BRAGO verweist für **gerichtliche Verfahren** auf den Gegenstandswert für Gerichtsgebühren, also weitestgehend für bürgerliche Rechtsstreitigkeiten auf § 12 ff. GKG, soweit es nicht gesetzliche Sonderregelungen gibt.

aa) **BRAGO-Sonderregelungen** sind: § 8 I 3 BRAGO für einstweilige Anordnungen gem. § 620 1 Nr. 1, 2 oder 3 ZPO Wert 1000 DM; § 51 II BRAGO für das PKH-Verfahren einschließlich des Beschwerdeverfahrens (Wert der Hauptsache), während sich die Gerichtskosten für das Beschwerdeverfahren nach § 3 ZPO richten (Kosteninteresse); § 57 II BRAGO. Für Pfändungen im Rahmen der Zwangsvollstreckung sind grundsätzlich Hauptsachebetrag, Kostenbetrag und Zinsen zu addieren; § 58 III Nr. 11 BRAGO für Verfahren nach § 807 ZPO mit Obergrenze von 2400,– DM, die auch in der Beschwerdeinstanz gilt (*Göttlich/Mümmler* Stichwort Eidesstattliche Versicherung Nr. 1.9; a. A. *Hartmann* Anm. 5 B i ii zu § 58 BRAGO; der Hinweis auf KV 1181 zum GKG ist aber unzutreffend, da es dort eben eine Sonderregelung gibt, in der BRAGO aber nicht); § 60 II BRAGO für das Verteilungsverfahren im Rahmen der Zwangsvollstreckung; § 64 II BRAGO für das Vertragshilfeverfahren; § 69 III BRAGO für das Zwangsversteigerungsverfahren; § 71 BRAGO für das besondere Verteilungsverfahren im Rahmen der Zwangsversteigerung; § 77 BRAGO für das Konkursverfahren; § 81 BRAGO für das Vergleichsverfahren; § 113 II BRAGO für das Verfahren vor den Verfassungsgerichten (mindestens 6000 DM); § 116 II BRAGO für die dort benannten sozialgerichtlichen Verfahren.

7 In Verfahren außerhalb der ZPO und des ArbGG ist der Streitwert ausgehend von folgenden Vorschriften zu ermitteln:

– FGG-Sachen §§ 18 ff KostO
– isolierte Verfahren betreffend § 21 Abs. 2 HausratsVO
  Ehewohnung und Hausrat
– WEG-Sachen § 48 II WEG (nach dem Interesse der Beteiligten, nicht nach dem Interesse des Antragstellers oder eines Antragsgegners oder wie früher begrenzt auf die Jahresmiete) zur verfassungsrechtlichen Problematik vgl. *LG Köln* NJW-RR 1989, 202 vgl. aber

Grundsätze der Streitwertberechnung **G**

- Landwirtschaftssachen
- VWGO-Verfahren

auch *KG* MDR 88, 56; *BayObLG* NJW-RR 89, 79; *BVerfG* NJW 1992, 1673
§ 18 ff KostO, § 38 LandwVerfG
§ 13 GKG (vgl. Streitwertkatalog des *BVerwG*, NVWZ 1991, 1145 ff.)

In Verfahren nach dem ArbGG gilt § 12 ArbGG (vgl. C I Rdnr. 140 ff). Für einzelne Streitwerte im Arbeitsrecht gilt:

Kündigungsschutzstreitigkeiten	Generell 3 Monatsbezüge § 12 VII 1 ArbGG (vgl. C I, XII Rdnr. 144)
Weiterbeschäftigungsanspruch neben Kündigungsschutzklage	Zusätzlicher selbständiger Streitwert (umstritten vgl. C 1 XII Rdnr. 147)
Mehrere Kündigungsschutzanträge	Streitwerterhöhung für jede weitere Kündigung um die Bezüge zwischen den ersten und dem weiteren Beendigungsdatum, max. jeweils 3 Monatsgehälter *LAG Hamm* AnwBl 1985, 98 und 535: *LAG München* AnwBl 1985, 96; *LAG Baden-Württemberg* AnwBl 1985, 99; *LAG Niedersachsen* AnwBl 1985, 99; *LAG Hamburg* AnwBl 1985, 98; *LAG Düsseldorf* EZA § 12 ArbGG Nr. 2; *LAG Köln* EZA § 12 ArbGG Nr. 29; a. A.: BAG EZA § 12 ArbGG Nr. 34; *LAG Frankfurt* AR Blattei 1973; Kündigungsschutz Nr. 130; *LAG Rheinland-Pfalz* vom 18. 4. 1986 – 1 Ta 63 und 64/86; *LAG München* EZA § 12 ArbGG Nr. 24
Änderungskündigung, die vorbehaltlos abgelehnt wird wegen Sozialwidrigkeit	wie Vollkündigung
Änderungskündigung, die angenommen unter Vorbehalt der Sozialwidrigkeit	Streitwert nach Differenz der Bezüge vor und nach der Änderung für 3 Monate (*LAG Frankfurt* NZA 1986, 35; *LAG Hamburg* vom 27. 1. 1986 – 1 Ta 15/86; *LAG Berlin* DB 1978, 528; *LAG Baden-Württemberg* AR Blattei ArbGG XIII Nr. 132); gem. § 12 VII 2 ArbGG 36facher Differenzbetrag max. 3 Monatsgehälter gem. § 12 VII 1 ArbGG; *LAG München* AnwBl 1985, 96; *LAG Köln* EZA § 12 ArbGG Nr. 13; zwei Monatsgehälter *LAG Düsseldorf* JurBüro 1985, 121
Kündigungsschutzantrag mit Zahlungsanträgen	vgl. C 1 XII Rdnr. 148
Abmahnung	ein Monatsgehalt, *LAG Hamm* AnwBl 1985. 104; *LAG Bremen* KostRsp ArbGG § 12 Nr. 73; ein halbes Monatsgehalt *LAG Rheinland-Pfalz* LAGE § 12 ArbGG Streitwert Nr. 60
Zeugnisstreit	ein Monatsbezug
Streitigkeiten nach dem BetrVG	Grundwert 4000,- DM, *LAG Düsseldorf* JurBüro 1985, 712 nach Erhöhung des Hilfswertes in § 8 II BRAGO jetzt DM 6000,-

G
Gebühren, Honorare, Erstattungsansprüche

Streit um Errichtung eines Wirtschaftsausschusses	8000,– DM, *LAG Bremen* AnwBl 1985, 101 (vor Erhöhung des Grundwertes)
Zustimmungsersetzung für tarifliche Eingruppierung	3facher Jahresbetrag abzgl. 20%, abzgl. weitere 25%, *LAG Düsseldorf* EZA § 8 BRAGO Nr. 3; vgl. auch *LAG Hamm* KostRsp § 8 BRAGO Nr. 23; *LAG Stuttgart* KostRsp § 8 BRAGO Nr. 20
Zustimmungsersetzung gemäß § 99 BetrVG	In Anlehnung an § 12 VII 1 ArbGG, *LAG Hamm* MDR 1986, 787

8   **bb) GKG-Regelungen.** § 12 II GKG regelt in nichtvermögensrechtlichen Streitigkeiten den Wert nach den Einzelfallumständen zwischen 600 DM und 2 Mio. DM: in Ehesachen zwischen 4000 DM und 2 Mio. DM unter Berücksichtigung des Umfangs der Sache der Vermögens- und Einkommensverhältnisse der Parteien (in der Praxis häufig: dreifaches Monatsnettoeinkommen der Eheleute, vgl. dazu *BVerfGE* 80, 103), in Kindschaftssachen 4000,– DM; in Scheidungsfolgensachen nach §§ 623 I 4, § 621 I 1, 2 oder 3 ZPO, die angemessene Gebühr ausgehend von 1500,– DM. – Beachte in den neuen Bundesländern Anl. I Kap. III Sachgeb. A Abschn. III Nr. 19 Buchst. b EVertr. (Reduzierung des Streitwertes um bis zu ⅓ bei gesetzlichem Mindestwert oder bei fiktivem Wert mangels genügender tatsächlicher Anhaltspunkte).

9   § 16 GKG regelt den Streitwert für bestimmte Streitigkeiten aus Miet-, Pacht- und ähnlichen Nutzungsverhältnissen, nicht aber für Zahlungsansprüche. § 17 I GKG den Jahresbetrag der gesetzlichen Unterhaltspflicht ggf. zzgl. Rückständen gem. § 17 IV GKG; § 17 II GKG regelt Geldrentenzahlung aufgrund gesetzlicher Pflicht nach Tötung oder Verletzung eines Menschen, 5-Jahresbetrag, max. geforderte Leistung; § 17 III GKG Ansprüche auf Bezüge aus einem öffentlich-rechtlichen Dienst- oder Amtsverhältnis, dreifacher Jahresbetrag, max. geforderte Leistung; § 17a GKG regelt den Versorgungsausgleich, mindestens 1000 DM, § 19a GKG den Gebührenverbund in Scheidungssachen und Folgesachen, zu behandeln unter Berücksichtigung von § 7 und § 13 BRAGO; § 20 I GKG regelt das Arrest- oder einstweiliges Verfügungsverfahren, Wertbestimmung gem. § 3 ZPO; § 20 II GKG regelt Verfahren nach § 620 1 Nr. 4, 6 oder § 641d ZPO: 6-Monatsbezug; § 20 II 2 GKG regelt Verfahren nach § 620 1 Nr. 7 ZPO, dreimonatiger Mietwert der Ehewohnung oder bei Benutzung des Hausrates § 3 ZPO.

10   § 12 I GKG verweist ergänzend auf §§ 3–9 ZPO, nämlich § 3 ZPO Wertfestsetzung nach Ermessen; § 6 ZPO Wertbestimmung bei Sicherstellung, Besitz und Pfandrecht; § 7 ZPO Wert einer Grunddienstbarkeit; § 8 ZPO Pacht- oder Mietverhältnis (Vorrang § 16 GKG); § 9 ZPO (beachte die Neufassung ab 1. 3. 1993) wiederkehrende Nutzungen oder Leistungen, z. B. Zahlung von Berufsunfähigkeitsrenten durch private Versicherer (aber Vorrang §§ 16, 17, 17a GKG).

11   **cc)** Schließlich sind zu beachten die Streitwertbestimmungen aus § 23a UWG, § 23b UWG (siehe B XII Rdnrn. 170ff.), § 247 I AktG, § 144 PatG, § 148 KO.

12   **dd)** Gibt es keinen Wert für die Gerichtsgebühren, so richten sich die Anwaltsgebühren im gerichtlichen Verfahren gemäß § 8 I 3 BRAGO nach § 8 II BRAGO. Die Vorschrift § 8 II BRAGO verweist auf §§ 18 II, 19–23, 24 I, II, IV, V, VI, 25, 39 II **KostO:**

Grundsätze der Streitwertberechnung   **G**

- § 19 KostO Bewertung von Sachen einschließlich Grundbesitz
- § 20 KostO Bewertung von Kauf-, Vorkaufs- oder Wiederkaufsrecht
- § 21 KostO Bewertung eines Erbbaurechts, eines Wohnungseigentums oder eines Wohnungserbbaurechts
- § 22 KostO Bewertung von Grunddienstbarkeiten (Vorrang § 7 ZPO)
- § 23 KostO Bewertung von Pfandrechten und sonstigen Sicherheiten sowie Rangänderungen (Vorrang § 6 ZPO)
- § 24 I KostO Bewertung von wiederkehrenden oder dauernden Nutzungen oder Leistungen mit Beschränkungen aus § 24 II KostO (Vorrang §§ 16, 17, 17a GKG, § 9 ZPO); es gilt nicht § 24 III KostO
- § 24 IV KostO Bewertung des Unterhaltsrechts des nichtehelichen Kindes gegenüber dem Vater (Vorrang § 17 GKG)
- § 24 V KostO Bewertung von Nutzungen
- § 25 KostO Miet-, Pacht-, Dienstverträge (Vorrang § 16 GKG, § 8 ZPO)
- § 39 II KostO Bewertung von Austauschverträgen
- ersatzweise – in § 8 II 2 BRAGO auf eine Wertermittlung nach billigem Ermessen zwischen 300 DM und 1 Mio. DM
- mangels genügender Anhaltspunkte für eine Schätzung und bei nichtvermögensrechtlichen Gegenständen auf 6000 DM (Vorrang §§ 12, 13 GKG)

b) Die im einzelnen nicht erwähnten Vorschriften des GKG der ZPO oder der 13
KostO befassen sich mit dem **Zeitpunkt der Bewertung** (§ 15 GKG, §§ 18 I
und 39 VI KostO, § 4 I ZPO), mit dem Verhältnis verschiedener Ansprüche
zueinander (§ 7 II BRAGO, §§ 12 III, 18, 19 GKG, § 5 ZPO), mit der Bewertung von Zinsen, Früchten oder sonstigen Nutzungen neben der Hauptsache
(§ 22 GKG, § 18 II KostO, § 4 I ZPO). Widerklage und Hilfsaufrechnung können den Streitwert erhöhen, § 19 GKG. Bei der Widerklage ist entscheidend, ob
Klage und Widerklage denselben Streitgegenstand betreffen, § 19 I 2 GKG.
Davon zu unterscheiden ist die Hilfswiderklage, deren streitwertmäßige Behandlung umstritten ist (vgl. im einzelnen *Göttlich/Mümmler* Stichwort Widerklage 1.13 sowie *Schneider* Rn. 2489). Eine Aufrechnung erhöht den Streitwert
nur, wenn sie hilfsweise geltend gemacht wird und wenn über die zur Aufrechnung gestellte Forderung eine der Rechtskraft fähige Entscheidung ergeht oder
ein Vergleich geschlossen wird, § 19 III GKG. Wird die Aufrechnung als unzulässig behandelt, erhöht sich der Streitwert mithin nicht. Bei mehrfacher Hilfsaufrechnung erhöht sich der Streitwert ggf. mehrfach, wenn über mehrere zur
Aufrechnung gestellte Forderungen entschieden wird.

2. Festsetzung des Gegenstandswertes

Die Festsetzung des Gegenstandswertes erfolgt im gerichtlichen Verfahren 14
aufgrund eines Antrags gem. § 9 II BRAGO oder aufgrund eines Antrags gem.
§ 10 BRAGO, §§ 24 und 25 GKG. Die Wertfestsetzung im Urteil des Arbeitsgerichts gem. § 61 I ArbGG ist für die Berechnung der Anwaltsgebühren nicht
maßgeblich.

3. Außergerichtliche Tätigkeit

Für die außergerichtliche Tätigkeit verweist § 8 I 2 BRAGO auf die Gebüh- 15
renregelung für ein gerichtliches Verfahren, soweit diese Tätigkeit einem gerichtlichen Verfahren vorausgeht oder vorausgehen kann, auch wenn sich die
Sache vorher erledigt. Dies gilt insbesondere für Kündigungen, Mahnungen
und Einigungsversuche.

4. Beratung, Entwurf, Verhandlungen zur Begründung von Rechtsverhältnissen

16 Geht die Angelegenheit nicht einem gerichtlichen Verfahren üblicherweise voraus – Beratung, Entwurf eines Vertrages –, so richten sich die Gebühren nach § 8 II Satz 1, ersatzweise § 8 II 2 BRAGO. Dann gelten nicht vorrangig die Regeln des GKG oder der ZPO, sondern die Bestimmungen der KostO (§§ 18 II, 19 bis 23, 24 I, II, IV–VI, 25, 39 II).
Soweit mehrere Gegenstände in derselben Angelegenheit zu behandeln sind, werden die Werte addiert, §§ 7 II, 13 BRAGO.

5. Scheidungssachen und Folgesachen

17 Für Scheidungssachen und Folgesachen bestimmt § 7 III BRAGO die Streitwertaddition. Dies gilt für die Folge-Hauptsachen, während für die in Folge-Hauptsachen folgenden einstweiligen Anordnungen § 41 BRAGO bestimmt, daß es sich um gesonderte Angelegenheiten handelt (siehe Rdnr. 61).

IV. Prüfschema zu den Gebühren

18 Die Frage nach den Gebührentatbeständen stellt sich dem RA entsprechend und während der Entwicklung des Mandats, die Frage der **Gebührenalternativen** stellt sich bereits bei Beginn eines Mandates.
Nach folgendem **Prüfschema** läßt sich ermitteln, welche Gebühren in einer Sache anfallen werden oder angefallen sind:

1. Erste Stufe: Ziel des Mandats

19
- Beratung oder Auskunft: $^1/_{10}$ bis $^{10}/_{10}$ Gebühr gem. § 20 BRAGO
- außergerichtliche Tätigkeit, die über Beratung oder Auskunft hinausgeht, auch Entwurf von Verträgen: Gebühren gem. § 118 BRAGO, siehe dazu unten Rdnr. 79
- außergerichtliche Tätigkeit, die sich vom Auftragsinhalt von vornherein beschränkt auf ein einfaches Schreiben: $^3/_{10}$ Gebühr gemäß § 120 BRAGO; nicht auf den Umfang der Tätigkeit, sondern auf den Inhalt des Auftrages kommt es an
- Tätigkeit in einem gerichtlichen Verfahren 1. Instanz, Gebühren gem. §§ 31 bis 82 BRAGO oder § 118 BRAGO, siehe dazu im einzelnen nachfolgend Rdnr. 23 ff.
- Tätigkeit in einem gerichtlichen Verfahren in der Rechtsmittel- oder Rechtsbehelfsinstanz, Gebühren gem. §§ 31 bis 82 BRAGO, insbesondere § 61 BRAGO oder § 118 BRAGO, siehe dazu im einzelnen unten Rdnr. 57 und 73 ff.
- anwaltliche Tätigkeit in der Zwangsvollstreckung, Zwangsversteigerung oder ähnlichem, Gebühren nach §§ 37, 46, 47, 49, 50, 57 bis 60, 68 bis 82 BRAGO, siehe dazu im einzelnen unten Rdnr. 71 f.

2. Zweite Stufe: Zahl der Mandanten

20 Gem. § 6 BRAGO erhöhen sich Geschäfts- und Prozeßgebühr für den 2. bis max. 8. Auftraggeber um je $^3/_{10}$, max. 2 volle Gebühren, soweit die Auftraggeber an dem Gegenstand gemeinschaftlich beteiligt sind. Sind die Auftraggeber

Prüfschema zu den Gebühren **G**

nicht an dem Gegenstand gemeinschaftlich beteiligt, so werden die einzelnen Streitwerte addiert. Wird demgegenüber für einen Auftraggeber gegen mehrere Gegner wegen derselben Angelegenheit prozessiert, so entsteht im Erkenntnisverfahren keine Erhöhungsgebühr; wird anschließend gegen mehrere Gegner aus demselben Titel vollstreckt, so ist die Vollstreckung gegen jeden einzelnen Gegner eine eigene Angelegenheit, vgl. Rdnr. 72 am Ende.

Bei Rahmengebühren, etwa der §§ 83, 84 BRAGO oder § 116 BRAGO erhöhen sich Mindest- und Höchstbetrag um 3/10 auf max. das Dreifache des Mindest- und Höchstbetrages. **21**

Damit ergeben sich folgende Betragsgebühren: **22**

Ausgangs-gebühr	2	3	4	5	6	7	8
10/10	13/10	16/10	19/10	22/10	25/10	28/10	3
13/10	169/100	208/100	247/100	286/100	325/100	364/100	39/10
7,5/10	9,75/10	12/10	14,25/10	16,5/10	18,75/10	21/10	22,5/10
5/10	13/20	8/10	19/20	11/10	2 5/10	14/10	1,5
3/10	39/100	48/100	57/100	66/100	7,5/10	84/100	9/10
13/20	169/200	104/100	247/200	286/200	325/200	364/200	39/20

Die Gebührenrahmen der § 83 I Nr. 2 und 3 und II sowie § 84 BRAGO verändern sich wie folgt: **23**

	2	3	4	5	6	7	8	
min.	100	130	160	190	220	250	280	300	
Mittel	670	871	1072	1273	1474	1675	1876	2010	§ 83 I Nr.2
max.	1240	1612	1984	2356	2728	3100	3472	3720	
min.	80	104	128	152	176	200	224	240	
Mittel	570	741	912	1083	1254	1425	1596	1710	§ 83 I Nr.3
max.	1060	1378	1696	2014	2332	2650	2968	3180	
min.	100	130	160	190	220	250	280	300	§ 83 II, I
Mittel	360	468	576	684	792	900	1008	1080	Nr. 2
max.	620	806	992	1178	1364	1550	1736	1860	
min.	80	104	128	152	176	200	224	240	§ 83 II, I
Mittel	305	396,5	488	579,5	671	762,5	854	915	Nr. 3
max.	530	689	848	1007	1166	1325	1484	1590	
min.	50	65	80	95	110	125	140	150	§§ 84, 83 I
Mittel	335	435,50	536	636,50	737	837,50	938	1005	Nr. 2
max.	620	806	992	1178	1364	1550	1736	1860	
min.	40	52	64	76	88	100	112	120	§§ 84, 83 I
Mittel	285	370,50	456	541,50	627	712,50	798	855	Nr. 3
max.	530	689	848	1007	1166	1325	1484	1590	

Brieske

24 Tabelle zu § 116 I Nr. 3 BRAGO für Mandate ab 1. 9. 1990
[Die Sätze zu § 116 I Nr. 1 BRAGO (ab 1. 9. 1990 erteilte Mandate) entsprechen den Beträgen gem. § 83 I Nr. 3 BRAGO (wegen der alten Fassung vgl. 1. Auflage). Die Sätze zu § 116 I Nr. 2 BRAGO entsprechen § 83 I Nr. 2 BRAGO]

	2	3	4	5	6	7	8	
min.	140	182	224	266	308	350	392	420	§ 116 I Nr. 3
Mittel	1100	1430	1760	2090	2420	2750	3080	3300
max.	2060	2678	3296	3914	4532	5150	5768	6180

25 In einzelnen Fällen ist umstritten, ob trotz Mehrheit natürlicher Auftraggeber die Erhöhungsgebühr gem. § 6 BRAGO anfällt oder erstattungsfähig ist, nämlich:

Tatbestand	Rechtsprechungsnachweise
Gebührenklage einer Rechtsanwaltssozietät	bejahend *OLG Frankfurt* JurBüro 1980, 1509; *OLG Stuttgart* JurBüro 1980, 1176; *OLG München* JurBüro 1981, 542; *OLG Hamm* JurBüro 1987, 377; ablehnend *OLG Schleswig* JurBüro 1985, 216; *OLG München* JurBüro 1977, 1556 und 1978/1647; *OLG Saarbrücken* JurBüro 1980, 63; *OLG Hamm* JurBüro 1981, 696; *OLG Düsseldorf* JurBüro 1981, 1514; *OLG Nürnberg* JurBüro 1980, 1174
Anwaltssozietät wird verklagt	bejahend *OLG Hamm* JurBüro 1987, 377; *OLG Bamberg* JurBüro 1986, 1516; ablehnend *OLG Köln* MDR 1987, 594
Wohnungseigentümergemeinschaft	bejahend *BGH* JurBüro 1984, 374; NJW 1987, 2240; *OLG Zweibrücken* JurBüro 1987, 380; a. A. *OLG Koblenz* JurBüro 1985, 711
Erbengemeinschaft als Kläger	bejahend *OLG München* JurBüro 1985, 1651
Erbengemeinschaft nimmt einen vom Erblasser begonnenen Streit auf	ablehnend *LAG Hamm* KostRsp BRAGO § 6 Nr. 127; *OLG Frankfurt* KostRsp BRAGO § 6 Nr. 99; *OLG Düsseldorf* KostRsp BRAGO § 6 Nr. 115; *OLG Schleswig* KostRsp BRAGO § 6 Nr. 29
Kommanditgesellschaft und Komplementär (natürliche Person)	bejahend *OLG Köln* JurBüro 1982, 1508
GmbH & Co. KG neben GmbH	bejahend *OLG Frankfurt* Rpfl 1982, 441; *OLG Koblenz* Rpfl 1985, 253; *OLG Hamm* Rpfl 1979, 472; *OLG Stuttgart* AnwBl 1979, 274; *KG* MDR 1979, 682; ablehnend *OLG Köln* JurBüro 1978, 1170
Arbeitsgemeinschaftmitglieder	bejahend *OLG Schleswig* JurBüro 1987, 1838
BGB-Gesellschaft	bejahend *OLG Schleswig* JurBüro 1987, 379

Prüfschema zu den Gebühren **G**

Tatbestand	Rechtsprechungsnachweise
Klägerwechsel	bejahend auf Seiten des klägerischen RA, *OLG Koblenz* JurBüro 1982, 1348
Beklagtenwechsel	bejahend für Beklagten-RA, *OLG Zweibrücken* JurBüro 1982, 1730; *OLG Koblenz* MDR 1985, 942; ablehnend *OLG Düsseldorf* JurBüro 1980, 855; *OLG Schleswig* JurBüro 1980, 1504; *OLG Frankfurt* JurBüro 1980. 1016

Gem. § 6 II BRAGO n. F. (BGBl. 1990 I 2819) werden ab 11. Auftraggeber Schreibauslagen für Abschriften und Ablichtungen gesondert berechnet gem. § 27 BRAGO iVm Nr. 1900 Anlage 1 zum GKG.

3. Dritte Stufe: Art des Verfahrens

Es ist zu prüfen, welchem Rechtsgebiet das Verfahren zuzuordnen ist, da die 26 BRAGO für bestimmte Verfahrensarten Sonderregelungen enthält und die Vorschriften der §§ 31 ff. BRAGO nicht in jedem Verfahren uneingeschränkt anzuwenden sind.

a) In **Familiensachen** sind verschiedene Sondervorschriften zu beachten, ins- 27 besondere die §§ 36, 36 a, 43 a, 43 b, 61 a, 63 BRAGO, in isolierten FGG-Sachen des Familienrechts der § 118 BRAGO, siehe dazu Rdnr. 61.

b) In **Entmündigungsverfahren** richten sich die Gebühren bis zum 31. 12. 28 1991 nach § 44 BRAGO, nämlich
– Prozeßgebühr gem. § 44 I Nr. 1 BRAGO
– Terminsgebühr gem. § 44 I Nr. 2 BRAGO
– Gebühr für die Mitwirkung bei der mündlichen Vernehmung von Zeugen oder Sachverständigen, § 44 I Nr. 3 BRAGO
Ab 1. 1. 1992 gilt § 112 V BRAGO i. d. F. des BetreuungsG (BGBl. 1990 I 2002, 2022) und § 44 BRAGO entfällt.

c) In **Aufgebotsverfahren** richten sich die Gebühren des den Antragsteller 29 vertretenden RA nach § 45 BRAGO. Es gibt vier Gebührentatbestände:
– Prozeßgebühr § 45 I Nr. 1 BRAGO
– Antragsgebühr § 45 I Nr. 2 BRAGO
– Gebühr für den Antrag auf Anordnung einer Zahlungssperre, der vor dem Antrag auf Erlaß des Aufgebots gestellt wird, § 45 I Nr. 3 BRAGO
– Terminsgebühr für die Wahrnehmung der Aufgebotstermine, § 45 I Nr. 4 BRAGO
Der Vertreter anderer Verfahrensbeteiligter als des Antragstellers erhält eine $5/10$ Gebühr für das gesamte Verfahren.

d) In **Individualarbeitssachen** gelten die Vorschriften der §§ 31 ff. BRAGO 30 gem. § 62 I BRAGO sinngemäß. Auf deren Erläuterung kann verwiesen werden mit dem Hinweis, daß im Bezirk des LAG Hamm für die Güteverhandlung eine Erörterungsgebühr nicht anfällt. Im individualarbeitsrechtlichen **Verfahren gem. § 111 II ArbGG** erhält der RA eine $10/10$ Gebühr gem. § 65 I Nr. 2 BRAGO. Einigen sich die Parteien in diesem Verfahren, erhält der RA eine weitere

G Gebühren, Honorare, Erstattungsansprüche

Gebühr gem. § 65 II BRAGO, also keine Vergleichsgebühr gem. § 23 BRAGO und keine Anwendung des § 118 BRAGO, ebenso wenig Anwendung des § 31 I Nr. 2 BRAGO. Im Verfahren gem. § 102 III ArbGG erhält der RA Prozeß-Verhandlungs-/Erörterungs- oder Beweisgebühr aus § 31 BRAGO in Höhe von 5/10 gem. § 62 III BRAGO.

31 Im Verfahren wegen der **Ablehnung eines Schiedsrichters** gem. § 103 III ArbGG gilt entsprechendes. Das gilt auch bei der Vornahme einer Beweisaufnahme durch das Arbeitsgericht für das Schiedsgericht gem. § 106 II BRAGO.

32 e) Im arbeitsrechtlichen **Beschlußverfahren 1. Instanz** gelten gem. § 62 I BRAGO die Vorschriften der §§ 31 ff. BRAGO.

33 Im **arbeitsgerichtlichen Beschlußverfahren in 2. oder 3. Instanz** erhält der RA die um 3/10 erhöhten vollen Gebühren, also nicht die Gebühren des Beschwerdeverfahrens gem. § 61 BRAGO. Im Verfahren vor der **Einigungsstelle** des Betriebsverfassungsrechts erhält der RA eine Gebühr gem. § 65 I Nr. 4 BRAGO und eine weitere Gebühr für den Fall einer Einigung der Parteien, an der er mitgewirkt hat, gem. § 65 II BRAGO.

34 f) Für das Verfahren nach dem **WEG** verweist § 63 I Nr. 2 BRAGO auf die Vorschriften der §§ 31 ff. BRAGO. Für das Beschwerdeverfahren enthält § 62 II BRAGO eine Sonderregelung gem. § 61 BRAGO. Hier gibt es die gleichen Gebühren wie in 1. Instanz.

35 g) Für das Verfahren nach dem Gesetz über das gerichtliche Verfahren in **Landwirtschaftssachen** gelten die Vorschriften der § 63 I Nr. 3 und IV BRAGO.

36 h) Hier zu vernachlässigende **Sonderregelungen** gibt es gem. § 63 I Nr. 4 und § 64 BRAGO in Verfahren wegen Auslandsschulden etc.

37 i) Wird um Vorschriften aus dem **GWB** gestritten, so gilt folgendes: Im gerichtlichen Verfahren gegen Verwaltungsakte der Kartellbehörden richten sich die Gebühren nach § 65a BRAGO (Kartellverwaltungsrecht): In bürgerlich-rechtlichen Streitigkeiten, die sich aus der Anwendung der GWB ergeben, gelten die Vorschriften der §§ 31 ff. BRAGO unmittelbar, im Berufungs- und Revisionsverfahren gelten deshalb die nach § 11 I 4 BRAGO erhöhten Gebühren, nicht die Gebühren des § 65a BRAGO.

38 k) Für Verfahren nach § 15 **UrhG** gilt § 65b BRAGO.

39 l) In Verfahren vor dem **Patentgericht** erhält der RA die Gebühren des § 66 I BRAGO, der auf § 31 ff. BRAGO verweist,
im Berufungsverfahren gegen Entscheidungen des Patentgerichts erhält der RA gem. § 66 I BRAGO die Gebühren in Höhe von 13/10,
im Rechtsbeschwerdeverfahren und Beschwerdeverfahren vor dem BGH erhält der RA abweichend von § 61 BRAGO 13/10 Gebühren gem. § 66 III BRAGO,
im Beschwerdeverfahren vor dem Patentgericht über bestimmte Beschwerden erhält der RA die in § 31 BRAGO bestimmten Gebühren nur in 3/10 Höhe gem. § 66 II BRAGO.

40 m) In Verfahren nach §§ 23–30 **EGGVG** erhält der RA die in § 31 ff. BRAGO geregelten Gebühren gem. § 66a I BRAGO, ebenso in Verfahren nach § 109 StVollzG; im Rechtsbeschwerdeverfahren nach § 116 StVollzG erhält der RA Gebühren gem. § 66a II BRAGO in Höhe 13/10.

Prüfschema zu den Gebühren **G**

n) Für die anwaltliche Tätigkeit **schiedsrichterlicher Verfahren** verweist § 67 **41**
BRAGO auf die §§ 31 ff. BRAGO. Die Verhandlungsgebühr fällt gem.
§ 67 II BRAGO auch dann an, wenn der Schiedsspruch ohne mündliche Verhandlung erlassen wird, wie auch in § 35 BRAGO geregelt, beim anwaltlichen vollstreckbaren Vergleich gem. § 1044 b ZPO gelten §§ 118, 23 BRAGO.

o) Für die Tätigkeit im **Konkursverfahren** erhalten gem. §§ 72–82 BRAGO. **42**
– Gläubigervertreter
  – im Eröffnungsverfahren $5/10$
  – im Konkursverfahren $5/10$
  – im Zwangsvergleichsverfahren $5/10$
  – beschränkt auf Anmeldung der Forderung $3/10$
  – im Beschwerdeverfahren $5/10$
– Schuldnervertreter
  – im Eröffnungsverfahren $3/10$
  – i. ü. wie Gläubigervertreter
Beachte die Streitwertregel des § 77 BRAGO.

p) Gleiches gilt für die Tätigkeit in einem **Vergleichsverfahren**. **43**

q) Gleiches gilt gem. § 81 a BRAGO für das **Seerechtliche Verteilungsver-** **44**
fahren.

r) In sonstigen nicht in den §§ 31 bis 82 BRAGO geregelten Verfahren, die **45**
dem **FGG** unterliegen, gilt § 118 BRAGO für die Gebühren des RA mit der Maßgabe, daß auch in der Beschwerdeinstanz die Gebühren des § 118 BRAGO und nicht des § 61 BRAGO anzuwenden sind.

4. Vierte Stufe: Inhalt des Auftrags

a) Soweit nicht, wie vorstehend dargestellt, für bestimmte gerichtliche Ver- **46**
fahren in der BRAGO Sonderregelungen enthalten sind, richten sich die Gebühren des RA nach dem **Inhalt des Auftrages** an den RA und nach der Art seiner Tätigkeit nach verschiedenen Vorschriften.

– Beginnt das Verfahren mit einer Klage, so erhält der RA, bis die Klage bei **47**
Gericht eingereicht worden ist, die Gebühr des § 32 I BRAGO.
– Ist die Klage bei Gericht eingegangen oder ist der Klagabweisungsantrag bei Gericht eingegangen, verdient der RA die Prozeßgebühr des § 31 I Nr. 1 BRAGO.
– Hat der RA ein PKH-Gesuch mit dem Entwurf einer Klage eingereicht, erhält der RA eine $5/10$ Prozeßgebühr gem. § 51 I S. 1 BRAGO i. V. m. § 31 I Nr. 1 BRAGO.
– Hat der RA stattdessen einen Mahnbescheid beantragt, so erhält er gem. § 43 I Nr. 1 BRAGO eine $10/10$ Gebühr.
– Wird der RA nur als Korrespondenzanwalt tätig, so verdient er gem. § 52 I BRAGO eine $10/10$ Gebühr.
– Wird der RA als Unterbevollmächtigter beauftragt, erhält er eine $5/10$ Prozeßgebühr gem. § 53 S. 1 BRAGO.
– Erhält der RA den Auftrag, eine Partei in der Beweisaufnahme zu vertreten, so erhält er eine $3/10$ Prozeßgebühr gem. § 54 BRAGO.
– Wird der RA beauftragt, einzelne Schriftsätze einzureichen, anzufertigen oder zu unterzeichnen oder andere als Termine zur mündlichen Verhandlung oder Beweisaufnahme wahrzunehmen, so erhält der RA eine $5/10$ Gebühr gem.

§ 56 I BRAGO; bei Beendigung des Mandats vor Aushändigung des Schriftsatzes oder Einreichung des Schriftsatzes oder Beginn des Termins eine 3/10 Gebühr gem. § 56 II BRAGO.
Das gerichtliche Verfahren kann also mit sehr **unterschiedlichen Gebührentatbeständen** beginnen. Ob eine volle Prozeßgebühr oder eine ½ Prozeßgebühr anfällt, hängt sowohl beim Klagauftrag wie auch beim Mahnbescheidsauftrag davon ab, ob die Anträge bei Gericht eingereicht sind oder das Mandat endet, bevor die Anträge dort eingehen.

48 Sowohl die 5/10 Prozeßgebühr des § 51 BRAGO wie auch die 10/10 Prozeßgebühr des § 43 I Nr. 1 BRAGO gehen in der Prozeßgebühr des § 31 I Nr. 1 BRAGO auf, § 37 Nr. 3 BRAGO einerseits und § 43 II BRAGO andererseits.

49 b) Für den **Zivilprozeß** gilt folgende **gebührenrechtliche Entwicklungsübersicht:**

Klagauftrag bis Einreichung bei Gericht	5/10 Prozeßgebühr § 32 BRAGO
Klagauftrag ab Einreichung bei Gericht	10/10 Prozeßgebühr § 31 I Nr. 1 BRAGO
Klagabweisungsantrag eingereicht bei Gericht	10/10 Prozeßgebühr § 31 I Nr. 1 BRAGO
Wahrnehmung der **mündlichen Verhandlung,** in der Klag- und Klagabweisungsantrag streitig gestellt werden	10/10 Verhandlungsgebühr § 31 I Nr. 2 BRAGO
Wahrnehmung des Termins zur mündlichen Verhandlung mit einseitiger Antragstellung und Entscheidung nach Lage der Akte	10/10 Verhandlungsgebühr § 33 I Nr. 1 BRAGO
Wahrnehmung mündlicher Verhandlung mit einseitiger Antragstellung in Ehesachen sowie in Abstammungsverfahren oder in Entmündigungssachen vor den Landgerichten (Entmündigungssachen entfallen ab 1. 1. 1992 gem. Art. 7 § 28 BtG BGBl 1990 I 2002, 2022)	10/10 Verhandlungsgebühr § 33 I Nr. 3 BRAGO.
Entscheidung des Gerichts **ohne mündliche Verhandlung** im Einverständnis der Parteien und gem. § 495a ZPO (vgl. *Herget* 1993, 187)	10/10 Verhandlungsgebühr §§ 35, 31 I Nr. 2 BRAGO
Entscheidung des Gerichts im schriftlichen Vorverfahren	5/10 Verhandlungsgebühr § 35 BRAGO
Einseitige Verhandlung und Antragstellung **in sonstigen Fällen** in 1. Instanz	5/10 Verhandlungsgebühr § 33 I BRAGO
Einseitige Antragstellung in **sonstigen Fällen in der 2. Instanz** in mündlicher Verhandlung durch Rechtsmittelkläger	13/10 Verhandlungsgebühr § 33 I Nr. 2 BRAGO
Einseitige Antragstellung in mündlicher Verhandlung in der Rechtsmittelinstanz durch **Rechtsmittelbeklagten**	13/20 Verhandlungsgebühr § 33 I BRAGO
Verhandlungsgebühr des **Hauptbevollmächtigten** bei Tätigkeit eines Unterbevollmächtigten	5/10 der Verhandlungsgebühr des Unterbevollmächtigten, mindestens 3/10 § 33 III BRAGO

Prüfschema zu den Gebühren **G**

Verhandlungsgebühr des Unterbevollmächtigten	wie oben bei Prozeßauftrag
Mündliche Verhandlung zur Hauptsache nach **Einspruch gegen Versäumnisurteil**	$^{10}/_{10}$ Verhandlungsgebühr § 31 I Nr. 2 BRAGO zzgl. $^{5}/_{10}$ Verhandlungsgebühr § 38 II BRAGO
Rücknahme des Einspruchs gegen Versäumnisurteil	die bis VU verdienten Gebühren zzgl. der ab Einspruch entstandenen weiteren Gebühren unter Anrechnung der vor dem Erlaß des VU ergangenen Prozeßgebühr, aber ohne Anrechnung der vor dem Erlaß des VU sonst entstandenen Gebühren § 38 I BRAGO
Verwerfung des Einspruchs gegen ein Versäumnisurteil	wie bei Rücknahme des Einspruchs gegen VU
Mündlicher Verhandlung mit Antragstellung nach **Abstandnahme vom Urkunden- oder Wechselprozeß**	Neue Gebühren zzgl. der im Urkunden- oder Wechselprozeß entstandenen Gebühren, jedoch unter Anrechnung der Prozeßgebühr des Urkunden- oder Wechselprozesses § 39 BRAGO
Mündliche Verhandlung **nach** Erlaß eines **Vorbehaltsurteils**	wie bei Abstandsnahme vom Urkunden- oder Wechselprozeß § 39 BRAGO
Werden in der mündlichen Verhandlung nicht die Anträge gestellt, wird aber die Sache erörtert	$^{10}/_{10}$ Erörterungsgebühr § 31 I Nr. 4 BRAGO, auf Verhandlungsgebühr denselben Gegenstand betreffend und im selben Rechtszug entstehend, anzurechnen § 31 II BRAGO

c) Die **Erörterungsgebühr** entsteht nur bei Erörterung rechtshängiger Ansprüche in mündlicher Verhandlung, nicht bei Erörterung außerhalb des Gerichtssaales. Die Erörterungsgebühr entsteht jedenfalls, wenn beide Parteien mit dem Gericht die Sach- und Rechtslage argumentativ diskutieren. Die Erörterungsgebühr entsteht auch, wenn das Gericht mit einer Partei die Sache erörtert und der Parteivertreter der anderen Partei aufmerksam dem Gespräch folgt, um jederzeit eingreifen zu können, wenn es ihm sachgerecht erscheint; problematisch ist die der Darstellung der Sach- und Rechtslage durch das Gericht prompt folgende Klagrücknahme (vgl. zum eingreifbereiten Zuhören *OLG Düsseldorf* JurBüro 1977, 1505; *OLG Frankfurt* JurBüro 1977, 1095; AnwBl 1982, 487; *OLG Hamburg* JurBüro 1977, 205; 1980, 1851; *OLG Hamm* JurBüro 1979, 1322; *KG* AnwBl 1976, 297; zur prompten Klagrücknahme vgl. *KG* AnwBl 1980, 265; AnwBl 1986, 109; *OLG Bamberg* JurBüro 1981, 1526; *OLG Zweibrücken* JurBüro 1981, 1525).

d) Die nächste unter Umständen anfallende Gebühr ist die **Beweisgebühr**. Sie entsteht, wenn der RA in der Beweisaufnahme tätig wird. Die Beweisaufnahme beginnt mit der Beweisanordnung. Die Tätigkeit des RA beginnt mit der Entgegennahme der Beweisanordnung und der Weiterleitung an den Mandanten ohne Rücksicht darauf, ob der RA an der Vernehmung eines Zeugen, an der Einnahme eines Augenscheins oder bis zum Eingang eines Sachverständigengutachtens weiter tätig war.

G   Gebühren, Honorare, Erstattungsansprüche

52   Zum **Begriff der Beweisanordnung**:

Maßnahme des Gerichts	Beweisgebühr
Vorbereitende Ladung von Zeugen § 273 II Nr. 4 ZPO	nein
Beweisbeschluß vor mündlicher Verhandlung, § 358a ZPO	ja
Beweisbeschluß, § 358 ZPO	ja
Informatorische Anhörung von Zeugen mit Erklärung des Zeugen, er könne zur Sache nichts sagen	nein
Informatorische Anhörung von Zeugen mit Erklärungen des Zeugen zur Sache	ja
Verwertung von Urkunden oder Erklärungen der Parteien zu Beweiszwecken ausweislich des Urteils ohne Beweisbeschluß	ja
Beweisbeschluß des Gerichts im Beweisverfahren während anhängigen Hauptverfahrens	ja

53   Der **Urkundenbeweis** ist in § 34 BRAGO besonders geregelt worden. Insbesondere reicht hier nicht ein Beweisbeschluß, um die Beweisgebühr entstehen zu lassen. Keine Beweisgebühr entsteht bei einer auf die Vorlegung von Urkunden, die sich in den Händen des Beweisführers oder des Gegners befinden, beschränkten Beweisaufnahme, § 34 I BRAGO. Eine Beweisgebühr entsteht aber bei Anträgen nach §§ 426 ZPO und 432 I ZPO, Vernehmung eines Sachverständigen über die Echtheit einer Urkunde.

54   Eine Beweisgebühr entsteht bei der Beiziehung von Akten oder Urkunden durch Beweisbeschluß, bei der sonst erkennbar zum Beweise erfolgten Beiziehung von Akten oder Urkunden, bei der erkennbaren Verwertung von Akten oder Urkunden zum Beweis, § 34 II BRAGO. Die Einholung einer Zeugenaussage gem. § 377 ZPO ist Beweisaufnahme durch Zeugenvernehmung. Die Einholung einer **Lohn- oder Verdienstauskunft** ohne die Formalitäten des § 377 III ZPO ist in ihrer Einordnung umstritten (bejahend *OLG Celle* AnwBl 1979, 439; *OLG Hamm* AnwBl 1979, 439; *OLG Frankfurt* AnwBl 1979, 32; *OLG Düsseldorf* JurBüro 1983, 142; *OLG Bremen* KostRsp § 31 Ziff. 3 BRAGO Nr. 36; *OLG Zweibrücken* Rpfl 1982, 486; *OLG Schleswig* AnwBl 1985, 544; verneinend *OLG Stuttgart* JurBüro 1982, 55; *OLG Zweibrücken* JurBüro 1982, 1197; *OLG Düsseldorf* JurBüro 1984, 1530; 1986, 881).

55   Eine Beweisgebühr kann in Mandaten, die vor dem 1. 4. 1991 erteilt worden sind, nach Maßgabe des § 134 BRAGO nicht nur im streitigen Prozeßverfahren anfallen, sondern auch im **Beweissicherungsverfahren**. Bereits dargestellt worden ist die in einem Hauptsacheverfahren aufgrund eines Beweissicherungsbeschlusses anfallende Beweisgebühr. Ist ein Hauptsacheverfahren nicht anhängig, so entsteht in einem Beweissicherungsverfahren gem. § 48 BRAGO mit dem Auftrag, einen Beweissicherungsantrag zu stellen, eine 5/10 Prozeßgebühr, mit der Entgegennahme des Beweissicherungsbeschlusses und der Weiterleitung an die Partei eine 5/10 Beweisgebühr gem. §§ 48, 31 I Nr. 3 BRAGO. Bei mündlicher Verhandlung, etwa über die Zulässigkeit des Beweissicherungsantrages, entsteht eine Verhandlungs- oder Erörterungsgebühr in Höhe von 5/10 §§ 48, 31 I Nr. 2 oder 4 BRAGO. Nach Maßgabe des § 134 BRAGO ist ab 1. 4. 1991 § 48 BRAGO n. F. (BGBl 1990 I 2860) i. V. m. § 37 Nr. 3 BRAGO anzuwenden. § 48 BRAGO n. F. verweist auf die ungekürzten Gebühren des § 31 BRAGO. Gem. § 37 Nr. 3 BRAGO n. F. umfaßt der Rechtszug das gesamte

Einzelne gesetzliche Gebührentatbestände G

selbständige Beweissicherungsverfahren, auch wenn die Hauptsache erst nach dem Beweissicherungsverfahren anhängig wird (BT-Drucksache 11/3261 S. 62).

e) In einer zivilrechtlichen Auseinandersetzung kann als weitere Gebühr eine **56 Vergleichsgebühr** gem. § 23 BRAGO anfallen. Es ist bis zum 31. 3. 1991 in der 1. Instanz eine $^{10}/_{10}$ Gebühr, in der 2. Instanz eine $^{13}/_{10}$ Gebühr. Die Vergleichsgebühr fällt nur an, wenn der Vergleich endgültig bestehen bleibt. Wird ein Vergleich aufgrund eines Vorbehaltes widerrufen oder wird durch Fortsetzung des Prozesses festgestellt, daß der Vergleich unwirksam ist, so fällt die Vergleichsgebühr nicht an oder wieder weg. Ein Rücktritt vom Vergleich läßt die einmal entstandene Vergleichsgebühr unberührt. Der RA muß beim Zustandekommen des Vergleichs mitgewirkt haben. Ein Vergleich kann auch ein **Zwischen- oder Teilvergleich** sein. Nach Maßgabe des § 134 BRAGO ist ab 1. 4. 1991 § 23 I 3 BRAGO n. F. anzuwenden. Ist die Hauptsache nicht anhängig, so erhöht sich beim Vergleich gem. § 1044b ZPO die Gebühr auf $^{15}/_{10}$.

f) **Der Rechtszug- oder Rechtswegwechsel.** Grundsätzlich fallen in **jedem 57 Rechtszug** neue Gebühren an, § 13 II 2 BRAGO. In der Berufungsinstanz erhöhen sich die Gebühren um $^{3}/_{10}$, § 11 I 4 BRAGO, im Revisionsverfahren vor dem BGH erhöht sich die Prozeßgebühr um $^{10}/_{10}$, § 11 I 5 BRAGO.

Bei **Verweisung** eines Rechtsstreits von einem erstinstanzlichen **an ein ande- 58 res erstinstanzliches Gericht** des gleichen oder eines anderen Rechtsweges, handelt es sich um einen Rechtszug, so daß derselbe RA dieselben Gebühren nur einmal fordern kann, § 14, 1 BRAGO. Bei **Verweisung** eines Rechtsstreits von einem zweit- oder drittinstanzlichen Gericht innerhalb derselben Gerichtsbarkeit oder in eine andere Gerichtsbarkeit fallen alle Gebühren neu an, § 14, 2 BRAGO.

Bei **Rückverweisung** innerhalb derselben Gerichtsbarkeit an ein bereits mit **59** der Sache befaßtes Gericht können mit Ausnahme der Prozeßgebühren alle Gebühren neu entstehen. Bei Rückverweisung innerhalb desselben Rechtszuges an ein bisher mit der Sache nicht befaßtes Gericht können alle Gebühren neu entstehen. Für den Sonderfall des § 629b ZPO entstehen keine neuen Gebühren, § 15 III BRAGO.

V. Einzelne gesetzliche Gebührentatbestände

(Vgl. zum Verkehrsunfallrecht B IX Rdnr. 217, zum Arbeitsrecht C I Rdnr. **60** 140, zum Sozialgerichtsprozeß C II Rdnr. 93ff.)

1. Streitwerte und Gebühren in Scheidungs- und Folgesachen

a) Das auf S. 1164f. abgedruckte **Formular** ermöglicht die leichte Ermittlung **61** des Streitwertes in der Ehesache sowie den Folgesachen, den isolierten Familiensachen und den einstweiligen Anordnungen. Weiterhin ermöglicht die Übersicht leicht in der Akte zu vermerken, wann welche Gebührentatbestände der BRAGO verwirklicht worden sind.

G

Gebühren, Honorare, Erstattungsansprüche

System für die Übersicht

Die Familiensache	Berechnungs-betrag	Faktor	Sonderzuschlag oder Abzug Besonderheit	Streitwert	§ 31 I 1 § 118 I 1
Verbund Hauptsache					
Ehesache		3	+ Vermögen %		
elterl. Sorge	1500	—			
Umgangsrecht		—			
Kindesunterhalt		12			
Geschiedenenunterhalt		12			
Versorgungsausgleich		12	min. 1000		
Ehewohnung		—			
Hausrat		—			
Zugewinn etc.		—			
eAO-Verbund					
elterl. Sorge		—			
Umgangsrecht		—			
Kindesunterhalt		6			
Ehegattenunterhalt		6			
Ehewohnung		—			
Hausrat		—			
PKV		—			
Isolierte Verfahren					
elterl. Sorge		—			
Umgangsrecht		—			
Kindesunterhalt		12	+ Rückstand		
Ehegattenunterhalt		12	+ Rückstand		
Geschiedenenunterhalt		12	+ Rückstand		
Zugewinn		—	§ 63 I 1 BRAGO		
Hausrat		—	§ 63 I 1 BRAGO		
einstw. Verfügungen					
Unterhalt Kind		§ 3 ZPO			
Unterhalt Ehegatte		§ 3 ZPO			
Sicherung des Zugewinns		—			

Brieske

Einzelne gesetzliche Gebührentatbestände **G**

der in Familiensachen anfallenden Gebühren

§ 118 I 2	§ 31 I 2 § 31 I 4	§ 31 I 3	§ 23 § 36	§ 38	§ 26	§ 27	Gebühren- summe	Bezahlt	Offen

G   Gebühren, Honorare, Erstattungsansprüche

62   b) Schwierigkeiten bereitet es allerdings, den **Verfahrensverbund** einerseits und den **Gebührenverbund** andererseits auseinanderzuhalten, §§ 7 III, 13 I, 41 BRAGO:

1. *Grundregel:* Die Scheidungssache und die Folge-Hauptsachen bilden einen Gebührenverbund, § 7 III BRAGO.
2. *Grundregel:* Die im Scheidungsverbund abgehandelten einstweiligen Anordnungen bilden einen Gebührenverbund unter sich. Sie umfassen auch die den nachehelichen Unterhalt umfassende einstweilige Anordnung wegen Ehegattenunterhalt.
3. *Grundregel:* Die Hauptsache wegen des Getrenntlebenunterhalts der Ehegatten ist nie im Gebührenverbund.
4. *Grundregel:* Die einstweilige Anordnung wegen eines Prozeßkostenvorschusses in einer isolierten Unterhaltssache (auch Getrenntlebenunterhalt von Ehegatten) ist eine gesonderte Sache, § 41 lit. a BRAGO.
5. *Grundregel:* Die einstweiligen Anordnungen wegen eines Prozeßkostenvorschusses in einer Familiensache nach § 621 I Ziff. 1–3 sowie 6–9 ZPO bilden zusammenhängend eine besondere Angelegenheit gem. § 41 I lit. c BRAGO. Das isolierte Unterhaltsverfahren ist ausgenommen. Es ist geregelt in § 127 a ZPO.
6. *Grundregel:* Die einstweiligen Anordnungen in den Verfahren nach §§ 641 d, 641 e II und III ZPO sind besondere Angelegenheiten gem. § 41 I lit. d BRAGO.
7. *Grundregel:* Einstweilige Verfügungsverfahren sind immer besondere Angelegenheiten gem. § 40 BRAGO, s. Rdnr. 66.

63   c) **Besonderheiten beim Kindesunterhalt.** Neben den vorstehend erwähnten Verfahren wegen Kindesunterhalts (isolierte Hauptsache, Hauptsache im Scheidungsverbund und einstweilige Anordnungen sowie einstweilige Verfügungen) gibt es vereinfachte Verfahren zur Abänderung, Festsetzung oder Neufestsetzung von Unterhaltsansprüchen ehelicher, § 641 ff. ZPO, oder nichtehelicher Kinder, § 642 a ff. ZPO.

Übersicht über die Gebühren beim Kindesunterhalt

64   aa) Vereinfachte Abänderung von **Unterhaltstiteln ehelicher Kinder.**

Prozeßmaßnahme	Gebührentatbestand
Auftrag zum Abänderungsantrag endet vor Einreichung des Antrags bei Gericht	5/20 Gebühr §§ 43 III, 32 BRAGO
Abänderungsantrag mündliche Verhandlung im Abänderungsverfahren	5/10 Gebühr gem. § 43 a I BRAGO abgegolten mit vorstehender Gebühr
Beweisaufnahme im Abänderungsverfahren	abgegolten mit vorstehender Gebühr
Erinnerung	abgegolten mit vorstehender Gebühr gem. § 37 Nr. 5 BRAGO
Beschwerde	5/10 § 61 I Nr. 5 BRAGO
Abänderungsklage gem. § 641 q ZPO nach vereinfachtem Verfahren	10/10 Prozeßgebühr unter Anrechnung der 5/10 Gebühr, § 43 II BRAGO
Spätere Abänderungsklage gem. § 323 ZPO	Gebühren gem. § 31 ff. BRAGO

Einzelne gesetzliche Gebührentatbestände **G**

bb) Verfahren wegen des Unterhalts **nichtehelicher Kinder** 65

Prozeßmaßnahme	Gebührentatbestand
Verfahren über den Unterhaltsanspruch dem Grunde nach, nicht der Höhe	§ 31 ff. BRAGO
Erstfestsetzung des Unterhaltsbetrages gem. § 642a, d ZPO nach vorangegangenem Urteil oder gerichtlichem Vergleich über den Unterhaltsgrund	abgegolten mit vorstehender Prozeßgebühr, § 37 Nr. 6 BRAGO
Erstfestsetzung des Regelunterhalts aufgrund eines vor einer Gütestelle abgeschlossenen Vergleichs oder aufgrund einer Urkunde nach § 642c Nr. 2 ZPO	5/10 Gebühr § 43b I Nr. 1 BRAGO
Neufestsetzung gem. § 642b I 1, 2 ZPO	5/10 Gebühr § 43b I Nr. 2 BRAGO
Stundung rückständigen Unterhalts nach § 643a IV ZPO	5/10 Gebühr § 43b I Nr. 3 BRAGO
Stundung i. V. m. Abänderungsklage	abgegolten mit Prozeßgebühr
Aufhebung und Änderung der Stundung nach § 642f. ZPO	5/10 Gebühr § 43b I Nr. 4 BRAGO

2. Einstweilige Verfügung und Arrest

§ 40 BRAGO bestimmt, daß die Verfahren auf Erlaß einer einstweiligen Verfügung oder eines Arrestes gegenüber dem Hauptsachestreit gebührenrechtlich gesonderte Angelegenheiten sind. Grundsätzlich können die Gebühren der §§ 31 ff. BRAGO anfallen. Der Verfahrensablauf führt aber zu **verschiedenen Besonderheiten** gegenüber dem Hauptsacheverfahren. 66

a) Die folgende **Übersicht** zeigt, welche Gebühren entsprechend dem Verfahrensablauf anfallen können:

Verfahrensschritt	Gebühren Antragsteller-RA	Gebühren Antragsgegner-RA	67
Schutzschrift	–	5/10 Prozeßgebühr § 32 BRAGO	
Antrag außerhalb des Hauptsacherechtsstreits	10/10 Gebühr § 31 I 1 BRAGO	–	
Antrag bei Gericht der Hauptsache 1. Instanz	10/10 Gebühr § 31 I 1 BRAGO	–	
Antrag bei zweitinstanzlichem Gericht der Hauptsache	10/10 Gebühr § 31 I 1 BRAGO § 41 III BRAGO	–	
Ablehnung des Antrags durch Beschluß	–		
Beschwerde gegen ablehnenden Beschluß	5/10 Gebühr § 61 I Nr. 1 BRAGO		
Rechtsmittelerwiderung	–	5/10 Gebühr § 61 I Nr. 1 BRAGO	

G

Gebühren, Honorare, Erstattungsansprüche

Verfahrensschritt	Gebühren Antragsteller-RA	Gebühren Antragsgegner-RA
Mündliche Verhandlung in der Rechtsmittelinstanz nach Beschlußentscheidung 1. Instanz	siehe unten Rdnr. 68	siehe unten Rdnr. 68
Verfügung erlassender Beschluß 1. Instanz	–	–
Widerspruch gegen Verfügung	–	¹⁰/₁₀ Gebühr § 31 I 1 BRAGO
Beratung über Widerspruch und Beschränkung auf Kostenwiderspruch	–	⁵/₁₀ Gebühr § 32 BRAGO nach Hauptsachewert und ¹⁰/₁₀ Prozeßgebühr § 31 I 1 BRAGO nach Kostenwert (s. unten Rdnr. 69)
Mündliche Verhandlung nach Antrag auf Erlaß einer einstweiligen Verfügung oder nach Widerspruch	¹⁰/₁₀ Gebühr § 31 I 2 oder 4 BRAGO	¹⁰/₁₀ Gebühr § 31 I 2 oder 4 BRAGO
Verwertung einer schriftlich vorgelegten **eidesstattlichen Versicherung**	siehe unten Rdnr. 70	siehe unten Rdnr. 70
Entgegennahme einer eidesstattlichen Versicherung in mündlicher Verhandlung	siehe unten Rdnr. 70	siehe unten Rdnr. 70
Urteil	–	–
Vollziehung der einstweiligen Verfügung	³/₁₀ Gebühr § 57, 59 BRAGO	
Berufungsinstanz	wie in bürgerlichen Rechtsstreitigkeiten	wie in bürgerlichen Rechtsstreitigkeiten
Antrag auf Fristsetzung gem. § 926 ZPO	–	¹⁰/₁₀ Gebühr § 31 I Nr. 1 BRAGO
Antrag gem. § 927 ZPO	§ 40 II BRAGO	

68 b) Die erste Besonderheit gegenüber dem normalen zivilprozessualen Verfahren entsteht dann, wenn in erster Instanz der Antrag auf Erlaß einer einstweiligen Verfügung durch Beschluß abgelehnt worden ist und gegen diesen Beschluß **Beschwerde** eingelegt worden ist. Erläßt dann das Beschwerdegericht die einstweilige Verfügung durch Beschluß, so würde das Verfahren nach Widerspruch des Antragsgegners vor dem erstinstanzlichen Gericht weitergehen. Dieses Verfahren löst eine Beschwerdegebühr aus, § 61 I Nr. 1 BRAGO. Ordnet das Beschwerdegericht mündliche Verhandlung an, so entsteht nach überwiegender Auffassung zunächst die Prozeßgebühr. Denn mit dieser Anordnung geht das Beschwerdeverfahren ins Urteilsverfahren über. In der mündlichen Verhandlung entsteht dann die volle Verhandlungsgebühr des § 31 I Nr. 2 BRAGO (vgl. *Riedel/Sußbauer* Rdnr. 13 zu § 40 BRAGO; *Gerold/Schmidt/v. Eicken* Rdnr. 16 zu § 40 BRAGO; *Hartmann* Anm. 2 A zu § 61 BRAGO). Es fällt eine ¹⁰/₁₀ **Prozeßgebühr,** nicht eine ¹³/₁₀ Gebühr an (*KG MDR* 1975, 237; *OLG Saarbrücken* JurBüro 1975, 1474).

69 c) Ist die einstweilige Verfügung erlassen, kann der Antragsgegner nach anwaltlicher Beratung seinen **Widerspruch** auf die **Kostenentscheidung** beschränken. Unstreitig ist dann, daß sich der Gegenstandswert für die Berechnung der Prozeßgebühr des den Antragsgegner vertretenden RA auf den Kostenwert beschränkt. Da sich die Beratung aber auf die Hauptsache selber erstreckt, fällt eine 5/10 Prozeßgebühr gem. § 32 BRAGO nach dem Hauptsachestreitwert daneben an (vgl. *Göttlich/Mümmler,* Einstweilige Verfügung, Anm. 1.11 lit. e unter Hinweis auf *KG* Rpfl 1973, 410; Rpfl 1985, 39; vgl. auch *Gerold/Schmidt/v. Eicken* Rdnr. 15 zu § 32 BRAGO; einschränkend – das Problem allerdings nicht erwähnend – *Riedel/Sußbauer/Keller* Rdnr. 8 zu § 40 BRAGO. Entscheidend ist, ob der Auftrag des RA dahinging, die Aussichten eines Widerspruchs zur Hauptsache zu prüfen. Dann ist § 32 BRAGO anzuwenden.

d) Besondere gebührenrechtliche Aufmerksamkeit verdient die **Verwertung** **70** **eidesstattlicher Versicherungen** im einstweiligen Verfügungsverfahren oder im Arrestverfahren. Fällt eine Beweisgebühr an? In Betracht kommt: die Verwertung einer schriftlich vorgelegten eidesstattlichen Versicherung, die Entgegennahme einer eidesstattlichen Versicherung durch einen sistierten Zeugen in mündlicher Verhandlung, die Verwertung des Protokolls einer Zeugenvernehmung aus einem anderen Verfahren. Die Verwertung einer **schriftlich** vorgelegten eidesstattlichen Versicherung ist wegen § 34 I BRAGO keine die Beweisgebühr auslösende Tätigkeit (Nachweise bei *Riedel/Sußbauer/Keller* Rdnr. 104 zu § 31 BRAGO; *Gerold/Schmidt/v. Eicken* Rdnr. 6 zu § 40 BRAGO). Die Entgegennahme einer eidesstattlichen Versicherung **in mündlicher Verhandlung** kann grundsätzlich eine Beweisgebühr auslösen (siehe die Fundstellen wie vor). Die Verwertung von **Zeugenaussagen aus Parallelverfahren** löst keine Beweisgebühr aus (*OLG Hamm* AnwBl 1974, 278; *KG* JurBüro 1981, 867).

3. Die Gebühren in der Zwangsvollstreckung

Der Rechtsanwalt wird in der Zwangsvollstreckung tätig entweder im **An-** **71** **schluß an eine vorhergehende Prozeßtätigkeit** oder unabhängig von einer vorhergehenden Prozeßtätigkeit. Soweit der RA den der Vollstreckung zugrundeliegenden Titel erstritten hat, sind verschiedene Tätigkeiten der Zwangsvollstreckung mit der Prozeßgebühr abgegolten, § 37 BRAGO. In der nachstehenden Aufstellung sind diese Tätigkeiten aufgeführt. War der RA nicht beauftragt, den der Zwangsvollstreckung zugrundeliegenden Titel zu erstreiten, so erhält er für diese Tätigkeiten eine Gebühr gem. § 57 BRAGO. Von der Gebühr gem. § 57 BRAGO sind bestimmte in § 58 II BRAGO aufgeführte Tätigkeiten automatisch umfaßt. Auch diese Tätigkeiten sind in der nachstehenden Aufstellung unter Hinweis auf § 58 II BRAGO aufgeführt. Schließlich gibt es in der Zwangsvollstreckung verschiedene Tätigkeiten, die unabhängig von sonstiger Tätigkeit in der Zwangsvollstreckung als gesonderte gebührenpflichtige Tätigkeiten zu beurteilen sind, § 58 III BRAGO.

Die nachstehende **Übersicht** ordnet einzelne Maßnahmen der Zwangsvoll- **72** streckung nach den vorstehenden Kriterien den §§ 37, 58 I, II oder III BRAGO zu oder den sonst gültigen Vorschriften.

Art der Vollstreckungsmaßnahmen	BRAGO-Vorschriften
Notfristattest einholen	§§ 37 Nr. 7, 58 II Nr. 1
Rechtskraftzeugnis einholen	§§ 37 Nr. 7, 58 II Nr. 1
Antrag, Vollstreckungsklausel zu erteilen	§§ 37 Nr. 7, 58 II Nr. 2

G
Gebühren, Honorare, Erstattungsansprüche

Art der Vollstreckungsmaßnahmen	BRAGO-Vorschriften
Klage auf Erteilung der Vollstreckungsklausel	§ 31
Einwendungen gegen Erteilung der Vollstreckungsklausel	§ 58 III Nr. 1
Antrag, die Zwangsvollstreckung vorläufig einzustellen	§§ 37 Nr. 3, 58 I
Mündliche Verhandlung über Einstellungsantrag	§§ 49 I, 31
Zustellung einer Bürgschaft zur Abwehr der Zwangsvollstreckung	§§ 37 Nr. 3, 58 I und II Nr. 2 analog
Zustellung einer Vollstreckungsbürgschaft	§§ 37 Nr. 3, 58 I, II Nr. 2
§ 753 ZPO Vollstreckungsantrag an Gerichtsvollzieher	§ 58 I
§ 761 ZPO Antrag, die Vollstreckung zur Nachtzeit und an Sonn- und Feiertagen zu erlauben	§ 58 II Nr. 3
Antrag auf Gestattung der Durchsuchung der Räume des Schuldners	§ 58 II Nr. 3 analog
Erneuter Vollstreckungsantrag § 765a ZPO,	§ 58 I
Vollstreckungsschutzantrag	§ 58 III Nr. 3
§ 766 I ZPO, Erinnerung gegen Art u. Weise der ZV	§ 58 I
§ 767 ZPO, Vollstreckungsabwehrklage	§ 31
§ 768 ZPO, Klage gegen Vollstreckungsklausel	§ 31
§ 769 ZPO	§§ 37, 49 I
§ 771 ZPO, Widerspruchsklage	§ 31
§ 772 ZPO, Widerspruchsklage bei Veräußerungsverbot	§ 31
§ 773 ZPO, Widerspruchsklage des Nacherben	§ 31
§ 774 ZPO, Widerspruchsklage des Ehegatten	§ 31
§ 777 ZPO, Erinnerung bei genügender Sicherung des Gläubigers	§ 58 I
§§ 781, 767 ZPO, beschränkte Erbenhaftung in der ZV	§ 31
§ 788 ZPO, Festsetzung der Kosten der ZV	§§ 58 I, 37 Nr. 7
§ 793 ZPO, sofortige Beschwerde	§ 61
§ 805 ZPO, Klage auf vorzugsweise Befriedigung eines Dritten	§ 31
§ 807 ZPO, Antrag auf Abgabe der eidesstattlichen Versicherung	§ 58 III Nr. 11
§§ 807, 900 ZPO, Widerspruch des Schuldners gegen Anordnung, eidesstattliche Versicherung abzugeben in mündlicher Verhandlung	§§ 58 III Nr. 11, 31 I Nr. 2
§§ 807, 900 V ZPO, Beschwerde des Schuldners	§ 61 BRAGO
§ 807, 901 ZPO, Antrag auf Erlaß eines Haftbefehls in mündlicher Verhandlung	§§ 58 III Nr. 1, 31 I Nr. 2
§ 811a ZPO, Antrag auf Austauschpfändung	§ 58 III Nr. 4
§ 811b ZPO, vorläufige Austauschpfändung	§ 58 I, III Nr. 4
§ 813a ZPO, Antrag auf Aussetzung der Verwertung	§ 58 III Nr. 3
§ 825 ZPO, Antrag auf anderweitige Verwertungsart	§ 58 III Nr. 4a
§ 827 ZPO, Antrag auf Bestimmung eines bestimmten Gerichtsvollziehers bei mehrfacher Pfändung	§ 58 II Nr. 4

Brieske

Einzelne gesetzliche Gebührentatbestände **G**

Art der Vollstreckungsmaßnahmen	BRAGO-Vorschriften
§ 829 ZPO, Antrag auf Pfändung von Geldforderungen	§ 58 I
§ 840 ZPO, Erklärung des Drittschuldners (für von Drittschuldner beauftragten RA)	§ 58 I
§ 844 ZPO, Antrag auf andere Art der Verwertung	analog § 58 III Nr. 4a
§ 845 ZPO, Vorpfändung	§ 58 I
§ 850c IV ZPO, Änderung der Berechnung des unpfändbaren Teils des Arbeitseinkommens	§ 58 I
§ 850f ZPO, Antrag auf Änderung des unpfändbaren Betrages	§ 58 I
§ 850g ZPO, Antrag auf Änderung der Unpfändbarkeitsvoraussetzungen	§ 58 I
§ 850i ZPO, Antrag auf Pfändungsschutz in Sonderfällen	§ 58 I
§ 850k ZPO, Antrag auf Pfändungsschutz für Bankguthaben	§ 58 I
§ 851a ZPO, Antrag auf Pfändungsschutz für Landwirte	§ 58 III Nr. 3
§ 851b ZPO, Antrag auf Pfändungsschutz bei Miet- und Pachtzins	§ 58 III Nr. 3
§ 856 ZPO, Klage bei mehrfacher Pfändung auf Erfüllung der Pflichten aus §§ 853 bis 855 ZPO	§ 31
§ 857 ZPO, Antrag auf besondere Anordnungen bei Vollstreckung in andere Vermögensrechte	§ 58 I
§ 866 ZPO, Antrag auf Eintragung einer Sicherungshypothek	§ 58 III Nr. 5
§ 869 ZPO, Zwangsversteigerung, Zwangsverwaltung	§§ 68, 69
§ 872 ZPO, Verteilungsverfahren mit Termin	§ 60 I, $^5/_{10}$
§ 872 ZPO, Verteilungsverfahren ohne Termin	§ 60 I, $^3/_{10}$
§ 878 ZPO, Widerspruchs- und Bereicherungsklage	§ 31
§ 882a ZPO, Ankündigung der ZV gegen juristische Person des öffentlichen Rechts	§ 58 II Nr. 5
§ 887 ZPO, Antrag auf Vollstreckung wegen vertretbarer Handlungen	§ 58 III Nr. 7
§ 887 II ZPO, Antrag aus Vorauszahlungsbeschluß	§ 58 III Nr. 5
§ 888 ZPO, Antrag auf Vollstreckung wegen unvertretbarer Handlung	§ 58 III Nr. 8
§ 888 I ZPO, Vollstreckung des Zwangsgeldes	§ 58 III Nr. 8
§ 889 ZPO, Antrag auf Abgabe der eidesstattlichen Versicherung nach BGB	§ 58 I
§ 890 II ZPO, Antrag auf Androhung einer Verurteilung zu Ordnungsgeld	§ 58 II Nr. 6
§ 893 ZPO, Klage auf Leistung des Interesses	§ 31
§ 909 ZPO, Antrag auf Verhaftung des Schuldners	§ 58 I
§ 915 II ZPO, Löschung im Schuldnerverzeichnis	§ 58 II Nr. 12

G
Gebühren, Honorare, Erstattungsansprüche

Betreibt der RA die Zwangsvollstreckung für einen Gläubiger gegen mehrere Schuldner, so ist die Vollstreckung gegen jeden einzelnen Schuldner eine gesonderte Angelegenheit. Wird gegen zwei Mieter die Räumungsvollstreckung betrieben, so fallen also zwei 3/10 Gebühren und zwei Auslagenpauschalen an, jeweils zzgl. Mehrwertsteuer.

Jeder Schuldner haftet prozessual nur für die in der Vollstreckung gegen ihn entstandenen Gebühren.

Nach Maßgabe der Übersicht in Rdnr. 72 handelt es sich bei vielerlei Vollstreckungsmaßnahmen um gegenüber vorangegangenen Vollstreckungsmaßnahmen und nachfolgenden Vollstreckungsmaßnahmen gesonderte Angelegenheiten. Das hat zur Folge, daß bei jeder Angelegenheit die Gebühren entstehen können, auf die § 57 BRAGO verweist, insbesondere also die 3/10 Prozeßgebühr des § 31 I Nr. 1 BRAGO, aber auch die Vergleichsgebühr des § 23 BRAGO. Wird in der ersten selbständigen Vollstreckungsmaßnahme ein Vergleich abgeschlossen, den der Schuldner nicht einhält, und vollstreckt der Gläubiger dann erneut aufgrund einer Verfallklausel und wird dann ein neuer Vergleich abgeschlossen, so fällt in der neuen Vollstreckungssache erneut eine Vergleichsgebühr an. Der Gegenstandswert der zweiten Vollstreckungsmaßnahme unterscheidet sich vom Gegenstandswert der ersten Vollstreckungsmaßnahme aufgrund der in der Zwischenzeit angefallenen weiteren Kosten und Zinsen und aufgrund evtl. vom Schuldner geleisteter Zahlungen, § 57 II BRAGO.

Ob allerdings eine Vergleichsgebühr in Rechnung gestellt werden darf, hängt davon ab, ob tatsächlich ein Vergleich im Sinne des § 779 BGB zwischen Gläubiger und Schuldner geschlossen worden ist; ein einseitiges Nachgeben des Gläubigers reicht dafür nicht aus. Auch der Schuldner muß über die dem Schuldtitel nur genügende Erklärung, zahlen zu wollen, nachgeben (vgl. zu den Anforderungen *Gerold/Schmidt/von Eicken* Rdnr. 27 zu § 57 BRAGO). Ob diese Vergleichsgebühr prozessual erstattungsfähig ist, ist umstritten (bejahend *Gerold/Schmidt/von Eicken* Rdnr. 27 am Ende mit Darstellung der kontroversen Rechtsprechung).

Der typische Ablauf der Zwangsvollstreckung enthält schließlich noch gebührenrechtliche Schwierigkeiten, wenn der Schuldner ständig verzieht oder aus sonstigen Gründen vom Gerichtsvollzieher nicht angetroffen wird. Dabei helfen folgende Hinweise, die gebührenrechtlichen Fragen zu beantworten:

Vollstreckungsmaßnahme	Gebührentatbestand zusätzlicher	Streitwert (Veränderungen)
Zustellung gem. § 720a ZPO	keiner	–
Vollstreckungsauftrag gem. § 753 ZPO	3/10 § 58 I BRAGO	bisherige Hauptforderung, Zinsen, Kosten
Antrag, die Vollstreckung zur Nachtzeit und an Sonn- u. Feiertagen zu erlauben, § 761 ZPO	keiner, § 58 II Nr. 3 BRAGO	–
Antrag auf Gestattung der Durchsuchung der Räume des Schuldners gem. Art. 13 GG	keiner, § 58 II Nr. 3 analog	–
Auftrag an den Gerichtsvollzieher mit den beiden Gerichtsbeschlüssen	keiner	–
Auftrag an anderen Gerichtsvollzieher, nachdem Schuldner nun verzogen ist	umstritten (überwiegende Meinung wohl ablehnend, vgl. Ge-	–

Brieske

Einzelne gesetzliche Gebührentatbestände **G**

Vollstreckungsmaßnahme	Gebührentatbestand zusätzlicher	Streitwert (Veränderungen)
Gerichtsvollzieher hat unter Anschrift A Unpfändbarkeit bescheinigt, Gläubiger erfährt neue Anschrift B und beauftragt dort erneut einen Gerichtsvollzieher	rold/Schmidt/von Eicken Rdnr. 7 zu § 58 BRAGO weitere Gebühr, § 58 I BRAGO	zzgl. weiterer Kosten und Zinsen
Antrag auf Abgabe der eidesstattlichen Versicherung, § 807 ZPO	weitere Gebühr, § 58 III Nr. 11 BRAGO	max. 2400,– DM
Widerspruch des Schuldners im Termin und Antrag des Gläubigervertreters, Widerspruch zurückzuweisen	weitere Gebühr, § 58 III Nr. 11, § 31 I Nr. 2 BRAGO	unverändert
Beschwerde des Schuldners, §§ 807, 900 V ZPO	³⁄₁₀, § 61 BRAGO	max. 2400,– DM
Antrag auf Erlaß eines Haftbefehls in neuer mündlicher Verhandlung	keiner (Verhandlungsgebühr bereits angefallen)	–
Antrag auf Verhaftung des Schuldners	keiner	–
Schuldner wird verhaftet, im Termin zur eidesstattlichen Versicherung übergibt der Schuldner eine Bürgschaft einer dritten Person, der Gläubiger bewilligt Ratenzahlung und nimmt den Antrag auf Abgabe der eidesstattlichen Versicherung zurück	§ 23 BRAGO	unverändert
Schuldner hält Zahlungsversprechen nicht ein, Gläubiger nimmt Bürgin in Anspruch	§ 118 oder § 31 BRAGO	Hauptforderung
Erneuter Antrag auf Abgabe der eidesstattlichen Versicherung	³⁄₁₀, § 58 III Nr. 11 BRAGO	zzgl. bisheriger Kosten und Zinsen, aber ohne Kosten, die nur gegen Bürgern entstanden sind und umstritten wegen Vergleichsgebühr (s. oben), aber max. 2400,– DM, § 58 III Nr. 11 BRAGO
Schuldner gibt eidesstattliche Versicherung in Anwesenheit des Gläubigervertreters ab	³⁄₁₀, § 58 III Nr. 11, § 31 I Nr. 2 BRAGO	unverändert
Antrag auf Lohnpfändung, § 829 ZPO	³⁄₁₀, § 58 I BRAGO	zzgl. weiterer Kosten und Zinsen
Mahnung des Drittschuldners zur Abgabe der Erklärung gem. § 845 ZPO	§§ 118, 32, 120 BRAGO	Hauptforderung
Antrag auf Eintragung einer Sicherungshypothek	³⁄₁₀, § 58 III Nr. 5 BRAGO	zzgl. weiterer Kosten und Zinsen
Antrag auf Zwangsversteigerung	Gebühren, § 68 BRAGO	s. § 68 III BRAGO

Brieske

G Gebühren, Honorare, Erstattungsansprüche

Bei der Abrechnung der Abrechnung der Zwangsvollstreckungstätigkeit kommt es besonders darauf an, festzustellen:
- welchen Auftrag der Mandant erteilt hat
- welche Gebühren im Verhältnis zum Mandanten angefallen sind
- welche Gebühren der Schuldner zu erstatten hat (prozessual oder materiell-rechtlich)
- ob Gebühren hätten vermieden werden können; nur die notwendigen Kosten der Zwangsvollstreckung hat der Schuldner zu erstatten

4. Die Beschwerde

73 Unter den Begriff der Beschwerde fallen die verschiedensten Arten der Beschwerde, die auch gebührenrechtlich durchaus unterschiedlich behandelt werden. Es gibt keine zusätzliche Gebührentatbestände auslösenden Beschwerden, Gebühren gem. § 61 BRAGO auslösende Beschwerden, sonstigen Gebührentatbestände auslösenden Beschwerden.

74 **a) Keine Gebührentatbestände auslösenden Beschwerden** sind die Beschwerden im Strafverfahren und Ordnungswidrigkeitenverfahren mit Ausnahme der Rechtsbeschwerde und mit Ausnahme der Erinnerung/Beschwerde im Kostenfestsetzungsverfahren und gegen den Kostenansatz, § 61 I Nr. 2 BRAGO. Derartige, von den Gebühren der §§ 83 und 84 BRAGO umfaßten Beschwerden sind

- Beschwerden in Haftsachen einschließlich Haftprüfungsverfahren,
- Beschwerden gegen Entscheidungen über die vorläufige Entziehung der Fahrerlaubnis,
- Beschwerden gegen Entscheidungen wegen vorläufigen Berufsverbots,
- Beschwerden gegen die Entscheidung über die Beiordnung eines Pflichtverteidigers,
- Beschwerden gegen vorläufige Entscheidungen über die Unterbringung,
- Beschwerden gegen Entscheidungen wegen Beschlagnahmen und Durchsuchungen,
- Beschwerden im Wiedereinsetzungsverfahren.

Soweit diese Tätigkeiten keine gesonderten Gebührentatbestände darstellen, sind sie doch bei der Ermittlung der angemessenen Gebühr, innerhalb des jeweiligen Gebührenrahmens zu berücksichtigen (zur Bemessung der Gebühren im Rahmen des § 12 BRAGO vgl. Rdnr. 138).

75 Was für das Strafverfahren gilt, gilt auch für Verfahren nach dem Gesetz über die innerdeutsche Rechts- und Amtshilfe in Strafsachen, § 105a BRAGO, für Verfahren nach dem Gesetz über die internationale Rechtshilfe in Strafsachen, §§ 106 ff. BRAGO, in Disziplinarverfahren, § 109 BRAGO, in Wehrbeschwerdeverfahren, § 109a BRAGO, in ehren- und berufsgerichtlichen Verfahren, § 110 BRAGO, in Verfahren wegen der Untersuchung von Seeunfällen, § 111 BRAGO, und in Verfahren über die Freiheitsentziehung, § 112 BRAGO, die jeweils auf die Vorschriften der §§ 83 ff. BRAGO verweisen.

76 **b)** Von der **Pauschgebühr** für das Verfahren umfaßt sind auch die Beschwerden mit Ausnahme der Nichtzulassungsbeschwerde im sozialgerichtlichen Verfahren des § 116 I BRAGO, nicht aber in den Beschwerdeverfahren des § 116 II BRAGO.

77 **c)** Nachdem wir vorstehend die Fälle dargestellt haben, in denen eine besondere Beschwerdegebühr nicht anfällt, wenden wir uns nun den Verfahren zu, in denen die Beschwerdegebühr des **§ 61 BRAGO nicht anwendbar** ist, so daß

Einzelne gesetzliche Gebührentatbestände G

schließlich noch die Fälle übrig bleiben, in denen § 61 BRAGO einschlägig ist:

§ 47 II BRAGO	Beschwerde im Verfahren wegen der Vollstreckbarerklärung ausländischer Schuldtitel, im Gegensatz zum Verfahren zur Vollstreckbarerklärung von Schiedssprüchen, § 46 BRAGO, erhält der RA hier ¹⁰⁄₁₀ Gebühren
§ 61a BRAGO	Beschwerde in Scheidungsfolgesachen, Gebühren gem. § 11 I 4, 5 BRAGO
§ 62 II BRAGO	Beschwerde im arbeitsgerichtlichen Beschlußverfahren, Gebühren gem. § 11 I 4 BRAGO
§§ 62, 114 III BRAGO	Nichtzulassungsbeschwerde im arbeitsgerichtlichen Verfahren (str., Nachweise bei *Gerold/Schmidt/v. Eicken*, Rdnr. 4a zu § 62 BRAGO)
§ 63 II BRAGO	Beschwerde im Verfahren nach der HausratsVO, § 43 WEG, nach dem LWVG, nach § 76 des Auslandsschuldengesetzes, Gebühren wie im ersten Rechtszug
§ 65a BRAGO	Beschwerde- und Rechtsbeschwerdeverfahren nach dem GWB, Gebühren nach § 11 I 4 BRAGO
§ 65b BRAGO	Verfahren nach dem Gesetz über die Wahrnehmung von Urheberrechten und Verwandten Schutzrechten, Gebühren nach § 11 I 4 BRAGO
§ 66 II BRAGO	Beschwerdeverfahren vor dem Patentgericht in bestimmten Angelegenheiten
§ 66 III BRAGO	Verfahren vor dem BGH im Rechtsbeschwerde- und Beschwerdeverfahren in Patentsachen etc., Gebühren nach § 11 I 4 BRAGO
§ 66a II BRAGO	Rechtsbeschwerde nach § 116 StVollzG, Gebühren nach § 11 I 4 BRAGO
§ 70 I BRAGO	Rechtsmittelverfahren in Zwangsversteigerungs- und Zwangsverwaltungsverfahren
§ 80 II BRAGO	Beschwerde im Vergleichsverfahren
§ 81a II BRAGO	Beschwerde im Seerechtlichen Verteilungsverfahren, ³⁄₁₀ Gebühr
§ 118 BRAGO	Beschwerde in FGG-Verfahren

d) In den **übrigen Beschwerdeverfahren** entstehen die Gebühren gem. § 31 **78** BRAGO in halber Höhe, also in Höhe von ⁵⁄₁₀. Hierzu gehören:
- Beschwerde in Beweisverfahren, wenn der Beweissicherungsantrag abgelehnt worden ist,
- Beschwerde in PKH-Verfahren, wenn PKH versagt worden ist,
- Beschwerde wegen der vorläufigen Einstellung, Beschränkung oder Aufhebung der Zwangsvollstreckung,
- Beschwerde im Verfahren wegen der Rückgabe einer Sicherheit, §§ 109, 715 ZPO,
- Bestellung von Vertretern durch das Prozeß- oder Vollstreckungsgericht,
- Beschwerde im Ablehnungsverfahren von Richtern, Rechtspflegern, Urkundsbeamten der Geschäftsstelle oder Sachverständigen,
- Beschwerde in Zwangsvollstreckungsverfahren,
- Beschwerde im Verfahren wegen der Festsetzung des Streitwertes,
- Beschwerde im Verfahren wegen der Änderung einer Entscheidung des beauftragten oder ersuchten Richters,

G
Gebühren, Honorare, Erstattungsansprüche

- Beschwerde im Verfahren wegen der Änderung von Entscheidungen des Urkundsbeamten der Geschäftsstelle oder des Rechtspflegers,
- Beschwerde gegen Berichtigungsbeschluß, § 319 III ZPO,
- Beschwerde im vereinfachten Abänderungsverfahren von Unterhaltstiteln, § 641 p III ZPO,
- Beschwerde im Verfahren gem. § 642a III ZPO wegen der Festsetzung von Regelunterhalt,
- Beschwerde gegen Kostenentscheidung gem. § 91a II ZPO,
- Beschwerde gegen Kostenentscheidung gem. § 93 ZPO, § 99 II 1 ZPO,
- Erinnerung, Beschwerde im Kostenfestsetzungsverfahren, § 104 III ZPO.

5. Außergerichtliche Tätigkeit

79   Wie oben (Rdnr. 19) dargestellt, kann die anwaltliche außergerichtliche Tätigkeit sich darstellen als **Beratung oder Auskunft** gem. § 20 BRAGO; außergerichtliche Tätigkeit gem. § 118 BRAGO oder außergerichtliche Tätigkeit gem. § 120 BRAGO.

Welche der drei Normen anzuwenden ist, richtet sich nicht nach der vom RA entfalteten Tätigkeit, sondern nach der in Auftrag gegebenen Tätigkeit (*BGH* AnwBl 1983, 512). Soweit sich allerdings eine in Auftrag gegebene Tätigkeit auf einen Umfang beschränkt, der etwa unter § 120 BRAGO zu subsumieren wäre, ist dieser Umstand bei der Bemessung der Gebühr im Rahmen des § 20 BRAGO oder des § 118 BRAGO zu berücksichtigen.

80   Bei Beginn einer außergerichtlichen Tätigkeit wird der RA zunächst den **Auftragsinhalt** genau feststellen. Nach den vorstehend genannten Kriterien ist die Abgrenzung zwischen § 120 BRAGO einerseits sowie § 118 oder § 20 BRAGO andererseits einfach. Einfach ist auch noch die Abgrenzung zwischen **§ 118 und § 20 BRAGO,** soweit der Auftrag dahingeht, gegenüber Dritten außergerichtlich tätig zu sein: hier wird § 118 BRAGO angewendet. Der Übergang von § 20 zu § 118 BRAGO ist dort, wo die Beratung in den Entwurf von Schreiben oder Urkunden übergeht oder wo bei der Gestaltung von Gesellschaftsverträgen mitgewirkt wird, § 118 I Nr. 1 und § 118 I Nr. 2, 2. Halbsatz BRAGO.

81   Im übrigen enthält § 118 BRAGO die **Alternativen** (1) Geschäftsgebühr § 118 I Nr. 1 BRAGO; (2) Besprechungsgebühr § 118 I Nr. 2 BRAGO; (3) Beweisaufnahmegebühr § 118 I Nr. 3 BRAGO. – § 118 dient für das gesamte einem Rechtsstreit vorausgehende Verwaltungsvorverfahren einschließlich eines Einspruchs-, Beschwerde- oder Abhilfeverfahrens, § 119 I BRAGO (zum Verwaltungsverfahren siehe im übrigen unten Rdnr. 91).

6. Anwaltsgebühren im Strafverfahren

82   a) **Verteidiger.** Ist der RA als Verteidiger beauftragt, so kommt wieder in Betracht, daß er beratend tätig sein soll, einzelne Tätigkeiten ausüben soll, insgesamt verteidigen soll. In der nachstehenden **Übersicht** sind für einzelne anwaltliche Tätigkeiten die jeweiligen Gebührengrundlagen der BRAGO aufgeführt.

83

Verfahrensabschnitt	Rat	Gesamtverteidigung	Einzelauftrag
Ermittlungsverfahren	§ 20	§ 84, 1. Alt.	–
staatsanwaltliche Vernehmung	§ 20	§ 84, 1. Alt.	§ 91 Nr. 2

Einzelne gesetzliche Gebührentatbestände   G

Verfahrensabschnitt	Rat	Gesamtverteidigung	Einzelauftrag
richterl. Vernehmung	§ 20	§ 84, 1. Alt.	§ 91 Nr. 2
Anträge	§ 20	§ 84, 1. Alt.	§ 91 Nr. 1
Klagerzwingungsverfahren	§ 20	§ 84, 2. Alt.	§ 91 Nr. 2
Stellungnahme zur Anklage gegenüber dem Gericht	§ 20	§ 84, 2. Alt.	§ 91 Nr. 1
Hauptverfahren	§ 20	§ 84, 2. Alt.	–
Richterlicher Augenschein außerhalb der Hauptverhandl.	§ 20	§ 84, 2. Alt.	§ 91 Nr. 2
1. Hauptverhandlungstag	§ 20	§ 83 I	–
Fortsetzung der Hauptverhandl.	§ 20	§ 83 II	–
Beweisanträge	§ 20	§ 83	§ 91 Nr. 1
Ablehnungsanträge	§ 20	§ 83	§ 91 Nr. 1
Berufungseinlegung	§ 20	§§ 83, 84, 2. Alt. § 87	§§ 91 Nr. 1, 92
Berufungsbegründung	§ 20	§ 85 III	§§ 91 Nr. 2, 92
Erwiderung auf gegn. Berufung	§ 20	§ 85 III	§ 91 Nr. 2
Berufungshauptverhandlung 1. Tag	§ 20	§ 85 I	–
Berufungshauptverhandlung 2. Tag	§ 20	§ 85 II	–
Revisionseinlegung	§ 20	§§ 85 I, 2, 87	§§ 91 Nr. 2, 92
Revisionsbegründ.	§ 20	§ 86 III	§§ 91 Nr. 3, 92
Revisionserwider.	§ 20	§ 86 III	§ 91 Nr. 3
Erklärung gem. § 349 III StPO	§ 20	§ 86 III	§ 91 Nr. 3
Revisionshauptverhandlung 1. Tag	§ 20	§ 86 I	–
Revisionshauptverhandlung 2. Tag	§ 20	§ 86 II	–
Gnadengesuch	§ 20	§ 93	§ 93
Kostenfestsetzungsantrag	§ 20	§§ 83, 84	§ 91 Nr. 1
Erinnerung im Kostenfestsetzungsverf.	§ 20	§ 96 I Nr. 1	§ 91 Nr. 1
Wiederaufnahmeverfahren	§ 20	§ 90	–
Strafvollzug			
Antrag gem. § 109 StrVollzG	§ 20	§ 66a Abs. 1	§ 66a Abs. 1
Rechtsbeschwerde, § 116 StrVollzG	§ 20	§ 66a	§ 66a
Antrag gem. § 23 ff EGGVG	§ 20	§ 66a Abs. 1	§ 66a Abs. 1

G
Gebühren, Honorare, Erstattungsansprüche

Soweit vorstehend in der Spalte „Rat" § 20 BRAGO erwähnt worden ist, fällt diese Gebühr nur einmal an, unabhängig davon, in welchem Verfahrensstadium der RA um Rat gebeten wird. Der Umfang der Beratung wirkt sich natürlich auf die Höhe der Gebühren im Rahmen des § 12 BRAGO aus. Der nur mit **Einzeltätigkeiten** beauftragte RA erhält je Rechtszug auch aus mehreren Einzeltätigkeiten insgesamt nicht mehr, als er als Wahlverteidiger für die gesamte Tätigkeit als Verteidiger erhalten hätte. Für die die Verteidigung im eigentlichen Sinne betreffenden Gebührentatbestände kommt es auf folgende **Abgrenzungsmerkmale** an:

84 1. *Gebührentatbestand:* Tätigkeit im Ermittlungsverfahren bis zu dem Zeitpunkt, wo die Anklage beim Gericht erhoben wird: eine in keiner anderen Gebühr aufgehende Gebühr gem. § 84, 1. Alternative BRAGO (vorbereitendes Verfahren) fällt an.

85 2. *Gebührentatbestand:* Sobald die Anklage bei Gericht erhoben ist, beginnt das gerichtlich anhängige Verfahren, in dem der RA zunächst eine neue Gebühr gem. § 84 I, 2. Alternative BRAGO verdient.

86 3. *Gebührentatbestand:* Mit dem Aufruf der Sache gem. § 243 I 1 StPO beginnt die die Gebühr aus § 83 I BRAGO auslösende Hauptverhandlung. Die aus dem 2. Gebührentatbestand entstandene Gebühr wächst in eine Gebühr gem. § 83 BRAGO hinein, weil sich nunmehr in dem gerichtlichen Verfahren eine Hauptverhandlung abspielt.

87 4. *Gebührentatbestand:* Mit jedem neuen Hauptverhandlungstag entsteht eine neue Gebühr, und zwar aus § 83 I BRAGO oder aus § 83 II BRAGO. Ob an folgenden Hauptverhandlungstagen der Gebührentatbestand des § 83 I oder des § 83 II BRAGO erreicht wird, hängt vom Verlauf des Verfahrens entsprechend den strafprozessualen Vorschriften ab. Die Gebühr für den letzten Hauptverhandlungstag umfaßt auch die Einlegung des Rechtsmittels, der Berufung oder der Revision, § 87 BRAGO.

Wird eine Hauptverhandlung ausgesetzt und endet das Verfahren erstinstanzlich außerhalb einer nachfolgenden Hauptverhandlung, so soll eine Gebühr gem. § 84 2. Alt. zusätzlich anfallen (*LG Bremen* StrV 90, 173: der Gesetzgeber habe, indem er bei Aussetzung der Hauptverhandlung eine weitere Gebühr gem. § 83 Abs. 1 BRAGO zugebilligt habe, mit dem Ende der ersten Hauptverhandlung einen gebührenrechtlichen Einschnitt geschaffen; § 83 Abs. 2 S. 2 BRAGO sei eingeführt worden, um die vorbereitende Tätigkeit außerhalb der nachfolgenden Hauptverhandlung höher zu bewerten; das erfordere in den Fällen, in denen es zur weiteren Hauptverhandlung nicht komme, die Bewilligung einer Zusatzgebühr gem. § 84 2. Alt. BRAGO).

88 5. *Gebührentatbestand:* Ist **Berufung** eingelegt und befindet sich die Akte beim Berufungsgericht, so beginnt das Berufungsverfahren mit den Gebührentatbeständen des § 85 BRAGO, die sich an die Gebührentatbestände des § 84 und 83 BRAGO anlehnen, also zunächst Tätigkeit außerhalb der Hauptverhandlung mit Gebühr gem. § 85 III, sodann Gebühr für Tätigkeit einschließlich Hauptverhandlung gem. § 85 I, und schließlich Gebühr für Fortsetzungsverhandlung gem. § 85 II (ab 1. 3. 1993 neue Sätze, BGBl. 1993 I S. 55).

Im **Revisionsverfahren** berechnen sich die Gebühren nach dem gleichen Muster gem. § 86 BRAGO. Der Gebührenrahmen ergibt sich in allen Instanzen aus den §§ 83 bis 86 BRAGO, jedoch unter Berücksichtigung des § 88 BRAGO, nämlich die Tätigkeit wegen eines **Fahrverbotes** oder der Entziehung der Fahrerlaubnis ist gem. § 88 S. 3 BRAGO gebührenerhöhend. Zu berücksichtigen ggfs. ist der Rahmen um 25% zu überschreiten; die Tätigkeit bezogen auf die Einziehung oder den Verfall, die Vernichtung, die Unbrauchbarmachung, die Abführung des **Mehrerlöses** oder auf eine dementsprechende Beschlagnahme ist unter Berücksichtigung des Gegenstandswertes der betroffenen Sache angemessen zu berücksichtigen, ggf. den Rahmen erhöhend gem. § 88 S. 1 und 2 BRAGO (vgl. *Brieske,* Rechtsschutz und Gebührenrecht im Verkehrsstrafrecht, S. 64 ff., zum Verkehrsstrafverfahren unter Berücksichtigung des Sachverständigenbeweis).

Einzelne gesetzliche Gebührentatbestände G

b) Anwaltsgebühren als Vertreter des Geschädigten bestimmen sich 89

für den Beistand des Privatklägers, § 378 S. 1, 1. Alt. StPO	§§ 94, 83 bis 93 BRAGO
für den Vertreter des Privatklägers, § 378 S. 1, 2. Alt. StPO	§§ 94, 83 bis 93 BRAGO
für den Beistand des Nebenklägers und für den Vertreter des Nebenklägers, § 397 I 1, § 378 StPO	§§ 95, 83 bis 93 BRAGO
für den Beistand oder Vertreter des Verletzten, der nicht Nebenkläger ist, § 406 f. StPO	§§ 95, 2. Halbsatz, 83 bis 93 BRAGO
für den Beistand des Zeugen BVerfGE 38, 105	§§ 95, 83 bis 93 BRAGO

c) Vermögensrechtliche Ansprüche im Strafverfahren. Derartige Ansprüche können im Adhäsionsverfahren geltend gemacht werden. Für diesen Fall enthält § 89 BRAGO Sonderregelungen über die Gebühren des RA neben den Gebühren eines Verteidigers, nämlich: 90

Rechtszug	Gebührentatbestand
1. Instanz	15/10 Gebühr gem. § 89 I 1 BRAGO
2. Berufungsinstanz	20/10 Gebühr gem. § 89 I 1 BRAGO
Berufungsinstanz mit erstmals geltend gemachtem zivilrechtlichen Anspruch	15/10 Gebühr gem. § 89 I 2 BRAGO
Revisionsverfahren	20/10 Gebühr gem. § 89 I 1 BRAGO
Fortsetzung der zivilrechtlichen Auseinandersetzung im Zivilprozeß	Gebühren gem. § 31 ff. BRAGO abzgl. 2/3 der Gebühren gem. § 89 I BRAGO, mindestens aber 2/3 der Gebühren gem. § 31 ff. BRAGO, § 89 I BRAGO
Vergleich über zivilrechtliche Ansprüche im Strafverfahren	Gebühr gem. § 89 IV i. V. m. § 23 BRAGO

d) Zum **Gebührenanspruch des Plichtverteidigers** gegen die Staatskasse vgl. § 97 und 99 BRAGO.

7. Gebühren im verwaltungsrechtlichen Mandat

Im verwaltungsrechtlichen Mandat fallen die Gebühren nach Verfahrensabschnitten wie folgt an: 91

Verfahrensabschnitt:	Gebührentatbestand:
Verfahren **vor Erlaß** eines Verwaltungsaktes	§ 118 i. V. m. § 119 I BRAGO
Vorverfahren **nach Erlaß** des Verwaltungsaktes	§ 118 i. V. m. § 119 I BRAGO
Gerichtliches Verfahren	§ 114 I i. V. m. § 31 I Nr. 1 BRAGO
Mündliche Verhandlung § 101 I VwGO	Verhandlungsgebühr § 31 I Nr. 2 BRAGO
Entscheidung ohne mündliche Verhandlung im Einverständnis der Parteien, § 101 II VwGO	Verhandlungsgebühr § 31 I Nr. 1, § 35 BRAGO
Anhörung vor Gerichtsbescheid gem. § 84 I 2 VwGO	5/10 Verhandlungsgebühr § 114 III BRAGO

G
Gebühren, Honorare, Erstattungsansprüche

Verfahrensabschnitt:	Gebührentatbestand:
Berufungsinstanz	13/10 Prozeßgebühr
Entscheidung gem. § 125, § 101 I VwGO	13/10 Verhandlungsgebühr § 31 I Nr. 2 BRAGO
Entscheidung gem. § 125, § 101 II VwGO	13/10 Verhandlungsgebühr § 35, 31 I Nr. 2 BRAGO
Entscheidung gem. § 125 II 3 VwGO	keine Gebühr
Anhörung vor Entscheidung gem. § 130a S. 2 iVm § 125 II 3 VwGO	13/20 Verhandlungsgebühr § 114 III BRAGO
Nichtzulassungsbeschwerde	13/20 Gebühr gem. § 114 V BRAGO
Revisionsinstanz	13/10 Prozeßgebühr im übrigen wie Berufungsverfahren
Antrag auf Erlaß einer **einstweiligen Anordnung**	§§ 114 VI, 40, 31 ff. BRAGO
Antrag auf **Aussetzung der Vollziehung** vor der Verwaltungsbehörde	keine Gebühr, § 119 III BRAGO (wegen der Frage, ob wahlweise oder erst nacheinander zulässig vgl. *Nds.OVG* BauR 92, 603; *OVG Rheinland-Pfalz* BauR 92, 607; *OVG Bremen* BauR 92, 608
Antrag auf Aussetzung der Vollziehung beim Verwaltungsgericht	§§ 114 VI, 40, 31 ff. BRAGO
Antrag auf **Wiederherstellung der aufschiebenden Wirkung** vor Verwaltungsbehörde gem. § 80 IV VwGO	keine Gebühr, § 119 III BRAGO
Antrag auf Wiederherstellung der aufschiebenden Wirkung vor Verwaltungsgericht	Gebühr gem. §§ 114 VI, 40, 31 ff. BRAGO

8. Gebühren im sozialrechtlichen Verfahren

92   Zu unterscheiden sind die Verfahren gem. § 116 II BRAGO sowohl in der Altfassung als auch in der Fassung des Gesetzes vom 20. 8. 1990 (BGBl 1990 I 1765). Die Neufassung des Gesetzes gilt gem. § 134 BRAGO i. V. m. Art. 4 des genannten Gesetzes für alle Mandate, in denen der Auftrag ab dem 1. 9. 1990 erteilt wurde oder wenn ein Rechtsmittel seit dem 1. 9. 1990 eingelegt wurde. Der Katalog der Verfahren gem. § 116 II BRAGO sieht in der Alt- und Neufassung wie folgt aus:

Aufgrund der Beziehungen zwischen Ärzten, Zahnärzten und Krankenkassen	§ 116 II Nr. 1 a. F. § 116 II Nr. 1 n. F.
Aufgrund der Beziehungen zwischen Ärzten, Zahnärzten und der Vereinigung der Krankenkassen	§ 116 II Nr. 1 n. F.
Aufgrund der Beziehungen zwischen Krankenhäusern und Krankenkassen	§ 116 II Nr. 1 n. F.
Aufgrund der Beziehungen zwischen Krankenhäusern und der Vereinigungen der Krankenkassen	§ 116 II Nr. 1 BRAGO
Verfahren öffentlich-rechtlicher Versicherungsträger untereinander	§ 116 II Nr. 1 a. F. § 116 II Nr. 2 n. F.
Streitigkeiten zwischen Arbeitgebern und der Bundesanstalt für Arbeit	§ 116 II Nr. 2 a. F. § 116 II Nr. 3 n. F.
Streitigkeiten zwischen Arbeitgebern und einer Berufsgenossenschaft	§ 116 II Nr. 2 a. F. § 116 II Nr. 3 a. F.

Einzelne gesetzliche Gebührentatbestände **G**

Streitigkeiten zwischen Arbeitgebern und sonstigen juristischen Personen des öffentlichen Rechts	§ 116 II Nr. 3 n. F.
Streitigkeiten aus Entscheidungen der gemeinsamen Gremien von Ärzten, Zahnärzten, Krankenhäusern oder anderen Leistungserbringern und Krankenkassen sowie des Großgeräteausschusses oder aufgrund von Entscheidungen oder Verträgen der Krankenkassen oder ihrer Verbände nach Maßgabe des § 51 Abs. 2 Nr. 2 und 3 SGG	§ 116 II Nr. 1 n. F.
Streitigkeiten aus Entscheidungen einer obersten Bundes- oder Landesbehörde in Angelegenheiten nach dem SGB V sowie gegen Entscheidungen einer Landesbehörde nach § 122 Abs. 4 S. 2 SGB V	§ 116 II Nr. 4 n. F.

In den Verfahren des § 116 II BRAGO sind die §§ 31 ff BRAGO und §§ 23, 24 BRAGO anwendbar, ab 1. 3. 1993 in Verfahren nach § 105 I und § 153 IV SGG halbe Verhandlungsgebühr gem. § 116 II 1 BRAGO.

In den Verfahren des § 116 I BRAGO sind die Rahmengebühren des § 116 I BRAGO anzusetzen, und zwar in der Altfassung für Altmandate und in der Neufassung für Neumandate (wegen der Beträge vgl. Rdnr. 20). Altes und neues Gebührenrecht unterscheiden sich aber auch darin, daß bei Vergleichen nach altem Gebührenrecht die §§ 23 und 24 nicht gelten, § 116 III a. F., während nach neuem Gebührenrecht sich die Höchstbeträge des § 116 I statt einer Vergleichs- oder Erledigungsgebühr um 50% erhöhen, § 116 III 2 n. F. BRAGO.

In den Verfahren des § 116 I BRAGO ist im außergerichtlichen Bereich eine Gebühr zu ermitteln aus § 118 i. V. m. § 116 Abs. 1 BRAGO (*BSG* AnwBl. 1984, 565; vgl. auch die Nachweise bei *Gerold/Schmidt/Madert* Rdnr. 16 zu § 116 BRAGO).

Im einstweiligen Anordnungsverfahren entstehen gesonderte Gebühren analog § 40 BRAGO (*Gerold/Schmidt/Madert* Rdnr. 6 zu § 116 BRAGO; *Hartmann* Anm. 2 zu § 116 BRAGO; jedenfalls soweit dieses Verfahren vor der Klagerhebung durchgeführt wird bejahend *Göttlich/Mümmler*, Stichwort Sozialgerichtsbarkeit 1.2).

Die **Höhe der Anwaltsgebühren** richtet sich nach § 116 I i. V. m. § 12 BRAGO (vgl. auch Rdnr. 140). Gemäß § 12 BRAGO ist insbesondere auf die Bedeutung der Angelegenheit für den Kläger, den Umfang sowie die Schwierigkeit der anwaltlichen Tätigkeit abzustellen (Auswertung medizinischer Unterlagen, schwierige Rechtsfragen, ergänzende Sachverhaltsaufklärung) sowie die Vermögens- und Einkommensverhältnisse des Mandanten. Auszugehen ist von der Mittelgebühr, die für Sachen gilt, deren Umfang, Bedeutung, Schwierigkeit sich im Bereich des Durchschnitts bewegt. Wann allerdings eine Verfahrensdauer „durchschnittlich" ist, ist nach den jeweiligen örtlichen Verhältnissen unterschiedlich zu beurteilen.

In Rentensachen ist schon wegen der meist existentiellen Bedeutung der Sache, aber auch wegen der keineswegs einfachen Auswertung der medizinischen Unterlagen und der zusätzlichen Probleme berufskundlicher Art zumeist eine höhere Gebühr gerechtfertigt (*SG Itzehoe* AnwBl. 1988, 360; *SG Düsseldorf* AnwBl. 1984, 517; *AG Hannover* AnwBl. 1986, 413) ebenso in Impfschadenssachen (*SG Saarbrücken* AnwBl. 1986, 211). Unter Umständen kann auch Berücksichtigung finden, daß wegen des Gesundheitszustandes der Partei die Besprechungen mit ihr mit besonderem Aufwand verbunden gewesen sind. Die Gebühren sind zu verzinsen.

9. Gebühren bei Herstellung des Einvernehmens gemäß § 4 RADG

93 Soweit ein RA ermöglicht, daß ein ausländischer Kollege im Rahmen der EG-Richtlinie vom 22. 3. 1977 sein Einvernehmen herstellt, kommt ein Vertrag mangels anderweitiger Vereinbarung nur zwischen ihm und dem ausländischen Kollegen zustande, § 4 I RADG. Gemäß § 24a BRAGO erhält der RA eine Gebühr in Höhe der Prozeß- oder Geschäftsgebühr, die er als Bevollmächtigter beanspruchen könnte. In Strafverfahren erhält der RA eine Gebühr in Höhe der Hälfte der Gebühr eines Verteidigers, § 24a II BRAGO. Prüft der RA den Auftrag, das Einvernehmen herzustellen, und lehnt er das Einvernehmen ab, so steht ihm eine Gebühr von $1/10$ bis $10/10$ der vollen Gebühr, als Verteidiger die Mindestgebühr zu, § 24a III BRAGO.

10. Honorarvereinbarungen

94 Gem. § 3 BRAGO und § 14 RAGO-DDR müssen Honorarvereinbarungen **schriftlich** gefaßt werden. Der **Sinn** der Honorarvereinbarung kann darin bestehen,

– Streitfragen über das anzuwendende Gebührenrecht zu umgehen,
– Streitfragen zum Gebührenanspruch dem Grunde nach zu beheben,
– Streitfragen zur Gebührenhöhe zu vermeiden,
– ein höheres als das gesetzliche Honorar zu vereinbaren,
– eine andere Berechnungsgrundlage als beim gesetzlichen Honorar zu vereinbaren,
– ein Zeithonorar zu vereinbaren,
– eine Gebührenteilungsabrede unter Rechtsanwälten zu treffen.

Da eine vorformulierte Honorarvereinbarung dem **AGB-Gesetz** unterliegt, sollte möglichst im Einzelfall eine Honorarvereinbarung individuell ausgehandelt werden, um die Hürden und Klippen des AGB-Gesetzes zu vermeiden.

Wegen der oben angeschnittenen **AGB-Problematik** läßt sich kein allgemein verbindliches Muster einer Honorarvereinbarung aufstellen. Vielmehr seien im folgenden nur die Punkte aufgeführt, die in einer Honorarvereinbarung geregelt sein sollten:

Für die Tätigkeit im Verfahren bis zur Anklageerhebung ein Grundhonorar von ... DM.

Für eine ... Monate übersteigende Dauer des Vorverfahrens bis zur Anklageerhebung ...

Für die Tätigkeit bis zur Entscheidung des erstinstanzlichen Gerichts über die Zulassung der Anklage ...

Für die Tätigkeit in einem evtl. Verfahren über die Beschwerde der StA gegen die Nichteröffnung des Hauptverfahrens ...

Für eine Beweisaufnahme im Eröffnungsverfahren ...

Für die Tätigkeit nach Eröffnung des Hauptverfahrens bis vor der ersten Hauptverhandlung ...

Für den ersten Hauptverhandlungstag ...

Für jeden weiteren Tag der Hauptverhandlung bei einer Verhandlungsdauer von ... Stunden ein Honorar von ... DM, bei einer Verhandlungsdauer von ... Stunden ein Honorar von ... DM.

Für die Tätigkeit außerhalb der Hauptverhandlung seit dem 1. Hauptverhandlungstag einschließlich der Vorbereitung auf das Plädoyer ...

Für die Tätigkeit nach Erlaß der erstinstanzlichen Entscheidung bis zur Rechtskraft, falls kein Rechtsmittel eingelegt wird, oder bis zur Einlegung eines Rechtsmittels ...

Für jede weitere Instanz ...

Bezahlung des Honorars durch den Mandanten **G**

Für Verfahren wegen Beschlagnahmen ...
Für Verfahrensteile betreffend die Verhaftung ...
Für Verfahrensteile betreffend die Durchsuchung ...
Für Verfahren betreffend die Einziehung ...

Wer grundsätzlich nicht befürchten muß, sich mit Mandanten oder Dritten über die Höhe einer Honorarvereinbarung auseinandersetzen zu müssen, und wer nicht befürchtet, daß sich eine Honorarvereinbarung mit einem einmaligen Festbetrag im Nachhinein als zu hoch oder zu niedrig erweist und wer den Ablauf eines Verfahrens immer richtig prognostiziert, und wer schließlich nie befürchten muß, daß ein Mandant vorzeitig das Mandat beendet, kann eine die vorgenannten Einzelfragen umfassende Pauschalregelung treffen.

VI. Bezahlung des Honorars durch den Mandanten

1. Vorschuß und Rechnung

Der Mandant hat das Honorar zu bezahlen als Vorschuß gem. § 17 BRAGO **95**
oder aufgrund einer endgültigen Rechnung gem. § 16 BRAGO i. V. m. § 18 BRAGO. Beide Berechnungen, sowohl die Vorschußrechnung als auch die endgültige Berechnung sind vom RA zu unterzeichnen. Die einzelnen Gebühren und Auslagen, Vorschüsse und angewandte Gebührenvorschriften sowie der Gegenstandswert sind anzugeben, § 18 II BRAGO. Solange der RA dem Mandanten keine ordnungsgemäß ausgestellte und unterzeichnete Rechnung zugesandt hat, ist der Gebührenanspruch nicht fällig, verjährt aber bereits.

2. Verjährung

Der Gebührenanspruch verjährt mit Beginn der Fälligkeit und dann in der **96**
Frist von 2 Jahren gem. § 196 I Nr. 15 BGB. Die Verjährungsfälligkeit ist unabhängig von der Berechnungsfälligkeit des § 18 BRAGO, § 18 I 2 BRAGO. Die Verjährungsfälligkeit **beginnt** alternativ,
wenn der Auftrag erledigt ist, wenn die Angelegenheit beendigt ist, in einem gerichtlichen Verfahren, nachdem eine Kostenentscheidung ergangen ist, in einem gerichtlichen Verfahren nach Beendigung des Rechtszuges, oder wenn das Verfahren länger als 3 Monate ruht.

3. Verfahren gem. § 19 BRAGO

Zahlt der Mandant das Honorar nicht, kann der RA im gerichtlichen Verfah- **97**
ren alle Gebühren gem. § 19 BRAGO vereinfacht festsetzen lassen, die nicht Rahmengebühren sind. Unter gerichtlichem Verfahren sind sowohl die Erkenntnisverfahren wie auch die Zwangsvollstreckungsverfahren zu verstehen. Soweit in einem gerichtlichen Verfahren zum Teil Rahmengebühren, zum Teil Festgebühren anfallen (vgl. etwa im FGG-Verfahren die Gebühren nach § 118 BRAGO einerseits und die Vergleichsgebühr des §§ 23 BRAGO andererseits), kann zum Teil das vereinfachte Verfahren des § 19 BRAGO betrieben werden. Zum Teil muß das Honorar eingeklagt werden. Vom RA verauslagte Gerichtskosten können nach Auffassung vieler Gerichte nicht im Verfahren gem. § 19 BRAGO festgesetzt werden. Deshalb sollten Gerichtskosten und Sachverständigenkosten vom RA nicht verauslagt werden.

Brieske

G

Gebühren, Honorare, Erstattungsansprüche

Der **Antrag gem.** § 19 BRAGO ist gem. § 19 II 2 BRAGO beim Gericht des ersten Rechtszuges einzubringen. Der Antrag ist abzulehnen gem. § 19 IV BRAGO bei Einwendungen, die nicht im Gebührenrecht ihren Grund haben. Der Antrag wirkt gem. § 19 VI BRAGO verjährungsunterbrechend. Die **Honorarklage** kann eingereicht werden bei gerichtlicher Tätigkeit beim Gericht des Hauptprozesses, § 34 ZPO.

Wenn der Mandant eine vom Gesetz abweichende Honorarvereinbarung behauptet, liegt die Beweislast bei ihm (*OLG München* NJW 1984, 2537.)

4. Eigene Ansprüche des RA

98 § 9 **BerHG** begründet einen Anspruchsübergang wegen der materiell-rechtlichen Erstattungsansprüche des Mandanten gegen Dritte. Er umfaßt u. U. auch prozessuale Erstattungsansprüche, soweit diese sich auf außergerichtliche Tätigkeit beziehen. § 130 **BRAGO** gibt dem RA einen eigenen Gebührenanspruch hinsichtlich der Gebühren, die dem Mandanten aufgrund einer gerichtlichen Kostenentscheidung gegen den Gegner zustehen. § 126 **ZPO** begründet ein eigenes Kostenfestsetzungsrecht in den Fällen der Prozeßkostenhilfe (vgl. F Rdnr. 61). **Abtretung** des Erstattungsanspruchs kann vorgenommen werden. Soweit die Abtretung des Erstattungsanspruchs allerdings in einem vorformulierten Auftragsformular erfolgt, ist eine Abtretung nach Auffassung einiger Gerichte in AGB unwirksam, soweit sie über den Rahmen des § 96a BRAGO hinausgehen.

5. Rechtsschutzversicherung

99 Wird der RA gegenüber einem rechtsschutzversicherten Mandanten tätig, muß er zunächst mit diesem klären, ob er auch tätig sein soll, wenn die Rechtsschutzversicherung nicht eintritt.

Nachfolgend werden einige Grundregeln dargestellt, die der RA beim rechtsschutzversicherten Mandat beachten muß. Da die Rechtsschutzversicherer ihren Verträgen nicht nur die ARB, sondern Zusatzklauseln, Ergänzungsklauseln etc. zugrundelegen und da die ARB der Rechtsschutzversicherer nicht übereinstimmen und da die Rechtsschutzversicherer im Augenblick Neufassungen der ARB diskutieren, können die nachfolgenden Ausführungen nur Anregungen geben (vgl. die Klauseln bei *Harbauer*, Rechtsschutzversicherung 4. Auflage S. 25ff. und Teil C S. 685ff).

100 a) **Erste Grundregel:** Kein unmittelbarer **Zahlungsanspruch** des RA gegen die Rechtsschutzversicherung. Vielmehr kann der Mandant nur von der Rechtsschutzversicherung verlangen, daß diese den Mandanten von Gebühren freihält. Der Mandant kann aber jederzeit die Rechtsschutzversicherung anweisen, nicht an den RA zu zahlen. Nur der von der Rechtsschutzversicherung an den RA gezahlte Betrag ist also für den RA etwas wert. Die Kostendeckungszusage ist keine Schuldübernahme. Einzelne Rechtsschutzversicherer erklären ausdrücklich die Schuldübernahme bis auf Widerruf. Hier begründet die Erklärung einen eigenen Zahlungsanspruch des RA. Wird die Schuld nicht mitübernommen und nur gebeten, z. B. Gerichtskosten etc. zu verauslagen, so begründet dies noch keinen Zahlungsanspruch des RA.

101 b) **Zweite Grundregel:** Wird der RA für den Mandanten gegenüber der Rechtsschutzversicherung tätig, holt er eine Kostendeckungszusage ein oder

gibt er Erklärungen gegenüber der Rechtsschutzversicherung ab, so wird er für den Mandanten als **Repräsentant** tätig. Fehler des RA werden dem Mandanten zugerechnet. Die Rechtsprechung nimmt regelmäßig an, daß der RA in dem Verhältnis zwischen Mandant und Rechtsschutzversicherung Fehler vorsätzlich begeht. Vorsätzliche Pflichtverstöße im Verhältnis zwischen Mandant oder Rechtsschutzversicherung – insbesondere solche begangen durch einen RA – führen zum Anspruchsverlust gem. § 6 VVG.

c) **Dritte Grundregel:** Der RA muß, wenn er für den Mandanten tätig wird, 102 prüfen, ob das **maßgebliche Risiko** versichert ist, insbesondere unter Berücksichtigung der Ausschlüsse des § 4 ARB und unter Beachtung der jeweils versicherten Risiken der §§ 21 bis 29 ARB nebst Zusatzklauseln. Die Ermittlung des Inhalts des Versicherungsvertrages ist also besonders wichtig. Dabei ist insbesondere darauf zu achten, in welcher Fassung für den Versicherungsvertrag die ARB gelten. Es gibt heute noch Verträge mit den ARB von 1969. Nicht für jede Versicherung gelten alle Regeln der §§ 1–29 ARB. Einzelne Versicherungen haben einzelne Regelungen ausgenommen. Nicht bei jeder Versicherung stimmt der Wortlaut der ARB mit dem Wortlaut der bei Harbauer kommentierten ARB überein.

Die nachstehende **Übersicht** soll die Arbeit erleichtern. Soweit in der nachfol- 103 genden Übersicht das Wort „nein" steht, bedeutet es, daß Versicherungsschutz nicht bestehen kann, soweit das Wort „ja" dort steht, daß unter den Voraussetzungen der einzelnen Versicherungsverträge Versicherungsschutz bestehen kann, soweit das Wort „möglich" steht, heißt es, daß unter besonderen Umständen Versicherungsschutz bestehen kann. Insbesondere in den Fällen, in denen es „ja" heißt, ist der RA aufgerufen, näher zu prüfen, ob tatsächlich im Einzelfall Versicherungsschutz besteht. Im Hinblick auf die vielerlei Zusatzbedingungen, die voneinander abweichenden ARB und die Neufassung der ARB ist die nachfolgende Übersicht mit **größter Vorsicht** zu verwenden.

Rechtsgebiet/Gericht	außergerichtlich	gerichtl.	104
Zivilgerichte			
BGB-Verträge			
Kaufleute/Unternehmen, Vertragsrecht	nein	möglich	
Privatleute			
Kaufrecht			
Grundstückskauf (ohne Hausbau)	ja	ja	
Kauf beweglicher Sachen	ja	ja	
Hauskauf (wenn nicht Werkvertrag)	ja	ja	
Leasingverträge			
Leasinggeber	nein	nein	
Leasingnehmer	ja	ja	
Mietrecht	ja	ja	
Pacht			
Leihe	ja	ja	
Darlehen	ja	ja	
Dienstvertrag			
Steuerberatervertrag	ja	ja	
Anwaltsvertrag	ja	ja	

G

Gebühren, Honorare, Erstattungsansprüche

Rechtsgebiet/Gericht	außer-gerichtlich	gerichtl.
Arztvertrag	ja	ja
Geschäftsführer	ja	ja
Werkvertrag		
allgemein	ja	ja
genehmigungspflichtiges Bauwerk		
Bauherr	nein	nein
Bauunternehmer	ja	ja
Reiseverträge		
Vermittler	nein	nein
Kunde	ja	ja
Mäklervertrag	ja	ja
Bürgschaft	nein	nein
Gesellschaft	ja	ja
Spiel, Wette	nein	nein
Bereicherungsrecht	nein	nein
unerlaubte Handlung, Anspruchsteller	ja	ja
Verkehrsunfall		
Anspruchsteller	ja	ja
Anspruchsgegner	nein	nein
Sportunfall, Anspruchsteller	ja	ja
Arztfehler, Anspruchsteller	ja	ja
dingliche Rechte		
Grundstücke, Eigentümer	ja	ja
bewegliche Sache	ja	ja
Familienrecht*	Rat	nein
Erbrecht*	Rat	nein
Wettbewerbsrecht		
Unterlassungsanspruch/Anspruchsteller	nein	nein
Unterlassungsanspruch/Anspruchsgegner	nein	nein
Schadensersatzanspruch/Anspruchsteller	ja	ja
Schadensersatzanspruch/Anspruchsgegner	nein	nein
Patentrecht	nein	nein
Warenzeichenrecht	nein	nein
Urheberrecht	nein	nein
Geschmacksmuster	nein	nein
Gebrauchsmuster	nein	nein
Kartellrecht	nein	nein
Rabattrecht		
Unterlassungsanspruch/Anspruchsteller	nein	nein
Unterlassungsanspruch/Anspruchsgegner	nein	nein
Schadensersatzanspruch/Anspruchsteller	ja	ja
Schadensersatzanspruch/Anspruchsgegner	nein	nein
Handelsvertreterrecht	nein	nein
Eigenhändler	ja	ja

* Einzelne Versicherungen bieten Rechtsschutz für über Rat hinausgehende Tätigkeit bis zu einem bestimmten Höchstbetrag an Gebühren an.

Bezahlung des Honorars durch den Mandanten **G**

Rechtsgebiet/Gericht	außer-gerichtlich	gerichtl.
OHG KG Gen GmbH AG	nein	nein
Versicherungsvertragsrecht	ja	ja
Arbeitsgericht		
Arbeitsrecht, individual	ja	ja
Arbeitsrecht, kollektiv	umstr.	umstr.
Wohnungseigentumsrecht		
Wohnungseigentümer	ja	ja
FGG-Verfahren	u. U. Rat	nein
Konkursverfahren		
Vertretung des Gemeinschuldners	nein	
Vertretung des Gläubigers	ja	
Vergleichsverfahren		
Vertretung des Gemeinschuldners	nein	
Vertretung des Gläubigers	ja	

d) Besondere Aufmerksamkeit muß der RA dann der Frage zuwenden, ob der **105** **Versicherungsfall** eingetreten ist und ob dieser Versicherungsfall innerhalb versicherter Zeit eingetreten ist, § 14 ARB.

Prüfschema **106**

Versicherte Person (VN; Lebensgefährte; Ehegatte; Kind; sonstiger Fahrer oder Insasse, eines Fahrzeugs; Arbeitnehmer)

Versichertes Risiko § 21–29 ARB

örtlicher Geltungsbereich § 5 ARB

Versicherungsfall § 14 ARB

Versicherter Zeitpunkt des Versicherungsfalles § 14 ARB

Ausschlußkatalog § 4 I ARB

Einschlüsse durch Zusatzklauseln

Ausschluß wegen Vorsatz § 4 II und III ARB

Erfolgsaussichten § 17 ARB (Ausnahme Strafrecht und OWi-Verfahren in den Tatsacheninstanzen)

Mutwilligkeit

Obliegenheiten und deren Verletzung

Gefahrerhöhung § 9 ARB

6. Erstattungsansprüche des Mandanten

a) Für **außergerichtliche Tätigkeit im Zivilrecht** und außerhalb des Straf- **107** verfahrens, Verwaltungsverfahrens oder sozialrechtlichen Verfahrens werden Anwaltsgebühren nur erstattet aufgrund materiell-rechtlicher Grundlage. Solche Anspruchsgrundlagen können sich ergeben

– im Verhältnis zwischen dem Mandanten als Anspruchsteller und dem Anspruchsgegner, sei es aus Verzug, gesetzlicher Schadensersatzverpflichtung, insbesondere positive Vertragsverletzung;

– im Verhältnis zwischen dem Anspruchsteller und einem Dritten, der dem Anspruchsteller verpflichtet ist, aus einem der vorgenannten Gesichtspunkte die Anwaltsgebühren zu erstatten;

- im Verhältnis zwischen dem Anspruchsgegner und dem Anspruchsteller, soweit die Erhebung des Anspruchs eine Vertragsverletzung darstellt, insbesondere aus positiver Vertragsverletzung;
- im Verhältnis zwischen dem Anspruchsgegner und einem Dritten, soweit dieser Dritte dem Anspruchsgegner verpflichtet ist, die Anwaltsgebühren für die Abwehr von Ansprüchen zu bezahlen.

108 Es ist insbesondere sorgfältig zu prüfen, ob entweder dem Anspruchsteller oder dem Anspruchsgegner ein Dritter einen Schaden zugefügt hat, zu dessen Ausgleich, Minderung oder Behebung der Anspruchsgegner oder Anspruchsteller verpflichtet sind, die maßgebliche Auseinandersetzung zu führen (Beispiele bei *Brieske,* Erstattung von Anwaltsgebühren durch Gegner und Dritte, S. 118 ff.).

109 **b) Prozeßkostenvorschußanspruch. aa)** Bei **Beteiligung von Ausländern** ist über IPR zu prüfen, welches Nationalrecht anzuwenden ist und ob dieses einen Prozeßkostenvorschuß (PKV) vorsieht:

- Bei Fragen um Prozeßkostenvorschußanspruch im **einstweiligen Anordnungsverfahren** soll deutsches Recht gelten (*OLG Karlsruhe* MDR 1986, 242; *OLG Stuttgart* Justiz 1979, 229).
- PKV zwischen **Ehegatten mit teils nicht deutscher Staatsangehörigkeit** nach deutschem Recht nur, wenn nach IPR deutsches Recht anwendbar ist.

110 - Zwischen **polnischen Staatsangehörigen,** wenn die Ehe tatsächlich nur in Polen geführt worden ist und der Unterhaltsbegehrende immer noch in Polen lebt, deutsches Recht anwendbar nach Art. 18 IV EGBGB (*OLG Karlsruhe* NJW-RR 1988, 392). Demgegenüber Trennungsunterhaltsanspruch – dazu auch Prozeßkostenvorschußanspruch – einer in Polen lebenden polnischen Ehefrau nach polnischem Recht (*OLG Koblenz* NJW 1987, 2167).

111 - Zwischen **Türken** bei gewöhnlichem Aufenthalt in der Bundesrepublik nach deutschem Recht (*OLG Oldenburg* FamRZ 1988, 170).

112 - Zwischen in **Italien** lebenden Ehegatten, von denen einer die deutsche und der andere die italienische Staatsangehörigkeit besitzt, nach dem am gewöhnlichen Aufenthaltsort des Unterhaltsberechtigten geltenden italienischen Recht, das keinen Prozeßvorschußanspruch kennt (*KG* FamRZ 1988, 167; *OLG München* FamRZ 1987, 448).

113 - Zwischen **Niederländern** kein PKV-Anspruch (*OLG Stuttgart* FamRZ 1988, Heft 7).

114 **bb) Für den Prozeßkostenvorschuß nach BGB** gilt folgendes Prüfschema:
- In Betracht kommende **Vorschußpflichtige** bzw. Grenzen dieses Personenkreises: (1) während bestehender ehelicher Lebensgemeinschaft die Ehegatten; (2) während des Getrenntlebens die Ehegatten; (3) Eltern gegenüber ihren minderjährigen Kindern; (4) Eltern gegenüber ihren volljährigen Kindern (mittlerweile sehr umstritten, insbesondere, soweit die Kinder schon eine eigene unabhängige wirtschaftliche Stellung erreicht haben); (5) volljährige Kinder gegenüber ihren Eltern;
- **Bedürftigkeit** auf seiten des Berechtigten;
- **Leistungsfähigkeit** auf seiten des Zahlungspflichtigen; nach Abzug sonstiger Unterhaltsverpflichtungen muß der Zahlungspflichtige in der Lage sein, ohne Beeinträchtigung seines angemessenen Lebensunterhaltes den Vorschuß zu zahlen;
- **Billigkeit** des Anspruchs;

115 - Anspruch auf PKV bei **Prozeß persönlicher Natur:**

Für **Erbschafts**rechtsstreit ablehnend *OLG Bremen* 1 W 136/63, vom 14. 2. 1964.
Für Pflichtteilsansprüche bejahend *OLG Celle* FamRZ 1978, 823.
Für Prozeß gem. § 1934 b BGB ablehnend *OLG Köln* FamRZ 1979, 178.

116 Für Ansprüche aus **Altenteils**stammrecht ablehnend *KG* J 37 A 10 Nr. 3.
Für Ansprüche aus Altenteilsverträgen und Leibrentenversprechen, bejahend *Göppinger* Rdnr. 535.

Für **Ehelichkeit**anfechtung bejaht *BGHZ* 57, 234. Aber nicht für ein die Ehelichkeit anfechtendes Kind gegen den Vater, weil das Kind sich dann auf eine Unterhaltspflicht berufen müßte, deren Beseitigung es mit der zu finanzierenden Klage anstrebt (*OLG Frankfurt* FamRZ 1983, 827; *OLG Koblenz* FamRZ 1976, 359). Einen Prozeßkostenvorschußanspruch bejaht trotz dieses argumentativen Widerspruchs (*KG* FamRZ 1987, 303; *OLG Hamm* DAVorm 1982, 380. 117

Für die **Ehescheidung von Kindern** bejahend *OLG Düsseldorf* FamRZ 1975, 45; *OLG Hamm* FamRZ 1982, 1073; *KG* NJW 1982, 112; *OLG Köln* FamRZ 1986, 1031 bejaht einen PKV, obwohl die Tochter eine Ausbildung als Krankenschwester abgeschlossen hatte. Wegen der wirtschaftlichen Selbständigkeit ablehnend *OLG Frankfurt* FamRZ 1986, 926; *OLG Düsseldorf* FamRZ 1986, 698. 118

Für einen Streit um einen **Schenkungswiderruf** ablehnend *OLG Hamburg* NJW 1968, 1336. 119

Für Prozeß um **Mietzins**forderung, die dem Lebensunterhalt dient bejahend *OLG Köln* MDR 1961, 851.

Für Schadensersatzprozesse wegen fehlerhafter **ärztlicher Behandlung** bejahend *OLG Frankfurt* FamRZ 1967, 43.

Für **Unfallschaden,** insbesondere Schmerzensgeld, bejahend *LG Hagen* NJW 1969, 48 und 1279 mit ablehnender Anmerkung von RA. *Dr. Pohlmann; OLG Bremen* 2 W 98/85, vom 20. 12. 1985 (Tierunfall).

Für Anspruch auf Zahlung eines Auseinandersetzungsguthabens bei Ausscheiden aus einer **Gesellschaft** ablehnend *BGH*, VII ZR 5/63, vom 30. 1. 1964.

Für den Fall, daß Ehefrau vom Ehemann Aufstellung einer Auseinandersetzungsbilanz über das während der Ehe gemeinsam erworbene **Vermögen der Ehegatten** verlangt, bejahend *BGHZ* 31, 384. 120

Für Prozeß um Baumängel der **ehelichen Wohnung** bejahend *OLG Hamburg* FamRZ 1986, 187.

Besonders umstritten ist immer, ob der **zweite Ehegatte** die Kosten des Prozesses gegen den ersten Ehegatten zu finanzieren hat, etwa für einen Prozeß wegen vermögensrechtlicher Ansprüche aus erster Ehe, ablehnend *OLG Düsseldorf* FamRZ 1984, 388; *OLG Nürnberg* FamRZ 1986, 697.

Für den Zugewinnausgleich allerdings bejahend *OLG Koblenz* FamRZ 1986, 466; *OLG Düsseldorf* FamRZ 1975, 102.

Für eine Vollstreckungsabwehrklage gegen den früheren Ehepartner im Zusammenhang mit der Rückgewähr von Leistungen, die seinerzeit zur Schaffung einer gemeinsamen Ehewohnung erbracht worden sind, bejahend *OLG Frankfurt* FamRZ 1983, 588; ablehnend *OLG Nürnberg* FamRZ 1986, 697.

Für die Abwehr einer Klage der Mutter des Ehemannes der Beklagten auf Herausgabe angeblich leihweise für die eheliche Wohnung überlassener Einrichtungsgegenstände *OLG Frankfurt* FamRZ 1982, 606.

Für Aktivprozesse wegen Verletzung von Persönlichkeitsrecht einschließlich vorbeugender Unterlassungsklage bejahend *Göppinger* Rdnr. 532. 121

Für Ansprüche gegen eine **betriebliche Pensionskasse** bejahend *Göppinger* Rdnr. 536. Zweifelhaft erscheint dies, da Ansprüche aus Arbeitsrecht entgegen *Göppinger* Rdnr. 544, nicht in jedem Fall persönliche Angelegenheiten sind; für Zahlungsansprüche ablehnend *LAG Hamm* MDR 1982, 436. 122

Für **Kündigungsschutzprozesse** ablehnend *LAG Baden-Württemberg* BB 1984, 1810; NZA 1986, 140; *LAG Köln* LAGE § 115 ZPO Nr. 15; *LAG Düsseldorf* LAGE § 115 ZPO Nr. 18.

c) **Erstattung der Anwaltsgebühren im gerichtlichen Verfahren. aa)** nach **ZPO-Regeln** 123

– nach Maßgabe der Kostenentscheidung des Gerichts,
– gem. §§ 91, 92 ZPO,
– gem. § 93a, b oder c ZPO – u. U. Kosten gegeneinander aufgehoben,

- gem. § 269 ZPO bei Klagrücknahme,
- gem. § 281 ZPO wegen des örtlich unzuständige Gerichts,
- gem. § 494a II ZPO gegen den Antragsteller im selbständigen Beweisverfahren, das nach dem 31. 3. 1991 begonnen hat,
- nach §§ 515, 269 ZPO bei Rücknahme des Einspruchs gegen ein Versäumnisurteil, bei Rücknahme eines Rechtsmittels,
- gem. § 788 ZPO wegen der Kosten der Zwangsvollstreckung,
- gem. § 98 ZPO bei Abschluß eines Vergleichs ohne Kostenregelung,
- gem. § 620g ZPO wegen der einstweiligen Anordnungen,
- § 118 IV ZPO schließt Kostenerstattung im PKH-Prüfungs- und Beschwerdeverfahren aus,
- Beschwerde in Ablehnungsverfahren (Sachverständigen- oder Richterablehnung): Hier ist die Erstattung der notwendigen Auslagen des Verfahrensgegners umstritten (ablehnend *OLG München* KostRsp § 91 ZPO Nr. 75; *OLG Celle* Rpfl 1983, 173; *OLG Hamm* MDR 1975, 235; *KG* Rpfl 1962, 156; *OLG Düsseldorf* JMBl NRW 1975, 167; bejahend *OLG Frankfurt* Rpfl 1981, 408; *OLG Hamm* JurBüro 1979, 117; *OLG Nürnberg* MDR 1980, 1026; *OLG Stuttgart* AnwBl 1979, 22).

bb) nach FGG, § 13 FGG.

cc) nach WEG, § 47 WEG (vgl. B V Rdnrn. 132ff.). Im Mahnverfahren nach § 46a WEG ab 1. 4. 1991 gilt § 47 WEG nicht sondern §§ 692 I Nr. 3, 699 III ZPO.

dd) nach ArbGG: In 1. Instanz grundsätzlich nicht, wegen § 12a ArbGG, in 2. und 3. Instanz nach Maßgabe der Kostenentscheidung des Gerichts. In 1. Instanz aber in Höhe ersparter Reisekosten.

Das *BAG* hat nun in der Entscheidung EZA § 840 ZPO Nr. 3 den Grundsatz aufgeweicht, wonach § 12a ArbGG auch materiell-rechtlichen Erstattungsansprüchen im Wege steht und dem Gläubiger die Erstattung der Anwaltsgebühren materiell-rechtlich zugesprochen, die dadurch entstanden sind, daß der Drittschuldner eine Auskunft nicht erteilt hat.

d) Erstattung im Strafverfahren

124	Vertretung des Beschuldigten/Angeschuldigten/Angeklagten	Erstattung
Das **Ermittlungsverfahren** endet, ohne daß Anklage erhoben wird und ohne daß Maßnahmen ergriffen werden, die nach dem StREG entschädigungspflichtig wären	
- bei Offizialdelikten	grundsätzlich negativ, es sei denn zumindest leichtfertig erstattete unwahre Anzeige, § 469 I StPO
- bei Antragsdelikten	u. U. Erstattung durch Antragsteller § 469 I oder § 470 StPO (vgl. aber *BVerfG* MDR 1987, 640).
Das Ermittlungsverfahren endet ohne Anklageerhebung, umfaßt aber nach dem StREG entschädigungspflichtige Maßnahmen	§ 7 StREG
Das Ermittlungsverfahren mündet in eine Anklage, über die aber nicht rechtskräftig entschieden wird vor dem Tod des Angeklagten	negativ, *BGH* vom 3. 10. 1986 – 2 StR 193/86

1190 *Brieske*

Bezahlung des Honorars durch den Mandanten   **G**

Vertretung des Beschuldigten/Angeschuldigten/ Angeklagten	Erstattung	
Das Ermittlungsverfahren mündet in eine **Anklage**. Diese wird durch Beschluß des Gerichts nicht zugelassen oder zurückgenommen und das Verfahren eingestellt	positiv, § 467 oder § 467a StPO	125
Die Anklage wird zugelassen, die Hauptverhandlung findet statt, es ergeht ein freisprechendes Urteil	positiv, § 467 I StPO	
Bei **Freispruch** durch schuldhafte Säumnis des Angeschuldigten entstandene Auslagen	negativ, § 467 II StPO	126
Durch **Selbstanzeige** verursachte unbegründete Anklage	negativ, § 467 III 1 StPO	
Durch wahrheitswidrige belastende Erklärungen verursachte Anklage	u. U. negativ, § 467 III Nr. 1 StPO, 1. Alt.	
Durch widersprüchliche Erklärung sich selbstbelastend die Anklage verursacht	u. U. negativ, § 467 III Nr. 1 StPO, 1. Alt.	
Verschweigen entlastender Umstände, trotz Äußerung zur Sache	u. U. negativ, § 467 III Nr. 1, 3. Alt. StPO	
Freispruch nur wegen Verfahrenshindernis	u. U. negativ, § 467 II Nr. 2 StPO, vgl. nun aber *BVerfG* StV 1988, 31	
Einstellung des Verfahrens nach Anklageerhebung nach Ermessen des Gerichts	u. U. negativ, § 467 IV StPO	127
Endgültige Einstellung des Verfahrens gem. § 153a StPO	negativ, § 467 V StPO, vgl. jetzt aber *BVerfG* StV 1988, 31	

Mit **Schuldzuweisung** verbundene Überbürdung der notwendigen Auslagen 128
des Nebenklägers auf den Angeklagten ist mit Unschuldsvermutung nicht vereinbar (*BVerfG* StV 1988, 31), verstößt gegen Unschuldsvermutung des Art. 6
II EMRK (*EUMRK* StV 1988, 30).

Notwendig ist jeweils eine Kostenentscheidung des Gerichts, die zu **Lebzei-** 129
ten des Angeklagten rechtskräftig geworden sein muß, vgl. *BGH* vom 3. 10.
1986 – 2 StR S. 193/86 (kritisch dazu *Laubenthal/Mitsch* NStZ 1988, 108).

Wenn bei gerichtlicher Entscheidung die Kosten der Staatskasse auferlegt 130
werden, die Auslagen des Angeschuldigten, Beschuldigten, Angeklagten jedoch
nicht ausdrücklich erwähnt sind, ist Frage, ob **Interpretation des Kostenaus-**
spruchs möglich ist, in Richtung, daß auch notwendige Auslagen des Verfolgten gezahlt werden, vgl. im einzelnen (*OLG München* JurBüro 1986, 1537 mit
weiteren Nachweisen).

Bei **Teilfreispruch** Ermittlung der mit der Verurteilung verbundenen Vertei- 131
digerkosten; Erstattungsfähigkeit bezieht sich auf die Differenz zwischen Gesamtkosten und mit der Verurteilung verbundenen Kosten (*OLG Düsseldorf*
AnwBl 1987, 151; *OLG Bremen* WS 116/87, vom 9. 9. 1987; *BGH* StV 1987,
449; *OLG Celle* JurBüro 1987, 1689). Kritisch bei Zahlung einer Pauschgebühr
an Pflichtverteidiger einerseits und Verhältnis zu Wahlverteidigergebühren andererseits (*OLG Karlsruhe* JurBüro 1987, 724). Kritisch insgesamt *Chemnitz*
AnwBl 1987, 135.

G Gebühren, Honorare, Erstattungsansprüche

132 e) **Pflichtverteidigerhonorar.** Unter den Voraussetzungen des § 140 StPO wird ein RA als Pflichtverteidiger beigeordnet. Seine Gebühren als Pflichtverteidiger werden ihm aus der Staatskasse bezahlt. Daneben hat er einen Gebührenanspruch gegen den Mandanten gem. § 100 StPO. Die Voraussetzungen der Beiordnung des § 140 I StPO ergeben sich weitestgehend aus dem **Gesetz**. Dem Landgericht in § 140 Abs. 1 Nr. 1 StPO entspricht das Bezirksgericht im Bereich der bisherigen DDR (BGBl 1990 II 923 unter lit. i).

133 Zu den **Voraussetzungen der Beiordnung des RA** gem. § 140 II StPO entwickeln sich zunehmend **Fallgruppen**, die die Generalklauseln des § 140 II StPO handhabbar machen:

134 aa) **Die Schwere der Tat** zeigt sich regelmäßig in der zu erwartenden Freiheitsstrafe, deren Schwere an der Strafgewalt des Amtsgerichts zu messen ist (*OLG Hamm* JMBL NRW 1978, 113; *OLG Köln* VRS 44, 109; *OLG Stuttgart* NStZ 1981, 490). Schwere der Tat enthält prognostisches Element, das durch den Antrag der StA konkretisiert wird (*LG Freiburg* StV 1988, 102). Zu unterscheiden ist nun zwischen Strafverfahren **mit besonderen Umständen** und Strafverfahren **ohne besondere Umstände**. Bei Strafverfahren **ohne besondere Umstände** soll die Beiordnung eines Verteidigers jedenfalls geboten sein bei drohenden Strafen von 2 Jahren oder mehr (*OLG Düsseldorf* AnwBl 1978, 335; *BGH* St 6, 199; *OLG Köln* NJW 1972, 1432; *OLG Hamm* NStZ 1982, 298; *OLG Frankfurt* StV 1983, 497; *OLG Stuttgart* NStZ 1981, 490; *OLG Celle* StV 1985, 184). Von anderen Gerichten wird bereits bei einer zu erwartenden Freiheitsstrafe von einem Jahr ohne Bewährung ein Pflichtverteidiger bestellt (*KG* StV 1982, 412; *LG Oldenburg* StV 1983, 236). Eine Tat, derentwegen der Angeklagte in **erster Instanz** zu einer Freiheitsstrafe von einem Jahr und 6 Monaten verurteilt worden ist, ist schwer (*OLG Celle* StV 1986, 142). Eine zu erwartende Freiheitsstrafe von mehr als einem Jahr kann die Beiordnung eines Pflichtverteidigers erforderlich machen (*BayObLG* StV 1985, 447).

Besondere Umstände, die eine Pflichtverteidigung erforderlich machen – unabhängig von der Strafdrohung – können sein: **Erstinstanzliche Verurteilung** zu einer sich aus 6 Monaten übersteigenden Einzelstrafen zusammensetzenden Gesamtfreiheitsstrafe von einem Jahr und 3 Monaten (*KG* StV 1985, 448). Ist zu erwarten, daß wegen **Vorverurteilungen** eine Freiheitsstrafe von deutlich mehr als 6 Monaten ohne Bewährung verhängt wird, ist ein Pflichtverteidiger beizuordnen (*OLG Köln* StV 1986, 238). Droht bei einer Verurteilung zu einer Freiheitsstrafe von mehr als einem Jahr der **Verlust der Beamteneigenschaft**, so ist ein Pflichtverteidiger beizuordnen (*KG* StV 1983, 186. Differenzierend *OLG Hamburg* NStZ 1984, 281). Bei Antrag der StA von 1 Jahr und 1 Monat nicht zur Bewährung ausgesetzte Strafvollstreckung und Sperrfrist für die Erteilung einer Fahrerlaubnis von 1 Jahr ist Pflichtverteidigung notwendig (*LG Bremen* StV 1988, 101). Die Gefahr der **Ausweisung** bei einem Ausländer begründet die Schwere der Tat (*LG Darmstadt* StV 1981, 351). Bei **fahrlässiger Tötung** ist grundsätzlich Pflichtverteidigung notwendig (*OLG Hamm* NJW 1957, 1530). Bei Gesamtfreiheitsstrafe von 6 Monaten ohne Bewährung und lebenslanger Sperrfrist ist die Pflichtverteidigung notwendig (*OLG Köln* 1 Ss 184/70 vom 17. 11. 1970). Wird ein 19-jähriger Angeklagter wegen fahrlässiger Tötung in Tateinheit mit Straßenverkehrsgefährdung zu einer mehrmonatigen Freiheitsstrafe nach **Erwachsenenstrafrecht** verurteilt, ist Pflichtverteidigung geboten (*OLG Hamm* NJW 1957, 1530; *OLG Hamm* MDR 1977, 599). Bei Verurteilung

Bezahlung des Honorars durch den Mandanten **G**

zu einer Freiheitsstrafe von mehr als 2 Jahren und Verhängung einer Sperrfrist von 5 Jahren wegen zahlreicher Vergehen teils im Zusammenhang mit Teilnahme am öffentlichen Straßenverkehr, ist Pflichtverteidigung notwendig (*OLG Oldenburg* vom 19. 7. 1977 – 1 Ss 335/77).

bb) Die Rechtsprechung hat für die Alternative „**Schwierigkeit der Sach-** 135 **oder Rechtslage**" ebenfalls **Fallgruppen** entwickelt: Pflichtverteidigung ist geboten bei Anklage vor dem erweiterten Schöffengericht (*OLG Düsseldorf* AnwBl 1984, 262; *OLG Bremen* NJW 1955, 1529; einschränkend *KG* vom 15. 9. 1980 – 2 Ws 146/80; im Einzelfall zweifelnd *OLG Hamm* vom 21. 12. 1977 – 4 Ss 768/77). Wenn sachgerechte Verteidigung Kenntnis des **Akteninhalts** voraussetzt, ist Pflichtverteidigung geboten (*OLG Köln* JR 1974, 255; *LG Verden* StRV 1982, 164; *OLG Hamm* StRV 1985, 447; 1987, 192; *OLG Karlsruhe* StRV 1987, 518). Wenn **Zeugen** wechselnde Angaben machen und dies nur im Wege der Akteneinsicht festgestellt werden kann, ist ein Pflichtverteidiger beizuordnen (*OLG Hamm* StRV 1985, 447; *OLG Zweibrücken* StRV 1986, 240; 1 WS 301 und 302/81 vom 7. 10. 1981; *OLG Celle* StRV 1983, 186; *OLG Stuttgart* vom 1. 9. 1976 – 4 Ws 236/76). Wird der Angeklagte von einem **Mitangeklagten** belastet, bedarf er zur Verteidigung eines Rechtsanwalts (*LG Verden* StRV 1982, 164; *KG* vom 15. 9. 1980 – 2 Ws 146/80; *BGH* vom 17. 12. 1954 – 5 StR 413/54).

Wenn Glaubwürdigkeitsgutachten eingeholt werden, ist Pflichtverteidigung geboten (*OLG Koblenz* MDR 1976, 776; *OLG Celle* vom 13. 3. 1974 – 1 Ss 247/74. Wenn mehrere Sachverständige tätig sind, ist Pflichtverteidigung geboten (*OLG Koblenz* VRS 50, 294). Bei unterschiedlicher Bedeutung der Rechtslage durch StA und Gericht ist Pflichtverteidigung geboten (*LG Bonn* StRV 1986, 246; *OLG Bremen* NJW 1957, 151). Bei **Berufung** der StA mit dem Ziel **abweichender Beweiswürdigung** ist Pflichtverteidigung geboten (*OLG Bremen* Rpfl 1960, 62). Soll die Frage alkoholbedingter Schuldunfähigkeit geprüft werden, ist Pflichtverteidigung notwendig (*LG Hamburg* StRV 1983, 99).

Bei **umfangreichem Verfahrensstoff** ist Pflichtverteidigung geboten, etwa bei mehreren Verhandlungstagen oder mehreren hundert Seiten Vernehmungsprotokollen und umfangreichen Beiakten (*KG* vom 15. 9. 1980 – 2 Ws 146/80; *OLG Zweibrücken* vom 12. 12. 1978 – 1 Ws 528/78; *OLG Bremen* Rpfl 1960, 62); bei Schwierigkeiten in der Beweiswürdigung (13 Zeugen an zwei Verhandlungstagen) (*OLG Bremen* Rpfl 1960, 62); wenn keiner von mehreren Belastungszeugen den Gesamtvorgang beobachtet hat, sondern nur Phasen beobachtet hat (*OLG Celle* vom 7. 6. 1974– 1 Ss 298/74); bei Prüfung des § 64 StGB (*OLG Düsseldorf* AnwBl 1978, 355; *LG Verden* StRV 1982, 164); wenn fachlich qualifizierte Fragen an Sachverständigen zu sinnvoller Verteidigung notwendig sind (*OLG Oldenburg* StRV 1983, 236); bei Prüfung der Glaubwürdigkeit von Zeugen und Hinzuziehung eines Sachverständigen (*OLG Celle* vom 13. 3. 1974 – 1 Ss 247/74); bei Tätigkeit eines Schriftsachverständigen (*OLG Celle* GA 72, 84; *OLG Oldenburg* vom 19. 7. 1977– 1 Ss 335/77); wenn fünf Hauptverhandlungstage wegen Anklage wegen zahlreicher Vergehen nötig sind (*OLG Oldenburg* vom 6. 4. 1977 – 1 Ss 372/76); bei Ladung von 12 Zeugen und einem Sachverständigen und erhebliche Vorstrafen (*OLG Koblenz* vom 26. 10. 1978 – 2 Ss 375/78). Bei mehr als 10-stündiger Hauptverhandlung ist ebenfalls Pflichtverteidiger geboten (*OLG Koblenz* vom 26. 10. 1978 – 2 Ss 375/78; a. A. *OLG Saarbrücken* vom 29. 7. 1976 – 1 Ss 54/76); wie auch bei Berufungshauptverhandlung für 9 Sitzungstage, an denen 168 Zeugen gehört werden sollen (*OLG*

G
Gebühren, Honorare, Erstattungsansprüche

Stuttgart StRV 1987, 8) und im BTM-Verfahren, in dem unterschiedliche Analyseverfahren zu verschiedenen Wirkstoffkonzentrationen kommen, von deren Ergebnis das Vorliegen einer nicht geringen Menge abhängig ist (*OLG Celle* StRV 1987, 239).

136   cc) Die weitere Alternative für die Pflichtverteidigerbestellung ist, wenn der **Beschuldigte sich nicht selber verteidigen kann**. Ob der Beschuldigte sich selber verteidigen kann, hängt zum einen von seinen Fähigkeiten und zum anderen von den von dem einzelnen Strafverfahren bestimmten Anforderungen an die Verteidigungsfähigkeit ab.

Der Angeklagte kann sich nicht selbst verteidigen bei **intellektuellen und körperlichen Defiziten** z. B. Lese- oder Schreibschwäche oder Analphabetismus (*OLG Celle* StRV 1983, 187; *OLG Zweibrücken* vom 14. 1. 1980 – 11 Ws 148/80); schwere **körperliche Leiden** und Behinderungen sowie ein zerrüttetes Nervensystem (*RGSt* 74, 304); erhebliche Minderbegabung (*OLG Köln* MDR 1981, 245); relativ erfolgloser Besuch einer Sonderschule (*OLG Zweibrücken* vom 29. 5. 1980 – 1 Ws 187/80); Entwicklungsstop auf der Stufe eines 6–7jährigen Kindes (*RGSt* 68, 35; *LG Berlin* StRV 1983, 99); Schwerhörigkeit (*OLG Hamm* (JMBL NRW 1954, 205; NJW 1952, 1190); Gebrechlichkeit, die Pflegschaft erforderte (*KG* vom 29. 5. 1967 – 1 Ss 77/67). Schwere TBC-Erkrankung zu Beginn der Hauptverhandlung festgestellt (*BGH* vom 17. 12. 1954 – 5 StR 413/54). Ist die Angeklagte im 7. Monat **schwanger**, ist ihr ein Pflichtverteidiger beizuordnen (*OLG Düsseldorf* NJW 1964, 877). Ist der Angeklagte nach dem PsychKG in eine Anstalt eingewiesen, so ist Pflichtverteidigung notwendig (*LG Oldenburg* StRV 1983, 236). Zur Verteidigungsfähigkeit im **Diagnose- und Prognosebereich** vgl. *BVerfGE* 1970, 297; *HansOLG Bremen* StRV 1986, 256.

Unabhängig von derartigen Defiziten ist ein Pflichtverteidiger beizuordnen, wenn sich zeigt, daß der Angeklagte den **Anforderungen** des jeweiligen **Strafverfahrens** nicht gewachsen ist; etwa wenn er in der Berufungsinstanz eine Herabsetzung der Strafe oder eine Strafaussetzung zur Bewährung erreichen will und zu den persönlichen u. a. entlastenden Verhältnissen schweigt (*OLG Zweibrücken* MDR 1986, 163; GA 85, 425). Etwa bei ungeschickter Einlassung des Angeklagten (*OLG Frankfurt* StRV 1984, 370). Wenn die Berufungshauptverhandlung strafprozessuale Kenntnisse voraussetzt (*OLG Zweibrücken* StRV 1982, 128). Wenn die StA ein erstinstanzliches Urteil angefochten hat mit dem Ziel, eine Bewährungsstrafe abändern zu lassen in eine Strafe, deren Vollstreckung nicht zur Bewährung ausgesetzt wird (*OLG Bremen* vom 17. 3. 1961 – Ss 19/61). Bei Berufung der StA gegen Urteil mit Geldbuße mit dem Ziel einer Verurteilung zu einer Strafe (*OLG Stuttgart* StRV 1987, 240). Bei zahlreichen **Vorstrafen** wegen kriminologisch gleichartiger Straftaten ist Pflichtverteidigung geboten (*BGH* AnwBl 1963, 194). Die **dritte Gruppe** in dieser Alternative des § 140 StPO sind die Angeklagten, die infolge **Unkenntnis der deutschen Sprache** oder des Kulturkreises dem Verfahren oder dem Rechtswesen fremd gegenüberstehen, so daß nicht gewährleistet ist, daß sie in der Lage sind, der Verhandlung zu folgen (*BGHSt* 30, 182; *BVerfG* NJW 1983, 2263; *LG Berlin* und *LG Osnabrück* StRV 1984, 237 und 506; *OLG Hamm* AnwBl 1980, 31; *LG Darmstadt* StRV 1981, 351; *LG Baden-Baden* StRV 1983, 236; *LG Itzehoe* StRV 1983, 545; *OLG Hamburg* vom 13. 5. 70 – 1 Ss 26/70).

Wird der **Pflichtverteidiger als Zeuge** vernommen, ist ein weiterer Pflichtverteidiger zu bestellen (*BGH* StRV 1985, 442).

Bezahlung des Honorars durch den Mandanten **G**

Selbstverständlich ist für die **Revisionsbegründung** ein Verteidiger beizuord- 137
nen und auch für die Revisionshauptverhandlung (*OLG Düsseldorf* StRV 1986,
143; EUGMR StRV 1983, 265; NStZ 1983, 373).

7. Die Ermittlung der angemessenen Gebühr gem. § 12 BRAGO

a) Allgemeines. Die Ermittlung der angemessenen Gebühr bei Rahmenge- 138
bühren gem. § 12 I BRAGO bereitet in der Praxis und mit der Rechtsprechung
die größten Schwierigkeiten. Grundsätzlich hat der RA die Gebühren im Einzelfall nach **billigem Ermessen** zu bestimmen.

Bei seiner Ermessensentscheidung hat der RA **alle Umstände** zu berücksichtigen. Die Aufzählung der nachstehenden Kriterien ist nicht abschließend. § 12 I 1 BRAGO erwähnt ausdrücklich: Bedeutung der Angelegenheit, Umfang der Tätigkeit, Schwierigkeit der Tätigkeit, Vermögens- und Einkommensverhältnisse des Mandanten.

Die ordnungsgemäße **Dokumentation anwaltlicher Tätigkeit** ist die Grundlage für die Ermittlung der angemessenen Gebühr. Zu dieser Tätigkeit gehört nicht nur, aber auch

- Schriftsätze an das Gericht, die Behörde oder einen Gegner,
- Korrespondenz mit dem Mandanten, deren Umfang sich nicht nur an den Notwendigkeiten eines Verfahrens orientiert, sondern auch an der Betroffenheit eines Mandanten,
- Umfang und Dauer von Gesprächen mit dem Mandanten,
- Umfang und Dauer von Vorbereitungen für Gespräche mit dem Mandanten für Verhandlungen mit Gericht, Behörde oder Gegner,
- Umfang und Dauer gewisser Ermittlungstätigkeiten auch von Nachfragen beim Mandanten,
- Umfang und Dauer von rechtlichen Überlegungen und der Durchsicht von Rechtsprechung; der RA ist kein Justizcomputer, der jede Entscheidung mit Mehrfachfundstellen auf Knopfdruck ausdrucken muß,
- die mit dem Mandat verbundenen Abwesenheitszeiten,
- die mit dem Mandat verbundenen Übersetzungstätigkeiten, wobei unter Übersetzung zum einen tatsächlich die Übersetzung in eine Fremdsprache ggf. unter Hilfe eines Dolmetschers zu verstehen ist, auf der anderen Seite aber auch die Übersetzung juristischer Termini in die dem jeweiligen Mandanten verständliche Sprache oder auch die Übersetzung von Sachverständigengutachten in die dem Mandanten verständliche Sprache.

Bestimmte **Mindestgebühren aus der BRAGO** erleichtern die Ermittlung der angemessenen Gebühr, nämlich

- die Mindestgebühr aus § 120 I BRAGO von ⅔₁₀ für Schreiben ohne schwierige rechtliche Ausführungen und ohne größere sachliche Auseinandersetzungen,
- bei umfangreicher Beratungstätigkeit der Vergleichsmaßstab des § 118 BRAGO,
- in geeigneten Fällen der Gebührentatbestand des § 56 BRAGO.

b) Die angemessene Gebühr aus § 83 ff. BRAGO. Zusätzliche **Kriterien** für 139
die Ermittlung der angemessenen Gebühr in § 83 ff. BRAGO sind:

- die Kriterien aus § 88 BRAGO (Tätigkeit bezogen auf Einziehung, Verfall, Vernichtung, Unbrauchbarmachung, Abführung des Mehrerlöses und entsprechende Beschlagnahme sowie Tätigkeit betreffend Fahrverbot oder Fahrerlaubnis,
- die Einzeltätigkeiten und deren Bewertung in § 91 BRAGO,
Rechtsmitteleinlegung, Anfertigung oder Unterzeichnung von Anträgen, Gesuchen, Erklärungen oder andere Beistandsleistung (20,– DM bis 280,– DM)

Brieske 1195

Rechtfertigungsschrift für Berufung oder Berufungserwiderung, Korrespondenzanwaltstätigkeit, Beistandsleistung bei richterlicher oder staatsanwaltschaftlicher Vernehmung, bei mündlicher Verhandlung oder Augenscheinseinnahme außerhalb der Hauptverhandlung oder im Verfahren gem. § 172 Abs. 2 bis 4, § 173 StPO (40,– DM bis 520,– DM).
Revisionsbegründung oder Revisionsgegenerklärung (60,– DM bis 820,– DM).
– Tätigkeiten im Beschwerdeverfahren, die gem. § 87 BRAGO mit der Verfahrensgebühr abgegolten sind,
– Teilnahme an Haftprüfungsterminen,
– Ermittlungstätigkeiten des Verteidigers,
– drohende wirtschaftliche Auswirkungen und berufliche Auswirkungen des Verfahrens und des Verfahrensergebnisses für den Mandanten,
– Wahrnehmung von Terminen zur Vernehmung von Zeugen durch einen beauftragten Richter,
– Wahrnehmung von Terminen zur Vernehmung von Zeugen im Ermittlungsverfahren,
– Besuche in der Haftanstalt und der damit verbundene Zeitaufwand,
– die Vorbereitung der Hauptverhandlungstermine,
– die Nachbereitung von Verhandlungstagen,
– die Lektüre von Sachverständigengutachten,
– die Erarbeitung von Beweisanträgen,
– die wirtschaftlichen Verhältnisse des Mandanten,
– die Dauer des Verfahrens insgesamt und die tägliche Dauer des Verfahrens.

140 c) **Die angemessene Gebühr gem. § 116 I Nr. 1 BRAGO.** Sie ist nach den vorgenannten **Kriterien** zu ermitteln. Regelmäßig kann der Mittelwert des Gebührenrahmens angesetzt werden. Die Bedeutung der Angelegenheit für den Mandanten ergibt sich danach, ob es sich

– um Leistungen für einen in der Vergangenheit abgeschlossenen Zeitraum handelt,
– um Leistungen für einen voraussichtlich in der Zukunft endenden Zeitraum,
– um Dauerleistungen, bei denen ein Ende des Leistungszeitraums nicht abzusehen ist.

Bei der **Schwierigkeit** sind zu berücksichtigen ständig wechselnde und sich ändernde Gesetzesvorschriften, die Durchsicht medizinischer Gutachten sowie deren Erörterung mit dem Mandanten, der Umfang einer Beweisaufnahme, insbesondere bei Anträgen gem. § 109 SGG und wenn aufgrund von Anträgen weitere Gutachten eingeholt werden sowie die Vernehmung von Zeugen.

8. Der Gebührenanspruch des amtlich bestellten Vertreters oder des Praxisabwicklers

141 Der amtlich bestellte Vertreter hat gem. § 53 Abs. 10 Satz 4 BRAO vom Vertretenen eine angemessene Vergütung zu beanspruchen, erforderlichenfalls ist Sicherheit zu leisten. Bei Streit entscheidet der Vorstand der Rechtsanwaltskammer. Der Vertreter ist befugt, Vorschüsse zu entnehmen. Die RAK haftet für die festgesetzte Vergütung wie ein Bürge, § 53 Abs. 10 BRAO. Der Abwickler einer Praxis hat einen entsprechenden Gebührenanspruch gem. § 55 Abs. 3 i. V. m. § 53 Abs. 10 BRAO.

VII. Kostenentscheidungen und Rechtsmittel gegen Kostenentscheidungen

Hier geht es nun um die weitere Frage, in welcher Form diese Kostenentscheidung ergeht und inwieweit diese u. U. durch ein Rechtsmittel zu korrigieren ist. 142

1. Übersicht

Nachstehend werden die gesetzlichen Vorschriften aufgeführt, in denen Kostenentscheidungen vorgesehen sind, daneben wird aufgeführt, inwieweit diese Entscheidungen anfechtbar sind, ggf. mit welcher Frist und welchem Rechtsmittel/Rechtsbehelf und schließlich in welchem Umfang das Rechtsmittel-/Rechtsbehelfsgericht die Kostenentscheidung überprüft.

Kostenentscheidung		Rechtsbehelf
Zivilrecht		
§ 91 ZPO	Urteil	Anfechtbar nur mit Rechtsmittel gegen Urteil
§ 91a ZPO	Beschluß	Beschwerde binnen 14 Tagen; entscheidet das Gericht über die Kosten gem. § 91a ZPO fehlerhaft durch Urteil, so ist nach dem Meistbegünstigungsgrundsatz sowohl das Rechtsmittel der Berufung wie auch der Rechtsbehelf der sofortigen Beschwerde gegeben.
§ 91a ZPO. Bei teilweiser Erledigung nach beidseitiger Erledigungserklärung	Urteil	Beschwerde wg. der Kosten des für erledigt erklärten Teils oder Anfechtung mit der Hauptsache innerhalb 14 Tagesfrist
§ 93 ZPO	Urteil	Sofortige Beschwerde innerhalb 14 Tagen, § 99 II ZPO
§ 93b III ZPO	Räumungsurteil	Sofortige Beschwerde, § 99 II ZPO
§ 104 ZPO	Kostenfestsetzungsbeschluß	Erinnerung innerhalb 14 Tagen, § 104 III ZPO
§ 104, 107 II BRAGO	Kostenfestsetzungsbeschluß	Abänderungsantrag wegen Streitwertänderung binnen einem Monat, § 107 II BRAGO
§ 281 III ZPO	Urteil	Unterlassene Kostenentscheidung gem. § 281 III ZPO nicht anfechtbar (aber u. U. im Festsetzungsverfahren als nicht notwendig abzusetzen)
§ 269 ZPO	Beschluß	Kostenbeschluß bei sofortige Beschwerde Klagrücknahme, § 269 III 5 ZPO
§ 346, 515 III ZPO	Beschluß	Kostenbeschluß bei Rücknahme des Einspruchs, § 346, § 515 III ZPO nicht anfechtbar, § 515 III ZPO
§ 494a II ZPO	Beschluß	sofortige Beschwerde
§ 515 III ZPO	Beschluß	Kostenbeschluß bei Berufungsrücknahme, § 515 III ZPO nicht anfechtbar

143

G

Gebühren, Honorare, Erstattungsansprüche

Kostenentscheidung		Rechtsbehelf
§ 566, § 515 III ZPO	Beschluß	Kostenentscheidung bei Rücknahme der Revision, § 566, § 515 III ZPO nicht anfechtbar
§ 89 ZPO	Beschluß	Kostenentscheidung gem. § 89 ZPO bei vollmachtsloser einstweilen zugelassener Prozeßführung sofortige Beschwerde; nicht gegen solche der Berufungsgerichte
144 Arbeitsrecht		
Arbeitsgerichtliches Verfahren	Urteile und Beschlüsse	Anfechtbar wie im Zivilprozeß
145 Freiwillige Gerichtsbarkeit		
§ 13a FGG	Beschluß	Bei Entscheidung zur Hauptsache nicht anfechtbar, § 20a FGG Ohne Entscheidung zur Hauptsache sofortige Beschwerde, § 20a II FGG aber § 27 II FGG
§ 29, 25, 26 FGG	Beschwerdebeschluß	u. U. sofortige weitere Beschwerde, § 29 FGG aber § 27 II FGG
146 Strafrecht		
§ 464 III StPO	Urteil oder Beschluß	Sofortige Beschwerde mit Bindung des Beschwerdegerichts an die tatsächlichen Vorgaben des Vorgerichts, wenn die Hauptentscheidung anfechtbar wäre, sonst unanfechtbar
§ 464b StPO	Beschluß	Anfechtbar gem. § 464b S. 3 i. V. m. § 104 ZPO
§ 469 StPO	Beschluß	Unanfechtbar
147 Ordnungswidrigkeitenrecht		
§ 105 OWiG	Bescheid der Verwaltungsbehörde	Antrag auf gerichtliche Entscheidung gem. § 108 I Nr. 1 OWiG
§ 108 I 2 OWiG	Kostengrundbeschluß	Unter den Voraussetzungen des § 108 I 2 OWiG ist der aufgrund des Antrags auf gerichtliche Entscheidung über einen Kostenbescheid der Verwaltungsbehörde im Ordnungswidrigkeitenverfahren ergehende gerichtliche Beschluß anfechtbar
§ 105, § 106 OWiG	Kostenfestsetzungsbescheid	Unter den Voraussetzungen des § 108 I 2 OWiG ist dieser Kostenfestsetzungsbescheid anfechtbar
§ 108a OWiG	Kostengrundbescheid der StA	Antrag auf gerichtliche Entscheidung binnen 2 Wochen gem. § 108a II OWiG
§ 108a OWiG	Kostenfestsetzungsbescheid der StA	Erinnerung an das zuständige Gericht, § 108a III, 68 OWiG
148 Verwaltungsrecht		
§ 154 VwGO	Urteil oder Beschluß	Grundsätzlich unanfechtbar § 158 VWGO

Brieske

Kostenentscheidungen, Rechtsmittel **G**

Kostenentscheidung		Rechtsbehelf
§ 80 VwVFG, § 73 VwGO	Kostengrundbescheid	Widerspruch und nachfolgendes Klagverfahren
§ 156 VwGO	Urteil oder Beschluß	Anfechtbar mit Beschwerde binnen 14 Tagen gem. § 158 II, § 146, § 147 VWGO. Umfaßt u. U. die vorgerichtlich entstandenen RA-Gebühren. Ist vergessen worden, über die vorgerichtlich angefallenen notwendigen Auslagen im Urteil oder Kostenbeschluß zu entscheiden, so kann die Ergänzung des Beschlusses beantragt werden.
§ 161 II VwGO	Beschluß	Unanfechtbar. Umfaßt u. U. die vorgerichtlich entstandenen RA-Gebühren. Ist vergessen worden, über die vorgerichtlich angefallenen notwendigen Auslagen im Urteil oder Kostenbeschluß zu entscheiden, so kann die Ergänzung des Beschlusses beantragt werden.
§ 162, 164 VwGO	Kostenfestsetzungsbeschluß	Anfechtbar, § 165 VWGO

Sozialrecht

§ 63 I, II SGB X	Kostengrundbescheid	Widerspruch und Klage
§ 193 SGG	Im Urteil	nicht anfechtbar
	Beschluß	anfechtbar durch Beschwerde § 172 SGG unanfechtbar, wenn Beschluß des LSG, § 177 SGG Der Kostenausspruch umfaßt u. U. die vorgerichtlich angefallenen notwendigen Auslagen des Klägers. Umfaßt der Kostenausspruch diese Auslagen nicht, kann er u. U. ergänzt werden.
§ 197 SGG	Kostenfestsetzungsbeschluß	anfechtbar binnen Monatsfrist, § 197 II SGG

Steuerrecht

§ 143 FGO	Urteil	unanfechtbar, § 145 I FGO Der Kostenausspruch umfaßt u. U. die vorgerichtlich angefallenen notwendigen Auslagen.
	Beschluß	anfechtbar, § 145 II FGO; Beschluß des BFH aber unanfechtbar Der Kostenausspruch umfaßt u. U. die vorgerichtlich angefallenen notwendigen Auslagen.
§ 149 FGO	Kostenfestsetzungsbeschluß	Erinnerung an das FG unter den Voraussetzungen des § 149 IV, 115 II Nr. 1 bis 3 FGO dagegen keine Beschwerde
	Streitwertfestsetzungsbeschluß im FGOverfahren	unanfechtbar gem. Art. 1 Nr. 4 BFH-Entlastungsgesetz

G

Gebühren, Honorare, Erstattungsansprüche

Kostenentscheidung		Rechtsbehelf
151 Streitwertbeschwerde		
§ 9 BRAGO	Streitwertbeschluß	Beschwerde innerhalb der Frist des § 25 II 3 GKG
§ 10 BRAGO	Streitwertbeschluß	Beschwerde binnen 14 Tagen gem. § 10 III BRAGO

In der vorstehenden Aufstellung sind drei verschiedene die Gebühren des RA berührende Entscheidungen des Gerichts aufgeführt, die Kostengrundentscheidung im Urteil oder im Beschluß, der Kostenfestsetzungsbeschluß, der Streitwertfestsetzungsbeschluß.

2. Das zuständige Gericht

152 Daß für die Kostengrundentscheidung das **erkennende Gericht** zuständig ist, erleichtert die Suche nach dem für die Kostengrundentscheidung zuständigen Gericht. Das Rechtsmittelgericht entscheidet entweder nur über die in seiner Instanz angefallenen Kosten oder über die Kosten des gesamten Rechtsstreits. Verweisen Berufungs- oder Revisionsgericht oder das Beschwerdegericht im Beschlußverfahren den Rechtsstreit an die Vorinstanz zurück, so überlassen sie unter Umständen die Entscheidung über die Kosten des Rechtsstreits dem abschließend entscheidenden Gericht.

153 Für den Antrag, die **Kosten gegen den Gegner** festzusetzen, ist das erstinstanzliche Gericht zuständig, § 103 II ZPO, § 464 b StPO, § 164 VwGO, § 197 I SGG, § 149 I FGO.

154 Für die **Festsetzung** der Vergütung der im Wege der **PKH** beigeordneten RAe ist gem. § 128 I BRAGO zunächst das Gericht des Rechtszuges zuständig, in dem PKH gewährt worden ist, nach rechtskräftiger Entscheidung oder sonstiger Beendigung des Verfahrens allerdings das Gericht des ersten Rechtszuges. Dies gilt für alle Verfahrensordnungen, in denen PKH gewährt wird.

155 Für die Festsetzung der **Pflichtverteidigervergütung** gem. § 97 BRAGO ist das Gericht erster Instanz zuständig, § 98 I BRAGO. Ein Antrag auf Gewährung einer **Pauschvergütung** gem. § 99 BRAGO ist bei dem erstinstanzlichen Gericht einzureichen, das mit einer Stellungnahme des Vorsitzenden den Antrag an die Generalstaatsanwaltschaft weitergibt, die ihn an das Oberlandesgericht weitergibt, das dann gem. § 99 II BRAGO entscheidet.

156 Die Gebühren für die **Beratungshilfe** sind zu beantragen bei dem Amtsgericht, das den Berechtigungsschein ausgestellt hat, in den Fällen des § 7 Beratungshilfegesetz bei dem Gericht, in dessen Bezirk der RA seine Kanzlei hat, § 133 BRAGO.

157 Im **Ordnungswidrigkeitenverfahren,** das nicht mit einer Kostenentscheidung des Gerichts endet, sondern mit einer Kostenentscheidung der Verwaltungsbehörde, § 105 OWiG, ist der Kostenfestsetzungsantrag gem. § 106 I 1 OWiG an die Verwaltungsbehörde zu richten. Gemäß § 108 BRAGO ist gegen den Kostenfestsetzungsbescheid Antrag auf gerichtliche Entscheidung innerhalb von 2 Wochen zulässig; gegen die Entscheidung des Gerichts ist sofortige Beschwerde unter den Voraussetzungen des § 108 I OWiG zulässig. Beendet die StA das Ordnungswidrigkeitenverfahren, so entscheidet sie über Kosten und

notwendige Auslagen gem. § 108a OWiG. Der Kostenfestsetzungsantrag ist zu richten an die StA. Über eine Erinnerung gegen den Kostenfestsetzungsantrag entscheidet das nach § 68 OWiG zuständige Gericht, § 108a III OWiG.

Ist die Kostengrundentscheidung im **Verwaltungsverfahren** nach dem Verwaltungsverfahrensgesetz des Bundes oder den Verwaltungsverfahrensgesetzen der Länder ergangen, so werden auf Antrag die zu erstattenden notwendigen Auslagen durch die Verwaltungsbehörde festgesetzt. Die Festsetzung erfolgt durch Verwaltungsakt, der seinerseits nach den Vorschriften des Verwaltungsverfahrensgesetzes und der VwGO anfechtbar ist. In dem sozialgerichtlichen Verfahren zuzuordnenden Sozialrecht wird der Kostengrundbescheid von der zuständigen Sozialbehörde erlassen. Auf Antrag werden die zu erstattenden notwendigen Auslagen durch Verwaltungsakt festgesetzt, der seinerseits nach den Regeln des SGB und des SGG anfechtbar ist. 158

Ist eine **isolierte Kostengrundentscheidung** im Verwaltungsverfahren ergangen – dies ist möglich im allgemeinen Verwaltungsrecht und im Sozialrecht –, erfolgt die Festsetzung der zu erstattenden Anwaltsgebühren im Verhältnis zum Mandanten durch die Verwaltungsbehörde. Die Verwaltungsbehörde hat dabei inzident einen Streitwert der Berechnung der Gebühren zugrundezulegen. Die Entscheidung der Verwaltungsbehörde ist durch den RA nicht anfechtbar, wohl aber durch den Mandanten. Der RA ist an dem Festsetzungsverfahren nicht beteiligt. 159

Im **steuerlichen Verfahren** kommt die Erstattung der RA-Gebühren im vorgerichtlichen Verfahren nach Bundesrecht nicht in Betracht. Soweit nach Landesrecht die Verwaltungsverfahrensgesetze anwendbar sind, kommt eine Erstattung in Betracht, die dann nach dem oben beschriebenen Verfahren nach den Verwaltungsverfahrensgesetzen durchgeführt wird. 160

Ist es zu einem gerichtlichen **Verfahren in der Hauptsache** gekommen, so entscheidet das Gericht im Rahmen seiner Kostenentscheidung auch darüber, ob die Hinzuziehung eines RA im Vorverfahren notwendig war, § 139 III FGO, § 162 I VwGO, § 193 SGG. Dies entspricht trotz des offenen Wortlautes der Rechtsprechung zu § 193 SGG (vgl. die Nachweise bei *Meier-Ladewig*, SGG Rdnr. 5 zu § 193 SGG). 161

In diesen Fällen erfolgt die Festsetzung der notwendigen Auslagen durch das erstinstanzliche Prozeßgericht. Für die Festsetzung der Kosten der **Zwangsvollstreckung** gem. § 788, § 104 BRAGO ist das erstinstanzliche Prozeßgericht zuständig (*BGH* AnwBl 1982, 232; jetzt auch *OLG Hamm* AnwBl 1988, 66). Bei **Vollstreckung** aus einem Vollstreckungsbescheid ist das für das Streitverfahren zuständige Gericht anzurufen (*BGH* NJW-RR 1988, 186). 162

H. Anwaltliches Berufsrecht

H I. Zulassungs- und Berufsordnungsrecht, Europäisches Anwaltsrecht

Dr. Michael Kleine-Cosack

Übersicht

	Rdnr.		Rdrn.
I. **Zulassungsrecht**	1	6. Berufsaufsicht, Berufs-(Ehren-)gerichtsbarkeit	193
1. Verfassungsrecht	1		
2. Allgemeine Zulassungsvoraussetzungen	14	III. **Anwaltsrecht in den neuen Bundesländern**	230
3. Obligatorische Versagungsgründe der Zulassung	16	1. Zulassungsrecht	231
4. Obligatorischer Versagungsgrund des § 7 Nr. 8 BRAO	26	2. Formen anwaltlicher Tätigkeit, §§ 39 ff. RAG	236
5. Lokale Zulassungsbeschränkungen	85	3. Verfahren	237
6. Persönliche Zulassungsversagungsgründe, § 20 BRAO	96	4. Rechte und Pflichten des Rechtsanwalts, §§ 42 ff. RAG	238
7. Verfahren	100	5. Fachanwälte, § 15 RAG	239
II. **Berufsordnungsrecht, Berufsaufsicht, Berufsgerichtsbarkeit**	123	6. Die Rechtsanwaltskammern, §§ 60–89 RAG	240
1. Rechtsunsicherheit in der Übergangszeit	124	7. Berufsgerichtsbarkeit, §§ 90 ff. RAG	241
2. Verfassungsrecht	128	IV. **(Internationales) Europäisches Anwaltsrecht**	242
3. Rechtsgrundlagen	134	1. Rechtsgrundlagen	243
4. Einzelne Berufspflichten	146	2. Niederlassungsrecht	247
5. Fachanwälte	180	3. Dienstleistungsrecht	264
		4. Drittländer	286

Literatur: *Feuerich*, BRAO, 2. Aufl. 1991. – Zur Rechtslage nach der Grundsatzentscheidung des BVerfG v. 14. 7. 1987: *Hartung*, AnwBl. 1988, 37, u. 374; *Jähnke*, NJW 1988, 1888; *Kleine-Cosack*, NJW 1988, 164; *Pietzcker*, NJW 1988, 515.

I. Zulassungsrecht

1. Verfassungsrecht

Die berufsrechtlichen Regelungen der BRAO stehen im Spannungsverhältnis **1** zweier verfassungsrechtlich relevanter Grundsätze, einerseits des Allgemeininteresses an einer **funktionsfähigen Rechtspflege** und andererseits des Grundsatzes der **Freiheit der Advokatur** (*BVerfGE* 63, 266 [288]).

a) **Berufswahlfreiheit.** Anknüpfend an das in Art. 12 I GG garantierte **2** Grundrecht der Berufswahl (*BVerfGE* 63, 266, 286; 66, 337), geht die BRAO von dem **Recht des Bewerbers auf Zulassung** aus. Dieser darf nur aus den in der BRAO bezeichneten Gründen abgelehnt werden, § 6 II BRAO. Einschränkungen sind – ungeachtet der problematischen Berufsbildkompetenzen des Gesetzgebers (dazu *BVerfG* NJW 1988, 545 f. – Rechtsbeistand) – nur zulässig zum Schutze besonders wichtiger Gemeinschaftsgüter, vor allem der Funktionsfähigkeit der Rechtspflege (*BVerfGE* 71, 171, 189) und unter strikter Wahrung und Beachtung des Grundsatzes der Verhältnismäßigkeit (*BVerfG* NJW 1983, 1535; NJW 1986, 1802; NJW 1984, 2341). Die Einschränkungen der Zulassung ergeben sich – entsprechend dem verfassungsrechtlichen Vorbehaltsprinzip – abschließend aus dem Gesetz, § 6 II BRAO. Im Gegensatz zum **Notariatsrecht** findet bei der Zulassung zum Rechtsanwalt eine Bedürfnisprüfung nicht statt; sie wäre mit Art. 12 GG nicht zu vereinbaren und würde dem Prinzip der freien Advokatur wie dem Berufsbild des freiberuflich tätigen, nicht staatlich gebundenen Rechtsanwalts widersprechen; damit ist auch der verfassungswidrige (so überzeugend *Brangsch*, Fs. f. Oppenhoff, 1985, S. 25 ff. u. *Redeker*, DVBl 1987, 200) Anwaltseid in § 26 BRAO nicht zu vereinbaren.

3 **b) Gebot verfassungskonformer Auslegung.** Bei der Auslegung der Zulassungsbestimmungen ist dem Europarecht, hier vor allem den Art. 52 ff. EWGV sowie insbesondere dem **Verfassungsrecht** Rechnung zu tragen. Die Kammern und die Berufs-(Ehren-)Gerichte sowie die ordentlichen Gerichte (in Wettbewerbsstreitigkeiten) versäumen jedoch immer wieder diese unumgängliche Prüfung des Berufsrechts am höherrangigen Recht. Von einer Verwirklichung der Verfassung im Anwaltsrecht kann bisher kaum die Rede sein. Viel zu oft bedarf es verfassungsgerichtlicher Korrekturen, um den Grundrechten auch im anwaltlichen Berufsrecht Geltung zu verschaffen!

4 **c) Problematischer Rekurs auf die Berufsbildbestimmungen der §§ 1–3 BRAO.** Bei der Auslegung der Zulassungsregelungen – wie z. B. des § 7 Nr. 8 BRAO – sowie der Generalklausel des § 43 BRAO – z. B. beim Werbeverbot – rekurriert die Judikatur vielfach in fragwürdiger Weise auf die Berufsbildbestimmungen der §§ 1–3 BRAO zur Rechtfertigung von Zulassungsbeschränkungen. Sie legt dabei oftmals ein mehr als antiquiertes verfassungswidriges Berufsbild zugrunde.

5 **aa) Notwendigkeit einer verfassungskonformen Interpretation.** Die Berufsbildbestimmungen sind grundsätzlich im Lichte des höherrangigen Verfassungsrechts zu interpretieren. Dabei wird meist verkannt, daß im Hinblick auf die verfassungsrechtliche Gewährleistung der Freiheit der Berufswahl durch Art. 12 GG vorrangig davon auszugehen ist, daß der Rechtsanwalt einen freien Beruf (§ 2 I BRAO) ausübt (BVerfGE 63, 266, 282 ff., 76, 171, 192) im Rahmen (oder als „Organ") der Rechtspflege. Er ist gem. § 3 I BRAO unabhängig und hat keine amtsähnliche, dem öffentlichen Dienst vergleichbare Stellung trotz der mißverständlichen Formulierung in § 1 BRAO.

6 **bb) Berufsbildfiktionen.** In nicht vertretbarer Weise werden die §§ 1–3 BRAO zudem einseitig ausgelegt, indem auf Regelungen abgestellt wird, welche mehr Fiktion denn Realität sind.
Dies gilt für die überholte Regelung in § 2 II, wonach der Anwaltsberuf „kein Gewerbe" ist, obwohl er alle Kriterien des Begriffs erfüllt (dazu insoweit zutreffend kritisch, *Fuhrmann,* Der angestellte Rechtsanwalt, 1989, S. 51 f.). Auch § 3 I BRAO steht zum Teil nur „auf dem Papier", da es schlicht abwegig ist, den Rechtsanwalt als den berufenen Vertreter in allen Rechtsangelegenheiten zu bezeichnen; korrekterweise kann allenfalls der Rechtsanwaltschaft insgesamt eine derartige Kompetenz attestiert werden.

7 Gleiches gilt bei der grundsätzlich zwar zu fordernden Unabhängigkeit des Rechtsanwalts i. S. d. § 3 I BRAO: Hier sind in der Praxis erhebliche Einschränkungen zu machen angesichts der großen Zahl von Rechtsanwälten in (nichtan-

waltlichen wie auch anwaltlichen) Anstellungsverhältnissen oder als freie Mitarbeiter einschließlich der bedeutenden Gruppe der Syndikusanwälte. Das Gesetz schweigt sich zu dieser Problematik aus (s. dazu *Fuhrmann,* Der angestellte Rechtsanwalt, 1989; *Berghahn,* Der Rechtsanwalt als freier Mitarbeiter, 1989).

cc) Fragwürdiges Richterrecht. Die Judikatur hat versucht, das normative Defizit auszugleichen. Ein Mangel an Realitätsinn sowie an Ehrlichkeit sowie ein verkrampftes und verängstigtes Festhalten an einem antiquierten Anwaltsbild führen in der Berufsgerichts- wie Kammerpraxis jedoch dabei immer wieder dazu, auf Kosten der vorrangig garantierten Freiheit des Berufs des Rechtsanwalts Einschränkungen vorzunehmen durch Rekurs auf die weniger bedeutsamen Berufsbildfiktionen. 8

Die Folge ist eine mehr als fragwürdige Judikatur zur Zulassung von Rechtsanwälten in Anstellungsverhältnissen bzw. mit Zweitberufen. Diese entnimmt unter Mißachtung der sich aus dem Verfassungsprinzip des in Art. 20 III GG vorausgesetzten Vorbehalt des Gesetzes (dazu u. a. BVerfG 33, 125 u. 76, 171) sowie des Bestimmtheitsgebots aus den diffusen und widersprüchlichen Berufsbildbestimmungen in oft willkürlicher Weise – so auch beim Werbeverbot oder bei der Fachanwaltsverleihung – Beschränkungen der anwaltlichen Berufsfreiheit. Der Hebel für diesen Rekurs sind andere unbestimmte Vorschriften wie die Generalklausel des § 43 BRAO oder § 7 Nr. 8 BRAO (vgl. nur Zweitberufsbeschluß des BVerfG NJW 1993, 317). 9

dd) Notwendigkeit einer funktionsgemäßen Berufsbildbestimmung. Die Judikatur versäumt zudem vielfach, bei der Auslegung der BRAO und vor allem der Berufsbildbestimmungen in den §§ 1–3 BRAO die veränderten sozialen und ökonomischen Bedingungen zu berücksichtigen. Auch wenn die Tätigkeit des Rechtsanwalts nach der – problematischen – Vorschrift des § 2 II BRAO kein Gewerbe darstellen soll, so darf nicht außer acht gelassen werden, daß es sich um einen Dienstleistungsberuf handelt, der für den rechtschutzsuchenden Bürger ausgeübt werden soll im Rahmen der Dienstleistungsgesellschaft (dazu K IX). Den Anschluß daran hat der Anwalt – so das Gutachten von Prognos- und Infratest (Inanspruchnahme anwaltlicher Dienstleistungen, AnwBl. Sonderheft März 1987, S. 53) – bisher verpaßt. – Das *BVerfG* (NJW 1990, 2121 f.) hat in einer neueren Werbeentscheidung die Dienstleistungsfunktion des Rechtsanwalts betont, ohne noch Passagen aus früheren Entscheidungen aufzunehmen, in denen die angeblich nichtgewerbliche Tätigkeit des Rechtsanwalts in wenig überzeugender Weise noch herausgestellt worden war (*BVerfGE* 76, 196/208)! Auch hier scheint sich eine nüchternere Betrachtungsweise durchzusetzen (vgl. aber *BVerfG* NJW 1992, 1614), welche für das Zulassungsrecht – z. B. § 7 Nr. 8 BRAO (angeblich unvereinbare gewerbliche Tätigkeit im Zweitberuf) – oder das Werbeverbot bedeutsam ist, ohne daß sie bei der Ehrengerichtsbarkeit bisher erkennbar ist. 10

ee) Ungeklärtes Verhältnis BRAO-BGB, Arbeitsrecht, Wettbewerbsrecht. Für das Zulassungsrecht wie auch vor allem das Berufsordnungsrecht bedeutsam ist die Frage nach dem Verhältnis der BRAO – insbesondere der Berufsbildbestimmungen – zum zivilen Vertragsrecht des BGB bzw. dem Arbeitsrecht oder auch dem HGB sowie dem UWG. Als Beispiel für die Problematik der Abstimmung des Berufsrechts mit anderen Teilrechtsordnungen sei auf den Problemkreis der in Anwaltskanzleien angestellten Rechtsanwälte hingewiesen. 11

Diese verfügen nicht immer über die nach den §§ 1-3 BRAO erforderliche Unabhängigkeit und Freiheit. - Stets ist sorgfältig zu prüfen, welche Bedeutung einzelnen Bestimmungen der BRAO über Regelungen wie § 134 BGB (dazu *T. Becker,* Zulässigkeit und Wirksamkeit von Konkurrenzklauseln zwischen Rechtsanwälten, 1990; vgl. auch *Taupitz,* MedR 1992, 272) oder in Ausnahmefällen § 138 BGB (vgl. *KG* NJW 1989, 2193) für die Rechtswirksamkeit zivilrechtlicher Verhältnisse, wie z. B. freie Mitarbeiter- bzw. Anstellungsverträge mit Anwaltskanzleien zukommt (vgl. zur Problematik auch *Hanna,* Anwaltliches Standesrecht im Konflikt mit zivilrechtlichen Ansprüchen des Mandanten, 1988).

12   Keinesfalls kann aus den diffusen, widersprüchlichen und z. T. realitätsfremden Berufsbildbestimmungen ohne weiteres auf eine Unwirksamkeit vertraglicher Vereinbarungen geschlossen werden (vgl. auch *BGH* NJW 1992, 681 - Maklerprovision); so aber z. T. *Fuhrmann,* Der angestellte Rechtsanwalt, 1989, mit der nicht überzeugenden These - S. 112f. - der Unzulässigkeit der Anstellung von mehr als 7 Rechtsanwälten in einer Kanzlei. Ebensowenig überzeugend das Zahlenspiel bei *Lingenberg/Hummel/Zuck/Eich,* Grundsätze des anwaltlichen Standesrechts, 2. Aufl. 1988, § 28 Rdnr. 60, mit 20 bis 30 jur. Mitarbeitern als Obergrenze. Die rechtswissenschaftliche Begründung für eine solche These fehlt, wie dies meist in diesem Kommentar der Fall ist; nicht überzeugend auch *T. Becker* aaO. sowie angesichts öffentlich-rechtlicher, insbesondere verfassungsrechtlicher Defizite *L. Michalski,* Das Gesellschafts- und Kartellrecht der rechtlich gebundenen freien Berufe, 1989 und *G. Ring,* Wettbewerbsrecht der freien Berufe, 1989). - Überzeugend hat hingegen der *BGH* (BRAK-Mitt 1990, 55) die für Mitglieder verbindliche Anwaltsauswahl in den Aufnahmebedingungen eines Mietervereins wegen unzumutbarer Beschränkung (§ 242 BGB) des Rechts des Einzelnen auf freie Anwaltswahl (§ 3 III BRAO) als sittenwidrig i. S. d. § 1 UWG eingestuft.

Bedauerlich ist auch, daß die wettbewerbsrechtliche Literatur zum Teil von den neueren Entwicklungen im freiberuflichen Berufsrecht - insbesondere der weitgehenden Bedeutungslosigkeit der Standesrichtlinien - keine Notiz nimmt (so z. B.: *Baumbach-Hefermehl,* Wettbewerbsrecht, 16. Aufl. 1990, UWG, § 1 Rdnr. 273). Schließlich wählen die Kammern zur Unterbindung angeblicher Verstöße gegen das Berufsrecht vermehrt den - wenn auch problematischen (dazu unten Rdnr. 225) - Weg über das UWG, da sie nach der Judikatur des *BGH* (NJW 1987, 2087 u. BRAK-Mitt 1990, 55) aktivlegitimiert sind gem. § 13 UWG.

Unter Berücksichtigung von Eigenart und Funktion des Wettbewerbsrechts einerseits und des Berufsrechts andererseits ist in Zukunft genauer zu untersuchen, welche Primärnormen des Berufsrechts überhaupt über die Schiene des § 1 UWG den Vorwurf der Sittenwidrigkeit rechtfertigen können, ob dies für alle Rechtsnormen gilt, oder nur für Primärnormen mit wettbewerbsrechtlichem Bezug wie z. B. beim Werbeverbot, was der Funktion des § 1 UWG entspricht. - Die Judikatur unterscheidet bekanntlich in nicht überzeugender Weise zwischen außerwettbewerblichen Normen, die eine sittlich-fundierte Wertung enthalten und anderen, denen die Wertbezogenheit fehlt (vgl. nur die Nachw. bei *Tilmann,* WRP 1987, 293). Erstere - zu denen das Berufsrecht mit dem Schutzzweck der Rechtspflege zählt - stellen danach per se einen Wettbewerbsverstoß dar. - Bei wertneutralen Normen wird hingegen gefordert für die Anwendbarkeit des § 1 UWG, daß „besondere wettbewerbliche Merkmale" (*OLG Hamm,* NJW 1988, 466) vorliegen, was z. B. bei einer bewußten und planmäßigen Normverletzung zur Verschaffung eines Wettbewerbsvorsprungs angenommen wird. - Diese Differenzierung vermag nicht zu überzeugen.

2. Allgemeine Zulassungsvoraussetzungen

13   Das Zulassungsrecht der Rechtsanwälte ist abschließend in den §§ 4-42 BRAO normiert. Darin sind die Zulassungsvoraussetzungen, das Verfahren der Zulassung wie auch deren Zurücknahme geregelt.

Gemäß § 4 BRAO kann – vom Sonderfall der Ablegung der Eignungsprüfung abgesehen – zur Rechtsanwaltschaft nur zugelassen werden, wer die **Befähigung zum Richteramt** (§ 5 DRiG) besitzt (§§ 5–7, 109, 112 DRiG). Diese wird gem. § 5 DRiG durch Ablegung der juristischen Staatsexamina erlangt. Nach § 7 DRiG sind auch ordentliche Professoren der Rechte an einer Universität der BRD zum Richteramt befähigt. Nach § 5 BRAO gilt für den zugelassenen Rechtsanwalt die **vorbehaltlose Freizügigkeit,** sie besteht aufgrund der Gleichstellungsklausel des Einigungsvertrags auch für nach dem RAG zugelassene Rechtsanwälte (vgl. BGH BRAK-Mitt. 1992, 171). Wer in einem deutschen Land die Fähigkeit zum Richteramt erlangt hat, kann auch in jedem anderen deutschen Land die Zulassung zur Rechtsanwaltschaft beantragen. Die **Versagung** der grundsätzlichen Zulassung zur Rechtsanwaltschaft ist obligatorisch bei Vorliegen von schwerwiegenden Gründen. Die lokale Zulassung kann – fakultativ – aufgrund einzelner, in der BRAO geregelter Vorschriften erfolgen.

14

3. Obligatorische Versagungsgründe der Zulassung

§ 7 BRAO nennt elf Gründe, welche die Zulassung eines Bewerbers unmöglich machen. Sie betreffen die charakterliche Eignung, äußere mit dem Beruf und der Stellung des Rechtsanwalts nicht zu vereinbarende Umstände und die für die Berufsausübung notwendige Leistungsfähigkeit.

15

a) Persönliche, charakterliche Eignung. Die Versagungsgründe in § 7 Nr. 1–6 BRAO haben gemeinsam, daß sie auf die Persönlichkeit und die charakterliche Eignung der Zulassungsbewerber abstellen. Diese bieten wegen der aus den einzelnen Tatbeständen sich ergebenden Unzuverlässigkeit nicht die Gewähr für die ordnungsgemäße Erfüllung der anwaltlichen Pflichten. Zu einzelnen umstrittenen Vorschriften sei angemerkt:

16

– **§ 7 Nr. 2 BRAO** (Verlust der Fähigkeit für öff. Ämter). Wer wegen eines **Verbrechens** (§ 12 I StGB) zu einer Freiheitsstrafe von mindestens einem Jahr verurteilt wird, verliert für die Dauer von 5 Jahren die Fähigkeit, öffentliche Ämter zu bekleiden und Rechte aus öffentlichen Wahlen zu erlangen, § 45 I StGB. Er kann nach Nr. 2 in dieser Zeit nicht zur Rechtsanwaltschaft zugelassen werden. Nach § 45 II StGB kann das Gericht auch in anderen Fällen dem Verurteilten diese Fähigkeit absprechen, wenn das im Gesetz besonders vorgesehen ist (vgl. z. B. §§ 92a, 101, 102 II, 108c, 109i, 129a VI, 264 V, 358 StGB, 375 I AO).

17

– **§ 7 Nr. 3 BRAO** (Ausschluß aus der Rechtsanwaltschaft durch Urteil). Ein ehrengerichtliches Urteil nach § 114 I Nr. 5 BRAO auf Ausschließung aus der Rechtsanwaltschaft ist Voraussetzung für den Ausschluß. Eine Wiederzulassung ist möglich nach der durch Entscheidungen des *BVerfG* (NJW 1984, 2341; BRAK-Mitt 1986, 173) notwendig gewordenen neuen Fassung, da der lebenslange ausnahmslose Ausschluß ohne die Möglichkeit der Wiederzulassung nicht mit Art. 12 GG zu vereinbaren war. Nach Ablauf der – verfassungsrechtlich im Hinblick auf Art. 12 GG problematischen (vgl. auch § 70 StGB) – Sperrfrist von 8 Jahren richtet sich der Anspruch auf Wiederzulassung nach den sonstigen Kriterien des § 7, insbesondere des § 7 Nr. 5 BRAO. Im Einzelfall sind die Schwere und Auswirkung der Pflichtverletzung, welche die Ausschließung zur Folge hatten, gegen eine etwaige Bewährung und die Wahrscheinlichkeit künftiger korrekter Berufsausübung abzuwägen (BT.-Drucks. 11/3253; vgl. auch *BGH* BRAK-Mitt 1988, 146, 147 und NJW 1988, 1793; *Cornelius* BRAK-Mitt 1988, 104).

18

19 – **§ 7 Nr. 5 BRAO** (Unwürdigkeit). Der Bewerber ist nach dieser generalklauselartigen Bestimmung unwürdig zur Ausübung des Anwaltsberufs, wenn er im Zeitpunkt der Entscheidung über die Zulassung bei Abwägung seines schuldhaften Verhaltens und aller erheblichen Umstände wie Zeitablauf und zwischenzeitlicher Führung nach seiner Gesamtpersönlichkeit für den Anwaltsberuf nicht tragbar ist (*BVerfG* NJW 1983, 1535 u. 1986, 1802; *BGH* BRAK-Mitt 1987, 150 u. 1988, 271; *Feuerich,* AnwBl. 1989, 133). Wegen der Unzuverlässigkeit müssen durch die Zulassung Belange der Rechtspflege, insbes. der Rechtsuchenden gefährdet sein (vgl. auch *Kleine-Cosack,* Anwbl. 1992, 329 zur Problematik der DDR-Vergangenheit). Unwürdigkeit wird in der Judikatur vor allem bei **strafrechtlicher Verurteilung** eines Rechtsanwalts wegen gravierender Delikte angenommen; so z. B. bei Aussagedelikten, schwerer Steuerunehrlichkeit, falschen eidesstattlichen Versicherungen und dienstlichen Äußerungen, Betrug, Veruntreuung u. ä. Gleiches soll gelten bei unehrenhaftem und unsittlichem Lebenswandel, wie auch bei einem Geschäftsgebahren, das zu einem Vermögensverfall des betreffenden Rechtsanwalts führte; (vgl. *Feuerich* BRAO § 7 Rdnrn. 35 ff.; zur Handhabung des § 7 Nr. 5 BRAO in der Rechtsprechung, vgl. *Cornelius* BRAK-Mitt 1988, 104). Durch Wohlverhalten nach der Tat kann jedoch (*BGH* BRAK-Mitt 1986, 165) ein schwerwiegendes berufsunwürdiges Verhalten nach mehreren Jahren so viel an Bedeutung verlieren, daß es der Zulassung zur Rechtsanwaltschaft nicht mehr im Wege steht (vgl. auch die überzeugende Entscheidung des *BGH* BRAK-Mitt 1988, 147 im Fall Mahler).

20 – **§ 7 Nr. 6 BRAO** (Strafbares Bekämpfen der freiheitlich demokratischen Grundordnung). Das *BVerfG* (NJW 1983, 1535) hat entschieden, daß ein lediglich aktives Eintreten des Zulassungsbewerbers für eine als verfassungsfeindlich angesehene Partei eine Versagung der Zulassung nicht rechtfertigt, wenn der Bewerber die freiheitliche Grundordnung nicht in strafbarer Weise bekämpft. Vom Zulassungsbewerber wird anders als beim Beamtenbewerber (vgl. § 7 I 2 BBG) nur das Unterlassen des Bekämpfens dieser Ordnung, aber nicht ein **positives Handeln** verlangt. Strafbarer Kampf im Sinne von § 7 Nr. 6 BRAO ist demnach alles, was vor allem nach den §§ 80 ff. StGB verboten ist; damit ist die eigentlich untragbare, politisch motivierte Versagungsklausel nur unzureichend entschärft.

21 Schon wegen Art. 21 II G reicht im übrigen auch nicht ein lediglich aktives Eintreten für eine als verfassungsfeindlich angesehene Partei (einschließlich der früheren SED oder der NPD). Die politische – auch kommunistische oder sozialistische und (leider) auch faschistische – Gesinnung stellt angesichts der Freiheit des Anwaltsberufs keinen ausreichenden Versagungsgrund dar (vgl. auch *BGHZ* 77, 331, 337; *BGH* BRAK-Mitt 1986, 47).

22 b) **§ 7 Nr. 7 BRAO (Leistungsfähigkeit).** Die Zulassung zur Anwaltschaft ist danach zu versagen, wenn der Bewerber infolge eines körperlichen Gebrechens oder wegen Schwäche seiner geistigen Kräfte sowie bei Sucht **dauernd unfähig** ist, den Beruf des Rechtsanwalts ordnungsgemäß auszuüben.
Nicht erforderlich ist das Vorliegen der Voraussetzungen des § 6 BGB oder § 20 StGB (Geistesschwäche bzw. Schuldunfähigkeit). Es kommt darauf an, ob körperliche oder geistige Mängel des Bewerbers in ihrer Gesamtheit so stark sind, daß er deswegen dauernd unfähig ist, den Beruf eines Rechtsanwalts ordnungsgemäß auszuüben (*BGH* EGE XI, 19/20) und die Gefahr begründet ist, die Rechtsuchenden würden bei einer anwaltlichen Beratung oder Vertretung durch ihn nicht mit einer sachgemäßen und sorgfältigen Wahrnehmung ihrer Interessen rechnen können (vgl. *BGH* bei: *Zuck* BRAK-Mitt 1988, 166).

23 Ob dauernde Unfähigkeit zur Ausübung des Anwaltsberufs vorliegt, muß nach **Anhörung** des Bewerbers und entsprechender **Begutachtung** durch Ärzte entschieden werden, § 8a BRAO. Eine Identität der Unfähigkeit i. S. d. § 7 Nr. 7 BRAO mit der Dienstunfähigkeit wird verneint (vgl. *BGH* EGE XIV, 66).

c) **Äußere Umstände allgemein.** Dazu sind Regelungen enthalten in § 7 24
Nr. 11 BRAO (Stellung als Richter und Beamter, dazu unten Rdnrn. 76 ff.) und
§ 7 Nr. 9 (Vermögensverfall; dazu *BGH* BRAK-Mitt 1984, 140 u. 1987, 38)
sowie § 7 Nr. 10 (gerichtlich angeordnete Beschränkung in der Verfügung über
das Vermögen; z. B. vorläufige Vormundschaft, Konkurseröffnung, allgemeines Veräußerungsverbot im Vergleichsverfahren oder Vermögensbeschlagnahme nach der StPO).

4. Obligatorischer Versagungsgrund des § 7 Nr. 8 BRAO

a) **Grundsätzliche Zulässigkeit eines Zweitberufs.** Grundsätzlich ist ein 25
Rechtsanwalt nicht gehindert, eine zweite berufliche Tätigkeit auszuüben. Das
Grundrecht der Berufsfreiheit in Art. 12 GG schützt – zwar mit Einschränkungen – auch die parallele oder sukzessive Betätigung in Zweitberufen (*BVerfGE*
21, 173/181; *BVerfG* JZ 1984, 1042). Die nicht-anwaltliche Tätigkeit kann im
Hinblick auf Art. 12 GG nur **ausnahmsweise als unvereinbar** angesehen werden, soweit dies für die Funktionsfähigkeit der Rechtspflege unerläßlich ist
BVerfG (NJW 1993, 317).

b) **Alternativen des § 7 Nr. 8 BRAO.** Diesen verfassungsrechtlichen Kriterien wird die ehrengerichtliche Judikatur zu § 7 Nr. 8 BRAO nicht immer gerecht (dazu ausf. *Kleine-Cosack*, ZIP 1991, 1337). Dieser erfaßt zwei voneinander zu unterscheidende Versagungsmöglichkeiten: Vereinbarkeit mit dem 26
– Beruf des Rechtsanwalts (1. Alt.),
– Ansehen der Rechtsanwaltschaft (2. Alt.).

c) **§ 7 Nr. 8, 2. Alt. BRAO (Ansehen der Rechtsanwaltschaft).** Weniger relevant als die 1. Alt. (dazu unten Rdnrn. 32 ff.) ist die 2. Alt. betreffend eine 27
Tätigkeit, die mit dem Ansehen der Rechtsanwaltschaft völlig unvereinbar ist
und daher den Anwaltsberuf auch beeinträchtigt und schädigt. Genannt werden
Tätigkeiten, die im **Widerspruch zur geltenden Rechts- und Sittenordnung**
stehen oder wenig seriöser Natur sind, z. B. Leitung eines Bordells, Buchmacher, Pfandleihe, professioneller Geldverleih, Gastwirt (vgl. *BGH* NJW 1976,
628).
Die – unzeitgemäße – 2. Alt. des § 7 Nr. 8 BRAO ist auf jeden Fall im Hinblick auf Art. 12 GG **restriktiv** zu interpretieren (so jetzt auch BVerfG aaO.
Rdnr. 26), zumal es nach dem *BVerfG* (NJW 1984, 2321 u. 1988, 193) bei
Einschränkungen der Berufsfreiheit auf das Ansehen der Rechtsanwaltschaft
allein nicht ankommen kann. Die Gründe müssen vielmehr über bloße berufsständische Belange hinausgehen. Dies ist nur der Fall, wenn die Nichtzulassung
unerläßlich für die Funktionsfähigkeit der Rechtspflege ist.

d) **§ 7 Nr. 8, 1. Alt. BRAO (Vereinbarkeit mit Anwaltsberuf).** Anders als 28
die 1. Alt. des § 7 Nr. 8 BRAO ist die 2. Alt. „Vereinbarkeit mit dem Beruf des
Rechtsanwalts" von erheblicher Bedeutung.
Es handelt sich um eine ausfüllungsbedürftige und wertungsabhängige Bestimmung (vgl. *Bender* NJW 1986 1986, 409, 411). Maßgeblich sind die **Gesamtumstände** des konkreten Einzelfalls unter Berücksichtigung der konkreten Ausgestaltung des Rechtsverhältnisses und nicht eine abstrakte Bewertung (*BGH*
NJW 1986, 435).
Sinn der Vorschrift ist die **Wahrung des Berufsbildes** des Rechtsanwalts, der
nach den §§ 1–3 BRAO einen freien Beruf ausübt als unabhängiger Berater und

Vertreter in allen Rechtsangelegenheiten. Den verfassungsrechtlichen Anforderungen genügen die vom Wortlaut her völlig offenen §§ 7 Nr. 8 u. 14 II Nr. 9 BRAO n. F. nach dem BVerfG (aaO. Rdnr. 26) nur dann, wenn sie in enger Anlehnung an die Gesetzesbegründung ausgelegt werden. Darin wird betont, das Grundrecht der Berufsfreiheit lasse eine Versagung der Zulassung zur Rechtsanwaltschaft nur zu, wenn die Besorgnis gerechtfertigt sei, daß der Bewerber nach der Aufnahme des Berufes die Ausübung der Rechtspflege oder die Interessen der Rechtsuchenden gefährden würde (BTDrucks. III/120, S. 56 zu S. 19). Nur eine diese Aspekte ergänzende und verstärkende Bedeutung kommt auch dem Kriterium des „Ansehens der Rechtsanwaltschaft" zu, als damit die Integrität und Kompetenz der Rechtsanwaltschaft insgesamt gemeint ist.

29 e) **Kriterien des § 7 Nr. 8, 1. Alt. BRAO.** Kriterien zur Auslegung der Tatbestandsmerkmale in § 7 Nr. 8 BRAO „unvereinbar mit dem Beruf des Rechtsanwalts" sind nach der Judikatur u. a.:

aa) **Art** der nichtanwaltlichen Tätigkeit: Kein Gewerbe, § 2 II BRAO:
30 – **Zulässige Paralleltätigkeiten:** Unproblematisch ist eine nicht-anwaltliche Tätigkeit, soweit diese nach ihrer Art eine echte **Verwandtschaft** mit der anwaltlichen Betätigung aufweist.

Dementsprechend wird für zulässig erachtet die Tätigkeit als Rechtsanwalt und Wirtschaftsprüfer oder Steuerberater. Hingegen wird eine Inkompatibilität bejaht zwischen dem Anwaltsberuf und demjenigen des Steuerhelfers und Steuerbevollmächtigten (*BGH* NJW 1964, 2063 und AnwBl 1978, 373), was nicht haltbar ist. Zur Unvereinbarkeit der Maklertätigkeit vgl. *BGH* NJW 1976, 628 und BRAK-Mitt 1988, 49 sowie *BGH* NJW 1992, 681 – Maklerprovision; offengelassen wurde, ob eine nur gelegentlich ausgeübte Maklertätigkeit die Versagung der Zulassung rechtfertigt, *BGH* EGE XIII, 67, 71 f.; vgl. auch *BGH* BRAK-Mitt 1986, 48 sowie zur Abgrenzung des Anwalts-Dienstvertrags zum Maklervertrag *BGH* NJW 1985, 2642.

31 – **Gewerbliche Tätigkeit:** Umstritten war, inwieweit eine zweitberufliche kaufmännische Tätigkeit als vereinbar mit dem Anwaltsberuf anzusehen ist: Nach der Rspr. des BGH sollte eine solche kaufmännische Tätigkeit unvereinbar sein, die **maßgebend vom Gewinnstreben bestimmt** sei, die acquisitorischen Charakter habe und die dazu führe, daß der Bewerber nach außen erwerbswirtschatlich als Kaufmann mit dem Streben nach Gewinn in Erscheinung tritt (vgl. BGHZ 40, 194; *BGH* BRAK-Mitt. 1987, 89).

Diese Rspr. hat das *BVerfG* (NJW 1993, 317) zu recht aufgehoben: Ein Grundsatz, wonach anwaltliche und erwerbswirtschaftliche Tätigkeiten grundsätzlich unvereinbar sind, komme in der BRAO nicht zum Ausdruck. Ebenso fehle jeder Anhaltspunkt dafür, daß der Gesetzgeber das Ansehen der Rechtsanwaltschaft durch wirtschaftliche Betätigungen bedroht glaubte. Eine Berufswahlschranke sei nur dort erforderlich und zumutbar, wo die Gefahr einer Interessenkollision sich deutlich abzeichne und nicht mit Hilfe von Berufsausübungsregeln zu bannen ist. Eine generelle Berufszugangssperre sei hingegen unangemessen.

32 bb) **Bei Tätigkeit im Angestelltenverhältnis:** Die Zulassung zum Rechtsanwalt konnte hier gemäß § 7 Nr. 8 BRAO nicht nur wegen der Art der Tätigkeit versagt werden, sondern auch weil dem Bewerber die nach der Judikatur zur Sicherung seiner Unabhängigkeit (§ 3 BRAO) und Freiheit (§ 2 I BRAO) erforderliche **gehobene Stellung** (dazu *BGH* NJW 1979, 430) oder (rechtlich bzw. tatsächlich) die **Ausübungsmöglichkeit** für den Anwaltsberuf fehlt.

Zulassungsrecht

- **Gehobene Stellung:** Das nicht ausdrücklich im Gesetz fixierte Merkmal der gehobenen Stellung von der Judikatur in problematischer Weise normgleich angewandt wurde. Das BVerfG (NJW 1993, 317) hat in seiner Zweitberufsentscheidung die Kritik an dieser Judikatur (vgl. *Bender* NJW 1986, 409, 411; *Kleine-Cosack,* ZIP 1991, 1337, 1347) akzeptiert: Eine entsprechende Stellung kann nicht mehr verlangt werden. 33
- **Ausübungsmöglichkeit.** Der Bewerber kann nach der *BGH*-Rechtsprechung nur zugelassen werden, wenn er „**rechtlich und tatsächlich in der Lage** ist, den Anwaltsberuf in einem, wenn auch beschränkten, so doch nennenswerten Umfang und jedenfalls mehr als gelegentlich auszuüben" (*BGH* BRAK-Mitt 1991, 101; 1982, 72), wobei „eine nur geringfügige Möglichkeit, sich als Rechtsanwalt zu betätigen" (*BGHZ* 71, 138, 140 m. w. N.) nicht ausreicht (vgl. *Feuerich* BRAO § 7 Rdnrn. 126 ff.). 34
Die tatsächliche Möglichkeit zur Ausübung des Anwaltsberufs hat auch ein Angestellter mit Vollzeitbeschäftigung, je nach den näheren Umständen des Einzelfalles, wenn er über seine Zeit hinreichend verfügen kann und er während seiner Dienststunden nicht nur in Ausnahmefällen erreichbar ist.

Unter **tatsächlichen** Aspekten wird die Ausübungsmöglichkeit in fragwürdiger Weise dann verneint, wenn eine zu große Entfernung zwischen Dienst- und Praxisort besteht (*BGH* BRAK-Mitt 1983, 189; vgl. auch *EGH Koblenz,* BRAK-Mitt 1990, 113; keine Zulassung bei 80 km-Entfernung); in nicht haltbarer Weise versucht man, diese Einschränkung damit zu begründen, daß ein Rechtsanwalt jederzeit für ein Eilverfahren an einem Gericht seines Zulassungsortes zur Verfügung stehen müsse. Diese Argumentation verkennt jedoch die ausreichende und flächendeckende Anwaltsdichte; sie ist auch deshalb zu eng, da sie zu sehr vom Berufsbild des forensisch tätigen Rechtsanwalts ausgeht. Viele Rechtsanwälte – wie z. B. Konkursverwalter – sind nur selten in ihrer Kanzlei anzutreffen. Zudem steht diese Judikatur in merkwürdigem Widerspruch zu § 29 a BRAO; von dem im Ausland Tätigen kann nur gefordert werden, daß ihn Telephongespräche und Post in angemessener Zeit erreichen. 35

Diese in tatsächlicher Hinsicht maßgeblichen Kriterien sind im übrigen fast ebensowenig kontrollierbar wie die teilweise zusätzlich aufgestellte Forderung, wonach der Bewerber den ernstlichen Willen haben müsse, den Anwaltsberuf in nicht geringem Umfang und nicht nur gelegentlich auszuüben. Hier wird zudem verkannt, daß der Rechtsanwalt schon nach Art. 12 GG frei bestimmen kann, in welchem Umfang er arbeiten will; es besteht keine Arbeitspflicht.

In **rechtlicher** Hinsicht fehlt die Ausübungsmöglichkeit, falls der jeweilige Dienstherr dem Antragsteller in nicht eindeutiger Weise die Zustimmung zur Aufnahme einer anwaltlichen Tätigkeit gegeben hatte. So im Fall (*BGH* EGE XII, 34 f.) eines Kirchenoberrechtsrates, dem der Dienstherr die Zustimmung zur Ausübung des Anwaltsberufs nur unter dem Vorbehalt jederzeitigen **Widerrufs** erteilt hatte. Gleiches galt im Falle eines wissenschaftlichen Hochschulassistenten (*BGH* EGE XIII, 30 ff.), dem der Dienstherr jederzeit einseitig die Zustimmung zur Ausübung der Anwaltstätigkeit **widerrufen** konnte (vgl. auch *BGH* BRAK-Mitt 1991, 101) und im Falle eines angestellten Universitätsassistenten, dem der Dienstherr eine Genehmigung lediglich auf die Mithilfe in einer Anwaltspraxis mit einer Beschränkung auf acht Wochenstunden erteilte (*BGH* BRAK-Mitt 1982, 72, 73). 36

Nach *BGHZ* 100, 87 fehlt einem Angestellten die rechtliche Möglichkeit, den Anwaltsberuf auszuüben, wenn sein Dienstherr die Nebentätigkeitsgenehmigung zeitlich eingrenzt (hier auf 28 Wochenstunden und zudem nur außerhalb der regelmäßigen Arbeitszeit).

37 Die Bedeutung dieser Kriterien ist unterschiedlich je nach **Fallgruppe:** (1) Der Bewerber übt einen **selbständigen Beruf** aus (dazu unter Rdnrn. 39 ff.). – (2) Der Bewerber ist **Angestellter** (Rdnr. 43) und zwar entweder im öffentlichen Dienst (dazu u. Rdnr. 44 vgl. auch Rdnrn. 74 ff. betr. Hochschullehrer, Richter und Beamte), oder in einem privatrechtlich organisierten Unternehmen oder Verband; hier stellt sich das Problem des Syndikusanwalts (dazu u. Rdnrn. 58 ff.).

38 f) **Selbständige Berufe.** Bei selbständigen Berufen stellte sich am Maßstab des § 7 Nr. 8 BRAO im Hinblick auf die oben genannten Kriterien wegen der erforderlichen Vereinbarkeit der **Art der nicht-anwaltlichen Tätigkeit** mit dem Beruf des Rechtsanwalts allein die Frage, ob sie wegen des **gewerblichen Charakters** angesichts des § 2 II BRAO unzulässig ist. Verboten war eine kaufmännische, von Gewinnstreben geprägte Tätigkeit (vgl. o. Rdnr. 32).

39 aa) **Juristische Personen.** Umstritten war die Vereinbarkeit bei gesetzlichen Vertretern juristischer Personen oder von organschaftlichen Vertretern ohne Rechtspersönlichkeit, wenn die Unternehmen ein Gewerbe betreiben und nur durch die Vertreter handeln können. Grundsätzlich galt das Verbot einer kaufmännischen, von Gewinnstreben geprägten Tätigkeit **auch für gesetzliche Vertreter** von juristischen Personen oder für **Organe** von Handelsgesellschaften, wenn diese ein Gewerbe betreiben (vgl. auch *BGH* AnwBl. 1990, 160).

40 Diese Rechtsprechung ist nach der Zweitberufsentscheidung des *BVerfG* überholt.

41 bb) Bei der Auslegung und Anwendung der nur unter Berücksichtigung dieser Motive verfassungsgemäße generalklauselartigen Bestimmung ist dem **Grundsatz der Verhältnismäßigkeit** Rechnung zu tragen. Er gebietet im Hinblick auf die grundrechtlich gewährleistete Freiheit der Berufswahl Zurückhaltung bei der Entwicklung typisierender Unvereinbarkeitsregeln. Zu prüfen ist (vgl. *BVerfG* aaO. Rdnr. 26), ob die Ausübung des zweiten Berufs beim rechtsuchenden Publikum **begründete Zweifel an der Unabhängigkeit und Kompetenz eines RAs wecken müßte** bzw. dadurch das Ansehen der Rechtsanwaltschaft insgesamt in Mitleidenschaft gezogen wäre. Erforderlich ist eine **rational nachprüfbare Gesamtabwägung** im Einzelfall.

42 g) **Angestellter allgemein.** Von erheblicher Bedeutung ist in der Praxis die Frage, wann bei einer Angestelltentätigkeit die Zulassung zur Anwaltschaft versagt werden kann. Dabei ist zu unterscheiden (vgl. auch § 47 BRAO) zwischen einer Tätigkeit im öffentlichen Dienst und in einem privatrechtlich-organisierten Unternehmen; bei letzteren stellt sich die Problematik der Syndikusanwälte (dazu unten unter Rdnrn. 72 ff.). Die in der Judikatur zur Auslegung des § 7 Nr. 8 BRAO (nicht-anwaltliche Tätigkeit, welche nicht vereinbar ist mit dem Beruf des Rechtsanwalts) verwandten Kriterien sind jedoch weitgehend identisch (vgl. *Kleine-Cosack,* ZIP 1991, 1337, 1343).

43 h) **Angestellter im öffentlichen Dienst.** Dadurch, daß ein Anwaltsbewerber im öffentlichen Dienst angestellt ist, ist noch nicht ohne weiteres die Inkompatibilität einer solchen Betätigung mit der Tätigkeit eines Rechtsanwalts begründet. Voraussetzung ist jedoch, daß die **Rechtspflege** nicht durch die gleichzeitige Ausübung der verschiedenen Berufe gefährdet wird und der Bewerber über die **Ausübungsmöglichkeit** (vgl. oben Rdnr. 35) (s. o. Rdnrn. 34 f.) verfügt.

aa) **Gefährdung der Rechtspflege.** Nur dann, wenn – vgl. § 47 BRAO – die 44
Tätigkeiten, die als Angestellter im öffentlichen Dienst ausgeübt werden, die
Tätigkeit eines Rechtsanwalts so sehr beeinträchtigen, daß durch die gleichzeitige Ausübung der beiden Berufe die Ausübung des Anwaltsberufs sowie – so
BGHZ 49, 238, 240; vgl. *BGH* NJW 1976, 1689 – die Interessen der Rechtspflege gefährdet werden – muß von einer Inkompatibilität ausgegangen werden
(vgl. auch *BGHZ* 49, 295, 298; *BGH* BRAK-Mitt 1982, 125). Ob die Möglichkeit der Gefährdung der Belange der Rechtspflege besteht, ist im Einzelfall
aufgrund der **Gestaltung des Angestelltenverhältnisses** und der **ausgeübten
Tätigkeit** zu prüfen (*BGH* BRAK-Mitt 1982, 125).

Dies ist u. a. der Fall, wenn bei Rechtsuchenden die Vorstellung entstehen kann, die 45
dienstliche Stellung könne zur Förderung privater Interessen genutzt werden (vgl. *BGHZ*
100, 87). Der *BGH* (BRAK-Mitt 1982, 125) hat den Beruf des Hauptgeschäftsführers einer
Berufsgenossenschaft (Körperschaft des öffentlichen Rechts) als mit dem Rechtsanwaltsberuf unvereinbar eingestuft, und zwar wegen der Gefahr, daß eine Rechtsanwaltstätigkeit
wegen der mannigfachen Möglichkeiten von Pflichtenkollisionen und eines möglichen
falschen Eindrucks der Rechtsuchenden in die Objektivität solchermaßen ausgeübter Anwaltstätigkeit des Antragstellers die Interessen der Rechtspflege gefährden könne.

bb) Auch die Begründung des Regierungsentwurfs zur BRAO (zu § 2) ging 46
ganz allgemein davon aus, daß es dem **Grundsatz der freien Advokatur widerspricht, wenn der RA in irgendeiner Weise vom Staat abhängig** ist. Diese
Wertung hat ihren Niederschlag in speziellen Vorschriften der BRAO gefunden
(§ 7 Nr. 10, § 47 BRAO), die aber nach den Vorstellungen des Gesetzgebers
durch § 7 Nr. 8 BRAO ergänzt werden. Aus einer Tätigkeit im öffentlichen
Dienst ergibt sich eine **Staatsnähe, die nicht mit dem Berufsbild der freien
Advokatur vereinbar.** RAe sollten nicht in einem zweiten Beruf beamtenähnliche Funktionen ausüben. Zum Erreichen dieses Zieles ist eine deutliche Trennung der beruflichen Sphären erforderlich.

Für die Betroffenen ist die Beschränkung ihrer Berufswahlfreiheit allerdings nur dann
zumutbar, wenn der Unvereinbarkeitsgrundsatz nicht **starr** gehandhabt wird (vgl.
BVerfG aaO. Rdnr. 26). Der öffentliche Dienst ist weit gefächert; seine vielfältigen Ausformungen und Dienstleistungen verlangen eine differenzierte Bewertung. Maßgeblich
sind die Art **des Aufgabenbereichs und die Bedeutung der Anstellungskörperschaft.** Unvereinbarkeit besteht, wenn aus der Sicht des rechtsuchenden Publikums wenigstens die Möglichkeit **besteht,** die Unabhängigkeit des RAs sei durch Bindungen an
den Staat beeinträchtigt. Dies kann der Fall sein bei einer relevanten externen hoheitlichen
Verwaltungsfunktion bei einer staatlichen oder kommunalen (z. B. Bau-)Behörde oder
auch – wie vielfach in der Praxis bisher unbeanstandet zugelassen – als Kammeranwalt bei
anderen freien Berufen, nicht hingegen bei einer schlichten Tätigkeit als Assistent an einer
Universität; hingegen hielt das *BVerfG* (aaO). Rdnr. 26) die Versagung der Zulassung bei
einer Sachbearbeiterin eines Universitätskanzlers durch den *BGH* für vertretbar, wenn
auch nicht zwingend, zumal der *NdsEGH* als Vorinstanz die Vereinbarkeit bejaht hatte).

cc) **Kritik.** Die restriktive, widersprüchliche Zulassungsjudikatur vermochte 47
teilweise nicht zu überzeugen (vgl. *Kleine-Cosack,* ZIP 1991, 1343). Das *BVerfG*
hat die Kritik gebilligt.

Diese Judikatur beruhte nicht nur auf einer unzulässigen **normgleichen** Heranziehung 48
des Merkmals der „gehobenen Stellung" unter Außerachtlassung seiner ursprünglichen
Funktion (Sicherung der Unabhängigkeit und Freiheit des Anwaltsberufs, §§ 2 I, 3
BRAO). Bei **geringfügigen Nebentätigkeiten** konnte erst recht – das prinzipiell frag-

würdige – Merkmal der gehobenen Stellung keine Rolle spielen, da die Freiheit und Unabhängigkeit des Rechtsanwalts in einem solchen Falle nicht gefährdet werden können.

49 Die restriktive Judikatur des *BGH* war im Hinblick auf Art. 12 GG, der auch die Betätigung in Zweit- und Nebenberufen schützt (*BVerfGE* 21, 173, 181; JZ 1984, 1042), abzulehnen. Die Judikatur des *BGH* war auch deshalb untragbar, da sie Berufsanfängern, welche noch nicht ein ausreichendes Einkommen aus ihrer Anwaltstätigkeit erzielen können und die auf eine nebenberufliche Betätigung unbedingt angewiesen sind, die Zulassung praktisch unmöglich macht. Die Nebentätigkeit ist oft zur Existenzsicherung unumgänglich oder dient – wie z. B. eine wissenschaftliche Hilfstätigkeit – der anwaltlichen Berufsausübung, was der *BGH* verkannte.

50 Letztlich muß es Sache des Gesetzgebers sein, entsprechend seiner aus dem Vorbehalt des Gesetzes resultierenden Regelungsverpflichtung im Bereich des Berufswahl- und Zulassungsrechts die Kriterien zu fixieren, nach denen Zweit- und Nebenberufe neben der Anwaltstätigkeit ausgeübt werden dürfen. Der Rekurs der Judikatur auf die diffusen und widersprüchlichen Berufsbildbestimmungen vermochte nicht zu überzeugen. Er hatte letztlich eine auch vom *BGH* nicht mehr überblickte, willkürliche, mit Art. 3 GG oftmals nicht zu vereinbarende, im übrigen durch Anpassung der Verträge leicht zu umgehende Zulassungspraxis zur Folge, welche nicht hinnehmbar war.

dd) **Sonderfall:** Vorübergehende Tätigkeit im öffentlichen Dienst, § 47 BRAO

51 – **Prinzipielle Unerheblichkeit der Dauer.** Die für die Unvereinbarkeit der Tätigkeit eines Angestellten im öffentlichen Dienst und der Berufsausübung des Rechtsanwalts von der höchstrichterlichen Rechtsprechung entwickelten Grundsätze gelten nicht nur für die Dauerangestellten im öffentlichen Dienst (dazu *BGH* BRAK-Mitt 1987, 150: Keine Zulassung für Universitätsangestellte mit zeitlich eingeschränkter Nebentätigkeitserlaubnis), sondern auch für nur vorübergehend Beschäftigte (so *BGHZ* JZ 1982, 570, 571 für eine Hochschulassistentin; vgl. auch *BGH* BRAK-Mitt 1983, 190/191). Maßgeblich ist in beiden Fällen § 7 Nr. 11 bzw. Nr. 8 BRAO.
Treten bei einem bereits zugelassenen Rechtsanwalt die Voraussetzungen des § 14 II Nr. 5 BRAO ein, so ist seine Zulassung zur Rechtsanwaltschaft nach dieser Vorschrift zu widerrufen.

52 Wird ein bereits zugelassener Rechtsanwalt Dauerangestellter im öffentlichen Dienst, so ist die Frage des Widerrufs der Zulassung zur Rechtsanwaltschaft nach § 14 II Nr. 9 BRAO zu beurteilen. – Bei nur vorübergehender Tätigkeit im öffentlichen Dienst scheidet ein Widerruf nach § 14 II Nr. 9 BRAO aus, auch wenn die LJV von den Befugnissen des § 47 I S. 2 BRAO keinen Gebrauch macht (vgl. auch *BGH* BRAK-Mitt 1986, 49).

53 – **Inhalt des § 47 BRAO.** Für den Fall der Aufnahme einer vorübergehenden Tätigkeit im öffentlichen Dienst nach der Zulassung ist der in engem Zusammenhang mit § 7 Nr. 8 BRAO stehende § 47 I BRAO bedeutsam. Dieser ist für den vorübergehend im öffentlichen Dienst beschäftigten Angestellten im Zulassungsverfahren entsprechend anwendbar. Für die Zuordnung des Angestelltenverhältnisses zum öffentlichen Dienst ist es **unerheblich,** ob der Rechtsanwalt eine Tätigkeit öffentlich-rechtlicher Art ausübt. Entscheidend ist allein die Anstellung bei einer juristischen Person des öffentlichen Rechts.

54 – **Weitere Ausübung.** § 47 I BRAO sieht vor, daß die Landesjustizverwaltung auf Antrag gestatten kann, den Beruf als Rechtsanwalt weiter auszuüben. Voraussetzung ist, daß die **Interessen der Rechtspflege** nicht durch eine Verquickung von öffentlicher und anwaltlicher Tätigkeit gefährdet werden. Interessenkollisionen und irreführende Eindrücke beim rechtsuchenden Publi-

kum wegen der vorübergehenden Tätigkeit des Anwalts im öffentlichen Dienst sind zu vermeiden (vgl. *BGHZ* 66, 283; 49, 295). Beurteilungskriterien sind die Dauer des Zwischenzustandes, die Entfernung zwischen Tätigkeitsort und Zulassungsort und besonders die Art der Tätigkeit. Beispiel: Der *EGH* München (BRAK-Mitt 1986, 228 ff.) hat dazu entschieden, daß die Interessen der Rechtspflege bei der unbeschränkten Bestellung eines Vertreters gemäß § 47 I BRAO für einen hauptamtlich zum ersten **Bürgermeister** gewählten Rechtsanwalt bereits gefährdet sind, wenn der Anschein einer Verquickung öffentlicher und anwaltlicher Tätigkeit besteht.

– **Kriterien für eine „vorübergehende Tätigkeit".** Nach dem *BGH* (vgl. 55 *BGHZ* 49, 138) sind bei der Auslegung dieses Tatbestandsmerkmals in § 47 BRAO „nicht die für das Arbeitsrecht bedeutsamen Begriffe der Kündigung oder Unkündbarkeit" maßgeblich. „Eine vorübergehende Tätigkeit im öffentlichen Dienst muß ... angenommen werden, wenn das Anstellungsverhältnis entweder **von vornherein auf begrenzte Zeit** oder unter Bedingungen abgeschlossen worden ist, die **in absehbarer Zeit sein Ende zur Folge haben werden.** Es kann jedoch offen bleiben, ob von einer nur vorübergehenden Tätigkeit im öffentlichen Dienst auch gesprochen werden kann, wenn die vorbezeichneten Voraussetzungen nicht vorliegen, aber irgendwelche Umstände darauf hindeuten, daß das Anstellungsverhältnis in absehbarer Zeit aufgelöst werden wird. Hat sich aber ein Rechtsanwalt den Beruf eines Angestellten im öffentlichen Dienst für die **Dauer** erwählt und deutet nichts darauf hin, daß der Dienstherr das Anstellungsverhältnis in absehbarer Zeit lösen wolle, so kann von einer nur vorübergehenden Tätigkeit im öffentlichen Dienst nicht mehr die Rede sein." – Nicht als nur vorübergehend i. S. d. § 47 BRAO kann ein Angestelltenverhältnis bezeichnet werden, das mit dem Ziel ein Dauerdienstverhältnis zu schließen, mehrmals vor Ablauf der Befristung **verlängert** worden ist (*BGH* BRAK-Mitt 1986, 228 ff.).

– **Vertreter.** Nach § 46 II BRAO kann auf Antrag die Landesjustizverwaltung 56 unter bestimmten Voraussetzungen auch einen Vertreter bestellen. – Falls der Betroffene nicht nur vorübergehend im öffentlichen Dienst tätig ist, ist eine bereits erteilte Zulassung nach § 14 II Nr. 9 BRAO zu widerrufen bzw. bei Bewerbern zu versagen.

i) Angestellte in privaten Organisationen (Syndikusanwälte). Eine Zulas- 57 sung ist auch möglich, falls der Bewerber Angestellter eines privaten Arbeitgebers ist. Es stellt sich hier die Problematik der sog. Syndikusanwälte, also von freien Rechtsanwälten im Nebenberuf, welche in ständigen Dienst- oder ähnlichen Beschäftigungsverhältnissen stehen und die ihre Arbeitszeit und -kraft überwiegend einem Auftraggeber zur Verfügung stellen als angestellter Rechtsanwalt (dazu ausf. *Kleine-Cosack,* ZIP 1991, 1337, 1344).

aa) Maßgebliche gesetzliche Bestimmungen. Die BRAO enthält keine aus- 58 drückliche Regelung dieser Zulassungsproblematik. Durch § 46 BRAO ist lediglich klargestellt, daß auch jemand Rechtsanwalt sein kann, der Angestellter eines privaten Arbeitgebers ist (*BGHZ* 33, 266). Aus § 46 BRAO darf daher nicht gefolgert werden, daß jeder Volljurist in einem abhängigen Beschäftigungsverhältnis zur Rechtsanwaltschaft zugelassen werden muß. Es gelten vielmehr – so der BGH – die **allgemeinen Zulassungsbestimmungen,** insbesondere § 7 Nr. 8 BRAO und es stellt sich im wesentlichen die gleiche Problematik wie bei Angestellten im öffentlichen Dienst (dazu oben unter Rdnrn. 44 ff.).

59 **bb) Fehlen einer speziellen gesetzlichen Regelung.** Dabei wird auch übersehen, daß § 7 Nr. 8 BRAO unmittelbar überhaupt nicht anwendbar ist, da es nicht um die Frage der Zulassung als freier Rechtsanwalt wegen nichtanwaltlicher zweitberuflicher Tätigkeit geht, sondern um die Zulassung als (Syndikus-) Rechtsanwalt im ständigen Dienstverhältnis i. S. d. § 46 BRAO, der – falls überhaupt (vgl. auch *Roxin,* NJW 1992, 1129) – zweitberuflich als freier Rechtsanwalt arbeiten will. Da auch die §§ 1–3 BRAO nicht auf den Syndikusanwalt passen, fehlt es in diesen Fällen eigentlich für eine Versagung der Zulassung an der nach dem Vorbehaltsprinzip erforderlichen gesetzlichen Grundlage.

60 **cc) Begründung eines Zulassungsanspruchs.** Nicht unerhebliche Schwierigkeiten bestehen bei der Lösung der Frage, wann Syndikusanwalt zur Anwaltschaft zugelassen werden darf.

61 – **Doppelberufstheorie des *BGH*.** Die Rspr. wendet auch bei der Zulasssung der Syndikusanwälte § 7 Nr. 8 an (vgl. *Pfeiffer,* Fs. *Oppenhoff,* 1985, 249 ff.; *Feuerich,* BRAO, § 7 Rdnr. 88 ff.).

62 – Die Zulassung kann nach der der Rspr. zugrundeliegenden Doppelberufstheorie nur erfolgen, wenn der Bewerber behauptet, nicht nur als Syndikus für den Arbeitgeber sondern auch als freier RA arbeiten zu wollen. Seine – zweitberufliche – Tätigkeit als Syndikus muß dann der **Art** nach mit dem Berufsbild des RA (aaO. Rdnrn. 31 ff.). Zum anderen muß der Bewerber die Möglichkeit zur Ausübung (aaO. Rdnr. 35 ff.) einer Tätigkeit als freier RA besitzen. In tatsächlicher Hinsicht bestehen keine Probleme, da die Kanzlei auch in den Räumen des Arbeitgebers eingerichtet werden kann. Rechtlich ist erforderlich, daß der Arbeitgeber die nicht-widerrufliche Zustimmung zu einer freien, nicht weisungsgebundenen anwaltlichen Tätigkeit gegeben hat (aaO. Rdnr. 37).

63 – Die auf § 7 Nr. 8 BRAO abstellende Rspr. ist bereits **wirklichkeitsfremd,** da Syndikusanwälte im Regelfall keinen Doppelberuf ausüben, sondern nur für ihren Arbeitgeber rechtsberatend tätig sind (vgl. *Biermann,* Anwbl. 1990, 420). – Die BRAO hat – wie bereits die RAO von 1878 – zur Vermeidung berufspolitischer Konflikte auf eine **Regelung** der Zulassung von Syndikusanwälten verzichtet und sich auf die Ausübungsregelung des § 46 beschränkt.

64 – Es besteht jedoch ein Widerspruch zwischen § 46 BRAO (s. a. *Roxin,* NJW 1992, 1130) und dem in der amtl. Begründung zum Ausdruck gekommenen Willen des Gesetzgebers zu den §§ 1–3 BRAO. Darin wurde – wie vom BVerfG (aaO. Rdnr. 26) betont – ausdrücklich die **Unvereinbarkeit** des der BRAO zugrundeliegenden Berufsbildes des RA und des Syndikusanwalts betont. „Der Syndikusanwalt entspricht bei seiner Tätigkeit als Syndikus nicht dem allgemeinen anwaltlichen Berufsbild. ... als einem unabhängigen Organ der Rechtspflege". Darin lasse sich nur die Tätigkeit einfügen, die der Syndikus als Anwalt außerhalb seines Dienstverhältnisses ausübt. Die Scheidung zwischen beiden Aufgabenbereichen sei beizubehalten (vgl. BT-DSIII/ 120, S. 77). – An der unklaren Rechtslage ändert auch nichts der von den Syndikusanwälten gebetsmühlenhaft (vgl. nur *Kolvenbach,* Fs. f. *Quack,* 1991, 715 ff.; s. i. ü. *Beusch/Decker,* Fs. f. *Stiefel,* 1987, 17 ff.) wiederholte Hinweis auf sonstige Abhängigkeiten der RAe.

65 **dd) Anspruch unabhängig von einem Doppelberuf.** Dennoch besteht ein Zulassungsanspruch von Syndikusanwälten unabhängig davon, ob sie – wie meist nicht – im Doppelberuf auch einer Tätigkeit als freier RA nachgehen.

– Streng genommen ist § 7 Nr. 8 weder bei Fehlen eines Doppelberufs noch bei 66
Vorliegen einer derartigen Fallkonstellation anwendbar, da es im zuletzt genannten Fall um die Vereinbarkeit von zwei anwaltlichen Tätigkeiten geht. Zudem lassen sich entgegen der in der amtl. Begr. zum Ausdruck gekommenen Zielsetzung die Aufgabenbereiche des freien RA und des Syndikus nicht unterscheiden, falls das Anwaltsbüro in den Räumen des Arbeitgebers eingerichtet wird. Letztlich richtet sich bei ausschließlicher „anwaltlicher" Tätigkeit des Syndikus seine Zulassung allein nach § 4, ohne daß es eines Rückgriffs auf § 7 Nr. 8 bedarf.
– *Roxin* (NJW 1992, 1129, 1130) weist zudem zutreffend darauf hin, daß der 67
Wortlaut des § 46 mit der amtl. Begründung nicht zu vereinbaren ist. Das Bstehen eines Zulassungsanspruchs ergibt sich schließlich auch bei verfassungskonformer Auslegung der BRAO am Maßstab der Art. 12, 3 GG angesichts der bisherigen Zulassungspraxis.

ee) **Notwendigkeit einer gesetzlichen Regelung.** Das *BVerfG* (aaO. 68
Rdnr. 26) hatte bisher keinen Anlaß, die Frage eines Zulassungsanspruchs allein als Syndikusanwalt zu prüfen, da in den seiner Entscheidung zugrundeliegenden Fällen stets wie üblich behauptet wurde, es solle ein Zweitberuf als freier RA ausgeübt werden. Rechtspolitisch erscheint jedoch eine gesetzliche Regelung der Zulassung des Syndikusanwalts unverzichtbar angesichts der Unhaltbarkeit der Doppelberufstheorie sowie der unklaren Gesetzeslage (vgl. *Kleine-Cosack,* ZIP 1991, 1344f.). Solange die Unklarheiten bei Anwälten, welche unter § 46 fallen, nicht geklärt sind, wird es – wie die Zweitberufsentscheidung des *BVerfG* gezeigt hat – nicht gelingen, die Zweitberufsproblematik sachgerecht zu lösen. – Der Syndikusanwalt – so bereits § 41 RAG – ist neben dem (freien) RA als **weitere Anwaltsform** ausdrücklich – und nicht nur faktisch – zuzulassen bei gleichzeitiger Modifikation der Berufsbildbestimmungen.

Der Gesetzgeber müßte dann auch festlegen, unter welchen Voraussetzungen eine Zu- 69
lassung als Syndikusanwalt in Betracht kommt (z. B. Art der Tätigkeit, Erfordernis einer eigenen Rechtsabteilung des Unternehmens, deren Größe, die Ausgestaltung des Abhängigkeitsverhältnisses; s. a. – aber insoweit n. ü. – *Roxin,* NJW 1992, 1134). Die Notwendigkeit einer gesetzlichen Regelung erscheint auch über § 46 hinaus für die Rechte und Pflichten bei der Berufsausübung der Syndikusanwälte erforderlich. Schließlich wird ihnen (auch) für den Tätigkeitsbereich beim Arbeitgeber ein Zeugnisverweigerungsrecht zugebilligt (vgl. *Roxin,* aaO.) und steht die Erfüllung der Kanzleipflicht (einschl. *Schild*) i. d. R. auf dem Papier.

gg) **Besondere Berufspflichten für Syndikusanwälte.** § 46 BRAO be- 70
stimmt, daß diese Anwälte für ihren Auftraggeber nicht vor Gerichten oder Schiedsgerichten in ihrer Eigenschaft als Rechtsanwalt tätig werden dürfen. Es handelt sich um ein **umfassendes Verbot** für Tätigkeiten aller Art. So darf ein zur Rechtsanwaltschaft zugelassener Verbandssyndikus nicht Mitglieder seines Verbands vor Gericht vertreten (*BGH* BRAK-Mitt 1987, 94; zur Verfassungswidrigkeit dieser diskriminierenden Regel vgl. *Skouris* BB 1975, 1230; s. auch *Kolvenbach* JZ 1979, 458).

Für eine außergerichtliche Betätigung in Anwaltseigenschaft (wie z. B. Zah- 71
lungsaufforderungen, Mahnungen, Besprechungen und Verhandlungen etc.) gilt § 46 BRAO schon nach dem klaren Wortlaut nicht. – § 46 BRAO gilt nicht bei Sozietäten oder in anderer Weise zu gemeinschaftlicher Berufsausübung verbundenen Rechtsanwälten, auch nicht für die Partner des Syndikusanwalts;

dies sah zwar § 40 II S 2 RiLi vor. Der Wortlaut des § 46 BRAO mit seiner eindeutigen personellen Beschränkung wie auch Art. 12 GG stehen jedoch einer derartigen Einschränkung der Berufsfreiheit entgegen. – Ebensowenig kann § 46 BRAO ohne weiteres herangezogen werden bei verbundenen Unternehmen, wie dies § 40 II 2 RiLi vorsah, da das Verbot nur für eine gerichtliche Tätigkeit für den „Auftraggeber" gilt.

72 § 40 II 2 RiLi untersagte dem in abhängiger Stellung tätigen Rechtsanwalt bisher, im Schriftverkehr seines Dienstherrn die Berufsbezeichnung Rechtsanwalt, die Bezeichnung Syndikusanwalt oder eine ähnliche auf seine Anwaltseigenschaft hinweisende Bezeichnung zu gebrauchen. Das gleiche galt für Aufträge eines seinem Dienstherrn verbundenen Unternehmens. Nach der Grundsatzentscheidung des *BVerfG* (NJW 1988, 191) kann jedoch nicht mehr von der Fortgeltung dieser entsprechenden Verpflichtungen ausgegangen werden, da sie **nicht unerläßlich** sind für die Aufrechterhaltung der Funktionsfähigkeit der Rechtspflege. Dies ergibt sich bereits daraus, daß insoweit nach dem Gesetzentwurf der Bundesregierung v. 24. 5. 1985 (BR-Ds 256/85) eine entsprechende Änderung herbeigeführt werden sollte (so auch *Feuerich* AnwBl. 1988, 510).

73 **j) Richter, Beamter, Soldat.** Die Zulassung zur Rechtsanwaltschaft ist nach § 7 Nr. 11 BRAO zu versagen, wenn der Bewerber die Rechtsstellung eines im **aktiven Dienst** stehenden Beamten oder Richters hat, es sei denn, daß er die ihm übertragenen Aufgaben ehrenamtlich wahrnimmt oder daß seine Rechte aufgrund der §§ 5, 6, 8 und 36 AbgeordG bzw. entsprechender Rechtsvorschriften ruhen (bei vorübergehender Tätigkeit im öffentlichen Dienst vgl. § 47 BRAO und o. Rdnr. 52).

74 Unerheblich ist, ob der Beamte **beurlaubt** ist, seine Versetzung in den einstweiligen Ruhestand eingeleitet oder schon ausgesprochen, aber noch nicht bestandskräftig ist, ob er nur im Beamtenverhältnis auf Widerruf steht und aus welchen Gründen er eine entsprechende dienstliche Tätigkeit ausübt.

75 **aa) Richter, Beamter.** Nach ständiger Rechtsprechung ist der Begriff des Beamten im Sinne des § 7 Nr. 10, 14 I 6 BRAO „nicht rein formal zu verstehen, sondern durch Auslegung zu ermitteln" (*BGH* NJW 1973, 657, 658). Es ist daher auch von Fall zu Fall zu entscheiden, ob bei der Vielgestaltigkeit des Beamtenbegriffs in concreto Inkompatibilität zum Anwaltsberuf zu bejahen ist. Dabei sind immer die Kriterien des öffentlich-rechtlichen Treueverhältnisses, das den Beamten besondere Pflichten auferlegt, die nicht im Einklang mit der persönlichen und sachlichen Unabhängigkeit und Weisungsfreiheit des Anwaltsberufs stehen, zu beachten, insbesondere (vgl. *BGH* NJW 1984, 2877) Dienstpflicht, Abhängigkeit, Weisungsgebundenheit.

76 – **Möglichkeit einer Interessenkollision.** Daß unter Beachtung dieser Kriterien der **Ehrenbeamte** keine mit dem Anwaltsberuf im Sinne von § 7 Nr. 10 BRAO unvereinbare Tätigkeit ausübt, versteht sich ebenso von selbst wie die Tatsache, daß dem nur auf Zeit verwendeten Beamten, der vor dieser Zeit bereits als Rechtsanwalt zugelassen war, prinzipiell die weitere Ausübung seines Anwaltsberufs gem. § 7 I BRAO (dazu *BGHZ* 57, 237, 238) zu gestatten ist. Wesentlich ist also, daß niemals der Inhalt des Beamtenverhältnisses mit der persönlichen und sachlichen Unabhängigkeit und Weisungsfreiheit des Anwaltsberufs **kollidieren** darf. Abzuheben ist darauf, ob die Tätigkeit als Beamter zu Interessenkollisionen mit den Aufgaben des Rechtsanwalts führt (*BGH* BRAK-Mitt 1983, 86).

77 – **Maßgeblichkeit der Rechtsstellung im öffentlichen Dienst.** Dabei kommt es nicht

darauf an, ob sich in Einzelfällen der Beruf des Rechtsanwalts mit dem des Beamten vereinbaren läßt, ohne daß das öffentlich-rechtliche Dienstverhältnis einerseits und die Aufgabe des Rechtsanwalts als Organ der Rechtspflege andererseits Schaden nimmt. Allein entscheidend ist nach dem *BGH,* „ob der Bewerber die Rechtstellung eines im aktiven Dienst stehenden Beamten hat". Gleich bleibe, „ob er aus welchen Gründen auch immer im Einzelfall eine entsprechende dienstliche Tätigkeit ausübe" (vgl. auch *Broß,* VerwArch 1988, 499 ff.).
– **Unerhebliche Aspekte.** Deshalb ist es auch unerheblich (*BGH* BRAK-Mitt 1983, 86, **78** *BGHZ* 52, 236 238), ob seine Versetzung in den Ruhestand eingeleitet wurde oder ob diese zwar schon ausgesprochen, aber noch nicht bestandskräftig wurde. So hat denn auch der *BGH* den Antrag eines Landtagsabgeordneten (NJW 1971, 1180 f.), der von seinem Dienst als Staatsanwalt beurlaubt war, auf Zulassung zur Anwaltschaft gem. § 7 Nr. 10 BRAO zurückgewiesen, da der Gesetzgeber den Versagungsgrund nach dieser Vorschrift nicht daran geknüpft hat, „ob der Bewerber im Einzelfall als Beamter oder Richter tätig ist, sondern lediglich daran, ob er Richter oder Beamter ist".

bb) Ehemalige Beamte. Bei ehemaligen Beamten kann **nur im Einzelfall** **79** Inkompatibilität bestehen. Sie wurde unter Hinweis auf die §§ 43, 45 Nr. 3 BRAO bejaht bei einem früheren Finanzbeamten, der die Steuererklärung einer GmbH geprüft hatte, als er den Geschäftsführer dieser GmbH in einem Strafverfahren wegen dieser Erklärung verteidigte. Die inkompatible Strafverteidigung des betreffenden Anwalts wurde als Erfüllung des Tatbestandes einer schuldhaften – ehrengerichtlich zu ahndenden – Pflichtverletzung gewürdigt (*EGH Koblenz* BRAK-Mitt 1983, 141); zur Anwaltszulassung vormaliger Beamter an wissenschaftlichen Hochschulen, vgl. *Pohl* ZRP 1986, 245.

cc) Ruhestandsbeamte. Nach einhelliger Meinung besteht zwischen dem Ru- **80** hestandsbeamten und dem Beruf des Rechtsanwalts **keine Inkompatibilität,** da durch den Eintritt in den Ruhestand das Beamtenverhältnis endet (vgl. *Tettinger* JZ 1984, 1042, *BGHZ* 49, 295, NJW 1973, 657 und NJW 1971, 1181; NJW 1984, 2877; kritisch *Hartstang,* Der deutsche Rechtsanwalt, 1986, S. 43 und *Winters* AnwBl. 1985, 338, 341); die Wahrnehmung bestimmter Mandate kann jedoch unzulässig sein (vgl. auch *BGH* NJW 1988, 1406). Auch einem entpflichteten Professor, der gemäß § 7 DRiG die Fähigkeit zum Richteramt besitzt, kann die Zulassung zur Rechtsanwaltschaft nicht aus dem Grunde des § 7 Nr. 10 BRAO versagt werden (*BGH* NJW 1973, 657 ff.).

k) (Kommunal-)Politiker. aa) Spezialregelungen. Eine politische Tätigkeit **81** eines Rechtsanwalts kann unvereinbar sein mit den typischen Funktionen des Anwalts als eines selbständigen, unabhängigen Rechtspflegeorgans. Inkompatibilitätsregelungen finden sich in Art. 55 II, 66 GG für bestimmte Politiker (vgl. auch zur Möglichkeit der Vertreterbestellung § 47 II BRAO).

bb) Abgeordnete. Eine die Anwaltszulassung ausschließende Tätigkeit – In- **82** kompatibilität – im Sinne von § 7 Nr. 8 BRAO kann nicht aus dem Abgeordnetenmandat hergeleitet werden (*BGH* NJW 1978, 2098), wohl aber aus der normalen hauptberuflichen Tätigkeit, die ein antragstellender Abgeordneter neben seiner Abgeordnetentätigkeit noch zusätzlich bei seiner Arbeitgeber-AG ableisten muß (*BGH* BRAK-Mitt 1983, 39).

cc) Kommunale Vertretungsverbote. Auch auf der Ebene der Gemeinde- **83** parlamente bestehen keine Unvereinbarkeitsregelungen. Es gibt jedoch zahlreiche kommunale Vertretungsverbote, z. B. §§ 17 GOBW, 24, 20 GONW u. 22 KrONW, welche insbesondere die Geltendmachung von Ansprüchen Dritter gegen Gemeinde oder Kreis durch Rechtsanwälte einschränken, die zugleich Gemeinderäte sind (dazu *BVerfG* NJW 1980, 34 und DVBl 1988, 54; *Schoch* JuS 1989, 532; *Feuerich* BRAO § 45 Rdnrn. 57 ff.), um eine Kollision zwischen Amts- und Mandatspflichten zu vermeiden.

Das kommunalrechtliche Vertretungsverbot gilt nur **für den Rechtsanwalt selbst,** der Mitglied des Gemeinderates oder des Ortschaftsrats (dazu *BVerwG* NJW 1988, 1994) ist, nicht aber für andere, mit ihm in einer Bürogemeinschaft oder Sozietät verbundene Rechtsanwälte (*BVerfG* NJW 1981, 1599 u. NJW 1982, 2177).

Das Vertretungsverbot erstreckt sich auf die Geltendmachung aller Ansprüche (und Interessen, vgl. § 17 III GO BW) Dritter, sowohl privat- wie öffentlich-rechtlicher Art. Es gilt im weisungsfreien- wie im weisungsgebundenen Wirkungskreis der Kommunen (*BVerwG* NJW 1984, 377). Die Vertretung im Bußgeldverfahren unterliegt hingegen nicht dem Vertretungsverbot (*VGH BW* NJW 1979, 872). – Rechtshandlungen bleiben auch bei Verstoß gegen das Vertretungsverbot wirksam. Strittig ist, ob der Adressat der Rechtshandlung, z. B. ein Gericht, berechtigt oder verpflichtet ist, einen unter das Verbot fallenden Vertreter zurückzuweisen. Das *BVerfG* (NJW 1980, 33) bejaht die Geltung im Außenverhältnis und läßt im Gerichtsverfahren die Zurückweisung zu.

Die Regelungen über die Vertretungsverbote wurden vom *BVerfG* trotz Art. 74 Ziff. 1, 72 I GG, § 3 II BRAO sowie § 67 VwGO für verfassungskonform erklärt (*BVerfG* NJW 1980, 34; vgl. auch *BVerfGE* 41, 231; 52, 42; *BVerfG* NJW 1981, 1599, NJW 1982, 2177 u. *BVerwG* NJW 1984, 377). Sie verletzen weder die Berufsausübungsfreiheit des Art. 12 I GG (*BVerfG* DVBl 1988, 54) noch den Art. 3 I GG (trotz Ungleichbehandlung mit Parlamentsabgeordneten) oder Art. 33 II GG, da der faktische Ausschluß von der Wählbarkeit zu einem kommunalen Ehrenamt für bestimmte Berufsgruppen wie vor allem Rechtsanwälte als eine mit dem Grundsatz der Wahlgleichheit vereinbare Folge anzuerkennen ist, da ansonsten der Gefahr von Interessenkollisionen nicht wirksam begegnet werden kann.

5. Lokale Zulassungsbeschränkungen

84 Die BRAO enthält im Zweiten Teil 2. Abschnitt eine Reihe von Bestimmungen, die aus **Zweckmäßigkeitsgründen** eine schrankenlose lokale Zulassung verhindern. Bestimmte – im Gesetz genau bezeichnete – Tatbestände und Fakten engen den Zulassungsanspruch ein oder eliminieren ihn. Beschränkungen **obligatorischer** Art enthalten die Regelungen über die Lokalisierung, die Singularzulassung und das Zweigstellenverbot; solche **fakultativer** Art finden sich in § 20 BRAO. Nach dem Prinzip der BRAO ist eine – **allgemeine** – Zulassung zur Rechtsanwaltschaft im Sinne von § 4 BRAO ohne gleichzeitige örtliche Zulassung zu einem bestimmten Gericht gemäß § 18 BRAO nicht möglich. Dieses Lokalisierungsgebot steht in engem Zusammenhang mit der Regelung über die Singularzulassung nach § 25 BRAO betreffend das OLG und dem in § 28 BRAO geregelten Zweigstellenverbot.

Für Kanzleien in anderen Staaten sieht der § 29a BRAO Befreiungen von der Residenz- und Kanzleipflicht sowie dem Zweigstellenverbot vor (dazu unten unter IV); diese Verbote gelten letztlich nur innerhalb der BRD.

85 **a) § 18 BRAO (Lokalisierungsgebot).** Nach dem an § 78 ZPO anknüpfenden § 18 BRAO muß jeder Rechtsanwalt **bei einem bestimmten Gericht der or-**

dentlichen **Gerichtsbarkeit** (AG und ggf. LG, § 23 BRAO; vgl. auch § 22 BRAO betr. Kammer f. Handelssachen) zugelassen sein. Möglich ist nur eine (Singular-)Zulassung bei einem Gericht und nicht eine gleichzeitige (Simultan-)Zulassung bei anderen Gerichten (vgl. die Ausnahmen in den §§ 23, 24, 226, 227, 227a, 227b BRAO; zu den Voraussetzungen einer Zweitzulassung bei einem LG und deren Verlängerung vgl. *EGH Hamm* BRAK-Mitt 1988, 275 ff.; die Zweitzulassung soll nach *EGH Bremen,* BRAK-Mitt 1988, 277 keinen Anspruch auf Zulassung zum übergeordneten OLG geben, wenn die landgerichtliche Hauptzulassung im Bereich der Singularzulassung besteht). Die erste Zulassung bei einem Gericht wird zugleich mit der Zulassung zur Rechtsanwaltschaft erteilt.

Nach § 27 BRAO besteht für den Rechtsanwalt **Residenz- und Kanzlei- 86 pflicht;** letztere wurde von dem *BVerfG* (NJW 1986, 1801; vgl. auch *BGH* BRAK-Mitt 1987, 152) grundsätzlich als mit Art. 12 GG vereinbar angesehen, ist aber insbesondere unter EG-rechtlichen Aspekten (vgl. *EuGH* NJW 1975, 1095 zur Kanzleipflicht u. NJW 1985, 1275 zur Frage des Wohnsitzes) ebenso wie das Zweigstellenverbot des § 28 BRAO zumindest berufspolitisch auf Dauer kaum haltbar (vgl. *Rabe* NJW 1987, 2191) und durch § 29a BRAO teilweise aufgehoben.

Der *BGH* fordert zur Erfüllung der Residenz- und Kanzleipflicht, daß die Entfernung zwischen dem Wohnsitz oder – bei einem angestellten Anwalt – dem Dienstsitz nicht unangemessen groß ist. Dies wird bereits bejaht bei einer Entfernung von 45-55 km zur Kanzlei und 55-60 km zu den zuständigen Gerichten, die je nach Verkehrsdichte und Witterungsverhältnissen nur in 35 bis 55 Minuten überwunden werden könne (*BGH* BRAK-Mitt 1984, 195). – Diese Judikatur erscheint abwegig und mit Art. 12 GG mangels sachlicher Gründe nicht zu vereinbaren. Die Rechtfertigung der Einschränkung damit, daß ein Rechtsanwalt jederzeit für ein Eilverfahren an einem Gericht seines Zulassungsortes zur Verfügung stehen müsse, ist unhaltbar. Sie verkennt die ausreichende und flächendeckende Anwaltsversorgung und ist auch deshalb zu eng, da sie zu sehr vom überholten Berufsbild des primär forensisch tätigen (Einzel- und Universal-)Anwalts ausgeht.

Gemäß § 18 III BRAO ist der **Verzicht** auf die Rechte aus der Zulassung bei 87 einem Gericht allgemein nicht möglich. Das Gesetz will es keinem Rechtsanwalt ermöglichen, die lokale Zulassung aufzugeben, um dann lediglich „nur noch" zur Rechtsanwaltschaft zugelassen zu sein. Gibt der Rechtsanwalt seine Zulassung bei dem „einen Gericht" auf, bei dem er zugelassen wurde, ohne gleichzeitig die Zulassung bei einem anderen Gericht zu beantragen, so folgt aus § 18 I und II BRAO, daß ein solches Aufgeben als ein Verzicht auf die Zulassung zur Rechtsanwaltschaft schlechthin auszulegen ist, der zur Zurücknahme der Zulassung (§ 14 I 5 BRAO) und damit zum Erlöschen der Zulassung bei einem Gericht (§ 34 Ziff. 2 BRAO) sowie zur Löschung in der Anwaltsliste (§ 36 I 1 BRAO) führt.

b) §§ 25, 226 BRAO (Singularzulassung für OLG). In engem Zusammen- 88 hang mit dem Lokalisationsprinzip steht das Verbot der gleichzeitigen Zulassung eines Rechtsanwalts beim LG und bei dem übergeordneten OLG, § 25 BRAO (zur Voraussetzung der Zulassung zum OLG vgl. § 20 I 4 BRAO = 5 Jahre Tätigkeit als RA bei LG od. AG); zur Ausnahme vgl. *BGH* BRAK-Mitt 1988, 273.

Hinter den Regelungen für diese Singularzulassung steht der Gedanke, daß ein Wechsel des Anwalts zwischen dem Verfahren vor dem LG und dem OLG der **Rechtspflege förderlich** ist (vgl. auch *BGH* BRAK-Mitt 1987, 37 u. BRAK-Mitt 1986, 225 sowie *BGH* BRAK-Mitt 1992, 169 zur Problematik der Mischsozietäten).

89 Nach § 226 I BRAO gilt die Singularzulassung jedoch nur in Niedersachsen, Nordrhein-Westfalen, Hessen, Schleswig-Holstein und Rheinland-Pfalz. Eine wenig überzeugende, der Funktionsfähigkeit der Rechtspflege kaum dienliche **Ausnahmeregelung** und damit die Zulässigkeit einer Simultanzulassung nach § 226 II BRAO besteht in den Ländern Baden-Württemberg, Bayern, Berlin, Bremen, Hamburg und im Saarland. Diese „**Simultanzulassung**" entspricht der historischen Entwicklung in diesen Ländern und verletzt nicht den Art. 3 I GG (vgl. auch *BGH* BRAK-Mitt 1987, 37) sowie die Art. 52 ff. EWGV (soweit sich nicht durch das Dienstleistungsurteil *EuGH* NJW 1988, 878 ff. etwas anderes ergibt). Der Funktionsfähigkeit der Rechtspflege wäre jedoch eher mit einer instanziellen Singularzulassung gedient.

90 **c) § 28 BRAO (Zweigstellenverbot).** Die Berufsausübung des Rechtsanwalts wird auch durch das Zweigstellenverbot des § 28 BRAO bestimmt. Danach darf ein Rechtsanwalt weder eine Zweigstelle einrichten noch auswärtige Sprechtage abhalten. Ausnahmegestattungen sind möglich nach § 28 BRAO (vgl. auch §§ 29, 30 BRAO, sowie nunmehr § 29a BRAO).

Dieses Verbot steht – ebensowenig wie die Residenzpflicht (§ 27 BRAO) – keinesfalls mehr einer Niederlassung eines deutschen Anwalts in einem anderen EG-Staat entgegen wie umgekehrt eines Angehörigen eines anderen EG-Staates in der Bundesrepublik (vgl. § 29a BRAO; Klopp-Urteil *EuGH* AnwBl. 1984, 608; vgl. dazu unten Rdnrn. 256). Das Verbot der Zweigniederlassung erstreckt sich letztlich **nur auf das Gebiet der Bundesrepublik Deutschland** (vgl. auch *Rabe* NJW 1987, 2190).

91 **d) Umstrittenheit der Regelungen.** Die mit dem Lokalisierungsgebot sowie dem Verbot der Simultanzulassung und der Zweigstelle verbundenen Beschränkungen sind europa- und verfassungsrechtlich, vor allem aber politisch fragwürdig. De lege ferenda ist eine Neuregelung gefordert (kritisch auch *Everling,* C 63 ff. u. *E. Schumann,* NJW 1990, 2089).

Das *BVerfG* hat die Regelungen (vgl. Anwbl. 1989, 669) zwar als mit Art. 12 GG vereinbar angesehen. Von einer sorgfältigen Prüfung am Maßstab des GG kann jedoch nicht einmal ansatzweise gesprochen werden. *Pietzcker* (Der anwaltliche Lokalisationsgrundsatz, 1990) hat überzeugend dargelegt, daß das Europarecht zwar diese rein innerstaatliche Diskriminierung nicht verbietet (vgl. aber *EuGH* Anwbl. 1992, 33 – Fall *Dennemeyer*).

92 Langfristig verpflichtet jedoch nicht nur der Art. 3 I GG den Gesetzgeber, bestimmte nicht hinzunehmende Benachteiligungen angesichts der Gefahr einer umgekehrten Diskriminierung zu beseitigen. Sie steht auf jeden Fall im Widerspruch zum nationalen Verfassungsrecht: Wenn auch derzeit Art. 3 I GG trotz der Diskriminierung deutscher Rechtsanwälte im Vergleich zu EG-Anwälten nicht verletzt ist, so liegt ein rechtswidriger Eingriff in die Berufsausübungsfreiheit des Anwalts in Art. 12 I GG wie auch die allgemeine Handlungsfreiheit des Mandanten in Art. 2 I GG vor. Die mit dem Grundsatz (angeblich) verfolgten prozessualen und wirtschaftlichen Ziele sind nur zum Teil legitim; vielfach sind sie – wie der letztlich bezweckte Konkurrenzschutz – verfassungsrechtlich problematisch. Auf jeden Fall werden sie durch den in die Postkutschenzeit gehörenden Lokalisations-

grundsatz kaum gefördert, ja sogar behindert. Im Hinblick auf die hohe Anwaltsdichte ist die Lokalisation keinesfalls mehr erforderlich, um die verfolgten Ziele zu erreichen. Letztlich ist es nicht plausibel zu erklären, warum ausländische Rechtsanwälte in der BRD ohne lokale Bindung tätig sein sollen, warum deutsche Anwälte zwar in Paris oder London, aber nicht im nächsten Landgerichtsbezirk auftreten können, warum die lokale Beschränkung nur das Zivilrecht erfaßt und nur bei forensischer Tätigkeit und nicht auch bei Beratungen die Einschränkung gelten soll. Schließlich wird durch den Anwaltszwang vor dem Zulassungsgericht auch erheblich in die Handlungsfreiheit des Mandanten eingegriffen, der damit in seinen Rechten aus Art. 2 I GG unverhältnismäßig eingeschränkt wird.

e) Überörtliche Sozietät. Die BRAO verbietet weder ausdrücklich noch mit 93 den §§ 18 (Lokalisierung), 27 (Residenzpflicht) und 28 (Zweigstellenverbot) konkludent entgegen ursprünglich vielfach vertretener Ansicht in der Lit. den Zusammenschluß von Rechtsanwälten zu einer überörtlichen Sozietät (*BGH* NJW 1989, 2890; *Prütting,* JZ 1989, 705; *OLG Karlsruhe,* NJW 1992, 1114; *OLG Hamm,* NJW 1991, 2650; vgl. aber *BayEGH* BRAK-Mitt. 1992, 55: Bestellung eines allgemeinen Vertreters im Rahmen einer überörtlichen Sozietät als Umgehung des Zweigstellenverbots und des Lokalisierungsgrundsatzes). Als zweite Kanzlei – und damit Zweigstelle i. S. v. § 28 BRAO – ist eine Kanzlei einer Sozietät für einen Sozius nur dann zu werten, wenn der Sozius diese zum Mittelpunkt seiner beruflichen Tätigkeit macht (vgl. *OLG Karlsruhe* ebenda).

Darunter fällt letztlich jeder (außen-)sozietätsmäßige Zusammenschluß von 94 Anwaltskanzleien. Es ist – ungeachtet der rechtlich nicht relevanten mißverständlichen Bezeichnung – unerheblich, ob diese ihren Sitz in der gleichen Gemeinde (*OLG Karlsruhe* NJW 1992, 1837), Straße oder Haus haben oder in verschiedenen Kommunen. Der einzelne Sozius ist jeweils nur bei einem bestimmten Gericht der ordentlichen Gerichtsbarkeit zugelassen (§ 18) und hat an dem Ort dieses Gerichts seine Kanzlei.

Mehr als problematisch sind die vom *BGH* aufgestellten – über das Vorliegen einer überörtlichen Außensozietät von Rechtsanwälten mit verschiedenen Kanzleien durch gemeinsames Auftreten in der Öffentlichkeit hinausgehenden – Kriterien (vgl. dazu auch *Ahlers,* Anwbl. 1992, 54):

(1) Nach dem *BGH* (aaO.) darf der Rechtsanwalt im Hinblick auf die §§ 27, 28 die Kanzleien seiner überörtlichen Sozien an den anderen Orten nicht zu einem tatsächlichen Mittelpunkt seiner beruflichen Tätigkeit (zu einer „Niederlassung" oder Zweigstelle) machen.

(2) Zur Vermeidung einer irreführenden Werbung fordert der *BGH* weiter, daß trotz der getrennten Kanzleien in einer überörtlichen Sozietät eine die Ankündigung rechtfertigende Zusammenarbeit gegeben sein müsse. Es sei zumindest erforderlich, daß jedes Mitglied der Sozietät durch die Sozietätsvereinbarung ermächtigt und grundsätzlich auch verpflichtet werde, den Anwaltsvertrag mit Wirkung für und gegen alle Sozien abzuschließen. Der Rechtsuchende, der eine überörtliche Anwaltssozietät beauftrage, müsse darauf vertrauen können, daß ihm alle Mitglieder der Sozietät in ihrer gesamtschuldnerischen Verbundenheit für die Vertragserfüllung einstehen wollten. Die gemeinsame Verpflichtung aller Sozien aus dem Anwaltsvertrag werde nicht dadurch entbehrlich, daß der Mandant die tatsächliche Erfüllung des Vertrages nicht von allen Sozien erwarten könne, weil nicht alle bei dem Gericht postulationsfähig seien, vor dem ein Prozeß geführt werden soll.

(3) Diese Kriterien sind kaum praktikabel, noch weniger kontrollierbar und leicht zu umgehen, zumal ein schriftlicher Sozietätsvertrag nicht abgeschlossen bzw. dem Kammervorstand vorgelegt werden muß. Letztlich können an eine überörtliche Sozietät keine anderen Anforderungen als an eine örtliche Sozietät gestellt werden, so sehr die Gefahr

Kleine-Cosack

von Pseudo-Großkanzleien besteht. Schließlich sind die Grenzen zwischen einer örtlichen und einer überörtlichen Sozietät (z. B. bei Kanzleien im gleichen Haus oder derselben Gemeinde) mehr als fließend. Selbst bei einer örtlichen Sozietät mit nur einer Kanzlei kann eine Irreführung vorliegen, da sich dahinter nicht selten die verschiedensten Formen anwaltlicher Zusammenarbeit verbergen (echte Sozietät, Bürogemeinschaft, Anstellungs- oder Mitarbeitsverhältnis), ganz abgesehen davon, daß vielfach Personen auf Briefköpfen stehen, die überhaupt nicht mehr als Anwalt tätig oder sogar verstorben sind. Auch in diesen Fällen wird eigentlich mangels „Innen"-Sozietät „irregeführt" bei Zugrundelegung der vom BGH angelegten Kriterien. Solange die BRAO keine bestimmten Regelungen des Innenverhältnisses der Sozien enthält, können nur Außenaspekte Berücksichtigung finden. Die Anforderungen an das Verbot einer irreführenden Werbung sollten daher nicht zu hoch geschraubt werden.

(4) Bei Vorliegen einer überörtlichen Sozietät kommt eine gesamtschuldnerische Haftung aller Sozietäten wie bei einer örtlichen Sozietät in Betracht. Auch die Berufspflichten wie das Verschwiegenheitsgebot oder das Verbot der Wahrnehmung widerstreitender Interessen gelten für die gesamte Sozietät.

(5) Zur Vermeidung einer irreführenden Werbung muß das Briefpapier der überörtlichen Sozietät die jeweilige Lokalisierung der räumlich getrennten Kanzleien und die Zuordnung jedes genannten Sozius zu seiner Kanzlei unmißverständlich deutlich machen (s. auch *OLG Karlsruhe* NjW 1992, 1114; zu weitgehend jedoch *OLG Düsseldorf*, NJW 1991, 46 mit ablehn. Anm. *Schockenhoff*, NJW 1991, 1158). Auch das Praxisschild und das sonstige rechtserhebliche Auftreten der Sozietät müssen die unterschiedliche Lokalisierung und die räumliche Trennung der Kanzleien verdeutlichen. Dabei darf nicht der Eindruck entstehen, daß auch die auswärtigen Sozii an einem Ort ständig erreichbar und auf Dauer dort tätig sind (*Prütting*, JZ 1989, 705, 712).

6. Persönliche Zulassungsversagungsgründe, § 20 BRAO

95 Fakultativ besteht eine Zulassungsversagungsmöglichkeit aus persönlichen Gründen nach § 20 BRAO. Danach kann die Zulassung versagt werden für Bewerber, welche **besondere Beziehungen** zu dem (ordentlichen) Zulassungsgericht, zu bestimmten Richtern oder welche nicht die anwaltliche Berufserfahrung für die Zulassung zu Obergerichten wie dem OLG besitzen.

96 a) § 20 Nr. 1 BRAO (früherer Richter oder Beamter). Von dieser Regelung erfaßt werden alle Richter der ordentlichen Gerichtsbarkeit oder Beamte auf Lebenszeit. Zu prüfen ist, ob – abstrakt – eine **Gefährdung der Rechtspflege** gegeben ist (*EGH Hamm* BRAK-Mitt 1984, 38 u. 1983, 193; Nach dem *BGH* (AnwBl. 1972, 139; vgl. auch EGE X, 65) ist in den Fällen des § 20 Nr. 1 BRAO die **Versagung die Regel**, von der nur abgewichen werden kann, wenn ganz besondere Umstände eine Ausnahme rechtfertigen. Verwandtschaft zwischen Richter und Rechtsanwalt verhindert regelmäßig nicht nur ein weiteres Tätigwerden des Richters, sondern auch die Zulassung des Anwalts bei dem Gericht, an das der verwandte Richter berufen würde.

97 b) § 20 Nr. 2 BRAO (am Gericht tätiger – früherer – Ehegatte). Die Vorschrift des § 20 Nr. 2 BRAO ist nicht nur anwendbar, wenn der Ehegatte Richter, sondern auch wenn er Beamter oder Angestellter an dem betreffenden Gericht ist. Zweck der Vorschrift ist die Vermeidung auch nur des **Anscheins** fehlender Objektivität der Rechtspflege (*BGH* BRAK-Mitt 1992, 53; *EGH Hamm* AnwBl. 1977, 270). Der *EGH Frankfurt* (BRAK-Mitt 1981, 31) hat dazu entschieden, daß dem Antrag eines Rechtsanwalts, der nur bei einem Landgericht zugelassen werden wollte, zu entsprechen war, obwohl seine Ehefrau bei einem Amtsgericht, das im Bezirk dieses Landgerichts lag, tätig war.

Zulassungsrecht H I

c) § 20 Nr. 3 BRAO (Verwandtschaft oder Schwägerschaft mit einem 98
Richter des Gerichts). Nach § 20 Nr. 3 BRAO kann die Zulassung bei Verwandtschaft oder Schwägerschaft (vgl. §§ 1589, 1590 BGB) versagt werden. Bei der Ermessensentscheidung der LJV ist zu prüfen, ob sich daraus eine **abstrakte Gefährdung für die Rechtspflege** ergibt. Dabei sind die tatsächliche Nähe der Beziehungen ebenso zu berücksichtigen wie die effektive Möglichkeit, diese Beziehungen auszunutzen, oder den entsprechenden Anschein zu erwecken (vgl. auch *Feuerich* BRAO § 20 Rdnrn. 40-43). Auch die Arbeitsbereiche und die Größe des Gerichts sind zu beachten. Der *BGH* (BRAK-Mitt 1981, 29) hat auch auf die zeitliche Nähe der Pensionierung eines Richters z. B. abgestellt. Trotz Verschwägerung des Zulassungsbewerbers mit einem Richter ist die Zulassung erteilt worden, weil das Gericht eine beachtliche Größe aufwies und der betreffende Richter nur noch kurze Zeit im Amt war (*EGH Hamm* BRAK-Mitt 1983, 193). Der *EGH Stuttgart* (BRAK-Mitt 1986, 191) hat entschieden, daß die Tochter des Vorsitzenden Richters einer Strafkammer in einem kleinen LG bei diesem Gericht nicht als Rechtsanwältin zugelassen werden konnte (zum fakultativen Zulassungsversagungsgrund des § 20 Nr. 4 BRAO s. *Feuerich* BRAO § 20 Rdnrn. 44-50).

7. Verfahren

a) Zulassung. aa) Landesjustizverwaltung. Über die – auf Antrag (vgl. § 6 I 99
BRAO) zu erteilende – Zulassung zur Rechtsanwaltschaft entscheidet nicht – wie in Österreich oder Frankreich – die anwaltliche Selbstverwaltung, sondern der **Staat** und zwar gemäß § 8 BRAO die Landesjustizverwaltung. Den Rechtsanwalt trifft dabei eine Auskunftspflicht, § 36 a II BRAO (vgl. auch §§ 56 II, 57 I BRAO). Die Verwaltung holt ein **Gutachten** des Vorstandes der örtlich zuständigen Rechtsanwaltskammer ein gem. den §§ 8, 9 BRAO wegen evtl. Versagung der Zulassung nach § 7 Nr. 5-8 BRAO. Ein Zulassungsantrag nach Zurücknahme der Zulassung ist nur mit der Behauptung statthaft, daß sich die aus der materiellen Rechtskraft ergebende Bindungswirkung erledigt hat (*BGH* BRAK-Mitt 1988, 207).

bb) Ehrengerichtshof. Bei Versagung der Zulassung zur Rechtsanwaltschaft 100
kann innerhalb einer Frist von 1 Monat gemäß den §§ 9, 11 BRAO bei dem jeweiligen EGH ein **Antrag auf gerichtliche Entscheidung** gestellt werden. Ebenso kann ein entsprechender Antrag gestellt werden bei Untätigkeit, falls die Landesjustizverwaltung einen Bescheid nicht innerhalb von drei Monaten ohne zureichenden Grund bescheidet (§§ 11 III, 21 III, 29 V BRAO).
Antragsgegner können die Rechtsanwaltskammer (§ 38 BRAO) oder die Landesjustizverwaltung sein (§ 39 BRAO). Der EGH entscheidet durch **Beschluß** (§ 41 BRAO) über den Antrag nach mündlicher Verhandlung, falls nicht darauf verzichtet wird, § 40 II BRAO. Nach den §§ 40 IV, 42 VI BRAO gilt das **FGG** mit dem Grundsatz der **Amtsprüfung** in diesem Verfahren entsprechend. Für das Ablehnungsverfahren gilt die ZPO. Gegen die abschlägige Entscheidung des EGH ist eine sofortige Beschwerde nach § 42 BRAO möglich.

b) Zulassung zu einem bestimmten Gericht (z. B. OLG). Auch hier wird 101
ein Antrag gestellt bei der Landesjustizverwaltung. Bei Versagung einer Entscheidung (§§ 19, 20, 21 BRAO) wie auch bei Untätigkeit kann **Antrag auf gerichtliche Entscheidung nach § 21 BRAO** gestellt werden. Zuständig ist der

Kleine-Cosack

Ehrengerichtshof. Gegen dessen ablehnende Entscheidung ist sofortige Beschwerde beim BGH möglich, § 42 BRAO. Im übrigen ist der Bundesminister der Justiz zuständig für Entscheidungen nach § 170 BRAO; dagegen kann bei Versagung ein Antrag gestellt werden auf gerichtliche Entscheidung beim BGH.

102 c) **Erlöschen der Zulassung.** Der Zulassung kann ein Rechtsanwalt verlustig gehen durch Zurücknahme oder Erlöschen (zum Ruhen der anwaltlichen Tätigkeit vgl. §§ 14 I Nr. 6, 47 BRAO u. oben Rdnrn. 52f.). Das **Erlöschen** der Zulassung erfolgt gemäß § 13 BRAO, wenn der Rechtsanwalt gemäß ehrengerichtlichem Urteil rechtskräftig zu einer Strafe mit der Folge des Ausschlusses aus der Rechtsanwaltschaft (§ 114 I Nr. 5 BRAO) verurteilt ist. Das Erlöschen tritt **ex lege** ohne weiteren Verwaltungsakt mit der Rechtskraft des Ausschließungsurteils ein (§ 13 BRAO i. V. m. § 204 I BRAO), während die Aufhebung der Zulassung eines besonderen Verwaltungsaktes, nämlich der Verfügung der Landesjustizverwaltung (§ 16 BRAO) bedarf. Der Ausschluß zieht sowohl das Erlöschen der Zulassung zur Rechtsanwaltschaft (§ 13 BRAO) als auch das Erlöschen der Zulassung bei einem Gericht (§ 34 Nr. 1 BRAO) sowie die Löschung in der Anwaltsliste (§ 36 I 1 BRAO) nach sich.

Nach Eintritt der Rechtskraft des auf Ausschließung aus der Rechtsanwaltschaft lautenden Urteils vorgenommene Prozeßhandlungen im Zivilprozeß sind unwirksam (*BGH* NJW 1984, 1559; in anhängigen Anwaltsprozessen tritt durch den Ausschluß des Prozeßbevollmächtigten aus der Rechtsanwaltschaft gem. § 244 I ZPO eine Unterbrechung des Verfahrens ein, *BGH* NJW 1987, 327 m. w. N.).

103 d) **Rücknahme und Widerruf der Zulassung.** Eine Aufhebung der Zulassungsentscheidung – eines Verwaltungsakts i. S. d. § 35 VwfG – durch Rücknahme oder Widerruf ist nach der – im Vergleich zu den §§ 48ff. VwfG – speziellen Regelung des § 14 BRAO möglich.

Sie kommt in Betracht, wenn nach der Zulassung zur Rechtsanwaltschaft Umstände sich herausstellen, die das Verbleiben des Rechtsanwalts in der Rechtspflege untragbar erscheinen lassen, ohne daß insoweit die Ausschließung aus der Rechtsanwaltschaft möglich ist.

Dem Verfassungsrecht ist – wie den Art 52ff. EWGV – auch bei der Aufhebung der Zulassung Rechnung zu tragen. Der damit verbundene schwerwiegende Eingriff in die gemäß Art 12 GG garantierte Freiheit der Berufswahl ist nur bei strikter Beachtung des Verhältnismäßigkeitsgrundsatzes zulässig.

Das *BVerfG* (NJW 1986, 1801) hat unter Aufhebung einer unverständlichen Entscheidung des *BGH* im Hinblick auf § 35 Nr. 2-5 BRAO betreffend die Nichterfüllung der Pflichten bezüglich Wohnsitz und Kanzlei entschieden: „In die Berufsfreiheit wird übermäßig eingegriffen, wenn einem Rechtsanwalt ohne vorherige Verhängung milderer Maßnahmen die Zulassung entzogen wird, weil er kein Praxisschild angebracht hat."

104 aa) **Verfahren.** Der Rechtsanwalt kann in einem gerichtlichen Verfahren über den Ehrengerichtshof und Bundesgerichtshof die Berechtigung der Rücknahmeverfügung der Landesjustizverwaltung nachprüfen lassen. Der innerhalb eines Monats nach der Rücknahme oder dem Widerruf der Zulassung zu stellende Antrag auf gerichtliche Entscheidung hat gem. § 16 V I BRAO aufschiebende Wirkung; die sofortige Vollziehung kann jedoch angeordnet werden.

bb) Rücknahme, § 14 I, III BRAO.

§ 14 I BRAO betrifft solche Fälle, in denen schon zu der Zeit, als die Zulassung zur Rechtsanwaltschaft erteilt wurde – damals indessen unbekannt gebliebene – zwingende Gründe für eine Zulassungsversagung nach § 7 Nr. 7-11 BRAO vorlagen, die erst nach der Zulassung bekannt wurden.

Nach § 14 III BRAO kann teilweise von der Rücknahme der Zulassung nach § 14 I 1 BRAO abgesehen werden, wenn die Gründe des § 7 BRAO in dem Zeitpunkt, in dem der Sachverhalt bekannt wird, nicht mehr bestehen. Es handelt sich um eine Ermessensentscheidung nach § 39 III BRAO (vgl. auch *BGH* BRAK-Mitt 1982, 25). Diese ist nur beschränkt gerichtlich überprüfbar (vgl. *BGH* BRAK-Mitt 1982, 25 – Rücknahme einer Zulassung wegen nachträglich bekannt gewordener schwerwiegender Täuschungsmanöver im Zusammenhang mit der zweiten juristischen Staatsprüfung). Bei der gerichtlichen Ermessenskontrolle ist auf den Zeitpunkt des Erlasses der angefochtenen Verfügung abzustellen. Ein späterer Beurteilungszeitpunkt ist nur dann maßgebend, wenn aufgrund der Entwicklung nach Erlaß der Rücknahmeverfügung der Rücknahmegrund zweifelsfrei weggefallen ist (*BGHZ* 75, 356/357; BGHZ AnwZ (B) 20/87, 8). So reichen bei einem Vermögensverfall erhebliche Tilgungen oder geringe Verbindlichkeiten nicht, solange es noch zu Vollstreckungsmaßnahmen kommt.

cc) Widerruf.

Ein Widerruf der Zulassung ist auszusprechen nach § 14 II Nr. 1-9 als Folge von Umständen, die erst nach der Zulassung eintreten. Die Widerrufsgründe entsprechen im wesentlichen den Vorschriften für die Versagung der Zulassung:

- § 14 II Nr. 1 BRAO dem § 7 Nr. 1 BRAO.
- § 14 II Nr. 2 BRAO dem § 7 Nr. 2 BRAO (vgl. dazu *BGH* BRAK-Mitt 1988, 208).
- § 14 II Nr. 3 BRAO dem § 7 Nr. 7 BRAO (dazu *BGH* BRAK-Mitt 1986, 165 u. AnwZ(B) 2/86 v. 8. 12. 1986, vgl. *Zuck*, BRAK-Mitt 1987, 109).
- § 14 II Nr. 5 ergänzt § 7 Nr. 11 BRAO.
- § 14 II Nr. 7 entspricht § 7 Nr. 10 BRAO.
- § 14 II Nr. 8 entspricht § 7 Nr. 9 BRAO.
- § 14 II Nr. 9 entspricht § 7 Nr. 8 BRAO.

Bezüglich der vorgenannten Normen wird daher auf das oben Ausgeführte verwiesen (Rdnrn. 14 ff.). Ergänzend sei zu einzelnen Gründen hier jedoch angemerkt:

- **§ 14 II Nr. 8 BRAO (Vermögensverfall).**

In der Praxis (leider) von erheblicher Bedeutung ist der fakultative Zurücknahmegrund wegen Vermögensverfall. Dieser liegt vor, „wenn der Rechtsanwalt in ungeordnete schlechte finanzielle Verhältnisse geraten ist, er sie in absehbarer Zeit nicht ordnen kann und außerstande ist, seinen Verpflichtungen nachzukommen. Beweisanzeichen hierfür sind die Erwirkung von Schuldtiteln, und Vollstreckungsmaßnahmen gegen ihn, insbesondere die Ladung zur Abgabe der eidesstattlichen Versicherung nach § 807 ZPO sowie der Erlaß des Haftbefehls in einem solchen Verfahren" (so st. Rspr. des *BGH*; vgl. u. a. *BGH* BRAK-Mitt 1988, 50 u. 1987, 208). Auf die Ursachen des Vermögensverfalls kommt es nicht an.

Zu dem Vermögensverfall muß als selbständiges und zusätzliches Merkmal die konkrete Gefährdung der Interessen der Rechtsuchenden hinzukommen (vgl. *Feuerich*, BRAO, § 14 Rdnrn. 61 f.); dies wird häufig nicht beachtet oder formularmäßig bejaht. In der Judikatur – auch des *BGH* – wird die konkrete Gefährdung in bedenklicher Weise oft als Regelfall angenommen und nur in Ausnahmefällen verneint. Erforderlich ist jedoch eine konkrete Gefährdung der Interessen der Rechtsuchenden insbesondere durch die Vollstreckung in Mandantengelder; ein allgemeiner Vermögensverfall reicht nicht. Die Entscheidung der LJV erfordert bei § 14 II Nr. 1 BRAO die eingehende Überprüfung aller Umstände. Der Vermögensverfall ist ein objektives Merkmal. Der Rechtsanwalt kann von sich aus nachweisen, daß sich seine finanzielle Situation in absehbarer Zeit bessert.

110 – **§ 14 Nr. 9 BRAO (Unvereinbare Tätigkeit).**

Die Zulassung ist danach zu widerrufen, wenn der Rechtsanwalt eine Tätigkeit ausübt, die mit dem Beruf eines Rechtsanwalts oder mit dem Ansehen der Rechtsanwaltschaft nicht vereinbar ist. § 14 II Nr. 9 entspricht insoweit dem bereits erörterten § 7 Nr. 8 BRAO (vgl. auch B*VerfG* BRAK-Mitt 1985, 234 u. 1986, 167; kritisch *Kleine-Cosack*, ZIP 1991, 1337; *Rapsch*, ZRP 1985, 272; siehe *Feuerich*, BRAO § 15 Rdnrn. 70–75).

Der Widerruf hat zu unterbleiben bei Vorliegen einer unzumutbaren Härte; es handelt sich bei diesem Begriff um einen gerichtlich voll nachprüfbaren unbestimmten Rechtsbegriff ohne behördlichen Beurteilungsspielraum.

111 Der Grundsatz der Verhältnismäßigkeit gebietet, daß die Zulassung erst widerrufen wird, wenn Belehrungen (vgl. § 73 II Nr. 1 BRAO) und Hinweise mit dem Ziel der Beseitigung des rechtswidrigen Zustandes erfolglos geblieben sind. Erfüllt der Rechtsanwalt seine Pflicht zur Anzeige der Eingehung oder wesentlichen Änderung eines bestehenden Beschäftigungsverhältnisses bzw. zur Vorlage von Unterlagen hierüber (vgl. auch § 56 II S. 1 Nr. 1 u. S. 2 BRAO), was in der Praxis die Ausnahme sein dürfte, dann darf er darauf vertrauen, daß die LJV alsbald die Frage des Widerrufs der Zulassung zur Rechtsanwaltschaft prüfen und entscheiden werde; ein Widerruf nach Ablauf einer unverhältnismäßigen langen Zeit stellt eine „unzumutbare Härte" i. S. v. Nr. 9 Hs. 2 dar (vgl. auch *EGH Celle*, Beschl. v. 2. 12. 1985 – EGH 10/85 (II 5).

Die vorübergehende Beschäftigung im öffentlichen Dienst i. S. d. § 47 I Nr. 1 stellt keinen Widerrufsgrund nach § 14 II Nr. 9 BRAO dar (vgl. *BGH* BRAK-Mitt 1986, 49).

112 – **§ 35 BRAO (Widerruf der Zulassung bei einem Gericht).**

Weitere nur fakultative, weniger bedeutsame Widerrufsgründe enthält § 35 BRAO.

113 – **Verzicht, § 14 II Nr. 4 BRAO.**

Nach § 14 II Nr. 4 BRAO ist die Zulassung zur Rechtsanwaltschaft zurückzunehmen, wenn der Rechtsanwalt auf die Rechte aus der Zulassung zur Rechtsanwaltschaft freiwillig schriftlich gegenüber der LJV verzichtet (= mitwirkungsbedürftiger Verwaltungsakt). Dieser – befristungs- und bedingsfeindliche – Verzicht kann bis zur Zulassungsrücknahme seitens der LJV widerrufen werden kann. Danach ist indessen nur eine Anfechtung entsprechend den §§ 119ff. BGB wegen Irrtums, Drohung oder Täuschung möglich (*BGH* Anwbl. 1971, 216; BRAK-Mitt 1982, 73; vgl. auch *BGH* BRAK-Mitt 1987, 207, Verzicht aufgrund unrichtiger Rechtsbelehrung).

114 **e) Rechtsmittel in Zulassungssachen. aa) Keine einfache Beschwerde.** Gegen Entscheidungen des EGH in Zulassungssachen kommt **nur eine sofortige Beschwerde** zum BGH in Betracht. Eine einfache Beschwerde (§ 19 FGG) gibt es im gerichtlichen Verfahren nach der BRAO nicht; Verfügungen, die mit ihr angegriffen werden könnten, stehen denen des OLG gleich; sie sind daher nicht anfechtbar (vgl. *Feuerich* BRAO § 40 Rdnrn. 48).

115 **bb) Beschränkte Zulässigkeit der sofortigen Beschwerde, § 42 BRAO.** Beschwerdeführer bei der allein zulässigen sofortigen Beschwerde gem. § 42 I BRAO können sein der Antragsteller, § 42 I BRAO, die Landesjustizverwaltung, § 42 II BRAO, und die Rechtsanwaltskammer, § 42 III BRAO. Das Rechtsmittel ist binnen einer Frist von zwei Wochen einzulegen, § 42 IV BRAO

und hat aufschiebende Wirkung, § 42 V BRAO, soweit nicht die sofortige Vollziehung angeordnet worden ist. Zulässig ist das Rechtsmittel nur in den Fällen, welche der **Beschwerdekatalog des § 42 BRAO** ausdrücklich bezeichnet. Eine analoge Anwendung kommt nicht in Betracht (*BGH* BRAK-Mitt 1987, 152). Zahlreiche Entscheidungen – z. B. im Hinblick auf Anträge nach den §§ 27-29 BRAO oder wegen der Zurückweisung von Fachanwaltschaftsanträgen – sind daher nicht rechtsmittelfähig (vgl. aber § 223 III BRAO).

cc) Sofortige Beschwerde in den Fällen des § 223 BRAO. Während Entscheidungen in den eigentlichen Zulassungssachen immer beschwerdefähig sind (§ 42 BRAO), sind Entscheidungen des EGH, die aufgrund einer Anfechtung nach der Auffangvorschrift des § 223 BRAO in sonstigen Zulassungssachen ergehen, mit der sofortigen Beschwerde nur anfechtbar, wenn – so die Neufassung des § 223 III BRAO – der EGH sie in der Entscheidung zugelassen hat, was wiederum nur möglich ist, wenn über Rechtsfragen von grundsätzlicher Bedeutung zu entscheiden ist. 116

Vor der Neuregelung des § 223 BRAO hatte der *BGH* die sofortige Beschwerde nur als zulässig erachtet, „wenn es sich um Angelegenheiten handelt, wie in den in § 42 I Nr. 1-5 BRAO genannten Fällen, mithin nur dann, wenn endgültig und unmittelbar die Existenzgrundlage des Antragstellers in seiner Eigenschaft als Rechtsanwalt oder Anwaltsbewerber berührt wird (*BGH* BRAK-Mitt 1988, 52), wie beim Streit um die Feststellung, ob ein Antragsteller auch ohne ausdrückliche Zulassung zur Ausübung des Rechtsanwaltsberufs befugt ist (*BGH* NJW 1970, 199; *BGH* EGE XIV 138). Dies ist nicht der Fall bei der Aussetzung des Zulassungsverfahrens nach §§ 9 I, 10 I BRAO (dazu *BGH* BRAK-Mitt 1986, 49). – Nach der Neufassung ist nunmehr in größerem Umfang die sofortige Beschwerde zulässig, so z. B. auch bei der Ablehnung von Fachanwaltsbezeichnungen, zumindest falls eine Divergenz in der Judikatur besteht (so *BGH* ZIP 1990, 740), im übrigen müssen hier ähnliche Grundsätze gelten wie bei §§ 131, 132 VwGO und den vergleichbaren Bestimmungen der ZPO oder der VwGO. 117

f) Gebühren in Zulassungssachen. Die Gebühren für die Zulassung wie für die Versagung und die Rücknahme richten sich nach den §§ 192-194 BRAO. 118

aa) Gerichtskosten. Die Gerichtskosten des Verfahrens bei Anträgen auf gerichtliche Entscheidung in Zulassungssachen sind geregelt in den §§ 200-203 BRAO. 119

Der Regelwert des § 30 II KostO von DM 5000 wird bei Verfahren über Anträge auf gerichtliche Entscheidung in Zulassungssachen erheblich überschritten und liegt i. d. R. bei DM 100000.- (vgl. nur *BGH* BRAK-Mitt 1987, 154). Dieser Betrag, der nach § 8 I BRAO auch für die Berechnung der Anwaltsgebühren maßgebend ist, ist bei dem naheliegenden Vergleich mit Verwaltungsgerichtsprozessen (Regelstreitwert DM 6000) wie auch angesichts der tatsächlichen Einkünfte vieler Antragsteller unsozial (kritisch auch *Zuck*, BRAK-Mitt 1988, 164, Fn. 19).

Zu berücksichtigen ist allerdings, daß die gem. § 202 BRAO zu erhebende Gebühr sich nach der zur Zeit geltenden Kostentabelle der Anlage zu § 32 KostO bestimmt, da nach § 200 BRAO die Gebühren sich nach der Kostenordnung richten in der Fassung der Anlage 2 zu dem Art. XI § 7 des Gesetzes zur Änderung kostenrechtlicher Vorschriften vom 26. 7. 1957 (BGBl. I, 861, 960); 120

eine Anpassung des § 200 BRAO an spätere Kostenänderungen erfolgte nicht (vgl. *Feuerich*, BRAO, § 200 Rdnr. 4; *EGH Hamm* EGE XIV 234).

121 **bb) Außergerichtliche Kosten.** Die außergerichtlichen Kosten richten sich nach § 40 IV BRAO i. V. m. § 13a FGG. Danach kann das Gericht anordnen, daß diese Kosten einem am Verfahren Beteiligten ganz oder teilweise zu erstatten sind, wenn sie zur zweckentsprechenden Erledigung der Angelegenheit notwendig waren und die Anordnung der Billigkeit entspricht. Fehlt eine derartige gerichtliche Anordnung, so ist nach dem FGG von dem Grundsatz auszugehen, daß jeder Verfahrensbeteiligte seine außergerichtlichen Kosten selbst zu tragen hat. Die Anwaltsgebühren berechnen sich im ersten Rechtszug vor dem EGH gem. § 110 II BRAGO nach § 114 BRAGO; im Beschwerdeverfahren nach den §§ 40, 42 BRAO; vor dem BGH entsteht die 13/10 Gebühr nach den §§ 31, 11 I S. 4 BRAGO. – Der im Zulassungsverfahren sich selbst vertretende Anwalt kann nach h. A. nicht die Gebühren und Auslagen verlangen, die ihm für einen bevollmächtigten Rechtsanwalt zu erstatten wären, da § 13a FGG nur auf § 91 I S. 2 ZPO, nicht aber auch auf § 91 II S. 4 ZPO verweist.

II. Berufsordnungsrecht, Berufsaufsicht, Berufsgerichtsbarkeit

122 Das Berufsordnungsrecht der Rechtsanwälte wurde bisher unter der nicht mehr zeitgemäßen Bezeichnung „Standesrecht" zusammengefaßt. Es umfaßt die beruflichen Rechte und vor allem Pflichten des Anwalts, der insoweit einem besonderen Disziplinarrecht unterliegt.

1. Rechtsunsicherheit in der Übergangszeit

123 **a) Beschluß des BVerfG.** Durch die Grundsatzentscheidung des *BVerfG* vom 14. 7. 1987 (E 76, 171 ff.) ist Bewegung in das weitgehend erstarrte System des anwaltlichen Berufsrechts gekommen. Das *BVerfG* hatte die Kritik an den undemokratisch im Arkanum der BRAK beschlossenen, in unzulässiger Weise normgleich angewandten, elementaren rechtsstaatlichen **Bestimmtheitserfordernissen nicht entsprechenden** Standesrichtlinien aufgegriffen (vgl. *Kleine-Cosack* AnwBl. 1986, 505 ff.).

124 Die Übergangszeit bis zu der erforderlichen Reform mit der Ersetzung der Richtlinien durch Gesetzes- und Satzungsrecht der anwaltlichen Selbstverwaltung Anfang der 90er Jahre ist durch eine erhebliche Rechtsunsicherheit gekennzeichnet. Sie hat zu einer längst überfälligen Einschränkung der Tätigkeit der Berufsgerichte geführt, ohne daß die Funktionsfähigkeit der Rechtspflege auch nur ansatzweise gefährdet wurde.

125 **b) Beschränkte Bedeutung der Richtlinien.** Umstritten ist die Fortgeltung von Berufspflichten, welche nicht gesetzlich, sondern nur in den „Standesrichtlinien" „normiert" waren (vgl. die Nachweise bei *Feuerich* AnwBl. 1988, 502 ff.). Wegen der Unvereinbarkeit mit dem vom *BVerfG* für die Übergangszeit genannten Maßstab der „Unerläßlichkeit für die Funktionsfähigkeit der Rechtspflege" kann zahlreichen Richtlinien keine Bedeutung mehr zukommen. Viele von ihnen hatten in der Praxis ohnehin keine Relevanz und waren schon bis zur Entscheidung des *BVerfG* umstritten und regional sehr unterschiedlich als „verbindlich" angesehen worden. Zahlreichen Bestimmungen kommt mehr

die Funktion von Anstandsregeln zu, die – wie das Pünktlichkeitsgebot des § 22 RiLi – eher in einen Knigge und nicht in eine Berufsordnung gehören (a. A. *Feuerich* AnwBl. 1988, 507, 508). Ihre rechtliche Fixierung war ebenso überflüssig wie die Wiederholung gesetzlicher Vorschriften in den Richtlinien.

In der Übergangszeit sollte und darf gemäß dem auch im ehrengerichtlichen 126 Verfahren geltenden in dubio pro reo-Grundsatz **in Zweifelsfällen eine ehrengerichtliche Ahndung nicht erfolgen.** Angesichts der bestehenden Rechtsunsicherheit dürfte der Nachweis des unstreitig erforderlichen Verschuldens für eine Berufspflichtverletzung i. S. d. § 113 BRAO in den umstrittenen Fällen in der Regel nicht zu führen sein.

2. Verfassungsrecht

Dem höherrangigen Recht ist auch bei der Ausübung des Anwaltsberufs 127 Rechnung zu tragen. Dies gilt nicht nur für **internationalrechtliche Bestimmungen** wie die Art. 52, 59 f. EWGV und die EMRK, dessen Art. 10 Meinungsfreiheit garantiert (vgl. auch *EGMR* EuGRZ 1987, 170; *EKMR* NJW 1992, 963 u. *BVerfGE* 76, 196, 209 betr. das Werbeverbot).

a) Berufsfreiheit als vorrangige Maßstabsnorm. Insbesondere dem Verfas- 128 sungsrecht ist bei der Anwendung und Auslegung des Berufsordnungsrechts der Rechtsanwälte Geltung zu verschaffen. Vorrangige Maßstabsnorm ist das Grundrecht der Berufsfreiheit des Art. 12 GG. Betroffen ist im Gegensatz zum Zulassungsrecht nicht die Berufswahl, sondern die **Berufsausübung** (*BVerfG* NJW 1990, 2122). Konkurrierend oder ausschließlich können im Einzelfall andere Grundrechte wie insbesondere die Meinungsfreiheit des Art. 5 I GG (vgl. *BVerfGE* 71, 171, 192; NJW 1992, 1153) einschlägig sein.

b) Vorbehalt des Gesetzes. Grundrechtseingriffe sind nur zulässig – formell – 129 unter Beachtung des Prinzips vom Vorbehalt des Gesetzes, das in Art. 20 III GG vorausgesetzt wird und sich im übrigen aus den Grundrechten i. V. m. dem Demokratie- und dem Rechtsstaatsprinzip ergibt (vgl. u. a. *BVerfGE* 33, 125, 157 ff.; 57, 121, 132; 76, 171, 184 ff.). Der parlamentarische Gesetzgeber ist entsprechend der sog. **Wesentlichkeitstheorie** im Bereich des Art. 12 GG zur Regelung nicht nur der Berufswahl sondern auch der Berufsausübung verpflichtet, soweit es sich um statusbildende Normen handelt (zum ganzen *Ossenbühl,* in: Handbuch des Staatsrechts, III, 1988, § 62 u. § 66, Rdnrn. 26 ff. u. *Kleine-Cosack,* Anwbl. 1989, 536 ff.).

Die – darüber hinausgehende – vom Anwaltssenat des *BGH* in der Entscheidung zur 130 Unzulässigkeit einer Verleihung von Fachanwaltsbezeichnungen in der Übergangszeit ohne spezialgesetzliche Ermächtigung (NJW 1990, 1719) vertretene Ansicht, der Gesetzgeber müsse alles – und damit auch schlichte Berufsausübungsregelungen – selbst normieren, was sich als Abweichung vom herkömmlichen – von ihm mehr als konservativ und äußerst statisch interpretierten – Berufsbild darstellt, ist verfassungsrechtlich nicht haltbar. Sie verkennt die unmittelbare – auch von den Gerichten in der Übergangszeit zu beachtende – Geltung der Verfassung einschließlich der Grundrechte (Art. 20 III, 1 III GG) und ist Ausdruck eines letzten – vergeblichen – Versuchs, an einem unhaltbaren Anwaltsbild festzuhalten (vgl. Anm. *Kleine-Cosack,* ZIP 1990, 742). Das *BVerfG* (NJW 1992, 493) hat die unhaltbare Begründung des *BGH* zu recht nicht aufgegriffen.

c) Verhältnismäßigkeitsgrundsatz. Materiell sind Eingriffe in die Berufsaus- 131 übungsfreiheit nur zulässig unter strikter Beachtung des Grundsatzes der Verhältnismäßigkeit. Sie müssen **unerläßlich** bzw. **erforderlich** und **geeignet** sein zum Schutz der Funktionsfähigkeit der **Rechtspflege** (vgl. u. a. *BVerfGE* 76, 171, 189; 66, 337, 354 NJW 1990, 2122). Stets ist, was von den Ehrengerichten bis hin zum *BGH* in der Vergangenheit oftmals versäumt wurde, sorgfältig zu prüfen, ob die Berufspflicht wie die konkrete Sanktion dem Verhältnismäßigkeitsgrundsatz entsprechen.

132   d) **Relevanzschwelle.** Aus verfassungsrechtlichen Gründen sind Sanktionen nur bei wesentlichen Berufspflichten und bei Überschreitung einer gewissen Erheblichkeitsschwelle zulässig und nicht mehr wie in der Vergangenheit nicht selten bei **trivialen Vorgängen** von bagatellartigem Charakter, wie dies insbesondere bei angeblichen Verstößen gegen das Sachlichkeitsgebot oder das Werbeverbot der Fall war. Inbesondere unzulässig ist die perspektivische Beschränkung durch **Überbewertung von Randaspekten.** So darf nicht mehr isoliert auf Werbeneneffekte abgestellt werden, sondern ist eine Gesamtbetrachtung erforderlich, wie dies das *BVerfG* (E 76, 196, 208 f.) im Anschluß an den *EGMR* (*EuGRZ* 1985, 170) in der Werbeentscheidung (vgl. auch *BVerfG* NJW 1990, 2122), aber auch beim Sachlichkeitsgebot (*BVerfGE* 76, 171, 192 f.) betont hat. Dementsprechend hat der *BGH* zutreffend in seiner Entscheidung v. 8. 2. 1988 (BRAK-Mitt 1988, 148) geprüft, ob einzelne „unsachliche" Äußerungen wegen des Verfahrenszusammenhangs gerechtfertigt waren, was im übrigen schon im Hinblick auf § 193 StGB geboten war.

3. Rechtsgrundlagen

133   Die Berufspflichten der Rechtsanwälte ergeben sich aus verschiedenen, teilweise umstrittenen Bestimmungen.

134   a) **Gesetze. aa) Spezialgesetze.** Die Berufspflichten sind zum Teil in gesetzlichen Spezialbestimmungen geregelt. Sie finden sich vor allem in der BRAO wie in den §§ 44–59, 165 BRAO sowie den §§ 203, 352, 356 StGB oder im Strafvollzugsgesetz. Eine berufsgerichtliche Ahndung kann in diesen Fällen nur erfolgen, wenn **in objektiver und subjektiver Hinsicht** der Tatbetand der spezialgesetzlichen Bestimmungen in vollem Umfang erfüllt ist.

135   bb) **Allgemeine Gesetze.** Berufspflichten können sich jedoch über die Generalklausel des § 43 BRAO auch aus nicht-anwaltsspezifischen Bestimmungen wie dem StGB ergeben bei Bestehen eines berufsspezifischen Überhangs: Fraglich ist dabei in der Praxis, inwieweit eine berufsrechtliche Sanktion auch erfolgen kann, wenn einzelne Tatbestandsmerkmale der gesetzlichen Bestimmung (ggf. wegen Berücksichtigung des in dubio pro reo-Grundsatzes) nicht erfüllt sind.

136   Nach herrschender Ansicht (vgl. *Feuerich* AnwBl. 1988, 503) gilt der Grundsatz, daß **auch fahrlässiges Fehlverhalten** eines Rechtsanwalts berufsordnungsrechtlich geahndet werden kann. Erfüllt ein Rechtsanwalt daher vom objektiven Tatbestand eine Strafnorm, handelt er aber nicht vorsätzlich oder – soweit erforderlich – wider besseres Wissen, aber doch immerhin fahrlässig, dann soll er gemäß § 43 BRAO berufsordnungswidrig handeln (*EGH Hamburg* BRAK-Mitt 1988, 151). Die Anforderungen an die innere Tatseite eines Berufsordnungsverstoßes seien im § 113 I BRAO eigenständig geregelt (vgl. auch *Jähnke* NJW 1988, 1888, 1891).

b) Generalklausel. aa) Grundsätzliche Anwendbarkeit. Als Rechtsgrundlage kommt weiterhin vor allem entgegen teilweise in der Literatur vertretener Ansicht die Generalklausel des § 43 BRAO in Betracht. Im Hinblick darauf, daß eine abschließende Normierung aller Berufspflichten nicht möglich ist, ist eine solche Generalklausel auch in der Zukunft als Auffangtatbestand unverzichtbar. Das *BVerfG* hat weder grundsätzlich (E 66, 237 ff.) noch in der Entscheidung vom 14. 7. 1987 (*BVerfGE* 76, 171) Bedenken an der Verfassungsmäßigkeit der Generalklausel geäußert (was *Zuck* NJW 1988, 175 f. verkennt; vgl. *Kleine-Cosack*, NJW 1988, NJW 1988, 170 f. u. *BVerfG* NJW 1990, 2122). Aus rechtsstaatlichen und vor allem demokratischen Gründen müssen nur die bisher zu ihrer Konkretisierung dienenden Standesrichtlinien durch Gesetze oder Satzungen ersetzt werden. Berufspflichten können sich daher auch ergeben aus der somit fortgeltenden, wenn auch im Hinblick auf das Kriterium „würdig" reformbedürftigen Generalklausel und zwar unmittelbar oder durch ergänzende Heranziehung anderer Rechtsgrundlagen. 137

bb) Allgemeine Voraussetzung der Heranziehung. Soweit § 43 BRAO durch rechtliche Bestimmungen ausgefüllt wird, können als Berufspflichtverstöße nur solche Normverletzungen berufsgerichtlich verfolgt werden, die mit der **gewissenhaften Berufsausübung des Rechtsanwalts unvereinbar sind und die Achtung und das Vertrauen beeinträchtigen, welche die Stellung des Rechtsanwalts erfordern** (vgl. *Feuerich* AnwBl. 1988, 502). 138

Dabei ist zu beachten, daß die Generalklausel als Auffangtatbestand nicht herangezogen werden kann, soweit andere spezialgesetzliche Regelungen eingreifen. So hat der *BGH* (NJW 1990, 1373) eine berufsordnungsrechtliche Überprüfung für unzulässig erachtet, soweit es um die Frage der Vereinbarkeit einer kaufmännischen Tätigkeit mit dem Beruf eines Rechtsanwalts ging angesichts der abschließenden Regelung in den §§ 7 Nr. 8, 14 BRAO.

cc) Unzulässigkeit einer Inhaltskontrolle der Anwaltstätigkeit. Im Hinblick darauf – wie auch wegen der unabhängigen Stellung des Rechtsanwalts als Berater und Vertreter in allen Rechtsangelegenheiten (§ 3 I BRAO) – ist es grundsätzlich ausgeschlossen, Handlungen des Rechtsanwalts auf ihre inhaltliche Richtigkeit und Zweckmäßigkeit hin zu überprüfen. Nur Verstöße, die die **äußere Seite** der Anwaltstätigkeit betreffen, wie z. B. Untätigkeit, Bummelei, Täuschung des Mandanten und anderer Beteiligter, deren Beurteilung ohne Nachprüfung der sachlichen Richtigkeit und Zweckmäßigkeit des anwaltlichen Vorgehens möglich ist, sind berufsgerichtlich verfolgbare Berufspflichtverfehlungen. Dementsprechend ist dem Rechtsanwalt auch eine heftige Kritik an dem Verhalten anderer Justizorgane gestattet; eine Verletzung des Sachlichkeitsgebots (dazu unten Rdnrn. 148 ff.) kommt nur noch in engen Grenzen in Betracht (vgl. *BVerfGE* 76, 171, 19 f. ff.; AnwBl. 1989, 339 u. 519 sowie 1991, 45 ff.; Beschl. v. 19. 4. 1990, 1 BvR 40/86 u. 1 BvR 42/86). 139

Ebenso können dies schuldhafte Handlungen sein, die der Rechtsanwalt vornimmt, indem er sich völlig von seiner Funktion als Vertreter und Berater seines Mandanten löst, er den Rahmen des ihm übertragenen Mandats verläßt und er z. B. seinen Mandanten vorsätzlich schädigt, indem er vereinnahmte Mandantengelder für eigene Zwecke verbraucht (*Jähnke* NJW 1988, 1888, 1891). 140

c) Standesrichtlinien. aa) Anwendbarkeit nur bei Unerläßlichkeit für die Funktionsfähigkeit der Rechtspflege. Die Standesrichtlinien können zur Auslegung des § 43 BRAO in der Übergangszeit nur noch in beschränktem Umfang 141 nach dem *BVerfG* herangezogen werden, soweit dem **rechtsstaatlichen Bestimmtheitsgebot** Rechnung getragen wird und die Berufspflicht **materiell grundrechtskonform**, insbesondere mit Art. 12 GG zu vereinbaren ist. Dies ist nur der Fall, falls sie unerläßlich ist für die Funktionsfähigkeit der Rechtspflege – (*BVerfG* 76, 171, 192 ff.; NJW 1990, 2122; AnwBl. 1991, 45). – Schon aus diesem Grunde war es schlicht unverständlich, noch nach der Verabschiedung der Standesrichtlinien durch das *BVerfG* am 14. 7. 1987 diese noch in einem fast 1000seitigen Kommentar quasi posthum zu „ehren" (So *Lingenberg-Hummel-Zuck-Eich*, aaO., Rdnr. 13). Deutlicher konnte die Berechtigung der vor 130 Jahren aufgestellten These *v. Kirchmanns* von der „Wertlosigkeit der Jurisprudenz als Wissenschaft" (vgl. die Neuaufl. 1988) nicht vor Augen geführt werden.

Die grundrechtliche Beschränkung der Standesrichtlinien ist im übrigen auch bedeutsam für die Auslegung anderer Bestimmungen wie des § 138 BGB oder vor allem des § 1 UWG, falls ein wettbewerbswidriges Verhalten unter Aspekt der Sittenwidrigkeit wegen „Vorsprungs durch Rechtsbruch" in Betracht kommen soll (das verkennen vielfach die Darstellungen von *G. Ring* und *Michalski*, aaO., Rdnr. 11)!

142 **bb) Rechtsstaatswidrigkeit der Anscheinstatbestände.** Keinesfalls kann in der Zukunft nach der Grundsatzentscheidung des BVerfG noch auf die in den Richtlinien vorhandenen, dem rechtsstaatlichen Bestimmtheitsgebot eklatant zuwiderlaufenden Anscheinstatbestände zurückgegriffen werden (*Kleine-Cosack* NJW 1988, 164; *Feuerich* AnwBl. 1988, 503 ff.). Alle Regeln, die dem Rechtsanwalt die Verpflichtung auferlegen, schon den „Anschein" eines Handelns gegen das Berufsrecht zu vermeiden (so z. B. §§ 1 IV, 2 II, 3 I, 46 III, 47, 65 RiLi), dürfen nicht mehr zur Auslegung und Konkretisierung des § 43 BRAO herangezogen werden. Nur durch das Hervorrufen des Anscheins eines berufswidrigen Verhaltens wird die Funktionsfähigkeit der Rechtspflege nicht entscheidend tangiert. Der Anschein der Unsachlichkeit oder einer berufswidrigen Werbung (vgl. *BVerfGE* 76, 196, 206) rechtfertigt daher keine Sanktion.

143 **d) Vorkonstitutionelles Gewohnheitsrecht.** Als weitere Rechtsgrundlage nennt das *BVerfG* vorkonstitutionelles Gewohnheitsrecht (*BVerfGE* 76, 171, 189; zur Amtstracht: *BVerfGE* 28, 21; nicht mehr erwähnt in *BVerfG*, NJW 1990, 2122). Die Anerkennung dieser verfassungsrechtlichen problematischen, mit dem Bestimmtheitsgebot nicht zu vereinbarenden, ungeschriebenen Rechtsquelle ist jedoch angesichts der Kodifikation des Berufsrechts in der BRAO einschließlich der weiten Generalklausel des § 43, deren Vorläufer sich bereits in der RAO von 1878 fanden, abzulehnen (dazu s. *Hartung*, Das anwaltliche Verbot des Versäumnisurteils, 1991, 148 f.; *Pietzcker*, NJW 1988, 513, 519 f.). Schon begrifflich könnte ohnehin kein „früheres", vorkonstitutionelles, sondern allenfalls ein gegenwärtiges Gewohnheitsrecht als maßgebliche Rechtsquelle in Betracht kommen. Zudem ist über 40 Jahre nach Inkrafttreten des GG wie auch durch die gesetzliche Regelung der Berufspflichten die ursprünglich mit der Anerkennung dieser Rechtsfigur vom *BVerfG* (E 9, 338, 343) verfolgte Funktion entfallen, den nachkonstitutionellen Gesetzgeber nicht zu verpflichten, das gesamte nicht in formellen Gesetzen enthaltene Recht auf seine Verfassungsmäßigkeit zu überprüfen. Im übrigen liegen gerade bei den umstrittenen anwaltlichen Berufspflichten in der Regel mangels „längerer tatsächlicher Übung" nicht die Voraussetzungen für die Entstehung von Gewohnheitsrecht vor; dies gilt für

das Versäumnisurteilverbot (vgl. Hartung, aaO. S. 151 ff.), das Verbot überörtlicer Sozietäten (vgl. E. *Schumann*, Die überörtliche Anwaltssozietät, 1990, S. 306 ff.) oder ein Verbot des Gebühreninkassos für RAe (vgl. *Bork*, NJW 1992, 2449, 2450).

e) Dienstvertrag. Abzulehnen ist schließlich die Ansicht, nach der als Rechtsgrundlage für öffentlich-rechtliche sanktionsbewehrte Berufspflichten – über die Generalklausel des § 43 BRAO – auch in Betracht kommen sollen Verpflichtungen aus dem anwaltlichen Dienstvertrag, §§ 611 ff. BGB (so dezidiert im Hinblick auf § 57 I StBerG *Engelhardt* StB 1988, 73, 76). – Die Verletzung privater, schuldrechtlicher Verpflichtungen kann nur die dafür auch im **BGB als lex specialis geregelte Haftung** nach den Regeln über Unmöglichkeit, Verzug oder positive Forderungsverletzung auslösen und nicht über die Generalklausel auch zu berufsrechtlichen Sanktionen führen (krit. auch Verfassungsrechtsausschuß des DAV in der Stellungnahme im Verfahren 1 BvR 838/85, S. 9 f.; einschränkend auch *Jähnke* NJW 1988, 1891; vgl. auch *Feuerich* AnwBl. 1988, 502). – Im Grunde stellt sich auch hier die oben (Rdnrn. 12 f.) bereits angesprochene Problematik der Abstimmung des Berufsrechts mit anderen Teilrechtsordnungen. Es ist noch genauer zu prüfen, ob und welche Bedeutung den berufsrechtlichen Bestimmungen für die dienstvertragliche Haftung des Rechtsanwalts zukommt (dazu *Vollkommer*, Anwaltshaftungsrecht, 1989, 202 ff., der jedoch die grundsätzliche Problematik nicht erörtert) und umgekehrt dem zivilrechtlichen Vertragsrecht für das Berufsrecht, insbesondere die „Transportnorm" des § 43 BRAO. 144

4. Einzelne Berufspflichten

Nur einige wesentliche, in der Reichweite vielfach umstrittene Berufspflichten, welche nicht gesetzlich geregelt und die in der Übergangszeit bedeutsam sind, sollen hier näher dargestellt werden (zu den sonstigen, in der Praxis ohnehin nur selten relevanten Berufspflichten vgl. die Darstellung von *Feuerich* AnwBl. 1988, 502, 504 ff.; zu den Regelungen betr. die Verteidigertätigkeit sowie die Gebühren vgl. Kap. C IV und G sowie *Feuerich*, ebenda m. w. N.). 145

a) Obsoletheit zahlreicher Richtlinien. Keine Anwendungsmöglichkeit besteht in der Übergangszeit mehr für Richtlinien, die – mehr mit Pathos behaftet – **verfassungsrechtlich irrelevanten Schutzgütern** wie – so § 3 II RiLi (vgl. *Feuerich* AnwBl. 1988, 505) – dem allein bedeutungslosen Ansehen der Anwaltschaft (vgl. *BVerfGE* 71, 171, 189), deren vielbeschworener Würde oder insbesondere dem Konkurrenzschutz dienten und nicht dem vom *BVerfG* genannten Kriterium „Unerläßlichkeit für die Funktionsfähigkeit der Rechtspflege" entsprechen. Genannt seien hier insbesondere zahlreiche Regeln betreffend die **Kollegialität**, das Verhalten gegenüber Behörden und Gerichten einschließlich des Pünktlichkeitsgebots des § 22 RiLi. Bestehen bleiben nur Berufspflichten, die für die Tätigkeit des Anwalts als „Organ der Rechtspflege" von erheblicher Bedeutung sind. 146

b) Sachlichkeitsgebot, §§ 10, 9 II, 18 III, 3 I, 1 I RiLi. Das bisher in den Richtlinien niedergelegte Sachlichkeitsgebot, dem in der ehrengerichtlichen Judikatur bis zur Grundsatzentscheidung des *BVerfG* – wenn auch regional unterschiedlich – eine erhebliche Bedeutung zukam, kann nur noch in beschränktem Umfang herangezogen werden. Es war in der Vergangenheit häufig mißbraucht 147 worden, um insbesondere oftmals berechtigte (vgl. *EGH Baden-Württemberg* NJW 1982, 661) anwaltliche Justizkritik zu unterbinden mit der Folge einer erheblichen „Gefährdung der freien Advokatur durch die freien Advokaten" (vgl. *Kleine-Cosack* AnwBl. 1988, 71). Die Anwaltschaft war z. T. stärkeren Restriktionen ausgesetzt als der öffentliche Dienst und die Justiz, was das *BVerfG* zu Recht kritisiert (E 76, 171 ff., 193).

148 **aa) Verfassungsgerichtliche Kriterien.** Ehrengerichtliche Maßnahmen wegen Verletzung des in den Standesrichtlinien niedergelegten Sachlichkeitsgebots sind nach dem *BVerfG* (E 76, 171 Ls. 2) nur zulässig, soweit es sich um strafbare Beleidigung, die bewußte Verbreitung von Unwahrheiten oder solche herabsetzenden Äußerungen handelt, zu denen andere Beteiligte oder der Verfahrensverlauf keinen Anlaß gegeben haben (vgl. auch *BVerfG* NJW 1991, 1045 u. 2274; AnwBl. 1988, 239; 1989, 339; 1990, 519; Beschl. v. 19. 4. 1990, – 1 BvR 40/86 u. 1 BvR 42/86; vgl. auch *LG Hamburg,* Stb 1992, 177).

149 **bb) Beschränkung auf §§ 185 ff. StGB.** Mit seiner Formulierung beschränkt das *BVerfG* letztlich den Anwendungsbereich des Sachlichkeitsgebots auf die für jedermann geltenden allgemeinen Gesetze über den zivil- und insbesondere strafrechtlichen Ehrschutz.

Wegen Unsachlichkeit belangt werden kann daher ein Rechtsanwalt in der Übergangszeit nur, wenn er sich eines **Vergehens gegen die §§ 185 ff. StGB** schuldig macht (so nunmehr auch BVerfG AnwBl. 1990, 519 u. 1991, 45 f.). Die anscheinend darüber hinausgehende, vom *BVerfG* erwähnte weitere Alternative der „herabsetzenden Äußerung, zu denen andere Beteiligte oder der Verfahrensverlauf keinen Anlaß gegeben haben", hat – entgegen der von *Zuck* ohne Begründung aufgestellten Behauptung (NJW 1988, 179) – keine Bedeutung, da eine Abgrenzung zu den erwähnten strafrechtlichen Tatbeständen, insbesondere zur Formalbeleidigung i. S. d. § 192 StGB nicht möglich ist (so auch DAV-Ausschuß Neues Berufsrecht, AnwBl. 1988, 529). Auch Beleidigungen nach den §§ 185 ff. StGB bestehen im wesentlichen in „herabsetzenden" Verhaltensweisen, wobei als identisches Schutzgut nur die Ehre in Betracht kommt (nicht überzeugend und unkritisch, die strafrechtliche Problematik verkennend: *Jähnke* NJW 1988, 1888, 1891 und *Feuerich* AnwBl. 1988, 502 ff.).

150 Berufsrechtliche Beschränkungen von anwaltlichen Äußerungen dürfen daher nicht strenger ausfallen, als die bestehenden, für jedermann geltenden Gesetze (vgl. auch *Jarass* NJW 1982, 1833; s. auch *Engelhardt* StB 1988, 73 ff.).

151 **cc) Geltung des § 193 StGB.** Eine Verurteilung des Anwalts wegen Verstoßes gegen das Gebot der Sachlichkeit hat auszuscheiden, soweit der Anwalt in **Wahrnehmung berechtigter Interessen,** also gemäß § 193 StGB handelt. Unzulässig ist im übrigen die **isolierte Bewertung** einzelner Äußerungen. Vielmehr ist stets zu prüfen, ob sie im Zusammenhang mit einem bestimmten Verfahren gefallen sind (dazu ausführlich *BGH* NJW 1988, 1099) und damit möglicherweise gemäß dem nunmehr uneingeschränkt geltenden § 193 StGB gerechtfertigt sind. Stets ist zudem zu prüfen, ob und inwieweit der Anwalt bei seiner Äußerung sich auf Art. 12 und Art. 5 GG konkurrierend oder isoliert je nach praktisch funktionalem Vorrang im konkreten Fall berufen kann.

152 **c) Werbeverbot.** Das *BVerfG* (E 76, 196 ff.; NJW 1990, 2122) hat auch das in den Richtlinien niedergelegte Werbeverbot als fortgeltend und aus § 43 BRAO herleitbar bezeichnet. Das Gericht hat dieses Verbot nicht grundsätzlich verab-

schiedet (so aber voreilig *Kornblum,* AnwBl. 1987, 150; richtig insoweit *H. Schäfer,* DStb. 1988, 301 f.), sondern nur nach einer Prüfung an dem bisher negierten Maßstab des Grundgesetzes – erheblich – eingeschränkt, nachdem bisher dem Rechtsanwalt praktisch jede Werbung – von wenigen Ausnahmen abgesehen – verboten war. Eine entsprechende Tendenz zur Lockerung hat sich insbesondere auch in der wettbewerbsrechtlichen Judikatur zwischenzeitlich abgezeichnet (vgl. *Kleine-Cosack,* Anwbl. 1992, 98; *ders* NJW 1992, 785; *ders.* ZIP 1990, 1534 ff. m. w. Nachw.).

aa) Rechtswissenschaftliche Defizite. Die bisher am Werbeverbot im Prinzip festhaltende Judikatur – auch des BVerfG – wies erhebliche Ermittlungs- und Abwägungsdefizite im Gegensatz zu Entscheidungen des *EGMR* (EuGRZ 1985, 170) oder des Supreme Court auf (*Bates,* Central-Hudson, RMJ; (siehe u. a. *St. Köhler,* Das Werbeverbot für Rechtsanwälte und Steuerberater, 1988; *M. Prinz,* Anwaltswerbung 1986) und neuerdings der Fall Shapiro, wo ein „direct-mailing" gestattet wird). 153

Die Problematik ist von den Gerichten wie auch der Anwaltschaft sowie der Rechtswissenschaft grundsätzlich empirisch und grundrechtlich noch nicht aufgearbeitet worden, zumal vielfach von einem kommunikationswissenschaftlich überholten Reklamemodell ausgegangen wird (vgl. auch *I. Sue,* Rechtsstaatliche Probleme des anwaltlichen Standesrechts, 1986).

bb) Untaugliche Kriterien. Dem Gebot sorgfältiger rechtswissenschaftlicher Prüfung wird nicht Rechnung getragen mit begrifflichen Spielereien wie *Zucks* (vgl. NJW 1988, S. 180) Unterscheidung zwischen angeblich (Warum?) unzulässiger „Mandats-" und angeblich (Warum?) zulässiger „Informationswerbung". Diese Distinktion versucht die gesamte Werbeproblematik auf rein semantischer Ebene ohne grundsätzliche Untersuchung der verfassungsrechtlichen und empirischen Problematik zu lösen mit Begriffen von kurzschlüssiger Eindeutigkeit. Dies ist in der Literatur einhellig auf Ablehnung gestoßen (vgl. die Nachweise bei *Hartung,* AnwBl. 1988, 518 Fn. 18). Die *Zuck*schen topoi signalisieren nur eine Wende des Zeitgeistes, ohne eine empirische und normative Hilfe im Einzelfall darzustellen. 154

cc) Antiquiertes Anwaltsbild. Es wird verkannt, daß auch der Rechtsanwalt – ebenso wie Gewerbetreibende – einen Beruf ausübt in dem Bestreben, seine Kosten zu decken, seinen Lebensbedarf zu bestreiten einschließlich der Vermögensbildung und damit auch Gewinne zu erzielen (vgl. auch *Löwe,* AnwBl. 1988, 547). Die Dienstleistungsfunktion des Rechtsanwalts, der insbesondere auf dem Beratungsmarkt konkurriert mit anderen, einem Werbeverbot nicht ausgesetzten Organisationen darf nicht außer acht gelassen werden. Der Anwaltsberuf zählt schließlich nicht zu den „artes liberales". Er wird nicht in einer Rechtshonoratiorengesellschaft ausgeübt, sondern in einer Dienstleistungsgesellschaft. 155

Entscheidend ist, daß eine weitgehende Aufhebung des Werbeverbots unumgänglich vor allem im Interesse des rechtsuchenden Publikums ist, das dringend auf Informationen über die Tätigkeiten, Schwerpunkte und Qualifikationen der einzelnen Rechtsanwälte angewiesen ist. Dies gilt um so mehr, als heute verantwortungsbewußte anwaltliche Arbeit nur noch bei einer Spezialisierung geleistet werden kann und der in § 3 BRAO unterstellte Universalanwalt nur noch auf dem Papier steht.

Je nach berufspolitischem Standpunkt wird vielfach in nicht überzeugender Weise auf die Berufsbildbestimmungen der §§ 1–3 BRAO rekurriert. Wer mehr das antiquierte Bild des angeblich nicht gewerblich tätigen (§ 2 II BRAO), universell fähigen (§ 3 II BRAO) Organs der Rechtspflege (§ 1 BRAO), das allein durch seinen Ruf (aber wie ?) um Mandanten wirbt, vor Augen hat, wird versucht sein, das Werbeverbot möglichst im bisherigen weiten Umfang aufrechtzuerhalten. 156

Dabei bleibt jedoch die in § 2 I BRAO garantierte Freiheit des Anwaltsberufs auf der Strecke. Dies ist verfassungsrechtlich unhaltbar, da sie in Art. 12 GG garantiert ist im Gegensatz zu den anderen – schon tatsächlich mehr als problematischen – Berufsbildbestimmungen der §§ 1–3 BRAO.

157 **dd) Europäische Aspekte.** Auch die im Zuge der Schaffung des europäischen Dienstleistungsmarkts 1992, nach dem Urteil des *EuGH* vom 25. 2. 1988 (NJW 1988, 887) verstärkt ermöglichte Tätigkeit ausländischer Rechtsanwälte in der BRD, welche wie z. B. in England, den Niederlanden und Frankreich einem Werbeverbot nicht oder nur beschränkt unterworfen sind (vgl. *Everling,* C 65 f.; 69 ff.), wird zu einer erheblichen Lockerung, wenn nicht Aufhebung des Werbeverbots führen müssen.

ee) Allgemeine Maßstäbe
158 – **Zulässigkeit der Werbung als Grundsatz**

Angesichts des Fehlens einer gesetzlichen Regelung in der Übergangszeit mit der Folge der Ableitung des Werbeverbots nur aus der Generalklausel des § 43 BRAO ist dem Rechtsanwalt bei verfassungskonformer Interpretation des Berufs- und Wettbewerbsrechts in erheblichem Umfang Werbung (zum Begriff vgl. *BGH* NJW 1992, 45) gestattet (*OLG Hamm,* Urt. v. 11. 12. 1990, 4 U 113/90). Nur eine berufswidrige Werbung – so auch § 57 I StBerG – kann als Berufspflichtverletzung angesehen werden. Dabei dürfen die Berufsbildbestimmungen der §§ 1–3 BRAO nicht einseitig herangezogen werden. Sie müssen – wie oben dargelegt (Rdnrn. 155–157) – vielmehr in verfassungskonformer Weise unter Berücksichtigung der Dienstleistungsfunktion des Rechtsanwalts im Rahmen der Rechtspflege für das rechtsschutzsuchende Publikum interpretiert werden. –

159 – **Verbot nur bei Unerläßlichkeit für die Funktionsfähigkeit der Rechtspflege**

So hat das *BVerfG* in seinem Beschluß v. 4. 4. 1990 (NJW 1990, 2121) zu recht darauf hingewiesen, daß auch dem früher in den Richtlinien fixierten Werbeverbot nur noch Bedeutung zukommen kann, soweit seine Heranziehung unerläßlich ist für die Funktionsfähigkeit der Rechtspflege. Stets ist daher vor ehrengerichtlichen (über § 43 BRAO) oder wettbewerbsrechtlichen Sanktionen (über die §§ 1, 3 UWG) auch hier sorgfältig zu prüfen die Vereinbarkeit des Werbeverbots mit den Grundrechten, also vor allem der Berufsausübungsfreiheit über Art. 12 GG (oder dem Grundrecht der Meinungsfreiheit des Art. 5 I GG; vgl auch Art. 10 EMRK, was versäumt wird auch bei *Michalski* und *G. Ring* aaO. Rdnr. 13; *ders.* „Das Werbeverbot der Rechtsanwälte, 1990; kritisch auch *Everling,* C 65, Fn. 159).

Angesichts des Gebots der Verhältnismäßigkeit von Grundrechtseingriffen rechtfertigen darüberhinaus nur schwerwiegende und im übrigen eindeutige Verstöße in der Übergangszeit eine Sanktion wegen Verstoßes gegen das Verbot berufswidriger Werbung. Schließlich muß ein Verbot „unerläßlich" sein für die Funktionsfähigkeit der Rechtspflege. Der bisherigen kleinkarierten, regional ohnehin sehr unterschiedlichen, oftmals schlicht willkürlichen Erbsenzählerei ist eine klare Absage zu erteilen (siehe aber die akribische Erörterung bei *Zuck* in *Lingenberg/Hummel u. a.,* aaO., Rdnr. 13, Erl. zu § 2 zu Praxiseinweihungen, Vernissagen, Konzerten, Informationsdiensten, Jubiläen, Werbegeschenken; ebenso nicht überzeugend *G. Ring,* aaO.).

160 Keine Bedeutung kann dem Werbeverbot im übrigen zukommen bei Maßnahmen, welche nur innerhalb des – nicht schutzbedürftigen – Anwaltskreises sich auswirken (Einladungen, Rundschreiben, Hinweise auf Veröffentlichungen unter Kollegen etc.). Anwälte sollten (?) aufgeklärt genug sein, so daß bei entsprechenden Werbemaßnahmen die Rechtspflege nicht gefährdet ist.

161 – **Nur Verbot „gezielter" Werbung um Praxis und irreführender Werbung**

Grundsätzlich ist nach dem *BVerfG* (E 76, 196 ff.; Anwbl 1992, 182) davon auszugehen, daß die freiberuflich tätigen Rechtsanwälte wie alle anderen Staatsbürger befugt sind, sich mit Informationen an die Öffentlichkeit zu wenden (vgl. auch *OLG Hamm,* o. Rdnr. 159). Das *BVerfG* (NJW 1990, 2122) hat ausdrücklich betont, daß freiberuflich Tätige ganz allgemein darauf angewiesen sind, potentielle Mandanten über ihr Dienstleistungsangebot zu informieren.

Verboten ist nach dem *BVerfG* (ebenda) nur noch eine „gezielte Werbung um Praxis" und eine „irreführende Werbung". Die Reichweite des Verbots der gezielten Werbung um

Praxis ist erst noch verfassungsrechtlich wie gerichtlich zu ermitteln. Bei einer verfassungskonformen Bewertung am Maßstab des Art. 12 GG kann darunter nur eine gemeinwohlschädliche – also die Funktionsfähigkeit der Rechtspflege beeinträchtigende – Werbung fallen. Dies ist vor allem der Fall, wenn sie für den rechtsuchenden Bürger nachteilig ist oder das Berufsbild des RA in erheblicher Weise verfälscht.

Dies ist nach der Rspr. der Fall bei einem unaufgeforderten **direkten Herantreten an potentielle Mandanten zum Zwecke der Mandatserteilung** (*BVerfG* NJW 1992, 1614: Versendung von Formularschreiben an unbekannten Personenkreis; vgl. auch *OLG München* NJW-RR 1990, 428: Telephonanruf); in jedem Falle untersagt ist das Ersuchen um eine Mandatsübertragung unter Ausnutzung der Hilfslosigkeit oder von Notlagen Rechtsuchender bei einem Todes-, Unglücksfall oder einer Ehekrise sowie eine bedrängende Abwerbung.

Das *BVerfG* hält eine Werbung auch dann für unzulässig, wenn es sich um ein **sensationelles oder reklamehaftes „Sich-Herausstellen"** handele. Inwieweit die Versendung von Praxisbroschüren auch an Nicht-Mandanten, die Schaltung von Anzeigen in der Presse über das bisher zulässige Maß hinaus usw. darunter fallen, bedarf jedoch noch sorgfältiger empirischer und verfassungsrechtlicher Prüfung. Wenn auch dem Aspekt der Berufsbildverfälschung und damit dem – so § 2 II – angeblich nicht-gewerblichen Charakter des Berufs des RA eine beschränkte Rechtserheblichkeit zukommt, so befreit der Rekurs auf dieses topos nicht von einer rational nachvollziehbaren Gesamtabwägung (vgl. auch *BVerfG* NJW 1990, 2122). Sie fehlt vielfach auch noch in der Judikatur des *BVerfG* selbst (vgl. nur NJW 1992, 1614). 162

Maßgeblich für eine zulässige Werbung ist vor allem der **Grad ihres Informationsgehalts für das rechtsuchende Publikum**. Er ist zu bejahen bei der Angabe von förmlichen Qualifikationen und Tätigkeitsschwerpunkten (dazu unten) und zu verneinen bei simplen Qualitätsanpreisungen (vgl. auch *EGH München*, BRAK-Mitt. 1988, 271 „Experte"; *OLG München* bei *Michalski*, EWiR 1992, 191 = nach § 3 UWG unzulässige Alleinstellungswerbung in der Presse zu Bericht über die „13 besten Scheidungsanwälte Deutschlands"). Je nüchterner, sachlicher und informativer eine Werbung ist, desto eher muß sie als zulässig erachtet werden.

Das **Verbot der irreführenden Werbung** ergibt sich sowohl aus § 43 BRAO wie auch aus § 3 UWG. Die Problematik besteht hier jedoch – wie im Wettbewerbsrecht allgemein – darin, wann eine „Irreführung" anzunehmen ist. Deutsche Berufs- wie Wettbewerbsgerichte neigen dazu, vorschnell eine Irreführung anzunehmen. Zudem verkennen sie die hier auch unverzichtbare Notwendigkeit einer verfassungskonformen Interpretation. Ein Verstoß gegen das Irreführungsverbot kann im übrigen auch ohne weiteres vermieden werden durch ergänzende aufklärende Hinweise. 163

ff) **Einzelfälle.** Zahlreiche bisher mangels kritischer empirischer und verfassungsrechtlicher Analyse als verboten geltende Werbungsmaßnahmen sind nunmehr erlaubt bei verfassungskonformer Interpretation des in § 43 BRAO verankerten Werbeverbots (vgl. auch *Löwe*, Anwbl. 1988, 54 ff.; *Feuerich*, Anwbl. 1990, 184 u. *Kleine-Cosack*, ZIP 1990, 1534 ff.). Sie können auch nicht mehr gem. § 1 UWG unter dem Aspekt des „Vorsprungs durch Rechtsbruch" wegen Verstoß gegen die guten Sitten geahndet werden. 164

– **Titel und Berufsbezeichnungen.** 165

Der Rechtsanwalt darf über den weitgehend obsolet gewordenen § 78 RiLi hinaus alle im In- und Ausland erworbenen akademischen Titel (auch von Fachhochschulen) führen. Gleiches gilt für ehemalige Ämter und Berufe sowie Berufsbezeichnungen für sonstige Berufe ohne Beschränkung auf Artverwandtschaft (Stb. oder Wp.) wie z. B. Architekt und zwar schon wegen des Informationsbedürfnisses der Öffentlichkeit (so nunmehr auch *BVerfG* NJW 1990, 2122).

Alle Angaben müssen selbstverständlich der Wahrheit entsprechen, da sonst eine verbotene irreführende Werbung vorliegt (vgl. auch § 3 UWG). Unzulässig ist daher eine ohne 166

Kleine-Cosack

die gebotene förmliche Verleihung nach bloßer Selbsteinschätzung geführte Bezeichnung als „Fachanwalt" wegen irreführender – auf eine Titelverleihung hindeutender – Werbung (vgl. *BVerfG,* NJW 1992, 816; *EGH Hamm* BRAK-Mitt 1991, 110).

167 – Praxisschild, Briefpapier.

Hier unterliegt der Rechtsanwalt bei der Gestaltung nicht mehr den bisherigen kleinkarierten Grenzen; die §§ 70, 72 Rili sind weitgehend obsolet (vgl. auch *Feuerich* AnwBl. 1988, 513).

168 – Tätigkeitsschwerpunkte

Von einer unzulässigen gezielten Werbung um Praxis kann keine Rede sein, wenn der Rechtsanwalt lediglich wahrheitsgemäß im Geschäftsverkehr in der allgemein üblichen Weise informiert über seine Qualifikationen oder Tätigkeitsschwerpunkte (vgl. auch *Kleine-Cosack,* Anwbl. 1992, 98; ders. NJW 1992, 785; *Feuerich,* Anwbl. 1990, 184; *Löwe,* Anwbl. 1988, 550). Derartige Hinweise sind für das rechtsuchende Publikum unverzichtbar, da dessen Informationsbedürfnis nicht durch die Fachanwaltschaften befriedet werden kann. Zulässig ist daher z. B. die Angabe bestimmter Tätigkeitsschwerpunkte auf Briefkopf, Praxisschild oder in Anzeigen (*BVerfG* Anwbl. 1992, 1613 – Anwaltssucherservice –; dazu auch *EGH Frankfurt,* NJW 1991, 1618 m. Bspr. v. *Feuerich* NJW 1991, 1591; *OLG Stuttgart,* Anwbl. 1989, 568 – Strafverteidiger –; a. A. *BGH* NJW 1992, 45 u. *OLG Karlsruhe,* NJW 1991, 2091; *OLG Karlsruhe,* Anwbl. 1992, 390 – Strafverteidigungen; *OLG Stuttgart* NJW 1990, 997 u. *EGH Stuttgart* BRAK-Mitt. 1990, 111 – Spezialgebiete; *OLG Düsseldorf,* NJW 1992, 2833 – Umzugsanzeige, Tätigkeitsschwerpunkte; nicht haltbar *OLG Düsseldorf,* NJW 1992, 844 – Transport- u. Versicherungsvertragsrecht; zutr. hingegen *LG u. EG Düsseldorf,* NJW 1992, 45 bzw. 2835; vgl. aber auch *LG Stuttgart,* NJW 1992, 2493 u. 845 – Angabe von 51 Tätigkeitsschwerpunkten; *OLG Hamm,* NJW 1991, 2093 – Zulässiger Kooperationshinweis; a. A. *OLG Oldenburg,* BRAK-Mitt. 1990, 254; vgl. auch *OLG Karlsruhe,* NJW 1990, 3093 – irreführende Kopfzeile auf Briefbögen; zu eng *LG Freiburg,* BRAK-Mitt. 1990, 255 – Dozent; s. a. *OLG Karlsruhe* u. *Hamm* NJW-RR 1992, 300 u 301).

Der bloße Umstand der Selbsteinschätzung führt nicht zu einer unzulässigen Werbung (zu eng daher die Begründung in *BGH* NJW 1991, 2641, wonach als wettbewerbswidrige Rechtsanwaltswerbung um Praxis zu beanstanden ist, wenn RAe werbemäßig nicht in einem förmlichen Verfahren bestätigte Spezialkenntnisse herausstellen; i. Erg. war die Entscheidung vertr., da – wenig informativ – angeboten wurde eine Rechtsberatung: „Chefberatung für den Mittelstand").

Diese sachlich zutreffenden Informationen werden auch nicht dadurch unzulässig; daß sie – zwangsläufig – einen Werbenebeneffekt zur Folge hat.

169 – Informationsbriefe, Praxisbroschüren, Zeitungsanzeigen.

Rundschreiben an Mandanten – z. B. mit Hinweisen auf neuere Entwicklungen in der Gesetzgebung oder Rechtsprechung – sind unbedenklich zulässig (vgl. auch *Michalski,* Anwbl. 1992, 194). Gleiches gilt für Praxisbroschüren (dazu *Eich,* Bln. Anwbl. 1988, 211 ff). Ebenso darf sich ein Anwalt in Rechtsanwaltslisten und Namens- und Branchenverzeichnisse über § 73 Rili hinaus (*BVerfG* NJW 1992, 1613 – Anwaltssucherservice; auch *Feuerich,* Anwbl. 1988, 514) eintragen lassen und Referenzen angeben.

Auch bei Zeitungsanzeigen muß die bisherige kleinkarierte Praxis der Vergangenheit angehören (vgl. die Beispiele bei *Löwe,* Anwbl. 1988, 550 f). Die bisher von den Kammern geforderte Beschränkung bzgl. Zahl und Größe (mit der einzigen Freiheit bei Todesanzeigen . . .) kann nicht mehr als „unerläßlich für die Funktionsfähigkeit der Rechtspflege" bezeichnet werden. – Bisher nach § 69 Rili untersagte allgemeine Hinweise auf Abwesenheit wegen Urlaub (so auch *OLG Karlsruhe,* NJW 1992, 2835 – „vom Urlaub zurück") oder Krankheit sind ebensowenig berufswidrig (vgl. auch *EGH BW* Anwbl. 1990, 158; *Feuerich* Anwbl. 1988, 513 m. w. Nachw.; *Ber.Hb.Schlesw.* NJW 1992, 779: Stellenanzeige bei Heilberufen) wie Umzugsanzeigen (mit Tätigkeitsschwerpunkten, *OLG Düsseldorf,*

NJW 1992, 2833) oder Hinweise auf verbraucherfreundliche Bürozeiten (z. B. bis 20 Uhr am Dienstleistungsabend), sondern allenfalls überflüssig.

– **Kollektivwerbung.** 170

Zulässig ist selbstverständlich – innerhalb der allgemeinen – Grenzen auch eine Gemeinschaftswerbung von Rechtsanwälten allein oder in Zusammenarbeit mit anderen Dienstleistungsberufen.
So können sich Rechtsanwälte mit anderen beratenden Berufen zusammenschließen, z. B. in einem Dienstleistungsservice in der Form des Vereins. Dieser kann dann auch durch Anzeigen auf seine Vermittlungstätigkeit hinweisen. Es besteht kein Informationsmonopol der Anwaltsvereine oder der Kammern, zumal diese ihre Informationspflicht ohnehin in der Vergangenheit gegenüber dem (bei der Suche nach einem qualifizierten und spezialisierten Anwalt oft hilflosen) Verbraucher nicht einmal ansatzweise erfüllt haben. – Nicht überzeugend demgegenüber *OLG Düsseldorf* DStB. 1990, 200, das mit seiner Heranziehung der Zuckschen topoi (zulässige Informationswerbung, unzulässige Mandatswerbung) deren Unhaltbarkeit mangels spezieller grund- und wettbewerbsrechtlicher Überprüfung offenbart. Es verkennt, daß der Funktionsfähigkeit der Rechtspflege mit einem derartigen Verbraucherservice eher gedient als geschadet werden kann.

– **Auftreten in der Öffentlichkeit.** 171

Grundsätzlich darf sich der Anwalt in Presse, Funk und Fernsehen nennen und abbilden oder über sich berichten lassen (vgl auch *BVerfGE* 76, 196 ff. u. *EGMR*, EUGRZ 1985, 170). So kann auch die Berufsbezeichnung „Rechtsanwalt und Notar" geführt werden als Vorsitzender eines Haus- und Grundeigentümervereins (*BGH* ZIP 1990, 537). Er kann Fortbildungsseminare veranstalten, während ihm die Mitwirkung an Briefkasten- und Telefonaktionen (dazu *OLG München*, Urt. v. 23. 11. 1989 – 29 U 3393/89) (noch) untersagt sein dürfte.

– **Werbegeschenke, Empfänge und Ausstellungen.** 172

Diese Maßnahmen waren – von Ausstellungen abgesehen – schon bisher weitgehend zulässig. Verbote waren kleinkariert und kaum kontrollierbar. Nicht überzeugend *BGH* NJW 1992, 2641, wonach als wettbewerbswidrige Rechtsanwaltswerbung um Praxis verstanden wird, wenn RAe Personen, zu denen kein mandantschaftliches Verhältnis besteht oder bestanden hat, zu einem Essen in einem Hotel einladen und hierbei durch ein berufsbezogenes Referat auf ihre Leistungsfähigkeit hinweisen. Vgl. auch *EGH Schleswig*, Anwbl. 1990, 207 (Praxiseröffnung mit Autoverkäufer und Buchführungshelfer).

gg) Notwendigkeit einer Reform. Da bereits die in der Übergangszeit maß- 173 geblichen Normen und Kriterien mehr als unscharf sind, die Problematik noch empirisch wie verfassungsrechtlich herausgearbeitet werden muß, bedarf die gesamte Problematik des Werbeverbots noch der Untersuchung. Es ist Sache des Gesetzgebers, hier eine – u. U. von der Anwaltschaft in Satzungen zu konkretisierende – Entscheidung zu treffen. Entscheiden sich jedoch weder Judikatur – hier sind positive Tendenzen festzustellen – noch Parlament zur dringend gebotenen Lockerung, dann ist mit einem weiteren gerichtlich verordneten Lernprozeß zu rechnen...

d) Kollegialität. Vielfach in der Übergangszeit nicht mehr haltbar sind zahlreiche Bestimmungen in den Standesrichtlinien, welche unter dem Stichwort „Kollegialität" zusammengefaßt werden.

aa) Umgehung des Gegenanwalts, § 24 RiLi. Für weiterhin verbindlich wird 174 erachtet das **Verbot**, unter Umgehung des Gegenanwalts unmittelbar mit der Gegenpartei zu verhandeln (§ 24). In dieser Umgehung liegt ein Eingriff in das

Mandatsverhältnis des Kollegen und eine Mißachtung des Willens der Gegenpartei zur Wahrnehmung ihres in § 3 III BRAGO verbrieften Rechts, sich vertreten zu lassen. Der Mandant wird davor geschützt, daß er vom Gegenanwalt überraschend persönlich angesprochen und in Unkenntnis der bestehenden Rechtslage zur Abgabe irgendwelcher ihn möglicherweise benachteiligender Erklärungen veranlaßt und überrumpelt wird. Bei Rechtshängigkeit kommt eine Erschwerung des Prozeßbetriebs hinzu (*Jähnke* NJW 1988, 1888, 1893; vgl. die Nachweise bei *Feuerich* AnwBl. 1988, 508).

175 **bb) Versäumnisurteil gegen Kollegen, § 23 RiLi.** Die in § 23 RiLi früher verankerte Pflicht, von der Erwirkung eines Versäumnisurteils abzusehen, wenn dies nicht rechtzeitig angedroht war, gilt nicht fort. Sie fällt weder unter die problematische Figur des „vorkonstitutionellen Gewohnheitsrechts" noch ist sie unerläßlich sondern nachteilig für die Funktionsfähigkeit der Rechtspflege, insbesondere die auf ein Urteil wartenden Rechtsuchenden (*BGH* NJW 1991, 42f.; *Kleine-Cosack*, NJW 1988, 172; S. *Hartung*, Das anwaltliche Verbot des Versäumnisurteils, 1991; a. A. unter Verkennung der Problematik der Richtlinienausschuß der *BRAK* in BRAK-Mitt. 1988, 13; *Zuck* BRAK-Mitt. 1991, 60f.; *Hettinger*, NJW 1991, 1161). Aus § 43 resultiert nur eine Berufspflicht, den Antrag auf Erlaß eines Versäumnisurteils erst nach Ablauf einer Wartezeit zu stellen (vgl. *Hartung* aaO.). Angesichts der erheblichen und unmittelbaren Außenwirkung eines Versäumnisurteilsverbots für die Mandanten erscheint auch eine zukünftige Regelung in einer Satzung problematisch (vgl. *Hartung* aaO.).

176 **e) Verschwiegenheit, § 42 RiLi.** Die dort ausgesprochene Verpflichtung ergibt sich schon aus § 203 StGB (sowie dem Mandatsvertrag). Die von der Rechtsprechung entwickelten Ausnahmen von der Pflicht zur Verschwiegenheit (z. B. Honorarstreitigkeiten, *BGH* NJW 1952, 151; MdR 1956, 625, bei Beschuldigung, eine Pflichtverletzung begangen zu haben) werden durch die neue Rechtsprechung des *BVerfG* nicht berührt (vgl. *Feuerich* AnwBl. 1988, 510).

177 Die anwaltliche Verschwiegenheitspflicht hat bei der Veräußerung einer Anwaltspraxis die Folge, daß ohne Einwilligung der Mandanten deren Unterlagen nicht an den Praxisübernehmer weitergegeben werden dürfen. Eine dahingehende Verpflichtung in einem Übernahmevertrag verletzt das informationelle Selbstbestimmungsrecht der Mandanten sowie die anwaltliche Verschwiegenheitspflicht. Sie ist wegen Verstoß gegen ein gesetzliches Verbot nichtig (vgl. *BGH* NJW 1992, 737 – Arztpraxis).

178 **f) Gebühreninkasso.** Entgegen § 54 III RiLi ist ein Gebühreninkasso für RAe berufsrechtlich zulässig, soweit die Verschwiegenheitspflicht sowie § 203 StGB nicht verletzt werden (vgl. *Bork* NJW 1992, 2449, 2454; vgl. auch *LG München I*, NJW 1992, 2165 u. *KG Berlin* NJW 1992, 2771 u. *OLG Köln* NJW 1992, 2772 zur Frage der Abtretung einer anwaltlichen Honorarforderung). Mandatsbezogene Informationen dürfen die RAe angesichts der Verschwiegenheitspflicht nur mit Einwilligung des Mandanten übergeben (vgl. auch *LG Hamburg*, NJW 1992, 842: Nichtige Abtretung einer Honorarforderung; s. a. *BGH* NJW 1991, 2955; *OLG Oldenburg*, NJW 1992, 758; *LG Karlsruhe*, NJW 1992, 758 bei Ärzten, dazu auch *Körner-Damann*, NJW 1992, 729 u. 1543 u. *Kamps*, NJW 1992, 1545; *LG Konstanz*, NJW 1992, 1241 bei Steuerberatung; vgl. auch *BGH* NJW 1992, 737: Arztpraxisverkauf). Der Schriftform unterliegen diese Einwilligun-

gen nur dann, wenn Informationen aus Dateien i. S. d. § 3 II BDSG weitergegeben werden. Ferner muß die dem Mandanten übersandte Rechnung vom RA persönlich unterschrieben sein (§ 18 BRAGO).

5. Fachanwälte

a) Rechtspolitische Bewertung. Die Einführung von Fachanwaltschaften ist 179 in der Anwaltschaft seit mehr als fünf Jahrzehnten bis in die heutige Zeit umstritten. An ihrer rechtspolitischen Notwendigkeit im Interesse des rechtsuchenden Publikums (Erleichterung der Suche nach einem qualifizierten Anwalt), der Anwaltschaft (zur Erhöhung der Qualifikation ihrer Arbeit und Stärkung ihrer Stellung im Konkurrenzkampf mit anderen Organisationen, insbesondere auf dem Beratungsmarkt) wie auch der Funktionstüchtigkeit der Rechtspflege kann kein Zweifel bestehen. Die Gegenargumente basieren letztlich nur auf vordergründigen Konkurrenzschutzaspekten und sind von der – unbegründeten – Befürchtung getragen, durch die Zulassung von zusätzlichen Qualifikationsbezeichnungen Marktanteile zu verlieren.

b) Rechtsgrundlagen. Die BRAO enthält nunmehr in den §§ 42a–d – wie 180 bereits der § 15 des in den neuen Bundesländern fortgeltenden RAG – Regelungen zur Verleihung – sowie in § 210 zur Beibehaltung – von Fachanwaltsbezeichnungen. Die konkretisierenden Vorschriften sind im Geltungsbereich der BRAO in einem Ergänzungsgesetz (RAFach-BezG) und des RAG in einer Verordnung (RAFachAnwV) geregelt. Diese Rechtsform war auch in § 42d BRAO a. F. vorgesehen. Die Verordnungsermächtigung wurde jedoch wegen der darin enthaltenen verfassungswidrigen Befugnis des Bundestages, eine RVO der Bundesregierung abzuändern, gestrichen (dazu *Jekewitz*, ZRP 1991, 281). Diese Entstehungsgeschichte verdeutlichte ein weiteres Mal, daß sich nicht nur die Anwaltschaft sondern auch der Gesetzgeber bei der Modernisierung des Berufsrechts und der seit fast 100 Jahrhunderten heftig umstrittenen Einführung der Fachanwaltschaften als weitgehend reformunfähig erwiesen hat.

c) Fachanwaltsbereiche. Das Gesetz hat – wie auch § 15 RAG – die schon 181 bisher bestehende Beschränkung auf vier Fachgebiete beibehalten, welche den besonderen Gerichtsbarkeiten entsprechen. Nach § 42a II BRAO gibt es Fachanwaltsbezeichnungen nur für das Verwaltungsrecht, das Steuerrecht, das Arbeitsrecht und das Sozialrecht; ein Rechtsanwalt darf höchstens zwei Fachanwaltsbezeichnungen führen. Die Beschränkung auf vier Fachgebiete ist derzeit **mit Art. 12 sowie Art. 3 GG zu vereinbaren** (*BVerfG* NJW 1992, 493). Die Kammern waren nicht verpflichtet und sind nach der gesetzlichen Regelung auch nicht berechtigt, weitere Fachanwaltschaften einzuführen.
Rechtspolitisch erscheint jedoch eine maßvolle Ausdehnung der Fachanwaltschaftsbereiche ebenso wie eine (zumindest forensische) Tätigkeitsbeschränkung auf die Fachgebiete wünschenswert im Interesse des rechtsuchenden Publikums sowie der Anwaltschaft (vgl. *Kleine-Cosack*, NJW 1992, 785ff.).

d) Notwendige Verleihung. Die Fachanwaltsbezeichnung setzt eine Verleihung der Kammer voraus. Im Gegensatz zu sonstigen Hinweisen auf Schwerpunktgebiete ist die eigenmächtige Führung der Bezeichnung „Fachanwalt" nach Selbsteinschätzung als irreführende Werbung nach § 43 sowie § 3 UWG unzulässig (vgl. oben Rdnr. 167).

183 **e) Verwaltungsverfahren.** Der einzelne Bewerber muß einen Antrag bei der örtlich zuständigen Rechtsanwaltskammer stellen unter Vorlage der nach § 6 RAFachBezG zum Nachweis der besonderen Kenntnisse und Erfahrungen dienenden Zeugnisse, Bescheinigungen oder anderen geeigneten Unterlagen. Der Vorstand der RAK legt den Antrag zur Prüfung dem dafür jeweils eingerichteten Prüfungsausschuß vor, der gem. § 42b III BRAO auch für mehrere Rechtsanwaltskammern eines Landes – also nicht länderübergreifend – gebildet werden kann.

184 **f) Voraussetzungen der Verleihung.** Mit der gesetzlichen Neuregelung sind keine wesentlichen Neuerungen verbunden im Vergleich zur bisherigen, an den Fachanwaltsrichtlinien sowie den sog. Bochumer Beschlüssen ausgerichteten Verleihungspraxis der Kammern. Über die zu erfüllenden Voraussetzungen zur Verleihung der Fachanwaltsbezeichnungen enthält das neue Bundesgesetz selbst keine Regelung. Die entsprechenden Bestimmungen finden sich jetzt im RA-FachBezG.

185 **aa) Zwei- oder Fünfjahresregelung.** Der Bewerber – ein Rechtsanwalt oder nach § 209 BRAO auch ein Rechtsbeistand – muß bei Antragstellung gem. § 6 II RAFachBezG mindestens zwei Jahre, als Rechtsanwalt tätig gewesen sein; nach § 15 RAG ist eine Zulassung erst nach fünf Jahren vorgesehen. – Diese unterschiedliche Regelung dürfte mit der Gleichstellungsklausel des Einigungsvertrags sowie Art. 3 I GG wie auch der Übergangsregelung des Art. 143 I GG kaum zu vereinbaren sein. Sachliche Gründe für eine derartige Differenzierung sind nicht ersichtlich, zumal sie auch für Antragsteller gilt, die nach § 4 BRAO als Rechtsanwalt zugelassen wurden und eine längere Praxis in den alten Bundesländern vorweisen können, bevor sie in den Geltungsbereich des RAG gewechselt sind. Im übrigen entbehrt auch die Privilegierung der unter die BRAO fallenden Ost-Berliner RAe eines Rechtfertigungsgrundes.

186 **bb) Nachweis „besonderer Kenntnisse".** Der Rechtsanwalt muß gem. § 42b I, § 1 RAFachBezG die für die Führung der Bezeichnung erforderlichen besonderen Kenntnisse auf dem Fachgebiet nachweisen. Sie sind vorhanden, wenn diese das üblicherweise durch die berufliche Ausbildung und praktische Erfahrung vermittelte Maß übersteigen.

187 **– Theoretische Kenntnisse**
Der Nachweis der besonderen theoretischen Kenntnisse kann – soweit sie nicht ausnahmsweise anderweitig z. B. durch eine Lehrtätigkeit erworben worden sind – nach § 7 RA-FachBezG erbracht werden durch Teilnahme an einem mindestens dreiwöchigen, auf den Erwerb der jeweiligen Fachanwaltsbezeichnung vorbereitenden Lehrgang irgendeines Instituts, der die gesamten relevanten Teilbereiche des Fachgebiets umfaßt und dessen Erfolg durch mehrere Klausuren bestätigt wird. Der Lehrgang kann in einem Block oder aufgeteilt auf verschiedene Zeitabschnitte absolviert werden. – Die Lehrgangsteilnahme, also der Abschluß des Lehrgangs soll nicht länger als zwei Jahre vor Antragstellung liegen; andernfalls muß ein Fortbildungsnachweis erbracht werden. Ausgenommen sind vor dem 1. 1. 1992 gestellte Anträge; fraglich ist, ob diese Regelung auf – aussichtsreiche – Anträge angewendet werden kann, welche nach Inkrafttreten der Neuregelungen erneut gestellt wurden, nachdem ein früherer Antrag auf Empfehlung der Kammern zurückgenommen worden war.

188 **– Praktische Kenntnisse**
Der Nachweis besonderer praktischer Kenntnisse ist in der Regel erbracht gem. § 8 RA-FachBezG bei selbständiger Bearbeitung – als Rechtsanwalt – einer Mindestzahl von Fällen

Berufsordnungsrecht, Berufsaufsicht, Berufsgerichtsbarkeit **H I**

(Verwaltungsrecht 80, Sozialrecht 40, Steuerrecht 25, Arbeitsrecht 80 mit unterschiedlichen Anteilen gerichtlicher Verfahren) aus allen oder bestimmten Teilbereichen. Eine zeitliche Begrenzung für das Erreichen dieser Fallzahl – also etwa 2 oder 3 Jahre vor Antragstellung – enthält das Gesetz nicht, was rechtspolitisch nicht zu überzeugen vermag. – Ausnahmsweise können die besonderen praktischen Erfahrungen – im Geltungsbereich der BRAO – durch eine andere fachgebietsbezogene Tätigkeit nachgewiesen werden, wenn diese nach Umfang, Dauer und Inhalt dem in Abs. 1 genannten Maßstab entspricht. Diese Regelung dürfte für Syndikusanwälte bedeutsam sein, welche wegen § 46 BRAO die Mindestquote gerichtlicher Verfahren i. d. R. nicht erreichen können, es sei denn, sie seien ausnahmsweise zweitberuflich als freier Anwalt tätig.

g) Prüfung. Kann der Ausschuß der RAK seine Stellungnahme gegenüber dem Vorstand nicht allein aufgrund der von dem Rechtsanwalt vorgelegten schriftlichen Unterlagen abgeben, lädt er diesen nach § 9 RAFachBezG zu einem Fachgespräch. Bei diesem sind an den Rechtsanwalt Fragen aus dem Fachgebiet zu stellen; die Befragungszeit soll nicht weniger als 45 und nicht mehr als 60 Minuten betragen. **189**

h) Bescheid. Nach dem Vorliegen des Votums des Prüfungsausschusses entscheidet der Vorstand der RAK durch einen dem Rechtsanwalt zuzustellenden Bescheid, § 42b I BRAO. **190**

i) Rechtsschutz. Bei **ablehnender Prüfungsentscheidung** ist der Umfang der ehrengerichtlichen Kontrolle der Prüfungsentscheidungen wegen des erheblichen, vom *BVerfG* (NJW 1991, 2005 u. 2008; NVwZ 1992, 55 u. 657) jedoch eingeschränkten Beurteilungsspielraums der Verwaltung beschränkt auf die Feststellung erheblicher Verfahrensfehler, der Unrichtigkeit des Sachverhalts, die Maßgeblichkeit sachfremder Erwägungen sowie die Verkennung des einschlägigen Rechts oder allgemein-gültiger Bewertungsmaßstäbe. Zutreffende Antworten und brauchbare Lösungen, vertretbare und mit gewichtigen Argumenten folgerichtig begründete Lösungen dürfen im Hinblick auf Art. 12 GG nicht mehr als falsch bewertet werden (*BVerfG* ebenda). **191**

Bei **ablehnender Entscheidung des Vorstandes** steht dem Rechtsanwalt der Antrag auf gerichtliche Entscheidung beim zuständigen EGH zu gem. § 223 BRAO (vgl. auch *Feuerich*, BRAO § 223 Rdnr. 19).

Gegen eine **ablehnende Entscheidung des EGH** kann neuerdings sofortige Beschwerde beim EGH zum BGH innerhalb von zwei Wochen eingelegt werden, wenn der EGH sie zugelassen hat, was er nur darf bei Rechtsfragen von grundsätzlicher Bedeutung, § 223 III, IV BRAO.

Der **Geschäftswert** wird auf DM 25000,00 (*EGH NW* 1 ZU 20/88 v. 15. 7. 1988) bis 50000,00 (*EGH Frankfurt*, 2 EGH 17/87) festgesetzt.

6. Berufsaufsicht und Berufs-(Ehren-)gerichtsbarkeit

Die Überwachung der Einhaltung der Berufspflichten obliegt der repressive wie präventive Funktionen erfüllenden Berufsaufsicht der Rechtsanwaltskammern und den Berufs-(Ehren-)gerichten. **192**

a) Allgemeines. Bei Verstößen von geringerem Gewicht kommen in Betracht Maßnahmen der Rechtsanwaltskammern wie die Erteilung eines Rats bzw. einer Belehrung oder einer Rüge gemäß den §§ 73 II Ziff. 1, 74 BRAO; bei schwerwiegenden Berufspflichtverletzungen kann eine berufsgerichtliche Sanktion erfolgen, §§ 113 ff. BRAO. **193**

Kleine-Cosack

194 b) Rat, (wertneutrale) Belehrung. Dem Vorstand der Rechtsanwaltskammer steht nach § 73 II Nr. 1 BRAO die Befugnis zu, die Mitglieder zu beraten und zu belehren. Der Kammervorstand ist danach nicht befugt, über einen Rat oder eine Empfehlung bzw. eine Auskunft hinaus Gebote im Hinblick auf ein bestimmtes Tun oder Unterlassen zu erlassen (vgl. aber *BGH* NJW 1984, 1042, 1044 u. *EGH Stuttgart* BRAK-Mitt 1982, 129, in denen konkrete Aufforderungen an Rechtsanwälte ergangen waren).

Es ist fraglich, ob der Rat, eine Empfehlung oder eine Auskunft bzw. die wertneutrale Belehrung gerichtlich anfechtbar sind gem. § 223 BRAO. In der Regel dürfte in diesen Fällen ohnehin das erforderliche Rechtsschutzbedürfnis fehlen, es sei denn, die hoheitliche Maßnahme greift ausnahmsweise in Rechte des Betroffenen ein, wie dies bei der „mißbilligenden Belehrung" (dazu unter Rdnr. 205) der Fall ist. Unbenommen bleibt es dem Betroffenen jedoch, wenn er die Belehrungen für falsch erachtet, eine **Gegenvorstellung** zu erheben (*EGH Celle* bei *Isele* BRAO, 1986 § 73 II Dbcc 6/63).

195 c) Mißbilligende Belehrung. Sehr umstritten ist, ob neben einer Rüge (§ 74 BRAO) nach § 73 II Nr. 1 BRAO auch eine Belehrung mit mißbilligendem Inhalt zulässig ist (vgl. *BVerfG* NJW 1979, 1159).

196 aa) Wesen der Belehrung. Die – unstreitig zulässige – Belehrung gem. § 73 I Nr. 2 BRAO ist im Gegensatz zu repressiven, schuldzuweisenden Rüge eine präventive Unterrichtung des Kammermitglieds darüber, ob der Kammervorstand ein bestimmtes bereits vorliegendes oder künftig ins Auge gefaßtes Verhalten eines Kammermitglieds für objektiv berufswidrig erachtet oder nicht, ohne daß bezüglich des bereits vorliegenden Geschehens der Vorwurf eines schuldhaften Verhaltens erhoben wird. Eine solche „Belehrung" belastet den Rechtsanwalt nicht mit dem Makel der Berufswidrigkeit (vgl. *Feuerich* BRAO § 74 Rdnr. 7).

197 bb) Rechtswidrigkeit einer beanstandenden, schuldzuweisenden Belehrung. Wegen Fehlens einer gesetzlichen Grundlage, der Spezialregelung für die Rüge sowie der geringeren Rechtsschutzmöglichkeit (eigentlich nur generalklauselartiger Auffangtatbestand des § 223 BRAO) müssen hingegen schuldzuweisende, beanstandende Belehrungen auf der Grundlage des § 73 I Nr. 2 BRAO als **gesetz- und verfassungswidrig** bezeichnet werden (vgl. auch *Feuerich* BRAO § 74 Rdnrn. 11 ff.

198 cc) Rechtsschutz bei mißbilligenden Belehrungen. Hat eine Belehrung nicht lediglich präventiven Charakter ohne Bewertung eines bestimmten zurückliegenden Vorgangs und ohne Schuldvorwurf gegen den betreffenden RA, sondern ist sie vielmehr mit einem mißbilligenden Vorwurf wegen begangener anwaltlicher Pflichtverletzungen verbunden, dann **beeinträchtigt** sie den Betroffenen in seiner Berufsehre und ist durchaus geeignet, ihn in seiner grundrechtlich geschützten Freiheit zu beschränken, den Beruf prinzipiell frei von Reglementierungen eigenverantwortlich auszuüben.

Eine solche mißbilligende Belehrung erzeugt auch noch **Außenwirkung** durch Eingang in die Personalakten und durch Mitteilung an Dritte, z. B. an den das Einschreiten des Kammervorstandes veranlassenden Anzeigenerstatter; insoweit ist die Kammerpraxis jedoch nicht einheitlich.

Rechtsschutz ist in diesem Fall schon wegen Art. 19 IV GG geboten (*BVerfG* NJW 1979, 1159). Für zulässig wird erachtet die **Anrufung des EGH** angesichts der in einem solchen Fall gebotenen verfassungskonformen Auslegung und Anwendung des generalklauselartigen Auffangtatbestandes des § 223 BRAO (vgl. *BGH* BRAK-Mitt 1985, 170).

Unbefriedigend ist bei dieser Lösung, daß Mißbilligungen unterhalb der Schwelle der Rüge beim Ehrengerichtshof anfechtbar sind, während die strengere Maßnahme der Rüge einer Überprüfung durch die erstinstanzlichen Ehrengerichte unterliegt. Deshalb sind auch in der Rechtsprechung **andere Lösungsversuche** unternommen worden: So wurde teilweise die mißbilligende Belehrung wegen ihres Stils und ihres Inhalts im konkreten Fall als („verkappte") **Rüge** angesehen (*EGH Stuttgart* BRAK-Mitt 1982, 77 = Verstoß gegen Art. 12 GG mangels gesetzlicher Grundlage). Bei Umdeutung in eine Rüge i. S. d. § 74 BRAO sind dann auch nur die Rechtsbehelfe nach § 74 V, 74a BRAO gegeben (vgl. *EGH Hamm* BRAK-Mitt 1983, 141.

d) Rüge. Das eigentliche Kernstück bei der Durchführung der Berufsaufsicht ist das Rügerecht des Vorstandes. Nach § 74 BRAO ist der Kammervorstand befugt, das Verhalten eines RA, „durch das dieser ihm obliegende Pflichten verletzt hat, zu rügen, wenn die **Schuld des Rechtsanwalts gering** ist und ein Antrag auf Einleitung eines ehrengerichtlichen Verfahrens nicht erforderlich erscheint".

aa) Wesen der Rüge. Die Rüge ist eine **Mißbilligung,** die der Kammervorstand als Sanktion für begangene schuldhafte Pflichtwidrigkeiten aussprechen kann und die an die Stelle der ehrengerichtlichen Ahndung der Berufspflichtverletzung tritt (vgl. *Feuerich* BRAO, § 74 Rdnr. 6). Unter den Begriff der Rüge fallen alle mißbilligenden Äußerungen ohne Rücksicht darauf, ob der Vorstand den Betroffenen „ermahnt", ihm „Vorhaltungen macht", „sein Verhalten rügt" oder „sonst mißbilligt" (*BVerfG* NJW 1979, 1159). Eine Rüge ist somit unbeschadet der **Ausdrucksweise** des Vorstandes immer dann gegeben, wenn dieser in einem schriftlichen Bescheid feststellt, daß der Rechtsanwalt schuldhaft, und sei es auch nur leicht fahrlässig, gegen seine Berufspflichten verstoßen habe und der Vorstand dieses Verhalten deshalb mißbilligt (*BGH* NJW 1984, 1042).

Unabhängig von der Ausdruckweise liegt stets bereits dem Wesen nach eine Rüge vor, wenn der Kammervorstand dem Rechtsanwalt den Vorwurf macht, daß sein Verhalten berufswidrig sei, auch wenn ausdrücklich erklärt wird, man wolle keine förmliche Rüge erteilen. Eine solche Mißbilligung mit der damit verbundenen Beeinträchtigung der Berufsehre (vgl. auch *BVerfG* NJW 1979, 1159) ist nur im formalisierten Rügeverfahren nach den §§ 74, 74a BRAO zulässig.

bb) Verfahrensabschnitte. Das Rügeverfahren hat drei unterschiedliche Verfahrensabschnitte:
- das Aufsichtsverfahren
- das Einspruchsverfahren
- das ehrengerichtliche Antragsverfahren

cc) Aufsichtsverfahren. Das Aufsichtsverfahren ist ein **Verfahren von Amts wegen.** Es beginnt, wenn der Vorstand – von wem und wie auch immer – Kenntnis davon erhält, daß ein RA durch sein Verhalten ihm obliegende Pflichten verletzt hat. In einem solchen Fall ist der Vorstand entsprechend dem geltenden Legalitätsprinzip verpflichtet, den Sachverhalt von Amts wegen zu erforschen und soweit aufzuklären, daß ihm die Bildung einer Überzeugung möglich ist.

Diese vollständige Sachaufklärung wird dadurch ermöglicht, daß jeder RA dem Vorstand oder einem von diesem beauftragten Mitglied nach den §§ 56, 57

BRAO **Auskunft** geben, seine Handakten vorlegen, soweit er dadurch nicht seine Verschwiegenheitspflicht verletzt, und zur **persönlichen Anhörung** erscheinen muß, wenn er dazu geladen wird. Der Vorstand kann auch dritte Personen oder im Wege der **Amtshilfe** (Art. 35 GG) Amtsstellen um Auskunft ersuchen, ohne daß diese allerdings in die Pflicht genommen werden können, eine solche Auskunft auch erteilen zu müssen.

Vor seiner Entscheidung hat der Vorstand den betroffenen Rechtsanwalt anzuhören, ihm also **rechtliches Gehör** zu gewähren, so daß dieser innerhalb angemessener Frist zu den gegen ihn erhobenen Vorwürfen Stellung nehmen kann; ein **Akteneinsichtsrecht** ergibt sich aus § 58 BRAO.

Die **Entscheidung des Vorstandes** kann vorläufig oder endgültig sein. Das Verfahren kann oder muß ausgesetzt werden (§§ 118b, 118 BRAO); es ist einzustellen, wenn der Vorwurf unbegründet ist sowie bei Verfahrenshindernissen (§§ 139 III Nr. 1, 121, 115, 118a I BRAO).

204 dd) **Einspruchsverfahren** § 74 V BRAO. Gegen den Rügebescheid kann der RA gemäß § 74 V BRAO binnen eines Monats seit der Zustellung bei dem Vorstand **Einspruch** erheben.

205 ee) **Antrag auf ehrengerichtliche Entscheidung,** § 74a BRAO. Wird der Einspruch vom Vorstand zurückgewiesen, dann kann der RA innerhalb eines Monats nach der Zustellung die Entscheidung des Ehrengerichts beantragen, § 74a I BRAO. Das ehrengerichtliche Antragsverfahren setzt sodann das in § 74a BRAO geregelte förmliche Verfahren in Gang, für das die Vorschriften des dritten Buches, 2. Abschnitt der **StPO sinngemäß anzuwenden** sind, soweit nicht die speziellen Bestimmungen von § 74a II 3-8 BRAO Platz greifen. Nach § 74a II 3 BRAO i. V. m. § 308 I StPO darf das Ehrengericht den Rügebescheid nicht ändern, ohne daß diesem der Antrag nebst Begründung zur Gegenerklärung mitgeteilt worden ist. Aus § 74a II 7 u. 8 BRAO folgt, daß das Ehrengericht weder an die Formvorschriften der StPO zur Beweisaufnahme, noch an Beweisanträge der Beteiligten gebunden ist, aber von Amts wegen nach dem **Untersuchungsgrundsatz** alle Beweismittel zur Aufklärung der Angelegenheit auszuschöpfen hat. Die Entscheidungsmöglichkeiten des EG ergeben sich aus § 74a BRAO. Der Beschluß des Ehrengerichts ist mit Gründen zu versehen und den Verfahrensbeteiligten mitzuteilen.

206 ff) **Keine Rechtsbehelfe.** Der Beschluß des EG ist **unanfechtbar;** vgl. auch § 74a III 4 BRAO; möglich ist bei Vorliegen der entsprechenden Voraussetzungen eine Verfassungsbeschwerde gem. §§ 90ff. BVerfGG (vgl. *BVerfGE* 26, 186 u. siehe auch *BVerfGE* 76, 171).

207 gg) **Kosten.** Wird der betroffene RA im ehrengerichtlichen Verfahren gem. § 74a BRAO freigesprochen, können ihm Verteidigergebühren für seine eigene Person nicht erstattet werden (*EGH Stuttgart* BRAK-Mitt 1983, 138).

208 hh) **Personalakteneintrag,** § 205a V BRAO. Die gegenüber Rechtsanwälten ausgesprochenen Rügen werden, „in den über den Rechtsanwalt geführten Akten" (Personalakten, die bei der Justizverwaltung und bei den RAK angelegt sind) gemäß § 205a BRAO nach 5 Jahren getilgt. Nach Ablauf der Frist gilt der betreffende Rechtsanwalt als von Rügemaßnahmen nicht betroffen.

209 e) **Berufs-(Ehren-)gerichtsbarkeit.** Sie ist geregelt im 5. bis 7. Teil der BRAO; sie ist eine Gerichtsbarkeit für ein besonderes Sachgebiet i. S. d. Art. 101

II GG. Das *BVerfG* hat ihre Verfassungsmäßigkeit grundsätzlich bejaht (*BVerfGE* 26, 186; 48, 300). Das ehrengerichtliche Verfahren hat absoluten **Vorrang vor dem Rügeverfahren** (*BVerfGE* 50, 16; NJW 1979, 1159; *BVerfG* EGE VIII, 137; *EGH München,* EGE XIII, 193).

aa) Konkurrierende Rechtswege? Fraglich ist, ob neben der Ehrengerichts- 210 barkeit andere Rechtswege offenstehen zur Durchsetzung des Berufsrechts bzw. zur Abwehr von Maßnahmen der Kammern. Es stellt sich hier auf der Verfahrensebene die entsprechende Problematik des Verhältnisses der BRAO zu anderen Teilrechtsordnungen (vgl. oben Rdnrn. 12f.).

– **Verwaltungsrechtsweg.** Grundsätzlich sind Maßnahmen einer RAK, durch 211 die ein Rechtsanwalt rechtserheblich betroffen wird, nur der ehrengerichtlichen Überprüfung zugängig (*BVerwG* BRAK-Mitt 1984, 199) trotz ihres öffentlich-rechtlichen Charakters; der Verwaltungsrechtsweg gemäß § 40 VwGO ist wegen abdrängender Sonderzuweisungen in der BRAO ausgeschlossen (vgl. aber *OVG Münster* NJW 1990, 2150, wonach gegen präventive Maßnahmen der Wirtschaftsprüferkammer der Rechtsweg zu den allgemeinen Verwaltungsgerichten eröffnet ist).

– **Wettbewerbsklage?** Mehr als fragwürdig ist die Bejahung einer Klagebefug- 212 nis der Anwaltskammern in Wettbewerbssachen gem. § 13 II Ziff. 2 UWG (*BGH* BRAK-Mitt 1990, 55; u. *OLG Karlsruhe* BRAK-Mitt 1988, 214f.). Unter Verkennung ihrer ausschließlichen und spezialgesetzlich zugewiesenen öffentlich-rechtlichen Berufsaufsichtskompetenzen sowie der besonderen Regelungen der BRAO – z. B. des Anhörungsrechts nach § 74 III BRAO vor Erteilung einer Rüge – werden die Kammern unter Überschreitung ihres Kompetenzbereichs „Verbänden zur Förderung gewerblicher Interessen" gleichgestellt (vgl. kritisch auch *Pietzcker,* NJW 1982, 1840ff. u. *Redeker,* NJW 1982, 1266f.).

Berufspolitisch hat diese bedenkliche Praxis allerdings den Vorteil, daß angesichts der größeren juristischen Professionalität der Wettbewerbsgerichte im Vergleich zur Ehrengerichtsbarkeit die Chance besteht, daß das Berufsrecht kritischer unter die Lupe genommen und schneller mit unhaltbaren Ansichten aufgeräumt wird. Dies zeigt die große Zahl von Verfahren, in denen die Kammern mit ihren rechtlich nicht fundierten Ansichten bei den ordentlichen Gerichten unterlegen sind.

bb) Voraussetzung einer Sanktion. Handelt es sich bei einer schuldhaften 213 Verletzung der beruflichen Pflichten des Rechtsanwalts nicht um einen **minderschweren Fall,** der nur mit einer Rüge nach § 74 BRAO geahndet werden kann, dann kommt die Verhängung einer ehrengerichtlichen Sanktion nach § 113 BRAO in Betracht. Der Ehrengerichtsbarkeit untersteht nur ein Rechtsanwalt (vgl. aber § 209 BRAO; siehe auch § 113 III BRAO). Materielle Voraussetzung für die Ahndung einer Tat des Rechtsanwalts im ehrengerichtlichen Verfahren ist das **Vorliegen einer Pflichtverletzung.** Dies muß **schuldhaft** begangen (vgl. *Feuerich,* BRAO, § 113 Rdnrn. 6–9) und darf nicht verjährt sein (vgl. § 115 BRAO = 5 Jahre).

§ 113 BRAO unterscheidet zwischen **beruflichem** (§ 113 I BRAO) und **au-** 214 **ßerberuflichem** Verhalten. Im zuletzt genannten Fall kommt nach § 113 II BRAO eine ehrengerichtlich zu ahndende Verletzung nur dann in Betracht, wenn das Verhalten nach dem Umständen des Einzelfalls in besonderem Maße geeignet ist, Achtung und Vertrauen in einer für die Ausübung der Anwaltstä-

tigkeit oder für das Ansehen der Anwaltschaft bedeutsamen Weise zu beeinträchtigen.
215 Die zuletzt genannte Alternative rechtfertigt allein keine ehrengerichtliche Sanktion (vgl. aber m. w. N. *Feuerich* AnwBl. 1988, 505; *BGH* NJW 1976, 526 u. NJW 1978, 836). Das *BVerfG* (E 76, 171, 189) hat ausdrücklich betont, daß es auf das **Ansehen** der Rechtsanwaltschaft nur ankommen kann, wenn es über bloße berufsständische Belange hinaus im **Allgemeininteresse** liegt. Die gleichen Bedenken bestehen daher auch im Hinblick auf § 3 II RiLi (falsch der Richtlinienausschuß der BRAK, BRAK-Mitt 1988, 12; vgl. auch kritisch *Feuerich* AnwBl. 1988, 505).
216 Die Abgrenzung des beruflichen vom außerberuflichen (vgl. auch § 43 S. 2, 2. Alt. BRAO) Verhalten ist **umstritten**. Der *BGH* (*BGHSt* 28, 150 f.) läßt bei den Rechtsanwälten für eine Anwendung der strengen Vorschrift des § 113 I BRAO eine materiell berufsbezogene Verhaltensweise ausreichen; dies hatte bedeutsame Konsequenzen insbesondere bei der Verletzung des Sachlichkeitsgebots. **Jede Befassung mit juristischen Fragen** soll danach der strengen Sanktion des § 113 I BRAO unterstellt werden. So ist nach der Auffassung des BGH die schriftstellerische Tätigkeit eines Anwalts, „in der er sich mit dem Recht und seiner Anwendung durch die Gerichte oder mit Organen der Rechtspflege auseinandergesetzt oder sich sonst damit befaßt, nicht ein außerhalb des Berufs liegendes Verhalten" (so auch nicht überzeugend, *Feuerich*, BRAO, § 113 Rdnr. 10 ff., u. *EGH München*, BRAK-Mitt 1988, 277).

217 Diese extensive Interpretation des § 113 I BRAO und die restriktive Auslegung des § 113 II BRAO halten einer rechtlichen, insbesondere verfassungsrechtlichen Prüfung am Maßstab der Art. 12, 9 (oder 2 I) sowie Art. 5 I GG nicht stand und führen zu **unverhältnismäßigen Grundrechtsbeeinträchtigungen** des Rechtsanwalts. Verfassungskonform ist nur eine Betrachtungsweise, nach der Kammersanktionen nach § 113 I BRAO - von Mißbrauchs- und Umgehungstatbeständen einmal abgesehen - nur bei formeller, ausdrücklicher Berufsbezogenheit zulässig sind (vgl. dazu *Kleine-Cosack*, Berufsständische Autonomie und Grundgesetz, 1986, S. 169 ff.).
Die strenge Sanktionsregelung des § 113 I BRAO kann nur eingreifen, wenn es sich um die Ahndung eines Verhaltens handelt, das in einem **unmittelbaren Zusammenhang mit der beruflichen Tätigkeit** des Rechtsanwalts steht, soweit er vor allem bei der Wahrnehmung von Mandaten tätig geworden ist; dazu zählt auch die Tätigkeit als Konkurs- oder Nachlaßverwalter oder als Liquidationstreuhänder (vgl. die Nachweise bei *Feuerich* BRAO, § 113 Rdnr. 12 f.).

218 **cc) Verfahren.** Das ehrengerichtliche Verfahren ist geregelt in den §§ 116-161 a BRAO. Ergänzend sind das GVG und die StPO sinngemäß anzuwenden, § 116 S. 2 StPO (dazu *Feuerich* BRAO, § 116 Rdnrn. 5 ff.). Auf die Verteidigung ist im ehrengerichtlichen Verfahren § 140 I Nr. 1-3, 6, 7 StPO entsprechend anzuwenden, § 117 a BRAO. Ein ehrengerichtliches Verfahren muß bei einem **laufenden Straf- oder Bußgeldverfahren** gem. § 118 BRAO eingestellt werden. Es ist jedoch nach § 118 I 3 BRAO unter bestimmten Voraussetzungen fortzusetzen (vgl. dazu *Feuerich*, BRAK-Mitt 1990, 62 ff.; s. ü. *ders.*, NJW 1988, 181).
219 Bei anderweitiger Ahndung ist eine ehrengerichtliche Sanktion nur zulässig unter den Voraussetzungen des § 115 b BRAO, der weitgehend dem § 14 BDO entspricht. Dieser ist Ausfluß des Grundsatzes „ne bis in idem" (dazu auch *Paepcke*, Festschrift für Pfeiffer, 1988, 985 ff.: *EGH Hamm*, BRAK-Mitt 1983, 96 sowie *EGH Stuttgart*, EGE XIV, 252). Stets ist sorgfältig zu prüfen, ob nach der

anderweitigen Ahndung eines Gesetzesverstoßes überhaupt ein sog. „disziplinarer Überhang" besteht, was vielfach in unzulässiger Weise automatisch in der Praxis bejaht wird.

Bei einem **Freispruch im gerichtlichen Verfahren** kann dennoch unter den 220 Voraussetzungen des § 118 II BRAO eine ehrengerichtliche Ahndung erfolgen. Die tatsächlichen Feststellungen des Urteils im Straf- und Bußgeldverfahren sind unter den Voraussetzungen des § 118 III BRAO für das ehrengerichtliche Verfahren bindend.

- **Einleitung des Verfahrens.** Das ehrengerichtliche Verfahren wird gemäß 221 § 121 BRAO eingeleitet durch eine Anschuldigungsschrift der Staatsanwaltschaft bei dem in der 1. Instanz zuständigen Ehrengericht (bestehend aus drei Rechtsanwälten, §§ 92–97 BRAO). Der Staatsanwaltschaft steht somit ein **Anklagemonopol** zu. Dieses ist in der Vergangenheit häufig mißbraucht worden, um Verteidiger in laufenden Verfahren einzuschüchtern oder – oftmals berechtigte (vgl. nur *EGH BW* NJW 1982, 661) – Justizkritik z. B. wegen angeblicher Verletzung des Sachlichkeitsgebots zu unterbinden. Der Vorstand der RAK wie auch der Rechtsanwalt sind nicht antragsberechtigt. Wie sich aus den §§ 122, 123 BRAO ergibt, können sie dies nur bei der **Staatsanwaltschaft** beantragen und gegen deren ablehnende Entscheidung Antrag auf gerichtliche Entscheidung stellen (§§ 122 II, III, 123 II StPO). Auch das Ehrengericht selbst kann nicht von sich aus tätig werden gemäß dem in diesem Verfahren ebenfalls geltenden Anklageprinzip (§ 116 S. 2 i. V. m. § 151 StPO). Der Verletzte hat **kein Klageerzwingungsrecht**, § 122 V BRAO (vgl. aber § 123 BRAO). Allein der Vorstand der Rechtsanwaltskammer hat unter den Voraussetzungen des § 122 BRAO ein Überprüfungs- und Erzwingungsrecht. Durch Beschluß entscheidet das Ehrengericht über die Eröffnung des Verfahrens, § 131 BRAO.
- **Hauptverhandlung:** §§ 134 ff. BRAO. Im Gegensatz zum Strafverfahren 222 (§ 230 I StPO) ist der Rechtsanwalt im ehrengerichtlichen Verfahren nicht zur **Anwesenheit** verpflichtet, § 134 StPO. Die Hauptverhandlung ist nicht öffentlich, § 135 StPO. Dem Ehrengericht ist unter Durchbrechung des im Strafverfahren geltenden Unmittelbarkeitsgrundsatzes (§ 250 StPO) nach § 138 BRAO weitgehend die **Verlesung von Protokollen** gestatten.
- **Urteil.** Das Urteil des Ehrengerichts lautet nach § 139 II BRAO auf Frei- 223 spruch, Verurteilung oder Einstellung des Verfahrens.

dd) Instrumentarium ehrengerichtlicher Maßnahmen, § 114 BRAO. Die 224 BRAO sieht folgende Sanktionsmöglichkeiten der Ehrengerichte vor:
- Warnung,
- Verweis,
- Geldbuße bis zu 50 000 DM,
- Verbot auf bestimmten Rechtsgebieten als Vertreter und Beistand für die Dauer von einem Jahr bis zu fünf Jahren tätig zu werden (vgl. auch § 114 a BRAO; siehe auch die Nachweise bei *Zuck*, BRAK-Mitt 1987, 111);
- Ausschließung aus der Rechtsanwaltschaft (nicht unbefristet zulässig; § 7 Nr. 3 BRAO; vgl. auch *BVerfGE* 66, 337; 72, 51; *BGH* BRAK-Mitt 1988, 53),
- Vorläufiges Berufs- und Vertretungsverbot (§§ 150 ff. BRAO).

Dieses präventive Berufsverbot wird verhängt in einem rechtsstaatlich mehr als problematischen summarischen Verfahren. Nach *BVerfG* NJW 1977, 892 (vgl.

auch *EGH Stuttgart* BRAK-Mitt 1987, 98) ist die Maßnahme nur zulässig, falls sie in concreto zur Abwendung akuter Gefahren für wichtige Gemeinschaftsgüter dringend geboten ist; positiv ist die Feststellung einer Gefährdung erforderlich, die ein Zuwarten bis zur Rechtskraft des Hauptverfahrens ausschließt (vgl. *EGH Hamm,* BRAK-Mitt 1982. 371).

225   ee) **Rechtsmittel,** §§ 142 ff. BRAO. Beschlüsse des Ehrengerichts können mit der Beschwerde angefochten werden, § 142 BRAO i. V. m. §§ 306 ff. StPO.
Gegen erstinstanzliche Urteile kann binnen einer Frist von 1 Woche **Berufung** eingelegt werden, § 143 BRAO. Zuständig ist jeweils der **Ehrengerichtshof** (besetzt mit drei Rechtsanwälten, wobei einer der Anwälte den Vorsitz führt, sowie zwei Berufsrichtern, vgl. auch §§ 100–105 BRAO).
Gegen Urteile des *EGH* ist unter den Voraussetzungen des § 145 I BRAO die – binnen einer Woche einzulegende (§ 146 BRAO) – **Revision an den BGH** (Anwaltssenat unter dem Vorsitz des Präsidenten des Bundesgerichtshofs mit drei Berufsrichtern und drei Rechtsanwälten als Beisitzern, vgl. §§ 106–112 BRAO) möglich. Der *EGH* kann bei grundsätzlicher Bedeutung die **Revision** zulassen, § 145 II BRAO. Im Falle der Nichtzulassung kann Beschwerde innerhalb eines Monats eingelegt werden, § 145 III BRAO.

226   ff) **Kosten.** Die Kosten in dem ehrengerichtlichen Verfahren und in dem Verfahren bei Anträgen auf ehrengerichtliche Entscheidungen gegen die Androhung oder die Festsetzung eines Zwangsgeldes oder über die Rüge sind geregelt in den §§ 195 ff. BRAO. Ergänzend finden sinngemäß die entsprechenden Vorschriften des StPO Anwendung, § 116 S. 2 BRAO.

227   gg) **Fragwürdige Selbstvertretung.** Rechtsanwälte sollten im übrigen in berufsrechtlichen Verfahren nicht sich selbst vertreten unter Mißachtung des Sprichwortes: Ein Anwalt der sich selbst vertritt, hat einen Narren zum Mandanten. Die Unsitte der Selbstvertretung hat in der Vergangenheit mit dazu geführt, daß die Verteidigung oft unzureichend war und über die Artikulation einer Empörung nicht hinauskam. Die mangelhafte Verteidigung ist neben oft fehlenden Rechtskenntnissen im Bereich des Berufsrechts bei einem Teil der Richter auch mit ein Grund dafür, daß die Ehrengerichtsbarkeit bis hin zum *BGH* **gravierende (vor allem verfassungs-)rechtliche Defizite** aufwies, welche in der Judikatur des *BVerfG* in den letzten Jahren mehrfach deutlich geworden sind.

228   hh) **Rechtspolitische Kritik.** Die Regelungen über die Ehrengerichtsbarkeit müssen neu überdacht werden. Nicht nur ist die Terminologie zu ändern. Die Bezeichnung als „Ehrengerichtsbarkeit" ließ in der Vergangenheit oftmals in Vergessenheit geraten, daß es sich um eine **Berufsgerichtsbarkeit** handelte, welche die Funktionsfähigkeit der Rechtspflege und nicht den Ehrschutz zur Aufgabe hatte. – Zu überdenken ist – allerdings am Maßstab der nach den Art. 92 ff. GG erforderlichen Staatlichkeit – die Zusammensetzung der Gerichte.
Schließlich sind Überlegungen anzustellen, wie die **Professionalität der Berufsgerichte** – im übrigen jedweder Art – verbessert werden kann. Die – teilweise – Ausgliederung aus der allgemeinen Gerichtsbarkeit und die Besetzung mit nebenamtlich fungierenden, oftmals nicht ausreichend geschulten Richtern sind mit ein Grund dafür, daß über dem Berufsrecht eine eigentümliche „wissenschaftliche Nacht" *(Paul)* lag und es sich um ein „Stiefkind der Rechtswissenschaft" handelte.

III. Anwaltsrecht in den neuen Bundesländern

Durch die Wiedervereinigung ergibt sich für Rechtsanwälte aus beiden Teilen Deutschlands nunmehr die Möglichkeit, sich im westlichen oder östlichen Teil der BRD niederzulassen bzw. dienstleistend sei es beratend oder forensisch tätig zu werden. In der Übergangszeit gelten jedoch teilweise voneinander abweichende Regelungen. Während im Westen die BRAO maßgeblich ist, gilt im Bereich der neuen Bundesländer vorrangig das Rechtsanwaltsgesetz vom 13. 9. 1990 (GBl. I Nr. 61 S. 1504 = i. F.: RAG). Dieses auch nach dem Einigungsvertrag vom 31. 8. 90 (BGBl II, 889) vorerst in Kraft bleibende Gesetz (vgl. Anl. II Kap. III Sachgeb. A Abschn. III Nr. 1 EVertr.) lehnt sich stark an die BRAO an. Es berücksichtigt jedoch schon z. T. dessen Novellierungsbedürftigkeit, ohne allerdings zentrale Probleme zu lösen. Seine Regelungen sind verbindlich, soweit sie mit dem Grundgesetz, insbesondere der Berufsfreiheit des Art. 12 GG (s. dazu oben Rdnrn. 128 ff.) sowie dem Gleichheitssatz des Art. 3 I GG bzw. der Gleichstellungsklausel im Einigungsvertrag (Anl. I Kap. III Sachgeb. A Abschn. II Nr. 2 EVertr) vereinbar sind.

1. Zulassungsrecht

Grundsätzlich richtet sich die Zulassung in den neuen Bundesländern nach dem RAG.

a) **Allgemeines.** §§ 4ff. RAG. Nach dem RAG besteht bei Vorhandensein der gesetzlich eindeutig geregelten Zulassungsvoraussetzungen ein Rechtsanspruch auf Zulassung, der auch über ein Berufsgericht durchgesetzt werden kann. § 4 RAG fordert nicht die Befähigung zum Richteramt nach dem DRiG. Es reicht für die Zulassung das Vorhandensein eines umfassenden juristischen Hochschulstudiums in den neuen Bundesländern mit dem Abschluß als Diplom-Jurist sowie von zwei Jahren juristischer Praxis in der Rechtspflege oder in einem rechtsberatenden Beruf, § 4 I RAG. Diese für Juristen aus den neuen Bundesländern im Vergleich zu Juristen aus den Altländern günstigeren Zulassungsvoraussetzungen bleiben noch für eine Übergangszeit in Kraft. – Nach § 4 II RAG besteht auch dann ein Zulassungsanspruch, falls dem Antragsteller die Lehrbefähigung an einer Hochschule oder Universität der neuen Bundesländer verliehen wurde.

Problematisch in der Praxis dürfte allein § 4 I Nr. 2 sein. Das Erfordernis einer zweijährigen juristischen Praxis soll die Zulassungsanforderungen in der Bundesrepublik berücksichtigen sowie der besonderen Veranwortung des Rechtsanwalts als Berater und Vertreter in allen Rechtsangelegenheiten Rechnung tragen (*Treffkorn* DtZ 1990, 308, 310; *Kaiser* AnwBl. 1991, 133). Da viele Juristen in der DDR nicht in der Rechtsberatung im strengeren Sinne tätig waren, kann im Einzelfall strittig sein, ob das Merkmal der Praxis in einem rechtsberatenden Beruf erfüllt ist oder nicht (*Odersky*, AnwBl. 1991, 238, 246). Im Hinblick auf die mit § 4 erfolgte Zielsetzung, den Juristen der früheren DDR nach Möglichkeit den Zugang zur Rechtsanwaltschaft zu ermöglichen, muß ausreichen, daß nach der Praxis und dem Verständnis in der früheren DDR die jeweilige Tätigkeit als rechtsberatend angesehen wurde (so *Feuerich*, BRAO, § 4 RAG Rdnr. 1).

Aufgrund des im Wortlaut der Gleichstellungsklausel im Einigungsvertrag deutlich zum Ausdruck kommenden Willens der Vertragspartner können nach

§ 4 RAG zugelassene RAe auch im Geltungsbereich der BRAO sich niederlassen bzw. dienstleistend tätig sein. Ebenso kann auch ein erstmaliger Zulassungsantrag gem. § 4 RAG in den alten Bundesländern sowie Berlin gestellt werden (vgl. Erläuterungen der BReg. zu den Anlagen des EV BR-Ds. 605/90, S. 8, 9; nicht haltbar *Feuerich,* BRAO, § 33 Rdnrn. 20ff.) bzw. ein Zulassungswechsel entsprechend § 33 BRAO beantragt werden (*BGH* BRAK-Mitt. 1992, 171).

232 **b) Versagungsgründe, § 7 RAG.** Wer die genannten Zulassungsvoraussetzungen erfüllt, kann in allen fünf neuen Bundesländern zugelassen werden. Es besteht grundsätzlich ein Anspruch auf Zulassung, vgl. auch § 6 II RAG. Eine Ablehnung darf nur bei Vorliegen der in § 7 RAG genannten Versagungsgründe, die denen der BRAO weitgehend entsprechen (vgl. dazu oben Rdnrn. 16ff.), erfolgen.

233 **c) Berufshaftpflichtversicherung, § 52 RAG.** Im Gegensatz zur BRAO ist im RAG auch ausdrücklich geregelt die Pflicht jedes Rechtsanwalts, eine Berufshaftpflichtversicherung abzuschließen. Sie dient der Deckung der sich aus einer Berufstätigkeit ergebenden Haftpflichtgefahren und ist während der Dauer der Zulassung zwingend aufrechtzuerhalten. Die Mindestversicherungssumme beträgt DM 500000 je Versicherungsfall. Der Abschluß ist Voraussetzung für die Aushändigung der Zulassung, § 14 IV RAG. Nach § 16 III Nr. 8 RAG ist eine erteilte Zulassung zu widerrufen, wenn der Rechtsanwalt nicht den Abschluß der vorgeschriebenen Haftpflichtversicherung nachweist oder wenn er aus dieser ausgeschieden ist und nicht unverzüglich die Fortsetzung oder den Abschluß eines neuen Versicherungsvertrags nachweist.

234 **d) Lokale Zulassungsbeschränkungen, §§ 21ff. RAG.** Mit der Neuregelung im RpflAnpG wird der bisher fehlende Anwaltszwang für Zivilverfahren vor dem LG und in Familiensachen vor dem AG eingeführt. Im Geltungsbereich des RAG gilt jedoch anders als im Bereich der BRAO eine erweiterte Postulationsfähigkeit: In Anwaltsprozessen vor den LG und den FamG ist jeder RA vertretungsberechtigt, der nach dem RAG bei einem AG oder LG zugelassen ist oder – solange das Land, in dem er zugelassen ist noch nicht zum normalen Aufbau der ordentlichen Gerichtsbarkeit übergegangen ist – als nach dem RAG zugelassener RA beim BezG registriert ist. Damit wird im Hinblick auf die Postulationsfähigkeit der „Status quo" erhalten. – Nach BGH NJW 1992, 1512 sind RAe, die in einem alten Bundesland ihre Kanzlei und in einem neuen Bundesland ein Büro oder eine Zweigstelle unterhalten, nicht vor den BezG postulationsfähig, auch wenn sie in die Rechtsanwaltsliste bei einem BezG eingetragen sind.

2. Formen anwaltlicher Tätigkeit, §§ 39ff. RAG

235 Abweichend von der BRAO wurden im fünften Abschnitt des RAG Formen anwaltlicher Zusammenarbeit geregelt, ohne daß sich dabei wesentliche Unterschiede zum Recht der BRAO ergeben, die praktisch nur den Einzelanwalt kennt. Nach § 39 RAG kann der Rechtsanwalt seine Tätigkeit ausüben in eigener Praxis, in einer Bürogemeinschaft, in einer Sozietät oder als bei einem anderen Rechtsanwalt angestellter Anwalt.

Geregelt wurde auch die mögliche Zusammenarbeit mit anderen rechtsberatenden Berufen, so mit Wirtschaftsprüfern, vereidigten Buchprüfern, Steuerberatern oder mit Patentanwälten. Auch mit Vertretern dieser freien Berufe ist eine Sozietät möglich. Gleiches kann mit einem Anwaltsnotar erfolgen. Dagegen verbietet das notarielle Berufsrecht die Sozietät mit einem Nur-Notar.

Ausdrücklich ist im Anwaltsrecht der neuen Bundesländer im Gegensatz zur BRAO auch die Möglichkeit eröffnet, als Syndikusanwalt tätig zu werden, § 41 RAG. Abweichend von der BRAO wurde jedoch die Verpflichtung aufgenommen, daß der Syndikusanwalt eine Kanzlei unterhalten muß und daß sich diese in örtlicher bzw. räumlichr Trennung vom Dienstherrn befinden muß. Der Syndikusanwalt darf im übrigen für einen Auftraggeber, dem er aufgrund eines ständigen Dienst- oder ähnlichen Beschäftigungsverhältnisses seine Arbeitszeit und -kraft überwiegend zur Verfügung stellen muß, nicht vor Gerichten oder Schiedsgerichten in seiner Eigenschaft als Rechtsanwalt auftreten.

3. Verfahren

Die Anwaltszulassung wird auf Antrag durch die zuständige Landesjustizverwaltung erteilt (§ 8 RAG). 236

Vor der Entscheidung zieht die Landesjustizverwaltung eine Stellungnahme der zuständigen Rechtsanwaltskammer bei. Im Falle einer Ablehnung ist diese mit Gründen zu versehen und dem Bewerber zuzustellen. Dagegen kann der Berufsgerichtshof für Rechtsanwaltssachen beim OLG am Sitz der Landesregierung angerufen werden, vgl. §§ 33 ff. RAG.

Über die Zulassung wird eine Urkunde ausgestellt. Mit Aushändigung der Urkunde wird die Zulassung wirksam. Die Urkunde darf erst ausgehändigt werden, wenn der Abschluß der Berufshaftpflichtversicherung nachgewiesen ist (§ 13 IV RAG).

4. Rechte und Pflichten des Rechtsanwalts, §§ 42 ff. RAG

Die Rechte und Pflichten des Rechtsanwalts sind im RAG weitgehend entsprechend denen der BRAO ausgestaltet. Hier gelten jedoch angesichts der Berufsausübungsfreiheit des Art. 12 I GG sowie Art. 3 I GG und der Gleichstellungsklausel des Einigungsvertrages die gleichen Vorbehalte wie für die entsprechenden Bestimmungen der BRAO. Alle Bestimmungen sind verfassungskonform auszulegen. Freiheitsbeschränkungen müssen notwendig sein für die Funktionsfähigkeit der Rechtspflege! – Entsprechend restriktiv zu interpretieren ist daher die Generalklausel des § 42 RAG, wonach der Rechtsanwalt seinen Beruf gewissenhaft auszuüben und er sich des Vertrauens, welches seine Stellung erfordert, würdig zu erweisen hat. Gleiches gilt für die Werbeverbotsbestimmung des § 24 II RAG; danach ist dem Rechtsanwalt ausdrücklich untersagt, unaufgefordert seine Dienste dritten Personen mit Ankündigungen aller Art anzubieten. § 43 RAG regelt die Verschwiegenheitspflicht in den §§ 44, 45 RAG die Übernahme von Aufträgen bzw. deren Ablehnung. In § 47 ist der Vertragsabschluß geregelt und festgelegt, daß für die Vertretung oder die Verteidigung eines Auftraggebers eine schriftliche Vollmacht zu erteilen ist. Die Regelungen zur Bestellung eines allgemeinen Vertreters (§ 53 RAG) sowie eines Abwicklers der Kanzlei (§ 55 RAG), und zu den besonderen Pflichten gegenüber dem Vorstand der Rechsanwaltskammer (§ 56 RAG) wurden analog der BRAO ausgestaltet. 237

5. Fachanwälte, § 15 RAG

238 Auch das RAG enthält in § 15 eine Fachanwaltsregelung. Danach kann Rechtsanwälten, die mehr als 5 Jahre sich spezielle Erfahrungen und Erkenntnisse in der anwaltlichen Tätigkeit auf dem Gebiet des Arbeitsrechts, des Steuerrechts, des Verwaltungsrechts oder des Sozialrechts angeeignet haben auf Antrag für höchstens zwei der genannten Gebiete von der Rechtsanwaltskammer gestattet werden, den Titel „Fachanwalt für..." zu führen.
Die Voraussetzungen der Verleihung sind geregelt in der gem. § 15 II RAG ergangenen Fachanwaltsverordnung, deren Inhalt weitgehend den im BRAO-Bereich geltenden gesetzlichen Regelungen entspricht (vgl. dazu oben Rdnrn. 255 f.).

6. Die Rechtsanwaltskammern, §§ 60–89 RAG

239 Auch die Regelungen zu den Rechtsanwaltskammern orientieren sich an der BRAO. Unterschiedlich geregelt ist angesichts der abweichenden Gerichtsstruktur und der noch geringen Zahl von Rechtsanwälten, daß Kammern zunächst auf Länderebene gebildet werden. Allerdings kann jede Landesjustizverwaltung künftig weitere Kammern errichten, wenn im Land mehr als 500 Rechtsanwälte zugelassen sind. Die Rechtsanwaltskammern sind nach § 62 RAG Körperschaften des öffentlichen Rechts. Die Staatsaufsicht über sie wird durch die Landesjustizverwaltung ausgeübt.

7. Berufsgerichtsbarkeit, §§ 90 ff. RAG

240 Abweichend von der BRAO wird in dem RAG der Begriff der Ehrengerichtsbarkeit nicht verwandt. Deshalb werden das Ehrengericht als Berufsgericht, der Ehrengerichtshof als Berufsgerichtshof für Rechtsanwaltssachen beim Bezirksgericht (am Sitz der Landeshauptstädte) bezeichnet. Diese begriffliche Abweichung ist an andere freie Berufe angelehnt und trägt dem Umstand Rechnung, daß es bei diesen Gerichten vorrangig nicht um Fragen der Ehre, wohl aber um Fragen des Berufsrechts geht (so zutreff. *Treffkorn* aaO.). Ansonsten entsprechen die Regelungen zur Bildung und Besetzung dieser Gerichte im wesentlichen der BRAO (vgl. dazu oben Rdnrn. 200 ff.).

IV. (Internationales) Europäisches Anwaltsrecht

241 Aufgrund der Verflechtung der Bundesrepublik Deutschland innerhalb der EG stellt sich auch die Problematik der Zulässigkeit einer Betätigung deutscher Anwälte in anderen Ländern der EG oder des EWR wie auch umgekehrt von ausländischen Anwälten aus EG-Mitgliedstaaten in der Bundesrepublik.

Literatur: Allgemein: *Everling*, Gutachten „Bedeutung der europäischen Entwicklung für das Berufs- und Standesrecht der Rechtsanwälte" zum 28. DJT. 1990; *ders.*, BRAK-Mitt. 1989, 166.

Zur Dienst- und Niederlassungsfreiheit: *Rabe*, NJW 1987, 2186; *ders.* AnwBl. 1992, 146; *Rabe/v. Falkenhausen*, ZRP 1990, 343; *Clausnitzer*, BRAK-Mitt. 1989, 59; *ders.*, IWB 1989, 95; *Willandesen*, NJW 1989, 1128; *Henninger*, BB 1990, 73; *Seidl*, JURA 1990, 281; *A. Weber*, NVwZ 1990, 1; *Gorning*, NJW 1990, 1120; *Steindorff*, EuR 1988, 19; *Blumenwitz*, NJW 1989, 621; *Kewing*, JZ 1990, 20.

(Internationales) Europäisches Recht **H I**

1. Rechtsgrundlagen

Bedeutsam für das europäische Anwaltsrecht sind Bestimmungen der EG 242 sowie dazu ergangene Vorschriften der einzelnen Mitgliedstaaten.

a) EG-Recht. Für das Berufsrecht des Rechtsanwalts sind im EWG-Vertrag 243 die Vorschriften für die Freiheit der Niederlassung (Art. 52 EWGV) und des Dienstleistungsverkehrs (Art. 59 f. EWGV) von Bedeutung. Die in den Art. 52 und 59 EWGV genannten Freiheiten sind grundlegend im System der Gemeinschaft. Sie verleihen den von ihnen erfaßten Personen subjektive Rechte. – Gestützt auf diese Bestimmungen können Rat und Kommission – so Art. 189 EWGV – u. a. Richtlinien erlassen, die nach Art. 189 III EWGV für jeden Mitgliedstaat hinsichtlich des Ziels verbindlich sind, ihm jedoch die Wahl der Form und der Mittel zu ihrer Durchführung überlassen.

b) Nationale Regelungen. Zu diesen supranationalen Regelungen treten er- 244 gänzend nationale Vorschriften wie das Gesetz zur Durchführung der Richtlinien (77/249) des Rates der Europäischen Gemeinschaften vom 22. 3. 1977 zur Erleichterung der tatsächlichen Ausübung des freien Dienstleistungsverkehrs der Rechtsanwälte – **RADG** – vom 16. 8. 1980 (BGBl. I S. 1453, zuletzt geändert durch Gesetz vom 14. 3. 1990, BGBl I, S. 479).

c) EuGH-Judikatur. Der EuGH hat in **grundsätzlichen Entscheidungen** 245 durch Anwendung der Bestimmungen des EWG-Vertrags zahlreiche nationale Barrieren im Niederlassungsrecht und Dienstleistungverkehr beseitigt. Zu nennen sind: Fall Reyners, *EuGH* NJW 1975, 513 ff.; Fall Thieffry, NJW 1977, 1582; Fall Binsbergen, *EuGH* NJW 1975; Fall Klopp, *EuGH* AnwBl 1984, 608; Dienstleistungs-Urteil, *EuGH* NJW 1988, 878 ff.; vgl. im übrigen Fall Gullung, *EuGH* BRAK-Mitt 1988, 156. Fall Vlassopoulu, *EuGH* NJW 1991, 2073 = EuZW 1991, 380 m. Anm. *Nachbaur,* EuW 1991, 470 = Hailbronner, JuS 1991, 917; Fall Dennemeyer: *EuGH* AnwBl. 1992, 33; Fall Ramrath: *EuGH* NJW 1992, 2407 (Zur Freizügigkeit und Niederlassungsfreiheit bei Wpen).

2. Niederlassungsrecht

Die Regelung des Rechts der Niederlassung von Rechtsanwälten innerhalb 246 der EG ist noch nicht so weit fortgeschritten wie die des Dienstleistungsrechts.

a) Grundsätzliche Niederlassungsfreiheit. Gemäß dem nach Ablauf der 247 Übergangszeit seit 1970 unmittelbar anwendbaren Art. 52 EWGV werden Beschränkungen der **freien Niederlassung von Staatsangehörigen eines Mitgliedstaates** im Hoheitsgebiet eines anderen Mitgliedstaates aufgehoben, vgl. dazu *Steindorff* EuR 1988, 19 ff. Das gleiche gilt für Beschränkungen der Gründung von Zweigniederlassungen. Anwälte können sich in jedem Mitgliedstaat der EG niederlassen oder – auch mehrere (vgl. *Rabe* AnwBl. 1992, 146, 148) – Zweigbüros errichten, ohne Zulassung und Büro in ihrem Heimatstaat aufgeben zu müssen, selbst wenn den Angehörigen jenes Mitgliedstaates – etwa in Deutschland nach § 28 BRAO –, die Gründung von Zweigniederlassungen innerstaatlich untersagt ist (*EuGH* AnwBl. 1984, 608). Dementsprechend sind nach § 29a BRAO deutsche Anwälte von der Residenzpflicht des § 27 I BRAO befreit.

Soweit ausländische Anwälte besser gestellt werden als deutsche Anwälte mit der Folge einer Inländerdiskriminierung, können sich letztere demgegenüber

Kleine-Cosack 1257

H I Zulassungs- und Berufsordnungsrecht, Europäisches Anwaltsrecht

nicht auf Art. 52 und 7 EWGV berufen. Langfristig kommt jedoch ein Verstoß gegen Art 12 GG und vor allem Art. 3 GG in Betracht (vgl. *Pietzcker,* Der anwaltliche Lokalisationsgrundsatz, 1991; *Nicolaysen,* EuR 1991, 95).

248 **b) Grundsatz der Inländerbehandlung. aa) Inhalt.** Die Niederlassungsfreiheit umfaßt die **Aufnahme und Ausübung selbständiger Erwerbstätigkeiten** mit der Einschränkung, daß die Niederlassung „nach den Bestimmungen des Aufnahmestaates für seine eigenen Angehörigen" erfolgt, Art. 52 II EWGV. Grundsätzlich unterliegt daher der Rechtsanwalt auf der Basis des Grundsatzes des freien Niederlassungsrechts den Vorschriften des jeweiligen Mitgliedstaates (*EuGH* NJW 1975, 513). Der in dem Halbsatz von Art. 52 II EWG (Niederlassungsfreiheit „nach den Bestimmungen des Aufnahmestaates für seine Angehörigen") zum Ausdruck kommende Grundsatz der Inländerbehandlung beinhaltet, daß der Aufnahmestaat wegen fehlender gemeinschaftsrechtlicher Vorschriften die Ausübung des Anwaltsberufs sowohl für inländische als auch für ausländische Rechtsanwälte regeln kann.

249 Der *EuGH* hat im Fall Gullung (BRAK-Mitt 1988, 156ff.) entschieden, daß Art. 52 EWG-Vertrag dahingehend auszulegen ist, daß ein Mitgliedstaat, dessen Recht den Rechtsanwälten die Zulassung bei einer Kammer vorschreibe, dieselbe Voraussetzung auch für Rechtsanwälte anderer Mitgliedstaaten vorsehen kann, die das im EWG-Vertrag garantierte Niederlassungsrecht in Anspruch nehmen, um sich als Rechtsanwalt im Hoheitsgebiet des ersten Mitgliedstaates niederzulassen.

250 Er bedeutet aber auch, daß diese Regelung nicht zur Folge haben darf, daß Anwälte aus anderen Mitgliedstaaten an der tatsächlichen Ausübung ihres durch den Vertrag gewährleisteten Niederlassungsrechts gehindert werden. – Der grundlegende Rechtssatz der Inländerbehandlung verbietet **jede Diskriminierung aus Gründen der Staatsangehörigkeit** (*EuGH* NJW 1975, 513, Fall Reyners). Der *EuGH* hat in grundlegenden Entscheidungen die Kriterien skizziert, welche maßgebend dafür sind, ob nationale Bestimmungen noch gerechtfertigt werden können oder nicht.

251 Nach dem Klopp-Urteil (AnwBl. 1984, 608) gibt die am EWGV gewährleistete Niederlassungsfreiheit dem Rechtsanwalt das Recht, mehr als einen beruflichen Mittelpunkt auf dem Gebiet der Gemeinschaft zu gründen und zu unterhalten unter Beachtung der beruflichen Regeln. Eine nationale Regelung, welche dem Angehörigen eines anderen Mitgliedstaates der EG die Zulassung als Rechtsanwalt und die Ausübung dieses Berufs deshalb verweigert, weil er gleichzeitig eine Kanzlei in einem anderen Mitgliedstaat unterhält, ist mit Art. 52 EWGV unvereinbar.

bb) Rechtsfolgen
252 – **Niederlassungsmöglichkeit für deutsche Rechtsanwälte.**

Somit können sich auch deutsche Rechtsanwälte, ohne als Rechtsanwalt nach dem Berufsrecht dieses Landes zugelassen zu sein, in einem anderen EG-Staat unter den dort geltenden Rechtsvorschriften niederlassen. Ebenso ist dem im Inland zugelassenen Anwalt gestattet, zugleich im Ausland eine Kanzlei zu unterhalten, ohne durch das – nur im Inland geltende – Zweigstellenverbot (§ 28 BRAO) oder die Residenzpflicht (§ 29 BRAO) gehindert zu sein, § 29a BRAO (vgl. auch *EuGH* NJW 1985, 1275 u. NJW 1975, 1095).
 Er hat einen Anspruch auf Befreiung von der Wohnsitzpflicht des § 27 BRAO, wenn er in anderen Staaten Kanzleien einrichtet oder unterhält. Voraussetzung ist, daß er für Gerichte und Parteien ohne Behinderung erreichbar ist; dafür muß lediglich sichergestellt

(Internationales) Europäisches Recht **H I**

sein, daß ihn Telephongespräche und Post in angemessener Zeit erreichen. Nach § 29 a II BRAO kann der deutsche Rechtsanwalt auch Kanzleien im Ausland errichten ohne deutsche Kanzlei; er ist dann von der Residenzpflicht völlig befreit.

– **Niederlassungsrecht für Angehörige der EG-Staaten.** 253
Umgekehrt können Anwälte aus Ländern der EG sich wegen Art. 52 EWGV im Bundesgebiet niederlassen und bedürfen sie nicht mehr einer Erlaubnis nach dem Rechtsberatungsgesetz mit der Folge einer Qualifikation als Rechtsbeistand. Maßgeblich für die Voraussetzungen der Niederlassung ist das nationale Recht der BRD.

– **Sozietäten, EWiV, Kooperationen.** 254
Zugleich sind damit nicht nur Sozietäten zwischen deutschen und EG-Anwälten zulässig, sondern auch zwischen EG-Anwälten und Angehörigen der wirtschafts- und steuerberatenden Berufe, mit denen auch ein deutscher Anwalt eine Sozietät eingehen kann (vgl. *Rabe*, NJW 1987, 2192). – Gleiches gilt für die Gründung einer EWiV (vgl. i. E. *Kappus/Eckstein*, AnwBl. 1992, 298; *Zuck*, NJW 1990, 954; *Grüninger*, AnwBl. 1990, 228; *Zettel*, DRiZ 1990; 161; vgl. auch *AG München*, BB, 1990, 160), oder sonstige Kooperationen, deren Veröffentlichung – soweit nicht irreführend (vgl. *OLG Karlsruhe*, NJW 1990, 3093) – zulässig ist.

c) **Möglichkeit von Niederlassungsrichtlinien.** Art. 54 II EWGV sieht gene- 255
rell Richtlinien zur Durchführung der Niederlassungsfreiheit vor. Für Rechtsanwälte ist bisher eine solche Bestimmung noch nicht zustande gekommen, so daß derzeit das nationale Recht gilt.

d) **Anerkennungsrichtlinie.** Der Ministerrat der EG hat am 22. 6. 1988 eine 256
auf Art. 57 I EWGV gestützte „Richtlinie über eine allgemeine Regelung zur Anerkennung des Hochschuldiplome, die eine mindestens dreijährige Berufsbildung abschließen" verabschiedet. Es handelt sich nicht um eine Niederlassungsrichtlinie i. S. d. Art. 57 II EWGV. Diese Richtlinie ist zwischenzeitlich verbindlich (Diplom-Anerkennungsrichtlinie Nr. 89/48/EWG vom 21. 12. 1988, Amtsblatt EG Nr. L 19/S. 16 v. 24. 1. 1983).

Die Anerkennungsrichtlinie verzichtet auf eine **Harmonisierung der Ausbil-** 257
dungsbedingungen der Mitgliedstaaten. Gestützt auf Art. 57 I EWGV geht sie vielmehr davon aus, daß ein Berufsangehöriger, der im Heimat- oder Herkunftsland die für den Berufszugang erforderliche Ausbildung erworben hat, seinen Beruf auch in den anderen Mitgliedstaaten ausüben kann, wenn er über ein Hochschuldiplom verfügt, das eine mindestens dreijährige Berufsausbildung abschließt. Jeder, der in einem Mitgliedstaat der EG die Qualifikation für den Anwaltsberuf erworben hat, kann seinen Beruf in einem anderen Mitgliedstaat ausüben.

Zusätzlich kann von ihm verlangt werden, daß er eine bestimmte Berufser- 258
fahrung nachweist und – bei den rechtsberatenden Berufen je nach Regelung der Mitgliedstaaten – einen Anpassungslehrgang absolviert oder eine Eignungsprüfung ablegt; für letztere haben sich alle Mitgliedstaaten entschieden, soweit sie überhaupt innerhalb der am 4. 1. 1991 ausgelaufenen Umsetzungsfrist eine Regelung getroffen haben. – Ob sich für deutsche Juristen auf dem Umweg über die Zulassung bei einem EG-Land die Möglichkeit eröffnet, das mehr als fragwürdige 2. Staatsexamen zu unterlaufen (so *Friese* NJW 1988, 3073; s. a. *Everling*, C 57), sei hier dahingestellt. Auf jeden Fall wird die Kürze der Ausbildung

Kleine-Cosack 1259

in anderen EG-Staaten mit der Möglichkeit einer früheren Spezialisierung die Diskussion über die Juristenausbildung in der BRD neu entfachen (vgl. dazu auch die Gutachten E. u. F. zum 58. DJT 1990).

e) Regelung in der BRD

Die Diplomanerkennungsrichtlinie ist in der BRD in deutsches Recht umgesetzt worden.

259 **aa) EigPrüfG.** EG- oder EWR-Anwälte können sich nach § 4 BRAO unter der in der BRD üblichen Bezeichnung als „Rechtsanwalt" – bei gleichzeitiger Berechtigung der Führung der im Heimatstaat erworbenen Bezeichnung – zulassen, wenn sie die Eignungsprüfung nach dem EigPrüfG (v. 6. 7. 1990 – BGBl I S. 1349; dazu *Weil*, BRAK-Mitt. 1991, 15; *Feuerich*, NJW 1991, 1144; *Lang*, BRAK-Mitt. 1990, 13), welche in einer EigPrüfVO (v. 18. 12. 1990, BGBl I, S. 2882) des BMJ zur Regelung der Prüfungsinhalte konkretisiert wird, bestanden haben. Sie sind dann den deutschen Rechtsanwälten in vollem Umfang gleichgestellt und unterliegen auch keiner Tätigkeitsbeschränkung.

260 **bb) § 206 BRAO.** Nach § 206 I BRAO sind sie – ohne Eignungsprüfung – berechtigt, sich unter der heimischen Berufsbezeichnung – z. B. als „Avocat" – in der BRD niederzulassen, wenn sie auf Antrag in die für den Ort ihrer Niederlassung zuständige Rechtsanwaltskammer aufgenommen worden sind und im Bezirk der RAK eine Kanzlei eingerichtet haben. Ihr Tätigkeitsbereich ist jedoch auf das ausländische und das „internationale Recht" – unter Einschluß des Gemeinschaftsrechts (vgl. *Rabe*, AnwBl. 1992, 146, 148) – beschränkt, was jedoch in der Praxis nur schwer zu kontrollieren sein wird (vgl. auch *Everling*, C 53, Fn. 110; s. a. *ders.* BRAK-Mitt. 1989, 172; krit. auch *Rabe*, NJW 1987, 2192).

261 **cc) Verpflichtung zur Prüfung der Gleichwertigkeit der Diplome.** Der *EuGH* hat im Fall Vlassopoulu (NJW 1991, 2073) auf Vorlage des *BGH* (BRAK-Mitt. 1990, 49) festgestellt, daß nationale Qualifikationsvoraussetzungen für die Zulassung zur Anwaltschaft nicht ohne weiteres nach Art. 52 II EWGV gerechtfertigt sind, da sie sich dahin auswirken können, daß die Staatsangehörigen der anderen Mitgliedstaaten in der Ausübung des Niederlassungsrechts beeinträchtigt werden. Dies könne insbesondere der Fall sein, wenn die nationalen Vorschriften die von dem Betroffenen in einem anderen Mitgliedstaat bereits erworbenen Kenntnisse und Fähigkeiten unberücksichtigt lassen. Ein Mitgliedstaat hat daher bei der Prüfung der Zulassung zum Anwaltberuf die Befähigungsnachweise zu berücksichtigen, die der Betroffene in seinem Heimatstaat für die Ausübung des gleichen Berufs erworben hat. Ein Vergleich muß vorgenommen werden zwischen den durch diese Diplome bescheinigten Fachkenntnissen und den nach dem jeweiligen nationalen Recht vorgeschriebenen Kenntnissen und Fähigkeiten. Führt die Prüfung zur Feststellung der Gleichwertigkeit, so hat der Mitgliedstaat anzuerkennen, daß das ausländische Diplom die Voraussetzungen für die Zulassung zur Anwaltschaft erfüllt. Ergibt der Vergleich hingegen, daß Kenntnisse und Fähigkeiten einander nur teilweise entsprechen, so kann der Aufnahmemitgliedstaat den Nachweis verlangen, daß die fehlenden Kenntnisse und Fähigkeiten anderweitig erworben wurden. Insoweit müssen die zuständigen nationalen Behörden beurteilen, ob die im Aufnahmemitgliedstaat im Rahmen des Studiengangs oder durch praktische Erfahrung erworbenen Kenntnisse für den Nachweis des Erwerbs der fehlenden Kenntnis-

se ausreichen. Zudem muß die Prüfung in einem Verfahren erfolgen, das dem Betroffenen einen effektiven Rechtsschutz gewährt; insbesondere muß die Entscheidung gerichtlich auf ihre Rechtmäßigkeit im Hinblick auf das Gemeinschaftsrecht überprüft werden können (vgl. *Rabe*, AnwBl. 1992, 146, 149).

Es ist umstritten, ob es neben dem Regime der Diplomanerkennungsrichtlinie 262 in der Zukunft nach der Entscheidung des EuGH einen Anspruch auf direkte Zulassung geben wird (bej. *Nachbaur*, EuZW 1991, 470, 472; vern. *Rabe* AnwBl. 1992, 150).

3. Dienstleistungsrecht

Von der Niederlassungsfreiheit ist zu unterscheiden die Freiheit des grenz- 263 überschreitenden Dienstleistungsverkehrs Art. 59, 60 EWGV.

a) Gegenstand des Dienstleistungsverkehrs. Das Dienstleistungsrecht be- 264 trifft den grenzüberschreitenden Dienstleistungsverkehr, d. h. die **vorübergehende grenzüberschreitende Tätigkeit** im Ausland (vgl. Art. 60 III EWGV) eines in einem EG-Staat niedergelassenen Rechtsanwalts.

b) Grundsatz der Inländerbehandlung. Die Tätigkeit im Leistungsstaat kann 265 jedoch nur ausgeübt werden unter den Voraussetzungen, welche dieser Staat für seine eigenen Angehörigen vorschreibt, Art. 60 III EWGV. Es gilt das Prinzip der Inländerbehandlung oder Nichtdiskriminierung. Gemeinschaftsbürger dürfen danach nicht anders behandelt werden als die eigenen Angehörigen dieses Staates. Damit sind im Prinzip erhebliche Hindernisse für die Dienstleistungsfreiheit verbunden (so auch *EuGH* 17. 12. 1981 – Rs. 279/80 u. 25. 2. 1988 – Rs. 427/85).

Der *EuGH* (AnwBl. 1992, 33 – Fall Dennemeyer) hat jedoch festgestellt, daß 266 Art. 59 EWGV nicht nur die Beseitigung sämtlicher Diskriminierungen des Dienstleistungserbringers aufgrund seiner Staatsangehörigkeit, sondern auch die Aufhebung aller Beschränkungen – selbst wenn sie unterschiedslos für einheimische Dienstleistende wie für Dienstleistende anderer Mitgliedstaaten gelten – verlangt, wenn sie geeignet sind, die Tätigkeit des Dienstleistenden, der in einem anderen Mitgliedstaat ansässig ist und dort rechtmäßig ähnliche Dienstleistungen erbringt, zu unterbinden oder zu behindern. Die Dienstleistungsfreiheit beinhaltet daher die Beseitigung aller Formen offener oder versteckter Diskriminierungen.

Der *EuGH* hat allerdings in dem Urteil anerkannt, daß in Anbetracht der 267 Besonderheit bestimmter Dienstleistungen, also etwa solcher der Anwälte, besondere Anforderungen aus der Anwendung von Regelungen für diese Art von Tätigkeiten mit dem EWGV vereinbar sein können. Jedoch dürfte der freie Dienstleistungsverkehr als fundamentaler Grundsatz des Vertrages nur durch Regelungen beschränkt werden, die durch zwingende Gründe des Allgemeinwohls gerechtfertigt sind und unterschiedslos gelten; und zwar nur insoweit, als dem Allgemeininteresse nicht bereits durch die Rechtsvorschriften Rechnung getragen ist, denen der Leistungserbringer in dem Staat unterliegt, in dem er ansässig ist. Diese Anforderungen müßten sachlich geboten sein, um die Einhaltung der Berufsregelungen und den Schutz der Empfänger von Dienstleistungen zu gewährleisten, und dürften nicht über das hinausgehen, was zum Erreichen dieser Ziele erforderlich ist (*EuGH* AnwBl. 1992, 33). – Gemessen an diesen Kriterien erscheint das Lokalisationsgebot in der BRD noch weniger haltbar.

268 c) **Abgrenzung der Dienstleistungen von der Niederlassung.** Angesichts der sehr hohen Hürden für eine dauernde Niederlassung innerhalb der Mitgliedstaaten kommt der Frage nach deren Abgrenzung von der vorübergehenden Dienstleistung eine nicht unerhebliche Bedeutung zu. Fraglich ist, ob eine Umgehung der Niederlassungsbestimmungen wie auch teilweise der Bindungen des Rechts des Dienstleistungsorts (z. B. Lokalisation) zulässig ist; sie ist bedeutsam für EG-Anwälte vor allem in Grenzbereichen (Elsaß, Lothringen, Luxemburg, Belgien oder den Niederlanden) wie auch umgekehrt für deutsche Anwälte in entsprechenden Regionen.

269 Aus dem EWG-Vertrag ergibt sich, daß mit der Niederlassung der Mittelpunkt der Erwerbstätigkeit von einem Mitgliedstaat in einen anderen verlagert oder dort eine dauerhafte sekundäre Niederlassung begründet wird. Bei den Dienstleistungen behält der Erwerbstätige nach Art. 59, 60 EWGV seinen gewerblichen Mittelpunkt in einem Mitgliedstaat bei und wird von diesem aus in einem anderen Mitgliedstaat „vorübergehend" tätig, ohne dort eine Niederlassung, etwa in Form einer Zweigniederlassung oder eine Agentur zu gründen (*Everling*, C 31). Wann eine Tätigkeit „vorübergehend" ausgeübt wird, ist abstrakt schwer zu bestimmen. Seitens des EuGH ist bisher noch keine Klärung erfolgt (vgl. *Everling*, C 32 f. m. w. N.). Klare Kriterien für eine Abgrenzung fehlen. Maßgeblich ist auf jeden Fall die Art, in der Erwerbstätige in dem Herkunftsstaat verwurzelt bleibt und sich im Aufnahmestaat einrichtet. Von wesentlicher Bedeutung ist dabei die Dauer der Tätigkeit; insoweit sieht die Richtlinie über die Einreise und den Aufenthalt vor, daß bei mehr als dreimonatiger Leistungserbringung der Mitgliedstaat, in dem die Leistung erbracht wird, zum Nachweis dieses Rechts eine Aufenthaltserlaubnis ausstellt.

270 Rechtsanwaltsdienstleistungen – wie einzelne Beratungs-, Besprechungs- und Verhandlungstermine – werden i. d. R. – von langwierigen Strafverfahren abgesehen – erheblich weniger als drei Monate in Anspruch nehmen. Möglich ist jedoch eine jederzeitige wiederholte und dauerhaft ausgeübte Dienstleistung ebenso wie die Wahrnehmung einer größeren Anzahl von Mandaten. Auf diese Weise könnten die Niederlassungsbestimmungen umgangen werden, wenn auch der Anwalt sich keine eigene Kanzlei errichten oder bei einer inländischen Kanzlei als Sozius oder Mitarbeiter erscheinen dürfte auf Briefkopf oder Praxisschild mit der Folge einer unzulässigen ständigen Präsenz. Bei einer derartigen „faktischen" Niederlassung kann auf jeden Fall die der im Inland geforderte Befähigungsnachweis für die Niederlassung verlangt werden.

271 d) **EG-Richtlinie.** Der Dienstleistungsverkehr ist anknüpfend an die Art. 57 u. 66 EWGV geregelt in der Richtlinie (77/249 EWG) des Rates der EG vom 22. 3. 1977 (AnwBl. 1977, 200 ff.) zur Erleichterung der tatsächlichen Ausübung des freien Dienstleistungsverkehrs ist.

272 aa) **Maßgeblichkeit des Rechts des Dienstleistungsortes.** Danach gilt, daß für die beruflichen Tätigkeiten, die mit der Vertretung oder der Verteidigung des Mandanten im Bereich der Rechtspflege oder von Behörden zusammenhängen, sowie für das Berufsordnungsrecht, nicht nur das Recht des Sitzlandes, sondern auch des Staates zur Anwendung kommt, in dem die Dienstleistung erbracht wird. Allein das Recht des Sitzlandes, d. h. des Landes, in dem der dienstleistende Anwalt seinen Sitz hat, gilt, soweit es um Fragen geht, die mit der beruflichen Qualifikation zusammenhängen.

Die Richtlinie 77/249 ist – so der *EuGH* im Fall Gullung (BRAK-Mitt 1988,

156) – dahingehend auszulegen, daß ihre Bestimmungen von einem in einem Mitgliedstaat niedergelassenen Rechtsanwalt im Hinblick auf die Ausübung seiner Tätigkeit als Dienstleistungserbringer im Hoheitsgebiet eines anderen Mitgliedstaates nicht geltend gemacht werden können, wenn diesem der Zugang zum Rechtsanwaltsberuf im letztgenannten Mitgliedstaat aus Gründen der Würde, der Ehrbarkeit und der Rechtschaffenheit untersagt worden ist.

Das wesentliche Prinzip der Richtlinie (77/249 EWG) ist, daß alle in der Gemeinschaft tätigen Anwälte, welcher Ausbildung oder Bezeichnung auch immer, als Rechtsanwälte in der gesamten Gemeinschaft anerkannt werden (vgl. dazu *Rabe* NJW 1987, 2185 ff.).

bb) Beschränkungen im Bereich der Rechtspflege. Die Vertretung im Bereich der Rechtspflege oder vor Behörden ist jedem EG-Anwalt erlaubt. Sie durfte bisher nur unter den im jeweiligen Aufnahmestaat für die dort zugelassenen Rechtsanwälte vorgesehenen Bedingungen ausgeübt werden; hier haben sich Änderungen aus dem Dienstleistungsurteil des EuGH ergeben, nach dem EG-Anwälten vor allen deutschen Gerichten einschließlich der OLGe mit Ausnahme des BGH auftreten können, bei Zulassungsgerichten allerdings nur im Einvernehmen mit einem deutschen Rechtsanwalt. – Nach Art. 5 der Anwaltsrichtlinie kann ein Mitgliedstaat den in den anderen Mitgliedstaaten als Rechtsanwalt tätigen Personen für die Ausübung der Tätigkeiten, die mit der Vertretung und der Verteidigung von Mandanten im Bereich der Rechtspflege verbunden sind, als Bedingung auferlegen, daß sie im **Einvernehmen** mit einem „bei dem angerufenen Gericht zugelassenen Rechtsanwalt", der ggf. diesem Gericht gegenüber die Verantwortung trägt, handeln. Wegen Art. 59, 60 EWGV darf allerdings aus Gründen der Staatsangehörigkeit oder wegen des Aufenthalts in einem anderen als dem Mitgliedstaat, in dem die Leistung zu erbringen ist, **keine Diskriminierung** des Dienstleistungserbringers erfolgen; so der *EuGH* (NJW 1975, 1095) im Fall (van Binsbergen) eines niederländischen Rechtsanwalts, der seinen Wohnsitz nach Belgien verlegte und weiter vor dem niederländischen Sozialgericht, wo kein Anwaltszwang herrschte, auftreten wollte.

cc) Rechtsstellung im Dienstleistungsland. Alle nationalen Durchführungsvorschriften enthalten den Grundsatz, daß Anwälte der EG-Mitgliedstaaten bei vorübergehender Tätigkeit in anderen EG-Staaten wie **nationale Anwälte** anerkannt werden und grundsätzlich auch die gleichen Befugnisse haben; der Gastanwalt kann sich daher im EG-Bereich in gleicher Weise wie ein lokaler Anwalt auf Verschwiegenheitspflicht, Zeugnisverweigerungsrecht, Beschlagnahmeverbote usw. berufen; er unterliegt aber auch den gleichen gesetzlichen Geboten und Verboten.

e) Regelung in anderen EG-Staaten. Die EG-Richtlinie, welche kein in den Mitgliedstaaten unmittelbar geltendes Recht darstellt, ist umgesetzt worden in Durchführungsvorschriften der einzelnen EG-Staaten (vgl. die Übersicht in AnwBl. 1991, 147). Die anderen Mitgliedstaaten haben sich im wesentlichen darauf beschränkt, den Art. 5 der Richtlinie, der das Einvernehmen mit einem Rechtsanwalt des Aufnahmestaates betrifft, in das nationale Recht zu übernehmen. Sie haben aber – anders als das deutsche Durchführungsgesetz (RADG dazu unter f) – davon abgesehen, näher zu regeln, wie das Einvernehmen herzustellen ist (vgl. aber zu Spanien *Friese*, AnwBl. 1990, 87). Die Durchführungsvorschriften der anderen Staaten enthalten auch **keine Beschränkungen für das Auftreten vor Gericht,** die im deutschen Durchführungsgesetz aus dem Lokalisierungsprinzip abgeleitet worden sind. Dies dürfte darauf zurückzuführen sein, daß ein solches Prinzip in dem Recht der anderen Staaten, sofern es überhaupt gilt, nur eine untergeordnete Rolle spielt. Deutsche Rechtsanwälte, welche in anderen EG-Staaten Dienstleistungen erbringen wollen, müssen die dortigen Durchführungsbestimmungen zur EG-Richtlinie beachten. Zu den Regelungen in den EG-Staaten: *Everling,* C 69ff.; *Friese,* AnwBl. 1990, 87 u. *Dörig u. a.* AnwBl. 1990, 315 (Spanien); *A. Maier,* AnwBl. 1989, 321; s. a. AnwBl. 1990, 316 (Frankreich); *Spigt,* BRAK-Mitt 1989, 184 (Niederlande); *Triebel,* AnwBl. 1989, 578.

276 **f) Regelung der BRD.** Die BRD hat nach einer Niederlage vor dem *EuGH* (NJW 1988, 878f.) wegen zu restriktiver Regelungen ein neues RADG beschlossen (v. 14. 3. 1990, BGBl. I, 479). Danach dürfen EG-Anwälte unter der Berufsbezeichnung des Herkunftsstaates (§ 2 I RADG) im Inland vorübergehend tätig sein.

277 **aa) Weitgehende Freiheit des EG-Anwalts.** Die Vertretungsbefugnis der EG-Anwälte ist nur vor dem BGH beschränkt, also nicht – wie z. T. in der BRD – für die OLG (vgl. § 3 III RADG). Dienstleistende Anwälte dürfen jedoch in Berufssachen vor den Zivilsenaten der OLG dann nicht vertreten, wenn sie bereits im ersten Rechtszug Prozeßbevollmächtigte waren. Im übrigen können dienstleistende Anwälte vor allen deutschen Gerichten und Behörden auftreten sowie uneingeschränkt beraten.

278 Nach § 4 RADG dürfen in gerichtlichen und bestimmten behördlichen Verfahren, in denen Anwaltszwang besteht, EG-Anwälte jedoch nur im Einvernehmen mit einem deutschen Rechtsanwalt handeln, der zur Vertretung bei dem Gericht oder der Behörde befugt ist. Das Einvernehmen ist (nur) bei der ersten Handlung gegenüber dem Gericht oder der Behörde schriftlich nachzuweisen.

279 Haftungsrechtlich bedeutsam ist die Bestimmung des § 4 I 3 RADG, wonach – vorbehaltlich einer anderen vertraglichen Vereinbarung – kein Vertragsverhältnis zwischen dem deutschen (Einvernehmens-)Rechtsanwalt und dem Mandanten zustandekommt. Letzterer muß sich daher im Schadensfall an seinen EG-Anwalt halten. – Entsprechend dem eingeschränkten Verantwortungsbereich erhält der deutsche Anwalt nach § 24a BRAGO für die „Einvernehmenstätigkeit" nur eine Gebühr.

280 **bb) Berufs-(Standes-)recht bei Dienstleistungstätigkeit innerhalb der EG.** Keine Rechtssicherheit besteht bis auf weiteres im Hinblick auf die bei einer Dienstleistungstätigkeit innerhalb der EG geltenden Berufspflichten (dazu *Rabe,* NJW 1987, 2185, 2187f.).

281 **– Geltung des Rechts des Dienstleistungs- und des Herkunftsorts.**
Aus Art. 4 EG-Dienstleistungsrichtlinie und – diesem insoweit folgend – dem RADG ergibt sich, daß für die Tätigkeit vor Gerichten und Behörden sowohl alle Regeln des Staates, in dem die Dienstleistung erbracht wird (des sog. Aufnahmestaates) als auch die berufsrechtlichen Verpflichtungen des Herkunftsstaates gelten. Das bedeutet, daß – so *Everling* (C 29) –, **der dienstleistende Anwalt den Regeln des Tätigkeitsstaates voll unterworfen ist und die des Herkunftstaates im Kollisionsfall** zurücktreten. Er darf also bei Auftreten vor Gericht, beim Umgang mit Mandanten und bei der Gebührenerhebung nicht in einer Weise handeln, die im Tätigkeitsstaat als rechts- oder standeswidrig

(Internationales) Europäisches Recht   H I

gilt, selbst wenn es im Herkunftsstaat erlaubt ist. – Dementsprechend bestimmt § 3 I RADG, daß EG-Anwälte bei der Ausübung der Tätigkeit die Rechte und Pflichten eines deutschen Rechtsanwalts haben.

Die Verpflichtung zur Beachtung des Berufsrechts gilt jedoch nach Art. 4 EG-Dienstleistungsrichtlinie mit der Einschränkung, daß diese Regeln nur insoweit gelten, als sie von dem die Dienstleistung erbringenden Anwalt beachtet werden können und ihre Einhaltung gerechtfertigt ist, um eine ordnungsgemäße Ausübung der Tätigkeiten des Rechtsanwalts sowie die Wahrung des Ansehens (vgl. aber insoweit einschränkend BVerfGE 76, 171, 189) und des Vertrauens, welche die Stellung des Rechtsanwalts erfordert, zu gewährleisten (vgl. Art 4 EG-Dienstleistungsrichtlinie und nunmehr § 3 II RADG.).

– **Konfliktfälle:** 282

Konflikte können dann auftreten, wenn ein im Tätigkeitsstaat vorgeschriebenes Verhalten im Herkunftsstaat verboten ist oder umgekehrt. In solchen Fällen muß – nach Everling ebenda – dem Recht am **Ort der Tätigkeit der Vorrang** eingeräumt werden, denn nach der Richtlinie soll der dienstleistende Anwalt dem inländischen Anwalt bei der Berufsausübung gleichstehen, soweit sich nicht aus dem vorübergehenden Charakter der Tätigkeit etwas anderes ergibt (vgl. auch *Willemsen,* NJW 1989, 1128). Soweit ein im Tätigkeitsstaat erlaubtes Verhalten im Herkunftsstaat verboten ist, müssen nach *Everling* (aaO.) die Regeln des ersteren angewendet werden, da sonst der Anwalt nicht wettbewerbsfähig sei. Etwas anderes könne nur gelten, wenn das Verhalten auch Auswirkungen im Herkunftsstaat habe.

Daher kann ein deutscher Rechtsanwalt in England in gleichem Umfang werben wie ein Solicitor. Auch kann man für Italien ein dort zulässiges Zusatzhonorar vereinbaren, obwohl das nach deutschem Berufsrecht untersagt ist. Falls schließlich der Ort der Vereinbarung und der Tätigkeitsort auseinanderfallen, dürfte es auf den letzteren ankommen (so *Everling,* C 30).

– **Kammerüberwachung:** 283

Nach § 6 RADG erfolgt die Überwachung der Einhaltung der Berufspflichten durch die zuständigen inländischen Rechtsanwaltskammern. Angesichts des weitgehenden Versagens zahlreicher Kammern und der von ihnen an den Tag gelegten Unsicherheit im Hinblick auf Geltung und Durchsetzung des Berufsrechts im nationalen Bereich, dürfte hier keine effiziente Kontrolle zu erwarten sein, zumal es sich nur um den – vielfach kaum faßbaren – vorübergehend tätigen (Dienstleistungs-) EG-Anwalt handelt.

g) Notwendigkeit einer liberalen Harmonisierung des Berufsrechts in der 284
EG. Zur Vermeidung einer nicht hinnehmbaren Ungleichbehandlung bzw. umgekehrten Diskriminierung deutscher Rechtsanwälte ist dringendst eine Liberalisierung des EG-Rechts auf dem vertretbarsten freiheitlichen Nenner erforderlich. Sie kann erreicht werden, wenn man bereit ist, sich von antiquierten Berufsbildern zu lösen und alle Regelungen an dem Maßstab mißt, die das deutsche Grundgesetz für Einschränkungen der Berufsausübungsfreiheit fordert: Es muß genau geprüft werden, ob die Berufspflichten **„unerläßlich sind für die Funktionsfähigkeit der Rechtspflege"** (*BVerfGE* 76, 171 ff.; NJW 1990, 2122). Dies ist – wie die Überprüfung des Kartenhauses der Standesrichtlinien zwischenzeitlich gezeigt hat – bei den meisten Berufspflichten nicht der Fall.

Bei den angelaufenen Reformbestrebungen sollte man den Blick über den nationalen Tellerrand nicht verlieren. Es empfiehlt sich nicht, nationale Regelungen zu statuieren, welche wie z.B. das Sachlichkeitsgebot (so aber nicht überzeugend *Zuck,* NJW 1988, 179, Fn. 44) keine Chance haben, international – vor allem von Ländern mit größerer liberaler Tradition – akzeptiert zu werden (vgl. *Kleine-Cosack,* NJW 1988, 172).

Die Notwendigkeit europäischer bzw. internationaler Berufsregeln steht außer Frage. Die Delegationen der zwölf Mitgliedstaaten im Rat der Anwaltschaften der EG haben am 23. 10. 1988 einen Beschluß gefaßt über Standesregeln der Rechtsanwälte der Europäischen Gemeinschaft, CCBE (vgl. Beihefter zu Heft 3/89 der BRAK-Mitt; ferner AnwBl. 1989, 647; dazu *Weil,* AnwBl. 1988, 632).

4. Drittländer

285 **a) Anwälte aus Drittländern in der BRD.** Anwälte aus (Dritt-)Ländern außerhalb der EG bzw. des EWR welche sich weder auf den EWGV noch auf Art. 12 GG berufen können und welche nicht zur Rechtsanwaltschaft nach deutschem Recht zugelassen sind, unterliegen deutschem Recht, also dem RBerG und der BRAO.

286 **aa) Niederlassung.** Für die Niederlassung bestimmt § 206 II BRAO, daß Anwälte aus Drittländern sich **wie EG-Anwälte gem.** § 206 I BRAO niederlassen können nach Aufnahme in die für den Ort ihrer Niederlassung zuständige Rechtsanwaltskammer, falls die Gegenseitigkeit mit dem Herkunftsstaat verbürgt ist. Der BMJ ist ermächtigt, durch Rechtsverordnung die Staaten zu bestimmen, für deren Angehörige dies gilt. Die Befugnis zur Rechtsbesorgung ist jedoch beschränkt auf das Recht des Herkunftsstaates wie z. B. der USA, was wenig überzeugend ist.

287 **bb) Erlaubnis nach RBerG.** Soweit die Voraussetzungen des § 206 II BRAO nicht vorliegen, setzt die Niederlassung von Rechtsanwälten aus Drittländern weiterhin voraus, daß ihnen als Rechtskundigen in einem ausländischen Recht eine **Erlaubnis nach Art. 1 I 2 Nr. 5 RBerG** erteilt wird. Nur nach deren Erteilung dürfen sie ein Büro oder eine Zweigstelle unterhalten oder in eine bestehende Kanzlei eintreten (vgl. *Jessnitzer,* BRAK-Mitt 1985, 78, 80), welche bisher i. d. R. beschränkt ist auf europäisches Gemeinschaftsrecht und ausländisches Recht. Sie sind der Dienstaufsicht der Landgerichts- und Amtsgerichtspräsidenten unterworfen.
Um in der mündlichen Verhandlung nach den Regeln der ZPO vor Gericht auftreten zu können, bedarf der ausländische Rechtsanwalt nach dem RBerG noch der besonderen Zulassung als sog. Prozeßagent nach § 157 III ZPO, sofern er nicht Mitglied einer deutschen Rechtsanwaltskammer ist (vgl. *Feuerich,* BRAO § 3 Rdnr. 61 m. w. N.).

288 **cc) Zulässigkeit einer Sozietät mit deutschen Rechtsanwälten.** Da sie als Rechtsbeistände gelten, anders als die – bisherigen – Vollrechtsbeistände, jedoch – bisher – nicht die Möglichkeit hatten, Mitglied einer Rechtsanwaltskammer zu werden, wurde in der Vergangenheit im Hinblick auf § 30 RiLi eine Sozietät mit deutschen Rechtsanwälten für unzulässig erachtet (vgl. *Rabe,* NJW 1987, 2192). Die Fortgeltung dieser Richtlinie ist jedoch zu verneinen im Hinblick auf den für die deutschen Rechtsanwälte geltenden Art. 12 GG (vgl. auch *Feuerich,* AnwBl. 1988, 508f.). Eine **Sozietät mit deutschen Rechtsanwälten ist daher zulässig** (vgl. auch *EGH Hamburg* BRAK-Mitt 1984, 89) ebenso wie die Aufführung des Namens des ausländischen Rechtsanwalts auf dem Praxisschild bzw. dem Kanzleibrief mit der Berufsbezeichnung des Herkunftslandes.

289 **b) Deutsche Anwälte in Drittländern.** Grundsätzlich können auch deutsche Rechtsanwälte in Ländern außerhalb der EG tätig sein. Auch sind sie berechtigt, dort Zweitniederlassungen zu errichten (vgl. auch *Zuck,* NJW 1987, 3035), zumal das Zweigstellenverbot nur für das Territorium der BRD gilt; die entsprechende Mitteilung auf dem Briefbogen verletzt nicht das Werbeverbot.

aa) Maßgeblichkeit des Rechts des Niederlassungsstaates. Für die Niederlassung deutscher Anwälte im Ausland gelten grundsätzlich die nationalen Regelungen des Niederlassungsstaates. Die Bedingungen der Niederlassung richten sich daher nach den Vorschriften über die Tätigkeit von Anwälten (Rechtsberatern), welche nicht die Qualifikation und die Zulassung des Niederlassungsstaates besitzen. 290

bb) Beispiele. Diese Bedingungen sind in den einzelnen Ländern sehr unterschiedlich. Sie reichen von dem generellen Verbot der Niederlassung ausländischer Anwälte (unter dieser Berufsbezeichnung) in China über neuerdings unter der Voraussetzung der Gegenseitigkeit geltende, manche Beschränkungen enthaltende Regelungen für die Tätigkeit ausländischer Rechtsanwälte in Japan bis hin zu liberalen Regelungen in den Ländern des ehemaligen britischen Commonwealth und in einigen Staaten der USA wie etwa im Staate New York, wo sich ausländische Anwälte als Legal Consultants niederlassen können und mit geringfügigen Beschränkungen Rechtsberatung betreiben können (zum ganzen *Rabe,* NJW 1987, 2188 m. w. N. sowie speziell zu den Niederlassungsmöglichkeiten deutscher Rechtsanwälte in den USA *Knapp,* BRAK-Mitt 1989, 186). 291

H II. Sozietäten

Dr. Benno Heussen

Übersicht

	Rdnr.
I. Rechtscharakter und Vergleich mit anderen Vertragsformen	1
1. Gesellschaftsvertrag	1
2. Abgrenzung zur Bürogemeinschaft	4
3. Briefkopfsozietät	5
4. Der Name der Sozietät	6
5. Vorteile der Sozietät	8
6. Nachteile der Sozietät	9
7. Abwägung der Vor- und Nachteile	11
II. Sozietät mit Angehörigen anderer Berufsgruppen	12
III. Vertragsgestaltung	16
1. Zweckmäßigkeit des Sozietätsvertrags	16
2. Notwendiger Regelungsinhalt	17
IV. Einzelfragen der Organisation	30
1. Ziele der Sozietät	30
2. Verteilung der Mandate	31
3. Innere Organisation der Sozietät	33
4. Interne Kommunikation	34
5. Förderung des Nachwuchses	36
6. Betriebs- und Privatausgaben	37
V. Haftung	40
VI. Sozietäten mit Rechtsanwälten in den neuen Bundesländern	44
VII. Anhang	45
1. Vertragsmuster: Sozietätsvertrag	45
2. Vertragsmuster: Vertrag über die Übertragung eines Sozietätsanteils	47
3. Vertragsmuster: Schiedsgerichtsvereinbarung	48

Literatur: DAV Ratgeber „Praktische Hinweise für junge Anwälte", 1989; *Ahlers*, Die Rechtsanwalts-GmbH, AnwBl. 1991, 10; *ders.*, „Der Anwalts-Notar als Gesellschafter einer überörtlichen Sozietät und in einer Rechtsanwaltsgesellschaft mbH", AnwBl. 1991, 573; *ders.*, „Zur Definition der überörtlichen Rechtsanwaltssozietät", AnwBl. 1992, 54; *Braun*, Sozietäten-Statistik, BRAK-Mitt 1988, 279; *Grüninger*, Die deutsche Rechtsanwaltssozietät als Mitglied einer EWiR, AnwBl. 1990, 228; *Kilger*, „Der Traum vom ‚freien' Mitarbeiter", AnwBl. 1992, 212; *Klaas*, Ausscheiden aus freiberuflichen Sozietäten unter steuerlichen Aspekten, 1988; *Schroeder/Teichmann*, Die überörtliche Sozietät, AnwBl. 1990, 22; *Wollny*, Unternehmens- und Praxisübertragungen 1988; *Zilles*, „Zum Sozietätsvertrag", AnwBl. 1992, 179; *Zuck*, Der ausscheidende Sozius – Die 7 Todsünden, AnwBl. 1987, 524; *ders.*, Formen anwaltlicher Zusammenarbeit, AnwBl. 1988, 19.

I. Rechtscharakter und Vergleich mit anderen Vertragsformen

1. Gesellschaftsvertrag

1 Die verbreitetste Form der Zusammenarbeit mehrerer Rechtsanwälte ist die Sozietät. Sie wird dadurch gekennzeichnet, daß die beteiligten Anwälte
– gemeinschaftliche **Mandate** und Aufträge annehmen,
– **Honorare** und Entgelte gemeinsam vereinnahmen,
– für jedes Berufsversehen unabhängig davon, wer es verursacht hat, gemeinsam **haften**,
– und dies alles durch einen gemeinsamen **Briefkopf** zum Ausdruck bringen.

Aus all diesen Elementen ergibt sich zusammengenommen ein **gemeinsamer Zweck** und der Entschluß aller Beteiligten, ihn durch koordiniertes Vorgehen zu erreichen (§ 705 BGB; grundlegend *BGH* NJW 1963, 1302).

2 Es wird seit Jahren darüber diskutiert, ob man Rechtsanwälten die Rechtsform der GmbH für eine gemeinsame Berufsausübung zur Verfügung stellen sollte. Aufgrund ihrer freiberuflichen Tätigkeit ist das ohne gesetzgeberische

Maßnahmen nicht möglich. Statt des wohl gescheiterten Partnerschaftsgesetzes (dazu *Kleinheisterkamp* AnwBl. 1988, 581) hat der DAV einen neuen Gesetzgebungsvorschlag erarbeitet, der die Tätigkeit der Anwälte in einer GmbH unter bestimmten Bedingungen zuläßt (Vorschlag des Vorstandes des DAV AnwBl. 1990, Beilage zu Heft 4, S. 16f.). Ob dieser Vorschlag sich durchsetzen kann, ist noch ungewiß.

Die außerordentlich strenge BGH-Rechtsprechung zur Anwaltshaftung (vgl. E II Rdnr. 9), die auch durch Versicherungen nur begrenzt abgefangen werden kann, und die vergleichbaren Lösungen bei Steuerberatungs- und Wirtschaftsprüfungsgesellschaften spricht für einen solchen Ansatz auch bei Rechtsanwälten. Ihm werden jedoch teils steuerliche Überlegungen entgegengehalten (*Kleinheisterkamp* aaO), teils wird darauf hingewiesen, daß die persönliche Haftung außerhalb einer Kapitalgesellschaft den Ruf der Anwaltschaft mit aufrecht erhalte (*Plaas* AnwBl. 1988, 557). Im internationalen Vergleich zeigt sich, daß trotz ausufernder Haftungsrisiken (etwa in USA) Kapitalgesellschaftslösungen sich nicht durchgesetzt haben.

Sozietäten mit Rechtsanwälten außerhalb des eigenen Gerichtsbezirks wird man jetzt sowohl im **Inland** wie im **Ausland** für zulässig halten dürfen (vgl. H I Rdnrn. 94 ff., 289). 3

2. Abgrenzung zur Bürogemeinschaft

Im Gegensatz zur Bürogemeinschaft, die sich im Kern auf die gemeinsame 4 Nutzung von **Organisationsmitteln** beschränkt, ist der Zweck der Sozietät die gemeinsame Bearbeitung der übertragenen Mandate (H III Rdnr. 3). Sozietätsverträge sind jedoch manchmal durch so viele **Sonderregelungen** durchbrochen, daß im Einzelfall durchaus die Frage gestellt werden kann, ob die „Gemeinsamkeit des Zwecks" im Vertrag noch hinreichend Rückhalt findet. Das gilt vor allem dann, wenn größere Mandatsgruppen aus der Sozietät ausgegliedert werden, so daß es nur in einzelnen Bereichen zur punktuellen Zusammenarbeit zwischen den Sozien kommt. Die Zuordnung zum einen oder anderen Vertragstypus hängt also immer von der **individuellen Vertragsgestaltung** ab.

Eine Bürogemeinschaft, in der sich mehrere Anwälte mit besonderen Spezialgebieten zusammenschließen und eine gemeinsame, sehr leistungsfähige Organisation aufbauen, die allen beteiligten Kanzleien zur Verfügung steht, ist eine sehr bedenkenswerte Alternative zu einer Sozietätslösung. Ob sie – vor allem im internationalen Verkehr – mit Sozietäten konkurrieren kann, wird die Erfahrung zeigen.

3. Briefkopfsozietät

Wenn mehrere Bürogemeinschafter einen gemeinsamen Briefkopf verwenden, so **haften** sie nach **außen** stets wie eine Sozietät, auch wenn im Innenverhältnis keine solche besteht (*BGHZ* 70, 247 und E II Rdnr. 9f.). Diese Grundregel ist für neuere Formen der beruflichen Zusammenarbeit möglicherweise zu unflexibel. So kennt man aus USA den „off counsel", der nicht mehr unmittelbar in der Mandatsberatung tätig ist, sondern nur seinen **Kollegen** noch mit gutem Rat zur Seite steht. Daraus mag sich in der Zukunft eine Haftungsbeschränkung für diesen ausgeschiedenen, im Briefkopf aber noch genannten Rechtsanwalt ergeben, wenn sich eine solche Verkehrsanschauung einmal gebildet hat. 5

4. Der Name der Sozietät

6 Nach bisherigem Standesrecht bildete sich der Name der Sozietät aus einem oder mehreren Namen der beteiligten Rechtsanwälte. Wenn ein Rechtsanwalt ausgeschieden oder verstorben war, durfte der Name nur begrenzte Zeit weitergeführt werden (§ 71 RiLi). Diese Vorschrift hat auch in der Übergangszeit **keine Bedeutung** mehr (*Feuerich* AnwBl. 1988, 502/513; *Benda* AnwBl. 1988, 7/11; zum Gesamten ausführlich Kap. H I Rdnr. 94; *BGH* AnwBl. 1991, 97; *OLG Düsseldorf* NJW 1991, 46). Auch das künftige Standesrecht dürfte die Fortführung des Namens ausgeschiedener Rechtsanwälte gestatten (Empfehlungen der Arbeitsgruppe 4/5 im DAV-Ausschuß Neues Berufsrecht, Empfehlung Nr. 3a AnwBl. 1988, 569). Damit ist der Weg für Sozietätsbezeichnungen frei, wie sie im Ausland seit langem üblich und nach internationalem Maßstab sicher unerläßlich sind (*Hauschka* AnwBl. 1988, 553 (556)).

7 Um Rechtsunsicherheit bei Haftungsfragen zu vermeiden, werden sich allerdings erst Kriterien bilden müssen, unter denen ausgeschiedene Rechtsanwälte vom Risiko einer Rechtsscheinshaftung befreit werden, obgleich ihr Name nach wie vor (wenn auch mit einschränkender Kennzeichnung) auf dem Briefkopf genannt wird.

5. Vorteile der Sozietät

8 Die Sozietät hat gegenüber dem Einzelanwalt und der Bürogemeinschaft folgende Vorteile:
- Über den **Sozietätsnamen** kann ein langjähriger Good-will aufgebaut werden.
- Die **Fachreferate** (z. B. Wettbewerbsrecht, Arbeitsrecht, Verwaltungsrecht etc.) können so zugeschnitten werden, daß man sie mit mindestens zwei Rechtsanwälten besetzen kann, so daß eine wirksame Vertretung im Urlaubs- oder Krankheitsfalle gewährleistet ist, ohne Qualitätseinbußen hinnehmen zu müssen.
- Es ist fächerübergreifender **Erfahrungsaustausch** möglich.
- Es kann erheblich einfacher (vor allem innerhalb einer sich bildenden Altershierarchie) **delegiert** werden.
- Die **finanziellen Risiken** verteilen sich auf größere Kopfzahlen (und Privatvermögen).
- Dadurch kann die **Ausstattung** des Büros mit Personal, Bürotechnik, Bibliothek etc. auf dem neuesten Stand gehalten werden.
- Es kann sich **Spezialwissen** auch in kleineren Gebieten ausbilden, da der Mandantenstamm erheblich breiter angelegt ist.
- Die überörtliche und internationale **Kooperation** wird erleichtert.
- Es können **länderbezogene Referate** (z. B. USA, Frankreich etc.) aufgebaut werden, in denen intensivere Sprachkenntnisse gepflegt werden (auch in den Sekretariaten).
- Die **Kompetenzfrage** wird im Rahmen der Akquisition neuer Mandate nicht mehr so intensiv gestellt.
- Die **Kooperation** mit anderen Berufsgruppen ist eher möglich.
- Der **Sozietätsanteil** läßt sich im Falle des Ausscheidens einfacher und werthaltiger **kapitalisieren,** da der Good-will nicht auf eine Einzelperson bezogen ist.

6. Nachteile der Sozietät

Die Sozietät hat demgegenüber folgende Nachteile:
- Die bekannt hohe Neigung der Rechtsanwälte zu individuellem Verhalten wird durch die **gesellschaftsrechtliche Bindung** innerhalb der Sozietät deutlich eingeschränkt: Das beginnt bei der Frage, wer unter welchen Umständen welches Mandat annehmen darf, wie es geführt wird, ob vereinbarte Honorare angemessen sind etc. bis hin zu Einzelfragen der Arbeitszeiteinteilung einzelner Sozien.
- Die an sich gegebene Möglichkeit zu fachlicher Kooperation bedarf laufender Pflege und darf vor allem nicht durch **Hierarchiebildungen** verhindert werden.
- Die **Initiative** junger Anwälte wird vor allem in sehr traditionell ausgerichteten Büros gelegentlich unangemessen eingeschränkt.
- Sozietätsverträge können außerordentlich drückende **Abfindungs-** oder **Pensionsregelungen** enthalten.
- Sozietäten einer bestimmten Größe stehen nicht selten latent in Problemen der **Interessenkonflikte,** vor allem, wenn sie fachlich hochspezialisiert sind.
- Vor allem aber: Die **Haftungsrisiken** in der Sozietät sind praktisch unkalkulierbar, weil auch bei intensiver Zusammenarbeit kein Sozius die in der Arbeit seines Kollegen steckenden Probleme und Haftungsgefahren auch nur annähernd realistisch beurteilen kann.

7. Abwägung der Vor- und Nachteile

Wenn auch die Vorteile der Sozietät auf den ersten Blick zu überwiegen scheinen, so zeigt doch die Praxis, daß vor allem die sehr großen Sozietäten sich nur dort bilden, wo bestimmte sachliche Probleme, insbesondere im internationalen Rechtsverkehr, das erfordern. Noch heute ist ein sehr hoher Anteil selbst der amerikanischen Rechtsanwälte in kleineren Büros tätig, und zwar auch in Großstädten (vgl. *Kesspohl-Willemer,* Die US-Anwaltschaft in der Statistik, AnwBl. 1988, 532). Auch im Bereich des Wirtschaftsrechts gibt es einzelne Gebiete, bei denen kleinere, hochspezialisierte Büros, erheblich ertragreicher arbeiten als eine Sozietät dies aufgrund ihres großen Verwaltungskostenanteils könnte. Darüber hinaus leiden sehr große Sozietäten an den **Verwaltungsproblemen** großer Organisationen und geraten damit in Gefahr, einen wesentlichen Vorteil der anwaltlichen Arbeit (Individualität) wieder einzubüßen. Ob Einzelkanzlei, Bürogemeinschaft oder Sozietät die richtige Form der beruflichen Arbeit ist, hängt also stets von den individuellen Gegebenheiten der Person und der Fachrichtung eines Anwalts ab.

II. Sozietät mit Angehörigen anderer Berufsgruppen

Rechtsanwälte können Sozietäten eingehen mit anderen Rechtsanwälten, Patentanwälten, Steuerberatern, Wirtschaftsprüfern, und mit Rechtsbeiständen; letztere aber nur, wenn sie Mitglieder einer Rechtsanwaltskammer sind. Das galt nach altem Standesrecht und wird auch im neuen Standesrecht voraussichtlich so bleiben (§ 24 Düsseldorfer Richtlinien AnwBl. 1988, 521 (523)).

Eine Sozietät ist mithin nicht zulässig zwischen einem Rechtsanwalt und einem Steuerbevollmächtigten (*BVerfGE* 34, 252) und ebenso nicht zwischen einem

H II

Anwaltsnotar und einem Steuerberater und/oder Wirtschaftsprüfer (*BGH* NJW 1981, 364). Diese, nach bisherigem Standesrecht geltende Regel kann im Bereich der Anwaltsnotariate zu unangemessenen Ergebnissen führen. Dort sollte der Anwaltsnotar jedenfalls die Möglichkeit haben, sich im Bereich seiner Anwaltstätigkeit mit einem Steuerberater/Wirtschaftsprüfer zu assoziieren, wenn er nur den Notariatsbereich entsprechend klar ausgliedert. Rechtsprechung zu dieser Frage gibt es noch nicht.

14 Eine Sozietät mit gewerblich tätigen Berufsgruppen (z. B. Unternehmensberatern, Maklern etc.) erscheint ausgeschlossen, denn die Rechtsprechung des BGH und des BVerfG hat stets darauf hingewiesen, daß die **Unabhängigkeit** der anwaltlichen Beratungstätigkeit nicht von gewerblichen Interessen gefährdet werden darf.

15 Eine Assoziierung von Anwälten mit Steuerberatern oder Wirtschaftsprüfern, die sich in einer Kapitalgesellschaft organisiert haben, ist möglich (*EGH Baden-Württemberg* AnwBl. 1988, 245; zum Gesamten: Arbeitsbericht des DAV-Ausschusses „Neues Berufsrecht" AnwBl. 1988, 568).

III. Vertragsgestaltung

1. Zweckmäßigkeit des Sozietätsvertrages

16 Die gesetzlichen Regelungen der §§ 705 ff. BGB sind auf eine Vielzahl möglicher Gesellschaften zugeschnitten und für die Anwaltssozietät daher zu **unspezifisch**. Sie müssen durch einen Sozietätsvertrag näher konkretisiert werden. Dazu gibt es einen, vom Sozietätsausschuß des DAV erarbeiteten **Mustervertrag** (DAV Ratgeber „Praktische Hinweise für junge Anwälte"). Da Sozietätsverträge, die in der Praxis auch verwendet worden sind, praktisch nicht veröffentlicht werden, kann man nur vermuten, wie umfangreich die **Vielzahl** der **Vertragsgestaltungen** ist. Dies zu ermitteln wird Aufgabe des neu gegründeten Instituts für Anwaltsrecht an der Universität Köln sein. Eine gewisse Anschauung über die Breite der Vertragsgestaltung gibt das Muster im Anhang (u. Rdnrn. 45 f.). Gleichwohl gibt es viele Kanzleien, die keinen schriftlichen Sozietätsvertrag haben und in manchen Sozietätsverträgen sind wichtige Punkte nicht geregelt, wie sich erst bei späteren Auseinandersetzungen herausstellt.

2. Notwendiger Regelungsinhalt

17 Der notwendige Regelungsinhalt eines Sozietätsvertrages umfaßt folgende Einzelbereiche:

a) Bezeichnung der beteiligten Rechtsanwälte.

18 **b) Umfang** der Tätigkeiten, auf die die Sozietätsabrede sich erstreckt. Es können im Einzelfall etwa ausgenommen werden die Vergütungen aus Aufsichtsratsmandaten, Testamentsvollstreckungen, Seminartätigkeit, Veröffentlichungstätigkeit oder ähnlichen abgrenzbaren Bereichen, es sind aber auch Einschränkungen bezüglich einzelner Mandate möglich. Gibt es keine besonderen Abreden, so unterfällt im Zweifel der gesamte Tätigkeitsbereich jedes Anwalts der Sozietätsabrede. Es ist streng darauf zu achten, daß in ausgegliederten Bereichen der **Sozietätsbriefkopf nicht** benutzt wird, da sonst eine Außenhaftung eintreten kann.

c) **Beschlußfassung.** In der Sozietät wird ohne besondere Regelungen nach Kopfteilen abgestimmt, es kann aber jede individuelle Regelung vereinbart werden. Sieht der Vertrag lediglich einen prozentualen Gewinnanteil vor, billigt aber keine Stimmrechte zu (oder schränkt sie unangemessen ein), kann der gesellschaftsrechtliche Charakter der Gesamtkonstruktion in Frage stehen (*Karsten Schmidt*, Gesellschaftsrecht, 1986, S. 446f.). 19

d) **Eingebrachte Mandate.** Wenn eine Sozietät nicht neu gegründet wird, bringt jeder Anwalt eigene Mandate ein. Es ist zu regeln, ob diese der allgemeinen **Gewinnabrede** unterfallen oder (ggf. mit welcher Kostenbeteiligung) einzeln abgerechnet werden. Das Einbringen von Mandaten führt nicht zur Mithaftung des Sozius, wenn ein Haftpflichtfall vor dem Zeitpunkt der Sozietätsgründung lag (*BGH* BB 1988, 658, zu den hier relevanten Steuerfragen vgl. Kap. I Rdnrn. 57f.). 20

e) **Neueintritt in eine bestehende Sozietät.** Manche Sozietäten nehmen neue Partner (die meist vorher als Angestellte tätig waren) in die Sozietät auf, ohne Vergütung für den bis dahin entstandenen Good-will, das Bar- und Anlagevermögen und den Wert der noch ausstehenden Honorare zu verlangen. Konsequent gibt es dann meist auch keine Abfindung im Falle des Ausscheidens. Bei anderen Verträgen wird eine Vergütung für den Wert des übertragenen Gesellschaftsanteils vereinbart, dafür aber auch eine entsprechende Abfindung festgelegt. In jedem Fall müssen die Eintrittsbedingungen geregelt werden (s. das Muster Rdnrn. 46f.). Wer einem angestellten Anwalt eine Sozietätszusage macht, kann aus c. i. c. haften, wenn er sie nicht einhält (*BAG* NJW 1976, 206 [obiter dictum]). 21

f) **Gewinnverteilung.** Die Gewinnverteilung kann sich an vielfältigen Kriterien orientieren, und zwar 22
- an der Kopfzahl,
- an bestimmten Umsatzgrößen einzelner Sozien,
- an der Berufserfahrung,
- an der Akquisitionsleistung,
- an der Belastung einzelner Sozien durch die Organisation.

Man kann auch ganze Mandatsbereiche aus der gemeinsamen Gewinnverteilung herausnehmen, obgleich sie unter dem gemeinsamen Briefkopf (und damit auch unter der gemeinsamen Haftung) von einem einzelnen Sozius geführt worden sind. Bei größeren Sozietäten haben sich **Punktsysteme** bewährt, die in Anlehnung an Vorbilder aus den USA übernommen worden sind. Bei einem derartigen System werden die oben zitierten (und ggf. weitere) Kriterien mit einer gewissen Punktzahl versehen, die jeweils einen bestimmten Prozentsatz des im jeweiligen Jahr zu verteilenden Gewinnes entspricht. Man kann auch die Gewinnverteilung einer Gruppe von Sozien überlassen, die für oder gegen die anderen Einzelheiten der Gewinnverteilung beschließen können, sofern das nicht einen unangemessenen Eingriff in die gesellschaftsrechtliche Konstruktion bedeutet. Das Auseinanderklaffen der Bezüge zwischen dem jüngsten und dem bestverdienenden Mitglied einer Sozietät sollte über das Verhältnis 1:5 nicht hinausgehen.

g) **Entnahmerecht.** Unabhängig von der Gewinnverteilung ist die Frage zu regeln, unter welchen Bedingungen Sozien Geld von den gemeinsamen Konten entnehmen können. Wenn die Umsätze sich über das Jahr hinweg kontinuierlich 23

H II

entwickeln, kann ¹⁄₁₂ **des Vorjahres-Gewinns** als Anhaltspunkt dienen, jedoch nicht mehr, als Honorare tatsächlich eingegangen sind. Entnahmen sollten nicht vorfinanziert werden. Zu beachten ist, daß die anwaltlichen Konten nur dann **Negativsalden** ausweisen dürfen, wenn entweder sämtliche treuhänderisch verwalteten Gelder sich auf **Anderkonten** befinden oder feste und im Privatvermögen der Sozien besicherte **Kreditzusagen** ausgenutzt werden, die es sicherstellen, daß sämtliche Fremdgelder zu allen Fälligkeitsterminen ohne jede Verzögerung ausgeschüttet werden können.

Ein Verstoß gegen diese Regel führt zum strafrechtlichen Risiko der **Untreue** (vgl. E III Rdnr. 68). Auch wenn die Regel beachtet wird, sollte der entnahmefähige Betrag vorsorglich um eine **Sicherheitsreserve** von 20% vermindert werden, um unvorhersehbaren Risiken und einer möglichen Minderung des Jahresergebnisses gegenüber dem Vorjahr Rechnung zu tragen.

24 h) **Urlaubsregelung – Fortbildung.** Man sollte sowohl die Dauer des Urlaubs wie die Häufigkeit der Teilnahme an Fortbildungsveranstaltungen in den Grundzügen (ggf. wiederum nach Punktsystem) regeln.

i) **Krankheit.** Im Krankheitsfall muß bestimmt sein,
– bis zu welchem Zeitpunkt der Kranke weiterhin am **Gewinn** teilnimmt,
– bis zu welchem Zeitpunkt er welche Beträge **entnehmen** darf,
– wann und unter welchen Bedingungen er endgültig **ausscheiden** muß.

Solche Regelungen sind um so einfacher zu treffen, als man Unfall-, Krankheits- und Berufsunfähigkeitsrisiken jeweils koordiniert zueinander versichern kann (vgl. Kap. J). Ein Sozius sollte während der ersten 6 Wochen einer Krankheit weder im Entnahme- noch im Gewinnbezugsrecht beschnitten werden. Das insoweit entstehende Risiko für die Sozietät kann durch Versicherungen relativ günstig abgedeckt werden.

25 j) **Wettbewerbsverbote/Mandatsschutzklauseln.** Bei der Frage, ob Wettbewerbsverbote und/oder Mandatsschutzklauseln zweckmäßig sind, ist zunächst zwischen der anwaltlichen Tätigkeit und anderen Tätigkeiten zu differenzieren. Das ist nicht ganz einfach, denn die Tätigkeit des Treuhänders, Konkursverwalters etc. ist nicht notwendig eine anwaltliche. Da solche Tätigkeiten aber stets auch die Ressourcen des Büros in Anspruch nehmen, sollte darüber eine ausdrückliche Absprache getroffen werden. Im Zweifel sind sie zustimmungsbedürftig. Darüber hinaus hängt die Wirksamkeit von Wettbewerbsverboten und Mandatsschutzklauseln davon ab, für **welchen Zeitraum** sie vereinbart werden. Während der Dauer des Sozietätsvertrages ist die Tätigkeit eines Sozius auf eigene Rechnung nur mit ausdrücklicher Genehmigung möglich, was sich einfach aus der gesellschaftsrechtlichen Konstruktion der Sozietät ergibt (*Karsten Schmidt*, Gesellschaftsrecht, S. 440).

Erheblich schwieriger ist es jedoch, wenn Regelungen für den Fall des **Ausscheidens** getroffen werden. Aus naheliegenden Gründen ist es für die Sozietät eine große Gefährdung, wenn ein ausscheidender Sozius für die Sozietät wichtige Mandate mitnimmt. Zwar ist es grundsätzlich Sache des Mandanten, zu entscheiden, wer das Mandat fortführt. Der ausscheidende Sozius kann darauf aber (in standesrechtlich zulässiger Weise) Einfluß nehmen, einen Einfluß, dessen es immer dann schon nicht bedarf, wenn er bestimmte Fachkenntnisse hat, über die die anderen Sozien nicht verfügen. Man kann dieses Problem auf zweierlei Art lösen: Vereinbarungen, die den Wettbewerb des ausscheidenden Sozius mit der Sozietät mittelbar oder unmittelbar einschränken, oder die Vereinbarung eines Ausgleichs für diejenige Mandate, die in der Sozietät nicht mehr fortgeführt werden können.

Zum ersteren Bereich gibt es eine Grundsatzentscheidung des *BGH* (NJW 1986, 2944), die es als sittenwidrig ansieht, ein zeitlich und örtlich unbegrenztes Wettbewerbsverbot zu vereinbaren. Das Urteil erklärt es grundsätzlich für zulässig, **Mandatsschutzklauseln** zu vereinbaren, „wenn mit ihnen unter angemessenen Bedingungen verhindert werden soll, daß der Ausscheidende oder Übergeber Mandanten abzieht". Soweit damit ein aktives Abwerben gemeint ist, sind die Kriterien an allgemeinen wettbewerbsrechtlichen Grundsätzen ohne weiteres zu ermitteln (Übersicht *Baumbach/Hefermehl* § 1 UWG Rdnrn. 546 ff.). Die bloße Tatsache, daß der Mandant dem fachkundigeren Sozius folgt, ist jedoch kein solches Abwerben. Die Rechtsprechung läßt derzeit nicht erkennen, wie ein „örtlich und zeitlich begrenztes Wettbewerbsverbot" (*BGH* aaO) auszusehen hätte. Sachlich angemessener ist es daher, davon auszugehen, daß ein ausscheidender Sozius ihm verbundene Mandanten mitnehmen wird und für diesen Fall allerdings zugunsten der Sozietät zu vereinbaren, daß die **Entschädigung** für den Good-will, den er erhält, um den Wert der mitgenommenen Mandate sinkt. Der Vertragsentwurf (unten Rdnr. 46 § 9) geht davon aus, daß der Anteil dieser Mandate demjenigen Prozentsatz entspricht, den der Sozius bisher gehalten hat: Dies um eine mühevolle Auseinandersetzung über die Frage der „Mitnahme" und ihre Wirkung im einzelnen zu vermeiden.

k) **Ausscheiden aus der Sozietät.** Wie beim Eintritt gibt es auch beim Ausscheiden verschiedene Modelle, die zum Teil davon abhängen, wie die Eintrittsbedingungen gestaltet worden sind. Die früher weitgehend üblichen **Pensionsverpflichtungen** (meist angelehnt an Richterbezüge), deren wirtschaftlicher Wert schwer kalkulierbar ist, werden jetzt weniger häufig verwendet. Die Regelung über das Ausscheiden sollte auch die persönliche **Altersvorsorge** der einzelnen Sozien berücksichtigen. Trotz der häufig vorkommenden Verschiedenheit der Vermögensverhältnisse einzelner Sozien ist darauf zu achten, daß jeder wenigstens eine Grundvorsorge trifft, die sich aus steuerlichen Gründen manchmal auch zweckmäßig als Betriebsausgabe gestalten läßt (vgl. J Rdnr. 18).

Wenn man die Berechnung des good will der Rechtsprechung überläßt, kann es überraschende Ergebnisse geben (etwa *OLG Frankfurt* AnwBl. 1987, 192).

Es wird häufig übersehen, die Ausscheidensregelung so zu gestalten, daß **nachvertragliche Risiken** richtig verteilt, insbesondere Zurückbehaltungsrechte geregelt werden. Der endgültige Abfindungsbetrag kann nämlich erst feststehen, wenn die Betriebsprüfungen des **Finanzamts** und der **Sozialversicherungsträger**, die oft Jahre nach dem Ausscheidenszeitpunkt stattfinden, abgeschlossen worden sind (Rechtsmittel nicht eingerechnet). Ähnlich verhält es sich mit den **Haftungsrisiken** gegenüber den Mandanten, die ebenfalls erst nach Jahren sichtbar werden können und den Wert des Gesellschaftsanteils des Ausscheidenden deutlich mindern können.

l) **Organisationsverantwortung.** Die Verantwortung einzelner Sozien für bestimmte Teilbereiche der Organisation (Personal, Finanzen, Versicherungen EDV etc.) muß flexibel gehalten werden und sollte daher nicht im Sozietätsvertrag sondern über Einzelbeschlüsse im **Organisationsplan** geregelt werden.

28 **m) Steuerprobleme.** Jeder **Sozietätsvertrag** sollte von einem steuerlich versierten Anwalt oder Steuerberater auf seine steuerlichen Konsequenzen sowohl bei der einheitlichen und gesonderten Gewinnfeststellung wie auch bei den privaten Steuerverhältnissen der einzelnen Sozien überprüft werden (dazu ausführlich *Korn*, Kap. I). Es hängt stets von der Vertragsgestaltung im Einzelfall ab, ob die Vergütung, die ein eintretender Sozius zahlt, für ihn als Betriebsausgabe absetzbar (und bei den anderen als Gewinn zu versteuern) ist, oder wie ein Abfindungsbetrag bei einem der beiden Parteien jeweils steuerlich relevant wird (vgl. I Rdnrn. 53 ff.). Gleiches gilt für die Zuordnung der **Versicherungen** entweder als Betriebsaufwand oder als private Ausgabe.

29 **n) Schiedsvertrag.** Jeder Sozietätsvertrag sollte eine Schiedsklausel enthalten, wobei der daraus abzuleitende Schiedsvertrag grundsätzlich in einer, vom Sozietätsvertrag **getrennten Urkunde** niedergelegt werden muß (§ 1027 ZPO).
  Die Empfehlung eines Schiedsvertrages beruht auf folgenden Gründen:
– Anwälte, die sich untereinander streiten, sollten diesen Streit nicht vor Richtern austragen, vor denen sie auf ihren Ruf als abgewogene Vertreter der Mandanteninteressen angewiesen sind. In eigener Sache kann man diese Gelassenheit nicht immer aufbringen.
– Ein Anwalt als Schiedsrichter kann sich in die besonderen Spannungsfelder innerhalb einer Sozietät aufgrund eigener Erfahrung meist besser hineindenken, als dies einem Richter möglich ist.
– Streitigkeiten innerhalb einer Sozietät schaden allen Beteiligten je länger sie dauern. Beim Schiedsverfahren sind die Beteiligten nicht von der jeweiligen Gerichtsbelastung abhängig und können das Verfahren im eigenen Interesse zügig betreiben.
  In dem Vorschlag für einen Schiedsvertrag (unten Rdnr. 48) ist nur ein Schiedsrichter vorgesehen: Die Erfahrung zeigt, daß ein Dreiergremium nur mehr kostet, aber kein besseres Ergebnis bringt und aus Gründen der Terminskoordinierung auch langsamer arbeitet. Es ist sehr empfehlenswert, sich auf einen Kollegen aus einem anderen OLG-Bezirk zu einigen, der keinem der Beteiligten persönlich verbunden ist. Auch ein nicht mehr in der Tagespraxis stehender Anwalt, der lange Jahre Mitglied einer Sozietät war, ist eine gute Wahl.

IV. Einzelfragen der Organisation

1. Ziele der Sozietät

30 Im Gegensatz zum Einzelanwalt, der sich beliebig nach neuen Zielen und Schwerpunkten innerhalb seiner Berufstätigkeit umsehen kann, muß der „gemeinschaftliche Zweck" innerhalb der Sozietät definiert und stets überprüft werden. Es kann ein Ziel der Sozietät sein, ein bestimmtes Rechtsgebiet herausragend zu betreuen, es mag sein, daß die Interessen der Sozien in einer Auslandstätigkeit liegen, es können auch wissenschaftliche oder private Interessen (jeweils unter Einschluß der Einkommensaspekte) sein. Es hat sich bewährt, solche **Strategiediskussionen** mindestens zweimal im Jahr zu führen und im übrigen mindestens einmal monatlich eine Organisationsbesprechung abzuhalten, denn die Organisation folgt den gewählten Zwecken unmittelbar. Die Art der

Sachbehandlung kann im Detail zweckmäßig in einer täglich vereinbarten **Postbesprechung** koordiniert und harmonisiert werden, bei der vor allem die jüngeren Anwälte Erfahrungen quer durch die Sachgebiete sammeln können.

2. Verteilung der Mandate

Mandate, die die Sozietät erhält, können wie folgt zugeordnet werden: 31
- Bezogen auf die **Person** eines einzelnen Sozius, vor allem dann, wenn er eine persönliche Beziehung zum Mandanten hat;
- Bezogen auf ein bestimmtes, in der Sozietät gebildetes **Sachgebiet**;
- In einer **Mischform**, bei welcher ein Sozius eine bestimmte Zahl Mandanten betreut, deren unterschiedliche Probleme er aber bürointern von verschiedenen Referaten bearbeiten läßt.

Die persönliche Betreuung eines Mandanten auch auf Fachgebieten, bei denen man keine ausreichenden Spezialkenntnisse hat, ist aus Haftungsgründen zu riskant. Eine rein auf das eigene Sach- und Spezialgebiet bezogene Betreuung ist ebenfalls nicht immer möglich, weil der Mandant, der den Arbeitsstil eines bestimmten Sozius besonders bevorzugt, das nicht unter allen Umständen hinnimmt.

In der Regel wird man also Mischformen zwischen diesen drei Wegen finden 32 müssen. Sie gelingen nur, wenn jeder Sozius vorbehaltlos bereit ist, in seinem Spezialgebiet intern zu delegieren und an ihn delegierte Aufträge sorgfältig zu bearbeiten. Darin steckt ein erhebliches Spannungspotential, das man aber in den Griff bekommt, wenn man Arbeitsgruppen aus älteren und jüngeren Anwälten bildet.

3. Innere Organisation der Sozietät

Schon der Einzelanwalt sollte einen **Organisationsplan** haben, die Sozietät 33 braucht ihn auf alle Fälle, da neben der Mandatsbetreuung eine Fülle von Organisationsaufgaben zu erledigen sind, bei denen Kompetenz (und Verantwortung) festgelegt werden müssen. Auch dann, wenn einzelne Aufgaben von Bürovorstehern oder Sekretärinnen ausgeführt werden, muß ein Sozius für die Überwachung verantwortlich sein. Als zweckmäßige **Referatsgliederung** hat sich erwiesen:
- Personal;
- Finanzen, Controlling, Einkauf;
- Verträge, Versicherungen;
- Ausbildung, Fortbildung;
- Akten- und Fristorganisation;
- EDV, Textverarbeitung;
- Bibliothek, know-how-Verwaltung,
- Steuern, Buchhaltung.

4. Interne Kommunikation

Informelle Entscheidungen sind so lange möglich, als die Zahl der beteiligten 34 Sozien überschaubar bleibt. Schon bei kleineren Sozietäten empfiehlt es sich gleichwohl, bestimmte Besprechungen festzulegen, die nach Inhalt und Datum rechtzeitig vereinbart werden. Es kommen in Frage:
- **Täglich:** Postbesprechung;

H II

— **Monatlich:** Besprechung der betriebswirtschaftlichen Auswertung des Vormonats;
— **Jährlich** (oder öfter): Strategie-Besprechung.

35 In größeren Sozietäten (mehr als 15 Partner) kann es zweckmäßig sein, einen oder mehrere **geschäftsführende Sozien** zu wählen und im regelmäßigen Turnus (ohne Rücksicht auf Hierarchien!) zu wechseln. Diese Sozien koordinieren in erster Linie die einzelnen Organisationsaufgaben und entscheiden in Eilfällen allein.

5. Förderung des Nachwuchses

36 Sozietäten ziehen zwar einerseits befähigten Nachwuchs an, lassen ihn aber nicht selten mit dem Problem, wie er sich innerhalb der Gruppe zurechtfinden soll, allein. Der mit der Ausbildung betraute Sozius und jeder ältere Anwalt, dem ein jüngerer Anwalt zuarbeitet, sollte sich besonders darum bemühen, einen jüngeren Anwalt zu **motivieren**. Es ist auch zweckmäßig, einen jüngeren Anwalt erst Erfahrungen in mehreren Referaten sammeln zu lassen, bevor man ihn ausschließlich mit einer Spezialaufgabe betraut. Befähigten Nachwuchs kann man nur motivieren, wenn die überdurchschnittliche Arbeitsbelastung im Anwaltsberuf durch die Erfahrung kompensiert wird, daß man einen breiten **Entscheidungsspielraum** hat und, daß die eigene Arbeit von den anderen Partnern geschätzt wird.

6. Betriebs- und Privatausgaben

37 Ein besonderes Problem in der Sozietät ist die saubere Trennung von Betriebs- und Privatausgaben, die sich beim Einzelanwalt nicht vergleichbar stellt. (im einzelnen *Korn* I Rdnr. 24). Folgende Aufteilung ist zweckmäßig:
— Allgemeine Betriebsausgaben der Sozietät (Gehälter, Miete, Sachkosten etc.);
— Sonderbetriebsausgaben des einzelnen Sozius (z. B. Kfz-Autotelefon, wertvolle Büroeinrichtungen, Spezialliteratur, Reisen);
— Privatausgaben jedes einzelnen Sozius (private Lebenshaltungskosten).
Die Sozietät kann frei vereinbaren, welche Kosten als allgemeine Betriebsausgaben von allen gemeinsam getragen werden und welche Aufwendungen (soweit sie steuerlich echte Betriebsausgaben sind) jeder Sozius gleichwohl in voller Höhe selbst übernehmen muß, dann allerdings auch für sich allein von der Steuer absetzen kann. Die **Zuweisung** muß aber klar vereinbart werden, da sonst die Sozietät im Zweifel den Aufwand zu tragen hat.

38 Erheblich schwieriger ist die Abgrenzung der Betriebsausgaben von den privaten Bereichen. Vor allem bei Einladungen von Mandanten oder Reisen bedarf es hier klarer Regelungen, denn eine unzulässige Finanzierung privaten Aufwandes durch einen Sozius ist nicht nur **Steuerhinterziehung** sondern kann gegenüber den anderen Sozien je nach tatsächlichem Verlauf **Untreue** oder **Unterschlagung** sein. In diesen Zusammenhang gehört auch die Frage, wie die Pkw-Kosten richtig zu behandeln sind (zur Pkw-Vermietung an die Sozietät: *OFD Münster* AnwBl. 1986, 342; a. A. z. B. *OFD München*).

39 Die wirtschaftliche Dominanz eines Sozius gegenüber den anderen sollte sich nicht in **wirtschaftlichen Abhängigkeiten** der Sozietät niederschlagen (etwa: Vermietung der Büroräume der Sozietät durch einen Sozius zu unangemessenen Bedingungen).

Anhang   **H II**

V. Haftung

Die Haftung aller Sozien für Berufsversehen (dazu *Borgmann* E II Rdnr. 1 f.), **40**
die einer von ihnen zu vertreten hat, ergibt sich aus der gesellschaftsrechtlichen
Konstruktion. Sie wirft gegenüber der Einzelkanzlei besondere Probleme auf,
weil sie nur durch Versicherungen und zulässige Haftungsbeschränkungen begrenzbar ist (vgl. E II Rdnr. 39). Da **Haftungsbeschränkungen** im wesentlichen
wohl nur rechtlich zulässig sind, wenn sie individuell ausgehandelt werden,
müssen vor allem die jüngeren Rechtsanwälte immer wieder auf diese Möglichkeit hingewiesen und darin geschult werden, latente Haftungsrisiken schon bei
der Mandatsübernahme zu erkennen.

Noch ungeklärt ist, ob bei einem Berufsversehen im Bereich der Strafverteidigung (z. B. Freiheitsentziehung) der nicht beteiligte Sozius für eine Entschädigung ebenso haftet, wie der handelnde. **41**

Die **Haftpflichtversicherung** der Sozietät sollte deutlich höher sein als die des **42**
Einzelanwalts und nicht unter 1 000 000 DM liegen. Bei Büros mit etwa 10 Sozien sind 3–5 Millionen DM durchaus üblich.

Jüngere Anwälte streben es aus naheliegenden Gründen an, möglichst frühzeitig in den **Briefkopf** der Sozietät aufgenommen zu werden, auch wenn sie noch **43**
nicht Sozien sind. Das führt zur gesamtschuldnerischen Haftung mit den Sozien
gegenüber dem Mandanten, dem allerdings ein Freistellungsanspruch gegenüber den Sozien in gleicher Höhe entspricht. Die Werthaltigkeit beider Ansprüche kann unterschiedlich sein.

VI. Sozietäten mit Rechtsanwälten in den neuen Bundesländern

Die interne Ordnung einer Sozietät folgt gesellschaftsrechtlichen Grundsätzen. Da im Einigungsvertrag das Gesellschaftsrecht der Bundesrepublik **44**
Deutschland in diesem Bereich ohne Einschränkungen übernommen wurde,
sind insoweit keine Besonderheiten zu berücksichtigen.

Der Sozietätsvertrag wird allerdings Rücksicht darauf nehmen müssen, daß
das Anwaltsrecht in den neuen Bundesländern erhebliche Unterschiede zur
BRAO aufweist (ausführlich H I Rdnr. 247 ff.).

VII. Anhang

1. Vertragsmuster: Sozietätsvertrag

Das nachfolgende Vertragsmuster lehnt sich an das im DAV-Ratgeber näher **45**
kommentierte an, verdeutlicht aber in den wesentlichen Klauseln, wie unterschiedlich die Vertragsgestaltung im Einzelfall jeweils sein kann, wenn die Interessenlage individuelle Lösungen erfordert. Ein Vertrag, mit dem ein älterer
Rechtsanwalt nahe der Pensionsgrenze einen jüngeren Kollegen aufnimmt, sieht
anders aus, als der Zusammenschluß von 6 Kollegen mit etwa gleich hohen
Umsätzen, die sich etwa nach längerer Zeit der Bürogemeinschaft entschließen,
eine Sozietät zu gründen.

46 Sozietätsvertrag

§ 1. Bezeichnung der Sozietät

Die Sozietät bezeichnet sich nach außen etc. wie folgt:

A, B, C und Partner.

A, B und C verpflichten sich, auch über den Tod hinaus, gegenüber D und weiteren Nachfolgern die Benutzung ihres Namens zu gestatten, soweit dies für die Berufsausübung der jeweils beteiligten Rechtsanwälte beruflich erforderlich und standesrechtlich zulässig ist. Diese Überlassung erfolgt ohne Entgelt. Die Sozietät hat jedoch das Recht, ihre Bezeichnung jederzeit durch Gesellschafterbeschluß (s. § 3) zu ändern.

§ 2. Annahme, Ablehnung und Zurechnung von Mandaten

1. Jeder Sozius ist berechtigt, über die Annahme und Ablehnung von Mandaten zu entscheiden.
   Bei der Entscheidung ist auf die Standesgrundsätze sowie mögliche Interessenkonflikte innerhalb der Sozietät zu achten.
2. Im Zweifelsfall ist die Entscheidung der Sozietät herbeizuführen.
3. Wird im Einzelfall ein Mandat unter dem Einzelbriefkopf eines Sozius geführt oder muß es, wie z. B. in Strafsachen, als Einzelmandat geführt werden, so gehören hieraus erzielte Einnahmen der Sozietät, auch wenn die Akten von den sonstigen Akten der Sozietät getrennt geführt werden.
4. Als Mandat gilt jede berufsbezogene Tätigkeit eines Sozius, auch soweit sie nicht unmittelbar als rechtsanwaltliche Tätigkeit anzusehen ist. Soweit im Einzelfall ein Sozius im eigenen Namen und auf eigene Rechnung berufsbezogen tätig werden will, muß er zuvor hierfür die Zustimmung der anderen Sozien einholen.

§ 3. Gesellschafterbeschlüsse

1. Soweit in diesem Vertrag nichts anderes bestimmt ist, faßt die Sozietät Beschlüsse mit einfacher Mehrheit.
2. Zur Wirksamkeit eines Sozietätsbeschlusses ist es erforderlich, daß sämtliche Sozien an der Beschlußfassung mitwirken.
3. Ist ein Sozius bei einer Beschlußfassung abwesend, so ist der Beschluß erst wirksam, wenn der abwesende Sozius über den Beschluß der übrigen Sozien informiert worden ist und hierzu seine Stimme abgegeben hat.
   Stimmt der Sozius binnen drei Tagen nach Zugang der Information nicht ab, so wird seine Stimme bei der Ermittlung der erforderlichen Mehrheit nicht berücksichtigt. Entsprechendes gilt, wenn ein Sozius bei der Abstimmung anwesend ist, aber nicht abstimmt.
4. Klagen gegen die Beschlüsse der Sozietät sind ausgeschlossen, wenn sie nicht spätestens einen Monat nach dem Zeitpunkt erhoben werden, zu welchem der Klageberechtigte Kenntnis von dem Beschluß erlangt hat.

§ 4. Verträge mit Dritten

Aus Verträgen mit Dritten, die der gemeinsamen Berufsausübung dienen, haften die Sozien gesamthänderisch im Innenverhältnis nur dann, wenn der verantwortliche Sozius diese im Rahmen seiner Geschäftsführungsbefugnis abgeschlossen hat. Diese wird im Organisationsplan im einzelnen festgelegt.

Anhang H II

§ 5. Einsichts- und Auskunftsrechte

1. Jeder Sozius hat gegenüber den anderen Sozien Anspruch auf Auskunft über sämtliche Vorgänge, die zur Sachbehandlung oder zur Wahrung seiner Rechte als Sozius erforderlich sind.
2. Er kann hierzu persönlich in die von der Sozietät geführten Aufzeichnungen sowie in die einzelnen Akten Einsicht nehmen.
   Jeder Sozius ist berechtigt, bei der Einsichtnahme die durch einen anderen Sozius erfolgt, anwesend zu sein.
3. Hält der Auskunftsberechtigte die ihm erteilte Auskunft für unrichtig und/oder unvollständig, hat er das Recht, die Auskunft durch einen zur Berufsverschwiegenheit verpflichteten Dritten überprüfen zu lassen. Stellt sich die Auskunft als richtig dar, hat der Auskunftsberechtigte die Kosten dieses Dritten zu tragen, andernfalls trägt diese Kosten die Sozietät.
   Der überprüfende Dritte darf zu keiner der Parteien dauernde persönliche oder berufliche Beziehungen unterhalten. Es darf sich weiter um keinen im Bezirk der Anwaltskammer beim Oberlandesgericht zugelassenen Anwalt handeln.
4. Den Erben steht kein Einsichtsrecht zu, sondern lediglich ein Auskunftsrecht gemäß Ziffer 3.

§ 6. Verfügungen über Sozietätsanteile

1. Die Übertragung und Belastung von Sozietätsanteilen sowie die sonstige Verfügung über einen Sozietätsanteil ist nur zugunsten der anderen Sozien zulässig.
2. Will ein Sozius seinen Anteil an einen anderen Sozius veräußern, so hat er zunächst den anderen Sozien im Verhältnis ihrer Anteile seinen Anteil zum Kauf anzubieten. Nimmt ein Sozius ein derartiges Angebot nicht binnen vier Wochen nach Zugang an, so erlischt sein Erwerbsrecht und kann insoweit von den anderen Sozien im Verhältnis ihrer Anteile ausgeübt werden.
   Der Preis für die Übertragung des Sozietätsanteils darf den Betrag des gemäß § 9 Ziffer 1 und 2 zu berechnenden Abfindungsguthabens nicht übersteigen.
3. Im übrigen steht den anderen Sozien ein ihrem Sozietätsanteil entsprechendes Vorkaufsrecht binnen vier Wochen nach Vorlage eines Abtretungsvertrages zu.
4. Macht ein Sozius von seinem Vorkaufsrecht keinen Gebrauch, steht dieses Recht den anderen Sozien im Verhältnis ihrer Anteile zu.

§ 7. Eintritt neuer Sozien

1. Die Aufnahme eines neuen Sozius ist nur einstimmig möglich.
2. Der eintretende Sozius hat den vorhandenen Sozien den Wert des von ihm erworbenen Anteils an dem Gesellschaftsvermögen zu vergüten.
   Die Vergütung richtet sich nach:
   a) dem Wert der Sacheinrichtung,
   b) dem Wert der ausstehenden Honorare,
   c) dem Wert des Good-will der bestehenden Sozietät.
   Ihre Höhe wird im Einzelfall ausgehandelt, die einzelnen Wertansätze sind aufzuschlüsseln.

§ 8. Ausscheiden von Sozien

1. Jeder Sozius kann seine Mitgliedschaft in der Sozietät schriftlich gegenüber allen anderen Sozien unter Einhaltung einer Frist von sechs Monaten auf das Jahresende kündigen.

2. Die Sozietät kann einem Sozius mit einer Mehrheit von 75 % der Stimmen ohne wichtigen Grund die Mitgliedschaft in der Sozietät mit einer Auslauffrist von sechs Monaten zum Jahresende kündigen.
3. Liegt in der Person eines Sozius ein wichtiger Grund vor, so scheidet dieser Sozius ohne Auslauffrist aus der Sozietät aus, wenn die Sozietät dies mit einer Mehrheit von 75 % der Stimmen beschließt.
4. Wird von Dritten in den Anteil eines Sozius an der Sozietät oder an Teilen des Gesamthandvermögens, soweit zulässig, gepfändet, wird über das Vermögen eines Sozius Konkurs oder das gerichtliche Vergleichsverfahren beantragt, so liegt hierin ein wichtiger Grund gemäß Ziffer 3.
Werden die vorstehend genannten Maßnahmen innerhalb von einer Frist von vier Wochen wieder aufgehoben, sind die übrigen Sozien verpflichtet, dem ausscheidenden Sozius den von ihm früher gehaltenen Anteil an der Sozietät wieder einzuräumen. Der betroffene Sozius hat keinen Ausgleichsanspruch, und muß seinerseits keine Vergütung für den Erwerb des von ihm früher gehaltenen Anteils entrichten.
Wiederholt sich ein gleicher Fall im Zeitraum von drei Jahren, so erlischt diese Verpflichtung der Sozietät.
5. Im Falle der Krankheit scheidet ein Sozius gemäß den Bestimmungen von § 10 dieses Vertrages aus.
6. Ein Sozius scheidet in jedem Fall mit dem Zeitpunkt der Aufgabe oder des rechtskräftigen Entzugs der Zulassung sowie durch Tod aus.
7. Scheidet ein Sozius aus der Sozietät aus, so wird die Sozietät von den übrigen Sozien fortgesetzt.
Der Anteil des ausscheidenden Sozius wächst den übrigen Sozien mit dem Zeitpunkt des Ausscheidens zu. Auch ein beruflich qualifizierter Erbe tritt nicht die gesellschaftsrechtliche Nachfolge eines verstorbenen Sozius an.
8. Im Falle des Ausscheidens eines Sozius erfolgt eine Mitteilung an die Mandanten analog § 29 der früheren Standesrichtlinien in der Fassung vom 1. 8. 1977.

§ 9. Abwicklung beim Ausscheiden von Sozien

1. Im Falle des Ausscheidens erhält der Sozius in jedem Fall als Abfindung seinen Anteil am Sachvermögen und an den ausstehenden Honoraren:
    a) Der Wert des Sachvermögens der Praxis wird unwiderleglich festgesetzt auf 15 % des durchschnittlichen Jahresumsatzes der letzten drei Jahre; dem ausscheidenden Sozius gebührt hieraus der seinem Anteil entsprechende Wert.
    b) Der Wert der ausstehenden (verdienten, aber noch nicht eingegangenen) Honorare wird unwiderleglich auf 2,5 durchschnittliche Monatsumsätze des letzten Jahres festgesetzt; dem ausscheidenden Sozius gebührt hieraus der auf seinen Sozietätsanteil entfallende Wert.
    c) Soweit vorstehend für die Berechnung die Jahresumsätze maßgeblich sind, betrifft dies lediglich die vor dem Zugang der Kündigung abgeschlossenen Kalenderjahre.
2. Scheidet ein Sozius durch eigene Kündigung, durch ordentliche Kündigung der Sozietät oder durch Krankheit aus, so erhält er zusätzlich eine Vergütung für den den anderen Sozien anwachsenden Anteil am Good-will der Praxis. Die Vergütung erfolgt jedoch nur, wenn der ausscheidende Sozius während eines Zeitraums von drei Jahren ununterbrochen nicht im Bezirk des OLG als Anwalt oder in einer vergleichbaren Weise (z. B. Wirtschaftsjurist, Konkursverwalter) tätig ist.
Der Wert des good-will wird unwiderlegbar festgesetzt auf 20 % des Jahresumsatzes, berechnet nach dem Durchschnitt der letzten drei vor dem Zugang der Kündigung liegenden Kalenderjahre.
3. Scheidet ein Sozius aufgrund außerordentlicher fristloser Kündigung aus der Sozietät aus, so steht ihm kein good-will-Ausgleichsanspruch zu.
4. a) Stirbt ein Sozius, so erhalten seine Erben auf jeden Fall den anteiligen Wert von Sachvermögen und ausstehenden Honoraren gemäß vorstehender Ziffer 1.

b) Erben erster Ordnung und/oder Ehegatten erhalten den Anteil am good-will der Praxis gemäß Ziffer 2. Andere Erben erhalten keinen Anteil am good-will.

5. Zahlungen, die an einen ausscheidenden Sozius oder an dessen Erben zu entrichten sind, sind wie folgt fällig:

a) Während der ersten sechs Monate nach dem Ausscheiden bezahlt die Sozietät an den ausscheidenden Sozius Teilbeträge in Höhe der bisherigen regelmäßigen monatlichen Entnahmen.

b) Aus dem dann noch verbleibenden offenen Restbetrag ist ein Teilbetrag in Höhe von 70% der Restforderung in 24 Monatsraten, fällig jeweils am 25. eines jeden Monats, beginnend mit dem siebten Monat des Ausscheidens des Sozius zur Zahlung fällig.

Dieser Betrag ist nicht zu verzinsen.

c) Der dann noch verbleibende Restbetrag von 30% dieses Restbetrages ist ab dem 31. Monat von der Sozietät in mündelsicheren Wertpapieren so lange zu hinterlegen, bis die steuerliche Betriebsprüfung für denjenigen Zeitraum abgeschlossen ist, in welchem der ausscheidende Sozius Gesellschafter war. Die Betriebsprüfung ist abgeschlossen, wenn die aufgrund der Betriebsprüfung sich ergebenden Steuerbescheide unanfechtbar geworden sind. Entsprechendes gilt, wenn feststeht, daß eine Betriebsprüfung nicht stattfindet.

Die Erträgnisse aus den mündelsicheren Anlagen stehen auch den Erben des Sozius zu.

6. Scheidet ein Sozius vor Ablauf von drei vollen Kalenderjahren nach seinem Eintritt in die Sozietät aus, so sind die jeweiligen Durchschnittsumsätze derjenigen Zeit maßgeblich, in welcher der Ausscheidende der Sozietät angehört hat.

Die so errechnete Forderung ist wegen der mit dem Aus- und Eintritt verbundenen Probleme zugunsten der Sozietät um 25% zu kürzen.

7. Dem ausscheidenden Sozius steht sein Anteil am steuerlichen Gewinn der Gesellschaft und dem Jahresentnahmerecht bis zum Zeitpunkt seines Ausscheidens zu (vgl. § 8). Soweit die Entnahmen des ausscheidenden Sozius sein anteiliges Jahresentnahmerecht oder den Gewinn übersteigen, wird dies auf den Abfindungsanspruch verrechnet.

8. Ergeben sich nach dem Ausscheiden des Sozius Ansprüche gegenüber diesem oder der Sozietät, die ihren Entstehungsgrund in der Zeit vor dem Ausscheiden des Sozius haben, so haftet der ausscheidende Sozius gegenüber den verbleibenden Sozien für diese Verbindlichkeit in Höhe seines Anteils, den er zum Zeitpunkt des Entstehens des Anspruchs gehalten hat.

Dies gilt insbesondere für Steuerschulden und für Ansprüche Dritter aus von der Haftpflichtversicherung nicht gedeckten Schadensfällen.

9. Das Abfindungsguthaben des ausscheidenden Sozius ist weiter um diejenigen Beträge zu vermindern, die die Sozietät im Zeitpunkt des Ausscheidens des Sozius an Dritte zu zahlen verpflichtet ist. Dies gilt auch für noch nicht fällige Forderungen, soweit Dritte die Gegenleistung gegenüber der Sozietät bereits erbracht haben.

10. Führt der ausscheidende Sozius Mandate, die bisher von der Sozietät geführt worden sind, weiter, so vermindert sich dessen Ausgleichsanspruch um die Gebührenansprüche aus diesen Mandaten, soweit derartige Ansprüche unabhängig von der Rechnungstellung vor dem Tag des Ausscheidens zwar angefallen, von den Mandanten aber noch nicht bezahlt worden sind.

Das Ausfallrisiko für diese Forderung trägt der ausscheidende Sozius.

11. Änderungen des vorstehenden § 9 des Sozietätsvertrages werden erst ein Jahr nach Beschlußfassung wirksam; eine Änderung der Bestimmung des vorstehenden Halbsatzes bedarf der Einstimmigkeit.

H II

Sozietäten

§ 10. Gewinnverteilung und Entnahmen

1. Der steuerliche Gewinn wird unter den Sozien entsprechend ihrem Anteil an der Sozietät verteilt. Die Sozietät legt durch Beschluß fest, welcher Anteil am Gewinn entnommen werden kann (Jahresentnahmerecht).
2. Der Gewinn und das Jahresentnahmerecht werden jeweils für ein Kalenderjahr unverzüglich nach dem Ende des Kalenderjahres, spätestens aber bis zum 31. März des Folgejahres festgestellt.
Hat ein Sozius während des vorangegangenen Kalenderjahres über sein Jahresentnahmerecht hinaus entnommen, so hat er die übersteigenden Beträge unverzüglich einzulegen; hat er zu wenig entnommen, hat er ein entsprechendes Entnahmerecht.
3. Für die Berechnung des Jahresentnahmerechts wird der steuerliche Gewinn um sämtliche Sonderbetriebsausgaben der Gesellschafter vermehrt und um sämtliche Sonderbetriebseinnahmen der Gesellschafter vermindert. Sodann wird der ermittelte Betrag weiterhin um diejenigen Beträge vermindert, die im vergangenen Kalenderjahr für Gegenstände des Betriebsvermögens von der Sozietät ausgegeben wurden, vermindert um den Betrag der steuerlich geltend gemachten Abschreibung.
Der Anspruch eines Sozius auf Entnahme von Gewinnen verjährt am 31. Dezember des folgenden Jahres.
4. Jeder Sozius ist berechtigt, monatliche Entnahmen bis spätestens 25. eines laufenden Kalendermonats zu tätigen, deren Höhe durch Sozietätsbeschluß festgelegt wird.
5. Die Sozietät ermittelt ihren Gewinn nach den steuerlichen Grundsätzen im Wege der Einnahmen-Überschußrechnung. Jeder Sozius hat Anspruch auf Ausschüttung des vollen Gewinns, wie er in Ziffer 3 ermittelt worden ist.
6. Die Gewinnverteilung und das Entnahmerecht im Krankheitsfalle ergeben sich aus § 11.

§ 11. Krankheit eines Sozius

1. Ist ein Sozius wegen Erkrankung nicht beruflich tätig, so hat er für die Dauer von sechs Wochen vom Beginn der Krankheit an sein volles Gewinn- und Entnahmerecht.
Nach Ablauf von sechs Wochen vom Beginn der Krankheit an vermindert sich das Entnahmerecht des Sozius auf 50%, nach Ablauf von drei Monaten auf 40% und nach Ablauf von sechs Monaten auf 30% des Jahresentnahmerechts (vgl. § 10 Ziff. 3). Die exakten Ansprüche des Sozius werden durch Umrechnung des Jahresentnahmebetrages auf 365 Tage festgestellt.
Der Gewinnanteil des Sozius ist entsprechend im Verhältnis dessen Jahresentnahmerecht zum Jahresentnahmerecht der anderen Sozien zu mindern.
2. Ist ein Sozius innerhalb von zwölf Monaten mehr als 170 Arbeitstage erkrankt, so scheidet er aus der Sozietät aus. Arbeitstage sind alle Wochentage, außer Samstagen, Sonntagen und gesetzlichen Feiertagen.
Dem ausgeschiedenen Sozius steht jedoch innerhalb von zwölf Monaten nach seinem Ausscheiden ein Wiedereintrittsrecht in die Sozietät unter folgenden Bedingungen zu:
   a) Vorlage eines amtsärztlichen Zeugnisses, daß die volle Arbeitsfähigkeit wieder hergestellt ist,
   b Rückzahlung des inzwischen ausgezahlten Teils des Abfindungsguthabens
3. Wiederholt sich der Sachverhalt § 11 II innerhalb von 5 Jahren ein zweites Mal, so ist damit ein Wiedereintrittsrecht nicht verbunden.

§ 12. Urlaub, Arbeitszeiten

Über den jeweiligen Jahresurlaub der Sozien beschließt die Sozietät. Dabei soll ein Jahresurlaub von 30 Werktagen nicht unterschritten werden. Als Werktage gelten solche Tage, die für die Kanzleiangestellten arbeitspflichtig sind. Die Sozien sind an bestimmte Arbeitszeiten nicht gebunden.

§ 13. Versicherungen

1. Jeder Sozius ist verpflichtet, eine Berufshaftpflichtversicherung in der Höhe abzuschließen, wie die Sozietät dies verlangt.
2. Tritt ein Haftungsfall auf, so trägt die Sozietät auch im Innenverhältnis den Schaden, der etwa durch den Selbstbehalt oder dadurch entsteht, daß der Schaden die Versicherungssumme übersteigt, vorausgesetzt, daß der Schaden nicht durch grobe Fahrlässigkeit des betreffenden Sozius verursacht worden ist. Als solche grobe Fahrlässigkeit gilt insbesondere die Nichtvereinbarung einer individuellen Vereinbarung über die Haftungsbegrenzung, wenn eine solche Vereinbarung den Umständen entsprechend hätte abgeschlossen werden können.
3. Jeder Sozius ist verpflichtet, der Verwaltungs-Berufsgenossenschaft beizutreten.
4. Jeder Sozius ist weiter verpflichtet, eine private Unfallversicherung in der zur Zeit bestehenden Höhe, eine private Krankenversicherung mit einem Mindesterstattungsbetrag in Höhe von 60% für die ambulante sowie mindestens 80% für die Krankenhausbehandlung sowie eine Krankenhaustagegeldversicherung in Höhe von mindestens 100 DM vom ersten Tag des Krankenhausaufenthalts an sowie eine Krankentagegeldversicherung in Höhe von mindestens 150 DM vom 43. Tage der Krankheit an abzuschließen.
5. Die Zahlung der Prämien für die in Ziffer 3 und 4 genannten Versicherungen erfolgt (verbucht als Entnahme) über die Sozietät. Zahlt die Krankentagegeldversicherung aus Gründen, die die Sozietät zu vertreten hat, kein Tagegeld, ist dem betroffenen Sozius dieser Verlust durch Erhöhung seines Gewinnanteils entsprechend auszugleichen.

§ 14. Schlußbestimmungen

1. Soweit nichts anderes bestimmt ist, ist eine Änderung dieses Vertrages nur mit einer Mehrheit von 75% der Stimmen möglich.
2. Eine Änderung des Sozietätsvertrages bedarf der Schriftform. Auch das Abweichen vom vorstehend geregelten Schriftformerfordernis bedarf einer schriftlichen Vereinbarung.

§ 15. Schiedsvereinbarung

Auseinandersetzungen aus diesem Vertrag sind im Wege einer schiedsgerichtlichen Entscheidung zu klären – diesbezüglich wird gesondert von diesem Vertrag ein Schiedsvertrag abgeschlossen werden *(Muster s. unten Rdnr. 48).*

Ort, Datum

Unterschriften

2. Vertragsmuster: Vertrag über die Übertragung eines Sozietätsanteils

47 Hat der Sozietätsvertrag seit längerem Bestand und wird ein Sozietätsanteil übertragen, sollte auch das detailliert schriftlich festgehalten werden, da sonst die steuerliche Behandlung unsicher ist.

Vertrag über die Übertragung eines Sozietätsanteils

Zwischen den Rechtsanwälten – nachfolgend Gesellschafter – sowie – im folgenden Herr E.

wird folgender Vertrag geschlossen:

Präambel

Die Gesellschafter halten an der Gesellschaft bürgerlichen Rechts, Anwaltskanzlei A, B, C und Partner einen Gesellschaftsanteil von je 25 %. Herr E. ist aus gemeinsamer Mitarbeit seit mehreren Jahren bekannt und zuletzt als freier Mitarbeiter für die Sozietät tätig gewesen.

Die Gesellschafter wollen Herrn E. mit allen Rechten und Pflichten in die Sozietät aufnehmen. Hierzu wird im einzelnen folgendes vereinbart:
1. Herr E. tritt ab 1. 1. 1989 in die Sozietät ein.
Ab diesem Zeitpunkt gilt für das Rechtsverhältnis zwischen den Parteien ausschließlich der, Herrn E. bekannte Sozietätsvertrag der Gesellschafter, der diesem Vertrag als Anlage beigefügt ist, und zwar in der Fassung, die der Gesellschaftsvertrag durch diesen Vertrag in einzelnen Punkten erhält.
Die Gesellschafter treten hiermit jeweils 3 % aus ihrem Anteil von 25 % an Herrn E. ab. Dieser nimmt die Abtretung an. Die Gegenleistung beträgt DM ...
Die Anteile an der Gesellschaft verteilen sich danach wie folgt:
A   22 %
B   22 %
C   22 %
D   22 %
E   12 %
Mit dem Eintritt in die Sozietät erwirbt Herr E. insbesondere (jeweils 12 %)
– Miteigentum an dem gesamten, der Sozietät gehörenden Sachvermögen (Gegenwert DM ...);
– anteilige Forderungsrechte an sämtlichen, von der Sozietät vor dem Eintrittsstichtag erarbeiteten, jedoch noch nicht in Rechnung gestellten Honorare (Gegenwert DM ...);
– anteilige Forderungsrechte an sämtlichen, der Sozietät vor dem Eintrittsstichtag zustehenden, zwar berechneten, von den Mandanten jedoch noch nicht bezahlten Honorare (Gegenwert DM ...);
– anteilige Anwartschaftsrechte an dem, von der Sozietät in der Vergangenheit gegenüber der Klientel geschaffenen Good-will (Gegenwert DM ...).
2. Ab dem Eintritt in die Sozietät steht Herrn E. ein Gewinnbezugsrecht in Höhe von 12 % des Gewinns der Sozietät zu. In gleicher Höhe darf Herr E. den voraussichtlichen Gewinn nach Maßgabe des Sozietätsvertrags ab Januar 1989 entnehmen.
3. Im Sozietätsvertrag ist bisher bestimmt, daß die Gesellschafter nach Maßgabe der Prozentsätze abstimmen, in deren Höhe sie an der Gesellschaft beteiligt sind. Diese Bestimmung wird mit der Maßgabe geändert, daß ab 1. 1. 1989 jeder Gesellschafter eine Stimme – unabhängig vom Anteil an der Gesellschaft – hat.

4. Jeder Gesellschafter erklärt sich dazu bereit, für den Fall, daß der Übernahmepreis finanziert werden muß, eine Bürgschaft gegenüber der finanzierenden Bank für die Rückzahlung eines evtl. aufgenommenen Kredits zu übernehmen. Zur Absicherung für den Fall einer Inanspruchnahme aus der Bürgschaft tritt Herr E. seine Anteile an und seine Ansprüche gegenüber der Sozietät an Herrn D, dieser treuhänderisch für sämtliche übrigen Mitglieder der Sozietät handelnd, ab.
5. Im Falle einer Auseinandersetzung über den Inhalt dieses Vertrages ist der ordentliche Rechtsweg ausgeschlossen, es wird das im Sozietätsvertrag bestimmte Schiedsgericht zur ausschließlichen Entscheidung bestimmt *(Schiedsvertrag Muster s. Rdnr. 48).*

Ort, Datum

Unterschriften

3. Vertragsmuster: Schiedsgerichtsvereinbarung

Schiedsgerichtsvereinbarung 48

Zwischen

den Rechtsanwälten *(folgen Namen und Adressen der Beteiligten)*
kommt folgender Schiedsgerichtsvertrag zustande:
1. Streitigkeiten aus dem Sozietätsvertrag werden unter Ausschluß der ordentlichen Gerichtsbarkeit durch einen Schiedsrichter entschieden.
Zu diesen Streitigkeiten gehören auch alle Auseinandersetzungen um das Zustandekommen des Sozietätsvertrages.
2. Jede Partei kann der anderen Partei einen Schiedsrichter vorschlagen. Stimmt eine Partei nicht binnen 14 Tagen dem Vorschlag der anderen Partei zu oder benennt keinen Schiedsrichter, hat die andere Partei ein alleiniges Ernennungsrecht.
3. Können die Parteien sich nicht auf die Person des Schiedsrichters einigen, so wird dieser auf Antrag einer der Parteien durch den Präsidenten der Rechtsanwaltskammer desjenigen OLG-Bezirks ernannt, in dem die Mehrzahl der in der Sozietät tätigen Anwälte zugelassen ist.
4. Einstweilige Verfügungen können bei den ordentlichen Gerichten beantragt werden.
5. Zahlt eine Partei einen, von dem Schiedsrichter angeforderten Vorschuß nicht unverzüglich ein, ist die andere Partei berechtigt, dies zu tun und hierfür Erstattung zu verlangen.
6. Der Schiedsrichter muß Rechtsanwalt sein.
7. Für die Hinterlegung des Schiedsspruchs und das weitere Verfahren ist das Landgericht des Ortes zuständig, an dem die Mehrzahl der in der Sozietät tätigen Rechtsanwälte zugelassen ist.
8. Im übrigen gelten für das Verfahren die §§ 1025 ff. ZPO.

H III. Bürogemeinschaften

Dr. Gunther Braun

Übersicht

	Rdnr.		Rdnr.
I. Rechtscharakter	1	III. Vertragsgestaltung	7
1. Abgrenzung zur Sozietät	1	IV. Verschwiegenheitspflicht, Interessenkollision	8
2. Abgrenzung zum reinen Mietverhältnis	4	V. Haftungsfragen	14
II. Bürogemeinschaft mit Angehörigen anderer Berufe	5	VI. Anhang: Vertragsmuster	16

Literatur: Lingenberg/Hummel/Zuck/Eich, Kommentar zu den Grundsätzen des anwaltlichen Standesrechts, 2. Aufl. 1988

I. Rechtscharakter

1. Abgrenzung zur Sozietät

1   Die Rechtsnatur der Anwaltsbürogemeinschaft ist weitgehend ungeklärt. In § 28 VI der mittlerweile aufgrund der Entscheidung des *BVerfG* vom 14. 7. 1987 (*BVerfGE* 76, 171) teilweise obsolet gewordenen Grundsätze anwaltlichen Standesrechts findet sich lediglich der Hinweis, daß sich Rechtsanwälte „... auch zu einer Bürogemeinschaft zusammenschließen..." können. Aus dem dem § 28 der Richtlinien vorangestellten Titel „gemeinschaftliche Berufsausübung und Bürogemeinschaft von Rechtsanwälten" wird wohl gemeinhin geschlossen, daß es sich bei der Bürogemeinschaft ebenso wie bei der Sozietät stets um eine **Gesellschaft des Bürgerlichen Rechts** handelt (so z. B. *Lingenberg/Hummel/ Zuck/Eich* § 28 Rdnr. 52).

Diese Auffassung erscheint dem Vorstellungsbild der **gemeinschaftlichen Berufsausübung** als zu verhaftet und berücksichtigt m. E. zu wenig, daß sich gerade Bürogemeinschaften neuerer Prägung weit vom gesetzlichen Leitbild der §§ 705 ff. BGB, nämlich der Erreichung eines gemeinsamen Zwecks, entfernt haben. Wenn ein Anwalt einem Kollegen einen Teil seiner Räumlichkeiten und sachlichen Einrichtungen zur zeitweiligen Nutzung überläßt und ihm darüber hinaus vielleicht auch noch einige Dienstleistungen andient, so wird er in der Regel lediglich an die bessere Auslastung seiner Kanzleikapazitäten und an seine eigene Kostenminderung denken, der Zweck der gemeinschaftlichen Berufsausübung hingegen wird hiervon gar nicht oder nur am Rande gefördert (so auch die steuerrechtliche Abgrenzung, s. Kap. I).

2   In der Mehrzahl der Fälle wird der Bürogemeinschaftervertrag daher eher den **gemischttypischen Verträgen** zuzuordnen sein, in denen Elemente des Miet-, Dienst- und Gesellschaftsrechts vereint werden. Praktische Auswirkung hat diese Frage der rechtlichen Einordnung auf die Rechtsfolgen, falls diese nicht im einzelnen vertraglich geregelt sind (hierzu weiter unten Rdnr. 7 und Vertragsmuster).

Als wesentliche **Unterschiede zur Sozietät** sind festzuhalten: 3
- Keine gemeinschaftliche Annahme von Mandaten und Aufträgen;
- keine gemeinsame Entgegennahme von Honoraren und Entgelten;
- keine wechselseitigen Haftungen bezüglich der Tätigkeiten und des Kanzleibetriebs des anderen (beachte aber § 9 des Vertragsmusters, unten Rdnr. 16);
- kein gemeinsamer Briefkopf; dies entsprach jedenfalls den Geboten des bisherigen Standesrechts (zur Haftungsfrage unten Rdnr. 14).

2. Abgrenzung zum reinen Mietverhältnis

Eine Bürogemeinschaft entsteht dann nicht, wenn der Anwalt z. B. im Wege 4 der **Untervermietung** einem anderen Kollegen einige Räume überläßt und sich das Vertragsverhältnis hiermit erschöpft. Dem Rechtsanwalt ist es unbenommen, auf diese Weise auch an berufsfremde Personen und Unternehmen unterzuvermieten, sofern keine Gefährdung der Verschwiegenheitspflicht eintritt (s. unten Rdnr. 8). Eine darüber hinausgehende Zusammenarbeit verbot sich nach der bisherigen Bestimmung des § 30 der Grundsätze des anwaltlichen Standesrechts.

II. Bürogemeinschaft mit Angehörigen anderer Berufe

Neben dem Regelfall der beruflichen Zusammenarbeit mit einem anderen 5 Rechtsanwalt waren nach bisherigem Recht (§ 30 der Grundsätze anwaltlichen Standesrechts) folgende **Bürogemeinschaften** zulässig:
- Rechtsanwalt und Patentanwalt (nicht Patentassessor);
- Rechtsanwalt und Steuerberater (nicht Steuerbevollmächtigter, *BVerfGE* 34, 252);
- Rechtsanwalt und Steuerberatungsgesellschaft;
- Rechtsanwalt und Wirtschaftsprüfer;
- Rechtsanwalt und vereidigter Buchprüfer;
- **nicht aber:** Anwaltsnotar und Steuerberater oder Wirtschaftsprüfer (*BGH* NJW 1981, 364; *BGHZ* 64, 214). Mit dieser Rechtsprechung wird möglicherweise verkannt, daß die echte Bürogemeinschaft gerade **nicht „gemeinsame"** Berufsausübung, sondern lediglich gemeinsamer Einsatz von Personal und Sachmitteln ist.

Die künftige Entwicklung wird auch Bürogemeinschaften mit anderen Personen mit sich bringen, so z. B. mit ausländischen Rechtsanwälten (*Zuck* NJW 6 1987, 3033).

III. Vertragsgestaltung

Die Unsicherheit bei der Rechtsfolgenzuordnung läßt es als zwingend geboten 7 erscheinen, dem Bürogemeinschaftsvertrag eine eindeutige **schriftliche Vereinbarung** zugrunde zu legen. Liegt ein gemischttypischer Vertrag vor, müßte ansonsten z. B. im Falle der Kündigung nach dem vertraglichen Schwerpunkt gesucht werden, was sodann zu den Kündigungsfristen des Mietvertrags oder zu den wesentlich kürzeren Fristen des Dienstvertrags führen könnte. Aber auch in dem Fall, in dem die Bürogemeinschaft aufgrund einer intensiveren gemeinschaftlichen Berufsausübung alle Kriterien einer Gesellschaft bürgerlichen Rechts erfüllt, sollte man es nicht den umständlichen Regelungen der §§ 723 ff. BGB überlassen, wie das Vertragsverhältnis abzuwickeln ist. Das im Anhang skizzierte Vertragsmuster soll daher Anregungen für eine eindeutige und interessengerechte Ausformung des Vertragsverhältnisses geben.

IV. Verschwiegenheitspflicht, Interessenkollision

8   Gemäß § 42 der Grundsätze des anwaltlichen Standesrechts erstreckt sich die Pflicht zur Verschwiegenheit über die gesetzliche Schweigepflicht des § 203 StGB hinaus auf alles, was dem Rechtsanwalt in Ausübung seines Berufes anvertraut worden oder ihm anläßlich seiner Berufsausübung bekannt geworden ist.

9   Diese Verschwiegenheitspflicht besteht auch im Verhältnis des Rechtsanwalts **gegenüber anderen Rechtsanwälten,** insbesondere also auch zwischen den Bürogemeinschaftern. Die Inanspruchnahme von Kanzleipersonal, die Mitbenutzung eines Wartezimmers etc. durch den Bürogemeinschafter wird zwangsläufig dazu führen, daß er gelegentlich Tatsachen erfährt, die dem anderen Anwalt anvertraut worden sind.

10 Die Vertragsparteien sollten daher darauf achten, ihre Akten und vertraulichen Unterlagen stets sorgfältig gesondert zu führen und aufzubewahren. (Hierzu Vertragsmuster: § 10.)

11 Sollten die Bürogemeinschafter eine **Computeranlage** gemeinsam nutzen, so ist erforderlich, daß der **Zugang zu den Dateien** des jeweils anderen gesperrt ist.

12 Da trotz aller Vorkehrungen eine absolute gegenseitige Geheimhaltung nicht möglich ist – man denke bloß an das gemeinsam beschäftigte Personal, an den Kommunikationsaustausch zwischen den jeweiligen Mitarbeitern usw. –, ist die Möglichkeit von Interessenkollisionen naheliegend. Insoweit dürfte das Auftreten der Bürogemeinschafter auf der jeweils anderen Seite des gleichen Prozesses so gut wie in jedem Falle standesrechtlich ausgeschlossen sein. Das gleiche gilt für außerprozessuale Vertretungen und Beratungen im selben Streitkomplex.

13 Keinen Unterschied macht es hierbei, ob sich die von den Bürogemeinschaftern in derselben Sache vertretenen Parteien im wesentlichen einig sind oder nicht. Somit sollte auch von einer Beratung/Vertretung im Rahmen einer **einverständlichen Scheidung** aus Gründen der möglichen Interessenkollision Abstand genommen werden (dies gilt auch für den sogenannten „Rechtsmittelverzicht").

V. Haftungsfragen

14 Der *BGH* hat bereits in seiner Entscheidung vom 24. 1. 1978 (BB 1978, 526) festgestellt, daß die für die Haftung eines einer **Anwaltssozietät** angehörigen Rechtsanwalts geltenden Rechtsgrundsätze auch dann anzuwenden sind, wenn die Anwälte nur nach außen hin den Anschein erweckt haben, zwischen ihnen bestehe eine Sozietät. Die gegen die bisherigen Regelungen des Standesrechts verstoßende Führung eines **gemeinsamen Briefkopfs** unter Bürogemeinschaftern führt also dazu, daß über die Grundsätze der Anscheinsvollmacht der Anwaltsvertrag auch mit dem nicht vom Mandanten beauftragten Bürogemeinschafter zustande kommt.

Anhang: Vertragsmuster   **H III**

Eine andere Frage betrifft die eventuelle Haftung des Anwalts bezüglich Be- 15
rufsversehen des Bürogemeinschafters, die von **Kanzleimitarbeitern** verursacht
werden, die dem Bürogemeinschafter zeitweilig zur Verfügung gestellt werden.
(Hierzu: § 9 Vertragsmuster.) Haftungsrechtlich dürfte dies in aller Regel keine
Probleme aufwerfen, da die Haftpflichtversicherung des Bürogemeinschafters
auch Fehlleistungen von Mitarbeitern abdeckt, die zum Bürogemeinschafter
kein direktes Vertragsverhältnis unterhalten. Die Haftung des den Kanzleimitarbeiter zur Verfügung stellenden Rechtsanwalts wird sich darauf beschränken,
daß der Mitarbeiter grundsätzlich für die vorgesehene Dienstleistung geeignet
ist (so der *BGH* für das Leiharbeitsverhältnis, NJW 1971, 1129). Es empfiehlt
sich jedoch ein abgrenzender Hinweis wie in § 9 des Vertragsmusters vorgeschlagen.

VI. Anhang: Vertragsmuster

Vertrag über eine Bürogemeinschaft 16

zwischen

RAe...

– im folgenden: „Rechtsanwälte" –

und

Herrn RA...

– im folgenden: „Bürogemeinschafter" –

kommt folgende

Vereinbarung

zustande:

Präambel

Die Rechtsanwälte sind Hauptmieter der im Anwesen... befindlichen Büroräumlichkeiten. Die Rechtsanwälte sind bereit, einen Teil der Büroflächen mit Wirkung ab... an
den Bürogemeinschafter unterzuvermieten. Daneben soll der Bürogemeinschafter berechtigt sein, Sekretariatsdienste in Anspruch zu nehmen und die sachlich-funktionalen Anlagen und Geräte der Rechtsanwälte mitbenutzen zu können. Zur Regelung der beiderseitigen Rechtsbeziehungen wird folgendes vereinbart:

§ 1. Überlassung von Räumen

1. Mietzins:
Die Rechtsanwälte vermieten an den Bürogemeinschafter als Untermieter die im Lageplan für das Anwesen... mit den Nummern... ausgewiesenen Zimmer mit einer Fläche
von... qm.
Als Mietzins werden... DM/qm, also insgesamt
.... DM
pro Monat vereinbart.
Wird die von den Rechtsanwälten gezahlte Hauptmiete aufgrund der im Hauptmietvertrag enthaltenen Indexklausel oder aufgrund anderer Umstände angepaßt, so verändert
sich der zu zahlende Mietpreis im gleichen Umfang.

H III

Bürogemeinschaften

2. Mietnebenkosten:
Die anteiligen Mietnebenkosten für Heizung, Strom, Gas, Wasser, Reinigung, Versicherung etc. werden mit . . . DM/qm vereinbart, mithin
.... DM
Die Rechtsanwälte behalten sich vor, diese Kosten im Falle von Erhöhungen ebenfalls nach qm umzulegen und nach Vorliegen der jeweiligen Jahresabrechnungen dem Bürogemeinschafter zu belasten.

3. Gemeinflächen:
Als Nutzungsentgelt für die nicht abtrennbaren Gemeinflächen, also für Flure, Empfang, Küche, Konferenzzimmer, Ablageräume etc. berechnen die Anwälte dem Bürogemeinschafter eine Pauschale von
.... DM

§ 2. Personelle Unterstützung

1. Dienstleistungen am Empfang, Telefon-/Postbehandlung
Für die Inanspruchnahme von Sekretariatsdiensten am Empfang der Rechtsanwälte, also insbesondere für die Annahme und Weitervermittlung von Telefonaten, die Begrüßung von Mandanten, die Eingangsbehandlung der Post, die Weitergabe von Nachrichten, die Buchung von Reisen/Hotels und damit zusammenhängenden Tätigkeiten wird eine Pauschale von
.... DM
vereinbart.

2. Schreibsekretariatsdienste
Die Rechtsanwälte sind grundsätzlich bereit, dem Bürogemeinschafter im Einzelfall auch Kanzleipersonal zur Erledigung von Schreibarbeiten zur Verfügung zu stellen, so vor allem im Urlaubs- oder Krankheitsfalle.
Als Vergütung belasten die Rechtsanwälte dem Bürogemeinschafter in solchen Fällen eine Pauschale von . . . DM/Stunde. Abrechnungen erfolgen aufgrund von Aufzeichnungen der im Einzelfall tätigen Schreibsekretariate, die dem Bürogemeinschafter zum jeweiligen Monatsablauf vorgelegt werden. Widerspricht der Bürogemeinschafter nicht innerhalb einer Woche, so gelten die Aufzeichnungen als bindend.

§ 3. Überlassung von Kanzleieinrichtungen

1. Telefon, Telex, Teletex, Telefax
a) Gemeinkosten
Der Bürogemeinschafter erstattet den Rechtsanwälten die anteiligen Gemeinkosten an diesen Geräten (Abschreibung, Miete, Finanzierung, Leasingrate, Wartung etc.) mit einer Pauschale von
.... DM
b) Verbrauchs- und Benutzungsgebühr
Die auf den Bürogemeinschafter entfallenden Telefongebühren werden mit getrenntem Gebührenzähler erfaßt und werden monatlich gesondert abgerechnet. Die Verbrauchs-/Benutzungsgebühren für Telex, Teletex und Telefaxgeräte werden mit dem tatsächlichen, durch den Bürogemeinschafter veranlaßten Aufwand an diesen weiterbelastet.

2. Kopiergeräte
Für die Benutzung der Kopiergeräte wird eine monatliche Pauschale von
.... DM
vereinbart. Mit abgegolten ist hierbei die Anfertigung von monatlich . . . Kopien. Für jede weitere Kopie sind 0,. . . DM zu bezahlen.

Anhang: Vertragsmuster   **H III**

3. EDV-Anlage

Der Bürogemeinschafter ist berechtigt, sich an die bestehende EDV-Anlage der Rechtsanwälte anzuschließen. Die Gegenleistung für die Unterstützung bei Hard- und Software wird gesondert vereinbart und ist im Gesamtentgelt gemäß § 6 nicht enthalten.

4. Bibliothek

Der Bürogemeinschafter ist berechtigt, die Bibliothek der Rechtsanwälte sowie sämtliche Zeitschriften mit zu benutzen.
Als Entgelt wird eine Pauschale von
.... DM
vereinbart.

§ 4. Mehrwertsteuer

Mit Rücksicht darauf, daß einzelne Leistungen aus diesem Bürogemeinschaftervertrag mehrwertsteuerpflichtig sind, wird das Gesamtentgelt der jeweils geltenden Mehrwertsteuer unterworfen.

§ 5. Kostenerhöhungen

Erhöhen sich die Aufwendungen der Rechtsanwälte in Ansehung der in diesem Vertrag erwähnten Kostenansätze, so sind sie berechtigt, auch die Pauschalbeträge um die anteiligen Veränderungen zu erhöhen.

§ 6. Gesamtentgelt

Die vom Bürogemeinschafter zu leistende Gesamtvergütung für alle Überlassungen und Dienstleistungen aus diesem Vertrage (ohne Einzelabrechnungen und Vergütungen aufgrund Sondervereinbarungen) errechnet sich mit
.... DM
zuzüglich Mehrwertsteuer .... DM
.... DM

Dieser Betrag ist jeweils im voraus zum dritten Werktag eines jeden Monats auf das von den Rechtsanwälten genannte Konto zu überweisen.

§ 7. Beginn und Ende des Vertragsverhältnisses

Dieser Vertrag beginnt am ... und endet spätestens zum .... Für den Zeitraum danach verlängert sich dieses Vertragsverhältnis um je ein Jahr, falls es nicht mit dreimonatiger Frist vor dem jeweiligen ... von den Rechtsanwälten oder dem Bürogemeinschafter gekündigt wird.
Die Rechtsanwälte sind berechtigt, ohne Einhaltung einer Kündigungsfrist in folgenden Fällen außerordentlich zu kündigen:
– Bei Beendigung des Hauptmietvertrages, gleich aus welchen Gründen;
– Bei Verzug mit der Entrichtung von zwei aufeinanderfolgenden Vertragsentgelten;
– Falls der Bürogemeinschafter ungeachtet einer schriftlichen Abmahnung der Rechtsanwälte vier Wochen nach Zugang der Abmahnung einen vertragswidrigen Gebrauch der überlassenen Räume und/oder Anlagen, Geräte fortsetzt.

§ 8. Sicherheit

Als Sicherheit für alle Ansprüche der Rechtsanwälte aus diesem Vertrag leistet der Rechtsanwalt eine Kaution in Höhe von ... DM. Die Kaution kann durch Übergabe einer unbedingten, unbefristeten, unwiderruflichen und selbstschuldnerischen Bankbürgschaft einer Westdeutschen Großbank erbracht werden.

§ 9. Haftungen

Der Bürogemeinschafter wird darauf hingewiesen, daß er seine anwaltlichen Tätigkeiten in eigener Verantwortung und völlig selbständig betreibt. Insbesondere haftet er für die Einhaltung von Fristen und Terminen grundsätzlich selbst. Der Bürogemeinschafter ist berechtigt und verpflichtet, dem Kanzleipersonal einzelne, bei der Erfüllung dieses Vertrages notwendig werdende Anweisungen zu erteilen und die allgemeinen Kanzleianweisungen daraufhin zu überprüfen, ob sie seinen konkreten Überwachungspflichten genügen.

§ 10. Verschwiegenheit

Die Parteien sind sich der gegenseitigen Verschwiegenheitspflicht (§ 42 der Grundsätze des anwaltlichen Standesrechts) bewußt. Die Parteien verpflichten sich daher gegenseitig zur sorgfältig gesonderten Führung und Aufbewahrung ihrer Akten und vertraulichen Unterlagen.

§ 11. Schiedsgerichtsklausel

Alle Streitigkeiten aus diesem Vertrag und über seine Gültigkeit werden unter Ausschluß des ordentlichen Rechtswegs von einem Schiedsgericht entschieden. Die Schiedsgerichtsvereinbarung ist in einer gesonderten Urkunde diesem Vertrag beigefügt *(vgl. hierzu H II Rdnr. 48).*

I. Steuern und Buchhaltung

Klaus Korn

Übersicht

	Rdnr.		Rdnr.
I. Einkommensteuer	1	**IV. Lohnsteuer**	50
1. Überblick und Einordnung der Einkünfte aus der Tätigkeit als Rechtsanwalt	1	**V. Erwerb und Veräußerung von Praxen**	53
2. Einkünfteermittlung aus selbständiger Anwaltstätigkeit	6	**VI. Gründung und Beendigung von Sozietäten sowie Ein- und Austritt von Gesellschaftern**	57
3. Besonderheiten bei Sozietäten	24	1. Einkommensteuer	57
II. Umsatzsteuer	29	2. Umsatzsteuer	65
1. Überblick	29	**VII. Steuerliche Außenprüfung**	67
2. Steuerbare Umsätze	34	**VIII. Buchhaltung**	70
3. Vorsteuern	37	**IX. Besteuerung in den neuen Bundesländern**	81
4. Besonderheiten bei Sozietäten	40		
III. Einheitsbewertung des Betriebsvermögens	47		

Literatur: *Assmann*, Umsatzsteuerliche Probleme bei Anwaltssozietäten und Bürogemeinschaften, ZAP F 20, 21 (1990); Beck'scher Bilanz-Kommentar, 2. Aufl. 1990; *Burhoff/Obermeier*, Besteuerung der Rechtsanwälte und Notare, 1991; *Dornbusch/Jasper*, Die Besteuerung der Rechtsanwälte und Notare, 1987; *Ehlers*, Praxisveräußerungen und Sozietätsgründungen in ertragsteuerlicher Sicht, NWB F 3, 7455 (1990); *Hebig/Schwedhelm*, Die Umsatzsteuer des Fixum-Anwalts in der Anwaltsgemeinschaft, AnwBl. 1986, 235; *Hutter*, in: Blümich, Einkommensteuergesetz, § (Juni 1987); *Korn*, Besteuerung der Rechtsanwälte und Notare 1982; *ders.*, Sozietät von Steuerberatern, Wirtschaftsprüfern, Rechtsanwälten, Steuerberaterkongreß-Report 1985, 305 ff.; *ders.*, Steuerschwerpunkte der Freiberufler-Sozietät und -GmbH, DStZ 1982, 507 ff. sowie 1983, 16 ff.; *Meyer*, Die Besteuerung der Anwaltskanzlei, 1992; *Langenbeck/Wolf*, Buchführung und Jahresabschluß, 1991; *Rose*, Die Umsatzsteuerpflicht des Fixum-Anwalts in der Anwaltsgemeinschaft, AnwBl. 1987, 3 f.; *Schick*, Die Besteuerung der freien Berufe, 1973; *Schmidt*, Einkommensteuergesetz, 11. Aufl. 1992; *Segebrecht*, Die Einnahme-Überschußrechnung nach § 4 Abs. 3 EStG, 7. Aufl. 1991; *Tipke/Lang*, Steuerrecht, 13. Aufl. 1991; ABC der abzugsfähigen/nichtabzugsfähigen Ausgaben, NWB F 3c, 3761 ff. (1989).

I. Einkommensteuer

1. Überblick und Einordnung der Einkünfte aus der Tätigkeit als Rechtsanwalt

Natürliche Personen unterliegen mit ihrem im jeweiligen Kalenderjahr erzielten zu **versteuernden Einkommen** der Einkommensteuer (§§ 2, 36 EStG). Diese wird aufgrund der einzureichenden Steuererklärungen durch den Einkommensteuerbescheid (Veranlagung) festgesetzt (§ 25 EStG). Nicht getrennt lebende Ehegatten können zwischen Zusammenveranlagung und getrennter Veranlagung wählen (§ 26 EStG). Wegen des progressiven Einkommensteuertarifs nach § 32a EStG (bei Grundtarif 5616 DM Freibetrag, bis 8153 DM 19 v. H., bis

1

I Steuern und Buchhaltung

120 041 DM proportional ansteigend bis Spitzensteuersatz von 53 v. H.) ist die Zusammenveranlagung in aller Regel vorteilhafter (Anwendung des Splitting-Tarifs – statt des Grundtarifs –, dessen Besonderheit die Halbierung des zu versteuernden Einkommens, Anwendung des Grundtarifs auf diese Hälfte und anschließende Verdoppelung der Steuer daraus ist). Das *BVerfG* (BGBl. 1992 I, 1851) hält den Grundfreibetrag von 5 616 DM für zu gering, verlangt eine Anhebung aber erst ab 1996, abgesehen von Geringverdienern, für die ab 1993 eine Übergangsregelung zu treffen ist. Dazu liegt bereits eine Verwaltungsanweisung vor, die durch Zusatztabellen sicherstellt, daß bei Ledigen Erwerbseinkünfte bis zu 12 000 DM (für nicht getrennt lebende Eheleute 19 000 DM) jährlich steuerfrei bleiben (BStBl. 1992 I, 736). Für die Jahre 1991 und 1992 wird aufgrund des Solidaritätszuschlaggesetzes v. 24. 6. 1991, BGBl. 1991 I, 1318, auf die festgesetzte Einkommensteuer ein jährlicher Solidaritätszuschlag von 3,75 v. H. erhoben (Festsetzung gleichzeitig mit der Einkommensteuer, § 51 a EStG). – Auf die voraussichtliche Steuerschuld werden Steuervorauszahlungen erhoben und später angerechnet bzw. erstattet; ebenso Abzugsteuern aller Art (Lohnsteuer, Kapitalertragsteuer einschließlich des ab 1993 erhobenen sog. Zinsabschlags, ausländische Quellensteuer) und die in Ausschüttungen von Kapitalgesellschaften enthaltene $^9/_{16}$ anrechenbare Körperschaftsteuer (§ 36 EStG).

2 Ein **Schema für die Ermittlung** des zu besteuernden Einkommens enthält Abschn. 3 EStR 1990. Grundlage bilden die im Kalenderjahr erzielten Einkünfte. Was Einkünfte sind, ist in §§ 2 I, 13 bis 23 EStG enumerativ bestimmt. Der Gesamtbetrag der Einkünfte (ist dieser negativ, so tritt nach § 10d EStG zunächst ein zweijähriger Verlustrücktrag und – falls der Verlust dadurch noch nicht verbraucht ist – ein Verlustvortrag ein) wird um ebenfalls abschließend im EStG bezeichnete Sonderausgaben (z. B. Vorsorgeaufwendungen, Kirchensteuern, Renten, Ausbildungskosten, Steuerzinsen, Steuerberatungskosten, Unterhaltszahlungen an Ehegatten), außergewöhnlichen Belastungen (z. B. Unterhalts- und Kinderausbildungskosten, Krankheits- und Pflegekosten) sowie verschiedene Freibeträge (z. B. für Kinder) gemindert (zu Restriktionen für Personen ohne Wohnsitz oder gewöhnlichen Aufenthalt in der Bundesrepublik Deutschland s. §§ 49, 50 EStG). **Beschränkt steuerpflichtige Anwälte**, die im Inland keinen Wohnsitz oder gewöhnlichen Aufenthalt (§§ 8, 9 AO) haben, sind mit unselbständiger bzw. selbständiger Tätigkeit nur steuerpflichtig, wenn diese im Inland ausgeübt oder verwertet wird (§ 49 I Nr. 3 und 4 EStG) und kein einschlägiges Doppelbesteuerungsabkommen die deutsche Besteuerung ausschließt. Doppelbesteuerungsabkommen können die deutsche Besteuerung auch bei unbeschränkt Steuerpflichtigen ausschließen, wenn die Tätigkeit im Ausland ausgeübt wird.

3 Die Einkünfte aus der **Tätigkeit eines Rechtsanwalts** können innerhalb des Einkünftekatalogs nach § 2 I EStG zu den Einkünften aus nichtselbständiger Arbeit gem. § 19 EStG gehören (s. auch H II Rdnr. 40), wenn die Tätigkeit unselbständig ausgeübt wird, oder innerhalb der Einkünfte aus selbständiger Arbeit zu den freiberuflichen Einkünften gem. § 18 I Nr. 1 EStG, wenn die Tätigkeit selbständig ausgeübt wird (einzelberuflich oder im Rahmen einer Sozietät). Anwälte können steuerlich anerkannt nebeneinander selbständig (einzelberuflich oder in Sozietät) und unselbständig tätig sein.

4 Nicht selbständig i. S. von § 19 EStG (im steuerrechtlichen Sinne Arbeitnehmer) ist nach § 1 LStDV eine tätige Person, wenn sie „in der Betätigung ihres geschäftlichen Willens unter der Leitung des Arbeitgebers steht oder im ge-

schäftlichen Organismus des Arbeitgebers dessen Weisungen zu folgen verpflichtet ist". Nach h. A. ist die Beurteilung nach dem Gesamtbild der Verhältnisse – nicht allein nach dem Wortlaut von Verträgen – im Einzelfall vorzunehmen. **Selbständig** ist insbesondere, wer Einkünfterisiken trägt, die Höhe seiner Einkünfte stark beeinflussen kann, Art sowie Umfang der Tätigkeit selbst bestimmen kann und keine arbeitnehmertypischen Sozialleistungen erhält (*BFH* BStBl. 1985 II, 661; 1991 II, 409). Je anspruchsvoller eine Tätigkeit ist, desto eher wird sie als selbständig qualifiziert (*BFH* BStBl. 1962 III, 37; 1968 II, 455; 1979 II, 131). Ihrer Art nach eigenverantwortliche Anwaltstätigkeit kann deshalb auch dann noch selbständig sein, wenn sich der Anwalt in die Organisation einer Kanzlei so weit einfügen muß, wie dies zur ordnungsgemäßen Kanzleiführung unerläßlich ist. Praktische steuerliche Unterschiede zwischen Selbständigkeit und Unselbständigkeit: Arbeitslohn unterliegt dem Lohnsteuerabzug, i. d. R. auch der Sozialversicherung (Rdnr. 50). – Nur Selbständige unterliegen der Umsatzsteuer und müssen Aufzeichnungen anlegen (vgl. Rdnr. 29). – Für Arbeitnehmer gelten besondere Freibeträge und Vergünstigungen (vgl. Rdnr. 51). – Selbständiger Arbeit gewidmetes eigenes Vermögen wird „steuerverstricktes" Betriebsvermögen (vgl. Rdnr. 10). – Selbständige genießen faktisch häufig großzügigere Beurteilung in Grenzbereichen des Betriebsausgabenabzugs wie Unselbständige beim entsprechenden Werbungskostenabzug. – Sie unterliegen der steuerlichen Betriebsprüfung (Rdnr. 67).

Selbständige Rechtsanwälte sind steuerrechtlich **Freiberufler**, weil ihre Berufstätigkeit in § 18 I Nr. 1 EStG ausdrücklich für freiberuflich erklärt wird (sog. Katalogberuf). Gefordert wird für diese Einordnung formelle berufsrechtliche Qualifikation (H II Rdnr. 10). Steuerliche Vorteile: Keine Gewerbesteuerpflicht, Wahlrecht bei der Gewinnermittlung (Rdnr. 6) und der Umsatzbesteuerung (Rdnr. 31). Nebentätigkeiten, die Rechtsanwälten nicht vorbehalten und isoliert nicht freiberuflich sind (meist sonstige selbständige Tätigkeiten i. S. von § 18 I Nr. 3 EStG), welche Rechtsanwälte aber im Rahmen ihres Berufs oft ausüben, werden i. d. R. als Teil der freiberuflichen Tätigkeit anerkannt (*BFH* BStBl. 1987 II, 524). Beispiele: Testamentsvollstreckungen (*BFH* BStBl. 1990 II, 1028), Vermögensverwaltungen, Vormundschaften, Beiratsämter, Konkursverwaltungen, Buchführungsarbeiten. Erlangen derartige Tätigkeiten ausnahmsweise dominierende Bedeutung und werden sie nicht im wesentlichen durch den Rechtsanwalt persönlich, sondern unter Einsatz von Arbeitnehmern oder selbständigen Erfüllungsgehilfen erbracht, so können gewerbliche Einkünfte entstehen, z. B. umfangreiche Vermögensverwaltungen oder Treuhandtätigkeiten (vgl. z. B. *BFH* BStBl. 1984 II, 823). Treuhandtätigkeiten für Bauherrenmodelle sind gewerblich (*BFH* BStBl. 1989 II, 797 betr. Steuerberater und *BFH* BStBl. 1990 II, 534 betr. Rechtsanwalt), ebenso Vermittlungsleistungen, auch wenn sie als Beratungen „getarnt" werden (*BFH* BStBl. 1984 II, 129). Der Erwerb von Mandanten-Forderungen und deren Einklagen auf eigenes Risiko kann gewerblich sein (*BFH* BStBl. 1982 II, 345, im Urteilsfall noch freiberufliche Tätigkeit anerkannt, weil 75 v. H. des Mehrerlöses der Mandant erhielt). Die standesrechtliche Beurteilung (H II Rdnrn. 36 ff.) kann Anhaltspunkte bieten, ist aber nicht entscheidend. Partielle Gewerblichkeit eines Rechtsanwalts führt zur Aufteilung der Einkünfte, notfalls – insbesondere was die Kosten anbetrifft – im Wege der Schätzung, vgl. Abschn. 135 IX EStR 1990; *BFH* BStBl. 1990 II, 534. Anders bei Sozietäten, vgl. Rdnr. 26. – Steuerfrei sind nach § 3 Nr. 26 EStG jährliche Einnahmen bis 2400 DM für Lehr- und Prüfungstätigkeit bei gemeinnützigen Vereinen und Körperschaften des öffentlichen Rechts (*BFH* BStBl. 1987 II, 783).

2. Einkünfteermittlung aus selbständiger Anwaltstätigkeit

6 **a) Gewinnermittlungsarten.** Nichtselbständige Rechtsanwälte ermitteln wie alle anderen Arbeitnehmer ihre Einkünfte durch Überschuß der Einnahmen (also des Arbeitslohns) über die Werbungskosten. Selbständige freiberufliche Anwälte – auch Sozietäten – können zwischen Bestandsvergleich nach § 4 I EStG (Bilanzierung) und Einnahme-Überschußrechnung nach § 4 III EStG **wählen** (keine Buchführungs- und Bilanzierungspflicht). Beide Gewinnermittlungsmethoden sollen auf Dauer – wenn auch zeitverschoben – möglichst zu demselben Totalergebnis führen (sog. Gesamtgewinngleichheit, *BFH* BStBl. 1980 II, 239; 1984 II, 516). **Bestandsvergleich** setzt die Aufstellung einer Eröffnungsbilanz zu Beginn dieser Gewinnermittlungsmethode voraus und die Anlegung einer ordnungsgemäßen Vollbuchführung nach kaufmännischen Ordnungsmäßigkeitsprinzipien, Hinweis auf §§ 238 ff. HGB. Die **Einnahme-Überschußrechnung** setzt voraus, daß keine Vollbuchführung besteht und keine Bilanzen aufgestellt werden. Eine Aufzeichnungspflicht besteht bei Überschußrechnung nur für Einnahmen, nicht für die Ausgaben (*BFH* StRK AO 1977 § 162 R. 9 = 1982). Es empfiehlt sich jedoch, die Ausgaben zu Nachweiszwecken aufzuzeichnen und die Ausgabenbelege (Rechnungen, Quittungen, Eigenbelege) geordnet aufzubewahren, weil der Steuerpflichtige die objektive Beweislast für Betriebsausgaben trägt (*BFH* BStBl. 1976 II, 562) und die Finanzverwaltung nach § 160 AO den Abzug ablehnen kann, wenn die Zahlungsempfänger nicht benannt werden. Zur Umsatzsteuer s. Rdnr. 32. Zu speziellen steuerlichen Aufzeichnungsvorschriften Hinweis auf Rdnr. 73.

7 Die **Überschußrechnung** läßt sich als „Ist-Rechnung" skizzieren, weil sie steuerrelevante berufliche Vorgänge erst erfaßt, wenn sie sich durch Vereinnahmung bzw. Verausgabung realisiert haben. Einnahmen müssen zugeflossen und Ausgaben abgeflossen sein; zu den Ausnahmen beim Anlagevermögen s. Rdnr. 14. Zu- bzw. Abfluß ist der Erwerb bzw. der Verlust der wirtschaftlichen Verfügungsmacht über Geld oder Sachwerte durch Zahlung, Verrechnung oder Gutschrift (*BFH* BStBl. 1986 II, 342). Beispiele: die Entgegennahme bzw. Hingabe eines Schecks (unabhängig vom Zeitpunkt der Einlösung, *BFH* BStBl. 1969 II, 76; 1971 II, 94; 1981 II, 305; 1986 II, 284; Abschn. 116 EStR 1990), bei Wechseln erst die Diskontierung oder Indossierung. Die Erteilung eines Überweisungsauftrags an ein Kreditinstitut führt bereits zur Verausgabung (*BFH* BStBl. 1986 II, 453; 1987 II, 673; Abschn. 116 EStR 1990), zur Vereinnahmung beim Empfänger aber erst bei Gutschrift auf dessen Konto. Schuldumwandlungen führen zur Vereinnahmung bzw. Verausgabung, allerdings nur, wenn der Schuldner zahlungsfähig ist.

8 Der bei Anwälten selten angewandte **Bestandsvergleich** ist demgegenüber eine „Soll-Rechnung", bei der jährlich das nach den steuerlichen Bilanzierungs- und Bewertungsregeln zu ermittelnde Vermögen aus der Berufstätigkeit unter Einbeziehung aller Forderungen (insbesondere der Honoraransprüche) und Verbindlichkeiten dem Vorjahresvermögen gegenübergestellt wird, das vorhanden wäre, wenn während des Jahres keine privaten Entnahmen und Einlagen erfolgt wären.

Einkommensteuer   I

Schema für Gewinnermittlung durch Überschußrechnung nach § 4 III EStG: 9

+ = einkünfteerhöhend; − = einkünftemindernd; × = nicht einkünftewirksam

Einnahmen
- Honorareinnahmen   +
- Honorarvorschüsse (BStBl. 1990 II, 287)   +
- Einnahmen aus beruflichen Hilfsgeschäften (Rdnr. 18)   +
- mitvereinnahmte Umsatzsteuer auf Einnahmen   +
- Umsatzsteuererstattungen des FinA   +
- Entnahmen von Betriebsvermögen (ohne Geldentnahmen)   +
- Vereinnahmte durchlaufende Posten (Rdnr. 20)   ×
- Bareinlagen   ×
- Geldeingang aus Darlehnsaufnahme   ×

Ausgaben
- Laufende Betriebsausgaben (s. Rdnrn. 19, 21 ff.)   −
- Abschreibungen (Rdnr. 14)   −
- Vorsteuern auf Kosten einschließlich aus Anlagevermögen   −
- Umsatzsteuerzahlungen an das FinA   −
- Sacheinlagen (soweit nicht nur durch Abschreibungen wirksam)   −
- Barentnahmen   ×
- Rückzahlung von Darlehen   ×
- Ausfall von Honorarforderungen   ×
- verauslagte durchlaufende Posten (Rdnr. 20)   ×
- Restbuchwert veräußerten, entnommenen oder vernichteten Anlagevermögens
  (Rdnr. 10)   −
- Nicht abnutzbare Wirtschaftsgüter (solange noch vorhanden)   ×

b) Bedeutung des steuerlichen Betriebsvermögens

„**Notwendiges Betriebsvermögen**" sind sämtliche materiellen und immateriellen Wirtschaftsgüter, welche im wirtschaftlichen Eigentum des selbständig Tätigen stehen und nachhaltig der Ausübung seiner Tätigkeit dienen. Dies gilt auch für Sozien, vgl. Rdnr. 27. Bei beweglichen Wirtschaftsgütern (z. B. Pkw) und immateriellen Wirtschaftsgütern (z. B. EDV-Programm) ist Voraussetzung, daß der betriebliche Nutzungsanteil 50 v. H. übersteigt (Abschn. 14a EStR). Immobilien nebst Gebäuden gehören anteilig zum notwendigen Betriebsvermögen, soweit sie (also quotale Zuordnung) der Berufsausübung dienen (Ausnahme bislang noch nach Abschn. 14 II EStR 1990: Verkehrswert des beruflich genutzten Teils überschreitet 20 000 DM nicht; Bedenken äußert *BFH* BStBl. 1990 II, 578, gewährt im Urteilsfall aber Vertrauensschutz). Die erforderliche Aufteilung gemischt genutzter Immobilien erfolgt i. d. R. (auch für den anteiligen Grund und Boden) nach dem Verhältnis der Nutzfläche der betrieblichen Räume einerseits und der übrigen andererseits (Abschn. 13 b, 14 EStR; vgl. aber *BFH* BStBl. 1990 II, 578). Treppenhäuser usw. werden anteilig zugeschlagen, gleichzeitig Wohn- und Berufszwecken dienende Räume sind Privatvermögen. Schulden sind Betriebsvermögen, wenn sie für Praxiszwecke entstanden sind, d. h. Kredite zur Beschaffung tatsächlich beruflich verwendeter Geldmittel (s. zum Schuldzinsenabzug Rdnr. 23). **Folgen** der Betriebsvermögenseigenschaft: (a) Abnutzbare Wirtschaftsgüter können nach § 7 EStG abgeschrieben werden (s. Rdnr. 14). Diese Absetzung für Abnutzung ist Betriebsausgabe. (b) Wirtschaftsgüter des Betriebsvermögens sind „steuerverstrickt", d. h. ihre Entfernung aus dem Betriebsvermögen löst einkommensteuerliche Konsequenzen aus: Für jedes Wirtschaftsgut besteht ein Buchwert (ursprüngliche Anschaffungskosten abzüglich zwischenzeitlich ergebnismindernd vorgenommene Abschreibungen). Die Differenz zwischen dem Buchwert und dem bei der Entfernung aus dem Betriebsvermögen erzielten Erlös ist Gewinn (Erlös über Buchwert) bzw. Verlust (Erlös unter Buchwert), auch bezüglich des privaten Nutzungsanteils beweglicher Wirtschaftsgüter, *BFH/NV* 1991, 386; 1992, 20. Bei Vernichtung des Wirtschaftsguts durch einen betrieblich veranlaßten Schadensfall ist der Restbuchwert Aufwand (nicht bei privat verursachtem Schaden, z. B. Unfall mit Praxis-Pkw auf Privatfahrt), also Betriebsausgabe. Wird die Steuerverstrickung durch Beendigung der betrieblichen Nutzung (also durch Überführung in das steuerliche Privatvermögen) beendet, so ist dies eine „Entnahme" nach § 4 I EStG, die (auch bei Gewinnermittlung nach § 4 III EStG) nach § 6 I Nr. 4 EStG mit dem Teilwert (i. d. R. dem Verkehrswert nahe) anzusetzen ist, gewissermaßen als fiktiver Veräußerungserlös. Spätestens treten die Entstrickungsfolgen bei Veräußerung der Praxis oder der vollständigen Einstellung (Praxisaufgabe) ein (Rdnr. 54). Belastende Entstrickungsfolgen entstehen bei im Wert gestiegenen Immobilien.

11 Wird ein Wirtschaftsgut aus dem steuerlichen Privatvermögen in das steuerliche Betriebsvermögen überführt (durch Aufnahme der beruflichen Nutzung), so ist dies eine „**Einlage**" nach § 4 I EStG, die man als fiktive Anschaffung charakterisieren kann. Einlagen werden nach § 6 I Nr. 5 EStG mit dem Teilwert bewertet, wenn der Steuerpflichtige selbst oder bei unentgeltlichem Erwerb der Rechtsvorgänger im Zeitpunkt der Einlage schon länger als drei Jahre wirtschaftlicher Eigentümer des eingelegten Wirtschaftsguts war, sonst mit den tatsächlich entstandenen Herstellungs- oder Anschaffungskosten abzüglich fiktiver AfA. Der Teilwert der eingelegten Wirtschaftsgüter mindert als fiktive Betriebsausgabe den Gewinn, bei Anlagevermögen allerdings nur in Gestalt der Abschreibungen (s. Rdnr. 14).

12 Bilanzierende Anwälte können neutrale Wirtschaftsgüter, die geeignet sind, der Praxis Nutzen zu bringen (z. B. fremdvermietete Grundstücksteile) als „**gewillkürtes Betriebsvermögen**" in ihren Bilanzen ausweisen (Folgen wie Rdnr. 10). Geldgeschäfte gehören nur ausnahmsweise zum Betriebsvermögen (vgl. zu Geldverlusten auch Rdnr. 23). Bilanzierende dürfen auf Wirtschaftsgüter des Betriebsvermögens, deren Teilwert nachweislich unter den Buchwert gesunken ist, nach § 6 I Nr. 1 und Nr. 2 EStG Teilwertabschreibungen vornehmen.

13 Nur im **wirtschaftlichen Eigentum** des Steuerpflichtigen selbst stehende Wirtschaftsgüter können Betriebsvermögen sein, nicht von Dritten entgeltlich oder unentgeltlich zur Nutzung überlassene. Das gilt auch für Wirtschaftsgüter im Eigentum von Angehörigen: Bei Praxisausübung in einem Gebäude, das dem Ehegatten gehört, entsteht kein Betriebsvermögen. S. aber zur Einheitsbewertung Rdnr. 48. Vermietung wird anerkannt (*BFH* BStBl. 1969 II, 233; 1971 II, 643; *Korn*, Steuerberaterkongreß-Report 1977, 162 f.). Bei Miteigentum entsteht Betriebsvermögen bezogen auf die Miteigentumsquote des Anwalts-Ehegatten. Unentgeltliche Nutzungsüberlassung von Wirtschaftsgütern wird zwar ebenfalls steuerlich anerkannt, ist aber steuerlich unattraktiv, weil die AfA entfällt.

14 Abnutzbare Wirtschaftsgüter des Betriebsvermögens, deren betriebsgewöhnliche Nutzungsdauer ein Jahr überschreitet (Anlagevermögen), sind nach §§ 6 I Nr. 1, 7 EStG auf die voraussichtliche Nutzungsdauer verteilt als Betriebsausgaben abzuschreiben (*Absetzung für Abnutzung*, kurz **AfA**). Anschaffungs- oder Herstellungskosten für nicht abnutzbare Anlagegüter – z. B. Grund und Boden, Gemälde anerkannter Meister, Antiquitäten (*BFH* BStBl. 1990 II, 50) – mindern den Gewinn erst bei Entstrickung (s. Rdnr. 10). Es wird zwischen beweglichem Anlagevermögen (z. B. Büroausstattung), immateriellem (z. B. EDV-Programme, Praxiswert) und unbeweglichem (Gebäude, Einbauten) unterschieden. Bemessungsgrundlage für die AfA sind die Anschaffungs- oder Herstellungskosten (u. U. fiktiv bei Einlage, s. Rdnr. 11) für abnutzbare Wirtschaftsgüter (ohne nach § 15 UStG abziehbare Vorsteuer). Die AfA beginnt mit Fertigstellung bzw. Erwerb des wirtschaftlichen Eigentums (Verfügungsmacht und Gefahr) an den Gegenständen. Auch bei Überschußrechnung nach § 4 III EStG ist für den Beginn und die Bemessung der AfA der Zeitpunkt der Bezahlung des abnutzbaren Anlageguts irrelevant, während die mit der Anschaffung bzw. Herstellung verbundene nach § 15 UStG abziehbare Vorsteuer (Rdnr. 37) bei Bezahlung sofort absetzbar ist.

Zur AfA auf **bewegliche Anlagegegenstände**: Wahlweise Jahresabschreibung 15 für Zugänge im ersten Halbjahr und Halbjahresabschreibung für solche im zweiten Halbjahr anstelle nur zeitanteiliger AfA (Abschn. 44 II EStR 1990). Statt linearer (gleichmäßiger) AfA kann nach § 7 II EStG die degressive gewählt werden (gleichbleibender Prozentsatz auf den jeweiligen Restbuchwert am Jahresende), deren Obergrenze das Dreifache der linearen AfA, höchstens 30 v. H. ist (übersteigt die lineare also ab vier Jahre Nutzungsdauer). Von der degressiven AfA darf zur linearen gewechselt werden, nicht umgekehrt. Üblicherweise anerkannte Nutzungsdauern: Pkw bislang 4 Jahre, jedoch für nach dem 31. 12. 1992 angeschaffte Fahrzeuge 5 Jahre (*BMF* DStR 1993, 15). Computer und Zubehör 3–5 Jahre, Büromaschinen und Geräte des Nachrichtenwesens 5–8 Jahre, Büromöbel 10 Jahre, wertvolle Stilmöbel allerdings 20 Jahre (*BFH* BStBl. 1986 II, 355). Neben der normalen AfA sind nach § 7g EStG auf neue bewegliche Gegenstände bei Freiberuflern 20 v. H. wahlweise in den ersten drei Jahren abschreibbar, wenn der letzte Einheitswert für das Betriebsvermögen (Rdnr. 47) 240 000 DM nicht überschreitet (Erläuterungen dazu in Abschn. 83 EStR). Selbständig nutzbare bewegliche Wirtschaftsgüter und Computerprogramme (Abschn. 31a I EStR 1990) mit Anschaffungs- bzw. Herstellungskosten bis 800 DM netto (sog. geringwertige Wirtschaftsgüter) sind nach § 6 II EStG wahlweise im Jahr der Anschaffung oder Herstellung sofort absetzbar (mehrere technisch aufeinander zugeschnittene funktional zusammengehörige Gegenstände bilden eine Einheit, z. B. Diktiergerät mit Mikrophon), nicht aber schon Sachgesamtheiten (wie z. B. Tisch mit Stühlen, Zimmerausstattung). Fachbücher sind geringwertige Wirtschaftsgüter und bleiben es, wenn eine ganze Bibliothek erworben wird (*BFH* BStBl. 1968 II, 149); zusammengerechnet werden den nur mehrbändige Werke (*BFH* BStBl. 1968 II, 149 zu Lexika), m. E. aber nicht überzeugend für Großkommentare, Loseblattwerke und gebundene Zeitschriften.

Zur AfA auf **Gebäude**: Es bestehen starre gesetzliche Abschreibungsprozent- 16 sätze, die nur überschritten werden dürfen, wenn die nachweislich tatsächlich zu erwartende Nutzungsdauer höhere Sätze rechtfertigt. Die lineare AfA beträgt nach § 7 IV EStG 2 v. H. (für vor 1925 fertiggestellte Gebäude 2,5 v. H.), für mit Bauantrag nach dem 31. 3. 1985 erstellte betrieblich genutzte Gebäudeteile 4 v. H. Für selbsthergestellte oder im Jahr der Fertigstellung erworbene Gebäude kann die degressive AfA gewählt werden, die nach § 7 V EStG bei Bauantrag vor dem 1. 4. 1985 in den ersten acht Jahren je 5 v. H., den folgenden 6 Jahren 2,5 v. H. und den restlichen 36 Jahren 1,25 v. H. beträgt, und bei Bauantrag nach dem 31. 3. 1985 auf den selbständiger Berufstätigkeit dienenden Gebäudeteil in den ersten 4 Jahren je 10 v. H., 3 × 5 v. H. und 18 × 2,5 v. H. Die degressive AfA kann im Jahr der Herstellung voll beansprucht werden, die lineare nur p.r.t. monatsweise. Ein Wechsel der Methode ist unzulässig.

17 **Leasing** wird steuerlich als normaler Mietvertrag behandelt (also Abzug der Miete als Betriebsausgabe), wenn der Leasinggeber wirtschaftlicher Eigentümer bleibt. Es haben sich Vertragsmuster für sog. Vollamortisationsverträge mit Kaufoption und Teilamortisationsverträge mit Andienungsrecht durchgesetzt, bei deren Einhaltung die Finanzverwaltung den Leasinggeber als wirtschaftlichen Eigentümer anerkennt (vgl. *BMF*-Schreiben BStBl. 1971 I, 264; 1972 I, 188; 1987 I, 440; BB 1976, 72; DB 1976, 76 und 940; *BFH* BStBl. 1991 II, 70). Ist ausnahmsweise der Leasingnehmer wirtschaftlicher Eigentümer, so wird die Vereinbarung steuerlich wie Kauf des Leasinggegenstands gegen Ratenzahlung beurteilt.

c) Betriebseinnahmen und Betriebsausgaben

18 **Betriebseinnahmen** sind geldwerte Vorteile aller Art, welche durch die berufliche Tätigkeit erzielt werden. Es gehören dazu nicht nur Honorare aus den beruflichen Leistungen, sondern alle anderen Vorteile, welche aus der Tätigkeit entstehen, z. B. Einnahmen aus der Veräußerung steuerverstrickten Betriebsvermögens bzw. fiktive Einnahmen durch Entnahmen (Rdnr. 10). Auch Ersatzleistungen aus beruflichen Versicherungen oder Schadensersatzleistungen Dritter gehören dazu, soweit es sich nicht um höchstpersönliche Rechtsgüter handelt, etwa Schmerzensgeld, Schadensersatz für Verletzung der Persönlichkeitsrechte oder Körperbeschädigungen (*BFH* BStBl. 1957 III, 164; 1960 III, 87; 1964 III, 12).

19 **Betriebsausgaben** nach § 4 IV EStG sind sämtliche durch die selbständige Anwaltstätigkeit veranlaßte Ausgaben. Ihnen entsprechen bei Nichtselbständigen die Werbungskosten i. S. von § 9 EStG. Der Werbungskostenbegriff ist nur geringfügig enger, z. B. weil Vermögensverluste nicht dazugehören. Einer Angemessenheitsprüfung durch die Finanzverwaltung bzw. die Steuergerichte unterliegen Betriebsausgaben nur, wenn sie „die Lebensführung des Steuerpflichtigen oder anderer Personen berühren" (absetzbar ist dann nur der angemessene Teil der Aufwendungen), § 4 V Nr. 7 EStG, ab 1992 nach § 9 V EStG auf Werbungskosten ausgedehnt; Anwendungsfälle: In keinem Verhältnis zu dem beruflichen Effekt stehende luxuriöse Büroausstattungen, Kraftfahrzeuge, ausufernde Bewirtungen usw. Orientteppiche im Büro sind i. d. R. nicht unangemessen (*BFH* BStBl. 1986 II, 904; 1987 II, 108; *FG Saarland* EFG 1986, 276 rkr.), serienmäßige Pkw, auch der gehobenen Klasse ebenfalls nicht (*BFH* BStBl. 1987 II, 853; 1988 II, 629; BFH/NV 1988, 356); Bewirtungen nur ausnahmsweise, jedoch Unterhaltungen von Geschäftspartnern in Varietés, Striptease-Lokalen usw. regelmäßig (*BFH* BStBl. 1990 II, 575).

20 **Durchlaufende Posten** gehören nicht zu den Einnahmen und Ausgaben, § 4 III EStG, § 10 I UStG. Es handelt sich um Beträge, die im Namen und für Rechnung Dritter (z. B. der Mandanten) vereinnahmt bzw. verausgabt werden (z. B. Gerichtskosten, Gebühren). Sie sollten deshalb buchmäßig von den übrigen Einnahmen und Ausgaben getrennt werden, notfalls zunächst im Wege der Schätzung (z. B. bei Vorschüssen) mit späterer Korrektur.

Einkommensteuer I

Nach kritisierter, aber gefestigter Rechtsprechung sind sowohl beruflich als 21
auch privat veranlaßte Aufwendungen (**gemischte Aufwendungen**) nur dann anteilig abzugsfähig, wenn objektive Kriterien für die Aufteilung (notfalls im Wege der Schätzung) vorhanden sind. In Ermangelung objektiver Aufteilungsmerkmale entfällt der Abzug völlig, wenn die außerberufliche Mitveranlassung nicht von nur ganz untergeordneter Bedeutung ist (ständige Rechtsprechung, vgl. z. B. *BFH* BStBl. 1971 II, 17 und 21; 327; 1977 II, 716; 1983 II, 723; 1984 II, 110; 1988 II, 633; 1989 II, 641; 1990 II, 49; 1059; 1992 II, 27; Abschn. 117 EStR 1990). Beispiele für Aufteilbarkeit: Pkw, Telefon in der Wohnung einschließlich Grundgebühr (*BFH* BStBl. 1981 II, 131), Hauspersonal (*BFH* BStBl. 1980 II, 93). Nicht aufteilbar und deshalb nicht absetzbar z. B.: Tageszeitung (*BFH* BStBl. 1983 II, 715; 1990 II, 29), privat mitbenutztes Arbeitszimmer, Geburtstagsfeier mit Mandanten, sog. bürgerliche Kleidung, Studienreisen und Kongresse mit hohem persönlichen Bildungs- und Erlebniswert (vgl. dazu Abschn. 117a EStR 1990); s. auch Rdnr. 23.

Zahlung von Arbeitsvergütungen, Miet- und Pachtzinsen, Darlehenszinsen 22
usw. an **nahe Angehörige** (z. B. Ehegatten oder Abkömmlinge) sind Betriebsausgaben, wenn der Aufwand beruflich veranlaßt ist, fremdvergleichbare Vereinbarungen getroffen und exakt eingehalten werden (nach ständiger Rechtsprechung strenges Klarheitsgebot, Angemessenheitsprüfung, Üblichkeitsprüfung (vgl. z. B. *BFH* BStBl. 1983 II, 663; 1984 II, 60 und 298; 1985 II, 124; 1986 II, 250; 1987 II, 121 und 557; 1988 II, 606 und 632; 1989 II, 137; 281; 354 und 453; 1990 II, 68; 160; 429; 741; 1992 II, 192; 446; ferner Abschn. 23 EStR 1990). Zur Übernahme von Ausbildungskosten mitarbeitender Kinder BStBl. 1991 II, 305.

Einzelfälle des Betriebsausgabenabzugs in alphabetischer Folge: **Abschrei-** 23
bungen: Vgl. Rdnr. 14 und 10. **Arbeitszimmer** in der Wohnung: Sämtliche anteiligen Kosten (Miete, bei Eigentum AfA, Zinsen, Reparaturen, Grundbesitzabgaben; Berechnung nach dem Schlüssel: Fläche des Arbeitszimmers zur Wohnfläche nach §§ 42–44 der II. BerechnungsVO) sind absetzbar, wenn private Mitbenutzung nur von absolut untergeordneter Bedeutung ist, unabhängig davon, ob das Arbeitszimmer notwendig ist und oft benutzt wird (*BFH* BStBl. 1984 II, 112; 1985 II, 467; 1987 II, 500; wegen unvollständiger Abgrenzung nicht anerkannt: Galerie oder Empore zum Wohnzimmer, *BFH* BStBl. 1992 II, 304; 528). Mobiliar ist abschreibbar, ausgenommen reine Dekoration, z. B. Bilder (*BFH* BStBl. 1991 II, 340; 837). **Berufskleidung:** Nur Robe usw., nicht auch erhöhter Verschleiß an sog. bürgerlicher Kleidung, etwa weiße Hemden oder Blusen, ständige Rechtsprechung (*BFH* BStBl. 1970 II, 7; 1981 II, 781; 1990 II, 49; 1991 II, 348; BFH/NV 1987, 33). **Bewirtungskosten:** Geschäftsfreundebewirtungskosten sind nach § 4 V Nr. 2 EStG nur absetzbar, wenn eine ordnungsgemäße Rechnung vorliegt und zusätzliche Angaben über sämtliche Teilnehmer und Anlaß für die Bewirtung gemacht werden. Ab 1990 sind die Kosten nur noch zu 80 v. H. absetzbar. Gesonderte Aufzeichnung (Rdnr. 73) ist unabdingbar (vgl. dazu Abschn. 20 Abs. 8 bis 11 EStR 1990). Reine Personalbewirtungen (auch Betriebsveranstaltungen) sind stets voll abzugsfähig und unterliegen nicht den Restriktionen (aber Frage, ob versteckter Arbeitslohn). **Doppelte Haushaltsführung:** Fahrt-, Unterkunfts- und Verpflegungskosten sind abzugsfähig, wenn berufliche Veranlassung glaubhaft gemacht wird (bei Selbständigen Betriebsausgaben, bei Arbeitnehmern Werbungskosten, durch Arbeitgeber an Arbeitnehmer steuerfrei ersetzbar). Verpflegungsaufwendungen sind pauschalierbar. Einzelheiten in Abschn. 20a VI EStR 1990, Abschn. 43 LStR 1993. **Geldge-**

schäfte und -verluste: Verluste aus Darlehen, Bürgschaften usw. sind nur ausnahmsweise absetzbar, wenn sie nachweislich ausschließlich beruflich veranlaßt sind (*BFH* BStBl. 1980 II, 571; 1990 II, 17); Diebstahl nachweislich betrieblichen Geldbestands (*BFH* BStBl. 1992 II, 343). **Geschenke an Geschäftsfreunde:** Absetzbar nach § 4 V Nr. 1 EStG nur, wenn sie pro Jahr und Empfänger 75 DM (vor 1990 50 DM) nicht übersteigen, der Name des Empfängers vermerkt ist und gesonderte Aufzeichnung erfolgt (Rdnr. 73). **Kongresse, Seminare,** Fortbildungsreisen, Sprachkurse, Studienreisen: Kein Abzug dann, wenn außerberufliche Mitveranlassung von nicht untergeordneter Bedeutung vorliegt (vgl. dazu mit Rspr.-Nachweisen Abschn. 117a EStR 1990; *BFH* BStBl. 1990 II, 735; 1059; 1991 II, 92; 134); zu Sprachkursus *BFH* BStBl. 1980 II, 746; Grundsatzurteil zu Studienreisen *BFH* BStBl. 1979 II, 213. Literaturhinweis: *Carl,* DStR 1989, 519. **Kraftfahrzeugkosten:** Arbeitnehmer können die Kosten wahlweise einzeln nachweisen oder die dienstlich gefahrenen Strecken mit 0,52 DM (vor 1. 10. 1991 0,42 DM) geltend machen bzw. steuerfrei ersetzt erhalten. Dasselbe gilt für den gelegentlichen Einsatz eines nicht zum steuerlichen Betriebsvermögen gehörenden Pkw eines Selbständigen (Rdnr. 10; Abschn. 119 III EStR 1990). Selbständige müssen i. ü. die Kfz-Kosten nachweisen. Wegen privater Nutzungsanteile − Privatentnahme − und über 0,65 DM pro Entfernungs-km (1991 0,58 DM, davor 0,50 DM) liegender Kosten für Fahrten zwischen Wohnung und regelmäßiger Arbeitsstätte (dazu gehören auch Erledigungen auf dem Wege zwischen Wohnung und Kanzlei, *BFH* BStBl. 1988 II, 766) − nach § 4 V Nr. 6 EStG nichtabzugsfähige Betriebsausgabe − ist der Betriebsausgabenabzug zu kürzen. Wird kein Fahrtenbuch über sämtliche Berufs- und Privatfahrten geführt, so schätzt die FinVerw. den privaten Nutzungsanteil seit 1990 in Abschn. 118 II EStR 1990 auf 30 bis 35 v. H. (bei geringerer Privatnutzung ist Nachweis durch Fahrtenbuch empfehlenswert), zuzüglich nichtabsetzbare Kostenanteile für Fahrten zwischen Wohnung und Arbeitsstätte. Vielfach wurde bisher die für die Bewertung der Privatfahrten von Arbeitnehmern entwickelte Pauschale von 1 v. H. des Fahrzeuglistenpreises (Abschn. 31 VII Nr. 4 LStR 1993) als Monatsbetrag angewandt; man wird diese Praxis, obwohl sie in den EStR nicht erwähnt ist, fortführen können. **Reisekosten:** Fahrtkosten, Unterkunftskosten und Verpflegungsmehraufwand für Geschäftsreisen bzw. Dienstreisen sind absetzbar bzw. an Arbeitnehmer steuerfrei ersetzbar. Zum Nachweis ist ein Eigenbeleg über die Reisen nützlich, bei Inanspruchnahme von Pauschalen wohl sogar erforderlich. Verpflegungsmehraufwendungen sind pauschalierbar, bei Auslandsreisen auch Übernachtungskosten. Bei Einzelnachweis sind die Verpflegungsaufwendungen um ⅕ Haushaltsersparnis zu kürzen und außerdem gesetzlich auf 140 v. H. der höchsten Tagesgeldbeträge des Bundesreisekostengesetzes (§§ 4 V Nr. 5; 9 IV EStG) begrenzt. Zu den Begriffen Geschäfts- und Dienstreisen bzw. -gängen, den Pauschalen und weiteren Einzelheiten wird auf Abschn. 119 I EStR 1990 und Abschn. 37 LStR 1993 hingewiesen (wichtige Änderung ab 1990: Geschäfts- und Dienstreisen erst ab 20 km Entfernung). Komprimierte Übersicht über die Pauschalen, Höchstbeträge und die herausrechenbaren Vorsteuern (Rdnr. 38) in DB 1992 Beilage Nr. 2/92 zu Heft 5; vgl. auch BStBl. 1992 I, 51; 374. **Repräsentationskosten:** I. d. R. nicht abzugsfähig, wenn an persönliche Ereignisse angeknüpft wird, z. B. Geburtstag, persönliche Ehrungen, Habilitation, Promotion (*BFH* BStBl. 1962 III, 539; 1967 III, 723; 1969 II, 239; 1978 II, 431; 1991 II, 637; 1992 II, 524). Anders bei Kanzleijubiläum u. ä., Bestellung zum Notar (z. B. *Hessisches FG* DStR 1985, 641). Zweitstu-

Einkommensteuer **I**

dienkosten zur Qualifizierung im ausgeübten Beruf können Werbungskosten oder Betriebsausgaben sein, *BFH* BStBl. 1992 II, 556; DB 1992, 1610. **Schuldzinsenabzug:** Unproblematisch bei Schuldaufnahme zur Finanzierung von beruflichen Investitionen oder laufenden beruflichen Ausgaben (tatsächliche Mittelverwendung ist entscheidend). Der Betriebsausgabenabzug wird gekürzt, wenn das berufliche Kontokorrentkonto durch Privatentnahmen (einschließlich Einkommen- und Vermögensteuerzahlungen) überzogen oder der Debetsaldo vergrößert wird (*BFH* BStBl. 1983 II, 723 und 725; 1986 II, 894; 1990 II, 817; 1991 II, 505; 514; 516). Es wird angenommen, daß durch die Entnahme ein fiktiver privater Teilkredit entsteht, der jedoch durch alle Geldeingänge auf dem Bankkonto vorrangig vor dem betrieblichen Kreditteil getilgt wird (*BFH* BStBl. 1991 II, 238; 390). Vermeidbar ist die Belastung u. a. durch das sog. Zwei-Konten-Modell, d. h. die gesonderte Unterhaltung eines Bankkontos, das überzogen wird und von dem ausschließlich berufliche Ausgaben getätigt werden, niemals Entnahmen (diese erfolgen von einem zweiten Konto, das nicht überzogen wird); anerkannt durch die Rechtsprechung und von der Finanzverwaltung (*BFH* BStBl. 1990 II, 817; *BFH* BFH/NV 1988, 223; Vfg. *OFD Münster* BB 1988, 1442 mit der Einschränkung, es dürfte bankintern nicht nur ein Konto geführt werden (FR 1989, 214). **Versicherungsprämien** (s. auch Kap. J): Sach- und Haftpflichtversicherungen für den Kanzleibereich und Versicherungen für Arbeitnehmer sind Betriebsausgaben. Dagegen begründen sämtliche an das Leben und die Gesundheit anknüpfende Versicherungen kein Betriebsausgabenabzug, selbst wenn sie zur finanziellen Kanzleiabsicherung dienen (z. B. Lebens-, Kranken-, Krankentagegeldversicherungen, Rentenversicherungen, Zahlungen an berufsständische Versorgungswerke, *BFH* BStBl. 1972 II, 728 und 730; 1983 II, 301; 1987 II, 710; Abschn. 88 III EStR 1990). Die bisherige Ausnahme für sogenannte Teilhaberversicherungen (Kapital- oder Risikolebensversicherungen, aus denen die Sozietät anspruchsberechtigt ist, vgl. J. Rdnr. 18) läßt die FinVerw. nicht mehr gelten (*OFD Münster* DStR 1991, 513, bestätigt durch *BFH* DStR 1992, 903; m.E. nicht überzeugend, vgl. *Korn,* ZAP F 20, 44). Die nicht als Betriebsausgabe absetzbaren Vorsorgekosten sind nur als Sonderausgaben nach § 10 I Nr. 2 EStG begrenzt absetzbar. Unfallversicherungsprämien können ausnahmsweise bei äußerst starker Reisetätigkeit Betriebsausgaben sein. Freiwillige Beiträge Selbständiger zur Berufsgenossenschaft werden als Betriebsausgaben anerkannt, etwaige Versicherungsleistungen sind gleichwohl nach § 3 Nr. 1 EStG steuerfrei (*FinVerw.* aus 1967, StEK EStG § 4, BetrAusg. Nr. 88). **Vorbereitende Betriebsausgaben** im Hinblick auf konkret geplante Berufstätigkeit sind schon absetzbar, z. B. Fortbildungskurse, Bürosuche, Vorstellungen, Inserate, Literaturanschaffung, Pkw, Büroausstattung. **Literaturhinweise** zum Betriebsausgabenabzug: NWB, F 3 c, 3761 ff. (ABC der abzugsfähigen/nichtabzugsfähigen Ausgaben).

3. Besonderheiten bei Sozietäten

Als Sozietät wird hier die gemeinschaftliche Berufsausübung durch eine 24 Mehrzahl von Rechtsanwälten oder angrenzenden Beraterberufen in Gesellschaft bürgerlichen Rechts verstanden (vgl. auch Kap. H III Rdnr. 1). Einkommensteuerlich liegt eine **freiberufliche Mitunternehmerschaft** vor. Zur Abgrenzung gegenüber Bürogemeinschaften s. Rdnr. 28 (vgl. Kap. H III und H IV). Die im Briefkopf usw. erscheinenden Personen werden i. d. R. steuerlich

Mitunternehmer sein, können ausnahmsweise im Einzelfall m. E. aber auch verdeckte Einzelberufler mit Auftragsverhältnis zur Kanzlei oder sogar Arbeitnehmer der Kanzlei sein.

25 Für Sozietäten werden die Einkunftart und das steuerliche Ergebnis aus der Einkunftsart **selbständig ermittelt** (Sozietäten haben dieselben Gewinnermittlungswahlrechte wie Einzelberufler, s. Rdnr. 6), dem FinA erklärt und durch dieses festgestellt, letzteres mit einheitlicher und gesonderter Feststellung der Einkünfte gem. § 180 I Nr. 2 AO durch das FinA, in dessen Bezirk sich die Kanzlei befindet. Diese einheitliche und gesonderte Feststellung ist für alle FinÄ und Beteiligten verbindlich (Grundlagenbescheid) und dementsprechend selbständig anfechtbar. Einkommensteuerpflichtig ist jedoch mit dem festgestellten Ergebnisanteil der einzelne Sozius (Mitunternehmer), in dessen Einkommensteuerbescheid der Ergebnisanteil übernommen wird.

26 Sozietäten mit ausschließlich freiberuflicher Tätigkeit und ausschließlich freiberuflichen Mitgliedern erzielen **freiberufliche Einkünfte** (so auch Abschn. 136 IX EStR 1990). Vereinzelte gewerbliche Geschäfte oder die Mitunternehmerstellung einer berufsfremden Person (z. B. einer nicht als Anwalt, Wirtschaftsprüfer, Steuerberater oder eines angrenzenden Berufs zugelassenen Person oder einer Kapitalgesellschaft; s. zur Zulässigkeit H III Rdnr. 12) machen die gesamten Einkünfte der Sozietät aber zu gewerblichen (§ 15 III 1 EStG; *BFH* BStBl. 1980 II, 336; 1984 II, 152; 1987 II, 124; 1989 II, 797; 1990 II, 534).

27 Einkommensteuerlich gehören auch **Tätigkeitsvergütungen, Nutzungsvergütungen und Zinsen,** die ein Sozius (Mitunternehmer) von seiner Sozietät erhält, zu seinem Ergebnisanteil aus der Sozietät, §§ 18 V, 15 I 1 Nr. 2 EStG. Dementsprechend sind Ausgaben, die ein Sozius (Mitunternehmer) im Interesse der Sozietät persönlich leistet (z. B. Fachliteratur, Autokosten, Reisekosten, Zinsen für Kanzleifinanzierung), sog. Sonderbetriebsausgaben, die zu seinen Gunsten in der einheitlichen und gesonderten Gewinnfeststellung der Sozietät berücksichtigt werden müssen (kein gesonderter Abzug mehr bei der Einkommensteuerveranlagung des betroffenen Sozius, *BFH* BStBl. 1992 II, 4). Diese Rechtslage führt dazu, daß Gegenstände, die ein Sozius (Mitunternehmer) der Sozietät gegen gesondertes Entgelt oder ohne ein solches zur Nutzung überläßt, wie bei einem Einzelberufler (s. Rdnr. 10) notwendiges Betriebsvermögen (sog. Sonderbetriebsvermögen) darstellen.

28 Von der echten Sozietät sind **Bürogemeinschaften** zu unterscheiden, die in unterschiedlichen Gestaltungsformen auftreten (vgl. Kap. H III sowie *Korn,* Steuerberaterkongreß-Report 1985, 305, 329). Ertragsteuerlich handelt es sich um Hilfstätigkeiten für die freiberuflichen Praxen der Partner. Die im Rahmen der Gemeinschaft angefallenen steuerlich absetzbaren Kosten sollten gesondert ermittelt, nach § 180 II AO gesondert als negative freiberufliche Einkünfte festgestellt und durch den Feststellungsbescheid auf die Partner verteilt werden, welche ihre Anteile in die eigene steuerliche Gewinnermittlung übernehmen können. Die Besteuerung sogenannter **überörtlicher Sozietäten** (vgl. *BGH* DStR 1993, 25; *BGH* AnwBl. 1989, 367; *OLG München,* BB 1990, 875) hängt von deren Organisation ab, insbesondere davon, ob die zusammengeschlossenen örtlichen Kanzleien jeweils auf eigene Rechnung arbeiten (dann ist der Zusammenschluß einkommensteuerrechtlich irrelevant), ob sie eine Bürogemeinschaft für Kooperationsbereiche unterhalten oder auf gemeinschaftliche Rechnung handeln und eine „große" Mitunternehmerschaft (Rdnr. 24) bilden. Literaturhinweis: *Streck,* NJW 1991, 2252.

II. Umsatzsteuer

1. Überblick

Selbständige einzelberuflich tätige Rechtsanwälte sind **Unternehmer** i. S. von § 2 UStG (Steuersubjekte) und unterliegen mit ihren im Rahmen ihrer Berufstätigkeit im Inland („Erhebungsgebiet") erbrachten Umsätzen i. S. von § 1 UStG der Umsatzsteuer. Natürliche Personen können wie im Einkommensteuerrecht nebeneinander selbständig und unselbständig sein. Zu Sozietäten Rdnr. 40. **29**

Die Umsatzsteuer wird als **Jahressteuer** erhoben (§ 18 III und IV UStG). Die Umsatzsteuer ergibt sich durch Anwendung des Umsatzsteuersatzes (Regelsteuersatz bis 31. 12. 1992 14 v. H., für ab 1. 1. 1993 beendete Leistungen 15 v. H. (Nachversteuerung der Differenz zur geringeren Besteuerung der Vorschüsse i. d. R. bei Endabrechnung); der ermäßigte Steuersatz von 7 v. H. hat für Anwälte seit 1982 kaum noch Bedeutung) auf die Bemessungsgrundlage für die Umsätze nach § 10 UStG (s. Rdnr. 34). Abzuziehen – bzw. bei Überhang zu erstatten – sind von der Umsatzsteuer die in demselben Zeitraum angefallenen Vorsteuern i. S. von § 15 UStG (Rdnr. 37). Das Kalenderjahr zerfällt in Voranmeldungszeiträume (bei einer Vorjahressteuerschuld über 6000 DM jeder Monat, sonst Kalendervierteljahr) (§ 18 II UStG). Bis zu dem auf den Ablauf des Voranmeldungszeitraums folgenden 10. ist eine Umsatzsteuervoranmeldung für diesen abzugeben, in der die Umsatzsteuer unter Abzug der Vorsteuer für den Voranmeldungszeitraum zu deklarieren ist (§ 18 I UStG). Auf Antrag gewähren §§ 46 ff. UStDV Dauerfristverlängerung um einen Monat, bei monatlicher Abgabe aber nur, wenn jährlich ¹/₁₁ der Vorjahresschuld vorausgezahlt wird, die für den Monat Dezember verrechnet werden. Die Voranmeldungen werden durch die später abzugebende Jahreserklärung ersetzt. **30**

Dem jeweiligen Kalenderjahr bzw. Voranmeldungszeitraum sind grundsätzlich die vereinbarten Entgelte für erbrachte (fertiggestellte) Leistungen als Umsätze zuzuordnen. Freiberufler können jedoch auf Antrag (formlos) nach **vereinnahmten Entgelten** gem. § 20 UStG versteuern, was üblicherweise wegen Gewinnermittlung durch Überschußrechnung (Rdnr. 7) wahrgenommen wird. Vereinnahmt sind zugeflossene Entgelte (Rdnr. 7). Die Zuordnung der im Kalenderjahr bzw. Voranmeldungszeitraum abzugsfähigen Vorsteuer wird durch den Antrag nicht berührt. **31**

Sowohl die Umsätze und die darauf entfallende Umsatzsteuer als auch die empfangenen Vorleistungen anderer Unternehmer und die daraus als Vorsteuer abziehbaren Umsatzsteuern sind nach § 22 UStG **aufzuzeichnen** (Rdnr. 73). **32**

Kleinunternehmer unterliegen nach § 19 UStG nicht der Umsatzsteuer, wenn sie im Vorjahr nicht mehr als 25000 DM Umsatz erzielt haben (im Erstjahr der selbständigen Berufstätigkeit kommt es auf dieses an, *BFH* BStBl. 1985 II, 114) und im laufenden Jahr voraussichtlich nicht mehr als 100000 DM Umsatz erzielen werden. Folgen: Kein Vorsteuerabzug, keine Berechtigung zum offenen Umsatzsteuerausweis nach § 14 UStG. Die Anwendung der Sonderregelung ist nach § 19 II UStG verzichtbar. **33**

2. Steuerbare Umsätze

Steuerbare Umsätze sind neben den **Honoraren** aus der selbständigen Anwaltstätigkeit (es handelt sich umsatzsteuerrechtlich um sonstige Leistungen i. S. von § 3 IX UStG) sämtliche Einnahmen aus der Berufstätigkeit zuzuordnenden **34** sog. **Hilfsgeschäften,** z. B. Verkauf des Praxis-Pkw, Kostenweiterbelastungen (falls sie keine durchlaufenden Posten sind). Reisekostenweiterbelastungen gehören zum Entgelt, teilen also das umsatzsteuerrechtliche Schicksal der Honorare aus dem jeweiligen Mandat. Bei Versteuerung nach vereinnahmten Entgelten (Rdnr. 31) sind auch Honorarvorschüsse zu versteuern. Bemessungsgrundlage ist nach § 10 I UStG das erzielte – vereinbarte oder vereinnahmte – Entgelt (Nettobetrag ohne die Umsatzsteuer; bei Umsatzsteuerberechnung aus dem Bruttobetrag entspricht 14 v. H. 12,28 v. H., 15 v. H. 13,04 v. H. und 7 v. H. 6,54 v. H.). Durchlaufende Posten gehören (s. zum Begriff Rdnr. 20) nicht zum Entgelt, § 10 I UStG. Keine Umsätze sind echter Schadensersatz (dazu gehört z. B. das „Honorar", welches ein Anwalt in eigener Kanzleisache bei Obsiegen im Rahmen der Kostenerstattung erhält).

35 **Fiktive Umsätze:** (a) Unbezahlte Sachleistungen an Mitarbeiter (§ 1 I Nr. 1 lit. b UStG), die nicht nur Aufmerksamkeiten sind. Faustregel: Umsatzsteuer fällt an, wenn die Sachleistungen auch lohnsteuerpflichtig sind (s. Rdnr. 51). Bemessungsgrundlage nach § 10 IV Nr. 1 UStG: Einkaufspreis zuzüglich Nebenkosten (in Ermangelung Selbstkosten) im Zeitpunkt des Umsatzes der Sachleistungen. – (b) Eigenverbrauch nach § 1 I Nr. 2 lit. a bis c UStG, und zwar Entnahmeeigenverbrauch (z. B. Überführung des bisherigen Praxis-Pkw in Privatnutzung), Nutzungseigenverbrauch (z. B. die private Mitbenutzung des Pkw oder des Kanzleitelefons, *BFH* BStBl. 1987 II, 42) und Leistungseigenverbrauch (z. B. unentgeltliche Beratung eines Freundes). Bemessungsgrundlage für Entnahmeeigenverbrauch ist dieselbe wie bei Sachleistungen an Mitarbeiter, für die übrigen Fälle sind es die Selbstkosten, § 10 IV Nr. 1 und Nr. 2 UStG. Aus der Bemessungsgrundlage für Nutzungseigenverbrauch scheidet die AfA für Gegenstände aus, die ohne Vorsteuerabzugsmöglichkeit erworben worden sind (*BMF* BStBl. 1990 I, 35); strittig ist, ob darüber hinaus alle Kosten ausscheiden, aus denen kein Vorsteuerabzug möglich ist und welcher Einfluß sich aus Entnahmeeigenverbrauch ergibt (vgl. *FG München* EFG 1990, 79; Vorlage des *BFH* BB 1991, 1551 an den *EuGH*). Ab 1993 tritt als weiterer – für Anwälte allerdings unbedeutender – Steuertatbestand der „**innergemeinschaftliche Erwerb**" von Gegenständen für Zwecke des eigenen Unternehmens hinzu: Nach §§ 1 I Nr. 5, 1a UStG i.d.F. des Umsatzsteuer-Binnenmarktgesetzes zahlt ein regelbesteuerter Unternehmer Umsatzsteuer für den Erwerb und die Einfuhr von Gegenständen aus einem EG-Mitgliedsstaat nach Deutschland für eigene unternehmerische Zwecke. Bemessungsgrundlage ist das für den Einkauf gezahlte Nettoentgelt (§ 10 IV 1 Nr. 1 UStG). Es ist der Steuersatz anzuwenden, der normalerweise für eine Lieferung in Deutschland gilt, also i.d.R. ab 1993 15 v. H. Die mit der übrigen Umsatzsteuer im Monat der Rechnungsausstellung zu deklarierende (§§ 13 I Nr. 6, 18 IV a UStG) Umsatzsteuer auf den Erwerb ist als Vorsteuer abziehbar (Rdnr. 37), so daß sie i.d.R. wirtschaftlich nicht belastet. Sie ersetzt für Importe aus EG-Mitgliedsstaaten die bisher bei der Grenzabfertigung erhobene Einfuhrumsatzsteuer, die auf Importe aus Drittstaaten unverändert erhalten bleibt. Betroffen von der Steuer auf den innergemeinschaftlichen Erwerb sind bei Anwälten Käufe von Büromaterial, Fachliteratur oder Kanzleiausstattungsgegenständen – auch Pkw – unmittelbar bei einem EG-Mitgliedsstaat ansässigen Lieferanten. Für diesen ist die Ausfuhrlieferung steuerfrei, wenn er auf seiner Rechnung seine „Umsatzsteuer-Identifikationsnummer" (USt-ID-Nr., § 27a UStG) und die seines Abnehmers angibt. Wer als deutscher Unternehmer in bzw. aus EG-Mitgliedsstaaten Gegenstände im- oder exportiert, sollte sich die

USt-ID-Nr. beim Bundesamt für Finanzen, Saarlouis, Industriestraße 6, erteilen lassen und sie bei Bestellungen im EG-Ausland verwenden.

Nur im **Inland** (umsatzsteuerlicher Inlandsbegriff nach § 1 II UStG) erzielte Umsätze sind steuerbar. Sonstige Leistungen, zu denen die Anwaltsleistungen gehören, werden zwar nach grundsätzlicher Fiktion in § 3a Abs. 1 UStG an dem Ort erbracht, an dem das Unternehmen betrieben wird (d. h. sich die Kanzlei befindet). § 3a III, IV Nr. 3 UStG bestimmen jedoch abweichend einen fiktiven, vorrangigen auftraggeberbezogenen Leistungsort für „sonstige Leistungen aus der Tätigkeit als Rechtsanwalt, Patentanwalt...": Die Leistung gilt als an dem Ort erbracht, an dem der Mandant ansässig ist bzw. sein Unternehmen betreibt (Ausnahme: Empfängt der Mandant die Leistung nicht als Unternehmer, – z. B. Privatmann, Behörde – und ist er in einem EG-Staat ansässig, so gilt die Leistung als in der Kanzlei erbracht). Darunter fallen alle Beratungen, Prozeßführungen usw., nicht typische Notarleistungen. Weitere vorrangige Sonderregelungen gelten für Beratungen im Zusammenhang mit Grundstücken (Belegenheitsort), und wissenschaftliche Tätigkeiten (Ort der tatsächlichen Ausübung). Das Umsatzsteuer-Binnenmarktgesetz ändert insoweit nichts. 36

3. Vorsteuern

Vorsteuern, die von den Umsatzsteuern für Honorare und anderen Umsätzen nach § 15 UStG abziehbar sind, sind deutsche **Umsatzsteuerbeträge,** die andere Unternehmer dem selbständigen RA für Leistungen in Rechnung stellen, die sie für seine Kanzlei (für sein Unternehmen) erbracht haben, z. B. für Lieferung von Büromaterial, Fachliteratur, Benzin, von Anlagevermögen (Rdnr. 14, jedoch reicht bereits eine sehr geringe unternehmerische Mitbenutzung für den vollen Vorsteuerabzug aus; der Ausgleich erfolgt über den Eigenverbrauch, Rdnr. 35), für Tätigkeit als selbständige Mitarbeiter, für Taxifahrten, für Hotelunterkunft. Erforderlich ist eine Rechnung nach § 14 UStG mit folgenden Angaben: Name des Ausstellers, Name des Empfängers (also des Vorsteuerabzugsberechtigten), Zeitpunkt der Leistung, Rechnungsbetrag, Umsatzsteuerbetrag in DM. Bei Rechnungbeträgen bis 200 DM (typische Fälle: Benzinrechnungen, Gaststättenrechnungen, Taxiquittungen) sind die Angabe des Empfängers, des Leistungszeitpunkts und des Umsatzsteuerbetrags entbehrlich, jedoch muß der Umsatzsteuersatz angegeben sein, § 33 UStDV. 37

Sonderregelungen: Fahrausweise für Personenbeförderungen (z. B. Fahrkarten der Bundesbahn und der Verkehrsbetriebe) reichen aus (Herausrechnung der Vorsteuer mit 13,04 v. H. (vor 1993 12,28 v. H.) aus dem Bruttobetrag für Tarifentfernungen über 50 km und 6,54 v. H. darunter, § 34 UStDV. – Aus einkommensteuerrechtlich anzuerkennenden Reisekostenpauschalen (Rdnr. 23) für eigene Geschäftsreisen oder nach § 3 Nr. 16 EStG lohnsteuerfrei erstatteten Dienstreisepauschalen im Inland sind pauschal 12,3 v. H. (vor 1993 11,4 v. H.) Vorsteuer herausrechenbar, § 36 I UStDV (Eigenbeleg über Reisen erforderlich). – Benutzen Arbeitnehmer ihre Pkw für Dienstfahrten und erhalten sie bis 0,52 DM pro km lohnsteuerfrei ersetzt, so sind davon 8,2 v. H. (vor 1993 7,6 v. H.) Vorsteuer zugelassen. Benutzt der RA einen Privat-Pkw für Berufsfahrten und setzt er dafür pauschal 0,52 DM pro km ab (Rdnr. 23), so kann er 5,7 v. H. (vor 1993 5,3 v. H.) Vorsteuer abziehen. – Wahlweise kann aus den gesamten eigenen und Arbeitnehmern erstatteten steuerlich anzuerkennenden Inlandsreisekosten (Pauschalen und einzeln nachgewiesene Beträge, ohne Pkw-Kosten) 38 für jeweils ein Jahr einheitlich 9,8 v. H. (vor 1993 9,2 v. H.) herausgerechnet werden, § 37 UStDV. – Aus lohnsteuerfreien Umzugskostenrechnungen an Arbeitnehmer sind die Vorsteuern abziehbar, § 39 UStDV. – Statt des Einzelnachweises der Vorsteuern können Rechtsanwälte, Patentanwälte und Notare, die im Vorjahr nicht mehr als 100 000 DM Umsatz erzielten, ihre Vorsteuern nach §§ 23 UStG, 69, 70 UStDV auf Antrag für jeweils volle Kalenderjahre ohne Einzelnachweis und Aufzeichnung **pauschalieren:** bei Rechtsanwälten und Notaren in Höhe von 1,4 v. H. der Umsätze (vor 1993 1,3 v. H.), bei Patentanwälten in Höhe von 1,6 v. H. (vor 1993 1,5 v. H.)

39 Jeder Unternehmer wird nach § 14 UStG zivilrechtlich verpflichtet, seinem Leistungsempfänger eine **Rechnung** mit offenem Umsatzsteuerausweis i. S. von Rdnr. 37 zu erteilen. Wer eine Rechnung mit offenem Steuerausweis erteilt, ohne dazu berechtigt zu sein, schuldet die offen ausgewiesene Umsatzsteuer nach § 14 III UStG, ohne daß dies später berichtigungsfähig ist (Korrektur u. U. aus Billigkeitsgründen) und der Rechnungsempfänger den Umsatzsteuerbetrag als Vorsteuer abziehen kann. In anderen Fällen zu hohen Umsatzsteuerausweises wird die Steuer ebenfalls geschuldet, jedoch ist dies nach §§ 14 II, 17 UStG berichtigungsfähig. In Vorschußrechnungen kann Umsatzsteuer offen ausgewiesen werden, darf aber in Endrechnungen nicht nochmals erscheinen.

4. Besonderheiten bei Sozietäten

40 Tritt eine Sozietät – was der Regelfall ist – nach außen auf, so ist sie umsatzsteuerrechtlich **selbständiger Unternehmer.** Sie schuldet die Umsatzsteuer, gibt Voranmeldungen und Steuererklärungen ab und hat alle unternehmerischen Pflichten zu erfüllen. Sie muß, wenn sie Vorsteuern geltend machen will (Rdnr. 37) unmittelbar Empfänger der Leistungen dritter Unternehmer sein und Rechnungen (Rdnr. 37) erhalten, die auf ihren Namen lauten (*BFH* BStBl. 1984 II, 231; 1985 II, 21).

41 Die **Gesellschafter** stehen der Sozietät als Dritte gegenüber. Ihre Leistungen für die Sozietät sind nicht umsatzsteuerbar, wenn sie kein besonderes Entgelt erhalten, sondern nur den Ergebnisanteil oder Organleistungen (z. B. Geschäftsführung und Vertretung, *BFH* BStBl. 1980, II, 622) erbringen. Die Gesellschafter sind insoweit bei ihrer Tätigkeit für die Sozietät nicht Unternehmer i. S. des UStG. Folglich können sie aus Sonderbetriebsausgaben (Rdnr. 27) keine Vorsteuern geltend machen. Die Sozietät kann diese Vorsteuern ebenfalls nicht abziehen, weil sie insoweit nicht Leistungsempfängerin ist. Dies gilt z. B. auch für Pkw (Anschaffungs- bzw. Betriebskosten), welche die einzelnen Partner kaufen und unterhalten. Gestaltungsmöglichkeit: Entweder die Sozietät erwirbt und unterhält die Fahrzeuge und belastet die Partner mit Privat- bzw. Überkosten oder die Partner vermieten der Sozietät die Fahrzeuge, möglichst gegen ein vom Umfang der Nutzung abhängiges Entgelt (vgl. dazu näher *FinVerw.* in Abschn. 6 X Nr. 1 UStR 1992 und StEK UStG 1980 zu § 1 I Nr. 1; Nr. 63, 73, 90, 95, 105, 109; *Korn,* Steuerberaterkongreß-Report 1985, 305, 323).

42 Gesellschafter von Sozietäten sind Unternehmer, soweit sie Gegenstände an die Gesellschafter gegen Entgelt **zur Nutzung überlassen** (einkommensteuerrechtlich Sonderbetriebsvermögen, s. Rdnr. 27), z. B. Pkw oder andere Büroausstattungsgegenstände (*BFH* BStBl. 1992 II, 269). Vermieten Gesellschafter der Sozietät entgeltlich Praxisräume, sind sie mit dem Mietumsatz nach § 4 Nr. 12 lit. a UStG umsatzsteuerfrei, können nach § 9 UStG auf die Steuerbefrei-

ung aber verzichten und der Sozietät die Umsatzsteuer offen in Rechnung stellen, die sie als Vorsteuern abziehen kann (i. d. R. ratsam – u. U. gleichzeitig Option nach § 19 II UStG, Rdnr. 2 –, weil anderenfalls für die vermieteten Räume anfallende Vorsteuern beim Gesellschafter nach § 15 II UStG nicht abziehbar sind). **Höchstpersönliche Tätigkeiten** (z. B. Strafverteidigung, Testamentsvollstreckung, Beiratsämter), die ein Gesellschafter der Sozietät für Rechnung derselben ausübt, werden umsatzsteuerrechtlich der Sozietät zugerechnet, wenn er in der Korrespondenz, bei der Honorarabrechnung usw. unter dem Namen der Sozietät tätig wird (*BFH* BStBl. 1987 II, 524; *Korn*, in Steuerberaterkongreß-Report 1985, 227).

Sozietäten werden z. T. **atypisch gestaltet,** etwa so, daß Rechtsanwälte auf 43 dem Briefkopf, den Praxisschildern usw. erscheinen, die im Innenverhältnis keine echten Gesellschafter sind, sondern entweder Arbeitnehmer der Sozietät (dann sind sie mangels Selbständigkeit keine Unternehmer) oder selbständige Subunternehmer (freie Mitarbeiter). Sind Rechtsanwälte trotz Aufnahme auf den Briefkopf ausnahmsweise nur selbständige Mitarbeiter, so unterliegen ihre Leistungen der Umsatzsteuer. Sie erbringen ihre Leistungen i. d. R. an die Sozietät, können ihr also Rechnungen mit offenem Umsatzsteuerausweis erteilen. Die Sozietät erbringt die Leistungen i. d. R. gegenüber den Mandanten und unterliegt mit dem Honorar der Umsatzsteuer. Grenzfälle sind brisant, weil die Anwendung von § 14 III UStG droht (Rdnr. 39), wenn sich herausstellt, daß die vermeintlichen unechten Sozien doch Gesellschafter sind und ihre Leistungen nicht umsatzsteuerbare Gesellschafterleistungen darstellen (vgl. *Hebig/Schwedhelm* AnwBl. 1986, 235; *Rose* AnwBl. 1987, 33; *Steindorff,* in: Festschrift für Robert Fischer, 1977, 747 ff.). Ähnliche Probleme können sich bei sogenannten **überörtlichen Sozietäten** ergeben, wenn diese keine „großen", nach außen einheitlich handelnden GbR (vgl. auch Rdnr. 28) sind.

Eine Sozietät kann auch fiktive Umsätze in Gestalt von **Eigenverbrauch** er- 44 zielen (*BFH* BStBl. 1984 II, 169), z. B. private Benutzung von Sozietäts-Pkw durch Gesellschafter. Daneben bestimmt § 1 I Nr. 3 UStG, daß unentgeltliche Leistungen an Gesellschafter oder diesen nahestehende Personen der Umsatzsteuer unterliegen.

Ist ein Gesellschafter einer Sozietät persönlich **neben der Sozietät** beruflich 45 tätig (z. B. beratend, als Testamentsvollstrecker, mit Schriftstellerei oder Vortragstätigkeit) und nimmt er die Organisation der Sozietät in Anspruch, so sind die dadurch ausgelösten Kosten i. d. R. Eigenverbrauch (Rdnr. 35). Ein Vorsteuerabzug durch den Sozius ist nicht möglich, selbst wenn er mit seiner Tätigkeit regelversteuernder Unternehmer ist. Eine 1990 eingefügte rückwirkende Gesetzesänderung (§ 14 I UStG) ermöglicht den offenen Umsatzsteuerausweis in einer Rechnung und damit den Vorsteuerabzug, wenn kein Eigenverbrauch vorliegt, aber § 1 I Nr. 3 UStG anzuwenden ist. Berechnet ihm die Sozietät ein Entgelt, so kann sie ihm dagegen dafür eine Rechnung mit offenem Umsatzsteuerausweis erteilen, so daß eine echte Umsatzsteuerbelastung vermeidbar ist. Liegt das berechnete Entgelt unter der Bemessungsgrundlage für den Eigenverbrauch (Rdnr. 35), so ist – mit Recht auf offenen Umsatzsteuerausweis nach § 14 I UStG – zumindest diese der Umsatzsteuer zu unterwerfen (§ 10 V Nr. 1 UStG); vgl. auch Abschn. 187 a UStR 1992.

Bei **Bürogemeinschaften** (s. Rdnr. 28) ist bedeutsam, ob diese Unternehmer 46 sind, was anzunehmen ist, wenn sie nach außen in Erscheinung treten, indem sie Geräte oder Räume anmieten oder kaufen, Büromaterial einkaufen, Personal einstellen usw. und die interne Kostenverteilung auf die Partner leistungsgerecht – z. B. nach Umsatzschlüssel – durchführen. Die Gemeinschaft hat in diesem Falle die Kostenumlagen an die Partner der Umsatzsteuer zu unterwerfen und kann den Partnern darüber Rechnungen mit offenem Steuerausweis nach § 14 UStG erteilen (vgl. auch H IV Rdnr. 28). Die Gemeinschaft kann in diesem Falle eigene Vorsteuern nach § 15 UStG abziehen. Fehlt ihr die Unternehmereigenschaft, so ist dies nicht möglich.

III. Einheitsbewertung des Betriebsvermögens

47 Nach §§ 19, 95, 96 BewG wird für das freiberufliche Betriebsvermögen aufgrund entsprechender Steuererklärung (Erklärungspflicht nach § 28 BewG) ein **Einheitswert** durch besonderen Feststellungsbescheid (§ 180 AO) festgesetzt. Der Einheitswert ist als Grundlagenbescheid in die Vermögensteuerfestsetzung des Inhabers des Betriebsvermögens zu übernehmen (nach § 117a BewG für Betriebsvermögen aller Art aber Freibetrag von 500 000 DM (vor dem 1. 1. 1993 125 000 DM) und 25 v. H. auf den Rest). Die Feststellung erfolgt regelmäßig zwingend alle drei Jahre zu den Hauptfeststellungszeitpunkten (§ 21 BewG), für Zwischenjahre im Wege der Fortschreibung nach § 22 BewG nur bei Überschreitung bestimmter Wertgrenzen (Steuererklärungspflicht insoweit nur bei Aufforderung durch das FinA). Am 1. 1. 1993 findet eine Hauptfeststellung statt (letzter Stichtag 1. 1. 1989; einjährige Verzögerung durch gesetzliche Sonderregelung wegen Eingliederung der neuen Bundesländer). Für Sozietäten wird der Einheitswert einheitlich und gesondert festgestellt, § 97 BewG. Die Aufteilung auf die Partner ist für alle Beteiligten verbindlich und umfaßt auch das Sonderbetriebsvermögen (entsprechend Rdnr. 27 zur Ertragsbesteuerung).

48 Der Einheitswert umfaßt im **wirtschaftlichen Eigentum** des RA stehende Vermögenswerte, die überwiegend der selbständigen Berufsausübung dienen (Rdnr. 10) und Schulden, die damit in wirtschaftlichem Zusammenhang stehen einschließlich am Stichtag unbezahlte Kanzleikosten. Rentenverpflichtungen einer Sozietät an ausgeschiedene Sozien qualifiziert die Finanzverwaltung nicht als Betriebsschulden der Sozietät, sondern als Schulden der Partner, *BMF BB 1990*, 694. Abweichend vom einkommensteuerrechtlichen Betriebsvermögensbegriff (Rdnr. 10) gehören Grundstücke (nebst Gebäuden) nur bei überwiegend beruflicher Nutzung (hier unter Einbeziehung des Eigentums von Ehegatten) zum Betriebsvermögen, dann allerdings vollumfänglich (Feststellung soll nach § 19 III Nr. 1 lit. b BewG bereits im selbständigen Einheitswertbescheid für das Grundstück getroffen werden, *BFH* BStBl. 1987 II, 292).

49 Für den **Ansatz und die Bewertung** des Vermögens und der Schulden hat das StÄndG 1992 ab 1. 1. 1993 eine wichtige Änderung gebracht: An die Stelle der bisherigen spezifischen, im BewG festgelegten Regeln (vgl. dazu Rdnr. 49 der Vorauflage) ist – mit wenigen Ausnahmen – die Übernahme der in der Steuerbilanz nach den Vorschriften des EStG auszuweisenden Beträge getreten (§§ 95, 98a, 109 BewG). Ausnahmen sind Grundstücke des Betriebsvermögens, die (wie bisher) mit den um 40 v. H. erhöhten Einheitswerten anzusetzen sind (§§ 109 III, 99, 121a BewG) und – für den seltenen Fall der Zugehörigkeit zum steuerlichen Betriebsvermögen – Anteile an Personengesellschaften (Ansatz mit dem anteiligen einheitlich und gesondert festgestellten Einheitswertanteil, § 109 III BewG), Anteile an Kapitalgesellschaften sowie Wertpapiere (Ansatz mit den

Steuerkurswerten bzw. dem sog. Stuttgarter Wert, §§ 109 IV, 11, 112, 113 BewG) und betriebliche Erbbauzinsansprüche oder -verpflichtungen (Ansatz mit dem Kapitalwert, §§ 109 IV, 13 bis 15 BewG). Wird – wie bei Anwälten der Regelfall – für die Einkommensbesteuerung das Ergebnis nicht durch Vermögensvergleich (Bilanz), sondern Einnahme-Überschußrechnung (Rdnr. 6 ff.) ermittelt, beschränkt sich die Übernahme von Wertansätzen aus der einkommensteuerlichen Ergebnisermittlung auf das abnutzbare bewegliche Anlagevermögen (Rdnr. 14), d. h. dieses Vermögen ist mit dem einkommensteuerrechtlich maßgeblichen noch nicht abgeschriebenen Teil der Anschaffungs- oder Herstellungskosten anzusetzen. Vorgenommene Sonderabschreibungen, der Sofortabzug für geringwertige Wirtschaftsgüter und hohe degressive Abschreibungen schlagen infolgedessen auf die Einheitsbewertung des Betriebsvermögens durch. Die vor 1993 geltende Regelung erforderte für das abnutzbare Anlagevermögen die Berechnung der Teilwerte unter Eliminierung mit Mindestwertansätzen von 30 bzw. 15 v. H. der ursprünglichen Anschaffungs- oder Herstellungskosten (vgl. dazu Abschn. 52 VStR 1989). Überschußrechner müssen wie bisher ihre Forderungen, unfertigen Arbeiten und Betriebsschulden für Zwecke der Einheitsbewertung ermitteln. Dabei sind entstandene Honoraransprüche (soweit einbringlich; u. U. Pauschalabschlag für Risiken, Zinsausfall) unter Abzug der noch zu entrichtenden Umsatzsteuer anzusetzen, selbst wenn sie am Stichtag noch nicht berechnet waren. Erhaltene Vorschüsse sind Schulden. Streng genommen müssen auch nicht abrechnungsfähige „unfertige Arbeiten" angesetzt werden (nach allgemeinen Grundsätzen mit den Herstellungskosten ohne die Leistung des Berufsträgers bzw. – bei Sozietäten – der Partner), was in der Praxis aber nicht selten unterbleibt. Neben Praxiskrediten sind als Schulden am Bewertungsstichtag unbezahlte Praxiskosten abzusetzen, z. B. Lohnsteuer, Sozialbeiträge, Umsatzsteuer, Telefongebühren und andere erst im neuen Jahr bezahlte Kosten für die Zeit vor dem 1. 1.

IV. Lohnsteuer

Wer **Arbeitnehmer beschäftigt** (zum Begriff Rdnr. 4), muß für jeden ein 50 Lohnkonto (§ 41 EStG) führen und die Lohnsteuer und die Sozialversicherungsbeiträge auf den Arbeitslohn (vgl. zum Begriff Abschn. 70 LStR 1993) ordnungsgemäß einbehalten, monatlich bzw. vierteljährlich anmelden und abführen (§ 41a EStG). Bei Verstößen droht Haftung (§ 42d EStG). Die Lohnsteuer wird nach Maßgabe der auf der Lohnsteuerkarte (§ 39 EStG) des Arbeitnehmers eingetragenen Steuerklasse, Kinderzahl und etwaiger Steuerfreibeträge aus der einschlägigen Lohnsteuertabelle (§ 38c EStG) für den jeweiligen Lohnabrechnungszeitraum (i. d. R. Monat) abgelesen (§ 38a EStG). Lohnkontenführungen werden heute ganz überwiegend per EDV abgewickelt, was auch extern preiswert und mühelos möglich ist.

Der Lohnsteuer sind neben dem **Bruttobarlohn** für die Arbeitnehmertätigkeit 51 auch geldwerte Sachbezüge zu unterwerfen, z. B. Überlassung eines Pkw zur privaten Mitbenutzung (zur Bewertung Abschn. 31 VII LStR 1993: Wahlweise Einzelnachweis nach Fahrtenbuch und Gesamtfahrzeugkosten einschließlich Abschreibung, 0,52 DM (vor dem 1. 10. 1991 0,42 DM) pro km lt. Fahrtenbuch, Pauschalierung mit 1 v. H. des Brutto-Listenpreises (bestätigt durch *BFH* DStR 1992, 1130) für das benutzte Fahrzeug oder 30 bis 35 v. H. der Gesamtfahrzeugkosten, jeweils zuzüglich Fahrten zwischen Wohnung und Arbeitsstätte; vgl. auch Rdnr. 23 sowie zur Lohnsteuerpauschalierungsmöglichkeit Rdnr. 52). Im Einzelfall ist bei Sachvorteilsgewährungen zu prüfen, ob es sich um bloße nicht lohnsteuerpflichtige Aufmerksamkeiten bzw. nur im eigenen betrieblichen Interesse des Arbeitgebers gewährte Vorteile oder bereits um Arbeitslohn handelt. Angemessene Ausgaben für übliche Betriebsausflüge und -feiern sind z. B. nicht lohnsteuerpflichtig; nach einer Rechtsprechungsänderung (*BFH* DStR 1992, 1093; 1113) nimmt die FinVerw. (Abschn. 72 LStR 1993) Arbeitslohn an, wenn auf den einzelnen teilnehmenden Arbeitnehmer bezogen der Gesamtaufwand (einschließlich Kosten für den sog. äußeren Rahmen) pro Veranstaltung 200 DM übersteigt oder die Veranstaltung mindestens eine Übernachtung umfaßt, ferner soweit mehr als zwei Veranstaltungen stattfinden (m. E. ist die Rechtsprechung auf Antrag schon für die Vergangenheit anzuwenden, jedoch hatte der BFH die Grenze auf 150 DM festgelegt). Es bestehen zahlreiche **Steuerbefreiungen** für zugewendeten Arbeitslohn: Heirats- und Geburtsbeihilfen (§ 3 Nr. 15 EStG), Jubiläumszuwendungen (§ 3 LStDV); Zuschläge für Sonntags-, Feiertags- und Nachtarbeit (§ 3b EStG), Vermögensbeteiligungen (§ 19a EStG); Reisekostenersatz und Ersatz der Kosten für beruflich veranlaßte doppelte Haushaltsführung (§ 3 Nr. 16 EStG, ausführlich Abschn. 37 und 43 LStR 1993); Unterbringung nicht schulpflichtiger Kinder in Kindergärten und vergleichbaren Einrichtungen und Barzuschüsse dazu (§ 3 Nr. 33 EStG); Zukunftssicherungsleistungen (§ 3 Nr. 62 EStG) und Auslagenersatz (§ 3 Nr. 50 EStG). Werbungskostenersatz ist ab 1990 nur noch steuerfrei (und entsprechend sozialversicherungsfrei), falls im EStG dafür eine ausdrückliche Steuerbefreiung vorgesehen ist, etwa für Reisekostenersatz. Betroffen ist insbesondere der Ersatz von Fahrtkosten zwischen Wohnung und Arbeitsstätte, der vor 1990 steuerfrei war (vgl. zur neuen Pauschalierungsmöglichkeit aber Rdnr. 52). Telefonkostenersatz kann nach § 3 Nr. 50 EStG steuerfrei sein (vgl. Abschn. 22 LStR 1993; *BMF* BStBl. 1990 I, 290). Der Arbeitnehmer kann die steuerpflichtig ersetzten Beträge als Werbungskosten geltend machen.

52 **Lohnsteuerpauschalierungen** mit dem Ergebnis, daß der Arbeitgeber die pauschale Lohnsteuer sodann als eigene Steuer schuldet und der Arbeitnehmer die entsprechenden Bezüge nicht zu besteuern hat, sind nach §§ 40, 40a, 40b EStG möglich (Wahlrecht des Arbeitgebers), z. B. für folgende Fälle und mit folgenden Pauschsätzen: Ausnahmsweise lohnsteuerpflichtige Betriebsveranstaltungen (25 v. H., § 40 EStG); betragsmäßig begrenzter Arbeitslohn an in geringem Umfang Beschäftigte (15 v. H.) und – bei Überschreitung der Geringfügigkeitsgrenzen – kurzfristig bis zu 18 Tagen Beschäftigte (25 v. H.); zu Einzelheiten s. § 40a EStG, § 4 II 8 LStDV und Abschn. 128 LStR 1993; Direktversicherungen bis 3000 DM jährlich (15 v. H., § 40b EStG); unentgeltliche oder verbilligte Mahlzeiten neben dem Arbeitslohn (25 v. H., § 40 II 1 Nr. 1 EStG); Fahrtkostenersatz oder Pkw-Gestellung für Fahrten zwischen Wohnung und Arbeitsstätte (15 v. H., § 40 II 2 EStG). Die sozialversicherungsrechtliche Beurteilung weicht von der lohnsteuerlichen insbesondere bei Teilzeitbeschäftigten ab. Zu der Pauschallohnsteuer wird Kirchensteuer erhoben, und zwar pauschal bundesländeruneinheitlich mit 7 v. H. der Lohnsteuer oder niedriger; keine Kirchensteuer aber bei Nachweis der Nichtzugehörigkeit der betroffenen Arbeitnehmer zu einer steuerberechtigten Kirche (*BFH* BStBl. 1990 II, 993; Erlasse der Länder BStBl. 1990 I, 773; zum Nachweis Erlaß Rheinland-Pfalz, DB 1991, 253).

V. Erwerb und Veräußerung von Praxen

Entgelte für Praxisveräußerungen unterliegen der **Umsatzsteuer** (nach § 20 II UStG zwingende Besteuerung nach vereinbarten Entgelten). Der Veräußerer kann dem Erwerber eine Rechnung nach § 14 UStG ausstellen und ihm dadurch den Vorsteuerabzug nach § 15 UStG verschaffen, so daß keine echte Belastung eintritt. 53

Einkommensteuerrechtlich gehört der Gewinn (Überschuß des Erlöses abzüglich Kosten über die Buchwerte der übertragenen Wirtschaftsgüter unter Berücksichtigung etwaiger Entnahmen nicht mitveräußerter Wirtschaftsgüter) aus der Praxisveräußerung beim Veräußerer zu den freiberuflichen Einkünften, §§ 18 III, 16 EStG. Überschußrechner nach § 4 III EStG müssen im Veräußerungszeitpunkt zum Bestandsvergleich übergehen und die nach Abschn. 19 EStR 1990 erforderlichen nicht tarifbegünstigten Übergangskorrekturen vornehmen (Besteuerung der Honorarforderungen). Barkaufpreise sind sofort zu versteuern, ebenso der abgezinste Wert von Ratenzahlungen, während bei Veräußerungsrenten der Veräußerer ein Wahlrecht hat, die jeweiligen Rentenzuflüsse als laufende nachträgliche Einkünfte nach § 24 EStG zu versteuern oder den Barwert der Rente als Veräußerungsgewinn (fortlaufend sind dann nur noch die Zinsanteile Kapitaleinkünfte; vgl. zu dem Wahlrecht *Paus*, INF 1989, 10). Der Veräußerungsgewinn ist tarifbegünstigt nach § 34 I und II EStG (halber Steuersatz, für Veräußerungsgewinne über 30 Mio DM jährlich ab 1990 eingeschränkt), genießen außerdem nach §§ 18 III, 16 IV EStG einen Freibetrag von 30 000 DM, wenn sie 100 000 DM nicht übersteigen. Der Freibetrag beträgt 120 000 DM, wenn der Gewinn 300 000 DM nicht übersteigt, falls der Veräußerer mindestens 55 Jahre alt oder dauernd berufsunfähig ist. Als Voraussetzung für alle Tarifvergünstigungen galt bisher, daß die gesamte freiberufliche Tätigkeit im bisherigen örtlichen Bereich völlig eingestellt wurde (FinVerw., DB 1990, 555). Der *BFH* BStBl. 1992 II, 457, hat dies aber relativiert: Fortführung von Nebentätigkeiten und unwesentliche Teile der Kerntätigkeiten (10 v. H.-Grenze?) sollen unschädlich sein. Als Veräußerung gilt auch die Aufgabe einer Praxis innerhalb von drei bis sechs Monaten. 54

Der **Praxiserwerber** hat den Kaufpreis (ohne die abziehbare Vorsteuer) auf sämtliche erworbenen Wirtschaftsgüter aufzuteilen und einkommensteuerlich so zu behandeln, als hätte er sie einzeln erworben (*BFH* BStBl. 1968 II, 149; 1973 II, 295; 1978 II, 620, 625; 1979 II, 299). Der anderweitig nicht unterzubringende Kaufpreisteil ist i. d. R. Anschaffungspreis für den Praxiswert, der auf drei bis fünf Jahre abschreibbar ist (*BFH* BStBl. 1958 III, 330; 1973 II, 293; *FinVerw.* BStBl. 1979 I, 481; *Dornbusch* AnwBl. 1986, 496). Renten- oder Ratenzahlungen sind mit dem Barwert (abgezinst) als Anschaffungspreis anzusetzen (Zinsfuß ca. fünf bis sieben v. H.). Die späteren Zinsanteile sind im Jahr des Anfalls laufende Betriebsausgaben, ebenso wertsicherungsklauselbedingte Mehrzahlungen (*BFH* BStBl. 1984 II, 526). 55

Der **unentgeltliche Übergang** einer Praxis – z. B. durch Erbfolge oder zur vorweggenommenen Erbfolge – führt einkommensteuerlich nicht zu einem Gewinn beim Übergeber; der Erwerber führt die Buchwerte des Rechtsvorgängers fort, § 7 EStDV. Versorgungsrenten, die der Praxisübernehmer im Zuge der vorweggenommenen Erbfolge zur Versorgung des Übergebers übernimmt, gelten einkommensteuerrechtlich nicht als Kaufpreis, sondern sind als Sonderausgaben nach § 10 I Nr. 1a EStG (mit dem Ertragsanteil bzw. – falls es sich um 56 eine sog. dauernde Last handelt – vollumfänglich) abzugsfähig und beim Empfänger dementsprechend nach § 22 EStG zu versteuern, falls der Wert der Praxis (des Praxisanteils) mindestens 50 v. H. des Rentenbarwerts beträgt (*BFH* BStBl. 1992 II, 78; BB 1992, 1115). Nach Rechtsprechungsänderung (BStBl. 1990 II, 847; 837) sind Vermögensübertragungen zur vorweggenommener Erbfolge teilentgeltlich, wenn Abfindungen, Gleichstellungsgelder usw. an den Praxisübertrager oder von diesem bestimmte Personen zu leisten sind; der Vermögensübergeber als Veräußerer versteuert einen nach § 34 EStG begünstigten Veräußerungsgewinn, wenn die Teilentgelte den Buchwert der übergebenen Praxis überschreiten; außerdem erfolgt bei Gewinnermittlung nach § 4 III EStG (anteilig) die Übergangsbesteuerung (Rdnr. 54). Die Erbfolge bleibt wie bisher unentgeltlich, jedoch kann die Erbauseinandersetzung nach Entstehung einer Erbengemeinschaft zu einer veräußerungsähnlichen Teilentgeltlichkeit führen. Umsatzsteuerrechtlich entsteht eine Belastung dann, wenn keine Praxisschulden übergehen und auch keine anderweitigen Gegenleistungen erfolgen und deshalb Eigenverbrauch vorliegt (*BFH* BStBl. 1987 II, 655; Abschn. 8 V UStR 1992). Gestaltungsmöglichkeit: Übernahmepflicht für Praxisschulden; anstelle sofortiger Vollübergabe Sozietätsgründung zwischen Übergeber und Übernehmer; ob Versorgungsrenten umsatzsteuerrechtlich Entgelte sind, ist z. Z. unklar (der Trend geht dahin, nachdem darin bislang kein Entgelt gesehen wurde).

VI. Gründung und Beendigung von Sozietäten sowie Ein- und Austritt von Gesellschaftern

1. Einkommensteuer

57 **Sozietätsgründungen** lösen erhebliche steuerliche Konsequenzen aus, soweit die Beteiligten bisher schon Einzelpraxen betrieben, die sie als Sozietät in GbR weiterführen. Zivilrechtlich handelt es sich um Übertragung der Wirtschaftsgüter und Geschäftsbeziehungen auf eine Personengesellschaft (die Sozietät) im Wege der Einzelrechtsnachfolge gegen Gewährung von Gesellschaftsrechten und ggf. weiteren Gegenleistungen der Sozietät oder der Mitgesellschafter.

58 Es besteht für die eingebrachten Praxen einkommensteuerrechtlich nach § 24 UmwStG ein **Bewertungswahlrecht** zwischen Buchwertfortführung, Zwischenwertansatz und Teilwertansatz. Ausgeübt wird dieses durch Ansatz des Vermögens in der Bilanz (wenn diese errichtet wird, der Eröffnungsbilanz) der Sozietät (*BFH* BStBl. 1980 II, 239; 1985 II, 695). Bringen mehrere Sozien Praxen ein, so kann das Wahlrecht unterschiedlich ausgeübt werden. Erfolgt ein Wertansatz über dem Buchwert, muß der Einbringende den Mehrbetrag als freiberuflichen Veräußerungsgewinn (Rdnr. 54) versteuern, kann die Veräußerungstarifermäßigungen sowie -freibeträge dafür aber nur beanspruchen, wenn ein Teilwertansatz unter Versteuerung sämtlicher stillen Reserven einschließlich des vollen (zu schätzenden) Praxiswerts erfolgt, auch bezüglich der Beteiligungsquote des Einbringenden an der Sozietät (*BFH* BStBl. 1986 II, 335).

59 Bei Übernahme von über den bisherigen Buchwertansätzen liegenden Werten gelten diese bei der Sozietät als **Anschaffungskosten**, so daß sie diese als Betriebsausgaben geltend machen kann, bei abnutzbarem Anlagevermögen in Gestalt der entsprechend höheren AfA (Rdnr. 14). Praxiswerte aus der Praxis eines noch entscheidenden, persönlichen Einfluß ausübenden Sozius galten bisher bei

Sozietäten als nicht abnutzbar (*BFH* BStBl. 1975 II, 381; 1982 II, 620; *BMF* BStBl. 1979 I, 481). Nach Einführung einer 15jährigen Abschreibung auf gewerbliche Geschäftswerte gem. § 7 EStG ab 1987 erkennt die FinVerw. diese auch auf Sozietätspraxiswerte aus früheren Sozieneinzelpraxen an (*BMF* BStBl. 1986 I, 532), auch für Altfälle.

Unklar sind die Konsequenzen, welche sich daraus ergeben, daß der Gewinn für eine eingebrachte Praxis bisher nach § 4 III EStG ermittelt wurde und die Sozietät den Gewinn ebenfalls durch **Überschußrechnung** ermittelt. § 24 UmwStG ist grundsätzlich auch dann anwendbar (*BFH* BStBl. 1984 II, 518). Ein Ansatz über den Buchwerten setzt aber die Aufstellung einer Einbringungs- bzw. Eröffnungsbilanz voraus (*BFH* BStBl. 1984 II, 518), m. E. aber nicht, daß die Sozietät fortan den Gewinn durch Bestandsvergleich ermittelt. Vorsorglich sollten auch bei Buchwertfortführung Einbringungs- und Ergänzungsbilanzen aufgestellt werden, ohne daß diese der Gewinnermittlung zugrunde gelegt werden müssen. Wertaufstockungen lösen beim Einbringer mit Gewinnermittlung nach § 4 III EStG die nicht steuerbegünstigte Übergangsbesteuerung (Rdnr. 54), also insbesondere die Erfassung der noch nicht eingegangenen Forderungen, aus (vorzeitige Belastungen sind m. E. durch Nichteinbringung der Forderungen vermeidbar). Bei Buchwertfortführung ist die Übergangsbesteuerung m. E. entbehrlich, wenn die Sozietät die Gewinnermittlung nach § 4 III EStG fortführt (vgl. aber *Schmidt/Seeger,* EStG, 11. Aufl. 1992, § 18 Anm. 32).

60

Wird der Wert der eingebrachten Praxis nicht durch besondere fixierte Entgeltzahlung der **Mitsozien abgegolten,** sondern durch modifizierte Gewinnverteilung (etwa durch Vorabgewinnquote während einer Übergangszeit, auch mit Höchstbetragsfixierung oder gestaffelten, degressiven Gewinnverteilungsquoten), so ist darin kein zu kapitalisierender Kaufpreis, sondern eine steuerlich anzuerkennende Gewinnverteilung zu sehen, die im jeweiligen Jahr der Besteuerung zugrunde gelegt wird (vgl. dazu *Widmann/Mayer,* Umwandlungsrecht, 2. Aufl., Rdnr. 7863; *Korn,* DStZ 1982, 507, 509 m. w. N.; *Ehlers,* NWB F 3, 7467 f.). Erhält dagegen der Einbringende von den Mitgesellschaftern Zahlungen (vgl. auch Rdnr. 54), so entsteht, soweit diese die abgegebenen Buchwerte überschreiten, ein Veräußerungsgewinn (bzw. falls der Gewinn nach § 4 III EStG ermittelt wurde und Forderungen übergehen, insoweit ein Übergangsgewinn). Der Gewinn ist nicht tarifbegünstigt, wenn die dem Einbringenden selbst über seine Sozietätsbeteiligungsquote verbleibenden Teile der stillen Reserven der eingebrachten Praxis nicht gleichzeitig mitversteuert werden (*BFH* BStBl. 1984 II, 518; 1986 II, 335). Zu erwägen ist in derartigen Fällen, den Vorgang als nach § 24 UmwStG begünstigte Einbringung zu gestalten (Rdnr. 58) und die stillen Reserven umfassend, aber tarifbegünstigt zu besteuern. – Die Versteuerung der Ausgleichszahlungen ist durch Aufstellung sog. negativer Ergänzungsbilanzen gänzlich vermeidbar, wenn die Zahlungen an die Sozietät geleistet werden und dort verbleiben (*BMF* BStBl. 1978 I, 235; *BFH* BStBl. 1984 II, 518; weitergehend *Widmann/Mayer,* Umwandlungsrecht, Rdnr. 7877.8.1). Es ist indessen unklar, ob dies auch gilt, wenn die Sozietät den Gewinn nicht durch Bilanzierung, sondern durch Überschußrechnung nach § 4 III EStG ermittelt (vgl. *Korn* DStZ 1982, 507, 511). Besondere Probleme entstehen, wenn eine Praxis nicht vollumfänglich eingebracht wird, sei es, daß die Einzelpraxis partiell fortgeführt oder der Sozietät nicht eingebrachte Wirtschaftsgüter nur zur Nutzung überlassen werden (s. dazu *Korn* DStZ 1982, 507 m. w. N.).

61

62 Wird die Sozietät durch **unentgeltliche Aufnahme** eines Angehörigen dergestalt gegründet, daß dem Angehörigen der Gesellschaftsanteil unentgeltlich zugewandt wird, so ergeben sich gegenüber den dargelegten umsatz- und einkommensteuerrechtlichen Konsequenzen grundsätzlich keine Abweichungen. Umsatzsteuerrechtlich liegt ein steuerpflichtiges Tauschgeschäft vor, einkommensteuerrechtlich ein unter § 24 UmwStG fallender Einbringungsvorgang mit Gewinnrealisierungswahlrecht (vgl. *Widmann/Mayer*, Umwandlungsrecht, Rdnrn. 7818.2; 7976; 7979).

63 Wird ein **Sozius** in eine bereits **bestehende Sozietät** aufgenommen, so eröffnet dies die unter Rdnr. 58 geschilderten Wahlrechte nach § 24 UmwStG bei der gesamten Sozietät (ebenso beim neuen Partner, falls dieser eine eigene Praxis einbringt). Es treten auch die Probleme auf, die unter Rdnr. 60 skizziert sind, falls die Sozietät den Gewinn durch Überschußrechnung ermittelt. Ob die Altsozien, falls sie Entgelte von dem Eintretenden zum Ausgleich stiller Reserven erhalten, dann tarifbegünstigt nach § 34 EStG sind, falls es nicht zu einer Vollaufdeckung der bei der Sozietät vorhandenen stillen Reserven kommt, ist zweifelhaft (ablehnend Vfg. der *OFD Münster* vom 15. 6. 1989, StEK EStG § 18 Nr. 156 unter Hinweis auf *BFH* BStBl. 1986 II, 335; kritisch *Klaas*, DB 1989, 948; für Teilanteilsübertragungen bei gewerblichen Personengesellschaften dagegen anerkannt, *BFH* BStBl. 1980 II, 383; 1982 II, 62; 1984 II, 52). Zuzahlungen, die der eintretende Sozius über das ihm zuwachsende Buchkapital hinaus leistet, sind in Höhe seiner Beteiligungsquote auf die in der Sozietät vorhandenen stillen Reserven bzw. den Praxiswert zu verteilen und in einer Ergänzungsbilanz bzw. Ergänzungsrechnung nach § 4 III EStG zu berücksichtigen, wie bei Praxiskauf unter Rdnr. 55 geschildert, jedoch hier im Rahmen der einheitlichen und gesonderten Gewinnfeststellung als Sonderbetriebsausgaben (Rdnr. 27). Die steuerlich problemloseste Lösung für die Aufnahme von Sozien in bestehende Sozietäten ist die unter Rdnr. 61 angesprochene Gewinnvorabmethode, falls der Sozius eine Gegenleistung für das Hineinwachsen in die stillen Reserven erbringen soll.

64 **Scheidet ein Sozius aus** einer Sozietät aus, so erzielt er einen zu seinem letzten Gewinnanteil aus der Sozietät gehörenden Veräußerungsgewinn, wenn er eine über seinem Buchkapitalanteil liegende Abfindung erhält (wie Praxisveräußerung, Rdnr. 54, jedoch nur anteilige Freibeträge). Zur Behandlung der Abfindung bei den Verbleibenden s. Rdnr. 55). Das Ausscheiden eines Sozius bzw. die Auflösung der Sozietät vollziehen sich häufig durch **Realteilung:** Die vorhandenen Mandate bzw. das vorhandene Vermögen wird nach bestimmten Kriterien aufgeteilt und von dem Ausscheidenden bzw. – bei Vollauflösung – von jedem Partner zum Weiterbetrieb einer getrennten beruflichen Tätigkeit übernommen. Es ist in diesem Falle – wenn kein Spitzenausgleich durch Zuzahlung erfolgt – eine Aufdeckung der stillen Reserven durch entsprechende Bilanzierung der Sozietät zwar möglich, aber nicht zwingend geboten (*BFH* BStBl. 1982 II, 456; 1992 II, 385; *Schmidt,* EStG, 11. Aufl. 1992, § 16 Anm. 100 und 96). Werden die Buchwerte fortgeführt, so ist m. E. eine Übergangsbesteuerung entbehrlich, wenn die Sozietät den Gewinn durch Überschußrechnung ermittelt, soweit die beruflich weiterhin tätigen ausgeschiedenen Gesellschafter ihren Gewinn auf dieselbe Weise ermitteln. Aufgedeckte stille Reserven unterliegen regelmäßig nicht der Tarifermäßigung nach § 34 EStG, weil die Beteiligten ihre freiberufliche Tätigkeit fortsetzen; s. zu unwesentlichen Tätigkeiten aber Rdnr. 54. Zur Umsatzsteuer s. Rdnr. 66.

2. Umsatzsteuer

Der Einbringende **veräußert** seine bisherige **Einzelpraxis** umsatzsteuerbar an die Sozietät (Tausch des Werts des eingebrachten Praxisvermögens gegen Gewährung von Gesellschaftsrechten zuzüglich etwaiger zusätzlicher Leistungen). Bemessungsgrundlage für die Umsatzsteuer ist unabhängig von der einkommensteuerlichen Behandlung der gemeine Wert der erhaltenen Gesellschaftsanteile zuzüglich etwaiger anderer Gegenleistungen (z. B. Übernahme von Praxisschulden). Die Sozietät tätigt in Gestalt der gewährten Gesellschaftsrechte ebenfalls einen Umsatz, der aber nach § 4 Nr. 8 UStG steuerfrei ist. Der Einbringende kann der Sozietät eine Rechnung mit offenem Umsatzsteuerausweis nach § 14 UStG erteilen, so daß diese den Vorsteuerabzug nach § 15 UStG geltend machen kann. Daher sind bei planmäßigem und korrektem Vollzug echte Steuerbelastungen vermeidbar. Im Einzelfall zu lösen ist der Übergang von Mandaten, für die der bisherige Praxisinhaber bereits Vorschüsse erhalten und der Umsatzsteuer unterworfen hat (u. U. mit offenem Ausweis in Rechnungen). 65

Wird ein Sozius in eine bereits **bestehende Sozietät aufgenommen** oder scheidet ein Sozius aus einer Sozietät aus, so berührt dies die umsatzsteuerrechtliche Identität der Sozietät nicht. Umsatzsteuerrechtliche Konsequenzen treten nur auf, wenn der Sozius aus einem bei ihm schon vorhandenen Unternehmen (etwa einer Einzelpraxis) Werte einbringt und dafür Gegenleistungen (z. B. Gesellschaftsrechte) erhält (dieselben Auswirkungen wie vorstehend unter Rdnr. 65 geschildert) oder die Sozietät dem Ausscheidenden Sachwerte zur Abfindung überträgt (steuerpflichtige Umsätze der Sozietät an den Ausscheidenden). Sonderprobleme entstehen bei Realteilungen, wenn laufende Mandate übergehen (vgl. *Korn*, Steuerberaterkongreß-Report 1985, 305, 339). 66

VII. Steuerliche Außenprüfung

Wie alle selbständig Tätigen unterliegen Rechtsanwälte der steuerlichen **Betriebsprüfung** (Außenprüfung) nach §§ 193 ff. AO i. V. mit der Betriebsprüfungsordnung (außerdem Lohnsteuer-Außenprüfungen und Umsatzsteuer-Sonderprüfungen). Die steuerlich relevanten, außerhalb der Anwaltstätigkeit liegenden persönlichen Verhältnisse werden mitgeprüft (*BFH* BStBl. 1986 II, 437), nicht jedoch zwangsläufig die des Ehegatten (*BFH* BStBl. 1986 II, 435; 1987 II, 664). Bei Sozietäten werden diese geprüft, die persönlichen Verhältnisse der Gesellschafter jedoch nur, falls diese für die Sozietät relevant sind oder für den Gesellschafter eine gesonderte Betriebsprüfung angeordnet ist. 67

Großbetriebe (freiberufliche Praxen mit Jahresumsatz über 5500 TDM oder Jahresgewinn über 750 TDM) werden lückenlos geprüft, andere Betriebe nur jeweils für die letzten drei Jahre (Ausdehnung der Prüfung ist zulässig, wenn nicht unerhebliche Steuernachforderungen zu erwarten sind, *BFH* BStBl. 1985 II, 350; 1986 II, 435). Die Durchführung einer Prüfung setzt eine schriftliche Prüfungsanordnung nach § 196 AO voraus, in welcher der Prüfungszeitraum und -gegenstand exakt bestimmt sein muß. 68

Die Mitwirkungspflicht der Steuerpflichtigen nach § 200 AO wird bei Rechtsanwälten durch das **Auskunftsverweigerungsrecht** nach § 102 I Nr. 3 lit. a bzw. b AO bezüglich dessen eingeschränkt, was ihnen bei ihrer Berufsausübung durch Mandanten anvertraut wurde. Danach dürfen Rechtsanwälte die Vorlage von Mandantenhandakten verweigern. Die FinVerw. verlangt jedoch 69 die Vorlage der mit Honorarfragen zusammenhängenden Unterlagen. Es ist ratsam, in jedem Einzelfall zu prüfen, ob die Einsichtnahme in Akten erforderlich und zulässig ist und die für den Anwalt selbst steuerrelevanten Sachverhalte nicht auf andere Weise ermittelt werden können. § 102 AO hat auch Vorrang vor der Nachweispflicht des Namens des Treugebers, wenn behauptet wird, vorhandenes Vermögen werde nur treuhänderisch gehalten (§ 159 II AO); anders, wenn offenkundig ist, daß es sich um private eigene Geschäfte handelt (*BFH* BFH/NV 1989, 753).

VIII. Buchhaltung

70   Das Rechnungswesen für die selbständige Anwaltstätigkeit sollte dem Berufsträger eine interne Erfolgs- und Rentabilitätskontrolle ermöglichen, die **Überwachung** und Verwirklichung seiner Honorarforderungen und die prompte Erledigung seiner Verpflichtungen unterstützen, seine Finanzplanungen erleichtern und seine **steuerlichen Verpflichtungen** erfüllen. Bei Sozietäten kommt dem Rechnungswesen zusätzliche Bedeutung für die Ermittlung der Ergebnisanteile und gegenseitigen Vermögensansprüche zu, so daß zusätzliche Anforderungen auftreten.

71   **Form und Ausgestaltung** des Rechnungswesens sind von dem Umfang und der Komplexität der Berufstätigkeit abhängig. Weder handelsrechtlich noch steuerrechtlich besteht für freiberuflich tätige Rechtsanwälte eine Buchführungs- oder Bilanzierungspflicht (s. Rdnr. 6). Soll mit steuerlicher Wirkung dennoch bilanziert werden, so muß eine den Vorschriften der §§ 238 ff. HGB entsprechende Buchführung angelegt werden. Darauf einzugehen würde den Rahmen dieser Darstellung sprengen. Die folgende Darstellung unterstellt, daß nur eine Überschußrechnung nach § 4 III EStG erstellt werden soll (s. Rdnrn. 7, 8).

72   In der Vergangenheit haben Freiberufler ihre Aufzeichnung oft manuell in Gestalt eines Journals angelegt, in das zeilenweise fortlaufend mit Erläuterungstext gebucht wird und das für die eigentlichen Buchhaltungsziffern eine mehr oder weniger große Anzahl von Spalten vorsieht, die Kontenfunktion haben. Zwischenzeitlich hat sich jedoch der Einsatz externer **EDV-Systeme** (berufsständisch geförderte Systeme, z. B. Soldan oder DATEV, aber auch zahlreiche unabhängige Anbieter) oder eigener Klein-Computer stark durchgesetzt und bewährt, die fast absolute Flexibilität bei der Anlegung der gewünschten Konten sicherstellen, von schematischen Rechenarbeiten befreien, bei fortlaufender Buchung einen jederzeitigen Überblick während des Jahres gewährleisten und Nebenarbeiten wie das ordnungsmäßige Aufzeichnen der Umsatzsteuer und Vorsteuer nach § 22 UStG und die Ermittlung der monatlichen Umsatzsteuer nebst Ausfüllen der Umsatzsteuer-Voranmeldungen, von Überweisungsträgern und Scheckvordrucken fast beiläufig übernehmen.

73   Steuerlich besteht für Überschußrechner nach § 4 III EStG gesetzlich ausschließlich eine aus § 22 UStG abgeleitete Verpflichtung, die **Betriebseinnahmen** fortlaufend aufzuzeichnen. Zum ordnungsmäßigen Nachweis (Rdnr. 6) und für den Vorsteuerabzug (Rdnr. 37) ist es aber notwendig, auch die Betriebsausgaben aufzuzeichnen. Außerdem müssen folgende **besonderen steuerlichen Aufzeichnungspflichten** beachtet werden: Gesonderte fortlaufend geführte (*BFH* BFH/NV 1989, 22) Buchhaltungskonten (im Journal als gesonderte Spalten) für Bewirtung von Geschäftsfreunden (mit Hilfe des gesonderten Kontos

Buchhaltung I

können auch jährlich die seit 1990 nicht abzugsfähigen 20 v. H. – vgl. Rdnr. 23 – ermittelt werden) und Geschenke an Geschäftsfreunde (§ 4 VII EStG); besonderes Konto oder separate Liste, falls Sofortabzug für geringwertige Wirtschaftsgüter nach § 6 II EStG beansprucht werden soll; Anlageverzeichnis, falls degressive Abschreibung beansprucht werden soll (§§ 7 II, 7a VIII EStG); Verzeichnis über nicht abnutzbare Wirtschaftsgüter des Anlagevermögens (§ 4 III 5 EStG).

Nach § 22 UStG müssen die steuerpflichtigen Entgelte (getrennt von den nichtsteuerbaren und steuerfreien) aufgezeichnet werden sowie die empfangenen Leistungen anderer Unternehmer (betriebliche Aufwendungen aller Art) und die darauf entfallende Vorsteuer.

In der Praxis hat es sich als sinnvoll erwiesen, die die berufliche Tätigkeit **74** betreffenden unbaren Geldtransaktionen (Gutschrift sämtlicher Honorareinnahmen, Bezahlung der Betriebsausgaben, Tätigung von Privatentnahmen, Steuerzahlungen usw.) über **spezielle Bank- oder Postgirokonten** abzuwickeln und für die beruflichen Bargeldbewegungen eine „Kasse" zu führen. Die „Kasse" besteht in einem für die Berufstätigkeit gesondert geführten Geldbestand, der durch etwaige Bareinnahmen, Privateinlagen oder Abhebungen von den Bank- und Postgirokonten gespeist wird und aus dem die laufenden Barausgaben geleistet werden. Darüber wird eine Kassenkladde geführt, in der fortlaufend sämtliche Bargeldbewegungen – getrennt nach Einnahmen und Ausgaben – verzeichnet werden, so daß der tatsächliche Geldbestand mit dem buchmäßigen abgestimmt werden kann.

Die **Tagesauszüge** der Bank- bzw. Postgirokonten und die **Kassenkladde 75** dienen als Grundlage für die Aufzeichnungen, aus denen die steuerliche Gewinnermittlung (Einnahme-Überschuß-Rechnung) entsteht und welche die Grundlage für die anderen Aufgaben sind, die mit dem Rechnungswesen verfolgt werden. Die in den Tagesauszügen und der Kassenkladde erscheinenden Positionen werden lückenlos in die „Buchführung" übernommen, und zwar zunächst als „Soll"-Positionen (Einnahmen) oder „Haben"-Positionen (Ausgaben) auf das jeweilige in der „Buchführung" zu führende Finanzkonto (Bankkonto, Postgirokonto, Kasse) mit einer spiegelbildlichen Gegenbuchung auf ein Einnahmekonto („Haben"-Buchung) bzw. Ausgabenkonto („Soll"-Buchung). Die zu führenden Einnahmen- und Ausgabenkonten werden nach einem Kontenplan so angelegt, wie sie zur eigenen Übersicht und zu steuerlichen Zwecken erforderlich sind (s. Rdnr. 4). Diese Handhabung bietet folgende Abstimm- und Kontrollmöglichkeiten: Das jeweilige in der Buchhaltung geführte Finanzkonto kann mit dem Bestand lt. Tagesauszügen bzw. Kassenkladde abgestimmt werden (Übereinstimmung des Buchbestandes mit dem Bestand lt. Kontoauszug bzw. Kassenkladde signalisiert lückenlose, richtige Erfassung des Buchungsstoffs). Zeigt die Addition sämtlicher summierter „Soll"- und „Haben"-Buchungen auf den Finanzkonten und den Gegenkonten für die jeweilige Abrechnungsperiode Übereinstimmung, so erweist sich damit auch insoweit das Rechenwerk als vollständig und fehlerfrei.

Wenn die Aufzeichnungen an die Bankkonten, Kassenvorgänge, also Geldbe- **76** wegungen anknüpfen, ist dadurch grundsätzlich gewährleistet, daß das Rechenwerk die für die einkommensteuerliche **Überschußrechnung** nach § 4 III EStG maßgeblichen vereinnahmten bzw. verausgabten Beträge (Rdnr. 7) ausweist. Dasselbe gilt für die Umsatzversteuerung nach vereinnahmten Entgelten (Rdnr. 31). Es sind sodann – das geschieht i. d. R. zum Jahresende – Korrekturen für die steuerrelevanten Sachverhalte vorzunehmen, die losgelöst von den Einnahmen und Ausgaben zu berücksichtigen sind, z. B. Abschreibungen auf das Anlagevermögen, Verluste von Betriebsvermögen, Buchwertabgänge veräußerten Anlagevermögens, Entnahmen und Einlagen von Sachwerten, fiktive Umsätze, Vorsteuern aus unbezahlten Rechnungen (s. Rdnr. 9, 10, 14).

77 Bei der Aufstellung des **Kontenplans** (also der Entscheidung, welche Konten geführt werden sollen) besteht grundsätzlich völlige Gestaltungsfreiheit (zu den geringfügigen steuerlichen Restriktionen s. Rdnr. 73). Es ist zwischen den „Vermögenskonten" zu unterscheiden, die für die Gewinnermittlung durch Überschußrechnung irrelevant sind und außer der internen Vermögensübersicht nur der Abstimmung dienen, und den „Erfolgskonten", deren Saldo das steuerliche Ergebnis nach § 4 III EStG ist. Zu den „Vermögenskonten" gehören neben den Finanzkonten die Anlagekonten, Verrechnungskonten, etwaige Darlehenskonten, Kapital- und Privatkonten des Praxisinhabers bzw. für jeden Sozius; ferner die gesondert zu führenden Konten für durchlaufende Posten (für Mandanten vorgelegte Beträge einschließlich Gerichtskosten, für Mandanten vereinnahmte Beträge, Rdnr. 20), soweit diese über die normalen Bank- und Postgirokonten und nicht über getrennte Anderkonten abgewickelt werden, die nicht unbedingt in das Rechnungswesen einfließen, wenn es sich um Fremdgeld handelt. „Erfolgskonten" sind die für die Einnahmen und Ausgaben eingerichteten Konten. Im Einnahmenbereich wird man nach umsatzsteuerlichen Gesichtspunkten getrennte Konten anlegen, im übrigen die Einnahmen aber nur aufgliedern, wenn dies zu internen Kontroll- und Abrechnungszwecken wünschenswert ist. Ähnliche Gesichtspunkte gelten für die Konten für die Betriebsausgaben.

78 Empfehlenswert ist die Führung eines **Anlageverzeichnisses** (auch per EDV möglich), das für jedes Anlagegut den Zeitpunkt der Anschaffung, den Anschaffungs- oder Herstellungsaufwand, die Abschreibungsmethoden und -prozentsätze, die jeweilige jährlich vorgenommene Abschreibung, den jeweiligen Restbuchwert und den Abgang durch Verkauf oder Vernichtung festhält. Dieses Verzeichnis dient der Ermittlung der jährlichen, als Betriebsausgaben abzusetzenden AfA, der Ermittlung der absetzbaren Restbuchwerte bei Verkäufen, Entnahmen und Vernichtung von Anlagegütern und ist Grundlage der Wertermittlung für Zwecke der Einheitsbewertung des Betriebsvermögens (vgl. Rdnr. 49). Außerdem ist es ein Hilfsmittel für die finanziellen Dispositionen und Planungen.

79 Die Überwachung der umfassenden **Honorarabrechnung und -beitreibung** unter Berücksichtigung der Vorschüsse und durchlaufenden Gelder erfolgt bei Überschußrechnern i. d. R. außerhalb der „Buchführung", sei es durch systematische Ablagesysteme (z. B. alphabetische Ablage der offenen Rechnungen) oder besondere (auch EDV-gestützt abwickelbare) Offene-Posten-Buchhaltungen. Entsprechendes gilt für die – i. d. R. unproblematischeren Verbindlichkeitenabwicklung.

80 Es sollte – ohne daß dafür eine gesetzliche Verpflichtung besteht – eine ordnungsmäßige **Belegablage** erfolgen, die das Auffinden der Vorgänge und Belege ohne aufwendige Sucharbeiten ermöglicht. Es ist sinnvoll, die einzelnen Buchungen zu numerieren, diese Ziffern auch auf den Belegen anzubringen und die Belege in der Ziffernfolge abzulegen.

IX. Besteuerung in den neuen Bundesländern

Für die steuerrechtliche Beurteilung sind grundsätzlich vier Zeitphasen zu unterscheiden: Die Besteuerung in der Zeit vor dem 1. 7. 1990, die Besteuerung seit Inkrafttreten der Währungsunion durch den Staatsvertrag (BGBl. 1990 II, 518) ab 1. 7. 1990 bis zum Inkrafttreten des Einigungsvertrags (BGBl. 1990 II, 889) am 3. 10. 1990, die Zeit danach bis zum 31. 12. 1990 und die Zeit ab 1. 1. 1991. Erst für die Zeit ab **1. 1.** 1991 besteht grundsätzlich „**Steuerrechtseinheit**", abgesehen von einigen wenigen gem. Einigungsvertrag fortgeltenden Sonderregelungen (hauptsächlich Regelungen mit Subventionscharakter), so daß sich für die Zeit ab 1991 besondere Erläuterungen erübrigen (abgesehen von Hinweisen auf fortgeltende Sonderbestimmungen, vgl. Rdnr. 85, 86, 87). Für die Zeit bis zum 31. 12. 1990 wird kraft Sonderbestimmungen im Einigungsvertrag noch die gesonderte Besteuerung für das Gebiet der ehemaligen DDR einschließlich Berlin (Ost) aufrechterhalten, so daß die Zeitphase 1. 7.–3. 10. 1990 und der Rest des Jahres 1990 verschmelzen. Das Jahr 1990 zerfällt bei der aufrechterhaltenen DDR-Besteuerung in das erste und zweite Halbjahr. Für das erste Halbjahr bis zur Währungsunion gilt noch altes DDR-Steuerrecht, das allerdings durch zahlreiche Gesetzesänderungen in 1989/1990 modifiziert worden ist. Literaturhinweise zum DDR-Steuerrecht: *Schulz*, DStR 1990, 91; *Krause/Schulz*, DStR 1990, 239; *Müssener*, IWB 5 Gr. 2, 55 (1990). **81**

Einkünfte aus selbständigen Anwaltsleistungen in der ehemaligen DDR bzw. in Berlin (Ost) unterlagen auch schon in 1990 und früher ausschließlich der Einkommensbesteuerung in der Bundesrepublik, soweit die Einkünfte von einer in der **Bundesrepublik domizilierten Kanzlei** aus erzielt worden sind. Eine Steuerpflicht in der ehemaligen DDR und nach den für diese geltenden Vorschriften kam nur in Betracht, wenn dort ein **Büro** unterhalten wurde oder von der früheren DDR möglicherweise im Einzelfall eine Abzugsteuer erhoben worden ist. War dieser Ausnahmefall gegeben, so trat vor 1991 nach § 3 Nr. 63 EStG in der Bundesrepublik Einkommensteuerbefreiung ein. **82**

Ist die selbständige Anwaltstätigkeit in 1990 in einer **Kanzlei** (einem Büro) **im Gebiet der ehemaligen DDR/Berlin (Ost)** ausgeübt worden, so obliegt die Einkommensteuerbesteuerung für das gesamte Jahr **1990** – auch für die Zeit nach dem Beitritt der neuen Bundesländer – insoweit dem örtlich zuständigen FinA im neuen Bundesland (Anlage I, Kap. IV, Sachgeb. B., Abschn. II Nr. 16, 17 des Einigungsvertrags). Dieses FinA hat die Einkommensteuer nach Maßgabe der geltenden steuerlichen Vorschriften nach dem Steuerrecht der ehemaligen DDR festzusetzen. Maßgeblich für selbständige Tätigkeiten ist ab 1. 1. 1990 das DDR-EStG v. 18. 9. 1970 (GBl.-DDR v. 2. 10. 1979, Sonderdruck 670) i. d. F. des Steueränderungsgesetzes v. 6. 3. 1990 (GBl.-DDR 1990 I, 136) mit Durchführungsbestimmungen v. 16. 3. 1990 (GBl.-DDR 1990 I, 195) sowie des Steueranpassungsgesetzes v. 22. 6. 1990 (GBl.-DDR Sonderdruck Nr. 1427). Dabei ist zu beachten, daß für die Zeit ab 1. 7. 1990 die ehemalige DDR bereits mit Wirkung ab 1. 7. 1990 Teile des Bundes-Einkommensteuerrechts adaptiert hat, insbesondere die steuerlichen Gewinnermittlungsvorschriften (von einigen Ausnahmen abgesehen). Es müssen grundsätzlich die etwaigen in der ehemaligen DDR/Berlin (Ost) zu besteuernden Einkünfte für das erste und zweite Halbjahr getrennt ermittelt werden. Der Einkommensteuertarif ist dann einheitlich auf die Steuermerkmale für das gesamte Jahr 1990 anzuwenden. Die Höchstbelastung mit Einkommensteuer für Freiberufler beträgt danach 30 v. H. **83**

I Steuern und Buchhaltung

Nach einer von der DDR-Steuerverwaltung vorgesehenen Verwaltungsanweisung soll die auf das erste Halbjahr entfallende Einkommensteuer im Verhältnis 2:1 umgestellt werden, falls im ersten Halbjahr 1990 Einkünfte angefallen sind. – Für **Verluste,** die in 1990 in freiberuflichen „Betriebsstätten" in der ehemaligen DDR/Berlin (Ost) entstanden sind, bestimmt § 2a V und VI EStG i. d. F. des bundesdeutschen DDR-Investitionsgesetzes (BGBl. 1990 I, 1143), daß diese bei der Besteuerung in der Bundesrepublik für 1990 ausgleichs- und rücktragsfähig sind. Soweit mangels positiver Einkünfte in der Bundesrepublik ein Ausgleich in 1990 oder ein Rücktrag nach 1988 und 1989 nicht möglich ist, sind die Verluste nach 1991 pp. vortragsfähig (§ 57 IV EStG i. d. F. des Einigungsvertrags).

84   Die Einkommensbesteuerung der **Arbeitnehmertätigkeit** in der ehemaligen DDR/Berlin (Ost) erfolgte für das erste Halbjahr 1990 noch nach der VO v. 22. 12. 1952 (GBl.-DDR Nr. 182 S. 1413) und späteren Änderungen dazu mit maximal 20 v. H. Für die Zeit ab 1. 7. 1990 gilt – soweit die Besteuerung des Arbeitslohns in der ehemaligen DDR/Berlin (Ost) vorzunehmen war – die Steuerklasse I der modifizierten bundesdeutschen Lohnsteuertabelle. Diese Lohnsteuer hat Abgeltungswirkung für 1990 (also keine Einkommensteuerveranlagung). Literaturhinweis zur DDR-Lohnsteuer für 1990: *Beyer,* ZAP-DDR F 20, 31 (9/1990). – Durch Verwaltungsanweisung (BStBl. 1990 I, 314) ist zur Besteuerung von Arbeitnehmertätigkeiten für die Zeit ab 1. 6. 1990 bis 31. 12. 1990 folgende Sonderregelung getroffen worden: Ein in der Bundesrepublik ansässiger Arbeitnehmer wird für Tätigkeiten in der ehemaligen DDR/Berlin (Ost) nur in der Bundesrepublik besteuert, wenn er sich in der ehemaligen DDR/Berlin (Ost) 1990 nicht mehr als 183 Tage aufgehalten hat. Entsprechendes gilt für den umgekehrten **Fall** der Ansässigkeit in der ehemaligen DDR/Berlin (Ost): Besteuerung nur in der ehemaligen DDR. Bei Doppelwohnsitz gilt die Sonderregelung nicht; steht danach die Besteuerung beiden Teilen Deutschlands zu, ist der in dem Gebiet der ehemaligen DDR besteuerte Betrag nach § 3 Nr. 63 EStG einkommensteuerfrei. Literaturhinweise zu der Sonderregelung: *Wunsch,* BB 1990, Beil. 30, 15; *Keßler,* NWB F 6, 3295 (Juli 1990); ehem. *Min. d. Finanzen* BStBl. 1990 I, 546.

85   Nach § 58 EStG i. d. F. des Einigungsvertrags gelten folgende einkommensteuerrechtlichen **Sonderregelungen** des DDR-Steuerrechts – **über den 31. 12. 1990** hinaus – weiter: Bei der Gewinnermittlung für Kanzleien in der ehemaligen DDR/Berlin (Ost) in 1990 beanspruchte Sonderabschreibungen (50 v. H. im Erstjahr, 30 v. H. im Folgejahr, 20 v. H. im dritten Jahr) nach § 3 I StÄndG-DDR v. 6. 3. 1990 (GBl.-DDR I Nr. 17, 136) dürfen weitergeführt werden. – Die 1990 für in der ehemaligen DDR erzielten Gewinne gebildete steuerfreie Rücklage von 20 v. H. (maximal 50000 DM) des Gewinns in 1990 nach § 3 II StÄndG-DDR kann weitergeführt werden und ist spätestens 1995 aufzulösen. Die bei Aufnahme einer freiberuflichen Tätigkeit in einem Büro auf dem Gebiet der ehemaligen DDR/Berlin (Ost) beanspruchbare, auf 10000 DM jährlich begrenzte Steuerbefreiung für zwei Jahre (§ 9 der Durchführungsbestimmung zum StÄndG-DDR v. 16. 3. 1990, GBl.-DDR I Nr. 21, 195) gilt auch für 1991.

86   Eine **Umsatzsteuer,** wie sie in der Bundesrepublik gilt, ist für das Gebiet der ehemaligen DDR/Berlin (Ost) ab 1. 7. 1990 durch den Staatsvertrag eingeführt worden. Die Bundesrepublik hat ihr UStG durch Gesetz v. 25. 6. 1990, BGBl. 1990 II, 518, daran angepaßt. Diese Rechtsänderungen bleiben nach dem Einigungsvertrag (Anlage I Kap. IV, Sachgeb. B, Abschn. II Nr. 24m) bis zum

31. 12. 1990 in Kraft. Für 1990 sind folglich DDR-Umsätze über das in dem betreffenden neuen Bundesland zuständige FinA zu versteuern. Zu beachten ist jedoch, daß § 3a II bis IV UStG nach § 26a II UStG im Verhältnis Bundesrepublik/DDR nicht gelten. Darunter fallen auch die Leistungen der Rechtsanwälte (vgl. Rdnr. 36). Die Leistungen gelten als am Kanzleiort ausgeführt, also in der Bundesrepublik, soweit sie im Gebiet der ehemaligen DDR stattfinden. Für Leistungen, die ein Zweigbüro (Betriebsstätte) in der ehemaligen DDR im eigenen Namen ausführte, ist Umsatzsteuerpflicht in der ehemaligen DDR gegeben (§ 26a UStG). Vorsteuern aus der ehemaligen DDR aus der Zeit ab 1. 7. 1990 sind in der Bundesrepublik nach § 15 UStG abziehbar (ordnungsmäßige Rechnungen i. S. von § 14 UStG vorausgesetzt). Zu Vorsteuern aus Reisekostenpauschalen s. *BMF* BStBl. 1990 I, 361; zur Umsatzsteuerpräferenz für „DDR-Erzeugnisse" bis 31. 3. 1991 s. § 26 IV UStG i. V. mit Rechtsverordnung. Literaturhinweise zur Umsatzsteuer: *Birkenfeld,* Umsatzsteuer bei DDR-Geschäften, 1991, Herne/Berlin; *Hünnekens,* NWB F 7, 3973 (Juli 1990); *Schlienkamp,* UR 1990, 229; *Widmann,* DB 1990, DDR-Report Nr. 4, 3045 ff.

Durch das Steueränderungsgesetz 1991 (BGBl. 1991 I, 1322) sind folgende **87** **Privilegien für die neuen Bundesländer** eingeführt worden:

a) Die frühere DDR-Investitionszulagenverordnung v. 4. 7. 1990 i. d. F. v. 13. 9. 1990, GBl.-DDR 1990 I, 621 und 1489 (s. dazu Vorauflage Rdnr. 87), gilt bis zum 31. 12. 1990 und ist mit wenigen Änderungen ab 1. 1. 1991 in das **Investitionszulagengesetz 1991** (InvZulG) überführt (dazu ausführlich *BMF-Schreiben* v. 28. 8. 1991, BStBl. 1991 I, 768) und durch Art. 13 des Verbrauchsteuer-Binnenmarktgesetzes (BGBl. 1992 I, 2150) zeitlich verlängert bzw. für das ehemalige West-Berlin eingeschränkt worden. Gefördert wird die Anschaffung oder Herstellung mindestens zu 90 v. H. für die selbständige Berufstätigkeit eingesetzter neuer, abnutzbarer beweglicher Wirtschaftsgüter des Anlagevermögens (Rdnr. 14), ausgenommen geringwertige Wirtschaftsgüter i. S. von Rdnr. 15, Pkw und Luftfahrzeuge. Die Wirtschaftsgüter müssen von vornherein in einem Betrieb oder einer Betriebsstätte (bei Anwälten also in einem Büro) in den neuen Bundesländern eingesetzt werden und dort mindestens drei Jahre verbleiben. Die steuerfreie Investitionszulage beträgt für vor dem 1. 7. 1992 abgeschlossene Investitionen (i. d. R. also ausgelieferter Anlagegegenstände) 12 v. H. der Anschaffungs- bzw. Herstellungskosten, für die Zeit danach, aber vor dem 1. 1. 1995 abgeschlossene Investitionen 8 v. H. Nach dem 31. 12. 1992 abgeschlossene Investitionen waren allerdings zunächst nur begünstigt, wenn sie vor dem 1. 1. 1993 begonnen (i. d. R. vom Investor bestellt) worden sind. Insoweit ist eine Änderung eingetreten, indem – unter Ausschluß einiger hier nicht interessierender Wirtschaftszweige – nach dem 31. 12. 1992 begonnene Investitionen weiter begünstigt sind, falls sie vor dem 1. 1. 1997 abgeschlossen werden. Der Zulagesatz beträgt für Rechtsanwälte bei vor dem 1. 7. 1994 begonnenen Investitionen weiterhin 8 v. H. und für später beginnende nur noch 5 v. H. Das frühere West-Berlin wird nach den neuerlichen Gesetzesänderungen (rückwirkende Verböserung) nur noch begrenzt einbezogen: 12 v. H. Zulage wird nur noch für nach dem 30. 6. 1991 begonnene und vor dem 1. 1. 1992 abgeschlossene Investitionen sowie für vor dem 1. 1. angefallene Anzahlungen auf Anschaffungskosten bzw. Teilherstellungskosten gewährt, 8 v. H. für vor dem 1. 1. 1993 abgeschlossene Investitionen sowie für vor diesem Stichtag entstandene Anzahlungen auf Anschaffungskosten oder Teilherstellungskosten auf vor 1995 abgeschlossene Investitionen. Die Investitionszulage muß bis zum 30. 9. des auf das Investitionsjahr folgenden Jahres beim FinA beantragt worden sein. Wahlweise kann für Anzahlungen oder Teilherstellungskosten schon Investitionszulage beantragt werden, wenn die Auslieferung bzw. Fertigstellung des Anlageguts erst im Folgejahr erfolgt. Sozietäten sind anspruchsberechtigt, nicht Bürogemeinschaften ohne eigene Gewinnerzielungsabsicht (hier sind anteilig die Partner begünstigt). Literaturhinweis: *Hoffmann*, DB 1991, 1694 und 1745.

88   b) Das Fördergebietsgesetz begünstigt – zusätzlich zur etwaigen Investitionszulage – mit **Sonderabschreibungen von maximal 50 v. H.** neben der normalen linearen AfA (nicht neben der Abschreibung nach § 7g EStG) – die wahlweise auf das Investitionsjahr und die Folgejahre bis 1994 verteilt werden können – im Bereich des steuerlichen Betriebsvermögens die Anschaffung oder Herstellung abnutzbarer beweglicher Wirtschaftsgüter (nicht nur neues) sowie die von Gebäuden und deren Modernisierung und Ausbau. Die beweglichen Gegenstände müssen von vornherein einem Betrieb oder einer Betriebsstätte des Investors (also bei Anwälten einem Büro) in den neuen Bundesländern dienen (das frühere West-Berlin ist unter gleichzeitigem Wegfall von Sonderabschreibungen nach dem BerlinFG für nach dem 30. 6. 1991 bestellte Wirtschaftsgüter eingeschlossen) und dort mindestens drei Jahre verbleiben. Bei Gebäuden ist die Dreijahresfrist nicht vorgesehen. Es kommen nur die Gebäudeteile im Fördergebiet in Betracht, die eigenen Kanzleizwecken oder denen der Sozietät dienen (s. Rdnr. 10, 14). Hinweis: Herstellungen von Neubauten im Fördergebiet – durch den Investor – oder deren Erwerb spätestens im Fertigstellungsjahr sind selbst dann begünstigt, wenn es sich um steuerliches Privatvermögen handelt. Die begünstigten Investitionen müssen nach 1990 und vor 1995 erfolgen. Eine Verlängerung um zwei Jahre wird in Betracht gezogen. Anzahlungen bzw. Teilherstellungskosten sind bereits begünstigt. Sozietäten sind anspruchsberechtigt, Bürogemeinschaften m. E. nur, wenn diese eigene Einkünfteerzielungsabsicht haben. Bilanzierende können im Jahresabschluß für 1991 im Vorgriff auf die Sonderabschreibung 1992 eine steuerfreie Rücklage bilden. Literaturhinweis: *Wewers*, DB 1991, 1539.

89   c) In den neuen Bundesländern (ohne das frühere West-Berlin) wohnhafte oder tätige Arbeitnehmer erhalten für die Jahre 1991, 1992 und 1993 einen jährlichen **Tariffreibetrag** (§ 32 VIII EStG) von 600 DM (Verheiratete 1200 DM). Es genügt dafür schon, daß in einem Lohnzahlungszeitraum (i. d. R. Kalendermonat), in dem ein die Freibeträge überschreitender Arbeitslohn bezahlt wird, die Tätigkeit während der überwiegenden Zahl der Arbeitstage in den neuen Bundesländern ausgeübt worden ist (vgl. auch *BMF-Merkblatt*, BStBl. 1991 I, 567).

90   d) Für die Stichtage 1. 1. 1991 bis 1. 1. 1994 ist – abgesehen von einer völligen **Vermögensteuerbefreiung** für in die neuen Bundesländer Zugezogene – das einem Betrieb oder einer Betriebsstätte (bei Anwälten Büro) in den neuen Bundesländern dienende Vermögen von der Vermögensteuer befreit, was schon bei der Einheitsbewertung des Betriebsvermögens (Rdnr. 47) zu berücksichtigen ist (§ 136 IV BewG; § 24c VStG). Literaturhinweis: *Halaczinsky*, NWB F 9, 2547 (1991).

J. Risikovorsorge und Versicherungen

Dr. Reinhard Dallmayr

Übersicht

	Rdnr.		Rdnr.
I. Allgemeines	1	VI. Unfallversicherung	21
II. Berufshaftpflichtversicherung	5	VII. Krankenversicherung	25
III. Alters-, Rentenversicherung	11	VIII. Kanzleiversicherungen	29
IV. Lebensversicherung	16	IX. Tätigkeiten in den neuen Bundes-	
V. Berufsunfähigkeitsversicherung	19	ländern	32

I. Allgemeines

Das folgende Kapitel gibt einen Überblick über die Versicherungen, die ein 1
Anwalt beruflich und/oder privat abschließt (zum Versicherungsrecht allgemein
vgl. Kap. B XV). Der Abschluß der **Berufshaftpflichtversicherung** war nach
den bisherigen Standesrichtlinien Standespflicht und dürfte es auch in der Übergangszeit
bis zu einer Neuregelung sein (unten Rdnr. 5). Unverzichtbar sind
ebenfalls eine ausreichend hohe **Krankenversicherung** (unten Rdnr. 25) und
eine **Berufsunfähigkeitsversicherung** (unten Rdnr. 19), soweit insoweit nicht
die RA-Versorgung oder BfA eintrittspflichtig ist.

Ob und in welchem Umfang darüber hinaus weitere Versicherungen abgeschlossen
werden, kann man nur schwer abstrakt beantworten, weil die persönlichen
Lebensverhältnisse zu stark variieren. Die **Auswahl** des richtigen Versicherers
hängt im konkreten Fall von folgenden Gesichtspunkten ab:
- Leistungsbereich
- Prämienhöhe
- Regulierungspraxis
- Möglichkeit des Wechsels der Versicherung zu späteren Zeitpunkten.

1. Leistungshöhe. Der Wert einer Versicherung hängt in erster Linie von den 2
tatsächlich abgedeckten Risiken und der Leistungshöhe ab. Ihr Umfang muß
daher stets in Beziehung zur Prämie gesetzt werden, um zu einem wirklichen
Leistungsvergleich zwischen mehreren Versicherungen zu kommen. Der Inhalt
der Verträge in den meisten Versicherungsarten ist wegen der (noch) einheitlichen
Allgemeinen Versicherungsbedingungen (AVB) in der Regel gleich. In
einigen Zweigen kann der Inhalt aber durch Verhandlungen erweitert werden.
Sehr preisgünstige Versicherer bieten oft nur geringere Leistungen.

2. Prämienvergleich. Unter mehreren inhaltlich gleichen Versicherungsangeboten 3
wird man in aller Regel die Versicherung mit der niedrigsten Prämie
wählen. Im Bereich der Berufshaftpflicht wird man allerdings zusätzlich berücksichtigen
müssen, daß es Leistungsteile gibt, die schwer zu bewerten sind, so
z. B. die Fähigkeit und Bereitschaft des Versicherers zu vorsorglicher Beratung
und zur Unterstützung im Krisenfall. Solche Überlegungen können auch in
anderen Versicherungen eine höhere Prämie rechtfertigen. In vielen Fällen sind

Gruppentarife, die teils über den DAV, teils über den örtlichen Anwaltverein oder die Anwaltskammer in Erfahrung zu bringen sind, unter allen Aspekten die günstigsten. Größere Sozietäten können solche Gruppentarife bereits innerhalb der Sozietät (ab fünf bis sechs Personen) erreichen. Bei der **Kapitallebensversicherung** ist ein Prämienvergleich insgesamt schwer, weil die Gesamtbelastung sich erst errechnen läßt, wenn auch die Gewinnbeteiligung berücksichtigt wird. Im Bereich **Krankenversicherung** und **Lebensversicherung** ist die Auswahl besonders wichtig, da ein späterer Wechsel nur noch möglich ist, wenn der Gesundheitszustand sich nicht wesentlich verschlechtert. In diesem Bereich rechtfertigt sich auch ein möglichst früher Eintritt, da die Prämien vom **Eintrittsalter** abhängig sind, also mit fortschreitendem Alter teurer werden.

4   **3. Regulierungspraxis.** Einige Versicherer gelten als großzügige Regulierer, so daß man geneigt sein wird, eher dort abzuschließen. Diese Einschätzung muß nicht immer zutreffen, sie kann sich vor allem auch bei einer Änderung des Schadensverlaufs relativ schnell ändern. Entgegen einer landläufigen Meinung hat es auf die Regulierungspraxis nicht unbedingt einen Einfluß, wenn man alle Versicherungen bei ein und demselben Versicherer abschließt, da es für die Entscheidung des Versicherers letztlich auf das Verhältnis zwischen Prämieneinnahme und Schadenshöhe ankommt.

4. Verhandlung über den Versicherungsvertrag. In vielen Fällen, vor allem aber bei größeren Verträgen, oder bei der Einbeziehung mehrerer Anwälte in ein und denselben Vertrag kann man mit den meisten Versicherern über Risikoumfang und Prämienhöhe verhandeln. Das gilt vor allem, wenn man zuvor Konkurrenzangebote einholt und in die Verhandlung miteinbringt.

5. Versicherungsmakler. Es ist zu empfehlen, einen **unabhängigen** Versicherungsmakler einzuschalten. Anwälte sind für Versicherungsmakler immer interessante Kunden, weil sie sich von ihnen Empfehlungen erhoffen; diese werden sich daher besonders Mühe geben, einen guten Abschluß zu erzielen. Seine Courtage ist in der Prämie enthalten, wird also nicht gesondert berechnet.

II. Berufshaftpflichtversicherung

5   Die Berufshaftpflichtversicherung deckt lediglich die im Beruf entstehenden Risiken, nicht aber private Haftpflichtfälle. Für sie muß eine getrennte **Privathaftpflichtversicherung** abgeschlossen werden. Die meisten Berufshaftpflichtversicherer bieten allerdings automatisch Privathaftpflichtdeckung schon im Rahmen ihrer Berufshaftpflichtpolice an.

6   **1. Versicherungsumfang** (vgl. B XV Rdnr. 88). Rechtsgrundlagen des Berufshaftpflichtversicherungsvertrages sind neben dem Versicherungsschein und dem VVG die Allgemeinen Versicherungsbedingungen für die Haftpflichtversicherung (AHB), die Allgemeinen Versicherungsbedingungen zur Haftpflichtversicherung für Vermögensschäden, die Besonderen Bedingungen und Risikobeschreibungen zur Haftpflichtversicherung für Industrie, Handel und Gewerbe (BBR) sowie die Besonderen Bedingungen und Risikobeschreibungen zur Vermögensschaden-Haftpflichtversicherung für Rechtsanwälte, Anwaltsnotare und Notare.

Seit kurzem verwenden die Versicherer bei Neuabschlüssen neue AVB, nämlich die AVB für die Vermögensschaden-Haftpflichtversicherung von RAen und von Angehörigen der wirtschaftsprüfenden sowie wirtschafts- und steuerberatenden Berufe (AVB-RWB) und die Besonderen Bedingungen und Risikobeschreibungen für die Vermögensschaden-Haftpflichtversicherung von Rechtsanwälten (BBR). Wesentliche Unterschiede zu den bisherigen, für den Bestand weiterhin geltenden Bedingungen werden in Rdnr. 10 darstellt.

Versichert ist die gesetzliche Haftpflicht des Versicherungsnehmers aus der im Versicherungsdokument bezeichneten Berufstätigkeit. Die Versicherung bezieht sich insbesondere auf **Vermögensschäden**, § 1 AVB Vermögensschäden. Mitversichert ist die gesetzliche Haftpflichtversicherung des Versicherungsnehmers aus der Tätigkeit als Konkursverwalter, Vergleichsverwalter, Sachwalter gemäß § 91 Vergleichsordnung, Gläubigerausschußmitglied bei Konkursverfahren, Gläubigerbeiratsmitglied bei gerichtlichen Vergleichsverfahren, als Vormund, Gegenvormund, Pfleger, Nachlaßpfleger, Nachlaßverwalter und Testamentsvollstrecker, Zwangsverwalter, Sequester, gerichtlich bestellter Liquidator und Schiedsrichter.

2. Anwaltliche Tätigkeit. Die Versicherung tritt nur ein für Schäden bei der **Ausübung anwaltlicher Berufstätigkeit.** Die Versicherungsverträge und -bedingungen definieren ebensowenig wie BRAO und BRAGO die Grenze zur nichtanwaltlichen Tätigkeit (vgl. hierzu auch Kap. E I). Anwaltliche Tätigkeiten sind in jedem Fall die **Rechtsberatung und Prozeßvertretung.** Nicht dazu gehört die rein **wirtschaftliche Interessenvertretung** ohne Rücksicht auf rechtliche Fragen, ebenso die Tätigkeit auf anderen Gebieten, für die keine anwaltlichen Rechtskenntnisse nötig sind (z. B. Detektivtätigkeiten). Allgemein wird man sagen können, daß Tätigkeiten, die auch von Nichtanwälten wahrgenommen werden, nicht zum typischen Aufgabengebiet des Anwalts gehören (z. B. Makler, kaufmännische, bankmäßige und werbende Tätigkeit).

3. Auslandsdeckung. § 4 Nr. 1 AVB Vermögensschäden schließt den Versicherungsschutz aus für Haftpflichtansprüche, welche vor **ausländischen Gerichten** geltend gemacht werden, und zwar auch im Falle eines inländischen Vollstreckungsurteils i. S. von § 722 ZPO, ferner wegen **Verletzung** oder Nichtbeachtung **ausländischen Rechts** und wegen einer im Ausland vorgenommenen **Tätigkeit.** Die Versicherer bieten aber im Rahmen der Besonderen Bedingungen und Risikobeschreibungen (Ziffer 2.1) den Einschluß des Auslandsrisikos an. In diesem Fall bezieht sich der Versicherungsschutz auch auf Haftpflichtansprüche wegen einer im **Ausland vorgenommenen Tätigkeit.** Daneben gilt der Ausschluß des Auslandsrisikos nicht für das **europäische Ausland** und die Türkei mit Ausnahme der sog. Ostblockstaaten. Zu diesen zählt allerdings nicht die bisherige DDR. **EG-Recht** stellt darüberhinaus kein ausländisches Recht dar. Es bleibt abzuwarten, wie sich die Haftpflichtversicherer auf die Öffnung des Binnenmarktes 1993 einstellen. Bereits jetzt ist es aber möglich, bei manchen Versicherern ohne Mehrprämie **volle Auslandsdeckung** zu erhalten, regelmäßig aber nur bei gezielter Nachfrage!

Wie bereits erwähnt erstreckt sich der Versicherungsschutz auch auf die bisherige DDR. In **den neuen Bundesländern zugelassene Anwälte** werden von westdeutschen Versicherern regelmäßig zu gleichen Konditionen versichert.

9 **4. Versicherungssumme.** Bei Sozietäten (auch reine Außensozietäten) müssen die Versicherungssummen für alle Sozien **gleich hoch** sein, sonst wird die Entschädigung anteilig gekürzt. Welche Versicherungssumme gewählt wird (nach bisherigem Standesrecht Mindestsumme 100 000 DM) dürfte von der Mandatsstruktur abhängen. Sie sollte jedoch in der Regel zwischen 500 000 und 1 Mio DM liegen. Es besteht die Möglichkeit, für einen einzelnen Fall eine sogenannte Anschlußdeckung mit erhöhter Versicherungssumme zu erhalten, was im Zweifel billiger ist als eine dauernde Erhöhung der Versicherungssumme. In diesen Fällen muß man aber frühzeitig die Risiken erkennen. Im Schadensfall ist es wichtig, den Versicherer sofort zu verständigen und seine Weisungen zu beachten. Vor allem darf gegenüber dem Mandanten kein Schuldanerkenntnis abgegeben werden. Zulässig ist es jedoch, dem Mandanten den schadensrelevanten Sachverhalt zu bestätigen.

10 **5. Neue Versicherungsbedingungen.** Nunmehr gelten auch für RAe die Vermögensschaden-Haftpflicht-AVB der wirtschaftsprüfenden und steuerberatenden Berufe. Verbesserungen im Versicherungsschutz liegen insbesondere im Einschluß von Ansprüchen bei **wissentlicher Pflichtverletzung,** solange diese nicht vom VN selbst begangen ist, sondern z. B. einem Angestellten, § 4 Nr. 6 AVB-RWB. Wenn ferner einem **Sozius persönlich** ein Mandat angetragen wird, hat er Versicherungsschutz und zwar in Höhe seiner eigenen Versicherungssumme (§ 12 I 2 AVB-RWB). Nach den neuen Besonderen Bedingungen (BBR) beginnt der Versicherungsschutz für Mitarbeiter bereits bei Aufnahme der Tätigkeit, nicht erst bei Zahlung des Prämienzuschlags. Die **Selbstbeteiligung** kann individueller vereinbart werden. Dagegen wird der Versicherungsschutz für Tätigkeiten, die über **Niederlassungen,** Zweigniederlassungen und auswärtige Beratungsstellen **im Ausland** ausgeübt werden, ausgeschlossen. Ferner kann für das Auslandsrisiko ein **Höchstbetrag** vereinbart werden, Ziffer 4.1 BBR. § 4 Ziffer 4 AVB iVm Ziffer 5.1 BBR stellt klar, daß eine Empfehlung von Geld-, Grundstücks- und anderen **wirtschaftlichen Geschäften** nicht eine unversicherte Auskunft oder gutachtliche Äußerung ist. Klargestellt wird ferner, daß **kaufmännische** Kalkulations-, Spekulations- und Organisationstätigkeiten ausgeschlossen sind. Ferner sind **Ansprüche von Sozien** und **Angehörigen** des VN sowie von Personen, die mit ihm in häuslicher Gemeinschaft leben, ausgeschlossen, wenn diese „aus Verstößen bei der Ausübung beruflicher Tätigkeit vor Gerichten und Behörden" resultieren, Ziffer 4.7. Das gleiche für Haftpflichtansprüche von juristischen oder sonstigen Gesellschaften, wenn die Mehrheit der Anteile dem VN, einem Sozius od. Angehörigen der VN gehören, Ziffer 4.8 BBR.

11 **6. Sonderprobleme.** Bei der Berufshaftpflichtversicherung **überörtlicher Sozietäten** ist darauf zu achten, daß alle Sozien die gleiche Versicherungssumme zeichnen und der Versicherer vorsorglich um Zustimmung zur Deckung der einzelnen Sozien an den Niederlassungsorten gebeten wird. Bei **gemischten Sozietäten** zwischen Anwälten, Steuerberatern und Wirtschaftsprüfern (zu deren Zulässigkeit vgl. Kap. H II) ergeben sich nach den neuen AVB-RWB (oben Rdnr. 10) keine Probleme, da für die Angehörigen der verschiedenen Berufsgruppen nunmehr einheitliche Bedingungen gelten. Allerdings müssen z. B. Wirtschaftsprüfer eine Mindestdeckungssumme von DM 500 000.– für beliebig viele Versicherungsfälle pro Jahr nachweisen. Die Erteilung einer entsprechenden Bestätigung sollte bereits bei Antragstellung vom Versicherer verlangt werden. Die **Rückgriffsmöglichkeiten** innerhalb der Sozietät, falls die Versicherung nicht zahlt, z. B. wegen nicht versicherter Tätigkeit, sollten auf jeden Fall vertraglich geregelt werden. Iü gelten hierfür die allgemeinen Vorschriften, insbesondere §§ 705, 276 iVm 708 (vgl. zB Palandt/Thomas § 713 Anm. 2e).

7. Auswahl des Versicherers. Ein Wort noch zur Auswahl des Versicherers: Im Gegensatz zu den meisten anderen Versicherungszweigen erscheint die Wahl eines besonders fachkundigen Versicherers (hiervon gibt es in Deutschland nicht sehr viele) besonders wichtig. Denn durch eine vernünftige Schadensregulierung des Versicherers kann unter Umständen der Mandant trotz des unterlaufenen Fehlers gehalten werden. 12

III. Alters-, Rentenversicherung

1. Rechtsanwaltsversorgungswerke. Seit 1984 gibt es landesrechtlich geregelte Rechtsanwaltsversorgungswerke mit **Pflichtmitgliedschaft**. 13

a) Mitgliedschaft. Pflichtmitglieder sind alle Mitglieder der entsprechenden Rechtsanwaltskammer. Der Vollversorgung gehören selbständige Mitglieder an, sowie im Angestelltenverhältnis tätige Rechtsanwälte. Vor Inkrafttreten der entsprechenden Regelungen zur Pflichtmitgliedschaft konnten sich die Rechtsanwälte unter bestimmten Voraussetzungen befreien lassen, was nun nicht mehr möglich ist.

Ausgenommen von der Pflichtmitgliedschaft ist, wer bei Beginn der Mitgliedschaft bei einer Rechtsanwaltskammer das 45. Lebensjahr vollendet hat oder berufsunfähig ist. Pflichtmitglieder entrichten einen **Beitrag** in Höhe des jeweiligen Beitragssatzes aus dem monatlichen Berufseinkommen, höchstens jedoch aus der jeweils geltenden Beitragsbemessungsgrenze, wenigstens in Höhe von $3/10$ des Höchstbeitrages. Beitragssatz und Beitragsbemessungsgrenze entsprechen den jeweils in der Angestelltenpflichtversicherung geltenden Sätzen. Wird nicht der Höchstbeitrag gezahlt, ist das Einkommen nachzuweisen.

b) Leistungen. Die Anwaltsversorgung bietet folgende **Pflichtleistungen**: Ruhegeld bei Berufsunfähigkeit, erhöhtes Ruhegeld bei Frühinvalidität in der Vollversorgung, Altersruhegeld, Kindergeld, Sterbegeld, Witwen- und Witwergeld, Waisengeld sowie eine Abfindung als einmalige Leistung. Als **freiwillige Leistung** können ferner gewährt werden Unterhaltsbeiträge an Kinder oder Waisen und an wirtschaftlich abhängige Angehörigen des verstorbenen Mitglieds sowie zusätzliche Leistungen, wenn dies im Hinblick auf das Preisgefüge der Gesamtwirtschaft unter Veränderung der Lebenshaltungskosten angezeigt und wirtschaftlich vertretbar ist. 14

Nach der z. B. von der Bayerischen Rechtsanwaltsversorgung herausgegebenen Tabelle zur Berechnung des Ruhegeldes ab Alter 63 ergibt sich ein Altersruhegeld für einen Rechtsanwalt, der ab dem 35. Lebensjahr ununterbrochen seine Pflichtleistungen erbracht hat, ab dem 63. Lebensjahr in Höhe von 330,21 DM monatlich pro 100 DM Monatsbeitrag. Bezogen auf den im Jahre 1988 geltenden Beitragssatz würde dies ein Altersruhegeld von immerhin 3704,96 DM im Monat erbringen.

15 **2. Bundesversicherungsanstalt für Angestellte.** Dies sind zu erwartende Leistungen, mit denen die Bundesversicherungsanstalt für Angestellte wohl nicht konkurrieren kann. Dort sind viele Rechtsanwälte versichert, die bereits vor Inkrafttreten der Regelung über die Anwaltsversorgung tätig waren. Ansonsten besteht für neu hinzugekommene Kollegen diese Möglichkeit schon aus wirtschaftlichen Gründen neben der Anwaltsversorgung wohl nicht mehr. Inwieweit aufgrund der Finanzierungsprobleme der BfA eine Mitgliedschaft dort überhaupt noch sinnvoll wäre, steht dahin.

IV. Lebensversicherung

16 Zu unterscheiden ist zwischen der **Risikolebensversicherung**, die nur Leistungen erbringt, wenn der Versicherte während der Vertragslaufzeit stirbt, und der **Kapitallebensversicherung**, die neben dem Todesfallrisiko bei Vertragsende das angesammelte Kapital auszahlt. Es gibt eine Vielzahl von Vertragsmodalitäten, deren Darstellung den zur Verfügung stehenden Rahmen sprengen würde.

17 **1. Vertragszweck und -inhalt** (vgl. auch B XV Rdnr. 93). Für die Erbringung der **Todesfallversicherungsleistung** ist es unerheblich, auf welche Weise der Tod verursacht wurde (im Gegensatz zur Unfallversicherung). **Sinn** der **Risikolebensversicherung** dürfte in erster Linie die Absicherung Dritter (Familie, Gläubiger) sein, während bei der **Kapitallebensversicherung** neben vorstehendem Zweck vor allem auch die Altersversorgung bzw. die Darlehenstilgung ein wesentlicher Faktor ist. Kapitallebensversicherungen sind auch vor Ablauf der vereinbarten Dauer **kündbar**, die Versicherung schuldet in diesem Fall die Rückkaufswerte, was für den Versicherten meist mit Verlusten verbunden ist. Eine andere Möglichkeit ist, den Vertrag beitragsfrei zu stellen, ohne daß die Laufzeit verkürzt wird. Dies hat eine Verringerung der Todesfallversicherungssumme sowie der zu erwartenden Kapitalauszahlung zur Folge, ist für den Versicherten aber finanziell günstiger, wenn er mit der Auszahlung des Kapitals warten kann.

18 **2. Steuerfragen.** Unter gewissen Voraussetzungen können die Lebensversicherungsprämien von Sozietäten als **Betriebsausgaben der Sozietät** angesetzt werden. Voraussetzung ist, daß es sich um einen betrieblich veranlaßten Vorgang handelt. Dies ist regelmäßig der Fall, wenn die Sozietät auf das Leben eines Gesellschafters eine Risiko- oder Kapitallebensversicherung abschließt, um den Betrieb vor der hohen finanziellen Belastung der Verpflichtung zur Auszahlung des Gesellschafteranteils zu schützen (StEK EStG § 4 Betr. Ausg. Nr. 219). An der betrieblichen Veranlassung fehlt es (*BFH* BStBl III 1962, 416), wenn Versicherungsnehmerin und Bezugsberechtigte nicht die Sozietät, sondern die Teilhaber sind, die Versicherung im Innenverhältnis auf Rechnung der Gesellschafter geht und der Versorgung der Gesellschafter oder deren Angehörigen dienen soll. Allerdings ist nur der Teil der Prämie, der dem Risiko- und Kostenanteil entspricht, im Zeitpunkt der Zahlung Betriebsausgabe, während der Sparanteil erst bei Wegfall oder Entnahme des Versicherungsanspruches als Betriebsausgabe anzusetzen ist (vgl. Kap. I). Die steuerliche Abzugsfähigkeit der Teilhaberversicherung ist aber möglicherweise durch die Entscheidung des *BFH* BStBl. 1989 II, 657 gefährdet (vgl. hierzu Kap. I Rdnr. 23).

V. Berufsunfähigkeitsversicherung

Es besteht die Möglichkeit, zusammen mit einer Lebensversicherung oder 19
auch isoliert eine sogenannte Berufsunfähigkeitsversicherung abzuschließen.
Versicherungsfall ist der Eintritt völliger oder teilweise Berufsunfähigkeit, wobei nicht der im Versicherungsantrag angegebene Beruf, sondern der zum Zeitpunkt der Anmeldung des Versicherungsfalles ausgeübte maßgeblich ist. Die Fähigkeit zu ähnlicher, gleichwertiger Tätigkeit (auch nach Umschulung), die nach der bisherigen Berufserfahrung und Ausbildung wahrscheinlich bewältigt werden kann, schließt Versicherungsansprüche aus. Entscheidend ist die **soziale Gleichwertigkeit** der Tätigkeit. Liegt Berufsunfähigkeit vor, wird eine tatsächliche Reduktion der Tätigkeit nicht vorausgesetzt.

Die Berufsunfähigkeit ist eine Rentenversicherung, deren Höhe frei verein- 20
bart werden kann. Im Zusammenhang mit einer Kapitallebensversicherung kann sie auch auf Beitragsbefreiung für die Lebensversicherung gerichtet sein.

VI. Unfallversicherung

1. Berufsunfallversicherung. Schon wegen der günstigen Prämien sollte je- 21
der Anwalt eine Berufsunfallversicherung bei der **Verwaltungs-Berufsgenossenschaft** in Hamburg abschließen. Diese gewährt Rentenleistungen, wenn der Versicherte bei Ausübung der Berufstätigkeit (wozu auch Wegeunfälle gehören) einen Unfall erleidet, bei dem er arbeitsunfähig wird.

2. Private Unfallversicherung. Daneben kann man bei privaten Unfallversi- 22
cherern abschließen, wobei es zum Teil die Möglichkeit gibt, den Versicherungsschutz auf **Freizeitunfälle** zu begrenzen, wodurch die Prämien um rund ein Drittel günstiger werden.

a) Anspruchsvoraussetzungen (vgl. B XV Rdnr. 91). Ein **Unfall** liegt vor, 23
wenn der Versicherte durch ein plötzlich von außen auf seinen Körper wirkendes Ereignis unfreiwillig eine Gesundheitsbeschädigung erleidet (§ 2 Nr. 1 Allgemeine Unfallversicherung-Bedingungen). Das äußere Ereignis braucht kein mechanisches zu sein, sondern kann auch ein technisches, thermisches oder elektrisches sein, ebenso eine sinnliche Wahrnehmung oder ein seelischer Eindruck (Schock). Versichert sind auch durch Kraftanstrengung des Versicherten hervorgerufene Verrenkungen, Zerrungen und Zerreißungen an Gliedmaßen und Wirbelsäule sowie Wundinfektionen, bei denen der Ansteckungsstoff durch eine Unfallverletzung in den Körper gelangt (hierzu gehören meist nicht Insektenstiche). **Nicht versichert** sind Berufs- und Gewerbekrankheiten, Erkrankung infolge psychischer Einwirkungen, Vergiftung, Strahlenschäden sowie Gesundheitsschäden durch Licht-, Temperatur- und Witterungseinflüsse. Wesentliche weitere Ausschlüsse sind Gesundheitsschädigungen durch Heilmaßnahmen und entsprechende Eingriffe, Unfälle infolge von Schlaganfällen, epileptischen Anfällen und Krampfanfällen.

b) Versicherte Leistungen. Versicherungsschutz kann erlangt werden für den 24
Todesfall und/oder den **Invaliditätsfall**. Letzterer ist die dauernde, ganze oder teilweise Arbeitsunfähigkeit des Betroffenen. Bei Dauerschäden an Körperteilen wird die sogenannte Gliedertaxe bei der Bemessung der Entschädigung zugrunde gelegt. Im Rahmen der Unfallversicherung können ferner **Tagegeld, Kran-**

kenhaustagegeld, Genesungsgeld, Heilkosten und Übergangsentschädigung mitversichert werden. Die Verträge müssen meist für eine längere Laufzeit (fünf oder zehn Jahre, ansonsten Prämienzuschlag) abgeschlossen werden.

VII. Krankenversicherung

25 1. **Gesetzliche oder Private Krankenversicherung?** Es ist eine grundsätzliche Frage, nicht nur eine Prämienfrage, ob man sich in der gesetzlichen oder privaten Krankenversicherung versichert. In **finanzieller Hinsicht** kann die Versicherung in der gesetzlichen Versicherung dann interessant sein, wenn eine größere Zahl von Familienangehörigen mitzuversichern ist, da in der GKV der Beitrag von der Zahl der Familienangehörigen im Gegensatz zur PKV unabhängig ist. Die gesetzliche Krankenversicherung hat ihre Rechtsgrundlage im **SGB V**, die private in den **Allgemeinen Versicherungsbedingungen für die Krankheitskosten- und Krankenhaustagegeldversicherung (MB/KK) und für die Krankentagegeldversicherung (MB/KT)**. Die folgende Darstellung konzentriert sich auf die private Krankenversicherung.

26 2. **Versicherungsumfang** (vgl. auch B XV Rdnr. 92). In dieser besteht Versicherungsschutz für Krankheiten, Unfälle und andere im Vertrag genannten Ereignisse. Die **Krankheitskostenversicherung** gewährt Ersatz von Aufwendungen für Heilbehandlung, die Krankenhaustagegeldversicherung ein Tagegeld bei stationärer Behandlung. Versicherungsfall ist die medizinisch-notwendige Heilbehandlung wegen Krankheit oder Unfallfolgen. Üblicherweise kann der Versicherungsschutz auf einen bestimmten Prozentsatz der Behandlungskosten (z. B. 90% der ambulanten Behandlung) begrenzt und ein Selbstbehalt vereinbart werden. Die Wahl unter den approbierten Ärzten und Zahnärzten steht frei, Heilpraktiker dürfen im Gegensatz zur gesetzlichen Krankenversicherung in Anspruch genommen werden. Für medizinisch notwendige stationäre Heilbehandlungen in Krankenanstalten, die auch Kuren oder Sanatoriumsbehandlungen durchführen oder Rekonvaleszenten aufnehmen, ist die vorherige schriftliche Zusage des Versicherers nötig, sonst besteht kein Versicherungsschutz. Keine Leistungspflicht ohne vorherige Zustimmung des Versicherers besteht ferner unter anderem für Kur- und Sanatoriumsbehandlungen sowie Rehabilitationsmaßnahmen, für ambulante Heilbehandlung in einem Heilbad oder Kurort, es sei denn, der Versicherte wohnt dort. Für wissenschaftlich nicht allgemein anerkannte Untersuchungs- oder Behandlungsmethoden und Arzneimittel besteht ebenfalls kein Versicherungsschutz.

27 Der Versicherer verzichtet in § 14 MB/KK auf das ordentliche **Kündigungsrecht**. Besteht bei ihm aber lediglich eine Krankenhaustagegeldversicherung, eine Krankheitskostenteilversicherung oder beides, kann er das Versicherungsverhältnis zum Ende eines jeden der ersten drei Versicherungsjahre kündigen. Im übrigen steht ihm nur ein außerordentliches Kündigungsrecht zu, welches aber nicht gilt, wenn ihm das Risiko als zu schlecht erscheint.

28 3. **Krankentagegeldversicherung.** In der **Krankentagegeldversicherung** (einschlägige Versicherungsbedingungen: MB/KT) bietet der Versicherer Versicherungsschutz gegen **Verdienstausfall** als Folge von Krankheiten oder Unfällen, soweit dadurch Arbeitsunfähigkeit verursacht wird. Versicherungsfall ist die medizinisch notwendige Heilbehandlung wegen Krankheit oder Unfallfolgen, in deren Verlauf Arbeitsunfähigkeit ärztlich festgestellt wird. Der Versicherungsfall beginnt mit der Heilbehandlung und endet, wenn nach medizinischem Befund keine **Arbeitsunfähigkeit** und keine **Behandlungsbedürftigkeit** mehr besteht oder **Berufsunfähigkeit** eintritt. Arbeitsunfähigkeit liegt vor, wenn die versicherte Person ihre berufliche Tätigkeit nach medizinischem Befund vorübergehend in keiner Weise ausüben kann, **sie auch nicht ausübt** und keiner anderweitigen Erwerbstätigkeit nachgeht. Ist also der Rechtsanwalt aus medizinischer Sicht krank, arbeitet er aber gleichwohl weiter, besteht kein Anspruch. Die Versicherungssumme hängt von der Vereinbarung ab. Obergrenze ist aber das aus der beruflichen Tätigkeit herrührende Nettoeinkommen.

VIII. Kanzleiversicherungen

1. Geschäftsversicherung. Die Kanzleieinrichtung kann gegen **Feuer-, Einbruchdiebstahl-, Leitungswasser-, Sturm- und Hagelschäden** einzeln oder gebündelt versichert werden. Die Versicherer bieten dies regelmäßig auf der Grundlage der AFB, AERB, AWB und AStB an (gelegentlich auch nach den etwas billigeren VGB; vgl. ferner BXV Rdnr. 79 ff.). Durch gesonderte Vereinbarung können ferner Schäden durch **Vandalismus** mitversichert werden. Versicherte Gegenstände sind die Kanzleieinrichtung und Gebrauchsgegenstände der Betriebsangehörigen zum Neuwert einschließlich Fremdeigentum. Mitversicherbar sind ferner die Kosten der **Aktenwiederbeschaffung**. Getrennt von und einzeln mitversicherbar sind **Betriebsunterbrechungsschäden**, was insbesondere bei Feuerschäden wichtig sein kann. Bei Einschluß in eine gebündelte Geschäftsversicherung erhöht sich die Jahresprämie dadurch etwa um 20%. In der Betriebsunterbrechungsversicherung wird der Ertragsausfall entschädigt, der mangels Einsatzfähigkeit der verbrannten Sachen innerhalb der Haftzeit (regelmäßig ein Jahr) im versicherten Betrieb entsteht. Hierzu gehören Kosten und Gewinn, die ohne den Versicherungsfall erwirtschaftet worden wären. Der Weiteraufwand von Geschäftskosten trotz Ertragsausfall muß rechtlich notwendig (z. B. geschuldete Lohnfortzahlung) oder wirtschaftlich begründet sein.

2. Versicherung von EDV- und Fernmeldeanlagen. Diese Anlagen sind durch die herkömmlichen Versicherungszweige nicht oder nur unzureichend geschützt, so z. B. nicht gegen sogenannte **Betriebsschäden** in der Feuerversicherung oder gegen bloße **mechanische Beschädigungen** durch Betriebsangehörige oder Fremde. Versicherungsschutz hierfür bietet die **Schwachstromversicherung,** deren Vertragsgrundlagen die Allgemeinen Versicherungsbedingungen für Fernmelde- und sonstige elektrotechnischen Anlagen (AVFE 76) und die Klauseln hierzu sind. Versicherungsschutz besteht für versicherte Sachen bei Zerstörung oder Beschädigung durch ein unvorhergesehenes Ereignis, insbesondere durch Fahrlässigkeit, unsachgemäße Handhabung, Vorsatz Dritter, Kurzschluß, Überspannung, Induktion, Brand, Wasser, Feuchtigkeit, Einbruchdiebstahl, Diebstahl, Beraubung, Plünderung, Sabotage sowie Konstruktions-, Material- oder Ausführungsfehler. **Kein Versicherungsschutz** besteht für Vorsatz des Versicherungsnehmers und Abnutzung. Ausgeschlossen sind ferner Schäden, die an versicherten Sachen durch fehlerhafte oder unzureichende Klimatisierung entstehen. Nach Klausel 600 ausgeschlossen sind Schäden durch Vorsatz oder grobe Fahrlässigkeit des Benutzers oder seines Personals, nicht aber durch leichte Fahrlässigkeit.

31 Einige Versicherer bieten darüber hinaus eine Allgefahrendeckung für die **Datenträgerversicherung.** Danach werden die Wiederbeschaffungs- bzw. Wiederherstellungskosten für Softwareprogramme einschließlich der gespeicherten Daten erstattet. Die versicherten Gefahren entsprechen denen der Schwachstromanlagenversicherung.

IX. Tätigkeiten in den neuen Bundesländern

32 Der Bereich der ehemaligen DDR zählte aus der Sicht der bundesdeutschen Berufshaftpflichtversicherer zum Inland, dort erbrachte Tätigkeiten waren also versichert. In den neuen Bundesländern zugelassene Anwälte können von Versicherern im bisherigen Bundesgebiet regelmäßig zu gleichen Konditionen versichert werden.

K. Büroorganisation

K I. Aktenführung und Korrespondenz

Dr. Ralf Bernd Abel

Übersicht

	Rdnr.		Rdnr.
I. Grundprinzipien	1	IV. Mandatsorganisation	15
		1. Jedes Mandat in eine Akte	15
II. Analyse der Arbeitsabläufe	3	2. Behandlung dringlicher Akten	18
		3. Ordnung der Akten am Arbeitsplatz	19
III. Aktenorganisation	6	4. Ausgehende Korrespondenz	22
1. Bestandteile der Akte	6	V. Korrespondenz	23
2. Aktenaufbewahrung	8	1. Briefpost	23
3. Nummernsystem und Prozeßregister	11	2. Gerichtspost	30
4. Abgeschlossene Mandate	13		
5. Mandantenkartei	14	VI. Datenschutz	34

Literatur: *Kähler/Nolte/Erlemann/Steffen/Zöller*, Fachkunde für die Rechtsanwaltspraxis; *Mähler*, Effektive Organisation und moderne Kommunikation in der Anwaltskanzlei; *Peter*, Handbuch der Organisation und Technik für das Anwaltsbüro.

I. Grundprinzipien

Die Führung einer einzelnen Akte für jedes einzelne übernommene Mandat **1** und die Zuordnung aller Vorgänge zu dieser Akte ist ein Kernstück der anwaltlichen Büroorganisation. Nur eine klare Aktenführung ermöglicht es, die gesamte ein- und ausgehende Korrespondenz fallbezogen zuzuordnen, so daß ein Dritter an jeder Stelle einen Überblick über den Stand der Sache gewinnen kann. Das ist auch aus **Haftungsgründen** unerläßlich, so vor allem, wenn überraschend Vertretung erforderlich ist.

Eine aktuelle Untersuchung zeigt, daß das wesentliche Problem der Aktenor- **2** ganisation in der **Auffindbarkeit** der Akte liegt. Der Grundsatz „Jeder Vorgang muß jederzeit sofort auffindbar sein" ist in der Praxis schwer zu erfüllen, weil sich die Akte stets an mehreren Stellen des Büros zur Bearbeitung befinden kann, also beim Anwalt, bei der Sekretärin, beim Empfang, in der Buchhaltung oder in der Zwangsvollstreckung. (Im einzelnen *Mähler* IuR 1987, 403; IuR 1988, 5; IuR 1988, 190.) Man kann absehen, daß diese Schwierigkeiten in der näheren Zukunft zu einer zunehmend aktenlosen Bearbeitung am Bildschirm führen werden, sobald nämlich die **EDV**-Kapazitäten und die Leistungsfähigkeit der Softwareprogramme das ermöglichen. Schon heute sind viele Vorgänge, vor allem im Buchhaltungs- und Vollstreckungsbereich, ohne Akten zu erledigen. Einzelne Softwareprogramme gestatten es, zu jeder Akte ein Inhaltsverzeichnis anzulegen, das auf dem Bildschirm abgerufen werden kann und einen ungefähren Überblick über den Stand der Sache erlaubt. Diese Technik wird in absehbarer Zeit noch erheblich leistungsfähiger sein. Bei der **Korre-**

spondenz ist darauf zu achten, daß abstrakte **Kanzleianweisungen** existieren, die die Postbehandlung im einzelnen betreffen.

II. Analyse der Arbeitsabläufe

3   Die Beachtung und Umsetzung dieser Grundsätze setzt eine sorgfältige Analyse aller Abläufe voraus. Keine Kanzlei ist der anderen gleich, jede weist Besonderheiten auf. Ein erstinstanzliches Anwaltsnotariat mit Schwerpunkt auf Mahn- und Vollstreckungssachen beispielsweise ist anders zu organisieren als eine auf Wettbewerbsrecht spezialisierte Beratungspraxis; ein Berufungsanwalt hat anderes zu beachten als ein Konkursverwalter.

4   Typische Mängel liegen vor, wenn
- sich Aktenberge an mehreren Stellen des Büros häufen;
- Vorgänge und Akten öfters gesucht werden müssen;
- ältere Vorgänge nur nach zeitaufwendiger Suche wieder aufgefunden werden können;
- keine schnelle Übersicht über Daten, Fristen und Termine möglich ist;
- sich die Arbeit an bestimmten Stellen staut, während gleichzeitig an anderen Arbeitsplätzen Leerlauf herrscht;
- es häufiger dazu kommt, daß die Bearbeitungsdauer ansteigt, vor allem bei kurzen und/oder dringlichen Angelegenheiten.

5   Die eigene **Kanzleistruktur** sollte nicht aufgrund mehr oder weniger subjektiver Meinungen, sondern anhand objektivierbarer Kriterien festgestellt werden, etwa nach folgendem Schema:
- Zahl der jährlich/monatlich anfallenden Akten/sonstigen Vorgängen;
- Aktenvorgänge pro Zeiteinheit (Tag/Woche/Monat...), pro Anwalt und pro Mitarbeiter;
- durchschnittliche Bearbeitungsdauer pro Akte insgesamt;
- durchschnittliche Bearbeitungsdauer pro Einzelvorgang (z. B. Posterledigung, Repliken auf gegnerische Schriftstücke und Schriftsätze, eigene Schriftsätze, Besprechungstermine, Vertragsentwürfe usw.);
- Umfang bestimmter Büroleistungen pro Zeiteinheit (z. B. Schreibleistung pro Woche; Anteil von Standardschreiben und pseudo-individueller Texte; Anteil an Individualtexten; Zahl der ausgefüllten Formulare pro Zeiteinheit; Rechenleistung pro Zeiteinheit, z. B. Mahnbescheide, Vollstreckung, Forderungsaufstellungen, Kostenrechnungen, Zinsberechnungen, Kostenfestsetzungsanträge usw.);
- durchschnittlicher (täglicher oder wöchentlicher) Posteingang und Postausgang, darunter insbesondere die Zahl der abgesandten Schriftstücke, deren Bearbeitung mit besonderem Zeitaufwand verbunden ist wie Einschreiben, Eilsendungen etc.;
- Art und Häufigkeit von Buchungsfällen pro Zeiteinheit (z. B. Buchungen pro Akte, pro Woche, Zahl der Kontobewegungen auf Anderkonten; dies ohne bürointerne Buchhaltung);
- Umfang der Korrespondenz mit auswärtigen Gerichten und Behörden;
- Zahl, Art, Dauer und Zeitpunkt von Telefonaten.

Solche Auflistung wichtiger **Bürodaten** (Durchschnittswerte werden regelmäßig genügen) gibt erfahrungsgemäß wichtige Aufschlüsse über die konkrete Kanzleistruktur und die daraus resultierenden kanzleispezifischen Organisationsanforderungen.

III. Aktenorganisation

1. Bestandteile der Akte

Grundlage der anwaltlichen Tätigkeit ist die Akte. Systematische Aktenführung erleichtert die Übersicht. Die Mandatsakte sollte in aller Regel über zwei Abheftvorrichtungen verfügen, und zwar eine für die **Gerichtspost**, die andere für die **interne Korrespondenz** mit Verkehrsanwälten, Mandanten, Rechtsschutzversicherern usw. Ob man die jüngsten Vorgänge zuunterst oder zuoberst einsortiert, ist Geschmackssache. Allerdings wird es meist zweckmäßiger sein, die neueren Vorgänge nach oben abzuheften, denn diese dürften für die aktuelle Bearbeitung von größerer Bedeutung sein. Es erscheint nicht sehr zweckmäßig, wenn beim Aufblättern der Akte als erstes der älteste Vorgang immer wieder ins Auge fällt.

Auf jeden Fall sollte die Akte auf der Rückseite mit einer **Tasche** versehen sein, in welche zusätzliche Papiere lose eingeschoben werden können. Viele Anwälte schwören auch auf eine Tasche im vorderen Aktendeckel. Hier können beispielsweise das Mandantenstammblatt, Diktatkassetten oder Posteingänge griffbereit untergebracht werden. Ebenso verbreitet ist die Möglichkeit, ein **Mandantenstammblatt** mit den wichtigsten Daten innen im Aktendeckel einzuheften oder einzukleben. Eine Tasche wäre dabei hinderlich. Auf jeden Fall ist anzuraten, das Mandantenstammblatt, welches die wichtigsten Daten, Anschriften, Fristen und Termine enthält, gut sichtbar und leicht lesbar in der Akte anzubringen.

2. Aktenaufbewahrung

Die Art der Aktenaufbewahrung läßt sich naturgemäß nicht einheitlich beurteilen. Die häufig noch anzutreffende Form der „Aktenschwanz"registratur, d. h. das Aufeinanderstapeln von Akten in einem offenen Regal, ist veraltet und unzweckmäßig. Allenfalls in reinen Berufungspraxen, bei denen die Zahl der Vorgänge naturgemäß begrenzt ist, mag eine solche veraltete Aktenorganisation noch angehen.

Durchgesetzt hat sich die **Hängeregistratur**, gleich in welcher Form. Die Akten werden nach unterschiedlichen Systemen, wie der Name sagt, waagerecht oder seitlich in hängender Form aufbewahrt. Beispiele für die verschiedenen Registraturtypen lassen sich bei allen Büroausstattern und bei der Hans-Soldan-Stiftung besichtigen. Als Faustregel gilt: Je verbreiteter ein System, desto billiger sind dessen einzelne Komponenten, und umso eher lassen sich erfolgreich Preisvergleiche anstellen. Vorsicht vor Exoten! Man wird abhängig von wenigen Lieferfirmen und deren Preisgestaltung.

Alle in der Kanzlei vorhandenen Akten müssen systematisch erfaßt werden. Eine einfache, wenngleich in der Praxis nicht immer leicht zu handhabende Form ist die Erfassung nach Namen und Vorgängen (Müller ./. Schmitz, wegen Miete; Müller ./. Meyer, wegen Forderung usw.). Der Vorteil: Man braucht weniger zu dokumentieren. Der Nachteil: Die Zuordnung ist nicht immer eindeutig, die Bestände müssen häufiger umsortiert werden, wenn sich in der Registratur an bestimmten Stellen neue Akten häufen.

3. Nummernsystem und Prozeßregister

11 Sinnvoll und daher anzuraten ist das System fortlaufender Numerierung, wie sie der Eintragungsfolge im Prozeßregister und auch der Nummernfolge bei zahlreichen EDV-Systemen entspricht. Manche Anwälte scheuen ein derartiges System, um Gegnern und Kollegen keinen Hinweis auf die Zahl der von ihnen bearbeiteten Fälle zu ermöglichen. Andere verwenden bestimmte Verschlüsselungsformen. Dies ist (außer im Notariat) zulässig und möglich. Entscheidend ist, daß die interne Numerierung von allen Angehörigen des Büros mühelos verstanden und nachvollzogen werden kann.

12 Die Eintragungen ins **Prozeßregister** – chronologisch bzw. nach Nummern geordnet – ist zu ergänzen durch eine **Namenskartei** bzw. -Datei. In aller Regel wird man nach einem bestimmten Fall suchen, der sich am besten unter dem Namen des betreffenden Mandanten findet. Die meisten integrierten EDV-Systeme ermöglichen darüber hinaus auch die Suche mit Hilfe des Gegnernamens, was sich in der Praxis durchaus als zweckmäßig erweist, etwa dann, wenn man Entscheidungen zu vergleichbaren Sachverhalten sucht (z. B. Verfahren gegen Leasing- oder Vermietungsgesellschaften, gegen Abmahnvereine usw.). Dies kann aber auch wichtig sein, um die **Annahme widerstreitender Mandate** zu vermeiden. Je größer die Kanzlei, desto stärker muß Sorge dafür getragen werden, daß nicht aus Versehen ein Mandat für den Gegner in einer anderen Sache übernommen wird.

4. Abgeschlossene Mandate

13 Auch die **Ablage** wird zweckmäßigerweise fortlaufend numeriert. Die Ablage-Nummer ist im Prozeßregister, in der Namensdatei und in einem eigenen fortlaufenden Ablageregister zu verzeichnen. Auf diese Weise wird sichergestellt, daß ein abgelegter Vorgang schnell wieder auffindbar ist. Er läßt sich einerseits nach dem Namen des Mandanten über die Namenskartei, nach der fortlaufenden Aktennummer über das Prozeßregister oder chronologisch nach der Ablagekartei herausfinden. Die chronologische Ablagekartei ist im übrigen die Basis für die Aussonderung betagter Altvorgänge. Es empfiehlt sich, im Ablageverzeichnis eine Rubrik für Hinweise auf die Verwahrung von Titeln oder anderen Dokumenten in der abgelegten Akte anzubringen, um deren versehentliche Vernichtung zu verhindern. Ein solcher Vermerk gehört natürlich auch auf das Deckblatt des abgelegten Vorgangs – und zwar deutlich hervorgehoben!

5. Mandantenkartei

14 Die **Mandantendatei** sollte aufgeteilt werden in laufende und abgelegte Sachen. Die laufenden Sachen gehören in eine Handkartei, wo sie übersichtlicher sind als in einer Gesamtkartei, und wo sich die jeweils neuesten Daten der Beteiligten im Zugriff befinden. Diese vielfältige Dokumentation des vorhandenen Aktenbestandes kostet zweifellos Zeit und Mühe. Sie stellt aber sicher, daß jede Akte schnell und zuverlässig nach unterschiedlichen Kriterien aufgefunden werden kann.

IV. Mandatsorganisation

1. Jedem Mandat eine eigene Akte

Für jedes Mandat wird eine eigene Akte angelegt. Hier hinein gehört einerseits ein Mandanten-Stammblatt, welches alle für diesen Vorgang wichtigen Daten und Angaben enthält. Weiterhin wird ein **Kostenblatt** benötigt, in welchem alle kostenrelevante Vorgänge zu vermerken sind. 15

Der Grundsatz „Jedem Vorgang eine eigene Akte" wird häufig verletzt, wenn sich ein zunächst überschaubarer Vorgang ausweitet oder kaskadenartig aufteilt in vielfache Einzelvorgänge. Beispielsweise kann sich die Beratung in einer Erbangelegenheit erweitern auf die Prozeßführung gegen Testamentsvollstrecker und Miterben, auf Grundbuchangelegenheiten, die Verwaltung ererbter Immobilien oder Gesellschaftsanteile usw. Sobald sich andeutet, daß sich ein Teilproblem verselbständigt, ist hierfür sofort eine eigene Akte anzulegen. Dies schon deshalb, weil die Sache durchweg auch gebührenrechtlich selbständig zu behandeln sein wird und daher regelmäßig einer eigenständigen Abrechnung bedarf. 16

Wie man diese neuen Akten sortiert, ist Geschmackssache. Völlig eigenständige Fälle mögen fortlaufend numeriert und einsortiert werden. Angelegenheiten, die sachlich zusammengehören, mögen als Unterakten geführt werden (z. B. 1989/030/15). 17

2. Behandlung dringlicher Akten

Zeigt sich eine dringende Sache, so sind zunächst vorrangig deren Fristen und Termine in Kalender und Akte einzutragen. Der Vorgang ist sofort einem Rechtsanwalt mit Akte vorzulegen, wobei die Sache optisch als dringlich gekennzeichnet und an einen eigens hierfür vorgesehenen Platz gelegt werden muß. Zur Kennzeichnung mögen beispielsweise rote Aufkleber oder Papierfahnen dienen, deren Benutzung ausschließlich Eil- und Fristsachen vorbehalten ist. Unter allen Umständen muß vermieden werden, daß **dringliche Angelegenheiten** und Fristsachen mit anderen Akten zusammengelegt werden. Dann besteht nämlich die Gefahr, daß die Fristsache zwischen den anderen Akten verschwindet und als solche nicht rechtzeitig erkannt wird. Ebenso muß natürlich vermieden werden, daß eine Fristsache einem an diesem Tage nicht anwesenden Anwalt vorgelegt wird. Auch hier lauert in verstärktem Maße die Regreßgefahr. 18

3. Ordnung der Akten am Arbeitsplatz

Grundsätzlich sollen sich die Akten nicht irgendwo in der Kanzlei, sondern in der **Hauptablage** befinden. Auch dem Schreibtisch des Anwalts sollen nur diejenigen Akten verbleiben, die aktuell bearbeitet werden. Unbedingt anzuraten ist ein Fächersystem, durch das die ein- und ausgehenden Akten nach Inhalt und Bedeutung vorsortiert werden. Die Fächer können sich auf, hinter oder neben dem Schreibtisch befinden, z. B. in Form eines Aktenwagens (Akten liegen oder hängen). 19

Eilsachen gehören zweckmäßigerweise an eine hierfür vorbehaltene, gekennzeichnete Stelle. Differenziert werden kann aber auch nach allgemeinen (also: nicht vorrangigen) Diktaten, allgemeinen Verfügungen (z. B.: Durchschrift an 20

K I Aktenführung und Korrespondenz

Mandant) oder Wiedervorlagen. Bestimmte, ständig wiederkehrende Verfügungen lassen sich durch Farbsignale ersetzen (z. B. mag ein grünes Farbsignal bedeuten, daß die Akte abgelegt werden kann, ein gelbes Signal könnte besagen, daß zur Zeit nicht weiteres zu veranlassen und die Akte im üblichen Turnus wieder vorzulegen ist).

21 Die vom Anwalt zurückkommenden Akten müssen im Sekretariat nach dem selben Schema sortiert und abgearbeitet werden. Priorität haben naturgemäß die Frist- und Eilsachen, aber auch die Angelegenheiten, die sich schnell und ohne großen Aufwand erledigen lassen. Die Erledigung von schriftlichen Verfügungen wird mit Datum und Handzeichen vermerkt. **Eingegangene Schriftstücke** dürfen erst dann in der Akte abgeheftet werden, wenn die dazu gehörige Verfügung oder das entsprechende Diktat erledig sind. Fehlt eine Verfügung oder ein Diktat oder bestehen Bedenken gegen deren Richtigkeit und Zweckmäßigkeit, so ist der Rechtsanwalt schriftlich oder mündlich darauf hinzuweisen.

4. Ausgehende Korrespondenz

22 Besonderes Augenmerk ist auf die ausgehende Korrespondenz zu richten. Die Unterscheidung zwischen Gerichtspost und allgemeiner Briefpost bietet sich an, ebenso auch ein getrenntes Fach für Ausgänge, die persönlich oder durch Boten übermittelt werden sollen. Bei ausgehenden Schriftstücken, durch welche eine **Frist** gewahrt werden soll, ist ein Doppel als Empfangsbestätigung beizufügen. Wer Post zum Nachtbriefkasten eines Gerichtes oder einer Behörde bringt, fertigt danach unverzüglich einen Aktenvermerk mit Datum und Uhrzeit des Einwurfs.

V. Korrespondenz

23 Der Schwerpunkt der Arbeit im Anwaltsbüro besteht in unterschiedlichen Formen der Kommunikation. Diese findet überwiegend in Schriftform statt.

1. Briefpost

Der größte Teil des Schriftverkehrs wird über die Brief-Post („gelbe Post") abgewickelt. Dies ist oft der billigere, aber auch zeitaufwendigere und umständlichere Weg. Briefe müssen im Original gefertigt, unterschrieben, eingetütet, gewogen, frankiert, im Postausgangsbuch vermerkt und zum Briefkasten gebracht werden. Eine gewisse Erleichterung bieten Freistempler. Zeitaufwendig ist allerdings deren Nachfüllung. Neuerdings werden Geräte angeboten, die über das Telefonnetz nachgeladen werden können. Die gelbe Post ist ein relativ **langsames Kommunikationsmittel**. Die Brieflaufzeiten sollen in der Regel nur einen Tag betragen. Dies wird aber durchweg nur dann erreicht, wenn die Briefe zwischen 17.00 Uhr und 17.45 Uhr des Vortages spätestens in den Postkasten gelangt sind. Selbst innerhalb von Städten ist mit Brieflaufzeiten von zwei, manchmal sogar drei Tagen zu rechnen. Noch länger dauern Päckchen. Von daher empfiehlt sich die „gelbe Post" nur noch bedingt.

24 Bei der **Postbearbeitung** ist folgendes zu beachten: Alle **Posteingänge** müssen umgehend und vollständig durchgesehen werden. Vor allem ist zu prüfen, ob ein Eingang eilbedürftig ist, und ob Fristen zu beachten sind. Die **Durchsicht** der Eingänge ist daher grundsätzlich einer erfahrenen und zuverlässigen Kraft zu übertragen. Selbstredend darf diese Kraft zum Zeitpunkt des Posteingangs nicht mit anderen Aufgaben beschäftigt werden. Grundsätzlich erhält jedes Schriftstück einen **Eingangsstempel**.

Die **Verteilung** erfolgt sofort nach Durchsicht und Sortierung. Die Verteilung darf nicht schematisch erfolgen. Keine Eilsachen an Abwesende oder an Anwälte, die am gleichen Tage mehrere Termine haben. Es muß sichergestellt sein, daß alle dringlichen Vorgänge umgehend zur Bearbeitung gelangen. Dringliche Post darf nicht vermischt werden mit anderen, weniger eilbedürftigen Vorgängen.

Es empfiehlt sich, die **Bearbeitung** in der oben dargestellten Weise differenziert vorzunehmen. Falsch ist die häufig anzutreffende Unsitte, den Anwalt mit einem Aktenberg zu „beglücken". Richtig ist vielmehr, wenn das Sekretariat bereits vorarbeitet:
- Sortieren (Anschreiben, Duplikat, Anlagen usw.);
- Bearbeitungsvorschlag (z. B. nur Weiterleitung an Mandant/Gegner, Wiedervorlage etc.);
- Notieren aller erkennbaren Fristen und Termine,
- Kennzeichnung neuer Sachen oder solcher, die möglicherweise Fristen enthalten könnten.

Umgekehrt gilt der gleiche Weg. **Fertig bearbeitete Post** ist nach Dringlichkeit zu staffeln, wobei insbesondere die Postlaufzeiten zu beachten sind (im Auge zu behalten ist die letzte Briefkastenleerung, die die Zustellung am kommenden Tag ermöglicht).
- Gesondert zu behandeln sind Einschreiben, Eilbriefe usw. Auch hier ist auf die Öffnungszeiten der Post und darauf Rücksicht zu nehmen, daß vor allem in den letzten Minuten vor Schalterschluß die Wartezeiten am längsten sein können. Es kann daher zweckmäßig sein, Einschreiben, Eilsendungen usw. bereits in den Nachmittagsstunden gesondert zur Post zu bringen.
- Es muß unbedingt sichergestellt sein, daß ein bearbeiteter Vorgang nicht liegenbleibt, sondern tatsächlich hinausgeht. Dies läßt sich unter anderem dadurch erreichen, daß Akten nur dann weggehängt werden dürfen, wenn ein Bearbeitungsvorgang endgültig abgeschlossen und als solcher auch erkennbar ist (z. B. durch das Einheften der Durchschrift eines Briefes oder durch einen Erledigtvermerk an der anwaltlichen Verfügung mit Handzeichen und Datum).
- Zweckmäßig sind allgemeine **Wiedervorlage-Regeln** für solche Akten, bei denen keine spezielle Wiedervorlage verfügt worden ist. Kostenrechnungen, Kostenfestsetzungsanträge u. dgl. sollten eine regelmäßige Wiedervorlagefrist von einem Monat, Akten in laufenden Verfahren könnten z. B. alle zwei oder drei Monate turnusmäßig verfristet werden. Werden Anfragen an Mandanten oder Korrespondenzanwälte gerichtet, ist dies bei der Wiedervorlage durch das Sekretariat ebenso zu beachten wie eigene Fristsetzungen z. B. an Gegner.

2. Gerichtspost

In vielen Fällen wird ein Teil der schriftlichen Kommunikation mit dem Gericht und/oder mit Kollegen über die Annahmestelle bei Gericht und/oder Briefkastenanlagen im Gericht abgewickelt. Häufig ist es sinnvoll, ein Gerichtsfach zu halten, allerdings nicht in allen Fällen. **Vorteile** bietet ein Gerichtsfach für die Kanzleien, die häufig und regelmäßig beim jeweiligen Gericht präsent sind und daher für regelmäßige Leerung Sorge tragen können. Eher **nachteilig** ist ein Gerichtsfach dann, wenn ein Anwalt nicht regelmäßig oder nicht häufig im Gerichtsgebäude anwesend ist.

31 Bei der **Bearbeitung** der Gerichtspost ist generell das oben Rdnrn. 18 ff. Gesagte zu beachten. Darüberhinaus müssen folgende Regeln im Auge behalten werden:
– Deutliche **Kompetenzverteilung** (Wer holt und bringt wann die Post von/zu welchem Gericht, insbesondere im Hinblick auf fristwahrende und Grundbuchsachen)
32 – Organisatorische Sicherung zur Vermeidung von **Vergessen** oder Übersehen wichtiger Schriftstücke (es muß z.B. sichergestellt sein, daß nicht Fristsachen, Eilsachen u. dgl. von einer Sekretärin oder einem Anwalt in eine Tasche zusammen mit anderen Unterlagen gepackt und dann bei Gericht aufgrund irgendwelcher Umstände vergessen und wohlmöglich erst nach Fristablauf wiedergefunden werden; in derartigen Fällen ist mit Wiedereinsetzung nicht zu rechnen). Hier haben sich verschiedenfarbige Ausgangskörbe und Postmappen bewährt.
33 Von besonderer Wichtigkeit ist daher eine sorgfältige **Ausgangskontrolle**, etwa in der Art, daß alle wichtigen Schriftstücke nur mit Kopien der ersten Seite herausgegeben werden, die dann bei Gericht einen Eingangsstempel erhalten und zurückgegeben werden. Fristen dürfen nur dann als erledigt ausgetragen werden, wenn sich die quittierte Kopie in der Akte befindet. Findet sich bei Fristablauf in der Akte keine solche Kopie, ist vom Sekretariat unverzüglich und vordringlich aufzuklären, ob das jeweilige Schriftstück bereits bei Gericht eingegangen ist oder noch nicht.

VI. Datenschutz

34 Bisher ungeklärt ist die **Anwendbarkeit der Datenschutzgesetze** auf Anwalts- und Notarkanzleien. Das in erster Linie in Betracht kommende Bundesdatenschutzgesetz (BDSG) ist subsidiär (§ 1 IV BDSG) und tritt zurück, wenn und soweit besondere Rechtsvorschriften des Bundes auf in Dateien gespeicherte personenbezogene Daten anzuwenden sind. Die Vorschriften über die Wahrung der besonderen Berufsgeheimnisse bleiben unberührt (§ 1 IV 2 BDSG). Vorrangig ist daher vor allem § 203 StGB, der das unbefugte Offenbaren fremder Geheimnisse unter Strafe stellt. Diese Gesetzeslage legt den Schluß nahe, daß die Vorschriften des BDSG grundsätzlich nicht auf Anwalts- und Notarkanzleien anzuwenden sind, es vielmehr dem Anwalt überlassen bleiben muß, in welcher Weise und in welchem Umfang er den Schutz der ihm anvertrauten personenbezogenen Daten (und selbstverständlich auch Betriebs- und Sachdaten) gewährleistet. Freilich können die Einzelregelungen des BDSG – wo sie Anwendung finden können – nicht völlig außer Betracht bleiben. Da bisher zu diesem Fragenbereich keine gefestigte Meinung besteht, ist es unbedingt ratsam, die datenschutzrechtlichen Bestimmungen zumindest als Anhaltspunkt und Sorgfaltsmaßstab heranzuziehen.

35 Für Notare gelten nach jüngster Rechtsprechung Ausnahmen. Mit Beschluß vom 30. 7. 1990 (NotZ 19/89 = NJW 1991, 568) hat der *BGH* die Anwendbarkeit des Nordrhein-Westfälischen Landesdatenschutzgesetzes auf Notare zumin-

dest insoweit bejaht, als dort die Anmeldung der vom Notar geführten Dateien beim Landesbeauftragten für den Datenschutz vorgeschrieben wird. Der BGH hat die Notare als Träger eines öffentlichen Amtes und damit als öffentliche Stelle behandelt, es aber ausdrücklich abgelehnt, sie den Gerichten gleichzusetzen. Der BGH beschränkt sich ausdrücklich auf die Frage der bloßen Registrierung der notariellen Dateien in Nordrhein-Westfalen. Ausdrücklich offen gelassen ist die Frage, ob und ggf. inwieweit auch die landesrechtlichen Regelungen über die **Verarbeitung** (also über die bloße Registrierung hinaus) auf Notariate Anwendung finden.

Will man sich an der materiellen Substanz der Datenschutzgesetze – auch dort, wo sie nur subsidiär gelten – zumindest mittelbar orientieren, was vor allem bei der Benutzung der EDV von Bedeutung ist, erfordern folgende datenschutzrechtliche Grundsätze Beachtung: **36**
– Bestellung eines **Datenschutzbeauftragten.** Es sollte sich in der Anwalts-/Notarkanzlei um eine Person handeln, die als zentraler Ansprechpartner für alle Fragen von Datenschutz und Datensicherung gilt und die ausdrückliche Aufgabe hat, Schwachstellen herauszufinden und auf Abhilfe zu dringen. Ein explizit Beauftragter sollte allgemein die Ordnungsmäßigkeit der Datenverarbeitung einschließlich Manipulationsschutz und Datensicherung sicherstellen.
– **Datensicherungsmaßnahmen.** Das BDSG enthält in der Anlage zu § 9 einen Katalog der sog. „10 Gebote der Datensicherung". Die Nutzung dieses Kataloges im Sinne einer Checkliste kann erheblich dazu beitragen, die Datenverarbeitung innerhalb des Anwaltsbüros, vor allem bei Einsatz der EDV, vor Verlust, Mißbrauch und Manipulation zu schützen. Dazu zählen beispielsweise die Zugangs- und Zugriffskontrolle, die Benutzerkontrolle, die Übermittlungs- und Eingabenkontrolle sowie die allgemeine Organisationskontrolle.

Ein besonderes Problem beim EDV – Einsatz ist die **Fernwartung und -pflege.** **37** Hierbei wählt sich das Serviceunternehmen von außen her in den Computer der Kanzlei ein und nimmt an der Software Wartungs- und Pflegearbeiten vor. Wer einem EDV-Unternehmen diese Möglichkeit einräumt, eröffnet ihm damit den – in aller Regel vollen – Zugang zu allen in dem jeweiligen Computer bzw. EDV-Netz gespeicherten Kanzlei- und Mandantendaten. Es ist möglich, ganze Dateien oder Teile davon in Computer des Wartungsunternehmens zu laden und dort damit zu arbeiten. Eine Kontrolle ist für den Anwalt nicht möglich. Ein solches Verfahren setzt den Anwalt/Notar der Gefahr des Geheimnisverrats und damit der strafrechtlichen Verfolgung aus. Ferndiagnose und Fernwartung sind daher nur zulässig, wenn und soweit sichergestellt ist:
– daß ein externer Zugriff nur mit Wissen des Kanzleiinhabers erfolgen kann;
– daß Dateien mit sensiblem Inhalt vor Durchführung einer Fernwartung entfernt werden können;
– daß die näheren Umstände der Wartungsdienstleistung (Name des Wartungstechnikers, Einschaltzeit, Protokolle der durchgeführten Arbeiten usw.) zur Verfügung gestellt werden.
Ratsam kann die Zusammenarbeit mit dem betrieblichen Datenschutzbeauftragten des Wartungsunternehmens sein (vgl. *Taggeselle* NJW-CoR 1989, S. 30).

Bei Benutzung von Telekommunikationseinrichtungen wie z. B. von BTX **38** muß ebenfalls die Wahrung der Verschwiegenheit gewährleistet sein, wie bei anderen Kommunikationsmitteln auch.

39 Probleme stellen sich auch bei einer **Praxisübertragung**. Im Hinblick auf die Übergabe von Patientendaten bei der Übertragung von Arztpraxen wird die Meinung vertreten, daß hierfür die Einwilligung der Patienten in jedem Falle erforderlich sei (vgl. *Roßnagel* NJW 1989, 2303). Diese Gesichtspunkte lassen sich nicht ohne weiteres auf das Mandatsverhältnis von Rechtsanwälten und Notaren übertragen. Für Notare gilt schon aus dem Gesichtspunkt des Beurkundungsrechts die Kontinuitätspflicht, d. h. die Parteien eines beurkundeten Vertrages müssen jederzeit, auch nach Jahren, in der Lage sein, auf die Beurkundungsakten zurückzugreifen. Ähnliches kann auch für abgelegte anwaltliche Akten gelten. Bei der Übertragung laufender anwaltlicher Mandate auf einen Paxisnachfolger wird üblicherweise ohnehin die Einwilligung eingeholt. Sollte ein früherer Mandant (was die Ausnahme sein wird) nicht damit einverstanden sein, daß ein Praxisnachfolger seine Alt-Akten weiterführt, sind diese im Zweifel herauszugeben. Für den Fall, daß Aufbewahrungspflichten entgegenstehen, ist ein interessengerechter Ausgleich zu schaffen.

40 Auch die **Einziehung anwaltlicher Honorarforderungen durch Dritte** (Inkassozession) begegnet zunehmenden Bedenken in Schrifttum und Rechtsprechung und dürfte daher als unstatthaft anzusehen sein. Das *LG Hamburg* hat mit Urteil vom 1. 8. 1991 (NJW 1992, 842) die Abtretung einer Honorarforderung wegen Verstoßes gegen die anwaltliche Verschwiegenheitspflicht (§ 203 I Nr. 3 StGB) gemäß § 134 BGB für nichtig erklärt mit der Folge, daß die Gebührenklage mangels Aktivlegitimation des klagenden Inkassozessionars ohne Erfolgsaussichten war. Diese Entscheidung lehnt sich an die Rechtsprechung zur Nichtigkeit der Abtretung ärztlicher Honorarforderungen an (vgl. *BGH* NJW 1991, 2955) und ist, auch aus standesrechtlichen Erwägungen, auf Zustimmung gestoßen (vgl. *Bork,* NJW 1992, 2449). Dies gilt auch dann, wenn die Abtretung an Rechtsanwälte oder an eine von Rechtsanwälten gehaltene Gesellschaft erfolgt.

Ausnahme: Eine Inkassozession ist bei ausdrücklicher, in der Regel schriftlicher, **Einwilligung** des Mandanten wirksam (*Bork*, NJW 1992, 2452; LG Hamburg, NJW 1992, 842).

41 Eine weitere Frage betrifft die Einsichtnahme in Akten des Anwalts durch die **Aufsichtsbehörden**. Diese sind gem. § 38 BDSG befugt, die Einhaltung von Datenschutzvorschriften im Rahmen des BDSG zu überprüfen. Es ist z. B. denkbar, daß andere Prozeßparteien, insbesondere der Prozeßgegner, sich mit der Behauptung an Aufsichtsbehörden wendet, seine personenbezogenen Daten würden bei dem (gegnerischen) Anwalt nicht ordnungsgemäß geschützt. Wie oben dargestellt, ist die Anwendbarkeit des § 38 BDSG auf Anwalts- und Notarkanzleien äußerst zweifelhaft. Örtliche Kontrolle bedeutet einen schwerwiegenden Eingriff in die Tätigkeit des Anwalts/Notars. Die gegenwärtige und zukünftige Rechtslage ist nicht geeignet, einen solchen Eingriff zu decken. Es besteht daher keine Verpflichtung, einer Aufsichtsbehörde Zutritt zu gewähren. Allerdings ist es ratsam, bei Aufkommen ernster Zweifel an der Wahrung des Anwaltsgeheimnisses alles zu tun, um derartigen Zweifeln entgegenzutreten.

K II. Organisation von Fristen und Terminen

Dr. Brigitte Borgmann

Übersicht

	Rdnr.
I. Grundsätze	1
II. Organisationspläne	2
1. Generelle Regelungen	2
2. Delegation von Aufgaben	3
3. Anwaltliche Weisungen	7
III. Organisationsmittel	8
1. Die Handakte	8
2. Fristenkalender	9
IV. Der Routine-Tagesablauf in der Anwaltskanzlei	12
1. Posteingang	12
2. Fristberechnung	13
3. Fristnotierung im Kalender	16
4. Erledigungsvermerk	17

	Rdnr.
5. Fristnotierung bei Zustellung gegen Empfangsbekenntnis	18
6. Friststreichung	21
7. Postausgangskontrolle	23
8. Fristverlängerung	24
9. Beauftragung eines Rechtsmittelanwalts	25
10. Postlaufzeit	26
11. Rechtsmitteleinlegung und Rechtsmittelbegründung durch Telex, Telefax und Telegramm	27
12. Fristüberprüfung durch Rechtsanwalt	28
13. Prüfung bei Unterschrift	29
14. Unterrichtung des Mandanten	30
15. Kontrollen	31
16. Letzter Moment	32

Literatur: *Borgmann,* Wiedereinsetzung in den vorigen Stand bei Büroversehen, ZAP Fach 13, S. 11 ff.; *Borgmann,* Fristenwahrung und Telefaxverkehr, AnwBl 1989, 666; 1991, 38; *Borgmann/Haug,* Anwaltshaftung, 2. Aufl. 1986; *Rinsche,* Die Haftung des Rechtsanwalts und des Notars, 4. Aufl. 1992; *Wolf,* Die Verwendung eines Fernkopierers zur Datenübermittlung, NJW 1989, 2592.

I. Grundsätze

Die Fristenkontrolle gehört zum ureigenen Aufgabenbereich des Rechtsanwaltes (*BGH* NJW 1992, 820). Er muß die Rechte des Mandanten gegen drohende Verfristung sichern. Der erste Grundsatz bei der Organisation des Anwaltsbüros zwecks Fristwahrung heißt deshalb **Sicherheit.** Nach der vor allem zur Wiedereinsetzung in den vorigen Stand ergangenen Rechtsprechung hat der Anwalt Fristsachen mit der größten Peinlichkeit und Genauigkeit zu behandeln. Dafür hat die Rechtsprechung jetzt die ausfüllungsbedürftige Formel von der „üblichen von einem ordentlichen Rechtsanwalt zu fordernden Sorgfalt bei der Behandlung von Fristen oder generell bei der Organisation seines Büros" entwickelt (*BGH* seit VersR 1979, 159). Gewöhnlich halten sich Gerichte in dieser Frage für kompetent. **Weitere Organisationsziele,** etwa: Schnelligkeit, Bequemlichkeit, Kostengünstigkeit gehen der Sicherheit stets nach. Da aber zumindest Schnelligkeit und Übersichtlichkeit zur Sicherheit nicht unerheblich beitragen, werden auch sie nicht vernachlässigt. Die Sicherheit verlangt rechtzeitige Aufgabenerfüllung: Das wiederum wirkt sich auf die Bequemlichkeit (weniger Streß) günstig aus.

Die Organisation des Büros obliegt dem **Anwalt** selbst. Organisationsmängel werden der Partei bei Fristversäumnissen folglich zugerechnet (§ 85 II ZPO). Fallen Fehler hingegen nur dem ausführenden Personal zur Last, so kommt bei

Versäumung von Notfristen und anderen Prozeßfristen, bei denen dies vorgesehen ist, Wiedereinsetzung in den vorigen Stand in Frage. Fehler von angestellten Anwälten können der Partei zugerechnet werden, wenn sie mit wesentlichen (Teil)Aufgaben befaßt waren. Nur im Falle der Beiordnung im PKH-Verfahren (notwendiges Einzelmandat) kommt es vor, daß Fehler von Sozien, die untergeordnete Tätigkeiten ausführen, beispielsweise als Boten, der Partei nicht zugerechnet werden (*BGH* NJW 1991, 2294).

II. Organisationspläne

1. Generelle Regelungen

2 Komplette **Anweisungen** für den gesamten Büroablauf sind selten, werden auch meist nicht benötigt. Meist würden sie zu unübersichtlich. Der Anwalt sollte deshalb wichtige, immer wieder vorkommende Punkte, wie etwa den täglichen Posteinlauf, den Postauslauf, die Notierung und Streichung von Fristen generell regeln und ansonsten Einzelweisungen erteilen.

Je mehr er generell regelt, um so weniger Einzelweisungen sind notwendig. Andererseits müssen die **generellen Regelungen** einfach und überschaubar sein, damit sie im Gedächtnis haften bleiben. Eine ständige Handhabung in einer Anwaltskanzlei kann als generelle Organisationsform gelten. Zweckmäßig ist, wenn sie dem Anwalt bekannt ist, da er nur so wissen kann, welche Einzelfragen er gegebenenfalls besonders regeln und wann er eingreifen muß.

2. Delegation von Aufgaben

3 Grundsätzlich können viele Aufgaben im Anwaltsbüro von nicht juristisch ausgebildetem Personal erledigt werden. Strikte Ausnahme: die **Rechtsberatung** (*BGH* NJW 1981, 2741). Der Anwalt sollte sich überlegen, wieviele Aufgaben er sinnvoll delegieren kann. Dies auch unter dem Gesichtspunkt, daß seine Partei für Fehler des Personals Wiedereinsetzung erhält, für eigene Fehler des Anwalts jedoch nicht.

4 Delegation bedeutet: Zuteilung von Aufgaben einschließlich der Verantwortung für deren Erledigung an eine bestimmte Person. Wenn nach der Funktion verteilt wird, muß für den Betroffenen eindeutig sein, wer gemeint ist (nicht: die Auszubildenden haben ... zu tun, ... sondern: die Auszubildende Helga hat montags, ... die Auszubildende Lore hat dienstags ...).

Dem Beauftragten ist nicht gestattet, weiterzudelegieren und damit die übernommene Verantwortung weiterzuschieben. Er kann sich allenfalls helfen lassen, muß aber die Erledigung überwachen. Wird auf diese Weise delegiert, lassen sich **Fehler** auch nachträglich einer bestimmten Person zuordnen. Dies ist ein wichtiges Indiz für eine ordnungsgemäße Büroorganisation.

5 **Abwesenheitsvertretung** muß geregelt werden (*BGH* NJW 1989, 1157). Das gilt für das Personal ebenso wie für den Anwalt. Auch in Sozietäten sollte für das Personal feststehen, wer einen plötzlich verhinderten oder lange voraussehbar urlaubsabwesenden Anwalt vertritt (*Borgmann* AnwBl. 1985, 30, Haftpflichtfragen mit Rspr). Auch darf sich der Anwalt nicht darauf verlassen, daß seine Angestellten ihre Vertretung untereinander selbst regeln (*BGH* VersR 1987, 617). Schließlich sollte der Abwesenheitsvertreter in seine Vertretungstätigkeit gut eingewiesen sein. Gegebenenfalls sind besondere Kontrollen nötig.

Für den Fall, daß Störungen auftreten, die nicht sogleich oder jedenfalls nicht 6
rechtzeitig behoben werden können, muß der Anwalt benachrichtigt werden.
Auch dies muß er sicherstellen.

3. Anwaltliche Weisungen

Die Ablauforganisation regelt der Anwalt durch Weisungen. Sie können ge- 7
nerell – dann am besten als **schriftlicher Plan** – oder für den Einzelfall ergehen.
Auf jeden Fall sollten sie klar und deutlich sein. Mündliche Einzelweisungen
sind zulässig, wenn auch nicht völlig sicher (*BGH* NJW 1988, 1853; NJW 1989,
1158; VersR 1983, 660). Besser ist, sie mit einer (lesbaren!) **Notiz** zu verbinden,
besonders bei Fristen. Einfaches Ablegen von Zetteln oder Schriftstücken auf
dem Schreibtisch der Fristensekretärin genügt in keinem Fall, weil es Fehlerquellen auf dem Übermittlungsweg eröffnet (*BGH* NJW 1988, 2804). Auch
Büroklammern sind gefährlich und gewährleisten keine sichere Übermittlung
(*BGH* NJW-RR 1989, 125). Auf **Tonträger** sollten Weisungen möglichst nicht
diktiert werden, weil sie von dort her nicht rechtzeitig wahrgenommen werden
können (*BGH* VersR 1978, 537). Waren die Weisungen richtig getroffen, kann
sich der Anwalt in der Regel darauf verlassen, daß sein Personal sie auch befolgt
(*BGH* VersR 1986, 764; VersR 1985, 962).

III. Organisationsmittel

Organisationsmittel für die Fristwahrung sind vor allem Handakten, Fristenkalender und gegebenenfalls auch – mit entsprechender Software – der Computer. Computerspeicherung und Computerausdrucke sind für die Fristwahrung
sicherlich geeignet. Datensicherung ist dabei notwendig. Die Anerkennung
durch Rechtsprechung ist freilich noch nicht erprobt! Handakten und Fristenkalender gelten hingegen als unabdingbar.

1. Die Handakte

Sie dient dazu, alle wesentlichen Vorgänge eines Mandats wiederzugeben 8
einschließlich der Fristen. Es gehören also auch alle erteilten Aufträge hinein.
Lose Zettel sind unzulässig. Sie müssen zum Bestandteil der Handakte gemacht
werden. In die Akte gehört insbesondere (z. B. bei einer Zustellung, s. u. Rdnr.
18) der **Fristanfang**. Auch das Fristende wird zweckmäßig dort notiert, da dies
die vorgeschriebene anwaltliche Fristüberprüfung bei Bearbeitung der Sache
erleichtert. Um die Fristen besser im Griff zu haben, trägt man sie zweckmäßigerweise nicht nur auf den jeweiligen Schriftsätzen, sondern daneben stets an
einer dafür vorgesehenen und immer gleichen Stelle ein. Das kann ein besonderes Vorblatt, eine Stelle im Aktendeckel, ein eingeklebter Fristenstreifen o. ä.
sein. Jede Routine erleichtert Kontrollen und vermindert damit Fehler.

2. Fristenkalender

Im Fristenkalender muß immer das **Fristende** stehen. Er dient dazu, unabhän- 9
gig von der Akte für jeden Tag des Jahres die an ihm ablaufenden Fristen
wiederzugeben. Der Anwalt darf und soll sein Gedächtnis im Interesse seiner
der Rechtspflege gewidmeten Aufgaben insoweit entlasten (*BGH* VersR 1971,

131). Ein Vertreter muß sich zurechtfinden können, ohne den gesamten Aktenbestand zu überprüfen (*BGH* VersR 1983, 777). Fristen müssen, auch wenn die Sache erst am letzten Tag eingeht, immer dann eingetragen werden, wenn der Anwalt die Sache aus der Hand gibt (etwa: zum Schreiben). Sonst ist eine Fristkontrolle nicht sichergestellt.

10 **Vorfristen** sind nötig, wenn man Zeit für die Erledigung braucht, etwa eine Rechtsmittelbegründung, den Postverkehr. Sie sind auch in übrigen Fällen zweckmäßig. Besonders günstig ist es, wenn die Sache bei Ablauf der Vorfrist bereits erledigt werden kann. Hierfür sind gegebenenfalls zwei Vorfristen praktisch. Gefährlich ist es aber, die vorgelegten Akten auf dem Schreibtisch des Anwalts liegenzulassen. Er ist in diesem Fall selbst für die Fristenkontrolle verantwortlich und kann sich auf Erinnerung durch sein Personal nicht verlassen (st. Rspr. *BGH* NJW 1961, 1812: Grundsatzentscheidung). Besser ist, wenn der Anwalt eine neue Vorfrist auf einen Zeitpunkt anordnet, an dem er sich Zeit zur Erledigung nimmt.

11 Echte **Ablauffristen** müssen stets für den letzten Tag notiert sein, nicht am Samstag oder Sonntag vorher (*BGH* VersR 1986, 891). Sie müssen sich von gewöhnlichen Wiedervorlagen deutlich unterscheiden (*BGH* VersR 1983, 777; *BayObLG* NJW-RR 1987, 1424). Fristreiter dürfen für echte Ablauffristen nicht verwendet werden, weil sie nicht völlig sicher sind.

IV. Der Routine-Tagesablauf in der Anwaltskanzlei

Stets wiederkehrende Arbeitsgänge können und sollen durch generelle Verfügungen abgedeckt sein. Hierzu gehören:

1. Posteingang

12 Man sollte
– Personen für die Postabholung bestimmen;
– Abwesenheitsvertreter für Briefkastenleerung bestimmen (*BGH* VersR 1978, 92);
– Behandlung der Eingangspost durch Personal (Öffnen, Stempeln, Sortieren, Zuordnen zu Akten und zu Sachbearbeitern) festlegen;
– Eingangsgeräte neuer Art: Telefax und Telex sind einzubeziehen. Beim Telefon müssen Notizen gefertigt werden (z. B. in ein gebundenes Buch für alle eingehenden Gespräche, in das die Anwälte Einblick nehmen);
– Termine sind zu notieren;
– Fristen müssen berechnet und notiert werden;
– Danach Vorlage an den Anwalt, gegebenenfalls sortiert.

2. Fristberechnung

13 Es ist zweckmäßig, Fristen sogleich bei Eingang festzustellen und im Kalender festzuhalten. Seit der Entscheidung des *BGH* in BGHZ 43, 148 = NJW 1965, 1021 ist die Berechnung von einfachen, in der Kanzlei häufig vorkommenden **Routinefristen** durch gut ausgebildetes und sorgfältig ausgewähltes und überwachtes **Büropersonal** zulässig (so auch *BVerwG* NJW 1967, 2026; *BFH* NJW 1969, 1504). Zu den Routinefristen, die in der jeweiligen Kanzlei

häufig vorkommen, gehören nicht: **Revisionsfristen** in verwaltungs- und sozialgerichtlichen Verfahren (*BVerwG* NJW 1982, 2458; *BSG* U. vom 13. 9. 1980 – 2 RU 1/80); Arbeitsrechtssachen. Erstere wegen der seltenen Blockfrist für Rechtsmittel und Rechtsmittelbegründung. Letztere, weil die Arbeitsgerichte sich der Rechtsprechung bisher nicht anschließen wollten. **Vorsicht** ist geboten bei gerade erst beendeter Ausbildung des Personals, *BGH* VersR 1988, 157; auch, wenn eine Anwaltsgehilfin erst sechs Monate tätig ist (*BGH* VersR 1982, 545).

Bei Berührung mit **Gerichtsferien** muß der Anwalt in jedem Fall selbst feststellen, ob es sich um eine Feriensache handelt (st. Rspr. *BGH* VersR 1983, 32; VersR 1986, 574; NJW-RR 1987, 1287). Ist es keine Feriensache, kann er die Berechnung jedenfalls dann delegieren, wenn das Rechtsmittel in den Gerichtsferien eingelegt wurde, weil die Begründungsfrist dann einfach zu errechnen ist. 14

In ungewöhnlichen Fällen muß der Rechtsanwalt dafür sorgen, daß er Fristen selbst kontrollieren kann, z. B. nach Rückkehr aus dem Urlaub (*BGH* NJW-RR 1987, 710). Zweckmäßig ist, wenn der Anwalt die Fristberechnung zwar umfassend delegiert, aber die berechnete Frist in jedem Fall mindestens einmal **nachrechnet**. 15

3. Fristnotierung im Kalender

Die Kalenderführung soll nur durch zuverlässiges Personal, nicht durch Auszubildende, geschehen (*BGH* VersR 1980, 142; AnwBl 1989, 99). Am besten wird sie nur jeweils einer Person anvertraut, der die gesamte Fristeintragung, Fristreichung und Kalenderführung obliegt (mit Abwesenheitsvertretung). Auf Sonntage und arbeitsfreie Tage sollen keine Endfristen eingetragen werden (*BGH* VersR 1986, 469 und 891). 16

Rechtsmittel- und Rechtsmittelbegründungsfristen sollten sich deutlich von gewöhnlichen Wiedervorlagefristen unterscheiden (*BGH* NJW 1989, 2393).

4. Erledigungsvermerk

Der Handvermerk über die eingetragene Frist ist unabdingbar. Er enthält die Bezeichnung der Frist, das berechnete Fristende und das Handzeichen der Sekretärin (*BGH* VersR 1974, 387). Der Anwalt muß einerseits bei Aktenvorlage auf den Vermerk achten, kann andererseits aber auch davon ausgehen, daß die entsprechende Kalendereintragung erfolgt ist, wenn der Vermerk angebracht wurde. Erforderlich ist aber, daß der Anwalt genau verfügt, daß zuerst der Kalendereintrag gemacht und erst zuletzt der Erledigungsvermerk angebracht wird (*BGH* NJW-RR 1992, 826). **Zu einer beiläufigen Prüfung** des Erledigungsvermerks ist der Anwalt nur verpflichtet, wenn ihm die Akte aus Anlaß einer fristgebundenen Handlung vorgelegt wird (*BGH* VersR 1973, 186). 17

5. Fristnotierung bei Zustellung gegen Empfangsbekenntnis

Bei Zustellung mit Postzustellungsurkunde verbleiben Unterlagen, die den Zeitpunkt ausweisen, so etwa das Zustellungskuvert, bei den Akten. Nicht so bei einer Zustellung gegen Empfangsbekenntnis nach § 212a ZPO. Hier läuft die Frist auch von einem anderen Zeitpunkt an. Der **Anwalt** setzt mit Kenntnisnahme und Unterzeichnung eines datierten Empfangsbekenntnisses Fristen – 18 meist Rechtsmittelfristen – in Lauf. Den Anfangszeitpunkt der Frist kann deshalb er allein zuverlässig feststellen. Es muß nicht der Tag sein, an dem das Schriftstück in der Kanzlei eingegangen ist und dort einen Eingangsstempel erhalten hat. Das anwaltliche Empfangsbekenntnis genießt ebensolche Beweiskraft wie öffentliche Urkunden (*BGH* NJW 1990, 2125).

Der Anwalt muß im **Interesse der Fristwahrung** aktenkundig machen, wann er das Empfangsbekenntnis unterschrieben hat. Zweckmäßig ist hierfür ein mit dem Personal abgestimmter anwaltlicher Handvermerk neben dem Eingangsstempel, der den Fristanfang bestätigt und dem Anwalt gleichzeitig anzeigt, daß er die Frist zu dieser Zeit wenigstens einmal nachgerechnet und richtig gefunden hat. Ein solcher Vermerk wird von der Rechtsprechung verlangt. Der Eingangsstempel kann ihn nicht ersetzen (*BGH* VersR 1987, 564). Der Klarheit dient ein daneben angebrachter Stempelaufdruck „Zustellung".

19 Der Anwalt muß außerdem dafür sorgen, daß die Frist auch im **Kalender** festgehalten wird. Eigentlich darf er ein Empfangsbekenntnis erst unterschreiben, wenn die Frist im Kalender bereits notiert ist. Das geschulte Personal kann das vorsorglich bereits bei Posteingang tun (s. o. Rdnr. 13). Aus dem Erledigungsvermerk (o. Rdnr. 17) entnimmt der Anwalt dann, daß die Kalendereintragung erfolgt ist. In diesem Fall kann er das Empfangsbekenntnis beruhigt unterzeichnen. Eine solche nachträgliche Prüfung kann besser geeignet sein, Fristversäumnisse zu vermeiden, als eine bei der Unterschrift getroffene Verfügung mit dem Zweck der Kalendereintragung. Sie belastet den Anwalt nicht übermäßig (*BGH* VersR 1978, 255 macht diesen Organisationsvorschlag). Fehlt der **Erledigungsvermerk,** so ist der Anwalt gehalten, durch sorgfältige Einzelweisung (o. Rdnr. 7) darauf zu achten, daß die Frist eingetragen wird. Jedenfalls müssen Empfangsbekenntnis und zugestelltes Schriftstück bis dahin zusammenbleiben. Das Empfangsbekenntnis darf nicht aus dem Haus gegeben werden, bevor die Frist eingetragen ist.

Es ist fehlerhaft, **Empfangsbekenntnisse** abends in der Postmappe gesondert zu unterschreiben. Der Anwalt muß prüfen können, welchen Eingang er bescheinigt und welche Frist damit beginnt (*BGH* VersR 1989, 1211). Ein nicht oder falsch datiertes Empfangsbekenntnis ist nicht unwirksam. Die Zustellung wirkt auf den Tag des Empfangs zurück, sofern der Anwalt diesen dem Gericht schriftlich mitteilt, was auch in einer Berufungsschrift geschehen kann (*BGH* NJW 1987, 2679). Lassen sich Zweifel an dem Datum der Unterschrift nicht beseitigen, so ist der Beweiswert der Urkunde beeinträchtigt (*BGH* NJW-RR 1987, 1151). Andernfalls ist Gegenbeweis erforderlich, aber möglich. An ihn werden strenge Anforderungen gestellt (*BGH* st. Rspr., VersR 1987, 385). Empfangsbekenntnisse dürfen vom Prozeßbevollmächtigten und allen seinen Sozien unterzeichnet werden, auch vom amtlich bestellten Vertreter; nicht von sonstigem Personal.

20 Der Fristanfang muß aus der Handakte auch später noch ersichtlich sein. Da das Empfangsbekenntnis in der Regel im ganzen zurückgeschickt wird, bezeichnet nur der Vermerk auf dem zugestellten Schriftstück den Fristanfang. Wird dieses an den Mandanten herausgegeben, so sollte mindestens die erste Seite mit dem Fristanfangsvermerk kopiert werden, damit diese Notiz bei der Akte bleibt (*BGH,* st. Rspr. seit VersR 1979, 161; VersR 1981, 39; VersR 1983, 559).

6. Fristreichung

Fristen dürfen nicht zu früh gestrichen werden. Maßgeblich ist der jeweilige **Zweck der Frist**.
- Vorfristen können bei Vorlage an den Anwalt gestrichen werden, weil sich ihr Zweck hierin erschöpft. Aber: eine Endfrist muß darüberhinaus eingetragen sein (*BGH* NJW 1990, 2126).
- Endfristen (Ablaufsfristen) dürfen erst bei endgültiger Erledigung der Sache gestrichen werden. Das bedeutet: entweder
nach Auslauf (Bote geht zu Gericht). Rückkehr eines Boten kann man abwarten, sofern sie am selben Tag erfolgt. Sonst wäre keine tägliche Kalenderkontrolle möglich. Vielmehr wären dann zusätzliche Kontrollmaßnahmen nötig (*BGH* NJW-RR 1991, 511).
Bei Postversand erst nach Kuvertierung und Frankierung (*BGH* VersR 1982, 653; VersR 1980, 554; VersR 1986, 1205). Ein Bote muß bereitstehen. Das Kuvert muß offen sein, um Überprüfung zu ermöglichen, welcher Schriftsatz darinsteckt.
- Bei bürofremden Boten ist sorgfältige Erkundigung über seine Zuverlässigkeit nötig. Auch bei Auszubildenden sollte man nachfragen, ob Schriftsatzeinwurf erledigt.
- Die Ablage, auf welcher der Bote seine Fristsachen findet, sollte zweckmäßig eingerichtet sein (keine Stühle, Türschwellen, Heizkörper etc., sondern: Regalfach).
- Den Eingang bei Gericht muß man nicht kontrollieren, wenn man den Postausgang wie oben geschildert im Griff hat (*BVerfG* NJW 1992, 38).

Begründungsfristen sind zugleich mit dem Auslauf von Rechtsmittelschriftsätzen zu notieren (*BGH* VersR 1985, 502). Die vorsorglich notierten Fristen müssen an Hand der Eingangsmitteilung des Gerichts korrigiert werden (*BGH* VersR 1989, 645). Auf letztere allein kann man sich nicht verlassen, weil sie auch ausbleiben kann. Man darf sich aber darauf verlassen, daß sie richtig ist (*KG* VersR 1991, 201). Jedenfalls muß sie bei Eingang vom Anwalt oder dazu eigens beauftragtem Personal überprüft werden: Ergibt sich aus der Mitteilung schon, daß das Rechtsmittel verspätet war, würde von da an die Wiedereinsetzungsfrist des § 234 II ZPO laufen (*BGH* NJW 1992, 2098).

7. Postausgangskontrolle

Postausgangskontrollen müssen wirksam sein (*BGH* VersR 1983, 401 und 589; VersR 1986, 365 und 891; VersR 1989, 715). Es genügt nicht, daß der Anwalt auf den normalen Arbeitsablauf in der Kanzlei vertraut. Er muß vielmehr dafür sorgen, daß geschriebene Post auch hinausgeht und die Fristen gewahrt werden. Es genügt nicht, wenn er dies einer oder mehreren nicht weiter kontrollierten Auszubildenden überläßt. Wer die Frist im **Kalender** zu streichen hat, darf nicht nur den geschlossenen Umschlag sehen, er muß das Schriftstück überprüfen können. Ein **Postausgangsbuch** ist nicht vorgeschrieben. Wenn es geführt wird und als Fristerledigungsnachweis dienen soll, muß es mit dem Fristenkalender übereinstimmen (*BGH* VersR 1985, 145; *BFH* DB 1989, 612; s. dazu Borgmann AnwBl 1984, 142 – Haftpflichtfragen).

Die Ausgangskontrolle muß auch gewährleisten, daß nur **unterschriebene Schriftsätze** hinausgehen (*BGH* VersR 1986, 1211; VersR 1987, 383); auch kann angeordnet werden, zu prüfen, ob der unterschreibende Anwalt postulationsfähig ist (*BGH* NJW 1988, 211). Hat der Anwalt derartige Kontrollen angeordnet, kann er in der Regel Wiedereinsetzung erwirken, wenn trotzdem ein nicht unterschriebener Schriftsatz ausläuft. Er muß dann aber nach Möglichkeit zuverlässig verhindern, daß nach erfolgter Kontrolle noch Schriftsätze in die Postausgangsfächer gelegt werden.

8. Fristverlängerung

24   Die Verlängerung richterlicher Fristen (auch: Begründungsfristen) ist bei vorherigem Antrag auch noch nach Fristablauf möglich seit der Entscheidung des Großen Zivilsenats des *BGH* NJW 1982, 1651. Der Antrag muß vor Fristablauf bei Gericht eingegangen sein, sonst ist allenfalls Wiedereinsetzung möglich (*BGH* NJW 1992, 842).

– Ein Antrag in letzter Minute geht auf eigenes Risiko des Anwalts (*BGH* VersR 1983, 249; VersR 1984, 894), weil das Gericht nach eigenem Ermessen darüber entscheidet. Ausreichende Gründe sollten deshalb vorgetragen werden. Willkürlichen Ablehnungen hat das *Bundesverfassungsgericht* einen Riegel vorgeschoben (*BVerfG* NJW 1989, 1147). Eine strengere Praxis einzelner Senate als allgemein üblich scheidet danach praktisch aus (so auch inzwischen *BGH* NJW 1991, 2080).

– Rechtzeitige Absendung kann genügen (*BGH* NJW 1983, 1741).

– Der Antrag muß schriftlich gestellt werden (*BGH* NJW 1985, 1558).

– Bei Fristverlängerungen soll die Frist erst gestrichen werden, wenn Fristverlängerung gewährt ist; wenn der Antrag am letzten Tag gestellt wird, sollte man die Frist nochmals auf den nächsten oder übernächsten Tag eintragen und nachfragen. Immerhin ist es möglich, daß die Fristverlängerung kürzer ausfällt, als beantragt. Das ist wirksam, auch wenn der Verlängerungsbeschluß dem Anwalt erst nach Ablauf der verlängerten Frist zugeht (*BGH* VersR 1992, 899). Die Nachfrage ist aber kein Wirksamkeitserfordernis der Fristverlängerung mehr (so frühere Rspr.).

Behauptet eine Partei, der bei Gericht als verspätet gestempelte Schriftsatz sei rechtzeitig abgegeben worden, so ist darüber Beweis zu erheben (*BGH* VersR 1991, 896; NJW-RR 1992, 314).

9. Beauftragung eines Rechtsmittelanwalts

25   Soll oder muß für die nächste Instanz ein anderer Anwalt eingeschaltet werden, so ist die Weitergabe des Mandats regelmäßig Aufgabe des erstinstanzlichen Anwalts. Er muß die Rechtsmittelfrist überwachen und bei dem beauftragten Kollegen nachfragen, ob dieser den Auftrag erhalten und auch angenommen hat (*BGH* st. Rspr., s. dazu *Borgmann* AnwBl 1985, 636 mit Rechtsprechungshinweisen).

– Fristsreichung kommt deshalb erst in Frage, wenn zweitinstanzlicher Anwalt das Mandat auch angenommen hat.

– Persönliche Nachfrage von Anwalt zu Anwalt ist nötig (*BGH* VersR 1985, 962), wenn keine schriftliche Bestätigung des beauftragten Anwalts vorliegt.

– Telefonische Aufträge von Büropersonal an Büropersonal können problematisch sein. Jedenfalls ist anzuordnen, daß Parteinamen, Parteirollen und Aktenzeichen am Telefon wiederholt werden und daß zu notieren ist, wer mit wem telefoniert hat.

– Nur in Ausnahmefällen kann Nachfrage beim beauftragten Anwalt entbehr-

lich sein, so etwa, wenn Absprachen bestehen, daß der beauftragte Anwalt Rechtsmittelaufträge stets annimmt, prüfen und ausführen wird (*BGH* NJW 1988, 3020).
- Die Mitteilung des richtigen Zustellungsdatums durch den erstinstanzlichen (Korrespondenz-)Anwalt ist notwendig, *BGH* VersR 1980, 192, 193 und 278. Er muß Irrtümer des zweitinstanzlichen Anwalts nach Möglichkeit vermeiden (*BGH* VersR 1985, 499).
- Der zweitinstanzliche Anwalt hat eine eigene Prüfungspflicht (*BGH* NJW 1980, 1846; VersR 1985, 499).
- Beide haben die äußerste, vernünftigerweise von ihnen zu erwartende Sorgfalt zu beachten.
- Der erstinstanzliche Anwalt muß das in einem Brief mitgeteilte Zustellungsdatum persönlich überprüfen, wenn der zweitinstanzliche Anwalt keine Kontrollmöglichkeit hat (*BGH* NJW 1985, 1709; NJW 1987, 1334). Diese Prüfungspflicht kann er nicht delegieren.
- Die mit dem Fristanfangsvermerk (s. o. Rdnr. 18 und 20) versehene Urteilsausfertigung verschafft dem zweitinstanzlichen Anwalt zuverlässige Kenntnis vom Fristlauf (*BGH* VersR 1987, 1013). Sie sollte daher mitübersandt werden.
- Vor Übermittlung des Auftrags per Telefax muß der Absender sich über Störungsmöglichkeiten informieren und sie ggf. berücksichtigen (*OLG Köln* NJW 1989, 594).

10. Postlaufzeit

Auf den **gewöhnlichen Postlauf** kann sich der Anwalt verlassen (*BVerfG* 26 NJW 1979, 641; NJW 1980, 769; NJW 1992, 1952; *BGH* VersR 1984, 861). Päckchen und Briefe werden gleichbehandelt (*BAG* DB 1991, 176). Beim Ablauf von Verjährungsfristen gibt es allerdings keine Wiedereinsetzung! Hier sollte der Anwalt den sichereren Weg gehen und für ausreichenden Vorlauf sorgen. Will man Fristen bis zuletzt ausnutzen, so
- sind Erkundigungen nach der Postlaufzeit nötig;
- ist Vorsicht bei Sonntagen geboten (*BGH* VersR 1982, 298; *BFH* DB 1986, 1760);
- ist bei nachweislichem Ausgang aus der Anwaltskanzlei (ein **Abgangsvermerk** hilft hierzu!) eine Postverspätung ein Wiedereinsetzungsgrund.

11. Rechtsmitteleinlegung und Rechtsmittelbegründung durch Telex, Telefax und Telegramm

Rechtsmittel und Rechtsmittelbegründungen (ebenso wie Klagen) können bei 27 Gericht auch durch Telegramm (st. Rspr. seit *RGZ* 151, 82), Fernschreiben (Telex) oder Telefax (Telekopie) eingereicht werden. Das ist nur deshalb erörterungsbedürftig, weil auf dem bei Gericht eingehenden Schriftsatz die Originalunterschrift des Anwalts notwendigerweise fehlt. Trotzdem ist die moderne Übermittlungsmethode auch dann zulässig, wenn ein Rechtsmittel auf normalem Weg noch rechtzeitig wäre (*BAG* NJW 1971, 2190; *BGH* NJW 1967, 2114; NJW 1986, 1759; NJW 1990, 188; *BVerwG* NJW 1962, 655; NVwZ 1989, 673; *BVerfG* NJW 1987, 2067). Gehen diese Telegramme, Telexe oder Telefaxe vor 24.00 Uhr bei Gericht ein, sind sie geeignet, Fristen zu wahren (*BVerfG* NJW 1976, 747 u.a.; *BGH* NJW 1987, 2586; *BVerfG* NJW 1987, 2067). Gibt das

K II

Organisation von Fristen und Terminen

Gericht Fernschreibanschlüsse auf dem Briefpapier an, so kann man einen Schriftsatz selbst dann fristwahrend dorthin richten, wenn es der Anschluß einer anderen Behörde ist (*BVerfG* NJW 1986, 244; *BGH* NJW 1987, 2586). Fehladressierte Telefaxe gelten allerdings nur beim Adressaten als rechtzeitig zugegangen (*BGH* NJW 1990, 990), wenn sie bei einer gemeinsamen Einlaufstelle eingehen. Mit **Eingangsstau** vor Mitternacht oder am Jahresende muß man rechnen! **Telekopien** (Telefaxe) müssen direkt durch die Post übermittelt werden (*BGH* NJW 1983, 1498). Weitergabe durch Boten genügt nicht, auch nicht vom (unzuständigen) Gericht an ein anderes (*BGH* NJW-RR 1988, 893). Vom Anschluß eines Dritten aus können sie aber aufgegeben werden. Das *BAG* (NJW 1989, 1822) hat damit eine Entscheidung des *LAG Hamm* (NJW 1988, 3286) aufgehoben, die eine Rechtsmitteleinlegung des Anwalts vom Telefaxgerät des Mandanten aus nicht hatte gelten lassen. **Telefonische** Rechtsmitteleinlegung kommt in der Regel nicht in Frage; allenfalls für einen Einspruch gegen einen Bußgeldbescheid (*BGH* NJW 1980, 1290).

Die erforderliche **Anwaltsunterschrift** wird bei **Telegramm** und **Telex** durch Angabe des Namens der verantwortlichen natürlichen Person ersetzt (*BGH* NJW 1967, 2114; *BVerwG* NJW 1978, 2110; *BAG* BB 1985, 1655). Die Angabe der Sozietätsadresse genügt nicht. Der Name muß unter dem Schriftsatz aufgeführt werden. Bei **Telefax** muß die eigenhändige Unterschrift des Anwalts mitkopiert erscheinen, weil nur die originalgetreue Wiedergabe der eigenhändigen Unterschrift den größtmöglichen Schutz vor Fälschungen bietet (so *BGH* NJW 1990, 188; *BPatG* GRUR 1988, 31; *BSG* MDR 1985, 1053) und *BAG* DB 1986, 1184).

Telefax und Telex sind **zugegangen,** wenn sie im Empfängerapparat ausgedruckt sind (*BGH* NJW 1987, 2586). Kommen sie verstümmelt an und liegt der Fehler in der Empfangssphäre des Gerichts, so kann der Eingang unter Umständen als rechtzeitig angesehen werden, sofern sich dies nachweisen läßt (*BGH* NJW 1988, 2788). Die Behörde ist verpflichtet, jederzeit für ein empfangsbereites Endgerät zu sorgen (*BGH* NJW 1992, 244). Eine wirksame Endkontrolle setzt voraus, daß die Frist erst gelöscht wird, wenn ein von dem Telefaxgerät des Absenders ausgedruckter Einzelnachweis vorliegt, der die ordnungsgemäße Übermittlung belegt (*BGH* NJW 1990, 187; VersR 1992, 638).

Gibt eine zuverlässige Büroangestellte eine **falsche Telefaxnummer** ein, ist Wiedereinsetzung möglich (*BGH* NJW 1988, 2814).

12. Fristüberprüfung durch Rechtsanwalt

28
- Bei Vorlage zur Bearbeitung einer fristgebundenen Prozeßhandlung und ähnlichen Anlässen ist der **Anwalt** gehalten zu prüfen, ob die Frist überhaupt noch offen und ob sie richtig berechnet ist (*BGH* VersR 1976, 963; VersR 1987, 463 und 485; *BGH* NJW-RR 1990, 830).
- Er muß gleich prüfen, nicht erst dann, wenn er sich an die Bearbeitung machen will (*BGH* NJW 1992, 841).
- Das gilt nicht als routinemäßige Büroarbeit, sondern als gebotene Feststellung einer gesetzlichen Voraussetzung.
- Liegen Akten zur Bearbeitung auf dem Schreibtisch des Anwalts, ist er selbst für Überprüfung der Frist verantwortlich. Auf Erinnerung durch sein Personal kann er sich nicht verlassen, die Erinnerung sollte trotzdem angeordnet werden, weil sie hilft!

- Wird die Akte weisungswidrig von seinem Schreibtisch entfernt und ist dies kein Büroorganisationsmangel, so ist Wiedereinsetzung möglich (*BGH* VersR 1976, 934).
- Auf Vorlage zur Bearbeitung und zur Unterschrift kann sich der Anwalt in der Regel verlassen, *BGH* VersR 1976, 1130. Das gilt unter Umständen dann nicht, wenn späte Korrekturen (außerhalb des normalen Betriebsablaufs) erforderlich sind (*BGH* VersR 1980, 765).
- Zweckmäßig sind **Aktenvorlagen,** die bereits nach Anlaß und Wichtigkeit sortiert sind. Dabei werden Fristsachen gesondert von Wiedervorlagen und Posteingängen vorgelegt. Es gilt eine Rangfolge: stets geht die Zuordnung zu einer Fristsache der Zuordnung zu Posteingängen oder Wiedervorlagen vor. Die Zuordnung zu Posteingängen geht den Wiedervorlagen vor. Normale Wiedervorlagen können vom Anwalt auch gleich am Aktenschrank abgearbeitet werden. Das erspart Aktenbewegung und dient dem schnelleren koordinierten Arbeitsablauf.

13. Prüfung bei Unterschrift

Der Anwalt prüft bei seiner Unterschrift: 29
- Zuständigkeit des Gerichts;
- Anschrift und Bezeichnung des Gerichts;
- Bezeichnung der Parteien nach Namen, Adressen und Parteirollen;
- Richtigkeit und Vollständigkeit der Anträge;
- eigene Postulationsfähigkeit;
- eigene Unterschrift (s. dazu *Borgmann* AnwBl 1981, 100 Haftpflichtfragen und *Borgmann/Haug,* Anwaltshaftung § 58, 4 b S. 368).

Die Unterschrift muß mehr als eine Paraphe sein. Sie muß erkennen lassen, daß sie aus Buchstaben eines gängigen Alphabets bestehen soll. Lesbar zu sein braucht sie nicht.

14. Unterrichtung des Mandanten

Der Mandant ist über den Verfahrensstand ständig zu unterrichten, insbesondere aber 30
- über Fristen und mögliche Rechtsmittel (*BGH* VersR 1981, 850; NJW 1990, 189).
- Der Ausgang einer solchen Nachricht muß nachweisbar sein, auch wenn dafür keine Kalendernotiz nötig ist (*BGH* VersR 1980, 871). Empfohlen wird ein Ab-Vermerk, der jedenfalls das Personal in die Lage versetzt, zu bekunden, daß das Schreiben auch hinausgegangen ist und damit einen Wiedereinsetzungsantrag ermöglicht (so ausdrücklich *BGH* NJW-RR 1991, 1150).
- Bei widersprüchlichen Weisungen des Mandanten hat der Anwalt eventuell eine Nachfragepflicht über dessen weitere Absichten (*BGH* VersR 1981, 80). Dies auch dann, wenn der Mandant vorher ein Rechtsmittel wünschte und jetzt schweigt oder unerreichbar bleibt (*BGH* VersR 1981, 834). Man kann aber nicht allgemein von einem Anwalt verlangen, daß er von einem Mandanten eine klare Stellungnahme einholt, ob nun ein Rechtsmittel eingelegt werden soll oder nicht. Die Aufforderung zu einer ausdrücklichen Äußerung ist nicht erforderlich, wenn der Anwalt umißverständlich klarstellt, daß er ohne einen ausdrücklichen Auftrag kein Rechtsmittel einlegen werde (*BGH* VersR 1992, 898).

15. Kontrollen

31 Eine ordnungsgemäße Büroorganisation setzt voraus, daß der Anwalt von Zeit zu Zeit überprüft, ob seine Anweisungen auch befolgt werden. Die Rechtsprechung hält dabei für ausreichend:
- Stichproben ca. alle zwei Monate bei bewährtem langjährig **eingearbeitetem Personal** (*BGH* VersR 1967, 1204);
- Bei **neuem,** noch nicht erprobtem **Personal,** unter Umständen ständige Kontrollen (*BGH* VersR 1978, 139); jedoch nicht unter allen Umständen auch für alle Vorgänge (*BGH* VersR 1988, 157).
- Entdeckt der Anwalt Fehler, so muß er entsprechende Vorkehrungen dagegen treffen. Kritische Zeiten (o. Rdnr. 15) beachten.

16. Letzter Moment

32 Eine Frist kann bis zuletzt, das heißt bis 24.00 Uhr des Ablauftages ausgeschöpft werden. Verschiebt man die Erledigung auf diesen absolut letzten Zeitpunkt, so stellt die Rechtsprechung höhere Anforderungen an die anwaltliche Sorgfalt. Wer um 23.00 Uhr noch an einem Begründungsschriftsatz schreibt, muß sich spätestens ab diesem Zeitpunkt in kurzen Abständen einen Wecker stellen oder abwechselnd auf zwei Uhren schauen; er muß den Weg zum Nachtbriefkasten einkalkulieren; er muß bürofremde Boten gegebenenfalls anweisen, ihm noch vor Mitternacht telefonisch zu bestätigen, daß sie den Schriftsatz auch in den Nachtbriefkasten geworfen haben; er muß im Auge behalten, daß ihm zu korrigierende Schriftsätze auch nochmals vorgelegt werden (ansonsten kann er sich darauf verlassen) und ähnliches.

Nachtbriefkasten-Schließsysteme funktionieren manchenorts problematisch. Wirft der Anwalt einen Schriftsatz selbst ein und erhält dieser einen Eingangsstempel vom nächsten Tag, so scheidet ein Wiedereinsetzungsantrag aus. In Frage kommt nur der Nachweis rechtzeitiger Einreichung: hier kann ein Zeuge dienlich sein, der allerdings auch wissen muß, was für einen Schriftsatz der Anwalt in den Nachtbriefkasten geworfen hat. Es gilt das Freibeweisverfahren (*BGH* VersR 1984, 442; NJW 1987, 2875). Umfangreiche Gutachten über die Funktionsfähigkeit von Nachtbriefkästen-Schließmechanismen bereichern die Rechtsprechung (Abweichung um plus/minus einer Sekunde bei konstanter Durchschnittstemperatur von 23°C Celsius, *KG* vom 14. 11. 1985 – 2 U 714/85). – Übrigens: Besondere Glaubwürdigkeit wird dem Anwalt nicht zugebilligt, aber auch nicht weniger als anderen Personen (*BGH* VersR 1974, 1021; VersR 1979, 446).

K III. Text- und Datenverarbeitung

Hans Buschbell/Dr. Christian Wolf, MBA

Übersicht

I. Ist der EDV-Einsatz in der Anwaltskanzlei notwendig? *(Wolf)* ... 1
II. Kanzleiorganisation und EDV *(Wolf)* ... 3
  1. Schwachstellen-Analyse ... 5
  2. Soll-Konzept ... 7
  3. Hilfsmittel zur Kanzleiorganisation ... 9
III. **Textverarbeitung** *(Buschbell)* ... 11
  1. Textverarbeitung – eine Möglichkeit zur Optimierung der anwaltlichen Arbeit ... 11
  2. Anforderungen an ein praxisgerechtes Textsystem ... 14
  3. Textgestaltung ... 25
  4. EDV-gestützte Anwenderhilfe ... 26
  5. Text- und Programmpflege ... 29
  6. Akzeptanz und Einsatz programmierter Textverarbeitung in der Praxis ... 30
IV. **Datenverarbeitung** *(Wolf)* ... 33
  1. Vorbemerkung ... 33
  2. Bestandteile einer anwaltsspezifischen EDV-Lösung ... 35
V. **Entscheidungshilfen** ... 56
  1. Textverarbeitung *(Buschbell)* ... 56
  2. Datenverarbeitung *(Wolf)* ... 65

Literatur: *Bauer/Lichtner*, Computertechnologie im Anwaltsbüro, 1988; *Buschbell*, Datenverarbeitung in Verkehrssachen, in: Deutsche Akademie für Verkehrswissenschaft, 30. Deutscher Verkehrsgerichtstag 1992, Veröffentlichung, S. 179 ff.; *Hoffmann*, PC-Praxis für Juristen, 1989; *Ullrich/Wolf*, EDV-Einführung in der Anwaltskanzlei hrsg. v. Institut der Anwaltschaft, 3. Aufl. 1990; *Ullrich/Wolf*, Entwurf eines Pflichtenhefts, hrsg. v. Institut der Anwaltschaft, 1990; *Wolf*, Textverarbeitung für die Anwaltskanzlei, 3. Aufl. 1990; Marktübersicht EDV-Lösungen für Rechtsanwälte und Anwaltsnotare hrsg. v. Institut der Anwaltschaft, 1993.

I. Ist der EDV-Einsatz in der Anwaltskanzlei notwendig?

Unbestritten kann der **EDV-Einsatz** zu einer wesentlichen Arbeitserleichterung im Anwaltsbüro führen, weil hierdurch eintönige, sich ständig wiederholende und zeitintensive Arbeiten abgenommen bzw. beschleunigt werden (z. B. das Erstellen von Standardschriftgut, der Formulardruck, die Adressenverwaltung, die Abwicklung der Buchhaltung, die fehlerhafte Berechnung umfangreicher Forderungsaufstellungen).   **1**

Berücksichtigt man darüber hinaus, daß einerseits der **Kostenfaktor** in den Kanzleien bei ca. 55–70% liegt, andererseits die Anwaltszahlen nach Schätzungen bis zur Jahrtausendwende um weitere 40% auf ca. 80000 zunehmen, das Arbeitskräfteangebot seit 1990 sinkt, durch die allgemeinen Tendenzen in Richtung auf eine Arbeitszeitverkürzung Produktivitätssteigerungen kaum noch möglich sind, die Kosten für Büromaterial, Miete usw. ständig steigen, die Gebührensätze hingegen stagnieren, so wird deutlich, daß die „Suppe dünner wird". Dieser Entwicklung kann für die eigene Kanzlei nur durch entsprechende organisatorische Maßnahmen, rationellere Arbeitstechniken und EDV-Einsatz begegnet werden. Dabei besteht die Zielsetzung, durch eine Verringerung des zeitlichen und personellen Aufwands für die Bearbeitung der einzelnen Akte die Gesamtkostenbelastung zu reduzieren (wobei die Qualität der Arbeit selbstverständlich gehalten bzw. gar verbessert werden muß).   **2**

II. Kanzleiorganisation und EDV

3   Untersuchungen in Anwaltskanzleien haben gezeigt, daß ein Großteil der Mängel im Kanzleibetrieb im rein organisatorischen Bereich liegt. Sofern diese Problematik vom Anwalt überhaupt erkannt wird, wird vielfach angenommen, derartige Friktionen hätten in der fehlenden oder unzureichenden technischen Ausstattung der Kanzlei ihre Ursache. Organisatorische Mängel werden also als technische Probleme interpretiert. Dies kann zu der verhängnisvollen Schlußfolgerung führen, die möglicherweise gar nicht erkannten organisatorischen Schwachstellen der Kanzlei würden durch ein zu installierendes EDV-System beseitigt. Das ist falsch.

4   Wenngleich **Kanzleiorganisation** und **EDV-Einführung** miteinander zusammenhängen, handelt es sich doch um verschiedene Komplexe: Organisation ist die sinnvolle Ordnung von Arbeitsabläufen, für die die EDV und andere Bürotechnik lediglich Hilfsmittel sein können. In der Konsequenz bedeutet dies, daß vor der Einführung moderner Technologien in der Kanzlei deren Organisation zu überprüfen ist.

1. Schwachstellen-Analyse

5   Bei derartigen Untersuchungen wurden schwerpunktmäßig folgende **Schwachstellen** festgestellt:
– Schlechte telefonische Erreichbarkeit von Kanzlei und Anwalt (insbesondere zu Stoßzeiten),
– Mangelnde Auskunftsfähigkeit der Mitarbeiter,
– Unnötige Belastung des Anwalts mit delegierbaren Routineaufgaben,
– Häufige Aktenbewegungen und Aktensuche (was erhebliche Unruhe in die Kanzlei bringt),
– Ungenügende Nutzung elektronischer Medien im Rahmen der internen und externen Kommunikation,
– Ineffiziente Textverarbeitung,
– Lange Aktenlaufzeiten.

6   Hauptursachen für die genannten **Schwachstellen** sind in erster Linie die stark ausgeprägte Arbeitsteilung bei der Aufgabenerledigung, die fehlende Möglichkeit, ohne körperlichen Aktenzugriff auf darin enthaltene Informationen zugreifen zu können sowie die unzureichende Nutzung von Delegation und standardisierter Aufgabenerledigung.

2. Soll-Konzept

7   Zur Beseitigung der Schwachstellen ist ein **Soll-Konzept** zu erstellen, bei dem eine optimale Kanzleiorganisation erarbeitet und anschließend in der Praxis umgesetzt wird. Im Rahmen dieses Sollkonzepts ist auch zu untersuchen, ob die EDV als sinnvolles Hilfsmittel eingesetzt werden kann.

8   Erfahrungen haben gezeigt, daß sich eine optimale Organisation durch folgende Punkte auszeichnet:
– Sachbereichsbezogene Aufgabenverteilung,
– Gutes Zeitmanagement,
– Aufgabendelegation und
– Optimale Nutzung moderner Kommunikationsformen (intern und extern).

3. Hilfsmittel zur Kanzleiorganisation

Wer glaubt, die mit der sinnvollen Kanzleiorganisation verbundenen Aufgabenstellungen nicht allein bewältigen zu können, dem sei die Einschaltung einer qualifizierten **Organisationsberatung** empfohlen. Die Betonung liegt dabei auf „qualifiziert", womit Erfahrung in Hinblick auf die Organisationsabläufe in Anwaltskanzleien gemeint ist. 9

Die **Deutscher Anwaltverlag & Institut der Anwaltschaft GmbH** (Lengsdorfer Hauptstraße 75, 5300 Bonn 1), eine Einrichtung des Deutschen Anwaltvereins e. V. und der Hans Soldan GmbH, führt seit mehreren Jahren erfolgreich Organisationsberatungen in Rechtsanwalts- und Notarkanzleien durch. 10

III. Textverarbeitung

1. Textverarbeitung – eine Möglichkeit zur Optimierung der anwaltlichen Arbeit

a) Textverarbeitung – eine Anwendungsmöglichkeit der EDV. Seitdem es das Medium der Datenspeicherung und hierauf gestützt die elektronische Datenverarbeitung (EDV) gibt, gilt der Begriff der Textverarbeitung – auch programmierte Textverarbeitung (PTV) genannt – als ein „Zauberwort" für die Anwaltschaft. Dies beruht einfach auf der Erkenntnis oder zumindest Ahnung, daß durch Textverarbeitung die Arbeit des Anwaltes wesentlich erleichtert und effizienter gestaltet werden kann. Schwerpunkt der anwaltlichen Tätigkeit ist es nämlich, Gedanken in Schriftgut zu fassen und für Dritte, etwa Mandanten und Gerichte zu dokumentieren. 11

Untersuchungen haben ergeben, daß es möglich ist, 50% oder mehr des zu erstellenden Schriftgutes durch programmierte Textverarbeitung zu erledigen. Für verschiedene Rechtsgebiete, etwa Familien- oder Verkehrsrecht, dürfte der Anteil sich wiederholenden Schriftgutes noch erheblich höher liegen (speziell zum Bereich Verkehrsrecht vgl. die Darstellung sich wiederholender Korrespondenz in: *Buschbell,* Der Straßenverkehrsfall in der praktischen Abwicklung, 2. Aufl. 1992, S. 405 ff.). Zum Thema „Textverarbeitung" wird im übrigen verwiesen auf die ausführliche Darstellung bei *Wolf,* Textverarbeitung für die Anwaltskanzlei, mit ausführlicher Darstellung der Möglichkeiten der EDV-gestützten Textverarbeitung, den Anforderungen an Hard- und Software sowie einer Kostendarstellung mit Entscheidungshilfe *(Wolf* aaO, S. 35 ff.), einschließlich eines Adressenverzeichnisses der Anbieter sowie mit einem Erfahrungsbericht (*Buschbell,* Textverarbeitung in der Anwaltskanzlei – ein Praxisbericht, in: *Wolf* aaO, S. 70 ff.). 12

b) Die bisherigen Defizite und Probleme bei der Entwicklung und Anwendung von Textsystemen. Der große Durchbruch bei der Textverarbeitung als Anwendungsmöglichkeit der EDV scheitert nach bisheriger Erfahrung nicht an der Technik, d. h. an der Hardware, sondern vielmehr daran, daß bis heute ein gängiges, alle wesentlichen Rechtsgebiete umfassendes, einheitliches und leicht anzuwendendes System eines Textarchivs für sich wiederholende Korrespondenz fehlt. Es ist noch nicht gelungen, eine optimale Synthese zu finden zwischen EDV-Technik und anwaltlichem Know-how. Es fehlt bei der Entwicklung eines anwaltlichen Textsystems an der Umsetzung des anwaltlichen Know-how in die technischen Nutzungsmöglichkeiten. Voraussetzung für einen Rationalisierungserfolg durch Textverarbeitung in der alltäglichen anwaltlichen Arbeit ist ein umfassendes, praktikables und merkfähiges Textsystem 13

(*Buschbell*, So organisieren Sie Ihr Ganzbrief-Archiv – Fertigbriefe, NJW CoR 6/91, S. 23 ff.).

2. Anforderungen an ein praxisgerechtes Textsystem

14 Nicht nur selbstverständlich zu fordernde Qualität des juristischen Inhaltes des programmierten Schriftgutes ist für die Qualität eines Textsystems ausschlaggebend, sondern vielmehr ist ebenso wichtig, daß das Textsystem **umfassend** ist, also die **wichtigsten Rechtsgebiete** umfaßt. Weiter muß es leicht **merkfähig** sein für den Anwalt und den ihn unterstützenden Schreibdienst. Das Textsystem ist hier zu verstehen im Sinne einer logischen Gliederung in der juristischen Praxis vorkommender Texte. Es drängt sich auf, ein solches Textsystem wie folgt zu gliedern:
– nach Sachgebieten
– nach Arbeitsabschnitten sowie
– einheitlich für alle angewandten Rechtsgebiete mit der Möglichkeit des Ausbaus nach zusätzlichen Rechtsgebieten und zusätzlichen Texten.

15 **a) Ein mögliches Gliederungssystem**
    aa) Einteilung in Sachgebiete. Als mögliches Organisationsmodell bietet es sich an – und dies ist als Idee und Vorschlag zu verstehen –, das Textsystem nach Rechtsgebieten zu gliedern und diese wiederum in Zahlengruppen einzuteilen oder durch Buchstaben zu kennzeichnen. Als eine mögliche Gliederung bietet sich folgende Einteilung, gegliedert nach Rechtsgebieten und nach Zahlenkennungen, an:

Verkehrsunfallbearbeitung	100
Mahn- und Vollstreckungswesen	200
Arbeits- und Sozialrecht	300
Zivilrecht	400
Ehe-/Familienrecht	500
Straf- und OWi-Sachen	600
Korrespondenz Rechtsschutz	700

Die vorstehende Einteilung und Gliederung ist selbstverständlich beliebig ergänzbar, z. B. durch öffentliches Recht, Wettbewerbsrecht etc.. Das Gliederungssystem der 100er Zahlenreihe bietet nicht nur die Möglichkeit, zum jeweiligen Sachgebiet 100 Texte einzubinden. Innerhalb dieser in 100er Blöcke eingeteilten Textgruppe können hinter der 100er Ziffer weitere Untergliederungen vorgenommen werden, z. B. durch die Ziffernkennung 500–10 oder z. B. 501–20, –30 ff., so daß beliebig viele, jedenfalls ausreichend Texte archiviert werden können.

16 Wichtig ist der verschiedene Rechtsgebiete übergreifende Bereich „**Korrespondenz Rechtsschutz**". In der Praxis ist regelmäßig für den Mandanten Korrespondenz mit der Rechtsschutzversicherung zu führen, z. B. die Meldung eines Rechtsschutzfalles, Sachstandsmitteilung oder der Kostenkorrespondenz. Es wurde erreicht, die Korrespondenz mit der Rechtsschutzversicherung einheitlich und systemgerecht in die übrige, speziell Mandantenkorrespondenz – gleichsam synchron – einzubinden. Die Korrespondenz mit der Rechtsschutzversicherung ist als selbständiger Sachbereich zu betrachten. Die gesamte **Kostenkorrespondenz** mit dem Rechtsschutz ist in gleicher Weise eingebunden. Die Textkennung in der Kostenkorrespondenz mit dem Mandanten und der Rechtsschutzversicherung unterscheidet sich nur durch die differenzierte Sach-

gebietskennziffer und ist im übrigen gleich. Der Text des Abrechnungsschreibens mit dem Mandanten hat so z. B. die Kennziffer 470, während der entsprechende Text für die Rechtsschutzversicherung die Textkennziffer 770 hat.

Im übrigen bietet die Gliederungssystematik die Möglichkeit, für spezielle Mandanten, z. B. **Großmandanten,** das gleiche Text- und Gliederungssystem anzuwenden und die hierbei verwandten Texte auf die speziellen Bedürfnisse der Korrespondenz mit dem Mandanten anzupassen, etwa durch eine angefügte spezielle Ziffern- oder Buchstabenkennung. Ebenso können z. b. zum jeweiligen Rechtsgebiet **Vertragsmuster** eingebunden werden, etwa zum Bereich Familienrecht durch Reservierung der Textgruppe 520–529 ff. Auf diese Weise kann erreicht werden, daß die Sammlung von Vertragsmustern systematisch verknüpft wird mit der Korrespondenz zu einem bestimmten Rechtsgebiet. Ebenso wird auf diese Weise eine optimale Übersicht über archivierte Vertragsmuster erreicht. 17

bb) Gliederung in einheitliche Arbeitsabschnitte. Die einzelnen Sachgebiete sollen systematisch in Abschnitte unterteilt werden. Hierbei erscheint es sinnvoll, die Untergliederung nach Arbeitsabläufen entsprechend dem Ablauf der Bearbeitung eines Mandanten zu gliedern, z. B. beginnend mit der Annahme des Mandates bis zum Schlußbericht. Es bietet sich folgende Untergliederung nach Arbeitsabschnitten an, jeweils eingeteilt in Ziffernbereiche innerhalb eines Sachgebietes, z. B.: 18

Sachbearbeitung allgemein   0–39
Rechtsmittel   40–49
Kosten- und Gebührenkorrespondenz 50–79
Parteikorrespondenz   80–99

Wichtig ist, daß diese Gliederung der Arbeitsabschnitte einheitlich gehandhabt wird für die Textsammlung zu allen innerhalb des Textverarbeitungssystems angewandten Rechtsgebieten.

cc) Tabellarische Darstellung des Gliederungssystems. Eine Zusammenfügung der Gliederung nach Sachgebieten und Arbeitsabschnitten ergibt folgende bunden ist auch die Korrespondenz mit der Rechtsschutzversicherung. Somit ergibt sich eine gleiche systematische Übersicht über das Textarchiv der Gebühren- und Kostenkorrespondenz in Straf- und OWi-Sachen. 19

19 cc) **Tabellarische Darstellung des Gliederungssystems.** Eine Zusammenfügung der Gliederung nach Sachgebieten und Arbeitsabschnitten ergibt folgende Gliederungsübersicht:

Kennziffer-gliederung	Unfallbe-arbeitung	Mahnung	Arbeits-recht	Zivil-prozeß	Scheidung	Straf.-u. OWi	Korres-pondenz Rechts-schutz
0–39 Allg. Sach-bearbeitung	100–139	200–239	300–339	400–439	500–539	600–639	700–739
40–49 Rechts-mittel Klagen	140–149	240–249	340–349	440–449	540–549	640–649	740–749
50–79 Kosten-wesen	150–179	250–279	350–379	450–479	550–579	650–679	750–779
80–99 Partei-Korres-pondenz	180–199	280–299	380–399	480–499	580–599	680–699	780–799

20 dd) **Anwendungsmöglichkeiten und Nutzen eines systematischen Textarchivs.** Erstaunlich ist, welche Systematisierung und Übersicht zu erreichen ist, wenn ein Textarchiv nach einem merkfähigen Gliederungssystem aufgebaut ist. Neben der selbstverständlichen Gliederung nach Sachgebieten und der hiermit verbundenen merkfähigen Ziffernkennung sowie der dargestellten Einteilung in Arbeitsabschnitte ergeben sich noch zusätzliche Möglichkeiten, die Systematik und damit die Merkfähigkeit zu erhöhen. Zunächst wird im Gliederungssystem innerhalb der Sachgebiete davon ausgegangen, daß die Folge im Aufbau des Textarchivs der **Folge der Arbeitsschritte** bei der Bearbeitung eines Mandates entspricht, also beginnend mit der Annahme des Mandates, dem Beginn der Korrespondenz mit der Gegenseite oder der Bestellung bei Gericht, über Rechtsmittel, Kostenkorrespondenz bis einschließlich der Mandantenkorrespondenz. Eine Verbesserung der Systematik kann auch erreicht werden dadurch, daß für bestimmte Tätigkeitsbereiche stets bestimmte Ziffernkennungen und -kombinationen verwandt werden, z. B. differenziert für den Bereich der Verteidigung in Verkehrssachen zwischen OWi- und Strafverfahren. Dies gilt insbesondere auch für die Verbindung zwischen Sachbearbeitung und notwendiger Information an den Mandanten und insbesondere aber für den Bereich der Kosten- und Gebührenkorrespondenz.

Textverarbeitung **K III**

Eine systematische Analyse der Gebühren und Kostenkorrespondenz ergibt, daß nur 21
wenige Textvarianten erforderlich sind, um den Mandanten und ggf. eine beteiligte Sach- oder Rechtsschutzversicherung zu informieren und die Kosten- und Gebührenkorrespondenz abzuwickeln. Die Analyse dieser Korrespondenz ergibt, daß hier nach wenigen Kriterien zu unterscheiden ist, um ein umfassendes, praktikables und zugleich merkfähiges Textsystem aufzubauen. Zunächst ist zu unterscheiden zwischen
– Aktiv- und
– Passivprozeß.
Diese Verfahren können im wesentlichen für den Mandanten folgendes ergeben bzw. entsprechende Kosten- und Gebührenkonsequenz haben
– Rechtsstreit gewonnen – Kostenlast Gegner
– Rechtsstreit verloren – Kostenlast Mandant
– Kostenquotelung
– Kostenregelung gem. Vergleich
Zusätzlich ist zu unterscheiden zwischen den Instanzen, also
– 1. Instanz oder
– 2. (oder evtl. weiterer) Instanz.
Schließlich kann sich die Notwendigkeit differenzierter Korrespondenz ergeben, wenn neben dem Mandanten z. B. im Bereich des Verkehrszivilrechtes beteiligt sind
– der Mandant und zusätzlich als Auftraggeber
– eine Sachversicherung und ggf.
– eine Rechtsschutzversicherung.
Im Bereich Zivilrecht und im Bearbeitungsabschnitt Gebührenkorrespondenz sind die anzuwendenden Schriftsätze sowohl für Aktiv- wie auch Passivprozesse gekennzeichnet durch die Grundzahl
471.00 ff. – 1. Instanz
472.00 ff. – 2. Instanz
Weitere Differenzierungen sind vorgenommen durch differenzierende Endziffern, unterschieden nach Art der Beteiligten, nämlich z. B. für die 1. Instanz
– mit Rechtsschutz   471–10 ff.
– ohne Rechtsschutz   471–20 ff.
– Sachversicherung beteiligt   471–70,
und zwar jeweils gleich innerhalb der Ziffernfolge. Hervorzuheben ist die Einbindung der Korrespondenz mit Rechtsschutz, lediglich unterschieden durch die Grundzahl 771 bzw. 772. Aus dieser Zahlenkombination folgt, daß der Anwalt bzw. die ihn unterstützende Sekretärin neben dem Verständnis für das System sich lediglich bestimmte Grundziffern merken muß.

Faßt man die vorstehende Analyse in eine Systematik zusammen, so ergibt 22
sich im Bereich des Zivilrechtes folgende mögliche Übersicht der Texte und Textkennungen für Korrespondenz bzw. Schriftsätze zur Kostenkorrespondenz mit dem Mandanten oder sonstigen Beteiligten. Aus der Zusammenstellung ergibt sich im Bereich Zivilprozeß „Aktiv" 1. Instanz und 2. Instanz sowie „Passiv" 1. und 2. Instanz, also ein Auszug aus der **Gesamtübersicht:**

Buschbell 1365

K III

Text- und Datenverarbeitung

Ergebnis	Zivilprozeß Aktiv: 1. Instanz Kostenträger					2. Instanz Kostenträger				
	Mdt.	m. RS	o. RS	Sach-vers.	RSV	Mdt.	m. RS	o. RS	Sach-vers.	RSV
	471–			771–		472–			772–	
gewonnen	10	20	70	10		10	20	70	10	
Quotelung	11	21	71	11		11	21	71	11	
verloren	12	22	72	12		12	22	72	12	
Vergleich	13	23	73	13		13	23	73	13	
Versäumnisurteil	14	24	74	14		14	24	74	14	
	Passiv: 1. Instanz Kostenträger					2. Instanz Kostenträger				
	Mdt.	m. RS	o. RS	Sach-vers.	RSV	Mdt.	m. RS	o. RS	Sach-vers.	RSV
	471–			771–		472			772–	
gewonnen	15	25	75	15		15	25	75	15	
Quotelung	16	26	76	16		16	26	76	16	
verloren	17	27	77	17		17	27	77	17	
Vergleich	18	28	78	18		18	28	78	18	
Versäumnisurteil	19	29	79	19		19	29	79	19	

Diese Systematik kann gleichzeitig als **Verfügungsvordruck** für den Sachbearbeiter an das Sekretariat oder an die Kostensachbearbeitung dienen.

23 Aus der vorstehenden Übersicht ergibt sich eine merkfähige Darstellung der in Betracht kommenden und anzuwendenden Texte. Die Merkbarkeit wird durch bestimmte sich wiederholende und logische Kriterien bzw. Ziffernkennungen, z. B. zum Bereich Zivilprozeß erreicht.

Ebenso ist die umfangreich anzuwendende Kostenkorrespondenz im Bereich des Straf- und OWi-Rechtes gestaltet. Hierbei muß man die verschiedenen möglichen Arten der Erledigung eines Straf- und OWi-Verfahrens analysieren. Es ergibt sich folgende Unterscheidung:
– Erledigung vor gerichtlicher Anhängigkeit
– Erledigung nach gerichtlicher Anhängigkeit durch
   – Einstellung
   – Verurteilung
   – Freispruch
   – Teilfreispruch
und zwar in gleicher Weise für die in Betracht kommenden Instanzen.

24 Hierbei ergibt sich: Differenzierungen ebenfalls in der Gliederung können besondere Texte und insbesondere differenzierende Informationen für den Mandanten bedingen, z. B. bei in Rede stehenden Führerscheinmaßnahmen. Eingebunden ist auch die Korrespondenz mit der Rechtsschutzversicherung. Somit ergibt sich eine gleiche systematische Übersicht über das Textarchiv der Gebühren- und Kostenkorrespondenz in Straf- und OWi-Sachen.

Textverarbeitung   K III

Übersicht Textgliederung u. Verfügungsblatt
– Kostenkorrespondenz in Straf- und OWi-Verfahren **ohne** HV

Vorschußanforderung	Kostenträger			
	Mdt.	m. RS	o. RS	RS
	650–		750–	
– allgemein		—	00	00
– bei nur teilweise Rechtsschutz		01	—	01

Erledigung Verfahren ohne HV	Kostenträger			
	Mdt.	m. RS	o. RS	RS
	650–		750–	
– allgemein (Straf- u. OWi-Verfahren)				
– ohne Bußzahlung		11	12	11
	651–		751–	
– Einstellung Strafsache bei Fortführung als OWi-Sache		01	02	01
– Einstellung-auch-als OWi-Verfahren		11	12	11
– gegen Bußzahlung		31	32	31
	652–		752–	
– Einstellung ohne Bescheid/ Verfolgungsverjährung		01	02	01
	653–		753–	
– kein Einspruch				
– Bußgeldbescheid		11	12	11
– Strafbefehl		21	22	21
	654–		754–	
– Rücknahme Einspruch				
– Bußgeldbescheid		11	12	11
– Strafbefehl		21	22	21
	655–		755–	
– kein Einspruch/Rücknahme Einspruch (speziell bei FS-Maßnahme)				
– Bußgeldbescheid mit Fahrverbot		01	02	01
– Strafbefehl				
– Fahrverbot		11	12	11
– Entzug Fahrerlaubnis		21	22	21

K III

Text- und Datenverarbeitung

OWi-Verfahren	Kostenträger			
	Mdt.	m. RS	o. RS	RS
Beschlußentscheidung		656– 01	756– 02	01

Korrespondenz zur Begründung Gebührenhöhe	Kostenträger			
	Mdt.	m. RS	o. RS	RS
	657–		757–	
– Mittelgebühr, allgemein		—	01	01
– Mittelgebühr, OWi-Verfahren, § 105 BRAGO		—	11	11
– nach Einstellung Strafverfahren und Übergang OWi-Verfahren, § 105 BRAGO		—	21	21
– Strafsache, § 84 BRAGO		—	31	31
freier Textbereich	658–		758–	

Abrechnung Strafantrag und Strafanzeige	Kostenträger			
	Mdt.	m. RS	o. RS	RS
	659–		759–	
– bei Einstellung gegen Gegner nach Strafantrag		—	01	—
– bei Verweisung auf Weg der Privatklage nach Strafanzeige		—	02	—

– Kostenkorrespondenz in Straf- und OWi-Verfahren **mit** HV

Einstellung in HV	1. Instanz Kostenträger				2. Instanz Kostenträger			
	Mdt.	m. RS	o. RS	RS	Mdt.	m. RS	o. RS	RS
	660–			760–	660–			760–
OWi-Verfahren – Allgemein	11		12	11	—		—	—
Strafverfahren – ohne Bußzahlung	21		22	21	41		42	41
– gegen Bußzahlung	31		32	31	61		62	61

Textverarbeitung **K III**

Verurteilung	1. Instanz Kostenträger Mdt. m. RS o. RS		RS	2. Instanz Kostenträger Mdt. m. RS o. RS		RS
	661–		761–	662–		762–
OWi-Verfahren						
– allgemein						
rechtskräftig	11	12	11	—	—	—
– nicht rechtskräftig	14	15	14	—	—	—
– Rechtsbeschwerde	—	—	—	11	12	11
Strafverfahren						
– allgemein						
rechtskräftig	21	22	21	21	22	21
– nicht rechtskräftig	24	25	24	24	25	24
– Verwarnung mit Strafvorbehalt						
– allgemein						
rechtskräftig	51	52	51	51	52	51
– nicht rechtskräftig	54	55	54	54	55	54

Freispruch (ohne Differenzierung nach Rechtskraft)	1. Instanz Kostenträger Mdt. m. RS o. RS		RS	2. Instanz Kostenträger Mdt. m. RS o. RS		RS
	661–		761–	662–		762–
OWi-Verfahren	81	82	81	—	—	—
– Antrag auf Zulassung Rechtsbeschwerde	—	—	—	81	82	81
Strafverfahren						
– im Ganzen	91	92	91	91	92	91
– teilweise	94	95	94	94	95	94

Verurteilung/Freispruch speziell mit FS-Maßnahme	1. Instanz Kostenträger Mdt. m. RS o. RS		RS	2. Instanz Kostenträger Mdt. m. RS o. RS		RS
	665–		765–	666–		766–
Verurteilung						
OWi-Verfahren						
– rechtskräftig	11	12	11	—	—	—
– Rechtsbeschwerde	—	—	—	11	12	11
Strafverfahren						
– rechtskräftig	21	22	21	21	22	21
– nicht rechtskräftig	24	25	24	24	25	24
Entzug Fahrerlaubnis	31	32	31	31	32	31
Freispruch						
OWi-Verfahren						
– Fahrverbot (Rechtsbeschwerde)	81	82	81	81	82	81
Strafverfahren						
– Entzug Fahrerlaubnis	91	92	91	91	92	91

Buschbell

K III   Text- und Datenverarbeitung

Korrespondenz zur Begründung Gebührenhöhe	1. Instanz Kostenträger Mdt. m. RS o. RS	RS	2. Instanz Kostenträger Mdt. m. RS o. RS	RS
	667–	767–		
Mittelgebühr				
– OWi-Verfahren	11	12	11	
– Strafverfahren	21	22	21	

3. Textgestaltung

25 Aus der Praxis weiß man, daß vielfältige Textfassungen in Betracht kommen, je nachdem, ob die Gegenseite anwaltlich vertreten ist oder nicht. Um zu verhindern, daß die Textzahl unübersehbar wird, ist die inhaltliche Gestaltung der Texte so zu fassen, daß der Text passend ist für möglichst viele in Betracht kommende Fallgestaltungen. Dies erreicht man durch neutrale Formulierungen, z. B. anstelle „wird Ihnen gegenüber geltend gemacht..." oder bei anwaltlicher Vertretung „wird gegenüber Ihrer Mandantschaft geltend gemacht...", wird formuliert „wird für die hier vertretene Mandantschaft geltend gemacht...". Gleiches gilt für die gerichtliche Korrespondenz. Anstelle der Parteibezeichnung als Kläger bzw. als Klägerin oder Beklagte/r formuliert man: „klagende Partei" oder „beklagte Partei". Dies mag sprachlich nicht bester Stil sein. Eine solche Lösung erscheint aber akzeptabel und sinnvoll im Rahmen einer spezialisierten Fachsprache. Im übrigen hat es sich in der Praxis bewährt, die Texte nicht als Bausteine, sondern als Ganzbriefe zu fassen.

4. EDV-gestützte Anwenderhilfe

26 Die Datenverarbeitung ermöglicht die Unterstützung der Organisation und Mandatsabwicklung. Selbstverständlich ist hier die Erfassung der Mandantenstammdaten, der Daten zum Sachverhalt sowie von sonstigen Beteiligten.

27 **a) Einbindung von rechtlichen Hinweisen zur Textverarbeitung.** Wichtig für die Qualität der Arbeit ist es, wenn auch zu den anzuwendenden Texten Hinweise zu der in Betracht kommenden rechtlichen Problematik gegeben werden, sog. rechtliche Hinweise. Diese könnten z. B. zum Verkehrsrecht zum Bereich des Fahrzeugschadens die maßgebliche Rechtsprechung zur Schadensabrechnung enthalten. An Textprogramme ist also die Anforderung zu stellen, daß neben dem angebotenen Text auch die zum anzuwendenden Text sich ergebende mögliche rechtliche Problematik behandelt wird. Die Behandlung von Rechtsfragen in Verbindung mit der Textanwendung sollte parallel zum jeweiligen Text oder Textbereich angeboten werden. Gleiches gilt für mögliche Literaturhinweise. Dies ist sicherlich eine nicht unlösbare Frage der Anwendersoftware der Textverarbeitungsprogramme.

28 **b) Darstellung der notwendigen Arbeitsschritte.** Neben den in der Textverarbeitung angebotenen und anzuwendenden Texten sowie rechtlichen Hinweisen hierzu sollte auch das Textverarbeitungsprogramm kombiniert sein mit einem Arbeitsablaufprogramm. Dieses Programm sollte dem Anwender gleichzeitig aufzeigen, welche Schritte parallel oder in Folge zu bearbeiten sind. Die

Textverarbeitung K III

vorstehend angeführten Kriterien zur umfassenden Nutzung von Datenverarbeitung in Verbindung mit Textverarbeitung zeigen, daß die Nutzungsmöglichkeiten der Text- und Datenverarbeitung noch optimiert werden müssen (vgl. *Buschbell*, Datenverarbeitung in Verkehrssachen, 30. Verkehrsgerichtstag 1992, S. 179 ff.).

5. Text- und Programmpflege

Kein System kann den Anspruch erheben, zeitlos und vollständig zu sein. Aufgrund von Erfahrungen in der Praxis müssen notwendige Ergänzungen vorgenommen werden. Diese müssen in das Textsystem integriert werden. Das Textsystem muß aber so gegliedert sein, daß zu den einzelnen Sachgebieten neue Texte selbstverständlich, unkompliziert und systemgerecht eingebaut werden können. 29

In der Praxis ist es zu empfehlen, nicht jeden möglichen neuen Text spontan einzubauen, sondern Texte, die in das Textsystem übernommen werden sollen, zu sammeln und nach eingehender Prüfung sorgfältig in das System einzubinden. Organisatorisch ist hierbei daran zu denken, daß alle in der Praxis vorhandenen Texthandbücher in der Gliederungsübersicht und im Textteil ergänzt werden müssen. Für die Akzeptanz in der Praxis ist es auch wichtig, über den jeweiligen Ausbau des Textsystems alle Anwender zu informieren.

Für die stetige Verbesserung der Anwendung der Textverarbeitung ist der Erfahrungsaustausch wichtig. Dies gilt zunächst innerhalb der eigenen Praxis, und darüber hinaus sollte von den Anbietern von Textsystemen verlangt werden, daß ein Erfahrungsaustausch stattfindet, etwa schriftlich oder möglichst durch Anwendertreffen.

6. Akzeptanz und Einsatz programmierter Textverarbeitung in der Praxis

Für den Nutzeffekt des entwickelten oder angeschafften Textverarbeitungssystems ist es wichtig, die Textanwendung so zu organisieren, daß sie von allen in Betracht kommenden Anwendern auch akzeptiert wird. Von der Lösung des **Akzeptanzproblems** hängen der Erfolg und die Effizienz der Textverarbeitung ab. Die Einführung der Textverarbeitung ist abgestimmt auf die Gegebenheiten der Praxis genauestens zu organisieren und in die Praxisorganisation einzubinden. Die Arbeitsabläufe im Schreibsekretariat müssen ggf. neu durchdacht und organisiert werden. Selbstverständlich muß an jedem Arbeitsplatz ein Texthandbuch mit Gliederungsübersicht vorhanden sein. Wichtigster Punkt ist aber das Kennen des Textsystems. Um dies zu erreichen, muß der Anwalt bereit sein, eine Schulung zum Textsystem zu akzeptieren und die hierfür notwendige Zeit aufzuwenden. Dies ist nur möglich bei der Einsicht, daß diese Zeitinvestition wirklich im Ergebnis lohnend ist. Zusätzlich müssen alle Mitarbeiter, die bei der Anwendung der Textverarbeitung eingesetzt werden, fortlaufend geschult werden. 30

Die Bestimmung eines „**Systembeauftragten**" für die Textverarbeitung ist ein empfehlenswerter Weg, die Anwendung und Fortentwicklung der Textverarbeitung zu organisieren. Der so Beauftragte hat die Aufgabe, die Organisation der Einführung und der Anwendung vorzunehmen und weiterzuentwickeln und ebenso die Anwendung und Fortentwicklung der Texte. 31

Der Einsatz der Textverarbeitung in der Praxis bereitet häufig Schwierigkeiten, weil es Überschneidungen zwischen individuellen Textdiktaten und pro- 32 grammierter Textverarbeitung gibt. In der Praxis hat es sich bewährt, im Arbeitsablauf bei der Sachbearbeitung grundsätzlich zu unterscheiden bei den vorgelegten Akten zwischen solchen Vorgängen, bei denen ein individueller Schriftsatz diktiert werden muß, und solchen, bei denen die zu erledigende Korrespondenz per Textverarbeitung erfolgen kann. Die Textverarbeitung selbst sollte durch eine entsprechende Verfügung zur Erledigung an das Schreibsekretariat erfolgen.

IV. Datenverarbeitung

1. Vorbemerkung

33 Neben den Möglichkeiten der unter Rdnr. 11 ff. dargestellten Textverarbeitung ist zu prüfen, ob die kanzleispezifischen Arbeitsabläufe durch den Einsatz anwaltspezifischer EDV-Technologie unterstützt werden können. Wenngleich diese Frage vielfach spontan zu bejahen ist, soll die EDV – um nicht zum Selbstzweck zu verkümmern – nur dort eingesetzt werden, wo sie unter dem Strich „mehr bringt als sie kostet". Das erfordert – will man Zufallsergebnisse vermeiden – eine entsprechende Analyse, also einen Vergleich von „Was kostet das?" und „Was bringt das?". Ergibt diese Analyse, daß sich bereits jetzt durch den EDV-Einsatz – trotz der dafür aufgewendeten Mehrkosten – letztlich Geld einsparen läßt, so muß – betriebswirtschaftlich gesehen – entsprechend investiert werden.

34 Die Tatsache, daß heute aber erst ein kleiner – wenn auch wachsender – Teil der Anwaltsbüros mit EDV arbeitet, hängt nicht damit zusammen, daß die dort installierten EDV-Systeme möglicherweise nicht nutzbringend eingesetzt werden, sondern damit, daß das Thema „EDV in der Anwaltskanzlei" immer noch weitgehend neu ist. Viele Anwälte haben den möglichen Nutzen der EDV noch gar nicht erkannt und stehen deshalb der Einführung neuer Technologien nicht so aufgeschlossen gegenüber, wie das in ihrem eigenen Interesse wünschenswert wäre. Gründe für die Zurückhaltung bilden mangelnde Kenntnis vorhandener Möglichkeiten, emotional geprägte Schwellenängste vor der Computertechnik sowie negative Erfahrungen bei Kollegen oder im eigenen Büro. Hinzu kommt, daß der Anwalt auf dem Gebiet der Büroorganisation und Bürotechnik in der Regel Autodidakt ist. Das sollte jedoch nicht davon abhalten, möglichst unvoreingenommen und sachlich den Einsatz von EDV in der Kanzlei zu prüfen. Dies ist sicher nicht leicht, weil das Angebot und das Leistungsspektrum der in der Anwaltskanzlei einsetzbaren EDV ausgesprochen groß ist. Es beginnt bei Kleinrechnersystemen, die nur für spezielle Aufgaben wie Gebührenabrechnung oder Forderungsberechnung eingesetzt werden können, und endet bei komplexen mehrplatzfähigen EDV-Lösungen, deren Programmodule im folgenden beschrieben werden.

2. Bestandteile einer anwaltsspezifischen EDV-Lösung

35 Wenn im folgenden von EDV die Rede ist, so sind hiermit Computer gemeint, die über das Leistungsspektrum reiner Textsysteme bzw. Schreibcomputer hinausgehen, weil sie – mit entsprechender Software ausgestattet – auch z. B. eine EDV-gestützte Buchführung ermöglichen. Diese Art von EDV ist wegen ihrer Multifunktionalität und eines mittlerweile ähnlichen Preisniveaus reinen Textsystemen bzw. Schreibcomputern generell vorzuziehen. Daß anwaltspezifische EDV-Lösungen selbstverständlich auch mit einem Textverarbeitungsmodul ausgestattet sind bzw. fremde Textsoftware eingebunden werden kann, soll

hier nur am Rande erwähnt werden. Details hierzu finden sich oben unter Rdnr. 11 ff.

a) Stammdatenverwaltung. Mit der **Stammdatenverwaltung** erfolgt der eigentliche Einstieg in anwaltspezifische Software. Die Stammdaten bezeichnen die im EDV-System hinterlegten Angaben zu einzelnen Personen und Akten. Die Stammdatenverwaltung bildet eine wichtige Säule des gesamten Anwaltspakets, weil die dort erfaßten Daten mit anderen Programmodulen verknüpft und somit für viele Funktionsbereiche der EDV-Lösung herangezogen werden können („**Integration**"). So sind dieselben Stammdaten z. B. für das Schreiben von Adressen in der Textverarbeitung, im Rahmen der Buchhaltung oder bei Gebührenabrechnungen verwendbar. Das Komfortable an einer Stammdatenverwaltung ist, daß man durch Eingabe bestimmter einzelner oder mehrerer miteinander verknüpfter Suchbegriffe (z. B. Name, Postleitzahl, Prozeßregisternummer) blitzschnell nach den Daten suchen kann, die diesen Begriffen zugeordnet sind. 36

Im Bereich der Stammdaten wird bei vielen Anwaltsprogrammen zwischen den Adressen- und Aktenstammdaten unterschieden. Die **Adressenstammdaten** umfassen neben der eigentlichen Adresse meist auch Angaben zum Geburtsdatum, zur Bankverbindung, Telefonnummern, Versicherungen usw. aber auch, ob es sich bei der Person um einen Mandanten, Gegner, Kollegen oder sonst eine Person handelt. Die Adressenstammdaten beinhalten damit in erster Linie Angaben, die sich an der Person orientieren. Davon zu unterscheiden sind die **Aktenstammdaten**, welche hauptsächlich Angaben zur Akte, wie Prozeßregisternummer, Beteiligte, Streitwert usw. umfassen. Adressen- und Aktenstammdaten sind über bestimmte Suchworte miteinander verbunden, so daß man beispielsweise über den Namen von der Adressen- in die Aktendatei verzweigen kann. 37

Bevor mit den entsprechenden Stammdaten gearbeitet werden kann, müssen diese in das System eingegeben werden. Der hierfür notwendige Erfassungsaufwand kann dem Benutzer zwar nicht abgenommen werden, dafür stehen die Daten nach erfolgter Eingabe dann aber dauerhaft zur Verfügung. Zusätzliche Merkmale, wie die automatische Kollisionsprüfung bei einer Aktenneuanlage, die automatische Vergabe einer Prozeßregisternummer, ein Ortsbuch mit Postleitzahlen sowie ein Gerichtsorteverzeichnis runden komfortable Stammdatenverwaltungen ab. 38

b) Mahnwesen. Das Modul **Mahnwesen** bietet die Möglichkeit, das außergerichtliche und gerichtliche Mahnverfahren (bis zur Erlangung des Vollstreckungstitels) rationeller abzuwickeln. 39

So wird bei der Geltendmachung einer Forderung des Mandanten gegenüber einem Dritten zunächst ein Forderungskonto angelegt (dieses beschreibt das laufende Abrechnungsverhältnis zwischen dem Mandanten als Gläubiger und dem Schuldner). In dem Forderungskonto werden sämtliche dieses Mandat betreffenden Forderungen und Zahlungsbewegungen erfaßt.

Für den außergerichtlichen Mahnbereich stehen zahlreiche vorformulierte Texte bzw. Textbausteine zur Verfügung, deren Verzahnung mit den entsprechenden Stammdaten eine komfortable und schnelle Sachbearbeitung ermöglicht. Im gerichtlichen Bereich wird die Erstellung eines Antrags auf Erlaß eines Mahnbescheids erheblich vereinfacht, sofern vorher bereits die Daten des Schuldners (in der Stammdatenverwaltung) und die Forderungen (in der 40

Forderungsbuchhaltung) erfaßt worden sind. Das EDV-System ist dann nämlich in der Lage, aus den gespeicherten Daten automatisch einen Antrag auf Erlaß eines Mahnbescheids zu erstellen, wobei die mittlerweile aufgelaufenen Zinsen ebenso wie zwischenzeitlich erfolgte Zahlungen berücksichtigt werden.

41 **c) Zwangsvollstreckung.** Gerade im **Zwangsvollstreckungs**verfahren bietet die EDV gegenüber herkömmlichen Bearbeitungsmethoden erhebliche Vorteile: Da einerseits im Wettlauf der Gläubiger die Schnelligkeit ein wichtiges taktisches Hilfsmittel zur Rangwahrung ist, andererseits gerade die EDV eine extrem schnelle Sachbearbeitung ermöglicht, werden Rechtsverluste auf der Gläubigerseite auf eine Minimum reduziert. Hinzu kommt, daß – betriebswirtschaftlich gesehen – im Vollstreckungsbereich die geringsten Deckungsbeiträge erwirtschaftet werden, weil die Vollstreckungsaufträge zeit- und personalintensiv und somit auch bei hohen Streitwerten kaum kostendeckend bearbeitet werden können. Dem Rechtsanwalt bleibt somit nur, solche Mandate abzulehnen oder sie – wenn er aus Gründen der Mandantenpflege zur Übernahme verpflichtet ist – meist mit Verlust abzuwickeln bzw. auf die Unterstützung durch die EDV zurückzugreifen. Letzteres ist in den meisten Fällen am sinnvollsten.

42 Die Arbeit mit dem Zwangsvollstreckungsmodul sieht vereinfacht so aus, daß zunächst – sofern noch nicht vorhanden – ein Forderungskonto (auch Vollstreckungskonto genannt) angelegt wird, in dem sämtliche Forderungen und Zahlungsbewegungen dokumentiert werden. Häufig wird hier auch der gesonderte Ausweis von Zinsen geboten, die für jeden weiteren Tag anfallen. Alle erforderlichen Maßnahmen wie z. B. der Antrag auf Erlaß eines Vollstreckungsbescheids werden durch die Verzahnung mit der Stammdatenverwaltung und Textverarbeitung erleichtert, zumal die Zwangsvollstreckungsmodule in aller Regel zahlreiche Musterschreiben bzw. Textbausteine enthalten.

43 **d) Gebührenabrechnung (BRAGO).** Dieses Modul ermöglicht zunächst, mittels der im System hinterlegten BRAGO-Tabelle zu verschiedenen Gebührentatbeständen automatisch die entsprechenden Gebühren zu berechnen (auch Hebegebühren im Sinne von § 22 BRAGO). Darüberhinaus ist es möglich, den errechneten Gebühren die entsprechenden Auslagen nach den §§ 25 ff. BRAGO zuzuordnen, wobei in der Regel zwischen den tatsächlichen entstandenen Beträgen und Pauschalen unterschieden werden kann.

44 Leistungsfähige Anwaltspakete enthalten darüber hinaus noch weitere Tabellen mit allen gängigen Kostenarten, die zur Abrechnung benötigt werden. Hierzu zählen neben den Gerichts- und Reisekostentabellen auch die Prozeßkostenhilfe sowie diverse Sondergebühren, die in der Praxis immer wieder Probleme bereiten. Beim Einsatz dieser Programmodule kann der Anwalt daher sicher sein, kein Geld mehr zu verschenken, nur weil er einen Teil der ihm zustehenden Gebühren einfach vergessen oder wegen der umständlichen Berechnung von deren Geltendmachung abgesehen hat.

45 **e) Buchhaltung.** Im Rahmen der **Buchhaltung** ist zwischen verschiedenen Einzelbestandteilen zu differenzieren, nämlich der
– Finanzbuchhaltung,
– Mandats- oder Mandantenbuchhaltung und
– Forderungsbuchhaltung.
Für alle Module gilt, daß der Zahlungsvorgang erfaßt und einem Konto zugeordnet wird (Kontierung). Leistungsfähig ist die Buchhaltungssoftware für

den Anwalt in der Regel aber erst dann, wenn Eingaben, die in einem Buchhaltungsmodul gemacht werden, automatisch in die anderen Buchhaltungsbereiche übernommen werden können, so z. B. eine Honorarzahlung auf dem Mandatskonto gebucht und automatisch in der Finanzbuchhaltung berücksichtigt wird. Diese Art der Verzahnung hat den großen Vorteil, daß alle Angaben nur einmal gemacht werden müssen und damit zusätzliche Fehlerquellen entfallen.

aa) Finanzbuchhaltung. Diese umfaßt Sachkonten und Journal und stellt die Gesamtabrechnung dar. Meist ist ein Kontenrahmen vorgegeben, der häufig aber nach individuellen Wünschen abgeändert werden kann. Die meisten Anwaltsprogramme bieten hier lediglich die Einnahme-Überschußrechnung nach § 4 III EStG, die allerdings auch für den ganz überwiegenden Teil der Anwaltskanzleien ausreichend ist; bei anderen Paketen ist auch eine Gewinnermittlung nach § 4 I EStG möglich (Bilanzierung). Umfangreiche Bearbeitungs- und Auswertungsmöglichkeiten (wie z. B. die automatische Aufbereitung der für die Umsatzsteuer-Voranmeldung erforderlichen Daten, Erstellung diverser Saldenlisten usw.) runden leistungsfähige Finanzbuchhaltungsmodule ab.

bb) Mandatsbuchhaltung. Diese bildet in den Einzelmandaten die Abrechnungsgrundlage zwischen dem Anwaltsbüro und dem Mandanten und gibt in der Gesamtheit der Mandate durch umfangreiche Auswertungen und Listen Aufschluß über die kompletten Verbindlichkeiten oder Forderungen in bezug auf den Mandanten.

Bei jeder Buchung wird das Mandatskonto auf den aktuellen Stand gebracht, das heißt, Sollstellungen werden ebenso berücksichtigt wie Zahlungseingänge. Zahlungseingänge werden automatisch auf umsatzsteuerfreie Auslagen, Honorare und Fremdgelder verbucht. Für jedes Mandatskonto kann das System die offenen Forderungen gegenüber dem Mandanten bzw. dessen Guthaben gegenüber der Kanzlei ausweisen.

Neben den einzelnen Mandatskonten können auch jederzeit Mandatssaldenlisten angezeigt und ausgedruckt werden; so ist es z. B. möglich, sich sehr schnell einen Überblick über die Summe von Auslagen- und Gebührenforderungen sowie über die gesamten Fremdgeldbestände zu verschaffen.

cc) Forderungsbuchhaltung. Bei der **Forderungsbuchhaltung** handelt es sich um eine Abrechnung von Forderungen des Mandanten gegen den Schuldner (= Darstellung der Bearbeitung und Abwicklung des Abrechnungsverhältnisses zwischen Gläubiger und Schuldner), bei der die forderungsrelevanten steuerfreien Auslagen und Fremdgelder aus der Mandatsbuchhaltung übernommen werden. Im Gegensatz dazu ergeben sich aus der Forderungsbearbeitung Vermerke über die durch Forderungsmaßnahmen entstandenen Rechtsanwaltsgebühren.

Auf dem – teilweise automatisch – angelegten Forderungskonto werden neben der Hauptforderung die Zinsforderungen sowie die verzinslichen und unverzinslichen Kosten erfaßt. Das Forderungskonto wird so lange aufrecht erhalten, bis alle hierauf erfaßten Forderungspositionen getilgt sind.

Die Führung und Überwachung des Forderungskontos nimmt der Anwalt im Namen seines Mandanten gegenüber dem Schuldner vor. Da Kostenbelastungen und Zahlungseingänge sofort nach den §§ 366, 367 BGB verbucht werden können (Verknüpfung mit den anderen Buchhaltungsmodulen!), ist der aktuelle Forderungsbestand jederzeit ersichtlich und kann bei eventuell folgenden Zwangsvollstreckungsmaßnahmen automatisch übernommen werden.

49   **f) Kanzleiinterne Datenbank.** Diese Art der **Datenbank** ist im Grunde nichts anderes als ein elektronischer Aktenschrank, in dem beliebige Daten wie Adressen, Gerichtsentscheidungen, Literaturfundstellen usw. archiviert werden können. Der Zusatz „kanzleiintern" soll dabei lediglich zum Ausdruck bringen, daß sich der Datenbestand nicht in einem externen, nur über das Postnetz zugänglichen Großrechner („host"), sondern vielmehr im eigenen EDV-System befindet. Datenbankrecherchen werden demnach nicht „online", das heißt unter Kontaktaufnahme mit einem externen Großrechner, sondern vielmehr „offline", also systemimmanent durchgeführt.

50   **g) Termine/Fristen/Wiedervorlage.** Dieses Programmodul ermöglicht die Speicherung aller möglichen Termindaten, wobei man automatisch auf eventuelle Terminüberschneidungen hingewiesen wird. Mit Hilfe des eingebauten Kalenders ist dabei eine automatische Fristberechnung möglich, wobei Sonn- und Feiertage, Gerichtsferien usw. berücksichtigt werden; auch können beliebig Vorfristen gesetzt werden. Bei der **Wiedervorlage** kann eine Übersicht für einen beliebigen Zeitraum angezeigt werden. Dabei können zu jeder Wiedervorlage Bemerkungen hinzugefügt werden, z. B. warum eine Akte auf Wiedervorlage gelegt wurde. Hierdurch ist es dem Anwalt vielfach möglich, ohne Hinzuziehung der „körperlichen" Akte weitere Bearbeitungsschritte festzulegen. Dies trägt zu einer erheblichen Reduzierung des Aktenumlaufs bei.

51   Ein solches im EDV-System enthaltenes Modul hat für den Anwalt und sein Sekretariat den Vorteil, daß jederzeit der aktuelle **Terminkalender** zur Verfügung steht und damit eine optimale Terminplanung möglich ist. Dies gilt nicht zuletzt deshalb, weil im System neben Krankheits- und Urlaubsvertretungen auch private Termine erfaßt werden können.

52   Trotz dieser Vorteile ist bei der Führung des Hauptkalenders allein über das EDV-System insoweit Vorsicht geboten, als bei einem möglichen Haftpflichtfall wegen einer Fristversäumung der Nachweis, daß die Frist tatsächlich eingetragen war, erschwert sein kann: In der Regel werden die überholten Daten ja umgehend aus dem System gelöscht. Deshalb ist es empfehlenswert, in regelmäßigen Abständen – möglichst täglich – den aktuellen Tageskalender auszudrucken und auch nach Erledigung aufzuheben.

53   **h) Kommunikationssoftware.** EDV-Systeme sind neben der Verarbeitung eigener kanzleiinterner Daten auch zum Datenaustausch mit externen Telekommunikationseinrichtungen bzw. Computern geeignet. Als Beispiele für die **Datenfernübertragung (DFÜ)** seien hier nur die Anbindung an das Telex-/Teletexnetz, die DATEV sowie diverse Datenbanken (z. B. **juris**, Celex, Ecodata) genannt. Aufgabe der Kommunikationssoftware ist es in diesem Fall, den Verbindungsaufbau und den Datenaustausch mit den externen Systemen zu ermöglichen.

54   In diesem Zusammenhang ist zu bemerken, daß die Anbindung an die genannten Netze/Datenbanken abgesehen von einem Einzelanschluß auch über sogenannte **Mailboxen** erfolgen kann. Ein Mailboxanschluß hat gegenüber einem Einzelanschluß den großen Vorteil, daß hier zu günstigen Preisen eine Fülle zusätzlicher Dienstleistungen angeboten wird. So kann man mit einem Mailboxanschluß beispielsweise Telexe versenden und empfangen, Übersetzungsdienste nutzen und mehrere Datenbanken „anzapfen".

i) Sonstiges. Neben den oben beschriebenen Programmmodulen bietet fast jeder Hersteller von Anwaltslösungen zusätzliche Programmteile an. Hierbei handelt es sich beispielsweise um notarspezifische Anwendungen, Familiensachen (Texte zum Familienrecht, Berechnungsprogramme für den Versorgungsausgleich usw.), Verkehrsunfallsachen (Texte zum Verkehrsunfallrecht), Module zum Miet-, Arbeits- oder Konkursrecht, automatischer Zahlungsverkehr (Ausdruck vorbereiteter Überweisungsträger), Ferndiagnose (Diagnose von Fehlern am EDV-System über das Telefonnetz) oder Programme zur Nutzung der Fernbuchhaltung. Mittlerweile finden auch Applikationen wie PC-Fax (das die Nutzung des EDV-Systems als Telefaxgerät erlaubt), **electronic banking** oder die Erfassung von Zeithonoraren immer weitere Verbreitung.

V. Entscheidungshilfen

1. Textverarbeitung

Ein praxisgerechtes Textsystem ist abhängig von der jeweiligen Struktur der Kanzlei. Es kommt darauf an, in welchem Umfang Korrespondenz durch Standardtexte, d. h. durch programmierte Textverarbeitung erledigt werden kann. In einer Allgemeinpraxis, in der z. B. in großem Umfang Kraftfahrzeugschadensangelegenheiten oder Angelegenheiten des Familienrechtes bearbeitet werden, fällt in weit größerem Umfang Standardkorrespondenz an, als in einer wirtschaftsberatenden Praxis, in der naturgemäß überwiegend individuell abgefaßte Korrespondenz zu erledigen ist.

a) Texte für die wichtigsten Rechtsgebiete einschließlich der Korrespondenz Rechtsschutz sowie Einbindung von Vertragsmustern. Ein Textsystem ist dann für die Praxis von Nutzen, wenn es die wichtigsten in der Praxis vorkommenden Sachgebiete umfaßt. Hierzu zählen sicherlich in einer Allgemeinpraxis Zivilrecht, evtl. speziell Mietrecht, Arbeitsrecht, Familienrecht, Straf- und OWi-Recht einschließlich der Korrespondenz für das Kraftfahrzeugschadensrecht. Selbverständlich ist, daß nicht alle Nebengebiete, die vielleicht in einer Praxis aufgrund besonderer Spezialisierung eine besondere Bedeutung haben, in einem allgemein angebotenen Korrespondenzsystem bearbeitet sind. Hier muß aber der Grundaufbau des Textsystems so sein, daß die Einbindung von Textsammlungen zu speziellen Rechtsgebieten möglich ist. Ein praxisgerechtes Textsystem muß auch die Korrespondenz mit der Rechtsschutzversicherung umfassen. Darüber hinaus sollten auch, differenziert zu den verschiedenen bearbeiteten Rechtsgebieten, Vertragsmuster eingebunden sein.

b) Merk- und Ausbaufähigkeit des Gliederungssystems. Häufig beinhalten angebotene Textsysteme eine Zusammenstellung von Textbausteinen und Ganzbrieftexten ohne eine systematische und merkfähige Gliederung. Die Qualität eines Textsystems hängt entscheidend davon ab, ob die Texte eingebunden sind in ein die verschiedenen Rechtsgebiete umfassendes einheitliches sowie logisches und damit merkfähiges Textsystem. Nicht die Zahl der Texte, die in einem Textsystem zusammengefaßt sind, ist entscheidend für die Qualität, sondern die Merkfähigkeit. Die Merkfähigkeit muß Vorrang haben vor dem Umfang eines Textsystems. Nur ein merkfähiges Textsystem wird in der Praxis insbesondere von den Mitarbeitern akzeptiert. Ein Textsystem, zu dem die Meinung vorherrscht, daß schneller ein individueller Text verfaßt als in der

Textsammlung ein passender Text gefunden ist, bringt für die praktische Arbeit keinen Nutzen. Es ist empfehlenswert, bei der Entscheidung für ein Textsystem zu prüfen, ob ein in der praktischen Anwendung häufig vorkommender Text, etwa aus der Gebühren- und Kostenkorrespondenz oder der Mandantenkorrespondenz vorhanden und leicht auffindbar zur Verfügung steht.

59 c) **Effiziente Textgestaltung.** Für die Praktikabilität hat sich das **Ganztextsystem** bewährt gegenüber dem Bausteinsystem. Das Ganztextsystem erfordert zwar eine größere Speicherkapazität. Dies spielt aber eine immer geringere Rolle, weil die jetzt angebotenen Systeme immer größere Speicherkapazitäten aufweisen. Das Ganztextsystem ist einmal gegenüber dem Bausteinsystem praktikabler, weil lediglich ein Text zur Anwendung kommt und nicht der Brief aus verschiedenen Bausteinen zusammenzufügen ist. Die Korrespondenz mit einem Ganzbrieftext ist einmal schneller zu handhaben. Darüber hinaus bringt ein Bausteinsystem auch Fehlerquellen in der Textkomposition mit sich.

60 Die Texte müssen so gefaßt sein, daß sie möglichst viele Sachverhalte verständlich und zutreffend beschreiben. Eine wichtige zu beachtende Unterscheidung im Text ist, ob es sich um ein Anschreiben an einen Kollegen handelt oder um ein Anschreiben an eine nicht anwaltlich vertretene Partei. Es ist aber möglich, durch eine **neutral gefaßte Formulierung** den Text so zu fassen, daß er bei beiden Fallgestaltungen verwendet werden kann. Ein weiteres bekanntes Beispiel bei der Texterfassung ist die Parteibezeichnung, z. B. im Zivilprozeß kann im Textsystem gesprochen werden von „klagender" und „beklagter" Partei. Dies mag sprachlich nicht gefallen, ist aber zur Rationalisierung notwendig.

61 d) **Anwenderhilfe für Textanwendung.** Neben den in der Textverarbeitung angebotenen und anzuwendenden Texten sollte auch das Textverarbeitungsprogramm kombiniert sein mit einem **Arbeitsablaufprogramm.** Dieses Programm sollte dem Anwender gleichzeitig aufzeigen, welche Schritte parallel oder in Folge zu bearbeiten sind. Dies bedeutet praktisch, daß z. B. bei der Bearbeitung eines Verkehrsrechtsmandates und der Geltendmachung von Ansprüchen bei der gegnerischen Versicherung hingewiesen wird auf notwendige weitere Arbeitsschritte, nämlich
– Information des Mandanten
– Klärung Rechtsschutzversicherung und ggf. Meldung Rechtsschutzfall
– Einholung von Attesten bei gegebenen Körperverletzungen sowie von Erklärungen über die Entbindung von der Schweigepflicht.
Am Ende jedes Arbeitsschrittes müßte vom Programm angezeigt werden der sich in der Folge systematisch ergebende nächste Schritt, etwa
– Bearbeitungskontrolle
– Klage oder Mahnbescheid sowie
– Vormerkung Wiedervorlage.
Inhalt und Ziel eines solchen umfassenden Programmes von Texten, rechtlichen Hinweisen und der Unterstützung und Führung im Bearbeitungsablauf sollte ein perfektes, EDV-gestütztes Arbeitssystem sein.
Vergleicht man den vorstehend dargestellten Anforderungskatalog mit der jetzt gegebenen Wirklichkeit, so ist erkennbar, daß wir erst am Anfang der Nutzungsmöglichkeiten der Datenverarbeitung stehen.

62 e) **Kommunikationssoftware.** Ein hoher Standard an Qualität und Perfektion in der Textverarbeitung wäre erreicht, wenn die Textverarbeitung in Ver-

bindung mit der genutzten Hard- und Software auch die Möglichkeit direkter Kommunikation bietet per Telefax oder Mailbox etc.

f) Textverarbeitung in Verbindung mit rechtlichen Hinweisen. Bei der anzuwendenden Textverarbeitung sollte im Textprogramm nicht nur der anzuwendende Text zur Verfügung stehen. Wichtig für die Qualität der Arbeit ist es, wenn auch zu den anzuwendenden Texten Hinweise zur in Betracht kommenden rechtlichen Problematik gegeben werden, sog. rechtliche Hinweise. Diese könnten enthalten z. B. im Bereich des Familienrechtes die Grundsätze der Unterhaltsberechnung etc. An Textprogramme ist also die Anforderung zu stellen, daß neben dem angebotenen Text auch die zum anzuwendenden Text sich ergebende mögliche rechtliche Problematik behandelt wird. Die Behandlung von Rechtsfragen in Verbindung mit der Textanwendung sollte parallel zum jeweiligen Text oder Textbereich angeboten werden. Gleiches gilt für mögliche Literaturhinweise. Dies ist sicherlich eine nicht unlösbare Frage der Anwendersoftware der Textverarbeitungsprogramme. 63

g) Programmpflege und Erfahrungsaustausch. Kein Programm kann den Anspruch erheben, zeitlos und vollständig zu sein. Aufgrund von Erfahrungen in einer Praxis müssen notwendige Ergänzungen vorgenommen werden. Diese müssen in das Textsystem integriert werden. Das Textsystem muß aber so gegliedert sein, daß zu den einzelnen Sachgebieten neue Texte selbständig, unkompliziert und systemgerecht eingebaut werden können. 64

In der Praxis ist zu empfehlen, nicht jeden möglichen neuen Text spontan einzubauen, sondern Texte, die in das Textsystem übernommen werden sollen, zu sammeln und nach eingehender Prüfung sorgfältig in das System einzubinden. Organisatorisch ist hierbei daran zu denken, daß alle in der Praxis vorhandenen Texthandbücher in der Gliederungsübersicht und im Textteil ergänzt werden müssen. Für die Akzeptanz in der Praxis ist es auch wichtig, über den jeweiligen Ausbau des Textsystems alle Anwender zu informieren.

Für die stetige Verbesserung der Anwendung der Textverarbeitung ist der Erfahrungsaustausch wichtig. Dies gilt zunächst innerhalb der eigenen Praxis, und darüber hinaus sollte von den Anbietern von Textsystemen verlangt werden, daß ein Erfahrungsaustausch stattfindet, etwa schriftlich oder möglichst durch Anwendertreffen.

2. Datenverarbeitung

a) Problemorientierung/Entscheidungskompetenz. Zwingende Voraussetzung für eine erfolgreiche EDV-Einführung ist zunächst die Bereitschaft, sich ernsthaft mit der Thematik auseinanderzusetzen und sich eine gewisse Entscheidungskompetenz anzueignen. Mit der Devise „Wasch mich, aber mach mich nicht naß" wird man nicht erfolgreich investieren können. 65

Das notwendige Engagement erfordert allerdings nicht, zum EDV-Fachmann zu werden; vielmehr reicht es hier aus, sich zumindest mit den Grundbegriffen der EDV und den Möglichkeiten von Branchenlösungen für Rechtsanwälte vertraut machen. Dies kann dadurch erfolgen, daß man sich anhand geeigneter Populärliteratur in die Thematik einliest oder Gespräche mit Kollegen führt, die sich schon länger mit EDV befassen bzw. eine Systemeinführung in ihre Kanzlei erfolgreich hinter sich gebracht haben. Als gutes Informationsforum dienen hier die mittlerweile vielerorts installierten **EDV-Stammtische**. Dort kann man sich mit Kollegen in lockerer Form über Fragen der Kanzleiorganisation und EDV austauschen. Darüber hinaus kann man sich von Firmen und Verbänden beraten lassen. Als erste Adresse ist hier die **Deutscher Anwalt-**

K III

verlag & Institut der Anwaltschaft GmbH zu nennen, dessen sehr sachkundiges Beraterteam absolut firmenneutral und produktunabhängig berät. Diese Unabhängigkeit ist gerade für den EDV-mäßig unbedarften Anwalt die beste Voraussetzung, eine eventuelle Investition in die richtige Richtung zu tätigen.

66 b) **Was braucht der Anwalt überhaupt?** Bei der Fülle und dem Umfang des EDV-spezifischen Leistungsangebots fällt dem Anwalt eine Orientierung schwer. Um eine Fehlinvestition zu vermeiden und den Entscheidungsprozeß optimal zu bewältigen, sollte man sich über folgende Punkte im klaren werden.

67 aa) **Software.** Unter Rdnr. 33 ff. wurden die Leistungsmerkmale von EDV-Lösungen für Rechtsanwälte dargestellt. Ob man all dies benötigt, wird ausschließlich von den Aufgabenstellungen in der Kanzlei bestimmt: Reine Beratungskanzleien, die möglicherweise nur nach Honorarvereinbarung abrechnen, werden auf Module wie Mahnwesen, Zwangsvollstreckung oder Gebührenabrechnung eher verzichten können als Allgemeinpraxen. Damit wird zugleich deutlich, daß die Frage der EDV-Ausstattung nicht primär von der Größenordnung der Kanzlei sondern vielmehr von den dort zu bearbeitenden Aufgaben bestimmt wird. Dies kann im Einzelfall dazu führen, daß auch in größeren Kanzleien die Anschaffung eines leistungsfähigen Textsystems ausreicht.

68 bb) **Hardware.** Hinsichtlich der einsetzbaren **Hardware** gibt es ein schier unüberschaubares Angebot Produkte großer und kleiner Anbieter, Markenrechner und „no name"-Computer, Einplatz- und Mehrplatzsysteme. Details hierzu sind in der eingangs erwähnten Sekundärliteratur nachzulesen.

Auf einen Punkt soll wegen seiner großen praktischen Bedeutung jedoch an dieser Stelle eingegangen werden: Soweit der Einsatz von **Mehrplatzsystemen** geplant ist, stellt sich immer wieder die Frage, ob sogenannte echte Mehr- oder Netzwerklösungen besser sind (zur Definition: Bei einer echten **Mehrplatzlösung** sind an einen Zentralrechner reine Ein- und Ausgabestationen angeschlossen; bei einer **Netzwerklösung** sind einzelne selbständige Rechner untereinander verbunden [„vernetzt"]). Die Erfahrungen haben gezeigt, daß beide Konzepte erfolgreich in Anwaltspraxen im Einsatz sind. Von daher sollte nur die Frage im Vordergrund stehen, ob das einzusetzende Mehrplatzsystem ein vernünftiges **Antwortzeitverhalten** bietet. Das bedeutet, daß das System auch bei Vollastbetrieb nicht „in die Knie geht", was sich in Systemabstürzen oder längeren Wartezeiten vor dem Bildschirm zeigt.

Im übrigen relativiert sich die Frage nach der einzusetzenden Hardware insoweit, als primär ohnehin nur die Software die Investitionsrichtung vorgeben sollte: So nützt die qualitativ beste Hardware nichts, wenn die Software für die Lösungen der individuellen Problemstellungen ungeeignet ist. Ist in der Kanzlei also noch keine Hardware vorhanden, die eventuell weiterverwendet werden muß/soll, sollte man sich demnach zunächst an der geeigneten Software orientieren. Dabei ist dann zu berücksichtigen, daß die Software mit dem größten Leistungsumfang nicht zwingend die beste sein muß.

69 cc) **Fazit.** Für den, der nicht gleich mit einer umfangreichen EDV-Lösung in der unter IV. beschriebenen Art beginnen möchte, stellt sich die Anschaffung eines PC mit ausreichend dimensionierter Festplatte (mindestens 40 MB) sowie eines **Druckers,** der das Schriftgut in Korrespondenzqualität erstellt (24-Nadel-Drucker, Typenrad- oder Laserdrucker), als ein guter Kompromiß dar: Die Einstiegskosten sind relativ niedrig (ab ca. 3000 DM; bei Verwendung eines Laserdruckers ab ca. 5000 DM); zudem kann man mit einem einfachen Textpro-

Entscheidungshilfen K III

gramm für die tägliche Korrespondenz beginnen ca. 200 bis 1200 DM), später andere Programme (Datenbank, Buchhaltung, integrierte Pakete) hinzunehmen oder gar auf umfangreiche Anwaltssoftware „umsteigen" (ca. 5000 bis 20 000 DM). Um unnötige Reibungsverluste zu verhindern, sollte vorab geklärt werden, ob in Hinblick auf eine spätere Systemerweiterung nicht gleich eine Komplettlösung angeschafft werden soll.

c) **Programmdemonstration.** In jedem Fall ist es unumgänglich, sich selbst 70 von der Leistungsfähigkeit der angebotenen Lösung und seiner Eignung für die eigene Kanzlei zu überzeugen. Dies kann z. B. im Rahmen einer **Programmdemonstration** erfolgen, wobei jedoch einige Punkte zu beachten sind:
– Man sollte eine **individuelle Vorführung** und keine Massendemonstration vereinbaren (wie sie z. B. im Rahmen von Messen, Ausstellungen stattfinden). Nur so ist gewährleistet, daß die Programmpräsentation Schlüsse auf die Eignung des Systems für die Bedürfnisse der Kanzlei zuläßt.
– Je „schlauer" man zu den Vorführungen geht, desto mehr wird man von den Demonstrationen mitbekommen. Deshalb sollte man sich **vorab** über die Leistungsmöglichkeiten von EDV-Lösungen für Rechtsanwälte im allgemeinen (z. B. anhand des vom Institut herausgegebenen Entwurf eines Pflichtenhefts) sowie über die besonderen Möglichkeiten der demonstrierten Lösung (z. B. anhand von Prospektmaterial des Anbieters) **informieren.**
– Man muß **ausreichend Zeit einplanen,** denn eine sorgfältige und ausführliche Programmdemonstration kann einige Stunden dauern. Ist das Programm zu umfangreich, oder läßt die Konzentrationsfähigkeit nach, sollte man sich „Teil 2" der Lösung zu einem späteren Zeitpunkt vorführen lassen; um jedoch einen Gesamteindruck von der Lösung zu bekommen, sollte zwischen den beiden Präsentationen nicht zuviel Zeit liegen.
– Zu dem Termin sind unbedingt auch diejenigen **Mitarbeiter** mitzubringen, die später mit dem System arbeiten sollen. Dies verringert das Risiko einer unglücklichen Systemauswahl und vermeidet spätere Akzeptanzprobleme.
– Bei einer Programmvorführung ist darauf zu achten, daß auf die **individuellen Kanzleibedürfnisse** eingegangen wird. Es ist wenig hilfreich, wenn der Vorführer seinen Standardfall demonstriert, dem man möglicherweise nur schwer folgen kann oder der sich primär um Sachverhalte dreht, die in der eigenen Kanzlei von untergeordneter Bedeutung sind. Man sollte von daher den Spieß umdrehen und selbst vorgeben, was man sehen möchte: Die Vorführung soll zunächst eine allgemeine Beschreibung der einzelnen Programmmodule beinhalten. Anschließend wäre eine typische Akte aus der eigenen Kanzlei möglichst ein abgeschlossenes Mandat, das man gut kennt – von der Aktenanlage bis zum Abschluß „durchzuspielen". Gerade wenn mehrere Programme getestet werden sollen, erhöht die Bearbeitung der jeweils gleichen Musterakte die Vergleichbarkeit der Programme ganz wesentlich; dies wiederum erleichtert die Auswahl der optimal geeigneten Lösung.

d) **Referenzkanzleien.** Auf jeden Fall sollte man sich **Referenzbüros** benen- 71 nen lassen, die bereits mit einem System in der gewünschten Konfiguration arbeiten. Zwar wird es sich hier häufig um „Jubel-Kanzleien" handeln, dennoch wird der Eindruck, den man beim praktischen Einsatz des Systems bekommt, zusätzliche wertvolle Erkenntnisse bringen.

Wolf 1381

72   **e) Startschwierigkeiten.** Trotz der durch die EDV erzielbaren Verbesserungen muß man sich darüber im klaren sein, daß es in der Einführungsphase zu Mehrarbeit und Anlaufschwierigkeiten kommen wird. Dies hängt damit zusammen, daß erst eine Gewöhnung an das System und die vielfach EDV-spezifischen Arbeitsgänge (Sammeldruckaufträge, Datensicherung usw.) eintreten muß. Dies bedeutet insbesondere, daß die Einführung eines EDV-Systems vom Anwender verlangt, sich mit den Arbeitsstrukturen eines Computers vertraut zu machen. Dies darf jedoch nicht in dem Sinne mißverstanden werden, daß sich der Anwender prinzipiell der EDV unterzuordnen hat. Auch hier gilt der Grundsatz, daß sich ein Computersystem der Kanzlei anzupassen hat und nicht umgekehrt.

73   **f) Folgekosten.** Ferner darf man nicht übersehen, daß es mit den Anschaffungskosten allein nicht getan ist. Hinzu kommen neben Installations-, Schulungs-, Wartungskosten (Soft- und Hardware) auch Kosten für Strom, Versicherungen usw. Dies ist bei der Investitionsplanung zu berücksichtigen. Pauschal kann man feststellen, daß bei einer fünfjährigen Nutzungsdauer des EDV-Systems (dies entspricht dem üblichen Abschreibungszeitraum) ca. weitere 100% der Anschaffungskosten für die Soft- und Hardware aufgewendet werden muß („200%-Regel").

74   **g) Preis/Leistung.** Man muß sich klar machen, daß die billigere Lösung keineswegs die preiswertere sein muß! Sich bei der Systemauswahl allein am Preis zu orientieren, ist nicht sachgerecht. Eine Lösung kann nur unter Betrachtung mehrerer Faktoren korrekt beurteilt werden. Zu beachten sind insbesondere Fragen nach der Zukunftssicherheit des Anbieters und damit des Systems, nach der Reaktionszeit im Störungsfall usw.

K IV. Bibliothek und Know-how-Sammlung

Dr. Peter Waltl

Übersicht

	Rdnr.
I. Meta-Index	1
1. Notwendigkeit eines einheitlichen Index	1
2. Aufbau des Meta-Index	2
3. Suchstrategie	5
II. Bibliothek	6
1. Bedeutung	6
2. Aufbau	8
3. Aktualität	9
4. Entscheidungssammlungen	10
5. Mikrofiche	11
6. Außenwirkung	12
III. Zeitschriften	13
1. Allgemeines	13
2. Toncassetten	14

	Rdnr.
IV. Eigene Vertrags- und Urteilssammlung	15
1. Zweck und Nutzen	15
2. Aufbewahrung	16
3. Integration in die EDV	17
4. Mehrfacherfassung	18
V. Datenbanken	19
1. Gefahr für die juristische Qualität	19
2. Technische Voraussetzungen	20
3. Zugriffsmöglichkeiten	21
4. Kongruenz mit Vertrags-/Urteilssammlung	25
5. Suchstrategie	26
6. Ständige Aktualisierung	27
7. Online Datenbanken	28
8. CD-ROM Datenbanken	29

Literatur: *Endrös,* Die interne Datenbank einer Anwaltssozietät, NJW-CoR 1/1989, 24; *Waltl,* Der Aufbau einer kanzleiinternen Datenbank CR 1987, 550.

I. Meta-Index

1. Notwendigkeit eines einheitlichen Index

Aufbau und Gliederung einer Bibliothek können nicht ohne Blick auf die nachfolgende Darstellung über Zeitschriften, Vertrags- und Urteilssammlung sowie interne Datenbanken konzeptioniert werden. Alle vier Bereiche zusammen stellen den Fundus dar, aus dem der Anwalt in der täglichen Arbeit schöpft. Dabei ist es im Ergebnis gleichbedeutend, ob der Lösungshinweis aus der Bibliothek oder einer selbst angelegten Urteilssammlung entspringt. Um nun zu verhindern, daß in den verschiedenen Teilbereichen dieses Fundus unterschiedliche Gliederungen herrschen und damit eine praktische Arbeit erheblich erschweren, muß für alle vier Bereiche ein übergeordneter Meta-Index entwickelt werden. In allen vier Bereichen muß die gleiche hierarchische Ordnung herrschen, so daß das Grundprinzip nur einmal entwickelt und verstanden werden muß. 1

2. Aufbau des Meta-Index

Dieser Meta-Index ist im Hinblick auf die **Besonderheiten der EDV** zu erstellen, da diese eigenen Gesetzmäßigkeiten folgt. Auch wenn noch keine EDV installiert sein sollte, ist dies im Hinblick auf eine mögliche spätere Anschaffung unbedingt zu empfehlen. Hierzu ist es notwendig, den Meta-Index ausschließlich **numerisch** aufzubauen, da nur Zahlen auch von der EDV stets in der 2 richtigen Reihenfolge sortiert werden. Es bietet sich dabei ein vierstelliges Dezimalsystem mit folgendem Aufbau an:

    1. Stelle   Rechtsgebiet
    2. Stelle   Schwerpunkt
    3/4. Stelle   Fundstelle

3   Die **Rechtsgebiete** gliedern sich wie folgt:
1000. Völkerrecht, Internationales Recht
2000. Öffentliches Recht
3000. Strafrecht, Strafprozeßrecht, Straßenverkehrsrecht
4000. Steuerrecht
5000. Arbeits- und Sozialrecht
6000. Bürgerliches Recht
7000. Handels- und Wirtschaftsrecht
8000. Gerichtsverfassungs- und Zivilverfahrensrecht
Die Ordnungsnummer 9000 bleibt frei für spezielle kanzleiinterne Rechtsgebiete.

Die jeweiligen **Schwerpunkte** innerhalb dieser Rechtsgebiete können frei vergeben werden, etwa für das Gerichtsverfassungs- und Zivilverfahrensrecht:

4   8000. Gerichtsverfassungs- und Zivilverfahrensrecht
        8000. Allgemeines. Gerichtsverfassung
        8100. Zivilprozeß
        8200. Zwangsvollstreckung
        8300. Konkurs- und Vergleichsverfahren
        8400. Grundbuchrecht. Freiwillige Gerichtsbarkeit
        8500. Kostenrecht
        8600. Berufs- und Standesrecht der Rechtsanwälte, Patentanwälte und Rechtsbeistände
        8700. Justizverwaltungsvorschriften

Nach den individuellen Schwerpunkten kann die Anzahl der Indexnummern entsprechend verkleinert oder zu anderen Sachgruppen zusammengefaßt werden (s. etwa das Beispiel K V Rdnrn. 20f.).

3. Suchstrategie

5   Dieser gemeinschaftliche Meta-Index für den gesamten Fundus des anwaltlichen Know-how's erlaubt es, eine einheitliche **Suchstrategie** für alle vier Teilbereiche zu entwickeln. Eine solche Suchstrategie wird regelmäßig wie folgt aussehen:

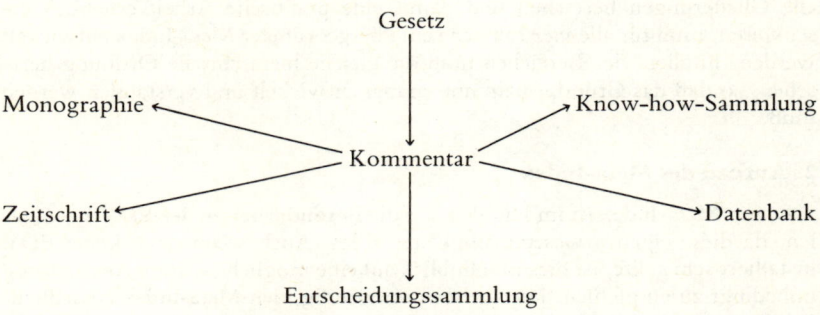

Es zeigt sich also, daß der **Kommentar** im Mittelpunkt einer sorgfältigen anwaltlichen Arbeit steht und erst von dort aus weitere Zugriffe getätigt werden. Insbesondere die Existenz einer Datenbank verleitet erfahrungsgemäß dazu, voreilig und ohne vorangehende systematische Überlegungen Einzelentscheidungen heranzuziehen. Dies aber birgt die Gefahr, im Sachverhalt und/ oder der rechtlichen Würdigung ungezielt und dadurch mit zu hohem Zeitaufwand zu arbeiten.

II. Bibliothek

1. Bedeutung

Die kanzleiinterne Bibliothek ist in der täglichen Arbeit die **zentrale Quelle** 6 **juristischen Wissens** für den Anwalt. Ihre Bedeutung für den Erfolg einer Kanzlei kann deshalb nicht hoch genug eingeschätzt werden. Dies gilt sowohl für die juristische Qualität der Arbeit, als auch für die **finanziellen Belastungen,** die aus dem Unterhalt einer Bibliothek erwachsen. Eine ständige Kostenkontrolle ist gerade in diesem Bereich unabdingbar. Dabei sollten Bücher, deren Anschaffung erwogen wird, grundsätzlich zunächst lediglich zur Ansicht bestellt werden, um in Ruhe prüfen zu können, ob tatsächlich ein Bedarf besteht.

Zuschnitt und Größe der Bibliothek richten sich ausschließlich nach den 7 Bedürfnissen des Anwalts. Während es für einen Verteidiger in Verkehrsstrafsachen ausreichend sein kann, neben einer Gesetzessammlung wenige Kommentare zu unterhalten, nehmen gerade in zivilrechtlich orientierten Kanzleien die Bibliotheken einen erheblichen Umfang an. Unabdingbar sind stets:
- Gesetzessammlung (z. B. *Schönfelder*),
- Kommentar (z. B. *Palandt*),
- Praktikerhandbuch (z. B. *Werner/Pastor* zum Baurecht).

Der Kauf von Einzeldarstellungen sollte nicht vorschnell anhand eines aktuellen Falles erfolgen, da zu leicht die Gefahr besteht, daß das Buch anschließend für mehrere Jahre unbenützt in der Bibliothek steht. Hier ist der Gang in eine öffentliche Bibliothek angezeigt.

2. Aufbau

Aus dem Gliederungsschema des Meta-Index ergibt sich bereits, daß die Bi- 8 bliothek nicht nach formalen Gesichtspunkten (z. B. strikte Trennung zwischen Monographien, Kommentaren und Entscheidungen), sondern nach **inhaltlichen Gesichtspunkten** aufgebaut sein sollte. Dies bedeutet, daß unter der Ordnungsziffer 62 (= Allgemeines Schuldrecht) die gesamte einschlägige Literatur zu finden sein sollte. Die entsprechenden Bände des *Staudinger* stünden hier also ebenso wie Einzeldarstellungen. Innerhalb der vorgestellten vierstelligen Gesamtstruktur stehen für jeden Schwerpunkt 99 Ziffern für einzelne Werke zur Verfügung. Damit dürften auch größere Bibliotheken ausreichend erfaßt werden können.

3. Aktualität

Grundsätzlich sollten nur Bücher angeschafft werden, bei denen man sicher 9 ist, auch nachfolgende Auflagen zu kaufen. Die Arbeit mit einem veralteten Kommentar ist keine Sparmaßnahme, sondern eine Quelle für Haftungsfälle.

Die Bibliothek sollte lieber klein und **stets aktuell** als groß und veraltet sein. Dies gilt gerade auch für Rechtsgebiete, die nicht in der täglichen Arbeit angesprochen werden. Gerade dort ist das Risiko besonders groß, z. B. aufgrund einer nicht mehr gültigen Rechtsprechung fehlerhaft zu entscheiden.

4. Entscheidungssammlungen

10   Entscheidungssammlungen sollten von den **amtlichen Werken** wie BGHZ, BGHSt, BFHE, BVerwGE etc. her aufgebaut werden. Diese werden insbesondere von den Instanzgerichten besonders häufig zitiert und zeichnen sich grundsätzlich durch äußerst sorgfältige Aufbereitung aus.

5. Mikrofiche

11   Für das Bundesgesetzblatt und ggf. die Bundestagsdrucksachen bietet sich eine Ausgabe auf Mikrofiche an, die auf kleinstem Raum preisgünstig unterhalten werden kann. Es handelt sich dabei um ein phototechnisches Wiedergabesystem, bei dem die auf dünnen Plastikscheiben aufgedruckten Zeichen mit Hilfe eines speziellen Lesegerätes sichtbar gemacht werden.

6. Außenwirkung

12   Nicht zuletzt sollte noch bedacht werden, daß eine Bücherei zumeist auch einen **Repräsentationseffekt** hat, wenn sie im Wartezimmer oder am Empfang aufgebaut ist. Eine gewisse Ordnung sollte also alleine schon im Hinblick auf die Außenwirkung eingehalten werden.

III. Zeitschriften

1. Allgemeines

13   Der Markt der juristischen Zeitschriften ist gerade in den letzten Jahren explosionsartig gewachsen. Fast kein Monat vergeht, in dem nicht eine Neuerscheinung zu begrüßen ist. Eine gute Übersicht findet sich z. B. in Schweitzers Vademecum oder Katalogen größerer Buchhandlungen.
Angesichts dieser Fülle muß gelten, daß nur solche Zeitschriften abonniert werden, deren **Fortführung** gesichert ist. Einzelne Jahrgänge einer Zeitschrift sind zumeist deshalb wertlos, weil Verweise, z. B. in Aufsätzen, mit Vorliebe innerhalb der gleichen Zeitschrift geschehen. Aus dem gleichen Grunde sollten sowohl die bereits gebundenen als auch der noch laufende Jahrgang räumlich eng beieinander gehalten werden, um Querverweisen rasch nachgehen zu können.

2. Toncassetten

14   Als **Ergänzung** von Bibliothek und Zeitschriften können insbesondere die NJW-Cassetten angesehen werden. Es handelt sich dabei um Audio-Cassetten im herkömmlichen Format, die auf jedem Cassettenrecorder abgespielt werden können und neueste Entscheidungen sowie Hinweise auf Aufsätze in den Zeitschriften des NJW-Verbundes enthalten. (Weitere juristische Cassettenprogramme über: *H + G Verlags- und Vertriebs-GmbH*, München.)

IV. Eigene Vertrags- und Urteilssammlung

1. Zweck und Nutzen

a) Sicherung des eigenen Know-how

Eine kanzleiinterne Vertrags- und Urteilssammlung ist die am häufigsten verbreitete Möglichkeit für Rechtsanwälte, eigenes Know-how dauerhaft zu sichern. Die Arbeit des Rechtsanwalts ist ja dadurch geprägt, daß die Lösung rechtlicher Probleme relativ rasch in Vergessenheit gerät, d. h. Wissen ständig im Alltagsgeschäft „versickert". Abhilfe kann hier nur eine umfassende Sammlung bieten, die neben eigenen Verträgen oder Urteilen auch Schriftsätze, Aktennotizen, Allgemeine Geschäftsbedingungen, aber auch Kopien von Aufsätzen, die von besonderem Interesse sind, enthält.

15

b) Weitergabe des eigenen Know-how

Darüber hinaus ist es mit diesem Instrument möglich, die **juristische Zusammenarbeit** zwischen mehreren Rechtsanwälten einer Kanzlei zu intensivieren, indem das Wissen einzelner allen zugänglich gemacht wird. Schließlich können Besonderheiten örtlicher Gerichte (z. B. Mietrecht, Familienrecht) erfaßt werden, die erfahrungsgemäß aus veröffentlichten Entscheidungen nicht hervorgehen.

2. Aufbewahrung

Eine solche umfassende Know-how-Sammlung wird rasch unübersichtlich, wenn die Papiermengen nicht von Anfang an gemäß dem oben aufgezeigten Meta-Index erfaßt werden. Als günstigste Form der Erfassung haben sich **Stehordner** (= Einstellmappen z. B. Leitz Nr. 2435) erwiesen, die mit **Reitern** versehen werden, auf denen sich der Meta-Index und einige Stichworte befinden. Diese Sammlung in Stehordnern hat den Vorteil, daß sie jederzeit ohne Rücksicht auf ihren Umfang erweitert werden kann. Wie bei einer Loseblattsammlung werden neue Fundstellen einfach dazwischensortiert, ohne die nachfolgenden Stehordner umsortieren zu müssen. Jede Fundstelle erhält also einen Stehordner.

16

3. Integration in die EDV

Soweit ein Textverarbeitungssystem vorhanden ist, empfiehlt es sich, diese Know-how-Sammlung doppelt zu führen: Zum einen in der bereits beschriebenen Papierform mit Stehordnern, zum anderen innerhalb des EDV-Systems durch Anlage entsprechender **Dateien**. Dies bedeutet, daß relevante Texte, die mit der Textverarbeitung erstellt werden, in ein spezielles Directory kopiert und dort systematisch aufbereitet und gepflegt werden. Der dadurch entstehende Speicherbedarf ist angesichts der ständig fallenden Preise für Festplatten kein Hindernis mehr. Das hier vorgestellte System des Meta-Index ist problemlos für jede Textverarbeitung anwendbar, indem die dreiteilige Gliederung (Rechtsgebiet, Spezialthema, Fundstelle) im Dateisystem in Form von Directories angelegt wird:

17

K IV

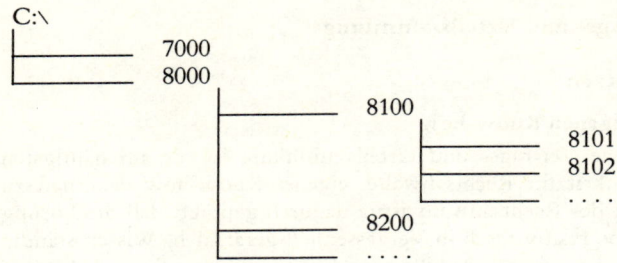

4. Mehrfacherfassung

18 Häufig weisen Schriftsätze oder Urteile Aussagen zu mehreren Problemen auf. In diesen Fällen sollte das entsprechende Dokument unter jedem der Teilaspekte abgelegt werden. Dies gilt sowohl für die herkömmliche Aufbewahrung in Stehsammlern als auch die Abspeicherung in der EDV. Ebenso wie in der Bibliothek über verschiedene Werke zugegriffen werden kann, um schließlich die entscheidende *BGH*-Entscheidung zu finden, muß auch im Bereich der Know-how-Sammlung ein **doppelter Zugriff** erfolgreich sein.

V. Datenbanken

1. Gefahr für die juristische Qualität

19 Die große Menge an Daten, die mit Hilfe der EDV verarbeitet werden können und die Geschwindigkeit, mit der Suchvorgänge abgeschlossen werden, verführen allzu leicht dazu, vorschnell und ohne **systematischen Unterbau** auf Datenbanken zuzugreifen. Es sei deshalb nochmals darauf hingewiesen, daß es unabdingbar ist, mit Hilfe der bereits oben beschriebenen Hilfsmittel, insbesondere dem Kommentar, die Stellung des Problems innerhalb der Gesetzessystematik klarzumachen. Nur so kann verhindert werden, daß ein unpassender Leitsatz aus der Datenbank zur Grundlage einer notgedrungen fehlerhaften Entscheidung gemacht wird.

2. Technische Voraussetzungen

20 Neben allgemein zugänglichen Datenbanken, die über Online-Betrieb (z. B. Juris) geliefert werden, wurden bereits einige Versuche mit kanzleiinternen Datenbanken unternommen (vgl. *Waltl*, CR 1987, 550; *Endrös*, NJW-CoR 1/89, 24). Es handelt sich dabei zumeist um Datenbanken, die für eng begrenzte Rechtsgebiete, d. h. hochspezialisierte Rechtsanwälte entworfen wurden. Basis hierfür sind zumeist Datenbankprogramme aus dem MS-DOS-Bereich, wie dBASE III o. ä. Zur Erstellung einer solchen Datenbank sind **Programmierkenntnisse** erforderlich, die entweder vom Anwalt selbst oder einem beauftragten Programmierer eingebracht werden müssen.

In jüngster Zeit finden sich darüber hinaus auch in den standardmäßigen Rechtsanwaltprogrammen (siehe hierzu K III Rdnr. 33 ff.) Module, mit denen solche internen Datenbanken leicht erstellt werden können. Der Vorteil hierbei ist natürlich, daß die gewohnte Oberfläche und Bedienung des Rechtsanwaltsprogramms beibehalten werden kann.

3. Zugriffsmöglichkeiten

a) Grundproblem

Ansatzpunkt jeder Datenbank ist ein **Kommunikationsproblem.** Der Su- 21
chende muß über die Datenbank in Kommunikation treten mit demjenigen, der
die Datenbank mit Informationen „gefüttert" hat. Wenn z. B. der Suchende
nach dem Wort „PKW" sucht, die Datenbank jedoch nur das Wort „Kfz" kennt,
so wird der Suchende nichts finden. Für dieses Problem gibt es zwei Lösungsmöglichkeiten:
- die Beteiligten einigen sich darauf, ausschließlich den Begriff „Kfz" zu verwenden;
- man hinterlegt in der Datenbank eine Synonymliste, die Worte gleicher Bedeutung aufreiht.

Die letztgenannte Möglichkeit ist relativ aufwendig, da hierfür die deutsche
Sprache weitgehend aufgearbeitet werden müßte. Gangbar mit vernünftigen
Mitteln bleibt also zumeist nur eine Vereinheitlichung der Begriffe.

b) Zugriff über Schlagworte

Eine solche Beschränkung ist den Juristen etwas durchaus vertrautes, wie der 22
Blick in das **Stichwortregister** eines Kommentars zeigt. Schlägt man z. B. im
Palandt nach, so wird man weder unter dem Stichwort „PKW" noch „Personenkraftwagen" Verweise finden. Allein unter dem Stichwort „Kfz" findet sich ein
Hinweis auf einschlägige Ausführungen. Für den Aufbau einer Datenbank bietet
es sich an, diese bereits bestehende Sprachnormierung aus Standard-Kommentaren zu übernehmen. Für die Erstellung einer internen Datenbank im Bereich
des Versicherungsrechts wäre es also sinnvoll, auf den Kommentar von *Prölss/
Martin* zum VVG zurückzugreifen, im Bereich der ZPO etwa auf den *Zöller*.
Diese Schlagworte, wie sie innerhalb der Datenbank verwendet werden, entsprechen auch den Reitern, die im Rahmen der Know-how-Sammlung Anwendung finden. Der einheitliche Sprachgebrauch wird so im Rahmen der gesamten
Informationsrecherche gewahrt.

c) Zugriff über Meta-Index

Neben einem Zugriff über Schlagworte muß natürlich auch der Zugriff über 23
den Meta-Index möglich sein. Mit Hilfe der EDV ist es möglich, Suchbegriffe
durch Variable zu erweitern und lediglich teilweise zu definieren. Üblicherweise
werden solche Variablen **„wildcards"** genannt. Eine Suche nach dem Meta-Index „8***" würde also alle Fundstellen aus dem Rechtsgebiet 8000 „Gerichtsverfassungs- und Zivilverfahrensrecht" finden. Die Eingabe des Suchbegriffs
„81**" würde diese Menge bereits auf die Fundstellen begrenzen, die im Bereich
des Schwerpunktes 8100 Zivilprozeßrecht angelegt wären.

d) Zugriff über Gesetzessystematik

Neben diesen beiden Möglichkeiten (Schlagwort und Meta-Index) sollte auch 24
noch eine dritte, systematische Suchmöglichkeit vorhanden sein. Sinnvollerweise besteht diese in den Paragraphen und der Gesetzesangabe, zu der der entsprechende Leitsatz eine Aussage trifft. Insgesamt ergibt sich so eine **dreifache
Zugriffsmöglichkeit,** nämlich:
- nach Schlagworten,
- nach dem internen Meta-Index,
- nach der juristischen Begriffs-Systematik.

4. Kongruenz mit Vertrags-/Urteilssammlung

25   Datenbanken können grundsätzlich unterschieden werden in Volltextdatenbanken und solche, die lediglich einen Leitsatz wie Schlagworte und/oder einen kurzen Text enthalten. Volltextdatenbanken für den internen Kanzleigebrauch werden regelmäßig an dem Speicherbedarf scheitern. Sinnvollerweise wird also die Datenbank so anzulegen sein, daß sie ihrerseits wieder auf die Know-how-Sammlung in Papierform verweist, wo die Fundstelle (Urteil oder Aufsatz) im Volltext abgelegt ist.

5. Suchstrategie

26   Es wurde bereits darauf hingewiesen, daß der Griff zu einer Datenbank auf keinen Fall zu früh erfolgen sollte, ohne die **systematische Stellung des Problems** ausreichend geklärt zu haben. Selbst wenn dies jedoch beachtet wird, ist auch bei der Recherche in der Datenbank selbst Zurückhaltung bei der Suchstrategie angezeigt. Der zu findende Leitsatz muß quasi eingekreist werden, nicht aber im ersten Zugriff gefunden werden. Die Gefahr, daß gerade an dem entscheidenden Leitsatz die Suche vorbeigeht, ist sonst zu groß.

Bei einem zivilprozessualen Problem (z. B. Gerichtsstand) bietet es sich also zunächst an, alle Fundstellen aus dem Bereich 8100 Zivilprozeßrecht mit dem Suchbegriff „81**" herauszuselektieren. Ergibt die Suche nur wenige Leitsätze, so ist es ohne weiteres möglich, all diese Leitsätze kurz durchzublättern und zu lesen. Sollte die Menge der gefundenen Leitsätze bei dieser Selektionsbedingung jedoch so groß sein, daß ein schnelles durchlesen nicht mehr möglich ist, so empfiehlt sich eine Verknüpfung zweier Suchbegriffe. Denkbar wäre, dem Suchbegriff „81**" als weiteren Suchbegriff das Wort „Gerichtsstand" beizugeben. Es würden dann nur solche Fundstellen herausselektiert, die beide Suchkriterien erfüllen. Sollte diese Suche fehlschlagen, so würde es sich zur Kontrolle empfehlen, nochmals mit dem Begriff „Gerichtsstand" alleine eine Suche zu starten. Es kann ja nicht völlig ausgeschlossen werden, daß zwar dieses Schlagwort vergeben wurde, jedoch vergessen wurde, den entsprechenden Meta-Index des Rechtsgebiets 8100 zu vergeben. Angesichts der Suchgeschwindigkeiten moderner Datenbanksysteme sind solche Kontrollrecherchen ohne weiteres durchführbar.

6. Ständige Aktualisierung

27   Datenbanken leben von ihrer täglichen **Aktualität**. Es ist deshalb unerläßlich, daß sämtliche Beteiligten jeden Eingabefehler, der bemerkt wird, sofort korrigieren und neue Entscheidungen oder Fundstellen aufbereiten und eingeben. Es muß hier also ein ständiger Dialog zwischen Datenbank und Benutzern stattfinden, der das Produkt immer weiterentwickelt und vervollständigt. Nur diese tägliche Auseinandersetzung sichert langfristig den Wert einer Datenbank. Dies gilt auch für eine geregelte **„Datenentsorgung"**. Zeigt sich z. B., daß ein früherer Leitsatz durch eine neuere Entscheidung des Bundesgerichtshofs obsolet geworden ist, so ist entweder der gesamte frühere Leitsatz zu löschen oder darin ein Hinweis auf die zeitlich nachfolgende neuere Entscheidung anzubringen. Gerade der schnelle punktuelle Zugriff, den Datenbanken erlauben, erfordert eine fortlaufende Überwachung.

7. Online Datenbanken

Externe Datenbanken bieten Auskünfte über Wirtschaftsdaten (ECODATA; GENIOS) oder über Rechtsprechung und Literatur (JURIS; CELEX; RDB etc.). Sie sind entweder über den eigenen Direktanschluß oder über Mailbox zu erreichen (dazu KIV Rdnr. 28).

8. CD-ROM Datenbanken

Seit einigen Jahren finden sich auf dem Markt auch Datenbanken auf Compact Discs, die statt Musik eben juristische Informationen in digitaler Form abspeichern. Dieses Medium besticht vor allem durch die schier unendliche Datenmenge, die auf einer CD untergebracht werden kann. Voraussetzung zum Einsatz ist neben einem normalen PC ein spezielles Abspielgerät, das sog. CD-ROM Laufwerk (vgl. den Überblick bei Dechsling, NJW-CoR 2/90, 13). Mit einer speziellen Software können die Abfragen durchgeführt werden, wobei die Zugriffszeiten trotz der großen Datenmengen sich stets im Sekundenbereich bewegen.

Die Fülle der angebotenen Datenbanken auf CD-ROM ist für den Anwalt bereits jetzt kaum mehr zu überblicken, da die Daten zum Teil identisch, zum Teil aber auch unterschiedlich sind. Derzeit finden sich u. a. folgende Produkte mit Rechtsprechung:

- NJW-Leitsatzkartei
- NJW-Volltext mit NJW-RR
- AP – Arbeitsrechtliche Praxis
- Juris Data Disc BGH (Zivil- und Strafsenate)
- Juris Data Disc Finanzgerichtsbarkeit
- Juris Data Disc Arbeitsgerichtsbarkeit
- Juris Data Disc Sozialgerichtsbarkeit
- BGHE, dh BGH-DAT vereinigt mit BGHR in Zivilsachen
- Eurolex mit allen Bereichen von Celex

Die Preise dieser CD-ROM Produkte bewegen sich für die Erstanschaffung zwischen DM 600.– und DM 4000.–, für die laufenden Nachlieferungen zwischen DM 1000.– und DM 2000.– pro Jahr. Die Entwicklung hat gezeigt, daß CD-ROM-Produkte auf großes Interesse der Anwaltschaft stoßen, auch wenn die Verkaufszahlen insgesamt etwas hinter den Erwartungen zurückbleiben. In bestimmten Konstellationen (z. B. Neugründung einer Kanzlei) sind CD-ROM-Produkte inzwischen eindeutig herkömmlichen Medien, wie etwa gebundenen Zeitschriften, vorzuziehen. In größeren Kanzleien stellen CD-ROM Datenbanken, auf die über das PC-Netzwerk zugegriffen werden kann, eine ideale dezentrale Ergänzung zur meist zentralen Bücherei dar.

Es zeigt sich jedoch, daß die unterschiedlichen Datenmengen der einzelnen CD-ROM Datenbanken sehr klare Hinweise an die Benutzer erfordern, um nicht den fälschlichen Eindruck zu erwecken, man habe eine Fragestellung durch die Recherche in einer bestimmten CD-ROM Datenbank vollständig abgedeckt. Mit der Fülle der Informationen, die per CD zur Verfügung gestellt werden, nimmt die Notwendigkeit einer strukturierten Informationsbeschaffung noch weiter zu.

K V. Anwaltliches Marketing

Dr. Wolfgang Schiefer

Übersicht

	Rdnr.		Rdnr.
I. Markt anwaltlicher Dienstleistungen	1	IV. Marketing-Instrumente	17
II. Idee und Begriff des Marketing	4	V. Marketing-Idee und berufsrechtliche Neuorientierungen	26
III. Marketing-Planung	11		

Literatur: *Bruhn*, Handbuch des Marketing 1989; *Hilke*, Dienstleistungsmarketing, 1989; *Kleine-Cosack*, ZIP 1990, 1534; *Normann*, Dienstleistungsunternehmen, 1987, S. 157ff.; *Paul*, Anwaltsberuf im Wandel – Rechtspflegeorgan oder Dienstleistungsgewerbe?, in Kübler (Hrsg.), Anwaltsberuf im Wandel, 1982, S. 11; *PROGNOS/INFRATEST*, Studie über die Inanspruchnahme anwaltlicher Leistungen, AnwBl. Sonderheft 3/1987; *Rabe*, in: Festschrift für Walter Oppenhoff, 1985, S. 299; *Scheuch*, Dienstleistungsmarketing, 1982; *Schiefer*, NJW 1987, 1969; *Schiefer/Hocke*, Marketing für Rechtsanwälte, 1990 (mit weiteren Literaturhinweisen zum Marketing); *Unger/Wolf*, Marketing für die Anwaltspraxis, AnwBl. 1991, 14; *Winters*, Der Rechtsanwaltsmarkt, 1990.

I. Markt anwaltlicher Dienstleistungen

1 1. Die Anwaltschaft erkennt anwaltliche Tätigkeit als Dienstleistung auf einem von heterogenen Anbietern umkämpften Markt. Dieser Markt wird auf der **Angebotsseite** begleitet von enorm steigenden Berufsanfängerzahlen mit der größten Steigerung bei der Anwaltschaft. Dies wird sich in absehbarer Zukunft nicht ändern.

2 2. Auf der **Nachfrageseite** stagniert das Volumen der gerichtsbezogenen Traditionsarbeit. Die reine Prozeßtätigkeit ist in gewisser Hinsicht das Spiegelbild der Gerichtskapazität, die durch die Zahlen der tätigen Richter und Staatsanwälte begrenzt wird. Die Gerichtskapazität steigt im Vergleich zu den Anwaltszahlen verschwindend gering mit sinkender Tendenz an. Eine Erhöhung der Richterzahlen scheitert an den begrenzten Haushalten. Die reine Prozeßarbeit bietet daher für die Anwaltschaft keine tragfähigen Wachstumschancen.

3 3. Diese Engpaßsituation zwingt angesichts steigender Anwaltszahlen die Anwaltschaft zur Hinwendung auf den Markt der **Rechtsberatung**. Hier trifft er mit zahlreichen anderen beruflichen und gewerblichen Anbietern zusammen, die ebenfalls Rechtsberatung als Kernleistung oder Zusatzservice anbieten. Das sind u. a.
- freiberufliche Berater wie Steuerberater, Wirtschaftsprüfer, Unternehmensberater
- große Steuerberatungs-, Wirtschaftsprüfungs-, Unternehmensberatungsgesellschaften, Consulting-Firmen
- Gewerkschaften und Unternehmerverbände
- Interessenverbände (Verbraucherverbände, Mietervereine u. a.)
- gewerbliche Dienstleistungsunternehmen wie Banken und Versicherungen.

Vor diesen Konkurrenzen hat das Rechtsberatungsgesetz die Anwaltschaft de facto nicht bewahrt.

II. Idee und Begriff des Marketing

Die Anbieter, die mit der Anwaltschaft auf dem Markt der Rechtsberatung konkurrieren, haben großenteils Marketing als strategisches Aufgabenfeld in der gegebenen Wettbewerbssituation erkannt. Die Anwaltschaft steht hier vor einem Beginn und der Aufgabe, ein anwaltsspezifisches Marketing-Konzept zu erarbeiten. 4

1. Für dessen Ansatz ist die Erkenntnis wichtig, daß Marketing nicht nur ein **instrumentelles Fachgebiet** ist, das die Entscheidungsgrundlagen für den Einsatz von Marktinstrumenten zur Anknüpfung und Gestaltung der Beziehungen zu Klienten beschreibt. Marketing wird darüber hinaus als eine **unternehmerische Geisteshaltung** verstanden, die den Kunden und seinen Produkt- und Leistungsbedarf in den Mittelpunkt der Unternehmenstätigkeit rückt. Auf das Berufsfeld des Anwalts übertragen bedeutet das: Der Anwalt muß sein Leistungsangebot und die Art seiner Leistungserbringung nach der konkreten und individuellen Bedarfssituation des Klienten ausrichten. So verstanden, eröffnet die Marketing-Idee neue Perspektiven moderner Kanzleiführung. 5

2. Anwaltliches Marketing unterliegt den verfassungsrechtlichen und gesetzlichen Rahmenbedingungen des Anwaltsberufs und dem **Berufsethos**. Der Rechtsanwalt hat nicht nur anwaltliche Leistungen zu verkaufen, sondern zugleich dem Recht und dem Rechtsstaat zu dienen. Es ist selbstverständlich, daß bestimmte Marketing-Instrumente, die die gewerbliche Wirtschaft nutzt, für die Anwaltschaft als unvereinbar mit ihrem Verfassungsauftrag und ihren professionellen Grundüberzeugungen auszuscheiden haben. 6

3. Andererseits sind professionelle Werte geeignet, als **Leitbilder** spezifische Merkmale der anwaltlichen Dienstleistung erkennbar zu machen und ihr einen Vertrauensvorsprung zu verschaffen. Die von diesen Grundwerten geprägte eigene Unternehmenskultur und -philosophie der Rechtsanwälte ist in die Beziehungspflege zum Klienten und anderen Institutionen, die bei der anwaltlichen Dienstleistung zusammenwirken, einzubringen. Dabei haben Rechtsanwälte bereits auf der Grundlage ihres traditionellen Selbstverständnisses Werte anzubieten, die sie auf dem von ihnen bedienten Markt aus dem Kreis anderer gewerblicher Dienstleistungsunternehmen herausheben. Das gilt für die herkömmlichen professionellen Grundüberzeugungen wie: freier Beruf, Unabhängigkeit, Vertrauen und Vertraulichkeit, Gewissenhaftigkeit, Sachlichkeit, Kollegialität, das Verbot der Interessenkollision. 7

Als zeitgemäße Anpassungen an die Anforderungen der Dienstleistungsgesellschaft müssen hinzutreten eine **Klientenorientierung,** die den Klienten als Menschen in den Mittelpunkt des anwaltlichen Dienstleistungskonzepts stellt sowie die **Qualitätssicherung anwaltlicher Leistung,** die den Klienten vor den Folgen fachlicher Inkompetenz oder eines aus zeitlichen Gründen bedingten Leistungsunvermögens bewahrt. 8

4. Es ist eine zentrale Aufgabe anwaltlichen Marketings, diese Leitbilder, die das anwaltliche Selbstverständnis prägen, 9
– zeitgemäß weiterzuentwickeln,

- in das Bewußtsein vorhandener oder potentieller Klienten zu übertragen,
- dadurch anwaltliche Dienstleistungen von den Aktivitäten anderer gewerblicher Dienstleistungsträger wirkungsvoll abzugrenzen und attraktiv zu machen,
- den Vorteil der freiberuflichen und unabhängigen Rechtsberatung des Rechtsanwalts gegenüber den institutionsgebundenen Rechtsberatungen (z. B. der Gewerkschaften, Unternehmensverbände, gewerblichen Dienstleistungsunternehmen) deutlich zu machen.

10   5. Rechtsanwälte stehen vor der Aufgabe, Beziehungen zu Klienten und anderen Interessenkreisen zielbewußt zu gestalten. **Klientenorientierte Praxisführung** umfaßt alle Entscheidungs- und Maßnahmenbereiche, die direkt oder indirekt marktwirksam sind – also nicht nur die Austauschbeziehungen zu potentiellen, aktuellen und früheren Klienten, sondern auch zu anderen Interessengruppen, die auf die anwaltliche Tätigkeit Einfluß haben und mit denen Austauschbeziehungen bestehen, auch wenn diese nicht direkt das Angebot von anwaltlichen Leistungen gegen Entgelt umfassen. Das sind z. B. Gerichte, Staatsanwaltschaften und Notariate, Verwaltungsbehörden und kommunale Einrichtungen, Unternehmensverbände, Gewerkschaften, Sozialeinrichtungen, Medien, Schulen und Bildungsinstitutionen, Universitäten, Vereine.

All diesen Beziehungen müssen durch die Instrumente modernen Marketings Inhalte gegeben werden, die letztlich die Dienstleistung für den Klienten fördern.

III. Marketing-Planung

11   1. Der konkreten Marketing-Planung vorauszugehen hat eine **Analyse des Leistungspotentials und des Umfelds** der Anwaltskanzlei. Dabei sind im einzelnen folgende Fragen zu behandeln:
- Über welche Mitarbeiter verfügen wir?
- Wie sieht das Profil dieser Mitarbeiter aus (Interessen, besondere Fähigkeiten, familiäres und gesellschaftliches Umfeld)?
- In welchen regionalen Zonen operieren wir?
- Welche Art von Dienstleistungen führen wir für welche Gebühren aus?
- Wer sind unsere Klienten und welche Art von Dienstleistungen werden für sie erbracht?

12   2. Dem Aufbau eines Marketing-Konzepts hat – wie auf allen anderen Märkten – eine Untersuchung des Ist-Zustandes vorauszugehen. Dies geschieht durch Marktanalyse, Marktbeobachtungen und Mandantenbefragungen, die jede Anwaltspraxis mit relativ geringen finanziellen Mitteln durchführen kann. Methoden und Fragestellungen lassen sich dem Literaturangebot für Dienstleistungsmarketing, das inzwischen auch für den Markt anwaltlicher Dienstleistung entsteht, entnehmen.

13   3. Auf den Ergebnissen der Analyse und Beobachtung der Marktchancen baut die Strategie der **Marktsegmentierung** auf. Der Markt für anwaltliche Dienstleistungen forensischer oder primär beratender Art besteht aus einer Vielzahl separater Teilmärkte, die untereinander oftmals kaum Berührungspunkte haben. Der Grund dafür liegt in der Vielschichtigkeit der Lebens- und Wirtschaftsbereiche, die sich in rechtlichen Regelungen lediglich widerspiegelt. Erwartun-

gen, Anschauungen und Rechtsberatungsbedarf der Nachfrager anwaltlicher Dienstleistungen sind in hohem Maße unterschiedlich. Der Differenziertheit der Abnehmerbedürfnisse, Wünsche, Präferenzen und dergleichen, trägt die Strategie der Marktsegmentierung in besonderem Maße Rechnung. Der Tatsache, daß sich der Markt von Kunden, Abnehmern oder Mandanten klar und sinnvoll abgrenzen und aufteilen läßt, hat die Anwaltschaft bereits dadurch Rechnung getragen, daß sie zunehmend die Voraussetzungen für Spezialisierungen in Fach- und Schwerpunktgebieten schafft. Während die anwaltliche Spezialisierung mehr auf die Differenzierung des Dienstleistungsangebots abstellt, beginnt der Leitgedanke der Marktsegmentierung mit den Bedürfnissen, Interessen und Einstellungen der vorhandenen und potentiellen Klienten. Dies ist auch der folgerichtigere Ansatzpunkt. Die Marktsegmentierung hat der Entscheidung, welche Spezialisierung angestrebt werden soll, vorauszugehen. Die Spezialisierung muß bedarfs- und zielgruppenorientiert erfolgen.

4. Die vorausgegangenen Umfeld-, Leistungs- und Marktanalysen ermöglichen es, die Stärken und Schwächen der einzelnen Kanzlei, die externen Faktoren, die den Markt für anwaltliche Dienstleistungen beeinflussen und strukturieren, sowie die Wettbewerbssituation einzuschätzen. Nunmehr muß die Kanzlei selbst erkennen, wie sie sich von ihren Wettbewerbern unterscheidet. Diese Zielsetzung wird in der Marketing-Theorie mit dem Wort „**Positionierung**" umschrieben. Dabei geht es darum zu bestimmen, wie die Praxis von ihrer gegenwärtigen und der angestrebten Mandantschaft eingeschätzt werden soll. Sie muß ein bestimmtes „Image" aufbauen. Die wesentliche Frage lautet dabei: „Welches Bild unserer Kanzlei wollen wir bei unseren derzeitigen und möglichen Klienten erzeugen?"

Für die Positionierung kommt es auf eine realistische und vorbehaltlose Selbsteinschätzung der Anwälte oder der Sozietät an. Dabei bieten sich folgende Fragestellungen an:
– Setzt sich die Praxis aus einer Gruppe von Generalisten zusammen oder sind in ihr die verschiedensten Spezialisten tätig oder ist die Kanzlei gar als solche auf allen Rechtsgebieten, ein oder mehreren Schwerpunktgebieten oder bestimmte Klienten spezialisiert?
– Ist die Kanzlei mehr im Bereich des Beratungsbedarfs kleiner und mittelständischer oder großer Unternehmen situiert oder engagiert sie sich in der Zielgruppe sog. „sozialstaatlicher Klientel" für Bürger und Bürgerinitiativen im Rahmen von Arbeits-, Sozial-, Umwelt-, Ausländer-, Miet- und Anstaltsrecht?

Die Antworten münden in die Entwicklung und Ausgestaltung verschiedener Kanzleitypen. Deren Merkmale müssen ausgerichtet sein auf den speziellen Bedarf und die Wunschvorstellungen der für sie jeweils erreichbaren Klientenkreise. Diese Merkmale müssen aber auch für die Klienten identifizierbar sein. Angesichts der immateriellen Natur der anwaltlichen Dienstleistung besteht daher eine zentrale Aufgabe der Kanzleiführung darin, eine unverwechselbare Identität der Anwaltsfirma – eine „Corporate Identity" – zu schaffen. Diese Identifizierbarkeit ist die Voraussetzung dafür, Position und Profil einer Kanzlei am Markt sichtbar zu machen und eine emotionale Bindung der Klienten an die Kanzlei herbeizuführen.

IV. Marketing-Instrumente

17 Die Maßnahmen, die eine Anwaltsfirma im Rahmen des Marketing ergreifen kann, stehen eng im Zusammenhang mit der eigentlichen Dienstleistung selbst. Sie beziehen sich vor allem auf die Darstellung, den Nutzen und die Verfügbarkeit dieser Leistung, die geforderte Gegenleistung und die Informationen über den Leistungsaustausch und den Leistungsträger (Anwaltskanzlei). Die Marketing-Wissenschaft hat hierfür folgende Begriffe entwickelt:
– Produktpolitik
– Distributionspolitik
– Kontrahierungspolitik
– Kommunikationspolitik.

Unter diese Begriffe lassen sich alle Aktionen, Handlungsalternativen und Mischformen (**Marketing-Mix**) erfassen, die einem Unternehmen zur Verfügung stehen, um Kundenbeziehungen anzubahnen und durchzuführen. Die diesen Marketing-Instrumenten zugrunde liegenden wissenschaftlichen Überlegungen lassen sich auch für den anwaltlichen Bereich nutzbar machen.

18 1. Die **Produktpolitik** befaßt sich im Dienstleistungsbereich mit der marktgerechten Gestaltung des von dem einzelnen Dienstleistungsanbieter angebotenen Leistungsprogramms. Sie muß stets auf der Grundlage einer permanenten zielgruppenorientierten Analyse des Klientenbedarfs erfolgen. Im anwaltlichen Bereich lassen sich folgende Aufgaben der Produktpolitik nennen:
– Bedarfsorientierte Gestaltung des Leistungsangebotes (Spezialisierungen nach Fachgebieten, Schwerpunktgebieten oder Klientengruppen)
– Definition von zusammengehörigen Leistungsbereichen (Servicelinien), die aus Klientensicht oder als „Bedarfsbündel" unterschiedlicher Zielgruppen zusammengehören (Existenzgründungen, Firmenbeteiligungen, Grundstückskauf und Hausbau, Ehescheidung und Folgesachen)
– Ausdehnung des Leistungsangebots in den Bereich der Service- und Nachsorgeleistungen (z. B. im Familien- und Unterhaltsrecht) sowie der „Wartung" (Anpassung von Vertragswerken, AGB usw. an Entwicklungen und Rechtsprechung)
– Variationen in der Reichweite des Dienstleistungsangebots – regional, überregional, international (überörtliche Sozietäten)
– zeitliche Erweiterung des Angebots (Rund-um-die-Uhr, Notdienst)
– Variationen des Leistungsprogramms durch Kooperation zwischen Anwälten und anderen Beraterberufen.

19 2. Bei der **Distributionspolitik** geht es um die Frage: Wie bringt der Anwalt das von ihm aufgebaute Dienstleistungspotential (Leistungsprogramm) in den Verfügungsbereich des Klienten? Auf welche Weise kann der unmittelbare Klientenkontakt hergestellt werden?

Die Herstellung des Klientenkontakts hängt ab von der Kanzleigestaltung und dem Kontaktverhalten der Anwälte im akquisitorischen Bereich. Dabei sind alle Eigenschaften und Maßnahmen der Kanzlei von Einfluß, die sicherstellen, daß die angebotenen Dienstleistungen für den Mandanten präsent sind, d. h. rechtzeitig und vollständig zur Verfügung stehen. Dabei sind maßgeblich:
– Standort
– Büroausstattung im kommunikativen Bereich (Telefon, Telex, Teletex, Telefax, EDV)

– Personalverhalten und -schulungen (Empfang, Telefondienst, Gesprächsführung bei Erstkontakten)
– sowie Maßnahmen der Gestaltung von Beziehungen zu Institutionen und Personen, die für potentielle Klienten „Wege zum Anwalt darstellen" (Rechtspflegeorgane, Verbände, Ärzte, andere Beraterberufe, Architekten usw.).

3. Die **Kontrahierungspolitik** umfaßt die Gesamtheit vertraglicher Vereinbarungen über Preise und Preisnachlässe, Liefer- und Zahlungsbedingungen (Mandatsbedingungen) sowie Kredite. In diesem Zusammenhang ist anzumerken, daß der Preiswettbewerb nach traditionellem Berufsverständnis für Anwälte grundsätzlich kein Marketing-Instrument ist. Hier besteht durch die BRAGO die rechtliche Rahmenbedingung einer verbindlichen Gebührenordnung. Insoweit finden aber Überlegungen statt, wie die im Bericht von *PROGNOS/ INFRATEST* aus dem Jahre 1987 festgestellten Defizite (Intransparenz des Gebührensystems für den Klienten, Schwellenangst wegen hoher Gebührenerwartungen) abgebaut werden können durch die Legalisierung flexiblerer Praktiken (Legalisierung der Zeitgebühren, limitierte Gebühr für Erstberatung im außergerichtlichen Bereich). Desweiteren ist die Vereinbarung laufender Beratungsverträge mit monatlicher Beratungspauschale ein geeignetes Mittel, vertrauensvolle Zusammenarbeit zwischen Anwalt und Mandant zu intensivieren.

4. Die wichtigsten Instrumente der **Kommunikationspolitik** sind Werbung, Öffentlichkeitsarbeit und Verkaufsförderung. Diese haben – gerade bei Anwaltskanzleien – eine Doppelwirkung: Sie müssen nicht nur darauf ausgerichtet werden, vorhandene und potentielle Klienten über die Anwaltskanzlei und ihre Leistungsfähigkeit zu informieren und die für die anwaltliche Dienstleistung erforderliche Vertrauensbasis abzusichern, sondern beeinflussen neben der Außenwelt auch in starkem Maße das Innenleben der Anwaltskanzlei. Wenn Mandanten eine bestimmte Anwaltskanzlei auf Dauer als sympathisch erleben, so hängt das in erster Linie damit zusammen, daß sich die Mitarbeiter und Mitarbeiterinnen einer Kanzlei zunehmend verpflichtet fühlen, aus der Werbung und Öffentlichkeitsarbeit abgeleitete Ansprüche der Klienten zu erfüllen.

Öffentlichkeitsarbeit strebt danach, dauerhafte und feste Bindungen zwischen der eigenen Kanzlei und der Öffentlichkeit herzustellen. Jede Anwaltskanzlei hat ihre eigene Öffentlichkeit. Diese besteht aus ihren Mitarbeitern und deren Umfeld, ihren vorhandenen Klienten, den potentiellen Klienten sowie weitere zum individuellen Umfeld der Anwaltskanzlei gehörende meinungsbildende Kreise. „Public Relations" können dazu eingesetzt werden, um die allgemeine Reputation der Anwaltsfirma nach außen zu entwickeln und die Öffentlichkeit aufmerksam zu machen auf besondere Fachkenntnisse und Eignung.

Auch die **Werbung** ist nur ein Teilausschnitt aus der Vielfalt möglicher Marketing-Aktivitäten. Werbung wendet sich als Mittel der Kommunikationspolitik überwiegend kurzfristig und direkt mit einem Dienstleistungsangebot an aktuelle und potentielle Klienten, um die Übertragung eines Mandats herbeizuführen. Marketing befaßt sich umfassend in der Planungsphase zunächst mit der Analyse der Marktsituation und in der Phase der konkreten Marketing-Planung mit der marktgerechten Gestaltung und langfristigen Darstellung des von den einzelnen Anwaltskanzleien angebotenen Leistungsprogramms.

Anwaltliche Werbung steht unter dem Postulat: „Wenn Werbung, dann nur Informationen, die dem rechtsuchenden Publikum nützlich sind." In dieser

Begrenzung wird anwaltliche Werbung inzwischen auch als berufsrechtlich zulässig anerkannt. Die Rechtsprechung konkretisiert dies schrittweise: So ist z. B. die Angabe von Tätigkeitsschwerpunkten von Rechtsanwälten in einer Umzugsanzeige als von der Berufsausübungsfreiheit gedeckt angesehen worden, weil das Interesse des rechtssuchenden Publikums, die mit der Werbung verbundenen Informationen zu erhalten, als Gesichtspunkt des Gemeinwohls zu berücksichtigen sei. Die Mitteilung der bevorzugten Arbeitsgebiete erleichtert dem Rechtsuchenden die Auswahl des richtigen Anwalts (OLG Düsseldorf NJW 1992, 2833, sowie H. I. Rdnr. 153 ff.)

Auf der Linie einer Marketing-Konzeption liegt aber Werbung nur, wenn sich Rechtanwälte und Rechtsanwältinnen sowie das gesamte Personal der Kanzlei verpflichtet fühlen, die aus der Werbung abgeleiteten Ansprüche zu erfüllen. Deshalb müssen sich alle **Verkaufsförderungsmaßnahmen** ganz überwiegend an die eigenen Kollegen und an das Kanzleipersonal richten und nicht nur an die Klientel.

25 Anwaltliche Dienstleistungen sind immateriell, ungreifbar und unsichtbar. Sie sind daher im Vergleich zu Sachgütern schwer zu beschreiben und noch schwerer zu erproben. Aus diesen Gründen sind die Schaffung einer Corporate Identity und Imagepflege der Kanzlei sowie der persönliche Kontakt zwischen Anwalt und Mandant die wichtigsten aller zur Verfügung stehenden Instrumente im Rahmen des Kommunikationselements. Zu deren Aufbau lassen sich folgende Maßnahmen nennen:
– Veranstaltung von Seminaren und Vorträgen
– Autorentätigkeit
– Mitgliedschaft in anwaltlichen Berufsorganisationen sowie anderen Wirtschafts- bzw. Berufsvereinigungen
– gesellschaftliche Aktivitäten
– Kanzleibroschüren
– Mandanteninformationsbriefe (newsletters)
– Vermittlung eines einheitlichen Erscheinungsbilds der Kanzlei im Wege einer Abstimmung aller visuellen Momente wie Kanzleischild, Einrichtung, Briefbogen, Stempel, Farben und Schrifttypen
– eine in sich schlüssige widerspruchsfreie Ausrichtung des Verhaltens aller Kanzleimitglieder nach innen und außen
– systematischer auf ein bestimmtes Profil kombinierter Einsatz aller Instrumente anwaltlicher Kommunikationspolitik.

V. Marketing-Idee und berufsrechtliche Neuorientierungen

26 Der Wandel des Anwaltsstandes zu einem dienstleistungs- und marktorientierten Beruf muß das professionelle Selbstverständnis in seinen traditionellen Grundwerten nicht antasten. Marketing bedeutet eine sinnvolle Ergänzung des professionellen Selbstverständnisses, weil der schrittweise Vollzug eines umfassenden anwaltsspezifischen Marketing-Konzepts gewährleistet, daß die aktuellen und speziellen Bedarfssituationen der einzelnen Klientenzielgruppen besser und gründlicher ausgelotet werden. Hier liegen Chancen zur Erschließung und Erweiterung des Marktes anwaltlicher Dienstleistungen, die gleichzeitig eine Verbesserung der Rechtsversorgung des Bürgers zur Folge haben.

Dabei muß auch gesehen werden, daß eine konsequente Klientenorientierung 27
auch die Beseitigung von berufsrechtlichen Restriktionen fordert. Dies gilt vor
allem für die Einschränkungen beruflicher Bewegungsfreiheit, die die Verfügbarkeit des Anwalts für den Klienten im Rahmen einer vernünftigen Distributionspolitik und die Beseitigung von Informationsbarrieren im Rahmen einer
sachlich gebotenen Kommunikationspolitik hindern. Diese Überlegungen liegen auch auf der Linie der Entscheidungen des Bundesverfassungsgerichts vom
14. 7. 1987. Berufsspezifische Einschränkungen anwaltlicher Berufstätigkeit
sind nur dort geboten, wo sie im Gemeinwohlinteresse und zum Schutz des
Klienten erforderlich sind. Unter all diesen Aspekten wird z. Zt. die anwaltliche
Berufspolitik überdacht und neu formuliert. Eine Reform des Berufsrechts
bahnt sich an, in deren Folge u. a. das Werbeverbot für Rechtsanwälte gelockert
und neue Formen anwaltlicher Kooperation im In- und Ausland zulässig werden. Auch die Vereinigung Deutschlands und die zunehmende Aktualisierung
des geltenden Europarechts schaffen neue Märkte und setzen neue politische und
berufsrechtliche Rahmenbedingungen für Marketingaktivitäten von Rechtsanwältinnen und Rechtsanwälten.

K VI. Zeit- und Selbstmanagement für Rechtsanwälte

Hans Buschbell

Übersicht

	Rdnr.
I. Die Zeit – das wertvolle Gut, Methoden und Prinzipien ihrer Nutzung	1
1. Die Zeit – das wertvolle Gut	1
2. Die Zeit – die besondere Ressource auch für den Anwalt	2
3. Methoden und Prinzipien des Zeitmanagement	3
II. Typische Zeitfallen/Zeitverluste für den Anwalt – Instrumente gegen Zeitverlust	15
1. Effiziente Organisation – ein Instrument gegen Zeitverlust	15
2. Effiziente Organisation in allen Bereichen	17
3. Effiziente Organisation der anwaltlichen Tätigkeit	18
4. Informationsverarbeitung	20

	Rdnr.
5. Diktaterledigung und speziell Textverarbeitung	24
6. Besprechungen, Konferenzen, Vergleichsverhandlungen	25
7. Besuchs- u. Telefonmanagement	27
III. Unterstützung durch Mitarbeiter	28
1. Gewinnen der richtigen Mitarbeiter	29
2. Stellenbildung	30
3. Aufgabendelegation	32
4. Mitarbeiterführung und -motivation	35
5. Schulung und Fortbildung der Mitarbeiter	36
IV. Ertrag richtiger Zeit- und Arbeitsplanung	37
1. Möglichkeit der Ergebnissteuerung und Erfassung/Statistik	37
2. Zeit schafft Raum für Innovation und Selbstverwirklichung	44

Literatur: *Buschbell/Belser*, Zeitmanagement für Rechtsanwälte – warum und wie?, AnwBl. 1990, 559f.; *Hans-Soldan-Stiftung*, Kostenstatistik; *Germ*, EDV Organisation: Handbuch für Rechtsanwälte und Notare, 1990; *Knie*, Das Preis-/Leistungsverhältnis der anwaltlichen Dienstleistung, Anwaltsblatt 1989, Seite 258ff.; *Mackenzie*, Die Zeitfalle, 10. Auflage 1991; *Materialien zur Büroorganisation und Bürotechnik*, Band 2; *Mähler*, Effektive Organisation und moderne Kommunikation in der Anwaltskanzlei; *Peter*, Handbuch der Organisation und Technik für das Anwaltsbüro; *Riebe*, Selbstmanagement für Rechtsanwälte, AnwBl. 1990, 443f.; *Seiwert*, Das 1 × 1 des Zeitmanagement, 15. Auflage 1992; *ders.*, Mehr Zeit für das Wesentliche, 10. Auflage 1989; *Seiwert/Buschbell/Mandelkow*, Zeitmanagement für Rechtsanwälte, 1991; *Seiwert/Wagner*, Management mit Zeitplanbuch/43 Zeitplanbücher im Überblick, 1990; *Winters*, Der Rechtsanwaltsmarkt 1989.

I. Die Zeit – das wertvolle Gut; Methoden und Prinzipien ihrer Nutzung

1. Die Zeit – das wertvolle Gut

1 Die Frage: **„Haben Sie Zeit genug?"** wird von weit **mehr** als **90%** der Menschen, die im Berufsleben stehen, mit **„nein"** beantwortet (vgl. *Mackenzie*, S. 11). Diese Erfahrung trifft sicherlich **in gleicher Weise** auf den **Anwalt** zu. Diese Tatsache und Erfahrung muß nachdenklich stimmen. Der Mangel an Zeit kann nicht in der „Zeit" liegen. Hier liegt das Paradoxon der Zeit: Wenige haben genug, und doch hat jeder die Zeit, die es gibt. – Paradoxon der Zeit – (vgl. *Mackenzie* a. a. O., S. 11). Hier wird deutlich, daß die **Zeit**, die kontinuierlich und **unwiderruflich verrinnt**, ein besonders wertvolles Gut ist, **wertvoller als Geld und Gold**, weil nicht vermehrbar und nicht käuflich;
– Zeit ist ein absolut knappes Gut,

Die Zeit – das wertvolle Gut   K VI

- Zeit ist nicht käuflich,
- Zeit kann nicht gespart oder gelagert werden,
- Zeit kann nicht vermehrt werden,
- Zeit verrinnt kontinuierlich und unwiderruflich,
- Zeit ist Leben

(vgl. *Seiwert,* Das 1 × 1 des Zeitmanagement, S. 7).

2. Die Zeit – die besondere Ressource auch für den Anwalt

Mehr aus der Zeit zu machen ist, speziell für den Anwalt eine Ressource für   2
mehr Leistung und Erfolg im Beruf. Die **Zeit** selbst ist **nicht vermehrbar.** Das
Ziel muß daher sein, die zur Verfügung stehende Zeit besser zu nutzen.

Der wichtigste Schritt zur besseren Zeitnutzung ist eine **Analyse** des praktizierten **Arbeitsstils,** also eine **Zeitinventur.** Die **Ursachen** für **Zeitverlust** sind vielfältig. In allen Bereichen anwaltlicher Arbeit können ihre Ursachen liegen.

Eine **mangelhafte Organisation,** also z. B. falsch organisierte Akten und der uneffiziente Aktenumlauf sowie mangelnde Nutzung organisatorischer Hilfsmittel, unrationelle Postbearbeitung, mangelnde Nutzung moderner Technik können Ursachen für Zeitverluste sein. Ebenso kann im eigenen Arbeitsstil eine Quelle für Zeitverlust liegen, so z. B. im unorganisierten Arbeitsplatz. Auch kann ein falscher Terminplan Zeitverluste bringen und ebenso uneffiziente Informationsverarbeitung. Die Korrespondenzbearbeitung, z. B. ohne Nutzung von Textverarbeitung oder auch schließlich die unrationale Durchführung von Besprechungen, Konferenzen oder Vergleichsverhandlungen sind Ursachen für Zeitverluste. Ebenso besteht die Gefahr von Zeitverlusten für den Anwalt bei mangelnder Qualifikation der Mitarbeiter oder unzureichender Aufgabendelegation an die Mitarbeiter.

Eine **Lösung des Zeitproblems** ist nur möglich durch eine **Analyse** bisheriger Zeitnutzung und gegebener Zeitverluste (zur Möglichkeit der Zeitinventur und Selbstanalyse des praktizierten Arbeitsstils vgl. *Seiwert,* Mehr Zeit für das Wesentliche, S. 23 ff.).

Eine **Verbesserung** der Zeitnutzung ist aber auch schon zu erreichen durch ein **besseres Bewußtsein** und eine Sensibilisierung für die Notwendigkeit effizienter Zeitnutzung. Dies ist Ziel der Darstellungen in diesem Kapitel. Speziell die nachfolgenden Ausführungen zu den Methoden und Prinzipien des Zeitmanagement sollen Anregung und Anleitung sein zu besserer Zeitnutzung.

3. Methoden und Prinzipien des Zeitmanagement

a) **Grundgedanke und Begriff des Zeitmanagement.** Grundgedanke des   3
Zeitmanagement ist es, **aus dem Leben mehr zu machen,** es bewußter zu
steuern (Selbstbestimmung) und zu vermeiden, durch die Arbeits- und Lebensverhältnisse (Fremdbestimmung) gesteuert zu werden (*Seiwert* a. a. O., S. 12).

Seiwert definiert den Begriff des Zeitmanagement so: „Zeitmanagement ist die konsequente und zielorientierte Anwendung bewährter Arbeitstechniken in der täglichen Praxis, um sich selbst und die eigenen Lebensbereiche so zu führen und zu organisieren (gleich „zu managen"), daß die zur Verfügung stehende Zeit sinnvoll und optimal genutzt wird."

Ein Weg zu einem besseren Zeitmanagement ist es, sich mit den hierzu entwickelten **Methoden und Prinzipien** vertraut zu machen und zu ihrer effizienten Anwendung auch in der täglichen Arbeit als Anwalt zu kommen (vgl. hierzu im einzelnen *Buschbell/Belser* AnwBl. 1990, 559 f.; *Seiwert/Buschbell,* Anwaltliches Zeitmanagement – ein Weg zu mehr Erfolg?, AnwBl. 1991, S. 581 f.).

4 b) Funktion des Zeitmanagement/Regelkreis. Eine **bessere** und schließlich eine **optimale Zeitnutzung** ist zu erreichen, wenn die tagtäglich zu erledigenden **Aufgaben** in kürzerer Zeit und **effizienter** erledigt werden. Hierbei ist es notwendig, sich zu vergegenwärtigen, daß bei der Bewältigung von Aufgaben und Problemen die abzuwickelnden Aktivitäten in einem bestimmten Zusammenhang stehen und in der Regel auch in einer bestimmten Reihenfolge ablaufen. Nach Seiwert (vgl. *Seiwert,* Mehr Zeit für das Wesentliche, S. 38) ist zu unterscheiden zwischen dem **Außen-Zeitmanagementregelkreis und dem Zeitmanagement Innenkreis.**

Im Außen-Zeitmanagementsregelkreis ergeben sich auch in der Reihenfolge folgende Funktionen:

- Zielsetzung
- Analyse und Formulierung der persönlichen Ziele
- Planung
- Konzipieren von Plänen und Handlungsalternativen
- Entscheidung;
  über die durchzuführenden Arbeiten sich entscheiden
- Realisation und Organisation
- Gestaltung und Organisation der zu erledigenden Arbeiten und der sich ergebenden Arbeitsabläufe zur Realisierung in der geplanten Zeitperiode (Jahr, Monat, Woche, Tag)
- Kontrolle;
  Überprüfung der Realisation von Zielsetzung, Planung und Entscheidung zur Realisation.

Der **Innen-Zeitmanagementregelkreis** beinhaltet:

- Information und Kommunikation;
  diese Funktionen sind Dreh- und Angelpunkt für die Umsetzung der Funktionen des Zeitmanagementregelkreises.
  (Vgl. hierzu *Seiwert,* Mehr Zeit für das Wesentliche, S. 38 ff. mit grafischer Darstellung des Zeitmanagementregelkreises und ausführlichen Erläuterungen hierzu).

5 c) Methoden und Prinzipien des Zeitmanagement. Eine beste Zeitnutzung ist nur zu erreichen, wenn man sich mit den hierzu entwickelten **Methoden und Prinzipien** vertraut macht und versucht, sie mit fortschreitendem Erfolg umzusetzen. Der für diese Abhandlung zur Verfügung stehende Rahmen ermöglicht es nicht, dieses Prinzip ausführlich und im einzelnen zu entwickeln und darzustellen. Deshalb ist es geboten, auf die Darstellung der hierzu entwickelten Prinzipien und Methoden besseren Zeitmanagements zu verweisen. Nach *Seiwert* (Das 1 × 1 des Zeitmanagement, S. 11) sind die nachfolgend aufgeführten Prinzipien des Zeitmanagement sowie ihre Beachtung und Realisierung die sichere Methode und der beste Weg, um zu einer besseren Zeitnutzung zu kommen. Die Prinzipien des Zeitmanagement im einzelnen sind:

6 − **Sensibilisierung** und Interesse für bessere **Zeitnutzung.** Untersuchungen haben ergeben, daß der Nutzungsgrad des menschlichen Leistungspotentials nur 30–40% beträgt, weil die meiste Zeit ungenutzt vergeht, weil klare Ziele, Planung, Prioritäten und Übersichten fehlen (*Seiwert,* a. a. O., S. 8). Die Sensibilisierung für das Zeitproblem und das Suchen nach besserer Zeitnutzung sind der erste Schritt zur Verbesserung des Zeitmanagement.

− **Vermeidung von Zeitverlust.** Unbestritten ist, daß in großem Umfang Zeit verloren geht durch sogenannte „Zeitdiebe". Es ist erforderlich, die Sachver-

halte und Tatbestände für Zeitverluste, z. B. fehlerhafte oder uneffiziente Organisation oder Arbeitsmethode zu analysieren sowie ihre Ursachen und Gründe herauszufinden, ebenso Maßnahmen und Lösungen zur Vermeidung von Zeitverlusten.
- **Ziele** müssen **definiert** werden. Ohne bewußte Zielsetzungen sind Erfolge nicht zu erreichen. Dies gilt sowohl für den persönlichen wie für den beruflichen Lebensweg. Zielsetzung ermöglicht die Konzentration der Kräfte auf Schwerpunkte der Aktivitäten und der Arbeit. Hier ist zu beachten das sogenannte „Pareto-Prinzip" (benannt nach dem italienischen Ökonomen *Vilfredo Pareto*). Dieses Prinzip beinhaltet die Erfahrung, daß häufig 20% der strategisch richtig eingesetzten Zeit 80% des Ergebnisses bringen, während unter Umständen 80% des Zeiteinsatzes nur den geringen Ertrag von 20% bringen (vgl. hierzu im einzelnen *Seiwert*, 1 × 1 des Zeitmanagement, S. 15 f., *Mackenzie*, Die Zeitfalle, S. 68 ff.).
- **Planung**, möglichst schriftliche, ist erforderlich. Hier gilt zunächst die schon von Seneca formulierte Erfahrung: „Ein Mann, der nicht weiß, in welchen Hafen er segeln will, dem ist kein Wind der richtige".
  Es ist eine Erfahrung, daß richtige und konsequente Planung Zeitgewinn bringt. Untersuchungen haben ergeben: Wer seinen Arbeitstag 8 Minuten vorbereitet und konsequent in Angriff nimmt, kann täglich eine Stunde für das Wesentliche gewinnen (*Seiwert*, Das 1 × 1 des Zeitmanagement, S. 18). Darüber hinaus ist es notwendig auch zur Kontrolle einerseits und zum anderen für das Erfolgserlebnis schriftlich zu planen.
  Jeder Tag erfordert Planung und damit die Verwendung von Tagesplänen. Der Tag als die kleinste und überschaubare Einheit muß systematisch geplant werden, und zwar nach Aufgaben, Aktivitäten und Terminen. Die hierzu entwickelte sogenannte „ALPEN"-Methode beinhaltet:
  - Aufgaben zusammenstellen,
  - Länge der Tätigkeiten schätzen,
  - Pufferzeit für Unvorhergesehenes reservieren,
  - Entscheidungen über Prioritäten, Kürzungen und Delegation treffen
  - Nachkontrolle – Unerledigtes übertragen
  (vgl. im einzelnen *Seiwert*, Mehr Zeit für das Wesentliche, S. 107 ff.).

- **Prioritäten setzen** ist unerläßlich. Für jeden, insbesondere auch für den Anwalt, besteht die Gefahr, dem Versuch zu erliegen, zuviel auf einmal zu tun und sich infolgedessen zu verzetteln. Dies ist nur dadurch zu vermeiden, daß Prioritäten gesetzt werden und die Aufgaben nach den gesetzten Prioritäten erledigt werden. Hier gilt die sogenannte ABC-Methode. Diese besagt, daß die zu erledigenden Aufgaben je nach ihrer Wichtigkeit in A-, B- und C-Aufgaben eingeteilt werden. Die A-Aufgaben sind die wichtigsten und unbedingt zu erledigenden und nicht deligierbaren Aufgaben. Die B-Aufgaben sind als wichtige, aber deligierbare Aufgaben zu bewerten, während die C-Aufgaben von geringerer Wichtigkeit sind (zur ABC-Methode vgl. im einzelnen *Seiwert*, Das 1 × 1 des Zeitmanagement, S. 27 und *Seiwert*, Mehr Zeit für das Wesentliche, S. 131).
- Ein **positiver Arbeitsbeginn** ist ein wichtiger Faktor. Für den Erfolg zum richtigen Zeitmanagement gehört auch, die richtige Einstellung zum Arbeitsbeginn und zur Abwicklung der Arbeit zu finden. Die Einstellung zu positiver Lebensführung ist ein wichtiger Faktor für erfolgreiche Arbeitserledigung

(vgl. *Seiwert,* Das 1 × 1 des Zeitmanagement, Seite 29 ff.). Die Beachtung der persönlichen Leistungskurve ist notwendig für die effiziente Aufgabenerledigung. Hier muß jeder herausfinden, wann für ihn persönlich ein möglicher Leistungshöhepunkt oder ein biologisch bedingtes Leistungstief gegeben ist. Dies gilt auch für die Arbeitserledigung als Früh- oder Spätrhythmiker (vgl. im einzelnen *Seiwert,* Mehr Zeit für das Wesentliche, Seite 174 ff.).

- Die notwendige **stille Stunde** ist wichtig für Konzentration und innovatives Denken, gerade für den Anwalt, für den neben der Korrespondenzerledigung Besprechungen mit den Klienten ein wichtiger Bestandteil der täglichen Arbeit ist. Er benötigt Ruhe und geplante Abschirmung, um anstehende Aufgaben konzentriert zu erledigen und die Möglichkeit für innovative Gedanken zu haben.
- Aufgabenerledigung durch **Delegation** ist ein wichtiger Weg zur Selbstentlastung und zu umfangreicherer Aufgabenerledigung. Hier werden gegensätzliche Standpunkte vertreten. Ein kroatische Sprichwort sagt: „Wer selbst arbeitet, verliert den Überblick". Umgekehrt wird häufig argumentiert, daß Delegation und hiermit verbundene notwendige Erklärung mehr Zeit erfordert als der mögliche Zeitgewinn bringt. Zunächst gilt, sich mit den Regeln der Relegation vertraut zu machen. Der Delegation-Check-up lautet:
  - Was soll getan werden? (Inhalt)
  - Wer soll es tun? (Person)
  - Warum soll er es tun? (Motivation, Ziel)
  - Wie soll er es tun? (Umfang, Details)
  - Bis wann soll er es tun? (Termine)

  Bei der Delegation und der Entscheidung zur Aufgabenerledigung ist vorzugehen nach Dringlichkeit und Wichtigkeit (Eisenhowerprinzip; vgl. im einzelnen *Seiwert,* Das 1 × 1 des Zeitmanagement, S. 41 f. und *Seiwert,* Mehr Zeit für das Wesentliche, S. 136 ff.).
- Die **Nutzung des Zeitplanbuches** ist ein Weg und Erfolgsgeheimnis effizienter Arbeitsmethode. Es ist etwas anderes als der anwaltliche Termin- und Fristenkalender (vgl. im einzelnen nachstehend Rdnr. 7).
- **Konsequenz** beim Suchen und **Umsetzen** von Zeitmanagement ist die wichtigste Voraussetzung, ohne Offensein für Zeitmanagement und ohne Konsequenz führt der Weg des Zeitmanagement nicht zum Ziel. Die Entscheidung, die Prinzipien und Methoden des Zeitmanagement anzuwenden und umzusetzen, kann nur Erfolg haben bei konsequenter Durchführung. Nur bei einer solchen Einstellung und Handhabung führt der Weg zum Erfolg.

7 **d) Das Zeitplanbuch – auch für Rechtsanwälte.** Die **Nutzung** des **Zeitplanbuches** ist **Prinzip** des Zeitmanagement und Methode zu effizienter Zeitnutzung (vgl. vorstehend Rdnr. 4).

Das Zeitplanbuch entspricht nicht der gewohnten Vorstellung des Anwaltes über einen Termin- und Fristenkalender. Für den Anwalt besteht die Gewohnheit, daß nach bestimmten Regeln die Termine und Fristen durch das Büro in einem Kalender vorgemerkt oder EDV-mäßig erfaßt werden. Das Zeitplanbuch ist etwas anderes und mehr als ein anwaltlicher Termin- und Fristenkalender. Es bietet neben der Erfassung von Terminen und Fristen Organisationshilfe für alle Bereiche der anwaltlichen Tätigkeit und Organisation. Es ist eine komprimierte Organisationshilfe, gleichsam ein selbstführendes Managementsystem (vgl. im einzelnen *Buschbell/Belser,* AnwBl. 1990, 559/561).

Die Zeit – das wertvolle Gut   **K VI**

Es ist ein in Loseblattsystem gestaltetes Arbeitsmittel, das in der Regel sich aus drei Teilen zusammensetzt, nämlich
- Kalendarium
- Organisation- und Managementsystem
- Informationsteil

Der **Kalender** hat nicht nur – wie der anwaltliche Termin- und Fristenkalen- 8
der – einen Tagesplan, sondern bietet zugleich **zusätzliche Übersichten** zu den verschiedenen Zeitperioden, nämlich:

– Jahresübersicht,
– Monatsplan,
– Wochenplan, in Verbindung mit dem
– Tagesplan und der zusätzlichen Möglichkeit der Verbindung zu einer möglichen Aktivitätencheckliste (vgl. *Seiwert/Buschbell/Mandelkow*, Zeitmanagement für Rechtsanwälte, Kapitel 2.5).

Der Teil Organisation- und Managementsystem bietet, was im anwaltlichen 9
Termin- und Fristenkalender nicht gegeben ist, zu allen Bereichen der anwaltlichen Büroorganisation (und auch zusätzlich des privaten Bereiches) ein **Organisations- und Managementsystem.** Ein nach dem System JUS/system by Time/system vorgeschlagenes Konzept für Organisation und Management bietet folgendes Organisationskonzept zu den nachgenannten Bereichen:

– Ziele/berufliche Grundlagen   1
– Projekte/Planung   2
– Raumplanung/Arbeitsmittel   3
– Technik/EDV   4
– Kollegen/Mitarbeiter   5
– Mandanten/Sachgebiete   6
– Wirtschaftliche Abwicklung   7
– Ergebnis/Steuerung/Statistik   8
– Literatur/Fortbildung   9
– Mitgliedschaften   10
– Ideen   11
– Privat   12

Dieses System bietet die Möglichkeit, **Aktivitäten** zu allen vorgenannten Bereichen **aufzuzeichnen,** zu planen, umzusetzen und fortzuschreiben. Es besteht konzeptionell die Möglichkeit, die zu den genannten Bereichen erfaßten Aktivitäten zu übertragen zur Realisation in die Zeitplanung, also in den Kalenderteil.

Der **Infoteil,** wenn er berufsspezifisch konzipiert ist, beinhaltet Informationen 10
zu den wichtigsten Sachgebieten anwaltlicher Tätigkeit und somit die Grundlage für präsente Informationen bei der Aufgabenabwicklung. In der Verbindung der genannten drei Teile – Kalendarium/Organisations- und Managementsystem/Infoteil – ist das Zeitplanbuch ein Instrument rationeller und damit zeitsparender anwaltlicher Arbeitsmethodik.

Es besteht die **Möglichkeit** der **verbundenen Nutzung** von beruflichen Termin- und 11
Fristenkalender und Zeitplanbuch. Es entspricht der Praxis der Termin- und Fristenerfassung und -überwachung, daß diese bei Verwendung eine traditionellen Termin- und Fristenkalenders oder auch ggf. EDV-mäßig durch das Büro oder Sekretariat erfaßt und vorgemerkt werden. Diese Gewohnheit und evtl. auch Notwendigkeit schließt aber nicht die Verwendung des Zeitplanbuches aus. Vielmehr ist es sinnvoll und notwendig, jedenfalls möglich, eine Verbindung zwischen dem Termin- und Fristenkalender des Büros und dem persönlichen Zeitplanbuch herzustellen. Dies kann organisatorisch so abgewickelt

werden, daß die speziellen Termine eines Anwaltes etc. aus dem allgemeinen Bürokalender in das persönliche Zeitplanbuch übertragen werden. Diese Aufgabe kann persönlich oder auch nach entsprechender Einarbeitung durch das Sekretariat erledigt werden. Hierbei bietet das Zeitplanbuch über den an Tagesübersichten orientierten anwaltlichen Termin- und Fristenkalender hinaus – Wochen- oder Monatsübersichten. Die wochen- oder monatsbezogene Übersicht über wahrzunehmende Termine und zu erledigende Fristen schafft eine bessere Möglichkeit der Zeitplanung und vermeidet somit Streß und Hektik und bietet hierdurch die Möglichkeit zu besserer und qualifizierter Sachbearbeitung.

12 Zusätzlich bietet das Zeitplanbuch die Möglichkeit, wie dargestellt, im Organisations- und Managementteil **Aktivitäten zu erfassen**. Die hier erfaßten Aktivitäten können zur Erledigung in die Zeitpläne oder Zeitübersichten übertragen werden. Hierdurch entsteht eine Orientierung nicht nur über wahrzunehmende Termine und zu erledigende Fristen, sondern darüberhinaus zur Erledigung geplanter oder anstehender Aktivitäten. Dies ermöglicht **bewußt** vorgegebene **Ziele** zu **planen** und sich zeitgerecht für die **Realisierung** zu entscheiden und die Umsetzung tatsächlich zu **kontrollieren**.

13 Zu beachten ist, daß die angebotenen Zeitplanbücher die Zeitpläne und Zeitübersichten anbieten. Darüberhinaus bieten in der Regel die **Aktivitätenchecklisten Erfassungs- und Kontrollmöglichkeiten** zu folgenden Bereichen:

- Datum
- Priorität (A, B, C)
- Aktivität/Aufgabe
- Delegation
- Aufgabenbeginn
- Fertigstellungstermin
- Kontrolle/OK

14 Im Vergleich zwischen dem traditionellen Termin- und Fristenkalender und dem Zeitplanbuch kann festgestellt werden:

- Der **Termin- und Fristenkalender** ist **nur Merkhilfe;**
- Das **Zeitplanbuch** stellt sich darüberhinaus als selbst-**steuerndes Managementsystem** dar. Es ist Terminkalender, Tagebuch, Notizbuch, Planungsinstrument, Erinnerungshilfe, Adressenregister, Nachschlagewerk, Ideenkartei und Kontrollwerkzeug zugleich (vgl. *Seiwert/Buschbell/Mandelkow*, Zeitmanagement für Rechtsanwälte, Kapitel 2.5).

Es werden – soweit zu übersehen – bisher 43 verschiedene Zeitplanbücher angeboten (Stand Juli 1990; vgl. hierzu im einzelnen *Seiwert/Wagner*, Management mit Zeitplanbuch/43 Zeitplanbücher im Überblick, 1990).

II. Typische Zeitfallen/Zeitverluste für den Anwalt – Instrumente gegen Zeitverlust

1. Effiziente Organisation – ein Instrument gegen Zeitverlust

15 Die **Organisation** der persönlichen Arbeitsabläufe ist ein **Instrument des Zeitmanagement** und erfordert zu allererst **Selbstmanagement**. „Eine der schwierigsten Aufgaben ist die Organisation der Selbstorganisation" (*Mackenzie*, Die Zeitfalle, S. 79 ff.). Die Organisation selbst wiederum ist planmäßige Auswahl und sinnvoller Einsatz von Sach- und Hilfsmitteln sowie auch planmäßige Gestaltung und Ordnung eigener Arbeitsabläufe (vgl. *Peter*, Handbuch der Organisation und Technik für das Anwaltsbüro, S. 56 f.). **Zeitfallen** und **Zeitverluste** für den Anwalt ergeben sich im Bereich der Organisation, weil ein

einheitliches oder umfassendes Organisationskonzept fehlt, z. B. die Akte und ihr Umlauf und ihre Aufbewahrung nicht richtig organisiert sind, organisatorische Hilfsmittel nicht vorhanden sind oder jedenfalls nicht konsequent eingesetzt werden und die Postbearbeitung umständlich ist oder Leerlauf aufweist und schließlich nicht alle Möglichkeiten der Nutzung moderner Technik ausgeschöpft werden. Darüberhinaus ist häufig die eigene Tätigkeit des Anwaltes nicht richtig organisiert, beginnend mit der Organisation am eigenen Arbeitsplatz und der rationellen Terminplanung. Häufig geht Zeit verloren, weil Informationen nicht zur Verfügung stehen oder zeitaufwendig gesucht werden müssen, z. B. das Suchen nach Literatur oder Literaturfundstellen. Die Korrespondenz- und Diktaterledigung ist umständlich, weil sich wiederholende Schriftsätze diktiert werden und die Textverarbeitung nicht angewandt wird. Schließlich ergibt sich häufig eine Überlastung des Anwaltes bei Routineaufgaben, die erledigt werden, die ohne weiteres auf Mitarbeiter zu delegieren wären, z. B. die Verwaltung der Bücherei oder die Bearbeitung von Routinemandaten (vgl. auch *Germ,* S. 143 ff.).

Die Tatbestände und Erfahrungen für die Zeitverluste in der alltäglichen anwaltlichen Arbeit sind so selbstverständlich, daß hier auf eine weitere beispielhafte Aufzählung verzichtet werden kann. Vielmehr soll Gegenstand und Ziel der nachstehenden Ausführungen sein, Ursachen für Zeitverluste in der alltäglichen anwaltlichen Arbeit zu analysieren und Möglichkeiten ihrer Vermeidung aufzuzeigen.

Wichtigstes **Instrument zur Vermeidung von Zeitverlust** ist die Schaffung einer **effizienten Organisation** anwaltlicher Arbeiten. Diese Organisation ist zu orientieren an den Funktionen im Ablauf der anwaltlichen Arbeit. Diese läßt sich in drei Funktionen einteilen, nämlich: **16**
– Aufbau-/Ablauforganisation
– Juristische Sachbearbeitung
– Unterstützung durch Mitarbeiter.

In einer schlechten – anwaltlichen – Organisation verbergen sich die meisten Zeitverluste. Umgekehrt ist eine effiziente **Organisation** ein wichtiger **Faktor** für das **Zeitmanagement.** Die wichtigsten **Prinzipien** einer effizienten anwaltlichen Organisation sind:
– Organisation nach einem **Gesamtkonzept,** gegliedert in:
Aufbau-/Ablauforganisation
– Sachbearbeitung
– Unterstützung durch Mitarbeiter.

Als Konzept für die Organisation einer Anwaltskanzlei, ihrer Arbeitsabläufe sowie der juristischen Sachbearbeitung und Unterstützung durch Mitarbeiter bietet sich das gleiche System an, wie vorgeschlagen für die Organisation eines Zeitplanbuches (vgl. vorstehend Rdnr. 9). Jedenfalls ist wichtig ein Organisationskonzept für alle Bereiche der Organisation und Arbeitsabläufe sowie der Tätigkeit zu Abhandlungen.

2. Effiziente Organisation in allen Bereichen

Zu den Einzelheiten der **Büroorganisation** ist zu verweisen auf die einzelnen **17**
Titel im Kapitel Büroorganisation

– Aktenführung und Korrespondenz (K I)
– Organisation von Fristen und Terminen (K II)

– Telekommunikation (K III)
– EDV-Einsatz (K IV)
– Textverarbeitung (K V)
– Bibliothek und Know how-Sammlung (K VI)
– Personalwirtschaft (K VII)
– Organisationsberatung (K VIII).

In den vorstehend zitierten Abhandlungen sind die einzelnen Bereiche der Büroorganisation eingehend dargestellt. Hierauf wird verwiesen, um Wiederholungen zu vermeiden.

Wichtig für eine rationelle und effiziente und damit zeitsparende Kanzleiorganisation ist ein **Organisationskonzept aufzubauen** und die Organisation selbst und die Arbeitsabläufe **zu beschreiben**. Hierdurch wird eine Fixierung der Verantwortung und darüberhinaus sicherlich eine Rationalisierung der Arbeit erreicht.

3. Effiziente Organisation der anwaltlichen Tätigkeit

18 a) Der „organisierte" Arbeitsplatz. Die richtige **Gestaltung** des **Arbeitsplatzes** ist Grundvoraussetzung für rationelles Arbeiten. Wenn auch individuelle Gewohnheiten und der persönliche Geschmack zu respektieren sind, so sind doch Grundregeln für die Arbeitsplatzgestaltung zu beachten, die Voraussetzung für rationelle und damit zeitsparende Arbeitsplätze sind. Der Arbeitsplatz sollte ergonomisch und überschaubar gestaltet sein. Wichtig ist die Aufbewahrung der Akten nach Arbeitspriorität. Die zur eiligen Erledigung oder mit der Priorität „A" zu bearbeitenden Akten sollten so plaziert sein, daß sie ins Auge fallen. Dieser Platz muß „leer gearbeitet werden".

19 b) „Aktive Terminplanung". Die besten Aussichten rationellen Arbeitens werden häufig gestört durch uneffektive und störende **Terminbelastungen**. Hierbei ist zunächst zu denken an den **unorganisierten Besucherverkehr**. Es sollte selbstverständlich sein, daß die Zeiteinteilung für den Besucherverkehr so ist, daß zusammenhängendes Bearbeiten einerseits möglich ist und zum anderen auch die Terminplanung für Besucherverkehr ausreichend ist. Vereinbarte Termine sollten eingehalten werden und die Zeitplanung so sein, daß die zu erledigenden Aufgaben innerhalb der vorgesehenen Zeit richtig erledigt werden können. Soweit die Terminvergabe nicht durch den Anwalt persönlich, sondern durch das Sekretariat erfolgt, sind genaue Regeln für Terminieren und Zeitdauer abzusprechen. Sinnvoll ist es, Zeitblöcke für Besprechungen vorzusehen und andererseits auch bestimmte Zeitblöcke für die Sachbearbeitung oder Dikaterledigung freizuhalten. Wichtig und empfehlenswert ist jedenfalls, eine **„aktive" Terminplanung** zu praktizieren. Häufig werden dem Anwalt Termine durch die Gerichte vorgegeben, die unrationell sind oder nicht wahrgenommen werden können oder mit großen und umfangreichen Umdispositionen verbunden sind. Die Bemühungen um eine Terminverlegung sind häufig sehr zeitraubend. Deshalb ist es empfehlenswert, – aktive – Terminplanung zu betreiben. Hierunter ist zu verstehen, sich mit beteiligten Dritten, speziell mit dem Gericht, rechtzeitig bei anstehenden Terminierungen in Verbindung zu setzen und von vornherein Abstimmungen über in Betracht kommende Termine herbeizuführen. Hinsichtlich der Organisation von Fristen und Terminen ist im übrigen zu verweisen auf die Darlegungen in Kapitel K II.

4. Informationsverarbeitung

Ein wichtiger Aspekt rationeller und damit zeitsparender Arbeitsmethode ist 20
die effiziente Informationsbearbeitung. Hierbei sind die verschiedenen Bereiche zu unterscheiden:
- Nutzung moderner Kommunikationstechnik
- Bibliothek und Know-how-Sammlung
- Datenbanknutzung – Offline- und Online-Datenbanken, speziell CD-ROM.

Die Mittel der **modernen Telekommunikation** sind:
- Telefon, Telex, Teletex, Telefax, Btx, Mailbox, Autotelefon und Eurosignal.

Zur effizienten und damit zeitsparenden Informationsverarbeitung gehört auch der Bereich „**Bibliothek und Know-how-Sammlung**". Wichtig ist nicht nur, über eine Bibliothek und Know-how-Sammlung zu verfügen. Vielmehr ist entscheidend, diesen Bereich so zu organisieren, daß benötigte Informationen – ohne Zeitverlust – stets greifbar sind. Zur Organisation der Bibliothek und Know-how-Sammlung ist zu verweisen auf die Ausführungen zu K IV.

Die Möglichkeit **Datenbanken** zu nutzen, und zwar Offline- oder Online-Datenbanken, ist eine neue zukunftsorientierte Informationsquelle (vgl. hierzu K III, Rdnr. 49, 53 f.).

a) Rationelles Lesen. Lesestoff in Form von Korrespondenz, Aktennotizen, 21
Fachzeitschriften, Fachveröffentlichungen, einschließlich der Informationen über Neuerscheinungen und Neuauflagen fließen täglich zu. Dies gilt insbesondere für den Anwalt, der sich auch dieser Informationsflut nicht entziehen kann. Es ist eine Erfahrung, daß mehr als 30% der Zeit für Lesen aufgewandt werden muß. Auch für das „Lesen" sind bestimmte **Methoden** entwickelt worden, nämlich die Methode vor, während und nach dem **Lesevorgang**.

Vor dem **Lesen** ist zu klären: Was muß ich, was soll ich, was will ich alles lesen? Was will ich damit anfangen? Was kann ich später lesen und was brauche ich überhaupt nicht zu lesen?

Zur Methode **während** des **Lesens** gilt, den Lesestoff nach zielorientierter Selektion zu verarbeiten nach den Methoden orientierendes, studierendes und zusammenfassendes Lesen. Es gilt nur das wichtigste zu lesen und alle Möglichkeiten der Verbesserung der Lesemethode zu nutzen und Störfaktoren beim Lesen auszuschalten.

Für die Methode **nach** dem **Lesen** ist wichtig die Nachbearbeitung des verarbeiteten Lesestoffes durch Nutzung der **Markierung** – und **Exzerpiertechniken** (vgl. hierzu im einzelnen *Seiwert/Buschbell/Mandelkow*, Zeitmanagement für Rechtsanwälte, Kapitel 6.2 . . .; vgl. ausführlich *Belser*, Lesemanagement, AnwBl. 1991, S. 254 ff.).

b) Rationelles Telefonieren

Das Telefon ist für den Anwalt das **wichtigste Informationsmedium**. Es 22
kann der größte Störfaktor bei der Arbeit sein aber auch ein besonders nützliches Mittel zur effizienten und zeitsparenden Arbeit. Man kann auch von der Kunst sprechen, das Telefon „zu beherrschen".

Zunächst ist es wichtig, die Möglichkeiten **moderner Telefontechnik** zu nutzen, z. B. die zentrale oder dezentrale Nummernspeicherung, Kurzwahlwiederholung, Freisprecheinrichtung oder Umleitung von Gesprächen (vgl. hierzu im einzelnen K III, Rdnr. 2).

Das Telefon bietet gegenüber anderen möglichen Kommunikationsmedien, z. B. Briefkorrespondenz, Telegramm, Telex usw. **5 Vorteile**, nämlich:
- die Übermittlungsgeschwindigkeit (Zeitvorteil)
- unmittelbarer Informationsaustausch (Dialogvorteil)
- persönliche Verbindung (Kontaktvorteil)

K VI Zeit- und Selbstmanagement für Rechtsanwälte

- Vermeidung von Papierkrieg (Aufwandvorteil)
- Einsparung von Geld (Kostenvorteil).

Darüberhinaus kommt beim anwaltlichen Telefonat hinzu, daß bei Gesprächen mit Dritten außerhalb der Rechtshängigkeit eines Verfahrens die **Besprechungsgebühr** gem. § 118 BRAGO anfällt. Es ist daher zur Verbesserung der Kommunikation auch für den Anwalt zu empfehlen: Telefonieren statt korrespondieren.

23   Aber auch das **Telefonieren** muß richtig **organisiert** sein. Zur konzentrierten Arbeit kann es geboten sein, sich vor unerwünschten Telefonaten **abzuschirmen,** ein **Rückrufsystem** zu planen und zu organisieren. Jedenfalls sollen auch Telefongespräche vorbereitet werden. Vor einem Telefongespräch ist zu klären das Ziel des Gespräches, die Wahl des richtigen Zeitpunktes des Gespräches und die notwendige **Vorbereitung** auf den Inhalt des Telefongespräches. Im übrigen ist auch bei der Telefonkommunikation wichtig die Kunst der **Gesprächsführung** zu beherrschen. Die Regeln für ein konzentriertes, zielgerichtetes Telefongespräch lassen sich in **10 Regeln** zusammenfassen, nämlich:

- Fassen Sie sich kurz!
- Sagen Sie dem Gesprächspartner, worum es geht!
- Unterbrechen Sie das Telefongespräch nicht!
- Vermeiden Sie „Nebengespräche" mit Dritten!
- Machen Sie deutlich und holen Sie das Einverständnis des anderen ein, wenn Sie Gespräche auf Band aufzeichnen oder einen Mithörlautsprecher einschalten!
- Fassen Sie bei längeren Gesprächen das Ergebnis und eventuelle Maßnahmen am Ende kurz zusammen!
- Erbitten oder versprechen Sie ggf. eine kurze schriftliche Bestätigung!
- Notieren Sie während des Gespräches wichtige Einzelheiten wie Namen, Zahlen und entscheidende Informationen!
- Verfolgen Sie insbesondere bei Ferngesprächen die Dauer gleich Kosten Ihres Anrufes!
- Versuchen Sie bei jedem Telefongespräch das Gesprächsziel zu erreichen.

5. Diktaterledigung und speziell Textverarbeitung

24   Das Führen von **Korrespondenz** ist für den Anwalt das am häufigsten genutzte Medium zur Information und Kommunikation. Durch rationelle Korrespondenz kann die Arbeit erleichtert und verbessert und darüberhinaus Zeit gewonnen werden. Wichtig ist zunächst rationelle Aktenführung und rationelle Korrespondenz (vgl. hierzu im einzelnen K I). Zu den Möglichkeiten der **Textverarbeitung** vgl. im einzelnen K V.

6. Besprechungen, Konferenzen, Vergleichsverhandlungen

25   Das **Führen von Besprechungen,** sei es mit der Mandantschaft oder auch mit der Gegenseite, ist typische anwaltliche Tätigkeit und macht neben der Korrespondenzbearbeitung den wichtigsten Teil der anwaltlichen Tätigkeit aus.

Zu dem Bereich „Besprechungen" fällt für den Anwalt auch im weiteren Sinne das Wahrnehmen von Gerichtsterminen, weil es hierbei vergleichbar den Besprechungen auch um Kommunikation mit Personen geht, die im weitesten Sinne an der Regelung der Angelegenheit beteiligt sind.

Die Notwendigkeit rationeller Besprechungen kann sich der Anwalt am deutlichsten bewußt machen, wenn er sich den Zeit- und Kostenaufwand vergegenwärtigt, der mit der Durchführung und Wahrnehmung von Besprechungsterminen verbunden ist. Der qualitativ anspruchsvoll arbeitende Anwalt muß bei realem **Kostenbewußtsein** pro Stunde einen Kosten- oder Gebührenbetrag ansetzen von zumindest 300 DM (vgl. hierzu *Knie*, Das Preis-/Leistungsverhältnis der anwaltlichen Dienstleistung, AnwB 1989, S. 258 ff.).

Typische Zeitfallen/Zeitverluste für den Anwalt K VI

Wenn noch hinzugerechnet werden die Kosten der eigenen Mandantschaft und der Aufwand der ggf. beteiligten Gegenseite, wird deutlich, welcher Zeit- und Geldaufwand anfällt bei der Durchführung einer „nur" zwei- bis dreistündigen Besprechung oder bei der Wahrnehmung eines Termines, etwa einer Beweisaufnahme mit vergleichbarer Zeitdauer.

Bei der Planung und **Konzeption** einer Besprechung sind **drei Phasen** zu unterscheiden, nämlich die Aspekte vor, während und nach der Besprechung. Die **vor** der **Besprechung** liegende Vorbereitung erfordert eine klare Terminabsprache und die Festlegung des Teilnehmerkreises. Dies ist insbesondere für den Anwalt im Hinblick auf zu führende Vergleichsverhandlungen von besonderer Wichtigkeit. Darüberhinaus ist das anzustrebende Ergebnis zu fixieren, und eine gründliche Vorbereitung sollte selbstverständlich sein. 26

Für das Verhalten **während** der **Besprechung** sind die wichtigsten Spielregeln pünktlicher Beginn, gute Vorbereitung, die Gesprächsatmosphäre, die Kunst zum Thema zu kommen und das Ergebnis anzuvisieren. Am Ende der Besprechung ist das Ergebnis zusammenzufassen, zu erläutern und festzulegen, was von wem bis wann durchzuführen ist.

Für die Tätigkeit **nach** der **Besprechung** gilt die Nachbearbeitung einer Besprechung. Das Ergebnis oder auch Teilergebnis ist zusammenzufassen in einem Protokoll oder Vermerk oder einem durch den Anwalt formulierten Vergleichstext. Jedenfalls ist festzulegen, wie Ergebnisse einer Besprechung umgesetzt werden und nicht erledigte Punkte einer Besprechung weiter verfolgt werden (vgl. im einzelnen *Seiwert/Buschbell/Mandelkow* Zeitmanagement für Rechtsanwälte, Kapitel 6.3).

7. Besuchs- und Telefonmanagement

Das Gespräch, und zwar speziell das **Informationsgespräch** mit dem Mandanten, ist essentieller Bestandteil anwaltlicher Tätigkeit. Die regelmäßig mündlichen Informationen des Mandanten sind das Arbeitsmaterial für den Anwalt. Das Mandantengespräch, auf das der Anwalt nicht verzichten kann, muß aber richtig **organisiert** werden. Für den Anwalt, der regelmäßig vormittags Gerichtstermine wahrnimmt, finden Mandantenbesuche regelmäßig am Nachmittag statt. Darauf zu achten ist, daß die Termine für Mandantenbesprechungen, die auch durch das Sekretariat vergeben werden, zeitlich richtig und ausreichend geplant werden, so daß die Mandantengespräche ohne Hast und Hektik stattfinden, da sie nur so effizient sein können. 27

Es ist sinnvoll, unangemeldete Besucher nur dann zu empfangen, abgesehen von den Fällen unaufschiebbarer Dringlichkeit, wenn das Gespräch auch sachlich richtig und ohne wesentliche Störung des übrigen Zeitplanes geführt werden kann. Wichtig ist es, dem Besucher, der aus Zeitgründen nicht empfangen werden kann, nicht nur eine ggf. unfreundliche Absage zu erteilen, sondern möglichst **positiv** zu **begegnen**. Dies kann in der Form geschehen, daß dem Mandanten erklärt wird, seine Sache sei so wichtig, daß sie nur mit ausreichender Zeit richtig besprochen werden könne.

Schließlich ist es für den Anwalt ein Problem, sich **vor unerwünschten Besuchern**, und zwar externen Besuchern aber auch den Besuchern von Kollegen und Mitarbeitern abzuschirmen. Dem Stören **interner Besuche** kann nur mit Konsequenz begegnet werden und möglichst mit der Organisation einer möglichst festen **bürointernen Besprechungszeit**. Gegenüber Kollegen und Mitarbeitern, die erfahrungsgemäß lange und ausschweifende Gespräche führen, ist es empfehlenswert, diese in ihrem Büro oder Arbeitsplatz aufzusuchen, um selbst unkompliziert den Endpunkt des Gespräches bestimmen zu können (vgl. hierzu im einzelnen *Seiwert/Buschbell/Mandelkow*, a. a. O. Kapitel 6.4).

Zu den Möglichkeiten eines effizienten **Telefonmanagement** vgl. im einzelnen vorstehend Rdnr. 23.

III. Unterstützung durch Mitarbeiter

28 Zum Bereich „Personalwirtschaft" vgl. K V, Rdnr. 1 ff. Nachstehend werden ergänzend zu den vorgenannten Themen zusätzlich besondere Aspekte des **Einsatzes** der **Mitarbeiter** behandelt.

1. Gewinnen der richtigen Mitarbeiter

29 Für das **Gewinnen** der **richtigen** und **qualifizierten Mitarbeiter** ist zunächst wichtig eine richtige **Stellenausschreibung**, orientiert an den vorgesehenen Aufgabenbereichen. Diesem Aspekt wird in der anwaltlichen Praxis zu häufig nicht die notwendige Aufmerksamkeit geschenkt, ebenso wie der notwendigen richtigen **Auswahl** des Bewerbers. Schließlich ist auch daran zu denken, daß die Auswahl der richtigen **Auszubildenden** besonders wichtig ist. Der Auszubildende von heute ist häufig der Mitarbeiter oder die Mitarbeiterin von morgen.

2. Stellenbildung

30 Durch richtige **Stellenbildung** können Mitarbeiter – und damit Personalkosten – gespart werden. Nach der Erfahrung machen die Personalkosten den höchsten Anteil der Gesamtkosten einer Anwaltskanzlei aus. Je nach Struktur der Anwaltskanzlei liegen die Personalkosten zwischen 30 und 40% (Quelle: Kostenstatistik *Hans-Soldan-Stiftung*).

Rationalisierungsüberlegungen betreffen nicht nur den Einsatz der Technik, sondern auch das optimale **Zusammenwirken** zwischen Mensch und Technik. Voraussetzung für den effizienten Einsatz von Mitarbeitern ist die vorangehende richtige Stellenbildung. Unter Stellenbildung versteht man die **Festlegung des Funktionsbereichs** einer Person, in der Teilaufgaben zusammengefaßt sind, die sie in ihrer Arbeitszeit durch ihre Arbeitskraft bewältigen kann. Es gilt der Grundsatz: So viele Stellen wie nötig, so wenig Stellen wie möglich. Stellenbildung kann erfolgen nach
– Personen oder
– sachlichen Gesichtspunkten.

31 Die Stellenbildung **nach Personen** hat den Vorteil, daß der Aufgabenbereich ausgerichtet ist auf Begabung, Fähigkeit und Interesse des Mitarbeiters. Die Stellenbildung nach **sachlichen Gesichtspunkten** hat den Vorteil, daß die Zuständigkeit klar abgegrenzt ist. Sicherlich ist es angezeigt, im Einzelfall nach der Aufgabenstellung oder nach der Qualität des zur Verfügung stehenden Mitarbeiters sich bei der Stellenbildung zu orientieren.

In jedem Fall ist es wichtig, über Stellen und Aufgabenbereiche Beschreibungen – sogenannte **Aufgabenbeschreibungen** – zu erstellen, um Verantwortung zu definieren und festzulegen und zugleich bei notwendiger Vertretung oder einem Mitarbeiterwechsel Kontinuität in der Aufgabenerledigung zu sichern.

3. Aufgabendelegation

32 **Delegation** ist Übertragung von Aufgaben, Kompetenzen und Verantwortung und ist **nicht Abschieben** lästiger Arbeit auf andere. Bei anwaltlicher Tätigkeit kommt speziell die Delegation von Routineaufgaben sowie die Aufgabenerledigung zu besonderen Gebieten, etwa Gebühren- und Kostenbearbeitung, sowie zum Bereich Mahn- und Zwangsvollstreckung in Betracht. Darüberhinaus ist Aufgabendelegation auch auf Anwaltsgehilfen(-innen) möglich zur Bearbeitung von Mandaten mit einfach oder gleichgelagerten Sachverhalten.

Die Delegation kann für **Mitarbeiter Motivation** bedeuten und die **Chance** ermöglichen, Fähigkeiten zu entwickeln und zu verwirklichen sowie Verantwortung zu tragen.

Delegation erfordert jedoch die Beachtung bestimmter Regeln und Voraussetzungen sowohl auf seiten desjenigen, der Aufgaben delegiert, als auch auf seiten desjenigen, der durch Delegation Aufgaben übernimmt (vgl. auch *Germ*, S. 145).

Die eigene **Fähigkeit zur Delegation** ist von der eigenen Persönlichkeitsstruktur und der Bereitschaft zur Delegation abhängig. Auf seiten desjenigen, der delegiert, spielt die Persönlichkeitsstruktur eine starke Rolle. Führungskräfte, die selbst ordnen, logisch und systematisch und intensiv arbeiten, haben häufig Schwierigkeiten mit ihrer Delegationsfähigkeit. Demgegenüber ist eine Führungspersönlichkeit mit Neigung zur Improvisation und Improvisationstalent leicht bereit zu delegieren und sucht darüberhinaus auch die Möglichkeit der Delegation.

33

Die Technik des **„Management by Delegation"** lautet:

– Was soll getan werden?
– Wer soll es tun?
– Warum soll es getan werden – Zielsetzung?
– Wie soll es getan werden?
– Wann soll es getan werden?

Auf Seiten des **Mitarbeiters,** auf den delegiert werden soll, sind bestimmte **Voraussetzungen** zu erfüllen, nämlich

34

– Kenntnis von der Zielsetzung der Aufgabe
– Qualifikation für die Ausführung der Arbeit
– Vorhandensein notwendiger Informationen
– Möglichkeit, Fragen zu stellen und Sachverhalte zu überprüfen
– Bereitschaft, die übertragene Aufgabe zu akzeptieren
– Fähigkeit zur Umsetzung der übertragenen Aufgabe, evtl. mit Hilfe weiterer Mitarbeiter
– Fähigkeit des Mitarbeiters, die übertragene Aufgabe zu lösen (Überforderung vermeiden).

Die wichtigste Regel der Delegation ist: Es darf **keine Rückdelegation** stattfinden oder zulässig sein.

(Zu den Regeln der Delegation vgl. ausführlich *Seiwert/Buschbell/Mandelkow*, Zeitmanagement für Rechtsanwälte Kapitel 3.5).

4. Mitarbeiterführung und -motivation

Mitarbeiterführung heißt **Mitarbeiter gewinnen.** Motivation ist **Führungsaufgabe.** Die richtige Motivation gibt Vorteile für Anwalt und Mitarbeiter, und zwar bessere Erledigung der Aufgaben und mehr Zufriedenheit. Demgegenüber führt mangelnde Motivation zu Unzufriedenheit der Mitarbeiter und kostet Geld.

35

Eine besondere Schwierigkeit bietet die **Leistungsbeurteilung** für eine Gehalts- und Leistungsmatrix. Hierbei sollte einmal nach vorhandenem Fachwissen, z. B. zu den einzelnen Bereichen Mahn- und Zwangsvollstreckung, Kostenrecht etc. beurteilt werden. Zum anderen sollten die persönlichen Eigenschaften berücksichtigt werden wie Zuverlässigkeit, Engagement, Selbständigkeit, Verantwortungsbewußtsein usw.

In Betracht kommt auch **Teamarbeit**. Dies setzt die Einbindung aller zum Team gehörenden Mitarbeiter in die Erledigung der Aufgaben voraus sowie gemeinsame oder festgelegte Verantwortung.

5. Schulung und Fortbildung der Mitarbeiter

36   Mitarbeiter sollten motiviert sein, sich persönlich und fachlich **fortzubilden**. Eine besondere Wichtigkeit hat die betriebliche **Ausbildung** und **Fortbildung** von **Auszubildenden**. Bei besonderen Aufgaben, speziell für die Betreuung der Technik oder EDV (Hard- und Software), sollte Mitarbeitern Gelegenheit gegeben werden, an Schulungen teilzunehmen. Dies gilt insbesondere für hierzu speziell Beauftragte (Systembeauftragte) (vgl. hierzu im übrigen K VII, Rdnr. 52 ff.).

IV. Ertrag richtiger Zeit- und Arbeitsplanung

1. Möglichkeit der Ergebnissteuerung und Erfassung/Statistik

37   Nicht die Arbeitsleistung als solche ist **das Wichtigste,** sondern **das Ergebnis.** Wichtig ist auch für den Anwalt, was im Unternehmensbereich selbstverständlich ist, das Ergebnis der Arbeit, d. h. die Produktivität zu erfassen und soweit möglich und notwendig zu steuern.

Ergebnissteuerung ist nur möglich bei einer funktionierenden und effizienten Organisation. Zwischen Organisation als Faktor des Zeit- und Selbstmanagement und dem Arbeitsergebnis besteht daher ein wichtiger Zusammenhang.

Ergebnissteuerung und -kontrolle ist zumindest zu den wichtigsten Bereichen erforderlich, nämlich
– Mandate,
– Mandatsstrukturen,
– Mandatslaufzeit und
– Betriebsergebnis.

Im Vordergrund beruflicher Diskussion steht mehr und mehr das Thema **Anwaltsmarketing,** also das Bestreben Klientel zu gewinnen. Hierbei wird vernachlässigt, Klarheit zu gewinnen über das Ergebnis der anwaltlichen Tätigkeit anhand der Mandate, Mandatsstrukturen und der Mandatslaufzeit.

38   Nicht die **Zahl der Mandate** ist entscheidend. Neben dem für den Mandanten zu erzielenden optimalen Ergebnis ist auch für den Anwalt, der das Mandat bearbeitet, das **wirtschaftliche Ergebnis** entscheidend. Dies läßt sich leichter als häufig gedacht feststellen durch folgenden Vorgehensweisen:

Die Zahl der Mandate ist selbstverständlich leicht zu erfassen, entweder durch das Prozeßregister oder durch EDV-mäßig Auswertung der Stammdaten.

39   Die Feststellung der **Struktur der Mandate** erfordert eine differenziertere Ermittlung. Hier ist es für den Anwalt wichtig zu wissen, die bearbeiteten Mandate differenziert zu erfassen nach
– Mandanten und
– Sachgebieten.

Ertrag richtiger Zeit- und Arbeitsplanung   **K VI**

Für den Anwalt kann es von Interesse und Bedeutung sein zu wissen, ob die von ihm, z. B. für einen Großmandanten bearbeiteten Aufträge zahlenmäßig konstant, wachsend oder rückläufig sind. Hier kann die Zahl der Mandate leicht ermittelt werden durch Auswertung des Prozeßregisters.

Die Struktur der Mandate läßt sich ermitteln unter Nutzung eines Arbeitsblattes für die Annahme eines neuen Mandates. Ein solches Arbeitsblatt ist als Durchschreibesatz zu nutzen und die Durchschrift statistisch auszuwerten, indem die Mandate **differenziert nach Sachgebieten** erfaßt und gekennzeichnet werden. So ist feststellbar, wieviel Mandate, z. B. aus dem Bereich des Zivil-, Arbeits- oder Familienrechtes etc. bearbeitet werden. Hierdurch lassen sich **Strukturen** und Entwicklungen einer Kanzlei **transparent** machen.

Die Feststellung der **Durchschnittserlöse** pro Mandat und jeweiligem Sachgebiet ist **40** von besonderer Wichtigkeit zur Feststellung der Rentabilität der Mandate in den einzelnen Sachgebieten. Ebenso wichtig ist aber nicht nur der durchschnittliche Gebührenbetrag. Vielmehr ist auch für die wirtschaftliche Bedeutung eines Mandates der Arbeitsaufwand wichtig. Dieser ist im Grundsatz bestimmt durch die Bearbeitungsdauer eines Mandates.

Zur Feststellung des wirtschaftlichen Ergebnisses der Mandatsbearbeitung ist also wichtig festzustellen
- den durchschnittlichen **Gebührenerlös** sowie
- die durchschnittliche **Laufzeit** eines Mandates.

Die **Feststellung** der **durchschnittlich** erzielten **Gebühren** und der durchschnittlichen Bearbeitungszeit ist leichter möglich als vorgestellt. Hierzu ist folgende Vorgehensweise zu empfehlen:

Zur Ablage bestimmte Akten werden gesammelt, bis eine bestimmte Anzahl von Akten zum jeweiligen Sachgebiet zur Auswertung zur Verfügung steht. Alsdann werden die in diesen Akten insgesamt angefallenen Gebühren addiert und durch die Zahl der ausgewerteten Akten dividiert. Ebenso ist die Laufzeit der einzelnen Mandate zu ermitteln. Es wird wie bei der Ermittlung der durchschnittlichen Erlöse in einem Sachgebiet der Zeitraum in Monaten erfaßt zwischen dem Anlage- und Ablagedatum. Die Zahl der Mandate wird addiert und die Zahl der ausgewerteten Akten dividiert. So ergibt sich die durchschnittliche Laufzeit.

Der Verfasser – Stand 1988 – hat zu den genannten Mandatsmerkmalen Akten ausgewertet. Das Ergebnis der Auswertung verhält sich wie folgt:

Sachgebiete	Durchschnittl. Gebühren	Durchschnittl. Laufzeit
Unfallsachen	536,27	8 Monate
Mahnsachen	438,24	22 Monate
Arbeitsrechtssachen	722,81	13 Monate
Sozialrechtssachen	426,08	19 Monate
Zivilsachen		
– gerichtlich anhängig	588,47	23 Monate
– außergerichtlich	405,50	9 Monate
Straf-, OWi-Sachen	514,10	6 Monate
Beratungssachen	792,43	4 Monate

(Institut der Anwaltschaft für Büroorganisation und Bürotechnik, Materialien zur Büroorganisation und Bürotechnik Band 2, S. 17).

Die vorgenannten Zahlen beziehen sich auf Mandate in der Allgemeinpraxis (Zum Mengengerüst und zu Umsatzzahlen einer Rechtsanwaltskanzlei mit ca. 1100 neuen Akten pro Jahr vgl. *Mähler*, Effektive Organisation und moderne Kommunikation in der Anwaltskanzlei, S. 66–69 . . .; vgl. auch *Jansen/Braun*, Einkünfte, Praxiskosten und BRAGO, AnwBl. 1992, 254 ff. mit Anm. *Ullrich*, AnwBl. 1992, 380 ff.).

Buschbell   1415

K VI Zeit- und Selbstmanagement für Rechtsanwälte

41 Das **wirtschaftliche Betriebsergebnis** ist für den Anwalt neben der selbstverständlichen Qualität seiner juristischen Tätigkeit ein wichtiger, jedoch in seiner Bedeutung häufig nicht beachteter Faktor der beruflichen Tätigkeit. Es kann behauptet werden, daß die Anwälte häufig nicht die betriebswirtschaftlichen Zahlen ihrer Kanzlei kennen.

Für den betriebswirtschaftlich denkenden Anwalt stellt sich die Aufgabe, die **Kostenstruktur** seiner Praxis zu vergleichen und zu analysieren und bei ungünstigen Zahlen den Aufwand zu steuern, um zu einem geringeren Aufwand und damit einen günstigeren Ergebnis zu kommen.

42 Als **Kosten** in einer Anwaltspraxis sind folgende **Durchschnittswerte** ermittelt:

Kostenberatung	Werte in %
Personalkosten	26,6
Raumkosten	7,4
Kfz/Reisekosten/Spesen	5,3
Anschaffungen	2,5
Kosten für wissenschaftliche Kongresse, Fachliteratur	1,4
Versicherungsprämien	1,1
Miete für EDV-Anlagen/Büromaschinen	0,8
Beiträge zur Büroorganisation	0,5
Sonstige Kosten	9,3

(vgl. hierzu *Winters,* Der Rechtsanwaltsmarkt 1989, S. 29)

Die **Gebührenerlöse** sind das Ergebnis anwaltlicher Tätigkeit. Die **tatsächlichen Zahlen** und **Sollzahlen** sind dem Anwalt häufig nicht bewußt. Nachstehend werden Erlöszahlen wiedergegeben, differenziert nach der Anzahl der in einer Kanzlei tätigen Anwälte, und zwar entnommen dem Jahresabschluß 1988, gebildet aus den Durchschnittszahlen aller Kanzleien des Rechenzentrum der *Hans-Soldan-GmbH.* Hiernach stellen sich die Erlöse je nach Kanzleigröße wie folgt dar:

Anzahl der Anwälte in der Kanzlei:	Erlöse: (ohne Mehrwertsteuer)
1	316 843,54 DM
2	553 567,12 DM
3	798 668,87 DM
4	1 157 626,85 DM

Anhand vorstehender Zahlen muß jeder Anwalt ermitteln, ob er für sich und die insgesamt in der Kanzlei tätigen Anwälte Erlöse erzielt, die den **Durchschnittswerten** entsprechen, unter diesen Werten liegen oder diese übersteigen.

43 Ein wichtiges, bisher in der Praxis offenbar wenig genutztes Mittel, Erlöse und damit **Produktivität** zu steuern, ist die **Erfassung der Ausgangsrechnung.**

Die Ausgangsrechnungen können bei manueller Buchführung durch Kopie erfaßt und ausgewertet werden. Durch die in den meisten Kanzleien zwischenzeitlich angewandte EDV-Buchhaltung können bei Einsatz eines **Statistik-Programms** die Ausgangsrechnungen durch Protokolle erfaßt werden. So kann für jeden Anwalt und auch nichtjuristische Sachbearbeiter die Produktivität periodisch, etwa wöchentlich erfaßt und dargestellt werden. Dies ist ein geeignetes Mittel, Erlöse zu steuern und zu steigern.

Als **Ergebnis** ist festzustellen, daß effizientes Zeit- und Selbstmanagement, das eine funktionierende Organisation beinhaltet, zu einer Steuerung und Steigerung des Betriebsergebnisses führt oder zumindest führen kann.

2. Zeit schafft Raum für Innovation und Selbstverwirklichung

Zeit- und Selbstmanagement ist **nicht nur als Idee** anzuwenden. **44**

Inhalt und Ziel eines richtig verstandenen Zeit- und Selbstmanagement muß nicht nur sein, mehr Aufgaben zu übernehmen und zu erledigen, sondern auch **Freiraum zu schaffen** für **neue Ideen und Innovation** in der beruflichen Tätigkeit.

Durch richtiges Zeit- und Selbstmanagement gewonnene Freizeit soll auch dazu beitragen, in der beruflichen Arbeit nicht nur gestreßt und durch den Druck der Arbeit bestimmt zu sein, sondern auch **mehr Zeit zur Selbstverwirklichung** zu haben (vgl. *Seiwert,* Das 1 × 1 des Zeitmanagement, S. 10).

Richtig verstandenes Zeit- und Selbstmanagement muß zu einer **Humanisierung der Arbeit** führen.

Sachverzeichnis

Die fetten Buchstaben und römischen Ziffern beziehen sich auf die Kapitel, die mageren Zahlen auf die Randnummern.

Abdingbare (dispositive) Gesetzesnormen, WEG **B V** 4f.
Abfindung B VIII 36; **B IX** 167; bei Auflösung des Arbeitsverhältnisses **C I** 75 ff.; Fälligkeit **C I** 96; familienrechtliche Konsequenzen **C I** 99; Lohnsteuer **C I** 95; Ruhen des Arbeitslosengeldanspruchs **C I** 98; Sozialversicherung **C I** 100; Vererbbarkeit **C I** 97; Verzinsung **C I** 79
Abgabe einer Streitsache **B V** 26 ff.
Abhilfe durch den Reiseveranstalter **B VIII** 26
Ablage, Buchhaltung **I** 80
Ablehnungsanträge gegen Richter im Strafprozeß **C IV** 121
Abmahnung A IV 49; **B XII** 107; Abschlußschreiben **B XII** 107 ff.; Entbehrlichkeit **B XII** 15; Erforderlichkeit **B XII** 15; Form **B XII** 18; Fristsetzung **B XII** 17; Inhalt **B XII** 16 f.; Kosten **B XII** 30 ff., 114; Obliegenheit des Abgemahnten **B XII** 21 f.; unberechtigte **B XII** 34; Vollmacht **B XII** 18; Wettbewerbsprozeß **B XII** 13 ff.
Abnahme, Baurecht **B II** 111 ff.
Absatzbindungen, Mißbrauchsaufsicht **D I** 29, 31
Abschlagszahlung, Anspruch des Versicherungsnehmers **B XV** 41; Pfändung von Arbeitseinkommen **A V** 106
Abschlußschreiben A IV 49; Wettbewerbsprozeß **B XII** 107 ff.
Abschreibung I 14 ff.
Abtretung, Abtretungsverbot in AGB **B I** 66; Auskunfts- und Rechenschaftslegungsanspruch **A III** 72; internationales Privatrecht **B XVI** 60; Vermögensrückgabeansprüche in den neuen Bundesländern **D VII** 63
Abwehrklausel, AGB **B I** 67
Abzahlungsgeschäfte s. *Verbraucherkredit*
Abzahlungsgesetz B XVII 1, 70
Adäquanztheorie B VII 21
Adhäsionsverfahren B IX 49
Adoption, Erbrecht **D III** 125; Erbrecht (DDR) **D III** 128
Adressenstammdaten K III 37

Ämter zur Regelung offener Vermögensfragen **D VII** 64 ff.
Änderungskündigung C I 47
AGB, ausdrücklicher Hinweis **B I** 14; Aushandeln **B I** 9; Aushang **B I** 15; Auslegung **B I** 22 f.; Ausschluß der Inhaltskontrolle **B I** 28 f.; Bank-AGB **B I** 49; drucktechnische Gestaltung **B I** 21, 62 f.; Einbeziehung **B I** 13 ff.; Einbeziehungsvereinbarung **B I** 18; geltungserhaltende Reduktion **B I** 60, 73; Gestaltung **B I** 61 ff.; Hinweis **B I** 14 f., 62; Inhaltskontrolle **B I** 26 ff.; im internationalen Privatrecht **B XVI** 57; Kenntnisnahme **B I** 16; Lesbarkeit **B I** 14, 63; Prüfschema **B I** 3; Stellen von AGB **B I** 8; im UN-Kaufrecht **B XVI** 14
AGB-Gesetz, Anwendbarkeit **B I** 4 ff.; Geltung in den neuen Bundesländern **B I** 11; Generalklausel **B I** 44 ff.
AGB-Klauseln, Abtretungsverbot **B I** 66; Abwehrklauseln **B I** 67, 69; Änderungsvorbehalt **B I** 41, 50; Ankaufsverpflichtungen **B I** 19; Aufrechnungsverbot **B I** 68; Aufwandspauschale **B I** 43, 54; deklatorische Klauseln **B I** 29; Freigabeklausel **B I** 52, 69; Freizeichnungsklauseln **B I** 70; Fristregelung **B I** 40; Garantiebedingungen **B I** 23; Gerichtsstandsklauseln **B I** 71; Gewährleistungsausschluß bzw. -beschränkung **B I** 31 ff.; Haftungsausschluß bzw. -beschränkung **B I** 35, 70; Lieferfristklausel **B I** 40; Lohnabtretungsklausel **B I** 20; Nachbesserungsklausel **B I** 33; Nutzungspauschale **B I** 43; Preisanpassungsklausel **B I** 39, 73; Rücktrittsvorbehalt **B I** 41; salvatorische Klausel **B I** 73; Schadenspauschalen **B I** 34; Schiedsgutachtenklausel **B I** 74; Schriftformklausel **B I** 25; überraschende Klauseln **B I** 19 f.; unwirksame Klauseln **B I** 59 f., 64; vorformulierte Klauseln **B I** 6; Zinsanpassungsklausel **B I** 51
Akten K I 1 ff.; dringliche **K I** 18; Eilsachen **K I** 19; Kostenblatt **K I** 15; Ordnung der Akten am Arbeitsplatz **K I** 19
Aktenaufbewahrung K I 8 ff.

Sachverzeichnis
Fette Buchstaben und römische Zahlen = Kapitel

Aktenauszug B IX 155
Akteneinsicht E III 7; Rechtsmittel gegen Versagung **C IV** 13; Strafverteidiger **C IV** 11, 39, 91; verwaltungsrechtliches Mandat **C III** 26 ff.
Aktenführung K I 1 ff.; Arbeitsabläufe **K I** 3 ff.; Grundprinzipien **K I** 1 f.; Kanzlei **K I** 5
Akteninhalt, Weitergabe durch Verteidiger **C IV** 12
Aktenorganisation K I 6 ff.; abgeschlossene Mandate **K I** 13; Mandantenkartei **K I** 14; Nummernsystem **K I** 11; Prozeßregister **K I** 12
Aktenstammdaten K III 37
Aktiendepot A V 133
Aktiengesellschaft D II 63 ff.
Aktienrecht Besonderheiten bei Auskunfts- und Rechenschaftslegungsansprüchen **A III** 32
Aktivlegitimation, Reiseprozeß **B VIII** 50; Wettbewerbsprozeß **B XII** 7; Zivilprozeß allgemein **A I** 26, 61
Alleinauftrag B VI 8 ff.
Alleinbezugsvereinbarungen D I 33
Alleinvertriebsvertrag D I 33; Begriff **B XIII** 10; Europäisches Wettbewerbsrecht **B XIII** 15; Form **B XIII** 10; Verletzung des geschützten Gebietes **B XIII** 59
Allgemeine Reisebedingungen B VIII 21
Allgemeines Veräußerungsverbot D IV 10
Altbausanierung, Mängelrechte **B II** 65 ff.
Alteigentümer s. *Vermögensrückgabe; Investitionsvorranggesetz*
Altersversorgung J 13; Bundesversicherungsanstalt für Angestellte (BfA) **J** 15; Rechtsanwaltsversorgungswerk **J** 13 f.; steuerliche Abzugsfähigkeit **I** 2, 23
Altguthabenablösungsanleihe D VII 11
Altverfahren, Betreuungsrecht **B XI** 2 f.
Amtsermittlung, Vermögensrückgabe in den neuen Bundesländern **D VII** 83; WEG-Verfahren **B V** 32, 59 ff., 109, 125
Amtshaftungsklage, Europarecht **C VII** 15
Amtspflicht B VII 53
Amtspflichtverletzung B VII 51; Gerichtsvollzieher **A V** 82
Anderweitige Verwertung A V 80
Anerbenrecht D III 25

Anerkenntnis durch Mängelliste **B VIII** 24; Verjährungsunterbrechung **B VIII** 43
Anerkenntnisurteil A I 49
Anerkennungsrichtlinie H I 257 ff.
Anfechtung der Erbschaftsannahme **D III** 155; Konkursanfechtung **D IV** 33; letztwilliger Verfügungen **D III** 40, 43, 47, 147 ff., 153; Versicherungsvertrag **B XV** 54; von Beschlüssen der Wohnungseigentümergemeinschaft **B V** 5, 53, 78 ff., 84
Anfechtungsklage, Verwaltungsgerichtsverfahren **C III** 97 ff.
Angehörige, Zahlungen an Angehörige als Betriebsausgaben **I** 22
Angeklagter, Verhältnis zum Geschädigten **C IV** 97; Vernehmung zur Person **C IV** 101
Angelreise B VIII 3, 21
Angemessene Gebühr G 138 ff.
Anhörung im Verwaltungsverfahren **C III** 52
Anklage, zuständiges Gericht **C IV** 87
Anklageerhebung C IV 85
Anklageschrift, Verlesung **C IV** 103
Anlagevermögen I 15, 49
Anlageverzeichnis, Buchhaltung **I** 78
Anmeldung von Vermögensrückgabeansprüchen in den neuen Bundesländern **D VII** 70 ff.
Annahme der Erbschaft **D III** 154 f.
Annahmefrist, Versicherungsvertrag **B XV** 10, 22 f.
Anscheinsbeweis B IX 212, 214
Anschlußberufung A II 30 ff.
Anschlußbeschwerde A II 51; WEG-Verfahren **B V** 120
Anschlußkonkurs D IV 29
Anschlußpfändung A V 55, 57; bei Durchsuchungsanordnung **A V** 71; Pfändungsrang **A V** 58; nach Verwaltungsvollstreckung **A V** 59
Ansehensverlust bei Pfändung A V 9
Anspruchsschreiben (Reisevertragsrecht), Adressat **B VIII** 39; Fristberechnung **B VIII** 40; zur Fristwahrung **B VIII** 37; Inhalt **B VIII** 38
Anspruchsvorbehalt B IX 171
Ansprüche, Abtretung **B IX** 134; bei Auslandschaden – Übersicht – **B IX** 154; gesellschaftsrechtliche **A V** 133; steuerliche Aspekte der Ansprüche **B IX** 161 ff.; treuhänderische **A V** 133; gegen eigene Versicherung **B IX** 172 ff.

1420

Magere Zahlen = Randnummern

Sachverzeichnis

Anstellungsvertrag von Geschäftsführern und Vorstandsmitgliedern **D II** 30
Anteilseigner D II 2, 48 ff., 82 ff.
Antizipierte Sachverständigengutachten, Verwaltungsrecht **C III** 5
Antrag, WEG-Verfahren **B V** 31 f.
Antragsbefugnis, Normenkontrollverfahren **C III** 125
Antragsvorschläge, Antrag auf Unterlagenherausgabe **B V** 144; Antrag auf Veräußerungszustimmung (WEG) **B V** 143; Beschlußanfechtung (WEG) **B V** 141; Wohngeldzahlungsantrag (WEG) **B V** 142
Anwalt, ausländischer **E III** 23; (Vertrags-) pflicht **E I** 13 ff.
Anwaltsberuf, Vereinbarkeit mit anderen Tätigkeiten **H I** 29 ff.
Anwaltshaftung, Anwaltsvertrag **E II** 1; Ausschluß **E II** 43, 46; Beratung **E II** 2, 17, 22, 30; Beschränkung **E II** 43 ff.; Beschränkung und AGB **E II** 43; Beweis verletzter Pflichten **E II** 17 ff.; Büropersonal **E II** 12; Checkliste für sichersten Weg und Fristen **E II** 47 ff.; DDR-Recht **E II** 52; Einzelmandat **E II** 11; Entschuldigung **E II** 6; Fahrlässigkeit **E II** 4 f.; Fristen **E II** 47 ff., *s. a. Fristen im Anwaltsbüro;* Grundlagen **E II** 1; Haftpflichtversicherung **E II** 39 ff., *s. a. Berufshaftpflichtversicherung;* Informationspflicht des Mandanten **E II** 18, 20; Korrespondenzanwalt **E II** 13; Notar **E II** 15; Pflichtverletzung **E II** 2, 4, 35; Prozeßanwalt **E II** 13; pVV **E II** 1; Rechtsirrtum **E II** 6; Schutzpflicht **E II** 3; Sozietät gesamtschuldnerisch **E II** 9 f.; Telefonauskunft **E II** 44; Unterbevollmächtigte **E II** 14; Vergleich **E II** 28; Verjährung **E II** 31 ff.; Wiedereinsetzung **E II** 50; Zurechenbarkeit des Schadens **E II** 4
Anwaltskosten, arbeitsgerichtliches Beschlußverfahren **C I** 202 ff.; Arbeitsgerichtsprozeß **C I** 150; bei Durchsuchung **C IV** 56
Anwaltsvergleich A I 114
Anwaltsvertrag, Beendigung **E I** 8 ff.; Kontrahierungszwang **E I** 6; Kündigung **E I** 8 ff.; Rechtsnatur **E I** 1; Zustandekommen **E I** 5 ff.
Anwaltszwang, Arbeitsgerichtsprozeß **C I** 13; Berufung **A II** 7; Beschwerde **A II** 41 f.; familienrechtliche Verfahren **B X** 13 ff.; Verfahren vor dem EuGH und

dem EuG **C VII** 23; Verwaltungsgerichtsverfahren **C III** 136; Wettbewerbsprozeß **B XII** 52, 69, 76, 130
Anwartschaftsrecht A V 133
Anwesenheitsrechte des Verteidigers C IV 34 ff.; bei Durchsuchung **C IV** 51; bei polizeilicher Vernehmung **C IV** 34; bei richterlicher Vernehmung **C IV** 36; bei staatsanwaltlicher Vernehmung **C IV** 35
Arbeitgeberermittlung A V 55
Arbeitgeberpflichten, Lohnsteuer **I** 50
Arbeitnehmer D IV 44 ff.; ältere, Aufhebung des Arbeitsverhältnisses **C I** 125; altersgesicherte **C I** 126
Arbeitnehmersparzulage, Pfändung **A V** 122
Arbeitnehmertätigkeit, Einkommensteuer **I** 3 f., 50 ff.
Arbeitsgericht, Zuständigkeit **C I** 7
Arbeitsgerichtliches Beschlußverfahren, Allgemeines **C I** 155; Antragsbefugnis **C I** 160; Anwaltskosten **C I** 202; Beiordnung eines Anwalts **C I** 192; Einigungsstelle, Einigungsstellenverfahren **C I** 168, 180, 218 ff.; einstweilige Verfügung **C I** 194 ff.; Erledigung **C I** 159; Prozeßkostenhilfe **C I** 193; Verfahrensvertretung **C I** 181 ff.; Vergleich **C I** 159; Zwangsvollstreckung **C I** 199 ff.
Arbeitsgerichtsprozeß C I 1 ff.; neue Bundesländer **C I** 247 ff.
Arbeitslohn, Lohnsteuer **I** 51
Arbeitslosengeld A V 109; im Arbeitsgerichtsprozeß **C I** 44
Arbeitsräume, Durchsuchung **A V** 67
Arbeitsrecht, neue Bundesländer **C I** 240 ff.
Arbeitsunfall B IX 103, 132
Arbeitszimmer, Betriebsausgaben **I** 23
Architekten, Honorare **B II** 132 ff.
Architektenvertrag, Gewährleistungsfrist **B II** 94 ff.; Haftung bei Bausummenüberschreitung **B II** 39 ff.; *s. a. HOAI, s. a. Vergütung*
Arrest A IV 7; **A V** 80; dinglicher **A IV** 13, 18; persönlicher **A IV** 14, 19
Arrest u. einstweilige Verfügung, Abgrenzung **A IV** 7 ff.; Aufhebung; Schadensersatz **A IV** 47 ff.; Beschluß; Rechtsbehelf **A IV** 31 ff.; Beschwerde **A IV** 31; Einreichung eines Antrags **A IV** 29 f.; mündliche Verhandlung **A IV** 36 f.; Urteil; Rechtsmittel **A IV** 38; Verfahren **A IV** 29 ff.; Wahl des Gerichts **A**

1421

Sachverzeichnis

Fette Buchstaben und römische Zahlen = Kapitel

IV 29; Widerspruch **A IV** 33; Zustellung; Vollziehung **A IV** 39 ff.; *s. a. einstweiliger Rechtsschutz*
Arrestanspruch A IV 7, 12
Arrestantrag A IV 18 f.
Arrestgesuch A IV 10; Anträge **A IV** 18 ff.; Form **A IV** 10; Glaubhaftmachung **A IV** 22 ff.; Rechtsschutz- und Sicherungsbedürfnis, Dringlichkeit **A IV** 26 ff.; Zuständigkeit **A IV** 11
Arrestgrund A IV 13 f.; einstweilige Verfügung **A IV** 8; *s. a. Arrest*
Arrestzwangssicherungshypothek A V 151
Arzneimittelgesetz, Haftung **B VII** 65
Arzthaftung B VII 59; mangelnde Aufklärung **B VII** 63; bei Behandlungsfehler **B VII** 61; Verletzung der Dokumentationspflicht **B VII** 62
Atomhaftung B VII 82
Aufenthaltsbestimmungsrecht, Betreuungsrecht **B XI** 21 f.
Aufgabendelegation K VI 32 f.
Aufhebungsverfahren gemäß § 926 ZPO **B XII** 95 ff.; gemäß § 927 ZPO **B XII** 99 ff.; gemäß §§ 926, 927 ZPO **B XII** 73
Aufhebungsvertrag, Arbeitsverhältnis **C I** 88 ff.; bedingter **C I** 127; Betriebsveräußerung **C I** 128
Auflage, erbrechtliche **D III** 65; Nebenbestimmung zum Verwaltungsakt **C III** 47
Auflösung des Arbeitsverhältnisses C I 54 ff.; Abfindung **C I** 75 f.; Antrag **C I** 55 ff.; Auflösungszeitpunkt **C I** 73 f.
Auflösung des Unternehmens D I 78 ff.
Auflösungsantrag C I 55 ff.; Arbeitgeberantrag **C I** 60 ff.; Arbeitnehmerantrag **C I** 55 ff.; bei außerordentlicher Kündigung **C I** 66; beiderseitiger Antrag **C I** 63; Kündigungsrücknahme **C I** 71 f.; Rücknahme **C I** 64 f.
Aufnahme eines Sozius, Steuerfolgen **I** 57 ff.
Aufopferungsanspruch, nachbarrechtlicher Ausgleichsanspruch **B VII** 81; öffentlich-rechtlicher **B VII** 55
Aufrechnung B I 38, 68; bei Aufhebung des Arbeitsverhältnisses **C I** 118; Aufrechnungsverbot in AGB **B I** 68; internationales Privatrecht **B XVI** 61; im Zivilprozeß **A I** 65
Aufruf der Sache C IV 99
Aufschiebende Wirkung, Beschlüsse im WEG-Verfahren **B V** 82; Widerspruch und Anfechtungsklage **C III** 139

Aufsichtspflicht B VII 30; Verrichtungsgehilfe **B VII** 28
Aufsichtsratsmitglied D VIII 11
Auftrag an Gerichtsvollzieher A V 52 ff.
Auftraggeber, Ehegatte **B VI** 38; Konkurs **B VI** 22; mehrere **B IX** 223; Nebenpflichten **B VI** 69 ff.; Tod **B VI** 21; Vorkenntnis **B VI** 48 f.
Aufwendungsersatz, Betreuungsrecht **B XI** 67 ff.; Makler **B VI** 73; für nutzlose Reisekosten **B VIII** 14; bei Selbstabhilfe **B VIII** 29
Aufzeichnungen für Steuer und Buchhaltung **I** 6, 32, 70 ff.
Augenscheinsbeweis C IV 49
Aus- und Absonderungsrechte D IV 4, 23
Ausbildungsverträge D IV 46
Ausfertigung, weitere vollstreckbare **A V** 11, 20
Ausforschungspfändung A V 115
Ausgleichsanspruch des Handelsvertreters, Berechnungsbeispiel **B XIII** 45 f.; Billigkeitsprüfung **B XIII** 43; Geltendmachung **B XIII** 38; Obergrenze **B XIII** 44; Provisionsverluste **B XIII** 42; Unternehmervorteile **B XIII** 40
Ausgleichsanspruch des Vertragshändlers, Ausschluß **B XIII** 55; Berechnung **B XIII** 54; Rechtsgrundlage **B XIII** 52 ff.
Aushilfe, Lohnsteuer **I** 52
Auskunftsanspruch A III 3 ff.; § 242 BGB **A III** 9 ff.; Antragsmuster **A III** 35; besonderer Rechtsgrund **A III** 3 f.; eidesstattliche Versicherung **A III** 56 ff.; Einwendungen **A III** 18 ff.; Erfüllung **A III** 18 ff.; Prozeßrecht **A III** 25 ff.; Übergang zur Leistungsklage **A III** 44; Wettbewerbsprozeß **B XII** 59; Zwangsvollstreckung **A III** 68 ff.
Auskunftsergänzung A III 54 f.
Auskunftsverweigerungsrecht E I 19; Betriebsprüfung **I** 69
Ausländer, Aufhebung des Arbeitsverhältnisses **C I** 124
Ausländische Gesellschaften D II 12 ff.
Ausländische Währung B VIII 29
Ausländisches Fahrzeug B IX 106
Auslagen, Betreuungsverfahren **B XI** 71 f.; Verwaltungsgerichtsverfahren **C III** 166 f.; verwaltungsrechtliches Mandat **C III** 22; Verwaltungsverfahren **C III** 162

Magere Zahlen = Randnummern

Sachverzeichnis

Auslandsinvestitionen D II 14
Auslandsleistung, Umsatzsteuer **I** 36
Aussagefreiheit C IV 17
Aussageverhalten in der Hauptverhandlung **C IV** 93 ff.
Aussageverweigerungsrecht E III 12
Ausschlagung der Erbschaft D III 154 ff.; DDR-Recht **D III** 128, 160; Frist, Form **D III** 159
Ausschließliche Gerichtsstände A I 3 ff., 14
Ausschließliche Zuständigkeit der Arbeitsgerichte **C I** 9
Ausschluß aus der Anwaltschaft **H I** 19, 225
Ausschlußfristen, Arbeitsrecht **C I** 7
Außenhandelsarbitrage der sozialistischen Staaten **D V** 17
Außenprüfung, steuerliche **I** 67
Außenwirkung K IV 12
Außergerichtliche Kosten, WEG-Verfahren **B V** 128 f.
Außergerichtlicher Vergleich D IV 7
Aussetzung des Verwaltungsgerichtsverfahrens **C III** 118; der Verwertung **A V** 80
Austritt eines Sozius, Steuerfolgen **I** 64
Auszubildender, Aufhebung des Arbeitsverhältnisses **C I** 123
AVB und AGBG **B XV** 6, 8; Auslegung **B XV** 8; Einbeziehung in den Versicherungsvertrag **B XV** 6; Inhaltskontrolle **B XV** 8

Bagatellbekanntmachung D I 36
Bagatellforderungen A V 13, 153
Bahnunternehmerhaftung B VII 77, 79
Balkonurlaub B VIII 14, 32
Bank, AGB **B I** 49; Bankkredit **D I** 52; Pfandrecht **A V** 115
Bauhandwerker-Sicherungshypothek D IV 7
Baurecht, Abnahme **B II** 2 ff., 111 ff.; Altbausanierung **B II** 65 ff.; Erfüllungsanspruch bei Werkvertrag **B II** 2, 16; Fristsetzung mit Ablehnungsandrohung **B II** 5, 27; Gewährleistung **B II** 2 ff., 69 ff.; Hinweispflichtverletzung **B II** 49 ff.; Minderung bei Werkvertrag **B II** 31 f.; Nachbesserung bei Werkvertrag **B II** 17 ff.; Schadensersatz bei Werkvertrag **B II** 20, 34 ff.; Vertragsstrafe **B II** 165 ff.; Vorschußanspruch **B II** 3, 22 ff.; Wandelung bei Bauvertrag **B II** 31 ff.; Zurückbehaltungsrecht **B II** 19

Bausparkonto, Pfändung **A V** 123
Bausummenüberschreitung, Haftung des Architekten **B II** 39 ff.
Bauträgervertrag B II 9 ff., 65 ff.; Mängelrechte **B II** 65 ff.
Bauunternehmer, Verletzung von Hinweispflichten **B II** 49 ff.
Bauvertrag, AGB **B I** 23, 50
Beamtenhaftung B VII 25, 53
Bebauungsplan C III 71 ff.; *s. a. Baurecht*
Bedeutungslosigkeit, Ablehnung eines Beweisantrages **C IV** 115
Bedingung, Nebenbestimmung zum Verwaltungsakt **C III** 47
Beendigung des Arbeitsverhältnisses, Abfindung **C I** 94 ff.; Art der Beendigung **C I** 90; Freistellung **C I** 93; gesetzliches Wettbewerbsverbot **C I** 93; Protokollierung bei Prozeßvergleich **C I** 89; Sperrfrist **C I** 91
Beförderungsvertrag B VIII 5
Befreiungsanspruch A V 184
Befriedigungsvorrecht B IX 157
Befristete Leistungssperre A V 115
Befristung von Verwaltungsakten **C III** 47
Begünstigender Verwaltungsakt C III 32; Rücknahme und Widerruf **C III** 48
Beherbergungsvertrag B VIII 5
Behindertentestament D III 98 f.
Behinderung, Betreuungsrecht **B XI** 13
Beifahrer B IX 92
Beihilfe E III 54
Beiordnung eines Anwalts, arbeitsgerichtliches Beschlußverfahren **C I** 192; arbeitsgerichtliches Urteilsverfahren **C I** 33 f.
Beistand E III 2
Belastender Verwaltungsakt C III 43 ff.; Rücknahme **C III** 49
Belegenheitsgericht, WEG-Verfahren **B V** 16
Belehrungspflichten bei Vernehmung durch die Polizei **C IV** 17 ff.
Beratung, familien- und erbrechtliche **D II** 28
Beratungshilfe, wirtschaftliche Verhältnisse **F** 2
Beratungshilfeantrag F 8
Beratungshilfegebühren, Ehesachen und Folgesachen **F** 15; folgendes Verfahren **F** 17
Berichtigungsbescheid während des Finanzgerichtsverfahrens **C V** 25
Berliner Testament D III 68

1423

Sachverzeichnis

Fette Buchstaben und römische Zahlen = Kapitel

Berufsaufsicht H I 193 ff.
Berufsbild des Rechtsanwalts H I 7 ff., 155 ff.
Berufsfreiheit H I 2, 129
Berufsgenossenschaftsbeitrag I 23
Berufsgerichte H I 210 ff.
Berufshaftpflichtversicherung E II 39 ff.; J 5 ff.; Anerkenntnisverbot E II 40; anwaltliche Berufstätigkeit E II 39; Auslandsdeckung J 8; Ausschlüsse E II 40; Ausübung anwaltlicher Tätigkeit J 7; Eintrittspflicht des Versicherers E II 40; Obliegenheiten des Versicherungsnehmers E II 40; Risikoerweiterung durch Mitarbeiter E II 42; Schadensminderung E II 40; Selbstbehalt E II 39; der Sozietät E II 42; Verjährung des Versicherungsanspruchs E II 41; Versicherungssumme E II 39; J 9; Versicherungsumfang J 6; zeitliche Deckung E II 39
Berufshaftpflichtversicherungsschutz D VIII 2
Berufskleidung I 23
Berufspflichten H I 146 ff.
Berufsrechte, anwaltliche E III 63
Berufsunfähigkeitsversicherung B XV 92; J 19 f.
Berufung A II 1 ff.; Anschlußberufung im Arbeitsgerichtsprozeß C I 26; Arbeitsgerichtsprozeß C I 20, 141; Berufungsbegründungsfrist A II 14 ff.; Berufungsbegründungsfrist im Arbeitsgerichtsprozeß C I 25; Berufungsfrist im Arbeitsgerichtsprozeß C I 24; Berufungssumme A II 4 ff.; Beschränkung im Strafprozeß C IV 128; Form A II 7; Frist A II 9 ff.; gegen Gerichtsbescheid C III 132; Inhalt A II 19 ff.; im Strafprozeß C IV 126; Verwaltungsgerichtsverfahren C III 129 ff.; Wettbewerbsprozeß B XII 89; Zulassung im Verwaltungsgerichtsverfahren C III 130; Zuständigkeit A II 2
Beschlagnahme C IV 50 ff.; im Wege der Immobiliarzwangsvollstreckung A V 47 f., 142, 154, 166
Beschlagnahmeverbote C IV 59
Beschlußentscheidung des Gerichts in WEG-Verfahren B V 64 ff.
Beschlußverfahren, Wettbewerbsprozeß B XII 67 ff.; s. a. *Arbeitsgerichtliches Beschlußverfahren*
Beschränkte Haftung D II 9
Beschränkungen, Beschwerungen D III 226

Beschuldigtenvernehmung C IV 34 ff.; bei Polizei C IV 34; bei Richter C IV 36; schriftliche C IV 20; bei Staatsanwaltschaft C IV 35
Beschuldigter, Begriff C IV 15; flüchtiger C IV 24; Kontaktaufnahme mit Verteidiger C IV 23; Rechte und Pflichten C IV 16 ff., 26
Beschwerde A II 34 ff.; Anwaltszwang A II 41 f.; Betreuungsrecht B XI 61 ff.; im Strafprozeß C IV 130; Unzulässigkeit A II 37 f.; Wettbewerbsprozeß B XII 69; s. a. *sofortige Beschwerde; weitere Beschwerde*
Beschwerdefrist, WEG-Verfahren B V 107, 114
Beschwerdegegenstand, Arbeitsgerichtsprozeß C I 16; Berufung A II 4
Beschwerdegericht A II 39; sofortige Beschwrde A II 49
Beschwerdeinstanz, WEG-Verfahren B V 54, 105 ff., 123, 125, 138
Beschwerdeschrift A II 40; sofortige Beschwerde A II 50
Beschwerdewert, Auskunfts- und Rechenschaftslegungsprozesse A III 49; Unterhaltssachen A II 5
Beseitigungsanspruch, Wettbewerbsprozeß B XII 59, 114
Besserungsschein D IV 14
Bestandskraftpräklusion C III 12
Bestandsverzeichnis A III 8
Besteuerung der Anwaltstätigkeit I 1 ff.; in den neuen Bundesländern I 81 ff.
Bestreiten, substantiiertcs A I 63
Besuche bei U-Haft C IV 14
Besuchsmanagement K VI 27
Beteiligte des WEG-Verfahrens B V 42 ff., 73, 78
Betreuer D VIII 3; Aufgebenkreis B XI 21 ff.; Person, rechtliche Stellung B XI 18 f.
Betreuungsbehörde B XI 11 f.
Betreuungsrecht B XI 1 ff.; Aufwendungsersatz, Vergütung B XI 67 ff.; Kosten, Auslagen B XI 71 ff.; Rechtsmittel B XI 60 ff.; Überleitung bestehender Vormundschaften B XI 2 f.
Betreuungsverfahren B XI 4 ff.
Betriebliche Altersversorgung C I 7, 102, 103, 104; D IV 52; Abfindungsverbot C I 104; sittenwidriger Abfindungsvergleich C I 105; Tatsachenvergleich C I 106; unverfallbare Anwartschaft C I 102; Unverfallbarkeitsbescheinigung C I 108

Magere Zahlen = Randnummern

Sachverzeichnis

Betriebsänderung C I 129
Betriebsaufspaltung D II 53k ff.
Betriebsausgaben I 19ff.; Angemessenheit I 19; Beweislast I 6; Bewirtungskosten I 23
Betriebseinnahmen I 18
Betriebsgefahr s. *Gefährdungshaftung*
Betriebsgeheimnisse C I 115
Betriebsprüfung I 67
Betriebsräume, Durchsuchung A V 67
Betriebsrat D IV 46
Betriebsratsmitglied, Aufhebung des Arbeitsverhältnisses C I 120
Betriebsrentengesetz D IV 52
Betriebsstättenbesteuerung D I 9
Betriebsübergang D IV 52ff.
Betriebsveräußerung, Aufhebung von Arbeitsverhältnissen C I 128
Betriebsvermögen, Einheitsbewertung I 47ff.; steuerliches I 10
Beugezwang zur Vornahme unvertretbarer Handlungen A V 188
Beurteilungsspielraum der Behörde bei unbestimmten Rechtsbegriffen C III 39
Bevorrechtigte Gläubiger A V 107
Bewährung, Freiheitsstrafe bei Straßenverkehrsfall B IX 15
Bewegliche Sachen A V 47
Beweis, Pflichtverletzung des Anwalts E II 17ff.
Beweisanregung C IV 41
Beweisantrag B IX 7, 13; C IV 37ff., 108; Ablehnung C IV 112ff.; Begründung C IV 110; Überprüfung C IV 109
Beweisantragsrecht, frühes C IV 19
Beweisaufnahme in der Haftprüfung C IV 29; Verfahren vor dem EuGH und dem EuG C VII 27; Verwaltungsgerichtsverfahren C III 90
Beweiserhebung, von Amts wegen B IX 6; WEG-Verfahren B V 60; im Zwischenverfahren C IV 88
Beweiserhebungsverbote C IV 43
Beweiserleichterungen, Versicherungsvertrag B XV 78
Beweisermittlungsantrag C IV 42
Beweisgebühr G 51; im einstweiligen Verfügungsverfahren G 70
Beweislast für das Bestehen von AGB B I 12; in der Diebstahlversicherung B XV 78ff.; für die Einbeziehung von AGB B I 18; in der Feuerversicherung B XV 86; im Haftpflichtprozeß B VII 2; Haustürgeschäfte s. *Haustürgeschäfte;* für Individualvereinbarungen B I 25; für Kausalität der Maklertätigkeit B VI 47; Kraftfahrzeugführer B IX 113f.; bei Obliegenheitsverletzungen B XV 59; in der Pkw-Kaskoversicherung B XV 89; für Rechtswidrigkeit B VII 17; im Reiseprozeß B VIII 24f., 31f.; bei überraschenden AGB-Klauseln B I 21; für unabwendbares Ereignis B VII 3; für Verschulden B VII 2, 18; WEG-Verfahren B V 62
Beweismittel, Strafprozeß C IV 37; Wettbewerbsprozeß B XII 65f.
Beweissicherung durch Anwalt B IX 85, 86, 87; gerichtliche B IX 89
Beweisverbote C IV 43
Beweisverfahren, selbständiges A I 92ff.
Beweiswürdigung E III 8; antizipierte B IX 18
Bewilligungsverfahren F 10
Bibliothek K IV 7f.
Bilanzierung D VI 24f., 42
Bilanzkennzahlen D II 23
Bilanzrecht und -politik D II 21ff.
Billigkeitshaftung B VII 29
Bindungsfrist, Versicherungsvertrag B XV 10, 22
Bindungsklauseln C I 7
Bindungswirkung von Beschlüssen der Wohnungseigentümergemeinschaft B V 8
Börseneinführung D I 56
BRAGO, WEG-Verfahren B V 133ff.
Bremer Tabelle zur Berechnung des Altersvorsorgeunterhalts B X 352
Briefkontrolle, Verteidigerpost C IV 14
Briefkopfsozietät H II 5
Bruchteilseigentümer B V 53
Buchauszug, Begriff B XIII 30; Klage B XIII 49
Buchführung D VI 24f., 42
Buchhaltung I 70ff.; Datenverarbeitung K III 45
Buchprüfer, vereidigter D VI 14
Buchungsstelle B VIII 30
Bürgschaft D I 57c
Bürogemeinschaften E III 30; Abgrenzung zu anderen Verträgen H III 1, 3f.; Bibliothek H III 27; Briefkopf H III 14; EDV H III 11, 26; Empfang H III 21; Haftung H III 14f., 34; Interessenkollision H III 8ff.; Kopiergeräte H III 25; Kündigung H III 31f.; Mehrsteuer H III 28; Miete H III 18ff.; mit Patentanwalt H III 5; Post H III 21; Rechtsmittelverzicht H III 13; Rechtsnatur H

Sachverzeichnis

Fette Buchstaben und römische Zahlen = Kapitel

III 1f.; Schiedsgericht **H III** 32, 36; Schreibsekretariat **H III** 22; mit Steuerberater **H III** 5; Steuerrecht **I** 28, 46; Telefon **H III** 21, 23; Unterschiede zur Sozietät **H III** 3; Untervermietung **H III** 4; Verschwiegenheitspflicht **H III** 8ff., 35; mit Wirtschaftsprüfer **H III** 5
Bundesamt zur Regelung offener Vermögensfragen **D VII** 69
Bundesarbeitsgericht, Beschlußverfahren **C I** 27ff.; Urteilsverfahren **C I** 187ff.
Bundesaufsichtsamt für das Versicherungswesen **B IX** 239
Bundestagsabgeordneter, Mitarbeiter **D VIII** 19
Bundeszentralregister B IX 52

culpa in contrahendo (c.i.c.), Versicherungsvertrag **B XV** 25

Darlehensvertrag, AGB **B I** 51
Datenbank K III 49
Datenbankkommunikation K IV 19
Datenentsorgung K IV 27
Datenschutz K I 34ff.; Anlagenwartung **K I** 37; Praxisübertragung **K I** 39
Datenschutzbeauftragter K I 36
Datenverarbeitung K III 1ff.; *s. a. Text- und Datenverarbeitung*
DATEV D VI 26
Dauermandate D VI 4
Dauernutzungsrecht A V 143
Dauerwohnrecht A V 143
Deckungszusage, Gebühren bei Einholung **B IX** 226a
Deklaratorisches Anerkenntnis durch Mängelliste (Reisevertragsrecht) **B VIII** 24
Diebstahl, Diebstahlsversicherung **B XV** 78ff.; von Reisegepäck **B VIII** 30
Dienstaufsichtsbeschwerde gegen Gerichtsvollzieher **A V** 85
Dienste, unvertretbare **A V** 191
Dienstleistungen, entgangene **B IX** 130f.
Dienstleistungsmarke D I 22f.
Dienstleistungsrecht, Rechtsanwälte **H I** 264ff.
Differenztheorie B IX 135, 176, 179
Dingliche Wirkung der Teilungserklärung **B V** 6
Direktanspruch B IX 205
Direktversicherung, Lohnsteuerpauschalierung **I** 52

Divergenzrevision, Finanzgerichtsverfahren **C V** 48
Doppelmakler B VI 58f.
Doppelpfändung A V 57
Doppelte Haushaltsführung I 23
Doppelversicherung B XV 70
Dringlichkeit, besondere (§ 937 II ZPO) **B XII** 63; Vermutung **B XII** 5; Wettbewerbsprozeß **B XII** 60ff.
Drittschadensliquidation B VII 14
Drittschuldner A V 97; **E III** 45
Drittwiderspruchsklage C I 138; bei Herausgabevollstreckung **A V** 182; rangbesserer Realgläubiger **A V** 48; bei Sachpfändung **A V** 46; bei Verurteilung zur Abgabe einer Willenserklärung **A V** 197
Dürftigkeitseinrede D III 206
Düsseldorfer Tabelle B X 350
Duldungsklage A V 148
Duldungstitel A V 149
Duldungsvollstreckung A V 193ff.
Durchgriffserinnerung A V 21
Durchsicht von Papieren **C IV** 54
Durchsuchung A V 65ff., 175; **C IV** 50ff.; Nichtgestattung **A V** 55, 65ff.; Verweildauer bei **A V** 71
Durchsuchungsbeschluß, vorsorglicher **A V** 70

EDV-Einsatz in der Anwaltskanzlei **K III** 1ff.
Effektiver Jahreszins B XVII 24, 28, 33, 35, 81ff.
EG, Gemeinschaftsmarke **D I** 24f.; Gruppenfreistellungsvereinbarungen **D I** 34
EGBGB B XVI 38ff.; *s. a. Internationales Privatrecht*
Ehe, Aufhebung und Nichtigkeit **B X** 58ff.; Aufhebungsgründe **B X** 60; Nichtigkeitsgründe **B X** 59
Ehefrau, Taschengeldanspruch **A V** 129
Ehegatten, Ehegattenerbrecht, Wahlmöglichkeiten **D III** 229ff.; Pfändung Oder-Konto **A V** 118; und Sachpfändung **A V** 44
Ehegattenunterhalt, nachehelicher B X 175ff.; Alkoholmißbrauch **B X** 238; Altenheim **B X** 262; wegen Alters **B X** 199; Anrechnungsmethode **B X** 216; Anspruchsgrundlagen **B X** 197ff.; wegen Arbeitslosigkeit **B X** 201; Arrest **B X** 194; Aufgabe der Berufstätigkeit **B X** 241; Aufstockungsunterhalt **B X** 202; wegen Ausbildung **B X** 203; Auskunfts-

Magere Zahlen = Randnummern

Sachverzeichnis

pflicht **B X** 255 ff.; Auskunftsverfahren **B X** 175 ff.; Bedürftigkeit des Berechtigten **B X** 211; Berechnungsmethode bei Arbeitsaufnahme nach Trennung **B X** 218; Berechnungsmethoden **B X** 215 ff.; Billigkeitsabwägung **B X** 252; aus Billigkeitsgründen **B X** 204; Differenzmethode **B X** 215; eidesstattliche Versicherung **B X** 255 ff.; Einkommensermittlung **B X** 179; einstweilige Anordnung **B X** 196; einstweilige Verfügung **B X** 195; Einwendungen gegen die Unterhaltspflicht **B X** 219 ff.; unaufgeforderte Informationspflicht **B X** 178; wegen Kindesbetreuung **B X** 198; wegen Krankheit oder Gebrechen **B X** 200; kurze Ehedauer **B X** 227; Leistungsfähigkeit des Verpflichteten **B X** 212; Maß des Unterhalts **B X** 205 ff.; Mischmethode **B X** 217; mutwillig herbeigeführte Bedürftigkeit **B X** 236 ff.; mutwillige Mißachtung von Vermögensinteressen **B X** 242 ff.; Pflicht, zum Familienunterhalt beizutragen **B X** 246; prozeßrechtliche Besonderheiten **B X** 263 ff.; Rangfolge bei mehreren Unterhaltsberechtigten **B X** 214; Rückforderung überzahlten Unterhalts **B X** 261; schwerwiegendes einseitiges Fehlverhalten **B X** 247; Selbstbehalt **B X** 212; Straftaten gegen den Verpflichteten **B X** 228 ff.; Subtraktionsmethode **B X** 216; Unterhalt für die Vergangenheit **B X** 260; Verzug **B X** 180 ff.; Zusammenleben mit anderem Partner **B X** 250; Zuständigkeit **B X** 263
Ehescheidung nach dreijähriger Trennung **B X** 51; einverständliche **B X** 47; Getrenntleben **B X** 41 ff.; Härteklausel **B X** 52; prozeßrechtliche Besonderheiten **B X** 53 ff.; Scheidungsgrund **B X** 39 f.; streitige **B X** 49; bei Trennung unter einem Jahr **B X** 45 f.; Trennungsdauer **B X** 41 ff.; Verbundverfahren **B X** 54; Verfahrenskosten **B X** 57; vorbereitende Maßnahmen **B X** 38; Zurücknahme des Scheidungsantrags **B X** 56
Ehescheidungssachen E III 42
Ehewohnung, einstweilige Anordnung **B X** 296 f.; einstweilige Verfügung **B X** 296; prozeßrechtliche Besonderheiten **B X** 300 f.; Regelung bei Getrenntleben **B X** 298; Vereinbarungsmöglichkeiten **B X** 295; vorbereitende Maßnahmen **B X** 291 ff.
Ehrengerichtsbarkeit H I 210 ff.

Eidesstattliche Versicherung A V 86 ff.; Auskunfts- und Rechenschaftslegungsanspruch **A III** 56 ff.; zur Glaubhaftmachung **A IV** 22, 24; bei Herausgabe **A V** 176; Wettbewerbsprozeß **B XII** 65; *s. a. Offenbarungsversicherung*
Eigenbesitzer A V 165
Eigenhändler-Ausgleichsanspruch D I 39
Eigentümer, ausgeschiedener **B V** 24, 46
Eigentumsvorbehalt in AGB **B I** 20, 52, 69; AGB **B I** 69; Doppelvollstreckung **A V** 20; Pfändungsauftrag **A V** 55; verlängerter **D I** 50
Eigentumswechsel im WEG-Verfahren **B V** 47
Eigentumswohnungen *s. Wohnungseigentum*
Eigenverbrauch I 35, 44
Einheitliches Kaufrecht B XVI 2
Einheitsbewertung des Betriebsvermögens **I** 47 ff.
Einigungsstelle D IV 50
Einigungsstellenverfahren, Anträge zur Zuständigkeit **C I** 168; Anwalt vor der Einigungsstelle **C I** 229, 237; Beisitzer **C I** 225 ff.; Beschlußverfahren **C I** 220 ff., 229; Ermessen **C I** 229; Errichtung **C I** 219; Nichtöffentlichkeit **C I** 229; Sinn und Zweck **C I** 218; Spruch **C I** 230; Vergütung **C I** 233 ff.; Vorsitzender **C I** 220 ff.
Einkommen, zu versteuerndes **I** 1
Einkommensteuer I 1 ff.; Einkünfteermittlung **I** 6 ff., 25; in den neuen Bundesländern **I** 82
Einkünfte des Rechtsanwalts **I** 1, 24
Einlage I 10
Einnahme-Überschußrechnung I 7 ff., 60
Einstellung nach Ermessensvorschriften **C IV** 74 ff.; gegen Geldbuße **C IV** 80; mangels Tatverdacht **C IV** 72; der Zwangsvollstreckung im Wettbewerbsprozeß **B XII** 78
Einstweilige Anordnung, Betreuungsrecht **B XI** 20; Europarecht **C VII** 20; Verwaltungsgerichtsverfahren **C III** 148 ff.; WEG-Verfahren **B V** 34
Einstweilige Einstellung A V 156
Einstweilige Verfügung, Antrag **A IV** 20 f.; arbeitsgerichtliches Beschlußverfahren **C I** 194 ff.; arbeitsgerichtliches Urteilsverfahren **C I** 139; Gefährdung der Mietsache **B IV** 95; ordnungsgemä-

Sachverzeichnis

Fette Buchstaben und römische Zahlen = Kapitel

ße Beheizung der Mietwohnung **B IV** 94; Räumung von Wohnraum **B IV** 37; vertragsgemäße Überlassung der Mietsache **B IV** 97; Wettbewerbsprozeß **B XII** 41 ff.; *s.a. Arrest u. einstweilige Verfügung*

Einstweiliger Rechtsschutz, neue Bundesländer **A IV** 1; Prüfschema **A IV** 3; spezielle Rechtsgebiete **A IV** 51 ff.; Wahl des Verfahrens **A IV** 7 ff.

Eintragungsbewilligung bei Verurteilung zur Abgabe einer Willenserklärung **A V** 196

Eintritt in Sozietät **I** 63

Einvernehmensgebühr G 93

Einverständnis E III 53

Einwendungen gegen Auskunfts- und Rechenschaftslegungsanspruch **A III** 21 ff.; des Beklagten im Zivilprozeß **A I** 58 ff.; im förmlichen Verwaltungsverfahren **C III** 64; materiellrechtliche **A V** 46; im Planfeststellungsverfahren **C III** 69

Einwendungsausschluß, Verwaltungsrechtsfall **C III** 11 f.

Einwilligung bei Doppelvertretung **E III** 53

Einwilligung in Heilbehandlung, Betreuungsrecht **B XI** 26

Einwilligungsvorbehalt, Betreuungsrecht **B XI** 56 f.

Einzelunternehmer D II 2, 5 ff.; Besteuerung **D I** 5; Gesellschafterwechsel **D I** 4; good will (Besteuerung) **D I** 5; Haftung **D I** 3; Jahresabschluß **D I** 5; Konkurs, Vergleich, Verfügungsbeschränkungen **D I** 4, 79; Mitbestimmung **D I** 8; Umwandlung **D I** 11; Übertragung von Vermögensgegenständen, Schulden, Vertragsverhältnissen **D I** 4

Elektrizitätswerk, Haftung **B VII** 76, 78 f.

Elterliche Sorge, Abänderung von Sorgerechtsentscheidungen **B X** 92 f.; Anhörungspflichten **B X** 88; Aufenthaltsbestimmungsrecht **B X** 66; Aufsichtspflegschaft **B X** 87; Bindungen des Kindes **B X** 75 f.; einstweilige Anordnung **B X** 66; Entscheidungskriterien **B X** 69 ff.; Erziehungsgeeignetheit **B X** 71; Förderungsprinzip **B X** 72; gemeinsames Sorgerecht **B X** 78 f.; bei Getrenntleben **B X** 67; Herausgabe des Kindes **B X** 110 f.; Kindeswohl **B X** 70; Kontinuitätsprinzip **B X** 74; prozeßrechtliche Besonderheiten **B X** 90 f.; Regelungsmöglichkeiten **B X** 77 ff.; Sachverständigengutachten **B X** 89; bei Scheidung **B X** 68 f.; übereinstimmender Vorschlag **B X** 69; Übertragung auf einen Vormund oder Pfleger **B X** 84; Vereinbarungsmöglichkeiten **B X** 64 f.; vorbereitende Maßnahmen **B X** 61 ff.; vorläufiger Rechtsschutz und Eilmaßnahmen **B X** 66

Emissionen, Haftung **B VII** 81

Endurteil Berufungsvoraussetzung **A II** 3

Enteignung auf besatzungsrechtlicher Grundlage **D VII** 9; rechtsstaatliche in der ehem. DDR **D VII** 13; Restitutionsansprüche in den neuen Bundesländern **D VII** 15 ff.

Enteignungsgleicher Eingriff B VII 55

Entlastungsbeweis B VII 18

Entnahme I 10, 35

Entschädigung gemäß §§ 8, 9 Vermögensgesetz **D VII** 50 ff.

Entscheidungssammlungen K IV 10

Entziehung von Wohnungseigentum **B V** 104 f.

Erb- und Pflichtteilsverzicht D III 83 ff., 120

Erbansprüche, Pfändung **A V** 133

Erbauseinandersetzung D III 185 ff.; DDR-Recht **D III** 194; Einkommensteuer **D III** 56, 190; Erbschaftsteuer **D III** 190; Klage auf **D III** 191

Erbe, Auskunftsanspruch **D III** 175 ff.; Haftung **D III** 195 ff.

Erbeinsetzung D III 63; bedingte **D III** 66 ff.

Erbengemeinschaft D III 185; DDR-Recht **D III** 194

Erbenhaftung, Beschränkung **D III** 195 ff.; Einrede der beschränkten Erbenhaftung **D III** 197

Erbersatzanspruch D III 135

Erbfolge, vorweggenommene **D III** 90

Erblasser D III 5 ff.; Güterstand **D III** 18; Güterstand, Änderung **D III** 91; Motive, Ziele **D III** 49 f.; Staatsangehörigkeit **D III** 5 ff.; Testierfähigkeit **D III** 12 ff.; Vermögen **D III** 22 ff.; Vermögen, DDR-Besonderheiten **D III** 34 ff.; Vermögen, Sonderbewertung **D III** 30 ff.; Vermögen, Sonderrechtsnachfolge **D III** 25 ff.; Vermögen, steuerrechtliche Bewertung **D III** 23 f.

Erbordnung D III 121 ff.; DDR **D III** 127

Magere Zahlen = Randnummern

Sachverzeichnis

Erbquote, Ehegatte **D III** 129 ff.; eheliche Verwandte **D III** 121 ff.; nichteheliche Verwandte **D III** 133 ff.
Erbrecht nach Adoption **D III** 125; Auslandsberührung **D III** 5; DDR-Recht, Überleitung **D III** 2 ff.; Ehegatte **D III** 129 ff.; eheliche Verwandte **D III** 121 ff.; Güterstand **D III** 18; Güterstand (DDR) **D III** 19 f.; bei Gütertrennung **D III** 130; interlokales Privatrecht **D III** 10; internationales Privatrecht **D III** 6 ff.; internationales Privatrecht (DDR) **D III** 10; Klage auf Feststellung **D III** 172 f.; nichteheliche Verwandte **D III** 133 f.; nichteheliche Verwandte, DDR-Recht **D III** 136; bei Zugewinngemeinschaft **D III** 130
Erbrechtliche Beratung des Erblassers **D III** 5 ff.; Gestaltungsvorschläge **D III** 94 ff.; der Hinterbliebenen **D III** 119 ff.; steuerliche Konsequenzen **D III** 54 ff.
Erbrechtliche Nachfolgeklausel D I 71
Erbschaft, Annahme **D III** 154 f.; Auskunftsanspruch **D III** 175 ff.; Ausschlagung **D III** 154 ff.
Erbschaftsanspruch D III 180 ff.
Erbschaftsbesitzer D III 175
Erbschein D III 166 ff.; Verfahren zur Erlangung **D III** 167 ff.
Erbunwürdigerklärung D III 120; DDR **D III** 128
Erbvertrag D III 62; Anfechtung **D III** 47; Verfügungsbeschränkungen unter Lebenden **D III** 89; Widerruf **D III** 45 ff.
Erfüllungsgehilfe B VII 27; des Reiseveranstalters **B VIII** 30 f.
Erhebliche Beeinträchtigung der Reise **B VIII** 12, 21, 32
Erinnerung gegen Entscheidungen des Rechtspflegers im Betreuungsrecht **B XI** 60; gegen Vollstreckungsschutzentscheidung (Räumungsprozeß) **B IV** 69
Erklärungsberatung D VI 23
Erklärungsrechte des Angeklagten **C IV** 122
Erledigung, Auskunfts- und Rechenschaftslegungsanspruch **A III** 46; Verwaltungsgerichtsverfahren **C III** 120
Erledigungserklärung und Streitwert beim Wettbewerbsprozeß **B XII** 122
Erledigungsklausel bei Aufhebung des Arbeitsverhältnisses **C I** 116 ff.
Erlös, Herausgabeanspruch nach VermögensG **D VII** 39; Verteilung **A V** 161

Ermessen, Begriff **C III** 39; der Behörde bei Verpflichtungsklage **C III** 104
Ermittlungshandlungen E III 4
Ermittlungsmöglichkeit B VI 26
Erörterungsgebühr G 50
Erörterungstermin im förmlichen Verwaltungsverfahren **C III** 65
Ersatzangebot B VIII 26; des Reiseveranstalters **B VIII** 10
Ersatzquartier B VIII 14, 26, 31
Ersatzreise B VIII 10
Ersatzurlaub B VIII 32
Ersatzvornahme A V 183
Ersetzungsbefugnis, Reisendenwechsel **B VIII** 8
Erstattungsansprüche des Mandanten **G** 107
Erstprämie, Begriff **B XV** 32; Berechnung **B XV** 33; Einlösungsklauseln **B XV** 36; Lastschriftverfahren **B XV** 35; Zahlung **B XV** 34
Erwerbsschaden B IX 126 f.
Erzeugnisse A V 142
Erziehungsgeld A V 113
Europarecht, Rechtsschutz **C VII** 1 ff.

Fachanwalt H I 180 ff.; für Steuerrecht **D VI** 8
Fachbücher, Betriebsausgaben **I** 15
Fälligkeit der Provision **B VI** 66 f.
Fahrerlaubnisentzug, Ausnahmen **B IX** 35; Berechnungssperrfrist **B IX** 37; Entschädigung **B IX** 43; Rechtsmittel **B IX** 36; vorläufiger **C IV** 66
Fahrlässigkeit B VII 18
Fahruntüchtigkeit, relative **B IX** 34
Fahrverbot, Ausnahmen **B IX** 41; Rechtsnatur **B IX** 38 ff.; Regelfälle **B IX** 39; Voraussetzungen **B IX** 39
Fahrzeugleasing B IX 137 ff.; Ansprüche des Leasinggebers **B IX** 138; Ansprüche des Leasingnehmers **B IX** 142; Mehrwertsteuer **B IX** 140, 145; Nutzungsschaden **B IX** 144; RA-Gebühren **B IX** 146; RA-Kosten **B IX** 141; Substanzschaden **B IX** 139
Fahrzeugschaden B IX 116 ff.
Fahrzeugversicherung bei Leasing **B IX** 175; Teilkasko **B IX** 173; Vollkasko **B IX** 174
Faktischer Konzern D II 75 a ff., 81
Faktischer (werdender) Eigentümer, Anwendbarkeit der §§ 43 ff. WEG **B V** 19 ff.; Prozeßstandschaft **B V** 49

1429

Sachverzeichnis

Fette Buchstaben und römische Zahlen = Kapitel

Falschaussage, Teilnahme an **E III** 72
Familiengesellschaften D II 54 ff.
Familienrechtliche Verfahren, Anwaltszwang **B X** 4, 13 ff.; Ausschluß des Versorgungsausgleichs **B X** 18 ff.; Doppelmandat **B X** 2; Ehegattenunterhalt, nachehelicher **B X** 175 ff.; Ehescheidung **B X** 38 ff.; Ehewohnung **B X** 291 ff.; elterliche Sorge **B X** 61 ff.; Familienunterhalt **B X** 153 ff.; Getrenntlebensunterhalt **B X** 157 ff.; Hausratsauseinandersetzung **B X** 267 ff.; Herausgabe des Kindes **B X** 110 ff.; internationale Zuständigkeit **B X** 7; Kindesunterhalt **B X** 125 ff.; nachehelicher Ehegattenunterhalt **B X** 175 ff.; Besonderheiten in den neuen Bundesländern **B X** 345 ff.; Nichtigkeit der Ehe **B X** 58 ff.; örtliche Zuständigkeit **B X** 6; Parteiverrat **B X** 2; Prozeßfähigkeit **B X** 8; Prozeßkostenhilfe **B X** 29 ff.; Prozeßkostenvorschuß **B X** 22 ff.; Prozeßvollmacht **B X** 10 ff.; Regelungen nach §§ 630 ZPO und 1587o BGB **B X** 17 ff.; Revision **A II** 59 f.; sachliche Zuständigkeit **B X** 5; Umgangsregelung **B X** 94 ff.; Vermögensauseinandersetzung **B X** 301 ff.; Versorgungsausgleich **B X** 113 ff.; weitere Beschwerde **A II** 54
Familienunterhalt, Hauswirtschaftsgeld **B X** 155; Maß des Unterhalts **B X** 154; Taschengeld **B X** 154, 156; Unterhaltstatbestand **B X** 153
Fehler, Kaufrecht **B XVI** 74 f.
Feiertagsbeschluß bei Sachpfändung **A V** 74 ff.
Ferienhausverträge, Auslandsobjekt **B VIII** 4; Mietrecht **B VIII** 4; Reisevertragsrecht **B VIII** 4
Feriensachen A II 16 ff.; Auskunfts- und Rechenschaftslegungsansprüche **A III** 43
Feststellungsantrag B IX 210 f.; WEG-Verfahren **B V** 38, 90
Feststellungsklage, bestrittene Konkursforderungen **D IV** 32; Versicherungsvertrag **B XV** 93; Verwaltungsgerichtsverfahren **C III** 110 ff.; Zivilprozeß **A I** 46
Feuerversicherung B XV 86
FGG, Geltung im WEG-Verfahren **B V** 11
FGO-Änderungsgesetz C V 2
Finanzbuchhaltung, Datenverarbeitung **K III** 46

Finanzgerichte C V 3
Finanzgerichtsverfahren, Akteneinsicht **C V** 17 f.; Beweisanträge **C V** 23, 29 f., 35; Beweisaufnahme **C V** 34; Beweismittelangabe **C V** 11; Gebühren- und Kostenerstattung **C V** 57 ff.; Klageantrag **C V** 11, 19 f.; Klagebefugnis **C V** 8; Klagebegründung **C V** 21 ff.; Klageerhebung **C V** 5 ff., 10 ff.; Klagefrist **C V** 7, 11; Kosten **C V** 6, 16, 57 ff.; Mindestinhalt der Klage **C V** 10 f.; mündliche Verhandlung **C V** 24, 28 ff.; Revision **C V** 4, 30, 53 ff.; Revisionsbegründung **C V** 54; Revisionsfrist **C V** 53; Steuerberatung **D VI** 28; Streitwertrevision **C V** 4; Urteil **C V** 37; Vertretungszwang **C V** 9, 40; Vollmacht **C V** 14 ff.; Wiedereinsetzung **C V** 7, 15; Zulässigkeitsvoraussetzungen **C V** 7 ff.
Finanzierung D I 49 ff.; **D II** 25
Finanzierungsformen D I 57 a
Finanzierungshilfen der öffentlichen Hand **D I** 57
Firma D I 20 ff.; Verwechselbarkeit **D I** 22
Fischereirechte, Pfändung **A V** 140
Fluchtgefahr C IV 62
Flugreise B VIII 5; Verspätung **B VIII** 30
Flugzeughalterhaftung B VII 75
Fördergebietsgesetz, neue Bundesländer **I** 88
Förmliche Verwaltungsverfahren C III 63 ff.
Folgeprämie B XV 37
Forderungsaufstellung A V 53
Forderungsbuchhaltung, Datenverarbeitung **K III** 48
Forderungspfändung A V 95; Gegenstände **A V** 94; genaue Bezeichnung **A V** 95; und Vollpfändung **A V** 96
Formularbücher D II 33
Formvorschriften, Berufung **A II** 7 f.
Fortbildungskosten, Betriebsausgaben **I** 23
Fortführungsvergleich D IV 8
Fotografien B VIII 38, 55, 58
Frachtführerhaftung B VII 70 f.
Frankfurter Tabelle zur Reisepreisminderung **B VIII** 28, 59
Freiberufliche Einkünfte I 4 f., 24
Freiheitsentziehende Maßnahmen, Betreuungsrecht **B XI** 48 ff.
Freiheitsstrafe, Straßenverkehrsfall **B IX** 15
Freizeichnung B VIII 23
Freizeichnungsklauseln, AGB **B I** 70

1430

Magere Zahlen = Randnummern

Sachverzeichnis

Fristen in AGB **B I** 40; Berufung **A II** 9 ff.; Berufungsbegründung **A II** 14 ff.; Datenverarbeitung **K III** 50 ff.; im Reiseprozeß **B VIII** 27, 35, 37; Revision **A II** 61; sofortige Beschwerde **A II** 47 f.; Verfassungsbeschwerde **C VI** 27 ff.; verwaltungsgerichtliche Feststellungsklage **C III** 113; verwaltungsrechtliches Mandat **C III** 10; Widerspruch im Verwaltungsverfahren **C III** 57 f.; Zivilprozeß **A I** 66 ff.

Fristen im Anwaltsbüro, Anfang **K II** 8, 18, 20, 25; Berechnung **K II** 13, 15, 28; Checkliste für sichersten Weg **E II** 47 f.; Empfangsbekenntnis **K II** 18 f., 25; Ende **K II** 9, 21, 32; Gerichtsferien **K II** 14; Kalender **K II** 9; Kontrollen beim Postausgang **K II** 23; Notierung **K II** 9 ff., 16, 18; Postausgang **K II** 21, 30; Postlaufzeit **K II** 26; Rechtsmittel durch Telex, Telefax, Telebrief, Telegramm **K II** 27; Rechtsmittelauftrag **K II** 25; Rechtsmittelbegründung **K II** 24; Rettungsmöglichkeit bei Versäumung **E II** 49 f.; Schadensanzeige beim Versicherer **E II** 49; Streichung **K II** 21 ff.; Tagesablauf **K II** 12 ff.; Verlängerungen **K II** 24; Vorfrist **K II** 10, 21; Wiedereinsetzung in den vorigen Stand **E II** 50; Zustellungen **K II** 18

Fristenorganisation, Steuerberatung **D VI** 44

Fristenorganisation im Anwaltsbüro, Abwesenheitsvertretung **K II** 5; Delegation **K II** 3 f.; Erledigungsvermerk **K II** 17; Fristenkalender **K II** 9; generelle Anordnungen **K II** 2, 7; Handakten **K II** 8; Kontrollen beim Postausgang **K II** 23; Kontrollen durch Anwalt **K II** 23, 31; Organisationsmängel **K II** 1; Organisationsmittel **K II** 8 f.; Organisationspläne **K II** 2; Postausgang **K II** 21, 30; Postlaufzeit **K II** 26; Tagesablauf **K II** 12 ff.; Unterrichtung des Mandanten **K II** 30; Unterschrift des Anwalts **K II** 29; Vertretungen **K II** 5; Weisungen des Anwalts **K II** 2 f., 7, 19; *s. a. Fristen im Anwaltsbüro*

Fristsetzung, gemäß § 926 ZPO **B XII** 73, 95 ff.

Früchte A V 47

Führerscheinmaßnahme, Einschränkung **B IX** 41; vorläufige Entziehung **B IX** 31; vorzeitige Aufhebung **B IX** 42

Führungsklausel, Versicherungsvertrag **B XV** 71

Fürsprachepflicht E III 2

Gebäude, Abschreibung **I** 16; Betriebsvermögen **I** 10; Haftung **B VII** 49

Gebietskörperschaften der ehem. DDR, Restitutionsansprüche **D VII** 12

Gebot, geringstes **A V** 157, 159

Gebühren in Aufgebotsverfahren **G** 26; für außergerichtliche Tätigkeit **G** 79 ff.; bei außergerichtlicher Regulierung **B IX** 218; in Beschlußverfahren **G** 32; in Beschwerdeverfahren **G** 73 ff.; im Beschwerdeverfahren der einstweiligen Verfügung **G** 68; Besprechungsgebühr **B IX** 221; im einstweiligen Verfügungsverfahren **G** 66; in Entmündigungsverfahren **G** 25; in FGG-Verfahren **G** 45; Gebührendifferenz bei Teilregulierung **B IX** 222; bei gerichtlicher Unfallschadenregulierung **B IX** 225; in GWB-Sachen **G** 37; in Individualarbeitssachen **G** 27; bei Kaskoansprüchen **B IX** 226; im Konkursverfahren **G** 42; bei Kostenwiderspruch **G** 67; in Landwirtschaftssachen **G** 35; in Patentsachen **G** 39; Rechtsschutzversicherung **G** 99 f.; Rechtswegwechsel **G** 57; bei Rechtszugwechsel **G** 57; in schiedsrichterlichen Verfahren **G** 41; bei Schutzschrift **G** 67; im Sozialrecht **G** 92; in Strafsachen **G** 82 ff.; im vereinfachten Abänderungsverfahren wg. Kindesunterhalt **G** 64 f.; in Verfahren gem. §§ 23 ff. EGGVG **G** 40; in Vergleichsverfahren **G** 43; bei Vertretung des Verletzten **B IX** 71 ff.; im Verwaltungsrecht **C III** 19 f.; **G** 91; in WEG-Verfahren **G** 34

Gebührenabrechnung, Datenverarbeitung **K III** 43 f.

Gebührenanspruch G 2

Gebührenerstattungsanspruch G 98

Gebührenerstattungsregelungen in Verfahrensordnungen **G** 123

Gebührenfestsetzung, § 19 BRAGO **G** 97

Gebührenhöhe B IX 220; in Verkehrs-OWi-Sachen **B IX** 76 ff.

Gebührenstreitwert A I 45

Gebührentatbestände und Auftragsinhalt **G** 46; Übergang zum OWi-Verfahren **B IX** 68; bei Verteidigung **B IX** 66 ff.; Zahlungserleichterung; Gnadensache **B IX** 70; in der Zwangsvollstreckung **G** 71 f.

1431

Sachverzeichnis

Fette Buchstaben und römische Zahlen = Kapitel

Gebührenverbund G 62
Gebührenverjährung G 96
Gebührenvorschuß G 95
Gefährdungshaftung B IX 94ff.; Betriebsgefahr B VII 3, 19, 82; nach dem Gentechnikgesetz B VII 85; nach dem Haftpflichtgesetz B VII 76; des Kraftfahrzeughalters B VII 72, 74; des Luftfahrzeughalters B VII 75; nach dem Produkthaftungsgesetz B VII 64; des Tierhalters B VII 73
Gegenantrag, WEG-Verfahren B V 36, 121
Gegenstände, mithaftende A V 41
Gegenstandswert B IX 219
Gehaltsansprüche, Sicherung C I 5
Gehaltspfändung A V 103 ff.
Geld A V 51
Gemeinsamer Markt D I 34, 58
Gemischte Aufwendungen I 21
Generalanwalt, Europarecht C VII 28
Gericht erster Instanz der EG, Verfahren C VII 32ff.; Zusammensetzung C VII 34
Gerichtsbescheid, Finanzgerichtsverfahren C V 26
Gerichtsferien, Berufungsbegründungsfrist A II 15 ff.
Gerichtskosten, WEG-Verfahren B V 33, 127; Wettbewerbsprozeß B XII 126 f., 131
Gerichtspost K I 31 f.; Ausgangskontrolle K I 32; Kompetenzverteilung K I 31
Gerichtsstand A I 2ff.; ausschließlicher A I 3 ff.; dinglicher A I 4; Haftpflichtansprüche B VII 42; Reiseprozeß B VIII 4, 49; Versicherungsvertrag B XV 94 f.; Wahlrecht unter mehreren Gerichtsständen A I 7 ff.; Wettbewerbsprozeß B XII 42 ff., 112
Gerichtsstandklauseln, AGB B I 71
Gerichtsvollzieher, Beauftragung A V 52 ff.; Hinweise des Gläubigers A V 79; Protokoll A V 69; Verstöße gegen GVGA A V 82
Gesamtschuldner, Ausgleichung B VII 32
Gesamtvollstreckungsverordnung D IV 58
Geschädigte B IX 117; mittelbar B IX 93, 128 ff.; unmittelbar B IX 116
Geschäfts- und Betriebsgeheimnisse D I 44
Geschäftsführung D II 52 f.

Geschäftsgeheimnisse C I 115
Geschäftsräume, Durchsuchung A V 67
Geschäftswert des WEG-Verfahrens B V 137 ff.
Geschenke an Geschäftsfreunde, Betriebsausgabe I 23
Geschlossene Unterbringung, Betreuungsrecht B XI 35 ff.; zur Heilfürsorge im Betreuungsrecht B XI 28 f.
Gesellschaft I 40ff.; personalistisch strukturierte D II 54 ff.
Gesellschafterstreit D II 15, 82 ff.
Gesellschafterwechsel I 63 f.
Gesellschaftsrechtliche Beratung D II 1 ff.
Gesellschaftsvertrag D II 51
Gestaltungsklage, Zivilprozeß A I 46
Gesundheitsfürsorge, Betreuungsrecht B XI 23 ff.
Gesundheitsverletzung B VIII 31
Getrenntlebensunterhalt, Anspruchsgrundlage B X 162ff.; Anspruchsvoraussetzungen B X 165; Auskunftsklage B X 173; Darlegungs- und Beweislast B X 168; einstweilige Anordnung B X 162, 164; Herabsetzung B X 167; Klage B X 169ff.; Maß des Unterhalts B X 166; negative Feststellungsklage B X 164; prozeßrechtliche Besonderheiten B X 169ff.; Vereinbarungsmöglichkeiten B X 159ff.; Verwirkung B X 167; vorbereitende Maßnahmen B X 157ff.; vorläufiger Rechtsschutz und Eilmaßnahmen B X 161; zeitliche Begrenzung B X 170
Gewährleistung im Baurecht, allgemeine Voraussetzungen B II 26 ff.; Gewährleistungsausschluß in AGB B I 31 f.; für Sachmängel beim Kauf B XVI 73 ff.
Gewässerhaftung B VII 82
Gewahrsam eines Dritten bei Herausgabevollstreckung A V 181; bei Sachpfändung A V 42 f.
Gewerbefreiheit D I 19
Gewerbesteuer I 5, 26
Gewerbliche Einkünfte I 5, 26
Gewerbliche Schutzrechte B XII 2; D I 26
Gewinnermittlung I 6 ff.
Gewinnrealisation, Sozietätsgründung, Gesellschafterwechsel I 57 ff.
Gewinnverteilung, Kapitalgesellschaft D II 53 b f.; Personengesellschaft D II 53 a; in der Sozietät H II 22; steuerrechtliche Unterschiede D II 53 d ff.

Magere Zahlen = Randnummern

Sachverzeichnis

Girokonto A V 115
Gläubiger, Befriedigung A V 39; Beirat D VIII 6; Erbschein A V 19
Gläubigeranfechtungsgesetz D IV 43
Gläubigerausschuß D IV 26, 30; D VIII 6; Haftung D IV 36
Gläubigerausschußmitglied, Gebührenanspruch G 2
Gläubigerbegünstigung, Teilnahme an E III 71
Gläubigerbeirat D IV 11, 15
Gläubigerbeiratsmitglied, Gebührenanspruch G 2
Gläubigerversammlung D IV 26
Glaubhaftmachung, Wettbewerbsprozeß B XII 65 f.
Gleichzeitige Pfändung A V 58
Gliedertaxe B IX 183
Globalpfändung bei Konten A V 115
Globalzession D I 50
GmbH D II 63 ff.; Besteuerung D I 5; Beteiligung A V 3, 133; Bilanz A V 3; Differenzhaftung D I 18; Geschäftsführer D IV 38 ff.; D VIII 20; Gesellschafterwechsel D I 4; good will (Besteuerung) D I 5; Haftung D I 3; Handelnden-Haftung D I 18; Jahresabschluß D I 7; Kapitalaufbringung D I 12, 15 ff.; kapitalersetzende Darlehen D I 12, 49; Kapitalherabsetzungen D I 6; Konkurs, Vergleich D I 4; Konkursantragspflicht D I 12; Mindeststammkapital D I 6; Mitbestimmung D I 8; Selbstkontrahieren D I 13; Umwandlung D I 11; Übertragung von Vermögensgegenständen, Schulden, Vertragsverhältnissen D I 4; Vorgesellschaft D I 18
GmbH & Co. KG D II 18, 53 h f.; Synchronisation von Satzung und Gesellschaftsvertrag der GmbH D I 14
GmbH & Still D II 18, 53 p ff.
GmbH-Recht Besonderheiten bei Auskunfts- und Rechenschaftslegungsansprüchen A III 33 f.
Gnadengesuch B IX 30
going concern D IV 4, 39
good will D I 5; D IV 4
Großunternehmen D II 2 ff., 42
Gründung der Gesellschaft D II 11, 45
Grundbesitz, Einsicht ins Grundbuch A V 3; Zwangssicherungshypothek A V 8
Grundbuch, Eintragung A V 196
Grundpfandrechte A V 133
Grundrechtsverletzung A V 191; Verfassungsbeschwerde C VI 9 ff.

Grundstück I 10, 16, 42, 49; Übereignung A V 178
Gruppenreise B VIII 11, 50
Gütergemeinschaft A V 45
Gütertrennung A V 44
Güteverhandlung, Arbeitsgerichtsprozeß C I 48; persönliches Erscheinen C I 49 ff.; Schriftsätze C I 50; Versäumnisurteil C I 51

Haft A V 90
Haftbefehl, Rechtsbehelfe C IV 27
Haftbeschwerde C IV 30
Haftpflicht B VII 1, 87; Ansprüche in den neuen Bundesländern B XV 99 f.; s. a. *Haftung*
Haftpflichtprozeß B VII 1 ff.; E III 46
Haftpflichtschaden, Verteidigerbestellung nach AHB B IX 197
Haftpflichtversicherung B VII 8 ff.; B XV 87 f.; in der Sozietät H II 42
Haftprüfung, mündliche C IV 32
Haftung, besondere Tatbestände im Verkehrsrecht B IX 99; für Dritte B VII 25; gesamtschuldnerische B IX 114; Grundlagen B VII 82; juristischer Personen B VII 26; nach Produkthaftungsgesetz B VII 64 ff.; Quote B IX 110 f.; auf Schadensersatz B VII 11 ff.; wegen Schutzgesetzverstoß B VII 44 f.; nach Umwelthaftungsgesetz B VII 80 f.; des Versicherungsnehmers für Dritte B XV 65 ff.
Haftungsausschluß B IX 100; AGB B I 35, 70; im Reisevertrag B VIII 23; stillschweigender B VII 37
Haftungsbeschränkung, AGB B I 37, 70; Alleinerbe D III 200 ff.; Erbe eines Gesellschaftsanteils D III 212 f.; Erbe eines Handelsgeschäfts D III 210 f.; durch Gesetz B VII 34 f.; Miterbe D III 207 ff.; im Reisevertragsrecht B VIII 5, 32, 35; in der Sozietät H II 40; durch Vertrag B VII 36
Haftungseinheit B VII 33
Haftungsrisiken in der Sozietät H II 40
Haftungsverzicht B IX 101
Handakten, Zurückbehaltungsrecht E I 24
Handeln auf eigene Gefahr B VII 37
Handelsbräuche, Kaufrecht B XVI 66
Handelsmakler B VII 4
Handelssachen, Zuständigkeit der Kammer für Handelssachen A I 18 ff.
Handelsvertreter, Alleinvertreter B XIII 6; Ausgleichsanspruch B XIII 37 ff.; D I

1433

Sachverzeichnis

Fette Buchstaben und römische Zahlen = Kapitel

39, 60, *s.a. Ausgleichsanspruch des Handelsvertreters;* Begriff **B XIII** 2ff.; Bezirksvertreter **B XIII** 5; funktionale Gerichtszuständigkeit **B XIII** 20; Generalvertreter **B XIII** 6; internationales Privatrecht **B XIII** 13; nachvertragliches Wettbewerbsverbot **B XIII** 47f.; Provision **B XIII** 22ff., *s.a. Provision des Handelsvertreters;* Untervertreter **B XIII** 7
Handelsvertretervertrag, AGB-mäßiger Abschluß **B XIII** 17, 35; außerordentliche Kündigung **B XIII** 36; Form **B XIII** 6; Kündigungsfrist **B XIII** 34; Teilkündigung **B XIII** 35
Handlungen, unvertretbare **A V** 188ff.; vertretbare **A V** 183ff.
Handlungsvollstreckung A V 193
Hauptsacheerledigung, Verwaltungsgerichtsverfahren **C III** 120; WEG-Verfahren **B V** 123
Hauptverhandlung C IV 99ff.; Vorbereitung **C IV** 90
Hauptvertrag (Maklervertrag), Abschluß **B VI** 30f.; Anfechtung **B VI** 33; Aufhebung **B VI** 34; bedingter **B VI** 36; Form **B VI** 30; Rücktritt **B VI** 34; Vorvertrag als Hauptvertrag **B VI** 31
Hausbank D IV 41
Hausratsauseinandersetzung B X 267ff.; Anwaltsgebühren **B X** 289; Begriff des Hausrats **B X** 281ff.; Eilmaßnahmen **B X** 274ff.; Geschäftswert **B X** 289; prozessuale Besonderheiten **B X** 287ff.; Regelung der Hausratsverordnung **B X** 281ff.; Vereinbarungsmöglichkeiten **B X** 272f.; vorbereitende Maßnahmen **B X** 267ff.; vorläufiger Rechtsschutz **B X** 274ff.
Haustürgeschäfte, ausschließlicher Gerichtsstand **A I** 5; Begriff **B XVIII** 2ff.; Bestellung **B XVIII** 14ff.; Beweislast **B XVIII** 6, 18, 27f., 33; Formvorschriften **B XVIII** 28f.; Geltungsbereich, zeitlich **B XVIII** 39; Gerichtsstand **B XVIII** 37; Umgehungsverbot **B XVIII** 35; Verjährung **B XVIII** 33; Widerrufsfolgen **B XVIII** 30ff.; Widerrufsrecht **B XVIII** 26ff.
Hauswirtschaftsgeld B X 155
Heilbehandlung, Betreuungsrecht **B XI** 21ff.
Heimstättenrecht D III 26
Hemmung der Verjährung B VIII 45
Herausgabe des Kindes, Vollstreckung **B X** 112; vorbereitende Maßnahmen **B X** 110; vorläufiger Rechtsschutz und Eilmaßnahmen **B X** 111
Herausgabeanspruch gegen Dritte **A V** 43; Wettbewerbsprozeß **B XII** 58
Herausgabetitel, Sachen **A V** 171; Urkunden **A V** 172
Herausgabevollstreckung, Kind **A V** 173; Sachen **A V** 171; Urkunden **A V** 172
HGB, Kaufrecht **B XVI** 94ff.
Hilfsantrag, WEG-Verfahren **B V** 69
Hilfsaufrechnung A I 65
Hilfsbeweisanträge C IV 111
Hilfspfändung, Legitimationspapiere **A V** 50; Vollstreckungsauftrag **A V** 55
Hinweispflichtverletzung des Bauunternehmers **B II** 49ff.
HOAI, Bindung an Schlußrechnung **B II** 163f.; Fälligkeit **B II** 150ff.; Honorarvereinbarung **B II** 132ff.; prüfbare Abschlußrechnung **B II** 150ff.; Verjährung **B II** 161ff.; *s.a. Vergütung*
Hochschulen, wissenschaftlich Beschäftigte **D VIII** 17
Hochschullehrer D VI 15
Höhere Gewalt B VIII 17
Honorarvereinbarung G 94; Arbeitsgerichtsprozeß **C I** 154
Hotelier, Beherbergungsvertrag **B VIII** 5; Leerbettengebühr **B VIII** 31; Verrichtungsgehilfe **B VIII** 35
Hypothek A V 142
Hypothetische Minderung bei vorzeitiger Abreise **B VIII** 16

IHK, Geschäftsführer **D VIII** 22
Immaterieller Schaden B VIII 32
Immissionen, Anlage **B III** 39; Bundesimmissionsschutzgesetz **B III** 39; Konzentrationswirkung **B III** 40; Landesimmissionsschutzgesetze **B III** 44; Nachbar **B III** 40f.; Rasenmäher **B III** 43; TA-Lärm **B III** 42; Umwelteinwirkung, schädliche **B III** 39; Verwirkungspräklusion **B III** 40
Immobiliarzwangsvollstreckung A V 138ff.
Immobilienmakler D VIII 15
Impfschäden B VII 56
INCOTERMS B XVI 55, 68
Individualabrede und AGB **B I** 24f.
Informationsrechte C IV 47; Strafverteidiger **C IV** 4
Informatorische Zeugenbefragung C IV 6

Magere Zahlen = Randnummern

Sachverzeichnis

Informelle Verfahrensweise, Haftprüfung **C IV** 29
Ingenieure, Honorare **B II** 132 ff.
Inkongruente Deckung D IV 33
Insasse B IX 92
Insolvenzrechtsreform, Diskussionsentwurf **D IV** 57
Interessenausgleich D IV 44
Interessengegensatz E III 37
Interessenkollision B VI 58; **E I** 20 ff.; im Strafverfahren **B IX** 47; im Zivilverfahren **B IX** 90
Interessenkonflikt D II 88
Interessenvertreter, geborener **C I** 1
Internationales Kaufrecht B XVI 2 ff.; EKG, EAG **B XVI** 4; internationales Privatrecht **B XVI** 38 ff.; UN-Kaufrecht **B XVI** 4 ff.
Internationales Privatrecht B XVI 38 ff.; Abtretung von Forderungen **B XVI** 60; Aufrechnung **B XVI** 61; charakteristische Leistung **B XVI** 44; DDR **B XVI** 38; Eingriffsnormen **B XVI** 63 f.; Leistungsstörungen **B XVI** 59; objektive Anknüpfung **B XVI** 43 ff.; Rechtswahl **B XVI** 40 ff.; stillschweigende Rechtswahl **B XVI** 41; Teilfragen **B XVI** 48 ff.; Untersuchungs- und Rügelast des Käufers **B XVI** 54; Vertragsabschluß **B XVI** 57; Verweisungsvertrag **B XVI** 42
Invalidität B IX 184
Inventarerrichtung, Erbrecht **D III** 199; Erbrecht (DDR) **D III** 214
Investitionsvorranggesetz D VII 93 ff.
Investitionszulagengesetz, neue Bundesländer **I** 87
Investiver Vertrag D VII 121
IR-Marke D I 24

Jagdrechte A V 140
Jahresabschluß D II 24, 28
Jugendliche, Nebenklage gegen Jugendliche **B IX** 48
Jugendstrafrecht, Straßenverkehrsfall **B IX** 15
Juristische Personen, Verfassungsbeschwerde **C VI** 15 f.
Justitiaranwalt E III 23

Kalendertag A V 29
Kammer für Handelssachen D II 84; Zuständigkeit **A I** 18 ff.
Kanzleipflicht H I 87

Kanzleiversicherungen J 29 ff.; Datenträger **J** 31; EDV **J** 30; Fernmeldeanlagen **J** 30; Geschäftsversicherung **J** 29
Kapitalabfindung B IX 166 ff.
Kapitalerhöhung D I 54 f.
Kapitalersetzende Gesellschafterdarlehen D IV 4, 33
Kapitalgesellschaft D II 8 ff., 53; als Rechtsform für Sozietäten **H II** 2
Kapitalisierungstabelle B IX 170
Kassenführung I 74
Katalog, Reiseveranstalter **B VIII** 21 ff.
Kaufleute, Geltung von AGB **B I** 18; Umfang der Inhaltskontrolle von AGB **B I** 27
Kaufmännisches Bestätigungsschreiben B XVI 66
Kaufpreis B XVI 70
Kaufrecht B XVI 1 ff.; nach BGB und HGB **B XVI** 65 ff.; *s. a. UN-Kaufrecht*
Kaufvertrag, AGB **B I** 53
Kausalität, alternative und kumulative **B VII** 23; Haftung **B VII** 20 ff.; haftungsbegründende und haftungsausfüllende **B VII** 22; der Maklertätigkeit **B VI** 46 ff.; und Zurechenbarkeit **B VII** 22, 24
Kausalitätsunterbrechung, Maklerrecht **B VI** 54 ff.
Kind, Herausgabe **A V** 173
Kindergeld, Pfändbarkeit **A V** 113
Kindesunterhalt, Art des Anspruchs **B X** 144; Art des Unterhalts **B X** 136; Bedürftigkeit **B X** 133, 140; Bestimmungsrecht der Eltern **B X** 146; Bestimmungsrecht der Vormundschaftsgerichts **B X** 146; Düsseldorfer Tabelle **B X** 125, 136; einstweilige Anordnung **B X** 130; einstweilige Verfügung **B X** 130; Freistellungsvereinbarung **B X** 139; Haftungsanteile **B X** 145; Klage **B X** 148 ff.; Leistungsfähigkeit **B X** 134, 142; Mangelfälle **B X** 138; Maß des Anspruchs **B X** 144; Maß des Unterhalts **B X** 136; minderjährige Kinder **B X** 131 f.; prozeßrechtliche Besonderheiten **B X** 148 ff.; Prozeßstandschaft **B X** 147; Rangfolge **B X** 137 f., 143; Selbstbehalt **B X** 134 f., 142; Vereinbarungsmöglichkeiten **B X** 127 ff.; volljährige Kinder **B X** 140 ff.; vorbereitende Maßnahmen **B X** 125; vorläufiger Rechtsschutz und Eilmaßnahmen **B X** 130
Klagearten, Verwaltungsgerichtsverfahren **C III** 95 f.

1435

Sachverzeichnis

Fette Buchstaben und römische Zahlen = Kapitel

Klagebefugnis bei Verwaltungsakt mit Doppelwirkung **C III** 45; Wettbewerbsprozeß **B XII** 7
Klagebegründung, Verwaltungsgerichtsverfahren **C III** 86
Klagefrist, Kündigungsschutzklage **C I** 38; Versicherungsvertrag **B XV** 45
Klagerücknahme, Verwaltungsgerichtsverfahren **C III** 119
Klageschrift, Verfahren vor dem EuGH und dem EuG **C VII** 22; Verwaltungsgerichtsverfahren **C III** 84 ff.
Klarstellungserfordernis, Versicherungsvertrag **B XV** 56
Klauselerinnerung, einstweilige Anordnung **A V** 23
Klauselverbote (AGB), mit Wertungsmöglichkeit **B I** 40 ff.; ohne Wertungsmöglichkeit **B I** 31 ff.
Klein- und Mittelbetriebe D II 2 ff., 41
Kleinunternehmer, Umsatzsteuer **I** 33
Kollegialität H I 175 f.
Kommentare K IV 5
Kommission für Insolvenzrecht D IV 57
Kommunales Vertretungsverbot H I 84
Kommunikationssoftware K III 53
Kompetenzkonflikt, negativer **B V** 30
Kongreßkosten I 23
Kongruente Deckung D IV 33
Konkurrenzfirma, Gründung **D I** 40 ff.
Konkurs D II 100 ff.; **D IV** 25 ff.
Konkursanfechtung D IV 33
Konkursausfallgeld D IV 47
Konkursdelikte D IV 34, 38 ff.
Konkursverwalter D IV 25 ff.; **D VIII** 5; **E III** 25; Gebührenanspruch **G** 2; Haftung **D IV** 35
Kontenpfändung A V 115 ff.
Kontenplan I 77
Kontrollbetreuer B XI 32
Kopfzahl-Mehrheit D IV 12
Korrespondenz K I 23 ff.; ausgehende **K I** 22; Briefpost **K I** 23; eingehende **K I** 20; Postbearbeitung **K I** 24
Kostbarkeiten, Pfändung **A V** 51
Kosten, Abmahnung **B XII** 30 ff., 114; Abschlußschreiben **B XII** 111, 114; Aufhebungsverfahren gem. § 926 ZPO **B XII** 98; Aufhebungsverfahren gem. § 927 ZPO **B XII** 101; Betreuungsverfahren **B XI** 71 f.; Gerichtskosten beim Wettbewerbsprozeß **B XII** 126 f.; PKH-Gebühren **B IX** 49 f.; Schutzschrift **B XII** 40; verwaltungsrechtliches Mandat

C III 23; Vorauszahlung von **A V** 186; Widerspruchsbescheid **C III** 62
Kostenentscheidung G 142 ff.; im Strafverfahren **G** 124; im WEG-Verfahren **B V** 123, 127 ff.
Kostenerstattung, Arbeitsgerichtsprozeß **C I** 149
Kostenfestsetzungsverfahren, WEG-Verfahren **B V** 132
Kostenkontrolle K IV 6
Kostenordnung, WEG-Verfahren **B V** 33, 127
Kostenwiderspruch, Wettbewerbsprozeß **B XII** 81 ff., 90
Kraftfahrt-Kaskoversicherung B XV 89
Kraftfahrunfallversicherung B IX 183
Kraftfahrzeuge, Pfändung **A V** 51
Kraftfahrzeughaftpflichtversicherung B XV 88; Pfändung **A V** 133
Kraftfahrzeughalterhaftung B VII 74
Kraftfahrzeugkosten I 23
Kraftschadenprozeß B IX 204 ff.
Krankenhaus-Haftung B VII 60
Krankenhaustagegeldversicherung B IX 187
Krankentagegeldversicherung B XV 91; **J** 28
Krankenversicherung B XV 91; **J** 25 ff.
Krankheit, Betreuungsrecht **B XI** 13
Krankheitskostenversicherung B XV 91
Kreditgläubiger D IV 42
Kreditzusage, Pfändung **A V** 115
Krise, gesellschaftsrechtliche Beratung **D II** 100 ff.
Kündigung, Klagefrist **C I** 7; Kündigungsschutz **C I** 7; des Reisevertrages **B VIII** 12, 17, 29, 40; des Vertragshändlervertrages **B XIII** 57 f.; Zugang **C I** 7
Kündigung, außerordentliche wegen Mieterhöhung **B IV** 73; wegen Modernisierungsmaßnahmen **B IV** 73; wegen Tod des Mieters **B IV** 32, 73; wegen Versetzung des Mieters **B IV** 73; wegen Verweigerung der Untervermietung **B IV** 73
Kündigung, fristlose wegen erheblicher Gefährdung der Mietsache **B IV** 57; wegen Gesundheitsgefährdung **B IV** 73; wegen Nichtgewährung des Gebrauchs **B IV** 73; wegen Ruhestörung **B IV** 60; wegen ständig unpünktlicher Mietzahlung **B IV** 60; wegen Störung des Hausfriedens **B IV** 60; wegen Überbelegung

1436

Magere Zahlen = Randnummern

Sachverzeichnis

B IV 57; wegen unerlaubter Gebrauchsüberlassung **B IV** 57; wegen Unzumutbarkeit **B IV** 60, 73; aus wichtigem Grund **B IV** 61, 73; wegen Zahlungsverzug **B IV** 58, 59
Kündigung, ordentliche wegen berechtigtem Interesse **B IV** 26 ff.; wegen Betriebsbedarf **B IV** 31; wegen Eigenbedarf **B IV** 29; bei möbliertem Wohnraum **B IV** 32; wegen öffentlichem Interesse **B IV** 31; wegen Verhinderung angemessener wirtschaftlicher Verwertung **B IV** 30; wegen Vertragsverletzung des Mieters **B IV** 28; bei vom Vermieter selbst bewohntem Gebäude **B IV** 32; bei Werkmietwohnung **B IV** 32; bei zum Teil vom Vermieter selbst bewohnter Wohnung **B IV** 32
Kündigungserfordernis, Versicherungsvertrag **B XV** 56
Kündigungsfristen, tarifliche **D IV** 46
Kündigungsschutzklage C I 35 ff.
Kündigungsschutzprozeß, Wahlrecht des Arbeitnehmers **C I** 80 ff.
Künftige Rentenansprüche, Pfändung **A V** 114 a ff.
Kundenabwerbung D I 44

Landesämter zur Regelung offener Vermögensfragen **D VII** 66 ff.
Landesarbeitsgericht C I 16 ff.
Leasing, Aufklärungspflichten **B XIX** 18; Beendigung des Vertrags **B XIX** 32 ff.; Begriff **B XIX** 3; Beratung des Unternehmens **D I** 51; Beweislast **B XIX** 19; Finanzierungsleasing **B XIX** 1, 6 f., 12, 16, 23, 33; Gebrauchsgewährung **B XIX** 29 f.; Gewährleistung für Sachmängel **B XIX** 24 f.; Handelskauf **B XIX** 26; Hersteller- oder Händlerleasing **B XIX** 5; Immobilienleasing **B XIX** 8 f.; Kfz-Leasing **B XIX** 31; Leasingraten **B XIX** 22 f.; Nichtlieferung **B XIX** 17, 20; Null-Leasing **B XIX** 10; Operating Leasing **B XIX** 4; Pfändung **A V** 133; Prozeßstandschaft **B XIX** 24; Reisegewerbe **B XIX** 16; Sachmängel **B XIX** 24 ff., 25, 26; Steuerrecht **I** 17; Verjährung **B XIX** 34; Verschulden beim Vertragsschluß **B XIX** 13 ff.; Zahlungsverzug **B XIX** 33
Lebensgefährten, Abwehrrecht bei Sachpfändung **A V** 73; Pfändung Oder-Konto **A V** 118; bei Sachpfändung **A V** 45

Lebensgemeinschaft, nichteheliche u. Sachpfändung **A V** 45
Lebensversicherung B IX 186; **B XV** 92; **J** 16 ff.; Betriebsausgabe **I** 23; Pfändung **A V** 133
Legitimationspapiere, Pfändung **A V** 50
Leistungen, Vermögenswirksame u. Pfändung **A V** 121
Leistungsart, Umsatzsteuer **I** 36
Leistungsbescheid C III 38
Leistungsklage, Verwaltungsgerichtsverfahren **C III** 115 f.; Zivilprozeß **A I** 46
Leistungsstörungen, internationales Privatrecht **B XVI** 59; Kaufrecht **B XVI** 71 ff.; Reisevertragsrecht **B VIII** 6; UN-Kaufrecht **B XVI** 21 ff.
Leistungsträger B VIII 30, 35 f.
Leistungsverfügung A IV 8, 17
Leistungsverweigerung, unbegründete des Versicherers **B XV** 42
Letztwillige Verfügungen D III 60 ff.; Anfechtung **D III** 147 ff.; Anfechtung, DDR-Recht **D III** 153; Auslegungsgrundsätze **D III** 140 ff.; Auslegungsregeln **D III** 145 f.; spätere Veränderungen **D III** 52 f.; steuerliche Konsequenzen **D III** 54 ff.; Widerruf **D III** 39 ff.
Liquidation D II 11, 100 ff.
Liquidationsvergleich D IV 8, 45
Lohnfortzahlung B IX 133
Lohnpfändung A V 103 ff.; erweiterter Pfändungszugriff **A V** 105
Lohnpfändungstabelle für monatliche Lohnzahlungen **A V** 108 a
Lohnsteuer I 50 ff.; ehem. DDR **I** 84
Lohnsteueranrufungsauskunft C I 95
Lohnsteuerjahresausgleich A V 125 f.; Pfändung **A V** 124
Lohnsteuerkarte, Hilfspfändung **A V** 128
Lohnsteuerpauschalierung I 52
Lokalisationsprinzip, Anwälte vor den Landesarbeitsgerichten **C I** 18
Lokalisierungsgebot H I 86 ff.
Luftbeförderungsvertrag B VIII 5
Luftfahrzeuge, Pfändung **A V** 140

Madrider Markenabkommen D I 24
Mängelanzeige, Baurecht **B II** 83 ff.; Reisevertragsrecht **B VIII** 25, 58
Mängelliste, Reisevertragsrecht **B VIII** 24, 38, 42
Mängelrüge, Reisevertragsrecht **B VIII** 25, 58
Mängeltabelle, Reisevertragsrecht **B VIII** 28, 59

Sachverzeichnis

Fette Buchstaben und römische Zahlen = Kapitel

Mahnbescheid, WEG-Verfahren **B V** 97
Mahnverfahren A I 108 ff., 121; Datenverarbeitung **K III** 39 f.
Makler, Ehegatte **B VI** 63; Konkurs **B VI** 22; mehrere **B VI** 52; Selbsteintritt **B VI** 60; Tod **B VI** 20
Maklervertrag, Abschluß **B VI** 5 ff.; AGB **B I** 54; Anfechtung **B VI** 19; Bereicherungsanspruch bei nichtigem **B VI** 19; Form **B VI** 5 f.; Kündigung **B VI** 16
Mandanten, Weisungsrecht **E I** 23
Mandate, Erlöse **K VI** 40; Laufzeiten **K VI** 40; Mandatsstruktur **K VI** 39
Mandatsbuchhaltung, Datenverarbeitung **K III** 47
Mandatsschutzklauseln H II 25
Mangel, Reisevertragsrecht **B VIII** 21
Marketing, anwaltliches **K V** 4 ff.; Corporate Identity **K V** 16, 25; Distributionspolitik **K V** 19; Klientenorientierung **K V** 8, 10; Kommunikationspolitik **K V** 21 ff.; Kontrahierungspolitik **K V** 20; Markt anwaltlicher Dienstleistungen **K V** 1 ff.; Marktsegmentierung **K V** 13; Öffentlichkeitsarbeit **K V** 22; Positionierung **K V** 14 ff.; Produktpolitik **K V** 18; Spezialisierung **K V** 13; Werbung **K V** 23
Marktforschung, Beweismittel im Wettbewerbsprozeß **B XII** 113
Massenentlassungen C I 129; **D IV** 46
Massenunfälle B IX 83
Massenverfahren, Verwaltungsgerichtsverfahren **C III** 122
Medienrecht s. *Persönlichkeitsrechtsverletzungen*
Mehrfachverteidigung C IV 10
Mehrhausanlage B V 45
Mehrheit von Mandanten G 20 ff.
Menschenrechtsbeschwerde C VI 47 ff.; einstweiliger Rechtsschutz **C VI** 56; Kosten **C VI** 57 f.; Verfahrensdauer **C VI** 55; Verfahrensgang **C VI** 51 f.
Menschenrechtskonvention B VII 56
Meta-Index, Bibliothek und Know-how-Sammlung **K IV** 1 ff.
Miete, Abrechnung **B IV** 101 ff.; einjährige Sperrfrist bei Erhöhung **B IV** 89; Einzugsermächtigung **B IV** 7, 94; Erhöhung auf ortsübliche **B IV** 86 ff.; Erhöhung bei Verbesserungen **B IV** 81; Erhöhungserklärung **B IV** 89; Heizkosten, Verteilung **B IV** 6; Kappungsgrenze bei Erhöhung **B IV** 89; Klage auf Zustimmung zur Mieterhöhung **B IV** 86 ff.; Mahnkosten, pauschalierte **B IV** 7; Minderung **B IV** 78, 98 f.; Nebenkosten s. *Nebenkosten;* Rückstände **B IV** 58 f.; Überlegungsfrist des Mieters bei Erhöhung **B IV** 87, 89; Verzugszinsen, pauschalierte **B IV** 7
Mietprozeß, Beschwerde gegen Räumungsfristentscheidung **B IV** 67; Beschwerde gegen Vollstreckungsschutzentscheidung **B IV** 69; einstweilige Verfügung **B IV** 37; Ersatzraumbeschaffungspflicht **B IV** 67; Klage auf Beendigung des Mietverhältnisses **B IV** 72 f.; Klage auf Duldung **B IV** 95, 102; Klage auf Duldung der Gebrauchsüberlassung an Dritte **B IV** 102; Klage auf Duldung von Instandhaltungsmaßnahmen **B IV** 95; Klage auf Fortbestand des Mietverhältnisses **B IV** 51, 70 f.; Klage auf künftige Räumung **B IV** 35; Klage auf Unterlassung **B IV** 93, 100; Klage auf vertragsgemäße Überlassung der Mietsache **B IV** 96; Klage auf Vornahme einer Handlung **B IV** 94, 96 f., 101; Klage auf Zahlung **B IV** 75 ff., 103; Klage auf Zustimmung zur Mieterhöhung **B IV** 86 ff.; Klagefrist bei Mieterhöhungsklage **B IV** 88; Kosten des Mieterhöhungsprozesses **B IV** 90; Kosten des Räumungsprozesses **B IV** 20, 44; Räumungsfrist **B IV** 66 ff.; Räumungsklage s. *Räumungsklage;* Räumungsvergleich **B IV** 74; Rechtsentscheid **B IV** 46; Rechtsmittel bei Mieterhöhungsklage **B IV** 91; Rechtsmittel gegen Räumungsurteil **B IV** 46; Schlüssigkeitserfordernisse bei Mieterhöhungsklage **B IV** 89; Streitgegenstand der Mietzahlungsklage **B IV** 76; Streitgegenstand der Räumungsklage **B IV** 41; Streitwert bei Mieterhöhungsklage **B IV** 90 f.; Streitwert der Räumungsklage **B IV** 45; Unterlassungsklage des Mieters **B IV** 100; Unterlassungsklage des Vermieters **B IV** 93; Unwirksamwerden der Kündigung **B IV** 59; Vollstreckung bei Klage auf Duldung **B IV** 95; Vollstreckung bei Klage auf Vornahme einer Handlung **B IV** 94, 98, 101; Vollstreckung bei Räumungsklage **B IV** 65; Vollstreckung bei Unterlassungsklage **B IV** 93, 100; Vollstreckungsschutz gegen Zwangsräumung **B IV** 65 ff.; Wiederholung der Kündigung **B IV** 64; Wiederholung ma-

teriell-rechtlicher Erklärungen **B IV** 56, 77; Zuständigkeit des Gerichts bei Mietzahlungsklage **B IV** 38, 75; Zuständigkeit des Gerichts bei Räumungsklage **B IV** 21 ff., 38; Zuständigkeit des Gerichts bei Räumungsschutzverfahren **B IV** 67

Mietsache, Abwälzung der Instandhaltung **B IV** 15; Anbringung einer Antenne **B IV** 102; Aufwendungen des Mieters **B IV** 103; bauliche Veränderungen durch Mieter **B IV** 102; bauliche Veränderungen durch Vermieter **B IV** 81, 95; Einrichtungen des Mieters **B IV** 102; Erhaltung, Bagatellschadensklausel **B IV** 11; Gefährdung **B IV** 93 f.; Kabelfernsehen, Anschluß **B IV** 101; Mängel **B IV** 78, 96 ff.; Modernisierung durch den Vermieter **B IV** 81, 95; Nichtgewährung des Gebrauchs **B IV** 96 ff.; Räumung **B IV** 65; Reklameschilder, Anbringung **B IV** 102; Rückgabe **B IV** 17; Überlassung **B IV** 96 ff.; Überlassung, rechtzeitige **B IV** 8; vertragswidriger Gebrauch **B IV** 57, 93; Zustand, ordnungsgemäßer **B IV** 5

Mietvertrag, Abmahnung wegen mietvertragswidrigem Verhalten **B IV** 57; Adressat der Kündigung **B IV** 25; Änderung der Nutzung **B IV** 13; AGB **B I** 55; AGBG im Mietrecht **B IV** 3; auflösende Bedingung **B IV** 54; Aufrechnung **B IV** 12; Bagatellschadensklausel **B IV** 11; befristeter **B IV** 47 ff.; Begründungserfordernis der Kündigung **B IV** 26, 49, 56; Belästigungen **B IV** 60; Betretungsrecht des Vermieters **B IV** 16; Eheleute als Mieter **B IV** 25, 40; Eintritt eines Dritten als Partei **B IV** 4; Ersatzraumbeschaffungspflicht **B IV** 34; Form der Kündigung **B IV** 9, 23; Formularvertrag **B IV** 2 ff., 25, 84 f., 96, 99; Fortsetzungserklärung beim Zeitmietvertrag **B IV** 48, 52; Fürsorgepflicht des Vermieters **B IV** 100; Gebrauchsrecht **B IV** 13; Gegenstand **B IV** 1; Geschäftsraummiete **B IV** 22; Haftung des Mieters **B IV** 15; Haftungsbeschränkung des Vermieters **B IV** 5; Hausordnung **B IV** 19; Individualvereinbarungen **B IV** 3; Kaution **B IV** 7, 101, 103; Kleinreparaturen **B IV** 11; Konkurrenzschutzpflicht des Vermieters **B IV** 100 f.; Kündigender **B IV** 24; Kündigungsfolgeschaden **B IV** 103; Kündigungsfristen **B IV** 27, 32; Kündigungsgründe, weitere **B IV** 9; Mietbeginn **B IV** 8; Mieterleistungen, Abrechnung bei Mietende **B IV** 101; Mieterleistungen, Rückzahlung bei Mietende **B IV** 103; Mischmietverhältnis **B IV** 22; Nutzungsentschädigung nach Mietende **B IV** 82; Obhutspflicht des Mieters **B IV** 57, 94; Option zur Verlängerung **B IV** 55; Präklusion von Kündigungsgründen **B IV** 43; Rückgabepflicht bei Mietende **B IV** 82; Ruhestörung **B IV** 93; salvatorische Klausel **B IV** 19; Schadensersatzpflicht des Mieters **B IV** 83 f., 94; Schadensersatzpflicht des Vermieters **B IV** 98 f., 103; Schönheitsreparaturen **B IV** 10, 84 f., 94; Sozialklausel *s. Sozialklausel; Räumungsklage;* stillschweigende Verlängerung **B IV** 9, 36, 63; Tierhaltung **B IV** 13, 93 f.; Umdeutung fristloser in ordentliche Kündigung **B IV** 56; Umwandlung einer Mietwohnung in Eigentumswohnung **B IV** 29; Untervermietung **B IV** 14; Verjährung von Ansprüchen bei Mietende **B IV** 84, 103; Verlängerungsklausel **B IV** 53; Verwendungsersatz **B IV** 17; Vollmachtsklausel **B IV** 18, 24; Vollständigkeitsklausel **B IV** 19; Werkmietwohnungen **B IV** 31 f.; Wertsicherungsklausel **B IV** 6; Wohnraum, möblierter **B IV** 21, 32; Wohnraummietverhältnis **B IV** 1, 22; Zahlungsverzug des Mieters **B IV** 28, 58 f., 78; Zeitmietvertrag, Fortsetzungserklärung **B IV** 48, 52; Zeitmietvertrag mit Fortsetzungsverlangen **B IV** 47 ff.; Zeitmietvertrag ohne Fortsetzungsverlangen **B IV** 52; Zurückbehaltungsrecht **B IV** 12; Zwischenvermieter, gewerblicher **B IV** 4

Mietzinsanspruch, Immobiliarzwangsvollstreckung **A V** 142; Pfändung **A V** 133

Mikrofiche K IV 11

Minderung, Baurecht **B II** 4, 31 ff.; Kaufrecht **B XVI** 77 ff.; Reisevertragsrecht **B VIII** 20

Mindestgebot bei Zwangsversteigerung **A V** 159

Mißbrauchstatbestand E III 65

Mitarbeiter, freie **E III** 31

Mitbeschuldigte E III 14

Mitbewohner, Abwehrrecht bei Sachpfändung **A V** 73

Mitgliedschaften in Unternehmensorganen **D II** 26 f.

Mitreisende, Aktivlegitimation **B VIII** 50; im Beweisverfahren **B VIII** 56

Sachverzeichnis

Fette Buchstaben und römische Zahlen = Kapitel

Mitursächlichkeit B VI 51
Mitverschulden B VII 31
Mitversicherung B XV 71
Mobiliarzwangsvollstreckung A V 40 ff.
Modifizierende Auflage C III 47
Montanbereich, Klagen zum EuG und EuGH C VII 9
Moratorium D IV 7
Mündliche Nebenabreden, Reisevertragsrecht B VIII 21 f.
Mündliche Verhandlung, Verfahren vor dem EuGH und dem EuG C VII 28; Verwaltungsgerichtsverfahren C III 77, 87 ff.; Wettbewerbsprozeß B XII 66, 79, 86 f., 92

Nachahmung, fremder Leistung D I 46; sklavische D I 46
Nachbarrecht, Abwehranspruch B III 2; Anlage, gefahrdrohende B III 10; Anlagengenehmigung B III 6; Anspruchsinhalt B III 9f.; Ansprüche der Besitzer B III 31; Ansprüche der Eigentümer B III 2ff.; Ansprüche der Wohnungseigentümer B III 32; Antennenanlage B III 38; Anwenderecht B III 38; Ausgleichsansprüche B III 8, 21; Beeinträchtigung, Vermeidbarkeit B III 5; Beeinträchtigung, wesentliche B III 2f.; Beweislast B III 27; Bienenhaltung B III 10; Bodenerhöhungen B III 38; Duldungspflichten B III 6; Einfriedungen B III 38; Einwirkungen B III 2; Fensterrecht B III 38; Gehnehmigung, behördliche B III 6; Gemeinschaftsverhältnis, nachbarschaftliches B III 2; Grenzabstand von Gebäuden B III 38; Grenzabstand von Planzen B III 38; Grenzwand B III 38; Grundwasser B III 38; Hammerschlags- und Leiterrecht B III 38; Hausmusik (WEG) B III 36; hoheitliche Gewalt B III 7; Hundehaltung B III 3; Immission, ästhethische B III 2; Katzenhaltung B III 6; Klageantrag B III 16; der Länder B III 37; Lichtrecht B III 38; Lüftungsleitungen B III 38; Nachbar und Baurecht B III 45; Nachbarbegriff B III 46; nachbarschützende Vorschrift B III 47; Nachbarunterschrift B III 46; Nachbarwand B III 38; Notweg B III 7; Ortsüblichkeit B III 4; Priorität B III 11; prozessuale Fragen B III 15 f.; Rechtsweg B III 15; Rücksichtnahmegebot B III 48; Schornsteinhöherführung B III 38; Störer B III 5; Streitgenossenschaft B III 26; Streitwert B III 25; Tatbestandswirkung der Baugenehmigung B III 6, 46; Tierhaltung (WEG) B III 36; Traufrecht B III 38; Überbau B III 6; Verjährung B III 14; Versorgungsleitungen B III 38; Vertiefungen B III 19; vorläufiger Rechtsschutz B III 29 f.; Wasserabfluß B III 38; Wohnungseigentum B III 32 f.; Zaunrecht B III 38, *s.a. Einfriedungen;* Zuständigkeit, sachliche B III 24; Zwangsvollstreckung B III 28
Nachbesserung, Baumängel B II 17 ff.; Kaufrecht B XVI 82
Nacherbschaft *s. Vor- u. Nacherbschaft*
Nachermittlungen im Zwischenverfahren C IV 88
Nachgereichte Schriftsätze, Verwaltungsgerichtsverfahren C III 92
Nachlaßauseinandersetzung *s. Erbauseinandersetzung*
Nachlaßgericht, DDR D III 174
Nachlaßkonkurs D III 204
Nachlaßpflegschaft D III 163 ff.
Nachlaßverbindlichkeiten D III 195
Nachlaßvergleich D III 205
Nachlaßverwalter D VIII 7; Gebührenanspruch G 2
Nachlaßverwaltung D III 203, 214
Nachtbeschluß bei Pfändung A V 75 f.
Nachvertragliche Risiken beim Ausscheiden aus Sozietäten H II 27
Nachvertragliches Wettbewerbsverbot, Änderung C I 113; Aufhebung C I 113; Verzicht des Arbeitgebers C I 110
Nachweismakler B VI 24 ff.
Nachzahlung bei Lohnpfändung A V 106
Nebenabreden, Reisevertrag B VIII 21 f.
Nebenbestimmungen, Anfechtungs- oder Verpflichtungsklage C III 105; selbständige Anfechtbarkeit C III 49; Verwaltungsakt C III 47; *s. a. Auflage*
Nebenintervention A I 36, 41 ff.
Nebenkläger, Prozeßkostenhilfe B IX 72
Nebenklage B IX 48; C IV 155 ff.
Nebenkosten, Abrechnung B IV 80; Abrechnung nach geleisteten Zahlungen B IV 6; Abrechnung nach Verbrauch B IV 6; Abrechnung nach Wirtschaftseinheiten B IV 6; Abrechnungsgenehmigungsfiktion B IV 6; Erhöhung B IV 79; Nachzahlung B IV 80; Pauschale B IV 79; Überwälzung B IV 6; Vorauszahlungen B IV 79

Magere Zahlen = Randnummern

Sachverzeichnis

Nebentätigkeit, Besteuerung **I** 5, 45
Negativbeschlüsse, WEG-Verfahren **B V** 41, 89
Nettolohn D IV 47
Neue Bundesländer, Anwaltsrecht **H I** 230 ff.; Besonderheiten bei familienrechtlichen Verfahren **B X** 345 ff.
Neuordnung von Gesellschaften D II 11, 17, 72, 93 ff.
Nichtantritt der Reise B VIII 9
Nichterwerbstätige B VIII 33
Nichtigkeit von Beschlüssen der Wohnungseigentümergemeinschaft **B V** 88 f.
Nichtigkeitsklage gegen Handlungen der Organe der EG **C VII** 2 ff.
Nichtzulassungsbeschwerde, Entscheidung **C V** 51 f.; Finanzgerichtsverfahren **C V** 4, 30, 38 ff.; Frist **C V** 39; Gebühren **C V** 60 f.; Vertretungszwang **C V** 40; Verwaltungsgerichtsverfahren **C III** 135; Zulassungsgründe **C V** 43 ff.
Niederlassungsrecht H I 247 ff.
Niederschrift, Fristwahrung **B VIII** 42; Hemmungswirkung **B VIII** 45
Normenkontrolle von Bebauungsplänen **C III** 71; Europarecht **C VII** 18; Verwaltungsgerichtsverfahren **C III** 123 ff.
Notwendige Verteidigung C IV 9
Notwendiges Betriebsvermögen I 10
Nutzungsausfall B VII 12
Nutzungsüberlassung an Sozietät, Steuerfolgen **I** 27, 41 f.

Obliegenheiten B IX 194; Abgrenzung zu Risikobegrenzungen **B XV** 55; erhebliche Gefahrumstände **B XV** 49; Leistungsfreiheit **B XV** 56, 58; verhüllte **B XV** 55; vor dem Versicherungsfall **B XV** 55 f.; nach dem Versicherungsfall **B XV** 57 ff.; vorvertragliche **B XV** 49 ff.
Oder-Konto, Pfändung **A V** 118
Öffentlicher Dienst D VIII 18
Öffentlich-rechtlicher Vertrag C III 33 ff.
Ökonomischer Zwang, Restitutionsansprüche in den neuen Bundesländern **D VII** 20 f.
Örtliche Zuständigkeit im Zivilprozeß **A I** 2 ff.; s. a. Gerichtsstand
Offenbarungsversicherung, eidesstattliche **A V** 86 f.; Krankheit des Schuldners **A V** 88; Terminsverlegung **A V** 89
Offene Vermögensfragen D VII
Offenkundigkeit, Ablehnung eines Beweisantrages **C IV** 114

Opfer von Gewalttaten B VII 57
Opferschutzgesetz B IX 50; **C IV** 160; Prozeßkostenhilfe **B IX** 50
Ordnungsfunktion D IV 25
Ordnungsmittelandrohung, Wettbewerbsprozeß **B XII** 56
Organschaft, steuerrechtliche im Gesellschaftsrecht **D II** 71 e ff.
Orientteppich, Betriebsausgabenabzug **I** 19
Ort der Leistung, Umsatzsteuer **I** 36
OWi-Verfahren, Beweisaufnahmeumfang **B IX** 12

Pachtzinsanspruch, Immobiliarzwangsvollstreckung **A V** 142; Pfändung **A V** 133
Pächter, Beschlagnahme bei Zwangsversteigerung bzw. -verwaltung **A V** 47
Parallele Genehmigungen, Verwaltungsverfahren **C III** 40 f.
Parallele Verfahren, Vollmacht (verwaltungsrechtliches Mandat) **C III** 17
Parteibegriff E III 33
Parteien im Zivilprozeß **A I** 21 ff.
Parteifähigkeit Besonderheiten bei Auskunfts- und Rechenschaftslegungsansprüchen **A III** 40; WEG-Verfahren **B V** 44
Parteiverhältnisse C I 7
Parteiverrat E III 22
Parteizustellung, sofortige Vollstreckungsklausel **A V** 18; von Vollstreckungstiteln **A V** 26
Partnerschaftsgesetz H II 2
Passivlegitimation A I 32, 61; Reiseveranstalter **B VIII** 51; Reisevermittler **B VIII** 5; Wettbewerbsprozeß **B XII** 8 f.
Patentanwalt E III 23
Pauschalgebühren B IX 217
Pauschalreise B VIII 2 f.
Persönliche Haftung D II 47
Persönliche Tätigkeiten, Sozietäten **I** 12 ff.
Persönliches Erscheinen, WEG-Verfahren **B V** 56
Persönlichkeitsrechtsverletzungen, Bilder, Bildnisse **B XIV** 76 f.; Ehrverletzungen **B XIV** 1 ff.; Formalbeleidigung **B XIV** 12; Gegendarstellung **B XIV** 13 ff.; Meinungsäußerung **B XIV** 2 ff., 10 f.; Namensschutz **B XIV** 72 ff.; Neue Medien **B XIV** 81; Schadensersatz **B XIV** 57 ff.; strafrechtliches Vorgehen **B XIV** 65 ff.; Tatsachenbehauptung **B**

Sachverzeichnis

Fette Buchstaben und römische Zahlen = Kapitel

XIV 2, 8 ff.; Unterlassungsanspruch **B XIV** 24 ff., 70 f.; Widerrufsanspruch **B XIV** 47 ff.; Zahlungsansprüche **B XIV** 56 ff.
Personengesellschaft D II 8 ff., 53 f., 96
Personenschaden B VII 13; Heilungskosten **B IX** 123 ff.
Pfändbare Bezüge, bedingt **A V** 104
Pfändung, Auskunfts- und Rechenschaftslegungsanspruch **A III** 75; Vermögensrückgabeansprüche in den neuen Bundesländern **D VII** 63
Pfändungs-Abc A V 133
Pfändungserleichterung bei verheirateten Schuldnern **A V** 44
Pfändungsgläubiger E III 45
Pfändungsschutz bei Konten **A V** 115; bei Konten mit Sozialgeldleistungen **A V** 114; nach der Lohnpfändungstabelle **A V** 105, 108a; bei Nebenbezügen und Unterhaltsrenten **A V** 104
Pfleger D VIII 3; Gebührenanspruch **G** 2
Pflegschaft B IX 90; für Schmerzensgeldansprüche **B IX** 148
Pflicht zur Aufklärung von Tatsachen **E I** 14; zur Belehrung über die Kosten **E I** 17; zur Belehrung über die Prozeßaussichten **E I** 16; zum Gehen des sichersten Weges **E I** 18; zur Rechtsprüfung und Beratung **E I** 15; zur Verschwiegenheit **E I** 19
Pflichtteilsanspruch D III 234 ff.; Auskunftsanspruch **D III** 235; DDR-Recht **D III** 241 ff.; Höhe **D III** 218 ff.; Pfändung **A V** 133
Pflichtteilsberechtigte D III 137, 215 f.; DDR-Recht **D III** 138, 240; Korrektur unzureichender Zuwendungen **D III** 223 ff.; Korrektur unzureichender Zuwendungen, DDR-Recht **D III** 242
Pflichtteilsverzicht D III 83 ff., 120
Pflichtverteidigerbestellung G 132; weil der Beschuldigte sich nicht selber verteidigen kann **G** 136; wegen Schwere der Tat **G** 134; wegen Schwierigkeit der Sach- oder Rechtslage **G** 135
Pflichtverteidigung C IV 9; Auswahlrecht **C IV** 9
Pflichtwidrigkeit E III 37
PKH, Abfindungen **F** 41; Antrag und Fristwahrung **F** 22 ff.; Arbeitsgerichtsprozeß **C I** 7, 34, 193; **F** 52 f.; Bausparguthaben **F** 41; familienrechtliche Verfahren **B X** 29 ff.; in FGG-Sachen **F** 54; fiktives Einkommen **F** 44; für Gesellschaften **F** 48; Kindergeld **F** 43; Nebenklage **B IX** 48; nichteheliche Lebensgemeinschaft **F** 38; für das PKH-Prüfungsverfahren **F** 56; Prozeßkostenvorschuß **F** 38; Prozeßstandschaft **F** 50; Rechtsgebiete **F** 4; Rechtsschutzversicherung **F** 37; Schmerzensgeld **F** 41; Schulden **F** 45; Sozialhilfe **F** 43; Vermögen **F** 39; verwaltungsrechtliches Mandat **C III** 21; Verweisung auf Kredite **F** 42; vorläufig vollstreckbare Forderungen **F** 44; vorweggenommene Beweiswürdigung **F** 33
PKH-Antrag, Inhalt zu den Erfolgsaussichten **F** 33; Rechtsfragen **F** 34
PKH-Antragsformular F 35
PKH-Beschwerdeverfahren, Gebührenanspruch **F** 57; Gebührenerstattungsanspruch **F** 57
PKH-Bewilligung, Anwaltsgebühren **F** 58; Umfang in Ehesachen **F** 65
PKH-Verfahren, Gebührenanspruch in 1. Instanz **F** 55
Pkw, Angemessenheit **I** 19; Kosten in der Sozietät **H II** 38; Sozietät **I** 41 f.
Plädoyer, Strafprozeß **C IV** 125; Verfahren vor dem EuGH und dem EuG **C VII** 28
Planfeststellungsverfahren C III 67 ff.
Polizeiliche Vernehmung C IV 16 ff.
Pool-Verträge D II 57; **D IV** 24
Positive Vertragsverletzung B VI 69; **B VIII** 34; Kaufrecht **B XVI** 81
Post- und Fernmeldekontrolle, Betreuungsrecht **B XI** 59
Postbeschlagnahme C IV 58
Postgirokonto, Kontenauskunft **A V** 115; Pfändung **A V** 3
Postspargutbaben, Pfändung **A V** 119
Präklusion C III 12; im förmlichen Verwaltungsverfahren **C III** 64; im Verwaltungsgerichtsverfahren **C III** 86; s.a. *Einwendungen*
Praxisübertragung, unentgeltliche **I** 56, 62
Praxisveräußerung bzw. -erwerb, Steuerrecht **I** 53 ff.
Praxiswert I 55, 59, 63
Preisanpassungsklauseln, AGB **B I** 39, 72
Prioritätsprinzip bei inhaltsgleichen Restitutionsansprüchen **D VII** 56
Privatklage C IV 146 ff.
Privatvermögen, steuerliches **I** 10
Produkthaftung, Gefährdungshaftung **B VII** 64; Verschuldenshaftung **B VII** 66 f.

Magere Zahlen = Randnummern   **Sachverzeichnis**

Programmierkenntnisse K IV 20
Prospektbeschreibung, Reisevertragsrecht **B VIII** 21 ff.
Provision des Handelsvertreters, Ausführung des Geschäfts **B XIII** 27; Bezirksvertreter **B XIII** 25; Folgegeschäfte **B XIII** 24; nachvertragliche Geschäfte **B XIII** 26; Provisionsverluste **B XIII** 42; Teilprovision **B XIII** 28; Überhangprovision **B XIII** 42; Verjährung **B XIII** 22; Wegfall des Anspruchs **B XIII** 29
Provision des Maklers, Höhe **B VI** 64; Verjährung **B VI** 68
Prozeßart, Versicherungsfall **B XV** 93
Prozesse persönlicher Natur, Einzelfälle **G** 115 ff.
Prozeßführungsbefugnis A I 27 f., 60
Prozeßführungsklausel, Versicherungsvertrag **B XV** 71
Prozeßgebühr G 47
Prozeßkostenhilfe s. *PKH*
Prozeßkostenvorschuß, Anspruch **G** 109 ff.; Ausländer **G** 109; familienrechtliche Verfahren **B X** 22 ff.; Rückzahlungsanspruch **B X** 28
Prozeßpfleger A I 33 ff.
Prozeßstandschaft A I 28; WEG-Verfahren **B V** 49 ff., 93
Prozeßvergleich, Arbeitsgerichtsprozeß **C I** 88 ff., 132
Prozeßziel, Arbeitsgerichtsprozeß **C I** 7
Publikums-Aktiengesellschaft D II 2
Publikumspersonengesellschaft D II 63 ff.
PVV s. *Positive Vertragsverletzung*

Quotentabelle B IX 113, 213
Quotenvorrecht B IX 135, 157; Versicherungsvertrag **B XV** 73

Räumungsklage nach Beendigung des Mietverhältnisses durch Zeitablauf **B IV** 47 ff.; nach fristloser Kündigung **B IV** 56 ff.; Kosten **B IV** 44; nach ordentlicher Kündigung **B IV** 20 ff.; Parteien **B IV** 39 f.; Präklusion von Kündigungsgründen **B IV** 43; Räumungsfrist **B IV** 66 ff.; Rechtsmittel gegen Räumungsurteil **B IV** 46; Sozialklausel **B IV** 33 f., 42, 50, 62; Streitgegenstand **B IV** 41; Streitwert **B IV** 45; gegen Untermieter **B IV** 40; Verbindung mit Zahlungsklage **B IV** 38; Vergleich **B IV** 74; Vollstreckung **B IV** 65; Vollstreckungsschutz **B IV** 66 f.; Zuständigkeit des Gerichts **B IV** 20 ff.

Räumungsvollstreckung A V 179
RAGO (DDR) G 163 ff.
Rang bei Vorpfändung **A V** 99
Rangklassen bei Zwangsverwaltung **A V** 169
Ratenzahlung, Vollstreckungsauftrag **A V** 55
Ratschläge E III 9
Raub, Versicherungsvertrag **B XV** 78 ff.
Realgläubiger A V 48, 146
Realteilung, Steuerrecht **I** 64
Rechenschaftslegungsanspruch A III 14 ff.; § 242 BGB **A III** 17; Antragsmuster **A III** 35; besonderer Rechtsgrund **A III** 15; eidesstattliche Versicherung **A III** 56 f.; Einwendungen **A III** 18 ff.; Erfüllung **A III** 18 ff.; Inhalt **A III** 16; Prozeßrecht **A III** 25 ff.; Übergang zur Leistungsklage **A III** 44; Zwangsvollstreckung **A III** 68 ff.
Rechnung, Umsatzsteuer **I** 37 ff.
Rechnungslegung, Betreuungsrecht **B XI** 33; Gesellschaftsrecht **D II** 21 ff.; Wettbewerbsrecht **B XII** 59, 114, 117 ff.
Rechte, grundstücksgleiche **A V** 140
Rechtsanwalt, Angestellte im öffentl. Dienst **H I** 44 ff.; Angestelltenverhältnis **H I** 33 ff., 43 ff.; Hinweis auf Arbeitsgebiete **H I** 169; Auftreten in der Öffentlichkeit **H I** 172; Beamte **H I** 76 ff.; Berufs- bzw. Ehrengerichtsbarkeit **H I** 210 ff.; Berufsbild **H I** 7 ff., 155 ff.; Besonderheiten in den neuen Bundesländern **H I** 230 ff.; Eignung **H I** 17 ff.; Haftung s. *Anwaltshaftung;* Inkompatibilität bei Syndikusanwälten **H I** 67 f.; Kollegialität **H I** 175 f.; Mandatswerbung **H I** 152 ff.; als Organ der Rechtspflege **E III** 2; Residenzpflicht **H I** 87; Sachlichkeitsgebot **H I** 148 ff.; Hinweis auf Spezialkenntnisse **H I** 169; Verschwiegenheitspflicht **H I** 177 f.; Vertreterbestellung **H I** 57; WEG-Verfahren **B V** 50, 71, 93, 103, 110, 114, 128 f.
Rechtsanwaltsdienstleistungsgesetz H I 277 ff.
Rechtsauskünfte E III 6, 55
Rechtsbehelfe bei Duldungsvollstreckung **A V** 194; bei Durchsuchungsanordnung **A V** 72; bei Forderungspfändung **A V** 135 f.; gegen Haftbefehle **C IV** 27; im Klauselverfahren **A V** 21; bei Nachtbeschluß **A V** 77; bei Sachpfändung **A V** 81 ff.; bei Verwertung **A V** 80; bei Zuschlag bei Zwangsversteige-

1443

Sachverzeichnis

Fette Buchstaben und römische Zahlen = Kapitel

rung **A V** 160; bei Zwangssicherungshypothek **A V** 152; bei Zwangsversteigerung **A V** 163; bei Zwangsverwaltung **A V** 170
Rechtsberatungserlaubnis H I 288
Rechtsberatungsgesetz B IX 236 ff.
Rechtsformwahl, Gesellschaftsrecht **D II** 46 f.
Rechtsgebiete, Bibliothek und Knowhow-Sammlung **K IV** 3; Schwerpunkte **K IV** 4
Rechtsgutverletzung B VII 43
Rechtshängigkeit, WEG-Verfahren **B V** 33, 47
Rechtskraft Besonderheiten bei Auskunfts- und Rechenschaftslegungsanspruch **A III** 41, 53; WEG-Verfahren **B V** 75, 78, 86
Rechtsmängel, Kaufrecht **B XVI** 72
Rechtsmittel, Antrag auf Zulassung der Rechtsbeschwerde **B IX** 26; Auskunftsund Rechenschaftslegungsprozesse **A III** 48; Berufung **B IX** 24; Bezeichnung **C IV** 127; Einspruch **B IX** 22; gegen Entscheidungen des EuG **C VII** 35; gegen Kostenentscheidungen **G** 143 ff.; Nebenklage **B IX** 48; Rechtsbeschwerde **B IX** 26; Revision **B IX** 25; im Strafprozeß **C IV** 126; Straßenverkehrsfall (allgemein) **B IX** 23; bei Unterbringung zur Untersuchung **C IV** 70; Wiedereinsetzung **B IX** 28; im Zivilprozeß **A II**
Rechtsmittelfrist, Beginn im Verwaltungsgerichtsverfahren **C III** 94
Rechtspfleger, Haftung **D IV** 37
Rechtsrat E III 55
Rechtsreferendar als Verteidiger **C IV** 8, 10
Rechtssache, dieselbe **E III** 32
Rechtsschutz, Ausschlußtatbestände **B IX** 58; Beweissicherung **B IX** 89; Erfolgsaussicht **B IX** 230; Freistellungseinspruch **B IX** 231; Gutachterkosten im Strafverfahren **B IX** 55; Halterrechtsschutz **B IX** 60; für Interessenvertretung aus Versicherungsverträgen **B IX** 233; Kosten für Betreuung **B IX** 229; Kosten für Gnadenverfahren **B IX** 57; Kosten für Kaution **B IX** 56; Leistungsumfang **B IX** 60 ff.; Rauschtat **B IX** 59; für Sachverständigenverfahren **B IX** 235; im Straf- und OWi-Verfahren **B IX** 54 ff.; Vorsatztat **B IX** 59
Rechtsschutzbedürfnis Besonderheiten bei Auskunfts- und Rechenschaftslegungsprozessen **A III** 42; Verfassungsbeschwerde **C VI** 23 ff.; bei verwaltungsgerichtlicher Feststellungsklage **C III** 111 a; WEG-Verfahren **B V** 25, 38 ff., 90, 122
Rechtsschutzversicherung C I 7; Mandatsverhältnis **E I** 7; RA als Repräsentant **G** 101; verwaltungsrechtliches Mandat **C III** 24
Rechtsübergang, kraft Gesetz **B VII** 41
Rechtsverhältnis bei verwaltungsgerichtlicher Feststellungsklage **C III** 111
Rechtsweg Besonderheiten bei Auskunfts- und Rechenschaftslegungsansprüchen **A III** 37; Rechtswegzuständigkeit **A I** 1
Rechtswidrigkeit B VII 17
Referatsgliederung in der Sozietät **H II** 33
Regelungscharakter, Verwaltungsakt **C III** 44
Regelungsverfügung A IV 8, 16
Regreß, Sozialversicherungsträger (SVT) **B IX** 198; Versicherer **B IX** 198; **B XV** 72
Regulierungsfristen B IX 156
Regulierungsverbot B IX 196
Reiseanmeldung B VIII 21
Reiseantritt B VIII 7 f.
Reisebestätigung B VIII 21
Reisebüro, Empfangsvollmacht für Anspruchsanmeldung **B VIII** 39; Erfüllungsgehilfe **B VIII** 30; Geschäftsbesorgung **B VIII** 51; Haftung **B VIII** 51; Kompetenzbeschränkung in AGB **B VIII** 22; Reisevermittlung **B VIII** 5; Schadensersatz **B VIII** 30; Zusicherungen **B VIII** 21 f.
Reiseende B VIII 40, 44
Reisegruppe, Aktivlegitimation **B VIII** 50; Versicherungsschutz **B VIII** 11
Reisegutschein B VIII 48
Reisekosten, Arbeitsgerichtsprozeß **C I** 151; Betriebsausgabe **I** 23; Vorsteuer **I** 38
Reisekostenerstattung, Umsatzsteuer **I** 34
Reiseleistung B VIII 2 f., 20
Reiseleitung, Abfindungserklärung **B VIII** 36; Anspruchsanmeldung **B VIII** 39; Beweisverfahren **B VIII** 56; als Erfüllungsgehilfe **B VIII** 31; Mängelliste **B VIII** 24; Mängelrüge **B VIII** 25; Niederschrift **B VIII** 42; Schadensersatz **B VIII** 30

Magere Zahlen = Randnummern **Sachverzeichnis**

Reisemangel, Abhilfe **B VIII** 26f.; Anmeldefrist **B VIII** 37, 40; Anspruchsanmeldung **B VIII** 38ff.; Anzeige **B VIII** 25, 54, 58; Aufwendungsersatz **B VIII** 14, 29; Beschreibung **B VIII** 54; Eigenhilfe **B VIII** 29; Folgekosten **B VIII** 31, 58; Fristsetzung zur Abhilfe **B VIII** 27; höhere Gewalt **B VIII** 17; Kündigung **B VIII** 12, 17, 29, 40; Mängelliste **B VIII** 24, 38, 42; Mängelrüge **B VIII** 25, 58; Minderung **B VIII** 20; Niederschrift **B VIII** 42, 45; Prospektbeschreibung **B VIII** 21; Rückbeförderungsanspruch **B VIII** 19; Rücktritt **B VIII** 9, 11; Rückzahlung des Reisepreises **B VIII** 9, 13; Schadensersatz **B VIII** 10, 14, 30ff.; Schmerzensgeld **B VIII** 35; Selbstabhilfe **B VIII** 29; Umzugsangebot **B VIII** 26; Zusicherung durch Reisebüro **B VIII** 21 f.

Reisendenwechsel B VIII 8

Reisender, Aktivlegitimation **B VIII** 50; Ersetzungsbefugnis **B VIII** 8; Gruppenreise **B VIII** 11, 50; Sammelbesteller **B VIII** 50

Reisepreis, Erhöhung **B VIII** 7; Minderung **B VIII** 20; Rückzahlung **B VIII** 9, 13

Reisepreisminderung, Frankfurter Tabelle **B VIII** 59

Reiseprospekt B VIII 21ff.

Reiseprozeß, Aktivlegitimation **B VIII** 50; Antragstellung **B VIII** 52; Beweislast **B VIII** 24f., 31 f.; Beweismittel **B VIII** 50, 55; Klagebegründung **B VIII** 53; Passivlegitimation **B VIII** 5, 51; Rechtsmittel **B VIII** 57; Sofortmaßnahmen **B VIII** 37; Zuständigkeit (Gericht) **B VIII** 4, 49

Reiserecht B VIII 2

Reiserücktrittskostenversicherung B VIII 11

Reiseteilnehmer, Aktivlegitimation **B VIII** 50; Reisendenwechsel **B VIII** 8; Reiserücktrittskostenversicherung **B VIII** 11

Reiseunterlagen, Anmeldung **B VIII** 21; Buchungsbestätigung **B VIII** 21; Prospektbeschreibung **B VIII** 212; Vorauskasse **B VIII** 7

Reiseveranstalter, Antwortschreiben **B VIII** 45; Begriff **B VIII** 2; Beweislast **B VIII** 24f., 31f.; Entschädigung bei Kündigung **B VIII** 9, 13; Erfüllungsgehilfe **B VIII** 30f.; Gegenbeweis **B VIII** 24f., 31f.; Passivlegitimation **B VIII** 5, 51; Verrichtungsgehilfe **B VIII** 35; Zuständigkeit (Gericht) **B VIII** 4, 50

Reisevermittlungsvertrag B VIII 5

Reisevertrag, AGB **B I** 56; Leistungsstörung **B VIII** 6; positive Forderungsverletzung **B VIII** 34; Vertragspartner **B VIII** 50f.

Reisevertragsrecht, Anwendungsbereich **B VIII** 3

Reiter K IV 16

Rente, Pfändung **A V** 109; Pfändung künftiger Rentenansprüche **A V** 114a ff.; Praxiserwerb **I** 55 f.

Rentenversicherung J 13 ff.

Reparaturen, AGB **B I** 57

Repräsentanten, Versicherungsvertrag **B XV** 65 ff.

Repräsentationskosten, I 23

Residenzpflicht H I 87

Restitutionsanspruch, Ausschluß **D VII** 44 ff.; *s.a. Vermögensrückgabe*

Restschuldbefreiung D IV 34

Revision A II 55 ff.; Anschlußrevision im Arbeitsgerichtsprozeß **C I** 32; Arbeitsgerichtsprozeß **C I** 27 ff.; Divergenzrevision im Arbeitsgerichtsprozeß **C I** 30; Nichtzulassungsbeschwerde im Arbeitsgerichtsprozeß **C I** 30; Revisionsbegründungsfrist im Arbeitsgerichtsprozeß **C I** 28; Revisionszulassung im Arbeitsgerichtsprozeß **C I** 30; Sprungrevision im Arbeitsgerichtsprozeß **C I** 29; im Strafprozeß **C IV** 129; Verwaltungsgerichtsverfahren **C III** 133 ff.; Wettbewerbsprozeß **B XII** 93

Revisionsfrist A II 61

Richter, Haftung **D IV** 37

Richterablehnung, WEG-Verfahren **B V** 57

Risikobegrenzungen, Versicherungsvertrag **B XV** 55

Rückbeförderung vom Urlaubsort, unentgeltliche **B VIII** 15

Rücknahme des Antrages auf Erlaß einer einstweiligen Verfügung **B XII** 54; begünstigender Verwaltungsakt **C III** 48; belastender Verwaltungakt **C III** 49; des Widerspruchs im Wettbewerbsprozeß **B XII** 77

Rückschlagsperre D IV 17

Rückstellungen D IV 4

Rücktritt vor Reisebeginn **B VIII** 9; Reiserücktrittskostenversicherung **B VIII** 11; Versicherungsvertrag **B XV** 52

1445

Sachverzeichnis

Fette Buchstaben und römische Zahlen = Kapitel

Rückübertragung von Vermögenswerten in den neuen Bundesländern **D VII** 33 ff.
Rückwärtsversicherung B XV 14 ff.
Rückzahlungsvorbehalte C I 7
Rügefrist, Reisevertragsrecht **B VIII** 37, 40
Ruhen des Verfahrens, Arbeitsgerichtsprozeß **C I** 48; Verwaltungsgerichtsverfahren **C III** 117

Sach- und Forderungspfändung, Vor- und Nachteile **A V** 9
Sache, Übereignung **A V** 197
Sachleistungen an Mitarbeiter I 35, 51
Sachlichkeitsgebot H I 148 ff.
Sachmangel, Kaufrecht **B XVI** 73 ff.; Maklerrecht **B VI** 35
Sachpfändung A V 42 ff.
Sachschaden B VII 12
Sachstandsbericht D IV 26
Sachurteilsvoraussetzungen, allgemeine im Verwaltungsgerichtsverfahren **C III** 95
Sachverständige C IV 100; Auswahl **C IV** 47; Gutachten im Betreuungsverfahren **B XI** 13 f.; Kosten **B IX** 120
Sachverständigenbeweis C IV 47
Sachwalter D IV 13
Säumnis, Auskunfts- und Rechenschaftslegungsprozesse **A III** 47
Salvatorische Klauseln, AGB **B I** 73
Sammelbesteller B VIII 50
Schaden, Drittschadensliquidation **B VII** 14; immaterieller **B VII** 15 f.; Personenschaden **B VII** 13; Sachschaden **B VII** 12; Vermögensschaden **B VII** 6, 11
Schadensersatz beim Bauvertrag (Werkvertrag) **B II** 34 ff.; Haftpflichtfall **B VII** 11 ff.; Kaufrecht **B XVI** 80 f.; bei Persönlichkeitsrechtsverletzungen **B XIV** 57 ff.; bei Räumungsvollstreckung **A V** 180; Reiseprozeß **B VIII** 14, 30 ff.; Rücktritt vom Reisevertrag **B VIII** 10; bei staatlicher Verwaltung **D VII** 38; unerlaubte Handlung **B VIII** 35; UN-Kaufrecht **B XVI** 29 ff.; vorläufiger Rechtsschutz nach VwGO **C III** 154; WEG-Verfahren **B V** 91
Schadensersatzanspruch, Bauvertrag **B II** 6; Maklerprozeß **B VI** 73
Schadensersatzklage, Europarecht **C VII** 15 ff.; Wettbewerbsprozeß **B XII** 115 f.
Schadensfreiheitsrabatt B IX 180
Schadensgeringhaltung, Reisevertragsrecht **B VIII** 20, 26

Schadensmeldung B IX 195
Schadensminderungspflicht B IX 149 ff.
Schädigerfeststellung B IX 82
Scheck D I 57 b
Schenkungen, Betreuungsrecht **B XI** 33
Schiedsfähigkeit D V 18 f.
Schiedsgericht D II 15, 86; **H III** 32, 36; ad hoc **D V** 8; Bestellung **D V** 25; Bundeskammer der gewerblichen Wirtschaft **D V** 13; Entscheidungskompetenz **D V** 24; Institutionelles **D V** 12 ff.; Internationale Handelskammer **D V** 12; London Court of International Arbitration **D V** 16; Stockholmer Handelskammer **D V** 15; Zürcher Handelskammer **D V** 14
Schiedsgerichtsklauseln D I 61 a
Schiedsgutachtenklausel, AGB **B I** 74
Schiedsrichter D VIII 10; Annahme des Amtes **D V** 31; Befangenheit **D V** 32; Benennung durch Dritte **D V** 26; Bestellung **D V** 39; Gebührenanspruch **G** 2; persönliche und fachliche Voraussetzungen **D V** 33; Sachkunde **D V** 1
Schiedsrichtervertrag D V 35
Schiedsspruch D V 38; Anerkennung und Vollstreckbarerklärung **D V** 42 ff.; Aufhebung **D V** 46 f.; Freizügigkeit **D V** 7; Präzedenzwirkung **D V** 6
Schiedsstellen für Arbeitsrecht, ehemalige DDR **C I** 247 f.
Schiedsvereinbarung D V 1 ff.; Erfordernisse **D V** 18 ff.; Form **D V** 20 f.; Inhalt **D V** 23 ff.; Zweckmäßigkeit **D V** 1
Schiedsverfahren D V 27, 31 ff.; anwendbares Recht **D V** 29; Kosten **D V** 7, 28; Verfahrensdauer **D V** 4; Vertraulichkeit **D V** 5; Vertretung durch Rechtsanwälte **D V** 41
Schiedsvergleich D V 37
Schiffe, Immobiliarvollstreckung **A V** 140
Schiffsbauwerke, Zwangsvollstreckung **A V** 140
Schiffshypothek, Immobiliarvollstreckung **A V** 142
Schlußrechnung D IV 35
Schlußvorträge C IV 125
Schmerzensgeld B VII 15 f.; **B VIII** 35; **B IX** 125
Schmerzensgeldanspruch, Pfändung **A V** 133
Schmerzensgeldrente B IX 125
Schmerzensgeldsicherung B IX 147 f.

Schriftform, § 34 GWB **D I** 31; Auskunft und Rechenschaftslegung **A III** 18; Versicherungsvertrag **B XV** 9
Schriftlicher Beschluß, WEG-Verfahren **B V** 83
Schulden, Steuerrecht **I** 10, 23, 48
Schuldner, Anhörung **A V** 69; Einkommensverhältnisse **A V** 1, 86; Gewahrsam **A V** 42; verheiratete **A V** 44; Vermögensverhältnisse **A V** 1, 86; Widerstand **A V** 185
Schuldnerbegünstigung E III 70
Schuldnerverzeichnis A V 6 f., 91
Schuldzinsen, Betriebsausgabe **I** 23
Schutzgesetz B VII 44 f.
Schutzschrift A IV 35; **B XII** 35 ff.; Inhalt **B XII** 38; Kosten **B XII** 40
Schwangere D IV 46
Schweigen als Willenserklärung **B XVI** 67
Schweigepflicht E III 2
Schwerbehinderte D IV 46; Aufhebung des Arbeitsverhältnisses **C I** 121
Selbsthilfe B VIII 29
Selbständiges Beweisverfahren A I 92 ff.
Selbständigkeit, Steuerrecht **I** 4
Selbstvertretung H I 228
Sequester D IV 22; Gebührenanspruch **G** 2
Sequestration D IV 10, 22; Wettbewerbsprozeß **B XII** 73
Sequestrationsantrag, Wettbewerbsprozeß **B XII** 15
Sicherheitsleistung, Zwangsvollstreckung **A V** 31
Sicherungsabrede D I 57 d
Sicherungseigentum, Vollstreckungsauftrag **A V** 55
Sicherungspool D IV 23
Sicherungsübereignung D I 52
Sicherungsverfügung A IV 8, 15; Verfügungsgrund **A IV** 15
Sicherungsvollstreckung A V 35; keine Verwertung bei **A V** 80; Zwangssicherungshypothek **A V** 146
Simultanvollstreckung A V 11, 20
Simultanzulassung H I 90
Singularrestitution D VII 55
Singularzulassung H I 89 f.
Sittenwidrige Knebelung D IV 41
Sofortige Beschwerde A II 45 ff.; Frist **A II** 47 f.; Kostenwiderspruch im Wettbewerbsprozeß **B XII** 83, 90; Unterbringungssachen im Betreuungsrecht **B XI** 64

Solidarhilfe B IX 110
Sonderabschreibungen nach dem Fördergebietsgesetz **I** 88
Sonderbetriebsausgaben I 27
Sonderbetriebsvermögen I 27
Sonderrechtsnachfolge im WEG-Verfahren **B V** 47; Wirkung von WEG-Beschlüssen **B V** 8 f.
Sonderumlage, WEG-Verfahren **B V** 102
Sonderverfahren, Investitionsvorranggesetz **D VII** 131 ff.
Sonderwünsche B VIII 21
Sorgfaltspflicht C I 4
Sozialabfindung D IV 49
Sozialauswahl D IV 51
Sozialgeldleistungen, Pfändung **A V** 109
Sozialgerichtsverfahren, Anerkenntnis **C II** 39; Anwaltsgebühren **C II** 111 ff.; aufschiebende Wirkung **C II** 14, 23, 94; Befangenheit des Sachverständigen **C II** 29; Beiladung **C II** 20; Berufung **C II** 91; Beweislast **C II** 31; Divergenz **C II** 98; einstweilige Anordnung **C II** 43; Gerichtskosten **C II** 106; Klage **C II** 15 ff.; Klagefrist **C II** 17; Kosten **C II** 14, 106; Nichtzulassungsbeschwerde **C II** 96; Prozeßkostenhilfe **C II** 18, 114; Rechtsweg **C II** 1 ff.; Revision **C II** 101; Rücknahme der Klage **C II** 38; Sachverständigengutachten **C II** 25 ff.; Sozialrechtsweg **C II** 1; Urteilsrente **C II** 95; Verfahrensfehler **C II** 99, 104; Vergleich **C II** 40; Vollmacht **C II** 18; Wettbewerbsstreitigkeiten **C II** 9; Widerspruch **C II** 12 ff.
Sozialklausel, formelle Voraussetzungen **B IV** 33; bei fristloser Kündigung **B IV** 62; Härtegründe **B IV** 34; bei Mietvertrag mit auflösender Bedingung **B IV** 54; Versäumung der Widerspruchsfrist **B IV** 33, 42
Sozialplan D IV 4, 44, 50
Sozialplangesetz D IV 44
Sozialrecht, Arbeitsunfähigkeit **C II** 89; Behindertentestament **C II** 10; Beitragsrecht **C II** 6, 8, 62; Berufsunfähigkeit **C II** 4, 49; Beweislast **C II** 31; Erstattung von Arbeitslosengeld **C II** 72; Erwerbsunfähigkeit **C II** 4, 49 ff.; Geringfügige Beschäftigung **C II** 60; Gesamt-GdB bzw. -MdE **C II** 63; Geschiedenenwitwenrente **C II** 63; Grad der Behinderung (GdB) **C II** 85; Hinterbliebenenrente **C II** 63; Kassenarztrecht **C II** 5, 37; Minderung der Erwerbsfähigkeit (MdE) **C II**

1447

Sachverzeichnis

Fette Buchstaben und römische Zahlen = Kapitel

85 ff.; Nachteilsausgleich **C II** 88; Pfändung **C II** 3; Pflegefall **C II** 90; Rentenklage **C II** 49 ff.; Rentenreform (Gestaltungsmöglichkeiten) **C II** 83; Ruhen des Arbeitslosengeldes **C II** 82; Sozialamt, Rückgriffsanspruch **C II** 10; Sperrzeit (AFG) **C II** 76; Verrechnung **C II** 3; Versicherungspflicht **C II** 6, 57; Versorgungsausgleich **C II** 2; Wartezeit **C II** 49; Werte in der Sozialversicherung 1993 **C II** 115 ff.
Sozietät E III 28; **H II** 1 ff.; Abgrenzung zur Bürogemeinschaft **H II** 4; Ausscheidensregelung **H II** 26; Beschlüsse **H II** 19; Entnahmerechte **H II** 23; Gewinnverteilung **H II** 22; Haftung **H II** 40; interne Kommunikation **H II** 34; Krankheit **H II** 24; Mandatsverteilung **H II** 31; Nachteile **H II** 9; Nachwuchsförderung **H II** 36; Neueintritt **H II** 21; notwendiger Inhalt des Sozietätsvertrages **H II** 17; Organisationsplan **H II** 33; Rechtscharakter des Sozietätsvertrages **H II** 1; Scheinsozietät **H II** 5; Sozietät mit anderen Berufsgruppen **H II** 12; Sozietätsname **H II** 6; Sozietätsvertragsmuster **H II** 44; steuerliche Besonderheiten **I** 24 ff., 40 ff., 47, 57 ff.; Steuerprobleme **H II** 29; Trennung von Betriebs- und Privatausgaben **H II** 37; überörtliche **H I** 94; **H II** 7; Urlaubsregelung **H II** 24; Vertragsmuster Anteilsübertragung **H II** 46; Wettbewerbsverbote **H II** 25
Sozietätsaufnahme, unentgeltliche **I** 56, 62; Zuzahlungen **I** 55, 63
Sozietätsgründung, Ausgleichszahlung **I** 61; Bewertungswahlrecht **I** 57; Steuerfolgen **I** 57 ff.
Sozius, berufsfremder **I** 26
Spaltung von Gesellschaften **D II** 95 h ff.
Sparbuch, Pfändung **A V** 116
Sparkonto, Pfändung **A V** 116 ff.
Sparverkehr, freizügiger **A V** 117
Spediteurhaftung B VII 69, 71
Sprecherausschuß C I 155
Spürbarkeit, kartellrechtliche **D I** 36
Staatliche Verwaltung, Anspruch auf Aufhebung **D VII** 37 f.
Staatshaftung B VII 25; für Amtspflichtverletzung **B VII** 51 ff.; für Aufopferung **B VII** 55; für enteignungsgleichen Eingriff **B VII** 55; für Opfer von Gewalttaten **B VII** 57; auf Grund sondergesetzlicher Regelung **B VII** 56; für Tumultschäden **B VII** 57

Stammdatenverwaltung K III 36 ff.
Stammesverfassung D II 46
Standardverfahren, Investitionsvorranggesetz **D VII** 102 ff.
Standesrichtlinien H I 126 ff.
Stationierungsschäden B VII 58; **B IX** 208
Stationierungsstreitkräfte B IX 99
Statusprozesse E III 41
Stehordner K IV 16
Stellungnahme, anderer Behörden im Verwaltungsverfahren **C III** 40
Sterilisation, Betreuungsrecht **B XI** 58
Steuerberater D VI 12 f.; **H III** 5
Steuerberatung D VI 1 ff.; Akquisition **D VI** 50 ff.; Dienstleistung **D VI** 17; Gesellschaft **D VI** 10; Honorar **D VI** 35 ff.; laufende **D VI** 12, 29; Organisation **D VI** 41 ff.
Steuerbevollmächtigter D VI 12
Steuererklärung D VI 23
Steuererstattungsansprüche, Pfändung **A V** 124 ff.
Steuerhinterziehung in der Sozietät **H II** 38
Steuerliche Aufzeichnungspflicht I 37, 73
Steuerliteratur D VI 47 ff.
Steuern B IX 161 ff.; **D II** 16 ff., 61, 66, 99; **D VI** 20 ff.; **H II** 29; **I** 1 ff.
Steuerstrafverteidigung D VI 32 ff., 38 f.
Steuertarif I 1
Stichwortregister K IV 22
Stiftung, Beratung des Unternehmens **D I** 76; Erbrecht **D III** 93; Gesellschaftsrecht **D II** 66 ff.
Stille Gesellschaft D I 53
Stille Reserven D II 99; Besteuerung **D I** 65
Stimmrecht, Stimmrechtsbindungsvertrag **D II** 57; im Vergleichsverfahren **D IV** 21
Störer, Wettbewerbsprozeß **B XII** 8
Stornokosten bei höherer Gewalt **B VIII** 18; Reiserücktrittskostenversicherung **B VIII** 11; Rücktritt **B VIII** 9
Strafantragsberechtigte E III 15
Strafbefehlsverfahren C IV 131
Strafbewehrte Unterlassungserklärung B XII 21 ff., 110
Strafklageverbrauch C IV 73, 77
Strafvereitelung E III 1
Strafverteidigung durch Sozius, Umsatzsteuer **I** 42

1448

Magere Zahlen = Randnummern   **Sachverzeichnis**

Streik B VIII 18, 30
Streitgegenstand, Kündigungsschutzklage **C I** 36
Streitverkündung A I 36; WEG-Verfahren **B V** 42
Streitwert A I 45; **G** 5 ff.; arbeitsgerichtliche Verfahren **C I** 140 ff.; **G** 7; Auskunfts- und Rechenschaftslegungsansprüche **A III** 39; einstweilige Anordnung **G** 6; einzelne Rechtsverhältnisse **G** 9 ff.; FGG-Verfahren **G** 7; Konkursverfahren **G** 6; Kostenwiderspruch im Wettbewerbsprozeß **B XII** 84; Kündigungsschutzstreitigkeiten **C I** 143 ff.; nichtvermögensrechtliche Angelegenheiten **G** 8; Pfändungen **G** 6; PKH-Verfahren **G** 6; Scheidungs- und Folgesachen **G** 61; sozialgerichtliche Verfahren **G** 6; Streitwertbegünstigung gemäß § 23 b UWG **B XII** 125; Streitwertfestsetzung im Arbeitsgerichtsprozeß **C I** 142; Streitwertminderung gemäß § 23 a UWG **B XII** 124; Verfahren § 807 ZPO **G** 6; verfassungsgerichtliche Verfahren **G** 6; Vergleichsverfahren **G** 6; Vergütungsklage (Arbeitsrecht) **C I** 148; Verteilungsverfahren **G** 6; verwaltungsrechtliches Mandat **C III** 160; WEG-Verfahren **G** 7; Weiterbeschäftigungsantrag **C I** 147; Wettbewerbsrecht **B XII** 51, 121 ff.; Zuständigkeitsstreitwert **A I** 16; Zwangsversteigerungsverfahren **G** 6
Studentenschaftsangestellter D VIII 21
Studienreisen, Betriebsausgabe **I** 23
Stufenklage bei Auskunfts- und Rechenschaftslegungsanspruch **A III** 25 ff.
Subsidiarität, verwaltungsgerichtliche Feststellungsklage **C III** 112
Suchstrategie, Bibliothek und Know-how-Sammlung **K IV** 5, 26
Sühneverhandlung, WEG-Verfahren **B V** 54, 111, 117
Summenmehrheit D IV 12
Symptom-Rechtsprechung, Mängelansprüche im Baurecht **B II** 85
Syndikusanwalt D VIII 11, 14; **E III** 23; **H I** 58 ff.
Systembeauftragter für Text- und Datenverarbeitung **K III** 31

Tätigkeit, berufsfremde **E I** 2 ff.
Tätigkeitsvergütung bei Sozietät, Besteuerung **I** 27, 41
Tariffreibetrag, neue Bundesländer **I** 89
Tarifvertrag D IV 46

Taschengeld B X 154, 156
Taschengeldanspruch der Ehefrau, Pfändung **A V** 129 ff.
Taschenpfändung, Vollstreckungsauftrag **A V** 55; in Wohn- und Geschäftsräumen **A V** 78
Tatbestandsirrtum E III 50
Technische Regelwerke als antizipierte Sachverständigengutachten **C III** 5
Teilgenehmigung, Verwaltungsverfahren **C III** 42
Teilungsanordnung, Teilungsausschluß D III 70, 71
Teilungserklärung mit Gemeinschaftsordnung **B V** 6
Teilungsplan nach Ausführung **A V** 162; Erlösverteilung **A V** 161; Klage auf Abänderung **A V** 170; Rechtsbehelfe **A V** 163
Teilwert, Steuerrecht **I** 10 f., 49
Termine, Datenverarbeitung **K III** 50 ff.
Terminplanung K VI 19
Testament D III 60; Anfechtung **D III** 40, 43; Berliner **D III** 68; gemeinschaftliches **D III** 61; Widerruf **D III** 40 ff.
Testamentseröffnung D III 161 f.
Testamentsvollstrecker D III 245 ff.; **D VIII** 4; **E III** 25; Befugnisse **D III** 249 ff.; DDR-Recht **D III** 273 ff.; Gebührenanspruch **G** 2; Pflichten **D III** 268; Vergütung **D III** 269 ff.; Verhältnis zum Erben **D III** 267 ff.; Zeugnis **D III** 257
Testamentsvollstreckung D III 72 ff., 245 ff.; **I** 5, 45; Arten **D III** 73; Beginn und Ende **D III** 248; Durchführung **D III** 257 ff.; Handelsgeschäft **D III** 75; Kommanditanteile **D III** 77; Personengesellschaft **D III** 76
Text- und Datenverarbeitung K III 1 ff.; Entscheidungshilfen **K III** 56 ff.
Text- und Programmpflege K III 29
Textarchiv K III 20 ff.
Textgestaltung K III 25
Textsystem, Anforderungen **K III** 14 ff.
Thüringer Tabelle B X 351
Tierhalterhaftung B VII 73
Tierhaltung, Mietrecht **B IV** 13, 93 f.
Tilgungsstreckung D IV 7
Titel, Verlust **A V** 20; Vollstreckungsfähigkeit **A V** 13
Titelschutzansprüche B XIV 70 f.
Transparenzgebot, AGB **B I** 46
Transportschäden B VII 69 ff.
Treubruchstatbestand E III 65
Treuepflicht, Arbeitnehmer **D I** 43; Gesellschafter **D I** 48

1449

Sachverzeichnis

Fette Buchstaben und römische Zahlen = Kapitel

Treueverhältnis E III 65
Treuhänder D VIII 9; Gebührenanspruch **G** 2
Treuhandkonto, Betriebsprüfung **I** 69
Tumultschäden B VII 57

Übereinkommen über das auf vertragliche Schuldverhältnisse anzuwendende Recht **D I** 59
Überraschungseffekt, Beweisanträge im Strafprozeß **C IV** 108
Überschuldung D IV 2, 39
Überschuldungsbilanz, -status D IV 3 ff., 39
Überschuldungsprüfung D II 103
Umgangsregelung mit ehelichem Kind, Auskunftsrecht **B X** 107; Ausschluß **B X** 105; Einschränkung **B X** 105; einstweilige Anordnung **B X** 101; Herausgabe des Kindes **B X** 110 ff.; Inhalt **B X** 102; Kosten der Ausübung **B X** 108; prozeßrechtliche Besonderheiten **B X** 109; Vereinbarungsmöglichkeiten **B X** 95 ff.; vorbereitende Maßnahmen **B X** 94; vorläufiger Rechtsschutz und Eilmaßnahmen **B X** 101; Zwangsgeld **B X** 98; Zwangsgeldandrohung, Zwangsgeld **B X** 106
Umgehung des Gegenanwalts H I 175
Umgehungsgeschäft, AGB **B I** 10
Umsatzsteuer I 29 ff.; Erhebungsgebiet **I** 36; neue Bundesländer **I** 86
Umstrukturierung D II 17, 93 ff.
Umwandlung von Gesellschaften **D II** 95 d ff.
Umwandlungssteuerrecht, Sozietätsgründung **I** 58 ff.
Umweltschäden B VII 80 ff.
Umzugsangebot B VIII 25 f.
Unabhängigkeit des Verteidigers **C IV** 1
Unabwendbares Ereignis B IX 213
Unbestimmter Rechtsbegriff C III 39
Unerreichbarkeit, Ablehnung eines Beweisantrages **C IV** 118
Unfallgeschädigter E III 47
Unfallrente B IX 189
Unfallschadenakte B IX 14
Unfallversicherung B IX 184, 193; **B XV** 90; **J** 21 ff.; Berufsunfallversicherung **J** 21; Betriebsausgabe **I** 23; Gruppenunfallversicherung **B IX** 185; private Unfallversicherung **J** 22
Unfertige Arbeiten, Steuerrecht **I** 49
Ungeeignetheit, Ablehnung eines Beweisantrages **C IV** 117

UN-Kaufrecht B XVI 4 ff.; Abweichungen vom deutschen Kaufrecht **B XVI** 15, 18; Anwendungsbereich **B XVI** 5 ff.; Ausschluß **B XVI** 13; DDR **B XVI** 11; Einbeziehung von AGB **B XVI** 14; erfaßte Sachverhalte **B XVI** 7 ff.; Gefahrtragung **B XVI** 19; Leistungsstörungen **B XVI** 21 ff.; Rechtsbehelfe bei Leistungsstörungen **B XVI** 24 ff.; Schadensersatz **B XVI** 29 ff.; Untersuchungs- und Rügelast des Käufers **B XVI** 33 ff.; Vertragsabschluß **B XVI** 14 f.; Vertragsaufhebung **B XVI** 25 f.; Vorzüge **B XVI** 37; Zahlungspflicht des Käufers **B XVI** 17 f.; Zinsen **B XVI** 32
Unklarheitenregel, AGB **B I** 22
Unpfändbarkeit und Herausgabevollstreckung **A V** 174; bei der Sachpfändung **A V** 60
Unpfändbarkeitsbescheinigung A V 9
Unselbständigkeit I 4
Untätigkeitsklage gegen Organe der EG **C VII** 10 ff.; Verwaltungsgerichtsverfahren **C III** 61, 107 ff.
Unterbrechung der Verjährung s. Verjährung
Unterbringung, Unterbringungsbefehl **C IV** 68; zur Untersuchung **C IV** 67 ff.
Unterhalt, Bremer Tabelle (Altersvorsorgeunterhalt) **B X** 352; Düsseldorfer Tabelle **B X** 350; entgangener **B IX** 129; notwendiger **A V** 107; Thüringer Tabelle **B X** 351
Unterhaltsberechtigte bei Lohnpfändung **A V** 105
Unterhaltsrecht, Auskunftsanspruch keine Feriensache **A III** 43
Unterlassungsantrag, Wettbewerbsprozeß **B XII** 55
Unterlassungserklärung, Wettbewerbsprozeß **B XII** 21, 24 ff., 110
Unterlassungsvollstreckung, Rechtsbehelfe **A V** 194; Voraussetzungen **A V** 193
Unternehmen, Rückübertragung in den neuen Bundesländern **D VII** 35
Unternehmensform D I 2 ff.
Unternehmensgruppe D II 5 ff., 71 ff.
Unternehmenskauf D I 62 ff.
Unternehmensverträge D II 77 f.
Unternehmer, Umsatzsteuerrecht **I** 29, 40 ff.
Unternehmertestament D I 69; **D III** 108 ff.

Magere Zahlen = Randnummern

Sachverzeichnis

Untersuchungs- und Rügelast des Käufers B XVI 84 ff.; UN-Kaufrecht B XVI 34 ff.
Untersuchungsgrundsatz, Verwaltungsgerichtsverfahren C III 76
Unterwerfungserklärung, Wettbewerbsprozeß B XII 21 ff., 110
Untreue E III 64; gegenüber Sozien H II 38
Unzulässigkeit, Ablehnung eines Beweisantrages C IV 113
Urheberrechtsansprüche B XIV 79
Urkunde, Herausgabe A V 172; Vorhalt C IV 48
Urkundenprozeß A I 86 ff.
Urkundsbeweis C IV 48
Urlaub, Aktivurlaub B VIII 32; Ersatzurlaub B VIII 32; Schadensersatz B VIII 10, 30 ff.
Urlaubsentschädigungsanspruch, Pfändung A V 133
Ursächlicher Zusammenhang B VII 20 f.; Unterbrechung B VII 23 f.; und Zurechenbarkeit B VII 22, 24
Urteil C IV 125
Urteilsverfahren im Arbeitsgerichtsprozeß C I 8 ff.; Arrest C I 139; Besonderheiten C I 12; einstweilige Verfügung C I 139; Gerichtskosten C I 12; Schriftsatzfristen C I 53; Vollstreckungsprobleme C I 132, 134 ff.; Wettbewerbsprozeß B XII 67, 86 ff.

Veräußerung der versicherten Sache B XV 74
Veräußerungsgewinn, Steuertarifermäßigung I 54, 61, 63
Verbandsvertreter als Vertreter vor dem Arbeitsgericht C I 14 f.
Verbotsantrag, Wettbewerbsprozeß B XII 55
Verbotsirrtum E III 52
Verbraucherkredit, Abzahlungsgeschäfte B XVII 29 ff., 56; Abzahlungskäufe, finanzierte B XVII 19, 45, 58 f., 67; Arbeitgeberdarlehen B XVII 13; Begriff B XVII 3 ff.; Darlehen B XVII 6; Existenzgründungsdarlehen B XVII 7, 13; Finanzierungshilfe, sonstige B XVII 6, 10; Finanzierungsleasingvertrag B XVII 7, 10, 15; kontokorrentähnliche Kredite B XVII 7; Kontokorrentkredite B XVII 19; Kontoüberziehung B XVII 38; Kreditkarten B XVII 7; Kreditverträge im allgemeinen B XVII 19, 52;
Kreditvertrag B XVII 6 f.; Kreditwucher B XVII 78; Nichtigkeit B XVII 73 ff., 87 ff.; notarielle Urkunden B XVII 9, 17, 63, 65; Privatkredite B XVII 5; Prozeßvergleich B XVII 9, 17, 63; Rahmenkreditverträge B XVII 19; Ratenkredite B XVII 56; Ratenzahlungsvereinbarung B XVII 7, 9; Realkredite B XVII 16; Schriftform B XVII 18, 29; Selbstbedienungskredite B XVII 7; Stundungsvereinbarung B XVII 7, 9, 62 ff.; Verträge über Teillieferungen und wiederkehrende Leistungen B XVII 11; Teilzahlungsvereinbarung B XVII 62 ff.; Überziehungskredite B XVII 7, 37 ff., 43; Verzug B XVII 51 ff.; Widerrufsrecht B XVII 40 ff., 46; wucherähnliche Verbraucherkreditverträge B XVII 79 ff.; Zahlungsaufschub B XVII 6, 8; Zwischenfinanzierung B XVII 16
Verdunkelungsgefahr C IV 62
Vereidigung von Sachverständigen C IV 47; von Zeugen C IV 46
Verein D II 66 ff.
Vereinbarungen im Strafprozeß C IV 132 ff.; der Wohnungseigentümergemeinschaft B V 5
Vereinnahmtes Entgelt, Umsatzsteuer I 31
Vererbung, Auskunfts- und Rechenschaftslegungsanspruch A III 73 f.
Verfahren bei Arrest und einstweiliger Verfügung A IV 29 ff.; vor dem Gericht erster Instanz der EG (EuG) C VII 32 ff.; vor dem Gerichtshof der EG (EuGH) C VII 21 ff.; schriftliches Verfahren gem. § 72 OWiG B IX 11
Verfahrenseinstellung im Berufungsverfahren C IV 124; Straßenverkehrsfall B IX 9
Verfahrensfehler, Verwaltungsverfahren C III 51
Verfahrenslage, Prüfung bei verwaltungsrechtlichem Mandat C III 10 ff.
Verfahrenspfleger, Betreuungsrecht B XI 10; Vergütung B XI 70
Verfassungsbeschwerde C VI 1 ff.; Ablehnung von Richtern C VI 42; Antragserfordernisse C VI 31 ff.; Ausländer C VI 14; Beschwerdefähigkeit C VI 13 ff., 20 ff.; Fristen C VI 27 ff.; gegen Gesetze C VI 7, 26; Grundrechtsverletzung C VI 9 ff.; juristische Personen C VI 15 f.; öffentliche Gewalt C VI 7; Rechtsschutzbedürfnis C VI 23 ff.; Rechtsweg-

1451

Sachverzeichnis

Fette Buchstaben und römische Zahlen = Kapitel

erschöpfung **C VI** 3; Subsidiarität **C VI** 4; Unterlassen des Gesetzgebers **C VI** 10; gegen Urteile **C VI** 29; Verfahrensfähigkeit **C VI** 19; Verfahrenskosten **C VI** 36 ff.; vorläufiger Rechtsschutz **C VI** 46; Wiedereinsetzung in den vorigen Stand **C VI** 30
Verfügungsanspruch A IV 8, 12; Wettbewerbsprozeß **B XII** 51, 64
Verfügungsantrag A IV 10 ff., 20 ff.; *s. a. Arrestgesuch*
Verfügungsgrund A IV 15 ff.; Wettbewerbsprozeß **B XII** 51
Verfügungssperre, Vermögensrückgabe in den neuen Bundesländern **D VII** 58 ff.
Vergleich im arbeitsgerichtlichen Beschlußverfahren **C I** 159; Gesellschaftsrecht **D II** 100 ff.; Insolvenzberatung **D IV** 8 ff.; im Verwaltungsgerichtsverfahren **C III** 121
Vergleichsforderungen D IV 16
Vergleichsgebühr G 56
Vergleichsgläubiger D IV 9
Vergleichsverhandlungen E III 43
Vergleichsverwalter D IV 8 ff.; **D VIII** 5; Gebührenanspruch **G** 2
Vergütung der Architekten und Ingenieure **B II** 132 ff.; Betreuungsrecht **B XI** 67 ff.; bei BGB-Bauvertrag **B II** 117 ff.; Fälligkeit (Bauvertrag) **B II** 141 ff., 150 ff.; Verjährung (Bauvertrag) **B II** 143, 149, 161 f.; bei VOB(B)-Bauvertrag **B II** 127 ff.
Vergütungsklage, Arbeitsgerichtsprozeß **C I** 43
Verhältnismäßigkeitsgrundsatz, Strafprozeß **C IV** 63
Verhandlungsgebühr G 49
Verjährung, Ansprüche gegen Architekten **B II** 94 ff.; Anwaltshaftung **E II** 31 ff.; Auskunfts- und Rechenschaftslegungsanspruch **A III** 22; Europarecht **C VII** 15; Fristberechnung **B VIII** 44; Fristen **B IX** 201; gesetzliche Schadensersatzansprüche **B VII** 38; Gewährleistungsansprüche im Kaufrecht **B XVI** 91 ff.; Haftpflichtansprüche **B VII** 38 ff.; Hemmung **B VIII** 45; **E II** 38; Mängelansprüche **B II** 86 ff., 91 ff.; Reisevertragsrecht **B VIII** 43; bei Titulierung **A V** 12; bei Unfallschäden **B IX** 158 ff.; Unterbrechung **B VII** 40; **B VIII** 43 ff.; Versicherungsvertrag **B XV** 44; vertragliche Schadensersatzansprüche **B**

VII 39; Wettbewerbsprozeß **B XII** 102 ff., 114 f.
Verkehrsopferhilfe B IX 108
Verkehrspflichten B VII 46, 50, 67
Verkehrsserviceversicherung B IX 181
Verkehrssicherungspflicht B VII 47 f.
Verkehrswerte D IV 4
Verkehrszentralregister B IX 53
Verlesungen im Strafprozeß **C IV** 123
Vermächtnis D III 64
Vermittlung, Reisevertragsrecht **B VIII** 5, 51
Vermittlungsmakler B VI 28
Vermögensangelegenheiten, Betreuungsrecht **B XI** 32 ff.
Vermögensauseinandersetzung, Anfangsvermögen **B X** 306, 328; Arrest **B X** 324; Auskunftsanspruch **B X** 302; Bausparverträge **B X** 318; Beiordnung nach § 625 ZPO **B X** 344 ff.; einstweilige Verfügung **B X** 322; Erbvertrag **B X** 320; bei Gütergemeinschaft **B X** 312 f.; Lebensversicherung **B X** 317; bei Miteigentum **B X** 316; prozeßrechtliche Besonderheiten **B X** 336; Rechtsmittelverfahren **B X** 337 ff.; Rückgabe von Geschenken **B X** 319; Sicherung des Zugewinnausgleichsforderung **B X** 324; steuerrechtliche Erklärungen **B X** 321; Umrechnung des Anfangsvermögens **B X** 326 ff.; Vereinbarungsmöglichkeiten **B X** 310; vorbereitende Maßnahmen **B X** 301 ff.; vorläufiger Rechtsschutz **B X** 322 f.; Wertermittlung **B X** 330; bei Zugewinngemeinschaft **B X** 311; Zuwendungen unter Ehegatten **B X** 331
Vermögensausgleichsabgabe gemäß Art. 14 Zweites Vermögensrechtsänderungsgesetz **D VII** 57
Vermögensberatung D II 28
Vermögensgefährdung E III 69
Vermögensgesetz D VII 8 ff.
Vermögensnachteil E III 69
Vermögensoffenbarung A V 9, 86 ff.
Vermögensrechte, Pfändung **A V** 133
Vermögensrückgabe in den neuen Bundesländern D VII 1 ff.; Anspruchsgegenstände nach dem Vermögensgesetz **D VII** 30; Verwaltungsverfahren **D VII** 64 ff.
Vermögensrückgabeanspruch D VII 33 ff.; Ausschluß **D VII** 44 ff.; Tatbestände **D VII** 14 ff.
Vermögensschaden B VII 6, 11
Vermögensteuer, neue Bundesländer **I** 90

1452

Magere Zahlen = Randnummern

Sachverzeichnis

Vermögensverwaltung, Einkommensteuer **I** 5
Vermögensverzeichnis A V 86; Ergänzung **A V** 93
Vernehmung zur Sache C IV 21
Vernehmungsart C IV 22
Vernehmungsbeamter als Zeuge vom Hörensagen **C IV** 22
Verpfändung, Auskunfts- und Rechenschaftslegungsanspruch **A III** 75; Vermögensrückgabeansprüche in den neuen Bundesländern **D VII** 63
Verpflichtungsklage, Verwaltungsgerichtsverfahren **C III** 102 ff.
Verrichtungsgehilfe B VII 18, 28; **B VIII** 35
Versäumnisurteil A I 49, 68, 72, 80 ff.; Güteverhandlung (Arbeitsgerichtsprozeß) **C I** 51; gegen Kollegen **H I** 176; WEG-Verfahren **B V** 34
Versäumnisverfahren, Arbeitsgerichtsprozeß **C I** 19
Verschleppungsabsicht, Ablehnung eines Beweisantrages **C IV** 119
Verschmelzung von Gesellschaften **D II** 95 a ff.
Verschulden B VII 18
Verschuldenshaftung B VII 2
Verschwiegenheitspflicht des Rechtsanwalts **H I** 177 f.; des Verteidigers **C IV** 3
Versicherer, Verzug **B XV** 42
Versichertes Interesse B XV 70
Versicherungen für fremde Rechnung **B XV** 76 f.; für Rechtsanwälte **J** 1 ff.
Versicherungsagenten, Eigenhaftung **B XV** 30; Haftung f. falsche Erklärungen **B XV** 27 f.; Wissenszurechnung **B XV** 30
Versicherungsbeginn B XV 13
Versicherungsfall, Herbeiführung **B IX** 199; Leistungsfreiheit des Versicherers **B IX** 202
Versicherungsforderungen bei Immobiliarvollstreckung **A V** 142
Versicherungsjustitiar D VIII 16
Versicherungsleistung, Fälligkeit **B XV** 39
Versicherungsmonopol in der ehem. DDR **B XV** 97 ff.
Versicherungsprämie, Betriebsausgaben **I** 23
Versicherungsschein B XV 9
Versicherungsschutz, Beginn **B XV** 14; Umfang **G** 102 ff.
Versicherungsvertrag, Rechtsgrundlagen **B XV** 4

Versorgungsausgleich, Abänderung von Versorgungsausgleichsentscheidungen **B X** 124; Auskunftsverpflichtung **B X** 121; Bagatellregelung **B X** 124; Bereiterklärung **B X** 120; Ehezeitberechnung **B X** 120; Grundgedanke **B X** 119; Härteklausel **B X** 123; Vereinbarungsmöglichkeiten **B X** 116 ff.; vertraglicher Ausschluß **B X** 18 ff.; vorbereitende Maßnahmen **B X** 113 ff.
Verspätete Annahme, Versicherungsvertrag **B XV** 24
Verspätetes Vorbringen, Auskunfts- und Rechenschaftslegungsprozesse **A III** 45; Berufung **A II** 24 ff.; Verwaltungsgerichtsverfahren **C III** 86
Verständigungen im Strafprozeß **C IV** 132 ff.
Versteigerungserlös, bevorzugte Befriedigung aus **A V** 154
Versteigerungstermin A V 157
Verteidiger C IV 1; Anwesenheitsrecht **B IX** 5; Anzahl **C IV** 8; Assessor **C IV** 8; Doppelstellung **E III** 2; Ermittlungsrecht **B IX** 3; Ladung von Sachverständigen und Zeugen **B IX** 13; Recht auf Verteidigerkonsultation **C IV** 18
Verteidigung, freie **C IV** 14; ungehinderter Verkehr **C IV** 14
Verteidigungsschrift C IV 106
Vertrag zugunsten Dritter B VIII 8
Vertragsberatung D VI 30
Vertragsdurchführung E III 55
Vertragsgestaltung E III 55
Vertragshändler, Ausgleichsanspruch **B XIII** 52 ff., s.a. Ausgleichsanspruch des Vertragshändlers; Begriff **B XIII** 8 f.; internationales Privatrecht **B XIII** 14 f.; mehrstufige **B XIII** 11; Wettbewerbsverbot **B XIII** 56
Vertragshändlervertrag, Kündigung **B XIII** 57 f.
Vertragskonzern D II 75 b ff., 80
Vertragsschluß, Versicherungsvertrag **B XV** 9
Vertragsstrafe, AGB **B I** 58; Baurecht **B II** 165 ff.; -versprechen **B XII** 26 ff.
Vertragsverletzungsverfahren, Europarecht **C VII** 18
Vertreter gem. § 306 AktG, Gebührenanspruch **G** 2
Vertreter gem. § 779 ZPO, Gebührenanspruch **G** 2
Vertriebssystem D I 27 ff.
Verwalter, ausgeschiedener **B V** 23

1453

Sachverzeichnis

Fette Buchstaben und römische Zahlen = Kapitel

Verwaltungsakt, Begriff **C III** 44; begünstigender **C III** 32, 48; belastender **C III** 43 ff., 49; mit Doppelwirkung **C III** 45; Vollstreckung **C III** 169 ff.; *s. a. Nebenbestimmungen*
Verwaltungsgerichtsverfahren C III 76 ff.; Berufung **C III** 129 ff.; Klagearten **C III** 95 f.; Kosten **C III** 164 ff.; Unterbrechungen **C III** 117 ff.
Verwaltungsrechtliches Mandat, Besonderheiten **C III** 1; Gebühren **C III** 19 f.; Honorarvereinbarung **C III** 2, 20; Kosten **C III** 161 ff.; Sachverhaltserörterung **C III** 14 f.; vorläufiger Rechtsschutz **C III** 138 ff.
Verwaltungsverfahren C III 31 ff.; förmliche **C III** 63 ff.; Kosten **C III** 161 ff.
Verwaltungsverfahren, sozialrechtliches, Abzweigung **C II** 3; Anhörung **C II** 13, 45; Beweisanträge **C II** 13; Ermessen **C II** 12, 48; Neufeststellung **C II** 65, 68; Rücknahme von Verwaltungsakten **C II** 66
Verwaltungsverfahrensgesetze C III 50
Verwaltungsvorschriften, Anspruch auf Kenntnis des vollständigen Textes **C III** 27
Verweisungsbeschlüsse, Arbeitsgerichtsbarkeit **C I** 11 b ff.
Verwertung A V 80
Verwertungsaufschub A V 80
Verwirklichungspräklusion C III 12
Verwirkung, Auskunfts- und Rechenschaftslegungsanspruch **A III** 23
Verzicht B VIII 36
Verzugszins, WEG-Verfahren **B V** 101
VOB/B und AGBG **B II** 9 ff.; Unterschiede zur BGB-Gewährleistung **B II** 1, 2, 3
Völkerrechtliche Abkommen mit der DDR, Ansprüche von Ausländern auf Restitution **D VII** 10
Vollmacht, Abmahnung **B XII** 18; verwaltungsrechtliches Mandat **C III** 16 f.
Vollpfändung A V 96
Vollstreckbarkeit, vorläufige im WEG-Verfahren **B V** 34, 69
Vollstreckung, Einstellung **A V** 55; gerichtlicher Entscheidungen (WEG-Sachen) **B V** 124 f.; durch Gerichtsvollzieher **A V** 55; Teilnahme des Gläubigers **A V** 175; des Verwaltungsakts **C III** 169 ff.; verwaltungsgerichtlicher Urteile **C III** 172 ff.
Vollstreckungsabwehrklage bei Sachpfändung **A V** 46; bei Verurteilung zur Abgabe einer Willenserklärung **A V** 197; bei Vollstreckung wegen vertretbarer Handlungen **A V** 187
Vollstreckungsgegenklage, Arbeitsgerichtsprozeß **C I** 138
Vollstreckungsklausel A V 15; einfache **A V** 17; Klage auf Erteilung **A V** 22; qualifizierte **A V** 19; sofortige **A V** 18; titelergänzende **A V** 19; titelübertragende **A V** 19
Vollstreckungstitel A V 14
Vollstreckungsverbot D IV 18, 31
Vollziehung, Arrest und einstweilige Verfügung **A IV** 40 ff.; Beschlußverfügung im Wettbewerbsprozeß **B XII** 73; Urteilsverfügung im Wettbewerbsprozeß **B XII** 88
Vollzugszustellung A V 26
Vor- und Nacherbschaft D III 67
Vorabentscheidungsverfahren, Europarecht **C VII** 18
Vorabgewinn bei Sozietäten, Besteuerung **I** 61
Voraus der Ehegatten D III 29, 33
Vorausbuchung B VIII 21
Vorauskasse B VIII 7
Vorausvermächtnis D I 73
Vorbereitende Betriebsausgabe I 23
Vorbescheid, Stellungnahme im Finanzgerichtsverfahren **C V** 27; Verwaltungsverfahren **C III** 42
Voreintragung bei Zwangssicherungshypothek **A V** 145; bei Zwangsversteigerung **A V** 153
Vorkaufsrecht B VI 31
Vorläufige Deckung, Beendigung **B XV** 21; Beginn **B XV** 18; Verhältnis zum Hauptvertrag **B XV** 19; Vertragsinhalt **B XV** 20; Vollmacht **B XV** 18
Vorläufige Unterbringung, Betreuungsrecht **B XI** 41 ff.
Vorläufige Vollstreckbarkeit A I 48, 55
Vorläufiger Rechtsschutz bei baurechtlichen Verwaltungsakten mit Doppelwirkung **C III** 155 ff.; im Normenkontrollverfahren **C III** 127; Verwaltungsrechtliches Mandat **C III** 138 ff.
Vorlage an das BVerwG C III 128
Vorlagenfreibeuterei D I 45
Vormund D VIII 3; **E III** 25; Gebührenanspruch **G** 2
Vormundschaften, Überleitung nach neuem Betreuungsrecht **B XI** 2 f.
Vormundschaftsgerichtliche Geneh-

Magere Zahlen = Randnummern

Sachverzeichnis

migung, ärztlicher Maßnahmen im Betreuungsrecht **B XI** 30 f.
Vormundschaftsgerichtliche Genehmigungen, Betreuungsrecht **B XI** 52 ff.
Vorpfändung bei der Forderungspfändung **A V** 9, 98; in Konten **A V** 101, 115; bei Lohn- und Gehaltspfändung **A V** 101; bei Sicherungsvollstreckung **A V** 38; Wiederholung **A V** 101
Vorpfändungsermächtigung für den Gerichtsvollzieher **A V** 55
Vorratspfändung A V 30, 107
Vorruhestand C I 130
Vorschußanspruch bei Aufwendungsersatzanspruch im Baurecht **B II** 23 ff.
Vorschußzahlung bei Lohnpfändung **A V** 106
Vorstand, AG **D IV** 39
Vorsteuer, Umsatzsteuer **I** 37 ff.
Vorteilsausgleich B IX 151
Vorvertragliche Anzeigepflichten, Versicherungsvertrag **B XV** 49 ff.
Vorwegpfändung A V 64
VVG, Anwendungsbereich **B XV** 5; zwingende Vorschriften **B XV** 5
Wahlgerichtsstände A I 7 ff.
Wahlverteidiger C IV 8
Wahrheitspflicht C IV 2; **E III** 2
Wahrunterstellung, Ablehnung eines Beweisantrages **C IV** 120
Wandelung, Baurecht **B II** 31 ff.; Kaufrecht **B XVI** 77 ff.
Warengläubiger D IV 7 ff., 42
Warenzeichen D I 22 f.
Wasserwerk, Haftung **B VII** 76, 78 f.
Wechsel D I 57 a; von Reisenden **B VIII** 8
Wegfall der Geschäftsgrundlage B VI 35
WEG-Verfahren Besonderheiten bei Auskunfts- und Rechenschaftslegungsansprüchen **A III** 31
Weiterbeschäftigungsanspruch C I 45 f.
Weitere Beschwerde A II 52 ff.; **C IV** 31; Betreuungsrecht **B XI** 63
Werbeverbot H I 152 ff.
Werdender Eigentümer, faktischer **B V** 19, 49
Wertausgleich gemäß Vermögensgesetz **D VII** 40 ff.
Wertminderung B IX 119
Wertpapierdepot, Pfändung **A V** 133
Wertpapiere und Sachpfändung **A V** 47; Wegnahme durch Gerichtsvollzieher **A V** 51

Wettbewerb, Gesetz gegen den unlauteren Wettbewerb **D I** 68; Verbot **D I** 41
Wettbewerbsprozeß, Besonderheiten in den neuen Bundesländern **B XII** 132; Gegenstand **B XII** 1
Wettbewerbsverbot unter Anwälten **H II** 25; nachvertragliches **C I** 7, 109 ff.
Widerklage A I 11, 16, 56; **B IX** 215
Widerruf, begünstigender Verwaltungsakt **C III** 48
Widerrufsanspruch, Wettbewerbsprozeß **B XII** 59, 114
Widerrufsrecht bei Haustürgeschäften **B XVIII** 27 ff.
Widerrufsvorbehalt bei arbeitsgerichtlichem Prozeßvergleich **C I** 132
Widerspruch A V 196; **B XII** 74 f.; gegen Entscheidungen der Ämter für offene Vermögensfragen **D VII** 85; Kostenwiderspruch im Wettbewerbsprozeß **B XII** 81 ff.; Verwaltungsverfahren **C III** 46
Widerspruchsbefugnis bei Verwaltungsakt mit Doppelwirkung **C III** 45
Widerspruchsbehörde C III 59
Widerspruchsbescheid, Kosten **C III** 62
Widerspruchsfrist, Verwaltungsverfahren **C III** 57 f.
Widerspruchsklage bei Sachpfändung **A V** 46, 48, 84
Widerspruchsverfahren, Kosten **C III** 163; Verwaltungsverfahren **C III** 53 ff.
Wiedereinsetzung, Steuerberatung **D VI** 45; WEG-Verfahren **B V** 81, 110
Wiederholungsgefahr C IV 62
Wiedervorlage, Datenverarbeitung **K III** 50 ff.
Willenserklärung, Abgabe **A V** 195
Wirtschaftliche Gleichwertigkeit B VI 43
Wirtschaftliche Verflechtung B VI 61 f.
Wirtschaftliches Eigentum, Steuerrecht **I** 13, 48
Wirtschaftsgut, geringwertiges **I** 15; Steuerrecht **I** 14
Wirtschaftsprüfer D VI 14; **D VIII** 13; **H III** 5
Wohngeldinkasso B V 49, 93 ff.
Wohnmobil B VIII 4
Wohnungsauflösung, Betreuungsrecht **B XI** 33, 52
Wohnungsdurchsuchung bei Sachpfändung **A V** 65 ff.
Wohnungseigentum, Mängelansprüche

1455

Sachverzeichnis

Fette Buchstaben und römische Zahlen = Kapitel

B II 69 ff.; Umwandlung von Altbauten **B II** 66
Wohnungseigentumsrechte bei Immobiliarvollstreckung **A V** 140
Wohnungserbbaurecht B V 2

Zahlungserleichterung B IX 29
Zahlungsstockung D IV 1
Zahlungsunfähigkeit D IV 39
Zeitmanagement, Methoden und Prinzipien **K VI** 5 f.; Prioritäten **K VI** 6; Regelkreis **K VI** 4
Zeitschriftenmarkt K IV 13
Zentralruf B IX 82
Zerschlagungswerte D IV 4
Zeugen E III 12
Zeugenbefragung durch Anwalt **B IX** 13
Zeugenbeistand C IV 45
Zeugenbeweis, Strafprozeß **C IV** 44 ff.
Zeugnis C I 101
Zeugnisverweigerungsrecht E I 19
Zinsen, Betriebsausgabe **I** 23; nach Konkurseröffnung **D IV** 31; Verjährung **A V** 12
Zivilprozeß, Aussetzung des Verfahrens **A I** 23 ff., 30; Einspruch **A I** 81 ff., 111 ff.; Einwendungen **A I** 58 ff.; Fristen **A I** 66 ff.; Klage **A I** 46 ff.; Mahnverfahren **A I** 108 ff., 121; in den neuen Bundesländern **A I** 115 ff.; Parteien **A I** 21 f.; Prozeßfähigkeit **A I** 33 ff.; Schlüssigkeit der Klage **A I** 62; Unterbrechung des Verfahrens **A I** 23 f., 30; Urteilsberichtigung **A I** 85; Urteilsergänzung **A I** 85; Verspätungsrügen **A I** 66 ff.; Verzögerung **A I** 70; Zuständigkeit **A I** 1 ff.
Zu- und Abfluß von Einnahmen I 7
Zubehör, Begriff **A V** 49; in der Immobiliarzwangsvollstreckung **A V** 142; in der Mobiliarzwangsvollstreckung **A V** 41; in der Zwangsversteigerung **A V** 158
Zufallsfunde C IV 55
Zugesicherte Eigenschaft, Kaufrecht **B XVI** 76
Zugewinnausgleich, Anspruch **A V** 133
Zugewinngemeinschaft, Sachpfändung **A V** 44
Zugriff, Bibliothek und Know-how-Sammlung **K IV** 21 ff.
Zug-um-Zug-Leistung bei Verurteilung zur Abgabe einer Willenserklärung **A V** 195; Vollstreckung **A V** 32
Zulassung der Berufung im Verwaltungsgerichtsverfahren **C III** 130; der Revision **A II** 57 f.

Zulassung als Rechtsanwalt H I 1 ff.; Verfahren **H I** 100 ff.; Versagungsgründe **H I** 16 ff., 26 ff., 96 ff.; Voraussetzungen **H I** 14 ff.; Zulassungsfreiheit **H I** 2
Zurechenbarkeit und Kausalität **B VII** 22; Zurechnungszusammenhang **B VII** 24
Zurechnung, objektive **E III** 63
Zurechnungseinheit B VII 33
Zurechnungsfähigkeit B VII 29
Zurückbehaltungsrecht bei Aufhebung des Arbeitsverhältnisses **C I** 118; bei Auskunfts- und Rechenschaftslegungsanspruch **A III** 21
Zurückstellung vom Wehrdienst, Antragsbeispiel **C III** 42
Zurückweisung von Ansprüchen B VIII 45
Zusammenschlußkontrolle, kartellrechtliche **D I** 67
Zusicherung, Reisevertragsrecht **B VIII** 21 f.; Verwaltungsverfahren **C III** 38
Zuständigkeit Besonderheiten bei Auskunfts- und Rechenschaftslegungsansprüchen **A III** 38; Beratungshilfegebühren **G** 156; Berufung **A II** 2; Betreuungsverfahren **B XI** 6 ff.; einstweilige Verfügung im Wettbewerbsprozeß **B XII** 42 ff.; Kostenfestsetzung im Zwangsvollstreckungsverfahren **G** 162; Kostenfestsetzungsantrag **G** 153; Kostengrundentscheidung im OWiG-Verfahren **G** 157; Kostengrundentscheidung im steuerlichen Verfahren **G** 160; Kostengrundentscheidung im Verwaltungsverfahren **G** 158 f.; Pflichtverteidigervergütung **G** 155; PKH-Gebührenfestsetzungsantrag **G** 154; WEG-Sachen **B V** 14, 125
Zuständigkeitsrügen A I 2
Zuständigkeitsstreitwert A I 45, 65
Zustellung, fristgebundene bei Vollstreckung **A V** 27; Vollstreckungsklausel **A V** 28; Vollstreckungstitel **A V** 26; als Vollstreckungsvoraussetzung **A V** 25; WEG-Sachen **B V** 35, 74 ff., 87, 125
Zwangsbehandlungen, Betreuungsrecht **B XI** 29
Zwangssicherungshypothek A V 8, 133, 139, 144 ff.
Zwangsvergleich D IV 34
Zwangsversteigerung A V 150, 153 ff.; Erwerb in der **B VI** 28, 44
Zwangsversteigerungsvermerk A V 155

Sachverzeichnis

Fette Buchstaben und römische Zahlen = Kapitel

Zwangsverwalter A V 168; **D VIII** 8; Gebührenanspruch **G** 2
Zwangsverwaltung A V 164 ff.
Zwangsvollstreckung, Auskunfts- und Rechenschaftslegungsanspruch **A III** 68 ff.; Datenverarbeitung **K III** 41 f.; Duldung **A V** 147; allgemeine Voraussetzungen **A V** 12 ff.; besondere Voraussetzungen **A V** 29 ff.
Zweckbestimmung von Sozialgeldleistungen bei Pfändung **A V** 110

Zweitberuf H I 26
Zweites Vermögensrechtsänderungsgesetz D VII 1
Zweitverträge, Nichtigkeit **D I** 30
Zwingende Gesetzesnormen, WEG **B V** 4 f.
Zwischenholding D II 74
Zwischenverfahren, § 69 OWiG **B IX** 10; Strafprozeß **C IV** 86 ff.
Zwischenverfügungen des Gerichts in WEG-Sachen **B V** 65